涟源市志

（1987—2007）

涟源市地方志编纂委员会 编

方志出版社
Publishing House of Local Records

图书在版编目（CIP）数据

涟源市志：1987—2007 / 涟源市地方志编纂委员会编.
—北京：方志出版社，2016.8
ISBN 978-7-5144-2038-8

Ⅰ. ①涟… Ⅱ. ①涟… Ⅲ. ①涟源市—地方志—
1987—2007 Ⅳ. ①K296.44

中国版本图书馆CIP数据核字（2016）第176105号

涟源市志（1987—2007）

编　　者：涟源市地方志编纂委员会
责任编辑：张　昊

出 版 人：冀祥德
出 版 者：方 志 出 版 社
地址　北京市朝阳区潘家园东里9号（国家方志馆4层）
邮编　100021
网址　http://www.fzph.org
发　　行：方志出版社发行中心
电话（010）67110500
经　　销：各地新华书店
印　　刷：深圳市新联美术印刷有限公司

开　　本：889×1194　　1/16
印　　张：73.5
字　　数：2163千字
版　　次：2017年8月第1版　2017年8月第1次印刷
印　　数：0001～3000册

ISBN 978-7-5144-2038-8　　定价：480.00元

涟源市地方志编纂委员会

《涟源市志(1987—2007)》审稿验收人员

一、　湖南省地方志编纂委员会

易介南　　邓建平　　杨盛让　　隆清华

二、　娄底市地方志编纂委员会

何文君　　钟楠修　　林有良　　邹文程　　陈　敏

《涟源市志(1987—2007)》编辑部

主　　编　吴六权

副 主 编　吴树叶　　章长斌

编　　辑　龙长春　　刘　风　　刘光辉　　李传胜　　吴六权

吴亦山　　吴树叶　　段最琪　　章长斌　　梁友奖

谭喜凡　　谭鹤飞（以姓名笔画为序）

总　　纂　吴树叶

校　　对　吴　平(女)　　张　咸　　曾　璐(女)

潘美孜(女)

主要采编人员

（以姓名笔画为序）

王方文	王芝兰（女）	王注林	毛伯洪	毛佩雄	毛艳芳（女）
毛智强（女）	文迪光	邓卫华	邓纯艳（女）	邓秋莲（女）	左　欢（女）
石苜龙	龙向东（女）	龙松兵	卢建兵	田继承	付　乐
刘　俊	刘　倩	刘　雄	刘　毅	刘长秋	刘月锋
刘玉辉	刘永初	刘竹林	刘向阳	刘旭东	刘宇阳
刘志毅	刘建文	刘贵泉	刘蒂莎（女）	刘炳文	刘洪池
刘济成	刘培雄	刘博源（女）	刘朝阳	刘满四	刘曙涛
江朝辉	阳寿延	严玉章	李　旭（女）	李　禹	李　勍（女）
李　焕	李小雄	李五星	李光裕	李志坚	李雨露
李郁林	李典琼	李凯平	李晓榆	李雪群（女）	李崇文
李雄飞	李程明	李群芳	李群贤	杨　涛	杨卫星
杨志斌	杨振军	肖　勇	肖小利	肖正伟	肖正怀
肖春明	肖常庄	肖赞尧	吴　平（女）	吴中心	吴吉芳
吴有初	吴伟魁	吴名方	吴宇锋	吴志宏	吴志奇
吴良军	吴征斌	吴学飞	吴俊杰	邱春元	何　霞（女）
何祥初	张克生	张胜来	张院林	张惠娥（女）	陈　艳（女）
陈志铭	陈建文	陈雄华	易　丹（女）	易银生	易海和（女）
罗本银	罗学伍	周卫中	周田伟	周永光	周盛智
周湘菊（女）	周新诚	胡中奇	胡恒喜	胡跃春（女）	段最琪
饶　瑶（女）	姜新民	姚永忠	贺红艳（女）	贺敏林	聂冬耕
聂克宗	殷美柳	殷跃凡	高福秋（女）	郭子斌	郭军民
唐石钟	唐伟宜	黄华清	黄应佳	黄武豪	萧祥校
梅喜平	康杜文	梁　伟	梁　莹（女）	梁　莺（女）	梁仲山
梁迪安	梁建文	梁春生	梁跃生	彭永年	彭齐庆
蒋　博（女）	程先英（女）	傅成玲	童永红（女）	童永松	童求根
童雄江	曾文利	曾红彪	曾志明	曾　荣（女）	曾柱华
曾洪军	曾海兵	曾楚江	曾鹏飞	谢　琳（女）	谢屹立（女）
廖永红	廖贵芳	廖鹤松	谭春喜	谭鹏飞	熊天懿
颜　锐（女）	颜光汉	颜丽高	颜德煜	戴菊华（女）	

序

涟源，地处湖南省中部，山明水秀，风光绮丽。巍巍龙山，峰峦叠嶂；悠悠涟水，源远流长。南部有西汉连道县治龙城旧址，北部属梅山文化之核心区域。中原文化与梅山文化交融激荡，人文鼎盛。烧车御史谢振定，湘军名将李续宾，民国元勋李燮和，农运领袖卢天放，抗日忠烈陈海泉，开国上将李聚奎，两院院士曾益新、张信威、廖湘科，著名作家蒋牧良、谭谈，中国首富（2011年）梁稳根，中国首善彭立珊（2006—2010年）等翘楚，行为世范，德为楷模。

盛世修志，志载盛世。1987年，涟源撤县建市，在市委、市政府的带领下，勤劳、勇敢的涟源人民勇立时代潮头，抓住机遇，锐意改革，奋发开拓，不断进取，创造了不朽的业绩，经济建设和社会事业取得丰硕成果，城乡面貌日新月异，人民生活水平大幅提高，给后人留下了宝贵的物质财富和精神财富。光阴见证，以志为碑，理应及时加以记载，昭明其在历史长河中的价值所在。涟源市志编纂委员会和编辑部的同志群策群力、集思广益、广征博采、一丝不苟、数易其稿，历经七年有余，完成了《涟源市志（1987—2007）》的编纂工作，这是涟源精神文明建设的一件大事。在此，我们对为之付出辛勤劳动的全体修志工作者和所有关心支持修志工作的社会各界有识之士表示衷心的感谢。

鸿篇巨著，大功告成。《涟源市志（1987—2007）》横陈百科，凡32篇，130余万言，400余帧图照，采用述、记、志、传、图、表、录等体裁，秉着存真求实的原则，真实准确、全面系统地反映这一时期涟源的经济和社会发展轨迹，内容涵盖自然、政治、经济、文化、社会。既总揽涟源全貌，又突出行业特色；既贯穿事物发展，又彰显时代风貌；既记录成功，又叙述失误。整部志书观点正确、资料翔实、体例完备，特点突出、文风质朴，实现了思想性、科学性、资料性的完整统一，是人们了解涟源、建设涟源的珍贵文献。

修志问道，以启未来。今日之涟源，政通人和，加速转型，加快发展，美丽涟源、幸福涟源的创建任重而道远。后来者应充分发挥志书“存史、资治、教化”的功能，弘扬“重义崇商、敢做善成”的涟源精神，继往开来，同心同德，励精图治，努力奋斗，创造出更加辉煌的成就，谱写出更加壮丽的篇章。

中共涟源市委书记　谢学龙

涟源市人民政府市长　宋建明

2016年2月

凡　　例

一、本志坚持以马列主义、毛泽东思想、邓小平理论、“三个代表”重要思想和科学发展观为指导，秉着存真求实的原则，全面记述涟源自然变化和社会发展情况，力求突出时代特征和地方特色。

二、本志为第一部《涟源市志》（1998 年版）的续志，上限 1987 年，下限 2007 年。前志未录的事物，本志溯其发端，图片收录时限下延。

三、本志采用述、记、志、传、图、表、录等体裁编纂，设概述、大事记、篇和附录。概述，陈述大势，总揽全志。大事记，以编年体为主，辅以纪事本末体，记述境内历年大事、要事、新事。篇，不受机构隶属关系及职能限制，以事为类，横排纵写，设章、节、目三个层次，适当采用条目体。附录，收录影响涟源的重要文件、描写涟源景物的优秀艺文及对 1998 年版市志的勘误。

四、人物篇分人物传、人物简介和人物表三个部分。人物传，收录对社会有重要贡献或重大影响的涟源籍或长期工作在涟源的外籍已故人物，按卒年排序，前志漏录人物，以人物补遗形式刊载于后。人物简介和人物表的选录标准及排列顺序，在无题小序中说明。人物籍贯采用 2007 年行政区划名。

五、本志以文字记述为主，辅以地图、照片和统计表。采用规范语体文、记述体。行文力求严谨、朴实、简明、流畅。

六、本志采用公元纪年，述及中华民国成立前的史实，用历史纪年并括注公元纪年。

七、对于较长的称谓或词组，在每篇首次出现时用全称，括注简称，之后通用简称。行文中“中共”“党”均为“中国共产党”的简称，“省”“市”是湖南省和涟源市的简称，“省委”“省政府”指中共湖南省委员会、湖南省人民政府，“市委”“市人大”“市政府”“市政协”分别指中共涟源市委员会、涟源市人民代表大会常务委员会、涟源市人民政府、中国人民政治协商会议涟源市委员会。“村民委员会”“居民委员会”分别简称“村委会”“居委会”，“村”“居”“社区”分别指村委会、居委会、社区居委会所在区域。

八、区划地名、机构名、职务名均用史事发生时的名称，必要时括注今名。

九、各项数据采用市统计局资料，市统计局没有的或明显有误的，用部门核实后的数据入志。凡有年份而未标明月份的数据，均为年末数据。计量单位，除个别地方为了便于表达或保持文件原貌使用当时称呼外，其余均使用 1993 年国务院公布的法定计量单位。表格中没有内容用“—”表示，应该有内容但找不到资料或数据用“…”表示。

十、本志资料，来源于档案、旧志、谱牒、书报和各相关部门提供的资料，文中不一一注明出处。对口碑资料，经核实查证后载入。照片主要由乡镇（街道）、有关单位和个人提供，选用时未注明拍摄者。

涟源市旅游景区（点）分布图

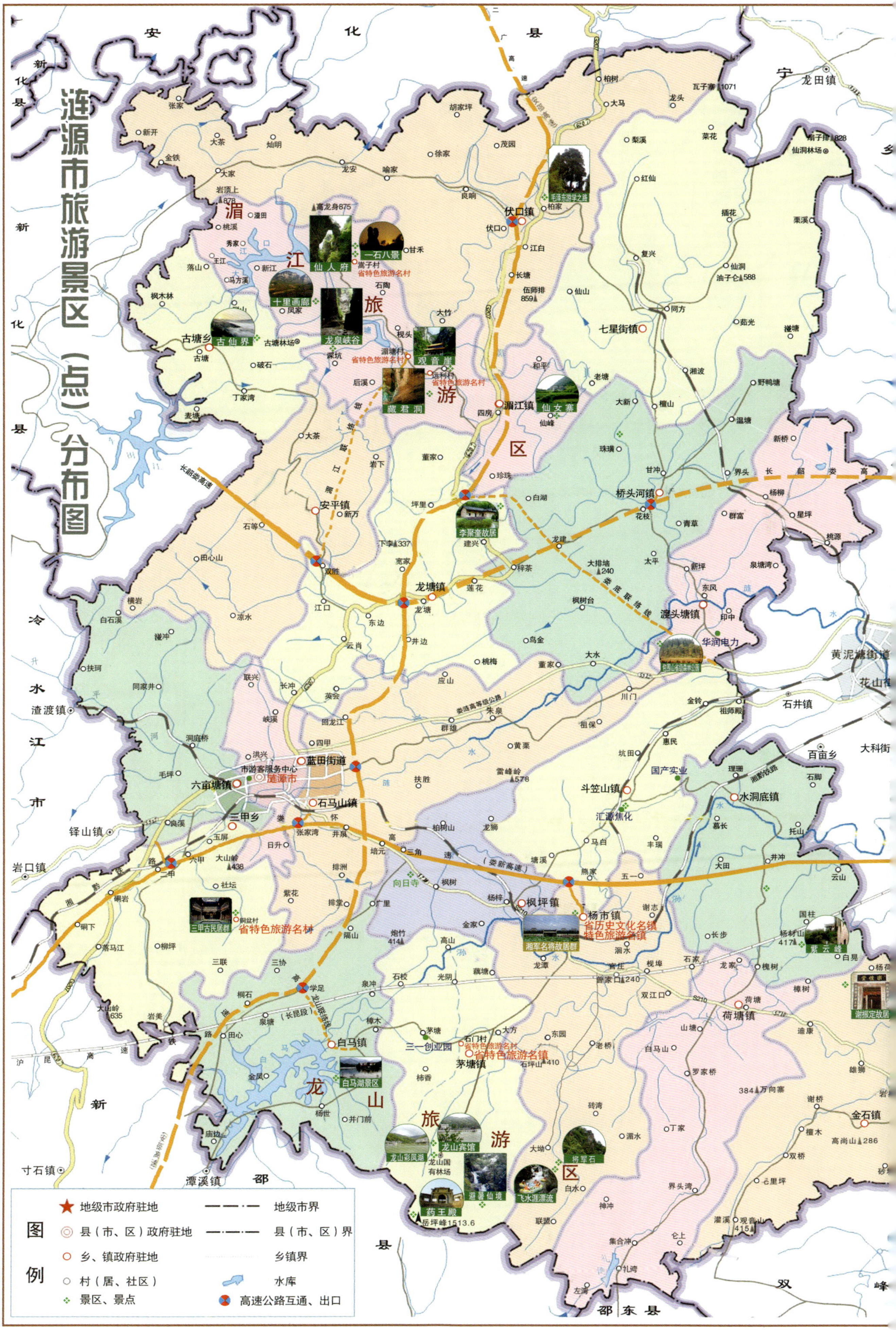

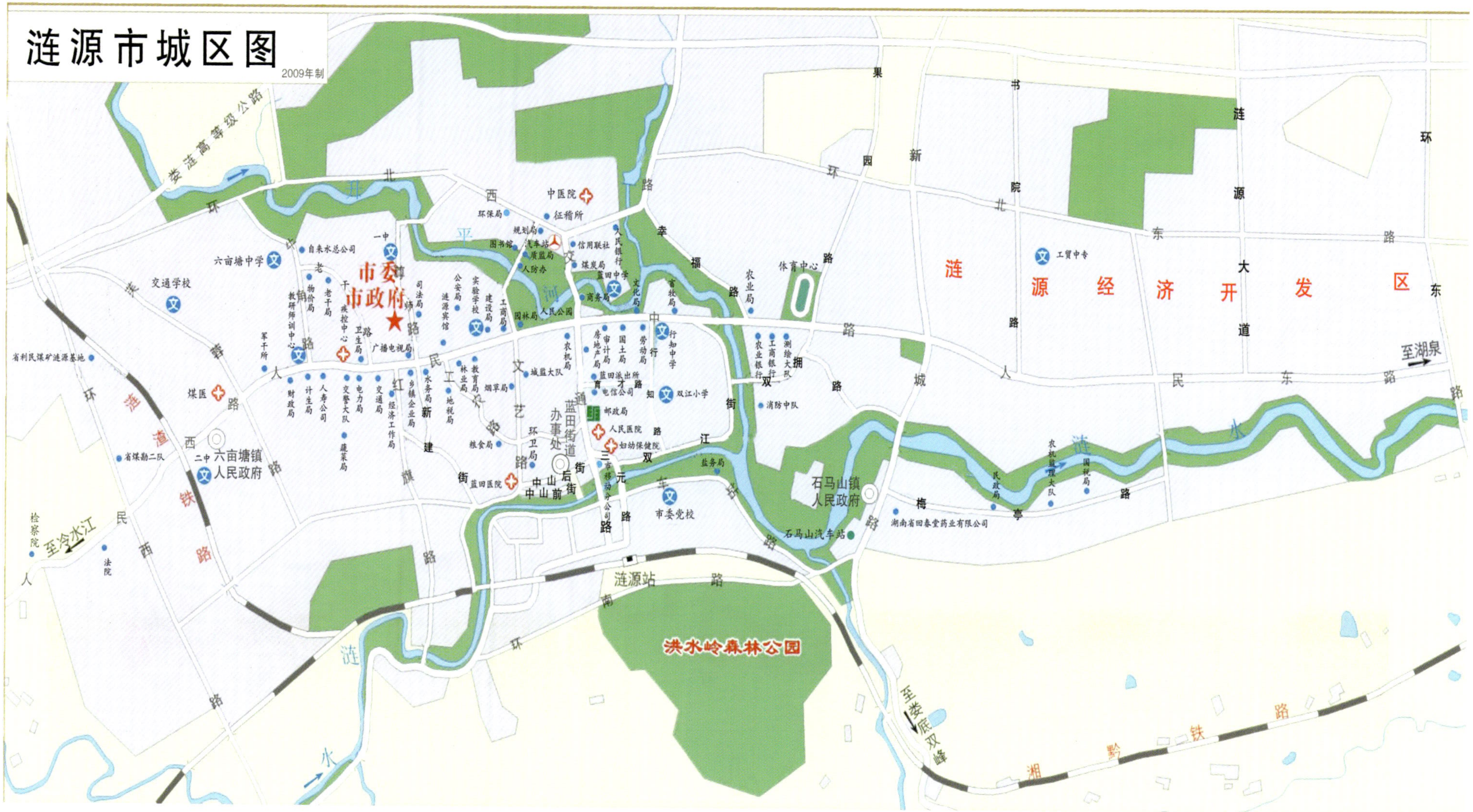

说明：2014年2月，环北路更名福源路，沿河东路更名人民东路，沿河大道更名沿河路，石马路更名马头山路，环东路更名东风路，木灵路更名三一路，涟源大道更名振定路，新城路更名石马山路，岛石路更名燮和路，尊师路更名国师路，环西路更名六亩塘路，新涟河更名升平河。

1987年11月1日，涟源市成立

2007年11月1日，涟源市成立20周年

1994—2003年，涟源市连续四次获“双拥模范城”称号

2000年，涟源市获“全国体育先进县”称号

2001年，涟源市获“全国文化先进县”称号

市委、市政府机关大楼

光明山大礼堂

1989年 12月 18日，省长陈邦柱（前排左二）视察涟源市制革厂、涟源市工具厂

1992年5月9日，省委书记熊清泉（前排左二）率全省地、州、市委书记，省直有关单位负责人考察涟源市白水泥厂

1992年5月19日，省人大常委会主任刘夫生（后排左二）视察涟源市蓝田文化站

2004年2月5日，省委书记杨正午（前排左二）考察湖南五江轻化集团有限公司

2005年6月4日，省长周伯华（左二）、国家民政部副部长贾治邦（左一）至涟源慰问灾民

2005年11月29日，湖南省军区政委李今伟（中）至涟源指导军事工作

光明山广场夜景

人民公园

五马广场的变迁

① 五马广场于1990年建成

② 2003年改建，更名人民广场

③ 2011年改十字路口，设红绿灯

火车站广场

蓝田城区（局部）

涟源一中国师广场

湄江国家地质公园

① 博物馆
② 十里画廊
③ 塞海湖
④ 湄峰湖湖心岛
⑤ 揽月古道上俯视

③

⑤

④

龙山国家森林公园

① 彩凤湖
② 白马湖
③ 飞水漂流
④ 鸟瞰龙山
⑤ 飞水崖瀑布

①

②

③

④

⑤

1．水洞底电站
2．荷塘镇童家坝
3．石马山镇朱泉水库

① 20世纪80年代农村水井
② 21世纪初农村兴建安全饮水工程
③ 湄江镇农田灌溉设施

① 乡村公路（杨市镇）
② 娄新高速公路涟源段
③ 沪昆铁路涟源火车站

1. 1993年12月，涟源市开通程控电话大哥大
2. 电信大楼

华润电力（涟源）有限公司

国产实业（湖南）水泥有限公司

湖南金塔机械制造有限公司生产的带式输送机

湖南远扬煤机制造有限公司车间

娄底市中源新材料有限公司

湖南五江轻化集团有限公司保温瓶厂生产车间

涟源市汇源焦化有限公司

插秧机作业

机械收割

枫木林贡茶

家畜养殖

家禽养殖

市园艺示范场柑橘

古塘金秋梨

三甲葡萄

水洞底杨梅

白马金银花

甘溪粉丝

湘中黑牛

涟源一中北校门

伏口镇中心小学校园

涟源市工贸职业中专校园一角

涟源市三一学校

涟源市图书馆（作家爱心书屋中心馆）阅览室

作家爱心书屋（白马镇田心村）

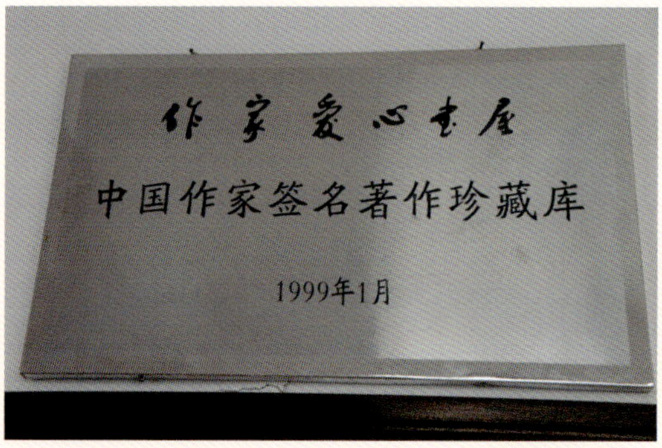

巴金、臧克家等全国著名作家签名赠书

涟源一中诗词碑廊

① 国家非物质文化遗产
——珠梅抬故事

② 湄江镇中心学校举行六一节文艺汇演

③ 税收宣传广场文化艺术节

④ 全国首部反映基层戒毒所工作的电影《不需喝彩》在涟源现场拍摄

2003年的市人民医院

2012年的市人民医院

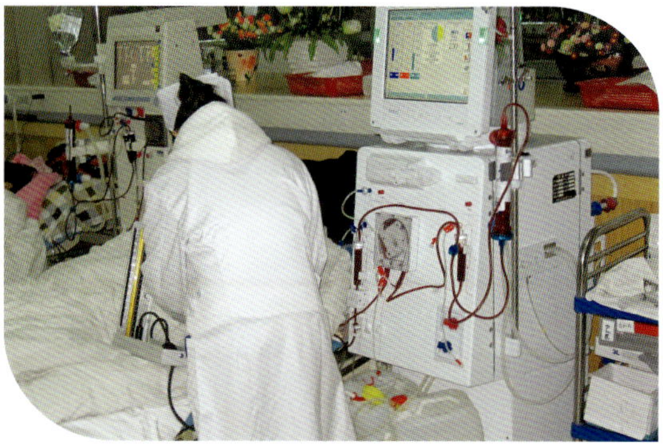

市人民医院血透室

市中医医院住院楼

2007年6月16日，涟源市体育馆举行开馆球赛——全国男子篮球甲B四强对抗赛

杨市镇一年一度龙舟赛

涟源市福康祥超市

① ②
③

① 蓝田市场
② 涟源市医保平安大药房
③ 老年人健身场

全国文明村——茅塘镇石门村

蓝田城区住宅小区——涟水名城

农村住宅（茅塘镇五福堂）

乐恺堂，位于金石镇桃林村，清代谢振定、谢兴峣、谢邦鉴祖孙三进士祖居地，始建于清康熙十七年（1678）

世业堂，位于三甲乡铜盆村，主建筑为清乾隆年间梁鼎绅建，厢房系嘉庆初年其子资政大夫梁治达建

白马堂,位于斗笠山镇高塔村，始建于清咸丰九年（1859），湘军名将萧庆衍故居

锡三堂，位于荷塘镇古楼村，清咸丰年间建，湘军名将李续宾、李续宜故居

竹义园，位于三甲乡财溪村，清末奉直大夫陈惟均建

师善堂，位于杨市镇新建村，清同治年间湘军名将刘连捷建

养春山庄，位于金石镇和合村，清道光年间中宪大夫李续祐建，新华社副社长李普故居

吴氏宗祠（位于安平镇新万村）

贺氏宗祠（位于渡头塘乡新塘湾村）

刘氏宗祠（位于水洞底镇大田村）

周氏宗祠（位于茅塘镇石碑村）

彭氏宗祠（位于杨市镇老桥村）

李氏宗祠（位于水洞底镇天堂村）

元代重瓣牡丹花纹银盏托，一级文物

元代六瓣花口梅花云托月银盘，一级文物

元代龙首柄银杯，一级文物

元代菊瓣形回纹银杯，一级文物

元代行旅图银发钗，一级文物

元代银匜，一级文物

注：以上文物1994年3月出土于石狗乡（今桥头河镇）石洞村

2013年12月17—18日，娄底市《涟源市志（1987—2007）》稿评议会在涟源宾馆召开。图为与会人员合影

前排左起：吕余庚、蔡素云（女）、林有良、余明庭、胡卫平、刘柏林、袁勇前、易介南、何文君、阳花萼、高超群、刘志伟、伍鹄、李敦楚
中排左起：刘凤、谢国荣、曾爱武（女）、余勇辉、刘湘源、李国雄、杜坚中、邹文程、申喜平、陈敏、彭兴佐、龙云湖、赵瑾（女）
后排左起：段最琪、吴树叶、曾润之、梁友奖、梅喜平、李群芳、谢永克、王抗扬、陈远渡、雷永清、章长斌、吴六权、谭喜凡

目　录

第四篇 人民代表大会

第五篇 人民政府

第六篇 人民政协

第七篇 民主党派 群众团体

第八篇 法 治

第九篇 武 装

第十篇 编制 人事 劳动和社会保障

第十一篇 民 政

第十二篇 经济综述

第十三篇 经济综合管理

第十四篇 工 业

第十五篇 煤 炭

第十六篇 乡镇企业(民营经济)

第十七篇 农业与农村经济

第十八篇　水　利

第十九篇　商贸　服务业

第二十篇　旅　游

第二十一篇 交 通

第二十二篇 邮政 通信

第二十三篇 城乡建设与环境保护

第二十四篇 财政 税务

第二十五篇 金 融

第二十六篇 教 育

第二十七篇 科 技

第二十八篇 文 化

第二十九篇 体 育

第三十篇 卫 生

第三十一篇 社 会

第三十二篇 乡、镇、街道简介

人 物

附 录

索 引

概 述

一

涟源市位于湖南省中部涟水上源，东毗娄星区、双峰县，南接邵东县、新邵县，西邻新化县、冷水江市，北连安化县、宁乡县。地处北纬27°27′~28°2′，东经111°33′~112°2′。2007年，全市总面积1895平方千米，占湖南省总面积0.89%，东西最大宽度40千米，南北最大长度65千米。

1951年8月18日，湖南省人民政府(以下简称省政府)下达《湖南省行政区划调整草案》，确定以湘乡县的九区、十区，安化县的三区、四区及一区的一部分和邵阳县十六区的大部分合并新建蓝田县；8月25日，成立蓝田县筹建办事处。1952年2月16日，政务院电令批准设立蓝田县；3月12日，省政府批准建立蓝田县人民政府，省委批准建立中共蓝田县委员会；4月，政务院下文要求湖南省蓝田县更名(因县名与陕西省蓝田县重名)；8月4日，经省政府批准，蓝田县更名涟源县。1987年6月10日，国务院批准涟源撤县建市，行政区域不变。是年年末，全市辖7个区，3个街道，39个乡，7个乡级镇，有918个村委会、43个居委会，总人口964035人。1995年撤区并乡。2007年，全市辖1个街道、15个镇、4个乡，有909个村委会、38个社区居委会、3个居委会，总人口1136784人。

全境地形起伏多样，西南为龙山山脉，北部为雪峰山余脉，中部雷峰山脉呈屋脊状隆起。南、北、西三面群山环绕，中部多丘陵，东部地势平坦，总体呈向东敞口的“E”形地貌。最高点在龙山主峰岳坪峰，海拔1513.6米；最低处为渡头塘乡桥溪村江东湾，海拔103.5米。海拔500米以上的山纵横140多座。主要干流3条，南有孙水，北有湄水，中有涟水，大小溪流172条。

境内自然资源丰富，煤炭探明储量40366万吨，占娄底市总储量的57.4%，占湖南省总储量的16.21%，为全国58个重点产煤县市之一，是湖南的能源原材料基地，素称“煤海”“建材之乡”和“非金属矿之乡”。境内旅游资源丰富，北有湄江国家地质公园，集山、水、洞、峰、石、瀑、湖于一体，景观齐全，风光秀丽；南有龙山国家森林公园，山体高大雄伟，山势高峻挺拔，动植物资源丰富。地处中亚热带季风湿润气候区，气候温和，四季分明，雨量充沛，降水时间比较集中，夏末至冬初少雨，秋季多干旱，严寒期短，暑热期长。1987—2007年，年均气温17.1℃，降水量1420.3毫米，日照1557.4小时，无霜期278天。

涟源，山川灵秀，人才辈出。“烧车御史”谢振定，湘军骁将刘连捷、刘岳昭、李续宾、李续宜、周宽世，辛亥革命元勋李燮和，抗日忠烈陈海泉，中共烈士卢天放，开国上将李聚奎，党政高干刘海藩、李普，著名学者专家曾益新、张信威、廖湘科，著名作家蒋牧良、谭谈、萧育轩，全国著名劳动模范李临庄，中国首富(2011年)梁稳根，中国首善彭立珊(2006—2010年)……如群星璀璨，光耀中华；客籍人士，宋代理学大师张南轩，清代两江总督陶澍，现代教育家廖世承、钱基博、储安平，现代文学大师钱锺书，著名学者王鲁湘等，也曾流寓于此，影响至深。

二

1987—2007 年,中共涟源市委、涟源市人民政府(以下简称市委、市政府)坚持改革开放,各项事业迅速发展。经济总量快速增长,1987 年全市国内生产总值 57245 万元,2007 年增长至 876146 万元,工农业总产值也由 92714 万元增长至 1203693 万元,分别增长 14.31 倍和 11.98 倍;经济结构不断优化,1987 年一、二、三产业结构比为 40 ∶ 37 ∶ 23,2007 年调整为 24 ∶ 41 ∶ 35,实现"一二三"型向"二三一"型转变;基础设施建设不断加强,1987 年全社会固定资产投资 7775 万元,2007 年增长至 288058 万元,增长 36.05 倍;财政税收平稳增长,1987 年财政总收入 4326 万元,2007 年增长至 30176 万元,增长 5.98 倍。

(一)国民经济高速增长

工业经济效益明显提高,企业生产规模不断壮大。1987 年,全市工业企业 919 家。其中,中央、省、地属厂矿 17 家,市属厂矿 68 家,乡镇(街道)办工业企业 255 家,村办工业企业 579 家。完成工业总产值 61230 万元,占工农业总产值 66%,325 家独立核算企业实现利润 1836 万元,上缴税金 1788 万元。1992 年,预算内国营工业企业进行生产经营、产品定价、内部分配、人事用工、技术改造的"五自主"改革,实行"自主经营,自负盈亏,自我约束,自我发展,自我完善",改变企业经营好坏一个样、职工干多干少一个样的现象,打破企业吃国家"大锅饭",职工吃企业"大锅饭"的局面。1997 年开始,加快工业结构调整,着力提高工业经济整体素质和效益,壮大支柱产业,培育产业龙头。工业布局发生明显变化,由以前的集中城市周围向乡镇扩展。国有、集体工业企业实施以承包经营为主要内容的改革。2003 年 7 月,市委、市政府出台《关于加快企业改革的实施意见》《涟源市企业改革的若干规定》,全面推进以"两个置换"(企业置换产权,职工置换身份)为主要内容的企业改革。2006 年 2 月,市委、市政府颁发《关于加快推进工业化进程的决定》,使工业在工业化、城镇化、农业产业化中的核心地位得到进一步巩固,工业化进程明显加快。2007 年,全市纳入统计的工业企业 784 家(未纳入统计的个体企业 1263 家)。其中,国有企业 9 家,集体企业 20 家,有限责任公司 7 家,股份合作企业 5 家,私营企业 739 家,港、澳、台商投资企业 3 家,中外合资经营企业 1 家。完成工业总产值 873806 万元,是 1987 年的 14.27 倍,占工农业总产值 72.6%。主要产品原煤生产 402 万吨,生铁 15.4 万吨,发电 6098 万千瓦时,分别比 1987 年增长 24.91%、219.50%、81.33%。规模以上工业企业实现利润 39040.1 万元,上缴税金 26407.2 万元。

农业产业结构合理调整,产业化水平不断提高。1987 年,全市农业以种植和养殖为主,农业机械化程度低,大部分农村劳动力靠耕种自家责任田土养家糊口,农村经济单一,农业产品以自产自销、自给自足为主。是年,全市总耕地 43195.93 公顷,总产粮食 37.96 万吨,农业总产值 3.15 亿元,占工农业总产值 33.96%。农民依靠种养业获得的收入占总收入的 62.89%。进入 20 世纪 90 年代,大量青壮年劳力外出务工,市委、市政府把调整产业结构作为农村经济工作重点,稳定发展粮食生产,择优发展多种经营和第二、三产业。先进农机具、优质化肥、高效低毒农药、混合饲料、优良品种得到广泛推广应用,农业现代化水平、科技含量和劳动生产率大大提高。农民根据市场需要自主决定生产、经营项目,自由销售农产品,农村多种经营全面发展。1995 年,涟源市被列入全国第四批商品粮基地建设县(市),全面铺开农业产业化建设,粮食生产以"吨粮田"建设为中心,林业建设以丘岗山地开发和"千元山"建设为目标,畜牧水产业由粗放型向集约型、规模化转变。

1997 年，全市确定十大产业化基地。2000 年，制订农业产业结构调整方案。推广优质稻，发展模式化稻田养鱼，启动肉牛产业。2001 年，形成优质稻、蔬菜瓜果、玉米、药材和牧草五大农产品基地。2002 年，结合龙头企业的发展，通过订单农业、公司加农户等形式，发展农产品种养大户，推进“公司+基地+农户”“合作组织+农户”的经营模式和“一村一品”的产业结构。2003 年，市委、市政府贯彻实施《中华人民共和国农村土地承包法》，进一步稳定承包关系，规定“增人不增地”“减人不减地”，推进土地流转，农民开始采用转包、转让、互换、出租、入股等形式流转土地。2007 年，全市总耕地 41210 公顷，粮食总产 46.14 万吨，农业总产值 32.99 亿元，是 1987 年的 10.47 倍，占工农业总产值 27.41%。农民依靠种养业获得的收入占总收入 45.39%，农民人均纯收入 2346.60 元，比 1987 年增长 5.9 倍。

市场竞争日趋激烈，商业贸易日益繁荣。1987 年，全市社会商品零售总额 38168 万元。其中，国营商业 9258 万元，供销社和其他集体商业 13334 万元，个体私营商业等 15576 万元，分别占 24.26%、34.93%、40.81%。1990 年开始，国家陆续取消商品计划分配，价格放开。传统的国营商业和集体合作商业受个体商业冲击，利润下降，普遍亏损。1993 年，全市国营商业实行国有民营改革，将门市部、店、柜台承包给私人经营，实行公有私营、独立核算、自负盈亏。2003—2006 年，国有、集体商业企业实施“两个置换”改革。各类超市、集贸市场、专业物资市场迅速发展，个体私营商业遍布城乡，商品琳琅满目，商业贸易繁荣活跃。2007 年，全市年成交额 500 万元以上的超市、购物中心 8 家，年成交额 500 万元以上的农贸综合市场 11 家，个体商业经营户 14640 户。全市社会消费品零售总额 29.18 亿元，是 1987 年的 7.64 倍。其中，国有商业 2 亿元，集体商业 0.81 亿元，个体私营商业 26.37 亿元，分别占 6.85%、2.78%、90.37%。

（二）基础设施建设突飞猛进

2007 年，全市公路总里程 4009.52 千米，比 1987 年增长 2.11 倍；每百平方千米有公路 211.16 千米，比 1987 年增长 1.89 倍。21 年中，全市交通基础设施建设投资总额 15.28 亿元，新修、拓宽、改造公路 3851.02 千米，其中乡村道路 2615.9 千米；新建公路桥梁 107 座，2832.05 延米。

2007 年，全市邮政电信收入 2.21 亿元，固定电话用户 82454 户，入户率 22.37%。移动电话用户和计算机宽带互联网用户从无到有，分别为 222781 户和 9039 户。

2007 年，城市面貌大为改观。城市建成区面积 8 平方千米，比 1987 年扩大 1.5 倍。主要道路总面积 439321 平方米。其中，机动车道 326746 平方米，人行道 101675 平方米，非机动车道 10900 平方米。东西向有人民路、车站路、环北西路等主要道路，南北向有芙蓉路、文艺路、交通路、新城路等主要道路。街道两旁商铺、商住楼、大厦鳞次栉比。居民休闲、娱乐、健身场地有光明山广场、火车站广场、人民公园等，占地 66500 平方米。体育馆、城区直饮水工程、富洪城市生活垃圾填埋场投入使用。城区绿地覆盖率 29.2%，人均公共绿地 3.42 平方米。

2007 年，农田基本设施大为改善，排灌配套，沟、渠、路、桥、涵、坝、闸统一规划，全面建设。1987—2007 年，全市累计投入水利、水电建设资金 5.9 亿元，投工 5.6 亿个，治理病险水库 121 座次（中型水库 2 座，小型水库 73 座），整修山塘 4.1 万口，新修山塘 98 口，改造塘坝 251 处，混凝土防渗山塘 19118 口，河道整治清淤 211.74 千米，完成土石方 4.4 亿立方米。蓄、引、提水总量达到 3.5 亿立方米，有效灌溉面积达到 3.31 万公顷，旱涝保收面积 2.45 万公顷，占总水田的 87.88%。11 个乡镇 177 个行政村 9800 公顷中低产田，路相通，渠相连，旱能灌，涝能排，桥涵闸配套齐全。投资 170 万元建成娄底市第一个山洪灾害预警系统，为防汛抗灾提供技术支撑。

(三)社会事业全面发展

撤县建市20年,在经济快速发展的同时,社会大局基本稳定,各项社会事业普遍得到发展。

教学条件不断改善,教学质量稳步提高,教育工作成效显著。2007年,教育事业费支出15509万元,比1987年增长13倍,年递增14.1%。义务教育阶段学生全部免除学杂费,小学适龄儿童入学率为100%,初中入学率为99.6%;普通高级中学和职业中学在校学生人数26592人,比1987年增长1.61倍;高考录取人数5203人,比1987年增长6.64倍。

科技事业迅速发展。1987年,全市围绕"科技兴涟"战略,积极引进、推广、应用新技术,开发新产品。1993年5月,市委、市政府制定《科技兴涟纲要》。1996年6月,设立科技综合性奖——科技兴涟奖,促进全市经济持续、快速、健康发展,全市95%以上的农作物和家禽品种实现更新换代。波纹槽结晶器铜管、拉矫机水冷式轴承座列入国家重点攻关项目;JT、JTK、JTP新型矿用无级调速绞车属国内首创;废镍钴钴板合金生产线技术水平跻身国内先进行列;无头轧制专项设备系统达到国际先进水平。2007年,申报、授权科技专利67项;推广、引进新技术品种75个,实现高新技术产品产值14.58亿元。

医疗卫生事业不断发展,保障体系逐步健全。1992年,涟源市计划免疫工作经世界卫生组织考核验收合格。1995年,涟源市首创湖南省县级市丙级卫生城市,1999年上升为乙级卫生城市。2007年与1987年相比,全市医疗卫生机构由1071个增加到1129个,医疗卫生技术人员由3211人增加到4867人,医疗设备总价值由200.65万元增加到6994万元,建筑总面积由13.52万平方米增加到22.05万平方米,医疗业务用房面积由10.81万平方米增加到15.26万平方米。

民主政治建设迈开步伐。各级人大的法律监督和各级政协的民主监督水平不断提高,政府依法行政水平明显增强,乡村民主选举、民主管理日益规范。

精神文明建设硕果累累。建立全国闻名的爱心书屋和爱心文化园,成功创建"全国先进文化市""全国先进体育市""中华诗词之乡"和"全国双拥模范城"。

(四)居民生活水平显著提高

1987—2007年,全市城乡居民收入逐年增加。2007年与1987年比,职工年平均工资由1347元增加到17404元,增长11.92倍;农民年均纯收入由436.97元增加到3249.76元,增长6.44倍;城乡居民储蓄存款年末余额由1.04亿元提高至41.06亿元,增长38.48倍;年人均储蓄存款由107元增加到4532元,增长41.36倍。消费水平不断提高,生活质量明显改善。2007年与1987年比,城镇居民年均消费支出由764元增加到7241元,增长8.48倍;农民年均生活消费支出由388元增加到3021元,增长6.79倍。消费结构不断优化,消费档次全面提高。消费模式逐步由温饱型向小康型过渡,吃穿等生活资料支出比重明显下降,休闲消费、旅游消费、时尚消费、保健消费逐渐为人们所接受,各大超市、商场、娱乐场所及餐馆酒楼生意兴隆。2007年,城市居民恩格尔系数(食品开支占家庭消费支出的比重)为42%,比1987年减少10.66个百分点;农村居民恩格尔系数为55.08%,比1987年减少6.26个百分点。衣着消费逐步由御寒耐穿向美观、多样、高档方向发展。2007年,城市居民人均衣着支出718元,比1987年增长6.7倍,年均递增12.8%;农村居民人均衣着支出128元,比1987年增长2.66倍,年均递增6.7%。家庭用品支出明显上升,主要家电消费品在城区基本普及,在农村拥有量迅速增加。2007年,城市居民每百户拥有小汽车4辆,摩托车14辆,洗衣机102台,电冰箱98台,彩色电视机128台(其中接入有线电视网108台),家用电脑48台(其中接入互联网42台),照相机28架,空调器56台，普通电话机90台，移动电话152台（接入互联网14台）；农村居民每百户拥有小汽车1辆，摩托车15辆，洗衣机44台，电冰箱30台，彩色电视机86台，黑白电视机14台，接入有线电视网34台，普通电话机57台，移动电话60台。文化教育娱乐支出显著提高。2007年与1987年比，城市居民人均文化教育及娱乐服务支出由60元增加到860元；农村居民人均文化教育及娱乐服务支出费用由22元增加到212元。居住条件明显改善。1987—2007年，城镇居民人均居住面积由7.89平方米增加到31.43平方米；农村居民人均住房面积由15.6平方米增加到38.29平方米。

（五）社会保障体系不断完善

1987年，开始对市内全民所有制企业的劳动合同制工人建立养老保险关系。1988年，市政府下发《关于在全市实行退休费用社会统筹的通知》，市内88户全民所有制企业2.2万名职工参加退休费用社会统筹。1994年4月，开始征集全市机关事业单位工作人员养老保险基金。1999年7月1日，实行城市居民最低生活保障制度。2003年，建立以大病统筹为主的新型农村合作医疗制度。2006年，建立贫困人口最低生活保障机制，实施农村最低生活保障制度。2007年，全市城镇职工养老、失业、医疗、生育和工伤保险"五险并举"格局形成，参加养老保险人数43945人（各类企业21599人，机关事业单位22346人），参加失业保险人数3.58万人，参加医疗保险人数42103人，参加生育保险人数27385人，参加工伤保险人数13256人。全市7475户20637人享受城市最低生活保障，6938户19928人享受农村最低生活保障，807076人参加新型农村合作医疗保险，社会保障体系逐步健全。

三

1987—2007年，市委、市政府坚持以马克思列宁主义、毛泽东思想、邓小平理论和"三个代表"重要思想为指导，全面贯彻落实科学发展观，认真执行党的基本路线和方针政策，确立"深化改革，扩大开放，着力三化（城镇化、工业化、农业产业化），乘势而上，超常发展"的指导思想和"五个唯一"（把项目工程作为唯一载体，把招商引资作为唯一选择，把民营经济作为唯一出路，把基础设施作为唯一依托，把优化环境作为唯一策略）的发展思路，贯彻"科学技术是第一生产力"的战略思想，全市经济社会保持持续健康快速发展的良好势头，一步步跻身"湖南省县域经济发展先进县市"和"中国中部百强县市"行列，人民生活总体水平由温饱逐渐进入小康。但是，在财政收入以年均11.57%的速度增长的同时，财政支出也以年均18.83%的速度增长；在党和政府职能机构与管理人员逐渐增多的同时，人浮于事的现象也较严重；在工业经济平稳较快发展的同时，环境污染、资源破坏也不容忽视；在人民生活水平不断提高的同时，行贿受贿、公款吃喝、以权谋私、买官卖官、弄虚作假、卖淫嫖娼、打牌赌博、吸毒贩毒、强买强卖、黑恶势力危害社会等丑恶现象时有发生。回顾过去，展望未来，涟源人民正不断总结经验，振奋精神，继往开来，朝着高新技术产业密集、商贸旅游发达、科技教育先进、城市功能完备、人民生活富裕的目标奋进，为建设一个富强、民主、文明、和谐的新涟源而努力！

大 事 记

1987 年

2 月 28 日—3 月 4 日 涟源县第十届人民代表大会第一次会议召开，刘永根当选县人大常委会主任，易树基当选县长。

2 月 28 日—3 月 5 日 政协涟源县第七届委员会第一次会议召开，吴贵涛当选主席。

3 月 10 日—4 月 3 日 一架“运-5 型”飞机在四古、岛石、漆树、柏树、仙洞、七星、湘波等 7 个乡镇飞播造林 3533 公顷，播马尾松种 6000 千克、刺槐种 2700 千克、柏木种 90 千克。

3 月 21 日 涟源县国土管理局成立。

4 月 24—25 日下午 5 时 全县 7 个区 18 个乡镇出现大风冰雹，县气象站测得降水量 19.7 毫米，风力 8~9 级，冰雹直径 5~10 毫米。其中，大桥乡思久、肖家、先锋、和平等村受灾严重，损坏房屋 210 间，受灾秧苗 13.3 公顷，直接经济损失 450 万元。

是月 涟源县派代表出席在山西省左云县召开的全国重点产煤县（市）会议，涟源被列为全国 58 个重点产煤县市之一。

5 月 13—26 日 境内普降暴雨。其中，13 日降雨量 56.7 毫米，19 日降雨量 50 毫米，26 日降雨量 67.6 毫米。全县 40 万人受灾，死 4 人，伤 48 人，直接经济损失 3277 万元。

是月 撤销县交通监理所，成立涟源县公安局交通警察队，1993 年 6 月更名市公安局交通警察大队。

6 月 10 日 国务院批准撤销涟源县设立涟源市，行政区域不变，辖 7 个区，1 个区级镇，39 个乡，7 个乡级镇；有 921 个村委会，26 个居委会。10 月 13 日，调整为 7 个区，3 个街道，39 个乡，7 个镇；有 918 个村委会，43 个居委会。

7 月 县锅厂跻身全省 28 家省级先进企业行列，为娄底地区第一家。

是月 成立涟源县矿产资源开发管理办公室，1992 年更名市矿产资源管理局，1994 年更名市地质矿产局，2005 年 7 月与市国土管理局合并，组建市国土资源局。

8 月 关闭和拆除南风乡锑冶炼厂，为全省环保系统执法典型。

10 月 总后勤部第四后方基地中心门诊部将原 365 医院住院部院址（位于马家境街道）无偿借给涟源创办涟源县第二中学，上将李聚奎题写校名“涟源二中”，次年 8 月更名涟源市第二职业中学，李聚奎再次题写校名。

是月 县甘溪焦化厂年产 8 万吨焦炭生产线试产成功。

11 月 1 日 举行涟源市（县改市）成立大会。

12 月 27 日 全市第一个科研塑料大棚在市农业技术培训中心建成。大棚面积 180 平方米，可人工调温，培育黄瓜、辣椒、茄子、四季豆等蔬菜种苗，并可生产食用菌。

是日 中国银行娄底支行涟源办事处成立，1989 年 6 月 1 日升格为中国银行涟源支行。

是年 涟源市成为湖南省第一批全国食品卫生示范县(市)。

是年 市委、市政府决定,3年内对非农业人口一律停止审批生育第二胎申请。

是年 市政府第一次下达限期治理环境污染项目,确定市氮肥厂生产废水回收、省锻造厂生产废水回收、田湖铁矿职工医院病毒废水回收、市造纸厂白水回收4个治理工程,累计投资63万元。

是年 全市首次职称改革,参评单位1140个。其中,全民事业单位772个,全民企业单位152个,集体事业单位113个,集体企业单位103个。12170人参评。其中,事业单位10570人,企业单位1660人。通过评审,获得各类专业技术职称者6355人。

是年 市锅厂开发生产机械柔性接口铸管,填补中南五省空白。

是年 涟源市被确定为全国瘦肉型商品猪基地县(市)。

是年 娄底地区首例断指再植术在市人民医院获得成功。

1988年

1月 境内第一家职业介绍所——涟源市职业介绍所成立。

是月 畜牧股、水产站从市农业局分出,成立涟源市畜牧水产总站,1995年更名市畜牧水产局。

4月17—20日 中共涟源市第六次代表大会召开,选举产生第六届委员会。4月21日,市委召开六届一次全体会议,欧阳花萼当选市委书记。

5月11日 市委印发《涟源市党政职能分开的意见》。

是月 涟源市海外联谊会成立。

6月6日 市武警中队战士欧某等与市第一中学学生梁某等在蓝田街头发生纠纷,梁某被打伤。6月7日、6月9日,市一中部分学生上街游行。事后,欧某等及支持学生游行的市一中教师受纪律处分。

6月10日 涟源市计划生育协会成立,是日召开第一届会员代表大会,选举李细军为会长,聘请曹源清为名誉会长。

6月10日 涟源市老干部诗书画活动小组成立,1990年更名市老干部诗书画协会,2008年更名市诗联书画家协会。

6月22日 桥头河镇暴雨,死亡3人,伤4人,倒塌房屋613间,冲毁河堤2.2千米、河坝5处,农作物受灾面积8524.26公顷,直接经济损失800万元。

6月29日—8月20日 境内持续高温,降雨量仅31.5毫米,同期蒸发量427.8毫米。5333.3公顷晚稻无水插秧,4733.3公顷晚稻插后断水,1466.7公顷中稻断水。全市22个村3.8万人饮水困难。

8月21日—9月3日 境内连续低温阴雨,全市250公顷杂交水稻秋季制种基本失收,直接经济损失175万元,造成水洞底、山塘两个乡15个村2337户生活困难。

8月 涟源市被民政部、解放军总政治部评为全国拥军优属先进单位。驻涟59471部队、59194部队中心门诊部被省政府、省军区评为湖南省拥政爱民先进单位。

是月 市税务局与市人民检察院联合破获桥头河镇工商税代征员彭某某等6人出卖税票案,查缴赃款21万余元。

9月 市伞厂翠莲牌直骨自开伞,在全国制伞行业质量评比中名列第一,获“国家轻工业部优质产品”、“湖南省优质产品”称号。

9—10月 市税务局、市公安局、市人民检察院、市工商行政管理局联合破获一起全国罕见的伪造税票案,李某某等5名案犯全部落网,挽回经济损失50余万元。11月22日,省公安厅、省税务局在涟源举行庆功表彰大会,国家税务总局致电祝贺。

11月 涟源市被国家教育委员会、国家计划委员会、劳动部授予“全国勤工俭学先进单位”称号。

12月2日 市七一煤矿进行井下水闸门耐压试验时,发生爆炸事故,死3人,伤10余人。娄底地区煤炭局工程师贺建国、市煤炭局主任工程师易梅荪及该矿副矿长刘合根遇难,直接经济损失30万元。

是年 市内首次采用公开选拔办法,选拔7名非党员后备干部。

是年 工效挂钩(企业工资总额同经济效益挂钩)工资改革在国营企业铺开,24户市属国营企业6265名职工进行工效挂钩。翌年扩大到市属集体企业,全市25户大集体企业4511人进行工效挂钩。

是年 涟源被列为全国“两省灶”(省柴灶、省煤灶)试点县(市)。

是年 成立涟源市森林防火指挥部。

是年 市政府下发《关于在全市实行退休费用社会统筹的通知》,市内88户全民所有制企业2.2万名职工参加退休费用社会统筹。

1989年

1月17日 涟源火车站站房原地翻修扩建竣工营运。

1月18—22日 境内连续5天降雪,最大积雪深度13厘米,林业受灾面积1393.75公顷,3000公顷蔬菜和油菜受灾,倒塌房屋2350间,直接经济损失1000万元。

4月 蓝田信用社首次发行股金票,吸收股金234万元。是年,全市39个信用社吸收股金563万元。

是月 省长陈邦柱视察市工具厂,提出要进一步扩大出口创汇。

5月1日 涟源市成为全省第一个征收煤炭开发基金的县(市)。

6月27日—7月3日 市境7天降雨量240.5毫米,造成6人死亡,30人受伤,28个小水库出现险情,冲毁河堤5706米、山塘1792口,农作物受灾8700.7公顷,直接经济损失2200万元。

是月 涟源市城市管理监察队成立,2004年更名涟源市城市管理监察大队。

7月10日 市委、市政府作出《关于四年消灭宜林荒山,九年全面绿化涟源的决定》,动员全市人民加快造林绿化进度。1997年6月,省绿化委员会授予涟源市“实现全面绿化市”奖牌。

是月 著名慈善家彭立珊捐赠529万元在太和乡官庄村创建的立珊中学竣工。

8月 全市进行第一届村民委员会选举。

9月2日 涟源市社会福利有奖募捐委员会成立,10月1日在蓝田城区三角坪首发有奖募捐彩票。

是月 市工商银行营业部在全市银行系统率先使用电脑结算。

10月21日 市冶炼厂主体工程——7200千伏安矿热中型电炉建成投产,月底生产出第一炉硅锰合金。

12月8日 涟源市第一次外事工作会议召开。

12月18日 省长陈邦柱视察市制革厂、市工具厂。

1990年

2月14日 涟源市国防教育委员会成立。

2月23—26日 市政协第八届第一次会议召开,胡康凡当选主席。

3月1—6日 市第十一届人民代表大会第一次会议召开,肖滨洋当选市人大常委会主任,易树基当选市长。

是月 经联合国儿童基金会、世界卫生组织、卫生部审评,涟源市计划免疫"四苗"(麻疹疫苗、卡介苗、脊髓灰质炎疫苗、百白破疫苗)覆盖率达100%,接种率为全省被抽查县市的第一名。

4月 市委书记欧阳花萼调任娄底地区行政公署副专员,谭显栋接任市委书记。

5月 涟源教育电视台开播。

是月 侨胞彭立珊捐赠4辆客车,市公共汽车公司组建,开通芙蓉广场至三角坪公交线路。

6月6—15日 境内过程降雨量297.7毫米,其间暴雨3天,最大日降雨量72.0毫米,受灾人口50.88万人,倒塌房屋4497间,冲垮小型水库1座,农作物绝收面积2066公顷,直接经济损失8510万元。6月15日23时,四古乡四新水库大坝垮塌,造成4乡16村受灾,直接经济损失154万元,未造成人员伤亡。6月19日,民政部副部长张德江、省长陈邦柱、副省长卓康宁视察溃坝现场,慰问灾民。

6月25日 省委、省政府认定涟源市为革命老根据地。8月27日,市革命老区建设领导小组及办公室成立。

7月1日零时 第四次全国人口普查:涟源市总人口1006665人。

7月28日 涟源市保密局成立,与市委保密委员会办公室合署办公。

8月2日—9月21日 境内连续干旱,51天降水仅9.4毫米,晚稻田断水1.64万公顷,3100公顷失收。

8月3日 省、地、市三级联合,在杨家滩镇开发万亩大麦高产示范片。

是月 涟源市被评为全国夏粮生产先进县(市)。

11月 娄底地区第一条商品化公路——华(婆坳)雷(鸣洞)公路扩建通车。经省政府批准,1991年开始收取车辆通行费。

12月31日 涟源市残疾人联合会成立,召开首届代表大会。

1991年

1月 涟源市红十字会成立。

3月26日 涟源市开始实施九年制义务教育。

是月 涟源市第十一届人大常委会第二次会议做出决议,批准《涟源市人民政府关于切实减轻农民负担的意见》。

是月 全市第一个乡级计划生育技术服务所——新禾乡计划生育技术服务所建成开业。

4月16日 市皱纹纸厂发生火灾,烧毁成品车间一栋、皱纹纸200多吨,经济损失近100万元。

5月19日 全市开展第一个"全国助残日"活动,市领导深入福利企业、街道企业、语言训练学校走访慰问残疾人,医疗机构上街义诊,为残疾人事业募捐近5万元。

5月22日 恢复建立民盟湖南省委直属涟源市支部。

是月 全市关闭非法小煤窑557家。

是月 涟源市民族宗教事务办公室成立,2007年10月升格为市民族宗教事务局。

6月21日—7月30日 境内连续39天未下大雨。8月8日—10月10日,连续64天秋旱。全市174个村 4.42 万人饮水困难。干旱总面积 1.87 万公顷，绝收面积 3000 公顷。

6 月 涟源市被省政府、省军区评为湖南省拥军优属先进单位。

7 月 1 日 岛石乡桐树村梅花山煤矿（个体无证矿）发生煤与瓦斯突出事故，死亡 10 人。

8 月 涟源开始自办电视新闻。

9 月 17 日 中国银行涟源支行举行长城卡首发式，在市内银行业率先使用信用卡。

10 月 市百货纺织品公司率先进行“四放开”（经营放开、价格放开、用工放开、分配放开）改革试点。

11 月 2 日 能源部部长黄毅诚考察湖南省涟邵矿务局斗笠山煤矿。

11 月 16 日—12 月 7 日 法国制革专家米歇尔·让尼雅至涟源市制革厂作技术指导。1992 年 6 月再次到涟源，市政府授予他“名誉市民”称号。

12 月 27—31 日 境内连续 5 天降雪，雪深 25 厘米。12 月 29 日，最低气温-9.6℃。

是年 全市进行第一次居民委员会选举。

是年 市委、市政府下发《关于进一步抓紧抓好计划生育工作的规定》，落实生育政策，落实人口计划。

1992 年

1 月 12 日 安平镇马方村梨子湾煤矿发生煤与瓦斯突出事故，死亡 17 人，重伤 5 人。

是月 湄江风景区管理处成立。

是月 湖南有线电视台涟源分台试播。

是月 涟源市住房制度改革领导小组成立，下设办公室。

是月 全市出现冰冻天气，连续 8 天平均气温-4℃，786 公顷橘园受灾严重，直接经济损失 2000 万元。

2 月 9 日 市委、市政府作出《关于加快多种经营发展的决定》。

2 月 16 日 市委、市政府作出《关于实行工业企业“五自主”的决定》，在国家法律、法规和政策允许范围内，企业实行生产经营自主、产品定价自主、内部分配自主、人事管理和用工自主、技术改造自主。3 月底，《湖南日报》刊文《要破“三铁”、先破“三怕”》，跟踪报道涟源工业“五自主”改革实践。

是月 市交通运输管理所被交通部评为全国交通运输行业管理先进集体。

4 月 21 日 全市 37 个乡镇 555 个村出现大风冰雹，10 万人受灾，白马乡和杨家滩镇局部地区最大冰雹直径 40 毫米，最大风力 8 级。

5 月 3 日 市委、市政府作出《关于进一步加速我市乡镇企业发展的若干规定》，要求克服求稳怕乱、怕担风险、怕犯错误的思想，发扬敢闯、敢试、敢冒的精神，确保乡镇企业有较快的发展速度，开创乡镇企业新局面。

5 月 9 日 省委领导熊清泉、孙文盛、杨正午、夏赞忠、杨敏之、储波等率全省地、市、州委书记，省直有关单位负责人考察涟源市白水泥厂和涟源工业企业“五自主”改革实施情况。

5 月下旬 省人大常委会主任刘夫生考察涟源工业企业“五自主”改革实施情况。

是月 市长易树基因病离职，刘柏林代理市长。

6 月 1 日 美国共和党亚裔总党部副主席、旅美湖南同乡总会会长彭畴田回乡考察。

6 月 13—22 日 境内过程降雨量 228.8 毫米，最大日降雨量 122.3 毫米。全市 70 万人受灾，倒塌房屋 700 间，333 公顷农作物绝收，直接经济损失 1500 万元。

6月16日 经省政府同意，撤销大桥乡，建立湄江镇，归口湄江风景区管理处管辖，镇政府驻栗山桥。

7月7日—11月6日 全市123天降雨量仅33.3毫米。46个乡镇，19万人，16万头大牲畜发生饮水困难。干涸小二型水库38座、山塘38738口，2506.53公顷中稻、1.69万公顷晚稻受灾。

9月23日 成立涟源市马家境经济开发区，辖6个村委会7个居委会，行政管辖面积9.2平方千米，规划建设面积4.13平方千米。1994年8月更名涟源市经济开发区。2006年更名湖南涟源经济开发区。

9月29日 市糖酒副食品公司中山街副食品大楼发生特大火灾，损失110万元。

10月1日 放开粮食购销价格，个体经营户进入粮食销售市场。除军粮供应外，取消计划供应，各种粮票、粮券不再流通。

10月9—11日 中共涟源市第七次代表大会召开，选举产生第七届委员会。10月12日，市委召开七届一次全会，谭显栋当选市委书记。

11月 涟源市在全省率先开展农村宅基地有偿使用工作。

12月10—11日 省政协主席刘正视察湄江风景区、市电线厂、市制革厂、市皱纹纸厂、三一集团材料工业有限公司，听取市供销社关于公有私营经营体制转换的汇报。

12月29日—次年1月1日 市政协第九届第一次会议召开，胡康凡当选主席。

12月29日—次年1月2日 市第十二届人民代表大会第一次会议召开，陈吉龙当选市人大常委会主任，陆家康当选市长。

是年 涟源市为全省三个吨粮田开发重点县(市)之一。春粮总产56867.9吨，成为全省第一个春粮产量过亿斤的县(市)，之后连续7年位居全省榜首。

是年 涟源市计划免疫工作经世界卫生组织考核验收合格。

是年 在市城区东郊开发国有土地出让实验区，进行城镇国有土地有偿出让试点。

是年 三甲乡玉峰村葡萄产量达2000吨，被确定为全国农业可持续发展示范点。

1993年

1月 全市教育经费实行乡镇包干制，2001年收归市财政统一调拨。

2月 市信用合作联社组织辖内19个信用社联合开办社团贷款，支持市特种水泥厂兴建13万吨道路水泥生产线，开全省农村信用社社团贷款之先河。

3月25日 娄底地区在渡头塘乡开展农村合作基金会试点，娄底地区第一个农村合作基金会成立。1999年11月，全市37家农村合作基金会并入农村信用社或自行关闭。

4月17日 市委、市政府发出《关于切实减轻农民负担的紧急通知》，6月10日又发出《关于减轻农民负担工作的几点意见》。

4月19日 一辆农用三轮车在市城区光明山桥上侧翻，13人掉入河中。武警涟源市中队18名官兵及市人武部组织100余名民兵迅速赶到出事地点，救出8人，捞出尸体5具。其中，武警中队司务长周文渊、市酒厂民兵刘俊各救出3人。

5月5日 市委、市政府制定《科技兴涟纲要》。

5月5—7日 全省中学生田径运动会在涟源市一中举行，14支代表队1000余名运动员、教练员参加，14个地、州、市的269名运动员参赛。市一中获乙组总分第一名，获金牌13枚、银牌5枚、铜牌7枚。

6月13日 市酒厂38度金嵋江春大曲在第五届亚太国际贸易博览会上获金奖。

7月19日 全市普降暴雨，南部金石乡与山塘乡12小时降雨量158.9毫米，全市9个乡镇310个村36万人受灾，1人死亡，12人受伤，倒塌房屋287间，直接经济损失4248万元。

是月 湄江风景区被批准为省级风景名胜区。

8月18日 市委、市政府作出《关于鼓励发展个体私营经济的决定》，指出个体私营经济是社会主义公有制经济有益的、必需的补充，提出14条措施鼓励个体私营经济发展。

11月19日 市委、市政府制定《关于贯彻落实省委、省政府<关于加快发展个体私营经济的决定>的实施意见》，同日召开全市个体私营经济工作会议，放手发展城乡个体私营经济。

是月 首次集中整治全市农村社会治安。

12月 涟源市被评为全国基层宗教管理工作先进市。

是月 境内最大的综合市场——蓝田市场竣工开业。

是年 全市推行人事制度改革，对管理、技术人员实行聘任制，对部门生产经营、技术人员实行专责制，其他职工实行组合制，对新职工实行招聘制。

是年 全国中医眼科经验交流会在涟源召开。

1994年

1月1日 全市实行分税制财政管理体制。

1月8—11日 桥头河镇部分教师因镇政府拖欠工资停课至市政府集体上访。

1月15日 市委办、市政府办制定《涟源市党政机关与所办经济实体脱钩实施方案》，至6月底，党政机关所办的107家经济实体脱钩。

1月18日 市冶金建材总厂110立方米高炉竣工投产。

3月 石狗乡石洞村出土文物43件，其中有玉壶春银瓶等一级文物9件、三级文物2件，文物时代为元至元六年(1340)，均被市文物管理所收藏。

4月10日 涟源广播电视台成立。

4月23日 全国人大常委会委员熊清泉视察市第一职业中学，题词：“为振兴涟源，培养更多更好的‘四有’人才。”

是月 市委书记谭显栋调任娄底地委政法委书记，陆家康接任市委书记。

是月 恢复城镇居民口粮定量和最低限价供应，凭证定点供粮，指标当月有效，过期作废。1996年取消。

是月 全市开始实行每周5天半(44小时)工作制。

5月14—18日 市第十二届人民代表大会第二次会议召开，接受陆家康辞去市长职务，选举高超群任市长。

是月 在郑州举行的全国少年田径赛上，市一中学生周健波获全能、标枪两项第一名，铁饼第三名。

是月 中央教科所小学数学教学改革会议在涟源召开。

是月 市幼儿园被省教委确定为首批全省示范性幼儿园，为娄底地区首家。

7月12日 涟源市被民政部、解放军总政治部命名为“全国双拥模范城”，21日市委书记陆家康、驻涟某部政委刘戴生赴京参加“全国双拥模范城”命名表彰大会。

7月19日 市一中初三学生邱强坚在涟水河红旗桥河坝处跳入急流抢救落水同学光荣牺牲,次年被省政府追认为见义勇为先进个人,追记一等功。

7月28日 煤炭工业部部长王森浩、副省长周时昌至涟源视察煤炭工业发展情况。

8月9日 仙洞乡增加村增加煤矿(无证个体矿)发生老窿穿水事故,死亡25人。

是月 市直机关机构改革启动。翌年初,调整完毕,市委工作机构6个,市政府工作机构31个,党政直属事业机构10个。

9月28日 市税务局分设为涟源市国家税务局和涟源市地方税务局。

是月 涟源市老科技工作者协会成立。

是月 全市国有集体企业开始实行全员劳动合同制。

10月20日 湖南湄江首游式暨商品交易会开幕式在湄江风景区塞海湖沙滩举行。海内外知名人士500多人,观众游客近10万人参加开幕式。是日,景区人满为患,许多游客被塞于途。

是月 市委下发《关于加强农村党支部建设和整顿工作的实施方案》。

11月7日 省委书记王茂林视察湘中水泥厂、湖南省三一集团有限公司、湖南省回春堂制药厂以及市经济开发区。

12月29日 杨家滩镇个体驾驶员肖某某驾驶41—32806东风大货车,在枫坪乡枫树村地段,与相向而来的青烟乡个体驾驶员梁某驾驶的载有16人的41—31324号微型车相撞,造成9人死亡、4人重伤、3人轻伤。

是月 市人民医院被卫生部评为二级甲等医院,成为娄底地区首家二级甲等医院。

是年底 首次拍卖东郊广场(今莲花广场)12宗土地,面积0.17公顷,出让金177.3万元,每平方米地价1039元,最高价每平方米1400元。

是年 龙塘乡被省政府确定为"万亩春粮示范片"。

是年 在全市公众贸易中限制使用杆秤,城区各商店淘汰杆秤。

是年 市人民医院开展首例心脏二尖瓣闭式扩张术获得成功,为娄底地区首例。

是年 省湘中机械厂、湘峰机械厂整体搬迁娄底市(今娄星区),组建华达机械厂,其房地产及附着在土地上的构筑物、建筑物无偿移交给涟源市人民政府。

1995年

1月6日 市委、市政府召开全市市、乡机构改革工作会议,宣布市直机关机构改革方案和乡镇机构改革方案。市直党政机关59个局级单位精简为37个,撤销7个区,49个乡镇(街道)调整为1个街道(蓝田)、15个镇(六亩塘、石马山、安平、湄江、伏口、桥头河、七星街、斗笠山、水底洞、杨市、白马、枫坪、茅塘、荷塘、金石)、4个乡(三甲、古塘、渡头塘、龙塘)。在省民政厅批复前,经上级领导同意,各项工作全面铺开。

1月12日 在全国乡镇煤矿工作会议上,涟源市受煤炭工业部表彰,副市长李劲松代表涟源市做先进典型发言。

是月 全面启动住房制度改革。

是月 市食品罐头厂由市人民法院裁定,成为市内首家依法破产企业。

是月 娄底地区中级人民法院在涟源举行破获梁某康、梁某林倒卖增值税专用发票案审判会。该案涉案总金额5343.06万元，在全国打击投机倒把犯罪专项行动中排名第6起。最终，省高级人民法院以投机倒把罪判处梁某康有期徒刑8年，梁某林有期徒刑2年、缓刑2年。

4月至5月 "福长贵成"国防重点光缆工程在涟源境内施工。

5月 兰州军区某部军用飞机在枫坪镇境内失事，飞行员遇难。

6月12日 开始实行每周5天(40小时)工作制，星期六、星期日作双休日。

6月25日 涟源籍无产阶级革命家、军事家、上将李聚奎于7时42分在北京逝世，享年91岁。7月4日，在北京举行追悼大会，涟源市派市委副书记刘海金、市长助理周翔高参加。

6月30日—7月2日 全市暴雨，蓝田老城区中山街、双江街水淹2米深。全市过程降水量301.6毫米，最大日降水量124.7毫米。全市10人死亡，445人受伤，倒塌房屋3050间，2934.8公顷农作物绝收，直接经济损失1.8亿元。

7月 市体育代表队获湖南省青少年田径比赛县级金牌总数和团体总分第一名。

8月10日 省委书记王茂林视察三甲乡甘溪水库(今秀峰大山塘)灾情以及玉峰村葡萄基地。

9月12日 境内杨市、涟源、荷叶、观山、金盆湾、底下、竹冲7个火车站实现电气集中联锁，人工扳道的历史结束。

9月15日 市委、市政府出台《关于进一步深化市属国有工业企业改革的意见》，要求搞好"三个结合"：把企业"改制、改组、改造"结合起来，把企业改革与加强企业管理结合起来，把深化企业改革和改善外部环境结合起来；实现"三个突破"，即优势企业组建企业集团有新的突破、小型企业放开搞活有新的突破、特困企业改革解困有新的突破。

9月25日 中国科协副主席、农业部原部长何康视察三甲乡持续农业试验区。

11月29日 经省政府同意，省民政厅批复：撤销荷叶、四古、伏口、桥头河、杨家滩、山塘、白马7个区，设1个街道(蓝田)，12个镇(六亩塘、石马山、安平、湄江、伏口、桥头河、七星街、斗笠山、水底洞、杨市、白马、枫坪)，7个乡(三甲、古塘、渡头塘、龙塘、金石、山塘、茅塘)。1997年1月7日，批复撤销茅塘乡，设立茅塘镇；4月2日，批复撤销山塘乡，设立荷塘镇。1998年10月23日，批复撤销金石乡，设立金石镇。

12月 市一中被省教委确定为湖南省重点中学，为娄底地区首家省级重点中学。

是年 涟源市允许机关、事业单位干部以辞职、停薪留职等形式到农村、厂矿承包租赁工商企业和兴办各种经济实体，利用工作之余和节假日从事第二职业，开展有偿服务、经商等活动。允许男满55岁，女满50岁的干部离职离岗去从事个人有偿服务、经商或其他职业。

是年 涟源电信进入娄底大本地网，电话号码由6位升到7位。

是年 涟源市被列入全国第四批商品粮基地建设县(市)。

是年 桥头河镇被列为全省十大蔬菜基地之一。

是年 安平镇个体户段应兴利用原省湘中机械厂房屋开办全市第一家规模化养鸡场。

是年 市技术监督局将没收的811件(9732瓶)假冒茅台酒作价出售，获利27.3万元，市糖酒副食品公司购得5024瓶，以假充真出售，被人检举后，在全国引起轰动，中央电视台《新闻30分》报道，局长和一名副局长受到党纪政纪处分。

是年 开展打击传销专项行动，查处传销案2件，没收传销非法所得2万元。

是年 至翌年，市妇幼保健院、市人民医院先后被联合国儿童基金会、世界卫生组织、卫生部授牌"爱婴医院"。

是年 市人民医院成功进行首例食管癌切除术。

1996 年

1—3 月 全市开展第三次村(居)委会换届选举,实现候选人由指定到直选的跨越。

2 月 8 日 市儿童公园开园。2007 年改、扩建,更名人民公园。

3 月 28 日 15 时 18 分 境内发生 3.1 级地震,七星街镇甘溪冲、洞源、梨溪、红仙村,伏口镇半山、柿梓、伏口、陈家村有震感,有感面积 50～60 平方千米。在甘溪冲、半山村,听到地下沉闷的似放炮一样的响声,房屋晃动,门窗玻璃作响,部分房屋开裂,屋面瓦片下滑掉落,菜地土埂开裂滑坡,塘水起浪。

是月 境内第一批试点企业市白水泥厂、市冶金建材总厂、市电线电缆总厂、市阀门厂、市制革厂、市锅厂、市印刷厂、市造纸厂、市酒厂、市煤炭集团公司推行改组、改造、破产重组等形式的改革。

4 月 1 日 市人武部由地方建制收归军队建制。

5 月 26 日 斗笠山镇雄狮煤矿(个体无证矿)发生一起特大瓦斯爆炸事故,死亡 16 人,重伤 1 人。

6 月 1 日 境内普降暴雨,暴雨中心在白马镇、茅塘乡、龙山林场和杨市镇,白马镇过程降雨量达 221.3 毫米。全市倒塌房屋 4438 间,150 公顷农作物绝收,直接经济损失 8180 万元。

6 月 13 日 市委、市政府制定《涟源市稳定农村土地承包,建立土地流转机制的暂行规定》,农村土地继续实行家庭承包经营,承包期延长 30 年不变,承包期内"增人不增地,减人不减地"。

6 月 20 日 省委书记王茂林至涟源考察国有企业重组工作。

6 月 温江水厂建成,向蓝田城区东部供水。同年,更名市城东自来水公司。2000 年 12 月与市自来水公司合并,成立市自来水总公司。

7 月 1 日晚 市委、市政府在光明山大礼堂举行全市"爱党、爱国、爱家乡"群众歌咏晚会。易志祥作词、梁春生作曲的《涟源,可爱的家园》被评为涟源市歌。

7 月 10—18 日 全市普降连续性大雨,其中暴雨 1 天,过程降雨量 280.0 毫米。全市 63.4 万人受灾,1 人死亡,1.42 万公顷农作物受灾,直接经济损失 9719 万元。

7 月 16 日 全市工业企业改革动员大会召开。

是日 市委、市政府印发《关于切实减轻农民负担工作的实施意见》。10 月 17 日,又作出《关于坚决清退农民不合理负担的指示》。

8 月 15 日 湄江镇塞海二矿发生特大煤与瓦斯突出事故,12 人死亡。

是日 六亩塘镇涟峰鞭炮厂发生火药燃烧事故,死亡 6 人,重伤 3 人。

8 月 以桥头河、伏口、湄江等 8 个乡镇为重点,专项治理邪教,取缔"门徒会"、"被立王"等邪教组织。

9 月 市文化局创作湘剧《刘湘玉》。次年,改名《热土忠魂》,参加省专业剧团新剧目展演,获湖南省"田汉新剧目奖"、湖南省"五个一工程奖"、湖南省创作剧目"双百场"奖。

是月 台胞王福山投资 21 万美元建立的市私立福荣学校开学。

10 月 15 日 开始对全市基本单位进行普查,1997 年 3 月完成。全市有法人单位 1790 个,法人单位所附属的产业活动单位 887 个。

11 月 4 日 省政协主席刘正一行至茅塘乡石门村考察。

11 月 13 日 "三甲事件"爆发。上午 9 时左右,三甲乡数百名农民喊着"反对腐败""减轻农民负担"等口号游行至市委、市政府机关,要求释放"三甲乡减轻农民负担临时理事会"会长黄国卿,围观者上千人,在市委、市政府门口喧闹。后发展到冲击机关，砸毁车辆，打烂一些门窗和办公用具，破门进入市委书记住宅。下午5时许，村民陆续散去。翌日，省、地委领导至涟源成立联合指挥中心，部署处置“三甲事件”。

11月14日 伏口镇杨家冲煤矿新井二煤斗上山因违章采用手镐落煤诱发煤与瓦斯突出，造成22人死亡，1人重伤。

11月20日 “三甲事件”后，市人大常委会专题召开第21次会议，作出《关于维护我市社会稳定的决议》，并召开乡镇人大主席会议部署决议的贯彻工作。

12月 市造纸厂因污染严重被关闭。

是年 涟源首批过渡国家公务员单位58个(乡、镇、街道20个，市直单位38个)，过渡人数1020人(乡、镇、街道262人，市直758人)。

是年 市农业科学研究所、市园艺示范场、市茶叶示范场实行工人自治，选举产生领导班子。

是年 市建设银行推出储蓄卡业务，率先在商业银行中使用电子信息化储蓄介质。

是年 市中医院被卫生部授牌二级甲等中医医院。

1997年

1月3日 中国农业发展银行涟源市支行成立。

1月13日 涟源市常务副市长周世辉与驻涟某部大校董爱国赴京参加“全国双拥模范城(县)”命名大会，涟源市第二次被评为全国双拥模范城。

1月21日 中共娄底地委决定罗子光任中共涟源市委书记，提名胡卫平为涟源市代市长，免去陆家康的市委书记职务和高超群的市长职务。陆家康调任中共娄底地区直属机关工作委员会书记，高超群调任娄底地区行署副秘书长。

是月 涟源汽车站从涟源火车站前迁至蓝田街道光文村酸枣坪广场西开业营运。

2月4日 市委办、市政府办发出《关于进一步确保社会政治持续稳定的通知》。6月15日，发出《关于认真做好当前社会稳定工作的通知》。9月13日，又发出《关于进一步做好维护全市社会稳定工作的通知》。

3月4日 市委、市政府作出《关于贯彻落实<中共中央、国务院关于切实做好减轻农民负担工作的决定>的若干实施意见》。

3月5日 三甲乡社坛村发现距今1万~5万年的第四纪华南大熊猫、东方剑齿象、牛、野猪、鹿等哺乳动物化石。

3月8日 联合国劳工总署官员爱斯可夫至涟源考察市七一煤矿和斗笠山镇祖保煤矿。10日，考察安平镇四古煤矿和安平煤矿。

3月25—28日 市第十二届人民代表大会第五次会议召开，选举胡卫平任市长。

4月9日 省委书记王茂林一行23人至涟源考察。

4月18日 涟源市消费者协会成立。

5月24日 省长杨正午、副省长周伯华至涟源考察，重点考察三甲乡玉峰村葡萄园。是年，三甲乡玉峰村种植白香蕉葡萄80公顷，年产值逾220万元，成为全国持续农业示范点。

是月 中央电视台电影频道推介涟源农村电影放映经验。

6月1日 取消各执法单位在银行开设的罚没收入账户，实行票款同步，在市公安局设立第一个罚没收入收费室。

是月 市人民法院在茅塘镇政府机关公开审理以镇农业技术推广站干部周某某为直接责任人的假种子销售案，依法判处茅塘镇政府赔偿50多万元，使涉及1700多农户的案件得到圆满解决。

9月17—20日 中共涟源市第八次代表大会召开，选举产生第八届委员会。9月20日，市委召开八届一次全会，罗子光当选市委书记。

10月6日 市委、市政府作出《关于加快大江口水库配套工程建设的决定》。

10月20日 市委、市政府作出《关于进一步加快发展个体、私营经济的意见》，同时作出《关于搞活国有企业的若干意见》。

11月1日 涟源建市十周年庆祝大会召开。

11月18日 市委、市政府发出《关于清理干部营建私房有关问题的通知》。全市清查出党政干部私房94户，补交税费15.07万元，有私房者退还公房16套，退还违法占用土地570平方米。

11月27日 三甲乡白溪村少数群众暴力对抗和阻碍市人民法院强制执行清收农民负担，围攻殴打执法干警、干部，拘禁三甲乡副乡长卢某某作人质12天。

12月28日—次年1月1日 市政协第十届第一次会议召开，谢颂民当选主席。

12月29日—次年1月2日 市第十三届人民代表大会第一次会议召开，李瑾瑜（女）当选市人大常委会主任，胡卫平当选市长。

是年 涟源市开始与周边县(市、区)进行行政区域界线勘定，至2002年底完成。涟源市人民政府与娄星、双峰、邵东、新邵、冷水江、安化、宁乡等县（市、区）人民政府签订行政区域界线协议书，界线全长444.94千米。

是年 全市首次公开选拔5名副科级领导干部任职。

是年 市委、市政府建成一栋8层综合性办公大楼，建筑面积11200平方米，办公用房352间。

是年 全市乡镇分流国家干部125人，精减集体干部129人、村定补干部112人，裁减代课教师293人，减少开支600多万元。

是年 金石、荷塘、伏口等12个乡镇发生钩端螺旋体病，局部流行，发生102例，死亡4例。

1998年

1月5日 涟源市佛教协会成立。

2月15日 市委、市政府印发《关于加快农业产业化进程的意见》。

2月16日 市委、市政府出台《涟源市国有企业和集体企业改革总体方案》，方案规定四种企业改革形式：买断企业，实行股份合作制；实行资产经营；出售和租赁经营；成立资产经营公司。

2月25日 市委、市政府作出《关于加强民主管理，推行村务公开的暂行规定》。

3月28日 中国民主同盟涟源市第一届盟员大会召开，民盟涟源市委成立，毛建华当选主委。

4—7月 境内先后5次遭受暴雨，因灾死亡15人，伤200多人，为全省10个重灾县(市)之一。5月21—22日，白马水库库区8小时降雨量319毫米，库区水位高达178.6米，超过警戒水位1.56米。

6月3日 娄涟二级公路开工典礼举行。2002年9月28日建成通车。

是月 安平镇发现1例输入性霍乱(2号病)病人，9月水洞底镇又发现1例，均治愈。

7月14日 市委、市政府发出《关于切实做好国有企业下岗职工基本生活保障和再就业工作的实施意见》。

7月26日 白马镇田心、徐南等5个村1000余名群众，游行到镇政府，要求减轻农民负担。

是月 《涟源市志》由湖南人民出版社出版，为涟源市首部地方综合性志书。

是月 市政府下发《涟源市建立统一的企业职工基本养老保险制度实施细则》。

8月14日 市委、市政府作出《关于加快个体私营经济发展的决定》。

9月19日 市邮电局实行邮、电分营，设立市邮政局和市电信局。2004年，市电信局更名湖南电信涟源市分公司。

9月29日 安平镇新万煤矿发生煤与瓦斯突出事故，死亡15人。

是月 市冶炼厂423名职工与企业解除劳动合同，解除国有企业职工身份，按工龄长短进行一次性经济补偿，企业资产进行租赁经营。

10月21日 经省政府"两基"督导验收团验收，涟源市成为基本实现普及九年义务教育、基本扫除青壮年文盲县市。

是月 至12月，市公安局开展"侦防双百会战"统一行动，破获各类刑事案件132起。

12月13日 省委书记杨正午视察石门工业区和市彩色水泥厂。

是月 市长胡卫平调离涟源，王日平代理市长。

是月 市第一中学被国家教育委员会确定为全国第一批现代教育技术实验学校。

是年 全市53家市属国有企业职工11009人，下岗6348人，分流1027人。

是年 取缔非法社团伏口镇松山村中青年协会和桥头河镇农民理事会。

是年 涟源市被列为长江中上游湖南省"四水"流域水土保持重点治理市。

是年 涟源市实施世行贷款国家造林项目重点工程，重点发展林牧渔业。

1999年

1月12日 涟源籍著名作家谭谈倡议并主持筹建的作家爱心书屋竣工开馆。书屋坐落于白马镇田心村，占地600平方米，建筑面积700多平方米。藏有全国著名作家、艺术家捐赠的图书4万余册，其中作者签名图书上万册。

是月 市人民银行组织成立全市金融机构解决计算机"千年虫"(2000年)问题指挥中心。

3月15日 市工贸职业中等专业学校被教育部认定为国家级重点中等职业学校。

3月29—31日 市第十三届人民代表大会第二次会议召开，选举王日平任市长。

是月 涟源市劳动职业学校成立。

4月11日 市委作出《关于切实加强新经济组织中党的建设的意见》。在股份制、股份合作制、私营和三资企业等新经济组织中加强党的基层组织建设，在有3名以上党员的新经济组织中建立党支部。

5月17日 市委、市政府下发《关于延长土地承包期的实施意见》，土地承包期再延长30年，至2030年。

5月19日 全市第一次党与党外干部合作共事座谈会召开，副科级以上非党员干部及其所在单位党组织主要负责人共80余人参加会议。

是月 水洞底镇新禾茶厂猪场158头生猪出现口蹄疫症状，小杨、石狮、高枧、三桥、云山等邻村相继出现疫情。市政府组织人员对感染口蹄疫的179头猪、20头牛进行捕杀、深埋。

是月 在全国城市卫生检查评比中，涟源市由全省丙级城市倒数第一名跃升为乙级城市第四名。

是月 茅塘镇石门村党支部第一书记吴奇修先进事迹报告团在涟源、娄底、长沙举行多场报告会。是年，吴奇修被评为湖南省“十大新闻人物”、全国第十届“十大杰出青年”。

6月1日 在全市城乡全面推行婚前医学检查制度。2003年10月1日废止。

是日 成立煤炭税费统一征收管理办公室，全市实施煤炭税费统征。

7月1日 桥头河蔬菜基地蔬菜批发市场开业。

是日 全市开始实施城市居民最低生活保障制度，最低生活保障线每人每月80元，低保对象1540人。

7月10日 伏口镇金益煤矿发生煤与瓦斯突出事故，死亡10人。

7月29日 涟源市被列入全国“柑橘良种和技术引进与推广”项目的首批县市，被列为全省柑橘品改5个重点示范县(市)之一。

8月18日 市政府制定《实现2000年村村通公路目标实施方案》。2000年底，全市实现村村通公路。

9月16日 市委、市政府作出《关于进一步优化经济发展环境的决定》。

是月 市委书记罗子光调任娄底市委常委、纪委书记，刘志伟接任市委书记。

10月10日 中国作协副主席、省文联主席谭谈在长沙组建爱心艺术团至涟源举行大型义演捐款晚会，为爱心书屋中心馆(市图书馆)馆舍建设筹集资金。该馆于次年12月建成开馆。

是月 市人民医院成立涟源市120急救中心。

11月18日 市人民医院成功为六亩塘镇芙蓉村一村民摘除12千克重的卵巢肿瘤，系涟源市首例。

11月25日 省青山硫铁矿一仓库40余吨硫氢化钠液体泄漏流入水圳、池塘、河道、农田，造成重大污染。市环保局连夜赶赴事发现场，进行调查监测，及时处理，未造成人畜伤害。

是月 市宏宇搪铝工业有限公司董事长肖自江被劳动和社会保障部授予“全国创业之星”称号。

12月4日 市公安局组织100余名警力捣毁开设于湄江镇湄江宾馆二楼的啤酒机赌场，现场收缴赌资4万余元，抓获涉赌人员112人，刑拘4人。

是年 涟源南方冶金连铸设备制造有限公司成功开发高效结晶器及高效结晶器铜管，填补国内冶金连铸设备的空白，被列为国家高技术示范工程项目。

是年 全市16个乡镇(街道)不同程度发生松毛虫害，发生面积800公顷，马尾松纯林较混交林受害严重。翌年，涟源市被纳入国家马尾松虫害综合防治工程项目。

是年 全省计划生育评估排队，涟源在全省同一系列66个县(市)中列倒数第一位，市内4个乡镇(街道)受“黄牌警告”。

是年 涟源市被确定为国家农业综合开发项目市和国家水稻工程优质稻高产栽培配套技术推广项目单位，全市开始大规模中低产田改造、农业基础设施建设和优质稻推广。

是年 涟源市被列为全国生态环境建设综合治理重点市。

2000年

1月 涟源市第三次被评为全国双拥模范城。

3月10日 市政府印发《涟源市加强建筑市场管理暂行规定》，规定凡涟源市建设工程项目建筑面积1000平方米以上和工程造价在50万元以上的，都必须实行招标投标。

是月 涟源市被国家财政部、水利部列为全国水土保持生态环境建设示范小流域县(市)。4月，毛坪小流域被国家财政部、水利部列为全国水土保持生态环境建设"十百千"(十个示范城市，百个示范县，千个示范小流域)工程示范小流域。

7月26日 市委、市政府提出《关于认真开展领导干部任期审查审计工作的意见》。

7月29日 下午18时20分，蓝田市场交易大楼二楼家具行因烟头引发火灾，73个摊位20个门面和4家住户严重受损，过火面2323.6平方米，直接经济损失近200万元。

8月 涟源市被评为全国群众体育先进单位。

是月 全市20个乡镇(街道)成立政协联络工作委员会。

9月 涟源市医疗保险管理局成立。

10月 在蓝田城区泥湾里进行国有土地使用权拍卖，开全省以公开拍卖方式出让土地的先例。

11月1日零时 第五次全国人口普查:涟源市常住人口996893人。

11月8日 市委、市政府作出《关于进一步加快发展乡镇企业和民营经济的决定》。

是月 涟源市被国家体育总局授予"全国体育先进县"称号。

12月20日 国家重点工程株(洲)六(盘水)复线全线开通，境内实现复线双轨。

是年 首次在全市应届大中专毕业生中公开选拔28名乡镇行政干部。

是年 涟源人民广播电台停播。

是年 全市进行医疗保险制度改革，出台《涟源市城镇职工基本医疗保险管理暂行办法和实施细则》，建立由个人、单位、财政共同承担的城镇职工基本医疗保险制度。

是年 驻涟省一六九化工厂发生伤寒病大流行，发生164例，均治愈。

是年 注销市气功科学研究会和市老科协日月气功研究会两个社团。

2001年

1月10日 市委、市政府作出《关于深化教育改革，加快教育发展的决定》。

1月14日 省委书记杨正午考察市冶建总厂。

2月8日 市委、市政府作出《关于进一步抓紧抓好计划生育工作的规定》。

是月 按照"民办公助、民工建勤、以奖代投"原则，全市实施"扶助引导一处、典型示范一方、以点带面、推动全市"的县乡公路建设"星火计划"，拉开县乡公路硬化改造序幕。

2月17日 市科协在全省县市中率先举办"弘扬科学，反对邪教"万人签名活动。

2月22日 斗笠山镇黄港煤矿(原斗笠山煤矿黄港工区)发生特大煤与瓦斯突出事故，21人遇难，直接经济损失67万余元。

3月7日 全国人大常委会原委员、湖南省委原书记熊清泉视察茅塘镇石门村。

4月19日 公安部"打黑除恶"办公室收到举报涟源市农村信用合作联社副主任谭和平等犯罪情况的信，迅速批转湖南省公安厅。省公安厅对信中检举的犯罪事实进行秘密调查、核实后，成立"4·19"专案组，开展侦查。2003年3月31日，娄底市中级人民法院在光明山大操坪公开宣判以谭和平为首的57名被告人组织、领导、参加黑社会性质组织等26项罪名,有37人被判处刑罚。其中,判处张良平死刑;判处李志文、梁震2人死刑,缓期2年执行;判处谭和平、刘小平、蒋彦彬、梁非洲、潘存辉5人无期徒刑;11人被判处有期徒刑20年;18人被判处5年以上20年以下有期徒刑。

4月23日 省委副书记、省长储波视察湖南省煤机厂。25日,考察涟源南方冶金连铸设备制造有限公司、三一集团材料工业有限公司、湖南省回春堂制药厂、湖南五江轻化集团有限公司。

5月 全市停止办理城镇居民粮食供应转移证,粮籍管理终止。

是月 涟源市被列为国家公益林试点县。

是月 市农机推广站购入市内第一台中型全喂入式联合收割机,在全市多地开展作业示范。

6月 茅塘镇个体工商户肖自江、肖希轩、谢少松建立全市第一个规模养牛公司——市牛业公司(后更名湖南五江集团天华牧业有限公司)。

是月 市委、市政府组织市企业改制工作组进驻湖南省回春堂制药厂,开展企业置换产权与职工置换身份(简称"两个置换")的改革试点。至2002年4月,改制完成,新成立湖南省回春堂药业有限公司。

7月1日 吴奇修至北京参加党中央庆祝中国共产党成立80周年大会,受到中共中央总书记江泽民等中央领导人接见,总理朱镕基为其颁发"全国优秀共产党员"荣誉证书。7月2日,在中南海怀仁堂参加全国先进代表座谈会,作《在农村改革和发展的实践中锻炼成长》的发言,得到胡锦涛、尉健行、曾庆红等中央领导的充分肯定。

7月18日—8月21日 境内连续干旱,34天降雨量仅33.5毫米。8月22—24日,降雨量44.7毫米,旱情有所缓解。8月25日—10月25日,62天仅降雨量38.6毫米。受灾农作物1.68万公顷,经济损失2.5亿元。

8月5日 禁止载客三轮摩托车(慢慢游)在蓝田城区营运,出租车(的士)取而代之。

是月 市建行与全国建行系统计算机联网,率先在全国银行系统开办速汇通,实现汇款实时到账,同年,开办代理保险和代售证券投资基金业务。

9月18日 召开全市煤矿安全治理整顿工作会议,是年关闭非法小煤窑331处。

是月 娄底市药品监督管理局涟源市分局成立。2004年6月16日,更名涟源市食品药品监督管理局。

10月 涟源市被列为国家退耕还林项目试点县(市)。

12月 教育经费管理由乡镇收归市教育局,九年制义务教育阶段的教师工资全部实行财政统发。

是月 涟源市获"全国文化先进县"称号。

是年 全市7所普通高中全部实行校长负责制。

是年 首次在全市公开选拔女性科级后备干部和非党员科级后备干部。

是年 全市开展农业植物有害生物疫情普查。金石镇、荷塘镇零星发生水稻细菌性条斑病,白马镇、茅塘镇局部发生甘薯瘟,三甲、六亩塘、桥头河、伏口、斗笠山等乡镇发生甘薯象甲,桥头河镇、渡头塘乡蔬菜基地发生美洲斑潜蝇,大部分乡镇发生菟丝子生物危害。

是年 涟源市被确定为全国秸秆养牛示范县(市),开始实施秸秆养牛示范县(市)建设项目,推广秸秆利用技术,养殖业向规模化、产业化发展。

2002年

1月1日 涟源市首届广场文化艺术节在光明山大操坪举行,演员2000余人,观众3万余人次。

3月10日 涟源市被省委、省政府确定为省级重点扶贫县(市)。

3月24—27日 市政协第十届第五次会议同意谢颂民辞去主席职务,补选胡南(女)任主席。

4月14日 全国第一例牛胚胎分割移植技术在涟源成功。

4月 粮食市场全面放开,粮食供应实行市场化。

是月 取消屠宰税。

5月4日 湄江镇塞海二矿发生煤与瓦斯突出事故,死亡15人。

5月26日 枫坪镇青树煤矿发生煤与瓦斯突出事故,死亡15人。

是月 首次在市个体劳动者和私营企业协会实行党组织建设试点。次月,湖南省回春堂药业有限公司成为市内首家建立党组织的非公有制企业。

6月15日 涟源市地产交易中心和涟源市土地收购储备中心成立,涟源市土地有形市场建设初具雏形。

7月2日 斗笠山镇胜源二矿发生冒顶事故,死亡13人。

7月16日 市直机关启动新一轮机构改革,至次年上半年,"三定"(定职责、定内设机构、定人员编制和领导职数)方案全部到位,市委工作机构7个、市政府工作机构22个、部门管理机构4个、党政直属事业机构15个。

8月11—20日 境内过程降雨量208.2毫米,暴雨2天,最大日降雨量85.4毫米。

是月 市公安局禁毒侦查大队抓获以易某、王某某为首的特大贩毒团伙,涉案人员14名,缴获毒品海洛因500余克。

9月28日 娄(底)涟(源)二级公路通车。公路全长59.96千米,境内长38.34千米。

10月21—23日 中共涟源市第九次代表大会召开,选举产生第九届委员会。23日,市委召开九届一次全会,刘志伟当选市委书记。

是月 市长王日平调任娄底市交通局党组书记、局长,余明庭代理市长。

是月 涟源市安全生产监督管理局成立。

11月4日 茅塘镇石门村党支部书记吴奇修,赴京出席中国共产党第十六次代表大会,当选为大会主席团成员。

11月18日 娄底市县乡公路水泥路建设现场会在涟源召开。

是月 美国与中国友好协会会长罗仁牧师率基督教考察团至涟源,对蓝田、龙建、龙塘等教堂进行实地考察。

12月11日 涟源市平安汽车运输服务公司成立。次年7月10日,涟源市腾达汽车运输服务公司成立。实现出租汽车公司化管理。

是月 湖南省国土资源厅批准湄江风景区为省级岩溶地质公园。

是月 全市24个农村信用社完成改革规范工作,新增入股社员105120人,新增股金233.6万元。成立理事会、监事会48个。

是月 涟源市第二届广场文化艺术节在光明山大操坪举办,《湖南日报》以《涟源市百万人民欢庆佳节》做专题报道。

是年 全市人事制度改革,行政机关单位正、副科级干部男满55周岁,女满50周岁(乡镇男满52周岁,女满50周岁)均实行离岗退养。事业单位实行竞争上岗和双向选择。

是年 在全市行政事业单位中公开选拔30名女性科级后备干部和20名非党后备干部。

是年 全面推行农村税费改革,取消乡统筹款、屠宰税、统一规定的劳动积累工和义务工;调整农业税、农业特产税政策;改革村提留征收使用办法。

是年 桥头河蔬菜基地被省政府指定为湖南省“放心菜”基地示范区。

2003年

1月4—8日 市政协第十一届第一次会议召开,廖保生当选主席。

1月6—9日 市第十四届人民代表大会第一次会议召开,殷另姣(女)当选市人大常委会主任,余明庭当选市长。

2月13—14日 受防治非典型性肺炎药品抢购风影响,全市刮起食盐抢购风,两天销售食盐1800余吨,占年销售计划的42%。市政府采取紧急措施制止高价销售行为,市盐业公司迅速往盐矿调运,15天后恢复正常供应。

是月 全市开始进行“湖南省再就业优惠证”的申报登记和审核发放工作,至年底共发放7058个。

3月21日 伏口镇被确定为全市小城镇建设改革试点乡镇。

4月9日 涟源市城市建设投资管理办公室及涟源市城建投资开发有限责任公司成立,两块牌子,一套人马,合署办公。

4月16日 市七一煤矿发生穿水事故,死亡17人。

4月20日 民盟涟源市第二届盟员大会召开,选举傅德贤任主委。

是月 涟源火车站广场建设工程启动。2007年1月8日竣工投入使用。

5月6日17时左右 桥头河镇和七星街镇内10个村遭受大风和冰雹袭击,局部大风8级,冰雹最大直径约20毫米,局部暴雨50毫米左右。死1人,伤8人,直接经济损失700万元。

5月12日 市委、市政府作出《关于进一步完善计划生育工作责任制和一票否决权制度的补充规定》。

6月5日 省委常委、省军区司令员郑治栋一行至市人武部检查指导部务公开试点及正规化建设工作。

是月 涟源市被省政府确定为全省首批5个新型农村合作医疗试点县(市)之一。涟源市新型农村合作医疗管理局成立。10月,全面启动新型农村合作医疗保险制度。是年,全市71%的村民参加新型农村合作医疗保险。

7月1日 大江口水库环库公路开工建设。12月26日竣工通车,全长18.13千米,途经古塘、湄江、伏口3个乡镇11个村。2007年完成水泥路面硬化。

7月8日—12月5日 境内连续干旱,151天降雨量78.1毫米,20个乡镇(街道)63万人遭受旱灾。7月,连续一个月出现35℃以上高温天气,,日最高气温40.4℃。8月2日,出现极端最高气温40.6℃。

7月14—15日 市第十四届人大常委会第4次会议听取和审议市人民政府《关于调整2003年财政收支预算的报告》后,认为存在预算编制不够合理、税收成本过高、部门苦乐不均等问题,决定不予通过。此为市人大常委会首次否决政府工作报告。

7月16日 召开全市企业改革动员大会,市委、市政府出台《关于加快企业改革的实施意见》《涟源市企业改革的若干规定》,企业改制工作全面铺开。至2007年,全市118家市属国有集体企业有114家基本完成“两个置换”,改革涉及职工21631人,资产处置收入63435.3万元,缴纳社保基金16521.5万元。

是月 全市农村中小学校人事制度改革工作铺开,历时3个月,撤校并点340所,分流教师640人,辞退代课教师300余人。

8月28日 市委、市政府作出《关于进一步加快民营经济发展的决定》。翌日,举行全市民营经济暨招商引资工作会议。

是月 对全市杀鼠剂市场进行全面清理整顿,清理经营店(点)342个,查处非法经营杀鼠剂店(点)524个,捣毁非法生产杀鼠剂窝点2个,清查收缴毒鼠强(三步倒、闻到死)等剧毒杀鼠剂180余千克,没收毒鼠强原药29千克,查处涉案人员70余人。

9月4日 召开全市市到乡镇公路改造工程建设大会。

是月 湖南省一六九化工厂改制成为国有控股、职工参股的湖南一六九化工有限责任公司,全国第一条AE型乳化炸药生产线在公司投产。

10月6日 安平镇联营煤矿发生煤与瓦斯突出事故,死亡10人。

10月23日 涟源市慈善会成立,召开第一届会员代表大会,选举产生涟源市慈善会第一届理事会。

11月6日 市委、市政府制定《涟源市乡镇机关事业单位机构改革实施意见》,推行乡镇机关事业单位改革。全市乡镇行政编制以1995年核定的编制为基数,按照20%的比例精减。

是月 涟源市第三届广场文化艺术节暨珠梅故事会民俗文化艺术节在龙塘乡珠梅田垌举办,《中国文化报》以《湖南涟源田野上举办广场文化艺术节》为题报道。

12月 涟源市第四次被评为全国双拥模范城。

是年 首次在全市范围内公开招考乡镇公务员,747人报名,经笔试、体检、面试、考核,审批录用36人。

是年 涟源市被确定为湖南省贫困县市。

是年 湖南五江轻化集团有限公司生产的保温瓶胆、湖南一六九化工有限责任公司生产的2号抗水岩石铵梯炸药获"湖南省名牌产品"称号。

是年 龙塘乡农民李黄祥投资80万元创办全市第一家农业科技示范园。

是年 市畜牧水产局职工刘俊、枫坪镇农民黄建新等5人筹资300多万元,注册市天鹏畜业有限公司,成为全市首家专业化大型养猪场,年存栏母猪30头,年出栏生猪5000头。

2004年

1月1日 全市农村五保供养开始实施统一标准:每年供养现金400元,粮食(折稻谷)300千克,经费由乡镇(街道)财政拨付。

是月 全市取消农业特产税。

是月 省煤矿机械厂控股的湖南省金塔机械制造有限公司成立。

2月4日 省委书记杨正午一行考察湖南五江集团天华牧业有限公司,在茅塘镇召开调整农业产业结构座谈会,赞扬天华牧业有限公司是农业结构调整的典范。

是月 涟源市被水利部定为全国农村水电及电气化发展示范县(市)。

3月29日 市斗笠山煤业有限责任公司香花台矿井发生煤与瓦斯突出事故,死亡12人。

是月 全市开展第一次经济普查,2005年12月完成。

4月1日 在杨市镇官庄村规划涟源第一个现代机插技术试验示范点,试验机插面积4.3公顷。

4月28日 市政务公开服务中心挂牌投入运作。

是月 市政府清理整顿全市汽车维修市场,取缔12家非法经营厂(点),收缴120余件非法经营工具。

5 月 25 日 市爱心文化园暨湖南省文艺家创作之家(地址:白马镇楠木村)举行开园庆典,原省委书记熊清泉等省、市领导人参加。

5 月 30 日—6 月 1 日 全市普降暴雨,暴发特大山洪,20 个乡镇(街道)受灾,直接经济损失 5.2 亿元。

6 月 25 日 市煤矿机械厂(后更名湖南远扬煤机制造有限公司)自主研制开发的无级调速矿用提升绞车列入国家"火炬"计划,直径 3 米大型矿用绞车研制成功。

6 月 28 日 市委、市政府作出《关于进一步落实人口与计划生育"一票否决"制度的意见》和《关于对计划生育家庭实行奖励与优待的若干规定》。

7 月 25 日 48 户 212 名三峡库区重庆市开县移民迁入桥头河镇桂花、车田村,七星街镇七星、湘波村,杨市镇赛里村,渡头塘乡东风村 4 个乡镇 6 个安置点,入住新家。

7 月 26 日 安平镇银广石煤矿发生煤与瓦斯突出事故,死亡 16 人。

8 月 11 日 市委、市政府出台《关于切实加强涉煤领域党政机关工作人员廉洁自律的规定》,严禁党政机关工作人员到煤矿入股、收受煤矿所有者、兴办者、经营者及其委托人的利益、接受煤矿企业除兴办社会公益性事业外的赞助捐赠和到煤矿企业报销任何费用。

8 月 21 日 解放军总后勤部政治委员、中将张文召视察驻涟部队。

9 月 8 日 中华诗词学会授予涟源市"诗词之乡"称号。

9 月 30 日—10 月 6 日 在湄江风景区举行首届"多彩湄江,投资福地"旅游文化节暨湄江旅游开发 10 周年纪念活动,接待游客 3 万余人次。

11 月 1 日 市委书记刘志伟调任娄底市委第一副秘书长,余明庭辞去市长职务,任市委书记,李和平代理市长。

12 月 28 日 境内降暴雪,连续 3 天降雪,最大雪深 13 厘米,最低气温 -3.6℃。全市 37.8 万人受灾,受灾面积 1.71 万公顷,直接经济损失 4200 万元。

是年 涟源市被列入国家农业部现代农机装备推进项目县(市),全面启动农业机械购置补贴,开始使用联合收割机、中型拖拉机、水稻机动插秧机。

是年 涟源市被确定为全省重点产粮县(市)和全国粮食主产区重点县(市)。

2005 年

1 月 8 日 省委副书记、省长周伯华至涟源考察湖南五江集团天华牧业有限公司。

是月 涟源市计划生育社会抚养费征收局成立。

是月 全市取消农业税。

是月 娄底佳苑房地产公司自主开发市内首个上规模成片开发的房地产项目——涟水名城。项目占地 15.46 公顷,中标价 2918 万元。

3 月 15—18 日 市第十四届人民代表大会第四次会议召开,选举李和平任市长。

4 月 20 日 市公安局成立专案组,打击黑恶势力,摧毁 4 个黑社会性质组织和 3 个恶势力团伙。经娄底市中级人民法院审判,判处死刑 3 人,死缓 3 人,无期徒刑 2 人,有期徒刑 89 人。

5 月 31 日晚—6 月 2 日 全市连降暴雨,市气象站过程降雨量 141.3 毫米,荷塘镇局部地区过程降雨量 350 毫米,一些村民在睡梦中被洪水冲走。全市死亡 37 人,失踪 14 人。6 月 3 日下午,国家民政部副部长贾治邦、湖南省省长周伯华等亲临灾区，指挥抗洪救灾。

5月 光明山广场竣工。

6月11日 全市开始执行国家“两免一补”政策（农村义务教育阶段，免教科书费，免杂费，补助寄宿生生活费）。2007年9月开始，全市义务教育阶段学生全免学杂费，教科书免费。

是月 市采煤沉陷区综合治理项目获国家、省、娄底市发改委批准，涟源受损面积90.2平方千米，包括桥头河、七星街、湄江、石马山、斗笠山、枫坪、杨市、水洞底、渡头塘9个乡镇的130多个村。项目投资2.5亿元，中央预算投资40%、省级配套20%、娄底及涟源各配套15%，涟邵矿业出资5%，个人或项目单位出资5%。治理工程包括维修加固、新建住宅小区、货币补偿、供水工程、市政基础设施等方面。

8月19日 涟源市作家协会成立。

8月21日 涟源市书法家协会成立。

10月1日 全市开始换发第二代居民身份证。

是月 涟源市芙蓉生态种养场建成，为市内刑释解教（刑满释放、解除劳教）人员过渡性安置帮教基地。

12月9日 市委、市政府制定《关于加快林业发展的意见》。

是年 市审计局对市化工厂开展企业破产改制审计，查出该厂主要负责人严某某等利用企业倒闭改制之机，贪污受贿200余万元，查处涉案人员12人，7人被追究刑事责任。

是年 茅塘镇石门村被评为全国文明村。

2006年

1月6日 省委副书记、省长周伯华考察涟源城市建设，对“北扩东延南完善”的城建发展战略和高效益经营城市的理念表示满意，对吸引外商投资和扩容提质推进城镇化进程给予充分肯定。

1月8日 环北西路（芙蓉北路至酸枣坪广场）通车。

1月17日 市委、市政府作出《关于加快肉牛产业发展的决定》，推广“公司+基地+农户”、干部挂钩引导扶持示范农户的生产经营模式。

2月8日 市委、市政府颁布《关于加快推进工业化进程的决定》，规划茅塘石门工业园区、桥头河农产品加工业区、杨市化工轻工业区、伏口能源工业区等4个工业小区。

4月17日 市公安局捣毁“实际神”邪教书刊印刷窝点，抓获犯罪嫌疑人1人，查获“实际神”书刊4600余册及大量半成品、原材料。

4月22日 市公安局破获全市首例贩卖、吸食新型毒品氯胺酮（K粉）案，现场缴获K粉2小包，仿64式手枪一支，抓获贩卖K粉犯罪嫌疑人1人、吸食K粉违法人员7人。

4月25日 市委、市政府作出《关于进一步加强计划生育工作的若干规定》，实行生育管理与社会抚养费征收相分离。

4月26日 共青团中央书记处第一书记周强考察湖南创安防爆电器有限公司。

5月14日 市委、市政府制定《关于推进全市社会主义新农村建设的意见》。

是月 中央电视台《走遍中国·娄底》拍摄组至涟源拍摄《〈围城〉探幽》。

6月21—23日 中共涟源市第十次代表大会召开，选举产生第十届委员会。6月23日，市委召开十届一次全会，余明庭当选市委书记。

7月7—10日 全市连降暴雨,市气象站过程降雨量225.2毫米,最大日降雨量125.2毫米,全市20.79万人受灾,倒塌房屋1386间,3678公顷农作物绝收,直接经济损失2.22亿元。

7月22日 国务院参事、全国政协常委任玉岭率领国务院参事室调研组至涟源,就如何降低行政经费支出进行专题调研。

8月21日 市委、市政府制定《涟源市人民政府机构改革方案》,市政府工作机构由22个增加至24个。

8月23日 市委、市政府制定《关于鼓励外来投资的若干规定》。

是月 市人民医院成功为茅塘镇105岁老人周湘元施行人工股骨头置换术。

9月1日 撤销市贸易工作办公室、市商业行业管理办公室、市物资流通行业管理办公室、市外贸行业管理办公室,组建市商务局。

10月7日 湄江风景区管理处与湖南经视都市频道联合举办中国(涟源·湄江)首届鸟人飞行大赛。比赛吸引国际、国内20余支队伍30名运动员参赛。

10月18日 由国家开发银行和共青团中央支持社会主义新农村建设的"利民富民"项目在涟源启动,首期投入长期低息贷款近亿元。

11月15日 国务院煤矿整顿关闭督查组到涟源督查。

11月28日 市委、市政府举行颁奖晚会,对全市"十大慈善人物""十大爱心人物"予以表彰。

是月 全市71个居委会调整为38个社区居委会、3个居委会。是年,社区居委会换届选举结束。

12月3日 安平镇观音一矿发生煤与瓦斯突出事故,死亡12人。

12月15日 全市"110""119""122"三台合一"110"报警系统投入运行。

12月22日 市农村信用合作联社创立大会暨第一届社员代表大会召开,实行市联社一级法人管理体制。

12月25日 市委、市政府印发《关于进一步加强禁赌工作的意见》。

12月27日 国家林业局批准设立龙山国家森林公园。2007年1月,龙山森林公园管理局委托国家林业局中南林业调查规划设计院编制《湖南涟源龙山国家森林公园总体规划》。

是年 枫坪镇进行公推直选党委委员和纪委委员试点,湖南卫视作专题报道。

是年 湖南金塔机械制造有限公司生产的矿用提升绞车、矿用提升机,湖南远扬煤机制造有限公司生产的JT、JTK、JTP、JK系列矿用绞车、提升机获"湖南省名牌产品"称号。

是年 涟源市森林防火指挥中心成立,建立防火物资储备库。

是年 提高教育经费预算,教师津补贴全额纳入财政预算。

是年 全市适龄儿童计划免疫及艾滋病防治经费、结核病防治经费纳入财政全额预算。

是年 全市开展防范与打击地下"六合彩"等赌博违法犯罪活动整治行动。

是年 白马水库配套工程改造经水利部立项,核定灌区面积2.34万公顷,计划投入资金2.29亿元。

是年 市政府印发《涟源市深化国有农场税费改革实施方案》,龙山林场、包围山林场、市苗圃、市茶叶示范场、市园艺示范场、市农业科学研究所、市鱼苗鱼种场、市良种繁殖场等8个国有农林场所参与改革。

2007年

1月 撤销乡镇学区、街道教育办,明确乡镇(街道)党政机关所在地中学为中心学校,负责乡镇(街道)

所辖范围内学校教学业务的组织、协调、服务、上传下达工作。

3月16日 在斗笠山镇洞里煤矿废弃食堂内发现一具无名女尸，市公安局经过大量调查，锁定斗笠山镇沙坪村周某有重大嫌疑，但周拒不认罪。后在其衣服上发现并提取血迹，通过DNA鉴定，确定系周某作案，为全市首起零口供杀人案定案。

3月28日 娄底市在涟源召开农村公路建设管理现场会，推介涟源市农村公路建设管理经验。

4月16日 涟源市被农业部列入2007年度农村沼气建设国债项目县(市)。

5月 涟源市被财政部、水利部评为全国农田水利基本建设先进县(市)。

6月13—15日 娄底神宇旅游开发有限公司在龙山国家森林公园凤凰寺药王殿举行药王孙思邈1426周年诞辰祭祀、神像开光典礼暨首届中国龙山中药文化研讨会。

6月16日 市体育馆竣工，建筑面积6800平方米，观众席位3008个。是日开馆，举办全国男子篮球甲B四强对抗赛。

6月18日 总投资35亿元的华润涟源电厂开工建设。

是月 市政府制定《涟源市"乡财市管乡用"实施方案》，在蓝田、古塘、枫坪、白马4个乡镇(街道)试点。

是月 市委、市政府出台《关于进一步理顺涟源市教育管理体制的通知》，规定涟源市教育战线年满58岁的男教师和年满53岁的女教师可以提前离岗休息，享受在职教师待遇。

7月26日—8月20日 境内连续干旱，26天总降雨量0.9毫米，水稻受旱面积1.81万公顷，旱作物受旱面积1.21万公顷，9.5万人饮用水困难。

7月 荷塘镇退伍军人黄国雄被评为湖南省道德模范，其先进事迹报告会在省委大礼堂举行。

9月 台湾国产实业(湖南)水泥有限公司2×4500吨/日熟料带余热发电水泥生产线落户斗笠山镇，是年开工建设。

是月 全市开展"万人排解促和谐，固本强基铸平安"综治系列活动，1万名干部进村入户、排查化解矛盾纠纷。

10月28日 市圣泉直饮水公司第一期工程竣工供水。

11月1日 在市体育馆举行庆祝涟源撤县建市20周年大会。

是月 市长李和平调离涟源，曾益民代理市长。

12月14—17日 市政协第十二届第一次会议召开，易志祥当选主席。

12月15—18日 市第十五届人民代表大会第一次会议召开，胡南(女)当选市人大常委会主任，曾益民当选市长。

12月21日 在全省经济工作会上，涟源市被授予"全省2006年度县域经济发展先进县(市、区)"称号，排名全省第四。

是年 全市所有批准煤矿整合为96个股份制煤矿。

是年 湖南创安防爆电器有限公司生产的防爆电器获"湖南省名牌产品"称号。

是年 完善"应保尽保"财政保障机制和"能进能出"财政监管机制，城镇居民最低生活保障标准提高至每人每月130元。是年开始实行农村低保制度，保障标准每人每月30元。

是年 涟源市在全省计划生育评估排队中进入一类县(市)。

是年 涟源市列入全国生猪标准化规模养殖小区项目、生猪调出大县(市)奖励扶持项目、生猪良种补贴项目和能繁母猪补贴项目县(市)。

是年 湖南五江轻化集团有限公司董事长肖自江捐资近160万元用于茅塘镇石门学校建设；三一集团董事长梁稳根捐资1500万元扩建茅塘中学；台塑集团王永庆捐赠200多万元给伏口镇、六亩塘镇、荷塘镇助建3所中心小学。

是年 桥头河镇被文化部命名为“中国民间文化艺术之乡”，蓝田街道文艺路社区被评为全国先进文化单位。

第一篇 地 理

第一章 区域建置

第一节 地理位置

涟源市位于湖南省中部，衡邵盆地北缘，涟水上源。南起北纬27°27′的荷塘镇左湾村，北至北纬28°2′的伏口镇梅湾村，西起东经111°33′的三甲乡硐下村，东至东经112°2′的金石镇江边村。南北最长65千米，东西最宽40千米。全市土地总面积1895平方千米，占湖南省总面积0.89%。东毗娄星、双峰，南接邵东、新邵，西邻新化、冷水江，北连安化、宁乡等县(市、区)。边界线全长444.94千米，分为8段。其中，与宁乡县边界线长27.5千米，与娄星区边界线长106.46千米，与双峰县边界线长62.55千米，与邵东县边界线长6.02千米，与新邵县边界线长90千米，与冷水江市边界线长34.1千米，与新化县边界线长83.86千米，与安化县边界线长34.45千米。

涟源、宁乡两市(县)段：东从伏口镇峡口村、安化县高明乡双河村、宁乡县龙田镇塔子村三市(县)交会点430109250号界桩始，向南沿山脊至七星街镇寨子山，经狮子山，过涟源—宁乡公路，越竹妖峰、锅子顶，到七星街镇栗树村、娄星区双江乡万家村、宁乡县青山桥乡山峰村之交界的朱家冲西面山顶430113001号界桩，途经伏口镇峡口村，七星街镇菜花、雷鸣、栗树村。

涟源与娄星两市(区)段：从430113001号界桩起，向南沿山脊越育马寨、笔架山，过涟源—湘乡公路、娄底—插花庙铁路、黄旗寨、涟钢—香花台铁路、涟源—娄底公路、湘黔铁路、科家大山，到金石镇腊树坳村与娄星区茶园乡槐柳村、双峰县洪山殿镇南溪村交界的130221820号界桩，途经七星街镇栗溪、土珠、柏杨、溢塘村，桥头河镇水桐、彦溪村，渡头塘乡新塘湾、新桥、步先、扬名、红溪、曹溪、檀山湾、杉山湾、桃源、星坪、洋河、向阳、泉塘湾、桥溪、光芒、印中、印溪、垣子村，斗笠山镇大冶、金铃、天井村，水洞底镇梽柚、理珊、竹脚、中心、石脚、托山、羊角、高枧、云山、金塘、红泉、云华、国柱、新仕、白晃村，金石镇杨荷塘、腊树坳村。

涟源、双峰两市(县)段：从130221820号界桩起，朝东南过涟源—双峰公路、娄底—邵阳铁路，沿山脊越剑笔塅、雷打石、得仙山，到荷塘镇集坪村与双峰县甘棠镇山丰村、邵东县斫槽乡黄泥坳村交界点132182050号界桩，途经金石镇腊树坳、大樟、大兴桥、大山、湖广、岩泉、七里、双田、江边、缠江、良家、大桥、跃进、沙塘、白云、江边、山茂、大涠、西冲、坝塘岭、灌溪、大水头、青春村，荷塘镇集坪村。

涟源、邵东两市(县)段：从132182050号界桩起，途经荷塘镇集坪、内外、礼湾、左湾村大塘冲(未设界桩)。

涟源、新邵两市(县)段：由荷塘镇左湾村大塘冲起，向西越岳坪峰、红毛岭，经207国道、湘黔铁路，到涟源、冷水江、新邵三市(县)交会点138182050号界桩，途经荷塘镇左湾村、五脑岭林场，杨市镇联盟、大坳村，市龙山林场，白马镇浆溪、杨世、兴隆、罗坪、孙家桥、涟河、庙边、查林、郁溪、杨桥、田心村，三甲乡东山、白溪、岩美、谢家、秀峰、落马江、竹新、硐下村。

涟源、冷水江两市段:从 138182050 号界桩起,向北过涟源—冷水江公路,涟源—渣渡铁路,越双峰寨、大坳山,到涟源市六亩塘镇白石溪村、冷水江市渣渡镇柴山村、新化县温塘镇和平村交界的牛背岭上三市(县)交会点 132281820 号界桩,途经三甲乡硐下、长江、硐岩、马埠桥、二甲村,六亩塘镇胜利、界边、同意、兴福、扶珂、白石溪村。

涟源、新化两市(县)段:从 132281820 号界桩起,向北沿山脊越雷祖殿,过车田江水库,穿涟源—新化公路,经分水岭后折向东,到伏口镇灿明村与新化县田坪镇大江村、安化县清塘铺镇檀树村交界的岩屋塅西南山脊上交会点 250324090 号界桩,途经六亩塘镇白石溪村,安平镇十一林场、大塘边、袁心、严溪、牛郎村,古塘乡赵家、砂托、麦塘、大湾里、望岩、新村、坪岭、良院、申家、枫木、牛埠村,湄江镇王江、桃溪村,伏口镇建华、金铁、万寿、新开、梧桐园、张家、郭家、大茶园、漆树、灿明村。

涟源、安化两市(县)段:从 250324090 号界桩起,向东沿山脊越大兴岭、刘付岭,过 207 国道,到伏口镇峡口村黑坑子山顶 430109250 号界桩,途经伏口镇大湾、甘棠、龙安、大兴、大伯(大柏)、胡家坪、松山、茂园、猫公岩、岩子园、柏树、梅湾、中马、峡口村。

第二节 建置沿革

春秋战国时期,涟源境内属楚。秦代,属长沙郡。西汉时,属连道、益阳、昭陵县。东汉至西晋时,属连道、湘乡、益阳、邵陵县(西晋时,避司马昭讳,改昭陵为邵陵)。南北朝时,属湘乡、益阳、邵陵县。隋代,属益阳、衡山、邵阳县(邵陵县更名)。唐代,属湘乡、益阳、邵阳县。宋代,属湘乡、安化、新化、邵阳县。元代,属湘乡州和安化、新化、邵阳县。明代、清代、民国时期,属安化、新化、湘乡、邵阳县。

中华人民共和国成立后,1951 年 8 月,湘乡县的九区、十区,安化县的三区、四区及一区的一部分和邵阳县的十六区大部分合并新建蓝田县,属益阳专区。1952 年 8 月,改蓝田县为涟源县。1952 年 11 月,益阳专区撤销,涟源县改属邵阳专区。1958 年 8 月,新化县田坪乡星星农业社第一、二、三队(申家山)和白岩乡的桐子排分别划归涟源县古塘乡、漆树乡。1960 年 2 月,划出涟源县娄底公社全部,小碧公社的小碧等 13 个大队,渡头塘公社的印溪等 8 个大队,水洞底公社的百亩等 5 个大队,万宝公社的思乐等 6 个大队,设立娄底市。1961 年 3 月,双峰县山斗公社山丰大队古头岭、新山团坳共 15 户划归涟源县塘湾公社。1962 年 10 月,娄底市撤销,并入涟源县。1965 年 1 月,湘乡县杉山公社华石大队划归涟源县西阳公社,涟源县恩口公社大坪大队划归湘乡县壶天公社。1970 年 2 月,涟源县伏口公社的久泽、茅栗(毛力)、周家、锹溪 4 个大队划归安化县清塘公社。同年 9 月,新邵县孙家桥公社和潭溪公社的坑田、泉塘、三忠、柏坪、桃子、赵家、徐南、田心、毛坪、郁溪、金凤、井冲、矮边、杨桥、杨世、出石、大塘、孙桥、涟河、庙边、茶亭、罗坪等 22 个大队划归涟源县。1977 年 9 月,设立涟源地区,涟源县隶属涟源地区。1980 年 9 月,划出涟源县娄底镇及杉山公社的东风、民福大队,西阳公社的方石、水洋大队,百亩公社的思塘大队,恢复设置娄底市。1982 年 12 月,涟源地区改名娄底地区,涟源县属娄底地区管辖。1984 年 10 月,涟源县娄底区茶园、万宝、百亩、杉山、小碧、双江、石井、西阳等 8 个乡划归娄底市。

1987 年 6 月 10 日,经国务院批准,撤销涟源县,设立涟源市(县级)。11 月 1 日,举行撤县设市庆典。1999 年 1 月 20 日,撤销娄底地区,设立娄底市,涟源市由湖南省直辖,娄底市代管。

1987—2007 年,市委、市人大、市政府、市政协驻蓝田街道光明山社区。

第三节　行政区划

1987 年 6 月 10 日，涟源撤县设市，行政区域不变，辖 7 个区，1 个区级镇，39 个乡，7 个乡级镇；有 921 个村委会，26 个居委会。10 月 13 日，撤销蓝田镇，划出原蓝田镇红旗路以西，下太平桥以东地域(不含罗家佃居委会)，设立蓝田街道，辖 12 个居委会，3 个村委会；毛坪乡划出先志、三步桥、瓦亭 3 个村，芦茅塘、狮子山、

1987 年涟源市行政区划表

表 1–1

区、街道	乡、镇	辖村委会、居委会	机关驻地
蓝田街道		村委会 3 个：光文、胡家、西郊 居委会 12 个：光明、民主、中山、双江、新建、光明山、文艺路、红旗路、交通路、罗家佃、民光、蓝郊	中山后街
六亩塘街道		村委会 4 个：先志、三步桥、瓦亭(民主)、温田(新联) 居委会 5 个：高碑基、墨溪口、芦茅塘、狮子山、磨石	人民西路
马家境街道		村委会 4 个：乌鸡坝、马家境、新中、石梅 居委会 7 个：李家垅、双江口、十字坳、黄山、石马山、牛车边、石山	新城路
荷叶区	毛坪乡	村委会 14 个：毛坪、石头、树亭(建新)、桐车(塘湾)、良溪、秀溪桥(秀溪)、锦地、兴福、同意、洞庭桥(洞庭)、井家、胜利、洪兴、界边(联兴)	对山庄
	芙蓉乡	村委会 16 个：新康(联盟)、坪上、利民、芙蓉、黄龙、瓦丘、同家井(同家)、梅南、烟竹、滏冲、红光、扶珂、荆桥、峦峰、双石、白石溪(白石)	南山
	财溪乡	村委会 18 个：岩美、东山、白溪、谢家、竹新、柳坪、田井、马埠桥(中心)、墨溪、硐下(新民)、长江、金竹、落马江(建龙)、阳硐、财溪、秀峰(甘溪)、松柏、硐岩	田园
	马头山乡	村委会 19 个：紫溪、四甲(群利)、桅子(青山)、双车(田心)、麦冲、白杨湾、长车、应山(红升)、飞仙(中心)、东轩、温江、团结、群联、楠木、木灵、群先、新合、回龙江(民星)、马头山(集中)	木灵
	湖泉乡	村委会 18 个：群英(群联)、拖坪、双力(双栗)、川门、湖泉、山滔、朱泉(朱溪)、黄栗、关桥、雷峰、龙江、桂新、石门、鸟溪、群雄、古台、向车、董家冲(董家)	湖泉寺
	青烟乡	村委会 23 个：大丰、杨岭、小冲、崩石、建光、日升、排掌、排洲(星星)、幸福、集峰(峡山)、唐家冲(同心)、井泉、青烟、石桥、龙埠(石龙)、李家垅(李家)、满水、扶胜、培元、青铜(金平)、张家湾(建龙)、紫花、源头冲(檀山)	龙眼井
	三甲乡	村委会 18 个：玉峰、玉屏、新屋、三甲(星燎)、荷叶、六甲、二甲、十甲、实竹山、张白、阳雀、长荣、铜盆、尖山岭(茶亭)、社坛(新建)、三联、湄水、堂家园	澹园
四古区	安平镇	村委会 14 个：唐家、梅塘、新贺、桐庙、观音阁、石牛、白毛、岩下、石等、青山湾、马方口、枳木山、新万、双塘 居委会 2 个：湘中、黄店	新万

续表 1-1

区、街道	乡、镇	辖村委会、居委会	机关驻地
四古区	岛石乡	村委会 28 个：严溪、桂长、袁心、横岩、桐树、田心山(田心)、大丘、亨堂、留石、浆江、长溪、双龙(龙溪)、梅家、水平、张隆、峡溪、岩坑、大石岭(大兴)、岛石、童家、联兴、凉水、青岭、大塘边(大塘)、塘湾里(新建)、集中、井坑、西冲湾(西冲)	凉水井
	珠梅乡	村委会 19 个：建中、马头、东边、上柏、合胜、珠梅、双胜、群力、云肖（云霄）、江口(双江)、水竹(新联)、河西、河东、长冲、世禄、石台(台上)、富红(富溪)、新泉、文新	珠梅
	四古乡	村委会 24 个：深坑、楠竹、凤山、大茶、四古、苏家、檀木山(檀木)、袁家、长肖、臣甫、牛郎、江下、樟树坪(樟树)、田冲、托林、吴家、后溪、刘家、罗克、晚房、杨柳田(杨柳)、路馆、祥元、凤家山(凤家)	刘家凼
	古塘乡	村委会 26 个：牛埠、车溪、祠堂（池塘）、良院、落山(民主)、马方溪(石桥)、麦塘、砂托、申家、望岩、破石、古塘、凤家、枫木桥(枫木)、新村(新塘)、杉凤、坪岭(坪上)、丁家湾(丁家)、群山、竹联、赵家、滟塘、复新、大湾里(大湾)、塘边、肖家坳(肖家)	塘边
	龙塘乡	村委会 25 个：协兴、莲花、合林、柘溪、六合、宽家、龙塘、洞庭、战江、枫木、大坪、栗山湾(栗山)、上石塘(合心)、井边、马方、齐心、浙口(浙溪)、雷鸣塘(雷鸣)、合联、洞花(花桥)、洞冲、七宝、桃梅、茅塘湾(毛塘)、柏杨冲(柏杨)	龙宫凼
	南风乡	村委会 22 个：峡兴、建兴、朝易、红星、白湄(白羊)、蛇形(新石)、坪里(新中)、南风(新丰)、石路、沃草、观塘、新石桥(西坪)、茶坳(茶园)、双河、董家、金鸡、文吉、迪华、罗家、文礼、高兴、外郎(联合)	南风
伏口区	伏口镇	村委会 24 个：李家、洄水湾(洄水)、半排、长塘、赤星、文溪、陈家、柿梓(青山)、半山、江白、柏家、吴家桥(吴家)、林家、彭家、茂园、徐家、大兴、芭蕉塘(芭蕉)、大伯（大柏）、松山、良响、贺家(星星)、胡家坪(胡家)、伏口 居委会 1 个：伏口	伏口
	柏树乡	村委会 12 个：柏树、泽塘、彪江、峡口、梅湾、中马、大马、红仙、梨溪、猫公岩(龙家)、岩子园(谢家)、龙头	柏树
	漆树乡	村委会 22 个：龙安、建华、金铁、灿明(东风)、张家、万寿、王江、新江、黄陈、溢田坳(溢田)、大湾、桃溪、秀加（秀家）、建民、郭家、大茶园(大茶)、漆树、大家、沙溪、新开、甘棠、梧桐园(梧桐)	漆树坪
	石陶乡	村委会 22 个：香兰、长春、黄罗、蒿子、寨背、龙泉、排下、石陶、枧头、螺丝、大竹、湄塘(古塘)、温泉、金盘、朱岩、喻家、石联、长坳(长冲)、花山、易家、跑马、甘禾(杨家)	温泉
	大桥乡	村委会 18 个：栗山、排门、正旗(双江)、湄江、仙峰、石牛湾(石牛)、思久、肖家、四房、长桥(长冲)、塞海、洞庭山(洞庭)、衣岭、和平、远利、珍珠(大塘)、龙塘湾(龙塘)、白石冲(白石)	栗山桥
桥头河区	桥头河镇	村委会 20 个：桥头河、龙湾、青草、芦茅、星光、花枝(花桥)、石桥边(石桥)、甘冲、洪桥、渎子、清塘(兴家)、水源、柞树、太平、大范、泥冬、珠溪、杉木、桥头山、石坪 居委会 4 个：中铺街、塘坳街、石湾街、桥头河煤矿	中原路

续表 1–1

区、街道	乡、镇	辖村委会、居委会	机关驻地
桥头河区	湘波镇	村委会 20 个:湘波、虎溪、石溪、铁炉、檀山、实竹、曲溪、同心、吴家冲(吴家)、三角塘(工农)、烟竹坪(杨名)、青名、茹光、茹草(江边)、横街、拦马桥(文革)、高颜(高坪)、柏杨、滥塘、黄竹 居委会 2 个:杨家山、周家冲	湘波
	七星乡	村委会 20 个:七星、峡山、同方、盐井、红旗、白鹞、复兴、甘溪冲(甘溪)、红联、金井(金星)、老塘(建新)、冬塘、龙贵、龙踞(文革)、仙山、香炉山(东风)、新民、黑水塘(红星)、萝卜凼(文新)、伏栗	七星街
	仙洞乡	村委会 16 个:田湖、甘庄、洞源、大木、南岸、仙洞、曾加桥(增加)、朝光、插花、东岩(梽木)、雷鸣、栗溪、菜花、正里、土珠、栗树	岸边塘
	株木乡	村委会 17 个:水桐、彦溪、三合、界头、檀山湾(檀山)、野鸭塘(何家)、杨家、峡山湾(峡山)、温塘、新华、株木、合兴、共和、贺家、璜珠、华美、新长(新塘)	荷叶塘
	桂花乡	村委会 21 个:桂花、珠璜、侯湾、莫塘(胜利)、白菊、东石、大屋、田心湾(田心)、大新(新石)、竹侧(合心)、白湖、首华、油草、五星、钟山、井坑、民主、东冲、段江、车田、新培	桂花井
	石狗乡	村委会 26 个:木家、余中、青龙(山塘)、射中、井塘、石狗、檀山塘(檀山)、燕子、大水、丰余、石洞、龙建、白刘、梓茶、风华、三龙冲(雷峰)、乌金(群利)、枫树台(枫树)、大塘、群建、樟檀、群峰、新光、山椿、八女、石窑(石泉)	木家冲
	增加乡	村委会 21 个:新桥、星坪、洋河、三元、步先、学堂冲(新民)、美庄、扬名、桃源、群富、杨柳、新塘湾(新联)、松源、红溪、曹溪、增加、金龙(石桥)、檀山坳(檀山)、杉山湾(杉山)、洪家、塘边湾(塘边)	增加桥
	渡头塘乡	村委会 19 个:涟溪、胜旗、菊花、垣子、竹山、印溪、印中、光芒、向阳、日新、文明、桥溪、新田、新龙、新旗、新坪、铜铃、泉塘湾(泉塘)、东风	铜铃
杨家滩区	杨家滩镇	村委会 22 个:山龙(山塘)、洄水、梅林、七甲、赛里、谢志、梧团(梧桐)、龙凼、满家、永和、永福团(永福)、新建、泉溪、团山、湖坪、五一、永家(大塘)、利新、美山坳(石井)、仁让(林家)、金盆、杨市 居委会 4 个:新建、南正街、中直街、板栗山	中直街
	斗笠山镇	村委会 23 个:黄港、台上、槐园、石塘、绍园、坑田、增加塘(增加、曾家塘)、香花、方八、东界、惠民(大石)、明镜、盛家冲(洞冲)、金铃、祖保、兴家、石坝、碧林、天井、言忠、云盘、大治、洞里 居委会 3 个:方塘、七一、纸马铺	二房头
	水洞底镇	村委会 23 个:撑田、托山、长步、慕农、椆树桥(球树)、井冲、大田、梽油(梽柚、梽木)、羊角、天堂、西溪、温泉冲、南桥、雨田、中心、石脚、泥青、水洞底、红土、理珊、慕长、竹脚、大岳垅(谢家) 居委会 3 个:向阳、红桥、泥湾	红土
	太和乡	村委会 20 个:太和、官庄、泉河(泉塘)、龙潭、石家、杉松、华中、南冲(合心)、金星、桐子山(桐子)、龙伏、湘思、双江口(双江)、陡山、皮家、枧埠、板桥、车田垅(大石)、长溪坪(长溪)、泌溪	三塘湾

续表 1–1

区、街道	乡、镇	辖村委会、居委会	机关驻地
杨家滩区	枫坪乡	村委会 24 个:杨梓、椆树、四良、龙狮、张家垅(张家)、肖家园(历山)、青树、荷将、三角、坦坪(石塘)、牛角冲(先锋)、回龙坳(回龙)、黄潭、白石、金家、枫坪、分水坳(高山)、白水垅(洪家)、花桥、枫树、明星、观山、柏树山(柏树)、洪水岭(杨柳)	培本堂
	甘溪乡	村委会 17 个:丰瑞、大漾、熊家、甘溪、禾管、杉园、沙坪、建设、塘溪、马白、托里、自耕、花萼、甘泉、高塔(大塘)、白峰(白杨)、柏树桥(柏树)	马白堂
	新禾乡	村委会 22 个:小杨、杨材、三桥、云山、白晃、云华、金华、高枧、白龙、石狮、金塘、周观、留坦、虎岩(新田)、禾花(石桥)、石泉、潘塘(大塘)、新士、新塘、国柱、槐树(张家)、红泉(红旗)	童家湾
山塘区	山塘乡	村委会 17 个:山塘、古今、荷塘、绕月、桥头、塘田(中心)、樟树、富田、龙家、绕竹、密丹、鲤鱼、黄泥、永益、群宜、千山、枫树铺(枫树)	师古堂
	古楼乡	村委会 17 个:烟溪、古楼、乐群(群益)、西村(西冲)、东村(东冲)、砂坪坳(砂坪)、丁家、秀溪、街子、湴里、建胜、罗家桥(罗家)、白马山(白马)、华湘、友谊、观音、河公桥	邓家塘
	塘湾乡	村委会 17 个:珠木冲、塘湾、仑上、人民、神冲、田心街、集坪、界头湾、峡山冲、集合冲、崇木、新峰、内外、河龙、礼湾、牌头、左湾	南昌坪
	快溪乡	村委会 19 个:谦吉、快溪、蓉峰(芙蓉)、砖湾、湄水、龙溪、茶亭、杉树、大坳、联盟、白水、高厅、高山、老桥、朝富、堤基、东坪、东园(桂花)、小江	大桥边
	常林乡	村委会 17 个:岩仑、金明、雄狮(共和)、大兴桥(大兴)、杨荷塘(杨荷)、迪康、大樟、湴田、湖广、益星、大塘园(大塘)、腊树坳(腊树)、星星、常林、大山、黄城、桃林坝(桃林)	刘家祠
	金石乡	村委会 20 个:砂石、岩江、河联(河家)、山茂、白潭(天堂)、双泉(东风)、双坪、岩泉、七里、大桥、双田、跃进、良家、缠江、江边、谢桥、黄石、合心、白云(坪上)、砂塘	砂石
	灌湄乡	村委会 18 个:青春、龙和、光华、灌溪、栗坪、合裕、双桥、檀木、潼溪(桐益)、茶坪(茶园)、新冲(长冲)、毛坪里(毛坪)、坝塘岭(坝塘)、大水头(大水)、和合、大湄、小湄、西冲	双板桥
白马区	白马乡	村委会15 个:白马、隔山、邹家、洪田、钟灵、松柏园(松柏)、桃林、学足、井流、樟木、师乐、泉冲、庙里、黄泥坑(黄泥)、芦江边(五星)	白马寺
	田心乡	村委会 16 个:三协(三忠)、杨桥、金凤、百坪、楠木山(坑田)、赵家冲(赵家)、郁溪、桃子、徐南、井洋(井冲)、牛角山(茅坪)、田山、泉塘、矮边、桐石、王家	田心坪
	孙家桥乡	村委会 13 个:兴隆(大塘)、罗坪、咸蟠、孙家桥、淳化、三团、出石、庙边、杨世冲(杨世)、查林、大秀、涟河、浆溪冲(红星)	孙家桥
	茅塘乡	村委会 25 个:茅塘、龙井(龙塘)、道童、马溪、沙河、梳妆、杨坪、石碑、富溪、光杨(光阳)、水碧、福禄、石校(石桥)、高山团(高山)、藕塘、久施、柿香、枫林、洞门、石门桥(石门)、大方、温溪、五峰(马家)、水泉(水源)、永福	田凼里

磨石3个居委会，三甲乡划出温田村，原蓝田镇划出红旗路以西的区域，新设高碑基、墨溪口2个居委会，设立六亩塘街道，辖5个居委会，4个村委会；马头山乡划出乌鸡坝、马家境、新中3个村委会，李家垅居委会，青烟乡划出石梅村，原蓝田镇划出下太平桥以东地域（不含罗家佃居民区），新设双江口、黄山、石马山、牛车边、石山、十字坳6个居委会，设立马家境街道，辖7个居委会，4个村委会。全市辖7个区，3个街道，39个乡，7个乡级镇；有918个村委会（1998年版《涟源市志》载916个村，漏录财溪乡东山村和仙洞乡南岸村），43个居委会。

1992年6月，撤销大桥乡，划入古塘乡滟塘、凤家2个村，四古乡吴家、托林、檀木山、深坑4个村，石陶乡香兰、长春、黄罗、蒿子、寨背、龙泉、石陶、枧头、湄塘、朱岩、跑马11个村，设立湄江镇，辖35个村。

1995年11月29日，经省政府同意，省民政厅批准，撤销7个区公所，设1个街道（蓝田），12个镇（六亩塘、石马山、安平、湄江、伏口、桥头河、七星街、斗笠山、水底洞、杨市、白马、枫坪），7个乡（三甲、古塘、渡头塘、龙塘、金石、山塘、茅塘）。

1997年1月7日，撤销茅塘乡设立茅塘镇，4月2日撤销山塘乡设立荷塘镇。1998年10月23日，撤销金石乡设立金石镇。

2007年年底，全市辖1个街道，15个镇，4个乡；有909个村委会，38个社区居委会，3个居委会。

2007年涟源市行政区划表

表1-2

乡、镇、街道	辖村委会、居委会、社区居委会	机关驻地（村、社区）
蓝田街道	村委会9个：集中、青岭、西冲湾、峡溪、联兴、胡家、日升、洪兴、建中 社区居委会9个：罗家佃、文艺路、光文、交通路、双江街、民光、光明山、光明街、新新	文艺路
六亩塘镇	村委会31个：界边、同意、胜利、井家、秀溪（秀溪桥）、洞庭桥、锦地、良溪、石头、毛坪、树亭、桐车湾（桐车）、兴福、荆桥、白石溪、涟冲、坪上、利民、瓦丘、烟竹、双石、黄龙、芙蓉、梅南、峦峰、同家井、红光、新康、扶珂、温田、三步桥 社区居委会4个：笃庆堂、牛角石、芦茅塘、狮子山	芦茅塘
石马山镇	村委会63个：张家湾、青烟、石梅、乌鸡坝、新中、马家境、排掌、杨岭、青铜、源头冲、井泉、建光、幸福、紫花、小冲、培元、李家垅、满水、扶胜、崩石、集峰、龙埠、唐家冲、排洲、大丰、石桥、山滔、双栗、相车、石门、群雄、朱泉、群英、古台、关桥、拖坪、桂新、龙江、董家（董家冲）、雷峰、团结、应山、温江、双车、东轩、长车、飞仙、桅子、群先、四甲、紫溪、回龙江、麦冲、新合、柏杨、马头山、群联、木灵、黄栗、鸟溪、湖泉、川门、楠木 社区居委会4个：梅园、荷花、黄山、双河	梅园
安平镇	村委会53个：桐庙、梅塘、枳木山、岩下、新贺、双塘、石等、青山湾、石牛、观音阁、白毛、唐家、马方口、新万、桐树、井坑、田心山、大丘、水平、严溪、童家、大塘边、横岩、双龙、凉水、张隆、袁心、桂长、梅家、浆江、大石岭（大石）、塘湾里、岛石、留石、享堂、岩坑、长溪、大茶、凤家山、罗客、凤山、杨柳田、樟树坪、路馆、晚房、牛郎、长肖、四古、刘家、江下、田冲、墙园（祥元）、臣甫 社区居委会1个：湘中	唐家

续表 1–2

乡、镇、街道	辖村委会、居委会、社区居委会	机关驻地（村、社区）
湄江镇	村委会 45 个：寨背、滟塘、龙泉、长春、凤家、托林、枧头、珍珠、香兰、龙塘湾、吴家、思久、衣岭、檀木山、石牛湾、跑马、石陶、白石冲、仙峰、深坑、黄罗、湄江、正旗、湄塘、长桥、远利、塞海、排门、肖家、朱岩、蒿子、栗山、和平、洞庭山、四房、苏家、楠竹、后溪、袁家、王江、新江、秀加（秀家）、涟田、桃溪、马方溪 社区居委会 1 个：栗山桥	栗山
伏口镇	村委会 62 个：陈家、大伯（大柏）、伏口、茂园、良响、李家、赤星、文溪、芭蕉塘、松山、徐家、大兴、胡家坪、江白、洄水湾、彭家、柏家、贺家凼、半排、林家、吴家桥、长塘、半山、柿梓、金盘、石联、螺丝、大竹、易家、温泉、喻家、排下、花山、甘禾、长坳、梧桐园、大茶园、沙溪、黄陈、龙安、灿明、万寿、郭家、建民、建华、新开、金铁、张家、漆树、大家、大湾、甘棠、梅湾、大马、岩子园、中马、龙头、猫公岩、柏树、峡口、泽塘、彪江 社区居委会 1 个：伏口	伏口
七星街镇	村委会 58 个：红仙、梨溪、伏栗、峡山、红旗、黑水塘、萝卜凼、甘溪冲、红联、金井、冬塘、仙山、白鹞、同方、老塘、复兴、七星、盐井、龙贵、龙踞、新民、香炉山、栗树、甘庄、南岸、菜花、大木、洞源、曾家桥、东岩、田湖、朝光、土珠、仙洞、栗溪、正里、插花、雷鸣、烟竹坪、黄竹、铁炉、三角塘、高颜、曲溪、青名、横街、石溪、拦马桥、虎溪、柏杨、茹草、茹光、吴家冲、湘波、涟塘、实竹、同心、檀山 社区居委会 2 个：洪源、七湖	七星
桥头河镇	村委会 84 个：杉木、青草、芦茅、星光、水源、泥冬、石桥、共和、贺家、新长（新塘）、石坪、读子、花枝、桥头山、太平、龙湾、洪桥、大范、甘冲、柞树、珠溪、清塘、桥头河、大塘、新光、风华、群峰、枫树台、白刘、燕子、群建、石窑塘、三龙冲、丰余、木家、余中、大水、石洞、青龙、山椿、龙建、乌金、石狗、梓茶、八女、檀山塘、射中、樟檀、井塘、东石、车田、新培、井坑、钟山、桂花、五星、珠璜、候湾（侯湾）、东冲、竹则（竹侧）、大屋、田心湾、白湖、莫塘、大新、段江、民主、白菊、首华、油草、株木、三合、新华、檀山湾（檀山）、温塘、界头、水桐、华美、野鸭塘、杨家、合兴、彦溪、峡山湾、璜珠 社区居委会 4 个：桥煤、洪桥、桥南、观澜	花枝
斗笠山镇	村委会 40 个：东界、大治、槐园、天井、金铃、碧林、惠民、兴家、祖保、明镜、方八、绍园、石坝、言忠、增加（增加塘）、坑田、石塘、盛家冲、黄港、台上、云盘、洞里、香花、杉元、塘溪、禾管、大样、白峰、甘泉、熊家、高塔、花萼、托里、柏树桥、自耕、丰瑞、建设、马白、甘溪、沙坪 社区居委会 1 个：香花台	云盘
水洞底镇	村委会 45 个：梽柚（梽油）、中心、慕长、羊角、理珊、撑田、球树（裀树桥）、温泉（温泉冲）、竹脚、大田、泥青、西溪、南桥、天堂、水洞底、慕农、雨田、大岳垅、长步、托山、井冲、石脚、红土、白晃、小杨、白龙、周观、槐树、石狮、石泉、国柱、新士、杨材、三桥、高枧、红泉、金塘、云山、潘塘、云华、虎岩、新塘、禾花、留坦、金华 社区居委会 1 个：向红	红土

续表 1-2

乡、镇、街道	辖村委会、居委会、社区居委会	机关驻地（村、社区）
杨市镇	村委会 56 个：五一、山龙、美山坳、团山、满家、仁让、梅林、新建、七甲、谢志、洄水、梧桐（梧团）、永和、永家、龙凼、湖坪、金盆、枧埠、太和、泉河、皮家、双江口、桐子山、官庄、龙潭、泌溪、华中、石家、南冲、杉松、长溪坪、车田垅、陡山、金星、龙伏、板桥、湘思、茶亭、砖湾、高山、联盟、快溪、东坪、东园、杉树、白水、高厅、大坳、堤基、小江、谦吉、湄水、朝富、蓉峰、龙溪、老桥 社区 4 个：孙水河、集祥、利新、泉溪 居委会 3 个：永福（永福团）、赛里、香火堂	泉溪
枫坪镇	村委会 24 个：杨梓、牛角冲、分水坳、荷将、洪水岭、球树（椆树）、三角、枫树、白水垅、黄潭、龙师、坦坪、白石、肖家园、观山、四良、明星、张家垅、枫坪、柏树山、回龙坳、金家、青树、花桥 社区居委会 1 个：枫星	杨梓
白马镇	村委会 44 个：白马、泉冲、松柏（松柏园）、桃林、钟灵、洪田、邹家、庙里、黄泥（黄泥坑）、学足、师乐、樟木、隔山、卢江边（芦江边）、井流、井洋、矮边、杨桥、三协、金凤、王家、徐南、郁溪、牛角山、桃子、桐石、赵家（赵家冲）、百坪、泉塘、楠木山、田心、文化（淳化）、出石、咸蟠、兴隆、查林、涟河、大秀、孙家桥、杨世（杨世冲）、罗坪、三团、庙边、浆溪（浆溪冲） 社区居委会 2 个：老街、田心	白马
茅塘镇	村委会 25 个：永福、富溪、马溪、温溪、高山（高山团）、藕塘、道童、龙井、柿香、枫林、大方、茅塘、石校、五峰、水泉、梳装（梳妆）、福禄、光阳（光杨）、石门、水碧、阳坪、久施、洞门、石碑、沙河 社区居委会 1 个：石门	马溪
金石镇	村委会 55 个：山茂、双田、岩江、黄石、白云、缠江、砂塘、双坪、白潭、砂石、大桥、跃进、双泉、谢桥、良家、江边、河联、七里、岩泉、合心、大山、大樟、黄城、益星、杨荷塘、桃林坝、雄狮、星星、岩岭、迪康、大兴桥、大塘园、常林、金明、腊树坳、涟田、湖广、毛坪里、大水头、合裕、栗坪、坝塘岭、光华、青春、灌溪、双桥、茶坪、龙和、大湄、西冲、小湄、新冲、和合、潼溪、檀木 社区居委会 1 个：砂石	砂石
荷塘镇	村委会 51 个：密丹、塘田、黄泥、古今、山塘、鲤鱼、永益、富田、樟树、荷塘、群宜、绕竹、桥头、千山、枫树铺、龙家、绕月、砂坪坳、华湘、西村、烟溪、丁家、涟里、东村、白马山、古楼、友谊、衖子（弄子）、秀溪、群益（乐群）、观音、罗家桥、建胜、河公桥、牌头、礼湾、内外、集坪、株木冲、岭上、神冲、峡山冲、新峰、田心街、河龙、塘湾、崇木、人民、界头湾、集合冲、左湾 社区居委会 1 个：荷塘新村	山塘
三甲乡	村委会 36 个：社坛、张白、六甲、堂家园、三甲、长荣、二甲、玉屏、玉峰、荷叶、新屋、十甲、三联、实竹山、尖山岭、铜盆、湄水岭、杨雀（阳雀）、阳硐、松柏、田井、长江、东山、柳坪、马埠桥、墨溪、落马江、金竹、硐岩、财溪、谢家、秀峰、岩美、硐下、竹新、白溪	玉峰

续表 1-2

乡、镇、街道	辖村、居民区	机关驻地（村、社区）
古塘乡	村委会 23 个：塘边、麦塘、竹联、赵家、杉凤、新村、砂托、车溪、大湾里、望岩、良院、群山、古塘、牛埠、肖家坳、坪岭、丁家湾、破石、落山、枫木（枫木林）、申家、池塘（祠堂）、复新	塘边
渡头塘乡	村委会 40 个：铜铃、新龙、新旗、新坪、印中、向阳、桥溪、垣子、日新、涟溪、泉塘湾、印溪、胜旗、竹山、光芒、东风、新田、菊花、文明、群富、杉山湾、星坪、三元、塘边湾、洪家、金龙、杨柳、步先、桃源、增加、檀山湾、松源、曹溪、美庄、洋河、新塘湾、扬名、红溪、学堂冲、新桥	铜铃
龙塘乡	村委会 65 个：宽家、柏杨冲、马方、七宝、六合、莲花、浙口、大坪、龙塘、战江、洞庭、上石塘、雷鸣塘、栗山湾、柘溪、洞冲、合联、洞花、齐心、茅塘湾、枫木、桃梅、井边、合林、协兴、群利（群力）、文新、富红、新泉、双胜、河西、石台、珠梅、马头、江口、合胜、世禄、东边、长冲、云霄（云肖）、河东、水竹、上柏、外郎、石路、迪华、罗家、坪里、峡兴、观塘、朝易、白湄、新石桥、南风、红星、文吉、双河、茶坳、蛇形、文礼、高兴、董家、建兴、沃草、金鸡	龙塘

说明：1. 伏口镇的伏口村和伏口社区，茅塘镇的石门村和石门社区，金石镇的砂石村和砂石社区，桥头河镇的洪桥村和洪桥社区，杨市镇的谢志村和香火堂居委会均为同一区域。2. 全市有 10 个村名雷同（六亩塘镇秀溪村、荷塘镇秀溪村；石马山镇石门村、茅塘镇石门村；安平镇井坑村、桥头河镇井坑村；石马山镇董家村、龙塘乡董家村；湄江镇涟田村、金石镇涟田村；水洞底镇球树村、枫坪镇球树村；古塘乡枫木村、龙塘乡枫木村；桥头河镇檀山湾村、渡头塘乡檀山湾村；茅塘镇永福村、杨市镇永福居委会；伏口镇温泉村、水洞底镇温泉村）。3. 括号前为村委会、居委会、社区居委会所在区域名，括号内为历史地名或习惯用名。

第二章　自然环境

第一节　地质　地貌

一　地层岩性

第四系在涟源境内不甚发育，残坡积物分布零散，冲积物见于涟水及主要支流和个别山间盆地中。全新统分布于涟水两岸，厚6～25米。白垩系分布于杨市、桥头河、渡头塘等乡镇，厚250～360米。侏罗系分布于桥头河向斜核部东部，厚度大于120米。三叠系麒麟组分布于桥头河镇，厚度大于260米；大冶组分布于车田江、桥头河、斗笠山等向斜轴部，厚590～700米。二叠系广泛分布于桥头河、斗笠山、车田江等向斜边缘。石炭系广泛分布于全市，组成背斜轴部，盛产无烟煤及水泥原料碳酸钙。泥盆系主要分布于市境南部龙山周围及东北部七星街镇雷鸣村一带，厚460～1900米。志留系仅在七星街镇菜花溪之南有出露，厚度大于1000米。奥陶系仅在七星街镇菜花溪有零星出露。寒武系分布于龙山周围及七星街镇菜花溪。震旦系分布于龙山及市境东北扇子排。

二　地质构造

境内地质构造，因受新华夏构造系的影响，位居雪峰山弧形构造隆起带的东边，为祁阳山字型构造的前弧北翼部位。弧形构造的褶皱和挤压程度，各地不一。南部以穹窿及短轴背斜为主体，其间向斜陡窄，如龙山穹窿构造；北部向斜宽缓，形态完整，背斜陡窄，断层密集，岩层破坏强烈。

三　地形特征

全市山丘起伏，地形复杂，地域差异明显。东南部、北部中低山耸立，地势高峻，最高点龙山岳坪峰，海拔1513.6米；中部低山，丘陵呈线状隆起，横贯东西；西部低山，高丘崛起，地势较高；东部低平开阔，平原、岗地较多，最低点渡头塘乡桥溪村江东湾海拔103.5米。全市海拔100～300米地带面积最大，占总面积58.44%；300～500米地带占17.36%；500～700米地带占18.5%；大于700米地带占5.7%。

四　地貌特征

涟源地貌，因受地质构造和地层岩性的强烈制约，加上外部营力的作用，形成不同的地貌形态，特别是湄水流域，有着奇特的岩溶景观。山脊走向与构造线方位基本吻合，呈北东向延伸，略呈弧形弯曲。碳酸岩分布区地势较缓，属低山、丘陵地形，约占图区的五分之三；元古界、古生界的浅变质岩分布区山势陡峻，多属中低山、低山地形。全境呈向东敞口的“E”字形地貌轮廓。中部、东部耕地多而集中，两大走廊边缘及南部、北部耕地较少而分散，且沿溪谷呈条带状分布。垦殖指数中部、东部高于西部，西部高于南部、北部。

五　地貌类型

全市地貌走型多样，以山丘为主。依基本形态分为堆积、溶蚀平原，堆积、剥蚀岗地，侵蚀、剥蚀丘陵，侵蚀构造山地等四大类,溪谷平原,溶蚀平原,低岗地,高岗地,低丘陵,低山,中低山,中山等八亚类。地貌类型组合,山地较多,岗丘次之,山地占全市总面积37.83%,成片分布在南部和北部的中山、中低山区;丘陵占26.86%,成行排列于中部及南、北部山麓地带;岗地占25.13%,成块状分布于开阔的东部和中部;平原占10.18%,主要分布于涟水、孙水、湄水中下游两侧。

六 山 脉

市境受地质构造控制,雪峰山、龙山、雷峰山三系山脉分布全市。雪峰山余脉自西入境,往北呈两排内弧形山脉蜿蜒北部,两弧近似平行延伸,岭沟相间,海拔500米以上的山峰140多座。其中,较大的山峰有雷祖殿(海拔826米),月光崖(886.5米),破刀岭(823.1米),桃溪界(896米),寨背(874.9米),横坡岭(698米),三尖峰(806米),寨子山(1070.8米),乌云山(641米),黄竹岭(626.8米)等43座。龙山山脉呈南西—北东走向,横亘南部边境,海拔800米以上的山峰11座。其中,岳坪峰1513.6米,谢家岭1292米,五脑岭989米。雷峰山脉近似东西走向,呈屋脊状横贯中部,成为全市南北分界线,一般海拔400~500米,并与龙山、雪峰山系对峙,形成南部从水洞底—杨市,北部从桥头河—蓝田两大长廊形盆地,构成全市“E”字形盆地地貌轮廓。

第二节 水 文

一 水 系

涟源市境分为南、北两个汇流水系。南有孙水,北有湄水,中有涟水,是全市三条主要干流,流域面积1751.19平方千米,占全市总面积92.38%。境内172条大小溪河,总长677.25千米。其中,5~10千米的25条,10~15千米的19条,50千米以上的2条。除西北部的漆树坪、茶溪、望岩溪3条小溪(共长17.8千米)流入资江,西南部的岩江、迪康、灌溪3条小河注入双峰县侧水外,其余166条均汇入涟水。涟水属湘江支流,上游在涟源境内,全长53.25千米,二级支流12条,全长237.61千米,三级支流24条,全长297.6千米,四级支流9条,全长105.89千米。流域面积10~50平方千米的34条,50~100平方千米的3条,100平方千米以上的9条。

二 地表水

1987—2007年,全市年平均降雨量1420.3毫米,年平均降雨总量26.02亿立方米;径流深637.3毫米,径流量12.84亿立方米。客水2.97亿立方米。年均地表水资源15.81亿立方米,全市人平水资源1808立方米,比全国人平水资源少792立方米,比全省人平水资源少4192立方米。2007年,按耕地分摊每公顷水量37974立方米,低于全国、全省水平。全市蓄、引、提总水量3.5亿立方米,占地表径流量22%。

涟水 发源于新邵县坪上镇观音山西麓,从三甲乡落马江村入境,自西向东,至马埠桥右合墨溪水,再右合沿田江,至六亩塘镇磨石桥左合良溪水,至蓝田街道双江口左合升平河,至石马山镇石梅村右合小冲水,至石门村左合温江水,经桥头河镇石狗村,至渡头塘乡铜铃桥与来自西北的湄水汇合,再左接增加水,进入娄星区境内。市内长53.25千米,接纳长5千米以上溪河22条。流域面积631.4平方千米,占全市总面积33.31%。

孙水 发源于龙山山麓新邵县潭溪镇的爽溪,从白马镇郁溪村入境,自西向东,注入白马水库,出库后,自西南向东流经白马镇,至茅塘镇马溪村合马溪水,至枫坪镇杨梓村合观山水,至杨市镇金盆村右合快溪水、塘湾河,左合甘溪水,经水洞底镇进入娄星区境内。市内长41.3千米,接纳长5千米以上溪河15条。流域面积 532 平方千米，占全市总面积 28.07%。

涓水 发源于安化县高明乡小磨山，从伏口镇柏树村入境，由北向南，在柏树村右合久泽坪湿江水，至涓江镇龙塘湾右合涓塘河，经龙塘乡南风村、桥头河镇桂花村左合曲溪水，至渡头塘乡汇入涟水干流。全长 54.8 千米，接纳长 5 千米以上溪河 16 条。流域面积 586 平方千米，占全市总面积 30.91%。

其他还有伏口镇 3 条小溪，经安化汇入资水，流域面积 45 平方千米，占全市总面积 2.37%；金石镇 3 条小溪流入双峰县侧水，流域面积 101.15 平方千米，占全市总面积 5.34%。

二 地下水

(一)类型

第四系松散地层孔隙水 分布在孙水沿岸杨市镇至水洞底镇，涓水沿岸渡头塘乡一带，水位埋藏深度一般在 10 米左右，大部分是上游河床补给，下游河床排泄，控制面积约 40 平方千米。

基岩裂隙水 分布在龙山穹隆控制的荷塘镇、杨市镇、茅塘镇、白马镇、三甲乡，北部山区七星街镇、伏口镇的变质岩和泥盆系中上统页岩区及中部丘岗区的石灰系沙石岩区。控制面积 736 平方千米，水量不丰富。龙山东翼泥盆系中的棋梓桥组、佘田桥组和锡矿山组的灰岩则含有较丰富的裂隙溶水。

碳酸岩裂隙岩溶水 分布在北部和南部，控制面积 1130 平方千米，以碳酸盐岩类为主，碳酸盐岩夹磷屑岩类次之，是岩溶最发育和地下水富集的基地。可溶性石灰岩分布面积占全市总面积 60%，约 1147 平方千米。其中，极丰富的岩溶含水岩组 361.6 平方千米，占总面积 32%；丰富的岩溶含水岩组 305.1 平方千米，占 27%；中等的孔隙裂隙含水岩组 282.5 平方千米，占 25%；贫乏的孔隙裂隙含水岩组 180.8 平方千米，占 16%。

至 2007 年，开发利用地下水资源 57 处，枯水流量 2323 升/秒，灌田 2100 公顷，平均年利用水量 2000 万立方米。自涌泉 1236 口，灌田 2320 公顷，平均年利用水量 1678 万立方米。

(二)储水结构

涟源市北部开阔，断裂众多，形成完整的向斜构造。南部相反，背斜完整，向斜狭窄，碳酸岩环绕于背斜的四周，形成环状储水带。

向斜储水盆地 恩口—斗笠山复式倒转向斜，控制面积 245 平方千米，呈北东南西向展布，该部由三叠系岩性组成，翼部为茅口，栖霞组灰岩和龙潭组页岩接触处呈线状泉或泉群排泄，斗笠山向斜最大泄量 18.3 万吨/日，最少 9.26 万吨/日，水量丰富。桥头河向斜，控制面积 320 平方千米，呈北东 45 度，地下岩溶形态发育方向 10~20 度东，北 50~20 度西，是地下水赋存和位移的通道，排水量最大 20.91 万吨/日，最少 11.3 万吨/日。古塘乡、伏口镇龙安、涓江镇秀加属车田江向斜范围，中间宽缓，端头收敛，轴向呈北 15 度展布，该向斜的天然排泄总量 253 升/秒，即 2.2 万吨/日。

断裂储水带 蓝田—渡头塘断裂带，位于桥头河和斗笠山—恩口复式倒转向斜之间，由若干条互相平行的压性断裂构造组成。其中，规模最大的是小碧桥—蓝田压性构造，破碎带宽 70~460 米，有利于地下水赋存。观音湖—王家桥压性裂带，位于车田江—桥头河向斜之间，由规模不等的 10 多条走向北东的压性断裂组成，严重挤压成破碎带的宽度达 480 米，是地下水潜存的良好隙地。

(三)水质评价

境内地下水一般符合饮用水标准，水温 14~25℃，矿化度低于 1 克/升，灌溉系数(Ka)大于 18，可作良好的灌溉用水。总硬度一般为 4.2~16.8，小于 25 德国度，pH 值 5.0~8.0，可以适应各类工业用水，属锅垢少、软、中等沉淀，不起泡和非腐蚀性水。

1987—2007 年，蓝田—渡头塘地段，七星街—桥头河地段水质污染比较严重。其中，总铁(Fie)超过 0.8

毫克/升,砷(As)达0.03毫克/升,氟化物0.1毫克/升,这些微量元素超过国家颁布的饮用水标准。

第三节 气 候

涟源市位于湖南中部,地处云贵高原向江南丘陵递降、南岭山地向江汉平原过渡地带,具有山地、丘陵地貌,属中亚热带季风湿润气候区。冬季受西伯利亚极地冷高压影响,盛行冬季偏北大陆季风,天气阴寒,降水量少;春季是冬夏气团交换季节,随着印度低压增强,西南季风与东北季风交汇于江南地带,天气多变,阴雨连绵;入夏后,受西太平洋副热带高压及印度低压控制,形成夏季海洋季风,副热带高压周期性进退配合西风带气旋,能在境内形成暴雨、高温、干旱天气,常造成灾害;秋季是夏季风转为冬季风的过渡时期,副热带高压势力减弱南撤东退,北方冷气团逐渐南侵,常在湘中地区交汇,相继转为冬季环流形势。气候环流的变化,使境内四季分明,春季温和,夏季酷热,秋季凉爽,冬季湿冷,热量充足,无霜期长。

一 气 温

1987—2007年,年平均气温17.1℃。1月份年平均气温最低,5.2℃;7月份年平均气温最高,28.5℃。日最高气温一般出现在14—15时,日最低气温约出现在早上5—7时,夏季约在早上5时,冬季约在上午7时。1989年和1993年,年平均气温最低,16.6℃;2007年,年平均气温最高,18.1℃。极端最低气温-9.6℃,出现

1987—2007年涟源市各月平均气温

表1-3 单位:℃

月份	1	2	3	4	5	6	7	8	9	10	11	12	平均
气温	5.2	6.8	11.1	17.1	21.7	25.3	28.5	27.7	23.7	18.1	12.5	7.4	17.1

1987—2007年涟源市各月极端最高气温与出现时间

表1-4 单位:℃

月份		1	2	3	4	5	6	7	8	9	10	11	12
气温		23.7	28.8	34.5	35.7	37.0	37.0	40.4	40.6	38.4	35.6	29.6	24.2
出现时间	年份	1992	2003	1988	2004	1991	2004	2003	2003	1995	1992	1989	1989
	日期	29	21	14	22	25	29	31	2	6	2	3	6

1987—2007年 涟源市各月极端最低气温与出现时间

表1-5 单位:℃

月份		1	2	3	4	5	6	7	8	9	10	11	12
气温		-5.2	-3.6	0.3	2.1	9.6	13.3	19.0	19.6	12.2	3.3	-1.1	-9.6
出现时间	年份	1993	1990	1988 1989	1996	1991	1987	1989	1988	1992 1997	1991	1993	1991
	日期	16	1	5	4	2	9	31	23	29、21	29	22	29

在 1991 年 12 月 29 日;极端最高气温 40.6℃,出现在 2003 年 8 月 2 日。

日平均气温稳定通过 5℃的初日是 2 月 28 日,终日是 12 月 16 日,活动积温 5802.2℃;通过 10℃的初日是 3 月 26 日,终日是 11 月 21 日,积温 5202.3℃;通过 15℃的初日是 4 月 18 日,终日是 10 月 20 日,积温 4536.1℃;通过 20℃的初日是 5 月 22 日,终日是 9 月 25 日,积温 3391.9℃。

二 地 温

1987—2007 年,年平均地面温度 19.8℃,比气温高 2.7℃。1 月份最低,6.6℃;7 月份最高,33.1℃。极端最低地面温度出现在 1991 年 12 月 29 日,-16.0℃;极端最高地面温度出现在 2000 年 7 月 27 日,70.0℃。

1987—2007 年涟源市各月平均地面温度

表 1-6 单位:℃

月 份	1	2	3	4	5	6	7	8	9	10	11	12	平均
气 温	6.6	8.7	12.6	19.3	24.8	28.7	33.1	31.9	27.6	21.0	14.7	8.9	19.8

三 降 水

1987—2007 年,境内年平均降水量 1420.3 毫米,年际变化较大。1994 年,降水量最多,1852.8 毫米;2003 年,降水量最少,938.0 毫米。1994 年降水量是 2003 年的 2 倍。各月降水量分布不均,3~8 月,6 个月降水量 1005.4 毫米,占全年 70.8%;1—2 月和 9—12 月,6 个月降水量 414.9 毫米,占全年降水量 29.2%。1993 年 7 月 20 日,最大日降水量 131.5 毫米。最长连续无降水日数 38 天,出现在 2004 年 9 月 22 日至 10 月 29 日;最长连续降水日数 16 天,出现在 2005 年 2 月 4—19 日。

1987—2007 年涟源市各月平均降水量

表 1-7 单位:毫米

月 份	1	2	3	4	5	6	7	8	9	10	11	12	合计
降水量	78.4	90.1	126.6	170.9	194.9	233.7	158.8	120.5	65.9	80.0	55.4	45.1	1420.3

四 日 照

1987—2007 年, 年平均日照时数 1557.4 小时, 日照率 35%。日照时数最多的年份是 1992 年, 达到 1770.9 小时;最少的年份是 1999 年,1255.4 小时,是有记载以来的最少值。最多的月份是 7 月和 8 月,日照率大于 50%;最少的月份是 1—4 月,日照率均小于 30%。

1987—2007 年 涟源市各月平均日照与日照率

表 1-8 单位:小时

月 份	1	2	3	4	5	6	7	8	9	10	11	12	平均
日照时数	67.7	59.2	75.8	112.8	144.3	152.0	227.1	202.8	157.8	129.9	124.8	105.2	129.8
日照率(%)	21	19	24	29	35	37	54	50	43	37	39	33	35

五 蒸发量

1987—2007 年,年平均蒸发量 1246.0 毫米。7 月份蒸发量最大,200.2 毫米;1 月份最小,36.6 毫米。

1987—2007 年涟源市各月平均蒸发量

表 1-9 单位:毫米

月 份	1	2	3	4	5	6	7	8	9	10	11	12	合计
蒸发量	36.6	41.8	61.2	95.8	126.4	133.3	200.2	182.6	142.3	102.2	72.6	51.0	1246.0

六 风

1987—2007 年,境内东南风向为多,偏西风向次之,年平均风速 1.3 米 / 秒。7—9 月风速较大,年平均 1.5 米 / 秒。

1987—2007 年,出现 6 级(平均风速 10.8 ~ 13.8 米 / 秒)以上大风 19 次。

1987—2007 年涟源市各月平均风速

表 1-10 单位:米 / 秒

月 份	1	2	3	4	5	6	7	8	9	10	11	12	平均
风 速	1.0	1.1	1.2	1.3	1.3	1.3	1.5	1.5	1.5	1.2	1.1	1.0	1.3

七 霜日和无霜期

1987—2007 年,境内总计霜日 367 天,年平均 17 天,1 月和 12 月霜日最多。初霜最早年份是 1991 年 10 月 29 日,终霜最晚年份是 1996 年 4 月 4 日。年平均无霜期 278 天,1996 年无霜期最短,227 天;1997 年无霜期最长,314 天。

1987—2007 年涟源市各月霜日

表 1-11 单位:天

月 份	10	11	12	1	2	3	4	合计
霜 日	1	18	155	125	49	18	1	367

八 雪

1987—2007 年,境内总计降雪 226 天,年平均 11天,1 月份最多,累计 104 天,年平均 5 天。初雪最早年份是 1995 年 11 月 20 日,终雪最迟年份是 2007 年 4 月 3 日。最大积雪深度 25 厘米,出现在 1991 年 12 月 28 日。(见表 1-12)

1987—2007 年涟源市各月雪日

表 1-12　　单位:天

月份	11	12	1	2	3	4	合计
雪日	3	38	104	66	14	1	226

九 雷暴

1987—2007 年,年平均雷暴日 44 天,3—8 月最多,12 月最少(仅 2007 年 12 月出现 6 天)。

1987—2007 年涟源市各月雷暴日

表 1-13　　单位:天

月份	1	2	3	4	5	6	7	8	9	10	11	12	平均
雷暴	32	62	107	140	120	107	140	150	39	13	15	6	44

第四节 土壤 植被

一 土壤

境内土壤由石灰岩风化物、板页岩风化物、第四纪红土、河流冲积物、紫色岩风化物 6 种成土母质发育而成,共有 9 个土类、19 个亚类、148 个土种,土壤总面积 11.49 万公顷。其中,耕地土壤 4.71 万公顷,占 40.99%;山地土壤 6.78 万公顷,占 59.01%。

水稻土　面积 28577.52 公顷,占土壤总面积 24.88%。85%分布在海拔 300 米以下。有潴育性、潜育性、淹育性、沼泽性、渗育性和矿毒性 6 个亚类,25 个土属,77 个土种。潴育性水稻土面积 22767.71 公顷,占水稻土的 79.67%。分布在地势开阔的缓坡地带。水利条件好,排灌方便,土层深厚,土壤熟化程度和肥力水平较高,土壤理化性状较好,是境内主要高产稻田。潜育性水稻土面积 3743.66 公顷,占水稻土的 13.1%。分布在低山、丘陵地带的冲、垅低洼处。地下水位高,排水较困难,犁底层以下,终年渍水,土体呈青灰色。土体中还原有毒物质多,透气性差,水温泥温低,有机质含量丰富,但速效养分不足。禾苗插后回青慢,如管水不善,出现僵苗不发,黑根死苗。沼泽性水稻土面积 1117.38 公顷,占水稻土的 3.91%,是水稻土中分布在海拔最低的亚类。地下水位高于耕作层,水分全层饱和,终年不干,土粒分散,形成深厚的烂泥层。土体层次分化不明显,全层潜育呈青灰色,亚铁反应强,还原有毒物质多,速效养分少,禾苗插后难以扎根,浮蔸、僵苗不发,甚至黑根死苗,生育期延长,产量低。淹育性水稻土面积 871.61 公顷,占水稻土的 3.05%,分布在陡坡地带,多为高岸田、新开田,水耕历史较短,水源条件差,易受干旱威胁,土壤熟化程度低,土层与耕作层浅薄,有机质含量低。渗育性水稻土面积 8.57 公顷,占水稻土的 0.03%,零星分散在丘陵与山地的边坡或平地与坡地相交的地段,在成土过程中受下渗水或侧渗水的作用,土壤中的铁锰等有色矿物质被漂洗尽,形成厚薄不一的灰色或灰白色的土层(白胶泥),土壤养分流失严重。矿毒性水稻土面积 68.59 公顷,占水稻土的 0.24%,主要分布在矿区附近。土壤受矿毒水污染,不利于作物生长,产量低,质量差。

红壤　面积 77183.1 公顷,占土壤总面积的 67.17%。其中,旱土 14049.33 公顷、山地 63133.73 公顷,分别占红壤的 18.2%、81.8%。分布在海拔 200～700 米的低山、丘陵、岗地。土层深厚，在气温高、热量足、雨量充沛、干湿交替明显的气候条件下发育而成，具有明显的脱硅富铝化过程，土体多呈红色。土壤呈酸性或弱酸性反应，pH 值一般为 4.5～6.0。有红壤、黄红壤、红壤性土壤 3 个亚类，16 个土属，40 个土种。

黄壤 面积 2133.33 公顷，占土壤总面积 1.86%，主要分布在海拔 700～1050 米，以龙山山脉为主，是林业生产的主要基地。在云雾多、日照少、空气湿度大的自然条件下发育形成的土壤，土体中氧化铁高度水化而呈黄色，心土层蜡黄色。土壤呈强酸反应，pH 值 4.8～5.6，土壤表层有机质含量高。有黄壤和黄壤性土壤 2 个亚类，2 个土属，2 个土种。

黄棕壤 面积 513.33 公顷，占土壤总面积 0.45%，分布在海拔 1050 米以上的中山地带，全部为山地土壤。在海拔较高、气温低、雨量较多、相对湿度大，冬天积雪时间长的自然条件下发育而成。土壤有机质分解缓慢，有枯枝落叶层，有机质淋溶下移，心土层呈棕色。有山地黄棕壤 1 个亚类，2 个土属。海拔 1360 米以上有山地草甸土，面积不多。

红色石灰土 面积 3845.34 公顷，占土壤总面积 3.35%。其中，旱土 2500.67 公顷，山地 1344.67 公顷，分别占红色石灰土的 65.03%、34.97%。发育于石灰岩近代风化壳上，多分布在石灰岩区的坡脚。处于石灰土向红壤发育的过渡阶段，表土层酸性至中性，无石灰反应，底层 pH 值有增高的趋势，有机质较缺。有红色石灰土 1 个亚类，3 个土属、3 个土种。

黑色石灰土 面积 2246 公顷，占土壤总面积 1.96%。其中，旱土 1785.13 公顷，山地 460.87 公顷，分别占黑色石灰土的 79.49%、20.51%。发育于石灰岩现代风化壳上。分布在石灰岩区的山顶、崖隙、岩壳等局部地段。土体中含有碳酸钙，呈碱性，有石灰反应，pH 值大于 7。有黑色石灰土 1 个亚类，2 个土属、3 个土种。

紫色土 面积 267.74 公顷，占土壤总面积的 0.23%。其中，旱土 55.87 公顷，山地 211.87 公顷，分别占紫色土的 20.87%、79.13%。由紫色岩风化物发育而成，零星分布，有中性紫色土、酸性紫色土 2 个亚类，5 个土属，6 个土种。

潮土 面积 11.4 公顷，占土壤总面积 0.01%，零星分布在河流两岸。有河潮土 1 个亚类，1 个土属，1 个土种。

菜园土 面积 106.2 公顷，占土壤总面积的 0.09%，分布在蓝田、杨市、桥头河等城镇郊区和厂矿附近。常年种植蔬菜，土层深厚，土壤熟化程度高，养分含量丰富，团粒结构发达，易于耕作。有菜园土、新菜园土 2 个亚类，2 个土属，4 个土种。

二 植 被

境内属中亚热带常绿阔叶林带，原始森林植被早已被破坏，大面积演变为亚热带常绿阔叶林、亚热带针叶林、亚热带常绿落叶阔叶混交林、亚热带针叶阔叶混交林、亚热带落叶阔叶林、竹林、荒山灌丛等 7 个群系类型。自然植被以苦槠、青冈栎及栲属等种类占优势，马尾松、油茶、映山红、铁芒萁组成典型性的中亚热带丘陵马尾松群落。北部山区主要有马尾松、杉木、柏木等天然针叶林和人工林，中部主要为次生阔叶林、成片人工杉木林，南部有木本植物 82 科，168 属，246 种。南竹在南部分布最广。

2007 年，全市有乔木树种 99 科，526 种。其中，用材林树种有杉、马尾松、金钱松、柏树、枫香、梓树、苦楝、刺楸、枫杨、苦槠、青冈栎、泡桐、高山栲、酸枣、木荷、栓皮栎等 211 种；竹类有南竹、篙竹、葱竹、青皮竹、水竹、实竹、黑竹、丛竹、芦竹、紫竹等 10 种；经济林树种有板栗、椆树、油茶、油桐、乌桕、核桃、柑橘、梨、李、桃、枇杷、杨梅、柿、枣、漆树、厚朴、黄檗、杜仲、棕榈、茶树、山苍子等 102 种；庭园树种有马桑、刺槐、黄檀、白栎、侧柏、杨柳、杜鹃、柏木、樟树、女贞、石榴、七里香、夹竹桃、芙蓉花、香椿等 116 种；其他 87 种。

全市有灌木树种90种。

境内药材资源丰富,已经识别的药材有杜仲、厚朴、黄檗、山胡椒、茴香、桂皮、天花粉、青木香、土茯苓、薤白、何首乌、夏枯草、鱼腥草、香附子、草决、佩兰、瞿麦、半枝莲、桑寄生、苦参、石苇、淡竹叶、香薷草、石菖蒲、活血藤、海金沙、黄药子、金果榄、草乌、桑柏皮、续断、百部、乌药、天葵子、仙鹤草、天门冬、麦冬、金银花、蕨根、山楂、狗脊、五倍子、淫羊藿、白前、南沙参、白芨、黄精、半夏、前胡、骨碎香、臭节草、野海棠、绞股蓝、锦香、地檀香、一把伞、峨参、节节菜、马尾莲等158种。

花卉资源也较丰富,有凤仙花、月季花、兰草、菊花等79科283种。

藤蔓有紫藤、野葡萄、金银花、牵牛花、青木香、爬山虎、黄藤等。

水生类植物有莲藕、芡实、菱角、荸荠、茭白、米丝、牛尾丝、鸭舌草、角果藻、野藻、次藻、矮慈姑、苦草、黑藻、水菖蒲、稗草、狗牙根、牛毛毡、水葫芦等。

稻田杂草主要有稗草、四叶萍、牛毛毡、瓜皮草、鸭舌草、节节菜等;旱土杂草主要有马唐、狗尾草、碎米莎草、无芒稗、金色狗尾草、荩草、香附、看麦娘、繁缕、雀舌草、碎米荠、早熟禾、小飞蓬、猪殃殃、野燕麦、草石蚕等;茶果园杂草主要有马唐、狗牙根、白茅、狗尾草、小飞蓬、荩草、野艾蒿、蕨类等;其他野生草本植物,有白茅、地榆、蒲公英、凤尾蕨、蛇莓、苜蓿、艾蒿等。

2001年,引进牛鞭草、矮象草、象草等牧草。

第三章 自然资源

第一节 土地资源

1987年3月,《涟源县农业区划报告集》和《涟源县农业区划数据集》载:全市总面积1894.59平方千米。其中,耕地61776.27公顷(水田37335.14公顷,旱土24441.13公顷),占总面积32.61%;园地8135.53公顷(橘园1384.20公顷,茶园5810公顷,梨桃等果园476.6公顷,黄花、药材等其他园地464.80公顷),占总面积4.29%;林地57807公顷,占总面积30.51%;居民点及工矿用地12022.20公顷(城镇用地256.27公顷,农村居民用地10160.73公顷,独立工矿用地717.87公顷,坟山等特殊用地789.87公顷),占总面积6.35%;交通用地806.87公顷,占总面积0.43%;水域9462公顷(河流2062.33公顷,水库1291.40公顷,水塘5377.53公顷,沟渠730.73公顷),占总面积4.99%;未利用土地39449.13公顷(荒草地7971.67公顷,裸岩石砾地9589.33公顷,田埂8915.27公顷,土坎12675.13公顷,裸土地297.73公顷),占总面积20.82%。无专门天然草地,林间、空坪隙地和四旁(宅旁、村旁、路旁、水旁)等各种荒草地近80000公顷。

《涟源市国民经济和社会发展统计资料(1986—1988)》载:1987年,全市土地总面积1896.87平方千米。其中,耕地43020公顷(包括水田28486.67公顷,旱土14533.33公顷),占土地总面积22.68%;园地5313.34公顷(包括茶园4010.27公顷,果园1303.07公顷),占2.8%;山地83820公顷(包括林地61440公顷,宜林荒山6033.33公顷,可垦荒地613.33公顷,其他山地10213.33公顷),占44.19%;河流水面16980公顷,占8.95%;其他用地(包括城乡居民住房占地,工矿用地,交通道路占地等)40553.33公顷,占21.38%。

1989年始,市统计局没有对全市地类进行统计。

1996年,市国土管理局统计:全市土地总面积1895.55平方千米。其中,耕地54219.39公顷(水田32798.02公顷,旱土21244.36公顷),占土地总面积28.60%;园地5519.86公顷,占2.91%;林地62633.80公顷,占33.04%。

2000年,市国土管理局统计:全市土地总面积1895.55平方千米。其中,耕地53799.58公顷,占土地总面积28.38%;园地5516.51公顷,占2.91%;林地62679.76公顷,占33.07%。

2007年,市国土资源局统计:全市土地总面积1895.55平方千米。其中,耕地52778.29公顷,占土地总面积27.84%;园地3555.49公顷,占1.86%;林地66107.87公顷,占34.88%。(见表1-14)

第二节 矿产资源

至2007年,全市探明储量的矿产资源有煤、铁、锰、锑、铜、铅锌、硅石、磷、滑石、石膏、硫黄、重晶石等28种(32亚种),矿产地221处,其中8个矿种(10个亚种)76处矿产地探明储量。

一 金属矿

铁矿石 探明储量1862.7万吨,分布在蓝田、安平、龙塘、湄江、金石、七星街、杨市、伏口、石马山等9个

1996—2007 年涟源市地类变化情况

表 1–14　　单位:公顷

年度	合计	农用地						建设用地								未利用地		
		小计	耕地	园地	林地	牧草地	其他农用地	小计	居民点及工矿用地					交通用地	水利设施用地	小计	未利用土地	其他土地
									城市	建制镇	农村居民点	独立工矿	特殊用地					
1996	189555.5	144557.2	54219.39	5519.86	62633.8	—	22184.13	19837.5	…	674.23	1307.52	14579.73	811.65	955.79	1508.6	25160.77	22285.99	2874.8
1997	189555.5	144464.9	54135.04	5516.01	62633.0	—	22180.86	19905.2	…	675.55	14601.43	1349.95	811.65	958.01	1508.6	25185.37	22306.37	2879.0
1998	189555.5	144004.1	53729.04	5496.65	62704.7	—	22073.65	20105.7	…	703.03	14634.11	1364.45	811.42	1084.10	1508.6	25445.74	22415.63	3030.1
1999	189555.5	143961.5	53690.09	5513.61	62702.5	—	22055.25	20203.3	…	703.03	14668.81	1379.94	811.25	1131.70	1508.6	25390.69	22366.65	3024.0
2000	189555.5	144022.4	53799.58	5516.51	62679.8	—	22026.51	20298.6	…	704.07	14707.71	1403.98	810.99	1163.30	1508.6	25234.53	22335.44	2899.1
2001	189555.5	144212.8	54006.59	5481.54	62679.9	—	22044.77	20311.1	…	704.72	14717.51	1406.05	810.99	1163.30	1508.6	25031.61	22260.11	2771.5
2002	189555.5	143797.4	54354.28	4505.75	62843.4	15.75	22078.25	20359.6	…	713.67	14724.09	1410.88	811.07	1191.30	1508.6	25398.43	22627.87	2770.6
2003	189555.5	143974.9	53912.11	4197.36	63914.3	43.77	21907.29	20394.7	…	719.75	14740.56	1414.81	805.85	1205.10	1508.6	25185.94	22416.85	2769.1
2004	189555.5	143089.9	53694.91	3916.75	64302.7	82.27	21813.25	20450.4	21.56	731.19	14753.89	1421.59	805.85	1208.60	1507.7	25295.22	22526.16	2769.1
2005	189555.5	143947.9	53619.93	3684.75	64805.7	82.13	21755.37	20489.5	21.56	731.86	14773.73	1455.68	805.81	1193.20	1507.7	25118.1	22356.78	2761.3
2006	189555.5	143967.3	52737.65	3590.65	66133.3	82.13	21423.55	20559.3	713.8	917.71	14618.26	811.46	810.25	1180.10	1507.7	25028.99	22272.66	2756.3
2007	189555.5	143954.5	52778.29	3555.49	66107.9	82.13	21430.71	20597.6	713.8	917.71	14625.01	843.25	810.25	1179.90	1507.7	25003.35	22247.05	2756.3

说明:1. 1996 年,地类划分标准与 1987 年不同,不具比较性。2. 2003 年前,城市建设用地统计在建制镇建设用地中

乡镇(街道)。龙塘一带属菱铁矿,与无烟煤共生;七星街一带属赤铁矿;伏口一带属硫铁矿。

锰矿石 境内锰矿有2种,表层为氧化锰,深层为碳酸锰。主要分布在伏口、七星街、茅塘、白马镇一带的高山地段,探明储量110.4万吨,品位22%。

锑矿石 储量10万吨,金锑混生,每吨含黄金0.4~0.5克,分布在荷塘镇、白马镇、茅塘镇、七星街镇、杨市镇、龙山林场等地。

铅锌矿 储量约50万吨,分布在伏口镇梅湾村,七星街镇菜花村,荷塘镇绕月村、桥头村等地。

二 非金属矿

煤炭 煤炭为境内主要能源矿产,探明储量40366万吨,占娄底市总储量的57.4%,占全省总储量的16.21%,为全国58个重点产煤县市之一。煤种有烟煤、无烟煤。其中,烟煤储量13958.4万吨,主要分布在斗笠山、三甲、六亩塘、安平、龙塘、湄江、伏口、七星街、荷塘、白马、茅塘、金石等乡镇。无烟煤储量26407.6万吨,主要分布于伏口、湄江、安平、六亩塘等乡镇。另有煤矸石约1500万吨。

石灰石 储量约2.4亿立方米,一般含钙90%,分布各乡镇。

硅石 储量约2000万吨,含二氧化硅96%~99%,主要分布于七星街、伏口、石马山、杨市等乡镇。

石膏 探明石膏储量2949.2万吨,预测储量5.6亿吨,主要分布在六亩塘、龙塘、安平、湄江、伏口、蓝田等乡镇(街道)。

红、白滑石 红滑石分布在金石镇杨荷塘村,白滑石分布于白马镇三协、徐南、杨桥、牛角山、郁溪等地。

磷矿 储量约20万吨,主要分布于茅塘、伏口、七星街等乡镇。

重晶石 储量约300万吨,含硫酸钡9.57%,主要分布于伏口镇梅湾、龙头村。

黄铁矿 储量约80万吨,主要分布在杨市、七星街、湄江、茅塘、伏口、金石等乡镇。

黏土 储量约1600万吨,分布在三甲、六亩塘、石马山、杨市、白马等乡镇。

白云岩、熔剂用灰岩、水泥用灰岩 冶金用白云岩探明储量8323.3万吨,主要分布于七星街镇;熔剂用灰岩探明储量5128.6万吨,分布各乡镇;水泥用灰岩1544万吨,主要分布在斗笠山、桥头河、渡头塘、枫坪、杨市等乡镇。冶金用白云岩、熔剂用灰岩、水泥用灰岩,实际储量远大于探明储量。

第三节 水能资源

境内水能资源较为丰富,水能理论蕴藏量7.01万千瓦,可开发利用3.15万千瓦,大于100千瓦的河流24条,大于1000千瓦的河流14条。

涟水,境内控制流域面积631.4平方千米,占全市总面积33.31%。从蓝田至渡头塘的流量,洪水期每秒200立方米,中水期每秒7立方米,枯水期每秒1立方米。可利用河床落差421.6米,可开发利用梯级11处,装机25台,4140千瓦,设计年平均发电量1239万千瓦时。

孙水,控制流域面积532平方千米,占全市总面积28.07%。从杨市镇到娄星区百亩乡分段,洪水期流量每秒190立方米,中水期每秒6.8立方米,枯水期每秒1.2立方米。可利用河床落差250.8米,可开发利用梯级22处,装机45台,9185千瓦,设计年平均发电量2796万千瓦时。

湄水,控制流域面积586平方千米,占全市总面积30.91%。从桥头河至渡头塘段洪水期每秒流量230立方米,中水期每秒6立方米,枯水期每秒1.2立方米左右。可利用河床落差421.6米,可开发利用梯级22处,装机 57 台,17685 千瓦,设计年平均发电量 5336 万千瓦时。

大江口水库左、右干渠跌水利用潜力亦大,右干渠从涠塘口渡槽至安平镇岩下村,可建山罗冲电站,装机 3 台,6000 千瓦;左干渠从杨柳湾隧洞出口至伏口镇李家湾,可建李家湾电站,装机 2 台,1260 千瓦。

第四节 野生动植物资源

一 野生动物资源

1987—2007 年,境内野生哺乳类动物有刺猬、黄鼠狼、狐狸、蝙蝠、穿山甲、麝、豹猫、野猫、豺、金钱豹、香狸、青狸、果子狸、河麂、乌麂、毛冠鹿、林麝、密狗子、华南兔、竹鼠、鼯鼠、家鼠、田鼠、山鼠、貉、野猪、豪猪、獾子、水獭等 29 种。

野生鸟类有喜鹊、乌鸦、野鸡、竹鸡、野鸭、啄木鸟、山雀、麻雀、云雀、燕雀、苦恶鸟、夜鹭、绿鹭、鹌鹑、红鹗、燕子、黄莺、八哥、画眉、翠鸟、鸬鹚、布谷鸟、灰雁、鸳鸯、夜鹰、红隼、游隼、红鸥、白鹳、白鹭、白头鹤、鹞子、老鹰、雀鹰、苍鹰、凤头百灵、白鹇、红腹锦鸡、红腹角雉、金鸡、勺鸡、山斑鸠、猫头鹰、猴面鹰等 58 种。

野生爬行类有乌龟、鳖、蜥、壁虎、蝎子、蚯蚓、蜈蚣、蛇等 12 种。

野生昆虫类有赤眼蜂、长腹黑卵蜂、瘦姬蜂、大腿蜂、蜜蜂、毒蛾、瓢虫、蜻蜓、黑肩绿盲蝽、蝴蝶、蚊子、苍蝇、臭虫、蟑螂、蝗虫、蚂蟥、蜘蛛、松毛虫等 95 种。

野生两栖类有青蛙、蟾蜍、泥蛙等。鱼类有草鱼、鲤鱼、鲢鱼、鳊鱼、鳙鱼、青鱼、鲶鱼、鳝鱼、鳅鱼等。

野生动物中属国际濒危动物的有:穿山甲、麝、豹猫、滑鼠蛇、五步蛇、眼镜蛇、银环蛇等 12 种;属国家一级保护动物的有:金钱豹、黑麂等 2 种;属国家二级保护动物的有:猫头鹰、猴面鹰、虎纹蛙、豺、游隼、勺鸡等 10 多种;属省级重点保护动物的有:果子狸、乌鸦、野鸡、竹鸡、啄木鸟、青蛙、金鸡、绿鹭、鹌鹑、河麂、华南兔、刺猬、黑眉锦蛇、红腹松鼠、竹叶青蛇、红腹角雉、小田鸡、平胸龟等 40 多种。

二 野生植物资源

1987—2007 年,境内有乔木树种 526 种,灌木树种 90 种,其他植物 400 余种。

用材林有杉木、马尾松、柏树、银杏、杨树、柳树、槐树、樟树、泡桐、桉树、楠木、栗木、鹅掌楸、滇楸、刺楸、黄杉、红杉、水杉、池杉、落羽杉、柳杉、三尖杉、华山松、金钱松、国外松、黑松、雪松、意大利杨、核桃、中山柏、椿树、椆树、大叶榉、皂荚、木荷、黄连木、栾树、喜树、重阳木、枫杨、枫香、福建柏、火力楠、桤木、合欢、珙桐、华南栲、红豆树、连香树、钟萼木、红花木莲、青钱柳、香榧、檫木、苦楝、苦槠、青冈栎、高山栲、酸枣、栓皮栎等 211 种。

竹林有南竹、篙竹、葱竹、青皮竹、水竹、实竹、黑竹、丛竹、芦竹、紫竹等 10 种。

观赏类植物有广玉兰、白玉兰、含笑、女贞、桂花、香樟、蜡梅、茶花、月季、水仙、红花继木、红李、苏铁、仙人掌、杜鹃、紫薇、樱花、石楠、石榴、栀子花、万年青、杜英、常春藤、绣线菊、大理菊、火刺、垂丝海棠、紫荆、夹竹桃、木芙蓉、金丝桃、金丝梅、金钟花、菖蒲、花叶芦竹、凤尾竹、水葱、大叶吴风草、八仙花、虎耳草、鸡爪槭、木槿、丁香、胡秃子、六月雪、七里香等 116 种。

果类植物有桃树、李树、梨树、柑橘、柚子、猕猴桃、柿子、杨梅、枇杷、板栗、尖栗、毛栗、桑树、樱桃、石榴、无花果、枣树、木瓜等 102 种。

油料植物有油茶、油桐、山胡椒、花椒、核桃、漆树、乌柏、山苍子等 22 种。

药用植物有杜仲、厚朴、黄檗、天麻、金银花、鸡血藤、黄栀、侧柏叶、桑叶、天南星、药牡丹、芍药、白术、鱼腥草、香附子、大戟、乌药、茴香、桂皮、茯苓、百合花、五加皮、毛蜡烛、八角莲、七叶一枝花、十大功劳、绞股蓝、回阳草、芫花、党参、玉竹、太子参、黄芩、淫羊藿、夜交藤、前胡、玄参等158种。

水生植物有水浮莲、凤眼、红萍、马蹄莲、菱角、荷花等19种。

菌类植物有野生菇、木耳、灵芝、平菇、草菇、香菇、金针菇等26种。

兰科植物有春兰、九子兰、天麻、兜兰、蕙兰、墨兰、寒兰、独蒜兰等7种。

野生植物中有珍稀濒危保护植物30多种。其中,属国家一级保护植物的有水杉、珙桐、银杏3种,属国家二级保护植物的有金钱松、香樟、连香树、楠木、红豆树、钟萼木、篦子三尖杉、华南栲、红花木莲、厚朴、杜仲等20种,属国家三级保护植物的有楠木、华南栲、红花木莲等10种。省级重点保护植物有青钱柳、香榧、檫木等30种。一般保护植物有芫花、党参、回阳草、茯苓、百合花、金银花、五加皮、毛蜡烛、八角莲、七叶一枝花等400多种。

2007年,境内有古树名木54种2457株。其中,树龄在500年以上的15株、300~499年的2163株、100~299年的227株。

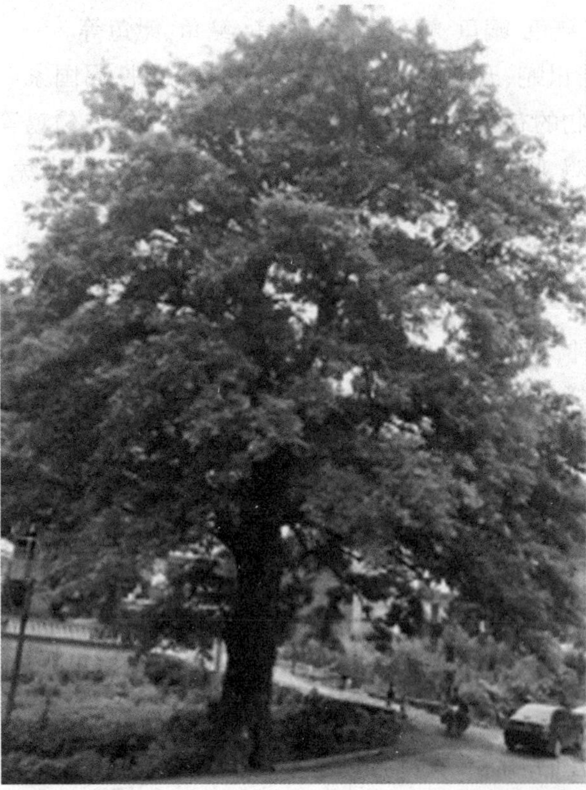

图1-1 槐树,位于古塘乡枫木村,胸径1.43米,树高24米,树龄约600年

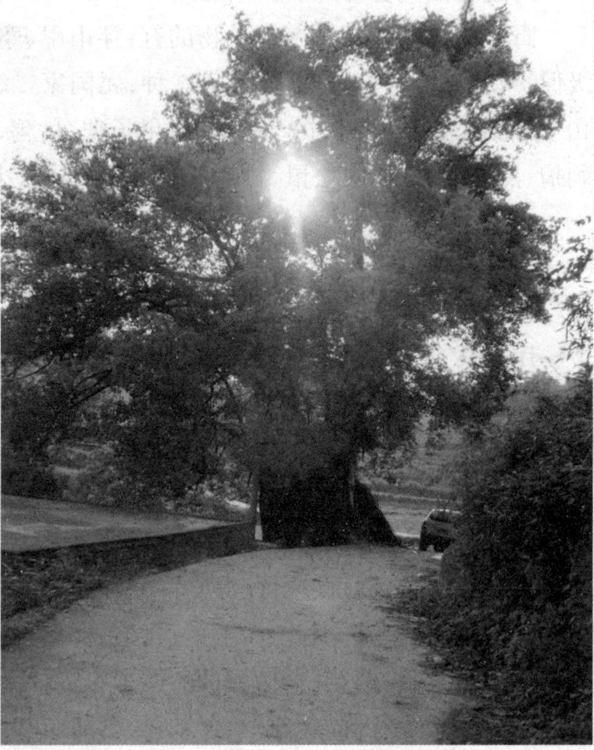

图1-2 香樟,位于三甲乡十甲村,胸径2.23米,树高15米,树龄约600年

第四章 自然灾害

第一节 水 灾

暴雨洪涝是涟源市境内的主要灾害性天气之一。入春以后降水增多,4—9月是全市的汛期,暴雨降水强度大,常造成山洪地质灾害,连续性暴雨或大暴雨更易引发洪涝灾害。1987—2007年,平均每年出现暴雨3.9天,主要集中在4—8月。其中,4月0.4天,5月0.8天,6月1.2天,7月0.5天,8月0.6天,9月0.2天,10月0.1天,11月0.1天。

1987年5月13日,境内降雨56.7毫米,19日降雨50毫米,26日降雨67.6毫米。全市40万人受灾,死4人,伤48人,倒塌房屋3192间,冲毁河坝869处、山塘1483口、渠道108.35千米,农作物受灾面积1.09万公顷,损失粮食8990吨,直接经济损失3277万元。

1988年6月22日,桥头河镇降下暴雨,死亡3人,伤4人,倒塌房屋613间,冲毁河堤2.2千米、冲毁河坝5处,农作物受灾面积8524.26公顷,直接经济损失800万元。

1989年6月27日至7月3日,7天降雨240.5毫米,日平均降雨34.4毫米,造成6人死亡,30人受伤,倒房1903间,损失木材1700立方米,死牛6头、猪32头,28个小水库出现险情,冲毁河堤5706米、山塘1792口,倒电力杆573根,通信杆511根,农作物受灾8700.7公顷,直接经济损失2200万元。

1990年6月6—15日,降雨297.7毫米,其间,暴雨3天,最大日降雨量72.0毫米,受灾人口50.88万人,损坏房屋7012间,倒塌房屋4497间,冲垮小型水库1座、山塘4399口,农作物受灾面积18330公顷,农作物绝收面积2066公顷,直接经济损失8510万元。

1992年6月13—22日,过程降雨量228.8毫米,暴雨和大暴雨各1天,最大日降雨量122.3毫米。全市70万人受灾,倒塌房屋700间,毁坏公路12千米,倒通信杆358根,冲走成鱼1200吨、煤炭1850吨,农作物受灾面积6200公顷,绝收面积333公顷,直接经济损失1500万元。

1993年7月19日,全市普降暴雨,南部金石乡与山塘乡12小时降雨158.9毫米,全市9个乡镇310个村36万人受灾,1人死亡,12人受伤,倒塌房屋287间,冲毁渠道1260米,4535.6公顷农作物受灾,直接经济损失4248万元。

1995年6月30日—7月2日,全市过程降雨量301.6毫米,暴雨2天,大暴雨1天,最大日降雨量124.7毫米。全市445人受伤,10人死亡,倒塌房屋3050间,2934.8公顷农作物绝收,直接经济损失18250万元。

1996年6月1日,境内普降暴雨,暴雨中心在白马镇、茅塘乡、龙山林场和杨市镇,白马镇过程降雨量达221.3毫米。全市倒塌房屋4438间,9178公顷农作物受灾,150公顷农作物绝收,冲走煤炭12万吨,直接经济损失8180万元。7月10—18日,全市再次普降连续性大雨,其中暴雨1天。过程降雨量达280.0毫米,导致山洪暴发,河流水库水位陡涨,农田被淹,交通中断,房屋倒塌,工厂停产。全市63.4万人受灾,2200人被困,1人死亡,1.42万公顷农作物受灾,冲走成鱼640吨,冲走煤炭15.1万吨,直接经济损失9719万元。

1998年5月21—22日,境内20个乡镇(街道)普降暴雨,伏口镇过程降雨量367.3毫米,湄江镇276.5毫米,七星街镇354.2毫米,蓝田街道300毫米,洪水涨至蓝田桥桥面。全市38万人受灾,4人死亡,163人受伤,倒塌房屋4110间,冲毁塘坝1540座,渠道3.52千米,淹没煤矿88座,冲毁桥梁涵洞31座(处),3760公顷农作物受灾,损失粮食 22806 吨,直接经济损失 1.53 亿元。

图 1-3 1998 年 5 月 22 日,洪水接近蓝田桥桥面

2002 年 8 月 11—20 日,过程降雨量 208.2 毫米,暴雨 2 天,最大日降雨量 85.4 毫米。全市 75.7 万人受灾,倒塌房屋 4865 间,农作物受灾面积 4.2 万公顷,成灾面积 1.4 万公顷,绝收面积 5200 公顷,死亡大牲畜 2845 头,损坏公路 8.5 千米,损坏电力线路 17.1 千米,损坏通信线路 8.3 千米,损坏小型水库 51 座,冲毁渠道 86 千米、山塘 510 口,直接经济损失 2.8 亿元。

2005 年 5 月 31 日晚到 6 月 2 日凌晨,气象站过程降雨量 141.3 毫米,荷塘镇局部地区过程降雨量 350 毫米。全市 20 个乡镇(街道)全部受灾,受灾人口达 53 万人,死亡 37 人,14 人失踪,倒塌房屋 29256 间,14533.3 公顷农作物受灾,冲走煤炭 28.2 万吨,淹没煤矿 23 座,直接经济损失 6.21 亿元。

2006 年 7 月 7—10 日,气象站过程降雨量 225.2 毫米,最大日降雨量 125.2 毫米,全市受灾人口 20.79 万人,倒塌房屋 1386 间,冲毁农作物受灾面积 1.23 万公顷,农作物绝收面积 3678 公顷,死亡大牲畜 307 头,冲毁公路 159.57 千米,损坏电力、通信线路 131.2 千米,冲垮塘坝 891 处,直接经济损失 2.22 亿元。

第二节 旱 灾

干旱在境内一年四季均可发生,夏秋干旱重于冬春干旱,尤其以秋旱最严重。盛夏到秋季,随着西太平洋副热带高压西伸北抬,稳定控制境内,降水量显著减少,此时正值高温炎热时期,地面蒸发和作物蒸腾都很大,这一时期的平均蒸发量接近降水量的 2 倍,境内经常发生不同程度的干旱。干旱主要以插花性分布形式出现,伏口镇、湄江镇、古塘乡、安平镇、龙塘乡、六亩塘镇一带降雨量偏少,加上石灰岩地质构造,土壤储水能力差,干旱频频出现。

1988 年 6 月 29 日—8 月 20 日,境内持续高温少雨,降雨仅 31.5 毫米,同期蒸发量 427.8 毫米。全市 5333.3 公顷晚稻无水插秧,4733.3 公顷晚稻插后断水,1466.7 公顷中稻断水,8900 公顷红薯没有卧苗,烤烟和花生减产 3~5 成。全市 22 个村 3.8 万人饮用水困难。

1990 年 8 月 2 日—9 月 21 日,连续 51 天降水仅 9.4 毫米,晚稻断水 1.64 万公顷,3100 公顷失收,红薯 9333.3 公顷受旱,5600 公顷减产 50%以上,花生 1533.3 公顷受旱,1000 公顷减产 30%以上,烤烟近 500 公顷受旱。

1991 年 6 月 21 日—7 月 30 日,连续 39 天未下大雨。8 月 8 日—10 月 10 日,连续 64 天秋旱。干旱总面积 1.87 万公顷,绝收面积 3000.0 公顷。其中,中稻受灾面积 2000.0 公顷,减产 175 吨;晚稻受灾面积 6666.7 公顷,减产 3500 吨;其他作物减产面积 333.3 公顷。全市 174 个村 4.42 万人饮用水困难。

1992 年 7 月 7 日—11 月 6 日,123 天降水仅 33.3 毫米。全市 46 个乡镇,19 万人,16 万头大牲畜发生饮水困难。全市干涸小二型水库 38 座,干涸山塘 38738 口,9533.33 公顷红薯减产 60%以上,2506.53 公顷中稻、1.69 万公顷晚稻受灾。

2001 年 7 月 18 日—8 月 21 日,34 天降水 33.5 毫米,8 月 22—24 日降雨 44.7 毫米,旱情有所缓解,8 月

25日到10月25日,62天仅降雨38.6毫米。受灾农作物1.68万公顷,经济损失2.5亿元。

2003年7月8日—12月5日,151天降水仅78.1毫米。全市20个乡镇(街道),63万人受灾,晚稻总产比上年减少29760吨,玉米减产6172吨,红薯减产1.14万吨,直接经济损失1.6亿元。

2007年7月26日—8月20日,25天总降水量仅0.9毫米。全市20个乡镇(街道)受灾,水稻受旱面积1.81万公顷,旱作物受旱面积1.21万公顷,9.5万人出现饮用水困难。

第三节　风灾　雹灾

境内大风以4月、5月、7月、8月出现最多。按其成因分为寒潮大风、雷雨大风、偏南大风三类,其中雷雨大风造成的灾害最严重。冰雹在境内出现概率小,影响范围不大,但破坏性极大,多出现在4月和8月。

1987年4月24—25日下午5时,全市7个区18个乡镇出现大风冰雹,气象站降雨量19.7毫米,风力8~9级,冰雹直径5~10毫米。其中,大桥乡思久、肖家、先锋、和平等村受灾严重,损坏房屋210间,受灾秧苗13.3公顷,直接经济损失450万元。

1989年8月10日,塘湾乡8个村出现局部大风,5000人受灾,倒塌房屋75间,直接经济损失80万元。

1992年4月21日,全市37个乡镇555个村出现大风冰雹,白马乡和杨家滩镇局部最大冰雹直径40毫米,最大风力8级。全市10万人受灾,59人受伤,死亡1人,倒塌房屋908间,损失春粮1.5万吨,折断树木28万棵,折断南竹24万株,直接经济损失2320万元。

2003年5月6日17时许,桥头河镇和七星街镇10个村遭受自西北向东南成带状分布的大风和冰雹袭击,局部大风8级,冰雹最大直径约20毫米,局部暴雨50毫米左右。死1人,伤8人,直接经济损失700万元。

第四节　雪灾　冻灾

境内在隆冬季节出现短时间的冰雪天气,冰冻多出现在南部和北部山区。

1989年1月18—22日,连续5天降雪,最大积雪深度13厘米。林业受灾面积1393.75公顷,折断树木2319万棵,3000公顷蔬菜和油菜受灾,倒塌房屋2350间,直接经济损失1000万元。

1991年12月27—31日,连续5天降雪,最大雪深25厘米,最低气温-9.6℃。34667人被困,倒房750间,10625公顷蔬菜和油菜受灾,直接经济损失500万元。

2004年12月28日降暴雪,连续3天降雪,最大雪深13厘米,最低气温-3.6℃。8700公顷农作物受灾,折断树木692万棵,倒电力和通信杆920根,冻裂供水管道20000米,直接经济损失4200万元。

1987—2007年,平均年降雪天数9天左右,平均每年出现冰冻天气约3天。

第五节　生物灾害

1999年,全市16个乡镇(街道)不同程度发生松毛虫害,分布在年平均气温17℃、年降水量1300毫米、平均海拔500米以下的马尾松林地内,发生面积800公顷。

2004年,市龙山林场、茅塘镇、杨市镇、白马镇、荷塘镇爆发竹蝗虫害,发生面积800公顷。

2007年,萧氏松茎象从娄星区传入,主要分布在七星街镇,发生面积266.7公顷,有虫株率95%,虫口密度 5~20 条/株，扩散迅速，一星期内，国外松林虫害严重发生区如同火烧。三甲、杨市、六亩塘、石马山等乡镇发生松墨天牛虫害，发生面积 333.3 公顷。

第六节 地质灾害

1987 年，桥头河、桂花、株木等乡镇 44 个村受涟邵矿务局桥头河煤矿开采的影响，1020 幢房屋出现不同程度墙体断裂、墙基下沉、屋面撕裂，约有 30 公顷耕地不同程度下沉开裂。1989 年 5 月，斗笠山镇香花村受斗笠山煤矿香花台工区开采的影响，有两处农田下沉，出现塌陷，48 幢房屋出现墙体断裂和屋面撕裂。是年，四古乡苏家村苏家组由于采煤活动诱发地面塌陷，塌坑 9 个，深 0.3~0.5 米，面积 12 万平方米，毁田 1.33 公顷，毁房 10 间。1990 年，芙蓉乡利民村由于采煤活动导致地面塌陷，形成 6 万平方米塌陷区，毁田 2.33 公顷，毁房 12 间。

斗笠山煤矿自开采至 1990 年，矿区出现塌陷坑 2520 个，最大直径 50 米，深 50 米，塌陷范围 19.1 平方千米，损坏农田 400 余公顷、山塘(水库)63 处、房屋 5 万平方米。桥头河煤矿自开采至 1990 年，矿区出现塌陷坑 1500 多个，最大直径 32 米，深 20 米，塌陷范围 30 平方千米，造成 515 间房屋开裂。

1992 年，龙塘乡金鸡村由于采煤活动诱发地面塌陷，形成 20 万平方米塌陷区，毁田 4.67 公顷，毁房 25 间。1993 年，伏口镇金盘村，因小煤窑密布，诱发一条长 3000 米的地裂缝，部分山体崩落，5 幢房屋发生墙体断裂，约 5 公顷耕地无法耕种。

1998 年 4 月，伏口镇龙头村常家仑地段暴雨诱发山体滑坡，滑坡体后缘出现一条长 300 米、宽 0.3 米、深 0.5 米的拉张裂缝，2005 年 5 月暴雨诱发山体再次滑坡，10 余间房屋被毁坏，直接经济损失 20 万元左右。

1998 年 4 月，伏口镇万寿村发生山体滑坡，2005 年受降雨影响，再次滑动，出现 1 条长 200 米，宽 0.2 米，深 0.5 米的拉张裂缝，损坏民房 32 幢，倒塌房屋 3 幢，7 公顷耕地无法耕作，4 口山塘无法蓄水，50 米水渠垮塌。

1998 年 5 月，伏口镇半山村振石、振气组因暴雨诱发滑坡体后缘产生一条长约 700 米、宽 0.1 米、深 0.5 米的拉张裂缝，前缘出现局部小滑坡与崩塌，毁坏房屋 5 间，至 2005 年 5 月，因暴雨诱发，再次使滑坡体产生位移，后缘裂隙加宽 0.2 米左右，前缘再次出现局部地面沉降、滑坡与崩塌，毁坏房屋 6 间。

2005 年 5 月 31 日晚 10 时至 6 月 1 日凌晨 1 时，荷塘镇左湾村、杨市镇联盟村等 5 处发生泥石流，伴随山体滑坡、崩塌，毁坏农田 1653 公顷，砂压农田 900 公顷，冲垮房屋 6945 间，死亡 17 人，直接经济损失 1.7 亿元。6 月 1 日，蓝田街道胡家村因暴雨诱发，发生山体滑坡，挡土墙毁坏 50 米，娄涟公路堵塞，死亡 1 人，毁坏小车 2 辆，直接经济损失 68 万元。

至 2007 年，全市受采煤影响面积 278.8 平方千米，约占全市总面积的 15%，波及桥头河、七星街、斗笠山、杨市、六亩塘、伏口、湄江等 9 个乡镇的 137 个行政村，矿区生态环境遭到破坏，居民生命财产受到威胁。地面水下渗，地下水涌不上来，约有 31 万人饮用水困难，约占全市人口的 28%。

1987—2007 年，境内发生地质灾害 2046 起。其中，滑坡 1904 起，崩塌 90 起，泥石流 6 起，塌陷 44 起，地裂缝 2 起。死亡 18 人，直接经济损失 25549 万元。(见表 1-15)

1987—2007年涟源市地质灾害

表1-15

年度	灾情数（起）	引发因素		灾害类型（起）					死亡或失踪（人）		经济损失（万元）
		自然（起）	人为（起）	滑坡	崩塌	泥石流	塌陷	地裂缝	死亡	失踪	
1987	56	55	1	54	2	—	—	—	—	—	217
1988	66	64	2	60	6	—	—	—	—	—	309
1989	87	84	3	83	2	—	2	—	—	—	401
1990	79	77	2	75	—	—	4	—	—	—	362
1991	92	90	2	91	1	—	—	—	—	—	306
1992	89	88	1	86	2	—	1	—	—	—	389
1993	105	99	6	97	5	—	2	1	—	—	407
1994	93	90	3	92	1	—	—	—	—	—	345
1995	107	103	4	106	1	—	—	—	—	—	463
1996	74	70	4	69	3	1	1	—	—	—	389
1997	113	108	5	109	3	—	1	—	—	—	622
1998	103	99	4	101	1	—	1	—	—	—	463
1999	116	109	7	112	2	—	1	1	—	—	521
2000	91	89	2	85	4	—	2	—	—	—	392
2001	95	90	5	93	2	—	—	—	—	—	400
2002	109	104	5	107	2	—	—	—	—	—	450
2003	97	95	2	95	2	—	—	—	—	—	450
2004	132	130	2	125	5	—	2	—	—	—	450
2005	142	124	18	96	25	5	16	—	18	—	17526
2006	89	75	14	76	11	—	2	—	—	—	332
2007	111	108	3	92	10	—	9	—	—	—	355
合计	2046	1951	95	1904	90	6	44	2	18	—	25549

第二篇 人 口

第一章 人口概况

第一节 人口数量

1987年，涟源市城乡户籍居民264609户，总人口964035人。其中，农业人口854719人，占86.3%；非农业人口109316人，占13.7%。是年全市出生14699人，死亡6429人，自然增长8270人，自然增长率8.63‰。1990年，城乡户籍居民284268户，总人口1019536人。其中，农业人口900678人，占88.34人；非农业人口118858人，占11.66%。是年全市出生21704人，死亡6308人，自然增长15396人，自然增长率15.24‰。1991年，市委、市政府制定《关于进一步抓紧抓好计划生育工作的规定》，集中查处1980年5月20日以后违反计划生育人员。1992年，全市出生13557人，死亡6413人，自然增长7144人，自然增长率6.94‰，比1990年下降8.3个千分点。2004年，全市出生13606人，死亡7176人，自然增长6430人，自然增长率5.88‰。2007年，城乡户籍居民368661户，总人口1136784人。其中，农业人口975195人，占85.7%；非农业人口161589人，占14.21%。是年全市出生10719人，死亡2881人，自然增长7838人，自然增长率6.92‰，比1987年下降1.71个千分点。总人口比1987年增加172749人，年均增加8638人。

1987—2007年涟源市人口情况

表2-1

年份	总户数(户)	人口(人)			出生人口(人)	死亡人口(人)	自然增长人数(人)	人口自然增长率(‰)
		年末总人口	男	女				
1987	264609	964035	501008	463027	14699	6429	8270	8.63
1988	274003	983531	509851	473680	13996	5843	8153	8.37
1989	279160	1001007	517535	483472	15083	6075	9008	9.08
1990	284268	1019536	527400	492136	21704	6308	15396	15.24
1991	293047	1032668	535495	497173	16770	6330	10440	10.17
1992	296938	1027444	532405	495039	13557	6413	7144	6.94
1993	300722	1029791	532522	497269	13057	6412	6645	6.46
1994	310442	1034857	535727	499130	14321	6527	7794	7.55
1995	309912	1040829	539359	501470	13466	6228	7238	6.97
1996	309031	1045022	540935	504087	13397	6274	7123	6.83
1997	302055	1049340	543646	505694	13688	6228	7460	7.12

续表 2–1

年 份	总户数(户)	人 口(人)			出生人口(人)	死亡人口(人)	自然增长人口(人)	人口自然增长率‰
		年末总人口	男	女				
1998	303461	1052823	544780	508043	13259	6256	7003	6.66
1999	303664	1056761	546366	510395	13163	6297	6866	6.51
2000	299641	1065870	550336	515534	13048	6296	6752	6.36
2001	299900	1070900	553800	517100	14100	7486	6614	6.19
2002	304806	1080442	558375	522067	13305	6093	7212	6.70
2003	312645	1093009	568067	524942	17532	7230	10302	9.48
2004	342410	1093361	571069	522292	13606	7176	6430	5.88
2005	348881	1101040	574979	526061	13259	6683	6576	5.99
2006	359864	1127998	588385	539613	12107	4292	7815	7.01
2007	368661	1136784	592544	544240	10719	2881	7838	6.92

第二节 人口分布

1987 年，涟源市人口密度为每平方千米 512 人。城镇人口(含常年居住在城镇的农业人口)224200 人，占总人口的 23.3%；乡村人口(含常年居住在乡村的非农业人口)739835 人，占 76.7%。20 世纪 80 年代末，进城经商、务工的农业人口增加。1990 年，城镇人口 250500 人，占总人口的 24.6%；乡村人口 769000 人，占 75.4%。90 年代末 21 世纪初，户籍在农村，常住城镇的人口大量增加，人口呈现向城镇集聚趋势。2001 年，全市每平方千米 565 人，是全省平均人口密度的 2 倍。2003 年，全市城镇人口 301601 人，占总人口的 27.6%；乡村人口 791408 人，占 72.4%。2007 年，全市每平方千米 600 人。人口密度最大的是蓝田街道，每平方千米 2558 人；其次是六亩塘镇，每平方千米 830 人；人口密度最小的是伏口镇，每平方千米 324 人。全市城镇人口 377753 人，占总人口的 33.2%；乡村人口 759031 人，占 66.8%。

2007 年涟源市各乡镇(街道)人口密度情况

表 2–2

单 位	面 积(平方千米)	人 口(人)	人口密度(人 / 平方千米)	单 位	面 积(平方千米)	人 口(人)	人口密度(人 / 平方千米)
全 市	1895.55	1136784	600	枫坪镇	41.79	29980	718
蓝田街道	24.50	62650	2558	龙塘乡	103.80	74113	714
六亩塘	76.80	63711	830	杨市镇	116.20	80219	691
桥头河镇	140.00	109984	786	石马山镇	116.80	77235	661
斗笠山镇	72.80	55287	760	三甲乡	83.40	47448	569

续表 2–2

单 位	面 积（平方千米）	人 口（人）	人口密度（人 / 平方千米）	单 位	面 积（平方千米）	人 口（人）	人口密度（人 / 平方千米）
水洞底镇	81.80	46241	566	荷塘镇	104.20	53561	514
金石镇	108.00	59427	551	湄江镇	117.20	54226	463
白马镇	83.10	45077	543	七星街镇	174.00	80301	462
安平镇	91.80	47731	520	古塘乡	51.90	21358	412
渡头塘乡	65.00	33512	516	伏口镇	182.70	59114	324
茅塘镇	58.76	53561	514				

第三节　人口变动

自然变动　1987 年，全市出生 14699 人，出生率 15.35‰；死亡 6429 人，死亡率 6.71‰；人口自然增长 8270 人，自然增长率 8.63‰。1990 年，全市出生 21700 人，出生率 21.48‰；死亡 6300 人，死亡率 6.24‰；自然增长 15400 人，自然增长率 15.24‰。以后，随着计划生育政策的贯彻落实，人口自然增长率逐渐下降。1993 年，自然增长人口 6645 人，自然增长率 6.46‰，比 1990 年下降 8.78 个千分点。2007 年，出生 10719 人，出生率 9.47‰；死亡 2881 人，死亡率 2.54‰；自然增长 7838 人，自然增长率 6.92‰。是年，全市人口自然增长率比 1987 年下降 1.71 个千分点。1987—2007 年，全市累计自然增长 168079 人，平均每年增长 8003 人。

机械变动　1987 年，全市迁入 17419 人，迁出 13966 人。1992 年，迁入 12360 人，迁出 25170 人。1994 年，迁入 10930 人，迁出 13986 人。1992—1994 年，省湘中机械厂，省湘峰机械厂搬迁至娄底市（今娄星区），共迁出 7000 多人。2004 年 7 月，迁入重庆市开县三峡工程移民 48 户 212 人。2007 年，迁入 3855 人，迁出 9265 人。1987—2007 年，全市共迁入 219264 人，迁出 245024 人，迁入人口比迁出人口少 25760 人。

1987—2007 年涟源市人口机械变动情况

表 2–3　　单位：人

年 份	迁 入	迁 出	年 份	迁 入	迁 出	年 份	迁 入	迁 出
1987	17419	13966	1994	10930	13986	2001	6599	9900
1988	20164	12256	1995	8588	10069	2002	10175	9258
1989	18745	12464	1996	7761	10266	2003	11699	9244
1990	17826	11349	1997	7385	10480	2004	14324	16474
1991	12076	11239	1998	6439	9581	2005	1684	6566
1992	12360	25170	1999	6361	9218	2006	3126	8548
1993	11349	15254	2000	10399	10471	2007	3855	9265

流动人口 1987年,全市流出人口68000人,流入人口5480人。1990年,流出人口77452人,流入人口12819人。2000年,全市流出人口11万余人,流入人口13880人。2007年,全市流出人口12万余人,遍及全国,其中广东省最多。流入人口15399人。其中,娄底市内其他县(市)流入的4994人,湖南省境内其他市(州)流入的7825人,湖南省外流入的2580人。流入人口主要居住在蓝田街道、六亩塘镇和石马山镇,从事经商、务工。

第四节 人口普查

1990年,全市第四次人口普查,标准时间为7月1日零时,普查结果:全市总人口1006665人。1991年,市公安局对全市人口进行清理整顿,逐家核对户口,全市实有人口1032668人。2000年,全市第五次人口普查,标准时间为11月1日零时,普查结果:全市总人口996893人。是年,市公安局对全市户口进行清理整顿,查出漏登、隐瞒不登、超计划生育人口及户口待定人口68977人,年末全市实有人口1065870人。

涟源市第四次、第五次人口普查主要数据

表2–4

普查内容	主要指标	1990年第四次人口普查	2000年第五次人口普查
人口数量	总户数(户)	270524	285719
	总人口(人)	1006665	996893
性别结构	男(人)	518919	521941
	女(人)	487746	474952
	男女性别比(%)	106.39	109.89
民族结构	汉族(人)	1005504	995885
	少数民族(人)	1161	1008
人口分布	城镇人口(人)	97398	277500
	乡村人口(人)	909267	719393
文化程度	大学(人)	5402	13239
	高中、中专(人)	75761	94799
	初中(人)	252438	374391
	小学(人)	430519	380393
	文盲、半文盲(人)	242545	134071

说明:两次人口普查统计口径不同

第二章 人口构成

第一节 性别构成

1987年,涟源市人口中男性501008人,女性463027人,男女性别比108.20。1994年,全市出生14321人。其中,男性8163人,女性6158人。男女性别比132.56。按孩次分,一孩性别比为114.52,二孩性别比为241.67,多孩性别比为566.67。2000年,全市第五次人口普查,0~24岁人口中,男性222930人,女性198073人,男女性别比112.5;25~69岁人口中,男性275985人,女性259003人,性别比106.6;70岁以上人口中,男性23026人,女性26876人,性别比85.7;100岁以上老人中,全部是女性。2007年,全市总人口中男性592544人,女性544240人,男女性别比108.88。是年,全市出生10719人。其中,男性5538人,女性5181人。出生人口男女性别比106.89。按孩次分,一孩性别比为101.18,二孩性别比为117.05,多孩性别比为284.62。

1987—2007年涟源市人口性别结构情况

表2-5 单位:人

年　度	男	女	性别比	年　度	男	女	性别比
1987	501008	463027	108.20	1998	544780	508043	107.23
1988	509851	473680	107.64	1999	546366	510395	107.05
1989	517535	483472	107.05	2000	550336	515534	106.75
1990	527400	492136	107.17	2001	553800	517100	107.10
1991	535495	497173	107.71	2002	558375	522067	106.95
1992	532405	495039	107.55	2003	568067	524942	108.22
1993	532522	497269	107.09	2004	571069	522292	109.34
1994	535727	499130	107.33	2005	574979	526061	109.30
1995	539359	501470	107.56	2006	588385	539613	109.04
1996	540935	504087	107.31	2007	592544	544240	108.88
1997	543646	505694	107.50				

第二节 民族构成

20世纪80年代开始,少数民族婚嫁入境者增多。1990年,第四次人口普查,全市有21个民族居住。其中,汉族1005504人,占总人口的99.88%;少数民族1161人,占总人口的0.12%。20个少数民族中,侗族313人,苗族308人,土家族208人,白族72人,壮族64人,回族54人,满族43人,瑶族39人,布依族15人,彝族10人,维吾尔族8人,蒙古族7人,黎族7人,佤族2人,藏族、朝鲜族、哈尼族、东乡族、布朗族、仫佬族各1人。少数民族人口大都分布在部、省、地厂矿企业,其中省湘峰机械厂有6个少数民族84人。

2007年,在境内居住的民族增加到37个。其中,汉族1134967人,占总人口的99.84%;少数民族1817人,占总人口的0.16%。少数民族中,苗族455人,土家族398人,侗族244人,壮族205人,满族93人,瑶族68人,白族61人,黎族57人,布依族56人,回族42人,彝族31人,傈僳族13人,仡佬族12人,独龙族10人,蒙古族9人,土族7人,佤族7人,水族6人,景颇族4人,仫佬族4人,朝鲜族3人,纳西族3人,畲族3人,傣族3人,布朗族2人,达斡尔族2人,拉祜族2人,毛南族2人,锡伯族2人,维吾尔族2人,藏族2人,哈尼族1人,羌族1人,塔吉克族1人,裕固族1人,穿青人5人。

第三节 姓氏构成

20世纪80年代开始,由于人口流入,境内姓氏逐渐增多。1987年,全市共有211姓。超过5万人口的姓氏有李、刘、吴3姓,超过3万人口的有萧(肖)、梁、周3姓,超过2万人口的有谢、王、谭、曾、张5姓。1990年,超过5万人口的有李、刘、吴、萧(肖)4姓,超过3万人口的有梁、周、谢3姓,超过2万人口的有王、谭、曾、张、黄、陈、龙7姓。2007年,全市姓氏增加到229姓,有丁、卜、于、万、马、王、元、区、戈、牛、毛、仇、凤、卞、文、方、尹、孔、邓、甘、艾、左、石、右、龙、卢、叶、申、田、白、包、邝、冯、宁、皮、母、匡、过、成、光、吕、朱、乔、伍、任、伊、向、多、邬、庄、刘、齐、羊、关、江、汤、安、许、阮、孙、牟、麦、扶、严、苏、杜、巫、李、杨、吴、旷、冈、岑、邱、何、佐、佘、余、谷、邹、言、冷、汪、沙、沈、宋、初、张、陆、阿、陈、邵、奉、武、苟、苑、范、林、欧阳(阳)、尚、昊、易、罗、岳、金、周、庞、郑、单、房、屈、孟、封、赵、郝、荣、胡、南、柯、相、柳、钟、段、信、禹、侯、俞、施、姜、洪、宫、祝、姚、贺、骆、秦、敖、袁、耿、聂、莫、晋、夏、顾、柴、党、晏、钱、倪、徐、殷、卿、凌、高、郭、席、唐、资、涂、宾、陶、黄、萧(肖)、梅、曹、戚、龚、盛、常、野、崔、康、章、梁、谌、扈、隗、隆、巢、彭、葛、董、敬、蒋、韩、辜、覃、粟、厥、景、喻、程、傅(付)、焦、舒、童、曾、温、游、谢、鄢、靳、蒯、蓟、蒙、赖、雷、简、詹、雍、阙、满、褚、谬、蔡、碧、裴、谭、翟、熊、樊、黎、颜、潘、薛、霍、戴、魏、繁,(境内习惯将"欧阳"写成"阳",将"萧"写成"肖",将"傅"写成"付",且使用于身份证上,虽有不少反对此习惯写法者,但因涉及姓名权,难以一一征询意见,本志从俗,两者兼用)。其中,超过5万人口的有刘、李、吴、萧(肖)、梁5姓,超过3万人口的有周、谢、王、谭、曾、张6姓,超过2万人口的有黄、陈、龙、彭、廖、邱、颜7姓,1万人口以上的有邓、易、聂、毛、杨、罗、龚、卢、胡、严10姓。(见表2–6)

第四节 年龄构成

1990年,第四次人口普查,全市0~14周岁309329人,占总人口30.65%;15~59岁608229人,占

63.55%;60岁以上89107人，占总人口5.8%，其中70～79岁27677人,80～89岁6761人,90～99岁293人,100岁以上2人。2000年，第五次人口普查，全市0～14岁262852人，占总人口26.37%;15～59岁617053人,占总人口61.89%;60岁以上116988人，占总人口11.74%，其中70～79岁38032人,80～89岁10910人,90～99岁946人,100岁以上14人。全市快速进入人口老龄社会。

图2-1　茅塘镇茅塘村大兴组周湘元(女),1901年3月10日出生

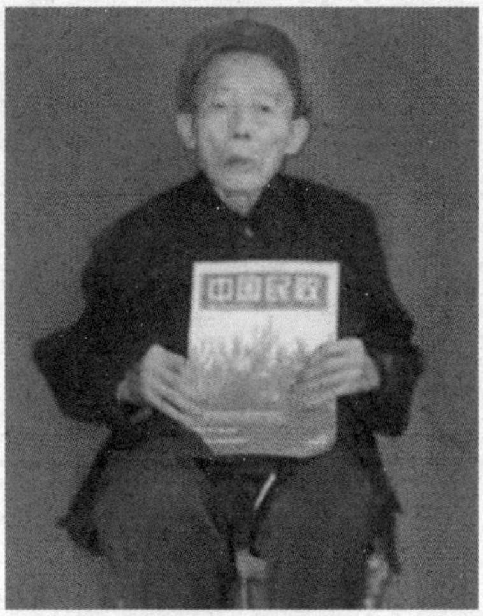

图2-2　伏口镇胡家坪村岭上组阙镇海,1904年2月14日出生

1987—2007年涟源市部分姓氏人口情况

表2-6　　单位:人

姓 氏	1987年	1990年	2000年	2007年
刘	85836	93531	111236	121065
李	86470	93934	110310	120514
吴	58493	63882	76825	83661
萧(肖)	46202	50541	59740	65127
梁	39217	42857	51292	55923
周	33569	36675	43785	47453
谢	28517	31025	36680	39754
王	27028	29316	34719	37859
谭	23945	26217	31496	34434
曾	23669	25738	30145	32984
张	21996	24051	28439	30776
黄	19938	21665	25818	28291
陈	19133	20770	24376	26536
龙	18779	20394	24199	26450
彭	16783	18276	21600	23540
廖	18216	19721	22904	22904
邱	15930	17409	20561	22581
颜	15973	17394	20362	22032

涟源市第四次、第五次人口普查年龄构成

表 2–7

年龄段	第四次人口普查(1990 年 7 月 1 日)		第五次人口普查(2000 年 11 月 1 日)	
	人数(人)	占总人口(%)	人数(人)	占总人口(%)
0 ~ 4 岁	115258	11.45	64889	6.51
5 ~ 9 岁	102776	10.21	81579	8.18
10 ~ 14 岁	91001	9.03	116384	11.67
15 ~ 19 岁	99859	9.91	83930	8.42
20 ~ 24 岁	111028	11.03	65221	6.54
25 ~ 29 岁	83651	8.31	77032	7.73
30 ~ 34 岁	63516	6.31	94601	9.49
35 ~ 39 岁	70766	7.03	79614	7.99
40 ~ 44 岁	56672	5.63	56597	5.68
45 ~ 49 岁	43586	4.33	66072	6.63
50 ~ 54 岁	43385	4.31	54166	5.43
55 ~ 59 岁	35434	3.52	39820	3.99
60 ~ 64 岁	30401	3.02	38489	3.86
65 ~ 69 岁	24361	2.42	28597	2.87
70 ~ 74 岁	17314	1.72	23109	2.32
75 ~ 79 岁	10267	1.02	14923	1.50
80 ~ 84 岁	5033	0.51	7953	0.80
85 ~ 89 岁	2013	0.21	2957	0.30
90 ~ 94 岁	301	0.03	745	0.07
95 ~ 99 岁	41		201	0.02
100 岁以上	2		14	
总　计	1006665		996893	

第五节　职业构成

1987年，全市社会劳动者人数472166人，按产业结构分，第一产业劳动者355598人，占75.31%；第二产业劳动者74653人，占15.81%；第三产业劳动者41915人，占8.88%。1990年，全市社会劳动者523200人。其中，第一产业劳动者388700人，占74.3%；第二产业劳动者90200人，占17.2%；第三产业劳动者44300人，占8.5%。按行业分，从事农、林、牧、渔、水利业人口355598人，占75.31%；工业56101人，占11.88%；地质普查勘探业947人，占0.20%；建筑业18552人，占3.93%；交通运输、邮电通信业4976人，占1.05%；商业、饮食业、物资供应和仓储业17935人，占3.80%；房地产公用事业和居民咨询服务业1065人，占0.23%；卫生、体育、社会福利事业3159人，占0.67%；教育、文化艺术、广播电视事业8325人，占1.76%；科学研究、综合技术服务业483人，占0.10%；金融保险业1157人，占0.25%；国家机关、政党机关、社会团体3868人，占0.82%。20世纪90年代，农村劳动力剩余，城镇企业单位进行体制改革，工人下岗，社会劳动力职业结构发生很大变化。农村大量富余劳动力涌向城市，进入企业。私营经济和股份制经济发展壮大，为劳动力就业开辟新的渠道。2002年，全市社会劳动者564281人。其中，第一产业劳动者330117人，占58.5%；第二产业劳动者114565人，占20.3%；第三产业劳动者119599人，占21.2%。2007年，全市社会劳动者568171人。其中，在业劳动者564281人，城镇未就业劳动者3890人（城镇登记失业人员25112人）。在业劳动者中，第一产业劳动者330117人，占58.5%；第二产业劳动者106598人，占18.9%；第三产业劳动者127566人，占22.6%。按行业分，从事农、林、牧、渔人口占总人口的49.77%，采矿业占8.52%，制造业占3.63%，电力、煤气及水的生产和供应业占0.13%，建筑业占9.01%，交通运输、仓储及邮电通信业占3.42%，批发和零售业占8.43%，住宿和餐饮业占1.34%，金融保险业占0.13%，租赁和商务服务业占0.21%，科学研究、技术服务和地质勘探业占0.11%，水利、环境和公共设施业0.22%，居民服务和其他服务业占10.03%，教育占1.50%，卫生、社会保障和社会福利业占1.51%，文化、体育和音像业占0.18%，公共管理和社会组织占1.47%，信息传输、计算机服务和软件业0.38%，房地产业占0.01%。

第六节　文化构成

1987年，全市166059人接受义务教育。其中，小学121484人，初中44575人。接受义务教育人数占总人口的17.22%。高中学生（包括职业中学）10035人，占总人口1.04%。是年，全市1611人参加高考，被录取688人（含中专），初中升中专349人。1990年，第四次人口普查，全市具有大专以上文化的5402人，占总人口0.54%；具有高中文化的75761人，占总人口7.53%；具有初中文化的252438人，占总人口25.08%；有小学文化的430519人，占总人口42.77%；文盲、半文盲242545人，占总人口24.08%。2000年，第五次人口普查，全市具有大专以上文化的13239人，占总人口1.33%；具有高中文化的94799人，占总人口9.51%；具有初中文化的374391人，占总人口37.56%；有小学文化的380393人，占总人口38.16%；文盲、半文盲134071人，占总人口13.44%。2007年，全市144552人接受义务教育。其中，小学93862人，初中50690人。接受义务教育人数占总人口的12.72%。高中学生（包括职业中学）30844人，占总人口2.71%。是年，全市9599人参加高考，上线人数7656人，其中重点本科525人。

第三章 计划生育

第一节 机构 队伍

1987 年,市计划生育委员会(简称市计生委)内设办公室、财务股、法规股、人事教育股,下设二级机构市计划生育药具管理站、宣传站。全局定编 12 人。1988 年,成立二级机构市计划生育技术服务站。1990 年,全市各乡镇(街道)成立计划生育办公室。1995 年,全市撤区并乡建镇,49 个乡镇(街道)计划生育办公室合并为 20 个。是年,成立二级机构市计划生育稽查队,各乡镇(街道)成立计划生育稽查队。2001 年,全市每个村(居)安排一名计划生育专干,由女性担任,享受村(居)定补干部同等待遇。2002 年 7 月,市计生委更名市计划生育局,内设办公室、政策法规股、计划统计股、财务股、人事股、科技股、流动人口管理办公室、纪检监察室。2004 年,全市乡镇(街道)有计划生育工作人员 1162 人。2005 年,撤销市计划生育稽查队,成立市计划生育社会抚养费征收局,有工作人员 20 人,乡镇(街道)计划生育稽查队更名计划生育社会抚养费征收队。2006 年 8 月,市计划生育局更名市人口和计划生育局。2007 年,全局内设办公室、计划统计股、政策法规股、人事教育股、财务股、科技股、流动人口管理办公室、计划生育奖励扶助办公室、机关事业单位计生管理办公室,下设市计划生育药具管理站、计划生育宣传站、市计划生育社会抚养费征收局、市计划生育技术服务站。全局定编 35 人,实有工作人员 80 人。全市乡镇(街道)计划生育办公室、计划生育社会抚养费征收队、计划生育服务所共计定编 309 人,实有工作人员 418 人。

第二节 计划生育宣传

1987 年,全市举办计划生育干部培训班 2 期,400 人(次)参加培训。组织民间鼓乐队、秧歌队、文艺宣传队开展文艺演出 20 场次、小型演唱会 50 场次,深入各乡镇(街道),宣传计划生育,让群众了解人口生育形势的严峻性及对未来发展的影响。1990 年,市湘剧团排演花鼓戏《儿孙梦》,到全市各乡镇(街道)和厂矿巡回演出 68 场,观看群众达 5 万多人次。1993 年,市计生委发出《关于认真组织观看电影科教片<新婚性指南>的通知》,组织全市育龄群众 2 万多人观看。1994 年 4 月,全市组织 30 台宣传车,分两个组、利用两天时间,到全市各乡镇(街道)宣传计划生育。2001 年,全市投入 30 万元,在市乡公路两旁竖立长久性计划生育宣传牌 600 块。其中,蓝田街道办事处在人民中路设置计划生育宣传牌 100 块,龙塘乡政府在 207 国道龙塘村到南风村地段设置计划生育宣传牌 200 块。2002 年初,市计划生育局同市电视台联合开辟《人口与计划生育》专题栏目,每月两期,每期播出 10 分钟,宣传科

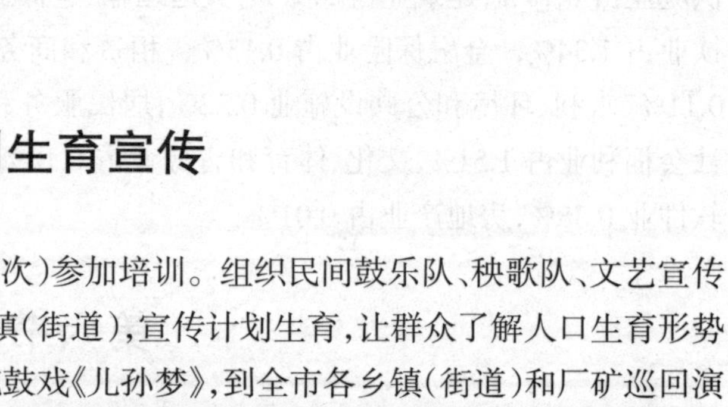

图 2-3 2007 年,全市各乡镇制作大型人口与计划生育户外宣传牌

学、文明、进步的婚育观念，宣传党和政府的计划生育政策，展示全市计划生育成绩，反映计划生育工作动态。2007年，全市筹集资金20万元，各乡镇(街道)在各自辖区主要公路旁设立1~2块面积8平方米，以钢筋铁皮为主体结构的人口与计划生育宣传牌。

第三节 计划生育管理

一 行政管理

1987年始，每年年初，市委计划生育领导小组向各区(街道)、乡镇和市直属各单位颁布全年计划生育考核评估方案，市委、市政府每年召开4次(分春、夏、秋、冬)计划生育动员会议，统一组织部署计划生育集中行动，由市计生委负责检查验收，发现措施不力，效果不好的乡镇和单位，由市级领导现场督促，动员群众落实节育措施，终止计划外妊娠。1988年始，对计划生育工作未达标的单位及主要领导，实行“一票否决”制度(对未完成人口和计划生育工作目标管理任务或违反人口和计划生育法律法规的单位及相关人员资格、荣誉、待遇等予以否决)。1991年，市委、市政府下发《关于进一步抓紧抓好计划生育工作的规定》，部署“五清两落实”工作(清理节育措施，清理计划外怀孕，清理超生处罚，清理早婚早育和非法结婚生育，清理生育领域里的不正之风；落实生育政策，落实人口计划)，集中查处1980年5月20日以后违反计划生育人员。1992年，全市出生13557人，出生率13.16‰，比1990年下降8.32个千分点；自然增长率6.94‰，比1990年下降8.3个千分点。1988—1995年6月，在开展计划生育集中行动时，出现拆除、毁坏违反计划生育规定者房屋、家具的行为，出现非法关押、侮辱违反计划生育人员及其亲属的情况。1995年7月，市委、市政府贯彻执行国家计生委《关于印发在计划生育行政执法中坚持“七个不准”的通知》，及时纠正计划生育行政执法中存在的偏差。1996年，市委、市政府发布《关于建立计划生育工作奖惩制度的规定》。是年起，计划生育工作连续3年年终考核进入娄底地区前10名，全市前5名的乡镇(街道)党政“一把手”、分管领导，晋升一个档次的职务工资，乡镇(街道)计生办主任享受副科级待遇。凡因计划生育工作被“一票否决”的乡镇(街道)党政“一把手”、分管领导、计生办主任，当年不提拔、不晋升、不评先评优；连续2年被“一票否决”的党政“一把手”、分管领导、计生办主任给予党纪、政纪处分；连续2年被“黄牌警告”的党政“一把手”、分管领导、计生办主任，实行就地免职。1999年，在全省计划生育评估排队中，涟源在全省同一系列66个县(市)中列倒数第一位，市内4个乡镇(街道)受“黄牌警告”。

2000年，市委、市政府发布《关于计划生育工作的补充规定》，是年始，全市计划生育考核评估排队、奖惩到乡镇的管理区一级。杜绝计划外生育，禁止“以罚代生”和“放水养鱼”，查实乡镇(街道)在计划生育工作中有乱收“空肚子费”和“以罚代生”的，除没收所得外，对有关人员给予党纪、政纪处分。是年，三甲乡在全市年度计划生育综合考核评估中居倒数第一，其党政“一把手”、分管领导、计生办主任被就地免职。对总分75分以下，计划生育率80%以下的22个管理区发出“黄牌警告”，实行“一票否决”，各处罚金1000元。

2001年2月8日，市委、市政府发布《关于进一步抓紧抓好计划生育工作的若干规定》，转变计划生育工作方法，坚持宣传教育为主、避孕节育为主、经常性工作为主、村为主；加大“一票否决”力度、督查和抽查力度、计划外生育处罚力度。是年，安平镇在全市年度计划生育综合考核评估中居倒数第一，计划生育率低于80%，其党政“一把手”、党政分管副职、计生办主任被就地免职。

2003年5月12日，市委、市政府作出《关于进一步完善计划生育工作责任制和一票否决制度的补充规定》。2004年6月28日，市委、市政府作出《关于进一步落实人口与计划生育“一票否决”制度的意见》和《关于对计划生育家庭实行奖励与优待的若干规定》。

2005年,涟源市在全省计划生育评估排队中居倒数第一位,受“黄牌”警告。市委、市政府针对全市计划生育工作的落后状况,坚决实行“一票否决”,对在娄底市、涟源市两级年终考核评估中居倒数第一位的荷塘镇,实行“一票否决”,其党政“一把手”、分管副职、计生办主任被就地免职。对年度计划生育综合考核评估总分列全市最后两位的湄江镇大江口管理区、三甲乡财溪管理区党总支书记、主任予以就地免职。是年,成立市计划生育社会抚养费征收局,市人民法院成立市计划生育行政案件合议庭,两个机构合署办公。社会抚养费实现征收标准、征收程序同步统一,杜绝人情案、腐败案和“放水养鱼”现象的发生,违法生育缴纳社会抚养费由原来每胎2000~3000元提高到8000元以上,对拒绝缴纳的,申请法院强制执行。2006年4月25日,市委、市政府作出《关于进一步加强计划生育工作的若干规定》,实行生育管理与社会抚养费征收相分离。2007年,市计划生育社会抚养费征收局立案4450件,征收社会抚养费2434万元。是年,涟源市在全省计划生育评估排队中进入全省一类县(市)。2005—2007年,全市立案5114件,征收社会抚养费4092万元,征收到位率85%,与实行社会抚养费征收机制前相比,提高41个百分点。其中,申请人民法院强制执行案件699起,财产保全案件16起,申请执行金额476.70万元;执行案件561件,社会抚养费到位409.92万元,执行到位率85.6%。

图2-4 2007年8月30日,全市秋季人口和计划生育工作会议在光明山小礼堂召开

二 生育指标管理

1987年,城乡居民夫妇申请生育第一胎的,由本人申请,村(居)民委员会同意并签署意见,持夫妻双方户口簿、身份证、结婚证报乡镇人民政府或者街道办事处审批发放准生证。农村村民符合生育条件,要求生育第二胎的,由本人申请,提交夫妻双方身份证、结婚证、户口簿以及夫妻双方所在单位或者村民委员会出具的生育、收养状况证明,报乡镇人民政府或者街道办事处审核,再报市计生委批准,发放第二胎准生证。1987—1989年,停止审批非农业人口申请生育第二胎。

1990年1月1日起,《湖南省计划生育条例》(简称《条例》)正式实施,全市按《条例》规定执行生育指标管理。第一胎准生证由乡镇人民政府或者街道办事处审批发放,第二胎准生证由市计生委审批发放。居民提出的病残儿童医学鉴定申请,经市计生委初审,符合条件者报娄底地区计生委,由其组织医学专家进行医学鉴定,发给《病残儿医学鉴定证明》,市计生委根据《病残儿医学鉴定证明》,出榜公示15日,若群众没有意见,则发放第二胎准生证。1990年1月1日—1999年8月31日,凡申请生育第一胎的夫妇,先领准生证后怀孕生育;要求再生育一胎的夫妇,生育妇女的年龄必须在28周岁以上,生育间隔必须在4年以上。

1999年9月1日开始,全市根据新修改的《湖南省人口与计划生育条例》,“准生证”制度改为“生育证”制度。生育第一胎的夫妻,在孕期内到夫妻一方户籍所在地村(居)民委员会办理妊娠登记,报乡镇人民政府或者街道办事处审批,免费发放第一胎生育证。申请生育第二胎的夫妇,生育妇女的年龄必须在25周岁以上,生育间隔必须在4年以上;晚育妇女(已婚妇女24周岁以上生育第一胎或者晚婚后生育第一胎),生育间隔可缩短为2年;生育妇女年龄超过28周岁的,不受生育间隔限制。21世纪初,就业压力增大,抚养、送读子女的费用激增,多数年轻夫妇的生育观念开始改变,三孩及以上违法生育大幅度减少,自主放弃违法生育的育龄群众逐渐增多。2006 年，有 896 人因节育措施失败而主动到乡镇计划生育服务所采取节育补救措施。2007 年 10 月 1 日以后，要求生育第二胎的，只要符合条件，取消生育间隔时间。

三　流动人口计划生育管理

1987 年以后，全市外出经商、办厂、务工的人口大幅度增加，正值生育年龄的已婚育龄妇女也大量流动。未婚同居、未婚生育现象严重，计划外生育的人数较多。1994 年 2 月，市委成立流动人口计划生育综合治理领导小组，公安、工商、计划生育、城建、劳动、卫生、民政、财政等 29 个部门参加，共同管理流动人口计划生育工作。对流入的已婚育龄妇女一年查验《流动人口计划生育证明》二次（上半年一次，年底一次）。1999 年 1 月，市委、市政府实施国家计生委颁发的《流动人口计划生育管理办法》，全市统一规定，凡流出的已婚育龄妇女，外出之前要与村（居）民委员会签订《流动人口计划生育合同》，到乡镇人民政府或者街道办事处办理《流动人口计划生育证明》，区别情况，参加孕情、环情检查：已施行绝育手术的妇女，外出前到当地计划生育技术服务所检查一次；落实上环等节育措施的妇女，每年要到当地计划生育技术服务所接受孕情、环情检查二次，中途寄回有效检查证明二次；流入境内的已婚育龄妇女，由居住地（乡、镇、街道）人口和计划生育、工商、城建、劳动、房产等部门摸清情况，建立《流动人口计划生育台账》，同常住人口一样，参加当地组织的孕情、环情检查。流动人口中出现计划外怀孕的，通过全省流动人口信息交换平台互通情报，居住地和户籍地计划生育部门共同做工作，落实节育措施。2002 年，成立流动人口计划生育管理办公室，2 名工作人员专门负责流动人口的计划生育管理。2007 年 12 月，市人口和计划生育局与长沙市雨花区人口和计划生育局签订《涟源市——雨花区流动人口计划生育“点对点”管理协议》，市人口和计划生育局、茅塘镇联合派出计划生育工作人员，配合长沙市雨花区人口和计划生育局，共同对流入雨花区的已婚育龄妇女进行一次孕情、环情检查，并上门服务，为涟源市流入雨花区的人口办理《流动人口计划生育证明》85 个。是年，全市流出育龄妇女 22938 人，3530 人违法生育，占全市社会抚养费征收立案数的 80%。

第四节　技术服务

1987 年，计划生育技术服务工作由卫生部门承担，每年春、冬两季，组织计划生育手术队，分赴各乡镇（街道）开展节育手术。是年，全市施行计划生育措施 15811 例。1988 年，成立市计划生育技术服务站，有工作人员 22 人。1991 年 3 月，全市第一个乡级计划生育技术服务所——新禾乡计划生育技术服务所建成开业。1992 年初，全市在中等卫生技术学校毕业生中聘用 150 人，作为乡镇（街道）计划生育技术服务所的技术人员。1992 年上半年，全市 49 个乡镇（街道）计划生育技术服务所全部建成开展业务。1993 年底，全市 940 个村（居）计划生育技术服务室建成，市、乡镇（街道）、村三级计划生育技术服务网络基本形成，加上医疗卫生机构、妇幼

图 2-5　市计划生育技术服务站开展政策咨询及义诊活动

保健机构，全市计划生育技术服务做到查环查孕不出村，其他技术服务不出乡（镇），中期引产手术集中在市计划生育技术服务站。1995年，全市撤区并乡建镇，乡镇（街道）计划生育技术服务所合并为20个。1999年，市计划生育技术服务站经省专家组验收，评为甲级站。2001年，按照《中华人民共和国计划生育技术服务管理条例》，全市对实行计划生育的夫妇，免费实行节育服务。是年，落实计划生育措施的妇女23499人。2005年，水洞底镇、斗笠山镇两个计划生育技术服务所被定为全省示范服务所。2007年，全市施行计划生育措施16965例。是年，实施以“术后回访（慰问）、上门办证、免费普查、关爱群众、联络感情”为主要内容的“温馨计生”工程，对4846名受术对象进行术后回访（慰问），上门为3936名育龄妇女办理生育证、流动人口婚育证，对63287名育龄妇女进行生殖道免费普查，资助贫困农村独生子女户、两女户家庭98户，助学帮困资金36.8万元。在湖南日报社和省人口计生委共同举办的湖南省首届“计划生育十佳新闻事件”网络投票评比中，涟源市“温馨计生”总票数获得第一。

第五节 优生优育

1988年，广泛宣传优生优育知识，提倡母乳喂养，向育龄夫妇免费发放宣传资料；到各乡镇（街道）放映《新婚学校》等优生优育科教片；在上级业务主管部门指导下，将一些畸形发育的胎儿标本、图案到各乡镇（街道）巡回展览。1990年开始，市、乡镇（街道）计划生育技术服务站（所），妇幼保健机构，常年开设优生优育咨询门诊，及时向广大群众解答婚姻、生育、哺乳、培育子女等方面的问题，全市每年咨询人数在10万人次以上。1992年，实施出生缺陷干预工程，向孕、产妇发放福施福、叶酸等药物，改善妇女孕前、孕中、产后的营养，增补孕妇所需要的微量元素，减少病、残儿童出生。1994年，市计划生育技术服务站选派4名医务人员到省计生委参加优生遗传检测技术培训，在全省统一装备优生遗传检测设备的基础上，又添置10万元检测设备。1995年始，面向全市开展优生遗传检测服务（细胞遗传和血清免疫反应），每年接受检测人数1500人左右，异常人数约占3%。对异常者，动员先接受治疗，待检测正常后，再怀孕生育。1996年，市计生委发出《关于进一步抓好计划生育宣传教育工作的意见》，普及生殖健康和优生优育知识，要求新婚夫妇接受教育率达100%，青春期、孕产期妇女接受教育率在95%以上。2000年始，市妇幼保健院确定每月26日开放新婚学校，向育龄妇女进行婚育知识教育。乡、村人口学校，组织育龄夫妇学习优生优育知识，全市每年接受培训教育的人数在10万人次以上。2006年始，市妇幼保健院把向孕、产妇增补叶酸，减少出生缺陷列入妇幼保健工作目标考核内容。2007年，全市向孕、产妇发放叶酸4000多人份。

图2-6 优生优育宣传

第三篇　中共地方组织

第一章　中国共产党涟源市委员会

1987年，中国共产党涟源市委员会（简称市委）有基层组织1787个。其中，市直机关党委10个、区党委7个、乡（镇、街道）党委49个、市直机关党组36个、党总支23个、党支部1687个。党员26830人。2007年，全市有中共基层组织1721个。其中，市直机关党委20个、党工委1个、乡（镇、街道）党委20个、市直机关党组49个、党总支76个、党支部1555个。党员35864人。

第一节　领导班子

1988—2007年，市委召开5次代表大会，选举产生市委委员、候补委员，市纪律检查委员会（简称市纪委）委员。市委、市纪委分别召开全体会议，选举产生市委常委、书记、副书记和市纪委常委、书记、副书记。

1985—2007年中共涟源市委领导成员

表3-1

届次	职务	姓名	籍贯	出生年月	任职时间
第五届（1985.04—1988.04）	书记	欧阳花萼	涟源市七星街镇	1934.05	1985.04—1988.04
	副书记	刘建科	涟源市龙塘乡	1939.10	1985.04—1986.05
		易树基	长沙县	1942	1985.04—1988.04
		谭显栋	涟源市蓝田街道	1941.09	1985.04—1988.04
		肖滨洋	涟源市七星街镇	1941.10	1986.10—1988.04
	常委	谢颂民	新邵县	1942.12	1985.04—1988.04
		石如启	…	…	1985.04—1986.02
		周慎元	涟源市渡头塘乡	1953.08	1985.04—1988.04
		吴新江	涟源市湄江镇	1955.11	1985.04—1988.04
		胡南（女）	涟源市蓝田街道	1955.06	1985.04—1988.04
		吴平凡	涟源市安平镇	1947	1985.05—1988.04
		彭逢华	娄星区	1948.09	1986.07—1988.04
		刘柏林	涟源市金石镇	1932.10	1987.02—1988.04

续表 3-1

届 次	职 务	姓 名	籍 贯	出生年月	任 职 时 间
第六届(1988.04—1992.10)	书 记	欧阳花萼	涟源市七星街镇	1934.05	1988.04—1990.03
		谭显栋	涟源市蓝田街道	1941.09	1990.04—1992.10
	副书记	易树基	长沙县	1942	1988.04—1992.10
		陆家康	新化县天门乡	1951.06	1992.04—1992.10
		谭显栋	涟源市蓝田街道	1941.09	1988.04—1990.03
		肖滨洋	涟源市七星街镇	1941.10	1988.04—1992.04
		胡粉元	双峰县	1945.01	1991.02—1992.10(下派)
		高超群	涟源市桥头河镇	1948.09	1991.02—1992.10
		刘送保	祁东县	…	1991.02—1992.10(下派)
		刘海金	娄星区西阳镇	1951	1992.04—1992.10
	常 委	谢颂民	新邵县	1942.12	1988.04—1992.10
		刘柏林	涟源市金石镇	1932.10	1988.04—1992.10
		彭逢华	娄星区	1948.09	1988.04—1991.06
		周慎元	涟源市渡头塘乡	1953.08	1988.04—1992.04
		吴新江	涟源市湄江镇	1955.11	1988.04—1992.10
		殷另姣(女)	涟源市六亩塘镇	1950.08	1988.04—1992.10
		龙维屏	涟源市伏口镇	1933	1990.06—1992.10
		李明重	娄星区	1947.11	1991.06—1992.10
		李田中	涟源市蓝田街道	1954.10	1992.04—1992.10
		李曙华	冷水江市	1952.11	1992.04—1992.10
		张百鸣	新化县	…	1992.09—1992.10
		王日平	涟源市龙塘乡	1954.09	1992.09—1992.10
第七届(1992.10—1997.09)	书 记	谭显栋	涟源市蓝田街道	1941.09	1992.10—1994.04
		陆家康	新化县天门乡	1951.06	1994.04—1996.12
		罗子光	双峰县	1955	1997.01—1997.09
	副书记	陆家康	新化县天门乡	1951.06	1992.10—1994.04
		高超群	涟源市桥头河镇	1948.09	1992.10—1996.12

续表 3–1

届次	职务	姓名	籍贯	出生年月	任职时间
第七届(1992.10—1997.09)	副书记	刘海金	娄星区西阳镇	1951	1992.10—1995.06
		胡卫平	双峰县蛇形山镇	1951.12	1995.06—1997.09
		殷另姣(女)	涟源市六亩塘镇	1950.08	1995.06—1997.09
		王日平	涟源市龙塘乡	1954.09	1995.06—1997.09
		刘志伟	新化县荣华乡	1956.05	1997.01—1997.09
	常委	谢颂民	新邵县	1942.12	1992.10—1997.09
		张百鸣	新化县	…	1992.10—1995.06
		殷另姣(女)	涟源市六亩塘镇	1950.08	1992.10—1997.09
		李田中	涟源市蓝田街道	1954.10	1992.10—1993.05
		李明重	娄星区	1947.11	1992.10—1995.06
		李曙华	冷水江市	1952.11	1992.10—1993.09
		王日平	涟源市龙塘乡	1954.09	1992.10—1995.06
		易志祥	涟源市龙塘乡	1954.06	1993.05—1997.09
		谢国富	涟源市枫坪镇	1954.10	1993.10—1997.04
		周新辉	涟源市杨市镇	1940	1994.05—1997.09
		周世辉	涟源市桥头河镇	1951.11	1995.06—1997.09
		邱志明	涟源市桥头河镇	1955	1995.08—1996.03
		廖保生	涟源市石马山镇	1951	1996.03—1997.08
		邬高清	涟源市水洞底镇	1950	1996.04—1997.09
		彭喜故	娄星区西阳镇	1950.01	1997.01—1997.09
		陈光明	长沙市	1950	1997.04—1997.09
第八届(1997.09—2002.10)	书记	罗子光	双峰县	1955	1997.09—1999.09
		刘志伟	新化县荣华乡	1956.05	1999.09—2002.10
	副书记	胡卫平	双峰县蛇形山镇	1951.12	1997.09—1998.12
		刘志伟	新化县荣华乡	1956.05	1997.09—1999.09
		殷另姣(女)	涟源市六亩塘镇	1950.08	1997.09—2002.10
		王日平	涟源市龙塘乡	1954.09	1997.09—2002.10

续表 3-1

届次	职务	姓名	籍贯	出生年月	任职时间
第八届(1997.09—2002.10)	副书记	杨金含	娄星区	1962.04	1998.03—2002.10(下派)
		余明庭	冷水江市毛易镇	1957.02	1998.12—2002.10
		朱忠义	双峰县	1962.11	2002.01—2002.10
	常委	朱忠义	双峰县	1962.11	1997.09—2002.01
		易志祥	涟源市龙塘乡	1954.06	1997.09—2002.10
		廖保生	涟源市石马山镇	1951	1997.09—2002.10
		陈光明	长沙市	1950	1997.09—2002.10
		邬高清	涟源市水洞底镇	1950	1997.09—1998.11
		彭喜故	娄星区西阳镇	1950.01	1997.09—2002.10
		刘国涛	涟源市杨市镇	1948.11	1997.09—2002.10
		吴五九	涟源市伏口镇	1953.05	1997.09—2002.10
		戴德岩	双峰县	1956.12	1998.12—2002.10
		李和平	新化县吉庆镇	1957.01	1999.11—2002.10
		李友庆	双峰县	1958.06	2001.09—2002.10
		胡春庚	双峰县	1960.01	2001.11—2002.10
第九届(2002.10—2006.06)	书记	刘志伟	新化县荣华乡	1956.05	2002.10—2004.10
		余明庭	冷水江市毛易镇	1957.02	2004.10—2006.06
	副书记	余明庭	冷水江市毛易镇	1957.02	2002.10—2004.10
		朱忠义	双峰县	1962.11	2002.10—2006.06
		胡南(女)	涟源市蓝田街道	1955.06	2002.10—2006.06
		易志祥	涟源市龙塘乡	1954.06	2002.10—2006.06
		李和平	新化县吉庆镇	1957.01	2002.10—2006.06
		彭喜故	娄星区西阳镇	1950.01	2005.01—2006.06
		欧文安	常宁市大堡乡	1969.09	2005.04—2006.06(挂职)
	常委	彭喜故	娄星区西阳镇	1950.01	2002.10—2006.06
		李友庆	双峰县	1958.06	2002.10—2006.06
		胡春庚	双峰县	1960.01	2002.10—2003.06

续表 3–1

届 次	职 务	姓 名	籍 贯	出生年月	任 职 时 间
第九届(2002.10—2006.06)	常 委	严梦龙	涟源市桥头河镇	1956.01	2002.10—2006.06
		梅国华	涟源市安平镇	1961.11	2002.10—2006.06
		刘切力	娄星区万宝镇	1956.03	2002.10—2006.06
		贺顺清	涟源市七星街镇	1964.04	2002.10—2006.06
		陈晓林	新化县圳上镇	1966.02	2005.01—2006.06
		陈奉文	涟源市蓝田街道	1962.03	2005.03—2006.06
		尹显钦	洞口县	…	2005.04—2006.06(挂职)
		何一波	溆浦县岗东乡	1964.06	2005.01—2006.06
		王旭哉	新化县	1960.07	2004.07—2005.03
		方向东	新化县	…	2005.06—2006.06
第十届(2006.06—)	书 记	余明庭	冷水江市毛易镇	1957.02	2006.06—
	副书记	李和平	新化县吉庆镇	1957.01	2006.06—
		易志祥	涟源市龙塘乡	1954.06	2006.06—
		欧文安	常宁市大堡乡	1969.09	2006.08—
		曾益民	新化县洋溪镇	1962.01	2007.10—
	常 委	何一波	溆浦县岗东乡	1964.06	2006.06—
		梅国华	涟源市安平镇	1961.11	2006.06—
		刘切力	娄星区万宝镇	1956.03	2006.06—
		贺顺清	涟源市七星街镇	1964.04	2006.06—
		陈晓林	新化县圳上镇	1966.02	2006.06—
		陈奉文	涟源市蓝田街道	1962.03	2006.06—
		尹显钦	洞口县	…	2006.08—2007.03(挂职)
		方向东	新化县	…	2006.06—
		谢学龙(女)	冷水江市渣渡镇	1971.12	2006.06—
		吴执政	涟源市湄江镇	1963	2006.06—
		吕余庚	涟源市金石镇	1971.09	2006.06—

第二节 工作机构

1987年,中共涟源市委工作机构有市委办公室(简称市委办)、市委组织部、市委宣传部、市委统一战线工作部、市政法委员会(1988年更名市委政法委),直属工作机构有市委政策研究室、市委党史资料征集办公室、市委机要科、市委保密委员会办公室、市档案局、市机关行政事务管理办公室、市机关招待所、市委对台工作办公室、市委直属机关委员会、市委老干部工作局、市委党校、市委落实政策办公室、市委知识分子工作领导小组办公室。

1989年3月,撤销市委落实政策办公室。是年,市机关行政事务管理办公室定为正科级机构,1995年更名市机关事务管理办公室。1990年7月,成立市保密局,与市委保密委员会办公室合署办公。12月,成立市委督促检查室。1991年4月,成立市编制领导小组办公室。7月,市委对台工作办公室升格为正科级机构,加挂市政府台湾事务办公室牌子。是年,成立市综合治理办公室,与市委政法委合署办公。1992年,市委对台工作办公室更名市委台湾工作办公室。1994年10月,市编制领导小组办公室更名市机构编制委员会办公室。是年,撤销市机关招待所,建立市接待处(与涟源宾馆两块牌子,一套人马),正科级机构。1995年,恢复市委农村工作部,与市政府农村工作办公室合署办公;市委直属机关委员会更名市委直属机关工作委员会;市委政策研究室并入市委办公室,次年保留名称,定为正科级机构。1996年3月,撤销市委知识分子工作领导小组办公室。8月,市档案局明确为正科级机构。是年,市委党史资料征集办公室更名市委党史办公室。1997年2月,市委直属机关工作委员会与市委组织部合署办公。3月,市委老干部工作局明确为正科级机构。2002年,市委老干部工作局更名市委老干部局,市机关事务管理办公室更名市机关事务管理局。2003年,党史办公室更名党史研究室。

2007年,市委工作机构有市委办公室、市委组织部、市委宣传部、市委统一战线工作部、市委政法委员会(市综治办)、市委农村工作部(市政府农村工作办公室)、市机构编制委员会办公室;直属工作机构有市委政策研究室、市委督促检查室、市委党史研究室、市委机要局、市委保密委员会办公室(市保密局)、市档案局、市机关事务管理局、市接待处(涟源宾馆)、市委台湾工作办公室(市政府台湾事务办公室)、市委直属机关工作委员会、市委老干部局、市委党校。

第二章　重要会议

第一节　党的代表大会

1988年4月17—20日,中共涟源市第六次代表大会在光明山大礼堂召开,会议应到代表397人,实到代表395人(代表全市26830名党员),列席人员107人,特邀来宾9人。大会的任务是:坚持党在社会主义初级阶段的基本路线;加快深化改革,努力保持全市经济的稳步发展;坚决审慎地推进政治体制改革;加强党的建设,适应改革开放新形势。大会听取并审议通过欧阳花尊代表中共涟源市第五届委员会作的《团结在党的十三大旗帜下,深化改革,开拓前进》的工作报告和谢颂民代表市纪委作的工作报告。大会采用无记名投票和差额选举产生中共涟源市第六届委员会委员36名,候补委员7名,市纪委委员13名。

1992年10月9—11日,中共涟源市第七次代表大会在光明山大礼堂召开,会议应到代表400人,实到代表384人(代表全市27151名党员),列席人员102人,特邀来宾10人。会议的主要任务是:坚定不移地贯彻执行党的基本路线,进一步解放思想,振奋精神,加快改革开放和经济建设,加强党的建设和精神文明建设,为涟源的振兴奠定坚实的基础,提供可靠的组织保证。大会听取并审议通过谭显栋代表中共涟源市第六届委员会作的《解放思想,勇于开拓,为更快更好地推进改革开放和经济建设而奋斗》的工作报告和谢颂民代表市纪委作的工作报告。大会采用无记名投票和差额选举产生中共涟源市第七届委员会委员36名,候补委员7名,市纪委委员13名。

1997年9月17—20日,中共涟源市第八次代表大会在光明山大礼堂召开,参加会议的正式代表398人(代表全市30572名党员),列席人员38人,特邀来宾7人。大会主题是:以党的十五大精神为指针,高举邓小平理论的伟大旗帜,抓住机遇,深化改革,扩大开放,促进发展,保持稳定,为加快涟源的改革和发展而努力奋斗。大会听取并审议通过罗子光代表中共涟源市第七届委员会作的《高举建设有中国特色社会主义理论伟大旗帜,为加快我市两个文明建设而努力奋斗》的工作报告和谢颂民代表市纪委作的工作报告。大会采用无记名投票和差额选举产生中共涟源市第八届委员会委员37名,候补委员7名;选举产生市纪委委员15名。

2002年10月21—23日,中共涟源市第九次代表大会在光明山大礼堂召开,参加会议的正式代表399人(代表全市33007名党员),列席人员74人,特邀来宾14人。大会主题是:高举邓小平理论的伟大旗帜,以"三个代表"重要思想为指导,全面推进涟源的现代化建设。会议听取并审议通过刘志伟代表中共涟源市第八届委员会作的《认真实践"三个代表"重要思想,全面推进涟源现代化建设》的工作报告和朱忠义代表市纪委作的工作报告。大会采用无记名投票和差额选举产生中共涟源市第九届委员会委员39名,候补委员7名,选举产生市纪委委员15名。

2006年6月21—23日,中共涟源市第十次代表大会在光明山大礼堂召开。参加会议的正式代表399人(代表全市34712名党员),列席人员77人,特邀来宾19人。大会听取并审议通过余明庭代表中共涟源市第九届委员会作的《坚持改革开放、着力科学发展,为实现涟源超常发展而努力奋斗》的工作报告和谢学龙(女)代表市纪委作的工作报告。会议总结过去四年的工作,分析全市政治经济形势,研究推进新农村建设、改革开放、经济建设和社会发展等方面的战略措施,提出新的奋斗目标。大会采用无记名投票和差额选举产生中共涟源市第十届委员会委员 49 名，候补委员 9 名；选举产生市纪委委员 19 名及出席中共娄底市第三次代表大会代表 54 名。

党员代表会议 1990 年 9 月 13 日，召开中共涟源市代表会议，选举谭显栋、李正华(女)为中共湖南省第六次代表大会代表。1995 年 8 月 27 日，召开中共涟源市代表会议，选举陆家康、毛湘华、刘平华(女)为中共湖南省第七次代表大会代表。1999 年 6 月 8 日，召开中共涟源市代表会议，以无记名、差额选举办法，选举产生出席中共娄底市第一次代表大会代表 51 名。

图 3-1 2006 年 6 月 21 日，中共涟源市第十次代表大会在光明山大礼堂召开

第二节 市委全体会议

一 市(县)委第五届全体会议

1987 年 10 月 7 日，中共涟源县委召开五届四次全体会议，通报撤县建市筹备情况；审议通过将县委、县纪委、县人民武装部分别改为市委、市纪委、市人民武装部，以及各工作部门党组织名称更换、领导班子职务改任等决定；审议通过《关于在建市中坚持厉行节约，反对铺张浪费的决定》。

1988 年 1 月 4—6 日，市委召开五届五次全体会议，传达贯彻省委五届五次扩大会议精神，进一步学习党的十三大文件，把改革和建设推向前进。

1988 年 1 月 24 日，市委召开五届六次全体会议，讨论、修改市委工作报告(草案)，决定中共涟源市第六次代表大会召开的时间，安排换届选举有关事项。

1988 年 4 月 12 日，市委召开五届七次全体会议，听取召开中共涟源市第六次代表大会的筹备工作情况汇报，讨论和酝酿六届市委、市纪委候选人名单。

二 市委第六届全体会议

第六届市委共召开 9 次全体会议。

1988 年 4 月 21 日，市委召开六届一次全体会议，选举欧阳花萼、易树基、谭显栋、肖滨洋、谢颂民、刘柏林、彭逢华、周慎元、吴新江、殷另姣(女)10 人为市委常委，欧阳花萼为市委书记，易树基、谭显栋、肖滨洋为市委副书记。通过市纪委六届一次全会选举产生的常务委员会和正副书记，市纪委常委 5 人，谢颂民任市纪委书记，周新辉、杜呈祥任市纪委副书记。

1988 年 10 月 27—29 日，市委六届二次全体(扩大)会议召开。会议主要是传达贯彻党的十三届三中全会关于把治理经济环境、整顿经济秩序、全面深化改革作为此后两年改革和建设的重点的指示精神。

1989 年 7 月 4—5 日，市委召开六届三次全体(扩大)会议，传达贯彻中共十三届四中全会精神，研究部署落实措施。

1990年4月24—25日，市委召开六届四次全体（扩大）会议，通过《关于贯彻落实六中全会决定的意见》，制订加强党同人民群众联系的具体措施。

1991年2月22日，市委召开六届七次全体（扩大）会议，传达党的十三届七中全会及省委六届二次全会、地委扩大会议精神，研究提出贯彻落实的意见和措施，讨论并通过《关于制定国民经济和社会发展十年规划和"八五"计划的建议》。《建议》根据到20世纪末国民生产总值比1980年翻两番、人民生活达到小康水平的总要求和涟源的实际情况，提出此后十年主要奋斗目标。

1991年9月24—28日，市委召开六届八次全体（扩大）会议。全会研究领导班子建设、经济工作、廉政工作、财政工作。会上10个单位和个人作经验介绍；市纪委通报对4名严重违法违纪行为的党员干部的处分决定；会议作出《关于加强乡（镇）以上领导班子思想作风建设的决定》，成立领导班子思想作风建设领导小组。

1992年10月5日，市委召开六届九次全体（扩大）会议。通过向中共涟源市第七次代表大会作的工作报告，听取大会筹备工作情况汇报，讨论和酝酿七届市委、市纪委候选人名单。

三 市委第七届全体会议

第七届市委共召开10次全体会议。

1992年10月12日，市委召开七届一次全会，选举谭显栋、陆家康、高超群、刘海金、谢颂民、张百鸣、李田中、殷另姣、李明重、李曙华、王日平11人为市委常委，谭显栋为书记，陆家康（常务）、高超群、刘海金为副书记。通过市纪委七届一次全会选举产生的常务委员会和正副书记，市纪委常委5人，谢颂民为市纪委书记，吴五九、杜呈祥、曾贤初、陈克中为市纪委副书记。

1993年1月30日至2月1日，市委召开七届二次全体（扩大）会议，主要任务是进一步学习贯彻中共十四大精神，表彰在两个文明建设中作出突出贡献的先进单位和先进个人。会议指出：加快社会主义市场经济体制建立，实现涟源经济和社会发展新飞跃，要加快"三转"（转变指导经济工作的旧观念和旧习惯，转变国有企业经营机制，转变政府职能），着力"三调"（突出重点行业，调整产业结构；突出个体私营经济发展，调整所有制结构；突出外向型、科技型、城市型，调整经济结构），大兴"三风"（创造性工作之风、团结战斗之风、真抓实干之风）。

1994年10月28日，市委召开七届四次全体（扩大）会议。会议通过《贯彻中共中央〈关于加强党的建设几个重大问题的决定〉的意见》，坚持党要管党、从严治党，着重解决思想理论、制度、作风、基层组织等方面的重大问题，全面推进改革开放和现代化建设。会议提出：到20世纪末，全市净增工业产值20亿元，工农业总产值达到45亿~50亿元，人民生活达到小康水平。

1995年1月5日，市委召开七届五次全体会议。全会认真讨论市机构改革领导小组提出的《涟源市党政机构改革方案》和《涟源市乡镇机构改革方案》，作出《关于〈涟源市党政机构改革方案〉和〈涟源市乡镇机构改革方案〉的决议》。8月27日，召开七届七次全体会议。

1996年12月7—8日，市委召开七届八次全体（扩大）会议，传达党的十四届六中全会精神。会议通过《关于学习贯彻党的十四届六中全会精神的意见》，要求认真学习宣传《中共中央关于加强社会主义精神文明建设若干重要问题的决议》。会议决定成立市精神文明建设领导小组，下设办公室，归市委宣传部管理。

1997年8月11日，市委召开七届十次全体会议，审议决定召开中共涟源市第八次代表大会的有关事宜。9月14日，召开七届十一次全体会议，讨论和酝酿八届市委、市纪委候选人名单。

四 市委第八届全体会议

第八届市委共召开9次全体会议。

1997年9月20日,市委召开八届一次全会,选举罗子光、胡卫平、刘志伟、殷另姣(女)、王日平、朱忠义、易志祥、廖保生、陈光明、邬高清、彭喜故、刘国涛、吴五九13人为市委常委,罗子光为书记,胡卫平、刘志伟、殷另姣(女)、王日平为副书记。通过市纪委八届一次全会选举产生的常务委员会和正副书记,市纪委常委8名,书记朱忠义,副书记刘新洽、尹细容(女)、周康美。

2000年12月23日,市委召开八届二次全会,作出《关于审议〈涟源市国民经济和社会发展第十个五年计划纲要〉的决议》。全会认为《纲要》坚持把发展作为主题,把结构调整作为主线,把改革开放和科技进步作为动力,把提高人民生活水平作为根本出发点,符合涟源实际。全会要求市政府按照决议和《纲要》的要求,组织有关部门尽快制订好《涟源市国民经济和社会发展第十个五年计划(草案)》。

2002年9月27日,市委召开八届四次全会。全会认为,中共涟源市委第八届委员会履职5年,全市各项事业取得全面发展,出现社会安定、政治稳定、改革加快、经济发展、政通人和的良好局面,基本实现第八次党代表大会提出的奋斗目标。根据《中国共产党章程》和省、娄底市委的安排部署和涟源实际情况,全会作出《关于召开中国共产党涟源市第九次代表大会的决议》,决定10月21—23日召开中共涟源市第九次代表大会。

2002年10月16日,市委召开八届五次全会,就第九次党代表大会的代表选举情况、代表团的划分、主席团成员的组成和市委委员、候补委员、市纪委委员候选人初步人选的酝酿产生原则向全会作说明。要求充分认识开好第九次党代表大会的重要意义,自觉讲政治、讲党性、讲纪律、讲团结、讲正气,积极支持,密切配合,以主人翁的姿态为第九次党代表大会的召开创造一个宽松和谐、团结统一、积极向上的环境,确保大会开成一个团结的大会,鼓励的大会,继往开来的大会。

五 市委第九届全体会议

第九届市委共召开9次全体会议。

2002年10月23日,市委召开九届一次全会,选举刘志伟、余明庭、朱忠义、胡南(女)、易志祥、李和平、彭喜故、李友庆、胡春庚、严梦龙、梅国华、刘切力、贺顺清13人为常委,刘志伟为书记,余明庭、朱忠义、胡南(女)、易志祥、李和平为副书记。通过市纪委九届一次全会选举产生的常务委员会和正副书记,市纪委常委9名,书记朱忠义,副书记周康美、邹友才、罗康升。

2005年12月9日,市委召开九届六次全体会议,讨论和审议《涟源市国民经济和社会发展第十一个五年规划纲要》。确定十一五期间涟源经济社会发展的指导思想:以邓小平理论和"三个代表"重要思想为指导,始终坚持用科学发展观总揽经济社会全局,进一步转变发展观念,创新发展模式,提高发展质量,按照"深化改革,扩大开放,着力'三化',乘势而上,超常发展"的总体要求,着力建设实力涟源,打造活力涟源,铸就魅力涟源,构建和谐涟源,全面提升综合实力,突出增强核心竞争力,加速推进富民强市进程,确保"三个文明"(物质文明、政治文明、精神文明)建设全面协调发展。提出此后五年涟源经济社会发展的主要目标:全市国内生产总值年均增长13%以上,到2010年经济总量突破90亿元,人均GDP突破8000元;财政收入年均递增13.6%,到2010年达到7亿元,一般预算收入平均递增15%,至2010年达到4.3亿元;单位生产总值能源消耗比"十五"末期下降20%以上。

2006年6月2日，市委召开九届八次全体会议。会议审议通过《关于召开中国共产党涟源市第十次代表大会的决议》。6月15日，市委召开九届九次扩大会议。审议通过市九届委员会向中共涟源市第十次代表大会所作的工作报告；听取大会筹备工作情况汇报；审议通过出席中共娄底市第三次代表大会候选人预备人员名单。

六　市委第十届全体会议

2006年6月23日，市委召开十届一次全会，选举余明庭、李和平、易志祥、何一波、梅国华、刘切力、贺顺清、陈晓林、陈奉文、方向东、谢学龙（女）、吴执政、吕余庚13人为常委，余明庭为书记，李和平、易志祥为副书记。通过市纪委十届一次全会选举产生的常务委员会和正副书记，市纪委常委9人，书记谢学龙（女），副书记童建华、罗康升、梁细华。

2007年3月27日，市委召开十届三次全体会议，会议根据《党政领导选拔任用工作条例》和中共娄底市委组织部《关于进一步健全乡镇（办）党政正职异动备案制度》对部分乡镇正职拟任人选进行票决。

第三节　市委常委会议

市委常委会议每年根据工作需要，由市委书记召集并主持，一般每月召开1~2次。出席市委常委会会议的人员为市委常务委员会全体委员，须有半数（研究干部事项时须有三分之二）常委到会方能举行。市人大常委会党组书记、市政协党组书记固定列席市委常委会会议。主要讨论加强党的建设、重大工作部署，研究决定干部任免、调配、培训、奖惩，机构编制、人事重大问题等，对贯彻落实党的各项方针政策和上级指示精神作出决策和决定，制定全市社会主义物质文明、政治文明、精神文明的工作计划、经济发展目标规划，对重大的改革措施和建设项目以及关系市内全局的政策性问题和工作执行环节的具体调度方案等作出决定。

第四节　市委工作会议

市委工作会议是市委总结上年工作、安排部署全年工作专门召开的会议，一般每年年初召开，又称三级干部会议、四级干部会议、全市农村工作会议、市委经济工作会议。

1987年1月14—19日，县委召开三级干部大会，传达中共中央1号文件精神，进一步学习、贯彻中共中央十二届六中全会决议和省委工作会议精神，总结全县1986年工作，交流经验，表彰先进，研究部署1987年工作。会前，全体与会人员听取商品经济理论辅导课。9月20—22日，县委召开四级干部会议，研究开发冬季农业；保护森林资源、发展林业生产；加强农村基层党组织建设。

1988年2月25—27日，市委三级干部会议召开，传达贯彻中共中央（1998）1号文件精神，回顾总结上年工作，研究深化改革、稳定经济及强化目标管理办法，兑现上年目标管理奖励，签订目标管理责任书。

1989年2月15—18日，市委召开三级干部大会，1800多人参加，会议以党的十三届三中全会精神为指针，正确分析形势，统一思想认识，总结交流经验，表彰先进，签订责任书。7月16日，市委召开各战线负责人会议，传达《中共中央、国务院批转<北京市委、市政府关于彻底清查、坚持镇压反革命暴乱分子的工作方案的请示>的通知》，决定对党员、干部进行阶段性考察。从7月中旬到翌年1月上旬，对有关人和事进行清理处置，对重点事件、重点人员给予严肃处理。

1990年8月16日，市委召开农村工作会议，加强社教工作，深化农村改革，推动农村经济持续稳步发展，安排部署完善双层经营体制工作，进一步深化农村改革，研究冬季农业开发。

1991年2月23—27日，市委召开农村工作会议，传达学习党的十三届七中全会和省委六届二次全会、地委扩大会议精神，研究提出贯彻落实的意见和措施，促进全市农村改革和两个文明建设，进一步实现农村的政治稳定和经济振兴。

1992年2月12—15日，举行市委农村工作会议暨村党支部书记训练班，参加人员1300多人。明确团结一致奔小康的目标，突出优化产业结构、健全服务体系两个重点，抓住用够用活政策、依靠科技兴农、努力增加投入三个关键。5月16—17日，市委召开工作会议，传达贯彻省委、地委工作会议精神，组织和发动广大党员、干部、群众进一步学习中共中央2号文件精神，全面深刻领会邓小平南方重要谈话精神，坚持党的基本路线，加快改革开放步伐，把涟源经济建设推上新的台阶。会议要求进一步解放思想，扫除一切思想障碍。提出大力发扬"改革创新、求真务实、无私奉献、艰苦创业"的涟源精神。7月17日，领会落实邓小平南方重要谈话和江泽民在中央党校的重要讲话及中央有关文件精神，发挥广大干部群众的积极性、主动性和创造性，抓住时机，加快步伐，把改革开放和经济建设搞得更好。

1993年7月5—6日，市委召开工作会议。会议主题是把握形势，珍惜机遇，为实现全市经济更快更好地发展而奋斗。

1994年1月16—19日，市委召开工作会议，1150人参加会议。会议主题是同心同德，奋力拼搏，努力开创全市各项工作新局面。提出2000年奋斗目标及所坚持的战略方针：按照建立社会主义市场经济体制的要求，始终坚持以经济建设为中心，以改革开放为动力，以城镇建设为重点，狠抓基础设施建设，加强科技教育，依靠多轮驱动，加速建设"一优(优质)两高(高产、高效)"农业，大力发展工业，努力搞活商业，积极开发旅游业，实现富民强市目标。5月22日，市委召开工作会议，主题是认清形势，坚定信心，努力推进全市的改革发展和稳定工作。

1995年10月20日，市委召开经济工作会议，主要是总结前段经济发展情况，分析存在的问题及其原因，安排部署重点工作，促进全年和"八五"计划各项目标任务的全面完成，研究如何调整思路、转变作风，实现国家"八五"和"九五"计划的顺利对接。

1996年1月6—8日，市委召开工作会议，2000人参加，会议描绘涟源市"九五"蓝图，进行实施"九五"目标总动员。计划全市国内生产总值平均增长12%，到2010年，在1980年基础上翻四番。7月12日，市委召开工作会议，主题是扎实工作，务求实效，狠抓各项工作任务的落实。8月27日，市委召开工作会议，针对经济发展乏力、干部群众思想波动、不稳定因素抬头的严峻形势，要求通过"讲政治、讲党性、讲奉献，统一思想"，达到"保稳定、求发展"的目的。

1997年3月5日，全市农村工作会议召开。会议的主要任务是：联系全市实际，传达贯彻中央关于减轻农民负担的文件精神和省地经济工作会议精神，统一思想，振奋精神，研究确定全年工作的指导思想、奋斗目标和具体措施。

1998年2月27日—3月1日，全市农村工作会议召开，就村务公开、民主管理、推进农业产业化以及农村工作的几个问题进行部署。

1999年2月25—28日，召开市委工作会议，部署农村、经济、计划生育工作。9月17日，全市经济工作会议召开，会议传达中央、省经济工作会议精神，面对有效需求不足，经济紧缩的大气候，正确分析全市经济形势。要求全面统一认识，坚定信心，抢抓机遇，知难而进，优化发展环境，确保全面完成经济发展的目标任务。

2000年2月15—17日，市委召开工作会议，提出2000年“三个四”的工作思路，即抓好经济建设、改革开放、社会稳定和党的建设四件大事；突出发展县域经济、增加城乡居民收入、优化经济发展环境和搞好思想工作作风建设四个重点；实现财政收入、农民增收、计划生育、基础建设四个突破；实现全市国民经济持续、快速、健康发展，各项事业全面进步。

2001年2月10—12日，市委召开工作会议，明确全年工作的指导思想，强调继续贯彻“抓住机遇、深化改革、扩大开放、促进发展、保持稳定”的方针，以“三个代表”重要思想总揽各项工作，动员全市广大党员和干部群众，围绕一个中心，实施“四大”战略，落实“四项”举措（围绕经济建设这个中心，实施农业稳市、民营富市、城镇活市、科技兴市四大战略；落实加强党的建设，调整经济结构、深化多项改革、优化发展环境四大举措），实现国民经济持续、快速、健康发展，各项社会事业全面进步。

2002年2月23—24日，市委召开工作会议，1400多人参加会议。会议要求全市上下振奋精神，务实勤政，坚持一个中心突出两个增加，实现四个突破（实现财政收入、农民增收、计划生育、基础建设四个突破），落实六项举措，齐心协力实现各项事业全面发展。

2003年2月12—14日，市委召开工作会议，1100多人参加会议。会议动员全市各级各部门单位干部和广大群众，务实创新，与时俱进，努力推进全市“三化”（工业化、城市化、农业产业化）进程，群策群力建设涟源。坚持从实际出发、市场主导、以非公有制经济发展为主和可持续发展的原则，着力推进“三化”进程；着力搞好220千伏变电站、交通路南段西侧开发等系列重点工程建设；破釜沉舟，按照“彻底改，改彻底”的要求和“两个置换”的思路，着力推进工商企业改革；标本兼治，进一步转变政府职能，加大治理“三乱”（乱收费、乱摊派、乱罚款）和整顿规范市场经济秩序力度，建立健全社会信用体系，着力优化经济发展环境，为实施全面建设小康社会战略目标开好局。

2004年2月1—4日，市委召开工作会议。会议重点提出提高干部素质，改进干部作风，切实为民办实事。树立与时俱进、开拓进取的发展观，大胆创新、全面开放的改革观，艰苦奋斗、奋发有为的赶超观。提高驾驭市场经济和应对复杂局面能力，在全市形成勤政为民、真抓实干的优良风气，杜绝“门难进、脸难看、事难办”的不正之风，主动为群众服务。

2005年2月21—22日，市委召开工作会议。会议要求正确把握形势，坚定信心，加快发展速度；理顺工作思路，合力同心提高发展水平；突出经济建设，找准重心加大发展力度；构建和谐社会，凝聚人心增强发展后劲；加强党的建设，万众一心提供发展的保证。

2006年2月10—11日，市委召开工作会议。会议确定全年工作的总体思路是：以邓小平理论和“三个代表”重要思想为指导，始终坚持用科学发展观统领经济社会发展全局，按照“深化改革，扩大开放，着力‘三化’，乘势而上，超常发展”的总体要求，立足新起点，抓住新机遇，谋求新发展，再创新优势，实现新跨越，着力建设实力涟源，构建和谐涟源。

2007年2月8日，市委召开工作会议，会议提出以邓小平理论和“三个代表”重要思想为指导，用科学发展观统领经济社会发展全局，按照“深化改革，扩大开放，着力‘三化’，乘势而上，超常发展”的总体要求，以新型工业化推动经济又好又快发展，推进社会主义新农村建设，促进社会和谐，争创超常发展和富民强市的新业绩，向党的十七大和建市20周年献礼。在经济发展上，突出升级转型，加速推进新型工业化；突出富民兴业，扎实推进社会主义新农村建设；突出扩容提质，大力推进城镇化进程；突出招商引资，着力提高改革开放水平；突出项目拉动，切实增强经济发展后劲。在社会发展上，坚持标本兼治，维护和谐安定的社会大局；以人为本，构建安民惠民的幸福工程；正本清源，营造亲商安商的发展环境；统筹兼顾，营造全面协调的事业空间；节约资源，建设环境友好的生态家园。在党的建设上，注重发展为先，转变思想观念；团结为重，增强整体功能；机制为本，夯实基层基础；奋斗为纲，改进工作作风。

第三章 重大决策与活动

第一节 重大决策

一 企业改制

20世纪90年代后期，按计划经济模式运行的涟源工业企业逐渐衰退，企业实行经济责任目标管理、承包经营、租赁经营、企业内部股份制改造等一系列改革措施，没有从根本上解决问题，全市116家国有、集体企业处于停产或半停产状态。2002年，市委多次召开市委常委会、常委扩大会，研究决定以产权制度改革为核心，推进"两个置换"（企业置换产权，解除企业对政府的依附关系；职工置换身份，解除职工对企业的依附关系）改革，建立"产权明晰、责权明确、政企分开、管理科学"的现代企业制度。4月，湖南省回春堂制药厂成功改制。5月29日，成立市企业改革领导小组。2003年初，成立市企业改革领导小组办公室。7月16日，召开全市企业改革动员大会，出台《关于加快企业改革的实施意见》《涟源市企业改革若干规定》等文件，确定2003年为全市企业改革年，企业改制工作全面铺开，市级领导挂钩改制企业、抽调专门工作人员进驻企业。改制进程中，严格规范运作，抓好改革关键环节，搞好资产处置，加强改制企业财务和资产处置收入管理，重视维护职工利益和矛盾协调处理，确保改革顺利推进和社会大局稳定。至2007年底，全市114家市属国有、集体工商企业基本完成改制，安置职工18860人，处置资产收入6.34亿元。改制后企业盘活资产存量，搭建新的投资平台，重新焕发生机与活力。2007年，工业总产值、税收分别是2003年的3.14倍和2.63倍。

二 兴工强市

2002年2月23日，市委工作会议提出加快推进工业化进程，对工业发展作出专门安排部署。2003年2月，市委工作会议提出"改造提升传统产业，大力发展新型建材、生物医药、机电一体化等高新技术企业，建成一批年产值过亿元、纳税超1000万元的骨干企业，逐步走上新型工业化道路"的发展目标。2004年市委工作会议，号召推进"工业强市"战略，打造工业涟源。是年，市委经济工作会议提出走发展品牌产业、培育品牌企业、打造品牌产品的工业发展新路子。2005年，全市工业经济会议提出防止片面重型化、大力发展可持续产业、着力发展循环经济，打造工业"航母"，拼搏三年实施"235工程"（到2007年建成产值超10亿元的企业2个以上、超5亿元的企业3个以上、超1亿元的企业5个以上）的目标。2006年，市委提出"以项目建设推进结构转型，在打造强势工业上实现新突破"的工业经济发展思路。2007年为新型工业化年，市委工作会议提出大力实施新型工业化带动战略，突出升级转型，加速推进新型工业化，坚定不移地走科技含量高、经济效益好、资源消耗低、环境污染少、人力资源优势得到充分发挥的新型工业化道路，努力实现速度与结构、质量、效益相统一。是年，全市完成工业总产值87.38亿元，同比增长36.7%；实现工业增加值33.38亿元，同比增长24.3%。全市产值过亿元的企业达到13家。其中，湖南五江轻化集团有限公司12.48亿元，湖南顺鑫钢铁有限公司6.48亿元。入库税收过100万元的企业43家。其中，湖南顺鑫钢铁有限公司1853万元，湖南神斧集团一六九化工有限责任公司1806万元，娄底市烟草公司涟源分公司1173万元，湖南省电力公司娄底涟源电力局1121万元，湖南省涟源钢铁股份有限公司田湖矿业有限公司1020万元。一六九化工、湄江110千伏变电站、华润电力2×30万千瓦火电工程、五江汇源焦化120万吨焦化生产线、台湾国产实业2×150万吨水泥生产线项目等省市重点工程项目进展顺利。

三 招商引资

1987年,涟源被定为对外开放县市,成立涟源市经济技术协作办公室。1992年,成立涟源市对外经济开发领导小组,制定《涟源市关于鼓励外商投资的规定》,成立涟源市马家境经济开发区。1994年,成立涟源市招商引资办公室,市外事办、市外经办、市招商办、市协作办,四块牌子,一套人马。1996年制定《关于招商引资优惠政策的若干规定》和《涟源市产权招商优惠政策》,1997年将招商引资工作列入全市乡镇(街道)目标管理"发展经济后劲"考核内容。2002年,将市外事外经办、市招商引资办与市旅游局合并组建为市外事招商旅游局,为市政府直属机构。2003年出台《涟源市鼓励外来投资若干规定》,在市政务中心设立全程代理服务中心。1991—2007年,先后组团参加娄底商品交易会、内蒙古商品交易会、湖南商贸交流会、东莞商贸洽谈会、香港经贸洽谈周、湘浙经贸洽谈会、娄底经贸博览会、中部经贸博览会、珠海经贸洽谈会、厦门经贸交流会等重大招商活动,引进项目100多个,资金200多亿元,吸引香港华润、台湾国产实业、三一重工、新一佳、通程电器等上市公司和国内外一批知名企业进驻涟源。

第二节 重大活动

一 农村社会主义思想教育运动

1990年2月4日,市委下发《关于在农村深入开展社会主义思想教育的实施意见》,举办"社教"骨干训练班,培训区、乡、镇党委书记和村党支部书记,抽调市直机关干部300名、区乡干部700名,同娄底地区下派的50名干部下到农村。活动坚持正面教育为主、自我教育为主、自我提高为主的方针,以党员、干部为重点,围绕建设"两个阵地"(社会主义思想阵地和社会主义集体经济阵地)、"一个堡垒"(农村党支部)主题,进行全面系统的思想教育,巩固农村社会主义阵地,推动农村两个文明建设发展。1991年12月,农村社会主义思想教育活动结束。活动一定程度上改变村级领导班子软弱涣散状况,夯实党的基层基础,促进农村民主法制进程,提高农村的改革开放意识和遵纪守法观念,改善农村各项基础建设,推进农村经济发展。

二 城市社会主义思想教育活动

1991年9月23日,市委召开全市城市社会主义思想教育动员大会,下发《关于在城市开展社会主义思想教育的实施意见》,决定用两年左右的时间在全市乡镇以上党政机关、企事业单位、学校和城区街道普遍进行一次系统的社会主义思想教育。城市"社教"坚持正面教育与自我教育相结合,思想教育与解决实际问题相结合,城市"社教"与农村"社教"相结合,点与面相结合;步骤是宣传发动、主题教育、集中整改、建章建制。1993年底,城市"社教"活动结束。城市"社教"在巩固社会主义思想阵地、统一思想、凝聚人心、转变作风、推进经济社会发展等方面起到一定作用。

三 "三讲"教育活动

按照《中共中央关于在县级以上党政领导班子、领导干部中深入开展以"讲学习、讲政治、讲正气"为主要内容的党性党风教育的意见》的要求和省市统一部署,2000年3—4月,在市委、市人大、市政府、市政协、市纪委、市委组织部、市委宣传部、市公安局、市人民检察院、市人民法院(简称四套班子、六个单位)领导班子和领导干部中,开展以"讲学习、讲政治、讲正气"为主要内容的党性党风教育。下发征求意见表230份,征得意见1718条;民主测评会上,市委、市人大、市政府、市政协党组的党性分析材料群众满意率和基本满意率达到99%以上,24名市级领导干部达到97%以上,市直六单位班子领导成员的测评满意率达到95%以上。活动中,市级四套班子和市直六个单位的领导成员,作风、工作等各方面发生明显变化,班子凝聚力、战斗力、执行力增强。

四 思想作风整顿活动

2000年5月10日,市委召开市直机关思想作风整顿动员大会,1700多人参加大会,整顿活动先后经历"宣传发动、学习提高","自我剖析、开展批评","集中整改、公开处置","建章立制、总结提高"四个阶段,整顿活动的重点是:班子不力、思想混乱、政令不畅、管理不严、作风漂浮、学习放松、纪律松弛、为政不廉、吃喝嫖赌、处事圆滑等方面,全市86个市直科级以上单位、近3000名干部参加整顿活动。先后对20名干部进行党纪政纪处分。其中,开除党籍7人,留党察看2人,对5名违纪犯罪干部进行立案查处。6月20日活动结束,市直单位基本达到整顿规定要求,其中达到一类单位的27个。

五 "三个代表"重要思想学习教育活动

2001年2月1日,市委制定《关于在全市开展"三个代表"重要思想学习教育活动的实施方案》。2月9日,市委召开全市"三个代表"重要思想学习教育活动动员大会,活动分三批进行,每批分为"学习培训、对照检查、整改提高"三个阶段。第一批2月9日—4月30日,在全市20个乡镇(街道)、2个市直试点单位开展,参学对象3520人。第二批5—7月,在122个市直机关和市直机关驻乡镇站所开展,参学对象5000多人;8—9月,对第一、二批学习教育活动进行回顾;10—12月,按照"三个代表"要求完成乡镇换届选举。第三批2001年11月底—2002年1月,在全市955个村(居)委会班子和23000多名农村党员、干部中开展。活动期间,市委向全市参学单位派出22个指导组,由26名驻乡市级领导任组长,派出45个督导组,对全市活动单位进行督查,26名市级领导还兴办联系点20个。全市参学对象完成读书笔记2500万字,撰写心得体会30000多篇。全市党员干部宗旨观念有所增强,作风好转,推进经济建设发展。活动期间,全市为民办实事5000多件,完成重点工程建设25个,解决历史遗留问题219个;确定粮油、果蔬、药材、养殖四个主导产业,举办技术培训班170多期,学员1000余人,推广药材专业种植600公顷,建立农业产业基地106个,帮助群众落实生产经营项目1500多个。湖南卫视《乡村发现》专栏报道枫坪镇产业结构调整、实行以土地换技术的做法。《湖南日报》头版头条报道茅塘镇建立养牛基地、解决土地抛荒问题、促进产业结构调整的典型事迹。

六 保持共产党员先进性教育活动

2005年1月—2006年6月,全市开展保持共产党员先进性教育活动。活动分三批进行,每批时间半年,分为学习动员、分析评议、整改提高三个阶段。第一批2005年1月开始,为市四大班子、市直部门,参加活动单位82个,党员4306人,6月底结束。第二批2005年7月初开始,有街道办事处、居委会、学校、乡镇机关及其所属单位、市直部门派驻乡镇的基层单位等,参加活动单位665个,基层党组织370个,党员8026人,12月底结束。第三批2006年1月初开始,参加活动单位997个(含村委会、居委会),党员21360人,6月底结束。全市派出督导组20个,指导组420个,指导员960多人。坚持把提高党员干部素质、改进作风强化服务、推动工作促进发展贯穿于先进性教育活动的全过程,深入开展"党员干部下基层,排忧解难促发展""作表率、争先进”“创五型机关,做五型干部”(努力建设学习型机关,争做学习型干部;努力建设服务型机关,争做服务型干部;努力建设创新型机关,争做创新型干部;努力建设务实型机关,争做务实型干部;努力建设廉洁型机关,争做廉洁型干部)、扶贫帮困、“双培双建双强”(把党员培养成致富能手,把致富能手中的优秀分子培养成党员;建立农业示范基地,建立专业服务协会;不断增强村级党组织战斗力和村级经济实力)等主题实践活动。活动中办联系点 900 多个,撰写学习体会文章 78065 篇、党性分析材料26000 多篇,收集各种意见 16300 条,召开专题民主生活会 2345 次,慰问困难户 1600 户,发放慰问金、捐赠物资(折人民币)1000 多万元,解决实际问题 2000 多个。通过先进性教育活动,全市党员干部素质提高,作风转变,各级党组织的战斗力、凝聚力、创造力增强,经济社会发展得到推进,基本实现“党员干部受教育,人民群众得实惠”的目标。活动涌现出 2005 年度湖南省十大新闻人物之一、白马镇桃子村党支部书记梁向文,扶贫帮困助学爱心大使、国税局退休干部肖光盛,洪灾中舍己救人的好干部安平镇安平管理区常务副主任刘伍洋等先进典型。

第四章 纪检监察

第一节 机 构

市纪委 1987 年，中共涟源市纪律检查委员会内设办公室、纪检组、审理组、信访组，定编 18 人。1989 年，纪检组、审理组、信访组分别更名纪检室、审理室、信访室。1991 年 5 月，增设宣传教育室。1993 年 4 月，市纪委、市监察局机关合署办公，内设党风廉政建设监督检查室、办公室、案件检查室、案件审理室、执法监察室、来信来访室、宣传教育室。1997 年 5 月，增设干部人事管理室。2000 年 5 月，增设经济监察室，案件检查室分设为案件检查一室和案件检查二室。2001 年，增设纠正部门和行业不正之风室。2002 年，内设办公室、党风廉政建设监督检查室、执法监察室、案件检查一室、案件检查二室、经济监察室、案件审理室、信访室、宣传教育室、纠正部门和行业不正之风室、干部人事和派驻纪检监察机构管理办公室(简称干部室)。2004 年 10 月，增设行政效能监察室。2006 年，经济监察室更名案件检查三室。2007 年，内设办公室、信访室、纠正部门和行业不正之风室、宣传教育室、案件检查一室、案件检查二室、案件检查三室、案件审理室、干部室、执法监察室、行政效能监察室，定编 39 人。

市监察局 1988 年 3 月成立，属市政府机构系列。1993 年 4 月，与市纪委合署办公，"一套工作机构，两个机关名称"，由市纪委副书记兼任监察局局长。至 2007 年，机构未变。

第二节 党风廉政建设

一 市直单位纪检监察机构设置

1987 年，市委在市直属机关建有党组(党委)和纪检组。1988 年，市监察局在市直属机关建立监察制度。2002 年，市纪委、市监察局对市属单位实行派驻纪检监察机构制度，设立市纪委、市监察局派驻(派出)市直纪检、监察机构管理办公室。编制人数在 3 名及其以上的单位，配纪检组长、监察室主任 1 名，纪检组副组长、监察室副主任 1 名；编制人数 2 名及其以下的单位配纪检组长、监察室主任 1 名。未实行派驻制度的党政议事协调、常设办事、部门管理、党政直属、群团等机构和商业、轻工、物资等行业管理办公室及供销社联合社，根据实际需要配备专职和兼职的纪检组长(兼监察室主任)1 名，专职或兼职纪检监察干部 1 名。2008 年，市纪委、市监察局对派驻机构实行统一管理。市公安局、市教育局纪检组与监察室分设，设纪检组长、监察室主任各 1 名，其他市直单位纪检组与监察室合署办公，设纪检组长 1 名，兼任监察室主任。

二 宣传教育

1987 年，市纪委创办《党风与党纪》简讯，探讨党员思想教育，在全市组建"百、千、万"(100 名理论骨干、1000 名基层干部、20000 名党员)系统教育网络。1990 年，市纪委撰写《涟源市纪委狠抓社会主义道德教育》一文被中纪委《党的教育参考资料》采用，《群众一封信牵动纪委心》一文被《湖南日报》头版刊发。是年，市纪委副书记周新辉被评为全国优秀纪检干部，出席全国先进纪检组织、优秀纪检干部表彰大会，受到总书记江泽民接见。1992年,全市开展"讲党性、讲团结、讲纪律、讲大局、讲奉献"演讲比赛75场,862人参加演讲,受教育党员21480人次。是年,《湖南监察天地》创刊号以《铁面御史》为题对市监察局局长陈克中的先进事迹进行专题报道。1995年,市纪委组织6人英模报告团,在光明山大礼堂首次报告后,赴全市各乡镇巡回报告18场次,市直机关、乡镇干部、村定补干部及企业管理人员9000余人次听报告。1996年,组织党员干部观看《公仆风情录》《雷池——廉洁自律五戒》等党性党纪教育录像片;编写《讲政治》《讲宗旨》《讲纪律》《讲奉献》4课党性教材,印发300多份到基层单位。1997年,全市开展以"市级干部学焦裕禄、机关干部学吴天祥、乡镇干部学吴金印、村干部学何胜国"为内容的"四学"和"创文明机关、当五好(思想素质好、服务群众好、工作业绩好、廉洁自律好、社会评价好)公仆"活动,受教育党员干部10万多人次。1998年,开展以"反腐治奢树形象、艰苦奋斗创大业"为主题的宣传教育活动,编印宣传资料4000册,总结推介龙塘乡党委廉政先进事迹。是年,省纪委《湖南纪检监察动态》、湖南卫视《乡村发现》、中央电视台第7套先后推介涟源市村务公开民主管理制度经验。2000年,在全市党员干部中开展警示教育活动,集中开展"三讲(讲学习,讲政治,讲正气)"教育和思想作风整顿,组织党员观看《黄昏歧路》《铁窗下的忏悔》《生死抉择》等教育片,利用成克杰、胡长清等典型案例,对广大党员干部进行警示教育。2002年,组织党员收看全省《现身说纪说法》警示教育大会实况录像。2003年,建立杨市镇、七星街镇、市财政局、市教育局等党风廉政宣传教育联系点。组织开展"三个代表"重要思想指导反腐倡廉理论征文活动。其中,《涟源查处一起严重违纪案——派出所为被判刑的"老领导"发"奖金"》在《中国纪检监察报》头版发表,《公职人员违法犯罪的缓刑现象应予重视》被中纪委《研究与动态》第42期作为专稿编发。2005年,市委、市政府举办学习贯彻《建立健全教育、制度、监察并重的惩治和预防腐败体系实施纲要》知识抢答赛,31个乡镇(街道)和市直单位参加比赛。是年,开展廉政文化"五进"(进农村、进学校、进社区、进企业、进家庭)活动,对廉政文化进农村、进学校、进社区的试点单位龙塘乡珠梅村、涟源一中、蓝田街道文艺路居委会授牌;组织观看教育片《生死牛玉儒》,以白马镇桃子村党支部书记梁向文为榜样,正面引导干部廉洁从政,《中国监察》第10期以《他生命的每一天都在闪光》为主题对梁向文的事迹进行长篇报道,并被新华社编发。2006年,开展"做党的忠诚卫士、当群众的贴心人"保持共产党员先进性教育主题实践活动,向各单位领导班子成员寄送"荷花廉字图"新年贺卡。2007年,编印《涟源市干部作风建设学习读本》,发放7800册。《今日涟源》开设作风建设专栏,推出"勤政廉政、富民强市"系列报道。创办党风廉政网站。举办"廉花盛开"文艺晚会。市纪委与市妇联共同组织开展"创建廉洁家庭"活动,发出家庭助廉倡议书,向干部家属发放《创建廉洁家庭——家庭助廉教育读本》,把"廉洁文化"引入到每个干部家庭。1987—2007年,在国家级报刊上稿76篇,省级112篇,娄底市(地区)247篇。

三 制度建设

1987年,市委制定《关于加强党内监督的初步意见》,对全市党风廉政工作和民主生活会等党风监督工作提出具体要求。1989年,出台"党员活动制度""党员议事制度""党员评议支部、支部评议党委制度""党员办实事责任制度"四项制度。1992年,市纪委配合市委组织部对全市区、乡纪检干部进行全面考察,结合换届选举,建立56个区(街道)乡镇纪委、8个系统纪律检查工作委员会或纪检组。是年,制定《关于加快改革开放、加速我市经济发展中若干问题的处理意见》,区分经济工作中的失误同严重官僚主义失职、渎职的界限;执行上级规定过程中出现的问题同钻改革空子的界限等,为从事经济工作的人解除后顾之忧。2001年,市委制定《涟源市党风廉政建设责任制和领导干部廉洁自律工作实施意见》,对20个乡镇(街道)、10个市直单位的党风廉政建设责任制执行情况进行专门考核。是年,建立领导干部任期经济责任审计制度,对市民政局、市文化局、市房地产局等单位"一把手"进行任期审计,纠正存在的问题。2002年,制定领导干部廉政考察制度和述职述廉制度,对拟提拔的14名正科级领导干部进行廉政考察,组织1000多名副科以上干部在民主生活会或组织生活会上报告本人遵守廉洁自律和履行廉政建设责任制情况。2004年,完善市纪委负责人同乡镇(街道)、市直各单位主要负责人谈话制度,领导干部任前廉政谈话制度和诫勉谈话制度,找党政"一把手"谈话18人次,对77名新任职的干部有针对性地提出廉洁自律要求,对12名存在苗头性问题党员干部及时打招呼,敲警钟。2006年,市委制定《关于科级领导职务改任非领导职务的规定》,规范职位设置,加强机构、编制和职数管理,下发《行政事业单位津贴、补助开支规定》,对全市津补贴发放制度予以统一和规范。是年,制定《涟源市治理商业贿赂专项工作实施意见》,深入开展商业贿赂专项治理工作,全年立案查处商业贿赂案件16起,涉及金额近200万元。2007年,出台《关于加强和改进市委常委会作风建设的若干规定》,着力提高常委会议质量和效率;是年,市纪委组织有关单位编写《涟源市政务公开服务指南》,明示各单位领导班子、主要职责、办事机构、办事事项、办事依据等,对全市各单位426项办事事项和1137项行政事业性收费进行公示。

四 领导干部廉洁自律建设

治理收送红包礼金 1995年4月,市委制定下发《关于坚决禁止送礼受礼,收受馈赠或廉价农副产品和用公款吃喝不正之风的决定》。1996年,全市党员干部拒收红包礼金213人次,拒收金额25.84万元。2001年,发放"领导干部违规收受礼金礼品自查自纠报告卡"613份,上缴礼金16.4万元。2003年,完善红包礼金实名登记制度,上缴红包礼金31万多元。2005年3月,市委制定《涟源市党员领导干部廉政从政四个不准》,不准违规收取各种礼品、礼金、有价证券和支付凭证,严禁大操大办婚丧嫁娶寿宴借机敛财。是年,清退红包礼金24万元。2006年,全市95个副科级以上单位落实"一把手"不直接分管人事、财务、物资采购和工程项目建设规定。2007年,各级领导干部清退红包礼金20.5万元,清退和上缴以交易形式接受请托金额5.4万元。

清理公费私用通讯工具规范公用通信话费 1997年开始,全市开展清理领导干部用公费配置"大哥大"和住宅电话工作。1998年,清理397台"大哥大"和549台住宅电话,对违规购置的218台"大哥大"进行公开拍卖,所得款项全部上缴财政;对原批准公用的"大哥大"折价处理给持有者,收回价款3.7万元;住宅电话一律私有化,收回价款24万元。1998年底,乡镇(街道)办公电话从原有的100台精减到48台,全年节约电话费25万元;对通讯工具话费报销开展全面检查,收缴超标准报销话费5.4万元。是年,市委、市政府制定《关于立即停止用公款购买大哥大、小汽车和住宅电话机的紧急通知》,实行"使用证"制度,规范通讯工具配置和话费报销范围和标准,移动电话和办公电话公费话费比上年下降30%以上。

清理规范单位违规购置使用公务车辆 1995年,全市清理45个单位违规购置小汽车68辆。1996年,对建委系统违规购买8辆小汽车进行查处,没收1辆,处罚2辆,责令退回2辆,节约经费50多万元。1998年,对10个单位小汽车进行清理,清理小汽车8辆,补办控购手续7辆,罚款12万元,补交控购费15万元。是年,对市卫生局顶风违规违纪购置小汽车进行立案查处,没收违规购置的小汽车,对相关责任人给予党纪处分。2000年,伏口镇推出廉政新举措,6辆公车公开拍卖,减少车辆维护、油料费开支。2006年,市委出台《购置处置公务车辆集体会审办法》。2007年,制定《党政机关事业单位公务用车配备定编的通知》,全年不予审批购置的公务车辆15辆次,不予审批处置公务车辆12辆次,节约财政资金450多万元。

厉行节约、治理奢侈浪费 1990年,全市开展"财务自清自查自纠"行动,查出违纪金额84.8万元,退赔61.4万元,清理乱着装单位29个,涉及2551人,按照规定退赔收缴财政28.9万元。1995年,《三湘都市报》报道涟源市狠刹用公款吃喝玩乐歪风情况,省纪委和省领导干部廉洁自律办公室将涟源经验在全省推广。

1997 年，精减全市性大会 8 个，节省会议经费 30 余万元。1998 年，全市 20 个乡镇（街道）和 42 个有条件的市直单位恢复机关食堂，公务接待坚持在食堂就餐，不上酒或只上“金媚江春”酒或土产米酒，不发整包烟，全年接待费开支下降 15%。2005 年，下发《涟源市党员领导干部廉洁从政四个不准》，明确领导干部不准用公款大吃大喝、游山玩水和进行高消费娱乐活动；不准在公务接待中发整包烟、喝高档酒，在城区范围内检查工作一律不准接受被检查单位的宴请；不准违反规定收取各种礼品、礼金、有价证券和支付凭证，严格限制各级领导干部大操大办婚丧嫁娶寿宴借机敛财；不准党员干部以任何形式参加赌博。加强对外出学习考察的审查，否决以学习名义进行公款旅游行为 6 批 1982 人次，节约财政资金 50 多万元。2007 年，涟源撤县建市 20 周年市庆活动从简从俭，仅安排建市 20 周年报告会暨自编自演“奋进涟源”文艺晚会，严禁任何单位和个人以市庆名义向企事业单位搞摊派拉赞助，节约财政资金近 800 万元。是年，开展清理评比达标表彰活动，撤销评比达标表彰项目 4 个，为基层单位、企业和群众减轻负担 200 万元以上。

第三节 违纪案件查处

1990 年，对境内杂交稻种子的经营进行全面清理，查出倒卖、掺杂使假、坑害农民的杂交稻种 300 多吨，查处严重违纪干部 27 人，7 人被移送司法机关处理，给予党纪、政纪处分的乡科级干部 5 人，追缴违纪金额 6 万元。1994 年 3 月，在石狗乡石洞村出土的一批珍贵文物流失，市纪委、市监察局调集主要骨干，全力查处，经过 7 天 7 夜奋战，在外地追回 11 件珍贵文物。其中，国家一级文物 9 件，三级文物 2 件。1995 年 1 月，市技术监督局执法违法、打假卖假，将扣押市商业物资贸易总公司的假冒茅台酒 811 件（9732 瓶，标价金额 151 万元）不作处置决定，由局长等擅自以每瓶 50~60 元出售，得款 27.3 万元，其中市糖酒副食品公司购得 5024 瓶后以假充真高价销售；违法或擅自内部销售扣留假冒嘉陵摩托车 18 台，假冒彩电 20 台，得款 9.25 万元。对局长和 1 名副局长分别给予撤职与党内严重警告处分，对封存的假冒茅台酒作出公开处理。此案在全国引起轰动，中央电视台“新闻 30 分”作专题报道。1996 年，查处龙塘乡东边村村民违法生育 12 胎、桃梅村村民违法生育 8 胎问题，对原珠梅乡、龙塘乡党委书记、乡长、抓计划生育的副乡长、计育办主任、村定补干部等失职责任问题进行调查，立案 23 人，其中科级干部 12 人，分别作出党纪政纪处分。2000 年，协助娄底市反贪局查处市反贪局局长在办案前收受案件当事人贿赂 16430 元，对市环保局局长、市农村工作办公室一名副主任违规到煤矿入股造成重大安全事故案件进行严肃查处，分别给予党纪政纪处分。2001 年，市化工轻工总公司再度私设“小金库”（1998 年私设“小金库”28 万元受到查处），被立案查处，“两规”（规定时间、规定地点说明情况）、“两指”（指定时间、指定地点说明情况）11 人，调查区域涉及湖南、四川、贵州和黑龙江等地，被立案 5 人，其中科级干部 2 人，追缴违纪金额 53 万元。2002 年，查处建筑包工头张某某为使其儿子考上重点大学，串通考务人员，更换监考教师，聘请他人代考的高考舞弊案，涉案的 4 名教师被刑事拘留，9 名相关人员受到党纪政纪处分。2003 年 3 月，古塘乡人大换届选举，乡人大主席、政协联工委主任、国土所所长、塘边村党支部书记，非法串通人大代表，破坏选举，致使选举失败。市纪委监察局及时介入查处，对参与的 4 人分别给予留党察看一年和党内严重警告处分。2004 年 7 月，安平镇银广石煤矿发生煤与瓦斯突出事故，造成 16 人死亡，直接经济损失 131 万元，市煤炭局局长受行政记大过处分，分管副局长受党内严重警告、行政降级双重处分。该镇镇长、分管副镇长受行政记过处分。另有涉案的 8 人分别受到党纪、政纪处分。2006 年，蓝田街道党委委员王某某利用主管企业工作的便利，在市第四建筑工程公司破产改制过程中，收受贿赂 1 万元，被留党察看 1 年。市民政局党组成员兼军干所所长谭某某伙同会计、出纳采取虚报发票套取现金等手段，共同私分公款 36000 元，被开除党籍，移送市人民检察院处理。2007 年，查出市工商行政管理局在 2005—2007 年 4 月违规乱收费、乱罚款 393.5 万元，追缴违纪金额 10 万元。石马山镇团结村一非法烟花爆竹坊发生爆炸事故，造成 4 人死亡、2 人受伤，直接经济损失 37 万元，对 4 名事故相关责任人分别给予党纪政纪处分。

1987—2007 年，受理信访举报 11838 起，立案 2651 起，其中经济类案件 1134 起。查处科级以上干部 401 人，追缴违纪金额 2184.2 万元，挽回经济损失 6605.51 万元。

1987—2007 年涟源市纪委监察局办案工作情况

表 3–2

年 度	受理来信来访及电话举报（件次）	立案数（件）	市纪委监察局自办案件（件）	涉及党员（人）	涉及监察对象（人）	其中科级干部（人）	经济类案件（件）	处理党员干部（人）	开展执法项目（个）	追缴违纪金额（万元）	挽回经济损失（万元）
1987	449	154	136	95	41	7	86	87	—	—	46.8
1988	321	94	81	74	25	13	59	83	—	—	51.3
1989	539	285	152	209	105	25	144	78	—	—	31.8
1990	482	187	67	161	84	26	56	72	—	21.2	78.6
1991	358	122	79	131	75	21	68	33	—	—	125.0
1992	306	102	85	113	38	16	29	117	—	14.0	150.0
1993	723	84	36	82	45	6	25	54	—	67.0	351.0
1994	400	106	39	75	43	22	63	45	—	205.0	507.0
1995	731	111	52	84	31	20	51	77	—	85.0	210.0
1996	772	166	78	100	82	25	56	89	20	100.0	386.0
1997	705	134	43	58	76	13	57	134	22	102.0	396.0
1998	745	138	45	84	54	34	107	128	32	125.0	288.9
1999	690	129	26	102	28	19	56	55	51	137.0	284.8
2000	752	121	32	99	83	19	64	112	40	207.8	402.4
2001	741	135	42	112	91	25	56	123	24	236.6	411.0
2002	199	46	33	38	40	16	5	27	10	65.3	200.0
2003	568	132	60	112	81	31	36	122	29	165.0	805.0
2004	642	93	21	81	58	17	37	71	33	240.0	470.0
2005	530	102	19	88	38	18	25	92	21	152.0	290.0
2006	711	97	37	81	16	13	28	90	49	182.5	320.0
2007	474	113	28	87	26	15	26	99	31	100.0	800.0

第四节 纠正部门和行业不正之风

“三招”“三转”清理 1987—1990年，对群众反映强烈的招工招干招生和“农转非”，临时工、合同工、民办教师转为国家正式职工，农村青年转为城市下乡知识青年等问题，集中力量进行全面清理和纠正。1990年8月，查处六亩塘街道先志村、三步桥村26户116人弄虚作假、违背政策规定“农转非”问题，及时予以纠正，对相关责任人给予党纪、政纪处分。

计划生育清理整顿 1991—1993年，市委、市政府组织对全市计划生育进行清理整顿，全市452个单位接受检查验收，涉及干部、教师、工人53981人，被清查对象5504人，查出违纪对象4898人，补充处理3136人，补交罚款219万元，开除公职23人，开除党籍8人。1996年，对全市1990年以来计划生育情况进行全面清理，清出违反计划生育对象276对，落实节育手术248对，补交罚款34万元，责令有关部门和单位对照纪律条规进行处理。

减轻农民负担专项整治 1991年，市委、市政府做出减轻农民负担十条规定。是年起，全市下大力气治理行政机关乱收费、乱摊派、乱罚款现象。1993年，先后派出300余人查处涉农案件25起，处理涉农矛盾100余件，为农民群众挽回直接经济损失600余万元。1998年，签订减轻农民负担工作责任状，全面落实统筹提留预算，《农民负担监督卡》入户率达96.9%。1999年，严肃查处桥头河镇涉农负担死人案件，5名责任人分别受到党纪政纪处分。是年，协同有关部门清理收费项目1156个，取消55个，降低收费标准519个。2002年，全市20个乡镇(街道)推行涉农收费公示制度。

治理中小学乱学费 1995年对全市20个学区、43所学校的收费进行抽查，查出违规收费项目10个，违规违纪金额76.5万元，“搭车”收费2.4万元，对检查中发现的问题进行现场纠正和处理，通报批评违纪收费单位11个。1999年，112所学校通过自查自纠清退学费55.5万元。2003年，对中小学收费进行公示，查处桥头河镇桂花中学、龙塘乡长冲学校顶风违纪乱收费行为，对2所学校主要负责人进行严肃处理，通报全市。2007年，市纪委组织“心系群众，转变作风”整治春季和秋季教育乱收费专项行动，查处教育乱收费3.2万元，退还学生家长3.2万元，立案查处有关责任人5人，分别给予党纪政纪处分。1994—2007年，取消收费项目34个，清退违规收费1290万元、乱集资861万元，21名责任人受到立案查处。

干部建房清理 1987年，对全市193名党员乱占耕地27880平方米建房问题进行查处。1989年开始，从市直机关抽调379名干部，组成59个清房工作组，依纪依法对317名职工在城区营建私房问题进行清理，收缴退赔和补罚款82万元，已建私房退出公房的107户，没收房屋6栋，25人受到党纪政纪处分。其中，副处级干部1人，科级干部7人。1999年，清查超面积福利分房单位20个，房屋302套，建筑面积5780平方米；全额集资建房单位16个，建筑面积35000平方米；多处购(占)房46人32套，违规扩建住房单位3个50套，追缴违纪资金68万元。2001年，对全市副科级以上单位干部住房进行清理，补交土地价款和超标准建房罚款96万元。2007年，对市委党校和市公路局违规为职工建房进行查处，追缴6.1万元违纪资金上缴市财政。

公路“三乱”治理 1995年起，对公路上乱设站卡、乱收费、乱罚款现象进行全面清理，清理出违规检查站33个，撤除国道、省道站卡6处，取消违规设立的公路收费站10个，处理公路“三乱”案件4起，立案8人，收缴违纪金额7.6万元。1998年，湄江镇在乡道上设卡收费，责令镇有关责任人向市委、市纪委写出深刻检讨并通报全市。1999年，娄底市为涟源市颁发“公路基本无三乱”匾牌。

整治医药购销不正之风 1999年开始，对全市20个乡镇(街道)医药卫生单位进行全面清理。2003年，查处开单提成、收受回扣、价格违法等医药购销案件 27 件，罚款 14 万元，下调药品价格 240 多种次。2005 年，全面推行药品招标采购制度，集中招标采购金额 1193.5 万元，让利患者 119 万元。2003—2007 年，集中招标采购 4300 万元，让利患者 420 万元。1999—2007 年，取缔非法诊所 422 家，非法药店 152 家，处理虚假医疗、药品广告 85 例，清理过期和假劣药品 89 种，货值 100 万余元。

第五节 执法和行政效能监察

一 执法监察

法律政策执行情况监察 1995 年，全市撤区并乡机构改革中，龙塘乡长冲村、富洪村、水竹村主要负责人先后 8 次非法组织召开有关会议，向村民收取非法活动经费 1.4 万元，要求市委将 3 个村划归蓝田街道，遭拒绝后，3 个村公开与市、乡对抗，拒不参加乡党委、乡政府召开的各种会议，各项工作处于无政府状况，市、乡计划生育工作队员到富洪村执行计划生育政策时，遭到 400 多村民围攻，造成极坏影响。市纪委、监察、政法等部门组成工作组对事件作出严肃处理，对三个村的党支部书记给予党纪处分，通报全市。1996 年，市内遭受洪涝灾害，及时制止纠正桥头河镇蔬菜办将 4 万元救灾款、市水务局将 2 万元救灾款挪作其他开支的行为，确保上级财政下拨 180 万元救灾专款全部发放到灾民手中。2005 年，加强对环保法执行情况的执法监察，依法查处 32 家煤矿擅自新改扩建井口，关闭小机焦厂 11 家，小造纸厂 2 家，对 14 家企业下达限期整顿通知书，督促 16 家企业办理环保审批手续。2006 年，对全市非法占地情况进行全面清理，清理非法占地 123 宗 73.33 公顷，其中耕地 53.33 公顷。督促国土局执法大队立案查处，发出处罚告知书 109 份，对破坏耕地情节严重的 4 宗土地案件移送司法机关依法处理。

资金使用情况监察 1997 年，对市邮电局程控电话资金和地方通信发展基金进行专项检查，查出延期筹资收费 54.7 万元，截留地方通信发展基金 10.4 万元，将建设基金转移到通信业务收入 44.6 万元，全额缴入市财政。是年，对全市房改资金收支情况进行专项检查，查出市财政局挪用房改资金 72 万元，市房改办挤占 13 万元，责令归还并处 30%的罚款。1999 年，对全市 37 个农村合作基金会进行清理整顿，清理催收党员职工欠款，发出“双停”(停止工作、停发工资)通知书 1500 份，2400 多名干部还清借款和担保借款 2600 万元，11 名逾期未还清欠款的副科级以上干部被免除职务，辞退职工 56 人。是年，对原新禾信用社主任违规放贷收受回扣问题进行立案查处，没收违法所得，给予留党察看一年处分。2006 年，在全市行政事业单位开展“小金库”专项清理检查，查出违纪金额 300 万元，追缴资金 52 万元。2007 年，对再就业基金、养老保险基金、失业保险基金、医疗保障基金和工伤保险基金进行专项检查，针对存在的问题，提出整改措施，确保全市社会保障基金的安全规范使用。

工程建设项目执法监察 2000 年，对全市 1998 年以来 119 个建筑项目进行全面清查，查出违规建设项目 14 个，追补规费 12 万元，立案查处违纪案件 3 起，立案 6 人(正科级干部 2 人)，其中移送司法机关 3 人。追缴违纪资金 18.7 万元。是年，对全市 1998 年以来批准立项的使用国债资金的项目进行监察检查，检查项目 2 个，涉及金额 890 万元。2005 年，对涟源宾馆外侧(外面公共厕所地)和儿童公园的改造工程违纪行为进行执法监察，挽回经济损失 300 余万元。2006 年，对涟源大道、火车站广场等 8 个建设项目公开投标进行现场监督，核减工程造价 190 万元。2007 年，对 9 起重大招投标进行现场全程监督，进一步规范招投标行为。

粮食流通领域执法监察 1999 年，在粮食流通体制改革中，提出执法监察建议 12 条，没收非法经营粮食 62.4 吨，清理整顿粮食加工企业 9 家，批发企业 1 家，零售商 180 户，依法取缔非法经营户 50 户，查处粮食违纪案件7起,罚款9.24万元。2002年,对全市粮食企业以虚增费用、隐瞒销售收入、采取压级压价获取粮食差价款而卡扣农民利益,以虚增亏损来骗取国家贷款和补贴等问题进行专项监察执法检查,查出私设“小金库”及“小钱柜”100多万元,追缴资金49万元。

煤矿安全生产和入股分红执法监察 2002年起,加强对煤矿安全生产监管检查,全程参与煤矿安全事故处理。2003年,对党政领导干部和职能部门管理人员以本人或亲属名义在煤矿入股分红,为煤矿充当“保护伞”“黑后台”情况开展专项清理,全市清退入股资金184.1万元,查处龙塘乡8名乡镇领导干部在小矿山入股参与非法经营案,对涉案人员分别给予党纪政纪处分。2007年,对26起煤矿责任事故进行调查,追究党纪政纪责任12人,移送司法机关6人。对全市关闭、整合煤矿情况进行监督检查。

二 行政效能监察

经济环境整治 2005年,成立市优化发展环境领导小组,制定方案,层层签订责任状,将优化发展环境列为“三个文明”(物质文明、政治文明、精神文明)目标管理考核的重要内容,并通报考核结果;组织相关部门查处湖南顺鑫钢铁有限公司周边群众强行阻工闹事案件,批捕4人。市纪委对重点企业和工程项目实行挂牌保护,建立长效机制,使全市经济社会发展环境得到有效改善。是年,获娄底市优化经济发展环境一等奖。2007年,市纪委、市监察局先后制定《进一步优化经济发展环境提高行政效能的决定》《全市重大投资项目和重大招商引资项目行政效能监察工作意见》,着重对全市20个重点工程项目建设情况进行专项督查,开展对重点企业周边环境专项整治活动,集中打击一批强行阻工、强揽工程、强装强卸的不法人员。

干部作风整顿 2007年,定为全市“干部作风建设年”,开展效能建设“四查”,查梗阻、通政令;查勤卡、促廉政;查拖拉、讲服务;查飘浮、倡务实,突出对上下班纪律、办事效率、服务态度等情况进行督查,开展专项督查42次,由涟源电视台对督查情况进行全程拍摄,明察暗访500余次。发出督查通报4份,对问题突出的单位发出“问廉问责书”20份,提出整改意见43条,处理存在作风问题的干部138人次。其中,9人追究党纪政纪责任,1人就地免职,2人做辞退处理。

投诉举报受理 2005年,根据举报对市卫生局、市疾病预防控制中心收费情况进行调查,查实市卫生局在没有收费授权许可的情况下收取预防性体检费,市疾病预防控制中心沿用废止的收费文件,超标准收费,且有收费不服务,自立名目等乱收费行为,依法作出监察决定,追缴违纪金额6.8万元,提出整改要求,限时整改。2007年,湖南通程电器涟源光明山店投诉市卫生监督所在检查过程中行政乱作为,对根本没有从事过食品经营的通程电器发放《食品卫生许可证》,市纪委监察局及时介入,查清事实,检查卫生监督所财务收支情况,发出监察决定书,责令市卫生局对卫生监督所存在违纪问题进行限期整改,规范收费行为,追缴市卫生监督所违纪资金10万元。是年,对市法制办财务进行检查,对财务上存在的问题提出整改建议,对责任人进行诫勉谈话,并收缴违纪金额11万元。

专项效能监察 2005年,对全市计划生育社会抚养费征收进行专项审查,查出违规金额36万元,对造成政令不畅、行政缓作为的2名责任人予以立案查处,两个月收缴计划生育社会抚养费592万余元。2006年,开展城乡规划效能监察,建立建设项目规划审批流程、社会服务承诺、限时承办、规划重大事项专家审查等制度,提高城乡规划工作的管理和服务水平。

2004—2007年,受理投诉211起,办结204起,开展行政效能监察78项,作出监察决定30个,发出监察建议书6份,提出监察建议60条,协助建章立制56个,给予党纪政纪处分26人。

第五章 组织建设

第一节 机 构

1987年,中共涟源市委组织部内设办公室、干部组、青干组、干教组、干审组、干部档案组、组织指导组、党管组、党员电教组、企业党建组10个组(室)。1988年5月,市委知识分子工作办公室成立,与落实政策办公室合署办公,归口市委组织部管理。1989年3月,撤销市委落实政策办公室。1996年3月,撤销市委知识分子工作办公室。1997年2月,组织指导组、党管组分别更名组织一组、组织二组;干部组、青干组、干教组、干审组分别更名干部一组、干部二组、干部三组、干部四组;党员电教组更名党员电化教育中心;增设调研信息组;市直机关党工委与市委组织部合署办公。10月,增设公务员参照管理办公室,与干部一组合署办公。定编28人。其中,干部26人(含市直机关党工委3人),工人2人。

2002年,组织一组、组织二组分别更名机关党建组、农村党建组,干部一组、干部二组、干部三组、干部四组分别更名干部组、青干组、干教组、干部监督组;调研信息组更名研究室。

2006年,电化教育中心更名远程教育管理中心,公务员参照管理办公室更名公务员管理办公室。

2007年,内设办公室、研究室、农村党建组、机关党建组、企业党建组、远程教育管理中心、干部组、青干组、干部教育组、干部监督组、干部档案组、公务员管理办公室12个组(室)。市直机关党工委与市委组织部合署办公。定编25人。其中,干部23人,工人2人。

第二节 党 员

一 党员队伍

1987年,全市有党员26830人。其中,女党员2037人,占7.6%。1988年,市委组织部制定《发展党员工作程序》,严格按程序做好党员发展工作。聘请19名副科以上党员干部为组织员,负责考察部分发展对象,全年经组织员谈话考察者314人。1990年,贯彻执行中共中央关于“重视培养、吸收生产第一线工人、农民、知识分子中优秀分子入党,特别要求加强在产业工人中发展党员”的指示精神,发展党员162人。其中,生产第一线的工人、农民85人,占52.5%。1991年,市委作出《关于认真做好发展党员工作的意见》,明确规定在生产第一线工人、农民、知识分子中发展党员不能低于75%。

1992年,市委组织部对全市农村党员发展情况进行全面调查,有19个乡470个村连续5年未发展党员。市委召开专题会议,明确要求发展党员突出重点,做到“三个倾斜”(向生产第一线倾斜、向工作骨干和年轻人倾斜、向党的力量薄弱的地方和单位倾斜)。随后下发《关于做好党员发展工作的补充通知》,下放审批权限,规定发展生产第一线党员不少于75%,发展女党员应达到15%~20%,纠正“分指标、讲比例”的做法,要求成熟一个,发展一个。1993—1997年,发展党员4241人。

1998年,根据学校党建工作实际情况,在涟源一中等学校慎重发展18名学生党员。

2001年,对发展党员实行预审制、公示制和责任追究制。规定农村发展党员由乡镇党委审批,基层党委对发展对象实行预审或会审，凡新发展的党员都要在一定范围公示 10~15 天。确定基层党委书记和党支部书记是第一责任人，基层党委和党支部的组织委员以及入党介绍人是直接责任人。2002—2003 年，重点在 3 年以上未发展党员和女党员的“空白”村发展党员，两年举办入党积极分子培训班 9 期，培训 1000 多人，发展党员 1458 人。2004—2006 年，全面实行发展党员培训制、公示制、票决制、责任追究制，注重在回乡知识青年、退伍军人、乡村致富能手、企业骨干中发现人才，注重在工作、生产、抗洪救灾的第一线中发展党员，纯洁党员“入口”，严把质量关。3 年发展党员 1807 人。其中，生产第一线 1592 人，高中以上文化程度 1556 人。

2007 年，发展党员 780 人。其中，发展农村党员 475 人,293 名致富能手入党。是年底，全市有党员 35864 人，比 1987 年增加 33.67%。其中，女党员 4324 人，占 12%；高中（含中专）以上学历党员 12606 人，是 1987 年的 2.57 倍。1987—2007 年，全市发展党员 12607 人。

1987—2007 年涟源市党员基本情况

表 3-3　　单位:人

年份	党员总数	其中女党员	年龄结构			文化结构			
			35 岁以下	36～60 岁	61 岁以上	研究生	大学	高中(中专)	初中以下
1987	26830	2037	5981	17946	2903	—	638	4276	21916
1988	26983	2050	5457	18314	3212	—	762	4574	21647
1989	27084	2023	4416	19034	3634	—	888	4760	21436
1990	27119	2030	3883	19058	4178	1	986	4743	21390
1991	27151	2055	3622	18899	4630	…	1033	4980	21138
1992	27343	2093	3268	18768	5307	…	1098	5083	21162
1993	27884	2208	3417	18977	5490	…	1227	5626	21031
1994	28687	2338	3633	19058	5996	…	1409	6433	20845
1995	29053	2414	3672	19008	6373	…	1517	6415	21121
1996	29658	2491	3916	19290	6452	…	1732	7036	20890
1997	30572	2691	4424	19217	6931	…	2044	7523	21000
1998	30877	2845	4541	19174	7162	…	2240	7673	20970
1999	31660	3057	3336	18095	10229	2	2742	8046	20870
2000	32270	3201	3869	18387	10014	2	2940	8470	20858
2001	32920	3358	3777	17938	11205	2	3080	8989	20849
2002	33007	3374	3436	17724	11847	10	3193	8929	20875
2003	33771	3561	5510	19823	8438	15	4043	10381	19332
2004	34324	3752	5832	20091	8401	21	4873	10255	19175
2005	34451	3881	5498	19683	9270	21	5194	10366	18870
2006	34712	3934	5677	19835	9200	23	5331	10893	18465
2007	35864	4324	5963	20003	9898	27	5643	12606	17588

1987—2007 年涟源市发展党员人数

表 3-4　　单位:人

年 份	发展党员数	年 份	发展党员数	年 份	发展党员数	年 份	发展党员数
1987	416	1993	824	1999	758	2005	647
1988	213	1994	925	2000	625	2006	621
1989	111	1995	792	2001	680	2007	780
1990	162	1996	728	2002	530	合 计	12607
1991	232	1997	972	2003	928		
1992	455	1998	669	2004	539		

二　党员教育

教育活动　1987 年,全市开展“健全党内生活、增强党组织活力”学习讨论活动,建立“业余党校”49 所,建立 “党员之家”937 个。举办党的基本知识学习竞赛,158 个党支部 1882 名党员参赛,18 个党支部获组织奖,110 人获个人奖。1989 年,组织全市党员开展“新时期党员形象”专题大讨论;组织优秀农村党支部书记举办以“如何当好新时期农村党支部书记”为题的理论研讨会,编写 6 万多字的交流文集;开展“群众评党员、党员评支部、支部评党委”活动,95%的基层党组织和 23062 名党员参加评议。1990 年,开展农村党支部书记“创先争优”活动,评选出 49 名优秀农村党支部书记。是年,市委成立科技兴农函授学校,对全市农村党支部书记进行函授培训,编印《作物栽培》《农村实用技术》《村级经济概况》等教材 4200 余册,面授 397 课时。1992 年,在茅塘乡进行对外出党员的管理教育试点,建立外出党员登记制度,按党员的行业特点和地域分布设置临时党支部或临时党小组,建立与乡村党组织联系汇报制度、学习教育制度和“一定三包”(定外出党员的目标任务,外出党员对所联系的群众要包思想教育、包计划生育、包完成各项上缴任务)制度。此做法在娄底地区党员教育管理经验交流会上作为典型向全地区推广。1993 年,除农民建党积极分子对象外的其他建党对象,统一由市委组织部进行培训。1995 年 6 月,组织广大党员学习《邓小平同志建设有中国特色社会主义理论学习纲要》。1996 年,开展以“领导班子创先进、领导干部作表率、共产党员当模范”为主题的党建“先锋工程”。1997 年,以党建“先锋工程”和“四学”(市级干部学焦裕禄、机关干部学吴天祥、乡镇干部学吴金印、村干部学何胜国)活动为载体,把“讲学习、讲政治、讲正气”作为党员领导干部政治学习的主题,把《邓小平文选》、江泽民重要讲话以及党的十五大精神作为主要内容开展学习活动。组织全市各级党组织和全体党员学习贯彻《中国共产党纪律处分条例(试行)》等 6 部新颁布的法规。1998 年,开展“我是共产党员,向我看齐”的主题活动,151 个优秀基层党组织、152 名优秀党员受到市委表彰。2001 年,开展建党 80 周年纪念庆祝活动,表彰先进基层党组织 93 个、优秀共产党员 97 名、优秀党务工作者 45 名。其中,6 个先进基层党组织、11 名优秀共产党员、5 名优秀党务工作者受到中共娄底市委表彰,优秀党务工作者吴执政受到中共湖南省委表彰,吴奇修被评为全国优秀共产党员,受到中央组织部表彰。2001—2003 年,全市开展学习实践“三个代表”重要思想活动,全市 20 个乡镇(街道),124 个市直部门,955 个村(居民区),31000 多名干部党员参加学习实践活动。2005年1月—2006年6月，全市分三批开展保持共产党员先进性教育活动，1700多个党组织，34000多名党员参加学习教育活动。2007年，对农村党员干部开展实用技术培训。全年发放各种培训资料20000多册，集中举办培训班95期，培训党员干部6780人次。新建立5个市级实用技术培训示范基地。1987—2007年，坚持每年开展一个月左右的党员冬训，并结合开展党员民主评议工作，以党校为教育基地，以基层党支部书记、优秀党员干部、入党积极分子为对象，开展各类党课教育、实用技术培训及入党积极分子培训等。

党员电教　1988年，党员教育开始采取电化教育形式。是年，在全市城乡播放优秀电教片8部64场次，党员收看23000多人次。1989年，配合地委组织部拍摄党员电教专题片。其中，反映渡头塘乡日新村党支部实行党员"包片管线联户"，发挥每个党员先锋模范作用先进事迹的党教电视片《瞧，这水滴、这小草》，获全省党员电教片创作奖。1990年，购置党员电化教育专车，巡回放映电教片，对党员进行党的历史、党的基本知识和党的优良传统教育。1996年，全市建立党员电教放映点168个，放映各类电教片1700场次。2002年，建设渡头塘乡党员电教示范乡，投资近10万元，30个村建好党员电教室。2004年，建立农村党员干部现代远程教育管理中心，确定斗笠山镇香花村等7个村作为首批远程教育试点村，拍摄电教片《大山里的路》，在娄底市第六届党员电教观摩评比活动中获第一名。2005年，完成第二批44个村和第三批90个村的远教站点建设。2007年，全市有远程教育站点540个。

第三节　基层组织

一　农村基层党组织

1987年，涟源撤县建市后，全市农村有基层党组织1657个。其中，党委56个，党总支18个，党支部1588个。农村7个区、49个乡镇(街道)均设立党委会，961个村(居)均设立党支部。年底，对全市248个长期处于落后状态的党支部改选支部书记。

1989年10月，市委召开全市党的建设工作会议，确立农村党委和村党支部的领导地位，确立企业党组织的政治核心地位，事业单位实行党组织领导下的行政首长负责制。

1991年3月，实行党建工作目标管理和党员目标管理试点，逐步在全市推广。是年，原按属地管理的企事业单位党组织归属主管单位党组织管辖，将农村基层党组织建设列入重要议程，市委作出《关于加强以村党支部为核心的村级组织建设的意见》，开展村级组织建设达标竞赛活动，78个后进村党支部的落后面貌有明显改变。

1992年，在金石乡进行农村党小组设置改革试点，改按地域划分党小组为按党员特长设置党小组。是年6月，成立中共湄江风景区管理处委员会，撤销伏口区的大桥乡，建立湄江镇，中共大桥乡委员会改建为中共湄江镇委员会，隶属于中共湄江风景区管理处委员会，下辖38个党支部，其中村党支部35个。9月，建立市马家境经济开发区，并成立开发区党委，党委对市委直接负责，马家境街道党委隶属马家境经济开发区党委。

1993年3月，农村基层党支部举行换届选举，对村支委文化结构、年龄结构进行调整，107名党支部书记因能力弱、文化低、身体差、年龄大等原因离职。同时，对全市20个后进村党支部进行整顿。

1994年2月，市马家境经济开发区党委改称中共涟源市经济开发区委员会，下辖1个党委、12个党支部。12月，全市基层有7个区党委、1个风景区党委、1个开发区党委、3个街道党委、46个乡镇党委、8个党总支，有1325个党支部，其中村党支部918个。

1995年1月5日，中共涟源市第七届委员会第五次全体会议讨论通过《涟源市党政机构改革方案》和《涟源市乡镇机构改革方案》。撤区并乡工作逐步展开。7个区党委被撤销，原49个乡镇(街道)党委改设为1个街道党委、19个乡镇党委。湄江风景区管理处党委随"镇处合一"而撤销。撤销市经济开发区党委，其党务工作由石马山镇党委代管。3月，全市乡镇党委参照枫坪镇党委作法，实行乡镇党委三年任期目标管理。年底，全市农村党支部进行换届选举。

1996年9月，市委下发《关于建立健全党委管党责任制的意见》，确定党委书记为第一责任人，明确党委管党的主要内容和主要职责，健全党委管党的工作制度。推行机关下派村党支部第一书记制度，是年抽调57名年轻干部到后进村任党支部书记。

1998年1月，恢复湄江风景区管理处党委。2月，全市在大的乡镇和村之间设立44个管理区，并设立党的总支部委员会。4月，重新组建市经济开发区党委，石马山镇党委书记兼开发区党委书记。是月，开展乡镇党委集中建设整顿工作，健全《党委会议议事规则》《党政班子成员岗位职责》等18项规章制度。

2002年，规范居委会党组织建设和流动党员的管理。全市新建5个居委会党支部。印发《流动党员管理手册》，对外出党员实行全程跟踪管理，建立3个临时党支部和10个临时党小组。

2006年，在枫坪镇进行公推直选党委委员和纪委委员试点。公推直选采用群众推荐、市委常委会票决正式候选人、全镇党员直选等方式进行，通过召开公开推荐大会、组织考察和票决以及选举大会，选举产生党委委员7人，纪委委员5人。湖南卫视对此作专题报道。

2007年，全市建立245个基层党建示范点，同时创新基层党组织设置形式，在产业链上成立党组织，实行"协会加基地加支部"的发展模式，扩大农村党建工作的覆盖面。全年在产业链上建立党组织76个，党小组57个。其中，建立"基地加支部"发展模式45个，"协会加支部"发展模式31个，"协会党支部加党小组"发展模式57个。至12月，全市有农村基层党组织1313个。其中，党委20个，党总支59个，党支部1234个。

二 市直机关基层党组织

1987年，市直机关有基层党组织130个。其中，党委10个，党组36个，党总支5个，党支部79个。

1988年初，中共娄底地委确定在涟源逐步撤销政府经济部门党组及党组织实行属地管理试点工作，市委遵循"坚决审慎，逐步展开；注重试验，平稳推进；措施配套，防止脱节"的方针和原则，提出《关于逐步撤销政府经济部门党组的意见》。全市除政法、文教部门的党组外，政府经济部门的30个党组、4个党委(包括纪检组)逐步撤销。将原属政府部门党组(党委)垂直领导的171个企事业单位党组织改分为三个层次实行领导。其中，隶属市委直管的26个，按属地管理，隶属区、街道、乡(镇)党委管理的82个，隶属部分局机关党总支管理的63个。试点后，出现党的基层组织不便于管理、党的核心领导地位被削弱的局面。

1989年，市委根据实际，决定分期分批恢复被撤销的政府经济部门党组。是年11月，恢复建立市经委党组、市计委党组、市建委党组、市财委党组、市农委党组等；1990年5月恢复建立市交通局党组、市税务局党组、市轻工业局党组、市供销合作社联合社党组等。1991年5月，市公安局党组改建为党委，恢复建立市财政局党组。是年，秉着有利于加强和改善党的领导、理顺关系、管理适度、提高效率、增强活力的原则，对市直单位党组织建制作出适当调整。在政府的经济、农村、财贸、计划、建设、教育等系统建立党的工作委员会(简称党工委)，作为市委的派出机构。5月，市财委党组改建党工委。7月，撤销市经委党组，建立党工委；撤销市计委党组，改建党工委。9月，撤销市农委党组，建立党工委；11月，市乡镇企业经济委员会党组改建党工委。1992年9月，市教委党组改建为党工委；撤销市建委党组，改建为党工委；11月，成立市房地产管理局党组。1993年12月，市计生委党组改建为党工委；市审计局党支部改建为市审计局党组，市技术监督局党支部改建为党组,恢复建立市水利水电局党组。1994 年 7 月,市交通局党组改建为党工委。9 月,市税务局分设国税、地税两局,党组同时分设。至年底,市直机关共有党委 10 个、党工委 9 个、市直机关党组 50 个、党总支 8 个、党支部 303 个。

1995 年 1 月,市直机关机构改革,中共涟源市直属机关委员会改名中共涟源市直属机关工作委员会(简称市直机关党工委),作为市委的派出机构,负责市直各机关党委、机关党总支和未设机关党委、总支部的机关支部的党建工作。原直属机关党委、各系统党工委、宣传部、政法委管理的党组织,全部归市直机关党工委管理。并对市直机关党工委下属部分党组织级别设置作出调整。设立机关党委的单位有:经委、教育局、建设局、交通局、农业局、煤炭局、粮食局、水利水电局、卫生局、供销合作社联合社、商业行业管理办公室、轻工业行业管理办公室;设立机关党总支的单位有:市委办、法院、公安局、民政局、财政局、农机局、林业局、邮电局、农业银行、物资流通行业管理办公室。其余各单位的党组织按原设置不变。1996 年 3 月,市计划物价局分设为市计委和市物价局,同时将原市计划物价局党组分设为市计委党组、市物价局党组。5 月,建立市地质矿产局党组;7 月,建立市蔬菜管理局党组;12 月,建立市政府办公室党组。

1998 年 3 月,市财贸工作办公室撤销党组,改建市财贸工作办公室党委会。6 月,市旅游局党支部改建为党组,建立市农村信用合作联社党组。7 月,建立市盐务管理局党组。9 月,市邮电局分设邮政、电信两局,党总支同时分设。10 月,市统计局党支部改建为党组。年底,建立金融系统党工委,建设银行涟源支行党组改为党支部。1999 年 3 月,农业银行涟源支行党组改建为党委。

2000—2006 年,对市直机关基层党组织进行调整,市直机关党委由 29 个减少到 19 个,党组由 56 个减少到 43 个,市直机关总支部由 28 个减少到 16 个。

2007 年,市直机关有基层党组织 408 个。其中,党委 20 个、党工委 1 个、党组 49 个、党总支 17 个、党支部 321 个。

三　非公有制企业基层党组织

2002 年 5 月,首次在市个体劳动者和私营企业协会实行党组织建设试点。6 月,根据属地管理和行业管理办法,乡镇党委和市直有关单位各负其责,在新经济组织中全面建立和健全党的基层组织。湖南省回春堂药业有限公司是首家建立党组织的非公有制企业,党员总数 16 人。8 月,市私立行知中学建立党支部。2003 年 5 月,市第六建筑工程公司建立党支部;11 月,湖南五江轻化集团有限公司建立党组织。2005 年 5 月,湖南三一新材料有限公司建立党组织;9 月,沙坪煤业有限公司建立党组织;11 月,市腾飞煤业有限责任公司、市交通机械厂建立党组织。2006 年 6 月,湖南环宇橡胶有限公司建立党组织;10 月,湖南远扬煤机制造有限公司建立党组织。

2007 年,市委要求,所有市级党员领导都要联系一家规模以上非公有制企业,负责指导督查该企业的党建工作。乡镇(街道)党委书记为辖区非公有制企业党建工作的第一责任人,领导班子成员联系非公有制企业,担任党建联络员。22 家规模以上非公有制企业相继建立党组织。是年末,全市 134 家非公有制企业,建立党支部的 74 家。其中,规模以上非公有制企业 32 家,单独组建党组织的 23 家,联合组建党组织的 9 家。

第四节 农村党支部建设与整顿

1988年,市纪委、市委组织部和市委党校组织100余人,联合对农村党的建设现状进行全面调查研究。1989年11月,市委组织部作出《关于整顿农村后进党支部的意见》,针对农村党支部组织涣散等问题,确定33个农村后进党支部,从思想、作风、组织三个方面进行整顿。

1991年,市委作出《关于加强以村党支部为核心的村级组织建设的意见》,开展村级组织建设达标竞赛活动,78个后进村党支部的落后面貌有明显改变。1992年,按"四个一"标准(选好一个勇于开拓、团结进取的领导班子,健全一套完善的目标管理制度,走出一条发展集体经济的路子,建立一套完善的财务管理制度)对全市村级党组织班子进行全面整顿,调整村党支部班子145个,调整村党支部书记39人、委员127人。

1994年10月,市委下发《关于加强农村党支部建设和整顿工作的实施方案》,成立市农村党支部建设和整顿领导小组。1995—1997年,展开第一轮建整扶贫工作,从市直机关单位抽调130多名干部组成43个工作队,进驻43个后进村。围绕建设一个好的领导班子,培养一支好的党员队伍,选准一条发展经济的好路子,完善一个好的经营体制,健全一套好的管理制度开展工作,把农村党支部建整工作纳入乡镇党委三年任期目标管理,落实市直挂钩部门包村责任制,部门"一把手"为第一责任人。兴修水利210处,新修、整修公路285千米,新办村级企业305个。调整村党支部书记51人、村委会主任86人、村党支部委员326人,发展党员358人,培养村级后备干部324人。同时建立村干部目标管理责任制,实行办事公开制度,建立村规民约。1998—1999年第二轮建整扶贫,全市抽调125名干部组成43个工作队进驻43个后进村,下派27名干部到三甲乡、白马镇27个失控村担任村党支部第一书记。整修公路72千米,推广农业新技术40多项,扶植种养专业户126户。2000—2002年第三轮建整扶贫,24名市级领导各驻一个贫困后进村,80多个市直单位、140多名工作队员和22名下派村党支部第一书记,每年组成40个工作队下到55个贫困后进村开展建整扶贫工作。以"一年脱贫、二年发展、三年变样"为目标,调整村党支部书记13人、村委会主任16人、村党支部委员36人,3年发展党员146人,培训入党积极分子438人,建立村级党员电教室42个。健全"三会一课"制度,建立和完善村党支部、村委会工作制度。投入资金1400多万元,新修或整修公路248千米、水渠211千米,推广农业新技术20余项。2003—2004年第四轮建整扶贫,按照"领导办点、部门联村、三级联创、整村推进"要求,从84个市直单位抽调124名干部组成42个工作队到全市42个贫困村开展建整扶贫工作,市直单位下派6名村党支部第一书记。投入资金500多万元,建立党员电教室39个,发展党员65人,调整村党支部书记9人。2005—2006年第五轮建整扶贫,由36名市级领导分别进驻20个乡镇(街道)的27个村办点指导,从83个市直单位抽调127名干部,组成39个工作队进驻39个贫困村开展"造血型"建整扶贫工作。两年调整村党支部书记15人,村委会主任39人,组织培训村干部985人次,发展党员86人,培训入党积极分子191人。投入资金物资689.9万元,新修、整修村组公路193.2千米,新修、整修水渠70.32千米,新修水井29口,新办村级企业17家。同时注重精神文明建设,组建腰鼓队、村民乐队,建立村民娱乐活动中心。开展访贫问苦、"结对帮扶"等活动。2007年启动第六轮建整扶贫工作,39名市级领导到驻点村调研指导、现场办公165人次。建整扶贫联村单位96个,组建工作队49个,娄底市直单位驻涟工作队13个。省人事厅、省编委办到伏口镇龙头村开展建整扶贫工作。调整村党支部书记4人,调整村班子成员15人,发展党员60人,培养入党积极分子112人。筹措资金(含物资)3976.6万余元,新修、整修村组公路116千米,新修水渠58.9千米。培植扶持种养专业大户276户,引资新办村级集体企业或股份制企业18家。

第五节 干部管理

一 人才培养选拔

1987 年,全市国家干部主要从大专院校毕业生、军队转业干部中选用,在工作实践中培养选拔人才,注重理论培训。坚持自学为主、短训为主、岗位培训为主,组织 1100 多名干部参加各种短训班,如文化学习班、妇干学习班、普法学习班,选送 111 名干部进各类学校学习。按照干部队伍"四化"(革命化、年轻化、知识化、专业化)要求,通过"好中选优""青中选优",选配市级后备干部 15 人,区乡(镇)局级后备干部 287 人,推荐 88 人进入各级领导班子。

1988 年,全市对干部人事制度实行改革。1989 年 4 月,市委组织部制定各项改革实施意见:《关于民主评议领导干部的实施意见》《关于逐步推行领导干部选任制的意见》《关于新任领导干部实行试用期制度的意见》《关于实行黄牌警告的实施意见》《关于实行中层干部聘任制的试行意见》。重点培训中青年干部,进行干部学历教育、岗位职务培训、业务技能培训。是年,第一次采用公开选拔办法,选拔 7 名非党后备干部。市委发出《关于实施干部人事制度改革的几个方案的通知》,把竞争机制引入干部管理。在全市开展以《怎样当好人民公仆》为主题的演讲活动,组织观看《共和国卫士》《巍巍昆仑》《百色起义》等影片。是年 6 月,成立市委知识分子工作领导小组,实施"科教兴国"战略,从湖南大学聘任科技副市长。1990—1991 年,全部配齐科技副区(乡、镇)长。1992 年 10 月,市委对有突出贡献的 10 名优秀知识分子予以表彰,并编成《默默奉献的知识分子》一书。是年,市委作出《关于加强对青年干部培养教育的决定》,加强对青年干部的换岗锻炼和使用,党校办班 12 期,培训干部 1625 人,选送省、地党校、干校培训 47 人。1993 年,采取组织考察与民主推荐相结合的方法,充实增补 5 名市级后备干部,确定 387 名科级后备干部。举办由 40 多名科技副乡(镇)长参加的研讨班和全市科技骨干研讨班,完善农村科技工作管理机制,20 多名高、中级知识分子发表振兴涟源经济的论文。1995 年 2 月,市委制定《关于乡镇党委、人大换届选举工作的意见》,对撤区并乡后的第一次换届选举提出指导意见,着重提出注重选拔女干部和非党干部进领导班子,要求每个乡镇党政班子一般要有 1 ~ 2 名女干部和 1 名非党干部。同时,公开推选 11 名市级后备干部。5 月 22 日,市委作出《关于整顿党政机关思想作风的决定》,在全市党政机关开展整顿活动,整顿的内容主要是:思想上的"乱",组织上的"散",纪律上的"松",工作上的"飘",生活上的"贪",处事上的"圆"。是年,市委组织部会同市妇联研究制定《涟源市培养选拔女干部目标》,明确提出 1995—1997 年女干部发展目标:市党政班子各配备一名女干部;市直部、委、办、局逐步选配女干部担任领导职务,至少配一名女领导干部。1995 年,全市 20 个乡镇(街道)党政领导班子均配有女干部。

1996 年初,市委作出《关于从市直机关选派优秀年轻干部下基层锻炼的决定》,明确规定凡提拔 40 岁以下的年轻干部进领导班子,必须具有两年以上的基层工作经验。制定下派干部在政治、生活等方面的优惠政策,全年选派到乡镇挂职锻炼的优秀年轻干部 20 人。着重对优秀年轻干部及后备干部的选拔,11 名 1995 年公开选拔的市级后备干部有 2 人被提拔为副市长,8 人被安排到中层党政"一把手"岗位锻炼。20 个乡镇(街道)领导班子均配备有 35 岁以下的年轻干部,市直机关 34 个科局级领导班子配备 35 岁以下的年轻干部 41 人。新提拔的 133 名领导班子成员中,35 岁以下的青年干部 43 人。同时加强对女干部和非党干部的培养选拔。全市有副处级女干部 5 人,正、副科级女干部 76 人;全年新提拔女干部 10 人,其中女局长(主任)2 人、女副局长(副主任)3 人;19 个乡镇领导班子配备有女干部。新提拔非党干部 8 人,6 个乡镇配备非党副乡(镇)

长,全市非党副处级干部 7 人,非党副科级干部 14 人。是年,在行政机关推行国家公务员制度,对 23 个市直单位和 20 个乡镇(街道)财政所等工作部门实行参照公务员管理。并按照中共娄底地委组织部部署,在国有企业优秀工人、民办教师、优秀村干部中招录国家公务员。1997 年,首次公开选拔 5 名副科级领导干部。随后市委组织部下发《关于调整补充优化各级各类后备干部队伍的通知》,要求建立 400 名科局级党政后备干部队伍,50 名企业后备干部队伍,并对市级后备干部建立培养档案。1998 年 5 月起,在乡局级领导班子中实施以"坚持原则、把握全局、提高素质、作好表率、带好班子"为主题的"一把手"工程,举办"一把手"培训班 2 期,培训 38 人,写出经验交流材料 132 篇。1999 年,对全市乡镇干部开展增强政治组织观念、群众观念、政策法制观念、勤政廉政观念的教育活动,上辅导课 80 堂,印发资料 5000 多份,组织专题讨论 110 场。2000 年,市委下发《关于党政机关推行竞争上岗的意见》,改革选拔任用方式,建立与市场竞争机制相适应的用人机制。4 月,以市教育局局长人选为试点,推行公开竞争制。全市各乡镇通过竞争上岗,分流 735 人;有 14 家市直单位的中层干部实行竞争上岗。是年,首次在全市应届大中专毕业生中公开选拔 28 名乡镇行政干部,次年选拔 22 名,其中女干部 12 人。2001 年底至 2002 年,首次在全市公开选拔女性科级后备干部和非党员科级后备干部,在娄底市开先河,采取题库统一抽题,异地请人阅卷、担任评委的办法,通过笔试、面试、组织考察与审批,选拔女性科级后备干部 30 人,非党科级后备干部 20 人。2002 年 5 月,在全市乡镇干部中普遍开展以"农村基本政策法规,基本农科知识,基本工作方法"为主要内容的"三基"学习培训考核,全市 3661 名乡镇干部参加学习考核。

2003 年,首次在全市范围内公开招考乡镇公务员,747 人报名,经过笔试、体检、面试、考核,录用 36 人。2005 年,全面推行干部基本理论知识任职资格考试制度,明确规定考试结果直接与干部的提拔使用挂钩。全市有 1752 名干部参加考试,1593 名干部获得合格证。下发《关于鼓励干部自联单位外出跟班学习的通知》,在全市乡镇(街道)、市直机关行政干部和具有全额拨款事业编制的在职国家干部中,选拔 10 名具有开拓创新意识和发展潜质的中青年干部到沿海经济发达地区挂职招商。2006 年,选送 2 名领导干部赴上海挂职锻炼 3 个月,选送 4 名处级领导干部、23 名科级领导干部参加娄底市举办的干部教育培训主体班学习。积极创建外省培训基地,在浙江绍兴市委党校举办"县域经济与社会主义新农村建设"专题研讨班 2 期,培训 71 人。2007 年,公开招录 7 名乡镇公务员和 4 名市直机关专业技术人员。2003—2007 年,全市招录公务员 112 人;举办各类主题班 6 期,培训 280 人次;各类短训班 4 期;选送 4 名处级干部、4 名科级干部、11 名乡镇干部、15 名村党支部书记参加娄底市委党校培训,3 名处级干部参加省委党校培训。

二 干部考察任免

1987 年 4 月,县委贯彻"大稳定、小调整"方针,采取定性分析和定量测评相结合的办法,派出 6 个考察小组,历时 4 个多月,多层次、多角度了解情况听取意见,对 606 名党政领导干部进行全面考察和测评。1989 年,市委对全市区、镇、乡领导班子及成员进行考察,为乡镇换届选举进行准备。1990 年 4 月,市委再次组成 18 个考察小组,对 122 个部、办、委、局和区(街道)领导班子进行考察。12 月,组成 4 个考察组对 46 个乡镇领导班子、418 名乡镇领导成员进行考察,全面、准确了解换届选举后乡镇领导班子运行情况,促进班子团结,提高班子战斗力。同年对 259 名乡镇聘任制干部进行考察,146 人被推荐为下次录用国家干部对象,102 人合同期满留任,11 人予以解聘。1992 年,市委制定《关于干部管理权限的暂行规定》,严格办理干部任免、招收和配置工作,全市对领导干部实行籍地回避制度。是年,乡镇领导班子中 56 人实行籍地回避交流。1993 年初,组织 4 个考察组,对政府各部、办、委、局班子进行全面考察,将考察情况进行综合分析并作出调整。全年任免政府工作部门正职 39 人,调整正局级干部 9 人,副职 20 人,提拔正、副局级干部 64 人,调整乡镇党委书记、乡镇长 6 人,提拔进乡镇领导班子 23 人,录用国家干部 64 人,招聘乡镇干部 45 人。1996 年初,对 89

个市直单位领导班子和20个乡镇(街道)领导班子成员进行全面考察了解,组织各单位职工和下属单位主要负责人对领导班子成员进行民主评议、推荐优秀中青年干部,作为干部任免升降的重要依据,市财政局机关60名职工民主推荐确定局长候选人。是年,贯彻中央《党政领导干部选拔任用工作暂行条例》,坚持干部交流回避制度,全年交流干部271人,避亲交流2人,避籍交流22人,党政主要领导回避交流达100%。建立汰劣机制,对考核、考察不称职的干部予以调整,11人调整出领导班子。其中,4人被免职,7人被降职使用。2000年,改进考察考核方式,扩大干部工作中的民主程序。制定《涟源市干部考察工作责任制》,明确考察工作的权限与职责;实行考察结果反馈制;推行干部任前公示制。全年公示4批103人。其中,8人因群众举报反映,经组织纪检等部门核查,2人延迟两个月任职。实行党政领导干部辞职制度,全年3名局级"一把手"辞去领导职务,其中1人被责令辞职。实行新提拔干部试用制,全年试用新提拔干部76名,2人因试用期不合格被免去试用职务。是年,市委出台《关于对不胜任现职领导干部的处理意见》,全年处理不称职领导干部18人。2001年,选配党政"一把手"时优先考虑重用年轻干部。提拔乡镇党政"一把手"11人,其中35岁左右的7人;提拔局级"一把手"9人,其中35岁左右的4人。打破身份与地域界限提拔、交流干部,全年跨地域交流38人,跨行业交流19人。探索建立"差额考察、票荐公开"选任领导干部的做法,并在教育、文化等部门实施,将群众对干部选任工作的"知情权、参与权、选择权、监督权"落到实处。2002年,市直机关机构改革通过实行提前离岗、改任非领导职务、加大不称职干部"下"的力度三条途径,削减职数,达到精干高效的目标。全年提前离岗科级领导干部38人,改任非领导职务23人,处理不称职领导干部21人,其中免职13人。3月,市委组织部作出《关于规范乡镇管理区主要负责人职务任免管理的规定》,明确规定工人、集体干部不能担任乡镇管理区党总支书记和主任,对不经上级组织部门同意,擅自调整异动,随意混岗,徒挂空名等不规范现象作出明确禁止性规定。是年,以市中医院等单位为试点,探索差额考察与票荐公开相结合的选任方式。2003年,实行干部动态化管理。对乡镇(街道)班子进行年度考察,对4个重点乡镇班子有针对性地进行考察,对26个结构不够优化的班子进行调查性考察,全年考察干部382人次。有5名干部因民主推荐未得多数赞成票而未列入考察范围,新提拔的110名副科以上干部分5批进行公示。2004年8月26日,市委作出《关于对乡镇办事处党政正职拟任人选实行票决制的暂行规定》,凡讨论决定乡镇(街道)党政正职人选的任用,由市委常委会提名,提交市委全委会无记名投票表决。是年,启动辞退乡镇集体干部工作,并对辞退补偿作出明确规定。落实《考察责任追究制度》,做到谁推荐谁负责、谁考察谁负责。2005年,继续实行考察预告制、任前公示制和全委会票决制。全年公示4批91人次,市委全委会对2名乡镇党政正职拟用人选进行票决,对部分乡镇和科局级领导班子进行适度调整。全年调整提拔领导班子成员352人。其中,市直正科级单位"一把手"8人;乡镇党政"一把手"6人;女干部28人,1名女镇长被推荐担任党委书记;15名表现优秀的乡镇管理区总支书记选配进乡镇领导班子;38名市直机关中层骨干被提拔担任局级领导干部或下派乡镇锻炼。2006年,公示3批98人,对13名乡镇正职进行全委会票决,市委常委会对公推直选的枫坪镇党委班子候选人初步人选进行票决。市委出台《关于加强和改进市管领导班子成员年度考核工作的意见》,规定全市乡镇(街道)、市直正科级党政群机关、事业单位领导班子成员由市委组织部进行考核,对在考核中发现存在有问题的干部,对照市委《关于对领导班子和领导干部实行谈话与诫勉制度的实施办法》和《关于对不胜任现职领导干部的处理意见》的文件精神进行处理,做到没有经过考察的坚决不研究,考察不过关的坚决不提拔。2007年,乡镇人大主席团、政府换届选举,按照考察预告、民主推荐、民主测评、个别谈话和民意调查等程序,结合组织工作干部联系领导班子制度分工确定考察组,实行考察包干负责制。对31名提拔对象进行公示,对9名新提拔的乡镇党政正职进行全委会票决。并完善考察机制,改定人考察为定岗选人,全年对17个单位的空缺职位进行定岗考察。是年,市委组织部出台《关于进一步规范乡镇管理区总支书记(主任)职务任免管理的规定》,规定对乡镇管理区党总支书记实行试用期制,试用期为一年,经考察合格正式任职,任期一般不得少于3年。

第六章 宣传工作

第一节 机 构

1987年，中共涟源市委宣传部内设办公室、政工组、宣传文艺组、理论教育组、党员教育组、新闻外宣组、市企业职工思想政治工作研究会，定编15人（含市文学艺术界联合会1人）。1997年8月20日，成立涟源市精神文明建设指导委员会，下设办公室（简称市文明办）。2002年7月，设置市委对外宣传办公室（加挂市人民政府新闻办公室牌子）。2007年，内设机构未变，定编18人（含文联2人）。归口管理市文化局、市广播电视局、市新华书店，挂靠单位有市文学艺术界联合会。

第二节 理论学习

1987—1989年，市委宣传部组织全市党员干部学习马克思主义再生产理论、《国民经济管理学》、中共十“三大文件”、《政治经济学》《科学社会主义》、宪法法律知识和四项基本原则教育。1990—1991年，全市副科级以上单位90%建立和健全理论中心学习小组，把干部的理论学习纳入岗位目标管理。围绕中共十三届七中全会精神，举办两期副科级以上单位理论骨干培训班、三次全市性大型学习活动(理论学习周活动、论文竞赛活动、形势教育报告会)，开展学习雷锋、焦裕禄、王进喜的活动。1993—1995年初，以贯彻落实党的十四大精神和邓小平建设有中国特色社会主义理论为主要内容，以市场经济理论为重点，对党员干部群众进行理论教育，全市副科级以上干部和各区及乡镇干部分别轮训5天和2天。1999年，开展以“讲学习、讲正气、讲政治”为主要内容的党性党风教育活动和深化国有企业改革、推进农业产业化为重点的经济体制改革理论学习。2001年，市委在全市分两批组织开展“三个代表”重要思想学习。2003年，开展创学习型机关、争当学习型干部的读书活动，定期组织研讨，各二级中心组由中心组成员轮流上课，组织优秀理论调研文章评选活动。2005年，开展保持共产党员先进性教育活动，组织干部集中学习、研讨，《今日涟源》、涟源电视台分别开辟专栏、专题进行宣传。2007年，主要开展科学发展观的学习与实践。

第三节 社会宣传

1987年，市委宣传部围绕“一个中心、两个基本点”（一个中心，指以经济建设为中心；两个基本点，指坚持四项基本原则，坚持改革开放）开展宣传教育；开展坚持四项基本原则（坚持社会主义道路、坚持人民民主专政、坚持中国共产党的领导、坚持马列主义毛泽东思想）、反对资产阶级自由化的宣传教育；开展“双增双节”（增产节约、增收节支）宣传；组织召开回市大学生春节文艺联谊晚会。1988—1989年，宣传贯彻党的十三大精神，开展生产力标准问题讨论活动，宣传全市在经济体制改革和政治体制改革中涌现的先进典型。1990—1991年，以反和平演变为中心内容开展宣传教育；全市举办“庆祝建党七十周年”为主题的报告会82场，听众1.92万人次，专场文艺晚会46场；举办《海湾战争透视》《关于苏联局势的几个问题》等大小形势报告会 62 场次，听众 5.6 万人次。1992 年，宣传中共十三届八中全会、中共十四大及涟源市第七次党代会精神；围绕“科技兴涟”开展社会宣传；组织开展全市财政宣传周、经济宣传月活动。1993 年，学习宣传《邓小平文选》第三卷；开展乡镇企业宣传年活动，印发宣传提纲 3000 多份，出动宣传车 8 台，出宣传栏 120 多期，营造大力发展乡镇企业氛围；组织纪念毛泽东同志 100 周年诞辰系列庆祝活动，开展电影、电视周，征文、展览、文艺演出等活动。1994 年，积极开展经济宣传；组织“爱祖国、爱湖南、爱涟源”的“三爱”群众合唱节；围绕涟源被命名为“全国双拥模范城”开展大规模的“拥政爱民、拥军优属”系列宣传活动，组织开展湄江首游式暨商品交易会宣传活动。1995 年，开展学习孔繁森先进事迹活动，组成英模报告团，举办巡回报告会 22 场，听众上万人次；开展农业经济宣传、企业改革宣传、招商引资宣传。1996 年，开展严打斗争、改革开放、精神文明建设等重大宣传活动；组织文化、科技等 10 多家单位开展“五送下乡”（送理论、送政策、送文化、送科技、送法律）活动。1997 年，重点做好涟源建市 10 周年和香港回归祖国的社会宣传；在全市开展爱国主义教育；组织宣讲团深入各乡镇、机关、企事业单位宣传十五大精神；组织开展“市级干部学焦裕禄、机关干部学吴天祥、乡镇干部学吴金印、村干部学何胜国”活动，组织学习讨论会 220 场次，专题活动 104 次。1998 年，广泛开展“纪念改革开放 20 周年”宣传教育活动，进行“三义”（爱国主义、集体主义、社会主义）、“三观”（世界观、人生观、价值观）、“三德”（社会公德、职业道德、家庭美德）教育；开展思想政治工作研讨活动；深入开展争当“五好公仆”（思想素质好、服务群众好、工作业绩好、廉洁自律好、社会评价好）活动。1999 年，组织纪念“五四”运动 80 周年报告会暨“五四”文艺晚会，庆祝中华人民共和国成立 50 周年、迎接澳门回归祖国、迎接 21 世纪到来等庆典纪念活动，采取报告会、座谈会等形式，开展形势宣传教育。2000 年，组织开展“欢庆新世纪、建设新涟源”大型文化活动周，开展“三讲”（讲学习、讲政治、讲正气）教育宣讲。2001 年，组织纪念中国共产党成立 80 周年系列纪念活动；全面启动“双热工程”，20 个乡镇（街道）和市直单位都建立民情热线电话和热心人队伍；开展“崇尚科学、破除迷信、远离邪教”宣传教育活动。2002 年，深入宣传贯彻“三个代表”重要思想、中共十六大精神，切实做好加强党的建设、公民道德建设、重点项目建设等方面的社会宣传。2003 年，组织全市首届“十大新闻人物”和“十大民营企业家”评选活动，组织举办《涟源，可爱的家园》大型音乐歌舞晚会和民俗作品展览会；组织开展涟源市第三届广场文化艺术节，参加演员 3000 多人，观众 10 万余人。2004 年，组织举办首届“多彩湄江·投资福地”旅游文化节；启动“送 100 场电影下乡”活动；组织文艺演出车深入基层，演出 150 多场。2005 年，组织开展全市第二届十大新闻人物和十大杰出民营企业家评选工作；组织开展“纪念抗战胜利 60 周年，红军长征胜利 70 周年慰问演出”系列活动。2006 年，举办“2005·精彩涟源全市十大经济社会发展亮点”评选活动，全国各地有数十万人次通过网络投票、电话投票、手机短信投票等形式参与活动；全年开展“五送下乡”活动 55 次，受众 28 万多人次。2007 年，围绕中共十七大和建市 20 周年开展社会宣传，举行“双拥模范·魅力涟源”大型明星歌舞晚会、建市 20 周年大型歌舞晚会等。

1987—2007 年，市委宣传部每年把党报党刊发行作为一件大事抓，重点保证《人民日报》《光明日报》《经济日报》《新华每日电讯》《求是》《湖南日报》《新湘评论》《娄底日报》等主要党报党刊发行任务的完成。发行工作由党委出面，宣传部门主抓，采取多种措施督促落实。

第四节　精神文明建设

20 世纪 80 年代后期，全市开展以“五讲四美三热爱”（讲文明、讲礼貌、讲卫生、讲道德、讲秩序，心灵美、语言美、行为美、环境美，热爱祖国、热爱共产党、热爱社会主义）为主要内容的教育活动；进行“提倡男女平等,敬老养老”“提倡节俭,反对铺张浪费”“提倡健康娱乐,反对赌博”“全民卫生周”“学雷锋,树新风”等宣传教育活动。全市涌现学雷锋小组728个,敬老小组118个,卫生突击队1896个。1991年,评选“遵纪守法光荣户”12.4万户,“五好家庭户”1万户,“双文明户”2300户,帮教对象200户。1999年,以文明市(村)民学校为阵地,开展思想道德、政策法规、行为规范等内容的教育,上文明教育课350余堂,2万余人听课。揭批“法轮功”邪教组织,开展倡导科学、反对迷信,与“法轮功”邪教组织彻底决裂的教育。全市评选“十星级文明农户”5890余户。2001年,全市开展《公民道德建设实施纲要》的学习实践活动。以社区创建为重点,开展科技、文体、法律、卫生“四进社区”活动;以整顿、规范市场经济秩序为重点,开展创建文明行业活动;坚持以“服务人民,奉献社会”为主题,开展“诚信、满意、优质”服务活动;推行政务公开、首问制和一站式服务,提高行政机关的服务水平,使“爱国守法,明礼诚信,团结友善,勤俭自强,敬业奉献”的基本道德规范深入人心。2002年,举办公民道德建设骨干培训班,培训1万余人次。是年,茅塘镇石门村被评为全国文明村镇创建先进单位。2003年,开展“讲文明、讲科学、讲卫生、改陋习、树新风”及“做文明市民、创文明城市”等文明创建活动。是年,评选表彰32名涟源道德标兵。2004年,组织“爱我涟源、美化家园”文明卫生活动,启动“文明新风伴我行”活动,表彰“十佳文明经商户”。市国土资源局、市电力局被评为湖南省公益形象示范单位,涟源六中被评为湖南省学雷锋先进单位和湖南省未成年人思想道德教育先进单位,金石镇缠江村村主任、市人大代表王腾云被评为湖南省学雷锋先进个人,湖南省涟邵矿业集团公司总医院徐金辉(女)、安平镇吴修治被评为湖南省十佳道德标兵,白马镇桃子村党支部书记梁向文、市国税局退休干部肖光盛被评为娄底市十佳文明公民。2005年,茅塘镇石门村被评为全国文明村镇,市国库集中支付核算局被评为湖南省文明窗口单位。2002年、2005年先后汇编《文明花开满眼春》《涟源市精神文明建设成果集锦》等书,推介文明创建经验,倡导文明新风。2006年,开展社会主义荣辱观教育活动。以“践行‘八荣八耻’,建设和谐涟源”为主题,教育引导市民树立社会主义荣辱观,争做有理想、有道德、有文化、有纪律的社会主义公民。2006—2007年,在全市发放“八荣八耻”挂图2000幅,在城区主要街道树立高档次的宣传牌30块,所有文明单位统一在进门处制作宣传牌。开展“希望工程”“手拉手”“青年志愿者”“青年文明号”“三下乡”“八荣八耻,从我做起”演讲比赛等道德实践活

2002—2007年涟源市省级以上文明单位一览表

表3-5

单位	荣誉名称	创建年份
茅塘镇石门村	全国文明村镇	2002年
茅塘镇石门村	湖南省文明村镇	2004年
市国土资源局	湖南省文明单位	2004年
市国库集中支付核算局	湖南省文明窗口单位	2005年
茅塘镇石门村	全国文明村镇	2005年
市地方税务局	湖南省文明单位	2006年
市烟草专卖局	湖南省文明窗口单位	2007年
湖南新华书店集团有限公司涟源市分公司	湖南省文明单位	2007年
市审计局	湖南省文明单位	2007年
市国家税务局	湖南省文明单位	2007年

动，将社会主义荣辱观教育活动作为社会主义新农村建设重要内容，推动乡风文明建设。

1987—2007年，全市创建全国文明村镇1个，全国精神文明建设先进单位1个，湖南省文明单位5个，湖南省文明村1个，湖南省文明窗口单位2个，娄底市文明单位44个，涟源市文明单位116个。

第五节 新闻外宣

1988年，《人民日报》（海外版）刊登涟源经济建设专版，全方位展示涟源经济社会发展成就。1991年，在国家级媒体上稿102篇，在中央电视台中文国际频道、《人民日报》（海外版）等涉外宣传单位上稿53篇。全市1个乡镇、23个局设立新闻奖，先后举行5期通讯员培训班。1992年，编纂出版《涟源画册》，拍摄电视纪录片《涟水悠悠铁路情》介绍涟源铁路部门，拍摄《湘南孕育》电视专题片，介绍龙山森林公园，摄制《湄江风光》电视片，介绍湄江风景名胜区。市委宣传部设立新闻奖励基金。是年，在《湖南日报》上稿突破100篇，头版头条4篇。1993年，拍摄林业宣传片《绿色的梦》，写就报告文学《莽莽林海领头雁》，宣传林场改革；先后选送42名通讯员到中央、省、地新闻单位参加培训。1994年，宣传“舍己救人共青团员”邱强坚的英雄事迹；经省新闻出版局批准，恢复《涟源报》；9月15—19日，举办全市通讯员培训班，全国著名作家、省委委员、省作家协会党组书记谭谈授课，80多名通讯员参加学习。1996年，全市20个乡镇（街道）建立通联站，相应配备3~5名通讯员，市直局、部委办、企事业单位成立通讯组，全市拥有一支500多人的通讯员队伍，其中骨干通讯员150多人。《涟源报》在全省县市报系统好新闻评选中获得5个第一，在全省县市报中名列前茅。《坚持两个转变实现山区脱贫致富》获省优秀论文奖，《农民进市场奔小康的观念障碍及克服对策》获省优秀论文奖和娄底地区五个一工程奖，在中央电视台两次播放专题片《湘中明珠——涟源》。1997年，各级报刊宣传当代大学生先进典型吴奇修和农村卫生改革先进典型石海澄。中央电视台、《人民日报》等全国主流媒体对“石门经验”进行专题报道。1998年，湖南电视台《乡村调查》、中央电视台《“公开”风波》两期节目报道涟源市村务公开工作，中央电视台三次报道涟源洪灾和抗灾情况，市委、市政府联合颁发《关于加强新闻宣传、完善新闻工作网络的通知》，要求全市各单位都必须配备新闻专干。2000年，在全省宣传“兵妈妈”——徐金辉，乡镇经济社会发展典型——金石镇。2001年，参与编写出版《涟源党史大事记》和《党的光辉照涟源》两本史实性专集，举办《伟大的旗帜 光辉的历程》大型图片展，宣传讴歌党的光辉形象。全年在《湖南日报》A版头条刊发2篇、B版头条刊发2篇。2004年，宣传全国优秀大学生陈野平（抢救落水少年牺牲）先进事迹。2005年，配合各级媒体做好涟源“5·31”特大洪灾宣传报道。2006年，《今日涟源》、涟源电视台开辟“建设社会主义新农村”专栏，重点报道建设社会主义新农村的典型。2007年，围绕宣传贯彻党的十七大精神，庆祝建市20周年和干部作风建设年为重点，推出一系列重大报道。宣传全国退伍军人优秀典型——黄国雄，新华社、中央人民广播电台、中央电视台、《人民日报》《解放军报》《光明日报》《经济日报》《中国青年报》《农民日报》《香港商报》等媒体作为重大典型进行集中宣传。

第七章 统一战线

第一节 机 构

1987年,中共涟源市委统一战线工作部(简称市委统战部)归口管理市委对台工作办公室、市工商业联合会、市归侨侨眷联合会、市民族宗教事务办公室,指导市黄埔同学会、市统战理论研究会。1996年3月,市民族宗教事务办公室划归市政府办公室管理。是年10月,市委统战部内设办公室、干部党派组、经贸组、联络组,定编9人。2007年,机构、编制未变。归口管理市委台湾工作办公室(市政府台湾事务办公室)、市民族宗教事务局(是年10月从市政府办单列出来)、市工商联、市侨联、市海外联谊会、市统战理论研究会。

第二节 统战理论宣传

1987年开始,市委统战部每年召开1~2次专门会议部署、研究统战理论宣传教育工作。召开党外人士代表座谈会、知识分子代表座谈会、少数民族代表座谈会、宗教界代表人士座谈会、非公有制经济代表人士座谈会及"三胞"亲属代表座谈会,联络感情,通报情况,征求意见。组建统战理论宣传教育调研组,举办各种宣传橱窗220期。市委党校开设统战理论教育课,系统学习党的统战方针政策。至2007年,市委统战部在市委党校的科干班、中青班、非党干部和建党对象培训班等各类班级授课880余课时,培训干部9000余人次。在市广播电视台开播统战知识讲座和统战群英风采栏目,在《今日涟源》开辟统战工作动态专栏,宣传统战工作中的典型事例和先进人物,宣扬民主党派和非党人士参政议政、民主监督等方面所起的重要作用,表彰非公有制经济代表人士在经济建设中所做的贡献。举办统战知识与涉台知识竞赛活动4次、参赛者近万人次,有276人获奖。向各级各类报刊杂志投稿480余篇。其中,被《人民日报》(海外版)刊登11篇;《羊城晚报》(海外版)刊登8篇;《湖南统一战线》杂志刊登69篇;《湖南省统战》专网选稿37篇;台湾《湖南文献》刊登2篇。上报信息730多条。其中,被省委网站采用215条,被娄底市委统战部采用270余条。统战理论研究会撰写调研文章200多篇。其中,获省委统战部理论研究会入选奖22篇,获娄底市统战部理论研究会入选奖19篇。向海外华侨、华人及港、澳、台胞推介涟源市经济建设的发展与优惠政策,向他们发出贺年卡24000份,赠送《涟源风采》等宣传资料4800份。从乡镇与市直部门中聘请专、兼职信息员42人。征订《湖南统一战线》杂志19000余份,征订《联合》杂志3000份,《台湾工作通讯》500多份,《工商大观》470多份。编撰《涟源统一战线工作手册》和《新世纪新阶段统一战线知识手册》,近10万字,印刷3500册,发送到各乡镇(街道)、市直各单位党委和负责统战工作的领导及宣传统战委员手中。

第三节 党外人士工作

1987年,市委统战部考察党外人士284人,任第七届政协委员的党外人士113人,占62.09%,党外副主席4人,常委15人。1990年,考察党外人士211人,任第八届政协委员的党外人士126人,占62.07%,党外副主席5人，常委20人。当选为市第十一届人大代表的党外人士112人，占市人大代表总数30%。1993年，考察党外人士288人，任第九届政协委员的党外人士128人，占62.44%，党外副主席4人，常委16人。1997年，考察党外人士292人，任第十届政协委员的党外人士140人，占60.09%，党外副主席4人，常委18人；当选为市第十三届人大代表的党外人士89人，占人大代表总数28%，党外副主任1人，常委4人。2003年，考察278人，任第十一届政协委员的党外人士160人，占58.18%，党外副主席5人，常委17人；当选为市第十四届人大代表的党外人士78人，占市人大代表总数24%，党外专职副主任1人，常委4人。2005年，考察268人，任第十二届政协委员的党外人士170人，占58.82%，党外副主席3人，常委24人；当选为市第十五届人大代表的党外人士56人，占市人大代表总数18%，党外专职副主任1人，常委4人。1987—2007年，党外人士中被选举为副市长(副县长)的6人；市政府各部门中非党领导干部19人，其中正科级3人，任单位“一把手”的2人；乡镇(街道)中任副乡(镇)长、副主任的党外干部16人。选送到上海挂职学习的副处级党外干部2人。有38名党外人士担任乡镇(街道)的镇长(主任)助理、人民陪审员、特邀检察员、监察员、审计员、教育督导员。

第四节　对台事务

一　机　构

1988年，市武装部内设的“三三三”办公室更名中共涟源市委对台工作办公室(简称市委对台办)。1991年1月加挂市政府台湾事务办公室(简称市台办)牌子，实行两块牌子，一套人马，定编4人。1992年更名市委台湾工作办公室(简称市委台办)。1995年，保留牌名，并入市委统战部。1996年3月，单独设立，定编3人。2007年，机构、编制未变。

二　对台工作

1987年统计，涟源境内1949年前后随国民党部队去台1326人(含时在涟源工作或生活的非涟源籍人士)。其中，少将以上16人，校官67人。加上他们的第二、三代，在台人员11000余人。是年，张昌庚、刘名九等台胞26人回涟源定居。1988年，接待台胞324人。1993年引进台资企业4家。其中，独资1家，合资3家。1996年，台胞王福山投资21万美元，在六亩塘镇瓦亭村创办私立福荣学校。1997年11月，台湾世界梁氏宗亲总会由梁世德为主组团回家乡寻根问祖、祭拜宗亲。2003年，台商廖木全投资100万元在桥头河镇建立山外山农工牧有限公司。是年，台胞陈敏仁和陈建清夫妇，为桥头河镇中学捐赠电脑35台，空调2台。湖南湘乡台胞同乡会梁志坚等16人来涟观光旅游，捐赠涟源一中1000美元。回乡定居台胞曾镜海撰写的《落叶追踪》等5篇文章在台湾《湖南文献》全文发表。2005年录制

图3-2　1997年11月，台胞梁世德(左，祖籍三甲乡)回涟源祭祖

《定居台胞张昌庚先生的幸福生活》专题片,在中央电视台4套播放。是年,利用广播、电视、报刊、宣传橱窗、党校讲课、作形势报告等,进行广泛的涉台知识教育,举办全市对台知识竞赛活动,2000多人参加竞赛,188人获奖。2006年,全市7万余名中学生参加"宝岛在我心中"作文大赛,评选推荐62篇优秀作文参加娄底市竞赛,19篇获奖。是年,邀请台商参加"青春娄底·湘中之光"经博会,签订永正湘情食品厂、山外山根雕艺术加工厂、蓝天豪苑房产、琪琳首饰加工厂等4个项目协议,总引资9000多万元。2007年9月,引进台湾国产实业,在斗笠山镇投资15亿元,兴建2套日产4500吨新型干法水泥生产线项目。台胞王永庆捐赠200多万元给伏口镇、六亩塘镇、荷塘镇助建3所中心小学,刘宗宾捐款5万美元为桥头河镇大水村建小学,袁集成捐资1万港币帮助金石村修建公路。

1987—2007年,境内去台探亲者300余人次,台胞回涟探亲的每年在150人次以上,第二、三代320人次来涟旅游,投资办企业的22人,45人回乡娶亲,因婚姻迁台的164人,在涟三代以内的直系亲属和旁系亲属5万多人。全市台胞为家乡公益事业捐款3000多万元。在深圳、珠海、厦门、上海、昆明等地,召开12次招商引资座谈会,引进7家台资企业,利用台资5000多万美元。市委台办(市委对台办)5次被中央台办评为全国对台宣传工作先进单位。

第五节 海外联谊

1987年,全市43个乡镇(街道)建立"三胞"亲属联谊会。9月,旅居加拿大华侨、多伦多大学教授刘琼,向市委统战部赠送著作《市政学》《市政府与行政类》《比较地方政策》《美国州政府与地方政府》。1988年5月,涟源市海外联谊会成立。6月14日,香港余氏慈善基金会主席、富德发展公司董事彭立珊捐赠529万元兴建立珊中学(翌年竣工);以后陆续为涟源的教育、卫生、救灾建设等捐赠港币100万元和人民币987万元。1989年春节期间,市委统战部、市委对台办、市侨联、市工商联等单位向港、澳、台同胞发出贺年卡1266张。1990年,刘向成撰写的《加强海外联谊,沟通两岸感情》一文在《海峡之声》杂志发表。1991年,向港、澳、台同胞寄出《涟源风采》小册子320本,介绍涟源旅游景点风光和重点引资项目。是年,彭立珊基金会龙舟队参加岳阳南湖国际龙舟赛,获800米赛第5名和400米赛第4名。1993年5月,邀请台湾《中华古典诗词》编辑周彭高来涟源进行为期3天的诗词讲授,听课者148人次。1995年5月,著名书画家台胞梁世德与梁志,捐赠5万元建立三甲奖学助学基金会。10月,市海外联谊会重新调整,并举办涟源市招商引资洽谈会,签订项目12个,引进外资5.7亿元。1996年9月,美国共和党亚裔总党部副主席、美国华裔总会秘书长彭畴田,在美国组织湖南水灾餐会,筹集捐款23600美元全部赠送给涟源。2003年,美籍华人、著名科学家李忠熙捐资设立李忠熙奖学助学基金会,资助12名失学儿童。

2007年,全市有海外华侨,港、澳同胞14736人,归侨侨眷18945人;在国外有一定经济实力的华人、华侨企业15家;具有学士以上学历的知识分子6200余人。

第六节 服务经济建设

1986年,市委统战部协助市工商联、市侨联创办市工商联国药店、市工艺美术厂、市裕民化工厂。1993年,兴办桥头河综合批发部。1995年,协助宁熙农创办矿山设备厂,主要生产风筒布、矿灯、充电瓶、停电宝等。1996年8月,帮助统战对象邓中平贷款8万元,开办长沙水泵供应站,经营中小型煤矿多级排水泵及配件。2001年,为市蓝田矿山电器有限公司争取扶贫贷款200万元。2003年7月,引进长沙双鹤药业公司涟源配送站,日营业额达20万元。2004年,引进上海华厦防爆集团投资600万元,组建正立防爆煤机厂和设备物流中心。2005年,组织工商联企业会员参加东莞经贸会,引进项目13个,引资5亿多元,其中香港金诺锰业投资5000万元扩建湖南省涟源市金环锰业有限公司。2006年6月,协助引进洪水岭佛教文化园项目,投资460万元的第一期工程开工。是年,在湘浙经贸会上,澳大利亚ACP国际投资集团投资800万美元,兴建桥头河镇粉末硬质合金厂。2001—2007年,先后走访上海等地涟源籍私营企业家23人次,力促市工商联与上海闸北、江西萍乡、浙江乐清等工商联结对联友,新增对外招商引资窗口8个,储备优势项目4个;配合有关单位调处各类矛盾36起,提供法律维权服务32次;引荐各类科技人才42人;推荐3家民营企业参加全省质量评比活动,市环宇橡胶厂被评为省2004年“质量信得过”单位。

第八章 其他党务

第一节 党校教育

一 机 构

1987年,中共涟源市委党校内设办公室、教研室、行政组和招待所,有教职工39人。其中,全额事业编制28人,自收自支事业编制11人。1988年12月,有高级讲师3人,讲师9人,助理讲师3人。2006年,撤销招待所,设立自收自支的干部教育培训服务中心(副科级)。2007年,内设办公室、教研室、行政组、干部教育培训服务中心,有教职工28人。其中,高级讲师7人,讲师5人,助理讲师2人。

图3-3 市委党校

二 干部培训

岗位培训 培训内容主要是政治理论、党性修养、法律知识、岗位知识和涟源经济社会发展方略。1987年,干部正常进修每五年轮训一次,主要对象为副科及以下党员干部。每期学习半个月至1个月。1991年始,开办优秀中青年干部培训班,每年举办一期,每期在校学习2个月,回单位实习1个月。2001年始,每期学习1个月,每年举办两期科干班、两期股干班,培训人数每班为50人左右。2002年和2004年,在全市各行政事业单位公开招考96名优秀中青年干部,作为科级后备干部分别集中培训学习两个月,结业后进入科局级领导班子。1987—2007年,举办轮训班52期,轮训3451人次。1991—2007年,举办中青年干部培训班17期,培训中青年干部1238人次。

入党积极分子培训 1987—1992年,入党积极分子培训班每期学习10~15天。1993年停办。1994年复办,每期学习一个星期。1987—2007年,办班63期,培训8419人次。

学历班 1985—1991年,开设行政管理中专班7个,经济管理中专班2个,学制两年,毕业学员428人。2003年1月—2005年12月,与湖南理工职业技术学院合办煤矿采矿专业两个中专班,为涟源煤炭安全生产培养技术力量,毕业学员112人。

函授辅导 1987年1月—1989年12月,举办《刊授党校》行政管理大专培训班两期,毕业学员52人。1988—2007年,举办湖南省委党校法律专业和经济管理专业专科函授班16期,毕业学员1144人。1994年9月—2006年7月,举办中南民族学院经济管理专业和财务会计专业大专函授班3期,毕业学员151人。1994—2007年,中央党校、湖南省委党校本科函授班12期,毕业学员826人。其中,湖南省委党校本科班两期,毕业学员118人。1995年,招收北京师范大学中文专业本科函授班1个,毕业学员110人。1995年9月—1998年7月,举办二年制村级干部经济管理专业函授中专班2期,毕业学员148人。1997年9月—2000年6月,举办娄底市(地)委党校行政管理专业函授大专班一期,毕业学员225人。

部门短训班 2003—2007年,为提高各级党政干部综合素质和各部门专业管理人员专业操作技能,党校与各有关部门联合举办短训班 174 期,培训 19592 人次。2003 年,与人事部门合作,对全市公务员进行《中华人民共和国公务员法》培训。2005—2006 年,对全市专业技术人员进行职业道德等公共科目培训。

三　科研工作

1988 年,市委党校与市纪委、市委组织部联合,在半个月内,对全市农村 918 个基层党组织进行全面调查,撰写 41 万字的调查报告和 98 个典型材料,为加强基层党组织建设提供参考。1996 年,编著《法律常识》一书,被省委党校采用作为全省基层党校教材使用 10 年。2006 年,编著《基层党政干部理论知识读本》,被省委党校采用作为全省基层党校教育培训教材。是年,市委党校争取到湖南省委党校"构建和谐农村——以涟源为例"省级科研课题,2007 年结项。1987—2007 年,市委党校每年安排 1~2 个月时间组织教师下乡下厂进行调查研究,写出调查报告供市委市政府参考。全校在国家级刊物发表论文 78 篇,省级刊物发表论文 311 篇。

第二节　老干部工作

一　机　构

1987 年,市委老干部工作局内设办公室、医疗保健安置股、活动指导股、财务股、关心下一代工作委员会办公室,定编 12 人。全市各区(街道)、乡镇和市直单位建立老干部工作机构,配备专职干部。1991 年 3 月,成立市老干部工作领导小组。1992 年,设立市老干部中心活动室,配备 3 名专职人员。1997 年 3 月,市委老干部工作局定编 10 人(含老干活动中心 3 人)。2002 年 9 月,市委老干部工作局更名市委老干部局。2007 年,机构设置无变化,有工作人员 13 人。

二　老干部队伍

1987 年,全市有中华人民共和国建立前参加革命工作的离休干部 240 人。2007 年,有离休干部 181 人,副处级以上退休干部 65 人。1980—2011 年,市内有离休干部 467 人(包括市委老干部局代管的)。

三　老干部待遇

政治待遇　1987 年,蓝田城区离休干部和副处级以上退休干部每月 10 日在市委老干部工作局集中学习。乡镇(街道)和市直单位定期组织离退休干部学习和召开老干部座谈会,听取意见和建议。市委老干部工作局设立老干部阅览室、学习室,为老干部订阅多种报刊杂志,免费为离休干部和副处级以上退休干部订阅《当代党建》和《老年人》杂志。1998 年,市委办、市政府办下发《关于建立领导干部定期向老干部通报工作情况和走访老干部制度的通知》。2000 年,市委办下发《关于进一步做好新形势下老干部工作的通知》。2004 年,市委办下发《关于认真做好离退休干部工作的通知》,市委、市政府主要领导每年向老干部通报 1~2 次全市政治经济和社会发展情况,举办老干部代表迎春茶话会,定期考察全市工农业生产。各级党委和政府在重阳节、老干部 70 岁及以上逢十生日、生病住院时走访慰问,去世治丧时前往悼念。定期举办离退休干部党支部书记培训班。2007 年,全市有离退休干部党支部 61 个,党小组 8 个,离退休干部党员 2435 人。1987—2007 年,先后组织老干部考察全市工农业生产活动 10 次,参加参观考察的老干部有 1000 多人次。

生活待遇　1987—1993 年,全市离休干部生活待遇得到落实。1994—2001 年,大部分国有、集体企业生产不景气，资不抵债，处于停产、半停产、关闭、破产状态，企业离休干部生活待遇失去保障，出现拖欠离休费和医药费难以报销现象，市政府拨付部分经费解决企业离休干部医药费。2002 年，在市财政非常困难情况下，离休干部离休费、医药费和其他政策性待遇得到落实。2003 年，建立《涟源市离休干部离休费保障机制》《涟源市离休干部医疗费保障暂行办法》《涟源市离休干部离休费、医药费财政支持机制》，全市离休干部各项生活待遇落实。是年，市财政拨付 120 万元为 178 名离休干部加入医疗保险。2004 年，拨付 80 多万元为 172 名无固定收入的离休干部配偶和遗孀解决生活补贴，拨付 20 多万元为离休干部解决高龄护理费。2005 年，为企业离休干部解决去世后一次性抚恤金问题。2006 年，拨付 140 多万元为全市 172 名无固定收入的离休干部配偶、遗孀加入医保。2007 年 8 月，拨付 20 万元为离休干部增加高龄护理费。

四 老干部活动

1988 年，市财政拨款 30 万元修建市老干中心活动室、老干门球场。1989 年，拨款 2 万余元购置活动器材。1992 年，设立、乒乓球室、台球室、健身室、棋牌室等。1994 年，创办市老年文工团。2003—2004 年，拨款 50 多万元，装修办公室和活动中心、棋牌室、阅览室，添置空调、火炉、桌凳等基础设施。2005—2006 年，筹资 20 多万元，整修门球场地，铺就 150 余平方米鹅卵石通道。2007 年，筹资 50 多万元，新建 140 余平方米的多功能老干部政治学习室。

图 3-4 市老干局组织离休干部开展门球比赛

1987—2007 年，每年春、夏、秋、冬分别举行市老年人门球运动会，每年组队参加娄底市（地区）老年人门球运动会；每年组织扑克牌、象棋赛 1~2 次，钓鱼活动 1 次；每逢重大节日组织老干部文艺专场演出；每年与市医保局、市老科协等单位组织 2 期太极拳、太极剑培训班，每次培训人数在 100 人以上。

五 发挥老干部作用

1994—2007 年，老干部服务“三农”，帮助农民增产增收，科技致富，主办农业科技培训班 76 期，培训农民 13540 人。推广自我保健，举办保健讲座 50 场，听众 7800 人次。组织医疗义诊 20 场次，免费为 9800 人次提供健康服务。利用诗书画园地，创作许多有影响力的作品，有 15 名离休干部出版回忆录、诗词集、书画集、杂文集。

1999 年、2006 年，市委老干部局被评为湖南省老干部工作先进单位。2006 年，金石镇离退休干部党支部被评为湖南省先进离退休干部党支部。

第三节 机关党建

一 思想建设

1987 年，市直机关党建工作重点是组织机关党员干部学习中共十三大报告，引导党员干部明确党在社会主义初级阶段的基本路线和在改革开放中加强党的建设的基本方针。健全“三会一课”制度，组织党员学英模、学先进，组织收看《理解万岁》和《新时期的先锋》等电教片。1988年，举办学习党的十三大和七届人大一次会议文件的知识竞赛，165个党组织、3232名党员参加竞赛，平均成绩82.5分；开展争做“四有”模范党员（有理想、有道德、有文化、有纪律）为主要内容的“创先争优”活动，推广白马区机关的“为官一任，造福一方”经验。是年，95个先进党组织和221名优秀党员得到市委通报表彰。

1990年，抓理论学习，采取办学习班、听报告、上辅导课等学习形式，重温党章和《准则》；抓党的传统教育，采用“三看三谈”（看中国共产党为人民事业献身的革命精神，谈党在民主革命时期所领导的中国革命紧要关头的伟大贡献；看党在社会主义建设时期所取得的巨大成就，谈只有中国共产党才能摆脱“一穷二白”的落后面貌；看十年改革的巨大变化，谈党的十一届三中全会以来制定的路线的正确）方法对党员进行传统教育。1991年，按照“党要管党”“从严治党”的要求，指导机关党支部抓好“三会一课”制度的健全和落实，组织党员重点学习毛泽东同志的《为人民服务》《纪念白求恩》《实践论》《反对自由主义》等有关文章和科学社会主义理论；加强党支部建设，开展“一类支部达标争优、二类支部达标升级、三类支部达标摘帽”活动，组织开展“学传统、争贡献，为党增光辉”的主题活动和纪念建党70周年活动，召开党建工作经验交流会1次。1992年，各党支部组织学习党的十四大文献，学习邓小平视察南方重要谈话。“七一”前夕，举办“讲党性、讲团结、讲大局、讲纪律、讲奉献”为主题的演讲比赛，所属支部全体党员和非党积极分子参加和观摩。

1995年5月22日，市委作出《关于整顿党政机关思想作风的决定》，整顿思想上的“乱”、组织上的“散”、纪律上的“松”、工作上的“飘”、生活上的“贪”、处事上的“圆”。1996年，实施以“领导班子创先进，领导干部作表率，共产党员当模范”为主题的党建“先锋工程”。

2004年，全面实施“党员先锋模范作用示范工程”，开展学习型机关和服务型机关的创建活动，提高机关干部服务意识和服务能力。2005年1月—2006年6月，在机关开展保持共产党员先进性教育活动，组织领导讲课、中心组学习，收看党员电教片，撰写学习体会文章。2007年，开展深入贯彻落实科学发展观和创先争优活动，要求组织工作者践行“六个争做”（自觉学习，理智清醒，争做理性组工；坚持原则，铁面无私，争做铁面组工；遵守制度，规范有序，争做规范组工；扩大民主，公开透明，争做阳光组工；以人为本，优质服务，争做人文组工；严于律己，勤政廉洁，争做勤廉组工），树立“四可形象”（对党、对祖国、对人民全心全意、忠贞不渝，树立可靠形象；做人、从政、处事襟怀坦白、公道正派，树立可信形象；谦虚谨慎、平易近人，树立可亲形象；言行一致、以身作则，树立可敬形象），提高自身建设水平。

二　组织建设

1987年，对入党积极分子坚持培养与考察相结合，市直机关基层党组织发展党员43名。其中，38名具有高中及以上文化，26名年终被评为先进工作者。对党员人数较多的联合支部进行调整，建立烟草专卖局机关党支部、县委办行政组党支部、县委机要科党支部、县委政研室党支部、国土局机关党支部等，对届期已满的县委办党支部、县公安局机关党支部、县工商局机关党支部等支委会进行换届选举。是年，建有党委10个、党组36个。1988年1月22日，市委作出《关于进一步加强机关党组织建设的意见》，明确机关党组织的地位和作用、主要任务、机关党组织的监督职能、机关党组织的设置、干部配备以及机关党组织自身建设。是年，按党政分开、政企分开的原则，逐步撤销政府经济部门30个党组，新建党总支16个，建立和改选党支部70个。1989年，做好发展党员工作，把好培养教育关。积极分子经过培养教育被支部定为发展对象后，必须参加建党积极分子学习班，并明确2名正式党员对他负责培养教育1~2年，具备条件时再按程序办理入党手续。1990年，发展党员严把培养教育关、考察了解关、集体审批关，做到三个不批：没有经过1~2年培养教育的不批，没有通过市委党校培训的不批，没有严格履行入党手续、情况不清楚的不批。从工作实际出发，调整、改选党总支 1 个,支部 23 个,新建立党支部 14 个。1989—1990 年,发展党员 162 人。

1999 年,市委下发《关于开展“机关党的工作规范化建设年”活动的实施意见》和《机关党的工作规范化建设考核标准》,明确规定:对“机关党的工作规范化建设年”活动实施 100 分制考核,做到机关党建工作有专人负责、有目标任务;党组织活动有计划、有经费、有场地、机关党建全面走向规范化。

2001 年 6 月,市直机关开展创“三好单位”竞赛活动。要求各单位围绕创建好班子、好队伍、好部门,进行自我剖析,提出对策,搞好教育、完善规章。2003 年,开展基层党建示范点创建活动,确定水务局党支部等 31 个创建单位。2006—2007 年,市直机关新建机关党委 2 个,新建机关党支部 2 个,改选机关党支部 38 个,调整机关党委 7 个,调整支部书记 17 人,支部委员 97 人,充实支部委员 12 人。

三 作风建设

1988 年,市直各基层党支部把党风建设作为过好组织生活、搞好党课教育的主要内容来抓,教育党员拒腐防变,为政清廉,纠正党内不正之风。全年党员拒收礼品、礼金 387 人次。1989 年,市委在党的建设工作会议上要求市级领导和市直机关局以上单位领导,每年都要用不少于 3 个月的时间深入基层、深入实际、深入群众搞调查研究,帮助群众解决带倾向性问题,要求每个市级领导每年走访 100 户农户。是年,采取自评与互评相结合、集体讲课与个别教育相结合、党内评议与党外评议相结合的方法,48 人被评为不合格党员。其中,26 人受组织处置,22 人受党纪处分。1990 年,市委出台关于党政干部廉政的决议,与各单位签订目标管理责任书,加强自我约束,大兴调查研究之风,坚持下基层吃工作餐,与基层干部同吃同住同商量。

2000 年,市委明确要求市级领导和市直机关干部每年下乡、下村、下企事业等基层单位时间不少于 90 天,并要求执行公务一律在乡镇机关食堂就餐且按规定交纳伙食费。是年,采取批评和自我批评的方法,先自我总结,后群众评议,评出不合格党员 15 人。5 月 10 日—6 月 20 日,全市 86 个市直单位开展机关思想作风集中整顿,以“三讲”(讲学习、讲政治、讲正气)精神重点整治班子不力、思想混乱、政令不畅、管理不严、作风漂浮、学习放松、纪律松弛、为政不廉、吃喝嫖赌等 10 个方面的问题。市直机关 3000 多名干部参加为期一周的集中学习, 撰写自我剖析材料,86 个市直单位召开领导班子民主生活会,300 多个党支部召开组织生活会,开展民主评议,公开处置 20 名违纪干部。2003 年,开展以“公道正派”为主要内容的学习教育活动,稳步推进领导干部“任期经济责任”审查审计工作,全年对 16 个单位、19 名党政领导干部实施经济责任审计,查出各类违纪金额 2282.24 万元,对 12 个单位实施经济处罚。2004 年,开展“两项责任审查审计工作”(任期经济责任和用人用编责任审计审查工作)加强对领导干部的监督,继续推行审前公示制度,新实行任期审查审计预告制和审计结果公示反馈制,全年完成审计审查 22 人。2005 年,开展“创五型机关、做五型干部”(建立学习型机关,培养综合型干部;建立“民本”型机关,培养服务型干部;建立规范型机关,培养效能型干部;建立勤政型机关,培养务实型干部;建立廉政型机关,培养清廉型干部)、“作表率、争先进”“亮身份、树形象、争贡献”等主题活动,提高党员干部的勤政、廉政、务实、奉献精神。2006 年,结合党员先进性教育,严格落实党风廉政建设责任制,从制度上刹住打牌风、吃喝风、公车超标风、“跑官”风和懒散风等五股歪风,各级党组织共开展谈心活动 3 万多人次,开好民主生活会和专题组织生活会,达到团结、帮助党员,提高素质的目的。

2007 年,全市统一开展“干部作风建设年”活动,针对市直机关干部作风开展专项整治,采取突击检查、群众举报等形式对机关干部作风、上下班纪律、办事效率、服务态度等情况进行督查。全市组织开展明察暗访 38 次,落实处理到位 140 人次,对部门单位追究责任 138 次;对 20 个存在问题的单位发出问廉问责书,整改问题 43 个;对个人立案 2 起,就地免职 1 人,处理违法人员 57 人。

第四节　政研　督查

一　政策研究

1987年,市委政策研究室内设综合组和调研组,定编4人。1989—1992年,全面参与全市农村和城市的社会主义思想教育。1990年,对全市联产承包责任制的现状和存在的问题进行全面调查,参与起草市委《关于健全和完善农村双层经营体制的意见》。1992年,参与全市经济开发区建设研究,促进开发区发展。1993年,对全市农村股份合作经济的发展进行调查,形成调查报告《坚持四个到位,促进农村股份合作经济发展》。1995年,全面调查全市37个农村合作基金会的现状和存在问题,为市委决策提供参考。1997年,调查农村工作现状,为市委全面开拓农村工作新局面提供决策依据。1998年,调查私营企业党组织现状,形成调查报告《私营企业党组织作用的定位与发挥》,被市委采纳。2003年,对市直机构改革进行调研总结。2002—2005年,全程参与企业改革。2007年,开展领导干部从政道德、农业产业化、城乡规划、城区教育、项目建设环境等专题调研活动,形成调研报告12个。

二　督查工作

1990年12月,成立市委督查室,围绕贯彻落实党和国家重要方针政策、市委和市政府的重要决定决议、事关人民群众切身利益的热点难点开展工作。1994年,《涟源市实行"双示"引路、拓宽致富门路》等3篇调研材料被省委《内参》刊发。1995年,转办领导批示400余件,《涟源市煤炭系统深化改革效果显著》等7篇督查调研材料被省委《内参》刊发。1996年,对矿业秩序整顿和减负工作两个敏感点和难点问题进行特别督查,并形成分析材料,供市委主要领导决策提供参考,全市减负工作较好地落到实处。1997年,将督查工作与新闻曝光相结合,进一步加大对减负工作的督查。1998年,就教育集资、教育附加费收取及教师工资发放情况进行多轮督查,有效维护社会稳定。2000年,办理省、娄底市领导批办件12件。其中,承办副省长周伯华关于涟源市环保局部分职工举报该局一名副局长的批办件,得到周伯华表扬。2004—2005年,市委督查室负责全市煤炭安全生产的常年总督查,建立一套较为科学严密的分级负责、平时督查和集中督查考核相结合的督查监管机制,全市159处非法煤矿被彻底关闭,203家批准煤矿生产事故起数、死亡人数分别下降24%和46%,重大事故起数减少50%,特大事故完全杜绝。2005年,市委督查室撰写的《摆脱多重困境,打造崭新涟源》《安徽宣州、广德二县区煤矿安全管理考察报告》等得到娄底市委主要领导高度评价,转发推广至娄底市各县市区。2006年,以计划生育督查为重点开展督查,推进全市计划生育工作水平提高,成功甩掉全省计划生育工作后进牌子。

第五节　机要　保密

一　机　要

1989年始,市委机要科承办省委、娄底地委召开的专网电话会议接收和维护工作。1990年7月,市委机要科与市保密局分设。1996年,建成乡镇传真。1998年,出台《上级党委文件管理办法》,不断规范收文、办文、阅文、催办、回收、立卷、归档、清退和销毁等工作程序。2000年,组织专门力量,为时1个月,对1985年以后办理的所有上级党委文件进行归类整理,移交市档案局归档。2004年,对前4年办理的所有上级党委文件进行整理归档入馆。2005年11月—2006年3月,组建市乡计算机加密通信系统,加密通信联通全市20个乡镇(街道)。2006年4—12月,组建市委党务内网,传输省委、娄底市委非密级文件、资料,市委办信息上报。2007年,机要科更名市委机要局,加挂市国家密码管理局牌子,定编4人。是年,实施密码工作规范化管理活动,组织技术骨干进行技术开发,获得全省党政密码科技进步奖。

二 保 密

1987年,全市保密工作由市委保密委员会直接管理。1988年9月,《中华人民共和国保密法》颁布后,印发《国家工作人员保密手册》1500份,《中华人民共和国保密法》《保密守则》2000本、学习辅导资料6000余册,上辅导课186次。是年,将保密工作纳入全市两个文明建设目标管理。1990年7月,成立市保密局,与市委保密委员会办公室合署办公,定编2人。1991年,市财政拨出4万多元经费,改善市级领导办公场所的保密设施。1993年,全市70多个单位配置带报警功能的文件密码箱,40多个单位配置铁制文件柜,一些单位还安装防盗报警器。1994年,协助查处省煤机厂贺某窃走QT240塔机图纸案、栗山桥煤矿吴某私自带走该矿24名职工人事档案和一枚公章案,及时制止泄密事件发生。1996年,查实中共娄底地区纪委转给市纪委的举报信被人私拆一事,责令当事人作出深刻检讨,承担保密责任。1998年,组织职工3604人参加全国保密法规知识竞赛,对全市涉密数据光盘进行清缴。1999年,会同市纪委、监察、公安、教育等部门对市教育局高中毕业会考试卷泄密事件进行立案查处,由纪检、监察部门对责任人进行党纪、政纪处分。2000年,组织开展保密法规知识竞赛,106个单位2000人参赛。2003年,对全市复印打字店、印刷厂进行登记、检查,对涉密单位进行计算机涉密检测。2004年,市委学习中心组专题学习保密法与保密知识,进行"四五"保密法制宣传教育普法考试。2005年,组织全市科级以上干部观看《筑牢保密防线》《保密警钟》等保密警示教育片。2007年,制定《涟源市保密科学技术"十一五"发展规划》,积极推广物理隔离卡、文件碎纸机、会议保密机、密码文件柜等保密技术防范设备,增强保密技术防范能力;开展保密要害部门、部位确定工作,对全市涉密办公设备进行检查登记,建立涉密办公设备定点维修制度。

第六节 党史工作

一 党史研究与宣传

1987—2001年,市委党史办公室(市委党史资料征集办公室)先后主编《白马水库四十年》《中共涟源党史大事记》《党的光辉照涟源》等书12部,参与编写《涟源市志》《娄底民营经济发展史》等书13部,组织全市党史知识竞赛,举办纪念红军长征胜利60周年大型图片展览。2002年,开展纪念涟源建县50周年暨撤县建市15周年征联活动,编辑出版《涟水珠联》;编写《卢天放纪念特刊》。2003年,市委党史办公室更名市委党史研究室。是年,编辑出版《话说湄江》。2004年,开展卢天放烈士诞辰105周年纪念活动。2005年,开始编撰《中共涟源地方史》。2006年,开展纪念红军长征胜利70周年系列活动,编印《红军长征与涟源》,征集回忆录、专著、专题10多件100多万字,挖掘3位涟源籍红军战士胡青山、陈甫林、胡孝伯的相关资料,编撰《涟源社会主义时期党史专题资料汇编》。2007年,编辑出版《革命老区涟源》;征集回忆录20件10万多字;主持修复湘中一支五团团长聂昭良墓,协助落实恢复聂昭良党籍;协助联络组成员李学良出版《涟水风云——记湘中一支五团》;实地考察李道宗烈士墓,拟定修复方案;为三甲革命老区修改、审定纪念碑文。是年,市委党史研究室主任戴光宗被中共中央党史研究室评为全国党史部门先进工作者。2003—2007年，市委党史研究室每年编辑《市委工作大事记》和《市委工作概况》。

二　党史联络组工作

1987年，成立涟源市晋冀鲁豫南下入湘干部党史联络组。1989年，更名市党史联络组。1990—2007年，协助市委、市政府将涟源成功申报为省革命老区。主持编辑《中共涟源党史大事记》。参与《中国共产党涟源历史》启动和征编工作。联络组成员先后撰写回忆文章100余篇，回忆录和史传5部。协助上级党史部门征编《湖南改革开放30年》《资政文集》《峥嵘岁月》等史籍。深入全市中小学、党校开展党史宣传教育。协助党史部门为肖汉仁搜集平反证明材料，协助修复肖汉仁烈士墓，将其建成青少年教育和党史教育基地。

图3–5　市委党史研究室主编的部分书籍

附记一：机关事务

机构　1987年，市委行政组负责机关后勤管理服务。1989年6月，撤销市委行政组，建立市机关行政事务管理办公室，归口市委办，定编28人。1990年11月，内设人秘股、后勤生活股、财务股、基建管理股、保卫股。1995年1月，更名市机关事务管理办公室。1996年8月，内设财务财产组、事务管理组、政工保卫组、生活服务组，并直管市机关幼儿园、市机关劳动服务公司。2002年9月，更名市机关事务管理局，内设办公室、财务财产股、基建维修股、生活服务股、保卫股，定编23人。

主要工作　主要负责制定和健全市"四大家"机关事务管理、后勤服务；负责市机关大院公用经费和专项经费的管理和使用；负责市机关大院国有土地及国有资产管理，基建维修、生活及办公用水、用电的供应，电路、管道的安装维修；负责机关大院的安全保卫、环境卫生、园林绿化、膳食供应、安全防火等工作。1993年，筹资80多万元创办市机关幼儿园。1997年，筹资1000多万元新建8层综合性办公大楼，建筑面积1万多平方米，办公用房352间。1999年，筹资20万元修建健身场。2003年，筹资80多万元改建机关传达室大门和机关篮球场。2005年，筹资60多万元新建机关食堂。2007年，筹资60多万元改建办公大楼大门，新装变压器2台，架设高压线2.5千米，扩修水泥路面3.5千米，增加绿化面积5100平方米。1987—2007年，新建住房10栋，机关成套家属楼从48套增加到420套。

附记二：机关公务接待

机构　1987年，市委机关招待所位于市委、市政府机关院内，市招待所位于人民中路67号。1992年3月，市委机关招待所更名市第一接待处，市招待所更名市第二接待处。1994年，第一接待处、第二接待处合并为市接待处，与涟源宾馆两块牌子，一套人马。1996年，涟源宾馆被评为二星级宾馆。1996年、1998年，两次被评为湖南省十佳优秀星级宾馆。2004年，市委将涟源宾馆老栋与湖南五江轻化集团有限公司共同开发，建成一栋12层楼的综合楼，市接待处拥有9至12层的产权，作为涟源宾馆1号楼。2007年，市接待处（涟源宾馆）拥有1号楼、2号楼、3号楼三栋，高、中、低档客房238间，床位438个，大小会议室10个，大小餐厅28个，能同时容纳2800人开会，1360人就餐。内设八部一室，即总办公室、财务部、人力资源部、营销部、后勤保障部、餐一部、火宫殿、前厅部、房务部。有职工277人。其中，特三级厨师5人，中一级厨师4人、中三级厨师4人，中级餐厅服务师1人。年创营业收入2000万元。

接待工作 市接待处承担市委、市人大、市政府、市政协的接待任务，市委、市人大、市政府、市政协规模较大的会议都在涟源宾馆大礼堂举行。1998年，成功接待省委书记王茂林一行。2004年，接待省委书记杨正午一行。2007年7月，接待省老领导刘夫生一行来涟源考察。是年，还接待国务院参事室调研组来涟调研。

第四篇 人民代表大会

第一章 人大代表与代表大会

第一节 人大代表

一 代表产生

1987—2007年,涟源市人民代表大会换届5次,乡镇人大换届6次。市、乡镇人大代表均由选民直接投票,差额选举产生。每次选举分为准备、宣传发动和选民登记、推荐提名候选人、投票选举4个阶段进行。

1986—2007年涟源市第十至十五届市人大代表选举情况

表4-1

届别	选举时间	选民参加选举情况			选举市人大代表	
		登记人数(人)	参选投票人数(人)	选民参选比(%)	选区数(个)	选出代表(人)
第十届	1986.11—1987.01	590358	542210	91.84	300	363
第十一届	1989.11—1990.01	630616	591596	93.81	300	374
第十二届	1992.09—1992.11	681766	649065	95.20	300	370
第十三届	1997.09—1997.11	712006	657601	92.36	178	328
第十四届	2002.09—2002.12	747521	737482	98.66	194	326
第十五届	2007.07—2007.11	816622	745371	91.27	170	325

二 代表构成

(一)历届市人大代表

市第十届人大代表363人。其中,党外人士89人,占代表总数24.52%;妇女代表70人,占代表总数19.28%。工人农民代表191人,占代表总数52.62%;干部代表138人,占代表总数38.02%;知识分子代表30人,占代表总数8.26%;军人代表4人,占代表总数1.10%。35岁以下的代表92人,占代表总数25.34%;36~55岁241人,占代表总数66.39%;56岁以上的16人,占代表总数4.41%。大专以上文化程度的50人,占代表总数13.77%。

市第十五届人大代表325人。其中,党外人士56人,占代表总数17.23%;干部代表132人,占代表总数40.62%;35岁以下的代表48人,占代表总数14.77%;大专以上文化程度的186人,占代表总数57.23%。其他方面较往届变动不大。

市第十～十五届人大代表，由各级党政干部担任的“职务代表”占代表总数的比例较大，党外人士占代表总数的比例逐届略有降低，随着改革开放逐步产生壮大的新社会群体(非公有制经济人士、自由择业的知识分子、个体劳动者)在代表总数中所占比例逐届提高(统计在工人农民中)。

1986—2007 年涟源市历届市人大代表结构情况

表 4-2　　单位：人

届别	代表总数	其中		年龄结构			学历结构				职业结构				
		妇女代表	党外人士	35 岁以下	36～55 岁	56 岁以上	大专及以上	中专	中学	小学	工人农民	知识分子	干部	军人	其他
第十届	363	70	89	92	241	30	50	46	221	46	191	30	138	4	
第十一届	374	78	112	31	298	45	39	51	248	36	197	29	144	4	
第十二届	370	74	105	35	297	38	51	61	229	29	219	1	146	4	
第十三届	328	75	89	57	255	16	78	68	153	29	172	31	117	4	4
第十四届	326	71	78	40	262	24	140	35	109	42	159	25	138	4	
第十五届	325	63	56	48	241	36	186	110	29	–	157	33	132	3	

(二)历届在涟省人大代表

第七届在涟省人大代表 12 名，第八届 12 名，第九届 11 名，第十届 7 名，第十一届 5 名。

1987—2007 年历届在涟湖南省人大代表

表 4-3

届别	姓名	当选时所在单位及职务
第七届	刘升恒	县煤炭局工程师
	刘永根	市人大常委会主任
	安振学(满族)	涟源水文站站长
	李同春(女)	省湘中机械厂党委书记
	陈春林	娄底地委副书记(上级送选)
	肖怡珍(女)	金石乡合心村党支部书记
	周春兰(女)	县副食品公司副经理
	章　新	省人大财经委主任(上级送选)
	曾国安	市锅厂党总支书记
	曾湘贤	杨家滩区区长
	谭孝岚	蓝田街道交通路居委会党支部书记
	廖毓香(女)	县人民医院护士长
第八届	孟凡志	省人大常委会联工委副主任(上级送选)
	赵世荣	娄底地区行政公署专员(上级送选)
	陈吉龙	市人大常委会主任
	刘海金	市委副书记

续表 4-3

届　别	姓　名	当选时所在单位及职务
第八届	周世辉	市政府副市长
	安振学(满族)	涟源水文站站长
	陈建伍	市乡镇企业局局长
	廖　华	市中医院医生
	李雄飞	市煤炭局工程师
	肖玉珍(女)	市九中教师
	邓翠萍(女)	市计生委干部
	彭秀清(女)	湘波镇同心村妇联主任
第九届	孟凡志	省人大常委会联工委主任(上级送选)
	余英生	中共娄底市委书记(上级送选)
	李瑾瑜(女)	市人大常委会主任
	黄敦良	市财政局局长
	严梦龙	湄江镇党委书记
	石海澄	白马镇田心卫生院院长
	李鸿谋	湖南洪源机械厂厂长、党委书记
	刘仲华	斗笠山镇香花村党支部书记
	阳翠萍(女)	市工贸职业中专教师
	唐素莲(女)	市工商银行出纳股副股长
	梁有秋	市第二铸管厂厂长
第十届	殷另姣(女)	市人大常委会主任
	梁育清(女)	水洞底镇镇长
	黄敦良	市财政局局长
	李鸿谋	湖南洪源机械厂党委书记、厂长
	石海澄	白马镇田心卫生院院长
	李煌庆	湖南省回春堂药业有限公司董事长
	阳翠萍(女)	市工贸职业中专教师
第十一届	胡　南(女)	市人大常委会主任
	王一新	市财政局局长
	石海澄	白马镇田心卫生院院长
	刘兆社	安平镇留石村党支部书记、留石煤矿矿长
	李谟连	深圳市鹏卓实业有限公司董事长

(三)历届在涟全国人大代表

第八届、第九届在涟全国人大代表:梁稳根。第十届在涟全国人大代表:梁稳根、肖自江。第十一届在涟全国人大代表:肖自江。

第二节 代表大会

一 第十届人民代表大会

1987年2月28日至3月4日，涟源县第十届人民代表大会第一次会议在光明山大礼堂举行，应到代表363人，实到代表349人。会议听取和审议市人民政府工作报告、国民经济和社会发展计划及执行情况的报告、财政预算及执行情况的报告、市人大常委会工作报告、市人民法院工作报告、市人民检察院工作报告（简称“六个报告”），并通过相应决议。选举刘永根为第十届县人大常委会主任，陈吉龙、胡康凡、谌丽丽（女）、彭海林为副主任，选举县人大常务委员会委员16人。选举易树基为县人民政府县长，王中安、吴平凡、李细军、李昭伯、肖梦麒为副县长。选举李湘卿为县人民法院院长，李仲凡为县人民检察院检察长。

1987年10月13—14日，涟源县第十届人民代表大会第二次会议在光明山大礼堂举行，应到代表359人，实到代表319人。听取和审议县人大常委会关于撤县设市有关问题的报告，通过关于撤县建市有关事项的6个决议。

1988年1月7—10日，市第十届人民代表大会第三次会议在光明山大礼堂举行，应到代表357人，实到代表324人。听取和审议“六个报告”，通过相应决议；选举省七届人大代表12名；补选市人大常委会副主任1名、委员1名，市人民政府副市长1名。

1989年4月15—18日，市第十届人民代表大会第四次会议在光明山大礼堂举行，应到代表352人，实到代表302人。听取和审议“六个报告”，并通过相应决议；审议通过《关于审议肖玉奇、刘联芳等11名代表提出“要求迅速处理私房改造遗留问题的提案”的决议》等7项决议；补选市人大常委会副主任1名。

二 第十一届人民代表大会

1990年3月1—6日，市第十一届人民代表大会第一次会议在光明山大礼堂举行，应到代表374人，实到代表371人。听取和审议“六个报告”，并通过相应决议；审议政府和代表联名提出议案，作出《关于巩固和发展乡镇集体经济的决议》《关于加强预算外资金管理的决议》《关于制止因非正常死亡聚众闹事的决议》。选举肖滨洋为市人大常委会主任，陈吉龙、李瑾瑜（女）、谌丽丽（女，兼）、周忠海、廖钟南、李裕华为副主任，选举市人大常务委员会委员18人。选举易树基为市人民政府市长，刘柏林、高超群、王中安、李细军、傅少奇、欧家好为副市长。选举李湘卿为市人民法院院长，李仲凡为市人民检察院检察长。

1991年3月26—30日，市第十一届人民代表大会第二次会议在光明山大礼堂举行，应到代表368人，实到代表367人。听取和审议“六个报告”及市政府关于国民经济和社会发展十年规划和“八五”计划的报告，通过相应决议；根据市政府提议，审议《涟源市九年义务教育实施规划》《涟源市人民政府关于切实减轻农民负担的意见》，通过相应决议；听取市审计局局长龙石屏受市政府委托为答复代表质询案所作的《关于市教委有关审计情况的汇报》；审议卢庆隆等37名代表联名提出的“建议罢免李细军副市长职务”的罢免案，大会经表决罢免李细军副市长职务；接受高超群辞去副市长职务。

1992年3月21—23日，市第十一届人民代表大会第三次会议在光明山大礼堂举行，应到代表365人，实到代表365人。听取和审议“六个报告”，通过相应决议；听取市政府关于工业企业改造“412”工程概况的汇报；根据市政府提议，审议《涟源市初级卫生保健概略规划》，通过相应决议；表彰9个先进市人大代表小组、36名优秀市人大代表。

三　第十二届人民代表大会

1992 年 12 月 29 日至 1993 年 1 月 2 日，市第十二届人民代表大会第一次会议在光明山大礼堂举行，应到代表 370 人，实到代表 369 人。听取和审议“六个报告”，通过相应决议。选举陈吉龙为市人大常委会主任，李瑾瑜(女)、廖钟南、李裕华、李叙俊、谌丽丽(女，兼)为副主任，选举市人大常务委员会委员 11 人。选举陆家康为市人民政府市长，张百鸣、傅少奇、刘国涛、毛湘华、邓建和为副市长。选举肖正凡为市人民法院院长，刘华江为市人民检察院检察长。选举省第八届人大代表 12 名。

1994 年 5 月 14—18 日，市第十二届人民代表大会第二次会议在光明山大礼堂举行，应到代表 362 人，实到代表 355 人。听取和审议“六个报告”，通过相应决议；审议通过《涟源市人民代表大会议事规则》；大会开幕正逢全国第 4 个助残日，全体与会人员为残疾人捐款 1623.9 元；接受陆家康辞去市长职务；补选高超群任市长。

1995 年 3 月 10—13 日，市第十二届人民代表大会第三次会议在光明山大礼堂举行，应到代表 362 人，实到代表 357 人。听取和审议“六个报告”，通过相应决议。

1996 年 3 月 26—28 日，市第十二届人民代表大会第四次会议在光明山大礼堂举行，应到代表 379 人，实到代表 372 人。听取和审议“六个报告”，通过相应决议；审查和批准市国民经济和社会发展“九五”计划和 2010 年远景目标纲要；审议修改《涟源市人民代表大会议事规则》；补选市人大常委会副主任 1 名、委员 7 名、政府副市长 1 名、检察院检察长 1 名。

1997 年 3 月 25—28 日，市第十二届人民代表大会第五次会议在光明山大礼堂举行，应到代表 375 人，实到代表 366 人。听取和审议“六个报告”，通过相应决议；补选胡卫平任市长。

四　第十三届人民代表大会

1997 年 12 月 29 日至 1998 年 1 月 2 日，市第十三届人民代表大会第一次会议在光明山大礼堂举行，应到代表 327 人，实到代表 326 人。听取和审议“六个报告”，通过相应决议。选举李瑾瑜(女)为市人大常委会主任，廖钟南、龙萼芬、郭富荣、毛建华、邱羡南、黄新华为副主任，选举市人大常务委员会委员 13 人。选举胡卫平为市人民政府市长，刘国涛、黄祥刚、李和平、陈龙生、谢幸福为副市长。选举肖正凡为市人民法院院长，李秋来为市人民检察院检察长。

图 4-1　涟源市第十三届人民代表大会第一次会议在光明山大礼堂召开

1999 年 3 月 29—31 日，市第十三届人民代表大会第二次会议在光明山大礼堂举行，应到代表 324 人，实到代表 316 人。听取和审议“六个报告”，通过相应决议；补选市人大常委会委员 5 名、法院院长 1 名，补选王日平任市长。

1999 年 7 月 18—19 日，市第十三届人民代表大会第三次会议在光明山大礼堂举行，应到代表 322 人，实到代表 321 人。根据政府提议，审议通过《涟源市人民代表大会关于依法治市的决议》；选举娄底市第一届人大代表 90 名。

2000 年 3 月 28—31 日，市第十三届人民代表大会第四次会议在光明山大礼堂举行，应到代表 322 人，实到代表 318 人。听取和审议“六个报告”，通过相应决议；补选市第十三届人大常委会副主任 1 名。

2001 年 3 月 11—14 日，市第十三届人民代表大会第五次会议在光明山大礼堂举行，应到代表 317 人，实到代表 312 人。听取和审议“六个报告”，通过相应决议；审查和批准《涟源市国民经济和社会发展第十个五年规划》；根据许兴杰等 11 名代表联名提出的议案，审议通过《关于加强蓝田城区规划、建设、管理，提高城市功能，促进经济发展和社会稳定的决议》；补选市人大常委会副主任 2 名；补选娄底市人大代表 1 名。

2002 年 3 月 25—28 日，市第十三届人民代表大会第六次会议在光明山大礼堂举行，应到代表 312 人，实到代表 305 人。听取和审议“六个报告”，通过相应决议；补选法院院长 1 名、检察院检察长 1 名。

五 第十四届人民代表大会

2003 年 1 月 6—9 日，市第十四届人民代表大会第一次会议在光明山大礼堂举行，应到代表 325 人，实到代表 323 人。听取和审议六个报告，作出相应决议。选举殷另姣（女）为市人大常委会主任，邱羡南、黄新华、欧阳贵昌、张兆林、彭康生、傅德贤为副主任，选举市人大常务委员会委员 18 人。选举余明庭为市人民政府市长，李和平、赵应良、张良龙、陈奉文、吴执政、向国蓉（女）为副市长。选举邹图华为市人民法院院长，施健鑫为市人民检察院检察长。

2003 年 12 月 23—24 日，市第十四届人民代表大会第二次会议在光明山大礼堂举行，应到代表 323 人，实到代表 315 人。选举娄底市第二届人大代表 92 名。

2004 年 3 月 10—13 日，市第十四届人民代表大会第三次会议在光明山大礼堂举行，应到代表 321 人，实到代表 308 人。听取和审议“六个报告”，通过相应决议。

2005 年 3 月 15—18 日，市第十四届人民代表大会第四次会议在光明山大礼堂举行，应到代表 324 人，实到代表 317 人。听取和审议“六个报告”，通过相应决议；补选市长 1 名；补选娄底市人大代表 2 名。

2006 年 3 月 15—18 日，市第十四届人民代表大会第五次会议在光明山大礼堂举行，应到代表 321 人，实到代表 318 人。听取和审议“六个报告”，通过相应决议。

2007 年 3 月 26—28 日，市第十四届人民代表大会第六次会议在光明山大礼堂举行，应到代表 316 人，实到代表 310 人。听取和审议“六个报告”，通过相应决议。

图 4-2 涟源市第十四届人民代表大会第五次会议在光明山大礼堂召开

六 第十五届人民代表大会

2007 年 12 月 15—18 日，市第十五届人民代表大会第一次会议在光明山大礼堂举行，应到代表 325 人，实到代表 319 人，列席人员 250 人。听取和审议六个报告，作出相应决议。选举胡南（女）为市人大常委会主任，李汉田、傅德贤、邓定明、童建华、颜炳初为副主任，选举市人大常务委员会委员 24 人。选举曾益民为市人民政府市长，陈奉文、吴执政、陈铁军、胡春生、梁育清（女）、刘涛波为副市长。选举范林为市人民法院院长，刘雄辉为市人民检察院检察长。

第二章　人大常务委员会

第一节　人员组成

市人大常务委员会由主任、副主任、委员组成。市第十届人民代表大会常务委员会届初由21人组成。其中,主任1人,副主任4人,委员16人。第十一届届初24人。其中,主任1人,副主任6人,委员17人。第十二届届初17人。其中,主任1人,副主任5人,委员11人。第十三届届初20人。其中,主任1人,副主任6人,委员13人。第十四届届初25人。其中,主任1人,副主任6人,委员18人。第十五届届初30人。其中,主任1人,副主任5人,委员24人。

1987—2007年涟源市第十至十四届人大常委会组成人员

表4-4

<table>
<tr><th>届次</th><th>职务</th><th>姓名</th><th>性别</th><th>籍贯</th><th>出生年月</th><th>政治面貌</th><th>文化程度</th><th>任职时间</th></tr>
<tr><td rowspan="9">第十届(1987.02—1990.03)</td><td>主　任</td><td>刘永根</td><td>男</td><td>涟源市白马镇</td><td>1929.07</td><td>中共党员</td><td>高中</td><td>1987.02—1990.03</td></tr>
<tr><td rowspan="6">副主任</td><td>陈吉龙</td><td>男</td><td>涟源市伏口镇</td><td>1938.08</td><td>中共党员</td><td>高中</td><td>1987.02—1990.03</td></tr>
<tr><td>胡康凡</td><td>男</td><td>涟源市石马山镇</td><td>1940.04</td><td>中共党员</td><td>高中</td><td>1987.02—1990.03</td></tr>
<tr><td>谌丽丽</td><td>女</td><td>江西省高安市</td><td>1940.12</td><td>无党派人士</td><td>大学</td><td>1987.02—1990.03</td></tr>
<tr><td>彭海林</td><td>男</td><td>双峰县沙塘乡</td><td>1932.01</td><td>中共党员</td><td>高中</td><td>1987.02—1990.03</td></tr>
<tr><td>李瑾瑜</td><td>女</td><td>娄星区西阳镇</td><td>1946.11</td><td>中共党员</td><td>高中</td><td>1988.01—1990.03</td></tr>
<tr><td>石明心</td><td>男</td><td>涟源市白马镇</td><td>1931.07</td><td>中共党员</td><td>高中</td><td>1989.04—1990.03</td></tr>
<tr><td>委　员</td><td colspan="7">王明登 石明心 龙金娥（女）刘升恒 刘育才 成华眉（女）李巾雄（女）李汉生 李希贤 李明重 李淑媛（女）李瑾瑜（女）吴佑民 肖孚积 欧阳选 周忠 毛科一(1988年1月补选)</td></tr>
<tr><td rowspan="8">第十一届(1990.03—1993.01)</td><td>主　任</td><td>肖滨洋</td><td>男</td><td>涟源市七星街镇</td><td>1941.10</td><td>中共党员</td><td>高中</td><td>1990.03—1992.05</td></tr>
<tr><td>代主任</td><td>陈吉龙</td><td>男</td><td>涟源市伏口镇</td><td>1938.08</td><td>中共党员</td><td>高中</td><td>1992.05—1993.01</td></tr>
<tr><td rowspan="6">副主任</td><td>陈吉龙</td><td>男</td><td>涟源市伏口镇</td><td>1938.08</td><td>中共党员</td><td>高中</td><td>1990.03—1992.05</td></tr>
<tr><td>李瑾瑜</td><td>女</td><td>娄星区西阳镇</td><td>1946.11</td><td>中共党员</td><td>高中</td><td>1990.03—1993.01</td></tr>
<tr><td>谌丽丽</td><td>女</td><td>江西省高安市</td><td>1940.12</td><td>无党派人士</td><td>大学</td><td>1990.03—1993.01</td></tr>
<tr><td>周忠海</td><td>男</td><td>涟源市荷塘镇</td><td>1934.02</td><td>中共党员</td><td>高中</td><td>1990.03—1993.01</td></tr>
<tr><td>廖钟南</td><td>男</td><td>涟源市七星街镇</td><td>1941.03</td><td>中共党员</td><td>高中</td><td>1990.03—1993.01</td></tr>
<tr><td>李裕华</td><td>男</td><td>邵东县团山镇</td><td>1940.11</td><td>中共党员</td><td>中专</td><td>1990.03—1993.01</td></tr>
</table>

续表 4–4

届次	职务	姓名	性别	籍贯	出生年月	政治面貌	文化程度	任职时间
第十一届	委员	毛科一 刘升恒 刘光辉 刘笃生 李巾雄（女）李如意 李希贤 李楚华 肖孚积 肖学贤 肖咸初 周忠 胡能习 唐素莲(女) 殷另姣(女) 梁阜初 曾书才 谭孝岚						
第十二届(1993.01—1998.01)	主任	陈吉龙	男	涟源市伏口镇	1938.08	中共党员	高中	1993.01—1998.01
	副主任	李瑾瑜	女	娄星区西阳镇	1946.11	中共党员	高中	1993.01—1998.01
		廖钟南	男	涟源市七星街镇	1941.03	中共党员	高中	1993.01—1998.01
		李裕华	男	邵东县团山镇	1940.11	中共党员	中专	1993.01—1998.01
		李叙俊	男	冷水江市铎山镇	1940.08	中共党员	中专	1993.01—1997.05
		谌丽丽	女	江西省高安市	1940.12	无党派人士	大学	1993.01—1998.01
		龙萼芬	男	涟源市湄江镇	1941.09	中共党员	高中	1996.03—1998.01
	委员	邓翠萍（女）刘义华（1997 年 1 月辞）李应生 李楚华 肖少元 肖学贤（1996 年 3 月辞）肖咸初 吴有初 胡能习(1996 年 3 月辞) 聂南桂(女) 唐素莲(女) 刘切力(1996 年 3 月补选) 杨尚初(1996 年 3 月补选) 李正强(1996 年 3 月补选) 吴福元(1996 年 3 月补选) 蒋金星(1996 年 3 月补选) 陈楚华(1996 年 3 月补选) 谭孝希(1996 年 3 月补选)						
第十三届(1998.01—2003.01)	主任	李瑾瑜	女	娄星区西阳镇	1946.11	中共党员	高中	1998.01—2003.01
	副主任	廖钟南	男	涟源市七星街镇	1941.03	中共党员	高中	1998.01—2001.02
		龙萼芬	男	涟源市湄江镇	1941.09	中共党员	高中	1998.01—2001.02
		郭富荣	男	双峰县青树坪镇	1943.01	中共党员	大学	1998.01—2003.01
		毛建华	男	涟源市杨市镇	1956.04	中国民主同盟盟员	本科	1998.01—2000.02
		邱羡南	男	涟源市桥头河镇	1948.12	中共党员	中专	1998.01—2003.01
		黄新华	男	涟源市三甲乡	1950.08	中共党员	大学	1998.01—2003.01
		傅德贤	男	涟源市杨市镇	1962.08	中国民主同盟盟员	大学	2000.03—2003.01
		张兆林	男	涟源市龙塘乡	1951.03	中共党员	大专	2001.03—2003.01
		彭康生	男	涟源市杨市镇	1949.05	中共党员	高中	2001.03—2003.01
	委员	王佩云(女) 刘玉祥 刘仲华 杨尚初 李正强 李美和 李祖国 肖咸初 陈楚华 罗建国 聂南桂(女) 廖华 谭孝希(2000 年 10 月辞) 卢鸿福(1999 年 3 月补选) 李志坚(1999 年 3 月补选) 蒋金星(1999 年 3 月补选) 肖自江(1999 年 3 月补选) 吴伟雄(1999 年 3 月补选)						

续表 4-4

届次	职务	姓名	性别	籍贯	出生年月	政治面貌	文化程度	任职时间
第十四届(2003.01—2007.12)	主任	殷另姣	女	涟源市六亩塘镇	1950.08	中共党员	大专	2003.01—2007.12
	副主任	邱羡南	男	涟源市桥头河镇	1948.12	中共党员	中专	2003.01—2007.12
		黄新华	男	涟源市三甲乡	1950.08	中共党员	大学	2003.01—2007.12
		欧阳贵昌	男	涟源市七星街镇	1950.05	中共党员	大学	2003.01—2007.12
		张兆林	男	涟源市龙塘乡	1951.03	中共党员	大学	2003.01—2007.12
		彭康生	男	涟源市杨市镇	1949.05	中共党员	高中	2003.01—2007.12
		傅德贤	男	涟源市杨市镇	1962.08	中国民主同盟盟员	大学	2003.01—2007.12
	委 员	王旭哉(2005 年 9 月辞) 卢鸿福 刘仲华 李志坚 肖自江 肖尊成 吴伟雄(2005 年 9 月辞) 吴应明 邱建坤 张红青(女) 陈干民 陈仁春 陈百珍 易丽平(女) 罗建国 盛思毛(女,2006 年 8 月辞) 梁福康 谢喜才						
第十五届(2007.12—)	主 任	胡 南	女	涟源市蓝田街道	1955.06	中共党员	大专	2007.12—
	副主任	李汉田	男	涟源市湄江镇	1958.08	中共党员	大专	2007.12—
		傅德贤	男	涟源市杨市镇	1962.08	中国民主同盟盟员	大学	2007.12—
		邓定明	男	涟源市水洞底镇	1953.08	中共党员	大专	2007.12—
		童建华	男	新化县桑梓镇	1962.07	中共党员	大专	2007.12—
		颜炳初	男	涟源市桥头河镇	1956.12	中共党员	大专	2007.12—
	委 员	卢鸿福(2010 年 8 月辞) 朱科良(2009 年 11 月辞) 刘丹(2008 年 9 月辞) 刘伟华(女) 刘首红 李中凡 李志坚 肖安江 肖尊成 邱建坤 陈干民 陈仁春 陈金海 易小冬 罗建国 姜新媛(女) 唐振 黄晓晖(女) 梁中杰 释志愿(女) 童端阳 曾甲全 曾跃民 谢喜才 童春秀(女,2008 年 12 月补选) 刘志毅(2009 年 5 月补选) 康勤辉						

第二节 工作机构

1987 年 3 月,涟源县第十届人大常委会选举产生后,设立办公室、法制工作委员会、教科文卫工作委员会、财经工作委员会,9 月增设代表联络工作委员会。1988 年 3 月,增设城镇建设工作委员会。1989 年 3 月,增设农村工作委员会,共设"一室六委"7 个工作机构。

1993 年 2 月,内设机构由"一室六委"撤并为办公室、法制工作委员会、财政经济工作委员会、选举任免联络工作委员会。1994 年 7 月,恢复教育科学文化卫生工作委员会。1996 年 3 月,增设城乡建设环境保护工作委员会,法制工作委员会更名内务司法工作委员会。2005 年 9 月,增设农业和农村工作委员会。

2007 年末,市人大常委会内设办公室、内务司法工作委员会、选举任免联络工作委员会、教育科学文化卫生工作委员会、财政经济工作委员会、城乡建设和环境保护工作委员会、农业和农村工作委员会等“六委一室”，机关定编32人，其中工勤人员3人。

第三节　人大常务委员会会议

1987年4月6日—1990年1月18日，县（市）第十届人大常委会举行会议23次。听取和审议专项工作报告、执法检查报告、调查研究报告共81项，作出决议决定22项，进行人事任免9次。制定《关于听取工作报告和审议本县重大事项的暂行办法（试行）》《人大常委会议事规则》《监督司法机关执行法律的暂行规定》《关于人事任免的暂行规定》《财政预、决算监督程序（试行）》《关于办理议案和代表建议的暂行办法》。

1990年3月7日—1992年12月28日，市第十一届人大常委会举行会议20次。听取和审议专项工作报告、执法检查报告、调查研究报告共77项，作出决议决定13项，进行人事任免10次。制定《关于组织人大代表评议国家机关工作的暂行规定》。

1993年3月4日—1997年12月5日，市第十二届人大常委会举行会议27次。听取和审议专项工作报告、执法检查报告、调查报告101项，作出决议决定17项，进行人事任免16次。对《人大常委会议事规则》等5项制度进行修订，通过修订后的《人大常委会议事规则》《主任会议议事规则》《关于人事任免的规定》《关于监督市公安、司法机关工作的规定》《关于办理代表建议、批评和意见的规定》。

1998年3月9日—2002年12月16日，市第十三届人大常委会举行会议29次。听取和审议专项工作报告、执法检查报告、述职报告等98项，作出决议决定18项，进行人事任免17次。对《关于人事任免的规定》等3项议事制度进行修订，通过修订后的《关于人事任免工作的规定》《人大常委会议事规则》《关于监督预算外资金管理的规定》。

2003年3月10日—2007年11月27日，市第十四届人大常委会举行会议32次。听取和审议专项工作报告、执法检查报告、述职报告等113项，作出决议决定17项，进行人事任免17次。对《关于人事任免工作的规定》等议事制度进行修改，通过修订后的《关于人事任免工作的规定》《办理议案和代表建议、批评、意见的办法》，制定《关于讨论决定重大事项的规定》《个案监督实施办法（试行）》《关于公民旁听常务委员会会议试行办法》《关于建议常务委员会组成人员无主题发言制度的规定》《关于听取和审议市人民政府、市人民法院、市人民检察院专题工作报告的暂行规定》《关于撤销〈涟源市人大常委会关于个案监督实施办法（试行）〉的决定》。

第三章　职权行使

第一节　重大事项决定

1987 年 4 月 9 日，涟源县第十届人大常委会第一次会议通过关于认真贯彻《湖南省保护妇女儿童合法权益的若干规定》的决议。4 月 18 日，县第十届人大常委会第二次会议通过关于批准授予李和成等 19 人“县劳动模范”荣誉称号的决定。9 月 16 日，县第十届人大常委会第五次会议通过《关于加强森林资源管理坚决制止乱砍滥伐的决议》。1988 年 5 月 17 日，涟源市第十届人大常委会第十二次会议通过《关于严格执行<中华人民共和国土地管理法>，坚决制止乱占滥用耕地的决议》。

1991 年 5 月 13 日，市第十一届人大常委会第九次会议通过《关于在全市公民中进行第二个五年普法教育的决议》。

1994 年 7 月 13 日，市第十二届人大常委会第九次会议通过《关于加强基本农田保护区管理的决议》，全市划定基本农田保护区 4352 块，保护面积 3.90 万公顷。10 月 7 日，市第十二届人大常委会第十次会议通过《关于批准〈涟源市行政事业性收费实行财政统一征收统筹安排的规定〉的决议》。1995 年 1 月，市十二届人大常委会第十一次会议作出《关于批准〈涟源市乡镇机构改革方案〉的决定》。1996 年 7 月，市第十二届人大常委会第十九次会议通过《关于加强行政性收费、罚没收入管理的决议》。11 月“三甲事件”后，在维护涟源社会稳定的关键时刻，第十二届人大常委会第二十一次会议作出《关于维护我市社会稳定的决议》，号召全市广大群众紧密围绕在市委周围，为维护全市社会稳定贡献力量。

1998 年 7 月 24 日，市第十三届人大常委会第三次会议通过《关于进一步加强全市医疗机构和医药市场管理的决定》。2000 年 12 月 11 日，市第十三届人大常委会第十七次会议通过《关于切实做好减轻农民负担工作的决议》。2001 年 6 月 27 日，市第十三届人大常委会第二十次会议通过《关于加强人民法院执行工作的决定》。11 月 29 日，市第十三届人大常委会第二十三次会议通过《关于进一步加强涟源市旅游业发展的决议》。2002 年 3 月 6 日，市第十三届人大常委会第二十四次会议作出进一步开展法制宣传教育的决议，会议首次对市（县）人大常委会过去所作的决议决定进行清理，通过《关于停止执行〈关于保护集体财产、巩固发展集体经济的决议〉等三个决议的决定》。

2003 年 5 月，市第十四届人大常委会第三次会议根据政府提请，首次行使重大事项决定权，通过《关于批准市城建投资公司向国家开发银行贷款及其还本计划的决议》，批准政府以本级财政收入做担保，向金融机构贷款融资进行重大项目建设。此后，市人大常委会围绕经济建设中心，多次作出专项决议，破解制约全市建设发展的资金瓶颈。7 月，市第十四届人大常委会第四次会议作出《关于加强煤炭税费征收管理的决议》，要求对煤炭税费实行统一征收管理。2006 年，市人大常委会又提出在对煤炭税费统一征收管理的基础上推行据实征收。2005 年 6 月 13 日，市第十四届人大常委会第十六次会议通过《关于推行国库集中支付核算改革和规范非税收入管理的决定》。

1987—2007 年，历届市人大常委会依法审查和批准全市财政预算调整、国民经济和社会发展计划调整、财政决算，通过相关决议 65 项。

第二节 工作监督

一 听取和审议专项工作报告

县(市)第十届人大常委会听取和审议“一府两院”专项工作汇报35项。1987年秋,市第十届人大常委会针对大桥、南风等乡的市人大代表和群众多次反映因种子质量导致当年杂交制种失败的问题,3次派员深入制种区进行调查,要求政府妥善处理制种区群众的生产生活问题,严肃处理有关责任人员。12月,第十届人大常委会第九次会议再次听取和审议市政府关于杂交制种失败有关问题处理情况的专项汇报,督促市政府较为稳妥地处理此事。是年,全市补偿、救助制种农户粮食400吨、人民币9万元。1989年,市第十届人大常委会在听取和审议有关国民经济和社会发展计划执行情况、打击经济犯罪情况等专项工作汇报时,着重对农药、化肥的经营管理情况进行监督,对上年度化肥、农药经营管理上存在的不正之风,提出尖锐批评。此后,市政府办公室牵头,对16家经营化肥的单位进行清理,市监察局对市农业局发生的有关案件进行查处,市供销合作社联合社制定经营农资的相关制度,初步刹住农资购销中的不正之风。

市第十一届人大常委会听取和审议“一府两院”专项工作汇报18项。围绕市第十一届人大所作出的6个专项决议的贯彻执行情况,市第十一届人大常委会先后11次听取政府的汇报:在预算外资金管理上,政府制定管理办法,建立管理网络,扩大专户储存范围,压缩不合理支出,提高资金使用效益,缓解财政困难;在减轻农民负担上,政府进行全面清理整顿,决定停止执行9个市级收费文件,重新审核标准2个,清查违法违纪收取资金30.42万元、乱摊派资金20.8万元,撤销除省批准的4处公路收费拦杆外的其余75处公路收费拦杆,督促乡镇精减一批由乡镇财政负担工资的脱产人员;在集体经济管理上,全市审计15个乡镇财政所和乡镇企业,清退违纪金额360多万元,清理整顿777个村的财务,追回违法违纪资金184万元、收回拖欠公款151万元、收回企业承包款202万元;九年制义务教育和初级卫生保健工作通过上级评审验收。1991年5月—1992年7月,常委会调查视察13家全民工业企业、11家集体企业和3家私营企业的生产经营情况,第九次、第十六次、第十七次常委会会议,分别听取和审议市政府关于工业生产经营情况、企业“五自主”(生产经营自主、产品定价自主、内部分配自主、人事用工自主、技术改造自主)改革情况、经济技术开发区情况、“412”工程(市铁厂、市电线厂、市制革厂、市冶炼厂进行技术改造;新建一家制药厂;市氮肥厂、市阀门厂进行扩建改造)进展情况的汇报,向市政府提出进一步解放思想,放大胆子,加大改革力度,加强企业经营机制的转换,完善企业承包经营责任制、全面贯彻《企业法》,落实企业经营自主权,大力引进资金、技术和人才等一系列建议。

市第十二届人大常委会听取和审议“一府两院”专项工作汇报89项。1993年5月,市第十二届人大常委会就治理“三乱”(乱收费、乱罚款、乱摊派),减轻农民和企业负担问题进行专题调查,并听取政府的专项工作汇报,向市政府提出要采取坚决有效措施,加大减负工作力度的意见和建议。根据常委会的意见,市政府印制251000份《农民负担登记手册》发到全市各农户,清理涉及农民负担的文件。其中,宣布停止执行7份,取消7份,修改执行的7份。1995年4—6月,市第十二届人大常委会组织对全市杂交水稻种子市场生产经营情况进行调查研究,并听取和审议市政府有关专项工作汇报,向市政府提出加强整顿的明确要求。市政府有关职能部门依法查处非法经营种子案35起、假劣种子43吨,全部转作商品粮处理,30名责任人受到处罚,3人被依法收审,为农民挽回经济损失1000多万元。1997年5月,市第十二届人大常委会组织市工商行政管理局、石马山镇政府就石马山镇民营经济发展现状进行调查,调查了解41家私营企业和个体工商户,召开5次座谈会，走访200余人次，询问工商、税务等10家职能部门，全面了解民营经济发展中存在的困难与问题。在常委会第二十五次会议上听取市政府关于全市民营经济发展情况的汇报，提出县域经济要加快民营经济发展，政府及其职能部门必须转变观念，加强领导，强化措施，优化环境等建议。

市第十三届人大常委会听取和审议"一府两院"专项工作报告56项。2000年7月，市第十三届人大常委会第十五次会议听取和审议市人民政府关于《住房公积金管理条例》实施情况的专项汇报。审议前常委会对公积金使用情况的调查，并委派市审计局对公积金管理中心的账目进行初步审计。审议中，针对住房公积金管理中存在的管理不规范、违规使用公积金、没有建立住房公积金贷款风险准备金、贷款回收力度不大、财务管理制度不严等问题提出批评和建议。审议后，常委会向政府及其职能部门发出审议意见书，限期进行整改。市政府及其职能部门接受人大常委会建议，加大住房公积金归集力度，当年超额完成年计划的164万元，收回贷款62万元，按照法律规定建立住房公积金贷款风险准备金制度，提取贷款风险准备金8.16万元，规范财务管理制度。

市第十四届人大常委会听取和审议"一府两院"专项工作报告87项。2003年7月，市第十四届人大常委会第4次会议听取市政府关于当年预算执行情况及预算调整情况的报告后，通过投票表决，首次否决政府专项工作报告，指出预算执行过程中存在税收成本过高、非税收入管理不到位、部门苦乐不均等问题。2005年4月，市人大常委会第十五次会议通过《听取和审议市人民政府、市人民法院、市人民检察院专题工作报告的转告规定》，整合法律赋予地方人大常委会的职权，将视察调查、询问、质询、撤职、提出罢免案等监督形式引入听取和审议专项工作报告程序，建立议前调研、对工作报告进行表决、发出书面审议意见书、听取审议意见书办理情况汇报、对"不满意"的报告单位负责人进行"问责"的审议监督工作机制，初步构建市人大常委会的监督制度框架，提高听取和审议专题工作报告这一常用监督形式的权威性和实效性。市第十四届人大常委会任期内，市政府共有4项专项报告（2003年7月关于调整2003年财政收支预算的报告、2005年11月关于××局违规建房问题的办理情况汇报、2005年11月关于城区公共厕所建设问题的汇报、2007年8月关于落实"金牛扶贫工程"优惠政策的建议办理情况的汇报），首次报告未获人大常委会通过，经过改进有关工作，再次报告才获通过。6月29日，在第十七次会议上，人大常委会组成人员首次进行"无主题发言"，就城区公共厕所短缺的问题提出建议，经会议审议后，市人大常委会主任会议向市政府发出交办函。11月上旬，市人大常委会对建议办理情况进行现场视察，11月17日，市人大常委会第十九次会议听取政府关于建议办理情况的专项报告，由于工作进度慢、效果差，建议办理情况报告被市人大常委会否决。报告被否决引起政府相关领导人员及部门高度重视，工作进度加快，一批公共厕所改建投入使用。

二　执法检查

市第十届人大常委会对《中华人民共和国森林法》《中华人民共和国土地管理法》《中华人民共和国刑法》《中华人民共和国刑事诉讼法》《中华人民共和国经济合同法》《中华人民共和国会计法》《中华人民共和国矿产资源法》《中华人民共和国治安管理处罚条例》等法律、法规的执行情况进行检查，作出《关于加强森林资源管理，坚决制止乱砍滥伐的决议》《关于严格执行〈土地管理法〉，坚决制止乱占滥用耕地的决议》《关于加强行政执法，推进依法治市的决议》。1987年8月，市第十届人大常委会开展《森林法》执法检查，9月19日，市委、市政府召开全市农村党支部书记会议集中学习传达市人大常委会作出的《关于加强森林资源管理，坚决制止乱砍滥伐的决议》，表彰全市林业先进单位和个人；司法机关依法查处12起盗伐、滥伐林木案件，并追究1名村干部的刑事责任。

市第十一届人大常委会对《中华人民共和国宪法》《中华人民共和国刑法》《中华人民共和国刑事诉讼

法》《中华人民共和国民法通则》《中华人民共和国民事诉讼法》《中华人民共和国治安管理处罚条例》《中华人民共和国行政诉讼法》《中华人民共和国土地管理法》《中华人民共和国城市规划法》《中华人民共和国企业法》《中华人民共和国环境保护法》《中华人民共和国矿产资源法》《中华人民共和国义务教育法》《中华人民共和国传染病防治法》等法律法规的执行情况进行检查。1990—1992年,市第十一届人大常委会先后3次对《民事诉讼法》执行情况进行检查,发现民事案件受理、审判、执行过程中存在不按法定程序办事、超期审结、执行不力等问题,重点督促市人民法院加强执行工作,市人民法院采取积极措施,先后三次开展集中执行行动,处理积案2000余件;组织检查《城市规划法》执行情况,督促和协助市政府及有关部门对蓝田城区范围内影响城建规划、阻塞交通的临时店棚和违法建筑进行重点整治,拆除建在芙蓉路、交通路、人民路、车站路两侧的临时店棚75个,查处违法建筑16起;在《环境保护法》》执法检查中,向市政府提出狠抓重点污染问题的整治建议,市政府督促市造纸厂和市酒厂建设新的环保设施,在市自来水厂上游划定水源保护区。

市第十二届人大常委会对《中华人民共和国土地管理法》《中华人民共和国城市规划法》《中华人民共和国环境保护法》《中华人民共和国农民承担费用和劳务管理条例》《中华人民共和国全民所有制工业企业转换经营机制条例》《中华人民共和国乡村集体所有制企业条例》《中华人民共和国妇女权益保障法》《湖南省计划生育条例》《中华人民共和国义务教育法》《中华人民共和国教师法》《中华人民共和国统计法》《中华人民共和国矿产资源法》《中华人民共和国农业法》《中华人民共和国农业技术推广法》《中华人民共和国预算法》《中华人民共和国代表法》《湖南省预算外资金管理条例》等30多部法律、法规的执行情况进行检查。1993年和1996年,十二届人大常委会两次开展《中华人民共和国土地管理法》执法检查,督促政府制止乱占滥用耕地建开发区的现象,立案查处违法占地案件222件,拆除违法建筑134处,清理各类违法临时用地150多处。1994年4月和1996年5月,十二届人大常委会对《中华人民共和国义务教育法》《中华人民共和国教师法》《中华人民共和国义务教育法》的执行情况进行检查,听取市政府及教育部门的工作汇报,针对检查中发现的教育法制观念不强,部分学校乱收费,有些地方学生流失严重,学校布局不够合理,教师合法权益难保证等问题,提出整改意见。市政府及其职能部门认真研究,加强"普九"工作的检查督促,拓宽办学渠道,调整学校布局,撤并学校55所,精减代课教师198人,查处殴打教师事件17起。自1995年《中华人民共和国劳动法》实施以来,市第十二届人大常委会连续3年与市政府及劳动部门组织对《中华人民共和国劳动法》进行执法检查。查处各类违法问题302起,清退一批乱集资、乱挂招(挂靠招工)的人员,依法保护劳动者和用人单位的合法权益。

市第十三届人大常委会对《中华人民共和国劳动法》《中华人民共和国税收征收管理法》《中华人民共和国统计法》《中华人民共和国预算法》《中华人民共和国药品管理法》《中华人民共和国食品卫生法》《中华人民共和国矿产资源法》《中华人民共和国煤炭法》《中华人民共和国矿山安全法》《湖南省计划生育条例》等法律法规的贯彻执行情况进行检查。2000—2002年,连续3年对经济发展环境开展综合执法检查。针对经济发展过程中存在的政策环境不优、执法环境不宽、治安环境不好、服务环境不佳的问题,建议政府用重拳、下猛药,着力整治经济发展秩序。市政府专门成立优化经济发展环境整顿办公室,在全市范围内开展"打黑除恶"和集中整治专项行动,对全市所有执收单位的收费项目进行全面清理整顿,取消一批不合理的收费项目,简化审批程序,严厉打击生产、销售假冒伪劣商品。

市第十四届人大常委会对《中华人民共和国环境保护法》《湖南省环境保护条例》《中华人民共和国水法》《中华人民共和国水土保持法》《中华人民共和国防洪法》《中华人民共和国劳动法》《中华人民共和国工会法》《中华人民共和国土地管理法》《中华人民共和国城乡规划法》《中华人民共和国农产品质量安全法》等法律法规的贯彻执行情况进行检查。2006年4—12月,对《中华人民共和国土地管理法》《中华人民共和国环境保护法》》进行执法检查，在土地管理方面，督促有关职能部门加大执法力度，查处 182 宗土地违法案件，取消 6 个审批收费项目，完善土地使用权的招拍挂（通过招标、拍卖或挂牌等方式向社会公开出让国有土地）制度；在环保工作方面，市政府及有关部门关闭水洞底镇球树村钒冶炼厂、金石镇江边村 2 家废旧塑料再生厂，对娄底市鸿帆科技发展有限公司、娄底市佳力化工有限公司等重点排污企业进行停产整顿，湖南顺鑫钢铁有限公司改进环保设备，中止一些可能严重影响环境的招商引资项目。全市环境污染加剧的趋势得到遏制。

1987—2007 年，历届市人大常委会对 40 多部法律法规的实施情况进行执法检查 159 次，督促执法机关认真解决执法过程中存在的问题。

三　组织代表评议

1991 年 12 月，市人大常委会首次组织人大代表评议国家机关工作，在山塘区试点，评议公安派出所、粮站等 4 个单位。山塘区粮站根据代表提出的建议，搬迁群众意见较大的砂石面条厂、副食品加工厂、山塘面条厂，改善荷塘、湖广、快溪、山塘 4 个门市部的卫生条件。1992 年 2 月，第十一届人大常委会第十四次会议通过《关于组织人大代表评议国家机关工作的决议》，至 11 月，2700 名各级人大代表参加评议，10 个部门 287 个单位接受评议，评出信任单位 139 个，基本信任单位 136 个，不信任单位 12 个。根据人大代表的要求、建议和反映，解决一批群众关心的问题：水洞底镇农电站解决长期以来水电站大坝上游遭洪水袭击的问题；柏树乡企业办狠抓企业财务清理，追回贪污、挪用公款 11 万余元；市公安局蓝田派出所对干警和联防队员进行整顿，严格执法纪律；白马区粮站规定在粮食入库时各库点必须设有凉棚、晒坪、风车、急救药水、复秤台、复算处等服务设施，群众反映良好。评议中，代表们发现提出各种违纪、违法线索 112 条，并督促有关部门进行查处。其中，七星乡财政所、芙蓉乡煤矿、芙蓉水泥厂等单位 5 名工作人员因贪污挪用公款数额巨大被市人民检察院立案侦查。

1993 年，市人大常委会组织人大代表对市公安局、市人民检察院、市人民法院、市司法局 4 个单位的工作进行评议。1995 年，组织人大代表对工商行政管理部门的工作进行评议。

2000 年 10 月，市人大常委会组织人大代表对市公安局进行工作评议，人大代表共提出 25 个重点个案。市公安局采取定领导、定承办单位、定专门力量、定办结时间的办法，逐个侦查落实，侦破斗笠山镇香花村刘某房屋爆炸案等一批重大案件。

2003 年 7—12 月，市人大常委会组织人大代表对市工商局、市卫生局、市房产局、市交警大队的工作进行评议。评议后，各被评议单位向市人大常委会提交整改方案，对评议中代表所提出的问题进行认真整改。

四　述职评议

1988 年 12 月，市人大常委会专职委员及机关工作人员21 人，组成 6 个工作组，对市人大常委会任命的政府组成单位主任、局长以及市人民法院副院长、市人民检察院副检察长共 36 人进行考核评议，考评结果为能胜任本职工作的 25 人，基本胜任的 9 人，群众意见较大、问题较严重的 2 人。

1996 年 6—12 月，市第十二届人大常委会首次开展述职评议工作，述职评议分为宣传发动、调查与自查、会议评议、整改提高四个阶段，采用百分制对述职者进行投票测评。市交通委员会主任、市国土管理局局长、市民政局局长接受市人大常委会的评议。此后，对述职者的测评方式改为按照“称职”“基本称职”“不称职”三个档次进行。

2001 年 7—11 月，市第十三届人大常委会对 6 名副市长进行述职评议。首次评议政府领导人员，常委会坚持“评出力度，评出深度，评出实效”的指导思想，评议会前，组织6个调查组，到20个乡镇(街道)和76个市直机关单位调查研究、收集意见，走访各级人大代表421名，召开各类座谈会140个，征集建议、意见1143条；评议会上，采取面对面述职、背靠背评议、当面反馈情况的形式，对6位副市长任期内的工作进行客观公正的评议，实事求是肯定成绩，直言不讳指出问题；评议会后，市政府及各位副市长采取得力措施，在人民群众反映最强烈、最关心的难点、热点上下工夫，较好地解决大江口水库移民的遗留问题，人民路、芙蓉南路路面硬化，交通路南段西侧开发、城区交通秩序等老、大、难问题。十三届人大常委会第二十二次会议再次听取6位副市长的整改情况汇报，评议活动在娄底市乃至全省产生一定影响，娄底市人大常委会在涟源市召开人大评议工作现场经验交流会，省人大常委会领导到会指导并给予高度评价。

2004—2006年，市第十四届人大常委会4次对副市长，政府各组成单位的局长、主任，市人民法院和市人民检察院正、副职进行全面的述职评议，督促解决一批群众普遍关注的问题。

2007年，《中华人民共和国各级人民代表大会常务委员会监督法》实施后，市人大常委会依法规范监督工作，停止述职评议。

五　财政预算执行监督

历届市人大常委会通过审查和批准财政预算、调整财政决算，督促审计机关依法开展预算执行同级审计，听取和审议有关财政收支的专项工作报告，加强对财政预算决算执行的监督。

1990年3月，市第十一届人大第一次会议作出《关于加强预算外资金管理的决议》，重点在建立预算外资金管理网络、扩大专户储存面、增加储存金额上作出规定，首次就财政管理作出专项决议、决定。到1992年底，全市纳入专户储存的单位110个，专户储存金额由1989年的1494万元增加到3400万元，财政融通使用资金2500万元。

1994年，市第十二届人大常委会针对市级财政预算外资金金额远远大于预算内资金金额的问题，组织调查组，历时3个月，走访90多个市直单位，并组织到汨罗等地学习外地经验，是年10月，召开第十次会议，作出《关于批准〈涟源市行政事业性收费实行财政统一征收统筹安排的规定〉的决议》。1996年7月，第十九次会议作出《关于加强行政性收费、罚没收入管理的决议》。两项决议要求将行政事业性收费和罚没收入纳入财政统一管理，为缓解当时财政困难、平衡财力、纠正行业不正之风、规范收费行为、解决分配不均等问题起到积极作用。

2003年后，市人大常委会每年都要听取预算执行同级审计情况的报告，并听取市政府及相关职能部门关于同级审计所发现问题的整改情况报告，督促解决预算执行中存在的普遍性问题。

2005年6月，市第十四届人大常委会第十六次会议作出《关于推行国库集中支付核算改革和规范非税收入管理的决定》，提出推行国库集中支付核算改革和规范非税收入管理的主要内容、工作原则，明确规定非税收入由政府进行统筹安排，实行综合预算管理，为政府推行国库集中支付、建立非税收入管理新模式提供制度保障。从2006年开始，全市所有一级预算单位全部纳入国库集中支付范围。

六　个案监督

1988年，针对涟源火车站就地翻修客运房、站台违反城市规划的问题，主任会议向市政府发出交办函，提出市人大常委会撤销市政府关于涟源火车站就地翻修的文件，责令施工单位停止施工，责令市政府将涟源火车站西移80米。

1988年11月28日，芙蓉乡扶珂村煤矿矿长谭某不服冷水江市在扶珂村设煤检站强行收费，搬移其拦杆,被民警押至冷水江市公安局收审。30日,扶珂村司机刘某在冷水江市被连人带车扣押,并遭殴打。是日,扶珂村少数村民找到并抓住殴打司机的3名交警带至扶珂村,作为释放谭某、刘某的人质。是日晚,冷水江市30多名政法干警、70多名保安人员在其政法委书记、分管公安工作的副市长带领下攻击扶珂村,枪杀1人、打伤18人。事件发生后,由于种种原因,没有得到公正处理。12月,市第十届人大常委会组织在涟源的10名省人大代表进行实地视察,向省人大常委会反映事件真相。在涟源各方面的共同努力下,这一事件最终得到较为公平的处理,被害人家属得到一定的经济补偿,冷水江市一些责任人员受到法律制裁。

1990年5月,主任会议根据群众举报,对市公安局侦查谭某、金某强奸案进行重点监督,要求公安机关排除阻力干扰、严格执法,限期侦办此案,使犯罪嫌疑人受到应有惩罚。

1991年,市人大常委会对市公安局马家境派出所刑讯逼供湖泉乡一女村民案进行督办,相关责任人被追究责任。

1993—1994年,督促检察机关立案查处市公安局马家境派出所合同民警李某、石陶乡副乡长李某非法拘禁村民案等4件乡镇干部和基层执法人员非法拘禁、刑讯逼供案件。

1998年,针对1995年市人民法院判决市政府赔偿非法煤矿斗笠山镇合友煤矿13万元的行政赔偿案件,市人大常委会听取和审议市人民法院关于行政审判的专项工作汇报,督促市人民法院启动内部审判监督程序,依法对该案进行重审,撤销原判决。

2007年前,市人大常委会主要审查乡镇人民代表大会通过的决议决定,较少审查市政府制定的决定和命令。2007年,《中华人民共和国监督法》实施后,市人大常委会不再直接处理具体个案,对受理的群众申诉和意见,改为督促相关国家机关启动内部监督机制或通过信访渠道交有关国家机关研究处理。

1987—2006年,市人大常委会共督促国家机关处理重点个案110余件。

第三节 人事任免

1987—2007年,市人大常委会任命国家机关工作人员1163名(次),接受31名国家机关工作人员辞去职务,免去国家机关工作人员职务483名,撤销国家机关工作人员职务12名。

1993年,市第十二届人大常委会首次开始对部分提拔使用的拟任人选进行任前考察和法律知识考试。1994年4月,市第十二届人大常委会首次在会议上向获得任命的国家机关工作人员集体颁发任命书。1998年3月10日,市第十三届人大常委会第一次会议全票通过撤销陈某某审判员职务的议案(陈某某执法违法,收受当事人礼金5300元,拖欠法院诉讼费及当事人标的款)。同年7月24日,市第十三届人大常委会第三次会议撤销市人民法院法官汪某的审判员职务(汪某包养情妇,挪用诉讼款9230元、案件标的款6300元)。2003年3月10日,市第十四届人大常委会修改《涟源市人大常委会关于人事任免工作的规定》,建立对拟任人选进行任前考察、法律知识考试、拟任人选向人大常委会作供职发言、接受市人大常委会组成人员询问、采取无记名投票方式表决人事任免事项、颁发任命书等工作程序。2006年4月,市第十四届人大常委会第22次会议上,拟任人选首次作供职发言并接受人大常委会组成人员的任前询问。

第四节 议案及建议督办

市第十届人大期间,人大代表提出议案和建议511件。对第四次会议期间欧阳贵昌、谭孝岚等12名代表提出的"关于整修城区几段烂公路的质询案",市人大常委会在依法要求有关机关答复代表的同时,组织代表进行实地视察,向市政府提出具体工作要求。市政府组织各单位筹资32.7万元,新铺水泥路面800米、沥青路面700米,维修沥青路面550米,安装下水管道1.4千米,新砌明水沟850米。

市第十一届人大期间,人大代表提出议案和建议658件。第一次会议审议"关于巩固和发展乡镇集体经济的议案"后,作出《关于巩固和发展乡镇集体经济的决议》,市政府组织财政审计部门审计清查15个乡镇财政所和乡镇企业,清理违纪金额370万元。其中,清退360万元,收缴市财政10万元。市第十一届人大期间,人大代表反映的湄江渠道水源断流影响农田灌溉,对生猪购销管理实行"四统一",涟水沿岸饮用水困难,蓝田市场和市机关幼儿园建设,桥祖公路、杨白公路整修等问题都得到较好解决。

市第十二届人大期间,人大代表提出议案和建议706件。在办理代表提出的"依法处理杨家滩工商所(汽车)加油不交钱,无理打伤职工的建议"时,市工商局对当事司机进行严肃批评教育,停止其工作3个月,责令其向伤者写出书面检讨、赔偿全部医药费。为办理"尽快铺好杨白公路杨家滩段沥青路面的建议",市公路局拨款3.6万元,争取娄底地区公路局补助5万元,杨市镇组织民工建勤,完成该路段铺油。为落实"解决四新水库垮库被埋农田减免农业税的建议",市财政局向湄江镇下达农业税核减任务指标,并督促落实。

市第十三届人大期间,人大代表提出议案和建议708件。第五次会议审议"关于加强蓝田城区城市规划建设管理,提高城市功能,促进经济发展和社会稳定的议案"后,作出《关于加强蓝田城区规划、建设、管理,提高城市功能,促进经济发展和社会稳定的决议》,市政府在此基础上,制定城区交通秩序和环境卫生整治方案,采取有效举措取缔城区载客三轮摩托车,运营城市出租车,硬化城市道路1.75万平方米,铺设人行道板7400平方米。为落实"请求迅速维修三角塘至庲里公路的建议",市交通委员会组织资金67万元,硬化全线道路2.3千米。同时,交通路南段西侧开发、街道安装路灯、实行煤炭税费统征等建议也得到较好落实。

1987—2003年,人大代表建议办理采取"会前、会中、会后"方式,对能够当场答复的建议,由有关单位在人大会议期间向代表作出答复,其他建议会后由人大常委会梳理后分别转交有关部门办理。从市第十四届人大开始,代表建议一般不再在大会期间答复,改为在会后由市人大常委会与政府召开专门交办会议,分别交有关部门单位办理,人大常委会工作机构与政府相关工作机构对承办单位的办理情况进行检查督办,人大常委会每年听取"一府两院"关于建议的办理情况报告。

市第十四届人大期间,人大代表提出议案及建议批评和意见541件。对"尽快落实责任,督促相关部门早日修复桥头河老大桥"的建议,市政府组织有关乡镇筹资22万元,修复该大桥。对"规范和完善蓝田城区门牌管理"的建议,市财政投入16万元,市民政局自筹25万元,完成城区主要街道的地名标牌设置。

2005年开始,部分在涟省人大代表、在涟娄底市人大代表和市人大代表连续在省、娄底市、涟源市人大会议上提出有关撤销境内光田湾公路收费站、珠梅公路收费站的建议和议案。2006年,部分在涟省人大代表多次到省交通厅、省政府反映情况,引起有关部门重视。2007年,光田湾公路收费站、珠梅公路收费站被撤销。

1987—2007年,人大代表提出的经市(县)人大会议主席团决定予以立案的议案22件,提出的建议、批评和意见2209件(含议案改作建议处理),内容涉及政治、经济、文化、教育、卫生、社会治安、城市建设等各个方面。

第五节 乡镇人大工作监督指导

1987年起,乡、镇人民代表大会设立主席团,设常务主席负责主席团日常工作,联系乡、镇人大代表。

1990年3月,财溪乡第六届人大第一次会议将代表联名提出的"关于强烈要求乡政府清理乡属部门单位的财务”的议案作为大会议案予以立案。财溪乡政府认真办理该议案，组织对乡办阳硐煤矿、水泥厂、水电站、企业办等单位进行财务清理，清查出违纪金额38万元，涉及责任人员40人，依法追究刑事责任1人、拘留5人，挽回经济损失12万元。是年2—7月，市第十一届人大常委会第二次、第四次会议针对乡镇人大选举国家机关领导人员过程出现的违法现象，分别作出关于撤销大桥乡人大选举非本级人大代表为乡人大主席团常务主席的决定、撤销龙塘乡人大宣布没有获得全体代表过半数选票的候选人当选为副乡长的决定；第五次会议针对伏口镇第八届人大第一次会议两次选举中出现的收回选票数多于投票人数等问题，决定撤销该镇人大两次选举结果。

1991年8月，市第十一届人大常委会第十一次会议通过《关于在全市各区设立人大联络工作委员会和人事任命的决定》《涟源市人大常委会区联络工作委员会工作职责（试行）》，据此全市7个区、3个街道均设立人大工作联络委员会，作为常委会派出的工作机构。9月，马头山乡人大主席团在市人大常委会的指导下，尝试设立财经工作小组、教科文卫工作小组、法制工作小组、办公室。

1995年1月，全市撤区并乡以后，乡镇人大的组织建设得到加强，全市各乡镇人大主席、街道人大联工委主任均由同级党委副书记兼任。1996年开始，全市各乡镇人大均配备1至2名专职人大副主席。

1996年，市人大常委会指导全市各乡镇人大，对19名乡镇长、65名副乡镇长进行全面的述职评议。是年底和翌年初，市人大常委会连续发出《关于乡镇人大正确行使决定权的几个问题的通知》，组织各乡镇人大主席团清理本届乡镇人大所作的涉及农民负担的专项决议，督促有关乡镇人大撤销和停止执行决议、决定6项。

2001年6月，六亩塘镇人大召开专题会议，通过《六亩塘镇人大关于决定重大事项的制度》，对决定重大事项的范围、程序等进行规定。此为全省乡镇人大率先通过的重大事项决定制度，其经验在娄底市各乡镇推广，《湖南日报》在头版作专题报道。

2006年8月，古塘乡人大召开会议，专题听取乡政府的政情报告和财政预算执行情况。这是全市乡镇人大首次在年中采取召开专题人大会议的形式，听取乡镇政府的有关情况报告，监督乡镇政府的工作。12月，龙塘乡人大主席团在督办代表议案和建议、批评、意见时，组织提案代表对办理情况进行无记名测评，促进建议办理工作。

图4-3　涟源市第十四届人民代表大会第一次会议在光明山大礼堂召开

第五篇　人民政府

第一章　政府组成

第一节　领导班子

涟源市(县)人民政府领导班子由市长、副市长组成。

市(县)第十届人民政府,1987年3月有县长1人、副县长6人,1990年2月有市长1人、副市长8人。先后10人任副市长。市第十一届人民政府,1990年3月有市长1人、副市长6人,1992年12月有代市长1人、副市长8人。先后11人任副市长。市第十二届人民政府,1993年1月有市长1人、副市长5人,1997年12月有市长1人、副市长6人。先后3人任市长,1人任代市长,16人任副市长。市第十三届人民政府,1998年1月有市长1人、副市长5人,2002年12月有市长1人、副市长8人。先后2人任市长,2人任代市长,14人任副市长。市第十四届人民政府,2003年1月有市长1人、副市长7人,2007年12月有市长1人、副市长8人。先后2人任市长,2人任代市长,16人任副市长。市第十五届人民政府,2007年12月有市长1人、副市长8人。

1987—2007年涟源市(县)历届人民政府领导成员名录

表5-1

届次	职　务	姓　名	性别	籍　贯	出生时间	政治面貌	任职时间
第十届(1987.03—1990.03)	县长(市长)	易树基	男	长沙县	1942	中共党员	1987.03—1990.03
	副县长(副市长)	王中安	男	涟源市石马山镇	1940.02	中共党员	1987.03—1990.03
		吴平凡	男	涟源市安平镇	1947	中共党员	1987.03—1988.03
		李细军	男	涟源市荷塘镇	1944.09	中共党员	1987.03—1990.03
		李昭伯	男	新化县	…	中共党员	1987.03—1989.08
		肖梦麒	男	涟源市三甲乡	1933	无党派人士	1987.03—1990.02
		彭势强	男	汨罗市	1946.08	中共党员	1987.08—1989.04
		高超群	男	涟源市桥头河镇	1948.09	中共党员	1988.01—1990.03
		刘柏林	男	涟源市金石镇	1932.10	中共党员	1988.03—1990.03
		傅少奇	男	涟源市枫坪镇	1942.06	中共党员	1989.09—1990.03
		欧家好	男	辰溪县	1955	无党派人士	1989.09—1990.03

续表 5-1

届次	职　务	姓　名	性别	籍　贯	出生时间	政治面貌	任职时间
第十一届（1990.03—1992.12）	市　长	易树基	男	长沙县	1942	中共党员	1990.03—1992.05
	代市长	刘柏林	男	涟源市金石镇	1932.10	中共党员	1992.05—1992.12
	常务副市长	刘柏林	男	涟源市金石镇	1932.10	中共党员	1990.03—1992.04
		陆家康	男	新化县天门乡	1951.06	中共党员	1992.05—1992.12
	副市长	高超群	男	涟源市桥头河镇	1948.09	中共党员	1990.03—1991.03
		王中安	男	涟源市石马山镇	1940.02	中共党员	1990.03—1992.12
		李细军	男	涟源市荷塘镇	1944.09	中共党员	1990.03—1991.03
		傅少奇	男	涟源市枫坪镇	1942.06	中共党员	1990.03—1992.12
		欧家好	男	辰溪县	1955	无党派人士	1990.03—1992.12
		刘国涛	男	涟源市杨市镇	1948.11	中共党员	1992.03—1992.12
		张百鸣	男	新化县	1957	中共党员	1992.09—1992.12
		毛湘华	男	涟源市杨市镇	1942.05	中共党员	1992.09—1992.12
第十二届（1993.01—1997.12）	市　长	陆家康	男	新化县天门乡	1951.06	中共党员	1993.01—1994.04
		高超群	男	涟源市桥头河镇	1948.09	中共党员	1994.05—1997.01
	代市长	胡卫平	男	双峰县蛇形山镇	1951.12	中共党员	1997.01—1997.02
	市　长	胡卫平	男	双峰县蛇形山镇	1951.12	中共党员	1997.03—1997.12
	常务副市长	张百鸣	男	新化县	1957	中共党员	1993.01—1995.08
		周世辉	男	涟源市桥头河镇	1951.11	中共党员	1995.08—1997.08
		刘国涛	男	涟源市杨市镇	1948.11	中共党员	1997.09—1997.12
	副市长	傅少奇	男	涟源市枫坪镇	1942.06	中共党员	1993.01—1995.08
		刘国涛	男	涟源市杨市镇	1948.11	中共党员	1993.01—1997.09
		毛湘华	男	涟源市杨市镇	1942.05	中共党员	1993.01—1997.12
		邓建和	男	娄星区万宝镇	1958.09	中共党员	1993.01—1996.03
		刘光梯	男	娄星区	1949	中共党员	1993.05—1995.02
		吴锡藩	男	涟源市安平镇	1952.03	中共党员	1993.05—1995.02
		杨清芳	男	益阳市	1964	无党派人士	1994.04—1996.03

续表 5-1

届次	职　务	姓　名	性别	籍　贯	出生时间	政治面貌	任职时间
第十二届（1993.01—1997.12）	副市长	李劲松	女	新化县	1963.07	中共党员	1995.06—1997.12
		毛建华	男	涟源市杨市镇	1956.04	中国民主同盟盟员	1995.06—1997.12
		黄祥刚（苗族）	男	麻阳县	1961.03	无党派人士	1995.08—1997.12
		肖腾桂	男	涟源市杨市镇	1952.07	中共党员	1996.03—1997.09
		李恒阳	男	新宁县	…	无党派人士	1996.03—1997.04
		李和平	男	新化县	1957.01	中共党员	1997.08—1997.12
第十三届（1998.01—2002.12）	市　长	胡卫平	男	双峰县蛇形山镇	1951.12	中共党员	1998.01—1998.11
	代市长	王日平	男	涟源市龙塘乡	1954.09	中共党员	1998.12—1999.02
	市　长	王日平	男	涟源市龙塘乡	1954.09	中共党员	1999.03—2002.10
	代市长	余明庭	男	冷水江市毛易镇	1957.02	中共党员	2002.10—2002.12
	常务副市长	刘国涛	男	涟源市杨市镇	1948.11	中共党员	1998.01—1999.11
		李和平	男	新化县吉庆镇	1957.01	中共党员	1999.11—2002.12
	副市长	黄祥刚（苗族）	男	麻阳县	1961.03	无党派人士	1998.01—1999.11
		李和平	男	新化县吉庆镇	1957.01	中共党员	1998.01—1999.10
		陈龙生	男	涟源市七星街镇	1951.10	中共党员	1998.01—2001.11
		谢幸福	男	涟源市枫坪镇	1955.02	中共党员	1998.01—2000.07
		毛元珍	女	涟源市杨市镇	1949	中共党员	1998.07—2002.12
		赵应良	男	双峰县	1963.09	无党派人士	1999.11—2002.12
		陈跃进	男	湘乡市	1958.05	中共党员	2000.08—2002.06
		欧阳贵昌	男	涟源市七星街镇	1950.05	中共党员	2000.08—2002.12
		熊建霞	男	娄星区万宝镇	1962	中共党员	2001.09—2002.12
		张良龙	男	涟源市龙塘乡	1952.11	中共党员	2002.06—2002.12
		梁立坚	男	涟源市三甲乡	1972.10	中共党员	2002.06—2002.12
		陈奉文	男	涟源市蓝田街道	1962.03	中共党员	2002.09—2002.12

续表 5-1

届次	职务	姓名	性别	籍贯	出生时间	政治面貌	任职时间
第十四届 2003.01—2007.12	市长	余明庭	男	冷水江市毛易镇	1957.02	中共党员	2003.01—2004.11
	代市长	李和平	男	新化县吉庆镇	1957.01	中共党员	2004.11—2005.02
	市长	李和平	男	新化县吉庆镇	1957.01	中共党员	2005.03—2007.11
	代市长	曾益民	男	新化县洋溪镇	1962.01	中共党员	2007.11—2007.12
	常务副市长	李和平	男	新化县吉庆镇	1957.01	中共党员	2003.01—2004.10
		陈奉文	男	涟源市蓝田街道	1962.03	中共党员	2005.03—2007.12
	副市长	赵应良	男	双峰县	1963.09	无党派人士	2003.01—2004.07
		张良龙	男	涟源市龙塘乡	1952.11	中共党员	2003.01—2007.12
		陈奉文	男	涟源市蓝田街道	1962.03	中共党员	2003.01—2005.03
		吴执政	男	湄江镇溢田村	1963	中共党员	2003.01—2007.12
		向国蓉	女	娄星区	1962.07	中共党员	2002.10—2006.10
		熊建霞	男	娄星区万宝镇	1962	中共党员	2003.01—2006.10
		梁立坚	男	涟源市三甲乡	1972.10	中共党员	2003.01—2004.07
		游永斌	男	新化县游家镇	1970.08	中共党员	2003.09—2006.02
		陈铁军	男	邵东县	1963.01	无党派人士	2004.07—2007.12
		王小勇	男	冷水江市	1970.08	中共党员	2004.07—2007.10
		胡春生	男	涟源市蓝田街道	1957.12	中共党员	2006.02—2007.12
		梁育清	女	涟源市三甲乡	1967.11	中共党员	2006.10—2007.12
		谢高云	男	邵阳县	1958.03	中共党员	2006.10—2007.12
		赵军	男	邵东县	1964.07	中共党员	2007.04—2007.12
第十五届(2007.12—)	市长	曾益民	男	新化县洋溪镇	1962.01	中共党员	2007.12—
	常务副市长	陈奉文	男	涟源市蓝田街道	1962.03	中共党员	2007.12—
	副市长	吴执政	男	湄江镇溢田村	1963	中共党员	2007.12—
		陈铁军	男	邵东县	1963.01	无党派人士	2007.12—
		胡春生	男	涟源市蓝田街道	1957.12	中共党员	2007.12—
		梁育清	女	涟源市三甲乡	1967.11	中共党员	2007.12—
		刘涛波	男	涟源市	1972.09	中共党员	2007.12—
		赵军	男	邵东县	1964.07	中共党员	2007.12—
		谢高云	男	邵阳县	1958.03	中共党员	2007.12—

第二节 机构设置

一 政府工作机构

1987年11月，涟源市人民政府下设机构44个(含直属机构、办事机构和直属事业单位)：市政府办公室、计划委员会、经济委员会、农业委员会、财贸委员会、建设委员会、教育委员会、科学技术委员会、计划生育委员会、体育运动委员会、民政局、公安局、司法局、人事局、劳动局、统计局、物价局、审计局、国土管理局、乡镇企业局、交通局、煤炭局、环境保护局、商业局、物资局、轻工业局、供销合作社联合社、对外贸易公司(局)、工商行政管理局、粮食局、财政局、税务局、农业局、林业局、水利水电局、文化局、卫生局、爱国卫生运动委员会办公室、广播电视局、工农关系办公室、侨务办公室、市志编纂委员会办公室、老龄工作委员会办公室、农业机械管理站。

1988年1月，成立畜牧水产总站；3月，成立监察局和城镇工作办公室；4月，成立外事办公室，与政府办公室合署办公。1990年7月，经营管理站更名经营管理总站，升格为正科级单位；10月，成立法制办公室；12月，标准计量管理局更名技术监督局，升格为正科级单位。1991年9月，成立旅游局。1992年1月，成立湄江风景区管理处，与旅游局合署办公；成立住房制度改革领导小组办公室；2月，成立经济体制改革办公室，与经济研究室合署办公；4月，成立外经办公室；5月，矿产资源管理办公室更名矿产资源管理局；6月，房地产管理处更名房地产管理局；9月，成立马家境经济开发区。1993年8月，组建公路管理局；12月，成立招商引资办公室，与外事办公室、外经办公室、经济技术协作办公室合署办公。

1994年8月，市直机关机构改革启动，12月30日，市政府下设机构46个。其中，政府组成机构21个：市政府办公室(侨务办公室、经济体制改革办公室、经济研究室并入)、经济委员会、建设局(建设委员会更名)、计划物价局(计划委员会与物价局合并)、科学技术局(科学技术委员会更名)、教育局(教育委员会更名)、公安局、司法局、民政局、财政局、人事局、劳动局、交通局、农业局、林业局、水利水电局、文化局、卫生局、计划生育局(计划生育委员会更名)、监察局、审计局。直属办事机构10个：财贸工作办公室(财贸委员会更名)、乡镇企业局、统计局、工商行政管理局、国土管理局(矿产资源管理局更名地质矿产局，与国土管理局合署办公)、地方税务局、粮食局、农村工作办公室、技术监督局、环境保护局。议事协调机构的办事机构3个：调处纠纷领导小组办公室(加挂工农关系办公室牌子)、信访工作领导小组办公室、煤炭工业开发管理领导小组办公室(加挂煤炭工业局牌子)。直属承担行政职能的事业机构7个：广播电视局、房地产管理局(与住房制度改革领导小组办公室合署办公)、农业机械管理局、畜牧水产局、体育运动委员会、公路管理局、旅游局。转为经济实体的单位5个：商业局成建制转体为商业总公司；物资局成建制转体为物资总公司；轻工业局成建制转体为轻工业总公司，保留集体工业联社牌子；供销合作社联合社名称不变；对外经济贸易局成建制转体为对外贸易总公司。在商业、物资、轻工业3个转体单位中成立行业管理办公室，即：商业行业管理办公室、物资流通行业管理办公室、轻工业行业管理办公室，挂靠转体的总公司。

1995年1月，信访工作领导小组办公室、爱国卫生运动委员会办公室归口政府办公室；旅游局与外事办公室、外经办公室、招商引资办公室合署办公，湄江风景区管理处单列；残疾人联合会升格为正科级机构。6月，经济体制改革办公室与经济研究室分开，与住房制度改革领导小组办公室(房地产管理局分开)合署办公。是年，地方税务局隶属省地方税务局直管。1996年3月，成立安全生产委员会办公室；蔬菜办公室更名蔬菜局，升格为正科级事业单位；民族宗教办公室、建材工业管理办公室(墙体材料改革领导小组办公室挂靠)

归口政府办公室。11月，经营管理总站更名农村合作经济管理局。1997年7月，设市政府政务督查室，隶属政府办公室。1999年5月，成立煤炭税费统一征收管理办公室；8月，成立优化经济环境领导小组办公室。2000年，市工商行政管理局隶属省工商行政管理局直管；技术监督局更名质量技术监督局，隶属省质量技术监督局直管。

2002年7月，调整机构设置，农村工作办公室（市委农村工作部）更名农村工作领导小组办公室，在市委办公室挂牌，在市委工作机构序列中运作；信访工作领导小组办公室更名信访局，调处纠纷领导小组办公室（工农关系办公室）并入信访局；经济研究室、政务督查室、法制办公室、民族宗教事务办公室、侨务办公室并入政府办公室，为政府办公室内设机构，对外保留牌名；乡镇企业局（民营经济管理局）并入经济工作局，加挂乡镇企业局牌子；安全生产委员会办公室并入安全生产监督管理局；老龄工作委员会办公室并入民政局；爱国卫生运动委员会办公室与卫生局合署办公。撤销国有资产管理局（其职能并入财政局）、经济体制改革委员会、住房制度改革领导小组办公室（其职能并入房地产管理局）、市志编纂委员会办公室（其职能并入政府办公室）；外经办公室和招商引资局列入承担行政职能的事业机构序列。统计局、煤炭工业管理局分别由发展计划局、经济工作局管理。撤销轻工、物资、商业3个行政性总公司，轻工业、物资流通、商业3个行业管理办公室维持原机构规格，分别由经济工作局、发展计划局、贸易工作办公室管理；市建材工业管理办公室并入经济工作局。撤销财贸工作办公室，设立贸易工作办公室。12月，成立外贸行业管理办公室，与市对外贸易总公司一套人马，两块牌子。机构调整后，市政府下设机构38个。其中，政府工作部门22个：市政府办公室、发展计划局（计划委员会更名）、经济工作局（经济工作委员会更名）、教育局、科学技术局、公安局、民政局、司法局、财政局、人事局、劳动和社会保障局（劳动局更名）、国土资源局（国土管理局和地质矿产局合并组建）、建设局（建设委员会更名）、交通局（交通委员会更名）、水务局（水利水电局更名）、农业局、林业局、文化局、卫生局、计划生育局（计划生育委员会更名）、审计局、环境保护局、监察局（不占政府工作机构限额）。直属承担行政职能的事业机构12个：体育局（体育运动委员会更名）、贸易工作办公室、安全生产监督管理局、粮食局、外经办公室、外事招商旅游局（招商引资局与外事旅游局合并）、广播电视局、农业机械管理局、畜牧水产局、农村合作经济管理局、房地产管理局、蔬菜管理局。议事协调机构的办事机构3个：信访局、统计局、煤炭工业管理局。协调管理群众团体机构1个：残疾人联合会。

2003年4月，人民防空办公室升格为正科级事业机构。2004年4月，成立涟源市政务公开服务中心；8月，成立城市管理局。2006年，组建商务局；撤销贸易办公室，设立财税金融工作办公室；发展计划局更名发展和改革局；计划生育局更名人口和计划生育局；安全生产监督管理局由政府直属事业机构调整为政府工作部门；法制办公室由政府办公室内设机构调整为归口政府办公室管理的正科级行政机构；蔬菜管理局由政府直属正科级事业机构调整为承担行政管理职能的副科级事业机构，归口农业局管理；乡镇企业局（民营经济管理局）改组为承担行政管理职能的副科级事业机构，不再加挂"民营经济管理局"牌名，归口农业局管理；撤销贸易工作办公室、外贸行业管理办公室、商业行业管理办公室、物资流通行业管理办公室、轻工行业管理办公室。2007年10月，恢复市志编纂委员会办公室，归口市政府办公室。

2007年，市政府下设机构45个。其中，政府工作部门25个：市政府办公室、发展和改革局、经济工作局、教育局、科学技术局、公安局、司法局、民政局、财政局、人事局、劳动和社会保障局、国土资源局、建设局、交通局、水务局、农业局、林业局、文化局、卫生局、人口和计划生育局、审计局、环境保护局、商务局、安全生产监督管理局、市监察局（不占机构限额）、扶贫办（临时行政机构）。直属承担行政职能的事业机构14个：广播电视局、体育局、外事招商旅游局、粮食局、农业机械管理局、畜牧水产局、农村合作经济管理局、房地产管理局、城市管理局、规划局、人民防空办公室、供销合作社联合社、财税金融工作办公室、政务公开服务中心。议事协调机构的办事机构5个:法制办公室、信访局、煤炭局、物价局、统计局。协调管理群众团体机构1个:残疾人联合会。

二　派出机关

1987年11月,市政府派出机关有荷叶、四古、伏口、桥头河、杨家滩、山塘、白马7个区公所,以及蓝田、马家境、六亩塘3个街道办事处。1995年1月,撤销7个区公所,及马家境、六亩塘2个街道办事处。2007年,市政府派出机关有蓝田街道办事处。

三　双管机构

1987年,境内属中央、省、娄底地区和市双重领导的工作机构有:中国农业银行涟源市支行、中国人民建设银行涟源市支行、中国工商银行涟源市支行、中国银行娄底支行涟源办事处、中国人民保险公司湖南省涟源市支公司、市烟草专卖局、湖南省盐业公司涟源支公司、市邮电局、省石油公司涟源支公司、市药材公司、涟源电力局、市气象局、涟源水文站、市地质矿产局、市新华书店、市农村社会经济抽样调查队。

1991年5月,湖南省盐业公司涟源支公司加挂湖南省涟源市盐务管理局牌子。12月,建立市医药管理局与市药材公司两块牌子,一套人马。1992年11月,中国人民银行涟源市支行成立。1994年1月,市公路段与市交通委员会下设的县乡公路管理站合并,成立市公路管理局。9月,市税务局一分为二,组建市国家税务局和市地方税务局,市国家税务局为双管机构。1995年,市地方税务局为双管机构。1996年5月,中国人民保险公司湖南省涟源市支公司改组为中保(集团)财产保险有限公司涟源支公司和中保(集团)人寿保险有限公司涟源支公司。1997年1月,中国农业发展银行涟源市支行从农行分离单独设立;6月,中国平安人寿保险股份有限公司涟源营销服务部成立。1998年9月,邮电分营,市邮政局、市电信局挂牌成立。1999年,中保(集团)财产保险有限公司涟源支公司和中保(集团)人寿保险有限公司涟源支公司分别更名中国人民保险股份有限公司涟源支公司和中国人寿股份保险有限公司涟源支公司。移动通信公司从市电信局分出,成立省移动通信有限公司娄底分公司涟源营业部。2000年,市工商行政管理局隶属省工商行政管理局直管;市技术监督局更名市质量技术监督局,隶属省质量技术监督局直管。2001年9月,成立娄底市药品监督管理局涟源市分局。2002年10月,市住房公积金管理中心更名娄底市住房公积金管理中心涟源管理部,由娄底市住房公积金管理中心垂直管理。2004年,娄底市药品监督管理局涟源市分局更名涟源市食品药品监督管理局,市新华书店更名湖南新华书店集团有限公司涟源市分公司。2005年7月,市国土管理局、市地质矿产局合并,组建市国土资源局,为双管机构。2006年,市农村信用合作联社改革,成为双管机构。

2007年,境内属中央、省、娄底市和涟源市双重领导的工作机构有:中国人民银行涟源市支行、中国农业银行涟源市支行、中国建设银行股份有限公司涟源支行(中国建设银行涟源市支行更名)、中国工商银行股份有限公司涟源支行(中国工商银行涟源市支行更名)、中国银行股份有限公司涟源支行(中国银行涟源支行更名)、中国农业发展银行涟源市支行、市农村信用合作联社、中国人民保险股份有限公司涟源市支公司、中国人寿保险股份有限公司涟源支公司、中国平安人寿保险股份有限公司涟源营销服务部、市国家税务局、市地方税务局、市烟草专卖局、市盐务管理局、市药材公司(市医药管理局)、市邮政局、湖南电信涟源市分公司、市食品药品监督管理局、中国石油化工集团湖南娄底石油分公司涟源片区、涟源电力局、市公路管理局、市气象局、涟源水文站、市工商行政管理局、市质量技术监督局、市国土资源局、娄底市住房公积金管理中心涟源管理部、省移动通信有限公司娄底分公司涟源营业部、中国联合通信有限公司涟源分公司、湖南新华书店集团有限公司涟源市分公司、国家统计局涟源调查队。

第二章 政务会议

第一节 政府全体会议

1987—2007 年,政府全体会议由市长召集和主持,副市长、政府顾问、调研员、助理调研员、市长助理、政府办主任、政府组成单位负责人参加,决定和部署重要工作,讨论重大事项和向市人民代表大会作的政府工作报告,分析通报市内外经济形势等。

第二节 政府常务会议

常务会议由市长主持召开,出席人员为副市长,列席人员为政府顾问、调研员、助理调研员、市长助理、政府办主任以及与会议内容相关的单位负责人和政府办协助分管系统的副主任。常务会议讨论决定政府工作的重大事项,讨论通过提请市人民代表大会及其常务委员会审议的议案,讨论通过由市政府制定和发布的规范性文件,讨论决定政府各部门请示的重要事项,讨论研究人事安排和分工,审查通过重要计划、方案和规划等,根据需要形成《纪要》发至区(街道)、乡镇和市直单位。

1987 年 3 月—1990 年 3 月,第十届人民政府任期内召开政府常务会议 56 次,主要研究搞活企业、煤炭规划、国土管理、机构设置、计划生育、复退军人安置、大江口水库移民、农(农业户口)转非(非农业户口)、煤炭销售管理、农业生产资料购销管理、党政分开试点、劳动工资统筹、火车站扩建改造、矿产资源管理、投产供应净化水、落实私房政策、大中专生毕业分配、"八五"规划、安全生产、医药市场整顿、粮食二库基建、湄江风景区建立等问题。

1990 年 3 月—1992 年 12 月,第十一届人民政府任期内召开政府常务会议 27 次,分别传达省县市长会议精神,讨论政府工作报告,研究人事安排和发展农业、工业、旅游业,研究深化改革、优化结构、制止"三乱"(乱收费、乱罚款和乱摊派)、减轻农民负担、省回春堂制药厂立项、光明山农贸市场(今蓝田市场)建设等问题。

1993 年 1 月—1997 年 12 月,第十二届人民政府任期内召开政府常务会议 35 次,主要研究重点建设项目、清理整顿非法着装、煤炭开发基金收缴、清理整顿道路检查站卡、程控电话建设资金筹集、审查开发区方案、加强驻外机构管理、农村社会养老保险、经济技术开发资金的使用管理、蓝印户口(一种介于正式户口与暂住户口之间的户籍,公安机关加盖蓝色印章,称为蓝印户口)、清理整顿小煤窑、普及九年制义务教育、蓝田城区水源规划、建设农村合作基金、开办私立行知中学、新建市中医院、撤区并乡、劳动力市场建设、"九五"计划、农电体制改革、桥头河镇建设万亩蔬菜基地、成立汽车出租公司、成立私营企业协会、清理林业用地、教育收费、清理整顿煤炭经营市场、交通路南段西侧开发、民间非法扣车、取缔邪教组织、社会稳定等问题。

1998 年 1 月—2002 年 12 月,第十三届人民政府任期内召开政府常务会议 46 次,主要研究国有集体企业改革总体方案、加快住宅建设、粮食流通体制改革、国有集体企业职工基本生活保障和再就业工作劳动保险体制改革、娄涟二级公路土地开发、坑口火电厂由国家计划委员会批准立项、审议火车站广场规划、湘峰机械厂整体搬迁、斗笠山煤矿破产事宜、城镇职工基本医疗保险制度改革、教育改革、成立民营经济管理局、城区交通秩序和卫生环境整治、打黑除恶专项斗争、煤炭安全生产、农村税费改革、农村公路发展规划、退耕还林、深化国有企业改革、教师工资统发等问题。

2003年1月—2007年12月，第十四届人民政府任期内召开政府常务会议27次，主要研究新型农村合作医疗试点、加快火车站广场开发建设、加快环城北路光蓝段开发建设、加快人民东路建设、优化经济发展环境、“非典”防治、煤炭税费据实征收、筹备建立政务公开服务中心、三峡移民安置、农村社会养老保险及殡葬改革、成立中小企业担保公司及建立金融安全区、合理开发利用光明山大操坪、县乡公路改造、幸福路农业局旁土地开发、治理公路“三乱”(乱设卡、乱收费、乱罚款)，梅雁经济发展总公司投资整体收购市白水泥厂、社会抚养费征收管理、审议突出事件应急预案和政府工作规划，温江饮用水工程建设、“十一五”规划制定、湖南洪源机械厂破产改制、建立全市城乡社会救助体系的实施意见、城市规划修编的行政区定位、公务员住宅小区建设、芙蓉家居建材市场开发、深圳特州投资实业有限公司投资项目、城市总体规划纲要、经济社会主要指标和重点项目、汇源焦化煤气特许经营、企业退休人员医疗保险等问题。

第三节　市长办公会议

市长办公会议根据需要不定期召开，研究处理市政府日常工作中的重要问题和协调解决重大突发事件，有时为现场办公。

1987年3月—1990年3月，第十届人民政府任期内召开市(县)长办公会议36次，主要研究政府工作报告、“七五”计划、修建大江口水库、引进外地资金、农业生产资料分配、白马渠道改造、工农业生产计划、农资专营、打击伪劣商品、职业教育、干部人事制度改革、监察审计工作，完善企业承包制度等问题。

1990年3月—1992年12月，第十一届人民政府任期内召开市长办公会议16次，主要研究打击经济领域犯罪、公司清理整顿、人口普查、计划生育、社会治安综合治理、乡镇企业、解决三一集团征用土地、省回春堂制药厂建设工程、七一煤矿验收投产、农业总体投入专项审计、光明山农贸市场(今蓝田市场)建设集资与征用土地、审查开发区方案、程控电话建设资金筹集、交通安全等问题。

1993年1月—1997年12月，第十二届人民政府任期内召开市长办公会议67次，主要研究开发建设芙蓉南路、开发龙山林场、小城镇规划、城镇住房制度改革、工业企业改革、小煤窑清理整顿、发展乡镇企业、整顿酒类市场、农村试验区石门村、煤炭工业发展、邮电通信建设、行政事业性收费实行财政统一征收与统筹安排、流动人口清理、生猪定点屠宰、解决涟群电线电缆有限公司流动资金、企业破产清算、石门工业区建设资金、矿产品运销监督管理、商业改革、人防工程维护费征收等问题。

1998年1月—2002年12月，第十三届人民政府任期内召开市长办公会议139次，主要研究加速畜牧水产业发展、城区饮用水、人民公园与交通路南段西侧开发总体方案、造纸厂整体拍卖方案、蓝田城区交通秩序整顿、作家爱心书屋建设协调、打击涉税犯罪、安平—古塘公路铺油改造建设、207国道改道工程建设、双(双峰)涟(涟源)公路引线工程和杨(杨市)水(水洞底)公路扩建改造工程、商园街开发、涟源被国家列入生态环境建设综合治理工程及坡改梯工程建设项目、防洪保安资金征集、蓝田城区文艺路泥湾里土地拍卖及开发建设、财政统发工资、体育运动中心开发规划、城市防洪工程建设、爱心文化市场开发管理、粮食压库促销、取缔长冲和龙建废旧汽车解体市场、禁止三轮摩托车在蓝田城区载客营运、蓝田城区直管公房危房整改、大地煤业有限公司煤坪建设、粮食信贷管理、省回春堂制药厂“两个转换”改革和GMP认证技改、蓝田城区幸福路开发建设、评审《涟源市土地整顿开发规划》、220千伏变电所选址等问题。

2003年1月—2007年12月，第十四届人民政府任期内召开市长办公会议265次，主要研究湄江风景区开发建设、城市客运出租车管理、煤矿安全专项整治、蓝田城区电网改造、火车站农贸市场搬迁、蓝田城区酸枣坪广场地段城市道路配套建设、龙山森林公园旅游开发、评审《涟源矿产资源总体规划》、深化企业改革、石马山汽车站建设、毛坪110千伏变电所建设、市人民法院机关整体搬迁、宏彬商业城开发建设、水榭花都与涟水名城小区建设、贵州三板溪水电站500千伏送电线路涟源段工程建设、直饮水公司成立、龙山国家森林公园申报、城西农贸市场建设、市人民政府机构改革方案、三角坪农贸市场建设、太(和)杉(树庙)国防公路改造、龙山风力发电场建设、城市建设移民安置和土地兑换、采煤沉陷区综合治理项目建设、汇源焦化项目建设、台湾国产实业(湖南)水泥项目申报审批、环北东路建设工程招标等问题。

第三章　施政纪要

第一节　撤区并乡建镇

1995年1月6日,市委、市政府召开全市市乡机构改革工作会议,宣布乡镇机构改革方案,56个区、街道、乡、镇合并为1个街道、19个乡镇。随后,经上级领导同意,在省民政厅《关于涟源市撤区并乡调整行政区划的批复》下达前,全市撤区并乡工作全面铺开。2月24日,市政府向娄底行署和省政府呈报《关于撤区并乡调整乡镇行政区划的请示》,撤销杨家滩、山塘、白马、桥头河、荷叶、四古、伏口7个区公所和六亩塘、马家境2个街道,全市设1个街道、15个镇(六亩塘、石马山、安平、湄江、伏口、桥头河、七星街、斗笠山、水洞底、杨市、白马、枫坪、金石、荷塘、茅塘),4个乡(三甲、古塘、渡头塘、龙塘)。11月29日,经省政府同意,省民政厅批复,全市撤销7个区公所,设1个街道(蓝田),12个镇(六亩塘、石马山、安平、湄江、伏口、桥头河、七星街、斗笠山、水洞底、杨市、白马、枫坪),7个乡(三甲、古塘、渡头塘、龙塘、金石、山塘、茅塘)。1997年1月7日,省民政厅批准撤销茅塘乡,设立茅塘镇;4月2日,批准撤销山塘乡,设立荷塘镇。1998年10月23日,批准撤销金石乡,设立金石镇。

第二节　推进城镇化建设

1987年,涟源市城建投资324万元,主要用于城区主要道路建设、蓝田万吨水厂建设和涟水河治理。1988年3月23日,召开政府常务会议,专门研究城建工作和房地产开发问题,决定成立市房地产开发公司,有规划、有步骤地加速城市建设,推动房地产建设。1989年,全市有国家直管公房9.02万平方米。其中,市城区6.76万平方米,桥头河镇1.1万平方米,杨家滩镇1.16万平方米。城镇私房82.23万平方米。其中,市城区64.66万平方米,桥头河镇8.7万平方米,杨家滩镇8.87万平方米。1991年5月27日,政府常务会议专门研究光明山农贸市场建设问题。1992年,市房地产综合开发公司成立。翌年,制定全市房地产发展规划,接手"八五"期间建房任务。1994年,投资960万元,主要用于人民东路、工业桥、市自来水厂二期工程等建设。翌年,投资2500万元,主要用于五马广场(今人民广场)至光田湾道路硬化、市自来水厂扩建、修建儿童公园(今人民公园)和新汽车站等工程。1996年,投资1000多万元,完成城市总体规划修编和七星街、枫坪、金石等5个小城镇规划,完成人民路部分路段配套工程和牛角路、红旗路、双江街等道路硬化,日产3万吨自来水厂竣工投产。1997年,完成人民东路、光蓝路(今环北西路)、双江街部分路段的硬化,对新城路、文艺路进行加宽改造,人民公园完成征地筹建工作。至1998年,全市房地产开发经营遍地开花,市房地产综合开发公司配合房管所、安居工程办公室,开发建设十二总(双江街)、三元巷、红旗居民点、房地大厦、双江街小区(原织染厂)、行知中学、市矿产局和光蓝路(今环北西路)小区,累计完成建筑面积10.6万平方米。1999年,调整住房消费结构,加快经济实用住房建设,以满足各收入阶层的住房要求。市房产综合开发公司从专业银行贷款300万元,加快光蓝住宅小区的建设进度,建成住宅楼2栋共60套,总建筑面积6636平方米。

2000年,杨市、七星街、桥头河三镇被确定为娄底市小城镇建设重点镇。其中,七星街镇被确定为全省小城镇建设50个重点试点镇之一。2001年，商园街重点建设项目启动，工程总投资2400万元。8月，依法取缔1600余辆载客三轮摩托车（俗称“叭叭车”），改善蓝田城区交通秩序。2002年，交通路南段西侧旧城改造工程启动，市政府首次对国有土地使用权进行公开拍卖，收取土地出让金3000余万元。

2003年3月27日，市委、市政府下发《关于切实加强城市规划、建设与管理工作的意见》，提出涟源城市建设与管理工作的基本原则是：科学规划，统一思路；政府为主，多方参与；市场运作，广泛融资；统一管理，共建新城。4月10日，市长办公会议研究决定，进一步加强对城市客运出租车行业的领导和管理，年内蓝田客运出租车总量控制在200台以内。5月14日，政府常务会议专门研究城市建设工作，认为当前涟源城市建设主要依靠政府投入，建设项目越多，政府包袱越重，建设进度也不快，决定借鉴学习外地成功经验，更新观念，改变思路，以经营城市的理念加快城市建设。蓝田城区按照中等城市标准、较长时间不落后的要求规划。高度垄断城市土地一级市场，成立土地储备中心，依靠开发促使土地增值，提高经营效益。城市建设项目全部实行公开招投标，加强工程质量监督，提高工程建设质量。扩大招商引资，多上好项目，争取更多资金，加快涟源城市建设。

2004年，在幸福路、人民桥农业局地段兴建1栋商业住宅综合楼，建筑面积近9000平方米。6月14日，全市小城镇建设现场会在伏口镇召开。8月，成立城市管理局，建设和管理职能分开。2005年，市房地产综合开发公司在光明街兴建2栋经济适用住房，建筑面积4400多平方米，作为火车站广场扩建的配套工程；光蓝路安居小区新建住房3000平方米，涟水名城房地产重点项目完成国有土地使用权的公开挂牌出让，中标价2918万元，由娄底佳苑房地产公司自主开发。项目总占地15.47公顷，投资2亿元，总建筑面积26万平方米，建成各类户型住宅1500余套；投资1.1亿元，总建筑面积3万平方米的光明山广场投入使用。是年，全市城区房屋总建筑面积230.4万平方米。其中，住房建筑面积196.7万平方米，人均居住面积12.9平方米。

2006年1月8日，全长2500米，路幅宽42米，总投资2800万元的环北西路竣工通车；5月29日，全长1347米，路幅宽60米，总投资2240万元的涟源大道破土动工；富洪垃圾卫生填埋场第一期工程投入2700万元（2008年4月投入使用）；市房地产综合开发公司收购市耐火材料厂房地产，土地使用面积4.07公顷，可兴建住房8万平方米；12月30日，市长办公会议决定，要高起点、高标准、高要求建设好芙蓉家居百年建材广场。

2007年，市政府依法收回市邮政局临街5个门面的国有土地使用权，并无条件拆除用于市人民医院绿化广场建设。人民路全面亮化绿化美化，交通桥建成通车、涟源大道拉通毛路（2008年12月竣工），城市功能增强、形象改善、品位提高。

第三节 促进农业发展

一 农业综合开发

1987年，全市水稻播种5.13万公顷，总产30.68万吨；小麦播种9100公顷，年产1.96万吨；种植红薯8523公顷，总产4.11万吨。1989年，全市总耕地面积4.30万公顷。其中，水田2.85万公顷、旱土1.45万公顷。农业人口平均486平方米（即0.73亩）。农业总产值23832万元。其中，种植业15061万元、林业460万元、畜牧业6698万元、副业1124万元、渔业489万元。粮食总产39.25万吨。其中，水稻30.95万吨、小麦1.34万吨、红薯4.95万吨。进入20世纪90年代后，种植业结构由过去的粮食作物、经济作物二元结构逐步向粮食作物、经济作物、饲料作物三元结构过渡。1991年，全市农业总产值57529万元，比上年增长6%；粮食作物播种面积8.46万公顷，粮食总产40.34万吨，分别比上年增长5%和6%；经济作物播种1.41万公顷，总产值3610.5万元；发展生猪114万头，其中出栏58万头；水产总量突破5000吨。1992年，全市春粮总产5万吨，居全省第一位，受到国务院表彰。1993—1994年，市委、市政府从各系统抽调250名干部组成28个工作队，加上上级机关下派9个工作队，共计37个工作队在全市7个区32个乡镇实施“引导农民进市场奔小康工程”。各级工作队从当地实际出发，确立主导产业，实行区域化布局、规模化经营，加强基地开发，促进一村一品形成，使一、二、三产业和农业各业之间的结构逐步趋向合理。1993年，全市经济作物种植1.60万公顷，总产值4250万元，比上年分别增加3700公顷和1500万元；扩种小水果3000公顷，比上年增加1400公顷。1994年，全市粮食收获面积8.93万公顷，总产45100万公斤，连续3年实现双季稻田亩产过吨粮。同时狠抓冬季农业开发，全市冬播粮油作物4万公顷。其中，冬粮2万公顷，水田大小麦1.33万公顷。1994年冬—1995年春，全市新扩种经果林5000公顷，整山炼地1334公顷，基本形成蔬菜、小水果、药材、香瓜、西瓜、商品猪、黑山羊、水产、烤烟等基地。1996年，全市农业总产值6.86亿元，农民人平纯收入1987元；粮食总产45.3万吨；发展生猪128.4万头，其中出栏72.5万头；新开发名优特经果林1874公顷。1996—1997年，涟源先后被定为全省春粮生产重点市和“八五”第四批商品粮基地建设市。

1999年，市农业综合开发领导小组成立，涟源进入国家农业综合开发项目县(市)。大力加强农业基础设施建设，促进农业结构调整，推动农业科技进步，实现农业可持续发展。是年，全市农业综合开发总投资824万元。其中，上级财政投资324万元，涟源财政投资40万元，银行贷款260万元，自筹资金200万元。

2007年，全市农业突出抓好“牛、药、菜、林”四大产业，积极发展大户经济和龙头企业，湖南五江集团天华牧业有限公司、湖南景龙食品有限公司、湖南省回春堂药业有限公司跻身全省农业产业化企业行列。全市实现农业总产值24.43亿元，农业增加值16.58亿元；粮食总产46.08万吨；农民人均纯收入3017元；发展生猪174.36万头，出栏110.67万头。涟源被列入全国生猪调出大县(市)，获奖励发展资金484万元。

1999—2007年，全市农业综合开发项目涉及11个乡镇177个行政村，完成总投资1.97亿元。以改造中低产田为重点，兼顾产业化开发。以水利建设为重点，全面推行节水灌溉，发展节水农业和旱作农业。全市累计改造中低产田9800公顷，开挖疏通渠道428.2千米，衬砌硬化渠道326千米，管道输水10千米，修建排灌站40座，修建拦河坝18座，新修加固小型蓄水工程302处。同时，配套实施平田整地、土壤改良、配方施肥、林网防护和道路建设，修建机耕道63千米，改良土壤4034公顷。调整农业种植结构，优化种植模式，改造传统农业。在水洞底项目区的慕农、西溪等村推广超级稻与马铃薯轮作新型种植模式示范，在杨家滩节水农业示范项目区和龙塘项目区的珠梅等地，利用高标准灌排系统，成规模种植大棚西瓜和蔬菜，进行水旱轮作，实现规模效益。培育龙头企业，推进农业产业化进程。建立七星街肉牛养殖小区，天华牧业有限公司“安格斯”种牛场落户七星街镇，纯种“安格斯”牛存栏450头。以天华牧业有限公司为龙头，采取“公司+基地+农户”的发展模式，在七星街、渡头塘、桥头河、石马山等12个乡镇51个村发展1532个养牛大户。扶持市铁龙科技园3000头肉牛育肥场建设和湖南景龙食品有限公司年产3000吨脱水蔬菜加工项目，促进涟源由传统农业向现代农业转化。

二　林业建设

1983—1987年，在实行林业生产责任制的同时，对于有利于集体统一经营管理的近成熟林仍实行集体管理，不允许将集体所有山林全部平分到户，已经分山到户的不准乱砍滥伐，做到分山不分林，同时鼓励对宜林荒山、荒地实行承包经营和兴办股份制、合作制林场。1989年，全市有林业用地6.97万公顷，其中林地4.71万公顷；有国营场、圃3个，乡村林场425个；立木蓄积104.6万立方米，立竹蓄积1020万株，森林覆盖率27.1%。

1989年7月,市委、市政府做出《四年消灭宜林荒山,九年全面绿化涟源》的决定,将造林绿化工作首次纳入领导干部任期目标管理责任制。至1992年,全市累计完成人工造林1.47万公顷,封山育林4万公顷,基本实现消灭宜林荒山目标,获省绿化委员会授予的达标证书及金奖。此后,市委、市政府将造林工作重点转移到"发展高效林业,实现全面绿化"的目标上来。实行城乡联动,着力提高林木绿化率和发展高效林业;在农村大力开展人工造林、飞播造林和封山育林,大力营造速生丰产林,进一步提高森林覆盖率;在城镇、机关、学校、厂矿,开展园林式、花园式单位创建达标升级活动,提高绿地占用率,改善生态环境。1997年6月,涟源绿化工作经省验收合格,获"实现全面绿化市"奖。

1997~1998年,全国发生大面积、大流域特大洪涝灾害之后,国家制定更加有利于林业发展的政策,加大对林业的投入力度。市委、市政府先后争取和实施退耕还林,生态公益林保护、长江防护林等重点工程建设项目。2002年下半年,出台《涟源市退耕还林项目工程建设实施意见》,全市完成造林4867公顷。在退耕还林项目工程建设中,全市大力推广"林竹、林果、林药、林草"等模式,实施分别新造一万亩以上南竹、油茶、花椒、药材、林草间作的"五个一"工程,建立速生、丰产高效的杉木、南竹、油茶、花椒、药材、果木等六大林业产业基地,带动木竹经营、加工和野生动物养殖业的发展。全市先后兴办白马竹胶板厂、白马砧板厂、鹏盛木业有限公司、湘中板业三利板厂等木竹深加工企业,缓解农村富余劳力的就业压力,促进涟源经济发展。

2004年,国有龙山林场(龙山森林公园)通过项目工程建设和招商引资,投入资金3400万元用于基础服务设施建设。2005年12月9日,市委、市政府下发《关于加快林业发展的意见》,进一步明确林业发展目标,提出全面推进生态环境建设,加快林业产业化进程,深化林业体制改革,坚持科技兴林和依法治林,加大对林业的投入和扶持,切实加强对林业工作的领导等七项具体措施。2006年,经省、国家检查验收,全市完成退耕还林(包括荒山造林)1.23万公顷。2007年,经国家林业局批准,龙山森林公园升格为国家森林公园;经中国华夏文化纽带工程委员会批准,兴建中国龙山华夏中药文化园。是年,全市林业用地8.29万公顷,其中林地6.61万公顷;活立木蓄积187.24万立方米;森林覆盖率37.26%,林木绿化率41.3%。

三 水利建设

1986—1987年,采用打隧洞、架倒虹吸管等办法截弯改直渠道,市内改造干渠421千米,增加灌溉面积1000公顷,改善灌溉面积5000公顷。20纪世90年代后,除继续采用混凝土防渗外,对湄江渠道、白马水库干渠渗漏比较严重的难工险段进行TX—103防水油毡防渗处理,效果显著。小水电建设形成以白马、渡头塘、水洞底的全部行政区域和白马、杨虎冲、湄塘口、桥头河、大江口电站等10处小水电自供营业区为重点的供电网络,担负全市1/3地域的工农业生产和生活用电,年供电量在3000万千瓦时以上。市委、市政府把水土保持工作纳入重要议事日程,成立水土保持委员会、水土保持监督站、水土保持生态环境监督大队,水土保持工作走上正常化、专门化、法制化轨道,先后开展对太和、毛坪、龙溪、小江、白马、光阳、杨梓江、金盆湾、石桥边等小流域的治理,取得良好的生态、社会和经济效益。

1990—1992年,市委、市政府号召全市开展"浅塘挖深加高、漏塘防渗、水塘扩大、塌堤填口、废塘恢复"的水利建设运动。1992年,大江口水库大坝修至设计高度82米。1994年9月,市水利水电局取石马山镇西温井泉水建城东自来水公司。是年,毛坪小流域被批准为长江流域部管城郊型水土保持点,通过四年的重点治理,共完成治理面积9.33平方千米,建成"集体开发""股份开发""个体承包开发"三种不同的治管形式示范样板。1996年6月,城东自来水公司安装输水管3800米,向城东用户供水。1998年,涟源被列为长江中上游湖南省"四水"流域水土保持重点治理市,开始对杨梓江水流域的综合治理,完成治理面积7.42平方千米。

1999 年 11 月 4 日，省委副书记胡彪视察枫坪镇金家村水土保持综合治理示范工程和枫树村坡改梯示范工程后，称赞这些工程为“湖南丘岗地开发的样板”。

1990—2000 年，全市兴建各类饮水工程 200 余处，解决 6.02 万人及 7.2 万头牲畜的饮水困难。按照省水利厅的要求对中型水利工程进行改造，基本消除汛期泄洪的险病隐患，白马水库枢纽除险加固工程完成投资 1326 万元，除对溢洪道、大坝进行加固改造外，新建溢洪道二、三级消力池。2001 年底，国家农业综合开发白马灌区水利骨干工程启动，至 2003 年，共完成干支渠混凝土衬砌 58.6 千米。2005 年，市水务局争取国债专项资金 145 万元，发动群众自筹资金 199.7 万元，完成渡头塘、金石、安平等乡镇集中供水工程和伏口镇喻家村等 13 个分散式供水工程的建设，解决饮水不安全人口 11712 人。是年 5 月 31 日，全市 20 个乡镇（街道）普降暴雨，平均降雨量 176 毫米。其中，荷塘灾情严重，山洪暴发导致房屋倒塌多、人员伤亡惨重。全市直接经济损失 6.21 亿元，损坏各类水利设施 2164 处，倒塌房屋 29256 间，死亡 37 人，失踪 14 人，农作物受灾面积 2.92 万公顷。6 月 1 日，市委、市人大、市政府、市政协主要领导率 1000 多名市直机关干部分赴各自挂钩乡镇，组织抢险救灾。至 2006 年 2 月，全市共投入资金近亿元，恢复河堤 15 千米，疏浚河道 120 千米，复耕抢种农经作物 1.87 公顷，帮助 6711 户房屋全倒户建好新房。是年，白马灌区续建配套与节水改造项目经水利部立项，核定灌区面积 2.34 万公顷，计划投资 2.29 亿元。2007 年，市内有小水电站 47 座，装机 97 台，容量 2.166 万千瓦，年发电量 4342.45 万千瓦时。

1987—2007 年，全市累计投入水利建设资金 5.9 亿元，完成土石方 4.4 亿立方米，建成以白马水库、大江口水库、涓江渠道等三座中型工程为骨干，152 座小型水库和 10 余万处塘坝、井、圳、机电提灌工程为基础的水利网络；改造渠道 4600 多千米，改善灌溉面积 1.33 万公顷；处理各类水库险病隐患 180 余处；蓄、引、提水总量达到 3.5 亿立方米，有效灌溉面积增至 3.30 万公顷，其中旱涝保收面积 2.45 万公顷。

第四节　减轻农民负担

20 世纪 80 年代末，农民收入增加，生活条件得到较大改善，农民负担的税费、乡统筹、村提留也在逐步加码。中共中央、国务院多次发文要求减轻农民负担，地方政府亦采取系列减负措施，但效果甚微。

1990 年，全市农业人口 89.4 万人，农民负担国家税收、乡镇统筹费、各种管理费、集资摊派等 142 个项目 7806.28 万元，人均 87.27 元。除去国家税收 5 个项目 2230.4 万元，农民税外负担 5576.14 万元，人均 62.34 元，比娄底地区人均税外负担高 15.34 元。是年 8 月，市政府成立减轻农民负担领导小组办公室，负责全市农民负担监督管理日常工作。1991 年 2 月 14 日，召开全市制止“三乱”（乱收费、乱摊派、乱罚款）和减轻农民负担工作会议，把减轻农民负担工作与清理“三乱”紧密结合，同步进行。3 月，市人大常委会作出《关于批准〈涟源市人民政府关于切实减轻农民负担的意见〉的决议》，全面推行和建立农民负担监督管理各项制度，要求各乡镇（街道）的农民负担预决算方案，必须全部申报审批，农民负担总额必须控制在上年农民人均纯收入的 5%以内。是年，全市农民负担各种税收 2239.92 万元，人均 25.04 元，占上年农民人均纯收入 4.68%，承担优抚费、民兵训练、教育事业费附加、乡村道路修建费用、村级管理费等统筹提留 2392.46 万元，人均 26.74 元，比上年人均减少 6.8 元。1993 年，全年农民负担预算方案审批额 1623.65 万元，人均 17.9 元，占全年农民人均纯收入 640 元的 2.78%。4 月 17 日，市委、市政府下发《关于切实减轻农民负担的紧急通知》，决定对 1991 年以来所下发的涉及农民负担的文件进行清理审查。6 月，发放《农民负担登记手册》25.19 万份。至 9 月 1 日，全市共清理审查文件 38 个。其中，审查决定停止执行的文件 7 个，自行失效的文件 7 个，修改后执行的文件4个。是年9月,财溪乡500多名农民胸前佩挂"学生家长"红布到乡政府要求清退多收的教育经费,市政府领导率市减负办、市物价局等职能部门到财溪乡政府协调处理,退还多收的教育经费169983元,及时化解矛盾。同时,三甲乡清退164914元,古塘乡清退79235元,其他乡镇相继完成清退工作,全市共清退210多万元。1994年1月,开展对粮油肥三挂钩的兑现调查,发现全市欠粮食收购款30.4万元,欠柴油115吨,市政府组织粮食、供销、石油、银行等部门开会协调,由监察、减负部门督促,及时进行兑现。是年,建立对乡统筹、村提留实行分项登记、资金管理、专项审计等监督制度,对农民反映强烈的重点部门、乡、村进行专项审计。1996年5月,娄涟二级公路涟源段工程建设,全市筹集资金8500万元。其中,农村劳力实行以资代劳,筹集资金1844.8万元。事后,群众反映强烈,市委、市政府顺从民意,及时作出决定,全部清退。8月16日,三甲乡党委、政府在乡中学召开村支部书记会议,计划在中小学学生中每人集资20元改造三甲中学危房。8月29日,三甲乡400多人到乡政府上访请愿,11月13日爆发"三甲事件",三甲乡教育集资方案停止实施。是年,全市农民承担乡统筹、村提留2669万元。其中,村提留606万元,乡统筹1633万元。农民人均29.54元,占上年农民人均纯收入的2.84%。

1997年,建立减负领导责任制和部门工作责任制,全市取消中小学收费标准内增收的人员口子费970.3万元,取消乡镇一级开口子的教育经费2435.8万元,仅教育一项年减负3406.1万元。1999年,实行农民负担一定三年不变的管理办法,市减负办印制农民负担监督卡27.55万份,杜绝农民负担"水涨船高"现象。是年,全市农民承担乡统筹村提留3421万元,人均负担34.92元,占上年农民人均纯收入2.89%。2000年,市监察、减负、物价等职能部门开展对农村中小学收费、农民建房收费等专项治理,减轻农民负担860多万元,全市农民人均减负9.4元。2001年,全市推行涉农收费公示制度,通过公示牌、公示墙、公示栏等形式,把各种涉农收费项目、标准、依据等公示于众,使农民一目了然。同时建立村级订阅报刊费用限额控制制度,每个村不得超过500元。2002年,建立村内集体生产公益事业"一事一议"筹资筹劳管理制度。"一事一议"筹资筹劳限于村内兴办农田水利基本建设、修建村级道路桥梁、植树造林等集体生产公益事业,所需资金按人口承担,每年每人不得超过15元,所筹劳务由本村劳力承担,每年每个劳动力不得超过10个标准工日。建立涉农负担案(事)件责任追究制度;推行农民负担警示卡制度,全市发放警示卡6350份,乡村干部人手一卡。是年,对全市20个乡镇(街道)上年度的乡统筹、村提留等进行专项审计,审计金额5778.26万元,查处违纪金额388.14万元,清退超收统筹款142.8万元。2003年,开展对办理外出务工人员证件收费的专项治理,降低收费标准,减负近10万元。

2002—2004年,推行农村税费改革试点工作,取消乡镇统筹费、农村教育集资等专门向农民征收的行政事业性收费和政府性基金、集资;逐步取消统一规定的劳动积累工和义务工;调整农业税和农业特产税政策;改革村提留征收使用方法。2004年,对种粮农民实行粮食直补、良种补贴和农机购置补贴,发放补贴资金1324.9万元。是年,全市农民负担农业税2195万元,农业特产税80万元,两税附加442万元,"一事一议"资金104.8万元,"两工"(劳动积累工和义务工)以资代劳资金97万元,共计2918.8万元,人均负担24.74元,分别比上年减少47%和45%。2005年起,免征农业税。

第五节　深化国有集体企业改革

中共十一届三中全会后,涟源市国营工业企业借鉴农村改革经验,在一些企业实行超定额计件制、浮动工资制等改革措施。继而扩大企业经营自主权,政府和部门将更多的权力逐步下放给企业,开始实行经济责任制、资产经营责任制和多种形式的承包经营，让企业经营者和职工获得尽可能多的利益，调动其工作积极性。但这些改革均未触及经营机制的深层次问题，结果是开放了市场却没有放开企业，企业仍然处于外有压力而内部动力不足，外遭磨难而内部惰性尚存的煎熬状态之中。1992 年 2 月，市委、市政府出台《关于实行工业企业“五自主”的决定》（生产经营自主、产品定价自主、企业内部分配自主、人事和劳动用工自主、技术改造自主），市内 16 户预算内国营工业企业全部列为娄底地区“五自主”改革试点企业。政府部门逐步转变职能下放权力。日常经营事务不再越俎代庖，进一步扩大企业自主经营权，调动广大职工的积极性和创造性，增强危机意识和责任感。市冶炼厂投资 340 万元的富锰渣炉技改项目，从申请立项到批准前后不到一个月时间，仅盖该厂、经委、环保、银行 4 个印章，比以前审批项目少盖印章 34 个，极大简化审批手续。市铁厂以往对长期旷工人员处罚不严，改革中根据违纪人员处理实施细则，经职代会通过，对 3 名刑事犯罪职工予以开除，对 7 名长期旷工者予以除名。是年，在企业增支减利因素较多的情况下，与上年相比，全市 12 种主要产品，产量增长的有原煤、生铁、水泥、铁锅、机制纸等 9 种；优质产品产值率增长 9.6%，达到 6980 万元；质量稳定提高率上升 8 个百分点，达到 88%；考核 28 项能源消耗和 23 项原材料单耗指标，其稳定降低率分别为 75%和 82.6%；产品销售收入增长 15.6%，达到 13233.3 万元；利润增长 72.8%，为 265.9 万元。

国营工业企业“五自主”改革总体说来是成功的，但运用行政手段推进企业改革，也存在一些缺陷。比如监督机制不完善，攀比购买高级轿车、吃喝玩乐、请客送礼之风日趋严重，少数人甚至以改革之名行捞油水之实，非法侵吞国有资产，导致企业出现“穷庙富方丈”现象。

1998 年，针对大部分国有集体企业停产半停产，自身无力再启动生产的严峻形势，全市进行以盘活存量资产，启动生产经营为目的租赁经营改革和资产量化到人的股份制改革。经过几年实践，效果并不理想，国有集体企业仍在困境中徘徊。2001 年，市委、市政府多次召开会议研究对策，认为国有集体企业改革，必须以产权制度改革为突破口，切除“体制不顺、机制不活、负担沉重、技术落后、管理粗放”5 个长期依附在国有集体企业身上的“毒瘤”，建立健全的现代企业制度。

2002 年 4 月 12 日，市政府就国有企业湖南省回春堂制药厂“两个置换”改革和《药品生产企业质量管理规范》（简称 GMP）认证技改问题举行专题办公会议。5 月 29 日，市企业改革领导小组成立，下设办公室（简称企改办），市政府办主任兼任企改办主任，组织企改办 15 名干部专职开展深化国有企业改革工作。

2003 年 3 月，市企改办组成 3 个联合调研组，分别对全市工业、商贸、建设、计划、农业等系统下属企业进行调查研究。7 月 1 日，《中共涟源市委、涟源市人民政府关于加快企业改革的实施意见》和《涟源市企业改革的若干规定》颁布实施。确定 2003 年为全市企业改革年，决定用 2 年左右时间，完成全市国有集体企业“两个置换”，即所有企业的产权通过拍卖、出售等形式变更其所有性质；所有企业职工改变其国有、集体企业职工身份，自主择业；逐步培育出一批产品市场竞争力强、经营效益好的骨干企业，为加快涟源经济发展奠定良好的体制基础。7 月 16 日，涟源市企业改革动员大会在光明山大礼堂召开。会后，从各委、办、局抽调 42 名企改工作队员参加业务培训。实行市级领导挂钩企业制度，每名市级领导挂钩一个企业。8 月 6 日，沙坪煤矿被市人民法院裁定依法破产。8 月 22 日，以 888 万元整体拍卖。10 月 10 日，市白水泥厂被广东梅雁集团出资 2388 万元整体收购。之后，梅雁集团又斥巨资在涟源建设坑口火电厂，以 1350 万元竞得新坪煤矿。11 月 18 日，市冶金建材总厂以 3101 万元整体出让给邵东顺达金属型材有限公司。2004 年，全市 83 家市属国有集体企业有 63 家基本完成改制，处置变现资产 3.1 亿元。全市 51 家市级领导挂钩企业共完成税收 8255 万元，比上年同比增长 66%。

2005 年，物资行业 7 家公司（站）、粮食系统 14 家企业全部完成改制；商业行业 7 家公司 5 家完成改制，2 家处置大部分资产，进入职工安置阶段。是年，全市规模以上工业企业完成工业增加值 9.91 亿元，同比增长29.3%。一般预算财政收入中，国税收入4500万元，同比增长18.3%；地税收入6214万元，同比增长35.6%。财政总收入3.84亿元，同比增长23.6%。

2006年，全市公开拍卖49个单位80多处资产，得17089.44万元，协议转让获808万元，共获资产处置收入1.79亿元。至2007年12月底，全市118家市属国有集体企业有114家基本完成“两个置换”，改革涉及职工21631人。其中，解除劳动合同的16751人，移交市企业职工社会保险管理局管理的待退休人员和退休人员4738人，改制企业接收原有职工上岗4200人。资产处置收入6.34亿元，缴纳社保基金1.65亿元。国有集体企业通过拍卖、转让等形式转为民营。

第六节　加快公路建设

1987年初，县乡公路管理站管养公路606.6千米。其中，常年养护里程181.68千米，季节性养护里程424.92千米。好路率84.3%。涟源被评为全省县乡公路养护好路县。1989年开始，全面推行公路养护质量与经费、工资、奖金挂钩的激励约束机制，加大交通基础设施建设投资，不断新建、扩建改造公路。至1993年，全市有国道70.1千米，省道65.8千米，县道244.5千米，乡道867.56千米，厂矿专用公路53.84千米，总通车里程1301.8千米，通乡率100%，通村率94.2%，常年养护公路好路率83.5%。

1995年起，市政府决定用3年左右时间开展公路交通建设年活动，重点抓好“126”工程，即一国道G207，二省道S312、S210，六县道X204、X207、X036、X028、X021、X307的公路建设。其次加强乡村公路建设，做到乡乡道路上等级，村村通公路。1996年6月，娄涟二级公路建设开始筹集资金。1997年1月28日，工程造价为726万元的涟源汽车站竣工营业，可日发送客车800班次，接纳200辆客车进站。1998年，投资480万元在人民中路兴建临时客运车站。1999年8月18日，市政府印发《实现2000年村道公路目标实施方案》。2000年，涟源在娄底地区范围内率先实现村村通公路。2001年上半年，完成2000—2020年全市农村公路发展规划编制。2002年9月28日，投资5.14亿元建成的娄涟二级公路通车，线路全长59.69千米，涟源境内37.5千米。是年底，全市有国道70.2千米，省道70.51千米，县道333.76千米，乡道829.64千米，村道2158.84千米，厂矿专用公路85.44千米，公路通车总里程3548.41千米。1995—2002年，全市交通基础设施建设总投资8.95亿元，年均增长14.4%；新建公路桥梁16座，587延米；新修高等级（二级）公路37.5千米，县乡公路50.73千米，路面硬化115.8千米；新建二级客运站1个，简易站2个；完成客运量2501.9万人次，货运量2923.2万吨；征收交通规费23258万元。

2003年9月14日，召开全市县到乡公路改造大会，决定用3年左右时间，完成全市13条县乡公路，170.4千米长的路面硬化。2004年，全市县乡公路建设投资9100万元，硬化通乡公路176千米。2005年，确定全市农村公路建设目标为“5329”，即用5年时间，投资3亿元，完成2000千米建设里程，90%的行政村通水泥公路。2006年，市政府办公室相继下发《关于对2006年乡镇交通建设工作实行目标管理的通知》、《关于印发〈涟源市农村公路建设质量管理办法〉的通知》和《关于成立农村公路建设领导小组的通知》，为全市农村公路建设发展提供政策规定和组织保障。2006年底，茅塘镇、斗笠山镇实现村村通水泥公路，湄江镇和平村与肖家村、龙塘乡董家村、六亩塘镇良溪村实现组组通水泥公路。2003—2006年，全市各单位和个人捐款修建农村公路资金3720万元；全市交通基础设施总投资3.82亿元，新修公路桥梁17座218.7延米，硬化通乡公路142千米，硬化通村公路222.9千米，新修公路105千米，公路通车总里程4089.7千米，完成客运量3504.7万人次、货运量1347.1万吨，征收交通规费12894.1万元。

2007 年,全市公路总里程 4009.52 千米,为 1987 年的 2.1 倍。其中,国道 70.22 千米,省道 73 千米,县道 331.7 千米,乡道 782.52 千米,村道 2688.98 千米,厂矿专用公路 63.11 千米。公路密度每百平方千米 211.16 千米,每万人 36.41 千米。全市客运车辆 664 辆,客运线路 75 条,完成客运量 2002 万人次,载货汽车7197 辆,完成货运量 5148 万吨。

1987—2007 年,全市交通基础设施建设总投资 16.78 亿元,新修、改造公路 3851.02 千米(包括村道),新建公路桥梁 107 座 2832.05 延米。

第七节　发展文化教育卫生事业

一　发展文化事业

1985—1987 年,县委、县政府组织对民间文学进行全面普查和收集整理,先后完成 60 万字的民间文学集成(《中国民间故事集成·湖南卷涟源县资料本》《中国民间歌谣集成·湖南卷涟源县资料本》《中国民间谚语集成·湖南卷涟源县资料本》)和8 万字的《中国民族民间器乐集成·湖南卷涟源县资料本》;9 件美术、摄影作品参加全国展览,一件获三等奖;图书馆、文化馆和街道、乡镇文化站及城乡基层单位的文化活动阵地得到巩固和发展;能容纳 1200 人的湘剧院竣工使用;自编自演的湘剧《桃李争》获得省首届"洞庭之秋"艺术节二等奖,并由省电视台录制播放,在全省产生广泛影响;举办撤县设市庆典文艺晚会,组织 80 多名演员参加演出。1988 年完成《中国曲艺音乐集成(中国曲艺志)·湖南卷涟源市资料本》的收集整理。1989 年,市内有工矿企业电影放映队 12 支,农村电影放映队 271 支,拥有电影拷贝 1945 个,其中故事片 1607 个,科教片 338 个,平均使用率 60%;农村图书室 220 个,厂矿机关图书馆 30 个,中小学校图书馆 40 多个,私人书摊 69 个,总藏书量在 25 万册以上;馆藏文物 2900 余件,其中有青铜器、瓷器、石雕、木雕、名人书画等。20 世纪 90 年代,市图书馆积极开展科技图书下乡活动,帮助农民致富,做好科技普及服务工作。1990 年 3 月,为杨家滩镇金属六厂提供的科技服务项目获省文化厅"星火计划"服务成果三等奖。1991 年,成立市文物管理所,省文物局拨款 12 万元,用于文物库房和办公场地建设。1992 年,成立市文化市场管理委员会和"扫黄打非"工作领导小组,加强对全市图书批发、零售市场及音像放映、出租和零售市场各类非法出版物及淫秽色情、凶杀暴力等不健康内容的图书、音像制品传播行为的查处和打击。1992—1993 年,歌舞厅迅速兴起,蓝田城区发展到 14 家,桥头河、杨家滩、七星街等集镇发展到 19 家。1993 年,俄罗斯国家艺术团来涟演出。1994 年 3 月,石狗乡石洞村出土元代窖藏银器 43 件。其中,国家一级文物 9 件,三级文物 2 件。是年,市政府公布龙山药王殿、新车桥等 7 处为市级文物保护单位。1995 年,伏口镇文化站建成农村万册图书馆。1996 年 7 月,杨市镇金星村出土战国楚式铁制农具 18 件。其中,国家二级文物一件,国家三级文物 15 件,铲、镰等填补省内同类器物的空白。12 月,"五个一工程"(一部好影片、一部好电视剧、一台好戏、一本好书、一篇或几篇有创意有说服力的文章,后增加一首好歌、一部好广播剧)建设拉开序幕,全市文艺创作进入新阶段。是年,成立市新闻出版(版权)局,加强对新闻出版事业的规划、发展和管理,加强对出版物市场中版权、著作权的保护及各类版权、著作权纠纷的受理和仲裁工作。1997 年,省杂技团、省皮影剧团在市内 121 所中小学巡回演出 179 场。为加强对巡回演出活动、艺术表演团体和演出场所的管理,市委、市政府提请市人大常委会制定《营业性演出管理实施细则》,演出管理工作步入法制轨道。1998 年 2 月,中国作协副主席、省文联主席谭谈向全国 5500 名中国作协会员寄出创建"作家爱心书屋"的倡议书;4 月,作家爱心书屋在白马镇田心坪破土动工;12 月,建筑面积 700 多平方米的书屋馆舍建成。1998 年,网吧等互联网上网服务营业场所发展迅猛,少数未成年人整天沉迷网络，荒废学业，严重影响健康成长，学校、家长及社会各界对此意见很大。2000年4月，市委、市政府成立网吧专项整顿协调领导小组，加强对网吧的监管和查处力度，并将监管责任纳入到各相关职能部门。12月，作家爱心书屋中心馆建成投入使用。该馆藏书15万册，其中有巴金、臧克家、冰心等5000余名全国知名作家的签名图书。2002年，涟源被授予"全国文化先进市"。2003年5月，爱心文化园在白马镇楠木山村建成（翌年举行开园庆典），园内有建筑9栋，总面积3600平方米，由爱心碑廊、爱心林、民俗艺术广场、度假别墅、多功能会议中心和省文艺家创作之家组成。2004年，涟源市获"中华诗词之乡"称号。2005年，市图书馆被文化部评定为国家一级图书馆。2006年，全市有互联网上网服务营业场所168家，其中100台以上电脑的大网吧8家。拥有电脑终端机6800余台，年交易量达2000余万元。是年，蓝田街道文艺路社区被评为全国文化先进社区。2007年，桥头河镇被文化部命名为"中国民间文化艺术之乡"。

二　发展教育事业

1987年，全市投资412.13万元，新建校舍4.5万平方米，新添课桌28215套。经省复查验收，全市普及初等教育达到合格标准。适龄儿童入学率99.5%，小学升学率55.3%，初中升学率31%；大中专招生1031人；幼儿入园率91%；有校办工厂26家，校办农场占地92.67公顷，教学服务部4处，全年产值428.6万元，纯收入130万元，是全省勤工俭学纯收入突破百万元的四个县市之一。1989年，全市幼儿园（学前班）826所（个），入园幼儿21610人；小学771所，在校小学生126962万人；初中63所，初中点29个，共871个班，在校学生3.61万人；高中9所，166个班，在校学生9514人；厂矿子弟学校初中57个班2439人，高中29个班1231人。是年，全市教职工9545人。按编制分类，公办教师5731人，民办教师3814人；按工作分类，专任教师8332人，其他1213人。专任教师中，农业职业中学教师105人，普通高中教师579人，初中教师2074人，小学教师5574人。1992年，市委、市政府研究制定《涟源市基本普及九年义务教育和基本扫除青壮年文盲工作规划》。1990—1992年，全市投资（包括集资）3600余万元，新建校舍18.8万平方米。适龄儿童入学率稳定在98%左右，小学升学率79.8%，初中升学率67%，每年为大中专院校输送学生1000人以上。市第一职业中学确定为全省11所示范性农业职业中学之一。1995年，市一中挂牌省重点中学。翌年，全市实现"普及实验教学市"，并向大中专院校输送学生2617人。1997年，调整学校布局，教育资源配置趋向合理；教育投入进一步加大；"普九"工作平稳推进；全市普及实验教学和基本扫除青壮年文盲工作经省验收合格。1998年，"两基"工作通过省政府验收合格，非义务扫盲取得新的成绩，全市向大中专院校输送新生2585人。1992—1998年，全市投资8618万元，新建校舍15450平方米，改造学校危房66345平方米。1999年，进一步巩固"两基"成果；加快教育体制改革，加大学校布局调整力度，提高办学效益；逐步理顺教育经费管理办法，确保教师工资及时发放；大力发展高中教育，扩大高中学校办学自主权；减轻学生课业负担，切实加强对学生的思想品德教育和法制教育，着力培养学生创新精神和实际能力；加强师风师德教育。2001年，教育经费管理收归市教育局，实现全市教师工资统一发放。是年，民办教职工全部转为公办教职工。2002年，政府常务会议决定，撤校并点工作要进一步加强和完善，双向选择的用人机制要向深层启动和运作，对校长既要加责更要放权，要下决心精减非教学人员。是年，全市教育事业费增加到7555万元，占财政总支出63.5%；教育基建投资1280万元，占全市基建投资的32.4%。全市有小学461所，在校学生111005人，基本实现村办1至4年级小学，联村办高年级或完全小学，乡（镇）办中心小学的合理布局；初、高中学校调整为73所和7所，学校布局基本达到小乡1所、大乡2所初中，农村每10万人口，城镇2万~3万人口1所高中。2003年，实行教师聘任制。是年，全市各级普通学校教职工10170人，其中专任教师9876人。2005年，对部分学生实行"两免一补"（农村义务教育阶段，免教科书费，免杂费，补助寄宿生生活费）。2006年，国务院、省政府拨给涟源“两免一补”经费1077万元。其中，课本费415万元，杂费662万元。42199名中小学生受惠。2003—2006年，中央、省拨款419万元，娄底市、涟源市两级拨款634万元，捐资自筹4200多万元，全市改造中小学危房和新建校舍14.3万平方米。2007年，建立义务教育经费保障机制，普及九年制义务教育成果得到巩固。是年起，学生学费初中生每期免90元，小学生每期免70元，部分贫困学生免交课本费。

三　发展卫生事业

1987年，全市46所乡镇卫生院全部移交乡镇政府管理，普遍实行综合目标管理责任制和院（所、站、校）长负责制；医疗卫生单位实行干部聘任制、工人合同制和专业技术职务内部评聘公开制；各级各类医院实行分级管理制度，预防保健部门实行无偿公益服务和部分专业无偿服务相结合的补偿机制。不再把市财政拨给的卫生事业费按人头分给各卫生院，而是集中使用，重点加强农村卫生院“三项建设”（房屋、设备、人员）。是年7月，全省食品、环境卫生工作现场经验交流会在涟源召开。1989年，全市“四苗（麻疹、百白破、脊髓灰质炎、卡介苗）”接种率以乡为单位达到85%的目标，为娄底地区第一个达标县市；杨家滩镇卫生院被评为全国卫生系统先进单位。1992年，市政府制定并实施《涟源市初级卫生保健实施规划》，翌年经省考核验收，确定涟源初级卫生保健达标。1993年，全国中医眼科学术研讨会在涟源召开。1994年，市人民医院晋升为二级甲等医院，并成功为1例女性风湿性心脏病人施行开胸手术，填补娄底地区胸外科手术的空白；新创办田心疑难病专科医院和杨家滩骨科医院；全省中医骨科学术研讨会在涟源召开，涟源被确定为全省“全国九亿农民健康教育行动”试点县（市）。1995年，全省中医学术年会在涟源召开。1993—1995年，涟源连续3年被评为全省农村卫生“三项建设”先进单位。1987—1995年，全市投资1000多万元，新建、扩建卫生院38所，建筑面积4.5万平方米。1996年，乡镇卫生院重新移交市卫生局主管。全市卫生系统改革收入分配制度，实行绩效工资与按时计酬相结合的分配方式；改革卫生服务模式，由等诊、坐诊向巡诊转变，由单纯的医疗服务向集医疗、预防、保健、健康教育、计划生育、康复于一体的全程服务转变；推行乡、村一体化管理，为村民建立健康台账；改革办医体制，对全市医疗机构进行分类核定管理，共有297家医院、卫生院及门诊部，27家厂矿学校医务室，661家村卫生室核定为非营利医疗机构，114家个体诊所核定为营利性医疗机构。是年，市中医院新建占地6100平方米的门诊综合大楼，并被卫生部评为二级甲等中医医院。1997年，全省农村中医工作经验交流大会在涟源召开。1999年，涟源市被评为全省农村中医建设先进县（市）。2000年，重点整治药价虚高、药品质量虚假和医药广告虚伪，确保人民群众的根本利益。2003年，成立市农村合作医疗管理局，并在20个乡镇（街道）成立合作医疗管理办公室。2004—2005年，多次召开市长办公会议，研究解决卫生系统职工的养老保险问题。2005年底，全市51家乡镇卫生院（中心卫生院、医药）筹集参保资金895.3万元。其中，市财政补助130.3万元，卫生局补助26.1万元。2108人参加机关事业单位社会养老保险。2003—2006年，全市卫生系统争取到国债资金584万元，争取财政投入300万元，社会赞助30余万元，项目单位职工集资80余万元，完成总投资5886万元，新增医疗业务用房47347平方米，维修改造200016平方米。2007年，全市有医疗卫生技术人员4867人，病床2327张，医疗业务收入1.4亿元。是年，总投资1.2亿元的市人民医院改造工程启动，住院大楼、传染病区竣工投入使用。

第四章 综合政务

第一节 法制工作

机构 1987 年 4 月,县政府办内设法制组,定编 2 人。1989 年 9 月,撤销法制组,成立法制办公室(简称法制办),副科级,定编 4 人,内设法制组、建议提案办理组。1992 年 10 月,定编 6 人。1996 年 9 月,升格为正科级。至 2007 年,机构、编制未变。

规范性文件审查 1988 年开始,凡以市政府、市政府办名义制发的规范性文件,必须送交法制组(法制办)进行合法性审查。法制组(法制办)建立规范性文件登记制度。1996 年 10 月 1 日,《中华人民共和国行政处罚法》颁布施行。1997 年 5 月,法制办清理 1987—1996 年市政府出台的规范性文件 1160 件,其中 487 件设立行政处罚,与行政处罚法相违背。通过清理,废止 603 个文件,修改 120 个文件重新发布。是年,审查规范性文件 68 件。1998—2007 年,审查规范性文件 1793 份,提出修改意见 5000 余条。

行政复议 1997 年,开始受理行政复议案件。是年受理 6 件。1998—2007 年,受理行政复议案件 243 件。其中,维持 195 件,撤销 21 件,经调解同意撤回申请的 27 件。

行政应诉 1997—2007 年,法制办受市长委托,代理市政府出庭应诉 139 起。应诉案件主要以土地管理、城市规划管理等为主。其中,127 起胜诉,6 起败诉,当事人主动撤诉 6 起。

行政执法监督 1997 年开始,市政府出台《涟源市行政执法责任制度》,67 个行政执法单位每年年初与市政府签订《行政执法责任书》,每年 12 月底,市政府组成考核组,依据《涟源市行政执法考核细则》,逐条逐项对照考核打分,评选出行政执法先进单位、合格单位、不合格单位,并将考核结果在全市予以通报。

2002 年,组织培训行政执法人员 1400 人,发放行政执法证 1200 个。此后,根据省政府的统一安排部署,进行 3 轮行政执法培训和行政执法证的换发工作。

1997—2007 年,开展行政执法检查 50 次,查处违法行政案件 40 起,处分行政执法人员 20 人,吊销行政执法证 81 个。

第二节 信访接待

一 机 构

1987 年底,市政府信访办公室(简称市信访办)定编 7 人,全市 26 个单位配备信访专干 28 人,其中供销合作社联合社、粮食局、教委、纪委成立信访组。1992 年,区、街道设信访组,乡、镇设信访室,村设信访民调小组。1994 年 12 月,市信访办更名市信访工作领导小组办公室,归属政府办,内设综合组和办案组,配备工作人员 8 人。2002 年 7 月,市信访办更名市信访局,由市委办、市政府办共同管理,以市政府办管理为主。2004 年,各乡镇(街道)信访工作领导小组办公室配备 1~3 名专职信访干部,各乡镇下辖管理区配备专(兼)职信访干部,村(居)委会配备信访工作联络员。市直机关及其副科以上二级机构成立信访工作领导小组和领导小组办公室。2005 年 12 月,市调处工农矛盾纠纷领导小组办公室(简称工农办)并入市信访局,工作人员增至13人。2006年3月,市信访局内设办公室、工农办、办信办案股、接访股。7月,全市20个乡镇(街道)和市直29个重点管理单位,配备信访专干80余人,10月,成立涟源市信访事项复查委员会,下设办公室。2007年,内设机构未变,工作人员16人。

二 信访办理

1987年,受理群众来信来访3449件次。其中,来信2860件,来访589人次,主要反映房产、干部违法乱纪、打击报复、不正之风、就业安置、工资福利等问题。县委、县政府从直属机关抽调干部40人次(其中局级以上干部20人次)组成工作组,突击处理信访难案。是年,立案429件,结案429件,基本解决"文化大革命"中查抄财产遗留问题和城镇私房改造遗留问题。1989年,全年信访总量2501件次,来信1612件,来访889人次。1990年,受理群众来信1936件,接待来访1062人次,来信来访要求落实统战政策,解决生活困难,干部、工人子女要求就业,对某些干部以权谋私要求处理,刑事案件和民事纠纷要求处理,子女落户问题要求解决等诉求突出,参政议政、各类申诉,计划生育、民政优抚、民事纠纷、社会治安、劳动人事、精减下放、户粮问题占一定比例。1991年,全年来信来访2690件次。其中,来信1742件,来访632人次,集体上访13批,187人次。市委、市政府推行"一人办一案,一人访十户"的信访案件查办活动,全市各级领导全年查办案件、解决疑难问题320多件,访问群众2900多户。1987—1991年,市、区、乡三级共受理群众来信来访32000多件次,处理各类民间纠纷12600多起。1992年,《湖南省区、乡、镇、街道信访工作暂行规定》颁布实施,进一步健全信访工作机构,完善各种规章制度,改善信访工作条件。是年,市信访办接待群众来信来访1895件次,比上年下降29.6%。其中,来信1329件,下降23.7%;来访433人次,下降31.5%。集体上访9批67人次,批次下降30.8%,人次下降64.2%。来信来访者主要是信访老户和修枝柳干线、湘黔线的伤残民工。1995年,全年接待来信来访3512件次,主要问题集中在:工资福利、就业、救济、各类纠纷问题;参政议政类信访问题,其中包括有关党政建设、两个文明建设和社会治安方面的批评建议信访问题,反映干部以权谋私,贪污腐化、违法乱纪问题;现实问题的求决类信访也占有一定比例,其中反映工资、福利、就业、优抚、救济问题的信访,特困企业职工要求解决生活出路,离退休职工要求兑现退休费和待遇等信访问题尤为突出。此外,反映山林、土地资源和各类经济合同纠纷信访也占一定比例。

1996年开始,人民来信减少,来访增多,信访工作表现为"三突出、三减少":批评举报信访突出,工资福利、就业、救济信访问题突出,集体上访突出;重复信件减少,越级上访减少,越级信件减少。1999年5月,省委办公厅、省政府办公厅下发《关于进一步加强信访工作领导责任制的通知》,市委、市政府明确信访工作领导责任六项制度(领导定期研究信访工作制度、领导信访接待日制度、领导包案制度、重点问题排查制度、检查督促制度、责任追究制度)。同时规定各级信访工作领导小组每季度召开一次会议,党委成员、政府成员每半年召开一次信访工作专题会议。1996—1999年,反映的主要问题是农民负担过重,企业职工生活困难,以及官员腐败问题。

2000年8月,各乡镇(街道)建立"民情热线"服务网,市委赋予"民情热线"办公室组织协调权、情况调查处理权、干部奖惩建议权、工作情况通报权,要求做到即事即办、有求必应、心系基层、服务群众,信访渠道进一步扩充。全年集体上访406批次,反映的主要诉求是农村"两会一部"集资、融资问题,城镇开发拆迁问题,市政管理问题,违法征地及征地补偿问题,执法方面的问题。2001年,受理群众来信来访4639件次,来信731件,占总量的15.8%,来访3908人次,占总量的84%,集体上访105批3059人次,来信来访比上年分别增加97.3%和35.6%,重信率28.5%,越级上访率60.1%,重访率5.1%。

2002年2月,市委办、市政府办下发《关于推行信访公开承诺制的通知》,在全市推行信访工作首问责任制和信访工作公开承诺制。2003年9月,市委、市政府下发《关于加强和改进信访工作的意见》。是年,全市强势推进企业改制和城市建设管理,利益格局调整,经济建设发展加快,深层次问题急剧增加。上访人员来源广,信访数量大,上访人员层次高,重复上访多,以上访作为职业等专业化倾向明显,处理难度相对较大。全年受理来信来访6187件次。其中,来信555件,来访5632人次,集体上访162批,4547人次。2004年,市委、市政府印发《乡镇办事处信访工作目标管理实施方案》和《市直机关信访工作目标管理实施方案》,市信访局对20个乡镇(街道)和20个市直重点管理单位实行目标管理考核,签订信访工作目标管理责任书,实行信访工作保证金制度和"一票否决"制度。2005年,市委、市政府下发《关于对市级领导批阅信访事项规范管理的通知》,规定市级领导受理信访事项,形成批阅、交办、督办等一整套工作程序。建立督察工作机制、接返机制,建立信访工作重奖重罚、以奖代投制度(以经济奖励为手段,解决基层无钱做事的问题,推动基层发挥工作积极性和主动性,认真做好信访维稳工作)。2000—2005年,市信访局平均每年受理来信来访4468件次,立案交办、转办、承办案件110多件,稳定上访老户15户以上。

2006年4月,为规范上访人行为,维护正常上访秩序,市委、市政府下发《预防和处置非正常上访应急预案》。是年上半年,涟源市到娄底市上访量占娄底接访总量比例,从2002年末的46%下降到18.2%。2007年3月,市委办、市政府办按照"属地管理、分级负责,谁主管、谁负责"的原则印发《涟源市企业改制、人户分离等信访事项处理和接返办法》,进一步规范因企业改制、户口变迁等引发的信访事项的接返处理工作。5月1日,全市开通人民来信绿色通道,即涟源市行政区域范围内的公民、法人及其他组织向省、市(州)、县(市、区)三级党委、政府反映问题和诉求、在信封上标注"人民来信"字样的平信,一律免费交寄。至年底,共受理绿色通道信件160多件,涉及企业改制、工资福利待遇、医疗保险、拆迁安置及征地补偿、涉法涉诉等方面的问题,受理、交办率达100%。其中,82件合理诉求得到有效解决,其余均按有关法律法规和政策分别向信访人做出解释和说明。10月,市政府出台《涟源市信访事项复查实施意见》,对信访事项的复查工作原则、信访事项复查委员会职责、提出信访事项复查请求须具备的条件、复查申请人应当提供的材料、复查的方式和注意事项、复查办作出复查意见后的处理意见等方面进行规定。是月,市信访局主办,市信息化办公室承办,开通涟源信访网,开展网上信访,至年底,网页点击次数达10020次。全年受理网上来信75件,到期办结75件。是年,受理来信来访7322件次。其中,来信1531件,来访5791人次,集体上访271批,5285人次。立案290件,办结273件。

三 领导接待制度

1987年,实行市长接待群众来访日制度,每月15日,正、副市长和调研员轮流接待群众来访,是年7名正副市长接待来访群众306人次,查处疑难案件15件。1988年,市长接待日由市长和常务副市长负责接待。是年,市长易树基、常务副市长刘柏林接待上访群众280人次,解决上访问题25起。1993年1月,市长接待群众来访日制度改为市级领导接待群众来访日制度,每次由两名市级领导接待。是年,13名市级领导接待群众来访11批,407人次,处理来信971件。2001年,17名市级领导在接待日接待来访群众12批,688人次,当场协调解决问题42起。2005年12月,市委、市政府制定下发《关于进一步加强和改进信访工作的决定》,巩固和完善市级领导接待制度,建立每周星期一市级领导开门办公接待来访群众制度,规定每周星期一未外出的市级领导都必须开门办公、接待来访,不安排会议和重要活动。是年,市级领导接待群众366批629人次,当场解决问题51起。2007年,市级领导接待群众306批1926人次,当场解决问题52起。

1987—2007 年涟源市信访情况

表 5-2

年 度	信访数				案件办理			
	总 量（件）	信函件数（件）	到访人次（人次）	其中集体上访（批 / 人次）	本级立案（件）	上级交办（件）	立案总数（件）	结案数（件）
1987	3449	2860	589	12 / 152	180	137	317	317
1988	2461	2091	370	10 / 131	151	94	245	245
1989	2501	1612	889	11 / 142	162	97	259	259
1990	2998	1936	1062	14 / 178	126	81	207	207
1991	2690	1742	948	13 / 187	140	84	224	224
1992	1762	1329	433	9 / 67	83	104	187	187
1993	1378	971	407	29 / 391	67	59	126	126
1994	1315	875	440	32 / 307	52	63	115	115
1995	3512	2107	1405	49 / 1265	43	49	92	90
1996	2969	1662	1307	58 / 1063	42	52	94	90
1997	3875	1589	2286	80 / 1637	61	35	96	96
1998	3372	1043	2329	45 / 1734	63	34	97	85
1999	3271	822	2449	76 / 2204	65	37	102	96
2000	2521	371	2882	72 / 2050	61	38	99	92
2001	4639	731	3908	144 / 3778	67	36	103	99
2002	4851	658	4193	146 / 4021	75	51	126	113
2003	6187	555	5632	162 / 4547	117	59	176	167
2004	6294	526	5768	163 / 5215	102	87	189	181
2005	3536	479	3057	132 / 1721	144	56	200	200
2006	4857	510	4347	285 / 3987	186	82	268	268
2007	7322	1531	5791	271 / 5285	246	44	290	273

第三节 经研 督查

一 经济研究

机构 1984年,县政府办内设经济研究室,未定级。1992年,成立涟源市经济体制改革领导小组办公室,与经济研究室合署办公,1995年分设。1996年,经济研究室被确定为正科级机构,内设综合信息股、调研股、城镇工作股,定编6人。2003年,为政府办内设机构,高配正科级干部。

主要工作 1987—2007年,经济研究室负责全市国民经济、社会发展情况的分析和综合;起草市政府领导报告、政府工作计划、政府工作总结及各种汇报典型材料;围绕经济建设中心开展经常性调查研究,为市政府决策提供科学依据;负责政务信息工作和编发《政府工作》;协同有关部门负责小城镇的建制、规划、建设、镇街工业的管理和征用土地"农转非"工作。2003年,取消"协同有关部门负责小城镇的建制、规划、建设、镇街工业的管理和征用土地'农转非'工作",增设"负责市经济体制改革工作"职责。1987—2007年,上报政务信息2800余条,对工业企业改革改制、农产品结构调整、发展乡镇企业和私营企业、城镇建设、退耕还林、招商引资、财源建设、财政体制改革、社会保障、资源型城市转型等方面开展调研活动40余次,撰写专题调研文章118篇,有33篇被国家、省、市级刊物登载和学术研究会选用。

二 政务督查

1997年7月,成立市政府政务督查室,隶属市政府办。主要负责重大决策、重要事项和工作部署落实情况的督促检查,负责领导批示、交办事项的督促检查,负责市政府工作范围内人大代表议案和政协委员提案办理工作的督促检查,负责市长公开电话和市长信箱办理工作的督促检查,负责政务督查事项的立项、交办、协调督查、考核。

1997—2007年,主要督查全市农业生产、企业改制、煤矿关闭整顿、安全生产、计划生育、抢险救灾等市政府中心工作和重点工作,发出督查通报多期。

第四节 外事 侨务

一 外 事

机构 1988年5月,成立涟源市人民政府外事办公室。1994年,与市招商引资局、市外经办、市经济协作办合署办公,四块牌子,一套人马。1995年,与市旅游局合并,更名市外事旅游局。2002年,更名市外事招商旅游局。

活动 1986年11月30日,国务院批准涟源为对外开放地区。1988年,市外事办公室,省、地属厂矿和市外贸公司先后组建的外事机构,与39个国家和地区建立经济联系,全市有专、兼职外事工作人员21人。1989年12月8日,召开涟源市第一次外事工作会议。1990年,娄底地区外事工作现场会在涟源召开。是年,设立涟源市人民政府驻长沙办事处,成立长沙振兴涟源经济促进会。1991年9月,设立涟源市人民政府驻广东省广州办事处。11月16日—12月7日,法国制革专家米歇尔·让尼雅至涟源市制革厂作技术指导。是年,涟源市被评为全省外事工作先进单位,被评为全省引进国外智力重点市和全省发展外向型经济重点市。1992年6

月1—25日，米歇尔·让尼雅再次至涟源市制革厂作技术指导，市政府授予他"名誉市民"称号。是年，成立涟源市对外开放领导小组。1993年7月11日，成立北京振兴涟源经济促进会。9月，设立涟源市人民政府驻海南省海口办事处。是年，加拿大造纸专家韩思满夫妇来涟源皇后纸业有限公司作技术指导。1994年，日本青年海外协力队员山村来涟源交通驾校作技术指导。1995年，设立涟源市人民政府驻广东省深圳龙岗工作联络站。1999年8月，设立涟源市人民政府驻广东省中山办事处。1999年11月，设立涟源市人民政府驻广东省深圳宝安工作联络站。2002年8月8日，成立广东振兴涟源经济促进会。2003年，接待肯尼亚共和国、博茨瓦纳共和国歌舞团20多人来涟演出。2004年3月28日，成立广东·涟源经贸促进联谊会。2005年1月，设立涟源市人民政府驻广东省珠海办事处。2007年3月，长沙振兴涟源经济促进会更名湖南涟水人文经济研究会。8月，市委、市政府出台《涟源市民按需申领护照工作的实施方案》，启动公民按需申领护照程序，推进对外开放。

二　侨　务

1987年，市侨务办由市政府直管，定编2人。是年，全面调查侨房情况，全市16户6845平方米房产落实侨房政策，退还归侨、华侨本人或其遗产继承人原房79间，对被拆除、改建的侨房补偿人民币145万元，为归侨子女及侨眷办理升学加分128人。1988—1997年，市侨务办利用海外资源，兴办市湘绣厂、市华侨旅游侨汇公司、市华侨住宅开发公司、湘侨贸易公司4家侨眷企业，安排侨眷60人为正式职工，聘用临时工60人，引进海外资金100万元，创税收30万元。通过引导和扶持，帮助归侨、侨眷兴办平安汽修厂、曝光矿灯厂、石坚矿灯厂、五金交电公司等10家企业，资产1000余万元。1998年，政策不允许行政单位办经济实体，4家侨眷企业与市侨务办脱钩。

1987—2007年，市侨务办接待香港实用书局经理龙良臣、加拿大多伦多大学教授刘芳（女）、美国远洋航运公司商船船长刘启贸、美国康州大学教授李忠熙、加拿大多伦多大学教授李兴潇、加拿大卡尔加里医学院教授李益群、美国犹太州立大学空间动力研究所研究员周立群、香港鸿飞公司总经理钟鸿飞、香港余氏慈善基金会主席彭立珊（又名余彭年）、美国共和党亚裔总党部副主席彭畴田等港澳台同胞、侨胞310人次。每年与市政协联工委、市委统战部、市侨联、市委台湾工作办公室在中秋节、国庆节以政府名义召开重点侨眷座谈会，在春节期间走访慰问归侨及重点侨眷。

第五节　民族　宗教

1987年，民族宗教组为市委统战部内设机构，干部1人。1991年5月，成立市民族宗教事务办公室（简称市民宗办），归口统战部，定编2人。1996年，改为市政府办内设机构。2007年10月，从政府办单列出来，升格为市民族宗教事务局（简称市民宗局），归口市委统战部管理，编制未变。

一　民族工作

1987年，政协涟源市第七届委员会有少数民族委员2人，其中兼职副主席1人。1989年，市委党校开设民族政策理论课。1990年，全市有少数民族20个1161人，源于外地来涟源工作以及婚入、出生。1992年3月，市民宗办牵头，在市汽车站旁创办回民清真饭店，安排少数民族人员6人就业。1991年6月，全市荐选15名少数民族代表参加娄底地区民族民间音乐舞蹈比赛，《四季调》《送郎歌》《碰芝麻》获优胜奖，《涟湘声声》获二等奖。是年，落实国家对少数民族考生加分政策，为43名少数民族考生办理高考加分手续。1992年，28

个企业33人参加省民委组织的深圳湖南首届民族名优特新产品展销会,成交销售额1380万元。1997年,成立市少数民族联谊会,安振学(满族)任主任,副主任3人,常委5人,会员代表23人。1998年6月,市民宗办被省民宗局评为全省民族宗教工作先进单位。12月,满族代表安长吉当选为娄底市第一届共青团代表大会代表。是年,苗族代表黄祥刚当选为市人民政府副市长。2003年3月,召开涟源市第二届少数民族联谊会,到会代表36人,选举龙仁富任主任,副主任4人,常委6人。2005年,5名少数民族代表当选为娄底市第一届少数民族联谊会理事。2007年,市民族宗教事务局协助新疆吐鲁番民族歌舞团来涟源访问演出12场。是年,全市有少数民族36个,1817人。

1987—2007年,全市有少数民族干部27人,其中副处级2人,科级5人,副科以下20人;专业技术人员25人。涟源市第九届、第十届、第十一届人民代表大会各有少数民族代表1人。政协涟源市第七届、第八届、第九届、第十届、第十一届、第十二届委员会分别有少数民族委员2人、3人、2人、3人、2人、2人。

二 宗教工作

1987年,全市有佛教、基督教、道教、天主教4个教别,有宗教团体基督教"三自"(自传、自养、自治)爱国运动委员会。全市有宗教活动点104个,其中基督教聚会堂(点)23个,寺庙79处,宫观2处;信教群众5.2万余人,其中佛教徒5万余人,基督教徒、慕道友1600余人,道教徒200余人,天主教徒70余人。1993年,涟源市被评为全国基层宗教管理工作先进市。1995年7月,市民宗办联合执法单位,集中打击邪教组织"门徒会",抓获从四川、湖北、衡阳、湘乡、宁乡等外地来涟源非法活动的自由传道人17名。其中,拘留7人,收审4人,移送4人,劳教2人。取缔非法聚会点12处,解散受蒙蔽群众400余人,举办法制学习班5期,880余人次参加学习。是年,对全市基督教活动场所登记发证,登记基督教聚会堂(点)18个,教职人员44人,聚会人数(教徒、慕道友)6468人。1997年4月12日,市民宗办举办寺庙登记发证学习班,50余人参加学习。1998年1月5日,成立市佛教协会。1999年9月9日,市民宗办举办宗教政策法规学习班,60余人参加学习。

图5-1 市宗教政策法规学习班

2002年6月,成立市道教协会筹备组。是年,美国与中国友好协会会长、牧师罗仁率基督教考察团到涟源,对蓝田、龙建、龙塘等教堂进行实地考察。1999年始,每年开展"五好"(爱国爱教好、民主管理好、遵纪守法好、服务社会好、环境美化好)宗教活动场所评比。2002年,国务院颁发《宗教事务条例》,省政府颁发《宗教事务管理条例》,市民宗办采取多种方式,在全市广泛开展两个《条例》宣传教育活动,向信教群众发送两个《条例》单行本2000余本,宣传资料7000余份,解答群众对宗教政策、法规方面的疑问300多人次,举办两个《条例》学习班8期,800人次参加学习。订阅《中国宗教》杂志40份,《宗教工作普读本》100本,发到各活动场所负责人手中。先后推荐6名宗教活动场所负责人到省有关宗教培训学校学习。2006年,市委办、市政府办联合发出《关于依法治理乱建寺庙和基督教私设聚会点的通知》,市民宗局与执法单位联手,查处乱建寺庙12处,取缔私设聚会点16处,解散非法传教活动6次。2007年,全市有宗教活动点201个,94个登记发证,其中基督教堂(聚会点)39个,寺庙53处,宫观3处;有信教群众16万余人,其中佛教徒15万余人,基督教徒、慕道友 8952 人，道教徒 400 余人，天主教徒 30 余人；有宗教团体基督教“三自”爱国运动委员会和佛教协会。

1997—2007 年，释明大、释志愿、朱春艳、谢凤香、黄道成等宗教界爱心人士 1000 余人，捐款捐物折合人民币 180 余万元，其中用于救灾 60 余万元，扶贫 20 多万元，捐资修公路、建学校 100 多万元。

第六节　政务公开与日常政务

一　政务公开

2004 年 1 月，成立涟源市政务公开服务中心(简称市政务中心)。2 月，印发《政务公开服务中心全程代理工作实施办法(试行)》，组织编印各职能部门的《政务服务指南》。4 月 28 日，设于市农业银行的市政务中心办事大厅挂牌运行，市财政、公安、劳动和社会保障、国土管理、卫生、国税、地税、工商行政管理、质量技术监督、房地产管理、农业机械管理、文化、气象、人防、墙改、消防等职能部门进驻大厅，设立办事服务窗口。杨市、龙塘、古塘等乡镇设立乡镇政务中心。工商、电力、交警、国税、地税、劳动和社会保障等部门设立政务公开示范点，开展“一条龙”优质政务服务。至 2006 年，市政务中心累计为湖南顺鑫钢铁有限公司、湖南一六九化工有限责任公司、娄底市中源新材料有限公司、新一佳涟源店、涟水名城等市内招商引资及重点工程项目代办各项行政手续 120 多起，代收代缴和落实鼓励外来投资企业发展资金 1000 余万元。2007 年 3 月，与市优化办合署办公。10 月，组织编印《涟源市政务公开服务指南》，全书 110 余万字，包括 180 多个单位的办理事项 426 项，行政事业性收费 1137 项。

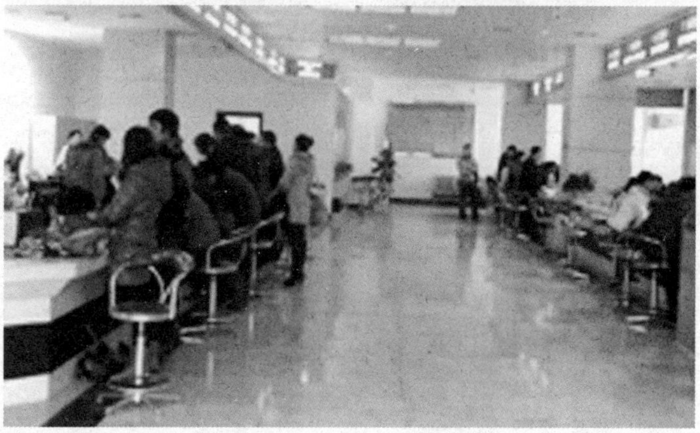

图 5-2　市政务中心办事大厅

二　日常政务

1987 年，市政府办公室(简称市政府办)内设秘书组、人事政工组和财务后勤组。1988 年，市政府办起草报告、领导讲话 46 份，修改材料 280 余份，编写《政府工作》30 期，撰写调查报告和论文 15 篇，其中 10 篇在省、地报刊杂志发表；协助副市长和系统单位处理矛盾纠纷 180 多起。是年被评为全省秘书工作先进单位。1991 年，起草报告、讲话 52 份，编发《政府工作》24 期，向省、娄底地区《快讯》投稿 115 篇，采用 49 篇；起草修改政府文件 147 份，通告、布告、公告、政府令 15 个，政府办文件 122 份，各种函件 38 份；对 81 个部门单位开展 17 项专项调查，提交调查材料 97 份；组织召开各种协调会议 145 个，处理重大矛盾纠纷 68 起；牵头组织公、检、法等部门处理民间非法扣车事件，分赴市外和市内 32 个乡镇 93 个村组放车，放出市外车辆 141 台，放回市外扣涟源车辆 96 台，范围涉及 2 省 30 个县市。1998—2006 年，市政府办每年审查修改各类文稿 700 余份，以政府或政府办名义制发文件 200 余件，接收上级文件 1000 多份，向政府领导和上级机关提供调研材料 30 多篇，建议 10 多条，经济形势分析材料 20 多篇，上报各类政务信息 500 多条，完成政务调查报告 20 多篇，编发《政务工作》24 期，调处重大矛盾和突出事件 60 余起。2007 年，审查修改文稿 1600 多件，以政府或政府办名义制发文件512份,审查未批准召开的会议5次,合并会议8次,组织规模较大的会议和接待活动18次,参与各种协调会议65次,受理人大代表议案和政协委员提案178件,撰写材料和领导讲话稿96份,修改部门材料189份,提交专项调研报告12篇,接待来信来访378起,处理10人以上集体上访案63起,协调处理重大矛盾和突发事件62起。

第六篇　人民政协

第一章　政协委员

第一节　委员产生

1987~2007年，中国人民政治协商会议涟源市委员会（简称市政协）换届时，留任的市政协委员由市政协党组提名，对新政协委员的推荐，中共党员由市委组织部提名，党外人士由市委统战部协调民主党派、工商联提名，然后由市政协、市委组织部、市委统战部抽调干部组成考察组与各乡镇（街道）党委、市直各系统党委（党组）对所推荐的人选进行考察，经市政协党组审定，提请上届市政协常委会议协商确定，市政协常委人选报市委常委会议审定，提请市政协全体会议选举产生。推荐人选必须承认和遵守《中国人民政治协商会议章程》，应是参加人民政协的各党派、各团体和各族各界的代表人物，在社会上享有较高的声誉。对年龄大不能任满一届的、已经离休和退休的、与市人大代表交叉的、身体健康状况不佳的人员一般不作委员提名。各乡镇（街道）和市直各系统的政协委员人数，按界别并适当参考人口多少分配名额。各届委员会，由于委员工作的变动和政协工作的需要，届中可辞免、增补、撤销政协委员。

市政协第七届委员会委员182人，以后逐届增加，至第十二届委员会，委员人数增加到289人。

第二节　委员构成

市政协第七届委员会委员182人，来自17个界别。其中，中共28人，占委员总数15.38%；总工会、共青团、妇联、侨联11人，占委员总数6.04%；工商界9人，占委员总数4.95%；农林、科技、教育、医药卫生界79人，占委员总数43.41%；文化艺术、体育、新闻出版界9人，占委员总数4.95%；宗教、社会救济、特邀人士43人，占委员总数23.63%；少数民族3人，占委员总数1.65%。女性22人，占委员总数12.09%；具有大专以上文化程度的委员76人，占委员总数41.76%；平均年龄48岁。按党派分，中共党员69人，占委员总数37.91%；党外人士113人，占委员总数62.09%。

以后各届人数逐渐增加，从第十届委员会开始，增设中国民主同盟和经济界。第十一届委员会，经济界委员57人，占委员总数20.72%，其中大部分为民营企业家。

第十二届委员会委员289人，来自19个界别。工商业和经济界110人，占委员总数38.06%，比第七届明显增加；大专以上文化的委员187人，占委员总数64.71%，委员的文化水平、专业化程度明显提高；中共党员119人，占委员总数41.18%，比第七届略有提高；平均年龄45岁，比第七届年轻3岁。

市政协第七至十二届委员会委员构成情况见表6-1。

1987—2007年涟源市政协第七至十二届委员构成情况

表6-1

届次		七届		八届		九届		十届		十一届		十二届	
		人数	占%	人数	占%	人数	占%	人数	占%	人数	占%	人数	占%
届初委员合计		182	—	203	—	205	—	233	—	275	—	289	—
界别总数		17	—	17	—	17	—	19	—	19	—	19	—
界别	1. 中国共产党	28	15.4	20	9.9	29	14.2	46	19.7	41	14.9	30	10.4
	2. 中国民主同盟	—	—	—	—	—	—	8	3.4	4	1.5	8	2.8
	3. 工商业	9	5.0	16	7.9	22	10.7	13	5.6	55	20.0	64	22.2
	4. 总工会	5	2.8	8	3.9	11	5.4	10	4.3	4	1.5	2	0.7
	5. 共青团	3	1.7	4	2.0	5	2.4	6	2.6	3	1.1	2	0.7
	6. 妇联	2	1.1	6	3.0	7	3.4	9	3.9	15	5.4	18	6.2
	7. 科技	29	16.0	24	11.8	28	13.7	29	12.5	17	6.2	17	5.9
	8. 侨联	1	0.6	—	—	5	2.5	5	2.1	3	1.1	2	0.7
	9. 文化艺术	5	2.8	5	2.5	3	1.5	4	1.7	2	0.7	2	0.7
	10. 经济	—	—	—	—	—	—	19	8.2	57	20.7	46	15.9
	11. 农林	19	10.0	24	11.8	26	12.7	17	7.3	30	10.9	36	12.5
	12. 教育	18	9.9	19	9.3	21	10.3	19	8.2	14	5.1	9	3.1
	13. 体育	3	1.7	2	0.9	2	0.9	3	1.3	1	0.4	1	0.3
	14. 新闻出版	1	0.6	2	0.9	4	1.9	3	1.3	2	0.7	1	0.3
	15. 医药卫生	13	7.1	14	6.9	15	7.3	15	6.4	7	2.5	9	3.1
	16. 社会救济	1	0.6	1	0.4	1	0.5	1	0.4	3	1.1	3	1.0
	17. 少数民族	3	1.7	3	1.4	2	0.9	3	1.3	2	0.7	1	0.3
	18. 宗教	4	2.1	4	2.0	4	1.9	5	2.1	3	1.1	5	1.8
	19. 社会科学	—	—	15	7.4	—	—	—	—	—	—	—	—
	20. 特邀人士	38	20.9	36	18.0	20	9.8	18	7.7	12	4.4	33	11.4
党派	中共党员	69	37.9	77	37.9	77	37.6	93	39.9	115	41.8	119	41.2
	党外人士	113	62.1	126	62.1	128	62.4	140	60.1	160	58.2	170	58.8
少数民族		3	1.6	3	1.5	2	1	3	1	2	0.7	1	0.3
妇女		22	12.1	31	15.2	36	17.6	45	19.3	37	13.5	37	12.8
大专以上文化		76	41.8	77	37.9	73	35.6	100	43	125	45.5	187	64.7
平均年龄		48	—	46.3	—	44.6	—	43	—	43.5	—	45	—

第二章 组织机构

第一节 政协常务委员会

市政协常务委员会由主席、副主席、秘书长和常务委员组成。第七届届初，主席1人，副主席7人，秘书长1人，常务委员23人。第八届届初，主席1人，副主席8人，秘书长1人，常务委员24人。第九届届初，主席1人，副主席6人，秘书长1人，常务委员27人。第十届届初，主席1人，副主席6人，秘书长1人，常务委员32人。第十一届届初，主席1人，副主席6人，秘书长1人，常务委员33人。第十二届届初，主席1人，副主席5人，秘书长1人，常务委员35人。（见表6-2）

第二节 政协工作机构

1987年，市政协设办公室、学习委员会、工作组委员会、文史资料研究委员会、提案工作委员会。1989年4月，撤销工作组委员会，新设联谊委员会、经济科技委员会、社团民族宗教委员会和文教卫体委员会，常设机构为"一室七委"。1997年3月，将学习委员会与文史资料研究委员会合并为学习文史委员会，联谊委员会、社团民族宗教委员会与文教卫体委员会合并为社会工作委员会，机关委室恢复到"一室四委"。2005年6月，增设人口资源环境委员会。2007年，市政协设办公室、学习文史委员会、提案委员会、经济科技委员会、社会工作委员会、人口资源环境委员会，定编21人。

第三节 基层政协组织

1987年，全市有农林水、文教体、医药卫生、科学技术、经济工商、妇女、三胞联谊和宗教等8个行业政协活动组。农村以区为单位，市直机关以系统为单位设立16个政协联络组。1993年4月，农村以区为单位成立联络组7个，市直机关以系统为单位成立活动组10个。1995年，撤区并乡建镇，20个乡镇（街道）配备政协联络员。1999年，涟源籍在长沙经商的人士组成长涟活动组。2000年8月，各乡镇（街道）设立政协联络工作委员会，为市政协派出机构。2002年，长涟活动组撤销。2003年，市直机关有政协活动组12个。2004年，建设交通系统活动组分为建设系统活动组与交通系统活动组。2007年底，市委办、组织、政法系统活动组分为市委办组织系统活动组和武装部纪委政法系统活动组，增设工商联活动组。全市有15个市直机关政协活动组，即政协机关活动组、市委办组织系统活动组、政府办系统活动组、武装部纪委政法系统活动组、宣传系统活动组、统战系统活动组、工商联活动组、发展和改革系统活动组、经济系统活动组、交通系统活动组、农业系统活动组、财金商务系统活动组、建设系统活动组、教育系统活动组和卫生系统活动组，有20个乡镇（街道）政协联络工作委员会。

1987—2007年涟源市政协第七至十二届委员会主席、副主席、秘书长、常务委员名录

表6-2

届次	职务	姓名	籍贯	出生年月	文化程度	任职时间	专职/兼职
第七届(1987.02—1990.02)	主席	吴贵涛	涟源市龙塘乡	1931.11	初中	1987.02—1990.02	专职
	副主席	颜如山	涟源市桥头河镇	1945.07	大学	1987.02—1990.02	专职
		曹源清	双峰县	1929.02	高中	1987.02—1988.01	专职
		杜溪庄	涟源市金石镇	1932.01	初中	1987.02—1990.02	专职
		李翕承	涟源市荷塘镇	1924.05	大学	1987.02—1990.02	兼职
		安振学(满族)	辽宁省辽中县	1937.08	大专	1987.02—1990.02	兼职
		谢光生	涟源市枫坪镇	1938.09	中专	1987.02—1990.02	兼职
		刘明华	涟源市金石镇	1934.09	中专	1987.02—1990.02	兼职
		梁巨大	涟源市三甲乡	1933.12	高中	1988.01—1990.02	专职
		彭亚如	涟源市杨市镇	1944.03	高小	1988.09—1990.02	专职
		肖洪魁	涟源市斗笠山镇	1933.08	初中	1989.05—1990.02	专职
	秘书长	刘新林	涟源市蓝田街道	1943.07	高中	1987.02—1990.02	专职
	常务委员	龙明德 刘风 刘文初 严举贤 肖文 肖洪魁 肖梦麒 肖德廉 李兴勃 周阳益 周建华(女) 易永洪 孟祥云 胡运明 梁阜球 黄新赞 郭开正 郭东生 谢新祺 彭亚如 谭获民 欧阳承雄 欧阳青兰(女) 聂南(女,增选) 何华昆(增选) 朱忠义(增选) 周益桂(增选)					
第八届(1990.02—1993.01)	主席	胡康凡	涟源市石马山镇	1940.06	初中	1990.02—1993.01	专职
	副主席	颜如山	涟源市桥头河镇	1945.07	大学	1990.02—1993.01	专职
		梁巨大	涟源市三甲乡	1933.12	高中	1990.02—1993.01	专职
		刘长善	涟源市杨市镇	1933.12	高中	1990.02—1993.01	专职
		肖梦麒	涟源市三甲乡	1933.10	大专	1990.02—1993.01	专职
		彭亚如	涟源市杨市镇	1944.03	高小	1990.02—1993.01	专职
		安振学(满族)	辽宁省辽中县	1937.08	大专	1990.02—1993.01	兼职
		谢光生	涟源市枫坪镇	1938.09	中专	1990.02—1993.01	兼职
		刘明华	涟源市金石镇	1934.09	中专	1990.02—1993.01	兼职

续表 6–2

届次	职　务	姓　名	籍　贯	出生年月	文化程度	任职时间	专职 / 兼职
第八届（1990.02—1993.01）	秘书长	刘文初	涟源市石马山镇	1943.09	高中	1990.02—1991.03	专职
		刘向成	涟源市斗笠山镇	1943.08	高中	1991.03—1993.01	专职
	常务委员	龙明德　刘风　刘义华　刘宾来　朱忠义　欧阳青兰（女）　肖乾光　肖德廉　陈楚华　杜溪庄　李兴勃　李吉桃　李敦朝　何华昆　周建华（女）易永洪　郭开正　梁永莲（女）聂南桂（女）曾子哲　谢新祺　谭巨求　谭获民　胡南（女，补选）					
第九届（1993.01—1998.01）	主　席	胡康凡	涟源市石马山镇	1940.06	初中	1993.01—1998.01	专职
	副主席	颜如山	涟源市桥头河镇	1945.07	大学	1993.01—1998.01	专职
		胡南（女）	涟源市蓝田街道	1955.04	大专	1993.01—1998.01	专职
		安振学（满族）	辽宁省辽中县	1937.08	大专	1993.01—1998.01	兼职
		彭亚如	涟源市杨市镇	1944.03	完小	1993.01—1998.01	专职
		梁稳根	涟源市茅塘镇	1956.12	大学	1993.01—1998.01	兼职
		石文庚	新邵县	1945.11	大学	1993.01—1998.01	兼职
		郭富荣	双峰县青树坪镇	1943.02	大学	1995.03—1998.01	专职
	秘书长	刘向成	涟源市斗笠山镇	1943.08	高中	1993.01—1998.01	专职
	常务委员	毛建华　毛建琼（女）　龙明德　朱熙　刘风　刘建三　刘慧新（女）李吉桃　李希林　李敦朝　吴应芝　吴建平　邱业农　周连和（女）周建元（女）何开芝　梁尔谷　梁仲山　梁克光　梁秉哲　曾子哲　廖华　谭巨求　章长斌（补选）　刘自香（女，补选）周指明（补选）　李铁强（补选）王吉南（增选）吴景祥（增选）周纪中（增选）黄志祥（增选）谢凤英（女，增选）谢坚升（增选）					
第十届（1998.01—2003.01）	主　席	谢颂民	新邵县	1942.11	大学	1998.01—2002.03	专职
		胡南（女）	涟源市蓝田街道	1955.04	大专	2002.03—2003.01	专职
	副主席	颜如山	涟源市桥头河镇	1945.07	大学	1998.01—2000.03	专职
		胡南（女）	涟源市蓝田街道	1955.04	大专	1998.01—2002.03	专职
		彭亚如	涟源市杨市镇	1944.03	高小	1998.01—2003.01	专职
		李雄飞	冷水江市铎山镇	1946.05	中专	1998.01—2001.03	兼职
		袁金华	贵州省兴义市	1959.04	大学	1998.01—2003.01	兼职
		傅德贤	涟源市杨市镇	1962.08	大学	1998.01—2000.03	兼职
		聂秋南	涟源市渡头塘乡	1946.07	大专	2000.03—2003.01	专职
		肖海波	涟源市蓝田街道	1963.03	大学	2000.03—2003.01	兼职

续表 6–2

<table>
<tr><th>届次</th><th>职 务</th><th>姓 名</th><th>籍 贯</th><th>出生年月</th><th>文化程度</th><th>任职时间</th><th>专职/兼职</th></tr>
<tr><td rowspan="4">第十届(1998.01—2003.01)</td><td rowspan="3">秘书长</td><td>刘向成</td><td>涟源市斗笠山镇</td><td>1943.08</td><td>高中</td><td>1998.01—2001.03</td><td>专职</td></tr>
<tr><td>石进科</td><td>涟源市白马镇</td><td>1965.01</td><td>大学</td><td>2001.03—2002.03</td><td>专职</td></tr>
<tr><td>曾林林</td><td>涟源市七星街镇</td><td>1964.10</td><td>大学</td><td>2002.03—2003.01</td><td>专职</td></tr>
<tr><td>常务委员</td><td colspan="6">王吉南 王亚东 朱熙 刘汉民 李少平 李吉桃 李利文(女) 李敦朝 杨顺林 肖海波 张绍敏(女) 周纪中 姜彩珍(女) 姜新民 聂秋南 夏国平 黄志祥 章长斌 梁尔谷 梁仲山 梁康瑜 彭伟华 谢凤英(女) 谢少松 谢坚升 谭周文 熊加山 毛永正(增选) 梁志文(增选) 梁福康(增选) 李松柏(补选) 胡定告(补选) 释志愿(女,补选) 肖深根(补选) 肖安江(补选)</td></tr>
<tr><td rowspan="11">第十一届(2003.01—2007.12)</td><td>主 席</td><td>廖保生</td><td>涟源市石马山镇</td><td>1951.03</td><td>大专</td><td>2003.01—2007.12</td><td>专职</td></tr>
<tr><td rowspan="6">副主席</td><td>肖志成</td><td>涟源市荷塘镇</td><td>1950.09</td><td>大专</td><td>2003.01—2007.12</td><td>专职</td></tr>
<tr><td>曾绪富</td><td>涟源市水洞底镇</td><td>1951.10</td><td>大专</td><td>2003.01—2007.12</td><td>专职</td></tr>
<tr><td>邱超文</td><td>涟源市桥头河镇</td><td>1968.12</td><td>大学</td><td>2003.01—2007.12</td><td>专职</td></tr>
<tr><td>肖海波</td><td>涟源市蓝田街道</td><td>1963.03</td><td>大学</td><td>2003.01—2007.12</td><td>兼职</td></tr>
<tr><td>李利文(女)</td><td>涟源市桥头河镇</td><td>1968.02</td><td>大学</td><td>2003.01—2005.03</td><td>兼职</td></tr>
<tr><td>梁康瑜</td><td>涟源市枫坪镇</td><td>1969.05</td><td>大学</td><td>2003.01—2007.12</td><td>兼职</td></tr>
<tr><td rowspan="2">秘书长</td><td>曾林林</td><td>涟源市七星街镇</td><td>1964.10</td><td>大学</td><td>2003.01—2005.03</td><td>专职</td></tr>
<tr><td>李炳雄</td><td>涟源市荷塘镇</td><td>1970.09</td><td>大专</td><td>2006.03—2007.12</td><td>专职</td></tr>
<tr><td>常务委员</td><td colspan="6">毛永正 邓鹰 龙晓阳(女) 刘丹 刘智斌 李小雄 李建龙 李育林 李松柏 李国源 肖安江 张绍敏(女) 易龙 胡定告 姚勇明 夏国平 黄伟祥 梁文 梁笃成 彭清连 释志愿(女) 谢少松 谢坚升 谢祖勤 谢益群 谭旭鸿 谭彦文 谭秋姣(女) 颜正华 颜毅郇 石进科(补选) 梁新华(补选) 刘建文(补选)</td></tr>
<tr><td colspan="7"></td></tr>
<tr><td rowspan="9">第十二届(2007.12—)</td><td>主 席</td><td>易志祥</td><td>涟源市龙塘乡</td><td>1954.06</td><td>大学</td><td>2007.12—</td><td>专职</td></tr>
<tr><td rowspan="5">副主席</td><td>梁中夫</td><td>涟源市茅塘镇</td><td>1956.10</td><td>大专</td><td>2007.12—</td><td>专职</td></tr>
<tr><td>邱超文</td><td>涟源市桥头河镇</td><td>1968.12</td><td>大学</td><td>2007.12—</td><td>专职</td></tr>
<tr><td>肖海波</td><td>涟源市蓝田街道</td><td>1963.03</td><td>大学</td><td>2007.12—</td><td>兼职</td></tr>
<tr><td>梁康瑜</td><td>涟源市枫坪镇</td><td>1969.05</td><td>大学</td><td>2007.12—</td><td>兼职</td></tr>
<tr><td>谭秋姣(女)</td><td>涟源市蓝田街道</td><td>1963.09</td><td>大学</td><td>2007.12—</td><td>专职</td></tr>
<tr><td>秘书长</td><td>李炳雄</td><td>涟源市荷塘镇</td><td>1970.09</td><td>大专</td><td>2007.12—</td><td>专职</td></tr>
<tr><td>常务委员</td><td colspan="6">毛永正 卢仁四 卢贤交 刘智斌 李小雄 李友云(女) 李育林 李超霞 李谟连 肖达芹 吴选群 吴喜波 邱兵升 张晚林 易龙 易佳庚 周志根 周春初 姜浩文 姚勇明 夏国平 晏国强 黄伟祥 黄志祥 梁一明 梁杰文 释纯玉(女) 曾达平(女) 曾芝红(女) 谢坚升 谢学长 谢祖勤 谭旭鸿 谭彦文 颜毅郇</td></tr>
</table>

说明:2005 年 3 月—2006 年 3 月,未设秘书长

第三章　政协会议

第一节　政协全体会议

一　政协第七届全体会议

1987年2月28日—3月5日，在县招待所小礼堂召开县政协第七届委员会第一次会议，代表17个界别的182名委员出席会议。会议听取和审议副主席曹源清代表第六届常务委员会所作的工作报告；列席县第十届人大第一次会议，听取和讨论《政府工作报告》和其他工作报告；学习和讨论《涟源县国民经济和社会发展第七个五年计划(草案)》，协商县人大常委会、县政府和县法院、县检察院领导人选；听取市政协七届一次会议提案委员会关于六届三次会议以来提案办理情况报告；听取和审议市政协七届一次提案委员会关于提案审查情况报告；选举吴贵涛为县政协第七届委员会主席，曹源清、杜溪庄、颜如山、李翕承、安振学、谢光生、刘明华为副主席，刘新林为秘书长，选举常务委员23人；审议通过《政治决议》《常委会工作报告决议》和《提案审查情况决议》。会议号召全体委员及其所联系的各界人士在中共涟源县委的领导下，认真贯彻执行党的十一届三中全会以来的路线、方针和政策，发挥政协自身优势，同心同德，奋发图强，为涟源改革开放和两个文明建设，为促进祖国统一作贡献。

1987年10月16日，在县招待所小礼堂召开县政协第七届第二次会议。主席吴贵涛代表县政协第七届常务委员会作题为《紧紧围绕以社会主义现代化建设为中心的三大任务，开辟政协工作的新领域，为建设一个繁荣昌盛的涟源作出更大的贡献》的报告。会议通过《政协涟源县第七届委员会第二次会议关于更改政协机构名称暨改任领导干部职务的决议》，一致拥护涟源县改为涟源市；一致同意将中国人民政治协商会议涟源县委员会更改为中国人民政治协商会议涟源市委员会，其届别次数连续计算。

1988年1月6—10日，在市法院会场召开市政协第七届第三次会议。会议听取和审议副主席曹源清代表第七届常务委员会所作的工作报告；听取提案办理情况报告；听取和审议提案审查情况报告；听取统战工作报告；列席市第十届人大第三次会议；审议通过《关于认真学习党的"十三大"文件和党的基本路线的决议》《常委会工作报告决议》和《提案审查情况报告决议》；听取8位委员发言。会议通过《关于接受曹源清请求辞去政协任职的决议》，增选梁巨大为市政协第七届副主席，增选1人为市政协第七届常务委员。

1988年9月22日，在市招待所小礼堂召开市政协第七届第四次会议。主席吴贵涛传达中央文件和娄底地委重要会议精神，增选彭亚如为市政协第七届副主席，增选1人为市政协第七届常务委员。

1989年4月2—5日，在光明山大礼堂召开市政协第七届第五次会议。会议听取和审议副主席杜溪庄代表第七届常务委员会所作的工作报告；听取提案办理情况报告；听取和审议提案审查情况报告；听取统战工作报告和关于省政协经促工作会议精神的传达报告；协商讨论政府工作报告及其他报告；审议通过《政治决议》及其他决议；增选2人为市政协第七届常务委员；听取9位委员参政议政发言和6位委员做先进典型发言；表彰先进。

1989年5月13—14日，在市招待所小礼堂召开市政协第七届第六次会议。会议学习和讨论人民日报《必须旗帜鲜明地反对动乱》和《维护大局，维护稳定》两篇社论；听取主席吴贵涛关于传达省政协六届二次会议精神的报告;增选萧洪魁为市政协第七届副主席。

二 政协第八届全体会议

1990年2月23—26日,在市招待所小礼堂召开市政协第八届第一次会议,代表17个界别的203名委员出席会议。会议听取和审议副主席杜溪庄代表第七届常务委员会所作的工作报告;听取第七届提案委员会关于七届五次会议以来提案办理情况报告;听取和审议市政协八届一次会议提案委员会关于提案审查情况报告;学习《中共中央关于坚持和完善共产党领导的多党合作和政治协商制度的意见》;听取市政府关于起草《政府工作报告》的说明,学习和讨论《政府工作报告(征求意见稿)》和其他报告;听取政协工作部门发言;总结和交流政协工作经验,表彰政协统战工作先进单位和先进个人;选举胡康凡为市政协第八届委员会主席,颜如山、梁巨大、刘长善、肖梦麒、彭亚如、安振学、谢光生、刘明华为副主席,刘文初为秘书长,选举常务委员24人;审议通过《政治决议》《常委会工作报告决议》和《提案审查情况决议》。会议号召全市政协委员和各界人士高举社会主义和爱国主义两面旗帜,坚持四项基本原则,坚持和完善共产党领导的多党合作和政治协商制度,发扬人民政协的优良传统和作风,振奋精神,艰苦奋斗,为实现治理整顿、深化改革、稳定局势、建设四化、振兴涟源、统一祖国而努力奋斗。

1991年3月20—23日,在市招待所小礼堂召开市政协第八届第二次会议。会议听取和审议主席胡康凡代表第八届常务委员会所作的工作报告;听取和讨论《涟源市国民经济和社会发展十年规划及"八五"计划的建议(草案)》《政府工作报告》《计划工作报告》《财政工作报告》;听取提案办理情况报告;听取和审议提案审查情况报告;审议通过《政治决议》及其他决议;听取8位委员就"怎样当好政协委员"等方面作的典型发言;表彰1990年度政协工作4个先进集体和35名先进个人。会议同意市政协秘书长刘文初辞去职务,补选刘向成任秘书长,补选常务委员1人。

1992年3月17—19日,在市第二接待处小礼堂召开市政协第八届第三次会议。会议听取和审议主席胡康凡代表第八届常务委员会所作的工作报告;听取和讨论《政府工作报告(草案)》的说明;听取提案办理情况的报告;听取和审议提案审查情况报告;听取8位委员《加快对外经济开发工作》《努力开发人才,促进科技兴涟》《拉长轻工业这条短腿,促进能源、原材料工业的更快发展》等典型发言;表彰1991年度政协工作4个先进集体和39名先进个人;审议通过《政治决议》及其他决议。

三 政协第九届全体会议

1992年12月29日—1993年1月1日,在市第二接待处小礼堂召开市政协第九届第一次会议,代表17个界别的205名委员出席会议。会议听取和审议主席胡康凡代表第八届常务委员会所作的工作报告;学习党的十四大文件;列席市第十二届人大第一次会议,听取和讨论《政府工作报告》《计划工作报告》《财政工作报告》;听取市政协第八届提案委员会关于八届三次会议以来提案办理情况报告;听取和审议市政协九届提案委员会关于九届一次会议提案审查情况报告;听取政协工作部门和3名先进典型发言;审议通过《政治决议》《常委会工作报告决议》和《提案审查情况报告决议》。会议选举胡康凡为市政协第九届委员会主席,颜如山、胡南(女)、彭亚如、安振学、梁稳根、石文庚为副主席,刘向成为秘书长,选举常务委员27人;会议号召全体委员和各界人士在中共涟源市委的领导下,坚持党的"一个中心、两个基本点"的基本路线,振奋精神,大胆开拓,勇于进取,齐心合力,为全市改革开放和现代化建设做出更大的贡献,把全市政协工作推上新的台阶。

1994年3月17—19日,在市第二接待处小礼堂召开市政协第九届第二次会议。会议听取和审议副主席颜如山代表第九届常务委员会所作的工作报告；听取提案办理情况报告；听取和审议提案审查情况报告；列席市第十二届人大第二次会议，听取8位委员就《新税制对县办工业的影响及对策》《加强理解和支持，摆脱全市财政困难》《市属工业企业如何摆脱亏损困境》等方面作的典型发言；补选4人为市政协九届常务委员；表彰1993年度政协工作6个先进单位和40名先进个人；审议通过《政治决议》及其他决议。

1995年3月10—12日，在市接待处小礼堂召开市政协第九届第三次会议。会议听取和审议副主席颜如山代表第九届常务委员会作题为《开拓进取，扎实工作，为涟源的改革、发展、稳定作出新的贡献》的工作报告；听取提案办理情况报告；听取和审议提案审查情况报告；列席市第十二届人大第三次会议；增选郭富荣为市政协九届副主席；表彰1994年度政协工作4个先进集体和39名先进个人；审议通过《政治决议》及其他决议。

1996年3月24—28日，在市接待处小礼堂召开市政协第九届第四次会议，会议听取和审议副主席颜如山代表第九届常务委员会作题为《履行职能，竭诚奉献，为实施"九五"计划献计出力》的工作报告；听取提案办理情况报告；听取和审议提案审查情况报告；列席市第十二届人大第四次会议；听取10位委员就加快全市个体私营经济上台阶、保护环境、利用温江泉水、调整学校布局等方面作的典型发言；增选6人为市政协九届常务委员；表彰7件优秀提案、7个提案承办先进单位、8名提案承办先进个人、1995年度政协工作2个先进集体和42名先进个人；审议通过《政治决议》及其他决议。

1997年3月24—28日，在市接待处小礼堂召开市政协第九届第五次会议。会议听取和审议副主席颜如山代表第九届常务委员会作题为《加强协商监督，积极参政议政，为涟源经济发展和社会进步作出新贡献》的工作报告；听取提案工作办理情况报告；听取和审议提案审查情况报告；列席市第十二届人大第五次会议；听取9位委员关于全市企业流动资金、农村精神文明建设、加强预算外资金管理、搞好旅游开发事业等方面的典型发言；表彰1996年度政协工作6个先进集体和46名先进个人；通报表扬在1996年抗灾救灾中踊跃捐款、无私奉献的突出单位和个人，对17个突出单位授予锦旗，103名委员通报表彰；审议通过《政治决议》及其他决议。

四　政协第十届全体会议

1997年12月28日—1998年1月1日，在市接待处小礼堂召开市政协第十届第一次会议，代表19个界别的233名委员出席会议。会议听取和审议副主席颜如山代表第九届常务委员会所作的工作报告；听取市政协九届提案委员会关于提案办理情况报告；听取和审议市政协十届提案委员会关于提案审查情况报告；听取政协各专门委员会的发言；列席市第十三届人大第一次会议，听取和讨论《政府工作报告》及财政和计划报告；学习党的十五大文件；审议通过《政治决议》《常委会工作报告决议》和《提案审查情况报告决议》；会议选举谢颂民为市政协第十届委员会主席，颜如山、胡南（女）、彭亚如、李雄飞、袁金华、傅德贤为副主席，刘向成为秘书长，选举常务委员32人。会议号召全体委员和各界人士在中共涟源市委的领导下，高举邓小平理论伟大旗帜，紧密团结在以江泽民为核心的党中央周围，同心同德，艰苦奋斗，为把建设有中国特色社会主义的伟大事业全面推向21世纪做出更大的贡献。

1999年3月27—30日，在市接待处小礼堂召开市政协第十届第二次会议。会议听取和审议主席谢颂民代表第十届常务委员会作题为《同心同德，群策群力，为把全市改革开放和现代化建设事业胜利推向二十一世纪而努力奋斗》的工作报告；听取提案办理情况报告；听取和审议提案审查情况报告，听取12位委员就全市租赁企业管理、财源建设、社会稳定、农业产业化等方面作的典型发言；列席市第十三届人大第二次会议；增选3人为市政协十届常务委员；表彰1998年度政协工作8个先进集体、48名先进个人及4个优秀调查报告、4 篇好通讯报道、5 件优秀提案和 2 条好信息；审议通过《政治决议》及其他决议。

2000 年 3 月 26—30 日，在市接待处小礼堂召开市政协第十届第三次会议。会议听取和审议主席谢颂民代表第十届常务委员会作题为《迎接新世纪，再创新辉煌，为加速全市经济社会发展作出新的贡献》的工作报告；听取提案办理情况报告；听取和审议提案审查情况报告；听取 9 位委员关于教育改革、乡镇经济建设、农业科技推广、治理经济环境等方面的典型发言；列席市第十三届人大第四次会议；表彰 1999 年度政协工作8 个先进集体和 50 名先进个人；审议通过《政治决议》及其他决议。会议同意颜如山、傅德贤辞去市政协副主席职务，5 人辞去常务委员职务，补选聂秋南、肖海波为市政协十届副主席，补选 3 人为市政协十届常务委员。会议期间，举办新委员培训班。

2001 年 3 月 10—13 日，在市接待处小礼堂召开市政协第十届第四次会议。会议听取和审议主席谢颂民代表第十届常务委员会作题为《开启新世纪，共创新局面，为促进全市经济建设和社会进步作出新的贡献》的工作报告；听取提案工作情况报告；听取和审议提案审查情况报告；听取 7 位委员就转变干部作风，加强蓝田城区建设与管理等方面作的典型发言；列席市第十三届人大第五次会议；表彰 2000 年度政协工作 10 个先进集体和 48 名先进个人；审议通过《政治决议》和其他决议。会议撤销李雄飞的副主席职务，免去 1 人的常务委员职务，同意秘书长刘向成辞去职务，补选石进科任秘书长，补选 2 人为市政协十届常务委员。

2002 年 3 月 24—27 日，在市接待处小礼堂召开市政协第十届第五次会议，会议听取和审议主席谢颂民代表第十届常务委员会作题为《与时俱进，开拓创新，为涟源经济繁荣和社会进步作出新的贡献》的工作报告；听取和审议提案工作情况报告；听取提案审查情况报告；听取 5 名委员就全市农业、旅游业、发展环境、教育、工业等方面作的典型发言，列席市第十三届人大第六次会议，表彰 2001 年度政协工作 15 个先进集体和 51 名先进个人及 5 件优秀提案；审议通过《政治决议》《常委会工作报告决议》和《提案工作报告决议》。会议撤销 1 人的常务委员职务，同意市政协第十届主席谢颂民辞去职务，补选胡南为市政协第十届主席，同意市政协第十届秘书长石进科辞去职务，补选曾林林任秘书长。

五 政协第十一届全体会议

2003 年 1 月 4—8 日，在市接待处小礼堂召开市政协第十一届第一次会议，代表 19 个界别的 275 名委员出席会议。会议听取和审议主席胡南代表第十届常务委员会所作的工作报告；听取和审议提案工作报告；听取市政协第十一届提案委员会关于提案审查情况报告；听取市政协各专门委员会发言；列席市第十四届人大第一次会议，听取和讨论《政府工作报告》《计划工作报告》和《财政工作报告》；学习党的十六大文件；表彰 2002 年度政协工作 17 个先进集体；审议通过《政治决议》《常委会工作报告决议》和《提案工作报告决议》。会议选举廖保生为市政协第十一届委员会主席，李利文（女）、肖志成、肖海波、邱超文、梁康瑜、曾绪富为副主席，曾林林为秘书长，选举常务委员 33 人。会议号召全市各级政协组织，各参加单位和全体政协委员，更加紧密地团结在以胡锦涛为总书记的中共中央周围，在中共涟源市委的领导下，围绕全市工作大局，振奋精神，发愤图强，与时俱进，开拓创新，为全面推进全市三个文明建设献计出力。

2004 年 3 月 9—12 日，在市接待处小礼堂召开市政协第十一届第二次会议。会议听取和审议主席廖保生代表第十一届常务委员会作题为《与时俱进，开拓创新，为全市经济社会超常发展创造政协新业绩》的工作报告；听取和审议市政协第十一届常务委员会关于第十一届一次会议以来提案工作情况报告；听取市政协第十一届提案委员会关于提案审查情况的报告；听取 6 位委员就全市农业产业结构调整、企业改革、乡镇财政消赤减债、市容环境卫生、新型农村合作医疗、优化经济环境等方面作的典型发言；列席市第十四届人大第三次会议；表彰 2003 年度政协工作 14 个先进集体、39 名先进个人及 6 件优秀提案；审议通过《政治决议》及其他决议。

2005年3月14—17日，在市接待处小礼堂召开市政协第十一届第三次会议，会议听取和审议主席廖保生作常务委员会工作报告；听取和审议提案工作情况报告；听取市政协十一届提案委员会提案审查情况报告；听取6位委员就全市加快国企改革、转变乡镇职能、修编城市总体规划等方面作的典型发言；列席市第十四届人大第四次会议；审议通过《政治决议》及其他决议。会议同意市政协第十一届3名常务委员和秘书长曾林林辞去职务，补选常务委员6人。

2006年3月15—17日，在市接待处小礼堂召开市政协第十一届第四次会议，会议听取和审议主席廖保生作常务委员会工作报告；听取和审议提案工作情况报告；听取提案审查情况报告；听取5位委员就全市集中支付、村级财务管理、农村人口和计划生育、高中招生、行业协会等方面作的典型发言；列席市第十四届人大第五次会议；审议通过《政治决议》及其他决议；补选李炳雄任秘书长。

2007年3月25—27日，在市接待处小礼堂召开市政协第十一届第五次会议，会议听取和审议主席廖保

图6-1　2006年3月15日，市政协召开第十一届委员会第四次会议

生代表十一届常务委员会作题为《服务发展要务，履行政协职能，努力开创建市20周年全市政协新局面》的工作报告；听取和审议提案工作情况报告；听取提案审查情况报告；听取5位委员就全市客运市场、土地利用总体规划、义务教育阶段教师老化、移民工作、打击六合彩等方面作的典型发言；列席市第十四届人大第六次会议；表彰2006年度16个政协工作先进集体、41名优秀政协委员和8件优秀提案；审议通过《政治决议》及其他决议。

六　政协第十二届全体会议

2007年12月14—17日，在市接待处小礼堂召开市政协第十二届第一次会议，代表18个界别的289名委员出席会议。会议听取和审议副主席肖志成代表第十一届常务委员会所作的工作报告；听取和审议市政协第十一届常务委员会提案工作报告；听取市政协第十二届提案委员会关于提案审查情况的报告；列席市第十五届人大第一次会议，听取和协商评议"一府两院"工作报告和计划、财政报告，协商市人大常委会正、副主任，市政府正、副市长及市法院院长、市检察院检察长候选人名单；表彰2007年度16个政协工作先进集体、46名优秀政协委员和6件优秀提案；审议通过《政治决议》《常委会工作报告决议》和《提案工作报告决议》；会议选举易志祥为市政协第十二届委员会主席，梁中夫、邱超文、肖海波、梁康瑜、谭秋姣（女）为副主席，李炳雄为秘书长，选举常务委员35人。会议号召市乡两级政协组织、各参加单位和全体政协委员，更加紧密地团结在以胡锦涛为总书记的中共中央周围，在中共涟源市委的领导下，围绕全市工作大局，振奋精神，发愤图强，与时俱进，开拓创新，为全面建设和谐小康涟源献计出力。

第二节 政协常务委员会会议

一 政协第七届常务委员会会议

1987年2月—1990年2月，涟源市(县)政协第七届常务委员会共召开17次会议。1987年3月5日，第一次常务委员会会议，通过关于县政协各委办负责人任命、县城部分委员为工作委员会兼职委员、组建政协委员联络组及工作组和成立老委员联谊会等四项决定。1988年5月24—25日，第九次常务委员会会议，主席吴贵涛在会上就如何发挥政协的基本职能，社会主义初级阶段人民政协的地位、作用和任务，政协工作要赶上形势发展的需要等方面作重要讲话；对1988年政府工作情况进行讨论，提出市政府要抓好农业生产，用技术向企业要效益，用好、用活中央政策等建议。1989年11月25日，第十七次常务委员会会议，学习《中共十三届五中全会公报》和《江泽民同志在十三届五中全会上的讲话》，传达娄底地区政协联工委换届会议精神和省政协学委会精神。会议要求大家坚持四项基本原则，反对资产阶级自由化。

二 政协第八届常务委员会会议

1990年2月—1993年1月，市政协第八届常务委员会共召开13次会议。1990年12月21—23日，第四次常务委员会会议，贯彻全省政协工作会议精神，考察湄江风景区。1991年5月20—21日，第七次常务委员会会议，学习省政协六届四次会议精神和娄底地区政协联工委在双峰召开的政协工作会议精神；讨论市长在会上通报的全市1991年1—4月经济工作情况，建议市领导进一步解放思想，加快改革开放步伐，用好、用活政策，牢牢抓住提高企业经济效益这个中心，努力解决“三角债”问题，搞好税收入库工作。1992年9月24—25日，第十二次常务委员会(扩大)会议，传达娄底地区人大、政协换届工作会议精神，研究安排涟源政协换届工作；听取市政府关于1992年1—8月经济情况通报；审议关于解决离退休教师住房困难的议案。

三 政协第九届常务委员会会议

1993年1月—1998年1月，市政协第九届常务委员会共召开23次会议。1993年9月27—28日，第三次常务委员会(扩大)会议，学习《中共中央国务院关于当前经济情况和加强宏观调控的意见》和江泽民在中纪委二次全会上的讲话，市长和市纪委书记分别通报全市经济工作特别是当前宏观调控的情况和全市反腐败斗争情况，与会人员围绕经济上宏观调控，政治上反腐败斗争，结合全市实际，建议市委、市政府在宏观调控方面采取有力措施，严肃财政金融法纪，整顿秩序，使经济走上健康发展的轨道；在反腐败方面一抓到底，敢打“老虎”，毫不留情，既要取得阶段性成果，又要长期抓下去。1994年5月30—31日，第六次常务委员会(扩大)会议，视察湖南省回春堂制药厂，涟群电线电缆有限公司，市马家境经济开发区，建议有关职能部门重视和帮助解决他们在流动资金严重短缺、人才技术缺乏、负担过重、对开发区宣传不够等方面的问题。1995年7月13—14日，第十一次常务委员会会议，学习政协全国委员会《关于政治协商、民主监督、参政议政的规定》、中共湖南省委通知《政协湖南省委员会关于政治协商、民主监督、参政议政的规定》和全国政协主席李瑞环在全国政协八届十三次常务委员会会议上的讲话《关于人民政协履行职能的若干问题》；听取和讨论市政府关于教育工作情况通报；免去4人的市政协九届委员职务，增补6人为市政协九届委员。1996年10月15—16日，第十七次常务委员会(扩大)会议，学习《中共中央关于加强社会主义精神文明建设若干重要问题的决议》和市委书记在全市减轻农民负担工作会议上的讲话；听取市财政局关于1996年1—9月全市财政预算执行情况的通报；听取两名政协委员《对全市财源建设的调查》和《对全市财源建设现状的几点思考》的调查汇报。1997 年 5 月 22—23 日，第二十一次常务委员会（扩大）会议，听取关于全市减轻农民负担工作情况的通报和农村合作基金会调查情况的通报，并通过向市政府提交《关于整顿农村合作基金会的建议案》。

四　政协第十届常务委员会会议

1998 年 1 月—2003 年 1 月，市政协第十届常务委员会共召开 20 次会议。1998 年 9 月 17 日，第三次常务委员会（扩大）会议，学习《中共中央办公厅、国务院办公厅关于增收节支，搞好灾区重建工作的通报》《全国政协九届七次主席会议关于努力团结各界人士为灾区重建作贡献的决定》和全国政协主席李瑞环的讲话，宣读《市政协十届五次主席会议关于厉行节约支援灾区重建工作的决定》；听取市政府关于大江口水库配套工程建设的情况和市政协关于全市旅游资源调查的情况及市政协十届一次会议以来关于提案办理的情况。2000 年 10 月 16 日，第十二次常务委员会（扩大）会议，学习党的十五届五中全会精神；听取和讨论常务副市长关于市政府 2000 年前三季度经济工作情况通报和第四季度工作安排；审议通过市政协常务委员会《关于加快全市小城镇建设》和《关于推广三甲乡实竹村科技致富示范经验》的两个建议案；审议通过市政协《关于政协委员参加会议和活动的规定》；增补 5 人为市政协十届委员。2001 年 6 月 30 日，第十四次常务委员会会议，学习江泽民在庆祝中国共产党成立 80 周年大会上的讲话；讨论通过《关于进一步重视市经济开发区发展的建议》。

五　政协第十一届常务委员会会议

2003 年 1 月—2007 年 12 月，市政协第十一届常务委员会共召开 24 次会议。2003 年 3 月 14 日，第一次常务委员会（扩大）会议，审议通过《政协涟源市委员会 2003 年工作要点》；颁布《政协涟源市委员会各活动组、乡镇办事处和市政协机关 2003 年度目标管理实施方案》；宣布《政协涟源市委员会关于政协常委、委员参加会议和活动的有关规定》。2004 年 11 月 22 日，第九次常务委员会（扩大）会议，听取"一府两院"工作情况的通报；免去6 人的市政协十一届委员职务，增补 7 人为市政协十一届委员，任命 7 人为乡镇政协联工委主任。2005 年 8 月 29 日，第十三次常务委员会（扩大）会议，邀请一名副市长就依法行政上法律课；审议通过向市委、市政府提交的《关于进一步加大全市城市规划工作的建议案》；增补 2 人为市政协十一届委员。2006 年 3 月 16 日，市政协召开第十一届十六次常务（扩大）会议，讨论市政协十一届四次会议的《政治决议》《常委会工作报告决议》以及《提案工作报告决议》。2006 年 6 月 9 日，第十七次常务委员会（扩大）会议，学习《中共中央关于加强人民政协工作的意见》；协商通过《政协涟源市委员会关于进一步加强全市宗教工作向市委、市人民政府的建议案》；免去 1 人的市政协十一届委员职务，增补 2 人为市政协十一届委员。2007 年 3 月 26 日，第二十一次常务委员会（扩大）会议，听取市政协十一届五次会议分组讨论情况；讨论市政协十一届五次会议的《政治决议》《常委会工作报告决议》和《提案工作报告决议》。

图 6-2　2006 年 3 月 16 日，市政协召开第十一届十六次常委（扩大）会议

第四章　职能履行

第一节　政治协商

市政协第七届委员会3年期间，举行6次全体会议、17次常委会议、28次主席会议，邀请市委、市政府领导参加，通报情况，听取意见；组织8次大的协商会，实行党外人士与市党政领导对话，交换看法。1988年1月，市委领导与7名政协常委对话，内容涉及全市民主与法制建设，青少年思想教育，环境保护与卫生，合理使用人才，增强工农业后劲，落实市工商联房屋产权等。1988年4月，市委邀请市政协委员、党外知名人士代表就市第六次党代表大会工作报告和人事安排协商座谈。会后，市委基本采纳与会人员就指导思想、政策、班子组建等方面的30多条意见与建议。

市政协第八届委员会3年期间，举行3次全体会议、13次常委会议、30次主席会议。在1992年3月召开的市政协八届三次会议上，委员们做题为《关于加快对外经济开发的建议》《努力开发人才，促进科技兴涟》和《拉长轻工业这条短腿，促进能源、原材料工业的更快发展》的发言。会后，市委、市政府高度重视：设立市外经办公室，管理全市发展外向型经济工作；改善投资环境，建设涟源宾馆，开通60路微波电话，筹建5000门程控电话，颁布鼓励外商投资的优惠政策；建立外向型经济开发区；疏通外贸运输渠道，开通涟源—岳阳—上海，涟源—怀化—湛江两条运输线；积极开展外资引进工作。是年6月，召开市政协八届十一次常委会议，围绕全市工业"五自主"（生产经营自主、产品定价自主、企业内部分配自主、人事和劳动用工自主、技术改造自主），国合商业（国营商业企业和供销合作社）"四放开"（经营放开、价格放开、用工放开、分配放开）进行协商，提出宣传发动工作要进一步深化，改革措施要进一步配套和完善，要政策到位、真抓实干和为改革者撑腰正名等20多条意见和建议。会后，市委、市政府加强对工业"五自主"、商业"四放开"工作的领导，在全市工商企业铺开工业"五自主"、商业"四放开"，收到良好效益。

市政协第九届委员会5年期间，举行5次全体会议、23次常委会议、32次主席会议，每次会议，均对市委、市政府的大政方针、《政府工作报告》、有关重大人事安排、涉及国计民生的重点、难点、热点问题进行广泛的协商讨论，围绕转换国有企业经营机制，积极发展股份制和私营企业，引导农民进市场奔小康，发展文化、教育、卫生、体育事业，加强社会治安综合治理，搞好反腐倡廉，严肃财经纪律、整顿金融秩序，刹住资金外流、确保市内重点工程建设，开源增效搞活财贸，强化企业管理、大胆起用人才，狠刹"三乱"（乱收费、乱罚款和乱摊派），搞好农业综合开发、大江口水库配套工程建设、农资市场清理整顿，发展第三产业和旅游业等问题，提出意见和建议520条，为市委、市政府正确决策提供大量参考意见。1996年主席会议上提出《关于尽快组织对全市农资市场清理整顿的建议案》，1997年九届二十一次常委会议上提出《关于尽快组织对全市农村合作基金会清理整顿的建议案》，引起市委、市政府高度重视，采取措施，组织力量，尽快加以解决和处理。

市政协第十届委员会5年期间，举行5次全体会议、20次常委会议、32次主席会议，每次会议都有明确的协商侧重点。每次全体会议就市委、市政府的大政方针、《政府工作报告》等重大问题协商讨论，抓住事关全市改革、发展和稳定的重大问题及人民群众普遍关注的热点问题进行协商。5年期间，就财源建设、农业产业结构调整、转换国有企业的经营机制、优化经济发展环境、加强党风廉政建设、发展个体私营经济、农民减负、小城镇建设、水土保持、转变干部作风、教育体制改革、重点工程建设等问题进行大会协商，提出意见和建议386条。市政协常委会向市政府提交建议案12份。在1999年十届八次常委会议上提出的《关于治理整顿全市建筑市场的建议案》，2000年十届十一次常委会议上提出的《关于加快发展全市小城镇建设的建议案》引起市委、市政府重视，取得令人满意的效果。

市政协第十一届委员会5年期间，举行5次全体会议、24次常委会议、30次主席会议，就每年的政府工作报告和"十一五"规划的制定、财源建设、农业产业结构调整、国企改革、优化经济发展环境、加强城镇化建设，加快新型工业化进程等涉及全市经济和社会发展中的重大问题进行协商讨论，形成会议专题发言材料26份，提出书面意见和建议200余条。

第二节 民主监督

1999年开始，市政协开展民主评议工作。评议前，广泛征求各方面意见，在常委会议上确定民主评议单位。评议时，邀请市纪委等有关部门监督，客观公正地肯定被评单位的工作成绩，中肯负责地指出问题与不足。评议后，及时将评议情况形成书面材料报送市委、市政府，对被评单位进行不定期跟踪回访，督促其整改落实。是年，市卫生局被民主评议后，成立整改领导小组，组建整改工作班子，制定整改方案，集中三个月时间，对卫生系统进行全面整改。2001年下半年，市运输管理局召集中层以上骨干30多人参加市政协的民主评议会议，会后着重从加大宣传、优化管理机制、强化服务意识、提高执法水平等4个方面进行整改。2003年10月30日，市政协在市接待处小礼堂召开民主评议市质量技术监督局会议，市委常委、市直正科以上单位负责人、民主评议领导小组成员、乡镇(街道)政协联工委主任、城区政协活动组组长、市政协机关正科以上干部及市质量技术监督局全体工作人员参加。市质量技术监督局局长在听取市政协委员发言和民主评议报告后表态，决定从6个方面进行整改：对一些服务项目、重点项目跟踪管理；配合招商引资，对引进的项目不乱收一分钱，不乱罚一分钱；增强为民服务的观念，多为企业办实事；抓好特种安全设备的监督；严厉打击生产、销售假冒伪劣商品行为；履行"三个代表"重要思想，努力打造一支高素质的技监队伍。

1999—2007年，市政协先后对市公安局、市检察院、市法院、市工商局、市国土局、市地税局、市卫生局、市环卫局、市市政工程局、市城监大队、市公路局、市房产局、市运管局、市规划局、市征稽所、市质监局、市建设局、市城市管理局等18家单位开展评议。

第三节 提案办理

市政协第七届委员会3年期间，收到委员提案238件，立案206件，办理答复198件，办理答复率96%。对重要提案及时摘报有关部门，以增强时效；对紧急提案，领导带头，及时组织力量，深入调查，尽快处理，提高办案效率。1987年，委员联名提出《解决蓝田环境污染》提案，迅速得到解决。市爱卫会根据提案意见，经常开展爱国卫生检查，组织清除11堆垃圾，增添8个垃圾桶，健全门前"三包"责任制；市铁厂冲炉渣水实行循环使用；财溪造纸厂在转产前不再使用烧碱造纸浆；市面粉厂建沉淀池，洗麦废水经沉淀后再外排；市造纸厂为解决排污问题，派人外出学习；市委、市政府采取措施禁止在火车站卸甘蔗，禁止在市区销售甘蔗。1988年，一委员提出《加强交通安全管理，使人身安全得到应有保护》的提案，市政府立即给予答复，根据提案采取五条有效措施。是年，交通事故发生率下降27.7%，死亡率下降75%，经济损失下降30%。

市政协第八届委员会3年期间,收到委员提案318件,立案297件,办理答复291件,办理答复率98%。其中被采纳180多件。八届三次会议期间,《加速建设蓝田集贸市场,繁荣全市经济》的提案引起市委、市政府高度重视,多次开会专题研究。蓝田市场于1992年10月1日破土动工,1993年12月竣工投入使用。《兴办机关幼儿园》提案得到市委、市政府采纳,拨款10万元作基建费,自筹资金20万元,兴建市机关幼儿园。

市政协第九届委员会5年期间,收到委员提案627件,立案573件,办理答复564件,办理答复率99%。在九届三次会议上,一委员提出《必须严厉打击地痞地霸》提案,市政协及时交办,市委政法委和市公安局高度重视,在全市开展打击地痞地霸及其他严重刑事犯罪分子的斗争,进行大规模的统一搜捕,惩处一批民愤大,影响恶劣的首恶分子。在九届四次会议上,一委员提出《关于增设便民公汽专线》的提案,交给市建委后,市建委立即召开有市公共汽车公司经理参加的主任办公会议,专门研究增设公汽专线,经与有关部门协调后,分别于1996年4月和6月新辟煤机厂至三角坪、石马山至芙蓉广场的公汽专线。

市政协第十届委员会5年期间,收到委员提案621件,立案602件,办理答复596件,办理答复率99%。其中,经济建设方面的提案313件,占52%;教科文卫方面的157件,占26%;党群、政法、劳动、人事方面的132件,占22%。每次全体会议期间都交办提案,会后直接抓落实,5年交办提案542件,占总数的90%;每次全体会议都遴选一批事关全市工作大局的重点提案,召开由市政府领导、有关职能部门负责人及提案人参加的提案现场办公会,就如何办理这些提案作出答复,会后再协同有关部门组织落实,5年时间现场办理提案40件。十届二次会议期间,就蓝田城区居民饮水、城区环境卫生、交通秩序、租赁国有企业的管理等一系列问题进行现场办理,给委员们一个比较好的答复,得到委员好评;对每件提案都跟踪办理,经常到提案承办单位了解落实情况,并在每年的6月、9月开展两次规模较大的督办活动。十届一次会议期间,委员提出《关于整顿蓝田城区交通秩序》《关于解决杨市镇阻车问题》和《建议整顿桥头河镇交通秩序》3件提案,市政协组织政协委员与有关部门负责人到现场进行视察、跟踪办理,使交通秩序混乱问题,得到及时有效解决。

市政协第十一届委员会5年期间,收到委员提案476件,立案470件,办理答复470件,办理答复率100%。其中,经济建设方面的提案275件,占60%;党群综合方面的94件,占21%;文教卫体方面的91件,占19%。政协各参加单位和委员们围绕市委、市政府工作重心和人民群众普遍关注的热点、难点问题,树立大局意识和责任意识,提出大量高质量的提案,产生良好的经济效益和社会效益。2003年1月,委员联名提出《关于成立涟源煤机协会的提案》,市政协多次找市委、市政府领导联系,通过多方努力,是年11月底,市煤机制造装备协会成立。2004年,一委员提出《强烈要求撤销珠梅收费站》提案,珠梅收费站经省政府批准于2006年5月撤销。2005年,委员联名提出《要尽快解决乡镇卫生院医务人员养老保险问题》,全市乡镇卫生院2100名职工全部参加养老保险。2006年,委员联名提出《建议三角坪扩建农贸市场的提案》,市政府通过充分论证,决定将蓝田双江市场(位于三角坪)改建成农贸市场。2007年3月,一委员提出《几时可圆半边路》的提案,不到两个月时间,茅塘至枫坪公路一段500米长的半边路硬化改造彻底完工。

第四节 参政议政

市政协第七届委员会期间,组织委员视察10次。1988年12月,视察6家工业企业,视察市制革厂时,发现因供电部门拉闸停电,企业被迫停产停工,330张牛皮和800张猪皮积压、变质,市政协领导立即与市政府主管工业的领导磋商,解决送电难题。1989年11月,对全市农业面临的问题进行为期7天的调查,收集解决化肥农药供需矛盾、水库山塘兴修矛盾等方面的建议,整理成书面报告,引起市委、市政府高度重视。

市政协第八届委员会期间，进行89项专题调查，写出212个调查报告。1992年4月，深入30多家工商企业进行调查研究，历时2个月，撰写论文22篇。7月18日，召开有市委、市人大、市政府、市政协领导及市直部委办局行主要负责人和企业负责人（厂长、矿长、经理）120多人参加的研讨会，12名论文作者就如何牢牢抓住提高企业经济效益这个中心，立足现有企业，推进科技进步，提高劳动者素质等方面，宣读自己的论文。会后，市委、市政府根据委员们的建议，采取一系列措施，使全市企业经济形势出现转机。全市16家预算内工业企业，年实现利润153万元，为1991年的两倍多。是年，一名副主席挂钩市制革厂，积极支持和参与该厂的新产品试制工作，去深圳、长沙，洽谈引进项目，接待法国专家驻厂传授技术，使该厂在取消补贴300万元的基础上，仍实现盈利。一名副主席挂钩枫坪彩色水泥厂，帮助企业建章立制，扭转混乱局面，7个月实现利税25万多元。1993年7月，组织委员调查研究，写出《关于乡镇煤炭生产发展的现状和对策》《对个体私营经济发展的探讨》等4份调查报告，并及时向市政府及有关部门反映在调查中发现的问题，督促有关部门进行解决。

市政协第九届委员会期间，大兴调查研究之风。1993年，组织保护环境、减轻企业负担、健全农村服务化体系等方面的调查，特别是关于保护环境的调查活动，组织20多个单位的委员、单位负责人和专业技术人员深入工厂、农村调查研究，撰写调查报告和论文19篇，是年6月17日与市政府联合举办研讨会，对增强全市干部、群众的环保意识，正确处理环境保护与经济建设的关系，正确处理经济效益、社会效益、环保效益的关系，起到积极的推动作用。1994年，组织对开辟新财源、社会治安综合整治、农业产业化建设等方面的调查视察，提交调查报告和论文39篇。经济科技活动组的委员参加全市管理效益年活动，撰写17篇调查报告和论文，编印成册，成功举办工矿企业管理效益研讨会。对加强企业管理，提高经济效益，推动全市工业发展产生很大影响，得到市委、市政府好评。1995年5月，组织委员对银行贷款投资流向和企业使用资金情况进行调查，探求银行与企业共同求生存图发展的道路，综合各方面情况，形成调查报告，提交市委、市政府。1996年4月，组织委员到全市10个乡镇，对农资市场进行调查，找到全市农资市场“供货、销售、价格、人心”四乱症结，写出调查报告，提出清理整顿的措施和建议。1997年4月，组织委员深入到5个乡镇，调查了解1996年中央13号文件（中共中央、国务院作出的《关于切实做好减轻农民负担工作的决定》）贯彻执行情况，对加大减负力度，转变干部作风，发展农村经济等方面提出意见和建议。5月，组织委员对农村合作基金会开展调查，撰写调查报告，向市委、市政府提交建议案，引起党政领导重视，多次召开会议，研究清理整顿措施，规范业务行为。9月，组织委员对涟水上游污染情况进行察看，就治理水污染和改善城区用水状况提出意见和建议。

市政协第十届委员会期间，围绕国有企业改革、农村初级防疫保健队伍建设、乡镇财源建设、个体私营经济发展等问题开展32次调研、视察活动，形成调查报告和论文43篇，得到市委、市政府高度重视。1998年，组织委员对全市个体私营经济发展情况进行2个多月调查，形成专题调查报告，在市政协十届三次主席会议上向市委、市政府提交《关于鼓励引导全市个体私营经济健康发展的建议案》，其建议全部被采纳，市委、市政府及时出台《关于加快发展全市个体私营经济的决定》，为全市个体私营经济的发展起到重要的促进作用。1999年4月，组织委员调查全市18家国有工业企业的租赁、改制情况，撰写《实行资产租赁经营是国有企业改革现实而可行的选择》的调查报告，得到市委、市政府的采纳。省政协经科委将调查报告在省政协常委会上进行通报，得到省政协常委们肯定，并将调查报告在1999年4月30日《湘声报》上刊发，向全省推介。

市政协第十一届委员会期间，先后组织专题调研27次，形成调研报告27份，其中《关于全市重点企业发展情况的调查报告》《关于全市煤矿负担的调查报告》等引起市委、市政府高度重视，加强对企业发展环境的综合治理,规范相关职能部门的收费行为,推动全市工业经济发展。向市委、市政府提出建议案12件,提出建议48条。其中,《关于加强全市城建规划工作的建议案》《关于推进全市新型工业化进程的建议案》等得到市委、市政府极大关注,相关问题得到有效落实,有力推动市委、市政府科学民主决策。

第五节 委员接待

1991年3月,市委、市政府联合发文《建立接待政协委员日制度》,规定每年3月20日、6月20日、9月20日、12月20日分别接待农林水、经济科技、文教卫体、工商财贸等方面的委员。到1997年底止,市政协共组织接待政协委员17批335人次,委员反映问题541个,提出意见和建议852条,被采纳600多条,在实际工作中解决问题200多个。1994年9月20日,教育界政协委员提出市六中搬迁至原湘中机械厂子校的问题一直没有落实,参与接待的市委、市政府领导在市委常委(扩大)会议上通报情况,会后组织有关职能部门到安平镇现场办公,促成市六中搬迁。1995年6月20日,市长接待经济界委员,一委员提出,市造纸厂资金紧缺,无钱收购麦秆,严重影响企业生产,请求市政府出面解决。市长立即与工商银行联系,落实100万元贷款,缓解造纸厂的燃眉之急。12月20日,财贸工商界委员提出农资市场清理小组在执行公务时遭围攻,人员被殴打,有关部门处理不力,问题久拖未决,参与接待的市政府常务副市长当场答复由其本人牵头,尽快处理。经过努力,1996年1月上旬处理完毕,闹事者被严厉惩处,有关责任人受到党纪政纪处分。1998年,接待政协委员日制度停止。

第六节 文史资料征集整理

1984—1989年,市政协征集文史资料59篇,40余万字。1989年12月,编纂《涟源文史资料》第一辑,计11万字,介绍李燮和、陈浴新等12位涟源籍名人传略,以及鸦片战争以后,涟源政治、经济、军事、文化、教育等方面的发展情况。1993年,编纂《涟源文史》第二辑,计11万字,介绍吴牧郎、龚翼星等8位涟源籍人物春秋,以及中华人民共和国建立后,涟源政治、经济、军事、文化、教育等方面的发展情况。1995年,为纪念市政协成立40周年,编纂《涟源政协四十年》(文史资料第三辑),计11万字,介绍市政协40年做出的贡献,同时编印《委员之光》,介绍梁稳根、彭亚如、毛建华、李日新、廖华、章长斌、李兴勃等28名杰出政协委员的先进事迹。1996年,为纪念抗日战争胜利50周年,编纂《涟源文史》第四辑,计10万字,介绍陈海泉、梁翰周等抗日忠烈,记述抗日战争期间涟源境内的抗日救亡团体及其活动,以及涟源人在抗日战场浴血奋战的英勇事迹。1997年7月,编纂《涟源市政协委员名典》(1993—1997)。1999年1月,编纂《涟源文史资料》第五辑(教育专辑),计15万字,介绍涟源教育事业的发展。10月,为纪念人民政协成立50周年,编辑《委员撷英》一书。2002年2月,编纂《涟源文史资料》第六辑(城建专辑),计15万字,介绍中华人民共和国成立后,涟源的城镇建设情况。10月,编纂《涟源文史资料》第七辑(交通专辑),计15万字,介绍涟源交通事业的发展情况。2004年,编纂《涟源文史资料》第八辑(水务专辑),计18万字,介绍涟源水利事业的发展情况。2005年,编撰《同舟共进》,反映市政协50年发展历程。2006年,编写《政治协商制度的建立和发展》。2007年,整理收集国立师范学院史料,编写《〈围城〉之城》。

第七篇　民主党派　群众团体

第一章　中国民主同盟地方组织

第一节　组织沿革

1949年7月26日，成立中国民主同盟湖南省工作委员会安化县分会蓝田支部。1950年，组织活动中断。1988年，5名盟员恢复盟籍，编入省直支部过组织生活。1991年5月，恢复涟源市支部，梁兆龙任主委，有盟员5人。1993年，发展新盟员3人。1995年发展5人，支部换届，选举毛建华任主委。1996年，发展盟员11人。1997年，发展8人。1998年3月28日，召开民盟涟源市第一届盟员大会，成立民盟涟源市委员会，毛建华当选主委。1998—2000年，发展盟员18人。2000年2月，毛建华工作调动，朱熙接任主委。2003年4月20日，召开第二届盟员大会，选举傅德贤任主委。2007年，有盟员67人，建立经济科技、文化卫生、教育、市人民医院、涟源一中5个支部。

第二节　参政议政

1990年，盟员任市第八届政协委员1人。1993年，任市第九届政协委员3人，任省第八届人大代表2人，第八届省政协委员1人。1998年，有14名盟员任第十届市政协委员。其中，副主席2人，常委3人。1999年，任娄底市第一届人大代表1人，娄底市第一届政协委员4人。2000年，任市第十三届人大代表2人。其中，人大常委会副主任1人，常委1人。2003年，任市第十一届政协委员11人，其中常委3人。2004年，任娄底市第二届人大代表4人，第二届政协委员4人，其中常委1人。1993—2004年，盟员代表（委员）共撰议案、提案242条。2005年，任市第十二届政协委员10人，其中常委3人。在市第十四届人代会上，民盟市委关于《落实〈法律援助条例〉维护弱势群体利益》的集体议案，引起市委高度重视，成立市法律援助中心，机构、编制、人员得到解决，市财政每年安排3万元专项预算经费。2007年，童甲湘在市政协第

图7-1　2006年7月1日，民盟涟源市委庆祝中国共产党成立85周年暨学习涟源市第十次党代表大会精神大会

十二届五次全会上作《我市义务教育阶段教师老化现象堪忧》发言，市委、市政府高度重视，研究制定相关政策：男教师年满58岁，女教师年满53岁可以提前两年离岗休息，不占编制，财政预算不变，缓解教师队伍老化问题。1991—2007年，16名盟员担任副科级以上领导干部。其中，1人担任副市长，3人被市人大常委会任命为人民陪审员，4人分别担任特邀检察员、监察员、审计员和教育督导员。

第三节 社会服务

支教助学 1990年，盟员梁兆龙等人筹集资金21万元，创办市民盟群策高级职业中学。至1996年，向高校和各行业输送人才2460余人。1999年，民盟市委选择六亩塘镇溢冲小学为支教助学点。2000年起，每个盟员每年捐款10元用于支教助学。2005年，民盟市委资助溢冲小学款物1.5万余元，添置教学挂图、教学参考书籍、体育器材、儿童读物等。盟员利用休息日去学校，对教师进行教学辅导，组织部分优秀教师入校上示范课。通过支教助学活动，学校由原来的8个班增加到11个班，学生由350人增至430人。2007年，民盟市委选择石马山中心小学为支教助学点，捐赠2000多元文体用品，组织盟员结对资助贫困失学儿童，与教师开展联谊教研活动。

图7-2 2007年4月20日，民盟涟源市委在石马山镇中心小学支教助学

创办医院 2000年4月28日，民盟医疗康复中心挂牌营业。2004年3月18日，升格为市民盟康复医院，投资100余万元购进彩屏B超、500毫安X光机、自动生化仪、袖珍呼吸机、不锈钢烧伤翻身床、腹腔镜等设备，引进一台泌尿微创外科德狼牌输尿管肾镜。设康复科、内科、外科、中医科、五官科、儿科、医疗美容科、皮肤科等，有主任医师2名，副主任医师7名，主治医师6名，是中南大学湘雅医院及第三军医大学西南医院烧伤康复指导定点单位。2005年4月，收治伏口镇黄陈村救火女英雄龙洪元，攻克重度烧伤病人异体皮移植技术难题，减免受伤者医疗费用3万元。中央电视台、湖南卫视等7家电视台和《中国妇女报》《湖南日报》等6家新闻媒体进行报道。2004—2007年，民盟医院为市人大代表、市政协委员、统战系统人员每年进行一次免费体检，4年体检5108人次；组织医务人员55人次，利用节假日为市内部队官兵开展义诊活动5次，去古塘、金石等边远乡镇义诊2次，内科、外科、儿科、妇科、眼科等进行B超、心电图、血压检测等诊治2700余人次，接受咨询4000多人次，分发健康资料2000多份；为斗笠山镇和茅塘镇敬老院的五保老人进行免费体检和药物治疗；参加"阳光助残"行动，为残疾病人减免医疗费用15万余元。

开通文明车 1997年7月19日，民盟市委与湘运公司涟源分公司协商，开通涟源至娄底"中国民盟号"文明服务车。9月18日，增开涟源至长沙"民盟号"。2003年4月，协同市运管局、交警大队、桥头河镇、渡头塘乡，与车主及甘冲、增加村党支部多方联系，召开10多次协调会议，将桥头河至渡头塘乡水桐铺客运线改造成股份制营业，改变无序营运状况。

第二章　工　会

第一节　机构与代表大会

一　机　构

1987年,涟源市总工会(简称市总工会)内设办公室、组织宣教部、财务部、生产生活部、女工部;二级机构有市职工学校。职工12人。辖轻工、煤炭、粮食、供销、商业、卫生、教育7个系统联合工会,基层工会192个,会员13158人。1992年6月,基层工会增加到218个,会员15936人。1998年10月,组建20个乡镇(街道)工会工作委员会,建立行政事业单位工会197个,发展会员26759人。2007年,内设机构和二级机构未变。职工24人。辖教育、卫生、交通3个产业(行业)工会,林业、水务、民政、文化、粮食、商务、经济、供销、个体劳动者私营企业协会、市场服务中心10个联合工会,594个基层工会。会员46878人,其中农民工会员1.3万人。

二　代表大会

1987年9月24—25日,召开县总工会第十一次会员代表大会,出席会议代表317名,特邀代表5名。大会审议通过《坚持四项基本原则,更新观念、振奋精神,充分发挥工会在两个文明建设中的作用》的工会工作报告和财务工作报告,选举产生县总工会第十一届委员会委员31名。第十一届委员会第一次全体会议选举产生常务委员11名,李裕华当选主席。1990年7月4—5日,召开第十一届委员会第六次全体会议,补选卢先培为市总工会主席。

1992年6月18—19日,召开市总工会第十二次会员代表大会,与会代表240名。大会审议通过《以贯彻新〈工会法〉为动力,充分发挥工人阶级在改革开放中的主力军作用》的工会工作报告和财务工作报告。选举产生市总工会第十二届委员会委员36名。第十二届委员会第一次全体会议选举产生常务委员18名,卢先培当选主席。1994年4月15日,召开第十二届第四次常委(扩大)会议,补选黄志祥为市总工会主席,增选常委2名。1999年4月8日,召开第十二届第七次常委(扩大)会议,补选梁福康为市总工会主席。

第二节　主要活动

一　参与民主管理,维护职工合法权益

1987年,全市20个300人以上的单位建立劳动保护委员会并制定劳动保护制度,配备专职劳保员12人,兼职劳保员8人,劳保检查员224人。1987—1988年,全市基层单位建立职工代表大会(简称职代会)178个,实现职代会与工会结合174个。1989年8月,市总工会印发《关于进一步抓好民主管理规范化建设的通知》,要求各基层工会进一步抓好民主管理的规范化建设,全市召开职代会299次,民主评议干部的单位85个,被评议的领导干部385人。1992年,全市建立职代会单位194个。其中,全民企业153个,集体企业41

个。市总工会收到职工来信145件,来访294人次,全部得到答复或解决;受理劳动争议51件,经调解达成协议27件,涉及职工248人。2000年,加大劳动关系调处力度,依法维护职工合法权益,接待来信来访12起,处理结案9起,转有关部门3起,参与劳动争议仲裁3起,化解矛盾21起。2001年,开展新《婚姻法》宣传,加强对女职工特殊权益的保护,全市女职工妇科疾病普查率达100%,女职工卫生费由原来3~4元/月提高到10~15元/月。2003年,市总工会接待来信来访141起,按政策法规及时回复64起,与有关部门联系协商解决22起,转有关部门4起,参与劳动争议仲裁2起。2004年,参与煤炭安全事故调查处理3起,会同市经济工作局、安监局等8家单位对全市18家企业进行职业病防治执法检查,责令10家职业病防治未达要求的企业进行整改。是年,市总工会接待来信来访32起,按政策及时回复15起,与有关部门协商解决2起,参与劳动争议仲裁5起。2006年,全市4000名女职工购买女职工特殊疾病保险,15名患宫颈癌或乳腺癌的女职工获25万元保险理赔金。2007年6月,市总工会会同市劳动监察大队、市安监局、市疾控中心对全市262家红砖厂、96家煤矿进行安全生产、劳动用工情况、职业病防治执法大检查,通过整治,处罚砖厂39家,补发拖欠农民工工资5.21万元。是年,全市推行厂务公开、民主管理的单位345家。其中,国有、集体及其控股企业17家,事业单位92家,50人以上非公有制企业236家,推行率分别为100%、82.9%和78.6%。实行职工代表大会制度的单位296家,实行业务招待费使用情况向职代会报告的单位230家,职工(代表)大会民主评议领导干部的单位219家,签订集体合同的企事业单位352家。湖南省回春堂药业有限公司、湖南省五江轻化集团有限公司被评为湖南省厂务公开民主管理先进单位。

二 帮扶困难职工

1987年,白马区3个基层工会,分别办起皮纸厂、林场、橘场服务部,安排职工家属(配偶、子女)30人就业。全市各基层工会帮助385户职工脱贫。2000年元旦、春节期间,市总工会拿出3万元慰问特困企业和特困职工。是年,建立困难职工档案780个,帮助3124名国有企业下岗职工实现再就业。2001年,市直机关45个"双联"(党政机关联系困难企业,机关干部联系困难职工)单位与企业召开会议65次,研究分析企业面临的问题。28位市级领导,45个机关单位负责人,438名机关干部走访企业职工800户,为企业办实事52起。其中,帮助企业筹措生产启动、技术改造资金121.58万元,协助解决疑难问题42起。全市各基层工会捐款9.6万元,慰问特困职工262人。"七一"期间,市总工会向沙坪煤矿6名老党员、特困党员和5户困难职工家庭发放慰问金1200元。是年,市总工会被评为省"双联"工作先进单位。2002年,市直机关"双联"单位走访企业困难家庭1500户,为企业办实事60件,为困难企业和困难职工捐款20万元。2003年,市总工会建立困难职工帮扶中心,51个市直机关重点联系困难企业24家,1020名机关干部联系困难职工510人,帮助企业引进资金740万元,协助解决疑难问题32起,3家"双联"企业完成改制,15家"双联"企业改制取得成效。是年,涟源市被评为湖南省"双联"工作先进县市。2004年春节期间,市总工会对全市特困企业、困难职工、劳模进行走访慰问,送去慰问粮17.5吨,慰问金3.1万元。走访困难企业34家。慰问各级劳模16人,贫困职工2420人。2005年1月26日,市总工会"爱心超市"开业,给200名特困职工发放衣物等生活用品260件,价值3.2万元。5月31日,境内遭受特大山洪灾害,6月,市总工会向全市各基层工会发出《为灾区人民献爱心》通知,筹措212万元慰问款和23340件衣服对受灾企业、职工及重点灾区乡镇工会进行慰问,帮助灾区人民恢复生产,重建家园。8月,市总工会启动"金秋助学"活动,确保困难职工包括农民工子女不因贫困失学。2005—2007年,累计筹集、发放资金80万元,帮助困难学生500余人。

三　职工文体活动

1987年，全市基层工会开展乒乓球赛131次，2955人参赛。是年，市工人俱乐部被省总工会评为全省工会俱乐部先进单位。1989年10月1日，市总工会举办革命传统歌曲大奖赛，市属基层工会24个单位参赛。2004年，市总工会举办为期10天的全市职工男子篮球运动会，15个队参赛，历时10天。2005年，与市委组织部、市体育局联合举办历时10天的"涟水名城杯"男子篮球运动会；在光明山广场投入近2万元，购置音响设备，开辟露天舞场，丰富市民文化娱乐生活。2007年，举办全市职工太极拳比赛，12支代表队，260名职工参加比赛；举办"庆市庆·行知杯"全市职工篮球比赛，28支代表队，336人参加比赛。

四　劳动竞赛

1987年，举办"为四化立功"劳动竞赛，92家企业、5628名职工参加竞赛活动，技术攻关110项，创效益25.8万元；提合理化建议4189条，采纳2215条，创效益114.05万元。2004年，开展女职工素质达标竞赛，全市6221名女职工参加，占女职工总数的82%，市人民医院理疗康复科被评为省级"芙蓉标兵岗"。2007年，组织湖南顺鑫钢铁有限公司、涟源嘉鑫冶金有限责任公司、湖南五江轻化集团有限公司、湖南省回春堂药业有限公司等16家企业开展以提高技术、节能降耗、增强企业和职工竞争力为目标的劳动竞赛、技能比武、技术创新活动，并在其他非公有制企业中推广。全市创新技术成果12项，通过节能降耗，为企业增加利润600多万元。

五　评选推荐劳模

1987—1991年，评选推荐并被授予省部级以上劳模10人，地厅级劳模20人，表彰市劳模37人。1992—2001年，评选推荐并被授予省部级以上劳模10人次，地厅级劳模12人。2002—2007年，评选推荐并被授予省部级以上劳模8人，地厅级劳模5人，表彰市劳模40人。

第三章 共青团

第一节 机构与代表大会

一 机 构

1987年,中国共产主义青年团涟源市委员会(以下简称团市委)内设办公室、组织部、宣传部、学校部,定编5人。辖基层团组织1597个。其中,团委75个、团总支部82个、团支部1440个。团员31284人。1992年,成立市希望工程领导小组办公室,归口团市委管理。1995年,定编9人(含希望工程领导小组办公室2人,下同)。2002年,定编8人。2007年,辖基层团组织1152个。其中,团委35个、团总支部132个、团支部985个。团员121386人。

二 代表大会

第十四次共青团涟源市代表大会 1988年4月22—24日,召开共青团涟源市第十四次代表大会,与会代表290名。大会主要议题:总结工作,表彰先进,通过《植树造林,绿化涟源》决定。选举产生第十四届委员会委员28人。第十四届委员会第一次全体会议选举产生常务委员7人,胡南当选书记。

第十五次共青团涟源市代表大会 1991年4月18—20日,召开共青团涟源市第十五次代表大会,与会代表305名。大会主要议题:充分发挥团员青年在"两个文明"建设中的作用,为"八五"计划做贡献。选举产生第十五届委员会委员19人。第十五届委员会第一次全体会议选举产生常务委员7人,朱忠义当选书记。

第十六次共青团涟源市代表大会 1994年5月4—6日,召开共青团涟源市第十六次代表大会,与会代表271名。大会总体思路是实事求是地总结过去,展望未来,激励青年为改革开放和经济建设做贡献。选举产生第十六届委员会委员33人,候补委员15人。第十六届委员会第一次全体会议选举产生常务委员9人,吴建平当选书记。

第十七次共青团涟源市代表大会 1997年5月3—5日,召开共青团涟源市第十七次代表大会,与会代表244人。大会主要任务是:以服务大局与服务青年为目标,以解放思想、转变观念为动力,加强团的基层组织建设,活跃全市团的工作,为涟源经济发展和社会进步做出新的贡献。大会表彰"十大杰出青年""十佳青年厂(矿)长、经理""十佳青年创业能手""十佳青年岗位能手""十佳青年卫士""十佳青年星火带头人""十佳青年个体工商户""十佳青年文明号号长""十佳共青团干部""十佳少先队辅导员"10个类别(以下简称10个十佳)96名优秀青年。选举产生第十七届委员会委员35人。第十七届委员会第一次全体会议选举产生常务委员11人,吴景祥当选书记。

第十八次共青团涟源市代表大会 2000年5月12—14日,召开共青团涟源市第十八次代表大会,与会代表287名。大会主要议题:号召全市各级团组织紧紧围绕党政工作大局,主动适应新形势,奋力开拓新局面,在服务青年、服务社会、服务基层中,创造性地做好新世纪的涟源共青团工作。表彰10个十佳青年96名。选举产生第十八届委员会委员39人。第十八届委员会第一次全体会议选举产生常务委员10人,杨顺林当选书记。

第十九次共青团涟源市代表大会　2003年6月15—17日，召开共青团涟源市第十九次代表大会，与会代表227名。大会主要议题：坚持“服务大局、服务青年、服务社会”工作方针，开拓创新，与时俱进，促进团的各项工作全面发展，团结带领全市广大团员青年为全面建设小康涟源贡献青春、智慧和力量。6月16日，表彰10个十佳青年99人。选举产生第十九届委员会委员51人。第十九届委员会第一次全体会议选举产生常务委员13人，李思远当选书记。2004年7月，李思远调任石马山镇镇长，市委任命刘丹为团市委书记。

图7-3　2003年6月，共青团涟源市第十九次代表大会现场

第二节　主要活动

一　“青年文明号”创建

1987年，团市委在全市举办“创青年文明岗位”大赛，117个岗位820名青年参与文明岗位创建。1995年，市公共汽车公司共青团专线、市工商银行共青团储蓄柜被评为湖南省青年文明号集体。1997年，市公共汽车公司共青团专线、市人民医院三病室、市国税局安平征收分局、中国工商银行涟源市支行储蓄所被评为湖南省青年文明号集体。2001年，在全市出租车行业开展争创青年文明号活动，从全市100辆出租车中挑选20辆作为争创车，成立争创车队。是年，市产权交易中心被评为湖南省青年文明号。2004年，市产权交易中心获湖南省青年文明号十年成就奖。2006年，市产权交易中心、市公安局巡警大队110中队被评为全国青年文明号集体。

二　青年志愿者活动

1987—1998年，团市委被评为湖南省青少年志愿者植绿护绿行动先进单位，市粮食局光明山粮店青年志愿者服务队被评为湖南省学雷锋送温暖先进集体。1999年，成立青年志愿者活动指导中心，团市委被评为全国“三下乡”（文化下乡、科技下乡、卫生下乡）先进单位。2005年，在“5·31”特大洪灾发生后，组建抗洪抢险青年突击队、青年志愿者服务队深入到灾情最严重、最需要的地方抢险救灾，募集73490元爱心款资助荷塘镇受灾学生和特困儿童。2006年，邀请中南林业科技学院大学生志愿者来涟源，与市卫生局团工委联合开展以“珍爱生命、远离艾滋、消除歧视、共享健康”为主题的“三下乡”社会实践活动。

三　青年人才表彰

1993年11月，三一集团材料工业有限公司总经理梁稳根被评为全国杰出青年企业家和湖南省十大新闻人物。1996年，湄江镇远利煤矿矿长朱启庄被评为湖南省优秀青年企业家。1997年、1999年，三甲乡湄水村团支部书记梁确勋两次被评为全国共青团“东西互助、南北合作”先进个人。1999年，茅塘镇石门村党支部第一书记吴奇修被评为湖南省十大新闻人物和全国十大杰出青年。2001年，三一重工业集团有限公司副总经理唐修国被评为湖南省科技创业十杰，市私立行知中学校长肖海波获首届湖南十大杰出青年创业奖，泰龙牧业有限公司负责人谢武龙被评为湖南省十大杰出青年星火带头人。2006年,古塘乡农民吴治凡被评为全国农村青年创业致富带头人。2007年7月,荷塘镇退伍军人黄国雄先进事迹报告会在省委大礼堂举行,是年,黄国雄获全国道德模范提名奖,被评为第九届湖南青年五四奖章标兵、湖南省道德模范。是年,涟源名流鞋业公司经理刘志辉被评为第三届湖南省十大杰出进城务工青年。

四 希望工程

1992年,成立市希望工程领导小组办公室。至1998年底,累计筹资86.5万元(市内自筹35.1万元,市外引进51.4万元),救助失学儿童680名(中国青少年发展基金会救助85名,省青少年发展基金会救助270名,娄底地区希望工程领导小组办公室救助150名,市希望工程领导小组办公室救助175名),援建希望小学13所。1999年8月,开展希望工程邮政邮资明信片发行活动,发行明信片1.2万套,筹资18万元。2000年,筹资6.5万元,援建古塘乡望岩希望小学、渡头塘乡金正方希望小学,救助特困学生24人。2001年,杨市镇成立爱心助学会,救助特困儿童70多名,安平镇团委联合市国税局安平税务所救助特困学生5名。2002年,团市委开展结对救助活动,新增结对救助对象116名。2003年,全市有5个乡镇、2所市直学校成立爱心助学会,筹集资金18万余元,资助贫困学生320名。2004年,团市委筹资10万余元,救助"三特"(家庭生活特别困难,思想道德表现特别好,学习成绩特别优秀)学生280名。是年,全市有4个乡镇、3所学校成立爱心助学会,筹集资金60余万元。其中,安平镇培兰助学会筹集资金30余万元,三甲乡旭晖助学会筹集资金10万余元。2005年,团市委发放"5·31"特大洪灾专项助学资金23万元,举办第一期"情系贫困学子·托起希望之星"助学金发放仪式,发放助学资金117.2万元。2006年,举办第二、三期"情系贫困学子·托起希望之星"助学金发放仪式,"安居百年"现场捐资助学仪式,"漂亮100分·美丽梦想"爱心助学联谊会4次活动,发放希望工程资金34万元,救助特困学生155名。2007年,组织"树形象,献爱心,为优秀学生戴美娟缴一次特殊团费"活动,为蓝田中学身患急性淋巴细胞白血病的戴美娟同学募集爱心款56455.6元;联合市世纪天籁餐饮公司和家庭快餐店举办第四期"情系贫困学子·托起希望之星"助学金发放仪式,发放助学金9000元,结对资助贫困学生9名。

图7-4 2005年"情系贫困学子,托起希望之星"助学金现场发放仪式

五 维护青少年合法权益

2000年,团市委获第五届湖南省未成年人军事夏令营优秀组织奖。2004年,由团市委承建的总投资30余万元的市禁毒宣传教育基地竣工并投入使用。2005年,团市委组织全市8所中学在市一中开展"珍爱生命·拒绝毒品"万名青少年拒毒签名活动。是年,团市委成立市青少年健康咨询服务中心,市公安局蓝田水陆派出所被评为湖南省优秀青少年维权岗。2006年,市青少年禁毒教育基地被评为省青少年法制教育示范基地,蓝田水陆派出所被评为全国优秀青少年维权岗。2007年,团市委开展青少年新闻援助、法律援助活动,为青少年提供舆论支持和司法保障。

第三节　少先队组织

一　组织建设

1989 年,全市有少年先锋队(简称少先队)大队 492 个,中队 2011 个;少先队员 10.64 万人,辅导员 2570 人。少先队涟源市工作委员会在全市范围内开展少先队“五有”(有组织、有辅导员、有活动、有阵地、有制度)达标创优竞赛活动,建立“五有”大队 420 个,占总数的 85.37%。1991 年,少先队大队 782 个,中队 2500 个;少先队员 97362 人,辅导员 2561 人。1995 年,少先队大队 750 个,中队 3415 个;少先队员 78604 人;聘请总辅导员 35 名,校外辅导员 20 名。1998 年,有校内辅导员 4396 名,校外辅导员 187 名。2007 年,少先队大队 309 个,中队 2519 个;少先队员 84027 名,辅导员 340 名。

二　代表大会

1987 年 6 月,召开少先队涟源县第二次代表大会,与会代表 191 人,选举产生少先队涟源县第二届工作委员会,选举委员 25 人,选举朱忠义为主任。

1998 年 6 月 28 日,召开少先队涟源市第三次代表大会,与会代表 149 名,选举产生少先队涟源市第三届工作委员会,选举委员 31 人,选举谭付民为主任。

三　表彰先进

1987 年,蓝田街道双江学校少先队被评为全国红旗大队。1988 年,杨家滩镇中心小学少先队被全国少工委授予红旗大队称号。1989 年,全市 23 名少先队员获“湖南省优秀少先队员”称号。1990 年,民主小学 50 班被评为全国红旗中队。1995 年,蓝田街道双江学校、民主小学被评为全国雏鹰大队,校外辅导员傅成玲获 1995 年度全国一级“星星火炬”奖章,2 名少先队员被评为全国“红读”(红领巾读书读报)积极分子,6 名少先队员被评为省优秀少先队员。1997 年,团市委被评为全国少先队工作先进单位,蓝田街道民主小学少先队被评为全国少先队红旗大队。2004 年,市实验学校被评为省红领巾示范学校。2006 年,七星街镇中心小学被评为省红领巾示范学校。2007 年,双江学校王少敏被评为省十佳少先队员。

第四章 妇女联合会

第一节 机构与代表大会

一 机 构

1987年,涟源市妇女联合会(简称市妇联)内设办公室、法律顾问室、儿童工作部、组织宣传部,定编8人。各市直单位、7个区、3个街道、39个乡、7个镇,961个村(居)设有妇联组织。1996年3月,55个市直单位、20个乡镇(街道)、966个村(居)设有妇联组织。2007年,市妇联内设机构未变,定编7人。全市93个市直副科以上单位、20个乡镇(街道)、950个村(居、社区)设有妇联组织。

二 代表大会

1987年12月11—13日,召开市第八次妇女代表大会,与会代表275人,大会主题是"全市妇女团结一致,坚持党的基本路线,为振兴涟源而努力奋斗",选举产生第八届执行委员会委员29名。第八届执行委员会第一次全体会议选举产生执行常委9名,李瑾瑜当选主任。

1993年12月28—30日,召开市第九次妇女代表大会,与会代表268人,大会主题是"全市妇女团结起来,为开创新时期妇女工作新局面而努力奋斗",选举产生第九届执行委员会委员27名。第九届执行委员会第一次全体会议选举产生执行常委11名,殷另姣当选主席。

1998年12月22—24日,召开市第十次妇女代表大会,与会代表266人,大会主题是"高举邓小平理论伟大旗帜,团结带领全市妇女为实现涟源市跨世纪宏伟目标努力奋斗",选举产生第十届执行委员会委员27名。第十届执行委员会第一次全体会议选举产生执行常委9名,聂南桂当选主席。

2003年3月12—13日,召开市第十一次妇女代表大会,与会代表267人,大会主题是"全市广大妇女团结起来,与时俱进,开拓创新,为建设全面小康的新涟源而努力奋斗",选举产生第十一届执行委员会委员27名。第十一届执行委员会第一次全体会议选举产生执行常委9名,谭秋姣当选主席。

第二节 主要活动

一 创建"五好"文明家庭

1987—1996年,各级妇联组织以"五好"(爱国守法,热心公益好;学习进取,爱岗敬业好;男女平等,尊老爱幼好;移风易俗,少生优育好;勤俭持家,保护环境好)文明家庭创建活动为龙头,开展丰富多彩的活动促进精神文明建设。1997年5月,在城区组织以弘扬"以德育人"为主题的"庆'六一'、迎香港回归年轻妈妈读书"竞赛活动,数万名年轻妈妈参加读书、演讲和知识竞赛,6人获得读书答题奖。1998年,开展"尊老爱幼、家庭义助"行动,全市成立义助小分队528个,捐款捐物折合人民币59721元。2001年,市科协、市委处理"法轮功"问题领导小组办公室、市妇联开展"家庭拒绝邪教、妇女倡导文明"与"法轮功"邪教彻底决裂万人签名活动。2002 年，开展“白沙金世纪”家庭科普知识有奖竞赛活动，全市有 2 万个家庭参与竞赛，评选一等奖 1 名、二等奖 3 名、三等奖 5 名、优胜奖 150 名、组织奖 40 个。2004 年，全市评出“五好”家庭 800 户；开展“美德在农家”活动，51 个村举行“美德在农家”挂牌开启仪式。2006 年，邀请中国陶行知教育研究所家庭教育、心理咨询专家李建军至涟源举办赏识教育专题讲座 37 场，8000 多名家长参加听课。2007 年，开展“廉政文化进家庭”活动，发放《大兴廉洁之风，建设廉洁家庭》倡议书 1 万余份。1987—2007 年，全市评选表彰各级“五好”文明家庭 4000 户，蓝田街道双江街居委会张文华、陈振明家庭被评为全国“五好”文明家庭。

图 7–5　2004 年，娄底市家庭教育工作会议在涟源市召开

二　“双学双比”活动

1989 年始，组织农村妇女开展以开发利用庭院经济为主要内容的“双学双比”活动（学科学、学技术、比成绩、比贡献）。1991 年，常林乡大山村党支部书记曾奎贤获“全国农村妇女‘双学双比’女能手”称号。2002 年，积极参与市金牛扶贫工程，先后在茅塘、枫坪、杨市等乡镇发动妇女积极发展以“公司+基地+农户”为模式的肉牛产业，饲养肉牛 3500 头。2004 年，市妇联在龙塘乡河东村、龙塘村、雷鸣塘村、战江村、六合村等地承租 87 公顷土地，创建市“三八”农业示范基地，种植吴茱萸、玉竹参 12 公顷，生态林 53 公顷和名优水果 22 公顷。2005 年，扩大基地规模，在桥头河镇租地 26.7 公顷，种植杨梅、枇杷 13.3 公顷和速生桉树、速生杨树 13.4 公顷。2006 年，组织 20 名“双学双比”女能手和 20 个乡镇（街道）妇联主席参观龙塘乡河西村沼气池项目和石马山镇朱泉村“牛—沼—草”项目。2007 年，全市以妇女为主体的农村专业技术协会和专业合作经济组织达 96 家，“三八”绿色基地 42 个，科技示范户、专业户 4327 户，74 人被评为全国、省、市“双学双比”女能手。1989—2007 年，全市涌现妇女为主的种养加工户 1 万多户，评选市以上“双学双比”女能手 2649 人，51 万人次参加各种农村实用技术培训班。其中，32 万名农村妇女掌握一门以上农村实用技术，1200 名农村妇女获得“绿色证书”（农民从事某项农业技术工作所必须具备的知识、技能及其他条件的资格证明，因封面为绿色得名）。

三　“巾帼建功”活动

1993—2007 年，全市 3 万名城镇女职工参加“巾帼建功”、争创“巾帼文明示范岗”活动，涌现出全国、省、市级“巾帼建功”先进个人 78 人，全国、省、市级“巾帼文明岗”52 个。其中，杨市镇妇联主席孙鸟元 1999 年被评为全国妇女工作先进个人，并授予全国“三八”红旗手称号；荷塘镇樟树村村主任兼妇代会主任陈跃远 2004 年被评为全国“三八”红旗手；市幼儿园、市国税局办税服务厅分别于 2001 年、2006 年被评为全国“巾帼文明岗”；2003 年，市妇联被评为全国妇联系统先进集体和全国“三八”红旗集体。1998—2007 年，举办各类下岗、失业女工再就业培训班 298 期，培训下岗、失业女工 8000 多人次，7200 名下岗女工实现再就业，树立下岗再就业典型 27 人。

四 维护妇女儿童合法权益

1987年，对全市妇女普及《中华人民共和国宪法》《中华人民共和国婚姻法》《湖南省保护妇女儿童合法权益的若干规定》等法律法规知识。1989年，对市属各厂矿进行《女职工劳动保护规定》落实情况检查，落实面达98%；对仙洞乡仙洞村妇代会主任报酬落实情况进行调查，将其经验在全市各区、街道、乡、镇进行推广，解决村妇代会主任报酬落实难问题；对马家境街道个体旅店女服务员举办以“尊重人格”为主要内容的学习班，并对其进行身体健康检查。1992年，在蓝田城区开展为期两个月的“为贫困山区姐妹献爱心”活动，为贫困姐妹捐钱8092.7元，衣物6300件，粮票（面额）1209.45千克，麦麸、饲料2250千克。1996年，开展以妇女为主的禁赌活动，成立以妇女为主体的禁赌工作队1037个。2000年，市妇联与市人民法院联合建立维权合议庭，实行陪审员制度，43名妇女干部被聘为维权法庭陪审员。2001年，开展“反家庭暴力宣传活动周”活动，2002年3月，公安部门22个“反家庭暴力110报警中心”、法院“家庭暴力伤残鉴定室”、司法局24个“反家庭暴力法律援助中心”挂牌运作，向社会公布求助投诉电话，实行首次接案负责制，开辟反家庭暴力报警、投诉、信访的“绿色通道”。2003年4月，全市实施“一零二无”示范村（零家庭暴力，无赌博、无吸毒贩毒）创建工程，20个乡镇（街道）968个村（居）设立禁毒禁赌协会，每个乡镇（街道）创建1~2个“一零二无”示范村，95%的村委会主任和村治保主任担任反家庭暴力志愿者。是年，涟源市维权工作经验在全省推广，市妇联被评为全国维权工作先进单位。2004年，成立反家庭暴力联合会，向登记结婚的新人介绍有关法律法规和反家庭暴力知识，签订反家庭暴力协议，从源头遏制家庭暴力发生。2005年，8名妇联干部经过人民陪审员选任考试，成为市人大常委会任命的人民陪审员并持证上岗。是年，为挽救伏口镇黄陈村24岁救火英雄龙洪元的生命，市妇联发出《真情感天地，爱心献英雄》倡议书，动员全市妇女和社会各界人士为龙洪元献爱心，筹集爱心捐款17.76万元。2006年，妇联系统开展“法制宣传年”活动；进一步深化“不让毒品进我家”活动，“6·26”国际禁毒日期间，组织城区学生在涟源一中举行“珍爱生命，远离毒品”万人签名活动，提高学生防毒、拒毒、禁毒意识。2007年，在市禁毒教育基地举行全国妇联、国家禁毒办“6·26”禁毒“面对面”宣传行动暨“无毒家庭”创建示范点（涟源分会场）启动仪式，组织全市妇女干部和各中学学生代表1000多人参加活动并签名。1987—2007年，全市各级妇联共接待来信来访12000余人次，结案率98%。

图7-6 2007年，在市禁毒教育基地举行全国妇联、国家禁毒办“6·26”禁毒“面对面”宣传行动暨“无毒家庭”创建示范点（涟源市分会场）启动仪式

五 少年儿童工作

1987年，在蓝田城区举办家庭教育、科学育儿知识竞赛，评出家庭奖5户，个人一等奖5名，二等奖20名，三等奖和鼓励奖各100名；市广播站在《家庭与生活》广播专题举办为期一个多月的家庭教育广播讨论会，有干部、教师、工人、农民等150多人参加讨论。1989年，开展少儿健康检查及健美儿童评选活动，评选出

85名健美儿童。1991年，1890名家长参加“三优”（优生、优育、优教）知识竞赛活动，评出一等奖63名、二等奖10名、三等奖14名、组织奖3名。1992年，在马家境街道征地7333平方米筹建市妇女儿童活动场所。1994年9月1日，妇女儿童活动中心筹建的幼儿班开班，招聘幼教人员3名，招收幼儿28名。1995年，实施“春蕾计划”，动员社会各界捐款31200元，支持、资助100名失学女童重返校园。1996年，制定下发《1996—2000年涟源市妇女儿童发展规划》。1998年，成立市家庭教育指导委员会，制定下发《涟源市家庭教育“九五”计划实施意见》。1999年，扩建妇女儿童活动中心、新建市妇联门诊部。2001年，颁布实施《2001—2010年涟源市妇女儿童发展规划》。2002年，组织社会各界人士为伏口镇一患白血病女孩捐款6万多元。2003年，召开全市家庭教育工作会议，全市兴办390所家长学校。是年，制定下发《涟源市家庭教育“十五”计划》，将责任目标分解落实，要求每个乡镇（街道）建立3~5所家长学校。2005年，实施“母亲教育工程”，新创家长学校100多所；扶助贫困女童26人，贫困女生10名。2007年，组织实施家庭教育“十一五”规划，开展以农村留守儿童、流动儿童等特殊儿童群体为重点的关爱行动，市实验学校被评为全国留守儿童优秀示范性家长学校。1989—2007年，实施“春蕾计划”，筹集社会款项50多万元，帮助1200名失学儿童重返校园。六一期间，全市各单位为边远地区贫困儿童赠送慰问金及教具折款达400多万元。

六　妇女参政议政

1987—1988年，32名优秀女干部进入乡镇（街道）以上领导班子。1989—1994年，156名妇女干部被提拔、任用。1995年，全市乡镇（街道）党政领导班子中有女干部29人；有女性领导的党政班子，由上年的34.8%提高到100%。是年，《涟源市1995—2000年培养选拔女干部五年工作目标》明确规定党政机关、教科文卫等事业单位妇委会的组建、任务及妇委会主任待遇等问题。2002年，在全市公开选拔31名女性科级后备干部，其中26人得到重用。为改善党员结构、壮大女党员队伍，举办一期60名女干部参加的入党积极分子培训班。2003年，7名优秀女干部到乡镇（街道）挂职锻炼。2004年，新建优秀女性人才信息库。2005年，26名女干部担任村党支部第一书记。2007年，全市有女党员3934人，占党员总数的11%；女干部6630人，占干部总数的40.92%。其中，副科级以上干部193人，占同级干部总数14.9%；40岁以下的女领导干部83人，占女领导干部总数43%；大专以上学历135人，占女领导干部总数70%；副科级以上单位“一把手”8人；村（居）委会“一把手”128人（其中村第一支部书记101人）。市委、市人大、市政府、市政协领导班子中有4名女领导，37个市直局行班子配备女领导干部，20个乡镇（街道）党委、政府、人大、政协领导班子里配备女领导干部19人。1987—2007年，市人大女代表提建议425件，市政协女委员提提案535件。

第五章 工商业联合会

第一节 机构与代表大会

一 机 构

1987年,涟源市工商业联合会(简称市工商联)内设办公室,专职干部2人。有蓝田、杨家滩、桥头河3个基层分会,团体会员5个,企业会员16个。1988年,定编3人。1989年,有会员465人。1993年6月,改主任制为会长制。1994年2月,市工商联加挂总商会牌子,行使商会职能。1995年,建立市工商联法律咨询室。2003年,内设会员部、经济联络部、办公室,定编4人。2007年,有基层分会6个,行业协会8个,团体会员25个,会员891人。是年,组建市仲裁委员会工商联分会。

二 代表大会

1988年12月29—31日,市工商联召开第九次会员代表大会,与会代表102名,会议主题:发展优势,同心同德,为建立社会主义商品经济新秩序做出新贡献。会议选举产生第九届执行委员33名,常务委员12名,谢光生当选主任委员。

1993年6月23日,召开第十次会员代表大会,与会代表120名,会议主题:发挥商会职能,齐心协力,为建设和发展社会主义市场经济做贡献。会议选举产生第十届执行委员32名,常务委员15名,毛建华当选会长。

1997年5月11—12日,召开第十一次会员代表大会,与会代表102名,会议主题:同心协力,锐意进取,全市工商联(总商会)工作再创辉煌。会议选举产生第十一届执行委员49名,常务委员19名,毛建华当选会长。

2002年5月29日,召开第十二次会员代表大会,与会代表105名,会议主题:抓住机遇,迎接挑战,开拓进取,再铸辉煌。会议选举产生第十二届执行委员44名,常务委员23名,毛永正当选会长。

2006年12月13日,召开第十三次会员代表大会,与会代表159名,会议主题:与时俱进,开拓创新,努力开创工商联工作新局面。会议选举产生第十三届执行委员49名,常务委员28名,梁康瑜当选会长。

第二节 主要活动

一 兴办企业

1986年,市工商联创办市工艺美术厂、裕民化工厂、市工商联国药店、市工商联摄影社4家企业。1987年9月,对所办企业进行清产核资和全面整顿,企业取得较好经济效益和社会信誉。1988年底,企业实现产值76.3万元、利润9.73万元,安排就业人员44人。市工艺美术厂产品销往全国19个省40多个县市。1989年,创办市工商联桥头河贸易部。1990年,裕民化工厂停产倒闭,市工艺美术厂处于半停产状态。是年5月,工商联国药店实行风险承包。1995 年 4 月，创办市康达科技实业有限公司，主要生产节能 HB 开关。1996 年，除工商联国药店和康达科技实业有限公司外，其余企业都处于停产状态，工商联国药店实行第二次风险抵押承包。康达科技实业有限公司更名高新电器开发公司，厂址迁往茅塘乡石门工业开发区。是年，新办商会批发部。2003 年 3 月开始，市工商联所办企业逐步改制；4 月，创建中国石油娄底成品油公司建中加油站，长沙双鹤药业公司涟源配送站挂靠市工商联。2005 年，建中加油站整体转让。至 2007 年，市工商联所办企业改制完毕。

二　经贸活动与招商引资

1988 年 4 月，市工商联组织市皮革厂等 9 家会员企业赴广西南宁参加西南五省商品交易会，成交额 160 余万元。1989 年，帮助市工艺美术厂引进唐三彩陶瓷壁画和仿瓷浴盆两个新产品，解决新产品开发资金 4.8 万元。1990 年，组织市五金交电化工公司、市白水泥厂、市工艺美术厂等 8 家企业参加 3 次商品交易会（沪交会、广交会、湘交会），成交额 70 万元。1991 年，开展对外经济联络活动，同 30 名在台湾、香港、澳门及海外的涟源籍工商界人士建立通讯联系。1995 年，从长沙动员 7 名茅塘籍商人回乡办厂，引进资金 2700 万元。1996 年，市工商联配合市科技局，为三一重工业集团有限公司从沈阳引进 DJ 合金材料生产线；为市砂轮厂引进拖砂、滚砂生产技术，市砂轮厂成为全国首家生产拖砂、滚砂的企业。2003 年 7 月 18 日，为市步步赢地下购物广场举办招商报告会，使 248 个闲置多年的铺面全部招商到位。2006 年，大地煤业有限公司落户涟源，引资 6000 万元。2007 年，三一集团有限公司投资 28 亿元的中源新材料项目落户涟源。1987—2007 年，市工商联牵线搭桥引进项目 11 个，引资 35 亿元。

三　推进银企合作

1995 年，市工商联为会员企业解决周转资金 30 万元。2003 年，通过娄底开源担保公司为 4 家私营企业融资 200 万元。2004 年，开展银企心连心活动，构筑银企桥梁，帮助民营企业解决融资。是年，为娄底市开源投资担保公司注入资金 80 万元，与市工商银行建立对口联系，通过担保、抵押等方式为 11 家会员企业融资 1200 万元。2005 年，与市信用联社、市建设银行建立对口联系，为 15 家企业融资贷款 1700 万元。2003—2005 年，市工商联先后召开银企洽谈会 4 次，为会员企业融资 1.2 亿元。2006 年 3 月 20 日，召开银企座谈会，26 家会员企业与银行分别签订诚信合同，为市大地煤业有限公司等 6 家会员企业融资 2500 万元。2007 年，市工商联与银信部门先后考察项目 32 次，企业接受融资咨询 45 次；召开银企洽谈会，帮助 12 家企业贷款 3260 万元；开展“百企联村”活动，网上项目对接，为湖南五江轻化集团有限公司、湖南创安防爆电器有限公司、娄底市嘉鑫精炼有限公司等 3 家企业贷款1100 万元。

四　推荐人才

1987 年，全市工商界 1 人当选市人大代表，8 人担任市政协委员。1996 年，推荐 5 名私营企业主担任市政协委员，其中 1 人任常委。2003 年，推荐 57 名非公有制经济人士担任市人大代表或市政协委员，其中 15 人任娄底市人大代表或政协委员。2006 年，对全市 217 名非公经济代表人士进行综合评价，推荐 145 名评价等级高者分别担任市政协委员和市人大代表。2007 年，涟源非公经济代表人士中，当选全国人大代表 1 人、省人大代表 3 人、娄底市人大代表 23 人、涟源市人大代表 43 人（其中常委 5 人），担任省政协委员 1 人、娄底市政协委员 8 人、涟源市政协委员 102 人（其中常委10 人），15 名担任优化经济发展环境特约监督员。

五 光彩事业

1998年,市工商联在娄底地区率先成立光彩事业推动委员会,对老少边穷地区进行扶贫开发。副会长肖自江等3人投入近1000万元到江西等地开矿办厂。三一重工业集团有限公司、湖南五江轻化集团有限公司积极参与再就业工程,安置下岗职工280人。在赈灾活动中,三一重工业集团有限公司发动职工捐款1.08万元,公司捐款10万元。肖自江捐款3万元,资助一名贫困学生上大学。会员积极参与国企改革,有7名会员兼并、租赁或购买国有企业,安置下岗工人950人。1999年,市工商联会员捐资修路、办学、扶贫80万元,投入光彩事业基金200万元,私营企业安排下岗职工1280人,扶持失学儿童32人。2003年,会员吴修治捐资100万元修建乡村水泥公路。2004年,19家会员企业参与国企改革,盘活闲置资产1.2亿元,安置下岗职工就业2000余人;44名非公经济人士结对扶贫27对,帮助36名失学儿童重返校园,捐资社会公益事业130万元。会员肖永祥出资10万元,送电影至偏僻山村,免费放映100场。2005年5月31日,涟源市发生特大洪灾,会员为灾区捐款捐物8.82万元。2006年,16名会员参与助学兴教活动,捐资捐物300万元;33名会员参与社会主义新农村建设,捐资捐物500万元,筹建项目8个,注入资金2700万元。副会长刘兆社资助200名失学儿童重返校园,并出资10万元建立奖学基金会;副会长阙克文捐资20万元在伏口镇新建克文希望小学;名誉会长肖安江出资160万元新建茅塘石门小学。2007年7月9日,市委统战部、市工商联召开"百企联村,共同发展"活动启动仪式,参会人员322人。是年,市工商联按照"一联一、一联多、多联一"的方式进行村企联结,项目对接,实现优势互补、互动双赢格局。全市61家企业(含涟源在外经商成功人士办的企业)与21个新农村建设村进行结对签约,对接项目20个,项目资金1.3亿元,捐款856万元,新建企业7个,硬化道路42千米,建村级活动中心和培训中心4所,安排农村富余劳力1500人,有15名非公经济人士回乡兼任村官,《湖南日报》《娄底日报》对百企联村活动相继进行报道。

六 学习培训

1999年,组织20名会员参加省工商联举办的"私营企业经理厂长班"和娄底市工商联举办的"产品质量技术班"学习。2003年3月,63名非公经济人士去娄底参加经济学家陈晓红关于非公经济的专题讲座;11月,7名民营企业家去广东湛江参加中国民营经济报告会。2004年,17名企业家参加娄底市工商联举办的《现代企业管理》培训班,12名女会员赴三一重工业集团有限公司和浙江报喜鸟服饰集团、奥康鞋业集团考察学习。2006年,10名会员参加娄底市工商联远程教育培训2次、专家讲座1次,去江西乐平煤业公司考察学习。2007年1月27日,市工商联举办首届学习型企业经营管理高峰论坛;6月8日,32名会员参加娄底市工商联举办的《中华人民共和国物权法》知识讲座;7月21日,组织引爆优秀员工专题讲座,三次活动参加人数470人。1987—2007年,组织会员参加培训学习12次,商务考察9次,培训考察1092人次;对217名待评专业技术职称的非公经济人士进行培训,后均获专业技术职称。

七 依法维权

1987年,市工商联按照"放开视野、广交朋友、宣传政策、以诚相待"方针,落实工商界人士政策,处理来信来访48起,为29户生活困难的老会员或会员遗孀发放生活补助1225元。1995年,市工商联常委刘和升被诬告"偷电偷水",遭刑事拘留,市工商联组成调查组,按照法律程序为其举证,刘无罪释放。1996年,处理工商联会员来信来访22起,为15名会员办理专业技术职称。1998年,市工商联聘请3名资深律师担任法律顾问，为会员承办民事案件5起，调解诉讼3起，签订经济合同4个，处理经济纠纷7起，挽回经济损失200万元。6月，落实统战政策，运用法律手段解决总商会与市图书馆房地产权归属问题。1999年，帮助会员清欠呆账、烂账和三角债18起，挽回经济损失100余万元。2001年，调处杨市分会12名会员与工商、地税部门的收费矛盾。2003年，为17名会员提供法律服务，签订经贸合同6份，调处纠纷22起。2004年，确定湖南顺鑫钢铁有限责任公司、七星街镇太管山煤矿等6家企业为市委政法委重点保护单位；走访73名参加公私合营的原工商业者，向市委、市政府提交《涟源市原工商业者的现状及建议》，为原工商业者落实政策奠定基础。2005年，组建煤炭经销商会，为会员化解矛盾，减少不合理负担60余万元；为杨市、桥头河供销社22名原工商业者退休职工和遗属落实统战政策；帮助长沙双鹤药业公司涟源配送站追回货款30余万元；争取市公安局重视，对损害台湾乐香基涟源连锁店利益的不法行为予以从严打击。2006年，向市委提交《关于原工商业者上访情况的调查汇报》，使商业、供销社部门原工商业者职工养老金得到足额发放，医保问题得到妥善解决。是年，调处企业纠纷7起，协调解决工农矛盾13起，代写法律文书、经济合同9份，涉诉官司3起，出庭1次。为会员挽回经济损失近1000万元。2007年，市工商联法律咨询团先后为涟源南方冶金连铸设备制造有限公司、娄底市佳力化工有限公司等7家会员企业维权代写法律文书24份，出庭诉讼12次，调解纠纷40起，挽回直接经济损失1000多万元；组建涟源市仲裁委员会工商联分会，为会员企业调处劳资纠纷3起。

八　参政议政

1987年，全市工商界代表4次参加市委举办的民主人士座谈会。1988年，发动会员对经济体制改革、落实工商界人士政策提出合理化建议。是年，有8条建议受到市委、市政府重视。1989年，《市医药市场的调查与建议》一文受到市委领导重视并批转卫生部门。1990年，《结合药品市场整顿验收组建药业同业公会的建议》和《组织同业公会试点工作的意见》得到市委、市政协领导人首肯，责令市工商局和个协以及相关部门负责研究落实。市政协八届一次会议上，工商界人士撰写10件提案；十届一次人大会议、民主党派人士座谈会、政协常委会上，工商界人士对党风和社会风气问题发表意见，得到与会领导人重视。1991年，市工商联执委、常委和工商界代表，以联合或单个调查方式，撰写3份调查报告、5件提案、4条建议，由市委、市人大、市政府、市政协批转有关部门。1993—1997年，市工商联针对改革开放中工商企业存在的各类问题，组织人员进行专项调查10余次，撰写调查报告或论文14篇，呈送市委、市人大、市政府、市政协，80%以上的问题得到解决和落实。1998年，市工商联党组书记邓正林撰写的《关于我市发展个体经济亟待解决的问题》被有关部门采纳，且推荐为全省优秀提案；其撰写的《尽快取消工商部门对私营企业管理费的收取》提案被采纳。是年，工商界人士在人大、政协会议上提出提案19件，大部分得到答复或落实。1999年，组织会员围绕非公有经济发展过程中的问题提出有参考价值的议案、提案20多件给人大、政协两会，其中关于基层分会组建步伐较慢的问题，引起各级重视，市政府出台《关于建设、健全乡镇商会的意见》。2003年，在涟源市、娄底市人大、政协全会上，提交提案议案24件，多被两级政府采纳。2004年，民营经济人士提交议案提案17件，其中《进一步优化经济社会环境，促进我市民营经济快速发展》和《加强政府对中小企业的扶持，消除企业发展瓶颈》等5件提案得到重视。2005年，市工商联与市工商银行联手调研10家骨干民营企业，撰写《涟源经济现状及信贷市场》的调查报告，会长梁康瑜撰写《创新思维，发挥工商联在招商引资中的积极作用》和《完善集中支付，缩小分配差距》两文，受到市委、市政府领导人首肯，指示有关部门落实。2006年，“两会”期间提交提案19份，《完善集中支付、缩小分配差距》作为政协全会第一份发言材料，《加大政府对中小企业的支持，消除企业发展瓶颈》一文获优秀提案奖。2007年7月9日，市工商联发起的“百企联村，共同发展”活动在市委市政府支持下启动。

第六章 科学技术协会

第一节 机构与代表大会

一 机 构

1987年,涟源市科学技术协会(简称市科协)内设办公室、科学普及部、学会部,定编5人。下设二级机构市科技咨询站,定编7人。辖基层组织75个。其中,区(街道)、乡镇科协54个,市直自然、社会科学学会(协会)18个,企业科协3个。1989年,市科技咨询站更名市科技咨询中心,1994年恢复原名市科技咨询站。1995年1月,市科协与科委合并,未合署办公。1996年3月,又分设。1999年,市科协辖基层组织48个。其中,乡镇(街道)科协20个,市直自然、社会科学学会(协会)16个,企业科协12个。是年,科协工作纳入市委、市政府对乡镇(街道)目标管理。2007年,市科协机构未变,定编7人。市科技咨询站定编7人。辖基层组织60个。其中,乡镇(街道)科协20个,市直自然、社会科学学会(协会)20个,企业科协11个。

二 代表大会

1989年3月2日,市科协召开第四次代表大会,与会代表94人,选举产生第四届委员会委员57人。第四届委员会第一次全体会议选举产生常委15人,吴应芝当选主席。1996年3月,召开常务理事会,补选梁志文任主席。

1997年5月14—15日,召开第五次代表大会,与会代表80人,选举产生第五届委员会委员35人。第五届委员会第一次全体会议选举产生常委13人,梁志文当选主席。1998年1月,召开常务理事会,补选章长斌任主席。

2002年8月29日,召开第六次代表大会,与会代表100名,选举产生第六届委员会委员35人。第六届委员会第一次全体会议选举产生常委13人,黄伟祥当选主席。

第二节 主要活动

一 科普宣传

实用技术培训 1984年开始,市科协配备农村科普专干,购置科普电影、录像和科普专车入村进行生产技术培训。1996年11月,涟源在娄底地区率先举办农函大培训班。1997年起,组成科技讲师团,开展科技咨询、科技培训等科技下乡服务活动。1987—2007年,编印《特种禽兽养殖技术》《中草药栽培技术》等培训教材8种;举办科技培训班1990多期,培训学员23.3万人次;进行科普讲座894次;招收农函大学员4373人。(详见科技篇)

科技活动周活动 2001年开始,市科协和市科技局、市委宣传部共同主办每年5月第3周的“科技活动周”宣传活动,展示和宣传科技成果项目。(详见科技篇)

全国科普日活动 2004年6月29日，市科协组织市直各自然科学学会(协会)、企业科协以及共青团等人民团体参与第一个全国科普活动日活动。2005年开始，全国科普日活动定于每年9月中旬举行。(详见科技篇)

发展科技示范户，建立科技示范基地 1987—2007年，市科协发展科技示范户2070户，其中省级科技示范户68户，地市级12户；建立科技示范基地74个，扶持发展乡镇企业133个，科技扶贫1866户。2005年，首次召开全市科技示范户工作会议，给上年28户省级科技示范户代表授牌。(详见科技篇)

二 学术交流

1987—2007年，市科协及各学会举办学术活动233次，省级以上学术刊物发表学术论文2263篇，出版学术专著16种，编印论文集44种，创办各种学术刊物7种，举办科技讲座592次，参训人数1.47万人次。组织科技人员为企业完成技术承包项目38项，技术革新、技术攻关、技术引进、技术改造447项，技术论证146项，提合理化建议957条，转让技术成果8种，授予专利权176件。(详见科技篇)

三 科技咨询

1987—1996年，市科技咨询联动网络完成各类技术咨询项目127项。1996年后，科技咨询站活动经费得不到保障，工作开展举步维艰。(详见科技篇)

四 联系科技工作者

1987年，通过评审，全市获得各类专业技术职称者6355人。1993年工资改革时，部分担任行政领导的中级科技人员工资明显偏低，市科协积极向省、地科协和有关职能部门反映情况，得到妥善解决。1998年8—9月，市科协深入基层科协和企事业单位，重点对下岗科技人员的工作、学习、生活中存在的问题进行全面调查研究，历时两个月，写出《涟源市科技人员就业情况调查报告》，报送市委、市政府及有关部门。市委组织部向全市转发调查报告，要求有关部门积极采取措施，为下岗科技人员再就业创造条件。2005年，再度进行科技工作者状况调查，把科技工作者现状及意见、建议反映给市委、市政府。2006年，组织754名科技人员进行体检。2007年，全市获得各类专业技术职称者15288人。1987—2007年，组织、选送科技人员参加各类科技业务学习班480多期，人数2万多人次。

第七章 残疾人联合会

第一节 机构与代表大会

一 机 构

1987年,涟源市民政局设社会救济福利股管理残疾人工作。1990年10月,成立涟源市残疾人联合会(简称市残联),内设办公室、康复部、劳动就业部,定编5人。下设市残疾人劳动就业服务所。2006年4月,20个乡镇(街道)均设残疾人联合会。2007年,市残联机构未变,定编6人。

二 代表大会

1990年12月31日,召开市残疾人联合会第一次代表大会,与会代表81人,选举产生理事3人,主席易泽民,执行理事会理事长刘海初(兼)。

1996年5月18日,召开市残疾人联合会第二次代表大会,与会代表84人,选举产生理事4人,主席欧阳贵昌,执行理事会理事长刘海初(兼)。

2004年5月17日,召开市残疾人联合会第三次代表大会,与会代表107人,选举产生理事4人,主席李和平,执行理事会理事长陈军生。

第二节 主要活动

普查 1987年,涟源市为第一次全国残疾人抽样调查县(市)之一,全市有各类残疾人49100人,占全市总人数的5.09%。2007年,开展第二次全国残疾人抽样调查,发放第一代残疾人证。全市有残疾人61992人,占全市总人数的5.45%。其中,城镇残疾人20591人,农村残疾人41401人。残疾人中,肢体残疾17544人,听力残疾7749人,语言残疾2232人,视力残疾11035人,智力残疾10663人,精神残疾12769人。

扶残助残 1991年5月19日全国第一个法定助残日,市领导深入福利企业、街道企业、语言训练学校走访慰问残疾人,医疗机构上街义诊,为残疾人事业募捐近5万元。1995年,为残疾人义务帮工10多万个,发放救济衣被2万多件。1999年5月16日全国第九个助残日,市残联与市中医院联合开展"视觉第一涟源行动"活动,为975名视力残疾患者义诊,减免医药费5000多元。2000年,采取"市残联补助一点、医院减免一点、患者自筹一点"办法,对31名家庭经济特别困难的白内障患者施行手术治疗。全市各机关、团体、企事业单

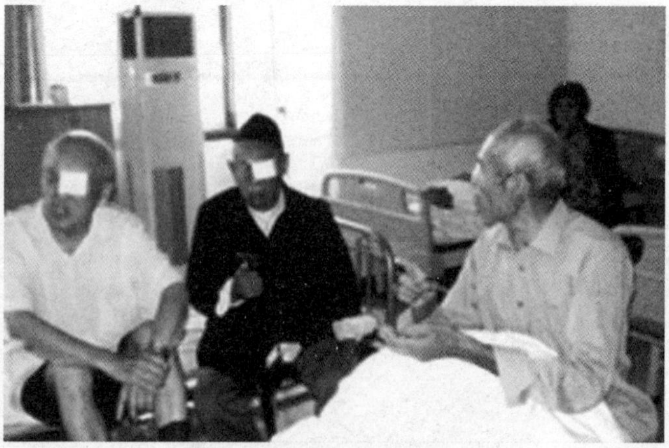

图7-7 白内障患者接受手术治疗

位和社会各界人士为残疾人募集捐款6万元。2002年5月19日，开展以“关注基层残疾人工作，保障残疾人基本生活”为主题的第12次全国助残日活动，市委、市政府号召全市各行各业从业人员为残疾人事业捐献一天工资，活动期间，收到募捐款10万多元。同时，开展为残疾人扶贫济困送温暖活动，为残疾人送去慰问金15万元。1991—2007年，为残疾人募捐90.7万元，发放慰问金18.8万元。通过扶贫帮困1400多名残疾人脱贫，26名残疾人步入小康水平。

三项康复　1991年，确立市中医院、市人民医院、杨家滩地区医院、桥头河地区医院、涟邵矿务局职工医院、59190部队中心门诊部为白内障复明手术、小儿麻痹矫治、聋哑儿童听力语言训练“三项康复”定点医院，田心乡卫生院为残疾人社区康复中心，涟邵矿务局职工医院为肢体残疾人训练康复中心。1991—2007年，全市完成白内障复明手术5998例，小儿麻痹后遗症矫治手术569例，聋哑儿童语言训练197例，弱智儿童训练94例，成人肢体残疾康复训练69例。免费为724名截肢患者安装假肢，为19名肢体残疾手术进行矫治，51名患者装配矫形器，训练22名盲人行走，为80名听力患者赠送助听器，为82名视力残疾人赠送助视器，为下肢残疾人捐赠轮椅437辆，赠残疾患者其他辅助器1917件。在市实验学校举办儿童特教班，与教育部门联合定期举办聋哑儿童、弱智儿童家长培训班。

劳动就业　1990年，市民政部门扶持创办福利企业13家，安置残疾人136人就业，乡镇及村办企业安置405人，在村级定补干部、民办教师、乡村医生中安置192人。资助茅塘乡肢体残疾患者周彦俊开办工艺品厂，安置8名残疾人就业，产品远销20多个省市，被评为湖南省自强模范。是年，为残疾人优先核发营业执照52个，优先贷款580万元，减免税收300多万元。1992年，市政府颁布实施《关于对残疾人实施优惠照顾的暂行规定》。1995年，市残联从福利基金里调节4万元，市银行信贷部门解决流动资金28万元，帮助4家福利企业缓解资金困难，扶持肢体残疾个体户蒋文创办全市首家大型钟表店。是年，市残联协办按摩店3家，安排8名盲人按摩师就业。1998年，申请扶贫贷款100万元。1999年，安排康复贷款80万元，扶持白马止渴岭残疾人药材基地和古塘残疾人金秋梨基地。通过村干部“一帮一”扶持活动，安平镇残疾人刘韶香成为养殖大户，年收入8万元。2002年，市政府下发《涟源市关于按比例安排残疾人就业实施办法》，各机关、团体和各类企业、事业单位按上年度在职职工（不含下岗职工和用工一年以下的临时工）总数1.5%的比例安排城镇残疾人就业；乡村企业按在职职工总数2%的比例安排农村残疾人就业。2003年，扶持126名残疾人从事个体工商业和服务业。2004年，成立市残疾人劳动就业服务所，创办市残联职业技能培训学校，主要进行盲人按摩、种植和养殖技术培训，培训的50名盲人按摩师全部就业。2007年，全市福利企业17家，安置1020名残疾人就业。1527名残疾人自谋职业，每年减免税费近300万元，市残联每年为残疾人创业贴息10万元，2006—2007年，全市每年征收残疾人就业保障金近100万元。

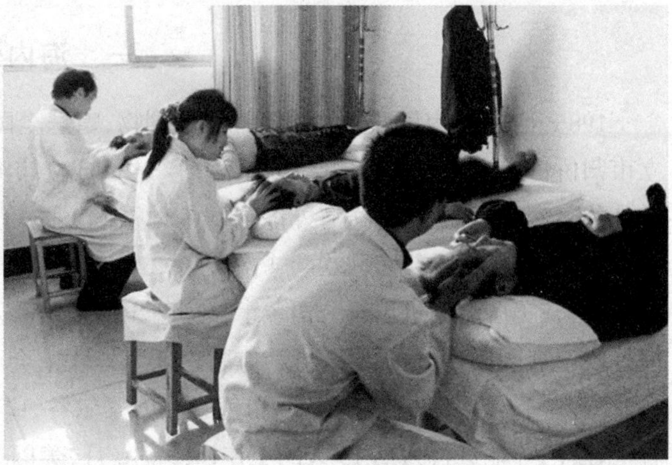

图7-8　盲人按摩

第八章 归国华侨侨眷联合会

第一节 机构与代表大会

一 机 构

1987年,涟源市归国华侨侨眷联合会(简称市侨联)内设办公室、宣传联络部,定编2人。至2007年,机构编制未变。

二 代表大会

1987年11月15—16日,市侨联召开第二次侨代会,与会代表109人,中心议题是:高举爱国主义旗帜,发挥侨联优势,为振兴中华作贡献。选举产生委员13人,主席缺,副主席梁尔谷主持全盘工作。

1990年12月24—25日,召开第三次侨代会,与会代表103人,主题是:总结经验,树立信心,开创侨联工作新局面。选举产生委员13人,主席梁尔谷。

1997年6月11—12日,召开第四次侨代会,与会代表80人,主题是:开拓进取,充分发挥侨联自身优势,为全市两个文明建设贡献力量。选举产生委员11人,主席梁尔谷。

2002年9月28—29日,召开第五次侨代会,与会代表50人,主题是:高举爱国主义伟大旗帜,与时俱进,努力开创侨联工作新局面。选举产生委员11人,主席易龙。

第二节 主要活动

一 海内外联谊

1986年5月,市侨联创办《涟源侨情》刊物,赠送全国重点侨乡和祖籍涟源的海外华侨。1988年2月,建立市归侨侨眷青年联谊会,开展联谊活动。5月,成立市海外联谊会。是年,编印《名胜风景诗百篇》,请涟源在海外的名家题写书签,寄送海外侨胞重点对象。1987—1989年,以三川艺术社为场地,市侨办、市侨联主办侨眷青年联欢会、侨界代表联欢会4次。1992年6月1日,邀请美国共和党亚裔总党部副主席、旅美湖南同乡总会会长、美国金刚进出口公司董事长彭畴田回乡考察。1995年10月31日,彭畴田回乡参加涟源市第二届海外联谊会暨招商引资工作会议,应聘担任海外联谊会名誉会长。11月17日,举办"李燮和生平"研讨活动。1998年6月,市委统战部副部长、市侨联主席梁尔谷,应香港友人邀请,同市委统战部副部长彭逢洛赴泰国、香港、澳门等地进行为期15天的工作访问。10月,美国卫生署高级研究员何三珍回涟源探亲,给全市医疗卫生系统介绍当今世界心理卫生研究新成果。1999年,美籍华人、康州大学终身教授李忠熙第四次回家乡,被娄底市及涟源市海外联谊会聘任为名誉理事、名誉会长。是年,出版发行《李燮和与沪宁光复》《李燮和、李云龙研究资料汇编》。2001年6月,市侨联建立侨联网址,开辟海外联络新途径。2004年7月,邀请美籍华人科学家梁从新专程考察白马镇田心卫生院,并带治癌药物回美国专门研究。2006年5月,市侨联协助中央电视台《走遍中国·娄底》拍摄组来涟源拍摄《<围城>探幽》。2007 年 6 月，组织侨界群众举办“纪念香港回归十周年”书画作品展，评选优秀作品送中国侨联参展，3 件侨眷作品获奖。1987—2007 年，市侨联相继开展“和谐侨界·温暖侨心”“聚侨心·促和谐”为主题的帮困送温暖活动，走访慰问困难归侨侨眷 480 人次，举办联谊、座谈、春节茶话会 40 次。2001—2007 年，利用中秋、春节等传统节日，向海外华人、华侨寄发信件、贺卡及宣传资料 4600 份，发送电子邮件 720 封，接待海外华人、华侨 560 人次，与美国全球华人反独促统联盟、湖南同乡会、龙的传人俱乐部及加拿大多伦多湖南同乡会等海外社团建立联系。

二　招商引资

创办企业　1984—1998 年，市侨联创办侨光化工厂，协助创办侨汇公司、湘绣厂、三川艺术社、侨光酒家等 12 家私营侨属企业。1997—2007 年，市内侨眷先后创办市留石煤业公司、蓝田矿山电器厂等 10 家企业，累计上缴税金 6000 余万元，安置下岗侨眷、侨属 300 人。

引进侨资　1999 年 9 月 24 日，香港同胞、香港海胜国际投资公司董事长谭顺理在娄底市首届海外联谊会签约仪式上，代表加拿大华商郑介伟与涟源市温江综合开发有限公司总经理钟健夫签订引进 2000 万元的合作协议书。2004 年 4 月，市侨联采取“走出去、引进来”战略，赴温州招商，引进上海华夏防爆(集团)有限公司落户涟源，合同引资 1.6 亿元。2006 年 7 月，以娄底市第二届“青春娄底·湘中之光”文化经贸博览会为载体，向海外知名人士、商界朋友发出邀请信 30 件，香港同胞彭立珊等多名海外成功人士回娄底参加经贸活动。

三　维权护侨

1999 年，市侨联为侨眷李宁平被殴打致伤案伸张正义、依法维权，使三年陈案得到公正处理。2002 年 6 月，市侨联成功处理老一代归侨、辛亥革命先驱李燮和之墓(省级文物保护单位)被砸毁的纠纷案，成立李燮和墓文物保护领导小组，将墓碑修复一新，举行竖碑仪式。2005 年 5 月，市侨联设立归侨侨眷法律咨询服务处，聘请法律顾问，免费为侨界群众提供法律咨询和帮助。1987—2007 年，市侨联接待归侨、侨眷来信来访 3000 人次，协助处理维护归侨侨眷合法权益案件 213 起。

四　爱心工程

1990 年，侨胞毛桂青捐赠 5 万元为家乡办学和修建公路。1996 年，彭畴田在美国发起组织湖南水灾募捐餐会，获捐款 23600 美元，彭畴田个人向市海外联谊会捐款 3000 美元。1998 年，香港同胞、香港应善良福利基金会会长沈炳麟(祖籍浙江湖州)捐资 21.4 万元为桥头河镇石狗滩学校兴建恩美(沈母名)楼。1999 年 3 月，省财经学院教授、三甲乡侨眷梁特猷捐款 1 万元帮助三甲乡中学建教学大楼。1988—1999 年，香港实业家彭立珊为家乡建中学、救灾、扶贫、建电排、购置公共汽车和救护车辆等捐赠 737 万元。2002 年 5 月，市侨联以美籍华人李忠熙为主成立侨联光明山奖学助学基金会，帮助、奖励龙塘乡井边联校优秀贫困学生。6 年资助、奖励学生 164 人次，奖学金额 9.6 万元。2005 年 3 月，沈炳麟捐资 38.2 万元为湄江镇长春学校兴建恩美楼。2007 年，香港王锦辉基金会主席捐赠 25 万元帮助金石镇灌湄中学新建教学楼 1 栋，建筑面积 1400 平方米；香港雁心会基金会捐赠 12.6 万元帮助杨市镇龙潭中学新建教学楼 1 栋，建筑面积 500 平方米，捐赠 15 万元帮助金石镇江边小学新建教学楼 1 栋，建筑面积 900 平方米。1996—2007 年，侨眷刘兆社为建乡村学校、修兴教桥、筑兴教路、帮贫困生共捐资 200 万元。

五 侨情普查

1989年1月,市侨联开展第一次侨情普查,全市有海外华人华侨、港澳同胞12500人,归侨4人,侨眷7.4万人。2002年9月9日—11月30日,开展第二次侨情普查,全市有海外华人华侨、港澳同胞13800人。其中,新移民1250人,涉外婚姻移民120人。主要分布在美国、英国、加拿大、马来西亚、日本、澳门、香港等地,涉及政治、商业和科技三大领域,硕士以上学历者6749人。归侨6人,侨眷8.9万人,分布全市各乡镇,以三甲乡和七星街镇居多。

第九章　文学艺术界联合会

第一节　机　构

1985年5月，涟源县文学艺术界联合会成立，定编2人。2007年，编制未变。市作家协会、市诗联书画家协会、市诗词楹联协会、市书法家协会、市摄影家协会等5个协会归其指导工作。1987—2007年，历任主席为：吴亦山、刘夫忠、梁新盈、黄义志。

第二节　主要活动

1985年，县文联创办文艺小报《沃土》。1986年6月，县文联召开重点作者创作座谈会。1989年11月，市文联举办唐大柏摄影作品展及唐大柏摄影讲座。1990年1月和4月，举办“湄江情”摄影作品展。1992年5月，《沃土》更名《涟源文艺报》。1994年停刊。1996年1月，市委宣传部主办，市文化局、市文联、市文化馆协办，召开重点作者创作座谈会，梅国华、李猷勇等28位作者受到表彰奖励。1998年9月，召开全市文艺座谈会，文学、戏剧、舞蹈、美术、书法、摄影及文艺社团代表60余人参加，省文联主席谭谈、省作协副主席萧育轩及市领导出席座谈会。市委决定由财政安排1万元作为文艺创作奖励基金的铺垫资金。会上，刘风、贺辉军等25名作者受到奖励。1999年1月，举办“’99新年美术、书法、摄影展览”，展出40多位作者的80多件作品，参观人数达3000多人。是年10月，举办中华人民共和国成立50周年美术、书法、摄影作品展览，展出60多位作者的128件作品，参观人数达6000余人次。召开美术、书法、摄影作者联谊会，30名重点作者参加。全年有百余件各类文艺作品在省级以上刊物发表。2002年5月，召开纪念毛泽东在延安文艺座谈会上的讲话发表60周年座谈会，与会人员70多人，对吴中心等9名文艺工作者给予奖励，颁发“精神文明建设突出贡献奖”。是年10月，举办建县50周年、建市15周年“涟源风情”大型美术、书法、摄影展览。2006年5月，在市电力局召开文艺工作者表彰大会，120人出席大会。是年，举办市首届电视摄影大赛。2007年10月30日，承办纪念涟源市20周年书法、美术、摄影作品展，展出作品200多幅。

图7-9　2007年10月30日，市文联承办纪念涟源建市二十周年书法美术摄影作品展

第十章 其他团体

第一节 红十字会

一 机 构

1991年1月，涟源市红十字会成立，工作人员4人。2007年，机构编制未变，下辖52个基层红十字会和市红十字会碎石中心、市红十字会肛肠诊所，有会员10068人。

二 主要活动

1991—2007年，市红十字会为灾区和贫困地区人民发放各种救灾物资（大米、棉被、衣物、药品等）价值118万元；为白血病等重症贫困病人募捐17.5万元；为群众开展义诊24次，参加义诊、义治的医务人员1860人次，接受义诊、义治人员4万人次，医学咨询5万人次，减免各种医疗费、检查费100多万元，受益群众80万人次；开展卫生救护知识培训36场次，参加培训人员11165人次，开展急救和无偿献血3000余人次；扶助孤寡老人、结核病人468人，送钱送物（折币）10万余元。

图7-10 市红十字会联系北京市红十字会在安平镇实施灾后重建修建水塔

第二节 计划生育协会

一 组织机构

1988年6月10日，涟源市计划生育协会（简称市计生协）成立，内设办公室，专职工作人员1人，会员273人。是年，29个乡镇建立计生协组织，年底会员发展到885人。翌年，全市46个乡镇（街道）建立计生协组织，蓝田、六亩塘、马家境、新禾、石陶、太和、孙家桥、金石、安平等乡镇（街道）把协会建到村一级，全市会员总数8545人。1990年，会员总数2.19万人。1991年，村（居）委会及部分厂矿单位建立计划生育协会。1992年，7个区建立计生协联合会，各协会建立会员台账，会员总数4.99万人。1996年，会员109752人。1997年，增加到115920人，各级计生协进行换届。2001年，全市开展乡、村两级计生协整建工作，20个乡级计生协领导班子及专职人员到职40人。2002年，全市有乡级计生协（含企业协会）25个，村级协会914个，会员10.46万人。2004年，新建企业计生协8个，行业计生协1个，调整村级会长98人，秘书长75人，吸收新会员3861人，清退不合格会员690人，全市有会员10.97万人。2006年，市政府办发出《关于进一步加强计划生育协会工作的意见》，对不合格会员与不合格协会进行全面清理，清退不合格会员44750人。年底，全市共20个乡级协会、950 个村级协会，会员总数 52723 人。是年，市计生协办公室定编 3 人。2007 年，重新创建市直机关、企业计生协，全市有 20 个乡级协会、950 个村级协会、27 个企业协会、87 个机关协会，会员总数 54756 人。

二　代表大会

第一届会员代表大会　1988 年 6 月 10 日召开，选举李细军为会长，聘请曹源清为名誉会长。

第二届会员代表大会　1989 年 5 月 8 日召开，选举李细军为会长，聘请曹源清为名誉会长。

第三届会员代表大会　1993 年 1 月 26 日召开，选举刘国涛为会长，聘请曹源清为名誉会长。

第四届会员代表大会　1997 年 7 月召开，选举刘永根为会长，聘请曹源清为名誉会长。2003 年 8 月 8 日，召开第二次常务理事会，补选李耀华为会长。2005 年 6 月 9 日，市计生协召开第三次常务理事会，补选刘国涛为会长。

第五届会员代表大会　2005 年 6月 20 日召开，选举刘国涛为会长。

三　主要活动

宣传教育　1988 年始，市计生协宣传贯彻计划生育政策，教育动员群众改变生育观念，提高实行计划生育的自觉性，开展优生、优育、优教宣传工作，加强对计生行政部门工作的支持与监督。1993 年，市计生协派员蹲点仙洞乡，实施“生育隔年早知道”宣传教育活动。1994 年，在南风乡试点，开展少生快富奔小康的计划生育宣传教育活动，评选少生快富示范户 51 户。1995—1997 年，在安平镇，连续三年开展计生基础工作试点，实施撤区并乡建镇后的乡镇计生“四位一体”（计划生育办公室、人口学校、计生协会办公室、计生协会会员活动室合为一体）和村“三位一体”（村计划生育办公室、人口学校与协会活动室、健康监测室合为一体）、组“两位一体”（协会活动室、人口学校合为一体）与户“一本宣传手册”的“四、三、二、一”工程。1996 年，在杨市镇杉树村开展人口理论、计生科普知识及教育试点，创办村级人口学校和村组计划生育科普知识学习室。1998 年，开展全市计生协知识竞赛，11000 名会员代表参加，评选出组织奖和一、二、三等个人奖。1999 年 5 月，组织全国第一个计划生育协会会员活动月活动，印发各种计划生育法律法规与婚育知识宣传资料 16000 余份。确定每年 5 月 29 日为全市会员集中宣传活动日。2000—2003 年，印发人口与计划生育法律法规宣传资料 16860 份，出黑板报 1650 期，出动宣传车 62 台次。2003 年，市计生协在渡头塘乡菊花村召开近 1000 人参加的市、乡、村、组四级计生协会员经验交流暨文艺晚会；组织市老科协、市湘剧院以“婚育新风”为题材编排系列节目下乡演出 40 场。2004 年，发放《人口与计划生育法律法规》宣传册 4 万余册，举办乡、村计划生育协会会员参加的防艾滋病讲座 30 场，在七星街镇举办“5·29”会员活动日婚育新风文艺晚会。2005 年，印发《计划生育协会业务知识》《农村部分计划生育家庭奖励扶助制度》等宣传资料 20 万份，发送手机短信 1 万条，组织腰鼓队在市区宣传 20 次。2006 年，印发 4000 份《致全市各级领导的一封公开信》，“5·29”会员集中活动日在全市广泛开展“四个一”活动：对 420 户计生家庭进行一次慰问走访，在市湘剧院举办一场会员文艺演出集中活动，联合 14 个乡镇举办一次计生知识抢答赛，在湖南一六九化工有限责任公司举办大型讲座与计生知识、生殖保健、关爱女孩、打击“两非”（非医学需要的胎儿性别鉴定、非医学需要的人工终止妊娠）宣传服务活动（一次）。2007 年，印发《致全体乡村干部和广大会员的慰问信》4000 份，邀请娄底市计生协和娄底铁路医院专家开展“生育关怀——亲情牵手”义诊活动，全市 12300 人接受义诊；与市计生局共同开展生殖健康——生殖道感染免费普查及女性健康巡回讲座 43 场次，全市近 6 万名育龄妇女参加学习；在七星街镇举办大型“5·29”会员集中活动文艺演出；在蓝田街道开展以“关爱女孩共促和谐”为主题的宣传活动；在水洞底镇举办“献爱心·青春飞扬”文艺汇演。2001—2007 年，共举办计划生育业务知识培训班 10 期，1273 人次参加培训，编撰简报47期，征订《人生》杂志4785份。

“两为两争”活动 2001年始，全市各级计生协开展以“我为国策做贡献、我为协会添光彩，争创先进协会、争当优秀会员”为主题的“两为两争”活动。是年，全市会员共捐献资金9200元，资助三甲乡实竹村2户计生家庭种植西瓜、草莓。2002—2003年，8600名会员为1065户计生家庭捐助28.4万元，为700户计生贫困家庭提供6万余元保健药品。2004年，全市20个乡级协会各投入8000元，各建整扶贫单位各投入3000元，共慰问计划生育模范家庭、困难家庭158户，帮扶失学儿童200多名。2005—2007年，各级协会为231户计生特困家庭发放慰问金16.3万元。

计划生育系列保险投保工作 1992年4月，建立市计划生育保险站。是年，完成两女户养老保险投保105万元(乡级财政投保)。1992—1996年，投入295.1万元，投保71181人次。1997年始，动员两女户投保。1992—2007年，处理理赔案件198起，为两女户获取理赔金16.2万元。

计划生育村(居)民自治 2003年，选择杨市镇杉树村、斗笠山镇香花村、枫坪镇肖家园村、龙塘乡金鸡村、七星街镇雷鸣村等基础较好的村开展计划生育村民自治试点。2004年，市内全面推行计划生育综合改革，建立依法管理、村(居)民自治、优质服务、政策推动、综合治理工作机制，发挥协会作用，推广村民自治，年终验收，全市有村民自治合格村40个。2005年，出台《涟源市计划生育协会关于创办村(居)民协会示范点的实施方案》，村民自治合格村上升到51个。2006年，市财政从计划生育社会抚养费里提取150万元，作为全市951个村(居)开展计划生育自治的工作经费，完善各村(居)计划生育办公室、健康监测室、协会活动室、人口学校阵地，各村依法建章立制，以《自治章程》监督村务公开，督促群众履行义务与维护权利，开展计生自治工作。2007年，市委、市政府提出以“提高待遇、明确责任、绩效考核”为核心内容的村民自治工作思路，逐步完善定补干部包组、骨干会员包户工作机制。市计生协对村民自治村实行一年一评，由市委、市政府统一表彰，对模范、先进二个档次的村(居)分别给予5000元、3000元的奖励。是年，全市288个村达到计划生育村民自治合格村标准，其中模范村20个，先进村40个。

第三节 关心下一代工作委员会

一 组织机构

1987年12月20日，市关心下一代协会成立。1996年2月3日，更名市关心下一代工作委员会(以下简称市关工委)。全市20个乡镇(街道)和13个系统建立关工委，132个市直单位建立关工小组。

1987—2007年，历任主席(主任)为胡卫平、刘志伟、刘永根。

二 主要活动

1987年始，市关工委每年资助贫困学生50人以上。1993年，聘请离退休干部为关心下一代工作指导员，建立以“五老”(老干部、老战士、老专家、老教师、老模范)为主体的思想教育讲师团，教育引导青少年树立正确的理想信念。1995年5月，市委下发《关于在全市开展“四个一”工程活动的通知》，乡镇以上党政领导干部每人每年主持或参加一次关心下一代活动，扶助一名贫困学生，帮助一名后进青少年或挽救一名失足青少年，培养一名青少年典型。“四个一”工程活动为涟源市首创，在娄底市所辖县、市、区推广。1987—2007年，市关工委累计资助贫困学生100余万元。

第四节　老年科技工作者协会

一　组织机构

1994年9月,涟源市老年科技工作者协会(简称市老科协)成立,会员60人。主管单位市委老干部工作局、人事局,业务主管单位市科协。2000—2004年,20个乡镇(街道)均成立老科协分会。2006年,成立市直机关老科协分会11个,老科协小组2个,村(社区)老科协自我保健小组98个。2007年,市老科协有会员2041人。

所属机构有市老科协医院(1996年3月成立)、湄风学校(1996年8月—2005年2月)、农业科技服务中心(1997年3月成立)、农业科技咨询服务中心(1997年4月成立)、文艺工作团(1997年6月成立)、自我保健服务部(2000年12月成立)、自我保健知识讲师团(2001年7月成立)、农业科普知识讲师团(2001年7月成立)、关心下一代教育讲师团(2005年9月成立)、保健科普网络中心(2006年6月成立)。

二　会员(代表)大会

第一届一次会员大会　1994年12月12日召开,与会120人,大会通过协会章程,选举会长曹源清,产生理事14人,常务理事7人。

第二届一次会员大会　1998年1月16日召开,与会会员300人,大会通过新会章,选举会长曹源清,产生理事43人,常务理事17人。

第三届一次会员大会　2000年3月20日召开,与会会员498人,会议通过新的章程,选举会长肖德廉,产生理事36人,常务理事21人。

第四届一次会员代表大会　2006年3月召开,与会代表90人,会议通过新的章程,选举会长肖德廉,产生理事67人,常务理事21人。刘国涛任第一会长。

三　主要活动

服务"三农"　1995年,市老科协在石马山镇乌鸡坝村、新中村、龙埠村、木灵村办点,兴办畜牧水产、旱粮作物间种、花卉苗木基地,创产值2000多万元。1996年,组织农艺科普讲师团,主办农民科技培训班,传授农业科技知识,培训6000人次,接受技术咨询10000人次,赠送农业科技资料25000份。1997年,发动会员,种植金银花、玉竹参、白术、黄菊、厚朴、杜仲等中药材,市老科协顾问白马镇田心医院院长石海澄种植中药材200公顷,产值625万元,带动周边县市农民种药材2000公顷。是年,石海澄被评为全国老科技先进工作者。2002年,七星街镇老科协分会副会长张和平开展专业化养猪,年出栏1000多头,年收入50万元。2006年,六亩塘镇老科协分会副会长王以辉从省农学院金薯开发有限公司引进湘幅一号、川山紫等13个品种,在六亩塘、渡头塘、枫坪等11个乡镇推广,全市发展特色红薯2800公顷,最高每公顷产90吨,最大株重13.5千克。2007年,市老科协在全市指导发展中药材2000多公顷。1995—2007年,建科普基地48个,培养科技示范户658户,资助科技扶贫户542户。

自我保健　1999年,订阅自我保健刊物100份,开展自我保健知识讲座15场次,听众1200人次,开展义诊9场600人次。2000年,湖南省自我保健工作现场会在涟源召开。是年,建立16人组成的自我保健讲师团和医疗义诊队,深入城乡开展自我保健科普讲座和义诊活动。2005年,举办太极拳培训班,在光明山广场、火车站广场、莲花社区广场等地开展交谊舞、健身舞、太极拳等广场健身活动，组织登山、钓鱼、门球、扑克、象棋、诗联书画、养花、摄影等比赛活动。推行食物、药膳、草药、按摩、针灸、耳压、拔罐、磁场、刮痧、心理、音乐、足部反射等简便易行、实用省钱、疗效好、无副作用的自然疗法。2006 年，成立自我保健网络中心，网员 2250 人，每月 20 日进行自我保健知识讲座。1999—2007 年，举办自我保健知识讲座 86 场次，听众约 19100 人次；乡、镇分会讲座 351 场，听众 17550 人次；编印《自我保健科普知识专辑》9200 份（每年 4 期，每期 2300 份）；举办太极拳培训班 8 期，培训骨干 800 多人；组织义诊 280 场，义诊 11 万人次，免费 200 多万元。

建言献策 1994—2007 年，市老科协发动会员深入基层调查研究，向市委、市政府和有关部门建言献策，纳入各级党政决策的有：《保护老年人的合法权益和离退休老同志的津贴补助问题》，《城镇广场脏乱差问题》，《全市少数乡镇土地荒芜问题亟待解决》《如何发挥白马水库的灌溉功能和小山塘的修复》《涟源城区实验学校、蓝田中学、双江小学的大班问题》《冬季农业生产的开发问题》《南竹产业的开发问题》。

职称申报评审 1997—2007 年，共申报晋升专业技术职称 62 人。其中，正高 4 人（苏先范，农业研究员；李翰文，主任医师；周斐章，女，主任医师；梁日升，中医主任医师），副高 36 人（王梦瑚，副主任医师；申华兴，高级建筑工程师；刘永平，中医副主任医师；刘芥芬，高级工程师；刘启衍，副主任医师；刘冠楚，高级会计师；苏业斌，中医副主任医师；李双凤，女，外科副主任医师；李平安，中医内科副主任医师；李传应，中医副主任医师；李绍成，副主任医师；李景珍，女，副主任护师；李燮然，高级工程师；肖玉怀，高级工程师；吴应芝，高级农艺师；吴惠玲，女，内儿科副主任医师；何祥初，高级经济师；陈汉雄，中医副主任医师；陈洁梅，中医副主任医师；殷吉初，中医副主任医师；殷美光，高级会计师；黄加和，内科副主任医师；黄适祥，内科副主任医师；黄新忠，内科副主任医师；康勇，内科副主任医师；康国华，中医副主任医师；梁迪华，中医副主任医师；梁承彪，副主任医师；梁碧波，中医副主任医师；谢培元，中医副主任医师；简长清，副主任药师；廖文生，高级工程师；廖灿芬，外科副主任医师；谭有升，高级经济师；颜举生，中医副主任医师；戴顺根，副主任医师），中级 17 人，初级 14 人。

文体宣传 市老科协文工团利用歌舞、演唱、戏剧、腰鼓、军鼓、威风锣鼓、龙队等艺术形式宣传党的方针政策、法律法规、好人好事，活跃城乡文化生活，推动全民健身运动。2004 年，被湖南省文化厅评为百佳业余民间剧团。1997—2007 年，共演出 700 场次。

第五节 个体劳动者私营企业协会

一 组织机构

1987 年，涟源市个体劳动者协会（简称市个协）下设 8 个区（镇）分会，有会员 19413 人。1995 年，成立市私营企业协会，与市个体劳动者协会合署办公，合称市个体劳动者私营企业协会（简称市个私协）。2000 年，市个私协有会员单位 174 个，会员 14280 人。2007 年，有会员单位 175 个，分会 11 个，联组 58 个，会员 15058 人。

二 代表大会

第二届个协代表大会 1986 年 8 月召开，选举谢康初任会长。

第三届个协代表大会 1988 年 11 月召开，选举谢康初任会长。

第四届个协代表大会 1992 年 8 月召开，选举谢康初任会长。

第五届个协代表大会　1993 年 9 月召开,选举谢康初为会长。

第六届个私协代表大会　1995 年 11月召开,选举李佩珍为会长。

三　主要活动

1987 年,市个协开展扶贫慰困送温暖活动,走访慰问贫困会员 12 户;是年 11 月市个协蓝田分会捐款 1.69 万元,支援蓝田河道疏浚工程。1988 年,开展"文明经营、优质服务"竞赛,涌现文明经营户 437 户,先进个体劳动者 149 人。1989 年,为社会福利事业捐款 6.3 万元,为第十一届亚运会建体育馆捐款 3.1 万元。1994 年,组织个体工商户开展学雷锋活动,为光荣院、五保户、困难户、残疾人捐助 3.46 万元,为社会公益事业捐款 34.662 万元,为会员排忧解难和维护权益 111 起,为会员担保贷款 20 多万元,举办技术培训班 17 期,培训会员 427 人次。1996 年,为失学儿童、五保老人捐款 7650 元,支援受灾经营户 25 户;开展文明建设先进户评选活动,评选出 240 户先进经营户。1999 年,开展"学雷锋　树新风"活动,1200 人参加义务服务。2000 年春节期间,举行灯谜晚会,自编工商法规谜语 116 条,蓝田城区 700 多名会员参加;山塘、杨家滩等分会举行象棋、篮球、乒乓球、卡拉 OK 比赛;参加娄底市"中国加入 WTO 与湖南发展对策"知识竞赛,获得二等奖;蓝田市场"7·29"火灾发生后,会员为受灾群众捐款 57200 元。2001 年,开展"文明经营　优质服务"活动,表彰 70 户文明经营户;开展献爱心活动,向市敬老院和经济困难个体户捐助 2.6 万元。2007 年,开展"帮困扶贫"活动,为困难群众和失学儿童捐款 70110 元。

第六节　消费者协会

一　组织机构

1997 年 4 月 18 日,涟源市消费者协会(简称市消协)成立,与市消费者委员会(简称市消委)两块牌子、一套人马,经济上独立核算。内设办公室、质量监督部、物价监督部、新闻监督部,在乡镇(街道)建立 21 个分会。是年,市消费者协会有会员 352 人。2007 年,会员 1423 人。

二　代表大会

1997 年 4 月 18 日,召开市消费者协会第一届会员代表大会,与会代表 92 人。会议主要议题是制订、通过协会章程,选举产生领导机构,选举产生理事 15 人,其中常务理事 5 人,曾小平当选会长。2005 年,蒋翔宇任会长。

2007 年 7 月 23 日,召开市消费者协会第二届会员代表大会,与会代表 123 人。其中,个体私营企业代表 15 人,占 12%;部门单位代表 108 人,占 88%。会议主要议题是:修改、通过协会章程,审议通过会员会费收缴标准,选举产生理事 39 人,其中常务理事 9 人,秦国栋当选会长。

三　主要活动

维权网络　2007 年,市消费者协会抓好一会两站(消费者协会分会、消费者投诉站、12315 联络站)建设,在全市建立 21 个分会,在经济发达和交通便利的地方建立消费者投诉站 97 个和 12315 联络站 931 个(194 个开展工作)。在湖南南方洪源机械制造有限责任公司、市移动营业部、市电信分公司和新一佳、心连心、金马特、福康祥等超市建立7个行业投诉站。建立市实验学校、私立行知中学2个消费维权教育联系点。开展维权志愿者行动,在全市聘任专业律师3人,免费为消费者提供法律帮助。

宣传教育 1999年始,每年3月15日开展"国际消费者权益日"宣传活动(简称3·15活动)。至2007年,活动主题分别是:安全健康消费、明明白白消费、绿色消费、科学消费、营造放心消费环境、诚信·维权、健康·维权、消费环境、消费和谐。根据活动主题,开展"珍爱家园、保护环境"万人签名活动、消费维权知识抢答赛等。参加活动人数共计2756人次。开设"3·15"信箱,在《今日涟源》《湖南邮送广告·涟源专刊》刊登案例48例,一期一问一答,解惑释疑。每期案例,附有律师点评或编者按语。与涟源电视台联合制作《消费在线》6期,发布消费信息和消费警示35条,对消费的热点、难点、焦点问题进行深度报道。免费赠送消费者宣传资料、法律文本15万余份,出动宣传车512台次,宣传《中华人民共和国消费者权益保护法》和《湖南省消费者权益条例》。2007年,创办《涟源消费导刊》,发放7期,每期5000余份。2006—2007年,每年举办论坛,让有关企业、单位及经营者与消费者面对面,共同探讨维权领域新问题、新方法。消费者遇到维权疑惑,可直接要求其中任何一位企业人士解答,涉及法律问题,由维权律师点评。通过消费论坛,加强经营者和消费者的沟通,让其在消费维权上达成共识,使经营者和消费者双方受益。

监督服务 1999年始,市消费者协会根据市场出现的情况,适时向消费者发布消费警示,提醒消费者保护自己权益。针对一些企业和经营者损害消费者的行为,向有关单位发出查询函,由单位报送整改方案和措施。同时参与市场监督,配合有关职能部门进行调查、清查和整顿,规范市场秩序,净化市场环境,维护消费者合法权益。2007年3月15日,石马山镇消费者颜凌开启娃哈哈营养快线时,瓶子突然爆裂,使其脸上留有一道深深的疤痕。接到投诉后,市消协派人调查了解,与娃哈哈集团公司涟源代理商和消费者调解。娃哈哈集团公司湖南分公司态度强硬,拒绝赔偿消费者有关损失。市消协据理力争,直接发函至杭州娃哈哈集团,几经周折,为消费者赢回1500元补偿款。是年5月,消费者肖某某(女)投诉,称其儿子梁某某(5岁)在市幼儿园进行户外活动滑滑梯时,不慎摔伤,右手骨折和股骨断裂,经法医鉴定为9级伤残,用去医疗费1.1万余元,还需后期治疗,几次找市幼儿园和其主管机关市教育局协商未果。接到投诉后,市消协到市幼儿园调查了解,向市教育局询问有关情况,到湖南华章律师事务所找志愿维权律师咨询,和市人民法院法官探讨,一天内调解成功,市幼儿园负担肖朝平先期垫付的医疗费1.1万元,再补偿3.5万元。是年,召开十佳维权先进单位表彰大会。市烟草局、市移动营业部、中国工商银行涟源市支行、市房地产综合开发公司、湖南省金湄泉饮料有限公司、市田心疑难病专科医院、新一佳涟源光明山商场、市新蓝科技开发有限公司、七匹狼涟源专卖店、市信誉批发部受到表彰。

业务培训 1999—2007年,每年组织分会会长、投诉站站长进行培训、考察,学习调处纠纷技巧,共267人次。

第七节 诗联书画家协会

一 组织机构

1988年6月10日,涟源市老干部诗书画活动小组成立,会员17人。主管单位市委老干部工作局,业务主管单位市文学艺术界联合会。为娄底地区老干部书画协会和老干部诗词协会团体会员。1990年5月20日,老干部诗书画小组更名老干部诗书画协会,会员37人。1994年3月15日,更名市老年书画诗联协会,会员132人。2001年,会员231人。2002年11月10日,被吸纳为湖南省诗词协会团体会员。2004年5月25日,被吸收为中华诗词学会会员，为省内第六家、娄底市第一家。2007 年，有会员 388 人。2008 年 3 月 17 日，更名市诗联书画家协会。协会设理事会、《涟源诗刊》编辑委员会，内设办公室、财务组、宣传组、联络组，在城区、乡镇设 22 个会员活动小组。

二　代表大会

第一届会员代表大会　1990 年 6 月 10 日召开，选举理事 13 人，田芸为会长。

第二届会员代表大会　1994 年 8 月 28 日召开，选举理事 15 人，常务理事 11 人，田芸为会长。

第三届会员代表大会　2001 年 9 月 27 日召开，选举理事 34 人，常务理事 15 人，谢颂民为会长。2003 年 4 月，王立群任代会长，2005 年 4 月 25 日，补选王立群为会长。

三　主要活动

刊物出版　1995 年，创办期刊《涟源诗刊》（每年出版一期）。1998 年，更名《枫林诗刊》。2000 年，出版专辑《枫林诗刊·香球集》。2004 年，《涟源诗刊》复名，出版专辑《涟源诗刊·丹枫集》。1998—2007 年，不定期出版《枫林简报》《枫林专刊》《枫林书画集》。先后出版《纪念建党 80 周年诗集》《2004 年红五月笔会》《2005 年桃花宴笔会》《纪念邓小平诞辰 100 周年书画集》《纪念抗战胜利 60 周年书画集》《纪念毛泽东、朱德、周恩来逝世 30 周年书画集》《纪念建党 80 周年书画集》《纪念红军长征胜利 70 周年书画集》《庆祝改革开放 30 周年书画集》。会员 66 人自费出版诗词文联曲赋作品集。

节日活动　1992 年开始，在春节、三月三、端午、中秋、重阳等传统节日，协会组织会员开展团拜、踏青、联诗、吟诵、赏月、登山等诗词活动。1994—2007 年，每年元旦、五一、七一、八一、十一等节日都有庆祝活动。

交流活动　2000—2007 年，协会组织会员去梅山、萸江、波月、湘乡、淮川、常德、碧湖、岳麓、白云、邵阳等诗社访问学习 18 次。邀请 32 个省、直辖市、自治区和香港特别行政区以及美国洛杉矶市的诗友向协会主办的诗刊投稿。

采风活动　1988—2007 年，协会每年开展 1~2 次采风活动，共采风 52 个单位。

展览活动　1988—2007 年，协会举办老年书画展 16 次，参展书画作品 1100 件，观众约 10 万人次。

竞赛活动　1997 年，与市委宣传部、市文联联合组织涟源建市 10 周年诗词楹联竞赛活动。2003 年，举办“枫林杯”诗词大赛、书法美术作品鉴赏及评比活动。2006 年，与市委宣传部、市民政局、市老龄委、市诗协联合举办“和谐杯”老年诗词大赛。在全国诗词大赛中，协会获奖 120 人次。其中，一等奖 19 人次、二等奖 21 人次、三等奖 46 人次，优秀奖多项。

诗词教育　1991—2007 年，协会坚持诗教入校园、入农村、入工厂、入机关、入社区，先后建立私立福荣学校、六亩塘中学、斗笠山中学、夕阳红公寓、洪源机械厂、安平镇桐树村等 30 个诗教基地。在市老年大学常年开办诗词班、书画班，坚持每月逢五讲课。

创建中华诗词之乡　2002 年 11 月，协会与中华诗词学会取得联系，中华诗词学会组联部电告协会加强诗教工作，争取在涟源建立全国县市级诗词之乡。12 月 3 日，将专题资料和登记表报送中华诗词学会。2003 年 3 月 20 日，召开全体会员大会，邀请涟源市四大家领导、湖南省诗词协会会长赵焱森、娄底市诗词协会会长罗忠族、周边县市诗协代表参加，中华诗词学会发来贺电、贺诗。会上，市长余明庭首次提出创建“诗词之乡”。2004 年 9 月，中华诗词学会常务理事会在涟源市召开，会上，中华诗词学会会长孙轶青宣布授予涟源市“中华诗词之乡”称号。

第八节 诗词楹联协会

一 组织机构

1990年12月16日,涟漪诗社成立,社员28人。主管单位市文学艺术界联合会。2003年10月,更名涟源市诗词楹联协会(简称市诗协)。2007年,会员610人(女会员104人)。15个乡镇(街道)设有诗词分会,5个乡镇建有诗词活动小组。

二 代表大会

第一次代表大会 1990年12月16日召开,社员28人,选举理事5人、社长傅定志。

第二次代表大会 1992年5月18日召开,增选理事2人。

第三次代表大会 1994年12月18日召开,选举理事14人、社长傅定志。

第四次代表大会 1995年12月16日召开,增选理事4人。

第五次代表大会 1996年11月10日召开,增选理事5人。

第六次代表大会 1997年12月18日召开,增选理事3人,常务理事1人。

第七次代表大会 2000年10月7日召开,选举理事38人,常务理事9人。

第八次代表大会 2001年9月12日召开,到会代表45人,增选理事3人。

第九次代表大会 2003年9月6日召开,到会代表98人,选举理事52人、常务理事12人,李郁林任主席。

三 主要活动

吟诵活动 1991年7月,涟漪诗社举办纪念中国共产党成立70周年诗词吟诵会。1997年5月举办欢庆香港回归祖国诗词吟唱活动。2000年10月举办涟漪诗社成立10周年诗词吟唱活动。2006年6月8日中央电视台国际频道"走遍中国"栏目编导莫骄至古塘乡采访,赋诗称赞牛山诗词文化,7月27日中央电视台新闻频道、海外频道至古塘乡采访牛山分会诗教活动,牛山分会会员现场吟诵诗词50余首。2005—2007年,市诗协3次举行庆元旦迎新春诗歌吟诵会,每次有60多名诗友吟唱。各分会组织举办端阳节诗人吟唱会、金秋咏菊诗会、婚嫁寿庆诗联吟诵会等。

诗词竞赛 1991—2007年,市诗协(涟漪诗社)与市内企业单位合作,举办全国诗联大赛15次,其中有"玉兔杯"全国茶联大赛、"橘井泉香杯"诗联大赛、新农村建设诗联大赛、"将军杯"诗联大赛、"力达杯"迎奥运征联大赛、"宏腾杯"禁毒诗联大赛、"飞水漂流杯"旅游诗联大赛等。在全国诗词大赛中,市诗协会员获奖90人次。其中,一等奖(金奖)16人次、二等奖(银奖)9人次、三等奖(铜奖)15人次,佳作奖和优秀奖多项。

专题征稿 1995年,涟漪诗社举办"纪念抗日战争胜利五十周年"诗词征稿活动。1996年3月,举办"红军长征胜利六十周年"诗词征稿活动,4月举办爱心书屋诗联征稿活动。1997年3月,举办"沉痛悼念邓小平逝世"诗词征稿活动。1998年10月,举办"庆祝中共十五大召开"诗词征稿活动。2000年,与市建整扶贫办举办建整扶贫征诗活动。

出版刊物 1998年8月,涟漪诗社编印出版《涟河旧雨》,收录抗日战争、解放战争时期在涟源境内学习、工作的各界人士80人的诗词作品近400首,其中包括李锐、茅以升、钱锺书、颜家龙、龚翼星等人的作品。1999年9月,与湄江风景区管委会合编诗集《湄江风韵》。2002年,林从龙等主编的《当代绝句三百首》,傅定志、蒋昌典各选入作品一首。1991—2007年,出版会刊《涟漪诗词》17期,出版《玉兔杯茶联》《橘井泉香》《田园牧歌》等诗词专辑10余部,组织编辑出版《三梅诗选》第一辑和第六辑。15个诗词分会均办有会刊,共出版诗刊诗报40余期。会员出版个人诗集110部。

建立诗词碑廊　1991—2007年,市诗协先后派员参与湄江诗崖、观音崖、忠义殿、向日寺、罩门庵等诗联碑刻景观的策划。参与策划修建药王岭爱林园中华诗词碑廊(位于白马镇百坪村)。

创建中华诗词之乡　2003年9月6日,涟漪诗社召开第九次代表大会,提出"奋战一年,夺得全国诗词之乡桂冠"。会后,诗社(诗协)先后到柏树中学、石陶中学、蓝田中学、市工贸中专、涟源二中、涟源六中、市直机关、大江口中学主讲诗词创作知识,发展会员100余人。自此,市诗协月月有小活动,季季有大活动,先后在古塘乡、伏口镇和市委市政府机关召开中华诗词进农村、进校园、进机关现场会暨诗词吟诵会。2004年1月,向中华诗词学会汇报涟源市创建中华"诗词之乡"情况。9月4日,市诗协呈送涟源市创建中华"诗词之乡"总结汇报材料。9月16日,中华诗词学会常务理事扩大会暨涟源市"诗词之乡"授牌大会在白马湖风景区锦江宾馆举行。2004—2007年,伏口镇、古塘乡、龙塘乡先后被评为湖南省"诗词之乡"。

第九节　作家协会

2005年8月19日,涟源市作家协会成立大会在涟源宾馆小礼堂召开,与会代表83名,大会通过《涟源市作家协会章程》,选举产生理事21人,常务理事13人,选举贺辉军为主席,聘请梅国华为名誉主席。2006年3月,市作家协会创办文学季刊《涟河》,16开,112页,套色封面,由市文学艺术界联合会主管,主编贺辉军,编辑部设市委机关大院内,为湖南省内部资料性出版物(刊型)。2007年5月18—20日,市作家协会在白马湖爱心文化园举行"白马湖之夏"文学笔会。中国作家协会副主席、省文联主席、著名作家谭谈,省作家协会专职副主席、《文学风》杂志主编、著名作家梁瑞郴,省作家协会副主席、《文学界》杂志副主编、著名作家王开林应邀光临笔会讲课。全市各基层单位20名作家与名家面对面交流。

1987—2007年,全市文学创作成果见《第二十八篇　文化》。

第十节　摄影家协会

1995年8月,涟源市摄影协会成立大会在市文化馆召开,与会会员26人,选举姜新民为主席,聘请易志祥、周旭成为顾问,是日举办姜新民艺术摄影作品展。第二届会员大会因经费等原因,理事会决定不召开会议,由原领导班子连任。2001年,姜新民在文化部艺术摄影学会和中国艺术研究院摄影艺术中心举办的全国优秀摄影家评选活动中,获"中国优秀摄影家"称号。2002年,姜新民的"梦幻世界"专题艺术摄影作品入展中国都匀国际摄影博览会。2005年,在市图书馆爱心茶楼举行第三届会员大会,与会会员60余人,选举姜新民为主席,聘请殷另姣、向国荣、易志祥、胡南、周旭成、颜炳初为顾问,聘请黄义志、刘建华、王汉中为名誉主席,协会更名涟源市摄影家协会。是日,举办会员作品展。是年8月,在市文化馆举办纪念抗日战争胜利60周年姜新民艺术摄影作品展。2006年,增聘梅国华、何一波为顾问。2007年7月,协会建立中国橡树网娄底俱乐部,由协会副主席陈胜炎任俱乐部主席。11 月,在市体育馆举办涟源撤县设市 20 周年专题图片展和美术书法摄影作品展,展出摄影作品 30 余幅。是年,协会有会员 80 余人。

第八篇 法 治

第一章 政法综治

第一节 机构队伍

一 机 构

1987 年，涟源市政法委员会(简称市政法委)内设办公室，定编 3 人，归口管理市人民法院(简称市法院)、市人民检察院(简称市检察院)、市公安局、市司法局。1988 年初，市政法委改为市委政法委，主任制改为书记制。1990 年 5 月，增设政治工作组。1991 年 4 月，成立市社会治安综合治理领导小组，设办公室(简称市综治办)。9 月，市社会治安综合治理领导小组更名市社会治安综合治理委员会(简称市综治委)。1992 年 8 月，市委政法委增设调研组。1996 年 10 月，市委政法委内设办公室、调研督查室(原调研组)、人事组(原政治工作组)。1997 年，成立涟源市确保社会政治持续稳定工作小组。1998 年 3 月，调研督查室更名执法监督室。1999 年 7 月，成立中共涟源市委处理"法轮功"问题领导小组，下设办公室，归口市委政法委管理。2000 年，设立市维护稳定工作领导小组办公室(简称市维稳办)。2003 年 10 月，市委处理"法轮功"问题领导小组更名市委防范和处理邪教问题领导小组。2007 年，市委政法综治机构有维稳办、综治办、办公室、政工室、执法监督室，定编 14 人；市委政法委归口管理市法院、市检察院、市公安局、市司法局、市委防范和处理邪教问题领导小组办公室。

二 队伍建设

1987 年，在全市政法系统，采用办学习班和集中整训的方式，进行坚持四项基本原则、反对资产阶级自由化的教育，为人民服务、为改革开放服务的教育，抓好干警的专业培训和文化学习，选送 14 名干警参加脱产文化学习和专业学习。1992 年，通过查处案件，处分一批违法违纪干警，开除党籍 3 人，党内警告 1 人，政纪处分 4 人，对不适合作政法干警的人员进行调整，调离出队 7 人。37 名干警立功，115 人受各级表彰，提拔副科级以上干部 85 人。1994 年 10—2 月，针对部分干警缺乏全局观念，搞地方保护主义；凭感情办事，办人情案、关系案；受利益驱动，办"金钱案"；法律意识淡薄，执法犯法；素质不高，纪律作风松弛等问题，在全市政法系统集中开展教育整顿活动，组织学习讨论 130 场次，上辅导课 42 场。根据调查和群众举报，组织对干警索贿受贿、私分赃款赃物、执法违法等违法违纪案件进行查处，共查处 12 件 15 人，调离政法队伍 4 人。1995 年 11—2 月，针对部分政法干警群众观念差、违法创收等问题，开展集中教育整顿，组织业务学习 31 次，参加人数达 2000 人次。严肃查处执法中的违法违纪案件，对 4 案 5 人予以处分。其中，开除党籍 1 人，留党察看 1 人，党内严重警告 1 人，行政降级 1 人，党内撤职 1 人。1999 年，开展以争创人民满意政法基层单位(干警)为核心内容的创先争优活动，58 人受到省、市表彰奖励，记二等功 2 人，三等功 8 人，15 人受到嘉奖。是年，查处政法干警违法违纪案件5件5人，辞退干警2人。2000—2006年，在全市政法干警队伍中先后开展“三个代表”重要思想学习教育活动，保持共产党员先进性教育活动和加强领导班子建设、增强政法队伍整体素质、促进公正执法集中教育整顿活动，征求意见和建议456条，整改问题125个。2007年，在全市政法干警中开展社会主义法治理念教育活动，召开征求意见会议8次，征求意见和建议130条，政法部门累计组织集中培训85天，参学率100%，组织统一考试，参考率、合格率均为100%。对8名违法违纪干警给予纪律处分。

第二节 社会治安综合治理

一 综治管理

1991年6月，市委、市政府批转市综治办《关于1991—995年社会治安综合治理五年规划的报告》，将社会治安综合治理责任制纳入两个文明建设(物质文明建设、精神文明建设)目标管理。1994年4月，推行领导责任制，落实“谁主管，谁负责”原则，对所属地区、部门单位及个人因对工作不重视，措施不落实，导致治安不好或出现重大社会问题，造成严重后果的，取消其评先受奖资格。8月，制定《涟源市社会治安综合治理领导责任制实施细则》，严格执行社会治安综合治理一票否决权制。年底，青烟乡、白马区、白马乡3个单位被“一票否决”。

1995年，综治工作与党政领导干部的政绩考核、晋职晋薪和奖罚直接挂钩，20个乡镇(街道)均成立由党政“一把手”负总责的政法综治领导小组。是年，推行“长治久安工程”，全市授予治安模范村、安全小区186个，631个村依法治村达标合格。1996年5月，伏口镇被授予“省治安模范乡镇”称号，斗笠山镇沙坪村等9个村被授予“省安全文明小区”称号。8月，全市始建综治台账，健全基层信息网络，提高对社会治安管理的调控能力。1997年，省一六九化工厂、枫坪镇、龙塘乡云霄村、市委机关老干路家属区等11个单位被省综治委、娄底地区综治委评为治安模范单位、治安模范村镇和安全文明小区，蓝田街道光文居委会综治工作经验被娄底地区总结推广。

2000年，市委、市政府明确市综治办、市维稳办为协调全市矛盾纠纷排查工作的领导机构和办事机构，制定集中排查与经常性排查调解相结合，矛盾纠纷挂牌督办，限期解决等一系列工作制度。全年在3月、5月、9月及11月开展集中排查活动，排查各类矛盾86起。2002年7月，市委办转发市委处理“法轮功”问题领导小组办公室、市委组织部、市综治办、市文明办《关于做好处理“法轮功”问题“四个纳入”工作的意见》，将解决“法轮功”邪教问题纳入社会治安综合治理之中。2004年，实施“平安涟源”创建活动，并纳入经济社会发展总体规划和“三个文明”建设(物质文明建设、精神文明建设、政治文明建设)目标，建立蓝田、斗笠山、石马山、七星街、湄江、伏口6个乡镇(街道)及国土局、电力局、烟草局3个市直机关示范点。市综治委设立5个专项办公室；流动人口管理工作领导小组办公室设于市公安局，刑释解教人员安置帮教工作领导小组办公室设于市司法局，铁路护路联防工作领导小组办公室设于市综治办，预防青少年违法犯罪工作领导小组办公室设于团市委，学校及周边环境治安综合治理工作领导小组办公室设于市教育局。是年，全省社会治安综合治理考核评估排名，涟源市列第四类，被省综治委列为“黄牌警告”县市。

2006年，全面加强村(居)自治组织建设，推行综治工作“村为主”工作模式(综治责任村为主、纠纷调处村为主、群防群治村为主、预防教育村为主、依法治理村为主、平安创建村为主)，将社会治安综合治理和平安建设的重点放到农村，实事办到村、工作依靠村、保障落实到村，把农村基层党建、社会主义新农村建设与“民主法治示范村”“平安村居”的创建有机结合，发挥广大农民的主创作用。2007年6月，涟源市“以村为主建设平安农村”的经验在全省社会治安综合治理工作大会上推广。7月，娄底市社会治安综合治理工作现场会在涟源召开，肯定和推介这一工作经验。

二　集中整治

1993年11月，成立市农村治安领导小组，首次集中整治全市农村社会治安。市综治委牵头，公安、检察、法院、司法、农委、交通、工商、文化、教育等部门联合参与，对茅塘乡、芙蓉乡、岛石乡、安平镇等27个乡、2个区、3个街道进行农村社会治安集中整治，至1994年6月，抓获违法犯罪人员1054人，逮捕181人，劳动教养121人。

1997年，市委政法委、市综治办牵头，在全市范围内开展确保社会政治持续稳定，打击严重刑事犯罪、严重经济犯罪，整治重点地区、重点路段、重点单位和重点场所的治安秩序，整治交通秩序，整治火险隐患的集中统一行动，行动持续至1998年3月，破获各类刑事案件537起。其中，重大案件223起，特大案件27起。抓获各类犯罪嫌疑人762人。其中，刑事拘留193人，逮捕201人，劳动教养153人。起诉159人，判处有期徒刑107人，判处死刑4人。1998年11月，按省委领导指示，以三甲乡、白马镇为重点，开展社会治安集中整治，对1996年“三甲事件”的主要犯罪嫌疑人进行处理。

1999—2000年，按照市级领导包乡镇、乡镇领导包片、乡镇干部包村的工作包干责任制，抽调74名副科级以上干部，由24名市级领导带队，400余名乡镇干部，200名政法干警参加，对全市37个农村合作基金会及14个供销社股金会进行集中清理，为农村合作基金会收回各类贷款8206万元，为供销社股金会清收清欠600万元，处理固定资产1400万元，有效化解金融风险，维持社会大局稳定。2001年5月，对蓝田、六亩塘、斗笠山、桥头河4个重点乡镇(街道)的光文村、胜利村、扶珂村、树亭村、黄龙村、新兴村、车田村、金盘村8个治安失控村进行集中整治，打掉恶势力团伙9个，抓获涉案人员196人。

2003年5—8月，对古塘乡、七星街镇、蓝田街道联兴村、湄江镇香兰村进行全方位集中整治。市委政法委、市综治委组织公安、安监等部门重点进驻古塘乡，针对煤炭安全生产形势严峻、社会治安混乱的局面开展集中整治，关闭38家非法煤窑，查处10多名涉案党政干部。全乡社会治安明显好转，全年刑事、治安发案率比2002年分别下降52%与70%。2004年3月，将毒情严重的六亩塘、蓝田、桥头河、七星街列为重点乡镇(街道)进行整治，抓获吸毒人员260人，贩毒人员27人，强制戒毒219人，劳教戒毒41人。7月20日，在七星街镇召开全市禁毒工作现场会，按“四禁并举，堵源截流，严格执法，标本兼治”方针，开展禁毒工作。12月，在六亩塘镇召开全市禁毒重点整治地区打击处理大会，对5名涉嫌贩毒犯罪嫌疑人实行公开逮捕，对6名吸毒人员宣布劳动教养。2005年4月，市委、市政府召开在全市范围内对卫星电视地面接收设施进行综合整治的工作会议，至5月，龙塘乡即拆除300余户非法卫星电视接收设施。

2007年9月，全市开展“万人排解促和谐，固本强基铸平安”综治系列活动，1万名干部进村入户、排查化解矛盾纠纷。城区以政法干警为主，每个社区由20人包干负责；农村每个村由5名乡镇干部，4名村定补干部，1名政法干警负责，逐户逐人走访，排查化解矛盾。

三　专项治理

1991年，在全市开展查禁卖淫嫖娼专项行动，清理整顿文化娱乐市场，查处卖淫嫖娼案件126起，治安处罚271人，收缴淫秽物品260件，淫秽书刊9000余册，发现违法犯罪线索418条，破获刑事案件58起。

1994年，开展民间非法扣车专项治理行动，市综治委组织市公安局、市政府法制办、市法院等单位，组建专门班子，进行专项清理，放行外地被扣车辆136台，从外地要回涟源被扣车辆189台。其间，收审1人，拘留3人。至1995年4月,抓获重点对象22人,逮捕8人,治安处罚12人。

2000年,开展全面整顿公共文化娱乐场所专项行动,由市综治办牵头,公安、消防、工商、文化等部门密切配合,检查公共场所348家,发出整改通知书328份,依法停业整顿108家,全市娱乐服务场所由348家清整为166家。举办娱乐服务行业从业人员培训班5期,参训人员380人,有效规范文化娱乐场所。2005年8—9月,开展清理整治铁路沿线废旧金属收购站点专项行动,清理废旧金属收购站点76家,查封取缔23家,吊销营业执照2家,限期搬迁9家,立案查处10家,收缴非法收购的铁路器材1100余件,查扣被盗生铁锭200吨。破获涉铁刑事案件8起,刑事拘留3人,治安处罚10人。2006年4月,开展全市学校及周边治安综合治理专项行动,对校园及周边非法违规经营的网吧、电子游戏厅、录像厅、歌舞厅、音像书刊点进行清理,限期整改60家餐饮店,处罚5家;取缔非法经营的食品摊点摊贩40家,非法网吧4家,录像厅1家,收缴游戏机1台,色情光盘123张,不良书刊260余册。2007年,开展打击盗窃、破坏电力、电信、广播电视与铁路设施违法犯罪专项斗争,查获违法犯罪嫌疑人183人,查处未经公安机关备案的废旧金属收购站点36个,吊销营业执照15个,关闭取缔非法收购站点6家。

四 群防群治

1991年6月,市综治办制定《1991—1995年社会治安综合治理五年规划》,加强基层组织和制度建设,健全治保调解组织,做到"组织、报酬、制度、工作"四落实。10月,落实治安联防队、护村队、护厂队、护校队以及帮教组织等群防群治队伍。对全市865个二、三类治保调解组织进行清整,组建各类防护队128个。1993年,狠抓基层组织建设,健全各级综合治理机构。全市56个区、街道、乡、镇全部建立综治机构,村(居)委会调解组织达2000多个。1994年6月,在斗笠山镇进行依法治村工作试点,7月在斗笠山镇香花村召开现场会,向全市推广依法治村工作。是年全市发生民事纠纷6795起,调解6714起,成功6672起。成立涟源市见义勇为奖励基金会,募集资金15万余元。1995年,涟源一中学生邱强坚(上年7月19日在涟水河红旗桥河坝处舍身抢救落水儿童牺牲)被省综治委表彰,追记一等功。1996年,荷塘镇集合村村民唐英(上年2月8日为制止寻衅滋事牺牲)被省综治委评为见义勇为先进个人,追认为烈士。

1996年,受"三甲事件"影响,全市社会治安形势严峻。1997年,维护社会稳定成为压倒一切的重大政治任务。市委、市政府成立确保社会政治持续稳定工作小组,建立城区社会治安动态防控体系,开通110报警服务台,增设治安岗亭4个,警备站3个,执勤室8个,组建巡逻大队。不断完善和规范依法治村,推行民主管理,开展普法教育,发放各种宣传资料12万份,开展广播讲座142次,举办各类法律学习班400场,组织法律知识竞赛35次,5万余人次参赛,提高群众的法制意识,受"三甲事件"影响的社会治安形势得到控制。1998年,组建22个工作组,深入白马、三甲2个乡镇22个村,开展法制宣传教育,指导加强基层组织建设,妥善处理热点、难点问题,解决落后村、失控村问题。1995—998年,在全市基层安全文明创建活动中,11个乡镇被评为安全文明乡镇,其中伏口镇、七星街镇被评为省级安全文明乡镇;10个小区被评为安全文明小区,其中省一六九化工厂家属区被湖南省授牌;10个单位被评为安全文明单位,其中市盐务局被湖南省授牌;67个村被评为安全文明村,其中蓝田街道日升村、桥头河镇大屋村、斗笠山镇沙坪村等9个村被湖南省授牌。

2000年,全市基层治保会1068个5323人,调解纠纷1394起,协助公安机关破获刑事案件217起,查处治安案件413起。2001年,开展"四五"普法教育,成立法制教育宣讲团,在全市各中小学开展以"预防青少年违法犯罪"为主题的巡回法制讲座,10万余人受教育。以学习"三个代表"重要思想为契机,对全市20个乡镇(街道),200多个单位400余名专业人员进行法制培训;配合"严打整治""打黑除恶"专项斗争,印发法制宣传资料5000余份，出动宣传车辆125台次，悬挂标语横幅1725条，开展电视广播法制讲座62场次。2002年，村(居)委会成立社会治安综合治理领导小组，由村党支部书记或村主任任组长，配备1名专干，建立护村队。4月，组建城区巡逻守护队，由市公安局巡警大队管理。是年，协助交警疏导道路交通1300多次，调处各种纠纷580起，提供便民服务2000多次，制止持刀械斗120起，抓获各类违法人员150人，城区刑事、治安案件分别比2001年同期下降41%和36%。2002年始，全面启动社区警务建设，实行一区一警或一区多警制。下半年，在城区人口密集的社区设置警备室7个，配备社区民警28人。至2003年，全市有警备室16个。是年4月，各乡镇(街道)成立人民调解委员会。2004年10月，各乡镇(街道)成立综治委，党委书记任主任，分管政法工作的副书记任综治办主任，设一名专职副主任。充实基层派出所、社区警备室力量，城区派出所增加2～3名警力，农村派出所增加1～2名警力，社区警备室保证1～3名民警。

2005年，成立涟源市人民调解委员会，各乡镇(街道)设立调解室，乡镇(街道)、村(居)统一人民调解委员会标牌，印章、标识、徽章，制度及文书，全年调处7035起矛盾和纠纷。是年，各乡镇(街道)均组建一支不少于10人的治安巡逻队，城区实行巡警、交警、专业巡逻队"三队"联巡。

2007年，市综治委、市委政法委组织编写《治安防范手册》，印刷13万册，免费发放到群众手中，全市综治"村为主"覆盖率达90%，其中75%达"民主法治示范村"和"平安村(居)"标准。

第三节 维护稳定

1987年，全市维稳工作主要由市公安局负责。2月，妥善处理以石狗乡颜某林、颜某玉为首的对越自卫还击战复退军人联合报告会组织的集体上访。1989年5月，市印刷厂、市运输公司、杨家滩运输大队、桥头河运输大队、省湘峰机械厂等单位的部分职工和涟源四中、八中、第一职业中学、大桥中学、甘溪中学等学校的部分师生组织罢工罢课、游行示威、上访请愿，在市委、市政府的具体指导下，市委政法委组织公安、法院等有关部门制止罢工罢课、游行示威、上访请愿等群众性事件15起。7月16日，市委召开各战线负责人会议，传达中共中央、国务院有关指示精神，决定对党员、干部进行阶段性考察。从7月中旬到翌年1月上旬，对政治风波期间的有关人和事进行处理，对重点事件、重点人员给予严肃处理。

1991年，维稳工作主要由市综治办管理，市公安局国内安全保卫大队等部门协同开展工作。1991—1995年，发现和制止罢工罢课、集体上访请愿、游行示威等群众性事件苗头165起。"六四"敏感期和国庆节期间，执法单位加强值班备勤工作，各项防护工作扎实认真，确保全市的政治稳定。

1996年4—1月，三甲乡群众要求减轻农民负担，多次集会游行，上访请愿，波及金石、荷塘等多个乡镇，发展到冲击党政机关。在省、娄底地区党政领导高度关注和直接指挥下，11月13日的"三甲事件"得以妥善处理。是年，处置罢工罢课、集会游行、上访请愿等群体性突发事件27起。1997年2月4日，市委办、市政府办发出《关于进一步确保社会政治持续稳定的通知》。6月15日，发出《关于认真做好当前社会稳定工作的通知》。9月13日，又发出《关于进一步做好维护全市社会稳定工作的通知》。是年，建立维稳工作四项制度(重点地区派工作组帮助制度、维持稳定例会制度、热点难点问题部门负责制度、情报信息4A级制度)。是年，全市开展春夏严打整治和"减轻农民负担月"活动，全市36个影响社会稳定的热点难点问题，从根本上解决21个，"三甲事件"对全市社会稳定造成的冲击逐步消化。妥善处置枫坪镇上百群众因饮水问题群体性上访事件、涟源市与安化县的水利纠纷、田湖铁矿关闭的赔偿上诉纠纷、湖南省金环电解锰厂污染治理以及伏口镇柏树锰矿与益阳桃江锰矿矿产纠纷，消除一大批不稳定隐患。

1998—2001 年,市委、市政府出台维稳工作一票否决权制度、维稳情况月报制度和维稳工作责任追究制度,其间派出 75 个工作组到各重点单位协助处理热点、难点问题,派出 25 个督察组赴乡镇(街道)开展维稳工作督查。排查矛盾纠纷 15689 起,收集各类情报信息 980 条。六亩塘镇胜利村村民冲击冷水江市铎山乡人民政府机关,龙塘、安平等 8 个乡镇刘姓 1000 余人在湘乡市虞塘镇扫墓引发的纠纷等 136 起群体性事件得到成功处置。

2002—2006 年,市维稳办开展维稳工作督查 69 次,全市排查纠纷矛盾 31289 起,处置群体性事件 568 起,收集维稳信息情报 2330 条。2007 年,市维稳办印发《涟源市群体性事件处置办法》,在全市范围内进行 8 次集中大排查、大调处工作,妥善处置非正常死亡事件、群体性事件 106 件。是年 7 月,湖南洪源机械厂职工实行异地安置(安置在娄星区),职工围堵工厂大门,冲击办公楼,围堵厂领导人,导致生产几近瘫痪。中共中央、省委、娄底市等相关部门和领导多次做出批示,市维稳办成立维稳指挥协调工作组,进驻洪源机械厂指导化解矛盾,使问题得到圆满解决。

第四节 执法监督

1998 年 3 月,市委出台《关于加强市委政法委执法监督工作的意见》,明确市委政法委在执法监督工作中的地位、作用、职权、工作原则和工作范围。是年,为配合集中教育整顿活动,执法监督室组织集中执法检查,对 6 案 14 人由报劳教改为报批捕(原定性有误)。1999—2002 年,抽查案件 534 件,查阅民事纠纷调处案卷 857 件, 对 13 件存在问题的案件予以整改纠正。重点督办谭和平涉黑团伙案件以及以谭移山为首的 20 人黑恶势力团伙案,对充当谭和平涉黑团伙保护伞的政法干警进行深挖和查究,双规 2 人,刑拘 2 人,逮捕 5 人。2003 年,为配合全市开展煤矿安全生产专项整治行动,市委政法委制定相应的集中打击处理工作方案,由执法监督室牵头,抽调 200 余名干警分战区、分部门组成专案组,对涉及煤炭安全生产的案件逐一复查审核,依法立案查处 33 起 68 人,批准逮捕 32 人,刑事拘留 5 人,报劳教 4 人,取保候审 4 人。全年研究协调重点疑难案件 56 起,承办领导批办件 45 件,督办重要信访案件 46 件。2004—2006 年,重点组织市公安局、市检察院、市法院开展案件质量大检查,各自对承办的案件进行自清自查,对群众有反映的 52 起案件进行重点监督,对 6 起案件予以纠正。2007 年,执法监督工作以集中化解涉法涉诉非正常上访案件为重点,全年办结涉法涉诉上访案件 57 件,承办上级领导批办件 5 件。

第五节 反邪教

1987 年,全市组织专门班子,收集、整理会道门组织的活动资料,编写成书,计 12 万余字。是年,查清宗教渗透问题、非法宗教活动各 1 起。1993 年,查处非法宗教活动 38 起,发现并取缔宗教非法聚会点 3 处。1996 年 8 月,以桥头河、伏口、湄江等 8 个乡镇为重点,专项治理邪教活动,对“门徒会”“被立王”等邪教组织予以取缔,取缔非法聚会点 26 处,收缴邪教书刊 650 册,抓获邪教组织头目和骨干分子 15 人,治安处罚 66 人,举办“法制学习班”13 期,教育瓦解入教群众 900 余人。

1999 年 7 月 22 日,中共中央发出共产党员不准修炼“法轮功”的通知,民政部和公安部发出取缔“法轮大法”研究会的通告,市委为妥善处理“法轮功”问题,成立处理“法轮功”邪教问题领导小组。是年,取缔法轮功辅导站 1 个,练功场所 11 处,收缴销毁法轮功书籍、音像带等宣传资料 1789 份,对 170 名习练者分类进行处理，对骨干人员刑事拘留 9 人，监视居住 7 人，送劳动教养 2 人，治安拘留 10 人，教育分化瓦解习练者 142 人。2000 年，继续处理“法轮功”问题，组织公安、民政、体育、卫生、教育、新闻出版等部门，清理整顿气功组织，注销两个市级气功研究会，查缴有害气功书籍 1000 册。2001 年 6 月 14 日凌晨 3 时，市巡警大队抓获李某某、王某、谭某某等 3 名从怀化至涟源城区散发宣传品的“法轮功”顽固分子，收缴宣传品 3594 份，横幅 5 条。11 月 28 日—2 月 2 日，在市图书馆举办“反对邪教、崇尚文明”大型图片展览。

2002 年，把处理“法轮功”问题纳入党的基层组织建设、纳入社会治安综合治理、纳入精神文明创建活动、纳入“三个代表”学习教育活动中。2004 年，在全市农村开展声势浩大的反邪教警示教育活动，发放反邪教警示宣传挂图 900 套，宣传教育画册 3000 本，宣传教育资料 10 万份，下发《农民日报》100 道有关反邪教知识的答题试卷，组织农民进行答题竞赛活动。2005 年，全市开展集中整治邪教问题专项行动，排查出“门徒会”成员 400 多人，公安机关对少数骨干成员进行依法打击，对一般的参与者，进行训诫教育。2006 年 4 月 17 日，市公安局国内安全保卫大队（简称国保大队）摧毁原涟源市伞厂内的“实际神”邪教书刊印刷窝点，抓获犯罪嫌疑人 1 人，查获“实际神”书刊 4600 册及大量半成品、原材料。是年，继续抓好对“法轮功”重点人员的教育转化，认真开展对“门徒会”成员的专项教育活动，各乡镇（街道）将中央防范和处理邪教问题领导小组提供的宣传资料印发给农户，组织专门队伍进村入户，上门进行面对面的思想教育，通过教育使全市原有的 400 多名“门徒会”成员认清危害，脱离组织，停止活动。2007 年，组织力量开展“五进”（进乡村、进社区、进学校、进机关、进企业）活动，把娄底市委防范和处理邪教问题领导小组办公室编印的 3 万册防范“门徒会”邪教组织警示教育宣讲资料分发到机关、企业、学校、乡村、社区，将反邪教警示教育工作进一步引向深入。

第六节　专项整治

一　打黑除恶

“4·19”专案　2001 年 4 月 19 日，公安部“打黑除恶”办公室收到举报涟源市农村信用合作联社副主任谭和平犯罪情况的群众来信，迅速批转省公安厅，省公安厅立即派员前往涟源，对信中检举的犯罪事实进行秘密调查。在核实举报内容基本属实后，成立由副厅长唐中元任指挥长，娄底市委常委、政法委书记兼公安局局长胡旭曦任副指挥长，省公安厅刑侦总队长盛德元任专案组组长的“4·19”专案组。专案组从娄底市公安局、冷水江市公安局、双峰县公安局、娄星区公安分局、钢城公安分局和涟源市公安局抽调 150 名政治素质强、业务素质精、身体素质好的民警，分成审讯、调查、追逃、材料、审计、督查、后勤保障 7 个小组，实行全封闭式集中办案。7 月 5 日，在省公安厅直接指挥下，专案组将组织者谭和平、刘小平同时抓获，组织 200 名警力在全市范围内展开拉网式搜捕，一举抓获主要骨干 23 人。之后又相继组织搜捕行动 6 次，抓获涉案人员 32 人。同时组织 13 支追逃小分队，行程约 30 万千米，抓获张良平等 66 名主要骨干成员。专案组在 8 个多月的侦查中，查清谭和平黑社会性质组织的全部犯罪事实，抓获涉案成员 195 人，破获该组织以暴力、威胁、滋扰手段进行的故意杀人、故意伤害等 23 类涉黑案件 156 起，其中故意杀人案 1 起、故意伤害案 7 起、聚众斗殴案 9 起、寻衅滋事案 86 起、绑架案 2 起，杀死 1 人、重伤 10 人、轻伤 12 人、轻微伤数十人。在侦破谭和平黑社会性质组织案件中，中共中央政治局常委、政法委书记罗干，公安部部长贾春旺，副部长白景富，湖南省委书记杨正午，副书记胡彪先后对该案作重要批示，省委派出由省委常委、政法委书记兼公安厅厅长周本顺为组长的督查组数次到涟源督办。娄底市委成立由市委书记张建功任组长的专案领导小组。省公安厅直接派员多次深入娄底、涟源督办指导和直接参战。与此案有牵连的涟源市委政法委书记、公安局局长、法院院长、检察院检察长被免职,11 名党政干部和政法干警被立案查处。2003 年 3 月 31 日,娄底市中级人民法院在涟源市光明山大操坪公开宣判以谭和平为首的 57 名被告人组织、领导、参加黑社会性质组织等 26 项罪名,全案 57 名被告人中,被依法判处死刑 3 人(其中 2 人死缓),判处无期徒刑 5 人,判处有期徒刑 20 年的 11 人,判处 5 年以上 20 年以下有期徒刑的 18 人。

“4·20”专案 2005 年 3 月,市公安局在石马山镇侦查一起故意杀人案时,发现蓝田城区 7 个带黑恶性质的犯罪团伙在城郊活动。4 月 20 日,成立由局长刘明清任组长,40 名精干警力组成的专案组,摧毁分别以刘新杰、刘新景、黄卫华、刘鹰为首的 4 个黑社会性质组织和分别以张学新、梁新光、梁招飞为首的 3 个恶势力团伙。后判处死刑 3 人,死缓 3 人,无期徒刑 2 人,有期徒刑 89 人。

二 打击“两抢一盗”

2002 年 7月,市公安局开展打击“两抢”(抢劫、抢夺)专项斗争,投入警力 4000 人次。是年,破获抢劫案件 156 起,抢夺案件 19 起,盗窃案件 207 起,抓获“两抢”违法犯罪嫌疑人 74 人。

2005 年 4 月 28 日,公安部部署全国公安机关打击“两抢一盗”犯罪专项行动。市公安局成立打击“两抢一盗”办公室”。重点打击街头“两抢”犯罪、团伙系列流窜犯罪和盗抢汽车犯罪。2005 年 10 月 21 日—2006 年 5 月 20 日专项行动期间,全市立抢劫案 146 起、抢夺案 11 起、盗窃案 400 起。“两抢一盗”案件占全部刑事案件的 68%。

2006 年 6 月 28 日凌晨,一出租车在三甲乡秀峰村地段被抢,涉案金额 10 万余元,被省公安厅列为全省“两抢一盗”督办案件。案件发生后,市公安局展开侦查。6 月 28 日下午,专案民警通过邵阳市警方配合,在邵阳县谷洲镇找到被抢走后烧毁的出租车。7 月 24 日,抓获 3 名犯罪嫌疑人,成功侦破省公安厅督办的特大抢劫案件。

三 打击“车匪路霸”

1997 年 11 月,对 207 国道、娄(底)新(化)公路、双(峰)涟(源)公路组织开展 3 次整治行动,打掉重大车匪路霸团伙 3 个 37 人。1998 年 3 月 4 日,在斗笠山镇甘溪地段,一辆由冷水江开往长沙的客车上,4 名歹徒手持凶器,砍伤邵东县公安局民警,抢走 64 式手枪 1 支、子弹 6 发,并对车上 30 多名乘客进行洗劫。在娄底地区公安局的统一指挥下,迅速调集公安民警、武警官兵、民兵、治安积极分子连夜开展搜捕行动,发动强大宣传攻势,15 天内成功破案,摧毁以新邵县邵某某为首的抢劫盗窃团伙,破获案件 12 起。同年,摧毁吴某某等为首的 28 人重大车匪路霸抢劫团伙,该团伙先后在 207 线乌泥坳、落马江等地持刀抢劫作案 13 起,其中特大案件 10 起,致伤 7 人。

四 打击拐卖妇女儿童

1991 年 1 月 1 日,枫坪乡白石村 1 名 5 岁男孩和 1 名 8 岁女孩被同时拐卖到广东韶关,民警三次南下,成功解救。是年,市公安局侦破拐卖妇女儿童案件 5 起,解救妇女儿童 57 人。2000 年 4—8 月,全市开展打击拐卖妇女儿童专项斗争,公安机关通过前期摸底,查出被拐卖妇女儿童 156 人。组织 8 次全市性的集中清查和搜捕解救行动,破获绑架、拐卖妇女儿童案件 11 起,抓获犯罪嫌疑人 12 人,成功解救妇女儿童 324 人。

五　打击“地痞地霸”

1999年，市公安局以优化经济发展环境为目标，加大治理重点工程建设环境，加大学校、厂矿周边的治安力度，加大对公路沿线车匪路霸的打击力度。是年，查处破坏经济发展环境案147件285人，逮捕37人，劳教54人，治安拘留75人。2001年，枫坪镇杨梓村以村党支部书记谢某某为首的部分村民，因装卸费与市白水泥厂发生纠纷，强行封闭厂门，阻止生产，阻塞双(峰)涟(源)公路交通3个小时，后发展到自制炸弹跟市白水泥厂对抗，市公安局闻讯后立即将炸弹收缴，平息事态，谢某某等3人被刑事拘留。2005年，市公安局开展企业周边环境整治，查处违法案件40起，刑事拘留10人，治安拘留130人。

六　追逃行动

1993年12月15日，市公安局开展全市性追逃行动。市委领导和公、检、法三家领导分赴全市各战区指挥，出动政法干警1613人次，车辆123台次，抓获各类违法犯罪人员502人。

1996年4月29日、5月9日、8月13日先后3次开展全市性的大规模集中搜捕行动，出动党政干部372人、公安干警369人，车辆143台，清查重点路段45处，重点部位136处，搜捕各类涉嫌违法犯罪人员167人，追回逃犯49人。

2001年6月20日，公安部召开全国公安机关追逃专项行动电视电话会，涟源市召开声势浩大的追逃专项行动，形成党委政府总揽、市委政法委牵头、公安机关为主、各部门紧密配合、社会各界和广大人民群众积极参与的整体联运机制。至11月30日，追回逃犯322人，其中越狱逃犯1人、负大案在逃人员40人；协外抓逃3人。

七　严打整治行动

1990年6月10日，市委、市政府发动搜捕行动，以政法干警为骨干，出动1764人次，车辆100余台，在统一行动中，抓获刑事犯罪嫌疑人260人，摧毁各类犯罪团伙22个。9月15日，为确保“亚运会”、国庆安全，开展集中行动和追捕逃犯行动。在严打期间，荷叶区在区委、区公所的统一领导下，抽调140名干部配合公安干警组成专案班子，全区出动宣传车4台29次，书写横幅标语3500份，利用广播、电影、墙报等宣传工具广泛宣传，激发群众同违法犯罪行为作斗争的自觉性和积极性，形成强大的政治攻势，全区摧毁犯罪团伙7个，侦破刑事案件94起。

1996年，在全市范围内开展严厉打击严重刑事犯罪的斗争。全市公安机关以“破大案、追逃犯、打团伙”为重点，深入开展严打斗争，抓获各类刑事犯罪嫌疑人641人，其中逮捕223人，劳教109人，判刑151人，处决5人，破获各类刑事案件472起，重、特大案件202起，摧毁犯罪团伙81个，瓦解团伙成员405人，追缴赃款赃物价值140万元。有效遏制刑事案件，特别是重特大恶性案件大幅度上升的势头，城乡一批重点治安问题得到有效治理。蓝田城区，严打期间打掉流氓、抢劫、盗窃等重大犯罪团伙28个，逮捕团伙成员126人。

2000—2001年，严厉打击涉枪涉爆犯罪，全力整治社会治安，摧毁各类犯罪团伙49个，瓦解团伙成员398人，抓获各类违法犯罪人员1126人，追回在逃人员322人，送劳动教养185人，治安拘留410人，逮捕779人，起诉717人。

第二章 公 安

第一节 机 构

1987年，涟源市公安局内设秘书股、政工股、经济文化保卫股（简称经保股）、政治保卫股（简称政保股）、刑侦股、治安股、预审股、消防股，直辖市看守所、市拘留所、市交警队，下设10个区（街道）公安派出所，每个乡镇安排1名公安特派员，全市有民警213人。1988年底，建立46个乡镇派出所。1989年，秘书股分为办公室和行政财务装备股（简称行装股），56个区（街道）、乡镇派出所整合为荷叶、四古、杨家滩、桥头河、伏口、白马、山塘、六亩塘、马家境、蓝田10个中心派出所。1990年5月，政工股更名政工室。8月，增设法制办公室和户政管理股。1991年6月，增设监察室。1993年6月，交警队更名交警大队。1995年4月，刑侦股更名刑侦大队，治安股更名治安大队。是年，撤销中心派出所，20个乡镇（街道）分别建立公安派出所。1996年2月，撤销消防股，设立市公安局消防大队。1997年3月，增设出入境管理股，6月增设巡逻（防暴）警察大队（简称巡警大队），开通110报警服务台。1998年4月，经保股更名经济文化保卫大队。1999年7月，增设涉税案件侦查大队、刑侦大队城区中队；撤销预审股，刑侦大队下设预审中队，实行侦审合一。2001年，政保股更名国内安全保卫大队（简称国保大队）。2002年4月，增设禁毒侦查大队。2003年，增设公共信息网络监察股（简称网监股）。2006年3月，增设信访办公室。2007年，市公安局内设机构有政工监督室（政工室）、监察室、指挥中心（办公室）、信访办公室、法制室、行装股、户政管理股、出入境管理股、网监股、国保大队、治安管理大队、刑事侦查大队、禁毒侦查大队、经济文化保卫大队、巡逻（防暴）警察大队、涉税案件侦查大队、交警大队。辖市看守所、市拘留所和20个乡镇（街道）派出所，编制单列机构有市公安局森林分局（又称市林业局森林公安分局）、市公安局消防大队（武警现役编制）。是年，市公安局有民警438人。

第二节 案件侦查

一 刑事案件侦查

1987年，重点打击团伙犯罪，摧毁流氓、盗窃团伙49个，抓获团伙成员210人，收缴赃款赃物34.54万元。斗笠山镇洞里村村民曾某芳、曾某辉组建“兄弟会”流氓团伙，纠合社会闲散人员34人，打架斗殴、侮辱妇女32次，打伤群众35人，其中重伤7人。曾氏兄弟俩被判处死刑，团伙成员依法受到刑事处罚。1988年4月，摧毁以周某某为首的抢劫、盗窃、诈骗团伙，逮捕32名团伙成员。犯罪团伙自1987年以来在湖南、湖北、广东等6省20个县市作案90起。其中，特大案件6起，重大案件15起。涉案金额99790元、粮票面额5730千克。1996年，以“破大案、追逃犯、打团伙”为重点，开展严打斗争。全年立刑事案件741起，破626起。其中，重大案件189起，破159起；特大案件20起，破20起。重、特大案件的破案率分别为84.13%和100%。采取集中搜捕、发动群众加强布控、印发通告、召开逃犯家属规劝会敦促逃犯归案和组织力量专程追捕等方法，追回逃犯209人。其中，批捕在逃59人、劳教在逃63人、负大案在逃87人。协助外地抓获重大逃犯36人。1998年10—2月，开展“防命案、追逃犯、强基础”百日大会战和“抓规范、强素质、提质量”百日大会战（简称“双百会战”)统一行动,破获各类刑事案件 132 起,其中重特大案件 29 起,抓获各类违法犯罪嫌疑人 127 人,摧毁各类犯罪团伙 5 个,刑事拘留 32 人,劳教 37 人,治安处罚 679 人。是年 11 月中旬,白马镇 1996 年 8 月 22 日殴打、侮辱、绑架、拘禁镇党委书记的犯罪嫌疑人石鸟英、黄新德、黄龙德,聚众冲击国家机关、扰乱社会秩序的首要犯罪嫌疑人杨浦元;三甲乡 1996 年 10 月 2 日冲击派出所绑架公安民警的主要犯罪嫌疑人黄国卿、肖早云、钟勃全,绑架党政领导的犯罪嫌疑人陈勇明、沈德富、石细初,均被批准逮捕。2001 年,对蓝田街道、六亩塘镇、桥头河镇、斗笠山镇 4 个治安混乱乡镇和蓝田街道光文村,六亩塘镇胜利村、扶珂村、树亭村、黄龙村,桥头河镇新光村、车田村,伏口镇金盘村 8 个“治安失控”村进行全面整治,采取“五定一包”(定领导、定专门力量、定行动方案、定专门经费、定整治时限、包整治好)措施,明确责任,开展重点治乱。打掉恶势力团伙 9 个,抓获团伙成员 196 人。其中,刑事拘留 116 人,逮捕 96 人,劳教 31 人。是年,全市立刑事案件 1063 起,刑事案件立案数比上年减少 349 起,下降 20.1%。2006 年 1—3 月,开展“反抢劫、反抢夺、反盗窃、反扒窃、反涉枪”专项行动,破获案件 190 起。其中,破获现行命案 3 起,破获命案积案 4 起,打击处理违法犯罪人员 237 人,收缴各类非法枪支 31 支,查扣无牌无证机动车 47 台。4 月 7—1 日,市公安局刑侦大队侦破渡头塘乡特大抢劫案,抓获犯罪嫌疑人 4 人,追回被抢现金 9.7 万元。2007 年 3 月 16 日,斗笠山镇洞里煤矿废弃的食堂内发现一具无名女尸,市公安局经过大量调查,锁定斗笠山镇沙坪村周某某有重大嫌疑,但周拒不认罪。后在其衣服上发现并提取血迹,通过 DNA 鉴定,确定系周作案,此为全市首起零口供杀人案。是年,按照“什么犯罪突出就打击什么犯罪,哪里问题严重就重点整治哪里”的原则,开展侦破命案专项行动,年内发命案 14 起,破 13 起。(见表 8–1)

图 8–1　市公安局巡警大队夜间巡逻

二　经济案件侦查

1988 年 9 月,市公安局桥头河工作组组织 38 名干警,5 天内破获市税务局转来的伪造税票案,逮捕犯罪嫌疑人 5 人,收缴赃款 5.3 万元。1994 年 4 月,查处市服装厂梁某某虚开增值税专用发票案,追缴赃款 33 万元,防止流失国家税款 1400 万元。2001 年 4 月 21 日,侵吞三一集团货款 170 万元外逃 2 年之久的重大经济犯罪嫌疑人邱某某被刑侦大队从广东省抓获归案。2002 年 4 月—2003 年 3 月,三甲乡干部胡某某冒充市技监局办公室副主任,伪造市信用联社公章,仿写市信用联社主任的审批签字,6 次在柏树信用分社诈取贷款 25 万余元。市公安局 2003 年 7 月 8 日接到报案,7 月 9 日下午将犯罪嫌疑人胡某某在长沙抓获归案。2006 年 5 月 11 日,侦破原涟源市创新铸铁有限公司偷税 100 万余元的案件。犯罪嫌疑人谢某云、谢某金被刑事拘留,廖某某被取保候审,追回税款 102 万元。2007 年 1 月 8 日,对伏口镇长益煤矿偷税案开展立案侦查,发现该矿自 2006 年 2 月—1 月采取隐瞒煤炭销售收入的手段偷逃增值税 50 余万元,抓获主要犯罪嫌疑人吴某某、聂某某,为国家挽回经济损失 76 万元。1987—2007 年,全市立经济案件 317 起,破获 297 起,打击处理犯罪嫌疑人 265 人,挽回经济损失 3105 万元。(见表 8–2)

1987—2007 年涟源市刑事案件立案与侦破情况

表 8-1

年　度	立 案(起)	破 案(起)	刑事拘留(人)	逮 捕(人)	起 诉(人)	劳动教养（人）
1987	478	425	217	197	167	5
1988	653	559	429	235	245	34
1989	3015	1874	517	351	410	13
1990	2661	1676	528	447	483	38
1991	2582	1846	481	368	426	80
1992	1471	1149	583	324	351	96
1993	1179	1026	406	302	343	188
1994	773	632	353	297	321	181
1995	990	848	325	291	286	188
1996	741	626	380	330	369	279
1997	735	588	305	385	371	280
1998	702	549	328	326	389	178
1999	1156	844	714	475	553	273
2000	1412	848	779	343	224	224
2001	1063	498	995	779	717	185
2002	1331	879	712	481	650	162
2003	1446	943	428	455	541	82
2004	1559	851	456	447	492	120
2005	2332	1547	475	528	677	140
2006	1912	1748	513	561	646	165
2007	1696	1423	400	486	677	196

1998—2007 年涟源市经济犯罪案件侦破情况

表 8-2

年度	立案（起）	破案（起）	涉案金额（万元）	挽回经济损失（万元）	刑事拘留（人）	取保候审（人）	逮捕（人）	移送起诉（人）	其他（人）
1998	32	29	320	150	18	9	8	19	1
1999	21	21	600	340	20	11	18	18	7
2000	40	39	920	600	25	12	15	20	8
2001	17	16	380	192	17	10	7	12	9
2002	21	21	512	284	24	11	8	11	10
2003	12	12	840	570	8	6	4	2	11
2004	12	12	479	200	10	2	6	11	12
2005	34	29	478	200	19	9	13	10	6
2006	31	27	520	250	7	8	5	9	12
2007	33	30	300	170	5	7	1	8	13

第三节 治安管理

一 枪械管理

1987 年，市公安局发出《关于加强枪支、弹药管理的通知》，经检查，全市所有枪支均做到人、枪、证、卡四相符。1992 年，全市开展收缴非法持有枪支、弹药、刀具的专项整治行动，收缴军用步枪、手枪子弹 753 发，小口径步枪子弹 1261 发，气（猎、火）枪 184 支。2000 年，开展对枪支弹药、爆炸物品和管制刀具的集中清缴行动 2 次，收缴非法枪支 28 支，子弹 6 发，管制刀具 751 把，制枪设备 1 整套，半成品及成品火枪管、枪托 162 根。是年，查获制贩枪支的犯罪嫌疑人 4 人。

2001 年 3 月，市公安局印发"交枪交爆"敦促书 30000 份，连续 10 天在涟源电视台播放公安部通告及《涟源市治爆缉枪行动方案》。全市出动公安干警及党政干部 3000 多人次，车辆 300 多台次。收缴枪支 968 支，其中气枪 46 支、鸟枪 292 支、火枪 67 支、猎枪 22 支；收缴枪支零部件 79 件、管制刀具 816 把、子弹 1460 发；捣毁非法制枪窝点 2 个，其中在蓝田街道光明街查获猎枪 5 支，收缴枪管 26 根，查封整套制枪设备。2007 年 7 月 10 日，召开全市 321 家涉爆单位负责人会议，各涉爆单位与市公安局签订《涟源市治爆缉枪专项行动责任状》。是年，全市收缴各类枪支 23 支，管制刀具 112 把；侦破和查处涉枪涉爆案件 275 起 657 人，刑事拘留 9 人，报捕 11 人，劳教 3 人，治安处罚 43 人。

二 民用爆炸物品及危险物品管理

1987 年，推广杨家滩区加强爆炸物品管理经验，年内对所有烟花爆竹生产使用单位进行检查整顿，消除隐患。全年没有发生爆炸案件和爆炸事故。1990年，会同相关职能部门对168家生产、使用爆炸物品的企业单位进行检查，对流散在社会上的爆炸物品进行清缴，收缴炸药417千克、雷管418发，对18家违规单位进行经济处罚。1995年，整顿涉爆单位182家，整改隐患39处，堵塞漏洞3处，举办爆破员培训班5期248人，查处非法贩运销售的鞭炮600万响、雷管15733发、炸药12527千克、导火索106米。2000年3月，开展清理整顿烟花爆竹专项行动，查获违反危爆物品管理案件91起121人，收缴炸药2000千克，取缔非法生产烟花爆竹的小作坊250处、经营网点400个，没收销毁鞭炮编织机312台，成品、半成品鞭炮200余万响，原材料5吨。6月19日，伏口供销社仓库因黑火药储存不当引发爆炸，炸死3人，轻伤2人，市公安局将非法制造、销售黑火药的犯罪嫌疑人谢某某、梁某、吴某某、李某4人刑事拘留。2007年，全市收缴炸药2022千克、雷管8460发、导火索4816米、黑火药2300千克、烟花爆竹4000万响、原材料5000千克、编制机械58台、手榴弹3枚、自制爆炸装置20套。

三 查禁黄赌毒

扫黄 1987年4月，蓝田镇中山街梁某和毛坪乡三步桥村梁某某为首组织群众观看淫秽录像《女船长》《投奔欲海》13场次，观看人数120多人次。县公安局组织20名警力迅速展开调查，治安拘留13人，罚款56人12450元，对46名参与群众举办法制学习班，事后印发处理公告1500份至城乡，组织两台宣传车进行为期10天的巡回宣传。1994年11月，协同文化部门开展"扫黄打非"（"非"指非法出版物）专项行动，查封淫秽录像放映厅3家，收缴淫秽录像带327盒、各类非法出版物1200余册，停业整顿歌舞厅8家，取缔异性按摩室31处。1996年，查处卖淫嫖娼案件156起262人、贩黄传黄案件20起29人、卖淫嫖娼窝点（个体旅店）14个（家）、传播淫秽物品窝点5个，收缴淫秽录像带484盒、淫秽书刊110册，依法查封涉黄旅店26家、涉黄录像厅2家。1999年，查处卖淫嫖娼案件272件503人、贩黄传黄案件31件45人，收缴淫秽书刊230册、淫秽影碟476张。2001年，对音像市场、非法出版物、公共娱乐场所和电游"网吧"进行清理整顿，收缴非法音像制品12万件，收缴带有反动、淫秽内容的书报860份，取缔56家娱乐场所，停业整顿7家，查处涉黄案件91起354人。2007年3月2日，市湘剧院表演厅进行淫秽表演，市公安局对9名涉嫌淫秽表演及为淫秽表演提供条件的违法人员给予行政拘留，并各处罚款500元。是年，查处卖淫嫖娼案件672件1503人，卖淫嫖娼窝点（旅店）34个（家），依法刑事拘留窝主34人、卖淫女60人。

禁赌 1986年10月—1987年4月，石狗乡企业办主任李某、石狗乡个体司机颜某、桂花乡专业户李某、安平镇岩志煤矿承包户刘某、县贸易公司桥头河贸易站王某等人在石狗乡、株木乡、蓝田镇、安平镇以及长沙等地聚赌49场，聚赌人员50人，赌博输赢14.3万元。1987年5月3日，县公安局查获该赌博团伙，逮捕4人，治安拘留20人，没收赌资并罚款2.8万元。县公安局抓住此案例，印发公告3000份，编写宣传资料，组织宣传车在全市巡回宣传15天，赌博歪风有所收敛。1999年12月4日，市公安局组织警力100余人捣毁开设于湄江镇湄江宾馆二楼的啤酒机赌场，现场收缴赌资4万余元，抓获涉赌人员112人，刑事拘留4人。2006年，开展防范与打击地下"六合彩"等赌博违法犯罪活动整治行动。2007年3月，市公安局抽调50名警力成立专案组，对以斗笠山镇曾某某为首的赌博团伙展开全面侦查，抓获涉案人员59人，追缴、扣押、冻结资产1000余万元。捣毁以朱某某为首的地下六合彩窝点，查获涉案人员12人，刑事拘留2人。是年，全市查处涉赌案件45起，查处各类违法人员197人，其中查处涉赌刑事案件20起，刑事拘留29人；查处地下六合彩案件7起，刑事拘留2人，劳动教养1人，治安拘留16人。

禁毒 1993年3月，以蓝田街道梁某为首的吸贩毒团伙多次从冷水江黄某处购买毒品吸食，到市人民医院持刀威逼医生开麻醉药注射。市公安局对此展开侦查，逮捕3人，收缴毒品170克。1997年，全国禁毒工

图 8-2　禁毒宣传

作会议召开后，涟源市开展禁毒专项斗争，禁吸、禁种、禁贩“三禁并举”，查处毒品犯罪案件 26 起，收缴毒品 22 克。2002 年上半年，全市开展规模较大的集中收戒行动 5 次，抓获涉毒人员 143 人，劳教 35 人，强制戒毒 79 人。6 月 26 日，全市召开禁毒公捕公判大会，宣布执行逮捕 8 人，判刑 3 人。并组织“珍惜生命，远离毒品”万人签名活动。8 月下旬，禁毒侦查大队破获易某、王某某为首的特大贩毒团伙，抓获涉毒人员 14 人，收缴毒品海洛因 500 余克。2004 年 3 月，全市毒情严重，登记在册的吸毒人员 1143 人，被省禁毒委列为重点整治县市，市公安局全警动员，开展禁毒专项整治行动。4 月 26 日、27 日铲除六亩塘镇树亭村、石马山镇青铜村 2 个种植罂粟点。是年组织 6 次大的集中统一收戒行动和“扫毒风暴”，抓获涉毒人员 392 人，破获各类涉毒案件 420 起，其中特大贩毒案 3 起，收缴毒品海洛因 500 克，摧毁吸毒、贩毒窝点 12 个，抓获贩毒成员 47 名。2005 年 4 月起，全市开展为期 3 年的禁毒人民战争，开展“6·26”国际禁毒日宣传教育，营造禁毒氛围，提高全市人民防毒拒毒意识，落实帮教措施，从源头上减少毒品犯罪。2006 年 3 月 20 日开始，组织毒品大排查，毒品预防宣传教育，全面缉毒收戒专项行动。4 月 22 日，市公安局禁毒大队破获全市首例贩卖、吸食新型毒品 K 粉案，现场收缴 K 粉 2 小包，仿 64 式手枪一支，抓获贩卖 K 粉的犯罪嫌疑人 1 人、吸食 K 粉的违法人员 7 人。至 6 月 3 日，破获涉毒犯罪案件 378 起，摧毁吸毒、贩毒窝点 6 个，抓获毒品违法犯罪人员 479 人。是年，开始对吸毒人员进行动态管控，全市吸毒人员 1313 人。2007 年，重点针对蓝田、六亩塘、三甲、七星街、桥头河等贩毒活动突出的乡镇(街道)进行专项整治，破获各类毒品违法犯罪案件 471 起，其中毒品刑事案件 147 起；收缴毒品海洛因 186.65 克；抓获毒品违法犯罪人员 402 人，其中贩毒人员 35 人；摧毁吸、贩毒窝点 4 个，成员 18 人；依法刑事拘留 12 人，逮捕 19 人，劳教戒毒 167 人，强制戒毒 327 人。

四　治安案件查处

1987 年 1月 1 日，《治安管理处罚条例》开始实行，全县治安处罚案件的应诉工作由市公安局治安股负责。2 月 11 日，马头山乡东轩村刘姓与回龙江村张姓群众因宗族坟山纠纷，组织 3000 余人进行械斗，砸烂房屋 2 栋，打伤 21 人，用炸药将灵柩炸烂烧尸曝尸，县公安局依法逮捕 5 人，治安拘留 38 人。是年，全市受理治安案件 676 起，查处 636 起 1595 人，治安拘留 476 人，罚款 924 人。1990 年，《中华人民共和国行政诉讼法》颁布实施。全市治安处罚案件的应诉工作由市公安局法制办负责。1999 年 6 月 9 日，斗笠山镇云盘村宝塘煤矿股东刘某从娄底、涟源纠集社会闲散人员 50 人，准备与煤矿另外的股东发生械斗，市公安局及时出警，现场抓获 34 人，收缴火枪 19 枝，砍刀 19 把，成功处置突发性群体械斗事件。2005 年，全市受理治安案件 1103 起，查处 1068 起。2006 年 3 月 1 日开始，全市实施《中华人民共和国治安管理处罚法》，治安案件查处数量大幅提高。2007 年，全市受理治安案件 2927 起，查处 2902 起 3656 人，其中治安拘留 1220 人。(见表 8-3)

五　社会治安防控体系

1987 年，蓝田街道、杨家滩镇、桥头河镇分别成立治安联防队，队员共 39 人；49 个单位建立护厂护矿队，队员 463 人；有基层治保会 309 个，成员 1726 人。侦破刑事案件 21 起，治安案件 577 起，预防案件 58 起；抓获犯罪嫌疑人 1338 人(次)。1992 年,全市有治安联防队、护厂护矿队等群防组织 67 个,队员 725 人;基层治保会 1074 个,成员 4275 人。是年,预防各类案件 476 起,协助破案 264 起,处理各类纠纷 421 起,协助抓获犯罪嫌疑人 1324 人。

1997 年 6 月,市公安局成立巡警大队,开通 110 报警电话,相继建立 4 个治安岗亭、3 个警务站、8 个治安执勤室。形成以 110 报警服务台为中心,巡警为主体,派出所、治安岗亭、警务站、报警点为依托的城区社会治安动态防范体系。是年,接警 1996 次,出警 1996 次,抓获犯罪嫌疑人 241 人,处

图 8-3 2007 年 7 月,娄底市公安机关精细化管理现场会在涟源召开

1987—2007 年涟源市治安案件

表 8-3

年 度	受 理(起)	查 处(起)	总人数(人)	其中		
				治安拘留(人)	罚 款(人)	其他处理(人)
1987	676	636	1595	476	924	195
1988	1035	994	2336	389	1733	214
1989	2132	1937	3942	262	3119	561
1990	2272	2144	3816	341	2736	739
1991	2492	2402	4083	433	2491	1159
1992	2653	2564	3709	356	3028	325
1993	2697	2638	4080	208	3407	465
1994	2098	2087	4796	363	4078	355
1995	2204	2193	4628	308	3813	507
1996	2842	2832	5840	366	4776	698
1997	2238	2218	5209	346	3645	1218
1998	1976	1976	4629	261	3501	627
1999	2479	2460	5376	402	3571	1403
2000	2238	2238	4384	303	2385	1696
2001	2392	2392	4139	321	2482	1336
2002	2547	2493	3695	86	3221	388
2003	2042	1980	2887	320	2267	300
2004	3174	3147	3674	357	2518	799
2005	1103	1068	1724	882	702	140
2006	2029	2025	5096	983	3948	165
2007	2927	2902	3656	1220	2254	182

理紧急治安事件479起，救助群众893人次。2002年，实施社区警务战略，延伸社会治安工作平台。在蓝田街道、石马山镇、六亩塘镇等人口密集的社区建立7个警备室，配备民警28人。2006年12月15日，“110”“119”“122”三台合一“110”报警系统投入运行，提升110接处警快速反应能力。2007年，投资380万元建设涟源城区社会治安动态防控网络系统，在涟源城区4个入口、主要干道、交叉路口、多发案区域、重点单位门口、出租房屋相对集中的地方安装摄像头高速球机50个、枪机35个。

第四节　户政管理

一　常住人口管理

1987年，蓝田街道户口由蓝田派出所管理，乡镇户口委托乡镇民政室管理。城镇人口实行常住人口、暂住人口、出生、死亡、迁入、迁出、变更等7项户口登记制度。农村人口实行出生、死亡、迁出、迁入四项异动登记制度。

1990年8月，市公安局设立户政管理股，各乡镇配备专职户政员，开展经常性户政管理工作。1991年，对全市“三口”（常住人口、暂住人口、外出人口）进行全面清理整顿，逐家核对户口，查出出生未登记者18644人，迁入未登记者15256人，死亡未销户口者5072人，迁出未销户口者12550人。是年，全市实有常住人口1032668人。1995年，推进地方城镇居民户口制度管理。1997年，对农村户口全面实行城市化管理。1998年，实行人口微机化管理。

2000年，结合全国第五次人口普查，针对户口管理方面存在的突出问题进行清理整顿，清理查出漏登、隐瞒不登和超计划生育人口及户口待定人口11782人，登记上户10924人，纠正微机档案重记录20400对，重证号55300个，错误身份证号码526个，注销重登691人，消除应销未销7185人。是年末，全市实有人口1065870人。2007年末，全市常住人口1136784人。

二　暂住人口管理

1991年，通过“三口”管理，登记暂住人口8886人，发证4124个，发现违法犯罪线索1215条，破案1165起，抓获犯罪嫌疑人1900人。2000年，清理登记暂住人口11907人，办理暂住证3056个，蓝田城区暂住人口由市委政法委、市综治办和城区3个派出所共同管理，蓝田市场842名暂住人员直接由市委政法委、市综治办和市工商局共同管理。2005年，开始对出租房屋和暂住人口进行网络化管理，提高人口信息质量。2006年5—8月，开展出租房屋和暂住人口清理整顿工作，登记出租房屋2492套3464间，签订治安责任书2492份，新登记暂住人口4802人，新发暂住证1642个，在入户清理登记工作中，查处违法犯罪嫌疑人73人，查获犯罪团伙4个17人，破刑事案件60起，治安案件122起。2007年，成立涟源市暂住人口与出租房屋管理办公室，乡镇（街道）管理为主，20个派出所配合，落实“以房管人”工作措施，强化暂住人口管理。是年，新登记出租房屋1509间，暂住人口6015人，新发暂住证1773个。通过流动人口管理发现犯罪线索63条，破获案件27起，抓获违法犯罪嫌疑人71人。

三　流动人口管理

2000年，全市各派出所相继设立流动人口综合治理工作办公室，全年共登记流出人口18312人，其中去中国香港、中国澳门、中国台湾、德国等地137人。2002年，对流动人口实行规范化管理，全年登记办理边防证13500人次。2006年,成立涟源市出租房屋和流动人口集中清理整顿工作领导小组,各乡镇成立流动人口管理服务中心。2007年,全市登记流出人口约3万人。

四 居民身份证颁发

1988年,成立涟源市颁发居民身份证办公室,开始核对、登记、照相工作。1989年,开始实行查验身份证制度,以公安机关为主,民政、司法、人武部门配合,对住旅店和办特殊事情的群众查验居民身份证。至1991年6月30日,全市制证679848个。2000年,完成居民身份证号码的升位工作,居民身份证号码由15位升为18位。2005年10月1日开始换发第二代身份证。至2007年12月,共换发第二代身份证55717个。

第五节 交通管理

一 交通秩序管理

1987年,人民路和交通路的重要交叉路段分别设置隔离栏杆和3个交通岗亭。1988年,开展5次较大规模的清扫路障工作,清扫路障1531处,拆除违章建筑309处。1990年,建立仙洞、增加、斗笠山、金石、柏树、金竹6个交通秩序检查站,1992年撤销。1993年3—7月,开展“畅安行动”专项治理,清除各种路障1157起。其中,拆除违章经商棚亭309个,清除违章经商摊点149个,铲除乱堆物料612处。查扣无牌无证及报废车辆888台次,查处及纠正机动车交通违章8042台次。基本解决“车子乱停、摊子乱摆、沙石乱堆、行人乱窜;无证驾车多、车辆逆行多、拖拉机载客多、摩托车超座多、自行车搭人多、交通事故多”的现象。2002年4月,全市开展水上安全隐患清理专项行动,对境内涟水、孙水及白马、大江口两水库进行全面清理整顿,出动工作人员3475人次。其中,公安干警1356人次,党政干部2119人次。清理整顿渡口39处,各类船舶169艘,收缴拦鱼网300米,取缔无证船只8艘,拆除违章建筑5处,查获非法造船业主1人,没收非法制造船只2艘。2003年,开展事故“黑点”排查工作,排查事故“黑点”66处,整改到位54处。2004年3月,在桥头河镇、杨市镇分别组建交警二中队和三中队,加强全市农村道路交通安全管理。启动“平安大道”创建工程,对国道207线、娄涟公路、涟油(涟源—祁东县油木岭)公路重点路段进行整治,检查各类机动车1734辆次,抄告各类违章单1553张,扣证11321张,扣车177辆,清除违章设摊21处,集中整治在公路摆摊设点和车辆乱停乱放的行为。2007年,采取集中治理、点线结合、区域治理三项措施深入开展交通秩序整顿。增设交通标志560块,漆划车行标线171.2千米。强化交通事故多发地段的道路管理,实行24小时全天候值勤,部分比较狭长的道路规定为单行道。

二 车辆和驾驶员管理

1987年,市公安局组织百人路检路查,检查机动车辆12100台次,纠正违章5100台次,举办违章驾驶员学习班4期45人。是年,对机动车和驾驶员进行年检年审,实检机动车1352辆,占全市机动车84.08%;实审机动车驾驶员1700人,占全市机动车驾驶员82.93%。1996年,全市有机动车9000辆,驾驶员1万余人。是年,办理车辆落户手续959台次、车辆过户改型报废手续854台次、驾驶员转籍手续111人次,办理驾驶证、行驶证1321人次,送检车辆2323辆,换发各类机动车牌照468副。2001年8月,对蓝田城区1600多台载客三轮摩托车进行专项清理,禁止在城区营运。2006年,进一步完善和落实客运车辆户籍化管理,是年纳入户籍化管理客运车辆469辆。2007年,全市有机动车1.8万辆,机动车驾驶员3.1万人;摩托车1.87万辆,摩托车驾驶员9000人。

三　交通事故处理

1987年,市交警队处理交通事故的原则是教育为主、处罚为辅。是年,全市发生交通事故356起,死48人,伤324人,直接经济损失12.68万元。发生交通肇事潜逃案43起,查处40起;逮捕交通肇事违法犯罪嫌

1987—2007年涟源市交通事故

表8-4

年度	起数	死(人)	伤(人)	损失(万元)
1987	356	48	324	12.68
1988	181	32	82	10.28
1989	109	24	79	5.88
1990	116	28	126	11.55
1991	354	45	322	29.89
1992	825	74	643	42.50
1993	145	29	319	39.50
1994	183	43	322	37.03
1995	182	39	248	107.00
1996	127	30	74	75.50
1997	387	26	80	40.80
1998	666	42	192	52.00
1999	349	20	109	60.30
2000	254	20	183	56.00
2001	979	36	355	86.00
2002	191	17	231	36.23
2003	268	35	359	41.57
2004	379	56	241	55.53
2005	196	54	221	54.80
2006	191	31	209	23.33
2007	156	39	202	30.69

疑人 10 人,治安处罚 56 人。1992 年,事故处理着重调解,两次调解不成,出具交通事故责任书,由被害方向市法院申诉。是年,全市发生交通事故 825 起,死 74 人,伤 643 人,直接经济损失 42.5 万元。2001 年,交通事故大幅上升,达 979 起。2002 年,制定《道路交通事故处理及案件管理暂行规定》和《交通事故处理错案责任追究办法》,严格各项工作责任制;推行警务公开,实行事故处理期限制和处理情况反馈制,向案件当事人发放告知卡和廉政监督卡,跟踪回访,发现问题及时处理。是年,全市发生交通事故 191 起。2004 年 9 月 18 日,国道 207 线龙塘乡河西村地段发生一起特大交通事故,一辆超载的拖拉机和客运中巴车相撞,造成 4 人死亡。根据现场勘查,事故属拖拉机驾驶员违章超载、疲劳驾驶、占道超速行驶所致。拖拉机驾驶员杨某被依法刑事拘留。2006 年 9 月 4 日,娄(底)涟(源)二级公路胡家坝地段发生一起死亡 1 人的交通肇事逃逸事故,大雨冲刷现场所有痕迹,路旁雨水里的几片鸭毛成为破案关键,交警大队民警在益阳查获运送贩卖鸡鸭的肇事车辆,对犯罪嫌疑人益阳市赫山区兰溪镇杉木桥村徐某某依法起诉。2007 年,全市发生交通事故 156 起,其中重大事故 33 起。死 39 人,伤 202 人,直接经济损失 30.69 万元。交警部门妥善处置善后工作,依法对车主和司机进行处罚。

附:重大交通事故选录

1994 年 12 月 29 日,杨家滩镇个体驾驶员肖某某驾驶东风大货车从涟源运煤至娄底,行驶到枫坪乡枫树村地段时,与相向而来的青烟乡个体驾驶员梁某驾驶的载有 16 人的微型车相撞,9 人死亡、4 人重伤、3 人轻伤。

1995 年 1 月 11 日,伏口镇无证驾驶员曾某某驾驶邵陵牌农用双排座工具车,载有 15 人,从伏口行驶至柏漆公路 15 千米 +250 米上坡处溜坡,翻入右侧 60 米深山沟,5 人当场死亡,4 人重伤、4 人轻伤,车辆报废。

1997 年 10 月 15 日下午 2 时左右,娄底汽车运输总公司冷水江分公司 48 车队驾驶员易某驾驶车队新购的永州"三乐"牌大客车,从冷水江开往娄底办理车辆落户手续,途经枫坪镇四良村路段时,与一个体中巴车相撞,死亡 5 人、重伤 5 人、轻伤 5 人。

2003 年 8 月 22 日下午 3 时许,娄底汽车运输总公司快巴公司驾驶员邓某某驾驶牡丹 32 座大巴车从冷水江返回娄底,行驶至娄涟二级公路祖师殿段与相向开来的帕萨特小车相撞,小车上 5 人当场死亡,大巴车上重伤 1 人,轻伤 11 人,两车严重受损。

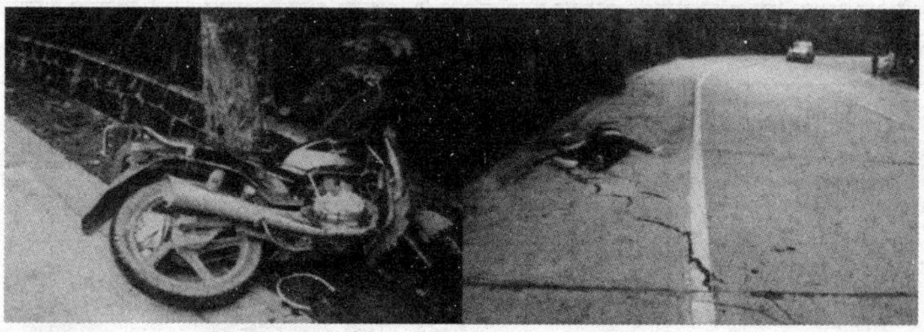

图 8-4 2005 年 6 月 19 日事故现场

2005 年 6 月 19 日下午 1 时 10 分,涟源市伏口镇学区驾驶人彭某某无证驾驶一辆无牌两轮摩托车搭乘 3 人,行至国道 207 线 2515 千米 +500 米处(龙塘乡长冲村路段)时,因车速过快,撞到路边树上,摩托车驾驶人彭某某当场死亡,搭车人周某某(女)送医院抢救无效当日死亡,搭车人王某某送医院抢救无效于 6 月 21 日死亡,搭车人龙某某受伤,造成死亡 3 人伤 1 人的特大交通事故。

第六节 出入境管理

1987年,出入境管理由市公安局政保股负责。是年,来涟源探亲访友、旅游观光、洽谈业务的入境人员45人,受理出境申请22人次,获准出境9人。1991年,入境120人,受理出境申请25人次,获准出境19人。1995年,出入境管理工作延伸到派出所,纳入派出所目标管理考核内容,出境、入境人员由派出所登记、审查上报。1998年,依法受理、报批各类出境申请186人次,依法查处未及时申报临时户口的境外人员3人。2002年9月,成立出入境管理股。2004年9月,市公安局下发《通报备案的具体对象和过错责任追究的通知》,强化服务意识,简化出境手续,积极为出境从事商务、劳务、旅游等非公务活动者办理证件。是年,受理各种出境申请1069人次。获准出境1069人次。其中,出国401人次;去港澳探亲446人次,定居48人次,商务122人次;去台湾探亲、团聚52人次。2007年8月,开始对法定不准出境人员通报备案。是年,入境450人,共受理出境申请1800人次,获准出境1800人次。

第七节 监所管理

一 看守所

1987年,市看守所设在市公安局院内。是年,收押人犯675人。其中,逮捕273人,刑事拘留10人,寄押13人,收审379人。1989年,搬迁至蓝田街道光文村,占地5公顷,分为监区、工作区、劳动区、家属区、武警营房。是年,收押和收审违法犯罪人员1011人,投送劳改场所230人,处决9人。1990年,91名在押人员积极参加检举揭发,举报犯罪线索122条。其中,重大犯罪线索47条,通过查证破案22起。1994年,新建监房一栋,监室31间。1996年,加装3道防逃门,加固放风场铁丝网。1997年,抢劫犯刘某某、肖某某一审判处死刑后,主动检举揭发7条犯罪线索,经查证破获案件3起,因立功表现两人被改判死缓。1999年,经省公安厅验收评定为全省三级达标看守所,被娄底市公安局评为全市监管系统样板看守所。2000年6月1日,驻所武警看守勤务工作由内转外,监所内部安全管理由看守民警负责。2002年,增设审讯室3间。2004年,全省监管系统落实“两个行为规范”(监管民警执勤行为规范和被监管人员行为规范)与岗位大练兵现场会在市看守所举行。2006年,全面改造审讯室,设审讯室8间,会见室2间,筹资40万元安装监区监控设备。是年,市看守所被评为全国深挖犯罪先进集体,副所长邓志斌被评为全国深挖犯罪先进个人。2007年3月,市看守所破获一起跨省命案,犯罪嫌疑人廖某、李某被移送广东警方。1987—2007年,在押人员经教育感化,坦白、检举揭发各类违法犯罪线索1940起,破获隐、积案405起,追捕犯罪嫌疑人135人归案。

二 拘留所

1987年,市拘留所与市看守所一起办公,被治安拘留人员,关押于监禁室。是年,拘留476人,对治安拘留不服者提出申诉19起,经市法院裁定,6起维持原裁决。1994年底,新建拘留所,建筑面积700平方米。拘留所严格办理拘留人员入所、出所手续。做到执法与文明管理相结合。对案情轻、时间短的拘留人员,入所时便对其谈话、教育,促其安心学习悔改;对暗娼卖淫者进行性病检查,杜绝传染。1999年,设立青少年在押人员“亲情热线”、未成年在押人员家属规劝会见室和未成年人监管室。2001年,对在押人员实行分类关押、分别教育管理制度。2007年,拘留674人。1987—2007年,收拘留人员9127人。

第三章 检 察

第一节 机 构

1987年，涟源市人民检察院内设刑事检察一股、刑事检察二股、经济检察股、法纪检察股、控告申诉检察股、监所检察股、办公室、政工室，定编70人，实有61人。1991年2月，设民事行政检察股和检察技术股。1993年1月，撤销经济检察股，成立反贪污贿赂局。7月，设立市人民检察院举报中心。1994年5月，设立监察室。1995年7月，设刑事赔偿工作办公室。1989—1996年，在蓝田街道、四古区、桥头河区、荷叶区、新禾乡、石马山镇、六亩塘镇、斗笠山镇、财政局、国税局、保险公司、劳动局、经管总站、煤炭局、粮食局、供销社、农业银行、湖南洪源机械厂、省煤机厂等单位设19个检察室。至1997年1月，全部撤销。1998年5月，撤销法纪检察股，成立渎职犯罪侦查局。2000年1月，刑事检察一股更名侦查监督科，刑事检察二股更名公诉科。2003年8月，成立司法警察大队。2004年12月，在六亩塘镇桐车湾村修建集办公、办案、技术、档案、会议为一体，LED电子显示系统、办公自动化系统、专线网络系统俱全的八层技侦大楼，占地2.2公顷。2005年7月，设预防犯罪科和研究室。2006年3月，渎职犯罪侦查局更名反渎职侵权局。2007年底，内设机构有办公室、政工科、侦查监督科、公诉科、反贪污贿赂局、反渎职侵权局、监所检察科、民事行政检察科、控告申诉检察科（与举报中心、刑事赔偿工作办公室三块牌子一套人马）、预防犯罪科、检察技术科、研究室、监察室、法警大队，定编81人，实有80人。其中，干警75人，工人5人。

图8-5 市人民检察院办公楼

第二节 刑事检察

一 侦查监督

1987年，涟源市批捕人犯286人，不批准逮捕45人。1988年，审查批捕案件做到"四个优先"：对拘留案件、重大案件、团伙案件、上级交办案件优先审查。1990年，严厉打击杀人、爆炸、抢劫、重大盗窃、流氓等严重刑事犯罪分子和严重扰乱社会治安的各类团伙犯罪分子，批捕重点监控对象146人，团伙人犯212人。1992年，受理案件174件425人，审结171件422人，审结率98.3%。其中，依法批准逮捕150件346人，批捕率82%。1994年，在蓝田查办犯罪嫌疑人梁某康、梁某林利用增值税专用发票进行投机倒把犯罪的特大案件，涉案总金额达5343.06万元，为国家挽回税款损失908.32万元，追回赃款27万余元。此案在全国打击投机倒把犯罪专项行动中排名第六起。翌年1月,办案人员郭石修、邓积寿、梁经瑛获最高人民法院、最高人民检察院、公安部、国家税务总局嘉奖。1998年,办理要求公安机关说明不立案理由案件9件,通知公安机关立案8件28人。审查劳动教养案件时,发现犯罪嫌疑人吴某于1995年伙同他人以去广东省打工为名将邱某等4名女青年骗至广东省博罗县,继而引诱介绍她们卖淫,分得赃款600元,劳动教养机关将其作劳动教养3年处理。市检察院审定此案情节严重,应依法追究其刑事责任,建议劳动教养机关撤销劳动教养决定,予以立案侦查,吴某被市法院判处有期徒刑8年。1999年,受理报捕案件258件583人,审结率100%。批捕杀人、强奸、抢劫、投毒、重伤等严重刑事犯罪嫌疑人312人,占批捕总数的80%,捣毁犯罪团伙21个。根据乡镇(街道)人大代表的呼吁,部署查处国家工作人员玩忽职守犯罪专项行动,清理1997—1999年全市小煤窑所发生的重大事故,向公安局发出立案监督书并督促立案23件35人,拘留8件11人,逮捕3件6人。向公安机关发出《纠正违法通知书》14份。2002年,受理案件302件587人,批捕286件525人,不捕16件27人,不捕率5%,向公安机关发出纠正违法通知书5份。2004年,受理报捕案件271件533人,批捕重点放在有组织犯罪,带黑社会性质团伙犯罪和流氓恶势力犯罪,杀人、抢劫、绑架等严重暴力犯罪,盗窃、抢夺等严重影响群众生活等四种多发性犯罪上。石马山镇刘某强奸杀人案发生后,市检察院提前介入,就案件定性、取证及固定证据提出建议,在一天内批捕犯罪嫌疑人刘某。对白马镇"10·14"特大寻衅滋事案快审快结,4天内批准逮捕犯罪嫌疑人25人。是年,开展行政执法领域立案监督专项行动,对行政执法中有案不立、有罪不究、以罚代刑等问题进行全面监督,监督公安机关立案9件15人。2005年,检察以"强化监督,公正执法"为主题,打击犯罪,优化经济环境,提前介入各类刑事案件28件,占全部报捕案件的20%。2007年,与公安机关联系,召开协商会议15次,提前介入疑难案件5次,对未成年人犯罪案件中的初犯、偶犯、过失犯、主观恶性小、犯罪情节轻微者,以教育为主,打击为辅,不捕37件60人。(见表8-6)

二 公 诉

1987年,市检察院审查起诉198案385人。1988年,市检察院配合市公安局3次集中打击重大杀人、抢劫、伤害及盗窃犯罪。对大要案件和团伙犯罪案件快审快结,办理大要案40件,占31.2%,审查团伙案件23件88人。1989年,邓某某、梁某某、童某某等6人破坏电力设备案涉及娄底、涟源、冷水江3市20个乡镇、厂矿,61处电排遭到破坏,直接经济损失5.7万余元,案件8天办结并移送省人民检察院娄底分院起诉,经娄底地区中级人民法院审理依法判处邓某某、梁某某死刑,判处童某某无期徒刑,其余3名案犯判处有期徒刑。1990年,办理案件236件430人,补充证据417份。追诉漏犯6人,深挖余罪7条,改变适用法律条款10条。对市法院判决不当或有错误的8个案件依法提起抗诉,改判2件。1993年,受理案件200件387人,受理法院提请支持公诉的案件1件1人,审结196件370人,审结率95.6%,提起公诉170件335人,免诉25件33人。办案复核取证527份,追诉漏犯4人,改变公安定性案件6件。1998年,出庭公诉224场。2002年,受理案件466件803人。其中,刑事案件443件775人,经济案件23件28人,上级交办案件7件13人。全部审结。向市法院起诉418件646人,移送其他检察院提起公诉34件130

图8-6 2006年9月,市检察院公诉一寻衅滋事案

人，相对不诉10件17人，绝对不诉2件8人。是年，受理公安部挂牌督办的“4·19”谭和平涉黑案，审查62个被告268本案卷，提出30条引导侦查意见，与公安机关保持联系，了解案情，掌握证据，按时将案件移送娄底市人民检察院审查起诉。

2003年，受理移送审查起诉案件386件568人，经审查提起公诉503人，不起诉20人，报娄底市人民检察院审查起诉20件34人，追诉被告人4人，全年出席法庭307场。2004年，受理案件351件533人，审结329件486人，审结率94%，有罪判决率100%。2005年，公安、检察联合开展“刑事执法质量年”活动，公检两家建立联席会议制度、疑难案件会商制度。梁某某等4人寻衅滋事、强迫交易一案，从受案后介入侦查，与公安机关保持联系，了解案情，掌握证据，顺利结案。2007年，公诉黄某某、刘新某、刘某为首的三个黑社会性质犯罪团伙案件，46名犯罪嫌疑人均被判处有期徒刑。

1987—2007年涟源市人民检察院侦查监督案件

表8-5

年 度	受理(件/人)	审结(件/人)	审结率(%)	批准逮捕(件/人)	不捕(件/人)	其他(件/人)
1987	145 / 348	145 / 348	100	122 / 286	20 / 45	3 / 17
1988	136 / 325	136 / 325	100	117 / 260	15 / 45	4 / 20
1989	140 / 362	140 / 362	100	132 / 315	6 / 37	2 / 10
1990	165 / 389	165 / 389	100	148 / 358	10 / 21	7 / 10
1991	178 / 413	178 / 413	100	165 / 388	5 / 5	8 / 20
1992	174 / 425	171 / 422	98.3	150 / 346	21 / 76	—
1993	186 / 427	185 / 425	99.5	159 / 355	8 / 37	18 / 33
1994	153 / 390	153 / 390	100	136 / 323	8 / 24	9 / 43
1995	187 / 371	183 / 360	97.9	152 / 289	10 / 32	21 / 39
1996	198 / 424	198 / 424	100	184 / 390	10 / 30	4 / 4
1997	217 / 430	217 / 430	100	209 / 404	8 / 26	—
1998	253 / 471	253 / 471	100	234 / 423	18 / 46	1 / 2
1999	258 / 583	258 / 583	100	184 / 390	74 / 193	—
2000	289 / 591	289 / 591	100	232 / 453	57 / 138	—
2001	448 / 976	448 / 976	100	388 / 842	49 / 98	11 / 36
2002	302 / 587	302 / 587	100	286 / 560	16 / 27	—
2003	307 / 541	307 / 541	100	277 / 485	20 / 37	10 / 19
2004	271 / 533	271 / 533	100	236 / 438	21 / 55	14 / 40
2005	285 / 573	285 / 573	100	265 / 498	14 / 46	6 / 29
2006	335 / 666	335 / 666	100	294 / 562	32 / 74	9 / 30
2007	359 / 639	359 / 639	100	249 / 394	73 / 151	37 / 94

1987—2007 年涟源市人民检察院公诉案件

表 8-6

年 度	受理(件 / 人)	审结(件 / 人)	审结率(%)	免诉或不诉(件 / 人)	提起公诉(件 / 人)	其他(件 / 人)
1987	198 / 385	198 / 385	100	10 / 21	182 / 354	6 / 10
1988	231 / 428	231 / 428	100	8 / 25	218 / 391	5 / 12
1989	218 / 422	218 / 422	100	10 / 25	205 / 389	3 / 8
1990	236 / 430	236 / 430	100	10 / 15	224 / 413	2 / 2
1991	223 / 402	223 / 402	100	23 / 21	200 / 381	—
1992	228 / 414	225 / 410	98	28 / 43	183 / 343	14 / 24
1993	200 / 387	196 / 370	96	25 / 33	170 / 335	1 / 2
1994	246 / 419	242 / 411	98	35 / 47	201 / 354	6 / 10
1995	236 / 411	236 / 411	100	22 / 38	213 / 372	1 / 1
1996	225 / 397	225 / 397	100	25 / 36	197 / 353	3 / 8
1997	244 / 368	244 / 368	100	—	235 / 358	9 / 10
1998	250 / 386	250 / 386	100	3 / 4	235 / 366	12 / 16
1999	318 / 531	318 / 531	100	11 / 17	301 / 508	6 / 6
2000	280 / 466	280 / 466	100	8 / 15	268 / 447	4 / 4
2001	434 / 731	434 / 731	100	5 / 7	426 / 716	3 / 8
2002	466 / 803	466 / 803	100	12 / 25	452 / 776	2 / 2
2003	386 / 568	386 / 568	100	15 / 20	367 / 537	4 / 11
2004	351 / 533	329 / 486	94	14 / 18	313 / 459	2 / 9
2005	433 / 705	355 / 514	82	6 / 10	339 / 490	10 / 14
2006	453 / 697	435 / 671	96	17 / 23	414 / 639	4 / 9
2007	502 / 713	502 / 713	100	55 / 72	444 / 633	3 / 8
合计	6358 / 10596	6229 / 10303	98	342 / 515	5787 / 9614	100 / 174

第三节 职务犯罪案件侦查及预防

一 贪污贿赂案件侦查

1987年,市检察院受理各类经济案件56件,立案30件37人,追回赃款42.8万元。1988年,查处市盐业公司会计刘某某贪污一案,刘抗拒调查,烧毁公司账目,市检察院抄录公司与银行8年往来账,查清刘1981—1988年贪污公款8万多元,娄底地区中级人民法院以贪污罪判处其死刑,经最高人民法院核准执行枪决。1989年,最高人民法院、最高人民检察院发布《关于贪污、受贿、投机倒把等犯罪分子必须在限期内自首坦白的通告》,154人向检察机关自首坦白,交出违法犯罪金额92万余元。是年,受理案件244件。其中,贪污92起,挪用公款21起,贿赂64起,偷税45起,投机倒把9起,其他13起。立案查处32件39人,挽回经济损失50.3万元。1990年,在供销、商业、金融等发案较多的系统查处案件10件13人,挖出"窝案""串案"19件27人。查获荷叶区供销社生资仓库负责人梁某某贪污16万余元的特大案件,梁某某被省高级人民法院判处死刑,缓期2年执行。在查案的同时,市检察院帮助荷叶区供销社健全各项财务管理制约机制,堵塞财物管理漏洞。1991年,立案侦查49件59人。其中,贪污贿赂案件29件,占立案总数的56.9%。为国家和集体挽回经济损失68.8万元。是年,对市煤炭公司、市保险公司、省湘峰机械厂等几个管理制度不健全,经济违法犯罪活动严重,群众反映强烈而多年来触动不大的单位,集中力量挖出3人以上的窝案7起,立案侦查25件25人,占立案总数的49%。立案查处大要案件19起,占立案总数的37.7%,比上年同期增加12%。受理举报省湘峰机械厂厂长罗某某贪污公款、生活作风腐败的线索后,娄底、涟源两级检察院对罗立案侦查,将其依法逮捕。查明罗贪污公款1.6万余元,奸淫妇女多人,市法院以贪污、流氓罪依法判处其有期徒刑4年。后又立案查处省湘峰机械厂陈某、曾某等4名科级干部的贪污犯罪。1992年,受理经济犯罪线索117件,初查108件,立案侦查28件32人。其中,贪污贿赂案件24件29人,占整个立案总数的85.9%;大要案件23件25人,占立案总数的82.1%,比上年增长14个百分点,为国家挽回经济损失117.38万元。1996年,重点查处党政机关、行政执法机关、司法机关和经济管理部门发生的经济犯罪案件,立案9件10人。其中,党政机关1件1人,行政执法机关1件1人,经济管理部门7件8人。

1997年,受理各类经济犯罪线索116件,初查78件,立案侦查12件14人,全部侦查终结,为国家和集体挽回经济损失400余万元。其中,贪污贿赂案7件8人,涉税案5件6人。1998年,开展"办案质量年"活动,以打击企业改制过程中贪污贿赂犯罪为重点。立案侦查12件12人,全部侦结,其中贪污、贿赂案10件10人,为国家和集体挽回经济损失160余万元。至2002年,立案侦查67件91人,全部侦结。其中,5万元以上大案13件16人,100万元以上特大案件2件5人;副处级干部犯罪案件1件1人,科级干部犯罪案件10件10人。市法院作出有罪判决12件18人,为国家挽回经济损失660万元。

2005年,受理经济犯罪案件35件53人,立案侦查5件11人。查办市法院审判员吴某某"零口供"受贿大案,吴被娄星区人民法院判处有期徒刑5年。2007年,立案侦查贪污贿赂犯罪10件11人。其中,5万元以上大案3件4人,副科级干部涉嫌犯罪1件1人,副处级干部犯罪2件2人。挽回直接经济损失200余万元。查办市饮食服务总公司经理、会计贪污团伙案,先后往返南京追逃和取证,查清国家拨付的安置企业职工专款8万余元被经理刘某、会计李某等私分,追缴赃款7.74万元。是年11月1日,市法院判处刘某有期徒刑1年,缓刑1年,李某免予刑事处分,公司职工40余人闻讯后,敲锣打鼓、鸣放鞭炮,将写有"惩治贪官、为民作主"的锦旗送到市检察院。

1987—2007 年涟源市人民检察院查办贪污贿赂案件

表 8-7

年 度	立案侦查（件 / 人）	逮捕人犯（人）	免诉或不诉（件 / 人）	向法院起诉（件 / 人）	作有罪判决（件 / 人）	挽回经济损失（万元）
1987	30 / 37	1	10 / 12	20 / 25	20 / 25	42.80
1988	32 / 39	1	8 / 13	24 / 26	24 / 26	30.60
1989	32 / 39	1	10 / 15	22 / 24	22 / 24	50.30
1990	36 / 43	1	11 / 15	25 / 28	25 / 28	40.50
1991	49 / 59	1	26 / 32	23 / 27	23 / 27	68.80
1992	28 / 32	4	16 / 19	12 / 13	12 / 13	117.38
1993	19 / 21	1	6 / 8	13 / 13	13 / 13	80.00
1994	21 / 28	7	7 / 8	14 / 20	14 / 20	155.00
1995	17 / 21	1	4 / 6	13 / 15	13 / 15	180.30
1996	9 / 10	1	4 / 5	5 / 5	5 / 5	130.00
1997	12 / 14	1	5 / 6	7 / 8	7 / 8	400.00
1998	12 / 12	1	—	12 / 12	12 / 12	160.00
1999	11 / 19	9	1 / 5	10 / 14	10 / 14	100.00
2000	9 / 15	7	1 / 1	8 / 14	8 / 14	130.00
2001	13 / 17	1	—	13 / 17	12 / 16	150.00
2002	22 / 30	1	10 / 12	12 / 18	12 / 18	280.00
2003	17 / 17	6	—	17 / 17	17 / 17	101.66
2004	9 / 19	10	1 / 4	8 / 15	8 / 15	31.53
2005	5 / 11	8	2 / 3	3 / 8	3 / 8	150.00
2006	7 / 15	8	—	7 / 15	7 / 15	63.88
2007	10 / 11	9	1 / 1	9 / 10	3 / 4	48.00
合计	400 / 509	80	123 / 165	277 / 344	270 / 337	2375.75

二 渎职侵权案件侦查

1987年,受理各类法纪案70件80人。其中,立案查处8件10人,5案5人获有罪判决。1990年,与煤炭、纪检、监察、劳动等部门联系,突出查处侵权、玩忽职守、滥用职权三类案件,侦查犯罪线索60件,立案10件12人。10月10日,公安、检察两家联合召开重大责任事故罪犯公捕大会,全市所有煤矿和乡镇政府主管安全生产的领导参加。是年,重大、特大案件立案率和结案率分别为90%、89.5%。查处国家工作人员、司法工作人员10人。

1991年,立案查处重大、特大法纪案件5件,立案查处国家工作人员、公安司法人员违法犯罪案件4件6人。1996年,受理75件112人,其中侵权案件24件36人。受理矿山责任事故案件38件,立案侦查13件25人,其中特大案件6件10人。受理因债务纠纷引发的"人质型"非法拘禁案件4件7人,决定逮捕1件2人。

1999年,受理渎职案件线索12件。其中,徇私舞弊案件3件,玩忽职守案件4件,非法拘禁案件2件,少征、免征应收税款案件2件,破坏选举案件1件。对涉嫌构成犯罪的4件5人,结案并移送审查起诉3件3人。2004年6月,从人民群众举报的线索中筛选出侵犯人权的渎职罪案线索8件,依法初查7件,立案查处1件4人。2005年,受理渎职犯罪案件线索40件,全部初查,对其中5件7人予以立案侦查。市国税局杨家滩税务所毛某某为市鑫海煤炭经营有限公司、娄底市煤炭公司虚开增值税发票,税款360万元;市财政局干部毛某某挪用防洪保安资金3万余元,利用职务便利伙同娄底中源新材料有限公司财务科长梁某某挪用通融资金110多万元作期货生意。侦查终结后,均移送起诉。2007年,立案3件3人。查办市国税局杨家滩分局副局长谢某某审查福利企业退税严重不负责任,损失税款300余万元的玩忽职守案,挽回经济损失110万元。侦查终结后,移送起诉。(见表8-9)

第四节 监所检察

1987年,对监外执行的"五种人"(判处管制、缓刑、假释、保外就医、剥夺政治权利的犯罪人员)进行2次执法检查,未发现问题。1990年,考察26名监外执行罪犯,纠正监外执行罪犯脱管、失控28人次,发现采取虚报立功等手段,法院裁决减刑释放者2人,核查纠正;纠正超期羁押72人次,纠正干警违法乱纪问题4起。对在押人员进行宽严法制教育,个别教育137人次,集体上课13次,86人次举报各种犯罪线索350起,判处死刑的流氓犯盛某举报廖某、吴某等人盗窃6万多元的重大案件,经查证属实后,省高级人民法院裁定盛某为死刑,缓期2年执行。

1991年,发现管教干警打骂、体罚人犯等违法违纪问题15起,及时向市看守所提出检察建议;严厉打击在押人员重新犯罪活动,依法查处3名构成犯罪的"牢头狱霸";加强对监外"五种人"的考察工作,检查考察34人,未发现问题。1994年,发现执法人员打骂体罚人犯事件14起,向市看守所提出口头纠正意见13次,书面纠正意见1次。是年,对市看守所给留所服刑犯办理减刑、假释、保外就医进行收费提出检察建议,看守所乱收费问题得到纠正;对在押人犯进行思想教育,清除事故苗头和隐患,严厉打击5名"牢头狱霸";与公安、法院、司法等单位联合考察198名监外执行罪犯,向有关监管单位发出检察建议8份,加强对监外执行罪犯控制。1995年,办理监外执行罪犯重新犯罪案2件2人、监外执行罪犯减刑案1人,参与清监15次,发现监内安全隐患10处,提出检察建议20次,预防各类事故7次。对45名保外就医罪犯进行身体复查,对7名判处实体刑未收监执行罪犯提出检察建议,市公安局对4名罪犯实行收监执行刑罚,3名罪犯补办保外治疗

1987—2007 年涟源市人民检察院查办渎职侵权案件情况

表 8-8

年 度	立案侦查（件 / 人）	逮捕人犯（人）	免诉或不诉（件 / 人）	向法院起诉（件 / 人）	作有罪判决（件 / 人）
1987	8 / 10	1	3 / 5	5 / 5	5 / 5
1988	10 / 11	1	5 / 6	5 / 5	5 / 5
1989	11 / 15	1	4 / 6	7 / 9	7 / 9
1990	10 / 12	1	4 / 6	6 / 6	6 / 6
1991	12 / 14	2	2 / 3	10 / 11	10 / 11
1992	12 / 16	1	4 / 5	8 / 11	8 / 11
1993	19 / 28	1	10 / 13	9 / 15	9 / 15
1994	17 / 21	1	8 / 10	9 / 11	9 / 11
1995	12 / 19	1	1 / 2	11 / 17	11 / 17
1996	13 / 25	2	2 / 2	11 / 23	11 / 23
1997	9 / 12	1	—	9 / 12	9 / 12
1998	2 / 3	1	—	2 / 3	2 / 3
1999	4 / 5	1	1 / 2	3 / 3	3 / 3
2000	3 / 8	1	—	3 / 8	3 / 8
2001	4 / 6	1	—	4 / 6	4 / 6
2002	4 / 11	1	1 / 5	3 / 6	3 / 6
2003	3 / 4	1	1 / 1	2 / 3	2 / 3
2004	1 / 4	1	—	1 / 4	1 / 4
2005	5 / 7	1	1 / 1	4 / 6	4 / 6
2006	5 / 6	3	4 / 4	1 / 2	1 / 2
2007	3 / 3	1	—	3 / 3	3 / 3
合计	167 / 240	25	51 / 71	116 / 169	116 / 169

相关法律手续。

1998 年，开展执法监督，纠正看守所干警体罚人犯 1 起 2 人，纠正法院超办案期限 10 人次；驻所干警找在押人犯谈话 80 人次，重点教育 20 人次，上集体法制课 12 场。开展监外执行罪犯监督，查出 10 名脱管漏管罪犯，向管辖地派出所提出检察建议。2000 年，纠正各种违法违规行为 48 次，是年 11 月 20 日，发现罪犯毛某某被市看守所提前 1 个月释放，市检察院立即与市法院联系，通知市看守所出警将毛某某收监关押。2002 年，办理监外“五种人”重新犯罪案件 6 件 19 人。其中，缓刑罪犯谭某、禹某聚众斗殴一案在审查起诉中追诉并作有罪判决；牢头狱霸谢某某监内寻衅滋事被市法院数罪并罚，判处有期徒刑 17 年。

2004 年，实行羁押届满前提示制度，发现并纠正超期羁押 47 人次，督促办案部门实施新的换押制度，预防和减少超期羁押现象，维护人犯的合法权益。是年，驻市看守所检察室被省人民检察院评为优秀三级达标检察室。2006 年 8 月 7 日，市看守所突发流感疫情，80 余名在押罪犯发高烧，监所检察科配合市公安局、市看守所、市疾控中心、市卫生局等部门全面铺开治疗工作，24 小时派人值班，协同医务人员进行检查、隔离、发药、消毒等有关具体事务。17 天后，市看守所内流感疫情被控制，没有发生在押人员死亡事故。2007 年，市检察院、市公安局、市法院三家共同清理，有监外执行罪犯 416 人，漏管 30 人，帮助当地派出所完善监外管理措施。

第五节 民事行政检察

1991 年，处理民事诉讼当事人来信来访 31 次，受理不服市法院已经发生法律效力的民事判决、裁定申诉案件 17 件。其中，立案审查 5 件，提起抗诉 3 件。1993 年，受理公民来信 74 件，接待来访 97 人次，受理案件 9 件，其中认为判决基本公正答复申诉人的 6 件。对市法院在办案中出现某些不合法现象提出口头纠正意见 7 次，移送娄底地区检察分院审查抗诉 2 件。1995 年，受理不服判决的申诉案件 10 件，通过初查，立案 8 件，对 1 件判决有失公正的案子移送娄底地区检察分院审查抗诉，其他 7 件经审查认为判决基本公正，对审判过程中存在的不合法现象，提出口头纠正意见 5 条，均被采纳。

1996 年，受理不服判决的申诉案 68 件，立案 13 件，其中 6 件移送娄底地区检察分院审查抗诉，对市法院在审判过程中的不合法现象提出口头纠正意见 8 条，发出检察建议 3 份，均被采纳。1998 年，受理不服市法院判决的申诉案 8 件，审查后立案 6 件，其中抗诉 2 件，建议娄底地区检察分院提请抗诉 3 件，参加抗诉后市法院再审开庭 3 次，对审判过程违反法定程序的现象提出纠正意见 4 次，对不属抗诉范围又确有错误的判决、裁定，违背自愿、合法原则的调解，提出口头建议 7 次。2002 年，受理接待群众来信来访 40 人次，受理案件 69 件，提请抗诉 11 件。是年，查处国有资产流失案 2 件。市百货纺织品公司未经国有资产管理部门立项、审批，擅自出让房地产，流失的国有资产 103.8 万元被追回；市七一煤矿弄虚作假，虚列利润，其骗取的国有资产保值增值奖金 12.8 万元被追回。

2004 年，受理申诉案件 27 件，经审查立案 20 件，提请抗诉 12 件，建议市法院再审 3 件，立案查处国有资产流失案 2 件。2007 年，受理民事行政申诉案件 4 件 4 人，立案 2 件。陈某某与市墙体材料改革办公室行政征收一案，市法院裁定陈某某交纳新型墙体材料专项基金等共 1780 元。陈某某不服裁定，向市检察院申诉，经审查发现，新建房屋是陈某的，而非陈某某的，被征收人应是陈某，市法院的行政裁定认定主体错误，遂向市法院提出检察建议，纠正一起错案。

第六节 控告申诉检察

1987年，对龙塘乡邱某某连续上访9年的申诉案进行复查，平息上访。1988年，受理人民群众来信来访678件次。其中，首次信访254件次，重复信访424件次。1990年，受理重婚案件线索20件，立案查处6件12人，依法逮捕涉嫌重婚犯罪嫌疑人5人。

1995年，查处不服检察机关免诉决定的申诉案件66件。受理群众来信1166件次，接待来访544人次，制止集体上访和越级上访2次，处理告急信访2起，缓解可能激化的矛盾2起。是年，建立检察长接待日制度，检察长接待来信来访288件，批示信访30件。是年，受理经济法纪线索238件，转交反贪污贿赂局114件，立案查办39件，转交法纪股74件，立案查处12件，挽回经济损失45.2万元。

1996年，建立接待室，归口举报中心管理，以举报初查为重点做好来信来访工作。市茶叶示范场5名职工联名状告场长廖某侵吞公款，办案人员召集双方当事人进行座谈，公布财务审计及调查结论，化解矛盾。2002年，举报中心被省人民检察院评为文明接待室。1996—2002年，受理控告申诉案25件，全部办结，为国家和集体挽回经济损失290万余元。奖励12位举报人，14300元。消化处理积压案件7件，交办积压案件1件。

2004年，院党组集体接待群众来访，正、副检察长接待群众来访36次，批阅来信来访42件，受理群众举报线索71件，初查30件，移送立案4件，受理并办结刑事申诉案件4件，办结人大交办议案1件。妥善处理涉法上访案件5件，刑事赔偿案件3件，复查2003年不起诉案件24件30人。2007年，接待群众来信来访126件200余人。其中，涉检来信来访82件160人，移送相关部门处理44件60余人。处理集体上访案3件，上级交办信访案2件，处理越级上访案3件。全部作好息访工作。坚持每月下访巡访1～2次，依法妥善解决涉检信访问题。

第七节 检察技术

1987年，检察器材由各业务股室自行保管。1992年，检察器材归检察技术股统一管理。是年，受理刑事技术鉴定5件。其中，出具鉴定书4件，分析意见书1份。1995年初，与市国税局、市农行、桥头河区、桥头河煤矿、蓝田街道、市煤炭局、荷叶区等检察室配合进行办案，为查办经济案件提供技术协助。是年，办理物证照相5件，文字检验2件，司法会计鉴定1件。1998年，办结文字检验、视听及司法会计鉴定71件。其中，笔迹鉴定8件，痕迹检验2件，物证照相、录像58件，司法会计鉴定8件，出具检验鉴定文书11份。2000年，办结文检、视听及司法会计鉴定21件。其中，笔迹鉴定2件，司法会计鉴定2件，物证照相、录像17件，出具检验鉴定文书4份。受理保险事故赔偿鉴定专项案件38件38人。2003年，办理司法会计鉴定1件，办理印文鉴定3件。协助中国人民财产保险股份有限公司涟源支公司（简称市财产保险公司）办理虚假理赔鉴定案件4件，挽回经济损失20余万元。2005年，与市财产保险公司签订《保险事故技术鉴定关系的协议》，通过办理案件为国家和集体挽回经济损失10余万元。是年，办理文件检验鉴定案件2件，办理保险专项鉴定案件8件8人，建成“检察三级专线网”和“检察局域网”。2007年，统一应用检察案件管理系统、办公自动化、内网信息发布等软件，将案件流转纳入办案流程。增加电子阅文室、短信平台、值守中心平台、领导与干警沟通平台等，为自侦、公诉部门提供录像录音等技术协助，为侦查部门收集固定犯罪证据。是年，开通视频会议23次，为侦查部门录制视听资料12案13人，为预防犯罪、举报宣传、检务公开录制音像资料8次。

第四章 法 院

第一节 机 构

1987年，涟源市人民法院内设办公室、刑事审判第一庭、刑事审判第二庭、民事审判庭、经济审判庭、行政审判庭、执行庭、政治工作室，下设蓝田、山塘、龙塘、白马、伏口、荷叶、大桥、渡头塘、水洞底、七星、桥头河、斗笠山、杨家滩、四古、毛坪、金石等16个人民法庭(简称法庭)，共有在职人员66人。1989年，增设告诉申诉庭。1990年，增设监察室。1992年6月，撤销大桥、渡头塘、水洞底3个法庭。1993年7月，增设龙山法庭；12月，设立司法警察中队。1995年，毛坪、荷叶、四古、七星、杨家滩、山塘法庭分别更名六亩塘、石马山、安平、七星街、杨市、荷塘法庭。1996年，司法警察中队更名司法警察大队。1997年，撤销告诉申诉庭，增设立案庭和审判监督庭。1999年12月，撤并14个法庭，设蓝田、安平、伏口、七星街、桥头河、斗笠山、荷塘、杨市、白马9个法庭。2000年9月，执行庭更名执行局；10月，撤销蓝田、七星街、白马法庭，增设石马山法庭。是年，刑事审判第一庭与刑事审判第二庭合并组成刑事审判庭。2002年4月，民事审判庭更名民事审判第一庭，经济审判庭更名民事审判第二庭，增设研究室。2002年6月，设立信访工作办公室；12月，设立司法技术室。2004年7月，设审判管理办公室。2007年，市法院内设办公室、研究室、监察室、司法技术室、政治工作室、信访工作办公室、刑事审判庭、民事审判第一庭、民事审判第二庭、行政审判庭、执行局、立案庭、审判监督庭、司法警察大队、审判管理办公室，下设石马山、安平、伏口、桥头河、斗笠山、杨市、荷塘等7个法庭，共有在职人员126人。

图8-7 市人民法院审判办公综合楼

第二节 刑事审判

1987年，市法院坚持从重从快的严打方针，严惩严重刑事犯罪，全年新收刑事案件131件174人，审结刑事案件128件171人，结案率97.71%。其中，杀人、绑架、强奸、聚众斗殴、寻衅滋事等严重危害人身安全的暴力犯罪案件21件42人，盗窃、抢劫、诈骗、敲诈勒索等严重侵犯人民财产的案件76件120人，贪污、受贿案件5件7人。

1991年，贯彻从严惩处经济领域犯罪的方针，优先审理贪污、受贿等经济犯罪案件，全年受理各类刑事案件282件457人，审结245件394人，结案率86.9%。其中，审结贪污、受贿案件15件16人，偷税案件3件5人，结案率100%。

1994年，针对涟源刑事审判工作的特点，自诉案件由刑二庭专门负责审理。是年，新收各类自诉案件8

件103人，审结42件59人。

1999年3月19日，审判1996年“三甲事件”的主要组织者和策划者之一黄主祥，以扰乱社会秩序罪判处其有期徒刑4年6个月。3月24日，审判“三甲事件”的组织者和策划者之一、绑架民警和副市长的组织者黄国卿，绑架事件的骨干肖早云。以绑架罪判处黄国卿有期徒刑13年，剥夺政治权利3年，并处罚金1500元；以绑架罪判处肖早云有期徒刑10年，剥夺政治权利1年，并处罚金1000元。

2000年7月和11月，两次在蓝田城区和桥头河镇公开宣判王某某、张某某、谢某某、石某某等抢劫、绑架、寻衅滋事等4起重大案件，参加旁听的群众、学生数千人。涟源电视台、桥头河电视台现场录像以案说法。是年，加大对涉毒犯罪的打击力度，审结贩毒案件21件23人。

2002年7月，对公安部督办的以谭某、谭某某为首18名恶势力团伙案进行审理，该团伙在1997—2001年间，实施敲诈勒索16次，寻衅滋事14次，抢劫5次，聚众哄抢、横行乡里，民愤极大。市法院依法对谭某数罪并罚，从重判处有期徒刑20年，其余17名犯罪分子亦被分别判处有期徒刑11个月至13年不等。是年，严厉查禁“法轮功”邪教组织犯罪活动，法轮功分子谭某某等3人被以利用邪教组织破坏法律实施罪分别判处有期徒刑7年6个月、4年不等的刑罚。

2003年，审结黑恶势力等有组织犯罪，爆炸、杀人、抢劫等严重暴力犯罪以及盗窃、敲诈勒索、寻衅滋事等严重危害群众生命财产安全案件的多发性犯罪案件152件。先后开展惩治涉毒犯罪与涉煤责任事故案件等专项审判活动，审结毒品犯罪案件26件34人，涉煤犯罪案件9件14人，全部判处实体刑罚。是年，刑事庭被省高级人民法院记集体二等功。2004年，积极开展打击“两抢”（抢劫、抢夺）专项活动，审结“两抢”案件58件98人，占全年刑事案件的20.64%；依法严厉打击毒品犯罪，审理毒品犯罪案件22件26人，召开一次打击毒品犯罪的公捕公判大会，宣判3件3人。

2007年，新收刑事案件429件669人，审结421件661人，结案率98.14%。其中，杀人、爆炸、绑架、强奸、聚众斗殴、寻衅滋事等严重危害人身安全的暴力犯罪案件146件262人，盗窃、抢劫、诈骗、敲诈勒索等严重侵犯人民财产的案件109件140人，毒品犯罪案件44件74人，贪污、受贿、挪用公款等职务犯罪和渎职犯罪案件72件107人。

1987—2007年，市法院审结各类刑事案件6094件，其中公诉案件5147件、自诉案件947件；判处罪犯9723人：10年以上有期徒刑495人，5年以上10年以下有期徒刑1339人，5年以下有期徒刑6184人。对社会危害不大，主观恶性不深，具有自首、立功等法定从宽情节的被告人，以及情节较轻的初犯、偶犯，依法给予从宽处理，从宽处理1523人，占被判处刑罚被告人总数15.6%。审理刑事附带民事诉讼案件2316件，附带民事部分调解结案1589件，调解率69%。（见表8-10）

1987—2007 年涟源市人民法院刑事案件结案情况

表 8-9

项目 年度	结案数（件）	人数（人）	其中自诉案件		10 年以上有期徒刑（人）	5 年以上 10 年以下有期徒刑（人）	5 年以下有期徒刑（人）	其中缓刑（人）
			件数	人数				
1987	128	173	7	14	7	35	131	15
1988	156	171	3	5	8	31	132	21
1989	167	292	3	5	19	71	202	33
1990	251	437	15	17	23	119	240	38
1991	245	394	27	34	29	84	230	50
1992	214	348	11	15	7	54	201	13
1993	178	346	16	16	22	60	189	30
1994	165	279	22	23	7	64	162	46
1995	267	652	54	265	27	64	279	71
1996	293	432	72	74	25	90	224	48
1997	292	526	65	169	11	51	266	60
1998	330	523	106	216	9	38	385	54
1999	281	392	83	89	23	69	227	123
2000	389	651	119	228	25	38	498	142
2001	502	725	150	160	46	80	413	125
2002	456	713	30	46	51	95	498	134
2003	363	514	34	56	19	49	368	120
2004	405	598	72	99	17	67	343	65
2005	256	415	13	19	25	44	346	149
2006	335	481	16	20	57	64	360	172
2007	421	661	29	60	38	72	490	111
合计	6094	9723	947	1600	495	1339	6184	1620

第三节 民商事审判

调整人身关系案件审理 1987年,市法院在调解和判决调整人身关系案件中,注重保护老人、妇女和儿童的合法权益,在处理离婚后财产分割中,切实保护离婚后未成年子女和妇女的合法权益。是年,受理离婚、抚养、扶养、赡养、继承纠纷案件414件,审结339件,占全年审结民商事案件的36.85%。1994年,市法院采取选择典型案例公开审判、组织群众旁听方式,以案说法,教育群众遵纪守法。在公开审理灌涓乡李某诉儿子遗弃一案中,宣讲法律,使被告和旁听人员受到教育。事后,李某的儿子从一个不赡养老人的逆子变成一个对老人照顾周全的孝子,在当地引起良好反响。是年,选择典型案例公开审判35案次,旁听人员7000余人次。2004年,受理涉军案件3件,审结3件,审结率100%。是年,成立交通事故合议庭,专门受理交通事故案件的审理,全年受理55件,审结55件,审结率100%。2007年,受理离婚、抚养、扶养、赡养、继承纠纷案件710件,审结528件,占全年审结民商事案件的28.93%。1987—2007年,市法院审结调整人身关系案件17625件。其中,婚姻家庭纠纷案件6168件,占审结调整人身关系案件的35%。

调整财产关系案件审理 1987年,受理各类财产关系案件145件,审结117件,占全年审结民商事案件的12.72%。1997年6月,市法院审理全市首例财产权益纠纷案,纠正违法"村规"。蓝田街道光文村村民谭双桂等10名妇女婚后的户口及所生子女户口仍留在光文村。该村委会规定,凡婚出妇女及所生子女,不得享受村组权益分配,但要承担和其他村民同等义务。市法院经审理认为,光文村制订的关于征地费分配问题的规定,对婚出女村民只能保留户口,不得享受分配权益的规定,与法律相悖,不具有约束力,判决谭双桂等婚出妇女及其子女与其他村民享受同等权利。2007年,受理各类财产关系案件246件,审结241件,占全年审结民商事案件的13.21%。1987—2007年,市法院审结财产关系案件9213件。其中,损害赔偿案6265件,占68%;债务案2027件,占22%;房屋、土地使用、山林、水利纠纷等案件921件,占10%。

经济纠纷案件审理 1987年,受理经济纠纷案件567件,审结464件,占全年审结民商事案件的50.43%,为国家、集体和个人挽回经济损失210多万元,其中为农业银行和信用社回收风险呆滞贷款78万余元,帮助22家企业恢复生产。1992年7月,成立经济审判联络中心,两次召开市内企事业单位负责人座谈会,在市内50余家企业建立经济审判联络站,经济审判联络员达80名。1993年,审结各类经济纠纷案件972件,解决讼争标的550余万元。对经济纠纷案件多的乡镇或企业进行巡回办案。是年5—6月,市法院以经济庭为主,与七星法庭配合,在湘波镇巡回审理经济纠纷案件,1个月审结44件,执行42件,为镇企业挽回经济损失50多万元。1995年,审结各类经济案件1423件,解决讼争标的1713.4万元,为企业挽回经济损失1512.4万元。其中,调解结案1051件,占经济案件总数的73%。市法院被省高级人民法院评为"加大企业服务力度"先进单位,为企业服务的经验在全省法院系统推广。1998年,针对全市企业普遍债务缠身、濒临倒闭的局面,市法院抽调精干审判力量巡回办案,把法庭搬到企业,对涉企案件做到快立、快审、快结、快执。先后为省煤矿机械厂、省一六九化工厂、省锻造厂、市供销社、市电信局等20余家单位、企业进行专项司法服务,解决单位、企业的后顾之忧,在较短时间里受理各类案件350件。在短期内先后为省煤矿机械厂收回货款120余万元,为常林建筑公司收回工程款100余万元,共为企业挽回经济损失700余万元。2007年,受理各类经济纠纷案件1289件,审结1056件,占全年审结民商事案件的57.86%。1987—2007年,审理各类经济纠纷案件18930件。其中,判决10978件,调解6435件,其他方式结案1322件,移送管辖195件。

企业破产案件审理 1995—1998年,市法院先后审结市食品罐头厂、市锁厂、市酒厂、市制革厂、市冶炼厂等10余件企业破产案。2000年，审结市植物化工厂、市服装厂、市钉子厂、市制鞋厂等4家企业的破产案件，清理破产债权980万元，安置破产企业职工400余人。2003年，受理沙坪煤矿破产案，市法院采取果断措施，严厉打击妨碍资产清算与哄抢集体财物行为，仅用半个月时间即完成煤矿的整体拍卖。是年，受理企业破产案件24件，为破产企业追回债权5000余万元，处置资产2亿多元，安置企业职工3000多人。1995—2007年，市法院受理破产案件39件。

1987—2007年，市法院审结各类民商案件45978件。其中，调整人身关系案件17625件，调整财产关系案9213件，经济纠纷案件18930件，破产案件35件，其他案件175件。在审判时，坚持深化"调解优先，调判结合"的原则，注重发挥调解作用，以调解方式结案2390件。

1987—2007年涟源市人民法院民商事案件收结案情况

表8-10　单位：件

年 度	收案数	结案数	结案率(%)	年 度	收案数	结案数	结案率(%)
1987	1126	920	81.7	1998	2987	2762	88.0
1988	2210	1737	78.6	1999	3108	2871	92.5
1989	3142	2575	82.0	2000	2392	1931	92.4
1990	2731	2338	85.6	2001	2392	1931	80.7
1991	2050	1656	80.8	2002	2379	1898	80.0
1992	2451	1847	76.1	2003	2840	2606	92.9
1993	2624	2333	75.4	2004	2925	2692	92.0
1994	2623	2430	88.9	2005	2497	2094	83.9
1995	3580	2686	92.6	2006	2064	1832	88.8
1996	2892	2526	75.0	2007	2245	1969	87.7
1997	3194	2810	87.3				

第四节 行政审判

1987年3月，市法院成立行政审判庭。是年，审结行政案件13件。其中，治安行政案10件、资源行政案2件、食品卫生案1件。结案数居娄底地区各基层法院之首。1990年10月1日，《中华人民共和国行政诉讼法》(简称《行政诉讼法》)正式施行。市法院深入农村、工矿、学校，开展《行政诉讼法》宣传和法律咨询活动，派员为行政机关工作人员宣讲《行政诉讼法》，上法制课19场，听课人数达2830人次，整理印发《行政诉讼法》宣传材料510份。1995年，审结各类行政案件63件，新收与审结的行政案件相当于前3年行政案件的总和。是年，市法院获娄底地区行政审判工作第一名。

1996年6月—1997年1月，茅塘乡28个行政村1700户农民因购买茅塘乡政府销售的假杂交稻种造成巨大经济损失，分批向市法院提起行政赔偿诉讼，市法院受理后，经过半年时间调查了解，查清案件事实。

1997年8月25日，在受害农户所在地茅塘镇进行公开审理，判决被告茅塘镇人民政府赔偿原告51.67万元，在12月全部执行兑现。此案被收入最高人民法院编纂的《人民法院案例选》。是年，新收行政诉讼案999件，旧存53件，合计1052件，审结1028件，结案率97.72%。行政庭被省高级人民法院评为省行政审判十周年先进单位。

1998年，行政庭推行审判方式改革，全面受案，大胆审判。龙塘乡邱某某诉龙塘乡人民政府非法扣押财产一案，被告以原告的妹妹怀孕外出，逃避计划生育为由，强行将原告财产予以扣押变卖。行政庭审理此案时，认定被告仅凭他人举报，没有具体的事实依据，扣押原告财产并变卖的行为是不合法的，且被告又不能举出有利证据，判处被告承担败诉的法律责任，将扣押原告财产的变卖款全部退还原告。是年，行政庭新收行政诉讼案1166件，旧存24件，合计1190件，审结1160件，审结率97.48%。

2001年10月31日，市法院受理市人民医院诉市工商行政管理局行政处罚一案。被告市工商行政管理局对市人民医院等医疗机构临床用氧的情况进行查处，认定市人民医院等医疗机构临床使用工业氧代替医用氧的行为侵犯消费者合法权益，作出责令停止使用工业氧和罚款的行政处罚。原告认为处罚决定没有事实依据，被告没有处罚主体资格。市法院经过审理和评议，于2002年7月5日作出判决，依法撤销被告市工商局的处罚决定。后经娄底市中级人民法院、省高级人民法院向最高人民法院请示，最高人民法院于2003年9月5日以书面答复形式，肯定市法院的一审判决。娄底市中级人民法院根据最高人民法院的答复，于2003年10月13日作出维持原判、驳回上诉的终审判决。此案成为全国同类案件的首个判例。

2007年，受理行政案9件，审结8件。对行政诉讼案件加大和解力度，协调行政机关与群众的矛盾，促进社会和谐。是年，行政庭被省高级人民法院评为省行政审判二十周年先进单位。

1987—2007年，受理各类行政案件3175件，审结2995件，结案率94.3%。

1987—2007年涟源市人民法院行政案件收结案情况

表8-11　　单位：件

年　度	收案数	结案数	结案率(%)	年　度	收案数	结案数	结案率(%)
1987	14	13	92.9	1998	1190	1160	97.5
1988	15	14	93.3	1999	112	97	87.8
1989	19	17	89.4	2000	53	44	83.0
1990	27	25	92.6	2001	44	35	79.5
1991	37	31	83.8	2002	50	46	92.0
1992	61	54	88.5	2003	63	63	100.0
1993	30	23	76.7	2004	68	68	100.0
1994	46	40	87.0	2005	42	40	95.2
1995	63	63	100.0	2006	9	8	88.9
1996	170	117	68.8	2007	10	9	90.0
1997	1052	1028	97.7				

第五节 审判方式改革

1988年,市法院创新工作方法,法庭流动方便群众,开展巡回法庭定点办案活动。是年,进行8批巡回定点办案,审结民事案件468件,经济案件453件,为国家和集体挽回经济损失124.67万元,救活濒临倒闭企业25个,防止凶杀23件,防止自杀10人,防止群众性械斗40起,指导基层调处纠纷223件。

1989年,刑事审判由先定后审改为先审后定,向合议庭放权,规定除副科级以上干部犯罪案件、社会影响大需判处10年以上有期徒刑案件、需适用缓刑案件以外,判处10年以下有期徒刑案件,不再提交审判委员会讨论。庭审模式从"纠问式"向"控辩式"转变,突出法官在庭审中的中立地位。民事经济审判凸现"当事人为中心"的诉讼地位,推行"谁主张,谁举证"原则,当事人举证不能,承担不利的诉讼后果。

1991年3月,在刑一庭设立少年审判法庭,由刑一庭1名副庭长、1名女审判员、1名书记员以及在团市委、教委等有关部门聘请2名特邀人民陪审员组成,审判中秉着"寓教于审,惩教结合,治病救人"方针,发挥监护人、特邀陪审员、辩护人的共同帮教作用。

1997年下半年起,严格执行"立审分离、审执分离、审监分离",推行"阳光下的审判",当事人双方举证在法庭,质证、认证在法庭,查清事实在法庭,道理辩论在法庭。合议庭依法评议后,尽可能当庭宣判。从程序上杜绝暗箱操作,节约诉讼资源和成本。同时,改革裁判文书,突出裁判文书中程序印证和法条印证功能,摒弃"千案一文"现象。除简易案件外,实行合议制度。由院长、副院长、庭长、审判长,2名审判员或人民陪审员组成合议庭。合议庭评议案件,坚持少数服从多数,秉公判决。

2000年12月,实行审判长和独任审判员选任制,赋予审判长和独任审判员指挥庭审、主持合议、签发法律文书等职权。审判工作继续坚持坐堂审判与巡回就地审判相结合,以巡回审判为主;由当事人举证与法庭调查相结合,以当事人举证为主;审判案件与社会效果相结合,以社会效果为主的"三结合三为主"方式。

2004年,对适用缓刑案建立严格的报批制度,规定缓刑案须提交审判委员会讨论,由院长批准。对缓刑人员实行定期回访和缓刑人员定期汇报制度。

2005—2007年,根据刑事附带民事案增多的情况,审理中坚持尽量调解的原则,以平息双方当事人之间的矛盾,调解率在98%以上。

第六节 审判监督

1987年,重点复查中共十一届三中会全以前的历史老案,落实知识分子政策,平反冤假错案,是年受理101件,审结95件。1988年,主要处理《中华人民共和国刑法》《中华人民共和国刑事诉讼法》实施后的申诉案,是年审结申诉案122件(其中历史老案16件,"文化大革命"时期案件1件,两法实施后判决的29件,严打期间案件76件),维持原判102件,改判10件,改判案件中改性加刑1件,减轻处罚3件,宣告无罪6件。

1989年,成立告诉申诉庭,受理各类案件的申诉,负责再审案件的审理,刑二庭承担的审判监督任务移交给告诉申诉庭负责。是年,告诉申诉庭受理刑事申诉案34件,旧存9件,审结43件;受理民事申诉案18件,审结4件;受理经济申诉案1件,审结1件。办理减刑、假释16件。

1997年,撤销告诉申诉庭,成立审判监督庭和立案庭,审判监督工作逐步程序化、规范化。是年,审判监督庭审结各类案件66件。其中,刑事案40件,民事、经济案7件,行政案9件,其他案件10件。

2007年,新收各类再审案件16件,旧存21件,审结26件。

1987—2007年,审结民、刑申诉再审案件899件。其中,刑事案件389件,民商事案件266件,行政案件65件,其他案件179件。

1987—2007年涟源市人民法院申诉、再审案件收结案情况

表8-12　单位:件

年 度	收案数	结案数	结案率(%)	年 度	收案数	结案数	结案率(%)
1987	101	95	94.1	1998	68	34	50.0
1988	142	122	85.9	1999	52	46	88.5
1989	97	43	44.3	2000	53	47	88.7
1990	56	51	91.1	2001	98	56	57.1
1991	39	35	89.7	2002	55	49	89.1
1992	31	23	74.2	2003	46	41	89.1
1993	28	24	85.7	2004	39	31	79.5
1994	39	26	66.7	2005	30	20	66.7
1995	30	14	46.7	2006	54	33	61.1
1996	33	17	51.5	2007	37	26	70.3
1997	78	66	84.6				

第七节　案件执行

审判案件执行　1987年,市法院采用“审执分离”与“审执合一”的双轨制,一些难度较大的案件由执行庭执行,其他案件由原结案业务庭执行。对刑事附带民事案件注重采取和解方式,促使案件双方和解结案。是年,市法院受理执行案件140件(移送执行庭68件);执行102件,执行标的11.53万元,拆除房屋53间,扣押汽车1辆,查封、拍卖财产151件;执行率72.86%。1991年12月,出动警力2100人次,分成12个执行小分队,开展以集中领导、集中力量、集中时间为特点的“三集中”执行活动,依法执结案件500件。全年执行案件2345件,执行标的210万元,其中执行庭专项执行260件。1996年1月,市法院就原告市百货纺织品公司与被告冷水江市新城百货公司货款纠纷一案,进行诉讼保全,冷水江电视台以“非法扣押”为借口,煽动数百名群众闹事,致使案件未能执行。1997年,根据最高人民法院关于严格执行“审执分离”的通知,各业务庭审结案件除当事人主动履行外,一律由执行庭负责执行。是年,受理执行案件548件,旧存86件,执行571件,执行标的2739.94万元,执行率90.06%。

2000年,加大清积力度,对老大难案件实行承诺制,限期执结。肖某某诉周某某拖欠货款一案,1984年发生法律效力,被执行人周某某一直逃避债务,常年外出不归,市法院先后于1987年、1992年、1994年三次组织执行均无功而返。6月,肖某某再次要求执行,主管副院长谭世斌与执行庭庭长梁玉屏向肖某某承诺1个月内执结。做出承诺后,梁玉屏多方调查了解,获悉周某某全家均在广西南宁市做生意,立即组织干警驱车前往南宁市执行,将被执行人带回涟源,使长达16年的案子最终执结。是年,执行庭承诺执行案件200件,被省高级人民法院评为“执行年”先进集体,承诺制作为先进经验在全省法院系统推广。2001年6月,市法院

开展“执行宣传周”活动,出动干警60人次,宣传车12台次,向全市发放宣传资料万余份,《关于严惩抗拒、妨碍执行的违法犯罪分子的布告》张贴到全市每个村(居)。7月,部署开展“执行会战月”活动,1个月执结案件500件,执行标的800多万元。2002年,以严惩暴力抗法作为突破口,开展营造执行环境专项行动。在专项行动中,查处暴力抗法事件21起,依法拘留38人,罚款6万余元,对2名暴力抗法者依法判处有期徒刑。是年9月,在全省法院执行队伍建设工作暨经验交流会上,市法院被评为先进单位,在会上介绍经验。2007年,市法院尝试悬赏执行、限制出境等执行措施,对涉及被执行人为乡镇和职能部门的案件,采取提级执行、交叉执行和领导挂牌督办等方法,采取定时间、定人员、定任务、定奖罚的方案,清理执行积案。是年,执结各类案件768件,执行标的900余万元,被省委评为全省集中清理执行积案专项活动先进集体。

1987—2007年,执结刑事附带民事案件727件。其中,和解结案502件,和解结案率52%;执结民商事案件23660件,执行标的57040.23万元。

非诉行政案件执行 1987年,非诉行政案件执行归市法院在各行政机关设立的行政法规执行室负责。是年,受理非诉行政执行案件10件,执结10件。1995年2月,撤销行政法规执行室,非诉行政执行案件归口行政庭统一管理。是年,市法院先后为市卫生防疫站、市国土管理局等7家单位执行行政案件62件。2002年,受理非诉行政执行案件72件,执结43件。是年,市法院强制执行涟源市首例非法办学案,没收非法办学者三甲乡梁某(女)课桌、椅子134张(条)、黑板2块。2005年8月,为配合全市计划生育工作,市法院成立社会抚养费征收合议庭,社会抚养费征收工作在全省名列前茅,省内一些县市领导多次到涟源考察、学习。2007年,受理非诉行政执行案件245件,执结222件。1987—2007年,审查执结非诉行政案件2667件。

仲裁裁决执行 仲裁裁决案件占执行案件的比例较小,对于裁决争议,尽量促成当事人双方达成执行和解协议。1987—2007年,执行裁决案件329件,执行标的1700余万元。

公正债权文书执行 1987—2007年,执行公正债权文书32件,执结率100%。

1987—2007年涟源市人民法院执结案件情况

表8-13

年度	执结案件数(件)	标的(万元)	年度	执结案件数(件)	标的(万元)	年度	执结案件数(件)	标的(万元)
1987	102	11.53	1994	1920	646.29	2001	2217	7000.00
1988	196	18.58	1995	966	565.20	2002	2248	9000.00
1989	164	23.33	1996	690	503.00	2003	2033	9000.00
1990	460	60.00	1997	571	2739.94	2004	1053	2000.00
1991	2345	210.00	1998	2268	250.00	2005	460	500.00
1992	1138	297.51	1999	1883	1350.00	2006	928	16000.00
1993	1608	386.20	2000	2213	3500.00	2007	768	978.65

注:此表仅反映审判案件执行情况,不含非诉行政案件执行、仲裁裁决执行和公正债权文书执行

第八节　立案与涉法涉诉信访

一　立　案

1987年,市法院各业务庭自行立案,至1996年5月,立案27630件。其中,刑事案件2114件,民事、经济案件24461件,行政案件482件,其他573件。1996年6月,初步实施立审分离,法院内设业务庭室的立案工作由告诉申诉庭负责,基层法庭的立案仍由各庭自行负责。1997年1月,增设立案庭,实行诉讼引导、诉讼风险提示、咨询、立案、收(退)费、司法流程管理"一站式"服务。是年,立案庭立案1925件,其中刑事案件265件、民事经济案件1235件、行政案件403件、申诉再审案件22件;受理行政机关申请执行案件111件;办理上诉案件及调卷函手续208件。1999年,推行合乎条件"即诉即立"制。是年,受理案件4136件。其中,刑事案件254件,民事、经济案件2800件,行政案件97件,申诉再审案件29件,其他956件。2000年,开始实行案件流程管理,各法庭受理的案件由立案庭统一编号。是年,立案庭受理案件3240件。2006年,开展"文明立案窗口"创建活动,是年受理案件2852件。2007年,立案1851件。其中,刑事案件430件,民商事案件1151件,行政案件9件,申诉案件10件,执行案件251件。市法院被湖南省高级人民法院评为"涉诉信访、立案文明窗口"。1987—2007年,市法院立案审查各类案件60028件。

二　信访处理

1987年,市法院各庭(室)自行处理有关本庭室的来信来访。1989年,由告诉申诉庭负责群众来信来访,是年处理来信1311件,接待群众来访1002人次。1997年开始,由立案庭负责群众来信来访,是年处理来信816件次,接待来访2003人次。2002年6月,成立信访工作领导小组,设立信访工作办公室,与立案庭合署办公。2004年,成立涉法上访案件领导小组,设立专职的信访工作人员和4个涉法上访办案小组。对涉法涉诉信访工作采取设立专门机构、专人负责、专门管理的"三专"模式,全年接待来访2761人次,处理来信432件,办理涉法上访案件68件,信访案件结案率95.8%。其中,市信访局交办的25件涉法上访案全部办结。2007年,市法院彻底息访包括李细某、李明某、王某某信访案在内的29件重大信访案件(其中进京上访15件)。

1987—2007年,市法院处理群众来信19491件,接待群众来访28381人次,完成上诉、申诉调卷2788件,完成市委、市人大和上级人民法院交办案件301件。

第五章 司 法

第一节 机 构

1987年,市司法局内设办公室、宣传教育股、人民调解股、监察室,定编13人,下辖法律顾问处、公证处,各区、街道、乡、镇、大的厂矿设司法办公室(司法所、司法科)。1989年,人民调解股更名基层工作股,法律顾问处更名律师事务所。1996年10月,增设政工室(与监察室合署办公)。1998年1月,全市各乡镇(街道)司法所收归市司法局直接管理,收编司法助理员56人。2001年10月,律师事务所与司法行政体制脱钩,更名湖南涟河律师事务所。2002年9月,内设机构变更为办公室、政工室、政策法规股(加挂基层工作股牌子)、法制宣传股(加挂市普法依法治市领导小组办公室牌子)、财务装备股、公证律师工作管理股、监察室。2005年初成立涟源市法律援助中心,7月13日成立蓝天司法鉴定中心。2006年,增设涟源市刑释解教人员安置帮教办公室。2007年,全局(含乡、镇、街道司法所)有专职干部61人,职工24人。

第二节 法制宣传

1987年,成立市普法领导小组,下设专门工作机构。各单位、各部门成立以党政"一把手"任组长的普法机构,明确专人抓普法教育。至1990年,普法对象为广大工人、农民、干部、青少年和学生,重点是干部和青少年。侧重宣传"十法一条例"(《中华人民共和国宪法》《中华人民共和国刑法》《中华人民共和国刑事诉讼法》《中华人民共和国民事诉讼法》《中华人民共和国经济合同法》《中华人民共和国婚姻法》《中华人民共和国兵役法》《中华人民共和国森林法》《中华人民共和国继承法》《中华人民共和国民法通则》和《中华人民共和国治安管理处罚条例》)。1987—1990年,全市出动普法宣传车1180台次,张贴和悬挂大型标语872条,举办法制讲座186场次,上法制课8600场次,出宣传专栏板报8209期,开展法律知识竞赛24次,参加人数5万余人次,举办各种培训班348期,印发各种法制宣传资料34万份,发放干部读本、公民读本、农民读本、经济管理人员读本以及各部门的专业法读本19万余册、普法资料15万余册。

1991—995年,普法对象重点是干部,特别是各级领导干部,普法考试考核成绩是干部提拔、晋级的重要依据。普法以《中华人民共和国宪法》为核心,以专业法为重点,系统宣传全民所有制企业、"三资"企业、企业股份制试点和证券市场、房地产经营、对外贸易、知识产权、劳动合同和劳动争议、减轻农民负担、国际贸易等有关法律法规。

1996年,三甲乡部分群众多次集会游行,上访请愿,冲击党政机关,发展为"三甲事件"。普法办及时编印有关稳定社会治安、减轻农民负担的法制宣传资料5万份,发放到有关乡镇的农民手中,利用广播、标语等方式进行大规模的法制宣传,保障涟源的社会稳定。1997年,发放市场经济法律法规资料3万多册,举办市场经济法律法规培训班460期,600多名单位"一把手"和企业厂长参加学习。全市中小学开设法制课,设法制副校长,加强对青少年和专业技术人员的法律素质教育。1996—2000年,普法对象的重点仍是干部,以宣传社会主义市场经济法律知识为重点,围绕市委、市政府中心工作开展法制宣传教育。

2001—2005 年，把个体工商户和驾驶员列入普法重点对象。重点宣传与整顿市场经济秩序相关、与加入世界贸易组织相关、与维护社会稳定相关的法律法规，组织全市广大职工学习党中央文件，认清“法轮功邪教”本质，教育广大公民与“法轮功”邪教划清界限。

2006—2007 年，普法的重点对象是公务员、学生、企业经营管理人员和村民(居民)。重点宣传与经济社会发展、与人民群众生产生活密切相关的法律法规，宣传规范市场经济秩序、维护社会和谐稳定、促进社会公平正义的法律法规。共派出 135 个工作队，400 名干部驻村(居、社区)，全市 876 个村(居、社区)达到依法治村(居、社区)标准，达标率 92%。

第三节　法律服务

1987 年，全市建立乡镇(街道)法律服务所 25 个，乡镇人民政府(街道办事处)、企事业单位有 64 家聘有常年法律顾问，办理非诉讼代理 164 件，代写法律文书 332 份，解答法律咨询 2425 人次，协办公证 72 件，为当事人和单位挽回经济损失 90.5 万元，避免经济损失 143.5 万元。加强对省地厂矿法律顾问室的管理。省湘峰机械厂法律顾问室规范经济合同管理，为单位挽回经济损失 119.5 万元，避免经济损失 1022 万元。1992 年，全市有乡镇法律服务所 29 个，130 家单位聘有常年法律顾问。是年，乡镇法律服务所共办理诉讼和非诉讼代理 545 件，协办公证 254 件，代写法律文书 808 份，解答法律咨询 2603 件，为当事人和受聘方挽回经济损失 35.5 万元，避免经济损失 49.6 万元。1994 年，法律服务所实行自收自支，独立核算，多劳多得，按比例分成。是年，全市乡镇法律服务所担任常年法律顾问单位 171 家，刑事、民事诉讼代理 3440 件，协办公证、见证 1967 件，解答法律咨询 1991 人次。

1996 年，法律服务所和法律工作者实行注册登记和执业许可证制度。全市注册法律服务所 16 个、法律工作者 56 名。是年，常年法律顾问单位 189 家，民事诉讼代理 2788 件，非诉讼代理 4363 件，协办公证、见证 343 件，代写法律文书 1170 份，解答法律咨询 7934 人次，宣讲法律 49 场次，受教育人数 6352 人次，为当事人挽回经济损失 126 万元。1997 年，全市司法助理员收编，法律服务所与司法所合并，两块牌子，一套人马，合署办公。全年担任 72 家单位的常年法律顾问，诉讼代理 943 件，非诉讼代理 1823 件，参与纠纷调解 207 件，协办公证、见证 178 件，代写法律文书 721 份，解答法律咨询 7450 人次，帮当事人挽回经济损失 123 万元，避免损失 162 万元。2000 年，为查处法律工作者违规违纪行为，取缔和打击“黑土”律师非法执业，市人大常委会、市委政法委、市法院、市司法局联合对全市法律服务市场进行整顿，查处“黑土”律师 20 人。

2001 年，进一步规范执业管理，律师、法律工作者持证上岗，亮证办案，接受职能部门和当事人的监督。是年，担任法律顾问 94 家，办理民事代理 408 起、经济案件 86 起、行政案件 25 件、刑事辩护 127 起、非诉讼代理 387 起，解答法律咨询 1723 人次，为当事人避免和挽回经济损失 890 万元。2003 年，坚持整顿规范、拓宽发展、加强服务的法律服务方针，注册 12 个法律服务所和 61 名法律工作者。担任法律顾问 62 家，代理诉讼事务 720 件、非诉讼事务 900 件，协办公证 67 件，代写法律文书 860 件，解答法律咨询 6000 余人次，为当事人挽回经济损失 300 万元。2005 年，打造亲民、利民、近民、便民的法律服务目标，全年代理各类法律事务 1845 件，非诉讼事务 1021 件，担任常年法律顾问 194 家，挽回经济损失 1502 万元。是年，市司法局设立市法律援助中心，办理法律援助案件 176 件，为困难群众减免代理费 18 万元，挽回经济损失 300 万元。杨市司法所获“全国模范司法所”称号。2006 年，市法律援助中心招聘法律援助联络员和志愿者 86 人，进行相关业务培训，在全市 20 个乡镇(街道)和民政、残联、妇联、律师事务所等组织机构建立法律援助工作站，形成市、乡镇(街道)、村三级法律援助工作网络,实现法律援助工作“四统一”:统一援助案件标准,统一受理法律援助案件,统一指派法律服务人员办理援助案件,统一监督检查援助案件质量。是年,办理各类法律援助案件226件。其中,民事案件212件,刑事案件13件,行政案件1件。解答法律咨询1875人次,发放宣传资料5000份,为困难群众减免代理费30余万元,为当事人挽回经济损失400万元。是年,法律服务所管理逐步规范化和正规化,制定基层法律服务工作制度,统一文书格式。是年9月,成立涟源市法律工作者协会,会员66人。2007年,在市侨联、市总工会建立法律援助工作站。拓展扶贫、济弱助残法律援助渠道。全年办理各类法律援助案件248件。其中,民事案件230件,刑事案件18件。解答法律咨询3000人次,发放宣传资料5000份,为困难群众减免代理费30万元,挽回经济损失400万元。是年,全市有注册法律服务所17家,法律工作者67人,全年办理民商事案件961件,提供法律咨询3000余人次,代写法律文书500余份,为当事人避免和挽回经济损失3000余万元。基层法律工作者办理法律援助案件180件,息访案件15件。

第四节 人民调解

1987年,全市有基层调解委员会(以下简称调委会,包括村、居、社区、企业调委会)1239个。其中,一类调委会804个,占调委会总数的65%;二类调委会396个,占32%;三类调委会39个,占3%。全年排查纠纷9215起,调解8863起,调解率95%,调解成功8624起,成功率97%。防止因纠纷引起的非正常死亡203起325人,防止群众性械斗422起,防止民事纠纷转化为刑事案件(简称民转刑)163起。翌年清明期间,全市派驻100多名干部到基层,预防和化解坟山纠纷300多起。

1992年,坚持“调防结合,以防为主”的民调工作方针,全市建立基层调解组织1241个。其中,一类调委会824个,二类调委会386个,三类调委会31个。全市发生民事类纠纷7693起,调处7639起,调解率为99%,调解成功7604起,成功率为99.5%。防止因民事纠纷引起的自杀165人、防止凶杀78起、防止大型群体性械斗12起、防止民转刑175起。1995年,市内撤区并乡,整顿基层调委会590个,以乡镇(街道)为单位,采取集体办案,以会代训等培训方式,举办学习班86期,5987名调解人员参加。是年,有基层调解组织1236个。其中,一类调委会829个,二类调委会387个,三类调委会20个。排查民事纠纷7121件,调处6975件,调处率98%,调解成功6746起,占95%。防止纠纷激化741起,防止自杀371人次,防止民转刑案件308件432人次。是年,第三届村民委员会换届选举,更换调解主任646人,充实调解人员1096人,义务调解员1547人,新建联防调解组织19个(其中,跨县市的3个,跨乡镇的16个)。排查各类民间纠纷8438起,调解8438起,调解率100%,调解成功8268起,成功率为98%。其中,村级调委会调解7718起,占91%。防止可能因纠纷引起的自杀137起,可能引起的民转刑案件218件435人,可能引起的群体性械斗48起1573人,可能引起的集体上访45起,避免经济损失118万元。

1997年,全市组织实施“千村万户创‘四无’(因纠纷处理得当,无刑事案件、无自杀、无群体性械斗、无集体上访),全民参与抓排查”活动,成立领导小组21个,召开专题会议68次,发布公告3950份,开展送法下乡85次,举办电视广播讲座42次,举办法制学习班82期,动员学生6845人上街宣传24次,出动宣传车132台,12个乡镇、800多个村达到“四无”。全年排查各类纠纷6866起,调解率100%,成功调解6717起,成功率98.7%。2001年,着重抓村级调委会规范化建设,各调委会由3~5人组成,做到有章子、有牌子、有本子。全市建立一类调委会835个,占调委会总数的67.6%;二类调委会401个;无三类调委会。是年,排查纠纷4214起,调处成功4172起,调解成功率98.9%,防止因纠纷引起的自杀75件75人,防止因纠纷引起的民转刑案件 65 起 143 人，防止群众性械斗 43 件，防止群体性上访 25 件 986 人。2003 年，着重抓重点时节、重点地段、重大纠纷排查调处工作。清明节前，全市成立应急分队 26 个，动员 2000 余人参加坟山纠纷排治，排查化解坟山纠纷苗头43 起。是年，排查纠纷 6749 起，调处 6638 起，防止因纠纷引起的自杀 67 起 67 人次，防止因纠纷引起的民转刑 46 起 980 人，防止因纠纷引起的群众性械斗 60 起 228 人，防止群体上访 14 起 870 人，避免和挽回经济损失 182.4 万元。2006 年，各乡镇(街道)成立人民调解领导小组，基层调委会建立调解庭，全面落实"六统一"(调委会名称、印章、固定调解场所标识、人民调解徽章、调解工作程序、调解文书格式统一)。全市有基层调委会 963 个，调解员 5266 人，调解小组 9090 个，纠纷信息员 9090 个，都统一登记办理工作证照。是年，按照"五个一"(一件纠纷、一位领导、一套班子、一个方案、一抓到底)工作方法，排查调解纠纷 8324 件，调处 8324 件，成功 8322 件，成功率 99.97%，其中重大纠纷 21 起。

2007 年，开展"司法行政大动员，化解矛盾促和谐"和"三调"(人民调解、行政调解、司法调解)联动以及在全市开展"万人排查促和谐，固本强基铸平安"的专项活动，成立"三调"联动工作领导小组，设立市社会矛盾纠纷调处中心。是年，排查矛盾 4505 起，全部调处，成功 4496 起，成功率 99%。全年没有发生重大民间纠纷激化和严重事件。

第五节 律师事务

1987 年，市法律顾问处有专职律师 5 人，兼职律师 2 人。是年，应聘担任政府、厂矿、企业单位常年法律顾问 60 家，为顾问单位办理法律事务 901 件。其中，民事诉讼代理 26 件，刑事辩护办理 102 起，经济诉讼代理 59 件，非诉讼调解 91 起，解答法律咨询 931 人次，代写法律文书 64 件。为受聘单位和当事人挽回经济损失 194.9 万元。1992 年，担任 25 家单位的常年法律顾问，办理经济法律事务 187 件，协助企业清理三角债 213 万元，刑事辩护代理 111 件，民事诉讼代理 200 件，行政诉讼代理 12 件，为受聘单位和当事人挽回经济损失 298 万元，避免经济损失 237 万元。1994 年，市法律顾问处更名市律师事务所，担任 26 家企事业单位的常年法律顾问，为顾问单位草拟、审查、修改合同 205 件，提供法律咨询 201 人次，解决顾问单位内部纠纷 125 件，办理刑事辩护 71 件，民事诉讼代理 123 件，行政案件代理 12 件，经济案件代理 115 件，处理非诉讼事务 450 件，为受聘单位和当事人挽回和避免经济损失 380 万元。是年，市律师事务所主任被市长聘为法律顾问，参与市里一些重大经济活动及决策。1996 年，市律师事务所更名湖南涟河律师事务所，新成立湖南华章律师事务所，两个律师事务所担任常年法律顾问单位 31 家，刑事辩护代理 67 件，民事诉讼代理 256 件，经济案件代理 100 件，行政案件代理 22 件，非诉讼代理 78 件，代写法律文书 170 份，为聘请单位和当事人挽回经济损失 486 万元。1997 年，两所为中型国有企业提供法律服务，重点为特困企业、破产企业提供法律援助，担任常年法律顾问单位 26 家，刑事辩护代理 105 件，民事诉讼代理 230 件，经济诉讼代理 73 件，行政诉讼代理 11 件，非诉讼调解 158 件，解答法律咨询 1865 人次，代写法律文书 135 份，为当事人和顾问单位挽回经济损失 519 万元。

2001 年，律师管理体制改革，湖南涟河律师事务所与行政体制脱钩，改为合伙制律师事务所，属社会中介机构性质，没有编制和经费，自负盈亏。是年，两律师事务所担任常年法律顾问单位 29 家，刑事辩护代理 159 件，民事诉讼代理 300 件，经济诉讼代理 131 件，行政诉讼代理 38 件，非诉讼案件代理 127 件，解答法律咨询 1500 人次，为顾问单位和当事人挽回经济损失 670 万元。2006 年 5 月 18 日，湖南涟河律师事务所因合伙人意见不一致，决定解散，注销登记，新成立湖南五环律师事务所。2007 年，湖南五环律师事务所解散，注销登记，新成立湖南振瀚律师事务所。是年，全市两家律师事务所有执业律师19人，担任常年法律顾问单位6家，刑事辩护代理27件、民商事诉讼代理104件、非诉讼事务代理70件，解答法律咨询530人次，代写法律文书99件，提供法律援助8起，为顾问单位和当事人挽回经济损失780万元。

第六节 公证事务

1987年，市公证处首次担任常年公证9家，办理公证684件。其中，涉外公证10件，经济合同公证318件，民事权益公证356件，经济合同总标的850.45万元。是年，业务收费7082元。1996年，建立奖励机制，将各项指标分解到人，进行考核计分，确保办证质量。办理各类公证908件。其中，国内经济类公证539件，民事公证311件，涉外公证58件。2004年，办理公证561件，通过办证审查、揭露和制止违法行为73起，避免经济损失83.56万元。2006年，接待来信来访216人次。办理公证598件。其中，民事类公证198件，经济类公证294件，涉外公证106件。拒办各类违法公证87件，避免经济损失110余万元。2007年，接待来信来访231人次。办理公证612件。其中，民事类公证209件，经济类公证198件，涉外类公证205件。业务收费7.26万元。拒办各类违法公证107件，避免经济损失213万元。

第七节 安置帮教

2000年，成立"两劳"（劳动改造和劳动教养）释放人员安置帮教工作领导小组和办公室，乡镇（街道）设立安置帮教站，村（居）成立安置帮教小组，对"两劳"回归人员及违法青少年进行帮教，建立安置帮教档案，全市29名"两劳"回归人员存档在案。2005年10月，市芙蓉生态种养场建成，为市内刑释解教（刑满释放、解除劳教）人员过渡性安置帮教基地。是年，过渡性安置帮教刑释解教人员52人。2006年6月21日，成立市安置帮教办公室，负责刑释解教人员安置帮教工作。随后，20个乡镇（街道）均建立刑释解教人员安置帮教工作站，各工作站达到"六有"（有专门工作人员、有专项经费、有牌子、有章子、有制度、有办公场地）。是年，安置帮教基地过渡性安置帮教刑释解教人员57人。2007年，市、乡镇（街道）、村三级刑释解教人员安置帮教工作网络形成，全部分门别类登记造册，输入电脑，逐人建立安置帮教管理档案，基本上无脱管、漏管现象。是年，市芙蓉生态种养场种植药材20公顷，养殖生猪500余头，年产值100余万元，过渡性安置帮教刑释解教人员69人。

2000—2007年，全市有1923名安置帮教对象。其中，刑释人员1319人，解教人员604人。

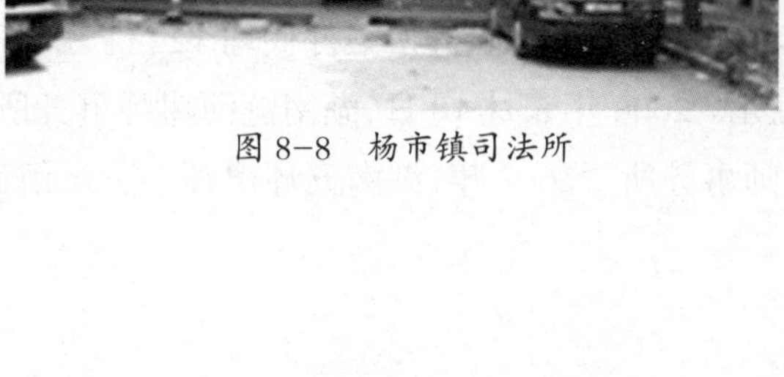

图8-8 杨市镇司法所

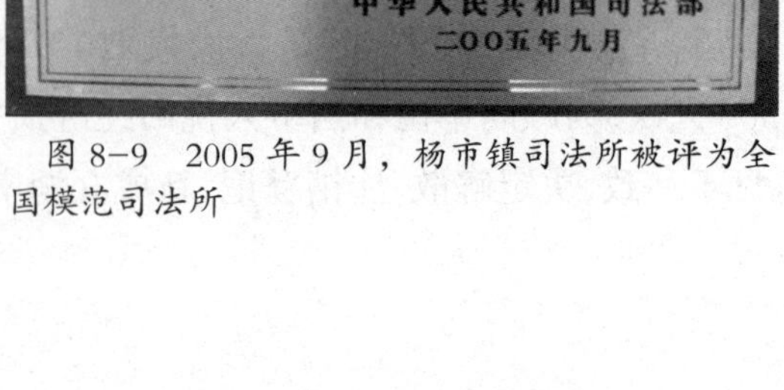

图8-9 2005年9月，杨市镇司法所被评为全国模范司法所

第九篇 武 装

第一章 武装机构

第一节 人民武装部

1987年,涟源市人民武装部(简称市人武部)为地方建制,副县级机构,内设办公室、军事科、政工科、后勤科,有专职武装干部20人,职工7人,区、乡镇(街道)、部门、企业人武部73个,专职武装干部83人。1995年,撤销区人武部,设20个乡镇(街道)人武部。1996年4月1日,市人武部由地方建制收归军队建制,称"中国人民解放军湖南省涟源市人民武装部"(简称市人武部),正团级,内设军事、政工、后勤3科。2007年,市人武部有专职武装干部8人,职工7人;有乡镇(街道)、部门、企业人武部32个,专职武装干部37人。

第二节 武装警察部队

武警涟源市中队 1987年,武警涟源市中队受武警娄底地区支队和市公安局双重领导,部队建制,正连级单位,编制35人,主要担负市看守所外围武装警戒、武装拘捕、武装追捕、处突反恐等任务。1992年6月,编制减为28人。2000年,增至38人。2007年,编制未变。

武警涟源市消防大队 1987年,武警涟源市消防中队隶属武警娄底地区支队和市公安局领导,部队建制,正连级单位,编制40人,担负全市的灭火救援工作。1996年2月,成立武警涟源市消防大队,下辖1个中队,正营级单位,编制27人,市公安局撤销消防股,其消防监督工作和消防中队的灭火救援工作由大队统一负责管理。2007年,编制25人。另有文职雇员3人,合同制消防员19人。

第三节 驻 军

62172部队 1987年,59758部队驻境内,正团级单位,隶属总后基地指挥部第四后方基地。1992年11月,第四后方基地撤销,部队隶属第二后方基地。1994年5月,第二后方基地撤销,部队隶属武汉后方基地。2000年10月1日,代号改为62172部队。

62198部队 1987年,59470部队驻境内,正团级单位,隶属总后基地指挥部第四后方基地。1992年11月,隶属第二后方基地。1994年5月,隶属武汉后方基地。2000年10月1日,代号改为62198部队。

62199部队 1987年,59471部队驻境内,正团级单位,隶属总后基地指挥部第四后方基地。1992年11月,隶属第二后方基地。1994年5月,隶属武汉后方基地。1998年10月,全军仓库装备管理现场会在59471部队召开,59471部队经验在全军推广。2000年10月1日,代号改为62199部队。

第二章 民 兵

第一节 组织建设

1987年，涟源市有民兵营923个，民兵10.99万人。其中，基干民兵营若干个，基干民兵若干人；普通民兵营866个，普通民兵9.61万人。1990年4月26日，为应付突发情况，确保安全，维护正常的生产和生活秩序，全市组建民兵应急连。应急连由省湘中机械厂、省湘峰机械厂、省煤矿机械厂等单位民兵组成，共111人。1991年，组建民兵特种分队，由7个厂矿65人组成。1994年，组训摩托化应急分队100人。1997年，增至两个连200人。1998年，扩编到2个连3个独立排340人。1999年，加强民兵应急分队、专业技术分队、抗洪抢险分队、民兵干部队伍建设，完善民兵预备役教育训练和保障体系，抓好党管武装、基层机构、法制建设等重要环节，强化管兵、用兵和练兵措施。全市有基干民兵若干人，普通民兵10.29万人。2000年，针对机构改革和企业转制等新形势，重点抓好民兵骨干队伍建设。所有民兵骨干分队分别编组，按一兵一职落实，互不交叉。健全教育、训练、组织活动和兵员管理等各项制度，提高遂行任务能力。2001年，组建侦察、通信、工程抢修、医疗救护、交通运输、伪装防护、邮电通信、车船维修、装备技术保障、装卸装载等专业技术分队和对口专业分队。2003年6月5日，省委常委、省军区司令员郑治栋，省军区政治部副主任胡建，至市人武部检查指导部务公开试点及正规化建设工作。2004年8月21日，中国人民解放军总后勤部政治委员、中将张文召到涟源视察62199部队。2007年，全市有民兵营950个，基干民兵连若干个，基干民兵若干人，普通民兵9.63万人，退伍军人预备役人员若干人，地方与军事专业对口预备役人员若干人，各类专业技术分队结构布局基本适应战时兵员动员。

图9-1 民兵训练

第二节 军事训练

1987年，全市民兵军事训练突出步兵分队训练和通信专业分队训练，步兵分队训练主要进行单兵队列、投弹、射击、战术理论集训，通信专业分队训练主要进行有线架设、电话站开设撤收、机务常识、电话转接及步兵共同科目训练，全年集训600人。1990年开始，按照《民兵军事训练大纲》，在市民兵训练基地集中进行分期分批轮训，每期训练30天。是年，分三批实训560人(女民兵占10%)。其中，步兵分队323人，通信分队189人，重机分队18人，军械修理分队30人。1991年6月9日—7月1日，民兵特种分队进行为期22天的特种训练，主要训练队列、操枪法、擒敌拳以及半自动步枪实弹射击，训练后参加娄底地区和涟源市纪念中国共产党诞生七十周年“七一”阅兵典礼。1992年3月17—20日，为选拔优秀人才参加省地军事三项全能竞赛，举办全市民兵军事三项全能(武装越野、射击和投弹)竞赛，20个代表队参加，省锻造厂获团体冠军。1995年，全市340名民兵应急分队队员和550名基干民兵进行军政训练，8名民兵参加娄底军分区通信分队集训，取得团体总分第二、两个个人第一的成绩。1996年5月，应急分队军事训练在涟源市第一职业中学完成，参加训练的100名民兵在"严打"斗争中发挥重要作用。2000年6—7月，组织340名民兵进行15天封闭式训练，主要训练队列、擒敌拳、投弹和射击，参加训练的民兵全部编入应急分队。2001年7月10日—9月10日，应急分队军事训练分三期集中在市人武部训练基地进行。9月15日—10月20日，组织通信专业技术分队的民兵进行以立杆天线架设开通电台、野战条件下电话开设和快速放线为重点的专业集训。是年实训民兵1010人。2003年，全市训练民兵895人。其中，基干民兵步兵分队308人，应急分队325人，对口专业分队262人。高中学校新生军训从8月24日开始，至9月6日结束，主要进行队列、射击训练以及国防知识教育。交通运输、邮电通信、医疗卫生、工程抢修4支对口专业分队，由市人武部派员指导，各分队自行组织在9月进行3~5天的共同科目和专业训练，经市民兵集训队考核验收，专职武装干部和基干民兵成绩均达到良好以上。2004年，全市对应急民兵分队进行两期军政训练，优先挑选复退军人和经过训练的男性公民126人参加。主要进行队列、射击、拳术、投弹等内容的训练，穿插民兵执勤、抗洪抢险、森林防火等应用技术的授课，学习有关高科技知识。2007年，基干民兵分7次参加军政训练。其中，步兵分队668人，专业技术分队92人，对口专业分队262人。

图9-2　民兵军事训练比武

图9-3　市一中学生军训

第三节　政治教育

1987年，采取集中、分散与刊授教育相结合的方式，对民兵进行"四有"(有理想、有道德、有文化、有纪律)教育、法制教育、革命传统教育、爱国奉献教育，增强国防观念。1990年，组织民兵学习党的十三届四中、五中全会精神，结合刊授教育，开展便民服务活动。1991年，在基干民兵中普及以《中国民兵》《民兵生活》为主要教材的刊授教育。是年，全市订阅各种刊授资料2500份，市人武部被总政、广州军区政治部评为刊授教育先进单位。1994年，组织民兵学习《邓小平文选》第三卷和《中共中央关于建立社会主义市场经济体制若干问题的决定》，着重抓民兵摩托化应急分队的政治教育。1995年，市人武部政工科编写、发放《基干民兵每季一课教育提示》，各基层人武部组织民兵营长集中备课，市人武部定期检查考核。各乡镇(街道)建立集学习、娱乐于一体的国防教育阵地，村建立"青年民兵之家"。1996年，市人武部与市委宣传部联合举办"迎接香港回归祖国"读书活动，开展答题、演讲竞赛活动，与市文化局联合举办红军长征60周年大型图片展览。1997年，市人武部政工科编写《认真学习贯彻党的十四届六中全会精神，大力加强社会主义精神文明建设》《喜迎香港回归,共创美好明天》《国家不能无防、国防不能无法》《认真学习党的十五大精神,开创民兵预备役工作的新局面》四课教育提示,下发基层人武部。在基干民兵集训时,邀请法律专家,给民兵讲授《中华人民共和国刑法》《中华人民共和国国防法》《中华人民共和国兵役法》。2000 年,以广州军区政治部印发的《参训民兵政治教育教材》和省军区政治部编印的《民兵教育读本》为基本教材,联系国际战略格局和台湾局势的发展变化、中国周边军事斗争形势,对民兵进行职能任务、形势战备、战争思想、国防观念、革命理想教育。教育民兵克服和平麻痹思想,树立职能意识和战备观念,增强保卫祖国的光荣感和使命感,确保广大民兵在思想上与中共中央保持高度一致。2002 年,按照“三个代表”重要思想的要求,加强以“爱党、爱国、爱社会主义”为核心内容的“三爱”教育。2004 年,全市投入 1.5 万元,下发 300 多块“青年民兵之家”“国防教育室”“基干民兵连部资料室”牌子,规范民兵思想教育阵地。开展战备教育和爱国主义教育,提高民兵反“台独”的思想认识,树立“台海必有一战,战则必胜”的信心。2005—2007 年,主要抓“四课”教育的落实,即《坚持党管武装原则,确保对民兵的绝对领导》《积极参加国防教育,不断增强履行根本职能的重要性》《充分发挥生力军作用,为全面建设小康社会做贡献》《加强思想道德修养,努力促进精神文明建设》。每年对基干民兵的政治教育不少于 4 次,对普通民兵不少于 2 次。对外出务工的民兵通过邮寄刊物和资料进行政治教育,在建军节、春节和全民国防教育日发送各种教育短信。

第四节 重大活动

一 维护社会治安和稳定

1989 年,全市成立 3 个民兵特种应急分队,维护社会治安。1990—1991 年,全市治安巡逻队发展到 76 个,配合公安部门维护社会治安,破获刑事案件 140 起,抓获犯罪嫌疑人 150 人,处理流氓斗殴等案件 350 起,罚款 15 万元。1993 年底,全市各级共建立民兵治安分队 1172 个,协助公安部门打击犯罪分子,保护人民群众的生命财产安全。1994 年,由 100 名民兵组成的摩托化应急分队成立,先后三次配合全市中心工作。是年,全市民兵参加严打斗争,护厂、护矿 1000 多次,打击破获各种犯罪团伙 25 个,挽回经济损失 150 多万元。1995—1996 年,配合公安部门打击车匪路霸、整顿农村社会治安,全市出动民兵 4314 人次,协助公安部门抓获各类犯罪嫌疑人 279 人。1998 年,全市民兵治安小组 1359 个,协助公安部门破获各种案件 25 起,抓获各类犯罪嫌疑人 185 人。至 2007 年,民兵治安小组遍布城乡,在重大活动和节日期间,组织应急分队执勤,维护社会治安,应付各种突发事件。根据季节特点制定节日战备防护、防火预案、防汛抢险方案、防暴治乱方案、武器装备仓库联防方案、民兵应急通信保障方案、危爆物品销毁方案,一有险情,便拉得出,用得上。

二 抢险救灾

1990 年 10 月 16 日,茅塘乡茅塘村和马溪村同时发生山林大火,市人武部接到市森林防火指挥部通知后,立即向省煤矿机械厂、省湘峰机械厂和荷叶区集训民兵下达扑火命令,300 多名集训民兵一个多小时赶到 30 多千米外的目的地。经过奋力抢救,山林大火得到有效控制。11 月,龙山林场小洋江工区职工周某某炼山失火,小洋江和凤凰工区民兵李志明、彭贤三、萧武强等 80 多人 13 分钟赶到 2 千米外的山火现场,经奋力扑救,受灾面积不到 0.07 公顷。1991 年 10 月,渡头塘乡铜铃村因高压输电线路故障引起森林火灾,市人武部闻讯后,6 名干部赶到现场指挥,渡头塘、石狗乡的干部、民兵、群众 300 多人奋力扑救,使周围 400 公顷杉木林地免受损失。1992 年 10 月 16 日,茅塘乡发生森林大火,市人武部立即组织省湘峰机械厂、省煤矿机械厂、荷叶区3个单位的民兵共400人参加救火。1993年4月19日，一辆三轮车在蓝田城区光明山大桥上翻车，车上13名群众不幸落水。市人武部组织民兵100余人迅速赶到出事地点，救出落水群众8人，打捞出尸体5具。其中，市酒厂民兵刘俊救出3名落水人员。1995年6月30日，蓝田地区暴雨成灾，部分街道被淹没，市人武部干部工人和省煤矿机械厂民兵应急分队，迅速赶到现场，抢救出遇险群众12人，转移价值达1001万元的物资。7月1日，石马山镇杨岭水库发生大面积塌方，严重威胁下游人民生命财产安全，市人武部专职武装干部、民兵200多人，连续奋战10个小时，排除险情。1996年6月1日和7月29日，全市两次发生特大洪灾，全体人武干部赶到灾区，组织驻地民兵和市民兵应急分队进行抢险。是年，市人武部出动民兵应急分队救灾1.2万人次，帮助群众修复房屋756间，恢复稻田485公顷。1998年5月21日零时30分，市防汛抗旱指挥部向人武部下达组织民兵应急分队参加白马水库和铁甲冲水库抢险的命令。市人武部迅速组织干部民兵256人、车辆12台抵达险情现场，5个小时疏通溢洪道2处，堵塞溢洪道缺口1处，耗土石方3000立方米。2000年7月29日，市城区蓝田市场突发火灾，100余家店铺，数百万元公私财产受到严重威胁。市人武部调集消防车辆4台，组织石马山镇、六亩塘镇、蓝田街道、省煤田地质局第二勘探队、省一六九化工厂、洪源机械厂民兵130人，参加灭火和维持秩序。2002年1月1日，七星街镇和伏口镇交界处林地突发火灾，市人武部干部带领民兵400余人参加灭火，13个小时后将山火扑灭。5月22日凌晨，白马镇铁家冲水库出现塌方，大坝随时有垮塌危险，水库下游几万人的生命危在旦夕。市委、市政府向市人武部下达组织民兵应急分队抢险的命令。市人武部干部率领民兵应急分队150人火速赶到现场，经过6个小时奋力抢险，装填土石200多立方米，使险情得到控制。2004年2月14日，渡头塘乡发生山林火灾，市人武部在接到命令后，42分钟组织230名民兵应急队员赶到火灾现场，10个小时将大火扑灭。2005年，蓝田街道、白马镇、茅塘镇和七星街镇有8个村因村民扫墓引发山林火灾，市人武部组织出动车辆13台，民兵423人，开赴8个火灾点，在当晚8时左右，将各处山火全部扑灭，挽救27公顷山林。2005年，5月31日晚至6月2日，全市发生特大洪灾，市人武部组织民兵预备役人员参加抢险救灾1570人(次)，疏散和解救群众3000多人，搬运家具5000多件，运送救灾食品和物资20多吨。其中，赴重灾区荷塘镇4批740人(次)，出动车辆20台(次)，查看并协助处置水库溢洪道险情2处，疏通严重堵塞的河道2处(近100米)，运送大米、面条、矿泉水、棉被等食品和救灾物资13吨，清理倒塌房屋1处，搜救失踪人员2天，帮助灾民清理转移家具5000余件。

图9-4　应急分队在荷塘镇救灾

第三章 兵 役

第一节 兵役登记

一 义务兵役登记

1987 年，全市 18~21 周岁（大专毕业以上文化程度的放宽至 22 周岁）年龄段内没有参加过兵役登记的男性公民，不分民族、职业、家庭出身、宗教信仰、教育程度，都参加兵役登记。根据适龄公民的政治、身体、家庭劳动力和在校学习情况，分应服兵役、缓服兵役、免服兵役、不得服兵役四种类型，分别登记造册。至 2007 年，全市兵役登记无错漏、无逃避现象。

二 预备役登记

退伍军人预备役 1988 年 10 月，市人武部对全市预备役人员进行登记，其中退伍军人服预备役 6594 人。1996 年始，对退伍军人服预备役的登记统计工作进一步规范化、制度化，每年 6 月 30 日，对登记服预备役的退伍军人进行一次核对。2007 年，全市有退伍军人预备役人员××××人。

地方与军事专业对口技术人员预备役 1987 年，全市服预备役的地方与军事专业对口技术人员 1907 人。2000 年，2632 人。此后，秉着专业对口、突出重点、注重实用、规范统一的原则进行相应调整，突出重点行业和重点专业，主要登记培训周期长、战时部队急需而又短缺的专业，特别是海军、空军和二炮等对口技术专业，对技术含量不高的普通专业，尽可能地少登记或者不登记，以提高兵员储备质量。2007 年，减少到 915 人。

第二节 兵员征集

1987 年，全市征集新兵×××人。1990 年春季征兵，全市 18714 名青年踊跃报名，×××人被批准入伍。其中，城镇待业青年×××人，占新兵总数 77.91%；高中毕业以上文化程度的青年×××人，占新兵总数 45.81%。是年冬季，全市又征集新兵 361 人。其中，女兵 1 人；城镇待业青年×××人，占新兵总数 21.88%；高中毕业以上文化程度的青年×××人，占新兵总数 56.7%。1991 年始，征兵工作安排在冬季完成。1997 年，全市 4909 人报名应征，×××人入伍，其中××人进入西藏。1998—2007 年，全市每年约×××名新兵入伍，高中毕业以上文化程度的青年占绝大多数。

第四章　国防教育与人民防空

第一节　国防教育

一　组织机构

1989年12月,中共涟源市委两次召开常委会、市人民武装委员会(简称市武委会)、市人武部党委会和有关部门的联席会议,专题研究全民国防教育问题。1990年2月,市国防教育委员会(简称市国教委)成立,下设办公室。2007年,机构未变。

二　国防教育活动

1988年,市人武部、市武委会召开议军会,决定市处级以上干部进行军事训练。1990年2月,市委组织村党支部书记进行国防培训。1991年5月19日,全市组织市国教委和市武委会成员30余人开展"军事日"活动,进行五四式手枪和五六式半自动步枪实弹射击比赛。6月30日,市国教委与市委宣传部、团市委联合举办以"爱党、爱军、爱社会主义"为主题的板报、专刊比赛,全市33个单位参赛,在城区人民路举行为期两天的板报、专刊展览。1992年征集新兵期间,全市开展以"增强国防观念,为部队输送高质量兵员"为主要内容的国防教育宣传月活动。各区、街道、乡、镇、厂矿,以及市属各单位,利用会议、广播、墙报、黑板报、电影、电视、报纸进行宣传教育。全市出动宣传车82台次,印发国防教育材料2010份,张贴标语20010条,举办国防教育图片展览401场次,开设国防教育专题广播讲座89期,电视宣传28次,出黑板报、墙报273次。1995年7月2日,市人武部组织乡镇(街道)党委书记进行军事比武活动,开展五四式手枪和五六式半自动步枪实弹射击比赛。市国教委摄制播放反映涟源市国防后备力量建设、国防教育活动等专题新闻电视片16场次,为光缆施工部队、民兵、学生放映国防教育题材电影15场次,与市教育局联合,在涟源市第一职业中学开办预备役军人班,招收学员90人。1996年,为纪念红军长征胜利60周年,在光明山大操坪开展"爱祖国、爱人民、爱军队"的歌咏比赛,有81支代表队3000余人参加演唱,市委、市政府所有机关干部,各单位的党政"一把手"参加比赛,观众3万余人次。2004年9月上旬,市委、市政府组织干部、群众、学生近10万人参加国防知识竞赛,开展以"爱中华、奔小康、强国防"为主题的国防知识电视抢答赛,9月15日,在涟源湘剧院进行决赛,1200多人观看比赛。2005年8月6日,市人武部和市委宣传部联合举办庆祝抗日战争胜利60周年文艺晚会,省艺术团专程来涟源演出。2007年,全市开展国防知识竞赛,党政领导干部、教职员工、工人、农民、学生等1.5万人参加,评出一等奖10名,二等奖15名,优秀奖30名。

图9–5　涟源市纪念抗战胜利六十周年文艺晚会

第二节 人民防空

一 组织机构

1987年11月1日，市人民防空办公室(简称市人防办)归口市建设委员会。1996年3月，被确定为行政副科级单位，内设办公室、工程管理股、指挥通信股、法规股、财务股。定编2人，编外职工9人。2003年3月，被确定为正科级全额拨款事业单位，归口市政府办公室，定编6人，编外职工14人。2007年，有干部、工人21人。

二 人民防空工程

1987年，市人防办按照人民防空实行“长期准备、重点建设、平战结合”方针，开发利用某某地方的人防工事，开发利用面积8157平方米，开发项目有洞内种植蘑菇、天麻，储存水果，把口部房出租给人经商，每年收入4万元。1996年，普查全市人防工程，绘制《涟源市人防工事分布图》《涟源市×××××人防工事平面图》《湖南×××××人防工事平面图》《××镇人防工事平面图》等二号图幅。全市人防工事总面积38853平方米，可使用面积28327平方米。其中，××××面积26181平方米，可使用面积17701平方米；其他分布于×××镇、×××镇、××镇、×××厂、×××××厂、××××××厂。1997年5月29—30日，召开全市人防工作专题座谈会，研究决定人防综合指挥楼筹建选址及审批手续办理工作。1999年12月28日，人防综合指挥楼竣工，地址在×××，建筑总面积1560平方米，总投资130万元。1996—1999年，市人防办投入近100万元，用于防空洞清淤、排水，抢修加固及口部房建设，建成×××口部房×处，×××口部房、×××口部房。建立对××××人防工事按季下洞巡查制度，全面掌握××地下人防工程情况，组织维护、抢修，保证人防工事使用效能。2007年，市人防办对重要防空洞口部进行警示挂牌标注，加强维护措施，增强广大市民对人防设施的保护意识。

图9-6 防空洞

三 人民防空通信警报

1999年，电动警报器安装在市人防办综合指挥楼房顶。2001—2003年，先后在市政府办公大楼及市人防办综合指挥楼安装功率2千瓦的电声警报器。2004年和2005年，先后在中国人民财产保险股份有限公司涟源支公司办公楼顶层和市委党校办公楼顶层安装功率2千瓦的电声警报器。2005年，市人防办建立警报设施管理制度，明确管理人员职责，建立警报设施管理档案资料。根据省人民政府规定，每年11月1日为警报试鸣日。警报鸣放方式为预先警报(3分钟)、紧急警报(3分钟)、解除警报(3分钟)。试鸣时间9分钟。每年试鸣前3天，以市政府名义通过电视台进行公告。

图9-7 电声警报器

第五章　拥政爱民

第一节　消　防

一　人员及装备

1987 年，市公安局设消防股，负责消防监督；武警涟源市消防中队负责灭火救援。1996 年 2 月，撤销消防股，武警涟源市消防中队升格为武警涟源市消防大队，下设 1 个中队，实行军事化管理，人员由现役军人充任，有官兵 27 人。1998 年，购置 1 台 3 吨东风 140 水罐消防车。1999 年，购置 1 台加长水、泡沫联用消防车。2005 年，购置 1 台东风小霸王装备车。2006 年，购置 1 台 8 吨东风斯太尔王大功率水罐消防车。2007 年，武警涟源市消防大队有官兵 25 人。其中，干部 7 人，战士 18 人。另有文职雇员 3 人，合同制消防员 19 人。大队机关有防火监督干部 5 人，列管全市 102 家消防安全重点单位，指导全市 20 个乡镇(街道)派出所的消防监督工作。有消防执勤车 4 台。其中，水罐消防车 3 台(斯太尔王大功率消防车 1 台，东风 140 消防车 2 台，总载水量 14 吨)，执勤装备车 1 台。随车配置有空气呼吸器、呼救器、堵漏器材、便携式燃气切割机、机动泵、剪扩器、开门器、无齿链锯、火场照明灯具等器材，另有防护服、重型防化服、轻型防化服、避火服、移动炮、无齿锯、脉冲式水枪等一批特种器材和 50 余种常规消防器材装备。

二　消防出警

1987 年，全市发生火灾 11 起，无人员伤亡，财产损失 1.45 万元。1991 年 4 月 16 日，市皱纹纸厂发生火灾，烧毁成品车间一栋、皱纹纸 200 多吨，经济损失近 100 万元。2000 年 7 月 29 日下午 18 时 20 分，蓝田市场交易大楼二楼家具行因烟头引发火灾，100 余家店铺及摊位，数百万元财产受到严重威胁。中共娄底市委、市政府和涟源市委、市政府领导赴火灾现场指挥，调集 9 个消防中队 11 辆消防车，232 名消防指战员及 340 名公安干警参加灭火，至 21 时 50 分，大火基本扑灭。73 个摊位、20 个门面和 4 家住户严重受损，过火面积 2323.6 平方米，直接财产损失 192.7 万元。2007 年 4 月 3 日上午 9 点 40 分，市五江购物中心全友家私城因用火不慎引发火灾，9 点 45 分市消防大队赶赴现场，成功扑灭大火，解救 4 名被困人员，火灾过火面积 597.4 平方米，直接财产损失 29.82 万元。是年，全市发生火灾 56 起，无人员伤亡，直接财产损失 49.19 万元。1987—2007 年，市消防大队(中队)接警出动 1610 起(其中灭火 432 起，抢险救援 1178 起)，出动车辆 2859 台次，出动警力 22765 人次，抢救被困人员 116 人，疏散被困人员 218 人，抢救财产价值 3987.8 万元。

图 9-8　消防出警

1987—2007 年涟源市主要火灾事故

表 9-1

年度	起数	死(人)	伤(人)	财产损失(万元)	年度	起数	死(人)	伤(人)	财产损失(万元)
1987	11	—	—	1.45	1998	11	—	—	45.20
1988	12	—	1	2.29	1999	10	1	1	47.00
1989	19	—	3	3.45	2000	37	3	4	250.49
1990	15	—	4	9.38	2001	17	—	1	90.42
1991	8	1	4	105.29	2002	25	2	15	45.06
1992	11	1	2	11.30	2003	35	—	—	39.75
1993	7	—	—	3.14	2004	40	2	6	53.96
1994	4	—	3	5.10	2005	38	—	—	42.98
1995	8	—	—	13.60	2006	51	—	—	42.08
1996	12	—	1	43.70	2007	56	1	—	49.19
1997	13	3	—	12.00					

三 消防宣传

1987 年,市消防中队在重大节日、安全活动月、“119”消防宣传周,采用设立消防咨询点、发放传单、张贴宣传挂图、悬挂横幅等方式进行消防宣传。此做法以后每年采用。2004 年 6 月 4 日,省消防总队文工团来涟举行“烈火忠魂”演出活动,大队组织各有关单位 1000 余人观看演出。7 月 29 日,大队与蓝田市场共同举办“纪念蓝田市场特大火灾四周年”消防安全知识抢答赛。11 月 9 日,市政府在消防大队召开“119”消防宣传动员大会,全市 80 家单位主要负责人参加会议。2005 年 3 月 10 日,市消防大队制定涟源市消防宣传“四进”(进社区、进学校、进企业、进农村)工作方案。6 月下旬,市政府召开公安、消防、综治、教育、民政、司法、文化、广电、农业及乡镇、村和消防安全重点单位领导参加的专门会议,部署“四进”工作。2007 年 11 月 9 日,市消防大队与安监、农机、技监、交警等部门单位走上街头,设立消防咨询点,开展消防安全知识宣传。是年,发放传单 15000 份、张贴消防挂图 700 多幅。

四 消防监督执法

2000 年初,市消防大队联合公安、工商、文化等单位开展公共娱乐场所专项治理和公共聚集场所安全疏散专项治理,检查单位和场所 156 个,查出火险隐患 116 处,查封公共娱乐场所 32 家,处罚 6 家,罚款 12000 元。在进行违法建筑专项治理中,查出 1997 年后的违法建筑 63 栋。其中,58 栋补报建审手续,3 栋为半拉子工程,2 栋报请政府查封。3 月,市政府批准《涟源市城市消防规划》。“7·29”蓝田市场特大火灾事故后,市政府先后召开 5 次专门会议,落实 58 个消火栓安装经费,年底前安装完毕。2002 年 3 月 23 日,市防火安全委员会召开有关部、委、局、各乡镇(街道)及派出所参加的会议,落实公安部《机关、团体、企业、事业单位消防安全管理规定》，重新界定225个重点单位。8月，市消防大队会同市成品油整顿办、技监、石油、国税、工商等部门联合执法，对全市易燃易爆化学危险物品场所进行消防安全大检查，取缔非法加油站32家。

2004年5月20日，市政府召开农村消防工作会议，市政府与各乡镇（街道）签订消防工作责任状。国庆消防安保期间，对全市公众聚集场所和消防安全重点单位进行重点排查，检查单位83家，下发《责令限期改正通知书》15份，《复查意见书》12份，《责令当场改正通知书》8份，对湘西情酒店、湘里人家酒店、青年突击队歌厅等8家违反消防安全规定的场所进行立案查处，消除火灾隐患68处。2007年，市消防大队先后开展消防产品、火灾隐患排查整治和"三合一"场所（原材料库、成品和半成品库、工人宿舍或生产流水线集中在一个车间内）等专项整治活动，在元旦、春节、五一、十一、市庆20周年等重大节日以及十七大期间，共成立检查组32个，对106家消防安全重点单位和218家非重点单位进行消防监督检查，发现隐患1320处，整改1272处。下发《责令限期改正通知书》79份，《复查意见书》78份，《重大火灾隐患限期整改通知书》1份。实施行政处罚案件立案54件，责令"三停"(停止施工、停止使用、停止营业)单位33家，警告45人，罚款11.9万元，申请法院强制执行2起。

第二节　参加地方经济建设

1987—1996年，驻涟部队利用自身装备、技术、场地优势，支援当地开矿办厂、修公路，累计无偿资助地方80万元，提供低息贷款100余万元，帮助驻地创办经济实体15个，年产值1500万元，为地方培养各类技术人才520名。59471部队无偿提供技术力量，帮助涟源钢铁厂销毁30多吨废炮弹、炸弹。1997年，驻扎在杨市镇的59758部队和市民政局、市公路局、市人武部共同组建军民管养站，共同担负养路经费，军地投资近200万元整修太杉公路。1999年9月，59471部队投资200万元与驻地田湖轧钢有限公司共建同甘水泥公路。11月，59470部队出资60万元支援驻地建设三五变电站。是年，59470部队和驻地村被省民政厅授予"军民联防安全小区"称号。2000年8月，59470部队援助2万余元，修建驻地公路。2001—2007年，驻涟部队援助资金200多万元，帮助驻地群众修建公路6千米，水渠4千米，修复桥梁8座，架设有线电视线路6千米。

图9-9　驻涟62172部队和杨市镇共同修建的公路

第三节　参加地方文明建设

1988年8月，驻涟59471部队、59194部队中心门诊部被省政府、省军区评为湖南省拥政爱民先进单位。1995年5月8日，参加"福长贵成"光缆工程施工的广州军区53215部队3营240名官兵为市希望工程捐款3605元。1996年，59758部队和市民政局双双被国家民政部、解放军总政治部评为军民共建社会主义精神文明先进单位。1999年8月，59471部队参与娄底市纪念建军75周年"从军行"联欢晚会，表演小品、舞蹈节目。10月，参与"保护母亲河行动"，为黄河绿化捐款3880元。2002年4月30日，与驻地联合举办"庆祝中国共青

图 9-10 为驻地学校师生上国防教育课

团成立 80 周年文艺晚会”。2005 年,为市光荣院老人“送温暖、献爱心”捐款 4700 元,捐赠衣物 210 件。2006—2007 年,62172 部队捐赠 30 余万元，帮助驻地 5 所学校整修校舍，修建篮球场，改善办学条件，派出 102 名优秀官兵到驻地学校义务担任校外辅导员和军训教官，为学生上辅导课 120 次、训练学生 7000 余人。62198 部队开展为驻地群众“送温暖、献爱心”活动，捐款 1 万余元，捐衣物 6000 多件，为驻地敬老院五保老人看病、理发、打扫卫生。编发宣传手册 1000 余份,为驻地学校及其他企事业单位上国防教育课 20 堂次。

第四节 抢险救灾

1994 年 8 月 9 日，仙洞乡增加煤矿发生老窑穿水事故,59470部队 20 名从未下过矿井的战士冒着生命危险抢救出 19 名井下矿工。1995 年 6 月 30 日—7 月 2 日,境内遭受洪灾,蓝田城区老街被淹,武警、消防、人武部、驻涟部队官兵急奔现场抢险抗灾,连续奋战 5 个小时,直到灾情缓解。洪灾过后,59758部队全体官兵、职工、家属,向灾区人民捐款 8000 元。7 月 21 日上午,59470部队为救灾捐款 5000 元。部队医院为驻地群众修建排水沟 200 多米,为孤寡老人和残疾人捐款捐物计人民币 1 万余元,为市光荣院送药价值 5000 多元,无偿接送病人出车 100 多台次，为驻地文艺路居委会八组和五组铺设自来水管道 4000 多米。1996 年 2 月，59471 部队官兵先后两次扑灭红仙林场特大山火,保护近 200 公顷松杉林。6 月,全市遭受严重洪灾,59470 部队迅速发动全体官兵捐款献爱心,募捐现金 4000 元。其中,个人捐款 2750 元,集体捐款 1250 元。是年,各部队成立 57 个学雷锋小组,先后为地方群众治病 2.5 万人次,修理农机具 7000 多件。1998 年 5 月 21 日深夜,境内遭受特大洪灾,省水利重点工程白马水库大坝出现险情。59758部队 100 名官兵冒着暴雨连夜赶到现场,经过 8 小时奋战,排除两处管涌险情,确保大坝安全。2002 年 3 月,62198部队得知驻地发生森林火灾后，立即组织 90 余名官兵赶赴火灾现场,连续奋战 6 个多小时,扑灭森林大火,挽回经济损失 100 万余元。2005 年 5 月 31 日至 6 月 2 日，荷塘镇发生特大洪灾,9 个村 1 万多群众被洪水围困。经过抢险突击队和驻涟部队奋力抢救，被洪水围困的群众及时得到解救。洪灾过后,驻涟军警捐款捐物,帮助灾区人民实行生产自救,重建家园。

图 9-11 2005 年 6 月,驻涟部队参加抢险救灾

第十篇　编制　人事　劳动和社会保障

第一章　机构编制

1987年,涟源市编制委员会为主任制。1991年4月,成立市机构编制领导小组,下设办公室。1992年7月,撤销市编制委员会和市机构编制领导小组,成立中共涟源市委机构编制委员会,下设办公室,定编3人,实有1人。1994年10月,市委机构编制委员会办公室更名市机构编制委员会办公室(简称市编委办),列为市委工作机构,定编3人,下设市机构编制事务所。1996年10月,市编委办内设综合组(加挂事业单位法人登记管理办公室牌子)、机构编制组,定编5人,下设市机构编制事务所,定编2人。2000年11月,市事业单位法人登记管理办公室更名市事业单位登记管理局,与市编委办实行两块牌子、一套人马,合署办公。2003年5月,市机构编制事务所撤销。2007年,机构设置未变,定编8人。

第一节　机构改革

一　市直机构改革

1987年,市委工作部门5个,市政府工作部门44个,市人大常委会、政协、纪委、检察院、法院和工会、团委、妇联、科协等群众团体机构按照党章、宪法和有关规定设置。1993年,市委工作部门5个,市政府工作部门54个。

为适应建设社会主义市场经济需要,1994年8月,市直机关机构改革启动,重点"转变政府职能、实行政企分开;合理界定职能,理顺各种关系;大力精兵简政,提高工作效率"。年末,市直党政机构设37个,比调整改革前减少22个,精简37.3%。新的市委工作机构6个:市委办公室、组织部、宣传部、统战部、政法委员会、机构编制委员会办公室;市政府工作机构31个:市政府办公室、经济委员会、建设局(建设委员会更名)、计划物价局(计划委员会与物价局合并)、科学技术局(科学技术委员会更名)、教育局(教育委员会更名)、公安局、司法局、民政局、财政局、人事局、劳动局、交通局(交通委员会更名)、农业局、林业局、水利水电局、文化局、卫生局、计划生育局(计划生育委员会更名)、监察局、审计局、财贸工作办公室(财贸委员会更名)、乡镇企业局(乡镇企业经济委员会更名)、统计局、工商行政管理局、国土管理局、地方税务局、粮食局、农村工作办公室(农业委员会更名,与市委农村工作部合署办公)、技术监督局、环境保护局。事业机构10个:广播电视局、房地产管理局、农业机械管理局、畜牧水产局、体育运动委员会、档案局、机关事务管理办公室、公路管理局、旅游局、老干部工作局。商业局、轻工业局、物资局、供销合作社联合社、对外经济贸易局转为经济实体。1995年初,各单位领导班子成员调整到位,机构运转基本正常。1996年3月,对市直机构重新调整:国土管理局与地质矿产局分设;计划物价局分设计划委员会和物价局;建设局复名建设委员会;交通局复名交通委员会;组建外事外经办公室,招商引资办公室更名招商引资局,外事外经办公室、招商引资局、旅游局合署办公;经营管理总站更名农村合作经济管理局,蔬菜办公室更名蔬菜管理局。机构设置完善后,进行“三定”(定职责、定内设机构、定人员编制和领导职数)和人员分流。人员分流途径有:成建制转为经济服务实体,及时办理离、退休手续或按上级规定提前离岗,机关后勤服务社会化,动员专业技术人员归队,辞退借调、雇请人员。是年,批复“三定”方案68个。

2002年7月16日,为转变职能、理顺关系、精兵简政、提高效率,逐步建立廉洁高效、运转协调、行为规范的行政管理体系,市直机关启动新一轮机构改革,市委工作机构7个,市农村工作领导小组办公室在市委工作序列运作。市政府工作机构减少为22个:市政府办公室、发展计划局(计划委员会更名)、经济工作局(经济委员会更名,乡镇企业局部分职能并入)、教育局、科学技术局、公安局、监察局(不占政府机构限额)、民政局、司法局、财政局、人事局、劳动和社会保障局(劳动局更名)、国土资源局(国土管理局和地质矿产局合并)、建设局(建设委员会更名)、交通局(交通委员会更名)、水务局(水利水电局更名)、农业局、林业局、文化局、卫生局、计划生育局(计划生育委员会更名)、审计局、环境保护局。部门管理机构4个:市委老干部局、信访局、统计局、煤炭工业管理局。党政直属事业机构调整至16个:市委党校、接待处、贸易工作办公室、广播电视局、档案局、体育局、外事招商旅游局、粮食局、农业机械管理局、畜牧水产局、农村合作经济管理局、房地产管理局、乡镇企业局、蔬菜管理局、机关事务管理局、安全生产监督管理局。撤销市轻工、物资、商业3个经济实体性总公司,保留其行业管理办公室作为过渡机构,分别由市经济工作局、发展计划局、贸易办公室管理。群团机构设置不变。到2003年上半年,市直机构“三定”方案全部批复到位。

2006年8月21日,市委、市政府发布《涟源市人民政府机构改革方案》。主要目标是调整和完善政府机构设置,科学规范政府部门职能,逐步形成行为规范、运转协调、公正透明、廉洁高效的行政管理体制。市政府工作机构增加至24个(新增商务局,安全生产监督管理局由党政直属事业机构转为市政府工作机构)。发展计划局更名发展和改革局,计划生育局更名人口和计划生育局。市政府法制办公室调整为部门管理机构;蔬菜管理局和乡镇企业局调整为副科级事业机构,归口农业局管理;新设财税金融工作办公室;撤销贸易工作办公室、外贸行业管理办公室、商业行业管理办公室、物资行业管理办公室、轻工行业管理办公室。根据机构调整,进行相关职能整合。人员编制核定按“人随事走”、不超总额、整合职能、新设机构人员编制按“只减不增、不改变类别、不改变身份”原则办理。是年底,改革涉及单位“三定”方案全部批复到位。

2007年底,全市市直机构55个。其中,市委工作机构7个:市委办公室、组织部、宣传部、统一战线工作部、政法委员会、机构编制委员会办公室、农村工作部(农村工作领导小组办公室);市政府工作机构25个:市政府办公室、发展和改革局、经济工作局、教育局、科学技术局、公安局、司法局、民政局、监察局(不占机构限额)、财政局、人事局、劳动和社会保障局、国土资源局、交通局、建设局、水务局、农业局、林业局、文化局、卫生局、人口和计划生育局、审计局、环境保护局、安全生产监督管理局、商务局、扶贫办(临时行政机构);部门管理和议事协调机构6个:老干部局、信访局、政府法制办公室、煤炭局、物价局、统计局;党政直属事业机构17个:市委党校、市接待处、财税金融工作办公室、广播电视局、机关事务局、档案局、体育局、外事招商旅游局、粮食局、农业机械管理局、畜牧水产局、农村合作经济管理局、房地产管理局、城市管理局、规划局、人民防空办公室、供销合作社联合社。

二 乡镇(街道)机构改革

1987年末,全市共设7个区、46个乡镇、3个街道。1995年1月,全市撤区并乡建镇,原行政区划调整为19个乡镇、1个街道,精简60%。市直部门派驻区、乡、镇、街道的农技站、水利站、林业站、农机站、畜牧畜医站、卫生管理站、医院、广播站、教育办(学区)、交通管理站、计划生育办、经营管理站、企业办、文化站、司法所、财政所、国土所、民政室等服务性机构的人财物和工作指挥协调权全部下放归乡镇(街道)管理。乡镇和主管部门双重领导的粮食站、农电站,以乡镇管理为主;派出所、法庭、工商所、国税所、保险站以主管部门管理为主。是年3月到年底,完成乡镇(街道)机构设置和"三定"工作。按照"小机构、大服务"要求和"精简、统一、效能"原则,乡镇党委、政府内设党政办、政法办、经贸办、社会发展办、人武部。

2003年11月,实施新一轮乡镇(街道)机构改革。各乡镇(街道)设置党政办、综合治理办、计划生育办、民政办、公安派出所、司法所、财政所。事业机构有:教育办(学区)、卫生院、国土管理所、计划生育技术服务站、林业站、畜牧水产站、农村经营管理站、农业综合服务站、文体广播电视站、企业和劳动保障站、煤炭安全监察站,11个乡镇原设立的建设管理办公室更名建设管理站,按原体制运作。乡镇(街道)事业站(所)共精简80家,精简22%。是年底,各乡镇(街道)"三定"方案批复到位。

第二节 编制管理

1987年,市编制委员会由市长和市委分管党群的副书记、常务副市长、组织部长以及编制、人事、劳动、财政等部门负责人组成。单位调入人员,经市编制委员会集体研究,由编委主任签字,下发《核编准调通知单》。1991年,市机构编制领导小组作出"进人服从计划,计划服从编制"的规定。1995年9月,市委、市政府制定《关于机构编制管理的规定》,规定行政、事业单位机构编制统一管理,实行专项审批,坚持"三个一"制度,即凡是有关机构编制的事项由机构编制部门一家承办,有关机构编制的批复由机构编制部门一家行文,有关机构编制的重大问题由编委集体研究后主要领导一支笔审批。同时,与组织、人事、财政、劳动等有关部门相互协调配合,共同建立控制人员膨胀的工作机制。完善机构编制管理与财政预算管理互相配套的约束机制,坚持只有在机构编制部门审核同意设置的机构和核批的编制数额与使用范围内,人事部门才能核定人员和工资,财政部门才能列入预算范围并核拨经费。1998年6月,根据省、地关于"严格机构编制管理秩序,机关进人原则上冻结,事业单位进人严格控制"的总体要求,市委、市政府发出《关于加强机构编制和人员异动管理的通知》,重申"计划服从编制、增人服从计划、配员服从结构"的原则,凡机关事业单位增加工作人员,必须在人员编制和增人计划限额内进行。市编委把守机构审批关、机关事业单位人员"进口关",控制人员无序增长。坚持机构编制集体领导、分管领导把关、"一支笔"审批的工作制度。2003年8月开始,实施《关于进一步加强机关事业单位机构编制和人员管理工作的规定》,机构编制工作实行统一领导,坚持归口管理,严格审批权限;控制机构编制,执行"三定"规定,控制机构编制数量,坚持编内进人;进一步完善机构编制管理与财政预算管理互相配套的约束机制;依法加强事业单位的登记管理工作;聘用和调整工作人员,实施编制管理。2007年,推行机构编制实名制管理制度,健全机构编制管理工作考核和评估制度,将机构编制管理列入对市直机关和乡镇(街道)年度目标责任制考核内容。

第三节 编制核定

行政单位编制核定 1987年,全市行政编制和专项编制2210名。其中,市直党政群机关行政编制684名,区(街道)、乡镇机关行政编制1039名,政法机关专项编制487名。1995年,上级分配涟源市的行政编制为:市直机关782名,政法专项编制664名,乡镇(街道)机关1039名。是年,机构改革调整配备行政编制的单位、市直党政群机关的行政编制按规定核定。市委工作机构110名,政府工作机构546名,人大、政协及群团机构87名,尚余39名编制;政法专项编制664名,按比例核定到公、检、法、司;乡镇(街道)行政编制1039名,按人口、财政收入、面积等核定到各乡镇(街道)。为弥补行政编制不足,核定市直机关财政全额事业编制260名。至1998年,全市行政编制数没有增加。2002—2003年机构改革,市直机关行政编制由782名精减至561名,精减23%;乡镇(街道)机关行政编制由1039名精减为849名,精减20%,另外核定乡镇(街道)财政所行政编制128名,乡镇(街道)行政编制合计977名;市直政法部门机关专项编制由664名精减至627名,精减10%。至2007年,省编办补充涟源市行政编制195名。其中,政法专项编制105名,党政机关90名。下达3名行政编制安置军队转业干部。2003—2007年,省编办另补充涟源市政法专项编制54名。2007年,全市行政编制和专项编制2417名。其中,市直机关核定行政编制654名,乡镇(街道)机关行政编制977名,政法系统核定专项编制786名。

1987—2007年涟源市行政编制核定情况

表10–1　　单位:人

年　度	市直机关	乡镇(街道)	政法机关
1987	684	1039	487
1995	782	1039	664
1998	782	1039	664
2003	561	977	627
2007	654	977	786

事业单位编制核定　1987—1995年,全市事业单位未核定编制,由编制部门进行总量控制。1996年,实行机构"三定",对教育部门以外的全额拨款事业单位进行编制核定,对"三定"机构下属事业单位进行编制核定。对其他财政补助、经费自理、企业化管理的事业单位编制采取控制流入、出入人员向编制部门登记备案的措施。1998年,按照教育部有关规定,首次核定全市中小学教职工编制9565名。至2007年底,全市除乡镇(街道)卫生院外所有事业单位均进行编制核定,核定编制15415名。

第四节　事业单位登记管理

1996年10月,成立涟源市事业单位法人登记办公室,开展事业单位登记管理。1997年3月,采取划块分批、专人负责和请上来、走下去的办法,对事业单位逐个进行登记。建立初审、复审制度,规定对申报资料不全的不予受理,复审保证申报事项准确无误。设计登记发证电脑软件,对核准的事业单位登记事项全部输入电脑,建立信息库。7月,完成全市570家事业单位的核准登记发证工作,清整档案570卷。2000年开始,对所有登记的事业单位在每年3月31日前进行年度检验,确认单位的存在,敦促完善管理制度,依法执业,并随时办理登记内容变更登记、注销登记或设立登记。2002年,根据"事业单位应当具备法人条件"规定,全市开展事业单位非法人向法人过渡工作,促使非法人事业单位在组织形式、人员、经费等方面与党政机关脱钩,完善非法人事业单位的负责人、注册资金、独立核算等条件,逐个进行法人事业单位登记。2003年底,过渡工作全面完成,全市有法人事业单位455家,比首次登记时的570家减少125家。2007年,全市登记的法人事业单位437家。其中,市直单位147家,乡镇(街道)290家。

第二章　人　事

1987年，市人事局内设办公室、干部调配股、工资股、福利股、奖惩任免股，定编9人。1994年4月，市机关事业社会保险局成立，归人事局管辖。1997年2月，增设综合计划股、军官转业安置股、监察室3个股室和市人才流动服务中心、市人事考试指导中心、市科技专家服务中心、市人事信息中心4个事业机构。2002年8月，市机关事业社会保险局划归市劳动和社会保障局。是年，内设机构调整为办公室、综合规划与人事争议仲裁股（加挂市人事争议仲裁委员会办公室、市人事信息中心牌子）、公务员管理股（加挂市目标管理领导小组办公室牌子）、专业技术人员管理股（加挂市职称改革领导小组办公室牌子）、外国专家股（对外称市外国专家局）、流动调配与军队转业干部安置股（加挂市军队转业干部安置领导小组办公室牌子）、工资福利与离退休工作股、教育培训股（加挂国家公务员培训中心牌子）、监察室等9个股（室）。辖3个局属事业单位：市人才流动服务中心、市人事考试中心、市专家服务中心。局机关定行政编制13名，事业编制4名（含机关后勤服务事业编1名）。2007年，内设机构未变，工作人员17人。

第一节　人事制度改革

1988年5月11日，市委印发《涟源市党政职能分开的意见》，规定市委、市政府的主要职责，市委的工作方式，市委不设分管政府工作的副书记，不设与政府部门对口的机构。1989年4月30日，市委组织部制定《关于民主评议领导干部的实施细则》《关于逐步推行领导干部选用制的实施意见》《关于新任领导干部实行试用制度的意见》和《关于实行黄牌警告的实施意见》，把竞争机制引入干部管理，建立有利于提高效益、增强活力、加强民主监督、调动积极性的干部管理机制。1992年4月24日，市委提出《关于干部管理工作的意见》，坚持党管干部的原则，严格按照德才兼备的标准选拔任用干部；调整干部管理权限，将原来只管下一级干部改革为较好地掌握下两级干部情况；执行干部审批任免程序，严肃干部纪律；加强对干部的宏观管理与控制。是年，指导13家企业人事制度改革，秉着“公开、竞争、择优”原则，28名优秀工人被提拔担任正副厂长和中层骨干。1993年，全市推行人事制度改革，对管理、技术人员实行聘任制，对部门生产经营、技术人员实行专责制，对新职工实行招聘制，其他职工实行组合制。1994年8月24日，市委批转组织部《涟源市公开选拔市级后备干部实施方案》。通过组织推荐、群众推荐、个人自荐，335人报名，认定符合资格244人（女41人），9月11日，129人参加笔试，通过考察、演讲答辩、民主审定，市委确定12人（女2人）为市级后备干部。1995年，在机构改革和撤区并乡建镇中，46名优秀中青年干部被选拔到领导岗位，去农村、到企业挂职。机构改革期间，允许机关、事业单位干部以辞职、停薪留职等形式到农村、厂矿承包租赁工商企业和兴办各种经济实体，利用工作之余和节假日从事第二职业，搞有偿服务和经商等活动；允许男满55岁，女满50岁的干部离职离岗从事个人有偿服务、经商或其他职业。1996年1月11日，市委作出《关于市直机关选拔优秀年轻干部下基层挂职锻炼的决定》，指出市直机关中凡没有在基层工作过的优秀年轻干部都要有计划地下派到农村或企业挂职锻炼2年，当年下派20人。是年，涟源首批过渡国家公务员单位58个（其中，乡、镇、街道20个，市直单位38个），过渡人数1020人（其中，乡镇262人，市直单位758人）。1997年下半年，按照“公开、公平、竞争、择优”原则，首次公开选拔5名副科级领导干部任职，试用期1年。是年，全市乡镇（街道）分流国家干部125人,精减集体干部129人、村定补干部112人,裁减代课教师293人,减少开支600多万元。1998年开始,在教育、卫生、农业系统的事业单位进行人事制度改革试点,对职称考试成绩合格的专业技术人员,认定其专业技术职称资格,并发给合格证书。

2000年7月26日,市委、市政府提出《关于认真开展领导干部任期审查审计工作的意见》,明确对象、任务和职责,严格依法依规开展领导干部任期审查、审计工作。审查审计的对象:市管副科级以上单位和市属国有及国有控股企业中的主要领导干部。8月4日,市委印发一系列有关人事制度改革的文件,《涟源市党政机关、事业单位领导干部实行交流和回避制度的规定》涉及的范围是:全市各级党的机关、人大常委会机关、行政机关、政协机关、审判机关、检察机关中的领导干部,工会、共青团、妇联等人民团体中的领导干部,事业单位中的领导干部。干部交流,采取调任、改任、职位轮换和分工调整等方式进行。担任市直单位正职满10年的,必须进行交流,可在全市范围内交流,也可改任非领导职务;任乡镇(街道)党政正职满6年的,以及其他同级正职满6年的,在全市范围交流或改任乡镇(街道)其他职务。市直和乡镇机关领导成员的分工,3—5年应轮换一次,实行领导干部任职回避。为了推行干部人事制度改革,建立与市场竞争机制相适应的用人制度,发出《关于事业单位试行领导干部聘任制的意见》,对市直事业单位逐步试行领导干部聘任制。正、副科级事业单位,出现领导职务空缺需新补正副职时,原则上实行聘任制。为了提高选拔任用干部的准确性,推进干部能上能下,提出《关于实行新提拔领导干部试用制的意见》,市直党政群机关、事业单位、乡镇(街道)新提拔的正副科级领导干部,试用期为一年。新提拔领导干部试用期满后,由市委组织部进行考核。考核胜任后,报市委常委会研究正式任职。为进一步扩大干部工作中的民主程度,提高透明度,及时防止和纠正干部选拔任用工作中的不正之风,逐步实行提拔干部公示制,在《关于实行提拔干部公示的意见》中明确公示的范围和对象为经市委常委会讨论研究提拔任职的领导干部(需由代表大会选举产生的市管干部除外)。为了促进机关干部能上能下,防止和克服选人用人上的不正之风,提高干部队伍的整体素质,并做机构改革中机关干部的选配定岗工作,提出《关于在全市党政机关推行竞争上岗的实施意见》。坚持公开、平等、竞争、择优的原则,坚持群众路线,进一步拓宽选人渠道,把德才兼备、实绩突出、群众公认、符合职位要求的优秀人才选拔上来,逐步建立起能上能下,富有生机与活力的用人机制。推行竞争上岗适用于市直各党政部门和人大常委会、政协、纪委、法院、检察院机关,人民团体机关,事业单位内设机构。推行竞争上岗,一般按照制定方案、公布职位、公开报名、资格审查、笔试、面试、民主测评、组织考察、决定任职等程序进行。

2002年1月19日,市属各党、政、群机关及事业单位的582名在职干部在市实验学校参加全市公开选拔女性与非党科级后备干部考试。通过笔试、面试、组织考察,最后确定30名女性后备干部,20名非党后备干部。是年,进行全面人事制度改革,行政机关单位正副科级干部男满55周岁,女满50周岁(乡镇男满52周岁,女满50周岁)均实行提前离岗,改任非领导职务。事业单位实行竞争上岗和“双向选择”,列入事业单位人事制度改革的单位830个18456人,是年,上报改革方案并实施的单位795个,占95.78%;实施聘用合同管理人员17325人,占93.87%;分流未聘人员1131人。乡镇机关、事业单位原有职工3718人,经过改革,分流出1165人,精减比例达31.33%。其中,乡镇机关原有975人,分流233人;乡镇事业站(所)原有2743人,分流932人。

2003年7月,全市农村中小学校人事制度改革工作铺开,历时3个月,撤校并点340所,640名教师分流到农村偏远地区任教,辞退代课教师400余人。8—9月,全市中小学全面实行聘任制,按照学校类别和规模设置内部机构,配备领导职数,核定编制总量、各类人员比例、职称结构比例、周标准课时,设定各类岗位,实行岗位职责、任职条件、工资待遇同步。依据核定的各类学生人数,核定全市中小学教职工基本编制9565名:高中核编1546人,其中非教学岗145人;初中核编2995人,其中非教学岗271人;小学核编5024人,其中非教学岗13人。校领导由原来215人精减到121人,精减43.72%。中小学共分流教职工1003人。其中,离岗休息和退休884人,停薪留职84人,进修学习35人。8月5日,市委、市政府作出关于进一步加强机关事业单位机构编制和人员管理工作的规定,严格坚持国家公务员和参照管理人员"凡进必考"原则,全面推行事业单位新进人员公开招聘制,事业单位原有工作人员,按事业单位人事制度改革精神,全面实行聘用制,鼓励引进和使用优秀人才,适当照顾特殊人员的就业,严格坚持回避制度,严格按程序、按标准聘用和调整工作人员。10月27日,市委办、市政府办发出《涟源市事业单位人事制度改革实施意见》,改革的主要内容是全面推行工作人员聘用制、职务聘任制和人事代理制;建立和完善形式多样、自主灵活的分配激励机制;建立符合事业单位特点的人才宏观管理制度。10月29日,发出《涟源市乡镇办事处事业站所工作人员聘用制度实施意见》,规定实施范围和对象、竞聘人员应具备的条件、聘用工作实施步骤、聘用合同的签订以及辞退乡镇(街道)各类集体干部和临时工等。

2004年8月26日,市委作出《关于对乡镇(办)党政正职拟任人选实行票决制的暂行规定》。主要内容有:凡讨论决定乡镇(街道)党政正职人选,由市委常委会提名,提交市委全委会无记名投票表决;全委会表决时,必须有三分之二以上的委员到会;委员可以投赞成票、反对票或者弃权票,但不得另投他人;表决以赞成票超过应到会委员的半数为通过。2006年3月3日,市委、市政府作出《关于科级领导职务改任非领导职务的规定》。凡市直科级单位领导班子成员,男年满55周岁、女年满50周岁的;乡镇(街道)领导班子成员,男年满52周岁、女年满50周岁的,均要改任非领导职务。改任后,仍属单位在编在岗人员。规定执行后,不再实行提前离岗。12月5日,市委办、市政府办发出《关于印发〈涟源市市属国有改制企业负责人安置办法〉的通知》,确定安置企业负责人的原则为:一次性补偿、置换身份为主的原则,适当增加经济补偿的原则,择优安排的原则,退休和退养原则,并对相关事项做出具体规定。

2007年,全市事业单位工作人员全员签订聘用合同,形成竞争上岗机制。共有公务员单位70个,登记公务员2764人。1995—2007年,全市有党政机关干部82人(其中,男71人,女11人)办理停薪留职手续。

第二节　干部队伍

一　干部来源

大中专院校毕业生分配　1987年,大中专院校毕业生分配按照统筹兼顾,保证重点,面向基层,专业对口原则,大部分分配在生产、教学、医疗第一线。工作满1年,能胜任本职工作的转为国家干部。是年,大中专院校毕业生分配187人(不含师范类分配至教育系统部分,下同),其中师范类156人。1999年,分配366人,其中师范类231人。1987—1999年,分配2806人。2000年起,大中专院校毕业生实行双向选择,择优录聘。

军转安置　20世纪八九十年代,军队转业干部安置,变单纯的指令性分配为计划指导与推荐选用相结合,分配去向主要是工商、税务、政法和基层企事业单位。2001年,按照中共中央、国务院、中央军委《军队转业干部安置暂行办法》,根据转业干部在部队的职务,对应地方职务安排,能安排实职的安排实职,暂无实职安置,享受同职政治生活待遇,降级安排。1987—2007年,安置183人。

招聘　20世纪80年代,根据大中专院校毕业生较少,乡镇干部严重缺编状况,从农村优秀青年、村级干部、复员军人、"五大"(广播电视大学、职工大学、职工业余大学、高等学校举办的函授大学和夜大学)毕业生(参加自学考试毕业人员视同"五大"毕业生)、计划生育专干中招聘乡镇干部。1987年,招聘69人。至1992年,招聘264人。1993年起,停止招聘。

以工代干 1987—2003年,99名在机关干部岗位上工作的工人转为国家干部。2003年后停止。

公开招考 2003年起,公务员招录实行全省公开统一考试。是年,涟源市招录公务员36人。2004—2007年,分别招录公务员18人、19人、15人、17人。

1987—2007年,全市新增干部3457人。

1987、1997、2007年涟源市干部结构

表10-2 单位:人

类别 \ 年度		1987年	1997年	2007年
合计		15558	15782	16203
学历	研究生	0	3	16
	本科	1367	3254	4350
	大专	3422	5987	7484
	中专及以下	10769	6538	4353
年龄	25岁以下	1586	1893	2061
	26岁-35岁	4139	3662	3489
	36岁-45岁	6987	5440	5421
	46岁-55岁	2136	3745	3973
	56岁以上	710	1042	1259
性别	男	11740	8799	9573
	女	3818	6983	6630
民族	汉族	15554	15761	16168
	少数民族	4	21	35
政治面貌	中共党员	4993	6301	7613
	共青团员	2073	1854	1902
	民主党派	8	16	21

二 干部调配

1987年后,企事业单位干部调配和专业技术人员调整任用,一般注重其专业知识和业务能力。1987年,39人从企事业单位调入机关。1992—1999年,办理各种人员调配手续1569人次。1999年,干部调配向基层倾斜,鼓励机关人员流向企事业单位,选拔4名高校毕业生到基层锻炼。1999—2001年,选拔20名高校毕业生到农村基层工作。2002年,干部调配以乡镇机构改革为重点,通过公开招考、竞争上岗等方式有计划地开展。2002—2007年,全市调配干部1165人次。

第三节 干部管理

一 培 训

1987年起，凡国家统一分配到机关、企事业单位的大中专院校毕业生，经批准录用的国家干部，都得接受为期1个月的培训，学习政治理论、市场经济理论、法律知识、行为规范等。是年，举办培训班7期，培训293人。1988—2001年，举办新干部入门培训班37期，培训5165人。2005—2007年，公务员培训1591人。

1998年起，对全市工作人员进行电脑知识初级培训，至2004年6月，全市21056名工作人员参加培训并取得初级合格证。2004年6月后，电脑知识培训统一由娄底市人事局组织。

二 考核奖惩

考核 1987年开始，对全市乡镇开展目标管理考核。是年，评出一等奖3名，二等奖6名，三等奖9名。1988年，市直机关单位纳入考核。1987—1992年，全市各类考核授奖4522人。其中，嘉奖4089人，记三等功433人，惩戒97人。1993年，国家公务员制度实施后，对机关事业单位工作人员实行考核，考核结果同奖惩、工资、职务升降、辞退等挂钩，评定出优秀、称职、基本称职、不称职4个等次。优秀指标控制在参评人员的10%左右，对连续三年评为不称职的公务员，按规定降低一级工资，并实行诫勉。是年，评出优秀等次211人，称职等次12698人，基本称职26人，不称职15人。2007年，全市考核22572名机关、事业单位工作人员，评出优秀等次2187人，称职(合格)20353人，不称职(不合格)12人，20人未定考核等次。考核不称职的人员此年度不晋升工资，取消年终奖(1个月基本工资)。对102名有突出贡献的专业技术人员报上级表彰。

奖惩 1987年，授奖种类分先进工作者、记功、记大功、升级、晋职、通令嘉奖6种。评奖方法有一事一奖和年终评奖。授予“先进工作者”称号、记功由市政府审批，记大功、升级由地区行署审批。惩戒有警告、记过、记大过、降级、降职、撤职、开除留用察看、开除8种。是年，表彰奖励1367人。其中，嘉奖1213人，记三等功154人。1988年，执行劳动人事部制定的《工作人员职级奖惩暂行处理办法》，降职处分降1~2个职务工资等级；撤职处分按降低一级以上职务另行分配工作外，同时降低2~3个职务工资等级；开除留用察看处分，不安排实职，发给原职务工资40%的临时工资，基础工资和工龄津贴照发。1993年，实行国家公务员制度后，从指标分配到受奖人员的等次确定，都由市委、市政府集体研究确认，受表彰对象必须从年度考核为优秀者中产生。奖励分嘉奖、记三等功、二等功、一等功、授予荣誉称号。行政单位人员处分分警告、记过、记大过、降级、撤职、开除6种。事业单位惩处分警告、记过、记大过、撤职、开除留用察看、开除6种。1992—2000年，市农业局茶叶专家王康儒、农业技术专家李家友、市林业局陈锡松、市一中化学教师刘建成等4人因贡献特殊，分别获享受国家特殊津贴奖励。1988—2007年，全市奖励17759人次(其中，嘉奖15353人次，记三等功2263人次，记二等功124人次，记一等功19人次)。受处分103人，辞退46人。

第四节　专业技术人员管理

一　培　训

2002年起，专业技术人员脱产学习每年不少于12天，晋升专业技术职称，必须有业务培训证，至2004年，每年培训1200人。2005—2007年，专业技术人员继续教育培训5063人。

二　职称评聘

1987年5月，境内企事业单位进行首批职称改革，相继成立教育、卫生、农业、经济、工程、档案、土建等23个专业技术初级职务评审委员会，在全民、集体事业单位中开展评聘各类专业技术职务。12月，全市首批职称改革参评单位1140个。其中，全民事业单位772个，全民企业单位152个，集体事业单位113个，集体企业单位103个。参评人数12170人。其中，事业单位10570人，企业单位1600人。通过评审，获得各类专业技术职称者6355人。其中，高级职称126人，中级职称1442人，初级职称4787人。

自全民企事业单位专业技术职称开评后，其他不同经济成分单位的专业技术职称评审工作陆续展开。1989年，在乡镇企业专业技术人员中评定职称。1995年，在非公有制企业专业技术人员中评定职称。1998年，在农村生产第一线从事农业技术工作的农民技术人员中评定职称。至2007年，评定乡镇企业专业技术人员职称455人，其中高级23人，中级356人，初级76人；评定非公有制企业专业技术人员职称230人，其中高级48人，中级39人，初级143人；评定初级以上职称的农民技术人员69人，其中中级12人，初级57人。会计、经济、审计、律师、统计等系列专业技术职务实行全国统一考试制。1987—2007年，全市事业单位在职各类专业技术人员14534人。其中，获高级职称者554人，获中级职称者5809人，获初级职称者7820人，未评职称者351人。

三　技术工人职称晋级

1995年初，开展机关、事业单位技术工人的技术等级考核定级工作。是年，901人晋级。至2007年，全市机关、事业单位有技术工人5655人。其中，技师57人，高级工1965人，中级工2106人，初级工1527人。

四　专业技术人员考核

1987年，全市建立专业技术人员考核制度，考核结果分优秀、称职、不称职3个等次。是年，4688人参与考核，评出优秀等次355人，称职等次4325人，不称职8人。1995年，专业技术人员考核与国家公务员考核同步进行。每年按系列、分专业级别进行综合考核，考核结果分优秀、称职、基本称职、不称职4个等次，优秀等次控制在参考人数的10%左右，考核结果由市职改办统一审核验印。是年，5157人参加考核，561人被评为优秀，4497人被评为称职，99人被评为基本称职。1996年，年度考核改为优秀、合格、不合格3个等次，5226人参加考核，评为优秀等次539人，合格等次4687人。2007年，全市考核事业单位专业技术人员11778人，评为优秀者938人，评为合格者10840人。

第五节　工资福利

一　工　资

1987年,全市机关、事业单位工作人员12687人,人平月工资81.24元,由基础工资、职务工资、工龄津贴、奖励工资组成。1993年,工资制度进行重大改革,机关单位实行职级工资制,工资分为职务工资、级别工资、基础工资和工龄工资4部分;事业单位实行不同类型工资制度,工资构成分为固定和活动两部分;机关、事业单位工人实行技术等级(职务)工资制,由技术等级(职务)工资和岗位津贴构成。同时建立正常增加工资机制,工作人员正常晋升职务(技术等级)相应增加职务工资和级别工资;凡连续两年考核被评为称职(合格)以上的,可在本职务工资标准内晋升一个工资档次;机关公务员连续五年考核为称职以上的人员,从下年1月1日起晋升一级级别工资。是年,参加工资改革的机关事业单位工作人员15670人,月增加工资总额215万元,人平月增137.2元,另每人每月增加地方性补贴75元。1997年7月1日,国家机关行政人员基础工资标准由每人每月90元提高到110元。同时根据其职务、职称,每人每月补贴145~185元。16987人参加工资调整,月增工资总额34万元,人均月增20元。1999年7月1日,机关行政人员基础工资标准由每人每月110元提高到180元,级别工资标准从15级至1级,每人每月由55~470元提高到85~720元。全市行政、事业单位20298人参加调资,月增工资总额218.8万元,人均月增107.79元。2001年1月1日,机关行政人员基础工资标准由每人每月180元提高到230元。全市22085人参加调资,月增工资总额544万元,人均月增246元。10月1日,公务员职务工资起点标准由50~480元提高到100~850元。全市23250人参加调资,月增加工资总额174万元,人均月增75元。2006年7月1日,公务员和事业单位工作人员工资制度进行改革,公务员工资由原来四项工资调整为职务工资和级别工资两项,公务员级别由15个调整为27个。事业单位工作人员工资按国家规定的工资相应提高。全市调资22572人次,月增工资总额510.13万元,人均月增226元。机关、事业单位工作人员提高工资标准后,离、退休人员按政策规定相应增加生活费。是年,为解决各单位津贴补贴发放项目繁多、资金渠道混乱等问题,对公务员津贴补贴实行规范,在职工作人员的津贴补贴分为工作性津贴和生活补贴,至2007年,全市公务员津贴补贴未予实施。2007年,全市机关、事业单位工作人员21987人,人均月工资1189元。

二　福　利

福利补助　1987年,对部分家庭生活困难的国家工作人员实行福利补助。经费按编内在职人员工资总额的2.5%列入财政预算,对机关工作人员因病住院进行慰问,对因自然灾害受到严重损失的干部家庭进行救济补助。1990年,福利补助财政预算实行单位包干,由各单位进行困难补助。1993年,按国家规定享受的粮食补贴、副食补贴、书报费、洗理费、节约奖和山区补助等进入个人基本工资。1997年,对机关事业单位因公伤残人员进行医疗技术鉴定和评定伤残等级工作,对被评定伤残等级的人员每年发给伤残保健金,特等570元,一等460元,二等甲级360元,二等乙级280元,三等甲级200元,三等乙级160元。2003年,伤残保健金增加,特等2110元,一等1680元,二等甲790元,二等乙660元,三等甲490元,三等乙420元。由市人事局办理审批手续,经费由市财政解决。2007年,全市伤残人员320名,发放伤残保健金338万元。

死亡抚恤　1987年,公职人员死亡丧葬费为每人400元,因病死亡的抚恤金为10个月本人基本工资,因公死亡的抚恤金为本人20个月基本工资。1990年,丧葬费增至600元(因病)和700元(因公),遗属生活困难补助费作出调整:非农业户口遗属1人的每月发给45元,2人或2人以上的每人每月40元;农业户口遗属1人的每月40元,2人或2人以上的每人每月35元。1997年,丧葬费增至900元(因病)和1300元(因公)。遗属补助:非农业户口遗属1人的每月110元,2人或2人以上的每人每月90元;农业户口遗属1人的每月70元,2人或2人以上的每人每月50元。2001年,丧葬费增至1500元(因病)和2000元(因公)。遗属补助:非农业户口遗属1人的每月180元,2人或2人以上的每人每月160元;农业户口遗属1人的每月140元,2人或2人以上的每人每月120元。2005年7月1日,丧葬费增至4000元(因病)和5000元(因公)。遗属补助:非农业户口遗属,1人的每人每月补助210元,2人或2人以上的每人每月补助190元;农业户口遗属,1人的每人每月补助170元,2人或2人以上的每人每月补助150元。1987—2007年,全市发放丧葬补贴470万元,补助生活困难遗属1200人。

假期 1987年1月—1994年3月,全市干部、工人实行每周48小时工作制,星期日休假,另有法定节日假、婚丧假、产假、病假、探亲假、事假等。假期内,工资照发,无故超假者,扣发工资。法定节假日,需继续上班的干部、工人,补助一定的加班费。1994年4月起实行每周44小时工作制。1995年6月,改为40小时工作制,星期六、星期日作双休日。1999年国庆假增至3天。翌年,五一假增至3天。至2007年,休假制度未变。

第六节 人才交流

1992年6月,市人才流动服务中心成立,进行人才信息的收集、整理和存储,建立人才信息库,开展人才培训、人才交流和人事代理工作。1993年开始,向沿海地区输出人才。是年,有21人到广东工作。1994—1997年,人才流动服务中心为127人办理调动手续。1998年,与株洲、长沙、深圳等地建立人才信息网络,向沿海地区输出人才68名。采用多渠道、多层次、全方位的办法,为湖南省回春堂制药厂、市电信局、市移动营业部、市行知中学等企事业单位引进各种专业人才107人。1997—2007年,企事业单位调入人员8125人。其中,从大专院校分配、招聘7154人,引进急需专业人才800人,专业技术人员150人,其他人员21人。办理人事代理业务7556宗,办理档案托管手续3900次。

第七节 离、退休人员管理

离休 1982年起,凡1949年10月1日前参加革命工作及脱产享受供给制度待遇的老干部,按离休待遇办理手续,离休干部统一由县委老干部工作局管理。1987年,全市有离休人员236人(含市管干部,下同)。1988年,离休干部生活待遇有所调整:1937年7月6日前参加革命工作的,每年增发本人2个月的标准工资;1937年7月7日至1942年12月31日参加工作的,每年增发本人一个半月标准工资;1943年1月1日至1945年9月2日参加工作的,每年增发本人1个月的标准工资。2007年,全市有离休人员114人。

退休 机关、事业单位工作人员退休年龄为男性60周岁,女性干部55周岁、女性工人50周岁。1987年,全市有退休人员4011人。2002年前退休人员由人事局福利股办理退休手续。2002年,成立工资福利与离退休工作股,具体负责离、退休人员的综合服务和管理工作。2006年7月,全国收入分配制度改革,离、退休人员按规定提高离、退休费,是年全市增加离、退休费1000万元。2007年,全市有退休人员5839人。其中,国家机关工作人员1589人,事业单位工作人员4250人。

第三章　劳动和社会保障

第一节　机　构

一　市劳动和社会保障局

1987 年，涟源市劳动局内设办公室、计划调配股、工资福利股、劳动保护股（加挂市安全生产委员会办公室牌子，简称市安全办）、劳动争议仲裁股（加挂市劳动争议仲裁委员会办公室牌子），下辖市劳动服务公司和市社会劳动保险公司两个二级机构，共有职工 35 人。1989 年 5 月，增设矿山安全监察股。1993 年 9 月，设立市职工交流服务中心，与计划调配股合署办公。1994 年 5 月，成立市劳动监察大队。1995 年 12 月，市社会劳动保险公司更名市企业职工社会保险所。1996 年 3 月，市安全办升格为正科级单位。是年 4 月，各乡镇（街道）建立劳动管理站，14 个乡镇建立矿山安全监察站，安排专职安监员 28 人。1996 年 8 月，市劳动局内设机构调整为办公室、工资福利与综合计划股、就业股（加挂职业技能开发股牌子）、劳动关系与劳动争议仲裁股、职业安全卫生监察股、矿山安全卫生监察股、市劳动监察大队，归口管理市安全办。2000 年 9 月，成立市医疗保险管理局。2001 年 2 月，锅炉压力容器安全监察职能划归市质量技术监督局。2002 年 8 月，市劳动局更名市劳动和社会保障局，市机关事业单位社会保险局由市人事局划归市劳动和社会保障局归口管理，10 月，安全生产综合监督管理职能移交市安全生产监督管理局，职业卫生监察职能移交市卫生局。2003 年 3 月，市劳动服务公司更名市劳动就业服务局，市企业职工社会保险所更名市企业职工社会保险管理局。10 月，机构进行调整，内设办公室、就业培训股（加挂市工人考核委员会办公室牌子）、劳动争议仲裁股（加挂市劳动争议仲裁委员会牌子）、劳动工资股、养老保险股（加挂社会保险基金监督股牌子）、劳动保障监察大队（加挂法规监察股、行政复议办公室牌子）。2005 年 8 月，增设工伤保险股，成立市工伤保险管理局。2006 年 6 月，成立市劳动力市场服务中心。11 月，增设信息中心，社会保险基金监督股单设并更名社会保障基金监督股。2007 年，市劳动和社会保障局内设 10 个股室和劳动保障监察大队，下辖劳动就业服务局、企业职工社会保险管理局、机关事业单位社会保险管理局、医疗保险管理局、工伤保险管理局，共有职工 131 人。

图 10-1　市劳动和社会保障局办公楼

二　市安全生产监督管理局

2002 年 10 月，成立市安全生产监督管理局（简称市安监局），内设办公室（加挂人事教育股牌子）、矿山管理股、综合管理股，定编 8 人。2003 年 5 月，增设烟花爆竹管理股，各乡镇（街道）明确一名综合安全监督员。2004 年，增设培训股，成立煤矿、非煤矿山、危险化学品、烟花爆竹安全生产许可证发证管理办公室。2006

年，设立乡镇(街道)安全生产监督管理站，设站长1人，专职或兼职副站长1~2人。是年，成立市安全生产监察执法大队，归口市安监局管理，定编8人。2007年，市安监局加挂市安全生产委员会办公室牌子，内设办公室、财务股、公共安全和危险化学品管理股、矿山管理股和烟花爆竹管理股5个股室，定编11人。归口管理市安全生产监察执法大队、烟花爆竹专项整治稽查大队(是年成立)。

第二节 劳动和社会保障制度改革

一 用工制度改革

1987年，市内废除“子女顶替”和“内招职工子女”招工制度。在国家计划内，按照“面向社会、公开招收、全面考核、择优录用”原则，新招工人实行劳动合同制(城镇退伍兵和技校毕业生等政策性安置除外)，打破原有“统招统配”的固定用工制度，改国家用工为企业用工，转换用工机制。是年，招收全民合同制工人1580人。1988年，首次面向社会公开考试招收工人，在1624名参考的城镇待业青年中择优录用265人。是年，市百货纺织品公司(简称市百纺公司)、市白水泥厂等国营企业推行优化劳动组合，在定岗定员基础上，层层招聘、分级组合，点兵点将、自由组合，考试考核、择优组合，打破干部与工人及不同所有制职工之间的身份界限，实行平等竞争，双向选择。全市31户国营企业5023名固定工人，有27户4558人实行多种形式的劳动组合制，占全市固定工的91.3%。1990年，清理行政、企事业单位计划外用工，检查246个单位，有233个单位使用计划外临时工7061人。至1991年底，辞退计划外临时工2274人。1992年，市内企业用工采用定岗申报制度，由企业根据生产需要向市劳动局申报用工计划，经批准后，通过劳动力市场，在取得培训结业证的城镇待业人员中公开招聘、择优录用，办理劳动合同鉴证手续。1993年，劳动行政部门取消对企业用工的招工指标限制，不再下达招工计划，招工人数、条件等由企业自主决定，劳动部门只对其进行分类指导，审查招工简章，办理录用登记备案手续。是年，办理招工录用手续3147人。其中，全民合同制工人2494人，市属大集体工人653人。1995年，市内企业推行全员劳动合同制度，市属39户国有企业和6户集体企业11194名职工均按要求签订劳动合同。此后，技校毕业生、转业志愿兵、城镇退伍兵等政策性安置均实行劳动合同制。1996年，劳动部门由侧重管理国有企业劳动工作转向综合管理全社会劳动事业，建立统一、开放、有序的劳动力市场。1998年，市内企业用工纳入劳动力市场管理，实行“劳动者自主择业，市场调节就业，政府促进就业”方针。是年9月，市冶炼厂职工申请自谋职业，与企业解除劳动合同，按工龄长短进行一次性经济补偿，423名职工解除国有企业职工身份，企业资产进行租赁经营。2002年4月，湖南省回春堂制药厂进行“企业置换产权、职工置换身份”(简称“两个置换”)改革，208名职工进行一次性经济补偿。2003年7月，市委、市政府下发《关于加强企业改革的实施意见》和《涟源市企业改革的若干规定》，全市企业改制工作全面铺开。至2007年，实行“两个置换”的市属国有、集体企业114户，资产出让收入6.34亿元，安置职工21631人。其中，实行身份置换、解除劳动合同的16751人，移交市企业职工社会保险管理局管理的退休人员4738人。补缴社会保险基金1.65亿元，支付职工一次性经济补偿金4.2亿元。是年，全市用人单位用工和劳动者求职继续实行“双向选择”的劳动合同制。

二 工资制度改革

1987年，市属国营企业开始实行工资总额与上缴税利挂钩，职工工资和奖金随企业经济效益及职工劳动成果浮动(简称工效挂钩)的工资制度改革，建立以岗位效益工资为主要形式的企业内部分配制度。是年，市铁厂、市锅厂、市沙坪煤矿 3 户国营企业分别实行工资总额与上缴税利挂钩和吨煤工资含量包干试点。指标分解到班组、岗位,拉开工资档次,年终奖金最多上千元,最低 200 元。市锅厂和市铁厂上缴税利分别比上年增长 32.9%和 30.4%,市沙坪煤矿实现扭亏为盈。1988 年,24 户国营企业 6265 名职工实行工效挂钩。其中,实行工资总额同上缴税利挂钩的 2 户,工资总额同实现税利挂钩的 6 户,工资总额同实物量挂钩包干的 6 户,工资总额同实现税利和营业额双挂钩的 10 户。对未具备工效挂钩条件的企业,实行工资总额包干、工资总额计划宏观调控。1989 年,工效挂钩推广到市属集体企业,成为全市企业工资制度改革的主要形式,年初由劳动部门会同有关主管部门对企业下达年度工效挂钩指标,确定浮动比例和年度工资总额基数,对上年度工效挂钩指标进行结算,核实效益升级指数,建立正常的效益升级制度。是年,全市 27 户市属国营企业 6622 人,25 户市属集体企业 4511 人进行工效挂钩。1991 年 10 月,市百货纺织品公司推行"四放开"(放开经营、价格、用工、分配)改革试点,后在全市国营商业企业和供销合作社逐步推开。1992 年,完善工效挂钩办法,在市铁厂实行岗位技能工资制试点,对大部分工效挂钩企业改单一指标挂钩为复合指标挂钩,对煤矿等政策性亏损企业实行工资总额与减亏指标挂钩。1993 年,市属 113 户企业实行动态调控的弹性工资计划。1994 年,市建筑工程安装公司等 11 户企业推行岗位技能工资制。1995 年,市自来水公司和市工矿贸易总公司进行经营者年薪制试点。市自来水公司职工年人均工资 5604 元,比全市市属企业职工人均工资 4054 元,高出 38.2%。市工矿贸易总公司职工年人均工资 3905 元。1996 年,全市实行最低工资保障制度,标准为 160 元/月。企业实行工效挂钩和工资指导线双控。1997 年,实行经营者年薪制的市自来水公司、桥头河电站和市工矿贸易公司经营者年薪分别达到 2.7 万元、2.2 万元和 1.8 万元。1998—2001 年,全面推行工资指导线制度,市政府解除对企业工资分配的控制,企业工资分配完全自主。企业采取计时工资、计件工资、结构工资、承包工资、联销联利计酬、年薪制等多种内部分配形式,合理拉开工资差距,向生产一线工种倾斜。2002—2007 年,市内用人单位工资实行集体协商制度,职工工资主要由劳动者与企业协商决定。劳动保障部门侧重于劳动力市场工资指导价位和最低工资标准的发布、开展专项检查和监察,监督用人单位执行最低工资保障制度和工资支付,督促用人单位坚持与完善工资集体协商制度。

三　社会保障制度改革

1987 年,统一对市内全民所有制企业的劳动合同制工人建立养老保险,实施失业保险制度。机关、企事业单位对原有的劳保医疗、公费医疗制度进行相应改革。企业按规定统一提取医疗费用,职工生病住院享受劳保医疗,住院治疗医药费用由企业负担,把部分医疗费按职工工龄长短,按月定额发给职工作为门诊就医费用。市公费医疗办公室负责全市财政拨款的机关事业单位工作人员的医疗费用管理,工作人员生病治疗,按工龄长短确定报销比例,门诊费用实行定额包干,住院费用由财政、单位、个人三方按比例分担。1988 年 6 月,国营企业职工退休费用实行社会统筹,开始建立和完善企业单位、职工双方按比例合理负担并缴纳养老保险金的制度。1993 年,企业职工养老保险由县级统筹纳入省级统筹,市属集体企业职工纳入养老保险范围。1994 年,机关和全额拨款事业单位将劳动合同制工人纳入参保范围。然后,扩大到自收自支和差额拨款的事业单位职工。1997 年,企业职工养老保险范围扩大到城镇私营企业和个体工商户,机关、事业单位在职工作人员全部参保。1998 年,实施国有企业下岗职工基本生活保障制度和确保离、退休人员基本养老保险金按月足额发放,国有企业 5900 名下岗职工进入再就业服务中心管理。市企业职工社会保险所为企业垫付离、退休费 213.7 万元,拨付受益金 240 万元。是年,社会保险基金纳入财政专户,实行收支两条线管理,专款专用。2000 年,离、退休人员基本养老金实行社会化发放,社会保险对象实行社区管理。是年 10 月,公费医疗、劳保医疗制度向城镇职工基本医疗保险制度转变。2005 年,城镇女职工生育保险和新的工伤保险制度建立和运作。2007 年,全市城镇职工养老、失业、医疗、生育和工伤保险"五险并举"格局形成。

第三节　劳动就业

一　招工安置

1987年,全市办理合同制工人招工录用手续1580人。其中,全民合同制881人,农民合同制578人,农民轮换工121人。1988年,对职工当年因工死亡、因工致残退休、因病或非因工死亡和1959年底以前参加工作的老职工退休后,照顾招收一名符合条件的子女参加工作,同时加强对企事业单位使用临时工、季节工的管理。是年,市劳动服务公司审批办理临时用工手续2747人。其中,城镇待业人员1555人,农村劳动力1192人。1989年,办理全民劳动合同制招收手续1289人(含外地在市内招收),其中按政策规定农村补员865人、城镇补员58人、农林场自然增长劳动力54人、城镇待业人员312人;招收县以上大集体工734人,其中从农村补员205人、城镇补员1人、城镇待业人员528人。1990—1993年,安排326名城镇特困居民户和长期在乡镇工作的老干部及知识分子子女就业。1994—1996年,重点解决乡镇(街道)企业办、计生办、农机站、农技站、畜牧兽医站等站(所)工作人员的招工录用。1997年,全市职业介绍网络建立,培训、职介、就业"一条龙"服务的市场就业机制形成。1998年,企业下岗职工增多,城镇退伍兵等政策性安置大多转向行政事业单位。1987—2007年,全市办理招工安置手续(包括在涟中央、省、地单位和外地单位来涟招工)26243人。其中,招收全民合同制工人16390人,集体工4939人,城镇退伍兵和转业志愿兵安置3384人,技校毕业生1530人。

1987—2007年涟源市招工安置人数统计

表10-3　　单位:人

年度	招工人数	其中		城镇退伍军人安置	技校毕业生安置	合计	年度	招工人数	其中		城镇退伍军人安置	技校毕业生安置	合计
		全民合同制工	集体工						全民合同制工	集体工			
1987	1883	1580	303	99	65	2047	1998	600	589	11	78	85	763
1988	2078	1274	804	32	223	2333	1999	330	300	30	186	9	525
1989	2023	1289	734	118	129	2270	2000	347	341	6	243	9	599
1990	1852	1251	601	183	72	2107	2001	224	220	4	193	3	420
1991	1432	1031	401	225	125	1782	2002	198	194	4	214	—	412
1992	2007	1318	689	105	184	2296	2003	104	79	25	226	—	330
1993	3147	2494	653	214	145	3506	2004	52	52	—	202	—	254
1994	2428	2179	249	121	161	2710	2005	—	—	—	170	—	170
1995	1170	896	274	126	173	1469	2006	—	—	—	194	—	194
1996	752	667	85	29	80	861	2007	—	—	—	224	—	224
1997	702	636	66	202	67	971	总计	21329	16390	4939	3384	1530	26243

说明:1. 招工人数含在涟中央、省地单位及外地单位来涟招工人数

2. 全民合同制招工人数含全民所有制企业招用的农民合同制工及农民轮换工人数

二　职工调动

1987—1991 年，企业职工调动，实行计划调配，按年计划或编制定员，控制人数。秉着“平衡协调、合理调配”原则，重点以引进技术人才和解决夫妻两地分居为主。5 年间，办理职工调动手续 1927 人。其中，外地调入市内 548 人，市内调往外地 745 人，市内调动 634 人。1992 年起，职工调动权下放到企业。市内企业之间工人流动，由劳动部门办理劳动合同鉴证和养老保险转移手续。市内企业职工调外地区和外地区企业职工调市内，双方单位同意后，由劳动部门代办调动转移手续。1987—2007 年，劳动部门办理各类职工调动手续 5796 人次。其中，照顾夫妻两地分居的 4052 人次，生产工作需要和引进专业技术人才流动的 1744 人次。

三　劳动服务公司

1987 年，全市行政、企事业单位建有基层劳动服务公司 34 家，劳动服务企业 34 家（劳动服务公司辖劳动服务企业），设立服务网点 58 个，城镇从业人员 2100 人，其中新增安置城镇待业青年 594 人。1991 年，清理整顿全市基层劳动服务公司，撤销市药材公司劳动服务公司等 8 家，扶持新建市煤炭局劳动服务公司等 4 家。是年，全市有基层劳动服务公司 45 家、劳动服务企业 55 家，商业网点 154 个，安置城镇从业人员 3738 人。1996 年，全市劳动服务企业发展到 68 家，从业人员 4560 人。1999 年 3 月，撤销市人大常委会机关劳动服务公司等 26 家。1987—2000 年，全市劳动服务企业安置新增城镇待业人员 7991 人。市劳动服务公司给蓝田街道劳动服务公司、桥头河镇劳动服务公司和市皱纹纸厂、市瓷厂等待业人员安置基地下拨扶持周转资金 1200 万元，帮助启动生产和扩大经营规模。2000 年，大多数劳动服务企业生产经营状况出现滑坡，基层劳动服务公司及劳动服务企业相继进行改制。至 2007 年，全市完成 52 家基层劳动服务公司及所属劳动服务企业 4260 名职工的“两个置换”。

四　下岗失业人员再就业

1995 年，市属大集体企业市织染厂、市锁厂破产关闭，130 名职工失业。市氮肥厂等 46 家市属国有企业处于停产半停产状况，8100 名职工下岗、待岗。市政府实施“再就业工程”，2286 名下岗职工通过分流、自谋职业等方式得到安置。1996—1997 年，9 家市属国有、集体企业破产，50 家企业停产半停产，下岗失业人员 9022 人。1997 年 3 月，市政府成立市国有企业解困工作领导小组，建立解困工作责任制，筹集解困资金 156.1 万元，下拨给困难企业，使近万名困难职工得到帮助，发放《特困职工证》1400 个。9 月，建立市再就业工程领导小组和再就业工作责任制，帮助指导市果品公司建成果品批发市场，使 34 名下岗职工重新就业。1998 年 7 月，市政府成立国有企业下岗职工基本生活保障和再就业工作领导小组。市委、市政府下发《关于切实做好国有企业下岗职工基本生活保障和再就业工作的实施意见》，46 家市属国有企业建立再就业服务中心，5900 名下岗职工进入再就业服务中心。各部门、企业层层建立目标管理责任制，按规定筹集下岗职工基本生活保障资金，开辟再就业绿色通道，落实税费减免、提供经营场地等优惠政策。劳动力市场实行求职登记、职业指导、职业介绍、职业培训和社会保险关系接续一条龙服务。市工商局在蓝田市场设立下岗职工再就业摊位区，安置 105 名下岗职工进场摆摊设点。市果品公司、市供销合作社联合社筹集资金建立下岗职工再就业基地。三一集团材料工业有限公司、市宏宇搪铝工业有限公司等民营企业吸纳下岗失业职工 630 名。同时，市内企业进行以盘活存量资产、启动生产经营为目的，以租赁经营为主要形式的改革，使 42 户国有企业重新启动生产，2680 名下岗职工重新就业。2001 年，市政府下发《关于大力发展社区就业工作的意见》，先后在蓝田、六亩塘、七星街、桥头河、水洞底等乡镇(街道)建立7个社区就业服务中心,下拨社区就业服务经费30万元,创办社区就业实体20个,开发社区就业服务岗位1400个,安置下岗失业人员851人、城镇待业人员758人。在市园林局、市环卫局等单位开辟保洁、保绿、保安等公益性岗位。市供销合作社联合社兴建涟源市再就业市场,辟有门面108个,安排380名下岗职工再就业。2002年,核发《湖南省再就业优惠证》7058个。2004年,全市有3020名下岗职工实现再就业,其中帮助安置"4050"(女年满40周岁、男年满50周岁)人员再就业1019人。至2007年,全市共核发《再就业优惠证》16767个;对下岗失业人员自谋职业,从事个体经营的,工商部门共免收2480人次证照费28.5万元、工商管理费2480人次532万元,市国税部门免收806人次证照费9.3万元,市地税部门免收1122人次证照费12.9万元,减免税费897万元,城管、卫生、交通、环卫等部门也减免各类收费240万元。劳动部门为下岗职工提供免费职业介绍2462人次,免收职业介绍费12.5万元,免费培训下岗失业人员4672人次,免费发放《职业资格证》1120个;为229名从事个体经营自筹资金不足的下岗失业人员提供小额担保贷款352万元,政府贴息35.5万元;为3224名实现灵活就业的下岗失业人员发放社会保险补贴437.5万元;开发社区公益性岗位1100多个,拨付公益性岗位补贴资金400余万元,安置"4050"人员1019人。

五 劳动力市场

1987年11月,市劳动服务公司组织100名农村劳动力到珠海裕源鞋厂务工。1988年,市职业介绍所成立,组织1100多人到株洲331厂、深圳和珠海等用工单位务工。市劳动服务公司审批计划外临时工、季节工2747人。其中,待业人员1555人,农村劳动力1192人。1990年,市内完善"职业介绍、就业训练、失业保险、生产自救"四位一体劳动就业服务体系,安置城镇待业人员1905人,审批临时工2466人。1992年,成立市劳务市场,组织2000多人到上海、福建、广东等地务工。1993年,市劳动行政部门取消对企业用工招工指标控制和劳动力计划,落实企业用工自主权,企业用工和劳动者求职纳入劳动力市场管理。是年,市职工交流服务中心成立,有形的劳动力市场初步形成。1994年,市劳务市场办理职业介绍2428人,职工交流587人,安置城镇退伍兵和技校毕业生282人,向广东、江苏等地输送农村劳动力4570人,介绍302名城镇待业人员到市四水泥厂等乡镇企业和个体私营企业工作。1996年,全市20个乡镇(街道)均建立劳动管理站,专职工作人员56人。1998年,市劳务市场改称市劳动力市场,为用人单位用工和劳动者求职提供全方位服务。是年,为务工人员办理流动就业证卡2142个,组织劳务输出2280人次,为2456名求职人员提供职业介绍服务。2003年,批准成立"承全""天成"两家民办职业介绍所,取缔"情缘"等3家非法职业介绍机构。2006年,市劳动力市场服务中心成立,建立多功能计算机信息网络,各乡镇(街道)劳动保障服务站(劳动管理站更名)与市劳动力市场信息系统联网,建立完善劳动力资源、下岗职工统计、失业保险、职业培训、职业技能鉴定、社区离退休人员管理等数据库,建立农村劳动力资源台账、城镇新增就业人员台账、下岗失业人员再就业台账、"4050"人员再就业台账、退休人员管理台账等档案资料。至2007年,全市各乡镇(街道)劳动保障服务站共组织劳务输出12.1万人次;劳动力市场服务中心共托管职工档案2.2万份,先后举办大型现场招聘会4场,为3200名劳动力找到就业岗位。

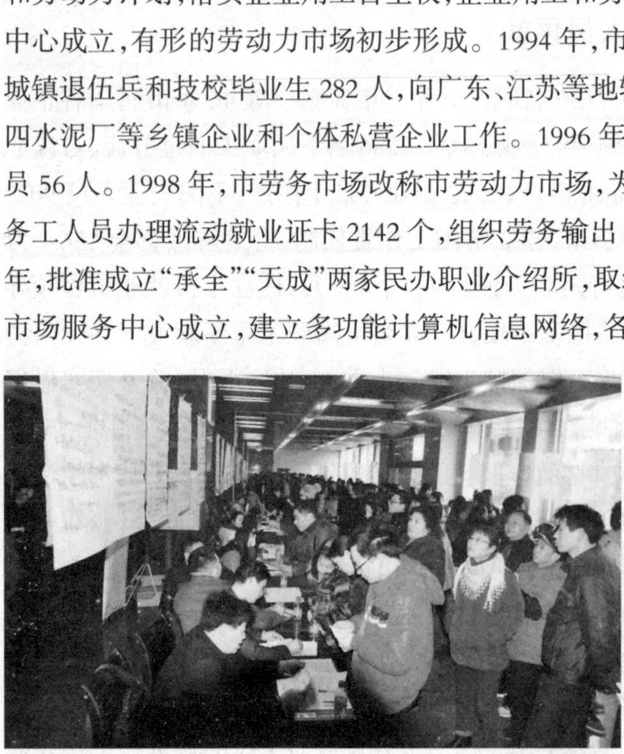

图10-2 2007年12月,市劳动力市场举办大型现场招聘会

第四节 农村劳动力转移

1987年,全市农村外出务工者3.3万人。1992年,广东新丰县服装厂在市内招收70名农民工,以集资形式解决城镇户口安排去厂工作。1996年,全市农村劳动力转移就业人数达到11万人。市职业介绍所组织劳务输出5650人次。劳动部门多次与广东、北京、上海、江苏、浙江等发达地区用人单位联系,先后建立三一集团、株洲331厂、珠海松下马达有限公司、广州白云机场、广东旭日电子厂、深圳平湖旺达电子厂等24个较稳定的劳务输出基地。2000年,在珠海设立劳务办事处。2003年3月,将广东始兴县定为劳务输出基地;6月,向武汉市三角湖度假村输送53名务工人员。2005年,市劳动和社会保障局对乡镇(街道)劳动保障服务站实行农村劳动力转移就业目标管理责任制,签订目标责任书,全年农村劳动力转移就业7019人,完成目标任务100.3%。与深圳金地物业等单位建立长期输送劳务关系。茅塘镇、白马镇的铝塑品生产销售人员遍布全国大部分省、直辖市、自治区,桥头河、龙塘、湄江等乡镇的建筑能人带动一大批农村劳动力出外从事建筑装饰业,加上市内采矿业、建材业、旅游业、种养业的发展,约吸纳5.3万名农村劳动力转移就业。2007年,全市外出务工的农村劳动力12.1万人。其中,男性7.15万人,女性4.95万人。1987—2007年,全市累计农村劳动力转移就业140.5万人次,劳务收入110亿元。

第五节 劳动关系和劳动争议仲裁

一 劳动合同鉴证

1987年,国营企业新招工人实行劳动合同制,市劳动行政部门对企业单位与劳动者签订的劳动合同进行审查鉴证。是年,对市内76个单位(包括中央、省、地区在涟企业)新招的1279名劳动合同制工人进行劳动合同鉴证,并对1983—1986年招收的263名劳动合同制工人重新登记造册,按统一格式修正劳动合同,并予鉴证,全年鉴证劳动合同7210份。1988年,劳动合同鉴证工作向临时用工扩展,全年办理劳动合同鉴证2535份。其中,全民合同工786人,农民轮换工109人,农民合同工50人,临时工、季节工1590人;解除劳动合同11人。1994年,用工制度改革力度加大,市劳动局帮助、指导企业将竞争机制引入劳动用工制度,推行全员劳动合同制,对暂不具备条件的企业加强优化组合和合同化管理,至年底,全市实行劳动合同制的职工11200人,占全市企业职工总人数的30%。1995年,市内国有企业、市属以上集体企业原有固定工一律实行劳动合同制。是年底,全市39户市属国有企业10672人、6户集体企业522人签订劳动合同,逐个进行审查鉴证。1996年9月,全市乡镇企业实行劳动合同制(由乡镇企业局及乡镇劳动管理站负责实施)。是年,根据《中华人民共和国劳动法》及劳动部《集体合同规定》,全市124户企业签订集体合同。1998年,全市88户企业28560名职工签订劳动合同,125户企业签订集体合同。2001年,妥善处理下岗职工劳动关系,指导企业及时与协议期满的下岗职工解除劳动关系,指导改制企业职工与原企业解除劳动合同。2002年,开展“规范用工行为,加强劳动合同管理”宣传活动,重点对市内私营企业的用工行为进行规范管理,督促煤矿企业与4000名职工签订劳动合同,并审查鉴证。2003年,检查发现教育、卫生系统使用临时工大多未签订劳动合同,督促教育、卫生行政主管部门进行清整,使教育系统610名、卫生系统420名临时工签订劳动合同。2007年,全面推行劳动合同备案制度,对全市82家用工单位进行用工备案,建立劳动合同信息化管理平台,劳动关系三方协调会议制度,对小商店、小作坊、小旅社、小企业等“四小单位”,建筑业、餐饮业、服务业的劳动合同签订情况进行检查监察,检查432家单位,补签劳动合同1.3万份。至2007年底,市劳动保障行政部门审查鉴证全市114家改制企业16893名职工与企业解除劳动合同。1987—2007年,市劳动保障行政部门审查鉴证市内各类用人单位与劳动者签订劳动合同7.6万份,解除劳动合同4.5万份。

二 劳动争议仲裁

1987年,市劳动仲裁委员会成立,市劳动局内设劳动争议仲裁股,开展劳动争议仲裁。1988年,23户企业建立劳动争议调解委员会。1991年,市劳动仲裁委员会纠正市铁厂、市工具厂、市印刷厂等单位对9名违纪职工的过偏处理。是年,受理劳动争议案件5起,结案5起。1994年,基层劳动争议调解委员会增加到53个。全年受理劳动争议申诉案14起,结案13起。1996年,受理劳动争议案11起。其中,立案处理7起,案外调处4起。1999年,受案19起,结案18起。2001年,受案18起,结案18起。2003年7月,组织20个用人单位26名劳资干部参加娄底市劳动争议处理研讨班,选送4人参加省仲裁员资格培训班。是年,受理各类仲裁案件16起。其中,依法调处14起,裁决2起。在蓝田、六亩塘、桥头河、安平、七星街等10个乡镇(街道)设立劳动争议调处机构。2004年,聘请7名兼职劳动仲裁员,指导帮助劳动争议数量较大的企业和乡镇(街道)开展劳动争议调处工作。2007年,接案156件,涉及375人(其中涉及企业改制的集体劳动争议案6起),立案91起。其中,依法调处60起,裁决23起,未到法定举证期而未开庭审理的8起。其他方式处理结案65起。向有关单位提起仲裁建议8次,受案率100%,结案率95%。是年9月,推行阳光仲裁,为困难职工减免仲裁费4.1万元。1987—2007年,劳动争议仲裁机构受理劳动争议案件372件。其中,立案开庭程序内处理222件,立案程序外调解处理150件。

第六节 劳动工资

一 工资调整和套改

1987年,涟源市由五类工资区调整为六类工资区。10月,企业职工工资进行微调,列入微调的市属国营、集体企业共83户8346人。是年,办理审批手续7723人,全市月增资4.17万元,人均月增5.4元。国营企业职工年人均工资1472元,市属集体所有制企业职工年人均工资1212元。1990年,解决企业专业技术人员职称职务与工资不符问题,给56户市属国营、集体企业的354名专业技术人员按规定进档增资。其中,高级职称4人,中级职称114人,初级职称119人,定级117人。人平月增3.6元。是年,企业职工增加(转)一级标准工资,33户国营企业升级6663人,人均月增资11.9元;58户集体企业升级5640人,人均月增资11.5元。1991年,解决525名老工人工资偏低问题。其中,升大级78人,升小级447人。1992年,粮油价格调整后,企业职工每人每月增加标准工资6元。1994年,省劳动厅下发国有企业职工等级工资和岗位技能工资调标参考标准,将国家和省统一规定的政策性补贴费83.5元纳入标准工资内。市属76户企业13034名职工工资标准进行套改,人均月增资170元。1996年,企业工资实行指导线制度,将企业原等级工资标准和技能工资参考标准的45个等级增设至55个等级,有57户企业8748人参加套改,人平月增资21.6元。1999年,企业职工等级工资标准起点工资由过去180元调至230元,技能工资起点工资由78元提高到120元。62户企业7692人参加套改,人平月增资39.1元(1990年始,上述记入职工档案的标准工资,只作为职工转移工作和按规定计发离、退休费等保险福利待遇的依据,职工实际工资收入通过工效挂钩等形式体现)。2000年,全市国有企业在岗职工年人均工资5028元,市属集体所有制企业在岗职工年人均工资3280元。2007年,市内国有企业在岗职工年人均工资14183元,市属集体企业在岗职工年人均工资13274元,分别比1987年增长8.6倍和9.9倍;城镇私营企业职工年人均工资13675元。

二　效益工资升级

1987年,在市属国营企业进行"工效挂钩"试点。1988年,24户市属国营企业实行工效挂钩,核定工资基数898.57万元,年末结算实发工资919.44万元,增加效益工资20.87万元。20户企业用新增效益工资给2485名职工进行工资升级。1989年,工效挂钩在市属国营、集体企业铺开,27户市属国营企业6622人,25户大集体企业4511人进行工效挂钩,核定工资总额基数1836.76万元,实发工资总额2001.1万元,增加效益工资164.34万元;48户企业5790人得到效益工资浮动升级,人平月增资6元。1990年,30户市属国营企业7050人,26户集体企业4057人进行工效挂钩。55户企业7021人进行效益升级,人平月增资7.5元,对946名有特殊贡献的职工给予奖励晋级,人平月增资5.9元。1991年,全市实行工效挂钩的企业63户,12260人,得到效益工资升级的50户企业5060人,人平月增资9.9元,对1208名有特殊贡献的职工奖励晋级,人平月增资6.8元。1992年,完善工效挂钩办法,对挂钩企业改单一税利指标挂钩为复合指标挂钩,对煤矿等政策性亏损企业实行工资总额与减亏指标挂钩。全市挂钩企业77户15622人。其中,56户6120人效益工资升级,人平月增资6.5元;49户946人受奖晋级,人平月增7.5元。是年,对在"品种质量效益年"活动中作出成效的市铁厂等33户企业中的2777名职工给予奖励升级,人平月增10.5元。1993年,给1992年度经济效益比上年增长的企业实行标准工资上浮,79户挂钩企业15622人全部上浮一级工资,人平月增资6.5元。1995年,工效挂钩企业84户,17818人,办理效益升级23户3601人,人平月增资17.8元。1996—1997年,进行效益工资升级的63户,升级人数5897人,人平月增资13元。1998年,实行工资指导线标准,效益工资升级停止。

三　最低工资保障制度

1996年起,全市实行最低工资保障制度,最低工资标准由上级劳动行政部门核准下达,市劳动行政部门每年向社会公布,秉着限低不限高原则,督促用工单位执行。1996—2007年,全市最低工资标准分别为每月160元、175元、185元、190元、225元、245元、280元、320元、360元、420元、420元、470元。

第七节　职工福利

一　集体福利

1987年,市属国营、集体企业按企业职工工资总额扣除副食品价格补贴和各种奖金后的11%从成本中提取福利基金。其中,8.5%用于支付集体福利事业补助、集体福利设施费、文体宣传费、医疗卫生费等集体福利,2.5%用于支付职工生活困难补助、洗理费、上下班交通补贴等个人福利。是年,市属国营企业共支付职工福利费203.9万元,集体企业支付180.8万元。1992年,福利基金改按职工工资总额扣除各种奖金后的14%从成本中提取,其中3%用于支付职工社会保险费。1995年,市属国有企业支付职工福利费668.2万元,其中用于集体福利事业开支482万元,占总费用72.1%;集体企业支付福利费368.8万元,其中用于集体福利费用255.6万元,占69.3%。1987—1995年,市铁厂、市氮肥厂等多数企业用福利基金建设功能齐全的职工宿舍、食堂、浴室、医务所、职工培训中心、文体活动场地等集体福利设施。1996年起,企业经济出现滑坡,大多数企业职工福利基金除社保基金外不再按规定提取。

二 个人福利

生活困难补助 1987年，企业在提取的福利基金中，抽取适当比例对困难职工实行生活困难补助。是年，全市市属国营、集体企业发放职工生活困难补助11.95万元，1995年为33.1万元。1996年起，企业不再按规定提取福利基金，职工生活困难补助制度逐步取消。1997年起，市政府筹集解困资金对企业特困职工实施3年帮困。

津贴和补贴 1987年，企业发给职工的月津贴和补贴有：粮价补贴2.5元、副食品差价补贴5元、物价补贴5元，共12.5元。1988年，增发价格补贴10元。1990年，增发上下班交通费5.0元。1992年，增发粮食统销价格补贴5元，猪肉、燃料价格补贴10元。1993年，增发粮食、猪肉价格补贴5元，书报、洗理补贴各18元。是年，各种津贴和补贴每月83.5元。1994年，出台新的等级工资和岗位技能工资标准，将上述各项政策性补贴纳入职工工资中。企业不再单设津补贴项目，防寒防暑及保健用品的发放，由企业自主决定。

医疗待遇 1987年，市内由财政拨款的行政事业单位职工生病治疗，由市公费医疗办公室负责管理，实行按工龄长短确定报销比例，门诊费用定额包干，住院费用由财政、单位、个人三方按比例分担。企业单位在原有劳保医疗的基础上，进行适当改革，90%以上的单位根据职工工龄长短，确定门诊药费数额（每月5~10元）按月发给职工，一般病痛在企业医务室治疗，危重病人经单位领导批准到上级医院住院治疗，医药费由单位报销。职工供养的直系亲属住院治疗，其手术费、药费由企业报销50%。是年，市属国营、集体单位支付医疗卫生费246.9万元，人平控制在每月10元以内。1995年，支付医疗卫生费643.5万元。1996年开始，企业经济效益出现滑坡，职工普遍不能按规定享受医疗保险待遇。2000年8月，城镇职工医疗保险制度开始实施，市内行政、事业单位和企业单位职工逐步纳入城镇职工医疗保险范围。

因工伤残及职业病待遇 1987年，市内企业职工因工负伤或患职业病的，其诊疗费、药费、住院费、就医往返路费及就医期间的伙食补助费等由单位负担。治疗期间的工资按本人标准工资100%发给。职工因工受伤脱产休养期间的工资，一年之内，按职工本人标准工资100%发给，超过一年，按职工本人标准工资90%发给，直至恢复劳动时止。患矽肺病后回乡长期休养的，一期矽肺病患者按职工本人标准工资60%发给，二、三期矽肺病患者按职工本人标准工资90%发给，直至死亡时止。职工因工致残，部分丧失劳动能力尚能从事其他轻便工作的，由单位安排适当工作，工资照发；完全丧失劳动能力的享受工残退休待遇，其中饮食起居需要人扶助的，按月发给护理费，标准为每月51元。1993年，护理费标准按完全、大部分、部分依赖程度分别调整为110元、90元、70元。2002年，护理费标准再次分别调整为养老保险统筹地区上年度社会平均工资的50%、40%、30%。2003年，因企业改制，上述因工伤残及职业病待遇终止，改制企业1150名工伤致残人员按《涟源市企业改革的若干规定》进行一次性伤残补助处理。2007年11月，对市属改制企业206名1~4级工残退休人员的伤残待遇给予优惠政策，如旧伤复发，其基本医疗费用纳入工伤保险社会统筹。

因工死亡待遇 1987年，企业职工因工死亡或因工致残退休后死亡的，发给4个月企业平均工资作为丧葬补助费，并在企业福利基金内，根据死者供养直系亲属人数多少，按月支付死者本人标准工资的25%~50%作为抚恤费，还可按家庭困难程度，按月给予适当的困难补助费和计发副食品价格补贴、物价补贴等政策性补贴，并照顾招收一名符合招工条件的供养直系亲属参加工作。2004年，因工死亡抚恤金和困难补助费标准进行调整。因工死亡抚恤金，其供养亲属配偶及孤寡老人和孤儿，每人每月为160元，其他供养亲属每人每月120元，供养多名亲属的抚恤金之和最高为400元，困难补助费也相应得到提高。上述应计发的抚恤金和困难补助费在企业改制时按《涟源市企业改革的若干规定》进行一次性补偿。2004年1月，职工因工伤亡待遇按国务院《工伤保险条例》和《湖南省实施〈工伤保险条例〉办法》执行。

因病或非因工死亡待遇 1987 年,企业职工因病或非因工死亡,由企业发给本企业职工 3 个月的平均工资作为丧葬补助费,并根据其供养直系亲属多少,一次性付给死者本人工资 8~16 个月的救济费。1988 年 7 月,救济费标准提高到 14~22 个月。1992 年,根据死者生前工资标准和供养人口多少,一次性计发粮价补贴等部分政策性补贴 14~22 个月。2004 年 7 月,丧葬费补助标准调整为 4 个月当地上年度职工社会平均工资。参加社会统筹的退休人员,丧葬补助费由社保机构在统筹基金中列支。供养直系亲属的救济费调整为根据供养直系亲属人数多少,由企业一次性付给当地上年度职工社会平均工资的 24~32 个月。

离休、退休、退职待遇及审批 1987 年,市内企业职工离休,基本离休费按本人标准工资 100%发给。凡正常退休、特殊工种和因病退休的人员根据工龄长短按本人标准工资的 60%~75%发给退休费。因病完全丧失劳动能力又不具备退休条件的按退职办理。退职费按个人标准工资的 40%发给。工残和职业病退休,饮食起居需人扶助的,按本人标准工资 90%发给,饮食起居不需人扶助的按 80%发给,另外再发给生活补贴和其他各项政策性补贴。凡退休退职费低于最低生活保障数的按最低保障数发给。最低保障数,正常退休的为 80 元,工残退休的为 90 元,退职的为 70 元。1988 年,对 1959 年底以前参加工作,家居农村年满 50~55 周岁的老工人,可提前退休,照顾招收一名符合条件的子女参加工作。是年,办理退休退职手续 634 人。1991 年,按规定给退休人员加发生活补助费,其基本退休费在原有基础上,以连续工龄满 15 年为起点,每增加一年工龄,加发本人原标准工资 1%,加发后总额最高不超过本人标准工资的 20%。1994 年,将各项政策性补贴 83.5 元纳入职工工资中,参加 1994 年工资套改以后退休的职工不再享有这些补贴。1995 年,建立养老保险个人账户,对养老保险缴费和退休待遇计发办法进行改革。职工达到规定退休年龄,按规定缴纳养老保险累计满 10 年及其以上的,从办理退休之下月起,按月发给基本养老金。是年,基本退休金大多在每月 300 元以上。1997 年 12 月,省政府对企业职工养老保险缴费比例、退休条件和享受基本养老金的标准作出统一规定,基本养老保险待遇按照"新人""中人""老人",依参加工作年限和缴费年限分别采用不同的办法计发。是年,地属以上企业单位职工的退休退职手续由娄底地区劳动局负责审批办理。2003 年 1 月 1 日以后退休人员采用新的养老金计算办法,即基本养老金=基础养老金+个人账户养老金+过渡性养老金+过渡性调节金。2004 年 1 月 1 日起,对办理退休的职工,其基本养老金中的过渡性调节金的计发按标准(130 元)每年递减 10%,10 年内递减完,是年办理退休手续 430 人。2007 年,办理退休退职手续 1399 人,基本养老金大多每月 600 元以上,人平 736 元。是年底,发放离、退休费的市属国有集体企业离、退休人员 8116 人(其中离休人员 37 人),由市企业职工社会保险管理局管理。1987—2007 年,全市办理退休退职手续(含在涟中央省地企业)8393 人。1990—2007 年,共进行 14 次基本养老金调整。

下岗职工基本生活保障 1998 年,根据中共中央、国务院提出确保下岗职工基本生活费和离、退休人员基本养老金按时足额发放的要求,全市按照企业自筹、社会筹集、政府解决的"三三制"原则,筹集、发放下岗职工基本生活费和解困资金 370 万元。1999 年,发放下岗职工基本生活费和解困资金 218 万元,解决 5000 名下岗职工基本生活问题。2000、2001 年,分别下拨解困资金 173 万元和 206 万元。2002 年,各企业再就业服务中心筹集发放下岗职工基本生活费 775.2 万元。2003 年,筹集发放 789.6 万元。2004 年,为解决改制企业军转干部生活困难问题,对全市改制企业(含在涟中央、省和娄底市属企业)479 名军转干部的企业"四拖欠"(拖欠工资,拖欠基本生活费,欠缴基本养老金和欠发医药费)情况进行调查统计和核实,补发资金 254 万元。其中,补发拖欠工资和基本生活费 151 万元,补缴养老保险金 59.3 万元,补发医药费 44.3 万元,并为 459 名企业军转干部办理基本医疗保险参保手续。2005 年,下拨下岗职工基本生活费和困难补助 523.7 万元,补发企业拖欠军转干部资金121万元,并对165人按月发给生活困难补助。1998—2005年,全市筹集国有企业下岗职工基本生活费8995.2万元。其中,省级财政核拨2641.8万元,市本级财政解决420万元,社会筹集508.45万元(其中失业保险基金划入81.41万元),企业自筹5425万元。为8400多名进入企业再就业服务中心的下岗职工发放基本生活费和缴纳养老保险基金8995万元。2006年,国有企业下岗职工基本生活保障制度向失业保险制度并轨,未实现再就业的下岗失业人员按规定享受失业保险待遇或城市居民最低生活保障待遇。2007年,全市910人享受失业保险待遇。

第八节 劳动保障监察

1994年4月,市劳动局设立劳动监察大队。是年,以企业职工招聘、劳动合同管理、社会保险基金缴纳和职工合法权益保护等问题为重点,检查88个单位,涉及职工39320人,查处问题151个,下达劳动监察指令书61份,提出限期整改指令要求224条。1996年,开展《劳动法》执法情况大检查,检查108家用工单位。其中,国有企业42家,城镇集体企业12家,乡镇企业49家,私营企业3家,个体经济组织2家。下达劳动监察指令书86份,提出限期整改指令要求316条,鉴证劳动合同3600份,处理各类问题74个。其中,查出私招乱雇劳动力1128人,未按规定支付职工工资的单位64家。发放劳动用工年审合格证70个。1998年起,先后在蓝田街道和19个乡镇设立劳动监察中队,配备兼职劳动监察员54人,在市总工会、市妇联等部门聘请12名兼职劳动监察员。2005年4—5月,在全市开展清整劳动力市场秩序、规范劳动用工专项行动的监察活动,取缔"情缘"等非法职介机构3家。2007年,检查各类用人单位678个,举办13期劳动保障知识培训班,707个用人单位主要负责人参加,对429个用人单位开展劳动保障定期书面检查。接受和发现各类举报案件253件。其中,立案49件,结案44件。发出限期整改指令书186份,行政处罚(处理)决定书14份。其中,农民工工资案37件,涉及1232人,为农民工追回拖欠工资147.3万元,清退劳动者风险抵押金23.1万元。是年,重点处理涟源一中、涟源宾馆、华润涟源电厂等单位拖欠农民工工资案件。1994—2007年,开展劳动用工年检、劳动执法大检查、禁止使用童工、女职工和未成年人权益保护、劳动力市场清整、打击违法用工、清理拖欠农民工工资、社会保险基金追缴等专项检查监察活动38次。检查各类用工单位4070家,下发劳动监察指令书、询问通知和协办函1079份,行政处罚(处理)决定书64份,受理投诉案件立案667起,结案648起。其中,清理拖欠农民工工资专项监察立案219起,涉案2496人,追讨农民工工资1140万元。清退劳动者风险抵押金210万元。查处拖欠社会保险金案30起,追缴社会保险金、失业保险金191.6万元,查处使用童工案件4起,责令遣返童工9名。

第九节 劳动安全监察

一 安全宣传与培训

1987年,市劳动部门对电工、司炉工、起重工等特种作业人员进行安全技术知识培训,举办培训班12期,培训司炉工65人,电工、起重工694人。各厂矿开展《湖南省劳动保护条例》和《湖南省劳动保护监察办法》的宣传学习,举办安全知识培训班6期,培训安全专干352人。1990年,开始对厂(矿)长、经理进行安全知识培训和资格认证,820名厂(矿)长、经理、安全专干经培训取得安全资格证书,其中矿长116名。1991年起,市安全办每年5月组织安全生产周和安全生产月活动,利用电视讲话、张挂横幅、印发资料等形式进行安全法律法规宣传教育。1993年4月,举办《中华人民共和国矿山安全法》学习班3期,216名矿长、安全员参加培训。1996年,市政府下达全市安全生产目标管理考核办法,层层签订安全生产责任书,实行安全生产一票否决。1997年,培训4个水电站电工84人。1999年,会同市水利水电局对全市水利水电站126名电工进行复审培训;会同市乡镇企业局举办安全管理知识培训班,45个乡镇企业负责抓安全的厂(矿)长参加培训。9—12月,全市开展"百日安全无事故"活动。2001年5月,配合"安全生产周"活动,在涟源电视台专题播放安全宣传教育片《人命关天的事》。1987—2001年,市劳动局组织安全生产周和安全生产宣传月活动18次。

2002年6月16—18日,市卫生局和市卫生防疫站组织举办为期3天的贯彻实施《职业病防治法》培训班,80个部门负责人和厂矿企业法人代表参加学习。2003年,确定市工贸职业中等专业学校、省煤机厂为定点培训考核单位,要求所有从事特种作业的人员必须参加定点培训考核单位的培训,经考核合格后方可领取《特种作业操作资格证》。市安监局举办3期特种作业培训班,培训特种作业人员近60人。2004年,成立安全生产教育培训中心,具有四级定点培训资格。2007年,市安监局在涟源电视台开辟"安全为天"专题节目。2002—2007年,市安监局举办各类培训班50余期,培训人员5000余人。

二　职业安全健康监督管理

1987年,全市86户企业建立完善劳动保护档案。1988年,对新建、改建、扩建生产性工程项目与劳动保护设施,实行"三同时"(同时设计,同时施工,同时竣工验收)审查,参与审查项目9个,参与竣工验收项目3个。1989年,对粮食系统45个库点进行粉尘测试,提出20多条防治整改措施,降低尘毒危害。1990年,对全市59个建筑安装企业进行安全资格审查,并报娄底地区劳动局核发安全资格证书。会同市建委对建筑施工现场进行安全大检查,检查工地41个,下达监察指令书25份,提出整改意见68条。会同市公安局消防中队对23户烟花鞭炮生产企业和销售单位进行现场监察,查处重大隐患210处,并责令整改。实行劳动防护用品经费审批制度,会同市财政局对市内40个企事业单位劳动防护用品经费进行审核。建立劳动防护用品定点生产定点销售制度,对市福利总厂、涟城皮鞋厂、市皮革厂、市服装厂等6户定点生产厂家和市百纺公司、市工矿贸易公司等5户定点销售单位进行资格审查并发证。截至1991年,劳动部门参加新建、改建、扩建生产性工程项目"三同时"审查项目24个,提出整改意见46条,增加劳动保护设施费128.1万元。2003年4月,由市人大常委会教科文卫委员会牵头,对《职业病防治法》的贯彻执行情况进行督查。其中,对湖南五江轻化集团有限公司、市白水泥厂、市安坝水泥厂、市沙坪煤矿等20户厂矿企业和全市医用X光机配置单位进行现场监测,检测结果全部达到国家标准。2005年,市疾控中心设置职业危害因素控制科,对全市59户厂矿企业2627人进行职业健康体检,发现疑似尘肺患者194例,占体检总人数的7.38%,检出2名铅吸收病人,督促企业为病人进行驱铅治疗。2006年,对3259名工人进行职业健康体检,发现可疑职业病218例,肺结核12例,其他疾患34例。对83户存在职业危害因素的厂矿企业进行监督管理,完成健康建档300人。2005—2006年,与市职业病防治所联合对市新坪煤矿、市安坝水泥厂等120家厂矿开展以建设项目职业病危害评价和有害作业企业农民工健康监护为重点的职业卫生监督执法检查,对30个单位提出整改意见,立案查处5个单位,罚款2万元。2007年,参与对4000名接触粉尘作业工人进行职业健康体检,确诊尘肺病122例,肺结核32例。对全市医疗卫生机构进行放射卫生执法检查,其中对5个不符合放射防护要求的单位限期整改;对所有放射医疗机构的108名放射工作人员建立健康监护档案和个人剂量检测档案。

三 安全生产监督管理

1987年,市内实行“企业负责、行业管理、国家监察、群众监督”相结合的安全生产管理体制。各级、各部门和企业建有安全生产领导小组280个,有专(兼)职安全员1260人。劳动部门对矿山安全生产实施国家监察,矿山主管部门和企业建立健全安全生产监督管理机构,采用分片包干、逐矿巡回检查和现场值班等方式进行安全生产监督管理。是年,全市矿山发生事故26起,死亡34人。1988年12月2日,市七一煤矿井下100米水平进行水闸门耐压试验,因水闸门门扇质量问题,导致水闸门损毁,死亡3人,重伤3人,轻伤10人,直接经济损失30万元。1990年,市安全生产委员会成员单位进行调整,根据行业特点下设交通安全、矿山安全、消防安全、锅炉压力容器安全、建筑施工安全和爆炸物品安全管理6个安全生产领导小组。全市登记批准的煤矿162家,无证小煤窑560家,登记批准的煤铁共生矿和石膏矿等非煤矿山47家,采石场60个。是年,发生矿山事故68起,死亡119人,重伤12人,直接经济损失105万元。1991年,对54家乡镇煤矿进行基本安全条件审查,核发基本安全条件合格证。是年2月,市政府发布《关于取缔非法小煤窑的通告》。5月,组织4个工作组,出动工作人员1389人次,调集专车92台次,炸药6吨,采取拆棚子、炸硐子、罚票子、搬机子、摘帽子等强硬措施,烧毁窑棚子135处,拆机子121台(套),炸硐子125处。依法取缔、封闭567家非法小煤窑,其中强制关闭钉子窑177家。对在非法小煤窑中参股的87名党政机关和企事业单位干部工人,213名村干部和党员分别进行党纪政纪处分和罚款处理。1993年,组织《中华人民共和国矿山安全法》宣传和普法考试活动,5100名矿山干部工人参加普法考试。1994年,核发煤矿基本安全条件合格证92份。是年8月9日,仙洞乡增加村增加煤矿(无证)发生老窑穿水事故,死亡25人,直接经济损失50万元。1995年8月15日,六亩塘镇涟峰鞭炮厂违章作业,发生火药燃烧事故,死亡6人,重伤3人,直接经济损失40万元。对3名重大责任人员追究刑事责任,将企业关闭。1996年,市政府下发《涟源市开展“安全年”活动意见》,要求国有煤矿百万吨死亡率少于8人,乡镇矿山百万吨死亡率不超过10人,并与各乡镇签署安全生产目标管理责任书。同时,组织全市矿山安全大检查,检查14个乡镇的90多家煤矿,查出事故隐患553个,下达安全监察指令书37份,提出整改意见216条。2001年,全市煤矿进行为期一个月的停产整顿,尔后组织安全治理整顿验收。全市166家批准矿经初步验收,下发复产通知书123份。1987—2001年,全市工厂、建筑企业发生各类伤亡事故96起,死亡52人,重伤55人,直接经济损失260万元,追究8名责任人员的刑事责任,124人受党纪政纪处分和经济处罚。发生各类矿山(含未批准矿)伤亡事故553起,死亡1296人,重伤165人,直接经济损失5100万元。其中,一次死亡3人以上事故137起,死亡783人;一次死亡10人以上事故13起,死亡198人。94人被追究刑事责任,212人受党纪、政纪处分。

2002年10月,成立市安全生产监督管理局,负责全市安全生产综合监督管理。是年,取缔非法煤矿336处。2003年,出台《涟源市安全生产目标管理考核办法》《涟源市煤矿安全生产举报制度》《涟源市严防非法煤矿反弹制度》《涟源市重大安全隐患报告与排查制度》《涟源市非煤矿山安全专项整治实施方案》和《涟源市露天矿场安全生产规定》。以乡镇为主,部门配合,每周对非法再开采矿、废弃的基建硐探矿、非法新开矿井及上报基建硐探矿进行拉网式督查和重点监控,严防反弹和非法组织生产,全市342处非法矿山按标准基本关闭到位。是年,发生生产安全事故309起,死亡126人,直接经济损失807万元。其中,特大(煤矿)安全事故2起,重大安全事故5起,一般安全事故302起。发生煤矿安全事故36起,死亡85人,超过娄底市控制指标48人。市安监局会同市公安局、娄底煤矿安全监察办事处,查处煤矿及非煤矿山安全生产责任事故35起,查处违规生产行为及安全隐患5起。2004年,出台《涟源市安全生产责任目标管理考核办法和评分标准》

《涟源市严防非法煤矿反弹奖惩考核实施办法》《涟源市重特大安全事故应急救援预案》。推行安全生产风险抵押金制度，市直有关部门和部分乡镇分别缴纳5000元和20000元的安全生产责任目标管理风险抵押金。是年,发生生产安全事故309起,死亡131人,直接经济损失706.49万元。其中,煤矿安全事故25起,死亡39人(控制指标为76人);非煤工矿安全事故1起,死亡2人。特大(煤矿)安全事故2起,重大安全事故8起。市安监局会同娄底煤矿安全监察办事处等相关单位查处煤矿安全责任事故20余起,查处违规生产行为17起,按照"四不放过"(事故原因未查清不放过、责任人员未处理不放过、整改措施未落实不放过、有关人员未受到教育不放过)原则严格依法查处到位。发出督办令30余份、整改通知书93份,查出隐患441条,并及时进行复查,督促生产经营单位整改到位。发生特大安全事故的斗笠山镇、安平镇被"一票否决",市交通局等11个安全生产目标管理考核先进单位获重奖。2005年,出台《涟源市生产经营单位安全生产风险抵押金管理暂行办法》,进一步强化企业的安全生产主体责任。相关市直部门、乡镇与市政府签订安全生产目标管理责任状,明确工作任务,下达控制指标,将安全生产工作纳入到各单位政绩考核之中。全面启动煤矿、非煤矿山、危险化学品、烟花爆竹等生产经营企业的安全评估工作,全年开展综合性安全生产执法检查4次,监督监察生产经营单位681次,下达整改指令书336份,查出事故隐患4180条,并及时进行跟踪督查。是年,全市发生煤矿、烟花爆竹安全生产事故20起,死亡37人。其中,重大事故3起,死亡15人。无特大安全事故发生,非煤矿山、危险化学品生产经营单位未发生伤亡事故。2006年,下发《关于进一步规范事故报告工作的通知》《涟源市深化烟花爆竹安全专项整治工作实施方案》《涟源市关闭不具备安全生产条件煤矿工作方案》《关于进一步加强煤炭安全生产工作的通知》。全年关闭不具备安全生产条件的煤矿64对,是全省关闭矿井最多的县市之一。取缔5家不符合安全生产条件的非煤矿山和28家露天采石场。是年,全市发生各类安全生产事故241起,死亡116人,直接经济损失1975.27万元。其中,发生重大安全事故5起,死亡24人;特大安全事故1起(安平镇观音煤矿"12·3"煤与瓦斯突出事故),死亡12人。荷塘镇因发生非法煤矿死亡事故、茅塘镇因发生非法烟花爆竹小作坊死亡事故被"一票否决",9个安全生产目标管理考核先进单位获重奖。2007年,关闭整合矿井50对,督促高沼高突和瓦斯矿井进行瓦斯专项整治,安平镇湘中、力达、四古煤矿建立瓦斯抽放系统。实行烟花爆竹配送制度和标签准入制度,凡未粘贴娄底市安监局监制的烟花爆竹安全标签的,一律不准进入销售环节。是年,全市发生各类安全生产事故195起,死亡66人,直接经济损失828.7万元。重大安全事故1起,死亡6人。各类事故中,煤炭行业发生死亡事故22起,死亡32人;非煤工矿发生事故2起,死亡3人。市安监局会同监察、公安、检察、煤炭、总工会等部门对21起安全生产责任事故进行事故调查,写出调查报告,为对相关责任人的处理提供依据。安平镇因发生一起重大煤矿安全事故被"一票否决",15个安全生产目标管理考核先进单位获重奖。

第十节　社会保障

一　企业职工养老保险

1987年,市社会劳动保险公司开始对市内全民所有制企业的劳动合同制工人建立养老保险关系,负责养老保险基金的征缴和支付管理。养老保险基金按职工工资总额21%缴纳。其中,单位缴纳18%,职工个人缴纳3%。市内76户国营企业1042名全民合同制工人参加养老保险,收缴养老保险金28.5万元。1988年,市政府下发《关于在全市实行退休费用社会统筹的通知》,市内88户全民所有制企业2.2万名职工参加退休费用社会统筹。1989年,91户全民所有制企业(含中央、省、地属企业)2.6万名职工参加退休费用社会统筹,收缴养老保险金430.5万元,支付3467名离、退休人员基本养老金354.9万元。是年,劳动合同制工人养老保险基金缴纳标准调整为每人每月19元,即单位缴纳17元,个人缴纳2元。1990年,建立市退休职工活动中心,全市各基层单位先后建立离、退休职工管理服务中心124个。是年给3971名离、退休人员调整离、退休金待遇,人均月增20元。1992年,原参加市内统筹的51个驻涟中央省地企业的养老保险业务移交娄底地区社会劳动保险所。1993年,养老保险覆盖范围扩大到市属集体企业,新招的552名职工参加养老保险。是年10月,养老保险由县级统筹过渡到省级统筹。1995年9月,市政府印发《涟源市深化企业职工养老保险制度改革实施细则》,扩大基本养老保险范围,国有企业、城镇集体企业、股份制企业、联营企业、私营企业的职工、外商投资企业和港、澳、台同胞投资企业的境内中方职工,以及个体工商户的雇工、私营企业主、城镇个体工商户本人等非工薪收入者均要求参加政府组织的基本养老保险。同时对基本养老保险费用支付项目,退休、退职费计发办法,基本养老保险费的征集、养老保险基金的管理和监督都作出相应的规定。1996年,建立社会保险个人账户,实行社会统筹与个人账户相结合的新的养老保险费征缴和养老金计发办法。企业按上年度本单位职工月平均工资总额25%缴纳,职工本人按上年度月平均工资总额3%缴纳。是年,接收原由市人民保险公司经办的市瓷厂等20余户集体企业的养老保险业务。至年底,全市参加退休费用统筹的全民和市属集体企业达到121户,职工16080人,离、退休人员5314人。其中,全民所有制企业60户,在职职工10471人,离、退休人员2510人;集体企业61户,在职职工5388人,离、退休人员2800人;其他参保人员221人,退休人员4人。是年,向上级争取下拨调剂金和困难救济金232.5万元。1998年7月,市政府下发《涟源市建立统一的企业职工基本养老保险制度实施细则》,统一企业和职工个人缴费比例、统一个人账户计入比例和统一基本养老金计发办法。为确保国有企业离、退休人员基本养老金按时足额发放,社保机构为企业先行垫付离、退休费213.7万元。7月,市政府下发《涟源市城镇私营企业、个体工商户从业人员基本养老保险实施细则》,有127名私营企业员工和个体工商户参加基本养老保险。2000年,1350名离、退休人员基本养老金实行社会化发放,改变过去离、退休人员基本养老金由企业与社保机构进行差额计算,企业单位代发的方式。2001年,省煤炭系统的煤田水泥厂等5户集体企业养老保险业务移交地方管理。全市48户企业4200名离、退休人员离、退休费实行社会化发放。2002年,建立离、退休人员生存验证制度,对2680名离、退休人员进行生存状况验证。是年,市建筑公司460名职工的养老保险关系由行业管理移交政府管理。2003年,省属斗笠山煤矿和桥头河煤矿因资源枯竭关闭后,2623名职工的社会保险业务由省管移交涟源市管理。全市养老保险业务实现电脑信息化,用全省统一的养老保险业务系统办理日常业务。对5012名离、退休人员进行生存验证,查出38人虚报冒领养老金,冒领金额49万元,全部追回。2004年,对原未参保集体企业的1600人办理参保手续。2006年,为363名返城未参加工作的原下乡知识青年办理养老保险参保手续。2007年,为全市833名幼师建立养老保险关系,将市内农林场(厂),畜牧、畜医等单位未参保人员办理参保手续。是年,全市各类企业参保人数21599人,征缴基金12783万元。离、退休人员8116人,支付养老保险金7171万元。1990—2007年,先后给企业离、退休人员进行14次基本养老金调整,累计人平月增525元。2007年,全市企业离、退休人员人平养老金达到736元。1987—2007年,全市累计征缴养老保险基金5.74亿元,支付离、退休人员基本养老金4.10亿元。

二 机关事业单位养老保险

1994年4月,涟源市机关事业单位社会保险所成立,负责全市机关事业单位工作人员养老保险基金的征集管理和离、退休人员离、退休费的拨付。是年,对机关事业单位新招收的劳动合同制工人建立养老保险关系。基金征缴标准是:单位为上年度本单位在职工作人员月平均工资总额24.5%,个人为本人上年度月平均工资的3%。1995年5月,全市机关、事业单位中原由企业职工社会保险所管理的劳动合同制工人的养老保险关系移交机关、事业单位社会保险所管理。同年11月,将差额拨款和自收自支事业单位纳入参保范围,至年底,参保单位55个,参保人数2187人,征缴基金161.9万元。1996年9月,实施《涟源市机关事业单位养老保险制度改革办法(试行)》,全市机关事业单位所有工作人员均实行养老保险。1997年,参保单位169个,参保人数15919人,离、退休人数2877人,征缴基金1594.12万元,支付离、退休费用1523.47万元。1997年12月,市机关事业单位社会保险所更名市机关事业单位社会保险管理局。2002年,调整养老保险基金征缴标准,单位按本单位上年度在职人员工资总额和离、退休人员养老金之和的21%缴纳,个人缴纳标准由原来的3%提高到5%。是年8月,市机关事业单位社会保险管理局划归市劳动和社会保障局管理。2004年,对3500名全额拨款的机关事业单位离、退休人员养老保险金实行社会化发放。同时,加大对企业化管理的事业单位的参保力度,新增54家乡镇卫生院2146人参保。2006年,给67家单位3762人发放个人账户手册。2007年,机关事业单位养老保险基金缴纳标准再次进行调整,单位按本单位在职职工参保人员基本工资的22%缴纳,个人仍按本人基本工资的5%缴纳。至年底,全市机关事业单位有参保单位348个,参保人员22346人,征缴基金9532.93万元,离、退休人数5281人,支付离、退休费8151.24万元。1997—2006年,机关、事业单位离、退休人员基本养老金标准进行11次调整,累计人均月增养老金755元,人均养老金每月1180元。至2007年,机关事业单位累计征缴养老保险基金48873.78万元,支付离、退休人员养老金41160.10万元,基金累计滚存结余8601.58万元(含利息)。

三 失业保险

1987年,待业保险制度正式实施。是年,对市内76户国营企业1.99万名职工按全部职工标准工资的1%收取待业保险金8.66万元。1988年,参保单位91户,参保职工3.3万人,收缴基金32万元。1990年,参保单位89户,参保职工33239人,收缴基金28万元,享受失业保险待遇2人,支付失业保险基金0.21万元。1991年,待业救济金标准由过去不低于40元/月,调整至最低50元/月。1992年,待业保险基金实行企业负担与个人缴费相结合,征缴标准由原按职工标准工资的1%改为按职工年工资总额的1%收取。职工个人每月缴纳1元,待业保险范围扩大到市属集体企业。是年,参保单位157户,参保职工3.51万人,收缴基金45万元。扶持帮助企业建立3个转业训练基地。1994年,待业保险改称失业保险,全市参保单位172户,参保人数3.65万人,收缴失业保险基金103万元。是年,失业保险金待遇提高到每人每月80元,享受失业保险待遇的12人,支付失业保险金1.48万元。“两节”(元旦、春节)期间给桥头河煤矿等11户困难企业拨付失业救济金19.29万元。1995年,参保单位174户,参保人数34160人,收缴失业保险基金143.4万元,享受失业保险待遇的308人,支付失业保险基金31.85万元。1998年,失业保险基金再次调整,单位按职工工资总额2%,职工个人按本人工资总额的1%收取。是年,收缴基金90.65万元,拨付困难企业救济金19.02万元,支付147人的失业保险金13.35万元。1999年,失业保险范围扩大到事业单位,外商投资企业、城镇私营企业及其职工。城镇企业、事业单位按单位工资总额2%、职工按个人工资的1%缴纳失业保险费。规定失业人员领取失业保险金按照失业前所在单位和本人按规定累计缴费时间计算,最长不超过24个月。失业保险金待遇由过去每人每月100元提高到每人每月130元,全年收缴基金73.03万元。支付困难企业救济金20.49万元,支付下岗职工转业训练基金35万元,发放58人的失业保险金6.64万元。2003年,市政府下发《关于切实做好事业单位工作人员失业保险工作的通知》,开展为期一周的宣传,并进行调查摸底。全市应参保事业单位219户,1.85万人。由于认识滞后等种种原因,工作进展缓慢,实际参保事业单位仅6户,510人。是年,参保企事业单位79

户，参保职工18423人，收缴基金111.91万元，享受失业保险待遇16人，标准为224元/月，支付失业保险基金2.79万元，发放困难企业调节金90.48万元。2006年，参保单位110户，参保人数3.43万人。其中，民营企业3户，参保人员183人。全年征缴基金474.1万元。是年，失业保险金开始实行社会化发放，享受失业保险待遇26人，支付失业保险金3.21万元，发放困难调节金20.88万元。2007年，参保单位122户，参保人数3.58万人，收缴基金799.63万元，享受失业保险待遇的人数增至910人，失业保险金由304元/月增至376元/月，发放失业保险和医疗补助费424.06万元。给158名在企业工作过的原军队退役人员落实失业保险待遇，按每人每月失业保险金304元，医疗补助金15元，发放24个月，发放121万元。1987—2007年，累计征缴失业保险基金2895.38万元(包括代娄底市失业保险机构征缴的1657.03万元)，支付2115名失业人员的失业保险金571.89万元，支付失业保险调剂金423.08万元，划拨转业训练和下岗职工再就业培训费200余万元。

四 医疗保险

1987—2000年7月，市内机关、事业单位职工实行公费医疗制度，企业职工实行劳保医疗制度。2000年8月，《涟源市城镇职工基本医疗实施办法》出台，新的医疗保险制度正式实施。医疗保险参保对象是城镇所有用人单位，医疗保险基金按上年度单位职工工资总额的6%缴纳，职工个人按上年度月平均工资的2%缴纳(退休人员个人不缴纳基本医疗保险金)，建立个人账户和社会统筹账户。基本医疗保险统筹基金最高支付限额为2万元，门诊医疗费用从个人账户中支付，超支自理。实行大病互助医疗制度，参加基本医疗保险的人员按每人每年80元标准由职工个人(含退休人员)或单位缴纳，大病医疗互助最高支付限额为2万~10万元。至年底，市直财政全额拨款单位、部分财政差额拨款单位、自收自支的事业单位及中央、省、娄底市驻涟单位共120户，7000余人首批参加基本医疗保险。市人民医院、市中医院、省涟邵矿务局职工医院等11家医院审定为基本医疗保险定点医疗机构，平安大药房、人民路国药店等4个药店审定为基本医疗保险定点零售药店。医疗保险基金纳入财政专户、实行收支两条线管理。2001年，全市参保单位168户，参保人数15520人。2000年8月—2001年底，征缴医疗保险基金626万元，其中统筹基金313万元、个人账户基金227万元、大病互助基金86万元；住院病人810人次，支付医保基金255万元，其中统筹基金支付148万元、个人账户基金支付79万元、大病互助基金支付28万元，结余371万元。2002年，按属地管理原则，将市移动营业部等20多家驻涟中央、省、娄底市单位纳入参保范围，新增参保人员6000人。是年，设立特殊病种门诊医疗制度，有228人得到特殊门诊限额补助。年底，全市停止实行公费医疗和劳保医疗制度。2003年10月，离休干部医疗保险统一归口市医疗保险管理局管理。2004年8月，医保网络管理系统在平安大药房首家试运行。次年4月，全市医保网络系统全面运行。2005年9月，一至六级伤残军人医保划归市医保局统一管理。2006年6月，医疗保险基金征缴标准上调到9%。其中，单位缴纳部分上调至单位职工工资总额的7%，个人仍按个人工资总额的2%缴纳。大病医疗互助基金由每人每年80元调整为每人每年110元，大病医疗互助金最高支付限额调整至15万元。2007年，全市参保单位283户，参保人数42103人。其中，在职职工和退休人员41333人，离休人员155人，离休人员无固定收入的配偶(遗孀)140人，伤残军人183人，军转干部282人，自主择业的军转干部10人。全年征缴医疗保险基金5508万元，其中基本医疗统筹基金3039万元，记入个人账户1528万元，大病互助基金941万元；办理住院4370人次，支付医疗保险基金2998万元，其中基本医疗统筹基金支付1525万元，个人账户基金支付1119万元，大病互助基金支付354万元。至2007年，通过资格审查认证，全市有22家医院和52家药店分别定为基本医疗保险定点医院和定点零售药店，给予特殊门诊药费限额补助的参保人员860人。全市累计征缴各项医疗保险统筹基金1.44亿元，其中基本医疗保险统筹基金7651万元，个人账户基金4536万元,大病互助基金2260万元;累计住院16954人次,支付医疗保险基金10641万元,其中基本医疗保险统筹基金支付5752万元,个人账户基金支付3397万元,大病互助基金支付1492万元。

五　城镇职工生育保险

2005年,涟源市实施城镇职工生育保险,参保范围是城镇所有用人单位。职工生育保险费率为本单位职工工资总额的0.7%,个人不缴费。生育保险待遇主要有生育津贴、生育医疗费、节育手术费和生育补助金等。生育保险基金设立财政专户、专款专用。是年,全市参保户数221户,参保人数18420人,征缴基金100万元。住院212人次,基金支付18万元。至2007年底,参保户数283户,参保人数27385人,累计征缴生育保险基金476万元,住院725人次,基金支付145万元。

六　工伤保险

工伤保险制度建立和实施　1987—2003年,市内用人单位发生的职工因工伤亡事故,其医疗、工残抚恤等待遇按照《劳动保险条例》和其他有关规定执行。2004年1月起,市内用人单位职工发生的因工伤亡事故、工伤待遇按照《工伤保险条例》执行。2005年8月,全市建立统一的工伤保险制度,工伤保险范围主要是市内各类企业和有雇工的个体工商户。根据"以支定收,收支平衡"原则确定缴费率,按照不同风险程度实行行业差别费率,一类工伤保险风险行业费率为职工工资总额的0.5%,二类工伤保险行业费率为1.2%,三类工伤保险行业费率为2.4%。工伤保险实行市级统筹分级管理。是年,参保户数19户,参保职工1334人,征缴基金19.88万元。市人民医院、市中医院等8家医院被确定为工伤保险协议医疗机构。2006年,参保单位82户,参保人数7251人,征缴基金104.08万元。发生工伤事故206起,工伤216人,工亡22人,支付因工伤亡费用165.16万元。2007年1月,工伤保险基金实行娄底市级统筹,对煤矿企业按每吨煤4元缴纳工伤保险费。是年,煤炭等高危风险行业参保单位新增116户。全市参保单位221户,参保人数13256人。其中,煤炭高危行业149户(全市批准煤矿96个,有的母煤矿还有子煤矿),工厂及其他单位72户。累计征缴工伤保险基金1431.42万元。发生各类工伤事故1495起,因工死亡103人,因工致伤1493人,住院1463人次,工伤保险机构共计支付费用1415.36万元。其中,医疗费648万元,伤残补助费用55.15万元,工亡赔付费用712.2万元。

工伤认定和劳动能力鉴定　1987年,市内企业职工的工伤认定和劳动能力鉴定,由劳动保护股(市安全办)负责。1991年,组织市沙坪煤矿、市七一煤矿、市栗山桥煤矿、市新坪煤矿进行职业病普查,查出Ⅰ期以上煤(矽)肺患者90名。1992年2月,成立涟源市劳动鉴定委员会,对伤、病职工劳动能力、伤残程度进行鉴定。1993年7月, 对全市115个单位的1008名原5~10级工伤人员进行工伤普查和劳动能力鉴定。2002年,全市登记在册的职业病患者724名。其中,市属及以下单位356名,占49%。是年新增16人。1987—2005年7月,全市办理工伤认定手续1554起,组织工伤残疾等级鉴定1493人次。其中,鉴定为1~4级318人,5~6级389人,7~10级786人。2005年8月,市劳动和社会保障局增设工伤保险股,负责工伤认定、劳动能力鉴定的组织以及对工伤保险协议管理医疗机构的检查和监督。2005年8月至2007年底,全市办理工伤认定人数1637人次, 参加劳动能力鉴定人数1256人次。其中,1~4级119人,5~6级237人,7~10级900人。市人民医院、第五人民医院等15家医院被定为工伤保险协议医疗机构。

第十一篇 民 政

1987年,涟源市民政局内设人秘股、社会救济福利股、优抚股、基层政权建设股、计划财务股、退伍军人安置办公室等6个股室,定编12人。下辖市光荣院、市军队离退休干部休养所、市收容遣送站、市双扶服务总公司(1991年5月,建立市社会福利总厂,与双扶服务总公司为两块牌子,一套人马)等4个二级事业单位。全市7个区,3个街道,39个乡,7个镇均设有民政室,各室配备民政助理员1名。1995年,撤区并乡,撤销民政室,20个乡镇(街道)均设民政所,各民政所配备1~3名工作人员。1996年8月,市民政局撤销人秘股,增设办公室(加挂社团管理股牌子)、人事教育股、社会事务股、区划地名办公室和监察室,退伍军人安置办公室更名退伍安置股(加挂市复员军人安置办公室)。2002年8月,市双扶服务总公司(市社会福利总厂)更名市双扶管理服务中心。9月,社团管理股从办公室划出单列,更名民间组织股,社会事务股更名社会福利和社会事务股,区划地名办公室更名区划地名和老区办公室,社会救济福利股更名救灾救济股,基层政权建设股更名基层政权和社区建设股。2003年,市收容遣送站更名市救助管理站。2007年,市民政局内设机构未变,共11个股(室),定编24人。下辖机构市光荣院定编13人,市救助站定编12人,市军队离退休干部休养所定编8人,市双扶服务管理中心定编3人。全市20个乡镇(街道)民政所,工作人员41人。

20世纪80年代末90年代初,挂靠市民政局的单位有市拥军优属拥政爱民工作领导小组办公室(简称市双拥办)、市社会福利有奖募捐委员会办公室(简称市募委办)、市残疾人联合会(简称市残联)、市革命老区建设办公室(简称市老区办)、市农村养老保险办公室、市老龄工作委员会办公室(简称市老龄办)、市婚姻登记管理处(与市婚姻家庭服务中心两块牌子,一套人马)、市城市居民最低生活保障局、市慈善会办公室、市殡葬改革办公室(简称市殡改办)等10个。2000年,市农村养老保险工作停止,机构撤销。2004年1月,市残疾人联合会单列,不再挂靠市民政局。2007年,市城乡居民最低生活保障局更名市社会救助管理局(简称市社会救助局)。是年,市民政局挂靠单位8个,定编39人。其中,市婚姻登记管理处13人,市社会救助局10人,市募委办6人,市殡改办6人。

第一章 基层自治组织建设

第一节 村民委员会建设

村民委员会选举 1987年11月24日,《中华人民共和国村民委员会组织法(试行)》(简称《村组法》)颁布实施。1988年6月,娄底地区在涟源市安平镇14个村试点实施《村组法》。1989年6月,市及各乡镇(街道)成立实施《村组法》领导小组,全市召开乡(镇、街道)干部会168场,与会人员5896人次;村干部会370场,与会人员17213人次;村民会1480场,与会村民642982人次。发动干部7124人,其中区、乡以上国家干部1809人。至8月中旬,全市918个村选出村委会主任908人,副主任1025人,村委委员3580人,前任领导班子成员当选 876 人。1996 年 1 月 15 日至 3 月 20 日,全市开展第三次村民委员会换届选举,候选人不再由上级指定,直接选举产生。全市 918 个村选举出村委会主任 905 人、副主任 789 人、委员 2001 人。新当选的村民委员会领导班子平均年龄由上届的 43.7 岁下降到 40.2 岁,高中以上文化程度 1202 人,初中以上文化程度 2002 人,党员 2795 人,妇女 1236 人。2005 年 1 月 1 日至 6 月 30 日,进行第六次村民委员会换届选举,全市 909 个村有 901 个村在法定选举时间内选举成功(其中一次选举成功的 570 个村),选出村委会主任 872 名,副主任 182 名,委员 1645 名。其中,女主任 24 名,女委员 894 名。被选上的村委会干部大多具有高中以上文化程度,其中 19 名具有大专以上学历。

村务公开 1997 年,在湄江镇和平村试点推行村务公开制度。对村级事务、财务、计划生育、生产资料、宅基地分配、集体经济使用、村民负担、救灾款物发放、村干部误工补贴等 9 大方面进行公开,积累村务公开、民主管理实践经验。1998 年,市委、市政府作出《关于加强民主管理,推行村务公开的规定》,把推行村务公开、实现村民自治列为全年五件大事之一,《湖南日报》等 10 多家新闻媒体多次报道与推介涟源经验。是年,娄底地区村务公开经验交流会在涟源召开,涟源获全地区村务公开工作检查评比四个"第一"(领导重视水平第一,部门配合力度第一,面上普及率第一,公开效果第一)。在村务公开过程中,市纪检、监察等部门配合乡镇查处一批经济违法案件,清理违纪金额 30 万元,追回欠款 120 万元,完善集体承包合同 314 份,依法依规撤销 8 名村党支部书记、6 名村主任、12 名村会计职务。1999 年,村务公开工作向规范化、制度化方向发展,涌现出石马山镇石梅村、六亩塘镇桐车湾村、三甲乡玉峰村、斗笠山镇香花村等先进典型。2001 年,完善村委会直选、村民议事、村委会干部任期审计等村务公开制度,增加村务透明度,推动政务公开与村务公开互助互动互促。8 月 20 日~11 月 30 日,全市进行村委会任期财务审计。2007 年,按照建设社会主义新农村的要求,以财务公开为重点,以民主管理为核心,开展村务公开、民主示范单位创建活动,85%以上的村进行村级财务清理,张榜公布。

村民自治 1991 年,全面实施《村组法》,开展村委会自治示范活动,建立健全村级议事会、救灾扶贫互助储金会、福利基金会等 4000 多个,培训村级干部 4000 多人,年终评比出模范村委会干部 486 人。1994 年开始,全市对实施《村组法》工作扎实、班子团结、村民群众有一定民主意识和自治能力、经济发展水平在本地有一定代表性、乡镇领导对此项工作重视的 38 个村开展村民自治示范试点工作。在试点中,坚持抓好民主选举、民主管理、民主决策、民主监督,重点抓完善村民会议或村民代表会议制度,对村干部的工作进行评议和监督,做到村务公开。1995 年 5 月,全市抽调 70 名干部,组成 20 个建整工作队,进驻 41 个后进村,开展农村党支部建设和整顿工作,整顿软弱涣散的村委会。1996 年 11 月 4 日,省政协主席刘正至茅塘乡石门村考察。2001 年 3 月 7 日,全国人大常委会原委员、省委原书记熊清泉视察茅塘镇石门村。是年,茅塘镇石门村被评为湖南省村民自治示范先进村,翌年被评为全国文明村镇先进单位。2004 年,茅塘镇沙河村被省司法厅、省民政厅评为湖南省民主法治示范村,石门村被评为湖南省文明村。2005 年,茅塘镇石门村被评为全国文明村。2006 年,全市开展村(居)委会民主管理示范单位创建活动,茅塘镇石门村被确定为湖南省新农村建设示范村。

第二节 居民委员会建设

1991 年,全市进行第一次居民委员会(简称居委会)选举,44 个居委会选举产生居委会主任 44 名、副主任 52 名、委员 162 名。是年,全面实施《中华人民共和国居民委员会组织法》(简称《居组法》)。1994 年进行第二次居委会换届选举。1996年1月15日至3月20日，开展第三次居民委员会换届选举，候选人直接选举产生。2000年8~10月，进行第四次居委会换届选举。2001—2002年，全市开展居务公开工作，抓居委会财务清理，进行居委会干部任期审计，开展居民自治示范工作，推进居委会民主建设。2003年8—11月，开展第五次居委会换届选举，全市70个居委会，除22个撤区并乡建镇时虚设的居委会不可能进行选举外，其余48个居委会依法选举，产生居委会主任48名，副主任48名，委员147名。

2006年，市政府下发《涟源市社区调整工作实施意见》和《全市社区调整方案》。11月，全市71个居委会调整为38个社区居委会，保留3个居委会。蓝田街道13个居委会调整为光文、文艺路、罗家佃、交通路、双江街、民光、光明街、新新、光明山9个社区居委会，六亩塘镇7个居委会调整为笃庆堂、牛角石、芦茅塘、狮子山4个社区居委会，石马山镇8个居委会调整为梅园、荷花、黄山、双河4个社区居委会，安平镇2个居委会调整为湘中1个社区居委会，湄江镇3个居委会调整为栗山桥1个社区居委会，伏口镇1个居委会调整为伏口1个社区居委会，桥头河镇4个居委会调整为桥煤、洪桥、桥南、观澜4个社区居委会，七星街镇3个居委会调整为洪源、七湖2个社区居委会，枫坪镇2个居委会调整为枫星1个社区居委会，杨市镇10个居委会调整为孙水河、集祥、利新、泉溪4个社区居委会，保留永福团、赛里、香火堂等3个居委会，斗笠山镇5个居委会调整为香花台1个社区居委会，水洞底镇3个居委会调整为向红1个社区居委会，白马镇4个居委会调整为老街、田心2个社区居委会，茅塘镇2个居委会调整为石门1个社区居委会，荷塘镇2个居委会调整为荷塘新村1个社区居委会，金石镇2个居委会调整为砂石1个社区居委会。社区居委会调整完毕后，全市开展第六届居委会（首届社区居委会）换届选举。选举产生居委会主任39名，副主任41名，委员127名。2007年，全市推进和谐社区居委会建设，鼓励和引导卫生、科技、劳动、教育、法律等服务进社区居委会。是年，在全市社区居委会民主管理示范创建活动中，蓝田街道民光社区率先建成全市第一个示范社区，蓝田街道文艺路社区被评为全国先进文化单位、湖南省最充分就业社区。

第二章 拥军优属

第一节 支援部队建设

1990 年，市委、市政府颁发《关于认真做好新时期拥军优属工作若干规定》，以后相继颁发和制定《涟源市军人抚恤优待若干规定》《涟源市军人优待金实行社会统筹的实施意见》等 13 个规范性文件，制定 15 条支持部队建设的具体规定和 10 条扶持驻军发展生产经营的优惠政策。1991 年，全市有驻军的乡镇举办《军事设施保护法》学习班 3 期，参加学习 3000 人次。为驻涟部队解决与驻地矛盾 13 起。1990—1994 年，地方出动民工 3000 人次，投资 150 万元，为全市驻军修建拥军路 3 条，拥军桥 3 座。市民政、劳动、教育、人事等部门先后为 92 名随军随调家属和子女办好调动和招工手续，为 510 名部队干部子女解决入学入托问题。交通、电力、粮食等部门为部队提供优惠服务，每年解决补贴 20 万元左右，蓝田粮站、杨家滩粮站坚持每年为部队送粮送油。1995 年 3 月 23—31 日，市委、市政府主要领导人率市公安、国土、交通、矿管等 14 个部门领导人，深入 59471 部队现场办公，解决营区公路专线管理养护问题，关闭和拆迁公路沿线危及公路安全的采石场、矿井及违章建筑物。4 月初至 5 月中旬，广州军区 53214 部队和 54660 部队来涟进行国防重点工程——“福长贵成”通讯光缆工程施工。其间，全市无偿提供住房 14520 平方米，电 8500 千瓦时，饮用水 1.96 万吨，赠送总价值 110 多万元的猪肉、鱼、禽蛋、蔬菜水果以及《涟源报》2800 份；举行大型座谈会 2 次，军民联欢会 5 场；市委、市政府领导带领文艺轻骑队上工地慰问演出 4 场，放映电影 12 场。1994—1996 年，全市为驻涟部队提供临时住宅 1.4 万平方米，支援各种物资价值 1000 万元。1996 年 6 月，支援驻涟 59758 部队资金 70 万元，整修“太(和)杉(树)军民共建路”10.9 千米。修路期间，协调处理各类矛盾 200 余起，为工程无偿提供扩整用地、石场、石料，无偿拆迁房屋建筑，并组织干部群众上工地修路，投入义务工 10000 个。1997 年 3 月，支援、协助驻涟部队完成石马山至快溪全长 28.5 千米长的军用电缆通讯工程。电缆通讯工程通过 21 个村，施工沿线的部分农田、菜地和山林受损，市委、市政府领导及时协助驻涟部队及施工承建单位，妥善处理部分群众上访问题，使工程提前竣工。为管养好“太杉军民共建路”，市人武部、市民政局、市公路局、杨市镇与驻涟部队共同组建太杉公路管养站，共同负担养路经费，改善公路管养机制。2000 年 7 月下旬，市委政法委、市公安局、市民政局、市双拥办等 8 家单位组成联合调查组，召开协调会 4 次，解决驻涟 62172 部队与驻地杨市镇湄水村关于水利设施维修等方面的遗留问题，化解军民矛盾。八一节期间，市委、市政府对驻涟部队、优抚事业单位和特困优抚对象进行慰问，慰问款、物(折价)共 48 万元。市直 20 个单位召开城区拥军座谈会，会上捐赠现金 6 万元，市政府拨款 10 万元，为武警中队改造营房。2001 年初，市双拥办、市教育局、市妇联、团市委等单位联合组织募捐活动，募集善款 7 万元，救助身患尿毒症需进行换肾手术的军嫂黄世均。5 月，成立涟源市维护军人军属合法权益领导小组。7 月，市民政局资助 2 万元，与驻军 62199 部队修建同(方)甘(溪)军民共建路。2005 年 9 月，针对驻军营区周边及军需公路两侧乱摆摊乱建房等严重影响国防安全的问题，市政府印发《涟源市人民政府关于保护军事设施的通告》，组织公路、交通、国土、公安、民政等相关部门和部队所驻乡镇召开两次现场办公会议，彻底清理部队营区周边和军需公路两侧的违章建筑和各种路障。是年，在市财政相当困难的情况下，挤出 12 万元为部队 72 名营级以上干部随军家属落实每人每月 130 元的生活补助，挤出

30多万元支持驻涟军警部队改善生活环境、保障军用运输、改造营房建设。20个单位和民营企业为重点优抚对象和驻涟部队官兵捐款捐物(折价)90万元。

第二节　双拥活动

1987年春节,市委、市政府、市人武部向驻涟部队和武警全体官兵、全市烈军属、荣复转退军人发送慰问信5万份。1月、7月被定为全市双拥活动月,活动期间,市委、市政府安排市湘剧院、市艺术职业中专学校等文艺团体组成慰问团,深入部队、光荣院、军干所走访慰问,赠送慰问品、慰问金,此作法一直沿用。1988年8月,涟源市被民政部、解放军总政治部评为全国拥军优属先进单位。1993年,被省政府、省军区授予"全省双拥模范市"称号。1991年6月30日,举办以"爱党、爱军、爱社会主义"为主题的板报、书画比赛,33个单位参加活动,在城区人民路举行板报、书画展览两天,观看展览人数15000人次。是月,涟源市被省政府、省军区评为湖南省拥军优属先进单位。7月1日,在光明山大操坪举行纪念中国共产党成立70周年大会,驻涟59758、59470、59471部队200名官兵参加游行活动,展示驻涟部队军威。1994年4月30日,市双拥资料陈列室开放展览。7月12日,涟源市被民政部、解放军总政治部命名为"全国双拥模范城"。21—26日,市委书记陆家康、59758部队政委刘戴生赴京参加"全国双拥模范城"命名表彰大会,受到江泽民、李鹏、乔石、李瑞环、朱镕基、刘华清、胡锦涛等党和国家领导人接见。1995年4月,广州军区53214部队和54660部队来涟源进行"福长贵成"国防光缆施工,全市将4月设为双拥活动月,活动月期间,各级政府召开议军拥军会议48次,书写宣传标语1060条,出动宣传车262台次。4月28日晚,市委、市政府与施工部队、驻涟部队在光明山大礼堂共同举办五一军民联欢晚会。7月,为纪念抗日战争胜利50周年,全市各部门各单位均举行形式多样的纪念活动。8月,市委、市人大、市政府、市政协主要领导人率慰问团,组织文艺轻骑队深入军营巡回慰问演出。1996年,为纪念红军长征胜利60周年,全市开展"爱祖国、爱人民、爱军队"歌咏比赛,81支代表队,3000余人参加演唱,观众3万多人次。是年,市民政局和驻涟59758部队双双被民政部、解放军总政治部评为军民共建社会主义精神文明先进单位。1997年1月13日,常务副市长周世辉与驻涟59758部队大校董爱国赴京参加"全国双拥模范城(县)"命名大会时,受到江泽民、李鹏、朱镕基、刘华清、迟浩田等党和国家、军队领导人接见。是年春节、八一节期间,市政府组织款物(折价)16万多元,走访慰问驻涟部队。七星街镇、杨市镇与当地驻军主办八一军地联欢晚会。六亩塘镇举办"长城杯"国防知识竞赛活动。全市举办国防教育图片展,展出图片300多幅,参观军民7000多人次。为迎接香港回归祖国,展出国防、双拥图片2000多幅,参观人数上万人。组织编演《双拥情》舞剧,出版诗歌专辑《涟源双拥诗词》。1998年3月,市民政局出动车辆8台次,与市国防教育办在涟源城区进行《中华人民共和国国防法》宣传活动。6月,扩建市双拥资料陈列室,开办双拥宣传橱窗。8月,以拥军模范徐金辉事迹为素材的大型湘剧《兵妈妈》在全市军营巡回公演,演出12场,观众2万余人次。1999年,摄制反映徐金辉事迹的党员教育片《敬礼!妈妈》,定期在娄底电视台、涟源电视台播放。拍摄《真心谱写同心曲》等4部双拥专题片。是年,市政府和市民政局均获"全国爱心献功臣先进单位"称号。2000年,涟源市第三次被民政部、解放军总政治部命名为"全国双拥模范城"。2001年5月,召开全市第四届双拥工作表彰大会,49个双拥先进单位和79名双拥先进个人受到表彰。2003年春节,军地自编自演的大型舞蹈剧《军民鱼水情》在娄底市春节文艺汇演中获特等奖。4月,特邀延安安塞艺术团来涟进行两场"双拥"专场演出,现场观众及电视观众达30万人次。是年,涟源市第四次被民政部、解放军总政治部命名为"全国双拥模范城"。2004年,赶排大型歌舞《涟水欢歌·军民同乐》,八一节期间赴驻涟部队慰问演出。2005年八一节,邀请省歌舞剧团4名国家级演员和30多名专业文艺人员，组成文艺演出团，深入部队营区慰问演出。8月6日，举行庆祝抗战胜利60周年文艺汇演，特邀省艺术团专程来涟演出。是年，市、乡两级表彰奖励立功现役军人家属213人，发放奖金4.6万元。2007年8月1日，结合建市20周年和建军80周年庆典，举办“双拥涟源·魅力涟源”大型双拥专题歌舞晚会。

第三节 优待抚恤与安置

一 优待抚恤

1987年，全市有优抚对象25320户84700人，其中6459人享受各类优待抚恤123.41万元。全市现役军人2982人，优待金73.16万元，年人均245元。1988年，全市烈士遗属、因公牺牲军人遗属、病故军人遗属（简称“三属”）617户1220人，军属3910户15640人。采取群众优待和国家集体定期补助相结合的优抚政策，普遍进行优抚补助，31个乡镇的补助标准为每人每年200~280元，18个乡镇的补助标准为每人每年300~350元。是年，下拨人头经费36.2万元。全市在乡复员军人2480人、退伍军人16130人，享受定期定量补助的复员军人1720人，占复员军人总数69.5%；享受定期定量补助的退伍军人2071人，占退伍军人总数11.3%。1991年，提高优抚对象优待金标准，人均提高40元左右。奖励立三等功以上的现役军人45名，共3100元。1992年，对全市2448名优抚双定补助对象的经费进行重新审定，市财政为优抚双定每年增拨2万多元，是年，市财政为退伍军人中的精神病人增拨治疗费5万元。1994年，全市优待金统筹由过去的乡镇统筹、农民负担改为全市统筹、社会共同负担，在非农业人口中筹集军人优待金20万元，向优抚对象发放临时补助37万元，优先为城乡烈军属安排就业385人，解决子女入学入托2010人，安排现役军人家属住房1015套，解决有息贷款24万元，贴息贷款16万元，无偿资助12万元，使752户低于当地人均生活水平的复员军人脱贫。筹集资金30.2万元，帮工5万余个，为520户贫困复退军人建房3470间。为全市1072名患病复退军人建立治病档案，每人每月发放补助7~10元。1995年，全市筹措资金750余万元，开办各类技术培训班，提供有效信息，引导、资助2.3万户优抚对象进市场、奔小康，使8570户优抚对象脱贫，9200户走上致富路。1996年，提高在乡伤残退伍军人抚恤标准，在乡老复员军人定期定量补助每人每月29元，义务兵优待金标准基本上达到全市人平年纯收入的70%。1997年，解决全市613名二等乙级以上伤残军人和精神病退伍军人的公费医疗问题，农村义务兵家属的优待标准从年人均350元提高到年人均600元，超过政策规定水平。全年统筹优待金60万元，自筹资金增加拥军优属互助会的资金，积累达42万元。是年，新增优抚双定补助人员246人，全市全年发放优待抚恤金131万元，分别比1995年、1996年提高34万元和15万元。市财政增拨16.5万元，用于提高“三属”人员、在乡老复员军人的生活补助标准。1998年，恢复复退军人治病互助基金会，挤出20万元解决老复员军人的特殊困难。无偿提供12万元，为29户老优抚对象新建或维修房屋，推行“万户扶优致富工程”，引导优抚对象进市场、奔小康，全市新增2个扶优基地，重点扶植21名优抚对象致富典型，脱贫户新增860户，有2700户步入致富行列。1999年，全市开展“爱心献功臣行动”，对优抚对象进行调查摸底，为特困优抚对象建立住房、生活、健康档案。为老红军战士、老烈军属、老复退军人（简称“三老”）解决医药费近20万元，及时落实老复员军人的双定补助标准，最少55元/月，最高80元/月。推行“一帮一”（一个党员帮一户优抚对象）万户扶贫致富工程，组织群众帮工1.2万个，为380名“三老”对象修建房屋920间。2000年，纪念抗美援朝出国作战50周年，市政府下发《开展慰问志愿军老战士及志愿军烈属活动的通知》，市委、市政府、市人武部主要领导人带队慰问二等甲级以上的志愿军伤残军人，发放慰问款和纪念品。是年，全市进行优抚证件清查换发工作，查出已故“三属”人员27人，双定补助对象330人。为3996名复退军人和423名“三属”人员换发新证。是年，发放优抚人头经费240多万元，解决优抚对象“三难”(生活难、住房难、看病难)经费90万元，临时救济费28万多元。

2001年，全市有烈士家属189人、因公牺牲军人家属55人、病故军人家属176人，发放定期抚恤金65.1万元。在乡三等乙级以上伤残军人404人，发放伤残抚恤金70.7万元，在职三等乙级以上伤残军人322人，发放伤残保健金17.5万元。享受优抚双定补助的在乡复员军人2221人，发放补助费136.9万元。享受带病回乡优抚双定的2074人，发放补助费19万元。2003年，建立抚恤标准自然增长机制，统筹优待金32万元，城乡义务兵优待金按每户每年1000元标准发放。市财政增拨30万元，妥善解决二等乙级以上伤残军人和精神病退伍军人公费医疗问题。筹集28万元，解决优抚对象“三难”问题。2004年1月1日起，在乡老复员军人补助标准每人每年增加60元，2180名在乡老复员军人每年增加定补经费13万元。2005年，为256名六级以上伤残军人建立个人账户，发放医保IC卡，支付个人IC卡保障金30.6万元，支付医药费10.8万元。诊疗项目、用药范围和医疗服务设施标准均按离休干部待遇落实，妥善解决六级以上伤残军人和精神病人的公费医疗问题。8月、12月分两次对632户特困优抚对象实施临时性救济31万元。是年，全市有“三属”551人、伤残军人924人、在乡老复员军人2040人、带病回乡的退伍军人2460人享受抚恤和优抚补助。2007年8月1日起，在乡老复员军人生活补助标准每人每月增加50元，带病回乡退伍军人生活补助标准每人每月增加30元，残疾军人的残疾抚恤标准分别提高28%~44%，烈属的定期抚恤金提高15%~20%，对无工作单位且家庭生活困难的1954年11月1日后入伍并参战的3628名退伍军人和参加过核武器试验的106名退伍军人，每人每月发给生活补助费100元。

二　烈士褒扬

1987年，市民政局、市委党史办编纂《涟源英烈》(第一辑)，撰写传记40篇。其中，两篇被《三湘英烈》采用，9篇被《娄底英烈》采用。1988年，完成《三湘英烈传》19篇涟源籍英烈传记的编写工作。其中，4篇被省采用，8篇被娄底地区采用。1990年，编纂《涟源英烈》(第二辑)。1991年，追认黄建中、杨庆光两位抗日阵亡的国民革命军军官为烈士。1993年7月，追认吴泽田、吴楚丰为烈士(两人1990年6月12日为抢救被洪水围困村民时牺牲)。1997年，追认唐英(1995年2月8日为救护被歹徒围攻致伤的邻居牺牲)、谭顺新(1995年7月7日下午为抢救落水学生牺牲)、刘毅辉(1997年11月30日为保护战友牺牲)为烈士，落实9名烈属、9名牺牲军人家属和8名伤残军人的优待抚恤手续，更正档案错位的烈士1名，为其办理烈属手续。1998年，为1名烈士、6名烈属、2位红军遗属办理相关手续，纠正错位15年的烈士2名，并为其办好烈属优待手续。2002年，追认杨卓辉(1998年4月6日在深圳与抢劫歹徒搏斗时牺牲)为烈士。2004年，追认陈野平(2003年8月3日，为抢救落水少年牺牲)、戴庆华(2002年3月9日，扑救山火时牺牲)为烈士。2004—2005年，根据省烈士传编纂委员会编纂《三湘英烈传》的要求，对市内符合入传要求的4名烈士的事迹，进行资料搜集、整理及上报。2007年，编纂介绍中华人民共和国建立前涟源革命历史和革命烈士英勇事迹的《革命老区涟源》。编纂《三湘英烈传·涟源集》，对在战场上或为保卫人民生命财产而英勇献身的320名革命烈士建立档案。

1987—2007年，报批10名烈士。至2007年，全市有烈士320名。其中，中华人民共和国成立前为国捐躯的72名，中华人民共和国成立后剿匪平叛、因公牺牲的98名，朝鲜战场上牺牲和失踪的114名，云南边防保卫战中牺牲的22名，社会主义建设时期抢救或保护人民生命财产牺牲的14名。

三 复退军人安置

农村复员退伍军人安置与扶持 1987年8月底,全市有复员军人(1954年10月31日之前入伍,后经批准从部队复员的人员)2483人,退伍军人(1954年11月1日之后入伍,后经批准从部队退伍的人员)15665人。其中,参加云南边防保卫战的退伍军人1057人,三等功以上荣立者587人,三等以上残疾军人328人。全市安置复员、退伍军人(简称复退军人)6823人,占在乡复退军人总数37.6%。其中,乡镇企业安置3378人,村一级企业安置1829人,安排担任民办教师377人,其他安置1239人。此外,民政部门支持和创办不同类型的"双扶"(即扶贫扶优,"优"指优抚对象)经济实体和经济联合体,共扶持817人;个体扶持1783人;复退军人因病因伤及家庭困难而享受国家定期定量补助的4100多人。是年,市委下文明确规定,企事业单位在乡村复退军人中优先招工、招干,从资金、技术、信息和物资上尽可能地优先扶持复退军人发展商品生产,对复退军人优先进行技术培训。1989—1994年,1343名复退军人优先得到安置,占同期回乡复退军人的70%以上。全市筹措资金750万元,开办各类技术培训班12期,培训1800人次。扶持开办25个军地两用人才培训基地,培训军地两用人才5000名。为520户贫困复退军人建房3470间,为1072名患病复退军人建立治病基金。1995年,全市接收退伍军人546人,其中退伍回农村的388人。市政府制定《关于鼓励和扶持优抚对象发展个体私营经济的若干规定》,要求全市各乡镇(街道)和有关部门对在乡复退军人采取"组织上领导、政策上引导、资金上扶持、技术上辅导、信息上指导"等措施,帮助他们进市场、奔小康。三甲乡湄水村退伍军人梁新联,因地制宜发展种植、养殖业,年收入近10万元,成为全省退伍军人发展庭院经济的典型,被评为全省农业劳动模范。1996年,全市接收农村退伍军人331人,新建军地两用人才培训基地4个,对退伍回乡的军地两用人才进行量才引导和扶持。1997年,全市新开辟退伍军人安置基地12处。其中,蓝田街道、石马山镇、六亩塘镇、三甲乡为农村退伍军人重点安置基地,安置110人。全市从事种植、养殖、加工业的退伍军人总人数达到8600人。2003年,万名党员投身"万户扶优工程",帮助特困复退军人调整产业结构,引导其进市场、奔小康,扶助资金280万元,组织义务帮工12万个,扶持项目800个。2004年4月,民政、教育、劳动、财政和扶贫等部门对农村150名退伍军人进行教育培训,并通过各级劳务中介机构,输送205名农村退伍军人外出务工。2005年,安置使用农村退伍军人1188名,其中军地两用人才560名。1987—2007年,接收农村退伍军人4898人。

城镇退伍军人安置 1987年,全市接收城镇退伍军人(城镇退伍兵、志愿兵、二等功以上荣誉立功军人、三等乙级以上残疾军人、特招兵及副营以上转业军人随迁家属)98人,全部安排工作。其中,二、三等残疾军人10人,立二等功军人1人,志愿兵27人。另外,还安排5名一等残疾军人家属就业。1988—1994年,接收城镇退伍军人967人,根据市政府"不安置退伍军人去亏损企业"的有关精神,安置去涟源钢铁厂、怀化铁路分局及省、地、市经济较好的企业与事业单位。1995年,城镇退伍军人安置除坚持"哪里来,哪里去"和"按系统分配任务,包干安置"的原则外,还实行"考虑经济效益,按职工比例分配任务,包干安置"的新办法。对拒不接受安置任务的单位采用罚款、诉讼、有偿转移等制约措施。到11月底,是年需要安排工作的168名城镇退伍军人和上年遗留尚未安置的退伍兵,全部到接收单位上班或报到。

20世纪末至21世纪初,市内不少企业停工破产、转体改制,城镇退伍军人就业形势严峻。1996年,采取超编进人的措施,将本应安置在企业的大部分城镇退伍军人安置在行政事业单位和乡镇。除中央、省属厂矿企业退伍兵外,其他95%的城镇退伍军人安排在行政事业单位和乡镇的二级机构。全年安置城镇退伍军人237人。其中,志愿兵42人,伤残军人3人,特招兵7人,女兵1人,特等伤残军人子女1人,随迁家属6人。

1998年开始，每年由市监察局、劳动局、民政局一起对城镇退伍军人档案进行严格的资格审查，对不符合条件的城镇退伍军人杜绝安排工作。将原来每年300人的安置任务降到200人，减轻安置压力。2000年开始，全市实施城镇退伍军人安置卡（证）制度。凡2000年12月以后入伍的城镇退伍义务兵和复员士官严格凭卡（证）安排工作。2004年，全面推行退伍军人自谋职业的方案，采取市级财政支持和收取有偿转移资金相结合的办法，筹措自谋职业补偿经费，争取工商、税务和银行等相关部门的政策优惠，引导城镇退伍军人自谋职业。是年，驻涟中央、省属厂矿企业的省市双管单位指令性安置10人，市直各单位安置97人，乡镇（街道）安置77人。2006年，全市需要安置的城镇退伍军人194人，按系统分配任务，全部安置就业。2007年，全年安置任务222人，实行政府指令性安置就业，市直单位126人，乡镇（街道）77人，驻涟中央、省、娄底市属行政单位19人。

1987—2007年，全市符合国家政策安置的城镇退伍军人3128人，全部安置上岗。

四　光荣院建设

1984年10月，杨家滩区公所利用市七一煤矿旧址，修建杨家滩区光荣院，占地14880平方米，共7栋48间房屋。1985年2月，安置在乡生活无依无靠的孤老烈军属、伤残军人、复员军人11名，配备服务人员3名。9月，光荣院被省民政厅评为省先进光荣院。1986年1月，杨家滩区光荣院移交县民政局管理，成立涟源县光荣院。是年，为发展院内经济，征收附近水田、旱土、鱼塘、荒山共1.35公顷做为生产基地。入院老人31人，工作人员8人。1987年，市光荣院进行维修改造，新建一栋二层老人住宿楼(共33间)，一栋老人食堂，总建筑面积3700平方米。修建养猪场、养鸡场120平方米。是年，出栏肥猪400头，鱼800尾，产柑橘1吨，桃子500千克及各种经济作物，纯收入3万余元。1989年，民政部赠送工具车一台，为入院老人服务。12月，娄底地区经验交流会在市光荣院举行。1994年10月，举行市光荣院建院十周年庆典，筹集资金和物资（折价）近8万元。1995年8月，被民政部授予“全国文明光荣院”称号。1996年，鱼塘扩大到0.12公顷，供老人观赏和垂钓。挖掘水井一口，解决入院老人饮用水难题。入院老人生活费标准由原来的每人每月60元增加到100元。1998年，投资20万元新建一栋近600平方米的现代化养猪场，投资8万元修建容量300立方米的生活用水塔。1999年6月，市募委捐资10万元修建供老人休闲的长寿亭。10月，举行建院十五周年暨爱心献功臣活动，筹集资金10万元。2001年11月，入院老人42人。2002年2月，全市开展“爱心献功臣”活动，筹集社会资金20万元，用于光荣院改造与建设。是年，成立市光荣院多种经营公司。至2003年上半年，投入资金40万元，用于养牛、养羊、养鱼、养鸡和发展种植业，获利8万元，其种植、养殖模式成为全省光荣院系统先进典型。2004年2月，经技术鉴定，市光荣院属煤矿沉陷区，房屋损坏2栋3100平方米，其他院舍全部开裂，属一级危房。2006年，搬迁至石马山镇梅园小区，新院占地6700平方米，总建筑面积6200平方米，总造价900万元。7月20日，举行新院开业庆典暨“爱心献功臣”活动，筹集资金40万元。2007年8月，建立市光荣院老年公寓。是年底，市光荣院接收优抚孤老对象45人，老年公寓接收社会住院老人42人。

图11-1　涟源市光荣院

五 军队离退休干部服务管理

1985年9月13日，成立涟源县军队离退休干部安置办公室，加挂涟源县军队离退休干部休养所（简称县军干所）牌子，两块牌子一套人马，归口市民政局管理。是年，征地1.34公顷，新建一栋1003平方米的军队离退休干部住房。至1987年，接收军队离休干部3人，退休干部21人，无军籍职工17人，共41人。1988年，建造一栋120平方米的生产经营简易房屋。是年，为解决军队离退休干部家属就业问题，开办饮食店、五金店、汽车配件店、综合批发部、停车场及招待所等生产经营场地，安排家属5人，全年创纯利7000元。为活跃军休人员的休闲生活，开设门球场、娱乐室，添置健身器材，组织老人开展打门球、钓鱼、跳舞、唱歌等文娱体育活动。1993年，加建一栋780平方米的综合服务大楼，开设600平方米的经营场地，实行招标承包经营，年上缴3万元。1997年，集资67万元，新建一栋六层住宿楼，总建筑面积1500平方米，解决住房紧缺问题。2007年9月，市委、市政府下发《关于认真落实军队离退休干部政治待遇的通知》，全市军队离退休干部政治待遇和生活待遇得到落实。是年，争取资金50万元，对所内基础设施进行维修改造和亮化美化。1995—2007年，市军干所每年承办娄底市军休系统门球比赛一次。

2007年底，市军干所有离休干部3人，退休干部18人，无军籍职工15人，共36人。

第三章　社会救助

第一节　救灾救济

一　抗灾赈灾

1987年,全市先后遭受冰雹、风暴、洪水、干旱等多种自然灾害侵袭,13.8万户52.3万人受灾,倒塌房屋4078间,损坏房屋33810间,死亡9人、伤90人,农作物成灾面积2.15万公顷,绝收面积3133公顷,损失粮食2.6万吨,直接经济损失3700万元。灾后,下拨救灾救济款31万元,下发救济棉被430床,棉衣2589件,棉裤1588条,单衣1566件。

1988年,境内旱、风、涝渍灾害频繁发生,受灾农户13.6万户,受灾人口51.7万人,倒塌房屋4772间,死亡7人,伤90人,死大牲畜871头,冲走、埋压衣物及大型家具4.3万件。农作物受灾面积2.13万公顷,其中重灾面积8333公顷。直接经济损失8000万元。下拨救灾救济款84万元,发放救济棉衣2110件,棉裤1078条,棉被505床。75个单位共捐现金1.9万元,粮票面额5056千克,衣物541件。

1989年,全市因各种自然灾害死亡6人,伤35人,倒塌房屋2845间,损坏房屋3149间,农作物受灾面积2.8万公顷,粮食减产3.34万吨,直接经济损失3500万元。下拨救灾救济款68万元,发放救济棉被400床,被套400个,棉衣1800件,棉裤800条。

1991年,全市旱涝灾情严重,受灾农户18.5万户,69.7万人,倒塌房屋1457间,损坏2053间,伤18人,农作物受灾面积2.65万公顷,粮食减产1.18万吨,浸烂禾种和冲走粮食46吨,直接经济损失5500万元。灾后,全市救灾募捐43万元,粮食32.3吨,衣物3500件,下拨救灾救济款(含救灾募捐款,下同)123.7万元,粮食70吨,白糖5吨,水泥70吨,衣物6370件。

1992年元旦前后,境内发生罕见的冰冻灾害,出现-9.6℃低温,柑橘林受到毁灭性冻害。7月初,降雨量1243.5毫米,比上年同期多482.6毫米,增加63.4%,早稻等作物严重受灾。7月7日以后连续123天旱灾,全市30%的小一、小二型水库和几乎全部山塘干涸见底,112条溪河断流,干旱期间人畜饮水十分困难。直接经济损失7500万元。募集救灾款12.5万元,发放救灾救济款82.5万元。救济衣、被1980件(床)。募集、下拨救灾粮6010吨。

1995年6月30日—7月2日,境内遭受特大洪灾,过程降水量301.6毫米,20个乡镇(街道)全部受灾,受灾农户22.4万户,72.5万人,倒塌房屋3050间,死亡10人,伤445人,其中重伤51人,2053人无家可归。直接经济损失1.83亿元。被省民政厅列入当年全省23个重灾县市之一。灾后,全市募捐74.8万元,衣被8100余件(床)。下拨救灾款106.5万元,救灾粮120吨,分配灾民钢材指标360吨,帮助灾民重建住房2739间。

1996年6—7月,先后两次发生严重水灾,农作物受灾2.33万公顷,倒塌房屋4833间,损坏房屋12056间,受灾人口81万人,直接经济损失1.79亿元。灾情发生后,全市掀起献爱心救灾募捐活动,募到救灾款100万余元,其中香港著名实业家、慈善家彭立珊捐款30万元。是年,全市下拨救灾款97万元,救灾粮25吨,钢筋10吨,救灾衣物5.12万件,在伏口、湄江、古塘建灾民新村4个,为60户倒房灾民新建住房657间。

1998年5月21—22日,全市骤降暴雨,覆盖全市20个乡镇(街道),特别是白马水库库区,5月21日18时至5月22日8时内降雨量319毫米,库区水位高达178.6米,超过警戒水位1.56米。全市38万人受灾,死亡4人,伤163人,其中重伤18人,1066人无家可归。是年,境内又连续4次遭受暴雨洪灾。5次灾害,受灾人口60余万人,因灾死亡15人,伤202人,倒塌房屋6341间,2000多人无家可归,被毁农田6667公顷,是全省10个重点受灾县市之一,直接经济损失7亿余元。灾情发生后,先后2次开展献爱心救灾募捐活动,募集现金150万元,衣物2万余件,粮食、水泥、木材等救灾物资价值20余万元。下拨救灾粮150吨,衣、被6万多件(床),下拨救灾款262万元。

2003年4—6月,境内洪涝成灾,毁损房屋2.5万间,其中倒塌958栋3150间。6—8月,连旱不雨,85%的田土受旱,其中6600公顷水稻绝收。30多万人饮用水困难。全市救灾工作分级负责,救灾经费分级负担,完善查灾核灾办法。落实市级救灾储备金60万元,各乡镇不少于3万元。共下拨救灾救济款80万元,棉被1000床,衣服8000件。彭立珊为灾区捐款100万元,受灾严重的9个乡镇2500户特困户得到救助。

2004年12月22—30日,连续大雪并伴严重冰冻,特别是12月28日,冰冻层厚度12~15厘米,最低气温零下3.6摄氏度。降雪、冰冻持续10天,受灾最严重的古塘、伏口、湄江、安平、白马、茅塘、金石、石马山、杨市、荷塘、斗笠山、枫坪等12个乡镇,37.8万人受灾,受灾面积1.71万公顷。灾害造成全市直接经济损失4200万元。其中,林木受灾1.29万公顷,直接经济损失2100万元;越冬作物大面积冻死,冻死果林2667公顷,药材1200公顷,直接经济损失1200万元;基础设施严重毁坏,造成全市电力、通讯、自来水、交通等设施严重受损,直接经济损失600万元;倒塌房屋514间,冻死大牲畜近1000头,直接经济损失300万元。是年,市民政局完善查灾、救灾办法,落实救灾经费封闭运行机制,加强救灾款、物管理。全年发放救灾款118万元,下拨10.4万元对51户倒房灾民进行扶持帮建,做好灾后重建工作。

图11-2 2005年6月4日,民政部副部长贾治邦(前排)和省长周伯华(第二排右一)视察涟源灾情

2005年5月31日晚至6月2日凌晨1时,全市遭遇特大洪涝灾害,20个乡镇(街道)53万人受灾,灾害造成交通、通讯、电力中断,桥梁、农田、水利设施严重被毁,部分学校停课,工厂停产,商店停业,倒塌民房29256间,死亡37人,14人失踪,农作物受灾面积1.45万公顷,成灾1.16万公顷,毁坏耕地1867公顷,直接经济损失6.21亿元。灾情发生后,党中央、国务院、省委、省政府和娄底市委、市政府领导高度重视和关注涟源的灾情和救灾情况。6月3日下午,民政部副部长贾治邦、湖南省省长周伯华、省委副书记戚和平、常务副省长萧捷、副省长徐宪平等省部级领导;省民政厅及娄底市委、市政府等主要领导人先后率有关部门领导人视察灾情,指导抗灾救灾工作。全市发放帐篷250顶,粮食860吨,衣物3.8万件,紧急转移安置灾民6.2万人。发放救灾款1200万元。全市20个系统分9个工作组对11个重灾区进行对口救灾,派出75名干部在重灾区帮助和引导灾民抗灾救灾,重建家园。5个集中安置点重建住房220户,分散建房6491户。6—7月,全市组织31人查灾核灾小组,分四组深入灾区实地核实灾情,指导救灾。驻涟部队510名官兵奔赴灾区,奋力救灾并为灾区捐款30多万元。市慈善会发挥慈善中介桥梁作用,广泛募集慈善赈灾资金580万元,衣物30万件,棉被200床,大米80吨,药品(折币)26万余元。

2007年3月，境内受副热带高压控制，一直处于晴热高温天气，蒸发量偏高，降雨偏少，至7月30日，累计降雨量824.6毫米，比上年同期少417.2毫米。特别是7月26日—8月20日，日平均气温35℃，最高达40℃，日蒸发量12~14毫米，造成大部分水库、山塘干涸，蓄水锐减，部分河流断流。9.5万人，3.23万头大牲畜出现饮水困难，农作物受旱面积3.02万公顷，其中水田脱水面积6050公顷，开拆面积5500公顷，过白面积4400公顷，禾苗枯萎3500公顷。是年，市民政局建立和完善救灾工作分级负责、救灾经费分级负担制度，坚持"政府主导，分级管理，社会互助，生产自救"工作方针，制定《全市救灾救济应急预警方案》，提高应急能力，安排好受灾群众生活。全市投放救灾资金320万元，发放困难救助金124万元。

二　农村社会救济

冬寒救济　1987年，市双扶服务公司在冬季到来之前赶制冬寒救济棉衣、棉裤、棉被。是年，发放棉衣2110件、棉裤1078条、棉被505床。1988—1992年，每年发放冬寒救济棉衣1800件、棉裤800条、棉被420床、被套420个。1993年，发放冬寒救济棉衣610件、棉被170床、床单450张、蚊帐110顶、单衣裤1720件(条)。1994年，彭立珊捐献冬寒棉衣3500件。市内加工发放救灾棉衣720件，棉裤720条，单衣裤2000件(条)，棉被400床。1987—1995年，加工棉衣1.25万件、棉裤1.25万条、棉被4500床、被套4500个。1996年以后，市民政部门不再组织加工冬寒救济衣被，由省、娄底市(地区)民政部门在下拨救灾款中安排冬寒救济。

春夏荒救济　1988年5月，全市发放春夏荒救济款25万元。1989年4月，发放春夏荒救济款30万元，重点解决无粮、无钱、无生产自救能力的灾民和特殊困难群众的吃饭问题。1993—1996年，分配各乡镇春夏荒救济款210.71万元。1997—1999年，发放春夏荒救济款105万元。2000—2004年，春夏荒救济款每年100万元左右。2005年4月、7月，分别发放59万元、63万元，解决灾民与特困群众的春夏荒口粮问题。2006年、2007年分别发放116万元和120万元，用于解决春夏荒生活问题。

临时救济　1987年1月17日，全市下拨春节期间生活困难救济款30万元。1989年3月2日下拨临时救济款28万元。1990—2006年，每年临时救济30万~100万元。用于对农村倒房户、因病因灾致贫户、"五保"户、特困户实行特殊情况临时救济。每年要求临时救济的上访人员3000多人次，报告2000多份，根据困难情况，每次(份)给予300元左右的临时困难救济，每年临时救济50万~100万元。2007年，全市下发临时救济款120万元。

三　扶贫扶优

1984—1987年，全市发放扶贫款95.8万元，贴息扶贫款8.24万元，发放扶贫周转金128.7万元，扶持"双扶"(扶助贫困户，扶助优抚对象)对象13600户，脱贫9300户，脱贫率68%。扶持"双扶"对象创办经济实体33家，安排"双扶"对象621人，415人脱贫，脱贫率66.8%。举办科技培训班220次(含各乡镇办班)，培训9500人次，印发科技资料28000份。下拨150万元，为4万贫困户缴纳家庭财产保险和扶贫保险。1991年，对发放的128.7万元扶贫周转金进行清理，48.1万元用于扶持个体，80.6万元用于扶持经济实体，到期应收回款98.1万元，收回36.2万元，回收率37.1%。对33家"双扶"经济实体进行整顿，重新认定，登记建档18家。其中，民政独资办3家，民政扶持办14家，社会集资办1家。18家经济实体固定资产349.8万元，流动资金443.4万元，产值503万元，创税利31.9万元。共有职工842人，其中"双扶"对象621人(贫困对象311人，优抚对象105人，残疾人205人)。1992年，7家经济实体转为社会福利企业。1993年10月，市民政局下发做好救灾扶贫周转金回收的通知，全市收回救灾扶贫周转金82万元，其余均因扶持对象困难或"双扶"经济实体倒闭而无法回收。是年,8 家"双扶"经济实体转为社会福利企业,3 家破产。

四 农村救灾扶贫互助储金会与农村社会养老保险

1991 年,根据民政部关于在农村建立"救灾扶贫互助储金会、储粮会、农村救灾医疗保险和农村养老保险"的部署,全市建立救灾扶贫互助储金会 768 个,占全市应建村的 83.4%,入会农户 21.1 万户,占总农户的 81.7%,入会储金 270.2 万元。1993 年,开始农村养老保险工作。至 1996 年,收缴农村养老保险费 218 万元。农村救灾扶贫互助储金会与农村社会养老保险按照"救灾扶贫、应急解难"的宗旨救助群众,稳定社会,但由于各方面因素的制约,未能完全发挥农村社会救济的作用。至 1998 年,各救灾扶贫互助储金会共融资 2380 万元。是年,根据国务院关于救灾扶贫互助储金会与农村社会养老保险工作进行清理整顿的通知,市内成立专门的领导机构,组织力量、资金进行清理整顿。2001 年底,救灾扶贫互助储金会清理整顿工作结束。入会储金全部退回储户。2004 年 6 月底,农村社会养老保险基金全部清退完毕。

五 定期定量救济

对起义投诚、地方武装人员的定期定量救济 1987 年,国家对在乡的起义投诚、地方武装人员实行定期定量补助或定期定量社会救助,定期生活补助每人每月 20~25 元,定期社会救济每人每月 10~15 元。全市享受定期定量补助的起义投诚、地方武装人员共 245 人,金额 45720 元。2006 年,对存世的 196 名起义投诚、地方武装人员适当提高补助和救济标准。补助标准提高到每人每月 150 元,救济标准提高到每人每月 50 元。全市此两项经费由上年的 7.78 万元提高到 15.04 万元,提高 106%。

对 20 世纪 60 年代精减的退职老职工的定期定量救济 1987 年,全市审批 20 世纪 60 年代精减的退职老职工 1279 人。其中,救济金享受原标准工资 40%的 592 人,享受每月 10~15 元定期定量生活补助的 687 人。是年,发放救济及补助金 34.1 万元。1988 年,对 1958 年元月 1 日以前参加工作,60 年代精减下放的职工,审批回原单位享受每月 15 元的定期定量补助。至 1989 年底,全市为 1280 名符合文件精神的 20 世纪 60 年代下放人员办理审批手续。2006 年 7 月,对全市已由民政部门发放救济金的 887 名精减退职老职工适当提高补助标准,补助标准增至每人每月 50 元。是年,发放救济金 56.7 万元。

第二节 慈善救助

2003 年 10 月 23 日,涟源市慈善会成立,召开第一届会员代表大会,选举产生第一届理事会。12 月,彭立珊捐慈善款 100 万元,当年 9 个受灾较严重的乡镇 2500 多户特困户得到及时救助。2004 年,市慈善会与市外、省外、国外的慈善机构和慈善家联系,多渠道、多形式筹集现金、实物,计 20 万元。5 月,为扶贫挂钩点捐赠衣物折币 5 万余元。9 月,捐赠 10 名特困大学生各 1000 元。11 月,为桥头河中心敬老院捐赠彩电等价值 3 万余元。全年救助特困对象 51 人。2005 年,境内发生特大洪灾,市慈善会发放慈善赈灾资金(包括救灾款、物)580 万元,衣物 30 多万件,棉被 200 床,大米 80 吨,药品(折价)26 万元。2006 年,开展多种形式的慈善捐助活动,评选出萧自江、刘兆社、刘景生、李谟连、朱汝安、吴修治、李军华、梁晖、刘建文、姚胜国为涟源市十大慈善人物,评选出姚石华、刘锡林、周和平、夏国平、谢华、龙兵、文志斌、袁清源、姜浩文、易科、萧光盛为涟源市十大爱心人物。2007 年,全市发展各类社会慈善和志愿者服务组织 31 个,开展慈善一日捐活动,募集资金 80 万元。为因见义勇为伤残而导致家庭困难的聂志、胡康德、周思究、龙洪元等 7 人向省申报英雄救助基金。对刘利、李娇等 12 名考上大学的家庭困难学生，实行每年 2000 元的助学救助。对部分身患疾病的特困对象发放金叶医疗卡 410 张，价值 20 万元。是年，发放慈善救助款 68 万元，米、面、油等生活物品 42 吨，救济衣被 2100 件(床)，救助特困家庭 806 户，病灾户 4050 户，救助贫困学生 316 人。

第三节　老区扶持

1990 年 6 月 25 日，省委、省政府批准涟源市为革命老根据地。8 月 27 日，涟源市革命老区建设领导小组成立，下设办公室，广泛筹集资金。至 1995 年，共向上级争取有偿资金 23 万元，对外引进项目合股资金 1080 万元，部门调节扶持资金 150 万元(含物资款)，争取银行贴息贷款 4000 万元。全市扶持开发项目 86 个。其中，投资少、见效快的种植业、养殖业、加工业项目 54 个，为老区群众修路、打井、引水、建校等公益性项目 32 个。安排就业人员 5.6 万人，生产经营收入 12.8 亿元，获纯利 1.2 亿元，使 2.8 万户 9.6 万人脱贫。1996 年 10 月，对历年扶持的 17 个老区开发项目 23 万元资金进行全面清理。1997 年 11 月，成立涟源市革命老根据地经济开发促进会。1999 年，娄底市老区扶贫开发工作现场会在涟源召开。2007 年，争取中央和省补助老区专项转移支付资金 400 万元，扶持 19 个乡镇进行基础设施和公益事业建设。1996—2007 年，争取省财政扶贫开发项目资金及娄底市财政配套资金 240 万元，扶持老区种植、养殖、加工开发及基础设施建设项目 120 个。

第四章　社会福利

第一节　敬老养老

一　敬老院建设

1987 年，全市有株木、桂花 2 个乡办敬老院，住院老人不足 30 人。1988 年，四古乡敬老院建立，全市敬老院住院老人 43 人。1989 年，新建水洞底、甘溪、古塘 3 个乡镇敬老院，新增入院老人 32 人。1992 年，新建枫坪、茅塘、三甲、漆树、塘湾、桥头河、渡头塘等乡镇敬老院，新增入院老人 112 人。1995 年，全市敬老院 19 家，住院老人 284 人。各敬老院发展种植业、养殖业，增加收入，以院养院。是年，全市敬老院纯收入 6.8 万元。1997 年，古塘、三甲敬老院通过重点扶持和引导，在服务管理和创收力度上基本达到娄底地区十佳敬老院标准，被评为娄底地区模范敬老院。1998 年，投资 60 万元，对石马山、古塘、杨市、三甲、伏口、水洞底、桥头河等乡镇敬老院进行新建、扩建和改造。至 1999 年 5 月底，19 个乡镇敬老院完成改建、扩建和维修任务，其中石马山、杨市、水洞底、古塘、三甲敬老院达到地（市）级标准。

2004 年，市政府把改（扩）建敬老院做为“为民办八件实事”之一，投入资金 80 万元。桥头河镇中心敬老院、六亩塘镇敬老院、安平镇敬老院、七星街镇敬老院、渡头塘乡敬老院的改（扩）建达到省级要求。2005 年，投资 200 多万元对石马山镇、七星街镇和杨市镇敬老院进行改（扩）建，石马山镇、七星街镇敬老院获省民政厅颁发的“五保之家”建设工程奖。是年，涟源市农村敬老院改（扩）建工作被评为省二等奖。

图 11-3　湄江敬老院

2006 年，石马山、七星街、桥头河、安平等 4 所乡镇敬老院新增入住老人 120 名。是年，全市进行农村敬老院行业作风建设评比，石马山镇敬老院获一等奖，七星街镇敬老院获二等奖，桥头河镇敬老院和安平镇敬老院获三等奖。

2007 年，投资 366 万元，完成龙塘、枫坪、伏口 3 所乡镇敬老院改（扩）建和 7 所村级“五保之家”建设，3 所乡镇敬老院改（扩）建后，新增住院老人 130 人，7 所村级“五保之家”入住 39 位老人。全市各敬老院都按规定设有卫生间、公共浴室、娱乐室，配有自动洗衣机、冰箱、消毒柜、电视机、DVD 等，有菜地、果园、猪圈及鱼塘。村级“五保之家”均配备电视机等，房内设备配置齐全。是年底，全市乡镇敬老院 19 家，集中供养 408 人，供养标准每人每年 2000 元。

二　老年公寓建设

市光荣院老年公寓　创办于 2007 年 8 月，坐落在石马山镇梅亭路，占地 6667 平方米，高、中档房间 50

套，床位80个。院内建筑新颖，绿树成荫，室内彩电、冰箱、洗衣机、卫生间、冷暖设备俱全，热水全天供应，有健身房、娱乐室、医疗室、餐厅等老人必需的生活、娱乐设施。是年，入住老人42人，其中70岁以上老人36人；工作人员8人，其中服务员5人。按入住老人的要求和身体状况分为6个服务护理档次，收费标准为每月600~1400元。

市夕阳红老年公寓　位于石马山镇梅园小区，2000年，由市粮食局桥头河粮站退休职工朱辉创办。2005年，由下岗工人张时林、龙日清夫妇经营。公寓建筑面积500平方米，床位20个。2007年，入住老人12名（男7人，女5人），其中70岁以上老人9人。2000—2007年，接收老人54名，有退休干部、工人、教师，年龄较大的农民，大部分为痴呆、病患、年龄偏大需要特殊护理的老人。

第二节　"五保"供养

1987年，全市进行第一次"五保"（即保吃、保住、保穿、保医、保葬）户情况普查登记，全市有"五保"户3474户3796人，实施"群众包户、村乡统筹"供养办法。其中，自耕责任田的428人，亲属代耕责任田的1625人，挨家挨户收集粮食的280人，供养经费难以到位。1988年，实行"以乡统筹、三级供养"办法。每位"五保"老人年生活费在120元以上，稻谷300千克，食油6千克，生活用煤1~2吨。部分乡镇还供给食盐6千克，蓝田街道21位农村户口的"五保"对象每人每年生活费300元。四古乡明文规定，60岁以上的"五保"老人满十（生日逢十），乡政府领导去祝寿，以衣料1件、人民币30元和其他物资做寿礼，中秋节、春节，政府对"五保"老人进行节日慰问，慰问物资不少于30元。

1995年，进行第二次"五保"户普查，全市"五保"对象4931人。其中，集中供养（乡镇办敬老院21所）278人，分散供养4653人。集中供养的老人年生活费1000元，分散供养的老人年生活费每人540元。

2000年，农村税费改革后，"五保"经费列入乡镇财政预算，省级财政予以转移支付补贴。2002年开始，省每年转移支付涟源市农村"五保"供养补助资金247万元，由于市、乡两级财政采用年终结算的财政体制，实际支付"五保"供养资金大部分是农业税及其附加，全市各乡镇"五保"供养标准每人每年在120~240元之间（粮食除外），与全省统一标准每人每年825元相比，存在很大差距。2004年1月，全市统一供养标准，每人每年400元，由乡级财政拨入民政所发放到位；每人每年300千克稻谷，由村民委员会筹集。"五保"供养经费采用资金封闭运行，垂直支付的管理模式，稳定资金来源，加强资金管理，保证供养经费直接到位。是年，全市"五保"对象8284人。其中，分散供养7963人，集中供养321人。

2005年，全市支付"五保"款288万元。其中，省、娄底市拨170万元，涟源市财政配套118万元。2006年，对全市10280个"五保"户重新审批发证，落实"五保"资金484万元，供养标准每人每年不低于825元。2007年，按照国家规定标准，全市集中供养人员每人每年生活费2000元，分散供养人员每人每年生活费1000元。

第三节　城乡最低生活保障

一　城市居民最低生活保障

境内城市居民最低生活保障（简称低保）工作始于1999年7月1日，低保对象主要是驻涟中央、省、娄底市属企业及蓝田街道、石马山镇、六亩塘镇的城市居民。是年，最低生活保障线为每人每月80元，全市落实低保对象 1540 人，发放保障经费 60.27 万元。2000 年，出台《涟源市城市居民最低生活保障制度实施办法》，全年落实低保对象 2153 人，发放保障经费 160.91 万元。2001 年 10 月，对全市各乡镇（街道）下岗居民的生活情况进行调查登记，开始对城市居民最低生活实施全面保障，经审查落实 3765 户，13162 人，发放保障金 263 万元。2002 年，审定符合条件的低保对象 7420 户，25974 人，发放低保金 498 万元。2003 年 1 月，最低生活保障线调整到每人每月 104 元。6 月，市城乡居民最低生活保障局成立，低保资金发放实行网络化服务，从原来的单位发放转为社会化发放，做到一户一编号、一家一存折。是年，全市低保户 7070 户，保障对象 21000 人，发放保障金 1000 万元。2004 年，严格审批程序，建立申报低保对象民主评议制度，实行三榜公布（居委会初审、乡镇政府街道办事处复审、市民政局调查审核批准），进一步完善财务管理、审核监督管理制度，全年低保对象 8607 户，24129 人，发放低保金 1146 万元。2005 年，城市低保从原来的系统（战线）管理转入属地管理，从混合施保转为分类施保，落实各项优惠政策，保障特殊困难家庭的基本生活。是年，最低生活保障线调整到每人每月 146 元，审批 7482 户，20653 人享受低保待遇，发放低保金 1269.99 万元。2006 年，健全乡镇（街道）、社区等低保管理服务网络，建立低保局域网，规范档案管理，建立低保资金自然增长机制，低保配套资金比上年增长 15%。全年落实城市低保对象 7470 户，20601 人，发放低保金 1501.35 万元。2007 年 1 月，市城乡居民最低生活保障局更名市社会救助管理局。低保金实行按月发放，并对低保对象实行动态管理，对低保对象的个人收入、工作、家庭人员的情况进行入户调查，成立民主评议领导小组，实行民主评议、出榜公布的办事程序，做到低保对象有进有出，实现“应保尽保、规范运作”。是年，投放低保金 1829 万元，最低生活保障线调整到每人每月 130 元，全市 7475 户，20637 人享受城市居民低保。

二 农村最低生活保障

2005 年，全市实施农村特困救助，全年落实农村特困对象 2357 户 4220 人，按每人每月 6 元的标准发放，共发放特困救助资金 30.38 万元。2006 年，为了进一步完善农村社会救助制度，建立贫困人口最低生活保障机制，市政府印发《涟源市农村最低生活保障制度实施暂行办法》，以低标准起步、窄范围施保，逐步推广的方法，实施农村低保。是年，全市落实低保对象 2840 户，4395 人，按照每人每月 15 元的保障标准发放，共发放农村低保资金 79.11 万元，资助低保对象参加农村合作医疗保险，缴纳医疗保险金 4.4 万元。2007 年 7—12 月，全市落实低保对象 6938 户，19928 人，按照每人每月 30 元的标准发放。是年，全市发放 358.7 万元。

三 城乡大病医疗救助

2002 年，为缓解全市患大病“五保”户、低保户和特困家庭的基本医疗困难，提高贫困农民抗大病风险能力，全市以低标准起步、小范围施救的原则实施城乡大病医疗救助。2002—2003 年，救助大病特困户 876 户，救助金额 76.52 万元。2004 年，在推行农村合作医疗的基础上，把大病救助与农村合作医疗结合起来，市政府下发《涟源市城乡医疗救助制度暂行办法》，规定城乡医疗救助的病种为尿毒症、白血病、恶性肿瘤、硅肺病、麻风病、艾滋病、瘫痪症。明确市人民医院、市中医院、涟邵矿业集团公司总医院、市第二人民医院、市第三人民医院、市卫生防疫站、市妇幼保健院、蓝田医院、各乡镇卫生院为农村医疗救助定点单位。是年，全市完成对“五保”户和特困户的大病医疗救助调查摸底，建立台账，实行动态管理，对 200 名大病患者实行救助。救助标准为 400~2000 元不等。2005 年，对 398 人进行救助，大病医疗救助资金 42.5 万元。2006 年，对 478 名患者实施救助，救助资金 76.52 万元。2007 年，全市救助大病患者 914 人，救助金额 113 万元。

第四节　老龄工作

老龄机构　市老龄工作委员会成立于1986年11月。下设老龄工作委员会办公室(简称老龄办),归市政府办管理。2004年9月挂靠市民政局。

百岁老人　1987年,全市在世100岁以上老年人7人,每位老年人每月发放长寿保健费30元。1990年以后,提高到每人每月50元。2001年开始,提高到每人每月200元。2007年底,全市在世百岁以上老年人16人,其中男3人、女13人,最高年龄106岁。1987—2007年,全市66位100岁以上老年人享受过政府老年人补助。

2007年涟源市百岁以上健在老人

表11-1

姓 名	性别	出生年月	家庭住址	姓 名	性别	出生年月	家庭住址
周湘元	女	1901.03.10	茅塘镇茅塘村大兴组	张多英	女	1905.08.05	茅塘镇大方村菊花组
龙运香	女	1901.04.14	湄江镇檀木村树梅组	李应生	女	1905.11.15	金石镇双泉村黄泉组
龚月吾	女	1902.06.08	水洞底镇高枧村十四组	康干秀	女	1906.01.20	六亩塘镇峦峰村正山组
阙德海	男	1904.02.14	伏口镇胡家坪村	刘治温	女	1906.10.10	蓝田街道双江街社区一组
彭金莲	女	1904.11.10	水洞底镇高枧村十四组	肖时吾	女	1907.01.03	湄江镇和平村梨树组
刘新秀	女	1905.01.01	伏口镇半山村凉井组	李胜贤	男	1907.07.08	七星街镇溁塘村大屋组
蔡一秀	女	1905.02.18	斗笠山镇槐园村新屋组	刘启佳	男	1907.09.02	六亩塘镇芙蓉村塘湾组
何春香	女	1905.05.04	石马山镇川门村枫树组	易炳娥	女	1907.10.24	七星街镇溁塘村大屋组

老年人活动　1988年重阳节,市老龄办组织全市敬老院70多位孤寡老年人游览蓝田新城。1989年重阳节,市委、市政府召开第一个老年人节庆祝大会,组织慰问团,深入各乡镇、厂矿、企事业单位、敬老院、光荣院、军干所慰问看望老年人,赠送慰问品、慰问金。1990年10月,召开第二个老年人节庆祝大会,宣传贯彻《湖南省老年人保护条例》,600多位老年人参加大会。1991年老年人节期间,举行涟源市首届离退休职工登山运动会,参加活动的老年人92人。1993年,举行全市首届老年人风采大赛,30位老年人经过角逐,萧晓岗等4名选手获奖。1994年10月,在全市开展评选"敬老好家庭""敬老好子女""关心爱护子女好老人"活动,全市18个敬老好家庭,15位敬老好子女、24位关心爱护子女好老人受到表彰。1995年老年人节,举办全市首届老年人文艺晚会,老年人自编自演文艺节目22个。1996年,对全市40个村进行老年人生活状况调查,60岁以上的3896人(占总人口9.33%)。其中,靠自食其力的1164人,占29.88%;基本上靠子女赡养的2448人,占62.83%;靠"五保"生活的72人,占1.85%;缺衣少吃,或无住房、无子女、无钱治病、挨打受骂的212人,占5.44%。2000—2003年,全市召开各种座谈会200多次,参加座谈会的老年人达4000多人次,解决维护老年人合法权益的纠纷31起,解决各种实际困难100多人次。开展爱心献功臣、敬老爱幼等活动53次。2003年老年人节,组织老年人在市湘剧院举行老年人文艺汇演,老年人自编自演文艺节目23个,观众1000余人。

2007年,全市老年人11.7万人,占全市总人口的10.29%。其中,城镇老年人3.26万人,农村老年人8.44万人。贫困老年人2万余人,占全市老年人数的20%。对2000多名城镇贫困老年人和3000多名农村贫困老年人实行最低生活保障。发放《老年人优待证》2000多个,对老年人市内乘坐公交汽车、医疗、经商、旅游实行优惠服务。有2个市级老年人组织:市老年科技工作者协会和市老年书画诗联协会,基层老年人组织42个。部分老年人根据自己的专业特长参与社会从医、办厂、办校、办其他社会福利事业。2004—2007年,市老龄办举办老年人登山活动21次,老年人门球比赛15次,钓鱼比赛8次,各种牌类、棋类比赛12次,诗词歌咏比赛11次,参加活动的老年人2000多人次。老年人自发组织"夕阳红腰鼓队""社区老年人锣鼓队"等老年人文艺活动队30多支,参加社会庆典、婚丧礼仪、中心工作宣传等活动410场次。

第五节 福利企业

1987年,全市有社会福利厂9家:市双扶服务公司、蓝田社会福利厂、枫坪社会福利厂、水洞底镇社会福利厂、太和乡社会福利厂、孙家桥地毯厂、石马山皮鞋厂、涟城皮鞋厂、六亩塘社会福利厂。共有职工168人,其中残疾人92人。企业主要从事农机修理、皮鞋制作、木器加工等,年产值200万元,资产总额222.4万元。1992年,全市福利厂发展到20家,产值602.1万元,利润48.9万元,安置残疾人272人。1995年,减少到13家,职工294人,其中残疾人146人,总产值725万元,完成税收64万元(先交后退),实现利润76万元。福利企业流动资金不足,市募委福利基金调节解决4万元,娄底地区民政部门和市银信部门贷款28万元。1996年,福利企业资金紧缺,省、地民政部门和市银信部门贷款10万元,缓解5家福利企业的资金困难。是年,市民政、国税、地税三家联合对13家福利企业进行年检,换发新的福利企业证书。全市福利企业全年完成产值1008万元,实现利税69.4万元。1997年,市场疲软、物价下跌,市场竞争激烈,全市福利企业实现产值1180万元,实现税利36万元。枫坪福利标准件厂被娄底地区评为福利生产先进单位。2003年,社会福利厂发展到17家,就业职工420人,其中残疾人196人,年产值15400万元,销售收入14955万元,应纳税金1068.6万元,实缴税金862.9万元,实退税金862.9万元。17家企业,13家运作正常,4家企业未能组织正常生产,福利企业几乎全部为煤炭加工企业,由于原煤价格大幅度上扬,洗煤价格上涨迟缓,原煤质量得不到保证,造成大部分福利企业亏损严重,亏损面达76.5%。是年12月,市政府办下发《关于加强对全市社会福利企业管理工作的通知》,决定从社会福利企业的减免税中提取20%建立涟源市社会福利发展基金,用于扶持社会福利事业的发展,其中3%专项用于残疾人保障事业。2007年,全市17家福利企业有职工540人,其中残疾人279人,全年实现产值4.12亿元,销售收入3.82亿元。这些企业,正常生产的7家,生产半年以上的5家,未能生产的1家,生产盈利的7家,其余均因市场及管理方面等原因造成亏损。残疾人上岗职工年均工资3000~9600元,为全市职工年均工资的17.23%~55.16%。

市社会福利总厂 1986年,市民政局创办扶贫扶优(简称"双扶")经济实体——涟源市双扶服务公司,安排2名双扶对象开办一个小商店,安排12名双扶对象加工冬寒救济衣被。1991年,成立市社会福利总厂,与市双扶服务公司一块牌子两套人马,有职工50人。其中,残疾职工26人,占职工总数的56.4%。主要生产劳动保护用品。1992年,市社会福利总厂被定为湖南省劳保用品生产企业。1993—1994年,产值72.3万元,创利润4.5万元。1995年,产值71万元,创利润1万元。1996年,产值54万元,亏损14.6万元。是年,市政府动员社会力量支持市社会福利总厂,共收捐款12.6万元,兴建集生产厂房、办公场地和残疾职工宿舍为一体的综合大楼,建筑面积1200平方米。1997年,市社会福利总厂被评为娄底地区福利生产先进单位。1998年,由于企业经营决策、投资方向和内部管理不当，企业受市场经济的制约，被迫停产，负债118万元。2001年底，重新组建领导班子，企业启动。2002年，筹建龙马洗煤厂，资金来源于银行贷款及职工集资。2003年投产，年产值37万元，创利润2万元。2004年，年产值46万元，创利润4.1万元，职工集资款全部退清。2006年，年产值22万元，创利润1万元。2007年，年产值10万元，创利润3000元。

第六节　福利彩票

1989年9月2日，涟源市社会福利有奖募捐委员会（简称市募委）成立。10月1日，全市首次社会福利有奖募捐在蓝田城区三角坪发行，30万元奖券不到5天售空。以后连续2年，每年在蓝田三角坪组织发行一次，1990年发行50万元，1991年发行100万元。1992年开始，由城区发展到农村，全市先后组织在斗笠山镇、湄江镇、伏口镇、七星街镇、白马镇等地多次发行社会福利有奖彩票，年销售200万元。1994年，销售38万元。1995年，针对彩票销售市场疲软状况，对募捐方式进行改革，实行目标管理，分散销售彩票，全年销售福利彩票150万元，是1994年的近4倍。1996年，市募委采取“大兵团、大声势、大场面”方法，组织120名销售人员，在蓝田城区交通路南段西侧人行道搭设200米长的销售棚架，发行彩票450万元。1997年，根据上级有关精神，着手清理历年余券，6月4—14日，在桥头河镇三角坪发行36万元彩票，投放20万元用于社会救济、福利生产及居民区服务。1998年，完成上级分配的社会赈灾专项彩票100万元。8月，将历年发行到乡镇（街道）的各类福利彩票，历年各乡镇（街道）在市募委领取的彩票，清理上交市募委，进行监督销毁。1999年11月，在光明山大操坪发行750万元中国福利彩票，一次性筹集福利资金304万元，创娄底市各县（市、区）有史以来单次发行福利彩票的最高纪录。是年，民政部下发文件，要求各地不再保留社会福利有奖募捐委员会及其办事机构，撤销所有募捐委员会办公室，市社会福利有奖募捐委员会改称市福利彩票发行中心。2000年1月13日，在蓝田城区组织发行300万元赈灾专项福利彩票。是年，在传统的即开型彩票基础上，推广电脑福利彩票，蓝田城区建立6个湖南风采电脑福利彩票投注站，是年销售电脑彩票12万元。2001年11月18日开始，在全市组织发行1500万元大奖组福利彩票。是年，电脑彩票销售30多万元。2002年，召开彩票发行专题会议6次，举办电脑彩票发行工作业务培训班6期。是年6月，投资8万元，开通湖南经视频道，加大彩票发行宣传力度，装机容量不断扩大。全市电脑彩票销售点11个，年销售量60万元。全年投放福利资金20多万元，用于社会福利事业的基础设施建设和救助孤老残困人员。2003年，在蓝田城区和湄江镇组织发行200万元的即开型彩票，因市场疲软，仅发行28万元。市福利彩票发行中心调整工作思路，改变发展方向，把彩票发行重点放在开拓电脑彩票市场上，通过宣传和加强站点管理，全年发行电脑彩票120万元。2004年，电脑彩票发行，以城区销售为主，开辟农村市场，发展乡镇站点，扩大彩票销售点，年销售电脑彩票260万元。2005年，扩大装机容量，抓住新玩法的优点、特点，采取灵活多样的宣传形式，积极引导和发展彩民，年销售1265万元。2006年，继续扩大销售网络，增加福彩精品专营店，年销售1268万元。2007年，申请开设“中福在线”即开型彩票销售厅，进一步加强彩票发行力度，年发行电脑福利彩票1200万元，其中发行“中福在线”即开型彩票180万元。1989—2007年，市社会福利有奖募捐委员会（市福利彩票发行中心）上缴国家公益金350万元。投放福利彩票基金1200多万元，用于光荣院、敬老院、社区服务中心建设，福利企业技术改造，残疾人三项康复，特殊困难户的救济及救灾。

第五章 社会事务管理

第一节 地名区划管理

一 地名管理

1995 年,全市组织民政、国土、城建、规划等部门,分赴全市各乡镇(街道)进行实地调查和考察,整理各种数据和文字资料,重新绘制全市政区图、规划图、区划图和地形图。2003 年 12 月,编制撤区并乡建镇后的《涟源市行政区划图》。1998 年,完成境内 207 国道两侧 500 米范围内的村镇地名标志设置。2005 年,成立涟源市地名委员会。2006 年 11 月 10 日,完成涟源城区人民路、梅亭路、交通路、三元路、环北路、红旗路、幸福路、芙蓉路、文艺路、新城路、老干路、育才路、工农路、尊师路、牛角路、车站路、果园路、双拥路等 18 条路,商园街、沿河街、沿河中街、沿河后街、双江街、中山街、新建街、永兴街、广源街、开源街、步行街、大园街、市贸街、大坪街、民主街、青年街等 16 条街,太平桥巷、荷叶巷、柳家湾巷、兴隆巷、金马巷、界后巷、彭家坳巷、聂家巷、兴教巷、富家巷、东山园上巷、东山园下巷等 12 条巷的命名、更名及标志设置工作,建立地名数据库和地名信息服务网络,实现省、市、县(市)三级联网自动化办公。2007 年,出台《涟源市地名管理实施细则》,规范地名管理。

二 勘定行政区域界线

1997 年,开始涟源市行政区域界线勘定。按照娄底地区部署,首先由涟源市人民政府牵头组织对"涟(涟源)新(新化)线"进行勘定,边界涉及 4 个县市,其中跨地区 1 个(安化县),接壤 9 个乡镇 64 个村,全长 83.86 千米,共设界桩 6 个,其中三交点 1 个。勘界工作于 12 月中旬完成。1998 年,分别与双峰县、冷水江市对"涟(涟源)双(双峰)线""涟(涟源)冷(冷水江)线"两线进行勘定。两线总长 96.65 千米,涉及县市 5 个,其中跨地区 2 个,乡镇 12 个,村 80 个,共设界桩 10 个,有三交点 4 个。1999 年,完成"涟(涟源)宁(宁乡)线""涟(涟源)安(安化)线""涟(涟源)东(邵东)线""涟(涟源)邵(新邵)线"和"涟(涟源)娄(娄星)线"等 5 条线共 264.43 千米的区域界线勘定,涉及 12 个乡镇 80 个村。2000 年 5 月,与新化县人民政府签订边界协议书。2002 年底,完成涟源市行政区域界线勘定,与相邻的娄星、双峰、邵东、新邵、冷水江、安化、宁乡等县(市、区)人民政府签订行政区域界线协议书。涟源市行政区域界线全长 444.94 千米,涉及界桩 19 个。2007 年,完成涟源市行政区域界线的定期联检。

第二节 婚姻登记

1987 年,全市婚姻登记由各乡镇(街道)负责。是年,结婚登记 8972 对,离婚登记 298 对。1988 年,全市组织 300 多人,对 1988 年前五年的婚姻登记资料进行全面清理整顿,装订成册,建账归档。全市整理成册 531 卷,为 34309 对婚姻登记对象建立婚姻档案,各乡镇(街道)均建立统计台账和婚姻档案。1993 年,禁止利用婚姻登记搭车收费,对婚姻登记机关的收费情况进行全面检查,对个别登记机关搭车收费和乱收费现象进行纠正。1994 年 2 月 1 日，根据省民政厅规定，凡设在乡镇（街道）的婚姻登记机关一律归乡镇（街道）民政办公室统一管理，由民政助理员专人办理登记。4 月 18 日，建立涟源市婚姻登记管理处和涟源市婚姻服务中心，为正股级事业单位。1995 年，撤区并乡，婚姻登记机关从原来的 47 个精简为 20 个（包括市婚姻登记管理处），每个乡镇配备专职婚姻登记员，蓝田街道的婚姻登记在市婚姻登记管理处办理。按照省政府办公厅通知，外出务工经商人员需出具的《流动人口未婚证》统一归民政部门办理。1996 年 5 月，对全市婚姻登记情况进行检查整顿，设立收费监督和举报电话，对婚姻收费情况进行监督，全面遏制在婚姻登记时搭车收费。1999 年 6 月 1 日，推行婚前医学检查制度，检查覆盖率 100%。2001 年 1 月 1 日起，非农业户口的婚姻登记，由市婚姻登记管理处统一登记，各乡镇婚姻登记机关不再办理当事人均系非农业户口的婚姻登记。2003 年，撤销 19 个乡镇婚姻登记机构，所有婚姻当事人到市婚姻登记管理处集中办理登记手续，为方便贫困边远山区农民，在伏口、古塘等地设立登记点，由市婚姻登记管理处派专人定期办理登记手续。根据新修订的《婚姻登记管理条例》规定，从 10 月 1 日起，取消结婚、离婚由所在单位或村（居）委会出具证明的做法，结婚改由当事人作无配偶等相关情况声明，对婚前医学检查不再做强制性规定。2005 年，结婚 7986 对，离婚 365 对。2006 年，结婚 8004 对，离婚 898 对。2007 年，结婚 8700 对，离婚 1108 对。

1987—2007 年，全市依法办理婚姻登记 174180 对，离婚登记 16270 对。

第三节　殡葬管理

1987 年，市民政局购置专用殡葬车一辆，对愿意进行火化的遗体，从各方面提供方便。是年，火化遗体 67 具。1991 年，火化遗体 310 具。2005 年 5 月，全市启动殡葬改革，成立涟源市殡葬改革工作领导小组。2006 年，在六亩塘镇秀溪村凤形山选址建殡仪馆和凤形山公墓，征地 5.47 公顷。2007 年 8 月，悼念厅、综合办公楼、食堂、火化房等主体工程竣工，殡仪馆占地 1.87 公顷，公墓山 3.6 公顷，大、中、小型悼念厅 5 个，办公楼建筑面积 1068 平方米，住宿楼建筑面积 1300 平方米，食堂建筑面积 1152 平方米，火化车间 588 平方米，火化机 2 台。总投入 2100 多万元。9 月，市人大常委会主任会议专题讨论殡葬改革，实行先蓝田城区，后小城镇；先试点，后普及的原则。火葬对象采取先国家机关、企事业单位工作人员、城镇居民及其他非农业人口，后农业人口的办法。是年底，殡仪馆和凤形山公墓对外营业，预售墓位近 100 个。

第四节　收容遣送与救助管理

1987 年，市收容遣送站在三甲乡玉峰村选址征地 1 公顷，建职工宿舍及收容待遣房 432 平方米，猪舍 116 平方米。1989 年，收容遣送站从市区人民路迁入新址。是年，养猪 141 头，年纯收入 1 万多元，收容遣送 600 多人次。1992 年 2 月，湖南省收容遣送工作现场会在涟源召开，市收容遣送站被评为全省收容遣送先进单位。1993 年，市收容遣送站筹建社会福利化工厂，因企业管理不善，原材料缺乏，企业尚未投产就被迫下马，亏损 40 多万元。至 1995 年，收容遣送工作量不大，站内部分职工下海经商或外出打工，部分人员留站开展种植、养殖业生产，负责日常业务工作。1996 年 5 月，市政府召开政法、公安、财政、民政等部门参加的收容遣送工作协调会，下发《关于认真做好收容遣送工作的通知》。1998 年 8 月，对部分“三无”（无正当经济来源、无住址、无身份证）人员，适当收取生活费。2000 年 10 月 5 日，被收容人员林茂在待遣室被同室被收容人员殴打，3 日后死于三甲乡二甲村，3 名工作人员犯重大责任事故罪，被判刑。2001 年，收容遣送 11370 人次（包括代理怀化市收容遣送站的收容遣送人数)。2002年,对那些无家可归、有劳动能力的人采取边审查、边教育、边劳动、边遣送的办法,选择投资少、见效快的生产项目,先后开发茅塘镇光阳草业基地、杨市劳动基地,种植牧草8公顷,创产值6万元。投入资金100万元在石马山镇开发自助劳动基地113.33公顷,年产鲜鱼500千克,养猪292头,养鸡鸭1000只,养殖收入15万元。是年,资助2100人返乡,临时安置"三无"人员2187人,解决"三无"人员路费10.5万元。1998年8月—2003年4月,收容遣送38377人次,收费417.7万元,从财政返回402.5万元。

2003年6月20日,国务院颁发《城市生活无着的流浪乞讨人员救助管理办法》,取消强制性收容遣送,改为关爱性救助管理。是月下旬,市收容遣送站更名市救助管理站,拆除铁窗、铁门、铁栅栏,改写带有行政命令色彩的标语,按照人性化管理要求,对流浪乞讨人员实施救助。是年,投资43万元对站内设施实行全面改造,添置两层单人钢丝床25张,新购棉被82床,衣服120件。每个房间设有卫生间,配有电视机、洗衣机及日常用品,新修篮球场、羽毛球场,新建乒乓球室及娱乐室,绿化园林2000平方米,硬化站内道路200米。2004年,为城市生活无着的流浪乞讨人员募捐20万元,全年救助3245人次,上街劝导救助982人次。2005年,募捐18万元,救助3689人次,上街劝导1263人次。是年10月,站长吴选群赴郑州参加全国救助工作经验交流会并作典型发言。2006年,市儿童救助保护中心更名市流浪未成年人救助保护中心,救助保护中心大楼报请省政府批准,启动建设工作。市社会儿童福利院经省、娄底市审批立项,规划总投资3000万元。是年救助3876人次,上街劝导1423人次,同时创新救助模式,开展家庭寄养和"类家庭"(集救助、保护、教育、维权于一体,聘请有爱心、有耐心的志愿者做为临时监护人)寄养,共寄养救助5人。2007年,重点做好流浪未成年人和患重病、精神病的流浪乞讨人员的救助工作,全年救助1400多人(重症病人180人),上街劝导1508人次,发放食品、医药、物资2万余元进行街头临时救助,保证重大会议、节日以及高温严寒时间的社会稳定。是年,吴选群被评为湖南省救助管理工作先进个人。

第五节 收养登记

1987年,市民政局以负担弃婴生活费、医疗费的方法,安排社会群众带养28人。其中,女婴21人,残疾人6人。生活费每人每年350元。1992年,对全市社会弃婴进行全面清查和登记:1985—1992年,登记弃婴154人。其中,女婴134人,男婴20人;年龄在1岁内的139人,占总数的90.25%;残疾儿18人,占总数的11.68%。1993—1997年,办理收养登记110人。1998年11月4日,第九届全国人民代表大会第五次会议《关于修改<中华人民共和国收养法>的决定》颁布,规定"收养应向县级以上人民政府民政部门登记,收养关系自登记之日起成立"。1998—2007年,办理收养登记63人。其中,男9人,女54人;1~6岁幼儿46人,6~14岁17人;残疾儿22人。

第六节 民间社团管理

1991年,首次对全市66个社会团体(简称社团)进行调查、摸底、清理、整顿和登记发证。登记发证的社团38个,免于清理登记的6个,缓登的7个,自动解散的8个,待省民政厅审批的1个,不予登记的5个,命令解散的1个(涟源市三甲乡维护古迹筹备委员会)。1994年,全市有社团36个。1995年4月,对36个社团进行全面年检,对非法团体和非法活动进行严厉查处和打击。民政、公安部门联手取缔"门徒会"邪教组织,解散非法开展活动的“战士联谊会”。是年，批准建立社团4个。1996年，召开全市社团工作会议，会上对先进社团、先进个人进行表彰。是年，对全市社团进行年度检查，合格8个，注销社团2个（三甲乡减轻农民负担临时理事会、株木乡青年联合会），批准建立社团2个。1998年，国务院颁布新修订的《社会团体登记管理条例》和《民办非企业单位登记管理暂行条例》，两部新条例对社团管理提出新要求，将民办非企业单位纳入管理。是年，对全市40个社团(其中包括9个民办非企业单位)进行年检和重新登记，批准成立涟源市花卉盆景协会、涟源市消费者协会，对白马乡农民减负协会下达不予登记通知，依法取缔伏口镇松山村中青年协会和桥头河农民理事会两个非法社团。市政府集中力量，深入三甲乡、白马镇，做好参加非法社团组织的农民群众的思想工作，对思想顽固、行为偏激的个别人员进行法制教育，促其悔过自新、具结保证，同时查处一批违纪人员，规范社团行为，维护社会安定。2000年，对42个社团进行年度检查，4个合格，14个重新登记，注销涟源市气功科学研究会和涟源市老科协日月气功研究会。对一些已登记的社团进行整改和引导，将部分符合条件的非法人团体重新登记为法人社会团体。批准建立涟源市家禽联合协会、涟源市道路运输协会等2家新社会团体。2001年8月26日，对全市民办非企业单位进行登记管理，审查、登记注册民办非企业单位15个。2003年12月16日，依法撤销涟源市邮电通信学会、涟源市信鸽学会、涟源市汽车驾驶员协会、涟源市青少年科学技术辅导员协会。2004年，打击非法民间组织和民间组织组织的非法活动，取缔武汉军区空军87411部队83届战友会、李氏家族宗祠筹建委员会、涟源市失业民办教师研讨学会等非法社团，平息娄底七九战友会发动的1979年2月入伍兵进行的集体上访事件。是年，批准登记枫坪镇、荷塘镇2个养牛业协会。2005年1—4月，组织社团财务检查，完善社团各项规章制度，加强社团诚信建设，提高社团的公信力和活动的透明度，引导社团依法开展活动，完善政府监督和社会监督方式，确保社团在法律法规范围内自主开展活动。2007年末，全市登记在册的社团55个，民办非企业单位19个。

第十二篇　经济综述

第一章　经济体制改革

第一节　农村经营体制改革

20世纪80年代初，涟源市实行农村家庭联产承包责任制，农民对土地具有自主使用权、经营权。1987年，全市有耕地4.32万公顷。其中，水田2.86万公顷，旱土1.46万公顷。是年，全市粮食总产量37.96万吨，农民人均年收入436.97元，依靠种养业获得的收入占总收入68.87%。此后，家庭人口发生变化，乡村公益项目占用耕地，公共水利设施占用耕地，自然灾害损毁耕地，造成人均耕地不均衡，各种土地矛盾日益凸显。1989年，娄底地委、行署成立稳定和完善土地承包制领导小组，抽调25名地区、县(市)级领导干部在涟源市湘波镇试点，调整责任耕地。1990年，全市以是年8月31日的在籍合法人口为基数，按“人口预测法”对土地进行调整，年满16周岁的男青年预测0.1份配偶责任田地，每增加一岁增加0.1份，25周岁以上的未婚男青年可预测1份配偶责任田地，十年不变，以村民小组为基本单位造具土地清册，与农户签订责任制承包合同，全市共签合同23.5万份。20世纪90年代初，农村剩余劳动力向非农产业转移，大量农民外出务工，从事建筑、运输、商业、饮食、服务及工业生产，不再以种植业和养殖业为主要经济来源。

1996年6月13日，市委、市政府印发《涟源市稳定农村土地承包，建立土地流转机制的暂行规定》，农村土地继续实行农村家庭分户承包经营，承包期延长30年不变，在承包期内实行“增人不增地，减人不减地”。1997年，市委、市政府发文确定，原来承包时明确属乡镇、村、组集体经济组织所有的土地，仍分别归乡镇、村、组集体所有(国家建设依法征用的土地除外)；已被征用或划归国营农、林、场、库、所的土地，仍属国营农、林、场、库、所所有；已被国家建设依法征用的土地和其他依法属于国家所有的土地属国家所有。依法确定的各类土地，权属关系保持不变。1999年5月17日，市委、市政府下发《关于延长土地承包期的实施意见》，土地承包期再延长30年(到2030年)，进一步明确土地权属关系，增强土地的国有和集体所有观念，不打破原来生产组的土地界限，农民承包土地只有使用权，没有所有权。全市在籍合法农业人口取得同等份额的承包耕地，原已签合同到期的和未到期的合同均可续签合同，以村为单位统一与农户签订《农村土地承包经营权合同书》，向农户颁发土地承包经营权证书，山林、林果场、水库、山塘、荒地等，由村组根据实际情况按照有偿使用原则进行转租承包。至2000年底，签订合同书25.47万份，颁发土地承包经营权证书21.82万个，承包土地4.09万公顷。

2003年初，市委、市政府制定《贯彻实施<中华人民共和国农村土地承包法>方案》，进一步稳定承包关系，规定“增人不增地”“减人不减地”，推进土地流转。至2004年，全市土地流转面积3831.73公顷，占承包总面积的11.3%，涉及36545户农户，农业人口123919人，分别占全市承包农户总数和承包农业人口总数的15%和14%。茅塘镇光阳草业公司以租赁方式承包附近5个村的荒芜土地、部分农户的承包耕地和一个荒废茶场,种草养牛,流转总面积 133.2 公顷。2006 年,核发、补发和换发农村土地承包经营权证书,完善农村土地承包合同,全市土地承包经营权证、合同书等资料实行微机录入信息化管理。2007 年,全市有耕地 4.12 万公顷。其中,水田 2.79 万公顷,旱土 1.33 万公顷。农村土地流转总面积 2751.47 公顷,占家庭承包经营耕地面积的 7.37%。其中,转包 1830.27 公顷,转让 343.73 公顷,互换 157.13 公顷,出租 346.2 公顷,入股 9.47 公顷,其他形式流转 64.67 公顷。涉及农户家庭承包土地流转合同 6692 份。是年,全市粮食总产量 46.14 万吨,农民人均纯收入3249.76 元,比 1987 年增长 6.44 倍,依靠种养业获得的收入占总收入 45.39%。

第二节 工业企业体制改革

一 承包经营责任制

1987 年初,县政府在生产经营上对县经委实行"分线包干,超收分成"。县经委对市属工业企业以多种形式实施为期 3 年的首轮承包经营责任制。市铁厂实行"双保一挂"(保上缴税利,保其间国家批准的技术改造项目完成;工资总额与实现利润挂钩)承包,生产稳定,效益提高。技术改造任务重的市氮肥厂、市磷肥厂实施上缴利润递增包干。产品有竞争能力、生产稳定、有潜力的市白水泥厂、市制革厂、市锅厂、市酒厂、市印刷厂、市电线厂、市工具厂等企业实行上缴利润基数包干,超收分成。微利企业和亏损企业市阀门厂、市矿山机械厂、市造纸厂、市沙坪煤矿、市栗山桥煤矿、市七一煤矿、市新坪煤矿和 17 家市属集体工业企业实行利润包干或亏损包干。是年底,市铁厂、市电线厂实行资产招标承包,确定厂长人选。1989 年,全市市属工业企业产品销售收入 16385 万元,比 1987 年增长 47.5%;在电力价格上涨、产品价格下浮,工资、折旧等各项费用增加 4138 万元的情况下,实现利税总额 1822 万元,比 1987 年增加 78.6%。1990 年,市属工业企业实施第二轮承包经营责任制。

二 工业"五自主"改革和企业破产重组

1992 年 2 月 16 日,市委、市政府作出《关于实行工业企业"五自主"的决定》,在国家法律、法规、政策允许范围内,企业自主经营,自负盈亏,自我约束,自我发展,自我完善。3—5 月,省委、省人大常委会、省政府领导人熊清泉、刘夫生、杨正午、孙文盛、夏赞忠、杨敏之、储波、俞海潮等及全省地、州、市委书记,省直有关单位负责人先后考察涟源工业企业"五自主"改革实施情况。是年,在企业增支减利因素较多情况下,实施"五自主"改革的 16 户预算内国营工业企业,与上年对比,12 种主要产品产量增长的有原煤、生铁、水泥、铁锅、机制纸等 9 种;优质产品产值率增长 9.6%,达到 6980 万元;质量稳定提高率上升 8 个百分点,达 88%;考核 28 项能源消耗、23 项原材料单耗指标,稳定降低率分别为 75%和 82.6%;产品销售收入增长 15.6%,达 13233.3 万元;利润增长 72.8%,为 265.9 万元。是年,市电线电缆总厂与香港金群发展有限公司合作,组建湖南涟群电线电缆有限公司。1993 年,全市国有工业企业贯彻国务院《全民所有制工业企业转换经营体制条例》,进一步扩大企业在生产经营决策、投资决策、产品定价、进出口经营、人事、工资、奖金分配等 14 个方面的自主权。是年,16 户预算内企业完成工业总产值 15210 万元,比上年增长 23.2%;销售收入 20975 万元,增加 58.5%;实现利润 742.5 万元,增加 1.8 倍;上缴税金 909.4 万元,增长 52.8%。1995 年 9 月 15 日,市委、市政府在《关于进一步深化市属国有工业企业改革的意见》里,提出把企业"改制、改组、改造"结合起来,把企业改革与加强企业管理结合起来,把深化企业改革和改善外部环境结合起来;实现优势企业组建企业集团、小型企业放开搞活。是年,市织染厂、市锁厂做为市属集体企业改革试点企业被依法破产。1996 年 3 月,市国有工业企业改革第一批试点企业改革实施方案出台，在市属国有、集体企业改革中推行改组、改造、破产重组等形式。对企业在整体上负债累累，严重缺乏活力，但某些部门（车间、分厂、服务设施）有一定优势的，实行剥离，在合理承担债务（或由老厂持股）的前提下，组成新的股份制或股份合作制企业。企业重组形式有：原企业个人出资持大股重组，企业原职工合作出资重组，优势企业兼并、联合、重组，社会资本出资重组，租赁重组，分块重组。6月20日，省委书记王茂林至涟源考察国有企业重组工作。是月，成立市国有资产管理局。7月16日，召开全市工业企业改革动员大会。8月，市阀门厂、市制革厂、市酒厂3户预算内国有企业依法破产，分别重组为市八达机械制造有限公司（5个月后再次重组，更名市阀门制造有限公司）、市雄达皮革有限公司、市媚江春酒业有限责任公司。1997年，对71户国有企业资产进行全面清查，确定市磷肥厂等12户国有企业为保值增值考核试点单位。5月，市印刷厂、市锅厂改组为股份合作制企业。此阶段改革流于形式的多，未能触及深层次的产权制度改革。

三　产权制度改革

1998年2月16日，《涟源市国有企业和集体企业改革总体方案》出台，规定4种企业改革形式：买断企业，实行股份合作制；实行资产经营；出售和租赁经营；成立资产经营公司。6月，市经委资产经营公司成立，为独立核算、自负盈亏、经营国有资产的特殊企业法人。9月，市冶炼厂实行一次性补偿改革，职工自谋职业，与企业解除劳动关系，资产实行分块租赁经营，一次性安置职工356人。1999年3月，市冶金建材总厂并购市矿石粉厂。2000年12月，市服装厂破产。2001年1月14日，省委书记杨正午考察市冶建总厂。2月，市制鞋厂、市制钉厂破产。4月23日，省委副书记、省长储波视察湖南省煤机厂。25日，考察涟源南方冶金连铸设备制造有限公司、三一集团材料工业有限公司、湖南省回春堂制药厂、湖南五江轻化集团有限公司。6月，市委、市政府组织市企业改制工作组进驻湖南省回春堂制药厂，开展企业置换产权与职工置换身份（简称“两个置换”）的改革试点。至翌年4月，改制成功，新成立湖南省回春堂药业有限公司。12月，市塑料厂（市塑胶建材总厂）依法破产。2003年7月1日，市委、市政府颁发《关于加强企业改革的实施意见》和《涟源市企业改革的若干规定》，企业产权通过拍卖、出售等形式变更所有制性质，企业职工改变国有、集体企业职工身份，自主择业；企业从国有性质中退出，实现经营机制的转换；政府从直接管理企业中退出，实现经营体制的转换。全市工业企业改革按照市场化改革的取向和要求，国有资本从一般竞争性领域退出，实现投资主体多元化。理顺企业与职工的劳动关系，实现劳动力就业市场化。全市国有（集体）企业采取拍卖、招投标、协议转让等方式进行产权转让。8月6日，市沙坪煤矿破产，8月21日以888万元整体拍卖。9月，湖南省一六九化工厂改制成为国有控股、职工参股的湖南一六九化工有限责任公司。10月10日，广东梅雁集团以2388万元收购市白水泥厂，成立市白云旋窑有限公司。11月18日，邵东县顺达金属型材有限公司以3101万元整体收购市冶金建材总厂，组建湖南顺鑫钢铁有限公司。2004年1月1日，省煤矿机械厂控股，13个自然人参股的

图12-1　2005年6月10日，对市媚江春酒业有限责任公司及市造纸厂进行资产拍卖

湖南金塔机械有限公司成立。2月,市七一煤矿、市冶化工业总公司实行置换改革。4月7日,涟源嘉鑫冶金有限责任公司以1008.88万元整体收购市冶炼厂。6月25日,市煤矿机械厂以1119万元整体收购市阀门制造有限公司,11月更名湖南远扬煤机制造有限公司。广东梅雁集团以1328万元收购市新坪煤矿。12月3日,市化工厂公开拍卖,被湖南一六九化工有限责任公司以1398万元收购。2005年8月29日,湖南洪源机械厂由娄底市中级人民法院宣告破产,成立娄底市洪创机械制造有限责任公司(简称洪创公司)。2006年4月13日,中国兵器装备集团公司南方工业资产管理有限责任公司出资收购洪创公司原股东所有股权,7月5日洪创公司更名湖南南方洪源机械制造有限责任公司。2007年4月,湖南一六九化工有限责任公司以全部国有资产加入新组建的湖南神斧集团有限公司,成为其子公司,隶属于省国资委。至2007年底,全市33家市属国有工业企业和市属集体工业企业完成改制,资产处置变价25459.77万元,安置职工9321人。采取拍卖方式转让产权的工业企业还有市雄达皮革有限公司(市制革厂更名)、市氮肥厂、市纸箱厂、市造纸厂,采取招投标方式转让产权的还有市栗山桥煤矿、市电线电缆厂、市媚江春酒业有限责任公司、市锅厂、市印刷厂、市工具厂、市伞厂、市织染厂、市家电厂、市矿山机械厂、市磷肥厂、市塑料厂、市冶化工业总公司、市锁厂、市曙光皮革公司(市皮革厂更名)、市金属制品厂、市第二建筑工程公司,协议转让的还有市七一煤矿。

1996—2007年涟源市市属工业改制企业情况

表12-1

企业名称	职工人数(人)				企业资产处置		企业改制日期(养老保险结算日期)
	合计	一次性安置人数	定额供养人数	离退休人数	资产名称	拍卖成交价(万元)	
市锁厂	44	29	—	15	厂房、地产	45.00	1996.10
市织染厂	109	78	—	31	厂房、地产	130.00	1996.12
市冶炼厂	384	356	—	28	厂房、地产	1008.88	1998.09
市服装厂	98	35	—	63	厂房、地产	99.00	2000.12
市制钉厂	65	35	—	30	厂房、地产	188.00	2001.02
市制鞋厂	107	63	—	44	厂房、地产	166.00	2001.02
湖南省回春堂制药厂	265	265	—	—	厂房、地产	800.00	2002.04
市沙坪煤矿	481	221	92	168	厂房、地产及资源	888.00	2003.09
市工具厂	494	296	72	126	厂房、地产	802.00	2003.11
市冶化公司	111	69	14	28	厂房、地产	208.00	2003.11
市塑料厂	116	77	11	28	厂房、地产	340.00	2003.11
市白水泥厂	737	659	36	42	厂房、地产	2388.00	2003.12

续表 12-1

企业名称	职工人数(人)				企业资产处置		企业改制日期(养老保险结算日期)
	合计	一次性安置人数	定额供养人数	离退休人数	资产名称	拍卖成交价(万元)	
市新坪煤矿	128	71	2	55	厂房、地产及资源	1328.00	2003.12
市冶金建材总厂	1052	604	112	336	厂房、地产及机械零配件	3126.00	2004.01
市家电厂	24	11	4	9	厂房、地产	82.00	2004.03
市七一煤矿	442	280	25	137	厂房、地产及资源	2480.00	2004.03
市阀门制造有限公司	475	232	69	174	厂房、地产	1100.01	2004.03
市磷肥厂	658	403	66	189	厂房、地产及机械设备	1937.60	2005.01
市造纸厂	424	225	69	130	厂房、地产及其他	1153.80	2005.06
市媚江春酒业有限责任公司	169	88	27	54	厂房、地产及其他	458.00	2005.06
市化工厂	254	168	29	57	厂房、地产、生活区	1445.20	2005.11
市雄达皮革有限公司(市制革厂)	302	178	58	66	厂房、地产	800.00	2005.12
市伞厂	129	68	10	51	厂房、地产	204.00	2006.03
市锅厂	256	188	51	17	厂房、地产及其他	1052.80	2006.06
市矿山机械厂	201	132	15	54	厂房、地产	325.50	2006.06
市第二建筑工程公司	38	32	—	6	厂房、地产	60.00	2006.06
市印刷厂	126	64	25	37	厂房、地产	218.00	2006.11
市氮肥厂	636	343	102	191	机械设备	665.00	2006.12
市金属制品厂	72	40	9	23	厂房、地产	108.00	2006.12
市曙光皮革公司(市皮革厂)	110	84	—	26	厂房、地产	99.28	2006.12
市栗山桥煤矿	310	125	22	163	厂房、地产及资源	114.00	2007.06
市纸箱厂	15	8	—	7	厂房、地产	16.70	2007.12
市电线电缆厂	489	319	85	85	厂房、地产	1623.00	2007.12

说明:定额供养人员,指距法定退休年龄5年和30年工龄以上、按每月不高于104元的标准由企业一次性发给至法定退休年龄时止的职工

第三节　流通体制与产权制度改革

一　商业系统改革

1987年，市商业局下辖市百货纺织品公司（简称市百纺公司）、市五金交电化工公司（简称市五交化公司）、市糖酒副食品公司、市肉食品公司、市工矿贸易公司、市饮食服务公司、市蔬菜公司等7家公司，以及年利润8万元以上的中型企业18家，小型企业66家。是年，城区33家小型企业实行租赁经营，一定三年，直接与财政结算，税后留利由企业自主支配。18家中型企业以公司为单位与市商业局和市财政局签订承包经营合同书，采取"包死基数、确保上缴、超利分成、歉收自补"形式承包经营，一定三年，企业实行搬动"铁椅子"、打破"铁饭碗"、废除分配平均主义的改革。1987—1989年，18家实行承包经营的中型企业实现利润483.2万元，应上缴财政176.1万元，实际上缴194.8万元，应还贷111万元，实际还贷122.2万元。市商业局提取3%的利润，其余（包括超利）留给公司使用。

1990年，取消指令性经营，国营商业再无优势可言，全系统第一次亏损197.5万元，其中18家实行承包经营的中型国营商业企业亏损117万元。1991年，7家公司实行财政"大包干"（包上缴财政利润），是年10月市百纺公司率先进行"四放开"（经营放开、价格放开、用工放开、分配放开）改革试点，1992年全市商业企业普遍推行"四放开"改革。至1993年，7家公司3年承包期内应上缴财政利润105万元，实际完成96.5万元，缴纳税金517.5万元。1994年始，国家财政进行分税制财政管理体制改革，各公司包财政任务相应改为以纳

1987—1997年涟源市国有商业企业主要经济指标

表12–2

年份	下辖公司（个）	核算单位（个）	在职职工（人）	固定资产净值（万元）	销售总额（万元）	实现利润（万元）	上缴税金（万元）	上缴财政利润（万元）
1987	7	84	1518	741.4	9237.4	240.6	134.9	86.0
1988	7	80	1592	892.1	11033.1	273.1	151.8	73.3
1989	7	83	1705	1045.1	10527.1	108.0	140.9	52.7
1990	7	77	1987	1173.9	10325.8	–197.5	114.8	31.7
1991	7	76	1913	1199.1	10200.0	49.9	151.2	32.0
1992	7	75	2060	1322.5	10488.5	105.4	183.4	32.5
1993	7	76	2294	1693.1	13467.4	–214.9	182.9	32.0
1994	7	80	2223	6665.1	17369.0	30.4	197.1	27.0
1995	7	67	2255	6680.0	15548.0	25.3	203.5	66.6
1996	7	61	2255	5720.0	12218.1	–467.6	192.7	15.0
1997	7	56	2148	5720.0	9860.0	–586.0	169.8	21.0

说明：1994年，市国土局等职能部门对7家公司64处固定资产中的土地价值进行重新评估，增值3723万元；市五交化公司新建的涟源大厦、市百纺公司改建的中山商店竣工，增加固定资产原值1249万元

税为主。1994—1997年,7家公司缴纳营业税、增值税、所得税等税收763.1万元,上缴财政利润129.6万元,企业留利仅能维持职工福利及日常费用开支,无力发展商业。1990—1997年,7家公司盈亏相抵净亏损1255万元,加上潜在亏损累计2464万元。

1998—2003年涟源市国有商业企业资产经营情况

表12-3

年份	下辖公司（个）	在册职工（人）	其中下岗职工	固定资产净值（万元）	资产经营收入（万元）	费用总额（万元）	收支结余（万元）	上缴税金（万元）
1998	7	2071	1215	5720.0	312.4	476.4	–164.0	45.1
1999	7	2109	1606	5620.0	232.5	664.6	–432.1	58.0
2000	7	1980	1851	5320.0	285.1	603.1	–318.0	62.0
2001	7	1903	1772	5120.0	274.3	580.3	–306.0	83.0
2002	7	1953	1501	5405.8	236.4	540.4	–304.0	68.0
2003	7	1570	1468	5325.8	272.9	477.8	–204.9	56.3

说明:2002年,增加湘王大厦固定资产原值549.80万元

2002年末涟源市国有商业企业资产负债情况

表12-4

公司名称	职工人数(人)				账面净值（万元）	总负债(万元)					负债率（%）
	留守人员	下岗职工	离退休职工	合计		银行财政部门	职工内部债务	应付货款及其他应付款	应付利息	合计	
市五交化公司	8	265	28	301	620.0	1995	674.9	509.7	1280	4459.6	719.3
市工矿贸易公司	5	193	61	259	276.0	795	176.8	308.9	500	1780.8	645.2
市蔬菜公司	5	74	48	127	203.0	155	69.4	20.0	180	424.4	209.1
市百纺公司	9	286	128	423	950.0	1433	188.4	466.1	1350	3437.5	361.8
市糖酒副食品公司	8	350	120	478	322.5	0	43.0	46.0	0	89.0	27.6
市饮食服务公司	10	216	116	342	1150.0	325	182.0	249.6	600	1356.6	118.0
市肉食品公司	77	216	135	428	1884.3	519	335.0	289.7	400	1543.7	81.9
合　计	122	1600	636	2358	5405.8	5222	1669.5	1890	4310	13091.6	242.2

1998年初,市百纺公司开始资产经营改革试点,将门店、柜组重新单列定价,所有库存商品折价向内部职工公开招标出售,全公司3月31日关门断账,5月7日重新启动,资产租赁收入68万元。不久,全系统推广资产经营。是年底,除市肉食品公司特种饲料厂外,98处商场、门店,18家批发企业,41530平方米经营场地,向职工和社会从业人员公开招租(期限三年),年租赁收入200余万元。1998—2002年,7家公司资产经营收支相抵净亏损1524.10万元,除极少数人员留守工作外,其余职工全部下岗,靠公司拍卖资产和政府的解困资金艰难度日。2002年末,7家公司共有固定资产64处,占地11.55公顷,房屋建筑面积113979平方米,账面净值5405.8万元,总负债13091.5万元,平均负债率242.2%。

2003年始,实施"两个置换"改革。至2006年,全系统64处资产,通过拍卖,得10254万元,支付现金150万元给工商银行,清偿债务1.03亿元;支付现金2.5万元给信用社,清偿债务493万元;农业银行、建设银行、中国银行、农村合作基金会、财政周转金债务均按零清偿了结。全系统1546名职工分别与7家公司签订解除劳动关系协议书,领取一次性经济补偿,买断工龄置换身份;52名抚恤人员领取一次性经济补偿,与单位脱离关系;268名距法定退休年龄5年和30年工龄以上的供养人员,661名退休职工,8名离休干部,移交给市劳动和社会保障局,实行社会化管理。

二 物资系统改革

1987年,全市钢材、生铁、铜、铝、锌、锡、汽车、电线、水泥、烧碱、橡胶、轮胎、民爆产品等物资实行计划供应,同时钢材、汽车等品种实行计内价与市场价并存的"双轨制"。1990年后,计划分配物资逐步减少,至1993年,仅有部分钢材实行计划供应。为适应市场经济发展,市物资局下属各公司先后实行承包责任制、财政大包干等经营体制改革,在调动职工积极性,贯彻按劳分配原则等方面发挥一定作用,但还是难以承受个体、私营经济崛起带来的巨大压力。1994年始,物资市场全面放开,完全取消计划分配,国有物资企业的经营机制、经营策略、经营方法难以应对市场经济的快速发展。1994—1998年,市物资局系统亏损850万元。1999年始,除担负特种经营业务的民用爆破器材公司、金属回收公司勉强维持正常运转外,其余公司退出市场,转为资产经营,维持生存。

2003年12月,市化工轻工公司、民用爆破器材公司、物资贸易公司、金属回收公司、物华资产经营公司、杨市物资供应站、桥头河物资供应站等7家公司(站)拥有总资产5192万元,总负债5630万元,平均负债率108.44%,资不抵债,按照市政府文件精神,进行"两个置换"改革。

2004年,市物资行业管理办公室牵头,用化工轻工公司的101仓库作价420万元清偿市工商银行的贷款本息4300万元;然后公开拍卖其他房地产,得2600多万元,用42万元清偿农业银行和中国银行的贷款本息750万元,用82万元清偿农村合作基金会的贷款本息210万元,用30万元清偿财政借给的150万元周转金,清偿所借职工集资款本息67.7万元,补发拖欠职工工资、生活费、退休金144万元,应缴未缴的住房公积金55.1万元,应报未报的职工医药费、军转干部医保费50万元,应安置未安置的大中专毕业生安置费5.4万元,历年挂账的应付未付费用48万元,补缴应缴未缴的职工养老保险费135.4万元,调处各公司周边矛盾与历史遗留问题费用19万元。至2006年8月,国有物资企业基本改制完毕。全系统305名职工置换身份。其中,238名职工签订解除劳动合同协议书,领取一次性经济补偿,共计354.6万元;31名职工一次性领取至退休时生活费,共计88万元(含预缴至退休年龄的养老保险费);36名退休职工移交市劳动和社会保障局实行社会化管理。7名抚恤人员和计内临时工一次性补助安置费8.4万元。

三　外贸企业改革

1987年，市外贸公司(局)属省垂直管理，采取统一经营的机制。1988年，改省垂直管理为属地(市政府)管理，经营机制相应发生变化，主要采取联销计酬的责任制形式。1990年后，主要采取承包经营的形式。至2001年3月，全行业亏损545万元，不得不停止经营，靠资产经营维持生存。

2004年3月，开始清产核资、公开拍卖房地产权、催收债权、清偿债务、安置职工。所有资产拍卖后，实得收入270.8万元，加上催收的债权和职工欠款，共筹集资金346.8万元。用30万元清偿中国银行417万元的贷款本息，清偿职工集资款本息71.5万元，补发职工应发未发的工资、生活费24.9万元，补发职工应报未报的医药费10万元，补缴应缴未缴的养老保险费8.5万元，清偿历年挂账的应付未付费用11.5万元。8月，启动职工安置工作，57名职工签订解除劳动关系协议书，共计领取一次性经济补偿80万元；11名职工一次性领取至退休时生活费22万元(含预缴至退休年龄的养老保险费)；15名退休职工移交市劳动和社会保障局，缴纳预留养老保险费42万元，实行社会化管理；发放5名伤残职工医疗补助费2万元。2004年12月，外贸企业改制结束。

四　粮食流通体制改革

收购体制　1985年，涟源取消自1953年11月起持续32年的粮油统购统销政策，改统购为合同定购，改指令性计划为指导性计划。粮食部门按市价收购农民余粮，停止收购农民周转粮、代储粮和代管粮。1993年，改合同定购为经济合同收购，即在农民自愿的前提下签订收购合同。1994年，粮食市场趋紧，粮价反弹。为确保完成粮食收购任务，取消粮食经济合同收购，恢复国家粮食定购。1997年，按保护价敞开收购农民余粮，积极收购议价粮。1998年5月，按保护价敞开收购农民余粮，收购资金封闭运行。2002年4月1日起，全省粮食价格和市场全部放开，取消定购粮和保护价粮。2004年起，国家实行粮食最低收购价政策，市场价格低于最低收购价格时，按最低收购价入市收购粮食。

供应体制　1987年，全市粮食供应执行“计划供应，保障供应”政策，按政府制定的计划指标、品种、数量和价格等予以供应。1992年10月1日起，除军粮供应外，取消计划供应，停止使用各种粮票、粮券、粮证(本)，粮食销售价格随行就市，个体经营进入粮食销售市场。1994年4月，全国粮食趋紧，粮价反弹，又恢复城镇居民口粮定量和最低限价供应，凭证定点供粮，指标当月有效，过期作废。2001年5月，根据国务院统一规定，停止办理城镇居民粮食供应转移证，粮籍管理终止。2002年4月，粮食市场全面放开，粮食供应实行市场化。

财务体制　1987年，全市国营粮食企业根据国家粮食政策开展粮油经营活动，保证粮食安全和各类用粮需求，粮油购销计划、价格和流通费，均由国家和各级政府统一安排和制定，由此出现的政策性亏损由国家和各级财政负担。是年起，为“促进生产、保证收购、压缩销量、增收节支、控制粮价”，粮食财务体制实行粮油收购、销售、调拨包干和粮食“议转平”差价包干，一年一定，超亏不补，节余全留的办法。由于政策性亏损补贴实行总额包干，银行贷款利率提高，运价上涨，工资支出增加等新的亏损因素得不到补偿，仍然出现连续亏损。1992年4月，推广天津经验，实行平价粮油经营统一管理，政策性亏损一家担，基层实行代理制。中央和省政府委托的政策性经营业务，其代理费用由中央和省财政承担，商业性经营由企业自负盈亏。市粮食局建立“内部银行”，统一管理粮油购、销、调、存资金，在市农业银行开户，实行“统贷、分算、统还”。1994年，经省地市三级审计认定，1992年3月31日前，涟源粮食企业累计政策性亏损挂账2064万元。1995年，实行

“两线运行”,政策性经营和商业性经营,财务分开核算;中央和地方政府委托的政策性业务分别按经营量拨补,粮食企业商业性经营亏损自负。同时粮食财务体制由省下放到县管理。1998 年底,根据国务院《关于进一步深化粮食流通体制改革的决定》,实行敞开收购、顺价销售、资金封闭运行政策,涟源粮食购销企业和附营企业分离,独立经营核算,新、老粮食财务挂账分开。是年,第二次清理亏损挂账认定,1992 年 4 月 1 日至 1998 年 5 月 31 日,新增政策性亏损挂账 4757 万元。2004 年第三次清理挂账认定,1998 年 6 月 1 日至 2004 年 5 月 31 日,政策性亏损挂账 3638 万元。其间,中央财政拨补和企业自行消化第一次亏损(1992 年 3 月 31 日前)挂账的部分亏损。至 2006 年底,企业 8644 万元政策性亏损剥离至市粮食局挂账。

企业体制 1987 年,全市粮食企业实行严格的计划经济体制。1992 年,国务院、省政府相继作出调整粮食统销价格,放开粮价和粮食经营的决定,全市粮食企业转换经营机制。组建市平价粮油购销公司,对平价粮油进行核算管理,对基层粮站实行代理制,实行平价粮油集中管理,统一经营,政策性亏损一家反映。创办经济实体,成立市湘华粮油贸易总公司,开展转体经营。山塘粮站承包经营,“自由组合、自筹资金、自主经营、自我分配”,尔后,全市粮食企业推行“四放开”(放开经营、放开价格、放开用工、放开分配)改革。1998 年,全市 14 家国有粮食企业实行“主附分离,人员分流”改革,保留 9 个粮食收储企业,职工 520 人;分设 9 个附营企业,职工 567 人。2003 年 7 月,撤并为 14 家企业,在市委、市政府召开全市企业改革动员大会后,市粮食局出台《涟源市粮食企业置换国有产权及职工身份的实施方案细则》,至 2006 年 5 月,除保留市粮食二库和市大米厂外,其余 12 家企业注销,所有资产由市粮食购销总公司管理。至 2007 年底,公开拍卖处置房地产 32 处,筹措资金 2161 万元。安置职工 1023 人,占应安置职工(1048 人)的 98%;240 名离退休人员移交市劳动和社会保障局管理,占应移交人员(242 人)的 99%;解除抚恤关系 126 人,占应解除对象的 100%。企业改制任务基本完成。

五 供销社经营体制改革

1987 年,市供销合作社联合社(简称市供销社)全面推行经理、主任任期目标管理责任制,建立企业内部经营责任制,全系统 8 个基层供销社、5 个专业公司与市供销社签订目标管理岗位责任制合同书,各经营单位的责任制主要有“五定两联(定利润、定销售、定费用、定人员、定资金,任务联工资、利润联奖金)”“差额包干,超额全留”“定额上缴,超利分成”和“租赁经营”等。1988 年,所辖基层供销社、专业公司全部推行“税收目标管理”,定额上缴,超利分成责任制,职工实行“百元销售工资含量包干”浮动工资制。1992 年,市供销社系统全面推行“百元销售含量工资挂钩”经营责任制和“四定两包经营责任制(定销售、定费用、定资金、定人员,包利润、包工资奖金)”。是年 7 月,蓝田供销社试行“全额风险抵押承包,股份合作经营”的改革方案。到 10 月止,全市供销社系统 80%的经营核算单位实行社有民营经营责任制。12 月 11 日,省政协主席刘正听取市供销社关于公有私营经营体制转换的汇报。1995 年,全市供销社系统,各商场、门店、批发部均实行“五定两联”经营责任制,对边、小、亏、微门店,逐步实行抽资、限额铺底,承包给职工,部分经营网点实行租赁经营。此后,公有公营、资产承包经营、租赁经营等多种经营形式并存。市场转型后,市供销社负债加重。2003 年,市供销社按照市场经济规律,明晰企业产权,买断职工身份,对企业固定资产按照程序公开拍卖转让产权,筹集改革资金,对资不抵债,扭亏无望的企业,经市企业改革领导小组批准,依法申请破产。全面实行以企业置换产权、职工置换身份为主要内容的企业改革。至 2007 年底,所辖 16 家企业(7 家专业公司,1 家汽修厂,8 家基层供销社)全部完成改制。其中,14 家整体改制,1 家破产,1 家改制重组。处置资产 278 处,筹集资金 1.2 亿元,清偿社员股金 186 万元,安置职工 3226 人(其中,在职职工 2219 人,离退休人员 1007 人),支付安置补偿费 3060 万元,缴纳职工社会养老保险金 610 万元,8320 万元化解银行债务。

第四节　宏观调控体制改革

一　财政改革

国库制度改革　1996年,建立乡镇国库。2001年12月,乡镇教育收支由市统一调拨。2002年,实行所得税改革后,建立转移支付制度。2003年,成立国库股。2005年,乡镇国库取消。2007年,全面实施政府收支分类改革。

社会保障制度改革　1994年,建立机关事业单位养老保险制度,所有社保资金实行财政专户管理,专户储存率达100%。1999年,实行城镇居民最低生活保障制度。2000年,进行医疗保险制度改革,安排行政事业单位医疗经费1000万元。2003年,市财政将乡镇优抚社会救助经费上收专项调拨。6月开始,新型农村合作医疗试点,参保农民66万人,参保率70%,争取上级财政补助资金1256万元,地方配套资金264万元。2003年和2005年,分别建立离休干部和伤残军人医疗财政保障机制,将两项经费纳入财政全额预算。2005年,"五保"供养资金由原来的财政预算、乡镇村组负担调整为由财政全额承担,"五保"供养标准由原来的每人每年400元提高至800元。2006年,建立工伤保险财政保障机制。残疾人就业保障金实行财政代扣、税务代缴和煤炭税费代征。2007年,建立城镇居民医疗保险制度,参保人数达3.2万人。实行农村低保制度,发放城乡低保资金3600万元。

财政统发工资改革　2000年7月,行政、政法等59个单位2189人首批进入财政工资统发。2005年,财政工资统发范围扩大到全额拨款的98个事业单位,人数达到9674人。其中,义务教育阶段的中小学教师7000多人。2006年,新进统发单位30个,新进统发人员2690人。2007年,开通网上工资查询举报系统;将义务教育教师误餐费和生活补助纳入统发工资项目;统发单位141个,统发人数13406人,统发面达到96%。

政府采购制度改革　1987—1991年,对行政、事业、国营企业实行社会集团购买力控制购买,通过指标控制节约支出,年均压减申购的专控商品50万元。1992年后,对专控商品征收调节基金。1993年始,专控商品定为8种,每年征收调节基金金额40万元~70万元。2000年10月,政府采购中心成立。2003年起,在政府采购机构中保留控制社会集团购买力部分职能,仅把小汽车定为专控商品,取消调节基金,改征企业改制帮困资金,比例为3%。至2007年12月底,全市累计完成政府采购预算金额20340万元,实际采购金额17968.6万元,节约资金2371.4万元,节约率11.6%。

国库集中支付核算改革　2005年6月30日24点前,市直168个行政事业单位第一批纳入的银行账号和资金进行清理和划转,撤销银行账户291个,归集资金1.69亿元。是年办理业务57176万元。其中,直接支付13161万元,授权支付44015万元。2006年7月,全市第二批行政事业单位二级预算单位及20个学区(教育办)正式纳入国库集中支付核算制度,是年全市纳入单位198个,办理业务75744万元。其中,直接支付38629万元,授权支付37114万元。2007年,将原来教育单位中小学三级预算单位上升为一级预算单位,纳入核算单位223个,使全市纳入单位增至421个。是年办理业务89826万元。其中,直接支付45811万元,授权支付44015万元。

乡镇财政管理制度改革　1987年,建立农业税征收管理股,征管农业税收(农业税、农业特产税、耕地占用税、契税)、罚没收入、其他收入,代征屠宰税,发放农业特产周转金。1993年,屠宰税移交税务部门征管。1999年,农业特产周转金只收不放。2002年,农村税费改革,取消乡统筹和农村教育集资、取消屠宰税、取消统一规定的劳动积累工和义务工;调整农业税、农业特产税政策;改革村提留征收使用办法。改革后,农民人均负担减少66元,减幅66%;平均每公顷耕地减少负担1418.7元,减幅63%。2003年,成立涟源市农业税征收管理局,征管农业税、农业特产税、耕地占用税、契税。2004年,取消除烟叶税外的农业特产税,农业税税率由2003年的6.8%下降到3.8%,粮食种植户实行种粮补贴和良种补贴。2005年,农业税全部取消,国有农场税费改革,搭建乡镇财政管理平台,各种涉农补贴统一归口乡镇财政计算机网络管理,通过邮政"一卡通"直接发放到农民手里。2006年,落实教育经费保障机制,推进农村义务教育改革。推进县乡财政管理体制改革。农业税征收管理局更名乡镇财政管理局,推行"乡财市管乡用"改革试点,确定蓝田街道、古塘乡、枫坪镇、白马镇为四个试点单位,翌年4月1日起正式实行。2007年,市政府颁发《涟源市深化国有农场税费改革实施方案》,深化国有农场税费改革,龙山林场、包围山林场、市苗圃、市茶叶示范场、市园艺示范场、市农科所、市鱼苗鱼种场、市良种繁殖场等八个国有农林场所参与改革。

财政税政法制改革 1996年10月,设立财政税政法规股。实行财政干部的行政执法培训及行政执法证的发放制度。1997年,建立国家赔偿金制度,设立国家赔偿金费用账户,保证赔偿费用的正常支付。

二 金融体制改革

1992年11月起,市人民银行(简称市人行)行使中央银行职能,对全市金融机构进行宏观金融管理,筹集融通资金,提高资金使用效率,促进全市经济发展。中国工商银行涟源市支行(简称市工行)、中国农业银行涟源市支行(简称市农行)、中国银行涟源支行(简称市中行)、中国人民建设银行涟源市支行(简称市建行)4家国有银行在各自领域内专业经营,工行对象是国有工商业,农行限于涉农领域,中行以外贸为主,建行是基础设施和固定资产投资。市农村信用合作社联合社(简称市信用社)行政关系隶属市农行。1994年,根据国务院《关于金融体制改革的决定》,全市4家国有专业银行开始向国有商业银行转轨,实行市场化运作,商业化经营,打破银行吃国家"大锅饭"体制。1996年12月31日,市信用社与市农行脱离行政隶属关系,自成体系,经营管理基本与商业银行接轨。1997年1月1日,中国农业发展银行涟源支行(简称市农发行)成立,与市农行分设,行使政策性银行职能,专门管理农副产品收购贷款,实行收购资金封闭运行。9月,市政府下发《关于认真搞好按合作原则规范农村信用社工作的通知》,在马头山信用社进行股权设置、民主管理试点。2004年,市建行、市工行、市中行按照各自总行股改后上市,成为股份制银行,名称变更为中国建设银行股份有限公司涟源支行、中国工商银行股份有限公司涟源支行、中国银行股份有限公司涟源支行。2006年4月,全市信用社进行法人治理结构改革,年底召开涟源市农村信用合作联社成立大会和第一届会员代表大会,实行市农村信用合作联社一级法人治理管理体制。2007年3月,市农行启动股改,对固定资产进行全面清理确权,完成外审报表,通过审计验资。是年,全市形成以市人行为主导,国有商业银行为主体,市农发行、市农村信用合作联社及其他金融机构并存的金融体系。

第二章　经济概况

第一节　经济发展

1987—1993年，农村完善家庭联产承包责任制，工商企业扩大自主权，重点发展农业、能源、原材料、消费品工业，变重工业型结构为轻、重工业型结构，变原料输出型结构为复合加工型结构，变单一农业结构为工农型经济结构。1987年，全市国内生产总值57245万元，农业总产值31484万元，工业总产值61230万元，地方财政收入4326万元，全社会固定资产投资7775万元，社会商品零售总额38168万元。1993年，全市国内生产总值137964万元，年均递增12.77%；农业总产值62349万元，年均递增12.06%；工业总产值184213万元，年均递增20.02%；地方财政收入9444万元，年均递增13.90%；全社会固定资产投资24199万元，年均递增20.83%；社会商品零售总额64524万元，年均递增9.14%。

1994—2006年，农业实施综合开发，调整产业结构，加强基础设施建设，大规模改造中低产田，发展优质稻；工业推进企业产权制度改革，建立现代企业制度，优化投资环境，积极扩大招商引资，经济保持较快发展速度。2006年，国内生产总值710855万元，13年间，年均递增14.83%；农业总产值234956万元，年均递增10.74%；工业总产值639237万元，年均递增10.04%；地方财政收入26637万元，年均递增8.30%；全社会固定资产投资184168万元，年均递增17.64%；社会商品零售总额149282万元，年均递增6.67%。

2007年，全市着力调整经济结构和转变经济增长方式，推进招商引资和项目建设，加速新型工业化进程，经济发展速度跻入全省十强。国内生产总值876146万元，与2006年相比，增长23.25%；农业总产值329887万元，同比增长40.40%；工业总产值873806万元，同比增长36.70%；地方财政一般预算收入30176万元，同比增长13.29%；全社会固定资产投资288058万元，同比增加44.03%；社会消费品零售总额291765万元，同比增长16.83%。

第二节　经济结构

一　产业结构

1987年，全市国内生产总值57245万元，第一、二、三产业结构之比为40.03∶37.47∶22.50。1990年，全市加大工业发展力度，加快乡镇企业发展步伐，国内生产总值74222万元，第一、二、三产业结构之比为37.70∶38.52∶23.78。1999年，全市加大招商引资力度，大力调整农业产业结构。2000年，全市国内生产总值323522万元，第一、二、三产业结构之比为26.85∶44.41∶28.74。2007年，全市完成国内生产总值876146万元，第一、二、三产业结构之比为23.58∶41.55∶34.87。第二产业占主导地位，第三产业发展平稳，第一产业比重逐渐减小。

二　工农业结构

1987—2007年，全市经济快速发展，工业所占比例大于农业。全市工业总产值和农业总产值比例，1987

年为66∶34,2000年为70.5∶29.5,2007年为72.6∶27.4。

三 产业内部结构

农业 1987年,境内以种植粮食作物为主,经济单一,主要为自产自销、自给自足。农业总产值31484万元,种植业、林业、牧业、副业、渔业在农业总产值中所占比例分别为58.99%、2.96%、31.45%、3.67%、2.93%,种植业产值接近一半。进入20世纪90年代,全市把调整产业结构作为农村经济工作的重点,坚持稳定发展粮食生产,择优发展多种经营和第二、三产业。1998年,干鲜水果、优质烤烟、南竹、三元杂交瘦肉型猪、山羊、鲜鱼、油料、蔬菜、家禽、茶叶十大生产基地初具规模。2000年,全市农业总产值134916万元,种植业、林业、牧业、渔业在农业总产值中所占比例分别为54.66%、0.86%、41.23%、3.25%,种植业、林业比例减少,产值增加;牧业增长比例大。2002年,境内形成"公司+基地+农户"经营模式和"一村一品"产业结构,发挥龙头企业作用,大力发展农产品种养大户。2007年,全市农业总产值329887万元,种植业、林业、牧业、渔业在农业总产值中所占比例分别为41.08%、1.15%、54.61%、2.78%,农林牧渔服务业比例占0.38%,种植业呈产值上升、比例下降状态,牧业发展幅度增大。

工业 1987年,境内国营、集体工业在整个工业总产值中占主导地位,个体企业发展速度加快。全市完成工业总产值61230万元,国营、集体、私营企业之间的比例为48.1∶30.4∶21.5。1997年市委、市政府出台《关于加快个体私营经济发展的决定》,1998年企业开始产权制度改革,一批乡、村办集体企业改制为私有企业。国有工业企业及年销售产值500万元以上的非国有工业企业划为规模以上企业,其他为规模以下企业。是年,有规模以上工业企业87户,规模以下企业557户。2001年,境内出现独资、合作合伙、股份有限、有限责任等类型企业。2003年,国有、集体企业实施"两个置换"改革。国有、集体经济成分大幅缩小,非公有制经济加速发展并构成全市工业经济结构的主要成分。2005年,全市有规模以上工业企业70户,规模以下企业575户。完成工业总产值508892万元,各经济成分所占比例分别为:国有11.4%,集体3.9%,股份合作4.2%,私营24.3%,外商港澳台投资1.2%,其他经济类型55%。2007年,有规模以上工业企业100户,规模以下企业684户。完成工业总产值873806万元,各经济成分所占比例分别为:国有5.5%,集体10.1%,股份合作3.6%,私营25.7%,外商港澳台投资2.7%,个体、各种联营等其他经济类型52.4%。

轻、重工业的比例,1987年为24.8∶75.2,2000年为20∶80,2007年为27.3∶72.7,重工业始终占主导地位。

商业 1987年,开始形成"三多一少"(多种经济成分、多条流通渠道、多种经营方式、减少流通环节)经营体制,合作商业和个体商业得到发展。是年,全市社会商品零售总额38168万元,国营和集体商业所占比重分别为24.3%和34.9%,个体商业占30.5%,其他(如农民对非农业居民零售)10.3%。1991—1993年,国营商业实施财政"大包干"与"四放开"(经营放开、价格放开、用工放开、分配放开),此后,民营企业处于优势地位。1995年,全市社会商品零售总额103268万元,国有和集体商业所占比重分别为19.8%和17.9%,个体、私营及其他经济占62.3%。2003年国有、集体商业企业实施"两个置换"改革,2006年9月国有、集体商业开始退出流通市场。2007年,全市社会商品零售总额291765万元,国有和集体商业所占比重分别为6.9%和2.7%,个体、私营及其他经济占90.4%。

四 投资结构

1987年,全市完成全社会固定资产投资7775万元,全民所有制单位、集体所有制单位、城乡个人投资比例为 34.3∶11.9∶53.8。1991—1995 年，实施“八五”计划，全市累计完成固定资产投资 138594 万元，国有、集体、个体投资比例为 36∶26.5∶37.5。1996 年，继续加强以基础设施为主的固定资产投资，个体投资增长迅速，至 2000 年，累计完成固定资产投资 256321 万元，国有、集体、个体比例为 25.7∶19.2∶55.1。2001—2005 年，全市累计完成固定资产投资 487259 万元，国有、集体、个体比例为 21.7∶17.2∶61.1。2007 年，全市完成固定资产投资 288058 万元，国有、集体和个体比例为 17.5∶24.3∶58.2，投资重点是交通、城市建设、华润涟源电厂、采煤沉陷区综合治理工程、农业综合开发、水利建设等项目。

1987—2007 年 涟源市国内生产总值与全社会固定资产投资

表 12–5

年度	国内生产总值(万元)	人均GDP(元)	第一产业		第二产业		第三产业		全社会固定资产投资(万元)
			总值(万元)	占GDP(%)	总值(万元)	占GDP(%)	总值(万元)	占GDP(%)	
1987	57245	594	22916	40.03	21447	37.47	12882	22.50	7775
1988	65886	670	25767	39.11	24819	37.67	15300	23.22	10620
1989	71171	714	25486	35.81	29148	40.95	16537	23.24	7669
1990	74222	731	27979	37.70	28592	38.52	17651	23.78	9163
1991	83676	773	29100	34.78	33512	40.05	21064	25.17	10304
1992	100701	941	35928	35.68	38103	37.84	26670	26.48	17857
1993	137964	1143	43183	31.30	62084	45.00	32697	23.70	24199
1994	181688	1464	56628	31.17	79180	43.58	45880	25.25	32232
1995	236991	1836	82882	34.97	100263	42.31	53846	22.72	54002
1996	284555	2025	90470	31.79	130935	46.02	63150	22.19	44018
1997	310839	2201	96512	31.05	144255	46.41	70072	22.54	42567
1998	331253	2394	97480	29.43	158000	47.70	75773	22.87	46984
1999	300100	2589	85711	28.56	130175	43.38	84214	28.06	57128
2000	323522	2801	86869	26.85	143690	44.41	92963	28.74	65624
2001	328823	3071	87088	26.49	111643	33.95	130092	39.56	71510
2002	369246	3418	86324	23.38	127211	34.45	155711	42.17	73743
2003	424705	3886	89105	20.98	166071	39.10	169529	39.92	74775
2004	509177	4657	123473	24.25	188661	37.05	197043	38.70	104920
2005	595019	5404	138020	23.20	223641	37.58	233358	39.22	155486
2006	710855	6302	150695	21.20	295703	41.60	264457	37.20	184168
2007	876146	7707	206605	23.58	364036	41.55	305505	34.87	288058

第三节 经济效益

农业经济效益 1987年，境内农业以种植业为主，养殖业为辅，农作物产出不稳定，产品大多自产自销，商品率低。全市农业总产值31484万元，农业生产总值22916万元，人均劳动生产率545元，每公顷耕地创造的种植业增加值3077元；农业商品产值13718万元，商品率43.81%；粮食总产量379572吨。1990年，农业总产值43201万元，农业生产总值27269万元，人均劳动生产率597元，每公顷耕地创造的种植业增加值3686元；农业商品产值15591万元，商品率36.1%；粮食总产量38.07万吨。2000年，农业总产值134916万元，农业生产总值86869万元，人均劳动生产率1779元，每公顷耕地创造的种植业增加值15463元；农业商品产值63048万元，商品率46.73%，粮食总产量380663吨。2007年，农业总产值329887万元，农业生产总值206605万元，人均劳动生产率3815元，每公顷耕地创造的种植业增加值21899元，粮食总产量461365吨。

工业经济效益 1987年，全市工业总产值61230万元，工业增加值17599万元，人均劳动生产率3143元，全部独立核算工业企业利税总额3624万元。1990年，工业总产值88736万元，工业增加值24104万元，人均劳动生产率3362元，全部独立核算工业企业利税总额1451万元。1991年起，改革开放力度加大，招商引资成果显现，个体私营企业发展步伐加快。2000年，工业总产值321964万元，工业增加值73930万元，人均劳动生产率17729元，61户规模以上工业企业利税总额1058万元。2007年，工业总产值873806万元，工业增加值330636万元，人均劳动生产率72000元，100户规模以上工业企业利税总额66187万元。

一般财政预算收入 1987年，全市财政收入4326万元，人均44.87元。1990年，5812万元，人均57.01元。2000年，13286万元，人均124.65元。2007年，30176万元，人均265.45元。

1987—2007年涟源市主要经济指标

表12-6 单位：万元

年度	农业增加值	工业增加值	社会商品零售总额	一般财政预算收入	年度	农业增加值	工业增加值	社会商品零售总额	一般财政预算收入
1987	22916	17599	-38168	4326	1998	89320	50820	138264	11682
1988	25767	20487	50558	4721	1999	85711	63778	149459	12464
1989	25486	24394	51639	5895	2000	86869	73930	162926	13286
1990	27979	24104	50682	5812	2001	87088	94720	149282	14099
1991	29100	25452	46774	6748	2002	86324	110819	158803	14256
1992	35928	26315	54908	6520	2003	89105	147679	172222	15519
1993	43183	29301	64524	9444	2004	123473	164032	193545	18567
1994	56628	37942	83815	7040	2005	138020	197712	219977	22568
1995	76882	41441	103268	8550	2006	150695	267503	249724	26637
1996	82307	42285	107397	10003	2007	206605	330636	291765	30176
1997	87423	43785	122502	10455					

第三章　居民生活

第一节　经济收入

一　农村居民收入

1987年,农村居民人均纯收入437元。其中,从集体统一经营得到的收入(包括乡镇企业、统一核算单位分配和集体奖励及其他收入)占全部总收入的6.58%,农业经济收入(农林牧渔)占全部总收入的50.58%,二、三产业等劳务收入占总收入的37.70%,其他非生产性收入占5.14%。2007年,农民年人均纯收入3249.84元。其中,家庭经营性收入1343.16元,占41.33%;受雇于单位和个人的工资性劳务收入1669.08元,占51.36%;财产性、转移性等收入237.52元,占7.31%。

二　城镇居民收入

1987年,城镇居民人均可支配收入837元,其中工资性收入占总收入的80%。职工人均工资1347.3元。此后,各项改革不断深入,大力发展个体私营经济,加快发展第三产业,城镇居民收入渠道增多。1990年,全市城镇居民人均可支配收入1224元,职工人均工资1971元。1993年后,国家机关逐步推行公务员工资制,企业推行效益工资制,正常增资机制建立,职工收入水平不断提高。2000年,全市城镇居民人均可支配收入4124元,在岗职工人均工资6636元。2007年,全市城镇居民人均可支配收入10541元,在岗职工人均工资17404元,分别比1987年增加11.6倍和11.9倍。

三　城乡居民收入比较

1987年,农村居民人均纯收入437元,城镇居民人均可支配收入837元,二者差距为400元。2007年,农村居民人均纯收入3250元,城镇居民人均可支配收入10541元,二者差距扩大到7291元。1987—1997年,城乡人平年均收入差610元。1997—2007年,城乡人平年均收入差距扩大到3896元。

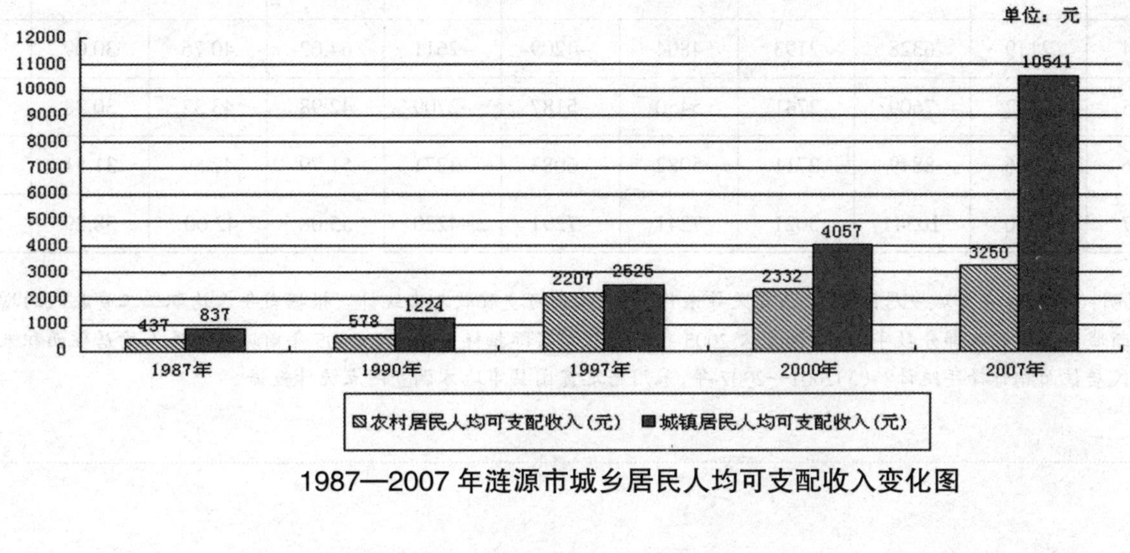

1987—2007年涟源市城乡居民人均可支配收入变化图

1987—2007 年涟源市居民生活状况

表 12-7

年 度	人均可支配收入（元）		人均消费支出（元）		农村居民与城镇居民比较(元)		恩格尔系数（%）		人均住房面积（平方米）	
	农村居民	城镇居民	农村居民	城镇居民	收入差距	消费差距	农村居民	城镇居民	农村居民	城镇居民
1987	437	837	388	764	–400	…	61.34	52.66	…	…
1988	504	938	453	…	–434	…	56.07	…	18.99	11.20
1989	545	1093	528	…	–548	…	58.14	…	…	…
1990	578	1224	460	…	–646	…	58.91	…	20.60	…
1991	683	1283	739	…	–600	…	66.17	…	32.20	…
1992	729	1457	687	…	–728	…	59.68	…	…	…
1993	965	1744	861	…	–779	…	59.23	…	…	…
1994	1403	2148	1123	…	–745	…	56.54	…	…	…
1995	1738	2482	1572	…	–744	…	52.86	…	…	…
1996	2042	2603	1754	…	–561	…	64.31	…	…	…
1997	2207	2525	1868	…	–318	…	67.02	…	…	…
1998	2279	3329	2034	3265	–1050	–1231	57.67	40.93	…	…
1999	2306	3829	2074	3803	–1523	–1729	62.97	36.36	…	…
2000	2332	4057	2176	4069	–1725	–1893	55.15	40.03	…	…
2001	1639	4710	1546	4080	–3071	–2534	53.56	36.74	…	…
2002	1684	5470	1582	3980	–3786	–2398	51.39	39.37	30.00	…
2003	1742	5774	1754	4307	–4032	–2553	53.65	37.31	…	…
2004	2119	6328	2193	4804	–4209	–2611	64.02	40.76	30.09	…
2005	2422	7609	2741	5450	–5187	–2709	42.98	43.32	30.38	34.61
2006	2766	8849	2711	5982	–6083	–3271	51.79	42.59	31.51	34.80
2007	3250	10541	3021	7241	–7291	–4220	55.08	42.00	38.29	31.43

说明：(1)2004 年前城乡居民收入、消费差异未作统计，人均可支配收入未统计。根据当年人均职工工资收入的增长速度，抽样推断城乡居民收入部分数字。城市调查从 2005 年开始取得实际抽样数据。(2)2005 年前城镇居民人均居住面积未作统计，农村居民居住面积作择年统计。(3)2001—2007 年，采用省定贫困县市地方调查网点统计数据

第二节　消费支出

1987年,全市城镇居民人均消费支出764元,农村居民人均消费支出388元。2007年,分别上升到7241元和3021元,年均递增率分别为11.3%和10.81%。

21世纪初,消费的主要特点是“吃讲营养,穿讲时髦,用讲高档,住讲宽敞”。

一　食品消费

农村居民　1987年,农村居民人均用于食品消费238元。其中,粮食消费251千克,蔬菜消费135千克,猪肉消费15.3千克,鱼虾消费2.2千克。在外饮食消费7.6元(包括在外打工人员消费),占食品消费总额的1.6%。2007年,人均用于食品消费1664元。其中,粮食消费214.64千克,蔬菜消费96千克,猪肉消费25.20千克,鱼虾消费7.57千克。在外饮食消费187元(包括在外打工人员消费),占食品消费总额的27.16%。粮食、蔬菜等植物性食物消费量逐年减少,动物性食物消费量逐年增长。食物结构由单一消费向综合营养型消费。追求食品口味的多样化、方便化、高档化和营养化。

城镇居民　2007年,城镇居民人均用于食品消费3041元,比1998年的1664元增长82.75%。在外饮食消费人均517元,占整个食品消费的17%。随着生活节奏加快,到饭店、宾馆就餐的人数日益增多,在外饮食消费大幅度上升。

二　衣着消费

农村居民　1987年,农村居民人均衣着消费35元,一般由缝纫匠缝制,购置成衣消费的不到10%。以后,衣着消费日益求新求美,追求成衣化、高档化,一季多衣,款式多样。2007年,农村居民人均衣着消费128元,年均递增6.7%。

城镇居民　1998年,城镇居民人均衣着消费289元。2007年,为718元,比1998年增长1.48倍。需求从保暖转向求美,各种高档服装受到不同层次、不同年龄的消费者喜爱。

三　居住消费

农村居民　1987年,全市农村居民建房投资1500万元。年末房屋建筑结构:砖木结构占26.4%,钢混结构占0.5%,土木结构及其他结构占73.1%。农村居民人均住房使用面积15.6平方米。2007年,农村居民建房投资197898万元。房屋建筑结构:砖木结构占29.7%,钢混结构占62.40%,其他结构占7.9%,传统的泥房木屋被砖瓦、钢混结构所替代。农村居民人均住房使用面积38.29平方米。

城镇居民　1987年,城镇居民的私人住房主要由房管部门安排或工作单位分配,低房价,低租金。是年,城镇居民人均住房使用面积7.89平方米。1993年,住房制度改革后,“安排房”和“分配房”逐步取消,取而代之的是商品房和经济适用房。2007年,全市城镇居民人均住房面积31.43平方米。其中,租赁公房占14%,租赁私房占4%,原有私房占8%,房改福利房占62%,商品房占8%,其他房占4%。式样多元化,四居室占14%,三居室占46%,二居室占14%,平房及其他占2%,普通楼房占22%,单栋占2%。大部分家庭建有卫生设备,有厕所和浴室的占68%,有厕所无浴室的占26%,无卫生设备的占4%,公用的占2%。房屋内无取暖设备的占14%,有空调设备的占24%。是年,全市住宅施工面积236800平方米,竣工面积139000平方米。全市房地产开发投资中,用于住宅建设的投资 23201 万元。

四 家庭设备及服务消费

农村居民 1987 年,农村居民人均家庭设备、日用品消费 30 元,每百户拥有自行车 0.4 辆,钟表 14.80 只,缝纫机 3.80 架。1997 年,人均消费增加到 170 元。2007 年,人均家庭设备、日用品消费 508.07 元。每百户拥有彩色电视机 86 台,黑白电视机 14 台,冰箱 30 台,洗衣机 44 台,摩托车 15 辆,移动电话 60 部,电脑 0.2 台,汽车 2 台。

城镇居民 1997 年,城镇居民每百户拥有洗衣机 110 台,电冰箱 76 台,彩色电视机 80 台,摩托车 6 辆。2007 年,城镇居民每百户拥有洗衣机 102 台,电冰箱 98 台,彩色电视机 128 台,摩托车 14 辆。拥有组合音响、淋浴热水器、脱排油烟机、吸尘器、照相机的家庭比较普遍。

五 教育文化消费

农村居民 1987 年,农村居民人均教育文化娱乐用品及服务消费 22 元。1997 年为 159 元。2007 年,为 212 元。1987—1997 年,年均递增 21.87%。1997—2007 年,速度放慢,年均递增 2.92%。

城镇居民 1998 年,全市城镇居民人均教育文化娱乐消费 160 元。2007 年提高到 860 元。其中,教育消费 346 元,文化娱乐用品及服务 514 元,城镇居民外出旅游成为文化娱乐生活的一个主要内容,消费增加。1998—2007 年,年均递增 20.55%

六 医疗保健消费

随着全市社会保障制度的不断完善以及人们"关爱生命"观念的增强,城乡居民用于医疗保健的消费快

1998—2007 年涟源市城镇居民生活消费支出

表 12-8 单位:元 / 人

年 度	合 计	食品消费	衣着消费	居住消费	家庭设备用品及服务	医药保健	交通通信消费	文教娱乐用品及服务	其他用品及服务消费
1998	3265	1664	289	322	238	333	145	160	114
1999	4403	1601	312	284	340	410	356	397	298
2000	4069	1629	321	390	373	249	356	397	432
2001	4080	1499	360	408	383	299	356	542	233
2002	3980	1567	473	323	401	365	416	317	118
2003	4804	1607	547	388	358	370	356	580	101
2004	4804	1958	480	412	418	490	326	680	40
2005	5450	2361	595	519	404	430	418	570	153
2006	5982	2548	615	603	394	415	622	672	113
2007	7241	3041	718	757	498	588	622	860	157

说明:1997 年前,城镇居民消费未调查统计

速增长。

农村居民　1987年、1997年、2007年，农村居民人均医疗保健费用分别为14元、61元、139元。

城镇居民　2007年，城镇居民人均医疗保健费支出588元。其中，保健器具5.90元，药品费用320元，滋补保健品费用31元。

七　交通通信消费

农村居民　1987年，全市农村居民人均交通通信消费3.23元。1997年，提高到33元。2007年，为202元。其中，交通费69元，通信、邮寄费88元。1987—2007年，年均递增33.5%。

1987—2007年涟源市农村住户生活消费支出

表12-9　　单位：元/人

年度	生活消费支出合计	食品消费	衣着消费	居住消费	家庭设备用品及服务	医药保健	交通通信消费	文教娱乐用品及服务消费和其他用品
1987	388	238	35	30	28	8	15	22
1988	453	254	43	38	33	14	16	19
1989	528	307	42	65	33	12	18	19
1990	460	271	36	47	28	10	20	15
1991	739	489	39	81	24	17	22	14
1992	687	410	32	82	25	18	20	16
1993	861	510	50	83	30	26	26	22
1994	1123	635	71	80	50	36	32	110
1995	1572	831	87	151	77	49	38	147
1996	1754	1128	96	160	80	73	45	160
1997	1868	1252	102	170	77	61	33	159
1998	2034	1173	103	243	80	83	36	180
1999	2074	1306	87	208	70	58	38	171
2000	2176	1200	92	319	82	93	70	263
2001	1546	828	73	265	57	70	60	163
2002	1582	813	79	150	62	170	79	211
2003	1754	941	87	153	55	145	97	248
2004	2193	1404	80	108	67	130	87	280
2005	2193	1178	118	265	104	245	424	380
2006	2711	1404	115	422	90	195	158	301
2007	3021	1664	128	519	122	139	202	212

城镇居民 2007年,全市城镇居民人均交通通信消费622元,比1998年的145元,年均递增17.6%。其中,交通费用186.20元(购置家庭交通工具费用39.20元,购置车辆用燃料及零配件费用10.00元,交通工具服务支出23元,交通费支出114元),通信费用437元(购置通信工具费用52元,通信服务费用385元)。

八 首饰美容消费

改革开放后,首饰美容消费悄然兴起。

农村居民 1987年,农村居民人均花在首饰美容方面的消费0.78元。2007年提高到58元,其中美容理发20元,披金戴银者不少。

城镇居民 2007年,城镇居民人均首饰美容消费93元。其中,购置金银珠宝饰品27元,购置化妆品34元,理发洗澡19元,美容13元。花几百元烫一次头发,购上千元的化妆品,在年轻人中成为时尚。

九 旅游休闲消费

旅游 20世纪80年代后期,人民生活水平提高,外出旅游成为部分城乡居民消费的重要内容。旅游线

1997—2007年涟源市城镇住户择年年末每百户主要消费品拥有量

表12-10

项目	计量单位	1997年	2000年	2005年	2006年	2007年
成套家具	件/百户	57	68	88	89	90
摩托车	辆/百户	6	9	14	16	18
自行车	辆/百户	30	60	40	36	32
洗衣机	台/百户	96	97	99	100	102
电风扇	台/百户	293	304	314	326	341
电冰箱	台/百户	76	82	94	96	98
彩色电视机	台/百户	80	129	132	136	135
家用电脑	台/百户	5	7	40	42	48
摄像机	架/百户	—	3	4	5	6
空调	台/百户	5	14	48	46	56
电炊具	台/百户	21	22	24	26	30
淋浴热水器	台/百户	49	51	54	56	68
固定电话	部/百户	—	31	94	92	90
移动电话	部/百户	2	26	136	136	152
脱排油烟机	台/百户	34	71	78	80	82
吸尘器	台/百户	—	—	2	3	4
照相机	架/百户	27	28	30	31	32
微波炉	台/百户	—	9	18	22	24
中高档乐器	件/百户	6	6	9	13	14

路由湄江、龙山、南岳等短线游逐渐发展到去北京、云南等地旅游。90 年代后期，发展到去香港、澳门和东南亚、日本、韩国及欧美地区旅游。2007 年，城市居民人均旅游费用 211 元；农村人均 15 元。国内游占 98.50%，省外游占 21.2%。许多城乡居民实现人生第一次乘飞机、坐轮船进行旅游。

休闲　进入 21 世纪，涟源城乡居民采用多样化的休闲方式，更加注重提高生活质量。茶楼、歌厅、舞厅、健身休闲中心等休闲场所如雨后春笋发展起来。一大批休闲娱乐文化项目 KTV、酒吧、桑拿、足浴、棋牌等遍布城乡。光明山广场、火车站广场、人民公园及其他活动场地，每天有数千人参加太极、舞蹈、武术、演奏、歌唱等休闲娱乐健身活动。大多数社区和乡村自发组织各种民乐队、腰鼓队、管乐队、业余剧团，经常活跃在城乡，在节庆喜宴或治丧时登台献艺。集娱乐与健身为一体的木兰拳、太极拳、柔力球、门球、国标舞、扇子舞、剑舞、广场舞等成为全民健身、特别是中老年居民健身的一个重要内容。2007 年，全市诗书画爱好者 2 万余人。城乡居民追求高雅文化，人民生活不断改善。

1987—2007 年涟源市农村住户择年年末每百户主要消费品拥有量

表 12-11

项　目	计量单位	1987 年	1990 年	1997 年	2002 年	2007 年
大型家具	台 / 百户	520	532	540	548	870
洗衣机	台 / 百户	—	1	17	27	44
电风扇	台 / 百户	13	36	100	144	208
空调	台 / 百户	—	—	—	1	1
抽油烟机	台 / 百户	—	—	—	2	2
热水器	台 / 百户	—	—	—	1	1
自行车	辆 / 百户	27	44	19	6	10
摩托车	辆 / 百户	—	1	2	6	15
电话机	部 / 百户	—	1	3	23	57
移动电话	部 / 百户	—	…	…	30	60
彩色电视机	台 / 百户	—	…	15	23	86
黑白电视机	台 / 百户	10	13	65	68	14
录放像机	台 / 百户	—	—	2	3	4
摄像机	架 / 百户	—	—	—	1	2
收录机	台 / 百户	1	5	16	5	4
组合音响	台 / 百户	—	5	10	15	45
照相机	架 / 百户	—	—	1	2	3
电冰箱	台 / 百户	—	—	1	10	30
电脑	台 / 百户	—	—	—	3	4
缝纫机	架 / 百户	22	22	43	24	10
钟表	只 / 百户	111	124	183	50	40

第四章 招商引资

第一节 招商机构

1987年，成立涟源县经济技术协作办公室。1989年，各区、街道、镇、乡建立经济技术协作办公室。全市招商网络始有雏形。1992年，成立马家境经济开发区。成立涟源市对外经济开发领导小组，下设市外经办公室（简称市外经办），设驻外办事处。北京、长沙振兴涟源经济促进会与市外经办合为一体。1993年12月，成立涟源市招商引资办公室，市外事办、市外经办、市招商引资办、市协作办四块牌子，一套人马，实行一个窗口对外、政治外交与经济外交、官方外交与民间外交于一体的机制。全市招商机构网络全面形成。其间利用涟源境内外人士的人缘、亲缘、商缘优势，发挥个人招商引资作用，形成广泛的招商引资中间网。2002年，市外事办、市外经办、市招商引资办与市旅游局合并，组建市外事招商旅游局。

第二节 招商政策与投资环境

一 招商政策

1992年4月，市委、市政府制定《涟源市关于鼓励外商投资的规定》，对市外企业、公司、个人来市内投资兴办企业，进行旅游景区开发，符合国家产业政策的能源、原材料等基础工业和基础设施建设，给予减免城镇改造费、城镇设施配套费等优惠政策；对从事第三产业，用“三废”（废气、废水、固体废弃物）作主要生产原料的技术型企业和外商投资企业，进一步减免税收；对引荐、介绍外商来市内投资、兴办企业取得成功的单位和个人，视引荐外资创办企业的性质，由承办单位或当地政府给予奖励。1996年，市委、市政府制定《关于招商引资优惠政策的若干规定》和《涟源市产权招商优惠政策》，对涉及外商投资的项目，由市招商引资领导小组结合相关部门联合办公，根据不同的情况给予优惠和让利；对外商投资企业的检查或处罚，除国家和省政府有明确规定外，应征得市委、市政府同意。1997年，市委、市政府将招商引资工作列入全市乡镇（街道）目标管理“发展经济后劲”考核内容，并制定具体考核办法。2003年，市委、市政府作出《涟源市鼓励外来投资若干规定》，对外来投资上规模的企业，除享受国家的税收优惠政策外，从投产之日起，企业上缴的各种税收中的地方财政享有部分，在第1~5年每年按40%~50%，第6~10年每年按20%~30%，由财政列支，奖励给企业用于支持技术改造和扩大再生产；设立全程代理中心，代办各种外来投资项目的审批、发证、登记手续；对外来投资者和投资企业，由市招商部门核发《外来投资者权益及安全保护证书》和《外来投资企业证书》。对有贡献的外商，授予“涟源市荣誉市民”称号，享受相应待遇。同年还制定《涟源市招商引资工作奖励与考核测评办法》，将整个考核测评分为两大块，即乡镇（街道）和市直机关单位，着重突出经济发展主题，提高利用境外资金水平，营造全市招商引资氛围。2006年，市委、市政府在2003年文件基础上修订作出《关于鼓励外来投资的若干规定》，对高新技术产业、能源、交通、旅游景区开发等基础设施项目，除享受国家的税收优惠政策外，还可在企业上缴的各种税收中的地方财政享有部分得到奖励，从优化投资环境、土地优惠、税收优惠、行政事业规费优惠、财政鼓励、大型或特殊项目“一事一议”、招商引资中介人奖励等7个方面规定明确的政策，使涟源市投资环境进一步优化。

二　优化经济发展环境

1999年3月，成立涟源市优化经济发展环境领导小组，设领导小组办公室（简称市优化办）。由市委常委、纪委书记任主任，工作人员从市委办、市政府办、市工农办、市公安局等单位抽调。1999—2002年，市优化办围绕"全面优化，服务发展"的要求，通过集中整治，规范全市建筑市场、搬运装卸市场，查处规避招标、假招标、转包、买断工副业、强装强卸、强揽工程、阻工闹事等违法事件，建立公开平等的市场竞争机制，促进全市工业经济的发展。2003年3月，市优化办由市委常委、政法委书记任主任，开始对城区交通秩序进行整顿，取缔出租三轮车，城区非法营运、乱停乱放等交通违法违章行为得到治理，交通秩序改善。2005年4月，市优化办由市长助理任主任。是年，市委、市政府出台《关于进一步优化发展环境的若干规定》，通过目标管理、民主测评、效能监察、行政问责等制度的建立和实施，市、乡、村三级服务和监督网络不断完善，有效遏制不作为、乱作为、乱收费、乱罚款、乱集资、乱拉赞助等不良现象的发生。2007年3月，市优化办与市政务公开服务中心合署办公。

第三节　招商方式与成果

一　节会招商

1991年，成立涟源市参加娄底第二届商品交易会领导小组，参加娄底地区第二届商品交易会。1992年，市里组团参加在越南举办的湖南产品展销会以及内蒙古对外经济贸易交易会，促进外界对涟源的了解，扩大涟源的知名度。1994年，参加湖南省招商局在日本、中国香港举行的大型经贸洽谈活动，有重点、有目标建立项目库，筛选31个招商引资项目，通过各种途径向日本、美国、德国、加拿大、中国台湾、中国香港等地发布招商信息，并且紧紧盯住沿海资金向内地回流的势头，向广东省、福建省、海南省等沿海地区同步发布招商信息。1997年，组团参加第六届湖南省出口商品展销暨对外经济技术合作洽谈会（湘交会），在长沙市国际展览中心，与各国客商进行广泛接洽，发布招商项目40个，派发招商项目资料1200册，完成签约项目8个，应邀客户到位率、签约项目数以及利用外资总数都居于娄底地区第一。2002年5月7日，涟源市与越南北宁市建立友好城市关系，建立经贸合作。是年，参加在深圳举行的第四届中国国际高新技术成果交易会，展示和推广涟源市高新技术成果，加强和国际经济的合作与交流，秉着"以政府为主导，企业为主体，项目为主题，成立项目为主要目标"的原则，重点突出生物制药、高新农业技术二大主题，组织市里相关企业参加大会的"商业配对"和"创业型企业投资洽谈"，结识多名新客户，签约合同项目3个，合同利用外资1200万美元。2003年，在湖南深洽会上，涟源市以情感招商的办法吸引外商，成为签约项目最实，引进外资数额最大和达成意向项目、意向投资最多的县市。坑口火力发电厂、白水泥厂收购及扩建、水泥四厂收购及扩建、山外山五金制品厂、湖南永升彩印包装有限公司等5个签约项目共引资26亿元。12月，在"青春娄底湘中之光"文化经贸博览会上，有13个项目签约，合同引进外资近10亿元。2004年，在温洽会上，签约7个项目，合同引资4.8亿元。在湘洽会上，签约14个项目，合同引资13.8亿元。2005年5—6月，全市组团参加"东洽会"和"港洽周"两次大型的经贸活动，签订合同项目16个。其中，"东洽会"引资5.44亿元，"港洽周"引资1.4亿元（港币）。在长沙举办的"湘浙经贸洽谈会"上，签订合同项目1个，引资8000万元。2006年，先后组团参加上海首届海外华人企业投资洽谈会、北京国际科技产业博览会、首届中国中部贸易投资博览会、第二届"青春娄底·

湘中之光”经贸博览会等大型经贸活动。通过节会招商组建展馆,全面展示涟源市对外形象、投资环境和合作项目,并进一步寻找合作伙伴。“中博会”上,签约4个项目,引进资金21.14亿元,获2006年首届中博会招商引资成果奖。第二届“娄博会”上,签约项目20个,引进资金12.8亿元。2007年,组团参加第二届“中博会”、第四届“珠洽会”、第十一届“厦交会”、娄底市(地区)建制30周年招商引资活动等4次大型经贸活动。在第四届“珠洽会”上,签订招商项目合同6个,合同引资20.8亿元,其中外资合同引资15亿元。台湾国产实业投资建设的2×4500T/D干法水泥生产线项目,带动大批相关产业的发展,拉动涟源经济整体提速。在娄底市(地区)建制30周年招商引资活动中签约8个,合同引资6.32亿元。

二　基地招商

1992年,涟源市马家境经济开发区成立,为国家发改委批准的省级开发区,辖6个村委会(马家境、石梅、新中、乌鸡坝、张家湾、青烟),7个居委会(石马山、梅园、牛车边、十字坳、双江口、石山、黄山),9.2平方千米,规划建设面积4.13平方千米。园区定位为复合生态工业园区,功能划分为“六园二区”,即新材料产业园,中成药产业园、机电产业园、农用汽车组装产业园、轻工业产业园、冶金产业园、物流区和配套设施区。区内基础设施有220千伏、110千伏变电站,日产5万吨水厂,其他各项配套设施齐全。园区享受省级开发区的特优政策及涟源市出台的系列优惠政策,实行封闭式管理,开放式运行,一站式服务。1994年8月,市马家境经济开发区更名市经济开发区。2006年更名湖南涟源经济开发区。2007年,区内有娄底市中源新材料有限公司、涟源南方冶金连铸设备制造有限公司等规模大科技含量高的企业。是年,全市还有伏口能源工业区、桥头河农产品加工业区、茅塘石门工业园区、杨市化工轻工业区等特色工业区在规划建设中。

三　招商成果

2003—2007年,全市引进项目上100个,引进资金120多亿元。40多个项目建成投产,50多个项目动工在建。香港华润、广东梅雁、三一重工、新一佳、通程电器等5家上市公司和国内外一批知名企业进驻涟源。

第十三篇　经济综合管理

第一章　计划管理

第一节　机　构

1987年,涟源市计划委员会(简称市计委)内设综合计划组、物资计划组、基建投资组、办公室,非常设机构市支农办公室。归口管理市物资局、市物价局、市技术监督局、市劳动局、市统计局、市农村抽样调查队、市机关劳动服务公司、市经济技术协作办公室(简称市经协办)、市矿产资源办公室、市饲料工业办公室。1990年9月,建立市经济信息中心,归口市计委管理。1991年12月,成立市重点建设项目前期工作办公室。1992年4月,设人事教育组。1994年3月,市经协办并入市外事旅游局。1994年6月,设社会发展组。1995年1月,市计委与市物价局合并,成立市计划物价局。1996年3月,计划与物价分设,恢复市计划委员会,并成立市重点建设工作办公室(加挂市经济信息中心牌子)。是年8月,市计委内设办公室、人事教育组、综合计划组、投资管理组(加挂国土管理组牌子)、社会发展组(加挂大中专毕业生就业指导服务中心牌子)、饲料工业办、监察室。2003年2月,市计委更名市发展计划局,下设办公室(加挂市国民经济动员办公室牌子)、投资股(加挂市经济信息研究中心牌子)、第三产业办公室(加挂对外经济贸易股牌子)、饲料管理办公室、招标投标管理办公室(加挂市重大项目稽查特派员办公室牌子),设置重点建设办公室和以工代赈办公室2个直属机构。2006年12月,市发展计划局更名市发展和改革局,内设办公室(加挂人事股牌子)、综合股(加挂市中长期发展规划办公室、体制改革股、国民经济动员办公室牌子)、投资股(加挂市开发区管理办公室、市重大项目稽查特派员办公室牌子)、农村经济股、工交能源股、社会发展股、经济体制综合改革股、法制股、市第三产业办公室(加挂高新技术产业股牌子)、招标投标办公室(对外称涟源市招标投标管理办公室),下设3个直属机构:市重点建设工作办公室、市以工代赈办公室、市信息网络中心。2007年机构未变,局机关工作人员21人。

第二节　计划体制改革

一　市场调节

1987年,计划工作贯彻"以计划经济为主,市场调节为辅"的方针,指令计划范围逐步缩小,计划物资进一步放开,市场调节范围不断扩大。农业生产全部实行指导性计划管理,取消粮食、生猪统购、派购,实行合同定购和市场调节。工业生产计划产品减少到2种,其他产品实行指导性计划管理和市场调节。基建项目实行"五定"(定投资、定建设规模、定建设工期、定投资效益、定外部协作条件),扩大部门和企业计划自主权,完善计划管理制度,减少统一分配物资的种类与数量。取消废钢铁回收上交指令性计划,开放有组织、有指导的废钢铁市场;取消市属水泥厂的水泥上调任务,市管的统配、部配物资只有钢材、生铁和有色金属材料共11种。为弥补物资分配不足,计委着重抓物资协作。1991年,计划体制改革重点放在加强对全社会经济活动的宏观调控上。1992年,农村继续稳定家庭联产承包责任制,健全和完善双层经营体制,壮大集体经济。城市继续抓好企业改革,国营合作商业、物资企业实行“四放开”(经营、价格、用工、分配放开)。工业围绕转换企业经营机制实行“五自主”(生产经营自主、产品定价自主、内部分配自主、人事管理和用工自主、技术改造自主),成为独立自主的经济实体。1995年,主要农产品指导性计划由原来的39个减少到10个;工业生产指令性计划3个,其余为指导性计划。在流通领域,减少统配和直接调拨数额,主要商品收购和调拨计划减少为12种;全市85%的农副产品收购价、95%的工业品价格实行指导性价格管理机制。1996年始,随着社会主义市场经济体制建立,原有的计划经济模式被打破。至2007年,计划调控的行政手段逐步弱化,经济和法律手段得到重视和增强,在计划内容上加强战略研究、区域规划、专项产业规划和结构调整等宏观管理。

二 固定资产投资项目审批

1987年,全市进行固定资产投资管理体制改革。全民所有制单位、集体所有制单位、个体所有制单位及其他经济形式的投资纳入固定资产投资计划,分别实行指令性计划和指导性计划。1988年,市内全民基本建设、技术改造计划和城镇集体贷款投资实行指令性计划,其他实行指导性计划。1989年起,教育战线投资纳入计划投资规模。要求省地安排补助投资或生产所需原材料、燃料、电力需要省地平衡解决的,国家和省限制的产品,不论项目大小均报省、地审批。城镇集体(含供销合作社系统)100万元~500万元项目报地区计委审批,100万元以内的由市计委审批。市计委审批乡镇企业自筹的投资权限由500万元改为300万元,300万元以上的项目报地计委审批,先认购债券后审批自筹基建计划。继续贯彻执行“建设资金坚持先存后批,先批后用,存足半年”的原则。基建开工报告,从建委移交计委管理;集体工业企业的技术改造,由市经委移交市计委管理;在审批项目上,增加购买重点企业建设债券的规定。

1992年1月起,5万元以上的各类固定资产投资项目,包括全民所有制单位的基本建设、技术改造项目,中外合资、合作项目,城乡集体所有制单位项目,个体工业项目和几种所有制单位合资、联建的项目,由市计委(市计划物价局)审查颁发投资许可证。全民和城镇集体单位自筹5万元以上新建项目,农村集体总投资50万元以上的项目由地区计委审批;50万元以下的危房翻修项目、拆迁新建项目、农村集体投资项目和30万元以下的商业网点项目以及零星土建、个体投资项目由市计委审批。中小学校的新建、扩建、改建项目,市属中学,蓝田街道、六亩塘街道、马家境街道、桥头河镇、杨家滩镇所属中小学的危房翻修项目由市计委审批或上报审批;其他乡镇中小学的危房翻修项目总投资在20万元以内的由市教委审批,报市计委备案。全民所有制、集体所有制单位技术改造项目,由市计委会同市经委审批或上报审批。”四小一节能“(小化肥、小煤矿、小水电、小饲料、节能)基本建设项目,乡镇企业、个体工商企业由市计委审批或上报审批,其他系统的技术改造项目由各主管部门审查后报市计委审批。建设用地,必须持有县级以上(含县级)计划部门或政府批准的计划任务书或其他批准计划文件,未经批准,不准使用土地。2003年,不再审批工商企业用自有资金和商业银行贷款建设的一般项目,不再审批限额以下直接吸收外商投资项目。

2006—2007年,按投资渠道,分为政府投资和非政府投资。政府投资实行单一审批制,非政府投资实行核准制、备案制。需要核准的是国家限制项目和重大项目,其他非政府性投资只实行备案。

三　行政管理职能

1987年,计划管理贯彻执行"调整、改革、整顿、提高"方针,实行指令性、指导性和市场调节三种管理形式。1992年始,市计委宏观调控职能加强,具体事务减少。工作重点转移到抓重大经济战略研究、总量控制、政策导向、规划布局、结构调整等宏观决策上,加强县域经济走势的监测预报,加强建设项目的筛选和可行性研究,争取项目建设资金。

四　年度计划和中长期规划

1987年,市计委根据上年度计划执行情况和面临的经济形势及省、娄底地区下达的计划指标和市中长期计划要求,制定新一年的计划草案,报市长办公会议审查修改,送市委常委会审查同意,再按法律程序,送市人大常委会审查,向市人民代表大会报告,审议批准后,成为正式计划。年度计划制定下达后,年初、年中、年末进行检查督促。年度计划制定一直延续到1989年。1990—2007年,根据市场变化和产业政策实施方案,将计划工作重点转到中长期规划。加强固定资产投资的宏观管理,建立投资决策责任制,所有大中型项目纳入中长期规划,研究建立宏观经济监测预警指标体系,及时跟踪经济运行走向。根据涟源实际,各个时期先后编制国土规划,五年计划和十年规划等中长期发展规划,为宏观调控提供依据。

第三节　计划编制与执行

1987年2月28日,涟源县第十届人民代表大会第一次会议审议批准《关于涟源县第七个五年计划的报告》。坚持以提高经济效益为中心,以改善人民生活为目的,充分发挥农业和矿产资源优势,积极发展支柱工业,努力开发山区经济,加强商品基地建设,搞好横向经济联合,认真开展创汇,切实搞活商品流通和金融融通,有重点、有层次、有步骤地发展经济。1990年,完成国内生产总值68433万元,五年年均递增3.92%;农业总产值43021万元,年均递增11.04%;工业总产值88736万元,年均递增15.06%;财政收入5812万元,年均递增13.1%;粮食总产量38.07万吨,年均递增0.54%。

1990年,市十一届人民代表大会第二次会议审议批准《涟源市国民经济和社会发展十年规划和"八五"计划》。1995年,完成国内生产总值191121万元,五年年均递增22.80%;农业总产值123525万元,年均递增23.49%;工业总产值302929万元,年均递增27.83%;地方财政收入8550万元,年均递增8.03%;粮食总产量44.30万吨,年均递增3.08%。

1996年3月26日, 市第十二届人民代表大会第四次会议审议批准《关于涟源市国民经济和社会发展"九五"计划和2010年规划的报告》。"九五"计划期间,工农业发展速度不够理想。2000年,完成国内生产总值298579万元,五年年均递增9.33%;农业总产值134916万元,年均递增1.78%;工业总产值321964万元,年均递增1.23%;地方财政收入13286万元,年均增长9.22%;粮食总产量43.00万吨,比1990年有所减产。

2001年3月13日,市第十三届人民代表大会第五次会议审议批准《关于涟源市国民经济和社会发展第十个五年计划纲要的报告》。2005年,完成国内生产总值595019万元,五年年均递增14.79%;农业总产值214293万元,年均递增9.70%;工业总产值完成508893万元,年均递增9.59%;地方财政收入22568万元,年均递增11.18%;粮食总产量42.41万吨。

2006年3月18日,市第十四届人民代表大会第五次会议审议批准《关于涟源市国民经济和社会发展第十一个五年规划纲要的报告》。从“十一五”开始，将“计划”更名“规划”；灵活确定规划期，不再要求所有规划都以5年为期编制。“十一五”规划纲要的规划期，以5年为主，同时展望2020年。开展中期评估，查找规划编制中存在的问题。形成1个市级规划纲要，13个市级专项规划，20个行业专项规划。2007年完成国内生产总值876146万元，和2005年相比，同比增长14.6%；工业总产值873806万元，同比增长71.71%，其中规模以上工业企业100家，同比增长42.86%，实现产值580900万元，同比增长103%；农业总产值329887万元，同比增长53.94%；地方财政一般预算收入30176万元，同比增长33.71%；粮食总产量46.14万吨，同比增长9.52%。

第四节　计划内工程

1986—1990年七五计划期间，全市累计完成固定资产投资15827万元(不含境内中央、省、娄底地区厂矿，下同)，新增固定资产11080万元。新建成的重点项目有市冶炼厂、甘溪焦化厂、古塘焦化厂、毛坪水泥厂、市彩色水泥厂、珠梅水泥厂、水洞底水泥厂、杨家滩水泥厂、茅塘电化厂、茅塘特种焊接材料厂。重点对市铁厂、市七一煤矿、市氮肥厂、市磷肥厂、市白水泥厂、市电线厂、市制革厂、市保温瓶厂等骨干企业进行技术改造，扩大生产能力，逐步形成以采矿、冶金、机械、化工、建材、轻工六大工业行业为主体的多层次、多元结构的工业体系。

1991—1995年八五计划期间，全市累计完成固定资产投资13.40亿元，比七五计划期增长7.38倍。新建涟源汽车站、温江水厂、蓝田市场、儿童公园、涟源宾馆及异地新建市中医院等；扩建涟源火车站、市自来水厂、桥头河镇水厂、市白水泥厂、市特种水泥厂等；改造207国道伏口段，加强11300门数字程控电话、大江口水库大坝扫尾、人民东路延伸和湄江风景区等项目建设。

1996—2000年九五计划期间，全市累计完成全社会固定资产投资23.50亿元，比八五计划增长75.37%。开工建设娄(底)涟(源)二级公路、株(洲)六(盘水)铁路复线涟源段，湘黔铁路涟源段电气化改造；110千伏涟源变电站完工，农村电网改造全面启动；电信建成2万门程控交换机容量，移动通信、寻呼业务普及各乡镇；扩建人民东路，建成涟源市经济开发区，城区面积扩大，城市配套功能增强，市区建设形成“再造一个蓝田”的基本架构；建成石门工业小区和石门搪铝制品厂、南方冶金机械厂等一批规模较大、科技含量较高的个体私营企业；建成全国重点商品粮基地县(市)，全省重点蔬菜基地(桥头河蔬菜基地)，实施农业综合开发、优质农产品开发等工程。

2001—2005年十五计划期间，全市累计完成全社会固定资产投资48.73亿元，比九五计划增长107.36%。农村电网和城市电网改造工程，累计完成投资2亿元，新建35千伏变电站5座，110千伏变电站3座，220千伏变电站1座。在改造国家电网的同时，地方小水电网也同步进行改造，实现城乡用电同网同价目标，用电需求基本得到满足。2002年9月，娄涟二级公路建成通车。2003年，启动市通乡镇高标准公路建设工程，完成144千米公路改造，路面全部硬化，投资超1亿元。全市水利水电设施建设投资过1.6亿元，完成白马水库枢纽除险加固工程、白马灌区骨干工程改造、大江口水库配套工程、湄江渠道节水示范项目和小型水利设施建设、蓝田城区防洪第一期工程、人畜饮水解困工程、农村水电电气化工程等一批重要水利水电工程项目。累计整治国土面积3333公顷，新垦耕地1667公顷，基本做到全市耕地占补平衡。完成企业改制土地资产处置300多宗，变现总值2.1亿元。对矿产资源开采实行整合，规范矿业秩序。固定电话用户7.50万户，移动、联通两家通信公司累计投资超1亿元，新建移动电话基站50多处，移动电话用户近8万户，互联网用户达到5000多户。撤并各类中小学校129所，累计完成中、小学校危房改造120所，计13.56万平方米，投入资金

5424万元。总投资近1000万元的作家爱心书屋中心馆、爱心文化园(含湖南省文艺家创作之家)投入使用。总投资6461万元的市人民医院改造工程启动,住院大楼、传染病区竣工使用;新建、改造乡镇中心卫生院(医院、卫生院)20所。全市投入环保资金1000万元,建成重点污染防治设施50套,每年可以处理废水700万吨、废气26万立方米、固体废弃物20万吨,"三废"综合利用产值600万元。关闭市特种水泥厂等30多家污染严重企业。

2007年,全市社会固定资产投资28.81亿元,比上年增长56.40%。其中,城镇以上固定资产投资21.82亿元,比上年增长68.70%。工业固定资产投资15.64亿元,比上年增长80.20%。湖南一六九化工有限责任公司非电导生产线、湄江110千伏变电站建成投产。华润涟源电厂完成投资12亿元。台湾国产实业(湖南)水泥有限公司、市汇源焦化有限公司、人民公园、环北东路等项目启动。火车站广场、市体育馆、城区直饮水第一期工程、富洪城市生活垃圾填埋场等工程完工。完成通村水泥公路681千米。

第五节　大中专毕业生分配

1987年前,市内大中专毕业生就业,采取全包分配政策,按照专业及单位需求,政府指令性计划分配到用人单位。师范院校毕业生,一次性由政府分到教育部门。非师范毕业生,原则上对口安排,大部分分配在工厂、科研单位。行政单位一般不直接分配大中专毕业生,根据需要可以通过考核调进。1987年始,除师范毕业生外,其他门类增多,安置工作出现困难,政府压力增大。是年,分配安置大、中专毕业生368人。1991年,坚持"面向基层、充实生产、科研、教学第一线"方针,在计划安排上,向能源、交通、通信、原材料、农村、水利、军工等部门倾斜,向大中型企业和山区倾斜。是年,分配安置大、中专毕业生642人,计划内委培、自费、函授、电大生138人。1995年,按职工人数2%以上比例向企事业单位安排大中专毕业生。非师范类毕业生由市计划物价局负责向全市派遣,师范类毕业生由市教育局在教育系统内安排。是年,分配安置大、中专毕业生557人、计划内委培自费函授电大生60人。1996年以后,采取双向选择与指令性计划相结合的办法落实就业方案,破产企业不安排毕业生。国家任务统招统分毕业生按指令性计划形式分配落实就业;委培和定向毕业生回委培单位就业;计划内自费生实行自主就业。是年,分配安置大、中专毕业生350人、计划内委培自费函授电大生700人。2000年后,由国家统分的大、中专毕业生就业模式终止,所有毕业生实行自主择业,走向市场。政府提供就业信息,主办招聘会,代管档案。同时采取公开招考办法,录用一批毕业生充实公安、教育、乡镇机关等单位。1987—2000年,全市分配安置大、中专毕业生8948人,分配安置计划内委培、自费、函授、电大生2173人。

第六节　计划物资管理

1987年,市计划管理的物资有钢材、生铁、铜、锌、锡、木材、工业生产用煤、柴油、汽油、煤油、尿素、钾肥、复合肥、水泥、轮胎、炸药、汽车等28种。分配办法一般按部门和用途分配,主要物资按农业、轻工业、重工业的顺序,秉着优先保证重点,兼顾一般的原则安排下达。钢材主要用于企业生产、维修和技术改造、农机具维修、补助社队企业、农民建房、水利建设及基本建设等。木材分农业用材和工业用材,农业用材用于农机制造维修、水利建设,工业用材用于矿用坑木、技术改造、民桥义渡,民用用材用于退伍和现役军人建房等。煤炭分生产用煤和生活用煤,生产用煤按工业生产分配,生活用煤按城镇居民人数定量分配。柴油一部分按工业备用发电机的马力分配,一部分按农用机械分配。汽油按全市汽车吨位和小车分配。肥料按耕地面积分配,预留灾害所需。

1990年开始,主要物资分配仍按往年口径不变。省、地所拨黑色金属材料、有色金属材料、高标号水泥等主要物资,平价部分明显缩减。国家逐步按照价值规律理顺和调整不合理的产品价格,缩小对生产原、燃材料企业的指令性调拨计划,扩大企业自销,把企业推向市场,计划内分配的物资逐渐减少。1993年,计划内分配物资由19种减少到9种。1994年,取消计划物资分配。

第七节 农转非

20世纪80年代,境内工业迅速发展,城市建设步伐加快,征用土地数量增大,失地农民人数增加。1985年9月18日前征用土地而未解决"农转非"(农业户口转非农业户口)的有1325户3664人,1985年9月18日到1989年底新征用土地尚未解决"农转非"的有498户1904人,两项合计1823户5568人。1990年,"农转非"计划纳入涟源社会发展计划,由计划部门实行计划指令性管理。"农转非"范围包括职工居民家属、建设征用土地造成无地或少地的农民、单位企业从农村招收的工人、因公死亡职工的农村家属、从农村招收的特种用工和老工人(指1959以前参加工作的工人)退休由农村子女顶替的工人、乡村农林水技术人员、乡镇企业管理干部、司法助理员、统计员、计生员、民办教师、中小学骨干教师家属子女、专业技术人员及党政管理干部家属、煤矿井下工人家属、小城镇建设被征用土地的农民及国有农业单位职工家属调入非农业单位等农业人口。1992年起改变"农转非"计划管理范围,普通大、中专院校按国家政策和计划从农村招生及军队干部随军家属"农转非"指标纳入计划之内,优先保证。1995年起分期分批解决乡镇畜牧兽医站、水产技术推广站、农业机械管理站、农业经营管理站在岗技术骨干"农转非"和招收为全民合同工。2002年"农转非"工作终止。1990—2001年,办理各类"农转非"人数11416人。

第八节 固定资产投资管理

一 项目管理

1987年,100万元以内的生产性建设项目和50万元以内的非生产性建设项目,由市计委审批。先由单位申报项目建议书、可行性研究报告(资金要经审计部门审计存入建设银行),由主管局同意,财政、审计部门证明资金来源正当,银行证明资金已存入银行,计委方可受理,按权限审批。审查重点:建设项目是否妥当;产品方案、拟建规模和建设地点是否恰当;资源和建设条件是否具备;投资估算和资金筹措是否落实;投资效果等等。批准下达的内容包括:基建项目、性质(新建、续建)、年度投资、主要建设内容、建筑面积、新增生产能力等。单位获准方可准备施工并向计委申报开工报告,获得投资许可证、开工证明方可正式开工。是年审批各类投资项目105个,投资额6311.4万元。1991年,对全市5万元以上的全民所有制投资项目纳入信息系统管理,实行定期报表、定期检查。1992年,审批各类投资项目159个,投资额8560万元,坚持先缴纳固定资产投资方向调节税、后发放投资许可证,凭证开工的源头控管办法。1993年,审批投资项目97个,投资额8367万元。集体、个体投资由市计委统一管理。是年起,商品房住宅建设投资计划改为房地产开发建设计划,纳入国家、省下达的固定资产投资计划和投资贷款计划。根据国家计委文件,建立投资约束机制和有效的宏观调控体系，清理在建投资项目，区分情况实行停建和缓建，加强房地产开发投资和开发区建设的管理，固定资产投资方向调节税一律不减免。1995年，审批基建投资项目60个，投资额3177.6万元。固定资产投资管理基本原则是合理引导投资方向，继续清理在建项目，从严控制新开工项目，优化投资增量结构，积极配套建设资金，确保重点项目建设，全面提高投资效益。1996年，进一步规范项目审批，严格履行项目建议书、可行性研究报告、初步设计、竣工验收等基本建设程序，严格按照批复内容及相关要求进行建设项目和资金安排，加强项目制度化管理，实行严格履行项目法人责任制、招标投标制、工程管理制、合同制、竣工验收制，严格财务和工程质量管理。1997年，国家实行适度从紧的财政货币政策，全年审批投资项目42个，投资5240万元。2003年，根据有关规定，民营投资凡属于重大项目和限制类项目的，必须通过省发展计划委员会转报国家改革和发展委员会审批，全年审批项目69个。2005年，按照国家严格控制新开工项目的宏观调控精神，从严审批新开工项目和用地计划，审批项目61个。2006年，按照"谁投资、谁决策、谁收益、谁承担风险"的原则，落实企业投资自主权；对于企业不使用政府投资建设的项目，不再实行审批制，区别不同情况实行核准制和备案制，全年审批项目63个。2007年审批、核准、备案项目70个，对采用直接投资和资本金注入方式的，只审批项目建议书和可行性研究报告，除特殊情况外不再审批开工报告，同时严格政府投资项目的初步设计、概算审批工作；采用投资补助、转贷和贷款贴息方式的，只审批资金申请报告。

二　招投标管理

2001年1月，《中华人民共和国招投标法》颁布实施，涟源逐步执行工程建设项目招投标制度，改进招投标监管方式。2003年，完善招投标法各项配套规定，逐步加大行政执法力度，依法整顿和规范招投标秩序，成立招标投标领导小组，负责有关招标投标综合性政策的出台，批准重大建设项目招标投标方式等涉及全市招标投标活动的事项。2004年始，实行招标投标统计报表制度，项目招标方式、招标组织形式的核准、公告发布、资格审查、开标、评标、中标公示以及项目备案等重要监管环节都制定相应的表格，简化手续，提高效率，全面了解和掌握招投标工作情况，为领导决策提供准确、科学的依据，保证招投标活动公开、公平、公正进行。2003—2007年，市招投标办公室核准招标项目75个。其中，公开招标64个，邀请招标11个。

第九节　以工代赈

一　管　理

1991年，成立市以工代赈领导小组。2002年，成立市以工代赈办公室，履行全市以工代赈职能，提出全市以工代赈建设规模及资金筹措、投向，做好以工代赈项目的申报、审批工作，积极向国家、省计委争取建设项目和资金，加强对以工代赈的管理和实施及资金的使用，更好地落实国家扶贫政策。编制全市十年以工代赈扶贫规划，建立以工代赈十年项目库。以工代赈资金主要用于基础设施建设，改善贫困地区的生产生活条件，建设内容为基本农田、农田水利、乡村道路、人畜饮水、小流域治理等工程。全市以工代赈项目按基本建设程序管理，实行县级财务报账制。业务主管部门根据项目要求分别对施工计划、工程预算进行审批，计划部门据此发放以工代赈券，对施工加强管理，把住验收关，做到计划与实际相吻合，工程保质保量完工。在配套资金中群众投劳部分坚持群众自愿、量力而行的原则，取消统一规定的劳动积累工和义务工，对于村内集体生产公益事业用工实行"一事一议"和上限控制。以工代赈工程建设项目，除技术复杂的工程项目外，优先组织当地贫困群众参加建设。

二 项 目

1991—1994年,全市完成以工代赈项目10个,总投资930万元,其中以工代赈资金302万元。完成水利工程项目6个,商业网点项目4个。分别为大江口水库大坝枢纽工程、大江口水库左右干渠道配套建设工程、四新水库渠道浆砌防渗项目、白马水库水毁工程修复、高峰水库水毁工程修复、涟水红旗南枢纽建设、市农副产品收购站水毁修复异地重建工程、市蔬菜公司门市部改造项目、马家境加油站建设工程、大江口粮库建设项目。1995年,争取以工代赈项目5个,资金50万元。2001年,实施伏口公路以工代赈项目,资金30万元。2002年,以工代赈资金国家安排190万元、省财政9万元、市自筹66万元,其中劳务报酬50万元。到2003年11月工程全部竣工,完成总投资717万元,建设改造县乡公路13千米,新修村级公路28千米,桥梁3座,新建人畜饮水工程11处,解决9000余人与3000余头大牲畜饮水困难,新建一个面积1.33公顷的良种苗圃,改造一处电站及配套设施。2003—2004年,下达以工代赈资金736万元,下达县乡公路改造国债以工代赈项目国债投资50万元。2005年,工程全部竣工,完成总投资1231万元,完成计划的167.3%。建设改造县乡公路22千米,新修村级公路61千米,新建人畜饮水工程28处,农田水利完成投资213万元,疏通拓宽河道520千米、渠道1500米,建设小型拦河坝15座,维修河堤2处。2007年,争取以工代赈资金70万元,完成10千米村级公路改造,5处人畜饮水工程和3处小型农田水利设施建设。

1991—2007年,争取国家以工代赈资金1500多万元。

第十节 国家重点投资项目

2001年始,随着计划职能的转变,市计委主要精力放在争取项目资金和重点项目开发上,是年获国家、省资金支持的项目20多个,共计争取资金2930多万元。

2002年,国家重点投资项目有城市防洪工程、白马水库除险加固工程、人畜饮水工程、生态环境综合治理工程、中小学危房改造6个项目,共计投资5183.5万元。其中,国债投资2782万元,省配套292万元,自筹2109万元。

2003年,火车站广场开发、温江水源管网工程、富洪城市垃圾填埋场、杨市镇车站路、桥头河镇方兴路等项目争取国债资金4016万元,市疾病控制中心争取国债资金120万元,另获价值10万元医疗设备;9所农村中小学危房改造争取国债资金162万元。

2004年,市自来水厂续建项目争取国债资金300万元,市看守所新建项目争取国债资金100万元,杨市镇城镇综合开发项目争取国债资金230万元,沙坪煤矿安全改造项目争取国债资金130万元,人畜饮水工程争取国债资金150万元,大江口、白马灌区配套工程争取国债资金200万元,白马药材基地项目争取国债资金20万元,市人民医院传染病区基建工程争取国债资金144万元、省市配套76万元,中小学危房改造项目争取国债资金400万元,乡镇卫生院建设争取国债资金320万元,市妇联下岗女工再就业培训中心项目争取资金国债资金10万元,市统计局信息服务中心项目国债资金6万元。

2005年,六亩塘镇工农煤矿、石马山镇珠宝煤矿、伏口镇柏树煤矿、安平镇头石煤矿安全技改国债投资320万元,五江集团天华牧业有限公司湘中黑牛快速繁育高技术产业化示范工程国债投资400万元,大江口水库除险加固工程国债投资600万元,市采煤沉陷区综合治理项目获国家、省、娄底市发改委批准,涟源受损面积90.2平方千米,包括桥头河、七星街、湄江、石马山、斗笠山、枫坪、杨市、水洞底、渡头塘9个乡镇的

130多个村，项目投资2.5亿元，中央预算投资40%、省级配套20%、娄底及涟源各配套15%，涟邵矿业出资5%，个人或项目单位出资5%，治理工程包括维修加固、新建小区、货币补偿、供水工程、市政基础设施等方面。

2006年，煤矿技改争取国债资金243万元，农村公路改造争取国债资金3507.4万元，国家商品粮基地建设项目、国家优质粮食工程项目、人畜饮水项目争取国债资金695万元，5个乡镇基层法院建设项目争取国债资金141.9万元，8个乡镇司法所项目建设争取国债资金56万元，村级组织场所建设项目争取国债资金330多万元，白马中学、龙塘中学学生宿舍楼及设备购置项目争取国债资金110万元，湘中蔬菜批发市场建设争取国债投资9万元，湄江风景区基础设施建设项目争取国债资金20万元。

2007年，工业争取国债资金1284万元，其中煤炭安全改造项目387万元、农产品加工项目897万元；农业争取国债资金2521.28万元，其中生猪标准化养殖场项目260万元、优质粮食产业工程项目150万元、退耕还林种苗补助项目50万元、农村饮水安全工程项目1081.28万元（共兴建集中供水工程11处，分散工程1处，解决12745人安全饮水问题）、大江口水库除险加固中央补助资金645万元、省级水利基本建设投资95万元、农村电气化大江口二级电站建设项目240万元；基层政权与组织建设争取国债资金578.2万元，其中“两所一庭”项目建设资金52.5万元、公检法司建设资金100万元、村级组织活动场所建设项目425.7万元；社会事业争取国债资金481万元，其中工贸中专实训楼290万元、涟源二中食堂改造15万元、乡镇卫生院设备配置项目国债资金176万元；第三产业龙山国家森林公园基础设施建设、农村租赁体系信息化建设争取国债资金15万元。

第二章　物价管理

第一节　机　构

1987年，涟源市物价局内设办公室、农产品价格股、工业品价格股，工作人员8人。下辖市物价检查所和工农产品成本调查队。1992年6月，新增房地产价格股，建立市价格事务所。1995年1月，市物价局与市计委合并为市计划物价局。1996年3月，计划与物价分设，恢复市物价局，内设办公室、价格管理股、收费管理股、房地产价格管理股、监察室，定编9人。1999年，增设价格调节基金管理办公室。2007年，市物价局内设办公室、价格管理股、收费管理股、价格成本调查队（工农产品成本调查队更名）、价格举报中心、价格调节基金管理办公室、物价检查所、监察室，工作人员26人，市价格认证中心为其二级机构，工作人员5人。

第二节　价格管理体制改革

1985年1月1日，按照放调结合、小步前进的价格改革方针，取消生猪派购，3月1日起实行生猪议购、猪肉议销，给城镇居民以定额补贴。1987年，计划分配物资保留粮食、钢材、生铁、汽车、水泥、石油、大化肥等20余种。1991年，推广重庆市国营商业“政府放开，企业管严，放而有度，活而有序”经验，境内市百纺公司等5家国营公司实行“四放开”（价格放开、经营放开、用工放开、分配放开），除国家管的商品外，其他商品由企业定价。1992年，为了强化政府对价格的调控能力，聚集资金，加强宏观调控，防止物价暴涨暴跌，稳定物价，市政府发出《关于实行价格调节基金制度的通知》。调节基金来源：物价部门上缴罚款中提20%；管价商品调价部分提10%；企业库存国家管价商品增值部分提10%；利用属于国家管价商品进行串换顺差部分提10%。价格调节基金用于调控与人民生活相关的商品价格，解决企业突发性的价格矛盾和农业生产发展中某些价格矛盾。是年，全市商业推行“四放开”，工业企业实行“五自主”改革，企业可按价值规律和市场供求情况随行就市，自行作价。企业走向市场，使商品价值、价格、供求大体吻合。是年10月1日，放开国营粮油销售价格，停止使用粮票。1994年，国家取消国产化肥统配计划，至此，物资市场全面放开。2007年底，市物价部门实行国家管价的商品有至关国计民生的电力、自来水、食盐、重要农产品、大部分药品、医疗服务、房地产、教育、交通运输、邮政、电信等11种（类），不足商品全部种类的1%，其余随行就市。

第三节　收费管理

1987年，全市行政事业性收费项目783个，收费金额5125万元。1989年，819项4195万元。1991年，1057项5285万元。市物价局对全市收费项目进行全面清理，查出乱收费346万元，清退68.6万元，减轻社会负担155万元，上缴财政18万元。撤销不合理收费文件8份，取消收费项目168个，降低收费标准24项。是年，对土地荒芜或闲置实行收费，每公顷6000~12000元。城乡居民建房用地征收管理费，耕地每平方米0.8元，非耕地每平方米0.4元。乡镇审批非耕地收取管理费上缴市国土管理局31%。宅基地有偿使用费8%归乡镇，2%交国土管理部门作为业务费和行政事业管理费，其余归村所有。1994年，对全市628个行政事业性收费许可证、1265个收费项目进行全面清理审核，取消收费项目6个，吊销收费许可证83个，取消收费文件2个，查处乱收费单位27个，查出乱收费金额15万元，收缴8万元，退还消费者7万元。1996年，对全市所有学校、医院、公检法、广告、金融、保险、旅游等单位核发收费许可证，进行年检年审。1997年，取消7个对中巴车个体工商户和出租三轮摩托车主的收费项目，降低2个收费标准，发放收费负担卡1200张，为中巴车、摩托车主减轻负担94万元。1999年，对全市20个乡镇(街道)41个农电站进行农户用电清理，平均每千瓦时降低0.05元，每年为农户减轻用电负担800万元。2001年，对不具备收费职能的单位取消收费资格，收费单位由原来375个减少到335个；重新界定全市收费项目，由原来1156个减少到998个，降低收费标准25个，取消本级出台的收费项目39个，其他104个。同年11月，在各乡镇推行农村收费公示制度，公布涉农收费项目和标准，便于群众加强对计划生育收费、建房及医疗收费的监督。2002年，全面清理1996年以后出台的收费文件，取消或废止文件61个。同年，全市设置公示牌360块。2003年，在20个乡镇(街道)机关及群众比较集中的地段设置公示栏40个，在全市各小学设置行政事业收费公示牌35块，发放个体工商户收费负担卡1100个，发放煤矿收费负担卡300个。同年，取消市级出台的收费文件4个，取消收费项目29个，仅交通部门线路有偿使用一项，每年减少车主负担120万元。2004年，市政府下发《关于建立农村价格监督网络和开展涉农收费公示的通知》，建立市、乡镇(街道)、村三级农村价格监督网络。各乡镇成立涉农收费领导小组，聘请农村义务监督员108人。统一制作20万张《涉农收费明白卡》，发到农民手中。2005年，减轻招商引资企业负担，对光明山广场、涟水名城、水榭花都等8个项目核减收费2000多万元。对下岗职工再就业和低保户实行优惠政策，减免33户个体工商户的登记费、管理费130万元，免收420户税务证照费和验证费7.3万元，免收300户交通运管费16.7万元，免收150户卫生证照、评审费1.1万元，免收烟草证照费2.4万元，对低保户每月免收6千瓦时电费，计6378户，免收电费25万元，免收3480户低保困难户义务教育阶段经费23.4万元。2006年，对全市130个收费单位进行全面清理，取消收费项目128个，降低收费标准10项，吊销收费许可证10个，对全市89个行政、事业单位换发收费许可证。2007年，减免学杂费2000万元，调低130项大众化医疗收费标准，取消农村电网改造中向每户农民收取户表费，减轻农民负担300万元。

第四节　价格检查

1987—1988年，检查单位商品价格和收费标准373个次，违价单位262个次，违价金额93万元，收缴37.4万元，退还消费者48.1万元。没收不合格秤376条，没收假酒131瓶。1991年，市自来水公司偷拨水表，超收水费11.65万元。剔除应收部分外实际多收10.64万元，罚款1万元，清退3万元，对有关责任人进行罚款处理。1994年，调查访问群众、基层干部、中小学教师3000多人，责成有关部门清退多收的学杂费266万元，向学生多收取的教育费附加420万元，收缴财政18.6万元，退还151万元。1997年，规范全市中小学学杂费项目和收费标准，减轻学生负担970万元。1999—2000年，开设统一价格举报电话12358，两年受理举报65件，为消费者挽回经济损失4.1万元。2007年，检查单位(包括个体工商户)1565个，查处违价案件1497件(包括未明码标价)，金额537万元，收缴76万元，退还消费者361万元。

1987—2007年，市物价部门出动2158人次，围绕“米袋子、菜篮子、火炉子、书袋子、水管子、肥袋子”为主要内容进行价格检查，检查单位(包括个体工商户)5137个，查出违价单位3501个，金额13727万元，收缴895万元，退还消费者9037万元。

1987—2007年涟源市主要粮、油、菜市场价格

表13-1　　单位:元／千克

品名	大米	猪肉	面粉	青椒	大白菜	豆角	茄子	玉米	冬瓜	红萝卜	西瓜	白萝卜	黄瓜	草鱼	茶油	母鸡
规格	早稻	无骨精肉	75	新鲜	新鲜	新鲜	新鲜	新鲜	新鲜	新鲜	新鲜	新鲜	新鲜	活	清亮	活
1987	0.39	2.50	0.48	0.61	0.16	0.31	0.31	0.24	0.22	0.24	0.27	0.13	0.27	2.80	1.80	2.20
1988	0.525	2.60	0.80	0.87	0.31	0.45	0.53	0.33	0.21	0.27	0.25	0.128	0.26	3.75	1.85	2.40
1989	0.69	3.00	0.80	0.78	0.20	0.46	0.52	0.43	0.21	0.28	0.6	0.10	0.46	3.92	1.90	2.60
1990	0.60	3.00	0.66	0.79	0.205	0.55	0.63	0.42	0.28	0.28	0.53	0.12	0.35	4.05	2.50	3.80
1991	0.50	2.80	0.55	0.79	0.21	0.61	0.50	0.32	0.24	0.33	0.40	0.13	0.39	3.14	3.60	4.90
1992	0.45	3.50	0.65	0.915	0.18	0.63	0.61	0.33	0.32	0.34	0.47	0.18	0.70	4.10	8.10	7.50
1993	0.77	4.60	0.88	1.25	0.35	1.10	0.81	0.75	0.46	0.61	0.65	0.25	0.83	4.80	9.20	8.80
1994	1.15	5.10	0.95	1.41	0.40	1.30	0.90	0.88	0.61	0.70	1.20	0.32	1.02	5.70	9.60	9.50
1995	1.28	5.91	1.17	1.50	0.41	1.40	0.96	0.93	0.65	0.72	1.50	0.33	1.06	5.72	9.70	10.20
1996	1.17	6.49	1.15	0.91	0.46	0.80	0.47	0.81	0.41	0.63	1.40	0.33	0.46	6.28	8.70	10.95
1997	0.94	6.62	1.06	0.75	0.34	0.90	0.70	0.67	0.57	0.59	1.30	0.34	1.00	5.35	9.04	9.40
1998	0.93	6.09	0.90	1.23	0.43	1.18	0.73	0.75	0.56	0.90	1.30	0.30	0.83	4.95	9.80	9.20
1999	0.91	5.70	0.85	1.26	0.35	1.42	0.83	0.68	0.55	0.56	1.10	0.28	0.83	4.35	9.10	8.60
2000	0.65	5.63	0.68	0.78	0.54	1.13	0.85	0.50	0.62	0.58	1.15	0.38	0.75	3.97	7.81	7.19
2001	0.72	5.66	0.72	0.85	0.57	1.02	0.87	0.57	0.66	0.60	1.16	0.40	0.60	4.14	7.41	6.50
2002	0.75	5.50	0.7	0.84	0.45	0.73	0.63	0.64	0.55	0.80	1.28	0.30	0.80	3.60	8.10	7.95
2003	0.76	6.39	0.73	1.23	0.51	1.50	1.50	0.68	0.80	0.60	1.25	0.30	1.00	3.30	9.00	9.45
2004	1.25	7.50	1.50	1.50	0.55	1.50	1.50	0.70	0.88	1.06	1.75	0.76	1.16	3.60	10.00	9.50
2005	1.30	7.50	1.50	1.80	0.83	1.70	1.70	0.72	0.76	1.08	1.92	0.85	1.25	4.70	10.00	10.00
2006	1.20	8.50	1.50	2.00	1.20	2.20	1.00	0.90	0.90	1.10	2.00	0.90	1.20	5.50	9.00	7.00
2007	1.50	12.50	1.80	1.90	1.50	2.40	1.50	1.20	0.88	1.21	1.10	0.82	1.50	6.00	6.80	8.00

说明：75面粉，指小麦的出粉率为75%

第三章　统　计

第一节　机　构

一　市统计局

1987年，涟源市统计局内设办公室、农村经济综合股、商业股、工业股，定编9人。1988年1月，成立市电子计算机站（二级机构）。1990年10月，成立市城市抽样调查队（二级机构）。2004年，成立市企业调查队（二级机构），改工业股为工交能源统计股，改商业股为投资贸易统计股，二级机构市电子计算机站改为内设股室，增设法规股（加挂统计执法稽查队牌子），农村经济综合股更名综合核算股（加挂农村经济统计股牌子），定编17人。2007年，内设机构6个，二级机构2个，定编16人。

二　基层统计机构

乡镇（街道）统计站　1988年12月，全市7个区、49个乡镇（街道）建立统计站，有专（兼）职统计人员312人。1995年，撤区并乡建镇，设20个乡镇（街道）统计站，有专（兼）职统计人员97人。2007年，20个乡镇（街道）统计站配备计算机、打印机、传真机、电话机，乡镇统计信息网络形成，有统计工作人员119人。

部门、企业统计科室　1988年，市商业局、市供销合作社联合社、市粮食局、市物资局、市外贸局、市乡镇企业局等主管部门设立统计股（室），其他行政、事业单位配备专兼职统计人员。1990年10月，境内大中型企业建立统计科（股、室），各类小型企业配备专兼职统计人员。2005年，湖南一六九化工有限责任公司、湖南五江轻化集团有限公司、三一集团娄底市中源新材料有限公司、湖南金塔机械制造有限公司、湖南南方洪源机械制造有限责任公司5家大中型工业企业统计科向省统计局联网直报。2007年，增加湖南顺鑫钢铁有限公司向省统计局联网直报。

第二节　统计报表

1987年，统计报表有农业、工业、商业、交通运输、邮电通信、物资等专业统计，有旅游统计、能源统计、建筑业统计、固定资产投资统计、工业企业经济效益统计、劳动工资统计、国民生产总值统计、小城镇建设基本情况统计、科技和大中型企业技术开发统计。1990年增加外资利用统计。1992年建立新的国民经济核算体系，按季试算国内生产总值。综合统计由微观改为宏观统计，以国内生产总值、总供给、总需求、投入产出等宏观指标反映综合市力。社会统计改单项（人口）统计为多项（人口、科技、教育、卫生、广电、文体等）统计。相应建立工业企业经济效益综合考核指标和财务统计，并逐步推广到农业、交通运输业、商业、建筑业。1993年，实施“7+1”一套表统计新制度（“7+1”指工业、建筑业、固定资产投资、商业、能源、服务业和劳动工资7个常规统计专业实行一套表），是年建立房地产开发投资统计。1996年增加居民消费价格统计。1998年，改工业企业全面报表为规模以上工业（国有及年销售收入500万元以上非国有工业企业）全面报表。2000年，建立妇女发展纲要和儿童发展纲要“两纲”监测和农村贫困监测统计体系。2001年，规模以下工业实行抽样调查，改不变价格为价格指数缩减法计算 GDP 和工农业产值、增加值发展速度。2005 年,增加城镇居民可支配收入调查统计。2006 年,增加新型工业化统计。2007 年,建立基本单位名录库。

第三节 统计调查

一 大型普查

人口普查 1989 年 6 月,启动第四次人口普查。全市通过入户调查登记,计算机汇总,1990 年 7 月 1 日零时,全市总人口 1006665 人。其中,男 518919 人,女 487746 人。常住且户口在市内的人口 998172 人,占总人口 99.16%。1992 年 12 月,全部工作结束。1999 年 4 月,启动第五次人口普查。市、乡镇(街道)均成立普查机构,4790 人参加普查。普查表采取长表与短表两种形式,等距离抽样,10%的居民户填长表、90%的居民户填短表,数据采取光电录入。普查结果:2000 年 11 月 1 日零时,全市常住人口 996893 人。其中,男 521941 人,女 474952 人。普查工作于 2002 年 6 月结束。涟源市第五次全国人口普查领导小组办公室被评为全国先进单位,9 人获全国先进个人荣誉称号。

农业普查 1996 年 10 月,市、乡镇(街道)两级成立农业普查机构,抽调 4567 人开展第一次农业普查,对象为境内农村住户、城镇农业生产经营户、农业生产经营单位、所有行政村村民委员会、所有乡镇(街道)人民政府(办事处)。时间点为 1996 年 12 月 31 日 24 时,1997 年 1 月 1 日起,开展入户调查,月底完成入户登记。全市上报农户登记表 26.8 万份。2 月,市、乡镇(街道)两级普查人员对普查有关表格数据进行审核、复查、纠差。8 月,全部普查数据处理结束。普查结果:1996 年末,全市拥有耕地 49484.9 公顷。其中,水田 30957.21 公顷、园地 5345.33 公顷、渔业养殖面积 6770.55 公顷。全市粮食产量 45.26 万吨,生猪出栏 75.5 万头。农村劳动力 47.6 万人。非住户类农业生产经营单位 801 个。全市农村社会总产值 52.06 亿元。2006 年,开展第二次全国农业普查。全市划分 949 个普查区,3108 个普查小区, 抽调普查指导员和普查员 4439 人。2007 年底完成入户普查登记、表格交接审核、质量抽查验收和数据录入工作,但结论不可靠。

工业普查 1995 年 9 月 30 日,成立涟源市第三次工业普查领导小组,下设办公室,开展普查工作。1996 年 9 月普查结束。普查结果表明:1995 年末,全市有工业企业和生产单位 6602 个(其中,工业企业 1211 个,私营个体工业户 5391 个),比 1985 年末增加 276 个;工业从业人员 112593 人,比 1985 年增长 20%;乡及乡以上工业企业资产总额 18.01 亿元,比 1985 年增长 6 倍。全市工业总产值 26.43 亿元,工业增加值 8.7 亿元。原煤、水泥、生铁、发电量等主要工业产品产量分别达到 522.07 万吨、49.35 万吨、4.02 万吨、5391 万千瓦小时。326 个乡以上工业企业,年产品销售收入 12.13 亿元,产品销售税金及附加 1865 万元,亏损 6433 万元,年末负债 14.14 亿元。其中,44 个国有企业负债 8.71 亿元,281 个集体企业负债 5.39 亿元,1 个合资企业负债 382 万元。

第三产业普查 1993 年 10 月,成立全市第三产业普查领导小组及办公室,中央、省、娄底地区驻涟源各单位以及市直各战线、区、乡镇(街道)建立普查领导机构,配备普查员 4767 人,10 月中旬开展工作,1995 年 7 月结束。普查结果:1992 年末,全市第三产业单位 15460 个。其中,独立核算单位 1753 个,单独核算单位 1583 个,从事第三产业的城乡个体工商户 12124 个。第三产业从业人员 54625 人。其中,独立核算单位 24350 人,单独核算单位 13674 人,个体工商户 16601 人。企业单位营业收入 18296 万元,销售税金 1283 万元,营业利润 3103 万元;个体工商户营业收入 13626 万元,上缴税金 979.6 万元。全市第三产业增加值 26670.8 万元。

基本单位普查 1996 年 10 月 15 日,开始对全市所有法人单位及法人单位所附属的产业活动单位进行普查。1997年3月完成普查登记、数据处理和资料上报。结果表明:1996年12月31日，全市有法人单位1790个,法人单位所附属的产业活动单位887个。2001年8月,对全市所有法人单位、产业活动单位以及个体工业、贸易餐饮业户进行普查。12月31日前完成普查登记,2002年6月完成普查录入、审核汇总整理,结果表明:2001年12月31日，全市有法人单位2015个，产业活动单位3135个（其中多产业活动单位1700个)。市普查办公室被评为省先进单位。

经济普查 2004年3月,成立市经济普查领导小组,下设办公室,开展第一次经济普查工作。2004年12月31日为普查登记标准时间。2005年1月1日起进行正式普查登记。普查结果表明:2004年末,全市从事第二、三产业的法人单位2355个,从业人员84079人;产业活动单位3408个,其中多产业法人单位所属的产业活动单位1182个。按性质分类:企业法人单位922个,从业人员55761人,资产总计661351万元;机关法人单位82个,从业人员7287人;事业、社会活动单位1351个,从业人员21031人。按从事产业分类:第二产业690个,从业人员46448人;第三产业1665个,从业人员37631人。个体工商户16632户,从业人员37477人。在全部个体工商户中:第二产业2175户,从业人员14392人;第三产业14457户,从业人员23085人。市经济普查领导小组办公室,被国务院经济普查领导小组办公室评为全国先进单位。

二 抽样调查

人口抽样调查 1987年9月,国务院部署,国家统计局组织,省统计局在涟源抽取4个乡镇12个村400户1200人进行第一次1‰人口抽样调查,以后1‰人口抽样调查于每年11月1日零时为调查时点开展(逢末位为0的人口普查年度和末位为5的1%人口抽样调查年度除外),调查样本点由省统计局抽取。1995年、2005年,省统计局在涟源抽取8个乡镇22个村(居)4000户12000人开展1%人口抽样调查,以后逢末位为5的年度11月1日零时为调查时点开展。2002年起,1‰人口抽样调查改为:人口变动、劳动力和群众安全感三项调查。

城市社会经济抽样调查 1996年3月,全市开展社会消费品物价调查和物价指数编制,确立物价调查点12个,调查商品计8大类487个,每月采集商品价格8次。2004年8月,抽取城区12个村(居)和城区外2个村(居)560户城镇居民住户作为大样本,按户人均收入排序,进行等距抽样,抽取50户作为全市城镇居民住户样本户,调查内容主要包括居民家庭人口、就业、收入、消费、储蓄、耐用消费品和住房情况等数据和资料。

工业抽样调查 2005年3月,进行工业抽样调查,调查规模以下工业企业和个体工业户,样本框来源于2004年全市第一次全国经济普查资料。抽样调查样本涉及17个乡镇(街道)的28个村(居),抽取样本有规模以下工业企业26家和个体工业户28家。

其他抽样调查 1992年开始,每5年开展一次国民财产调查。1995年以后,常年开展小型批发零售贸易企业、餐饮企业和个体贸易餐饮业商业户抽样调查。2001年,开展“两个确保”(确保企业下岗职工的生活费按时足额发放,确保企业离退休人员养老金按时足额发放)调查。2005年以后,每年12月份,开展工业企业成本费用调查。

第四节 统计服务

图 13-1 1987—2007 年，市统计局编纂的《统计年鉴》(《国民经济和社会发展统计资料》)

1986 年开始，每年编辑出版《涟源统计年鉴》和《涟源市国民经济和社会发展统计公报》。1993 年起，进行政府目标管理、三个文明建设、八件实事和新型工业化考核，进行市政府领导班子、机关作风建设和环境优化测评，群众安全感问卷调查，“两纲”(妇女发展纲要和儿童发展纲要)和贫困县市监测等。1995 年 6 月起，增加《涟源市国民经济和社会主要统计指标月报卡》，2005 年改为彩版，增加经济运行点评，作为内部资料向领导和相关部门提供决策服务，是年建立涟源统计信息网，面向大众，服务社会。2000 年，在申报省贫困市、全国产粮大市、全国生猪大市的工作中，市统计部门为市政府提供大量详细资料，向上级有关部门汇报。1987—2007 年，累计出版《涟源统计资料》679 期，37 篇文章被省级刊物和湖南省统计信息网站采用。

第五节 统计宣传与执法

一 统计宣传

1988 年 12 月，市政府组织全市各单位开展统计法律法规学习宣传月活动，悬挂宣传横幅 230 条，发放学习资料 7500 册。1991 年，市普法办、市司法局、市统计局联合制定《涟源市统计法制教育“二五”(1991—1995)规划》，统计普法列入全市普法规划。1992 年起，进行系统的统计法规知识培训，培训对象为各机关团体、企事业单位法人代表，统计负责人和统计人员，年培训人数在 230 人以上。1993 年 12 月，全市开展《中华人民共和国统计法》(简称《统计法》)颁布 10 周年宣传月活动。1994 年，市统计局、市政府法制办、市人大常委会财政经济工作委员会联合组织全市统计法律法规培训班，培训 616 人。2003 年 12 月，开展《统计法》颁布 20 周年宣传月活动。1997—2007 年，市统计局、市普查办在全市人口普查、农业普查、经济普查、基本单位普查时，培训业务人员 15500 人次。

二 统计执法

1987 年，市统计局确定 3 人负责统计执法。1990 年 10 月，市统计局接到群众举报，马家境街道新中村上年实际出生人口 38 人，仅上报 18 人，严重违犯《统计法》，市统计局对该村罚款 200 元，责令村秘书(统计员)作出检讨，通报全市。1993 年以后，年检查单位在 70 家以上。1994 年 5 月，成立市统计执法大检查领导小组。10 月，成立市人民法院统计行政审判联络室。1995 年起，市统计局实行全员执法。1994—1997 年，每年 6—9 月，各单位先开展自查，然后市统计局、市政府法制办、市监察局联合，分 3 个组，各抽 30 个单位进行检查。其间，市冶炼厂因虚报产值，瞒报库存，被处罚款 8000 元；中国工商银行涟源市支行、市广播电视局瞒报劳动报酬，均处 12000 元罚款。1998 年，市纪委、市委组织部、市统计局联合开展统计执法大检查。全市重点检查 370 个单位。其中，3 家单位予以依法处罚，6 家被责令整改。1999—2007 年，市统计局实行常年执法检查，检查单位 781 个次，依法处理严重违犯《中华人民共和国统计法》的单位 59 个次，责令整改单位 87 个次。

第四章　审计监督

1987—1988年，涟源市审计部门重点审计国营企业成本、利润的真实性、合法性。1989—1994年，重点审计行政事业单位财务收支、乡镇财政、企业承包经营责任及国有资产保值增值。1995—1998年，重点开展财经法纪和金融行业审计。1996—2007年，突出同级财政预算执行审计、建设工程投资审计、领导干部经济责任审计、企业改制审计及专项资金审计。

1987—2007年，市内完成审计项目1166个，审计查出违纪金额83818万元，追缴财政4009万元，追回专项资金1680万元，查出贪污案件20起，涉案49人，移交纪检、司法机关处理。

第一节　机　构

1987年，涟源市审计局内设工商企业审计股，基建、行政事业审计股，定编9人。1988年8月，基建、行政事业审计股更名行政事业审计股，增设财金基建审计股和办公室，定编22人。1989年6月，撤销财金基建审计股，分设财政金融审计股、基本建设审计股。1991年5月，增设农林水审计股。1994年3月，增设综合法规股。1996年，内设机构定为7股2室：工商企业审计股、财政金融审计股、投资外资审计股、行政事业审计股、农林水审计股、城镇集体经济审计股、综合法规股、办公室和监察室，定编27人。1999年，成立市领导干部经济责任审计办公室。2000年，成立市建设项目工程造价审计中心，为二级事业机构，定编6人。2002年，内设9个职能股室：办公室、法规股、财政金融审计股、行政事业审计股、经贸审计股、农业与资源环保审计股、投资外资审计股、市领导干部经济责任审计办公室和监察室，定编26人。下设自收自支正股级二级事业机构市建设项目工程造价审计中心，定编6人。2005年，市建设项目工程造价审计中心更名市建设(技改)项目审计监督中心。2007年，机关定编26人，监督中心定编7人。

第二节　国家审计

一　财政审计

同级财政预算执行审计　1995年前，实行"上审下"原则，涟源市财政审计由娄底市审计局实施。1996年1月起，每年对同级财政预算执行情况开展审计，至2007年，审计面覆盖67个预算执行单位，查出违纪金额6777万元。其中，财政违纪金额5419万元，税务违纪金额1358万元。审计收缴入库1300万元，责令归还原资金渠道900万元，提出审计建议62条。

乡镇(街道)财政审计　1987年，开展乡镇(街道)财政奖金发放审计调查，刹住滥发奖金之风。1988年，在毛坪乡进行首例乡级财政审计，查出向下收取会议伙食费、"驻点干部工资"等9000元，用于给干部发电风扇、春节物资等，依法作清退处理。1990年，审计乡镇(街道)财政，查出乱收费、乱罚款、乱摊派、管理混乱、纪律松弛、滥发钱物、负债较重等问题。南风乡企业负债达400万元，乡政府仍耗资20万元修建办公楼，两年请客送礼，滥发钱物达16万元，审计依法追缴10万元。1991年，审计9个乡镇，查出违纪违规金额258万元，上缴财政23万元,罚款3万元。1992年,清理整顿乡镇(街道)财政财务,建章立制。1999年,全面检查新的乡镇(街道)财政管理体制实施情况,为市财政追回收入100万元,保证财政体制正常运行;对乡镇(街道)财政负债情况开展专项审计调查,发现乡镇(街道)财政状况严重恶化,提出审计建议5条。2002年起,每年审计5~6个乡镇财政决算情况。1987—2007年,完成乡镇(街道)审计项目72个,查出违纪违规金额7283万元,上缴财政121万元,提出审计建议182条,完成财政专项审计调查项目22项。

二 基建投资审计

1987—2007年,完成基建开工前审计签证236项,核减投资1511万元,压缩建筑面积12600平方米;开展基建投资项目审计120个,查出违纪违规金额1266万元,核减工程造价3950万元,上缴财政95万元。

新开工项目签证审计 1990年办理开工前审计签证手续39户,申报资金1062万元,审计核实签证780万元,核减未落实和不合法资金281万元,压缩建筑面积5040平方米。1991年完成基建签证审计单位30个,核减不合规和计划外面积规模2564平方米、投资额70万元。1992年,进行开工前审计50项,审查投资额3769万元,压缩基建规模4996平方米,削减投资160万元。1993年,完成开工前审计21项,压缩非生产性投资250万元。1994—2000年,完成开工前签证审计96项,削减投资1000万元。2000年后,开工前签证审计逐步取消。

基建投资审计 1987年会同计委对全市基建投资完成情况及效益开展专项检查,提出建议6条,规范基建投资管理。1990年,审计市冶炼厂基建工程,核减投资27.93%,1人因经济问题移送检察机关;杨家滩水泥三厂工程决算核减11%,查出贪污受贿5起,6人移送纪检部门和检察机关。1994年审计发现涟源宾馆装潢决算水分较大,责令暂停支付工程款,经审计后,挽回损失60万元。2004年市政府制定《涟源市投(融)资建设项目审计监督实施办法》,全市国有投资建设项目,须经审计后方可办理竣工决算。是年审计建设项目6个,核减工程造价1010万元。2005年审结工程造价项目6个,送审金额2050万元,审定金额1460万元,核减590万元,核减率28.78%。其中,市化工厂送审766万元,核减326万元。2006年完成工程造价审计项目25个,送审金额6200万元(其中,包干部分造价2800万元、按实结算部分造价3400万元),审计审定额5400万元,按实结算造价核减率达22%。市人民医院住院大楼土建及水电安装工程送审3900万元,净核减370万元;网络安装工程送审420万元,净核减110万元,按实结算造价核减率达58%。2007年完成工程造价审计项目11个,送审金额6700万元,审计审定额5150万元,核减工程造价1550万元,按实结算部分核减率32%。首次对市自来水总公司和市圣泉直饮水公司合并重组的投资效益进行审计,找出两家公司效益不佳的主要原因是决策失误,投资成本过大,提出保证项目正常运转应对措施。

三 行政事业单位审计

1987年,开展行政经费增长过快审计调查,提出压缩行政经费具体措施6条。1990年,查出市公安局交警大队城区中队私设"小金库",私分滥发,纪检监察部门对2人给予留党察看,1人严重警告和行政撤职处分。查出农机局私设"小金库"5个,追缴公款私存23万元。1994年,市地质矿产局挪用专项资金22万元,截留应交财政罚没收入5.7万元,并违规购车、非法着装,审计责令清退着装款,追缴财政9万元。1996年,市工商局蓝田工商所截留行政事业收费收入,私设"小金库"33万元,从中私分17万元;审计收缴24.6万元,清退个人非法所得12.2万元。是年至1998年,查处市劳动局、市人事局、市民政局、市水利局、市经委、市计生委、市卫校私设"小金库"383万元。2000年,查出市检察院坐支应缴未缴财政收入257万元、挤占赃款38万元、办案赞助费126万元未入账,审计责令全额收缴财政。2005年,对24个行政事业单位开展审计,查出违纪违规金额2000万元,收缴财政70余万元,进行调账处理200余万元,自行纠正500余万元。2007年末,重点开展"普九"(普及九年义务教育)债务审计,摸清、核实全市"普九"债务家底,锁定"普九"债务9334万元,向上级申报补助核定基数。

1987—2007年,审计行政事业单位600个(次),查出违纪违规金额30700万元,上缴财政1590万元,返回原资金渠道1200万元,调整账务600万元,提请纪检部门对3人给予纪律处分。

四 专项资金审计

1987年,开展民政事业费专项审计,追回被挪用专项经费50万元。1990年,审计教育系统24个单位,查出违纪金额96万元。其中,市五中乱收费37万元,12个教育局直属单位有8个私设"小金库",达67万元,滥发奖金补助23万元。查出城建资金挪用80万元,公款私存24万元,挥霍浪费严重,审计责令追回专项资金120万元,清退追缴财政53万元。1992年,审计"退休费用社会统筹""职工待业保险""自然灾害救济款物""红十字会救济款物""公路养路费"等专项资金,查出违纪违规金额38万元,追回被侵占挪用资金18.2万元。社会劳动保险公司经管养老保险基金账务混乱,对全部账务彻底清理,帮助重新建账。1993年,审计查出全市外流广东、海南等地炒地皮资金3979万元,督促收回400万元;对17个掌管农业资金和物资的单位开展审计,查出违纪金额561万元,归还原资金渠道420万元;查出并追回市环保局挪用专项资金25万元。2004年,对计育、社保、农业、煤炭、国土等专项资金审计,查出违规金额483万元,追回被挤占挪用专项资金14万元。2005年,对城市公用事业电费附加审计,查出少征电费附加3.4万元、多缴电费附加税费52万元、违规坐支电费附加手续费7万元、电费附加未列入财政预算专账管理;开展粮食直补和良种补贴专项审计,查出上报面积超过计税面积,1个乡镇以两补资金11万元抵扣以前年度税费、7个乡镇截留挪用两补资金2万元、虚列转移两补资金10万元。2006年,对农业综合开发、疾病控制体系、世界银行贷款、扶贫开发及政府采购情况开展专项审计,查出1个乡截留挪用扶贫资金18万元弥补行政经费,4个村挪用扶贫资金13万元偿还村级债务或挪作他用。2007年,专项审计劳动保障"五项基金",查出医疗保险费收入日平均余额超200万元、企业职工保险费收入日平均余额超100万元未及时解缴财政专户,私营企业社会保险费少征收564万元,管理不规范、违规调剂基金765万元。

1987—2007年,完成专项资金审计项目60个,查出违纪违规金额2900万元,追回被挤占挪用专项资金1680万元。

五 金融机构审计

1987年,审计查出县保险公司以虚开发票、收取回扣手续费等手段私设"小钱柜",用于滥发钱物,审计责令清退。1989年,对市工行、市农行进行信贷资金审计,揭露信贷资金失控、投放失误、银行转嫁罚息负担等严重问题。1993年,对5家银行信贷资金开展跟踪审计,查出违纪金额7100万元。其中,逃避规模贷款3094万元,违规拆借2430万元,违规从事房地产业务959万元,自办经济实体违规12万元。通过审计收回拆借1100万元,增加储蓄1048万元,为重点工程和企业注资2500万元。1995年,审计查出蓝田农村信用社偷漏税费38万元;查出其他41个农村信用社违纪金额350多万元,补交税金100万元。1996年,审计查出市农行虚列利息支出转移资金219万元,用于支付储户"揽储奖金";市建行虚列利息支出、截留下级上缴收入私设"小金库"140万元,另在账外违规支付储户存款奖金190万元,审计依法追缴财政360万元。1999年,查出市建行1997年以来违规虚列利息支出套取186万元,账外私设"小金库",用于支付高额利息,房地产信贷部私设18万元"小金库",审计后,全额追缴财政。2000年,审计署将金融系统审计权上收,金融机构审计监督逐步由上级审计机关直接进行。2001—2002年，审计查出蓝田、斗笠山、安平、龙塘4家信用社虚列利息支出467万元用于贴现吸收存款，偷漏税款31万元。

1987—2007年，完成金融审计项目36个，查出违纪违规金额7900万元，上缴财政75万元，责令调整账务16629万元。

六 国有、集体企业单位审计

1987年，县属企业在计划体制下运作，审计的重点是企业的成本利润是否真实、合法及效益状况如何。是年，对市造纸厂损失浪费开展调查，查出造纸厂主要负责人官僚主义严重，吃喝玩乐，工作不负责任，造成损失71万元，移交市检察院查处。1988年起，开展企业领导离任和承包经济责任审计，审计重点转至资产负债及国有资产的保值增值，查处材料不实、利润不实等问题，参与企业承包招标、考评、鉴证工作。1990年，审计市保温瓶厂，查出贪污受贿23人，占全厂职工13%，审计建议并最终改组领导班子，健全内部制度，帮助企业恢复生产。1991年，审计市铁厂，查出虚增利润22万元，专用基金超支131万元，基建超支91万元；对柏树乡锰矿承包经营审计，向承包人追回资金15万元，查出受贿10人次，移送检察机关1人，监察机关1人。1992年，把握重点企业，逐步向内部控制制度和经济效益延伸，维护企业合法权益，帮助企业转换经营机制，提高经济效益。市阀门厂通过审计澄清家底，新上任领导大胆创新，实现扭亏为盈；开展国营工业企业工效挂钩情况调查、工业技术改造投资效益调查、粮油提价后对粮食企业盈亏及财政影响调查，为宏观决策提供可靠和有效依据。1993年，审计核实粮食行业累计亏损1868万元；市磷肥厂经审计，通过完善内控制度，在上年亏损60万元基础上扭亏为盈，盈利10万元。1997年，对8家农电站开展审计，查出4家私设"小金库"，最多达50万元，供少数人公款消费挥霍，3人被立案查处。1998年起，围绕企业改制、体制转型等开展审计，着重保护国有资产，促进改制顺利进行。是年，配合全国粮食流通体制改革，对粮食系统开展粮食亏损挂账审计，减少财政挂账亏损1381万元；查处市化轻公司虚开发票，套取现金26万元私设"小金库"，用于不正当开支，3人移送纪检监察部门查处。2001年，对市化轻总公司开展企业改制破产审计，查出私设"小金库"117万元用于请客送礼和账外经营，向个人清退违纪违规资金40万元，5名责任人移送市纪委立案查处。2005年，对市化工厂开展企业破产改制审计，查出其主要负责人利用企业倒闭改制之机，开具假发票70余张，贪污受贿200余万元，核减基建工程造价300余万元、高利率贷款利息100多万元、假债务20余万元，为国家挽回经济损失600余万元，查处涉案人员12人，7人被追究刑事责任。2006—2007年，按照市政府部署先后对全市物资、商业、外贸、供销等行业开展企业改制审计，核查企业家底，保证全市企业改制顺利推进。

1987—2007年，全市审计国有、集体企业108次，查出违纪金额7754万元，上缴财政466万元。

七 领导干部经济责任审计

1988始，对市属国营企业厂长经理开展离任审计。1996—1997年，对市冶炼厂、市电线厂、市农电部门负责人进行审计，18人移送纪检监察和司法机关处理。2000年，对湄江风景区管理处、市技监局、市物资总公司、市房改办、市委党校、市冶炼厂6个单位开展经济责任审计，查出市物资总公司下属化轻公司私设"小金库"39万元进行私分送礼，经理被就地免职，2名副经理被撤职。2001年，对市文化局、市民政局、市房地产局等12个单位领导人开展经济责任审计，查出市民政局下属单位市光荣院私分救灾款2万元，3人被处理下岗。2002年，对18个乡镇和市直行政机关"一把手"开展经济责任审计。其中，一批次对8个拟提拔领导干部开展任前审计，为市委用人提供依据，5人被提拔使用。2003年，对市水务局、市计生局、市财政局等15个单位18位领导人开展经济责任审计，查出违纪违规金额300万元，追缴财政32万元。2004年，完成经济责任审计项目 21 个，审计党政“一把手”26 人，查出违纪金额 800 万元，追缴财政 62 万元。2005 年，市人大常委会规定：“凡由市人大常委会任命的‘一府两院’工作人员未经审计部门审计，不得进行讨论；审计有严重违纪违规问题的，一律不得任命”。是年，对 23 个单位 27 个责任人开展经济责任审计，查出违纪金额 3738 万元，收缴财政 61.75 万元。2006 年，对 20 个单位 25 个责任人开展经济责任审计，查出违纪金额 2947 万元，收缴财政 37 万元。2007 年，对 17 个单位、22 个责任人开展任期经济责任审计，查出违纪金额 8451 万元，收缴财政 69 万元。

1988—2007 年，开展领导干部经济责任审计 170 人次，查出违纪违规金额 19238 万元，追缴财政 362 万元，18 人移送纪检司法部门处理，6 人被行政处分。

第三节　内部审计

1987 年，市农业局内审机构对市种子公司进行审计，查出 32 人次集体贪污 4200 元，市纪检部门对主要负责人给予开除党籍处分。1989 年，市供销合作社联合社审计室内审发现荷叶供销社生资仓库负责人梁某某贪污 16 万元，追回 13.5 万元。1991 年，供销社内审完成项目 47 个，查出万元以上贪污案 2 起，10 万元以上挪用公款案 1 起，28 人受党纪政纪处分，3 人移送检察机关立案。2007 年，28 个单位保留内部审计机构，有内审人员 69 人。

1987—2007 年，全市完成内部审计项目 1020 次，为企业纠正违纪金额 2087 万元，挽回经济损失 2432 万元，促进增收节支 1168 万元，建议给予党纪政纪处分 60 人次，移送司法机关查处 30 人。

第四节　社会审计

1991 年 5 月，成立市审计事务所，定编 3 人，为独立核算、自负盈亏的事业单位。是年，接受市审计局委托审计 5 个项目，查出违纪金额 23 万元，上缴财政 13 万元。1992 年，完成市审计局委托审计 4 个项目，查出违纪金额 187 万元，上缴财政 13 万元；对 8 个单位进行“三大检查”（财政、税务、物价），上缴财政 3.8 万元。接受其他单位委托审计、验证事项 88 项，对 7 起经济纠纷进行鉴定。1993 年，完成委托项目 207 个。其中，验资 168 项；基建工程决算验证 22 项，核减工程造价 130 万元；财务收支查证 8 项，为委托单位挽回经济损失 118 万元；经济纠纷鉴定 3 起；担任常年咨询顾问 6 家，纠正财务违纪 100 万元；开展“三大检查”27 个单位，查出违纪金额 23 万元，上缴财政 2.7 万元；查出 10 万元以上贪污大案 1 起。1994 年 2 月，市审计事务所更名市审计师事务所，9 月市财政局成立涟源市会计师事务所。1995 年，市审计师事务所参与“小金库”清理和“三大检查”，为财政增收 36 万元；通过 29 项基建工程造价审计，核减工程造价 400 万元；完成 95 项注册验证，核减虚假注册资本金 1200 万元；为 6 户企业负责人开展离任审计，核增、核减盈亏 950 万元。1996 年，承办验资 450 户，核减虚假注册资本金 1200 万元；对 2 起经济纠纷进行鉴定；对 5 个基建项目进行审计，核减基建工程造价 250 多万元；接受委托对 2 个单位财务收支开展审计，为单位挽回损失 55 万元。1997 年，完成 527 个委托事项，核减虚假注册资本金 1885 万元，为委托单位挽回经济损失 178 万元，核减基建造价 789 万元。1998 年，完成委托事项 158 个，核减虚假注册资本金 218 万元，为委托单位挽回经济损失 21 万元，核减基建造价 185 万元。1999 年对 5 个村级经济组织开展鉴证审计，12 月市会计师事务所被省财政厅撤销。是年，市审计师事务所实行脱钩改制，因未达到国家标准，2000 年 1 月被省财政厅撤销。

1991—1999 年，市审计事务所开展经济查证、鉴证、验证、咨询、基建预决算咨询等服务项目及市政府、市审计局委托的有关审计查证工作，完成各类委托业务 1819 起，审计基建工程预决算 96 项，为国家和建设单位节约建设资金 2010 万元，核减虚假注册资本金 4503 万元，“三大检查”查出违纪金额 366 万元，收缴违纪金额 81 万元，为委托单位增收节支 1240 万元。

2002 年 2 月，省财政厅批准成立涟源市三星联合会计师事务所，2006 年更名娄底三星联合会计师事务所。2002—2007 年，执行验资业务 816 份，验资金额 8000 余万元，出具审计报告 830 份、评估鉴定报告 352 份。

第五节 审计宣传与法制建设

一 审计宣传

1987—1988 年，召开审计专题宣传贯彻会议 2 次，广播专题讲话 1 次，广播宣传稿件 5 篇，印发大张法规 500 张，法规小册子 3000 本，组织财政专题法制学习班 1 期，参加学习人员 120 人。1994 年，市审计局成立 10 周年，市委、市政府召开全市审计工作会议暨先进表彰大会，授予市教委等 8 个单位内审组为审计工作先进单位，授予李霄霈等 20 人为审计工作先进个人。1999 年，宣传《审计法》，召开全市财务分管领导和财务负责人会议，市长发表电视讲话，《涟源报》刊登宣传内容，编印《审计法》单行本 2000 册。2006 年，涟源电视台全文播出修订后的《审计法》，《今日涟源》刊发《审计法》宣传专号。

二 法制建设

1987 年，审计、财政联合转发《国务院办公厅关于坚决制止滥发钱物和用公款旅游的通知》。1993 年，市政府下发《关于委托涟源市审计事务所进行基建工程预、决算审计的通知》，1993 年 5 月起，凡市内新建、扩建的基本建设项目及技术改造项目，由市审计事务所负责审计。1994 年，市审计局增设综合法规股，专门负责审计法制工作。2000 年，市政府颁发《关于进一步强化审计监督的通知》。2002 年，市政府办转发娄底市人民政府《关于印发〈娄底市投（融）资建设项目审计监督实施办法（试行）〉的通知》，市审计局制定《重大审计事项集体审定制度》《审计执法过错责任追究办法》和《审计复核规程》。2004 年，市政府印发《涟源市投（融）资建设项目审计监督实施办法》，强调全市所有国有投资建设项目，须经审计后方可办理竣工决算。2006 年，市审计局制定《涟源市审计局优秀审计项目评比办法》。2007 年，市审计局与市纪委、组织、检察、法院、公安、监察、财政、人事、信访等部门联合出台《涟源市反腐败案件查办联席会议制度》。

第五章　国土资源管理

第一节　机　构

一　市国土管理局

1987年3月，涟源县农业区划办公室、国家建设征地拆迁办公室和农房建设办公室合并组建县国土管理局（简称县国土局），内设办公室、人事政工股、财务股、地籍地政管理股、法规监察股、建设用地管理股、农业区划办公室7个股室，定编25人。1988年，成立市国土局测绘队、7个区国土办公室和49个乡镇（街道）国土管理所，各所配国土管理员2~3人。1995年，撤销各区国土办公室，49个乡镇（街道）国土管理所合并为20个。1996年12月，收编基层国土管理所为市国土局股级机构，总编制89人。1998年，局机关内设机构调整为办公室、人事股、财务股、建设用地管理股、地籍地政管理股、法规监察股、地产开发管理股、土地出让股、土地规划开发股（加挂市农业区划委员会办公室牌子）、征地拆迁事务所、地价评估事务所、测绘队（加挂市测绘行业管理办公室牌子）12个股室（所、队），全局在编179人。

二　市地质矿产局

1987年7月，成立涟源县矿产资源开发管理办公室，属省地质矿产局派出机构，定编4人，接受上级地质矿产主管部门和县人民政府双重领导。1992年6月更名市矿产资源管理局。1995年1月更名市地质矿产局。1996年，内设办公室、矿产开发管理股、法制股、财务股、监察室5个职能股室，下设市矿产资源补偿费征收稽查办公室和市矿业服务中心2个二级机构，全局定编23人。

三　市国土资源局

2005年7月，市国土局、市地质矿产局合并，组建涟源市国土资源局，内设办公室、信访室、人事教育股、财务股、政策法规股、规划股、耕地保护股、建设用地股、地籍管理股、地产管理股、矿产资源储量管理股、矿产开发管理股、地质环境勘查股、测绘管理股、执法监察大队、监察室、总工程师室等17个股室（大队），定编85人；二级机构有市土地收购储备中心、市矿产资源补偿费征收办公室、市征地拆迁事务局、市测绘大队（市地理信息中心）、市土地矿产交易中心、市矿业开发服务中心、市土地开发整理中心、市地质环境监测站，定编127人；20个乡镇（街道）设置国土资源所，为市国土资源局派出机构，定编230人。2007年底，全市国土资源系统定编442人，实有462人。

第二节　土地资源调查

1982年8月—1986年11月，涟源作为全国十个试点县市之一，在全市开展第一次土地利用现状详查。以1/10000的航片及地形图为基础图件，实地调绘（勾绘资源分类图斑）确认村级行政界线，地类权属界线，编制土地利用现状图96幅，将地类按8大类46个二级地类汇总数据。详查专题报告和数据稿经省、地农业区划办公室验收鉴定合格,1987 年 3 月编入《涟源县农业区划报告集》和《涟源县农业区划数据集》。全市总面积 1894.59 平方千米。其中，耕地 61776.27 公顷（水田 37335.14 公顷，旱土 24441.13 公顷），占总面积 32.61%;园地 8135.53 公顷(橘园 1384.20 公顷,茶园 5810 公顷,梨桃等果园 476.6 公顷,黄花、药材等其他园地 464.80 公顷),占总面积 4.29%;林地 57807 公顷,占总面积 30.51%;居民点及工矿用地 12022.20 公顷(城镇用地 256.27 公顷，农村居民用地 10160.73 公顷，独立工矿用地 717.87 公顷，坟山等特殊用地 789.87 公顷),占总面积 6.35%;交通用地 806.87 公顷,占总面积 0.43%;水域 9462 公顷(河流 2062.33 公顷,水库 1291.40 公顷,水塘 5377.53 公顷,沟渠 730.73 公顷),占总面积 4.99%;未利用土地 39449.13 公顷(荒草地 7971.67 公顷,裸岩石砾地 9589.33 公顷,田埂 8915.27 公顷,土坎 12675.13 公顷,裸土地 297.73 公顷),占总面积 20.82%。无专门天然草地,林间、空坪隙地和四旁(宅旁、村旁、路旁、水旁)等各种荒草地近 80000 公顷。

1992—1993 年,开展土地详查补调工作。在第一次详查基础上,对权属有争议及原调绘存在错、漏、更新的地块进行核实、补登、更正。以行政区为单位分 7 个调查小分队,耗时 14 个半月,调查各类资源图斑 46758 个,确认权属界线 2874 条。采用方格量算法,整理近 20 万个数据。经过野外实地补调和室内量算统计,完成各类土地资源变更测绘及面积测算、汇总、统计。确定全市实有土地总面积 1896.02 平方千米。其中,耕地 51820.18 公顷(水田、旱土),比 1984 年第一次土地详查 61776.27 公顷,减少 16.12%;园地 5700.92 公顷,林地 60627.62 公顷,城镇村庄及工矿用地 17071.93 公顷,交通用地 1539.09 公顷,水域 10711.99 公顷,未利用地 42129.96 公顷。1996 年,开展土地变更调查,全市土地总面积 1895.55 平方千米,人均耕地 0.05 公顷,在联合国公布的 0.053 公顷的警戒线内。处临界线以上的 337 个村,临界线的 427 个村,临界线以下的 153 个村。其中,人均耕地不足 0.013 公顷的 22 个村。

2007 年 7 月,全国启动第二次土地利用现状调查,包括农村土地调查和城镇地籍调查。涟源是全国土地调查试点单位之一,市里成立第二次土地调查工作领导小组,抽调 30 多名专业技术人员组成调查工作队,全面启动外业调查，对全市每一宗土地按地块进行实地调查。2009 年，调查结果显示：全市土地总面积 1911.79 平方千米。其中,耕地 54842.13 公顷,占土地总面积的 28.69%;园地 3826.31 公顷,占 2.00%;林地 77079.76 公顷,占 40.32%;草地 8140.56 公顷,占 4.26%;城镇村及工矿用地 23454.58 公顷,占 12.27%;交通运输用地 3537.18 公顷,占 1.85%;水域及水利设施用地 9189.61 公顷,占 4.81%;其他土地 11108.82 公顷,占 5.81%。按三大类分,全市农用地 153079.14 公顷,建设用地 26991.9 公顷,未利用地 11108.88 公顷。

第三节　土地利用规划与实施

一　土地利用总体规划

1993 年 11 月—1994 年 12 月,编制第一轮《涟源市土地利用总体规划》。划定市区、建制镇、集镇、村庄规划区和基本农田保护区。1997 年 9 月开始,开展历时两年的市、乡(镇、街道)两级土地利用总体规划修编工作。1999 年 7 月 29 日,省政府下发《关于娄底地区各县市和永丰、上梅镇土地利用总体规划的批复》,批准同意《涟源市土地利用总体规划(1997—2010)》实施。

2000 年以后,全市社会经济发展速度不断加快,用地需求增加,土地利用与社会经济发展的矛盾日渐凸显。2006 年,开始新一轮土地利用规划修编。规划以 2005 年为规划基期年,以 2020 年为规划目标年,规划期限为 2006—2020 年。开展耕地、建设用地、闲置土地等专项清理,摸清全市土地家底,确定规划期数,编制城

二　划定基本农田保护区

1990 年 3 月—1993 年 10 月，市内首次开展基本农田保护区划定工作。划定基本农田保护区 4352 块，保护面积 47126.31 公顷（水田 29136.19 公顷，旱土 17990.11 公顷），绘制基本农田保护区示意图 246 幅，立水泥保护牌 153 块，墙壁保护牌 273 块，基本农田保护率 91%。农田保护区内实行"六不准"：不准建房、不准炼焦、不准烧砖瓦、不准新建鱼池、不准毁田植树、不准动土挖沙。1995 年 10 月 18 日，市政府印发《涟源市实施<基本农田保护条例>的规定》，确定基本农田保护范围，设立保护标志，实行基本农田保护区"五不准"（不准非农建设占用基本农田；不准以退耕还林为名违反土地利用总体规划减少基本农田；不准占用基本农田进行植树造林，发展林果业；不准在基本农田内挖塘养鱼和进行畜禽养殖，以及其他严重破坏耕作层的生产经营活动；不准占用基本农田进行绿色通道和绿化隔离带建设）。1996 年 12 月 8 日，市政府下发《关于调整基本农田保护面积控制指标的通知》，确定以 1993 年全市土地详查补调数据成果（耕地面积 51820.18 公顷）为依据，确定全市基本农田保护面积 49533.33 公顷为下限数，分解到各乡镇（街道）及村，逐级签订责任状；严格执行基本农田占用审批制度；确立"占一补一"原则，凡新增建设项目占用耕地，必须进行同等数量和同等质量的耕地补充。严格按各乡镇（街道）与市政府逐年签订的《耕地保护责任状》，落实责任制，把住建设项目占用耕地审批关。凡建设项目占用耕地，一律实行实地察看，涉及基本农田的，除国家及省重点工程项目外，一律避开基本农田重新选址；严格实施先补后占制度，保护全市耕地总量动态平衡。1997 年，根据《涟源市土地利用总体规划（1997—2010 年）》，明确 2010 年全市耕地保护目标为耕地保有量 54353.33 公顷，基本农田保护面积 45566.67 公顷。1999 年，对全市基本农田保护区予以调整，年末全市耕地总面积 54220 公顷。其中，水田 32366.67 公顷，旱土 20840 公顷，菜地 1013.33 公顷。经过 3 次调整，是年，全市划定基本农田面积 45566.67 公顷。其中，水田 30846.67 公顷，旱土 14573.33 公顷，菜地 146.67 公顷，保护率 84.04%。2004 年 3 月，涟源市政府向娄底市政府递交《耕地保护和维护矿产资源秩序责任书》，与全市 20 个乡镇（街道）签订《耕地保护目标责任状》。各乡镇（街道）与各村，村与组层层签订《耕地保护责任状》，构建耕地保护责任体系。市乡两级国土、农业部门，对基本农田现状进行全面摸底。全市划定重点乡级基本农田保护区 100 个，村级基本农田保护区 831 个 13865 块，基本农田保护面积 45566.67 公顷。基本农田保护规划图按 1∶10000 编制到各村。基本农田以村为单位按图斑统一登记造册，汇总统计，建立村级保护登记卡，做到数据准确，图、表、实地相符。全市整理各类档案 50 余册，涉及处理数据 20 余万组。新设保护标志牌 100 块，对原有保护标牌进行全面维修、翻新。加强基本农田数据库建设工作，对基本农田原划定成果等情况进行清理核实，对土地利用现状不符的基本农田全部进行实地核实更正。

三　土地开发整理

1988 年，全市下达耕地开发任务 106.67 公顷，实际完成 148.39 公顷。其中，水田 8.94 公顷，旱土 52.61 公顷，园地 86.85 公顷。按国家对新垦耕地补助标准，全市共计补助 18.43 万元。是年，对全市待开发土地资源进行调查，查明各类待开发土地资源 1.11 万公顷。1993 年，全市 26 个乡镇 64 个单位申请土地开发立项，年末验收，18 个乡镇 31 个单位开发土地 223.67 公顷。其中，水田 3 公顷，旱土 32.67 公顷，园地 188 公顷，下拨土地开发经费 12.84 万元。1993—1995 年，连续 3 年基本实现耕地动态总量平衡，全市开垦、复垦土地 727.8 公顷，其中耕地 101.84 公顷。1996—1999 年，开发耕地 338.17 公顷，比批准农用地转用面积 306.01 公顷，超过 32.161 公顷。2000 年初，设立市土地开发整理中心，负责全市土地开垦、土地整理、土地补偿、开发利用荒山荒地等工作。是年开发整理土地233.52公顷。其中,水田70.04公顷,旱土163.48公顷。2001年10月,国土资源部批准桥头河土地开发整理项目,投放资金948万元,项目涉及桥头河镇、七星街镇11个村,两个镇属园艺场。经过两年实施,开发整理土地346公顷。其中,开发291.5公顷,整理54.5公顷。2003—2004年,争取省、娄底市土地整理项目18个,资金1207.14万元,开发整理土地262.31公顷。2005年,经省国土资源厅验收的土地开发项目2个,面积65.39公顷,净增耕地51.94公顷;经娄底市国土资源局验收的项目4个,面积54.56公顷,净增耕地47.44公顷。2007年,对土地开发整理项目实行"五制"(公告制、工程招标制、项目法人制、工程监理制、全国管理制)。是年完成国家、省投资土地整理项目4个,耗资2255万元,整理土地1190.6公顷;实施土地开发项目70个,耗资6341.09万元,新增耕地382.54公顷。

第四节 建设用地管理

1987年开始,国家把非农业建设用地纳入计划管理,逐级下达非农业用地控制指标,是年娄底地区下达涟源建设用地面积218.07公顷(其中耕地77.13公顷),实际用地146公顷。县政府组织专门班子,对全市49个乡镇(街道),250个国家、集体单位,450个乡镇企事业单位的非农业用地进行实地丈量(测量)。全市建设用地5591.87公顷,占全市总面积2.95%。其中,国家、集体单位占地1732.53公顷,城乡居民宅基地3859.34公顷。1988年,严格城乡居民建房用地管理,鼓励充分利用空坪隙地和老宅基地,鼓励向空中要地,修建高层建筑。当年实际审批城乡居民建房用地81.32公顷,整个城乡居民宅基地3859.34公顷。1993年,湘黔铁路涟源段改扩建工程征地5.57公顷,拆迁房屋75栋,面积7392.31平方米。实地察看青烟、毛坪、杨家滩、常林、金石等18个乡镇,用地指标分配到乡镇(街道),审批个人建设用地1044户,审批面积13.49公顷,其中耕地8.51公顷。1987—1995年,审批国家、集体单位建设用地项目661个,面积370.81公顷,其中耕地177.25公顷;审批个人建设用地57555户,面积481.65公顷,其中耕地66.19公顷。

1996年,冻结非农业建设占用耕地,除特殊建设用地依照法定程序审批土地外,其他建设用地原则上一律暂停审批。是年,审批国家建设用地项目9个,用地1.29公顷。完成田湖铁矿、长沙电务公司涟源通信楼、市宏宇搪铝工业有限公司、新化车务段等单位6.52公顷土地征迁。对桥头河、渡头塘、白马、水洞底、荷塘、安平、古塘7个乡镇上年度农民建房用地情况进行抽样检查,发现耕地作非耕地审批的1户,210平方米;领导口头同意的1户,67.1平方米;未批乱占的4户,占用水田34.3平方米;少批多占的5户,超占172.3平方米;改变地类的2户,90平方米。对违法违规行为进行查处。

1997年,开展非农业建设用地清查,对1991—1997年的非农业建设用地逐单位逐农户进行登记、核查和处理。1991—1997年,全市实际用地40734宗,面积602.33公顷(耕地177.46公顷)。其中,国家、集体建设用地255.47公顷,占总用地面积42%;农村居民建房用地346.86公顷,占总用地面积58%。各类未批非法用地2600宗,面积135.07公顷,其中耕地11.18公顷。存量闲置土地6.22公顷,出让土地13.23公顷。发生转让、出租、抵押划拨使用权交易行为1879宗。其中,依法办理手续的1092宗,占总宗数58.1%。全市小煤窑、土焦窑、石灰窑、砖窑、预制场、采石场及临时性经营棚1312宗,面积102.94公顷,经批准合法的仅83宗,28.16公顷。未经批准非法占用面积较大、性质较严重的,依法进行查处。

1997—2000年,国家建设用地主要用于支持和保证国家重点工程项目。完成娄涟二级公路征地238.97公顷,拆迁房屋821栋;完成株(洲)六(盘水)铁路复线涟源段征地113.07公顷,拆迁房屋917栋。2002年,办理国家建设用地项目6个,完成交通路南段西侧旧城改造、体育中心新建等征地20公顷。

2004年，执行土地用途管制，引导工业项目向开发区集中。完成华润电力涟源电厂、三一集团公司工程机械配件中心、市万利化工有限公司、市华夏煤机生产基地等22个项目用地，征用土地15.34公顷。2005年，制定《涟源市建设用地批后跟踪检查工作方案》，对批后建设用地项目进行清理检查。全年清理68宗。其中，闲置土地6宗，1.23公顷；少批多占12宗，1.46公顷；改变用途1宗，1.14公顷。向上级争取用地指标的调剂和重点建设项目的追加申报，确保重点工程、重大招商引资项目用地，完成涟源大道、大地煤业公司毛坪洗煤厂、富洪垃圾填埋场、采煤沉陷区居民安置用地等重点项目的征地，共征收土地67公顷。2006年，保证市联通分公司基站、市移动营业部基站、市土地储备中心、采煤沉陷区受损户安置、龙塘35千伏变电站、涟源一中北大门、富洪垃圾填埋场等大宗用地，征地103公顷。

2007年，保障市属以上重点工程用地指标，汇源焦化煤气管道、华润电力涟源电厂补给水管线、湄江110千伏变电站、渡头塘新坪输变电站、经济适用房、台湾国产实业（湖南）水泥有限公司等一批重点项目征地103.1公顷，拆迁房屋100余栋。是年，组织对46个项目进行预审，凡涉及占用基本农田的建设项目，除国家和省级重点项目外，一律不予报批。未通过预审8宗，面积16.78公顷，核减4宗，面积3.18公顷。查处违法用地78宗，4.05公顷。其中，占用耕地3.53公顷，均退还土地并复耕。

1987—2007年涟源市建设用地审批情况

表13-2　　单位：公顷

年度	批准土地面积	其中农用地转用面积	年度	批准土地面积	其中农用地转用面积
1987	3.25	1.14	1998	108.90	82.97
1988	4.46	1.39	1999	19.80	7.66
1989	7.90	3.22	2000	20.89	8.27
1990	9.92	3.62	2001	14.22	5.21
1991	10.12	5.33	2002	22.46	7.32
1992	9.55	5.80	2003	21.09	6.22
1993	8.11	3.25	2004	22.11	9.17
1994	10.19	4.11	2005	32.06	25.28
1995	11.22	4.46	2006	113.84	88.88
1996	14.33	6.57	2007	110.25	94.10
1997	219.65	214.41	合计	794.32	588.38

第五节 土地资产管理

一 国有土地使用权出让

1992年,市政府颁布《关于清理整顿城镇国有土地使用权出让、转让、出租、抵押等有关问题的通知》,制止和查处土地使用权非法出让和转让行为。是年,在东郊开发国有土地出让实验区进行城镇国有土地有偿出让试点,把人民路两侧的农用闲散土地征为国有后进行出让,共征地5.47公顷,全部出让后收取土地出让金600万元。1993年,在蓝田城区3个街道和马家境经济开发区推广有偿出让经验,完善试点做法。1994年,市政府下发《关于积极推行土地出让,加快小城镇建设步伐的若干意见》,进一步规范地产市场,重点放在市经济开发区和城区。是年底,首次拍卖东郊广场(今莲花广场)周边12宗土地,面积0.17公顷,出让金177.3万元,每平方米地价1039元,最高价每平方米1400元。1995年,完成芙蓉南路开发建设征迁工作和土地平整,并开始出让。是年,完成伏口镇、桥头河镇、杨市镇委托出让土地业务。1993—1995年,出让土地13.19公顷,收取土地出让金2148万元。

1996年2月28日,市政府出台《关于加强土地管理,深化土地使用制度改革的若干意见》,规定凡属城镇建设用地,包括集体土地征用为国有的均实行"五统一"(统一规划、统一征用、统一开发、统一出让、统一管理)。1998—1999年,加大国有土地使用权有偿出让力度,盘活存量土地,培育、规范和发展土地一级市场;完善各乡镇委托出让点的规范管理工作,推行"以地生财、以财建镇、以镇兴财"发展模式。2000年,土地出让一级市场迅速走出低谷,地价逐渐攀升。10月25日,蓝田城区人民中路泥湾里地段0.11公顷国有土地使用权拍卖,起拍价总额442.2万元,实际成交价636.6万元,增幅43.7%,平均地价6005元/平方米,单宗土地最高地价达7120元/平方米。是年,出让国有土地76宗。其中,拍卖出让26宗,占出让总数34%。2002年,明确对商业、旅游、娱乐和商品住宅等经营性用地实施"招拍挂"(招标、拍卖、挂牌)方式出让。白马镇田心坪农贸市场77弄门面土地、龙塘乡龙欣路23宗国有土地、城区交通路南段西侧旧城土地实行公开拍卖。田心坪农贸市场土地拍卖最高价712元/平方米,龙塘乡龙欣路23宗1677平方米土地拍卖最高价590元/平方米,城区交通路南段西侧旧城最高地价9233.8元/平方米。是年,拍卖宗地总数占出让宗地总数的65.5%,拍卖宗地面积占出让总面积的47%。2003年,国土资源部颁布《协议出让国有土地使用权规定》,严格限制协议出让范围和协议出让最低价基准,明确规定,同一地块只有一个意向用地者的,市、县人民政府国土资源行政主管部门方可按照本规定采取协议方式出让,但商业、旅游、娱乐和商品住宅等经营性用地除外。在协议出让最低价时首次提出不得低于出让地块所在级别基准地价的70%,对工业用地在协议出让时出让价款进行规范。是年,市内协议出让土地33宗1.18公顷,拍卖出让土地20宗0.14公顷。2004年,出让国有土地使用权85宗,3.11公顷。其中,拍卖1宗,1.35公顷,成交价1718万元;挂牌24宗,0.2公顷,价款138.96万元。2006年11月12日,火车站广场西侧部分国有土地945.8平方米,以811.5万元的总交易额出让,平均地价8580元/平方米,有60平方米地块拍出58万元高价。2007年,工业用地采用"招拍挂"制度,是年,工业用地挂牌出让1宗。全年公开出让土地81宗,面积26.74公顷,成交价款3765万元。1993—2007年,协议、拍卖、挂牌出让土地109.89公顷,出让收入13231.06万元。

二 国有土地使用权转让、出租、抵押

1991年5月,市国土局对蓝田、六亩塘、马家境3个街道进行初步调查,写出涟源市土地隐形市场调查报告,提交《关于加强城镇国有土地使用权转让和出租管理的请示》,拟订《关于行政划拨土地使用权转让和出租管理的暂行规定》。1992年,对3个街道非法买卖、出租、抵押房地产交易进行全面清查。清理出买卖、出租、抵押房地产单位和个人401户,收取转让、出租、抵押金23.5万元。1993年2—5月,清理整顿杨家滩镇、桥头河镇土地隐形市场,清理出出租、转让共257户,转让土地7625.4平方米,收取土地出让金13万元。1994年5月,在杨家滩镇、桥头河镇、蓝田城区进行第二次清理,3个城镇发生擅自转让、出租、抵押土地面积5.20公顷,成交总额311.99万元。通过清理整顿,补交土地出让金36.4万元。其中,转让土地69户,2.37公顷,补交出让金11.65万元,补交房地产契税11.15万元。1995年,继续对蓝田城区进行清理,清理面积1.1公顷,补交出让金13.14万元。1997年,规范土地使用权转让、出租、抵押及地价评估手续的办理。加强对非法转让、买卖土地行为的跟踪调查、监督处理,对蓝田街道光文村、胡家村,六亩塘镇瓦亭居委会,石马山镇培元村,市经济开发区所辖6村等土地违法交易行为活跃的重点地区进行调查摸底。是年,依法办理划拨土地使用权出租、转让、抵押登记1192宗。其中,出租1131宗,转让16宗,抵押45宗。依法收取各种规费24.23万元。对桥头河、杨市、六亩塘、石马山等几个建制镇的隐形市场清理,补交出让金3万元。1999年,配合农村合作基金会清理,办理企业和个人土地使用权抵押登记75宗,清理个人非法转让房地产125宗,单位非法转让21宗,补交出让金30万元。2000年,澄清蓝田城区非法交易底子,查清单位及个人违法买卖房地产180宗,查处土地非法转让108宗,补交土地收益金20.05万元,收取交易经纪费7.81万元。2003年,全市有闲置土地25.64公顷,收回市体育局闲置土地15.17公顷。2005年,加大闲置土地清查和收购储备力度,重点清查市移动营业部等6处闲置土地;收回株六复线建设中的弃土、堆石场用地17.82公顷;所有经营性土地在上报审批之后全部进入土地矿产收购储备中心。是年,土地转让一律入市交易,全年办理地产转让手续90宗,42公顷。2007年,查处世星商贸、古塘乡政府等单位闲置土地5.33公顷,收取闲置费3.78万元。办理地产转让手续308宗,面积18.5公顷,转让价款8164.8万元。1992—2007年,全市办理国有土地使用权转让6452宗,转让金额3.66亿元。

三 土地资产市场管理

1993年9月,在蓝田城区开展城镇国有土地级别价格评估试点,年底编制出《涟源市蓝田城区地价评估报告》。1994年1月18日,成立市房地产价格管理工作领导小组和市房地产价格评估委员会,负责划分房地产等级标准价区,评估房地产价格。4月设立市地价评估事务所,负责地价评估。6月1日,市政府公布城区基准地价。1995年9月,市政府发布《关于加强土地估价管理有关问题的通知》,全市土地估价工作由国土管理局统一管理,地价评估事务所负责土地价格评估,实行有偿服务。行政划拨国有土地使用权在办理出让或转让时必须申请市国土管理局估价。1997年,评估出让土地8宗,收取评估费2.98万元;转让土地16宗,收取评估费3600元。市政府公布桥头河、杨市等8个建制镇的基准地价。是年,介入企业改制过程中土地资产的评估、处置。1998年12月,配合企业改制,防止国有资产流失,开展国有土地基准地价修正工作。1999年6月,编制完成《涟源市蓝田城区基准地价修正评估报告》,市政府发文公布蓝田城区基准地价调整结果,确定商业、服务业用地一、二、三、四、五级分别为每平方米2204.8元、1470.5元、790.5元、581元、405.5元,住宅用地一、二、三级分别为每平方米284.8元、187.2元、116.7元,工业用地每平方米132元。是年,按照规程评估

出让土地73宗,收取评估费6万元。2002年6月15日,市地产交易中心挂牌营业,招标、拍卖、挂牌出让等一系列中介职能归地产交易中心。地价评估事务所实行独立核算,改为民营制的坤辉评估有限公司,是年完成评估99宗,收取评估费8.1万元。2003年4月,成立市土地收购储备委员会,下设土地收购储备中心,对全市所有城镇建设用地实行收购储备,由政府垄断土地一级市场。市国土局制定《土地交易市场管理办法》《涟源市土地储备实施办法》《地产市场清整操作办法》《土地登记资料公开查询制度》《城乡个人建房用地管理暂行办法》,基本涵盖土地从征用到入市交易的各个环节,规范土地市场运作。2004年,坤辉评估有限公司完成各类评估175起,收取评估费21万元。2006年7月,颁发《涟源市土地储备管理实施办法》,土地收购储备中心将收回、收购的国有土地进行前期整理后予以储备,按规划和用途向社会供地。2006年12月,编制完成《涟源市城区基准地价更新成果报告》,市政府公布蓝田城区基准地价更新成果。确定用地共划分七个级别,一、二、三、四、五、六、七级分别为每平方米3998元、3012元、2096元、1193元、656元、440元、304元;住宅用地共确定三个级别,一、二、三级分别为每平方米264元、235元、202元;工业用地共划定三个级别,一、二、三级分别为每平方米240元、212元、174元。2007年,储备中心完成蓝田街道建中村安置地及石马山镇新中村两处储备土地的平整,查清全市闲置建设用地53公顷。

第六节 地籍地政管理

一 地籍调查

1988年6月,按照"权属合法,界址清楚,面积准确"标准,在蓝田街道西郊村(城乡结合部)进行房屋地籍调查和定权发证试点,历时一个月,对594宗集体和个人房屋占地使用权进行登记、审核、发证。1991年,在水洞底镇省锻造厂独立工矿区进行工矿地籍调查试点,历时近半年,完成企业30宗地34.59公顷面积的调查,确定权属界线,调处一些土地边界纠纷矛盾。1995年,对1989年后的土地登记资料进行更新,建立以街巷为单位的原始档案系统。1997年,完成伏口镇建成区2.6平方千米的地籍调查,调查宗地287宗,设界址点1722个。完成杨市镇、桥头河镇地籍调查内业工作,填发《土地使用证》2101个。结合非农业用地清查,完成全市闲置土地及旧城改造用地调查,查清闲置土地28宗2.79公顷,旧城改造用地3处2.85公顷。1999年,完成桥头河镇开发区、六亩塘镇及芙蓉南路等地的地籍调查。2003年,对市七一煤矿、市白水泥厂等单位进行地籍调查,建立基础台账。2005年,数据库进行升级和更新,将土地更新为3大类15个二级地类。全市土地变更面积1600.8公顷。

二 登记发证

1988年10月,全市开展非农业建设用地使用权初始登记发证。至1990年,发放城乡个人土地使用证15.92万个。1991—1992年,对全市2400多个单位的非农业建设用地和23.2万户城乡居民住宅用地,分别颁发《国有土地使用证》和《集体土地使用证》。1993年,土地使用权初始登记发证,改重点审查内业资料为重点审查外业资料,外业与内业相结合。是年,新发证6337份,全市城乡个人、集体土地使用权初始登记发证基本完成。完成学校学农基地发证620个,发放单位国有土地使用证63个;完成49个乡镇集体土地使用权的变更登记7000多份。1994年,全市发放农村个人宅基地使用权变更登记3000份;集体土地使用证576份。是年为全市乡镇1000多个企事业单位中的400多个单位进行定权发证,完成境内湘黔线、娄邵线全长50千米铁路用地发证。1995年完成500处水利工程及16个乡镇土地使用权登记发证。其中,城镇国有土地730

宗,集体土地1002宗,收缴规费6万元。2000—2002年完成《国有土地使用证》正本年检,国有土地使用权登记发证938份,集体土地使用权登记发证6860份。2003—2006年,完成市沙坪煤矿、市新坪煤矿、市栗山桥煤矿、市矿山机械厂、市物资局等改制企业土地使用权初始登记,发放土地使用证9707份。其中,国有土地使用证3839份,集体土地使用证5868份。2007年,完成土地使用权登记发证2766份,其中国有土地使用权登记发证556份。

1987—2007年,完成土地使用权登记发证3.67万份。其中,国有土地使用权登记发证2.31万份,集体土地使用权登记发证0.39万份,农村居民宅基地土地使用权登记发证0.97万份。

三 土地权属管理

1987—1988年,全市处理土地房屋权属矛盾纠纷等历史遗留问题2762起,包括市氮肥厂与水洞底镇托山村,湘中机械厂与安平镇唐家村,省煤机厂、省涟邵矿务局职工医院与毛坪乡建新村等7个厂矿单位的重大土地权属纠纷。1990年,调处单位土地使用权争议13起,城乡居民之间的宅基地权属矛盾42起。根据单位和个人的申请,验收13个单位和18个农户的非农业建设用地。1991年,调处涟源与安化、涟源与双峰等16起土地边界权属纠纷,妥善确定土地边界。在16个乡镇48个村设界石148个,写出土地边界协议书48份,确定边界长58.32千米。1993年,确认市、乡、村三级土地权属界线2874条。1994年,调处重大权属矛盾100起,调处5起因土地纠纷而引起的工农矛盾。1995年,调查和处理重大土地权属问题1000起,结案900余起。1996—2006年,调处重大土地权属纠纷128起,办理土地权属变更登记148宗,办理单位用地报批权属审查报告31份。2007年,进行土地权属调查1500宗。

第七节 测 绘

1988年,市国土局测绘队成立,为30个单位测量用地面积,绘制平面图。1990年4月2日,在省测绘局办理临时测绘许可证,开始建设用地勘测绘图,会同地籍股、娄底地区国土局完成603仓库、荷叶火车站、观山火车站非农业建设用地的清查测绘,完成市沙坪煤矿与国道207线境界的测绘,完成渡头塘乡印中村100号、103号详查图斑面积分块测绘评标。1991年,实行测绘收费,市国土局测绘队为市税务局蓝田税务二所、涟源火车站等5个单位测量土地23.62公顷,收测绘费1.52万元。是年完成蓝田城区、桥头河镇、杨家滩镇等地272幅地籍图分类用地面积的测算。2002年,完成地籍变更测量610宗,征地地形图测量实测面积100公顷,完成万亩片土地开发项目实地测量253.33公顷,农房发证测量900宗,测量出让土地3.33公顷。并对市内重点项目防洪工程进行实地测量,约1.73公顷。2004年,在原1:1000地形图的基础上,增测周边1:1000地形图范围20平方千米。完成华润火力发电厂土地征用地形图、勘测定界图及勘测定界技术报告,实测面积44公顷;对市粮食局、市供销社等50家改制企业进行测量;完成个人地籍发证制图300宗。2005年,测绘管理股对4个有测绘资格证书的测绘单位进行复审换证,市国土局测绘队与市矿业开发服务中心合并,更名市测绘队(又称市国土资源局测绘队)。是年,完成全市GPS四等网37个点的造点、埋石、观测、平差并投入使用,涟水项目区土地整理地形测量8平方千米,工业路等建设用地项目测量30个,企业改制土地拍卖宗地图、发证宗地图500宗,农村土地发证宗地图200户,196个煤矿企业的控制测量及井下矿山守界开采的监督测量。2006年,城镇地籍数据库建成,施测城区面积25平方千米,测量国家投资的土地整理项目,施测1:2000地形图约30平方千米。2007年,强化测绘单位的资质管理,确定全市有测绘资质的单位6家。其中,丙级资质4家:市测绘队、四海经纬测绘队、市煤炭局测绘队、省煤勘二队测绘队;丁级资质2家:市规划局测绘队、市房产局测绘队。市测绘队为征地拆迁、企业改制、资产处置、土地开发整理和矿山监管实施测绘服务。是年,在全市建立147座永久性测量标志,包括各等级的三角点、导线点、水准点、全球卫星定位点。1987—2007年,测量土地21600宗,面积12999公顷,各种测绘收入1280万元。

第八节 矿产资源管理

全市探明矿种28种(32个亚种)、矿产地221处,其中8个矿种(10个亚种)76处矿产地探明储量。

煤为境内主要能源矿产,探明储量4.04亿吨,以低—中灰、低磷、低硫、高发热量无烟煤和低—中灰、低—高硫主焦煤或瘦煤为主,赋存层位为测水组和龙潭组。测水组赋存资源为无烟煤,主要分布在三甲、六亩塘、安平、龙塘、湄江、伏口、七星街、荷塘、白马、茅塘、金石等乡镇,探明储量2.64亿吨;龙潭组主要赋存资源为烟煤,主要分布在桥头河、七星街、龙塘、古塘、斗笠山、杨市、枫坪等乡镇,探明储量1.40亿吨。

铁、锰等黑色金属矿产主要分布于伏口、七星街、水洞底等乡镇,主要为沉积型,品位较低。铁矿石储量1862.7万吨,锰矿石储量110.4万吨。

金、铜、铅、锌、汞、锑、钴、钼等有色、稀有金属矿产主要分布于龙山、伏口、七星街、荷塘、金石、茅塘等地,没有详细勘探资料,储量不详。

非金属矿产主要有灰岩、白云岩、石膏、黏土等,赋存层位多,资源丰富,探明石膏储量2949.2万吨,预测储量5.6亿吨,主要分布在六亩塘、蓝田、龙塘、安平、湄江、伏口等乡镇(街道);冶金用白云岩探明储量8323.3万吨,主要分布于七星街镇;熔剂用灰岩探明储量5128.6万吨,全市各个乡镇均有分布;水泥用灰岩1544万吨,主要分布在斗笠山、桥头河、渡头塘、枫坪、杨市等乡镇。冶金用白云岩、熔剂用灰岩、水泥用灰岩,实际储量远大于探明储量。

一 矿政管理

1987—1992年,对全市341个规模较大的矿山企业进行登记发证。其中,煤矿175个,铅锌矿1个,锰矿4个,锑矿3个,石膏矿6个,铁矿3个,煤铁共生矿3个,黏土矿4个,采石场142个。1993—1997年,对全市148家非煤矿山(期间关闭36家,新设立12家)全部颁发采矿许可证,对34家基建硐探矿井(各乡镇同意开办的煤矿,一直未取得合法手续)登记发证。1998年,市地质矿产局仅审批建筑用砖、石灰石、黏土等矿业权,其余矿种的采矿许可证发放权限上交娄底地区地质矿产局。2001年11月,采矿权的颁布权限进一步集中上交省国土资源厅,采矿权作为一种用益物权,在全省开始走向市场。是年,涟源市首轮矿产资源总体规划开始编制,规划期为2002—2010年,确定省地质矿产勘查开发局418队为规划编制的技术承担单位。2003年,经市政府批复同意发布。2004年,209个发证权限在省国土资源厅的煤矿采矿权得到有偿处置,陆续由省国土资源厅颁发采矿许可证。2005年,发证权限在市级的采石场及其他非煤地下矿山企业完成有偿处置。市国土资源局陆续制定下发《涟源市国土资源局关于办理矿山企业采矿许可证和勘查许可证有关程序的规定》《内部会审制度》等规范文件,加强对矿政管理人员业务培训。公开、公平、公正的行政许可会审制度、每年不少于2次井下动态检测制度、矿业权有偿处置核实制度,在探索中逐步完善,矿政管理工作经验作为典型在全国推广。2006年,根据“合理规划、优化布局、规模开发、集约利用、安全开采、保护环境、政府引导、市场运作、统筹兼顾、稳妥推进”原则，对全市 209 个煤矿企业进行整合（含关闭），全市有煤矿 96 家。

2007 年底，全市有矿产地 221 处，各类矿山企业 227 家。其中，煤矿 96 家，铁矿 3 家，锰矿 3 家，锑矿 1 家，石膏矿 6 家，采石场 118 家，矿业从业人员 3.5 万人，矿业总产值 102354 万元。

二　矿产资源储量管理

1987—2004 年，矿产资源储量管理仅上报境内储量统计数据，储量统计缺乏科学依据，采矿权价款（指国家将其出资勘查形成的采矿权出让给采矿权人，按规定向采矿权人收取的价款）缺乏收费依据。2004 年 11 月，市地质矿产局组织省煤田地质局第二勘探队和省地质矿产勘查开发局 418 队、468 队等 5 家有资质的地质勘查单位对境内 209 家煤矿进行储量核实，编制储量报告，提交省储委备案，为矿业权有偿处置提供收费依据。2005 年 7 月，严格储量报告初审关，做好储量登记统计工作，做到储量动态检测与矿产开发管理、采矿权管理、执法监察工作相结合。2006 年，全市开展储量检测，涉及乡镇 17 个，分布 8 个矿区，5 家地勘单位参与检测，所提交的 GPS 四等网成果全部通过省国土资源厅验收。全年开展检测的矿山 160 家，完成检测的矿山 120 家，完成送审报告 30 个，核增储量 50 余万吨，增加价款 300 余万元，完成综合上报价格调查的煤矿 30 个，石膏矿 2 个。对全市具有合法证照的 227 家矿山企业，普做一次储量检测报告，为全市矿产资源的储量管理，提供相关基础信息。

三　矿业开发秩序治理整顿

1998 年以前，境内非法采矿现象严重，高峰期有矿山 3000 余个，无证非法矿山的数量是合法矿山数量的 4~5 倍。非法煤矿泛滥，安全事故频发。

1993 年，首次依法炸毁非法煤矿斗笠山镇锅子山煤矿，开始治理整顿以国有矿山周边为重点地区的开发秩序。1994 年，首次出台并推行煤炭准销准运证制度，采取地矿部门与公安、公路等部门联合执法等手段，从非法煤矿的生产源头及原煤销售渠道进行治理整顿，对矿产品运销实行路检路查。因缺乏各级政府的支持配合，收效甚微，矿业秩序陷入乱了治、治了乱的尴尬局面。1996 年，锑矿价格飙升，龙山桂龙锑矿附近老百姓滥挖、哄抢锑矿资源现象频发，市政府组织 300 余武警、公安干警，历时 3 天对龙山锑矿区进行集中整治，彻底扭转该区域的矿业秩序，尔后，该区域不再存在任何非法矿。

2002 年，成立市矿产资源开发管理秩序治理整顿领导小组，加大矿产资源管理秩序治理整顿力度。2003 年，市政府相继出台《涟源市严防非法矿反弹制度》《涟源市严防非法煤矿反弹奖惩考核实施办法》等整治非法矿的规范性文件，建立健全巡查、信息报告、举报、处置、责任追究五项工作制度。是年 9 月，对因非法采矿造成重大影响的古塘乡群胜煤矿、七星街镇青山风井和七星街镇东风井 4 名非法矿主作出破坏矿产资源价值的 3 个鉴定，成为最高人民法院《关于审理非法采矿、破坏性采矿刑事案件具体应用法律若干问题的解释》出台后，省内进行非法采矿造成矿产资源破坏价值鉴定的第一批违法案件，将 4 名非法矿主移送司法机关追究刑事责任。是年底，全市合法矿山 205 家，非法开采得到遏制。2005 年，整顿和规范矿产资源开发秩序，全市形成“政府牵头组织，执法主体突出，工作主体明确，相关部门配合，各级齐抓共管”的工作格局。2005—2007 年，开展集中整治 30 余起，取缔关闭非法矿山 120 余家，国土资源部门累计监测矿山 810 家次，下井勘测 1510 余次，合理调整矿山范围 210 个，立案查处超深越界矿井 75 个，30 个超深越界矿井被关闭或整合。2007 年，矿山企业超深越界开采的发案率由 2005 年的 69%下降至 21%。

第九节 地质环境监测

自然地质灾害监测 境内是地质灾害易发区和多发区，矿业活动诱发的地面塌陷、地裂缝、瓦斯爆炸、水患等矿山地质灾害较多。1998年，成立市地质灾害防治工作领导小组，市政府每年编制年度《地质灾害防治预案》，对预案里明确的重要地质灾害隐患点制定防治方案。每年汛期前召开地质灾害防治工作动员会，市政府与各乡镇（街道）签订地质灾害防治工作责任状。2005年，20个基层国土资源所均配置2~3名专职地质环境监测员。全市形成市、乡、村（组）地质灾害群测群防体系。是年对全市地质灾害进行普查工作，查明各类地质灾害126处，主要灾害种类为崩塌（16处）、滑坡（56处）、泥石流（5处）、地面塌陷（49处）地裂缝（1处）。2006年，市国土资源局与市水务局联合建立山洪预防应急网络平台。预警信息及时发至各地地质环境监测员手机上。建立和执行汛期值班险情巡查、灾情速报及月报制度，发现灾（险）情，及时疏散群众，查明情况上报。2006年7月，成功预报地质灾害1处，避免因山体滑坡可能造成的伤亡事故，被《中国国土资源报》报道。1998—2007年，全市发生巨大地质灾害5起。

矿山地质环境保护与治理 2004年9月开始，全市所有持证矿山按照省政府规定，缴纳矿山地质环境治理备用金。2005年，全市建立矿山地质环境管理制度。坚持"开发者恢复、破坏者治理、受益者补偿"原则，建立以矿山企业为主体的生态环境保护恢复治理体制。2006年，全市所有矿山（包括采石场）实行矿山地质环境影响评估制度，地质环境评估报告未获认定的，不予核发采矿许可证，实现资源管理和环境管理有机结合。2007年，市国土资源部门邀请省地质环境监测总站对全市所有矿山（包括采石场）开展地质环境专项调查，查明矿山存在的地质环境问题并提交相应的治理方案，为全市矿山环境管理工作提供依据，完善矿山地质环境治理备用金制度。

地质遗迹保护 湄江地质公园具有很高的科学价值和美学价值，市国土资源局与湄江风景区管理处对其地质环境开展保护工作。2002年12月，湖南省国土资源厅批准湄江风景区为省级岩溶地质公园。2006年11月，举行湖南湄江岩溶地质公园揭牌开园仪式，建立公园主碑和地质遗迹陈列馆，加强对湄江岩溶地质遗迹的保护。2007年申报国家级地质公园，2009年获批。

第十节 国土资源执法监察

1987年，市内部分干部、城乡居民未经国土管理部门批准，占用土地修建住房。调查塘湾、古楼、快溪、太和、仙洞、七星、伏口、安平、蓝田9个乡镇（街道）12个村，发现违法建房101户。1988年，成立市清查处理违法占地建私房领导小组，查处违法占地案件2334起，土地面积35.56公顷，处理1673起，调处土地纠纷256起，收缴罚款11.51万元。申请法院强制执行拆除的重大案件47起，土地面积0.47公顷。1989年，每村聘任一名定补干部兼任土地检查情报员，形成系统化、网络化土地监察体制。是年，开展土地管理执法大检查，查出土地违法案件4041起，查处结案3892起，结案率96.3%。拆除违法建筑物163处，没收房屋13栋，土地面积0.96公顷。1991年，采取市乡结合、集中与分散结合办法，查处违法占地案件69起，法院强制拆除违法修建房屋8栋，没收2栋，乡镇处理疑难案件30起，收缴罚款5万元。1994年，清理整顿城乡结合部和公路两侧用地，查处违法占地案件51起，面积1公顷，拆除违法建筑物10处，面积0.15公顷，收缴罚款5万元。清理整顿小城镇开发区用地和长期征而未用的土地，全市7个小城镇开发区，经省、地批准的3个（马家境经济开发区、东郊开发国有土地出让实验区、桥头河镇小城镇开发区)，面积12公顷；其余未经批准的4个开发区(荷塘开发区、茅塘水碧、石门开发区，湄江镇旅游开发区，杨家滩车站路开发区)，建设项目包括单位、个人189宗地，面积10.51公顷，在依法处罚、令其补办用地手续后，对0.33公顷闲置未用土地，责令退地给农民复耕。1995年，在桥头河镇、杨市镇、蓝田街道公路沿线经济较为富裕的地区，清查非法买卖土地2.2公顷，非法成交金额113万元。办理土地违法案件87起，执行19起，拆除非法建筑800平方米，收缴罚款6万元。1997年，落实行政执法责任制，开展全市范围内非农业建设用地大清查，查处土地违法案件63起，结案63起，收缴罚款15.8万元，拆除半成品建筑物16栋，撬垮违法房屋基脚38处。1998年，对农村居民违法建房立案164起，结案151起，拆除未建成房屋13处，撬垮房屋基脚27处，收缴罚款19.8万元。1999年，根据《中共中央、国务院关于进一步加强土地管理切实保护耕地的通知》，对1997年4月15日以后违法占用土地、土地违法交易、土地闲置撂荒、越权审批等情况进行全面检查。拆除违法建筑35栋，土地面积0.59公顷；撬毁基脚65处，土地面积1.04公顷；责成复耕0.05公顷；处理遗留案件500起，依法收缴罚款50万元。2000年查处土地违法案件89起，面积0.68公顷。其中，处理积案40起，收缴罚款27万元；撬垮基脚18处，土地面积0.23公顷；强制拆除违法房屋3栋，土地面积470平方米。查处土地非法转让108宗，收缴土地收益金20.05万元。2002—2004年，日常监察和动态巡查相结合，查处土地违法案件137起，强制拆除违法建筑物34起，撬垮基脚31处面积0.42公顷，收缴罚款89万元。2006年开展土地动态巡查690次，查处土地违法案件182宗。其中，砖厂占地案146宗，预制场占地案11宗。涉及土地61.59公顷。拆除违法建筑物、撬垮基脚6000平方米，收缴罚款106万元。2007年，市国土资源局执法监察大队组织20个乡镇(街道)执法监察分队，采取大规模集中整治行动20次，立案查处违法案件394起。其中，土地违法案件313起，涉及土地4.05公顷；矿产违法案件81起。收取各项罚款1055万元。

第六章 工商行政管理

第一节 机 构

1987年，市工商行政管理局（简称市工商局）内设办公室、政工股、工商企业登记股、个体私营经济管理股、经济合同管理股、市场管理股6个股室，下设蓝田、六亩塘、马家境、荷叶、山塘、桥头河、四古、伏口、杨家滩、白马10个工商行政管理所（简称工商所）和蓝田市场管理所（1993年前管理蓝田双江市场，1993年后管理蓝田市场，蓝田双江市场由蓝田工商所管理）。1988年，增设经济检查股、财务股、监察室、商标广告股，成立市工商局劳动服务公司，下辖涟源商标印刷厂、蓝田仔猪交易所、向群商店3家集体企业。1997年4月，成立市消费者委员会，又称市消费者协会，挂靠市工商局。1998年，市工商局劳动服务公司下属3家企业进行改制，采取买断工龄形式，对47名下岗职工进行一次性补偿。2000年，市工商局实行机构改革，隶属省工商局直管。2001年4月，成立涟源市市场服务中心，负责市场管理。市工商局327名在职职工，省工商局上收274人（含离退休人员40人），53人分流到市场服务中心。对所建农贸市场实行管办脱钩，将所辖农贸市场移交给市场服务中心管理。2001年，市工商局内设机构调整为办公室、人事教育股、基建财务股、商标广告监督管理股、企业和个体私营经济监督管理股、消费者权益保护股、政策法规股、监察室、信息中心9个股室，增设公平交易、市场监督管理、注册登记3个分局，挂靠单位市消费者委员会。2002年12月，撤销白马工商所。2003年，撤销蓝田市场管理所，成立光明山工商所。2006年，市场服务中心由市财金办划归市商务局管理。2007年，机构未变，职工202人。

第二节 市场监管

一 食品安全监管

1987年，开展3次市场监管专项行动，检查食品经营户35户，查获销毁假面粉250千克。1992年，组织2次较大打假行动，销毁假冒伪劣食品4.04吨，酒18900瓶。1996年，查获并销毁注水猪肉、牛肉5吨，假辣椒粉2吨，假酒38件，劣质饮料1.2吨。破获全市最大的假酒案，销毁假冒国公酒1500瓶。1997年，节日期间加大市场监管力度，突击检查，全年查获并销毁注水牛肉3吨，病死畜肉1.5吨，变质食品、调味品2吨，假五粮液白酒220瓶。2000年，查获并销毁假冒伪劣食品2吨，过期饮料4000瓶，注水牛肉400多千克，假冒伪劣酱油、白醋3000多件，假冒烟花爆竹851件。捣毁湄江镇邱某某化妆品制假窝点、金石镇梁某某酱油制假窝点、石马山镇梁某某烟花鞭炮制假窝点。2001年，查获销毁假冒伪劣、

图13-2 食品安全检测

过期变质食品 28 吨,假冒过期饮料 15000 瓶,假酒 560 瓶。查处娄底市粮食局直属粮食储备库和涟源市粮食局直属一库、二库将陈化粮作口粮销售的行为,罚款 13.5 万元。2005 年,建立食品安全检测室,加强食品市场巡查力度,全年出动检查人员 1788 人次,执法车辆 176 台次,检查食品经营户 4025 户,填写检查登记表 7 万多份,查出食品无照经营户 96 户,查获"三无"(无生产日期、无产品合格证、无厂名厂址)食品 1.67 吨,过期变质饮料 1440 瓶,变质食品1.59 吨,没收无 QS 标志(食品质量安全市场准入标志)大米 20 包,收缴、销毁伪劣食品 10 吨。

2007 年,投入 15 万元统一制作工商所食品安全监管制度、"两图一书"(食品经营分布图、监管人员责任区布局图、《食品安全责任书》)、食品经营户自律制度、食品经营户进销货台账等书式资料,编印散发《食品安全知识手册》,在全市 13 家超市落实索证索票及进销货台账制度。高考期间,开展"为高考学子打造安全消费环境"的专项执法行动,利用食品快速检测箱、食品快速检测车对学校周边饮食店、招待所、宾馆及学校食堂进行食品检测,检测出问题食品 300 千克。

二　查处不正当竞争

1987 年,查处掺杂使假案 5 件,没收假肥皂 120 块、假洗衣粉 251 包。1988 年,查处掺杂使假案 12 件,没收假沙金 180 克、假银元 140 枚、假洗衣粉 541 包。1992 年,销毁假冒伪劣洗涤用品 1.14 吨、化妆品 327 千克、药品 171 千克、卷烟 231 条。1994 年,与农业、文化、安监等部门配合,开展对农资、成品油、文化、烟花鞭炮、医药等市场的清理整治,查获假冒伪劣农资 150 千克。1996 年,加大对农资市场、烟草市场、医药市场、饲料市场、建筑市场的执法检查力度,查处各种违法经济案件 40 件,查处非法经营农资户 129 户,销毁假农药 4.7 吨、假碳铵 218.6 吨、假尿素 124.35 吨、假磷肥 56 吨,罚没金额 17.05 万元。1998 年,开展以打击欺行霸市、强买强卖、短斤少两、掺杂使假为重点的集贸市场清理整治行动,查处市场违章案件 242 件,罚款 105630 元。2000 年,没收销毁假化肥 50 吨、假农药 800 多瓶、假种子 500 千克、假劣香烟 512 条、假冒化妆品 1000 多瓶、假冒烟花鞭炮 851 件。2007 年,没收假酒 250 瓶、假种子 600 千克。

三　查处无照经营

1987 年,3 次清理整顿无照经营户,查处无照经营户 25 户,罚款 1.5 万元。1994 年,取缔无证无照烟花鞭炮经营户 20 户。2001 年,清理医疗机构(含无照经营的个体门店)1600 户,查处无照经营药店 35 户,罚款 3 万元;查处无照承揽建筑工程 2 起,罚款 1.2 万元。2005 年,建立健全"四法两网一库"(四法:经济户口管理办法、企业信用与责任监督实施办法、重要行业企业监督管理办法、企业登记一审一核实施办法;二网:监管网络化、信息网络化;一库:信息信用数据库),开展清理整治无照经营专项行动,取缔无照经营户 238 户。加大对煤矿整治力度,打击非法生产经营行为,对 6 家无照经营的煤矿实行立案查处。2007 年,由市工商局牵头,成立市清理整治无照经营领导小组,召开 27 个相关单位负责人联席会议,明确在清理整治无证无照经营中的各自职责,在清理整治黑网吧、查处取缔学校旁边的小食杂店、整治无证无照矿山中做到资源共享,联合行动。是年开展 3 次无照经营清理行动,清理无照经营户 255 户,引导办照 213 户,取缔 6 户,责令改正 36 户。

四　打击传销

1992 年,在城区针对传销开展 2 次调研活动。1993 年,在城区开展打击传销专项行动,查处传销案 1 件,遣散传销人员 6 人。1995 年,查处传销案 2 件,没收传销非法所得 2 万元。1996 年,查处传销案7 件,没收传销非法所得4万余元。2000年,外省一些传销人员涌进六亩塘镇和石马山镇梅园小区,以"连锁加盟"等形式从事传销活动,在公安机关配合下,市工商局组织马家境、六亩塘工商所取缔3个传销团伙,收容和拘留11个传销头目,遣散传销人员1500人。2001年,查处传销案2起,罚款5万元,没收10台"爽安康"摇摆机传销产品,遣散非法传销人员500人。2007年,采取预防措施,遏制传销活动蔓延,强化直销监管,对入驻涟源的"安利""无限极""玫琳凯""天狮"等直销企业进行严格监督检查,查处"无限极"违规培训直销人员案,没收培训资料1000份,罚款3万元。

第三节 工商登记管理

一 个体私营经济登记管理

1987年,全市有个体工商户12563户,从业人员23562人,贸易成交额4850万元。1990年,发展个体工商户1420户。是年,开展年检验照贴花工作,验照率92.6%。对全市12606户个体工商户进行经营作风大检查,328户个体工商户被评为文明经营户。

图13-3 工商干部上门服务

1992年,市委、市人大、市政府、市政协四大家领导就如何发展个体私营经济召开现场办公会,加大宣传发展个体私营经济力度。1994年,发展个体工商户4963户,全市登记注册个体工商户16254户,从业人员30678人,贸易成交额18238万元。

1998年,市委、市政府召开全市个体私营经济工作会议,表彰一批个体工商户和私营企业,涟源电视台推出五期"新崛起的个体私营经济"专栏。2001年,开展清理个体工商户档案工作,清理个体工商户档案10028份,下发补办前置审批条件通知书2388份,公告吊销个体工商户454户,发展个体工商户1656户。是年,全市有个体工商户11687户,从业人员23088人,贸易成交额102800万元。

2007年,全市有个体工商户10386户,从业人员21556人,贸易成交额118568万元。

二 企业注册登记管理

1987年,全市有企业3281家,分支机构1708个,从业人员105678人,注册资金54504.66万元。1988年,全市有企业3461家,分支机构1752个。其中,新核准登记企业261家,变更登记62家,注销登记79家。建立企业档案1804个,登记卡片3246份,总台账1本,分类台账7本。1990年,新登记注册企业147家,变更登记114家,注销登记34家,对新办企业全部进行回访,全年检查企业2009家。1991年,办理开业登记注册企业157家,其中企业法人49家;办理企业变更登记172家;注销登记72家。是年,全市有企业2936家,其中企业法人723家。1992年,加强对企业登记相关法规的宣传,举办企业法人代表和财会人员学习班24期,培训1196人次,印制企业名称登记管理有关资料1838份,新发展企业308家,其中企业法人150家;办理企业变更登记234家,其中企业法人170家;走访企业1640家。1994年,新开业登记注册企业230家,变更登记270家,注销登记160家。1996年,全市有企业3412家。其中,企业法人1212家,营业单位2200家。全年新登记注册企业 121 家，其中企业法人 53 家，营业单位 88 家；注销登记 334 家。加大宣传《中华人民共和国公司法》力度，狠抓企业建档和企业档案资料入网工作。1998 年，优化个体私营经济发展环境，出台《市委、市政府关于加快发展个体私营经济的决定》，下发《涟源市个体、私营企业收费负担卡》，查处林业部门在城区各店强行征收育林基金违规事件，引导个体私营企业参与国有集体企业改组改制，先后有个体私营企业主租赁承包或买断产权经营市白水泥厂、市彩色水泥厂、六亩塘化工厂。

2000 年，加强登记注册管理工作，清理补办企业前置审批批文 4000 份。2001 年，新核准登记注册企业 86 家，办理企业变更登记 186 家，注销登记 101 家，在《涟源报》刊登公告，吊销企业 1585 家，全市注册登记企业 1090 家。查处违章违规企业 142 家，清理"三无"（无营业执照，无注册资金，无固定生产经营场所）企业 116 家。2007 年，执行《湖南省煤矿企业登记管理暂行办法》，做好煤矿企业的重新登记初审工作，全市报省工商局审批的煤矿企业 137 家，96 家经省工商局核准发照。是年，全市共有企业 4523 家。其中，企业法人 2123 家，营业单位 2400 家。从业人员198652 人，注册资金 12.55 亿元。

第四节　经济合同管理

1987 年，全市签订各类经济合同 8560 件，金额 1536.23 万元。1990 年，办结合同纠纷案 1848 件，其中信贷合同纠纷案 1735 件。1996 年，办理动产抵押登记合同 13 起。2001 年，办理抵押登记 6 件，抵押价值 12978 万元。2007 年，评选出"守合同、重信用"企业 34 家。其中，省级 3 家，娄底市级 31 家。1987—2007 年，受理合同鉴证 190 份，办理动产抵押物登记 110 件，通过办理动产抵押为企业融资 4.2 亿元；清查各类经济合同 32453 份，查处撤销违法合同3200 份。

第五节　商标广告管理

一　商标管理

1987 年，全市有注册商标 15 件。1990 年，新注册商标 22 件，帮助企业建立和完善各种商标制度，提高企业商标意识。1991 年，加强对商标的印制管理，确认 3 家企业为商标定点印制单位。1997 年，全市有注册商标 151 件。1998 年，对全市 170 件注册商标、12 家商标定点印制单位和 18 家广告经营单位进行检查，查处假冒商标标识 20 万件，处罚款 5 万元。2001 年，查处假冒"星露""海星""辉煌""爱妻号"等侵权案件 15 起，处罚款 8000 元；帮助市彩色水泥厂"彩云"商标成功注册。2007 年，为湖南省南方煤矿机械厂成功申报"南峰"商标。是年，全市有注册商标 51 件，其中农产品商标 10 件。

二　广告管理

1987 年，全市有 2 家广告企业，从业人员 8 人。1988 年，对全市 4 家广告企业进行年检验照，注销 1 家不符合要求的广告企业，对蓝田城区的户外广告进行清理，在市区设置 5 处广告招贴专栏。1989 年，对全市广告行业进行两次检查，查处广告案件两起，罚款 4500 元。1990 年，绘制涟源市户外广告规划图，统一规划并设置广告栏 30 块，制止各类广告乱贴乱画现象。1994 年，全市广告经营单位 18 家。1998 年，查处商标广告违法案件 13 件，收缴违章广告印刷品 12 万张。2001 年，开展"反误导、打虚假"专项执法行动，收缴淫秽印刷品广告 3 万多张，办理广告违法案件 23 件。2005 年，开展"打虚假、树诚信"广告专项整治行动，查处违法医疗广告 12 件。2006 年,加强对户外广告的清理,立案查处违法医疗和房地产广告 45 起;加强对媒体广告的监管,38 条媒体广告被责令改正或停播。2007 年,降低广告市场准入门槛,新增广告经营户 6 户,组织全市 24 家广告经营户进行集中培训,核发《户外广告登记证》53 份。

第六节 消费者权益保护

1997 年 4 月 18 日,市消费者委员会成立,又称市消费者协会,下设办公室,挂靠市工商局,负责接受消费者举报投诉。是年,市消费者委员会先后举行"珍爱家园、保护环境"万人签名活动,"十佳"维权先进单位评选活动,消费维权法律知识大赛活动,发放宣传资料 7 万余份,现场处理各类消费投诉 950 件,销毁假冒伪劣商品 3000 件。2000 年,"3·15"(国际消费者权益保护日)期间,围绕"明明白白消费"主题开展宣传活动,发放宣传资料 3 万份。全年受理大小消费投诉 1332 件,为消费者挽回经济损失 60 万元;评选出 19 家消费者信得过单位。2001 年,围绕"绿色消费"主题,开展"3·15"宣传活动,发放宣传资料 87000 份,悬挂横幅标语 163 条,编发墙报 28 期,刊发维权业务知识 420 篇,涟源电视台、《涟源报》开辟"3·15"绿色消费主题专栏;受理消费投诉 727 件,为消费者挽回经济损失 19.2 万元;开展"双信"评比活动,评选出消费者信得过单位 21 家、消费者信得过商品 7 件。2003 年,市工商局成立 12315 举报申诉中心,实行消费维权"三畅通",即畅通知情渠道、畅通咨询渠道、畅通维权渠道。是年,接到消费者举报咨询电话 803 次,市消费者委员会受理消费者投诉案 192 件,为消费者挽回经济损失 19.8 万元。2006 年,聘请湖南省华章律师事务所 3 名律师担任维权志愿者,并与其签订《消费维权协议书》。2007 年,创办《消费导刊》,印发 7 期 50000 份,市消费者委员会与涟源电视台联合制作消费维权栏目《消费在线》,在《湖南邮送广告》《今日涟源》开辟"3·15 信箱",方便消费者投诉;推进"一会两站"(消费者协会、消费者投诉站、12315 联络站)建设,构建消费维权网络,投入 50 余万元,在全市各乡镇(街道)成立消费者分会 21 个,消费者投诉站和 12315 申诉举报站 931 个,聘请各村(社区、居民区)党支部书记或村主任担任两站站长;先后在娄底市洪创机械制造有限责任公司、市移动营业部、省电信有限公司涟源市分公司、新一佳超市、心连心超市、金马特超市、福康祥超市等企业建立行业投诉站,在涟源电视台、《今日涟源》《湖南邮送广告·涟源专刊》等新闻媒体建立消费者投诉联系点。是年受理消费投诉 327 件,成功调解 296 件,为消费者挽回经济损失 21.2 万元。

图 13-4 消费者权益保护宣传

第七章　质量技术监督

第一节　机　构

1987年11月20日，市标准计量管理所更名市标准计量管理局（简称市计量局），内设办公室、计量管理股、标准化管理股、计量测试所及附属实验工厂，工作人员30人。1990年8月27日，建立市产品质量监督检验所。1990年12月27日，市计量局更名市技术监督局（简称市技监局）。1991年1月，增设财务股，下设计量测试所、产品质量监督检验所。工作人员50人。2000年1月，技术监督部门实行省以下垂直管理，市技监局更名市质量技术监督局（简称市质监局），增设政工股、监督股、标准质量股、计量股、锅炉压力容器安全监察股及直属事业机构稽查队、计量测试所、产品质量监督检验所。2003年，产品质量监督检验所与计量测试所合并，成立市产品质量监督检验及计量检定所。2004年，建立娄底溶解乙炔气钢瓶检验所，承担娄底市辖区内5县市区的溶解乙炔气钢瓶的检验检测工作。2005年，增设食品质量安全监管股。2006年，建立娄底煤矿机械产品质量监督检验中心，承担娄底市煤矿机械产品质量检验检测工作。2007年，局机关内设办公室、政工股、食品质量安全监管股、标准质量股、计量股、特种设备安全监察股，下设事业机构稽查队、质量监督检验及计量检定所、娄底溶解乙炔气钢瓶检验所、娄底煤矿机械产品质量监督检验中心，工作人员71人。

第二节　计量监督管理

一　计量管理

推行法定计量单位　1987年，市内全面推行法定计量单位。1988年1月，经省、地计量局联合验收，涟源成为全省第一个基本完成向法定计量单位过渡的先进县市。

计量器具制造、修理　1987年，全市有203名个体制秤工经考核合格，取得《计量器具制造、修理许可证》，4家定量秤砣生产厂家取得《计量器具制造许可证》。市计量局实验工厂经娄底地区计量局考核，取得《计量器具制造许可证》，主要生产四等标准铁砝码和四等标准铜质增砣，产品畅销全国各地。1990年，因原材料紧缺，生产成本过高而停产关闭。是年，148名制造修理计量器具的个体工商户通过复查考核，换发《计量器具制造修理许可证》，未通过复核换证的自行淘汰。1994年始，在公众贸易中限制使用杆秤，集贸市场固定摊位杆秤淘汰率达90%以上，城区各商店、超市全部使用电子秤，市内制造修理计量器具的从业人员逐步淘汰。2007年，全市仅有制造修理木杆秤的个体工商户8户。

质检机构计量认证　1987年，全市为社会提供公正数据的产品质量检验机构有市乡镇企业局中心化验室、市环保局中心化验室、市卫生防疫站化验室、市药品检验所，均未进行计量认证。1992年，按照《计量认证管理办法》规定，市产品质量监督检验所、市建筑材料检验中心、市环保检测中心、市药品检验所通过计量认证。1996年，市营运车辆质检中心经考核通过计量认证。此后，依法定期对质检机构进行认证后的监督检查。2007年，全市通过计量认证，向社会提供公正数据的质检机构有市质量监督检验及计量检定所、市食品药品检验所、市建设工程质量监督站、市环境监测站、市卫生检验检测中心、市汽车综合性能检测站、娄底煤炭机械产品质量监督检验中心。

工业计量定级升级(验收) 1985开始,配合企业上等级、产品评优,开展工业企业计量定级升级(验收)工作。帮助企业建立健全计量管理制度,编制计量管理网络图,提高计量器具配备率,培训计量管理和计量检定人员,提高企业计量工作水平。1987年,全市计量定级企业31家(其中,二级计量企业5家,三级计量企业26家)。能源计量验收合格的有市氮肥厂、市磷肥厂2家。1988年,毛坪水泥厂、市伞厂、市饲料厂定为三级计量企业,七星水泥厂、七星大米厂定为计量验收合格企业。市水泥三厂、市白水泥厂、毛坪水泥厂等4家企业能源计量验收合格。1991年,举办《计量定级升级新考核标准》学习班,59家企业参加学习。按照新的考核办法,有10家企业通过计量定级验收。其中,三级计量5家,计量验收合格5家。次年,省质监局通知暂停开展工业企业计量定级升级工作。2000年始,开展企业计量检测保证能力合格确认工作,11家企业通过计量合格确认。至2007年,全市有26家企业通过计量合格确认。

计量检定授权 1987年,授权市电力局电表检定室承担全市范围内单相、三相电能表的强制检定任务。1991年,授权市自来水公司组建市水表检定站,承担全市范围内15~50毫米水表的强制检定任务。1994—1996年,对蓝田、桥头河、枫坪、水洞底等14家农电站的电能表检定室进行考核并授权,承担辖区内的电能表强检任务。1999年,对已授权的乡镇农电站的电能表进行全面复查考核并授权。是年,市电力局成立农电总站,乡镇农电站的电能表检定任务全部归属市电力局农电总站。至2007年,市内通过计量授权的检定机构有市电力局农电总站、市自来水公司水表检定站。

二 计量监督

1987年,市计量局全面实施《中华人民共和国计量法》,对制造、销售、使用中的计量器具依法进行监督检查,没收不合格计量器具1769台(件),办理计量行政案件115起。其中,查处个体制秤工周某伪造《长沙市度量衡检定合格证》一案,罚款600元。1990年,对市场销售计量器具的产品质量进行监督检查3次,抽查计量器具716台件,623台件合格,合格率88.8%,对93台件不合格计量器具依法予以没收并销毁。1992年,重点对农业生产资料进行计量监督检查。监检农资经营网点43个,抽查在用计量器具90台件,准确率和周检率均为100%;现场抽查市氮肥厂10包增效碳铵,最重47.6千克,最轻38.6千克,平均袋重45.72千克,短少4.28千克,被立案查处。是年,桥头河、杨家滩、枫坪、安平4个乡镇农电站未经计量标准考核和计量授权对社会非法开展量值传递,计量人员无证上岗,市技监局对其进行立案查处,分别处以罚款500元、300元、400元、500元。1993年,对全市33家水泥厂的包装袋重进行抽查,不同程度地存在袋重不足现象,最严重的厂家平均袋重39.6千克,短少10.4千克,对6家袋重严重不足的水泥厂进行立案查处。是年,开展三次规模较大的市场计量监督检查,检查商店及摊点1000多个,没收不合格计量器具156台件,现场处罚38起。2002年,开展以定量包装商品为重点的商品计量监督。监检大米生产企业和经销门店29家,面粉面条生产企业17家,小食品生产企业5家,饲料生产经销企业14家,水泥生产经销企业13家,彩照冲扩店4家。查处3家非法出具公正数据的化验室,办理计量违法案件132起。2007年,查处一起非法安装地中衡的案件。1987—2007年,办理计量行政案件570起,没收不合格计量器具3036台件。

三 计量检定

1987年,全市用于贸易结算、医疗卫生、安全防护、环境监测四个方面的强制检定计量器具有37项、58种、36352台(件)。其中,用于贸易结算的32917台件,用于医疗卫生的1523台件,用于安全防护的1907台件，用于环境监测的5台件。境内能实施检定的有7项17种。有社会公用计量标准8台(套)。是年，检定计量器具15853台件。1990年，增加血压计(表)检定项目，检定血压计(表)60块。1991年，增加测力机、车速里程表两个检定项目，检定测力机150台件，车速里程表482块。1993年，增加燃油加油机和"三表"(电压表、电流表、万用表)、"三计"(比色计、酸度计、分光光度计)7个检定项目，检定计量器具800台件。1999年，增加电话计费器检定项目。2000年，增加电能表检定项目，对销售中的单相电能表实施强检，检定电能表550块。2001年，增加出租车计价器检定项目，完成第一批出租车计价器安装及首轮强检100台。2006年始，开展商品净含量检测工作，检测的商品有普通硅酸盐水泥、桶装饮用纯净水、罐装液化气、包装食品。是年，监督检验13批次，合格3批次，合格率23%。2007年，监督检验20批次，合格7批次，合格率35%。是年，市计量检定所有社会公用计量标准10项，标准器48台(件)，其中M1级标准砝码15吨。全年检定计量器具5724台件。其中，加油机440枪，地中衡124台，电话计费器1600台，天平36台，出租车计价器200台，电能表1000块，血压计64台，压力表300块，车速里程表2000块。1987—2007年，为企业检定检修计量器具17.15万台件。

第三节　标准化管理

1987年，市计量局加大对企业制订、修订产品标准工作力度，突出抓好食品、建材、煤矿机械等产品的标准实施，是年调查19个企业生产的42个产品，执行国家产品标准的5个，无产品标准的37个。1988—1989年，帮助企业采用国际标准和国外先进标准，有5家企业的产品通过"双采"(即采用国际标准产品标志证书和采用国际标准产品认可合格证书)认定。1990年，开展标准清理工作。1994年，贯彻《食品标签通用标准》。1990—1994年，8家企业的产品通过"双采"认定，制定社区居委会企业产品标准13个，备案企业产品标准20个，15家个体面条生产企业办好标签审查备案手续。1995年指导食品生产企业按照国家规定的《食品标签通用标准》，规范制作食品标签。1996年办理《湖南省标准实施证书》。1995—2001年，帮助1家企业完成"双采"验收，制定社区居委会企业产品标准94个，备案企业产品标准194个，办理食品标签备案194个，饲料标签备案38个，发放企业产品标准实施证书130本，帮助起草标准文本8份，通过省质监局组织的消灭无标生产县(市)考核验收。2002年，向省质量技术监督局申报市天华牧业公司湘中黑牛和湖南景龙食品公司脱水蔬菜两个国家级农业标准化示范项目，被批准立项，争取项目资金12万元。2005年，制定社区居委会湘中黑牛地方标准。清理食品标准26个，其他产品标准45个，废止企业标准28个。2006年，对水泥、洗煤、煤机、食品等生产企业进行标准监督检查及清理，检查清理标准75个，标准备案95个。是年，5家企业通过"双采"确认。2007年，对120家企业的产品标准进行全面清理，办理标准审查备案108个；列入第五批国家农业标准化示范区湘中黑牛项目通过验收。1987—2007年，帮助、指导企业制定社区居委会产品标准173个，受理企业标准备案475个，发放《湖南省产品标准实施证书》150本。

第四节　组织机构代码与商品条码管理

组织机构代码　1993年7月26日，市政府发出《关于颁发企事业单位和社会团体统一代码的通知》，是年办证740户。1994年，颁发组织机构代码证2028户，开始在银行账户管理中查验代码。至1997年底，机关事业单位、社会团体的发证工作基本结束，企业及个体工商户大部分完成颁证。涟源市组织机构代码数据库基本建立起来，代码的应用拓展到财政、税务、工商、银行、计划、统计、编制、人事管理等各个部门。2002—

2007年,按照《湖南省组织机构代码管理办法》的规定,对未进行年检年审、过期失效的代码单位进行行政处罚180家次。1993—2007年,全市有组织机构代码2836户。

商品条码 1998年7月,市技监局执行国家《商品条码管理办法》,积极推广和宣传应用商品条码。至2007年底,全市有商品条码成员单位12家。

第五节 质量监督管理

一 质量管理

1987—1992年,主要针对全市水泥企业质量状况强化监管措施,两次召开有乡镇企业办主任、水泥厂厂长、化验室主任参加的质量分析会议。举办《GB2828逐批检验计数抽样程序和抽样表》《GB2829周期检验计数抽样程序和抽样表》学习班,37名学员参加学习。市技监局下发《关于加强对我市水泥生产质量监督管理的意见》,规定对水泥生产企业每季度抽检一次,对水泥经销企业进行不定期抽检,对生产、销售不合格水泥、废品水泥的厂家和经销企业严格按国家法律法规进行处罚。1991—1993年,举办两期全国质量管理岗位函授培训班,招收学员287名,通过全国统一考试,合格率100%,涟源被评为全国质量函授教育先进单位。1993年,《产品质量法》正式施行。市政府主持召开《中华人民共和国产品质量法》宣传贯彻动员大会。各部、委、办、局、公司、厂矿负责人及质量管理人员300多人参加会议。此后,分行业、分系统举办骨干培训班,600多人参加培训。发放《产品质量法》1000册,制作宣传标牌400块,出动宣传车在全市城乡巡回宣传。与市委宣传部联合主办大型宣传栏,配合"打假治劣"工作,开展伪劣商品公开销毁活动,市人大、市政府领导人到场发表讲话,市电视台进行现场采访和报道。1994—1996年,开展"质量计量信得过"活动,市工具厂、市氮肥厂、市电线厂、市湘中水泥厂、市特种饲料厂、市商业大厦、市百纺公司中心商场等9家生产和经销企业获得"质量计量信得过企业"称号。1997年,按照《全面整顿企业质量管理验收标准》考核评定,有市四水泥厂等7家生产企业验收合格;市中心商场等5家经销企业被评为"三包"(包换、包退、包维修)示范单位。1998年,开展"打假、保真、扶优"和"三包"示范活动,确定9种商品为重点保护名优产品,评选3家"三包"示范单位。2002年,贯彻落实《国务院质量振兴纲要》《湖南省质量振兴规划》《娄底市质量振兴实施计划》。是年开始,对全市工业企业质量状况进行全面普查,发放《企业质量普查档案》110份,普查规模企业42个,规模以下企业68个,下发整改通知书48份,帮助12家企业建立质量管理体系,责令关闭14家能耗高、污染大、质量差、规模在4.4万吨以下的水泥生产企业。2003年,举办有140家单位参加的3C认证学习班,组织120家生产、经销单位学习《食品质量安全准入制度》。2005年,食品生产加工领域安全监管职责划归市质监局,市质监局对全市食品生产企业进行调查摸底,制发《食品安全专项整治实施方案》11个,指导32家企业获得食品生产许可证,对56家食品生产企业进行分级管理,其中B级管理9家、C级管理1家、D级管理

图13-5 2006年3月15日,市质监局开展"质量下乡服务上门"活动

46家，与110家小作坊签定社区居委会食品安全承诺书，巡查、回访食品生产加工企业500多次，抽检食品718次。2007年，全市食品质量抽查，合格率89.6%，比2005年提高6个百分点。

名牌战略 2005年8月，市政府制定《涟源市质量兴企、名牌强市战略实施方案》，加强对全市企业的引导和扶持，加大名牌培育力度，通过层层推荐、考核、申报，指导和帮助企业参评部优、省优、湖南名牌、地方名牌产品。2006年4月，出台《涟源市质量兴企、名牌强市奖励管理办法》，对获牌企业实施奖励。1987—2007年，全市有4种产品获部优、24种产品获省优、6种产品获省名牌产品、15种产品获地方名牌产品称号。

生产许可证制度 1984年，国家对重要工业产品实行生产许可证制度。是年至1989年，全市24家年生产能力在1万吨以上的水泥生产企业相继获得生产许可证，占全市水泥厂的72.73%。2000年，市质监局帮助企业建立和完善产品质量检测室，按照生产许可证发证要求建立质量管理和质量保证制度。2005年，对小麦粉、大米、食用植物油、酱油、食醋、饮用纯净水、冷饮、副食品等8类食品实行质量安全市场准入制度。2006年，为32家企业办理食品生产许可证。2007年，为9家具有工业产品生产许可证的企业建立质量档案。全市获得生产许可证的企业54家。

产品质量认证 1990年，全市启动认证工作，市计量局帮助企业建立健全标准化管理、计量检测、质量保证体系，完善质量管理制度、联系认证机构，服务企业。至2007年，湖南省娄底胖哥饲料有限公司、市湘中华源水泥有限公司、湖南省金湄泉饮料有限公司、湖南南方洪源机械制造有限责任公司铜材分厂、湖南省煤矿机械厂、湖南南方建筑工程机械总厂、湖南金塔机械制造有限公司、涟源华龙车轴有限责任公司、湖南省方圆磨料磨具有限公司、湖南远扬煤机制造有限公司、市富生油脂厂、市广钦面条厂、涟源嘉鑫冶金有限责任公司、娄底嘉鑫精炼有限公司、市皇利电器设备厂、市广福不锈钢五金电器厂、湖南景龙食品有限公司等17家企业通过ISO9000:2000系列企业质量体系认证和产品质量认证。

二 质量监督

产品质量监督检验 1987年，涟源市未建立产品质量监督检验机构，产品质量监督检验由娄底地区标准局下达监检计划，市内配合抽样送检。1990年8月，组建市产品质量监督检验所。投资6.2万元购置食品、煤炭检验设备，改建实验室面积120平方米，设理化分析室、工业分析室、微生物室、微电脑室，配备检验技术人员4人。1991年2月，通过计量认证和资质审查，依法承担全市食品、煤炭两大类72个产品的质量监督检验任务，是年检查企业198家，抽检产品219批次，合格139批次，合格率82.6%。1997年，新增水泥预制构件检验项目，实验室面积增加到240平方米，设物理检验室、化学分析室、微生物室。1999年8月，与市墙改办联合对全市墙体材料产品质量进行全面检查。抽查定点生产企业8家，非定点企业5家，抽检产品12组，合格率41.7%，将检验结果在全市进行通报，对产品质量不合格企业进行曝光和处罚。2003年2月，投资80余万元添置气相色谱仪、原子吸收分光光度计等高新技术设备，检测实力增强。2004年，新增鞭炮、藕煤、带肋钢筋、红砖、奶制品5个检验项目。2006年，建立娄底煤矿机械产品质量监督检验中心，承担娄底市煤矿机械产品质量监督检验任务。2007年，市产品质量监督检验所有实验室面积500平方米、检验设备29台(套)，专业技术人员8名，其中工程师4名、助理工程师3名、技术员1名。2006—2007年，检验矿车、矿担、提升绞车、刮板输送机85台。1991—2007年，完成食品、建材、煤炭等产品质量监检7584批次，产品质量检验合格率86.3%。

打假治劣 1989年，市政府成立打击伪劣商品领导小组，下发《关于严禁生产经销伪劣商品的通告》和《关于认真清理伪劣商品的通知》，在全市范围内对生产经销伪劣产品以及掺杂使假行为进行两次大的清查和打击。检查国营、集体及个体生产、经销企业523家，查出过期变质、质量低劣、以假充真、无生产许可证标志和销售证明的伪劣商品 145 种。其中，食品 90 种，假虎骨、假黄芪、假淮山等药品 13 种，劣质电线 21 种，劣质低压电器 9 种，劣质白酒 6 种，无证产品 6 种，伪劣商品金额 33 万元，是年 12 月首次在蓝田街道泥湾里集中销毁伪劣商品 36 种，货值 5.8 万元。1990 年，检查生产、经销企业 412 家，查处伪劣商品金额 76.3 万元。其中，没收并销毁伪劣商品货值 5.5 万元，责令企业将商品降价处理 18 批次；立案查处 16 起；受理质量仲裁案件 1 起，仲裁调解金额 2.5 万元。是年 10 月，对全市酒类市场进行重点整治。市计量局与工商、卫生防疫、公安、税务等部门联合，历时 1 个月，查出酒中掺水、擅自用酒精兑水调配、个体工商户生产瓶装糯米特曲、大中华特曲、葡萄酒等掺杂使假的 16 家，查封散装白酒 32.33 吨，酒精 8.82 吨，瓶装白酒 1253 瓶，没收香精香料 184 瓶，假商标 3.5 万份，责令重新作技术加工处理的劣质酒 2644 瓶。1991 年，市技监局成立稽查队，进行农资、粮食、煤炭、烟草、酒类、食品、低压电器、汽车配件、石油、饲料、鞋类 12 大市场整治，开展春节、元旦、六一、十一、老年节等重大节日市场商品的质量监督检查。监检企业 240 家，查处伪劣商品 140 种，货值 200 万元。办案 220 起，其中立案查处 11 起，大要案 5 起。受理质量投诉案件 11 起，为消费者挽回经济损失 4 万余元。春播和“双抢”季节，对全市所有农资商品经销单位进行全面监督检查，查出劣质化肥 480 吨，货值 20 万元；立案 4 起，破获一起冒充临湘化工总厂的重大化肥诈骗案，抓获 2 名案犯，没收伪造公章 7 枚，假证件 10 个，端掉制假老巢，为四古区供销社挽回经济损失 17 万元。1992 年，市政府下发《关于严厉打击生产和经销假冒伪劣商品违法行为的紧急通知》。是年，检查生产、经销企业 615 家，查处不合格商品 300 余种，45.26 万件，价值 267.38 万元。行政处罚 650 起，其中立案 36 起。公开销毁假冒伪劣商品 38.64 万件，货值 42.38 万元。没收各种假冒伪劣食品 8537.5 千克，各种假冒劣质酒 5469 瓶，假冒名烟 535 条，劣质低压电器 5634 件。各种假冒中药材 1644.5 千克，各种劣质西药 5103 瓶（盒、包），劣质鹿茸针 6300 盒，劣质“洁尔阴洗剂”2150 瓶，假冒一次性输液器、注射器 15.6 万支。是年，两次集中销毁假冒伪劣商品。销毁各种伪劣药品 31.64 万件，货值 42.38 万多元。1993 年，开展食品打假活动，对全市食品生产、经销企业进行全面检查。没收过期变质饮料 2098 瓶，假冒名优酒 129 瓶，假冒国公酒 7000 瓶，劣质酸乳奶 38520 瓶，假冒营养保健品 665 盒，各种掺杂劣质食品 1428 千克，假冒龙牌、凤牌酱油 419 瓶，假冒“长沙”“白沙”“新田”牌香烟 807 条。是年，组织两次伪劣商品公开销毁活动，销毁假冒伪劣商品货值 14.58 万元。1994 年，打假工作以“查大案、端窝点、整市场”为重点，查处大案要案 5 起，端掉制假售假窝点 4 个，抓获违法犯罪人员 4 人，没收假冒国公酒 900 件，假双沟酒 58 件，假茅台酒 811 件（9732 瓶），假烟 1600 条，假冒嘉陵摩托车 28 台，假冒松下彩电 122 台，全年办理质量行政案件 128 起，申请强制执行 2 起。受理质量投诉案件 25 件，为消费者挽回经济损失 5 万余元。1995 年 1 月，市技监局在处理假冒茅台酒一案时违反国家技监局关于技术监督办案程序的有关规定，影响恶劣，中央电视台新闻 30 分予以曝光，有关责任人受到党纪政纪处分。所没收的假冒茅台酒通过市纪委、市监察局、市物价局定价后公开处理，货款全部上缴市财政。1999 年，开展“查市场、保两节，查农资、保春耕，查建材、保建设”三大专项打假行动。元旦、春节前后，对全市城

图 13-6 1999 年 3 月 15 日，市技监局执法人员前往光明山大操坪公开销毁收缴的假冒伪劣商品

镇和乡村集贸市场进行全面监督检查，检查批发、零售店铺200家，查获假冒伪劣商品货值20万元，在光明山大操坪集中销毁。3—4月，对全市各供销社、农资公司和农技站进行地毯式清查，查处假冒劣质化肥、农药、饲料、农用运输车、农机具等货值35万元。针对建材市场存在产品质量低劣、工程建筑质量令人担忧的情况，重点对市内19家水泥生产企业和12家钢材销售店进行监督抽样检查。查处废品水泥3915.75吨，不合格水泥322.5吨，对其中3家进行立案查处。是年，与企业联手"打假保真"，根据举报，在城郊查获一制售假冒国公酒窝点，立即通知河南赊店酒业有限公司派人来涟源协助打假。查获假冒社旗国公酒49件，假冒百事可乐饮料161件，假北京同仁堂国公酒3件，酒精800千克，空酒瓶2500个，标签12000张，封口机一台及其他制假材料，在蓝田三角坪进行公开销毁。是年，还与北京王酒厂、恒安集团、百事可乐集团、涟钢等8家企业联合开展"打假保真"行动，维护名优产品企业在涟源的合法权益。2002—2003年，主要开展农资、食品、建材、建筑装饰材料、"非典"防治、矿山机械产品6个方面的专项打假。抽检各种化肥81个批次，合格64个批次，合格率79%；对17个不合格批次进行处罚。查处生产销售劣质月饼、不合格饮用水、假冒名烟名酒、冷冻病死猪肉产(商)品案件33起，货值30万元。捣毁地条钢生产窝点5个，没收劣质地条钢100余吨。捣毁非法轧钢企业4家，没收劣质螺纹钢及原料220吨。对全市89家水泥预制构件厂进行全面检查，对其中52家偷工减料，不按国家标准组织生产的企业进行处罚。对全市水泥生产企业和外地进入涟源销售的水泥进行监督检查，查处5家无证生产水泥企业。对建筑装饰用胶合板、细木工板、瓷砖、不锈钢门窗等生产经销企业进行抽样送检，查处不合格产品货值20万元。"非典"期间，质监、药监、卫生等部门联合，对口罩、防护服等"非典"防治产品进行专项检查。查处违法案件4起，没收劣质口罩2000多个。对矿灯、矿车、轴承、煤电钻进行多次专项检查，查处假冒劣质煤机产品案件31起。其中，大要案1起，货值52万元。2004年，开展查食品、农资、建材和"3C"认证(中国强制性产品认证制度，英文名称China Compulsory Certification，英文缩写CCC)的"四查"活动。对经销食品的门店进行检查，查处标识不符、超保质(存)期、质量不符等违法案件110起，货值200万元。查处生产、销售不合格农药、化肥、农膜等产(商)品10多种，货值120万元。对生产经营水泥、钢材、装饰材料及铝材等单位进行监督检查，查获并责令停止生产地条钢企业4家。开展对强制性认证产品的监督检查，查获无"3C"认证和冒用"3C"认证的产品有灯具、电缆、玻璃、电动工具等商品，货值50万余元；开展煤矿机械产品专项整治，查获假冒煤电钻案一起，货值30万元，处罚到位9.8万元。全年出动执法人员728人次，出动执法检查车辆460台次，检查厂矿企业、商店900户次，监督检查产(商)品100余种，涉及产(商)品货值470万元，查处违法案件242起，其中立案查处100起，结案率100%，受理质量投诉、举报案件52起，均作出处理。2005年，查获假冒混凝土输送泵案一起，货值20多万元，处罚款10万元。10月，在石马山镇张家湾一民房内查处梁某用病死猪肉加工腊肉一案，处罚款5万元，并将300余千克病死猪肉在市乌泥坳垃圾场进行集中销毁。2007年，开展产品质量和食品安全专项整治行动，对全市食品、建材、煤矿机械等400家生产加工及经销单位进行检查，完成上级部署的12个100%专项整治目标任务。1989—2007年，查获假冒伪劣产品货值6432.9万元，查办制假售假案件4999起(其中大要案77起)，依法取缔制假售假窝点39个，申请法院强制执行案件22起。

第六节　特种设备安全监察

1987年，市劳动局负责锅炉压力容器的管理。是年，全市141台锅炉，核发使用登记证139台；压力容器88台，发证84台。1990年，进行锅炉房综合治理，会同娄底地区锅炉压力容器检验所，对全市159台锅炉、

221台压力容器进行抽检，责令3台锅炉、3台压力容器报废。1993年，对市内3家气体充装站，2家气瓶检测站进行整顿验收，对78台锅炉进行年检。1996年，对156名司炉工操作资格进行复审。1997年，开展以取缔"土锅炉"、查处无证运行的锅炉压力容器及超期未检进行充装的液化石油气钢瓶为重点的监察活动，检查单位23个，查处私制"土锅炉"1台，查出未检液化气钢瓶127个，下达监察意见通知书16份，停运通知书2份，查处超压运行锅炉2台。2000年底，全市有各类型锅炉189台，总蒸发量278.8吨/时。其中，生产性锅炉55台，总蒸发量185吨/时；生活锅炉134台，总蒸发量93.8吨/时。有固定式压力容器385台；气体充装站4个，其中氧气充装站1个、液化石油气充装站3个；氧气瓶、乙炔气瓶、液化石油气瓶等各类钢瓶32000只。培训司炉工960人，压力容器操作工320人。1987—2000年，锅炉压力容器未发生重大伤亡事故。2001年2月，质量技术监督部门接管特种设备安全监察职能，成立锅炉安全监察股，配备1名专职安全监察人员，主要从事锅炉压力容器的安全监察工作。是年，全市在用锅炉50台，压力容器100台。2003年，国家颁布《特种设备安全监察条例》，市政府召开宣传贯彻大会，140家特种设备生产、使用单位参加，会上各单位与市政府签订特种设备安全使用责任状。2003—2004年，市质监局投入专项资金5万多元，对市内特种设备进行全面清查，摸底登记。全市有特种设备生产使用单位148个。其中，生产单位1个，使用单位147个。确定危险源单位20个，重点监管单位48个，一般监管单位80个。全市有特种设备244台，其中各类锅炉81台、压力容器62台、电梯2台、起重设备85台、游乐设施12台、客运索道2条；有压力管道1700米；有各类气瓶5万余只。特种设备操作人员320人，持证上岗人员不到100人。通过清查摸底发现安全状况严重，非法使用即未办理相关证照的多，注册登记率不到30%；设备多年未进行安全技术检测带病运转的多，设备检测率不到40%；无证上岗的多，持证上岗率不到30%。2005年，锅炉安全监察股更名特种设备安全监察股，对全市锅炉压力容器进行专项整治，没有检测的，依法强制督促检测到位；没有注册的，依法督促办理合法使用手续，其检测率和注册率均达到100%。对市内极易引发重特大安全事故的6个气体充装站进行规范管理，全部设备处于安全运行状态。组织全市167个无证司炉人员、压力容器操作人员进行法规和专业理论知识培训，通过考试考核，全部取得上岗证书。市氮肥厂压力容器集中、数量多、单台容器压力最高，是年一座工作压力为380千克/平方厘米的合成塔在生产时发生严重急剧收压，险些造成厂毁人亡的恶性事故，事后，市安全生产委员会和娄底市安全生产委员会办公室、娄底市质监局多次进厂检查，责令关闭。2006年，开展游乐设施、气瓶安全、压力管道专项整治。市湄江风景区、白马湖2条索道未取得安全检验合格和索道允许使用手续，存在明显安全隐患，责令停止使用，限期拆除。对市儿童公园运行的12台游乐设施进行检测，发现的安全隐患全部整改到位，办理允许使用手续。全市拥有工业气瓶和生活用气瓶5万余只，将全市3600只溶解乙炔气瓶、氧气瓶等工业用气瓶进行实质性产权转移和100%的安全检测。2007年，全市和各特种设备使用单位编制特种设备安全事故应急救援预案，对全市110名起重设备操作工进行全员培训考试，全部取得上岗证，对27台电梯进行专项整治，排除安全隐患。是年，全市特种设备生产使用单位178个。其中，制造单位2个，使用单位176个。重点监管单位50个。其中，危险源单位18个，一般监管单位128个。通过专项整治，关闭4个危险性较大的特种设备使用单位，调整两个危险源单位。全市在用特种设备数量440台，压力管道3200米，各类气瓶5万~6万只。

第十四篇 工 业

1987年,涟源市有工业企业919家。其中,乡办以上企业340家(独立核算企业325家),村办企业579家。从业人员56101人。完成工业总产值61230万元,占全市工农业总产值66.05%。全部独立核算企业固定资产原值34415万元,净值23226万元,实现利润1836万元,上缴税金1788万元。

1990年8月—1991年,全市开展"工业总体战"。1992年,配套实施"412"工程:市铁厂、市电线厂、市制革厂、市冶炼厂进行技术改造,上规模上档次;新建湖南省回春堂制药厂;市氮肥厂、市阀门厂两户老企业进行扩建改造。在预算内国营工业企业进行生产经营、产品定价、内部分配、人事用工、技术改造的"五自主"改革,工业经济快速发展。是年,全市有工业企业7153家。其中,乡办以上企业352家(独立核算企业320家),村办企业562家,联户、个体企业6239家。从业人员76063人。完成工业总产值117970万元,占全市工农业总产值68.71%。全部独立核算企业固定资产原值51088万元,净值30743万元,实现利润1005万元,上缴税金3335万元。

1993—1996年,突出重点建设,快速发展乡镇(街道)、民营工业,全市工业从单一的国有、集体所有制经济逐渐转变为多种所有制经济并存的局面,形成采掘、机械、建材、冶金、制药、化工、食品加工、日用品生产等优势产业。发展速度加快,亏损日渐严重。1996年,全市有工业企业7026家。其中,乡办以上企业344家(其中,独立核算企业305家,中外合资企业1家),村办企业652家,联户、个体企业6030家。从业人员7.7万人。完成工业总产值402863万元,占全市工农业总产值74.56%。全部独立核算企业固定资产原值97138万元,净值78377万元,上缴税金5809万元,亏损7762万元。

1997—2001年,加快工业结构从适应性调整向战略性调整转变,着力提高工业经济整体素质和效益,壮大支柱产业,培育龙头产业。工业布局发生明显变化,由集中城市周围向乡镇扩展。市属国有工业企业冶炼厂、阀门厂、制革厂、酒厂,市属集体工业企业织染厂、锁厂、皮革厂相继破产或重组,其余国有、集体工业企业实施承包、租赁等经营形式的改革,但企业产权制度未彻底改变,一些深层次的矛盾和问题不断激化和凸现。

2002年,确立"工业强市,民营主体,项目推进"发展战略,发展重心由农业大市向工业强市转变,企业改革强势突破。2003年7月,市委、市政府《关于加快企业改革的实施意见》《涟源市企业改革的若干规定》出台,全面推进以"两个置换"(企业置换产权,职工置换身份)为主要内容的企业改革。2006年2月,市委、市政府作出《关于加快推进工业化进程的决定》,使工业在工业化、城镇化、农业产业化中的核心地位得到进一步巩固,工业化进程明显加快,工业园区建设成效显著。

2007年,全市有独资企业、合作合伙企业、股份有限公司、有限责任公司等工业企业784家(年产值500万元以上企业100家),个体工业企业1263家;从业人员81996人;完成工业总产值873806万元,占工农业总产值72.59%。其中,轻工业238549万元,重工业635257万元;国有企业48176万元,集体企业88518万元,股份合作企业30820万元,私营企业224763万元,外商及港澳台企业23590万元,其他经济类型企业457939万元;规模以上企业产值580900万元,规模以下企业292906万元。全市规模以上企业固定资产原值203275.4万元,净值140708.5万元。利润总额39779.7万元,减去亏损739.6万元,实际利润总额39040.1万元,上缴税金26407.2万元。

第一章 管理机构

第一节 主管机构

1987年11月，市经济委员会(简称市经委)内设办公室、生产技术组(加挂食品工业办牌子)、人事教育组、企业管理组(加挂扭亏增盈领导小组办公室牌子)、安全保卫组、监察室，定编20人。1996年3月，内设办公室、人事教育组、生产组(加挂市食品工业办公室牌子)、企业管理组、科技组、安全保卫组、监察室，定编22人。2002年，市经委更名市经济工作局，内设办公室(加挂市国防动员委员会交通战备办公室牌子)、人事教育股、政策法规股、经济运行股(加挂市煤炭调运领导小组办公室、市扭亏增盈领导小组办公室牌子)、环境保护与资源综合利用股(加挂市建材工业办公室牌子)、科学技术股(加挂市信息产业管理办公室牌子)、能源股、企业服务指导股(加挂市集体工业联社牌子)、市中小企业发展促进办公室(加挂市发展民营经济领导小组办公室牌子)。2007年，机构未变，定编22人。

第二节 二级机构

1987年，市经委二级机构市工业公司定编30人，与市经委合署办公。1996年3月，定编5人。1997年，机构撤销，在职工作人员与退休人员转入市经济工作局机关。2005年8月，成立市电力行政执法大队，定编9人。2007年，机构、编制未变。

第三节 归口管理机构

1987年，市经委归口管理市煤炭工业局、市乡镇企业局、市交通局、市轻工业局。1991年5月，市乡镇企业局分出。1993年11月，市交通局分出。1995年1月，市轻工业局更名市轻工业总公司。2002年12月，撤销市轻工业总公司，建立市轻工业行业管理办公室。2006年9月，撤销市轻工行业管理办公室，其职能划入市经济工作局。2007年，市经济工作局归口管理市煤炭工业局。

第四节 代管机构

1987年，市经委代管省盐业公司涟源支公司、市药材公司、省石油公司涟源支公司、市电力局、市邮电局。2007年，市经济工作局代管省轻工盐业集团有限责任公司娄底分公司涟源配送站(由原省盐业公司涟源支公司演变，保留市盐务管理局牌子)、市药材公司(与市医药管理局两块牌子，一套人马)、中国石油化工集团湖南娄底石油分公司涟源片区(由原省石油公司涟源支公司演变)、市电力局、市邮政局、湖南省电信有限公司涟源市分公司、中国移动通信集团湖南有限责任公司娄底分公司涟源营业部、中国联合通信有限公司涟源分公司。

第二章　企业类型

1987年,全市乡办以上工业企业340家。按经济类型及隶属关系分:有全民所有制企业47家,其中部属企业1家、地方企业46家(省属16家,市属30家);集体所有制企业293家,其中市属38家(手工业合作厂、社18家,部门办20家)、城市街道企业15家、乡办企业230家、附属厂10家。按轻、重工业划分,有轻工业企业124家,重工业企业216家。2007年,全市纳入统计的工业企业784家。按隶属关系分:有部属企业1家,省属企业5家,市属企业9家,乡镇(街道)企业38家,其他企业731家。按轻、重工业分,有轻工业企业94家,重工业企业690家。按企业规模分,有大型企业1家,中型企业6家,小型企业777家。按组织类型分,有独资企业291家,合作、合伙企业458家,股份有限公司5家,有限责任公司30家。按登记注册类型分,有内资企业780家(国有企业9家、集体企业20家、有限责任公司7家、股份合作企业5家、私营企业739家),港澳台商投资企业3家,中外合资经营企业1家。另有未纳入统计的个体企业1263家。

第一节　国有企业

1987年,全市国营企业47家:部属企业1家,省属企业16家,市属企业30家。年产值29477万元,占全市工业总产值48.14%。其中,41家独立核算企业实现利润1106万元,上缴税金954万元。1988年,新建市冶炼厂。1989年,市电线厂由市属集体企业转预算外国营企业。1990年,市化工厂由市属集体企业转预算外国营企业。1994年,建成湖南省回春堂制药厂。省属湘中机械厂、湘峰机械厂整体搬迁至娄底市(今娄星区),组建华达机械厂。1995年,市属企业开始破产,改制。2004年,湖南省涟邵矿务局桥头河煤矿、斗笠山煤矿相继破产。2007年,市内国有及国有控股企业有湖南南方洪源机械制造有限责任公司、湖南省锻造厂、湖南金塔机械制造有限公司、湖南神斧集团一六九化工有限责任公司、涟源华龙车轴制造有限公司、市地方电力有限责任公司、市自来水总公司、娄底市特种饲料厂、湖南涟钢冶金材料科技有限公司田湖分公司9家,年产值61421万元,占全市工业总产值的7.03%;实现利润2351.3万元,上缴税金3466.5万元。

图14-1　湖南金塔机械制造有限公司

第二节　集体企业

1987年,全市集体企业293家,年产值24431万元,占全市工业总产值39.97%。其中,284家独立核算企业实现利润731万元,上缴税金834万元。2007年,全市集体企业20家,年产值88518万元,占全市工业总产值的10.13%。其中,14家规模以上企业实现利润4222.8万元,上缴税金4230.1万元。

市属轻工企业　1987年,全市有市属轻工集体企业18家,年产值3157万元,占全市工业总产值5.16%,实现利润142万元,上缴税金329万元。1995年,市织染厂、市锁厂相继破产。2000年,市服装厂、市制钉厂完成"两个置换"改革。2001年2月,市制鞋厂破产。2003年后,市工具厂、市冶化公司、市伞厂、市家电厂、市皮革厂、市金属制品厂、市二建公司、市塑料塑胶厂、市纸箱厂相继完成"两个置换"。2006年,市属轻工集体企业全部完成改制。

部门办企业　1987年,全市有部门办集体企业20家,年产值674万元,占全市工业总产值1.1%。亏损总额37万元。1990年,发展到34家,年产值1397万元。2003年,减少到2家。2007年,消亡。

乡镇(街道)集体企业　1987年,全市有乡镇集体企业230家,年产值9954万元,占全市工业总产值16.26%,实现利润496万元,上缴税金471万元。街道集体企业15家,年产值1799万元,占全市工业总产值2.94%,产品销售税金114万元,实现利润80万元。村办企业579家,年产值7571万元,占全市工业总产值12.36%。2000年,全市有乡镇集体企业505家,年产值73803万元。街道集体企业38家,年产值8088万元。2006年,20家街道集体企业完成改制。2007年,全市有乡镇(街道)集体企业20家,年产值88518万元,占全市工业总产值10.13%。其中,14家规模以上企业实现利润4222.8万元,上缴税金4230.1万元。

企业附属厂　1987年,市内有部、省属厂矿附属集体企业10家,年产值937万元,占全市工业总产值1.53%,实现利润50万元,上缴税金51万元。2001年,减少至2家。2007年,消亡。

第三节　私营企业

1987年,全市私营、个体工业企业年产值7661万元,占全市工业总产值12.51%。1997年,年产值12570.9万元。2007年,全市私营企业739家,个体企业1263家,年产值224763万元,占全市工业总产值25.72%。其中,64家规模以上企业产值315889.7万元,实现利润26497万元,上缴税金13317.5万元。

第四节　股份制企业

一　股份合作合伙企业

1992年5月,市电线电缆总厂(市电线厂)与香港金群发展有限公司合作,兴建涟群电线电缆有限公司,内称市电线电缆总厂,年总产值1952万元。2001年,市内有合作合伙企业285家,产值4134万元。其中,3家规模以上企业亏损总额22.8万元,上缴税金112.4万元。2005年,增加到374家,产值21359万元。其中,19家规模以上企业产值42941万元,实现利润1540万元,上缴税金2109.1万元。2007年,全市合作合伙企业458家,完成年产值131945万元,占全市工业总产值的15.1%。其中,43家规模以上企业总产值87491.3万元,实现利润5271.3万元,上缴税金5554.9万元。

二　股份有限公司

1996年,组建市冶金建材股份有限公司和湖南白云建材股份有限公司,因产权制度改革不到位,未进入实质性操作,股权分置改革于1997年终止。2001年,全市有湖南涟钢田湖矿业有限公司、市泰康经贸有限公司2家股份有限公司,年产值10392万元。2007年,有湖南生命链酒业有限公司、湖南创安防爆电器有限公司、娄底嘉鑫精炼有限公司和香港景龙(湖南)食品有限公司、市白云旋窑水泥有限公司5家股份有限公司,年产值 26660 万元，占全市工业总产值的 3.05%，上缴税金 561 万元，从业人员 515 人。

三　有限责任公司

1991 年 9 月，成立湖南三一集团有限公司（前身为市特种焊接材料厂）。1993 年，建立涟城竹器有限公司。2003 年，市内有股份有限责任公司 8 家。其中，湖南省一六九化工厂改制成为国有控股、职工参股的湖南一六九化工有限责任公司，湖南省回春堂制药厂改制为湖南省回春堂药业有限公司。2007 年，全市有限责任公司 30 家，年产值 334447 万元，占全市工业总产值的 38.27%。其中，27 家规模以上企业产值 333066.5 万元，实现利润 27074.6 万元，上缴税金 12802.9 万元。

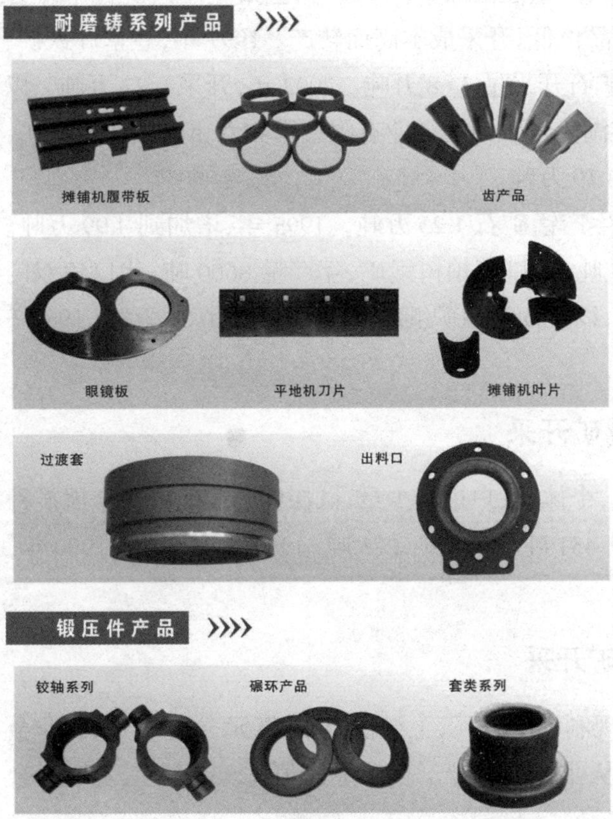

图 14-2　娄底市中源新材料有限公司生产的铸钢件和锻件

图 14-3　湖南创安防爆电器有限公司

图 14-4　湖南神斧集团一六九化工有限责任公司

图 14-5　湖南省回春堂药业有限公司

第三章 工业门类

第一节 采掘工业

1987年,市内独立核算采矿企业96家,总产值6139万元,实现利润160万元,上缴税金146万元。2007年,采矿企业270家。其中,54家规模以上企业总产值187806.6万元,实现利润9660.4万元,上缴税金10051.4万元。

一 黑色金属矿开采

铁矿石 市内铁矿资源少,开采未形成规模。1987年,有田湖铁矿、烂草坪铁矿、浆江铁矿和乡镇小铁矿22家,产铁矿石17.10万吨,其中田湖铁矿9.66万吨。以后,产量逐渐减少。1990年,全市生产铁矿石4.80万吨,其中田湖铁矿1.77万吨。1991年,田湖铁矿因赤铁矿品位低,开采成本高而转产。1997年,烂草坪铁矿、浆江铁矿改采煤炭,乡镇小铁矿全部停产。是年,全市铁矿石开采量3.68万吨。2002年,开采0.22万吨。以后,钢铁市场看好,开采量有所回升。2007年,市内铁矿有湖南涟钢田湖矿业有限公司和六亩塘镇三亿铁矿,开采铁矿石4.5万吨。1987—2007年,全市开采铁矿石78.19万吨。

锰矿石 1987年,市内有柏树、仙洞、栗溪3家锰矿,生产锰矿石1.23万吨。1995年,增加到4.99万吨。是年,比较大的锰矿有七星街镇三尖峰锰矿,年产量9615吨;伏口镇柏树锰矿,年产量8600吨;伏口镇双门石锰矿,年产量15385吨。以后,开采量逐渐下降。2007年,以上3家锰矿继续开采,开采量0.26万吨。1987—2007年,全市开采锰矿石37.80万吨。

二 有色金属矿开采

市内有色金属矿一直未形成规模开采。1987年,乡镇、个体、联户进行少量、试探性开采的有色金属矿种有锑、铅、锌、钨、金等。开采量较大的是锑矿石,是年,产量451吨。1988年,273吨。1989年,235吨。1990年,240吨。以后,无统计数据反映。

三 非金属矿开采

1987年,市内非金属矿采选企业总产值584万元,实现利润6万元,上缴税金12万元。2007年,有非金属矿采选企业97家。其中,产值50万元以上企业69家,从业者1469人。全市总产值12937万元,上缴税金245.7万元。

硫黄 1987年,全市乡镇工业企业开采硫黄矿石820吨;1988年,678吨;1989年,904吨;1990年,250吨。

白云石 1987年,全市开采白云石2万吨。1997年,主要开采厂家是田湖铁矿,年开采白云石6.34万吨。次年,达到21.16万吨。2001年,下降至7.53万吨。2007年,回升到35万吨。1987—2007年,全市开采白云石196.51万吨。

石灰石　1987年，市内民间开采石灰石比较普遍，形成规模的有为田湖铁矿提供石灰石原矿的七星街镇多家民间采石场，常年产量为全市总产量的四分之一左右。市内开采石灰石3.28万吨。1991年，达到101万吨。1997年，1915.5万吨。1998年，下降至315.4万吨。2007年，320万吨。1987—2007年，全市开采石灰石7188.86万吨。

图14-6　田湖矿业有限公司石灰石生产现场

石膏　1991年，全市开采石膏2.28万吨。1997年，达42.48万吨。2004年，下降到2.5万吨。2007年，上升到4.5万吨。较大的石膏矿有六亩塘镇胜利石膏矿和良溪石膏矿、伏口镇长坳石膏矿、湄江镇湄桂石膏矿和新峰石膏矿5家。1991—2007年，全市开采石膏223.95万吨。

硫铁矿石　市内硫铁矿石开采的主要生产企业是湖南省青山硫铁矿。1990年，开采10.26万吨。1993年起，产量逐渐下降。1999—2003年，年开采量在2.3万吨左右。1990—2003年，开采硫铁矿石59.30万吨。2006年11月16日，娄底市中级人民法院宣告湖南省青山硫铁矿破产还债。

四　煤炭开采

见《第十五篇　煤炭》。

第二节　冶金工业

1987年，市内有黑色金属冶炼及压延加工企业3家，总产值2031万元，实现利润261万元，上缴税金62万元。2007年，全市有15家黑色金属冶炼及压延加工企业。其中，5家规模以上企业完成工业总产值99546万元，实现利润5128.1万元，上缴税金4085.4万元。

一　炼　铁

1987年，市内炼铁企业有市铁厂、安平镇铁厂与市磷肥厂炼铁分厂3家，职工1420人。是年，生产生铁48161吨。其中，市铁厂31737吨，安平镇铁厂6492吨，磷肥厂炼铁分厂9932吨。市铁厂生产的铸造生铁通过复评，第二次获得湖南省优质产品称号；安平镇铁厂生产的铸造生铁被评为地方名牌产品。1991年，市磷肥厂炼铁分厂停产生铁。是年，全市生铁产量32109吨。1992年，市铁厂更名涟源冶金建材总厂（简称市冶建总厂），职工1025人，厂区面积14.7万平方米，建筑面积2.7万平方米，有35立方米和40立方米炼铁高炉各1座，有机电、化验、检测、供水、供电和铁路专用线等辅助设施。是年，安平镇铁厂实行承包经营。1993年11月，南风乡新建一座13立方米小高炉生产生铁，由于管理不善，仅生产一年停产。1994年1月18日，市冶金建材总厂110立方米高炉竣工投产。是年，磷肥厂炼铁分厂恢复炼铁。全市生产生铁51800吨。1996年，磷肥厂炼铁分厂再度停产。2003年，全市生产生铁10.7万吨，其中市冶建总厂生产7.6万吨。是年11月，市冶建总厂以3101万元整体出让给邵东县顺达金属型材有限公司，组建湖南顺鑫钢铁有限责任公司。2004年，安平镇铁厂改制，组建涟源雄宇工贸有限公司。2005年，杨市镇新建和鑫实业发展有限公司。2006年，全市产生铁20.3万吨。2007年，产15.4万吨，产值71067.8万元，上缴税金2078万元，从业人员1076人。1987—2007年，全市生产生铁156.14万吨。

二 炼 钢

2004年，湖南顺鑫钢铁有限公司投资2.8亿元启动35万吨炼钢生产线技术改造，2005年底试产。2006年，生产粗钢8.80万吨。2007年，生产粗钢16.10万吨，钢材1200吨，产值7.2亿元，上缴税金2400万元。

三 铁合金冶炼

1988年，市电石厂从湖南铁合金厂引进技术与人才，改造1800千伏安电石炉成多功能冶炼高炉，生产硅铁合金。是年7月转产，全年产硅铁合金484吨，职工49人。1989年，市冶炼厂建成投产。企业占地4.2万平方米，建筑面积1.5万平方米，建有35千伏变电站1座，7200千伏安矿热电炉1座，固定资产原值476万元，职工204人。是年，生产硅锰合金1100吨。1991年，全市生产铁合金8564吨。其中，市冶炼厂7294吨，市电石厂1270吨。1992年，市冶炼厂建35立方米富锰渣高炉1座，生产富锰渣1100吨，硅铁合金8032吨，固定资产原值1129.2万元，净值1055.6万元，职工534人。是年，市电石厂停产铁合金，复产电石及乙炔气。1995年，茅塘电石厂转产铁合金，年设计生产能力1.2万吨。是年，全市生产铁合金12661吨，其中市冶炼厂8326吨。1998年，市冶炼厂进行“买断工龄、全员安置、资产重组”改革，421名职工与企业解除劳动关系。2004年4月，涟源嘉鑫冶金有限责任公司以1008.88万元整体收购市冶炼厂，成为湖南省第二大铁合金企业。10月，茅塘电石厂（茅塘冶炼厂）破产改制。是年，涟源嘉鑫冶金有限责任公司生产铁合金15673吨。2004年，斗笠山铁合金有限公司建立。2005年，筹建娄底嘉鑫精炼有限公司，2006年6月正式投产，占地1.37万平方米，建筑面积4580平方米。2007年，涟源嘉鑫冶金有限责任公司生产铁合金28990吨，斗笠山铁合金有限公司生产铁合金3210吨，娄底嘉鑫精炼有限公司生产特种铁合金12690吨，共完成工业总产值33246.5万元，实现利润1468.4万元，上缴税金1630.1万元，从业人员246人。1988—2007年，全市产铁合金16.59万吨，特种铁合金16.59万吨。

四 轧 钢

1987年，田湖铁矿生产冷拔棒材，年产179吨。次年，增加成品钎、锚杆生产，产量1724吨。1991年，开发焊管产品，是年，钢材产品产量7473吨。1995年，生产下降。1999年回升。2000年，产19716吨。此后产量再度下降。2001年，成立田湖轧钢有限公司。2005年，停产冷拔棒材、成品钎。2006年，停产焊管。是年，企业改制，成立湖南涟钢田湖矿业有限公司。2007年，锚杆产量965吨。是年，全市有5家小轧钢厂，年产值1620万元，上缴税金62万元。1987—2007年，全市生产各类轧钢件16.46万吨。

图14-7 湖南涟钢田湖矿业有限公司轧钢生产现场

第三节　机电工业

一　通用设备制造

1987年,通用设备制造业主要厂家有6家,总产值1552万元。2007年,有13家通用设备制造厂。其中,2家规模以上企业产值2694万元,实现利润55万元,上缴税金168.6万元。

铸铁件　1987年,市内铸铁件主要品种是铸铁管。一些机械企业设有铸造车间生产少量为自身产品配套的铸件。全市有两家铸铁管生产厂——市第一铸管厂(又名市锅厂)和市第二铸管厂,两厂职工398人,拥有化铁炉、铸管机、空气压缩机、行车等专业设备50台(套)。是年,生产铸铁管9255吨。市第一铸管厂开发生产的机械柔性接口铸铁管为中南五省科技新产品,远销广东、福建等9省市区,出口泰国、科威特、巴西、波兰、香港等国家和地区。1991年,两厂铸铁管产量14031吨。1993年,达到29900吨,比1987年增长2.2倍。1995年,市第一铸管厂因"三角债"拖累和企业体制、经营机制不活,不适应市场经济发展而停产。是年,市第二铸管厂产量达到16662吨。1996年,产量逐渐下降。1997年,生产10457吨。2003年,下滑到2050吨。2004年停产。1987—2003年,全市产铸铁管20.70万吨。2006年,市第一铸管厂实行破产拍卖。是年11月,石马山锅厂(1998年,市锅厂36名下岗职工集资80万元在石马山镇石梅村与青烟村交界处征用闲置土地组建石马山锅厂,自产自销铁锅)根据市场变化,更名石马山铸造厂,改产机械配件铸件。2007年,市第二铸管厂实行资产转让。是年,全市有10家铸铁厂,年产值3789万元,上缴税金161万元,1987—2007年,全市生产各类生铁铸件36365吨。

铸钢件　1987年,市内有市阀门厂与市铸钢厂生产铸钢件,是年生产695吨。其中,市阀门厂295吨,市铸钢厂400吨。1988年,市阀门厂停产铸钢件。是年至1992年,市铸钢厂年均生产铸钢件500余吨。1993—2002年,年均产量1000余吨。2003年,市铸钢厂宣告破产,在原址成立五鑫机电设备制造有限公司,继续生产铸钢件,年均产量1100余吨。2007年,市内有5家铸钢厂,生产铸钢件3131吨,年产值1941万元,上缴税金59万元。1987—2007年,全市生产铸钢件20331吨。

锻件　1987年,市内各机械行业为自身产品配套设有锻压车间。锻件批量生产主要集中在省锻造厂,省锻造厂为中南地区最大的锻造工厂,是与兵器工业协作配套的专业锻造企业。占地15.5万平方米,建筑面积2.6万平方米,有职工1604人。主要生产铁路车辆、汽车、拖拉机、摩托车、柴油机、矿山机械和起重机械的各种锻件,产品畅销全国18个省市,并出口泰国、巴基斯坦等国家。是年,全市生产锻件3072吨。其中,省锻造厂2400吨,所生产的汽车前后桥制动轴,广泛用于哈尔滨"星光"牌、天津"雁"牌、北京212吉普车和南京IVECO汽车、北京130汽车及河北胜利、二汽EQ140等车型。1994年,全市锻件产量8977吨,其中省锻造厂8801吨。1996年开始,省锻造厂生产形势渐入低谷,市内民营企业生产发展。1999年,全市锻件产量21159吨,次年开始回落。2006年,省锻造厂破产。2007年,市内有锻造厂4家,生产锻件3232吨,上缴税金100万元,从业人员935人。1987—2007年,全市生产锻件125297吨。

阀门　1987年,全市有市阀门厂与市通用机械厂2家阀门生产企业。是年,生产中低压阀门758吨。市阀门厂占地4.2万平方米,建筑面积1.4万平方米,固定资产原值502.3万元,净值353.8万元,职工411人。拥有铸造、机加、冷作、电力、检验等设备。是年,生产阀门473吨。市通用机械厂占地4822平方米,职工110人。主要生产"涟通"牌中、低压阀门。次年,实行租赁经营。1993年,市阀门厂生产阀门86吨,亏损严重,被迫停产。1996年8月破产重组,更名市八达机械有限公司,次年再次重组更名市阀门制造有限公司,为国有民营企业。1999 年,市内产阀门 75 吨。2001 年,增加到3100 吨。2004 年,市煤矿机械厂整体收购市阀门制造有限公司,继续维持阀门生产。2003 年,市通用机械厂拍卖,实行“两个置换”。2005 年,全市生产阀门 4000 吨。是年,主要生产厂家湖南远扬煤机制造有限公司(市煤矿机械厂更名)转产矿用卷扬机。2007 年,市内阀门产量降至 170 吨,阀门生产企业转产矿山机械配件和铸件。1987—2007 年,全市生产中低压阀门 22544 吨。

农具 1987 年,全市生产中小农具 192.01 万件。其中,铁制农具 188 万件,木制农具 0.96 万件,竹制农具 3.05 万件。市木工厂,职工 52 人,拥有固定资产原值 43 万元,净值 21 万元,主要生产 650 型钢木混合人力打稻机。是年,生产 2390 台。1988 年,市木工厂并入市工具厂,停产打稻机,计划内定点生产打稻机任务转给蓝田街道企业新新农机厂。是年,全市生产农机具及配件 329.27 万件,打稻机 2050 台。1989 年,生产农机具及配件 1961 万件,打稻机 2051 台。以后,随着农机自动化提高,手工操作农具逐渐淘汰。1992 年,生产人力打稻机 221 台,以后停产。1996 年,全市生产农机具及配件 2.07 万件。1987—1996 年,市内生产农机具及配件 2854.51 万件,人力打稻机 7855 台。2007 年,市内有农具厂 2 家,年产值 610 万元,上缴税金 8 万元,从业人员 42 人。

磨料 1993 年 10 月 8 日,市砂轮厂建立,从业人员 13 人,固定资产 124 万元,生产单一碾米砂轮。1994 年,产量 35 吨。2002 年 4 月 12 日,更名湖南省方圆磨料磨具有限公司。2007 年,生产高科技、高精密、大规格、多品种的轧辊、陶瓷、树脂 CBN 等砂轮磨料。是年,完成产量 850 吨,产值 2691 万元,上缴税金 98 万元,从业人员 47 人。

乙炔发生器 1987 年,市气焊机厂生产滴水式中压乙炔发生器 4556 台。TSD1.0—2.5 滴水式乙炔发生器被评为省优产品。1990 年,生产乙炔发生器 4511 台。后由于体制归属问题未解决,企业发展停滞。1987—1990 年,生产乙炔发生器 18430 台。

二 常用有色金属加工

铜材 1987 年,湖南洪源机械厂生产异型铜材 13.08 吨。次年,增产到 304.12 吨。是年,国家经济贸易委员会下达洪源机械厂银铜梯排重点技术改造项目,投资 450 万元,设计能力年产异形铜材 1000 吨。当年完成投资 200 万元。1989 年,压缩固定资产投资规模,项目中途停建,工厂自筹资金形成 500 吨生产能力,以紫铜、黄铜、青铜为原料生产管材、棒材等 100 多种铜材产品。1995 年 10 月,涟源南方冶金连铸设备制造有限公司创建,研制开发高效结晶器和结晶器铜管。是年,生产铜材 167 吨。2001 年,洪源机械厂异型铜材生产能力达到 1000 吨,全市生产铜材 354 吨。2004 年,达到 5648 吨。2007 年,减产至 928 吨。1987—2007 年,全市生产铜材 16665.36 吨。

铝材 1998 年,洪源机械厂开发生产铝塑复合管。次年,生产 20.66 千米。1999 年,建成年产 200 万米铝塑复合管生产线,主要生产 Φ16—Φ32 规格的供水管材。2001 年,生产铝塑复合管 31.78 万米。2003 年,产品出口波兰。2006 年,停产。1998—2005 年,生产铝塑复合管 80.69 万米。

1998 年,洪源机械厂形成年产摩托车铝合金轮毂 10 万只能力。2001 年,铝轮毂产销量突破 5 万只。2002 年,达到 8 万多只。2005 年,为 5.9 万只。

2007 年,全市常用有色金属加工企业 3 家。其中,1 家规模以上企业总产值 5998 万元,产品销售税金 63 万元,亏损 112 万元。

三 交通运输设备制造

1987 年,市内交通运输设备制造企业 3 家,年产值 4858 万元。2007 年,发展到 17 家。其中,2 家规模以上企业总产值4838万元，实现利润102.9万元，上缴税金200.3万元。

铁道车轴　1988年，湖南省锻造厂成为铁道部火车轴定点生产厂家，拥有专业化配套的车轴锻造、机械加工生产线，自主研发生产的RD2型240#钢火车轴产品成为全国进口替代产品，远销国外。1990年，RD2货车车轴被评为省优产品。1998年，组建湖南火车轴制造厂（从湖南省锻造厂析出），年生产火车轴2800吨。1999年，改产LZ50#轴承钢系列，属替代进口产品，成为全国10家铁路机车车辆专业定点生产厂家之一。2003年，RD2型LZ50#钢火车轴获湖南省新产品证书，产品畅销株洲、武汉、广州、西安、武昌等车辆工厂。2004年，生产铁道车辆主轴1829吨。2007年，生产1941吨，产值3552万元，上缴税金179.5万元，从业人员59人。

汽车配件　1987年，市交通机械厂生产JT851挂车和CA10B汽车制动凸轴等配件8.59万套，JT851挂车、CA10B汽车制动凸轴评为省优产品。1989年，生产汽车零配件9.55万件（套）。1990年，停产汽车零配件，制动调整臂被评为地方名牌产品。

汽车修理　1987年，全市主要有市交通机械厂和市供销社汽车修配厂2家企业从事汽车修理，年产值179万元。2007年，有汽车修配厂14家，从业人员175人，年产值3621万元，上缴税金60万元。其中，规模以上企业市交通机械厂有从业人员75人，年产值1286万元，实现利润103万元，上缴税金19.7万元。

拖拉机　2002年，全市有龙明科技有限公司生产小三轮拖拉机，松河农用机厂生产大中型变形四轮拖拉机。是年，全市生产拖拉机120台。2004年，年产384台。2007年，生产280台，产值2002万元（含修理等业务），上缴税金19万元，从业人员86人。2002—2007年，生产拖拉机1351台。

自行车　1987年，市内有湖南洪源机械厂和湖南省湘峰机械厂2家企业生产自行车，职工5158人。省湘中机械厂、湖南锻造厂承担部分自行车脚蹬、灯架等外协件生产。省湘峰机械厂生产的"松鹤"牌PA—83型自行车和洪源机械厂生产的"奔月"牌QE—72型自行车被评为省优产品。是年，两厂生产自行车45.6万辆，占全省自行车总产量的27.6%。"奔月"牌自行车出售至新加坡、美国、法国、澳大利亚、约旦、中国香港、中国台湾等国家与地区达26万多辆。1988年，全市自行车产量达到53.4万辆，并具备年产70万辆的生产能力。是年后，陆续开发生产510毫米山地车、660毫米山地车、城市车、仿赛车等系列变速车，完成外贸出口510毫米山地车的生产定型及助力自行车的技术设计和样车制作。是年，湖南洪源机械厂被第五机械工业部定为自行车总装厂。1989年，自行车市场开始疲软，出口与内销量开始下降。全市年产43万辆。省湘峰机械厂将开发的出口赛车和高档变速车系列产品冠名"华达"牌。1990年，洪源机械厂660毫米轻便自行车和湘中机械厂660毫米QE80—1501自行车脚蹬、SH10—07710毫米自行车脚蹬被评为省优产品。1992年，洪源机械厂开发YE、YF110型660毫米山地车，"吉尔利"牌自行车商标成功注册。1994年，完成助力自行车技术设计和样车制作，开发出简易山地车，因资金原因，未能投入生产。是年，全市自行车产量0.97万辆，"松鹤"牌与"华达"牌自行车停止生产。随后几年，自行车市场逐渐萎缩。1996年，"奔月"牌自行车产量下滑到0.3万辆。1997年，全面停产。1987—1996年，全市生产自行车240.1万辆。

四　矿山机电

1987年，市矿山机械厂固定资产原值95万元，净值54万元，职工111人，生产矿用局部扇风机、绞车、矿车等366台，产值89万元。湖南省煤矿机械厂职工1434人，生产煤矿金属支柱、刮板输送机等200台，是年，φ14×50、φ14×40矿用高强度圆环链被评为省优产品。1988年，市矿山机械厂YBT—55局部扇风机和省煤矿机械厂SGD—320/178刮板输送机、SGD—280/7.5单链可弯曲刮板输送机被评为省优产品。2004年6月25日，市煤矿机械厂自主研制开发的无级调速矿用提升绞车引入国家"火炬"计划，直径3米大型矿用绞车研制成功。是年，省煤矿机械厂实行股份制改革，组建湖南金塔机械制造有限公司。2005年，湖南金塔机械制造有限公司生产矿山设备470台，产值10500万元。2006年，湖南金塔机械制造有限公司生产的矿用提升绞车、矿用提升机和湖南远扬煤机制造有限公司生产的JT\JTK\JTP\JK系列矿用绞车、提升机被评为省名牌产品。是年，市矿山机械厂实施“两个置换”改革，资产拍卖。2007年，全市矿山机电企业达到21家，生产矿山设备26300吨，已具规模的有湖南远扬煤机制造有限公司、湘中煤机厂、湖南创安防爆电器有限公司、三星矿机厂、石马山煤机厂等9家，主要产品有矿灯、矿车、破碎机、刮板输送机、带式输送机、卷扬机、防爆电机等，湖南创安防爆电器有限公司生产的防爆电器被评为省名牌产品。是年，全市生产各类矿山机械1452台，年产值32739万元，上缴税金568万元。其中，湖南金塔机械制造有限公司生产矿山设备658台，年产值14708万元，上缴税金276万元，从业人员615人。1987—2007年，市内生产各类矿山设备10.66万吨。

图14-8　湖南远扬煤机制造有限公司生产的JK型矿用绞车

图14-9　湖南金塔机械制造有限公司生产的矿用提升机

图14-10　湖南创安防爆电器有限公司生产的防爆电器开关

五　电气机械及器材制造

1987年，市内电气机械及器材制造业总产值968万元，上缴税金71万元，亏损20万元。2007年，电气机械及器材制造企业6家。其中，2家规模以上企业产值2737.3万元，实现利润56.6万元，产品销售税金58.1万元。

漆包铜线　1987年，市电线厂生产漆包铜线570吨。1989年，生产950吨。1990年，“金鹤”牌高强度聚酯漆包线复评为省优产品。1992年5月，市电线电缆总厂与香港金群发展有限公司合作，兴建涟群电线电缆有限公司，经国务院生产办批准，合作开发“特种复合绕组漆包线”项目。1995年，漆包线产量1072吨。1998年，因管理不善，亏损严重，产量骤减到130.7吨。1999年，珠海格力集团派人承包涟群电线电缆有限公司，是年产量上升到845.1吨。2001年，达到1748吨。2003年，承包者撤出，企业停产。2007年，依法破产拍卖。1987—2002年，全市生产漆包铜线14062.2吨。

蓄电池　1987年，蓝田蓄电池厂生产汽车电瓶4180个。1990年，生产3525个。1991年，蓄电池按千伏安时计算，生产7500千伏安时。1992年，生产1.58万千伏安时，以后产量逐渐减少。1999年，生产2000千伏安时。2000年，停产。

电灯泡　1987年，全市生产白炽灯泡的厂家有蓝田玻璃厂、新建灯泡厂、桥头河煤矿灯泡厂，全年共生产40万个。1995年达到135万个。1996年开始，市场出现荧光灯、紧凑型荧光灯（节能灯），市内白炽灯泡生产量下降。2003年，减少到20万个。2004年，全市停止生产白炽灯泡。1987—2003年，全市生产白炽灯泡853.74万个。

六　建筑工程机械

图 14-11　湖南金塔机械制造有限公司生产的塔式起重机

1992 年，湖南省煤矿机械厂与长沙建筑设计院共同研制成功 QTZ 型 20tm 起重机。1993 年 2 月，省煤矿机械厂加挂“湖南南方建筑机械厂”厂牌。1994 年 12 月，更名湖南南方建筑工程机械总厂。是年，生产销售起重机 75 台，产值 1415 万元。之后，相继开发 QTZ 型系列起重机（QTZ20—125）和 SC、SCD 系列施工升降机，产品销往湖北、河南、浙江、福建、广东、海南等地。2004 年 1 月，由湖南南方建筑工程机械总厂控股，13 个自然人参股的湖南金塔机械制造有限公司成立。2007 年，湖南金塔机械制造有限公司生产销售起重机、升降机 280 台，产值 8700 万元。

第四节　化学工业

1987 年，全市有化学工业企业 7 家，完成产值 3359 万元，实现利润 180.8 万元，上缴税金 170 万元。2007 年，有化学工业企业 13 家。其中，规模以上企业 4 家，完成产值 23014.7 万元，实现利润 2023 万元，上缴税金 1806.9 万元。

一　氮　肥

1987 年，市氮肥厂厂区占地 13 万平方米，固定资产原值 904.3 万元，净值 586.8 万元，职工 527 人。主要生产碳酸氢铵（简称碳铵）、液氨、硫黄。是年，生产合成氨 11293 吨，折碳铵 44422 吨。1988 年，碳铵被评为省优产品。1997 年，企业固定资产净值 2692 万元，具备年产 6 万吨碳铵的能力。由于市场疲软，是年，生产碳铵 2.46 万吨。1998 年 6 月停产，10 月由湘中化肥有限公司租用，租用期 3 年。次年 1 月恢复生产，是年碳铵产量 17564 吨。2000 年 3647 吨。2001 年 1 月市法院裁定终止租用合同，2 月市惠福化肥有限公司租赁碳铵生产线。2002 年，生产碳铵 63950 吨。2005 年，达到 12.96 万吨。2006 年，上半年生产碳铵 6 万吨，由于污染孙水河水质，下半年企业停产关闭，实行“两个置换”，拍卖机器设备。1987—2006 年，全市生产碳铵 924398 吨。

二　磷　肥

1987 年，市磷肥厂是湖南省生产钙镁磷肥产品的骨干企业之一，占地 8 万平方米，生产区面积 5.5 万平方米，固定资产原值 486 万元，净值 296 万元。职工 565 人。以生产钙镁磷肥为主，同时生产铸造生铁、包裹型复合肥，加工包装袋。是年，生产钙镁磷肥（实物）46975 吨。1991 年，生产 77025 吨。1998 年开始，企业由部分职工承包，生产较为稳定，2004 年，生产 53846 吨。2005 年，企业停产，实行“两个置换”，所有资产由涟源钢铁公司整体收购。1987—2004 年，全市生产钙镁磷肥 955014 吨。

三　颜　料

1985 年，市侨光化工厂建成投产，产品有氧化铁红、氧化铁青、氧化铁黄等颜料。1987 年，生产各种颜料 102 吨。1991 年，厂址由六亩塘街道先志村搬迁至蓝田蓄电池厂，更名市蓝天化工厂，开发生产氧化铜。1992

年,生产氧化铜 80 吨。1993 年,生产氧化铜 85 吨。1994 年,企业停产关闭。

四 炸 药

1987 年,市境内有市化工厂和省一六九化工厂 2 家炸药生产企业。职工 1098 人。省一六九化工厂为国家定点专业生产炸药、雷管的民用爆破器材厂。主要产品有 2 号煤矿硝铵炸药、3 号煤矿硝铵炸药、瞬发电雷管。产品主要供应省内煤炭系统,在广东、广西、湖北占有稳定市场,并为冶金、交通、建材等民用爆破提供服务。厂区占地 71915 平方米,固定资产原值 1.483 亿元,净值 6448 万元,职工 984 人。是年 6 月,涟源县化工厂与湖南省矿冶研究院合作试产新 2 号岩石粉状铵梯炸药成功,9 月,批量生产。是年,全市生产炸药 7718 吨。其中,省一六九化工厂生产 6148 吨,2 号煤矿硝铵炸药被评为省优产品。次年,3 号煤矿硝铵炸药被评为省优产品。1991 年 8 月,市化工厂投资 360 万元,安全生产线易地改造,由桥头河镇整体搬迁至渡头塘乡。厂区占地 18 万平方米,建筑面积 8700 平方米。1993 年,全市生产炸药 10600 吨。其中,市化工厂 2638 吨,省一六九化工厂 7962 吨。1997 年,全市产量 10376 吨,市化工厂产量下降到 750 吨,省一六九化工厂生产 9626 吨。以后,市化工厂产量徘徊在 1600~1700 吨。1999 年 8 月,试产试销 4 号岩石粉状铵梯油炸药,2000 年通过转产定型鉴定。2003 年 9 月,省一六九化工厂更名湖南一六九化工有限责任公司。是月,2 号抗水岩石铵梯油炸药被评为省名牌产品,AE 型乳化炸药生产线投产,为全国第一条。2004 年,市化工厂实行破产拍卖,被湖南神斧集团一六九化工有限责任公司以 1398 万元整体收购,更名湖南神斧集团一六九化工有限责任公司桥化分厂。是年,全市生产炸药 15786 吨。2007 年,生产 27936 吨,产值 18682 万元(含雷管,下同),利润 1884 万元,上缴税金 1806 万元。从业人员 892 人。1987—2007 年,市内生产炸药 24.79 万吨,其中湖南神斧集团一六九化工有限责任公司生产 21.75 万吨。

图 14-12 湖南神斧集团一六九化工有限责任公司AE 型乳化炸药生产线

五 雷 管

1987 年,省一六九化工厂是全省唯一既生产炸药又生产雷管的企业,是年生产雷管 1512 万发。1995 年,达到 2505 万发。2002 年,引进新技术,对生产工艺进行技术改造,2003 年,产量达到 2990 万发。2005 年,从重庆 845 化工有限责任公司引进雷管电引火元件生产线,从新疆雪峰民爆公司引进雷管生产线主体工程装填装配生产线,根据企业实际情况将引进的自动生产技术和气动生产技术有机糅合。2007 年 8 月投产,是年,产量增至 3612 万发,为 1987 年的 2.4 倍。1987—2007 年,市内生产雷管 44094 万发。

六 烟花鞭炮

20 世纪 80 年代,境内有零星鞭炮作坊生产少量土硝鞭炮。1993 年 3 月,杨家滩鞭炮厂建立,生产未成规模。2003 年,湘中烟花爆竹有限公司成立。2005 年 11 月,湄江镇肖家村鞭炮厂成立。2006 年,新建新欢烟花爆竹有限公司、金锋鞭炮厂。2007 年,蓝溪花炮制作有限公司成立。是年,市内有烟花鞭炮生产企业 6 家,从业人员205 人,年生产鞭炮 536 万响,总产值 1340 万元,上缴税金 35 万元。

七 电 石

1987年,市电石厂生产电石2157吨。1992年,市电石厂更名涟源冶化工业公司。1993年,电石生产量达2300吨,以后产量逐渐减少。2001年为100吨,次年停产。1987—2001年,产电石20387吨。2004年,企业改制完毕。

八 橡胶制品

2001年,市内有橡胶制品企业3家,其中规模以上企业为市环宇橡胶制品厂。2002年,增加2家。2003年,市环宇橡胶制品厂整体收购市塑料厂。投资200万元改造工房,配置设备,进行技改转产橡胶制品风筒。2004年,全市有橡胶制品企业7家,年产700吨。2006年,减少至2家。2007年,生产622吨,产值2096.2万元,实现利润127万元,上缴税金95.4万元。

九 其他化工产品

2004年,娄底市鸿帆科技发展有限公司建成,生产冰晶石,日生产能力25~30吨。2005年,娄底市佳力化工有限公司建成投产,年处理粗苯能力3万吨。是年,万里化工有限公司、湘中化工乳胶厂、湘中生物油提炼厂、圣火乙炔厂、源头冲橡胶厂相继建成。2007年,总产值5104万元,上缴税金103万元。

第五节 轻纺工业

一 雨 具

1987年,市伞厂固定资产原值31.5万元,净值19万元,职工183人。主要生产钢骨布伞、尼龙伞、斗笠、菜罩及伞具钢制配件,为全国制伞协会成员厂,省制伞协会常务成员厂。是年,生产各种伞具47.35万把,斗笠3.28万个,菜罩4.7万个,产值299万元,利税29万元。1988年9月,翠莲牌直骨自开伞名列全国伞具质量评比第一名,获轻工业部优质产品和湖南省优质产品称号。1989年,生产各类伞具50.76万把,斗笠1.81万个,产值450.2万元,实现利税34万元,各项经济技术指标均居全省同行业之首,被省政府授予省级先进企业称号。1991年,市伞厂停产斗笠,市内出现个体户零星生产雨具,从业人员200余名。是年,全市生产伞具52.66万把,产值300万元,利税29万元。此后,随着江浙一带花样众多的折叠伞涌入市内,全市雨具生产下滑。1997年,全市生产伞具1.5万把,市伞厂亏损严重。1998年,市伞厂停产。1987—1997年,市内生产伞具367.56万把。2006年,市伞厂实行"两个置换",破产拍卖。

二 纺 织

1987年,全市仅有市织染厂(又名市丝绸厂)1家织染、针织企业,固定资产原值84.47万元,净值44万元。职工150人。主要产品有劳动布、白土布、被单布、蚊帐布、澡巾及女纱尼等,年生产棉布能力140万米。是年,生产纯棉布84.83万米,产值109万元,产品销售收入84.38万元,利润0.51万元,上缴税金1.40万元。1993年,生产纯棉布117.31万米。以后,人们对穿着日趋讲究多样化,追求档次、花色,特色,市内传统、单一的棉布品种受到冲击,产品滞销,生产下滑。1994年,生产纯棉布26.2万米,产值35万元,亏损20.8万元。1995年停产。1996年破产拍卖。1987—1995年,全市生产纯棉布583.16万米。2007年,市内有4家针织厂,年产值2020万元,上缴税金12万元,从业人员161人。

三 服装 布鞋

服装 1987年,市内有市服装厂、市机绣童装厂和金石羽绒厂,职工323人,厂房建筑面积4230平方米,固定资产46万元。是年,生产服装33.93万件,产值336万元,实现利润13.5万元,上缴税金20.6万元。市服装厂生产的军便服和开刀式女衬衫被评为娄底地区地方名牌产品。1989年,市机绣童装厂上上牌机绣童装获省优质产品称号,各项经济技术指标达到省级同类企业先进标准,被省政府授予省预备级先进企业称号。1993年,受沿海低成本服装冲击,被迫压缩生产。1995年,生产各种服装17.4万件。是年,市服装厂停产。20世纪90年代中期,城乡个体缝纫户发展较快。1998年,市机绣童装厂试行租赁经营。1998年,金石羽绒厂由个人承包,进行来料加工与订单生产。2000年、2003年,市服装厂、市机绣童装厂先后实行"两个置换",企业破产拍卖。1987—2003年,市内生产服装524.17万件。2007年,金石镇天梦被服厂年产值150万元,上缴税金8万元,从业人员34人。

布鞋 1987年,市制鞋厂职工109人,固定资产47万元,厂区占地6982平方米,建筑面积4477平方米。是年,生产布鞋45.38万双,产值181.52万元,利润5.6万元,上缴税金8.2万元。1988年,生产的男式教练鞋、女式健美鞋和儿童教练鞋被评为娄底地区地方名牌产品。1989年,生产布鞋36.6万双,产值136万元,利税6.7万元。以后,人们青睐于皮鞋、波鞋,布鞋生产呈下滑趋势。1993年,生产布鞋3.94万双。1987—1993年,生产布鞋194.2万双。1995年,市制鞋厂停产,市内出现个体制鞋户。2001年2月,市烟草局以162万元整体收购市制鞋厂房地产,改建成成品烟储存转运仓库与职工住宅楼。

四 皮革及制品

制革 1987年,市制革厂占地56224平方米,建筑面积24420平方米,固定资产原值285万元。职工250人。是年,生产鞣制猪、牛、羊革17.34万标准张,产值710万元,利润130万元,上缴税金16万元。此后,产量逐渐下降。1989年,铬鞣猪正软面革、万山牌旅游鞋面革被评为省优产品。1990年,铬鞣山羊正面服装革被评为省优产品。1995年,鞣革产量8万标准张。是年,企业试行股改。1996年8月,重组股份制企业市雄达制革有限责任公司。1996年减产至0.3万标准张。1997年停产。1987—1996年,生产鞣制皮革126.53万标准张。2003年,企业实行"两个置换",由民营企业湖南创安防爆电器有限公司整体收购。

皮鞋 1987年,市皮革制品厂厂区占地1970平方米,建筑面积7212平方米,拥有各种设备182台,固定资产原值74万元,净值31万元。职工529人。是年,生产皮鞋32.71万双,产值420万元,利润48万元,上缴税金29万元。五马牌男式线缝皮鞋被评为省优产品。1988年,五马牌冷压胶粘皮鞋被评为娄底地区地方名牌产品。1989年,生产皮鞋18.64万双,花色品种达到395个。五马牌男式线缝皮鞋参加全省、全国行业产品质量评比,获全省第1名,全国第11名。是年,乡镇皮革制品业兴起,有桥头河镇皮革制品厂、涟城皮鞋厂、太和乡皮革厂等,个体皮鞋制作业发展,产量逐渐增加,市皮革制品厂生产下滑。1994年,全市生产皮鞋7.24万双,其中市皮革制品厂0.92万双。1987—1995年,全市生产皮鞋361.54万双。1995年,市皮革制品厂停产。2006年,市皮革制品厂实施"两个置换",资产拍卖。

其他制品 1987年,市皮革制品厂生产皮箱1.25万只,同时生产皮带、皮钳插、皮手套等,工业总产值428万元,利润48万元,上缴税金29万元。1989年,生产下滑,生产皮箱0.94万只。1991年,减产至0.38万只。1994年,生产0.16万只,亏损严重,被迫停产。1987—1994年,生产皮箱5.49万只。

个体制鞋户 20世纪90年代中期,全市个体制鞋户发展较快。1997年,个体制鞋户生产皮鞋、布鞋4.5

万双。2000年达到36万双。2007年,生产32万双,产值480万元。

五　金属制品

铁锅　1987年,全市有市锅厂(又名市第一铸管厂)和桥头河铸造厂两家铁锅生产企业。市锅厂固定资产原值132万元,净值76万元,厂区占地27433平方米,建筑面积17531平方米,化铁炉、压锅机、铸管机及机修设备等159台(套),职工309人。主要生产鑫字牌铁锅与铸铁水管。是年,生产铁锅90.88万口,铸管4847吨,产值331万元,销售收入681万元,利润78万元,上缴税金35万元。资金利税率、全员劳动生产率等指标超过国家一级企业标准。是年7月,被评为娄底地区第一家、全省28家之一的省级先进企业,与常德昌明锅厂、益阳湘中锅厂并列为湖南省三家重点铸锅厂。桥头河铸造厂主要生产温坛、鼎锅,是年产量40吨。1988年,桥头河铸造厂由市化工厂兼并转产。1992年,市锅厂生产的鑫字牌压铸铁锅被评为部优产品。1995年开始,市锅厂受三角债、个体私营企业冲击,生产不断压缩。1997年,生产铁锅17.8万口,铸管1080吨,产值124万元,亏损109万元。是年10月停产。1998年,市锅厂一部分职工租赁经营,少量生产至2003年。另有36名下岗职工采取入股形式,自筹资金80万元组建石马山锅厂,建造1座0.8吨化铁炉与10台压锅机及相应辅助设备,生产各种型号铁锅。1999年,生产铁锅12万口,产值42万元,上缴税金1.8万元。2000—2006年,年产量8~10万口。2006年11月,停产铁锅,转产翻砂铸件。是年,市锅厂实行资产拍卖。2007年,石马山锅厂更名石马山铸造厂。1987—2007年,市内生产铁锅714.17万口。

钢丝钳　1987年,市工具厂厂区占地29506平方米,建筑面积25714平方米,拥有压力机、冲床、铣床等各种设备282台(套),固定资产原值186万元,净值86.2万元,年生产钢丝钳能力200万把,职工484人。是年,生产176.6万把,产值434万元,利润33万元,上缴税金22万元。飞箭牌钢丝钳第二次获省优产品称号。1989年,省长陈邦柱视察市工具厂提出"要进一步扩大出口创汇"。是年,兼并市木工厂,产量与出口量大幅增长。是年,生产钢丝钳250万把,产值678万元,销售收入890万元,创外汇166.2万美元,利税117.5万元。1991年,飞箭牌6寸钢丝钳被轻工业部评为部优产品。1991—1993年,市工具厂投资360万元实施为期三年的500万把技改工程。1994年开发生产美式大头钳,剥线钳,电讯剪切钳等新产品。1997年,亚洲金融危机影响出口,产量下滑至178.4万把,亏损191万元,上缴税金7万元。1998年,实行租赁承包。1999年,生产钢丝钳115万把。2001年,生产22万把,企业停产。1987—2001年,生产钢丝钳2543.77万把。2004年,企业实行"两个置换",资产拍卖。

家用锁　1987年,市锁厂厂区占地12439平方米,建筑面积2672平方米,固定资产70.1万元。有万能铣、空压机、工具磨床、开齿机等设备68台(套)。具有年产家具锁、双保险门锁各20万把的能力。职工69人。是年,产锁19.24万把,产值51万元,上缴税金0.7万元。因市场变化,经营不善,1990年减产到2.28万把。1991年停产。1996年,由市矿山机械厂收购。

圆钉　1987年,市制钉厂厂区占地1820平方米,建筑面积2916平方米,固定资产原值27.9万元,净值10.03万元。拥有自动制钉机、拉丝机、车床等设备69台,具有年产圆钉1200吨和黑铁丝1400吨的能力。职工75人。是年,生产圆钉579吨,产值94万元,利税4.7万元。1988年后生产下滑。1993年生产102吨。1994年停产。2000年,企业实行"两个置换",破产拍卖。2007年,茅塘镇石门工业区兴建石门制钉厂,年生产圆钉125吨,产值60万元。

焊条　1987年,市茅塘焊接材料厂生产特种焊条20吨。1989年6月,更名市焊接材料厂,年产400吨。1991年9月,市焊接材料厂更名湖南三一集团有限公司,次年产量达到4708吨。1997年下降到989吨。2000年后又逐年增长,2001年完成2400吨,2005年达到2600吨。1987—2005年,生产特种焊条25906吨。2006

年，市内停产特种焊条。

搪瓷制品 2004—2007年，湖南五江轻化集团有限公司生产搪瓷制品61201吨。

图14-13 湖南五江轻化集团有限公司生产的搪瓷制品

其他 1987年，全市有市金属制品厂和蓝田五金厂两家专业金属制品企业，主要生产合页、门窗钩及五金配件。市金属制品厂固定资产原值8.2万元，净值7.8万元。是年，产值8万元，销售收入2.9万元，上缴税金0.2万元，累计负债4万多元。1988年，从省煤矿机械厂引进工程技术人员承包企业，开发自行车灯架、医用双床挂、钢丝床等新产品，产值增加到24万元，利润1.8万元。1989年，产值52万元，销售收入47.2万元，利润2.9万元。企业投资整修厂房建筑面积1479平方米，购置专业设备18台，固定资产达到10.1万元，具备年产灯架40万个，钢丝床600张生产能力。1991年，投资300万元进行技术改造，引进设备与技术，改产金刚石磨头和碳片触媒。1992年，销售收入达到438万元，利润32万元，人均利润1.08万元。1996年，因经营失策，企业亏损，全厂停产。2002年，蓝田五金厂停产，车间改为仓库，设备出售，员工自动解散。2006年，市金属制品厂实行"两个置换"，企业破产拍卖。

六 造纸 印刷

造纸 1987年，市造纸厂和市皱纹纸厂主要生产机制书写、印刷、包装与生活服务用纸，杨市等乡镇小造纸企业主要生产包装纸、方纸、毛边纸等。是年，完成工业总产值620万元，利润10.52万元，上缴税金79万元。全市生产机制纸4108吨。其中，市造纸厂2426吨，市皱纹纸厂1073吨，乡镇小企业609吨。1990年，单面胶版印刷纸、"金宝"牌卫生纸获省优质产品称号。1996年，市皱纹纸厂因原材料大幅度涨价，产销倒挂，亏损增大，9月实行破产，重组为皇后纸业公司，生产经营仍难适应市场变化。市造纸厂因造纸废液污染涟水水质与环境，是年12月宣布停产关闭。1998年，皇后纸业公司停产，年底破产拍卖。2000年，全市有6家乡镇小造纸企业，生产低档次生活用纸400吨。2003年，生产350吨。1987—2003年，全市生产机制纸47132吨。2004年，根据环保政策，乡镇小造纸企业全部关闭。2005年，市造纸厂实行"两个置换"，资产拍卖。

印刷 1987年，全市有印刷厂5家，从事书刊、市报、广告、账簿、作业本等印刷，产值162.4万元，利润15.5万元，上缴税金12万元。市印刷厂完成账簿、书刊、市报、作业本7101万印张，产值120.4万元，上缴税金5.9万元，利润12.5万元。1996年9月，市印刷厂成为娄底地区首家彩色印刷书刊、年画企业，1997年，产值208万元，销售收入187万元，上缴税金14.03万元，利润8.7万元。2002年，全市个体印刷厂49家。是年，全市印刷业产值1096万元。个体印刷业的发展，给国有、集体印刷企业带来较大冲击。2006年10月，市印刷厂实行"两个置换"，资产拍卖。2007年，全市有个体印刷厂58家，从业人员154人。其中，年产值50万元以上的企业10家，年产值2202万元，上缴税金80.2万元。

纸箱 1987年，全市有市纸箱厂、蓝田光明纸箱包装厂和外贸商业出口包装纸箱厂等3家纸箱包装厂。是年，生产包装纸箱54.66万个，其中市纸箱厂44.16万个。产值32万元，销售收入46.83万元，上缴税金2.3万元，利润6400元。1989年，桥头河镇创办桥头河纸箱厂。1990年，全市生产包装纸箱149.7万个。1991年，市纸箱厂停产，由居民承租经营。4家企业业务不足，生产停停打打。2007年，蓝田光明纸箱包装厂和桥头河纸箱厂解散。

七　家　具

1987年,市木工厂固定资产原值51.2万元,净值25.3万元,厂区占地9486平方米,厂房建筑面积6386平方米,拥有各种专业设备与冲床、车床75台,职工67人。是年,生产家具8096件,产值52.05万元,利润0.18万元,上缴税金0.11万元。因乡镇家具厂与个体家具厂兴起,市场竞争激烈,市木工厂处境艰难。1989年9月,市木工厂被市工具厂兼并,生产钢丝钳。1991年,乡镇家具厂与个体家具厂生产木制家具7100件。1996年,乡镇、个体家具业发展迅速。是年,生产木制家具6.4万件。1998年达到9.1万件。后来,外地新型家具与不锈钢家具涌进市内市场,木制家具受到冲击,产量减少。2007年,全市生产木制家具1500件。1987—2007年,市内生产木制家具59.03万件。

八　塑料制品

1987年,全市有市塑料厂,杨家滩镇、山塘乡、水洞底镇、金石乡塑料厂和茅塘石门塑料厂等12家塑料制品生产企业。生产钙塑、中空注塑产品、薄膜、编织袋、塑料凉鞋、拖鞋等。是年,产量达到570吨,产值284万元。最大厂家市塑料厂占地18700平方米,建筑面积5169平方米,固定资产原值107万元,净值59万元。有大型液压机等设备44台,具有年产800吨塑料制品生产能力。职工97人。是年,生产塑料制品540吨,产值146万元,上缴税金5万元。1993年,市塑料厂生产塑料制品118吨,企业亏损,被迫停产。是年,全市生产塑料制品861吨。1995年,茅塘塑料厂成立,全市塑料制品产量增加到5204吨。2003年,市塑料厂实行"两个置换",破产拍卖,由市环宇橡胶制品有限公司整体收购。2004年,全市生产塑料制品20690吨。2007年,有生产企业5家,产量22800吨,年生产能力28000吨。1987—2007年,市内生产塑料制品86046吨。

九　竹木板材

1987年,全市有私营竹木加工企业35家。1997年发展到92家。2007年达到123家,总产值8336万元。其中,桥头河镇鹏盛木业有限公司生产胶合板38万张,细木板2万立方米,产值1200多万元;白马镇白马竹胶板厂生产竹胶板半成品200万张,产值165万元。

第六节　医药食品工业

一　药　品

1987年,市人民医院、涟邵矿务局职工医院设有制剂室,制剂品种有葡萄糖注射液、氯化钠注射液、氯霉素眼药水、炉甘石冲剂、注射用水等18个品种,年产值150多万元。1994年4月,湖南省回春堂制药厂建成投产,有片剂、胶囊剂、丸剂、颗粒剂、口服液和糖浆剂六条生产线,主要产品有丹参舒心胶囊、大黄䗪虫丸、盆炎净片、消癌平片、银黄颗粒、三宝胶囊、康复春口服液、追风透骨胶囊等,年产300吨原料药和3亿片固体制剂,产值800多万元。1995年,市中医院建立制剂室,主要生产中成药制剂。1997年,白马镇田心卫生院建立制剂室。1996年,省回春堂制药厂按剂型分成3个分厂,承包经营,产值突破1000万元。1999年6月,3个分厂合并,将资金、人力、资源整合,整体租赁生产经营。2001年12月1日,新修订的《药品管理法》颁布实施,对医院制剂配制条件和标准提高,除田心卫生院制剂室外,其他医院制剂室均自行关闭。2002年4月,省回春堂制药厂实施"两个置换"改革,由职工出资798万元,购买企业全部资产,组成湖南省回春堂药业有限公司。

是年，完成工业总产值3500万元，销售收入2800万元。2003年，公司投资近2000万元按《药品生产企业质量管理规范》(简称GMP)要求，进行改造，添置设备。2004年，公司全部产品通过国家GMP认证，成为娄底市首家通过GMP认证的制药企业。是年，田心卫生院投资400万元改造制剂室，2005年，通过省食品药品监督管理局组织的验收，换发新证。2007年，省回春堂药业有限公司注册品种40个，其中伤科七味片，如意定喘片为国家中药保护品种，茸桂补肾口服液为全国独家品种，产品销往全国30个省(直辖市、自治区)。年生产中成药214吨，完成工业总产值4000万元，销售收入3200万元。是年，田心卫生院配制的中药特色制剂有龙山胃乐、灭湿搜风痛、扶脾养肝丸、肝复乐、癌痛灵、玄驹肝宝口服液、强力乙肝解毒片等20个品种，年收入80多万元。1994—2007年，全市生产中成药1870.3吨。

图14-14 消癌平片

图14-15 盆炎净片

图14-16 大黄䗪虫丸

图14-17 追风透骨胶囊

二 饮 料

白酒 1987年，市酒厂占地18100平方米，建筑面积10712平方米，拥有蒸馏塔、蒸煮锅、钢制发酵缸、粉碎机、锅炉等设备103台(套)。固定资产原值164万元，净值122万元。职工142人。是年，市内生产饮料酒5962吨，市酒厂生产白酒2366吨，市供销社生产白酒110吨，乡镇企业及民间自制米酒3486吨。1990年起，饮料酒生产呈下降趋势，市酒厂金娟江春白酒被评为省优产品。1993年6月13日，38度金娟江春大曲在第五届亚太国际贸易博览会上获金奖。1996年，市酒厂实行破产重组，成立股份合作制市娟江春酒业有限责任公司。1997年，市娟江春酒业有限责任公司生产白酒42吨，乡镇街道等民间酒厂自产饮料酒968吨。2001年，全市饮料酒年产量下滑到800吨。2003年，市娟江春酒业有限责任公司生产白酒323吨。2004年停产。2005年，实行"两个置换"，由水榭花都房地产商整体收购。是年，杨市镇筹办湖南生命链酒业有限公司。2007年，全市生产各类饮料酒、保健酒等167吨，产值510万元，上缴税金1万元，从业人员86人。

软饮料 1987年，全市主要是市食品罐头厂和市供销社系统生产软饮料，全年生产343吨。1990年达到2190吨。以后13年，产量降幅较大，2000年仅40吨。2005年，金涓泉饮料有限公司生产的饮用纯净水被评为娄底市地方名牌产品。2006年，市内有饮料生产企业8家，生产软饮料2490吨。2007年为2195吨，上缴税金143万元，从业人员109人。1987—2007年，全市生产软饮料11051吨。

精制茶 1987年，全市以精制红碎茶为主的企业有省涟源茶厂、市茶叶公司、市茶叶示范场以及乡镇茶场，共计24家。是年生产4676吨，其中出口2071吨。以后，出口量减少，价格低。1990年，总产量下降到4101.2吨。次年，生产部分绿茶。1992年，生产红碎茶2125吨，绿茶1000吨。1993年，茶园荒芜、毁坏现象严重，部分加工厂停产，全市总产862吨。此后，实施品牌茶基地建设，浙江、安徽、福建等地茶叶商来境内生产经营，茶叶生产稍有回升。市内国有、集体制茶企业改制，主要由个体户生产。2007年，生产1131吨。1987—2007年，全市精制茶叶38125吨。

三　副食品

1987年,市副食品厂、市供销社系统具有生产糖果、糕点、饼干、小食品、片糖、冰糖类200多个品种的能力。市食品罐头厂生产橘饼和糖水橘片、清水竹笋、甜酸藠头等果蔬罐头。生产面条的企业仅市面条厂1家。是年,全市生产各式糕点、糖果等570吨,罐头19吨,面条1469吨。1989年,生产各式糕点、糖果等1615.6吨,罐头930吨。雪峰牌橘片罐头被评为省优产品。市粮食部门为搞活综合经营,兴办小面条厂10家。是年,生产面条2242吨。以后,由于境外高档糖果、糕点抢占市场,市内生产量维持在200吨左右。1990年,500克糖水橘片罐头被评为省优产品。1991年,产量达到1190吨。1992年1月,境内遭受冰灾,市园艺示范场的橘树全部冻死,市食品罐头厂原料短缺,加上企业经营不当,是年产量下降到600吨。1995年下降到230吨,是年,市食品罐头厂破产,市副食品厂实行租赁承包,效果不理想。1996年7月,市副食品厂破产。1997年,杨家滩供销社成立食品罐头厂,开始生产果蔬罐头。1998年,个体面条厂迅速发展,占领市场,市面条厂生产面条5吨。市粮食部门兴办的小面条厂均关闭。1987—1998年,市内生产面条12065吨(未含个体户产量)。2000年,各种罐头产量1000吨。2003年,为600吨,因产品质量跟不上市场要求,次年停产。2001年,杨市镇农民林新桃投资180万元,兴办市湘林食品有限公司,收购白马、杨市、水洞底等镇的大豆、高粱、辣椒等进行加工,生产辣酱罐头、藠头罐头等果蔬产品。2005年,桥头河镇引进港商投资1500多万元,成立香港景龙(湖南)食品有限公司,生产苹果醋、红薯粉丝等食品。2007年,香港景龙(湖南)食品有限公司产量2312吨,产值2914万元,上缴税金1万元;市湘林食品有限公司产量476吨,产值795万元,上缴税金0.6万元。1987—2007年,全市生产各种罐头14457吨。

第七节　非金属矿物制品工业

一　水　泥

1987年,全市有水泥生产厂33家,年产水泥32.29万吨。市水泥二厂生产的425号普通硅酸盐水泥被评为娄底地区地方名牌产品。1991年5月,市特种水泥厂与国家建材研究所合作,试产道路水泥成功,通过省级鉴定。1992年7月,投资2796万元,改造建成年产13万吨立筒预热器水泥生产线。厂区占地47012平方米,建筑面积13277平方米。是年,国家经济步入高速增长轨道,给涟源水泥增产带来机遇。1993年,全市生产水泥50.27万吨。1995年,根据国家产业政策,年产普通水泥能力4.4万吨以下小水泥厂开始淘汰,4.4万吨以上水泥厂生产能力扩大。1994年,市白水泥厂、市六水泥厂生产的425号普通硅酸盐水泥被评为娄底地区地方名牌产品。1997年,市白水泥厂占地153410平方米,生产用地133400平方米。拥有年产3万吨白色硅酸盐水泥生产线和年产15万吨普通硅酸盐水泥生产线各1条。职工854人。1998年12月13日,省委书记杨正午视察石门工业区和彩云白水泥厂。2000年,全市水泥产量达到54万吨。是年年底,市特种水泥厂对外租赁经营,8个月后停产。2003年9月,市白水泥厂实行拍卖改制。10月,广东省梅县梅雁经济发展总公司以2338万元整体收购市白水泥厂,投资6亿元,扩建年产150万吨旋窑硅酸盐水泥生产线,兴建1家年产60万吨的煤炭生产企业,组建市白云旋窑水泥有限公司。2004年,市特种水泥厂依法破产拍卖,市私立行知中学以1480万元整体收购,建设市私立行知中学新校区。2007年,台湾国产实业投资15亿元,在斗笠山镇建设台湾国产实业(湖南)水泥有限公司2×4500吨/日熟料带余热发电水泥生产线。是年,全市有水泥厂6家,生产水泥30.80万吨,产值10507万元,上缴税金128万元,从业人员568人。其中,市白云旋窑水泥有限公司生产9.88万吨,产值4151万元,上缴税金106万元,从业人员158人。1987—2007年,全市生产水泥821.85万吨。

二 水泥预制构件

1987年,市内建筑构件主要有预应力混凝土空心板、水泥涵管及少量装饰花格。是年,市第一建筑公司预制构件厂与市二建公司预制构件场共生产预应力混凝土空心板20万平方米。2000年,私营个体预制构件厂得到发展,生产规模偏小。是年,全市生产预应力混凝土空心板30万平方米,产值600万元,上缴税金18万元。2005年,市第一建筑公司预制构件厂与市二建公司预制构件场停产拍卖。2007年,全市有43家预制构件厂(场),生产各种水泥预制构件217万平方米,产值6931万元,上缴税金154万元,从业人员690人。

三 耐火材料

1987年,市耐火材料厂厂区占地60000平方米,拥有省内第一条镁碳质系列不烧砖耐火材料生产线。是年,生产耐火材料制品7043吨(其中镁碳砖276.2吨)。次年,生产耐火材料制品6326吨(其中镁碳砖1267吨)。1993年产量6200吨。1998年企业改制,部分设备工房对外租赁经营,部分房地产公开拍卖,是年产量1070吨。2003年65吨。2005年,企业破产,拍卖剩余资产。1987—2005年生产耐火材料制品50110.3吨。

四 石 灰

1987年,全市石灰生产企业除田湖铁矿石灰分厂外,其他都是个体户,自产自销,规模很小。是年产量9.12万吨。1993年上升到22.94万吨,以后产量回落。2005年,回升到34万吨。2007年,全市有石灰生产企业28家,生产石灰45万吨,产值8435万元,上缴税金近100万元,从业人员703人。其中,规模较大的民用建筑石灰生产企业金石镇金石灰业公司产量13.3万吨,产值2500万元,上缴税金2万元,从业人员36人。是年,市大吉实业有限公司新建工业用石灰生产线,设计能力为年产3万吨。1987—2007年,全市生产石灰338.94万吨。

五 石 材

2007年,全市石材加工厂有蓝田广厦大理石加工厂、蓝郊采石厂、桥头河镇湘中板业有限公司,产量57400平方米,产值1320万元,上缴税金40万元,从业人员64人。

六 砖 瓦

1987年,市内砖瓦由个体及乡村办企业生产,主要是黏土砖。是年,砖产量17364万块,瓦11042万片。随着城乡建设对砖瓦的需求变化,产量有增有减。1996年,砖产量18.8万块,瓦20156万片。以后瓦片生产无数据记载。1999年,砖产量达到32.5万块。2007年,市内有砖厂262家,其中年产值50万元以上的128家。生产黏土砖、矸石砖、炉渣砖、新型墙体砖50000万块,产值25405万元,上缴税金427.5万元。从业人员3751人。1987—2007年,市内产砖1065510万块。

七 保温容器

1987年,市保温瓶厂生产保温杯(瓶、盒)67.16万个。1989年,增加到72万个,产值257万元,利税25.8

图 14-18 湖南五江轻化集团有限公司生产保温瓶胆

万元。1991 年，达到 114.1 万个。此后，产量下降。1997 年停产，设备闲置(2005 年，由香港景龙湖南食品有限公司整体收购，转产食品)。1996 年 9 月，肖自江、肖安江兄弟筹集 1200 万元，在家乡茅塘镇石门村创办市宏宇搪铝工业有限公司。2000 年 9 月，肖氏兄弟组建湖南五江轻化集团有限公司，投资 1.2 亿元在石门村兴建年产 4000 万只瓶胆的中高档保温瓶生产线。2002 年，公司生产保温瓶胆 416 万只。2003 年，保温瓶胆被评为湖南省名牌产品。2007 年，公司生产瓶胆 16615 万只，占全国市场份额的 25%，成为全国最大的保温瓶生产企业，年产值 32300 万元，从业人员 2500 人。1987—2007 年，全市生产保温瓶 42579.17 万个，其中湖南五江轻化集团有限公司生产 41883 万个。

八 工艺陶瓷

1987 年，全市有市瓷厂、金石乡陶瓷厂两家陶瓷制品生产企业。是年，市瓷厂生产日用瓷 384 万件，产值 110 万元，利润 0.37 万元。金石乡陶瓷厂生产日用瓷 18 万件，由于产品大都档次低，花色老套，附加值不高，企业亏损，1990 年开始，处于半停产状态。1995 年，市瓷厂生产日用瓷器 436.5 万件。1998 年，新化县科技人员以租赁形式承包市瓷厂，更名市工艺瓷厂，生产、出口工艺日用瓷。1999 年，生产工艺日用瓷 490 万件，产值 925 万元，利润 18 万元，上缴税金 32 万元，上缴承包费 20 万元。2000 年，生产工艺日用瓷 715 万件。2005 年 12 月，市工艺瓷厂实行“两个置换”，企业资产公开拍卖，由原企业承租人集资组建市丞锋陶瓷有限公司。2007 年，市丞锋陶瓷有限公司占地 11464 平方米，建筑面积 26000 平方米，机械设备 119 台(套)，产品远销美国、加拿大、日本、新加坡等国家和中国香港、中国澳门、中国台湾等地区。从业人员 192 人。是年，产量 1385 万件，产值 2195 万元，实现利润 95.6 万元，上缴税金 69.6 万元。1987—2007 年，市内生产各种日用瓷 10110.18 万件。

第八节 农副食品加工工业

一 谷物磨制

1987 年，市内粮食部门规模较大的大米加工企业有蓝田大米厂、桥头河大米厂、杨家滩大米厂，乡村有简易大米加工设备；面粉加工企业有市面粉厂。是年，全市生产大米 20.39 万吨，面粉 1.93 万吨。次年，市面粉厂生产的特制一等面粉获全国首届食品博览会铜牌奖，特制面粉被评为部优产品。1989 年开始，小型大米加工厂陆续增加。1995 年，全市有大米加工厂 11 家，生产大米 26.10 万吨，此后，产量逐渐下降；有面粉加工厂 3 家，因原料外购、产品外销等条件制约，面粉产量持续下降。1999 年，市芙蓉面粉厂生产的腾飞牌面粉被评为娄底市地方名牌产品。此后，除蓝田大米厂、市面粉厂继续少量生产外，其他小型大米厂、面粉厂相继关闭。2000 年，市内生产大米 11.53 万吨，面粉 0.51 万吨。2001 年始，企业严重亏损。1987—2003 年，市内生产大米294.24 万吨，面粉 14.45 万吨。2004 年停止加工。

二 饲 料

1987年,市内饲料生产企业主要是市特种饲料厂,乡镇企业也生产少部分饲料。是年,全市生产配合饲料1.2万吨。1990—1995年,先后建立9家特种饲料厂,2家骨粉厂,年生产饲料最高3.5万吨,骨粉80吨。湄江牌生长育肥猪配合饲料获省粮食系统行业优质产品。1995年,全市生产配合饲料3.80万吨。1999年,市特种饲料厂生产的涟泉牌浓缩饲料被评为娄底市地方名牌产品。2007年,全市有年产值50万元以上的饲料厂8家,生产配合饲料9981吨,产值7084万元,上缴税金73.3万元。从业人员142人。其中,娄底胖哥饲料厂生产4300余吨,年产值3108万元,上缴税金31万元。从业人员40人。1987—2007年,市内生产配合饲料40.92万吨。

三 食用植物油

1987年,市内食用植物油品种是茶油和菜油。生产企业分布在粮食部门和乡镇。是年,生产食用植物油460吨。1995年上升到660吨。由于境外食用植物油大量涌入市场,1996年,市内产量降至15吨。1998—2007年,年产量在35吨左右。

四 其 他

2001年,创建市华湘食品有限公司和桥头河蔬菜加工厂;金石植物化工厂投入720万元,扩建年产300吨精茶皂素、500吨液体茶皂素、400吨干粉茶皂素生产线。2003年,全市形成以涟源天河公司为龙头的肉类生产企业,以市鸿大牧业有限公司原种猪场为龙头的优种猪养殖企业,以湖南天柱山禽业综合开发有限公司种鸡场为代表的优种鸡养殖企业。

2007年,全市有农副产品和食品加工企业163家,产值达到6.3亿元。

第九节 电力工业

一 发电厂(站)

1987年,全市发电量3363万千瓦时。1998年,达到7605万千瓦时。2007年为6098万千瓦时。1987—2007年,累计发电量113390.6万千瓦时。

火力发电 1987年,市铁厂利用2座30立方米炼铁高炉产生的剩余煤气,建设1500千瓦余热发电站,年发电量840万千瓦时。1992年,新建110立方米炼铁高炉。次年10月,新建3000千瓦高炉余热发电站,年发电量1680万千瓦时。一些饮食业、商店、网吧、娱乐场所和电信、医院都备有小型柴油发电机作为停电应急用。1997年3月,国家计划委员会批复中外合资建设湖南涟源坑口电厂项目建议书,涟源开始筹建电厂。2006年1月,长沙华润电力签约涟源煤电一体化项目,总投资35亿元。涟源坑口电厂更名华润涟源电厂。2007年6月18日,华润涟源电厂2×300万千瓦机组开工建设。

水力发电 1987年,全市有小水电站32处,73台发电机组,总装机容量12055千瓦,年发电量3363.5万千瓦时,单机容量500千瓦以上的有白马电站、杨虎冲电站、东风电站、桥头河电站、水洞底电站、蒿子电站。1997年,全市有水电站39处,75台机组,总装机容量16620千瓦,年发电量5418万千瓦时,单机容量500千瓦以上的新增湄塘口电站(3×500千瓦)和大江口水库坝后电站(2×630千瓦)。2007年,全市小水电站47处,

97台机组,固定资产8613万元,总装机容量2.17万千瓦,年发电量4342.45万千瓦时。

二　输、变电设施

1987年,市内有110千伏变电站2座,主变3台,容量9.45万千伏安;35千伏变电站4座,主变6台,容量12.36万千伏安。220千伏线路1条,长57.8千米;110千伏线路6条,长120千米;35千伏线路27条,长350.9千米,总用电量3.8亿千瓦时,人均用电22.05千瓦时。2007年,市内35千伏及以上变电站21座。其中,220千伏变电站1座,110千伏变电站8座,主变9台,总容量27.7万千伏安;35千伏变电站13座,主变24台,总变电容量8.54万千伏安,配电变压器总容量29.47万千伏安。高压线路125条,8965.6千米。其中,110千伏线路16条,212.93千米;35千伏线路25条,241千米;10千伏线路84条,1995.2千米。总用电量4.41亿千瓦时,人均用电387千瓦时。

三　电网建设

1987年,市内110千伏变电站2座,35千伏变电站4座,荷载过高,拉闸限电现象较严重,没有大容量电源支撑点,网络结构薄弱,供电可靠性差。1998年,实施"两改一同价"(城、乡两电网改造和城乡用电同网同价)工程,按照"整体规划分步实施,适当超前"原则,对设备陈旧老化的110千伏君子塘变电站、斗笠山变电站,35千伏托山变电站、湘丰变电站、安平变电站进行扩容改造。2004年,建成群联220千伏枢纽变电站一座,新建湄江、六亩塘两座110千伏变电站,蓝田城区配套建成两座10千伏开闭所,接收并大修、改造洪源机械厂、田湖铁矿、青山硫铁矿、斗笠山煤矿等企业变电设施。2007年,全市20个乡镇(街道)、大型企业和工矿密集区都有一个支撑电源点,城乡各电力用户供用电可靠性得到保证。

图14-19　农村电网

农村电网改造　1998年,陆续新建10千伏线路466.2千米,改造296.4千米;新增配电变压器437台,容量36340千伏安;改造配电变压器836台,容量60457千伏安;改造一户一表186916户。2007年,全市所有行政村电网整改基本完成,农村供电可靠率98%,电压合格率95%,实现村村通电,户户通电,且开始第三批农网改造。

城区电网改造　2004年,在六亩塘镇新建110千伏变电站1座,10千伏开闭所2座。全市新建、改造10千伏线路13千米,新增改造变压器30台,新建、改造400伏以上线路57.5千米,城区供电可靠率99.9%,电压合格率达96.6%,城乡居民生活用电同网同价。

四　供、用电管理

1984年7月,涟源供电所更名涟源电力局,负责市内大电网供电范围内输、变、配电设备的安全运行和检修,指导和管理农村电力站的业务工作,在当地行政主管部门领导下管理"三电"(计划用电、节约用电、安全用电)工作。2001年11月,农电体制改革,乡镇和电力局双重管理体制改为市电力局直接管理。2004年,全市供电设施完善,市"三电"领导小组办公室,因管理功能失去而撤销。2005年8月,市电力行政执法大队成立,监督电力法律和行政法规、电力技术标准的执行。2006年11月,农电体制进一步改革和完善,通过考试考核,收编配置专职农电员531人,负责农电电费收取和电力线路维护。

第四章 技术改造

第一节 扩容改造

1990—1992 年,市矿山机械厂总投资 800 万元,对年产 1000 台 YBT 系列矿用隔煤局部扇风机生产线进行改造,形成年产 1 万台的新节能局扇自动生产线。

1990—1993 年,市铁厂总投资 1791 万元,对 1 号高炉进行异地扩容改造。新征土地 1.64 万平方米,将 34 立方米高炉扩容至 110 立方米。引进推广国内最先进的"滤床法"渣不分离新技术,配套改造原料场及烧结车间,将年产铸铁 3 万吨的能力提高到 5.5 万吨。

1991—1993 年,市伞厂投资 220 万元,新建生产车间与综合办公大楼,更新配置部分机械设备,扩建年产晴雨伞 50 万把生产线。

1992—1994 年,湖南涟群电线电缆有限公司投资 3173 万元,新建 2951 平方米拉比漆包线车间与 3497 平方米综合大楼,引进国外中拉机、立式漆包机和卧式漆包机 5 台(套),购置新模及其他辅助设备 15 台(套),建设年产 180~200 级汽车用电器、电机特种复合绕组线 2000 吨的生产线。市制革厂扩大猪皮革、牛皮革、羊皮革生产,完善猪、牛、羊皮革综合生产能力,投资 1088 万元购置进口削匀机、剖层机等先进设备,配套建设原皮鞣制、整理等车间工序,形成年产 80 万张猪、牛、羊皮革能力,成为全省第一家猪、牛、羊皮革生产综合企业。

2003—2004 年,市白云旋窑水泥有限公司总投资 6 亿元,扩建旋窑硅酸盐水泥生产线,在伏口镇金盘岭兴建年产 60 万吨煤炭生产企业,年产水泥能力由 15 万吨提高到 150 万吨。

2004—2006 年,湖南顺鑫钢铁有限公司总投资 1820 万元,改造炼铁生产设备,拆除 2 座 40 立方米高炉,新建 1 座 225 立方米高炉,年产生铁能力达到 20 万吨;配套满足高炉精料供应,改造 28 平方米带式烧结机,形成日产 800 吨能力。

2006—2007 年,市湘中煤矿机械厂异地搬迁,扩建改造精铸件、刮板输送机、皮带运输机、斜井、平巷人车生产线,项目总投资 800 万元,年产值 1.2 亿元。

图 14-20 市湘中煤矿机械厂生产车间

2007 年,台湾国产实业(湖南)水泥有限公司兴建日产 2×4500 吨熟料带余热发电水泥生产线。湖南五江轻化集团有限公司投资 4.13 亿元兴建年产机焦 1000 万吨生产线,第一期工程于 7 月开工建设。

第二节　技术升级

图 14-21　娄底市中源新材料有限公司

1987—1988 年，市工具厂投资 130 万元，对钢丝钳生产线进行设备更新与配套技术改造，更新改造设备59 台(套)，新建车间 1050 平方米，与涟源四中合资联营钢丝钳电镀工艺，提高产品一级品率和外贸出口率。新增年生产钢丝钳能力 100 万把。1991—1993 年，再次投资 360 万元，第二次改造钢丝钳生产线，引进高频淬火和电镀新工艺，配套添置部分机械设备，研制成功线切割与“腐蚀法”制作刀模具，扩建锻压与金加工车间，成为全国八大重点制钳企业之一，形成年生产钢丝钳能力 500 万把。

2002—2003 年，湖南省回春堂药业有限公司总投资 2310 万元扩建改造高标准生产厂房，完善质量监督管理检测设施，使公司药品生产和质量规范完全达到国家颁布的 GMP 标准，形成年生产中成药 600 吨的能力。

2005—2006 年，娄底市中源新材料有限公司总投资 2590 万元扩建 3000 吨锻件生产线、10000 吨铸件生产线、12000 吨结构件生产线。其中，锻压线投资 660 万元，铸造线投资 950 万元，结构件线投资 980 万元，采用现代铸造、绿色铸造、精益化制造新技术新工艺，形成年产 2.5 万吨机械锻、铸、结构件配件生产能力。

第三节　新产品开发

1990—1993 年，市食品罐头厂总投资 219 万元，改造、新建年产 3000 吨肉类罐头加工生产线，形成年生产肉类罐头 3000 吨能力。

1992—1994 年，征用市商贸职业学校、市供销学校、市供销社汽车修理厂房地产，兴建湖南省回春堂制药厂，开发生产中成药片剂、丸剂。项目总投资 1016 万元，形成年产 300 吨(3 亿片)能力。

1994—1996 年，市塑料厂投资 680 万元，从长沙引进新技术，开发生产 PVC 装饰壁板与塑钢门窗；从江苏等地引进新设备，改造原有塑料制造生产设备和车间，建成两条 PVC 塑品生产线，形成年产 150 万平方米 PVC 塑品规模。

2003—2004 年，湖南五江轻化集团有限公司投资 2000 万元，引进新工艺新技术，将原有铝制品生产线改造成不粘锅生产线，开发生产不粘锅新产品，形成年产 6000 万套能力。

2006—2007 年，市和鑫实业有限公司投资 350 万元，将原有万吨水泥生产线拆除，改造建设富锰渣生产线，形成年产富锰渣 3.5 万吨能力。

第四节　安全、节能、环保技改

1987—1988 年，市铁厂投资 313.5 万元，利用 2 座 30 立方米高炉炼铁产生的剩余煤气，建设 1500 千瓦余热发电站，年发电量 840 万千瓦时。

1987—1989 年，市造纸厂总投资 645 万元，新建 6000 吨麦草浆碱回收车间与扩建 3000 吨机制纸生产线，对造纸废液进行有效处理，黑液提取率达 90%，碱回收率 65%~70%，年减少造纸生产成本 50 万元，形成年产 6000 吨机制纸能力。

1990—1997 年，市化工厂总投资 1256 万元，从桥头河镇搬迁至渡头塘乡，新建一条 2 号炸药生产线，实现安全、节能、环保，形成年产 4000 吨能力。

1992—1993 年，市铁厂总投资 1198 万元，以 110 立方米炼铁高炉的剩余煤气为能源，新建一组 3000 千瓦汽轮发电机组，年发电量达到 1680 万千瓦时，每年向电网供电 243.8 万千瓦时。

2003—2006 年，湖南五江轻化集团有限公司从德国引进专利技术，投资 8779 万元新建厂房和购置设备，开发生产安全节能的碧波尔牌电热水器，达到年产 30 万台规模。

2007 年涟源市总产值 5000 万元以上的工业企业

表 14–1

企 业 名 称	年产值（万元）	上缴税金（万元）	从业人员（人）	注 册 地 址
湖南五江轻化集团有限公司	124771	572	5970	茅塘镇石门村
湖南顺鑫钢铁有限公司	64755	1853	850	蓝田街道新新社区
湖南腾达煤焦实业有限公司	24290	498	88	斗笠山镇石塘村
涟源市大华福利洗煤厂	19172	43	37	斗笠山镇塘溪村
湖南神斧集团一六九化工有限责任公司	18682	1806	892	杨市镇泉溪村
涟源市斗笠山煤业有限责任公司	16632	830	1382	斗笠山镇香花村
娄底嘉鑫精炼有限公司	15268	408	91	石马山镇新中村
涟源嘉鑫冶金有限责任公司	14885	449	155	石马山镇新中村
涟源市湘华福利洗煤焦化厂	14875	0	113	杨市镇泉溪村
湖南金塔机械制造有限公司	14708	217	615	六亩塘镇狮子山社区
涟源市丰华煤业有限公司	14089	0	45	斗笠山镇石坝村
湖南涟钢田湖矿业有限公司	13245	1020	515	七星街镇
涟源市汇源焦化有限公司	11921	863	168	斗笠山镇东界村
涟源市天华科技牧业有限公司	11645	0	200	茅塘镇石门村
涟源市大地煤业有限公司	10763	285	42	蓝田街道文艺路社区
娄底市中源新材料有限公司	10279	336	395	石马山镇荷花社区
涟源市腾云煤炭经营有限公司	7986	112	89	金石镇江边村
湖南省回春堂药业有限公司	7683	129	110	石马山镇石梅村
涟源市永昌经贸有限公司	7046	38	32	桥头河镇新华村
湖南南方洪源机械制造有限公司	6416	0	516	七星街镇
湖南远扬煤机制造有限公司	5802	116	138	石马山镇荷花社区
涟源市湘中煤矿机械厂	5048	100	128	杨市镇泉溪社区

1987—2007 年部分年度涟源市重点工业产品产量

表 14–2

产品名称	计量单位	1987 年	1989 年	1991 年	1993 年	1995 年	1997 年	1999 年	2001 年	2003 年	2005 年	2007 年	1987—2007 年
原煤	万吨	321.83	434.85	359.48	509.86	555.07	333.5	337.5	180	284	400	402	7882.22
发电量	万千瓦时	3363	3525	4172	6200	5391	5775	5886	5500	5700	6000	6098	113391
铁矿石	万吨	17.10	8.41	2.99	3.1	1.5	1.98	0.23	0.22	0.23	3.70	4.5	78.19
锰矿石	万吨	1.23	2.28	1.43	2.6	4.99	3.68	3	0.3	0.26	0.28	0.26	37.8
石灰石	万吨	3.28	14.62	101	260.64	147	1915.5	300	320	310	256	320	7188.86
石膏	万吨	—	—	2.28	8.55	12	42.48	30	2.8	3.35	2.6	4.5	223.95
焦炭	万吨	20	22.95	23.15	24.21	23.75	18.74	12.15	9	10	8	16.64	359.64
铸造生铁	万吨	4.82	3.41	3.21	5.18	4.48	2.95	5.09	9.09	10.7	20	15.4	156.14
铁合金	万吨	—	0.11	0.86	1.13	1.27	1.16	0.32	1	1.06	2	3.22	16.59
钢材	吨	179	4474	7473	11131	5215	8342	12384	12392	14596	1378	965	164554
铸铁管	吨	9255	13694	14031	29900	16662	10457	7500	3440	2050	—	—	207047
中低压阀门	吨	758	577	495	217	131	68	75	3100	3400	4000	170	22544
自行车	万辆	45.6	43	17.18	3.06	0.59	—	—	—	—	—	—	240.1
矿山设备	万吨	0.21	0.24	0.23	0.14	0.19	0.17	0.12	0.3	0.48	0.8	2.63	10.66
漆包铜线	吨	570	950	778	700	1072	520	845.1	1748	—	—	—	14062
碳酸氢铵	万吨	4.44	3.36	4.27	5.01	5.73	2.46	1.76	1.61	6.47	12.96	—	92.44
钙镁磷肥（实物）	万吨	4.7	5.15	7.7	5.23	5.67	4.81	5.92	5.44	5.62	—	—	95.5
民用炸药	吨	0.77	0.84	0.74	1.06	1.09	1.04	0.84	0.96	1.36	1.96	2.9	21.75
雷管	万支	1512	1627	1389	1389	2505	1485	2045	1877	2990	3464	3612	44094
服装	万件	33.93	23.7	27.23	35.51	17.4	18.9	42	33	35	—	—	524.17
皮鞋	万双	32.71	22.1	16.4	14.11	2.7	4.5	30	35	33	—	—	361.54
铁锅	万口	90.88	57.43	57.14	49.05	65.08	17.80	14.6	11	23.4	6	—	714.17
钢丝钳	万把	176.6	250.13	194.49	230.71	210	178.40	115.47	22	—	—	—	2543.77
特种焊条	吨	20	400	575	1400	1038	989	950	2400	2500	2600	—	25906

续表 14–2

产品名称	计量单位	1987年	1989年	1991年	1993年	1995年	1997年	1999年	2001年	2003年	2005年	2007年	1987—2007年
木制家具	万件	0.87	0.43	0.71	1.27	1.43	4.1	8.5	5.5	6	—	0.15	59.03
机制纸	吨	4108	4747	4079	3500	4755	1781	430	400	350	—	—	47132
塑料制品	吨	570	969	985	861	5204	2241	2101	800	1000	18500	22800	86046
中成药	吨	—	—	—	—	20	74	107	107	152	270	214	1870
饮料酒	吨	5962	4169	3159	2500	1545	1010	950	800	750	—	167	35511
软饮料	吨	343	2135	—	—	311	168	210	42	80	—	2195	11051
精制茶	吨	2679	2491	2514	2513	1467	1754	2000	1102	1130	1067	1131	38125
食品罐头	吨	19	930	1190	600	400	1070	500	900	600	—	2788	14457
水泥	万吨	32.29	26.08	27.51	50.27	49.33	43.00	53.92	41.73	33.35	34	30.8	821.85
石灰	万吨	9.12	11.38	8.58	22.94	16.88	17.50	11	10	11	34	45	338.94
耐火材料制品	吨	7043	4289	3798	6200	3674	2920	1000	50	65	—	—	50110
保温容器	万个	67	72	114	76	54	—	—	—	1662	8000	16615	42579
日用陶瓷	万件	402	276	169	364	437	164	712	600	610	640	1385	10110
大米加工	万吨	20.39	14.27	20.74	17.66	26.1	17.9	19.8	10.05	11	—	—	294.24
配合饲料	万吨	1.2	2.03	2.13	1.83	3.8	2.89	1.69	1.5	1.53	2.1	1	40.92

1987—2007 年涟源名优工业产品一览表

表 14-3

产 品 名 称		生 产 企 业	评优时间
部优产品	特制面粉	涟源市面粉厂	1988年
	翠莲牌直骨自开伞	涟源市伞厂	1988年
	飞箭牌 6 寸钢丝钳	涟源市工具厂	1991年
	鑫字牌压铸铁锅	涟源市锅厂	1992年
省优产品	ϕ14×50、ϕ14×40 矿用高强度圆环链	湖南省煤矿机械厂	1987年
	奔月牌 QE—72 型自行车	湖南洪源机械厂	1987年
	松鹤牌 PA83 型自行车	省湘峰机械厂	1987年
	铸造生铁 Z14—34	涟源市冶金建材总厂	1987 年复评
	五马牌男式线缝皮鞋	涟源市皮革厂	1987年
	JT851 挂车、CA10B 汽车制动凸轮轴	涟源市交通机械厂	1987年
	飞箭牌钢丝钳	涟源市工具厂	1987 年复评
	TSD1.0—2.5 滴水式乙炔发生器	涟源市气焊机厂	1987年
	二号煤矿硝铵炸药	湖南省一六九化工厂	1987年
	三号煤矿硝铵炸药	湖南省一六九化工厂	1988年
	SGD—280/7.5 单链可弯曲刮板输送机	湖南省煤矿机械厂	1988 年复评
	SGD—320/178 刮板输送机	湖南省煤矿机械厂	1988年
	碳酸氢铵	涟源市氮肥厂	1988年
	YBT—55 局部扇风机	涟源市矿山机械厂	1988年
	雪峰牌橘片罐头	涟源市食品罐头厂	1989年
	上上牌机绣童装	涟源市机绣童装厂	1989年
	铬鞣猪软正鞋面革	涟源市制革厂	1989年
	万山牌旅游鞋面革	涟源市制革厂	1989年
	金宝牌卫生纸	涟源市皱纹纸厂	1990年
	金鹤牌高强度聚酯漆包圆铜线	涟源市电线电缆总厂	1990年复评
	600 毫米轻便自行车	湖南洪源机械厂	1990年
	金媚江春牌白酒	涟源市酒厂	1990年
	单面胶版印刷纸	涟源市造纸厂	1990年
	660 毫米 QE80—1501 自行车脚蹬	省湘中机械厂	1990年
	SH10—07710 毫米自行车脚蹬	省湘中机械厂	1990年
	铬鞣山羊正面服装革	涟源市制革厂	1990年
	RD2 货车车轴	湖南省锻造厂	1990年
	500 克糖水橘片罐头	涟源市食品罐头厂	1990年

续表 14-3

产品名称		生产企业	评优时间
省名牌产品	2号抗水岩石铵梯炸药	湖南一六九化工有限责任公司	2002年
	保温瓶胆	湖南五江轻化集团	2003年
	矿用提升绞车	湖南金塔机械制造有限公司	2006年
	矿用提升机	湖南金塔机械制造有限公司	2006年
	JT\JTK\JTP\JK 系列矿用绞车、提升机	湖南远扬煤机制造有限公司	2006年
	防爆电器	湖南创安防爆电器有限公司	2007年
娄底市（地区）名牌产品	碳酸氢铵	涟源市氮肥厂	1987年
	铸造生铁	涟源市安平铁厂	1987年
	军便服、开刀式女衬衫	涟源市服装厂	1987年
	425号普通硅酸盐水泥	涟源市水泥二厂	1987年
	五马牌冷压胶粘皮鞋	涟源市皮革厂	1988年
	女式健美鞋	涟源市制鞋厂	1988年
	男式教练鞋	涟源市制鞋厂	1988年
	儿童教练鞋	涟源市制鞋厂	1988年
	制动调整臂	涟源市交通机械厂	1990年
	425号普通硅酸盐水泥	涟源市六水泥厂	1994年
	425号普通硅酸盐水泥	涟源市白水泥厂	1994年
	腾飞牌面粉	涟源市芙蓉面粉厂	1999年
	涟泉牌浓缩饲料	涟源市特种饲料厂	1999年
	海湖牌矿用安全帽	涟源市海湖矿灯有限公司	2005年
	金湄泉牌饮用纯净水	湖南金湄泉饮料有限公司	2005年

附记:企业选介

湖南神斧集团一六九化工有限责任公司

1987 年,湖南省一六九化工厂隶属省煤炭厅,是年生产铵梯炸药 6000 吨,乳化炸药 150 吨,瞬发雷管 900 万发,毫秒雷管 600 万发。1991 年 1 月,划归中国统配煤矿总公司管理,成为中国统配煤矿总公司直属单位,人、财、物、产、供、销由总公司统一管理。1995 年 8 月,排名湖南省经济效益百强企业第 51 位,被授予湖南省“经济效益活力百强企业”称号。2003 年 9 月,企业改制为国有控股、职工参股的有限责任公司,更名湖南一六九化工有限责任公司。公司总资产 1.483 亿元,净资产 6448 万元,注册资本 2760 万元,在册职工 854 人,其中在岗职工 657 人,专业技术人员 81 人。2006 年,公司年销售收入 1.53 亿元;利润 1442 万元;完成税收 2100 万元。2007 年 4 月经湖南省政府批准加入新组建的湖南神斧民爆集团有限公司,更名湖南神斧集团一六九化工有限责任公司,隶属湖南省国资委。是年,公司生产铵梯炸药 21020 吨,乳化炸药 7957 吨,电雷管 3634 万发,销售收入 1.72 亿元,完成利税 3500 万元。公司拥有 5 条生产线(2 条共年产 24000 吨的乳化炸药生产线、1 条年产 3000 吨的移动式混装炸药车生产线、1 条年产 12000 吨的改性铵油炸药生产线和 1 条年产 3000 万发工业电雷管生产线);公司以做大做强为发展方向,组建娄底一六九爆破公司,涟源市民爆器材运输公司,收购涟源市、娄星区、湘潭县、湘乡市通力民用爆破器材有限公司、衡阳县民爆经营公司,成为集生产、储存、运输、营销、爆破于一体的现代化企业。主导产品是乳化炸药、改性铵油炸药、混装车炸药、工业电雷管等四大系列 10 多个品种 20 多种规格的民爆产品。1987—2007,公司获国家专利 35 项,其中发明专利 18 项,多个品种获省部优名牌新产品称号。公司先后获“湖南省先进企业”“湖南省文明单位”“工人先锋号”等荣誉称号。

图 14-22 省名牌产品

湖南远扬煤机制造有限公司

1996 年 8 月 6 日,涟源市阀门厂依法破产,重组成立涟源市八达机械制造有限公司,因产品老化,流动资金不足,实行租赁经营。1997 年 1 月更名涟源市阀门制造有限公司。1998 年 4 月,职工李本平承租机修车间,11 月,注册成立涟源市水泥机械厂,员工 8 人。主要生产水泥机械配件、外来机械加工件。是年销售收入 20.1 万元,缴纳税金 1.1 万元。1999—2000 年,生产水泥机械配件、矿山机械、制砖机、挖沙船等产品,从业人员 15 人,销售收入 40.2 万元,年均缴税 2.1 万元,无利润。2000 年 11 月,企业更名市煤矿机械厂,加大科技创新,引进高级研发人员 10 余人,专业生产煤矿机械绞车、提升机系列产品。是年,销售收入 156 万元,上缴税金 7.5 万元。2001 年,发明无级调速绞车获国家发明专利,2003 年,获湖南新产品、新技术金奖。2003 年,销售收入 516 万余元,上缴税金 30.4 万元,企业稳步发展。2004 年 5 月,无级调速绞车被科技部列为火炬计划项目。是年 6 月,市阀门制造有限公司改制,作价 1119 万元整体出让给市煤矿机械厂。11 月,市煤矿机械厂更名湖南远扬煤机制造有限公司。是年,销售收入 1117.51 万元,上缴税金 42.39 万元,利润 42.39 万元,净资产 1413.92 万元,比 2003 年增长 644%。2006 年 8 月,公司被省科技厅列为省级高新技术企业。12 月,远扬牌系列产品获湖南省名牌产品称号。2007 年,销售收入 1581.5 万元,上缴税金 101.1 万元,从业人员 176 人,其中有高中级工程师 22 人。公司利用自主知识产权的专利技术，专业生产 0.6~4.0 米矿用防爆、非防爆 5 个系列(JT、JTK、JTP、JK、RW)128 个品种(规格)矿用绞车、矿用提升机、架空乘人装置。其中，开发出具有世界领先水平的机电液混合式软启动无级调速传动装置，产品畅销全国 26 个省、直辖市、自治区，并出口东南亚国家。2000—2007 年，获国家专利 15 项，其中发明专利 5 项。

图 14-23 湖南远扬煤机制造有限公司办公楼

湖南金塔机械制造有限公司

1992 年，湖南省煤矿机械厂与长沙建筑设计院共同研制成功 QTZ 型 20tm 起重机。1993 年 2 月，省煤矿机械厂加挂"湖南南方建筑机械厂"厂牌。1994 年 12 月，更名湖南南方建筑工程机械总厂，原湖南省顾问委员会主任万达题词"南方建机托起广厦千万间"。1994 年，生产销售 75 台，产值 1415 万元。之后，该厂相继开发 QTZ 型系列起重机(QTZ20—125)和 SC、SCD 系列施工升降机，产品远销湖北、河南、浙江、福建、广东、海南等地。2004 年 1 月 1 日，由机械总厂控股，13 个自然人参股的湖南金塔机械制造有限公司成立。2007 年，生产销售起重机、升降机 280 台，产值 8700 万元。2008 年 10 月，娄底市中级人民法院根据国家相关政策，宣布湖南省煤矿机械厂、湖南南方建筑工程机械总厂实行国家政策性破产，2009 年 12 月重组，成立国有控股公司——湖南煤矿机械有限公司，下设全资子公司——湖南金塔机械制造有限公司。

图 14-24 湖南金塔机械制造有限公司生产的施工升降机

娄底市中源新材料有限公司

1986 年，梁稳根、唐修国、袁金华、毛中吾 4 位志同道合的知识分子在涟源县茅塘乡道童村筹建涟源县茅塘焊接材料厂，其产品系列焊接材料获"七五"全国星火计划成果银奖。1989 年，更名湖南省三一集团有限公司，旨在"创建一流企业，造就一流人才，做出一流贡献"("三一"厂名由来)，提出"自强不息，产业报国""品质改变世界"的企业理念和使命。是年，特种焊接材料在泰国曼谷由中国科委和泰国联合举办的出口产品博览会上获"泰王杯"金奖。

图 14-25 三一泵车

1991 年，收购原涟源市畜牧场，厂址由茅塘乡搬迁至涟源市郊。1994 年，湖南省三一集团有限公司分立为三一重工股份有限公司和三一集团材料工业有限公司。是年，三一集团总部由涟源搬迁至长沙，三一重工股份有限公司(简称三一重工)开始研制混凝土输送泵等工程建筑机械产品。2006 年，"混凝土泵送关键技术研究开发与应用" 获国家科技进步二等奖。

三一集团材料工业有限公司仍设涟源，主要生产焊接材料、金属材料、超硬材料及其设备，其中人造金刚石合成用铁镍基触媒、片状触媒等多项产品获国家专利。2005年，三一集团材料工业有限公司股权由香港中富（亚洲）机械有限公司与三一重工股份有限公司合资收购，成立娄底市中源新材料有限公司，以生产工程机械所需精密铸锻件、耐磨材料、高强材料、结构件等为主营业务，注册资本3.18亿元。被省科技厅评为"高新技术企业"，并获得"推进新型工业化突出贡献奖""优秀外商投资企业"等荣誉。相继自主开发出SG1000、SG700S、SYG960、NM400等工程机械产品所需的系列高强钢板和耐磨钢板全自动化生产线，产品质量达到国际标准，替代国外进口钢板，填补国内空白。

2007年，娄底市中源新材料有限公司年产值10279万元，实现销售额3172万元，上缴税金336万元，员工800多人，其中大中专以上学历200余人，拥有优秀的管理团队与雄厚的高新技术支持，保持稳健良好的发展态势。

娄底市五江实业有限公司

1995年，在外创业经商的茅塘镇人肖自江、肖安江兄弟决定在家乡石门村创办企业。1996年3月18日，肖自江、肖安江注册成立湖南五江轻化集团有限公司，6月公司剪彩投产，9月，投资1200万元的搪铝分厂更名涟源市宏宇搪铝工业有限公司，主要生产面盆等搪铝制品。此后连续三年扩建，搪铝制品的生产能力跃升到全国前列。1999年底，市宏宇搪铝工业有限公司年产值6000万元，利润700万元，上缴税金300万元。2000年9月，肖自江、肖安江组建湖南五江轻化集团有限公司，又投资1.2亿元兴建年产4000万只瓶胆的中高档保温瓶生产线，创建保温瓶厂。市宏宇搪铝工业有限公司和保温瓶厂共安排2000多人就业，其中当地农民1000多人。2001年底，市宏宇搪铝工业有限公司和保温瓶厂产值2亿元，利润1800万元，上缴税金800万余元。2001年，市搪铝工业有限公司积极应对市场变化，停止生产面盆，开始生产搪瓷不粘高档产品，公司顺利通过ISO国际质量管理体系认证。是年，肖自江、肖安江兄弟瞄准国际市场，兄弟俩参加广交会，从南非客户获得第一笔外贸订单，自此，市宏宇搪铝工业有限公司开始转型，外贸业务不断扩大。2003底兴建新玻璃熔炉，2004年，2#大炉成功投产，当年公司再次新建两条保温瓶生产线，实现年产保温瓶5600万只的生产能力，实际生产保温瓶4500万只，年产值3.2亿元，利润3100万元，上缴税金1600万元。是年，市宏宇搪铝工业有限公司更名娄底市五江实业有限公司，辖搪瓷厂、保温瓶厂，五江牌搪瓷、不粘锅系列产品和保温瓶、瓶胆成功申报湖南省名牌产品。2007年，娄底市五江实业有限公司总资产4亿元，年产值3亿元，创利润3000万元，上缴税金1600万元，有员工2300多人，各类专业技术人员880人。年产保温瓶5600万只，搪瓷不粘锅、铁不粘锅和铝不粘锅800余万套。搪瓷日用品制造居同行业前列，产品远销美、意、日、德等48个国家和地区。董事长肖自江当选第十届、第十一届全国人大代表。

图14-26 湖南五江轻化集团有限公司

第十五篇　煤　炭

1987年,境内有批准煤矿167个。其中,省属煤矿2个,市属煤矿4个,乡镇煤矿76个,村级煤矿68个,个体集资煤矿17个。是年,产原煤321.83万吨。

20世纪八九十年代,境内非法私采小煤窑哄抢资源,乱采滥挖,事故频繁。1989年,私采小煤窑达1218处,全市原煤产量突破400万吨。是年,开始对小煤矿进行清理整顿,但乱采滥挖现象此伏彼起。1995年,生产原煤555.07万吨。1996年,发生重大事故7次、特大事故2次,死亡71人。是年8月29日,《中华人民共和国煤炭法》颁布,12月1日起实施。全市依法办矿,依法管矿,对非法小煤窑进行反复清理、整顿、取缔,关井压产,资源整合,全市矿业秩序全面好转。

21世纪初,2个省属煤矿破产,4个市属煤矿实行"两个置换",转换成股份制煤矿(公司)。2007年,全市批准矿整合为96个股份制煤矿,技术水平、机械化程度、生产能力提高。是年,全市原煤产量402万吨。

第一章　煤炭资源

涟邵煤田在境内有10大矿区、2套含煤地层,累计探明煤炭储量40366万吨。其中,烟煤储量13958.4万吨,无烟煤储量26407.6万吨,占娄底市总储量的57.4%、全省探明总储量的16.21%。煤种有烟煤、无烟煤。烟煤有肥煤、焦煤、瘦煤及贫煤。煤炭产量居全省县(市)首位,是全国58个重点产煤县(市)之一。

第一节　含煤地层

境内含煤地层有下石炭统测水组(无烟煤)和二迭系上统龙潭组(烟煤)2套。

下石炭统测水组分为上、下两段。上段为不含煤段,由灰绿和紫红色泥岩、黑灰色中厚层状泥灰岩等组成;下段由泥岩、砂质泥岩、石英砂岩、细砂岩和煤层组成,含煤6~7层,仅2层可采。测水组主要煤层对比依据是位于第3煤层之上的豹皮砂岩和位于第3煤层与第5煤层之间的灰白——深灰色厚层状石英砂岩及位于第5煤层底板的B层菱铁矿结核,是测水组煤层对比的标志层。

二迭系上统龙潭组亦分为上、下两段。上段为含煤段,由泥岩、炭质泥岩、细砂岩和煤层组成,含煤3~4层;下段为不含煤段,由泥岩、砂质泥岩组成。除桥头河矿区主采第3煤层外,境内其余的龙潭组凤冠山矿区、斗笠山矿区及晏家铺矿区均主采第2煤层。

第二节　矿区分布

境内共有十个矿区(段),分布于19个乡镇。二迭系上统龙潭组矿区4个,下石炭统测水组矿区6个。

一 二迭系上统龙潭组（烟煤）矿区

凤冠山矿区 位于湘黔线百亩井车站至竹冲车站区段南侧，行政辖区属水洞底镇。矿区长3.5千米，宽0.9千米，面积3.2平方千米。凤冠山矿区处于洪山殿向斜与恩口—斗笠山向斜断裂带内，为单斜构造，浅部倾角50~80°，深部倾角20~30°。矿区内以北东向断裂为主，褶曲不发育，主要断层有凤冠山—棋梓桥逆断层及其支断层，另有香林山正断层等。凤冠山矿区共含煤3层，第2煤层全区发育，普遍可采，煤厚0.64~3.17米，一般厚1.76米。矿区涟源境内有凤冠山煤矿一对矿井。

斗笠山矿区 位于境中偏南的斗笠山镇、杨市镇、枫坪镇及石马山镇。矿区成不规则三角形，周长约46千米，含煤面积68.43平方千米。为北东南西向不规则的三角形复式向斜，主要轴向北偏东30°，包括次一级褶曲、仁寿堂向斜、黄土岭背斜、甘溪冲向斜及麒麟山倒转向斜。矿区西北翼地层大部分倒转，倾角40°~80°，西南翼倾角30°~60°，区内断层较多，落差70~160米不等。斗笠山矿区含煤4层，自上而下为第1、2、3、4煤层。主采第2煤层，煤层厚0~12米，平均煤厚1.5米，煤层结构简单，厚度较稳定；第3煤层多呈透镜状，煤层赋存不稳定，仅在李家垅、观山井田49勘探线以西具可采厚度；第1煤层及第4煤层仅具层位或为炭质泥岩代替，没有开采价值。2007年，矿区内有香花台井、黄港井、湖坪井、柑子山井和观山井，有七一煤矿石坝井和乡镇祖保煤矿、惠民煤矿、铁路塘煤矿、泉塘煤矿、胜源煤矿、群合煤矿、海形山煤矿、八一煤矿、友谊煤矿、柏树煤矿、杨市煤矿、四良煤矿、枫坪煤业公司、蛇形山煤矿、群力煤矿、青树煤矿、私家塘煤矿、石马山煤矿、珠宝煤矿、发达煤矿等26个。

桥头河矿区 位于境中偏北，矿区南北长约28千米，东西平均宽约8.5千米，含煤面积约150平方千米。矿区含煤4层，分别为第1、2、3、4煤层。其中，第1、4煤层不可采，第2煤层局部可采，第3煤层为主采煤层。3煤层呈似层状或藕节状，局部地段变薄或陡然增厚，大部分煤厚在1.5~2.1米之间。桥头河矿区煤层赋存情况呈向西南变薄趋势，七、八井田煤厚仅0.3~0.5米。桥头河矿区内桥头河煤矿的四方山井、桥二井、青山井、邓子山井随桥头河煤矿破产关闭。2007年，矿区内有乡镇股份制青山煤矿和太管山煤矿2对矿井。

晏家铺矿区 位于境西北伏口镇、古塘乡境内，北东端伸入安化县，西南部进入新化县。矿区境内走向长约15千米，平均宽约3千米，为向斜构造。向斜轴走向为北30°东。向斜东南翼除浅部有倒转外，一般倾角较平缓，为10~35°。西北部倾角较陡，一般为25~60°，为不对称之向斜。矿区共含煤3层，自上而下为第1、2、3煤层。第2煤层全区发育，为主要可采煤层，一般厚0.42米；第3煤层为局部开采煤层，一般厚0.35米；第1煤层仅具层位，没有开采价值。第2煤层顶、底板坚硬，俗称石底石盖。乡镇小煤矿多为擦板窑。2007年，矿区内有马方煤矿、沙群煤矿、塘边煤矿、凤山煤矿及长胜煤矿。

二 下石炭统测水组（无烟煤）矿区

太平寺矿区 位于境东南部，系洪山殿矿区外围。矿区长35千米，宽17千米，面积430平方千米。为一复式褶曲构造，褶曲断裂较发育。境内主要有嘉祥江向斜，轴向北东，两翼紧闭，延展长达15千米，北西翼倾角较陡或倒转，南东翼平缓。西部以走向逆断层为主，东部以正断层为主，对含煤地层的连续性破坏较大。太平寺矿区测水组含煤5层，自上而下为第1、2、3、4、5煤层。其中，第3煤层全区较发育，为主采煤层，第2、4煤层局部可采，第1、5煤层不可采。第3煤层厚0.1~7.4米，平均煤厚1.6米，煤层结构复杂，含有夹矸层。太平寺矿区涟源地段煤层赋存不稳定，煤层多呈鸡窝状、藕节状，给开采带来很大困难。2007年，矿区内有山茂煤矿、檀木煤矿。

田心坪矿区 位于茅塘镇、白马镇境内，为一向斜构造，含煤3层，自上而下为第3、4、5煤层。其中，第3煤层及第4煤层全区发育，第4煤层属主要可采煤层，第3煤层局部可采，第5煤层全区发育，但厚度薄，属不可采煤层。1994年，关闭矿区内田心乡鹅公桥煤矿。1998年，关闭白马镇庳里煤矿，留下茅塘镇茅塘煤矿一对矿井。

杨家滩矿区 位于斗笠山矿区南部及北部两个条带，处枫坪镇和杨市镇境内，单斜构造。含煤地层为下石炭统测水组。枫坪镇枫树铺煤矿、杨市镇瑶花台煤矿揭露，第3煤层可采，煤厚0.6~5米。杨市镇杨梅凼煤矿开采10余年，见煤5层，开采第3煤层，煤厚1米左右。杨家滩矿区主采第3煤层及第5煤层，煤层赋存条件复杂。2007年，矿区内尚存枫树铺二矿1对矿井。

金竹山矿区 金竹山矿区只有芙蓉井田、四井田和一井田一部分，分别处六亩塘镇和三甲乡境内。金竹山矿区测水组含煤7层，主采第5煤层，全区发育，较稳定，结构简单，煤层厚2米左右，煤层由西南向北东变差，至涟源境内的四井田及芙蓉井田局部可采。第3煤层较发育，属较稳定煤层，煤厚1.0米左右。2007年，矿区内有雷家冲煤矿、阳硐煤矿、硐岩煤矿、胜利煤矿、杨木冲煤矿。

渣东矿区 位于境西南部，起于26勘探线（属六亩塘镇扶珂村）北东到95勘探线（伏口镇莲花洞矿）。矿区在境内有六个井田：白杨井田（26~39勘探线）、浆江井田（39~49勘探线）、梨子湾井田（49~56勘探线）、路馆井田（56~66勘探线）、金盘仑井田（66~85勘探线）、良相桥井田（85~95勘探线）。渣东矿区属下石炭统测水组含煤地层，含煤3~6层。其中，第5煤层全区发育，为主采煤层；第3煤层结构复杂，煤层赋存不稳定，局部可采；其余煤层均无开采价值。矿区地质构造属单斜构造，是境内最大的无烟煤矿区，煤炭储量18862.2万吨。2007年，矿区有沙坪煤矿、新坪煤矿、栗山桥煤矿、工农煤矿、芙蓉煤矿、头石煤矿、浆江三矿、留石煤矿、四古煤矿、力达煤矿、塞海煤矿、良相煤矿等51个，为境内煤矿最多的矿区。

乌云山地段 位于七星街镇，含煤地层为测水组，地质构造属单斜构造，七星街镇峡山煤矿和飞跃煤矿揭露，地段含煤4层。其中，第3煤层为主采煤层，第5煤层为局部可采煤层，其余煤层不可采。第3煤层有上、下两个分层，两个分层之间一般为砂质泥岩，上分层变化大，下分层变化小，一般开采下分层。第3煤层煤厚0.4~2.0米，一般煤厚1米左右。2007年，矿区内有仙田煤矿、飞跃煤矿。

第三节 储量与煤质

境内煤炭累计探明储量40366万吨。其中，烟煤储量13958.4万吨，无烟煤储量26407.6万吨。分布境内十大矿区。斗笠山矿区第2煤层具条带状及鳞片状结构，普遍含黄铁矿结核，煤岩显微组分以镜煤为主，属半光亮型，煤质为低灰，低至中硫，低磷的焦煤至瘦煤，自北东往西南变质程度逐渐增高。石坝井、花萼里、柑子山、香花台、黄港、泉塘等井田都属焦煤，湖坪、团山、观山、白石井田为瘦煤。原煤灰分9.06%~14%，挥发分14.21%~24.37%，发热量8228大卡/千克，硫分1.24%，磷分0.008%~0.0039%，煤的可选性属易选到中等易选。桥头河矿区第3煤层为条带状—块状，煤岩类型以暗亮型及亮暗型为主。煤的变质程度，桥头河矿区一井田为焦肥煤，二井田为肥焦煤，往西南三、四、六井田为焦煤，七、八井田为瘦煤至贫煤。七、八井田作动力及民用煤，其他井田为低磷、中低硫的焦肥煤—焦煤，洗选后为良好配焦煤和炼焦用煤。凤冠山矿区及晏家铺矿区为低灰、高硫，洗选后为良好炼焦煤。境内无烟煤属中灰、低硫、低磷、高发热量无烟煤，煤的牌号为无烟煤3号，是理想的动力民用煤。

2007 年涟源市煤炭储量分布情况

表 15-1　　单位：万吨

煤 种	矿区名称	勘探程度	储 量					
			表内储量					表外储量
			A 级	B 级	C 级	D 级	小计	
烟 煤	桥头河矿区	普查详查精查	—	840.7	2986.8	1276.0	5103.5	48.7
	斗笠山矿区	普查详查精查	—	2953.8	4084.9	915.1	7953.8	29.5
	晏家铺矿区	普查	—	—	149.5	567.6	717.1	—
	凤冠山矿区	普查	—	21.0	163.0	—	184.0	—
	小 计		—	3815.5	7384.2	2758.7	13958.4	—
无烟煤	渣东矿区	详查精查	—	4420.5	9483.7	4958.0	18862.2	42.6
	金竹山矿区	普查详查	—	603.5	948.3	322.6	1874.4	—
	太平寺矿区	普查	—	—	—	3000.0	3000.0	—
	田心坪矿区	普查	—	—	—	569.0	569.0	—
	杨家滩矿区	普查	—	—	84.0	798.0	882.0	—
	乌云山地段	普查	—	—	—	1220.0	1220.0	—
	小 计		—	5024.0	10516.0	10867.6	26407.6	—
合 计			—	8839.5	17900.2	13626.3	40366.0	120.8

说明：A、B、C、D 是按勘探程度高低划分的储量级别，以上储量计算深度为垂直深 400 米以上

第二章　煤炭开发

第一节　勘　探

境内煤炭资源勘探工作集中在20世纪60—70年代，由省地质矿产勘查开发局468队，省煤田地质局第二勘探队和省地矿厅湘中队等单位进行资源勘探。进入80年代，境内煤炭资源勘探工作开展不多，只有凤冠山矿区由涟邵地质勘探队负责勘探，勘探程序属普终。1986年3月，涟邵地质勘探队提供《涟源市凤冠山勘探区普查最终地质报告》。凤冠山矿区+200米水平至-50米水平煤炭储量183.79万吨。其中，B级储量20.8万吨，C级储量162.99万吨，第2煤层原煤灰份5.17%~16.95%，精煤挥发份25.55%~30.36%，原煤含全硫0.87%~2.64%，原煤磷含量0.008%~0.027%，原煤高位发热量6340~7810卡/千克，胶质层厚度12~15.5毫米，属低灰、中硫、特低磷烟煤，烟煤牌号为肥焦煤一号。

1987年，委托省煤勘二队对芙蓉乡工农煤矿、财溪乡阳硐煤矿、青烟乡青烟煤矿、枫坪乡土罗星煤矿、山塘乡荷塘煤矿进行矿井生产地质勘探。1988年，对金石乡檀木煤矿、毛坪乡永兴煤矿、芙蓉乡芙蓉煤矿、桥头河镇周家煤矿、新禾乡新禾煤矿、茅塘乡茅塘煤矿进行勘探。1989年，对七星乡田石冲煤矿、古塘乡马方煤矿、乌云山地段(仙洞乡)进行勘探。是年7月，对财溪乡东山煤矿进行勘探。1991年3月，提交《湖南省涟源市财溪乡东山小煤矿勘探报告》，完成万分之一地质填图0.6平方千米，万分之一水文地质测绘0.9平方千米，钻探工程4孔1020.06米，测井940实测米，煤心煤样5个。煤层发育不完全，资源差，以前所提煤炭储量23万吨依据不充分，不宜作小煤矿建设。是年，对湘波镇飞跃煤矿进行勘探。1992年，对石陶乡杨家冲煤矿进行勘探。1993年，金石乡沙塘山煤矿委托省地矿局娄底工程勘探处对太平寺矿区的沙塘山进行地质勘查。1994年，省煤勘二队对芙蓉乡峦峰煤矿进行勘探。1995年，对岛石乡头石煤矿、湄江镇半里冲煤矿、七星乡峡山煤矿进行生产勘探。1996年，对伏口镇莲花洞煤矿、龙塘乡新光煤矿、金石乡灌湄煤矿进行生产勘探。2001年和2006年，省煤炭厅分别在荷塘镇罗家桥煤矿和渡头塘乡包围山安排硐探。

第二节　矿井建设

一　矿井技改

1987年，芙蓉乡工农煤矿、财溪乡阳硐煤矿、青烟乡青烟煤矿、枫坪乡土罗星煤矿技改总概算408万元。其中，省补资金150万元，县市开发基金投入135万元，煤矿自筹资金123万元。开拓井巷4036米，完成土建工程697平方米，购置设备151.25万元，矿井年生产能力净增11万吨。1988年，新禾乡新禾煤矿、金石乡檀木煤矿、毛坪乡永兴煤矿、芙蓉乡芙蓉煤矿和桥头河镇周家煤矿技改总概算640万元。其中，省补资金196万元，县市开发基金投入274万元，煤矿自筹资金170万元。开拓井巷5770米，完成土建工程889平方米，购置设备221.78万元，矿井年生产能力净增12万吨。1992年，新建桥头河镇周家洗煤厂，总概算67万元。其中，省补资金10万元，县市开发基金投入40万元，周家煤矿自筹资金17万元，完成土建工程454平方米，购置设备32.51万元。1994年，四古乡四古煤矿安全补欠总概算30万元。其中，省补资金12万元，县市开发基金

10万元,煤矿自筹资金8万元。是年,娄底地区煤矿补欠项目有涟源的杨市煤矿、石狗煤矿、灌湄煤矿、四良煤矿,总概算34万元,由地区开发基金投入。1995年,伏口镇杨家冲煤矿、七星街镇峡山煤矿、七星街镇飞跃煤矿、湄江镇半里冲煤矿、古塘乡马方煤矿、龙塘乡柏杨煤矿技改总概算713.15万元。其中,省补资金284万元,县市开发基金投入213万元,煤矿自筹资金216.15万元。开拓井巷14000米,完成土建工程4983平方米,购置设备278.1万元,矿井年生产能力净增14.7万吨。1996年,龙塘乡新光煤矿及金石镇灌湄煤矿技改总概算297万元。其中,省补资金80万元,县市开发基金投入90万元,煤矿自筹资金127万元。开拓井巷1898米,完成土建工程216平方米,购置设备128.73万元,矿井年生产能力净增4万吨。1997年,伏口镇莲花洞煤矿和六亩塘镇峦峰煤矿,技改总概算270万元。其中,省补资金85万元,县市开发基金投入95万元,煤矿自筹资金90万元。开拓井巷1708米,完成土建工程100平方米,完成设备投资54.3万元,矿井年生产能力净增5万吨。1998年,湄江镇塞海煤矿、枫坪镇四良煤矿、市新坪煤矿、杨市镇杨市煤矿,技改总概算782万元。其中,省补资金196万元,县市开发基金293万元,煤矿自筹资金293万元。开拓井巷7658米,完成土建工程527平方米,购置设备272.52万元,矿井年生产能力净增9万吨。1999年,水洞底镇凤冠山煤矿技改总概算110万元。其中,省补资金19万元,县市开发基金投入51万元,煤矿自筹资金40万元。开拓井巷933米,完成土建工程162平方米,购置设备327万元,年生产能力由1万吨增加到3万吨。2000年,安平镇留石煤矿、双桥煤矿,七星街镇田石冲煤矿,枫坪镇兴旺煤矿技改总概算558万元。其中,省补资金96万元,县市开发基金投入214万元,煤矿自筹资金248万元。开拓井巷3336米,完成土建工程549平方米,购置设备177.47万元,矿井年生产能力净增8万吨。2001年,开发荷塘镇罗家桥煤矿硐探项目、新建涟源煤坪汽修厂总概算105万元。其中,省补资金35万元,县市开发基金投入40万元,企业自筹资金30万元。此外,娄底市批准立项11个。其中,防治水项目2个,通风项目5个,改造提升系统1个,购置救护器材、安全稽查车及安全仪器项目3个,总概算254.3万元。其中,县市开发基金投入78.3万元,各项目自筹资金176万元。2002年,杨市镇杨市煤矿安全补欠总概算60万元。其中,省补资金15万元,自筹资金45万元。市煤矿安全装备总概算60万元。其中,省补资金10万元,自筹资金50万元。

1987—2002年,全市乡镇煤矿由省煤炭厅立项技术改造与安全补欠12批50个项目,总概算4388.45万元。其中,省补资金1188万元,县市开发基金投入1567.3万元,自筹资金1633.15万元。技术改造矿井共开拓井巷39339米,完成土建工程7961平方米,购置设备1349.37万元,矿井年生产能力净增65.7万吨。市煤炭局在自留开发基金中立项扶植乡镇煤矿资金1011.6万元。2003年始,省煤炭厅不再拨补立项技术改造资金。

二 标准化矿井建设

1990年,市沙坪煤矿被省煤炭局评为质量标准化矿井。1992年,芙蓉乡工农煤矿、四古乡四古煤矿被省煤炭局评为质量标准化矿井。1995年,全市9对矿井被省煤炭局评为质量标准化矿井。1996年,被评为省级标准化矿井的有七星街镇三角塘青山井、仙田煤矿、田石冲煤矿,伏口镇合资煤矿,安平镇力达煤矿、安平煤矿、四古煤矿,斗笠山镇祖保煤矿、泉塘煤矿、哲学煤矿,六亩塘镇芦溪煤矿、永兴煤矿,枫坪镇土罗星煤矿13个。2004年,质量达标矿井4对。2005年,质量达标矿井21对。2006年,质量达标矿井50对。2007年,全市批准煤矿96个,78个质量达标。

三 新井建设

1984年11月—1993年6月,市七一煤矿完成投资2046.55万元,主体工程大部分竣工,进入简易投产。2003—2004年,斗笠山镇碧林煤矿、三甲乡货乐冲煤矿、伏口镇马家煤矿、斗笠山镇胜源煤矿及斗笠山胜源二矿等20对矿井建成投产。

第三章　煤炭生产

1987年4月,涟源出席在山西省左云县召开的全国重点产煤县(市)会议,涟源被确定为全国58个重点产煤县市之一。1991年11月2日,国家能源部部长黄毅诚考察湖南省涟邵矿务局斗笠山煤矿。1994年7月28日,煤炭工业部部长王森浩、副省长周时昌至涟源视察煤炭工业发展情况。1995年1月12日,副市长李劲松代表涟源市参加在河南省登封市召开的全国乡镇煤矿工作会议,并作先进典型发言。3月,安平镇四古煤矿被评为全省煤炭工业先进集体。1997年3月8日,联合国劳工总署官员爱斯可夫考察涟源市七一煤矿和斗笠山镇祖保煤矿;3月10日,考察安平镇四古煤矿和安平煤矿。

第一节　技　术

一　技术管理与开拓

1987年,境内乡镇煤矿大都凭矿主"经验"见煤挖煤。2000年开始,乡镇及股份制煤矿一般都聘有专业工程技术人员。矿井开拓及技改延深由地质勘探部门提供生产地质报告或储量地质资料,经有设计资格证的设计部门编制矿井开拓设计方案,开拓设计方案报煤炭主管部门审核批准,再组织施工。技术资料具有煤层储量及底板等高线图、采掘工程平面图、井上井下对照图、通风系统图、井下运输系统图、安全监测装备布置图、排水及瓦斯抽放等管路系统图、井下通讯及供电系统图、井下避灾路线图等。图纸每月由煤矿聘请的工程技术人员及时填绘并反映矿井实际生产情况,报市煤炭主管部门审查。煤矿除图纸外还建有各种台账。井下采煤、掘进先由煤矿聘请的工程技术人员编制采煤(或掘进)作业规程和安全技术措施,报煤炭主管部门审核批准后,才组织施工。煤矿安监人员按作业规程和技术措施行使安全监督权。

二　采煤方法

1987年,境内乡镇煤矿采用巷道式采煤法,以掘代采,见煤挖煤,沿煤挖巷,乱采滥掘。没有完善的通风系统、运输系统。不进行顶板管理和工作面回柱放顶卸压。顶板压力大,顶板管理困难,矿井事故频繁。矿井生产能力低、坑木消耗大、吨煤成本高、经济效益差、工人劳动强度大、资源回采率低。1990年,先在四古煤矿试点,改革采煤方法,把巷道式采煤法改成壁式采煤法。壁式采煤工作面有上、下二个安全出口。工作面形成通风系统和负压通风才能开始回采。回采工作面瓦斯稳定在0.5%以下,安全系数增大。日产量由原来每天60人日产原煤70吨,提高到每天50人日产原煤100吨。工作面回采率达95%,采区回采率85%,比原来提高30%。工作面采取回柱放顶,减少顶板压力预防冒顶事故发生,节省坑木,降低回采吨煤成本,吨煤成本由原来的57元下降到46.5元。采用壁式采煤法,产量高、安全条件好、矿井经济效益大、资源回收率高。此法迅速被推广,2007年,乡镇及股份制煤矿凡符合采用壁式采煤法的矿井均陆续采用。

三　顶板管理

1987年,乡镇煤矿采用木支架支护防止顶板冒落、垮塌,坑木消耗量大,不能及时回收反复利用,木支架维修费用高，易产生冒顶伤人或冒顶关人事故。吨煤成本高、煤矿经济效益差。国营煤矿逐步采用金属支架支护。80年代末，省属煤矿逐步采用单体液压支柱支护。1992年，境内乡镇煤矿开始采用HZWA型摩擦支柱，配HDJA型铰接顶梁或采用单体液压支柱配HDJA型铰接顶梁，替代木支护。HZWA型摩擦支柱的最大工作阻力为35吨，可缩量最大达400毫米，可用在顶板下沉量较大的工作面。单体液压支柱初撑力，比摩擦金属支柱大4~6倍，支回速度快。是年，四古乡四古煤矿率先使用HZWA型摩擦支柱配HDJA型铰接顶梁。2007年，安平镇力达煤矿和四古煤矿使用单体液压支柱配HDJA型铰接顶梁。摩擦支柱或单体液压支柱和铰接顶梁改善工作面的顶板支护，承受工作面的冲击地压和超前应力，提高煤矿的安全系数。替代坑木支护并能回收反复使用，降低吨煤成本，提高煤矿经济效益。是年，乡镇煤矿及股份制煤矿普遍推广使用，锚喷支护逐步推广使用。

四 矿井通风

1990年以前，乡镇煤矿利用局扇代替矿井主扇通风，未形成矿井通风系统或通风网络。1991—2004年，乡镇煤矿一般采用离心式主扇风机。2005年以后，煤矿安装轴流式主扇风机2台，一台工作，一台备用。通风方式由原来的压入式（正压通风）改成抽出式负压通风。扇风机运转后，矿井内空气的压力低于地面空气压力，地面新鲜空气自然地从进风井（主井）流入井下，再由安装在出风井的轴流式扇风机抽排到地面，高瓦斯矿井安全系数得到很大提高。矿井的通风系统设置必要的通风设施，正、反风门、风桥、风帘、堵风墙等，消灭井下的串联风、循环风、下行风，给安全生产带来保证。通风方式采用中央并列式、中央边界式、中央对角式等。

五 瓦斯防治

煤矿瓦斯监控 20世纪80年代，煤矿普遍使用AQG—1型光学瓦斯检定器或SG—2型光学瓦斯检定器，90年代开始使用瓦斯自动报警断电控制仪。2002年，乡镇煤矿全部安装瓦斯监控系统和瓦斯自动报警断电控制仪。瓦斯浓度达到报警点时，发出声和光警报，人员可迅速撤离现场。瓦斯浓度低于报警点（1%~2%）时，警报自动停止。煤矿监控系统和乡镇安监站及市煤炭局联网，市煤炭局及乡镇安监站在控制室内可随时掌握所辖各煤矿的瓦斯动态情况。瓦斯遥测报警仪的应用，有利于加强矿井的瓦斯管理，矿井的安全生产系数提高。

瓦斯防突 20世纪80年代，乡镇煤矿瓦斯防突措施很少。进入90年代，乡镇煤矿通过技术改造，基本上采取震动放炮、煤层松动爆破、深孔多孔排放和瓦斯抽放等措施防止煤与瓦斯突出事故。

瓦斯抽放、节能减排 2005年，安平镇力达煤矿安装一套地面瓦斯抽放系统，采用大功率液压钻机先抽后掘、边抽边掘，实现煤层瓦斯抽放和煤层底板预抽、超前卸压，基本消除煤与瓦斯突出事故。2007年，全市45对瓦斯突出矿井全部安装瓦斯抽放系统，是年11月16日国务院检查组至涟源考察调研煤矿瓦斯抽放工作，充分肯定涟源煤矿瓦斯治理成绩，推广瓦斯抽放新工艺做法。

图 15-1 安平镇力达煤矿瓦斯抽采泵站

六　运输提升

20 世纪 80 年代,乡镇煤矿井下运输主要靠人力挑运或人力推车(矿车),批准矿均用 800~1200 毫米绞车提升。2000 年,乡镇及股份制煤矿普遍采用机械化或半机械化运输。煤炭运输采用 SGW—40 型、SGW—44 型或 SGW—80 型可弯曲链板运输机,直接将煤炭从工作面运到斗口,大巷斗口装煤后,再用 U 型矿车通过运输轨道,人力推车到井底车场。规模较大的乡镇煤矿或股份制煤矿大巷运输采用防爆安全型的蓄电池电机车运输到井底车场,再由提升绞车经井筒提升到地面。

图 15-2　刮板输送机

七　矿井供电

1987 年,乡镇煤矿一般只有一个回路供电。电器设备采用普通型、明闸刀开关等非防爆电器的乡(镇)村办煤矿比较多。2000 年开始,乡镇及股份制煤矿,一般采取双回路供电。不能实现双回路的矿井,自备一组柴油发电机组做为备用电源,对煤矿安全生产提供电源保证。井下供电采用专用变压器、专用电缆、专用防爆安全型电器设备。井下电器设备实行风、电闭锁,瓦斯、电闭锁,一旦井下停风,所有电器设备自动断电。井下瓦斯超限,立即发出声、光警报并自动断电。

八　矿井排水

20 世纪 80 年代,乡镇煤矿以机械排水代替人力竹筒抽水,部分煤矿排水水泵不防爆,明闸刀开关,无井下专用电缆,水窝代替水仓等。进入 90 年代,大水矿井布置有一个工作水仓,一个备用清仓水仓,建筑防水闸门;排水水泵为防爆型水泵,一套工作,一套待修,一套备用;采用井下专用电缆和专用防爆开关;排水管双套,一套工作,一套备用。对老窿积水有疑必探、先探后掘,防止误穿老窿积水事故发生。

九　照明与通讯

20 世纪 80 年代,各批准矿均使用交流充电防爆矿灯照明。2007 年,所有乡(镇)村办及股份制煤矿井下照明均采用防爆安全型矿灯,井下通讯全部采用防爆安全型矿井专用有线电话机,矿井各生产水平之间的联系及暗斜井上车场与下车场之间的联系,采用声、光讯号及电话通讯联系。

十　粉尘防治

20 世纪 80 年代,省属及县属煤矿岩巷掘进采取湿式钻(水钻),下井人员佩戴防尘口罩。各乡(镇)村办煤矿及个体小煤窑均采取打干风钻进行岩巷掘进,下井人员佩戴防尘口罩者不多。90 年代末,全市所有煤矿采取湿式钻,部分煤矿的井下装运站安装喷雾防尘装置,下井人员佩戴防尘口罩。

第二节　产　量

1987 年全市原煤总产量 321.83 万吨。其中,境内省属煤矿产量 56.97 万吨,市属及乡(镇)村办煤矿产量

264.86 万吨；烟煤产量 120.37 万吨，无烟煤产量 201.46 万吨。1992 年 8 月省属桥头河煤矿停产关闭。1995 年全市原煤产量 555.07 万吨。其中，境内省属斗笠山煤矿产煤 33 万吨，市属及乡(镇)村办煤矿产煤522.07 万吨；烟煤产量 176.26 万吨，无烟煤产量 378.81 万吨。是年全市原煤产量是 1987 年的 1.72 倍。1996 年全市加大对小煤窑的清理整顿力度。1996—2000 年，取缔非法和布局不合理煤矿 400 余处，年产量在 300 万吨左右。2000 年 11 月省属斗笠山煤矿停产改制。2001 年开始全市关井压产。2002 年原煤产量下降到 180 万吨。2003 年回升到 284 万吨。2004—2007 年原煤年产量稳定在 400 万吨左右。2007 年为 402 万吨。其中，烟煤产量 147 万吨，无烟煤产量 255 万吨。1987—2007 年，全市原煤总产量 7882.22 万吨。其中，省属煤矿产量562.91 万吨，市及乡(镇)村办、股份制煤矿产量7319.51 万吨；烟煤产量 2749.01 万吨，无烟煤产量 5133.21 万吨。

1987—2007 年涟源市煤炭产量

表 15-2　　单位：万吨

年 份	总产量	按管辖分		按品种分	
		省属矿	市、乡镇、村矿	烟 煤	无烟煤
1987	321.83	56.97	264.86	120.37	201.46
1988	393.59	55.23	338.36	136.12	257.47
1989	434.85	54.85	379.62	147.44	287.41
1990	362.85	52.70	307.62	143.28	219.57
1991	359.48	47.79	311.69	158.18	201.30
1992	370.18	39.01	331.17	142.46	227.72
1993	509.86	32.25	477.61	128.09	381.77
1994	503.80	31.50	472.30	171.20	332.60
1995	555.07	33.00	522.07	176.26	378.81
1996	417.00	32.00	385.00	85.51	331.49
1997	333.50	31.50	302.00	131.00	202.50
1998	377.71	31.50	346.21	96.60	281.11
1999	337.50	31.50	306.00	117.50	220.00
2000	362.00	30.00	332.00	112.00	250.00
2001	180.00	—	180.00	80.00	100.00
2002	180.00	—	180.00	81.00	99.00
2003	284.00	—	284.00	164.00	120.00
2004	405.00	—	405.00	133.00	272.00
2005	400.00	—	400.00	140.00	260.00
2006	392.00	—	392.00	138.00	254.00
2007	402.00	—	402.00	147.00	255.00

第四章　煤炭加工与销售

第一节　加　工

一　初加工

剔除矸石　20 世纪 80 年代，矸石剔除以手工为主。90 年代开始，大多数煤矿安装筛选机筛选矸石，商品煤含矸率一般在 2%左右。

制藕煤　1987 年 10 月，市煤炭公司建成年产 3 万吨以上机制藕煤生产线，配有 12 厘米和 16 厘米藕煤机各 2 台以及粉碎机、搅拌机、皮带运输机等全套机械设备生产藕煤，供应城区和相邻乡镇，在农村以手工制作藕煤为主。1990 年，境内相继建立一些小型机制藕煤厂。2000 年以后，机制藕煤逐渐普及城乡。2007 年，市内有机制藕煤厂 200 多家，手工藕煤店 7 家，生产藕煤 20 万吨左右。

洗精煤　1993 年，市属七一煤矿建立境内第一家洗精煤厂，从进煤传递到洗煤装车全部实行机械化，年生产精煤 5 万吨。2003 年，机械洗煤厂增至 6 家，年产精煤 85.65 万吨。2007 年，全市共有经批准的机械化洗煤厂(公司)29 家。其中，采用水洗的 25 家，风选的 4 家。年产精煤 136.98 万吨。

二　深加工

炼焦　1987 年，境内有古塘乡焦化厂、马家境联营焦化厂、四古焦化厂。是年，甘溪乡焦化厂兴建，设计年生产能力 8 万吨。1989 年，全市产焦炭 23.93 万吨。1990—1993 年，斗笠山镇祖保、哲学、土罗星等煤矿先后建立小型机焦厂，生产能力 1.5 万吨左右。1994 年，全市产焦炭 37.85 万吨。1998 年，古塘、四古以及小型机焦厂因市场疲软停炼焦炭，境内仅保留甘溪焦化厂。是年，产焦炭 31.83 万吨。2005 年，杨市镇福利综合厂建成投产，年生产机焦 12 万吨。2007 年，甘溪焦化厂迁址扩建，更名涟源市汇源焦化有限公司，总投资 12.8 亿元，年产冶金焦 80 万吨，提取焦油 3 万吨、粗苯 8000 吨，硫胺 1500 吨，外供煤气 1.58 亿立方米；杨市镇福利综合厂，生产机焦 12 万吨。是年，全市生产机焦 100 万吨左右。

图 15-3　市汇源焦化有限公司

提取焦油　1987 年，古塘乡焦化厂提取焦油 520 吨。1989 年，全市提取焦油 710 吨。2007 年，市汇源焦化有限公司提取焦油 3 万吨，杨市镇福利综合厂提取焦油 900 多吨。

第二节 供 销

一 网 点

1987 年,境内有娄底地区煤炭公司下辖的七星、株木、杨家滩、涟源、双涟等 5 个煤炭购销站和毛坪、芙蓉、竹冲、杨家滩 4 个集体铁路煤坪及洪源、株木、枫坪、杨家滩 4 个私营铁路煤坪。1989 年,有国营、集体、私营煤炭购运网点 13 个。1992 年, 市煤炭局及市煤炭总公司在涟源火车站东头征地 2 公顷新建涟源煤坪,共 12 个货位,年吞吐量 30 万吨,成为全市第一个国营大型煤坪。1990—1998 年,煤炭销售网点发展较快,集体、私营煤炭购运网点发展到 110 家,私营无证经营者较多。1999 年,开始清理整顿,逐步健全煤炭经营秩序。2004 年,全市有铁路煤坪 9 个,煤炭经营企业 29 家,私营煤炭购运网点 32 家。2007 年,铁路煤坪 9 个,规模较小的公路煤坪增减无常,煤炭经营企业 34 家,私营煤炭购销网点 36 家。

二 销 售

境内煤炭除供应当地外,大部分外销,主要销往长沙、益阳、常德等 18 个省内县市以及两广、江浙一带。1987 年,市及以下煤矿产原煤 264.86 万吨。其中,市内工业用煤 47 万吨,城镇生活用煤 19 万吨,省调 53 万吨,外销长沙、益阳等地 80 余万吨。1989 年,境内市属、乡镇煤矿产原煤 380 万吨。其中,上调 120 万吨,市内用煤 80 万吨,外销 180 万吨。1997—1998 年,煤炭销售市场疲软,库存数量较多。1998 年,产原煤 346.21 万吨,库存约 60 万吨,市内工业用煤 60 万吨,居民生活用煤 20 万吨,外销 200 多万吨。2001—2005 年,煤炭市场形势好转,市场供不应求。2006—2007 年,煤炭销售市场相对稳定。2007 年,产原煤 402 万吨,市内生活用煤约 20 万吨,工业用煤 80 万吨,省调电煤 40 万吨,外销 260 多万吨。

第五章　煤炭行业管理

第一节　机　构

一　市煤炭工业管理局

1987年，市煤炭工业局（简称市煤炭局）内设办公室、生产技术股、安全监察股、财务股、人事股、监察室，定编36人。1990年9月，内设机构调整，设办公室、政工股、劳资股、保卫股、生产股、安监股、财务股、技术股、直属企业管理股、乡镇煤矿管理股、煤矿物资供应股、煤炭购销股。1997年1月，市煤炭工业局更名市煤炭工业管理局（简称市煤炭局）。11月，撤销政工股、劳资股、技术股、直属企业管理股、乡镇煤矿管理股、煤矿物资供应股、煤炭购销股；增设人事教育股、法制法规股；撤销安全监察股，建立煤矿安全监察大队。1999年12月，增设煤炭准销证管理办公室。2003年，调整职能，内设办公室、生产技术股、法制股、财务股、煤炭准运管理股、人事教育股、监察室，定编32人。2007年，内设机构和人员编制未变。

二　二级机构

市煤炭开发中心　1987年，市煤炭公司定编12人。1988年11月，市煤矿物资供应公司并入，改称市煤炭工业公司。1991年5月，恢复市煤矿物资供应公司，市煤炭工业公司对内称煤炭购销股，对外称市煤炭公司。1998年1月，更名市煤炭开发中心，开展生产经营活动使用涟源市煤炭总公司名称，下设3个分支机构：市煤矿物资供应公司、市煤炭综合贸易公司、市煤矿经营公司，共定编60人。2007年，机构编制未变。

市煤矿物资供应公司　1986年11月成立，定编10人，1988年11月，并入市煤炭开发中心。1991年5月，复设。1998年，并入市煤炭开发中心。

市煤炭综合贸易公司　1993年6月成立，人员25人。1998年，并入市煤炭开发中心。

市煤矿安全技术培训中心　1993年6月成立，定编26人。2003年12月撤销。2005年11月再次建立。2007年，机构编制未变。

市煤矿安全监察大队　1997年1月成立，定编38人。辖矿山救护队（1987年1月组建，定编12人）。2007年，机构编制未变。

市煤炭安全监察站　1994年4月，全市建立12个煤炭管理所。1995年，撤所建站，设立伏口镇、湄江镇、古塘乡、七星街镇、安平镇、龙塘乡、六亩塘镇、三甲乡、石马山镇、枫坪镇、金石镇、斗笠山镇12个煤炭安全监察站，由乡镇管理。市煤炭局派驻安监员，负责业务指导。2003年12月，12个乡镇煤炭安全监察站被确定为市煤炭局二级机构，定编60人。2007年，机构编制未变。

市煤炭综合执法大队　2003年成立，定编6人。2007年，机构编制未变。

三　直管企业

市沙坪煤矿　始建于1971年，地处大桥公社和平大队（今湄江镇和平村），地方国营企业，低瓦斯矿井，固定资产344万元，职工543人。年生产能力9万吨，生产工业用无烟煤。2003年，企业破产改制，财产预评估值总价 908 万元。其中，土地评估价 88.2 万元，房产评估价 80.2 万元，机械设备、井筒等评估价 385 万元，无形资产评估价 354.6 万元。拍卖底价 868 万元，出让价格 888 万元，组建民营股份公司。是年，职工买断工龄，一次性安置补偿解除劳动合同 377 人，退休人员 246 人移交市社保局。

市七一煤矿　始建于 1971 年，地处明镜公社石坝大队(今斗笠山镇石坝村)，地方国营企业，大水矿井，生产工业用优质烟煤和洗精煤。1984 年，设计生产能力 9 万吨，实际年生产能力 5 万吨。2004 年 2 月 6 日，全部产权转让给市腾飞煤业有限责任公司，出让价格 2480 万元。职工买断工龄，一次性安置补偿解除劳动合同 352 人，办理退休移交市社保局 139 人。

市新坪煤矿　始建于 1958 年，地处四古乡苏家村(今湄江镇苏家村)，地方国营企业，高瓦斯矿井，设计年生产能力 3 万吨，实际年产量 2 万吨左右，职工 136 人。2003 年 8 月，煤矿资产评估价 586.88 万元。其中，土地评估价 217.78 万元，房屋建筑评估价 41.30 万元，井巷工程及构筑物评估价 264.87 万元，机械设备评估价 62.14 万元，低值易耗品 7906 元。整体拍卖底价 628 万元。是年，煤矿实行"两个置换"，由上市公司广东梅雁集团 1328 万元中标购买。一次性安置补偿职工 79 人，退休职工 51 人、待退人员 6 人移交市社保局。

市矿山机械厂　始建于 1958 年，地方国营企业，地处桥头河镇。主要生产矿用局扇、提升绞车及矿车等矿山设备。2003 年，矿机厂资产评估价 328.71 万元。其中，地产评估 171.18 万元，房产评估 127.73 万元，机械设备评估 29.80 万元。整体拍卖底价 308 万元，出让价格 326 万元，组建娄底三星矿机公司。一次性安置补偿职工 142 人，距法定退休年龄 5 年以内、工龄 30 年以上人员 16 人和离退休人员 52 人移交市社保局。

市栗山桥煤矿　始建于 1967 年 3 月，地处大桥公社四房大队(今湄江镇四房村)杨梅子冲，地方国营企业，低瓦斯矿井，设计年生产能力 3 万吨，实际年产量 2 万吨左右，生产工业用无烟煤。1994 年 11 月，涓水河西沙坝地段河床被私采非法小煤窑炸塌穿孔，全矿淹没被迫停产。1995 年 7 月复产。1997 年 5 月 7 日再次淹井停产，职工 313 人。2007 年 6 月，完成"两个置换"，资产拍卖得 114 万元，一次性安置补偿解除劳动合同 125 人，定额供养的 22 人和离退休人员 163 人移交市社保局。

第二节　煤炭开发基金征收管理

1988 年 4 月，市煤炭公司建立煤炭开发基金办公室，按每吨原煤 7 元的标准对用户价外征收开发基金，作为煤炭工业发展扶持资金。境内边境地段建立有财溪、芙蓉、伏口、仙洞、增加、斗笠山、金石 7 个煤炭开发基金征收站。1989 年 5 月 1 日开始征收，成为全省第一个征收煤炭开发基金的县市。

图 15-4　市煤炭税费统一征收电子信息监测中心

1990 年 5 月，市煤炭开发基金办公室更名市煤炭开发基金征稽办公室。煤炭开发基金征收工作收归市煤炭局管理，征收站增加到 23 个，有财溪乡财溪站、建龙站，岛石乡猫山站、岛石站，安平镇唐家、安平站，古塘乡丁家站、申家站，龙塘乡珠梅站，大桥乡安坝站、和平站，柏树乡柏树站，漆树乡龙安站、半山里站，仙洞乡仙洞站，湘波镇柏杨站，渡头塘乡渡头塘站、增加站，斗笠山镇祖师殿站，水洞底镇水洞底站，金石乡金石站、太平寺站，灌涓乡灌涓站。市属、乡(镇)、村、个体及股份制煤矿销往外地(市)的煤炭一律向用户价外征收煤炭开发基金。征收站(稽查站)做到分矿使用专项基金收据,票据数额按月分矿汇总报市征收办;市征收办将市属各煤矿开发基金按月上缴省、地、市煤炭主管部门。1994年,市政府《关于加强煤炭开发基金管理的通知》进一步规范开发基金使用原则和开发基金资金管理。收取的煤炭开发基金除省、地集中部分和征收费用外,原则上根据资金来源合理安排使用,从市属煤矿集中的用于市属煤矿,从乡镇煤矿集中的用于乡镇煤矿。煤炭开发基金用于煤炭工业开发性工程,即煤炭资源的地质勘探、新井建设及老井改建、扩建、安全补欠、矿区供电、集运设施、新技术开发等建设项目和煤矿发展第三产业项目的贷款。全市集中的煤炭开发基金由市计委、经委、财政局、煤炭局共同管理。开发基金在市建设银行开设财政代管专户,专款专用,不得截留或挪作他用。1998年,征收煤炭开发基金1197.8万元。1999年6月1日,煤炭开发基金征收工作由市煤炭局移交新成立的市煤炭税费统一征收管理办公室(简称市统征办)。全市实施煤炭税费统征,建立煤炭准销证制度,规范煤炭经营秩序。办公室组成单位有市煤炭、财政、国土、矿管、工商、国税、地税、林业、环保、水务等部门,负责全市煤炭税费的征收、管理、结算、分配、稽查、综合、协调工作。全市设验票站29个,分煤种、按车型、定吨位,征收煤炭税费。年底,全市征收煤炭税费2600多万元,是统征前最高年份的2倍。2003年8月,市统征办将"按车型定吨位征收"改为"过磅据实征收","分煤种划价区,吨位据实,统一标准征收,电子磅计量按月结算"征收办法运作4个多月,统征税费4160余万元,占全年煤炭税费的62.5%。是年,全市统征煤炭税费6650万元,比2002年增收2400多万元,增幅56.5%。2004年,统征煤炭税费8000多万元,加上窗口补征,达1.2亿元,比2003年增加3000多万元。是年,煤炭价格一路攀升,原来确定的税费计征价格远远低于煤炭市场实际销售价格,一些验票站、点电子磅建设尚未完全到位,工作人员素质参差不齐,违规放煤现象难以从根本上杜绝,煤炭税费流失较大。2005年4月,调整煤炭税费标准、征收项目和分配比例,改革统征操作方式,实行电子结算到矿、电子监控到站,煤炭企业增值税退出统征。2006年,煤炭企业增值税重新纳入统征,统征办法趋于完善。是年,完成煤炭税费统征8664万元,加上国税局、地税局补征税收,全年征收煤炭税费1.6亿元。2007年,完成煤炭税费统征1.23亿元,加上国税、地税两局补征的税收,全年征收煤炭税费达2亿元。1999—2007年,全市共征收煤炭税费近12亿元。

图15-5 珠梅验票站在验票

第三节 小煤窑清理整顿

20世纪80年代,境内乡(镇)办煤矿、村办煤矿、股份制煤矿、个体小煤窑发展迅速,有的矿与矿之间的距离只有几十米。1989年,全市批准矿162个,私采矿最多时达1218个,产原煤434.85万吨。非法小煤窑滥采滥挖,煤炭资源严重破坏,煤矿安全事故不断,煤矿之间资源纠纷频繁。是年10月,成立市小煤矿清理整顿领导小组,开始对全市小煤矿进行清理整顿。12月,市政府抽调60人组成3个工作组协助区乡清理整顿工作。芙蓉乡一次炸毁乱采滥挖非法小煤窑40多处,全市1218处无证开采小煤窑压缩到700多处。

1991年,国务院《关于清理整顿个体采煤的通知》下达,治理清整非法小煤窑力度加大。煤炭、矿管、工商、公安等部门配合乡镇采取烧棚子、抬机子、封口子(窑口子)、断电源等措施强行关闭非法私采小煤窑567个。1992年,取缔非法小煤窑57处。1993年,开始实行凭证开采,批准开采煤矿222个。其中,市属国营矿4个,乡镇矿65个,村级集资矿153个。1994年,市政府转发《湖南省乡镇煤矿管理条例》和《煤炭生产许可证管理办法》等法规,清理关闭无证开采非法小煤矿200多处。1995年8月,成立市矿业秩序执法稽查队。1999年4月,省政府督查组来涟源现场检查涟源关井压产工作并听取汇报。是年至2000年,境内关闭非法矿井182个,压产140万吨。实行全市煤炭税费统征,推行煤炭准销证制度,对非法生产的煤炭加收费款,控制无证非法生产。2001年9月18日,全市召开煤矿安全治理整顿工作会议,会议决定治理整顿工作由党政"一把手"和分管副职负责。是年,关闭非法小煤窑331处。2002年7月1日,市委、市政府《关于进一步明确煤矿安全治理整顿责任的补充规定》对乡镇党委、政府和相关部门职责及责任追究作出硬性规定。8月9日,发出《关于进一步加强煤炭安全工作的意见》,落实安全生产责任制,加大安全投入力度和安全技术培训力度,健全煤矿安全工作的激励和约束机制。2003年5月12日,市委、市政府《关于印发〈涟源市煤矿安全生产专项整治〉方案的通知》,要求全市非法煤矿关闭到位,合法煤矿整改达标,依法依纪将安全事故责任人查处到位,遏制重大事故,杜绝特大事故发生。8月,娄底市组织50余人的煤矿安全环境整治工作队进驻涟源市帮助整治煤矿安全生产秩序。历时3个月,检查矿井235处,查出隐患5100多处,审核上报遗留问题矿井68对,关闭非法矿井87处,依法打击涉煤违法犯罪人员34名,全市煤炭安全环境和生产秩序得到明显改观。

2004年3月5日,市委办、市政府办印发《涟源市严防非法煤矿反弹奖惩考核实施办法》,明确责任、加强监管、严防反弹,要求各级各部门和各单位依照《中华人民共和国安全生产法》等法律法规和市委、市政府的有关政策规定,建立、完善和落实煤矿安全生产责任制,加强对非法煤矿的督查和取缔工作,打击非法煤矿矿主,查处相关监管人员和单位负责人失职渎职行为,杜绝非法煤矿。规定实行乡镇领导异地交叉督查方法、考核计分办法和奖惩办法等。8月11日,市委、市政府《关于切实加强涉煤领域党政机关工作人员廉洁自律的规定》,严禁党政机关工作人员到煤矿入股、收受煤矿所有者兴办者经营者及其委托人的利益、接受煤矿企业除兴办社会公益性事业外的赞助捐赠、到煤矿企业报销任何费用;从严查处涉煤职能部门工作人员与煤矿业主打牌赌博、玩忽职守、失职渎职、作风漂浮、不负责任行为等;彻查合法矿的"寄生虫",关闭挂靠在保留煤矿名单上的所有非法井口;加强专业队伍建设,加大安全投入,按标准配备先进高效安全设备;对安全生产开展综合治理,打击涉煤邪恶势力和深挖严查"保护伞"。是年,342家非法煤矿关闭到位;煤炭安全生产事故31起,死亡74人,分别比上年下降13.8%和12.9%,煤炭生产迈入良性发展轨道。2005年3月23日,召开全市安全生产暨煤炭工作会议,加大安全投入,建立培训基地,加强矿长、矿工和技术人员的安全知识培训;全面开展安全质量标准化活动;健全和完善安全生产目标责任考核体系,全面推行安全生产风险抵押金制度,强化企业安全生产主体责任;形成产煤乡镇、管理区或矿区对非法矿井监管网络。投入5000多万元,新建全省第一家设备先进、功能齐全的煤矿安全技术培训中心和瓦斯监控指挥中心。上下联动,部门配合,疏堵结合,深化安全生产专项整治,安全生产状况大为好转。10月10日,市委办、市政府办转发《中共湖南省委办公厅关于严禁党政机关、事业单位工作人员及国有企业负责人投资入股、参与小煤矿生产经营活动的通知》,清理纠正党政机关、事业单位工作人员和国有企业负责人投资入股煤矿。依法依规严肃查处党政机关、事业单位工作人员和国有企业负责人投资入股,参与小煤矿生产经营及充当保护伞的行为。建立防止党政机关,事业单位工作人员和国有企业负责人投资入股,参与小煤矿生产经营及充当保护伞的长效机制,强化社会监督。是年,全市关闭不具备安全生产条件矿井80家,批准保留煤矿205对。发生事故22起,死亡35人,比上年分别下降29%和52.7%,无特大事故,为历史最好安全生产时期。2006年,对年产3万吨以下及煤与瓦斯突出矿井进行整合关闭,整合关闭煤矿109对,实现煤炭产业从无序向有序转变,安全与效益同步提升的局面。2007年7月30日，召开全市煤矿整顿关闭工作会议，部署关闭矿井51对，矿井总量控制在94对以内。年内，强化安全生产许可证发放工作，对50家不符合政策的煤矿，吊销其许可证。对发生一起重大安全生产事故的安平镇给予“一票否决”。全市保留批准矿井96对，年生产能力都在3万吨以上，煤矿安全，经济效益，合理利用开发资源取得明显成效。

第四节　安全管理

一　机构设置

1986年，涟源县成立安全生产领导小组，县煤炭局内设安全监察股，四古、荷叶、杨家滩、桥头河、伏口、山塘6个区建立安监站，区委副书记或副区长兼任负责人。县煤炭局委派6名安监员，对乡（镇）村办煤矿行使安全检查、安全指导及安全监管权。各煤矿有1名副矿长专抓安全，配备2~3名安全检查员，煤与瓦斯突出矿井另配3~4名瓦斯检查员。县煤炭局一名副局长分管安全，局主任工程师负责审查设计、图纸、作业规程和安全技术措施。成立矿山救护队，配备矿山抢险救护车等抢险救护设备，专门从事矿山事故抢险救护工作。1993年6月，成立市煤矿安全技术培训中心。1997年，市煤炭工业管理局撤销安监股，设立煤矿安全监察大队，全市建立12个安全监察站。2002年，市煤炭局与市中医院联合组建煤炭救护医疗中心。2003年，收编乡镇安监员，每个安监员具体落实2~3个煤矿安全监管工作。是年12月，撤销市煤矿安全技术培训中心。2005年11月，再次建立，负责全市煤矿安全技术培训与安全联网监控工作。

图15-6　市煤矿安全技术培训中心

二　安全监管

1987年，建立煤矿安全生产及安全监管规章制度，督促检查煤矿完善“一通三防”（通风，防瓦斯、防火、防尘）及防治水等防灾系统，大力推行和督促煤矿对瓦斯的“四位一体”（瓦斯预测预报、防突措施、安全防护、防突措施效果检验）的综合治理和顶板管理及支护改革。是年，建立煤矿救灾抢险机制，成立市矿山救护队，配备矿山救护车及矿山救护设备。矿山救护队24小时值班，随喊随到。强化对煤矿的安全基础管理。煤矿有符合实际生产情况的五大图纸：采掘工程平面图、井上井下对照图、矿井通风系统图、高瓦斯和瓦斯突出矿井还必须有瓦斯监控及瓦斯抽放系统图以及避灾路线图。建立台账、牌板等。煤矿施工井下工程和从事井下采煤先由聘请的工程技术人员编制专门的作业规程和安全技术措施，报市煤炭局审查批准作业。1994年，建立健全相关职能部门的安全责任机制。各乡（镇）村及股份制煤矿向所辖乡镇安监站，各驻乡镇安监站向市煤炭局安全监察股，市煤炭局安全监察股向市煤炭局，市煤炭局向市政府按级递交年度安全责任状，并交纳一定的安全风险抵押金。建立健全煤矿企业考核机制。每季度对辖区内煤矿量化评分，对不具备安全生产条件的矿井给予3~6个月的限期停产整改，整改仍不合格的一律依法关闭。因安全隐患长期整改不到位、达不到安全生产条件、发生特大事故的矿井，一律依法关闭，对其责任人依法追究经济、法律责任。对发生重大事故的矿井，一律停产整顿3~6个月；整改后仍不具备安全生产条件的依法予以关闭，并对其责任人依法追究经济、法律责任。发生一般事故的矿井一律停产整顿1~2个月,待其整改达到安全生产条件后方可恢复生产,对其责任人依法追究经济、法律责任。凡发生人员死亡事故的矿井,全矿所有人员集中培训7天。其中,矿长及安全、生产副矿长到娄底地区煤矿安全培训中心培训,有关管理人员和从事特殊工种的人员到市煤矿安全技术培训中心接受培训。建立健全煤矿安全生产事故隐患排查与治理机制,层层把关、责任到人。煤矿发生事故,采取"三不放过"的原则严肃处理,即:事故发生的原因没有查明决不放过,事故发生的责任没有落实到人决不放过,对于以后事故的防范措施不到位的决不放过。

2000年,市煤炭局编印《煤矿安全知识手册》750本发放全市煤矿和乡镇安监站。2001年,给沙坪、七一、新坪3个市属矿和安平、四古等51个高瓦斯乡镇煤矿配发瓦斯检测仪60台。2002年,按照煤矿安全基本条件规定,境内坚持贯彻依法办矿、依法管理的宗旨,煤矿全面实行停产整改。是年4月、8月,市委、市政府两次下发《关于进一步加强煤矿安全工作的意见》,要求进一步落实安全生产责任制,加大安全投入、安全技术培训力度,健全煤矿安全工作激励、约束机制。2003年5月,市委、市政府下发《涟源市煤矿安全专项整治实施方案》,对关闭非法矿、安全整改、事故复查、工作职责、责任追究、组织领导作出明确规定。

2005年,建立健全煤矿企业安全生产事故抢险救灾专项基金制度。按煤矿生产能力每矿交5万~15万元。专项基金存入指定银行,专门用于煤矿的抢险救灾工作,煤矿停办,基金还本付息。建立健全煤矿安全生产投入保障机制。为防止短期行为、高瓦斯和煤与瓦斯突出,从生产成本中提取安全生产费用,自燃发火和涌水量大的大水矿井按10元/吨提取,低瓦斯和其他矿井一律按6元/吨提取。专户储存,专项用于煤矿的九大系统维护和改造。2005年,市煤矿安全技术培训中心和煤矿安全监控指挥中心负责全市煤矿的安全技术培训与安全联网监控工作,培训煤矿安全生产管理人员和在煤矿从事特殊工种的作业人员(放炮员、瓦斯检查员、安监员、绞车工等),特殊工种必须持证上岗。2006—2007年,培训煤矿安全生产管理人员与特种作业人员4200多人,培训煤矿井下矿工6500多人。

三 重大和特大事故

1988—2007年,全市市属国有煤矿和经批准的乡(镇)村及股份制煤矿发生安全事故413次,死亡880人。其中,死亡3人以上的重大事故65次,死亡288人;死亡10人以上的特大事故13次,死亡186人。在重大、特大事故中,煤与瓦斯突出事故和瓦斯爆炸事故64次,占重大、特大事故总数82.05%;煤与瓦斯突出事故和瓦斯爆炸事故死亡810人,占事故死亡总人数的92.05%。

图15-7 安平镇观音一矿

图15-8 2006年12月3日,遇难矿工家属和群众在出事的安平镇观音一矿等待消息

1988—2007年涟源市批准煤矿重大、特大事故情况一览表

表15-3

事故时间		煤矿名称	死亡人数	事故原因
1988年	1月25日	大桥乡半里冲煤矿	3人	煤与瓦斯突出
	7月5日	四古乡红联煤矿	5人	瓦斯爆炸
	7月11日	岛石乡向荣煤矿	3人	瓦斯爆炸
	12月2日	市七一煤矿	3人	水闸门垮塌
1989年	4月22日	甘溪乡泉塘煤矿	3人	窒息
	11月6日	大桥乡半里冲煤矿	3人	煤与瓦斯突出
1990年	8月13日	大桥乡半里冲煤矿	3人	窒息
1991年	6月20日	毛坪乡永兴煤矿	3人	瓦斯爆炸
	7月3日	安平镇梅塘煤矿	4人	煤与瓦斯突出
	11月17日	安平镇梅塘煤矿	3人	煤与瓦斯突出
1992年	1月12日	安平镇梨子湾煤矿	17人	煤与瓦斯突出
	7月3日	安平镇新岩煤矿	3人	瓦斯爆炸
1993年	8月22日	毛坪乡卢溪煤矿	6人	煤与瓦斯突出
	9月23日	岛石乡浆江三矿	4人	煤与瓦斯突出
	10月6日	岛石乡新岩煤矿	3人	煤与瓦斯突出
	10月9日	安平镇新万煤矿	7人	煤与瓦斯突出
	10月18日	四古乡永福煤矿	5人	煤与瓦斯突出
	12月25日	枫坪乡群力煤矿	4人	煤与瓦斯突出
1994年	4月6日	石陶乡长益煤矿	4人	瓦斯爆炸
	6月18日	湄江镇长利煤矿	3人	煤与瓦斯突出
1995年	1月29日	斗笠山镇丰瑞煤矿	3人	冒顶
1996年	6月3日	湄江镇塞海二矿	6人	瓦斯爆炸
	6月15日	市新坪煤矿	5人	煤与瓦斯突出
	6月30日	伏口镇良响煤矿	3人	窒息
	8月9日	安平镇向阳煤矿	4人	煤与瓦斯突出

续表 15-3

事故时间		煤矿名称	死亡人数	事故原因
1996年	8月15日	湄江镇塞海二矿	12人	煤与瓦斯突出
	8月21日	安平镇厂山湾煤矿	7人	瓦斯爆炸
	9月26日	六亩塘镇洪水岭煤矿	8人	煤与瓦斯突出
	11月14日	伏口镇杨家冲煤矿	22人	煤与瓦斯突出
	11月22日	安平镇留石煤矿	4人	煤与瓦斯突出
1997年	7月7日	伏口镇大茂煤矿	3人	窒息
	9月9日	安平镇力达煤矿	6人	煤与瓦斯突出
	11月22日	安平镇浆江二矿	3人	煤与瓦斯突出
1998年	7月17日	安平镇浆江三矿	7人	煤与瓦斯突出
	8月11日	六亩塘镇芙蓉煤矿	3人	瓦斯爆炸
	9月29日	安平镇新万煤矿	15人	煤与瓦斯突出
	11月5日	石马山镇大垅煤矿	5人	瓦斯爆炸
1999年	5月8日	安平镇新万煤矿	7人	煤与瓦斯突出
	7月10日	伏口镇金益煤矿	10人	煤与瓦斯突出
	9月24日	石马山镇青烟煤矿	5人	瓦斯爆炸
2000年	4月21日	伏口镇挂子岩煤矿	5人	瓦斯窒息
	6月4日	安平镇浆江二矿	4人	瓦斯爆炸
	6月9日	湄江镇长利煤矿	4人	煤与瓦斯突出
	12月27日	市七一煤矿	4人	瓦斯爆炸
2001年	4月9日	安平镇四古煤矿	4人	煤与瓦斯突出
	4月15日	湄江镇塞海煤矿	8人	煤与瓦斯突出
	4月26日	安平镇永福煤矿	6人	煤与瓦斯突出
	8月27日	六亩塘镇卢溪煤矿	4人	煤与瓦斯突出
	9月5日	安平镇联谊煤矿	3人	瓦斯爆炸
	9月16日	杨市镇五一煤矿	9人	瓦斯爆炸
	9月29日	斗笠山镇铁路塘煤矿	3人	冒顶
	10月18日	古塘乡王家煤矿	6人	瓦斯爆炸

续表 15-3

事故时间		煤矿名称	死亡人数	事故原因
2002 年	4 月 11 日	枫坪镇青树煤矿	4 人	煤与瓦斯突出
	5 月 4 日	湄江镇塞海二矿	15 人	煤与瓦斯突出
	5 月 16 日	安平镇银广石煤矿	6 人	煤与瓦斯突出
	5 月 26 日	枫坪镇青树煤矿	15 人	瓦斯爆炸
	7 月 2 日	斗笠山镇胜源二矿	13 人	冒顶
	7 月 29 日	安平镇浆江三矿	3 人	煤与瓦斯突出
2003 年	3 月 29 日	湄江镇塞海煤矿	5 人	煤与瓦斯突出
	4 月 16 日	市七一煤矿	17 人	穿水
	10 月 6 日	安平镇联营煤矿	10 人	煤与瓦斯突出
2004 年	1 月 26 日	斗笠山镇海形山煤矿	4 人	窒息
	3 月 29 日	市斗笠山煤业有限责任公司香花台矿井	12 人	瓦斯爆炸
	4 月 15 日	湄江镇新坪煤业公司	4 人	煤与瓦斯突出
	5 月 31 日	安平镇留石三矿	3 人	煤与瓦斯突出
	7 月 26 日	安平镇银广石煤矿	16 人	煤与瓦斯突出
	8 月 20 日	石马山镇龙腾煤矿	3 人	冒顶
	9 月 14 日	湄江镇长利煤矿	3 人	煤与瓦斯突出
	10 月 4 日	安平镇向阳煤矿	3 人	窒息
2005 年	1 月 9 日	安平镇罗克煤矿	7 人	煤与瓦斯突出
	7 月 26 日	龙塘乡新光煤矿	3 人	冒顶
	12 月 7 日	湄江镇新坪煤矿	3 人	煤与瓦斯突出
2006 年	3 月 15 日	斗笠山镇祖保煤矿	3 人	冒顶
	8 月 31 日	安平镇联谊煤矿	9人	瓦斯爆炸
	9 月 8 日	安平镇联谊煤矿	5 人	煤与瓦斯突出
	10 月 14 日	三甲乡长江煤矿	3 人	窒息
	12 月 3 日	安平镇观音一矿	12人	煤与瓦斯突出
2007 年	5 月 30 日	安平镇新万三矿	6 人	煤与瓦斯突出

第十六篇　乡镇企业(民营经济)

1987年,涟源市有乡镇企业19264家,包括乡办企业、村办企业、联户企业、个体企业,从业人员120222人,总产值4.95亿元。其中,乡办企业占39.56%,村办企业占22.15%,联户企业占23.21%,个体企业(一般称个体户)占15.09%。

20世纪80年代末90年代初,农村富余劳动力在乡或进城从事工业、商业、餐饮服务业、交通运输业和建筑业等,摆摊设点的个体商贩,以家庭为单位的食品、粮油加工厂,家具、小农具、服装、皮鞋等家庭作坊逐渐增加。1990年,市委、市政府对乡镇企业的重视和支持力度加大,主要领导带领部门领导深入企业现场办公,为乡镇企业营造发展氛围,解决启动资金和生产急需原(燃)料,109名区(街道)、乡镇领导挂厂促产。1992年5月3日,市委、市政府作出《关于进一步加速我市乡镇企业发展的若干规定》,要求克服求稳怕乱、怕担风险、怕犯错误的思想,发扬敢闯、敢试、敢冒的精神,确保乡镇企业有较快的发展速度,开创乡镇企业新局面。是年,涟源市被评为全省乡镇企业十强县市和全省乡镇企业产值超10亿元县市。全市乡镇企业24348家,从业人员134813人,总产值11.72亿元。其中,乡办企业占35.68%,村办企业占17.52%,联户企业占7.2%,个体企业39.6%。

1993年8月18日,市委、市政府作出《关于鼓励发展个体私营经济的决定》,指出个体私营经济是社会主义公有制经济有益的、必需的补充,提出14条措施鼓励个体私营经济发展。11月19日,市委、市政府提出《关于贯彻落实省委、省政府〈关于加快发展个体私营经济的决定〉的实施意见》。同日,召开全市个体私营经济工作会议,放手发展城乡个体私营经济。个体私营经济和股份合作经济加快发展,全市乡镇企业发展继续升温,马家境、桥头河等8个乡镇(街道)发出年产值过1亿元倡议书。茅塘乡出台对个体私营和股份合作企业实行"先发展、后规范,先上车、后补票"的优惠措施,谢少松等外出经商办厂的企业主纷纷带资、带技术、带项目回乡筹办企业11家。

1994年,市委、市政府出台《关于进一步加快发展乡镇企业的若干规定》,年内,17个乡镇的乡(镇)长、企业办主任,12个乡镇企业的厂(矿)长共61人参加湖南乡镇企业与科研院所、大中型企业挂钩暨科技洽谈会,与中南工大、江南机器厂等6个单位签订挂联协议书,引进项目21个。是年,乡镇企业主要产品水泥、煤炭价格看好,产品畅销。因行政干预,部分乡办、村办企业资金被擅自划走、无偿平调、随意摊派,瓜分企业财产现象时有发生。是年,全市乡镇企业29511个,从业人员161608人,总产值30.37亿元。其中,乡办企业占30.48%,村办企业占16.38%,联户企业占7.00%,个体企业占46.14%。

1995年,召开全市能人经济大会,鼓励发展能人经济,加大招商引资力度,动员经济能人回乡创业。10月31日,茅塘乡石门村肖自江、肖安江兄弟回乡创办市宏宇搪铝工业有限公司,总投资1240万元,设计年产搪瓷、铝制品610万件,年产值4000多万元。1997年,市委、市政府召开全市个体私营经济表彰大会,对纳税100万元以上的三一集团材料工业有限公司奖励桑塔纳轿车1台,对纳税10万元以上的斗笠山洗煤厂、华兴实业有限公司等4家企业各奖嘉陵摩托车1台,对纳税3万元以上的纳税大户严绍华、曾献兰等6人各奖手机1部。1998年,全市乡办集体企业实行买断产权、股份制合作、租赁经营等产权制度改革,年底,全市182家乡办集体工业企业有172家实施改制。其中,租赁122家,拍卖30家,实行股份制改革18家,风险抵押承包2家。村办集体企业采取租赁承包、拍卖等形式进行改制。是年,乡镇企业统计口径发生变化,分为集体企业、私有企业和个体企业,原来的乡办企业、村办企业统称为集体企业,联户企业划归个体企业统计。是年,全市乡镇企业33193家,从业人员156871人,完成总产值99.14亿元。其中,集体企业占14.17%,私有企业占45.57%,个体企业占40.26%。1999年11月,市宏宇搪铝工业有限公司董事长肖自江被劳动部授予"全国创业之星"称号。

2000年7月29日,市委、市政府召开民营经济大会,提出今后原则上不再新办乡镇集体企业,原有乡镇集体企业逐步转换成民营企业。11月8日,作出《关于进一步加快发展乡镇企业和民营经济的决定》。是年,三一集团材料工业有限公司产值过亿元,湖南五江轻化集团有限公司、市斗笠山煤业有限责任公司、市泰康经贸有限公司3家企业产值过1000万元。2003年8月28日,市委、市政府再次作出《关于进一步加快民营经济发展的决定》,加大乡镇企业向民营经济转变力度。2007年,乡镇集体工业企业市第二铸管厂、桥头河建筑安装工程公司、天喜山水泥厂、四古煤矿、祖保煤矿为集体所有,个人承包经营。是年,全市乡镇企业(含个体工商户)14620家,从业人员180250人,完成总产值128.51亿元。其中,集体企业占1.13%,个体企业占60.44%,私有企业占38.43%。

第一章　行业结构

第一节　农业企业

1987年,涟源市乡镇农业企业主要有茶场、园艺场、林场、养殖场等,以"大包干"或"定人员、定产量、定支出、定上缴"的方式经营。是年,全市有乡镇农业企业1325家,从业人员11159人,年产值2730万元,占乡镇企业总产值5.52%。20世纪80年代末,因实行家庭联产承包责任制,部分茶场、养殖场、园艺场解散承包到户。1991年,全市乡镇农业企业1199家(含联户、个体企业),从业人员10113人,年产值3290万元,占乡镇企业总产值3.96%。90年代末,农业企业受集体所有制约束、管理制度不健全、效益不明显。许多集体养殖企业效益远比农户差,不少企业自行解体;一些包盈不包亏、富了和尚亏了庙的企业实行租赁或买断产权;有的企业分散到户,由个体承包经营;部分效益差、管理难度大的企业任其闲置,放弃管理。2002年,全市乡镇农业企业515家,从业人员4290人,年产值21198万元,占乡镇企业总产值2.83%。2003年,市委、市政府出台文件,推动农业产业化发展,重视发展乡镇农业企业。龙塘乡农民李黄祥投资80万元创办全市第一家农业科技示范园,种植吴茱萸33.33公顷。市畜牧局职工刘俊、枫坪镇农民黄建新等5人筹资300多万元,注册市天鹏畜业有限公司,建立专业化大型养猪场,年存栏母猪30头,年出栏生猪5000头。是年,全市有专业化养猪企业225家。2005年,调整农业产业结构,引导农业企业向规模化发展,扶植湖南五江集团天华牧业有限公司、斗笠山花蕊粉丝厂、湖南省回春堂药业有限公司等规模企业。以德仁农林生物科技有限公司金银花种植合作社、九云农牧有限公司等为首的龙头企业带领农民种植金银花、玉竹参等中药材和葡萄、杨梅等经果林。2007年,市委、市政府制定《关于加快发展农业产业化的意见》,财政预算列入农业产业化专项资金200万元,为乡镇农业企业发展提供保障。龙塘乡宽家村成立养鸡和养猪专业合作社,发展养鸡大户28户、养猪大户26户。石马山镇朱泉村发展肉牛养殖户31户,邱志坚等5名大学毕业生创立鸿大牧业有限公司,存栏母猪600头，出栏生猪2万头，创产值1200万元，利润185万元。是年，全市乡镇农业企业546家，从业人员5106人，年产值75720万元，占全市乡镇企业总产值5.89%，其中种植企业占1.94%，养殖企业占3.95%。

第二节　工业企业

1987年，涟源市有乡镇工业企业809家（不含联户、个体企业），主要从事采矿和制造，从业人员33428人，年产值17525万元，占全市乡镇企业总产值35.42%。其中，采矿企业占26.23%，制造企业占3.07%。

1991年，全市乡镇工业企业6190家（含联户、个体企业），从业人员62229人，完成工业总产值45959万元，占全市乡镇企业总产值55.39%。1992年，考核26种主要工业产品产量，有19种比上年增长，产水泥33.9万吨，增长58.5%；产原煤320.4万吨，增长20.9%；产铸管2.1万吨，比上年增长123.8%。

1994年，市乡镇企业局直接调度的市第二铸管厂、甘溪焦化厂、安平铁厂、第四水泥厂等14家骨干工业企业，完成工业产值20410万元，占全市乡镇工业企业总产值6.72%。是年，湖南省金环电解锰厂竣工投产，年产电解锰830吨，年产值800多万元。1993—1996年，茅塘乡石门村外出经商办厂人员带资、带项目回乡创办企业，生产搪瓷、保温瓶等，成为全国搪瓷、铝制品、塑料制品著名生产基地。

1997年初，因受市场竞争机制影响，煤炭、建材等产品滞销，原煤积压70多万吨。至4月14日，16种主要产品产量下降，原煤下降16.1%，水泥下降14.8%。市乡镇企业局直接调度的19家骨干企业中，市甘溪焦化厂、市彩色水泥厂等11家因产品积压、资金周转困难处于半停产状态，市安平铁厂、市保温瓶厂停产歇业。其他乡办、村办工业企业有三分之一处于停产半停产状态。至2000年，市安平轧钢厂、市长岛氯化铝厂、市茅塘氧化锌厂、市立德粉厂、市环湖制革厂、市锑冶炼厂等原料无来源、产品无销路、环境污染大、成本高、效益差的企业被关停并转。18家小水泥厂、5家小冶炼厂、294家非法小煤窑被关闭。与此同时，国家对农业产业结构实行调整，一些个体私营企业主抢抓机遇，对农副产品进行深加工。2001年，全市新办农产品加工企业45家，杨市镇农民林新桃投资180万元，兴办市湘林食品有限公司，收购白马、杨市、水洞底等镇的大豆、高粱、辣椒等进行加工，生产调味品，年销售收入4000万元。金石植物化工厂投入720万元，扩建年产300吨精茶皂素、500吨液体茶皂素、400吨干粉茶皂素生产线，是年销售收入1560万元，实现利税320万元，被农业部列为国家农业开发重点项目，获扶助金400万元。2002年，全市乡镇工业企业1687家，从业人员45170人，年产值298368万元，占全市乡镇企业总产值39.87%。

2003年，易小冬等4人筹资800万元整体收购市制革厂，创建湖南创安防爆电器有限公司，生产矿用防爆电器，创湖南名牌产品，年产值近亿元。2004年，随着煤炭价格回升，蓝田、六亩塘、石马山等地矿山机械制造业勃然兴起，湖南远扬煤机制造有限公司、涟源市湘中煤矿机械厂、湖南金鑫煤矿机械制造有限公司、涟源市蓝田矿山电器有限公司等30多家企业生产的提升机、刮扳机、防爆开关、矿灯等产品畅销东南亚国家。2006年，桥头河镇农民廖鹏辉兴建市鹏盛木业有限公司，年产细木板2万立方米，成为全市规模最大的林业龙头企业。2007年，全市乡镇工业企业3442家，从业人员96320人，完成产值70.26亿元，占全市乡镇企业总产值54.67%。其中，采矿企业占30.63%，制造企业占24.04%。湖南五江轻化集团有限公司产值超过10亿元（含厂址在省外的企业产值），湖南腾达煤焦实业有限公司产值2.43亿元。

第三节 建筑企业

1987年,涟源市有乡镇建筑企业62家(不含联户、个体企业),从业人员21353人,年产值9012万元,占乡镇企业总产值18.21%。蓝田、新禾、常林3家乡镇建筑企业拥有混凝土搅拌机、拌灰机、平面振动器、切筋机、弯筋机、垂直运输机、地面运输机械、木工系列机械、电器机械等,有泥工、木工、钢筋工、混凝土预制工、架子工、电工、电焊氧焊工等技术工人,除承建农村住宅外,还承建行政机关、企事业单位的多层建筑。其他建筑企业都不成规模,主要在农村承揽工程。1991年,全市乡镇建筑企业549家(含联户、个体企业),从业人员23798人,年产值16619万元,占全市乡镇企业总产值20.03%。1995年,撤区并乡后,乡镇建筑企业整合为1482家,从业人员42201人,年产值88592万元,占乡镇企业总产值19.18%。1997年开始,境内房地产市场悄然兴起,小型建筑企业不断涌出。至2000年,全市乡镇建筑施工企业2811家,从业人员41335人。2001年,市建设委员会根据国家《建筑企业等级条例》规定的等级标准,对全市建筑企业进行资质审定。2002年,全市乡镇建筑施工企业614家,从业人员30090人,年产值127570万元,占乡镇企业总产值17.05%。其他非等级建筑企业不再统计。2007年,全市乡镇建筑企业887家,从业人员31750人,实现增加值3.34亿元。其中,总承包和专业承包建筑企业18家,年产值52155万元(其他建筑企业的产值未统计),占全市乡镇企业总产值4.06%。

第四节 交通运输企业

1987年,涟源市乡镇交通运输企业25家(不含联户、个体企业),从业人员576人,年产值155万元,占乡镇企业总产值0.31%。此后,随着公路客、货运输业务逐步放开,全市乡镇交通运输企业迅速发展。1991年,全市乡镇交通运输企业3934家(含联户、个体企业),从业人员5714人,年产值8289万元,占乡镇企业总产值9.99%。

21世纪初,个体客、货运输快速发展,企业规模逐步扩大。2002年,全市交通运输企业7419家,从业人员11811人,年产值95290万元,占乡镇企业总产值12.73%。

2007年,企业规模逐步扩大,其中,客运企业市湘中汽车运输有限公司下属7个车队,有中巴车80台,从业人员180人。是年,全市有乡镇交通运输企业4850家,从业人员15530人,年产值147280万元,占乡镇企业总产值11.46%。

第五节 商业饮食服务企业

1987年,涟源市乡镇企业中有商业饮食服务企业231家(不含联户、个体企业),从业人员2192人,年产值1111万元,占乡镇企业总产值2.25%。20世纪80年代末,商业饮食服务业逐步放开经营,夫妻店、父子店、兄弟店迅速增加。1991年,全市乡镇商业饮食服务企业5248家(含联户、个体企业),从业人员16530人,年产值8822万元,占全市乡镇企业总产值10.63%。1992年,市委、市政府进一步重视个体私营经济的发展,出台优惠政策,简化登记注册手续,商业饮食服务企业有新的发展。是年,全市商业饮食服务企业增加到5528

家，从业人员 19231 人，年产值 13825 万元，占乡镇企业总产值 11.8%。1993 年，个人筹资开办的天都宾馆开业，集饮食、住宿、娱乐为一体，生意较旺。城区饮食娱乐业加速发展。1996 年，全市乡镇企业中商业饮食服务企业发展到 5648 家，从业人数 19401 人，年产值 112166 万元，占乡镇企业总产值 16.3%，是 1992 年的 8.11 倍。2001 年，随着国有和集体企业产权制度改革的深入，市委、市政府支持乡镇个体私营企业承包租赁、购买公有制企业，通过置换产权，转变机制，一批国有和集体的大型商场被个人买断产权，取而代之的是私营或合资的大型综合超市，其经营规模不断扩大。2002 年，商业饮食服务企业 10342 家，从业人员 28130 人，年产值 177478 万元，占乡镇企业总产值 23.72%，比 1996 年增长 58.23%。2005—2007 年，湖南省新一佳商业投资有限公司涟源光明山店开业，斗笠山镇香花村投资 2000 多万元兴建占地 1 公顷的综合大市场，伏口、茅塘、白马、古塘、龙塘、安平、七星街、湄江、荷塘、水洞底、金石以及田心、常林等农村集贸市场先后建成。2007 年，全市有商业饮食服务企业 11735 家，从业人员 32544 人，年产值 302982 万元，占乡镇企业总产值 23.58%。

第二章 企业管理

第一节 机 构

1987年,涟源市乡镇企业局(简称市乡企局)内设办公室、人事股、生产股、财务股4个股室,定编13人,归口市经济委员会。下辖市矿产品公司、市建筑材料公司、市地方工业供销公司。各乡镇(街道)设乡镇企业管理办公室。1991年7月,更名市乡镇企业经济委员会,从市经济委员会划出,直属市政府领导,内设办公室、人事组、生产组、财务组、经营管理组、公司管理组6个组(室),定编15人。1992年7月21日,成立市建材工业办公室。1993—1995年,市星火工贸公司、市五星贸易公司、市海涟工贸总公司、市建湘工贸公司等4个公司相继成立,均归市乡镇企业经济委员会管理。1996年8月,市乡镇企业经济委员会复称市乡镇企业局,内设办公室、政工股、生产技术股、财务审计股、企业管理股、监察室等4股2室。定编12人,实有15人。下设金属矿生产管理办公室、市乡镇企业管理干部培训中心、市建材产品质检中心3个直属二级机构。2000年7月29日,加挂市民营经济管理局牌子。2002年9月30日,市乡企局(市民营经济管理局)并入市经济工作局,保留机构名称,独立运作,主管全市乡镇企业和民营经济,内设政工股、计划统计股、科教股、基层管理股。撤销金属矿生产管理办公室(其职能划归地质矿产、煤炭等部门)和市建材产品质检中心2个二级机构。2004年底,市乡企局7个直属公司按照"单个破产、整体安置"方案,全部实行破产安置还债。2006年9月,市乡企局承担的有关工业企业、工业经济管理职能划入市经济工作局(不再加挂民营经济管理局牌子),保留有关农业企业、产业化经营管理和乡镇企业统计职能,改组为副科级事业机构,加挂市农业产业化服务局牌子,归口市农业局管理,财务独立,内设办公室、农业产业化指导股、农村第三产业指导股,定编7人,实有12人。2007年,机构、编制未变。

第二节 生产经营管理

1987年,全市乡镇企业推行厂(场)长负责制,厂(场)长对企业全面负责,对职工实行目标管理,工资、奖金与任务的完成情况挂钩,实行固定工资加奖励、计件工资和承包取酬。在生产管理上,年初制订年度生产规划,将原(燃)材料消耗、生产工时、机械保养、产品质量等生产指标层层分解到车间和班组,然后按规划组织实施,实行定额管理。1991年开始,市乡企局对骨干企业的生产实行直接调度,一月一调度,一季一评比。1993年,乡镇集体企业开始实行内部职工承包,在保持产权不变的情况下出让经营权,只确定上缴基数,承包者自主经营,自负盈亏。1995年,市湘中水泥厂实行成本控制法管理,将148项指标量化到车间班组和岗位,吨水泥电耗由110度下降到92度、煤耗由280千克下降到192千克。1998年,市南风水泥厂采取全员风险抵押承包,从厂长到职工均按责任大小,交纳风险抵押金,风险全员共担、利益人人共享,根据任务完成好坏实行全奖全罚,完成年产值239万元,比上年增长53.5%。常林羽绒厂实行产品销售包干,供销人员的工资、差旅、运杂、应酬费等和销售额挂钩,超支不补、节约归己。农业集体企业,如林场、经果场等实行租赁经营,由经营者自主安排用工和组织生产。是年,全市实行厂长负责制的乡镇集体企业仅存8家,其余均实行租赁承包。2003 年开始，乡镇集体企业全力推行产权制度改革，将产权拍卖。至 2007 年，大部分乡镇集体企业产权置换，5 家未置换产权的集体企业实行集体所有，个人承包经营。

第三节　安全生产管理

1987 年，乡镇集体工业企业，特别是矿山企业大都成立安全生产领导小组，明确厂(矿)长为安全生产第一责任人，建立安全生产责任制。1994 年，漆树乡烟花材料厂发生爆炸事故，死亡 3 人，重伤 5 人，直接经济损失上 100 万元。是年，市乡企局下发《加强烟花爆竹安全管理的通知》，加大对烟花爆竹、煤炭等高危产业的安全管理力度，进一步健全机构，配备安全管理人员，建章立制，组织经常检查，专项整治。此后，每年春节前组织对烟花爆竹行业进行检查，及时查处不合格产品和安全隐患。1995 年，市政府下发《关于加强安全生产工作的通知》，乡镇重点厂矿都配备专职安全监察员。是年始，市乡镇企业局定期开展烟花爆竹安全生产技术培训，每年初下发安全管理文件。2000 年，市乡镇企业局发出《关于加强乡镇企业安全生产的紧急通知》，督促严格实行安全生产责任制，建立厂部、车间、班组三级安全管理网络，实行安全生产与经济责任挂钩制度。1995—2003 年，市乡镇企业局配合市公安、煤炭等部门对全市乡镇企业进行专项整治 11 次，查出安全隐患 63 处，下达整改通知书 62 份、关闭通知书 1 份。2007 年，对重点农产品加工企业进行安全检查，查出事故隐患 7 处，下达限期整改意见书 7 份，当场责令整改 2 处。

第四节　企业财务管理

1987 年，乡镇集体工业企业普遍配备专门财会人员，建立财务审批、报账、决算等制度。企业内部对财务计划、资金筹集、固定资产、流动资金、工资成本费用、收入利润、专用基金等建立统一的管理和核算制度。集体农业企业一般未设专门会计、未建收支专门台账，由乡镇企业办和村会计兼管。个体企业则大都是挂流水账，账目混乱，无专账专人管理。1992 年，市委、市政府发文明确各乡镇企业办主任、会计要保持相对稳定，不得朝任夕换，以稳定财会队伍，规范财务管理。规模较大的个体企业聘请具有专门财务知识和拥有执业资格证的财务人员，相应建立完善内务管理制度。是年始，市乡镇企业局每年集中对乡镇企业办主任、重点企业财会负责人举办 1~2 次专门培训班，对乡镇集体企业的财务收支、财经纪律、资产负债、基建投资、承包经营、厂长(经理)离任、财务决算等组织开展内部审计。至 1992 年，共审计乡镇集体企业 167 个，提出合理化建议 520 条，为乡镇企业挽回经济损失 2000 多万元。1998 年后，规模较大的个体私营企业先后改为有限责任公司，财务管理按公司制要求，管理较为规范、科学。2007 年，乡镇企业以股份制、个体私营企业为主，规模以上企业都设有财务机构，配备专职或兼职财会人员。其他企业财务不同程度存在人账不齐、管理混乱的情况。

第十七篇　农业与农村经济

1987年，涟源市耕地43195.93公顷，农业人口人平耕地500.25平方米；粮食总产量37.96万吨，人均粮食393.67千克；农业总产值31484万元，占工农业总产值33.96%。在农业总产值中，种植业产值占58.99%，畜牧业产值占31.45%，林业产值占2.96%，渔业产值占2.93%，副业占3.67%。20世纪90年代，家庭联产承包责任制进一步完善和稳定，农业产业结构调整不断优化，先进农机具、优质化肥、高效低毒农药、配混饲料和优良品种得到广泛推广应用，农业现代化水平、科技含量和劳动生产率大大提高。农民根据市场需要自主决定生产、经营项目，自由销售农产品，推动农村多种经营的全面发展。全市生猪、黑山羊、肉牛、家禽、鲜鱼、水果、蔬菜、中药材、南竹等农产品数量大幅度增加。1992年，涟源市被列入全省吨粮田（一亩田一年产一吨粮食）开发重点县（市）。全市春粮总产56867.9吨，成为湖南省第一个春粮过亿斤的县（市），之后连续7年位居全省榜首。1995年，被列入全国第四批商品粮基地建设县（市），全面铺开农业产业化建设。粮食生产稳步发展，带动畜牧业和渔业。1997年，全市农业总产值140655万元，占工农业总产值31.21%。是年，实行林业经营体制改革，林木和林地使用权合理流转。1999年7月，涟源实施世行贷款国家造林项目重点工程，被列入全国柑橘良种引进与推广项目县（市）、全省柑橘品种改良重点示范县（市），全市重点发展林牧渔业。是年，被确定为国家农业综合开发项目市和国家水稻工程优质稻高产栽培配套技术推广项目单位，开始大规模进行中低产田改造、农业基础设施建设和优质稻推广。2000年，实施肉牛养殖项目、模式化稻田养鱼项目以及国家农业生态环境建设和综合治理项目。是年，市农业综合开发获全省农业综合开发一等奖。2001年，涟源市被确定为全国秸秆养牛示范县市，开始实施秸秆养牛示范县建设项目，推广秸秆利用技术，养殖业向规模化、产业化发展。是年，涟源被列为国家退耕还林项目工程试点县、国家公益林试点县和全省重点林区县。2004年，涟源市被省政府确定为全省重点产粮县市，被列入全国粮食主产区重点县市。市委、市政府根据中共中央一号文件对农村改革和农业发展所作的部署，通过扩张总量、加速推进、优化升级、全面提高的办法，推进传统产业升级转型，农村经济结构由农业主导型向工业主导型转变，增长方式由粗放型向集约型转变，发展格局由内向型向外向型转变，集中技术、人才、资金、资源等各种要素建设高标准的科技园区，带动基地建设整体水平的提高，把农户培育成开发大户发展规模农业。是年，全市农业总产值195015万元，占工农业总产值32.62%；粮食总产量40.10万吨，比上年增长12.93%。2006年，推进新农村建设，20个乡镇（街道）各确定一个村作为首批新农村建设示范村。2007年，全市耕地41210公顷，农业人口人平耕地420.21平方米；粮食总产46.14万吨，人均粮食470.20千克；农业总产值329887万元，占工农业总产值27.41%。在农业总产值中，种植业产值占41.08%，畜牧业产值占54.61%，林业产值占1.15%，渔业产值占2.78%，农林牧渔服务业占0.38%。

1987年，市农业委员会（简称市农委）为全市农业系统领导机构，归口管理市农业局、市林业局、市畜牧水产总站、市水利水电局、市气象局、市农业机械管理局、市经营管理站。1995年，市农委更名市农村工作办公室（简称市农办），加挂市委农村工作部牌子。2001年，市农办更名市农村工作领导小组办公室（仍简称市农办），为市政府工作机构。2007年，归口管理市农业局、市林业局、市畜牧水产局、市水务局、市气象局、市农业机械管理局、市农村合作经济管理局、市供销合作社联合社、市农业综合开发办公室。

第一章 种植业

第一节 耕 地

1987年，涟源市耕地43195.93公顷，其中水田28577.53公顷、旱土14618.40公顷，农业人口人平耕地500.25平方米，是湖南省人平耕地最少的县(市)之一。受国家和乡村集体建设、村民建房、退耕还林等多种因素影响，全市耕地逐年减少。2003年为36205.27公顷，其中水田25360公顷、旱土10845.27公顷，比1987年减少16.18%。2004年，通过土地开发、整理、复垦，全市耕地面积增加；国家对粮食主产区实行减征农业税、粮食直补、良种补贴、大型农机具购置补贴，抛荒地开始复耕。是年全市耕地38420公顷，其中水田26750公顷、旱土11670公顷。2005年，土壤肥料管理站对全市70个不同类型的土种取样化验分析，水田有机质平均含量57.5克/千克，旱土有机质平均含量53.9克/千克，比1982年(是年，全市进行土壤普查)分别增加15.2克/千克、11.0克/千克；水田碱解氮平均含量214.8毫克/千克，旱土碱解氮平均含量138.6毫克/千克，比1982年分别增加73.3毫克/千克、52.6毫克/千克；水田速效磷平均含量10.8毫克/千克，旱土速效磷平均含量14.5毫克/千克，比1982年分别增加3毫克/千克、8.4毫克/千克；水田速效钾平均含量73毫克/千克，旱土速效钾平均含量101毫克/千克，比1982年分别减少21.8毫克/千克、7毫克/千克；水田pH值6.4，旱土pH值6.1，比1982年均下降0.4。2007年，全市耕地41210公顷，其中水田27880公顷、旱土13330公顷，农业人口人平耕地422.58平方米，总耕地面积、农业人口人平耕地面积比1987年分别减少4.59%、17.33%。

1987—2007年，全市耕地共计减少1985.93公顷。其中，水田减少697.53公顷，旱土减少1288.4公顷。由于大规模改造低产田，潜育化和次生潜育化稻田的理化性状态改善，全市土壤肥力整体水平提高，生产能力提升，但磷、钾含量仍然偏低，不能满足农作物再高产的需要。

第二节 粮食作物

1987年，涟源市粮食作物种植面积(含复种面积)75297.67公顷，总产粮食37.96万吨，全市人均占有粮食393.67千克。主要粮食作物有水稻、红薯、小麦、大麦、玉米、马铃薯、荞麦、燕麦、黑麦、高粱、大豆、蚕豆、豌豆、绿豆、豇豆、饭豆、粟子、穇子18种，以水稻为主，红薯次之。1988年，市农业局获全国农牧渔业丰收一等奖。1990年，涟源市被评为全国夏粮生产先进县(市)。1994年，龙塘乡被省政府确定为万亩春粮示范片。1999年，全市实现水稻亩产吨粮目标。是年开始，实施农业生态环境建设与综合治理项目。2000年，调整种植结构，扩大优质稻和优质饲料粮生产。2003年，粮食种植面积77290公顷，比1992年减少15089.87公顷。2004年，涟源市被确定为全省重点产粮县市，被列为全国粮食主产区重点县市，受“一减三补”(减征农业税，良种补贴、农机补贴、粮食直补)政策鼓励，境内粮食产量增长。2007年，全市粮食作物种植面积83470公顷，比1987年增长10.85%；粮食总产46.14万吨，比1987年增长21.55%；全市人均占有粮食470.20千克，比1987年增长19.44%。主要粮食作物以水稻为主，玉米次之。

一　水　稻

1987年，全市水稻种植面积51252.7公顷，占粮食作物种植面积的68.06%，单产5989.5千克/公顷，总产306981.3吨，占粮食产量80.81%。是年，提出双季稻田开发吨粮田，开发5000公顷。同年，珠梅试验站在杂交晚稻育秧时，试验应用矮壮素“多效唑”，壮秧增产，效果显著，获涟源市科技成果奖，次年在全市迅速推广，三年后，晚稻育秧应用率达到95%。为实现“吨粮田”目标，在普及杂交晚稻的基础上，扩大杂交早稻种植面积，推广规范化栽培技术。推广的杂交早稻组合有威优48、威优49、威优35、威优402。1989年，推广“稻-萍-鱼”立体栽培技术，“吨粮田”开发面积7000公顷。1990年，全市种植杂交水稻3.44万公顷，其中杂交早稻9400公顷。潜育型稻田推广起垄栽培技术。1992年，杂交水稻种植面积3.64万公顷，其中杂交早稻突破1万公顷。是年，双季稻田成建制过吨粮，涟源列入全省“吨粮田”重点开发县(市)。1994年开始，推广旱育秧技术和水稻良种高产高效综合配套技术，三年后获农业部丰收计划二等奖。1995年，开始推广塑料软盘育秧抛栽技术，强化推广水稻抽穗期喷施叶面肥“谷粒饱”技术，两年后，谷粒饱应用面积达到45000公顷，被省农业厅评为谷粒饱推广应用先进单位。1996年，水稻种植面积减少到50396.4公顷，总产增加到349539.9吨，单产达到6935.8千克/公顷。此后几年，境内稻谷出现结构性过剩(粮食品种需求不平衡)，压库滞销，优质米严重缺乏，种粮经济效益下降，农民种粮积极性受挫，水稻种植面积与产量连续几年减少。2000年，扩大优质稻种植面积，杨市镇官庄村成片示范20公顷，示范品种有中优早81、中优早5号、中鉴110，杂交稻组合有新香优80、新香优207、香两优68、培两优288等。是年，全市优质稻种植面积达到14000公顷。2001年，优质稻种植面积2.13万公顷。其中，早稻8000公顷，中稻3333.34公顷，晚稻1万公顷。由于粮食生产效益下降(是年，生产50千克早稻，平均收益1.84元)，青壮年劳力外出务工。2003年，水稻种植面积下降到43030公顷，总产减少到258526.4吨，是1987年以来种植面积、总产最低年份。2004年，国家对粮食生产实行“一减三补”和保护价收购政策，涟源列入粮食生产重点县市，水稻生产出现恢复性增长。2005年，超级杂交稻由小面积试验试种转入大面积成片示范，龙塘乡云肖村、杨市镇梅林村各种植20公顷中稻超级稻，单产10.8吨/公顷，比其他品种增产3450千克/公顷。2006年，全市种植超级稻6667公顷，比2005年增加2700公顷。2007年，水洞底镇托山村晚稻试种超级稻23.7公顷，单产9676.5千克/公顷，比大面积晚稻增产2475千克/公顷。是年，全市水稻种植面积48340公顷。其中，超级稻种植面积7500公顷，优质稻种植面积3万公顷。总产326476.2吨。种植面积比1987年减少5.6%，总产量比1987年增长6.4%。

图17-1　农业部双季稻万亩高产创建示范片(龙塘乡株梅田塅)

1987—2007 年涟源市水稻生产情况

表 17-1

年度	种植面积（公顷）	总产（吨）	单产（千克/公顷）	早稻			中稻			晚稻		
				面积（公顷）	单产（千克/公顷）	总产（吨）	面积（公顷）	单产（千克/公顷）	总产（吨）	面积（公顷）	单产（千克/公顷）	总产（吨）
1987	51252.7	306981.3	5989.5	23571.9	5475	129056.1	2579.9	6795	17530.4	25100.9	6390	160394.8
1988	50717.0	294435.7	5805.5	23340.3	5730	133739.9	2670.0	4665	12455.6	24706.7	6000	148240.2
1989	51125.3	309570.5	6055.1	23401.0	5865	137246.9	2742.9	6540	17938.6	24981.4	6180	154385.0
1990	50817.3	297573.4	5855.7	23337.9	5985	139677.3	2798.1	5490	15361.6	24681.3	5775	142534.5
1991	50874.6	313328.5	6158.8	23399.5	6150	143906.9	2774.8	6045	16773.7	24700.3	6180	152647.9
1992	50666.7	342921.6	6768.2	23332.1	6555	152941.9	2835.3	5310	15055.4	24499.2	7140	174924.3
1993	51100.0	343580.2	6723.7	23100.0	6360	146916.0	3500.9	6210	21740.6	24499.1	7140	174923.6
1994	50645.0	346716.5	6846.8	22757.4	6525	148492.0	3288.9	6870	22594.8	24598.0	7140	175629.7
1995	50414.7	342147.7	6786.6	22877.3	6465	147901.7	3262.1	6735	21970.2	24281.2	7095	172275.1
1996	50396.4	349539.9	6935.8	22912.9	6525	149506.6	3203.9	6735	21578.2	24279.6	7350	178455.1
1997	50340.0	348985.7	6932.5	22910.0	6615	151549.7	3270.0	6960	22759.2	24160.0	7230	174676.8
1998	49689.3	316195.2	6363.5	22576.7	5415	122252.8	3211.4	6135	19701.9	23901.3	7290	174240.5
1999	49260.0	331081.7	6721.1	22230.0	5820	129378.6	3080.0	6585	20281.8	23950.0	7575	181421.3
2000	49380.0	320226.6	6484.9	22420.0	5490	123085.8	3200.0	6810	21792.0	23760.0	7380	175348.8
2001	48230.0	295067.1	6117.9	21630.0	5370	116153.1	3200.0	6990	22368.0	23400.0	6690	156546.0
2002	47240.0	291777.3	6176.4	17940.0	5595	100374.3	6100.0	6390	38979.0	23200.0	6570	152424.0
2003	43030.0	258526.4	6008.1	17330.0	5595	96961.4	8000.0	5925	47400.0	17700.0	6450	114165.0
2004	45460.0	298188.0	6559.3	17500.0	5700	99750.0	8800.0	7200	63360.0	19160.0	7050	135078.0
2005	48490.0	313576.5	6466.8	19850.0	5550	110167.5	7140.0	7350	52479.0	21500.0	7020	150930.0
2006	48780.0	324084.5	6643.7	20190.0	5775	116597.3	6830.0	7440	50815.2	21760.0	7200	156672.0
2007	48340.0	326476.2	6753.7	19750.0	5895	116426.3	7270.0	7470	54306.9	21320.0	7305	155743.0

二 旱 粮

1987年,境内旱粮作物有红薯、小麦、大麦、大豆、玉米、马铃薯、荞麦、高粱、绿豆、蚕豆、豌豆等。是年,种植旱粮作物2.37万公顷,占粮食作物种植面积的32.32%;总产7.24万吨,占粮食总产量的19.06%;单产3084.3千克/公顷。1992年开始,旱粮总产连续7年过"亿斤"(5万吨),位居全省县(市)之首。1996—2000年,年均旱粮作物种植面积3.48万公顷,占同期粮食作物种植面积的40.5%,年均总产10.48万吨,占同期粮食总产23.63%。2007年,旱粮种植面积3.10万公顷,总产12.67万吨,单产4092.2千克/公顷,比1987年分别增加7233.7公顷、5.44万吨、69.6千克/公顷,分别增长30.47%、75.16%、34.25%。

(一)玉米

1987年,境内玉米种植面积227公顷,总产407.2吨,单产1793千克/公顷。1992年,实施温饱工程,在山区推广杂交玉米,种植面积达到606.53公顷,总产1232.1吨。1995年,调整种植结构,玉米种植面积迅速增加,由单一的春播玉米发展到夏播玉米,由饲料玉米发展到鲜食玉米。2001年,玉米种植面积3000公顷,总产12810吨,单产4270千克/公顷。2002年,全市玉米种植面积增加到4500公顷,总产1.66万吨,单产3688千克/公顷,枫坪镇枫树村种植玉米高产示范样板27公顷,单产6225千克/公顷。2006年,石马山镇万亩玉米示范基地作为典型在全省宣传。2007年,全市种植面积8980公顷,比1987年增加8753公顷,增长39倍。总产51860吨,比1987年增加51452.8吨,增长126倍。单产5775千克/公顷,比1987年增加3975千克/公顷,增长221%。由小宗杂粮作物上升为主要旱粮作物。

(二)薯类

红薯 1987年,境内主要种植广东白皮薯、红皮薯、湘薯6号。种植面积8523公顷,单产4820千克/公顷(按100:20折稻谷),总产41079吨,占粮食总产量的10.82%,占旱粮总产量的56.77%,位居全市旱粮之首,是境内第二大粮食作物。1989年,试种湘薯12号、湘薯8号和南薯双八。其中,南薯双八增产效果显著,在境内作为主要品种推广,种植面积逐年增加。是年,全市红薯种植面积9355公顷,总产49544吨,占粮食总产量的12.62%,占旱粮总产量的60.01%。种植面积、总产量和单产量均居全省之首。2001年,引进高产、高淀粉、药用型、水果型特色红薯品种,推广高垄双行栽培技术,全市种植面积8160公顷,总产量达到7.55万吨。此后,调整种植结构,发展优质饲料粮生产,玉米种植面积增加,红薯种植面积和总产量减少。2007年,种植面积7780公顷,单产4950千克/公顷,总产38511吨。比1987年种植面积和总产量分别减少8.7%和6.25%,占是年粮食总产量的8.34%,占旱粮总产量的30.38%。

马铃薯 1987年,境内栽培的主要品种有荷兰7号、克新1号、克新4号、克新11号、春薯4号,种植面积525公顷,单产2362千克/公顷,总产1240吨,以旱土种植为主,多作为蔬菜食用。1995年,水洞底镇慕农村村民利用薄膜小拱覆盖,收完双季晚稻种植反季节马铃薯获得成功,单产达到22500千克/公顷,一季马铃薯的经济收入超过两季水稻的总收入。此后,全市马铃薯种植面积逐年增加。1997年,全市种植面积1720公顷,总产5854吨,分别是1987年的3.28倍和4.72倍。2000年,引进鲁引1号、东农303等脱毒马铃薯新品种,试验秋马铃薯稻田免耕、稻草全程覆盖栽培技术,每公顷比常规栽培增产1964千克。2007年,种植2210公顷,总产7956吨,比1987年分别增加1685.4公顷、6716.5吨,分别增长321.3%、541.87%。种植面积与总产量分别是旱粮的7.13%和6.27%。

(三)麦类

小麦 1987年,全市种植小麦9064公顷,占旱粮种植面积38.18%。总产19566吨,占旱粮产量27.04%。

1988 年，推广小蔸密点播，密度为 10 厘米×20~23 厘米，每 667 平方米 2.5~3 万蔸，并相应推广早施苗肥、增施保蘖肥、巧施药隔肥、压麦防倒等综合栽培技术。小蔸密点播比常规栽培增产 750 千克/公顷，全市涌现出一批高产典型。毛坪乡秀溪村 32 公顷连片小蔸密点播，单产 3863.55 千克/公顷；高产示范户谭实余旱土小蔸密点播 953.81 平方米，单产 6377.85 千克/公顷。是年，市农业局被省农业厅评为麦类密点播高产综合技术推广先进单位。1995 年，全市种植面积扩大到 13341.6 公顷，总产 3.18 万吨。以后，由于南方小麦退出国家保护价收购，种麦效益下降，种植面积与产量逐年减少。2007 年，种植面积 5250 公顷，比 1987 年减少 3814.13 公顷，减少 42.08%，种植面积退居旱粮第三位，总产 10868 吨，比 1987 年减少 8698 吨，减少 44.45%。

大麦 1987 年，种植的大麦主要品种有沪麦 4 号、潼麦 1 号、丹麦一号、川大麦 1 号等。实行小蔸密植、重施底肥、早施追肥、适施保蘖肥、巧施穗粒肥、压麦防倒的栽培技术。是年种植 1042.7 公顷，总产 2216.2 吨。以后，主要推广稻田麦—稻—稻种植模式和板田密点播栽培技术。1989 年，市政府提出大力发展冬季农业，市农业局在杨家滩镇 7 个村办冬季农业示范点，稻田种植高标准三熟制大麦 200 公顷。1990 年 8 月 3 日，省、地、市三级联合，在杨家滩镇开发万亩大麦高产示范片。1992 年，全市种植面积增加到 13037 公顷，总产 28211.3 吨，居旱粮产量第一位。此后，由于种植效益下降，面积逐年减少。2001 年，种植面积下降到 2006.7 公顷，总产 3186 吨。2007 年，只有零星种植。

荞麦 1987 年，全市种植秋荞麦 100.9 公顷，总产 137.8 吨。2001 年达到 198.8 公顷，总产 280 吨，以后逐年减少。2007 年，只有零星种植。

（四）豆类

大豆 境内有黄豆、黑豆、褐色豆、青豆四种，以黄豆为主。主要有六月白、矮架早、曹青、湘豆 5 号、虎皮豆、湘春豆等品种。1987 年，境内种植面积 3314 公顷，总产 6367 吨，面积和产量分别占旱粮的 13.96%和 8.8%。1998 年，种植面积 5362 公顷。2000 年，推广稻—大豆模式，种植面积 4420 公顷，单产 4105 千克/公顷，总产 18146 吨，是 1987 年的 2.85 倍。以后逐年减少。2007 年，种植面积 4440 公顷，总产 12787 吨。

蚕豆、豌豆 1987 年，种植 589.9 公顷，总产 796.2 吨，面积和产量分别占旱粮的 2.5%和 1.1%。境内集中成片种植的有伏口、古塘、大桥等乡镇，其余为零星种植。1994 年后，种植面积扩大，总产量不断增加。是年，种植 928.13 公顷，总产 1539.7 吨。2007 年，种植 1680 公顷，总产 3654 吨，分别是 1987 的 2.8 倍和 4.5 倍。

绿豆 1987 年，种植 231 公顷，多为零星种植，总产 337.4 吨。以后 10 多年，种植面积和产量徘徊不前。2005 年开始，种植面积和总产量增加。是年，种植 530 公顷，总产 769 吨。2007 年，种植 570 公顷，总产 881 吨，分别比 1987 年增长 147.18%和 160.96%。

（五）高粱及其他

1987 年，全市种植高粱 120 公顷，总产 210.1 吨。1996 年开始，种植面积下降，单产提高。是年，种植 103 公顷，总产 217.8 吨。2007 年，种植 60 公顷，总产 219 吨。境内还有粟和穇子等作物，仅有零星种植。

1987—2007年涟源市主要旱粮作物生产情况

表17-2

年度	红薯			玉米			大豆			小麦			马铃薯		
	面积（公顷）	单产（千克/公顷）	总产（吨）	面积（公顷）	单产（千克/公顷）	总产（吨）	面积（公顷）	单产（千克/公顷）	总产（吨）	面积（公顷）	单产（千克/公顷）	总产（吨）	面积（公顷）	单产（千克/公顷）	总产（吨）
1987	8523	4820	41079	227	1793	407	3314	1921	6367	9064	2159	19566	525	2362	1240
1988	8691	4461	38778	247	1587	392	3456	2013	6957	9237	2230	20594	610	2436	1486
1989	9355	5295	49544	185	1649	305	4228	2147	9078	9121	1471	13418	870	2751	2393
1990	8901	4376	38950	210	1676	352	4286	2074	8890	9553	2196	20980	921	2790	2570
1991	9320	4246	39577	214	2743	587	4560	1970	8981	9940	2122	21097	852	2869	2444
1992	9382	2015	18911	607	2030	1232	4742	2093	9926	10976	2152	23621	923	2859	2639
1993	9170	3906	35818	687	2454	1686	5210	2163	11270	12601	2251	28371	1131	3418	3866
1994	8925	2794	24936	615	2660	1636	5232	2243	11733	12249	2308	28276	936	3311	3099
1995	9053	3650	33044	399	2409	961	5320	2120	11278	13342	2377	31720	1232	3379	4163
1996	8239	4253	35043	873	2805	2449	4337	2391	10371	13126	2558	33572	1324	3281	4344
1997	7940	4711	37404	1850	3186	5895	4200	2298	9651	12060	2568	30970	1720	3403	5854
1998	8396	5085	42693	1879	3265	6134	5362	2572	13792	10402	2715	28242	1823	3845	7010
1999	8240	5080	41859	2690	2792	7510	4430	2908	12882	11200	2275	25476	1610	4216	6788
2000	8280	4716	39050	2720	3439	9355	4420	4105	18146	10210	2091	21348	1630	4145	6757
2001	8160	9256	75525	3000	4270	12810	3700	2205	8160	10230	2262	23138	1660	3718	6172
2002	5340	4490	23977	4500	3688	16596	3740	2600	9724	12200	1939	23656	1700	3988	6780
2003	5420	4590	24878	6500	3600	23400	3700	2580	9546	11900	1850	22015	1660	3788	6288
2004	5500	4800	26400	7100	5100	36210	3770	2725	10273	8500	1694	14403	1800	3780	6804
2005	7410	4720	34975	7980	5175	41296	4130	2730	11275	3600	1780	6408	2200	3200	7040
2006	7780	4800	37344	8720	5490	47873	4310	2805	12089	5300	1920	10176	2330	3300	7689
2007	7780	4950	38511	8980	5775	51860	4440	2880	12787	5250	2070	10868	2210	3600	7956

第三节 经济作物

一 茶叶

茶叶为境内传统经济作物，主要创汇产品。1987年，全市有茶园4260公顷，总产干茶4676.1吨（以红碎茶为主）。是全省茶叶主产区，全国茶叶百强县市之一。是年，出口红碎茶2071吨。以后，由于国际市场影响，茶叶出口大量减少，价格低，经济效益差，茶叶生产滑坡。1990年，茶园面积下降到3743.1公顷，总产量下降到4101.2吨。由于绿茶的经济效益高于红碎茶，1991年，生产部分绿茶。1992年，全市24家红碎茶厂，有16家改产部分绿茶。是年，全市生产绿茶1000吨，占茶叶总产量的32%，占总产值的44.4%。为提高茶叶品质，增强市场竞争力，研制出“鹰嘴岩翠”“玉笋春”等优质绿茶，但产量不多。1993年，部分加工厂停产，大部分夏茶、秋茶均未采摘，弃茶、毁茶现象严重，茶园由“只采不管”进入“不采不管”状态。2001年，全市茶园面积下降到1371.7公顷，单产630千克/公顷，总产862.3吨。此后，对老茶园进行改造，实施品牌茶基地建设，推广无公害茶叶生产技术，邀请浙江、安徽、福建等地的茶叶商来境内生产经营，茶叶生产稍有回升。2007年，330公顷茶园通过无公害产地认证，6个生产单位130多公顷茶园获绿色食品认证。是年，茶园面积1510公顷，产量1131吨，与1987年相比，面积和产量分别减少2750公顷和3545.1吨。

二 水果

（一）柑橘类

宽皮类（柑类） 1987年，境内有尾张、宫川、兴津、大浦、宫本、日南一号等品种（系），以迟熟品种为主，种植面积1075公顷，总产7119吨，占是年水果总产量的92.86%。鲜果除大部分内销外，还有少量出口，远销苏联等欧洲国家。是年，市园艺示范场新建食品罐头厂，生产“天峰”牌糖水橘片罐头近1000吨。在湖南省“名优特新”产品展销会上，获优秀产品“芙蓉”奖。产品除满足国内市场外，还远销日本等国家。1992年1月，境内出现冰冻天气，连续8天平均气温在-4℃，786公顷橘园受灾严重，直接经济损失2000万元。是年，柑橘产量仅378.5吨，单产375千克/公顷，比上年减产9054吨，减少95.98%。1999年，涟源市被列入全国柑橘良种引进与推广项目实施的首批县（市）和全省柑橘品改的5个重点示范县（市）之一。针对境内柑橘品种单一、品质不优、橘园老化等问题，实施柑橘品改工程。其中，成片高位换接特早熟品种“宫本”34公顷；老园改植特早熟“宫本”133公顷；新建早熟蜜橘园67公顷。全市柑橘品改面积234公顷，柑橘生产得到恢复。21世纪初，椪柑种植发展较快，品种以新生系3号、太田椪柑为主。2004年，枫坪镇球树村引进天草杂柑，建立高标准杂柑橘园20公顷。全市通过改良品种，早、中、迟熟品种结构渐趋合理，柑橘品种增加，品质提高，经济效益提升。2007年，种植1110公顷，单产6495千克/公顷，总产7197吨。

图17-2 宫本蜜橘

橙类 1987年，境内只有市农业科学研究所栽有脐橙80株。1996年，从中国柑橘研究所引进丰脐、青家、朋娜、纽荷尔等脐橙品种，并在蓝田民光园艺场蜜橘树上进行高位嫁接获得成功。1999年，境内选送的纽荷尔脐橙获湖南省优质水果奖。2007年，全市种植面积20公顷。

柚类　1987年，境内仅有零星栽培传统品种。1996年引进安江香柚，2004年引进强德勒红心柚、沙田柚、官溪蜜柚、矮晚柚等优良品种，均为零散种植。

境内还零星种植金橘、佛手柑和枳三种同类水果。

（二）梨

梨是境内栽培的主要水果之一。1987年，以传统品种为主，种植面积168公顷，单产2010千克/公顷，总产338吨，居境内水果生产第二位。20世纪90年代，大搞丘岗山地开发，从外地引进金秋梨、黄花梨、湘南梨、新高梨等优良品种。21世纪初引进翠冠梨。种植区域主要分布在北部高寒山区。成片种植的有古塘乡金秋梨生产基地，面积54公顷，常年产量1000吨左右；伏口镇梅岭种养场翠冠梨生产基地，面积33公顷，常年产量450吨左右。规模比较小的基地还有伏口镇柏树村、杨市镇杉松村等，面积20~25公顷。由于推广优良品种，采用规范化栽培、病虫综合防治以及水果套袋技术，梨子的品质、产量和经济效益提高。2007年，梨园面积270公顷，比1987年增加102公顷，增长61%。

图17-3　古塘乡金秋梨

（三）李

20世纪80年代前，境内各地零星种植，多为传统品种。90年代初，引进奈李，1994年，投产上市，每500克零售价1元，青烟乡日升村4.1公顷奈李，总产15吨，总收入达4.5万元；白马乡庫里村成片种植20公顷，总产80吨，总收入20万元。1997年，全市奈李种植面积扩大到1000公顷，总产1.8万吨。1998年，奈李开花期受冻，产量大减，总产下降到3600吨，比上年减少14400吨，减产80%。1999年，奈李种植面积增加到1866公顷。是年，长期低温阴雨，产量很低，总产3800吨。奈李上市时正值高温季节，产品滞销，腐烂严重，每500克零售价0.3~0.4元。此后，弃园、毁园现象严重，奈李生产呈下降趋势。2007年，全市奈李种植面积减少到350公顷。

20世纪90年代，境内引进布朗李，栽种面积较少，主要分布在蓝田街道、三甲乡、六亩塘镇。

（四）葡萄

1987年，境内葡萄主产地三甲乡玉峰村种白香蕉葡萄19800蔸，户平53蔸，全年总产葡萄79.5吨。1988年，总产83吨，总收入13.28万元，户平355元，人平98.3元。有5户收入超过2000元，9户收入超过500元。1991年，引进巨峰葡萄。1992年，产量达2000吨，产值220万元，成为远近闻名的葡萄村，被确定为全国农业可持续发展示范点。1995年9月25日，中国科协副主席、原农业部部长何康考察三甲玉峰村。1997年5月24日，省长杨正午，副省长周伯华考察三甲乡玉峰村葡萄园。此后，市政府提出大力开发丘岗山地和庭院经济，市农业局引进巨峰、藤稔等新品种，许多农户在屋前屋后种植葡萄，境内葡萄生产迅速发展，成片种植的有三甲乡、斗笠山镇、湄江

图17-4　三甲乡玉峰村葡萄

镇、六亩塘镇。2007年,全市种植面积达133公顷,总产2150吨。

(五)杨梅

1987年,全市总产杨梅51.7吨,多为境内野生品种,青烟乡杨岭村、水洞底镇天堂村和三甲乡尖山岭村等地产量较多,品质较好。1999—2001年,引进东魁、木桐等优良品种,在斗笠山镇的天井、托里、建设、甘泉,石马山镇的杨岭,三甲乡的尖山岭,水洞底镇的天堂、慕长、雨田,六亩塘镇的荆桥、坪上等村成片种植,杨梅生产得到发展。2004年,杨市镇皮家村高接换种东魁杨梅试验成功。2007年,种植面积667公顷,总产180吨。

图17-5 水洞底镇天堂村杨梅

(六)其他水果

桃、板栗、枇杷、柿子、枣子、石榴、猕猴桃、草莓等水果在境内零星种植,产量较少。

三 油料作物

油菜 油菜为境内主要油料作物,以水田种植为主。1987年,全市种植油菜368.6公顷,单产975千克/公顷,总产359.4吨。1988—1998年,油菜生产发展缓慢,年种植面积500~800公顷,年总产500~850吨。1999年,种植950公顷,单产1335千克/公顷,总产1270吨。2007年,种植720公顷,单产1290千克/公顷,总产929吨。种植面积和总产比1987年分别增长95.33%和158.48%,比1999年分别减少24.22%、26.85%。

花生 花生在境内多以旱土种植。1987年,主要栽培品种有芙蓉花生、新城早、湘花生系列,种植面积1227公顷,单产1680千克/公顷,总产2245.2吨。以桥头河、渡头塘、伏口、古塘、青烟等乡镇种植较多,产量约占全市总产量的60%。1988—1997年,花生生产发展缓慢,年种植面积在1200公顷左右。1999年,引进粤油5号、粤油58号、粤油79号,粤油5号单产3984千克/公顷,粤油79号单产3710.1千克/公顷,比境内花生分别增产1903.5千克/公顷和1629千克/公顷,增产91.5%和78.3%。是年始,种植面积逐年增加。2007年,种植2330公顷,单产2685千克/公顷,总产6256吨。种植面积和总产量分别是1987年的1.9倍和2.8倍。

芝麻 1987年,种植面积4公顷,多为零星种植,单产796千克/公顷,总产3.2吨。此后,常年种植面积3~20公顷。2001年,种植面积达到80公顷,单产2085千克/公顷,总产达到166吨。2007年,种植面积下降到40公顷,总产47吨。

其他油料作物 1987年,全市种植向日葵25公顷,单产1050千克/公顷,总产27吨。此后,因产量低,经济效益差,种植面积逐年减少,到2007年,基本消失。

1987—2007年,境内很少人工栽培蓖麻,多系空坪隙地、路边野生,籽粒成熟时,采回备作药用。

四 蔬 菜

1987年,境内蔬菜有14大类17科59种,即根菜类(萝卜、胡萝卜、芜菁),白菜类(大白菜、小白菜、紫菜苔),甘蓝类(结球甘蓝、花菜、球茎甘蓝),芥菜类(叶芥菜、根芥菜、茎芥菜),茄果类(辣椒、番茄、茄子),豆类(菜豆、豆角、扁豆、豌豆、刀豆、蚕豆)、瓜类(黄瓜、冬瓜、南瓜、西葫芦、丝瓜、苦瓜、瓠瓜、甜瓜)、葱蒜类(韭菜、大蒜、菜葱、香葱)、绿叶菜类(菠菜、芹菜、莴笋、蕹菜、苋菜、芫荽、茼蒿、冬寒菜、木耳菜、紫苏)、薯芋类(马铃薯、姜、芋、凉薯、魔芋)、水生蔬菜(莲藕、茭白),多年生蔬菜(竹笋、香椿、黄花菜)、食用菌(平菇)。是年，全市蔬菜种植面积3968.47公顷，总产11万吨。此后，引进生菜、芦笋、佛手瓜、子芥菜、菜用大豆、蛇瓜、广东菜心、香菇、金针菇、黑木耳等品种。20世纪90年代初，推广早熟品种，引进山东系列大白菜，伏地尖、湘研系列辣椒，早魁、早丰番茄，津研系列黄瓜，28—2豇豆，浙大长白萝卜等品种。采用拱棚薄膜覆盖育苗技术，喷施番茄灵、24—D等保果激素和叶面肥。夏菜提早20多天上市。其中，西葫瓜提早到4月上旬上市，黄瓜提早到4月下旬上市，辣椒提早到5月上旬上市。1992—1995年，栽培面积扩大，栽培技术提高，蔬菜产量大幅度提升，出现滞销价贱烂菜现象。桥头河蔬菜基地的大白菜、春包菜每千克4分钱也无人问津。1996年3月，涟源被确定为湖南省14个重点蔬菜基地县(市)之一。是年，专业菜地面积达到520公顷，主要集中在蓝田、桥头河、杨市、石马山、水洞底、六亩塘等乡镇(街道)。1998年，在全省蔬菜工作会议上，桥头河镇秋菜豆生产被作为典型推介。90年代末，辣椒、包菜、大白菜等推广抗旱耐热品种，采用遮阳网覆盖育苗技术；莴笋、芹菜、芫荽等推广低温催芽技术；豆角、菜豆、黄瓜、茄子等推广反季节栽培技术，秋季蔬菜种植面积迅速增加，蔬菜秋淡现象大为改善。同时，矮壮素、乙烯利、920、植物动力2003等激素和叶面肥普遍推广应用，种菜效益显著提高。2000年，湖南景龙食品有限公司、市湘林食品有限公司两家蔬菜加工企业建成，蔬菜生产向加工型、外向型方向发展。2001年开始，发展无公害蔬菜，推广低毒高效农药，禁用甲胺磷、氧化乐果等剧毒高残留农药，采用频振式杀虫灯、合理轮作等病虫综合防治方法，农药残留减少。

图17-6　桥头河蔬菜基地

2002年9月，开始蔬菜农药残留检测工作，蔬菜农药残留合格率提升至96%以上。2003年2月，桥头河蔬菜基地被定为湖南省"放心菜"基地，所产萝卜、白菜远销广州、深圳、珠海等沿海城市。2004年，桥头河镇无公害蔬菜基地认证面积达1026公顷。2007年，全市种植蔬菜8750公顷，单产33900千克/公顷，总产29.66万吨，总产值4.04亿元。境内基本实现蔬菜均衡供应，总量有余，白菜、萝卜、秋四季豆、辣椒、黄瓜等品种批量外销。

五　中药材

1987年，全市种植中药材70.6公顷，有玉竹参、地黄、百合、天麻、杜仲、半夏、金银花、麦冬、荆芥、柴胡等品种。2002年，市政府提出重点发展牛、米、药、菜的战略方针，药材种植面积大幅增长，达到1000公顷，是1987年的14倍，产值达480万元。是年，石马山镇双车村谭永忠种植天麻0.32公顷，产值44万元，获纯利22万元。2005年，湖南省回春堂药业有限公司在荷塘、古塘等乡镇收购药材69种1300吨。2007年，全市种植药材3466公顷，有5个较大的药材生产基地，种植玉竹参、花椒、金银花、银杏等。白马镇梁荣华投入300万元，组建龙山药材基地开发有限公司，种植20多个品种，面积达67公顷。古塘乡砂托村240家农户，户户种植药材，面积达70公顷。全市形成以白马、金石、荷塘、枫坪等镇为主的南部龙山山

图17-7　古塘乡玉竹参基地

脉中药材生产带和以伏口、安平、古塘、湄江等乡镇为主的北部雪峰山余脉中药材生产带。湖南省回春堂药业有限公司、涟源市德仁农林生物科技有限公司与基地农户签订合同,形成“公司+基地+农户”的经营模式和“一村一品”的产业结构。

六 其他经济作物

香瓜、西瓜 香瓜、西瓜在境内种植较为普遍,20世纪八九十年代,年种植约600公顷,常年产量1.5万吨左右。2001年,种植1000公顷,总产2.2万吨。2002年,受气候影响,大幅减产。是年,种植340公顷,总产3711吨。2007年,种植2300公顷,总产6万吨,产值3500万元。

烟叶 1987年,全市种植烟叶923.7公顷,单产1200千克/公顷,总产1109吨,以烤烟为主,有净叶黄、许金四号、螺丝头、G—140、G—28、中烟15号、红花大金元等品种。由于境内多为山坡旱土种植,土壤肥力差异大,加上各家各户少量种植,栽培技术不统一,整体水平难以提升,导致烟叶品质不优,经济效益偏低,种植面积和产量逐年下降。2007年,种植160公顷,总产166吨,种植面积和总产量分别比1987年减少82.67%和85%。

棉花 1987年,全市种植棉花73.9公顷,单产皮棉705千克/公顷,总产52.1吨。主要有岱字15号、洞庭1号、岱红岱,鄂光棉等良种。2007年,种植80公顷,总产98吨,种植面积和总产量比1987年分别增加8.2%和8.8%。

甘蔗 1987年,全市种植甘蔗12公顷,单产44490千克/公顷,总产533.9吨。2002年开始,种植面积逐年上升。2007年,种植面积70公顷,单产31200千克/公顷,总产2184吨,种植面积与总产量分别比1987年增长483%和309%。

苎麻 1987年,全市种植苎麻350公顷,总产309吨,主要用于纳鞋底和制蚊帐。随着生活用品由自给向购买转变,苎麻在农户生活中用途减少,种植面积随之减少。2007年,种植面积下降到20公顷,总产下降到41吨。

牧草 2001年,杨市、枫坪、茅塘等镇引进牛鞭草、矮象草、象草,试种7.3公顷。2002年,引进串叶松香草、多年生黑麦草、紫花苜蓿、桂牧一号等4个新品种,种植面积扩大到47公顷。其中,茅塘镇光阳村33公顷,枫坪镇枫坪村14公顷。由于天华牧业有限公司不断发展,牧草需求量增加。2003年,石马山镇实施万亩牧草项目,金石、枫坪、杨市、白马、伏口、七星街等镇实施万亩退耕还草项目。2007年,全市生长较好的牧草约100公顷。

第四节 农业技术

一 耕作制度

水田 1987年,全市水田28577.53公顷。其中,三熟制13400公顷,以稻—稻—肥、稻—稻—油、稻—稻—麦为主;两熟制12200公顷,以稻—稻、稻—肥、稻—油、稻—麦为主。分别占46.9%、42.7%。1992年,涟源列入全省吨粮田建设重点县市之一,开发冬季农业列入乡镇重点工作目标管理,个别地方提出“冬闲一亩田,罚款四十元”的口号,稻—稻—麦三熟制面积增加。1997年,三熟制水田19503公顷,占水田的68.7%。其中,麦类收获面积13520公顷,占三熟制面积的70.95%。随着农作物种植效益下降,2000年开始,三熟制面积减少。2007年,三熟制面积6930公顷,占水田的24.85%。

旱土　1987年，全市推广旱粮间、套多熟技术，采用麦—豆—薯、麦—苞（玉米）—薯间、套种植模式，三熟制面积4266.7公顷，占旱土的29.2%。进入20世纪90年代，为实现旱土亩产过吨粮，三熟制面积继续增加。1997年，三熟制面积7113.3公顷，占全市旱土的49.6%。2000年后，因种麦效益下降，三熟制面积锐减。2007年，境内旱土面积13330公顷。其中，三熟制面积3100公顷，占旱土面积的23.3%；两熟制面积9116.7公顷，占旱土面积的68.4%；少部分旱土回复到一年一熟制。

二　改土培肥

（一）土壤改良

水田改良　境内低产田改造（简称低改）以开沟排水，改造潜育型稻田为主。1987年开始，改土沟为石砌沟或混凝土沟，提高排水沟的使用寿命。至1990年，芙蓉乡黄龙村石砌排水沟820米，改造低产田26.7公顷；安平镇梅塘村、新万村石砌暗沟1000米，改造山冲冷浸田14公顷；太和乡官庄村，杨家滩镇梅林村、洄水村，3村石砌排水沟1200米，混凝土沟1500米，改造中低产田30公顷。1991年开始，改粗放型施工为实地勘察、测量、设计，再按设计图纸施工，提高低改沟渠建设标准。至1998年，枫坪镇四良村，斗笠山镇托里村、塘溪村，龙塘乡珠梅村、东边村，严格按设计标准建设混凝土、石砌沟38条，6957米，改造中低产田121公顷。1999年开始，把中低产田改良与建设高产稳产农田结合，按照农业可持续发展的要求，排灌配套，沟、渠、路、桥、涵、闸统一规划，配套建设。到2007年，龙塘、七星街、渡头塘、斗笠山、水洞底、荷塘、杨市、茅塘、石马山、白马等乡镇共开挖田间渠道551.2千米，衬砌田间渠道464千米，修建田间机耕路、桥、涵、闸等小型附属建筑物1965处，改善灌溉面积4113.3公顷，改良渍涝潜育型稻田2966.7公顷。

图17-8　水田改良

1987—2007年，全市建设各类田间沟、渠1015.20千米，改良渍涝潜育型稻田5200公顷、干旱灌溉型稻田3680公顷。

旱土改良　20世纪80年代，农村实行家庭联产承包责任制，大规模平整土地工作基本停止。1999年开始，涟源列入国家农业生态环境建设与综合治理工程项目区、国家旱作农业示范基地建设项目区，开展大规模高标准土地平整。至2007年，全市坡地改梯土750公顷，砼坡面主排水沟22.41千米，纵排水沟28.68千米，截水沟5.59千米，砼砌大号沉沙池143个，小号沉沙池318个，蓄水池159个，新修机耕路16.06千米，田间耕作道28.74千米，筑梯田蓄水埂751.4千米、梯田内侧竹节沟551.42千米。

（二）土壤培肥

有机肥料施用　境内有积蓄、施用人畜粪尿及猪、牛、羊栏肥的传统习惯。一般每公顷施用栏肥15~20吨。绿肥主要有紫云英、苕子、蚕豆、豌豆、满园花。1987年，种植绿肥10487.9公顷，占水田面积36.69%。20世纪90年代，推广早稻稻草还田技术，增产效果明显，逐渐被农户广泛采用。1999年，早稻稻草还田面积21300公顷，占水田面积78.13%。2000年，推广玉米秸秆还田技术。2001年，全省旱作农业基地建设项目玉米秸秆还田技术总结会议在涟源召开。此后，全市秸秆还田面积继续增加。2007年，种植绿肥5010公顷，占水田面积17.97%；稻草还田与其他秸秆还田（含早稻、中稻、晚稻稻草还田）面积达到3.2万公顷。

化学肥料施用 氮肥:1987年,全市施用氮肥3.56万吨(指实物量,下同),以氨水、碳酸铵为主,少量使用尿素。进入20世纪90年代,以碳酸氢铵、尿素为主。进入21世纪,以施用尿素为主。2007年,全市施用氮肥4.66万吨,比1987年增加23.6%。磷肥:1987年,全市施用磷肥1.69万吨,以过磷酸钙、钙镁磷肥为主,每公顷施用750千克左右。一般作基肥施用,也有用钙镁磷肥沾秧根、拌种等施用方法。2007年,全市施用磷肥2.05万吨,比1987年增加3526.7吨,增长20.8%。钾肥:1987年,全市施用钾肥2688.3吨,主要有氯化钾、硫

1987—2007年涟源市化肥用量及绿肥生产情况

表17-3

年 份	化肥施用量(实物量:吨)				绿 肥 (种植面积:公顷)
	氮 肥	磷 肥	钾 肥	复合肥	
1987	35573.80	16923.30	2688.30	2177.90	10651.40
1988	33156.40	16478.70	2714.90	3719.00	7990.47
1989	37305.50	18594.50	2586.80	4176.60	9487.87
1990	38482.90	18839.70	2777.90	4785.50	8663.87
1991	39207.10	19015.10	3333.10	6480.00	6447.27
1992	40717.00	19871.00	3868.00	7765.00	5514.53
1993	41390.10	19128.00	4074.00	8110.00	4400.00
1994	43243.10	19611.00	4593.50	9717.60	5260.00
1995	43506.00	19565.20	5849.30	10807.00	6090.00
1996	41301.90	19154.50	6321.80	10298.40	7374.47
1997	43489.00	19218.00	6616.00	10591.00	7330.07
1998	37526.00	18281.00	6224.00	13990.00	6323.93
1999	41862.00	17954.00	6738.00	14594.00	7420.00
2000	39365.00	15957.80	6127.00	15199.50	7200.00
2001	39788.20	16076.50	6614.10	14044.00	7079.33
2002	38940.00	16100.00	6720.00	16020.00	6200.00
2003	38303.00	16200.00	7161.00	17035.00	4500.00
2004	42264.00	18642.00	7833.00	18134.00	4510.00
2005	46490.00	20319.00	8538.00	19496.00	4530.00
2006	44628.00	18032.00	7419.00	15754.00	5000.00
2007	46550.00	20450.00	8568.00	19576.00	5010.00

酸钾两种，氯化钾施用量大于硫酸钾。第二次土壤普查后，开始施用钾肥，钾肥的增产效益得到广大农户的认同，施用量逐年增加。2007 年，施用 8586 吨，比 1987 年增加 5879.7 吨，增长 218.7%。复合肥：1987 年，全市施用复合肥 2177.9 吨，复合肥养分含量丰富，施用方便，基肥、追肥都可使用，深受农户喜爱。以后，施用量逐年增加。2007 年，施用 19576 吨，比 1987 年增加 17398.1 吨，增长 794.84%。微量元素：20 世纪 70 年代，在油菜始花期喷施硼肥，提高结实率，全市每年使用 120~150 千克，80 年代，用锌肥防止双季早稻僵苗。到 90 年代，市内生产的水稻配方肥添加锌、钼等微肥。2007 年，施用面积达到 2 万公顷。

测土配方施肥 1986 年，全市开展测土配方施肥试验、示范，示范面积 10733 公顷。1986—1992 年，根据土壤化验数据和作物需肥规律，向农户提供施肥配方（肥料种类、数量）。1992 年冬，利用市农业技术学校场地建立配肥站，生产水稻、大麦、小麦、玉米、果蔬等专用配方肥，形成测土、配方、生产、供肥、技术指导一条龙服务模式。1993—2004 年，每年配方肥施用面积 1 万~1.2 万公顷。2005 年，涟源市列入国家测土配方施肥补贴项目区，施肥面积达到 2 万公顷。1986—2007 年，全市化验土样 15000 个，植株样 384 个，田间试验样 182 个，生产专用配方肥 6.98 万吨，施用面积 20.52 万公顷。其中，水稻 13.89 万公顷，玉米 2.27 万公顷，柑橘 1.06 万公顷，红薯 1.43 万公顷，大小麦 1.87 万公顷。为全市农业节支增收 1.4 亿元。

图 17-9 水洞底镇托山村测土配方施肥技术培训

三 农业技术推广

推广网络 1987 年，由市农业局、区农技站、乡农技员、村级科技示范户组成“四级一户”农技推广网络。有农技人员 240 名。其中，高级农艺师 4 人，农艺师 8 人，助理农艺师 20 人，农业技术员 19 人。1993 年 10 月，撤销北部山区农技站、珠梅试验站。1995 年，撤销 7 个区农技站，49 个乡镇（街道）农技站合并为 20 个。1997 年，增设农业技术推广中心。1998 年，市农业局被评为湖南省十佳农业局。2000 年，被全国农技推广中心评为农业技术推广先进单位。2004 年，植保植检站被全国农技推广中心评为全国农业技术推广先进单位。2007 年，全市农技人员 429 人。其中，乡镇农技站 217 人；有高级职称 6 人、中级职称 70 人、助理农艺师 63 人、技术员 33 人。

科研成果 1987 年 12 月 27 日，全市第一个科研塑料大棚在市农业技术培训中心建成。大棚面积 180 平方米，可人工调温。培育蔬菜种苗，品种有黄瓜、辣椒、茄子、四季豆，并可生产食用菌。1989 年，李少平研究稻田灭鼠技术，获全国植物保护学会和中华预防医学会颁发的“金猫奖”。1990 年，刘哲雄进行水稻纹枯病综合防治技术研究，获省农业科学技术进步二等奖。1994 年，刘哲雄研究水稻潜根线虫病危害及防治技术，获省农业科学技术进步四等奖。1995 年，彭季康、张亦山、黄伟祥、彭新喜、邓建和研制的“玉笋春”茶叶获“湖南省名茶”称号。1997 年，推广水稻良种高产高效综合配套技术，刘保初获农业部丰收二等奖。1998 年，涟源市 10 万亩纯旱粮地亩产过 500 千克，刘保初、严梦来获农业部丰收三等奖。推广水稻旱育秧栽培技术，张胜来、刘保初、严梦来、肖桂凡获省农业科学技术进步三等奖。推广新型农作物抗衰剂谷粒饱，刘保初获省农业科学技术进步一等奖。2001 年，推广玉米增产增效综合技术，张胜来、邓连兵获农业部丰收一等奖。推广南方优质早稻品种，张胜来、邓连兵、严梦来获农业部丰收三等奖。土壤肥料工作站推广玉米秸秆整株翻压还田综合配套技术,获农业部丰收三等奖。2007 年,罗永丰研究与应用蔬菜硝酸盐污染控制技术,获省农业科学技术进步三等奖。

四 农技教育

1995 年5 月,市农业局与市广播电视局共同创办电视栏目《农业半月谈》,由市农业局负责内容搜集、策划,承担车辆、录制费用,市广播电视局负责录制播放。设有农事指南、良种园地、农业法规、农技知识、市场动态、致富典型等专题讲座,以农事指南为重点把农业新技术、新成果、新产品及时推介到千家万户,同时宣传农业政策、法律法规、介绍本市种、养专业大户的先进经验及农产品经营信息。栏目具有实时性、实效性、直观性,深受农户欢迎。1999 年,根据广大农户和基层干部的要求,市人大代表、市政协委员的建议,改《农业半月谈》为《走入乡村》,由半个月录制 1 期播放 4 次,改为每周录制 1 期播放 3 次。至 2007 年,栏目从未间断。市农业技术学校和中央农业广播电视学校涟源分校见《第二十六篇 教育》。

五 农业项目实施

1987 年始,连续 13 年实施粮食生产发展专项资金项目,累计投资 276.9 万元。1995 年始,连续两年实施商品粮基地建设项目,其中农业投资 242 万元。1996 年始,连续 6 年实施世界银行贷款——种子商业化项目,总投资 62 万美元(折人民币 513.3 万元)。1999 年始,旱作农业示范基地项目实施两年,总投资 80 万元;农业生态环境建设与综合治理项目实施 3 年,其中农业投资 268.7 万元;区域病虫害监测站建设项目实施两年,总投资 60 万元;粮食自给工程项目实施两年,投资 20 万元。2001 年,实施稻田耕作制度改革项目,投资 30 万元;实施粮食品改工程项目,投资 30 万元。2003 年,实施三元结构种植示范基地建设项目,总投资 75 万元;实施无公害反季节蔬菜种子种苗繁育中心建设项目,投资 220 万元。2004 年,实施中药材基地建设项目,投资 30 万元;实施农村劳动力转移培训"阳光工程"项目,连续 4 年总投资 347.8 万元。2005 年始,测土配方施肥试点补贴项目实施 3 年,总投资 200 万元;产粮大县奖励项目实施 3 年,总投资 490 万元。2006 年始,实施农业科研示范场建设项目,投资 20 万元;国家优质粮食产业工程一农业有害生物预警与区域站建设项目实施两年,总投资 290 万元;新型农民培训项目实施两年,总投资 73 万元。2007 年,实施乡村清洁工程项目,投资 14 万元。1987—2007 年,项目实施累计投资 3280.7 万元,农业生产综合能力提升,农产品加工科技含量提高。

六 农业生产资料供应

1987 年,根据"农技部门要走自我壮大,自我发展的新路子""兴办农业服务实体,强化农业服务功能""围绕推广办实体,办好实体促推广"的指导思想,植保站、经作站在技术服务的同时配套供应农药、果树苗木。1988 年,设立农业服务中心,经营农业生产资料。1989 年,农业服务中心牵头,粮油站、经作站、植保站、土肥站经营常规良种、苗木、农药、化肥。1992 年,市农业局办公楼一层改为经营门面,挂牌经营。1994 年,市、区、乡三级农技部门 55 个经营店铺全部开业,经营额突破 500 万元。1995 年,市农业局打破职工铁饭碗,部分职工的工资、补贴要自己创收解决。此后,市农业局内部把技术推广结合农资供应列入目标管理,没有完成任务的单位不能评优评先,生产资料供应力度加大。1997 年,经营额突破 1000 万元。2001 年开始,农资市场开放,经营额逐年下降。2007 年,停止农资集体经营服务活动。

第五节　农作物保护

一　病虫害种类及防治

（一）　农作物病虫害种类

境内农作物病虫害种类多、发生面积大，是农作物减产的主要原因之一。常见虫害有 12 目 47 科，病害 19 目 23 科 52 属，计 152 种。

水稻　虫害主要有二化螟、三化螟、大螟、纵卷叶螟、稻飞虱、稻叶蝉、赤斑黑沫蝉、稻螟蛉等。病害主要有稻瘟病、纹枯病、稻曲病、褐条病、细菌性条斑病、青矮病、黄矮病、胡麻斑病、稻云形病、叶鞘腐败病、稻叶黑粉病等。20 世纪 70 年代前后，三化螟发生数量大，危害严重，是主要防治对象。随着杂交晚稻普及推广，化肥施用量增加，二化螟、纹枯病、稻曲病发生面积、危害程度逐年加大，上升为主要防治对象，三化螟很少发生。三虫两病（二化螟、纵卷叶螟、稻飞虱，稻瘟病、纹枯病）为常年主要防治对象。

大麦、小麦　虫害主要有蚜虫，病害主要有赤霉病、锈病、白粉病。

红薯　病虫害主要有薯瘟、黑斑病、甘薯象甲、甘薯卷叶蛾，以薯瘟危害最严重。

玉米　虫害主要有玉米螟、蚜虫、地老虎，病害有纹枯病、大斑病、小斑病。

柑橘　虫害主要有蚧壳虫（矢尖蚧、糠片蚧）、红蜘蛛、锈壁虱、花蕾蛆、天牛、潜叶蝇、吸果夜蛾、蚜虫、黑刺粉虱等，以红蜘蛛、锈壁虱、蚧壳虫为害最严重；病害有炭疽病、疮痂病、树脂病。

葡萄　虫害主要有吸果夜蛾、透翅蛾、四星叶甲、蚜虫；病害主要有黑痘病、霜霉病、炭疽病、白腐病，以黑痘病、白腐病为害最严重。

梨子　虫害主要有梨蚜、梨木虱、吸果夜蛾，病害主要有梨锈病、黑星病。以吸果夜蛾、梨锈病为害最大。

茶叶　主要是茶毛虫、茶尺蠖为害。

棉花　主要是棉铃虫、地老虎、金刚钻、红蜘蛛、立枯病为害。

蔬菜　虫害主要有菜青虫、蚜虫、地老虎、斜纹夜蛾、小菜蛾、茶黄螨、烟青虫，病害主要有猝倒病、软腐病、青枯病、枯萎病、病毒病、霜霉病等为害。

（二）　防治措施

生物防治　境内害虫天敌有 128 种。其中，寄生性天敌 2 目 13 科 53 种，捕食天敌 4 目 11 科 36 种，农田蜘蛛 12 科 33 种，其他捕食性动物 6 种。20 世纪 80 年代，推广综合防治技术，把保护天敌，发展生物防治技术作为重要内容进行宣传、推广。采取放宽防治指标，控制使用广谱剧毒农药等措施，减少天敌伤害，优化天敌生存繁殖环境。为充分利用蜘蛛控制稻飞虱，1988 年开始，放宽稻飞虱防治指标，苗期由每百蔸 300~500 只放宽到 800~1000 只，穗期由 800~1000 只放宽到 1500~2000 只。鼓励农户发展稻田养鸭、稻田养鱼，保护青蛙，生物防治技术提高。

人工防治　20 世纪 80 年代，人工防治措施有拔除枯心白穗、深水灭蛹、点诱蛾灯、设捕虫袋、秋冬铲除禾蔸杂草等。进入 90 年代，农药品种、数量增加，农药质量和防治技术提高，人工防治方法减少。进入 21 世纪，推广使用频振式杀虫灯，继续采用深水灭蛹、合理轮作、冬翻冬冻等方法。

药剂防治　药剂防治是境内农作物病虫害防治的主要措施。20 世纪 80 年代末，停止使用六六六粉、甲基 1605、滴滴涕等农药，选用对口、高效、低毒、低残留农药。市植保植检站受省药检所委托，长期承担部分生产厂家农药新品种的药效试验工作，为境内率先使用对口、高效、低毒、低残留农药创造有利条件。90 年代，停止使用毒杀芬、杀虫脒等农药。21世纪,禁止使用毒鼠强,限制使用甲胺磷、甲基对硫磷、久效磷、磷胺等农药。

茶、果园病虫害防治主要采用吡虫啉、螨锐、扑虱灵、哒螨灵、水胺硫磷、乐果、甲氰菊酯、阿维菌素、敌敌畏、功夫、辛硫磷、三唑锡、代森锰锌、多菌灵、百菌清、甲霜灵、三唑酮、石硫合剂等农药。

二 化学除草

1987年始,市植保植检站连续3年对境内农田杂草进行调查,计59科215种。稻田杂草主要有稗草、四叶萍、牛毛毡、瓜皮草、鸭舌草、节节菜等,旱土杂草主要有马唐、狗尾草、碎米莎草、无芒稗、金色狗尾草、茺草、香附、看麦娘、繁缕、雀舌草、碎米荠、早熟禾、小飞蓬、猪殃殃、野燕麦、草石蚕等,茶果园杂草主要有马唐、狗牙根、白茅、狗尾草、小飞蓬、茺草、野艾蒿、蕨类等。是年,植保植检站使用草甘膦防治恶性杂草获市科技成果奖。以后,化学除草面积逐年增加。1990年,使用化学除草剂1250千克,水田除草面积1000公顷、旱土除草面积267公顷。1994年,稻田化学除草面积8000公顷,旱土除草面积425公顷。1995年,使用化学除草剂12.3吨,除草面积17400公顷。其中,水田16666.66公顷,旱土734公顷。2000年,稻田化学除草达到90%以上,旱土、茶果园、田埂使用面积增加到5333.33公顷。1987—2007年,境内推广使用的水稻除草剂品种主要有禾大壮、秧田清、秧田净、丁草胺、田草净、除草王、田草威、除草灵、克无踪等,旱土作物除草剂品种主要有绿黄隆、甲黄隆、乙草胺、草甘膦、农达、杂草光、盖草能等。

三 农田灭鼠

1987年,境内鼠害猖獗,在春播作物种植前和害鼠繁殖高峰前,植保植检股组织大范围统一时间灭鼠,能杀一灭十,有效控制鼠害。1988年,植保植检股被省农业厅评为农田灭鼠先进单位。1997年始,境内害鼠数量减少。2002年,通过电视宣传、发放资料等形式,进一步宣传统一灭鼠和科学灭鼠技术。1987—2007年,全市平均每年投放敌鼠钠盐、氯敌鼠钠盐、溴敌隆、氯鼠酮等鼠药150千克,每年灭鼠面积超过2万公顷。

第六节 种植业管理

一 机构队伍

1987年,市农业局内设办公室、人事股、计划财务股、科技教育股、粮油作物股、经济作物股、畜牧股、水产站、土壤肥料管理站、植保植检股(包括病虫测报站)、中央农业广播电视学校涟源分校、农业场所管理股,下设荷叶、四古、伏口、桥头河、杨家滩、山塘、白马7个区农技站和北部山区农技站、珠梅试验站、市农业技术培训中心、市种子公司。下辖市园艺示范场、市茶叶示范场、市农业科学研究所,局办企业市出口商品包装箱厂。是年末,全局在职人员146人。其中,高级农艺师4人,农艺师8人。1988年1月,畜牧股、水产站从农业局分出成立市畜牧水产总站。是年,增设农业服务站。1990年,市农业技术培训中心更名市农校。1993年10月,撤销北部山区农技站、珠梅试验站,人员、编制并入市农业局和市种子公司。1995年,撤区并乡,区农技站人、财、物、事四权下放到乡镇,成立20个乡镇农技站。1997年,增设法制股、审计股、市农业技术推广中心(加挂市农业科技教育管理站牌子)、种子管理股、农业环境保护监测管理站。市农校并入中央农业广播电视学校涟源分校,两块牌子,一套人马。1998年12月,增设农业生态环境建设办公室。2000年,增设农业综合开发办公室。2001年,成立市农业行政执法大队。2002年,增设市农业场所国土管理所,办公室加挂市农业信息中心牌子,农业行政执法大队加挂政策法规股牌子,农业技术推广站加挂良种繁育推广站牌子,植保植检站加挂农药管理站牌子，撤销农业生态环境建设办公室，农业综合开发办公室归口市政府农村工作办公室。2004年,增设农产品质量安全检验检测中心,撤销审计股。2005年,市出口商品包装箱厂按照涟源市企业改革的若干规定实行两个置换,资产转让给市农业局,职工同企业解除劳动关系。2006年,市乡镇企业局、市蔬菜管理局均调整为副科级机构,归口市农业局管理,属财务独立的二级机构,市乡镇企业局加挂市农业产业化服务局牌子。2007年,农业环境保护监测管理站更名农业资源与环境保护管理站,加挂市外来物种管理办公室牌子。市蔬菜管理局所辖二级机构市无公害蔬菜监测中心并入农产品质量安全检测中心。是年,全局内设办公室(市农业信息中心)、人事股、计划财务股、科技教育股、粮油作物股、经济作物股、土壤肥料管理站、植保植检站(农药管理站)、中央农业广播电视学校涟源分校(市农校)、农业场所管理股、农业场所国土管理所、农业行政执法大队(政策法规股)、农业技术推广中心(良种繁育推广站)、农产品质量安全检验检测中心、农业资源与环境保护管理站(市外来物种管理办公室),在职人员176人。其中,高级农艺师6人,农艺师35人。财务独立的二级机构有乡镇企业局、蔬菜管理局、市种子公司。

二　植物检疫

20世纪80年代,对柑橘外销数量多的市园艺示范场、檀山、林家、双江、民光等橘园和杂交水稻制种基地坚持产地检疫,每年2~4次;种子种苗调运坚持检疫证制度,对没有检疫证的种子种苗进行封存、扣押、销毁。1987年,孙家桥乡农民曾某某、灌湄乡农民蔡某某从水稻细菌性条斑病区双峰县山塘铺乡和新邵县花桥乡调入水稻种子227.5千克,分销给72个农户,市农业局得知消息后,配合当地政府,拔除青苗,实行无菌化处理。1988—1989年,开展豚草普查,境内没有发现豚草。2001年,开展农业植物有害生物疫情普查。金石镇、荷塘镇零星发生水稻细菌性条斑病,白马镇、茅塘镇局部发生甘薯瘟,三甲、六亩塘、桥头河、伏口、斗笠山等乡镇发生甘薯象甲,桥头河镇、渡头塘乡蔬菜基地发生美洲斑潜蝇,大部分乡镇发生菟丝子。2005年,开展红火蚁、稻水象甲、柑橘大实蝇、小实蝇普查,境内未发现。

三　农资打假

1987年开始,采用常年抽查与重点打击相结合的办法,杜绝假冒伪劣农资入市。1995年3月,市农业局调查发现,桥头河镇农技员李某某与农民邱某某从浏阳市购进假威优63稻种6.05吨,责令其退款换种1.47吨,退款补种720千克,没收做食用粮处理3.86吨,没收非法所得并罚款1.3万元。是年5月,发现茅塘乡农技员周某某同农民周某某、周某某从浏阳市北星乡个体种贩陈某某、黄某某处购进假威优48种子6.72吨,假威优64种子6.58吨,除没收非法所得,退款补种外,农技员周某某被司法机关判处有期徒刑1年,农民周某某拘留罚款后免于刑事处罚。龙塘乡农技员吴某某、萧某某主动反映从浏阳市镇头镇李某某处调回汕优桂34种子4.3吨,通过司法机关协查,李某某承认是常规稻种子,吴、萧两人积极采取措施退款补种,被免于处罚。1995年,处理种子案件79起,涉及种子53.66吨,其中假冒种子35.08吨,不合格种子18.58吨。2000年,市政府发布《关于加强主要农作物杂交种子市场管理通告》《进一步加强农药市场管理通告》,成立由农业、工商、技监、公安、检察、监察组成的整顿农资市场执法小组,在全市范围内集中展开农业执法宣传和农资打假护农活动。3—6月,市农业局会同工商、技监、公安对全市种子、农资市场进行全面整顿,规范种子经营店(点)72个,农药经营店(点)156个,取缔非法经营店(点)56个,处理违法案件17件,没收假冒伪劣农药品种47个,查封过期农药品种31个2.4吨,没收违法所得1000元;扣押查封种子2.73吨,没收假冒伪劣种子270千克。2003年8月,禁止使用毒鼠强杀鼠剂,对全市杀鼠剂市场进行全面清查,出动宣传执法车辆52

次，清理经营店(点)342个，查处非法经营杀鼠剂店(点)524个，捣毁非法生产杀鼠剂窝点2个，收缴毒鼠强(三步倒、闻到死)等剧毒杀鼠剂180千克，没收毒鼠强原药29千克，查处涉案人员70余人。2007年，清查农药经营点233个，抽取样品24个，送省农药检测中心检测，"高盖""防卷工兵""虫净"为假农药，"百草枯""丁异""飞驰"为劣质农药。重点处罚国义农资经营部，销毁库存假农药"农达"25件，没收违法所得9400元，罚款2万元。

1987—2007年，查处假冒伪劣、不合格农资产品案1012起，依法追究刑事责任2人，处理假稻种42吨，做食用粮出售，假农药5.1吨，劣质肥料500余吨，捣毁违法生产剧毒杀鼠剂窝点2处，没收国家禁止使用毒鼠强杀鼠剂257千克，剧毒鼠药原剂29千克。

四 农产品质量安全检测

2004年9月，设农产品质量安全检测中心，配备专业技术人员8名，设有农药残留检测室、土壤检测室、仪器室、样品室、药品储藏室、色谱室，对市区大型超市、蓝田市场、蓝田双江市场、桥头河无公害蔬菜基地进行定点定时检测与全程监测，每年6—10月，各个节假日为农药残留监测重点时段。2005年，发放《农药安全使用操作规程》《湖南省农产品质量安全管理办法》《农业部关于在蔬菜、水果上禁止使用和限制使用高毒农药品种的公告》5800份。是年，抽检96批次。其中，抽检蔬菜样品1740个，62个样品农药残留超标，占3.7%，督促商家下架停止销售；抽检水果样品160个，无农药残留超标样品。对已通过产地、产品认证的金秋梨、柑橘、葡萄等生产基地抽检12批次90个样品，合格率97%。全年发布《信息简报》30期。2006年，抽检样品1660个。其中，蔬菜1460个，农药残留超标样品35个，占2.3%；水果样品200个，农药残留超标样品3个，占1.5%。发布《信息简报》20期。2007年，抽样2017个。其中，蔬菜834个，瓜果790个，豆类393个。检测出农药残留超标样品70个，占3.4%。发布《信息简报》12期。

五 农业资源保护与环境建设

1997年，设农业环境保护监测管理站。2004年，建立桥头河蔬菜生产基地与市茶叶示范场两个省级无公害农产品生产基地。2006年，开展无公害农产品、绿色食品产品认证，全市无公害农产品产地认定面积12573.3公顷。湘中无公害蔬菜开发有限公司的辣椒、红豆、大白菜、冬瓜、丝瓜、苦瓜、黄瓜、萝卜、茄子、四季豆、莴笋，水洞底镇农技站的马铃薯，市茶叶示范场的"玉笋春"茶叶，市果树联合协会的梨，农技推广中心和斗笠山镇托里园艺场的柑橘获得无公害农产品认证；市湘林食品有限公司生产的辣椒酱、醋、酱油获得绿色食品认证。2007年，开展农业污染源普查，在清查全市农户的基础上，确定2204个种植户，783家畜禽养殖专业户，174家水产养殖专业户为重点普查对象。是年，开始组织实施乡村清洁工程，在六亩塘镇温田村修建农业投入品废弃物收集池25个，垃圾堆沤池10个，安装频振式杀虫灯6盏，60个农户屋前屋后硬化5050平方米，修建水沟475米、花坛300平方米；改厨39户，改厕41户，建污水处理系统58套。

图17-10 六亩塘镇南芙无公害蔬菜基地

第二章　养殖业

第一节　家畜养殖

一　生　猪

1987 年，全市生猪以农户散养为主，品种以宁乡黑白花猪为主，市外贸猪场和市畜禽良种繁殖场饲养“三元杂交”(长白×大约克×杜洛克)猪，农村少数母猪饲养户开始用大约克公猪与境内母猪杂交，养殖改良猪。农户采取传统煮潲方式饲养，6—8 个月出栏，每户全年饲养 2~5 头。是年，全市饲养生猪 102.30 万头，出栏 47.61 万头，年末存栏 54.69 万头，其中能繁殖的母猪(简称能繁母猪)3.05 万头。是年，涟源市被确定为全国瘦肉型商品猪生产基地，国家拨款 40 万元，发展瘦肉型商品猪。1988 年，全市发展瘦肉型商品猪养殖大户，扩大良种猪养殖规模，引进大约克良种公猪投放农村，改良本地土猪。1990 年，国家拨款 20 万元，推动全市生猪品种改良。引进长白、大约克、杜洛克、桃源黑猪，在市畜禽良种繁殖场，以良种猪×良种猪、良种猪×本地猪分组进行杂交组合筛选试验，选出长白、大约克、杜洛克“三元杂交”猪组合为出口瘦肉型商品猪，大本(大约克猪和本地猪)和长本(长白猪和本地猪)杂交组合为境内商品猪，在全市推广。次年，全市涌现出 400 户养猪大户，每户年出栏肉猪 100~300 头。新禾乡企业办在潘塘村创建新禾猪场，占地 2 公顷，年出栏 4000 头，年末存栏 1200 头。是年，全市饲养生猪 112.7 万头，出栏 56.29 万头，年末存栏 56.41 万头，其中能繁母猪 2.91 万头。1991 年，大力推广科学养猪，实行“三改”(改本地种猪为良种猪和杂交母猪、改喂熟潲为喂生食、改栏内积肥为栏外积肥)，推广配合饲料，农民的养猪积极性提高。1997 年，市政府加大对养猪专业户的扶持力度，猪栏用地优先解决，免收费用，用电免收增容费。全市养猪专业户增加到 1800 户。是年，全市饲养生猪 132.83 万头，出栏 77.96 万头，其中销往广东、深圳和上海等省、直辖市的生猪达 10 万头。1998 年，养猪效益下降，部分养猪专业户改行，新禾猪场倒闭。2000 年，生猪价格回升，存栏 100 头以上的养猪专业户增至 2408 户，规模养猪场成为瘦肉型商品猪生产主体。农村散户养猪减少，养猪户约占农户的 50%。公猪良种化程度达 100%，杂交母猪 98%，“三元”杂交商品猪 40%，商品猪育肥期仅 4 个月。2007 年，涟源市列入全国生猪标准化规模养殖小区项目、生猪调出大县奖励扶持项目、生猪良种补贴项目和能繁母猪补贴项目县市，国家投入资金 1002 万元，对常年存栏 300~499 头的养猪专业户奖励 2 万~3 万元 / 户，500~1449 头的奖励 5 万元 / 户，1500 头以上的奖励 10 万~50 万元 / 户。在政策鼓励下，全市大部分猪场完成标准化建设和改造，市鸿大牧业有限公司、市天鹏畜业有限公司等 7 个规模猪场实行微机化管理。是年，存栏 300 头以上的养猪专业户 2670 户。全市饲养生猪 174.36 万头，出栏 110.67 万头，年末存栏 63.69 万头。其中，能繁母猪 5.52 万头，分别比 1987 年增长 70.4%、132.45%、16.46%、80.88%。

图 17-11　规模化养猪

二 牛

1987年，境内养牛主要用于耕作，年末存栏5.50万头，能繁殖的母牛（简称能繁母牛）1.46万头，役用牛4.35万头，出栏（出售和自宰）牛7100头。20世纪90年代，农村劳动力外出务工，部分农田荒芜，耕牛减少。2000年，年末存栏牛4.82万头，能繁母牛1.45万头，役用牛3.72万头，出栏牛3610头，分别比1987年减少12.36%、0.68%、14.48%、49.15%。

2001年5月，茅塘镇个体户肖自江、肖希轩、谢少松投资300万元从贵州省引进59头黑安格斯种牛在市园艺示范场进行本品种繁殖。6月，建立全市第一个规模养牛公司——涟源市牛业公司。9月26日，涟源市被确定为全国秸秆养牛示范县市，实施秸秆养牛示范县建设项目。全市对公牛进行普查、登记造册，淘汰劣种公牛，推广良种牛繁育。是年，年末存栏牛5.76万头，能繁殖母牛1.64万头，役用牛4.13万头，出栏牛6000头，分别比2000年增长19.50%、13.10%、11.02%、66.16%。2003年，投放安格斯公牛到各乡镇与境内母牛杂交，其杂交后代称“湘中黑牛”。湘中黑牛具有生长速度快、耐粗饲、肉质好、适应性强等特点。杂交一代前期日增重835克，20月龄可达450千克，屠宰率56%，净肉率45%，成为湖南省著名品牌。是年，世界银行启动涟源市肉牛发展项目，贷款250万美元，补贴母牛饲养户和育肥牛饲养大户，推广“户养一群牛（3~5头母牛）、种好一片草、建好一栋栏、新建一个池（氨化池、青贮池、沼气池）、改好一个灶（沼气灶）”的生产模式，项目农户通过验收达标后，每户补助5400元，全市发展7个乡镇452户养牛户，补助资金244万元。同时实行退耕还草项目，引进矮象草、桂牧一号等品种，种植1333.33公顷。湖南五江集团天华牧业有限公司（市牛业公司更名，简称天华牧业公司）安格斯牛纯种繁育场由市园艺示范场搬迁到七星街镇湘波茶场，占地300公顷，建栏舍、加工厂、办公楼、消毒室、胚胎移植实验室等10栋楼房，成为湖南省高档品牌肉牛基地。建立黄牛品改中心，从省畜牧研究所购进液氮和夏洛莱良种公牛冻精2000粒，开展人工授精，配种1000胎，产仔牛300头。是年，全市年末存栏牛6.58万头，能繁母牛2.86万头，役用牛5.06万头，出栏牛1.02万头。2004年2月4日，省委书记杨正午至天华牧业公司视察，在茅塘镇召开调整农业产业结构座谈会，杨正午赞扬天华牧业公司是农业结构调整的典范。3月，天华牧业公司同中国科学院动物遗传与发育学研究所合作，邀请吴德国、马丁（加拿大籍）、麦克（加拿大籍）等教授、专家至涟源进行胚胎移植、纯种繁育，以安格斯牛为基础，对胚胎移植进行实验，扩大种牛群体（产仔20头，移植受胎率达50%）。4月，建立涟源市黄牛改良中心和乡镇冷配点，引进夏洛莱、西门塔尔良种公牛精子2000粒进行人工授精。12月16日，农业部对涟源安格斯牛纯种繁育场给予大力支持，项目总投资800万元，国家拨付专项资金150万元。是年，发展存栏20头以上的肉牛养殖大户60户，全市年末存栏牛7.06万头，能繁母牛2.55万头。2005年8月，天华牧业公司肉牛屠宰加工厂成立，年加工生产能力5万吨，主要产品有湘中黑牛冷鲜牛肉、牛肉馄饨、五香牛肉干等，湘中黑牛冷鲜牛肉被农业部推荐为2008年奥运会指定产品。11月，制定实施《涟源市湘中黑牛饲养管理技术规程》，对牛场环境、牛的引进、水质、饲料、兽药、防疫等肉牛饲养管理技术进行规范。12月，涟源市被评为全省草食动物基地县建设先进单位。是年，全市出栏牛3.56万头，年末存栏牛8.33万头，其中能繁母牛2.94万

图17-12 规模化养牛

头。2006年，涟源市出台《关于加快肉牛产业发展的决定》，制定肉牛饲养奖励政策：饲养母牛3头以上的农户奖励100元；一个村发展50户以上或全村人平牛0.5头以上的确认为示范村，奖励1万元；5个示范村以上、2个育肥牛场、5个户各有存栏牛在30头以上的乡镇为肉牛发展重点乡镇，奖励2万元；每产一头杂交牛奖励户（场）主20元。对养牛占地建栏视为农业用地，购牛贷款贴息，用电、用水、物资供应、免疫等方面给予优惠。是年，投资15万元购进一台5立方米的液氮罐，建立液氮贮存站，购进冻精8000粒，实现全市统一供精供液氮，建立品种改良站（点）46个，培养品改员46人，人工配种5000胎，受胎率70%。纯种安格斯公牛自然本交1万胎。

2007年，全市年末存栏牛9.40万头，能繁母牛3.74万头，役用牛4.64万头，出栏牛5.12万头，分别比1987年增长70.91%、156.17%、6.67%、621.13%。是年，涟源市被评为全省草食牲畜品改工作先进县（市）。

三　山　羊

20世纪80年代，境内主要饲养湘中黑山羊，其毛色全黑，耐粗饲，抗病力强，成熟早。饲养方式为放牧。2年左右平均体重在25~35千克，大的可达70千克。母羊一般6个月性成熟，7—8月龄配种，一年二胎，一胎二羔，阉羊屠宰率46.6%。1987年，年末存栏山羊5万只，年内出栏3.55万只。因近亲繁殖，品种退化，个体小，生长速度慢，生产效益低。1993年，市政府拨款15万元，从龙山县种羊养殖场购进黄羊210只、从芷江县购进马头种羊300只与本地山羊杂交，收到一定效果。是年，存栏山羊5.7万只，出栏4.73万只，比1987年分别增长12.3%、33.2%。1995年，有农户自发购进波尔山羊、四川黄羊与本地山羊进行杂交改良。2007年，三甲乡谭建辉、陈行、李放初在落马江村建立全市第一个湘中黑山羊种羊培育基地，项目投资30多万元，建成高标准、大规模、楼棚式羊舍，占地100公顷，购买种羊520只（其中一只特种黑公羊花2万元从湖南农业大学购得），年产仔400只，年产值10万元。是年，全市有养羊大户480户，其中存栏100只以上的有30户。全市年末存栏山羊9.05万只，年内出栏8.83万只，分别是1987年的1.81倍和2.49倍。

图17-13　黑山羊

四　其　他

狗　20世纪80年代，境内农户养狗为看门守家，全市年均饲养量约2万只。1991年，杨家滩镇梅林村、渡头塘乡红旗村、桥头河镇梓茶村3户肉犬养殖专业户，共养殖肉犬110只。因饲养管理难度大，1992年均停办。21世纪初，有居民养狗做宠物观赏。2002年，全市狂犬病发生严重，死亡43人，各乡镇（街道）组织捕杀1万只，对8000只进行免疫注射，挂牌发证。2007年，全市狗饲养量约2.5万只，其中宠物狗约1000只。

兔　1987年，全市养兔6664只。其中，出笼2533只，存笼4131只（其中长毛兔1855只）。1997年，兔饲养量1.14万只。其中，存笼4200只，出笼7200只。2007年，兔饲养量1.82万只。其中，存笼1.02万只，出笼0.8万只。

马、驴、骡　1987年，全市有马67匹，驴33匹，骡22匹。1997年，有马240匹，无驴、骡。2007年，有马445匹。

第二节 家禽养殖

一 鸡

20 世纪 80 年代，全市养鸡以农村散户为主，普遍饲养境内土鸡，毛色有黄、黑、麻花三种，以黄、黑色为主，个体小，肉质好，年产蛋 150~200 枚。成龄鸡体重 1.25~1.5 千克。1987 年，鸡出笼 78.70 万只，年末存笼 105.04 万只。1995 年，安平镇个体户段应兴利用原省湘中机械厂房屋开办全市第一家规模养鸡场，饲养境内种鸡 8000 只，购进电孵机，引进罗曼、艾维茵、AA 等肉鸡品种，50~60 天出笼，成龄鸡体重 4~5 千克，肉质松软，口感一般。是年，孵化雏鸡 100 万只，出笼商品鸡 1.2 万只，存笼 1 万只。1996 年，安平镇饲养量上万只的养鸡户发展到 28 户。是年，全市鸡出笼 162.28 万只，年末存笼 159.31 万只。1997 年，养鸡专业户饲养的肉鸡品种更换为芦花鸡，70~90 天出笼，中等个体，成龄鸡 2.5~3 千克。1999 年，品种更换为三黄鸡（毛黄、嘴黄、脚黄），更为人们所接受。2007 年，全市养鸡专业大户增至 980 户。全市鸡出笼 309.62 万只，年末存笼 311.22 万只，分别是 1987 年的 3.93 倍和 2.96 倍。

图 17-14 规模化养鸡

二 鸭

20 世纪 80 年代，全市养鸭以康乃尔鸭、绍兴鸭、麻鸭、北京鸭为主，多为家庭少量饲养。200 只以上的养鸭大户利用山塘、水库、小溪、稻田饲养，主要用于产蛋。1987 年，年末存笼 12.2 万只，年内出笼 14.9 万只。1995 年开始，饲养商品鸭大户逐年增加。是年，安平镇长溪村、渡头塘乡东风村、石马山镇川门村共有养鸭大户 9 户，户均养鸭 5000 只。2007 年，饲养 500 只以上的养鸭大户 380 户。是年，全市存笼 26 万只，年内出笼 79 万只，分别是 1987 年的 2.1 倍和5.3 倍。

三 鹅

20 世纪 80 年代，全市养鹅少，多为家庭少量养殖，品种有灰、白鹅，个体中等、耐粗饲，体重 5~8 千克，年产蛋 40 枚左右。1987 年，年末存笼 4900 只，出笼 1800 只。2000 年，年末存笼 3 万只，出笼 4.2 万只。2007 年，年末存笼 3.38 万只，出笼 6.39 万只。

1987—2007年涟源市畜牧业发展情况

表17-4

项目 / 年份	大牲畜(牛、马、驴、骡等)(万头、万匹)		生 猪(万头)			羊(万只)		家 禽(万羽)	
	年末存栏	能繁母畜	年末存栏	年内出栏	能繁母猪	年末存栏	年内出栏	年末存笼	年内出笼
1987	5.51	1.46	54.69	47.61	3.05	5.00	3.55	117.80	93.78
1988	5.64	1.54	55.85	50.26	3.01	5.27	3.50	137.37	109.90
1989	5.86	1.68	54.67	55.90	2.84	7.59	3.45	140.96	124.06
1990	5.90	1.75	56.41	56.29	2.91	5.30	3.00	143.34	132.58
1991	5.93	1.79	55.18	58.50	2.94	4.63	2.84	145.41	135.25
1992	5.98	1.79	54.53	60.00	2.56	4.60	3.62	163.36	163.04
1993	6.02	1.79	58.91	60.22	3.12	5.70	4.73	153.50	164.68
1994	5.84	1.78	52.95	60.84	3.15	4.93	3.66	134.46	160.53
1995	5.80	1.70	53.79	67.51	3.32	4.43	4.03	159.31	162.28
1996	5.51	1.61	55.9	75.48	3.71	5.61	4.04	159.31	162.28
1997	5.20	1.59	54.87	77.96	3.84	6.03	4.00	160.12	167.60
1998	4.82	1.45	55.46	80.10	4.00	5.85	4.27	208.49	202.08
1999	4.84	1.48	49.29	74.20	3.70	5.91	4.30	200.19	206.43
2000	4.65	1.48	48.06	69.10	3.50	8.21	4.45	197.39	217.46
2001	5.35	1.64	42.96	75.07	8.06	8.06	5.09	230.70	255.30
2002	5.71	2.03	37.61	77.52	3.89	6.02	4.81	230.00	235.00
2003	6.61	2.86	59.10	78.10	3.91	6.20	5.40	240.00	300.00
2004	7.07	2.94	60.17	85.00	4.21	7.40	6.99	245.00	323.00
2005	8.34	2.94	61.67	95.10	4.80	8.78	7.50	301.10	327.25
2006	8.66	3.38	61.67	104.10	5.20	8.79	8.17	301.50	371.25
2007	9.44	3.74	63.69	110.67	5.52	9.05	8.83	340.60	395.01

第三节 水产养殖

一 养殖品种

1987年,全市鱼产品以草鱼、青鱼、鲢鱼、鳙鱼四大家鱼为主,其次是鲤鱼、鲫鱼、鳊鱼、鳜鱼等,小水产品有泥鳅、黄鳝、虾、螃蟹、田螺、鳖等。1991年后,陆续引进罗非鱼、湘鲫、芙蓉鲤、黄颡、鲂鱼、银鱼等新品种。

二 种苗繁育

1987年，市鱼苗鱼种繁殖场以孵化草鱼、鲢鱼、鳙鱼、鲤鱼为主，孵化量4000万尾。杨家滩镇泉溪村鱼苗场年孵化草鱼、鲢鱼苗1500万尾，渡头塘乡东风渔场年孵化草鱼苗1000万尾。古塘乡、伏口镇、大桥乡一般利用稻田培育鱼种，其他乡镇一般利用专业鱼苗培育池培育鱼种。1997年，市鱼苗鱼种繁殖场孵化草鱼、鲢鱼、鳙鱼、鲤鱼鱼苗5000万尾，乡镇鱼苗场停产，个体鱼苗场出现。其中，三甲乡墨溪村黄维祥年培育200万尾，渡头塘乡菊花村颜成文年培育鱼苗300万尾。是年，全市有鱼苗池3.2公顷，培育鱼苗6000万尾。2007年，市鱼苗鱼种场孵化量达到5000万尾，基本解决涟源市鱼苗供应。

三 成鱼养殖

塘库养鱼 1987年，塘库实行责任承包制，全市塘库放养水面2626.7公顷。其中，池塘养殖1970公顷，水库养殖653.3公顷。共产鱼3.28万吨。1997年，出现池塘养鱼大户15家，伏口镇伏口村高早红承包池塘1公顷，年产鱼7.5吨，年收入12万元。是年，全市塘库放养水面2973.3公顷。其中，池塘养殖2320公顷，水库养殖653.3公顷。共产鱼5.41万吨。此后，因劳动力外出打工，池塘养鱼减少。2007年8月，白马水库定为娄底市生活用水资源，禁止施肥养鱼。是年，全市塘库产鱼下降至1.17万吨。

稻田养鱼 境内稻田养鱼以养殖鲤鱼、鲫鱼和培育草鱼鱼种为主。1987年，稻田养殖780公顷，平均每公顷产鱼270千克。1997年，推广模式化稻田养鱼（沟凼式养鱼和水稻兼作）1400公顷，平均每公顷产鱼360千克。2001年，涟源市模式化稻田养鱼获省政府十二大农业工程“亚华杯”奖。2003年，获湖南省农业丰收奖。2007年，全市稻田养鱼947.33公顷，产鱼341吨。

网箱养鱼 1987年，在白马水库、大江口水库、水洞底孙水河和渡头塘涟水河等中小型水库及河道投放网箱养鱼。是年，全市有网箱60口，年产鱼17吨。1991年，市政府对网箱养鱼实施奖励政策，每口网箱奖100元，共奖励8万元。是年，网箱发展到800口，年产鱼175吨。1997年，有网箱950口，年产鱼210吨。2000年前后，河道网箱养鱼因汛期涨水难于管理而停养。2007年8月，白马水库被定为娄底市饮用水资源，库内网箱全部撤销。是年，大江口水库有网箱3口，年产成鱼300千克。

第四节 特种养殖

蜜蜂 1987年，全市有养蜂户30户，养蜂688箱，年产蜂蜜7.5吨。1997年，有养蜂户20户，养蜂350箱，年产蜂蜜4吨。2007年，有养蜂户60户，养蜂1242箱，年产蜂蜜25吨，年产值150万元。伏口镇伏口村吴登辉，养蜂60箱，年产蜂蜜1.2吨，年收入6万元。

鸽子 1987年，新禾乡禾花村、市畜禽良种场各从长沙引进美国肉鸽200对繁殖成功，年供应种苗8000羽。20世纪90年代至2007年，境内只有少量散户饲养，规模均不大。

牛蛙、甲鱼 1988年，马头山、龙塘、桥头河、大桥等乡镇从汉寿县引进美国牛蛙、甲鱼养殖，全市年产牛蛙15吨，甲鱼1吨。由于种苗难以培育，甲鱼生长速度过慢，至2007年，全市年产牛蛙仅2吨，甲鱼仅100千克。

螃蟹 1991年，古塘乡望岩村、马头山乡长车村有人养殖螃蟹，因难以管理，生长速度慢，不久停养。

银鱼 1997年1月，市畜牧水产局从云南引进银鱼投放白马水库，试养成功。2001年，再次引进银鱼投放白马水库，是年产银鱼2吨。2007年，银鱼在库内自然繁殖，小规模捕捞，年产银鱼500千克。

罗非鱼 1990年，市畜牧水产局从大庸市引进罗非鱼在石马山镇温江村西温井口（水面300余平方米）繁殖，年繁殖100万尾。因罗非鱼属热带鱼类，需保温过冬，技术和管理跟不上，1993年，停止繁殖。

鹌鹑 2007年，石马山镇石梅村尹选初和市园艺场毛剑秋各饲养鹌鹑5000羽，共产蛋30吨。

梅花鹿 2004年，斗笠山镇香花村刘仲华投资160万元从湖南国鹿公司引进100头梅花鹿。安平镇石等村吴成功投资60万元从新疆引进50头梅花鹿。2006年，因供种单位违约不回收产品，刘仲华饲养的梅花鹿销售无路，最后破产，亏损170万元。吴成功由于不善饲养管理，养殖不成功，亏损78万元。

俄罗斯鲟 1999年，石马山镇温江农业综合开发公司在温江拦河5.8千米，放养俄罗斯鲟150万尾，未获成功。

第五节 畜政、渔政管理

一 管理机构

1988年1月，畜牧股和水产站从市农业局析出，组建市畜牧水产总站，内设办公室、计财股、人事教育股、畜牧股、水产股，防疫股，在职人员48人（其中高级畜牧师1人）；下设7个区畜牧水产站，47个乡镇（街道）畜牧水产站，在职人员316人；下辖市畜禽良种繁殖场、市鱼苗鱼种繁殖场。是年，成立市畜牧兽医联站，乡镇（街道）畜牧水产站增加至49个。是年，市畜牧水产总站与娄底地区防检站合办涟源市饲料添加剂厂，1991年撤销。1995年，撤区并乡建镇，撤销7个区畜牧水产站，49个乡镇（街道）畜牧水产站合并为20个，市畜牧水产总站更名市畜牧水产局。1996年，创办正大特种饲料厂。2000年，内设畜牧水产执法大队。2001年，市畜禽良种繁殖场和鱼苗鱼种繁殖场实行承包（承包期30年）。是年，市正大饲料厂破产、改制。2003年，增设饲料与饲料添加剂管理办公室。2005年1月，成立市畜禽水产品质量安全检测中心。2006年，成立20个乡镇（街道）动物防疫站（与畜牧水产站合署办公，两块牌子，一套人马）。2007年，局机关在职人员70人（其中高级畜牧师8人），20个乡镇（街道）动物防疫站在职人员102人。

二 防疫检疫

疫病 20世纪80年代，全市畜禽疫病主要有猪瘟、猪肺疫、猪丹毒、仔猪副伤寒、弓型体病、猪链球菌病、牛流行热、羊痘、羊口疮、羔羊痢疾、狂犬病、鸡瘟、鸭瘟、小鹅瘟、禽霍乱、球虫病、线虫病和疥螨病等。1999年5月，水洞底镇新禾茶厂猪场158头生猪出现口蹄疫症状，小杨、石狮、高枧、三桥、云山等邻村相继出现疫情。市政府组织人员对感染口蹄疫的179头猪、20头牛进行捕杀、深埋，其他进行消毒处理。猪场和农户直接经济损失27万元，政府补贴13.2万元。是年，伏口镇龙安村一牛贩子从安化县购进一头患口蹄疫的病牛，20多天时间传播到4个村，522头耕牛发病。市政府组织人员及时捕杀、深埋，进行无害化处理。村民经济损失160万元，政府补贴52万元。2001年，六亩塘镇梅南村3家养猪大户210头猪患口蹄

图17-15 动物疫病检测

疫,直接经济损失 21 万元,政府补贴 10.5 万元。是年,从贵州引进安格斯种牛时,带入焦虫病。2002 年,发生猪蓝耳病。2004 年,杨市、石马山、龙塘、桥头河和伏口等乡镇发生禽流感,捕杀处理家禽 1.8 万羽,直接经济损失 54 万元,政府补贴 18 万元。2005 年,安平镇原四古区供销社和粮站 7 个养殖大户,600 头猪发生口蹄疫,直接经济损失 130 万元,政府补贴 30 万元。是年,湄江镇、伏口镇 6 个村,61 头牛发生亚洲 I 型口蹄疫,直接经济损失 18 万元,政府补贴 6100 元。

防疫 20 世纪 80 年代,对动物防疫采取春、秋两季重点防疫与平时补针相结合的方法进行。1987 年,生猪猪瘟免疫 40 万头,免疫密度 92%,生猪死亡率 2%。牛、羊、禽基本没有免疫。1991 年,全市猪瘟免疫 42 万头,免疫密度 93%;猪肺疫、仔猪副伤寒免疫 30 万头。生猪死亡率 1.8%。1992—1997 年,全市计划免疫的病种有猪瘟、猪丹毒、猪肺疫、仔猪副伤寒,免疫密度 95%,生猪死亡率 1.5%。鸡瘟、禽霍乱免疫密度 30%。1998 年,对猪、牛、羊和家禽实施强制免疫,按照一畜一证(卡)一耳标、一村(场)一档规定,发放动物免疫证明(卡)、耳标,建立动物防疫档案,免疫密度 92%。

1999 年,对禽流感疫苗实行免费供应,按照"县不漏乡、乡不漏村、村不漏户、户不漏畜禽、畜禽不漏针"的要求进行免疫。使用疫苗 H5N1 弱毒疫苗加强高致病性禽流感防控,免疫密度 89%。全市生猪免疫密度 95%,死亡率 1.2%。2000 年,对猪、牛、羊 O 型口蹄疫进行免疫注射,猪免疫密度 90%,牛、羊 80%。2007 年,实行亚洲 I 型口蹄疫和 O 型口蹄疫双价苗免疫,在 20 个乡镇(街道)156 个村,对 2 万头猪、1 万头牛、5000 只羊进行采血抽样检测,免疫猪 174 万头、牛 9.11 万头、羊 16 万只,免疫率 98%;家禽免疫 400 万羽。免疫证持有率、耳标佩戴率、动物防疫档案建档率均为 98%,生猪死亡率 1%。是年,为确保动物防疫工作稳步进行,全市 950 个村(居、社区)均配有 1 名防疫员。

检疫 1987 年,47 个乡镇(街道)畜牧水产站和设在金石镇七里村的临时性动物检疫站采取产地检疫、运输检疫、白肉检疫相结合的方式实施检疫。是年,产地、运输检疫生猪 22.5 万头,白肉检疫 7.2 万头,皮张检疫 3 万张,查处华鑫、大汉冷冻库购买病死猪肉 3 起,共 600 千克,在乌泥坳垃圾场做无害化处理,并处罚款 3800 元。1995 年,20 个乡镇(街道)畜牧水产站实施产地检疫,市畜牧水产局实施运输检疫。采取报检、协检、路检和监检的办法加强检疫,控制疫病流行。是年,全市检疫生猪 25 万头,牛 4000 头,家禽 130 万羽,冻肉 500 吨,皮张 3.5 万张。对运输车辆消毒 220 车次。1998 年,实行生猪定点屠宰后,设立城区检疫站,实施定点屠宰检疫,乡镇畜牧水产站实施白肉检疫。是年,产地、运输检疫生猪 20 万头,定点屠宰检疫 5 万头,白肉检疫 5 万头,冻肉检疫 800 吨;检疫牛 5000 头,禽 150 万羽,皮张 3 万张。2001 年,产地、运输检疫生猪 28 万头,定点屠宰和白肉检疫 10 万头,冻肉检疫 500 吨;检疫牛 6000 头,家禽 280 万羽,皮张 1 万张。是年,畜牧水产执法大队配合检疫人员查处销售病死畜禽案件 7 起,无害化处理畜禽产品 812 千克。其中,华鑫冷冻食品有限公司经营病死猪肉一案,没收销毁猪肉 510 千克,罚款 5000 元。2007 年,各乡镇均建立定点屠宰场。是年,全市产地、运输检疫 40 万头,定点屠宰和白肉检疫 10 万头,冻肉检疫 600 吨;检疫牛 1 万头,禽 300 万羽,皮张 5000 张,有效控制疫病流行。

三 兽药饲料生产经营管理

(一) 兽药生产经营管理

兽药生产 1986 年,境内各乡镇畜牧水产站均设有兽药制剂室,生产复方安基比林、安乃定、黄连素等 20 多种注射液和大批苏打片等。各站自制、自配、自用,全市年产值 40 万元。1987 年,农业部出台《兽药生产企业质量管理规范》(简称 GMP),规定未通过农业部验收的兽药制剂室不予核发《兽药生产许可证》。此后,各乡镇畜牧水产站兽药制剂室逐年减少制剂量。至 1995 年,各乡镇畜牧水产站兽药制剂室全部撤销,兽药产品全从外地采购。

兽药经营 1987年,47个乡镇(街道)畜牧兽医站自主经营兽药。1988年,以市畜牧兽医联站为龙头,下设49个乡镇(街道)畜牧水产站经营店,主要经营兽禽疾病治疗药品、防疫用生物制品和生猪饲料。1995年,全市经营兽药的单位有市畜牧兽医联站、20个乡镇(街道)畜牧水产站经营店、26个分店、3家个体户。2001年,市畜牧兽医联站改制,转为个体经营。2005年后,个体经营户逐年增加。至2007年,全市所有兽药经营户全为个体经营,经市畜牧水产局审核批准、发放《兽药经营许可证》的经营户68家。

兽药管理 1987年,兽药管理由市畜牧水产局防检股兼管。1996年,为加强兽药监管,保证兽药质量,成立市兽药监察所,与市畜牧水产执法大队合署办公,兽药管理逐步纳入法制化规范化轨道。《兽药经营许可证》《兽用生物制品经营许可证》由市畜牧水产局核发。是年,对申请经营兽用药品、生物制品的乡镇畜牧水产站进行条件审核,合格者发放《兽药经营许可证》,发证30个;对兽药品种抽样检测20个,查出不合格产品3个,罚款2000元。2001年,查处经营假劣、过期、禁用兽药案件8起,没收兽药850盒(包),罚款6500元。石马山镇财源动物药品经营部非法经营猪瘟疫苗50瓶,其疫苗被没收,罚款800元,是年,发放《兽药经营许可证》52个,取缔杨市镇和金石镇2个无证经营店。2007年,查处假劣、过期、禁用兽药案件4起,没收兽药820盒(包),罚款8200元,其中新特兽药门市部经营的假劣兽药被全部没收,罚款2600元。

(二)饲料生产经营管理

饲料生产 1988年,娄底地区防检站与涟源市肉食品公司共建娄底地区900特种饲料厂,为全市首家浓缩饲料厂,生产"900系列"饲料,年产量2.5万吨。1990—1995年,先后建立胖哥、湘旺、湘源、湘王、鸿鑫、飞虹、千里、丰乐和金日9家特种饲料厂,振源和石马山2家骨粉厂,年产饲料最高达3.5万吨,年产骨粉最高达80吨。1995年5月,娄底地区900特种饲料厂由市肉食品公司独办,2001年,改制停办。2007年,胖哥、湘旺、湘源、湘王和飞虹等5家特种饲料厂经省饲料管理部门审核发证,年总产量1.5万吨,其他饲料厂停办。

饲料经营 1987年,全市有饲料经营户30户。2003年发展到168户,以经营猪浓缩料和全价料为主,辅之以经营玉米、麦麸等原料。21世纪初,由于农村散户养猪大量减少,饲料生产厂家与养殖大户直接挂钩,厂家生产预混料,养殖大户直接进料自配自用。2007年,全市饲料经营户仅45户,主要经营预混料、全价料和原料,相对集中在蓝田街道、杨市镇和桥头河镇。

饲料管理 1987—2002年,饲料管理由市计委负责。2003年,市畜牧水产局设饲料和饲料添加剂管理办公室,负责饲料和饲料添加剂生产、经营的监管工作。是年,抽取20个饲料样品送省农业厅检测,有4个不合格,对其生产、经营单位罚款8000元。提取20份猪尿送娄底市畜牧水产局进行瘦肉精检测,发现饲喂"瘦肉精"的6份,对饲养户处罚款3万元。其中,金石镇合心村曾某被移送公安机关行政拘留15天,罚款6000元。2003—2007年,立案查处饲料案件21起,"瘦肉精"案件32起,罚款25万元。

四 动物诊疗与管理

1987年,由47个乡镇(街道)畜牧兽医站315名技术人员负责实施动物去势、诊疗,按规定收取诊疗费、药品费和去势费。1995年,20个乡镇(街道)畜牧水产站300名畜牧兽医人员负责全市畜禽的去势、诊疗工作,按物价部门规定收取去势、诊疗和药品费用。2006年,招聘96名畜牧兽医人员从事专职动物防疫,成立乡镇(街道)动物防疫站,实施防治分家。2007年,去势医疗实行民间化,从业人员通过市畜牧水产局考试考核,合格者颁发《动物诊疗许可证》,从事去势医疗业务时,自行收取相关费用。是年,发证56个。

第三章 林 业

1989年，全市林业用地6.97万公顷，活立木蓄积量104.6万立方米，活立竹蓄积量1020万株，森林覆盖率27.1%，林业产值933万元。是年，市委、市政府做出《四年消灭宜林荒山，九年全面绿化涟源的决定》，领导办点示范，创办坑木林基地，巩固和发展乡村林场。至1992年，四年造林1.26万公顷，经省绿化委员会验收，授予涟源"实现全面绿化市"称号。1995年，全市林业用地6.84万公顷，比1989年减少1300公顷(1100公顷茶叶林地改为旱地)，减少1.66%；活立木蓄积量182.6万立方米，比1989年增加78万立方米，增长74.57%；活立竹蓄积量1289.3万株，比1989年增加269.3万株，增长26.41%；森林覆盖率35.69%，比1989年提高8.59个百分点；林业总产值1289万元，比1989年增长38.16%。1996年，市林业局被省林业厅评为"八五"森林资源二类调查工作先进单位。1997年，改革林业经营体制，实行森林、林木和林地使用权合理流转，变单纯依靠国家和集体营林为千家万户营林，调整优化林种结构，提高林分质量，发展高效林业，综合开发丘岗山地，调动林业经营者的造林积极性。2001年，涟源市被省林业厅定为全省重点林区县(市)。是年，全市实施退耕还林。2003年4月，市林业局营林技术推广站被评为湖南省林业工作先进集体。2004年12月至2005年1月，全市遭遇罕见的冰雪灾害，森林受灾面积3.5万公顷，倒、折、爆裂活立木15.82万立方米，南竹880万株。2003—2005年，市森林防火指挥部办公室(简称市防火办)被评为全省森林防火先进单位。2007年，全市林业用地8.29万公顷，比1995年增加1.45万公顷，增长21.20%；活立木蓄积量187.24万立方米，比1995年增加4.64万立方米，增长2.54%；活立竹蓄积量2030.7万株，比1995年增加741.4万株，增长57.51%；森林覆盖率37.06%，比1995年提高1.37个百分点；林业总产值3804万元，比1995年增长2倍。

第一节 林业资源

一 林 地

1987年，全市林业用地6.97万公顷。其中，有林地4.71万公顷(用材林3.01万公顷，经济林0.89万公顷，竹林0.70万公顷，其他林0.11万公顷)，疏林地3200公顷，灌木林地4300公顷，未成林造林地4100公顷，苗圃地30公顷，荒山灌丛地1.1万公顷。1989年，市委、市政府做出《四年消灭宜林荒山，九年全面绿化涟源的决定》，全市大规模营造坑木林、人工和飞播荒山造林，封山育林和"四旁"(路旁、水旁、宅旁、街旁)绿化，有林地增加1.48万公顷。1995年，全市林业用地6.84万公顷，比1987年减少0.13万公顷，减少1.66%。其中，有林地6.19万公顷(用材林4.34万公顷，经济林0.73万公顷，竹林0.74万公顷，其他林地0.37万公顷)，疏林地400公顷，灌木林地(含灌木经济林地)2600公顷，未成林造林地1900公顷，宜林地1000公顷，苗圃用地20公顷，无立木林地700公顷。林地面积减少的主要原因是1100公顷茶叶林地改为旱土。2002年，全市实施退耕还林、长江防护林等工程造林，使远离农村居民区的旱土退耕转变成林业用地。2007年，全市林业用地8.29万公顷，比1995年增加1.45万公顷。其中，有林地5.47万公顷(用材林3.90万公顷，经济林0.59万公顷，竹林0.87万公顷，其他林地0.11万公顷)，疏林地1700公顷，灌木林地(含灌木经济林地)1.56万公顷，未成林造林地5400公顷，辅助生产林地100公顷，宜林地3900公顷，苗圃用地20公顷，无立木林地1500公顷。按权属分:国有林地 3000 公顷,占全市林地 3.6%,主要是国有龙山林场和包围山林场;集体林地 5.32 万公顷,占 64.14%;个人林地(责任制承包)2.67 万公顷,占 32.26%。

二 林木蓄积

1987 年,活立木蓄积量 104.6 万立方米,立竹蓄积 1020 万株。1989 年,市委、市政府提出消灭宜林荒山,林分质量提高,"四旁"树也逐渐增加。1995 年,活立木蓄积量 182.6 万立方米,立竹蓄积 1289 万株。1987—1995 年,林木蓄积量年均增长 7.21%,立竹蓄积年均增长 2.97%。2004 年冬,山区发生雨雪冰冻自然灾害,倒、折、爆裂活立木 15.82 万立方米,压断立竹 880 万株,全市活立木蓄积增长幅度减少。2007 年,活立木蓄积量 187.24 万立方米,立竹蓄积 1817.34 万株。

用材林 1987 年,全市有杉木、马尾松、檫木、柏木、枫树、杨树、柳树、槐树、苦槠等用材林约 200 种,面积 2.70 万公顷,活立木蓄积量 85.58 万立方米。1995 年,用材林 4.34 万公顷,活立木蓄积量 137.73 万立方米。1996 年,林业产业结构调整,用材林面积减少,经济林面积增加。2007 年,全市有用材林树种 221 种,面积 3.92 万公顷,活立木蓄积量 114.97 万立方米,面积和活立木蓄积量比 1995 年略有减少。

竹林 1987 年,境内竹林面积 7000 公顷,立竹蓄积 1020 万株。1995 年,竹林面积 7400 公顷,立竹蓄积 1289.3 万株。2001 年后,开展南竹新造和低改。2007 年,竹林面积 8600 公顷,立竹蓄积 2030.7 万株,比 1987 年分别增长 21.7%、99.1%。

经济林 1987 年,境内主要经济林有油茶、油桐、柑橘、杜仲、黄檗、银杏、厚朴、板栗、杨梅、桃、李、柚、茶叶等 8900 公顷。其中,茶叶 3300 公顷,占经济林 37.16%。数量、品种较多,但相对零散,不具规模,没有形成一乡一品的格局。2002 年,实施退耕还林,很大一部分茶园、老化的经果场、没有经营价值的其他经济林被退耕造林。2007 年,全市经济林面积 5900 公顷。其中,油茶林面积 3800 公顷,占经济林63.78%;柑橘林 1000 公顷,占 19.03%;茶叶林 800 公顷,占 15.85%;其他果林 79 公顷,占 1.34%。

防护林 2001 年,涟源市被纳入国家公益林试点,是年,划定防护林 2.55 万公顷,通过全面封山育林,禁止采伐天然林、阔叶林,广泛开展义务植树活动,2007 年,防护林面积达到 3.21 万公顷。

特种用途林 境内有国防林、母树林、风景林、自然保护区林等特种用途林 0.28 万公顷,风景林、自然保护区林分布于湄江风景区和龙山国家森林公园。国防林分布在杨市、七星街、水洞底等镇。

三 树 种

乡土树种 2007 年,全市用材林有乡土树种 199 种,栽培较多的是杉木、马尾松、油茶、柏木、檫木、枫树、槐树、杨树、泡洞树、苦楝等。其中,杉木林 1.35 万公顷,全市均有分布;马尾松林 1.79 万公顷,全市均有分布;柏木林 600 公顷,主要分布在伏口、安平等镇;檫木林 800 公顷,主要分布在安平、伏口、茅塘、荷塘等乡镇和龙山林场;杨树林 30 公顷,主要分布在桥头河、七星街、金石等镇。

经济林有乡土树种 95 种,主要是油茶、柑橘、杨梅、杜仲、厚朴、油桐、棕树、板栗、乌桕等。其中,油茶林 3800 公顷,主要分布在金石、水洞底、安平、六亩塘、石马山、荷塘等镇;柑橘林 1000 公顷,主要分布在杨市、三甲、荷塘、六亩塘、斗笠山、桥头河等乡镇;杨梅林 200 公顷,主要分布在六亩塘、安平、桥头河、七星街、斗笠山、水洞底、三甲、渡头塘等乡镇;杜仲林 100 公顷,厚朴林 30 公顷,主要分布在伏口、安平等镇和龙山林场。

竹林 10 种,南竹是主要竹种,主要分布在白马、茅塘、杨市、荷塘、三甲等乡镇和龙山林场。

此外还有花木 79 科,283 种,主要有桂花、香樟、映山红、女贞、雪松、玉兰等,六亩塘镇王长根、三甲乡石长才、龙塘乡李黄祥、荷塘镇颜细平等个体户和市苗圃培育经营50万株以上。

引进树种 20世纪50年代开始，境内陆续引进外来树种，至2007年，引进的主要树种有珙桐、滇楸、黄杉、红杉、水杉、华山松、国外松、黑松、桉树、意大利杨、中山柏、鹅掌楸、池杉、落羽杉、福建柏、火力楠、桤木等24种。其中，国外松林800公顷，主要分布在石马山、安平、桥头河、杨市、枫坪、水洞底、荷塘、金石、三甲、龙塘、古塘等乡镇和包围山林场；桉树林200公顷，主要分布在桥头河镇的珠璜、华美、候湾、泥冬、大范等村；其他树种零星分布全市。

第二节 植树造林

一 采种育苗

采种调种 1987年，全市有杉、松母树林85.4公顷，采种550千克。此后，国家要求林木良种造林，境内基本停止采种，主要从省林业厅种苗站调入种子。1987—2007年，调入种子15吨。

育苗 1989—1992年，市苗圃每年育苗6.67公顷，龙山、包围山两个国营林场每年分别育苗1公顷和2公顷，专业户育苗10公顷。全市苗木实行统一调配。1993年消灭荒山后，苗木需求减少，全市以专业户育苗为主，每年育苗18公顷左右，以油茶、杨梅、板栗等经济林和桂花、柏树、雪松、玉兰、樟树等绿化苗木为主，苗木自行销售。2001年开始，全市实施国家退耕还林项目。至2007年，每年育苗约20公顷。

二 幼林抚育

1987年，幼林抚育1905.6公顷，当年造林，当年抚育，连抚3年，实行全垦抚育、带垦抚育、穴垦抚育及粮林间作等抚育方式。其中，国营林场的抚育全部实行全垦锄抚，每年抚育2次。中幼林实行间伐抚育。1995年，间伐抚育5487公顷，间伐出材1760立方米。2007年，幼林抚育1.43万公顷，中幼林间伐抚育1200公顷，间伐出材2000立方米。1987—2007年，全市抚育幼林8.3万公顷。

三 封山育林

1987年，境内封山育林面积2.77万公顷，大多达到“四有四落实”(有规划设计方案，落实到山头地块；有护林组织，落实好护林人员的责、权、利；有乡规民约，落实好奖罚制度；有封山标志，落实好封山范围)。2001年，实行生态公益林保护、长江防护林建设，把原有的部分用材林划为生态公益林，实行封禁，封山育林面积逐年增加。2007年，封山育林面积达到5万公顷。

四 退耕还林

2001年10月，涟源市被列为国家退耕还林项目工程试点县(市)，试点面积1000公顷。2002年，成立涟源市退耕还林领导小组办公室，全面规划和实施退耕还林工程，出台《涟源市退耕还林项目工程建设实施意见》。省林业厅分三批下达退耕还林任务4867公顷，市林业局抽调200人深入20个乡镇(街道)和2个国有林场、1个苗圃开展宣传发动、规划设计、技术指导、检查验收。2002年，全市退耕还林2000公顷，配套荒山造林2000公顷。按照《湖南省退耕还林(草)试点项目管理暂行办法》规定，纳入退耕还林(草)试点的坡耕地造林，经检查验收合格，由国家给予粮食和现金补助，其补助年限按经济林补助5年，生态林补助8年计算，补助标准为：当年造林成活率达到85%以上的，每公顷补助粮食2.25吨，现金300元。是年，国家补助全市粮食

4500吨，幼林抚育费60万元，种苗费300万元。2003年，根据国家政策调整，取消粮食补助，改为每公顷每年补助现金3150元。2001—2007年，全市退耕还林1.4万公顷。其中，退耕造林6167公顷，配套荒山造林7833公顷。国家补助1.20亿元(补助粮折算成人民币)。

五 义务植树

1987年，全市参加义务植树17.5万人次，植树110万株。1994年，对市直单位及地属以上驻涟单位实行“义务植树登记卡”制度，累计建卡216个，按适龄公民在职人数检查验收。1998—2007年，累计参加义务植树538.19万人次，完成工日1735万个，累计植树2326万株，新建义务植树基地260处，面积1574公顷。

六 “四旁”植树

1987年，全市在“四旁”(路旁、水旁、宅旁、街旁)植树280万株。1995年，为加快以市城区为中心的小城镇建设，蓝田城区和各乡镇集镇开展街道绿化，是年，“四旁”植树372.52万株。2006年，为落实中共中央、国务院提出的建设社会主义新农村和娄底市创建全国绿化模范城市的目标，全市形成以人工重点生态林业工程为骨架，以城镇、村庄绿化为依托，以公路、铁路、河流为主线的绿化新格局。2007年，“四旁”植树420万株。

第三节 森林保护

一 规范护林

1987年，进一步稳定山林权属，制止乱砍滥伐。规定凡采伐木材1立方米、南竹50根以下由乡镇人民政府批准，超过此标准由市林业局批准，国营林场采伐由地区林业局批准。全市各村订立护林公约，在交通要道竖立永久性护林碑，书写醒目标语，警示护林。

1989年，全市建立护林队、边界联防等群众护林组织832个，护林人员1943人。市龙山林场、市包围山林场和部分乡镇村林场开始进行采伐作业设计。1991年，全市基本达到采伐规范化、制度化、科学化。1995年，林木采伐实行伐前设计、伐中监督、伐后验收办法。1997年，桥头河镇石洞村前任党支部书记颜育某、村主任颜桂某及党支部书记颜中某、村主任颜希某等4人因滥伐林木，先后被追究刑事责任。2001年5月，市林业派出所历时1个多月，查清茅塘镇梳妆村邓某某、毕某某等13人盗伐龙山国有林场及林场周边地带杉木240余株，折合活立木蓄积量60立方米，将邓某某等4名为首的盗伐嫌疑人从郴州抓捕归案，依法追究刑事责任。9—10月，开展打击盗伐、滥伐林木，非法占用林地的“蓝剑行动”。2005年3月，为加大对森林火灾案件的查处力度，在全市范围内开展“火灾一号”行动。2006年8月，开展为期2个月的“护地行动”，11月1日至12月10日，开展以打击破坏林地和野生动物资源违法犯罪活动为重点的“绿盾行动”，震慑木材流通领域中的违法人员，提高依法治林意识，维护正常的林政管理秩序。

2007年，市林业局下发《关于切实加强森林资源管理的办法》，进一步规范林木限额采伐。全市建立管护机构718个。其中，乡级管护机构22个，村级管护机构696个。护林人员2350人。市林业局与696个管护单位分别签订《公益林管护合同》，强化管护单位和护林员责任。6月，开展“绿盾二号行动”，对盗伐滥伐林木、毁林开矿、偷运木材、非法加工经营木材、破坏野生动物资源、非法占用林地等问题严重的区域，进行全面清理整顿。

1987—2007年，办理各类涉林案件2956起，涉案人员3915人。其中，刑事案件226起，追究刑事责任239人，劳教18人，治安拘留56人，罚款205万元；林业行政处罚案件2717起，追回赔偿款420万元，追缴木材4263立方米，挽回直接经济损失640万元。

二 森林防火

1988年，涟源市森林防火指挥部成立。1989年，各乡镇（街道）、国有林场建立防火指挥机构，实行24小时值班制度。2003年，全市组建50人的森林防火应急分队，各乡镇（街道）、国有林场分别组建应急分队。2005年3月，七星街镇大木村村民龚某在其承包地里点火烧杂草时引发森林火灾，烧毁森林13.5公顷，涉嫌失火罪，被市法院判处有期徒刑1年。是年，各村组建森林防火应急分队。市防火办被省森林防火指挥部评为2003—2005年全省森林防火先进单位。2006年4月，茅塘镇梳妆村村民邓某某在本村乙家冲山为其父扫墓时，未熄灭的纸钱被风吹向周围的干茅草中而引发森林大火，烧毁林地14.3公顷，涉嫌失火罪，被市法院判处有期徒刑1年。是年，市森林防火指挥中心成立，建立防火物资储备库，市林业局投入40多万元，购置割灌机2台、风力灭火机10台、油锯10台、高压水枪40支、组合工具8套、2号扑火工具5000把、3号扑火工具5000把、防火阻燃服800套及砍刀、手电筒等必要的扑火工具。

2007年，为科学预防和及时有效扑灭森林火灾，全市印发防火通告8万份，发至各乡镇（街道）、国有林场；印发《致家长公开信》30万份，由各中小学校发放给学生家长；录制森林防火宣传磁带20盒，发至各乡镇进行宣传。防火期间（2007年10月1日至2008年4月30日），市林业局每天出动3台宣传车到各乡镇（街道）重点林区进行巡回宣传，持续42天。市林业局机关工作人员分成三个大组，分乡镇巡查，实行“六包”（包宣传、包巡逻、包扑救、包查处、包稽查、包值班）。各乡镇（街道）采取包片、包村的方式落实责任。开设防火林带226千米，设置永久性搪瓷和水泥防火宣传牌558块，建瞭望台2处。各乡镇（街道）共书写森林防火宣传标语6500条，大部分乡镇（街道）添置有打火棒、柴刀等扑火器材。

1987—2007年，全市发生森林火灾668起，受灾面积2133.3公顷，烧毁活立木蓄积量8万立方米，造成直接经济损失200多万元。处理刑事案件57起，刑事拘留57人，行政处罚611人。

三 病虫害防治

1987年，市林业局虫情测报站有专职测报员2人，各乡镇（街道）共有兼职测报员54人。1999年，全市16个乡镇（街道）不同程度发生松毛虫害，分布在年平均气温17℃、年降水量1300毫米、平均海拔500米以下的马尾松林地内，发生面积800公顷，马尾松纯林较混交林受害严重。2000年，涟源市被纳入国家马尾松虫害综合防治工程项目。全市以白马镇作为封山育林试点区，以龙塘乡作为化学防治试点区，以枫坪镇作为混交林试点区，以杨市、桥头河镇作为施放白僵菌、赤眼蜂生物防治试点区。通过试点，以点带面，在全市推广应用，效果良好。2002年，森林保护站从林政资源站分出来，建立森林病虫害防治检疫站，定编4人。其中，2名专职检疫员和测报员，负责指导全市森林病虫害防治。各乡镇（街道）、国有林场共配备22名兼职测报员，承担本辖区内森林病虫害的测报和防治任务。2004年，市龙山林场、茅塘镇、杨市镇、白马镇、荷塘镇暴发竹蝗虫害，发生面积800公顷。用阿维菌素和溴氰菊酯，使用烟雾机进行烟雾防治，病情得到控制。2007年，萧氏松茎象从娄星区传入，主要分布在七星街镇，发生面积266.7公顷，有虫株率95%，虫口密度5~20条/株，扩散迅速，国外松较马尾松受害严重，山腰比山脚、山脊严重。一星期内，国外松林严重发生区如同火烧。通过采取营林措施，对虫口密度较大、防治困难的地方实行虫源地改造，全面清理枯死木，用溴氰菊酯、阿维菌素等药物进行化学防治，通过人工捕捉，加强虫情测报和调运检疫，虫害得到控制。是年，三甲、杨市、六亩塘、石马山等乡镇发生松墨天牛虫害，发生面积333.3公顷，松墨天牛携带大量拟线虫，拟线虫寄生在树干内，使树木在短期内蒸腾作用下降，失水而导致死亡。防治难度大，传播迅速。通过因地制宜使用综合防治方法，逐步改善森林生态环境，提高森林抗御病虫害的能力，该虫害得到控制。

四 野生动植物保护

1987年，全市开展保护野生动植物的法律法规宣传，市林业局与市公安局、市检察院、市法院合作，重点打击非法捕猎、非法经营行为。2001年7—8月，开展打击非法经营野生动物的“猎狐行动”。2003年4月，在全市范围内组织“春雷行动”保护野生动植物资源。2005年11月1日至12月10日，开展打击破坏林地和野生动物资源的“绿盾行动”。2006年，全市建立龙山、白马、湄江三个自然保护区。境内野生动物在一定程度上得到有效保护，种群数量大幅上升。

1987—2007年，查处破坏野生动物案件38起，没收国家二级重点保护动物穿山甲、猫头鹰、猴面鹰31只，省重点保护动物果子狸、毛冠鹿、竹鼠26只，蛇620千克，蛙2400千克，活体动物全部放生。查处非法采伐、采集国家二级保护植物香樟案16起，罚款12万元。

第四节 林业开发利用

一 竹木加工

1987年，竹木市场逐渐放开，私营竹木加工业兴起，全市有各类木材经营、加工企业35家。1997年，发展到92家。2007年，发展到123家。其中，具有一定规模的家具制造企业20家，人造板厂15家，竹制品加工厂55家。竹木加工总产值8336万元。市鹏盛木业有限公司年生产胶合板38万张，产值1200多万元。白马竹胶板厂年生产竹胶板半成品200万张，产值165万元。

二 非木材资源利用

1987年，全市非木材资源经济林7593公顷。其中，油茶林1973公顷，年产茶油105.7吨；茶叶林4260公顷，年产茶叶4676.1吨；柑橘林1075公顷，年产7119吨；棕树林44.67公顷，年产棕片3.49吨；杜仲6.67公顷，年产900千克；厚朴2.87公顷，年产21.8吨；板栗28公顷，年产3.6吨；杨梅20公顷，年产51.7吨。2007年，全市非木材资源经济林5260公顷。其中，食用原料林3186.7公顷，药用林188.7公顷，林化原料林18公顷，果木林1843.3公顷，其他23.3公顷。年产水果5.1万吨，茶叶1131吨，木本药材30吨，油茶籽3500吨，松香30吨。

图17-16 水洞底镇杨梅林

三 园艺花卉

1987年,全市有园林花卉79科,283种。常见的野生花卉有野菊花、百合花、映山红、牵牛花、蒲公英、月季、白继木、兰草、狼尾草、金银花、芍药花、夏枯草、山胡椒等14种。1994年,境内开始花卉苗木培育。培育的木本花卉苗木有桂花、玉兰、罗汉松、紫薇、杜英、大叶女贞、茶花、杜鹃、红继木、樱花、红枫、石榴、香樟、香花槐、雪松、水杉、红豆杉、柳树、白楠、铁树等20种。培育的草本花卉有菊花、百合、牡丹、玫瑰、水仙、鸡冠花、凤尾竹、凤仙花、芦荟、君子兰、吊兰、文竹、仙人掌(球)、兰草等14种。1995年,市花卉盆景协会成立。2007年,全市有六亩塘镇温田村、龙塘乡观塘村、荷塘镇群宜村、三甲乡林果场、市苗圃等10多处园林花卉基地。1987—2007年,全市举办花卉盆景展览12届,展出木本、草本花卉1000多种。

图17-17 涟源市祥兴农业综合开发园苗工场

四 林业科技

1987年3月10日—4月3日,用"运-5型"飞机一架,在四古、岛石、漆树、柏树、仙洞、七星、湘波等7个乡镇飞播造林3533公顷,播马尾松种6000千克、刺槐种2700千克、柏木种90千克。1989年3月14—16日,市龙山林场金钱松种子园通过无性系嫁接技术培育的金钱松种子,经省联合检查验收小组验收合格。2002年,成立涟源市林业技术推广站,指导全市造林、育苗,经果林培育,南竹、油茶等产业发展,杜仲、厚朴、天麻、金银花等中药材生产;引进桉树、国外松、杨树等优良造林树种,对油茶、南竹等低产林进行改造;推广生根粉,全市林业育苗、造林广泛使用;指导全市森林病虫害防治;开展对林产品质量安全检测、监测,以及强制性检验、检疫;开展科技支农、科技扶贫。2003年,市林业技术推广站因推广生根粉获全国林业科技推广奖。

2002—2007年,市林业技术推广站指导退耕还林1.4万公顷,协助乡村林场、国有林场建立药材、南竹、花椒、经果林、油茶林基地3333.3公顷,改造低产、低效林2000公顷,中幼林抚育9333.3公顷,引进优良树种造林8000公顷。建立林业科技示范户560户,扶助育苗专业户30户,中药材种植户2000户。每年监测森林病虫害面积2.27万公顷,防治松毛虫、竹蝗虫、杉梢螟、萧氏松茎象等森林病虫害危害面积2000公顷。

五 林业基金

1987年,境内采伐、销售竹木及竹木制成品、竹木半制成品、部分经济林产品、林化产品和食用笋,均由市林业局征收育林基金、林业更改基金和林业建设保护费(简称"两金一费"),1987—1989年,年均征收"两金一费"50~60万元。1990—1993年,年均征收"两金一费"80万元。1994年5月,"两金一费"改为"一金两费"(育林基金、林业建设保护费、维持简单再生产费),按木竹销售价的20%计征育林基金和维简费(其中,育林基金12%,维简费8%),林业建设保护费按每立方米5元征收。1994—1999年,年均征收120万元,2000—2006年,年均征收200万元。2007年,征收307万元。

第五节 林业管理

一 机构队伍

1987年，市林业局内设办公室、人事股、计财股、林政股（加挂森林保护站牌子）、营林股、监察室、林场站、林业派出所、林业公安股，挂靠单位市绿化委员会办公室，定编54人。下辖7个区林业站。归口管理龙山、包围山两个国营林场和市苗圃、市木材公司。1988年，建立涟源市森林防火指挥部，指挥部办公室设市林业局。1995年，撤销区林业站，设乡镇（街道）林业站20个，招收全民合同制职工51名。2000年，建立杨市龙伏木材检查站。2002年10月，增设退耕还林办公室、生态公益林管理办公室、野生动物保护股（加挂森林病虫害防治检疫站牌子）。营林股加挂林业技术推广站牌子，林政资源站加挂法规股牌子。林业派出所和林业公安股合并，更名市林业局森林公安分局（市公安局森林分局）。2003年，增设林业稽查大队，市木材公司改制。2005年，增设林业调查大队。2007年，局机关在职工作人员71人。

二 林业体制改革

1987年，全市有自留山2.11万公顷，专业户承包经营山林5400公顷。自留山的林木坚持谁种谁有原则，允许依法继承、采伐、买卖，但自留山林地不准出租、转让、典当、买卖和擅自建房。1995年，《湖南省森林、林木、林地使用权流转办法》出台，全市的森林、林木、林地使用权开始合理流转。1997年，全市开展森林分类和区划界定工作，将森林划分为公益林和商品林，实行分类经营，分类管理。2001年，开展公益林生态效益补偿试点，全市2.55万公顷生态公益林纳入试点范围，每公顷补助52.5元。2003年开始，市木材公司进行“两个置换”改革，包围山国有林场和市苗圃实行承包经营管理。2005年7月，全市划定国家重点生态公益林3.9万公顷。2007年，全市3.9万公顷国家重点生态公益林，有3.6万公顷获补偿；8916.7公顷省级生态公益林，有5866.67公顷获补偿。中央生态效益补偿基金256.5万元，省级生态效益补偿基金41.8万元。

图 17-18 林权改革中现场勘测

三 经营管理

采伐 1987年，采伐须由市林业局核发林木采伐许可证，全市采伐林木1.23万立方米，南竹34.8万株。1990年，采伐林木9690立方米，南竹29.12万株。1994年，采伐林木1.1万立方米，南竹20.02万株。1995年，进一步规范林木采伐，采伐林木实行伐前设计、伐中监督、伐后验收，申请采伐者必须提交林权证。严格按照“九五”“十五”森林采伐限额和上级主管部门下达的年度木材生产计划采伐。是年，采伐林木1.37万立方米，南竹60万株。2005年，林木采伐实行伐前公示制度，将采伐的山名、树种、材积等公示一星期后，根据公示结果凭伐区作业设计审批，并执行电子办证。要求交纳采伐保证金和更新造林押金，签订限期造林合同书，采伐与造林相结合。是年，采伐林木3.92万立方米，南竹39.2万株。2007年，采伐实行“阳光工程”，将年度林木采伐计划下达到各乡镇（街道），并在网上公开，接受社会监督。是年，采伐林木2.98万立方米，南竹46.41万株。

1987—2007 年涟源市木材南竹采伐情况

表 17-5

年 份	木材采伐量(立方米)	南竹采伐量(万株)	年 份	木材采伐量(立方米)	南竹采伐量(万株)
1987	12300	34.80	1998	11400	20.10
1988	13508	36.54	1999	10400	19.20
1989	12412	45.91	2000	8200	17.60
1990	9690	29.12	2001	9000	16.80
1991	10600	21.22	2002	9700	18.00
1992	12100	19.02	2003	10200	19.00
1993	7000	13.47	2004	34500	48.00
1994	11000	20.02	2005	39200	39.20
1995	13700	60.00	2006	27600	42.00
1996	14000	25.50	2007	29800	46.41
1997	10700	20.00			

购销　1987 年,全市木材市场放开,竹木不再由市木材公司独家经营,各乡镇(街道)自发形成木材市场。1990 年,由单纯的竹木购销转向竹木经营和加工,个体经营加工企业达到 42 家。1997 年,达到 92 家。受市场经济影响,市木材公司于 2003 年 12 月实行改制。2007 年,全市有竹木经营加工企业 123 家。

四　山林权属纠纷处理

跨县纠纷　1990 年 8 月,孙家桥乡庙边村与新邵县潭溪乡长铺村发生山林权属纠纷,庙边村派人砍树,长铺村村民将树运走,双方争执激烈。市林业局会同新邵县林业局和潭溪乡联合调查核实,实事求是处理,确定山权属庙边村。1999 年,市龙山林场与新邵县龙山林场因岳坪峰界线问题引发争议,由省林业厅牵头,邵阳市林业局、娄底市林业局、新邵县林业局、涟源市林业局参加调处,确定界限。2000—2007 年,调处跨县市纠纷 3 起。与安化县、新化县尚有 2 起山林权属纠纷待调处。

国有林场与乡村纠纷　1984 年,林业实行“三定”(稳定山权、林权;划定自留山;确定林业生产责任制)。1988—2007 年,市政府和林业局调处山林权属纠纷 5 起。龙山林场与东坪村、大坳村之间尚有 2 起山林纠纷待调处。

乡村组间纠纷　林业“三定”后,乡、村、组之间山林权属纠纷增多。村与村、组与组、户与户之间的山林纠纷大多由所在地乡镇(街道)调解,乡与乡之间的矛盾由林业局调处,1987—2007 年,调处此类纠纷 2700 起。

五　林地管理

1987—2002 年,林业部门对林地疏于管理,毁林开荒、筑路建房、兴修水利、开矿等占用林地甚多。2003

年,加强征占用林地管理,当年依法审核审批征占用林地 8 宗。其中,稽查补办 1 宗,面积 8.88 公顷,收缴森林植被恢复费 70.92 万元。2005 年 8 月,市政府决定从 9 月 30 日至 12 月 30 日,用 3 个月时间在全市范围内开展 2000 年以来所有征占用林地清理整顿,下发《关于开展征占用林地清理整顿工作的通知》,明确各乡(镇)长、街道办事处主任为本辖区清理整顿的第一责任人。全市在清理中发现各类占用林地建设项目 37 个,面积 37.15 公顷。依法办理审核审批手续的建设项目 7 个,面积 6.35 公顷;违法占用林地建设项目 30 个,面积 30.8 公顷。其中,采石场、砖厂违法占用林地建设项目 23 个,面积 22.4 公顷。是年,完成 2002—2005 年度退耕还林 1.03 万公顷的林权登记工作。2007 年 1 月,市林业局下发《关于切实加强森林资源管理的办法》,严格规范办理征占用林地手续,加大查处和打击乱占滥占林地的力度。实现征占用林地全额管理,全市办理征占用林地手续 18 宗,征占用面积 15.38 公顷,收缴森林植被恢复费 131.72 万元;临时占用林地 8 宗,占用林地 4.03 公顷,收缴森林植被恢复费 7.9 万元;农民建房 3 宗,占用林地 0.08 公顷,收缴森林植被恢复费 2250 元。

附记:林场和基地

一 国有林场

市龙山林场 1987 年,龙山林场总人口 1099 人,职工 606 人(在职职工 522 人,退休职工 84 人)。林场下辖荆竹、铁司、凤凰、小洋江、茶竹 5 个工区,经营面积 2634.07 公顷。其中,林业用地 2126 公顷,活立木蓄积量 8.1 万立方米;南竹林 860.9 公顷,立竹蓄积 249.4 万株。森林覆盖率 86%。年收入 112.5 万元。1992 年 8 月,经省林业厅批准为省级森林公园。2006 年 12 月,经国家林业局批准为国家级森林公园,公园总面积 9286 公顷。2007 年 1 月,经华夏文化纽带工程组委会批准为“中国龙山·华夏中药文化园”。是年末,全场经营面积 2754 公顷,活立木蓄积量 12.5 万立方米,由于受多次冰冻灾害影响,南竹林面积减少至 836.8 公顷,立竹蓄积 168.73 万株。森林覆盖率 93.85%。林场总人口 1486 人,职工 689 人(在职职工 456 人,退休职工 233 人)。林场经济收入 201 万元,年人平纯收入 1600 元。累计负债 2982 万元。

图 17-19 龙山国家森林公园

市包围山林场 1987 年,市包围山林场总面积 73 公顷,林业用地 63.5 公顷,活立木蓄积量 2736 立方米,森林覆盖率 91.4%。是年,林场有职工 21 人。1998 年开始负债经营。2005 年,职工精减到 17 人,每月发 100 元生活费。2006 年 9 月,实行承包经营,承包人负责偿还债务、上缴职工的社会养老保险费。2007 年,林业用地 67.60 公顷,活立木蓄积量 5375 立方米,森林覆盖率 92.6%。有职工 16 人,其中退休职工 8 人。

市苗圃 1987 年,市苗圃总面积 21.27 公顷。其中,林地 6 公顷,苗圃地 15.27 公顷。产值 20.5 万元,有职工 34 人。1998 年,苗圃实行承包责任制,将土地承包给职工自主经营,由培育上山苗木改为培育绿化大苗,是年职工人均收入 2 万元。2001 年,苗圃投入 30 多万元将圃地改良为梯土,全部装上喷灌,节水节劳。2002

年，新建猪舍1200平方米，饲养生猪1000余头。是年，退耕还林10公顷，一部分圃地变成林地。2007年，苗圃总面积21.27公顷。其中，林地19.94公顷，非林地1.33公顷。年收入7万元。苗圃总人口83人，职工28人。其中，在职职工13人，退休职工15人。

二 集体林场

1987年，全市有乡镇（街道）、村、组办集体林场425个。其中，乡镇（街道）办49个，村办272个，联组（户）办104个。经营面积2.3万公顷，为乡镇（街道）、村公益事业提供经济来源。1996年，市林业局被林业部评为全国乡村林场建设先进单位。随着林业体制的不断改革，乡村集体林场进行调整，部分乡镇集体林场返还给村组。2007年，全市有乡镇（街道）、村、组办集体林场480个，经营面积2万公顷。

三 林业基地

杉木林基地 1987年，全市有杉木林基地23处，面积9900公顷，活立木蓄积量32.43万立方米，占全市杉木蓄积量的53%。主要分布在市龙山林场和山塘、杨家滩、茅塘、古塘、伏口、龙塘、南风、桥头河、七星等乡镇。2002—2007年，全市人工营造杉木林1.18万公顷。2007年末，全市杉木林面积4.64万公顷，活立木蓄积量43.56万立方米。

坑木林基地 1987年，全市有坑木林1.5万公顷，蓄积量26万立方米，主要分布在伏口、七星、古塘、桥头河、白马、杨家滩、茅塘、三甲、财溪等乡镇。2007年，坑木林面积增加到1.92万公顷，活立木蓄积量81.18万立方米，全市坑木用材供需矛盾得到缓解。

南竹基地 1987年，全市有南竹6976公顷，分布在市龙山林场和白马、茅塘、快溪、古楼、塘湾等乡。1995年，发展到7452.7公顷。2002—2005年，在退耕还林项目中，水洞底和七星街两个镇共营造南竹200公顷。2007年，竹林面积达到8770.8公顷，比1995年增加1318.1公顷，比1987年增加1794.8公顷，增长25.73%。

油茶林基地 1987年，全市油茶林面积1973.3公顷，年产茶油105.7吨，主要分布在金石、水洞底等乡镇。2002年，安平镇在白毛、桐庙、青山等村利用退耕还林项目集中连片新造良种油茶林200公顷。2006年，在金石、水洞底、安平等乡镇新建油茶林基地30处，新造油茶林666.67公顷。2007年，全市有成片的油茶林3780公顷，年产茶油276吨，产值520万元。

桉树林基地 2003年，引进桉树苗在桥头河镇珠璜、侯湾、华美、泥冬、大范等村集中连片造林200公顷。2007年底，桉树遭受特大雨雪冰冻自然灾害，桉树幼林枝条严重冻伤和折断，通过修整培育，翌年萌发新枝。

图17-20 荷塘镇鲤鱼村杉木林基地

图17-21 金石镇油茶林基地

图17-22 桥头河镇桉树林基地

第四章　农业机械

1987年，全市农机总动力18.55万千瓦，每公顷耕地农机动力1.79千瓦，农业机械均为农民自己购买。2000年开始，对农民购置农机实行财政补助。2005年，涟源市被农业部列入现代农机装备推进项目县（市）。联合收割机、中型拖拉机、水稻机动插秧机开始在境内使用。2007年，全市农机总动力50.40万千瓦，每公顷耕地农机总动力5.67千瓦，分别是1987年的2.72倍和3.17倍。

第一节　农机种类

一　耕作机械

1987年，全市有水田耕整机140台，335.95千瓦；机滚船63台，218.03千瓦。机械化耕作2380公顷。其中，春耕950公顷，"双抢"（夏季抢收抢种）1430公顷。2005年始有中型轮式拖拉机。2007年，有水田耕整机2137台，7401千瓦；旋耕机2台；机引犁1台；机滚船136台，574千瓦；中型轮式拖拉机3台，99千瓦。机械化耕作3.02万公顷。其中，春耕1.36万公顷，"双抢"期间9780公顷，水田冬耕6790公顷。

图17-23　机械耕作

二　植保机械

1987年，境内植保以半机械化为主，辅以少量动力植保机械，有机动喷雾（粉）机143台，289.59千瓦。全年机械植保面积600公顷。2007年，有机动喷雾（粉）器565台，2003千瓦。机械植保面积1.33万公顷。

三　排灌机械

1987年，全市有排灌动力机械8083台，58787千瓦。其中，内燃机4165台，21405.19千瓦；电动机3795台，35970.20千瓦；水轮机123台，1411.90千瓦。全年机电排灌面积2.65万公顷。2007年，有排灌动力机械20825台，104125千瓦。其中，柴油机6505台，43591千瓦；电动机14320台，60534千瓦；水轮机仅存几台。全年机电排灌面积2.87万公顷。

四　加工机械

1987年，全市有碾米机、饲料粉碎机等各类农产品加工机械3165台，年加工农副产品27.73万吨。20世纪90年代初，有个体加工户在拖拉机车厢上安装碾米机、饲料粉碎机，上门碾米、粉碎饲料。2007年，全市有加工机械11025台。其中，粮食加工机械7844台，棉花加工机械336台，油料加工机械395台。全年机械加工农副产品81.59万吨。

五 农用运输机械

1987年,全市有小型拖拉机2323台,21755.9千瓦,以手扶式拖拉机居多,数量占娄底地区同类机械总数的65%,主要用于农用运输,很少从事农田耕作,全年农用运输量1.46亿吨千米。20世纪90年代初,大量购买小型方向盘式拖拉机。90年代中期,购买14.7千瓦以下变型拖拉机和小四轮拖拉机。2007年,有各类小型拖拉机(含手扶拖拉机)4589台,42450千瓦。其中,小四轮拖拉机495台,6085千瓦;变型拖拉机1124台,13041千瓦。全年农用运输量3.43亿吨千米。

六 插秧机

20世纪70年代,全市有水稻插秧机8台,后因制造工艺差及与农艺不配套被淘汰。2004年再次引入。2007年,有水稻插秧机2台。

图17-24 插秧机

七 收割脱粒机械

20世纪80年代,境内水稻收割以人力打稻机为主。1987年,机械收割面积3480公顷,机械脱粒24.9万吨。90年代初,推广使用机动脱粒机。2000年开始,推广使用中小型联合收割机,市农机局下拨一台小型联合收割机给杨市镇一农民示范使用。2001年,市农机技术推广服务站购买1台中型全喂入联合收割机,次年购买2台。2003年,水稻联合收割机购置被列为省和娄底市的农机补贴范围,每台补贴5000元。2005年,涟源列入农业部现代农机装备推进项目县(市),每台补贴6000元。2007年,增至每台补贴7000元。是年,全市有中小型联合收割机278台,6116千瓦;机动割晒机3台,7千瓦;机动脱粒机3258台。全年机械收割面积1.67万公顷,机械脱粒35.91万吨。

图17-25 收割机

第二节 农机服务

一 农机维修

1987年,全市考核审定农机维修网点164个,年末从业总人数937人。2002年,新核发农业机械维修技术合格证228个,核准中、初级农机维修人员64人。2007年,新核发农业机械维修技术合格证39个,核准中、初级农机维修人员55人。

二 农机培训

1987年,市农机学校培训拖拉机驾驶员387人,为驻涟部队培训军地两用人才138人。20世纪90年代,军地两用人才培训暂停,学校开始与市内一些部门开展联合办学。1995—1998年,与市公安局交警大队合作培训摩托车和小型汽车驾驶员3200人。2000年,加挂市商贸职业学校牌子,开展2年制职业高中学历教育,开设电脑应用教育2个班,当年招生74人。2002年,与中国农业大学合作开设3年制大专函授教学点,招收函授学员25人。2005年7月,招收农村初中毕业生开展农村劳动力转移技能培训。8月,市农机学校整体移交市教育局。2007 年,培训各类农机人员1510 人次。

三　农机推广

20 世纪 90 年代,境内使用水田耕整机、稻种破胸催芽机、动力脱粒机、化肥深施器等一批机具。2001—2002 年,市农机技术推广服务站购买 3 台中型全喂入联合收割机,下乡为农民示范收割水稻。2004 年 4 月 1 日, 在杨市镇官庄村规划涟源第一个现代机插技术试验示范点,试验机插面积 4.3 公顷。2007 年,在茅塘镇永福村试验杂交水稻底泥软盘机插技术,每公顷增产 660 千克,节约资金 594 元。是年,推广各类新机具 514 台。其中,拖拉机 169 台(大型 2 台),收割机 102 台,耕整机 243 台。

图 17-26　机械耕作培训

四　农机销售

1987 年,市农机公司完成农机销售总额 460万元,实现利润 17.99 万元。1989 年,四古区农机管理站在珠梅乡上梅桥建立第一个农机管理服务站,开展农机销售业务。次年,桥头河、荷叶、伏口、杨家滩 4 个区级农机管理服务站相继成立。1990 年,市农机公司在杨家滩镇、桥头河镇、斗笠山镇、大桥乡建立农机销售点。1991 年,市农机推广站在蓝田街道多处租赁门面开展农机配件供应。是年始,个体农机销售出现,各区农机站、市农机公司效益滑坡,逐年亏损,至 1998 年,全市国营、集体农机公司全部倒闭。2004 年 7 月,市农机公司经营场地和办公大楼被拍卖。2007 年,全市有个体农机销售网点 200 多家,农机购置补贴定点销售点 3 家。

第三节　农机管理

一　管理机构

1987 年,市农机管理站内设办公室、人秘股、计财股、管理股,下设市农机监理站、市农机学校、市农机推广站、市农机公司(企业)及荷叶、四古、伏口、山塘、杨家滩、白马、桥头河、蓝田城区 8 个区(街道)农机管理站。共有在职人员 92 人。46 个乡镇建有 45 个乡镇农机管理站,每站 1~2 人。1989 年 11 月,市农机管理站加挂市农机管理局牌子。1991 年 4 月,城区农机管理站撤销。1992 年 12 月,白马、山塘两区农机站撤销。1994 年,市直机构改革,市农机管理站更名市农业机械管理局(简称市农机局)。1995 年,撤区并乡建镇,设 20 个乡镇(街道)农机管理站,人、财、物列入当地政府管辖。1996 年,市农机监理站更名市农机监理大队。1998 年,市农机局增设法制股。2000 年,成立市农油管理站。2004 年,市农机公司改制,资产拍卖。2007 年,市农机局内设办公室、监察室、人教股、计财股、管理股、法制股、科技质量股,下设市农机监理大队、市农机学校、市农机技术推广站、市农油管理站。共有在职人员 113 人。乡镇农机站在编工作人员 159 人,实际在岗的 20 人。

二 农机监理

图 17-27 农机监理路检路查

1987年，市农机监理站管理农用拖拉机的上户上牌、年检年审、安全事故处理、驾驶员考试等业务。20世纪90年代初，境内农机数量激增，无证驾驶现象严重，许多农机人员不懂安全操作知识。1995年开始，市农机监理大队履行农机监理职能，强化宣传教育和路检路查工作力度。至2000年，每年上路检查4000人次以上，查获无证驾驶拖拉机人员3000人以上，年检年审率保持在95%以上，农机安全情况大为好转，市农机监理大队(站)六次被评为省农机安全监理工作先进单位。2000年，被农业部评为文明监理、优质服务示范窗口单位。是年，农用三、四轮车被划入农机业务范围。2002年，自筹经费在石马山镇石梅村征地0.58公顷，投资350万元建造省内第一个集拖拉机驾驶员考试考核、培训、安全生产教育功能于一体的县(市)级农机监理大院。2005年初搬入新址办公。2008年7月，农用运输车(含三轮车)管理职能和部分农机监理人员移交市公安部门;农用拖拉机、联合收割机的上户上牌、年检年审、驾驶员考试职能仍然保留。

三 油料管理

1987年，国家对农用柴油实行计划分配。农机部门负责农用柴油计划指标的分配和管理，石油、供销部门负责油料供应。市农机局发放油票，采用凭票供油、油票“回笼”结算和计划指标分配情况张榜公布等主要措施。是年，涟源农用柴油计划指标2317吨，为节省用油，市农机局积极推广金属清洗剂、冷启动器、乳化柴油等节油技术。1994年，国家取消农用柴油计划指标，加上市场竞争激烈，农机供油系统逐渐萎缩。1990—1998年，全市农用供油系统销售农用油料1.8万吨。1999年后，农用油料全为市场供应。

第五章 气象服务

第一节 机构队伍

市气象局是国家地面气象观测一般站，部门和地方双重管理，以部门领导为主。1987 年，内设办公室、测报股、预报股、市人工降雨领导小组办公室，工作人员 12 人。1994 年，增设市防雷检测所，工作人员 15 人。1996 年，市人工降雨领导小组办公室更名市人工影响天气办公室。增设科技服务中心。1998 年，市防雷检测所更名市防雷减灾办公室。2007 年，内设办公室、业务股、市人工影响天气办公室、市防雷减灾办公室、科技服务中心，工作人员 11 人。

图 17-28 市气象局地面气象观测场

第二节 气象业务

一 测 报

1987 年，采用人工观测手段，手工编制报表。主要观测仪器有干、湿球气温表，最高、最低气温表，地面温度表，地中曲管温度表（5~20 厘米），温度、湿度、降水、气压、风向、风速自记计，动槽式水银气压表，虹吸式雨量计，雨量筒，蒸发皿，日照计，EN 型电接风向风速器。每天 08、14、20 时 3 次定时进行地面气象观测，11、17 时 2 次辅助观测及临时指令的加密观测。观测项目有：云、能见度、天气现象、风向风速、气温、湿度、降水、气压、日照、蒸发（小型）、地温（0~20 厘米）、雪深、电线积冰等。每天在规定的时间向省气象局编发 08、14、20 时绘图天气报，还编发旬报、月报，编发省气象局规定的危险天气报和重要天气报。1997 年，使用 386 型电脑微机处理观测资料，电脑编报，使用打印机打印年报表、月报表，测报质量稳定提高。2004 年，将 EL 型电接风仪改用 EN—1G 型风仪传感器。

1987—2007 年，出现观测、发报错情 3 个，是娄底市各县市气象台站出现错情最少的台站之一。

二 预 报

20 世纪 80 年代，重视灾害性、重要性天气及转折性天气预报。1983 年开始编写年、季气候评价，制作专项天气预报。1987 年 2 月，启用 RAY—66 型甚高频电话，主要用于与娄底地区气象台会商天气。1994 年 12 月，省—地—县市气象信息网络系统开通。2000 年 4 月，PC—VSAT（地面卫星接收小站）建成，投入运行，预报人员可以随时查看到北半球的气象观测资料、天气系统的变化和发展趋势，大量工作由电脑完成。进入 21 世纪，天气预报的内容增加，有 24 小时晴雨、气温预报，48 小时晴雨、气温预报，灾害性天气预报，旬天气预报，月、季短期气候预报，年度趋势预报，春播育秧天气预报，汛期天气趋势预报，五月低温、夏季高温干旱、秋季寒露风、冬季冰冻预报及专业预报。短期天气预报的准确率提高到90%左右，长中期趋势和过程预报基本正确，重大灾害性天气、关键性天气与上级业务部门进行汇商，力求预报准确。

第三节　气象科技服务

一　天气预报服务

20世纪80年代，开展气象专题预报、气候资料、气候评价、农业气象信息服务。针对春播育秧天气、暴雨大风天气、冰冻天气过程，及时电话报告给市政府有关部门领导。1997年4月，建成多媒体电视天气预报制作系统，制作天气预报录像带送涟源市电视台、涟源教育电视台播出。1998年1月，开通“121”天气预报自动答询电话。2003年6月，开通手机气象短信。2005年3月，“121”电话升位为“96121”与“12121”。2006年7月，将天气预报、天气预报警报传真到涟源电视台播出。2007年8月，开通固定电话包月服务，电话、传真、网络、电视、手机等多种气象服务传输体系建成，气象信息传播的时效性提高。

二　防雷服务

1994年1月，市防雷检测所成立。1998年底，成立市防雷减灾管理办公室，负责全市防雷安全管理，开展防雷设施设计安装，常规检测。

三　人工影响天气

1980年7月，成立市人工降雨领导小组办公室，负责天气观测、高炮维护，组织人工增雨作业。1996年7月，更名市人工影响天气领导小组办公室，装备单管37高炮3门。2003年7月，由市政府出资配置车载火箭增雨发射系统一套，在白马、湄江、七星街、安平等乡镇设立人工增雨作业点。1996—2007年，市气象局利用自有设施实施人工增雨91次，发射碘化银增雨弹2730发，下雨91次，其中中到大雨45次，有效率100%。

图17-29　湄江区域气象站

第六章　农村合作经济经营管理

第一节　机　构

1987年10月，市农业委员会经营管理组更名市经营管理站（简称市经管站），下辖市农村财务会计函授站，区、乡镇（街道）设经管站。1990年7月，市经管站更名市经营管理总站，成立农村合作经济审计室。1995年，撤销各区经管站，49个乡镇（街道）经管站合并为20个。1996年，更名市农村合作经济管理局（简称市农经局），加挂市农民负担监督管理办公室牌子，内设办公室、农村财务管理股、农民负担监督管理股、基金会管理股。下辖市农村合作基金联会。局机关定编18人，二级机构定编12人。1999年，撤销基金会管理股，市农村合作基金联会解散。2006年，撤销农民负担监督管理股、市农村财务会计函授站、市农村合作经济审计室，内设办公室、农村财务管理股、农村经营综合管理股。2007年，机构未变，局机关定编14人。

第二节　农村财务管理与审计

一　财务管理

20世纪80年代初，境内各生产队（组）的耕牛、农具、保管室、仓库等固定资产和生产资料作价分摊到户，集体的耕地、山林、水库、塘坝承包到户到人，以生产队（组）为基础的会计核算体制不复存在，农村财务管理在大队（村）一级。1987年3月，市农经站组织全市村秘书（会计）进行统一培训，统一使用会计账簿，统一表格式样，统一按财政部规定的会计科目核算。1988年5月，全市实行村级财务资质制度和村会计持证上岗制，市经管站举办村会计、出纳业务培训班。1991年，涟源市颁发《村级财务制度规范化标准》，规范村合作经济组织会计业务。1998年，全市实施村级财务公开制度，60%以上的村设1~2处财务公开墙，定期公布村级财务活动。2003年，在白马镇、七星街镇进行村账乡镇代管试点，并在全市推广。2005年，全市17个乡镇520个村实行村账乡镇代管，逐步推行电算化管理，市政府确定80个村为全市村级财务规范化管理示范村。2007年，全市17个乡镇610个村实行村账乡镇代管，529个村成立民主理财小组，实行财务公开。市政府又确定54个村为村级财务规范化管理示范村。

图17-30　2007年4月24日，召开全市村账乡镇代管、农民专业合作社工作会议

二 财务审计

1986年，全县开始进行农村财务审计。1987年，荷叶区以经管站为主体，建立荷叶区农村经济审计事务所。1989年开始，5年时间内荷叶区、桥头河区、四古区、蓝田街道、六亩塘街道、马家境街道相继组建以经管站为主体的检察室，与监察室合署办公，审计、监察、检察“三位一体”。经管干部在帮助乡镇村企业、村级组织整顿清理财务时，发现问题及时予以审核审计，按法律法规程序及时向上级相关部门汇报，与纪检检察机关直接联系移交案情，协同办案。全市乡镇村企业资产得到全面清理整顿，集体资产得到有效保护。荷叶区检察室在全区7个乡查出违纪违法金额203.15万元，23名相关人员受到法律制裁和纪律处分，13人被判处有期徒刑。“三位一体”作为全国农村社会主义教育活动的一项创新模式，得到上级领导的充分肯定，省农经委组织全省各地、市、州的领导前来涟源调研学习。1990年，市农村合作经济审计室成立，负责对全市农村审计工作进行规划、指导，并具体开展农村财务审计。加挂市农村合作经济检察室牌子，在处理农村经济违纪问题上与市纪委配合，涉及违法犯罪的与检察院协同办案，全市农村财务审计工作出现市、区、乡镇三级并进局面。1991年底，市经营管理总站对湄江镇四房村等12个村进行审计，查出偷漏税收、贪污等违纪金额95.4万元，收回49.3万元，行政处分6人，批捕1人；全市各区、乡镇经管站共对450个村企业进行审计，查出贪污挪用金额150万元，收回125万元，党纪政纪处分32人，10人移交司法机关处理。1993年开始，市农经总站对全市村级财务进行年检年审。1994—1995年，各区检察室随着撤区并乡消失。2003年，全市审计153个村，审计金额658万元，查出违纪金额20.5万元。水洞底镇农经站对理珊村进行审计，查出违纪金额4.5万元，全数退赔；对白龙村、白晃村两村审计，分别清出侵占挪用资金1万元。2007年，对全市47个财务管理混乱、群众反映强烈的重点村进行清理整顿，审计、清理出违纪金额83万元。其中，挪用、截留的19万元全部退赔兑现，收回集体资金12万元。停职处分1人，3人更换工作岗位，22个村会计打好移交手续，完善18个村的财务制度，重新安排会计、出纳26人，42个村建立民主理财小组，采取多种方式向群众公开财务，接受群众监督。是年，全市审计226个村，查出违纪村66个，违纪金额117万元，纪律处分6人。

图17-31 2007年10月25日，市农经局在枫坪镇黄潭村进行村级财务审计

第三节 农民负担管理

一 农民负担

20世纪80年代末，随着集体资产积累消耗殆尽，公积金、公益金、管理费、教育费附加、军烈属优抚费、民兵训练费、计划生育统筹费、乡村道路维修费等均加在农民身上，农民负担加重。同时乡镇有关职能部门不切实际地开展升级达标活动，如修建校舍、改善教学环境及补发教师工资，不足部分在学生中筹集，超出农民的正常承受能力，部分农户抵制上缴，干群关系疏远，矛盾时有发生。1988年，全市农业人口87万人，农民税外负担4232.41万元，人均48.65元，占上年全市农民人均纯收入436.97元的11.13%。1990年，全市农民

税外负担5576.14万元，人均62.34元，占是年全市农民人均纯收入535元的11.65%。是年全省农民人均税外负担57.52元，娄底地区人均税外负担47元，涟源市分别高4.82元和15.34元。1996年8月28日至11月13日，三甲乡发生多起群体性上访、游行请愿事件，最后发展到冲击市委、市政府机关。1998年7月26日上午，白马镇田心、徐南等5个村1000多名群众游行到镇政府要求减轻农民负担。2002年7月24—9月12日，杨市镇梅林、高山、堤基、蓉峰、砖湾等部分农民就镇政府收取"一事一议"资金多次上访省、娄底市。2004年，取消村提留款、乡镇统筹费，取消农业特产税，农业税正税下降到3.8%，附加也相应降低征收率。2005年，取消农业税。2006年，因市教育局在上年布置各乡镇学区向学生收取捐资助学费20~80元，涟源被列为省农民负担重点监控市。2008年底，解除监控。

二　减负规定

1991年3月，市第十一届人大第二次会议做出决议，批准《涟源市人民政府关于切实减轻农民负担的意见》，严格控制乡统筹（优抚教育附加、民兵训练、计划生育、乡村道路修建）和村提留（公益金、公积金、管理费），农民承担金额严格实行总额控制，并明确规定以乡、镇为单位，人均统筹、提留控制在上一年人均纯收入的5%以内。农村劳动力义务工、积累工由乡镇集体经济组织共商，由乡镇人民政府编制方案，报市减轻农民负担领导小组办公室审核，然后经乡镇人民代表大会审议通过方可实施。1993年4月17日，市委、市政府发出《关于切实减轻农民负担的紧急通知》，要求从即日起，农民除依法纳税和按国务院《农民负担费用和劳务管理条例》中"关于村提留和乡统筹必须严格控制在上年农民人均收入5%以内"的规定继续执行外，其他涉及要农民负担费用的各种摊派集资、达标活动和行政事业性收费等，一律先停止执行，然后进行清理。6月10日，市委、市政府又提出《关于减轻农民负担工作的几点意见》，决定从是年开始，向全市每个农户发放《农民负担登记手册》，劳务负担包括义务工和劳动积累工，一般每个劳动力每年分别负担5~10个和10~20个。1996年7月16日，市委、市政府提出《关于切实减轻农民负担工作的实施意见》，坚决把不合理的负担项目压下来，停止一切不符合规定和不切实际的集资、摊派项目；暂停审批一切新的收费项目，禁止一切需要农民出钱、出物、出工的达标活动；国务院规定的乡村统筹提留费不超过上年农民人均纯收入5%的比例限额不得突破。10月17日，又作出《关于坚决清退农民不合理负担的指示》，要求各级党委、政府按讲政治的要求提高对抓好"减负"工作的认识，凡市委、市政府宣布部署的各项"减负"措施，必须不折不扣地坚决执行，对群众反映强烈的不合理负担要求迅速清退。1997年3月4日，市委、市政府作出《关于贯彻落实<中共中央、国务院关于切实做好减轻农民负担工作的决定>的若干实施意见》，指出农民有义务直接向集体经济组织缴纳不超过上年纯收入5%的村提留和乡镇统筹费，其中乡镇统筹2.5%。凡年满18~55周岁的男性，年满18~50周岁的女性农村劳动力每年有义务承担5~10个义务工和10~20个劳动积累工。教育集资必须按自愿、量力的原则，禁止任何单位和个人以任何名义向农民超标准收费和摊派。1997年3月24日，省政协副主席范多富一行8人至涟源调查农民减负问题。2000年7月18日，市委办、市政府办发出《关于切实做好当前减轻农民负担工作的通知》，指出贯彻落实党的农村工作政策，切实减轻农民负担，是事关党群干群关系、基层政权建设和农村社会稳定的重大政治任务。增加农民收入，把不合理的农民负担减下来，维护农村社会稳定是农村工作的头等大事。市委、市政府研究决定严格执行农民合理负担"一定三年不变"的规定，开展涉农收费专项治理，规范收缴行为，杜绝涉农恶性案件和群体事件发生。2001年，市委、市政府制定《关于切实减轻农民负担工作的决定》，严格控制有关职能部门乱收费。10月18日，又印发《关于<涟源市减轻农民负担专项治理工作方案>的通知》。2002年，在全市乡村干部中推行警示卡制度，严格禁止要农民出钱出物出工的达标升级活动，禁止一切没有法律法规依据的行政事业性收费，禁止强行以资代劳，禁止用非法手段向农民收款收物，严禁动用警力、警械和“小分队”“工作队”上门收款收物，严禁到农民家中拉粮食、牵牲口、搬家具，严禁在收取税费中打人、抓人、关押人，严禁将收取税费与乡镇村干部工资、奖金挂钩。2005年，执行中央免征农业税和农业税附加政策，农民种田不再纳税，还可享受种植粮食作物补贴、种植良种补贴、购置农机具补贴，农民负担进一步减轻。

三 检查监督

1990年，市减轻农民负担领导小组办公室成立，对全市农民负担进行监督管理。1993年4月17日，市委、市政府发出《关于切实减轻农民负担的紧急通知》，对1991年以来所下发的涉农收费文件进行清理审查。至9月底，清理审查涉及农民负担的文件38个。其中，停止执行的文件7个，自行失效的文件7个，修改的文件4个。是年，全面推行农民负担监督卡制度，向全市农户发放《农民负担登记手册》25.19万份。1996年开始，向农户发放《农业税、乡统筹、村提留、定购粮任务通知书》。1998年，清理收费项目1156个，取消违规项目22个，降低收费标准项目18个。1999年，发放省减负办统一印制的一定三年不变的农民负担监督卡27.22万份，清理收费项目1156个，取消违规收费项目39个，降低收费标准项目24个。2003年，统一制作40块涉农收费公示牌，建立20个农民负担监测点，聘请51名农民负担监督员。是年起，市委、市政府每年对减轻农民负担工作组织一次大检查，向农民发放《农民负担与补贴监督卡》，每年对教育、国土、公安户籍、农电、计划生育、民政等涉农收费项目进行一次年度审计审核，每年与20个乡镇(街道)及15个涉农收费单位“一把手”签订涉农收费责任状，实行涉农收费责任追究制度。2004年，根据中央一号文件“进一步清理和规范涉农行政事业性收费”的要求，清理审查计划生育、国土、教育等15个单位的涉农收费标准和项目，清理收费文件23个、收费项目108个，取消市内出台的收费项目9个，取消上级明令取消的收费项目35项，降低收费标准7项。

第四节 农村合作基金会

1991年11月29日，中共十三届八中全会通过《中共中央关于进一步加强农业和农村工作的决定》，号召各级办好农村合作基金会，国务院、农业部、财政部和省政府相继发文，要求各级人民政府和相关部门积极支持和指导农村合作基金会开展工作。1993年3月25日，娄底地区在渡头塘乡开展农村合作基金会试点。经过工作组宣传发动，15天内即聚集股金10万元，代管资金43万元。(存款期1年以上的称股金，存款期1年以下的称代管资金。)是年底，渡头塘乡农村合作基金会筹集可融通资金51万元，向农民投放短期有偿资金72.5万元，资金周转率142.2%。累计收回放款67.2万元，到期放款回收率92.7%，收取资金占用费4.12万元，支付股息和费用1.42万元，每万元获利润278.43元。试点成功后，市经管总站向全市各区、乡镇(街道)推广渡头塘经验，市委、市政府号召全市各区、乡镇(街道)认真学习、落实中央、省、地文件精神，积极创造条件，以乡镇(街道)为单位建立农村合作基金会。至1996年7月，全市建立城郊、毛坪、芙蓉、三甲、财溪、石马山、青烟、湖泉、安平、岛石、龙塘、湄江、伏口、七星、仙洞、湘波、桥头河、株木、桂花、石狗、渡头塘、增加、枫坪、斗笠山、水洞底、新禾、杨家滩、太和、快溪、金石、常林、灌湄、茅塘、白马、田心、孙家桥等36个由乡镇(街道)举办的农村合作基金会和市联合会，代办点276个，工作人员446人(其中代办点278人)。聚集资金1.48亿元，其中股金0.97亿元；放出资金1.2亿元。1997年，全市37家基金会累计放款22345.95万元，工业及其他占用8160.55万元，占整个放款额的36.52%。是年底，37个基金会全部盈利，盈利额569.8万元。

农村合作基金会的建立和发展,对于改善农村集体资金管理,壮大农村集体经济实力,保障合作经济组织和农民的合法权益,扶持乡村企业发展,促进农村剩余劳动力转移,为国家财政增加税收,部分缓解基层政府的财政运转困难有一定作用,但人、财、物、事都由当地政府安排,当地政府以行政手段指令基金会进行跨区域高利率大额放贷现象普遍存在。桥头河基金会主任在春节前由于拒绝执行镇党委书记指令,未向一个濒临倒闭的镇办企业放款,第二天就被撤职,镇党委书记指定新主任对该企业放款。枫坪基金会在镇政府的干预下向彩色水泥厂和一家煤矿共放款230多万元,占其总资产的50%。部分工作人员超出业务范围盲目放大款,放人情款,高出银行同期贷款利率放款,超范围借款给国家工作人员。基金会为保证支付,以吸收股金的名义,高利率吸纳资金,最高时年利率达21.6%。1998年,16个基金会盈利21.5万元,5个基金会持平,16个基金会亏损770万元,其中渡头塘基金会亏损99万元。1999年4月,全市农村合作基金会共计聚集资金2.73亿元,其中股金2.38亿元。放款2.22亿元,其中呆账、逾期款9300万元,占整个放款总额的41.89%。

1999年4月8日,根据中央、省、地安排,全市部署对农村合作基金会进行清理整顿,成立清理整顿领导小组,在全市各有关局行组织80名懂财会业务,有组织才能的领导干部担任指导组成员,各乡镇(街道)相应成立清理整顿领导小组。市委、市政府随后出台《涟源市清理整顿农村合作基金会工作方案》,各地于4月20日前制订清理整顿实施方案和防范化解风险预案。4月23日18点起,各基金会对外一律停止除收回放款外的所有业务,指导组成员进驻37个基金会进行清产核资工作。4月下旬开始,所有基金会工作人员、各代办员、市里派驻基金会的指导组工作人员、市法院专门为基金会清欠而成立的16个巡回法庭的工作人员、各乡镇(街道)组织的清欠工作组共计1500余人对全市农村合作基金会的所有放款进行大规模清收。至8月31日,基金会清理整顿工作巡回法庭受理案件120件,13名副科以上干部被免职,56名行政事业单位职工被辞退。全市共计收回欠款9414万元,完成应收款的40%。10月上旬,全市各乡(镇)政府共剥离放款2630万元(由当地政府负责收回),财政注入资金5300万元(其中上级财政借款注入3709万元),向中国人民银行武汉分行申请,各农村合作基金会资产、负债并入当地信用社。11月,经中国人民银行武汉分行批准,全市25个信用社接收31个乡镇农村合作基金会,接收资产14912万元、债务14906万元。毛坪、三甲、桥头河、渡头塘、株木5家农村合作基金会和市联合会按农业部和中国人民银行文件规定不能并入,自行关闭,其符合政策的小额放款由当地农村信用社进行收购,共收购197万元,应兑付资金在上级财政借款注入840万元后,由当地政府组织在1999年和2000年分三批兑付。

第五节 农民专业合作社

1996年,境内一些专业户联合购进生产资料,在技术上互帮互助。石马山镇马家境、乌鸡坝、新中3个村带动周边村民养殖乌骨鸡。山塘乡、金石乡以家庭经营为主种植中药材,建立药材专业合作社,为成员购买生产资料,提供销售、加工、运输、储存产品技术、信息服务。1999年,全市专业合作组织1493个。其中,种植业200个,养殖业309个,运输加工农机服务620个,其他专业364个。2000年,省委农村工作办公室发出《大力扶持农民专业合作组织发展的意见》。杨市镇、桥头河镇的无公害蔬菜种植,三甲乡、枫坪镇的名贵花木栽培,古塘乡、七星街镇、白马镇的中药材种植,均开展专业合作。枫坪镇、斗笠山镇、杨市镇、龙塘乡的养猪业成规模发展。斗笠山镇从镇财政拨出专款30万元,用于奖励合作组织及社员发展养猪业。2002年,龙塘乡、安平镇、杨市镇等乡镇联合养殖大户组建孵化场,年产雏禽100万羽以上。杨市镇流转入股土地73.33公顷,种植辣椒等蔬菜,进行深加工后的辣椒酱、食用醋、甜酸藠头畅销省内外。2006年,龙塘乡珠梅田垅10余户种粮大户牵头组织专业合作社，联合成片耕种优质水稻70多公顷。统一品种种植、统一机耕机种、统一供应农资、统一技术培训、统一产品销售，合作社为社员提供产前、产中、产后服务。2007年，全市有农民专业合作社（组织）293个，按国务院《农民专业合作社登记条例》在工商行政管理部门进行登记的16家，占总数的5.46%。相当一部分专业合作社为了某个产品或利益而组建成立，某一时段过后就自行解散。是年，全市专业合作社成员11352户，获得银行贷款918万元。参加组织的农户比上年平均增收2000元，带动非成员农户59000户，占全市农户总数的25.05%。有10个专业合作组织获得省地市（县）财政扶持资金52万元（其中省级25万元）。

图17-32 2005年4月10日，在白马镇桃子村建立涟源市金银花种植专业合作社育苗示范基地

第六节 农村经济服务

1987年，市经管站对全市农村经济活动进行引导，对农村经济事务进行服务、审核、审计，对农村经济活动管理人员进行业务技术、法律法规培训。是年，市农业委员会组建中央农业广播电视学校湖南省涟源市会计辅导站，由经营管理站负责日常工作，招收学员243人，其中240名学员经3年函授学习取得《农业广播电视学校毕业证书》。评定49名农民会计师、510名农民助理会计师和会计员，颁发村会计证1986个。

1996年，市农经局积极发展家庭农场、牧场、渔场，积极发展农民专业合作社等规模经济，鼓励引导农民以土地承包经营权入股进行合作生产经营，对农村土地承包经营权流转进行规范化管理。是年4月，省农村工作办公室确定七星街镇为全省农村集体资产管理工作试点乡镇。至年底基本完成清产核资，产权界定，资产登记，建章建制。清收集体财产390余万元，研究集体资产保值增值措施，初步理顺农村集体资产管理体制和运行机制。1997年，省政府发文，明确在全省进行农村集体资产清理、整顿，确保集体资产保值增值。1998年，全市村、组集体资产基本澄清，资产总计15340万元。

2004年，国家对农业进行粮食直补、良种补贴，二项补贴款合计每公顷420元，2006年增加到每公顷661.5元。2007年，全市粮食种植补贴3215万元，退耕还林补贴2152万元，全部直接从银行打入农户存折。全市土地承包经营权证、合同书、村级财务实行“村账乡代管”资料全部录入电脑，进行电子信息化管理，随时、全程、有效监督、审核服务。

1987—2007年，调解土地承包纠纷5678件。

第七章 农业产业化

第一节 农业结构调整

1987年,全市农业以种植和养殖为主,农村经济单一,以自产自销、自给自足为主要形式。是年,全市粮食作物种植面积75297.7公顷,经济作物(未含茶叶、蔬菜、水果等)种植面积3253公顷,种植面积比为1∶0.04。种植业、畜牧业、林业、渔业、副业产值比为1∶0.53∶0.05∶0.05∶0.06。进入20世纪90年代,涟源把调整产业结构作为农村经济工作重点,稳定发展粮食生产,择优发展多种经营和第二、三产业。1995年,农业产业化全面铺开,粮食生产以提高"吨粮田"建设为中心,林业建设以丘岗山地开发和"千元山"建设为目标,畜牧水产由粗放型向集约化、规模化转变。1998年2月15日,市委、市政府发出《关于加快农业产业化进程的意见》。2000年,制定以万亩稻田改制和草食牲畜为核心的农业产业结构调整方案。至2001年,推广优质稻1.4万公顷,发展模式化稻田养鱼5000公顷;启动肉牛产业,引进种牛1500头。是年,境内形成以桥头河、龙塘、蓝田等5个乡镇街道为重点的3333.33公顷蔬菜瓜果带;以枫坪、杨市、茅塘等3个镇为重点的666.67公顷牧草带;以白马、金石、荷塘3个镇为重点的1333.33公顷药材带。2001年,形成五大农产品基地,即1.7万公顷优质稻、7000公顷蔬菜瓜果、5000公顷玉米、2000公顷药材和6666.67公顷牧草。是年,全市实施柑橘品改工程,柑橘高接换种66.67公顷,引进脐橙、椪柑、柚子等新品种,增加金秋梨、杨梅、葡萄等名优水果666.67公顷;推广三元杂交瘦肉型猪,良种率达40%;稻田养鱼8333.33公顷,其中模式化稻田养鱼7000公顷。2002年,结合龙头企业的发展,通过订单农业、公司加农户等形式,发展农产品种养大户,境内形成"公司+基地+农户""合作组织+农户"的经营模式和"一村一品"的产业结构。是年,全市有农产品加工企业、大户104个。其中,年产值上1000万元的企业有湖南省回春堂药业有限公司、华金冷冻食品有限公司、金石植物化工厂及斗笠山花蕊粉丝厂。2003年,建立涟源市农业信息网,推广农业科技和农产品加工新技术,推动农业产业化发展。形成以荷塘镇、金石镇、古塘乡为主体的2666.67公顷药材基地,以伏口、湄江、龙塘等乡镇为主体的6666.67公顷玉米基地,以安平、龙塘等乡镇为主体的400万羽肉鸡基地,以杨市、茅塘、伏口、湄江、枫坪、白马等镇为主体的万头肉牛基地。是年,全市有农产品综合市场2个,专业市场3个,专业经济合作组织52个,协会、贩运公司、交易市场、订单农业、股份合作等各类产业化经营组织150多个。2007年,全市粮食作物种植面积83470公顷,经济作物面积24333.3公顷,分别比1987年增长10.9%和648%,粮经种植面积比为1∶0.29。种植业、畜牧业、林业、渔业、农林牧渔服务业产值比为1∶1.33∶0.03∶0.07∶0.01。

第二节 农业产业基地

1987年,涟源市被确定为全国瘦肉型商品猪基地县。1994年,以金石、南风、伏口、快溪等6个乡镇为基地,发展黑山羊5万只,至次年8月,扩展到仙洞、七星、古塘、四古、石陶、柏树、漆树、湘波、塘湾等14个乡镇,增加黑山羊10万只。1995年,建立以白马镇庫里村为主体的200公顷奈李基地,以三甲乡为主的666.67公顷奈李、巨峰葡萄基地,以白马水库库区为中心的666.67公顷柑橘基地,以龙山林场高寒山区为主的

333.33 公顷杜仲基地，以白马镇田心管理区为中心的 333.33 公顷模式化稻田养鱼基地，以白马镇隔山村为中心的 1 万头瘦肉型猪基地。1997 年，确定十大产业化基地，即以三甲、六亩塘、蓝田、白马、湄江、龙塘、安平等 14 个乡镇(街道)为主体的 1.33 万公顷水果基地；以伏口镇、湄江镇为主体的 666.67 公顷优质烤烟基地；以市龙山林场、白马镇、荷塘镇、茅塘镇、杨市镇、三甲乡为主体的 6666.67 公顷南竹基地；以水洞底、杨市、安平、桥头河、渡头塘等乡镇为重点的瘦肉型猪生产基地；以南北山区为主体的 30 万头山羊生产基地；以白马、大江口两大水库为主的万吨成鱼水产基地；以金石镇、荷塘镇、伏口镇为主体的 2666.67 公顷油料基地；以桥头河镇、蓝田街道、水洞底镇、杨市镇为主体的 1333.33 公顷优质蔬菜基地；以沿涟河乡镇和安平镇为主体的 1000 万羽家禽基地；以桥头河镇、杨市镇、七星街镇为主体的 3333.33 公顷茶叶基地。1999 年，建设 9 个具有精品农产品生产功能、龙头带动功能、农业科技推广应用示范以及旅游休闲观光功能的农业科技园区——安平畜禽科技园、温江农业综合开发示范区、斗笠山花蕊粉丝厂、杨市镇官庄高效吨粮田示范基地、蓝田街道民光优质柑橘示范园、石马山草食牲畜开发区、龙山中药材基地、白马湖旅游农业开发区和桥头河、水洞底时鲜蔬菜基地。安平畜禽科技园按照工厂化模式集中孵化，统一技术服务和雏鸡供应，4 年发展成为拥有现代化成套孵化设备、高标准笼养设备的种鸡、肉鸡基地，年孵化 800 万羽，年出笼 400 万羽，产品畅销省内各地；温江农业综合开发示范区拦河 5.8 千米，放养俄罗斯鲟 150 万尾，同时以温江为中心，通过“公司+农户”的运作方式在其周边区域发展 4000 公顷模式化稻田养鱼，由温江农业综合开发公司提供鱼苗，经农户稻田养鱼饲养到 1 千克左右，再收回放养到河中。2003 年，形成以荷塘、金石、古塘等乡镇为主体的 2666.67 公顷药材基地；以伏口、湄江、龙塘等乡镇为主体的 6666.67 公顷玉米基地；以安平、龙塘等乡镇为主体的 400 万羽肉鸡基地；以杨市镇、茅塘镇、伏口镇、湄江镇、枫坪镇、白马镇为主体的万头肉牛基地。是年，结合退耕还林发展优质油茶林 200 公顷，改造低产油茶林 666.67 公顷，在桥头河镇、龙塘乡交界处花山岭开发 2.07 万公顷花椒，在桥头河、七星街两镇建设 333.33 公顷桑园。有湖南五江集团天华牧业有限公司、市泰龙牧业有限公司、光阳草业服务公司等 5 个专业养殖公司，在茅塘镇温溪村、湄江镇秀加村、伏口镇猫公岩村、白马镇邹家村、井洋村等地建立 12 个养牛专业村。其中，天华牧业有限公司在茅塘镇石门村征地 80 公顷，投资 5500 万元兴建天华牧业科技园，建设安格斯种牛繁育中心、育肥中心、南方牧草试验示范中心。

图 17-33 五江天华牧业科技园

第三节 农业新兴产业

一 肉牛产业

2001 年，境内引进纯种安格斯种牛 59 头，利用胚胎分割移植技术，加速良种牛繁殖。是年，全市人工种植牧草 7.3 公顷，发展养牛示范户 6000 户，其中 30 头以上的 500 多户。2003 年，市内启动肉牛产业，按照“户养一群牛，种好一片草，建好一栋栏，新建一个池，建起一个灶”的“五个一”开发模式，引导养殖农户改变传统的养殖方式，扩大养殖规模。2004 年，利用黑安格斯种牛与境内黄牛杂交，繁殖出“湘中黑牛”。是年，市养牛协会成立,会员670人,会员养牛6666头。茅塘、枫坪、荷塘、金石等4个镇相继成立分会。是年,全市出栏牛4.56万头，牛业产值占畜牧业总产值的比重从2002年的1.5%上升到6%。2006年,市委、市政府出台《关于加快肉牛产业发展的决定》,建立肉牛产业基金,实施世行贷款肉牛项目,投入200万元加快肉牛产业。2007年,全市有养牛专业合作社12个,安格斯牛繁育中心、育肥中心、南方牧草示范中心、屠宰加工中心建成投产，繁育中心年出栏种公牛160多头,育肥中心年出栏肉牛6000多头,屠宰加工线年加工10万头。

图17-34　湖南五江集团天华牧业有限公司“湘中黑牛”养殖场

二　药材产业

2002年,涟源市把药材产业确定为主导产业。湖南省回春堂药业有限公司、市德仁农林生物科技有限公司与基地农户签订合同,境内形成“公司+基地+农户”的经营模式和“一村一品”的产业结构。2004年,全市发展种植面积在66.67公顷以上的药材专业村14个,3.33公顷以上的药材种植专业户200多户。全市药材种植面积2800公顷,主要有尾参、桔梗、百合、花椒、杜仲等30多个品种,畅销邵东廉桥等大型药材市场。是年,发展药材粗加工,古塘乡一次性引进20多台药材加工机械,户均产值近20万元。2007年,全市中药材种植面积3466.67公顷,比1987年增加3396.07公顷。涌现出古塘尾参、龙塘花椒、白马金银花、枫坪银杏5个较大的药材生产基地。境内形成以白马、金石、荷塘、枫坪等镇为主的南部龙山山脉中药材生产带和以伏口、安平、古塘、湄江等乡镇为主的北部雪峰山余脉中药材生产带。

图17-35　石马山镇金银花药材基地(育苗、扦插、采摘)

三　蔬菜产业

1995年,全市确立以桥头河镇、蓝田城郊为重点的6000公顷蔬菜基地。是年,桥头河镇有蔬菜村15个,专业菜地400公顷,季节性菜地1000公顷,年种植蔬菜面积2000公顷。1996年,涟源市被确定为湖南省十四大重点蔬菜基地县(市)之一。2000年,湖南景龙食品有限公司、涟源市湘林食品有限公司两家蔬菜加工企业建成,带动蔬菜生产向加工型、外向型发展。2002年,桥头河蔬菜基地被定为湖南省“放心菜”基地,所产萝卜、白菜远销广州、深圳、珠海等沿海城市。2003年,桥头河蔬菜基地跃居省第九大蔬菜基地。2005年,全市蔬菜种植面积达7920公顷。其中,桥头河镇2500公顷,为全省十大无公害蔬菜基地之一。2007年,在扩大桥头河、水洞底、蓝田等乡镇(街道)原有蔬菜基地的基础上,进一步发展杨市、水洞底、三甲、六亩塘等乡镇、城区近郊蔬菜基地。其中，桥头河蔬菜基地种植面积达2666.67公顷，无公害蔬菜认证面积1026公顷，蔬菜基地菜农的人均年收入上万元；水洞底镇利用冬闲稻田种植马铃薯200公顷，主要供应娄底超市，每公顷收入4.5万多元。

图17-36 桥头河蔬菜基地菜农在施肥灌溉

四 林业产业

1998年，全市实施世界银行贷款国家造林项目重点工程，在湄江、渡头塘、龙塘3个乡镇67个村及市龙山林场5个工区完成规划面积2186.47公顷。是年，涟源被列入全国柑橘良种引进与推广项目县（市）、全省柑橘品改重点示范县（市）。2000年，实施国家农业生态环境建设和综合治理项目，造林1040公顷，其中利用世界银行贷款贫困地区林业发展项目资金造林313.6公顷。2001年，涟源被列为国家退耕还林项目工程试点县和国家公益林试点县，省政府批准涟源为全省重点林业区县。2001—2005年，涟源市依托国家项目支持，优化林业结构，提高林业生态效益和经济效益，先后实施国家生态环境建设林业工程、退耕还林项目、长江中下游防护林建设和国家级森林公益林补助资金试点等项目，共退耕还林9000公顷，累计封山育林4.75万公顷，同时发展四项产业——经济林、苗木花卉、森林旅游、竹木加工。至2007年，国家补助1.2亿元，全市退耕还林1.4万公顷，封山育林5万公顷。建设1万亩（666.67公顷）南竹、1万亩蚕桑、1万亩花椒、1万亩油茶、1万亩果林等林业"五个一"工程，改变经果林长期以柑橘为主的结构。

第四节 农产品加工经营

2000年，湖南景龙食品有限公司、市湘林食品有限公司两家蔬菜加工企业建成。组建市华湘食品有限公司、市鹏盛木业有限公司和桥头河蔬菜加工厂，为木材、蔬菜、玉米等农产品的加工增值创造有利条件。2002年，全市有农产品加工龙头企业和加工大户104家，农产品加工产值3.6亿元。2003年，湖南省回春堂药业有限公司完成GMP改造，次年通过验收，成为娄底市第一家获得GMP认证的中成药生产企业。是年，全市形成以市华鑫冷冻食品有限公司为龙头的肉类生产企业；以市鸿大牧业有限公司原种猪场为龙头，铁龙、众大等种猪场为依托的优良品种猪生产企业；以湖南天柱山禽业综合开发有限公司种鸡场为代表的优良品种鸡生产龙头企业。2004年，对全市9家年产值在1000万元以上或具有一定发展潜力的企业实行重点扶持。是年，在湘洽会上签订3个项目，合同投资1.04亿元。其中桥头河镇与广东哈奇集团合作开发食品加工，总投资8000万元；市宽心禽业有限公司与美国AT&L集团公司合作开发肉鸡养殖业与深加工，总投资1400万元；石马山镇与

图17-37 湖南景龙食品有限公司生产车间

吉林伊通大地肉牛养殖场合作建设天隆肉牛交易市场，总投资1000万元。2007年，天华牧业有限公司被评为省级龙头企业，景龙食品有限公司、湘林食品有限公司、德仁农林生物科技有限公司等15家企业被评为娄底市级龙头企业。是年，全市有农产品加工企业163家，农产品加工产值达到6.3亿元。

第五节　农业综合开发

1999年，涟源被确定为国家农业综合开发项目市。2002年，市农业综合开发办公室（简称市农开办）成立，定编5人，负责项目开发与管理，下设项目管理股、综合管理股。2003年，定编7人。2007年，编制未变。

一　项目规划

1999年，规划开发龙塘乡中低产田改造和橘园高接换冠项目，在珠梅、云霄、双江等28个行政村进行，规划总投资824万元。其中，土地治理项目投资464万元，多种经营项目投资360万元，改造中低产田1226.67公顷，改造低产经果林163.33公顷。2000年，全市农业综合开发首次纳入十五规划。规划总投资14729万元。其中，土地治理项目投资4734万元，多种经营及部门项目投资9995万元。土地治理项目以改造白马水库灌区为重点，包括杨市、枫坪、茅塘、水洞底、荷塘、渡头塘、斗笠山7个乡镇，改造中低产田7066.67公顷。多种经营及部门项目主要扶持林果、油茶、肉牛养殖的发展。2005年，编制全市农业综合开发“十一五”规划。规划总投资11700万元。其中，土地治理项目投资6200万元，产业化经营项目投资5500万元。土地治理项目以大江口水库灌区为重点，包括湄江、龙塘、七星街、伏口、安平、石马山、斗笠山、荷塘、杨市、六亩塘10个乡镇，改造中低产田6400公顷。产业化经营项目主要扶持4个龙头企业和1个农民专业合作社，扶持肉牛养殖及加工、脱水蔬菜加工、金银花种植及加工等产业。

二　项目实施

1999年，龙塘乡中低产田改造项目投入资金464万元，建成拦河坝2座，排灌站4座，机耕道15千米及混凝土衬砌防渗渠道47.5千米，改造中低产田1266.67公顷，新增粮食生产能力2950吨。同年，投入资金360万元，建设龙塘橘园高接换冠项目，改造低产橘园163.33公顷。2000年，兴建杨市节水农业示范项目。在杨市镇官庄、利新、太和等14个村（居），投入资金500万元，建成拦河坝2座，排灌站5座，机耕道15千米及混凝土衬砌防渗渠道45千米，项目区年节水150万立方米，年省电、省油价值40万元，年增粮食生产能力1500吨。此节水农业示范项目工程666.67公顷，解决易涝易旱难题，实现“田成方、林成网、渠相连、路相通、旱能灌、涝能排”的基本目标。5月，省委副书记胡彪视察项目区，给予高度评价，奖励涟源农业综合开发项目资金80万元。6月，省政府副省长庞道沐到项目区考察，称赞杨市节水农业示范项目为“江南水乡节水农业示范项目的经典之作”。是年，市农业综合开发获全省农业综合开发一等奖。同年，建设杨市橘园高接换冠项目，投入资金215万元，改造低产橘园200公顷；投入资金713.6万元在金石镇兴建年产茶皂素500吨、精茶油1500吨的精茶油加工厂。2001年，动工兴建渡头塘乡中低产田改造项目。在渡头塘乡扬名、美庄、红溪等26个村投入资金542万元，建成拦河坝2座，渠系建筑物150座，排灌站4座，机耕道10千米以及混凝土衬砌防渗渠道50千米，改造中低产田1333.33公顷，年增粮食生产能力3000吨。同年，投入585万元，在杨市、枫坪等10个乡镇及市园艺场建设肉牛养殖示范区，投入资金200万元建设畜牧秸秆养畜项目，是年再次获全省农业综合开发一等奖。

2002年,在茅塘、枫坪、斗笠山3个镇18个村兴建"茅(塘)枫(坪)"中低产田改造项目,投入资金756万元,建成拦河坝1座,渠系建筑物35处,排灌站5座,机耕道10千米以及混凝土衬砌防渗渠道47千米,改造中低产田1200公顷,新增粮食生产能力2250吨,改良草场666.67公顷,年增干草生产能力9万吨。是年,投入资金367万元,继续在杨市、枫坪等10个乡镇及市园艺场建设肉牛养殖示范区;投入资金1600万元,建设白马水库灌区改造项目;投入42万元建设长江防护林项目。2003年,在水洞底镇慕长、慕农、石狮等15个村投入625万元,建设水洞底节水农业示范项目,建成拦河坝1座,渠道建筑物120处,机耕道10千米以及混凝土衬砌防渗渠道40千米,项目666.67公顷,年增粮食生产能力1500吨。同年,投入资金3452万元,在湖南五江集团天华牧业有限公司建成肉牛标准化育肥屠宰加工项目;投入资金348.7万元,建设农业局菜篮子工程项目,同时大力推广玉米—优质稻、西瓜间种糯玉米—优质晚稻、蔬菜—优质晚稻、水稻—马铃薯等种植模式和"牛沼草""牛沼果""牛沼菜"等生态模式。2004年,在荷塘、渡头塘两个乡镇的田心街、崇木、集合冲等30个村投入资金827万元,兴建荷塘、渡头塘中低产田改造项目,建成拦河坝10座,渠系建筑物590处,造林33.3公顷,排灌站2座,机耕道10千米以及混凝土衬砌防渗渠道49.5千米,改造中低产田1266.67公顷,年增粮食生产能力2730吨。2005年,在七星街镇檀山、湘波、同心等13个村投入资金830万元,兴建七星街中低产田改造项目,建成拦河坝2座,机电井1眼,渠系建筑物200处,排灌站2座,机耕道8千米,"U型槽"水泥预制件、硬化渠道、混凝土衬砌防渗渠道42千米,改造中低产田1000公顷,年增粮食生产能力2000吨。2005年6月,世界银行贷款涟源肉牛良种繁育项目启动实施,扶持涟源肉牛产业发展。国家投资1500万元在天华牧业有限公司实施参股经营项目,由省财政厅委托省国有资产经营公司运营管理。2006年,在湄江、龙塘两个乡镇的托林、南风等16个村投入资金1072.5万元,兴建湄江、南风中低产田改造项目,建成拦河坝1座,渠系建筑物270处,排灌站2座,机耕道10千米以及混凝土衬砌防渗渠道59千米,改造中低产田1333.33公顷,年增粮食生产能力2920吨。是年,世行贷款涟源肉牛良种繁育项目继续实施,项目获世界银行"金犁创新奖"提名奖。

图17-38 2000年5月,省委副书记胡彪(右一)视察杨市农业综合开发项目区

2007年,在斗笠山、石马山两个镇的托里、朱泉等17个村投入资金1080万元,兴建斗笠山、石马山中低产田改造项目,建成拦河坝1座,机电井1眼,渠系建筑物370处,排灌站9座,机耕道9千米,"U型槽"水泥预制件、硬化渠道、混凝土衬砌防渗渠道40千米,改造中低产田1066.67公顷,年增粮食生产能力2400吨。同年,投入资金695.06万元,在市铁龙科技园建成3000头肉牛养殖项目。

1999—2007年,在11个乡镇177个行政村改造中低产田9800公顷,改良草场666.67公顷,改善农业生产基本条件,保障粮食生产安全。世行贷款涟源肉牛良种繁育项目在天华牧业有限公司及12个乡镇投入资金2435万元,建成53.33公顷人工草场、1个供体牛繁育场、1个胚胎移植中心、1个育肥场、12个畜牧技术服务站、1532个受体牛养殖农户,完善良种繁育、牧草种植、饲料加工、集中育肥、标准化屠宰加工及技术服务六大体系,中央财政奖励项目资金200万元,省财政配套奖励项目资金100万元。

1999—2007年涟源市农业综合开发项目

表17-6

年度	项目名称	项目实施单位
1999	龙塘中低产田改造项目	龙塘乡珠梅、云霄、双江等28个村
	龙塘橘园高接换冠项目	龙塘乡
2000	杨市节水农业示范项目	杨市镇官庄、利新、太和等14个村
	杨市橘园高接换冠项目	市园艺场
	市金石植物化工厂油茶深加工项目	市金石植物化工厂
2001	渡头塘中低产田改造项目	渡头塘乡扬名、美庄、红溪等26个村
	市肉牛养殖项目	杨市、枫坪等10个乡镇及市园艺场
	市畜牧水产局秸秆养畜项目	市畜牧水产局
2002	茅塘、枫坪中低产田改造项目	茅塘、枫坪、斗笠山3个乡镇18个村
	市肉牛养殖项目	杨市、枫坪等10个乡镇及市园艺场
	白马水库灌区改造项目	市白马水库
	市林业局长江防护林项目	市林业局
2003	水洞底节水农业示范项目	水洞底镇慕农、慕长、石狮等15个村
	市肉牛标准化育肥屠宰加工项目	湖南五江集团天华牧业有限公司
	涟源农业局菜篮子工程项目	市农业局
2004	荷塘、渡头塘中低产田改造项目	荷塘镇、渡头塘乡2个乡镇的田心街、崇木、集合冲等30个村
2005	七星街中低产田改造项目	七星街镇檀木、湘波、同心等13个村
	世行贷款涟源肉牛良种繁育项目	湖南五江集团天华牧业有限公司及七星街、石马山、枫坪3个乡镇
	天华牧业有限公司利用国家投资参股经营项目	湖南五江集团天华牧业有限公司
2006	湄江、龙塘中低产田改造项目	湄江、龙塘2个乡镇的托林、南风等16个村
	世界银行贷款涟源肉牛良种繁育项目	湖南五江集团天华牧业有限公司及石马山、枫坪等9个乡镇
2007	斗笠山、石马山中低产田改造项目	斗笠山、石马山2个乡镇的托里、朱泉等17个村
	世行贷款涟源肉牛良种繁育项目	湖南五江集团天华牧业有限公司及石马山、龙塘、桥头河等12个乡镇
	市铁龙科技园3000头肉牛养殖项目	市铁龙科技园

三 项目开发管理

项目管理 1999年开始，农业综合开发项目采取竞争立项、集中连片治理、竣工验收公示的管理方式进行。符合农业综合开发立项条件的项目纳入农业综合开发项目库，乡镇、村领导重视及有专门班子的优先立项，群众积极性高的优先立项，能筹资投劳到位的优先立项。土地治理项目做到项目区内连片不间村，综合运用水利、农业、林业、农机、科技、生态等措施，实行田水路林山综合治理，农林牧副渔综合发展，产加销一条龙、贸工农一体化经营。项目竣工后，由市农开办进行初验（自验），娄底市组织项目检查，省级进行抽验，国家每三年进行一次验收考评。通过会议、媒体、在项目区设立公示牌等多种方式进行项目和资金公示，将工程建设内容、项目投资及资金使用情况公之于众，接受群众监督。

图 17-39 杨市农业综合开发项目区浆砌石衬砌渠道

2004年开始，对水利设施及农业设施中的机耕道进行工程监理，通过招投标确定监理公司，由监理公司派专人进行现场、全程、全面监理。2005年前，土地治理项目由项目村组织实施。2006年开始，实行工程招投标，由具备资质的建设单位组织施工。

资金管理 1999年开始，农业综合开发实行“国家引导、配套投入、民办公助、滚动开发”的投入机制，项目资金由各级财政资金、银行专项贷款、农民自筹三部分组成。按照“农民自愿，量力而行，民主决策，数量控制”和“谁受益、谁负担”的原则筹集农民自筹资金，纳入“一事一议”范畴，实行资金专项管理，财政投入以国家投入为主，地方财政按一定比例配套投入。项目区筹足农民自筹资金后，以村为单位统一存入市农开办工程专户，市农开办将自筹资金与财政资金捆在一起，对各类工程实行招投标，确定专业施工队伍。项目资金实行县（市）级报账制。农业综合开发资金管理以市农开办为单位统一会计核算、统一报账。报账资金包括财政无偿资金及农民自筹资金。至2004年，项目资金先由项目村提出报账申请，经施工技术人员、农开办项目负责人和财务负责人审核签署意见，报市农开办主任审批，再从农业综合开发资金专户上按进度直接拨付工程款。至2005年，农业综合开发项目财政有偿资金自上而下由各级财政担保，统借统还。2006年开始，农业综合开发项目有偿资金借款，项目单位要办理资产抵押或担保手续，签订有偿资金借款合同，确定债权债务关系，再拨划资金。项目资金先由建设单位提出报账申请，经施工技术人员、监理人员、农开办项目负责人和财务负责人审核签署意见，报市农开办主任审批，再从农业综合开发资金专户上按进度直接拨付工程款。

产权管理 1999—2007年，农业综合开发项目均为跨年度实施，上年度的项目要到第二年才能竣工移交。竣工后所形成的实体工程或资产，由市农开办向项目单位进行移交。移交后的项目由项目单位进行工程管护和资产管理。工程管理维护经费实行谁受益谁负担的原则，由乡镇人民政府、村民委员会、农民专业合作组织及承建企业承担。

1999—2007年涟源市农业综合开发资金投入情况

表17-7　　单位：万元

年度	总投资（万元）	财政资金					业主自筹	贷款
		小计	中央	省	地(市)	县(市)		
1999	824.00	364	200	110.0	14.0	40.0	200.00	260
2000	1428.60	890	450	365.0	20.0	55.0	238.60	300
2001	1336.00	912	500	180.0	129.0	103.0	164.00	260
2002	2765.00	2498	1302	627.5	360.0	208.5	197.00	70
2003	4425.71	1275	720	310.0	138.0	208.5	1550.71	1600
2004	1070.40	719	501	201.8	16.2	0	351.40	0
2005	2878.00	2433	1642	757.0	34.0	0	445.00	0
2006	2058.00	1424	982	409.0	33.0	0	634.00	0
2007	2875.26	1689	1144	475.0	70.0	0	1186.26	0
合计	19660.97	12204	7441	3435.3	814.2	513.5	4966.97	2490

第八章 扶贫开发

2003年3月,市扶贫开发办公室成立,归口市政府办管理,内设综合股和项目计划股,定编5人。至2007年,机构、编制未变。

第一节 贫困状况

2001年,全市农民人均纯收入1639元。农民人均纯收入在1200元以下的村495个、48.83万人,占全市农业人口54%;农民人均纯收入在865元以下的村154个、13.5万人,占全市农业人口14.7%;国家认可的贫困人口总数13.73万人,占全市农业人口16%。其中,未解决温饱的绝对贫困人口2.68万人,占3%;初步解决温饱的低收入人口11.05万人,占13%。2005年底,全市扶贫"十五"规划完成,农民人均纯收入2422元,贫困人口减少到8.74万人。其中,未解决温饱的绝对贫困人口2.43万人,比1987年减少10%,初步解决温饱的低收入人口6.31万人,比1987年减少43%。2007年,农民人均纯收入增加到3250元。贫困人口减少到8.36万人。其中,未解决温饱的绝对贫困人口2.29万人,比2005年减少6%;初步解决温饱的低收入人口6.07万人(含返贫人口和新增贫困人口),比2005年减少4%。

第二节 扶贫规划

2002年3月,市政府制定"十五"扶贫开发规划即《涟源市扶贫开发规划(2002—2005年)》。重点扶持2.68万未解决温饱的绝对贫困人口和11.05万初步解决温饱的低收入人口。扶持的重点区域为41个省扶贫开发工作重点村,即湄江镇王江村、桃溪村、溢田村、秀加村、新江村、檀木村、深坑村、寨背村,伏口镇峡口村、梅湾村、中马村、龙头村、猫公岩村、排下村、大茶村,古塘乡落山村、复新村、枫木村,白马镇文化(淳化)村、金凤村、井洋村,荷塘镇集坪村、西冲村、樟树村,水洞底镇石脚村、云华村,七星街镇红仙村、梨溪村,金石镇岩江村、青春村,龙塘乡宽家村,桥头河镇柞树村,三甲乡铜盆村,杨市镇白水村,斗笠山镇建设村,渡头塘乡步先村,石马山镇应山村,六亩塘镇白石溪村,安平镇大丘村,茅塘镇柿香村,枫坪镇龙狮村。

2005年5月,制定全市"十一五"扶贫开发规划即《涟源市扶贫开发规划(2006—2010年)》。重点扶持2.43万未解决温饱问题的绝对贫困人口和6.31万低收入人口。扶持的重点区域为70个省扶贫开发"整村推进"工作重点村,以两年一轮的形式,对70个重点村分三批实施扶贫开发。2005—2006年为第一批,实施25个村,分别是湄江镇王江村、桃溪村、马方溪村、溢田村、秀加村、新江村,伏口镇峡口村、梅湾村、中马村、龙头村、柏树村、猫公岩村,古塘乡落山村、复新村、枫木村、牛埠村、竹联村,白马镇文化(淳化)村、金凤村、井洋村、桃子村、楠木山村,龙塘乡宽家村、迪华村、桃梅村。2007—2008年为第二批,实施20个村,分别是:湄江镇深坑村、寨背村,伏口镇大马村、岩子园村,荷塘镇集坪村,水洞底镇云华村,七星街镇菜花村、黄竹村,金石镇岩江村、腊树村、大水村,桥头河镇檀山湾村、燕子村,三甲乡三联村、岩美村,斗笠山镇建设村,渡头塘乡新桥村,六亩塘镇同意村,枫坪镇龙狮村、张家垅村。2009—2010年为第三批,实施25个村,分别是:湄江镇檀木村、托林村,伏口镇排下村、大茶村,荷塘镇西冲村、衖子村、岭上村,水洞底镇石脚村、国柱村,七星街镇红仙村、梨溪村,金石镇坝塘岭村,桥头河镇柞树村,三甲乡铜盆村,杨市镇白水村、联盟村,斗笠山镇白峰村,渡头塘乡步先村,石马山镇应山村、排掌村,六亩塘镇白石溪村,安平镇大丘村、牛郎村,茅塘镇柿香村、藕塘村。

第三节　扶贫资金

2002—2007 年,全市累计投入各类扶贫资金 44601 万元。其中,争取上级财政扶贫资金 2723 万元,协调信贷扶贫资金 18740 万元(其中中央信贷扶贫资金 10140 万元,小额信贷扶贫资金 8600 万元),整合其他涉农资金和农民自筹资金 23138 万元。

2002—2007 年涟源市扶贫资金

表 17-8　　单位:万元

年 度	资 金 合 计	财政扶贫资金	信贷扶贫资金			其他资金
			小计	中央信贷扶贫资金	小额信贷扶贫资金	
2002	5742	312	3780	2780	1000	1650
2003	6211	341	3960	2960	1000	1910
2004	6387	417	3520	2520	1000	2450
2005	7519	511	2880	1880	1000	4128
2006	8915	565	2600	—	2600	5750
2007	9827	577	2000	—	2000	7250
合 计	44601	2723	18740	10140	8600	23138

第四节　扶贫项目

一　财政扶贫项目

2002—2007 年,全市投入财政扶贫资金 2723 万元,主要用于基础设施、农村产业、扶贫培训、生态能源等项目。

基础设施项目　2002—2007 年,全市投入财政扶贫资金 610 万元,改善贫困地区基础设施。累计新修村组公路 66.5 千米,整修村组公路 273.5 千米;通达工程完成新修村级公路 4.5 千米,扩宽不足 3.5 米公路 22.2 千米;新修、整修水渠 86.8 千米,整修山塘 148 口,维修水库、堤坝 18 处,恢复水田 93.33 公顷;打井 150 口,建水塔水池 86 处,修引水管道 68.7 千米。其中,2004 年投入 20 万元,新修荷塘镇樟树村村级公路 5 千米,新建桥梁 2 座;2007 年投入 49 万元,拉通湄江镇寨背村毛公路 4.5 千米。

产业开发项目　2002—2007 年,投入财政扶贫资金 166.6 万元,重点扶持湖南五江集团天华牧业有限公司为全市肉牛产业龙头企业，建成集良种繁育、育肥示范、胚胎移植、屠宰加工为一体的天华牧业科技园，发展“公司+基地+农户”的产业经营模式，实施“金牛扶贫工程”，辐射带动7个乡镇，452个大户，投放杂交母牛3160头，合同养牛1.5万户。渡头塘乡步先村、水洞底镇云华村按照“户养一群牛、改好一栋栏、种好一片草、打好一个灶、建好一个池”的标准进行示范养牛，实现综合种养，年户均增收800元以上。金石镇青春村、荷塘镇集坪村、古塘乡复新村发展中药材种植，户均种植药材0.1公顷，年均增收1200元。至2007年，全市投入财政扶贫资金870万元。其中，产业开发资金799万元，小额贷款贴息71万元。累计扶持2480户贫困农户养殖能繁母牛6650头，新改建栏舍5.74万平方米，种植牧草563.33公顷(是年，全市生长较好的牧草不足100公顷)，新建青贮池2.8万立方米，发展玉竹参、白术、百合、玄参等中药材380公顷。

扶贫培训项目 2002—2007年，全市投入财政扶贫资金428万元，用于扶贫培训。其中，实用技术培训99万元，劳动力转移培训329万元。累计组织种养加实用技术培训125期，培训贫困农民、技术人员2.4万人次；举办乡村扶贫干部培训班25期，培训干部1410人次；组织科技下乡、科技宣传20次，印发科技资料15万份；引进和应用新技术、新品种56项。组织劳动力转移培训2833人次，推荐就业2602人次。在劳动力转移培训工作中，坚持实施“订单培训”，培训课程与企业岗位要求一致，注重实际操作能力。学员就业后月薪平均1200~1500元，一些热门专业如焊接工平均月薪2500元以上。

社会发展项目 2002—2007年，全市投入财政扶贫资金815万元，用于贫困地区文化、教育、卫生、生态等社会发展项目。累计建农户沼气池5380口，节柴灶200口；扶持贫困户建房175户2.42万平方米；建设生态示范户350户；扶持残疾人45户；扶持建设乡镇卫生院4所。发展贫困地区能源建设，初步形成以龙塘乡为中心，沿207国道的三十里沼气生态走廊；以枫木村、复新村、牛埠村为中心的古塘乡沼气生态小区；以石马山镇、枫坪镇为龙头，沿210省道的十里沼气带样板小区。龙塘乡宽家村、桃梅村按照“猪沼果(菜)”“牛沼草”等现代农业模式，发展沼气池240口，养殖猪、牛等大牲畜1500头，种植经果林、蔬菜、牧草40公顷，并以此为基础，发展循环种养，进行综合开发、生态示范，经济效益、社会效益双佳。2004年，针对贫困地区学子就学难的现状，实施扶贫助学项目，投入财政扶贫资金15万元，扶助全市41个省扶重点村500名贫困学子，每人扶助资金300元。

二 信贷扶贫项目

2002—2007年，全市投入信贷扶贫资金18740万元。其中，中央信贷扶贫资金10140万元，主要扶持一批种养加龙头企业和劳动密集型企业；发放小额信贷扶贫资金8600万元，主要扶持贫困农户因地制宜发展种养业。

中央信贷扶贫项目 2002—2005年，湖南五江轻化集团有限公司连续4年争取中央扶贫贷款3640万元，新建不锈钢咖啡壶生产线、电热水器生产线和搪瓷不粘锅生产线，项目建成投产后，年销售收入可达到1.2亿元，年利税3800万元。湖南省回春堂药业有限公司于2002年、2004年分别争取两笔中央扶贫贷款，共850万元，成功完成GMP技术改造，年产值可达到1.7亿元，可收购境内种植、养殖的中药材品种69种1300吨。2002—2007年，全市投入中央信贷扶贫资金10140万元。其中，种植业300万元，占投放总额的3%；养殖业1960万元，占投放总额的19%；农产品加工业950万元，占投放总额的11%；劳动密集型企业4640万元，占投放总额的46%；教育文化卫生事业1830万元，占投放总额的18%；旅游开发、基础设施建设、残疾人福利企业260万元，占投放总额的3%。扶持项目建成投产后，可实现年销售收入32740万元，利税5400万元。覆盖贫困人口11.5万人，年人均增收120元，安排贫困农村劳动力就业3280人，年人均工资收入8000元，县乡财政增收560万元。

小额信贷扶贫项目　2002年，龙塘乡宽家村申请小额贷款105万元，发展优质猪、肉牛和家禽养殖，全年出栏优质猪1500头，肉牛100头，出笼鸡鸭5万羽，获纯利13.86万元，参与养殖的农户户均增收840元。2003年，古塘乡政府与信用社协调，按每种植1亩药材信用社发放2000元贷款的方式，广泛发动贫困农户进行药材种植。全乡发放小额信贷650万元，新增药材200公顷，参与药材种植的贫困农户户均增收1326元。2002—2007年，全市以农村信用社为投放主体，由扶贫部门确认贴息，发放小额信贷扶贫资金8600万元，支持1.72万户贫困农民发展生产。

2002—2007年涟源市财政扶贫资金投入扶贫项目

表17-9　　　　单位：万元

年度	基础设施项目						产业开发项目					扶贫培训项目			社会实践发展项目						
	合计	村级公路	人畜饮水	农田水利	通达工程	其他基础设施	合计	肉牛养殖	中药材	贷款贴息	其他种养项目	合计	实用技术培训	劳动力转移培训	合计	农村能源	生态示范	扶贫到户	扶贫建房	扶贫助残	其他项目
2002	106	65	3	38	—	—	127	50	30	41	6	17	17	—	62	27	—	—	—	—	35
2003	143	49	53	21	—	20	83	35	15	30	3	16	16	—	99	40	10	10	—	3	36
2004	87	20	22	10	—	35	108	70	34	—	4	17	17	—	205	95	—	—	35	—	75
2005	22	—	—	—	—	22	236	206	—	—	30	109	12	97	144	45	—	—	—	2	97
2006	140	59	15	—	66	—	85	55	—	—	30	168	19	149	172	20	—	—	—	2	90
2007	112	32	7	3	70	—	231	77	—	—	154	101	18	83	133	40	—	—	—	2	91
合计	610	225	100	72	136	77	870	493	79	71	227	428	99	329	815	267	10	10	35	9	424

2002—2007年涟源市信贷扶贫资金

表17-10　　　　单位：万元

年度	项目结构			年度	项目结构		
	合计	中央信贷扶贫资金	小额信贷扶贫资金		合计	中央信贷扶贫资金	小额信贷扶贫资金
2002	3780	2780	1000	2005	2880	1880	1000
2003	3960	2960	1000	2006	2600	—	2600
2004	3520	2520	1000	2007	2000	—	2000

第九章　新农村建设与农村新能源开发

第一节　新农村建设

2006年2月，湖南省实施社会主义新农村建设“千村示范”工程。4月25日，市社会主义新农村建设领导小组成立，下设办公室，与市农村工作领导小组办公室两块牌子，一套人马。5月14日，市委、市政府发出《关于推进全市社会主义新农村建设的意见》，明确新农村建设的指导思想、基本原则和总体目标，在20个乡镇（街道）各确定一个村为首批新农村建设示范村。全市有蓝田街道日升村、石马山镇朱泉村、六亩塘镇温田村、三甲乡三甲村、湄江镇肖家村、伏口镇伏口村、安平镇唐家村、古塘乡塘边村、龙塘乡宽家村、桥头河镇桥头山村、七星街镇檀山村、渡头塘乡印溪村、枫坪镇黄潭村、杨市镇利新社区、斗笠山镇丰瑞村、水洞底镇慕农村、白马镇田心村、茅塘镇石门村、荷塘镇绕竹村、金石镇砂石村等20个村（社区）被授予“湖南省社会主义新农村建设示范村”创建牌。娄底市规划设计院负责茅塘镇石门村的规划，市规划局负责对其余19个村进行统一编制规划。8月，全市开始实施新农村建设示范村农村教育培训工作。从农业、畜牧业、林业等单位聘任技术专家20人组成兼职教师队伍，进入示范村开展技术咨询；在涟源电视台开辟《致富新农村》电视专题节目，投入资金15万元，购入农业科技光盘350张，播放节目60期。乡（镇）、村干部组织村民观看，结合当地实际讲解，及时解答农民提出的问题。在20个示范村建立村级教学站，开展实用技术培训，免费赠送《农民科技培训》杂志和《农业广播电视教育报》。是年，市财政用于新农村建设的专项经费40万元，用于示范村建设的各类项目资金1000万元。2007年4月4日，全市农村工作会议召开，对新农村建设示范村创建工作做出具体部署，提出在20个新农村建设示范村建立领导挂点、部门帮扶、工作队驻村制度，每个帮扶单位帮扶示范村每年不得少于2万元。4月9日，中共娄底市委、市政府发出《关于组织企业对口帮扶新农村建设示范村的通知》，娄底市中源新材料有限公司、湖南顺鑫钢铁有限公司、湖南省煤矿机械厂等45家企业对口帮助20个示范村发展公益事业、村集体经济和支柱产业。至2007年底，茅塘镇石门村建有工业企业12家，总产值超过4亿元；龙塘乡宽家村成立农鑫养鸡专业合作社、宽家养猪专业合作社，发展养鸡大户28户，养猪大户26户；七星街镇檀山村发展肉牛养殖大户2户，3头以上养牛小户84户，年养牛432头，新建沼气池24口，栽种油茶林16.67公顷；石马山镇朱泉村发展肉牛养殖户31户，新增母牛97头。20个示范村基本达到“生产发展、生活宽裕、乡风文明、村容整洁、管理民主”的要求：村民饮用安全卫生的自来水，村组道路平整通畅，路面水泥硬化，两侧路肩绿化，村境内农田水利排灌便利；以自然村庄为单位，建立公共垃圾处理场所，农户全部安装电话和有线电视，村民百分之百享受合作医疗；各村有民主理财小组、党风廉政监督小组、村务监督小组和村民代表议事会，各村均无赌博、吸毒、盗窃、打架斗殴等违法行为。

图17-40　湄江镇肖家村

第二节　农村新能源开发

沼气池建设　1987年1月20日,市农村能源服务站成立。是年,建户用沼气池45个。1988年3月,市开源节能领导小组成立。1993年,建户用沼气池15个。1994年,建户用沼气池52个。是年,市开源节能领导小组撤销,工作职能归市农委。1997年,在城镇推广厌氧净化沼气池。建户用沼气池10个。1999年,建沼气池14个。1987—2000年,沼气池建设缓慢。2001年开始,全市沼气池建设纳入国家生态农业建设与综合治理项目,进入重点推广时期。6月23日,市沼气池生态环境建设指挥部成立。是年,建立沼气生态农业示范村4个,兴建大型畜禽养殖场沼气池工程1处,推广农村户用沼气池240个。其中,结合"五改"(改圈、改厕、改厨、改水、改路)的40户,综合利用的70户。2002年,市农村能源办公室更名市农村能源环保办公室,定编3人。是年,推广沼气池510个。2003年,市沼气池建设采取"奖、贷、争、挤"的办法,多渠道多形式组织资金,增加沼气池建设的投入。同时,通过典型示范、技术培训等形式进行宣传推广,在涟源电视台《走入乡村》栏目中定期播放专题片,结合"金牛扶贫工程",举办三期沼气培训班,有500多农户参加。是年,兴建上流式浮罩沼气池310个。2004年,涟源沼气池建设快速发展。是年,建沼气池1872个,"三改"(改圈、改厕、改厨)配套率达到95%,综合利用率达到90%以上。为适应加速发展的需要,是年,全市培训技术员195名。2005年,新建农村户用沼气池864个,国债项目任务完成率达到100%。2006年,加大农村户用沼气池建设和秸秆气化技术推广力度,与农村"三改"相结合,大力推广"猪—沼—果"立体生态种养模式,综合利用沼气、沼液、沼渣。积极推广能源生态型、能源环保型等不同处理模式的沼气工程,引导和鼓励大型养殖企业利用沼气发电,利用沼渣加工成有机肥。沼气池建设成为涟源市为民办8件实事之一,是年完成沼气池1509个。2007年4月16日,涟源市被农业部列入2007年度农村沼气建设国债项目县(市)。规划到2010年实现沼气入户率20%,实施以农村沼气池为纽带的"家园生态富民工程",带动"四改"(改厕、改厨、改水、改栏舍)工作。至是年底,全市完成沼气池7000个,由于各种原因,部分农户的沼气池未坚持使用,给全面推广带来一些负面影响。

图17-41　沼气池

省柴省煤灶推广　1987年,全市推广"两省灶"(省柴、省煤灶)25887户。1988年,涟源被列为全国"两省灶"试点县(市),计划推广"两省灶"20万户。是年,选择古塘、快溪、渡头塘等乡进行试点。其中,古塘乡推广4925户,占全乡总户数的96.2%。至1991年11月,全市23.10万户使用"两省灶",占农户总数的91%,合格率达93.4%。至1995年,全市25.1万户改灶。1997—2002年,分别更新改造"两省灶"0.5万户、1万户、0.28万户、0.5万户、1.1万户、0.4万户。2003年,更新"两省灶"0.3万户,兴建能源环保工程1处,推广户用秸秆气化炉24台。2004—2007年,除办红白喜事,及个别居民夏天临时使用传统炉灶外,一般都使用"两省灶",少数居民使用太阳能热水器。

1987—2007年涟源市农业总产值及粮食总产量

表17-11

年份	农业总产值（万元）	农业占工农业总产值(%)	粮食总产量（万吨）	年份	农业总产值（万元）	农业占工农业总产值(%)	粮食总产量（万吨）
1987	31484	33.96	37.96	1998	132864	25.45	42.77
1988	36977	31.92	36.89	1999	131927	30.66	44.09
1989	38276	29.55	39.25	2000	134916	29.53	43.00
1990	43021	32.65	38.07	2001	132936	36.72	42.10
1991	45552	32.96	40.34	2002	132836	33.60	38.44
1992	53719	31.29	43.08	2003	138598	31.96	35.51
1993	62349	25.29	45.04	2004	195015	32.62	40.10
1994	86696	28.65	43.80	2005	214293	29.63	42.41
1995	123525	28.97	44.30	2006	234956	26.88	45.09
1996	137456	25.44	45.26	2007	329882	27.41	46.14
1997	140655	31.21	45.43				

1987—2007年涟源市农业总产值内部结构(百分比)

表17-12

年份	种植业	林业	畜牧业	副业	渔业	年份	种植业	林业	畜牧业	副业	渔业
1987	58.99	2.96	31.45	3.67	2.93	1998	52.28	0.62	44.23	—	2.87
1988	53.86	2.91	36.12	4.00	3.11	1999	54.84	0.87	41.04	—	3.25
1989	55.36	2.74	35.56	3.21	3.13	2000	54.66	0.86	41.23	—	3.25
1990	58.20	2.27	33.80	2.81	2.92	2001	52.81	1.20	41.89	—	4.10
1991	60.08	2.43	34.00	—	3.49	2002	53.22	1.39	41.19	—	4.20
1992	58.13	2.25	36.46	—	3.16	2003	53.16	1.69	40.83	0.63	3.69
1993	62.74	1.67	32.70	—	2.89	2004	51.71	1.22	43.37	0.48	3.22
1994	61.55	1.81	35.20	—	1.44	2005	51.07	1.33	43.31	0.47	3.68
1995	58.84	1.04	38.23	—	1.89	2006	49.89	1.33	44.87	0.47	3.44
1996	56.97	1.18	39.30	—	2.55	2007	41.08	1.15	54.61	0.38	2.78
1997	54.38	1.32	41.65	—	2.65						

说明：1991—2002年无副业统计；2003—2007年，副业指农林牧渔之服务业

附记:局属种植业、养殖业企业选介

市种子公司

1956年秋,建立涟源县种子站,配备干部2人。1959年6月,建立县种子经营公司,选育、收购、引进、分配、经营各种农作物种子,与县种子站一套人马,两块牌子,配备干部4人。1973年1月,站、司合并,更名县种子公司,属事业单位,实行企业化管理。1975年开始,连续3年在广西壮族自治区宾阳县,广东省遂溪县、海南岛种植杂交水稻种子。1976年开始,主要从事杂交水稻种子生产、经营、示范、推广。1980年,根据"省繁县制,就地制种"的要求,公司在境内建立制种基地,每年集中制种300公顷左右,满足全县杂交水稻种子的需要。此后,杂交水稻种植面积大幅增加,种子需求量猛增,公司每年供种500吨左右,最高年份达750吨。1987年更名市种子公司,为改善贮运条件,方便乡镇调运种子,1989年在马家境街道S210公路边修建库容2000吨的仓库,1991年又新建建筑面积1469平方米的综合楼,并在蓝田、马家境、桥头河、杨家滩开设4个种子供应门市部。1993年,因气候影响,境内制种大面积减产。为满足全市种子需求,1994年春在海南岛临高、昌江、乐东县春季制种80.67公顷。1998年前,每年春季派员在海南岛将市内所制种子进行纯度种植鉴定,之后委托娄底市种子公司代为鉴定。2001年,种子市场放开,竞争激烈,销售量大幅度减少,年均销售量不足250吨,特别是亲本种子实行专利制后,县级种子公司杂交水稻制种难以继续。2003年,境内停止制种。2004—2005年由双峰县种子公司代制。2006年开始,只经营杂交水稻种子。2008年9月,公司体制改革,撤销涟源市种子公司,组建涟源市种子技术推广服务站,从事种子技术推广服务。1987—2007年,公司共生产杂交水稻种子3171.8吨,调入3350.15吨,销售6422吨;经营杂交玉米种子293.75吨,小麦种子607.18吨,蔬菜种子64.08吨。

市农业科学研究所

1950年,安化县接收蓝田工商业地主李志发土地6.4公顷,划拨安化县农场管理。1951年,涟源建县后接管,定名涟源县农场。1956年,将杨家滩原地主庄园——"可园"纳入,建立分场。1958年,县农场改为县农业科学研究所,杨家滩分场另建县园艺场。1987年,更名市农业科学研究所(简称市农科所)。因城市建设发展,金家垅、水晶阁旁部分耕地被涟娄公路、市木材公司、市农业技术学校、市饲料厂、市种子公司、市气象局、市鱼苗鱼种场相继征用,耕地减少。1993年,市农科所把土地承包给工人,从事蔬菜生产、养鱼、养猪等,收入极少,生活困难。1996年,国家干部调回市农业局,市农科所实行工人自治,群众选举产生领导班子。2003年,困难职工纳入国家低保范围。2007年,市农科所总耕地25公顷,其中旱土16公顷、水田9公顷。总人口738人,其中在职工人113人、退休工人48人。是年,职工加入社会养老保险。

市茶叶示范场

1955年,县农业局在桥头河镇君子塘建立茶叶示范站。1963年扩大面积,改称县茶叶示范场。1980年前后,科技人员选育茶叶良种,从中小叶茶树群体中,筛选出涟茶1、2、5、7号4个优良品种,加工成红碎茶,鲜度经广州口岸评比,达到肯尼亚茶的水平,出口吨价比普通中小叶品种高600美元左右。1987年,涟茶2号列为省优品种,先后推广到省内部分地区及广东、四川等省。1988年,茶叶采摘面积56.6公顷,每公顷产干茶2.88吨,达国内先进水平,获湖南省农业(茶叶)大面积高产奖。1991年,转产加工绿茶,实现年利润15万元。1992年,为提高绿茶质量投资5万元从杭州引进绿茶先进生产设备。是年,土地承包到户经营。1996年,国家干部调回市农业局,从场里的职工中民主选出领导班子,实行工人自治。2003年,困难职工纳入国家低保范围。2007年,市茶叶示范场总耕地120公顷,其中旱土85公顷、水田35公顷。总人口1233人,其中在职工人337人,退休工人135人。是年,职工加入社会养老保险。

市园艺示范场

1958年,县农场杨家滩分场扩大面积,改建县园艺场。1963年秋,独立核算,改称县园艺示范场。1973年,在3.2万株温州蜜橘中选出优良单株1080株,经看、尝、量、化验测定,三次筛选,最后确定3株为最优单株。经过十多年培育,编号涟园73-696的单株具有丰产稳产、抗逆性强、遗传性稳定、加工性能好、适宜制罐的优良特性。1980年,新建年产200吨的食品罐头厂,改变柑橘鲜果直销状况,经济效益提高。1984年,被省计委批准为全省定点生产厂家,编号P21。是年,投资360多万元进行扩建,年生产能力达到2000吨以上。生产的糖水橘片、竹笋、椒酱、莒头等食品罐头注册为"天峰"牌商标。1985年,在全国柑橘罐头品种鉴定会上,涟园73-696被选为全国9棵优良单株之一(湖南仅此一株),后被命名为涟红一号,科技人员获湖南省科技进步二等奖。以后繁育苗木60多万株,推广到十多个省、自治区。澳大利亚柑橘专家史达夫特两次来涟源考察,对该株苗木进行病理病毒化验分析,测定内含物,认定符合国际优质标准,并购买该橘苗250株、芽条200枝引入澳大利亚栽培。1986年,天峰牌罐头在省名优特新产品展销会上,获优秀产品"芙蓉"奖,远销东北、西北、两广、港澳地区及日本等国家。1989年,罐头厂实行风险抵押承包,生产经营暂时摆脱困境。1991年,获轻工业部商检注册出口任务,年产罐头突破1000吨,出口近700吨。1992年,土地承包到户经营。1994年,罐头产品不适应市场经济的发展,销路不畅,大量罐头积压。1995年3月,食品罐头厂破产倒闭。1996年,国家干部调回市农业局,市园艺示范场实行工人自治,选举产生领导班子。1997年后,青壮劳力外出打工。2003年,困难职工纳入国家低保范围。2007年,总耕地77公顷,其中旱土42公顷、水田35公顷。总人口1215人,其中在职工人309人、退休工人145人。是年,职工加入社会养老保险。

市畜禽良种繁殖场

1980年,县农业局旱粮制种班改办市畜禽良种繁殖场,位于马头山乡长车村,占地3.6公顷,饲养"三元"杂交瘦肉型商品猪1000头、长沙黄鸡种鸡5000只,孵化家禽50万只。1987年,饲养"三元"杂交猪1200头,肉鸽300对,年供种鸽4000羽。1994年,从省种猪场引进原种大约克母猪30头,长白种公猪2头进行良种杂交母猪繁殖,是年向全市养猪大户提供良种杂交母猪300头,年生产瘦肉型商品猪1500头。1997年,干部调回市畜牧局里,职工自选负责人。2001年,实行个人承包(承包期30年),仍为瘦肉型商品猪生产基地,年产商品猪2000头。

市鱼苗鱼种繁殖场

1964年,县农科所划出1.6公顷土地,建立涟源县鱼苗鱼种繁殖场。1987年,年孵化草鱼、鲢鱼、鳙鱼夏花鱼苗5000万尾,培育鱼苗鱼种600万尾。1989年,青鱼首次催产成功,孵化鱼苗100万尾。1997年,干部调回市畜牧局,职工自选负责人,是年孵化草鱼、鲢鱼、鳙鱼夏花鱼苗4500万尾,培育鱼苗鱼种500万尾。

市畜牧兽医防疫站

1988年,市畜牧水产总站利用办公楼门面做经营场地,建立涟源市畜牧兽医联站,主要经营兽用药品、生物制品和浓缩饲料,其中兽用药品500种、生物制品10种、浓缩饲料20种,经营方式以批发为主,下设蓝田、杨家滩、桥头河3个经营店。是年,总经营额300万元,获利润4万元。2001年,企业实行"两个置换",职工分散经营或自谋职业。

第十八篇　水　利

1987 年，涟源市有中小型水库 154 座，山塘 56198 口，水井 2406 口，河坝 1541 处，柴油抽水机 3980 台 14935.9 千瓦，电灌站 1639 处，装机 1660 台 33517 千瓦，蓄、引、提总水量 3.2 亿立方米，有效灌溉面积 31.06 万公顷，其中旱涝保收面积 19.8 万公顷，占总水田的 61.3%。水土流失面积 833.62 平方千米，占土地总面积的 43.98%。

1990 年开始实行水资源、水土保持、河道综合执法。1991 年 9 月 15 日，省人民政府做出《关于学习推广千金、白马和韶山灌区经验，加强水利管理的决定》，肯定涟源市白马水库的灌溉用水管理经验。1994 年，六亩塘街道毛坪小流域被批准列为长江流域部管城郊型水土保持试点，通过 4 年的重点治理，共完成治理面积 9.33 平方千米，建成"集体开发""股份开发""个体承包开发"三种不同治管形式的示范样板，毛坪小流域被财政部和水利部评为全国水土保持环境建设"十百千"（十个示范城市，百个示范县，千个示范小流域）示范工程。1997 年 8 月，组建桥头河、渡头塘、水洞底三个乡镇 79 个村 13.2 万人口的供电网区，农网改造以后，着手建设 35 千伏变电站，以满足供区不断增长的电力需求。1998 年，对蓄水保水、防汛抗旱、人畜饮水、节水灌溉、水能开发、城乡供水、水政执法、水土保持和水利投资等课题细化研究。根据社会经济发展需要，确定水利发展的任务和重点；根据自然条件和水资源特点，确定水利工作措施和对策；根据水资源可持续利用的需要，确定水利发展目标和方向；根据资金实际投入能力，确定水利建设规模和步伐。市里成立涟源市水政监察规范化建设工作领导小组，市水利水电局设立水政水资股、河道管理站、水政监察大队、水土保持生态环境监督大队，开始把水事活动纳入制度化、规范化、法制化轨道。是年，白马水库列为国家灌区建设重点项目，项目总投资 2438.8 万元。其中中央财政农业综合开发资金 800 万元，省财政、水利配套 400 万元，地方财政配套 400 万元，项目受益区群众自筹 838.8 万元。白马水库枢纽除险保安工程争取国家立项，项目总投资 1326 万元。其中，中央财政 700 万元，地方配套及自筹 626 万元。2000 年 3 月，涟源市被财政部、水利部命名为"全国水土保持生态环境建设示范小流域（县）市"。2002—2004 年，涟源市连续三年被评为全省水利建设"芙蓉杯"竞赛先进县市。2006 年，省水利厅投资 60 万元，涟源市自筹资金 116 万元，建好全省第五个、娄底市第一个山洪地质灾害预警系统（包括 21 个自动雨量站、2 个自动水位站和预警短信群发系统）。2007 年，涟源市被财政部、水利部评为全国农田水利基本建设先进（县）市。

1987—2007 年，全市先后累计投入水利、水电建设资金 5.9 亿元，投工 5.6 亿个，治理病险水库 121 座次（其中，中型水库 2 座，小型水库 73 座），修复水毁工程 15300 处，整修山塘 4.1 万口，新修山塘 98 口，改造塘坝 251 处，砼防渗山塘 19118 口，河道整治清淤 211.74 千米，完成土石方 4.4 亿立方米。蓄、引、提水总量达到 3.5 亿立方米，比 1987 年增加水量 3500 万立方米。有效灌溉面积 31.31 万公顷，旱涝保收面积 24.5 万公顷，占总水田的 87.88%。共治理水土流失面积 36819.6 公顷，占全市水土流失面积的 44.2%。建成投产小水电站 43 处，装机 97 台，容量 21595 千瓦，占可开发量的 68.6%，设计年平均发电量 8063 万千瓦时。兴建乡镇集中供水工程（厂）10 处，日供水量都在 600 吨以上，村组分散供水工程 219 处，打井 2816 口，144382 人的饮水困难和饮水不安全问题得到解决。

第一章　水利工程建设

第一节　蓄水工程

一　山　塘

1987年,涟源市有山塘56198口,总容量7000万立方米。部分地方受采煤影响,以及毁塘还田等原因,至1990年,全市山塘减少至54540口。1991年,开展大规模山塘整修加固建设。至1992年,对8252口山塘进行清淤,对3150口山塘进行塘堤加固、涵洞整修。1993—2000年,对山塘土坝迎水面进行砼面板防渗,提高山塘蓄水能力,市政府按每平方米砼补助3~5元材料费,共投入资金208万元,完成砼防渗山塘12340口。21世纪初,全市对小型水利设施进行产权制度改革,对山塘、河坝采取承包、租赁等形式,明确责任,确定使用权——谁投入、谁所有、谁受益。鼓励大户租赁、承包小型水利设施,集聚民间资金搞水利。至2007年,全市有42000口山塘采取承包形式,明确责任,确定使用权到业主。328个大户租赁、承包612口山塘自主经营。

1987—2007年,全市整修山塘45902口,新修山塘98口,改造塘坝251处,砼防渗山塘19118口,新增蓄水量3500万立方米,改善恢复灌溉面积7000公顷。

二　水　库

白马水库　始建于1958年10月1日,1972年春季竣工蓄水,正常库容6650万立方米,有效库容5500万立方米。1987年,市内各乡镇建立农田水利建设基金会和劳动积累工制度,灌区乡镇自筹资金,自出劳力进行干渠改造。至1989年,完成砼防渗干渠改造46千米,支渠改造204千米。1996年,省水利厅下达白马水库溢洪道工程改造任务,投资70万元,灌区乡镇按设计面积300元/公顷筹资。1997年冬,完成溢洪道第一期改造任务。1998—1999年,完成第二、三期改造任务,投入资金280万元。2000年,白马水库灌区配套改造列为国家灌区建设重点项目,总投资2438.8万元。其中,中央财政农业综合开发资金800万元,省财政、水利配套400万元,地方财政配套400万元,项目受益区群众自筹838.8万元。是年,水库枢纽除险保安工程通过水利部、国家发改委立项,项目总投资1326万元。其中,中央财政700万元,地方配套及自筹626万元。市委、市政府成立白马水库枢纽除险保安和灌区配套改造工程建设指挥部。工程建设严格按照"业主负责制、建设监理制、招投标管理制"的要求,实行质量终身负责制。至2002年底完成工程,投入资金2200万元,对大坝副坝除险加固,硬化防汛公路,改造溢洪道底板,整治绿化大坝坡面,加固溢洪道导墙,新建三级消力池,改善机关办公环境。改造530处涵洞,处理31处难工险段,高标准衬砌24千米干渠,砼防渗58.6千米左、右干渠。完成土方25168立方米,石方22728立方米,砼13843立方米,浆砌石3400立方米。

大江口水库　1974年3月5日动工,1980年3月,因国家基建投资体制改革和地方资金困难缓建,1986年续建。1992年夏季,大坝修至设计高程82米,坝顶长224米,同年蓄水至海拔425米高程,正常库容4180万立方米,有效库容4100万立方米。1997年10月,灌区9个乡镇(街道)和市直机关单位3万多人上阵,全面动工修建大江口水库渠道配套工程。1998年,开通总干渠和右干渠1484米,右干渠完成砌石渠道1020米,掘通右干渠后溪隧洞1360米。总投资683.1万元。其中,省投资55万元,全市干部群众集资350万元,市财政投入 198.8 万元，贷款 79.3 万元。1999 年，资金困难，水库配套建设第二、三期工程未能继续进行。大江口水库管理所工作人员开山凿石，修筑通往水库大坝隧洞口的 100 米防汛公路，完成土石方 1.2 万立方米。2005 年，历时 8 年的主体工程湄塘渡槽竣工，全长 202 米，中部设置 63 米跨度变截面悬链线无铰拱，最大跨度 40 米，共 20 跨，设计水深 1.60 米。完成土石方开挖回填 9150 立方米，浆砌石 4658 立方米，砼、钢筋砼 1782 立方米，拱券、支架 5250 平方米。总投资 298 万元。

图 18-1　大江口水库大坝

2000 年 5 月，大坝出现坝肩岩石破碎，绕坝渗漏加剧。2002 年 6 月，娄底市水利水电勘测设计院作出大坝安全评估，湖南省水利厅工管局鉴定，南京大坝鉴定中心复核，确定为Ⅲ类坝。2003 年，娄底市水利水电勘测设计院完成枢纽除险加固工程初步设计，呈报省水利厅审核、长江水利委员会复核。2005 年，省水利厅确认总投资 1889 万元(不含二级坝)，报长江水利委员会复核，确认总投资 2172 万元(含二级坝)。其中，国家投资 1083 万元，省水利厅投资 433 万元，娄底市筹资 216 万元，涟源市自筹 440 万元。2006 年，枢纽除险加固工程建设启动，完成大坝帷幕灌浆 1800 米，新修建砼防汛公路 2400 米，投资 120 万元。其中，省预算内投资 60 万元，自筹资金 60 万元。2007 年，水库枢纽除险加固工程项目获水利部、国家发改委认可，是年完成坝左岸廊道内基础帷幕灌浆 1000 米，左干渠渠道成型、扶石衬砌 5000 米，右干渠砼防渗衬砌 400 米，投入资金 102 万元。

小型水库　1987 年，全市有小一型水库 24 座，小二型水库 128 座，电站类水库 9 座。2001 年，龙塘乡龙塘水库升为小一型水库。2002 年开始，着重对小型病险水库进行病险隐患处理。是年，投入资金 280 万元，对渡头塘乡民兵水库、扬名水库溢洪道进行除险加固，完成浆砌石 480 立方米，砼浇筑 50 立方米，50 千米干渠进行砼衬砌 8 厘米，曲线改造成直线，弯改成弧，渠上取水闸门采用封闭性能良好的钢闸门，渠水利用系数达到 0.72 以上。2003 年，龙塘乡上柏村石甲山水库完成大坝加固，水洞底镇鸡爪塘水库、斗笠山镇言忠水库进行冲抓回填，石马山镇星星水库溢洪道槽身断面改造处理，共投入资金 60 万元。2004 年，投入治理资金 128 万元，按病因险情分别采用冲抓回填止漏、帷幕灌浆阻漏、涵洞翻砌、穿涵衣、填充灌浆、溢洪道改建扩建、坝坡整治、土工织物膜防渗等形式，对石马山镇群联水库、幸福水库，金石镇杨荷水库、工农兵水库，白马镇百坪水库，龙塘乡株木山水库，六亩塘镇红旗水库，水洞底镇汗马塘水库，渡头塘乡扬名水库等 9 座水库进行达标建设。2005 年，茅塘镇龙井大山塘扩建，蓄水达到 9 万立方米，桥头河镇井塘水库大坝冲抓回填，七星街镇七星水库涵卧灌浆、坝坡整治，金石镇工农兵水库续建，桥头河镇八女水库大坝除险加固。2006 年，投入资金 80 余万元，完成洞济冲水库、老山冲水库、寨子塘水库、荷叶水库除险加固，荷叶水库坝基帷幕灌浆成功堵住 3500~6000 立方米/日的漏水。2007 年，全市 2 座小一型水库被鉴定为Ⅲ类坝，列入国家小型水库除险加固补助计划，17 座小二型病险水库列入“十一五”期间省级小型水库除险加固资助计划。共有小一型水库 25 座（见前志），小二型水库 127 座(见表 18-1)，电站类水库 11 座(见表 18-2)。

图 18-2　小型水库除险加固

2007年涟源市小二型水库一览表

表18-1

水库名称	所在乡镇(街道)、村	集水面积(平方千米)	坝高(米)	库容(万立方米)		灌溉面积(公顷)	
				总库容	正常库容	设计	达到
西冲湾水库	蓝田街道西冲村	0.75	16.00	19.00	16.00	26.67	40.00
联兴水库	蓝田街道联兴村	1.50	12.00	17.00	15.50	30.67	25.33
幸福水库	蓝田街道光文社区	2.91	12.00	11.00	8.00	20.00	1.33
洪兴水库	蓝田街道洪兴村	0.23	10.00	11.00	9.00	21.67	4.00
群联水库	石马山镇群联村	0.40	8.00	11.70	10.70	33.33	16.67
扶胜水库	石马山镇扶胜村	0.40	9.00	13.00	12.00	38.67	38.67
介木冲水库	石马山镇檀山村	0.20	9.00	12.50	11.00	15.33	15.33
神冲水库	石马山镇大丰村	0.40	12.40	17.30	15.50	36.67	31.33
大塘水库	石马山镇石桥村	0.40	12.40	13.50	12.50	28.67	28.67
董家水库	石马山镇董家村	0.30	11.80	15.00	14.50	16.67	16.67
长塘水库	石马山镇古台村	0.30	14.00	10.50	9.40	33.33	33.33
幸福水库	石马山镇川门村	0.30	14.60	13.50	12.00	25.00	25.00
朱溪水库	石马山镇朱泉村	0.30	12.30	10.50	9.50	21.33	18.67
清水塘水库	石马山镇双栗村	0.40	16.40	13.00	11.00	30.00	13.33
杨木冲水库	六亩塘镇良溪村	0.20	13.00	11.00	10.20	40.00	26.67
西冲水库	六亩塘镇黄龙村	1.00	16.50	19.50	17.00	33.33	20.00
七零水库	六亩塘镇白石溪村	2.34	30.00	54.00	48.00	113.33	66.67
横路坝水库	六亩塘镇新康村	1.50	6.00	21.00	18.00	33.33	32.67
洞济冲水库	六亩塘镇红光村	0.35	11.00	15.00	14.50	25.33	26.67
注荫塘水库	三甲乡财溪村	0.40	13.50	16.80	14.30	26.67	16.67
古塘岭水库	三甲乡柳坪村	1.00	10.00	14.00	13.00	31.33	30.00
白溪水库	三甲乡白溪村	0.20	13.50	10.20	9.20	40.00	26.67
旺冲水库	三甲乡墨溪村	0.30	12.00	12.00	10.50	13.33	22.67
毛界水库	三甲乡三甲村	0.45	18.00	40.00	30.00	60.00	40.00
界山水库	三甲乡三联村	0.15	17.00	10.00	8.50	30.00	21.33
实竹水库	三甲乡实竹村	0.45	23.00	40.00	37.00	106.67	38.67
龙门水库	三甲乡铜盆村	1.45	30.00	30.00	28.00	33.33	73.33

续表 18-1

水库名称	所在乡镇（街道）、村	集水面积（平方千米）	坝高（米）	库容（万立方米）		灌溉面积（公顷）	
				总库容	正常库容	设计	达到
铁砂水库	三甲乡张白村	0.65	19.00	37.70	35.70	62.00	46.67
大同水库	三甲乡尖山岭村	0.11	15.00	12.00	10.00	33.67	20.33
大罗冲水库	三甲乡长荣村	0.21	11.60	14.50	13.00	21.33	21.33
麦塘水库	古塘乡麦塘村	0.50	20.00	20.10	15.00	28.00	25.33
东风水库	古塘乡肖家村	0.40	13.50	18.00	17.00	33.33	23.33
槐花井水库	安平镇新贺村	0.50	25.00	35.00	32.00	86.67	53.33
六十亭水库	安平镇马方村	0.80	11.00	12.60	11.60	36.67	40.00
东红水库	安平镇长溪村	0.30	13.00	13.50	12.50	25.33	23.33
童家水库	安平镇童家村	0.58	8.00	10.50	9.00	25.33	20.67
路馆水库	安平镇江下村	1.00	8.00	17.50	15.50	23.33	39.33
株木山水库	龙塘乡世禄村	0.30	13.00	13.50	11.50	23.33	10.67
枫木水库	龙塘乡富红村	0.20	15.00	12.50	12.50	49.00	8.00
石甲山水库	龙塘乡上柏村	0.40	15.00	15.50	13.00	20.00	9.33
藕塘水库	龙塘乡双胜村	0.20	13.00	23.00	20.00	30.00	28.00
油子水库	龙塘乡群利村	0.30	10.00	13.50	12.50	16.67	12.00
皂角水库	龙塘乡长冲村	0.35	9.50	11.00	9.00	8.00	8.00
大坪水库	龙塘乡大坪村	0.20	9.50	14.40	14.40	40.00	24.00
宽家水库	龙塘乡宽家村	1.00	14.00	36.00	15.00	53.33	68.13
英雄水库	龙塘乡六合村	0.78	9.00	13.00	11.00	53.33	12.00
桃花水库	龙塘乡柏杨冲村	0.50	8.00	15.00	13.00	53.33	53.33
桃梅水库	龙塘乡桃梅村	0.20	11.00	12.00	9.00	30.00	…
迪华水库	龙塘乡迪华村	0.20	13.00	12.80	10.80	13.33	15.20
山罗冲水库	龙塘乡双河村	0.25	10.00	15.00	13.00	20.00	10.00
桃林水库	白马镇桃林村	0.30	8.00	11.00	8.60	16.67	10.00
邹家水库	白马镇邹家村	1.30	8.50	13.00	10.30	50.00	50.00
五星水库	白马镇五星村	0.38	17.00	12.00	9.00	24.33	24.33
黄泥水库	白马镇黄泥村	0.23	12.00	10.00	9.10	17.67	17.67
三毛塘水库	白马镇茶亭村	0.32	15.00	19.60	16.40	40.00	24.20

续表 18-1

水库名称	所在乡镇（街道）、村	集水面积（平方千米）	坝高（米）	库容（万立方米）		灌溉面积（公顷）	
				总库容	正常库容	设计	达到
高枧水库	白马镇三协村	1.28	22.00	20.00	16.00	30.67	40.00
七一水库	白马镇三协村	0.90	17.80	12.00	10.50	10.00	8.20
龙虎村水库	白马镇桐石村	0.70	21.00	35.00	32.30	33.33	28.73
铁家冲水库	白马镇田心村	1.60	23.00	60.00	50.00	140.0	25.73
百坪水库	白马镇百坪村	0.20	8.50	10.40	8.90	18.00	14.80
立新水库	茅塘镇大方村	0.25	12.00	12.00	10.50	40.00	46.67
圳田水库	茅塘镇石桥村	0.84	10.00	12.50	11.70	16.67	16.67
枫林水库	茅塘镇枫林村	0.20	12.00	12.00	10.60	20.00	14.67
福禄水库	茅塘镇福禄村	0.15	10.00	10.00	9.50	26.67	17.33
岩丝塘水库	茅塘镇高山村	0.20	11.00	12.00	10.50	33.33	13.33
枫树水库	枫坪镇枫树村	0.35	20.00	16.80	16.00	15.00	16.00
三角塘水库	枫坪镇三角村	0.80	25.00	25.50	23.70	37.33	34.67
峡山塘水库	杨市镇蓉峰村	1.00	21.30	18.80	16.40	120.00	60.00
桂花水库	杨市镇东园村	0.30	12.40	17.00	14.50	133.33	133.33
檀木冲水库	杨市镇石家村	0.40	10.00	16.80	15.50	30.27	39.33
马家坳水库	杨市镇利新社区	0.80	9.00	16.30	15.60	48.00	43.33
密丹水库	荷塘镇密丹村	0.30	9.00	10.80	10.00	26.67	26.67
老山冲水库	荷塘镇西冲村	1.60	14.00	17.00	16.50	133.33	33.33
大马坳水库	荷塘镇株木冲村	0.30	14.00	12.80	11.30	20.00	30.00
大冲水库	荷塘镇岭上村	0.70	11.00	13.70	12.50	31.33	23.33
甲古塘水库	荷塘镇人民村	0.80	13.80	36.00	33.00	50.00	59.87
坝塘水库	金石镇坝塘岭村	0.10	11.50	14.00	11.20	33.33	26.67
曹家冲水库	金石镇新冲村	0.10	19.90	11.20	9.50	33.33	30.67
大水坝水库	金石镇大水头村	0.20	11.10	11.00	11.00	33.33	20.00
铁炉冲水库	金石镇西冲村	0.40	13.00	23.50	20.50	21.73	23.33
胜利水库	金石镇双桥村	0.80	18.00	24.80	18.00	53.33	47.67
炉家冲水库	金石镇西冲村	0.30	23.50	20.50	16.80	37.87	30.00
禾管水库	斗笠山镇禾管村	1.20	17.00	23.20	19.50	36.00	46.67
言忠水库	斗笠山镇言忠村	0.50	16.00	10.00	9.00	33.33	66.67

续表 18-1

水库名称	所在乡镇（街道）、村	集水面积（平方千米）	坝高（米）	库容（万立方米）		灌溉面积（公顷）	
				总库容	正常库容	设计	达到
汗马塘水库	水洞底镇新禾村	0.30	10.00	10.00	9.20	66.67	66.67
鸡爪塘水库	水洞底镇红旗村	0.45	9.00	12.00	11.30	32.93	20.00
石泉水库	水洞底镇石泉村	0.25	13.00	10.50	10.00	20.00	20.00
新塘水库	水洞底镇新塘村	1.50	20.00	11.50	11.00	27.07	27.07
四房水库	湄江镇塞海村	0.70	18.00	16.00	14.00	33.33	27.07
红土水库	湄江镇香兰村	0.13	10.80	13.30	12.00	33.33	33.33
桃溪水库	湄江镇桃溪村	0.65	16.00	14.00	13.00	24.00	15.33
秀峰水库	湄江镇溢田村	1.00	16.00	14.00	13.00	20.00	13.33
凤家水库	湄江镇凤家村	0.25	10.50	18.00	13.50	23.33	18.67
金盘水库	伏口镇金盘村	0.12	13.00	14.00	13.00	23.33	105.33
龙安水库	伏口镇龙安村	14.00	24.30	31.00	31.00	300.8	100.80
青年水库	伏口镇金铁村	0.16	24.30	13.00	11.00	33.33	20.00
沙子坪水库	伏口镇新开村	0.30	5.00	12.60	11.60	12.00	2.67
漆树水库	伏口镇漆树村	1.20	15.25	14.50	11.50	20.00	33.33
塘湾水库	伏口镇大伯村	0.25	18.00	19.00	16.00	41.33	16.67
新龙水库	渡头塘乡新龙村	0.10	19.00	10.00	9.00	20.00	13.07
泉塘水库	渡头塘乡泉塘湾村	0.20	12.00	12.00	10.00	30.00	33.33
新旗水库	渡头塘乡新旗村	0.15	9.90	11.30	10.00	20.00	10.00
涟溪水库	渡头塘乡涟溪村	0.50	11.85	13.30	10.30	33.33	20.00
四家冲水库	渡头塘乡扬名村	0.60	15.50	59.40	57.40	14.67	81.33
青年水库	渡头塘乡杉山湾村	0.30	15.00	18.00	17.00	30.67	10.67
群富水库	渡头塘乡群富村	0.30	16.70	11.00	10.00	12.00	11.27
石珠岭水库	七星街镇青名村	3.50	9.30	17.00	8.00	40.00	41.33
罗泊冲水库	七星街镇溢塘村	0.50	19.90	21.60	18.40	21.33	30.00
溢塘水库	七星街镇红旗村	0.50	5.20	16.00	14.00	54.67	28.67
甘溪水库	七星街镇甘溪村	0.40	18.00	10.50	9.50	7.33	14.00
新民水库	七星街镇新民村	1.50	16.20	10.50	10.00	72.20	29.20
康家水库	七星街镇土珠村	1.00	17.40	13.80	13.50	23.33	8.80

续表 18-1

水库名称	所在乡镇(街道)、村	集水面积(平方千米)	坝高(米)	库容(万立方米)		灌溉面积(公顷)	
				总库容	正常库容	设计	达到
安乐冲水库	七星街镇梨溪村	0.30	18.00	17.00	16.00	20.00	12.00
先锋水库	桥头河镇花枝村	1.30	9.00	18.00	17.00	41.13	42.67
井塘水库	桥头河镇井塘村	0.30	16.00	15.00	13.40	21.67	26.67
丰华水库	桥头河镇丰华村	0.50	5.60	13.50	9.00	33.33	33.33
燕子岩水库	桥头河镇燕子村	0.30	9.00	12.00	11.00	20.00	18.67
丰产水库	桥头河镇大水村	0.40	15.00	18.00	16.00	40.00	40.00
罗家水库	桥头河镇群建村	0.20	10.00	10.00	8.80	16.40	21.33
群丰水库	桥头河镇群丰村	0.20	15.00	13.60	10.60	33.33	33.33
首华水库	桥头河镇首华村	0.60	14.00	11.50	10.50	33.33	26.67
民主水库	桥头河镇民主村	1.20	13.60	13.50	13.50	26.67	16.67
油草水库	桥头河镇油草村	0.20	14.90	16.54	13.50	34.67	23.33
乌金水库	桥头河镇璜珠村	0.50	8.00	14.40	11.40	22.60	22.13
界头水库	桥头河镇三合村	0.60	12.00	24.80	21.10	40.00	53.33
贺家山水库	桥头河镇贺家村	1.50	6.50	15.80	13.80	73.33	89.33
光家冲水库	桥头河镇水桐村	0.35	21.05	48.80	45.00	66.67	73.33

2007 年涟源市电站类水库

表 18-2

水库名称	工程规模	所在乡镇(街道)、村	库容(万立方米)
桥头河电站水库	小一型	桥头河镇太平村	220.00
伏口万寿电站水库	小一型	伏口镇万寿村	142.00
段江电站水库	小二型	桥头河镇段江村	13.50
水洞底电站水库	小二型	水洞底镇红土村	45.00
东风电站水库	小二型	渡头塘乡东风村	80.00
石狗电站水库	小二型	桥头河镇余中村	29.00
杨家滩电站水库	小二型	杨市镇金盆村	40.00
湖泉电站水库	小二型	石马山镇湖泉村	26.00
温江电站水库	小二型	石马山镇温江村	38.00
湄塘口电站水库	小二型	湄江镇湄塘村	30.00
石马山电站水库	小二型	石马山镇乌鸡坝村	50.00

第二节 引水工程

河坝 1987年，境内涟水、涓水、孙水三大干流上建有河坝1541处，年有效水量5202.55万立方米，灌溉面积6339公顷。实行家庭联产承包责任制后，河坝无人管护，至1989年，全市河坝减少350处。1995年，伏口镇标江、中马两村对标江、中马河堤进行修复，完成浆砌石堤防1080米，移动土石方5700立方米，完成浆砌石4900立方米，恢复良田14.1公顷。1998年，白马水库管理处发动职工和当地群众，采用上挡上护圬工结构护砌白马水库溢洪道出口320米，完成浆砌石2300立方米，搬移堵塞河道行洪的砂砾石1.7万立方米，恢复0.8公顷农田。2002年，渡头塘乡凿穿月光岩岭529米岩洞，兴建檀山隧洞，使扬名水库的库水自流到檀山湾村和杉山湾村。2003年，大江口水库管理所打通甘家冲引水隧洞610米，修建甘家冲引水坝，增加水库集雨面10.6平方千米。2003年7月，伏口镇李家村修复李家坝水毁河坝21米，完成浆砌石570立方米，移动土石方290立方米，添置水轮泵提水机2台。

图18-3 荷塘镇黄泥坝

1987—2007年，全市修筑和改造河坝151处，增加农田灌溉面积3000公顷。

泉井 1987年，全市有灌溉能力的泉井1243处，总引水量1639.2万立方米，有效灌溉面积2329公顷。是年，石陶乡采取掘隧洞直截水源的办法，续建石陶清流潭2×2.2米隧洞引水工程，洞内筑坝1座，长25米，高7米，新开渠道85米，安装内径0.5米的倒虹吸管2处，共长250米，修建扬程85米，装机容量75千瓦的电灌站1处，挖填土石方6.45万立方米，投入劳动工日7.5万个，投入资金85万元，其中国家投资56.7万元。2003年，水洞底镇石脚村打出一口流量0.4立方米/秒的泉井，铺设管道500米输送到各家各户。2007年，全市有灌溉能力的泉井2522处，总引水量3279万立方米，有效灌溉面积3831公顷。

图18-4 涓江渠道

涓江渠道 1987年，涓江渠道能引水灌溉大桥乡、龙塘乡、桥头河镇3381公顷农田。1990年2月26日，渠道引水源——观音洞阴河堵塞，出水量由原来的2.5立方米/秒减至0.2立方米/秒，灌区2000公顷农田灌溉和10余万人口生活用水面临困难。市委、市政府立即制定方案、筹集资金，涓江渠道管理所与大桥乡政府组织1500人，历时1个月，从涓塘口至观音崖新开1条长2.44千米、高1.8米、宽1.5米、过水3立方米/秒的砌石砼防渗渠道。投入资金105万元，其中国家投资60万元。利用引水渠的跌水新建一座装机2台，容量800千瓦的水力发电站，年发电量180万千瓦时。1991年，主干渠齐袋冲渡槽至峡山渡槽之间1.8千米渗漏严重，采用防水油毡铺底、上盖细粒黄土压紧、再盖砼板防浪面的办法，6个月完成工程任务。渠道水利用系数达到0.8。2002年，涓江渠道管理所通过勘测、规划、设计，从省水利水电厅工程管理局争取资金100万元，完成砼防渗高标准主干渠 3.4 千米，渠道断面 1.8×1.7 米，砼 2060 立方米，浆砌石 6950 立方米，新建倒虹吸一处，长 178 米，改造涵闸 27 处，移动土石方 13000 立方米。至 2007 年，涓江渠道砼防渗渠道达到 10 千米，防水油毡防渗渠道 1.8 千米，新开暗涵一处，长 20 米，渠水利用率提高 10%。

第三节 提水工程

内燃抽水机 1987 年，全市有柴油抽水机 3980 台，14935.9 千瓦。此后，电力抽水机以其使用方便、价格优惠而被广泛使用。2000 年，全市仅有内燃抽水机 321 台。至 2007 年，除有少数微型内燃抽水机外，大型固定柴油机抽水机械被电力提灌机械取代。

图 18-5 段江电灌站

电力抽水机 1987 年，全市有电力提（排）灌站 1639 处，装机 1660 台，容量 33517 千瓦，总提水量 3556.7 万立方米，灌溉面积 8213.7 公顷，喷灌面积 1200 公顷。固定机埠 1115 处，装机 1115 台，容量 28737 千瓦。1989 年，湖泉乡投入资金 69 万元，开支渠 14 条，长 26 千米；建倒虹吸 5 处，长 606.5 米；掘隧洞 2 处，长 114 米，灌溉马头山、湖泉 2 个乡 6 个村 200 公顷农田。1990 年，省水利厅、娄底地区水利局、涟源市水利水电局三级配合在马头山水利站进行电灌节能试点，用节能设备代替耗能设备，主机更新，容量 160 千瓦；14.6 千米渠道拓宽，以砼防渗；沿山陡崖渠以砌石加固。灌溉面积 183 公顷。段江电灌站设计灌溉 93 公顷农田，9 个村受益，由于工程老化，输水效益低，2003 年，对渠道和倒虹吸进行全面更新改造，完成砼防渗渠道 1.6 千米，断面 1.1×1.2 平方米，砼 390 立方米，浆砌石 87 立方米，土石方 270 立方米。2007 年，全市有电灌站 789 处，容量 18661 千瓦。

第四节 城市防洪工程

市城区位于涟水和升平河两河之间，地势较低，无防洪排涝设施，河道内碍洪建筑物较多，行洪不畅，洪涝灾害频发。1990 年、1995 年、1998 年，3 次洪涝灾害造成的直接经济损失均在 1800 万元以上。1995 年 1 月，开征防洪保安资金，1999 年 5 月，编制《涟源市城市防洪工程规划报告》。2001 年 1 月，设立涟源市城区防洪工程建设项目部。2002 年 2 月，通过招投标，确定市兴涟水利水电工程建筑公司为施工单位。9 月 10 日，在蓝田街道新新社区柳家湾涟水西岸开工。拆迁房屋 2 栋 12 间，移动土石方 1.8 万立方米，完成浆砌石 6100 立方米，浇筑砼与钢筋混凝土 1550 立方米，钢管桩 3200 米，修建堤防 310 米，圬工挡墙结构，设防标准为 20 年一遇，工程造价 280 万元。2007 年，投资 130 万元，修建升平河涟源一中段防洪护堤 300 米。

图 18-6 蓝田城区防洪工程

第五节 水电工程

1987年,全市有小水电站32座,年发电3363.45万千瓦时,占全市总用电量23.4%。1997年8月12日,市地方电力有限责任公司成立,着手进行区域电网的联网工作,全市小水电就地并网,形成4大供电片区。大江口供电区供电面积245.8平方千米,供电71个村,5.45万人。区内有万寿、天井、大江口坝后、湄塘口、湄塘、湄江、人和、良响、白石等电站,装机26台,6520千瓦,年发电量1800万千瓦时。桥头河供电区供电面积157.4平方千米,供电99个村,12.2万人。区内有桥头河、东风、余中、湖泉、温江等电站,共装机16台,3200千瓦,年发电量990万千瓦时。水洞底供电区供电面积63.9平方千米,供电40个村,3.7万人。区内有水洞底、杨家滩电站,装机7台,1100千瓦,年发电量415万千瓦时。白马供电区供电面积225.7平方千米,供电91个村,9.72万人,区内有白马、红星、杨虎冲、飞水凼、石桥飞水岩、白联、洞六、军民、黄土潭等电站,装机26台5800千瓦,年发电量1733万千瓦时。至2002年底,全市小水电站增加到34座。

图18-7 涟源市地方电力有限责任公司变电站机房

2003—2004年,凤凰、蒿子、密溪、大河坝、石马山等电站先后竣工发电。凤凰电站位于龙山林场凤凰寺,装机1台,容量220千瓦。蒿子电站位于湄江镇蒿子村,装机1台,容量400千瓦。密溪电站位于枫坪镇裀树村,装机2台,容量200千瓦。大河坝电站位于六亩塘镇大河坝,装机1台,容量125千瓦。石马山电站位于石马山,装机1台,容量300千瓦。2005年,扩建改造水洞底电站。水洞底电站位于水洞底镇镇政府附近,孙水河干流,控制集雨面积641平方千米。装机2×200千瓦,增加发电量21.4万千瓦时。新建高桥河电站,高桥河电站隶属市高桥河水力发电责任有限公司,位于杨市镇大坳村境内,孙水二级支流龙溪上游,集雨面积12.82平方千米。装机3×500千瓦,年发电量467.46万千瓦时。2006—2007年,扩建改造人和电站,新建积善坝电站、沙坪电站、肖家坝电站、珠子坑电站、飞仙电站、五星电站、西坪电站。人和电站位于湄江镇远利村,处于湄水支流湄塘河下游,集雨面积148平方千米。装机2台,容量650千瓦,年增加发电量175万千瓦时。积善坝电站位于涟水支流升平河中下游六亩塘镇同意村,集雨面积85平方千米。装机1台,容量125千瓦,年发电量38.21万千瓦时。沙坪电站位于孙水河二级支流龙溪河上游新邵县腊树坳,厂房设在杨市镇大坳村,集雨面积8.5平方千米。装机3台,容量1050千瓦,年发电量290.93万千瓦时。肖家坝电站位于石马山镇双车村,集雨面积178平方千米。装机2台,150千瓦,年发电量35.85万千瓦时。珠子坑电站位于荷塘镇左湾村,孙水支流枧埠凼河上游,电站上游有小一型水库,可供电站发电引水调节。建引水坝1座,装机1台,容量125千瓦,年发电量40.58万千瓦时。五星电站位于渡头塘乡新田村,处于湄水干流下游,集雨面积601.4平方千米。装机4台,容量450千瓦,年发电量为157.66万千瓦时。西坪电站位于龙塘乡新石桥村,处于湄水干流中游,集雨面积422平方千米。大坝拦截形成小二型水库,库容13.69万立方米,灌溉面积15公顷。装机2台,3004千瓦,年发电量103.79万千瓦时。

2007年,全市有小水电站47座,年发电4342.45万千瓦时,占全市总用电量9.85%。1987—2007年,累计发电9.66亿千瓦时。

第六节 饮水工程

1994年9月16日，温江水厂供水工程项目破土动工。取水点西温井位于马头山乡温江村，距离城区8千米，水源为地下泉水，水质优良，无须处理可直接饮用。1996年4月完成水厂建设，水厂占地0.45公顷，井池面积0.25公顷，深4米。修建泵站，装机2台，容量264千瓦。建三级加压站，装机2台，容量220千瓦。架设10千伏安高压线路8千米，安装690千伏安变压器3台。铺设安装直径500毫米主输水管道6800米，安装供水管道4460米。修建公路600米，改造公路4500米，总投资1100万元。1996年6月，温江水厂正式向蓝田城区东部供水。是年，温江水厂更名涟源市城东自来水公司。公司营业后，业务日益扩大，水费年收入达100万元。翌年，与市建设局主管的市自来水公司因供水范围产生矛盾，2001年3月，与市自来水公司签订合并协议，成立市自来水总公司。2000年，国家启动人饮解困工程，涟源市成立人饮解困工程建设领导小组，下设办公室，配备财务、专业技术人员11名，具体负责工程规划设计和资金管理。市水利水电局组织乡镇（街道）水利水电站，对全市农村人畜饮水困难村组进行调查，查明全市旱年人畜饮水困难村217个，村民小组2246个，148595人，牲畜15800头。境内国有煤矿采空区和采空影响区涉及9个乡镇，地方小煤矿分布在16个乡镇，煤矿采空区地表塌陷、地下水位下降，工程蓄水能力减弱，泉井涌水量显著减少。至2004年，全市投入建设资金1603.18万元，兴建饮水工程222处，新打井938口，惠及20个乡镇（街道），158个行政村，解决68448人的饮水困难问题。古塘乡砂托村、赵家村地处涟源西北山区，与新化县接壤，海拔770米，两村1300多人住在半山腰，一无泉井，二无骨干水利工程，种田吃饭靠天雨。政府投入60万元资金，兴建5处自来水工程，送水到户。2005年1月，按照卫生部、水利部的饮水安全标准，对全市农村饮水状况逐村调查，查明全市有35.56万人饮水不安全。其中，13万人饮用氟超标的水，12.06万人饮用砷超标的水，10.5万人饮用未经处理的地表水。市水务局制定《“十一五”涟源市农村安全饮水规划》，是年开始实施。2006年，中央补助专项建设资金555万元，省配套到位资金246.80万元，娄底市配套到位资金166.47万元，涟源市配套到位资金166.0万元，自筹资金650.93万元。全市兴建饮水工程69处，项目惠及86个行政村，解决37174人的饮水不安全问题。其中，日供水量在600吨以上的集中供水工程4处，分别是龙塘乡珠梅集中供水工程，桥头河镇段江集中供水工程、石狗集中供水工程，七星街镇七星集中供水工程。2007年，全市投入资金1716.3万元，兴建饮水工程66处。其中，日供水量在600吨以上的集中供水工程2处，分别是六亩塘镇峦峰集中供水工程和斗笠山镇斗笠山集中供水工程。依靠已建的集中供水工程，用管道延伸方式扩大供水范围的工程有七星街、石狗、段江、珠梅、金石、三甲、湄江、渡头塘等8处，小集中供水工程21处。项目涉及20个乡镇（街道），103个行政村，解决38760人的饮水不安全问题，占计划解决人数的103.2%。

图18-8 七星街供水工程

2000—2007年，全市兴建饮水工程378处，投入资金5105.53万元。其中，中央补助资金1773万元，省地市三级配套资金1303.72万元，自筹资金2028.71万元。解决144382人的缺水与饮水不安全问题。全市有347个村建有自来水供水系统，供水人口达到41.48万人，全市个人打井的有22758户，供应人数达到22.56万人。

第二章　防汛抗旱

1987—2007 年，涟源市防汛抗旱指挥部（简称市防指）设市水利水电局（水务局）。市长兼任指挥长，主管农业的副市长和有关方面负责人分别任副指挥长，水利水电局（水务局）局长兼办公室主任，各乡镇（街道）主要领导人和相关委、办、局、行主要负责人为成员。进入汛期，指挥部工作人员专职专责集中于市水利水电局（水务局）办公。各乡镇（街道）、中型水利工程管理单位建立防汛抗旱领导小组，各乡镇（街道）党政负责人、中型水利工程管理单位主任（所长）任组长。乡镇（街道）和中型水利工程管理单位直接对市防汛抗旱指挥部负责，形成集中统一的指挥系统。防汛期间所有部门工作，都以服从防汛、服务防汛为前提，令行禁止，全市"一盘棋"。

第一节　防　汛

一　汛前准备

汛前检查　1987—1994 年，每年 3—5 月，各乡镇人民政府（街道办事处）对各自境内水利工程开展自查，市防指和市水利水电局组织技术干部、分段管养人员开展全面大检查。1995 年，娄底地区领导挂钩白马水库、大江口水库，全体市级领导挂钩小一型水库，局（行）、乡镇（街道）领导挂钩小二型水库，乡镇干部挂钩山塘、河坝，实行自我检查和交叉检查，水利水电局工程技术人员分组复查，分析其防洪能力，发现问题，及时整治。同时，按水情预测，清扫河、渠碍洪建筑物，督促落实计划新增的各种防汛物资。是年，对山洪易发区进行摸底调查和实地勘测，编制蓝田城区、白马水库、大江口水库防洪风险图。以后每年汛前编制山洪易发区调度预案，白马水库、大江口水库防洪调度预案，小型水库防洪度汛调度预案。每年 4 月 1 日至 9 月 30 日，市委、市政府领导轮流值班，市防汛抗旱指挥部办公室、各乡镇（街道）和水利工程管理单位实行 24 小时值班，各乡镇和 2 座中型水库及 25 座小一型水库均成立抢险队。每年适时召开全市防汛抗旱指挥部成员单位和全市防汛动员大会，市政府与各乡镇人民政府（街道办事处）签订防汛责任状。

人员训练　1987 年前，防汛抢险劳力，按照水库水位临时抽调。1987 年开始，各乡镇（街道）按防汛需要确定抽调干部、劳力的年龄、身体、技术、思想等基本要求，定人造册、编序，以军事建制组成营（2~4 个村）、连（村）、排（村民小组），称为常备队。从各乡镇（街道）挑选有抗洪实践经验，有泅水、整险、打桩、撑船等专长的基干民兵，组成防汛机动抢险队，定期组织训练、"比武"。同时，小一型以上水库组成有工程人员、村民和干部参加的巡堤查险队（2~4 人）。

图 18–9　防汛预演

器材准备　1987—2007 年，防汛物资由五方面筹集：国家投资储备，国家或集体经营部门按指令计划代储，各乡镇（街道）和水利工程管理单位自购存储，农户自备随时调用，对有关部门的车船等设备进行登记听候调用。实行市、乡镇（街道）两级分点储存，由商业、供销、物资、粮食、石油、木材等部门按防汛物资器材计划如数备足，分发到点，专仓储存，用多少算多少，由市防汛抗旱指挥部和乡镇结算付款。主要防汛器材有杉木、松木、杂木、沙子、卵石、块石、篼箕、草袋、麻袋、纤维袋、扁担、棉絮、铁丝、手电筒、手电池、电话机、发电机、柴油、汽油、皮线、胶线、油布等。

图 18-10 山洪预警系统建设

水情预报 1987 年开始，每年 4 月 1 日至 9 月 30 日，市内水位站每日 8 时为测报时间；进入警戒水位，增报 14、20 时水位；进入危险水位，每小时测报 1 次。有雨必报雨量，每日 8 时测报，大雨增报 14、20 时雨量，暴雨即测即报。2007 年 4 月，建立山洪地质灾害预警系统，在荷塘镇建立覆盖危险村组的 GPRS 无线语音广播预警系统，全市建立自动雨量站 21 个、自动水位站 2 个、预警短信群发系统 2 个，20 个乡镇（街道）84 个重点防范村，配置 70 组功效及 RPS 电源，420 个喇叭，90 面铜锣，1777 个高频口哨。

二 抗洪抢险

1990 年 6 月，全市降雨量达 400 毫米，降雨时间长，日降雨量大，时段降雨猛，造成山洪暴发。6 月 15 日 23 时，四古乡四新水库大坝垮塌，库内近 200 万立方米的蓄水，不到 30 分钟全部泻向下游。全市出动劳力 12.2 万人，启动电动机 262 台，柴油机 213 台，耗费木材 268 立方米，抛投块石 3102 吨，动用编织袋 4.2 万个、砂卵石 4500 吨、民间器材 15600 件投入抗洪抢险。至 7 月 10 日，修复中型水利工程 3 处，小型水利工程 85 处，山塘 4260 口，河坝 403 处，电灌站、水轮泵站 203 处，小水电站 20 座，渠道 43.265 千米，河堤 6 处，其他水利工程 100 多处。移动土石方 74.8 万立方米，恢复农田 2 万公顷。9 月 20 日，在四新水库原坝址上游 100 米处，动工修建一座坝高 30 米的单曲圬工重力拱坝。

1995 年 6 月 30 日下午 4 时至 7 月 2 日上午 8 时，全市普降暴雨，部分地区两个小时内降雨 85 毫米。山塘、水库暴满，孙水、涟水、湄水，两岸一片汪洋，蓝田城区中山街、双江街水淹 2 米深。洪灾发生后，全市出动干部 4530 名，武警官兵、公安干警 300 名，组织群众 30.8 万人投入抢险抗灾。耗用木材 1463 立方米、砂卵石 4 万吨、块石 3.8 万吨、麻袋 16.3 万条、油料 320 吨，出动货车 350 辆，拖拉机 620 台，农用四轮车 121 台。排除 2 座小一型水库、2 座小二型水库、1 座蓄水 8 万立方米的大山塘和 97 处小型水利工程出现的险情。

图 18-11 白马水库溢洪道

1996 年 6 月 1 日，南部龙山地区降雨 221.3 毫米，造成特大山洪暴发，白马镇、茅塘乡机关办公楼淹没 1.5 米。7 月 10—18 日，5 天内全市过程降水量 280 毫米，部分地区降特大暴雨。灾情发生后，全市组织 10 万劳力，3250 名干部，200 名解放军指战员、公安干警，协同抢险救灾。共用水泥 13610 吨、钢材 16.6 吨、炸药 43.5 吨、木材 197 立方米、麻袋 12000 条、砂卵石 3604 吨、块石 982 吨、民间器材 1506 件，出动货车312台、拖拉机318台。至9月底，恢复大小水毁工程7024处，挖填土石方84.03万立方米，恢复灌溉面积1.7万公顷。

2005年5月30日晚至31日晚，全市普降暴雨，南部每小时降雨78毫米，北部每小时降雨50毫米。31日晚10时至6月2日凌晨，全市暴发特大山洪，20个乡镇(街道)都不同程度受灾。荷塘镇灾情最为严重，一些在睡梦中的村民被突如其来的滔天洪水冲走，惊醒的村民一时手足无措。洪灾发生后，市防汛抗旱指挥部立即启动抗洪救灾预案，调集抢险队伍、物资、工具，负责人和工程技术人员连夜赶赴白马水库和暴雨中心区荷塘镇，现场指挥抗洪救灾。对全市164座水库和地质灾害重点区域，市防汛抗旱指挥部均安排3名以上领导干部和技术人员24小时巡查守护，对6座险情水库，组织民兵应急分队全力抢险。全市出动干警20人，民兵应急分队170人，调集麻袋、编织袋5万多个、冲锋舟2艘、货车80辆、装卸车5台、吊车2台奔赴各灾区，与6000多名干部群众奋力抢险，解救被洪水围困群众2万多人。荷塘镇塘湾管理区干部萧迪华从洪水中救出7人，派出所所长周旭救出被困群众8人，牌头村村主任邵庆芬从摇摇欲坠的危房中救出25名被困者，安平镇青年干部刘伍阳系一根绳子跳入洪水中救出被困群众4人。省委副书记戚和平6月2日赴灾区视察，省民政厅、水利厅、交通厅领导相继到灾区察看灾情，调拨抢险物资。6月3日下午，民政部常务副部长贾治邦、省长周伯华等至涟源视察灾情，鼓舞涟源人民抗洪抢险救灾的斗志和信心。至2006年2月底，修复所有水损水毁工程，投入资金近亿元，其中国家拨款和社会各界捐款约3000万元。

1987—2007年，全市发生12次大的洪涝灾害，平均周期不到3年。大多年份在4—7月，10月偶有发生。地域分布，南多北少，涟水和孙水两岸是主要洪涝区。

第二节　抗　旱

1990年6月暴雨后，紧接着夏秋连旱，干旱持续时间长，气温高，日照强，蒸发量大，地下水位下降。至9月10日，全市2万公顷稻田断水，其中1.7万公顷开拆。白马水库库容有效水量1650万立方米，大江口水库1000万立方米，新民、财溪、红旗、星星、麻溪洞、八女、民兵、湘波、红星等9座小一型水库水位跌至死水位以下，76座小二型水库干涸，45000口山塘底开白坼，多数泉井无水外溢。市委、市政府领导分工负责，分乡镇包村，深入抗旱第一线，抗旱救灾。全市上阵干部2000多人，23万人参加抗旱。10多辆消防水罐车向重灾区送水。启动内燃机1950台19500马力，电动机4900台3.23万千瓦，水车1.87万条，各种抗旱工具15万余件。拦河堵坝480处，开疏渠道34.6千米，打井掏凼找水源530处，架笕11.2千米。投入抗旱经费670.3万元，抗灾面积达1.7万公顷。在抗旱中，各乡镇团结协作，共抗旱魔。8月，珠梅河断流，珠梅乡到岛石乡求援，岛石乡将长子冲水库开涵支援珠梅田垌抗旱用水10余万立方米，珠梅田垌730公顷晚稻获救。9月，仙洞乡在境内开渠引水，使七星乡伏栗村73公顷晚稻免遭旱灾。常林乡大兴村162公顷稻田全部断水，村干部发动群众，掏沙凼50多个，用微型电动机30台分时定田从3口井提水，同时，发动300多人担水浇禾。

图18-12　白马水库灌区荷塘镇犀牛渡槽

1992年，夏秋连旱120天，全市受灾村581个，1.69万公顷晚稻、1.2万公顷中稻受灾。面对严重旱情，市委、市政府召开抗旱紧急会议，组织各级各单位协同抗旱，实行市级领导包区、包中型工程，区、乡镇领导包村、包小型水库，一般干部包片、包村。市委、市政府领导带领水利技术人员深入白马、湄江灌区调度，指挥抗旱。2000 年 7 月中旬，全市高温干旱，其时正值抢收抢种，用水十分紧张。市防汛抗旱指挥部及时调度水库开闸放水，调节白马、湄江灌区，建有电站的水库暂停发电，先保灌溉用水，各中、小型水库实行计划供水和节约用水，先保插后保苗，加强用水管理。大旱之年，晚稻种植如期完成。

2003 年 6 月，全市平均降雨仅 27 毫米。进入 7 月后，受副热带高压控制，持续高温，日平均气温达 35℃，日最高气温出现 40℃，蒸发量大，成旱快。全市 20 个乡镇（街道），有 732 个村，2.12 万公顷农田受旱，3829 个村民小组，23 万多人饮水困难。106 座水库、39840 口山塘干涸，138 条溪河断流。市委、市政府号召全市人民奋力抗旱救灾，全体市级领导分赴灾区，调动干部 5600 名，发动群众 22.5 万人投入抗旱，启动内燃机 2340 台，电动机 6358 台，计 3.24 万千瓦，其他提水工具 14.65 万件，拦河筑坝 1129 座，开疏渠道 263 千米，找井掏凼 5249 处，架笕 9920 米，抗救面积 2 万公顷。是年，粮食减产 3 万吨。

1987—2007 年，全市连续 30 天以上的旱灾 18 次。

第三章　水土保持

第一节　水土流失

1987年，农业区划利用地形图实地测绘成图，量算图斑面积，涟源市有农地片蚀、荒草地鳞片状侵蚀、沟蚀、崩塌等水土流失面积48794.46公顷，占土地面积的25.8%，比20世纪50年代增加9倍多。其中，轻度33950.4公顷，占流失面积的69.58%；中度12914.4公顷，占流失面积的26.47%；强度1844.8公顷，占流失面积的3.78%；极强度84.8公顷，占流失面积的0.17%。

20世纪八九十年代，境内毁林开荒、乱砍滥伐，土地经营单一，大、小煤矿加剧开采，全市水土流失趋势持续发展，面积由小到大，程度由轻到重，石山裸露面积由插花性侵蚀变为大面积集中成片，向丘岗山地延伸，由轻度向中度侵蚀演变。1998年，专业技术人员采用万分之一地形图实地测绘，分类测算统计，全市水土流失面积83300.7公顷，占土地总面积43.9%。其中，轻度33594.3公顷，占流失面积40.33%；中度33010.8公顷，占流失面积39.63%；强度15028.4公顷，占流失面积18.04%；极强度1667.2公顷，占流失面积2%。2004年，利用卫星遥感测绘，分类统计，全市水土流失面积46481.1公顷，占土地总面积的24.37%。其中，轻度16258公顷，占流失面积34.4%；中度29552公顷，占流失面积的64.2%；强度671.1公顷，占流失面积的1.4%。

第二节　水土综合治理

1987年，市政府制定《涟源市水土保持综合治理总体规划》及部分小流域实施计划，开始对太和、毛坪、杨梓江、金盆湾等小流域进行治理。

1990年，市水利部门逐渐转变水土流失防治思路，贯彻人与自然和谐共处的指导思想，依靠大自然生态自我修复能力进行水土流失治理。坚持工程措施、林草措施和耕作措施相结合的原则，依据不同流域的自然特点和土地利用方式，进行科学配置，形成水土流失综合防治体系。将小流域水土流失地划分为生产用地和生态用地，对生产用地以治理为主，对生态用地（包括荒山荒坡）以保护为主，通过封禁管护、能源替代、舍饲养畜和退耕还林等措施，实行生态修复。在“长治”（长江上游水土保持重点防治）工程小流域治理中，实施坡面整治工程、小型水利水保工程、植物防护示范工程。1994年，毛坪小流域被批准为长江流域城郊型水土保持试点区，通过4年重点治理，建成集体开发、股份开发、个体承包开发三种不同治管形式的示范样板。长江流域治理委员会和省水利厅的验收结论为：水土流失面积10平方千米，治理9.33平方千米，治理程度93.3%，林草面积达到宜林宜草面积的96.3%；土地利用

图18-13　小流域治理

结构合理，土地利用率 89.9%；小流域经济初具规模，土地产出率 4154 元/公顷，增长率 89%；人均纯收入 1486 元，比治理前增长 85.3%；蓄水保土缓洪效益显著，减沙率达 70%。1998 年，涟源市被列为长江中上游湖南省“四水”流域水土保持重点治理市。之后，开始杨梓江小流域的综合治理，流域面积 29.43 平方千米，完成治理面积 7.42 平方千米。其中，坡改梯 60 公顷，水土保持 128.67 公顷，绿果林面积 80 公顷，封禁治理 450 公顷，保土翻作 23.33 公顷。完成土石方工程量 52.23 万立方米，栽植果木林等树苗 163.8 万株，完成劳动日 46.26 万个。1999 年 11 月 4 日，省委副书记胡彪视察涟源市重点治理区，称枫坪镇金家村水土保持综合治理示范工程和枫树村坡改梯示范工程为湖南丘岗地开发的样板。是年，涟源市被评为全国生态环境建设综合治理重点（县）市。2000 年 4 月，毛坪小流域被财政部、水利部命名为全国水土保持生态环境建设“十百千”工程示范小流域。六亩塘镇退休干部王以辉被水利部评为全国水土保持生态环境建设治理开发“四荒”示范户。

2001—2002 年，先后开展金盆湾、杨梓江、龙溪、小江、白马、光阳、龙塘等小流域的综合治理，投入资金 3939.43 万元。工程分布 12 个乡镇，126 个工程项目点。全市动用推土机、油动反铲挖掘机、装载机、卡车、平板车、灌浆机、冲抓回填机、小四轮拖拉机等机械设备 260 台，组织 3.5 万人，完成水土保持生态环境综合治理面积 53.03 平方千米。其中，植树造林 312 公顷，退耕还林 52 公顷，封山育林 3969 公顷，坡改梯 750 公顷，低产田改造 220 公顷，旱作生态农业 100 公顷。防洪护岸 350 米，河道改直 200 米，新建及改造撇洪沟 12000 米，山塘混凝土防渗 1000 口，改造拦沙坝 30 座，改造谷坊 3 座。工程质量全部按国家监理部门的要求完成。2002 年 12 月 25—28 日，经国家生态项目驻湖南省监理部组织验收合格，涟源市被评为湖南省水土保持先进县（市）。2003 年，在国家没有投资水保生态建设项目的情况下，充分利用各方资金，多渠道融资，进行水土保持生态建设和“四荒”治理开发。完成综合治理面积 6974 公顷。其中，坡改梯 411 公顷，种植经济果木林 841.6 公顷，水土保持林 348.1 公顷，草 80.3 公顷，封禁治理 5189 公顷，其他综合治理 104 公顷。茅塘镇光阳村党支部书记周汉交，承包治理开发“四荒”资源土地 73 公顷，全部种植进口的矮芗草，喂养肉牛 50 头，创建市牧业发展有限公司，拥有固定资产 200 多万元。茅塘镇、杨市镇、枫坪镇和白马镇连片建立肉牛饲养和牧草种植的新型产业。六亩塘镇退休干部王以辉与女婿谭良华承包 20 公顷荒山，改造成葡萄园。退居二线的市农办主任周铁中与弟弟周铁龙创建市铁龙农业科技园，承包枫坪、桥头河两地荒山 198 公顷，投入资金 800 万元，发展牧草、花卉和肉牛养殖等综合农业，被省水利厅评为湖南省民营水土保持示范户。

图 18-14 国家立项农业综合开发涟源市杨市节水农业示范项目

2004—2007 年，市政府采取“政策优惠，长期承包，以奖代投”的扶持政策，对水土保持示范大户每公顷奖励 3000 元现金和 750 元苗木。全市完成跑水、跑土、跑肥的“四荒”地治理 8450 公顷。其中，坡改梯 1173 公顷，种植经济果木林 1834 公顷，种牧草 1860 公顷，封禁治理 3583 公顷。

2007 年，全市生长较好的牧草不足 100 公顷。

1987—2007 年，全市治理水土流失面积 36819.6 公顷，占全市水土流失面积的 44.2%。

第四章　移　民

第一节　移民安置

一　境内移民安置

白马水库淹没区为白马镇白马、金凤、樟木、师乐、淳化、三团、杨世、浆溪、兴隆、罗坪、孙家桥、涟河、庙边、查林、出日、郁溪、牛角山、田心、徐南、杨桥、矮边、楠木山、黄泥、井洋等24个村。大江口水库淹没区为湄江镇寨背、秀加、新江、王江、湴田、桃溪、马方溪、凤家、滟塘9个村,及古塘乡群山、落山2个村。还有新化县车田江水库淹没涟源市古塘乡所辖坪岭、新塘、望岩、砂托、麦塘、大湾等6个村。3座中型水库淹没41个村,280个村民小组。至1990年,移民32000余人。其中,靠岸移民20000余人,外迁移民12000余人。白马库区外迁江西省峡江、新余、崇仁、奉新、安福、靖安、修水及湖南省新邵、茶陵等县市的移民6000余人,安置在境内茅塘、金石、水洞底、杨市、枫坪等6个乡镇的移民3000余人。大江口水库外迁移民2800余人,安置在境内湄江镇、伏口镇、桥头河镇、龙塘乡、安平镇、石马山镇、蓝田街道、六亩塘镇、七星街镇,有零散几户安置在娄星区和洞口县。

二　三峡移民安置

2003年3月28日,省委、省政府,娄底市委、市政府下达给涟源市接收安置三峡重庆市开县第二批农村外迁移民200名的任务。涟源市先后挑选杨市镇赛里村,桥头河镇车田村、桂花村、井坑村,渡头塘乡东风村,七星街镇七星村、湘波村,4个乡镇7个村7个点为三峡移民安置点,落实移民田、土、山及宅基地。2003年9月18日,三峡移民户主来涟源对接考察,十分满意,对接一次成功,签订48户212名重庆市开县三峡移民接收安置协议。2003年10月底,三峡移民安置房屋开始招标建设,建筑面积5000余平方米。2004年7月25日,三峡移民48户212人全部搬迁到涟源市,入住新家。

第二节　移民扶持

2006年5月17日,国务院发文规定对大中型水库农村移民进行后期扶持。涟源市成立领导小组,召开专题研讨会议,组织专业队伍,明确人员登记方法,确定扶持方式,制定《移民后期扶持规划》和《库区移民生活基础设施与社会经济发展规划》。对2006年6月30日以前的大、中型水库农村原搬迁移民及后代,按现有人口登记,以白马水库、大江口水库、车田江水库三大库区为主,全市专业队伍与各乡镇(街道)配合,进村入户调查,翻阅档案资料,查核当时人口普查和户籍原件,核实确定扶持总人数32630人,涉及20个乡镇(街道)508个村。对确认为大中型水库农村移民身份的移民进行20年扶持,按每人每年600元标准发放。至2007年底,大、中型水库移民后期扶持工作基本落实。

第三节 库区开发

白马水库和大江口水库蓄水后，库区交通闭塞，资源难以利用，经济落后，库区群众生活贫困。2000—2007 年，市水务局、市移民开发局累计投入资金 7301.37 万元，为白马、大江口两个库区修建村级公路 172 千米，建人行砼结构桥 12 座，长 447 米，人行钢丝桥 2 座，长 402 米，新建和改造砼防渗渠道 95 千米，电力排灌站 15 处，水轮泵站 1 处，打井 86 口，新建蓄水池 36 处，容量 41000 立方米，受益人口 17.8 万人。开发经济作物基地 130 公顷，药材基地 80 公顷，黑山羊基地 5 处 2000 头，肉牛养殖基地 2 处 1500 头。

图 18-15 大江口水库连心桥

大江口库区 2000 年，在大江口水库淹没区内 9 个村（寨背、王江、溢田、桃溪、秀加、马方溪、群山、乐山）修建电灌站 13 处，总装机 381 千瓦，架高压线路 8.3 千米，修人行便道 2 条，长 13.4 千米，完成土方 6810 立方米，石方 23356 立方米，干砌石 7360 立方米，浆砌石 990 立方米，添置机船 1 艘，木渡船 10 只。2002 年，帮助桃溪村打通 256 米引水沟，解决全村饮水问题。帮助王江村修建 1 座高 15 米，长 114 米的公路（坝）。2003 年，在秀加村架设一座长 126 米，宽 1.5 米的人行钢索桥。在移民分散、水源不符合饮水标准、缺水源或取水点较远的地方打井、建蓄水池，在移民集中的村组建蓄水池集中供水。是年，改造和新建人畜饮水项目 18 处，打井 48 口，新铺设引水管道 14.14 千米，新建蓄水池 12 处，容量 15000 立方米。2003—2007 年，修建、硬化环库公路 18.13 千米，贯穿古塘乡塘边村、车溪村、群山村，湄江镇马方溪村、王江村、桃溪村、新江村、秀加村、溢田村，伏口镇黄陈村、龙安村 3 个乡镇 11 个村。在地势险恶的寨背村修通一条长 3 千米的水泥硬化公路。

白马库区 2001 年，对白马水库淹没区内的三团村挡水坝进行冲抓回填，修建黄泥村 3.5 千米村级公路，改造查林村民兵水库涵管，修建砼防渗渠道 4 千米。2002 年，组织对白马水库库区 25 个淹没村进行建设、开发。新建和改造人畜饮用水项目 13 处，打井 44 口，新铺引水管道 131 千米，新建蓄水池 15 处，容量 1790 立方米。2003 年开始，修建环库公路 26.4 千米，贯穿白马镇樟木、黄泥、大秀、三团、浆溪、杨世、兴隆、罗坪、孙家桥、庙边、查林、郁溪、出日、牛角山、田心、徐南、桐石、三协、泉塘、学足 21 个村，受益人口 13700 人。是年，市水务局、市移民开发局派工作组进驻金凤村建整扶贫。3 年完成农村电网改造 1.5 千米，修通环库村级公路 5.2 千米，筑起一座长 50 米，宽 4 米的跨库桥，修建 1 处 250 米长的浆砌石防洪护坡。2005 年，改造涟河村 3.4 千米村级公路，修建 3.5 千米砼防渗渠道，硬化矮边村 3.5 千米公路。2006 年，改造徐南村公路 3.8 千米，帮助孙家桥村新建 4.2 千米砼防渗渠道，修复浆溪村水毁渠道 3.4 千米，改造孙家桥电灌站变压器 1 台。

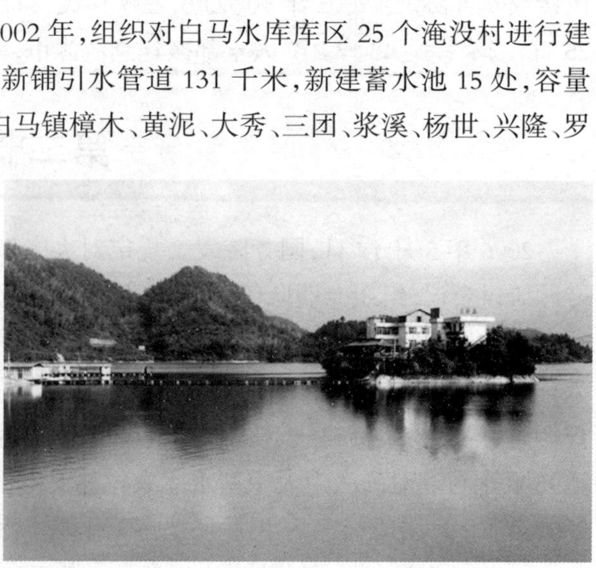
图 18-16 白马水库月亮岛

第五章　水利管理

第一节　机　构

市水务局　1987年，涟源市水利水电局内设办公室、防汛抗旱指挥部办公室、人事教育股、计划财务股、水利管理股、小水电管理站、机电排灌管理站、科教股，定编46人。1993年，增设监察室、水土保持监督站。1994年，撤机电排灌管理站，职能归并水利管理股，增设水政水资源股(加挂市河道管理站牌子)。1998年，设水政监察大队、水土保持生态环境监督大队。5月，成立市移民工作办公室。2002年10月，市水利水电局更名市水务局。2003年10月10日，市移民工作办公室更名市移民开发局，隶属市水务局，定编10人。2007年末，市水务局机关定编79人。

乡镇水利机构　1987年，全市乡镇(街道)水利水电管理站49个，受市水利水电局和区、乡镇(街道)双重领导，定编178人。1989年，市水利水电局下设7个区水利水电管理站，配备24名专业技术人员。其中，工程师5名、助理工程师9名。全市24座小一型水库均建有管理所，管理人员86人。128座小二型水库，27座设有管理所，管理人员70人，83座设专人管理，18座设兼管人员管理。22处装机100千瓦以上的电灌站，17处设有管理站，5处为专人管理。山塘、河坝、泉井及小型电灌站工程由村组管理。全市936个村(居民区)配有水利员。1995年，撤销7个区水利水电管理站，改设涟水、湄水、孙水3个流域水利水电管理站。乡镇(街道)水利水电管理站合并为20个。1999年，流域站撤销，工作人员回市水利水电局。2007年末，乡镇(街道)水利水电管理站有工作人员260人。

局属二级机构　1987年，市水利水电局下辖白马水库管理处、大江口水库管理所、湄江渠道管理所、市第二水泥厂、市水利水电工程队等5个二级机构。1994年，接管原省湘中机械厂供气系统，改为安平供水站。1995年，茅塘电石厂归属市水利水电局，更名市第二冶炼厂。1998年，增加二级机构湄塘口水力发电站、杨虎冲水力发电站。2002年8月，撤销市水利水电工程队，其资产并入市兴涟水利水电工程建筑有限责任公司。9月，注销桥头河电站，成立市地方电力有限责任公司，由省水利电力有限责任公司(51%)和市水务局(49%)两方出资，共同管理，辖桥头河水力发电站、桥头河供电站、渡头塘供电站、增加供电站、水洞底供电站。2003年10月，市第二水泥厂破产改制。2004年10月，第二冶炼厂破产改制。2007年，局属二级机构有白马水库管理处、大江口水库管理所、湄江渠道管理所、湄塘口水力发电站、市地方电力有限责任公司、杨虎冲水力发电站、安平供水站、市兴涟水利水电工程建筑有限责任公司。

第二节　水利工程管理

1987年，水利工程管理打破“大锅饭”制度，按防汛保安、灌溉管理、综合经营“三位一体”的标准，实行岗位责任制、经营承包制。至2001年，全市25座小一型水库，92座小二型水库实行岗位责任制、经营承包制，其中落实养鱼承包责任制的87座。

2002年2月，市水利水电局制定《涟源市小型水利设施产权制度改革方案》，将水利工程管理使用权、水面经营权和防汛抗旱责任落实到经营者。桥头河镇按照“三位一体”要求，采取承包、租赁、股份合作等多种形式，进行水利设施管理体制改革。全镇1座小一型水库核定编制、定好岗位、按竞争上岗原则选拔新的管理人员；14座小二型水库采取承包、租赁、股份合作等方式管理；5603口山塘按“三位一体”的要求实行承包。这一改革盘活水利资金321万元，在省水利建设“芙蓉杯”竞赛中被评为先进乡镇。

2003年2月，中型水利工程管理体制进行改革，实行事企分离，建立法人治理机构的新型管理体制；实行所有权与经营权分离，建立与市场经济相适应的水资源开发运行机制；实行评聘分离，建立以资本为纽带的新型分配机制；实行身份与岗位分离，建立以市场配置人才资源的劳动用工新机制。至2006年12月，白马水库管理处、大江口水库管理所、涓江渠道管理所和段江电灌站均定性为准公益性水利工程管理单位，实行企业化管理。因事定岗，实行全员聘任制。各单位编制内承担公益性任务人员的基本经费由市财政列入年度预算，抢险和重大工程维修等公益性服务费用，视工程支出额度由市财政解决。

1987—2007年，市水务局(市水利水电局)主管白马水库、大江口水库、涓江渠道、段江电灌站4处中型工程；乡镇主管小一、小二型水库和跨村灌溉的水利设施；山塘、河坝等水利设施由村自主管理。全市水利工程的防洪、灌溉、发电、养殖综合功能运行调度，按照水利工程分级管理的原则，实行各级首长负责制，干部分管制。严格控制蓄水的水库不得超蓄，不能蓄水的水库在险情处理前不得蓄水，水库泄洪之前必须通知下游群众转移人员与物资，抗旱期的用水调度由专门班子负责，优先满足灌溉用水，发电用水没有进入灌溉渠道的则要停机送水灌田。水利工程实行有偿供水，供给的灌溉用水、工业用水和城镇用水都需交纳水费。

第三节 灌溉管理

1987年前，境内水利工程一直以县、乡镇、村行政管理为主，灌溉用水由管理单位和管理人员统一安排，实行一把锄头放水，维修亦由集体筹工筹资统一组织进行。养护维修和管理经费主要依靠从灌区征收水费。1988年，按灌溉面积收费，每公顷征收15~22.5千克稻谷或7.5~15元现金，机电排灌每公顷收费45~150元不等，因农户分散经营，水费收缴困难，维修难以组织，水利工程长年失修，灌溉效益下降。1990年，全市2座中型工程(白马水库、涓江渠道)，21座小一型水库和12座小二型水库，改“按亩收费”为“按方(立方米)收费”，收费标准为中型灌区每立方米0.007元，每公顷加收基本水费7.5元，小型水库每立方米0.009~0.012元。白马水库改进管理，逐步形成“集中水权，分级管理，两个包段(流量包段和养渠包段)，按亩分水，按方收费，节约奖励，超用加费”的管水办法。1991年8月，省委书记熊清泉视察白马水库，肯定白马水库的灌溉管理经验。9月15日，省政府作出《关于学习推广千金、白马和韶山灌区经验，加强水利管理的决定》，随后，“两个包段和按方收费”等办法在全市小一型水库和部分小二型水库中推行。市政府颁发《涟源市水利工程水费收缴和使用管理实施细则》，加强水利资源合理作用，促进依法管水、节约用水。1994年11月，白马水库农业灌溉用水每立方米0.06元，基本水费每公顷60元。其间，中型水利工程灌区的水费由乡镇在征收农业税时代收，其他灌区仍由管理单位收取，或由村干部代收。2005年2月，根据小型水利工程灌溉水费征收困难，致使部分小二型水库管理基本瘫痪的状况，成立小型水利工程管理体制改革领导小组，对市内小型水利工程(包括山塘、小河坝、小提灌站、小渠道)，在所有权不变和防汛抗旱期间必须服从市防汛抗旱指挥部调度的前提下，将经营权以租赁、承包和股份制经营等方式转让给私营业主，实行谁经营，谁收费。是年底，实行承包经营的小二型水库79座，山塘及其他水利工程4.61万处。2007年，全市水费收缴率由2004年的40%回升到80%。

第四节　水利综合经营

20 世纪 80 年代后期至 90 年代，水利系统从传统的单一服务型向水利经济型转化。至 1994 年，办有规模不等的综合经营经济实体 68 个，安排从业人员 1500 余人，拥有固定资产 6262 万元。开展能源、建材、冶金、种植、加工、商业、技术咨询和技术服务7 大门类 21 个项目的生产经营活动。是年，总收入 4909 万元，税利 500 万元。其中，局属工程队 48 万元，市直管 3 处中型工程管理单位 1200 万元，小一型水库管理所 391 万元，47 个乡镇水利站 1592 万元，市水泥二厂 800 万元，市第二冶炼厂 446 万元。

进入 21 世纪，全面推行"以产权制度改革为核心，以搞活使用权为重点，以租赁承包为主要形式"的水利工程体制改革。各水利工程管理单位利用水利工程的水土资源、设备资源和技术拓展经营范围。市局工程队与白马水库管理处工程队合并重组为市兴涟水利水电建设工程公司。公司先后承建完成蓝田城区防洪工程(墨溪口至柳家湾防洪工程)、白马水库灌区渠道配套改造工程、6 座小型水库大坝冲抓回填和 10 座病险水库处理，创收 200 余万元。2002 年 9 月，依法注销桥头河电站，成立市地方电力有限责任公司。所辖发电、供电区域由桥头河镇扩大到渡头塘乡、水洞底镇，共计 79 个村(居)，13 万多人。年供电 2500 万千瓦时，发电 600 万千瓦时，发供电收入 1500 万元。是年 12 月，省水利水电有限责任公司下拨贷款 900 万元农网改造经费，经过 1 年半时间，76 个村、3 个居委会完成网改，新建与改造配电台区 146 处，9025 千伏安，改造户表 16185 户，新建 10 千伏线路 39.64 千米，改造 51.26 千米，新建 400 伏线路 217.2 千米，改造 10.7 千米，新建 220 伏线路 247 千米。2006 年底，兴建 35 千伏输变电站，设计等级为 35 千伏/10 千伏，主变 1×6300 千伏安，1 回 35 千伏进线(5.8 千米)，8 回 10 千伏出线。2007 年底完成第一期工程，造价 540 万元。是年，全市中小型水利工程管理单位和乡镇水利站、水电站共创产值 3628 万元。

第五节　水政执法

20 世纪 80 年代，境内一些单位和个人在生产、建设活动中，随意乱堆乱倒废弃物，乱建筑乱开采，危害毁坏水利工程及其有关设施，损坏地貌植被，造成水土流失，阻碍河道行洪，水事纠纷不断增多。1988 年，实行取水登记、河道清障、河道挖沙管理及水事纠纷处理等执法工作。1990 年，实行水资源、水土保持、河道综合执法，67 名经考试合格的执法人员由市法制办颁发行政执法证，着装上岗，配备执法工具。1997 年 10 月 11 日，市水利水电局接到举报，斗笠山镇海形山煤矿随意乱堆矸石、矿渣，造成水土流失，河道淤塞，阻碍行洪。执法人员立即赶赴现场实地察看，向当事人、法定代表人曾某宣传《中华人民共和国水法》《中华人民共和国水土保持法》《中华人民共和国防洪法》，以书面形式责令其立即停止违法行为，限 7 天内清除障碍。当事人口头应允，但依然继续乱堆乱倒。10 月 29 日，市水利水电局向海形山煤矿下达《行政处罚决定书》，向市人民法院申请强制执行，市人民法院下达《行政处罚裁定书》，执行到位。1999 年 3 月，全市组织宣传车辆，分组深入全市各村，把水行政法规送入千家万户，宣传覆盖率达 95%。2003 年 7 月，在大江口水库大坝至湄塘口河道段划界中，将属于行洪区内的湄江镇农科所和大江口中学学农基地予以退耕还河，取缔朱岩河段的沙场和塞海湖沙场。是年"双抢"期间，渡头塘乡日新村与向阳村因争河水灌田，双方各出动 100 多人械斗，市水务局执法人员与渡头塘乡政府干部共同进行调解，平息事端。事后，市水务局实地调查勘测、设计，投资 12 万元修建 1 座拦水分流坝进行拦河分水，解决两村的农田灌溉用水问题。2007 年 7 月 12 日，市水政监察大队在河道执法检查中,发现桥头河镇石狗村采沙船主颜某,在涟水无证非法采沙,在采沙及建沙场过程中,将大量废土废渣倾倒在涟水河道内。依据《河道管理条例》和《中华人民共和国防洪法》规定,对当事人颜某作出行政处罚,停止违法采沙行为,7 日内清除倾倒在涟水河道内的废土废渣,处罚款 1 万元。11 月 7 日,大江口水库管理所书面报告市水务局,湄江镇蒿子村村民龙某挖房屋地基,将 1000 多立方米渣土倾倒在大江口水库下游河道内。当日,市水务局立即组织立案查处。11 月 8 日,水政执法人员进入现场勘验,依据法律法规对当事人进行行政处罚,处罚款 5000 元,7 日内清除倾倒在河道内的渣土。

1987—2007 年,市水务局(市水利水电局)调处水事矛盾 771 起,查处水事违法案件 737 起,申请市人民法院强制执行 13 起,挽回直接经济损失 585 万元。其中,处理河道违章建筑 226 起,破坏水利工程设施案 52 起,水资源案 12 起,水土保持案 53 起,非法采矿案 22 起。颁发取水许可证 168 个、采沙许可证 36 个。审批建筑项目 68 处,审批水电站 12 个。收取水行政规费 561 万元。

第十九篇　商贸　服务业

第一章　商品贸易

第一节　生活资料经营

一　百货　纺织　日化品

1987年，涟源市百货纺织品公司（简称市百纺公司）主营大小百货、针织纺织、搪瓷、文具、鞋帽、日杂、洗涤、化妆等8600多种商品，下设6个三级批发部（站）和8个零售商场，批零网点面积2.1万平方米。公司各批发部到上级批发站和厂家组织货源，全市经营百货、纺织、日化品的集体、个体商店主要从公司批发部进货，然后零售。是年，公司销售总额3147万元，其中批发给市供销社1095万元。1989年全市有百纺商品专店17个，综合商店1238个，从业人员4000余人，百货、纺织、日化品销售总额1.5亿多元。尔后，市场经济日趋成熟，经营竞争日益激烈，市百纺公司批发业务大幅度下降，1992年，批发给市供销社的商品减少到431万元，到公司批发部进货的个体商户大量减少，为稳定购销业务，公司相继开展金银、五金、家电等商品经营。

1993年后，市百纺公司逐渐失去百货、纺织、日化品的主营地位，为求生存，进行全方位跨行业经营。1998年5月始，实行资产经营，库存商品全部拍卖，门店、柜组由公司职工和其他个体户租赁经营。2007年，全市形成以大型股份制超市为龙头，中型综合商场为骨干、小型零售门店为基础的百货纺织日化商品市场，销售总额6亿多元。

二　五交化商品

1987年，市五金交电化工公司（简称市五交化公司）主营大小五金、家用电器、圆钉铁丝、化工油漆等4800多种商品，下设5个三级批发部，6个零售商场，批零网点面积达1.2万平方米，全市经营五交化商品的集体、个体商店主要从该公司5个批发部进货零售。是年销售总额1329万元。1989年，全市有五交化商品专店30个，专柜700多个，销售总额4508万元。其中，销售自行车1.22万辆、电视机1.03万台、电风扇2.41万台、洗衣机3293台、电冰箱426台。20世纪90年代，市场与价格全面放开，购销两旺，出现消费者追求名牌趋势。1996年，市场竞争激烈，市五交化公司无法与私营商家匹敌，仅能微利经营，是年，销售总额3290万元，亏损146万元。1998年，改为资产经营，市五交化公司从此退出市场。1999年后，家电销售进入高峰期，彩电、洗衣机开始普及农村，城镇家庭开始热衷购买手机、空调、电脑等新的家电商品，经营家电的商家大量增加。2007年，全市经营五交化商品的商店410余家，销售总额4亿多元。

三　糖　酒　副食品

1987年，市糖酒副食品公司主营食糖、酒类、奶粉、糖果、糕点、罐头等商品，下设3个批发部，4个糖果糕点厂、8个零售商店,经营网点面积达2.7万平方米,全市其他经营糖酒副食品的集体、个体商店主要从该公司批发部和糖果糕点厂进货零售。1989年,全市有副食品专店51个、专柜700多个、糖果糕点厂24个,销售食糖2100吨、酒2920吨、糖果670吨、糕点3300吨。1987—1995年,市糖酒副食品公司销售糖酒副食品累计1.5亿元。1996年,市糖酒副食品公司破产重组,除下属副食大楼与娄底地区湘中大厦横向联营开展综合经营外,其他门店厂家均租给职工或个体户经营,市糖酒副食品公司全面退出市场。1999年后,超市营业异军突起,以品种齐全、购买方便、服务周到而深受消费者欢迎。许多商店也改以超市形式招徕顾客,刺激消费。2007年,全市销售糖酒、副食品总额2.3亿多元。

四 肉食 水产品

1987年,肉食市场主要购销生猪、牛、羊、家禽和禽蛋,水产市场主要购销鱼类,其次是龙虾、鱿鱼、墨鱼、海带等海产品。生猪由市肉食品公司主营,牛肉由个体屠商经营,羊肉主要由农户自产自销,家禽由个体商贩和生产户经销。鱼类与海产品由个体商贩主营,市肉食品公司兼营。是年,市肉食品公司下设7个区肉食站,49个乡镇(街道)肉食站、1个水产批发部、1个肉食贸易中心。生猪实行合同定购,肉价实行议购议销,每千克肉6.8元左右。全年收购生猪9.1万头,销售总额1998万元,其中市内销售5.5万头。水产品销售140余万元,实现利润33万元,名列全省第二名,其"三不经验"(坚持主业不改行、立足地销不动摇、支持生产不松劲)受到省、地政府和主管部门的肯定和推广。1988年始,取消生猪合同定购,市肉食品公司失去猪源依托,肉价逐步上涨。1989年,财政对全市城乡近12万非农业人口实行肉价补贴,每人发放猪肉票7千克,每千克补贴2元,一定两年。市肉食水产公司凭票供应猪肉,市财政拨付315万元猪肉补贴款。是年,全市销售生猪32.5万头,销售肉牛1.1万头、山羊3.45万头、家禽16.37万只、鲜蛋38.7万千克、鲜鱼176万千克。因市场竞争激烈,市肉食品公司亏损56.4万元,开始生产饲料。1995年,公司完成销售6584万元,其中饲料销售额5886万元,缴纳税金81.5万元,实现利润96.8万元,经济效益在娄底地区96个商业企业中名列前茅。是年,处置乡镇(街道)肉食站资产,筹集资金600多万元,在城区繁华的五马广场(今人民广场)旁新建湘王大厦,开展综合经营。1996年,市肉食品公司退出肉食水产市场,全部由个体私营企业经营。2007年,全市肉食水产销售额5亿多元。

生猪定点屠宰 1989年冬,市肉食品公司在四古区各乡试点,对上市生猪采取"定点屠宰、集中检疫、统一纳税、分散经营"的管理办法。1990年4月,在全市8个区(街道)选择20个屠宰点进行推广,历时1个多月,由于各部门意见分歧较大而终止。1995年,再次组织生猪定点屠宰,由于协调和管理不到位,定点屠宰恢复3个月后再次终止。1998年6月,涟源市成立定点屠宰办公室和稽查队,在蓝田街道、六亩塘镇、石马山镇推行生猪定点屠宰,让消费者吃上"放心肉"。1999—2007年,年宰杀生猪5万头左右。

五 蔬菜 豆制品

1987年,市蔬菜公司主营蔬菜、豆制品,下设2个蔬菜店、1个种子门市部、1个豆腐厂、1个酱油加工厂。是年,全市销售蔬菜16500吨,其中市蔬菜公司销售1680吨;日销豆腐3万多块,其中市蔬菜公司日销售2000块。市蔬菜公司销售总额279.8万元,获利润7.3万元。1988年,蔬菜、豆制品价格放开,自由交易,公司下属企业均发生亏损。蔬菜市场品种增多,数量增加,但价格上涨过快,大白菜涨到1.1元/千克,豆腐涨到0.5元/块,为平抑市价,财政补贴在上年5万元的基础上,再增拨5万元,并实行营业税减免。1990年后,市蔬菜公司为求生存,开展综合经营。1993年,市政府将3年的财政补贴30万元,一次性拨给公司。是年,公司新建金辉商场。由于市场竞争激烈,人多包袱重、费用大,公司年年亏损。1996年,市蔬菜公司退出蔬菜、豆制品市场。蓝田街道、杨市镇、石马山镇、六亩塘镇及一些中央省属厂矿的菜地改作他用，全市蔬菜市场除桥头河镇大型蔬菜基地供应蔬菜外，其余均由菜贩从长沙马王堆等蔬菜批发市场调进转批和农民自产自销。2007 年，全市销售蔬菜 36500 吨，日销豆腐 5 万多块。

第二节　生产资料经营

一　农业生产资料

1987 年，全市农药、化肥等主要农业生产资料，由市供销社为主经营，统一调拨，统一销售。是年购进化肥 51606 吨。其中，尿素 8511 吨，过磷酸钙 2457 吨，碳铵 33516 吨，混配复合肥 2828 吨，钙镁磷肥 11297 吨。购进农用薄膜 304 吨，农药 6141 吨，农药器械 19400 部，打稻机 2000 台。全年完成农业生产资料销售 2442 万元。

1989 年，国务院规定化肥、农药、农膜三种主要农资商品由供销社实行专营，市政府下发《关于化肥、农药、农膜实行专营的通知》。1990 年，小化肥（小化肥厂产品）滞销，经营厂家直接上市销售，打乱农资专营市场。市政府出面干预，禁止厂家直接上市销售。考虑供销社小化肥库存大的情况，市政府决定每销售 1 吨小化肥，奖励 10 元，仅 7 月，市财政补给推销费 98400 元。为扭转"农资部门只卖不管，农技部门只管不卖"的局面，市供销社兴办庄稼医院 21 所，配备专业科技人员 138 人。1991 年，新建庄稼医院 28 所，实行一乡一院。通过庄稼医院推广新品种化肥农药 10 余种，促进施肥用药结构的合理调整。是年，组织供应化肥 63315 吨，其中氮肥供应 42231 吨。特别是尿素供应增长幅度大，由 80 年代末的 8000 吨增至 14822 吨。钙镁磷肥、钾肥、复合肥分别比上年增长 15.4%、59%、21%，农药供应 590.5 吨，比上年增长 47.7%。1992 年，针对部分农民迫切走农副产品加工致富之路，市供销社开发经营多种型号、规格的碾米机、磨粉磨浆机系列及膨化机、和面机、水泵等。是年，农机具产品销售额达 150 万元以上。

1993 年，农资市场放开，农资专营解体，农业生产资料多家经营格局形成。市供销社积极开展产前、产中、产后系列化服务，增设农资供应网点 200 多处，送化肥、送农药到村组 12980 人次，信息咨询 7241 人次，庄稼医生开出处方 29618 张。主动配合工商、公安、技术监督等部门开展农资市场整顿，查处无证经营，打击坑农行为。全年出动 218 人次配合行动，查处 30 多处无证经营网点。

1994 年，农资购销"一主两辅"（供销社为主，农业部门的土肥站、植保站为辅）格局形成，市农资公司与基层供销社批零结合，由市农资公司负责化肥、农药、农用地膜计划衔接、货源组织、调拨等供应工作。1995 年 10 月，市供销社多方筹措资金 2000 多万元，落实各种农资商品的冬储，至 1996 年 3 月，共购进碳铵 8000 吨，钙镁磷肥 4100 吨，尿素 4900 吨，钾肥 1300 吨，复合肥 460 吨，农膜 110 吨，各种农药 200 多万元。是年，供应各类化肥 46325 吨，农膜 106 吨，农药 541.7 吨。1997 年，农资供应市场销售疲软，化肥供过于求，价格高，市场竞争激烈。农资经营主体逐步由个体、民营所代替。2007 年，全市销售各种化肥 95144 吨，农药 1331 吨，农业生产资料销售总额近 1 亿元。

二　工业生产资料

1987 年，市内所需工业生产资料由市物资局经营，金属材料等主要物资按照省、市专业公司的计划分配销售，次要物资进行市场调节。是年，销售收入 2961 万元，占全市销售额的 73%，实现利润 95.3 万元。其中，销售生铁 8882 吨，钢材 7959 吨，机床 9 台，水泥 13583 吨，炸药 576 吨，工业轴承 25607 套，电动机 21 台，汽车 90 辆，轮胎 2320 套。1988 年，市物资局在市城区五马广场(今人民广场)东北角征地 8800 平方米，投资 800 万元，建造临街面长 190 米的物资大厦。1990 年开始，计划供应物资减少，市场调节物资增多，国有物资部门购销仍保持旺盛势头。1993 年，销售总额 12595.7 万元，实现利润 160.6 万元。其中，销售生铁 2109 吨、钢材 18879 吨、机床 18 台、水泥 2849 吨、炸药 1295 吨、工业轴承 20427 套，电动机 329 台、汽车 60 辆、轮胎 6562 套。1994 年始，除火工产品实行专营和废旧金属实行特种行业管理外，工业生产资料取消计划分配，市场放开，价格放开，国有物资部门难以适应激烈的市场竞争。1998 年，销售收入 7057.8 万元，利润微薄、费用大，亏损 48.7 万元。1999 年，国有物资企业退出物资市场，由个体私营企业占领市场。2007 年，全市工业生产资料销售总额 1 亿元以上。

1987—2003 年涟源市供销社系统购销总额及主要农资商品销售量

表 19-1　　　　单位：万元、吨

年份	商品纯购进总值	商品纯销售总值	社会商品零售总额	主要农资商品销售数量(吨)							农副产品收购总值
				尿素	碳酸氢铵	钙镁磷肥	钾肥	复合肥	农药	农膜	
1987	6172	11046	7949	9901	32477	15539	1596	3218	797	247	1508
1988	7923	14706	10087	10993	30704	17575	2248	6024	585	216	1861
1989	7808	14373	9804	10771	24075	15459	1522	5560	447	138	1714
1990	7173	10427	9552	10917	19215	12134	1331	6614	471	141	1465
1991	17862	20148	5553	12255	25114	14009	2117	8003	691	138	—
1992	17234	19783	5602	12442	18526	12876	3593	10991	564	210	—
1993	15502	17986	5287	8824	16923	10366	3584	9541	571	126	—
1994	18772	23217	7554	11216	13129	7562	2100	8255	395	142	—
1995	22102	26521	8334	10977	14123	5965	2539	6803	516	129	—
1996	24702	29890	9492	—	—	—	—	—	—	—	—
1997	22869	27114	10012	—	—	—	—	—	—	—	—
1998	23071	27965	11042	—	—	—	—	—	—	—	—
1999	19671	21714	9947	—	—	—	—	—	—	—	—
2000	18615	21071	9871	—	—	—	—	—	—	—	—
2001	16413	18217	9376	—	—	—	—	—	—	—	—
2002	14675	16371	8452	—	—	—	—	—	—	—	—
2003	13276	15461	7963	—	—	—	—	—	—	—	—

三　工矿劳保用品

1987年，全市12家中央省属厂矿所需劳保用品、大小五金、圆钉、铁丝、化工等生产资料和生活资料近1000种商品由市工矿贸易劳保用品公司主营，各个厂矿提供经营场地，公司带资金派员办店经营，下设12个工矿贸易商店。1991年，商品放开经营后，公司参与市场竞争，全方位开拓经营。1992年，部分工矿企业或倒闭或外迁，部分工矿企业成立劳动服务公司自行经营劳保用品，工矿商店逐渐失去生存基础。1996年，公司资产总额276万元，总负债1780.8万元，平均负债率645.22%。1997年，国有劳保用品经营企业退出市场，工矿劳保用品由个体私营企业经营。

第三节　粮油经营

1987年，全市粮油购销实行计划管理，由市粮食部门统一收购统一销售。1992年10月1日起放开粮食购销价格，个体粮食经营进入粮食销售市场。1998年，随着市场粮食的充裕和粮食价格的稳定，粮油经营全面实现市场化。

1987—2007年，市内收购粮食(原粮)499858吨，食油2077吨；市外购入粮食(贸易粮)431252吨，食油3137吨。销售粮食(贸易粮)594042吨，食油4629吨。

一　粮食收购

1985年1月，国家取消粮食统购，实行合同定购，粮食部门在做好政策性粮食收购的同时，开展议价粮收购，满足农民交售余粮的需要。1987年，全市合同定购任务23260吨，实际收购粮食23430吨。1990年，粮食合同定购改为国家定购，强调“粮食国家定购作为农民应尽的义务，必须保证完成”。1987—1992年，全市收购议价粮25169吨。1993年，议价收购改称市场粮食收购，国家定购转为经济合同收购。是年，按经济合同收购粮食14845吨，完成计划的62%，收购市场粮食20497吨。

1994年，恢复国家粮食定购，规定粮食定购是国家任务，采取行政干涉和经济手段催收。是年，全市收购19262吨，比上年多入库4417吨。1997年，全市粮食定购任务核减为21000吨。国务院发文要求“在农业丰收情况下，要按保护价敞开收购议价粮”。是年收购定购粮食21097吨，超额完成定购任务。按保护价收购议价粮6000吨，比1996年多收购议价粮5000吨。

1998年，全市部分乡镇遭受特大洪灾，粮食普遍减产，是年仅入库定购粮食11832吨，只完成任务的60%。1999年，全市将1998年定购尾欠清理到户和1999年定购任务一同下达至农户，是年收购定购粮食22113吨，是上年入库量的1.86倍。

2001年，粮食收购主体多元化，其他经济组织和个体户参与粮食收购，粮食部门不再一家独揽。市政府下达粮食收购指导性计划，分解到各村、组、户。粮食部门发挥粮食购销企业点多面广有利农民就近交粮的优势，对农民送交的粮食做到随到随收、不拒收、不限收、不停收、不向农民打“白条”，开展优质服务，各收粮点都备有常用药品、茶水，做到夏有凉棚遮阴，冬有煤火暖身，常年敞开收购农民余粮。是年收购粮食19057吨，比2000年多收购4942吨。

2002年，国家取消粮食定购任务，收购价格随行就市，收购主体由“一主多辅”到多元竞争，粮食购销全面市场化。是年，仅收购粮食10944吨。

2003 年，粮食收购随农民自愿，不催收、不限收、不停收，是年收购粮食 4216 吨，是 1987 年后收购量最少的一年。

2004 年开始，国家实行粮食最低收购价政策，由国家发改委公布年度粮食品种最低收购价格，当粮食市场价格低于最低收购价格时，启动最低价收购预案，指定和委托收购企业按最低价收购农民粮食，保护种粮农民利益，是年，收购粮食 15324 吨。2005 年，指定最低价收购点为市粮食二库、杨家滩粮站、山塘粮站湖广点，委托收购点为杨家滩粮站新禾仓库、羊古凼仓库，山塘粮站荷塘新仓库、砂石仓库，四古粮站龙塘仓库。从事粮食收购的各种经济组织和个体户必须到粮食行政管理部门办理粮食收购许可证，向粮食行政管理部门报送粮食收购统计报表。2005—2007 年，国有粮食企业收购粮食 30117 吨，重点非国有粮食经营企业收购粮食 2647 吨，其余散户收购粮食未统计。

1987—2007 年涟源市粮食收购情况

表 19-2 单位：吨

年份	合计	统(定)购	保护价收购	专储收购	议价收购	市场粮收购	主要品种收购数量		
							稻谷	黄豆	小麦
1987	44965	23430	—	16470	5065	—	20935	1584	…
1988	33138	20352	—	10870	1916	—	15403	2311	…
1989	34850	21369	—	5919	7562	—	22506	1940	…
1990	37710	30615	—	3000	4095	—	23816	1040	11214
1991	37812	29277	—	4179	4356	—	24694	498	11127
1992	29373	25678	—	—	3695	—	21997	158	6353
1993	45342	14845	—	10000	—	20497	38504	900	5938
1994	26443	19262	—	—	—	7181	17408	1952	5554
1995	28705	21933	—	—	—	6772	21643	824	4725
1996	32063	22776	—	3750	—	5537	27449	23	3174
1997	33724	11832	—	—	—	12627	27435	64	4783
1998	12378	11832	—	—	—	546	12314	1	33
1999	22461	22113	331	—	—	17	22442	—	2
2000	14115	13938	177	—	—	—	14115	—	—
2001	20002	6196	12861	—	—	945	20002	—	—
2002	10944	—	10944	—	—	—	10944	—	—
2003	4216	—	4216	—	—	—	4216	—	—
2004	15324	—	15324	—	—	—	15324	—	—
2005	8395	—	7929	—	466	—	8395	—	—
2006	12704	—	10938	—	1766	—	12704	—	—
2007	11665	—	4250	7000	415	—	11665	—	—

二 粮食销售

供应范围 1987—1992 年，粮食以计划供应为主，供应对象分为农业和非农业两大块。农业块供应农村人口常年统销粮、灾区粮、水淹区粮、菜农粮、议销粮等。非农业块供应城镇居民粮、工商行业用粮、事业财政（军供）粮等。1992 年 10 月 1 日，取消供应计划，除军供粮食外，粮油销售全部放开。1994 年，粮食市场趋紧、粮价反弹，恢复城镇居民口粮定量供应两年。1998 年，粮食实行顺价销售。2002 年 4 月 1 日起，按市场价销售。

供应标准 城镇人口定量粮（油）的供应，根据国务院《关于市镇粮食定量供应办法》，按供应标准，以户或单位计算填发购粮证（本），凭证（本）购买当月粮油，不准提前或跨月购买。凡人口增减变化，在办理户口手续时进行相应增减。1988 年，取消定量补助粮，10 月开始，居民定量口粮按季购买。1989 年，月供应标准为：0~3 周岁 7.5 千克，3~6 周岁 10 千克，7~10 周岁 12.5 千克，一般居民和 10 周岁以上儿童统一为 13.5 千克，大、中学生 15.7 千克，机关职工及脑力劳动者 14.9 千克，轻体力劳动者 16.3 千克，一般重体力劳动者 19.9 千克，特重体力劳动者 23.9 千克。2001 年 5 月 1 日起，各类异动人口和“农转非”人口在办理户口迁移时不再办理《城镇居民粮食供应转移证》和《农村粮食转移证》，《居民购粮本》等粮食关系手续相应取消，城镇居民定量口粮供应同时取消，粮籍管理终止。

销售 1987—1992 年，市国营粮食企业年均销售贸易粮 45494 吨。1992 年 10 月起，取消计划供应，粮食销售市场放开。1993 年，市国有粮食企业销售粮食（贸易粮）23132 吨。1994 年，恢复定量供应，销售 41332 吨。1998 年，贯彻“顺价销售”（销售价格最低不能低于收购价格加费用）政策，市粮食部门粮食供应价格高于市场价格，且粮食企业实行主附分离（粮食主营业务和附营业务分开）改革，是年仅销售粮食 10279 吨。1999—2002 年，粮食购销体制逐渐市场化，规模粮食市场主导粮食供应。国有粮食企业主要处理陈粮、陈化粮等，绝大部分批发销往市外。2003—2004 年，为筹集粮食企业改制资金，经市政府批准，处理陈粮 65000 吨。2005 年，国有粮食企业销量锐减，仅销售原粮 279 吨。2007 年，全市专业化、规模化粮食批发市场主要有蓝田城区车站路粮食批发市场（原市木材公司院内）和石马山镇梅园粮食批发市场，有经营业主 40 多家，日销售口粮 80 吨以上，饲料用粮 100 吨以上。据不完全统计，是年，全市从事粮食批发零售的商户不下 300 家，日销售成品粮食 300 吨以上，年销量在 10 万吨以上。这些粮食 90%从市外购进，其中大米主要来自洞庭湖区和湖北省。（见表 19-3、表 19-4）

军粮供应 1987—2002 年，分别由蓝田粮站、杨家滩粮站、桥头河粮站 3 家企业负责驻涟军警粮油供应。2003 年随着粮食流通体制改革的不断深入，承担军粮供应的蓝田粮站、杨家滩粮站、桥头河粮站 3 家企业也在改制之列，为了确保军粮供应，经上级军粮供应管理部门和市政府批准，在企业改制之先率先改革军粮供应体制，撤销 3 家军供小企业，组建涟源市军粮供应站，担负驻涟部队的军粮供应任务。2006 年 1 月，经市委、市政府批准将改制粮食企业金龙商业大厦商场资产划转军粮供应站。军粮供应站总建筑面积 3300 多平方米，固定资产 1200 多万元。

1987—1998 年涟源市国有粮食企业粮食销售情况

表 19-3　　单位:吨

年度	合计	非农业					农业								议销	其他
		小计	定量口粮	事业财政	工商行业	其他	小计	常年统销	灾区水淹	菜农	经济作物	退耕还林	饲料粮	其他		
1987	54671	28334	24560	118	3644	12	5978	1728	1252	2000	—	487	457	54	20359	—
1988	53836	30559	29124	196	1216	23	5272	1744	1082	1672	—	587	76	111	18005	—
1989	28753	22074	21562	207	300	5	6679	1449	2479	1862	686	—	190	13	—	—
1990	41291	22080	21418	193	469	—	8152	1921	3545	1743	282	—	661	—	11059	—
1991	49936	30150	27220	211	2719	—	7174	2077	1625	1761	49	—	1662	—	12612	—
1992	28813	12331	12197	134	—	—	8349	682	6283	535	—	—	849	—	8133	—
1993	23132	314	—	314	—	—	4577	—	4577	—	—	—	—	—	—	18241
1994	41332	21530	21018	512	—	—	12550	—	3068	9482	—	—	—	—	—	7252
1995	40545	16622	16099	523	—	—	14550	—	7191	7359	—	—	—	—	—	9373
1996	23228	6311	5951	360	—	—	7939	—	2260	5679	—	—	—	—	—	8978
1997	12533	4466	4277	189	—	—	2031	—	902	1129	—	—	—	—	—	6036
1998	10279	2820	2588	232	—	—	1509	—	1170	339	—	—	—	—	—	5950

1999—2007 年涟源市国有粮食企业粮食销售情况

表 19-4　　单位:吨

年度	合计	国有粮食企业						附营粮食企业			
		小计	其中:定销	粮食纯销售(其中退耕还林)	对收储企业	对附营企业	对其他批零企业	小计	粮食纯销售	对收储企业	其他
1999	56037	26749	18721	14567	8056	1282	2844	29288	3107	—	26181
2000	37092	31413	25761	16461	8748	156	6048	5679	4481	—	1198
2001	22637	22329	11301	978	6388	100	14863	308	24	43	241
2002	13671	13423	8045	870	2773	—	9780	248	—	105	143
2003	47835	45917	41355	14352	207	—	31358	1918	1906	—	12
2004	39641	39608	12087	130	—	—	39478	33	33	—	—
2005	745	279	—	279	—	—	—	466	466	—	—
2006	11974	10186	—	—	3081	—	7105	1788	1788	—	—
2007	13267	12852	—	—	5910	—	6942	415	415	—	—

三　食用油购销

1987年，市内油脂油料实行合同定购、价外补贴政策，每收购50千克菜油、菜籽，价外补贴30元和6.6元。同时从市外批量调进食用植物油。食用植物油以供应非农业人口为主，实行定量供应，每人每月平价供应0.25千克。是年，市内收购食用植物油136吨，从市外调进467吨，市内销售587吨。1988年，合同定购价格为菜油每50千克148.4元，菜籽每50千克46.20元，茶油每50千克192元，茶籽每50千克40.69元。1989年，提高油脂、油料定购价格，每50千克菜油158.40元，菜籽53元。1990年10月1日，再次提高茶油茶籽定购价格，每50千克茶油235元，茶籽49.80元。1992年10月，国家取消对非农业人口的食用植物油定量供应政策，食用植物油的购销业务全面放开，实行随行就市办法，市粮食部门逐步调整食用植物油购销计划，压缩库存。1987—1999年，市内收购油脂2077吨，从市外购入3137吨，市内销售4578吨，向市外销售781吨。2000年始，全市国有粮油企业退出食用植物油经营市场，个体粮油经营户快速发展。2007年，全市经营（含兼营）食用植物油的个体户发展至400余家，全市年销售食用植物油1000吨以上。

1987—1999年涟源市食用油收购销售情况

表19-5　　单位：吨

年度	平价收购			议价收购			平价销售			议价销售
	合计	茶油	菜油	合计	茶油	菜油	合计	非农	农业	
1987	83	57	26	53	22	31	497	472	25	90
1988	349	57	292	15	2	13	415	399	16	368
1989	299	92	207	102	45	57	433	411	22	315
1990	471	92	379	115	8	107	455	447	8	513
1991	113	26	87	10	4	6	192	191	1	165
1992	68	8	60	4	4	—	101	96	5	264
1993	151	2	149	—	—	—	—	—	—	—
1994	6	1	5	—	—	—	142	13	129	—
1995	37	1	36	—	—	—	234	21	213	—
1996	179	1	178	—	—	—	239	18	221	—
1997	—	—	—	—	—	—	46	—	46	—
1998	—	—	—	—	—	—	16	—	16	—
1999	22	4	18	—	—	—	93	24	69	—
小计	1778	341	1437	299	85	214	2863	2092	771	1715

说明：1996年平价收购菜油178吨，其中50吨为专储油

四 粮油储运

图 19-1 市粮食二库

仓储设施 1988 年,全市有各种不同类型的仓库 47 处,92 栋,建筑面积 35097 平方米, 总仓容量 73906 吨;有钢板储油容器 39 个, 总容量 790 吨。1989 年,市饲料厂新建原料仓库一栋, 仓容 2000 吨。荷叶粮站在六亩塘新址新建仓库一栋,仓容 750 吨。1990 年,筹建涟源市粮食二库,至 1992 年建成仓库 6 栋,仓容 34500 吨。90 年代中期,娄底地区粮食局租借驻快溪乡部队仓库储粮。2000—2002 年,建仓库二栋,仓容 12000 吨。2000 年山塘粮站在荷塘新建仓库一栋仓容 1250 吨。2002 年杨家滩粮站新建仓库一栋仓容 1000 吨。到 2003 年底,总仓容量 133151 吨。其中,完好仓容 120641 吨,需大修仓容 6926 吨,待报废仓容 5584 吨。2004 年,处置除粮食一库以外的 390 吨油罐。2005 年,市粮食二库被国家粮食局评定为中央储备粮代储资格企业。2006 年,市粮食一库的 400 吨钢板油罐,因久未盛油,钢板锈蚀报废。2004—2007 年,企业改制拍卖张家冲、梅塘、枫坪、漆树、三甲、六亩塘、田心街、渡头塘、大江口、柏树、龙安、大桥、枫林等仓库,减少仓容 30828 吨。2007 年,全市有仓库 22 处,总仓容量 105457 吨。其中,完好仓容 96996 吨,需大修仓容 4900 吨,待报废仓容 3561 吨。总占地 169235 平方米。完好设施主要集中在粮食二库和杨家滩、山塘、龙塘等承担国储、省储、县(市)储粮和担负最低保护价粮食收购的仓库点,其中粮食二库仓容 64763 吨(含分库原粮食一库仓容)。是年,市粮食二库被确认为湖南省 63 家骨干粮库之一,主要负责中央、省、市级粮食储备和最低价粮食收购储存。

图 19-2 荷叶粮站

粮油调运 1987 年,从市外购进(调入)粮食(贸易粮,下同)66906 吨,向市外销售(调出)粮食 21276 吨。是年,市粮运车队有各类汽车 6 辆,总吨位 30 吨。1989 年始,市外购进和市外销售开始减少。是年,从市外购进粮食 23437 吨,向市外销售粮食 12571 吨。1994 年 6 月,市粮运车队解散,租用社会车辆调运。1997 年,市外购进 1648 吨,购进量从 2 万吨以上锐减到 2000 吨以内;市外销售 4065 吨,首次出现市外销售大于市外购进。2004 年,为筹集改制资金,大量处理陈粮和陈化粮,第三次出现市外销售大于市外购进。是年,市外购进 1130 吨,市外销售 27634 吨。2005 年起,国有粮食部门除执行国家最低收购价政策,直接收购农民余粮外,不再从事市场粮油购销。1987—2004 年,全市购进粮食 431252 吨,食油 3137 吨;向市外销售粮食 187873 吨,食油 781 吨。其间,纯购入粮食 243379 吨,食油 2356 吨。

1987—2004 年涟源市国有粮食企业市外粮食购销情况

表 19-6　　单位：吨

年份	市外购进（调入）		市外销售（调出）		年份	市外购进（调入）		市外销售（调出）	
	贸易粮	食油	贸易粮	食油		贸易粮	食油	贸易粮	食油
1987	66906	467	21276	103	1996	28101	334	14113	105
1988	59264	293	18094	112	1997	1648	108	4065	74
1989	23437	220	12571	85	1998	18793	41	14247	31
1990	37413	627	8621	70	1999	1903	18	2888	1
1991	29817	365	15565	67	2000	9534	0	791	0
1992	35404	0	3295	41	2001	2579	0	1436	0
1993	46176	503	26776	53	2002	2434	0	1683	0
1994	29658	68	1967	0	2003	1997	0	298	0
1995	35058	93	12553	39	2004	1130	0	27634	0

五　粮食市场管理

1987 年，粮食集市贸易贯彻改革开放政策，允许粮食市场交易，经营粮油的个体户增多。1998 年，国务院颁发《粮食收购条例》，1999 年 6 月 18 日，市政府印发《涟源市粮食市场管理办法》，规定只有依照国务院《粮食收购条例》批准设立的国有粮食企业方可开展粮食收购业务，且只能在市内收购，不得跨越行政区域向农民和其他粮食生产者直接收购。粮食加工企业、所有用粮单位、从事粮食经营的企业和个体工商户都必须到国有粮食收储企业和县级以上粮食批发市场购粮。实行粮食批发准入制度。凡从事粮食批发业务的必须报市粮食行政管理部门进行资格审查，经批准后，方可到工商部门办理登记注册，核发营业执照。建立粮食购入报告备案制度，从外地购入粮食须办理"涟源市粮食调入计划单"，并按规定缴纳粮食价格调节基金。省内跨县（市）运销成品粮的，必须持有粮食加工企业开具的销货发票和当地工商所审验的"湖南省成品粮运销审验凭证"，方可进行粮食运销。8 月 6 日，市粮食市场管理稽查大队（归口市财贸办）成立，加强对粮食收购、运销市场的管理。是年办理粮食申报计划 406 车，申报调入粮食 4426 吨，省外面粉 180 吨，征收物价调节基金 23.79 万元，查处非法运销粮食 105 吨，罚没收入 7500 元。

2002 年，粮食市场全面放开，取消粮食运输凭证制，撤销市粮食市场管理稽查大队。2004 年，国务院颁布《粮食流通管理条例》后，市粮食行政管理部门的职能转变为粮食宏观调控和对全市社会粮食流通的监管。2005 年，市粮食局根据《湖南省实施〈粮食流通管理条例〉办法》和《湖南省粮食收购资格管理办法》规定，加强对粮食收购市场管理，审核办理粮食收购资格许可证，是年，发放粮食收购许可证 11 个。2007 年，为进一步加强粮食市场监管，成立市粮食执法大队。

图 19-3　涟源市粮食批发市场

第四节　食盐专营

一　销售渠道

1987年,涟源市盐业公司负责全市食盐批发,由国营商店和农村供销社销售。1992年,改定点供应为放开经营,向个体工商户批发。2005年,全国食盐流通体制改革,湖南省实行特许经营,采取一级批发直达零售的终端网络销售办法。全市设400个特许经营网点,由涟源配送站直接供应食盐。2006年,桥头河、七星街、渡头塘3个乡镇的食盐由娄星区配送站直接供应。

二　价格管理

国家对食盐实行严格的价格管理,批零差价17%左右。1987年,每小包(1000克)零售价城镇0.4元,农村0.41元。1989年11月,分别调整为0.64元,0.66元。1993年4月,实行城乡同价销售,每小包零售价为1元。1999年1月,1000克包装改为500克单膜袋包装,每袋零售价0.8元。2001年12月,500克单膜袋包装改为500克复合膜袋包装,价格调整到1元。2005年,实行食盐配送后,改为500克环保型纸塑小包袋,零售价为1.3元。

三　销售情况

1988年4—7月,市内连续三次抢购食盐,日销量最大达200余吨,9月起实行定量(每人每月500克)凭票供应。1990年,取消定量供应,销售恢复平静。2003年,受防治非典型肺炎药品抢购风影响,再次刮起特大食盐抢购风,2月13—14日,全市销售1800余吨,占年销售计划指标的42%,食盐脱销空库。市政府采取紧急措施,制止高价销售行为,市盐业公司迅速往盐矿调运,15天后恢复正常供应。1987—2007年,购进食盐98640吨,销售89810吨。

四　食盐市场管理

1990年,根据国务院发布的《盐业管理条例》和全省的统一部署,食盐市场管理实行食盐经营行政区域管理原则,杜绝市外盐业系统的侵销行为。是年,查处安化、宁乡、新邵对涟源倾销食盐50余吨。1994年、1996年,国务院先后发布《食盐加碘消除碘缺乏危害管理条例》和《食盐专营办法》,市盐务管理局与公安、工商、技监、卫生等职能部门配合,从严执法,堵住各类私盐、劣质盐冲击食盐销售市场,保护人们身体健康,查处较大盐业违法案件116起,违法私盐286.5吨,征收违法私盐180.3吨,罚款23140元。1994年,查处原副食品公司职工毛某某私自从江西某部队盐矿调进120吨私盐案。1996年,查处杨家滩某厂擅自从岳阳调进60吨私盐案。1997年,制止市某建筑公司通过法院以抵债名义从贵州调入私盐2000吨。1999年,依法查处杨家滩个体工商户彭某某、李某某等擅自从外地调入私盐20吨。2003年,金石镇个体工商户曾某某、杜某某等人围攻殴打盐政执法人员,抗拒执法,市公安局依法处置,曾某某被劳动教养1年,罚款5000元,杜某某被罚款5000元。

1987—2007 年涟源市食盐购销情况

表 19-7　　　　单位:吨

年 份	购 进		销 售		年 份	购 进		销 售	
	计 划	完 成	计 划	完 成		计 划	完 成	计 划	完 成
1987	4900	5900	5100	5848	1998	4420	3991	5000	3889
1988	5800	7354	5800	5518	1999	4200	4144	4700	4389
1989	7050	5748	6650	4858	2000	4300	4177	4900	4813
1990	5900	6370	5300	5153	2001	4300	4110	3950	3431
1991	5900	5712	5800	4903	2002	3800	3684	4450	3823
1992	4950	5577	5550	5193	2003	3760	4532	4300	4354
1993	5200	5666	5700	4910	2004	3200	3200	4150	3859
1994	4500	4231	5500	4677	2005	3200	3100	4000	3273
1995	5700	5313	5200	3811	2006	3100	3000	3300	2235
1996	5300	5294	5500	3843	2007	3000	2900	3000	2819
1997	5000	4637	5000	4211	合 计	97480	98640	102850	89810

第五节　烟草专卖

一　烟叶种植

1987—1993 年,市内烤烟、香料烟种植规模较大,有石陶、漆树、古塘 3 个种植基地。2003 年,由于涟源烟叶生产未上规模,产量不够稳定,根据全省烟叶生产整体布局,全市停种烤烟。

1987—2002 年涟源市烤烟种植收购情况

表 19-8

年 份	收购烟叶(担)	种植面积(公顷)	年 份	收购烟叶(担)	种植面积(公顷)
1987	13500	880	1995	748	40
1988	17700	933	1996	3557	480
1989	15549	800	1997	8300	263
1990	7611	536	1998	2500	216
1991	6368	331	1999	2400	203
1992	11309	380	2000	2430	136
1993	3738	236	2001	5373	208
1994	1910	70	2002	1150	61

二 卷烟购销

卷烟采购 1987—1994年,市烟草专卖局每年参加全省卷烟计划调拨平衡会议,自由选择厂家和品种,签订购销合同。1995—1999年,主要从省外玉溪、昆明、曲靖、大理、楚雄、昭通、红河、上海、宁波、云南、广州、贵阳、南京、青岛、杭州等卷烟厂购进。2000—2001年,主要从省内长沙、常德、郴州、零陵、龙山、新田、祁东、新邵、凤凰、新晃、隆回等卷烟厂购进。2002—2003年,主要是以销定购,卷烟销售网络基本建成,各厂家来涟源扩大产品市场,增加销售份额。其间,常驻涟源的业务代表有长沙、常德、郴州、零陵等4大省内卷烟厂,省外厂家有南京、广州、宝鸡等卷烟厂。2004年,根据行业内部结构调整,取消县级局法人资格,由娄底市局统一购进卷烟,按计划任务分配到各县(市)局分公司。

卷烟销售 1987年,市烟草专卖局(公司)强化专卖管理,立足农村,面向城市,推进网络建设。卷烟销售档次普遍较低,主要有香零山、笑梅、郴州、岳麓山、银象、古湘等。是年,辖区销量21994箱,实现销售收入2033万元,创利润39万元。

进入21世纪,随着全市经济的发展和人民消费水平的提高,卷烟销售由低档次向高档次发展,原来占卷烟销量比重较高的低档烟市场逐步缩小,中档烟盖白沙、软白沙成为主流消费,盖芙蓉王由原来的面子烟、身份烟(单位招待常用)变成富裕人员的普遍消费,省外卷烟所占比重增加,卷烟单箱均价及销售量逐年提升。实行卷烟大访销(电话访销,先访后销)、大配送(按辖区线路送货到户)。2007年,辖区内有卷烟配送线路31条,配送车辆6台,在网运行户3288户。全年完成辖区销量27027箱,实现销售收入2.96亿元,利润5316万元。

1987—2007年涟源市卷烟销售情况

表19-9

年 份	销售量(箱)	销售额(万元)	利润(万元)	年 份	销售量(箱)	销售额(万元)	利润(万元)
1987	21994	2033	39	1998	18703	7848	207
1988	22500	2610	54	1999	16983	7390	258
1989	22200	2840	75	2000	17651	8310	304
1990	21745	2685	68	2001	23499	11158	513
1991	20177	2790	61	2002	24785	12510	1055
1992	20000	3320	80	2003	22137	13420	1671
1993	21500	4400	80	2004	22510	18457	2705
1994	16672	4380	100	2005	23700	19639	3088
1995	16604	5217	354	2006	25885	26515	4530
1996	18487	7535	622	2007	27027	29600	5316
1997	21493	8483	313				

三 烟草市场管理

1987年,查处和打击高价特卖名牌紧缺卷烟和非法制售手工卷烟、冒牌卷烟、白色烟的违法活动,是年,查处案件68件,罚没款600元。1990年,采取在重点路口抓、查、堵和对外协调办法,查处卷烟走私案件323件,罚没款5.63万元。对违法经营者,吊销经营许可证10个。1993年,查处万元以上案件20起,查获、没收各类假冒卷烟19650条,没收、征收非法流入卷烟10532条,罚没款4.65万元,销毁假冒卷烟7610条。1994年,换发卷烟经营许可证2155个。1995年,查获假冒卷烟53761条、走私卷烟36460条,征收23939条,罚没款16.28万元。1996年,查获10万元以上案件4起,罚没款15.5万元;开展6次销毁假烟活动,销毁假冒卷烟500件;取缔无证经营户21户。2000年,以城区为重点,对卷烟市场进行大规模整顿,对1500多户经营户进行检查,查处违反烟草法规经营的20户,捣毁制假、走私窝点4个;查出并取缔无证经营者10户;查获并没收假冒卷烟2150条、走私卷烟60条;换发经营许可证1400户。2001年开始,每年组织一次大的清理整顿活动。至2007年,检查零售经营户4087户次,查处案件475起;查获假冒卷烟14万条、走私卷烟802条、非法流入卷烟99万条、烟叶40325千克、烟丝1537千克,罚没款30.73万元;查出制假窝点1个、地下仓库1个,收缴卷烟机1台(套)、半成品烟643万支、烟丝5500千克及制假原材料一批。是年,在网运行3288户,全部实行亮证经营。

1987—2007年,市烟草专卖局办理烟草专卖许可证4974个,查处各类违法案件2243起,罚没款144.15万元。

1987—2007年涟源市烟草市场案件查处情况

表19-10

年 份	查处案件(起)	罚没款(万元)	年 份	查处案件(起)	罚没款(万元)
1987	68	0.06	1998	49	13.01
1988	121	0.06	1999	112	7.35
1989	241	0.83	2000	63	12.36
1990	323	5.63	2001	76	7.00
1991	106	9.44	2002	82	5.20
1992	108	9.90	2003	112	1.33
1993	173	5.22	2004	51	2.30
1994	222	4.77	2005	65	2.14
1995	70	16.28	2006	45	9.50
1996	59	16.70	2007	44	3.26
1997	53	11.81			

第六节 石油经营

一 油库及站点建设

1987年，在桥头河镇清塘村新建桥头河加油站。毛坪油库改造增加6个50立方米及46个30立方米的钢质卧式油罐，总库容5000立方米。是年末，涟源市石油公司拥有油库1座，铁路专用线500米，公路专用线1200米，有蓝田、桥头河、杨家滩3个加油站，总计固定资产215万元。1991年3月，市石油公司在石马山镇租赁场地，投资设备，经营石马山加油点。1992年4月，在三甲乡金竹村、桥头河镇甘冲村、大桥乡湄江村租赁场地、投资购买设备，经营金竹、甘冲、湄江3个加油点。1993年，杨家滩加油站与杨家滩农机服务站进行资产兑换。1999年底，公司固定资产544.7万元，占地68740平方米，建筑面积7733平方米，有加油站(点)7个，5000立方米储油库1座，铁路专用线500米，公路专用线1200米。2000年，根据中石化实行资产重组，关、停、并、转的要求，市石油公司被取消批发权，毛坪油库关闭。公司全力发展终端销售网络，采取收购、改造、新建并举的方法，扩大网点建设。是年，新建秀溪桥加油站、南风加油站、马埠桥加油站，改造杨家滩加油站、桥头河加油站，收购改造斗笠山加油站。2001年，收购改建城东、三角塘、洪桥3个加油站。2003年，市石油公司新建伏口加油站、七星加油站，租赁龙建加油站、渡头塘加油站经营。2004年，收购市化轻公司的轻化加油站并将其改造，新建罗家佃加油站，与之毗邻的城东加油站停止营业。2005年，收购改造双江口加油站，收购原租赁的渡头塘加油站。新建胡家坝加油站。原租赁的石马山、金竹、甘冲、湄江、龙建等加油站(点)因租赁到期，相继撤销。是年，公司拥有蓝田、秀溪桥、胡家坝、罗家佃、马埠桥、三角塘、杨家滩、斗笠山、渡头塘、双江口、南风、伏口、桥头河、洪桥、七星等15座加油站，分布于全市主要交通要道、商埠集中地。2007年，市石油公司加油站未变，城区4个，乡镇11个。

图19-4 蓝田加油站

二 成品油销售

市石油公司成品油销售 1987年，全市计划内油料实行议价销售，经营品种有汽油、柴油、煤油、润滑油。是年，全市批发、零售油料20320吨。其中，汽油9663吨，柴油8893吨，煤油1153吨，润滑油553吨。实现利润39.63万元，上缴税金62.14万元。1988年，增加计划外油料议价销售。1992年，市石油公司在成品油市场疲软、销路不好的情况下，业务人员主动上门找销路，扩大销售，同时对加油站实行吨油工资包干。是年，纯购进油料20878吨1722万元，纯销售12270吨1757万元，实现利润14.2万元，上缴税金67万元。1995年，乡镇加油站实行职工承包经营，向公司上缴利润。是年，纯购进油料18181吨3930万元，纯销售18183吨4361万元，实现利润4.3万元，上缴税金75.4万元。1996年，成品油市场竞争激烈，上级配置资源有限，市石油公司广开进货渠道，先后从茂名、武汉、长炼等地计划外购进油料，保证市场需求。同时调整经营策略，微利经营，改造蓝田加油站，实行24小时营业。是年，纯购进油料14536吨2879万元，纯销售15267吨3537万元，实现利润6.6万元，上缴税金54.5万元。1998年，市石油公司批发市场占有率由1987年的60%提高到

98%,零售市场占有率22%提高到70%,企业效益呈上升趋势。2000年,收回职工承包经营的桥头河加油站、杨家滩加油站进行改造,由公司统一经营。4月,娄底石油分公司实行县市一体化经营,市石油公司只负责市内加油站的零售经营和安全管理。客户经理作为娄底市公司业务科的派出机构负责涟源市场的直销批发。是年起,公司以发展零售为经营重点,加大网点建设力度,在市中心,高速公路、国道省道沿线、乡镇新建10多个加油站。公司零售量连年稳步递增。是年,完成成品油销售12194吨(柴油8909吨、汽油3285吨)其中零售9000吨。全年实现销售收入3704万元,实现利润41万元,上缴税金63万元。2007年,零售24172.4吨,实现销售收入12440万元,实现利润60万元,上缴税金120万元。

其他加油站成品油销售　20世纪90年代初,市内出现社会加油站。2002年,中国石油天然气股份有限公司湖南娄底销售分公司在石马山镇石梅村建立城南加油站。2007年,中国石油天然气股份有限公司在涟源有加油站5个，零售成品油5500余吨，占全市成品油销售的15%左右；社会加油站24个，零售成品油7000余吨,占全市成品油销售的20%左右。

第七节　药品经营

一　药品批发

1987年,全市药品零售企业和医疗机构均从涟源市药材公司批发药品,市药材公司下辖公司批发部和杨家滩、桥头河药品购销站,批发2556个品种。其中,中药材562种、西药1425种、中成药569种。年批发收入2075万元。1997年,市内药品零售企业和医疗机构开始向市外的医药批发市场采购药品。2003年4月,长沙双鹤医药有限责任公司在涟源设立配送站,经营3040个品种。其中,中药材510种,中成药930种,西药1600种。年销售收入达3000万元。2004年,市药材公司通过GSP认证,经营品种3760个。其中,中药材760种,中成药1200种,西药1800种。年销售收入3000万元。2007年,市药材公司和长沙双鹤医药有限责任公司涟源配送站共批发药品7000万元。

二　药品零售

1987年,全市有零售药店23家。其中,属于市药材公司的国营药店12家,社会团体和个体药店11家。年销售额近1000万元。2001—2003年,新增零售药店70家。2004年,属于市药材公司的国营药店全部转为个体经营。2004—2007年,新增零售药店53家。至2007年底,全市有零售药店146家。其中,蓝田城区35家,乡村111家。年销售收入7000万元。全市乡乡有药店,城乡药品基本同质同价。

第八节　对外贸易

1987年,全市对外贸易由涟源市外贸公司(局)主营,主要经营茶叶、粮油、食品、土畜产品、轻工机械、化工、五金、矿产、工艺等9类100多种商品。是年,出口商品总额2177.25万元。其中,茶叶1201.24万元、粮油食品241.84万元、畜产品257.25万元、机械产品376.66万元、轻工产品85.68万元、五金矿产14.58万元。为国家创利税70万元。1989年,对外贸易继续保持良好的增长势头,全年出口商品总额2801.51万元,为国家创利税92万余元。1990年,受西方国家经济制裁的影响,全市出口贸易急剧下降,除销售港澳的生猪和苏联的柑橘没有减少外,其他商品均大量减少,出口商品收购总值降到980余万元。1992年,国家下放出口权,生产企业可以自营出口业务,对外贸易出现多家竞争的局面。市对外贸易公司(局)对外贸易量不断减少,年年亏损,至2000年,累计亏损700多万元。2001年3月,市对外贸易公司(局)因扭亏无望而停止经营,退出外贸市场。此后,对外贸易或由生产企业自营,或由省、地外贸公司代营,或由政府出面举办博览会、交易会等形式招徕外商签订购销合同,或去外地参加交易会推销本地产品。2007年,全市出口商品总额达到1140万美元。

1987—2007年涟源市社会商品零售情况

表19-11 单位:万元

年份	社会商品零售总额	按企业经济类型分				按行业分			
		国有	集体	私营个体	其他	商业零售额	饮食业零售额	工业零售额	其他行业零售额
1987	38168	9258	13334	11638	3938	29997	506	3155	4510
1988	50558	11795	18193	14998	5572	38036	606	5574	6342
1989	51639	12370	18821	14428	6020	38902	629	5319	6789
1990	50682	14002	18197	12338	6145	36959	817	6263	6643
1991	46774	13036	13109	13616	7013	33298	942	5131	7403
1992	54908	14077	16923	15587	8321	37932	1318	6562	9096
1993	64524	16615	18998	19799	9112	39329	2491	10047	12657
1994	83815	16472	16989	39321	11033	57672	3250	6492	16401
1995	103268	20489	18487	55304	8988	78910	3865	8291	12202
1996	107397	17392	18843	61087	10075	77098	7354	8901	14044
1997	122502	20640	18868	68447	14547	90283	7820	8753	15646
1998	138264	25518	20614	79362	12770	104172	7817	11612	14663
1999	149459	24130	20894	104435	—	112903	7505	13530	15521
2000	162926	26906	18693	117327	—	121994	11222	13364	16346
2001	176000	24332	19011	132657	—	138432	10850	12774	13944
2002	187030	22922	18241	145867	—	145846	12957	11859	16368
2003	172222	23032	12297	136893	—	152510	16272	—	3440
2004	193545	23876	13033	156636	—	173255	17899	—	2391
2005	219977	21415	11072	187490	—	198082	20835	—	1060
2006	249724	20073	9056	220595	—	225321	23697	—	706
2007	291765	20049	8043	263673	—	262827	28154	—	784

第二章　商业管理

1987年，涟源市商品流通以计划经济为主，实行统一政策、统一计划、统一流动资金、包上缴财政任务的经营体制，商品购销执行国家商品分配计划。是年，社会商品零售总额38168万元。其中，国营商业9258万元，供销社和其他集体商业13334万元，个体私营商业11638万元，其他（如农民对非农业居民零售）3938万元，分别占24.26%、34.93%、30.49%、10.32%。

1990年开始，国家陆续取消商品计划分配，价格放开，逐步形成“三多一少”（多种经济成分、多条流通渠道、多种经营方式，减少流通环节）的市场经济体系，市场竞争日趋激烈。1991年，市内国营、集体商业为求生存和发展，逐步推行租赁承包、“四放开”（经营放开、价格放开、用工放开、分配放开）、资产经营等体制改革，但收效甚微。1993年，全市国营商业实行国有民营改革（国营商业改称国有商业）。1998年，全市国有商业企业大部分职工下岗另谋职业，大部分国有、集体商业企业仅靠资产经营勉强维持生存。2003—2006年，国有、集体商业企业实施“两个置换”（企业置换产权、职工置换身份）改革。2007年，全市烟草和食盐由国家专卖，成品油等国家战略物资由国有企业主导经营，其他商品基本上由个体私营企业经营。是年，全市社会消费品零售总额29.18亿元。其中，国有商业2亿元，集体商业0.81亿元，个体私营商业26.37亿元，分别占6.85%、2.78%、90.37%。（见表19–11）

第一节　机　构

一　市商业局

1987年，涟源市商业局内设办公室、业务股、集体商业股、科技教育股、物价股、保卫股、人事股、财务股、统计股、监察室等10个股室，定编52人，实有49人。辖市百货纺织品公司（简称市百纺公司）、市五金交电化工公司（简称市五交化公司）、市糖酒副食品公司、市工矿贸易公司、市肉食品公司、市蔬菜公司、市饮食服务公司等7家专业公司，7家专业公司共有84个独立核算单位，320个经营网点，职工1902人。

1995年1月，市商业局成建制转体为市商业总公司，同时成立市商业行业管理办公室。3月，市商业总公司更名市商业集团公司。

2002年12月，撤销市商业集团公司，保留市商业行业管理办公室，仍辖原7家专业公司，股室精简为综合股、人教股、行业指导股（加挂财计股牌子）、监察室，定编19人。2006年9月，撤销市商业行业管理办公室，其职能划归新设立的市商务局。

二　市物资局

1987年，涟源市物资局为政企合一单位，主管国家计划内工业生产资料的购销调存，内设办公室、计划业务股、财务物价股、人事教育股、储运基建股、安全治保股等6个股室，定编22人。辖金属材料公司、机电设备公司、化工轻工公司、生产资料服务公司等4家专业公司和桥头河、杨家滩2个物资供应站，职工114人。

1990年,市物资局政企分开,增设物资建材公司、金属回收公司、物资贸易公司、工矿物资公司等4家专业公司。1995年1月,市物资局成建制转体为市物资总公司,同时成立市物资流通行业管理办公室,辖10家公司(站)和新成立的汽车经营公司。1998年10月,金属材料、机电设备、生产资料服务、物资建材、工矿物资、汽车经营等6家公司合并,成立物华资产经营有限公司,主要从事资产经营。2000年,民爆业务从化工轻工公司分离出来,成立民用爆破器材公司。2002年12月,撤销市物资总公司,保留市物资流通行业管理办公室,辖化工轻工公司、民用爆破器材公司、物资贸易公司、金属回收公司、物华资产经营公司、杨市物资供应站、桥头河物资供应站,7家公司(站)共有职工311人。2006年9月,市物资流通行业管理办公室撤销,其职能划归新设立的市商务局。

三 市外贸局

1987年,涟源市对外贸易公司(简称市外贸公司,亦称市对外经济贸易局,简称市外贸局)内设办公室、财务股、政工股、业务股、生产股等5个职能股室,下设粮油食品出口公司、土畜产品出口公司等2个专业公司,为政企合一单位,属省垂直管理,职工52人。1988年,改垂直管理为属地管理。1992年,国家下放出口经营权,生产企业既可以申办自营出口,也可以将产品委托具有出口权的企业代理出口。是年,市外贸公司(局)创建工矿产品出口公司和外贸猪场。1994年,又增设外贸饲料公司。1995年1月,撤销市外贸局,成立市对外贸易总公司,仍辖原有5家企业,职工85人。1999年,市粮油食品公司与外贸饲料公司合并为市粮油公司。2002年12月,成立市外贸行业管理办公室,与市对外贸易总公司两块牌子一套人马。2006年9月,两个机构均撤销,其职能划归新设立的市商务局。

四 市商务局

2006年9月1日,撤销市贸易工作办公室、市商业行业管理办公室、市物资流通行业管理办公室、市外贸行业管理办公室,组建涟源市商务局,归口管理涟源市市场服务中心。

2007年7月24日,市商务局正式挂牌运作,设办公室(加挂信息中心)、财务股、商贸流通股、政策法规股、对外贸易经济股、市场建设管理办公室、人事股、安全保卫股、信访办公室,定编33人。二级机构有涟源市市场服务中心、酒类监督管理办公室、牲畜定点屠宰管理办公室。

五 市粮食局

1987年,涟源市粮食局内设办公室、监察室、信访组、老干组、政工股、劳资股、财务基建股、购销股、储运股、加工股、粮食学校、劳动服务公司、综合经营办,下辖蓝田粮站、荷叶粮站、四古粮站、桥头河粮站、伏口粮站、杨家滩粮站、山塘粮站、白马粮站等8个基层粮站60个粮油购销网点,以及市粮食局直属仓库、市蓝田大米厂、市面粉厂、市面条厂、市配合饲料厂、涟源粮运车队和市粮油议购议销公司等7个直属单位。市粮食系统有职工799人。其中,局机关63人,粮食企业736人。

1989年2月,建立市粮食局粮油综合贸易公司。1990年,更名市粮油贸易经理部。1992年,更名市粮油综合贸易公司。是年4月4日,建立市粮食二仓库(湖南涟源国家粮食储备库)。4月28日,市粮食局直属仓库更名涟源市粮食一仓库。是月,组建涟源市平价粮油购销公司。9月,成立涟源市湘华粮油贸易总公司。市平价粮油购销公司、市湘华粮油贸易总公司与市粮食局实行一套人马,三块牌子。1994年,解散涟源粮运车队,市粮油综合贸易公司、市面条厂停产关闭。是年,投资1300多万元建成金龙商业大厦和金龙宾馆。1995年5月,市配合饲料厂更名市宏发饲料厂。1996年,设立市粮油总公司,归口市粮食局管理。市局机关内设办公室、人事教育股、计统物价供应股、农村购销股、储备储藏调运股、财务基建股(加挂结算中心牌子)、科技行业管理股、安全保卫股、监察室、审计股。

1997年3月,撤销市面粉厂、市粮油议购议销公司。1998年5月13日,成立娄底地区首家区域性股份制企业集团——湖南涟源芙蓉面粉有限责任公司,与娄底地区粮食局合营。

1999年3月,全市粮食企业按照收储业务与附营业务分离,全市有粮食收储企业9家:市粮食一库、市粮食二库及荷叶、四古、伏口、桥头河、杨家滩、山塘、白马7家国有粮食收储管理站;有附营企业9家:蓝田、荷叶、伏口、桥头河、杨家滩粮食公司,市城关粮食工贸公司、市金龙商业大厦、市大米厂、市宏发饲料厂;有股份制企业1家:湖南涟源芙蓉面粉有限责任公司。全市粮食企业有职工1087人。其中,收储企业520人,附营企业567人。2000年6月,湖南涟源芙蓉面粉有限责任公司因严重亏损停产关闭。

2002年9月30日,市粮食局机构调整,内设办公室(加挂保卫股牌子)、调控股(加挂军粮供应中心牌子)、财务股、行业发展指导股、人事教育股、监察室。

2003年12月,成立市军粮供应站。是年,市粮食系统按照"企业置换产权,职工置换身份"的要求开始企业改制,全系统有职工1117人。其中,局机关51人,企业1066人。

2005年8月,市湘华粮油贸易总公司更名市粮食购销总公司。2006年3月,市粮食局内设机构调整为办公室、监督检查股、行业发展指导股、调控股、财务股、人事股、信访保卫股、监察室。5月,市粮食一库,荷叶、四古、伏口、桥头河、杨家滩、山塘、白马7家国有粮食收储管理站,金龙商业大厦、宏发饲料厂、城关粮食工贸公司、蓝田粮食公司,12家企业全部注销,其资产由市粮食购销总公司统一管理,仅保留市国家粮食储备库(市粮食二库更名)和市大米厂2家企业。2007年,成立市粮食执法大队。是年底,市粮食系统有职工73人。其中,局机关45人,粮食执法大队17人,军粮供应站1人,市国家粮食储备库聘任职工10人,市大米厂仅保留厂名。

六　市供销合作社联合社

1987年,涟源市供销合作社联合社(简称市供销社)内设办公室、人事教育股、财务股、计统股、安全保卫股、物价股、基层贸易股、生产股、监事会办公室、审计室,定编53人。下辖市农业生产资料总公司、市棉麻土畜产总公司、市食杂果品公司、市茶叶公司、市再生资源总公司、市工业品总公司、市日用杂品总公司、市供销社汽车大修厂等8家公司(厂),以及荷叶、伏口、四古、桥头河、杨家滩、山塘、白马、蓝田等8个区(街道)基层供销合作社,共有职工3166人。1988年10月,建立市检察院供销检察室,定编5人,受双重领导,担负全市供销社系统的检察任务。1990年,设老干部工作组(简称老干组,与人教股合署办公)和计划生育办公室(简称计育办)。1992年,设市供销社安全基金补偿统筹办公室。是年10月,部分机关干部"下海",抽出部分职工组建源惠实业开发公司(在广东惠阳办公,1996年撤销)、市供销社综合贸易公司(2000年撤销)。1996年4月,内设机构有办公室、人事教育股、业务股、财务基建股、安全保卫股、物价股、基层贸易股、生产股、审计室、检察室。5月精简为6个职能股室:办公室、人事教育股、财务计统股、业务股、安全保卫股、监察审计股。2000年,增设机关经营管理股。2003年,8家公司(厂)与8个基层供销合作社实行两个置换,市供销社定编32人,人员经费纳入财政预算。2007年底,市供销社内设办公室、人事教育股、财务基建股、业务股、经贸股、监审股、安全保卫股,编制未变。

七　市盐务管理局

1985年10月,湖南省盐业公司涟源支公司成立,归口县经委管理,职工29人。1991年5月,加挂湖南省涟源市盐务管理局牌子。1998年2月,更名湖南盐业集团有限责任公司涟源支公司。2002年5月,更名湖南省轻工盐业集团有限责任公司涟源支公司。2005年11月,更名湖南省轻工盐业集团有限责任公司娄底分公司涟源配送站,与市盐务管理局两块牌子,一套人马。2007年,职工21人。

八 市烟草专卖局

1985年1月26日,涟源县烟草专卖局(公司)成立,内设办公室、安全保卫股、计财股、审计股和人教股、专卖办、购销部,职工43人,下设石陶、漆树、古塘烟草收购站。1995年,撤销古塘烟草收购站。1999年,撤销安全保卫股和购销部,增设综合股。2003年,撤销石陶、漆树烟草收购站。2004年11月23日,取消县级法人资格,实行报账制,更名娄底市烟草公司涟源市营销部。2007年,更名湖南省烟草公司娄底市公司涟源分公司,与市烟草专卖局两块牌子一套人马,下设办公室、综合股、专卖股、客户服务分部、卷烟配送分部5个职能股室,有6个配送车组,31条卷烟配送线路,职工121人。

九 市石油公司

1987年,省石油公司涟源支公司隶属省石油公司,归口市经委管理,内设办公室、政工股、业务股、财务股、仓储保卫股,下设车队、润滑油经营部、毛坪油库、劳动服务公司和3个加油站。有职工89人。1990年7月,更名省石油公司涟源市公司(简称市石油公司),隶属关系不变。1998年6月,省石油公司归口中国石油化工集团公司管理,市石油公司成为中央企业。2000年7月,中国石油化工集团公司湖南娄底石油分公司涟源经营部成立,与市石油公司两块牌子一套人马。取消市石油公司成品油批发经营权,毛坪油库撤销。市石油公司只负责涟源成品油零售经营。设置客户经理岗位,作为娄底石油分公司业务科的派出机构负责成品油的对外批发和对涟源市石油公司的油料调拨。2001年6月,内设人秘股、零贸股、财务股及娄底石油分公司业务科的派出机构——客户经理,职工精减至59人。2003年精减至38人。2005年6月,撤销市石油公司和娄底石油分公司涟源经营部,设立娄底石油分公司涟源片区。片区不再下设股室,只设片区经理、书记兼副经理两个领导岗位及客户经理、综合信息员、财务代表等管理岗位,对15个加油站的零售与安全进行管理。非领导管理岗位作为娄底石油分公司各部门的派出人员,实行垂直管理。2007年,机构和经营模式未变,职工33人,雇请劳务工80人。

第二节 市场建设

1987年,全市有集贸市场15个(城区6个,农村9个),占地1.6万平方米,建筑总面积2531平方米,规模较大的有蓝田双江市场(为当时蓝田城区最大的市场,也称蓝田市场、三角坪市场)、桥头河市场、杨家滩市场。1988年,市工商局投资5.8万元兴建金石市场,投资1.9万元完成桥头河集市铺面建设。1989年,全市有集贸市场23个,建筑总面积18175平方米,其中蓝田双江市场、桥头河市场、杨家滩市场等12个主要市场投资400余万元,建设专用场地1万多平方米,架设钢架晴雨棚4548平方米,由单一的农副产品零售发展到工业轻纺产品批发、零售等多层次的交易,上市品种增加到700多个。1990年,投资23.4万元,完成斗笠山马路市场拆迁,新建斗笠山市场,建筑面积980平方米,棚顶面积350平方米。1991年,投资5.4万元,建成占地650平方米,棚顶面积420平方米的伏口镇农贸市场。1992年,投资168万元,建成杨家滩市场,占地5730平方米,同时,桥头河、湘波、枫坪、白马、金石、安平、山塘、七星、水洞底等乡镇均新建或扩建市场。

1993年12月,市工商局投资3900万元兴建的蓝田市场(俗称新市场,称蓝田双江市场为老市场或双江市场)竣工投入使用,占地 1.34 公顷,建筑面积 48400 平方米,主楼 6 层,内楼 4 层,固定门面 400 个,固定摊位 2100 个,商品住房 113 套,为当时娄底地区最大的室内市场。

1994 年,全市有 27 个集贸市场,初步形成综合市场与专业市场相结合,批发市场与零售市场相结合,工业品市场与农副产品市场相结合,以大型综合批发市场为龙头,以钢架顶棚结构集贸市场为骨干,以乡村小型市场为补充的市场体系。

2004 年,市场服务中心同龙塘乡政府联合,新建占地 3000 平方米的龙塘农贸市场。2006 年,与娄底市冠城置业有限公司合作开发集农贸、超市、品牌名店于一体的蓝田三角坪商业广场(2008 年开业)。是年,市政府统一组织,由市财政及相关产权单位共同出资 300 余万元对蓝田市场实施第一期重大火灾隐患整改工程,摘除蓝田市场的安全隐患黄牌。

图 19-5　蓝田市场一角

2007 年,全市有集贸市场 29 个。其中,主要集贸市场 11 个:蓝田市场、蓝溪桥市场、双江市场、桥头河市场、杨家滩市场、伏口市场、斗笠山市场、水洞底市场、洪源市场、金石市场、龙塘市场。

第三节　市场管理

1987 年,全市集市贸易由市工商局管理,全年收取市场管理费 25.24 万元,查处市场违章违法案件 365 起,罚没金额 2650 元。是年,全市集市贸易成交额 5632.13 万元,占全市社会商品零售总额的 14.5%。1988 年,成立市场管理所,独立行使市场管理职能,打击强买强卖、掺杂使假,短斤少两等违法行为。是年,查处违章违法案件 1292 起,罚款 7200 元。1989 年,收取市场管理费 34.23 万元,查处市场违章违法案件 613 起,罚款 4054.50 元。蓝田市场管理所(管理蓝田双江市场)在"市霸"现象突出的肉类区实行预交保证金制度,购置 4 台台秤,配备 2 名专职复称员。1991 年,开展争创文明集市活动,经省工商局检查考核,蓝田双江市场、湘中市场、洪源市场获"文明集市"称号,其中双江市场在全省 50 家规模最大集贸市场评估中名列第 17 位。是年,收取市场管理费 36.93 万元。1992 年,在机关、厂矿、企事业单位和广大消费者中开展市场经营作风鉴评活动,发放群众评论卡 1000 张,回收 980 张,群众满意度达到 90%。桥头河工商所对桥头河市场进行整改,把摊贩全部引入集贸市场。是年,全市查处欺行霸市、强买强卖、短斤少两等违章违法案件 233 起,没收不合格杆秤 320 条,为消费者挽回经济损失 9500 元。1994 年,对全市市场进行检查验收,评选蓝田市场、杨家滩市场、斗笠山市场、洪源市场为"文明集市"。1999 年,市粮食市场管理稽查大队(归口市财贸办)成立,加强粮食加工企业进货发票、加工用电和出粮台账管理;打击私人、非国有粮食收购企业到农村收购粮食和个体私营粮食加工企业变相收购粮食的行为,全年查处违法经营粮食案 20 件,没收稻谷 50 吨,大米 800 吨。2000 年,全市集市贸易成交额 5.5 亿元,占全市社会商品零售总额的 39%。

2000 年,工商行政管理体制改革,市工商局隶属省工商局,与市场管理脱钩。2001 年 4 月 23 日,成立市场服务中心,市场服务中心由市财金办管理,接管市工商局管辖的 4 个国有集贸市场(蓝田市场、蓝田双江市场、杨家滩市场、桥头河市场),接受 1700 万元市场建设投资债务。内设办公室、财务股、人监股、管理股、治保股；下设蓝田、双江、杨家滩和龙塘4个基层市场服务所。职工143人。负责全市集贸市场的规划、引导，直接管理蓝田市场、蓝田双江市场、杨家滩市场、龙塘市场、桥头河市场等5个国有集贸市场。是年，收取摊位费、场地租赁费等100万元。2002年，对市场主体资格进行认真检查，重点对蓝田、杨家滩、双江、桥头河等市场进行清理，依法检查市场主体813户，取缔无照摊位17户。2005年，引进九牧、与狼共舞等品牌服装店和卤菜、木材等特色店，市场效益明显提高，与2002年比，蓝田市场年成交额从3亿元提高到5亿元，双江市场从1亿元提高到3亿元，龙塘和杨家滩两个乡镇市场的年成交额也分别由40万元和200万元提高到100万元和500万元。2007年，建立分区定人负责制、场地公开竞价发租办法、农贸市场精细化管理办法，涉及卫生、秩序、水电等方面。通过建立每日督查制、首问负责制，提高摊位利用率，吸引各种消费群体，提高市场效益。是年，全市集市贸易成交额11.9亿元，占全市社会商品零售总额的40.7%，其中11个主要市场贸易成交额10.59亿元。

2007年涟源市成交额500万元以上市场一览表

表19-12

市场名称	摊位(个)	出租摊位(个)	占地面积(平方米)	营业面积(平方米)	商品成交额(万元)
蓝田市场	1910	1800	16000	45600	82000
蓝田双江市场	70	65	1280	980	3100
蓝田蓝溪桥市场	46	24	300	200	671
桥头河市场	90	80	2000	1790	6007
伏口市场	167	156	2167	2007	912
龙塘市场	80	50	3000	1500	980
杨家滩市场	270	240	5370	3072	5004
斗笠山市场	171	153	970	881	563
水洞底市场	143	112	1917	2307	697
洪源市场	93	87	1013	1553	5427
金石市场	61	57	403	571	547
合计	3101	2824	34420	60461	105908

附记：民营商业企业选介

涟源市福康祥超市

2002年，三甲乡人肖永祥租蓝田供销社地下室创建涟源市福康祥超市，营业面积150余平方米，经营百货、食品、日用品、烟酒、鲜鱼、鲜肉等，为市内首家经营生鲜食品的超市。2004年8月18日，租用市供销合作社联合社第二、三层，营业面积达到7000平方米，安置下岗职工200余人，为涟源市最大的再就业基地。创造性地将百货商场、超级市场、肉菜市场、专卖店有机结合，使大百货、大超市融为一体，赋予其购物、文化、休闲、娱乐、信息等诸多功能；秉着“干净、丰富、优质、低价”的经营宗旨，天天平价的经营理念，力争为顾客节约每一分钱。为更好地满足城区周边消费者的需求，2005年1月，在人民中路芙蓉广场开设第一家分店。3月，福康祥超市获商务部“万村千乡市场工程”承办企业资格。2006年开始，在涟源、娄星区改造建设乡、镇、村级加盟店连锁店，进行食品、日用品等商品的全方位连锁经营和配送。2007年12月，在人民中路莲花广场开办第二家分店乐万家店。是年，福康祥超市营业面积15000平方米，员工350人，主要从事连锁超市零售业，营业额5000万元，上缴税金100余万元。有乡、镇、村级加盟店连锁店280家。是年，福康祥超市被商务部评为“万村千乡市场工程”优秀承办企业。

图19-6 涟源市福康祥超市

心连心超市

2003年6月19日，涟源市旺多福购物广场有限责任公司开张营业，位于人民东路五马广场（今人民广场），营业面积1200平方米，经营范围：粮油副食、蔬菜水果、大小百货、五金建材、日用杂品、保健药品、音像制品、金银珠宝饰品、钟表眼镜、文体用品、通讯器材、日化洗涤品、儿童玩具、服装鞋帽、劳保用品、烟酒糖果、食盐、冷藏冷冻、乳制品（含婴幼儿配方乳粉）、包装食品、制造销售卤制品、食品加工销售等，年销售额1400万元。2005年1月6日，被冷水江心连心超市有限公司（法人代表曾晓林，冷水江人）收购，在原址对街自建门面，更名心连心集团湖南娄底超市有限公司涟源店，营业面积扩大到3600平方米，经营1万余个花色品种，员工120人。2007年，年销售额1800万元，上缴税金36万元，员工、促销员共300人。

图19-7 心连心集团湖南娄底超市有限公司涟源店

新一佳商业投资有限公司涟源光明山店

2005年4月30日，新一佳商业投资有限公司涟源光明山店作为涟源市一家重点招商引资企业开张营业，法人代表李会娟（女，深圳人），位于光明山广场地下层，营业面积6000平方米，经营范围：糖果、酒、饮料及其他食品、粮油及其制品、肉制品、蔬菜、日用化学品、日用百货、文体用品、玩具、五金工具、家用电器、服装、鞋帽、家具、通讯器材、农副产品、食盐、烟、书、报刊、音像制品、黄金制品等，经营品种12000多个，员工325人，坚持“创新、服务、满意、第一”的经营理念，以“新鲜、干净、丰富、便宜”为宗旨，满足涟源市民“一站购齐”的需求，赢得市民喜爱，年销售额5200万元，上缴税金80万元。2007年，员工217人，年销售额5800万元，上缴税金120万元。

图 19-8 新一佳商业投资有限公司涟源光明山店

涟源市平安大药房

1996年，涟源市平安大药房注册成立（法人代表熊铁），为境内首家大型药品零售企业，位于人民中路55号（市广播电视局门面），营业面积260多平方米，员工10余人。主要经营中西成药、中药饮片、西药、保健食品、医疗器械、日化用品、药妆等，品种3000多个。公司重视弘扬养生保健文化，开展街道社区免费健康咨询、义诊服务，实施电话2小时送货上门。为更具市场竞争力、满足广大顾客的需求，逐步开通涟源市医保刷卡、特殊医保门诊、伤残军人定点门诊及娄底市医保刷卡服务。2000年，公司年销售额2000多万元，创利润100多万元，上缴税金30多万元。2007年，公司有连锁直营药店12家，在全市主要城镇设有医药零售网点，营业面积共计3000多平方米，经营品种10000余个，员工160多人，年销售额6000多万元，创利润400多万元，上缴税金100多万元。

图 19-9 涟源市医保平安大药房

涟源市斐特尔大药房连锁有限公司

1996年，涟源市药材公司职工彭国良承包公司中心药店，刘江林和肖胜鸿承包蓝田国药店。2003年11月，两家承包人联合成立涟源市药材公司斐特尔大药房，有员工60人，营业面积400平方米，次年营业额1000万元。2005年3月，彭国良、刘江林、肖胜鸿、梁兆丰等收购斐特尔大药房，更名涟源市斐特尔大药房连锁有限公司，公司逐步在蓝田街道和石马山、六亩塘、桥头河、杨市、安平、茅塘等乡镇发展10家连锁店，有员工80人，是年营业额1500万元，营业面积1200平方米，经营范围为：中医饮片、中成药、化学药品、生化制剂、生物制品、抗生素、保健品、医药器械等，品种8000余个。此后，境内药店逐渐增加，市场竞争加剧。2007年，公司员工减少至60人，营业额下降到1000万元。

图 19-10 涟源市斐特尔大药房金马特店

第三章　服务业

第一节　餐　饮

一　饭店酒家

1989年,涟源市有饮食网点1318个,从业人员3464人。其中,国营网点11个,70人;集体网点121个,724人;个体有证饮食店311个,767人。国营网点店少人少,但店面大、技术好,城区较大规模和上档次的酒席大都由其包揽。是年,每桌(10人)酒席一般为50~60元,全市全年饮食收入629万元,占全市商品零售总额的1.21%。1993年,天都宾馆在人民中路开业,为全市第一家规模较大的私营宾馆。1994年,除涟源宾馆外,其他国有和集体饮食店,因竞争激烈,经营亏损,不得不退出饮食市场,实行个人承包经营、租赁经营或整体转让。20世纪末,随着人们消费水平的不断提高,饮食业呈兴旺趋势,市内规模较大的饮食网点逐渐增多,涟源宾馆、天都宾馆等高档次宾馆一次能摆80桌酒席,一般档次的饭店酒家集中在交通要道和主要街道两边。市民家庭的寿宴、婚宴,人数较多时都去宾馆、饭店、酒家举办,每桌酒席(10人)一般为200~300元。2007年,每桌酒席(10人)一般为300~500元。是年,全市有餐饮业法人机构73个,网点9898个,从业人员2万余人,营业收入3.19亿元,占全市商品零售总额的10.94%。1987—2007年,涟源名菜主要有珠梅土鸡、伏口水膀("膀"方言音为"捧")、双味菊花里脊肉、富田桥豆腐干、南粉合菜、蓝田雪花丸子等。

图19-11　涟源宾馆餐厅

附记:涟源名菜选介

珠梅土鸡　珠梅土鸡系山区农家饲养的"打山鸡",约6个月出笼,毛重1.5千克左右,毛色鲜艳,肉质鲜嫩。制作时将土鸡剁成大块,加鸡内脏、鸡血,把草食猪五花肉切成薄片,每片小巴掌大,一只鸡加七八片。五花肉先入锅爆炒,瘦肉呈黄色,肥肉出油,放鸡块翻炒,加料酒,煸干水分加薄姜片和一炒勺水,加青辣椒、红辣椒、盐和鸡精烧焖,到将收干水时出锅。珠梅土鸡皮纯黄色,鸡肉细腻甜美,既糯又黏,又辣又香。2007年,在国家工商行政管理总局注册商标,被省工商行政管理局评为湖南省著名商标。在娄底、长沙设有珠梅土鸡分店。

伏口水膀　涟源北部的伏口、湄江、古塘一带,在过年或婚庆喜宴上,常要制作水膀,将猪后膀切成大块放进锅里,放足水,用大火煮约一个小时,再用文火炖约两个小时,冷却后加上魔芋豆腐、鸡块、油炸豆腐、腌白辣椒等,再用大火烹煮,至汤盖不住肉时出锅。水膀香甜可口,肉质酥软,不油腻,20世纪90年代后成为部分酒家饭馆的特色菜。

双味菊花里脊肉 选用500克猪里脊肉加工成菊花状,用盐、料酒、葱、姜渍10分钟,用生粉沾匀,用六分热油炸一半里脊肉成金黄色,将另一半用八分热油熘一下,成白色出锅,将葱米、姜米、芡汁、少许盐、味精、油及熘好的里脊肉下锅炒匀,出锅,放入碟中心。然后将适量淀粉、葱米、姜米、番茄汁、少许糖、盐、味精勾成芡,再将金黄色的里脊肉放入炒匀,出锅,围在先出锅的里脊肉四周。此菜有甜咸两味,故名"双味菊花里脊肉"。2003年,涟源宾馆制作此菜在娄底市首届宾馆、酒店行业技能竞赛中获金奖。

图19-12 富田桥豆腐作坊

富田桥豆腐干 选用优质黄豆,用石磨精磨豆浆,制作用水取自荷塘镇富田桥一口清冽的泉井,用上锅豆腐榨出的部分老水作凝固剂,加工成豆腐干后,要收藏一段时间,冬季每隔三四天(夏季则每天)用稀盐水煮沸3分钟,然后晾干,吃起来口感细腻、香甜,回味浓郁。可炒可煮,亦可零食、凉拌,饶有风味。

南粉合菜 用温水浸软红薯粉丝(俗名南粉、广粉)、干黄花菜,捞起备用,烹饪时用大火把猪油加热,将粉丝下锅,然后将黄花菜加入翻匀,加鸡汤焖熟,出锅时再加食盐、辣油和山椒粉。此菜色彩斑斓、合而不杂、鲜香糯软,口感很好。有时用干笋尖、干豆角、金针菇、大白菜等制成合菜,别有风味。

二 冷饮 茶楼

冷饮 1987年,全市有5家冰厂和16家冷饮店,分布在市城区、桥头河镇、杨家滩镇等地,主要经营冰棒、雪糕、绿豆沙、冰水、冰淇淋等10多个品种。是年,国营立新冰厂修建1座12立方米的冰冻库。在车站、广场等人口流量大的地方常有背着塑料泡沫箱兜售冷饮的妇女。1989年,全市有制冰机28台,制冷量24万大卡,冷饮品种增加到40个,最高日销量达70吨。至1994年,国有、集体冷饮店退出市场,以后,私营冷饮店增多,设于固定地点的冰柜售卖点增多,走动兜售冷饮者极少。2007年,全市有冷饮店31家,季节性兼营冷饮的摊店500余个。

茶楼 20世纪80年代,在城区、桥头河镇、杨家滩镇偶见简陋茶摊。90年代末,在城区出现夕阳红、御茶园等专业茶馆,消费者多为公务员、商人,入茶馆为品茶、谈生意、休闲、打牌。2007年,全市有茶楼9家,规模较大、设施较完善、从业人数在10人以上的有渌羽茶艺(绿羽茶庄更名)、五岳寨茶楼、御茶园等,除渌羽茶艺外,其他茶楼均兼营饮食,也有部分宾馆、酒店设茶艺馆、茶舍、音乐茶座从事茶饮服务。

三 早餐 夜宵店(摊) 面包屋

1987年,全市有早餐店(摊)120余家。其中,国营11家、集体30家、个体80余家。常年供应米粉条、面条、包子、馒头、油条、饺子、馄饨、稀饭等。1990年,市城区出现第一家面包屋——可口乐面包屋,主要生产面包、蛋糕、月饼等。1998年后,全市国有、集体工商企业部分失业职工把经营饮食业作为谋生的重要门路。随着生存竞争压力、学习压力增大以及生活习惯的改变,早上,大部分工薪阶层和为生计在外奔波的人及大部分中、小学生一般都在经济、实惠、快捷的早餐店(摊)就餐。晚上,不少年轻人喜欢在夜宵店(摊)吃麻辣或烧烤,夜宵店(摊)遍布市城区主要街道。21世纪初,夜宵店(摊)渐少。2007年,全市有常年经营的早餐店(摊)600多家,夜宵店(摊)100多家,从业人员1000多人。另外还有一些季节性经营的早餐和夜宵店(摊)。是年,全市有面包屋10多家,规模较大的是可口乐、今麦都、万佳缘、罗莎之浪4家。

第二节　住　宿

1987年，全市有旅店116家，从业人员800余人。其中，国营旅店6家，各乡镇均有集体旅店，一些单位办有内部招待所(主要接待进城办事的工作人员)，大多设施简陋，木质床架，硬板床铺，规模较小。设备齐全的是市机关招待所和市招待所，以及市饮食服务公司经营的5家旅店——涟源大旅店、新建旅店、涟滨旅社、工农兵旅店、火车站旅店。其中，涟源大旅店，拥有近200个床位，高档客房配置彩电、沙发、地毯，承担全市大中型会议接待任务。是年，市机关招待所的收费标准是标准间每晚20元。1992年，市机关招待所更名市第一接待处，市招待所更名市第二接待处。1994年，第一接待处、第二接待处合并为市接待处，与涟源宾馆两块牌子，一套班子，有高、中、低档客房238间，床位438张，大小会议室10个，能同时容纳2800人开会。20世纪90年代中期，国有旅店和大多数集体旅店逐渐退出市场，不少资金雄厚的个体老板抓住机遇，乘势而上，更新经营观念、增添服务内容，开办集住宿、餐饮、娱乐"一条龙"服务的宾馆、招待所。规模较大的有天都宾馆、双星宾馆。2007年，全市有宾馆、招待所及大小旅店1600家，从业人员4600余人，年营业额5000万元。其中，规格较高，设施优良的宾馆有30多家。涟源宾馆为二星级宾馆，有1号楼、2号楼、3号楼3栋楼，配备中央空调，每间客房都带卫生间，有彩电、电话机等用具，24小时供应热水，标准间每晚100～140元。

图19-13　涟源宾馆1号楼

图19-14　涟源宾馆客房

第三节　维修服务

一　车辆维修

汽车维修　1990年，全市有汽车维修厂(点)185家(个体161家)，其中大修厂2家，二级保养厂20家，三级保养点25家，专项小修点138家；有修理人员791人，其中有技工合格证者556人。以后，随着车辆增多，维修厂(点)相应增多。2007年，全市有汽车维修厂(点)400余家，仅23家有合格证，其中一、二类维修厂15家，三类厂(点)8家；有从业人员1600余人，其中585人具有从业人员资格证。

摩托车维修　20世纪80年代末，城区有少量个体摩托车维修点，以维修为主，兼营配件。90年代，修理摩托车、电动车的日渐增多。2007年，全市共有摩托车维修店200余家，从业人员在600人左右，以修理两轮摩托车为主。

二 家电维修

1987年,全市有家电维修店200余家,从业人员约500人。20世纪90年代,修配电风扇、电冰箱、洗衣机、空调机、电脑的日渐增多。2007年,全市有家电维修店约400家,从业人员900余人。

三 房屋补漏

20世纪90年代后,境内新建的房屋有相当一部分是平顶房,由于施工技术原因,部分房屋竣工两三年后,平顶漏水。21世纪前后,城区经常有外地(主要是安徽省)个体车辆播放着广告词或音乐招揽生意,车身上写着“专修房顶漏水”。2007年,全市有房屋补漏从业人员50余人。

四 生活用品维修

1987年,日用品修理以补锅、补鞋、配钥匙,修锁、钢笔、钟表、自行车为主,全市有修理户800余户,从业人员约1000人。其中,城区修理户400余户,从业人员约600人。20世纪90年代后,传统补锅匠、修配钢笔者消失,修配自行车的大为减少,修高压锅者出现,仍有个别走村入户的补鞋匠、磨刀匠。2007年,全市有生活用品修理户80余户,从业人员约100人。

第四节 美容健身

一 美容美发

1987年,除每月上门服务的流动理发匠,全市有集体、个体理发店396家,从业人员约550人。其中,城区21家,从业人员114人。理发以剃、剪为主,发型简单,男子大多为平头、短发,也有剃光头者,女性以剪短发或结辫者居多,烫发、染发鲜见。20世纪90年代,集体理发店渐渐退出市场,个体理发店迅速发展,单一的传统理发店多开设在小街小巷,且数量少,当街的理发店大都以美容美发店命名,服务内容增加烫发、洗发、焗油、做发型、化妆(新娘妆、宴会妆)、护肤、保健按摩等,规模较大的是新贵族美容美发店,从业人员10余人。进入21世纪后,女性对发型更加追求时尚,有的美容美发店购置微波机、离子喷雾机、文眉机、电子扫斑机、激光仪等设备,服务内容增加头部保健按摩、七彩漂染、去暗疮粉刺、皮肤漂白、贴睫毛、法国倒膜、洗眉、文眉、雕眉、种眉、纹眼线、润唇、纹唇红、面部覆膜、各式花样盘发等。男性多为短发,但也有留长发、烫发、染发者;女性一般剪短发,结辫者少,有不少盘发髻、碎发、烫发、染发、做直发者,花样常常翻新。洗头、敲背等服务内容进入理发行业。2007年,全市有美容美发店(含理发、化妆店)840家,从业人员约4390人,少见每月上门服务的流动理发匠。

二 洗浴和保健按摩

20世纪90年代,随着个体私营经济发展、人们生活水平提高、人员流动加快,私营业主开始经营洗浴业,洗浴从传统的淋浴发展到蒸汽桑拿浴、足浴与保健按摩,洗浴与休闲保健相结合,推拿按摩成为人们休闲的时尚消费。2007年,全市城镇有洗浴、按摩店200余家,从业人员约1500人,其中500余人来自外县市,大多是20~40岁的女性,在城区,规模较大、设施较完善的休闲养生会所有东方明珠、金紫峰、富侨、巴蜀鑫源、美丽传说等5家。有部分洗浴、按摩店提供地下色情服务，少数盲医按摩店聘请经过按摩培训的盲人，从事专业按摩，一些规模较小的按摩店从事小儿推拿、拔火罐、针灸等服务。

三　健　身

20世纪90年代后期，市委、市政府、市国税局、市地税局、市老干部局等单位建有健身房、健身场地，配有跑步机、举重器、臂力练习机、单杠等器械，向职工免费开放。2007年，城区出现第一家专业健身房——加州七街健身美容会馆，翌年分设两个会馆——五江购物中心旗舰店、涟源体育馆店，两个会馆活动总面积4300平方米。其中，五江购物中心旗舰店2800平方米，涟源体育馆店1500平方米。健身项目主要有形体训练、高温瑜伽、拉丁舞、肚皮舞、钢管舞、动感单车和健美操等，美容项目主要有美容美体、减肥、芳香SPA水疗、中医保健和足疗等。共有员工40人，其中专职教练10人。会馆实行会员制。

第五节　中介代理

一　职业中介

1987年，境内国营、集体企业招工由市劳动服务公司承办，一些小厂或个体经营户在城镇人口密集的街道、居民住地张贴招工信息，或通过亲朋好友介绍进厂就业。1988年，市职业介绍所成立，为劳动者办理《外出务工许可证》，收费50元/人，是年，推介1100多人至广东等沿海地区务工。1992年后，沿海经济发达地区企业在境内招工人数增加。全市有未经批准的职业介绍所3家。是年，市劳务市场成立，组织2000多人到上海、福建、广东等地务工。1994年开始，劳动行政部门对企业取消用工限制，不再下达招工计划，由企业自主决定招工。1996年4月，全市20个乡镇（街道）建立劳动服务站，开展职业介绍工作。市劳动局成立市劳动职业学校，培养合格劳动力，向沿海地区推荐就业。1998年，市劳务市场改称市劳动力市场，开辟服务大厅和窗口，为用人单位和劳动者求职提供全方位服务。是年，为2400名求职者提供职介服务。2003年，全市改制企业和新增民营企业生产转旺，用工大增，市劳动服务公司更名市劳动就业服务局，下辖市劳动力市场。一些与市内外企业有较好关系的人陆续办起职业中介所，承全信息传播中心、天成职业介绍所经劳动行政部门批准成立。职业中介服务逐步增加家政、钟点工、保姆、企事业单位短工等项目。服务费用主要由求职人员支付，中介前交20元报名费，中介成功后，一般按求职人第一个月工资的10%收费。3家未经批准的职业介绍所被取缔。2006年，市劳动力市场服务中心成立，建立计算机信息网络。下辖市群利劳务派遣有限公司，公司向企业推荐员工，向用人单位收取劳务派遣管理费，每人每月30~50元，是年成功介绍700人就业。2006—2007年，市劳动力市场服务中心组织劳务输出12万人次，举办大型现场招聘会4场，为3000多名求职者找到就业岗位。规模较大的民营职业介绍所为承全信息传播中心，有员工200多人，合作单位28个。

二　婚姻中介

1998年，茅塘镇王某在城区创办五马社区服务中心，服务内容包括婚姻介绍。1999年，市工矿贸易公司下岗职工杜某在自己家里创办牵手婚姻介绍所，对上门征婚者的姓名、性别、出生年月、择偶标准和个人性格、兴趣爱好等方面进行详细了解并登记造册，对征婚者收取报名费28元，介绍成功后，收取谢媒费400元。2000年，全市有婚姻中介机构5家（含兼做婚姻介绍的机构），对征婚者收取报名费50~100元，到婚姻中介机构征婚的多为中年再婚者，婚介成功率约40%。2006年，有中年人到婚姻中介机构寻求交友，婚介机构收取报名费100元。2007年,全市各婚介机构成功介绍婚姻约90对,成功率30%左右,介绍男女交友500余对。

三 演出中介

1987年,市文化局演出管理站接待外来剧团57个,其中省级以上剧团12个。1993年,开始介绍和接待国外剧团。1987—2007年,来涟源演出的主要剧团有:中央民族歌舞团、安徽省黄山歌舞团、省爱心艺术团、俄罗斯莫斯科之恋歌舞团、省杂技团、省皮影剧团、俄罗斯风情演出团、俄罗斯远东歌舞团、哈萨克斯坦国家歌舞团、朝鲜国家艺术团、非洲歌舞团、云南西双版纳艺术团、内蒙古呼和浩特艺术团。到涟源参加过演出的著名演员及艺术家有奇志、大兵、左大玢、闵玲、蒋大为、张也、阎维文、戴玉强、汤灿、严顺开、陈思思、杨钰莹、万梓良等。

四 事务代理

会计师事务 1994年,市会计师事务所成立,由市财政局主管。独立开展资产评估、社会审计、验资等会计业务,受托为企业工商登记、银行抵押贷款、破产重组提供服务。1999年,注销登记。2002年2月,成立娄底市三星联合会计师事务所,注册资金100万元,主要经营会计报表审计、注册资金验证、清产审计、经济管理咨询、会计制度设计、代理建账建制、经济案件鉴定、基建工程预(决)算、审计咨询服务、会计咨询、会计服务、资产评估(非国有)。2007年,所内有注册会计师6人,其他会计人员4人。

税务师事务 2000年,市春曲税务师事务有限责任公司成立,由市国税局主管。主要业务为纳税代理、承办会计报表、受托资产评估、税务登记、会计培训、会计制度设计等,实行有偿服务。有注册税务师5人。

律师事务 1987年,市司法局下设法律顾问处。1994年,更名市律师事务所。1996年,更名湖南涟河律师事务所。是年,新成立湖南华章律师事务所。2001年,律师管理体制改革,湖南涟河律师事务所与行政体制脱钩,改为合伙制律师事务所,属社会中介机构,自负盈亏。2006年,湖南涟河律师事务所注销登记,成立湖南五环律师事务所。2007年,湖南五环律师事务所注销登记,新成立湖南振瀚律师事务所。是年,全市两家律师事务所,有执业律师19人。

法律服务 1987年,全市有乡镇(街道)法律事务所25家,主要为机关、企事业单位担任法律顾问,办理非诉讼代理、提供法律咨询、协办公证、代写法律文书等服务。1996年,法律服务所和法律工作者实行注册登记和执业许可证制度,全市有法律服务所16家,法律工作者56人。2007年,有法律服务所17家,法律工作者66人。

法律援助 2005年,成立市法律援助中心,为困难群众办理法律援助。2006年,招收法律援助联络员和志愿者86人,在20个乡镇(街道)和民政、残联、妇联、律师事务所等单位建立法律援助工作站,是年,为困难群众减免代理费30余万元。2007年,又在市侨联、市总工会设立法律援助工作站,进一步扩宽扶贫、济弱、助残法律援助渠道。

五 资产拍卖

1998年,市资产拍卖行成立,与市产权交易中心合署办公,2001年,更名娄底市鑫泰拍卖行。1998—2007年,举行拍卖会500余场次,涉及罚没物资,抵税物资,房地产,国有土地使用权,破产企业资产及其经营权、债权债务,废旧机械设备,机动车辆等,累计成交额6.18亿元,平均升值32%。

第六节　家政服务

一　家教　保姆　钟点工

家教　20世纪90年代中期，有家长雇请老师在假日上门家教，在暑假和寒假期间，也有家长雇请大学生上门家教，付费双方商定，一般每小时10元。21世纪初，在城区有家长（尤其是在外打工的家长）将子弟送至老师家中，进行家教家养（学习、生活均在老师家里），每生每期1200~4000元。2007年，老师上门家教每小时50~100元，大学生上门家教每小时20~50元。

保姆　20世纪80年代，全市雇请保姆的现象很少，一些需要带小孩或者照顾老人的家庭请的是自己的亲戚、亲房或者熟人。90年代，城区部分中青年人外出务工，或者忙自己的事业，雇请保姆照顾身体不好、行动不方便的老人，也有人雇保姆照顾小孩、侍候月子。随之，在城区出现中介机构，开展保姆中介服务，保姆大多来自农村。21世纪初，雇保姆的增多。2007年，全市保姆在1000人左右，月工资600元左右。

钟点工　20世纪90年代初，在城区有人雇请钟点工，每小时2元左右，从事住房保洁、陪护老人、护理病人等服务工作。20世纪末21世纪初，有舞厅乐师、补课教师、才艺老师、健身教练做钟点工，报酬一般为每小时20~40元，其他一般每小时10元左右。

二　下水管疏通　上门开锁

1987年，涟源城区有个体户从事住宅区化粪池清淤和下水管道疏通，有经营锁具或配置钥匙的店（摊）主上门开锁，此类广告张贴于各家住户门边以及过道墙上。20世纪90年代，电话、手机基本普及后，他们召之即到，疏通下水管每次收费30元左右，上门开锁每次收费10~15元。2007年，全市从事此类服务者在100人以上，其中上门开锁者约50人。

三　藕煤制作

1987年前，全市生活用藕煤（蜂窝煤球）一般是自家或请人手工制作，机关单位一般请人制作。1987年10月，市煤炭公司建成第一条藕煤机械生产线，置有藕煤机、粉碎机、搅拌机、皮带运输机等设备，生产直径12厘米、16厘米藕煤，年产藕煤3万吨以上，供应城区和周边乡镇（送藕煤入户）。20世纪90年代，市内各乡镇相继建立个体小型机制藕煤厂。21世纪初，全市城乡居民大都购买机制藕煤。2007年，全市有机制藕煤厂200多家，手工藕煤店10余家，年产藕煤20万吨左右。

图19-15　个体小型机制藕煤厂

四　装修　搬运

装修　1993年前，境内房屋装修一般是建筑公司在修建房屋过程中完成。1993年，全市实施住房制度改革，机关单位把房屋产权卖给职工，房主开始对住房进行装修，专事装修的从业者出现。是年，从事房屋装修者约500人，多为农民工。此后，职工住房多为集资建设，或购买商品房，交付的是毛坯房，须装修才能入住。因个人财力不同，装修标准不一，一般安防盗门，地面装瓷板或木板，墙壁刷涂料，楼顶装吊顶，有的装修费超过住房造价。单位办公室、商店门面也很重视装修，以张扬个性或风格。2000 年，全市从事房屋装修者约 1000 人。2007 年，约 2000 人。

搬运 20 世纪 80 年代，有农民进城从事搬运服务，如送米、液化气、藕煤等。90 年代，有农民工进城租房居住从事搬运，有送桶装饮用水、盒饭的，有承担搬家的，有为购物者从商场搬运大件家电家具到家中或到车站的。2007 年，全市从事此类服务者约 200 人。

五 擦鞋 干洗

擦鞋 20 世纪 90 年代中期，城区出现擦鞋服务，从业者多为下岗职工或农村进城人员，以妇女居多，也有残疾人。多集中于车站、广场、电影院、超市、市场、政府机关附近（路口）。各乡镇所在地有时也有。擦一双皮鞋收费 1 元，每人每天收入 20~40 元。2007 年，全市从事擦鞋服务者在 100 人以上，以农村到城里陪伴儿女读书的女性居多。

干洗 1987 年，全市有衣物干洗店 8 家，从业人员 20 人。90 年代后期，随着城乡穿着质量提高，干洗店增多，主要承接呢绒、毛料、皮夹克、风衣等较难洗涤或不宜湿洗的服装，并附带熨烫、皮衣上油等业务，还承接水洗窗帘、地毯等。从业者多为有缝纫技术的女性。2007 年，全市有干洗店约 100 家，从业人员 300 余人。

图 19-16 擦 鞋

图 19-17 干 洗

第七节　文化娱乐服务

一　文化服务

书刊出租　20世纪80年代初，市内出租的书刊主要是名人名著和连环画（俗称小人书）。1987年，全市有书刊出租店20家，书刊出租以武侠、言情小说为主。90年代末，主要以武侠暴力、淫秽色情小说为主，书刊出租店一般兼营音像制品。2007年，全市有书刊音像制品出租店270家，出租书刊以武侠、奇幻、言情、网络小说为主，也有少量关于政治、经济、文化、时尚等方面的书刊。

图19-18　书刊出租

打字复印　20世纪80年代，机关单位购置机械打字机，安排打字员，解决文印问题。1988年，始有第一家民营打字店——光明山打字店。1990年，市内出现第一家电脑打字、复印店——科文打字店。随着电脑普及，打印、复印、影印店逐年增加。90年代末，电脑文印发展到农村集镇。1999年，全市从事文印的店铺100多家，年营业额200多万元。21世纪初，机关企事业单位大多自购电脑、打印机，打字复印店大多采用一体化印刷机。2007年，全市打字复印店在100家以上，从业人员200多人。其中，城区约40家，从业人员约100人。机关单位的文稿，除保密印刷件外，多由民营店承担打字复印。多数民营打字复印店同时经营彩印、扫描、传真、名片制作、CAD制图、光盘刻录、数码快照、相片翻新、丝印横幅、喷绘写真等服务。

代书对联　20世纪80年代，城区一些退休老人或社会人士在街头摆摊，替人代书（撰）对联，收费不高。90年代后期，印刷成品对联在商店和地摊大量出现，人们大都喜欢买成品对联。21世纪初，在街头替人代书对联者甚少。

二　娱乐服务

歌舞厅　1988年，市文化馆创办夜都舞厅，雇请歌手现场演唱，同时有专业乐队伴奏。单位来客人或亲人朋友过生日，流行请客人跳舞，请者为被请者点歌，点一首歌5~8元，客人也点歌答谢，也有请人陪舞的（有偿服务）。1998年，全市有舞厅40余家，其中登记发证的14家。各舞厅为竞争生意，采取免票请女客的办法，增加人气，吸引舞友。是时，卡拉OK兴起，一些饭店购置卡拉OK音响设备，食客利用候餐时间唱卡拉OK，自娱自乐。21世纪初，雇请专业乐队和歌手成本高，歌舞厅大多改为KTV，自娱自乐，内设大小不同、档次不一的包厢，有啤酒、茶水、瓜果、糖果等供消费。2006年，广场舞蹈兴起，专业舞厅多数退出市场。2007年，全市有KTV60余家，其中经文化部门登记发证的24家。城区多集中在交通路，专业舞厅仅存4家。

录像厅　1984年，蓝田文化站开办全市第一家录像厅，用21吋彩电放映。尔后，市湘剧院从广州买回一台72吋投影机，每天放映两场，每场观众在1000人左右，一般放映武打片，少数含淫秽色情内容。不久，市总工会也创办录像厅。1994年，全市经批准的录像厅6家。以后，由于电视和电脑的普及，看录像者减少。2007

年,全市登记发证的录像厅3家。

网吧 2000年,城区出现网吧经营户。2007年,全市城乡登记注册的网吧经营户168家,多集中在车站、学校附近(直线距离200米外)。

电子游戏厅 20世纪80年代,杨家滩镇永福村龙永福兄弟在城区开办全市第一家电子游戏厅。2007年,全市有电子游戏厅106家。

麻将馆(室) 20世纪80年代,城区开始玩麻将。90年代,城乡风行,一般在某个人家里玩。21世纪初,城乡均出现麻将馆(室),馆(室)主提供场所,收取费用,免费供应饭菜,有的还提供少量借款,有的馆(室)通宵达旦均有人玩。2007年,全市麻将馆(室)4000余家。

儿童游乐场 1987年,境内无儿童游乐场。1996年,儿童公园开园,公园总面积14955平方米,园内有碰碰车、蹦蹦床、旋椅、脚踏车、跳跳床、观览风车等11种娱乐设施。2005年,湖南五江轻化集团有限公司投资9000万元将光明山大操坪改建成五江购物中心,顶部为光明山广场,广场临街边有碰碰车、旋转木马、跳跳床等儿童游乐设施。2007年,儿童公园被改建为人民公园,儿童游乐设施减少。

图19-19 人民公园一角

图19-20 光明山广场儿童游乐场

第八节 庆典礼仪服务

一 婚礼服务

婚庆 20世纪80年代,城乡青年结婚仪式由双方的亲友操办,婚礼内容包括迎亲、婚宴和闹洞房等。90年代,城区婚礼逐步西化,新郎西装革履,新娘穿白色婚纱,聘请司仪主持结婚仪式。21世纪初,城区出现婚庆公司,由婚庆公司主持操办婚礼,包括为新人化妆、婚纱租借、婚车装饰与租借、婚宴主持以及婚礼背景布置、摄影等全套程序。收费标准1680~16800元不等。2007年,婚礼在西化的同时也兴起复古潮流,新娘穿红色吉服,坐四人抬的花轿,新郎骑马。婚庆公司逐步由综合经营转向专业经营。请婚庆公司主持婚庆,成为城乡青年结婚的一大时尚。是年,全市有婚庆公司12家,其中专业婚庆公司2家。

新婚化妆 20世纪80年代至90年代中期,境内没有专业的新娘化妆公司,新娘妆式以自主化妆为主。90年代始,新娘化妆逐步由照相馆承办,新娘化妆包括盘发、描眉等,胸前佩戴一朵有"新娘"标志的胸花;新郎化妆相对简单,脸上化个淡妆,胸前佩戴一朵有"新郎"标志的胸花。

图 19-21 婚车装饰

婚车装饰 20 世纪 80 年代末至 90 年代初，在城区，举行婚礼时，有的使用婚车，主婚车一般是一辆小轿车或面包车，再请一辆中巴车或大巴车，对婚车装饰相对简单，自行剪个红色双“喜”字贴在车前方的挡风玻璃上。90 年代中期，婚车装饰主要由照相馆代办，婚车由 5~11 辆社会车辆组成车队（成单数），除在车前方的挡风玻璃上贴双“喜”字外，前后车牌上有专门的贴饰，以四字联“百年好合”“美满姻缘”“永结同心”等为主。车厢引擎盖上装饰大型塑料花盘，车体披上彩带。2007 年，全市无论城乡，结婚一般使用装饰婚车，婚车车辆统一颜色和品牌（一般是黑色），花盘花型增多，多用鲜花，部分乡镇仍然使用塑料花。

二 丧葬服务

20 世纪 80 年代，境内丧事多由亡者亲房主事，或由村（居）组派人主事，亲房、邻舍每家每户派人参加（俗称“人死饭门开，不请自然来”），不计报酬，也有地方不拜请不来；行政企事业单位的丧事，由单位派人主持，安排人员，在单位操办。90 年代开始，青壮年外出务工经商者增多，留守农村的多半是老人和小孩，发生丧事后，缺少抬灵柩和挖金井的人，有的地方，要求丧家外出的亲房和有义务出工出力的邻居出资，向邻村（组）雇人；在城镇或城郊，成立红白喜事理事会，包揽丧事操办全过程，服务内容包括请水、抹身、穿寿衣、入棺、唱丧歌、做道场、举行祭奠（儒教）、地生（风水先生）勘地、定出殡时辰、挖金井、请龙狮队、炊事、抬柩、筑坟等从逝者临终开始到入土安葬的全套服务。参与服务人员按当地一般的工资标准获取报酬，其他耗费开支由丧家安排，丰俭自定。2005 年 5 月，涟源市殡葬改革启动，在六亩塘镇秀溪村凤形山征地 4.2 公顷，兴建殡仪馆、公墓陵园，年底预售墓位 100 个。2008 年，建成火化炉两座，悼念厅 3 个，住宿楼、餐饮楼各 1 栋，其配套服务项目有：接运亡者遗体、整容化妆、遗体告别、火化、悼念、餐饮、骨灰安放（安葬）等，收费标准为：基本火化费 650 元，悼念厅租用以 4 小时为基数按大小不同分 280 元、380 元、480 元 3 个价格，其他内容由丧家自选。

2007 年，全市有丧葬用品店约 100 家，主要经营棺材、鞭炮、寿衣、寿被、寿鞋、焚化品（纸屋、纸箱、纸钱、香烛、冥钞）等。

三 鲜花配送

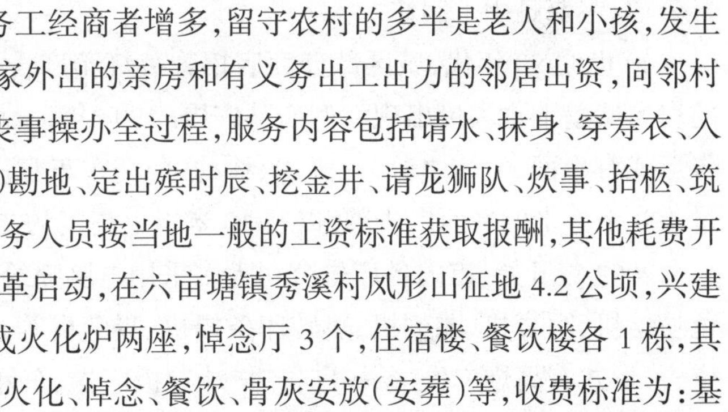

图 19-22 福康祥鲜花店

1991 年，市邮政局开办鲜花礼仪门市部，经营结婚礼仪鲜花、生日花篮、庆典花篮、病人住院花篮（花束）、祭奠花圈（花篮）、异地鲜花速递。此后，城区陆续出现福康祥、四月天、喜洋洋、都市花香、金艺花缘、涟水花缘、浪漫华屋等鲜花店（屋）。主要经营塑料花、盆栽鲜花、包装鲜花等。2007 年，全市有鲜花店（屋）20 余家，其中城区 12 家。

第九节 其他服务

一 摄影摄像

1987年，全市有国营、集体照相馆16家，从业人员39人，个体有证照相馆74家，从业人员78人。是年，国营蓝田照相馆率先开展彩照业务。随后，境内照相业逐渐提供结婚服、戏剧服、西服、儿童玩具等新的服务内容。1994年前后，国有和集体照相馆或关门停业，或租赁承包给私人经营，私营照相业迅速发展，为满足人们的爱好与追求，开展婚纱照、艺术照等业务，规模较大、知名度较高的有罗门婚纱、维纳斯婚纱、凯旋门婚纱和世纪新娘等。2002年始，市内规模较大的10余家照相馆引进数码照相机、电脑扫描仪、摄像机等先进设备，开拓用电脑修整照片、更新营造背景、电子相册、数码放大相册等新的业务。婚丧喜庆节日，有人自己或请人摄像，刻制光盘。2007年，全市有照相馆（点）200多个，从业人员300多人，年营业额600多万元。

二 装潢广告

1987年，全市有2家广告制作单位：市工商联创办的涟源市工艺美术厂和残疾人集资创办的涟源市广告公司，主要是手工制作。

20世纪90年代，城区部分商店招牌装灯箱广告，大中型企业的产品宣传采用路牌广告，在农村公路旁的房屋墙壁上也大量出现大型产品广告。1994年，全市有18家广告公司，主要采用不干胶刻字制作广告。广告形式有平面、立体之分，有固定、移动（公交车车身广告）之别。在涟源火车站、人民路、交通路等处出现超过100平方米的平面广告牌，以及10米以上高度的T型双面广告牌。

2002年开始，市内各广告公司大多采用电脑喷绘制做广告，多数广告公司拥有电脑、打印机、刻字机、彩色喷绘机、写真机、雕刻机、热转印条幅机、吸塑机等。城乡主要交通路口、大型建筑物上均可看到电脑喷绘广告，形式有高炮广告、条幅广告、户外看板广告、车厢广告、气模广告、LED显示屏、电子灯箱、发光字等，内容涉及全市经济社会各个领域。

2007年，全市有广告制作公司约100家，其中城区有50多家，从业人员200余人。规模较大的是天天开广告中心、大红广告公司、金猴广告公司、联友广告公司等。

三 寄 卖

1987年，市百货纺织品公司下辖1家寄卖行，主要受托处理市财政局的罚没物资，也经营手表、首饰、家具、服装等物件寄卖。20世纪90年代，城区出现私营寄卖行，主要经营首饰、家具、手机、摩托车等物件寄卖。2007年，全市有寄卖行67家，其中经市工商局批准的53家，经营内容增加汽车、房产、有价证券等。

图19-23 寄卖行

四 雕 刻

20 世纪 80 年代，境内石匠均是上门替主家雕刻墓碑，墓碑一般不大，也不精致，主要靠手工制作。七星乡一半以上农民都会根雕，除自家珍藏根雕作品外，也对外出售。90 年代，制作墓碑的石匠一般购买石料在农村(或城郊)人(车)流量较大的公路旁加工，需要者前往定做，制作墓碑，刻字均用机械操作。20 世纪末 21 世纪初，境内立墓碑很普遍，部分富裕人家在住宅、先辈陵寝前立石雕狮子，机关、单位办公楼院门前也有立石狮子的，市委市政府机关大楼、市电力局、市一中、市行知中学等单位的大门前都安放有一对比较高大的石狮子。在城镇从事印章雕刻服务的人员约 20 人。

五 洗 车

20 世纪 80 年代，境内各类汽车都是驾驶员自己冲洗，有条件的单位建有车槽，既用来洗车，又用来修车。90 年代初，有零星散户在进城的街边、公路边搭个小棚，备几个水桶，用几条毛巾从事专业洗车。90 年代后期，开始采用自来水皮管、高压水枪和普通洗涤剂洗车。进入 21 世纪，机动车辆，特别是档次较高的小轿车大量增加，在入城的 207 国道，210、312 省道，以及城区主要街道旁出现不少规模较大的洗车行，洗车设施除全自动高压喷淋洗车机、无污染洗车液、吸尘器、泡沫机外，部分洗车行还置有举升机、打气泵、烘干机、补胎机等，同时兼营贴膜、车内脚垫、座套、GPS、音响、防盗器等，部分洗车行还为客户安排有休息室，室内配有空调机、电脑等。2007 年，全市有专营洗车服务的公司(门店、点)100 多家，从业人员约 300 人，其中城区及周边约 40 家，从业人员 200 多人，规模较大、设施较完善、从业人数在 10 人以上的有伟丰汽车生活时尚馆、洁靓汽车美容俱乐部、利通汽车美容中心、金阳光洗车行等。

图 19-24 洗 车

六 桶装饮用水服务

1997 年，谢世平创办中外合资湖南省松源回归自然活性水有限公司，利用境内温江泉水生产槟泉牌桶装饮用水。是年末，全市生产桶装饮用水的企业 3 家，经营桶装饮用水(送水入户)的个体户约 20 家，从业人员约 40 人，主要送单位。21 世纪初，饮用桶装水的市民日渐增多，在农村也有人购买桶装饮用水。2007 年，全市生产桶装饮用水的企业 15 家，经批准的 10 家；经营桶装饮用水的个体户约 200 家，从业人员约 600 人。

第二十篇 旅 游

第一章 旅游资源

第一节 龙山国家森林公园

一 龙山景区

龙山瀑布 在龙山林场铁司工区海拔420米处，一枕形巨石横断狮河。河水沿巨石泻下，形成4米宽，12米高的帘状瀑布。瀑布掉在下方岩石上，水花四溅，声若雷鸣。两侧陡崖上次生阔叶林茂盛青翠，藤蔓缠绕吊挂水上。下方有一个40平方米的水潭，深不见底。

药王殿 唐贞观年间(627~649)，为纪念医药学家孙思邈，在岳坪峰以南30米处的马鞍山脊，建真人庙。明永乐七年(1409)，迁至峰下一小坪内，建筑面积约260平方米。清乾隆四十五年(1780)，当地名医李松斋等倡导重修，更名药王殿。清光绪十三年(1887)扩建，规模增大，占地900平方米，建筑面积450平方米。主建筑有山门、殿堂、僧室、客房。外墙用条石砌成，屋面盖铁瓦。山门外有一大青石，称“晒书石”，相传孙氏曾在石上晒书。山门为拱形门，高2.5米，宽1.5米，2尊石狮分列左右。石门横额刻有“湘南孕育”4字，两边刻对联2副：“万里风云供吐纳，四时花草著精神”“宫阙生灵虚天章云汉，造化钟神秀仙露金茎”。进山门有石径通正殿，石径两旁有坪，坪中各设一石砌塔式焚香炉。正殿门横额上刻“药王殿”。进门不远有天井，天井两旁有甬道通神堂。神堂中有4根顶梁石柱，每根高9米。神堂尽头龛中立药王坐像，左右列龙、虎2将及诸多菩萨，均流光溢彩。正殿两旁有僧房3间。一房中有方形石井，井水清冽，四时不枯不溢，供僧侣饮用，膜拜者视为“仙水”。药王殿在1958年和“文化大革命”中多次遭破坏。1985年，群众集资修葺。1989年，被确定为涟源市文物保护单位。2004年，被确定为娄底市文物保护单位。

凤凰迎客石 在大洋江中游海拔630米处有一巨石，酷似凤凰翘首迎客，头朝邵阳，尾指涟源，高约20米，底部面积约150平方米。

凤凰寺 又名南岳庙、观音寺，建于凤凰迎客石上方山坡上。寺庙采用木质结构，占地面积1000余平方米，寺内一座吊钟重达1吨，一口锅可煮千人饭，“文化大革命”期间被毁。2007年重建，建筑面积260平方米，高约15米，屋檐及房顶均有彩绘，屋顶采用琉璃瓦覆盖，为仿古寺庙建筑。

图20-1 新凤凰寺

新凤凰寺 2005年8月，娄底神宇旅游开发有限公司董事长刘凡投资400万元在原凤凰寺对面新建，建筑面积1200平方米，殿高18米，圣像连基座9.15米，殿名“药王殿”。2007年6月13～15日，在新凤凰寺举行药王孙思邈诞辰1426周年祭祀暨神像开光典礼。

金钱松种子园 金钱松种子园位于龙山海拔900米处。园内人工栽培有大面积的纯金钱松林，或与杉木混交成林，能够正常开花结实，多为成熟林，林相整齐，雄伟壮观，胸径最大达60厘米，最高达20米。2007年，园内金钱松林面积约20公顷。

洞门口瀑布 位于茅塘镇洞门村，瀑布从山顶竹林中泻出，宽4米，高15米，在山中悬崖峭壁上，溅起无数水花。而后，水流随陡峭山体顺流而下，左曲右折，恰似一条银蛇在苍翠山林中舞动，总落差50余米。

老龙潭 位于大洋江上游海拔750米处的溪中，水面约15平方米，深3米左右，潭水湛蓝，有彩色鱼虾游戏其间。两岸花繁树秀，落英缤纷，清风悠悠，鸟声啾啾。

小瑶池 小洋江溪在海拔650米处，溪水成梯状流入一水盆凹地，形成水池。池直径约3米，深约1米，池上方秀木掩映，石润苔鲜，环境僻静清幽。

藏金洞瀑布 位于龙山瀑布上游400米处，瀑布落差12米，宽约2米，流量0.7立方米/秒。两侧林木挺拔，流翠滴绿。瀑布从崖缝内集中奔出，飞珠溅玉。

青山崖瀑布 位于藏金洞瀑布上游，海拔520米处。两侧岩石陡立，溪水从狭窄的山谷中流出，流量约0.95立方米/秒，形成四级水幕，总落差达30米以上，瀑布宽1.5～4米不等，像蛟龙狂奔，似白练飘拂，气势十分壮观。瀑布两侧林木郁闭，环境幽静雅致。

翠山崖瀑布 位于茶竹工区海拔840米处，流量约1.8立方米/秒，由两个相邻仅10米左右的两级瀑布组成。第一级瀑布高7米，宽3米，底端横卧着十余块大石头，瀑布飞驰而下，大石头上溅起的水花，在阳光照耀下折射出夺目的光彩。水流顺势而下，流出约10米，即形成第二级瀑布，落差达20米，坠入深潭中水花四溅，水声洪亮。

彩凤湖 位于凤凰工区，系人工湖。湖面南北长200米，东西宽100米，深约5米，湖面约2公顷，湖中心建有面积约20平方米的观景亭，亭与岸有长廊连接。彩凤湖似一颗璀璨明珠镶嵌在茫茫林海之中，青山绿水相互交融。

宝石残月 在岳坪峰下，海拔1240米处，有一块扁圆巨石，直径约6米，厚约40厘米，其形酷似残月，斜立于山嘴上，朝向西方。

点将台 位于藏金洞瀑布上方300米、海拔480米处的溪旁。此处耸立着近200块尖石，矮者1米，高者达5米，形似兵阵，上方巨石犹如将军在点将发兵。

情侣石 在铁狮工区海拔500米处的山脊上耸立着一块独立巨石，高约20米，下部长35米，四周悬崖绝壁，难以攀登。巨石上长有灌木花草，顶上并立二块大石，高约3.5米，长约2.5米，若分若合，似一对情侣在相互倾吐衷情。

二 白马湖景区

白马湖 即白马水库，坝高28.5米，长275米，丰水水面670公顷，系中型水库。四周群山，茂林修竹，葱葱郁郁。至2006年底，引资3000万元，开发水上跳伞、水上飞机、水上摩托、快艇、碰碰船等游乐项目30多个。景区配套设施有爱心文化园、白马湖度假村、月亮岛、湖乡乐园、农家乐园等。

爱心文化园 位于距白马湖大坝约500米的岸边，占地3公顷，总投资500万元，建筑面积2600平方米。爱心文化园由文艺家创作之家、会务中心、爱心碑廊三部分构成。文艺家创作之家是文艺家南方创作基地，专为文艺家创作提供服务。会务中心可为中小型会议和休闲度假提供场地，有床位60个。爱心碑廊是全园重心，全长276米，嵌有大理石碑刻300块，刻有巴金、臧克家、周而复、刘白羽、沈鹏、谭谈、颜家龙等国内文艺界名人的题词。

三　飞水崖景区

飞水崖瀑布　位于龙山国家森林公园东麓，瀑布宽26米，落差154米，气势雄伟。

黄土潭　狮河东流至龙山，形成龙山瀑布之后继续东流，至黄土潭，岩石呈黄色。河水长年累月从高处往低处冲击，日久成潭，一级一级，井然有序。沿黄土潭而行，可见怪石林立，藤蔓交织，灌木丛生。

将军石　狮河下游海拔400米处，有两块巨石叠加竖立在狮河旁，其形态从侧面看酷似一位气宇轩昂的将军，下方石头高约6米，宽2米，恰似将军身躯，上方石头高约1米，宽1.5米，恰似将军头部，故名将军石。

鸳鸯溪　荆水和白水汇合于飞水崖下，两水汇合之处名鸳鸯溪。

仙人石　位于杨市镇白水村，仙人石下有仙人桥，桥面平滑如镜，石桥跨度20米左右，高约8米，桥下坡陡草密，两侧竹木葱茏，景致奇特迷人。

石观音　杨市镇大坳村李家山怪石如林，山中有一洞，洞中有石形似观音。石观音下，清代建过一殿（后被毁，仅留石碑），每逢观音生日，不少香客前往拜谒。

飞水漂流　飞水崖下一段小溪，全程4千米，落差100余米，两岸群峰耸翠，竹林婆娑，漂流惊险刺激。

第二节　湄江岩溶地质公园

一　观音崖景区

观音崖　观音崖系岩溶侵蚀形成的环形峭壁。海拔820多米，相对高度300余米，环形直径约500米。峭壁半山腰有观音洞、藏佛洞、罗汉洞、盘蛟洞、藏经洞，称绝壁五洞。

莲花涌泉　莲花涌泉位于观音崖下，塞海湖水通过地下溶洞、裂隙流至此处不断往外冒，形成大流量涌泉。池面宽1200平方米，涌泉流量最大为5立方米/秒，最小为0.5立方米/秒，终年不断，分5个泉眼涌出，每个泉眼动水直径为1～2米。远看似莲花朵朵，荡漾池中；近看如沸水滚滚，腾于锅釜。

圆通寺　明永乐年间，应文和尚带着僧徒到观音崖开山奉佛，建圆通寺。规模为三进三级，红土粉墙，砖瓦结构。正面书“圆通寺”三个楷书大字，山门有一对联：“远隔红尘栖碧海，好骑仙鹤赴琼楼。”应文死后，寺庙被毁。清顺治十七年（1660）雪清和尚重建圆通寺，规模为二进二级。1966年秋，再次被毁。2008年重建。

应文塔墓　圆通寺下的小坪里有两座六角形塔墓，一座为开山祖师应文塔墓，一座为雪清塔墓。应文和尚相传为明惠帝朱允炆。应文塔墓无墓碑，安葬时间不详。“文化大革命”期间被毁。1989年，墓穴被盗。1994年，按原样恢复。

雪清塔墓　传说，清顺治年间，自号雪清和尚的海潮法师在云游三千六百名山后，于观音崖上观音洞里建庵修行。法师圆寂后，徒弟们把他埋葬在应文和尚墓旁，塔墓长、宽、高均为应文塔墓的一半，形状完全相同，碑文为：“佛本无相，四维上下，虚空是也。为度人天兮，布舍利以造多塔。老僧系武攸人也，当年曾立帝都，知此名刹，妻奴具系身外假事，顿舍。弃职抛家，荡游天下。遇师性贵，乃天童法眷也。拜投按剃，法名海潮，重建此山。苦行数十余春，内外双修以登道岸，教化众檀，助修宝塔，以接后学，永镇云尔。”

应文石刻　在观音洞洞口悬崖下端正中靠左处，有一块长约1米，宽0.6米的经过人工雕凿的石碑，由于年代已久,字迹模糊不清。据考证,碑文为“逆毁庙观潜身武造靖难纪仇”12字,署名“天童应文”。

二 藏君洞景区

藏君洞为天然大型溶洞,全长约25千米,探明主洞4000多米。洞内钟乳石十分丰富,石笋、石柱、石幔、石楼、石像比比皆是。溶洞构造奇特、景观奇秀。相传1405年前后,削发为僧的明惠帝朱允炆在观音崖遭叔父“靖难军”攻打,藏身此洞30余天,故取名“藏君洞”。洞内有国宝厅、护君堂、惠帝殿、两重天、南巡厅、不夜城、龙凤宫、北国厅、江南厅、江河坝、阅兵场等12大厅,仿佛瑰丽的地下宫殿。

国宝厅位于藏君洞出口处,厅内全为透明如玉的白色钟乳石。最大的一根石柱高16米,12人合围有余,名国宝玉柱。厅长、宽均70余米,高60米左右。洞底两侧高、中间低。国宝玉柱左右有2根约2人合围的石柱,似卫兵护柱,前有高3米左右,直径30厘米弯曲成“S”状的石柱,后有6米高的“旗杆”,“旗杆”上有3米高的石幔倒悬,宛如旗帜飘扬,旗杆周围是七八根1人来高的石柱。洞厅右侧有100多根通亮透明、大小不等的白色钟乳石柱,似兵卒列队待命。

三 古神州景区

古神州景区为天然大型溶洞群,长约28千米。洞厅高大宽敞,景象奇特,气势壮观,许多大型钟乳石美轮美奂。有开国大典、五湖四海、蓬莱岛、西施浣纱巷、九州万国桥、中华第一石瀑、九天银河、布达拉宫、三十六路诸侯等主要景点。景区尚待开发。

四 塞海景区

望海楼 望海楼建于20世纪90年代,位于塞海口,面临塞海,重檐歇山顶,绿色琉璃瓦剪边。造型宏伟,飞檐高翘。在楼内举目,可见湖面如镜,峭壁如屏。右前方有海口亭与钓月轩。

蝙蝠崖 塞海右岸,一悬崖如巨大蝙蝠勾头展翅,凌空而起。

回音壁 蝙蝠崖下,杨柳依依,古称杨柳湾。杨柳湾峭壁上刻有“回音壁”三字。在壁下呼喊,呼声由对岸清晰返回。

罩门庵 罩门庵为湄江风景区五座古寺之一,始建于元末明初。建在离塞海湖面约6米高(1964年前塞海口未打开,离水面仅1米多)的崖壁上。殿内有一近2米高、形似妇人的钟乳石(信众称观音活佛,头、胸诸全)。常年有泉水滴至观音石头部,当地人称仙水。

天子冠 也称天子垴,在塞海口和杨柳湾放目远望,对岸是一座100多米高的圆锥形石山,山上翠柏成行,野花吐蕊,山顶有一块5米高的巨石,状如金龟探海,又似骆驼爬峰,整体看极像天子之冠。

三道崖门 在塞海湖水源入口处,三座石山如神斧劈开,分立两岸,三道崖门层层叠叠依次矗立。第一道崖门称东天门。两岸绝壁似一石劈出,分立对峙,又像两只手掌张开欲合,亦称合掌崖。从塞海岸观景台西望,江水似一条白练从远方飘来。第二道崖门叫中天门,又称二门崖。中天门左高右低,呈欲掩还开之势。河道在此转一个弯后,水面渐宽,水流渐缓。回首张望,鹰嘴崖展翅欲飞。第三道崖门,叫西天门,也称三门崖。自中天门溯江而上约400米,是黄罗湾十里峭壁的东大门。崖高80余米,宽10多米。从崖顶远眺,立地长吼的“雄狮”、峰上生峰的“香炉”,尽收眼底。

鹰嘴崖 鹰嘴崖位于塞海东天门(合掌崖)上。从相距200米远的观景台望去,崖尖突出如鹰嘴,整座山崖像收翅兀立、翘首以待的雄鹰。

五 龙泉峡景区

自寨海口往左，过蜈蚣桥及1500米长的大沙滩，是一条两岸悬崖如屏、崖顶遮天蔽日、涧内怪石嶙峋、涧底溪水欢跃的峡谷，人称龙泉峡。长约3.5千米，高达100米，谷底宽3～5米，谷顶宽35米左右，最窄处仅2米。有“龙泉峡九湾十八锁，锁住青山锁不住水”之说。

六 黄罗湾景区

黄罗湾 黄罗湾下起望天蛙，上至祝云峰，逶迤5千米。揽月古道盘旋在绝壁之上，黄罗湾峭壁宛如十里画廊，九曲湄江蜿蜒在千顷良田之中，双龙洞气势磅礴，造型优美，被称为探险家乐园。

狮山画壁 过塞海西天门，至黄罗湾，视野豁然开朗，一堵峭壁巍峨耸立，气势恢弘。峭壁断层面近于直立，与河床相对高差100～360米不等。断裂带岩层破碎，岩溶强烈，因风化剥蚀，断层上灰、红、白、黄、褐色彩绚丽，形成多姿多彩的奇异画面。

揽月古道 揽月古道下起大江口水库大坝，右绕祝云峰顶，左至蛇谷狭缝。自大坝沿“之”字路步行800余梯级后，可见一条1米余宽的坦道蜿蜒于狮山画壁间。在揽月古道上可观赏到湄江大佛、一炷香、悟空听经、慈母哺儿、祝云茅庵等景点，也可登高远望，饱览湄江全景。

祝云峰 原名祝融峰，为黄罗湾十里峭壁最高峰，高出河床363.6米。伫立峰顶，易生“直上青天揽日月，欲倾塞海洗乾坤”之豪情。

祝云茅庵 位于祝云峰顶，始建于清乾隆四年(1739)。1915年和1984年两次复修，为两进砖瓦结构。寺庙内供有观音等佛像，有信众上山进香，香火不断。

七 香炉山景区

香炉山 香炉山为峰林地貌，峰林高度80～150米，内有石旗、石鼓、古炮台、天弹、伏兵壕等景观。

香炉峰 香炉峰为香炉山主峰，形似香炉，底部直径约30米，相对高度100米左右。

古炮台 在香炉山北端，有一座高约40米的石峰，石峰顶上有一朝西北方向倾斜30度左右的灰岩石组，上下基本平行，尖部参差不齐，像古代的一架炮座，人称“古炮台”。相距120米左右，有一块石头，与炮座朝向基本一致，酷似古炮台即将射出的炮弹，人称“天弹待发”。

一石八景 在离香炉峰200米处的蒿子坪，有一组巨型石头，直立于宽阔平地。此石高20米左右，从八个不同方向观赏，可以看到慈母背子、严母教子、夫妻送子、双亲探子、相思母子、二老盼子、归乡游子、朝圣母子等八种不同的形态，俨然一组天然岩雕。

八 仙人府景区

古棕崖 古棕崖为仙人府景区第一景点，相对高度320多米，在崖腰210米处，生长一株高约4米，历经严寒酷暑，挺拔不衰的棕树。此棕根部暴露于壁外，好像干枯，但棕叶青翠欲滴，随风摇曳。崖因古棕而得名。

仙人府 过古棕崖300米，至香炉山罗汉槽下，有一座荆棘丛生、藤萝缘树、翠绿环抱、相对高度200余米的清泉山。山下有一方形洞门，俨然仙殿宫门。洞顶数十块青黑钟乳石，如龙、似凤、像鱼，更像宫灯高挂。厅长280米，平均宽度30余米，厅高60米左右，足可容纳万人。此府洞内有湖，洞里见天，洞中藏洞。沿洞口攀缘而上，天然巨石组成的三孔立交桥凌空而起，靠近洞口一座为单孔，高40米，跨度10米，称“内仙桥”；过小溪，是一座双孔桥，高50米，跨度30米，称“外仙桥”。两桥连为一体，成三孔立交桥。桥下是近30米高的瀑布直泻洞内，名长寿瀑。瀑布下重达10吨的巨型灵龟（名灵龟石）任凭飞瀑冲洗。清嘉庆年间编纂的《安化县志》载为灵龟洞，因瀑布下巨石状如灵龟而得名。

九 湄峰湖景区

湄峰湖（大江口水库）·长虹瀑 大江口水库大坝为紧锁湄江秀水的人工大坝，采用双曲拱形设计、钢筋混凝土结构，坝高82米，坝顶长224米，宽8米，坝底为夹层空心。蓄水约6000万立方米。每年丰水季节，湖水从大坝5个溢洪口飞泻而下，犹如撕成片状的白云自上而下摔落，在坝脚扬起40来米高的水花水雾。红日西偏之时，可见一道直径达100米的彩虹，故名长虹瀑。

神农田 神农田为一大型溶洞。清嘉庆《安化县志·风物卷》载为“莲花洞”。第一厅深30米，宽10米，高2～8米，计255丘溶岩梯田。最高处梯田田磡高1米，埂宽80厘米，成45度外倾。洞口左侧的洞顶上悬挂直径约1米，形似莲花的钟乳石。洞顶溶岩镂空，如大型石雕。丰水季节，洞内水出，沿田埂层层外溢，流至洞外，在大江口水库湖面上形成落差近100米的瀑布。第二厅为面积约40平方米的厅堂，厅内洞底，仍为梯田状，埂高一般在20厘米左右，厅内四周有石幔高挂。神农田位于离大江口水库大坝2千米处湖岸右侧的半山腰上。洞口距湖面垂直距离100米左右。

湖心岛 经大江口水库湖面，过“长城崖”峡谷，有一处较宽的水面，一半岛延伸至湖中。在丰水期，半岛的最前沿，出现一个20余平方米大小的湖心岛，与半岛分离。站在岸上，或距半岛50米处，可见半岛酷似金龟戏虾。岛上建有紫颐阁，站在阁上凭栏远眺，赏心悦目。

吴都司故里 大江口水库库区内湄江镇新江村为明末清初都司吴友鹗故里。吴友鹗在明末抗清中，官授都司，南明政权覆亡后被害。其盔甲、大刀（共100余千克），在20世纪60年代“文化大革命”中遗失，其故居为“硬三间”（厅堂两侧各两间房）木板房，小瓦屋顶，屋前有陶马桩，20世纪80年代为大江口水库湖水所淹没。21世纪初，大江口水库管理所在湖岸渡口处建有都司阁。

猴家坨古树群 在大江口水库库区湄江镇湴田村猴家坨，保留着一片次原始森林。有金钱松、银杏、银杉、椆树、木莲、香楠、香樟等木本植物85科510余种，有田七、七叶一枝花、茯苓、杜仲等药物500余种，有鸟类、蛇类、两栖类、爬行类动物数百种，20世纪初有华南虎、羚羊出没。

十 仙女寨景区

仙女峰又名紫华峰，位于湄江镇东部，海拔593.4米。登上峰顶，宁乡、湘乡、安化、邵阳四县市尽收眼底，有“仰观碧落星辰近，俯视红尘世界遥”之势。山腰上有数片石林，似顽童负气，若将军立马，像恋人亲昵，或如屈子问天、济公醉酒、骆驼涉水、老牛负重、大象爬山、金鸡报晓……处处活灵活现，妙趣横生。

紫华庵 紫华庵耸立在仙女峰顶。始建于清顺治十年（1653），整个建筑由三栋殿宇、山门及居室、杂屋组成，占地0.13公顷。山门高5米，宽6米。门额正中刻有“紫华庵”三字。上层有“双龙戏珠”浮雕，顶端有一个造型精致的“佛”字。拱门上浮雕为双狮抱球，两旁门框上各雕一门神。山门左前有岩泉水井，四季常清。门前右方有一石，状如杵臼。进山门沿石板路到第一殿，登37级石阶至第二殿，再上10级石阶便是第三殿，各殿均立有佛像，壁上绘有仙女。除第一、二殿为砖木结构外，山门、殿基和第三殿均系料石建筑。三殿相连，绿树掩映。远近香客，慕名朝拜。

仙麓亭 从山北登仙女峰，自仙峰村南冲而上，行2000米崎岖山道，至半山腰黄旗坳，地势险峻。清朝中期，有人在此结寨为营。清道光二十六年（1846）为方便行人，众人捐修石阶路。光绪二十三年（1897），在黄旗坳修建仙麓亭，供行人和游览者休息。仙麓亭为砖瓦结构，进门上方有一匾石，上刻“仙麓亭”三字。门边有对联：“仙露我承来一杯芬润劳人草，麓云君踏去四座高谈世界花。”出门也有一联：“仙露琼浆消郁恼，麓云梅雨送清凉。”亭廓内有厅，名关圣殿，置关圣帝君像。书对联一副：“存一点好念头神钦鬼服，做几件正直事身乐心安”。从仙麓亭上行500米左右，路旁有两块保护森林及建筑的禁碑，分别为清嘉庆二十四年(1819)、道光二十五年(1845)所立。

仙麓石林　位于仙麓亭附近，约13.33公顷，全为天然石林景观。石峰高2～5米，形态独特。走进石林，奇石满目。主要景观有：陶澍求学、麻婆献寿、太白吟诗、九女修道、济公醉酒、老人抱孙、夫妻相吻、将军骑马、老汉背妻、大佛坐殿、书童负笈、瘦翁乐寿、大象爬山、蛟龙出海、雄狮昂头、绵羊俯首、老牛负重、犀牛望月、金鸡啼明等800余组。

第三节　其他旅游资源

一　包围山森林公园

包围山森林公园，2008年12月经省政府批准建立。位于桥头河镇、石马山镇、渡头塘乡交会处，土地总面积237.7公顷，森林覆盖率92.6%。包括包围山国有林场，石马山镇川门村，桥头河镇余中村、射中村，八一林场，渡头塘乡胜旗村等。园内主要景点有神古峰、竹叶峰、书目岩、大洲滩等。

二　洪水岭森林公园

洪水岭森林公园位于市城区南郊，东至石马山镇石梅村、张家湾村，南与蓝田街道日升村、石马山镇小冲村毗邻，西与六亩塘镇温田村相接，北面为蓝田街道民光社区。园内森林资源丰富，景观优美。主要景点有虎形山、洪水岭、百亩橘场、土地庙、石寄娘、仙鹅抱蛋、达五亭、芙蓉庵、长坪里、法华庵、药王殿等。

三　杨市镇湘军将领故居群

1851年太平天国农民起义，时任礼部侍郎曾国藩奉旨回乡(今双峰县荷叶镇)操办团练，抗击太平军。湘乡县集祥乡（今杨市镇）、敦行乡（今荷塘镇）等地许多人前去投军，跟随曾国藩南征北战，立下功勋，晋升为达官显贵。载入《清史稿》的有刘岳昭（云贵总督）、刘连捷（安徽布政使）、周宽世（湖南提督）、刘腾鸿（骑都尉）、刘腾鹤（骑都尉）、李续宾（湖北巡抚）、李续宜（安徽巡抚）、萧启江（诏赠巡抚）、萧庆衍（安徽提督）等。这些文武官员衣锦还乡后，大兴土木，修建豪宅大院。从胜梅桥顺着孙水往下，有老刘家（大夫第）、德厚堂、存养堂、存厚堂、光远堂、佩兰堂、师善堂、云桂堂、静养堂、兰香吐秀、笃祜堂、瑞琦堂、植德堂等十几处大型堂院。这些建筑规模庞大，气势恢宏。至2007年，保存比较完整的有下列建筑：

老刘家　始建于清康熙四十七年(1708)，至乾隆五十六年(1791)竣工，占地2公顷，以刘家

图20-2　老刘家

宗祠为中心，由光裕堂、怡怡堂两条轴线延伸的几组建筑呈拱月之势围绕。整个建筑坐北朝南，共8进，每进20间。每进都由门厅、正厅、正房、偏房四部分组成。有天井108个。

师善堂 建于清同治年间，四进院落。雕梁画栋比比皆是，在隔扇、裙板和绦环板上，有《八仙过海》《水浒》《百寿图》《姜子牙遇文王》等多种透雕浮雕，或人物，或山水，或花鸟鱼虫，无不雕工精细、形态传神，在一块隔扇上，还残存着迎婚嫁娶的雕花图案，人物神态自然，花鸟活泼动人，祥兽栩栩如生。

存厚堂 刘连捷(前志有传)建于清光绪元年(1875)，占地1万多平方米，五进院落，坐北朝南，规模宏大。门前一口水塘，用条石砌成。左右门柱雕刻石狮，工艺精美。进门后是400平方米大坪。天井为青石铺就，立柱高大粗壮，落地雕花长窗，粉墙黛瓦，屋脊高翘。

云桂堂 当地财主彭胜安建于清同治年间，四进院落，正面是广阔的田野，门前一块大坪，长180米。走进正门，又是一块大坪。正屋大厅长40米，宽约10米。两边第一横是厢房，第二横是耳房，第三横是杂房。

存养堂 刘岳昭(本志有传)建，20世纪60年代改建为杨家滩粮站。

四 三甲红旗居民点

三甲红旗居民点位于三甲乡玉屏村、三甲村接壤地带。1958年12月，涟源县红旗人民公社响应上级号召搞“大跃进”，组织民兵一百五六十人，拆除附近规模较大的民居，共31间堂屋，480间正房、杂屋，修建农村居民住宅示范点。整个建筑半年完成，青砖木质结构，占地6500平方米，建筑面积4500平方米，前后6栋平行排列。每栋长65米，宽11米，高6米，正中是过道，24间房屋对称分布，其中4间较大，做办公室和会议室用，其余房间大小相等，为社员宿舍。居民点前后均建有公共食堂和公共厕所。每栋房屋，每间住房的墙上都写有毛主席语录，字体各式各样。

图20-3 三甲红旗居民点

五 三甲古民居

至2007年，三甲乡尚有古民居50多座，大多建于晚清时期，最早的建于清初。古民居的各个庭院，都以正厅为主轴线，两边对称布局。一般为两进两横三天井，也有三进两横四天井或一进两横的。都有槽门、厅堂、杂屋、围墙。全是砖木结构，青砖小瓦马头墙，彩绘雕刻石门框。每户民居的槽门上都写有名称，并配有门联，少数民居的厅堂也有名称和门联。这些名称有“世业堂”“敏慎堂”“光迪堂”“竹松园”“澹园”“宜园”“一德庄”“奖嘉山庄”“亦庐”“居安草庐”“随安第”“农桑村”“存城里”“怀古住”“于时处”“德邻居”等100多个。门联有“忠厚乃吾家旧德，诗书为后辈生涯”“传家无异宝，曰清曰慎曰勤；守业有先规，惟商惟耕惟读”“创业维艰，念祖辈几经戮力；守成不易，愿儿孙切勿奢华”等。这些屋名和楹联大都出自书法名家之手，多为行楷书，也有隶书魏体。在三甲古民居中，最负盛名的是世业堂和敏慎堂。世业堂位于三甲乡龙门村，始建于清嘉庆年间。敏慎堂位于三甲乡玉屏村，始建于道光初年。

六 文物保护单位

1989年，全市有文物保护单位14处。其中，龙山药王殿、李燮和墓、新车桥、蓝田北塔(也称城北石塔)4

处为涟源市文物保护单位。1992 年，全市有古墓葬、古建筑 120 处。1994 年，增加水晶阁、吴永扬墓和紫华庵为涟源市文物保护单位，拨专款落实“四有工作”（有专人管理，有档案记录，有标志说明，有保护范围）。2004 年，龙山药王殿、新车桥、李燮和墓被确定为娄底市文物保护单位。

龙山药王殿　见本篇第一章第一节。

新车桥　位于石马山镇长车村村头温江水上，横卧南北，桥南临长车村村头，北临公路，桥下温水清澈，缓缓东流，是温江的南北交通要道，是全市唯一保存完好的全木结构风雨桥，始建时间不详，重建于 1856 年（清咸丰六年），桥长 35 米、宽 5.6 米，水下三个大石墩形成支撑，木梁、木板形成路面，上覆亭廊，柱式结构，重檐，雕刻精湛，南北桥头各有一亭，供往来行人休息，桥头南亭有一楹联，上联为“春秋浩气光青史”，下联为“日夜温泉下大江”，为典型的古代江南水乡风雨桥。1989 年，确定为市级文物保护单位。1991 年，进行修葺。1995 年，竖碑立标，确定保护范围。2004 年，被确定为娄底市市级文物保护单位。

李燮和墓　位于蓝田街道集中村雷家塘下子山的山岗丘陵中，墓室坐西朝东。李燮和，辛亥革命风云人物，蓝田光明山人，清同治十二年（1873）生，光绪二十六年（1900），就学长沙求实书院，组织黄汉会，后加入华兴会，光复会，同盟会，参与广州起义。1912 年，为光复军北伐总司令。1915 年，被杨度等人列名发起筹安会。袁世凯死后，闲居家乡蓝田李园。1927 年 7 月 19 日病逝，终年 54 岁。1989 年，该墓确定为市级文物保护单位。1995 年和 2002 年，两次维修。2004 年，确定为娄底市市级文物保护单位。

蓝田北塔　位于蓝田街道光文社区，为小型风水宝塔，占地 25 平方米，始建于清道光二十五年（1845），塔高三层 13.8 米，塔基为正方形，塔身为六角形，每层有石檐，多浮雕和碑刻，系密檐式石塔。1989 年，被确定为市级文物保护单位。1995 年，公布保护范围，设立文物保护标志。

水晶阁　位于蓝田街道民光社区，涟水南侧，占地 320 平方米，长 20 米，宽 16 米，高 17 米，共 3 层，顶层为亭，始建于清康熙三年（1664），砖木结构，亭阁式建筑。道光二十四年（1844），部分被洪水冲垮，次年再次大水，全部倒塌。道光二十九年（1849）修复，抗战时期为《力行日报》编辑部和学生会馆。1964 年，该阁二、三层被拆除。1994 年，进行维修，被确定为市级文物保护单位。1995 年，公布保护范围，设立保护标志。

吴永扬墓　位于安平镇白毛村，占地 100 平方米。墓地石墙围护，墓碑上刻有双龙，载有吴永扬生平。吴永扬，赐名允道，武科进士，明正德年间奉命统乡兵剿寇而殒命，敕封平寇将军。清康熙年间，追封忠义大夫、义勇平寇将军。1994 年，列为市级文物保护单位。1995 年，公布保护范围，设立保护标志。2002 年，群众自筹 30 万元，修复此墓。

紫华庵　位于湄江镇仙峰村仙女峰，始建于 1653 年（清顺治十年），瑞明法师创修，有殿宇三栋、山门及和尚居室，一、二殿为砖木结构，山门和第三殿为条石结构。山门造型别致，雕刻精巧，远看如仙台琼阁。1951 年和 1965 年两次遭到破坏。1994 年，被确定为市级文物保护单位。1995 年公布保护范围，设立保护标志。

第二章 旅游开发

第一节 景区规划

龙山国家森林公园 1992年9月,市龙山森林公园管理局委托中南林学院编制完成《涟源龙山森林公园总体规划》,12月,经省、地、市和有关部门领导和专家评审通过。1994年5月,娄底地区林业局报省林业厅审定同意,正式批准《涟源龙山森林公园总体规划》。2006年12月,国家林业局准予设立龙山国家级森林公园。2007年1月,龙山森林公园管理局委托国家林业局中南林业调查规划设计院编制《涟源龙山国家森林公园总体规划》。5月,省林业厅在长沙召开《涟源龙山国家森林公园总体规划》评审会议,省建设厅、省旅游局、省环保局、中南林业科技大学、省林业调查规划设计院、娄底市林业局等单位20余位专家、领导评审和通过该总体规划。8月,娄底市林业局报国家林业局审定同意,正式批准《湖南涟源龙山国家森林公园总体规划》。《湖南涟源龙山国家森林公园总体规划》规定,公园由龙山林场、杨市镇大坳村、茅塘镇洞门村、白马水库及其周边地区组成,总面积9286公顷。

湄江岩溶地质公园 1992年10月,市旅游局委托中南林学院风景园林设计室编制完成《湄江风景名胜区总体规划》,11月,经省、地、市和有关部门领导和专家评审通过。1995年3月,娄底行政公署报省政府审定同意,正式批准《湄江风景名胜区总体规划》。《湄江风景名胜区总体规划》确定湄江风景名胜区由观音崖、龙泉峡、塞海、黄罗湾峭壁、仙人桥、清流潭、湄峰湖、仙女峰等8个景区组成,总面积10864公顷。1996年5月,湘潭大学旅游教研室对原规划进行修编。2006年7月,远景咨询策划机构、湖南大学设计研究院根据湄江省级岩溶地质公园建设要求,主持编制《湄江旅游区旅游发展总体规划》。规划范围为湄江岩溶地质公园所辖区域的核心景区,总面积4800公顷。

第二节 景区建设

一 龙山森林公园建设

龙山景区 2004年,龙山森林公园管理处投资400万元,完成全长18千米的龙山入园公路改造。2007年5月,娄底神宇旅游开发公司投资3000万元开发的彩凤湖、龙山宾馆、新凤凰寺竣工。

白马湖景区 白马湖,即白马水库,位于龙山北麓,建于1958年。1970年,关闸蓄水,控制集雨面积205平方千米,正常库容6650万立方米,水库坝高28.5米,长275米。至2006年底,开发水上跳伞、水上飞机、水上摩托、快艇、碰碰船等30多个游乐项目,配套建设有爱心文化园、白马湖度假村、月亮岛、湖乡乐园等。

飞水崖景区 位于龙山东麓,面积25平方千米,包括杨市镇茶亭、朝富、杉树、大坳、联盟、白水、砖湾7个村。2007年,娄底市飞水崖漂流有限公司投资600万元建成飞水崖漂流景区。

二 湄江风景区建设

观音崖景区 观音崖景区是湄江风景区门户。1992年,湄江镇政府投资220万元,开发圆通寺、观音寺等主要景点，配套建设有综合服务楼、停车坪、宣传栏及景区游步道。

藏君洞景区　位于观音崖景区斜对面 500 米处，为一天然大型溶洞，全长 25 千米。1993 年，陈汉雄投资 180 万元开发建设。开发洞长 2800 米，配套建设有入洞公路、综合服务楼、售票亭、停车场。

中心景区　包括塞海、龙泉峡、古神州三个景区和湄塘旅游村。1993 年，湄江风景区房地产开发公司投资 7000 万元，修建塞海望月轩、海口亭、游船码头、湄江诗崖、龙泉峡十八小桥、三道崖门观景台、罩门庵、湄塘旅游村主干道、广场、湄江宾馆，配套建设有各景点售票亭、游步道、游船、办公楼。

仙人府景区　1993 年，市粮食局投资 128 万元，修建仙人府洞口坝、洞内歌舞厅，配套建设有景区办公楼、售票亭、观景台、停车坪、洞内灯光、游船及景区游步道。

湄峰湖景区　大江口水库，又名湄峰湖，1974 年动工，1992 年竣工。大坝系双曲拱坝，高 82 米，坝顶长 224 米，气势宏伟、壮观，为全省之首，库容 4180 万立方米，库长 20 多千米。两岸奇峰突兀，危崖千仞，游程曲折回环。20 世纪 90 年代中期，又名湄峰湖景区。

第三节　旅游宣传促销

1994 年 10 月 20 日，举办湖南湄江首游式暨商品交易会，接待游客 10 余万人，创收 400 余万元，引进开发资金 1000 多万元。1996 年，湄江风景区管理处与潇湘电影制片厂、娄底电视台在湄江拍摄电视剧《他们不会忘记》，发放《湄江风光》摄影集 2000 余本。2004 年 9 月 30 日—10 月 6 日，举办首届“多彩湄江·投资福地”旅游文化节暨湄江旅游开发 10 周年纪念活动，接待游客 3 万余人次，创收 21 万余元。2006 年 10 月 7 日，湄江风景区管理处与湖南经视都市频道联合举办中国（涟源·湄江）首届鸟人飞行大赛，吸引国内外 20 余支队伍 30 名运动员参赛，湖南经视全程直播，新浪网在网上向全球同步直播。2006 年 11 月举办湖南湄江岩溶地质公园揭碑开园仪式。至 2007 年，在《湖南日报》《湖南旅游》《中国旅游报》等报刊杂志杂志发表湄江、龙山专题报道 200 余篇。编写《湄江风光》《湄江风韵》《九曲湄江》《湄江风景区导游图》《湄江宣传画册》《龙山森林公园导游图》《龙山风光》等宣传资料 3 万余份，在长沙、娄底举办涟源旅游新闻发布会 10 次。

龙山森林公园导游图

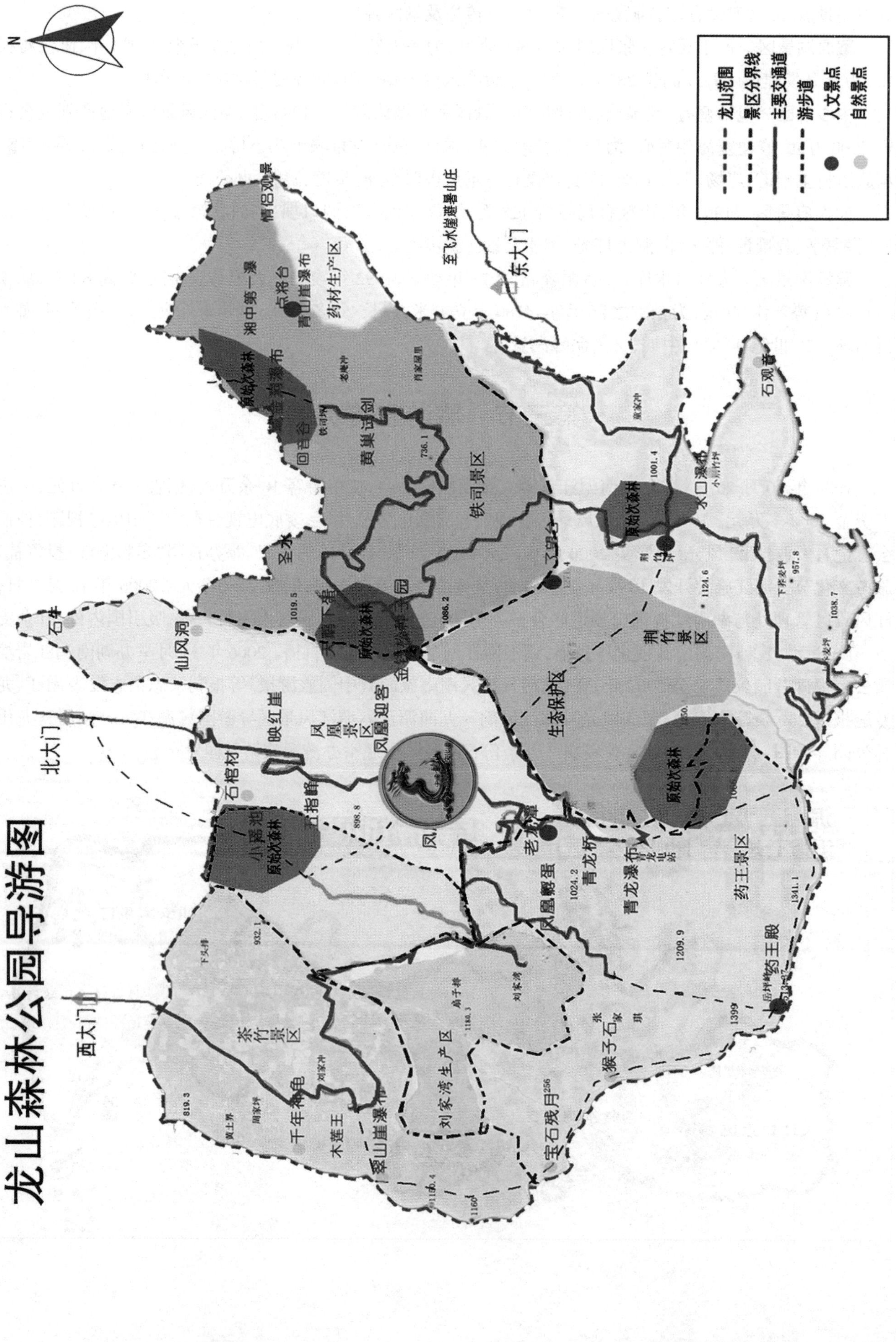
N
龙山范围
景区分界线
主要交通道
游步道
人文景点
自然景点
北大门
西大门
东大门
至飞水崖避暑山庄
石牛
仙风洞
石棺村
映红崖
凤凰景区
凤凰迎客
五指峰
小瑶池
原始次森林
茶竹景区
千年神龟
木莲王
翠山崖瀑布
宝石残月
刘家湾生产区
猴子石
凤凰孵蛋
老龙潭
青龙桥
青龙瀑布
药王景区
药王殿
生态保护区
荆竹景区
铁司景区
黄巢试剑
回音台
金洞瀑布
湘中第一瀑
点将台
青山崖瀑布
药材生产区
情侣观景
圣水
天马下凡
了望台
水口瀑布
石观音

第三章　旅游管理服务

第一节　旅游管理

一　管理机构

1990年5月，成立开发湄江风景旅游资源筹备领导小组，具体负责开发筹备工作。1991年7月，成立市旅游局。1992年3月4日，成立市湄江风景区管理处，与市旅游局合署办公，两块牌子一套人马。1992年6月，撤销大桥乡，设立湄江镇，“三家”合一，湄江被列为全市两大经济开发区之一。1993年7月1日，省政府批准湄江为省级风景名胜区。1995年，湄江风景区管理处与湄江镇人民政府实行“镇处合一”，两块牌子，一套人马。湄江风景区管理处下设五科一室，即资源开发科、经营管理科、资源保护科、市场营销科、财务科和办公室，下辖观音崖、藏君洞、中心景区、大江口、仙人府5个景区管理所和房地产开发公司、接待处(今名湄江宾馆)、门票站3个单位。1992年8月，省林业厅正式批准在国营龙山林场区境内建立涟源龙山森林公园，公园与林场实行两块牌子，一套人马，归口市林业局。1999年5月，市政府批准成立白马湖旅游度假开发区，并成立相应管理机构。2000年9月，成立市飞水崖旅游区，并成立相应管理机构。2006年6月，将白马镇、茅塘镇、杨市镇的有关景区景点归到龙山森林公园范围内，由龙山森林公园管理处统一管理，共同申报国家森林公园。2006年12月，国家林业局批准成立湖南涟源龙山国家森林公园。公园根据景区分布情况，下设龙山景区管理分局、白马湖景区管理分局、飞水崖景区管理分局。

二　旅游行业管理

1996年4月，市政府颁布《关于加强旅游行业管理的若干规定》，为旅游行业管理提供政策依据。5月，成立涟源市旅游质量安全监督管理所，与市旅游局游客投诉站实行两块牌子，一套人马，为市旅游局二级机构，负责各旅游点游客安全，旅游服务质量监管，游客投诉处理等。市旅游局在各景区(点)、火车站等游客集散地公布投诉电话，及时查处旅游纠纷，维护旅游者合法权益。是年，对旅行社实行质量保证金制度。1999年，对全市旅行社实行年检年审制度。全市缴纳足额质量保证金的旅行社有3家，市旅游局对全市涉外餐馆、旅游风景区饭店、船舶、购物中心实行定点挂牌管理，进行年检年审，不达标者，取消定点挂牌资格。2007年，全市受理旅游投诉2起，处理纠纷2起，旅游投诉回复率100%，游客满意率100%，无重大旅游投诉发生。

三　旅游资源保护

1990年3月，市政府批准湄江风景区为市级风景名胜区。6月，颁布《涟源市湄江风景区自然资源管理暂行规定》，成立涟源市旅游景区管理领导小组。1993年7月，省政府批准湄江风景区为省级风景名胜区，各景区(点)内护林防火和动植物保护得到加强，各景区(点)聘请兼职护林防火员，湄江、龙山管理处针对景区群众法律意识淡薄现象，开展普法教育，用广播、标语、资料等形式宣传国务院《风景名胜区管理条例》《湖南省风景名胜区管理条例》《湖南省野生动植物资源保护条例》和《中华人民共和国森林法》。随着景区知名度提升，游客增加，各景区(点)出现乱占乱建等破坏环境现象。2001年8月，市政府颁布《关于加强旅游景区项目管理的通知》,规定凡各旅游区内兴建的项目,均须按相关程序和原则办理。严禁在各景区(点)乱占乱建、擅自放炮开山采砂石,严格保护景区(点)的地形地貌,禁止破坏生态环境。2002年12月,湖南省国土资源厅批准涓江风景区为省级岩溶地质公园。2006年11月,举行湖南涓江岩溶地质公园揭牌开园仪式,建立公园主碑和地质遗迹陈列馆,加强对涓江岩溶地质遗迹的保护。2007年8月,成立涓江国家地质公园申报领导小组,投资700万元,启动涓江国家地质公园申报工作,同时,在景区加强宣传地质遗迹保护,强化地质遗迹保护措施。至2007年底,关停4家小冶炼厂,2个石膏矿,4个采砂场和龙泉峡景区内方解石采石场,拆除违章建筑8处。2009年8月,涓江风景区被批准为国家地质公园。

第二节 旅游服务

1992年3月,市旅游局成立市旅游服务中心(即旅游服务公司),从事旅游市场开拓、促销,开发旅游产品,加强对各景区导游人员、涉外宾馆服务人员的业务管理与旅游企业的业务管理,开展旅游商品生产与销售,开发30多条国内外精品旅游线路,与长沙、株洲、湘潭、衡阳等地100多家旅行社建立合作网络。1996年4月,市旅游局与市十中创建旅游职业学校。7月,市旅游局批准成立涓江旅游服务公司,不久,又批准成立藏君洞、龙山、飞水崖3家旅游服务公司,在各自景区内开展"吃、住、行、游、购、娱"一条龙服务。2002年,市旅游服务中心改为私营,更名围城旅行社。2004年,神州旅行社和蓝天旅行社成立。2006年,锦辉旅行社成立。2007年,全市有围城、锦辉、蓝天、神州等4家旅行社,从业人员40余人(含临时雇请的导游),全年组(带)团500余个,极少接团。全市有二星级宾馆6家,星级农家乐32家,旅游服务公司4家,旅游商品生产点6个。旅游购物主要集中在各景区(点)游客集散地,如涓江蒿子半边街、涓塘旅游村、龙山、白马湖、飞水崖等地方。

1992—2007年,市旅游局组织导游人员、景区管理人员、旅行社经理举办培训班30次,参加省、地(市)旅游系统旅游培训20次。

第三节 旅游效益

1992年,涓江镇依靠旅游立镇,旅游业成为涓江镇重要产业,带动涓江镇村级经济发展,形成涓塘、蒿子两个以旅游经营为主的村落。同时,旅游业也成为龙山林场、包围山林场、洪水岭公园的主要经济来源。2000年,全市接待游客23万人次,其中市外游客3100人次。2004年,接待游客22万人次,其中市外游客2400人次,旅游业收入10万元。以后逐年增长。2007年,形成观光旅游、休闲度假、药疗保健、宗教朝拜等多元化的旅游产品结构体系,重要旅游线路有龙山国家森林公园一日游、二日游,涓江一日游、二日游、三日游,涓江、龙山三日游,洪水岭佛教朝圣、涓江岩溶地质公园、龙山国家森林公园、飞水崖漂流三日游等。是年,接待游客43万人次,比2004年增长95.45%。其中,市外游客2.12万人次,是2004年的8.83倍。旅游业收入30.1万元,比2004年增长201%。

第二十一篇 交 通

1987—1994 年，涟源市投入资金 2.1 亿元，修建公路 467.5 千米，扩建改造公路 388.6 千米，公路铺油硬化 160.8 千米，改水泥路面 14.8 千米，架公路桥梁 33 座 753 延米，行车难的局面得到缓解。

2000 年，涟源率先在娄底市实现村村通公路目标。2002 年 9 月，娄底至涟源二级公路竣工通车。1995—2002 年，全市投入资金 8.95 亿元，修建二级公路 37.5 千米、县道 86.56 千米、乡村道路 2118.36 千米、公路桥梁 62 座 1727.65 延米，铺设水泥路面 115.8 千米。

2004 年，全市完成通乡公路水泥路面 176 千米，通村公路水泥路面 1153 千米，水泥路总里程和进村率进入全省各县(市、区)前列。是年，二广高速(内蒙古二连浩特至广东广州)规划从境内通过。2006 年，完成娄底至新化高速公路勘测设计，两条高速公路在境内交叉，形成公路交通枢纽。2003—2007 年，全市投入资金 4.23 亿元，修建公路 461.10 千米、公路桥梁 12 座 351.4 延米。2007 年，全市拥有公路总里程 4009.52 千米；国家铁路里程 48.024 千米，专用铁路里程 40.03 千米。

第一章 公 路

第一节 公路网络

1987 年，全市有公路 304 条(段)，总长 1288.44 千米。其中，国道 70.1 千米，省道 69.5 千米，县道 239.4 千米，乡道 376.56 千米，村道 488.4 千米，专用公路 53.84 千米。公路密度每万人 14.55 千米，每百平方千米有公路 73 千米。2007 年，公路总里程达到 4009.52 千米。其中，国道 70.22 千米，省道 73 千米，县道 331.70 千米，乡道 782.52 千米，村道 2688.98 千米；专用公路 63.11 千米。公路密度每万人 36.41 千米，每百平方千米有公路 211.16 千米。(见表 21-1)

一 国 道

1987 年，内蒙古锡林浩特至广东海安的 207 国道(锡海线)，自安化县青山冲入境，途经市内伏口镇柏树村、大桥乡、龙塘乡、蓝田街道、三甲乡落马江进入新邵县，境内全长 70.10 千米(三级公路 47.4 千米，四级公路 20.8 千米，等外公路 1.9 千米)。其中，次高级沥青路面 38 千米，其余为中级砂石路面。是年，车流量 1231 辆/24 小时。2001 年，全国公路普查，207 国道在境内全长 70.22 千米。2002 年，娄涟二级公路(娄底至涟源)

图 21-1 207 国道

建成,207国道改从胡家坝上娄涟二级公路,经六亩塘镇秀溪村至三甲乡马埠桥村与原国道重合,改道13.9千米(原蓝田街道九十亭至三甲乡马埠桥段改为县道X071九马线),水泥、沥青路面,宽12米,达到二级公路标准。2007年,207国道在境内全长70.22千米(二级公路24.3千米,三级公路32.22千米,四级公路13.7千米)。其中,水泥路面12.94千米,沥青路面57.28千米。是年,车流量4080辆/24小时。

1987—2007年涟源市公路情况

表21-1 单位:千米

年度	总里程	行政等级						技术等级				路面等级		
		国道	省道	县道	乡道	村道	专用道	二级	三级	四级	等外	高级	次高级	中、低级路面
1987	1288.44	70.10	69.50	239.40	367.20	488.40	53.84	—	104.44	437.08	746.92	—	120.64	1167.80
1988	1288.44	70.10	69.50	239.40	367.20	488.40	53.84	—	104.44	437.08	746.92	—	120.64	1167.80
1989	1292.04	70.10	69.50	239.40	371.90	487.30	53.84	7.40	104.44	437.08	743.12	—	137.54	1154.50
1990	1292.04	70.10	65.80	239.40	371.90	491.00	53.84	14.70	121.64	437.08	718.62	—	163.44	1128.60
1991	1299.8	70.10	65.80	242.50	376.56	491.00	53.84	19.70	120.64	453.18	706.28	8.40	177.84	1113.56
1992	1301.8	70.10	65.80	244.50	376.56	491.00	53.84	19.70	145.94	429.88	706.28	8.40	213.04	1080.36
1993	1301.8	70.10	65.80	244.50	376.56	491.00	53.84	19.70	152.34	429.27	700.49	8.40	232.63	1060.77
1994	1307.06	70.10	65.80	247.20	379.12	491.00	53.84	19.70	161.34	433.02	693.00	8.40	234.33	1064.33
1995	1310.77	70.10	65.80	257.46	372.57	491.00	53.84	19.70	174.34	429.13	687.60	16.80	230.53	1063.44
1996	1317.19	70.10	65.80	265.88	370.57	491.00	53.84	19.70	174.34	437.55	685.60	16.80	230.53	1069.86
1997	1317.19	70.10	65.80	265.88	370.57	491.00	53.84	19.70	174.34	437.55	685.60	16.80	247.53	1052.86
1998	1314.82	70.10	65.80	265.61	368.47	491.00	53.84	19.70	174.34	437.28	683.50	19.00	256.53	1039.29
1999	1314.82	70.10	65.80	265.61	368.47	491.00	53.84	19.70	174.34	437.28	683.50	21.65	256.88	1036.29
2000	1314.82	70.10	65.80	265.61	368.47	491.00	53.84	19.70	174.34	437.28	683.50	23.15	258.18	1033.49
2001	3509.17	70.22	45.97	319.06	829.64	2158.84	85.44	18.37	161.49	651.28	2678.01	59.23	240.16	3209.79
2002	3548.41	70.22	70.51	333.76	829.64	2158.84	85.44	56.32	161.49	680.96	2649.65	110.02	225.67	3212.72
2003	3549.86	70.22	72.61	333.11	829.64	2158.84	85.44	67.62	157.79	672.56	2651.90	125.10	217.83	3206.93
2004	3549.86	70.22	72.61	333.11	829.64	2158.84	85.44	67.62	157.79	672.56	2651.90	194.73	191.38	3163.75
2005	3938.74	70.22	72.61	333.11	879.54	2497.82	85.44	67.62	157.79	722.56	2990.78	273.19	191.71	3473.84
2006	4009.52	70.22	73.00	331.70	782.52	2688.98	63.11	67.62	127.22	1098.01	2716.67	616.93	175.90	3216.69
2007	4009.52	70.22	73.00	331.70	782.52	2688.98	63.11	67.62	127.22	1813.71	2000.97	1369.45	175.47	2464.60

说明:2001年全国公路普查前,大部分村道未纳入年报;2001—2007年,公路总里程中包括以前未上年报的村道

二　省　道

1987年，市境内有省道3条：S1838线（双峰至涟源）、S1810线（宁乡至涟源）、S312线（涟源至溆浦），总长69.5千米。2001年，全国公路普查，S1838线改为S210线（涟源至油木岭）；S312线代号不变，改为湘乡至怀化；S1810线改为县道娄（娄底）枫（枫坪）线。2007年，境内有省道2条，总长73千米。

S210线（涟油公路） 1987年，从双峰县太平寺入境至市城区的双涟公路，境内长42.1千米。其中，三级公路14.6千米，为沥青路面；其余四级公路，为砂石路面。车流量1858辆/24小时。1988年后，数次拓宽改造。2001年，双涟公路改为涟（涟源）油（油木岭）公路，从六亩塘镇秀溪村，经蓝田城区、枫坪镇、杨市镇、荷塘镇、金石镇七里村进入双峰县，过衡阳县至祁东县油木岭，全长217.13千米，境内长45.96千米。2007年，全线成为三级公路，全部为沥青或水泥路面，车流量2513辆/24小时。

S312线（湘怀公路） 1987年，省道涟溆公路境内段从市城区到与冷水江市交界的铎山，长10千米，为沥青路面二级公路。2001年，涟溆公路改为湘怀公路，自湘乡市，经娄星区、涟源市、冷水江市、新化县、隆回县，至怀化市黄茅园，全长342.14千米。涟源境内27.04千米（其中，娄涟二级公路24.54千米，秀溪至冷水江市花桥2.5千米），为水泥路面。

图21-2　S312线（湘怀公路）

三　县　道

1987年，境内县道19条，总长239.4千米。2007年，县道27条，总长331.70千米（其中，水泥路面162.07千米，沥青路面89.37千米）。（见表21-2）

主要县道：

X021线（桥侧公路） 1987年，自桥头河镇甘冲村，与县道华雷公路接线，经株木乡贺家、增加乡，娄底市小碧至湘乡市侧面虎，境内13.14千米。几经改造，路基宽7.5~8米，路面宽6~7米。三级公路8.72千米，四级公路4.42千米。2007年，车流量2219辆/24小时。

X024线（娄枫公路） 1987年，娄枫公路为省道宁涟线一段，自娄底市（今娄星区）神童湾，经斗笠山镇祖师殿、香花台至枫坪乡杨梓，境内全长17.08千米。1988年后，几经改造，路基宽9米，路面宽7.5米。全线为三级公路，沥青路面。2001年，全国公路普查时改为县道。2007年，车流量4338辆/24小时。

X027线（华雷公路） 1987年，从桥头河镇华婆坳处207国道接线，经镇内龙建、甘冲，湘波镇的檀山、虎溪，七星乡的同方，至仙洞乡的仙洞、雷鸣洞，全长29.37千米。1991—1992年拓宽铺油改造。1994—1995年，桥头河镇城区中心地段改道为绕城而过，改道线路全长2.68千米，新修桥头河大桥，按二级公路标准设计。1999—2000年，全线铺油，三级公路17.62千米，四级公路11.75千米。2007年，车流量2057辆/24小时。

X028线（祖桥公路） 1987年，自斗笠山镇祖师殿处省道宁涟线接线，经渡头塘乡至桥头河镇，全长9.47千米。为境内主要煤运线，娄底市（今娄星区）通往安化县、常德市等地的必经之道，车流量大。1991年6月，采用“民办公助、民工建勤”方式，砂石路面改沥青路面（简称砂改油），12月竣工。2004年，全线油路改水泥路面。2007年，全线长12.43千米，境内管辖9.47千米，为平原微丘四级公路，路基宽8~8.5米，路面宽5~

6.5 米。有大桥 2 座，小桥 2 座，车流量 4759 辆/24 小时。

X036 线(珠古公路) 1987 年，从珠梅乡珠梅村处 207 国道接线，经安平镇、至古塘乡周家坪，全长 27.03 千米(珠梅至古塘 22.2 千米，古塘至周家坪 4.83 千米)。路基宽 6~6.5 米，路面宽 4.5~5 米。2004 年后，全线改建成水泥路面 25.93 千米，沥青路面 1.1 千米。其中，三级公路 13.4 千米，四级公路 13.63 千米。

图 21-3 珠(珠梅)古(古塘)公路

X037 线(蓝芙公路) 1987 年，起于蓝田街道，经六亩塘街道、毛坪乡，至芙蓉乡黄龙村，全长 9.7 千米，市内主要煤运线。1990 年，拓宽，砂改油，四级公路 3.39 千米，三级公路 6.3 千米。路基宽 8 米，路面宽 6 米。1999 年，全线沥青路面改为水泥路面。2007 年车流量 2762 辆/24 小时。

2007 年涟源市县道一览表

表 21-2 单位：千米

线路编号	线路名称	起止地点	全长(千米)	技术等级		路面类型	
				三级	四级	砼路面	油路面
涟源市公路局管辖县道			150.02	63.12	86.90	61.11	82.91
X021	桥侧线	桥头河—侧面虎	13.14	8.72	4.42	—	13.14
X024	娄枫线	娄底—枫坪	17.08	17.08	—	4.48	12.60
X025	斗氮线	斗笠山—氮肥厂	6.10	—	6.10	2.10	4.00
X027	华雷线	华婆坳—雷鸣洞	29.37	17.62	11.75	3.40	25.97
X030	白漆线	白毛港—漆树	18.80	—	18.80	7.50	11.30
X034	杨潭线	杨市—潭溪	16.80	—	16.80	21.10	14.80
X036	珠古线	珠梅—古塘	22.20	13.40	8.80	21.10	1.10
X037	蓝芙线	蓝田—芙蓉	9.70	6.30	3.40	9.70	—
X066	同田线	同方—田湖	2.13	—	2.13	2.13	—
X071	九马线	六十亭—马埠桥	14.70	—	14.70	8.70	—
涟源市县乡公路管理站管辖县道			181.68	—	181.68	100.96	6.46
X012	七江线	七里—江边	3.40	—	3.40	3.40	—
X018	七西线	七里—西坪	16.97	—	16.97	16.97	—
X022	水增线	水口—增加	5.03	—	5.03	—	—

续表 21-2

线路编号	线路名称	起止地点	全长(千米)	技术等级		路面类型	
				三级	四级	砼路面	油路面
X025	水氮线	水洞底—氮肥厂	3.77	—	3.77	3.77	—
X026	贺株线	贺家—株木	6.01	—	6.01	6.01	—
X028	祖桥线	祖师殿—桥头河	9.47	—	9.47	9.47	—
X029	柏七线	柏家—七星	11.40	—	11.40	11.40	—
X030	漆联线	漆树—联盟	2.97	—	2.97	2.97	—
X031	安大线	安坝—大江口	13.77	—	13.77	13.77	—
X032	九渡线	九十亭—渡头塘	25.04	—	25.04	—	—
X033	枫观线	枫坪—观山	4.69	—	4.69	4.69	—
X034	白潭线	白马—潭溪	10.58	—	10.58	7.30	—
X035	三茶线	三角塘—茶园	18.19	—	18.19	9.85	6.46
X036	古周线	古塘—周家坪	4.83	—	4.83	4.83	—
X038	马长线	马埠桥—长岭坳	10.50	—	10.5	4.70	—
X072	卡慕线	卡门—慕长	1.60	—	1.60	—	—

说明:1. 水增线(X022)由乡镇自养;2. 柏七线(X029)原为专用公路,2001 年公路普查,改为县道,未列入县乡公路站管养;3. 珠古线(X036)包括珠古线和古周线两段

四　乡村道路

1987 年,全市有乡道 29 条 367.2 千米。其中,四级公路 10 千米,其余为等外公路,砂石路面。村道 239 条(段)488.4 千米,多为路基宽 4.5 米以下的等外公路。2007 年,全市乡道 126 条 782.52 千米。其中,四级公路 406.59 千米,等外公路 375.93 千米。村道 1015 条 2688.98 千米。其中,水泥路面 1084.3 千米,砂石路面 1102.1 千米。

主要乡道:

Y106 线(君檀公路)　自县道华雷线君子塘处接线,经车田、桂花、东石到檀山,全长 10.55 千米,平原微丘四级公路,砂石路面。路基宽 7~8 米,路面宽 5~6 米。大桥 1 座。

Y107(湄七公路)　自 207 国道湄江镇处接线,经排门、肖家、金井至七星街镇,全长 10.75 千米,山岭重丘四级公路,境内重要煤运线。2004 年,全线路面硬化。

Y132 线(唐沃公路)　自县道珠古线安平镇唐家村处接线,经安平镇岩下村至龙塘乡沃草煤矿,重要煤运线,全长 12.36 千米,山岭重丘四级公路。路基宽 6~6.5 千米。2006 年,唐家至岩下 6 千米改造成水泥公路。

Y149 线(猫桐公路)　自 207 国道猫山处右接线,经岛石、天子地、浆江至县道珠古线桐子岭,重要煤运

线，全长13.7千米，山岭重丘四级公路。2000年，改建猫山进口处2.5千米为水泥路面。2006—2007年，余下11.2千米改建成水泥路面。

Y125线（吴石公路）　自207国道伏口镇吴家桥处接线，经温泉至石联，全长11.63千米，重要煤运线，山岭重丘四级公路。路基宽5.5~6.5米，路面宽4~4.5米。2006年，吴家桥至温泉6千米改建成水泥路面。

Y167线（三龙公路）　自三甲乡玉峰村处接原207国道，至三甲乡龙门村，全长12千米，山岭重丘四级公路。路基宽6~6.5米，路面宽4~4.5米。中桥1座，小桥3座。2007年，全线改建成水泥路面。

五　专用公路

1987年，驻涟源中央省属厂矿、部队，市属农场、林场、水库，修建专用公路15条53.8千米。其中，沥青路面21.5千米，水泥路面9.82千米。几经变更、改造。2007年，全市专用公路9条63.11千米。其中，三级公路2条5.4千米，四级公路7条57.7千米。水泥路面4条30千米，其余为沥青路面或砂石路面。

2007年涟源市专用公路

表21-3　　单位：千米

线路编号	线路名称	起止地点	全长(千米)	技术等级		路面状况	
				三级	四级	水泥路	砂石路
Z004	雷黑线	雷鸣洞—黑水氹	5.50	—	5.50	—	5.50
Z005	野四线	野鸭塘—四方山	1.10	—	1.10	—	16.63
Z006	田上线	田湖—上甘溪	6.82	—	6.82	6.82	—
Z007	杨湄线	杨市—湄水	16.63	—	16.63	—	16.63
Z008	峡芙线	峡山—芙珂	4.00	—	4.00	—	4.00
Z009	龙丰线	龙塘—丰瑞	5.87	—	5.87	—	5.87
Z010	沙大线	沙河—大坳	17.78	—	17.78	17.78	—
Z011	洞煤线	洞庭—煤机厂	1.52	1.52	—	1.52	—
Z012	黄利线	黄龙—利民	3.88	3.88	—	3.88	—

六　高速公路

二广（内蒙古二连浩特至广东广州）高速公路安邵段（安化梅城至邵阳）　2007年筹建，市内主线长57千米。设计采用四车道高速公路标准建设，设计时速100千米，路基宽26米。由益阳市安化县进入涟源市境内，经伏口镇、湄江镇、龙塘乡、石马山镇、白马镇至邵阳市新邵县。境内计划设伏口、娄底、涟源东、涟源枢纽、白马5个互通，互通联络线长17千米。

图21-4　安邵高速公路开工动员大会

娄新（娄底至新化）高速公路　2007年筹建，市境内长48千米。规划由娄星区入境，经水洞底镇、杨市镇、枫坪镇、石马山镇、蓝田街道、三甲乡进入冷水江市。按4车道标准设计,路基宽26米。设计时速100千米。

二广高速公路和娄新高速公路在涟源市石马山镇境内成“+”字交叉。

第二节 公路建设

一 国 道

1987年,207国道完成财溪乡落马江段7.5千米砂石路面配套工程,境内三级公路47.4千米,四级公路20.8千米。1989年,完成落马江段3千米铺油改造。是年,珠梅段8千米砂改油。1991—1992年,完成青山硫铁矿至白毛港(原青山硫铁矿至田湖铁矿的厂区公路,后并入207国道)12.4千米砂改油工程。1994年5—8月,伏口镇、湄江镇组织5000多名干部群众,义务扩建伏口至湄江段13.8千米。是年,下石塘至珠梅乡河东村段3.59千米拓宽铺油、安(安坝)伏(伏口)段(K2479—K2491)12千米拓宽,达到三级公路标准。1995—1996年,河东村至六十亭胡家坝收费站段8.42千米拓宽改造,达到二级公路标准。1997年,安伏段拓宽改造铺油,总投资220万元。是年,九十亭2.2千米油改砼,投资86.3万元。1998年,杨家湾至华婆坳段铺油10.4千米,油路面宽6米,投资103.53万元。2000年,K2473+200至2479+200段6千米油路大修。2002年,马埠桥至落马江段5.51千米改造成二级公路1.99千米,三级公路3.52千米。2007年,境内国道二级公路24.3千米,三级公路32.22千米,四级公路13.7千米。其中,水泥路面12.94千米,沥青路面57.28千米。

二 省 道

涟油公路 1991年,双涟公路常林至枧埠段进行砂改油,投资307.3万元。1994年,K27~K41.5段14.5千米铺油改造。1995年,光田湾至城区4.32千米水泥路改造。1998年,秀溪至城区人民桥3.29千米油改砼。1999年,枫坪镇政府所在地550米路段投资22万元,进行油改砼。2000年,荷塘镇政府所在地800米路段进行油改砼。2001年,涟油公路杨市镇跨铁路立交桥改建,完成改线工程18千米,路基宽15米,路面宽12米,投资380万元。2007年,市境内线段全部改造成三级公路,沥青或水泥路面。

湘怀公路娄涟段 1998年6月3日,开工建设娄涟二级公路,自娄底市(今娄星区)西阳乡粟家塘娄湘公路K47+549处,经斗笠山镇、渡头塘乡、桥头河镇、石马山镇、蓝田街道、六亩塘镇,至三甲乡马埠桥与国道207线相连处,为湘怀公路一段。2002年9月28日竣工通车,工程总造价5.14亿元。全长59.96千米(主线57.32千米),市境内38.34千米(主线35.7千米,联络线2.64千米),为水泥路面,路基宽15米,路面宽12米。市境内段有大桥3座,小桥7座,跨线桥8座,分离式立交桥14座。主线设计时速80千米,最大纵坡5%。

三 干线县道

1987年以前,干线县道等级低,路况差,为四级或等外公路。1988年开始进行拓宽改造,铺设沥青路面或水泥路面。1989—1992年,拓宽改造华雷线20.7千米,全线铺油。1994—1995年,桥头河镇城区中心地段改道为绕城而过,改道线路长2.68千米,建桥头河新大桥,长308米,路基宽17米,路面宽14米,达到二级路标准,投资2083万元。同期,杨白线9.5千米拓宽改造。1994—1998年,桥侧线12.3千米砂改油。1998—2000年,珠古线古塘段6.25千米砂改油。2002—2003年,珠古线6.5千米和斗水线6.3千米砂改油。2004—2006年,珠古线剩余砂路14千米和白漆线18.4千米进行水泥路面改造。2007年,涟源公路局管养的10条150.02千米县道中,有三级公路63.12千米,四级公路86.90千米。其中,水泥路面61.11千米,沥青路面82.91千米。

四 农村公路

路面砂改油 1988以前,县(市)乡公路管理站管养17条县道181.68千米,等级低、路况差、通行能力低。1990年以后,采取民办公助、民工建勤、政府适当补助方式,拓宽、砂改油。1991—1993年,投资9000万元完成祖师殿至桥头河、安坝至大江口、三角塘至田心坪线路砂改油29.1千米。对县道太平寺至甘棠线涟源段、荷叶塘至八十亭、漆树至新化县田坪、白马至潭溪、九十亭至渡头塘路面加宽改造,达到四级公路标准。1995年,对主要县乡道进一步进行改造建设。1997年,三角塘至田心坪线杨柳至白马2.8千米砂改油;1999—2000年,七里至灌涠线砂改砼10.6千米。

通乡水泥路建设 2001年,涟源市编制2000—2020年农村公路发展规划。按"民办公助、民工建勤、以奖代投"原则在娄底市县乡公路建设上率先启动县乡公路建设"星火计划"。是年,投入资金2700万元,完成三(三角塘)田(田心)线、安(安坝)大(大江口)线、枫(枫坪)观(观山)线等10个工程项目,建成水泥路面90千米。2002年11月18日,娄底市县乡公路水泥路建设现场会在涟源召开。是年,投入资金1200万元,建成水泥路面40千米。2003年5月18日,荷塘镇大(大河坝)八(八十亭)线改造工程破土动工,投资500多万元,建设水泥路面14千米。9月4日,召开全市县到乡镇公路改造动员大会,决定用3年左右时间,完成全市13条县乡公路170.4千米的水泥路面硬化任务。至2006年底,完成通乡公路硬化工程项目13个176千米。完成太(太和)杉(杉树庙)线国防公路和茅塘至龙山旅游公路18千米路面硬化工程。2001—2006年,投入资金10948万元。其中,国家和省交通部门补助5248万元,其余为市、乡镇自筹。通乡公路、通村公路建设,涟源一直名列娄底五县(市、区)之首。

通村水泥路建设 2005年,市政府相继下发《涟源市农村公路建设2005年"通畅工程"实施意见的通知》《关于对2006年乡镇交通建设工作实行目标管理的通知》,确定全市农村公路建设"5329"奋斗目标:用5年时间,投资3亿元,完成2000千米(包括乡、村道水泥路)建设里程,90%的行政村通水泥公路。确立交通发展由数量扩张为主转变为以质量提高为主,数质并重的发展战略,对农村公路建设实施规范化管理、程序化施工。2006年,全市农村公路建设全面启动,列入"十一五"期间规划村道水泥路建设里程1639千米。是年,完成通村公路水泥路510千米,省交通厅验收合格472千米,比原计划160千米增加近2倍;次年完成681千米,比原计划290千米增加1倍多。两年的建设规模和工程质量在全省122个县市区中名列前茅。茅塘镇、斗笠山镇实现村村通水泥路目标。2007年3月份,娄底市在涟源召开农村公路建设现场会,推介涟源经验。2007年4月4日,《湖南日报》头版头条刊发涟源农村公路建设典型事迹。

图21-5 石马山镇朱泉村村级公路

五 渡改桥工程

2005年,涟源市开始全面启动撤渡改桥工程。全市28处渡口"渡改桥"工程纳入"十一五"规划。至2007年,完成8处,总投资640万元,其中国家补助220万元。

第三节 公路养护

一 干线公路养护

1987—1993 年,市公路段对干支线的养护推行亦工亦农轮换制度。轮换工来自农村,一般 2~3 年轮换一次,分期分批交叉轮换。1994 年,市公路段更名市公路局,将偏远的白漆线、珠古线、桥侧线交由当地乡镇管养。1996 年 4 月上旬,打破“大锅饭”,对全市干支线 115 名养路工进行优化组合。1997 年,实行“分灶吃饭”,成立干支线公路管养公司,进行企业化管理。2001 年,体制上收,在娄底市公路局统一部署下,成立养护大队。2004 年,管养分离,局机关设养护股,行使业主管理职能。下设养护公司,负责日常养护生产管理。国路国养和国路民养齐头并进,将 70 余千米支线向社会发包。2007 年,市公路局管养干支线 268.70 千米。其中,国道 70.22 千米,省道 48.46 千米,县道 150.02 千米。完成路面病害处治 24500 平方米。消耗沥青 127.9 吨,砂材 1946.5 立方米,投入机械台班 870 台次;清挖边沟 6.74 万延米,新开死水沟 2050 延米;处治油路啃边 2700 平方米,铲挖反坡 4100 平方米,整平路肩 18.7 万平方米;修复水毁工程投资 9.8 万元。绿化公路 105.35 千米。其中,国道 28.02 千米,省道 48.03 千米,县道 29.30 千米。完成全线桥梁、路况统计及 140 千米公路安保设施的路网调查及上报,制作桥梁安全责任牌 46 块。全年好路率平均 90.26%。其中,国道 84.12%,省道 93.86%,县道 92.08%。是年,有养护站 16 个,养路工 180 人。

1988—2007 年涟源市公路管理局管养公路情况

表 21-4

年 度	年末管养公路里程(千米)				年末好路率(%)			
	合 计	国 道	省 道	县 道	平 均	国 道	省 道	县 道
1988	248.10	70.10	57.50	120.50	54.40	70.20	85.10	28.60
1994	248.10	70.10	57.50	120.50	75.50	75.70	90.20	68.70
1997	256.40	70.10	65.80	120.50	58.10	61.30	71.80	49.00
2000	256.40	70.10	65.80	120.50	59.10	59.80	59.10	58.80
2003	268.31	70.22	48.07	150.02	77.20	79.70	92.90	2.00
2005	268.70	70.22	48.46	150.02	84.10	80.30	91.70	83.20
2007	268.70	70.22	48.46	150.02	90.26	84.12	93.86	92.08

二 县乡村公路养护

1987 年,县乡村公路长 606.6 千米,纳入市交通部门常年实际管养的县乡道 181.68 千米,县乡公路好路率 84.3%,获娄底地区县乡公路评比第一名。有养护工班 24 个,农民代表工 134 人。是年,推行“主要路段精心养,水毁路段及时养,公路桥梁日常养,施工路段不弃养,抓住天气灵活养,区分季节重点养”方法。2007 年,县乡村公路 3788.5 千米,占全市公路总里程 94.6%。其中,县道 317 千米,乡道 782.52 千米,村道 2688.98 千米。纳入市交通部门常年实际管养的县道 292.22 千米,常养率 92.2%;常养乡道 71.55 千米,常养率 9.1%。

完成投资 14.7 万元，修复挡土墙 518 立方米，路面 2 千米，涵洞 21 处146 延米。对 151 座县乡公路桥梁进行普查，采取相应处置措施。全年好路率平均 82%。其中，县道 83.77%，乡道 77.63%。全市县乡公路绿化里程 1095.83 千米，占总里程的 31%。是年，有养护工班 26 个，农民工 157 人。

市境内未纳入县乡公路管理站常养的部分乡道和所有村道，采取乡（镇）管村养的方式进行季节性养护。2007 年，全市有 3400 千米农村公路没有纳入交通部门常养范围，失管失养现象严重，除已硬化的路段外，其他路况普遍较差。

1987—2007 年涟源市县乡公路常养公路情况

表 21-5

年度	养护里程（千米）			养路工班（个）			养路工（人）			好路率（%）		
	合计	县道	乡道	合计	县道	乡道	合计	县道	乡道	年平	县道	乡道
1987	197.40	120.90	76.50	24	17	7	134	91	43	84.30	83.50	83.50
1990	210.60	122.10	88.50	26	18	8	157	104	53	84.62	89.50	75.20
1995	218.43	136.96	81.47	25	17	8	170	108	62	58.96	60.13	57.37
1997	228.85	145.38	83.47	26	18	8	178	117	61	58.20	5858	57.54
2000	227.18	145.11	82.07	26	18	8	157	107	50	7.78	78.45	76.61
2001	240.96	164.15	76.81	26	19	7	157	115	42	75.41	78.45	68.18
2002	235.70	164.15	71.55	26	19	7	187	115	72	84.28	77.48	75.23
2003	226.50	148.93	77.57	26	19	7	157	115	42	84.28	87.50	75.23
2004	228.57	149.15	79.42	26	19	7	157	115	42	79.51	82.50	75.23
2005	254.74	183.19	71.55	26	19	7	157	115	42	80.35	93.47	87.05
2006	246.70	175.81	70.89	26	19	7	157	115	42	80.35	83.21	73.97
2007	246.68	175.81	70.87	26	19	7	157	115	42	82.00	83.77	83.77

三 专用公路

境内专用公路由修建和受益单位自管自养，未纳入市交通部门常养范围。

四 修复水毁工程

1987—2007 年，市内发生特大洪灾 10 余次。

1995 年 6 月 30 日至 7 月 2 日，全市连降暴雨，山洪暴发，207 国道落马江桥被冲毁，县道马埠桥至长岭坳山体滑坡 6000 立方米，县道大八线无法通车，斗（斗笠山）水（水洞底）线 6.2 千米路面基本被毁，其他干支线、县乡道多处被毁。冲毁路面 55.8 千米，82187.5 平方米；桥梁 2 座 25 延米；涵洞 58 处 430 米；挡土墙 34 处 6683 立方米；倒塌围墙 12 米。灾后投入抢险人力 300 余人，投入机械设备 280 台次，经半个月奋战，全市公路恢复通车。

1998年5月21—22日，全市骤降暴雨，山洪暴发，交通中断，冲毁干支线路段5千米、挡土墙900立方米、桥涵3处，塌方2200立方米。冲毁县乡道路基0.6千米，250立方米；冲毁油路段5千米，8500立方米；冲毁油路面46千米，11000余立方米；冲毁桥梁2座18延米，涵洞29处，挡土墙57处8500立方米；塌方72处69330立方米；冲毁工班房1栋18平方米；冲走渡船3艘。灾后全市组织人力、物力、财力救灾抢修，主要公路水毁路段于5月28日完成抢修。

图21-6 交通抢险

2005年5月31日晚，市境内遭遇百年罕见的特大洪灾，中断县乡村公路60条，冲毁公路750处720千米，受损桥梁126座。抢险救灾中，交通系统投入150万元，工程机械设备380台次。修复中小桥梁61座，砌挡土墙76处8200立方米，清理修复涵洞265延米，恢复路面35处6400平方米，清理山体塌方26处2.5万立方米。

第二章 铁 路

第一节 国家铁路

沪昆线 1987 年，株洲至贵阳的湘黔铁路市境内段东起水洞底镇竹脚村 K1237+000 处，经杨家滩镇、枫坪乡、马家境街道、蓝田街道、六亩塘街道，西止财溪乡硐下村 K1282+000 处，长 45 千米。1995 年 9 月，涟源管内涟源、杨市、荷叶、观山、金盆湾、底下、竹冲 7 个火车站实现电气集中联锁，结束人工扳道历史。1998—1999 年，株洲至六盘水段加修复线，2000 年 12 月 20 日，株六复线全线通车，涟源管内铁路实现复线双轨，电脑集中控制，提高列车通过能力和安全系数，列车由原来 30 对，增加至 90 多对，年通过能力由原来 3000 万吨提高到 9000 万吨。铁路道口（铁路与公路的平面交叉之处）全部改为立交形式，改立交道口 14 处。2007 年 7 月 1 日，沪杭、浙赣、湘黔、贵昆四线合并为沪昆（上海至昆明）铁路，总长 2864 千米，涟源管内沪昆线长 45 千米，复线电气化 I 级铁路。

娄邵线 娄邵铁路为沪昆铁路支线，起于娄星区，经涟源、双峰、邵东，至邵阳市。涟源段（金石镇江边村至大桥村）长 3.02 千米。由娄底车务段管辖。

第二节 专用铁路

1987 年，市境内有专用铁路 10 条 41.62 千米。2000 年以后，相继废止涟源石油库专用线、省锻造厂专用线、省煤机厂专用线。2007 年，有专用铁路 7 条 40.03 千米。

2007 年涟源市专用铁路

表 21-6

线 路	出岔地点	长 度（千米）	
		全 长	市境内长
娄底至田湖铁路	娄底站	29.27	18.07
涟钢至香花台铁路	涟钢站	14.60	8.10
涟源至渣渡铁路	涟源站	10.66	9.86
杨市至部队仓库铁路	杨市站	2.61	2.61
荷叶至金竹山煤矿铁路	荷叶站	0.68	0.68
顺鑫钢铁有限公司专用线	涟源站	0.23	0.23
涟源市煤炭公司专用线	涟渣线 K4+676	0.49	0.49

第三章　交通设施

第一节　桥　梁

一　人行桥

市境内人行桥有石拱桥、木架桥、砼板桥和亭式桥等。

1987 年,全市有长 5 米以上的人行桥 610 座。此后,随着交通事业的发展,不少人行桥被改建为公路桥、铁路桥。2003 年 1 月,湄江镇秀加村履复渡口建成横跨大江口水库湖面的钢索桥,长 228 米,宽 1.8 米。2005 年,石马山镇乌鸡坝村渡口建成长 45 米的钢索桥。2006 年,龙塘乡新石桥村渡口改建砼梁桥。2007 年,全市长 5 米以上的人行桥 300 余座。

图 21-7　新车桥

二　公路桥

1987 年,市境内有公路桥 191 座 5305.72 延米。其中,大、中型桥 85 座。1987—2007 年,修建公路桥 107 座 2832.05 延米。其中,国省道干支线 10 座 650.7 延米;娄涟二级公路 18 座,分离式立交桥 14 座;县乡村道 55 座 1213.05 延米;城镇修建 2 座;渡改公路桥 8 座。2007 年末,市境内有公路桥 298 座 9398.95 延米。其中,单孔跨径 20 米以上或多孔跨径 30 米以上的大中型桥 121 座,最长最宽的是县道华雷线桥头河新大桥。

桥头河新大桥　位于县道华雷线(X027)K7+200 处,桥头河镇兴家村跨湄水至桥头河镇桥头山村,全长 308 米。其中,跨河主桥长 172 米,陆上引桥长 136 米。桥型为板拱、石墩台结构,跨径 156 米。其中,42 米跨径 2 孔,9 米跨径 8 孔。桥面全宽 17.8 米,净宽 14 米。1994 年动工,1995 年竣工。

图 21-8　桥头河新大桥

石狗滩大桥　1998 年始建,2002 年通车。位于桥头河镇余家村,省道 312 线(湘乡至怀化)K81+961(娄涟二级公路)处,跨涟水。全长 147.58 米,桥面宽 15 米(行车道宽 14 米),3 孔,跨径总长 90 米,桥型为钢筋混凝土 T 型梁桥,重力式桥台。

六甲大桥　1998 年始建,2002 年通车。位于三甲乡六甲村,国道 207 线 K2527+344 处,跨涟水上游和沪昆铁路。全长 129.05 米,桥面宽 12 米(行车道宽 11 米),5 孔,跨径总长 125 米,桥型为钢筋混凝土 T 型梁桥,桩(柱)式桥台。

1987—2007 年涟源市新改建主要公路桥梁一览表

表 21-7

桥 名	所 在 线 路	全长(延米)	孔×跨径(米)	建成时间
吴家桥	锡海线(国道 207 线)	77.20	3×20	1995.06
六甲大桥	锡海线(国道 207 线)	129.05	5×25	2002
人民桥	涟油线(省道 210 线)	59.80	1×40	1987.12
枫坪立交桥	涟油线(省道 210 线)	27.00	1×9.12	2000 年改建
麻古石桥	涟油线(省道 210 线)	25.80	1×15	1992.10
枧埠桥	涟油线(省道 210 线)	48.00	3×7.5	1992.09
荷塘桥	涟油线(省道 210 线)	26.20	1×15	1992.12
杨梓桥	涟油线(省道 210 线)	25.90	2×12	2002.10 重修
枫树塘桥	娄涟二级公路(省道 312 线)	17.00	1×8	2002.09
石狗滩大桥	娄涟二级公路(省道 312 线)	148.00	3×30+2×25	2002.09
石狗滩中桥	娄涟二级公路(省道 312 线)	43.70	3×13	2002.09
拖坪桥	娄涟二级公路(省道 312 线)	35.00	1×10	2002.09
朱泉桥	娄涟二级公路(省道 312 线)	36.50	1×13	2002.09
石门桥	娄涟二级公路(省道 312 线)	30.40	1×13	2002.09
温江河大桥	娄涟二级公路(省道 312 线)	67.50	1×42	2002.09
群英桥	娄涟二级公路(省道 312 线)	31.50	1×13	2002.09
胡家坝匝道桥	娄涟二级公路(省道 312 线)	27.60	1×16	2002.09
胡家坝跨线桥	娄涟二级公路(省道 312 线)	58.00	2×20	2002.09
胡家坝中桥	娄涟二级公路(省道 312 线)	85.00	4×20	2002.09
洪兴小桥	娄涟二级公路(省道 312 线)	21.00	1×9	2002.09
树观山大桥	娄涟二级公路(省道 312 线)	115.00	1×43	2002.09
洪兴中桥	娄涟二级公路(省道 312 线)	83.00	2×25+2×16	2002.09
毛坪小桥	娄涟二级公路(省道 312 线)	30.00	1×13	2002.09
秀溪中桥	娄涟二级公路(省道 312 线)	43.50	2×16	2002.09
桥头河新大桥	华雷线(县道 X027 线)	308.00	2×42+9×8	1995.10
响水桥	白漆线(县道 X030 线)	6.00	1×5	2003.12
蒋家桥	华雷线(县道 X027 线)	46.20	2×20	2001.07
砂石桥	七里—山斗	9.00	1×5	1991.11 改建

续表 21-7

桥　名	所 在 线 路	全长(延米)	孔×跨径(米)	建成时间
大水一桥	七里—山斗	10.60	1×9	1995.10
大水二桥	七里—山斗	10.00	1×8	1995.11
友谊桥	樟木—孙家桥	29.00	1×12.8	1999.09
孙家桥	樟木—孙家桥	35.00	1×30	1997.11
钟山桥	樟木—孙家桥	21.50	2×6	1996.09
水府庙大桥	桥头河—水府庙	58.00	2×25	1992.10
栗山大桥	湄江—七星	89.50	3×25	1992.10
东坪桥	茶亭—久施	30.00	2×9+1×8	2000.01
青烟跨线桥	青烟—鸟溪	37.00	1×12+2×9	1999.04
金福桥	杨梓—沙河	42.00	1×25+1×10	1991.01
道童平板桥	茅塘—石碑	25.00	5×4	1997.01
罗花跨线桥	黄土边—大冲	42.00	1×40	1997.01
大兴桥	雄狮—大樟	11.25	1×6	1998.01
大樟桥	雄狮—大樟	20.30	3×6	1998.01
檀木桥	檀木—和合	16.30	1×13	1990.01
桐意桥	檀木—和合	8.80	1×5	1995.11
温江新桥	温江—桃梅	40.00	1×30	1997.11
泉冲村桥	白马—泉冲	6.80	1×5	1996.10
社教桥	田心—师乐	14.00	1×10	1991.10
达标桥	田心—师乐	8.00	1×5	1995.12
双龙桥	沙河—大坳	9.00	1×7.4	1995.12
龙凤桥	沙河—大坳	9.00	1×7.5	1995.12
沙龙桥	沙河—大坳	7.60	1×6.3	1995.12
向阳桥	向阳—塘边	18.00	1×10	1995.11
同心桥	红土—理珊	6.40	1×5	1994.11
丰树桥	绕月—先锋	20.10	2×8	1993.10
龙家桥	付田—马顶	11.80	1×10	1991.10

续表 21-7

桥 名	所 在 线 路	全长(延米)	孔×跨径(米)	建成时间
杨家桥	塘湾—令家	6.00	1×5	1990.09
集百桥	集合—兔木冲	7.20	1×5	1995.10
东胜桥	东冲—新塘	52.00	3×15	1999.10
相思桥	林家—志林山	18.00	1×15	1992.10
小康桥	石坑—桐梓	16.80	1×15.5	1991.09
和平大桥	杨市—杨梓	67.00	2×25	1995.10
株易桥	快溪—仁丰	12.00	1×10.8	1991.10
东言桥	东界—言忠	8.00	1×5	2000.10
言忠桥	东界—言忠	7.50	1×5	1993.11
团结桥	四房—和平	62.00	2×25	1990.10
鹅公桥	塞海湖—罗家坳	17.00	1×15	1990.10
水碧桥	水碧—道童	21.00	2×8	1993.10
洪福桥	三协—王家	17.20	1×8	1993.10
世纪桥	矮边—井洋	20.00	1×15	2000.10
金家村桥	杨沙线	6.00	1×5	1989.01
戴家坟山桥	檀木—和合	16.30	1×7.6	1989.10
沙河桥	茅塘—龙山	17.00	1×10.6	1989.10
平安桥	伏口镇内	19.00	2×8	1989.11
庙边桥	白马镇内	24.50	1×20	1989.11
桎木桥	荷叶塘—八十亭	12.00	1×8	1987.11
桎木塘桥	荷叶塘—八十亭	10.50	1×8	1987.11
礼湾一桥	荷叶塘—八十亭	12.00	1×8	1987.09
礼湾二桥	荷叶塘—八十亭	10.60	1×8	1987.01
金铃桥	祖师殿—桥头河	12.20	1×6.5	1987.04
神新桥	荷塘镇内	8.50	1×8	1987.11
白马溢道桥	学足—白足	62.00	1×40	2007.10
同心桥	环大江口水库公路(马方溪村)	24.80	1×16	2001.10

三 铁路桥

1987年,市境内有铁路桥18座。1989年,建成双桂溪一道桥和双桂溪四道桥。1995年,建成涟源站立交桥。1998—1999年,株洲至六盘水段加修复线,铁路桥梁增加13座。2007年,市境内有铁路桥34座1521.62延米。其中,沪昆线26座1151.9延米;娄(娄底)插(插花庙)线4座173.7延米;涟(涟源)渣(渣渡)线3座180.02延米;涟(涟钢)香(香花台)线1座16延米。最长的为1999年修建的硐下桥,全长264.7米。沪昆线市境内涵洞184个。其中,跨径2米以上的立交涵洞84个,跨径2米以下过水涵洞100个。

2007年涟源市铁路桥梁一览表

表21-8

桥 名	所处铁路位置	所在乡、村位置	桥梁结构	全长(米)
罗家村桥(下行)	沪昆线K1249+280	杨市镇梧桐村	1—16普通钢筋混凝土π形	26.40
罗家村桥(上行)	沪昆线K1249+280	杨市镇梧桐村	1—14.85框构	25.70
杨市立交桥(双行)	沪昆线K1252+528	杨市镇泉溪村	1—10.9框构	11.80
杨梓江桥(下行)	沪昆线K1256+589	杨市镇观山村	3—16先张预应力钢筋混凝土梁	55.10
杨梓江桥(上行)	沪昆线K1256+589	杨市镇观山村	3—16预应力钢筋混凝土π形	59.60
谢家桥(下行)	沪昆线K1257+832	枫坪镇观山村	1—16先张预应力钢筋混凝土梁	24.60
谢家桥(上行)	沪昆线K1257+832	枫坪镇观山村	1—16普通钢筋混凝土梁	24.10
观山桥(下行)	沪昆线K1258+948	枫坪镇青树村	1—9.85框构	20.70
观山桥(上行)	沪昆线K1258+948	枫坪镇青树村	1—10普通钢筋混凝土π形	22.10
石马山桥(下行)	沪昆线K1268+532	石马山镇青烟村	1—12框构	13.20
石马山桥(上行)	沪昆线K1268+532	石马山镇青烟村	1—12框构	13.80
石马江桥(下行)	沪昆线K1268+800	石马山镇青烟村	1—16普通钢筋混凝土π形	48.40
石马江桥(上行)	沪昆线K1268+800	石马山镇青烟村	1—12先张预应力钢筋混凝土梁	48.10
涟源站立交桥(多行)	沪昆线K1270+541	蓝田街道民光社区	1—9.2框架	9.90
蓝田桥(下行)	沪昆线K1271+130	蓝田街道民光社区	2—23.8预应力钢筋混凝土T形	66.00
蓝田桥(上行)	沪昆线K1271+130	蓝田街道民光社区	1—32预应力钢筋混凝土T形	67.50
磨石河桥(下行)	沪昆线K1272+835	六亩塘镇三步桥村	1—14.85框构	25.70
磨石河桥(上行)	沪昆线K1272+835	六亩塘镇三步桥村	1—16普通钢筋混凝土π形	30.20
双桂溪一道桥(下行)	沪昆线K1277+027	三甲乡二甲村	1—20普通钢筋混凝土T形	33.60
双桂溪二道桥(下行)	沪昆线K1277+027	三甲乡二甲村	1—20普通钢筋混凝土T形	33.20
双桂溪三道桥(站线桥)	沪昆线K1277+027	三甲乡二甲村	1—20预应力钢筋混凝土T形	33.60

续表 21-8

桥 名	所处铁路位置	所在乡、村位置	桥 梁 结 构	全长(米)
双桂溪四道桥(站线桥)	沪昆线 K1277+027	三甲乡二甲村	1—20 普通钢筋混凝土 T 形	33.20
贯塘河桥(下行)	沪昆线 K1278+059	三甲乡二甲村	1—32 预应力钢筋混凝土 T 形	45.70
贯塘河桥(上行)	沪昆线 K1278+062	三甲乡二甲村	1—20 钢筋混凝土双曲拱	41.60
硐下大桥(下行)	沪昆线 K1282+982	三甲乡硐下村	8—32 预应力钢筋混凝土 T 形	264.30
硐下中桥(下行)	沪昆线 K1283+368	三甲乡硐下村	2—32 预应力钢筋混凝土 T 形	73.80
洋河桥	娄插线 K15+500	渡头塘乡洋河村	钢筋混凝土预应力桥	43.47
灵官桥	娄插线 K21+700	桥头河镇新华村	预应力钢筋混凝土	27.79
火烧桥	娄插线 K23+300	桥头河镇合兴村	预应力钢筋混凝土	26.72
同方立交桥	娄插线 K28+150	七星街镇同方村	预应力钢筋混凝土	75.72
涟香桥	涟香线 K13+50	斗笠山镇香花村	预应力钢筋混凝土	16.00
涟渣桥	涟渣线 K0+258	蓝田街道民光社区	钢筋混凝土预应力桥	43.47
向杨桥	涟渣线 K5+349	六亩塘镇洞庭桥村	钢筋混凝土双曲拱桥	63.35
红旗立交桥	涟渣线 K9+860	六亩塘镇兴福村	钢筋混凝土双曲拱桥	73.20

说明:在硐下大桥、硐下中桥对面有上行线,为旱桥,20 余个圬拱连接,全长 250 米,位于沪昆线 K1282+500(中心里程)

第二节 车 站

一 汽车站

图 21-9 涟源汽车站

涟源汽车站 1987 年,涟源汽车站位于涟源火车站北侧。1992 年 12 月,投资 726 万元,在蓝田街道光文村重新建站,征地 16675 平方米,总建筑面积 8330 平方米。其中,候车厅 850 平方米,售票厅 150 平方米,修理车间 533 平方米,停车库 12 个 449.28 平方米,车坪 8000 平方米,综合楼 3234 平方米。1997 年 3 月,新站交付娄底汽车运输总公司涟源分公司使用营业。1998 年,投资 10 余万元,在汽车站车坪中央搭建社会车辆进站车棚,有车库 10 个,占地 3000 平方米,将原 5000 平方米车坪硬化,可接纳 400 多辆社会客车进站营运,日可发送 800 班次。2002 年,再度改造候车室。涟源汽车站成集运输、维修、住食、服务和行业配套管理于一体的全功能新型客运二级站。2007 年,涟源汽车站经营客运线路 40 条。其中,经营跨省(市)客运线路 7 条,跨地(市)班线 14 条,跨县(市)短途班线 3 条,市境内班线 16 条,日发客班共 141 次。涟源至海口、南宁、惠州、东莞、珠海、上海、上海南为跨省

(市)班线;涟源至攸县、星沙、邵东、梅城、衡阳、长沙西、长沙南、长沙东、湘潭、益阳、邵阳、资兴、常德、新邵为跨地(市)班线;涟源至娄底(快巴)、冷水江(快巴)、双峰为区内班线;城区至古塘、安平、湄江、伏口、桥头河、岛石、荷塘、利民、新禾、漆树、灌湄、雷鸣洞、留石、晏家、路馆、桐树为境内班线。

杨市汽车站　1987年,为区级站,占地6536.6平方米,建筑面积1690平方米。其中,站房1042平方米,车坪、车道面积2000平方米,设有一级保养车间。2007年,日发班次三条:杨市至南宁、长沙、娄底。过往班线16条:涟源至珠海、惠州、海口、郴州、双峰、邵东,衡阳,新化至南昌,冷水江至衡阳,田心坪至长沙,茅塘至长沙、株洲,双峰至新化、冷水江,青树坪至冷水江、新化。每天从该站发车和途经该站的社会客运车69台次。

桥头河汽车站　1987年,为区级站,占地8604.3平方米,建筑面积1352平方米。其中,站房260平方米,车坪、车道6800平方米。2007年,驻站客车12辆,经营桥头河至湄江、娄底、长沙、广东平湖等线路。过站班线有:湄江至长沙南站、涟源至益阳、湄江至娄底、安化梅城至娄底、安化东坪至娄底。每天从该站发车和途经该站的社会客运车45台次。

涟源市石马山汽车站　2003年立项,纳入娄底市"十五"交通发展规划,位于城东省道210线蓝田街道民光居民会与石马山镇石梅村交界处。2005年6月1日破土动工,2009年6月29日竣工投入运行。占地面积15310平方米,总建筑面积5450平方米,停车场面积4950平方米,按客运二级(甲级)站场标准建设,总投资1618万元。

图21-10　石马山汽车站

城区临时站　1998年,投资480万元,购买城区人民中路蓝田街道双江机电厂厂房,设置城区临时车站,建筑面积5510平方米。其中,售票室、办公室、服务室、广播室各18平方米,修理车间200平方米,车库1700平方米,停车场3350平方米。

农村客运站　市境内规划在2006—2010年"十一五"期间,各镇、乡将建农村客运站点。2007年,建农村客运站点5个:伏口客运站、湄江客运站、荷塘客运站、龙塘客运站、茅塘客运站。

二　火车站

1987年,湘黔铁路市境内设竹冲、杨市、观山、金盆湾、底下、涟源、荷叶7个车站。杨市火车站被评为全国铁路系统"双文明"(物质文明、精神文明)车站。2000年12月,撤销金盆湾、观山、底下3个小站。2003年3月23日,涟源管内火车站由新化车务段管辖改由娄底车务段管辖。2005年8月10日,关停竹冲站。2007年,沪昆铁路市境内设杨市、涟源、荷叶3个车站。

图21-11　涟源火车站

专用铁路涟(涟钢)田(田湖)线市境内设桃源、株木、洪源、田湖4个小站,涟(涟钢)香(香花台)线设斗笠山1个站。

涟源火车站　位于市城区南端蓝田街道民光社区,为客货运输三等中间站。车站办理接发列车作业、调车作业和客货运输业务。车站中心在沪昆线K1270+390米处。1988年,拆除旧站和市运输公司蓝田运输大队火车站装卸点,新建车站。1989年1月竣工启用。候车室使用面积730平方米,可容纳400人;售票厅171平方米;行包房 210 平方米;仓库 1860 平方米;货棚 1630 平方米;西货场占地 800 平方米;加建客站台 1 个 195 平方米。1998 年,新建客站台混凝土雨棚 1 个,面积 2990 平方米;新建跨线人行天桥 1 座。2000 年,扩能改造新建东货场 1 个,占地 3000 平方米,设 20 吨龙门吊 1 台。车站到发线 7 条,有效长度均超过 850 米,最长 919 米;牵出线 2 条,专调机车整备线 1 条,接触网轨道车整备线 1 条,货物线 3 条,专用线 3 条。另有存车线 1 条,安全线 2 条,各长 50 米。道岔 39 副,专调机车 1 台。2007 年,车站停靠列车 10 对。其中,特快 5 对,直快 3 对,管内快车 2 对。日均办理接发列车 180 列次,办理调车作业 130 钩。年发送货物 50 万吨,发送旅客 24 万人次,运输收入 3800 万元。

杨市火车站 坐落在杨市镇泉溪村,为客货四等中间站。设车道 6 条,正线 2 条,到发线 2 条,货物线 2 条,有效长均超过 850 米。另设岔道线 1 条,长 135 米;安全线 1 条,长 112 米。客站台 1 个,面积 2160 平方米。候车室面积 308 平方米,售票房面积 16 平方米,行包房面积 64 平方米。道岔 16 副。2007 年,旅客运输停靠车仅一对管内慢车。

荷叶火车站 位于三甲乡二甲村,为客货四等中间站。站内设 3 条正式车道,到发线 2 条,货物线 1 条,有效长均为 815 米,另设岔道线 1 条,长 121 米,安全线 2 条,长分别为 114 米、110 米。客站台 1 个,面积 1084 平方米,候车室面积 60 平方米,售票房 7 平方米,行包房面积 40 平方米。

第三节 公路收费站

1990 年,县道华雷线、蓝芙线进行拓宽改造,全线砂改油。为偿还两线所借银行贷款,是年,经省政府批准,在蓝芙线、华雷线设立毛坪、黄龙、龙建、甘冲、仙洞收费站,在全省开创"贷款修路、收费还贷"之先河。1995 年 5 月,建立光田湾车辆通行费收费站。1996 年,撤销毛坪、黄龙收费站,将龙建、甘冲、仙洞收费站合并为龙建车辆通行费收费站。2002 年 9 月,建立胡家坝车辆通行费收费站。2004 年 5 月,建立珠梅车辆通行费收费站。

光田湾车辆通行费收费站 1995 年 6 月建立,市境内第一个路中亭式收费站。是年 10 月 20 日开始单向收取娄底至涟源方向的车辆通行费,1997 年 8 月 10 日改为双向收费。至 2007 年,共收通行费 6089.61 万元。

龙建车辆通行费收费站 市境内第二个路中亭式收费站。1996 年 7 月,正式收费。2004 年 12 月,收费期限到期,撤站停止收费。1996—2004 年,收取车辆通行费 2106 万元。

娄涟二级公路胡家坝车辆通行费收费站 设蓝田街道胡家坝村。2002 年 9 月 28 日, 娄涟二级公路通车,胡家坝收费站开始收取车辆通行费。至 2007 年 12 月,共收车辆通行费 6369.6 万元。

珠梅车辆通行费收费站 2004 年 5 月,经省政府批准设立,站址设国道 207 线的龙塘乡珠梅村。7 月正式收费。2006 年 7 月撤站,停止收费。两年共收通行费 457 万元。

第四节 渡 口

1987 年,全市有渡口 41 处。其中,河渡 29 处,水库渡口12 处。配置渡船 56 艘。随着交通事业发展,修建公路时架设桥梁通过渡口,渡口自然废弃。2007 年,全市有渡口 36 处。其中,河渡 21 处,白马、大江口水库库渡 15 处。渡船大部分改木板船为钢板船,人力渡船改机动渡船,配备救生圈、救生衣等安全设备。

1995—2007年涟源市车辆通行费征收情况

表21-9 单位:万元

站名＼金额＼年度	1995	1996	1997	1998	1999	2000	2001	2002	2003	2004	2005	2006	2007	合计
光田湾站	50.18	394	420	587	516	564	588	532.68	400.65	510.91	498.60	476.72	550.87	6089.61
龙建站	—	102	246	244	260	250	301	287.00	243.00	173.00	—	—	—	2106.00
珠梅站	—	—	—	—	—	—	—	—	—	30.00	285.00	142.00	—	457.00
胡家坝站	—	—	—	—	—	—	—	172.00	988.20	1267.90	1277.90	1266.30	1397.20	6369.50
合计	50.18	496	666	831	776	814	889	991.68	1631.85	1981.81	2061.50	1885.02	1948.07	15022.11

2007年涟源市渡口一览表

表21-10

渡口名称	设置地点	配船(艘)	船类	渡工(个)	渡口名称	设置地点	配船(艘)	船类	渡工(个)
跳石渡	石马山镇龙埠村	1	木船	1	竹冲渡	水洞底镇竹冲村	2	铁船	2
东轩渡	石马山镇东轩村	1	木船	1	水洞底渡	水洞底镇水洞底村	1	铁船	2
东弯渡	石马山镇长车村	1	木船	1	西溪渡	水洞底镇西溪村	1	铁船	2
长滩渡	石马山镇长车村	1	木船	1	文化渡	白马水库文化村	2	木船、铁船	2
石门渡	石马山镇石门村	2	木船、铁船	2	衔子渡	白马水库	1	木船	2
接福渡	石马山镇相车村	2	木船、铁船	2	栗山渡	白马水库	1	铁船	1
大水渡	桥头河镇大水村	1	铁船	1	南木山渡	白马水库	1	铁船	1
港子渡	桥头河镇井塘村	2	木船、铁船	2	孙家桥渡	白马水库	1	铁船	2
双江渡	渡头塘镇铜铃村	1	铁船	1	黑巷子渡	湄江镇秀加村	1	铁船	2
杨梓渡	杨市镇车田垅村	1	木船	1	大湾渡	湄江镇秀加村	1	铁船	1
太世渡	杨市镇泉河村	1	木船	1	履覆渡	湄江镇秀加村	1	铁船	1
龙潭渡	杨市镇龙潭村	1	木船	1	湴田渡	湄江镇湴田村	1	铁船	1
官庄渡	杨市镇官庄村	2	木船	2	新江渡	湄江镇新江村	1	铁船	1
梅林渡	杨市镇梅林村	1	铁船	1	杨雀排渡	湄江镇新江村	1	铁船	1
金盆渡	杨市镇金盆村	1	铁船	1	黑木桥渡	湄江镇王江村	1	铁船	1
铁铺山渡	水洞底镇撑田村	1	铁船	1	马秀渡	湄江镇王江村	1	铁船	1
天堂渡	水洞底镇天堂村	1	铁船	1	王汀渡	湄江镇王江村	1	铁船	1
竹山渡	水洞底镇大岳垅村	2	铁船	2	马方溪渡	湄江镇马方溪村	1	铁船	1

第四章 运 输

第一节 公路运输

1987年,全市拥有汽车1494辆。其中,货车1395辆,客车99辆。完成客运量721.42万人次,客运周转量2597.46万人千米;货物运输量27.26万吨,货物运输周转量965.57万吨千米(1989年前,未统计个体、联户,下同)。2007年,全市营运汽车7861辆。其中,货车7197辆,客车664辆。货运量5148万吨,周转量14.4亿吨千米;客运量2002万人次(未含公交车辆,下同),客运周转量4.98亿人千米。

一 客 运

国有集体客运 1987年,市境内国营、集体企事业单位有客车45辆,完成客运量721.42万人次,客运周转量2597.46万人千米。1989年底,有客车137辆。市运输公司车队撤销。1990年,全市客运量681.8万人次,客运周转量1658.1万人千米。1992年后,企事业单位客车拍卖或承包,陆续变为私人车辆。1994年7月18日,娄底汽车运输总公司涟源客运分公司开辟涟源至广东东莞省际班线,全程907千米,日发客班1次。1995年10月,涟源客运分公司与湘运43车队合并,成立娄底汽车运输总公司涟源分公司,专营客运业务。2005年6月28日,涟源分公司开通涟源至上海省际公路客运线,全程1630千米,途经株洲、萍乡、杭州等地。2007年,涟源分公司有客运车辆46台,完成客运量412万人次,客运周转量1.48亿人千米。

个体(联户)客运 1989年,全市个体、联户有各型客车54辆,客运量100万人次,客运周转量402.50万千米。以后,平均每年以9.9%的速度增长。2007年,有个体、联户客运车356辆,占涟源客运车辆的88.6%,年完成客运量1590万人次、客运周转量3.5亿人千米。

市城区公共交通 1990年5月10日,市公共汽车公司成立,有公共汽车4辆。另有私营出租小轿车、微型车、载客三轮摩托车(俗称"叭叭车"或"慢慢游")等1400余台,分单、双日参与营运。1991年,公共汽车增加19辆,开辟6条公交线路。1997年,市公共汽车公司更名市公共交通总公司。2001年8月,规范城市交通运营秩序,禁止载客三轮摩托车、微型出租车在城区及周边地区营运。投放100辆江南奥拓作为新型城市出租车,城市出租车客运经营权公开出让。2002年12月和次年7月,分别成立市平安汽车运输服务公司和市腾达汽车运输服务公司,实现出租汽车公司化管理。2003年12月,投放富康、捷达、桑塔纳、奇瑞等出租汽车100辆。2006年1月,市公共交通总公司更名市城市公共交通总公司。2007年,全市有公交线路13条,公交车62辆,其中空调车18辆。城区营运线路33千米。城区有专业出租车公司2家,出租汽车200辆。

的士、"叭叭车"、摩托车出租 1987年,人们在蓝田城区出行常坐"叭叭车"。2001年7月,城区有叭叭车1600余台。8月,城市出租车客运经营权公开出让,100辆江南奥拓车从事运营,"叭叭车"被禁止在城区营运,但从事出租的两轮摩托依然存在。2002年12月和次年7月,先后成立市平安、腾达两家汽车运输服务公司,实行出租汽车公司化管理。2003年12月,增加富康、捷达、桑塔纳、奇瑞等出租汽车100辆,逐步满足需求。2004年,在城区禁止两轮摩托车出租,效果不明显。2007年,全市有出租的士200台,两轮出租摩托车在1000台以上,还有部分小轿车未经批准营运。

二 货 运

国有集体货运 1987年,市境内国营、集体企事业单位有货车537辆,市交通运输总公司蓝田公司购入六轮运输车代替拖拉机运输。是年,完成货物运输量27.26万吨,货物运输周转量965.57万吨千米。1989年,有货车554辆,完成货物运输量49.41万吨,货物运输周转量4700万吨千米。2007年,市境内有载货汽车198辆,市交通运输总公司蓝田公司有小型六轮运输车12辆。完成货物运输量269.91万吨,货物运输周转量9000万吨千米。

个体(联户)货运 1989年,全市有个体(联户)载货汽车858辆、拖拉机2988辆,完成货运量108.34万吨,货运周转量1.05亿吨千米。2007年,个体(联户)载货汽车4847辆,拖拉机600余辆,三轮车等其他机动车1540辆,完成货运量4878万吨,货运周转量13.5亿吨千米。

第二节 铁路运输

一 客 运

1987年,涟源管内旅客年发送量34.93万人次。1989年9月,铁路客运票价大幅度提高,部分旅客改乘汽车,铁路客运量减少。1997年,管内杨市、荷叶两个小站仅一对慢车停靠。竹冲、观山站停运旅客,撤站。是年,涟源站旅客发送量27.10万人次。2000年,株六复线开通,铁路多次提速,列车通过能力和安全系数提高,旅客乘车便捷、舒适、安全。2007年,旅客发送量22.67万人次。

二 货 运

铁路主干线货运 1987年,各站发送物资主要有煤炭、水泥、矿石、生铁、钢材、矿山机械等,到达物资以粮食、化肥、木材、饲料、钢材及日用百货等为主。是年,货物发送量93.3万吨,到达量31.6万吨。2007年,货物发送量93.4万吨,到达量45.83万吨。

铁路专用线货运 1987年,货物发送量87.87万吨。1991年后,由于省属煤矿产量逐年下降,货物发送量逐年减少,2007年为45万吨。

第三节 搬运装卸

20世纪80年代,县(市)运输总公司是境内唯一一家专业搬运装卸企业。境内铁路、公路车站,蓝田、桥头河、杨家滩三大集镇及市境内20多家部、省、市厂矿的进出物资,都由市运输总公司担任搬运装卸任务。1989年,全公司有职工951人,设有专业搬运装卸点21个。其中,铁路点8个,城镇厂矿点13个。完成搬运量17.59万吨,装卸量268.88万吨。社会参运的搬运装卸人员约450人,设点13个,也有部分社会搬运装卸人员未经有关部门批准,挤占市运输总公司业务阵地,强行装卸,造成搬运装卸市场混乱,矛盾纠纷不断。1991年5月,市政府出台《涟源市搬运装卸管理暂行办法》,解决专业、副业搬运装卸业务矛盾,促进专业搬运装卸企业的稳定和发展。以后,搬运装卸市场不断放开,市运输总公司转变经营策略,修订各项规章制度,调整经济包干指标,购置大型装载机等机械设备,通过周到服务抢占市场。社会力量积极参与搬运装卸,由个体向集约化发展。2007年,市交通运输总公司(市运输总公司1993年更名)设有搬运装卸点20个。其中,铁路点8个,城镇厂矿点12个。全年完成货运量11.6万吨千米,装卸量252万吨,总产值3525万元。社会力量参与搬运装卸人员1000余人,设车站、厂矿、城镇搬运装卸点20余个。全年搬运量达12.4万吨,装卸量达353万吨。

1987—2007年沪昆线涟源各站货物到达、发送情况

表21-11　　单位:万吨

年度	涟源站		杨市站		荷叶站		年度	涟源站		杨市站		荷叶站	
	发送量	到达量	发送量	到达量	发送量	到达量		发送量	到达量	发送量	到达量	发送量	到达量
1987	72.3	23.8	10.0	7.0	11	0.80	1998	67.9	12.3	14.9	3.8	17	0.20
1988	71.1	24.0	11.0	7.7	12	1.20	1999	48.8	16.5	15.9	4.6	15	0.20
1989	72.0	23.0	11.7	4.4	13	1.40	2000	51.3	17.9	16.2	6.7	17	0.12
1990	73.4	26.5	14.9	5.6	14	1.20	2001	63.2	23.8	15.6	8.7	18	0.12
1991	75.8	24.6	13.6	4.9	16	1.30	2002	48.7	20.8	9.5	4.1	18	0.12
1992	79.1	29.3	16.0	3.4	15	0.12	2003	74.1	19.3	9.1	4.0	18	0.12
1993	75.0	30.0	16.8	4.5	14	0.18	2004	60.7	24.3	3.6	4.7	19	0.10
1994	69.2	29.4	18.4	5.7	16	0.16	2005	44.3	32.3	8.5	9.5	21	0.10
1995	64.2	34.5	13.1	6.2	16	0.12	2006	49.1	40.8	14.7	12.0	12	0.11
1996	68.8	30.1	15.5	3.1	16	0.12	2007	60.9	36.6	11.5	9.1	21	0.13
1997	64.1	17.2	17.2	2.5	16	0.20	合计	1354	537	277.7	122.2	335	8.12

1987—2007年部分年度涟源市专业搬运装卸情况

表21-12

年度	装卸量(万吨)	货运量(万吨千米)	总产值(万元)
1987	482.6	51.0	385
1990	564.3	58.0	646
1995	621.0	65.0	1265
2000	646.0	65.3	989
2005	218.0	8.5	2655
2007	353.0	11.6	3525

第五章　交通运输管理

第一节　机　构

一　行政主管机构

1987年，市交通局内设办公室、政工股、计财股、安监股、运输股及县乡公路管理站，定编55人。1993年11月，市交通局更名市交通委员会。1995年1月，市交通委员会复名市交通局。1996年3月，再次复名市交通委员会。2002年8月，再次更名市交通局。2007年，市交通局内设办公室、人教股、财务股、计划基建股、安全股、政策法规股、监察室，定编26人。

二　归口管理机构

市公路管理局　1987年，市公路段设办公室、政工股、生产股、财务股和公路派出所。人事、经费归娄底地区公路总段管理。职工310人，其中工程师3人。1994年1月，市公路段与市交通委员会下设的县乡公路管理站合并，成立市公路管理局，为正科级事业单位，经费由娄底地区公路局管理，人事归涟源市管理，归口市交通委员会。2001年1月，管理收归娄底市公路局。2007年，局机关设办公室、人事股、工程安全股、财务股、养护股、路政大队(加挂路政法制股)。局属二级机构有工程机械队(市顺达公路建设有限公司)、养护公司、光田湾收费站。全局职工258人。其中，工程师10人、会计师3人、政工师6人、技师2人。

市交通规费征稽所　1993年11月20日，市交通局车辆购置附加费、客运附加费征收管理办公室与市公路段所属养路费征收办公室合并，成立市交通规费征稽所，内设办公室、征管股、稽查股、交通规费执行室和桥头河交通规费征稽站，专业征收车辆养路费、车辆货运附加费、客运附加费和车辆购置附加费，定编18人。2001年，升格为正科级事业单位。是年，车辆购置附加费改为车辆购置税，由市国税局征管，2001—2004年委托市交通规费征稽所代征。2007年，机构未变，职工25人。

三　直属二级机构

市交通运输管理局　1987年7月，市交通局内设机构运输股，在全市按区(镇)设置8个交通运输管理站。1990年7月，运输股更名交通运输管理所，8个交通运输管理站改编为蓝田、桥头河、杨家滩3个。1995年1月，交通运输管理所实行单独核算，自负盈亏。1998年5月，更名市交通运输管理局，内设办公室、财务股、运政股、安全法制股、驾驶培训股、维修办、驻站办、客运所、稽查队，下辖蓝田、桥头河、杨家滩3个交通运输管理所，湘中货运信息中心。2007年，全局职工86人。

市县乡公路管理站　1987年，市交通局内设县乡公路管理站。1994年1月，县乡公路管理站从市交通局划出，与市公路段合并成立市公路管理局，设县乡道路管养股(对外加挂涟源市县乡公路管理站牌子)。1998年1月，县乡道路管养股从市公路管理局划出，与市交通委员会下属交通建设工程公司合并，成立市县乡公路管理站，定编33人，负责全市县乡公路的管理与养护。内设办公室、计财股、养护工程股、路政管理股、设计室、交通建设工程公司。2007年，机构未变，职工65人。其中，高级工程师1人，工程师6人，会计师2人，政工师1人。

市拖拉机、摩托车养路费征稽所 2002年1月，成立市拖拉机、摩托车养路费征稽所，设办公室和蓝田、杨市、桥头河3个征稽站，专门征收拖拉机、摩托车、小三轮、小四轮、六轮车养路费，职工20人。2003年，小四轮、六轮车养路费改由市交通规费征稽所征收。2007年，机构未变，职工22人。

涟源交通学校 见《第二十六篇 教育》。

市交通运输总公司 1987年，市运输总公司为市属大集体企业，内设办公室、生产科、政工科、财务科、保卫科，下辖蓝田、桥头河、杨家滩、外港4个运输大队和1个客车队、市交通机械厂、市第一汽车配件公司、职工医院等8个单位。在职职工918人，退休职工636人。1989年，客车队撤销，新建市第二汽车修配厂。1991年，外港4个运输大队撤销。1993年5月，更名市交通运输总公司。下辖蓝田、桥头河、杨家滩3个运输公司、市交通机械厂、市第二汽车修配厂、市第一汽车配件公司、职工医院等7个单位。1994年，市第一汽车配件公司撤销。2007年，公司内设机构未变，在职职工827人，退休职工525人。下属3个运输公司和市交通机械厂、市第二汽车修配厂、职工医院等6个单位。其中，市交通机械厂拥有B级汽车检测站、汽车销售部、腾达汽车运输服务有限公司。市第二汽车修配厂为上海通用汽车有限公司五菱汽车一级销售商。

市联合运输公司 1990年7月，筹备成立市联合运输公司，为全民所有制事业单位，自主经营、自负盈亏。1992年2月，市联合运输公司挂牌营业，职工12人。办公地点设涟源火车站，与火车站联合承办货物储存、包装、装运及铁路、公路、航运的托运业务，代办运输、车票联售等，实行一条龙服务；兼营建筑材料、钢材、农副产品等。公司在杨市火车站设杨家滩联运站。1993年，公司职工21人。1998年，企业经营状况处于低谷，职工减至18人。2004年，公司改制，职工解除劳动合同，公司注销。

市交通物资公司 1991年3月，市交通物资供应站成立，主要经营汽车配件。1992年10月，市交通物资公司组建，主要经营汽车、钢材、建材等。1993年5月，市交通物资供应站更名市交通配件公司。1994年5月，市交通配件公司、市交通物资公司合并，组建市交通物资公司，为全民所有制事业单位，自收自支，自负盈亏，职工7人。2004年，进行改制，职工解除劳动合同，公司注销。

第二节 工程管理

一 干支线工程管理

1987—1999年，市境内干支线工程任务由娄底地区(市)公路局下达，市公路局工程公司负责测量、设计和施工，娄底地区(市)公路局组织竣工验收及经费结算。2000年开始，50万元以上工程向社会公开，实行招投标，确定中标施工单位。50万元以下的工程由市公路局工程公司承建，娄底市公路局负责质量监督、竣工验收、工程核算和付款。公司实行项目经理竞聘制，人员竞争上岗，对工程质量实行终身负责制。施工人员持证上岗。由项目技术负责人牵头，质量检验员、施工员和试验员组成质量自检小组，对施工过程严格监管，作好原始记录及时归档。历年大中修合格率和优良率达99%。

二 农村公路建设管理

2003年1月，成立市农村公路建设管理办公室(简称通乡办)。2004年初，成立市通村公路建设管理办公室(简称通村办)。2006年3月29日，制定《涟源市农村公路建设质量管理办法》。2006年6月1日，出台《涟源市农村公路建设管理工作规程》。明确市通村办为政府的农村公路建设责任主体，业主为市县乡公路管理站，施工总承包单位为交通建设工程公司。在施工过程中，实行“九个统一”的管理办法：统一机构人员、统一计划安排、统一设计标准、统一施工管理、统一强化监管、统一质量验收、统一附属设施、统一资金拨付、统一档案管理。保证农村公路建设的质量和进度。2006—2007年，所建农村公路经上级职能部门验收，优良率在90%以上。

第三节　运政管理

一　运输市场管理

1988年1月，交通部门依规对公路客货运输实行行业管理。8月，将原设立的3个交管站扩大到以区为单位设立8个交管站，首次对从事营业性运输的客货运输车辆和其他经营业户核发道路经营许可证和营运证。1990年上半年，对市境内所有客运车辆实行“三定两挂”管理办法：定线路、定站点、定班次，悬挂线路标志牌和票价里程表；下半年采取割棚、罚款、扣车等一系列强硬措施，遏制拖拉机、农用小三轮和小四轮车非法载客。1991年5月，涟源市作为全省唯一代表参加交通部运管司举办的全国运政规范化管理研讨会，并受到部、省厅好评。1992年3月，市交通运输管理所治理整顿道路运输市场成绩突出，被交通部评为全国交通运输行业管理先进集体。

1993年起，涟源至娄底、涟源至冷水江、桥头河至娄底三条客运线路实行招标，经营户有偿使用，在规定期内凭中标合同一次性全额交清客运基金。1996年12月31日，市政府下发《关于整顿道路运输市场秩序的通知》，严厉打击无证经营、宰客甩客、乱停乱摆、乱价经营行为。2004年，客运线路不再实行有偿使用。

2005年，市运管局一站式办证大厅公开办事程序、许可依据、收费标准、开业条件及经营资质等。2007年，开展城区交通秩序整顿，查处专线非法营运出租车3台次，查处桥仙线、杨荷线非法营运面的120台。12月，公安、运管、城管、工商部门组成3个中队，开展整顿客运市场，打击非法营运专项行动，查处违章摩托车120台次，非法营运出租车3台，非法营运面的车16台，乱停乱摆400余台。市运管局对客运行政许可坚持公平、公正、公开原则，实行集体审批，对货运车辆从服务质量、规费征收、车辆检测、办证流程上制订一系列优惠措施，吸引和鼓励货运企业，个体车主入户涟源。同时，加大稽查力度，对货车改型，未加盖篷布等违章行为进行查处。是年，审批营运车辆3769台，新增货车1200台，外地落户境内货车40台，纠正违章行为600余次，补交规费和罚款87万元。

二　汽车维修管理

1988年5月25日，成立市汽车维修管理办公室，负责市境内汽车维修行业初级技术人员的培训、考核、评审；负责全市汽车维修质量的监督；组织评比和进行行业技术、经济、信息情报交流；承办全市汽车维修企业的开业、变更、营业范围、歇业有关技术审查等。1990年，全市有汽车维修厂、点185家。其中，大修厂2家，二级保养厂20家，三级保养点25家，专项小修138家。个体维修厂、点161家，占87%。全市有修理人员791人，556人具有《汽车维修技工证》。2001年，市交通运输总公司交通机械厂集资100万元，修建B级汽车综合性能检测站。2004年4月，全市汽车维修市场进行清理整顿，取缔12家非法经营厂（点），收缴120件非法经营工具。每年举办一期汽车维修人员培训班，经考核合格核发汽车维修技工证。2007年，全市400家维修厂（点），经审核，符合标准核发注册经营许可证的23家。其中，一、二类维修厂15家，三类厂（点）8家。585人获从业人员资格证。

第四节 路政管理

一 重点整治

1987 年起，交通、公安、国土和当地政府联合行动，每年出动挖掘机、装载机、汽车等大型机械设备，根据公路的路障和违章建筑等情况，集中开展 1~2 次整治行动。1989 年，扫除路障 542 处，搬迁违章建筑 12 处。2004 年，组织 6 次扫障行动，清除路障 4812 处，处理违章建筑 237 栋，处理路群纠纷 26 起，整顿马路市场 2 处，制止开山放炮 3 处，禁止在公路上打禾晒粮 39 起，责令清挖恢复水沟 116 处 1663 米。2007 年，清除路障 2472 处，查处违法建房 87 栋，拆除公路两侧违法棚亭 26 处、非公路标志牌 34 块，责令清挖恢复水沟 12 处 172 延米。市县乡公路站路政股查处违章建筑 94 起，消除路障 38 处，疏导交通 100 多次。

二 治理超限运输

20 世纪 90 年代，公路货运车辆超载现象十分严重，一辆核载 5 吨的货车，实载达 15~20 吨。公路路面及桥梁负荷增加，路面破损严重。2000 年 4 月，市公路局路政大队加大对车辆超限（指货运车辆的载货长度、宽度、高度和载货质量超过规章制度规定的限度）运输的治理，设立超限检测点，对超载严重的车辆进行检测，责令超载车辆卸货减负，收取公路损坏赔偿费。2007 年，查处超限运输车辆 8257 台次，市县乡公路管理站路政股查处超限运输车辆 1215 台次，收取道路赔偿费 9.08 万元。

第五节 规费征收

一 征收种类

1987 年前，境内交通规费仅征收公路养路费。1987 年 4 月，开征运输管理费。7 月 1 日，开征客运附加费。1993 年 1 月 1 日，开征货运附加费。1993 年 5 月，开征交通建设基金，1997 年初取消。1994 年 1 月 1 日，开征车辆购置附加费。1995 年 4 月 1 日，开征新车交通建设费，2000 年初取消。车辆通行费由批准建立的收费站征收。2001 年，车辆购置附加费改为车辆购置税，由市国税局征收。

二 征收标准

1985—1992 年，运输企业车辆汽车养路费按营运收入 13%计征，社会车辆按 140 元/月·吨计征。1993 年 1 月 1 日，货车按每月每吨 160 元计征，客车按每月每吨 180 元计征。1995 年 7 月 1 日起，货车按每月每吨 180 元计征，客车按每月每吨 200 元计征。客附费分营运线路好坏，按每月每座 20~25 元计征。1995 年 8 月以后，按营运线路定标准：跨省线路营运客车 120 元/月·座（30 座以上的低 10 元/月·座，下同），跨地市州线路 110 元/月·座，跨县市区线路 100 元/月·座，县市区内线路按 70 元/月·座，其余一律按 80 元/月·座计征。货附费按每月每吨 30 元计征。1993 年 2 月起，各种拖拉机、小三轮车、小四轮车养路费按 20 匹马力折合一吨，以 180 元/月·吨计征；从事运输兼田间作业的拖拉机，全年按 4 个月计征；两轮摩托车按 10 元/月·台、边三轮摩托车按 15 元/月·台计征。车辆购置附加费按车辆购置价格的 10%计征。新车交通建设基金征收标准以车辆价格为计算依据，分等级定额征收。运输管理费，按车辆营运收入的 1%征收；难以计算营运收入的按每个座位(客车)、每辆(货车)征收。客车县内线按3元/月·座征收,跨县线按不同等级车型4~8元/月·座征收,货车按20元/月·吨征收,小四轮车、三轮车、拖拉机分别按8~12元/月·台征收。

三 征收方式

车主主动缴纳 1987年,交通规费由车主或使用者按月(每月1号以前)或按年(每年1月1日以前)向征收单位主动按物价、财政、交通部门联合核定的标准缴纳。1996年开始,征收单位采用微机管理方式,实行电脑开票、电脑存档。1999年开始,汽车养路费改为按月征收。

上路稽查征收 征收部门依法行政,上路稽查,持证(行政执法证、公路稽查证)上岗,文明执法,对未交规费的车辆进行稽查,对拒不补交者,终止运输,依法暂扣违章欠费车辆。1995年,市征稽所暂扣汽车480辆,市运管局暂扣违规欠费车辆114辆。2002年,拖拉机、摩托车养路费征稽所暂扣摩托车810辆,小三轮车85辆。四轮农用车80多辆,通过稽查,征费额逐年上升,征收环境逐年改善。2007年,市征稽所暂扣车辆850辆,市运管局暂扣车辆52辆,市拖摩所暂扣摩托车380辆,小三轮车51辆,拖拉机38台。

四 征收额

1987年,全市征收交通规费(仅公路养路费)400.86万元。2007年,征收交通规费4222.56万元,包括养路费,客运附加费,货运附加费,拖拉机、摩托车养路费,运管费,未含四、六轮车养路费,新车购置费。1987—2007年,征收各类规费48052.16万元。(见表21-12)

第六节 交通行政执法

1987年,交通行政执法人员负责公路路政、交通规费征收、运输市场管理、安全管理和汽车驾驶培训行业管理等工作。1994年10月,市交通委员会成立交通行政执法领导小组。1995年12月,98名行政执法人员获得省政府统一印制的“行政执法证”和省交通厅印制的“公路检查证”。1997年4月,有行政执法人员168人。1998年10月,全系统未取得“两证”的70名执法人员通过培训、考试合格,全部取得“两证”。

2007年,全市交通系统实施行政许可986件,运用行政处罚简易程序1752例,一般程序1445例,执行罚款168万元,收取路损赔偿和超限运输费34.08万元。全系统5个执法单位,138名执法人员,全部换发新“行政执法证”和“公路检查证”。

第七节 交通安全管理

交通系统内部行车安全 1987年5月,撤销涟源县交通监理所,成立涟源县公安局交通警察队,管理交通道路安全。县交通局负责系统内部安全和全市水上安全。1989年,交通专业运输企业首次创造货运质量事故赔偿为零、百万车千米肇事次数为零、百万车千米死亡人数为零和水上安全事故零纪录。2007年,交通系统内部安全行车462万千米,无人员伤亡事故。

水上安全 1987年,市境内主要针对渡船和白马水库、大江口水库进行水上安全管理。全市有渡口36处,每个季度对渡船巡回检查一次,发现隐患,及时整改。2000—2007年,检查渡船390艘次,整顿消除隐患32起,整修渡口码头6处,增设渡口晚间照明3处。

春运安全 1987年起,每年春运前成立春运安全领导小组。春运期间,对班车停靠点进行巡回检查。严禁危险物资"三品"(易燃品、易爆品、易腐蚀品)上车,严禁超载,严禁无证驾驶,严禁疲劳驾驶。跨省长途班车必须配备2名驾驶员。严禁车辆带"病"出车,春运车辆必须进行大检修。严禁农用车、小三轮、拖拉机载客。市公路局和市县乡公路站对所养公路在节前进行全面检查,发现问题,及时处理。2007年,全市完成春运旅客量203.5万人次,营运收入1610.4万元。

1987—2007年涟源市交通规费征收情况

表21-13　　单位:万元

年度	养路费	客运附加费	货运附加费	拖养费(包括摩托车)	四、六轮车养路费	新车购置费	运管费	合计
1987	400.86	—	—	—	—	—	—	400.86
1988	520.00	—	—	31.64	—	—	64.00	615.64
1989	586.27	12.50	—	35.00	—	6.20	75.00	714.97
1990	696.00	14.90	—	50.10	—	6.90	74.40	842.30
1991	570.55	15.40	—	63.00	34.60	—	91.60	775.15
1992	789.43	16.80	—	55.10	43.60	12.40	110.90	1028.23
1993	140.00	140.00	8.70	145.00	—	27.00	164.00	1557.70
1994	1359.00	355.00	12.30	147.90	—	51.00	199.10	2124.30
1995	1636.00	318.10	14.90	156.00	—	362.00	260.00	2747.00
1996	1869.00	440.00	96.89	142.00	—	70.60	290.20	2936.39
1997	1869.00	428.00	203.76	121.00	—	55.00	274.40	2951.16
1998	1584.28	505.00	242.10	174.50	—	—	314.20	2820.08
1999	1367.80	428.70	189.00	152.60	41.10	—	310.00	2489.20
2000	1378.00	428.70	197.00	154.00	32.30	—	319.40	2509.40
2001	1606.20	495.00	194.00	156.40	31.00	—	319.40	2623.60
2002	1606.20	492.23	213.92	282.30	—	—	343.00	2937.65
2003	2066.32	274.25	243.25	382.25	—	—	351.40	3317.47
2004	2066.13	463.45	230.56	220.90	—	—	358.50	3339.54
2005	2253.68	346.72	254.98	245.48	—	—	345.90	3446.76
2006	2393.41	360.76	260.57	271.46	—	—	366.00	3652.20
2007	2832.00	371.00	322.68	311.88	—	—	385.00	4222.56
合计	30372.43	5906.51	2684.61	3298.51	182.60	591.10	5016.40	48052.16

注:四、六轮车养路费部分年度统计在拖养费内;新车购置费部分年度因数据不齐,未予统计

第二十二篇　邮政　通信

1987年，全市邮电业务总量101.65万元。1998年9月，邮电分营。此后，邮政大楼、电信大楼、移动通信大楼等基础设施相继建成。邮政完善自办汽车邮路，延伸投递网络，突出邮储重点，新开农资配送等业务。通信业务形成电信、移动、联通、铁通四公司竞争格局，业务量逐年增长，效益稳步提高。有线电话由自动电话到程控化，移动电话由模拟电话到数字G网手机换代，传输线路从铁线到光缆，图像、数据、互联网等综合信息新业务，使城乡融入全球电信大网络，为经济社会发展和人民生活水平提高提供便捷的信息服务。2007年，邮电业务总量22136万元，比1987年增长216.77倍。其中，电信总收入20235.82万元，比1987年的52.86万元增加381.82倍。

第一章　邮　政

第一节　邮政网点

1987年，涟源市有邮电支局8个，邮电所17个，代办所1个。1991年、1996年、2003年、2005年，4次调整网点，2个部队驻地邮电所和3个工厂驻地邮电所撤销，全市设1个市局营业厅，15个邮电支局(所)，3个储蓄所，35个代办所和邮站。2007年，全市设市局营业厅1个，邮政支局13个，邮政所2个，邮政储蓄所3个，委托村办邮站387个。

2007年涟源市邮政局营业网点经营情况

表22-1

邮　编	局所名称	地　点	经营业务	职工(人)	投递段	经营收入(万元)
417100	市局营业厅	交通路	全部业务	25	15	211.92
417100	中心储蓄所	交通路	储蓄、汇款、代理业务	9	—	306.73
417101	光明山邮政所	尊师路	函件、储蓄、汇款	3	—	16.26
417103	六亩塘邮政所	芙蓉南路	函件、储蓄、汇款	3	—	27.00
417100	双江储蓄所	交通路大桥	储蓄、汇款、代理	4	—	26.86
417100	火车站储蓄所	火车站广场	储蓄、汇款	4	—	11.61
417105	龙塘支局	龙塘乡	全部业务	8	—	77.81
417106	四古支局	安平镇	全部业务	10	—	87.51

续表 22-1

邮 编	局所名称	地 点	经营业务	职工(人)	投递段	经营收入(万元)
417108	伏口支局	伏口镇	全部业务	14	—	182.57
417111	七星支局	七星街镇	全部业务	13	—	159.03
417114	桥头河支局	桥头河镇	全部业务	11	—	121.10
417118	水洞底支局	水洞底镇	全部业务	10	4	84.11
417119	斗笠山支局	斗笠山镇	全部业务	8	3	74.82
417122	山塘支局	荷塘镇	全部业务	10	4	85.59
417123	砂石支局	金石镇	全部业务	9	4	56.95
417124	杨家滩支局	杨市镇	全部业务	14	7	99.81
417126	白马支局	白马镇	全部业务	8	3	68.55
417127	茅塘支局	茅塘镇	全部业务	5	2	47.21
417109	湄江支局	湄江镇	全部业务	5	1	35.00

第二节 邮 运

一 邮 路

1987 年，邮件主要依靠通过境内的湘黔铁路运输，自东向西有水洞底（含斗笠山）、杨家滩（含山塘，白马）、蓝田三个交接点。市境西北四古、桥头河、七星、伏口等地邮件从市局经转后委托公路汽车运送。1992 年，邮运线路 9 条，单程 243 千米，全是委托办理。1993 年 9 月 11 日，市局购置汽车 3 辆，实现自办汽车邮运。2002 年，开通长沙—娄底—涟源—新化省内快班邮路，逐日开行，每日上午 10 点 40 分到达涟源，下午 3 点由新化沿原线带运涟源出口邮件返回长沙，单程 210 千米。2003 年，开通娄底—涟源区内邮路，逐日开行，每日下午 3 点到达涟源，运送区内所有报刊邮件，下午 7 点返回娄底，单程 50 千米。

二 分拣封发

1987 年，涟源市执行全国统一的 6 位数邮政编码，市内划定编码为 417100~417127 共 22 个。邮件分拣封发执行“当面交接验收”“逐件勾挑核对”“每日平衡合拢”三项制度；坚持“平（信）10（件）挂（号）3（件）”直封标准和“一单一袋，双人下袋、双人开拆、准点限时”操作规程；实行封闭作业，每日检查，定期考核，保证邮件分拣封发质量。1998 年，邮电分营以后，实行邮区中心局垂直领导，全程全网多面监督，生产场地更为宽松，分拣封发质量不断提高。1999—2007 年，没有发生邮件袋套和机要邮件延误损毁、丢失事故，给据邮件年差错率 0.45%，邮件处理规格年不合格率 2.14%，邮件年逾限率 0.34%，检查验收全面达标。

三 投 递

1987年,全市有投递线94条,全长2798千米。其中,步行线路1152千米。921个村通邮915个,投递员91人,占职工总数的30%。1997年4月1日,因撤区并乡和自办局所的增减,对市局、杨家滩、伏口等7个邮政支局的部分投递段进行调整。2007年,全市有投递员71人,投递段70个,路线总长2836千米。市城区有8个专职城投段,为逐日班。周围农村有7个投递段,每周三班。12个支局境内设兼职投递段,每周六班。13个支局有专职乡邮段42个,每周三班。

第三节 业 务

一 函 件

1987年,市内邮政函件业务有信函(含特挂号)、印刷品、明信片、邮简、回音卡、邮送广告、邮政快件(1998年7月1日取消)、义务兵平信及国际、港澳函件,业务量157.4万件。1988年,出口函件157.97万件。1992年,开办贺年有奖明信片。1993年后,程控固定电话和移动手机等快捷通信业务普及,依托文字的信件逐年减少。1997年,出口信函126.4万件,2007年出口信函25.13万件,下降80%。

国内平信邮资,1990年8月1日由每20克0.08分调升至0.2元,1996年12月1日调升至0.5元,1997年3月1日调为0.8元,2006年11月15日调至1.20元。其他函件邮资亦作相应调整。

二 包 裹

包裹种类分普通包裹、商品包裹、印刷品包裹,保价包裹4种。1987年,出口1.49万件。1989年,铁路部门廉价收运民间包裹,市局营业部门组织专人上企业揽收商品包裹,邮费比铁路稍高,但服务好,方便快捷,深受客户欢迎。是年10~12月,揽收包裹2700余件,增收2.8万元。1990年,普通包裹提价50%,商品包裹比普通包裹高50%,是年,出口1.16万件。1998年,邮电分营后,成立函包公司,组织人员入军营,进社区加大揽收力度。2001年,增加国内快递包裹。2002年,出口包裹5.41万件。2007年,地方物流大量涌现,竞争加剧。是年,出口包裹1.08万件,进口包裹3.11万件。

三 汇 兑

1987年,市邮电局出口汇票8.01万张,进口汇票17.76万张,属兑超局。汇票以剪格方式装入汇套作挂号信寄发,手续繁琐,易出差错。2001年改为电子汇兑后,处理简便,时限缩短,与银行竞争,不再处于劣势。2007年,出口汇票2.52万张9.35亿元,进口汇票12.54万张13.50亿元。相抵流入资金4.15亿元。

四 报刊发行

1987年,市内报刊期发份数16.27万份。其中,报纸9.85万份,报刊流转额107.34万元。1988年,政府紧缩财政开支,公费订阅减少。次年,报刊提价,期发份数减少15%。1990年,多家报刊社自办发行,邮发报刊量进一步下降。1994年,成立报刊发行投递公司,报刊任务分配到人。1998年,党报党刊再度交邮政局发行。市委、市政府强化党报党刊发行措施,下达指令任务。党委宣传部门督促乡镇包干完成,订费由财政统一扣交。教育部门报刊由教委下文布置到各学校。2001年,报刊流转额增至347.8万元。2005年以后,全国报刊种类减少，市内单位大幅压缩办公经费，公费订阅减少，个人订阅增幅不大。2007 年，报刊期发份数 9.96 万份。其中，报纸 4.23 万份，报刊流转额 365 万元。

五 邮政储蓄

1986 年 10 月，涟源县邮电局开办邮政储蓄，只存不贷，业务种类有活期存款、零存整取、整存整取、存本取息等。存款交中国人民银行，由央行按规定付给酬金。1987 年 4 月 6 日，杨家滩支局首办农村储蓄。是年，全市邮政储蓄总额 55 万元。1988—1993 年，各支局陆续办理储蓄并由手工改微机操作。1994 年，开办邮政绿卡。1998 年，邮电分营后，以邮政储蓄为依托平台，先后开办移动、联通代理通信业务，为人寿、财产保险代理保险，为财政、民政部门代发种粮、良种、化肥补贴、低保金业务等。2001 年，13 个邮储网点先后实现全国联网，通存通兑。是年，中心储蓄所安装第一台邮政 ATM 柜员机，邮政储蓄突破亿元。2003 年 2.82 亿元，2005 年增加到 4.68 亿元，2007 年达到 6.97 亿元。2007 年 6 月 28 日，邮政储蓄在农村开发定期存单质押小额贷款业务，年末贷款 263 笔 991.94 万元。全年代办收入949.92 万元。

六 机要文件专递

1987 年，机要文件股与邮件转运中心合并，人员 2 名，服务城区党政机关、驻涟部队、司法部门、国营企业，定时收寄和投递机要文件。农村地区机要文件由单位派人去市局收投。是年，出口机要文件 1501 件，进口机要文件 4506 件。分营以来，严格机要文件交接保管，实行专人专车投递，至 2007 年，收寄和投递量平均每年在 4000 件左右。1998—2007 年，投递质量全优。

七 集 邮

1986 年 7 月，始办集邮业务，营业室设专台，配员 1 人。一年半仅收入 1.68 万元。1990 年 9 月 1—15 日，举办首届厂矿集邮联展。集邮协会会员由 200 人增至 1000 人。随后，集邮市场红火，邮品增多。有纪念特种邮票、小型张、邮折、邮卡、首日封，邮票年册共 10 多种。支局增设集邮台。1993 年，集邮公司成立，预销年册 3600 套。1997 年，香港回归，集邮火爆，是年收入 230 万元，创历史新高。1999 年，国内邮票印制过滥，市场逐渐疲软。2001 年，集邮总公司采取纪念、特种票限印，滞销票回收等方式，市场趋暖。2005 年，发动全局职工揽销，集邮向农村拓展。个性化邮票“金色少年”、奥运邮册等新品种激活市场。2007 年，销售套票 859 套，年册 416 本，小版张 248 张，大版张 26 套，收入 65 万元。

八 特快专递

1992 年 12 月 1 日，开办省内特快专递业务，配员 2 人。至次年 3 月，寄递 424 件。1993 年 7 月，开办全国业务。各支局收寄专袋封装，交市局专台封发。进口特快邮件，由专人用摩托车直投到户。是年，与市法院、公安局、交警大队合作，分别寄递司法传票、居民身份证件、交通事故处理单，出口特快专递邮件 15 万件。2007 年，全市国有快递公司有中国邮政、中铁快运在市内所设的营业部，均配置专用汽车投递，实行专业化经营（专人、专车、直投到户）。私营快递公司有申通、圆通、韵达、天天、中通等 5 家，私营快递公司只经营国内业务。

九 邮购及农资配送

1999 年，成立市邮购公司，2001 年底停办，后转为邮购代办，以经营种子邮购为主。2002 年，办理亚华种子业务，两年后停止与亚华合作。2003 年，200 个代办所转为村邮站，后发展至 387 个。2005 年，开始代销川农种子、品牌饲料。2006 年，成立工农服务部，向三农服务站销售种子、饲料、配送正帮农药。2007 年，配送规模扩大，全局职工筹款 30 万元，冬储化肥 360 吨，送往全市 80 个网点销售，是年收入 45 万元。

1987—2007 年涟源市邮政主要业务量

表 22-2

年份	函件(万件)		包裹(万件)		汇票(万张)		报刊期发行数(万份)		邮政储蓄余额(万元)	业务收入(万元)
	出口	进口	出口	进口	出口	进口	合计	其中报纸		
1987	157.40	473.58	1.49	2.49	8.01	17.76	16.27	9.85	214.57	48.79
1988	264.15	234.25	1.78	2.77	8.98	21.43	17.35	8.77	342.00	57.28
1989	133.47	215.89	1.41	2.26	8.66	30.41	17.67	8.81	818.00	68.74
1990	101.47	201.67	1.16	2.25	8.72	29.45	18.59	8.15	980.00	80.41
1991	122.50	245.77	3.19	2.43	8.15	28.88	18.34	8.35	1133.00	98.40
1992	91.94	158.43	2.91	4.41	8.80	26.46	18.42	8.45	1254.00	123.26
1993	54.90	114.22	3.63	4.98	6.94	29.88	18.22	8.64	1463.00	157.77
1994	78.20	188.24	2.17	3.49	6.83	25.42	18.17	8.31	1735.00	208.25
1995	66.14	147.40	2.08	3.36	6.62	28.43	17.15	8.12	2056.00	283.22
1996	97.46	157.74	4.33	4.80	6.15	26.55	16.94	8.33	2214.00	379.46
1997	86.40	128.66	4.25	5.06	4.99	27.43	18.77	8.22	4413.00	523.65
1998	99.34	170.43	3.11	3.27	4.31	22.95	10.14	8.13	6520.00	523.92
1999	54.20	88.56	2.65	4.77	4.09	22.89	7.42	7.14	7146.00	784.53
2000	64.10	150.99	4.43	4.57	4.02	24.11	15.55	6.25	8342.00	962.42
2001	98.10	158.22	4.45	6.55	2.72	19.20	15.66	6.54	12201.00	1110.49
2002	56.00	147.32	5.41	6.14	2.55	18.11	14.71	6.32	17320.00	1333.49
2003	66.70	161.35	3.01	5.12	2.76	17.88	13.15	5.89	28189.00	1202.66
2004	30.23	128.26	2.61	4.22	1.93	16.01	9.41	5.46	36230.00	1014.79
2005	34.50	106.58	1.71	3.45	2.36	14.48	9.13	5.89	46810.00	1121.47
2006	27.94	82.54	1.34	3.69	2.21	11.42	9.94	5.14	62951.00	1557.86
2007	25.13	78.45	1.08	3.11	2.52	12.54	9.96	4.23	69679.00	1900.18

第四节 邮政设施

一 邮政营业场地

1996年，邮政大楼破土动工，2001年竣工使用，投资1164万元，高15层，11632平方米。1998年，邮电分营后，大楼划归市邮政局所有。一层设置营业大厅，包括邮政营业、储蓄汇兑、集邮、书报刊零售等；二层为生产场地，包括邮件分拣封发、转运、投递、机房、车库等；三至五层为办公管理场所；六至十二层出租给鸿一宾馆，租期15年，租金477万元。

图 22-1 2001年3月28日，邮政大楼开业

2007年，四古、桥头河、水洞底、砂石、白马5个邮政支局房屋面积3853.53平方米，砖混结构，其他支局均租用市电信分公司房产。

二 邮运车辆

1987年，有邮运汽车2辆，投递摩托车1台，投递自行车55辆。1998年，增加投递摩托车1台。2007年，有重庆五十铃单排座邮件运输专车3辆。三菱牌运钞车1辆，尼桑牌小车2辆，桑塔纳2000轿车1辆，投递自行车76辆。

三 电子设备

1997年，市邮政局有电子秤22台。2002年，建成绿卡网和邮政管理综合网，有微型电脑42台、电脑终端45台、打印机45台、点钞机22台等。2003年，增加自动柜员机(ATM)1台。2005年，增加微型电脑2台。2007年，主要电子设备有电脑终端、打印机、自动柜员机、点钞机、电子秤、微型电脑等，共计180余台。2007年，全局固定资产总值2654.05万元。

第五节 邮政管理

一 管理机构

1987年，市邮电局内设办公室、邮政股、电信股、人事教育股、计划财务供应股、劳动服务公司，全系统职工303人。1990年，增设储蓄汇兑股。1992年，撤销计划财务供应股、电信股，增设通信建设股、计划经营股、财务股、地方电信股。1993年，撤销计划经营股，增设安全保卫股、发行投递公司，地方电信股改为报话股，人事教育股更名人事劳资股，财务股更名计划财务股。劳动服务公司更名鸿雁经济开发公司。1994年，撤销报话股，成立移动通信公司，增设行政基建股。1995年，调整机构设置，设办公室、政工保卫、人事教育、计划财务、基建、物资供应、建设、邮政、电信9个管理股室。设生产公司11个：设备维修公司、电信营销公司、移动通信公司、公用电话公司、农村电话公司、电话安装公司、报刊发行投递公司、邮政储汇公司、集邮零售公司、速递包裹公司、鸿雁多种经营公司。1996年，增设客户服务督察公司、公用电话磁卡公司、收费管理股。鸿雁多种经营公司更名鸿腾有限责任公司，全系统共有职工392人。1998年，增设信息产业公司。

1998年9月22日，邮电分营，市邮政局挂牌成立，内设综合办公室、经营服务部、储蓄汇兑股、安全保卫股、后勤生活中心、发行投递公司、集邮公司、函件包裹广告公司，职工243人。1999年，成立运递维护部、计划财务部。2000年，成立视察室。2001年，成立中间业务部。2002年，成立计算机中心、二产业办、车队。2005年，成立物流分局。2006年成立大客户营销部，至此，邮政局共有管理机构和生产专业部门18个。2007年，内设机构未变，职工277人。

图22-2 1998年9月22日，市邮电局分设为市邮政局和市电信局

二 经营管理

1987年，省邮电局制定邮电企业产品分类结算价格，核实县局上缴金额和利润基数，推行经营责任制，对完成收入计划的单位给予奖励。1988年，市邮电局完成收入180万元，实现利润31万元，获奖金15万元，人均500多元。1993年，省局推行投入产出大承包。以市局自有收入和利润作为分配基础，保证上缴省局，加大市局所得，落实经营自主权。1994年，市局制定经营责任制考核实施办法，分邮政和电信两块逐级承包到股、班组和支局，考核五项指标（业务总量、通信质量、综合管理、精神文明建设、用户欠费），核定利益分配。1999—2001年，邮政系统减人增效，扭转亏损，加大经营责任制考核力度。市局和农村支局分别制定考核指标，以求公平合理。平均每人每月从工资奖金中拿出1000元作为活工资进行考核。2003年，市局绩效考核进一步细化，实行按市局专业生产部门、市局非营销部门、农村支局所、城区储蓄所四块分别考核，对职工经营责任的评价渐趋合理。2004年，实行农村支局收支差额承包办法，超差额部分，按比例分成，市局得60%，支局得40%。2006年，实行经营绩效考核办法，对先进单位，部门负责人明确相应的责权利，是年，邮政业务量1557.86万元，比上年增加38.91%。2007年1900.18万元，同比增加21.97%。

三 营销管理

全员营销 20世纪90年代，在实行和加强专业营销的同时，引进营销新理念，推行多种营销方式，拓展业务。1993年2月，开展“全员储蓄月”活动，全员上门揽收储蓄，并将报刊、快件和话机、BP机营销业务，纳入全员营销范围，按完成业务量计奖，成绩优异者，年奖上万元。

专职营销 1998年，邮电分营后，组织剩余人员自愿担任专职业务营销，月保底工资400元，另按完成业务量计酬。2007年，全局专职营销员增至25名，占从业人数的9%，人均业绩3.9万元。

社会营销 2000年起，依靠社会力量拓展邮政业务。2002年，市邮政局成立大客户营销部。2004年，平均每个代办点揽储21.5万元。2007年，有大客户22个，收入占全局（不含储汇）收入的31.5%。建立村邮站387个，代办邮储，报刊订递、代售邮票等业务。

四 质量管理

专项活动 1988年，市邮电局开展“争创五优”（优秀投递员、营业员、话务员、技术员、管理员）、“优质服务百日赛”“优质服务年”等多项活动，不断强化质量管理。1999—2007年，市邮政局开展以“立主人志、尽主人责”为主题的“主人杯”劳动竞赛，涌现一批创收能手，罗平娥、谭显交、肖宏雄年协储均逾2000万元。“农村十佳支局竞赛”，使农村支局服务质量提升。“提高服务质量，让用户满意”活动、“整顿服务质量，规范经营行为”活动、标准化支局竞赛等，使邮政服务趋向稳定规范。

质量考核 1987年，省邮电局实行邮电通信质量管理检查制度。1989年，市局机要组被评为省先进单位。1993年，邮电局办公室设督察检查员，负责对支局、班组的质量稽查和全面质量管理，按规定指标体系进行质量考核。分营后，市邮政局先后出台通信质量监督检查办法、首问责任制、履职检查管理办法，市局设置专职检查员3名，各支局和班组设兼职检查员1名，配合单位负责人，形成全市质量检查系统，每月例行召开质量分析会，通报全局。至2007年，邮件封发、金融运行、机要通信质量全优。

五 人事管理

劳动用工 1987年，市邮电局按照国家规定，员工退职退休后实行“子女顶职制度”。1989年10月，集体工全部转为合同制全民工。是年，市局成立职工教育领导小组，配备专干抓职工岗位培训和岗位练功，对顶职入局的职工进行文化和技能补课。1992年起，组织函授教育，5人被择优保送至邮电学校就读。1994年，取消“子女顶职制度”。1987—1994年，招收职工子女266名，与单位签订劳动合同，单位为职工办理养老、医疗、失业、工伤保险。1997年底，职工392人。1998年，邮电分营，市邮政局职工243人，省局对职工人数实行“零增长”控制，按省控指标，接收邮电院校及其他省控院校毕业生和职工子女中的复员转业退伍军人。2004年11月起，开拓邮政业务，招聘使用劳务工，比照正式工签订劳动合同，办理养老、失业、工伤保险。2007年，职工277人，其中劳务工156人，对优秀劳务工大胆使用，1人担任市局投递班长兼社区服务中心主任，7人担任农村支局长。

岗位竞聘 1987年—1998年8月，管理岗位人员由局党总支集体研究选派。1998年9月，邮政单设后，实行管理岗位竞聘和生产岗位优化组合，确定管理岗位9岗11人，生产部门负责岗位20人。根据企业管理和业务发展的需要实行竞聘，参加竞聘者发表竞聘演说，竞聘委员会综合考核评定。2002年，原管理人员中2人落聘，有新员2人中聘。生产组织在优化组合中由中聘股长（经理）聘任班组长，由班组长组合员工，落岗的正式工参加学习培训，临时工落岗者予以辞退。到2007年，共辞退47人，分流10人。

内部退养 1998年后，根据省邮政局规定，男职工55岁，女职工45岁，工龄满20年，因病不能胜任工作的职工，实行内部退养，享受95%的基本工资直到办理退休。2007年底，累计退养30人。

异岗异薪 2003年，市局打破档案工资，按岗定薪，从局长、副局长至不同岗位的一般员工，基本月薪划分7段，最高1200元，最低520元，异岗异薪。至2007年底共实行3次工资调级，激活能上能下竞争机制，调动职工工作积极性。

六 财务管理

1987—1998年，市邮电局内设计划财务股，编制为股长、会计、出纳3人，负责收入的核算、清缴、稽核，员工工资、奖金、福利等的发放，实行收、支两条线管理。1998年10月，邮电分营后，市邮政局设置计划财务部。1999年，娄底市局按照省局精神对县市邮政局财务实行一体化报账制管理，县市局所创收入全部上缴娄底市局，开支费用按收入完成比例对县市局核定基数，按财务制度予以报销。是年，省局对县市局收入完成实行收、支差管理。2003年，县市局财务人员编制归娄底市局管理，设立娄底市邮政局计划财务部涟源分部。

第二章　通　信

第一节　固定电话

一　交换设备

1987年，涟源市城区有自动交换机1000门。乡镇农话人工交换机46台，容量1800门，实装1054门。1992年，为缓解用户装机难问题，市话用HJ09型更换HJ921型纵横交换机，容量扩大到4000门。1993年12月26日，HJ09型自动交换机拆除，在省内首批更新换代为德国EWSD程控交换机，容量5000门。半年后，装机告满。1994年11月扩容2800门。是年，改制开通桥头河、杨家滩等6支局程控电话后，其他支局相继改制，乡镇农话变市话。1995年3月再扩容3500门，年底市话程控容量增到11300门。是年，娄底中心局本地网开通，电话号码由6位升7位，长途区号统一为0738，涟源市进入娄底本地网。1999年，农村数字程控交换点21处，总容量34022门，装机26166户。20个乡镇(街道)全部开通程控电话。是年10月—2000年7月，全市净增固定电话5万部，基本实现村村通电话。市铁通分局2002年5月在水洞底、8月在杨家滩火车站各安装中兴ZXJ10型1200门程控交换机。2003年5月，在涟源火车站、市政府机房分别安装中兴ZXJ10型程控交换机4800门、3200门，电缆传输到用户。2007年，全市交换设备容量132103门，装机82454户。

二　传输线路

1987年，市内农话传输线路，除1978年铺设蓝田至桥头河28.45千米地下电缆外，都使用直径3毫米铁质架空明线，明线546对千米，杆路334千米。市话有杆路31千米，电缆29千米。1992年3月，新建湘西南数字微波工程娄涟PM300D—34M设备，涟源使用16条2M电路传输长途电话。1994年，蓝田至桥头河地下电缆报废，开通涟源至桥头河120路数字微波，同时开通至杨家滩、白马、湄江、水洞底、荷塘等局的英国GPT公司数字PDH传输设备各120条电路。1995年5月，国家一级干线“福长贵成”光缆在涟源敷设开通，为涟源提供960条数字长途电路。市内各支局交换程控化后，传输同步实现光缆化。2000年2月，市电信局组建数字传输设备SDH-622M涟源南、北两个环路，提高传输的可靠性和灵活性。市铁通分局2002—2004年在水洞底、杨市架设农村用户电缆45.1皮长千米；涟源城区施设电缆74.6皮长千米，计主干电缆9200对，配线电缆22600对。2004年和2006年，架设24芯光缆2条0.6千米至市政府和五马广场（今人民广场）。2007年底，市电信分公司传输线路计光缆790.61皮长千米；电缆主干线路153650对，配线184270对。市铁通分局架设8芯光缆18.8千米至10个单位。

三　业务种类

1987年，固定电话业务种类为普通电话、电话复机、同线电话、合用电话、用户交换机、分机、中继线、专线、临时电话、公用电话、特种电话、租杆挂线、中继用户线设备13种。1996年1月1日起，分为普通电话(正机)、电话复机及附件、无绳电话、用户交换机和集团电话、分机、中继线、专线、临时电话及临时专线、公用电话、用户终端复印设备、租杆挂线、代维设备。程控电话服务项目有缩位拨号、热线服务、呼叫等待、三方通话、免打扰、缺席用户服务、呼叫转移、闹钟服务、遇忙回叫、呼出限制、遇忙记存呼叫、追查恶意呼叫、会议电话13种以及电话查号、移机、改名过户、代办工程、选号等业务。程控开通后，农话消失，市内均为市话。娄底地区内为区间，娄底地区以外为长途。

四 用 户

1987年，市内城乡固定电话用户889户，入户率0.34%。1995年8123户，2000年65898户。是年6月，联通公司在娄底建有长途电话汇接局，涟源联通分公司用户加拨193，即可使用联通长途电话业务。2002年，市铁通分局在水洞底、杨家滩、蓝田发展程控固定电话，用户432户。2005年，市内城乡固定电话用户74976户。2007年，82454户，是1987年的92.75倍，入户率22.37%，比1987年增加22.03个百分点。

五 公用电话

1995年，市内出现有人值守的代办公用电话，分布在城区主要街道和流动人口较多的地域，3分钟内收费0.5元，超过时间按固定电话标准收费。在农村，有的家庭安装固定电话，除自家使用外，还兼传呼，每次收费1元钱。2003年，开始有电话超市，长途电话每分钟收费0.30元，比固定电话每分钟便宜0.40元。2005年5月，全市有人值守的公用电话2233处，电话超市517台，IC卡电话200台，校园电话447台。此后，由于移动电话增多，公用电话日渐减少。2007年，全市有公用电话2004台(处)。

第二节 移动电话

一 基 站

1993年，市邮电局修建市内第一套900兆模拟移动基站，12月26日调试开通，信道8个。模拟移动电话(大哥大)编号为9005001~9005999，容量999个。1995年，市内第一套900兆GSM(蜂窝式数字移动电话)基站设备在电信大楼开通，容量7信道，进入模拟与数字共存阶段。1996年，手机用户增多，模拟大哥大信道扩容至56个。1999年7月，电信在移动分营前，建成移动基站7个(市电信局、石马山、杨家滩、茅塘、斗笠山、桥头河、湘波)。2003年7月，市电信局首期在中心城区新建小灵通基站142个，次年网络优化新建45个。2005年，增建42个，共大小基站229个。基站控制器4个共26个CSC设备单元分属城区4个模块局，覆盖面达20平方千米，基本保证城区无缝覆盖。2006年3月，实施无线电话"村村通工程"，市电信分公司在线路难以到达的山区，建设450M无线农话基站，首期开通6个(漆树、伏口、四古、湄江、湖泉、三甲)，后期开通4个(龙山、塘湾、古楼、白马)。2007年末，ETS基站10个。

市移动营业部，2000年起开始大规模建设GSM基站。2001年8月，涟源模拟通信停止运行。2000—2007年，建设基地168个，加上原有的7个，覆盖全市乡村、公路、旅游景点，完成"村村通"工程。

市联通营业部，2000年11月，开通农业银行第一个GSM基站。2001年第一期工程建站8个(市轻工业局、涟源火车站、桥头河、杨市、七星街、斗笠山、茅塘、安平)。2002年，市联通分公司建设CDMA基站。

图22-3 中国电信股份有限公司涟源分公司机房

是年,第二期工程建站7个(龙塘、煤医、四甲、石桥、湖泉、祖师殿、水洞底),11月25日,在市人武部建成第一个码分多址(CDMA)基站,具有辐射少、通信稳定、保密特点,国家指定由联通经营。此后,建站都是CDMA,简称C网。2007年,联通有基站43个,市内信号覆盖面达90%。

2007年,全市有移动基站218个。其中,GSM基站190个(移动175个,联通15个),CDMA基站28个(联通)。市移动营业部完成"村村通"工程,实现全市无缝覆盖。

二 传输网络

1999年7月,市移动通信公司从市电信局分出,市内有传输基站7个,境外与市电信局共用传输网。2001年,建成涟源—娄底光缆干线网。2002年,建成涟源—冷江—新化、涟源—双峰光缆线路。2007年,市内传输网1684千米,完整的自有传输网形成。

市联通分公司,传输网络全网采用SDH(数字同步传输)设备,通过光缆传输。2000年11月,建成涟源至娄底本地网。传输光缆开通一干、二干两条主干线,各通信基站与主干线连通。以后新增基站,传输线路使用地埋光缆。2007年底,有架空、地埋光缆500千米。

三 业务种类与品牌

1999年,市移动通信公司(市移动营业部)对用户提供"139""138""137""136""135"以及"159""158"等多个号段,业务类型有语音通话、来电显示、点对点短信3种。2002年底,市移动营业部业务发展成全球通、神州行、动感地带3大业务品牌,涵盖语音和数据业务,种类有点对点短信、亲情号码、IP电话直通车、随E行、全球呼、本地通、大灵通、乡镇通、手机支付、移动梦网卡等22种。

2000年6月开始,市联通分公司对用户提供130、131、132、155、156数字移动电话,165互联网,IP电话17911/17910、193长途业务及其他增值业务。2005年6月,CDMA升级2000—1X,增加互动视界、神奇宝典、定位之星、掌中宽带、彩E等新业务。至2007年,发展为世界风、如意通、新势力,金乡通、新时空5大业务品牌,为客户提供语音通话、国内外长途、漫游、来电显示、短消息、呼叫转移、联通在线等业务及秘书、炫铃、手机银行等新业务。

四 用 户

1994年,市邮电局始开移动通信电话,用户近400户。1998年,增加到5401户。市移动营业部、市联通分公司成立以后,用户日见增多。2003年10月,市电信分公司推出新型的个人无线接入通信手机小灵通,用户随身携带和固定电话捆绑,弥补固定电话不足,深受市民青睐。2007年,全市移动通信用户222781户,比1994年增加555.96倍,平均每5人拥有1部手机,普及率19.6%。其中,市移动营业部15.01万户,市联通分公司5.42万户,市电信分公司1.85万户(小灵通)。

第三节 互联网

1993年,市邮电局开通因特网业务。1998年3月,成立信息产业公司,经营互联网业务,加快信息传递,社会资源共享。是年,163拨号用户200户。2000年,开通窄带上网业务,实现上网和电话两不误。2001年10月,市电信局开通宽带上网;11月,市联通分公司开通165拨号上网业务。联通用户和电信固定电话用户注册或购买联通上网卡后,通过拨打16500即可接入互联网。次年,市内ADSL端口84个。2003年,市电信局开通宽带交换机,开始在农村推广,宽带入网迅速发展,年底增加到2860个端口。2004年5月,市铁通分局在涟源火车站和市政府各安装一台ADSL互联网宽带接入设备。年末,市内ADSL端口4876个,用户3740户。2005年,市联通分公司在市农行、市工行、市国税局、市地税局、市人武部等处建设互联网光纤接入小区,为客户提供高速、稳定的宽带接入服务,接入网吧8家,个人用户60户。2005年6月,联通CDMA网络升级2000—1X,提供掌中无线上网宽带业务,向客户提供速率达153.6KBP/S。2007年末,市内ADSL端口11640个,用户9039户。

第四节 其他通信

一 电 报

1987年,市邮电局使用2台自动收发报话机,与娄底地区邮电局电传机自动流放。城区电报由专人投递。农村电报与8个支局用话传,内容紧急时,先用电话通知乡、村转告,再由乡邮员按挂号信直投。是年,有报务员8人,收发电报8.72万份。1998年,收发电报2.44万份。1999年9月30日,市电信局电报设备下网,并入娄底市局。

二 无线寻呼

1993年4月,市邮电局建立无线寻呼基站,开通BP机126人工台,容量1000户,人员5人。每部寻呼机售价1980元,服务费每月25元。是年,发展用户93户。1994年5月22日,开通127自动寻呼台。1995年3月,开通汉字寻呼系统,实现BP机汉字显示。1997年,用户8620户,BP机频点增至5个。1999年,用户18198户。2000年5月,寻呼传输链路改为卫星链路,稳定性提高。随后,移动通信业务发展,寻呼趋向萎缩。2002年底,中国联通对寻呼业务始行整合,向呼叫中心转型。2005年12月,所有寻呼设备拆除,寻呼业务停止。

三 会议电话

1987年,电话会议使用汇接机汇接,音质改善,全年会议电话37次。1995年,增加数字解扰器和43▮彩电,实现图像下传。1999年,开通可视会议电话系统,实现图像双向传输,主分会场图像对视,会议电话质量和效果提升,政企用户使用数量逐渐增加,2003年69次,2007年86次。

四 数据通信

数据通信是通过因特网、帧中继、ATM异步传输、X25分组交换网、DDN数字数据网等网络提供的各类数据传输业务。1995年4月,市邮电局开办DDN分组交换业务,设备容量80个端口,2001年DDN端口扩容138处,出租给银行、税务局等60个用户。2007年,用户75个。

1987—2007 年涟源市电信主要业务情况

表 22-3

年 份	局用交换机容量（门）	局用交换机占用量（门）	城乡固定电话用户（户）	公用电话（台或处）	无线寻呼（户）	移动通信用户（户）	基础数据用户（户）	国际互联网络用户（户）	业务总量（万元）
1987	1000	589	889	—	—	—	—	—	52.86
1988	1000	629	956	—	—	—	—	—	72.44
1989	1000	720	1109	—	—	—	—	—	79.71
1990	1000	770	1324	—	—	—	—	—	96.58
1991	1000	896	4357	—	—	—	—	—	270.70
1992	4000	1146	5453	—	—	—	—	—	351.74
1993	8333	1146	5404	—	93	—	—	—	566.23
1994	11136	1146	7274	—	…	400	—	—	1053.75
1995	24422	1948	8123	—	…	700	—	—	1573.78
1996	24422	15061	15061	864	6115	1132	23	—	2334.54
1997	30758	20414	20414	1177	8620	3106	29	—	2700.35
1998	34266	27612	27612	1614	18579	5401	46	—	3032.08
1999	38122	33069	33069	2502	18198	8468	53	—	3624.47
2000	89418	65898	65898	5350	…	12125	72	—	5237.58
2001	89848	72919	72919	2249	…	23714	60	—	3349.54
2002	85890	54525	70568	1250	…	45312	60	—	8292.51
2003	89734	68578	70580	2070	…	72240	99	864	9866.34
2004	85890	73300	68500	3084	…	121564	…	3740	11229.21
2005	101376	79368	74976	3397	…	142632	75	7564	15304.53
2006	110906	88615	79667	2378	—	189616	75	8465	16203.14
2007	132103	94366	82454	2004	—	222781	75	9039	20235.82

说明：1. 1995 年开通数据 DDN80 个端口；2. 1999 年后无线寻呼从电信局剥离出去；3. 2002 年开通宽带 ADSL

第五节 通信管理

一 管理机构

湖南省电信有限公司涟源市分公司(简称市电信分公司) 1987年,市邮电局设有电信股,分管全县电信业务。1993年,设电信股(负责生产经营)和通信建设股(负责工程建设)。1994年,分别改称电信经营股(辖报话、公话、农话、移动4公司)和运行维护股(辖电话安装、设备维护、线路维护3公司)。1998年9月,邮电分营,成立市电信局,职工170人,内设二部一室:市场经营部、维护工程部、综合办公室;农村设电信支局9个,委托办理网点54个。1999年7月,移动通信从电信局分出。2004年6月,中国电信集团公司在香港上市,市电信局更名湖南省电信有限公司涟源市分公司。2005年3月,内设机构调整为综合办公室(辖财务办、安全保卫办、车队、生活服务中心)。下设市场经营部(辖营业、大客户服务、公众客户服务、公用电话、增值业务、计费账户、代办管理、客户服务8个中心)、7个中心支局(桥头河、湄江、安平、杨市、荷塘、斗笠山、城郊)、维护工程部(辖设备维护工作站、建设办、线路维护安装中心、物资配送中心)。2007年,机构未变,职工185人。

图22-4 湖南省电信有限公司涟源市分公司

中国移动通信集团湖南有限责任公司娄底分公司涟源营业部(简称市移动营业部) 1997年,市邮电局设立移动通信公司。1999年7月7日,移动通信公司从市电信局分出,成立省移动通信有限公司娄底分公司涟源营业部,全营移动电话,下设综合部、市场部、网络部。2002年7月,湖南移动被香港移动收购,改称中国移动通信集团湖南有限责任公司娄底分公司涟源营业部。2007年,上市公司员工18人,劳务派遣工80人,退休退养员工24人。

图22-5 2003年1月,市移动营业部综合楼开业

中国联合通信有限公司涟源分公司(简称市联通分公司) 1998年6月,湖南省电信寻呼有限责任公司娄底分公司涟源业务部成立,职工5人,承接由市邮电局分出的无线寻呼业务。1999年4月,更名湖南省国信寻呼通信有限公司娄底分公司涟源业务部。国信寻呼同中国联通整体融合,2000年6月,改名中国联

图22-6 市联通分公司举办活动

合通信娄底分公司涟源营业部。2006 年 3 月,更名中国联合通信有限公司涟源分公司,设综合管理部和市场经营部。2007 年,有员工 38 人。

中国铁通娄底分公司涟源分局(简称市铁通分局) 2002 年 5 月,娄底铁通进入涟源,成立铁通涟源分局,设营业管理,装机维护,营销和营收 4 部和涟源火车站、光明山两个营业厅,水洞底、杨市两个代理服务点,市政府、火车站、杨市、水洞底、竹冲 5 个通信机房。2007 年,有员工 19 人。

二　网点设置

1987 年,市内电信业务由市邮电局及 8 个邮电支局统一经营。乡镇总机由集体经办,为邮电局代办长话、电报。1994 年,乡镇总机分批实现程控交换,人员失业。1997 年,市邮电局成立安置机构,配合政府,对 67 名农话人员每人发放 2 万元安置费。1998 年 9 月,邮电分设,9 个电信支局管辖 34 个程控交换点。1999 年 7 月,移动通信公司自市电信局分出,租用人民中路农贸公司临街门面作营业部,辖 12 个代办网点。是年 12 月,市场部下设城郊、安平、湄江、桥头河、荷塘、杨家滩 6 个营业部。2003 年 1 月,涟源移动通信大楼落成开业,地址为市城区交通路三角坪,集营业、办公、机房于一体。建筑面积 2301.69 平方米。其中营业厅面积 220 平方米,为市内最大的移动通信营业场所;同时,继续租用人民中路五马段、光明山段两个临街门面,采用自建他营方式签约为合作营业厅。2007 年,市电信分公司中心支局调整为 7 个,交换点增至 56 个,各乡镇交换网点与市电信分公司签订“三代(代营业、代维护、代收话费)合一”承包合同。市移动营业部自办营业厅 3 个,移动业务代理店 124 个,快易充点 620 个。市联通分公司有网点 42 个;市铁通分局设 2 个营业厅、2 个代理服务点、4 个网点。

三　营销管理

1998 年后,市内各电信机构将业务营销作为生存和发展根本,各家都不断推出业务新品种、新“套餐”,利用元旦、春节、国庆、世界电信日等重大节庆开展系列促销活动。市电信分公司每年世界电信日在营业厅外发放宣传资料,宣传新业务。市移动营业部每年投资 30 万元作营销经费。2004 年,在交通路挂置灯箱 60 个形成灯箱广告一条街,竖立大型广告牌于三角坪公司屋顶,宣传移动的优质服务和套餐实惠。2007 年第 39 届世界电信日,市移动营业部在营业厅开展有上千人参加的电信知识有奖问答、互动游戏和刮奖促销活动。

四　客户服务

1999 年,市电信局成立客户服务股。2001 年 1 月,市移动营业部设立全国统一客服热线:1860、1861,为网内客户免费提供业务咨询服务。市联通分公司设立全国统一服务热线 1001,为客户提供投诉、咨询、话费查询和充值等项服务。2002 年,市联通分公司成立集团大客户服务中心。2003 年 3 月,市移动营业部设立集团大客户营销服务中心,实行“优先、优质、优惠”“三优”个性化服务。2004 年,市铁通分局对员工实行首问责任制。是年,市电信分公司针对不同客户群需要,建立大客户中心、公众客户中心、商业客户中心、客户服务中心,开辟绿色通道、实行差异化服务。市移动营业部设立客户服务中心。2006 年,市电信营业部实施三项服务承诺:预约安装,提供市话详单,未经同意不开收费新业务。2007 年,市电信分公司完善 10000 号用户投诉电子派单制度,强化服务管控。市移动营业部全国统一客服热线升级为 10086。

五　人事管理

1998 年,市电信局分立,职工 170 人,继续进行人事、用工、分配三项制度改革,实行人员增长零控制。按省控指标接收邮电院校毕业生,安排职工子女中复员转业退伍军人,生产一线缺员雇用临时工。管理、技术人员实行竞聘,生产人员实行优化组合,末位淘汰,工资实行等级,按绩效分配。2007 年,职工 185 人。

市移动营业部按现代企业管理,实行低成本高效运营模式,借助绩效考核工具实现各单位和岗位的合作平衡。

市联通分公司采取灵活的用人机制,员工能进能出,领导能上能下,工资能多能少。

第二十三篇　城乡建设与环境保护

第一章　城市建设

第一节　机　构

一　行政主管机构

1987年10月，市建设委员会(简称市建委)内设办公室、规划办、人事教育组、城乡建设组、建筑工程管理组，财务组、人防办，定编15人。1988年7月，撤销城乡建设组，成立市城镇建设办公室，撤销建筑工程管理组、蓝田城镇建设办公室，成立市建筑工程管理办公室。1988年11月，增设行政监察室。1990年月11月，撤销市城镇建设办公室、市建筑工程管理办公室，恢复城镇建设管理组、建筑工程管理组，增设审计室。1995年1月，市建委更名市建设局。1996年3月，市建设局复名市建委，内设办公室、人事教育组、计财组、建工组、城建组、监察室，定编25人。1997年6月，增设法制组。2002年底，市建委再次更名市建设局，内设办公室、人事教育股、计财股、建工股、城建股、城管股、法制股和监察室等8个股室。2004年8月，城市建设与城市管理机构分设，市容市貌、城市客运、城市综合监察执法、市政工程管理、路灯照明、城市规划区内户外广告管理等城市管理职能划归市城市管理局。2005年，撤销城管股，内设机构调整为办公室、人事教育股、计划财务股、建工股、城建股、法制股、市建设工程招投标管理办公室6个股室。2006年12月，增设市小城镇建设管理办公室。2007年，机构未变，定编18人。

二　直属二级机构

1987年，市建委直属二级机构有城乡建设规划办公室、国家建设征地拆迁办、市建设工程质量监督站、市建筑施工管理站、市建筑设计室、市房地产公司、市自来水厂、市建筑工程公司、蓝田城镇建设办公室、蓝田环境卫生管理所、桥头河镇城镇建设联合办公室、杨家滩镇城镇建设联合办公室。1988年1月，施工管理站改为市建筑施工管理站。7月，下辖市建筑施工管理站、市建筑工程公司、市建设工程质量监督站、市建筑设计室、市城市监察中队、市政工程公司、市公共汽车公司(简称市公汽公司)、市自来水公司(自来水厂)、市园林管理处。蓝田环境卫生管理所改为市环境卫生管理处，市房地产公司改为市房地产管理处。成立市建筑安装总公司。1989年9月，市政工程公司更名市政工程管理处。1990年11月，建立市城镇建设资料档案馆。1991年6月，成立市城乡建设规划勘察设计室。1993年4月，成立市城建实业开发总公司；8月，建立市建筑工程安全监督站，与市建筑施工管理站合署办公。1994年1月，建立市路灯管理所。1994年11月，市建筑设计室更名市建筑勘察设计院。1998年12月，市建委下辖市政工程管理处、市环境卫生管理处、市城市监察中队、市城建资料档案馆、市路灯管理所、市建筑施工管理站、市建设工程质量监督站、市建筑勘察设计院、市自来水公司、市公汽公司、市城建实业开发公司、市建筑安装公司、市第一建筑公司。管理伏口、湄江、桥头河、杨市、七星街、茅塘6个城镇建设管理办公室。2002年底,二级企事业单位26个:市城乡规划局、市政工程管理处、市园林处、市城市监察大队、市公汽公司、市环境卫生管理处、市建设工程质量监督站、市建筑施工管理站、市建筑勘察设计院、市路灯管理所、市城建资料档案馆、市燃气办、桥头河镇城镇办、杨市镇城镇办、斗笠山镇城镇办、七星街镇城镇办、枫坪镇城镇办、茅塘镇城镇办、荷塘镇城镇办、安平镇城镇办、伏口镇城镇办、湄江镇城镇办、水洞底镇城镇办、市公汽公司、市建筑公司、市建安公司。2004年8月,下辖市城乡建设规划局、市建设工程质量监督站、市建筑业管理办公室(加挂市建设工程安全监督站牌子)、市燃气管理站、市勘察设计院和桥头河、杨市、伏口、湄江、七星街、安平、枫坪、斗笠山、水洞底、荷塘、茅塘、白马、金石等13个镇建设管理站。2006年,市城建资料档案馆更名市城建档案馆,加挂市城建档案管理办公室牌子。是年12月,13个乡镇建设管理站更名规划建设管理站,划归乡镇管理,为乡镇二级事业机构,由市建设局管理为主调整为市镇共管、以镇政府管理为主。

三 归口管理机构

1987年,归口管理市环境保护局。1998年12月,归口管理市房地产管理局、市环境保护局、市城乡规划局、市人防办、市园林处。2002年底,归口管理市环境保护局、市房地产管理局。2003年4月,市城市建设投资管理办公室及市城建投资开发有限责任公司成立,归口市建设局管理。2007年,归口管理市环境保护局、市房地产管理局、市城市建设投资管理办公室及市城建投资开发有限责任公司。

第二节 城市规划

一 机 构

1987年,市城乡建设规划办公室为市建委二级机构。1998年4月,更名市城乡建设规划局,内设办公室、财务股,城市规划股、法制监察股、村镇规划股、规划勘察设计股(室),职工36人。2000年,撤销规划勘察设计股,设立市城建规划与市政勘察设计室。2004年,市城建规划与市政勘察设计室更名涟源市城建规划与市政勘察设计院。2005年8月,升格为政府直属正科级事业机构,更名市规划局,内设办公室、财务股、综合技术股、用地管理股、工程管理股、法规股、村镇规划管理股(加挂涟源市村镇规划管理办公室牌子),定编33人。2006年,成立市规划监察执法大队,定编15人。2007年,增设新区管理股。全局职工63人。

二 规划编制

城市总体规划 1988年,市政府着手修编首轮《涟源市城市总体规划》(1988—2010年)。是年,城区人口5.8万人,城区建设用地3.25平方千米,人平56平方米。规划1995年,城区人口规模8万人,城区建设用地6平方千米,人平75平方米;2010年,城区人口规模10万人,城区建设用地9.5平方千米,人平95平方米。城区重点发展建材、冶炼、机械工业,相应发展轻工、食品加工业,积极发展村镇和街道企业,抓好科学技术、文化、教育和商业服务业,使市城成为全市政治、经济、文化、教育、科技和信息中心。规划控制区范围包括蓝田、马家境、六亩塘3个街道部分区域。东至马头山乡木灵村,西北至毛坪乡胜利村(省煤机厂),西至毛坪乡塘湾村,南至洪水岭,北至六十亭,东西长8千米,南北长3.5千米。城市向东、西北方向发展。

1996年10月,市政府进行第二轮《涟源市城市总体规划》(1997～2015年)修编。是年,市城区人口6.58万人,城区建设用地5.5平方千米,人平83.6平方米。规划2000年,城区人口规模8.5万人,城市建设用地

图 23-1 市城区鸟瞰图

7.3 平方千米，人平 85.9 平方米；2015 年，城区人口规模 15 万人，城市建设用地 14.6 平方千米，人平 97.3 平方米。城区以本地资源转化和深度加工业为主，山、林、城融为一体的湘中城市群中重要的现代化城市。规划控制区范围包括蓝田街道光明街、双江街、中山街、罗家佃、文艺路、光文、交通路、西郊、民光、蓝郊、红旗路 11 个居委会，集中、青岭、西冲湾、峡溪、联兴、胡家、日升、洪兴、建中 9 个村；六亩塘镇先志、瓦亭 2 个居委会，界边、同意、胜利、井家、秀溪、洞庭桥、锦地、良溪、石头、毛坪、树亭、桐车湾、坪上、梅南、新康、温田、三步桥 17 个村；石马山镇青烟、石梅、乌鸡坝、新中、马家境、井泉、建光、幸福、小冲、培元、满水、扶胜、集峰、龙埠、唐家冲、大丰、石桥、崩石、李家垅、温江、双车、东轩、长车、飞仙、群先、四甲、回龙江、麦冲、马头山、群联、木灵 30 个村；龙塘乡长冲、水竹 2 个村；三甲乡三甲、玉屏、玉峰 3 个村，共 75 个村(居)。东至双江口(温江与涟水交汇处)，西至胜利村(涟源市与冷水江市交界处)，北到长冲村，南到小冲村。城市主要向东、西方向发展，适当向南、北发展。

2006 年 10 月，市政府进行第三轮《涟源市城市总体规划》(2007—2020 年)修编。是年，城区常住人口 14 万人，城区建设用地 13.31 平方千米，人平 95 平方米。规划 2010 年，城区人口规模 16 万人，城市建设用地 16 平方千米，人平 100 平方米；2020 年，城区人口规模 25 万人，城市建设用地 24.88 平方千米，人平 99.52 平方米。城区为湖南省重要能源、原材料加工基地，以机械制造和加工工业为主，山、林、城融为一体的现代化中等城市。规划控制区范围包括蓝田街道罗家佃、文艺路、光文、交通路、双江街、民光、光明山、光明街、新新 9 个社区，集中、青岭、西冲湾、峡溪、联兴、胡家、日升、洪兴、建中 9 个村；六亩塘镇笃庆堂、牛角石、芦茅塘、狮子山 4 个社区，界边、同意、胜利、井家、秀溪、洞庭桥、锦地、良溪、石头、毛坪、树亭、桐车湾、荆桥、坪上、黄龙、芙蓉、梅南、红光、新康、温田、三步桥 21 个村；石马山镇梅园、荷花、黄山、双河 4 个社区，张家湾、青烟、石梅、乌鸡坝、新中、马家境、井泉、建光、幸福、小冲、培元、李家垅、满水、扶胜、集峰、龙埠、唐家冲、大丰、石桥、相车、石门、朱泉、群英、古台、团结、应山、温江、双车、东轩、长车、飞仙、桅子、群先、四甲、紫溪、回龙江、麦冲、新合、柏杨、马头山、群联、木灵、楠木 43 个村；龙塘乡富红、长冲、水竹、群利、马头、合胜 6 个村；三甲乡六甲、三甲、玉屏、玉峰 4 个村，共 100 个村(社区)。东至双江口，西至胜利村，北到长冲村，南到小冲村。城市发展以东向为主，西向为辅，适当向北发展。其中，向东、向西为近期发展方向，向北为远期发展方向。

专项规划 1992 年，依据《涟源市城市总体规划》(1988—2010 年)，编制完成《涟源市城区环卫设施规划》(1988—2010 年)。1998—1999 年，依据《涟源市城市总体规划》(1997—2015 年)，编制完成《涟源市城市园林绿地系统专项规划》《涟源市城市环卫设施专项规划》《涟源市城市消防规划》，经市政府批准实施。2007 年，依据《涟源市城市总体规划》(2007—2020 年)，编制《涟源市城市道路交通专项规划》《涟源市城市给水排水专项规划》。

详细规划 1992 年，完成石马山街道梅园小区修建性详细规划编制。1995 年，完成芙蓉南路开发区修建性详细规划编制。1998 年，编制《涟源经济开发区规划》(1998—2010 年)。1998—1999 年，完成光文开发小区、幸福路开发区、体育中心、商园街开发小区、富红垃圾填埋场的修建性详细规划编制。2002 年，完成交通路南段西侧旧城改造修建性详细规划编制，涟源市旧城区改造开始。2003 年，完成涟水名城修建性详细规划编制。2004—2006 年，编制人民公园、洪水岭公园、光明山广场、火车站广场、三角坪商业广场、安居百年建材市场、城西农贸市场和蓝天豪苑、水榭花都、世纪花园等居住小区修建性详细规划，经市政府批准实施。2007年，编制市公安指挥中心、鸿基商贸城等规划。是年，开始编制湖南涟源经济开发区、涟源市城东新区、岛石路居住小区控制性详细规划。

三 规划管理

1987—1988年，市城区进行第一次地形图测绘，测绘面积20.47平方千米。1989年，加强市城区私房建设管理，查处289户在市城区范围内自筹自建私房的违法违纪行为。1990年，《中华人民共和国城市规划法》颁布实施后，市政府下发《关于在城市规划区域范围内的工程建设统一实行“一书两证”的通知》，城市土地利用与建设工程管理实行法定许可证制度。市政府成立市规划委员会，负责对全市规划编制、重大规划项目进行集体审议。全年办理建设用地规划许可证236个，建设工程规划许可证196个。主要单位项目有市新华书店、市文化局、市信用联社综合楼及物资大厦。是年，测定人民路、东郊路道路中心坐标，修测城区主要道路和建筑变化大的局部区域万分之一的地形图。1991年，规范党政干部自筹自建私房行为，市委、市政府下发《关于对在清理城区自筹自建私房中停建工程的处理办法和加强城镇个人建房管理的规定》，规定党政干部不得自筹自建私房，但可以由政府组织、统一规划集资联建住房。是年，市政府下发《关于加强人民路、交通路规划建设管理的通知》，完成人民路、交通路修建性详细规划方案。全年办理建设用地规划许可证240个，建设工程规划许可证340个。单位项目主要有市电石厂、市卫生防疫站、六亩塘中学、中国银行涟源市支行综合楼。1991—1992年，为顺利实施《涟源市城市总体规划》(1988—2010年)，对全市城区的主要规划道路进行定桩定线，并将道路展绘于1：1000地形图上。1992年，办理建设用地规划许可证280个，建设工程规划许可证352个，主要单位项目有新汽车站、市工商局、市广电局、市公汽公司综合楼。1993年，规范临街用地的建设行为，对城区临街用地进行严格控制。全年办理建设用地规划许可证266个，建设工程规划许可证350个，主要单位项目有市人民银行、市工商银行、市房地产局、市公路局等单位综合楼、火车站客运综合楼。1994—2002年，办理建设用地规划许可证3003个，建设工程规划许可证2934个。单位项目主要有市政府机关大楼，市农业银行、市电影公司、市烟草局、市妇幼保健院、市计生局、市县乡公路管理站、蓝田街道办事处、市国税局、市环保局、市农业局、市人防办、市规划局、市邮电局、石马山镇政府、中国人民财产保险股份有限公司涟源支公司、中国移动涟源营业部、市电信局综合楼，市粮食局粮油市场，市一中三间学校、涟源二中改扩建工程。2003年，市委、市政府下发《关于切实加强城市规划、建设与管理工作的意见》，对城市规划修编、实施城市总体规划、城市规划管理提出具体意见。全年办理建设用地规划许可证301个，建设工程规划许可证308个。主要单位项目有检察院综合楼、园林局综合楼。2004年，市政府投入150万元对全市城市规划建设区22平方千米范围进行1：1000数字化地形测绘。全年办理建设用地规划许可证335个，建设工程规划许可证358个。单位项目主要有市卫生防疫站实验综合楼，市水文站测报楼，市工贸职业中专教学综合楼、住宅楼，市新华书店办公楼，法院审判综合楼，市技监局综合楼。2005年，市规划局严格实行“审批一支笔、管理一盘棋”。建设项目选址、用地、工程审批、监管、竣工验收等

图23-2 市规划局在城区拆除违章建筑

环节缺一都不予审批验收，并实行建设工程规划许可证副本制度。6月，拆除幸福路开发区周边违法搭建砖棚30余处。9月，对沿街建筑立面、招牌广告进行全面清理整治，整治招牌广告429块，建筑立面美化、亮化82处。全年办理建设用地规划许可证382个，建设工程规划许可证349个。主要单位项目有市残联、市煤炭局、市林业局、市劳动局、市气象局综合楼；市体育馆、市汽车东站、市行知中学；温江水厂改造工程。2006年，市委、市政府下发《关于进一步加强城乡规划管理工作的意见》，规划管理由微观向宏观管理转变；由原来的中心城区规划建设区域延伸到整个规划控制区域。开展为期两年的城乡规划效能监察，对全市的城乡规划工作开展自查自纠及重点查处。对涟水河两岸违规搭建的临时建筑进行彻底清除，拆除违章建筑50余处。市规划局出台规划公示制度与规划听证制度，加强规划工作公开、公正、透明与市民参与力度。全年办理建设用地规划许可证382个，建设工程规划许可证346个。单位项目主要有市民政局、市城管局、市卫生局、市国税局综合楼；市殡仪馆。2007年，遏制违法乱建势头，对在湖南涟源经济开发区、城东行政新区内的违规建房进行全面清查，查处违法违章建筑284起。全年办理建设用地规划许可证402个，建设工程规划许可证386个。单位项目主要有市光荣院老年公寓、社会福利院综合楼、市救助保护中心综合楼。

第三节　城市道路建设

1987年，城区有人民路、文艺路、交通路、车站东路、车站西路、东郊路、牛角路、光明山路等主要道路。2007年，城区主要道路31条，总面积439321平方米。其中，机动车道326746平方米，人行道101675平方米，非机动车道10900平方米。东西向有人民路、车站路、环北路等；南北向有芙蓉路、文艺路、交通路、新城路（2006年东郊路更名）等。1987—2007年，先后改建人民路、交通路、文艺路、车站路，新建环北西路、新城路、幸福路。（见表23-1）

人民路　横贯城区东西主要干道，西起秀溪广场，东至工业广场，全长8.5千米。1979年7月—1988年10月，完成涟邵矿务局职工医院至东郊广场（今莲花广场）段工程，路宽30米，路面结构为沥青混凝土，人行道为混凝土方格板路面。全程除平叉口曲线半径15米外，最小平曲线10米，最大纵坡1.6%。1995年，硬化五马广场（2003年更名人民广场）至三一公司路段。2002年，投资600万元硬化向新桥至人民广场路面，改造向新桥至市国土局路段为大理石人行道板，市国土局至莲花广场路段为彩色人行道板。至2007年，人民路全部完成混凝土路面硬化。

交通路　贯穿城区南北主要干道，南起火车站隧道口，北至酸枣坪广场，全长1580米，宽42米。其中，车行道14米，隔离带2×2米，非机动车行道6×2米，人行道6×2米，全线最大纵坡3.9%。1987年开工建设，1998年硬化五马广场（今人民广场）至酸枣坪广场段。2002年开始改造人行道，人民广场至三角坪路段铺设彩色人行道板。2003年，硬化人民广场至三角坪段，2007年硬化三角坪交通桥至火车站段。

文艺路　南起中山前街，北交环北西路，全长1.2千米，最大纵坡8%，路宽14米（其中，车行道8米，人行道2×3米）。文艺南路中山前街至轻工业局220米属老路改造扩建，为混凝土路面。轻工业局至人民路420米，1984年开始修建，1987年竣工，为沥青路面。文艺北路从人民路至环北西路，长451米，宽8米，混

图23-3　人民广场

凝土路面,1999 年竣工,人行道为混凝土方格板。

环北西路 西起芙蓉北路,东至酸枣坪广场,全长 2500 米,路宽 42 米,水泥混凝土路面,2004 年动工建设,2006 年 1 月竣工,总投资 2800 万元。

环北东路 西起酸枣坪广场,东至涟源大道,总长 2800 米,路宽 42 米,总投资 9100 万元。其中,酸枣坪广场至幸福广场 500 米,1995 年竣工;幸福广场至涟源大道 207 线 1160 米,2007 年 7 月开工,投资 4700 万元。

图 23-4 环北西路

车站东路 为市区最早的对外交通公路,1956 年 6 月,修建双涟公路时建成,东起石梅桥,西至火车站广场,全长 1380 米,宽 8 米,沥青路面。2001 年,改造成混凝土路面。

车站西路 东起火车站广场,经火车站隧道至红旗桥,全长 1320 米,宽 8 米。其中,火车站广场至青年街 300 米,青年街至红旗桥 900 米,分别于 1957 年和 1968 年建成通车,以后多次截弯改直,扩宽铺油。2001 年改造成混凝土路面。

图 23-5 酸枣坪广场

新城路 南起光田湾,北至莲花广场,全长 2050 米,路宽 8～12 米,混凝土路面。最大纵坡 0.84%,投资 45 万元。1985 年开工,1987 年建成。人行道为砼板。

梅亭路 西起新城路,东至工业广场,全长 2137 米,宽 26 米,绿化带 4×2 米,加工业桥至工业广场长 540 米,宽 16 米。1993 年开始修建,1994 年建成路基并完成靠城区段 500 米混凝土路面,方格板人行道 5×2 米。

2007 年涟源市城区主要道路一览表

表 23-1 单位:米

<table>
<tr><th colspan="2" rowspan="2">道路名称</th><th rowspan="2">起讫地点</th><th colspan="3">机动车道</th><th colspan="3">人行道</th><th rowspan="2">建成时间</th></tr>
<tr><th>长度</th><th>宽度</th><th>路面结构</th><th>路面样式</th><th>长度</th><th>宽度</th></tr>
<tr><td rowspan="3">人民路</td><td>人民西路</td><td>秀溪广场—芙蓉广场</td><td rowspan="3">8500</td><td rowspan="3">16</td><td rowspan="3">砼路面</td><td rowspan="3">大理石、彩板</td><td rowspan="3">8500</td><td rowspan="3">7×2</td><td>1979 年</td></tr>
<tr><td>人民中路</td><td>芙蓉广场—莲花广场</td><td>1988年</td></tr>
<tr><td>人民东路</td><td>莲花广场—工业广场</td><td>2004年</td></tr>
<tr><td colspan="2">交通路</td><td>火车站铁路隧道口—酸枣坪广场</td><td>1580</td><td>14</td><td>砼路面</td><td>彩板</td><td>1580</td><td>6×2</td><td>1989 年始建
2007 年扩建</td></tr>
<tr><td rowspan="2">芙蓉路</td><td>芙蓉北路</td><td>芙蓉广场—环北西路</td><td>735</td><td>14</td><td>砼路面</td><td>砼板</td><td>735</td><td>5×2</td><td>1959年</td></tr>
<tr><td>芙蓉南路</td><td>芙蓉广场—检察院职工宿舍</td><td>400</td><td>14</td><td>砼路面</td><td>砼板</td><td>400</td><td>5×2</td><td>1996年</td></tr>
<tr><td rowspan="2">环北路</td><td>环北西路</td><td>芙蓉北路—酸枣坪广场</td><td>2500</td><td>16</td><td>砼路面</td><td>砼板</td><td>2500</td><td>9×2</td><td>2006年</td></tr>
<tr><td>环北东路</td><td>酸枣坪广场—涟源大道</td><td>2800</td><td>16</td><td>砼路面</td><td>砼板</td><td>2800</td><td>13×2</td><td>2007 年开工</td></tr>
</table>

续表 23-1

道路名称		起讫地点	机动车道			人行道			建成时间
			长度	宽度	路面结构	路面样式	长度	宽度	
幸福路		环北东路—人民中路	750	8	砼路面	砼板	750	5×2	2007年
娄涟二级公路联络线		幸福广场—娄涟二级公路	540	12	砼路面	大理石	540	5.5	2002年
牛角路		人民中路—环北西路	980	8	砼路面	砼板	980	3×2	1968年
老干路		人民中路—牛角路	490		砼路面	—	—	—	1987年
红旗路		人民中路—车站西路	1520	8	砼路面	砼彩板	42	5	1968年
工农路		交通路—人民中路	945	8	砼路面	砼板	210	3	1968年
尊师路		人民中路—环北西路	670	6～8	砼路面	砼彩板、砼板	275	3	1969年
文艺路	文艺南路	人民中路—中山前街	1200	8	砼路面	混凝土方格板	1200	3×2	1984年
	文艺北路	人民中路—环北西路							1999年
新建街		人民中路—蓝溪桥	580+381	4～5	砼路面	—	—	—	1949年前
中山街	中山前街	福星桥—蓝溪桥	480	6	砼路面	—	—	—	1949年前
	中山后街	交通路—文艺南路	380	6	砼路面	砼板	760	2×2	1949年前
永兴街		中山后街—交通路	1500	7	砼路面	—	—	—	1949年前 1989年改建
双江街		中山前街—人民中路	1240	6	砼路面	—	—	—	1949年前
三元路		三角坪—火车站广场	600	8	砼路面	砼板	600	2	1972年
双拥路		双江街—人民中路	600	8	砼路面	—	—	—	1968年
育才路		人民中路—交通路	800	6	砼路面	—	—	—	1991年
果园路		人民中路—国道207线	2900	6	砼路面	—	—	—	1958年
新城路		光田湾—莲花广场	2050	8～12	砼路面	砼板	1960	5×2	1987年
梅亭路		新城路—工业广场	1597+540	12～16	砼路面	砼板	2137	5×2	1994年
车站西路		红旗桥—火车站广场	1320	8	砼路面	—	—	—	1968年
车站东路		火车站广场—新城路	1380	8	沥青路面	砼板	260	5	1956年
民主街		蓝田桥—民主小学	1700	6～8	砼路面	—	—	—	1949年前
光明街		民主小学—铁路桥	900	8	砼路面	—	—	—	1949年前

说明：1. 人行道包括绿化带，交通路的隔离带（2×2米）和非机动车道（6×2米）在表中没有反映。2. 人民广场、芙蓉广场、莲花广场、酸枣坪广场、幸福广场、工业广场、秀溪广场实为十字路口

第四节　城市桥梁建设

1987 年，城区有 11 座公路桥梁，3 座人行桥，铁路桥 4 座。1987—2007 年，新建、改建 8 座公路桥梁，2 座人行桥，铁路桥 4 座。2007 年，城区有公路桥梁 18 座，其中石拱桥 9 座，钢筋砼板桥 8 座，石拱、钢筋混合桥 1 座；人行桥 5 座，其中石拱桥 1 座，钢筋砼板桥 2 座，预应力空心板桥 2 座；铁路桥 8 座。

2007 年涟源市城区桥梁一览表

表 23-2　　单位：米

桥名	所在位置		桥长	桥宽				结构	建成时间
	地址	河系		合计	车行道	人行道	石护墩		
人民桥	人民中路	升平河	59.8	22.0	16.0	2×3	—	空腹石砌拱桥	1985年
梅子桥	新城路	涟水	82.0	15.0	12.0	2×1.5	—	石拱桥	1987年
工业桥	工业广场南	涟水	70.0	18.6	14.0	2×2.3	—	石拱桥	1993年
文艺桥	文艺北路	升平河	40.0	12.0	8.0	2×2	—	石拱桥	1998年
蓝田桥	三元路	涟水	61.0	12.0	8.0	2×1.5	—	钢混双曲拱桥	1972年
涟源桥	交通路北段	升平河	47.8	22.8	18.8	2×2	—	钢筋混凝土桁架式拱桥	1991年
红旗桥	红旗路南	涟水	48.3	7.0	7.0	—	—	钢混双曲拱桥	1968年
顺鑫桥	红旗路南	涟水	46.0	13.0	8.0	2×2.5	—	石拱桥	2005年
环北桥	六亩塘镇牛角石社区	升平河	50.0	20.5	16.0	2×2.25	—	钢筋砼板桥	2006年
幸福桥	环北东路	幸福水库溢洪道	38.0	桥南面 15 桥北面 22	—	—	—	石拱、钢砼	2004年
交通桥	交通路南段	涟水	117.7	22.5	18.0	2×2.25	—	预应力空心桥板	2006年
上太平桥	蓝田中学	升平河	41.3	6.5	—	5.8	2×0.35	石拱	明朝
福星桥	中山街东头	涟水	33.0	8.0	—	7	2×0.5	石拱	明朝
下太平桥	双江口	升平河	35.7	6.4	—	5.7	2×0.45	石拱	清朝
石马山桥	车站东路东头	小冲河	32.0	12.0	—	—	—	钢筋砼梁	明朝
胜利桥	双江口	升平河	37.4	7.2	7.2	—	—	双曲拱	1968年
光明山桥	尊师路	升平河	44.2	5.0	5.0	—	—	石拱桥	1969年

续表 23-2

桥　名	所 在 位 置		桥长	桥　宽				结　构	建成时间
	地　址	河　系		合计	车行道	人行道	石护墩		
向新桥	人民西路	跨涟渣铁路	30.0	18.0	14	2×2	—	钢混双曲拱桥	1985年
蓝溪桥	中山街西头	涟水	37.6	6.3	—	—	2×0.35	石拱	宋始建清重修
水榭花都桥	水榭花都小区	升平河	50.0	3.2	—	—	—	预应力空心板桥	2007年
人行便桥	文艺桥西侧	升平河	45.0	1.9	—	—	—	预应力空心板桥	…
人民公园风雨桥	人民公园内	升平河	56.0	6.9	—	—	—	钢筋砼板拱桥	2008年
腰桥	中山街中段	涟水	40.0	1.5	—	—	—	预应力空心板桥	1980年
石马山铁路立交桥	石马山镇	涟油路（上行）	13.8	—	—	—	—	1—12 框构	1985年
石马山铁路立交桥	石马山镇	涟油路（下行）	13.8	—	—	—	—	1—12 框构	1999年
石马山铁路桥	石马山镇	小冲河（上行）	48.1	—	—	—	—	1—16 预应力钢筋混凝土兀形	1999年
石马山铁路桥	石马山镇	小冲河（下行）	48.1	—	—	—	—	1—16 预应力钢筋混凝土兀形	1959年
涟源火车站立交桥	蓝田	车站西路	9.9	—	—	—	—	1—9.2 框架	1995年
蓝田铁路桥	蓝田	涟水（上行）	66.0	—	—	—	—	2—23.8 预应力钢筋混凝土	1959年
蓝田铁路桥	蓝田	涟水（下行）	66.0	—	—	—	—	2—23.8 预应力钢筋混凝土	1999年
涟渣铁路桥	六亩塘镇	涟水	43.5	—	—	—	—	钢筋混凝土预应力桥	1975年

第五节 城市房屋建设

1987年，城区房屋大多为砖混结构，从楼层统计，平房占30.2%，2~3层楼房占56.3%，4~6层占13.4%，7~10层占0.1%；从建筑材料结构统计，钢结构占0.07%，钢混结构占0.042%，框混结构占1.3%，砖混结构占53%，砖木结构占42.5%，其他占3.1%。80年代后期所建住宅，多数设置阳台、卫生间，部分单位建房开始采用钢混框架结构，房屋装修业兴起。1989年，市城区房屋面积241.41万平方米。1989—1992年，完成房屋设计大小项目738项70万平方米。1993年，建成娄底地区最大的综合市场蓝田市场，主楼6层，建筑面积48400平方米，有400个固定门面，2100个固定摊位，113套商品住房。1994—1998年，涟源房地产大规模开发，市城区房地大厦、织染厂小区、行知中学、市矿产局、市房地产局等建起大楼，累计建筑面积106000平方米。其中，市工商银行14层办公楼、市农业银行15层办公楼、市委和市政府10层办公大楼，楼房设计造型独特，适用、经济、美观。2000年6月，市邮政局综合楼竣工，主楼地面14层，地下1层，裙楼2层，面积11632平方米。2001年，以房地产业为龙头带动相关产业，14个单位投入开发，10万平方米房屋同时开工，城区80%的办公用房都经过翻修和重建，设施功能齐全。2004—2006年，城区相继建成幸福大厦、启缘新苑、德馨园、金鑫公寓、涟水名城、水榭花都、蓝天豪苑、世纪花园、安居百年、书馨园、香江花园、桂花园、三角坪商业广场、鸿基商贸城，宏彬商城等，建筑面积共415427平方米。其间，市检察院8层大楼、市法院7层大楼、市人民医院10层住院大楼、集休闲娱乐和餐饮购物为一体的光明山广场（五江购物中心）、体育馆建成。2007年，城区房屋建筑面积487.5万平方米。

图23-6 水榭花都（左）和世纪花园（右）

第六节 城区供水

1987年11月，成立市自来水公司，内设办公室、劳资科、后勤科、化验室，下辖水厂、营业所、安装队、劳动服务公司。公司固定资产总值65.2万元，职工47人，年产值42.47万元。

1988年9月，总投资235.5万元，水厂迁址，在六亩塘街道先志亭附近以升平河为水源，距城中心1.5千米。城区80%的人用上自来水。经娄底地区卫生防疫站检测，出厂水的浊度、余氯、细菌3项指标合格率达98%。水质名列娄底地区第一。工程分取水、净水和输配水三部分。取水泵房装10SA—6E型流量为500立方米/时的水泵2台，配55千瓦电机，净水部分设渐变环流反应池、平流沉淀池、无阀滤池和清水池。其间加矾、加氯，使原水洁净，输配水部分包括2级泵站。2级泵房装200S42型280立方米/时清水泵2台，配45千瓦电机，主管道直径400毫米铸铁管，浑水管300米到净水设施，清水管1500米接入原有塔及管网，安装ST315/10—0.4变压器一台，保证电源。日产水量达1.5万立方米，通过原21300米树枝形分支管线和12个售水点供水。

1989 年底，城区尚有 21 个自供水单位，全部是 60 年代中期至 70 年代所建立的。日产水能力 30300 吨，日供水 9070 吨，其中生活用水 820 吨/日。

1992 年，城区供水管道总长 23.9 万米，总表用户 1620 个，供水人口占城区人口的 85%。

随着城区不断扩大，城区人口不断增多，城区用水需求急剧增大。1995 年 7 月 1 日，投资 767.12 万元，市水厂扩建后试运行。取水工程利用原取水泵房，增设值班室，原两套机组，留用一套，新增二套 14SA—10C—2 水泵机组，新安装 2 台 HH44X—10 微阻缓闭止回阀，原取水泵房 2 根直径 400 毫米吸水管，留用 1 根，新增 2 根直径 500 毫米吸水管，安装一台 LX—2T 电动单梁悬挂吊，专用于泵维修。净水系统工程新建一座能容纳 2 万立方米/日，长 22.5 米，宽 11 米，高 4.5 米的斜管沉淀池，采用钢筋混凝土结构，反应采用格栅、分密型和疏型，用斜管穿孔排泥。新建虹吸滤池一座，共 10 格，设计能力为 2 万立方米/日，滤速为 8.51 米/时，冲洗强度为 15 升/秒·平方米，系钢筋混凝土结构，滤砖配水系统。新建一栋面积 332 平方米的投药间。加矾部分，新增 2 台 Y—140 搅拌机和新增 3 台 2JL—1 真空加氯机。二泵房原装 3 台水泵机组留用 2 台，新增 2 台自动双速自闭闸阀，输出管相应改变，利用原来输电线路，新增一台 400 千伏安变压器，新增 4 块 PGL—1—14—29 配电屏。把原投药间改造为一栋二层楼的水厂化验大楼，面积 267.4 平方米，化验设备齐全，能进行 4 大指标的水质化验分析。从水厂到人民中路安装一条直径 500 毫米铸铁输水管 625 米，直径 400 毫米铸管 19 米；人民东路新安装直径 300 毫米铸管 308 米，直径 400 毫米铸管 13.6 米；人民东路新安装直径 400 毫米水泥管 1064 米，直径 300 毫米水泥管 33.5 米；交通南路新增直径 300 毫米塑管 925 米；东郊新增直径 300 毫米铸管 24 米；芙蓉广场新增三条输水管，一条直径 200 毫米铸管 32 米，一条直径 150 毫米铸管 820 米，一条直径 200 毫米铸管 33 米，一条直径 150 毫米铸管 820 米，一条直径 200 毫米铸管 33 米；梅园小区新增直径 150 毫米铸管 341.5 米；市看守所新增直径 100 毫米铸管网络，供水管总长 3713.6 米。

图 23-7　市自来水公司斜管沉淀池

1996 年 6 月，城东自来水厂完成取水点——西温井建设，向蓝田城区东部供水。城东自来水厂离城区 8 千米，水源为地下泉水，常年出水流量 0.315 立方米/秒，取样送国家城市供水水质监测网长沙、武汉、深圳监测检测 89 项水质指标，均达到国家生活饮用水水质一级标准。水厂建有一级泵站，装机 2 台，容量 264 千瓦，二级加压站，装机 2 台，容量 220 千瓦，架设 10 千伏高压线路 8 千米，安装变压器 3 台，计 690 千伏安，铺设直径 500 毫米主输水管道 6800 余米，修建途中蓄水池、塔 2 个，高位水池 1 个，容量 3600 立方米，安装供水管道 4460 余米，修筑公路 600 米，改造公路 4500 米，总投资为 1100 多万元。同年，城东自来水厂更名市城东自来水公司。

2000 年 8 月止，城区共敷设直径 100 毫米以上的供水管道 35 千米，日供水能力 3 万立方米。供应城区生活用水 98.8%以上。年总产水量 606 万吨，水质综合合格率 99.07%。

2001 年 3 月，市自来水公司和市城东自来水公司合并，成立市自来水总公司。6 月，投资 300 万元，扩建温江井，引进国外先进净水设备，采用先进超滤处理工艺，将天然优质西温井水进一步深度处理净化，经独立供水管道（PE 管不锈钢管、铝塑复合管等优质管材）防止 2 次污染，保证水质（水质优于建设部《饮用水净水水质标准》CJ94—2005)。是年国庆前夕,完成温江水厂扩容改造一期工程,向城区供应温江水。

2003年,市委、市政府邀请专家反复对温江水扩容改造工程改为直饮水建设工程进行论证,召开专门协调会,确定建设管道直饮水,实行分质供水。一期建设规模500立方米/天。直饮水厂厂址在石马山镇四甲村。是年底立项,次年动工,2007年10月28日正式供水,总投资3307万元,建成办公综合楼、化验室、生产厂房、职工食堂,安装全套国内最先进的净水设备。整个蓝田城区直饮水管网分布划分为东、西、南、北四个区。在市政府小区率先建成一个能够满足2500个饮水点的小循环区域净水机站,拉通酸枣坪广场—人民广场—人民西路—市政府—水榭花都—环北路环状管网。铺设主水管13.5千米,入户支管21千米。实际供水区域是以市政府小区为中心的西区,安装完成预留饮水点1000个,实际用水500户。在城区实行管道直饮水,为全国首例。

2007年4月,投资100多万元对市水厂的混合反应池、斜管沉淀池、虹吸滤池等净水设备全部更新,购进新的化验仪器。投资12万元改造水费收缴系统的电脑软件,成立微机室,增设10个收费网点。是年,市自来水总公司拥有2座水厂,日供水5万立方米,供水主干管网总里程68千米,总资产3039万元,员工327人。公司提供用户水表总数14380块,用水人口12万余人,年产水量969万立方米,公司年收入1400多万元。

第七节 燃气管理

1988年,全市开始使用液化石油气。2002年12月,从市政局抽调人员组建燃气管理临时机构。2003年,在娄底市范围内率先实行燃气罐封口管理,燃气燃具市场渐趋规范。2005年5月,成立市燃气管理站,对全市城镇燃气进行行业管理,承担燃气企业的资质审查,规范燃气器具及配件的登记准入制度,开展对燃气从业人员的教育和培训,组织全市燃气行业的安全监督和安全事故的调查处理。2007年,市内供气企业3家:市稳安燃气充装站、市燃料燃气公司、七星街杨家山气库;市外供气企业2家:娄底市城西气库、娄底市液化石油气有限公司。燃气销售网点87个,分布在20个乡镇(街道),从业人员102人。是年,销售液化石油气1700吨左右,用户约3.6万户。全市有液化石油气钢瓶68500个,应检测24000个,实检测4000个,尚有未检测气瓶在违规使用,有大量低质气瓶、“流浪”气瓶充斥其中,安全隐患严重。

第二章　城建投资开发

第一节　投资开发

一　机　构

2003年4月9日,成立涟源市城市建设投资管理办公室及涟源市城建投资开发有限责任公司(简称市城建投资公司),实行两块牌子,一套人马,合署办公,定编10人。市城建投资公司为国有独资公司,注册资本3420万元,下设办公室、工程管理部、财务部、筹融资部和项目经营部。2007年,定编21人,内设办公室、工程管理部、财务部、筹融资部、项目经营部、征地拆迁部、地籍部、土地储备部。

二　土地储备

2003年,全市实施项目开发,对项目用地红线范围及辐射范围内土地收购储备,保持一定土地储备量,为城市建设可持续发展提供必需的土地资源和资金储备。2003—2007年,市城建投资公司筹资8000余万元,对环北西路、岛石路、涟源大道、人民东路、环北东路等城建项目周边土地进行收购储备,土地储备总量733720平方米。

2003—2007年市城建投资公司土地收购储备情况

表23-3

宗地名称	宗地位置	面积(平方米)
岛石路	蓝田街道光文社区、青岭村	78039
环北东路	蓝田街道光文社区、罗家佃社区、胡家村,市农科所	274804
涟源大道	石马山镇新中村	142071
富洪垃圾场	龙塘乡富红村、群利村	85376
火车站广场	蓝田街道火车站广场	24679
环北西路	六亩塘镇牛角石社区	128064
人民公园	蓝田街道文艺路社区	26680
人民东路	石马山镇新光村	14007
合　计		773720

三 土地出让 招商引资

土地出让 2004年,市城建投资公司出让增值后的城建项目周边土地,收益用于归还项目投资和弥补公益设施投入。2004—2007年,对光明山广场、涟水名城、三角坪商业广场和火车站广场等较大项目用地依法通过公开挂牌方式进行出让,累计出让土地183654平方米,获得出让收益13120万元。

2003—2007年市城建投资公司大宗土地出让收益情况

表23-4

项目名称	面积(平方米)	出让收入(万元)	出让时间
光明山广场	13540	1718	2004年2月
环北花园(涟水名城)	154750	2918	2005年1月
三角坪商业广场	7400	2766	2006年7月
火车站广场	7964	5718	2006—2008年
合计	183654	13120	

招商引资 2003—2007年,开展城市经营和项目对外招商,完成光明山广场、涟水名城、火车站广场等建设项目商业用地出让和项目招商,引进外来投资47000万元。

2003—2007年市城建投资公司招商引资项目

表23-5

项目名称	时间	投资商	引资额(万元)
光明山广场	2004年1月	五江集团亨瑞特房地产公司	9000
涟水名城	2005年1月	娄底佳苑房地产公司	20000
三角坪商业广场	2006年	娄底冠城置业发展有限公司	8000
环北东路	2006年12月	深圳市湘卓实业有限公司	10000
合计			49000

四 开发性金融融资

2003年,市城建投资公司向国家开发银行申报、获得开发性金融贷款17200万元。其中,环城路8500万元,交通路2500万元,涟源大道1600万元,富洪城市生活垃圾卫生填埋场2800万元,温江水源及管网工程1800万元。至2007年底,5个开发性金融合作贷款项目全部到位。2006年10月,国家开发银行湖南省分行、团省委来涟源召开开发性金融支持涟源市新农村建设现场办公会,确定1亿元贷款额度。2007年,申报市人民医院门诊大楼、新中路、岛石路、涟源一中学生公寓及国师广场等项目进入开发银行项目库，年底，市人民医院门诊大楼项目开始筹建，贷款到位资金1000万元。

第二节　重点建设项目

2003—2007年，全市实施“北扩东延、扩容提质”的城市发展战略，推进城市基础设施升级换代和城市品位提升，筹措建设资金3.6亿元，实施火车站广场等56个城建项目，涵盖旧城改造、道路桥梁、城市广场、体育场馆等。2006年1月6日，省委副书记、省长周伯华视察涟源时，对“北扩东延南完善”的城建发展战略和高效益经营城市的理念表示满意，对吸引外商投资和扩容提质推进城镇化进程给予充分肯定。

一　火车站广场

火车站广场位于涟源城区南部，项目占地61960平方米，总投资9000万元，建设内容包括交通路延伸线、占地9500平方米的站前广场和商业用地开发。火车站广场建设房屋拆迁分2003年、2004年、2005年三期进行，涉及48个单位，100多户居民，拆迁面积5.98万多平方米。2006年，建设三角坪商业广场，对第三期22户拆迁户进行第二次安置。2007年1月8日，火车站广场竣工投入使用，商业内街及路灯、排水等相关市政设施配套完善，分四期完成对广场周边104宗7964平方米国有土地挂牌出让，出让收入5718.5万元。

图23-8　火车站广场

二　交通桥

交通桥位于交通路与交通路延伸线，跨涟水河57.74米，全长117.74米，桥面宽22.5米，采用预应力空心板桥面和重力式桥台，总投资280万元。2005年11月26日开工，2006年底建成通车。交通桥为涟源火车站广场建设项目配套工程，完善旧城区市政设施。

三　三角坪商业广场

市三角坪商业广场位于市新旧城区结合部，在火车站广场建设第三期房屋拆迁红线内和原双江农贸市场基础上新建，东临交通路，西临福星桥，北临中山后街，南临涟水。项目用地面积7000多平方米，建筑面积26000平方米，总投资8000万元，包括交通桥引线工程、800个摊位的农贸市场和200个商业门面建设，是集农产品、小商品批发和电器销售于一体的综合性商业广场，共四层，底层为农贸市场摊位区，二至四层为商业门面。2006年10月10日奠基开工，2008年1月16日竣工投入使用。

四　环北西路

环北西路东起酸枣坪广场，西抵芙蓉北路，含环北桥，全长2.5千米，道路宽42米。2004年4月动工，2006年1月8日通车，投入建设资金2800余万元。与环北路同步开发的环北花园建设项目，位于六亩塘镇牛角石社区，2005年1月，通过国有土地使用权公开挂牌出让方式，以2918万元出让给娄底佳苑房地产公司自主开发,更名涟水名城。涟水名城是涟源市首个上规模成片开发的房地产项目,占地154744平方米,完成10栋约4000平方米房屋拆迁。6月23日奠基开工,分三期建设,投资约2亿元。第一期工程2007年9月完成,7个组团,商品房504套,建筑面积10.63万平方米,450户入住。第二期工程于2007年9月8日动工建设,7个组团,商品房359套,建筑面积14.4万平方米。

五 光明山广场

2003年,市委、市政府为整合城市资源,决定对光明山大操坪进行开发改造,实行整体对外招商。2004年2月,项目国有土地使用权以1718万元挂牌出让,由湖南五江集团娄底市亨瑞特房地产公司自主开发建设。2005年5月27日建成投入使用。光明山广场(五江购物中心)顶层为12600平方米市民广场,后侧为12层商住楼,总建筑面积30000平方米,总投资1.1亿元,广场下分两层,建成商业门面1200个,引进新一佳超市、通程电器、全友家私等全国知名商业连锁机构,改变涟源市商业分散经营格局,提供首个市民休闲广场。

六 体育中心

体育中心位于蓝田街道罗家佃社区,人民中路北侧,占地73370平方米。建设包括田径场、室内体育馆、青少年校外活动中心等体育设施和临街近33350平方米商业用地开发。2005年,开始建设市体育馆,投入资金3400多万元(含征地、拆迁等)。2007年6月16日建成,建筑面积6800平方米,采用钢结构屋面,室内铺设木地板,看台设有座位3008个,是集比赛、演出、会议于一体的综合性室内体育馆。9月1日,移交市体育局管理。

七 涟源大道

涟源大道位于石马山镇新中村,北起娄涟二级公路,中与环北东路相交,南在工业广场与人民东路相接,全长1347.21米,路幅宽60米,占地133400平方米。2007年5月29日开工,2008年12月5日竣工,投入建设资金2240万元。

图23-9 涟源大道

八 人民公园

在原市儿童公园基础上扩建,占地42000平方米,2007年3月25日奠基,2008年11月15日建成开园,投入建设资金1500万元,建有450米防洪堤和一座风雨桥,风雨桥桥孔跨度40米,拱券采用钢筋混凝土板拱,桥宽6.9米,全桥长60米,下部采用桩基础,桥廊全部采用现浇混凝土,屋面铺设小青瓦。园内广场、园林游路等铺装面积19400平方米,乔灌木、地被种植绿化面积25000多平方米,园林景观小品、景观石等30余个,园林灯饰100余杆。

图23-10 人民公园

九 富洪城市生活垃圾卫生填埋场

富洪城市生活垃圾卫生填埋场选址龙塘乡富红村,设计规模占地314824平方米,规划使用年限50年,库容总量463万立方米,日平均处理垃圾240吨,总投资估算为4300万元,分两期建设。第一期工程占地86710平方米,2000年开始筹建,2008年4月1日投入使用。使用年限15年,投入建设资金2700万元,主要建设包括3.6千米出场道路、一座垃圾拦截坝、1.1万立方米垃圾浸出液集液池一座、150平方米生产生活用房、2.9万平方米防渗膜和其他设施,另投入174万元购置5台垃圾压缩车,用于城区垃圾清运。

十 管道直饮水工程

图23-11 直饮水生产车间

2004年,开始第一期管道直饮水工程建设,2007年10月28日验收、供水。工程投入建设资金3307余万元,征用土地66700平方米,引进深圳市水务集团深水海纳水务有限公司全套制水设备及工艺流程,通过臭氧—活性炭—超滤工艺系统对优质西温井泉水进行处理。日供水规模500吨,可以满足15万~20万人口直接饮用水需求。工程拉通城区西北区域循环主管道。中央净水循环站采用中国社会科学院水杯子工程公司专利技术,对水质口感进行调节,采用变频自动供水技术,管网循环布置,水体自动循环。所有制水设备采用全不锈钢,生产场地无尘无菌,水质达到和优于国家CJ94—2005饮用净水水质标准。输配水管网的设计采用食品卫生级别的管道和阀门,在城区设置大管道循环及分区设置两次净水及循环站,保证水体不间断循环,不产生二次污染。

第三章　城市管理

第一节　机　构

1987年,城市管理机构有蓝田城镇建设办公室、蓝田环境卫生管理所。1988年7月,蓝田环境卫生管理所更名涟源市环境卫生管理处。是年,成立涟源市市政工程管理处。1989年1月,成立市园林管理处。6月,成立市城市管理监察队,定编26人。1990年5月,组建市公汽公司,职工20人。1990年11月成立市城建档案馆。1993年4月,成立市城建开发公司。1994年1月,成立市路灯管理所;4月,成立涟源市市政工程公司,属市政工程管理处二级机构。1999年4月,市环境卫生管理处更名市市容环境卫生管理局。6月,市政工程管理处、市城建开发公司、市路灯管理所、市城建档案馆合并,成立市市政工程管理局。1999年12月,成立市城市客运管理办公室。12月,市园林管理处更名市园林管理局,同时成立园林绿化公司。是年,市城市管理监察队更名市城市建设管理大队,定编75人。2002年12月,市路灯管理所、市城建档案馆、市燃气管理办公室从市政工程管理局析出,市燃气管理办公室更名市燃气管理站。2004年8月,市城市建设管理大队更名市城市管理监察大队,定编80人。是月,成立涟源市城市管理局,内设办公室、人教股、计财股、法规股、公用事业股、市容管理股、监察室,下辖市市容环境卫生管理局、市市政工程管理局、市园林管理局、市城市客运管理办公室、市城市管理监察大队、市路灯管理所、市城市公共交通总公司,局机关定编18人,全局职工629人。2007年,机构未变,全局职工662人。

第二节　市政设施

一　路　灯

1988年,城区人民路有70盏路灯,全部为寄杆灯。路灯管理根据季节调整亮灯、熄灯时间,后半夜使用部分功率小的路灯,方便行人。2000年,在人民路安装三火专杆路灯152基,交通路安装九火华灯39基、文艺路安装单臂专杆路灯21基,五马广场(今人民广场)安装12米高杆灯4基,市政府旁安装十三火华灯4基,高杆灯1基,2001年1月投入使用。2004年1月,在光蓝路(今环北西路)安装二火专杆路灯94基、幸福路地段安装二火专杆路灯14基、五马广场中心绿化转盘内安装椰树灯8基,环北桥安装单臂专杆路灯6基,树亭路安装单臂专杆路灯20基。2005年,在新城路安装单臂专杆路灯40基,酸枣坪广场安装15米高杆灯4基、光明山广场安装照明路灯。2005年8月,市政府拨款27.8万元购置14米高空作业车1辆。2005年10月,人民路实行路灯改建,拆除原有路灯杆,全部换成10米高二火专杆路灯,市政府门口换成广场高杆灯。2006年10月,火车站广场安装景观灯63基,20米高杆灯1基(共24火)。2007年11月,在芙蓉南路安装单臂专杆路灯26基,娄涟公路联络线安装二火专杆路灯28基,拥军路安装单臂专杆路灯14基。是年,城区有路灯2558盏,其中专杆路灯592基,广场高杆灯10基;路灯总功率360.8千瓦;落地式、寄挂式路灯控制箱(柜)40处;亮灯率95%。

二　排水设施

1987年,城区有各类规格的下水道15.4千米,检查井110个。2007年,人民路、交通路等19条道路配套下水道20.33千米、检查井578个、泄水口331个。其他路段尚未配套,且下水道布局不够合理,口径过小。

2007年涟源市城区排水设施

表23-6

路　名	下水道			检查井		泄水口数量(个)
	长度(米)	结构	管径、箱涵规格(毫米)	个数	结构	
人民路	7600	钢筋砼	800	152	砖砼	222
交通路	2760	钢筋砼	800	55	砖砼	43
文艺路	2340	钢筋砼	600	47	砖砼	32
环北路	2600	钢筋砼	800	52	砖砼	34
芙蓉路	2100	钢筋砼	600	42	砖砼	…
新城路	680	钢筋砼	800	19	砖砼	…
娄涟联络线	1090	钢筋砼	800	22	砖砼	…
牛角路	980	钢筋砼	800	20	砖砼	…
老干路	720	钢筋砼	400	14	砖砼	…
红旗路	400	箱涵	600×400	4	砖砼	…
车站西路	480	钢筋砼	600	8	砖砼	…
车站东路	180	钢筋砼	600	6	砖砼	…
中山前街	480	箱涵	800×600	9	砖砼	…
中山后街	760	钢筋砼	800	26	砖砼	…
双江街	1160	钢筋砼	600	38	砖砼	…
民主街	900	箱涵	800×600	18	砖砼	…
新建街	420	箱涵	600×300	8	砖砼	…
尊师路	180	钢筋砼	400	6	砖砼	…
工农路	178	钢筋砼	400	6	砖砼	…
军干路	150	钢筋砼	400	3	砖砼	…
新新街	210	箱涵	600×400	6	砖砼	…
三五变路	520	箱涵	600×400	11	砖砼	…
青年街	200	箱涵	800×600	4	砖砼	…
蓝溪桥路	80	箱涵	800×600	2	砖砼	…

第三节 城市卫生

一 街道清扫

1987年,城区清扫保洁面积8.3万平方米,有清扫工55人,采用竹扫帚、灰斗、铁锹、手推车等工具清扫街道,每日清扫1次。1991年,城区清扫保洁面积增加到13.4万平方米,城区12个居委会各配备一名专职卫生监督员,管理居民区卫生。1998年,购置5吨位和10吨位洒水车各1辆,每天对主要街道进行洒水降尘。1999年5月,市政府出台《涟源市城市市容和环境卫生管理办法》,实行路段定人、定时、定清扫任务的包干责任制,主要街道要求做到无果皮纸屑、无砖瓦土石、无污泥积水,路面净、沟眼净、花栏周围净、边角净,泄水口通。是年,在全国城市卫生检查中,涟源市容环卫得分87.6分,由全省丙级城市末位上升为乙级城市第四名。2003年,城区清扫保洁面积24.9万平方米,为1987年的3倍。人民路、交通路等主要路段实行机械化清扫,清扫人员劳动强度减轻。是年,聘请30名离退休老同志担任卫生监督员,在城区主要路段实行每天8小时巡回检查。2006年,城区道路清扫保洁实行整体承包,在清扫人员内部推行精细化管理、面对面接班制度,开展先进班组评比活动,道路清扫保洁质量提高。2007年,城区清扫保洁面积42万平方米,清扫工89人,主要街道实行“一普两保”(凌晨普扫,上午、下午保洁),背街小巷实行“一普一保”(凌晨普扫,上午或下午保洁)。

二 垃圾清运

1987年,城区有垃圾运输车6辆,主要街道垃圾运输初步实现机械化,小街小巷依靠人力,日清运垃圾120吨,机械运输率68%。是年,建立乌泥坳垃圾场,占地36685平方米,库容80万立方米。1990年,生活垃圾以垃圾斗运输为主,摇铃收集为辅,运输全部实现机械化,未密闭运输,途中有撒漏现象。1998年,购置2辆摇铃收集车,采取拉车摇铃方式定时收运街道垃圾,购置3辆多功能吊车定时收集吊运马路垃圾,垃圾做到日产日清,全年清运垃圾38590吨。2000年1月,成立市市容保洁服务站,承担上门收集垃圾、委托代运等服务项目,收取有偿服务费。2001年12月,市政府出台《涟源市生活垃圾袋装上门收集实施办法》。次年,对城区机关、企事业单位、个体门面、住宅小区、居民等收取卫生费,生活垃圾实行袋装上门收集,向居民每户每月收取6元,全年收取居民卫生费15万元。2007年,居民收集户数达10116户,收取居民卫生费40万元,收取环卫有偿服务费170万元。是年,购置8吨位挤压式垃圾收集车5台,取消敞开式垃圾运输车,垃圾清运实行封闭运输,日垃圾清运量达202吨。

三 设备设施

公厕 1987年,城区有公共厕所6座,蹲位86个,分布在芙蓉广场东北角、涟源宾馆出口处、市耐火材料厂、市造纸厂、市湘剧院、双江市场,均为旱厕,外观粗糙,设施简陋、标准较低。1990年,在涟源电影院对面、儿童公园东侧新建公厕2座。1996年5月—2007年,采用“谁投资,谁受益”方式,面向社会筹资,对部分公厕进行改造,先后将儿童公园、涟源电影院对面、涟源宾馆出口处、双江市场等4处公厕,改建为水冲式公厕,新建交通路水冲式公厕。2007年,城区有公厕9座,蹲位210个。其中,水冲式公厕7座,旱厕2座;收费公厕6座,每人每次收费0.5元。

机械设备 1987年,有多功能垃圾吊车、垃圾自卸车各2辆,洒水车、吸粪车各1辆。2002年,购置道路清扫车1辆。2003年，购置5吨位和3吨位挤压式垃圾收集车各1辆。2005年，购置8吨位多功能洒水清洗车1辆。2007年，添置8吨位挤压式垃圾收集车5辆，挖机、铲车各1辆。

垃圾斗和果皮箱　1987年，在主要街道设置果皮箱40个，在居民密集区和部分单位院落内设置垃圾斗60个，通知定时拖运。1991年，在城区增设垃圾斗28个。1998年，在城区机关、团体、企事业单位增设垃圾斗17个；在人民路、交通路、文艺路等路口设置果皮箱80个，布局基本合理。2003年，在人民路安装不锈钢果皮箱40个。2006年，新安装环保型果皮箱200个，基本满足城区发展和市民需求。由于人为破坏严重，2007年，城区仅存果皮箱60个。2007年，城区有垃圾斗200个。

第四节　城市绿化

一　公园和广场

人民公园　1995年底，市儿童公园竣工，占地14955平方米，园内有碰碰车、飞椅、脚踏车、跳跳床、观览风车等11种娱乐设施。2007年，扩建改造，更名人民公园，占地42000平方米，其中绿地面积25000余平方米。

火车站广场　2007年1月竣工，占地9500平方米，其中绿地面积1100余平方米。

光明山广场　2005年，光明山大操坪改建成集休闲、娱乐、餐饮、购物为一体的五江购物中心，顶部为光明山广场，占地15000平方米，其中绿地面积900平方米。

二　苗　圃

1992年7月，在六亩塘街道三步桥村和毛坪乡桐车村征用坡地64732平方米，作为苗圃用地。由于投入不足，主要靠扦插繁殖苗木。1997年初，开始大批量购置和栽植苗木。是年底，苗圃初具规模。2007年，有广玉兰、罗汉松等24个品种42406株，其中，樟树4876株，桂花树1796株，雪松677株，杜英288株，木莲346株，红线木兰178株，广玉兰540株，罗汉松316株，海桐1227株，铺地柏32株，七里香378株，龙爪槐246株，红叶小檗210株，铁树398株，红枫75株，蚊母球166株，红桎木球438株，四季桂球185株，杜鹃小苗8000株，木槿1278株，山茶146株，茶梅312株，龙柏298株，红继木小苗20000株。

三　道路绿化

1989年，开辟光明山大操坪绿化带1239平方米，植草皮1062平方米。是年，城区有行道树1685株，公共绿地2301平方米，人均公共绿地0.04平方米。1994年，在交通路三角坪至五马广场（今人民广场）栽植广玉兰98株，新建道路绿化带1020平方米，五马广场绿地面积1200平方米。2000年，向新桥至五马广场增设绿化带，面积3800平方米，栽植小灌木火棘95000株。2004年，建设光蓝路（今环北西路）绿化带3650平方米，栽植乔木杜英85株，樟树56株。2005年，洪水岭森林公园规划纳入中心城区，是年，城区园林绿地总面积225.17公顷，绿地率22.24%，绿地覆盖率28.9%。公共绿地面积24.92公顷，人均公共绿地3.42平方米。2006年，改建人民路、环北西路、环北东路绿化带，完成火车站广场绿化1200平方米，种植蚊母、红桎木、杜鹃、四季桂、金叶女贞等5个品种的花灌木8万余株。是年，城区园林绿地总面积258.2公顷，绿地率22.4%，绿地覆盖率29%，人均公共绿地3.42平方米。2007年，城区有行道树2006株，园林绿地总面积258.6公顷，绿地率22.5%，绿地覆盖率29.2%，人均公共绿地3.42平方米。

四 庭院绿化

1987年起，机关、企事业单位重视庭院绿化美化，绿化列为项目建设内容，设有绿化带、花坛、地面铺草。家庭院内栽树、种花，阳台、屋顶花盆养花成为习惯。市委机关大院有百余株古松、古樟、酸枣、桂花等树木，新种植树木690株，设花坛25个，绿化面积20470平方米，占总面积的43.5%。涟源一中校园内有古樟、古松77株，新建3122平方米的苗圃1个、植物园1个，树木57株，建设花池51个，植绿篱笆1204米、草皮500平方米，绿化面积30817平方米，占总面积的51%。市电力局院内植树350株，植绿篱带521米，建花坛19个，绿化面积7236.95平方米，占总面积的43%。市技监局庭院绿化。至2007年，市粮食二库、市自来水公司、电力局、国税局、市一中、62198部队驻地等13个单位评为省级园林式单位。

第五节 城市交通

一 城市公共交通

1990年5月，香港同胞彭立珊捐赠4辆客车，组建市公汽公司，开通三角坪至涟邵矿务局职工医院的公交线路。1991年，市公汽公司购置大客车15辆，增加蓝田至大江口、常林、桥头河、洪源、锻造厂、利民等6条公交线路。1996年，购置客运中巴车4辆，增加三角坪至煤机厂、煤医至石马山2条公交线路。1997年，在城区建设车棚26个。同年，市公汽公司更名涟源市公共交通总公司（简称市公交公司）。2003年，在人民路、交通路沿线建设不锈钢候车亭14个，主要地段实行在站台上下车。2005年，市公交公司完成企业改制。2006年1月，公司资产、债权、债务及公交线路经营权由市城管局接管，实行委托经营，更名市城市公共交通总公司。2007年，全市有公交线路12条，公交车辆60辆，其中空调车18辆，城区营运线路29千米。

2007年涟源市公交营运情况

表23-7

线路名称	起讫站点	营运长度(千米)	车型	台数	总班次
1路车	三角坪—煤医	2.2	24座大客车	4	80
2路车	石马山—煤医	6.0	24座空调大客车	12	144
3路车	三角坪—煤机厂	6.5	22座大客车2台；19座中巴车6台	8	128
4路车	三角坪—石马山	4.2	22座大客车	6	96
5路车	三角坪—三一公司	4.1	19座中巴车	4	72
6路车	火车站—检察院	6.0	24座空调大客车	6	78
新禾线	涟源—新禾	42.0	中巴车	2	4
荷塘线	涟源—荷塘	28.0	中巴车	5	10
塘湾线	涟源—塘湾	60.0	中巴车	1	1
古塘线	涟源—古塘	45.0	中巴车	3	6
伏口线	涟源—伏口	45.0	中巴车	6	12
漆树线	涟源—漆树	64.0	中巴车	3	3

二　城市客运

1987年，城区客运管理由市城市管理监察队负责。1990年开始，城市客运除公共交通车辆外，还有私营出租小轿车、微型车、机动三轮车（俗称"叭叭车""慢慢游"）等参与营运，机动三轮车最多时达2200辆，分单、双日营运，成为市民出行的主要方式。1994年，城区近300台机动三轮车纳入行业管理。1999年12月，成立市城市客运管理办公室，管理城市客运秩序。2001年8月，规范城市交通运营秩序，禁止机动三轮车、微型车在城区及周边地区营运，投放100辆江南奥拓车作为新型城市出租车，城市出租车客运经营权公开出让。2002年9月，整顿城区非法出租两轮摩托车和残疾人非法营运四轮车，城区客运秩序得到改善。是年12月和次年7月，分别成立市平安汽车运输服务公司和市腾达汽车运输服务公司，实现出租汽车公司化管理。2003年12月，投放富康、捷达、桑塔纳、奇瑞等出租汽车100辆，逐步满足市民群众需求。2004年8月，实施娄底市客运管理处制定的《出租汽车驾驶员职业资格证记分办法》《出租汽车驾驶员管理办法》，规范出租车主经营行为，改善服务质量。2004年10月，在娄底创星级竞赛活动中平安、腾达两家出租车公司被评为娄底市星级企业，评为一星级的车辆有42台，二星级的车辆23台，星级率达32.3%。至2007年，城区有专业出租车公司2家、出租汽车200辆。

第六节　城管执法

1987—1989年，市城区的城管监察由蓝田城建办负责。1990年，市政府发布《涟源市人民政府关于城市管理监察队执行任务的通告》，明确城管监察职能。1991年，对城区189个临时摊位规定摆放地点，拆除车站广场、芙蓉广场、三角坪等地段80个货棚货亭，对96户新建、翻修房屋进行定点放线，调解建房纠纷100起，处理违章建筑30起，纠正车辆违章500次，在中山后街、文艺路修建木棚子70个，解决80名病残人员、五保老人及待业青年就业。1992年，查处违章建筑37起，纠正乱摆乱放摊点700起，清除路障170处，纠正车辆乱停靠行为200起，处理破坏市政设施事件30起。1993年，将车站路改为单行线，缓解车站路交通压力。1994年，对城区184个单位和建房户进行定点放线，拆除违章棚97个。对重点地段实行分段包干负责，拆除户外乱立的广告牌300块，处理乱放杂物1100起，拆除经营户占道煤火炉316个，办理车辆长期停靠手续1000辆次。1997年，拆除违章建筑10处，处理建房纠纷14次，扫除路障1000处，查处乱贴乱画行为900起，拆除影响市容市貌广告牌380块。2006年，取缔乱摆乱放摊担1000起，纠正店外经营行为600起，收缴占道摆放广告牌1300块，查处非法营运的两轮摩托车2000辆次，处理乱停乱放两轮摩托车1000辆次，规范三角坪自产自销蔬菜摊担和人民广场物资局门面机电产品占道经营行为，市容市貌改观。2007年，规范夜宵摊点50余个，纠正店外经营行为400余起，收缴占道摆放的广告招牌600余块。

图23-12　拆除蓝田三角坪周边雨篷、构筑物

第四章 村镇建设

第一节 集镇建设

一 规划编制

1987年,市委、市政府作出以城市建设为主,加速农村小集镇发展的战略部署,编制全市49个乡(镇、街道)总体规划、37个集镇建设规划、147个中心村的总体规划图、现状图、规划说明书。同年,杨家滩镇总体规划经娄底地区行署批准实施。1988年,桥头河、斗笠山、水洞底、安平、湘波、伏口6镇总体规划编制经娄底地区行署批准实施。1994年,完成涓江风景区总体规划。1995年,撤区并乡以后,全市20个乡镇(街道)陆续编制乡镇(街道)总体规划。1997年,桥头河镇、杨市镇完成第二轮总体规划。1998年,三甲乡、龙塘乡编制完成集镇建设规划。1999年,斗笠山镇第二轮城镇总体规划、渡头塘乡集镇建设规划、白马湖旅游规划、飞水崖度假区详细规划编制完成。2001—2003年,伏口镇第二轮城镇总体规划编制完成。2007年,对七星街镇城镇总体规划重新进行修订。

二 规划实施

1987年起,集镇建设按规划逐步实施。是年,除市城中心蓝田街道外(下同),48个集镇面积34.51万平方米,有街巷53条,长32160米,门面1337个,修建下水道22270米;道路59条37110米,桥梁271座,路灯397盏;花坛32个,绿化带5600平方米;水厂15个,水塔22个,容量9200立方米;文化设施建筑面积5147平方米。集镇建设投资2157.3万元。

1995年,境内有集镇56个,面积140.45万平方米,有街巷73条,长50895米,门面4395个,修建下水道58770米;道路88条76765米,桥梁320座,路灯731盏;有花坛177个,绿化带10100平方米;水厂21个,水塔40个,容量95340立方米;文化设施建筑面积11402平方米。集镇建设投资10927万元。集镇基础设施建设速度加快,小城镇的集聚、辐射作用加强。小城镇综合实力在娄底地区乃至全省具有较强竞争力。杨市镇为全国小城镇建设经济综合开发示范镇(全省共4个,娄底地区1个);七星街镇被省委、省政府确定为全省小城镇建设50个重点试点之一。杨市、七星街、桥头河三镇是娄底地区确定的重点镇(娄底地区共11个)。2001年,杨市镇列入省重点建设镇。2004年,七星街镇被建设部等8部委确定为全国小城镇建设重点镇。集镇建设因地制宜,因情而异,突出自身特色。桥头河、杨市、七星街等传统老镇,体现古镇历史,突出"老字号"特色,打古镇品牌。斗笠山、枫坪、安平、伏口以煤炭资源开发为依托,全力打造成资源型城镇。涓江、白马以开发旅游资源、挖掘历史人文资源为特色,塑造旅游重镇形象。茅塘镇以龙头企业、品牌产品为特色,树立民营大镇品牌。伏口、金石等则充分利用区位优势,打造边际小城镇精品。

2007年,全市有集镇62个,面积338.39万平方米,有街巷120条,长124465米,门面13415个,修建下水道88960米;道路125条126050米,桥梁442座,路灯2528盏;有花坛772个,绿化带23440平方米;水厂40个,水塔60个,容量12963立方米;文化设施建筑面积20587平方米。集镇建设投资31748万元。

第二节　村庄建设

一　规划编制

1987年,全市基层村完成6816个建设协议书,编制147个中心村规划。1994年,完成金石镇江边村村庄规划编制。2006年,完成龙塘乡宽家村、七星街镇檀山村新农村示范性村庄建设规划编制。是年,完成蓝田街道日升村、石马山镇朱泉村、六亩塘镇温田村、桥头河镇桥头山村、渡头塘乡印溪村、伏口镇伏口村、湄江镇肖家村、枫坪镇黄潭村、杨市镇利新村、荷塘镇饶竹村、安平镇唐家村、金石镇星星村和大山村、三甲乡三甲村、古塘乡塘边村、斗笠山镇丰瑞村、水洞底镇慕农村村庄建设规划编制。2007年,完成金石镇和合村、白马镇田心村、茅塘镇石门村村庄建设规划编制。

二　规划实施

1987年,市内乡村住房一般为红砖墙,钢筋混凝土楼面,少数有平顶晒台、水泥栏杆。全市村庄房屋建筑面积1944.63万平方米,文化场所9995平方米,庭院绿化树13.15万棵,通村公路590.11千米,村庄建设投资17560.08万元。是年,市爱国卫生运动委员会与49个乡镇(街道)签订农村改水项目责任合同书,自来水入户9041户,新建厕所23406个,沼气池504个。1990年5月,伏口镇被评为全省农村改水改厕先进单位。

20世纪90年代,农民住房设计时尚化,建房标准提高,建房式样改进,修建二、三层为主的小楼套房。房屋进行装修,贴墙砖,铺地板砖。屋前屋后栽花植树,呈小院特色。1992年,桥头河镇率先在全市建立有线电视站。1993年,市国土局、市初级卫生保健委员会办公室、市爱卫办联合发出《关于农村居民新建住宅必须同时建好无害化卫生厕所的通知》,要求农村居民申请新建、改建、扩建住房时,必须设计卫生厕所,做到与住房同时施工,否则,国土部门不予审批。是年,市爱卫办组织举办区(街道)、乡镇防疫专干60人参加的改厕技术培训班,在毛坪乡、伏口镇进行改厕试点。1995年,村庄房屋建筑面积2839.76万平方米,自来水入户37077户,新建厕所32675个,沼气池2658个,文化场所15966平方米,有线电视用户13000余户,庭院绿化树32.22万棵,通村公路949.5千米,村庄建设投资30365.02万元。

21世纪开始,农村旧房逐步减少。2001年,市政府下发《涟源市"九五"期间农村改水改厕规划》,明确各乡镇(街道)改水改厕指标。市政府与乡镇(街道)签订责任状,各乡镇(街道)与各村签订责任状。国土部门在审批住宅用地时,把改厕列入硬性规划,对改厕户减免3~5平方米的卫生厕所建设用地费用。2007年,市内村庄房屋建筑面积4724.01万平方米,78.02万人饮用安全卫生水,占全市农村人口82.12%。其中,自来水入户116613户,40.12万人饮用自来水,改建、新建卫生厕所15.61万户,卫生厕所普及率74.52%,沼气池7000个,文化场所33491平方米,有线电视用户5.4万余户,庭院绿化树86.14万棵,通村公路2688.98千米,村庄建设投资61694.06万元。

第五章 建筑业

第一节 建筑企业

1987年,涟源市有建筑施工队52家,涉及房建、水利水电、公路等多个专业,业务至贵州、江西、云南、天津等十几个省市。20世纪80年代末至90年代初,涟源市被誉为“建筑之乡”,有从业人员1万多人,经济管理与技术人员1800余人。其中,具有中级职称人员600多人,初级职称人员1000多人。有施工员300余人。

1995年,组织建筑业企业资质就位。就位42家等级企业。其中,二级企业2家,三级企业15家,四级企业25家。有等外企业3家。等级企业由省建设厅审批发证,等外企业由娄底地区建委审批发证。2001年,组织建筑业企业第二次资质就位。原42家等级企业,通过结构调整、资产重组、企业合并、人员组合,就位15家建筑企业。其中,二级企业3家,三级企业12家(房建企业10家,水利水电企业1家,市政企业1家)。取消四级和等外级企业。2003年,新批砼预制专业三级企业1家。2004年,新批公路工程施工总承包企业1家,公路路面工程专业承包企业1家,送变电工程专业承包企业1家。2006年,新批起重设备安装工程专业承包企业1家,水利水电工程施工总承包企业1家。

2007年,全市有建筑业总承包、专业承包企业17家。其中,二级企业2家,三级企业15家;总承包企业14家,专业承包企业3家;房建专业9家,公路专业2家,水电专业1家,其他5家。劳务分包企业10家。全市有一级建造师2人、二级建造师121人。工程技术人员1300余人。其中,高级职称19人,中级职称514人,初级职称700多人。有施工员、质检员、安全员、预算员、材料员300多人。

第二节 建筑设计

一 设计队伍

1987年,市建筑设计室为丁级建筑设计单位,内设办公室、财务保管室、技术室。有职工10人。其中,工程师3人,助理工程师1人,技术人员3人。承担市境内6层以下建筑工程的设计。1994年11月,市建筑设计室更名市建筑勘察设计院,定编23人。下辖基础建设公司、建设咨询公司及劳动服务公司等3家二级机构,资质晋升为丙级。可承担市境内14层以下,单跨跨度24米,高度70米以下的建筑物及建筑面积6万平方米以内的住宅小区或建筑群体的设计工作。2007年,市建筑勘察设计院内设办公室、设计一室、设计二室、勘察室及财务室,有建筑工程设计、工程勘察两个资质和建筑、结构、给排水、电气、建筑节能和勘察等6个技术专业,有绘图仪2台、晒图机2台、设计电脑30台。在职职工22人。其中,中级职称16人,初级职称6人;国家一级注册结构师1人,国家二级注册结构师1人,国家二级注册建筑师3人。

二 设计质量

1987年,完成项目91个。其中,工业21个,商业27个,行政事业单位30个,教育2个,金融2个,住宅建设9个。建筑面积90599平方米,质量合格率百分之百。立珊中学获娄底地区优秀设计三等奖。至1992年,完成房屋设计大小项目738项70万平方米，评为优良项目的有38项。蓝田市场设计构思新颖，布局合理，功能齐全，1996年，获省设计优秀奖及娄底地区设计二等奖。1997年竣工的市委、市政府办公大楼，设计大胆创新，造型独特，适用、经济、美观，获娄底地区优秀设计奖。2007年，完成建筑工程设计项目76个，建筑面积20万平方米。市药监局办公业务用房及市廉租房的初步设计得到娄底市有关部门的肯定，并以此作为样品设计在全省推广。

第三节 建筑技术

一 建筑工艺和材料

基础工程 20世纪80年代，建筑房屋为4~6层，采用草石条型基础、毛石混凝土基础、独立基础和钢筋混凝土基础。出现大板墙体结构、装配式车间、预制构件。90年代，高层和框架结构基础多采用大孔桩，为人工挖孔，钢筋混凝土现浇，一般打5~20米深，对地质条件较复杂、填土超深的基础，普遍采用混凝土管桩和机械桩。地基承载力的检测采取岩土物理性能指标与载荷板原位测试相结合。留置大马牙槎，提高梁柱连结效果。90年代末期，填充样材料开始使用水泥空心砖和轻质墙体材料。进入21世纪，推广使用新型墙体材料，限制使用烧制黏土砖。

屋面工程 20世纪80年代，出现混凝土加隔热层屋面、蓄水屋面，现浇混凝土贴各式彩瓦屋面、网架屋面，屋顶功能朝着综合利用、美化环境的方向发展。90年代，广泛采用PVC、SBS防水材料多层防水屋面的设计与施工。2000年以后，多采用现浇屋面、FSP防水及混凝土彩瓦坡屋面。

图23-13 环北西路个人建房使用混凝土多孔砖

装饰工程 20世纪80年代后期，建筑讲究内外装饰，地面为水磨石，外墙为干粘石、彩色弹涂；内墙有使用墙纸的，天棚大都用石灰粉刷。90年代后，外墙装饰发展为瓷砖、玻璃幕墙、石材（分贴挂、干挂两类）、石漆、涂料、GRC欧式构件（包括柱子、窗户、檐线等）。内墙装饰有仿瓷、乳胶漆、塑料扣板。门窗有塑钢、铜、铝合金卷闸门、防盗门、玻璃门、不锈钢电动伸缩门、电动感应门。楼地面有瓷砖、玻化砖、大理石、复合木地板、实木地板、地毯（分化纤、纯毛两类）。油漆有硝茎漆、醇酸漆，室内安装多品种、多花样的电气照明灯。

建筑材料 常用建筑材料主要有木材、砖瓦、石灰、水泥、砌浆灰、砂石、钢材、预制件、石膏板。

木材 20世纪90年代前，木材是建筑主要材料之一。90年代后，被大量各种木质人造板、人造饰面板、拼装地板和木线条木地板等取代。

砖瓦 20世纪80年代后，手工砖、青瓦、平瓦逐步淘汰，被机制砖代替，屋面改为平顶。90年代全部生产机制砖，推广应用混凝土小型空心砌块，出现各式花瓦，装饰屋面。2006年后，应用混凝土多孔砖和混凝土砌块、轻质隔墙板。

石灰 石灰用于建筑装饰和石灰砂浆、混合砂浆砌筑墙体。20世纪末，使用袋装精灰，省去洗灰设备和施工场地。

水泥 20世纪80年代始，水泥应用于房屋框架结构和高层建筑中。普通硅酸盐水泥和矿渣硅酸水泥多应用于房屋建筑。纯硅酸盐水泥用于耐磨、强度要求高的构件、预应力桥梁等。90年代，水泥厂生产砌浆灰，大量用于房屋建筑。

砂石 建筑石材中的卵石和碎石多用于混凝土工程，块石又称草石，一般用于室外砌筑台阶、挡土墙、护坡等工程。花岗石、大理石、白云石等，经锯片、打磨、抛光，加工成各种品材，多用于楼、地面、浴卫间装饰，也用于外墙装饰。砂料一般分粗、中、细3种。房屋建筑中，砂浆多用中砂，粗砂用于混凝土，细砂用于干贴地板砖。建筑工程所需石材绝大部分就地取材，细砂多从宁乡流沙河运入。

钢材 钢材分型材与线材。线材在建筑工程中广泛应用，为钢筋混凝土结构不可缺少的主材。市境内使用钢材由境外购进。

预制件 20世纪90年代后，预制件主要产品有空心板、平板、天沟板、平顶板、雨篷板、挑梁、壁柜、花板、梯级板、落水管等。

石膏板 20世纪80年代，石膏板开始应用于房屋建筑装饰。

铝塑板 20世纪90年代开始使用，铝塑板主要用于房屋外墙、帷幕墙板、室内墙壁、天花板装修等。

大理石、花岗岩 20世纪90年代开始使用大理石、花岗岩，主要用于柱、墙裙的装修及灶台的面板，少量用于整个外墙装修。

二 质监队伍和管理

1986年1月，成立涟源县建设工程质量监督站。1987年，定编10人，负责全市建设工程实体质量监督，对建设单位、勘察单位、设计单位、施工单位、监督单位各方责任主体的质量行为监督；对建设工程竣工验收合法程序监督管理。1994年，增设市建筑材料试验室，新增多功能检测、试验设备，对焊接、建筑材料、桩基等项目进行试验，合格率99.5%。1999年，市建筑材料试验室更名市建材检测所，对全市建筑业材料，房屋建筑进行现场检测。是年，预制构件厂受监11家，受监率79%，核定竣工项目33个，质量合格率100%。2002年11月，对全市预制构件厂114家生产的预应力空心板承重构件产品进行质量检查，预制构件产品不合格，禁止对外销售。同时对全市预制构件厂实施资质管理，禁止无资质的单位生产实心板，已定级的厂不准代销、转销、借销无等级厂的产品。2003年，组织专业技术人员和执法人员整肃市场秩序，对全市预制构件厂进行清查，清理非法预制厂132家。2005年，全市报建建设工程项目40个，建筑面积274758平方米，质量受监率100%，应监理工程项目32个，实施监理工程项目29个，监理覆盖率达90.63%。2006年，市建材检测所更名市红太阳建设工程质量检测有限公司。检测范围及项目：主体结构工程现场检测、混凝土、砂浆、砌体强度现场检测、钢筋保护层厚度检测、混凝土预制构件结构性能检测等。2007年，市建设工程质量监督站对施工现场有防水要求房间防水反沿的设置、楼梯间预埋件、空心板离板吊缝、现场计量、砼见证取样、人工挖孔桩进行集中治理，责令施工单位返工13处。全站职工10人。其中，工程师6人，技术人员4人。

第四节　建筑管理

一　管理队伍

1987年，市施工企业管理站内设技术室，职工13人，其中具有初级以上技术职称的6人。1993年8月，成立市建筑工程安全监督站，与市施工管理站合署办公。内设安监室、技术室，职工14人，其中具有初级以上技术职称的7人。2007年，内设安监技术室，职工18人，其中具有初级以上技术职称的15人。

二　工程招投标管理

1994年，全市建筑工程报建项目42个，新开工项目84个，报建率50%，实行招标投标建筑工程项目2个，工程招标投标率为4.7%。

1995年，成立市建设工程招标投标管理领导小组，加强建设工程招标投标管理。1997年底，建设工程报建率95%，招标投标率为80%。

1999年3月20日，市监察局、市建委联合发布《关于实行建设工程招标投标督办通知书制度的通知》，对全市建设工程项目实行建设工程招标投标督办通知书制度。1999年8月30日《中华人民共和国招标投标法》出台，市内严格规范建筑工程招标投标行为，招标投标工作走上法制化轨道。至年底，市内应招标工程15项，实招标13项，招投标率为86.67%，按工程造价计算，招投标率达到91.24%。

2000年3月10日，市政府发布《涟源市人民政府关于印发<涟源市加强建筑市场管理暂行规定>的通知》，规定凡建设工程项目建筑面积1000平方米以上和工程造价在50万元以上的，都必须实行招标投标。

2003年，撤销市建设工程招标投标领导小组，成立市政府招标投标领导小组，负责协调和确定出台有关招标投标重大事项的综合性政策，批准市重大建设项目邀请招标方式等涉及全市招标投标活动的重要事宜。领导小组下设办公室（市招投标办设市发展计划局），为全市招标投标指导、协调、管理、监督工作的常设机构。各部门设立的招标投标管理机构按行业性质、特点予以冠名，接受市招标投标办的指导、协调与监督。2007年，完成招投标项目14个，累计中标金额8395万元。其中，公开招标9个，邀请招标5个，建筑面积共计17万余平方米。对三角坪商业广场项目违规招标行为，城西农贸市场、宏基商贸城项目规避招标行为进行严厉处罚。

第五节　新型墙体材料改革

一　机　构

1992年1月，成立市建材工业办公室。1993年6月，成立市墙体材料改革办公室（简称市墙改办），与市建材工业办公室合署办公，一套人马，两块牌子。定编4人。

二　发展与管理

1987年，市内房屋建设用墙体材料是实心黏土砖，实心黏土砖采用手工或普通制砖机挤压成型，露天晾晒砖坯，立窑或18门以下小型轮窑焙烧工艺生产。1993年，全市实心黏土砖窑180余家，实心黏土砖生产破坏耕地 130 余公顷,耗煤 20 余万吨,排放废气 0.2 万吨。

1994 年,蓝田、枫坪、荷塘、湄江等乡(镇、街道),有人使用振动台、简易式混凝土振动成型机、转盘式液压制砖机、移动式制砖机,采用人工配料,振动成型,自然养护生产工艺,生产混凝土小型空心砌块,抗压强度一般为 MU30~MU50, 规格为 390×190×190 和 190×190×190, 建一个生产点只需投入 1 万元左右,年生产折标准砖 200 万块。1996 年 9 月,市墙改办和市建筑工程质量监督管理站组成联合检查组, 对全市 14 处(家) 新型墙体材料生产点进行实地查看与抽样检查, 取缔 11 处不符合条件的生产点, 批准 3 户年设计生产能力折标准砖 1000 万块的混凝土小型空心砌块企业,实行定点生产。1998 年,经审查批准,全市有新型墙体材料定点生产企业 11 家,年设计生产能力折标准砖 1 亿块。2000 年 6—7 月,抽查 15 家新型墙体材料生产企业的 15 组产品, 合格率 65%。取缔 3 家产品质量特别差的企业。2004 年,混凝土多孔砖、标准砖取代混凝土小型空心砌块,振动台等简陋生产设备和落后工艺被淘汰,机械化、自动化程度较高的 T6 以上振动成型机广泛采用,少数企业采用电子计量配料,提高产品质量,企业平均投资规模在 100 万元左右。是年底,全市有混凝土免烧砖企业 8 家。2005 年,发展煤矸石烧结标准砖生产。2007 年,全市有煤矸石烧结砖生产企业 25 家,全部采用 T50/45 以上真空制砖机(其中 22 家采用隧道窑生产工艺),摒弃烧结砖露天晾晒砖坯做法,采用余热烘坯、烧结、窑内冷却工艺,企业投资规模平均在 400 万元左右,企业分布在龙塘、安平、荷塘、伏口、金石等 17 个乡镇,安排 7000 余人就业,年利用煤矸石 100 余万吨。是年,全市有新型墙体材料定点生产企业 30 家,行业设计生产能力折标准砖 6 亿余块,为国家节约土地 134 公顷,节能折标准煤 8 万余吨,利用煤矸石、炉渣、粉煤灰等工业废料 500 万吨,减少二氧化碳排放 5000 余吨。

图 23-14 现代化的新型墙体材料生产车间和优质新型墙体材料

三 推广应用

1989 年,蓝田街道罗家佃居委会谭建新用振动台生产混凝土小型空心砌块,建成三层私宅,是全市第一栋新型墙体材料建筑。1994 年,个人建房使用混凝土小型空心砌块,建筑层次多在 3 层以下。市工商银行新建 14 层办公楼(含地下 1 层),市农业银行新建 15 层办公楼(含地下 1 层),填充墙均使用混凝土小型空心砌块。1998 年 11 月,市墙改办举办新型墙体材料施工技术培训班,全市各建筑公司经理、施工员、新型墙体材料生产企业负责人及有关部门领导共 50 多人参加培训。2005 年 12 月,市政府办下发《关于在全市逐步禁止使用实心黏土砖,大力推广使用新型墙体材料的通知》,要求 2009 年 1 月 1 日后,市城区范围内禁止使用实心黏土砖。2006—2007 年,市劳动力市场、九龙商业广场、金地大厦、蓝溪桥农贸市场、鸿基商贸城、荷粮大厦、民政局儿童福利院、流浪儿童救助中心等工程全部使用混凝土多孔砖和混凝土砌块,三角坪农贸市场、煤炭综合大楼等工程采用轻质隔墙板,光蓝路(今环北西路)谭国初、谭学文等 6 户近 20 个门面的 7 层私宅全部采用混凝土多孔砖,新型墙体材料面积达 40 余万平方米,占整个城区建房所用墙体材料的 60%以上。

四 基金征收

1996年5月,市政府办公室下发《关于对市内建设工程收取新型墙体材料发展专项用费的通知》,规定全市城镇(建制镇以上,含建制镇)规划区内的建设单位和个人建房,按建筑面积4.6元/平方米的标准缴纳新型墙体材料发展专项用费。是年,全市征收新型墙体材料发展专项用费10万元。1997年11—12月,市政府办组织墙改、规划、城监等部门对城区13家单位、65户个人建房户进行专项用费的清理,征收漏缴专项用费5万元。是年,征收专项用费16万元。1998年11—12月,市政府办组织市法制办、城监大队、墙改办有关人员组成稽查队,对1996年6月以后,在城区、建制镇规划区内建房没有缴纳新型墙体材料专项用费的建房户进行墙改专项基金稽查。稽查25天,清理建设单位15个,个人建房户80户,补收专项用费6万余元。2000年9月,市教师进修学校不服征收决定,提起行政复议,市政府经审查认为申请人提出的"教职工住宅可以免征墙改基金""使用自有旧红砖不应征收墙改基金"的理由不能成立,维持征收决定。10月,开始征收散装水泥专项资金,征收对象为市内的水泥用户,其中建筑工程项目的征收标准为2元/平方米。对45户拒不缴纳专项用费的建设单位,市墙改办申请市人民法院强制执行。是年,征收新型墙体材料发展专项用费和散装水泥专项资金46万元。2001年,市墙改办对整个城市规划区进行稽查,对稽查无法落实的建房户,申请市人民法院强制执行。全年发放征收决定书420份,申请法院执行40起,法院强制执行结案35起。全年征收专项基金60万元。2003年5月,湖南省财政厅出台新型墙体材料专项基金管理办法,征收标准提高到6.9元/平方米。2006年,全市征收新型墙体材料专项基金90万元。2007年10月,财政部下发文件,新型墙体材料专项基金征收标准提高到10元/平方米。是年,征收新型墙体材料专项基金和散装水泥专项资金500余万元,返退80余万元,扶持新型墙体材料企业和样板工程建设150余万元,促进新型墙体材料和散装水泥的推广应用。

第六章 房地产业

第一节 机 构

1987年11月,涟源市房地产管理处内设管理股、生产股、财务股、办公室、基建维修队5个股室,职工44人。1991年11月,更名市房地产管理局(简称市房管局),内设办公室、人事教育股、产权产籍股、生产技术股、法制股、计财股;二级机构有市房地产综合开发公司。全局60人。1992年4月,增设市房屋安全鉴定办公室、市房屋拆迁管理办公室。1996年8月,市房管局内设办公室、财务室、房屋产权产籍股、人事教育股、城市房屋拆迁管理办公室、房政法规股(加挂房屋安全鉴定办公室、安居工程领导小组办公室两块牌子)、档案室;二级机构有产权交易监理所(加挂房地产交易管理所牌子)、房屋租赁管理所、房地产综合开发公司、白蚁防治所,定编85人。2000年9月,成立涟源市房地产测绘队。是年,求是房地产价格评估事务所成立,为市房管局下属机构。2001年,设直管公房管理所。2002年8月,湄江镇、斗笠山镇设立乡镇房地产管理所。2003年,产权交易监理所撤销,设立产权产籍管理股和房屋交易管理所。2004年3月,求是房地产价格评估事务所跟市房管局脱钩,更名中天房地产价格评估有限公司。2005年4月,市房屋拆迁管理办公室更名市拆迁安置管理办公室,设立涟源市城镇房屋拆迁事务所。2007年,市房管局内设办公室、人事教育股、计财股、法规股、房政物业管理办公室、房地产开发经营管理办公室、房屋安全鉴定办公室、房屋租赁管理所、公房管理所、白蚁防治所、城市房屋拆迁安置管理办公室、城镇房屋拆迁事务所、房屋产权产籍管理股、房地产测绘大队、房屋交易管理所、档案室等17个股、室、所,二级机构有市房地产综合开发公司。职工192人。其中,工程师、经济师、房地产估价师、房地产经纪人、会计师、统计师等中级专业技术人员14人。

第二节 房地产开发

1987年前,城区机关、企事业单位职工住房紧缺,只有少数企业在厂内或四周建有砖木结构的简易平房供职工居住,距城区较近的职工则朝出暮归。1987年后,为改善居住环境,机关、企事业单位采取单位自筹资金、地方财政拨款等形式,为职工建造住宅。20世纪90年代初,出现三层以上的宿舍楼,砖混墙体、钢筋混凝土楼板房取代砖石墙体、木架、两面坡屋顶平房。单位根据职工职务,工龄等条件排队进行分配。1993年起,居民沿街道建房,机关、企事业单位相继组织职工集资建房。1994年,市织染厂、市私立行知中学、市地矿局、市房管局等家属区(含办公区大楼)兴建,年竣工房屋面积1.5万平方米。1998年,房地产业发展加速,全市14个单位投入开发,10万平方米房屋同时开工。2005年,城区房屋建筑面积230.4万平方米,其中住房建筑面积196.7万平方米。人均居住面积12.9平方米。2007年底,全市各类房屋建筑总面积达487.5万平方米。

一 安居工程

1994年,涟源市启动实施“安居工程”,重点解决中低收入困难户的住房困难。是年,建成织染厂小区3栋,60套,建筑面积5100平方米。1999年,市房产局在市酒厂后面征地18600平方米,统一规划,动工建设住宅。2003年底竣工，建成安居住宅8栋，295套，总建筑面积35472平方米，配套基础设施齐全。2005年，成立市国有煤矿采煤沉陷区治理安置区征地拆迁工作指挥部，计划在蓝田街道和桥头河镇建立安置小区，兴建住宅23栋1256套，建筑面积84307.5平方米。2004—2006年，相继开发建设幸福大厦，2栋50套，占地1300平方米，建筑面积11000平方米；启缘新苑，2栋42套，占地1000平方米，建筑面积4500平方米；德馨园一期工程，1栋20套，建筑面积2985平方米；金鑫公寓，2栋39套，占地1020平方米，建筑面积6328平方米。

1994—2007年，全市建成安居房屋41栋1762套，总建筑面积20.66万平方米。

二　商品房开发

20世纪80年代末，市内出现房产开发商，但未形成规模。1992年6月12日，成立市房地产综合开发公司，注册资金890万元，为国家三级资质房地产开发企业。1992—2003年，市房地产综合开发公司开发建设一处商品房房地大厦，代建市行知中学、市地质矿产局、双江街3处公房及三元巷、红旗居民点两处直管公房，累计建筑面积106000平方米。2004年，外地房产商进驻涟源。2004—2007年，娄底佳苑房地产开发有限公司在六亩塘镇牛角石社区开发建设涟水名城商品房28栋。其中，一期工程504套，建筑面积106270.29平方米；二期工程359套，建筑面积144049平方米。市大华房地产开发有限公司在光文社区市酒厂原址建设水榭花都商品房10栋297套，建筑面积44853平方米。市房地产综合开发公司在罗家佃社区蓝田耐火材料厂原址建设蓝天豪苑商品房一期工程13栋247套，建筑面积35553.8平方米。市城乡居民住宅开发公司在光

图23-15　涟水名城一、二期工程

明山社区蓄电池厂原址建设世纪花园商品房一、二期工程共3栋150套，建筑面积9276平方米；建设书馨园商品房2栋88套，建筑面积7600平方米。市华鑫房地产投资开发公司在市工矿贸易公司芙蓉商场原址建设安居百年商品房1栋122套，建筑面积16548.69平方米。娄底市冠城置业发展有限公司在市工具厂原址建设香江花园商品房5栋339套，总建筑面积28995.9平方米；在市饮食服务公司涟源大旅店、市药材公司、市土畜产公司原址建设三角坪商业广场商品房1栋303套，建筑面积27197.52平方米。

1987—2007年，全市开发建设商品房住宅小区526344.2平方米。2004年以前，房屋均价不超过900元/平方米，2004年后，房屋销售价格突破1000元/平方米，2007年，达到1400元/平方米。

第三节　住房制度改革

1992年1月，成立涟源市住房制度改革领导小组，下设办公室（简称市房改办）。1995年3月，市房改办定为正科级机构，住房制度改革全面启动。

一 公有住房出售

1993年8月2—17日，在市铁厂、市广播局、市园林处3个单位进行提租发补、优惠售房调查测算。12月，市政府颁布《涟源市城镇住房制度改革实施方案》和《涟源市公有住房优惠出售实施办法》，具有涟源市城镇居民户口的职工，以户为单位，享受一次购买一套公有住房的优惠权。购房者按各个时期工龄优惠率累加计算。新中国成立前，每年工龄优惠1%；成立后每年工龄优惠0.5%。职工购买住房，减去工龄优惠后，再给予20%的一次性补贴优惠。购房者付款在减去工龄优惠和一次性补贴优惠后，一次付清者，再优惠20%；分期付款的，首次支付现金不得低于30%；高出30%，每增加10%，优惠2%；分期付款期限不得超过7年。第一次购房者，凭房改办与单位证明可免征一次性契税。1994年5月4日，市机关事务管理办公室率先作出房改方案，将70套公有住房，总建筑面积5160平方米，按照房改优惠政策，出售给机关职工，房价每平方米200元左右。1994—2007年，全市向职工优惠出售公有住房8520套，建筑面积477120平方米，收取售房款9551万元。

二 提高公有住房租金

1993年12月，市政府颁布《涟源市公有住房租金管理实施办法》，规定每平方米月租金标准为：钢筋混凝土结构0.7元，砖混结构一等0.6元，砖混结构二等0.5元，砖混结构三等0.4元，砖木结构一等0.45元，砖木结构二等0.35元，简易结构0.25元。每平方米租金比《办法》实施前平均提高0.1~0.2元。房租提高后，一律不发补贴。特别困难住房户，经本人申请，单位同意，市房改办批准，租金支出超过家庭收入7%以上部分，从单位发给职工的住房公积金中支付。

三 集资建房

1993年12月10日，市政府颁布《涟源市职工集资建造住宅实施办法》，集资建造住宅做到规划、征地、设计、施工、分配五统一。项目选址、布置及层数均要符合城市规划，住宅建筑面积标准和建设标准严格按照国家、省、地、市制定的相应规定控制。职工个人集资形成的投资，免征水电增容费和地方规定的有关城市建设配套费，固定资产投资方向调节税实行零税率。1997年9月，市房改办在蓝田街道蓝郊村征地4669平方米用于全额集资建房，集资90万元，修建住宅18套2466平方米。1994—2002年，全市15个单位422名职工参与各种形式的集资建房，建筑面积5.49万平方米。2003年，终止党政机关组织职工新建住房(包括福利房、经济适用住房和集资建房)，对已建成的住房进行清理，按有关规定由建房户补交土地出让金和各种规费，单位如有存量公房，可继续出售。

四 住房公积金制度实施

1995年6月，市住房公积金管理中心成立。是年，市政府颁布《涟源市职工住房公积金制度实施细则》，凡在市内工作，具有市内城镇常住户口的党政机关、群众团体、全民和集体所有制事业单位和企业单位的固定职工、劳动合同制工人，均实行住房公积金制度。住房公积金由在职职工个人和所在单位分别按职工工资总额的一定比例逐月交存，缴交率定为5%~10%。2002年10月，市住房公积金管理中心更名娄底市住房公积金管理中心涟源管理部，由娄底市住房公积金管理中心垂直管理。实行住房公积金制度，职工可享受住房补贴；购买、建造、翻建、大修自住住房资金不足时，可向住房公积金管理中心申请个人住房委托贷款。贷款采取房地产抵押、有价证券质押和第三方连带责任担保等保证方式。贷款利率略低于商业银行，贷款期限最长15年(不超越贷款人退休年龄)，额度不超过15万元；可提取本人住房公积金余额的80%；职工离退休时，连本带息一次性提取本人住房公积金存款余额。1995—2007年，全市有205个单位21240人缴存住房公积金，累计归集住房公积金10745.2万元；发放住房公积金贷款9560万元，贷款余额5083万元；提取住房公积金4151万元。

第四节 房地产市场

一 房地产转让

1987年，市内没有专门的机构对房屋的买卖、租赁、转让、典当、赠予、抵押、借贷等经营活动进行有效监管。房地产管理部门的行政管理职能仅局限于直管公房管理和产权产籍管理。1990年10月，成立市房地产交易市场管理所。1991年，发出《关于加强房地产交易市场管理的通告》，对各种房地产交易行为作出具体规范。对1982年后蓝田街道、六亩塘街道、马家境街道的房屋买卖情况进行摸底调查。全市房地产交易总量年均不到20宗，成交金额不到100万元。在房地产交易活动中，买卖双方完成交易不办申报手续、故意隐瞒真实成交金额、偷漏税费、公有住房违规销售等违法违规现象存在，造成国家税费流失。1996年，宣传《中华人民共和国城市房地产管理法》，加强对房屋私下交易行为的管理；实行价格评估制度，对明显低于正常交易价格的，按评估价格收取税费，维护房地产交易市场的正常秩序，房屋交易成交量稳步上升。1999年，实行商品房预售许可证制度，对每笔交易进行价格评估。2002年，审核发证的房地产交易总量363宗。2006年，办理转让手续1672宗，成交额1.02亿元，商品房预售面积2.3万平方米，预售金额885.74万元。2007年，办理房屋所有权登记1400宗，建筑面积37万平方米；办理房屋他项权登记500宗，抵押面积24万平方米，评估金额5亿元。

二 房地产抵押

1987—2000年，全市房地产二级市场处于起步阶段，交易总量不大。2001年，全年抵押业务95宗；2002年138宗；2004年200宗，2007年达到580宗。2001—2007年，办理抵押业务1736宗，涉及交易面积71.83万平方米，交易的房地产价值14.56亿元。

三 房地产租赁

1992年，市房管局、市物价局、市工商局联合发出《关于加强房屋租赁市场管理的通知》，规定租赁合同的签订、登记，转租、租赁双方当事人的权利与义务等事项。1993年开始，市房管局对城区范围内以及各主要乡镇、街道所在地的商用房地产租赁进行管理，对住宅房屋的租赁管理因条件所限，暂时没有开展。2004年，租赁管理费由原来的行政事业性收费改为服务性收费。2006年6月，市房管局、市公安局、市工商局等多个部门组成联合调查组，对城区范围内出租房屋和流动人口、出承租双方基本情况进行登记备案，出租房屋900宗，4万平方米，收取租赁手续费7万余元。

四 房地产中介

1994年以前，市内房地产市场需求量不大，没有相应的服务机构。房地产交易大多是当事人双方直接洽谈之后进行，当事人双方对被交易的房地产实际价格缺乏科学判断，给房地产交易带来不便。1994 年 1 月 14 日，市政府发布《关于加强房地产价格管理的通知》，18 日成立市房地产价格评估委员会。是年，市房管局成立求是房地产价格评估事务所，并入房地产交易管理所，负责提供全市房地产评估服务。房地产价格评估采取差额累进收费，按评估价格的一定比例，分五级进行收费。1994 年，办理评估业务 148 宗，年评估额逾 3000 万元。2000 年 9 月，求是房地产价格评估事务所从房地产交易管理所分出，名称不变，为市房管局下属单位，负责市城区房地产市场价格评估，年评估额逾 3000 万元。2004 年 3 月，评估事务所脱钩改制，更名中天房地产价格评估有限公司。注册资金 50 万元。评估资质等级为三级，年办理交易评估和受损评估 300 宗以上，评估价值逾 5 亿元。2005 年 5 月，人、财、物与市房管局脱钩，作为一家房地产中介服务机构独立运作。1994—2007 年，评估总额近 30 亿元。

第五节 房地产管理

一 房屋产权产籍管理

1987 年 10 月 15 日，成立县城镇房屋所有权登记发证领导小组；10 月 26 日，县政府发出《关于开展城镇房屋定权登记、核发权证工作的意见》，用两年左右时间完成全县城镇房屋所有权登记，核发产权证。1988 年 4 月，蓝田城区、桥头河镇和杨家滩镇成立相应的房屋产权登记、核发权证办事机构。蓝田城区的登记、核发权证工作由市房地产管理处负责；桥头河镇、杨家滩镇由市建设委员会的派出机构负责。1990 年 7 月，蓝田城区房屋登记、核发权证工作结束，登记房屋 7488 栋（处），建筑面积 283.56 万平方米，核发房屋所有权证 5325 本。1992 年，市房产局成立后，逐步建立完整的产权产籍档案。

1993 年底，结束 1979 年 11 月开始的落实私房改造政策工作，涉及私房主 410 户，退赔房屋 1.21 万平方米，其中作价退赔的房屋 6000 平方米。累计赔款 90 万元。

1997 年，对全市房屋实行对应管理，进行“房产必须建档案，档案必须与房产相符”的全面清查。1999 年，对老城区房屋进行清查督办。新城区房屋绘入国家 1950 坐标系统。市产权产籍资料系统化，取得国务院颁发的发证注册资质，发放全国统一的《房屋所有权证》。2000 年，登记产权面积 210137 平方米。其中，私产 392 栋（户）96809 平方米，房改房（指城镇职工根据国家和县级以上地方人民政府有关城镇住房制度改革政策规定，按照成本价或者标准价购买的已建公有住房）181 户 16290 平方米，集资房 213 户 25134 平方米，单位公房 57 栋 71904 平方米。向贷款户核发它项权证 425 本。2002 年 7 月，对全市所有房屋进行验证、换证，2003 年上半年结束，办理房屋初始登记 415 宗，建筑面积 11 万平方米；收回旧版权属证书 8000 本，发放新版权属证书 6890 本。2004 年起，对蓝田城区各行政、企事业单位、人民团体管理、经营的公有房屋、集资住房及其他个人自建私房进行全面的产权产籍清理整顿。至 2007 年，办理房屋产权申请登记发证 7200 件，涉及建筑总面积 30.2 万平方米，发证率 86%。市房产局档案室登记、保管全市单位和私人房屋所有权证书 28412 宗，涉及建筑面积 487.5 万平方米。

二 城镇房屋拆迁管理

1992 年 5 月 31 日，成立市城市房屋拆迁办公室。10 月 27 日，市政府颁布《关于加强城市房屋拆迁管理的通告》；11 月 23 日，颁发《涟源市城镇房屋拆迁管理试行细则》，对拆迁主体、对象、拆迁安置补偿等各方面作出规定，确定拆迁工作“六统一”（统一依法凭证、统一拆迁形式、统一补偿形式、统一补偿作价、统一过渡形式、统一奖励措施)工作原则。1995 年 7 月 22 日,为加快建设芙蓉南路,市房管局、市国土局、六亩塘镇政府联合发布公告,在芙蓉南路拆迁 1 处公房,63 户私房,建筑面积 7286.58 平方米。8 月 14 日,为修复因水灾毁坏的国防军用电缆过道,市政府发布《关于拆迁人民路泥湾里地段部分私有房屋的公告》,拆迁 45 户私房,建筑面积 2267.37 平方米。在审查检发房屋拆迁许可证的同时,做好城市房屋拆迁计划编制工作,保证市内拆迁有计划进行。拆迁过程中,严格按程序办事,维护被拆迁人合法权益,依法行政。对"钉子户",进行耐心说服,宣传讲解拆迁政策,保证各个拆迁项目顺利实施。2001 年,进行交通路南段西侧改造拆迁。至 2002 年,共拆迁 3 处公房,94 户私房,建筑面积 1.56 万平方米,完成涟源火车站接触网扩建改造。2003 年,实施火车站广场移民拆迁。第一期工程完成房屋拆迁 34000 平方米,计公房 16 户,私房 28 户。完成娄涟二级公路胡家坝连接线配套工程拆迁,共 7 户,400 平方米;涟源一中校园扩建拆迁 21 户,计 4400 平方米。2004 年,完成光明山广场拆迁,建筑面积 5260 平方米;火车站广场第二期工程拆迁房屋 9800 平方米,计公房 4 户,私房 46 户,对拆迁区房屋进行全面的拆迁安置评估。2005 年 4 月,火车站广场第三期工程拆迁房屋 16000 平方米,计公房 8 户,私房 20 户;斗笠山镇旧城开发改造项目拆迁房屋 27 户 1900 平方米。2006 年,落实审查颁证的 5 个要件:建设项目批准文件、建设用地规划许可证、国有土地使用权批准文件、拆迁计划和拆迁方案、办理存款业务的金融机构出具的拆迁补偿安置资金证明。是年,核发房屋拆迁许可证 2 份,房屋拆迁面积 3000 平方米;完成林业局拆迁房屋 13 户,面积 1200 平方米;市火车站广场建设拆迁工作扫尾。

图 23-16　拆迁旧房建设火车站广场

1987—2007 年,拆迁公房 32 处,98113.95 平方米,安置拆迁移民户 364 户。

三　公房管理

1987 年以前,境内房地产管理主要是对直管公房进行管理和分配使用。

1988 年,市内开始筹划住房制度改革,改革的范围包括市属各单位、蓝田街道、建制镇。房管部门直接管理的房产,由政府统一分配,房管部门按政府规定的标准收取租金。企事业单位自有房产,分配权属单位,租金按政府的规定收取,租金归单位所有。住房不得拆除、增建、改建、转让和改变房屋用途,确有需要者,经房管部门同意后方可进行,一切费用由住户负责。1994 年起,向高收入职工家庭出售公有住房实行市场价,向低收入职工家庭实行成本价。职工购房等级:一般职工 65 平方米,科级干部 75 平方米,处级干部 85 平方米,厅级干部 110 平方米。面积超过控制标准的,15 平方米以内按成本价全价计价,15 平方米以上部分按市场价全价计价。职工按成本价或标准价购房,免征一次性契税,自住期间免征房产税和土地使用税、费。单位按成本价或标准价出售公有住房所得收入,免征营业税。房屋评估、办理住房过户手续、产权转移登记只收取房屋估价费、买卖管理费,收费按标准的 30%收取。2007 年,市内有直管公房 29 处,52 栋,占地 16714.05 平方米,建筑面积 38160 平方米。其中,住宅面积 34270 平方米,营业性用房 3890 平方米。

四　房屋安全管理

公房维修　1987 年前,蓝田镇房管处组织基建修缮工程队兴建直管公房和对全镇直管公房进行日常维修。1987—1995 年,蓝田镇房管处基建修缮工程队承担并自行设计、建造房屋 25 栋,并对其进行日常维护保养。总建筑面积 24000 平方米，总价值 322 万元。1996 年，市房管局成立房管所，对全市范围的直管公房，按照房屋维修的规定，每年制定维修计划，派出维修工进行维修。房屋修缮按资金投入规模分为小修、中修、大修、翻建四个等级。2005 年，对新建街居民点、双江街居民点等公房进行翻建。拆除危房 3 处 812 平方米，改造旧房 1 处 502 平方米。

安全鉴定 1992 年，成立市房屋安全鉴定办公室，负责全市危险房屋鉴定工作，并定期对市旧城区、单位用房、学校、医院进行现场调查勘测，对存在安全隐患的房屋签发实施技术加固、拆除、维修改造重建、观察使用等整改通知书。1996 年，市公安、地税、纪委等部门联合对石马山镇珠宝煤矿、枫坪镇土罗星煤矿沉陷区进行房屋安全鉴定，共计 3 万余平方米。2000 年，着重对全市中小学校危险房屋进行安全专项检查、勘测、鉴定，对 36 所中小学校计 2 万余平方米危房发出整改通知书。2002 年，市房管局组织房屋安全鉴定部门及公房管理所对蓝田城区内的直管公房进行房屋丈量、勘测，共排查鉴定出 D 级危房 12 栋 5000 余平方米。其中，双江街 920 拱房（无梁、无钢筋楼面）、市大米厂拱房、蓝田街道办事处拱房等三处居民楼危险系数最高，当年即停收房租，发动住户搬出危房。2006—2007 年，对全市受国有煤矿影响的 9 个乡镇，以及两个煤矿留守处房屋进行安全鉴定，共计房屋 7 万余栋。其间，还对个别受车祸影响而受损的房屋、为各受损户获取房屋赔偿款提供法律依据，消除工农矛盾。直管公房除建于 20 世纪 80 年代初的三元巷、红旗、光明山 3 个居民点房屋质量相对较好以外，其余绝大部分房屋为 70 年代初修建，采用土木、砖木或无钢筋拱房结构，存在较大的安全隐患。

白蚁防治 境内属于白蚁高度危害地区，1996 年以前，白蚁防治管理处于无序状态。1996 年 3 月，成立市房地产白蚁防治管理所，与白蚁防治单位签订白蚁预防合同，采取房屋基础施药、填埋饵剂方法，对城镇新建、改建、扩建房屋及室内装修工程实施白蚁预防和灭治。2000 年，防治率由 1996 年的 18%上升到 44%。2001 年，新建房屋防治率达 45%，防治房屋面积 6 万平方米，灭治房屋面积 1.8 万平方米，共 2118 户。2002 年，实施白蚁防治建筑面积 12 万平方米，签订白蚁防治合同 402 份。2005 年，全市新建房屋防治率达到 90%以上，涟水名城 26 万平方米、水榭花都 4.8 万平方米、行知中学 4.2 万平方米、煤炭局家属楼 1.6 万平方米等新建房屋在第一时间进行有效防治，免除后患。2006 年，预防面积 35 万平方米，灭治面积 2 万平方米，新建房屋实施白蚁预防率 90%以上。2007 年，白蚁防治所集中力量对市民政局新办公大楼、世纪花园等重点工程实施白蚁预防，预防面积 50 万平方米。

1996—2007 年，全市完成房屋白蚁防治建筑面积 139.6 万平方米，灭治建筑面积 8.8 万平方米。

五 物业管理

2007 年以前，市内各住宅区均未实行物业管理。2007 年，市房管局成立物业管理办公室，市政府下发《关于加强城市住宅区物业管理工作的通知》，建立物业管理制度，住宅物业建设单位按照住宅物业管理区域物业总建筑面积的千分之三至千分之五提供物业管理服务用房，建立专项维修基金，其中普通商品住房（包括安居房、经济适用住房）销售时，购房者按购房款 1.5%的比例缴交；花园洋房、观景洋房等高档商品住房销售时，购房者按购房款 2%的比例缴交；公有住房出售时，售房单位按多层住房低于售价的 20%、高层住房低于售价的 30%的比例从售房款中提取。制定规范性文件，积极组织宣传推广物业管理模式，物业公司组织业主，经民主选举产生成立生活小区物业管理委员会。是年 9 月，水榭花都住宅小区业主委员会成立，之后陆续有娄底房产物业、五江购物中心物业、厦华物业、鸿鑫物业等公司相继执业。是年，各新开发区按照法律、法规收缴住宅各项维修基金 113.81 万元。各住宅小区按标准提供服务用房，物业管理社会化初步运行。2007 年末，安居百年项目与鸿鑫物业公司签订市内第一份物业管理市场合同，涟源物业管理进入市场阶段。

第七章　环境保护

第一节　机　构

1987 年，市环境保护局（简称市环保局）内设办公室、环境管理股、环境监理站、环境监测站，定编 18 人。1995 年，环境监理站加挂环境监察大队牌子。2001 年，成立伏口、杨市、安平、斗笠山 4 个乡镇环境监理站，定编 14 人，负责全市 20 个乡镇（街道）的农村环境保护工作。2002 年，增设环境保护科研所，是年，全局定编 43 人。2003 年，增设财务股、法规股。2007 年，机构未变，定编 55 人，其中高级工程师 2 人。

第二节　环境质量

一　水环境质量

（一）地面水水质

涟水　1987 年，涟水主要受市造纸厂、市制革厂工业废水及城区生活污水的污染，化学需氧量、生化需氧量、氨氮均有不同程度超标，超过《地面水环境质量标准》四类标准，化学需氧量 28.80 毫克/升，超标 1.88 倍；生化需氧量 11.93 毫克/升，超标 0.99 倍；综合污染指数 0.979，属中度污染。1989 年，化学需氧量 28.84 毫克/升，生化需氧量 18.80 毫克/升，分别超标 1.88 倍和 2.13 倍，综合污染指数 1.499，属重度污染。1994 年，市造纸厂、市制革厂等污染企业受市场经济影响，生产不景气，工业废水排放量减少，各项目均未超过《地面水环境质量标准》四类标准，达到三类水质标准，综合污染指数 0.326，属较好范围。此后，随着企业改制，市造纸厂、市制革厂、市酒厂等污染企业相继关闭，涟水城区段水质达到二至三类标准。2004 年，综合污染指数为 0.132，属好的范围。2007 年，粪大肠菌群超过地面水四类标准，综合污染指数 0.352，属较好范围。

湄水　1988 年，湄水未检出汞、镉、铬、铅等重金属，符合《地面水环境质量标准》三类标准。1991 年，未检出重金属，化学耗氧量超标 1 次，为 8.06 毫克/升，超标 0.01 倍，年超标率 25%。1994 年，在湄江镇湄塘村建一家年产 7000 吨的湖南省金环电解锰厂。1995 年，湄水检出总铬，未超标，未检出其他重金属。21 世纪初，沿河主要污染源企业——湖南省涟邵矿务局桥头河煤矿、湖南省青山硫铁矿、湖南天雄锰业有限公司（湖南省金环电解锰厂更名）关闭，田湖铁矿、洪源机械厂转产。湄水污染减轻，水环境质量有较大改善。2007 年，湄水水质除粪大肠菌群超标外，其余监测项目均符合《地面水环境质量标准》二类水质标准。

孙水　1988 年，孙水未检出重金属，氨氮为 4.05 毫克/升，超过《地面水环境质量标准》五类标准，主要受市氮肥厂废水污染。1998 年 8 月，市氮肥厂由于经营亏损等原因停产，不再向孙水排放废水。1999 年，20 个监测项目均符合《地面水环境质量标准》三类标准。2000 年，市氮肥厂租赁经营，孙水重新受到废水污染，氨氮为 5.07 毫克/升，超过《地面水环境质量标准》五类标准。2003 年 9 月，娄底市自来水公司一水厂（孙水河）水质氨氮、亚硝酸盐等项目严重超标。2006 年 6 月，市氮肥厂关闭。2007 年，20 个监测项目均符合《地面水环境质量标准》三类标准。

1987—2007年涟源市涟水控制断面水质情况

表 23-8　　　　单位:毫克 / 升

年度	挥发酚	溶解氧	氨氮	化学需氧量	生化需氧量	综合污染指数	评价结果
1987	0.0091	6.10	0.540	28.80	11.93	0.979	中度污染
1988	0.0090	6.05	0.320	27.90	6.01	0.747	中度污染
1989	0.0092	5.88	2.610	28.84	18.80	1.499	重污染
1990	0.0023	5.72	7.140	20.94	14.50	1.779	重污染
1991	0.0010	9.41	0.821	10.26	5.73	0.461	轻度污染
1992	0.0010	4.94	0.810	7.89	4.21	0.642	轻度污染
1993	0.0030	5.15	0.678	1.22	2.47	0.432	轻度污染
1994	0.0013	6.56	0.691	3.60	2.26	0.326	较好
1995	0.0050	7.28	0.423	3.25	1.54	0.295	较好
1996	0.0010	9.80	0.467	0.84	2.84	0.182	好
1997	0.0010	7.18	0.388	5.30	1.03	0.213	较好
1998	0.0010	9.21	0.398	6.19	1.57	0.167	好
1999	0.0010	7.37	0.446	3.07	1.71	0.218	较好
2000	0.0010	7.55	0.412	4.25	0.93	0.184	好
2001	0.0010	6.56	0.376	1.83	1.03	0.225	较好
2002	0.0010	6.11	0357	2.75	1.13	0.258	较好
2003	0.0010	8.50	0.453	1.48	1.43	0.138	好
2004	0.0010	8.43	0.343	1.81	1.62	0.132	好
2005	0.0010	7.13	0.346	1.54	1.12	0.188	好
2006	0.0010	7.50	0.752	1.32	1.28	0.225	较好
2007	0.0010	6.78	1.351	1.64	1.37	0.352	较好

说明:综合污染指数≤0.20为好,0.21～0.40为较好,0.41～0.70为轻度污染,0.71～1.00为中度污染,1.01～2.00为重污染,≥2.00为严重污染

(二)饮用水水质

1987年,城区自来水饮用水源水质符合饮用水卫生标准和地面水三类标准。1989年,氨氮一次超标0.1倍,年超标率8.33%。2003年,粪大肠菌群值超标15倍。2007年,全市17个乡镇(除城区)的自来水饮用水源有15个乡镇符合《地面水环境质量标准》三类标准,水洞底、桥头河两个镇各有1处饮用水源水质粪大肠菌群超标,稍微受到人畜粪便等有机物污染,相对较稳定,整体水质良好。

二 大气环境质量

1987年,城区大气环境质量为:总悬浮物0.265毫克/立方米,符合二级标准;二氧化硫0.218毫克/立方米,符合三级标准;氮氧化物未检出,符合一级标准。1993年,总悬浮物0.333毫克/立方米,符合二级标准;二氧化硫0.046毫克/立方米,符合二级标准;氮氧化物0.012毫克/立方米,符合一级标准。1994年后,随着燃气和家用电器逐年增加,生活用煤减少及城区部分企业关闭,二氧化硫、氮氧化物均在国家一级标准内,属良好范围。2007年,总悬浮物0.155毫克/立方米,二氧化硫0.023毫克/立方米,氮氧化物0.018毫克/立方米,均符合一级标准。

1987—2007年,城区大气中总悬浮物、二氧化硫和氮氧化物浓度在不同监测区、不同季节差异较大,工业区>居民住宅区>清洁对照点,夏季气温高,大气对流旺盛,大气污染物易于迁移净化,故大气质量最佳,冬季大气质量相对较差。

1987—2007涟源市城区大气环境质量情况

表23-9 单位:毫克/立方米

年度	总悬浮物指标(0.30毫克/立方米)		二氧化硫指标(0.15毫克/立方米)		氮氧化物指标(0.10毫克/立方米)		年度	总悬浮物指标(0.30毫克/立方米)		二氧化硫指标(0.15毫克/立方米)		氮氧化物指标(0.10毫克/立方米)	
	数据	符合标准级	数据	符合标准级	数据	符合标准级		数据	符合标准级	数据	符合标准级	数据	符合标准级
1987	0.265	二	0.218	三	未检出	一	1998	0.200	二	0.032	一	0.023	一
1988	0.257	二	0.195	三	未检出	一	1999	0.198	二	0.031	一	0.020	一
1989	0.273	二	0.210	三	未检出	一	2000	0.198	二	0.042	一	0.026	一
1990	0.188	二	0.111	三	未检出	一	2001	0.227	二	0.041	一	0.013	一
1991	0.221	二	0.065	二	未检出	一	2002	0.158	二	0.011	一	0.013	一
1992	0.250	二	0.098	二	0.010	一	2003	0.165	二	0.018	一	0.014	一
1993	0.333	二	0.046	二	0.012	一	2004	0.150	二	0.024	一	0.008	一
1994	0.332	二	0.024	一	0.008	一	2005	0.160	二	0.044	一	0.016	一
1995	0.249	二	0.042	一	0.010	一	2006	0.150	二	0.035	一	0.012	一
1996	0.233	二	0.036	一	0.014	一	2007	0.155	二	0.023	二	0.018	一
1997	0.210	二	0.036	一	0.013	一							

三 声环境质量

区域噪声 1987年，城区环境噪声平均等效声级为63.5分贝。1989—1991年，略有下降，均在60分贝以下。1992—1994年，略有上升，均超过60分贝。1995—2001年，又略有下降，在60分贝以下。2002—2006年，在55分贝以下。2007年，为53.8分贝。

交通噪声 1987年，城区交通干线噪声平均72.6分贝。1991年74.9分贝。1997年开始逐渐变好，低于70分贝。2007年为67.9分贝。

1987—2007年涟源市城区区域噪声和交通噪声情况

表23-10

年 度	区域噪声(分贝)	交通噪声(分贝)	年 度	区域噪声(分贝)	交通噪声(分贝)
1987	63.50	72.60	1998	56.00	69.20
1988	60.10	73.20	1999	55.03	69.40
1989	57.60	73.90	2000	55.03	69.60
1990	55.40	74.80	2001	55.30	69.50
1991	59.60	74.90	2002	54.96	69.30
1992	61.60	72.80	2003	54.93	69.30
1993	60.50	72.80	2004	54.93	69.60
1994	60.00	71.50	2005	54.84	68.80
1995	58.00	71.50	2006	54.10	68.40
1996	55.70	71.80	2007	53.80	67.90
1997	56.20	69.10			

第三节 环境污染

一 工业污染

1986年，涟源县环境保护局对全县94家工业企业进行工业污染源调查，涉及煤炭、饮料、食品、纺织、皮革、化工、塑料、建材、机械、冶炼、电器等14个行业。其中，中央、省、地企业16家，县属企业33家，乡镇企业45家。是年，94家工业企业排放工业废水2253.57万吨，其中悬浮物36895吨，化学耗氧量7206吨，铵180吨，石油类12.7吨；排放工业废气38.74亿标立方米，其中二氧化硫2789吨，工业粉尘13460吨，烟尘1396吨；产生工业废渣24.95万吨。工业废水等标污染负荷，在全市14个行业中，煤矿为全市废水等标污染负荷大户，其次是造纸，其三是化工，三大行业工业废水等标污染负荷占全市工业废水等标污染负荷的90.78%；工业废气排放大户依次为冶炼、机械、建材，三大行业的废气等标污染负荷占全市工业废气等标污染负荷的

65.68%；工业废渣产生量依次为煤矿和冶炼行业，两大行业产生的废渣占全市产生量的97.5%。

1994年，全市43家主要污染源企业，排放工业废水931.59万吨，其中悬浮物528.13吨，化学耗氧量1571.83吨，铵133吨，石油类2.03吨；排放工业废气37.41亿标立方米，其中二氧化硫3580吨，工业粉尘1420吨，烟尘2430吨；产生工业废渣21.35万吨。工业废水排放量最大的是化工行业，其次是冶炼行业，其三是造纸行业，三大行业废水排放量占全市产生量的96.9%；工业废气排放量最大的行业为建材，其次是造纸，其三是化工，三大行业的废气排放量占全市产生量85.8%；工业废渣产量依次为矿山、冶炼、化工，三大行业产生的废渣占全市产生量的95.6%。

2007年，全市24家主要污染源企业，排放工业废水1476.34万吨，其中悬浮物200吨，化学耗氧量652.22吨，铵0.31吨，石油类9.16吨；排放工业废气67.54亿标立方米，其中二氧化硫5277吨，工业粉尘16298吨，烟尘2169.85吨；产生工业废渣24.17万吨。工业废水排放量最大的是冶炼行业，其次是化工，其三是煤矿业，三大行业占全市产生量76.6%；废气排放量最大的是冶炼，其次是建材，其三是化工，三大行业占全市产生量68.7%；废渣产生量依次为冶炼和煤矿业，两大行业产生的废渣占全市产生量的79.1%。

二　农业污染

农药、化肥污染　1982—1983年，省环境监测站对斗笠山、桥头河、古塘、砂石、杨家滩等乡镇土壤和小麦农药残留量监测，"六六六""滴滴涕"检出率100%，小麦样品超标率为60%，最高超标4.9倍。化学肥料过量施用，水体中氨氮与亚硝酸盐偏高，磷素积累过多，导致水体富营养化现象较严重，土壤板结耕作层变浅，肥力降低，酸碱度失调，农产品质量下降。1987年，全市农药用量969.2吨，每公顷农药用量22.3千克；化学肥料用量57363.3吨，每公顷用量1322千克。1994年，全市农药用量734.6吨，每公顷用量17.1千克，超过全国平均施用量(7.5千克/公顷)127%；化肥用量77165.2吨，每公顷用量1794千克，超过发达国家设置的安全上限(230千克/公顷)6.8倍。1995年开始，农药、化学肥料施用量呈上升趋势。2000年，全市农药用量916.1吨，每公顷用量22.30千克；化肥用量76649.3吨，每公顷用量1867千克。2007年，全市农药用量1331吨，每公顷用量31.9千克，超过全国平均施用量325%；化学肥料用量95144吨，每公顷用量2284千克，超过发达国家安全上限8.9倍。由于长期过量施用农药，造成全市人畜饮用水源受到污染，农产品农药残留量偏高，直接危害人体健康。

养殖业污染　20世纪80年代至90年代初，全市农户养殖以圈养为主，每户年喂养1~3头猪，粪尿用作农用肥料，有3家年产1000头以上的国营、集体养猪场，动物粪尿亦用作农用有机肥料，对环境污染不大。90年代中后期，养殖业发展加快，规模化养殖场大量增加。2001年，涟源市被批准列为国家秸秆氨化养牛示范县(市)。是年，湖南五江集团天华牧业有限公司(简称天华牧业公司)在市园艺示范场内创办规模500头的肉牛养殖场。2004年4月，以该公司为主成立涟源市养牛协会，会员340人，采用"公司+基地+农户"的发展模式，白马、茅塘、枫坪、斗笠山、伏口、湄江、七星街等乡镇发展饲养30头牛以上的养殖户500多户，只有天华牧业公司进行粪便污水处理，其余都未进行处理，养殖污水对环境造成一定污染。2007年，全市存栏300头以上的养猪场2670家，存栏20头以上的肉牛养殖场80家，存栏100只以上的养羊场30家。全市共养生猪174.36万头，养牛14.52万头，养羊17.88万只，养殖粪便污水排放量超过1500万吨/年，化学耗氧量排放11400吨/年。养殖场点多面广，大部分养殖场设施简陋，雨污不分流，粪便随意堆放，恶臭严重，污水直排，直接污染地下水和地面水，对周边环境造成极大影响。

第四节 污染治理

一 限期治理

1987年,市政府第一次下达限期治理环境污染项目,确定省锻造厂治理生产废水、田湖铁矿职工医院治理病毒废水、市造纸厂白水回收,累计投资63万元,省锻造厂、田湖铁矿职工医院的废水,实现达标排放,市造纸厂白水循环使用,每年回收纸浆100吨,减少250万吨白水对涟水污染。是年,市氮肥厂投入50万元,将锅炉造气废水经沉淀后,再曝气经生物氧化处理,循环利用,年减少135万吨废水排放。1989年,市铁厂投入540万元治理资金,其中投入500万元建成湖南省第一家煤气余热发电站,利用高炉排放的剩余煤气,年发电840万千瓦时;投入40万元进行冲渣水沉淀池改造,冲渣水循环利用,每年产生经济效益246.8万元。1989年,市酒厂投入20万元,利用酒糟废水制沼气,日处理废水100吨,日产沼气2000立方米。同年,省青山硫铁矿选矿厂投入73万元,修建尾砂坝,循环使用浓缩沉淀废水,尾砂废水处理达到排放标准。1992年,涟邵矿务局职工医院投入14万元完成病毒废水处理工程,达到国家医疗废水排放标准。

1994年,市政府第二次下达限期治理项目,对市冶金建材总厂、市水泥二厂、市白水泥厂、市特种水泥厂等16家企业的16个项目(10个粉尘项目3个烟尘项目3个废水项目)进行限期治理,累计投资520万元。经监测验收,10个粉尘项目,年回收粉尘6800吨。其中,市白水泥厂除尘效果最好,年回收粉尘4000吨,其余3个废水治理项目和3个烟尘治理项目均达到国家排放标准。

1997年,为完成"一控双达标"(污染物总量控制,工业污染源达到国家或地方规定的污染物排放标准,空气和地面水按功能区达到国家规定的环境质量标准)任务,市政府下发《关于下达环境保护限期治理项目的通知》,对市冶金建材总厂、市氮肥厂等28家企业32个项目进行限期治理,要求在1999年12月31日前完成治理,实现达标排放。其中,治理废水项目12个,治理废气项目16个,治理噪声项目1个,治理废渣项目1个,搬迁企业1家。全市投入425万元污染治理资金,市四水泥厂投入8万元建成立窑沉降室,年回收粉尘100吨。湖南天雄锰业有限公司(湖南省金环电解锰厂更名)投入50万元治理含铬废水,日处理废水150吨,废水中六价铬达到国家排放标准。市氮肥厂投入50万元,采用软水定量控制,氨分段回收逐级提浓的方法进行合成氨回收和稀氨水治理,消除稀氨水的过剩,实现合成氨生产水平衡,提高氨的回收率,达到稀氨水零排放。治理期间,古塘焦化厂、芙蓉水泥厂、财溪水泥厂、市白水泥厂、大富寺水泥厂、南风水泥厂等6家企业关闭。市冶金建材总厂投入80万元,修复完善冷却水、高炉煤气发电的环保设施。整个项目除市沙坪煤矿、七一煤矿、蓝田医院等3家治理未达标外,其余均实现达标排放,治理达标率89%。

图23-17 顺鑫钢铁有限公司炼钢污水处理站(顶部)

2004年,市政府第四次下发《关于下达环境保护限期治理项目的通知》,对湖南三一新材料有限公司、湖南五江轻化集团有限公司等9家企业10个项目进行限期治理。湖南三一新材料有限公司投入50万元对废水进行治理,10个治理项目全部合格。湖南五江轻化集团有限公司投入480万元对全厂废水进行消污分流,安装在线监控系统。2006年,湖南顺鑫钢铁有限公司投入 3500 万元对废水、废气进行治理,有废水处理设施 2 套,废气处理设施 8 套,废水、废气均达到排放标准。

2007 年,全市有废水处理设施 23 套,年处理废水 1300 万吨,排放达标率 98.07%;废气处理设施 52 套,年处理废气 47 亿标立方米,处理率 69.6%。是年,全市“三废”治理总投资 6500 多万元。其中,顺鑫钢铁有限公司投入 3800 万元,五江轻化集团有限公司投入 480 多万元。

二 搬迁与关闭

搬迁 1988 年,市公路段沥青场由红旗路搬迁到石马山。1992 年,洪源机械厂部分车间搬迁出境。1994 年,湘中机械厂、湘峰机械厂整体搬迁至娄底。3 家企业搬迁出境,为全市减少废水排放 358.76 万吨 / 年,废气排放 22.5 亿标立方米 / 年。1996 年,噪声和废气严重影响周围居民的城西人造金刚石厂和港源海绵厂,分别从瓦亭居委会和文艺路居委会搬迁至六亩塘镇三步桥村。1997 年,市面粉厂从民光居委会搬迁至六亩塘镇树亭村。共投入 3000 多万元,其中环保投入 100 万元,进行粉尘、噪声防治,以及技术改造。

关闭 1989 年,公安、环保、工商等部门拆除株木、湘波、七星、仙洞 4 个乡镇的土硫黄窑 60 座,其中株木乡新华村 34 座。是年,整顿全市煤炭生产秩序,炸毁、关闭小煤窑 800 余家。1996 年,成立涟源市取缔关停严重污染环境小型企业领导小组,各乡镇成立专门机构,确定专职人员,经过 1 个多月时间,全市取缔斗笠山、七星街、桥头河、枫坪、石马山、安平、古塘、六亩塘等乡镇土焦窑 600 多座,取缔小造纸厂 12 家、小冶炼厂 22 家、土硫黄窑 4 座。是年 12 月,责令对涟水污染最大的国有企业——市造纸厂停产关闭。1999 年 3 月,石马山焦化厂拆除生产设备,改为小型养殖场。2000—2007 年,涟源市根据国家环保总局“一控双达标”“总量控制”“污染减排”等有关法律法规政策,结合企业改制和城市建设规划,淘汰和关闭市织染厂、市酒厂、市制革厂、市锅厂、市通用机械厂、市特种水泥厂、市磷肥厂、市氮肥厂、市印刷厂、市机械厂、市工具厂、市耐火材料厂、市蓄电池厂、市电石厂、市大米厂、市塑料厂、市糖果厂及 30 多家街道、社区企业;关闭芙蓉水泥厂、财溪水泥厂等 28 家国家明令禁止和淘汰的水泥建材企业。全市减少废水 622.38 万吨 / 年,废气 13.41 亿标立方米 / 年。

三 综合利用

全市固体废弃物主要是煤矸石、冶炼废渣和锅炉煤渣。

煤矸石利用 1988 年,省斗笠山煤矿利用煤矸石制砖,年产矸石砖 1500 万块,年消耗煤矸石 3 万吨。1995—1997 年,七星街镇檀山村,桥头河镇新塘村、贺家村兴建煤矸石制砖厂 4 个,利用煤矸石 6 万余吨。2007 年底,全市利用煤矸石制砖企业 30 家,年利用煤矸石 100 万吨。

冶炼废渣和锅炉煤渣利用 1987 年,冶炼废渣主要来自市铁厂、安平铁厂、市磷肥厂、市冶炼厂 4 家企业。是年,产生冶炼废渣 3.99 万吨,市内各水泥厂利用 3.45 万吨用作水泥原料,综合利用率 86.5%,锅炉煤渣 1.21 万吨,综合利用 0.62 万吨,综合利用率 51.2%。1994 年,4 家企业产生冶炼废渣 4.45 万吨,综合利用 3.75 万吨,综合利用率 84.3%,炉渣 1.94 万吨,综合利用 1.16 万吨,综合利用率 59.8%。2007 年,冶炼废渣主要来自湖南顺鑫钢铁有限公司、安平铁厂、嘉鑫冶金公司 3 家企业,全年产生冶炼废渣 11.25 万吨,综合利用 11.25 万吨,综合利用率为 100%,炉渣 3.42 万吨,综合利用 2.74 万吨,综合利用率 80.1%。

四 涟水环境综合整治

1987 年,市委、市政府颁发《关于保护涟水防治污染的布告》,决定整治涟水。是年,在涟水城区段建成立珊坝,城区段河水上升,便利居民用水,提升观赏和排污功能。市铁厂、市酒厂等废水排放量大的企业投入70万元建成3套废水处理工程。

1993年,市政府下发《关于划定水环境保护功能区的通知》,将涟水划分为饮用水源保护区、渔业用水区、工业用水区、农业用水区4个区段,防治涟水水体污染,保障和改善涟水环境,保证水资源的有效利用。市环保局加大对饮用水源保护区的监督、监管力度。否决在饮用水源保护区内的2个污染项目。2002年,市建设、环保、水务等部门投入50万元在市自来水厂取水口南侧修建320米的水源保护渠,将南侧3000吨/月生活污水拦至取水口下游。2003年6月,市环保、工商、水务等部门根据《涟源市饮用水源保护管理办法》,取缔饮用水源保护区内的洗煤、网箱养鱼、砂石开采等经营项目。

五 环境污染事故与纠纷调处

环境污染事故处理 1993年6月10日,市造纸厂蒸煮黑液流入涟水,渡头塘地段29户村民57口网箱死鱼3万余千克,村民向市造纸厂索赔经济损失2.5万元。1999年11月,省青山硫铁矿存放在七星街镇峡山村仓库的40余吨硫氢化钠全部泄漏流入农田、河道、池塘,市环保局接到报告后,连夜赶赴事发现场,进行调查监测,制定应急措施,及时处理,未造成人畜伤害事件,对涉及受污染的池塘、河流,连续进行15天监测、监视,直到水体中污染物达到国家排放标准为止。2007年1月1日,新邵县坪上镇小溪被大量苯系化学物质污染,流入涟水。市环保局接到报告后,立即向市政府报告,并启动应急预案,通知三甲乡及沿河群众注意饮用水安全。会同娄底、邵阳两市环保局和新邵县环保局进行半个月的跟踪监测,直到污染隐患消除。

环境污染纠纷调处 1987年7月15日,洪源机械厂二车间酸洗废水未经任何处理流入湘波镇虎溪村农田,造成0.5公顷稻田严重减产,村民要求赔偿,经市环保局工作人员调处,洪源机械厂确认污染事故,向群众解释,保证不再发生类似事件,按每公顷6375千克的产量赔偿损失。1997年6月,居住在市电力包装厂附近的10余户居民向市环保局投诉,市电力包装厂噪声严重影响居民的正常生活和休息,请求解决噪声扰民问题。经监测,包装厂在生产时,噪声污染属实。经调处,厂方同意对噪声源进行消声治理,安装隔音设备,承诺午休时间和晚上10点后不进行生产。2001年9月,七星街镇仙田煤矿排放巷道废水造成周边一鱼塘死鱼,损失2万多元,受损户主要求市环境局监测,经监测,鱼塘死鱼是因煤矿废水所引起,经调解由煤矿赔偿业主2万元。2004年,湄江镇四房、长桥、栗山、石牛湾等4个村的村民向市政府有关部门反映沙坪煤矿巷道废水未经处理排入湄水,以致几千人的生活饮用水困难。市政府组织环保、工农办、湄江镇政府等单位组成联合调查组,经过10多天的调查、监测,确定沙坪煤矿巷道废水对湄水产生一定污染,经多次协商调处,由沙坪煤矿出资10万元,其他有关煤矿出资5万元为村民搞好饮用水源设施建设,并修建饮用水源保护渠。2007年4月,娄底佳力化工有限公司附近居民100余人,因环境污染问题,砸烂厂房和生产设备(变压器),公司停产半年之久。4月19日至5月5日,湖南顺鑫钢铁有限公司附近居民200多人,因环境污染问题,在生产现场强行阻工18天。市委、市政府多次召开专门会议,制定工作方案,组建工作队,请省、娄底市环保局有关专家向群众作解释和对话,消除群众顾虑,改变谈"苯"色变的心态。市环保局加强对两家企业的监管力度,企业加大治理力度。10月,渡头塘乡铜铃村多名村民反映鸿帆科技有限公司废水污染农田,使农作物严重减产,要求赔偿。经查是含铵废水流入农田所致。市政府组织环保、经济、农业等部门,通过协商,由公司对受污染的农田作物进行赔偿。

第五节　环保管理

一　建设项目环保管理

1987 年,全市新扩改建设项目 11 个,总投资 1265.5 万元。其中,环保设施投入 148 万元,占 1.7%。“三同时”(建设项目中防治污染的措施,必须与主体工程同时设计、同时施工、同时投产使用)执行率为 81.8%。1989 年,甘溪焦化厂洗煤分厂洗煤水与熄焦水循环使用,受到来厂视察的省长陈邦柱高度赞扬,称甘溪焦化厂洗煤分厂“三同时”搞得好,是全省乡镇企业第一家。1992 年,根据省政府颁布的《湖南省建设项目环境保护管理规定》,加大对境内建设项目“三同时”管理力度,对“七五”期间(1986—1990)的新建、扩建、改建项目“三同时”情况进行清理建档,对 8 家新、扩、改项目补办环保审批手续。2000 年,新、扩、改项目的环保投入增加,全市新建的 36 家洗煤厂,环保设施投入占总投资的 5%以上,“三同时”执行率为 100%。2004 年,环保设施投入占总投资的 6.2%,全市 48 个新建项目,其中市人民医院整体改扩建工程和顺鑫钢铁公司的扩改工程环保投入占总投资的 10%以上,“三同时”执行率为 100%。2007 年,全市 23 家新建企业进行环境影响评价审批(其中,省审批 2 家,娄底市审批 16 家),“三同时”执行率为 100%,“三同时”竣工验收 8 家,责令 2 家补办环境影响评估报告。1987—2007 年,否决能耗大、污染严重、不符合国家环保产业政策的锑冶炼、钒冶炼、土硫黄、土炼焦、印染等项目 127 个,控制新污染源的产生。

二　企业环保管理

1987 年,市内各企业均设有环保管理机构,配有环保管理技术人员。洪源机械厂、湘中机械厂、湘峰机械厂、一六九化工厂等中央、省属企业设有安全环保科,建有监测化验室(站),有 4~6 名专职人员。省锻造厂、田湖铁矿、省青山硫铁矿、省煤机厂、市氮肥厂、市磷肥厂、市造纸厂、市酒厂、市铁厂、市制革厂、桥头河煤矿、斗笠山煤矿等企业设有技安环保科,有 2~4 名专职的环保技术人员,无环保管理机构的乡镇企业,设立兼职的环保管理人员。是年,洪源机械厂、湘峰机械厂、湘中机械厂开展环保指标考核和创建清洁文明工厂活动,降低“跑”“冒”“滴”“漏”,提高“三废”治理达标率,其中,湘峰机械厂废水六价铬和 pH 值排放合格率比上年提高 6%和 30%,铬酐单耗降低 60%。1989 年,市氮肥厂废水处理工程处理效果不好,厂领导和市环保局技术人员前往岳阳、河南、山东、上海、江苏等地参观小氮肥废水处理工程,回来后写出《小氮肥废水处理技术考察报告》,修复完善废水处理工程。2007 年,湖南顺鑫钢铁有限公司投入 500 万元增设除尘器 4 套,进行废气、粉尘治理;佳力化工有限公司投入 50 万元,加固废水应急处理池;鸿帆科技有限公司投入 30 万元进行清污分流,对废水进行处理。

图 23-18　湖南顺鑫钢铁有限公司 2 号高炉布袋除尘器

三 环境保护目标管理

1987年，市政府对各企业下达环境宣传、环境污染治理和环境监管任务。是年，市铁厂、酒厂、造纸厂3家企业完成污染治理工程，各企业没有发生污染事故。2002年，市政府首次把环境保护纳入全市乡镇(街道)目标管理，环境保护分值为2分，通过年终目标考核，全市20个乡镇(街道)记满分的13个，占65%，1.8分的4个，1.6分的3个。2007年3月，市政府与娄底市人民政府签订"十一五"主要污染物总量削减目标责任书，责任书包括主要污染物削减和污染防治工作两方面7项内容，当年化学耗氧量、二氧化硫削减超额完成；淘汰湖南顺鑫钢铁有限公司、市汇源焦化有限公司老炼焦生产线等落后产能项目，华润涟源电厂同步建设脱硫设施，巩固污染物达标排放，强化重点污染源监管，城镇污水处理厂建设，开展规模化养殖场污染治理示范工程等6项目进展顺利。1987—2007年，市环保局18次获娄底市(地区)环保目标一等奖，3次获二等奖。2002年起，连续两次被评为全省环保系统精神文明建设先进单位。

四 功能区划及环境规划

1989年，市政府下发《关于涟源市噪声控制区划分的通知》，明确四个区域的标准：工业区，昼间65分贝，夜间55分贝，主要包括洪源机械厂工业区，田湖铁矿工业区，湘中机械厂工业区，湘峰机械厂工业区，煤炭三处和煤机厂工业区，43车队至乌鸡坝工业区。市城区交通干线道路两侧，昼间70分贝，夜间55分贝，主要包括交通路、人民中路、人民东路、新城路、芙蓉路、环北东路。居民文教区，昼间50分贝，夜间40分贝，主要包括尊师路、牛角路、老干路区域。混合区：一类混合区，昼间55分贝，夜间45分贝，主要包括中山前街和中山后街区域；二类混合区，昼间60分贝，夜间50分贝，主要包括文艺路、红旗路、车站路、双江街、新建街、光明街等区域。

1993年，市政府下发《关于划定水环境保护功能区的通知》。流入孙水河的龙山山脉各条小溪属源头水源保护区，执行GB3838—88国家《地面水环境质量标准》一类水质量标准；孙水及白马水库、湄水源头及大江口水库、涟水市铁厂上游、升平河饮用水源保护区，东温井及西温井饮用水保护区执行GB8978—88国家《地面水环境质量标准》二类水质标准；升平河洞庭桥以下，桥头河水府庙电站以上，执行GB8978—88国家《地面水环境质量标准》三类水质标准；涟水自梅子坝以下，湄水自水府庙电站以下划分为综合利用区，执行GB3838—88国家《地面水环境质量标准》四类水质标准。

1995年，经市政府同意，市环保局制定大气环境功能区的执行标准。龙山省级森林公园执行GB3095—1996一级标准，为一类区；城区及全市所有乡镇(街道)执行GB3095—1996二级标准，为二类区。是年，市环保局编制《涟源市环境保护"九五"计划及2010年规划》和《涟源市生态环境建设保护及"十一五"发展规划》。2000年，制定"十五"规划。2005年，制定"十一五"规划以及《涟源市生态环境建设保护及"十一五"发展规划》，重点工程有：蓝田城区生活污水处理工程、蓝田城区大气综合治理工程、西气东输入涟工程、富洪垃圾卫生填埋场工程、生态公益林工程、水源防护林工程、水土保持工程、生态农业工程。

五 环境综合整治定量考核

1989年，涟源市在全省城市环境综合整治定量考核中得60.8分，考核指标包括环境质量、污染控制、环境建设及环保管理4个方面20个小项。

1990年，全市进行饮用水源保护区、烟尘控制区、噪声控制区建设。其中，烟尘控制区占建成区面积的

72%，噪声控制区占建成区面积的32%。是年经娄底地区环保局验收合格。1992年，成立涟源市环境综合整治定量考核领导小组，下发《关于切实搞好我市环境综合整治定量考核工作的通知》。此后几年全市环保投入逐年增加，环保管理、环境设施建设、环境质量、污染控制等项分值逐年上升，1993年64.05分，2004年提高到76.12分，其间，县级市没有参与评比站队。2005年，城市环境综合整治定量考核由地市级扩大到县市级城市，参与计分和评比，是年，涟源市在全省16个县级市中，得分为第8名。2007年，上升到第3名。

第六节　生态环境建设

一　发展生态农业

1987—1993年，市环保局先后在三甲乡温田村、安平镇园艺场和梅塘村开展生态村和生态户试点工作，发展种植业和养殖业，开展农业病虫害生物综合防治，减少农药、化肥用量，减少农药、化肥对环境的污染。1988年，对全市农村环境质量进行调查，提出控制生态破坏，改善农村环境质量对策。1995年，桥头河蔬菜基地因土质好，施肥合理，管理科学，成为天然绿色食品生产基地，被定为湖南省十大蔬菜基地之一。

1999年，涟源市列入国家生态环境建设重点县市，通过抓农业产业化经营和农业重点工程建设，优化农业产业结构，发展“公司＋基地＋农户”的经营模式。2001年，桥头河镇、七星街镇土地开发项目获国家立项，投资1400万元建成400公顷桑蚕园。2002年，桥头河蔬菜基地被省政府指定为湖南省“放心菜”基地示范区，2004年，被农业部、省农业厅认定为万亩无公害蔬菜基地。是年，龙塘乡河西村大力推广养殖——沼气——种植的生态农业模式，建成上流式浮罩沼气池102个。2005年，铁龙科技园投资3000万元，在桥头河镇株木村和枫坪镇球树村租赁100公顷荒芜山地，依托绿化苗木种植，形成年产商品猪1万头，出栏肉牛300头，生产20万株花卉苗木的能力。2006年，龙塘乡宽家村成立养鸡专业合作社和养猪专业合作社，投资26万元建100个沼气池，开展生态养殖。2007年，市政府召开全市新农村建设动员大会，确定首批20个新农村建设示范村，因地制宜开展新农村建设。是年，龙塘乡在全市率先构建“公司＋科研院校＋合作社＋农户”的发展模式，进行土地流转，连片流转水田133公顷，组建金鹏种植专业合作社，发展现代农业。

二　发展生态经济林

1987年，全市造林3353.81公顷，是年，全市森林覆盖率27.1%。1992年，龙山林场被省林业厅批准为省级森林公园。2001—2004年，全市依托国家项目支持，优化林业结构，提高林业生态效益和经济效益，实施国家生态环境建设林业工程，退耕还林项目，长江中下游防护林建设，完成退耕还林9000公顷，封山育林47533公顷，抓好南竹、花椒、油茶、经果林项目建设，改变经果林长期以柑橘为主的传统结构。2006年12月，龙山林场被国家林业局批准为国家级森林公园。2007年，全市通过生态公益林、退耕还林、封山育林、长江防护林等林业工程建设，造林667公顷，全市森林覆盖率37.06%。

三　煤矿沉陷区综合治理

2004年，市政府进行煤矿沉陷区综合治理申报工作，项目工作量大，涉及面广，涉及9个乡镇151个村，受损9248户45047人，受损房屋面积160多万平方米。2005年，市政府制定为期3年的整治行动方案，总投资2.5亿元。2007年，投资5600万元，完成安置小区住宅建设，治理受损学校、医院、道路等配套基础设施，对斗笠山煤矿观山工区部分采空塌陷地段进行填充、加固。623户沉陷区居民搬迁至桥头河、蓝田两处居住小区。保留煤矿从2005年的205家缩减至96家，改进采矿方法，实行严格的开采与治理相结合的责任制度，防止出现新的采空塌陷。

第七节 环境监测与科研

一 环境监测

1987年，市环境监测站承担全市环境监测任务，定编6人。1992年，市环境监测站首次参加全省环境监测站优质实验室、优秀分析员考核，市环境监测站被省环境保护局评为省首届环境监测优质实验室，2人被评为优秀分析员。2002年，监测人员编制增至8人，实有监测技术人员10人，其中中级职称3人。2005年，建成3套大气自动监测系统，监测用房500多平方米。拥有分析天平、数字式声级计、分光光度计、原子吸收仪、大气采样器、飘尘采样器等各类监测仪器设备100多台(套)，能承担大气、水质、噪声、土壤、生物等多学科多门类的监测任务，具备四级站的监测能力。2007年，添置监测设备30台(辆)。

地面水监测 1987年，市环境监测站在涟水市铁厂上游200米处，升平河市自来水公司取水口上游200米处各设一个断面为对照点，在市制革厂下游200米处设省控断面(涟水两边各设一个)，共设4个地面水监测断面。监测时间分别为3月、6月、9月、12月，每月上旬进行连续3天监测，监测项目14个。1988年，增设湄水桥头河断面，孙水水洞底断面，监测时间、项目不变。1994年，市区扩大，经优化布点，省控制断面下移至工业桥下游300米处(只设1个)，监测断面共3个，监测时间、频次不变，监测项目17个。2004年，全市地面水监测频次改为逢单月上旬采样，监测点位不变，监测项目为18个。

大气环境质量监测 1987年，市环境监测站按照城区产业布局特点，在市铁厂附近居民区设工业区大气环境监测点，在市环保局老家属楼(人民中路)设居民住宅区大气环境监测点，在市自来水厂办公楼设清洁对照监测点，设3个监测点位，开展大气常规监测，监测项目为总悬浮颗粒物、二氧化硫、氮氧化物，监测时间为1、4、7、10月，每期连续监测5天，每天4次，全年监测4期20天80次。2005年，优化布点，大气监测点位调整，分别在市政府办公楼、市人民医院办公楼和行知中学办公楼布设监测点，监测项目总悬浮颗粒改为大气可吸入颗粒物，其余项目不变，监测频次、监测时间不变。2007年，建成3个环境空气自动监测系统，监测点位、项目不变，监测时间为每月监测20天。

饮用水源监测 1987年，市环境监测站采用《生活饮用水卫生标准》(GB5749—85)，对城市饮用水源进行监督监测，监测点设市自来水公司取水口上游100米处，每月监测一次，监测项目22个，对集中式饮用水蓝溪桥下双龙井每年进行一次监测，项目22个。1995年，增加市城东(西温井)自来水厂的饮用水监测，每月监测一次，监测项目22个。2007年，对全市各乡镇自来水厂的水质进行监测，监测项目22个。

道路交通噪声监测 1987年，在人民路设道路交通噪声检测点3个，每年监测一次。1991年，在交通路加设2个点，共计5个点，每年监测1次。2007年，在环北东路加设1个点，共计6个点，每年监测1次。

区域环境噪声监测 1987年，市环境监测站开展区域环境噪声监测，按250×250米网格在城区共设监测点位100个，每年监测1次。1993年，开展噪声控制区的监测，居住区监测点56个，混合区监测点44个。2007年，区域环境噪声监测点调整为128个。

污染源监测 1987年，市环境监测站对全市49家污染源企业进行监测。重点污染源每年监测2次，一般污染源每年监测1次。监测项目根据企业取有代表性的污染因子监测。废水污染因子主要有PH、生化需氧量、化学需氧量、悬浮物、石油类、氟化物、氨氮、酚、硫化物、总铬、六价铬、铅、镉等，废气污染因子主要有二氧化硫、氮氧化物、烟尘、粉尘等。是年,共报污染源监测数据903个。1993年,对重点污染源每季监测1次,对一般污染源每年监测1次。是年,报污染源监测数据2316个。2007年,对湖南顺鑫钢铁有限公司每月监测1次,在市汇源焦化有限公司、湖南五江轻化集团有限公司和湖南顺鑫钢铁有限公司安装污染源在线监控系统,随时掌握3家企业污染排放情况,全年报污染源监测数据2612个。

二 环境科研

1990年4月,为治理市造纸厂蒸球废气污染,市环保局干部梁建林、匡希荣采用气溶和热交换原理实施蒸球废气治理,使碱水温度升高,让废气中的甲硫醇和硫化氢气体溶于热碱水,起到消除恶臭的效果,废气排出的噪声由97分贝降低至50~55分贝,充分利用废气中的余热,一年可节约标煤339.3吨,增加产值45万元。1992年,市环保局干部王注林、吴志雄、吴国雄、申湘云以1989—1991年3年的环境噪声监测资料为基础进行综合分析,对噪声优化布点方法进行研究,撰写《涟源市城市环境噪声数学模型和优化布点的初步研究》,提出城市环境噪声统计分析方法,建立相应数学模式,给出均值和方差的估算方式,说明城市环境噪声监测中的任何一次数据均可用一个函数表达,进而得出噪声监测的优化布点方法。方法简便易行,不需精密大型仪器,测点少,具有一定精密度,对小型城市有较高的实用价值。获湖南省环境科学技术成果鉴定书。实践证明,对城区噪声点进行优化,可以减少2/3的时间,提高工作效率,减轻劳动强度。1993年6月,市政府召开第一次全市环境保护研讨会,有关厂矿环保技术人员及环保工作者代表就全市环境保护进行研讨,发表环境保护论文19篇。2000年,市环保局干部梁建林在市氮肥厂稀氨水治理项目中,撰写《小氮肥稀氨水回收》论文,提出采用"软水定量控制,一点加入,氨分段回收,随级提取"的方法进行合成氨生产的氨回收和稀氨水治理,能消除稀氨水过剩,实现合成氨生产水平衡,提高氨回收率,降低消耗。

第八节 环境监理

一 排污收费

1987年,市环境监理站依据国务院《征收排污费办法(暂行)》对有污染的企事业单位收缴排污费。是年,征收超标排污费60.33万元。1997—2000年,全市企业普遍经营艰难,为减轻企业负担,排污费征收额度一般都降低至应征额的50%左右。2001年,加大征收力度,在全市设立4个乡镇监理站,采取分片管理办法,强化责任,扩大收费面,征收排污费173万元。2005年开始,按污染物多因子征收排污费和超标排污费。排污单位依法申报排污种类、数量,市环境监理站对申报单位进行登记审核,确认排污量无误后计算排污单位应交纳的排污费金额,开具征收排污费专用收据,缴纳指定银行,银行再划入国库。全年征收217万元。2007年,全市征收排污费273万元。排污费主要用于企事业单位污染治理补助、环境污染综合治理补助及环保部门环境管理经费的补助。(见表23-11)

二 环保执法

1987年8月,市政府组织环保、公安、工商等职能部门关闭南风乡锑冶炼厂。1989年12月,炸毁和拆除株木、湘波、七星、仙洞4个乡镇60多座土硫黄窑。1991年10月,拆除四古乡敬老院内的小制革厂。1993年,3次对斗笠山、枫坪等乡镇的土焦窑进行摧毁,摧毁土焦窑258座。1996年,成立涟源市取缔关停严重污染环境的小型企业领导小组,各乡镇(街道)成立专门机构,开展取缔关停污染严重且无法治理的"15小"企业(小造纸、小制革、小染料厂及土法炼焦、炼硫、炼砷、炼汞、炼铅锌、炼油、选金和农药、漂染、电镀、石棉制品、放射性制品等小企业)环保专项行动。环保部门会同有关职能部门及有关乡镇人民政府,取缔斗笠山、枫坪、桥头河、七星街、石马山、安平、古塘、伏口、六亩塘等乡镇的土焦窑600多座,取缔小造纸企业12家,小冶炼企业15家,土硫黄窑12座,关闭土法选金的白马金矿。2002年,关闭湄江风景区内3家小铸钢厂、20家方解石采石场及2家轧钢厂。2003年,按照全省统一部署,开展整治违法排污企业保障群众身体健康环保专项行动。参加专项行动的有环保、监察、工商、司法、煤炭、经济、发改、公安、安监等部门。强制拆除白马湖违法兴建的45家餐饮娱乐设施。2004年,市政府发出《关于严禁建设小型炼焦项目的紧急通知》,市发改、经济、电力、工商、司法、环保等部门联手,取缔10个违法小机焦项目,关闭15个改良土焦窑,对3家未经环保部门选址、环评和审批的企业,依法关闭2家,1家补办手续。2005年,依法查处32家煤矿擅自新建、改建、扩建井口违法事件,督促其补办环保手续;对环保设施运行情况进行跟踪检查,责令一批企业整改和完善环保设施,对矿山尾矿库安全进行督查,关闭地处饮用水保护区的洗煤厂。2007年,关闭水洞底、杨市、枫坪、茅塘、伏口、石马山、斗笠山等镇的7家矾冶炼厂和安平镇的1家铟冶炼厂。根据湘江流域综合整治要求,关闭财溪、快溪2家造纸厂。对湖南顺鑫钢铁有限公司、鸿帆科技有限公司防治污染设施不正常运转下达限期改正违法行为通知书和限期整改通知书。对多次教育整改无效的肖鹏化工厂、天喜山水泥熟料生产线、汇源焦化有限公司粗苯生产线等实施行政处罚,强制关闭。

1987—2007年涟源市排污费收缴情况

表23-11

单位:万元

年 度	收缴金额	年 度	收缴金额	年 度	收缴金额
1987	60.33	1994	120.00	2001	173.00
1988	70.75	1995	151.80	2002	158.00
1989	70.68	1996	150.00	2003	130.00
1990	71.72	1997	80.00	2004	151.00
1991	69.67	1998	50.00	2005	217.00
1992	72.12	1999	70.00	2006	219.00
1993	75.00	2000	95.00	2007	273.00

第九节 环保宣传与教育

一 环保宣传

“六五”世界环境日宣传 1987年“六五”世界环境日,市环保局局长结合“环境与居住”的主题,发表电视讲话;市环保局绘制宣传牌,制作宣传橱窗展示环保图片,悬挂宣传标语;组织有关厂矿,邀请市委、市政府和有关部门领导共30多人参加娄底地区环保局组织的环境保护知识抢答赛。此后,每年世界环境日,均采用悬挂气球、横幅,张贴标语,设立咨询台等形式,进行环保宣传。1990年世界环境日,出动宣传车,在全市各乡镇巡回宣传《中华人民共和国环境保护法》，在城区开展环保咨询服务，印发环保法小册子5000份。分管环保的副市长作电视讲话。1995—1997年世界环境日，进行《湖南省环境保护条例》的宣传和咨询活动以及环保法律法规挂图展览，拍摄《环境在呼唤》专题片。2002年6月5日上午，组织"保护环境，爱我家园"千人游行活动，下午，和涟源市一中、省一六九化工厂、白云水泥有限公司、涟源钢铁集团田湖矿业有限公司、三一（集团）材料工业有限公司、市电视台等单位组织环保知识抢答赛。2007年世界环境日，开展污染减排和创建环境友好型社会宣传活动，拍摄反映涟源市环保工作专题片《30春秋写新篇》，在光明山广场的电视屏上公布每月全市环境质量状况。

涟源环保世纪行活动宣传　1998年，市人大常委会组织开展涟源环保世纪行活动，对涟水污染治理进行3次全面调查监测，3次向省、地环保部门专题汇报，配合娄底地区环保局，12次督促湖南省利民煤矿进行废水治理，通过监督，省利民煤矿废水治理设备基本正常运转。2000年，涟源环保世纪行活动，对全市所有超标排污企业进行采访督查。向各超标排污企业宣传环保不仅关系到经济社会可持续发展，而且关系到企业的生死存亡，不是企业消灭污染，就是污染消灭企业的关系。拍摄《涟源环境忧思录》专题报道片，污染企业对治理污染有了紧迫感，加快全市"一控双达标"的治理进度。2001年，涟源环保世纪行活动，对湄江风景区内的多家轧钢厂、方解石厂进行调查采访和报道，拍摄《湄江风景区内的污染和破坏触目惊心》的宣传片。2005年，涟源环保世纪行活动围绕让"人民群众喝上干净水"为主题，以"抓好水资源，作好水文章"为重点进行宣传报道，加强饮用水源保护区的环境保护，3月和5月，由市人大常委会和市政府两次组织环保、建设、城管、水务等职能部门对白马湖、孙水、涟水沿岸重点排污企业和畜禽养殖场排污情况进行视察和调研，商议治理对策。畜禽养殖场粪便污水治理力度加大，当年新建沼气池200多个。2006年，对市惠福化肥有限公司的"关停"工作加大宣传督促力度，使其在当年6月底实现整厂关闭。2007年，宣传落实国务院《关于落实科学发展观，加强环境保护的决定》，结合湘江流域综合整治，重点加强饮用水源的保护力度，建设全国首个管道直饮水城市，关闭财溪、快溪2家造纸厂。

1987—2007年，累计发放环保法律法规宣传资料、宣传挂图12万余份，订阅《中国环境报》《环境保护报》2万余份，拍摄全市环境保护宣传纪录片10部。

二　环保教育

1987年，市环保局和市教育局部署全市中小学环境保护教育活动，开展环保征文竞赛活动。全市推荐125篇征文参与娄底地区竞赛，获得一等奖1篇、二等奖3篇、三等奖7篇。1988年5月，参加娄底环保知识演讲，涟源市代表队获二等奖。1994年5月，开办全市环境监察员环保业务培训班，56个区、乡镇（街道）及市人大和市环保局的干部共126人参加为期3天的培训。1995年，全市8家厂（矿）负责人参加湖南省环保局在南岳区主办的为期一个月的厂（矿）负责人环境保护培训班。2000年，全市开展中小学环保征文活动，1200多名中小学生参与竞赛，评出一等奖30名、二等奖60名、三等奖100名。2001年，市环保局、市教育局按照娄底市环保局、娄底市教育局《关于开展创建绿色学校和绿色社区的通知》，在全市开展创建绿色学校活动。经考核评比，当年涟源市第一中学被评为娄底市绿色学校。2004年，立珊中学和蓝田中学，2005年，伏口中学相继被评为娄底市绿色学校。2007年，蓝田中学初934班学生欧阳东在全省环保征文比赛中获二等奖。1987—2007年，市环保局每年有2～3名在职人员参加省环境护保局、长沙环保学校、娄底市环保局各种业务知识培训。

第二十四篇　财政　税务

第一章　财　政

1987年，涟源市地方财政收入4326万元，支出3623万元。至1993年，年均财政收入6209万元，年均支出5236万元。1994年实行分税制，预算外资金预算内调节使用。1999年，实行煤炭税费统征。是年，上级补助收入大于上解支出。2000年，全市实行财政统发工资制度和政府采购制度。1994—2001年，地方财政收入由工商税收、农业税收、预算外收入构成，年均10947万元，比1987—1993年年均数增长76.13%；支出以保工资、保机构运转、保重点工程为主，年均15043万元，比1987—1993年年均数增长187.30%。2002年，所得税改革，全面推行农村税费改革，中央转移支付力度加大。2004年收费制度改革，非税收入成为国库收入的一部分。2005年，实行国库集中支付核算制度。2007年，乡镇财政实行乡财市管乡用。2002—2007年，中央

1987—2007年涟源市上级补助收入、上解支出情况

表24-1　　单位：万元

年度	中央补助收入	各项上解支出合计	上解支出分项			年度	中央补助收入	各项上解支出合计	上解支出分项		
			上解支出	上划两税	上划所得税				上解支出	上划两税	上划所得税
1987	895	1525	1525	—	—	1998	5799	7065	3162	3903	—
1988	968	1947	1947	—	—	1999	7409	7280	3089	4191	—
1989	995	2004	2004	—	—	2000	8747	8583	4356	4227	—
1990	1237	2348	2348	—	—	2001	12763	8120	3656	4464	—
1991	1253	2415	2415	—	—	2002	23556	10601	4090	4675	1836
1992	1273	2392	2392	—	—	2003	24824	13008	4218	6637	2153
1993	1440	2474	2474	—	—	2004	32059	19112	4544	12156	2412
1994	5181	7074	2262	4812	—	2005	39999	21738	5882	13500	2356
1995	5900	7620	2814	4806	—	2006	56658	23145	4973	16222	1950
1996	5755	7199	3038	4161	—	2007	83931	25869	4922	18920	2027
1997	5770	7309	3148	4161	—	合计	326412	188828	69259	106835	12734

说明：上划两税，指的是1994年开始按分税制财政体制规定，原属地方财政收入的增值税的75%和消费税100%由地方财政收入上划为中央级财政收入

补助收入(包括转移支付)年均43505万元,财政总收入年均64807万元,地方财政收入中工商税收、非税收入各占一半,年均21302万元,比1994—2001年年均数增长94.59%。财政总支出年均58363万元,比1994—2001年年均数增长2.88倍,教育、农业、社会保障等民生支出得到保证。

1987—2007年涟源市地方财政收入、支出情况

表24-2 单位:万元

项目/年度	收 入	支 出	滚存结余	净结余	项目/年度	收 入	支 出	滚存结余	净结余
1987	4326	3623	399	42	1998	11682	14032	907	247
1988	4721	3888	256	–3	1999	12464	16330	1361	4
1989	5895	4976	168	–38	2000	13286	16392	2649	5
1990	5812	5097	–213	–345	2001	14099	22580	3626	229
1991	6748	5621	–247	–599	2002	14256	32794	4554	28
1992	6520	5198	–216	–540	2003	15519	33895	7101	338
1993	9444	8245	–51	–400	2004	18567	45747	7436	778
1994	7040	11513	–80	–397	2005	22568	54840	9281	117
1995	8550	12691	420	53	2006	26637	68640	18963	377
1996	10003	13907	428	58	2007	30176	114265	13883	1032
1997	10455	12899	620	163	合 计	258768	507173		

说明:地方财政收入未含上级补助收入,支出未含上解支出(包括上划两税、所得税)

第一节 机 构

1987年,涟源市财政局内设办公室、人事教育股、预算股、行政事业财务股、企业财务股、农业财务股、财政监察股、控制社会集团购买力办公室(简称控购办)、公费医疗办公室、乡镇财务管理站、"税收、财务、物价"三大检查办公室、农业税征收管理股、国库券推销办公室、综合计划股、会计事务管理股、湖南省中华会计函授学校涟源站,职工48人。下辖各区(街道)、乡镇财政所。1991年,增设国有资产管理办公室。1994年,成立涟源会计师事务所。1995年,撤区并乡后,设乡镇(街道)财政所20个。1996年,企业财务股分设为工业交通股、商业股、对外经济贸易股,行政事业财务股改为文教行政股,农业财务股改为农业股,乡镇财务管理站并入农业税征收管理股,新增基建投资股、财税政策法制股、社会保障股(与公费医疗办公室合署办公)。1997年,国有资产管理办公室升格为市国有资产管理局,综合计划股升格为市收费管理局(国库券推销办公室并入)。1999年,撤销涟源会计师事务所和公费医疗办公室。2000年,新增政府采购中心(与控购办合署办公)、财政统发工资中心。2003年,新增国库股、财源建设管理办公室,文教行政股分设为行政政法股、教科文股，商业股和工业交通股合并为企业股，基建投资股改为经济建设股，国有资产管理局分设为产权股、统计评价股、产权交易中心，收费管理局改为非税收入管理局，农业税征收管理股升格为农业税征收管理局，财政监察股升格为财政监督检查局，撤销"税收、财务、物价"三大检查办公室。2004年，撤销统计评价股，产权交易中心升格为副科级事业单位加挂娄底市鑫泰拍卖行牌子。2005年，新增国库集中支付核算局。2006年，农业税征收管理局更名为乡镇财政管理局，新增信息管理中心。市农业综合开发办公室归口涟源市财政局协调管理。2007年内设机构24个：办公室、人教股、预算股、国库股、行政政法股、教科文股、农业股、企业股、社会保障股、经济建设股、外经股、会计管理股（加挂函授站）、产权股、税改办、财税政策法制股、信息中心、非税收入管理局、乡镇收入管理局、财政监督检查局、国库集中支付核算局、政府采购办公室（加挂控购办）、统发工资办公室、财源建设管理办公室、产权交易中心，职工139人。下辖20个乡镇（街道）财政所。

第二节　财政收入

一　工商税收

1987年，全市工商税收收入3556万元，占财政收入82%。1992年，工商税收收入5058万元，占财政收入77%，比1987年增加1502万元，增长42.2%。1993年，工商税收收入7487万元，占全市财政收入79%，比上年增加2429万元，增长48%。

1994年，实行分税制财政管理体制，税收征收机构分为国家税务局和地方税务局。市国税局征收增值税、消费税、中央企业所得税等。市地税局征收地方税种。增值税成为中央75%和地方25%的共享税。是年，入库增值税1605万元、营业税688万元、城市维护建设税490万元、车船使用税27万元、房产税85万元、屠宰税198万元、固定资产投资方向调节税271万元、城镇土地使用税78万元、资源税183万元、印花税12万元、工商税收税款滞纳金及罚款7万元，共计3705万元，占全年财政收入53%，比1992年减少1353万元，减幅27%（实行分税制后，上解的增值税和消费税不包括在地方工商税收内）。为了完成"两税"（增值税、消费税）上解任务4825万元，是年11—12月，市委、市政府组织16个促收组，由市级领导带队，深入乡镇、企业、个体工商户，驻扎基层单位，财税干部全部下企业、下农村清缴税收，仅12月收回国税、地税3098万元。1999年，成立市煤炭税费统征办公室，煤炭税费漏收现象得到控制。2001年，固定资产投资方向调节税停征。是年入库工商税收5251万元，占财政收入37%，比1994年增加1546万元，增长42%。1994—2001年，入库工商税收37676万元。

2002年，所得税制改革。屠宰税取消。市属骨干企业租赁、拍卖、改制。工商税收入库4780万元，占财政收入33%。2006年，首次突破1亿元大关。2007年，达到15065万元，占是年财政收入50%，比2002年增加10285万元，增长2.15倍，比2006年增加4780万元，增长46%。

二　农业税收

1987年，全市农业各税收入334万元（其中，农业税305万元，耕地占用税28万元，契税1万元），占地方财政收入7.7%。1994年，实行分税制，为增加地方收入，农业各税的征管力度加大，除契税外，农业税、农业特产税、耕地占用税比往年大幅提高，是年农业各税达1184万元（其中，农业税776万元、耕地占用税178万元、农业特产税178万元、契税6万元），占地方财政收入17%。2002年，实行农村税费改革和所得税改革，农业税收入2005万元，占地方财政收入14%。2004年，取消农业特产税。2005年，取消农业税，只征收契税和耕地占用税,农业各税占财政收入比重下降。2007 年,入库契税 891 万元、耕地占用税 616 万元,两项合计占地方财政收入 5%。

农业税 1987 年,农业税入库 305 万元。1993 年,放开粮食定购,按市场价(1993 年湖南省统一价每 50 千克稻谷 22.1 元)结算,首次建立农业税风险基金。2002 年开始农村税费改革。2004 年 1 月 1 日起,农业税正税在 2003 年实际执行税率的基础上从 6.8%下降到 3.8%, 农业税计税价格 51 元/50 千克。附加也相应降低征收率。是年农业税入库 935 万元。1987—2004 年,入库 16339 万元。2005 年,取消农业税。

农业特产税 1987 年,停征一年。1988 年,恢复征收,税率为应税额 6%,主要征收生产环节的应税农业特产品,入库 37 万元。以后每年都有增长。受征收环境制约,收购环节的应税农特产品没有按实征收,不少乡镇仅按市下达的基数完成任务。2003 年,入库 198 万元。1988—2003 年,入库 3647 万元。2004 年,取消征收。

耕地占用税 1987 年开征,税额每平方米 6 元以下,入库 28 万元。1998 年,湖南省修正《耕地占用税实施办法》,税额上调到每平方米 6~10 元,入库 329 万元。2007 年,税额上调到每平方米 10~50 元,入库 891 万元,比 1998 年增加 562 万元,增长 1.6 倍。

契税 1987 年,仅在蓝田城区开征契税,税率 3%~5%,入库 0.8 万元,1995 年,达到 21 万元。1996—2002 年,在 20 万~70 万元之间。2003 年,随着城市建设的发展,契税收入快速增长。2004 年达到 240 万元,比 1995 年增加 219 万元,增长 10.43 倍。2007 年达到 619 万元,比 2004 年增加 379 万元,增长 1.58 倍。

三 企业收入及专项收入

国营企业所得税 1987 年,市政府对地方预算内国营企业(16 户工业企业、7 户商业企业)实行承包制,所得税由财政部门核定承包基数并直接征管,集体、个体企业的所得税由税务部门征管。是年入库 408 万元,另有国有企业调节税 16 万元。1991 年入库 130 万元。1992 年,除个别预算内国营企业仍实行承包制外,其他企业由税务部门按实征收,是年入库 163 万元,比 1991 年增长 25%。2001 年,入库 228 万元,比 1992 年增长 40%。2002 年,中央实行所得税制改革,国有企业所得税由税务部门按实征收,是年入库 87 万元,比 2001 年减少 141 万元,减幅 62%。2003 年 85 万元。2007 年 145 万元,比 2002 年增加 58 万元,增幅 67%。

国有企业上缴利润 实行承包制的国营企业向财政上缴利润。1987 年,欠缴 7 万元。1997 年,包括出售国有企业资产收入,共计 403 万元。1988—1997 年,上缴 650 万元。1998 年不再实行。

国有资产收益 1998 年入库 454 万元,以后各年都有增长,2007 年入库 1350 万元。

国有企业计划亏损补贴 1987 年,对市属国营煤炭企业实行亏损补贴,是年 77 万元,以后逐年减少,1997 年取消。

排污费 1987 年,入库 56 万元,由财政部门与环保部门共同征管,由环保部门向企业收取,财政预算做环保支出。1999 年实行煤炭税费统征后,煤炭企业排污费直接在煤炭税费里统征,其他企业排污费继续由环保部门收取,是年入库 191 万元,比 1987 年增加 135 万元。2007 年,入库 102 万元,比 1999 年减少 33 万元。

教育费附加 向缴纳产品税、增值税、营业税的单位和个人征收教育费附加,1992 年才有数据反映,入库 74 万元。1994 年分税制后改为随增值税、消费税、营业税征收,是年入库 70 万元。2007 年入库 914 万元。

四 非税收入

1987 年,预算外收入入库 36 万元,主要是乡镇和市直机关的罚没收入和罚没物资变价收入。1993 年,开始有规费收入,预算外收入入库 787 万元,比 1987 年增加 751 万元,占地方财政收入 8%。1994 年,开始将预算外资金和预算内资金统一安排，行政性收费由财政统一征收统筹安排，国有土地使用权有偿使用出让收入列入预算外收入，预算外收入入库1072万元，占地方财政收入15%，比上年增加285万元，增长36%。1995年，开征防洪保安基金，专款专用，为境内防洪保安工程建设、中小型病险水库的处理以及重点水利工程项目提供资金保证，是年，纳入预算管理的预算外收入达1512万元，占地方财政收入18%。1996年2585万元，占是年财政收入26%。1997年，开征政府消费调节基金，为企业解困和教育事业发展筹措资金。1999年实行煤炭税费统征后，煤炭税费收入大幅增长，是年，预算外收入2774万元(其中煤炭税费统筹300万元)。2000年，预算外收入达到2835万元(其中场地使用费收入78万元、行政性收费1219万元、罚没收入570万元、国有资产收益570万元)，占地方财政收入21%。2001年，行政性收费突破2000万元，全年非税收入3758万元。2003年前的预算外收入由行政性收费、事业性收费、罚没收入、其他收入等组成，与执收单位利益有直接关系，财政统一征收统筹安排，有些年份为完成预算收入任务，存在入库后返还现象。2004年，预算外收入改称非税收入，成为整个财政收入一部分。2007年，非税收入达到9303万元，占地方财政收入31%。

五 其他收入

1987年，其他收入4万元。1989年，开征国家预算调节基金(由税务部门征收)。1995年，由杂项收入和预算调节基金构成的其他收入合计入库399万元，比1987年增加395万元。1996年，取消国家预算调节基金，其他收入239万元。1998年，其他收入除控购调节基金、国有资产占用费、财务检查收入、乡镇上缴各项收入外、为完成上级收入任务虚列收入项目，征收数额达2779万元(其中虚列收入2385万元)。2003年，开始按实征收，是年，入库3023万元(农税其他收入558万元、非税其他收入734万元、财务检查126万元、煤炭税费统征政府统筹收入351万元、土地有偿使用收入915万元、乡镇土地开发收入322万元)。2006年，增加土地出让金收入项目。2007年，入库1749万元。

六 上级补助收入

1987年，上级补助收入895万元，其中追加补助款44万元，支出专项拨款803万元，国家能源交通重点建设基金分成收入17万元，国家批准政策性价格补贴改列支出9万元，其他22万元。1990年，上级补助收入1237万元。1991年，增加新项目“下放支出”，省湘峰机械厂搬迁后定额征税补助30万元。1994年，上级补助收入的补助项目比较固定，有税收返还、体制补助、专项补助、能源交通重点建设基金总额分成，是年，上级补助收入5181万元。其中，税收返还收入4159万元，体制补助(定额补助)收入142万元，追加收入补助31万元，支出专项拨款846万元，能源交通重点建设基金总额分成3万元。1995年，取消能源交通重点建设基金总额分成，新增“调整收入任务增加收入(农业税灾减)”。1997年，定额补助(原体制补助)收入从142万元调整为固定的150万元，粮食财务体制下放后新增“下放基金”，第一次出现“转移支付”。1999年，实行工资改革，新增“增加工资中央补助”。2001年，增加“过渡期转移支付补助”，上级补助收入达到12673万元。2002年，实行所得税改革，中央因所得税改革增加的收入，全部用于对地方主要是中西部地区的一般性转移支付，上级补助收入新增“农村税费改革补助”，是年，上级补助收入23556万元，其中税收返还补助4200万元、所得税基数返还1264万元、原体制补助150万元、中央专项补助6598万元、一般性转移支付补助1017万元、农村税费改革补助3725万元(其中中小学教师工资转移支付补助832万元)、新增工资中央补助6050万元、调整任务增加补助103万元(农业税灾减)、其他补助449万元。2004年，增加“取消农业特产税和降低农业税税率转移支付补助”。2005年，新增“缓解县乡困难转移支付补助”。2006年，新增“增发国债补助”1440万元，“企事业单位预算划转补助”399万元。2007年，不再称上级补助收入，而是按返还性收入、财力性转移支付收入、专项转移支付收入分类，是年，返还性收入6686万元（其中增值税、消费税返还5334万元，所得税基数返还1352万元），财力性转移支付收入44359万元（其中体制补助收入150万元、一般性转移支付补助收入17115万元、调整工资转移支付补助收入13410万元、农村义务教育补助收入1931万元、农村税费改革补助收入6394万元、缓解县乡困难转移支付补助收入3199万元、结算补助收入583万元、企事业单位预算划转补助收入1507万元、其他财力转移支付补助收入70万元），专项转移支付收入32886万元（其中专项补助收入26658万元、增发国债补助收入6228万元），共计83931万元，比地方财政收入多53755万元。

1987—2007年涟源市财政分项收入

表24-3 单位：万元

年度	合计	工商各税	农业各税	企业收入及专项收入	非税收入	其他收入	地方收入小计	中央补助收入
1987	5221	3556	334	396	36	4	4326	895
1988	5689	3961	355	368	30	7	4721	968
1989	6890	4782	518	395	113	87	5895	995
1990	7049	4723	463	217	266	143	5812	1237
1991	8002	4657	543	380	317	852	6749	1253
1992	7793	5058	585	353	425	99	6520	1273
1993	10884	7487	611	455	787	104	9444	1440
1994	12221	3705	1184	742	1072	337	7040	5181
1995	14450	4553	1184	902	1512	399	8550	5900
1996	15758	5049	1446	684	2585	239	10003	5755
1997	16225	5118	1605	595	2862	275	10455	5770
1998	17481	4680	1311	823	2089	2779	11682	5799
1999	19873	4510	1458	1157	2774	2565	12464	7409
2000	22033	4810	1340	1011	2835	3290	13286	8747
2001	26862	5251	1244	1271	3758	2575	14099	12763
2002	37812	4780	2005	465	4646	2360	14256	23556
2003	40343	5211	3457	1557	2271	3023	15519	24824
2004	50626	7717	1355	2878	3074	3543	18567	32059
2005	62567	9841	518	3217	5393	3599	22568	39999
2006	83295	12719	927	2949	7527	2515	26637	56658
2007	114107	15065	1507	2552	9303	1749	30176	83931
合计	585181	127233	23950	23367	53675	30544	258769	326412

第三节 财政支出

一 上解支出

1987—1993 年,上解支出包括体制上解和专项上解,体制上解的内容是根据上级财政体制(递增包干、定额上解)决定,年份不同金额有所不同,专项上解根据各年的税种、征收的基金和借款按一定比例上解。这段时间的上解支出大于上级补助收入,涟源为净上解县市。1994 年,实行分税制,除体制上解、专项上解外增加上划"两税"(增值税的 75%+消费税),体制上解沿袭 1993 年前的计算方法,1996 年开始,按新的财政体制计算每年固定为 1918 万元,专项上解的内容随着税种的变化和一些专项基金的变化各年有所不同,上划"两税"由国库缴入。1999 年,上级补助收入大于上解支出(含上划"两税"),贡献财政转为补贴财政。2002 年,所得税改革,增加上划所得税项目。1994—2007 年,上解支出 173435 万元。

二 一般预算支出

(一)经济建设支出及政府价格补贴支出

基本建设支出 1987 年,基本建设支出 60 万元。1988—1990 年,基本建设支出在 30 万~50 万元之间。1991—1994 年,没有基本建设支出。1995 年,支出 100 万元用于市政府机关办公大楼基本建设。1996 年,支出 200 万元用于行政部门基本建设。1997 年支出 283 万元,用于其他部门基本建设。1998—2007 年,每年支出都在 200 万元以下。

企业挖潜改造 1987—1990 年,分别投入 12 万元、16 万元、18 万元、2 万元,扶持发展冶金、煤炭、轻工、建材、医药、商业等行业企业。1991 年,支出 167 万元,用于化工企业技术改造。1993 年,税收超收,用超收部分增大投入,对完成税收好的冶金、机械企业给予重点支持,对建材、煤炭、化工、轻工、医药企业给予适当投入,总额 1068 万元,对其他行业投入 85 万元。1994 年开始,对商业行业、交通行业、文教企业、国有房地产企业、有色金属企业、城市建设(公用)企业、粮食企业等均有投入。是年至 1997 年,投入 2249 万元,年均 562 万元。1998 年,随着地方国有企业改制,资金投入加大,达到 1208 万元。1999—2006 年增长较快,投入 10088 万元,年均 1261 万元。2007 年,政府收支科目改革,不再设此科目。

简易建筑费 1987 年,支出 42 万元,用于商业企业简易建筑。1988—1998 年(其中 1990 年和 1991 年没有预算安排),财政拨款 471 万元,主要用于商业、粮食、交通等行业的简易建筑。1999 年,不再单独反映,改在"其他支出"内列支。

科技三项费用 包括支持科技事业发展而设立的新产品试制费、中间试验费和重大科研项目补助费。1987 年,安排 3.8 万元。1997 年、2003 年、2004 年安排在科协支出,分别为 16 万元、20 万元、22 万元。2006 年,安排 75 万元。2007 年,安排在科学技术支出内。

价格补贴(政策性补贴) 1987 年,预算安排 262 万元。其中,粮油价差 26 万元、市镇居民的肉食价格补贴 144 万元、平抑蔬菜市价价差补贴 5 万元、民用煤销售价差补贴 68 万元、农业生产资料价差补贴 19 万元。1988 年,粮油价差改为地方粮油价外补贴和国家粮油价外补贴,新增平抑肉食市价价差补贴。1989 年,增加棉花价差补贴。1990 年,取消农业生产价差补贴和棉花价差补贴。1991 年,取消平抑市价肉食价差补贴。1992—1993 年,只有平抑蔬菜市价差补贴、民用煤销售价差补贴。1994 年,冲回市镇居民的肉食价差补贴 13 万元,在上年基础上增加农业生产资料价差补贴和地方粮油价外补贴。1995 年变更为副食品风险基金、平抑蔬菜市价价差补贴、地方粮油价外补贴。1996年,在上年的基础上增加粮食风险基金。1988—1996年发放价格补贴1813万元,年均201万元。1997年,价格补贴改称政策性补贴,是年为376万元,比上年增加105万元,主要是粮食流通体制改革增加补贴项目。1998年,减少补贴项目和金额,只有地方粮油价外补贴一项。1999—2005年,政策性补贴项目固定,一般为地方粮油价外补贴、副食品风险基金、平抑蔬菜市价价差补贴、平抑肉食市场价差补贴等项目,补贴资金1308万元,年均186万元。2006年328万元。其中,地方粮油价外补贴307万元,平抑肉食市价、蔬菜市价价差补贴13万元,农业生产资料价差补贴3万元,其他政策性补贴5万元。2007年科目变动,合并在其他项目反映。

城市维护费 1987年,支出190万元。1988—2006年,安排7979万元,为城镇建设、城市管理支出。2007年,调整为城乡社区事务支出,包括城市公共设施及维护(道路、桥梁、排水、污水处理、环境卫生、园林绿化)、城市公用事业建设及维护(自来水、公共交通、煤气)、城市住宅建设及维护费、环境保护补助、城市水资源建设资金,是年安排2481万元。

环境保护费 1987年,环境保护费支出47万元。2006年,改称排污费支出。2007年,环境保护成为一级支出科目,决算数541万元。1987—2007年,支出4162万元。

(二)教科文支出

教育事业费支出 1987年,教育事业费支出由人员经费、公务费、设备购置费及其他费用组成,包括职业教育经费、中学经费、小学经费、幼儿教育经费、普通业余教育经费、教师进修及干部培训经费(党校经费包括在内)、民办教师补助费、其他教育事业费。是年,支出1108万元。1998年后,取消民办教师补助。1999年,乡镇教育收支归市财政管理。2000年,工资实行财政统发,教师基本工资和教育正常公用经费得到优先保证。2002年,中央转移支付资金解决中小学教师的增加工资和对学生实行"两免一补"(对义务教育阶段家庭经济困难学生免费供给教科书、免杂费和补助寄宿生生活费),取消所有教育收费项目。2006年,教师津补贴全额纳入财政预算。2007年,教育支出改为教育管理事务、普通教育、职业教育、成人教育、教师进修及干部继续教育(包括党校)、教育附加及基金支出等,支出15509万元。1987—2007年,支出119420万元,占财政总支出的23.5%,年均递增14.10%。

科学技术、档案、地震支出 科学技术支出主要安排科技部门(科技局、科协)的人员经费和公用经费。1987年4万元,2007年143万元。

地震支出 主要安排地震部门人员经费、公用经费、地震宣传经费。2004年成立机构,预算安排2万元支出。2007年支出12万元,用于行政运行事务。

档案支出 主要安排人员与公用经费。1987年6万元。2007年改为一般公共事务,支出90万元。

文化支出 1987年,文化支出52万元,包括文化事业费、出版事业费、文物事业费。2007年,出版事业费不再纳入,由文化事业经费、文物事业费、艺术表演团体经费、艺术表演场所经费、图书馆经费、文化馆经费及其他文化事业费构成,其中艺术表演团体经费、艺术表演场所经费、图书馆经费、文化馆经费为差额拨款。核算单位有文化局、文物管理所、图书馆、文化馆、湘剧院。2007年支出611万元。其中,文化局375万元、文物管理所20万元、图书馆61万元、湘剧院66万元、文化馆89万元。1987—2007年,年均递增13.11%。

体育支出 体育事业费包括体育竞赛费、体育训练费、体育场地补助费、其他体育事业费等。主要解决体育部门人员经费、公用经费,对在省级以上体育竞赛中的获奖者给予奖励。1987年9万元,2007年达到79万元,年均递增11.47%。

广播电视(传媒)支出 广播电视经费包括广播电台经费、电视台经费、广播站经费、其他广播电视事业费,主要用于人员和公用经费。1987年,支出14万元。其中,电视台经费不到1万元,广播电台经费5万元。

1995 年，电视台经费开始超过广播电台经费。1999 年，统称广播电视经费。2007 年，改为文化、体育与传媒经费，支出 483 万元。1987—2007 年，年递增 19.37%。

计划生育支出 1987 年，计划生育支出 51 万元。其中，手术减免经费 17 万元、避孕药具经费 1 万元、基层计划生育专职干部经费 8 万元、独生子女保健费 3 万元、其他计划生育事业费 22 万元。1990 年，增加计划生育服务站经费。1992—1995 年，独生子女保健费没有安排。1996 年，重新安排独生子女保健费，支出 3 万元。至 2003 年，计划生育支出主要是手术减免经费、基层计划生育专干和其他计划生育事业费。2004 年开始，社会抚养费市收市管市用，计划生育各项费用大幅提高，新增独生子女父母奖励费，是年计划生育支出上升至 605 万元。2005 年，实行国库集中支付核算，计划生育财务核算单位变为计划生育局、社会抚养费征收局、计划生育服务站，支出达 1209 万元。其中，独生子女父母奖励费 52 万元。2006 年，达到 3256 万元。2007 年，人口与计划生育预算科目变成一般公共事务，不再放入文体和广播事业费，支出 3080 万元。其中，行政运行（即单位人员经费和公用经费）2875 万元、一般行政运行 21 万元、独生子女父母奖励 110 万元、计划生育免费技术服务（手术减免经费）4 万元、其他人口与计划生育事务 70 万元。

（三）社会保障支出

医疗卫生支出 1987 年，卫生医疗支出 252 万元，包括卫生事业费（含医院经费、乡镇卫生院补助费、防治防疫事业费、药品检验事业费、妇幼保健经费和其他经费）、中医事业费、公费医疗经费。1988 年，增加合作医疗经费 3 万元。1999 年后，药品监督管理上划，地方财政不再安排事业费，改在上解支出里上解应负担的费用。2000 年，公费医疗改革，公费医疗经费变更为行政事业单位医疗经费。2001 年，支出 754 万元。2002 年，中央转移支付力度加大，农村医疗救助资金增多，是年，医疗卫生支出 1033 万元。2003 年，新型农村合作医疗启动，由中央、地方、个人三方筹资，增加农民医疗资金 355 万元，整个医疗支出项目改变为卫生（医院、乡镇卫生院、防治防疫、妇幼保健、农民医疗）、中医、行政事业单位医疗经费。是年，医疗卫生支出 1704 万元。2007 年 6260 万元。其中，医疗卫生行政运行 309 万元、医疗服务 6 万元、医疗保障 5109 万元（行政事业单位医疗 1130 万元、优抚对象医疗补助 133 万元、城市医疗救助 20 万元、新型农村合作医疗 3596 万元、农村医疗救助 230 万元）、疾病预防控制 289 万元、卫生监督 138 万元、妇幼保健 66 万元、农村卫生 339 万元、其他医疗卫生支出 4 万元。1987—2007 年，年递增 17.4%。

抚恤和社会福利救济支出 1987 年，抚恤和社会福利救济支出 190.5 万元。其中，抚恤事业费 67 万元（牺牲病故抚恤费 0.5 万元、残疾抚恤费 12.5 万元、烈军属复员退伍军人生活补助费 38 万元、退伍军人安置费 7 万元、优抚事业单位经费 9 万元）、离休费 4.2 万元（包括军队干部离休费 0.7 万元、地方干部离休费 0.5 万元、事业单位经费 3 万元）、退休退职费 19 万元、社会救济福利事业费 51 万元（包括农村社会救济费 12 万元、城镇社会救济费 3 万元、精减退职老弱残职工救济费 26 万元、社会残疾病人福利事业费 3 万元、收容遣送费 7 万元）、自然灾害救济事业费 49 万元、其他民政事业费 0.3 万元。1996 年，离休费和退休退职费只包括军队移交地方安置的离退休人员费。1998 年，残疾人管理机构成立，增加残疾人事业费。1999 年 7 月 1 日，开始对驻涟中央、省、娄底市属企业及蓝田街道、石马山镇、六亩塘镇的城市居民实施最低生活保障。2000 年，抚恤和社会福利救济支出 517 万元。2006 年，城市居民最低生活保障、农村社会救济全面实行，城市和农村低收入人群的最低生活得到保障。是年，抚恤和社会福利救济支出 3948 万元。2007 年，抚恤和社会福利救济支出达到 6259 万元。其中，抚恤事业费 1923 万元（死亡抚恤 8 万元、伤残抚恤 800 万元、在乡复员退伍军人生活补助 320 万元、优抚事业费 35 万元、义务兵优待 32 万元、其他优抚支出 728 万元）、退役安置费 243 万元（退伍军人安置 189 万元、军队移交政府离退休人员安置 22 万元、军队移交政府离退休干部管理机构 32 万元）、社会福利费 13 万元（儿童福利 8 万元、老年人福利 5 万元）、残疾人事业费 45 万元（行政运行 15 万元、机关服务1万元、残疾人就业和扶贫23万元)、城市居民最低生活保障费1895万元、其他城镇社会救济(流浪乞讨人员救济)57万元、自然灾害生活救济636万元(中央自然灾害救济支出471万元、自然灾害灾后重建补助155万元、其他自然灾害生活救助支出10万元)、农村社会救济1317万元(五保供养562万元、其他农村社会救济支出755万元)、其他社会保障和就业支出130万元。1987—2007年,年递增19.1%。

社会保障与就业支出 1987年,社会保障和就业支出8万元,只限于城镇就业。1989年16万元,1994—1997年没有安排。1998年,社会保障补助支出111万元,其中城镇就业补助1万元、下岗职工基本生活补助110万元。1999年,社会保障补助支出658万元。其中,社会保险基金补助579万元、国有企业下岗职工基本生活保障和再就业补助79万元。2004年,首次安排医疗保险基金209万元。2005年,社会保障补助支出里增加国有企业关闭破产补助35万元。2006年,社会保障补助支出3648万元,用于社会保险基金补助2375万元、就业补助901万元、企业破产补助376万元。2007年,社会保障和就业支出包括整个民政系统管理的经费和劳动保障系统管理的经费,达到18820万元。

(四)行政政法支出

行政管理费支出 1987年,行政管理费405万元,包括行政政法单位的离退休人员经费。1988年,行政管理费由行政支出(人大机关经费、政府机关经费)、党派团体补助支出(党派补助、政协机关经费、人民团体补助费)构成,是年支出492万元,比上年增加110万元,增长29%。以后各年均有增加,1996年,达到2369万元,比1988年增加1877万元,增长382%。1997年,市机关大院经费管理分家,口径发生变化,行政管理费只包括人大机关经费、政府机关经费、政协机关经费、市委机关经费、社会团体经费,支出1770万元。1998年,行政管理费支出1440万元。其中,人大机关144万元、政府机关807万元、市委机关326万元、社会团体29万元。2006年,达到9679万元。2007年,行政管理费支出改称一般公共支出,由人大、政协、政府办、发展与改革、统计信息、财政、税收、审计、人事、纪检监察、人口与计划生育、国土、地震、气象、宗教、档案、共产党、民主党派及工商联、群众团体等单位、部门经费和其他一般公共事务经费构成。是年,一般公共支出20467万元,占财政支出的20%。

政法支出 1987年,政法支出130万元,由政法机关(公检法司)人员经费和业务费两部分构成。1988—1990年,政法支出分公安支出和检法司支出两部分。1991年分公安、检察、法院、司法四项支出。2004年,增加武警(消防)部队支出。2007年,改为公共安全支出,武警(消防)支出成为一个新项目单独反映。1987—2007年,政法支出31980万元,占同期财政总支出6%。

其他部门支出 1987年,其他部门支出173万元。1988年,增加农业税征收费、乡镇财政干部经费、村镇建设规划事业费。1998年,增加国有资产管理经费。1999年,增加监察费。2000年,工商行政管理机构编制上收,经费通过上解支出列支。2001年,国有资产管理经费不再安排。2003年,其他部门事业费分为税收、统计、财政、审计、行政单位事业费及其他,支出2197万元。2004年,增加农业综合开发经费97万元。2006年,达到5200万元。1987—2006年,共支出20760万元,占同期财政总支出的5%。2007年,不再有其他部门支出,这些单位的支出全部归到一般公共支出。

(五)农业支出

支援农村生产支出 1987年,支援农村生产支出218万元,续建和配套小型水库16座,除险16处,机电排灌续建、新建135座,新建和整修塘坝11处,解决人畜饮水工程19处(解决1650口人、550头大牲畜饮水难问题),新建小水电2处,扶持贫困乡村企业125户,支持51个专业户重点户发展种植业93.33公顷,养殖牲畜4000多头,飞播造林353.33公顷。1987—2002年,支持农村生产支出共计4029万元,占同期农业支出9%。2003年,取消该项支出,改为农业专项资金。

农林水气象事业费支出 1987年,农林水利气象等部门的事业费支出303万元,包括农业事业费、畜牧事业费、农机事业费、林业事业费、水利事业费、气象事业费、土地管理费、农业资源调查和区划费。1994年后,随着分税制实施,支出小幅度提高,2000年,首次达到1048万元。2002年,开始增加转移支付资金。2003年,不再分农林水气象事业费,改为农业支出、林业支出、水利气象支出,还包括扶贫资金、良种补贴、生态效益补贴、退耕还林补贴等专项支出。2007年,科目改革后,农业支出由六个部分组成,资金总额9426万元(农业支出5481万元、林业支出735万元、水利支出2071万元、扶贫支出602万元、农业综合开发支出499万元、其他农林水事务支出38万元)。1987—2007年,共计支出35405万元,占财政总支出7%,年递增18.8%。

农业综合开发 1998年,开始申请农业综合开发项目,当年财政安排启动资金20万元。1999年涟源市正式成为全国农业综合开发县市。1999—2002年,先后在龙塘乡、杨市镇、斗笠山镇、枫坪镇完成中低产田改造和多项多种经营项目,资金分别达到824万元、1428万元、1130万元、1123万元,地方财政投入分别为40万元(其中无偿20万元)、55万元(其中无偿40万元)、103万元(其中无偿68万元)、25万元(其中无偿3万元)。2003—2006年,在水洞底镇、荷塘镇、七星街镇、湄江镇实施节水农业、中低产田改造等农业综合开发项目,并争取世界银行贷款项目发展肉牛养殖加工,投资总额先后为4077万元(地方财政投入51万元)、1070万元、1378万元、975万元。2007年,在农林水气象事业费支出内反映。

扶贫开发 2003年,涟源市成为湖南省贫困县市,扶贫资金为农村人畜饮水、乡村道路建设、能源建设等项目注入活力。是年扶贫资金555万元。2006年810万元。2007年,在农林水气象事业费支出内反映。

(六)工交事业费支出

1987年,工交事业费支出36万元。其中,工交事业部门公用支出27万元,企改支出9万元。1989年前,只安排技术监督部门、物价检查部门、环境保护部门经费。1990年,增加城市建设(公用)部门经费。1987—1994年,预算安排40万元左右,1995年达到233万元。1997年,轻工行业办、煤炭局、商业局、外贸局、物资局、粮食局、供销合作社联合社等单位经费纳入财政预算,交警城区中队经费也纳入工交事业费内。2000年,技术监督管理职能上划,其经费不再计算在工交事业费而通过上解支出上划,是年工交事业费342万元,比上年减少72万元。2002年,随着机构分设,安全生产监督部门等经费纳入财政预算,中央转移支付逐步加大,工交事业费的增加幅度增大,是年为461万元。2006年,交通部门车辆税费改革,增加车辆税费支出1753万元用于交通专项资金支出,工交事业费达到3661万元。2007年,科目改革,工业事业费与商业流通、金融部门事业费合并,交通运输事业费单独反映。是年,工交事业费支出10877万元。其中,工业、商业、金融等5015万元、交通运输5862万元,占同期财政总支出9.52%。

(七)外经支出

1992年,开始有外事旅游招商支出,数额不大。1995年,安排经费11万元,以后各年外经支出,基本上是安排旅游部门的人员经费和公用经费。2003年,支出129万元。2007年,支出165万元。

(八)其他支出

1987年,其他支出包括兵役征集费、办案费用补助、财政贴息支出、杂项支出,数额比较少,是年为47万元。1993年,除公检法办案补助、财政贴息支出、杂项支出外,增加城镇青年就业补助、简易建筑支出、行政单位补助支出,是年支出625万元。2000年,为保收支平衡,冲虚列收入的虚列支出反映在其他支出内,是年,其他支出833万元,其中虚列支出741万元。2002年后按实反映,是年支出2071万元。2003—2006年的其他支出包括兵役征集费、简易建筑费、中小企业发展专项支出、交通路西侧土地开发成本、城市建设投资开发成本、国有资产处置返回、追加支出、乡镇其他支出、补助村民委员会支出等。2006年,其他支出7672万元。2007年,12541万元,分为县(市)级其他支出7519万元和乡镇级其他支出5022万元。

1987—2007年涟源市财政预算支出

表24-4　　单位:万元

年 度	合 计	经济建设支出及政府价格补贴支出	教科文支 出	社会保障支 出	行政政法支 出	农业支出	工交事业费支出	外经支出	其他支出
1987	3623	617	1244	450	708	521	36	—	47
1988	3888	622	1400	520	854	440	26	—	26
1989	4976	809	1773	559	1154	571	36	—	74
1990	5097	742	1814	670	1110	609	38	—	114
1991	5621	774	1907	1133	1180	472	25	—	130
1992	5198	462	2009	608	1320	512	35	—	252
1993	8245	1606	2476	809	1857	833	39	—	625
1994	11513	1540	4634	1100	2741	835	44	—	619
1995	12691	1419	4879	1072	3575	1015	233	11	487
1996	13907	1782	5030	1178	4423	926	314	25	229
1997	12899	1750	3591	2375	3824	951	291	24	93
1998	14032	2046	4253	2676	3214	937	321	48	537
1999	16330	1645	4773	3449	3190	1155	414	48	1656
2000	16392	1316	4771	3746	3984	1351	342	49	833
2001	22580	2137	6013	5882	5160	1279	252	74	1783
2002	32794	2687	9375	7796	8100	2208	461	96	2071
2003	33895	2002	9166	8527	8863	1896	706	129	2606
2004	45747	2776	10073	11578	11391	4036	1093	103	4697
2005	54840	3590	12216	12991	11548	4777	1392	125	8201
2006	68640	3701	15961	16074	13839	7547	3661	185	7672
2007	114265	3022	26858	25080	26296	9426	10877	165	12541
合 计	507173	37045	134218	108273	118331	42297	20636	1082	45293

第四节 财源建设

一 措 施

1987年,市财政采取短期借款和预拨办法,临时借款160万元帮助18个企业单位解决流动资金不足的困难。其中,市矿山机械厂借款8万元用于省批准的铸造风机试制,市工矿贸易公司借款12万元用于季节性商品购进,市副食品公司借款10万元用于糖果仓库建设。1988年,利用预算内、外间隙资金,融通使用1279万元,解决132个项目的资金。通过娄底地区信托投资公司短期贷款558万元,解决59个项目的资金。1990年,采取信托投资、财政短期借款和预拨的方式,先后筹措资金200万元,为30个企业和单位解决资金不足的问题。其中,市工矿贸易公司借款10万元开设儿童用品商场,市五金公司借款10万元,利用销售旺季,及时采购冰箱、彩电等商品。给企业正常投放的资金,有些用于当年税收任务的完成。1991年、1992年,用本级信用基金和借入的上级周转金支持工商企业发展,帮助企业进行技术改造,改善经营管理,提高经济效益。从省财政厅借入资金220万元,用于市氮肥厂进行设备改造。1992年,周转金投放1000余万元。为保平衡,出现借资金给企业冲支出的现象,借给市冶炼厂5万元、市百纺公司45万元等。1993年,财政信用基金362万元、借入周转金2133万元,分工交、商业、农财、文教等部门发放,贷出信用基金1883万元(农财283万元、其他1600万元),借给下级周转金219万元(农财119万元、文教100万元)。1994年,各项信用基金530万元、借入周转金1048万元。1995年,各项信用基金657万元,周转金1665万元。1996年,改革财政周转金管理办法,统一管理、统一记账、统一核算,印发《涟源市周转金暂行管理办法》,严格审批手续和资金拨付程序,预算各项暂付3161万元。1997年,为培植财源,促进经济发展,通过各种渠道筹集资金3760万元,投放356个项目,新增税利390万元。到省政府争取农业综合开发、兴修水利、农业机械更新等项目,配套到位资金160万元。配合企业改制、改组、改造,帮助加强内部管理,对市酒厂等破产重组企业,着力从资金上给予支持,帮助尽快恢复生产,对市百纺公司等股改企业,着重从政策上进行指导,派专人进驻。是年预算暂付余额3161万元,比上年多578万元。1999年4月,成立涟源市财源建设领导小组,由市长任组长,分管财政工作的市级领导和市财办主任任副组长,政府办、财办、计委、经委、建委、乡镇企业局、农办、财政局、国税局、地税局、工商局、煤炭局、畜牧局、人民银行及工行、农行、建行、中行、信用联社等单位主要负责人为成员。下设办公室,由财办主任兼办公室主任。各乡镇相应成立财源建设办公室。是年,重点扶持45户财源建设挂钩企业,保证骨干财源。向中央、省争取涟源市成为全国农业综合开发县市,争取资金330万元,引进世行贷款130万元,用于用材林培育、经果林和药材基地建设以及粮食作物优良品种推广。发展个体经济,发展新型财源,支持市宏宇搪铝工业有限公司、市南方冶金连铸设备厂、市环宇橡胶制品有限公司等私营企业。推进煤炭税费改革,抓主体财源,是年6月起,对全市煤炭税费实行统一征收管理,6—12月,共征收2458万元,比上年同期增收1252万元。2002年,以地生财,增加土地开发收入,交通路南段西侧土地开发,将49宗国有土地使用权拍卖,成交价1497.7万元全部进入财政收入。2003年,市财政局内设财源建设管理办公室,统一管理周转金。是年,市政府出台《关于进一步加强发展民营经济工作的决定》和《招商引资有关优惠政策》,参加深交会,成功引进外来投资20多亿元,新建和扩建火电厂、白水泥厂、四水泥厂等项目。2004年,采取投入扶贫资金、财政贴息、发挥扶贫贷款等方式支持湖南五江集团天华牧业有限公司牛肉加工、无公害蔬菜生产基地建设及无公害生猪生产、农业科技推广、退耕还林等项目。2005年,市财政拨付招商引资专项经费,组织参加“东洽会”“港洽会”等大型洽谈会,引进内资项目10个,引资4.35亿元,引进外资项目6个,合同利用外资3083万美元。完善煤炭税费统征办法,投入资金在各验票站建立电子磅秤,按吨位据实征收,并调整价格和价区,煤炭税费增收2000多万元。2006年,投入煤矿安全技术改造资金325万元,改造项目5个,争取投入31万元扶持湖南远扬煤机制造有限公司、湖南省回春堂药业有限公司两家骨干企业进行挖潜改造,打造全市重点项目园区。市财政拨入1753万元用于农村公路建设,投入国债资金1331万元用于城市基础设施扩容提质。市财政拨付100万元专项经费支持全市广泛开展招商引资活动,全年签约项目24个,合同引资33.94亿元。先后投入500万元支持坑口火电厂建设,确保重点工程项目顺利实施。2007年,投入100万元扶持湖南远扬煤机制造有限公司、湖南省回春堂药业有限公司等骨干企业进行挖潜改造。推进城市建设,火车站广场、金地带、涟水名城等项目实施带动相关房地产税收大幅增长。把握国家投资政策调整,争取效能项目投资,培植短平快税源,抓住海外资本和沿海地区产业向内地转移的机遇,利用珠洽会、中博会、娄博会等时机,引进有效投资,培植长效财源,签订项目7个,引进资金30.7亿元。

2001—2002年,发挥财政资金引导作用,吸引民间资金,综合开发旅游资源,新建白马湖度假区和飞水崖漂流度假区。2001—2003年,用好用活财政支农资金和农业税减免政策,重点扶持湖南五江集团天华牧业有限公司、光阳草业服务公司、市泰龙牧业有限公司、湖南五江集团、湖南省回春堂制药厂等一批龙头企业。2000—2007年,支持110家国有企业进行"两个置换"改革,帮助企业转换经营机制,扫除国有企业发展的体制障碍,企业机制变活,上缴税收增加,产能和效益成倍增长。

二 成 效

1999年,国税、地税收入占一级预算收入36.18%。2006年起国税、地税征管收入超过财政征管收入,可用财力大为增加。2007年,全市35家财源建设挂钩企业完成税收1.3亿元,年上缴税金超过100万元的企业43家,其中超过1000万元的企业5家。是年,国税、地税收入占一级预算收入53.36%,全市财政收入30176万元,是1999年的2.42倍。

1999—2007年涟源市财政一般预算收入和国地税收入情况

表24-5　　单位:万元

年 度	一般预算收入	其 中		国、地两税占一般预算收入(%)
		国 税	地 税	
1999	12464	1138	3372	36.18
2000	13286	1409	3672	38.24
2001	14099	1488	4143	39.93
2002	14256	1640	3447	35.68
2003	15519	2071	3555	36.25
2004	18566	3806	4853	46.63
2005	22568	4500	6214	47.47
2006	26637	5403	8219	51.16
2007	30176	6307	9795	53.36

第五节 财政管理

一 财政体制

市财政体制 1987年,实行"定额上缴、递增包干、超收全留、一定五年"的财政体制。1992年,省属军工企业湘中机械厂、湘峰机械厂处于停产、半停产状态,严重影响涟源财政收入,核减体制上解基数150万元,递增上解比例由7%降为4%。1994年1月1日,实行分税制财政管理体制,新旧体制双轨运行,原递增包干仍按原体制继续递增上缴,原结算事项仍按原办法继续结算上解;合理划分财权事权,适当调整地与市的收支范围。2002年,所得税税制改革,增加上划所得税基数,中央实行转移支付制度。2003—2007年,维持原体制。

乡镇财政体制 1987年,对所辖区(街道)、乡镇采用"定额上缴,递增包干,超收分成,短收受罚"的财政体制。1988年,对区(街道)、乡镇财政所实行目标责任制,在实行原体制的同时,重新明确烤烟税收增收分成比例。1989—1990年,对区(街道)、乡镇实行"任务下达,分级包干,超收分成,短收分担"办法,适当调整分成比例。1991年,对区(街道)、乡镇,除继续实行"核定收支,分级包干,超收分成,短收分担"办法外,对古塘、南风、龙塘乡实行"核定收支,收入上缴,支出下拨,总额分成"的管理体制试点。1992年,对乡镇财政体制实行改革,采取包干体制,变各级找财政要钱为各级政府千方百计抓财政收入,解决收支矛盾。乡镇抓收入的积极性得到调动,但市财政集中少,调控能力差,出现市级财政欠乡镇的新情况。1994年,实行"定收定支、收支挂钩、超收奖励、短收分担、暂定一年"的财政体制。1995年,《预算法》颁发,按照撤区并乡后的行政区划变化,重新制定乡镇财政体制,划分收支范围、核定收支基数、定额递增上缴或定额递减补助、收入全额上解、支出按进度下拨、预算自求平衡。1998年,划分收支范围、核定收支基数、定额上缴递增或定额补助递减。2003年后,划分税种、核定收支、定额上缴或定额补助、一定三年。

二 财务预算决算管理

1987年,行政事业单位实行"经费包干,超支不补,节余留用"的预算包干责任制。预算内工商企业实行企业承包经营责任制。其中,市煤炭公司年包干利润50万元用于弥补煤炭行业的亏损,一定5年。1988年,对企业实行工资总额与经济效益挂钩。1993年工资改革,人平年增加财政支出828元左右,采取给政策不给钱的办法,由各单位自行解决,部分乡镇拖欠教师工资成为社会问题。是年,为分税制改革做准备,将行政事业单位的规费收入纳入财政预算,入库435万元。1994年,实行分税制财政体制,为弥补预算资金不足,规费收入纳入预算管理639万元,预算外资金纳入预算管理抵预算拨款1525万元。1995年,撤区并乡,按照乡镇行政区划变化的要求,制定新的乡镇财政体制,合理划分收支范围,体现一级政府一级财政的原则,严格按照分税制划分的收入范围征收入库。取消教育口子经费,财政用250万元弥补。对行政事业单位人平增加生活补贴150元和正常晋级工资,预算安排1000万元。财政周转金归口预算统一管理。为避免企业经济效益进一步下滑,财政拨款200万元提供担保,与省工商银行进行良性循环信贷资金贷款试点,为境内企业注入贷款4300万元。1996年,建立19个乡镇国库。社会保障制度改革,离退休金纳入社会保障经费。教育系统实行"收支两条线",教育收费全部纳入预算外资金管理。公费医疗适当调整个人负担比例。申报大江口水库梯级电站、速生丰产坑木林基地、甘溪焦化厂3000千瓦焦炉煤气发电站世界银行3个贷款项目。1997年,建立世界银行贷款还贷准备金。1998年,实行工资专户封闭运行,保证工资发放。1999年,开发建设儿童公园、商园街和交通路南段西侧，项目资金 3470 万元，全部进入财政专户。是年涟源市被列入国家级农业综合开发项目县市。2000 年，中央财政从国债资金中无偿投资 800 万元，娄底市配套 200 万元，本级配套 400 万元，总投资 1600 万元，建设内容为封山育林、退耕还林、造林、河堤护岸、小型水利工程等，工程项目分布于孙水、涟水两大流域的 12 个乡镇。2001 年，打破政府包揽办学格局，实行办学自主投资主体多元化，7 所普通高中全部实行校长负责制。乡镇将各种教育收费、基金、附加费全额解交市财政，乡镇教育经费由市财政统一调拨。国债无偿投入资金 280 万元、省配套 14 万元、娄底市 14 万元、市 22 万元，用于生态环境建设。2002 年，国债无偿投入资金 300 万元，分别用于林业工程、水土保持工程、生态能源工程等项目。所得税改革后，中央实行转移支付制度，转移支付资金占全市财政总收入的绝大部分。是年，涟源市被确认为全省扶贫工作重点县市，确定 41 个扶贫村。2003 年，实行退耕还林资金补助，标准为每公顷退耕地补助 3000 元(经济林补助 5 年)，是年，补助资金 139 万元。企业改制基本完成，市经济工作局、市轻工业局、市煤炭局、市商业局、市物资局、市粮食局、市供销社等行业办或主管机构经费纳入财政预算。落实省委、省政府关于进一步完善公安机关经费保障机制的有关精神，公安人平经费按 3.5 万元纳入预算。2002—2004 年，先后取消屠宰税、农业特产税，稳步推进农村税费改革。建立工资专户、社保专户，专项资金专项使用，封闭运行。2004 年，国有粮食企业实行“两个置换”改革，涉及 14 家粮食企业、1073 名在职职工、235 名离退休人员、145 名抚恤人员，改制成本 4600 万元。国家实行粮食直接补贴，按农业税计税面积 3.47 万公顷的 95% 计算，按每公顷 165 元标准补贴，获 546 万元补贴资金。粮食风险基金包干金额 338 万元，全部用于粮食超储、利息、陈化粮食销售处理等费用。义务教育阶段，学校试行“一费制”收费办法。2005 年，取消农业税。深化财政体制改革，推行部门预算，收入细化到各征管部门，支出细化到具体项目，重点支出项目予以重点保障，如新农村建设、农村困难家庭学生补助、生育保险、招商引资专项发展基金。执行国家计划生育奖励扶助政策，首批发放年满 60 周岁计生对象 853 人奖励扶助金 50 余万元。2006 年，粮食直接补贴资金、农业生产资料综合补贴资金、退耕还林资金等利用财政网络委托邮政部门以银行存折“一卡通”的方式发放到农民手中。国债资金用于县乡公路建设和城市基础设施建设的资金达 3084 万元(其中，县乡公路建设 1753 万元、城市基础设施建设 1331 万元)。大幅度提高教育经费预算，将教师的津补贴全额纳入财政预算，预算安排 11198 万元，比上年增加 2763 万元。落实计划生育奖励扶助对象 1214 人，发放奖励扶助金 72.84 万元，对全市独生子女死亡、伤残家庭发放救助金。2007 年，行政事业单位工作人员的生活补贴和误餐补助纳入预算。实行新的农村义务教育经费保障机制，全额预算义务教育学校的工资、福利和公用经费，保障学校在无任何收费情况下正常运转，对全市农村学校学生全部免杂费和课本费，提高贫困家庭学生寄宿生活补助标准。对全市 5 所职业学校按国家政策首次发放国家职业教育助学金 73 万元。是年安排教科文单位资金 20279 万元，比上年增加 8077 万元，增长 66%。

三 国库资金管理

1987 年，国库资金主要按计划、按进度、按用途拨款，保证经费支出，防止资金积压造成浪费，对新追加支出，先调查，后研究，根据实际情况拨款。1994 年开始，预算内、外资金统筹安排，除预算外列抵预算支出外还从预算外征收政府调节基金直接缴入国库。1996 年，在乡镇设立国库，每月定期召开收入例会，向市领导报送财政收支情况，对国库库款调度、拨付情况进行分析，极大限度组织国库资金，向上级财政部门申请调拨资金。是年，社会保障制度改革，社保资金(基金)列收列支。1997 年改革财政周转金管理办法，归口预算国库统一管理，统一记账、统一核算，印发《涟源市周转达金暂行管理办法》，严格审批手续和资金拨付程序。1999 年，实行煤炭税费统征，国库及时将各种税款分类、分级入库。2000 年开始工资财政统发，国库每月及时将行政事业单位财政统发工资拨入工资统发中心。2001 年 12 月,暂停乡镇国库业务,乡镇所有教育收费、基金、附加费全额缴入市国库,乡镇教育支出由市统一调拨。2002 年,所得税改革,及时足额将上划部分入库。2003 年,成立国库股,恢复乡镇国库并批准蓝田街道新设国库。2005 年,乡镇(街道)国库取消,与人民银行协调在每个乡镇(街道)设立工资专户,及时对资金进行调度,保证工资按时发放。2007 年国库资金 114107 万元。其中,市级收入 30176 万元,上级补助 83931 万元。是年全面实施政府收支分类改革。财政国库资金按单位根据财政资金的用途,将工资拨入工资统发中心、采购资金拨入政府采购中心、公用经费等其它资金拨入国库集中支付专户,专项资金、国债资金实行专户管理,根据项目进度和上级要求拨入项目单位。国库资金管理从单纯的国库拨款延伸到工资统发管理、政府采购管理、国库集中支付管理等方面。

四 非税收入管理

1986 年,设综合计划股作为预算外资金的管理机构,采取"专户储存、计划管理、单项审批、银行监督"的办法进行管理。1990 年,市政府下发《涟源市预算外资金管理实施办法》。1994 年分税制实施后,行政性收费实行财政统一征收统筹安排,预算外资金从 1987 年的 36 万元上升到 639 万元,抵顶预算内拨款 1525 万元。1995 年 1 月,开征防洪保安资金。1996 年,成立涟源市收费管理局,国债及其他证券的发行、兑付、流通并入管理。是年,罚没收入入库 1620 万元。1997 年,取消行政事业单位的收费过渡账户,在各商业银行开设财政专户,解缴按照"票款同步"的原则办理。按一定比例征收政府调节基金。是年,清理应缴未缴预算外资金 1356 万元,征收政府调节基金 400 万元,从预算外列抵预算支出 2000 万元。开征公款消费政府调节基金。1998 年国债发行推销工作结束,1987—1998 年,发行、推销国债 3978 万元。1999 年,实行煤炭税费统征。2002 年,收费管理局更名为非税收入管理局。2004—2007 年,非税收入入库 60488 万元,年均 15122 万元。

五 国有资产管理

1991 年,成立市国有资产管理办公室。至 1994 年,对 46 户国有企业进行清产核资,清查前账面资产总额 49559 万元,清查后 51694 万元,增长 4.31%;清查前负债总额 37675 万元,清查后负债总额 27458 万元;清查前账面净资产 11884 万元,清查后 14019 万元。1995 年,撤区并乡,对撤销、合并后各单位的资产进行全面清查。1996 年 6 月,市国有资产管理局对市阀门厂、制革厂、酒厂、副食品公司等破产企业进行资产评估清算。1997 年,对 128 户行政事业单位和 71 户国有企业资产进行全面清查,行政事业单位资产总额 39620 万元,国有企业资产总额 106226 万元,国有企业负债总额 94784 万元,所有者权益 11442 万元。全市 78 户城镇集体企业(其中,41 户信用金融企业、37 户供销和轻工企业、蓝田街道所属企业)进行清产核资,经清查资产总额 133735 万元,负债总额 127506 万元,所有者权益 6229 万元。确定市磷肥厂等 12 户国有企业为保值增值考核试点单位,各单位法人与市政府签订《国有企业国有资产经营责任制合同》,年终,按合同有关指标考核,进行奖赔兑现。2000 年,拍卖 100 辆的士车营运经营权,收益 800 万元。2001—2003 年,对市沙坪煤矿、新坪煤矿、白水泥厂、冶建总厂等改制企业进行清产核资、资产评估、产权界定工作。改制企业资产处置收益 53691 万元,全部解缴财政专户储存。进行产权交易 69 次,组织大小拍卖会 67 场,产权交易金额 6511 万元。2004 年 3 月 31 日承办娄底市首届拍卖工作会议。是年,进行产权交易 71 次,调处产权矛盾 5 起,组织大小拍卖会 69 场,产权交易总额 10176.91 万元。2005 年,进行产权交易 84 次,组织大小拍卖会 71 场,产权交易总额达到 18814.77 万元。配合市客运办对第二批 100 辆的士车营运经营权进行拍卖,收入 800 万元。2006 年,对已实行"两个置换"改革的企业办理注销产权登记。完善行政事业单位公务车辆处置、审批管理制度。完成产权交易标的 98 个,组织大小拍卖会 68 场,总成交额 10472.8 万元,资产升值 840.74 万元。2007 年,完成产权交易标的89个，组织大小拍卖会57场，总成交金额10097.16万元，资产升值1326.4万元。是年，涟源市被列为湖南省农业保险试点县市之一，市政府代表全市农户进行投保，并签订保险合同，各级财政对农业保费进行补贴（中央、省各补贴25%，金额各为179.9万元，娄底市和涟源市各补贴5%，金额各为35.98万元）。是年干旱严重，全市20个乡镇（街道）863个村、144921户、1.52万公顷中晚稻受损，赔付金额539.7万元；死亡能繁母猪684头，赔款56.74万元。

六 会计管理

会计人员资质管理 1990年，开始实行会计从业资格准入制度。1992年，实行会计专业技术资格考试制度，境内考生第一次参加全国统一的会计专业技术职称考试。1992—2007年，涟源市通过考试获取初级会计专业技术职称315人、中级284人。1994—2005年，换发四代会计证5613个。2006年，实行会计证与电算会计证两证合一，全市2380人取得第四代会计从业资格证。2007年，高级会计师实行考评结合制度，全市2人获取高级会计师职称。

会计人员培训 见《第二十六篇 教育》

会计师事务所 1994年，具有法人资格的涟源市会计师事务所成立，独立开展资产评估、社会审计、验资等会计业务。1994—1999年，先后对境内企事业单位进行资产评估、注册验资、社会审计等工作，出具由会计师、注册会计师签证的报告，为企业工商登记、银行抵押贷款、破产重组、受托专项检查等提供有偿服务。1995—1998年，实行由会计师事务所注册会计师对企业年度决算报表进行审查验证制度。1999年12月，市会计师事务所撤销。

七 财政监督检查管理

1987年，对70个行政事业单位的预算外资金专户储存、监督使用进行财政监察，对4个乡镇财政所进行财政审计；配合税务部门在全市开展集体企业所得税汇算清缴，增值税、奖金税普查，个体工商户纳税检查，查出税款157万元；协同审计部门对35个行政事业单位进行送达审计，查出违纪金额90万元。1988年，在全市开展税收、财务、物价“三大检查”，查出违纪金额379万元，入库201万元。至1995年，查出违纪金额2880万元，入库1222万元。1996年，首次要求向被查单位出具检查监督结论。是年至1998年，对基层财政所、市直单位、学校等单位进行财政检查，查出违纪金额3396万元，入库609万元。1999年，取消“三大检查”，确定开展经常性监督检查、专项性监督检查，全面开展财政财务大检查的新办法。是年至2002年，除常规检查外，每年组织一次财政财务大检查，共入库575万元。2003年，成立财政监督检查局。财政监督检查以经常性检查和专项检查为主。2004年，对国税、地税收入进行级次检查，查出混级、混库资金103万元。开展《会计法》执法检查，对技监、烟草等垂直管理单位进行重点检查，查出违纪金额12万元，入库2万元。组织人员对217个单位进行财政财务大检查，查出违纪金额300万元，入库65万元。对全市党政机关、事业单位职工拖欠公款和利用职权将公款借给亲友的问题进行专项清理，涉及人员363人，回收欠款88万元。开展清理整顿统一着装工作，违规着装的23个部门，32个单位，1634人限时脱装，违规着装标志全部销毁。2005年，加强预算收入执行检查，确保收入真实可靠，重点对2004年度的国税部门征管的市级税收进行全面认真检查，查出14个乡镇混库收入370万元，并全部调库。对湄江镇人民政府、市人民医院的财政、财务收支情况进行经常性的财政监督检查。配合市纪委监察局进行“小金库”监督检查。对教育系统的财政统发工资情况进行检查，查出“吃空饷”人员173人，冒领财政资金166万元。2006年后，不再组织大规模的财政财务大检查，财政监督检查以专门人员常规检查和专项检查为主。

第二章 税 务

1987 年,涟源市工商税收入库 4932 万元。1990 年,市税务局被评为全省文明建设先进单位,获全国个体工商户税法宣传普及教育活动最佳组织奖。1994 年 9 月 28 日,市税务局一分为二,组建成立涟源市国家税务局(简称市国税局)和涟源市地方税务局(简称市地税局),是年完成税收总收入 10404 万元,是 1987 年的 2.11 倍。1995 年 4 月,市国税局被省国税局列为全省 3 个税收征管改革示范县市局之一。1996 年 3 月,市地税局被评为全省文明单位。2003 年,市国税局被评为 2003 届全省文明单位。2006 年,市国税局办税服务厅被全国妇联授予“巾帼文明岗”称号。2007 年,全市国税收入 27698 万元,地税收入 13101 万元,分别是 1994 年的 3.92 倍和 4.22 倍。是年市地税局再次被评为全省文明单位,翌年市国税局被评为全省文明单位。

第一节 机构分设前税务

一 机构设置

1987 年,市税务局内设办公室、人事教育股、流转税股、地方税股、所得税股、计会股、征管股、监察股、市检察院税务检察室(挂靠征管股)、稽查队。下设蓝田、荷叶、四古、伏口、桥头河、杨家滩、山塘、白马 8 个税务所。全局职工 188 人。1988 年,蓝田税务所改为蓝田第一税务所,增设蓝田第二税务所。1991 年 9 月,将流转税股、地方税股、所得税股合并为税政股,增设集体企业财务股,挂靠税政股。1993 年 7 月,成立涟源市公安局税务公安执勤室(挂靠征管股)。1993 年 10 月,增设六亩塘和马家境 2 个税务所,共有 11 个派出机构。1994 年 9 月,全局职工291 人。

二 征管税种

1987 年,税务局征管的税种有产品税、增值税、营业税、资源税、盐税、国营企业所得税、集体企业所得税、私营企业所得税、城乡个体工商户所得税、个人收入调节税、国营企业奖金税、集体企业奖金税、事业单位奖金税、建筑税、车船使用税、城市维护建设税、房产税、屠宰税(10 月移交市财政局征管)、国家能源交通重点建设基金、教育费附加,共 20 个税种、基金和附加。

1988—1992 年,陆续开征印花税、国家预算调节基金、城镇土地使用税、国营企业工资调节税、特别消费税、外商投资企业和外国企业所得税、固定资产投资方向调节税等 7 个税种和基金。1993 年,屠宰税由财政局移交税务局征管。1994 年,实施以增值税为主的新税制,征管的税种有增值税、消费税、营业税、资源税、企业所得税、外商投资企业和外国企业所得税、城乡个体工商户所得税、个人所得税、土地增值税、城镇土地使用税、固定资产投资方向调节税、城市维护建设税、印花税、车船使用税、房产税、屠宰税、国家能源交通重点建设基金、国家预算调节基金、教育费附加,共 19 个税种、基金和附加。

1987—1994 年涟源市工商各税收入

表 24-6　　单位:万元

税种	年度收入								合计
	1987	1988	1989	1990	1991	1992	1993	1994	
产品税	1759	1417	1354	1452	1400	1330	2055	—	10767
增值税	523	1039	1311	1080	1154	1588	3126	—	9821
营业税	1034	1199	1595	1598	1488	1505	1808	1214	11441
印花税	—	26	27	17	17	11	23	12	133
国营企业所得税	573	443	403	224	181	192	220	—	2236
集体企业所得税	305	197	254	304	168	132	56	—	1416
屠宰税	62	—	—	—	—	—	141	248	451
建筑税	217	97	69	139	134	-12	—	—	644
车船使用税	22	22	27	27	24	22	24	37	205
资源税	—	—	—	—	12	158	55	—	225
盐税	—	14	—	—	—	—	16	—	30
私营企业所得税	—	—	1	7	18	65	71	97	259
个体户所得税	6	4	16	10	96	109	163	—	404
个人收入调节税	1	3	19	28	17	37	52	—	157
国营企业奖金税	6	13	10	10	18	19	18	—	94
集体企业奖金税	—	4	5	4	8	2	—	—	23
事业单位奖金税	2	5	9	5	4	6	—	—	31
固定资产投资方向调节税	—	—	—	—	—	22	141	371	534
城市维护建设税	104	147	180	176	202	218	291	490	1808
房产税	33	34	46	54	65	68	66	156	522
国家能源交通重点建设基金	251	242	283	234	210	141	53	41	1455
教育费附加	34	37	75	70	72	74	71	70	503
城镇土地使用税	—	—	101	103	106	104	86	105	605
增值税(新)	—	—	—	—	—	—	—	6748	6748
消费税	—	—	—	—	—	—	—	10	10

续表 24-6

税种	年度收入								合计
	1987	1988	1989	1990	1991	1992	1993	1994	
企业所得税	—	—	—	—	—	—	—	418	418
个人所得税	—	—	—	—	—	—	—	111	111
土地增值税	—	—	—	—	—	—	—	—	—
资源税	—	—	—	—	—	—	—	233	233
国家预算调节基金	—	—	—	—	198	101	30	43	372
特别消费税	—	—	1	—	—	—	—	—	1
国企工资调节税	—	—	2	—	—	—	—	—	2
合　计	4932	4943	5788	5542	5592	5892	8566	10404	51659

说明：1994 年，国税局、地税局机构分设，当年税收由国税局统计上报

三　税收征管

1987 年，登记发证的国营、集体企业 944 户，个体工商户 8157 户。是年，成立促产办公室，配备专干，建立奖励基金，拓宽促产领域，激发税务干部促产增收工作积极性。是年，实施新的营业税起征点：商品零售额为 400 元/月，其他应税项目额为 200 元/月，临时经营额为 20 元/月。1988 年，全市 83 户被促产企业比上年净增税金 343 万元，年净增利润 318 万元。省税务系统促产增收经验交流会在涟源召开，市税务局被评为促产增收先进单位。是年 8 月，破获桥头河镇工商税代征员出卖税票案，查缴赃款 21 万余元。9 月 7 日至 10 月 18 日，破获境内伪造税票大案。以桥头河镇村民李某某为首的 5 名犯罪嫌疑人全部落网，追回赃款 5.3 万元，挽回经济损失 50 余万元。此案涉及 2 省、3 市、23 个乡镇、涉案人数 187 人。11 月 20 日，国家税务局发来贺电，11 月 22 日，省公安厅、省税务局在涟源召开表彰大会，对参加破案有功的税务干部周长胜、刘联芳、严梦彪、段最琪、曾光求给予记功奖励。1989 年，在全市开展税收大检查，对境内 9512 户个体工商户和 5140 台个体机动车辆进行检查，收回税款 602 万元，是年个体税收入库突破千万元大关，比上年增长 71%。1990 年，刘联芳被评为全国个体工商户税法宣传普及教育先进个人。1994 年 1 月实施新税制，全市检查 814 户增值税一般纳税人和 1000 余户小规模纳税人，查处偷漏税案 33 起。其中，100 万元以上的 5 起，查补各税 706 万元，课处滞纳、罚款 2 万元。5 月 13 日，蓝田税务一所进行增值税专用发票检查时，查获市服装厂厂长梁星某在广东省潮阳市虚开增值税专用发票 13 份，追缴赃款 33 万元，防止流失国家税款 1400 万元。5 月 16 日，蓝田税务二所进行增值税专用发票使用

图 24-1　1988 年 11 月，湖南省公检税联合破获伪造税票案庆功大会

情况检查时查获蓝田街道新建街居委会党支部书记梁育某等2人虚开增值税专用发票案，梁育某等2人于是年2月携带蓝田服装厂增值税专用发票去广东潮阳市虚开15份，计销售额5300多万元，抵扣税款900多万元，获取非法收入27万余元。市税务局周贤初、刘湛被公安部、最高人民法院、最高人民检察院、国家税务总局评为破获蓝田虚开增值税专用发票案先进个人。11—12月，市委、市政府抽调16名市级领导干部和100余名各部门干部组成16个工作组下到各区（街道）和乡镇，主抓煤炭税收和个体户税收。清补增值税555.9万元，清缴欠税1000余万元，全年累计完成各项收入10404万元，全市税收总收入突破亿元大关。

四 税收收入

1987年，全市完成税收4932万元，以产品税、增值税、营业税、国营企业所得税为主体税收，其中市（县）级税收4588万元。1994年完成税收9735万元，比1987年增加4803万元，增长97.38%。

1987—1994年涟源市税收收入分级次入库情况

表24–7 单位：万元

年度	税额	与上年同比 +–%	其中		
			中央级	省级	市（县）级
1987	4932	…	141	203	4588
1988	4287	–13.1	132	194	3961
1989	5109	19.2	107	220	4782
1990	5256	2.9	174	268	4814
1991	5336	1.5	169	243	4924
1992	5314	–1.0	175	314	4825
1993	8195	54.2	283	425	7487
1994	9735	18.9	5094	609	4032
合计	48164	—	6275	2476	39413

第二节 国家税务

一 机构设置

1994年9月28日，市国家税务局（简称市国税局）成立，内设办公室、人事教育股、税政管理股、征收管理股、计划财务股、监察室，下设蓝田、六亩塘、马家境、荷叶、四古、伏口、桥头河、杨家滩、山塘和白马10个税务所。税务检察室、税务公安执勤室挂靠市国税局征收管理股。在职职工189人，其中基层税务人员132人。1995年4月，市国税局被省国税局列为全省3个税收征管改革示范县市局之一。撤销原有的10个税务所，成立蓝田、石马山、安平、伏口、桥头河、杨市6个征收分局和直属机构稽查局。内设机构除保留办公室、监察室外，其他股均改为科。1996 年，撤销税务检察室。1999 年，成立光明山征收分局(个体税收分局)。2001 年 6 月，撤销石马山、光明山两个分局和发票管理所，计财科更名计征科，财务由办公室管理，增设信息中心。伏口、安平、桥头河、杨家滩征收分局更名税务所。2004 年 9 月，计征科更名计统科，增设办税服务厅。2005 年，伏口、安平、桥头河、杨家滩税务所更名税务分局。2007 年 9 月，撤销综合业务科，分设征管科、税政科，新设考核办公室。

图 24-2 涟源市国家税务局

2007 年，全局内设办公室、人事教育科、监察室、征管科、税政科、计统科、岗位责任制考核办公室、税源管理一科、税源管理二科、办税服务厅，直属机构有稽查局，事业单位有信息中心，派出机构有伏口、安平、桥头河、杨家滩税务分局。全局 165 人。其中，机关 59 人，直属机构 13 人，基层税务人员 93 人。

二 税政管理

1994 年 1月 1 日起实施税收体制改革。改革后的流转税主要由增值税、消费税和营业税组成。在工业生产领域和商业批发零售环节普遍征收增值税，取消产品税。选择少量消费品交叉征收消费税和增值税。对不实行增值税的劳务费征收营业税。新的流转税统一适用于内资企业、外商投资企业、外国企业。取消对外商征收的工商统一税。将国营企业所得税、集体企业所得税、私营企业所得税合并为企业所得税，统一税率，统一减免税政策，取消税前还贷，稳定税基。取消国营企业、集体企业、事业单位奖金税和个人收入调节税。对外商投资企业和外国企业征收的城市房地产税和车辆使用牌照税统一按内资企业一样征收房产税和车船使用税。中央与地方按税种划分收入，实行分税制财政管理体制，打破中央与地方的财政包干办法，分设两套税务机构征管。国税局征管的范围和税种是：增值税，消费税，车辆购置税，中央企业所得税，地方和外资银行及非银行金融企业所得税，证券交易税，境内外商投资企业、外国企业各项税收，外籍人员(含华侨，港、澳、台同胞)缴纳的个人所得税和中央税的滞、补、罚收入等。是年，开征增值税、消费税、营业税和企业所得税。增值税起征点为月销售货物 1000 元、月销售劳务 500 元、按次(日)销售 80 元。是年，加强对企业法人和财会人员的培训，举办新税制培训班 26 期，培训 1462 人，企业在经营过程中按新税制的要求进行财务调整，反映企业经营成果。1995 年，开展税种登记。1996 年，严格执法收欠税。湖南省煤矿机械厂欠税 80 多万元，屡催不交，扣押其奥迪轿车抵押银行贷款 50 万元交纳欠税。1997 年，对境内金融保险企业按 3%的税率征收营业税。1998 年，向娄底地区国税局反映枫坪镇利用收款收据收取增值税一事，受到国家税务总局重视，立即进行纠正。1999 年 11 月，开征个人储蓄存款利息所得税。是年，煤炭增值税由市煤炭税费统征办征收。2000 年 3 月，在光明山大礼堂举办“纳税人·用税人话税收”宣传活动，让纳税人与用税人面对面交流。2001 年，专项检查，发现建材、家电等行业税负偏低，经民主评议，提高税负 50%，对城区家家乐、金马特、福康祥和心连心四大超市实行查账征收。2002 年，国税局贯彻实施《税收执法过错责任追究办法》，强化措施，采取经济惩罚和行政处分等多种形式，切实解决税收执法中的随意性问题。2004 年，取消税务专管员制度，建立税收管理员制度。提高增值税起征点：月销售货物为 5000 元，月销售应税劳务为 3000 元，按次(日)销售为 200 元。组织对税务行政处罚、重大案件审理和稽查案件复查工作，无一例案件引起税务行政复议和税务行政诉讼。2005 年 10 月，发现对 2 户企业采取税收行政强制措施不当，立即通知税源管理单位解除行政强制措施，避免纳税人的损失和行政诉讼。是年起征点以下的个体工商户 4128 户，全年免征增值税 152 万元；减免企业所得税21万元，吸纳下岗失业人员1028人；“三废”（废水、废气、废渣）利用企业退税293万元；民政福利企业退税2138万元，解决残疾人就业469人。清退多缴增值税40万元，企业所得税8万元。2006年，全年调增个体双定户起征点638户次。对税收管理员实行优化组合，实现税源管理专业化、规范化和精细化。2007年，实行职能重组，将执法、监督权分离，把重大案件审理、行政许可、行政处罚与听证、行政复议与行政诉讼应诉等职能从税政科分离出来交考核办管理。

三　国税种类

增值税　1994年1月开征，征税对象为在境内销售货物或者提供加工、修理修配劳务以及进口货物的单位和个人。所征税款上缴中央75%，县市留用25%。是年入库6748万元，占全年国税收入的95.36%。2007年，增值税入库26236万元，占全年国税收入的94.73%，比1994年增加19478万元，增长288.23%。1994—2007年，征收增值税151919万元。

消费税　1994年1月开征，征税对象为在境内生产、委托加工和进口应税消费品的单位和个人。所征税款上缴中央100%。境内生产销售的消费税产品不多，是年入库消费税10万元。1995年，入库20万元。1996年，入库15万元。2007年，入库17万元。1994—2007年，入库95万元。

营业税　1994年1月开征，征税对象为从事提供应税劳务、转让无形资产或者销售不动产的单位或个人。1997年，按国务院规定对境内金融保险业征收营业税，是年入库92万元。1998年，入库201万元，占全年国税收入的3.13%，比上年增长1.18倍。2003年，入库1万元。2004年停征。1997—2003年，入库778万元。

企业所得税　1994年1月开征，征税对象为企业应纳税所得额，企业每一纳税年度的收入总额减除不征税收入、免税收入、各项扣除以及允许弥补的以前年度亏损后的余额，为应纳税所得额。1994年，入库42万元。2002年，入库144万元，占全年国税收入的1.73%。2004年，入库737万元，占全年国税收入的4.16%。2007年，入库111万元，占全年国税收入0.4%。1994—2007年，入库1582万元。

个人所得税（个人储蓄存款利息所得税）　1999年11月开征，征税对象为个人储蓄存款从储蓄机构取得的利息所得，是年入库1万元。2001年，入库700万元，占全年国税收入的9.31%。此后每年征收入库600~1000万元。2007年，入库1127万元，占全年国税收入的4.07%。1999—2007年，入库5952万元。

车辆购置税　2001年1月开征，征收对象为购置应税车辆的单位和个人，包括购买、进口、自产、受赠、获奖或者以其他方式取得并自用应税车辆的行为。所征税款上缴中央100%。2001—2004年由交通部门代征。2005年，入库133万元。2007年，入库207万元。2005—2007年，入库499万元。

1994—2007年涟源市国税税源结构

表24-8 单位:万元

年度	增值税	消费税	营业税	企业所得税	个人所得税	车辆购置税	合计
1994	6748	10	—	42	—	—	6800
1995	7165	20	—	16	—	—	7201
1996	6842	15	—	12	—	—	6869
1997	6308	7	92	3	—	—	6410
1998	6215	5	201	21	—	—	6442
1999	5751	1	67	7	1	—	5827
2000	6088	—	149	5	30	—	6272
2001	6619	—	202	—	700	—	7521
2002	7329	—	66	144	790	—	8329
2003	8873	—	1	140	621	—	9635
2004	16249	2	—	737	737	—	17725
2005	19025	5	—	239	925	133	20327
2006	22471	13	—	105	1021	159	23769
2007	26236	17	—	111	1127	207	27698
合计	151919	95	778	1582	5952	499	160825

四 税收征管

1994年,新税制实施时,加强对增值税专用发票的管理与检查,制定"四专"(即专人、专库、专柜、专袋)、"六防"(即防盗、防火、防潮、防虫蛀、防鼠咬、防丢失)、"十不准"(不准转借、转让、代开发票,不准拆本使用发票,不准扩大使用发票范围,不准倒买倒卖发票,不准跨规定区域使用发票,不准邮寄、运输空白发票,不准携带、邮寄或者运输空白发票出入境,不准擅自毁损发票,不准超越经营范围开票,不准将多联式发票分开复写、打印)规定,确保发票安全。建立纳税申报、税务代理、税务稽查"三位一体"的模式。城镇税务所的申报率达90%以上,农村税务所达85%以上。同时实行送税上门制度,全年累计送税上门税款4000余万元。1995年,开展第四个税收宣传月活动,全市各级人大代表1161人参与帮学帮征活动。1997年起,实行"以纳税申报、优化服务为基础,以计算机网络为依托,集中征收,重点稽查"的新征管模式,重新设置职能机构,取消税务专管员制度,推行征、管、查相分离的新征管模式,办税服务厅负责税款征收,执行科(新设机构)负责催报催缴,稽查局开展包括专项、专案在内的日常稽查。利用微机进行税收征管,组建3个局域网(市局办税服务厅、杨市分局办税服务厅和局机关),5个农村征收分局可以入网操作。对农村个体零散税收采用定时定点或委托乡镇政府代征的办法进行征管。1998年，国税局组织三次专项（重点税源、个体工商户、改制企业）税源调查。发现和掌握一批税源增长点，如对茅塘镇石门开发区、株六（株洲——六盘水）铁路复线工程、娄涟高等级公路工程进行税源调查后，年增税源350多万元。是年，对漏征漏管户进行全面清查，全市查出漏管户599户，补办税务登记证599个，查出漏征户347户，查补税款159.38万元，处罚款2.75万元。1999年，煤炭增值税纳入煤炭税费统征。是年，验证贴花5175户，注销登记2011户，补办税务登记证251户。清查个体工商户2093户，查补税款55.1万元，罚款26.9万元。桥头河征收分局在清查中发现疑点，顺藤摸瓜，查出宁乡县邹某某到窗口代开小额增值税专用发票再变造为空白发票47张出售，被宁乡县人民法院判处有期徒刑3年。2001年，检查一般纳税人285户，审查专用发票1400本，发现18户纳税人少报收入1635万元，税额270万元，按规定进行补税与罚款。2001年，全市新批准的煤矿增加，焦炭产量、销售量增长，经过调查，清补入库增值税165万元。2003年，在票证检查月活动中，检查税收票证126718份，检查税务专管员156人次的票证使用和税款解缴情况。核对已填用的通用完税证（即税票）1352份。检查中要求见票见款，发票与税票一一对应，按期限缴销。全年有53人受到罚款处理，青年税务干部刘某某挪用巨额税款进行赌博，被开除公职，判刑8年。是年，金税工程（利用覆盖全国税务机关的计算机网络对增值税专用发票和企业增值税纳税状况进行严密监控的一个体系）二期完成，全面取消手工版增值税专用发票的使用，全市有190户增值税一般纳税人可在家中（办公室）用电脑填开增值税专用发票，且纳入市国税局电脑监控系统。国税干部对销项发票和进项发票进行比对，网上协查快捷准确。2004年，市国税局采取政策扶持，信息扶持、管理扶持等方式，积极支持“两个置换”和招商引资工作，使倒闭企业重焕生机，收回上千万元老欠税款。加强煤炭税收征管，堵塞漏洞，冲破阻力，创新方式，形成“拦杆代征，以票控税，以查堵漏”的征管模式，使煤炭生产与应税吨位基本持平。是年，实行税收管理员制度。煤炭入库税收5478万元。其中，统征入库2004万元，企业自查申报与税务查补入库3474万元。2005年，煤炭增值税退出煤炭税费统征。是年，通过以票管税，实施清欠奖罚办法，严格执行扣、加、罚制度，清收陈欠1800万元，新欠压缩在1%以下。是年开始，全面运行综合征管软件，对纳税申报、税款入库、发票认证、发票领购等全过程实施规范化管理，解决乱征滥罚、收人情税、关系税的现象。2006年，煤炭增值税重又纳入煤炭税费统征。是年，实行文明办税“八公开”（公开纳税人的权利和义务，公开税收政策法规，公开管理服务工作规范，公开稽查工作规范，公开税务违法违章处罚标准，公开税务干部廉洁自律有关规定，公开受理纳税人投诉部门和监督举报电话，公开违反规定的责任追究）。全市换发税务登记证3191户。其中，换证1474户，新办证1717户。是年，税收票证管理获省国税局抽检第一名。2007年，有增值税一般纳税人368户，小规模纳税人145户，起征点个体工商户1042户。全市办证个体工商户4510户。是年，国税局把强化纳税评估作为征管改革的突破点，全力打造“煤税亿元工程”，深化煤炭行业评估和稽查力度，全年入库煤炭税收11205万元。对煤炭、建材、服装、药品、专卖店五个行业开展重点评估，建立五个行业的物耗指标体系，起到“评估一户，规范一行，整治一片”的效果，全年评估273户，评估补税2302万元。其经验在省国税局征管工作会议上被推广。

图24-3 市国税局办税服务厅

五 税务稽查

1994年，对全市814户一般纳税人和上千户小规模纳税人进行认真检查，查处偷漏税案33起，在自查申报的基础上，查补各种税收706万元，入库672万元，处滞纳金2万元。是年，市税务检察室受理偷抗税及投机倒把案件30起，经市检察院批准，立案侦查11件21人，移送起诉案件4件10人，其中100万元以上的特大案件3件9人。共依法逮捕10人，挽回经济损失1400余万元，追回赃款30余万元。1995年，稽查局成立，开展日常稽查、专项稽查和专案稽查，运用稽查手段，查处偷税、逃避追缴欠税、骗税及抗税案件，维护税收秩序，保证税法实施。按照《税务稽查工作规程》建立执法监督制约体系，实行"选案不查案，查案不审案，审案不定案，定案不执行"的制约机制，规范税务稽查工作。是年，对全市593户一般纳税人户户过查，查增税款282万元，处罚款32万元。1997年，抓商业行业、低税负、零申报等专业稽查，查补税款1088.9万元(含企业自查申报)，入库税款1004万元。1999年，从市直14个部门抽调40多人对市内所有纳税人进行地毯式检查，查补入库税款300多万元。2003年3月，全省部署打击涉税违法犯罪专项行动，在境内破获多起偷税案和虚开增值税专用发票案，其中市煤焦有限公司偷税案，采取大头小尾开具增值税专用发票103份，偷税80余万元，潜逃7年之久的法人代表李某某被抓获归案，依法判处其有期徒刑3年，追缴被偷税款，并处罚金3万元。4月，梁文胜被评为全省打击涉税违法犯罪专项行动先进个人。2007年，创新稽查工作方法，推行大稽查，着力培养、提高税收管理员素质，开展税源监控；推行阳光稽查，实行集体选案、审理，结果依法公告；推行合力稽查，加强国税部门与公、检、法机关协作联动，增强打击税收违法；推行效能稽查，突出稽查能力建设，激发活力；推行"一案双查"，既查纳税人税收违法行为，又查税务执法人员的违法、违纪现象，有效规范执法行为。

六 国税收入

1994年，全市国税收入入库7076万元，其中分级次入库6800万元。1995年，境内企业不景气，特别是国有企业，25户重点企业中有21户亏损，亏损额达7000余万元，比上年同期减少税收820万元。1996年，建材企业有50%停产或半停产，煤炭企业因连续出现重特大事故，影响税收400多万元。1997年税源萎缩达到最高点，较上年减少2300多万元，18户重点税源企业比年计划短收1005万元，减少33.5个百分点。三大主要税源(煤炭、建材和冶金)受市场影响产销两不旺，其中煤炭税收比上年短收668万元，减少44.15%；32家水泥厂停产半停产26家；400多家小煤窑停产，48户上划企业3户破产，3户停产，17户半停产，10多户开工不足，比上年减少销售额2亿多元。是年，通过采取考核、奖罚等强化征管措施，收回欠税1400多万元，查增税款1088万元，个体户税收比上年增加528万元，弥补部分短收税款。1999年，11户纳税50万元以上的企业，3户破产，4户半停产，比上年同期减少税收425万元；33户水泥企业中只有4户开工，影响税收200多万元；全市关闭小煤窑400多家，影响税收600多万元。是年，增值税入库5751万元，比上年减少454万元，国税总收入下降到5828万元，比1994减少

图24-4 涟源市"税企携手共建和谐"税收·廉政知识抢答赛赛场

17.64%。2000年开始，私营企业逐渐发展，国税收入逐年增加。2001年，全市煤炭企业产销两旺，税收入库2215万元，比上年同期增收165万元，增长8.19%。2002年始，进行所得税改革，企业所得税所征税款上缴中央60%，省级12%，地市级8%，县市留用20%，个人所得税所征税款上缴中央60%，省级12%，地市级28%。是年，国税收入8329万元，比1999年增加2501万元，增长43%。2003年，市国税局积极配合市政府招商引资工作，与投资于倒闭企业的老板们达成协议，对以前的老欠税款先挂账，企业发展后再分期偿还。是年，收回旧欠税款近100万元，国税入库9635万元，与上年同比增收1306万元，增长16%。2004年，涟源市与54家中外客商签订投资项目合同，引进资金62.89亿元，其中前期到位资金10.2亿元，有8家企业建成投产。2005年，湖南顺鑫钢铁有限公司税收增长1000多万元。2006年，火电厂项目、300万吨水泥项目、60万吨焦化项目动工兴建。2007年，全市国税入库27698万元（含车辆购置税207万元），比1994年增加20622万元，增长291.44%，比1999年增加21871万元，增长375.26%。

1994—2007年涟源市国税收入分级次入库情况

表24-9　　单位：万元

年度	税额	同比+-%	其中			
			中央级	省级	地(市)级	市(县)级
1994	6800	…	5071	609	—	1120
1995	7201	1.76	5400	137	—	1664
1996	6869	-4.60	5151	145	—	1573
1997	6410	-6.70	4807	150	—	1453
1998	6442	0.50	4869	125	—	1448
1999	5827	-9.55	4379	10	—	1438
2000	6272	7.63	4827	—	—	1445
2001	7521	19.91	5867	12	—	1642
2002	8329	10.74	6123	301	233	1672
2003	9635	15.68	7113	91	213	2218
2004	17725	83.96	13073	178	412	4062
2005	20194	13.93	15105	140	325	4624
2006	23610	16.92	17461	411	294	5444
2007	27491	16.44	20643	399	325	6124
合计	160326		119889	2708	1802	35927

说明：表中2005、2006、2007年税收不含车辆购置税499万元

第三节 地方税务

一 机构设置

1994年9月28日，涟源市地方税务局（简称市地税局）成立，机构编制、人员调配、税务经费、劳动工资由省地税局垂直管理。内设税政管理股、征收管理股、计划会计股、人事教育股、监察股、办公室。下设蓝田、马家境、六亩塘、荷叶、四古、伏口、桥头河、杨家滩、山塘、白马10个税务所。全局在职职工98人。1995年3月，增设市地税局稽查局。1998年1月，撤销税务所，建立5个征收分局，税收征管范围分别为：第一征收分局负责蓝田街道、石马山镇，第二征收分局负责六亩塘镇、三甲乡，第三征收分局负责安平镇、古塘乡、龙塘乡，第四征收分局负责桥头河镇、七星街镇、伏口镇、湄江镇、渡头塘乡，第五征收分局负责杨市镇、枫坪镇、斗笠山镇、水洞底镇、荷塘镇、金石镇、茅塘镇、白马镇。2月，第一征收分局设立办税服务厅。2004年7月，机关股室改为科室，5个征收分局整编为4个，更名为税务分局。2005年2月，调整税务分局税收征管范围，第一税务分局负责蓝田街道、石马山镇、六亩塘镇、三甲乡，第二税务分局负责境内煤炭行业，第三税务分局负责杨市镇、枫坪镇、斗笠山镇、水洞底镇、荷塘镇、金石镇、茅塘镇、白马镇，第四税务分局负责桥头河镇、七星街镇、湄江镇、伏口镇、渡头塘乡、安平镇、龙塘乡、古塘乡。2006年10月，办税服务厅升格为局机关内设机构。2007年，全局在职公务员、工勤人员126人。

图24-5 涟源市地税局办税服务厅

二 地方税税种

营业税 营业税是地税局征管的主要税种，征收的主要行业有金融保险业、建筑安装业、房地产业、邮电通信业、交通运输业、文化娱乐业、饮食服务业等。1994年，入库892万元，占地税收入28.69%。2004年，营业税起征点为城区月营业额1500元，农村月营业额1000元，全市2417户未达起征点的个体工商户享受免征营业税优惠政策。2007年，入库5960万元，占地税收入45.49%，比1994年增加5068万元，增长568.16%。1994—2007年，入库28753万元，占地税收入34.69%。

资源税 主要税源是煤炭、石灰石、白云石。1994年，每吨原煤征收0.5元，每吨石灰石、白云石征收2.5元，是年入库233万元，占地税收入7.49%。2005年1月1日起，每吨石灰石征收1.5元。2006年1月1日起，每吨原煤征收2.5元。2007年，入库930万元，占地税收入7.09%，比1994年增加697万元，增长299.14%。1994—2007年，入库4598万元，占地税收入5.55%。

企业所得税 征税对象是企业的应纳税所得额。1994年，入库377万元，占地税收入12.13%。2000年，企业改制，生产处于停产半停产状况，企业所得税下降到191万元。2005年，原煤价格上升，煤炭企业效益提高，改制企业恢复生产，企业所得税快速增长，是年入库1124万元，占地税收入12.23%，比1994年增加747万元，增长198.25%。1994—2007年，入库5982万元，占地税收入7.22%。

个人所得税 征税对象是个人取得的应税所得,确定征税的项目 11 个。1994 年入库 111 万元,占地税收入 3.56%。此后,经济发展迅速,煤炭生产及加工企业成为涟源经济的支柱行业,个人所得税逐渐增长。2007 年,入库 1879 万元,占地税收入 14.34%,比 1994 年增加 1768 万元,增长 159.57%。1994—2007 年,入库 16967 万元,占地税收入 20.47%。

城市维护建设税 缴纳增值税、消费税、营业税的单位和个人附征城市维护建设税。1994 年,入库 490 万元,占地税收入 15.77%。2007 年入库 1777 万元,占地税收入 13.56%,比 1994 年增加 1287 万元,增长 262.41%。1994—2007 年,入库 11065 万元,占地税收入 13.35%。

印花税 征税对象是在经济活动和经济交往中书立、领受的应税经济凭证。1994 年,入库 18 万元,占地税收入 0.57%。2007 年入库 526 万元,占地税收入 0.04%。1994—2007 年,入库 2236 万元,占地税收入 2.7%。

车船使用税 按车船种类、吨位或座位定额征收。1994 年,入库 37 万元,占地税收入 1.17%。2007 年,入库 61 万元,占地税收入 0.47%,比 1994 年增加 24 万元。1994—2007 年,入库 717 万元,占地税收入 0.87%。

房产税 以城镇(蓝田街道、桥头河镇、杨市镇)营业房屋为征税对象,按房产原值一次减除 20%后的余值的 1.2%或租金收入的 12%的税率征收。1994 年,入库 156 万元,占地税收入 5%。2007 年,入库 300 万元,占地税收入 2.3%,比 1994 年增加 144 万元。1994—2007 年,入库 3246 万元,占地税收入 3.92%。

城镇土地使用税 坐落在城市、县城、建制镇和工矿区拥有土地使用权的单位和个人按标准缴纳城镇土地使用税。1994 年,入库 105 万元,占地税收入 3.4%。2007 年,入库 98 万元,占地税收入 0.75%。1994—2007 年,入库 1213 万元,占地税收入 1.47%。

土地增值税 1994 年 1 月 1 日开征,以纳税人转让国有土地使用权、地上建筑物及附着物取得的增值额为计税依据。1994 年入库 1 万元,2007 年入库 42 万元。1994—2007 年,入库 98 万元,占地税收入 0.12%。

烟叶税 2006 年 1 月 1 日开征,4 月实施《烟叶税条例》。收购烟叶的单位为烟叶税的纳税人,税率为 20%。由收购烟叶单位向所在地地税机关缴纳。

固定资产投资方向调节税 1994 年,入库 371 万元,占地税收入 11.95%。1999 年入库 107 万元,占地税收入 2.88%。1994—1999 年,入库 1579 万元,占地税收入 7.14%。2000 年 1 月 1 日停征。

屠宰税 对屠宰猪、牛、羊等牲畜的单位和个人按头定额征税。1994 年,入库 248 万元,占地税收入 7.99%。2001 年,入库 162 万元,占地税收入 3.49%。1994—2002 年 3 月,入库 2055 万元,占地税收入 6.35%。2002 年 4 月 1 日取消。

教育费附加 按单位和个人实际缴纳增值税、消费税、营业税税额的 3%征收。1994 年,入库 70 万元,占地税收入 2.26%。2007 年,入库 914 万元,占地税收入 6.98%。1994—2007 年,入库 4360 万元,占地税收入 5.27%。

三 代征费、金

防洪保安资金 1995 年始,市地税局负责境内实行独立核算的企业和在职职工以及有其他收入的事业单位和在职职工的防洪保安资金征收,用于市内防洪保安工程建设。是年,代征 54 万元。1995—2007 年,代征 1428 万元

文化事业建设费 1997 年开始代征,以缴纳娱乐业、广告业营业税的单位和个人为义务缴纳人。费率为纳税营业额的 3%,缴费人在申报营业税时一并申报缴纳。地税局按期解缴国库。1997—2007 年,代征 68 万元。

社会保险费 2002 年开始代征,凡在境内从事生产经营的外商投资企业及其中方职工,私营企业及其

职工均为缴费对象。2002—2007 年,代征 724 万元。

工会经费 2005 年开始代收,辖区内各种所有制企业及不由财政代扣工会经费的机关事业单位为缴费对象。建立工会组织的企事业单位按全部职工工资总额的 2%的 40%、未建工会组织的企事业单位按全部职工工资总额的 2%上缴工会经费。2005—2007 年,代收 444 万元。

残疾人就业保障金 2006 年开始代征,辖区内未安排残疾人就业和安排残疾人就业未达本单位在职职工人数 1.5%的中央驻湘行政事业单位、与财政没有经常性经费领拨关系的社会团体和事业单位、各类企业及其他经济组织为缴费对象。2006—2007 年,代征 111 万元。

1994—2007 年涟源市地税局各项税收情况

表 24-10 单位:万元

项目/年份	营业税	企业所得税	个人所得税	城建税	印花税	城镇土地使用税	土地增值税	车船使用税	房产税	资源税	教育费附加	屠宰税	固定资产投资方向调节税	合计
1994	892	377	111	490	18	105	1	37	156	233	70	248	371	3109
1995	980	412	291	487	30	166	1	44	258	215	99	285	412	3680
1996	995	309	631	479	59	196	5	48	290	244	118	318	382	4074
1997	1076	365	799	477	75	131	6	57	267	181	93	263	182	3972
1998	982	271	818	426	84	89	1	57	239	169	90	248	112	3586
1999	1047	214	990	477	89	53	—	59	149	180	126	219	107	3710
2000	1485	191	1026	530	90	32	—	44	233	136	130	214	13	4124
2001	1607	299	1334	479	117	35	1	57	223	193	152	162	—	4659
2002	1926	349	1544	700	45	35	1	56	190	203	220	98	—	5367
2003	1823	433	1795	752	107	60	8	50	217	285	331	—	—	5861
2004	2142	516	2029	1044	236	70	4	70	219	322	569	—	—	7221
2005	3297	1124	1817	1311	336	54	12	25	216	354	646	—	—	9192
2006	4541	508	1903	1636	424	89	16	52	289	953	802	—	—	11213
2007	5960	614	1879	1777	526	98	42	61	300	930	914	—	—	13101
合计	28753	5982	16967	11065	2236	1213	98	717	3246	4598	4360	2055	1579	82869

四 地税收入

1994年,全市地税收入3109万元。2003年达到5861万元,年均增幅7.66%。2004年,入库7221万元。2006年突破亿元大关,达到11213万元。2007年,入库13101万元。2004—2007年上升趋势明显加快,分别比上年增长23.20%、27.29%、21.98%、16.83%,年均增幅22.33%,比1994年增收9992万元,13年翻两番。

1994—2001年,累计入库地方各税30914万元,其中省级4117万元,地市级154万元,县市级26643万元。2002年开始,企业所得税、个人所得税实行中央、省、地市、县市四级按比例共享。2002—2007年,累计入库地方各税51955万元。其中,中央级8519万元、省级6274万元、地市级1350万元、县市级35812万元。

1994—2007年涟源市地税收入分级次入库情况

表24-11 单位:万元

年 度	合 计	其中				年 度	合 计	其中			
		中央级	省级	地市级	县市级			中央级	省 级	地市级	县市级
1994	3109	—	421	5	2683	2002	5367	947	767	206	3447
1995	3680	—	482	5	3193	2003	5861	1337	780	189	3555
1996	4074	—	671	6	3397	2004	7221	1527	892	219	4583
1997	3972	—	639	35	3298	2005	9192	1765	954	260	6213
1998	3586	—	493	40	3053	2006	11213	1447	1314	233	8219
1999	3710	—	483	22	3205	2007	13101	1496	1567	243	9795
2000	4124	—	422	26	3676	累计	82869	8519	10391	1504	62455
2001	4659	—	506	15	4138						

五 征收管理

1994年,税款征收沿用专管员管乡、管企业制度,税收管理实行"一员进厂,各税统管"模式,税收任务分解到各所、各乡镇。屠宰税聘请代征员征收,车辆税收委托交通局征稽所代征。1997年,组建车辆税收征收处,负责征管车辆税收。1998年,强化金融行业和行政单位票据管理,理顺地税征管范围,将781户以缴纳增值税为主体的个体工商户应缴纳的地方税收纳入征管范围。第一税务分局设立办税服务厅,推行定额发票和窗口开票征收,纳税人自觉申报纳税。2001年,全局实施"阳光栏目"工程,将个体工商户的税负及征收税款、相关税收政策、办税程序等公开,接受社会监督。2003年,在蓝田城区开展"诚信纳税,文明服务一条街"活动,与纳税人共同倡议诚信纳税、文明服务、亮证经营、税款及时足额入库,12月,被湖南省地税局评为"诚信纳税,文明服务一条街"活动先进单位。2004年,实现征管软件应用,连续4年办理电脑系数定税1631户,占应办户数1938户的84.16%。2005年,改革征管体制,实行行业管理,形成征收、管理、稽查三分离管理模式,对全市车辆和煤炭生产及加工企业集中行业征收管理,平衡税负,清除死角。是年,车辆税收(含车辆营业税)入库920万元,比上年增收240万元。煤炭行业税收入库3600万元,比上年增加1500万元,其中第二征收分局查补税款1600万元。蓝田街道、六亩塘镇、石马山镇、三甲乡的企业、个体工商户及全市煤炭生产、加工企业的纳税申报、税款入库、发票领购销号、证照办理，在办税服务厅一条龙服务，为纳税人提供便利，提高工作效率，办税服务厅入库税款占全市地税收入的75%左右。对年纳税额1万元以上的企业建立征收台账，城区组织房产税、土地使用税专项检查，不留征管死角。

2007年，推广发票应用软件，全市有216户使用税控收款机。以票管税，对建筑安装业、交通运输业及服务行业发票实行监控管理，防止利用发票偷漏税。是年，全市有企业、个体工商户4371户。其中，企业628户，个体工商户3743户（达起征点个体工商户1301户，未达起征点个体工商户2442户）。

六　税务稽查

1995年3月，成立涟源市地税局稽查局，受理税务违法案件举报，协办涉税刑事案件，检查税收入库预算级次情况，查补税款、滞纳金、罚款入库、税收保全、强制执行措施实施。7月，查处枫坪镇颜佳山煤矿做真假两套账目，偷税121万元，追缴入库并罚款20万元。是年稽查43户，查补偷漏税款280万元。2000年，稽查由“收入型”向“执法型”转变，选案、检查、审理、执行实行四分离，相互制约，促进稽查规范化。2002年10月，《中华人民共和国税收征收管理法实施细则》明确稽查局专司偷税、逃避追缴欠税、骗税、抗税案件的查处。是年，查获涟源力丰有限公司虚列支出偷税68万元，罚款20万元。2004年10月，查获湘焦有限公司偷漏税款62万元，罚款3万元。2005年，实施“阳光稽查”，对稽查户“事前告知”“约谈”、政策解释及宣传辅导，增强政策透明度，不断完善科学选案、查审分离、错案追究内部约束机制，建立社会监督网络，拓展稽查的广度和深度，做到有案必接，接案必查，查案必果。是年4月，查获枫坪镇柏树煤矿偷税160万元，罚款15万元。2006年，根据市建设局、规划局2003年以来的房地产开发项目及施工单位工程资料进行排查，确定31个单位74个建设项目为稽查对象，集中力量，历时1个月，查补入库税款988万元，罚款78万元。1995—2007年，稽查765户，查补税款、罚款6381万元。其中，认定偷税63起，追缴所偷税款、罚款514万元。

图24-6　税法宣传

第二十五篇　金　融

1987 年，涟源市有金融机构（行、社、处、所、站）1022 个，工作人员 593 人，各项存款余额 13219 万元，贷款余额 19643 万元。有 12 个保险公司、站，人员 26 人，保险业务总收入 341 万元，总支出 95 万元。1993 年 12 月，国务院出台《关于金融体制改革的决定》，全市金融保险事业发生较大变化，国有专业银行政策性业务与商业性业务分离，成为国有独资商业银行，中国工商银行涟源市支行、中国农业银行涟源市支行、中国银行涟源支行、中国人民建设银行涟源市支行 4 家银行的经营范围随着国家市场经济体制的建立和完善，逐步由专业经营过渡到混合经营。2007 年与 1987 年比，全市金融机构减至 84 个，员工增加到 703 人，各项存款余额 571270 万元，增长 42.22 倍；贷款余额 255598 万元，增长 12 倍。保险机构发展到 42 个公司、部、点，员工增加到 495 人，保险业务总收入 12091 万元，增长 34.46 倍；保险业务总支出 7123 万元，增长 73.98 倍。2007 年，方正证券涟源营业部全年股市交易额 52.2 亿元，实现利润 450 万元，上缴国家税收 50 万元。1981—2007 年，境内推销国库券 13170 万元。

第一章　银　行

第一节　机　构

中国人民银行涟源市支行　1992 年 11 月，中国人民银行涟源市支行（简称市人行）成立，行使中央银行职能，内设人事秘书股、业务管理股、会计国库股、发行保卫股，员工 17 人。1995 年，增设稽核监管股、农村合作金融管理股和办公室。1996 年，市人行承担农村信用社业务管理和金融监管。1998 年 3 月，金融监管职能划归娄底地区金融监管办事处。是年 11 月，商业保险监管职能划归中国保监会。2004 年，内设办公室、货币信贷与统计股、会计国库股、人事政工股，员工 24 人。2007 年，内设机构不变，员工 18 人。市人行辖内金融机构有中国工商银行股份有限公司涟源支行、中国农业银行涟源市支行、中国银行股份有限公司涟源支行、中国建设银行股份有限公司涟源支行、中国农业发展银行涟源市支行和涟源市农村信用合作联社及各金融机构所属营业部、分理处、站、所 84 个网点，编内员工 703 人。

图 25-1　市人民银行

中国农业发展银行涟源市支行　1997 年 1 月，成立中国农业发展银行涟源市支行（简称市农发行），从市农行析出，为政策性银行。内设办公室、信贷部、财务会计部，员工 20 人。2007 年，16 人。

中国工商银行股份有限公司涟源支行 1987 年，中国工商银行涟源市支行（简称市工行）内设人事、信贷、计划、会计、出纳、储蓄、保卫、稽核、办公室 9 个股室，下辖 8 个分理处（湘煤机、湘峰、洪源、田湖、桥头河煤矿、斗笠山、水洞底、人民路分理处），5 个储蓄所（支行、光明山、蓝溪桥、城东、新桥储蓄所），全行员工 114 人。1988 年 8 月，增设杨市储蓄所。1989 年 12 月，增设中心储蓄所。1991 年 3 月，成立政工股，6 月开办芙蓉路储蓄所。1992 年 4 月，成立经济警察队，5 月撤销田湖、桥头河煤矿、斗笠山 3 个分理处，9 月恢复田湖分理处，成立桥头河煤矿储蓄代办所和斗笠山储蓄代办所。1993 年 4 月，加大对公存款力度，成立存款部，5 月成立牡丹卡分部。10 月，增设马家境分理处。1995 年，全行在职员工 148 人，机构 33 个。其中，部室 16 个，分理处 9 个，储蓄所 8 个。1996 年 1 月，杨市储蓄所升格为杨市分理处，湘峰分理处并入杨市分理处。1997~1998 年，16 个股室合并为三部一室（存款部、营业部、业务部、办公室）。1998 年 2 月，斗笠山、桥头河煤矿、洪源 3 个储蓄代办所升格为储蓄所。1999—2000 年，撤销城东、红旗桥、桥头河煤矿、杨市、支行所、蓝溪桥、光明山、芙蓉路、中心所 9 个处所，辞退代办员 61 人。2000 年 8 月，城建分理处与人民路分理处合并，称为城建分理处，12 月成立光明山分理处。2001 年 8 月，撤销杨市分理处和田湖分理处，三部一室改为六部一室（增设资产风险部、管理部、零售业务部），全行员工 101 人。2004 年 12 月，撤销城西和蓝田 2 个分理处，六部一室合并为四部一室（风险投资部、零售业务部并入管理部），建立以公司、机构、个人三大客户群体为服务对象的营运体系。2005 年 12 月，中国工商银行涟源市支行更名中国工商银行股份有限公司涟源支行（简称市工行），撤销光明山分理处。2007 年，市工行内设二部一室（营业部、业务部、办公室），下设城建分理处、洪源分理处。全行在职员工 50 人，代理用工 11 人。

图 25-2 市工商银行城建分理处营业厅

图 25-3 市农业银行

中国农业银行涟源市支行 1987 年，中国农业银行涟源市支行（简称市农行）内设 13 个股室，下设 7 个营业所、13 个储蓄所、5 个储蓄代办所，员工 186 人。1994 年，中国农业发展银行成立，机构尚未下延，业务由农行代理。1997 年 1 月，市农发行从农行分离单独设立，政策性业务划转市农发行，同时，农村信用社与农业银行脱钩，市农行按商业银行运作，先后撤并网点 25 个，分流富余员工 139 人。2007 年，内设人事监察、计财科技、个人业务、公司业务、信贷管理、风险资产经营、办公室、安全保卫 8 个部室，1 个营业部，下设 6 个分理处，员工 118 人。

中国银行股份有限公司涟源支行 1987 年 12 月，成立中国银行娄底支行涟源办事处，员工 3 人，开展存贷款业务。1989 年 6 月 1 日，升格为中国银行涟源支行（简称市中行），内设人秘股、信计股、保卫股、存汇股、会计股5个股室，下辖2个储蓄所（文艺路储蓄所、新建储蓄所），员工15人。1993年1月，文艺路储蓄所搬迁至三角坪，更名大桥储蓄所，8月增设三一分理处。1995年12月，增设卫星分理处。1997年3月，三一分理处搬迁至光文村，更名光文储蓄所。2002年11月，新建储蓄所升格为新建分理处，大桥储蓄所升格为大桥分理处。2003年7月，撤销光文储蓄所。2005年12月，中国银行涟源支行更名中国银行股份有限公司涟源支行（简称市中行）。内设综合保卫部、业务发展部、营业部，下辖新建分理处、卫星分理处、大桥分理处，全行在职员工53人。2007年，机构、人员未变。

图 25-4 市建设银行

中国建设银行股份有限公司涟源支行 1987年，中国人民建设银行涟源市支行（简称市建行）内设5个股室，辖2个储蓄所、1个储蓄代办点，员工23人。1989年，内设8个股室，下设8个储蓄所、2个储蓄代办所，员工35人。1993年，设立房地产信贷部。1996年，中国人民建设银行涟源市支行更名中国建设银行涟源市支行，内设8个股室，下设12个储蓄所，2个储蓄代办点，员工106人。2003年底，机构、网点撤并，保留业务部、营业部、新源分理处、三角坪储蓄所，员工精减至32人。2004年，股份制改造到位，更名中国建设银行股份有限公司涟源支行（简称市建行）。2007年底，全行员工38人，内设办公室、业务部、营业部，下设新源分理处、三角坪储蓄所。

中国邮政储蓄银行涟源市支行 1986年10月，涟源县邮电局开办邮政储蓄。2008年4月18日，成立中国邮政储蓄银行涟源市支行（简称市邮储行），内设综合管理部、综合业务部、会计核算部、信贷业务部，辖12个二级支行，6个代理网点，员工49人。

涟源市农村信用合作联社 1985年9月15日，涟源县农村信用合作社联合社成立（简称县信用社），设人事、社务、财务3个组，专职工作人员5人。1986年10月，建立白马、山塘、杨家滩、桥头河、伏口、四古、荷叶7个区级办事处。1987年3月2日，县信用社设置营业部。1989年，内设人秘股、业务股、财务股、稽核股、监保股、营业部，辖乡镇信用社47个、信用分社5个、储蓄所16个，员工267人；有信用站916个，配备不脱产业务代办员916人。1991年，稽核股和监保股合并为稽核监察股，增设保卫股。1992年6月，废除一村一站一人经营体制，建立多村联站，钱账分管模式。全市916个村信用站，保留10个，撤销906个。其中，71个村信用站收归信用社带办，335个村站合并组建信用联站198个。代办员精减到421名。1993年，市信用社撤销人秘股，设立办公室和人事教育股。1994年，成立马家境街道信用社和六亩塘街道信用社。1995年，撤销伏口办事处。1996年，撤销白马、桥头河、四古、荷叶4个办事处。是年12月31日，市信用社与市农行脱离行政隶属关系，自成体系，经营管理基本与商业银行接轨。1997年，业务股更名计划信贷股，6

图 25-5 2006年12月，市农村信用合作联社创立大会和第一届会员代表大会召开

月16日,成立结算中心。9月,规范马头山、蓝田、枫坪、三甲、桥头河、山塘6个信用社,均成立理事会、监事会。1998年2月,撤销杨家滩、山塘2个办事处。至此,全市信用社7个办事处全部撤销。撤销唐家、金竹、湄塘等3个分社(储蓄所),将马头山、芙蓉等11个地理位置接近、网点设置重复,经营效益不佳的信用社进行撤并,独立核算的信用社由年初的41个合并为30个。2000年4月,增设信用站管理股,市信用社内设办公室、人事教育股、业务股、财务股、稽核监察股、信用站管理股、营业部、资产保全办。2001年,资产保全办并入业务股。2002年12月,全市24个农村信用社完成改革规范工作。是年,资产保全办从业务股分出,撤并信用代办站22个,信用代办站网点由年初257个精简到229个,信用站代办员由年初621人减少到519人。是年底,24个农村信用社完成规范工作,分别成立理事会、监事会。2006年,信用代办站撤并到信用社营业室(分社),全市信用站退出柜台业务。2006年11月30日,市农村信用合作联社及相关机构正式挂牌。年底召开市农村信用合作联社创立大会和第一届会员代表大会,实现市农村信用合作联社一级法人治理管理体制。2007年8月,市农村信用合作联社内设办公室、人力资源部、计划信贷部、财务会计部、风险资产管理办、科技部、稽核监察部、保卫部、营业部,下辖信用社26个,分社26个,员工353人。

第二节 货 币

一 金银管理

1992年,市人行成立后,主管全市金银收兑。1993年1月,市人行在城区开办首家金店,经营金银首饰。此后,随着市场经济发展,民间个体金银首饰加工逐渐发展,部分加工店私下销售金银。1994年6月,市人行开展一次专项检查,对违规加工店进行清理整顿。全市取缔自发黄金市场3处,严禁黄金交易和私下买卖。1995年,依法批准5家个体金银饰品维修翻新点,发给《经营金银业务许可证》,对3家黄金饰品零售单位进货渠道、销售和价格等方面实施监督检查,严格金银饰品进货、销售月报制度。1999年,对批准的金银饰品经营零售单位和个体维修翻新店开展检查,严格要求挂证营业、明码标价。2002年1月,取消经营黄金(包括K金)制品和零售业务许可管理制度,通过清理,由市人行核准换发《黄金制品核准登记证》。是年,境内核发6家。2003年,黄金市场全面开放,纳入市场管理,审批与监管停止。

二 现金管理

1988年,国务院发布《现金管理暂行条例》,市内对开户单位实行现金限额管理,烤烟收购试行以票转存办法,银行内部严格执行现金差错审批制度。1991年,在银行、信用社开立账户的机关、团体、部队、企业、事业单位和其他单位,收支和使用现金,必须接受开户行的监督。企业、事业单位按照现金收支两条线的管理办法,除工资性、农副产品收购及1000元以下零星开支可以支付现金外,一律采取转账结算方式。1992年,在农产品收购旺季,收购资金推行大额可转让定期存单支付。1995年后,商品购销中现金结算和大额现金结算增多,金融部门按照中国人民银行《关于大额现金支付管理的通知》,规定在国家工商行政管理机关登记注册的企业、事业单位,只能选择一家银行的营业机构开立一个基本账户,办理现金收付业务。个体工商户可凭工商部门签发的营业执照,自主选择一家银行或信用社开立一个基本存款账户,但不允许将生产经营性资金转入储蓄账户。对账户支取现金,规定一日一次性提取现金5万元以上的,临柜人员应查验取款人有效身份证件,经部门负责人审查后支付;一次性提取现金20万元以上的,取款人应提前一天预约,支取时要通过市人行审批。1998年,禁止使用信用卡、银行卡、支付卡违章套取现金。个人卡按持卡人有效身份证件和密码办理，取现金额必须符合发卡银行规定限额，不得透支现金。单位卡需存现金应从其基本账户转入，不得交存现金，不得将销售货款存入，不得支付现金，严禁公款私存，以及非基本账户提取现金或大额提取现金。2002年，规定一次性支付5万元以上现金报市人行备案，10万元以上报市人行批准。制定大额现金支付的支付备案管理、审批管理、居民个人储蓄账户大额现金支付管理、银行汇票和银行本票大额现金支付管理、非银行金融机构大额现金支付管理、银行卡大额现金支付管理等制度，防控洗钱犯罪。

三　利率管理

1987年，全市严禁违规揽储、擅自提高利率。1993年3月，境内开始建立农村合作基金会。发展过程中，逐步背离建会宗旨，涉足社会金融务，在城乡设立网点，公开以高出国家法定利率在社会上吸收公众存款或以保息分红、发放手续费和纪念品等手段变相抬高利率吸收公众存款。群众受利益驱动，取款转存农村合作基金会，各金融机构存款下降，银行为挽救自身利益也参与竞争，引发辖内金融机构揽储之争。

1995年，市内整顿金融市场，规范金融秩序，遏制擅自或变相提高存款利率揽储、发放手续费及纪念品、回扣等现象。狠抓储蓄管理秩序，建立责任制；制定处罚方案，加强稽核监管；开展现场、非现场检查，制订奖励措施；严格控制新设机构网点，防止城区金融机构外延扩大化；实行内部调整，整顿结算秩序。是年，检查105个金融机构，发出整改建议80条，通报处理金融单位5个，撤并金融网点5个，罚款19万多元。

1996年5月，市委、市政府批转市人行《关于加强金融监管力度，坚决维护金融秩序的通知》，要求各乡镇（街道）、各单位和社会团体严格遵守国家金融政策和利率政策，从大局出发，积极配合，严禁非法集资，严禁资金体外循环；农村合作基金会要按照会章宗旨规范好经营行为，依法经营，不擅自提高存贷款利率和超范围经营。市人行历时3个月，对辖内存在问题进行调查、监管和稽核，采取措施加以纠正，成功制止处理蓝田街道办事处为市特种水泥厂技改项目乱集资而随意提高储蓄存款年利率5.27个百分点的问题。

1998年3月，相继召开全市金融监管工作会议和金融工作会议，《涟源报》开辟金融监管专栏，分发中国人民银行总行关于禁止高息揽储的公告，印发国务院总理朱镕基关于对高息揽储要“下重药、动杀手”的批示，市人行督促各金融单位建立由“一把手”挂帅的内控领导小组，强化内部约束，废止各金融机构在揽储期间产生的有关文件、制度、规定和办法，取消存款任务与工资挂钩做法。坚持每季度对金融机构进行一次存款利率检查，年内两次对保险业检查和贷款证检查。是年，通过强化管理、严查严办，取缔非法金融机构1家，行政处分违规机构负责人5名，罚款32.6万元。

1999年4月8日，根据中央、省、地安排，全市部署对农村合作基金会进行清理整顿。

2001年3月始，监管关口前移，对农村信用社开展会计业务、开户结算、日常利率、高管员工年度考核等现场检查，至2007年，查处违规问题264个。

四　反假币　反洗钱

1991年，各金融机构严格执行中国人民银行《反假人民币暂行规定》，积极做好防范假币工作。1992年9月，全市开展反假人民币宣传月活动，举办假币展览和反假币知识培训，接受货币基础知识咨询，发放宣传资料等，向市民进行爱护人民币教育。制定残损缺污人民币兑换办法，统一兑换标准。1995年，市人行调拨现金20867元，用于银行网点收兑残损人民币。2002年5月起，各金融机构统一制发假币戳记、没收假币，向假币持有人填发假币收缴凭证。6月17—23日，在城乡开展反假币宣传，设置咨询台8个，受理咨询人数5000人次。是年起，制定有关大额现金支付办法，加强金融机构反洗钱的内控制度和岗位责任制，防范和遏止洗钱犯罪，建立大额交易情况准备报告制度、反洗钱信息举报制度、反洗钱工作责任制和加强柜面员工反洗钱

图 25-6 市农业发展银行开展残损币回收暨反假货币宣传

技能培训，实行责任追究制。2003 年 3 月，举办柜面员工识假币培训班，进行两次反假币上岗资格考试，颁发资格证书，各金融机构 753 人参加培训，核发证书 318 份。是年，设立反洗钱机构。2005 年 5 月和 9 月，全市金融机构统一组织两次反假币、反洗钱宣传，深入农村，接受咨询 4000 人次。2007 年，建立反洗钱监测系统与全国联网。

五 取缔地下钱庄

2002 年 5 月，经群众举报，市人行调查证实白马镇有地下钱庄 8 个，分布在 7 个村内，在群众中融资 800 万元。钱庄老板有乡镇干部、村定补干部和学校教师，其中白马镇财政所所长周某某经营地下钱庄达 10 年之久。市人行将情况报请市政府，配合法纪部门对钱庄进行取缔，并由法纪部门依法依纪进行严肃处理。

第三节 存 款

一 对公存款

1987 年，全市各金融机构对公存款余额 4772 万元。1988 年，企业效益滑坡，对公存款比上年有所下降，为 4639 万元，1989 年下降到 4559 万元。1990 年，银行加强对公存款管理，对公存款达到 4933 万元。1991 年，制定《对公存款实施方案》，实行存款任务包干，大抓企业存款、机构单位存款。加强柜面监督，巩固大户，发展新户。加强现金管理，把住不合理资金转移关。推行“存贷挂钩、以存约贷”，建立贷款风险基金存款，帮助企业清收“三角债”，清理库存积压等。1993 年，集中人力、物力、财力上门服务，全力抓存款。1994 年，对公存款增加到 10297 万元。1995 年，境内企业效益大滑坡，停产、半停产、亏损企业占 80%，资金相当紧张。金融机构采取稳存、增存措施，单位存款开办通知存款、约定存款、协议存款，满足企业单位需要。开辟新型业务，为市电力局免费开发收费电脑软件，协助建立电力收费中心，使电费账户余额日均在 550 万元以上。介入房地产、保险、社会服务业、学校、民营企业等新的存款市场，对涟源火车站、市烟草局、市人民医院、龙建公路收费站等单位定时定点上门服务收款。加强与政府及有关职能部门联系，争取大力支持。1998 年，对“两会”（农村合作基金会、农村互助储金会）存款进行清理，严禁利率补差等量，遏制对公存款滑坡势头，对公存款逐年增长。1999 年为 25938 万元。2000 年起，采取细分市场，全面公关，抢占商机，发展有效客户群体，推行客户经理制，建立客户联席会议制度等措施，先后发展电力、煤炭、国土、电信、教委、财政、税务、中石化等大批优良客户群体，对公存款快速增长，2001 年 40685 万元，2005 年 83266 万元。2007 年，对公存款余额 129593 万元，占各项存款的 22.7%，比 1987 年增长 26 倍，年递增 17.9%。

二 储蓄存款

1987 年，全市金融机构储蓄存款 4145 万元。1988 年，略有下降，为 3967 万元。是年后，通过开办特种储蓄存款，业余揽储、零存整取、集体储蓄、转存、代发工资、大额可转让定期存款、存贷挂钩等，储蓄存款快速增长。1989 年 4 月,蓝田信用社首次发行股金票,吸收股金 234 万元。是年,全市 39 个信用社吸收股金 563 万元。1991 年 9 月 17 日,市中行推出长城卡业务。1993 年 4 月,市工行推出牡丹信用卡业务。

图 25-7 市民踊跃存款

1994 年 4 月,市委、市政府召开全市经济工作会议,机关工作人员集中 20 天抓存款,市级领导带头储蓄,各部、委、办、局干部人均存款 500 元,科级干部人均 800 元,市级干部人均 1000 元,20 天内吸收存款 300 多万元。11 月,市委、市政府召开存款工作会议,动员企事业单位抓存款。银行推出五彩连环储蓄、通知储蓄、喜庆吉祥储蓄等存款品种,实行以贷款引存,发行各类银行信用卡,深入农村开辟揽储渠道。是年,储蓄存款 76550 万元,比上年增加 22363 万元。1995 年,市人行完成现场稽核项目 7 个,稽核金融机构 28 个,检查会计凭证 601 本、账本 492 本、报表 214 份,稽核金额 198963 万元,查出违规金额 42972 万元,占稽核总额的 21.6%,提出整改意见 47 条,罚款 4.2 万元。设立基本账户 1448 个,一般账户 214 个,专用账户 116 个,临时账户 4 个。核销基本账户 124 个,一般账户 84 个,临时账户 18 个,专用账户 25 个。是年末,各金融机构各项存款余额 110454 万元,比年初净增 18325 万元,增长率 19.89%。其中,储蓄存款余额 88256 万元,比年初增加 16507 万元,增长 23.01%。是年,市农行推出金穗信用卡业务。1996 年,市建行推出储蓄卡业务。1997 年 7 月,市工行发行牡丹灵通卡,推出借记卡,通过自动柜员机、网上银行实行 24 小时无限制自主服务。是年,市人行召开金融监管工作会议,全市金融秩序好转。1998 年,境内储蓄存款余额 132115 万元。1999 年 4 月,农村合作基金会解散,废止各金融机构在揽储中制定的不合理文件、制度、规定和办法,储蓄存款持续增长。

2002 年,施行“扁平化”管理模式,推行客户经理制,细分客户市场,实行绩效取酬、多劳多得分配制,严格考核兑现,激活人气,各网点改进服务,争办业务。2003 年,采取主攻个体户、富商等市场,巩固稳定网点周边,向外扩散,四面进攻营销策略,年底,储蓄存款余额 254215 万元,比年初增长 29545 万元。2004 年,各项经营任务量化考核到部门、个人。2007 年,全市储蓄存款余额 410593 万元,占各项存款的 71.9%,比 1987 年增长 98 倍,年递增 25.8%。是年,市信用联社推出福祥卡,市工行推出理财金账户卡和绿卡等。

三 外币存款

1989 年,中行开设外币存款,外币存款余额 8.86 万美元。1999 年,达到 97 万美元。2000 年,市农行开设外币存款,加大外币存储力度,掌握企业进出口业务状态,重点营销五江集团等大型国际业务客户,提供存贷一条龙服务,是年,市农行外币存款余额 8 万美元,全市外币存款余额 123 万美元。2001 年 154 万美元。2002 年 2 月后,美元汇率持续走低,外币存款逐年下降。2007 年,全市外币存款余额 61 万美元。

1987—2007 年涟源市各类存款统计

表 25-1

单位:万元

年度	存款余额	其中				年度	存款余额	其中			
		企业存款	储蓄存款	农业存款	其他存款			企业存款	储蓄存款	农业存款	其他存款
1987	13219	1725	4145	7064	285	1998	160467	20006	132115	2812	5534
1988	12515	1403	3967	6610	535	1999	190821	22911	158205	2466	7239
1989	15752	1655	5250	8073	774	2000	213015	23106	177443	3273	9193
1990	18750	1260	6347	10188	955	2001	248352	29764	204594	4381	9613
1991	33346	—	26630	—	6716	2002	277654	28408	224670	6131	18445
1992	49175	—	39155	—	10020	2003	322172	37978	254215	7342	22637
1993	72777	—	54187	—	18590	2004	369706	36617	297348	9657	26084
1994	96931	—	76550	—	20381	2005	401377	50589	312803	11364	26621
1995	110454	—	88256	—	22198	2006	477734	71028	359096	17804	29806
1996	128352	—	107910	—	20442	2007	571270	104524	410593	16946	39207
1997	143391	19971	120003	3048	369						

第四节 信 贷

一 贷款投放

1987 年,全市贷款余额 19643 万元,存贷比 148.6%。以后,企业扩大规模,进行技术改造,乡镇企业发展,调整农业产业结构,农业综合开发,城市基础建设加快,扶持个体私营经济,扶贫力度加大,贷款增长速度超过存款增长速度,1988 年,存贷比达 175%。由于信贷结构不合理,资产质量差,企业拖欠利息越来越多,形成利息难以收回,银行亏损逐年增加。1993 年 2 月,市信用合作联社组织辖内 19 个信用社联合开办社团贷款,支持市特种水泥厂兴建 13 万吨道路水泥生产线,开全省农村信用社社团贷款之先河。

1995 年,全市存款余额 110454 万元,贷款余额 129281 万元,存贷差 18827 万元,存贷比 117%,银行经营亏损严重。是年,市工行应收未收利息 446 万元,累计亏损 1460 万元。1996 年,银行坚持以效益为中心,强化内部管理,集中力量抓存款,抓信贷资产质量,做好金融防范和资产保全工作,按照资产负债比例管理原则,把握好贷款新的增量,稳步开展集约经营,保证骨干企业资金需要,存贷比渐趋合理,2000 年下降至 84%,2001 年为 71.1%。

2007 年,全市各金融机构贷款余额 255598 万元,比 1987 年增加 235955 万元,增长 12 倍。其中,工业贷款 70628 万元,增长 9 倍;商业贷款 23615 万元,增长 10.9 倍;乡镇企业贷款 12968 万元,增长 22.2 倍;基本建设贷款 8802 万元,增长 57.4%。是年,农业贷款 57592 万元,比 1991 年增长 1.2 倍。

二 贷款管理

1987 年,商业贷款取消专项指标控制,由银行在规模内核定商品周转贷款。1988 年,贯彻“收紧信贷、调整结构、扶优限劣、提高效益”方针。1990 年,围绕“控制总量,调整结构,保证重点,压缩一般,适时调节”的货币信贷政策,在扩大信贷资金来源、灵活调度、调剂资金、加强内部管理上下工夫,各项贷款余额 29291 万元,比年初增加 3943 万元,严格控制在核定规模内。是年,组织企业清理相互拖欠的“三角债”。1991 年,围绕“优化信贷结构,搞活资金存量,提高经济效益,加强内部管理”,支持经济持续、稳定协调发展,年末各项贷款余额 40572 万元,比年初增加 11281 万元。市政府牵头组织各银行成立挖潜清欠领导小组,帮助企业清欠挖潜,赴省内外 10 多个地区,收回拖欠货款 97.8 万元,盘活资金 580 万元。1996 年,贷款管理以“引存控贷、规范经营、盘活存量、优化增量”为中心,严格执行贷款“三查”(贷前调查、贷时审查、贷后检查)和审贷分离制度,从清收银行员工责任贷款入手,活化存量。对未归还的采取扣发工资、停职清收,限期收回等措施。1998 年,部分金融机构执行贷款抵押担保流于形式,隐患不少,资产保全困难,贷款风险再度出现。市中行有不符合借款人资信条件的企业 3 户,涉及贷款 4445.5 万元,占贷款总额 51.51%。其中,市电线厂贷款 3137 万元,用来引进世界先进的生产线,摆脱生产上不去的困境。贷前调查论证时,只注重技术更新、产品市场,对领导者能力、技术力量、职工素质等缺乏有效调查分析和论证,终因达不到设计生产能力,资产负债率达 96.7%,亏损额达 1143.1 万元而关门倒闭。贷款过度集中以及贷人情款、跨区域贷款增大贷款风险。信用社跨区域贷款 194 笔 123 户,贷款额 1072.85 万元,占抽查额的 11.08%。市中行贷给娄底科技公司 163.5 万元,用于去沿海炒房地产,变为呆账。芙蓉农村信用社贷给市教委所属的中外合资企业涟城竹制品有限公司 31.9 万元,结果企业破产,贷款成呆账,担保成为一纸空文。是年,提出以提高信贷资产使用效益和自身经营效益为中心,做好金融风险防范和信贷资产保全。按照资产负债比例管理原则,把握增量,寻找新的效益增长点,尽力盘活存量,实现贷款的安全性、流动性和营利性。2000 年 8 月,市人行组织力量对农村信用社经营状况进行全面调查,各种贷款总额 7138 万元,资产负债率 90.23%,资不抵债金额 18577 万元,存贷比 76.71%,亏损 3794 万元,累计亏损 17480 万元,占存款总额 24.48%,备付金比仅 2.9%。各种贷款中,不良贷款余额 47276 万元,比年初增加 4312 万元,占贷款总额 66.23%。其中,逾期贷款 16477 万元,呆滞贷款 28891 万元,呆账贷款 1907 万元,“两呆”率 42.66%。年内,以提高质量和效益为中心,以防范和化解金融风险为重点,改革信贷管理机制。对问题贷款按各环节分别追责。年末,各项贷款余额 178998 万元,比年初减少 18370 万元,下降 11.29%,不良率 67%。2002 年 6 月 11 日,市政府印发《涟源市金融系统支持经济发展指导意见》,各金融机构支持工业、商业、重点企业的扶持贷款,控制总量、调整结构、提高效益、加强管理、深入挖潜。是年,全市贷款余额 181360 万元。年末不良贷款余额 121793 万元,不良率 67.1%,比年初下降 7.9 个百分点。2003 年,市内金融机构维护金融债权,防范和制裁企业逃废银行债务,11 家改制企业还清欠债;开办票据承兑和贴现业务,新投入企业贷款 5000 多万元;加大对“三农”的信贷支持,支农再贷款余额达到两亿元。是年,年末不良贷款余额 121758 万元,比年初下降 302 万元,下降 7.1 个百分点,不良率 60%。2004 年,疏通货币政策传导渠道,强化金融风险监测分析,维护金融稳定。全市建立涵盖银行、保险、信用、邮储在内的金融机构联席会议制度;发挥人民银行的指导作用,引导农村信用社畅通资金渠道,为银企合作搭建平台。年末不良贷款余额 53758 万元,比年初下降 6000 万元,下降 33.48 个百分点,不良率 26.52%。2005 年,市人行对农村金融生态环境指标和农村信用社利率浮动情况持续检测,引导农村信用社逐步建立市场化的利率定价机制和利率风险防范机制,继续加大对“三农”服务力度。年末不良贷款余额 75884 万元,比年初下降 22126 万元。2006年

7月,市政府制定《涟源市社会信用体系建设规划》,促进信贷政策和产业政策协调联动,实现政银企“多赢”目标。2007年,以高目标带动大发展,落实县域扁平化改革措施,建立健全各项工作激励机制,大力开辟个人贷款等信贷市场,信贷资产业务突围初显成效,资产质量继续保持优化。全年各项贷款余额255598万元,比年初增加58221万元;年末不良贷款余额59175万元,比年初下降19617万元,下降15.85个百分点,不良率23.15%。1987—2007年,发案100多起,涉案130多人,涉及金额7500多万元。企业借改制破产为名,逃废、悬空市信用联社债务13100万元。

1987—2007年涟源市各类贷款统计

表25-2　　单位:万元

年度	贷款余额	其中								
		工业	商业	建筑业	农业	乡企	私营个体	基本建设	技改	其他
1987	19643	7037	1986	—	—	558	3065	5593	—	1404
1988	21897	7026	2758	—	—	882	3405	6263	—	1563
1989	25348	8981	2775	—	—	—	—	—	—	13592
1990	29291	11280	2951	—	—	—	—	—	—	15060
1991	40572	11913	—	1332	25864	1463	—	—	—	—
1992	59715	21360	—	1563	34292	2500	—	—	—	—
1993	81558	26731	—	1948	45640	3435	—	—	—	3804
1994	105550	29884	—	2685	53809	5375	—	—	—	13797
1995	129281	36153	—	4888	67758	6263	—	—	—	14219
1996	127331	37868	—	5323	76910	7230	—	—	—	—
1997	171010	41007	—	6529	93647	8631	—	—	—	21196
1998	184470	38837	29986	666	35505	35346	216	5826	8825	29263
1999	197368	40288	36846	649	40815	34022	215	5808	8465	30260
2000	178998	35497	33092	706	43136	29278	197	3462	4332	29298
2001	178092	29556	30966	407	47592	29264	68	2767	3812	33660
2002	181360	27250	29598	406	50146	28371	71	7127	10	38381
2003	201501	28706	25908	287	58156	27635	81	6908	—	53820
2004	202650	27875	25197	60	82547	3528	—	5656	—	57787
2005	172600	11292	23151	—	59562	15238	54	5872	—	57431
2006	197377	38640	26489	5	56796	12992	340	8712	—	53403
2007	255598	70628	23615	202	57592	12968	610	8802	—	81181

第五节 结 算

一 结算管理

1990 年,金融机构实施新的《银行结算办法》、开展会计工作达标升级评比活动和内部工作综合治理。1991 年,按照人民银行《整顿开户和加强结算纪律的意见》,自查托收委收结算业务,纠正不合理拒付托收承付,纠正滞纳金计算差错,清理企业账户。1993 年,市人行对会计结算工作制定严禁违章承兑、贴现商业汇票;严禁签发空头银行汇票和办理空头汇款;对银行汇票兑付严格审查;坚持换人复核和银企对账制度;严格印章、秘押、凭证管理;加强银行电报汇款管理等制度,确保辖内结算秩序平稳和现金管理不出漏洞。1995 年 5 月,市人行对辖内金融机构结算专管员工进行全方位考核,开立银行账户申报制度,纠正任意押票、退票、截留结算资金,将客户结算资金长时间转入他人储蓄户头,挖户头、无序竞争,同城票据清算缺场,现金统计非现场监管、错统、笼统、估统等问题。1997 年,强化实施联行印章、秘押、凭证双人分管分用和重要空白凭证专人管理、领用销号登记制度。5 月,市人行组织 4 名骨干力量历时 5 天对辖内金融机构重要空白凭证及有价证券管理使用情况进行检查,检查 6 家银行重要空白凭证 7437 本,有价证券金额 135 万元。2000—2004 年,先后开展会计基础工作规范化管理,实行责任会计和综合柜员制;会计主管委派制和三级主管授权制。开发应用电子监控系统,借助系统进行事前、事中、事后监控,初步构建人控、制控、岗控、技控、机控五合一的内部控制体系。2005 年,完成人民银行"账户管理系统"上线工作,加强结算账户管理,有效防止存款人利用结算账户套取现金,偷逃税款,逃废债务和洗钱等违法违规行为。

二 结算方式

1987—1990 年,银行会计、出纳业务中异地结算陆续开办电汇、信汇、银行汇票、银行承兑汇票、商业承兑汇票、托收承付、异地委托收款。同城结算开办现金支票、转账支票、同城委托收款。1989 年 9 月,市工行营业部开始使用电脑结算。1991 年开始,各银行逐步废弃前台手工处理业务的传统方式,采用电脑结算化处理,电脑网络化结算。1994 年,全市各金融机构普及电脑办理结算业务,各储蓄网点联网,行内通存通兑。1995 年,电脑应用于会计、统计等项目。全市银行电子联行汇兑清算系统相继开通,加入全国、全省银行电子联行汇兑入网运行,实现汇兑资金 24 小时到账。1996 年,DDN(数据传输网)专线开通人民银行网络业务。市内各金融机构逐步实现全国各大中城市主要网点一卡通,开始通存通兑业务。1997 年,开通银行电话查询服务系统,为联行对账和查询查复及结算风险防范提供便利。1999 年 1 月,市人行组织成立全市金融机构解决电脑 2000 问题指挥中心。11 月,指挥中心进入应急准备,全市金融机构做好电算向人工切换、系统数据备份工作,收集相关系统软件和开发平台软件以备抢救恢复。2001 年起,各银行电脑硬、软件先后更新换代。2002 年 8 月,电子联行数据灾难性备份测试成功,市人行成为全国县市支行首家入网单位。2005 年,完成市人行"大户支付系统"推广上线工作,实现信息适时转移、款项适时到账、资金适时清算。2006—2007 年,加速结算电子化建设,网上银行推出 3.5 版,安全控制更加严密,电话银行为客户提供 24 小时金融服务,手机银行在境内推广,自助银行(ATM)机普及全市营业网点;电子商务支付平台形成功能强大的电子支付产品线,结算手段基本实现现代化。

三 乡镇国库建设

1996年,涟源市按一级财政建一级国库的原则,经上级人行批准建立乡镇国库19个。2002年,乡镇国库撤销。2003年,19个乡镇国库恢复,新建蓝田街道国库。市人行举办代理行经办人员培训班,为乡镇国库准备专职检查辅导员,确保20个乡镇(街道)国库资金安全。在安保措施上提出思想上要提高警惕,自律上要严格要求,监管上要加大力度,用人上要严格把关,具体工作环节上要加强防范。2003年11月末,市人行受理乡镇国库缴款书3842张,完成预算收入入库20454万元。其中,中央预算收入入库7319万元,省级预算收入入库830万元,地(市)级预算收入入库325万元,县(市)级预算收入入库11980万元。办理地方预算支出2119笔,金额合计23315万元;办理预算收入退付70笔,金额合计957万元;办理预算收入更正13笔,金额合计682万元;退还要素不全凭证49张,金额合计220万元;事后查出要素不全凭证34张。2004年6月,支库受理缴款书1620张,办理地方预算支出1005笔,退还要素不全凭证48张,事后监督退还12张,统计金额1217.2万元。2005年6月30日,乡镇(街道)国库再度撤销。

第二章 保险

1984年6月,中国人民保险公司湖南省涟源县支公司成立。1996年5月,中国人民保险公司湖南省涟源市支公司改组分设为中保(集团)财产保险有限公司涟源支公司和中保(集团)人寿保险有限公司涟源支公司。2007年,全市保险机构9家(支公司3家,营销服务机构6家),4家从事财产保险,5家从事人寿保险业务。2007年,全市保险业务总收入12091万元,比1987年增长35.5倍;总支出7123万元,比1987年增长75倍。

第一节 机 构

中国人民财产保险股份有限公司涟源支公司 1996年5月,成立中保(集团)财产保险有限公司涟源支公司。1999年,更名中国人民财产保险股份有限公司涟源支公司。2003年11月6日,随着中国人民保险公司H股在香港挂牌上市,中国人民财产保险有限公司成为股份有限公司,实行分级授权经营。中国人民保险股份有限公司涟源支公司更名中国人民财产保险股份有限公司涟源支公司。2007年,公司内设综合科、运工科、产险科、业务处理中心和3个营销服务部,员工35人。

图25-8 中国人民财产保险股份有限公司

中国人寿保险股份有限公司涟源支公司 1996年,成立中保(集团)人寿保险有限公司涟源支公司。1999年,更名中国人寿保险股份有限公司涟源支公司。2007年,公司内设综合管理部、客户服务部、个险销售部、团险销售部、中介销售部,辖城区3个营销部及农村9个营销服务部。公司员工30人,20个乡镇(街道)业务服务人员350人。

中华联合财产保险公司涟源市支公司 2006年2月8日,成立中华联合财产保险公司涟源市支公司,内设经理室、综合科、业务科、客服科,员工12人。2007年,内设机构与人数未变。

中国平安人寿保险股份有限公司涟源营销服务部 1997年6月10日,成立中国平安人寿保险股份有限公司涟源营销服务部,内设经理室、营业部、客户服务部,员工9人。2007年,内设机构未变,员工6人。

泰康人寿股份有限公司涟源营销服务部 2004年3月,成立泰康人寿股份有限公司涟源营销服务部,员工5人。2007年,内设续收部、营销部、前台,员工4人。

新华人寿保险股份有限公司涟源营销服务部 2005年9月,成立新华人寿保险股份有限公司涟源营销服务部,员工5人。2007年,机构、人员未变。

太平洋人寿保险公司涟源营销服务部 2006年3月,成立太平洋人寿保险公司涟源营销服务部,内设经理室、银保部、保费部,员工5人。2007年,机构、人员未变。

天安保险股份有限公司涟源营销服务部 2006年6月14日，成立天安保险股份有限公司涟源营销服务部，内设业务部、理财部、综合部，员工6人。2007年，机构、人员未变。

阳光财产保险股份有限公司涟源营销服务部 2007年4月，成立阳光财产保险股份有限公司涟源营销服务部，营销部内设经理室、客户部，员工3人。

第二节 险 种

一 财产保险

1987年，财产保险业务主要有机动车保险、企业财产、家庭财产、责任保险、信用保证保险和短期意外保险等。是年，财产保险业务收入144万元，其中车辆及货物运输保险收入占整个业务的63.89%。2003年，财产保险业务收入达到1100万元。2007年，新增政策性农业保险，险种有水稻、油菜和能繁母猪、奶牛等。是年，保险收入2903万元。

二 人身保险

1987年，开办人寿保险、人身意外伤害保险、健康保险等，保费收入197万元。其中，简易人身保险、养老金保险等险种具有补偿经济损失和保险期满还本的功能，属于长期人寿保险（简称长寿险），是年保费收入182万元。1988年，开办集体员工退休费用社会统筹。1989年，76个集体企业参加社会统筹，是年保费收入370万元。1992年，增加到1661万元。1996年，推出少儿一生幸福、99鸿福、鸿寿养老金、长寿年金、养老年金等营销类保险服务新险种，后续推出重大疾病保险（康宁终身、康宁定期保险），是年保费收入1516万元，次年收入3025万元。2001年5月，推出第一批分红型险种千禧理财保险，具有保险储蓄、投资分红功能，接着又推出7个险种系列分红保险新业务。是年，人寿保险公司与银行、邮政部门联合，在银行、邮政柜台推出代理业务，销售以鸿泰两全保险（分红型）、团险年金为主的系列保险业务，业务领域进一步拓展，是年各项保费收入2287万元，次年4897万元。2007年，各项保费收入9188万元，其中长寿险保费收入8741万元。

第三节 理赔（给付）

财产保险理赔 1987年，财产保险理赔有企业财产保险理赔、家庭财产保险理赔、运输工具及其责任保险理赔、货物运输保险理赔等。是年，赔付76万元。1990年，赔付319万元。其中，8月副食品大楼发生火灾，赔付89.80万元。2007年，赔付2032万元。其中，8月25日，湖南神斧集团一六九化工有限责任公司厂部发生火灾，赔付14.10万元。

人身保险给付 1987年，人身保险给付19万元。其中，长寿险给付17万元，主要是期满给付、伤残或死亡交付、退保金。1993年，人身保险给付1649万元，其中长寿险给付1585万元。1994—1996年，人身意外伤害保险给付有所减少。1998年，长寿险给付上升到1617万元。2000年，人身意外伤害保险给付上升至548万元，以后，人身意外伤害保险给付有所减少。2007年，人身保险给付5091万元，其中长寿险给付4849万元。

1987—2007 年涟源市保险业务情况

表 25-3 单位:万元

年 度	保险业务总收入				保险业务总支出			
	合 计	其 中			合 计	其 中		
		财产保险	人身意外伤害保险	长期人寿保 险		财产保险理 赔	人身意外伤害保险给付	长期人寿保险给付
1987	341	144	15	182	95	76	2	17
1988	487	222	13	252	245	161	10	74
1989	611	241	48	322	388	179	23	186
1990	683	259	43	381	609	319	24	266
1991	897	279	30	588	704	302	26	376
1992	2106	445	104	1557	990	412	62	516
1993	2230	649	57	1524	2148	499	64	1585
1994	2002	788	60	1154	1912	695	53	1164
1995	2064	920	448	696	1584	557	34	993
1996	2331	815	712	804	1158	1235	32	291
1997	3726	701	1540	1485	1538	422	183	933
1998	4134	653	1651	1830	2523	621	285	1617
1999	3449	782	1412	1255	2151	508	261	1382
2000	4480	800	1970	1710	2314	517	548	1249
2001	3171	884	544	1743	2053	678	222	1153
2002	5875	978	928	3969	1705	542	196	967
2003	5957	1100	2295	2562	1494	550	240	704
2004	7939	1506	620	5813	1899	760	351	788
2005	8635	1600	597	6438	3933	873	317	2743
2006	9460	2033	563	6864	4873	1086	340	3447
2007	12091	2903	447	8741	7123	2032	242	4849

第三章 证 券

第一节 股市证券

2000年，成立泰阳证券涟源服务部。2007年，泰阳证券与方正证券合并重组为方正证券，泰阳证券涟源服务部更名方正证券涟源营业部，设置交易部、客服部、电脑部、行政合规部、财务部、总经理办公室。营业部面积1000多平方米，设散户大厅，大中户室，以及VIP室。具体业务范围为证券经纪，证券承销与保荐，证券投资咨询，与证券交易、证券投资活动相关的财务顾问。2007年，方正证券涟源营业部全年股市交易额52.2亿元，实现利润450万元，上缴国家税收50万元；累计开户4885户。

图25-9 方正证券开户柜台

第二节 国库券

1981年，开始发行国库券（实物券），推销对象主要是国营和集体企业及企业主管单位、各级政府部门。是年推销55万元。1982年，开始向个人推销，个人购买国库券，年息8厘；单位购买，年息4厘。是年，个人购买额占国库券总数83%。1985年，国库券还本付息由原来的五年五次改为第六年一次还本付息。单位和个人购买，利息分别提高1厘。1986年5月，成立涟源县国库券推销办公室，定编3人，办公室设市财政局，由市财政局兼管。1992年，国库券发行由向单位推销分派任务转变为个人自由认购，采用承销包销方式发行。国库券推销办公室的任务由推销国库券转为兑换国库券。1995年起，银行柜台向社会推销凭证式国库券。1997年3月，撤销国库券推销办公室，业务转至市收费管理局（内设国债管理股）。1998年起，财政部门不再推销国库券，国库券兑换业务由商业银行承担。是年，财政部门仅推销上年移转国库券150万元。2003年2月，开始在交易所和银行债券市场发行记账式国债。

1981—1998年，全市发行国库券18期，推销国库券5070万元。1998—2007年，银行柜台向社会推销国债8100万元。

第二十六篇　教　育

第一章　教育管理

第一节　机　构

1987年4月，涟源县文化教育局更名县教育委员会，分管教育的副市长兼任主任，第一副主任主持日常工作。机关内设办公室、政教组、教育组、人事组、计划财务基建勤工俭学管理组、信访保卫组、工农教育办公室、招生办公室、自学考试办公室、离退休人员管理领导小组办公室，定编36人。是年11月，县教育委员会更名市教育委员会（简称市教委），下辖10个区、街道教育办公室（简称教育办）和46个乡镇学区。1992年起，副市长不再兼任市教委主任。1995年1月，市教委更名市教育局，是年撤区并乡，成立20个乡、镇、街道学区（教育办）。1996年8月，市教育局内设办公室、人事教育股（加挂市大中专毕业生分配办公室牌子）、计划财务股、基础教育股、职业技术教育股、成人教育股（加挂社会力量办学管理办公室牌子）、监察室。二级机构有学校基建勤工俭学管理站、档案室、机关后勤服务中心。市人民政府教育督导室、市招生考试中心设市教育局。2004年，机关后勤服务中心并入办公室，学校基建勤工俭学管理站并入计划财务股，职业教育股与成人教育股合并为职业教育与成人教育股。2007年1月，各乡、镇、街道学区（教育办）改制为乡、镇、街道中心学校。市教育局机关定编41人。

第二节　管理体制

1987年，按照"分级办学、分级管理"原则，高级中学、职业中学、市直属学校（单位）由市办市管；初级中学由乡办，区、乡共管；小学、幼儿园、学前班由村办，乡村共管。高级中学设办公室、教务处、政教处、总务处、团委；初级中学设教务处、政教处、总务处、团总支；小学设教务处（教导处）和总务处。20世纪90年代，形成以"政府办学为主，社会广泛参与，各种形式并存"的办学体制，分为教育部门办学、厂矿单位办学、社会力量办学三大类。1995年，撤销区教育办，区乡教育管理机构由56个精简到20个，基层领导干部由340人减少到139人，201人充实到教学第一线。2000年，全面实行校长选聘制、教师聘任制、绩效工资制和岗位责任制。2002年以后，厂矿子弟学校和所属企业剥离。2003年8月，市委、市政府制定《关于深化教育体制改革的意见》，实行"四定"宏观管理（根据学校布局规划定学校，根据学校覆盖人口和学生人数定班级规模，根据班级和学生人数定编制，根据教师配备状况和编制定经费）。2007年，厂矿子弟学校全部移交市政府。是年1月，乡、镇、街道所在地中学为乡、镇、街道中心学校，负责所辖范围内学校教育教学业务管理中的有关组织、协调工作。6月，市委、市政府出台《关于进一步理顺涟源市教育管理体制的通知》，明确全市义务教育实行"地方政府负责、分级管理、以市为主"的管理体制；完善教育编制管理，根据全市教职工考试考核实施方案，坚持公平、公正、公开的原则，按核定编制从高分到低分择优聘任教职工；为改善中小学教师年龄结构，凡男教师年满 58 周岁、女教师年满 53 周岁，经申报审批，可以提前离岗休息，不计教职工编制。8 月，全面推行以教师聘任制为重点的人事管理体制，通过考试考核，全市 214 名初中教师分流到小学任教，127 名教师分流到偏远山区任教。

第三节　教育督导

1992 年初，省教委下达“研究制订重点中学、完全中学督导评估方案”的科研任务，在娄底地区试点，涟源市第一中学（简称市一中）被定为省、地试点学校。6 月，成立市人民政府教育督导室，施行督政、督教、督学职能，对全市“两基”（基本普及九年义务教育和基本扫除青壮年文盲）规划实施情况、教育经费增长政策和教师经济待遇落实情况、中小学危房改造情况、减轻中小学生过重课业负担问题和职业教育发展、示范性高中（幼儿园）、乡镇教育工作进行督导检查评估。1993 年 9 月，市政府教育督导室确立“抓重点、突出管理；抓共性，突出要素”的学校综合督导评估思路，对全市各乡镇“两基”工作进行指导。1994 年 3 月，市一中接受督导评估，达到省颁完全中学标准。1995 年初，马头山中学、水洞底中学接受督导评估，达到省颁一级学校标准。是年 5 月 13 日，市政府教育督导室在全省普通中小学校督导评估经验交流会上介绍经验。1998 年 10 月，全市“两基”工作通过省检查团评估验收。2007 年，市政府教育督导室启动乡镇政府教育工作督导评估和乡镇党政主要领导干部教育实绩督导考核评估，纳入年度考核内容，评估结果作为衡量乡镇主要领导政绩和奖惩提拔的重要依据。开展中小学办学水平评估和针对热点、难点的专项督导，端正办学方向，规范办学行为，遏止教育乱收费。是年，涟源市被评为全省规范教育收费先进县市。

第四节　教育经费

一　经费来源

教育事业费　1987 年教育事业费（国家拨款的教育经费）1107.6万元，占教育经费总额 21.16%。1997 年，3666.2 万元，占总额 35.98%。2003 年，8171 万元，占总额 38.64%。此后政府进一步加大投入，义务教育阶段中小学的经费来源以政府投入为主。2007 年教育事业费 15509 万元，占总额 50.77%，比 1987 年增加 14.01 倍。

城市教育费附加　凡缴纳产品税、增值税、营业税的单位和个人均缴纳教育费附加，1986 年开征。1987 年，城市教育费附加 4.6 万元。1994 年分税制后改为增值税、消费税、营业税带征，是年征收 46 万元。2006 年为 257 万元，2007 年停征。

农村教育费附加　1987 年，市政府开征农村教育费附加，实行“乡征、市管、教育用”。是年，征收 1357.2 万元。2000 年征收 2292.9 万元。2003 年，为切实减轻农民负担，全市停征农村教育费附加。1987—2002 年，征收农村教育费附加 18545.37 万元。

勤工俭学　1987 年勤工俭学收入 130 万元，市教育局被省教育委员会评为全省勤工俭学工作先进单位和显著成绩奖金奖。1988 年勤工俭学收入 150 万元，被省教育委员会评为全省勤工俭学工作先进单位和显著成绩奖金奖，被国家教育委员会、国家计划委员会、劳动部评为全国勤工俭学先进单位。此后，勤工俭学收入减少，2007 年仅 12 万元。

集资款 1987年集资款305.6万元。1992年9月,市委、市政府出台《关于在全市筹集办学经费的决定》,多渠道筹措办学经费。是年,社会集资728.1万元,比上年增加83.72%。2000年社会集资1053.2万元。1987—2007年,社会集资11072.83万元,年平均527.28万元。

事业收入 1987年,事业收入2786万元。2005年,义务教育阶段学校杂费(含基本杂费)、信息技术教育费、冬季取暖费和课本费由学校一次性向学生收取,推行"一费制"收费办法。是年,事业收入10894.9万元。此后,因义务教育阶段逐步免除书本费和杂费,事业收入呈下降趋势。2007年为5607.05万元,仅为2005年的51.46%。

1987—2007年涟源市教育经费收入情况

表26-1 单位:万元

年度	教育事业费	城市教育费附加	农村教育费附加	勤工俭学	集资款	事业收入	其他收入	合计
1987	1107.6	4.6	1357.2	130.0	305.6	2786.0	542.5	6233.5
1988	1266.1	8.0	1382.4	150.0	379.2	2745.0	667.7	6598.4
1989	1581.1	10.0	1376.2	102.5	358.3	2796.0	745.8	6969.9
1990	1672.9	28.3	1391.6	88.7	349.2	2815.0	863.5	7209.2
1991	2235.0	30.0	1358.0	61.2	396.3	2826.0	924.1	7830.6
1992	2366.0	40.0	1382.4	57.0	728.1	2869.0	624.2	8066.7
1993	2908.0	42.0	1436.0	52.5	675.6	2976.2	561.9	8652.2
1994	3426.0	46.0	1429.8	47.5	697.5	3106.4	494.7	9247.9
1995	3592.0	45.0	1488.1	49.6	714.6	3057.2	524.6	9471.1
1996	3624.8	48.0	1469.3	52.1	857.5	3029.6	629.3	9710.6
1997	3666.2	57.0	1502.0	115.8	932.7	3154.2	760.3	10188.2
1998	4783.3	60.7	1919.2	80.6	788.2	3971.9	718.6	12322.3
1999	4934.0	113.0	2014.7	45.1	952.4	4348.1	1060.8	13468.1
2000	5901.6	123.0	2292.9	50.2	1053.2	5103.6	1082.3	15606.8
2001	5755.0	90.0	2251.0	75.5	942.7	6104.4	2107.9	17326.5
2002	8675.0	92.0	1976.1	47.3	489.9	5062.4	2906.0	19248.7
2003	8171.0	118.0	—	68.7	513.0	6215.2	6062.5	21148.4
2004	8943.0	126.0	—	72.8	473.0	7695.0	8125.8	25435.6
2005	9999.2	157.0	—	29.8	117.0	10894.9	5537.4	26735.3
2006	12436.2	257.0	—	10.0	259.6	9869.79	4269.6	27055.4
2007	15509.0	—	—	12.0	186.2	5607.05	9230.85	30545.1

其他收入 其他各项教育投入时有增减，没有稳定的发展趋势，但依然是有益的补充。1987 年，其他收入 542.5 万元。2005 年为 5537.4 万元。2007 年，因迎接省对教育工作的督导评估，市本级财政进一步加大对教育的投入，其他收入急剧增加，为 9230.85 万元，超过 1987—1999 年的总和。

2007 年，全市教育经费投入 30545.1 万元，比 1987 年增加 4.84 倍。

二 经费支出

1987 年，教育经费支出 6233.5 万元。其中，人员经费支出 3728.6 万元，包括教师基本工资、津贴以及资助学生等；公用经费支出 2504.9 万元，主要是办公费、印刷费、水电费、邮电费、取暖费、交通费、差旅费、会议费、招待费、福利费、维修费、专用材料费、办公设备费、专用设备购置费、交通工具购置费、图书资料购置费及其他费用，包括校舍建设与修缮经费。1997 年，教育经费支出 10188.2 万元。其中，人员经费 7606.9 万元，公用经费 2581.3 万元。2003 年，教育经费支出 21148.4 万元。其中，人员经费 14658.1 万元，公用经费 6490.3 万元。

2004 年下学期开始，全市义务教育阶段学校开始实行“两免一补”（免课本费、免学杂费、对贫困寄宿生补助生活费）政策，全市免除课本费 76 万余元，此项支出归在人员经费支出里面。2005 年，市教育局合理分配指标，重点向农村偏远山区、贫困地区、特困家庭倾斜。“两免一补”对象实行公示，接受群众监督，经费实行专款专账管理。是年，全市义务教育阶段学校约三分之一的学生免课本费。2006 年，市教育局制定《“两免一补”资助对象确定办法及程序》《助学资金使用与管理办法》。是年，国务院、省政府共拨“两免一补”经费 1077.6 万元（其中，课本费 415.2 万元，杂费 662.4 万元），全市 42199 名中小学生受惠；同时补助部分困难寄宿生生活费 50 万元，1 万名困难寄宿生受助。2007 年，全市义务教育阶段学生杂费取消，144552 名学生全免杂费；享受免费提供教科书人数为 42499 人，占义务教育阶段总人数的 29.4%，免费教科书金额为 458 万元。是年，补助贫困生生活费 170 万元，补助人数为 8500 人，占全市寄宿学生人数的 18%。

2007 年，教育经费支出 30545 万元，比 1987 年增长 3.9 倍。其中，人员经费支出 20053.7 万元，公用经费支出 10491.3 万元，分别比 1987 年增长 4.38 倍和 3.19 倍，人员经费逐年增长，校舍建设（修缮）经费增幅较大。（见表 26–2）

三 经费管理

1987 年，全市教育经费由市教委（市教育局）统管。全市高中学校学费全部用于发放教师工资及弥补学校公用经费、购买仪器设备、体育用品、图书资料等及支付零星修缮方面的开支。1993 年起，教育经费的划拨实行乡镇包干制，对于加强乡镇的教育责任，发动群众集资办学，改善农村中小学办学条件发挥一定的积极作用。但这种体制明显滞后，特别是乡镇财政困难，拖欠教师工资，严重阻碍教育的发展。2001 年，实行教育经费管理体制改革，乡镇教育收支归口市财政管理。2006 年，全市教育经费改“包干预算”（核定经费定额和基数，包死预算，一定三年，超支不补）为“零基预算”（不考虑过去的预算项目和收支水平，以零为基点编制的预算），统筹管理，包干使用；教师工资由市财政统发，不足部分由单位自筹到国库再发放，教师津补贴全额纳入财政预算。

2007 年，教师工资实行市财政统发，教师基本工资和教育正常公用经费得到优先保障。是年，义务教育公用经费按小学县镇 230 元 / 生·年，农村 200 元 / 生·年；初级中学县镇 305 元 / 生·年，农村 275 元 / 生·年的标准拨付到位；义务教育阶段教职工的误餐费、适当补贴全额纳入市财政预算。全市教育经费按照“统一领导、集中管理、分校核算、财政支付”的管理模式进行运作，优化教育资源配置。

1987—2007年涟源市教育经费支出情况

表26-2　　单位:万元

年度	人员经费	公用经费					合计
		小计	公务费 业务费	设备购置费	校舍建设与 修缮费	其他费用	
1987	3728.6	2504.9	1247.3	195.2	534.0	528.4	6233.5
1988	3974.7	2623.7	1397.0	286.7	529.4	410.6	6598.4
1989	4146.3	2840.4	1464.3	279.2	641.4	455.5	6986.7
1990	4286.8	2859.3	1485.6	316.2	548.7	508.8	7146.1
1991	4391.5	3439.1	1529.8	327.6	951.5	630.2	7830.6
1992	5046.9	3019.8	1564.1	367.4	743.2	345.1	8066.7
1993	5787.1	2865.1	1609.7	216.2	826.3	212.9	8652.2
1994	6447.6	2800.3	1694.8	141.6	779.4	184.5	9247.9
1995	6887.2	2583.9	1674.5	106.4	667.9	135.1	9471.1
1996	7219.4	2491.2	1649.3	186.0	542.3	113.6	9710.6
1997	7606.9	2581.3	1708.7	9.0	756.4	107.2	10188.2
1998	8704.1	3618.2	1662.5	242.2	1369.4	344.1	12322.3
1999	9843.6	3624.4	1889.4	163.1	1407.2	164.7	13468.0
2000	11573.9	4032.9	2138.9	247.3	1480.9	165.8	15606.8
2001	12949.6	4376.9	2430.9	286.2	1310.3	349.5	17326.5
2002	13895.4	5353.3	2585.6	391.8	1752.8	623.1	19248.7
2003	14658.1	6490.3	2717.3	417.9	1984.6	1370.5	21148.4
2004	16143.9	7498.7	2827.8	576.2	2147.5	1947.2	23642.6
2005	17369.2	9366.1	2959.8	1675.2	2895.7	1835.4	26735.3
2006	18488.7	8566.7	3859.1	484.1	2685.3	1538.2	27055.4
2007	20053.7	10491.3	4084.7	591.6	3402.4	2412.6	30545.0

第二章 教育设施

第一节 学校布局

1987年，涟源市有一中、三中、四中、五中、六中、八中、九中、十中、十一中等普通高级中学9所，初级中学57所，小学773所。随着人口和计划生育工作的深入推进，生源减少，农村中小学校班额明显不足；生源不平衡，城区学校大多出现"大班额"现象。1993年7月，肖海波等创办私立行知中学。1994年经省、市批准，私立行知中学为一所全日制完全中学。1995年，按照"相对集中，方便入学，改善条件，确保质量，提高效益"的原则调整学校布局，按计划、分阶段逐步撤并部分村小、教学点，发展联校，控制村小，联校带办教学点。15万人口左右办一所普通高中，3万人口左右办一所初级中学。农村小学的办学规模为：初小不少于4个班，完小不少于8个班，教学点隔年招生，班额不低于30人。农村小学服务半径必须达到2~3千米，覆盖人口2000人以上。是年，全市撤并村小51所，减少教学班161个。1995年，撤销涟源五中（地址：伏口镇）、涟源十一中（地址：白马镇），涟源八中（地址：荷塘镇）更名涟源五中。1997年，涟源九中、十中合并，更名涟源二中，全市共撤并学校（教学点）93所（个）。1999年，立珊中学升为普通高级中学。2001年，编制中长期学校布局调整工作规划。2003年8月，市委下发《中共涟源市委、涟源市人民政府关于深化教育体制改革的意见》，是年全市义务教育阶段中小学校调整为初级中学50所，小学235所，教学点171个。市教育局被评为娄底市中小学布局调整一等奖。2004年，全市中小学校调整到438所。其中，普通高级中学8所，初级中学48所，小学382所（含100人以上的教学点）。是年，市教育局被评为湖南省中小学布局调整先进单位。2007年，全市中小学学校布局基本合理，有普通高级中学8所（一中、二中、三中、四中、五中、六中、立珊中学、私立行政中学），初级中学47所，小学联校327所（未包括教学点，2005年起，学生100人以上的村小列入小学联校）。2006、2007年，市教育局连续获娄底市中小学布局调整工作一等奖。

第二节 校园校舍

1987年，全市小学校园占地186.75万平方米，校舍建筑面积48.4万平方米（当年新增建筑面积1.48万平方米）；中学校园占地106.92万平方米，校舍建筑面积27.68万平方米（当年新增建筑面积1.59万平方米）。1989年，市属中学均改建、扩建；乡镇中学大多拥有砖混结构校舍；46个乡（镇）建成44所设施配套的中心小学。1989年7月，彭立珊捐资529万元兴建的市立珊中学竣工。是年，市属中学用房基本能满足当时教学需要。1990年，全市动工新建、改建校舍73处，5万余平方米，投资695万元。1991年，全市中小学校基建总投资1120.8万元，新增建筑面积55641平方米，新建教室419间，住房731间，厕所52个，新添桌椅31600套。1992年12月，市国土管理局《同意划拨学农基地的批复》对全市中学的学农基地予以明确。1993年4月，市一中通过多渠道筹资200余万元，建成8道400米环形跑道的田径场，成为娄底地区首所达到这一标准的中学。1995年，《娄底地区中小学布局调整实施意见》出台，全市中小学校由1987年的840所调整为789所。是年，投入资金580万元，改造危房4830平方米，校园扩建征地1.47公顷，新建校舍6870平方米。1992—

1998 年,全市投入资金 8618 万元用于新建校舍和改造危房。2001 年 2 月后,国家投入中小学危房改造专项资金。是年,全市投入资金 780 万元,新建校舍 8650 平方米,改造危房 7855 平方米。2003 年 8 月,学校所数由上年的 495 所调整为 451 所。2006 年,省政府把农村寄宿制学校建设工作列为全省为民办实事项目,三甲中学、白马中学、龙塘中学、伏口中学、斗笠山中心小学、金石中心小学列为农村寄宿制学校建设项目学校,投入资金 662 万元,征地 0.59 公顷,新建校舍 10850 平方米。2007 年,全市安排危房改造资金 3234.2 万元,新建校舍 18900 平方米,改造危房 25810 平方米,基本消除 D 级危房。是年,小学校园占地 159.95 万平方米,校舍建筑面积 64.01 万平方米;中学校园占地 142.14 万平方米,校舍建筑面积 72.15 万平方米。

1987—2007 年涟源市中小学危房改造面积统计

表 26-3 单位:平方米

年 度	改造面积	年 度	改造面积	年 度	改造面积
1987	2600	1994	4460	2001	7855
1988	2450	1995	4830	2002	8210
1989	2820	1996	5485	2003	11830
1990	2735	1997	5970	2004	16480
1991	3240	1998	6380	2005	21500
1992	3590	1999	6945	2006	24300
1993	4135	2000	7325	2007	25810

1987—2007 年涟源市小学校舍情况

表 26-4 单位:万平方米

年 度	学校占地面积	校舍建筑面积	其中			当年新增建筑面积
			教学及辅助用房	行政办公用房	生活用房	
1987	186.75	48.42	30.24	4.83	13.35	1.48
1989	189.25	50.86	30.81	7.01	13.03	2.02
1993	174.41	58.68	36.94	6.31	15.43	1.91
1994	174.31	58.86	37.11	6.30	15.45	0.97
1996	163.33	58.21	39.49	4.62	14.10	1.03
1997	163.59	58.65	39.89	4.59	14.16	1.04
1998	179.12	59.22	40.28	4.71	14.24	2.88
2002	186.19	66.71	41.85	4.90	10.55	1.41
2006	160.34	62.41	38.83	8.78	12.20	1.33
2007	159.95	62.74	38.75	8.87	12.27	1.36

说明:因撤校并点,被撤销学校的校舍面积未纳入统计

1987—2007 年涟源市中学校舍情况

表 26-5 单位:万平方米

年 度	学校占地面积	校舍建筑面积	其中			当年新增建筑面积
			教学及辅助用房	行政办公用房	生活用房	
1987	106.92	27.69	12.42	2.67	12.59	0.67
1988	107.80	28.35	12.91	2.70	12.74	0.66
1989	108.32	28.97	13.21	2.81	12.95	0.68
1990	109.12	29.65	13.62	2.91	13.12	0.87
1991	109.93	30.52	14.04	3.00	13.48	0.87
1992	101.20	31.39	14.25	3.05	14.09	0.85
1993	101.32	33.67	14.48	3.02	14.75	0.88
1994	106.03	34.23	14.90	3.70	15.62	0.56
1996	106.00	40.22	17.32	3.12	17.78	1.86
1997	109.97	42.98	19.26	3.59	20.13	2.60
1998	121.80	48.01	20.98	3.71	21.32	1.28
1999	142.14	47.93	21.20	3.34	23.38	1.02
2000	201.16	50.77	22.90	2.44	24.43	0.87
2002	191.87	56.64	25.74	6.19	21.26	1.21
2006	146.72	71.86	25.74	5.81	34.96	1.98
2007	142.14	72.15	25.56	5.56	36.52	0.81

说明:因撤校并点,被撤销学校的校舍面积未纳入统计

第三节　配套设施

一　仪器设备

1987 年开始,全市加大对学校教学仪器经费的投入,加快学校实验室建设和教学仪器设备的配备。在学生中收取仪器费,省拨经费改为奖励经费,以筹为主,奖筹结合。1989 年,市属中学和乡镇中学、乡镇中心小学有教学仪器 2.9 万件,总值 60 余万元,各项仪器设备基本与教学相适应,全市有 65 所学校具备实验教学条件,有实验室 78 间,仪器室 164 间,仪器柜 1102 个,实验桌凳 1177 套。1992 年以后,教学仪器经费主要靠学校自筹,省拨经费适当补助。1995 年,全市新添置仪器柜 541 个、实验桌凳 1253 套,中小学实验教学普及工作通过省教委验收合格。2002 年、2006 年、2007 年,全市教学仪器设备总值分别为 2963.14 万元、4245 万元、4369 万元。

二　实验室与图书室

1987 年,投入图书、仪器、教学设备添置、改造资金 46.2 万元。全市中小学拥有实验室 1.24 万平方米,图书室 2200 平方米、藏书 10.57 万册。90 年代初,所有高中、初中、乡镇中心小学(含城镇小学)建立实验室。完小、村小配备"四大件"(自然教学箱、数学教具箱、地球仪、风琴),高中、初中、乡镇中心小学(含城镇小学)实现实验用房、设备设施、仪器设备、实验人员、实验室管理、实验教学"六大项"达标。城区内学校普遍建立图书馆或图书室。1994 年,投入图书、仪器、教学设备添置、改造资金 73.1 万元,实验室面积 1.54 万平方米,图书室面积 2900 平方米、藏书 13.73 万册。1995 年,涟源市普及中小学实验教学工作经省教委验收合格。1996 年,投入图书、仪器、教学设备添置、改造资金 82.5 万元,图书室面积 5600 平方米,藏书 21.58 万册。1998 年,省"两基"工作检查团来涟源市评估验收,全市投入图书、仪器、教学设备添置、改造资金 88.4 万元,各中小学校实验室面积达 2.12 万平方米,图书室面积 6400 万平方米,藏书 90.68 万册。2002 年 11 月,涟源市中小学图书馆(室)建设通过省级检查验收。2007 年,投入图书、仪器、教学设备添置、改造资金 830.7 万元,全市各初级中学、高级中学均建有实验室、仪器室、电脑室、多媒体教室等。是年,中小学实验室面积 3.14 万平方米,图书室面积 2.03 万平方米,拥有各类图书资料 187.85 万册,分别比 1987 年增加 1.53 倍、8.23 倍、16.77 倍。

1987—2007 年涟源市中小学实验室情况

表 26-6　　　　单位:万平方米

年 度	小 学	初 中	年 度	小 学	初 中
1987	0.39	0.85	1997	0.81	1.45
1989	0.41	0.41	1998	0.76	1.36
1991	0.45	0.99	2000	0.78	1.6
1993	0.48	1.06	2002	0.86	1.79
1994	0.48	1.06	2006	0.94	2.21
1996	0.74	0.74	2007	0.97	2.17

1987—2007年涟源市中小学图书室情况

表26-7 单位:万平方米、万册

年度	小学		中学	
	图书室面积	图书室藏书册数	图书室面积	图书室藏书册数
1987	0.11	5.28	0.11	5.29
1988	0.11	5.41	0.11	5.71
1989	0.11	5.63	0.11	6.26
1990	0.12	5.96	0.11	6.37
1992	0.15	5.96	0.14	6.94
1993	0.12	4.27	0.13	6.22
1994	0.15	6.60	0.14	7.13
1995	0.22	9.84	0.26	9.83
1996	0.27	10.81	0.29	10.77
1997	0.27	14.89	0.35	11.18
1998	0.29	39.38	0.35	51.30
1999	0.29	58.39	0.63	63.61
2000	0.42	78.07	0.63	80.51
2001	0.76	81.70	0.87	96.33
2002	0.87	86.50	0.95	97.04
2003	0.89	87.30	1.01	97.39
2004	0.86	87.60	1.12	96.02
2005	0.88	87.80	1.17	96.25
2006	0.85	87.78	1.19	95.31
2007	0.84	90.63	1.19	95.31

三 电化教育设备

1987年,市一中在全市率先购入幻灯机,开展电化教学实验。是年,全市中小学有微机室1358平方米、语音室1096平方米、计算机674台。1989年,全市近80所学校有幻灯机和幻灯片、录音机、电视机、电影放映机、录像机等教学设备开展电化教学。1990年5月,涟源教育电视台正式开播,开设《涟源教育新闻》《八面来风》《校园文化》和少儿、影视等节目,覆盖半径35千米。1992年开始,向学生收取信息技术教育相关费用,按照专款专用的原则,由市电教站统一管理,统一装备,为各中小学配备彩电、录像机、VCD、投影仪、收录机和电子计算机及语音室设备。1995年底,涟源市被评为全省普及中小学实验教学先进(县)市。1996年,全市中小学有微机室3888平方米、语音室2750平方米、计算机1938台。1998年12月,市一中学被国家教育委员会确定为全国第一批现代教育技术实验学校。1999年,市属高中学校、各乡镇中心中学、中心小学实现“三机一幕一柜”(电视机、录音机、投影机,投影屏幕,可容纳电视机、录音机等贵重仪器的金属柜)到班,其他初级中学和联校配备到年级。2002年,实施“消除农村定点小学计算机教室空白点”工程。是年,全市中小学有微机室7369平方米,语言室3792平方米,计算机2860台,多媒体教室22间。2006年,全市388所中小学校实施农村中小学现代远程教育。全年投入资金近1000万元(其中,中央、省下拨730多万元,自筹200余万元),装备多媒体教室38间、电脑室43间、教育卫星接收站137个,光盘播放点234个;购置学生电脑1468台,教师计算机101台,添置数字高清电视机、数字投影仪、DVD播放机等各种电教设备近3000件。2007年,全市中小学有微机室8945平方米,比1987年增加5.49倍;语言室4170平方米,同比增长2.8倍;计算机4597台,同比增长5.82倍;多媒体教室86间,比2002年增加2.91倍。创建国家现代教育技术实验学校1所(市一中),湖南省现代教育技术实验学校5所。

1987—2007年涟源市中小学电教设施情况

表26-8

年度	小学			初中			高中(含职高)		
	微机室(平方米)	语音室(平方米)	计算机(台)	微机室(平方米)	语音室(平方米)	计算机(台)	微机室(平方米)	语音室(平方米)	计算机(台)
1987	100	0	48	1000	800	480	258	296	146
1991	100	100	62	2020	1723	960	843	429	385
1996	200	100	96	2642	2046	1346	1046	604	496
1999	200	100	96	3974	2158	1529	1430	880	558
2001	300	220	144	4863	2425	1986	1532	1048	604
2002	603	220	198	5234	2524	2058	1532	1048	604
2006	1797	400	801	5342	2612	2178	1732	1188	1567
2007	1957	450	968	5256	2532	2161	1732	1188	1568

图26-1　中学化学实验室

图26-2　中学多媒体教室

第三章 教育结构

第一节 学前教育

课程设置 1987 年,全市幼儿教育使用省教委组织编写的教师指导用书和一年制学前班教材,开设的课程有:语文、数学、音乐、美术、体育等课程。幼儿教育以游戏为主,通过各种活动促进幼儿身心和谐发展,培养幼儿良好品德、行为习惯、学习习惯,教学注重与小学教育衔接。2000 年,根据《幼儿教育指导纲要》要求,全市所辖幼儿园开设的课程为:语文、数学、音乐、美术、英语、健康、社会、科学常识,此外大班还增设写字、拼音课程,学前班所开设的课程与大班相同,学习难度加深。2003 年,幼儿园开设的课程有:语言、计算、社会、健康、艺术。

教育教学管理 1987 年 1 月 6 日,蓝田城区新建街创办全市第一家私立幼儿园——苗苗家庭幼儿园。是年,全市有幼儿园 6 所,班级 549 个。其中,幼儿班 16 个,学前班 533 个。在园(班)幼儿 20735 人(其中幼儿班 1039 人,学前班 19696 人),幼师 591 人。是年,涟源县职工幼儿园更名涟源市幼儿园,由市教委主管。1994 年 5 月,市幼儿园被省教委认定为湖南省示范性幼儿园。1991 年,原有区、乡两级教育机构对农村学前班和农村学前班幼师进行几次大整顿,大幅度减少农村学前班和农村学前班幼师。1995 年,全市有幼儿园 9 所,班级 649 个(其中幼儿班 63 个,学前班 586 个),在园(班)幼儿 23143 人(其中幼儿班 845 人,学前班 22298 人),幼师 746 人。1998 年,省"两基"工作检查团来涟源市评估验收,全市对不符合简易幼儿园标准的幼儿园进行清理和整顿,关闭 12 所未经审批的民办幼儿园。1999 年,市幼儿园新建面积 2200 多平方米的教学楼,新增 10 个班的配套教室,修建多功能演艺厅。2003 年,《湖南省学前教育机构管理暂行办法》施行,明确规定"小学及其他学校不得再附设学前班"。2004 年,市教育局《关于规范涟源市幼儿教育管理的通知》,明确举办幼儿园的基本条件和审批程序,确定示范性幼儿园、合格幼儿园、限期整改幼儿园和不合格幼儿园的标准,但农村学前班撤并工作难以开展。是年,市幼儿园拆除旧教学楼,修建 1100 多平方米的塑胶操场。2006 年,市幼儿园投资 140 万元进行整体改造和装修。2007 年 8 月,召开关于市幼儿园发展建设的市长办公会议,决定将市机关幼儿园整体移交给市幼儿园管理,将原轻工业局办公楼划拨给市幼儿园做教学用房,市机关幼儿园更名市幼儿园光明山分园。是年,全市有幼儿园 19 所(其中民办幼儿园 17 所),设班级 484 个(其中幼儿班 66 个,学前班 418 个),在园(班)幼儿 17291 人(其中幼儿班 4108 人,学前班 13183 人),幼师 627 人。

图 26-3 市幼儿园幼儿做课间操

第二节　义务教育

课程设置　1987 年,全市各小学采用全国统编人教版教材,开设的课程有:思想品德、语文、数学、自然、社会、体育、音乐、美术、劳动。全市普通初级中学开设的课程有:政治、语文、数学、外语(英语)、体育、音乐、美术、劳动技术、历史、地理、生物、物理、化学、生理卫生。1988 年,全市各初级中学增设乡土历史、地理、生物,教材使用娄底地区统一编写的《娄底历史》《娄底地理》《娄底生物》。1993 年,根据九年制义务教育小学阶段的培养目标和儿童身心发展的规律,全市各小学课程分为学科、活动两部分,学科包括思想品德、语文、数学、社会、自然、体育、音乐、美术、劳动 9 科,活动包括晨会、班队活动,体育锻炼、科技文体活动、社会实践活动和校传统活动。根据《中华人民共和国义务教育法》制定的九年制义务教育全日制初级中学课程计划,全市初级中学开设的课程包括学科和活动两部分,学科有:思想政治、语文、数学、外语、历史、地理、物理、化学、生物、体育、音乐、美术、劳动技术 13 科,活动包括晨会、班团队活动,体育锻炼,科技文体活动,社会实践活动和校传统活动。1993 年秋季起,全市所有初中、小学均使用新编九年义务教育教材,执行湖南省九年义务教育全日制初级中学、小学课程教学计划。1996 年,部分小学新增计算机基础知识课。2001 年,全市初级中学一至三年级开设《信息技术》课程,每周一学时。2002 年,设置国家课程、地方课程、学校课程。国家课程设置由教育部颁布,地方课程设置由省教育厅颁布,学校课程由学校自由开发或选用,小学从三年级开始逐步开设英语课。2004 年 9 月,全市小学、初中起始年级全面启动新课程,小学开设的课程有:品德与社会、品德与生活、科学、语文、数学、英语、体育、音乐、美术、信息技术、综合实践活动。是年,信息技术列入初级中学必修课,乡镇中心小学信息技术课开课率达到 85%。

教育教学管理　1987 年,实行小学五年制,初中三年制。全市有小学 773 所,在校小学生 101606 人,小学教职工 5121 人;初级中学 57 所,在校初中学生 44575 人,初级中学教职工 2549 人。1988 年,实行小学六年制。80 年代末 90 年代初,适龄少年儿童入学率增长较快,初中辍学率较高,达到 15%~20%。1993 年秋季,全市初中、小学的起始年级启用九年义务教育新大纲、新教材。1997 年 9 月,市十中和光明山小学合并为市实验学校(九年一贯制学校)。1998 年,普及九年义务教育,通过省教育厅验收。1998 年 3 月,全市九年制义务教育通过省"普九"验收。2001 年,全市小学调整合并为 510 所。2002 年 6 月,涟邵矿务局桥头河煤矿子弟学校、斗笠山煤矿子弟学校移交市政府管理。是年,蓝田中学、水洞底中学被评为娄底市示范性初级中学。2003 年,市实验学校、蓝田街道育才小学及双江小学、杨市镇中心小学、水洞底镇新禾小学、斗笠山镇砂坪小学被评为娄底市示范性小学。伏口中学、斗笠山二中被认定为娄底市示范性初级中学。2005 年,全市小学、初中起始年级的课改工作通过娄底市课程改革领导小组评估验收。是年 7 月,市教育局整体接收市农机学校和利民煤矿涟源基地子弟学校。同年 9 月,为有效缓解城区"大班额"压力,合并原六亩塘镇先志小学和瓦亭小学,成立六亩塘镇中心小学。2006 年,斗笠山镇中心小学成为娄底市第一批验收合格的示范性农村小学,全市有蓝田中学等 6 所娄底市级示范性初级中学。是年,全市初级中学毕业生升学率为 72%。2007 年 9 月,市教育局整体接收省锻造厂子弟学校、湖南一六九化工有限责任公司子弟学校、省煤机厂子弟学校。是年,伏口镇中心学校被评为"全国教育系统先进集体",石马山中学被评为"湖南省安全文明校园"。是年,全市有小学联校 327 所,在校学生 93364 人,教职工 4325 人(其中,专任教师 4204 人);初级中学 47 所,在校学生 47253 人,教职工 3310 人。

教学质量检测与评价　1987 年,市教育局制定《涟源市教育教学常规管理》《涟源市教学质量检测评价

1987—2007 年涟源市小学办学情况

表 26-9

年 度	学校数（所）	班级数（个）	学生总数（人）		各年级人数（人）						教职工数（人）
				其中女生	一年级	二年级	三年级	四年级	五年级	六年级	
1987	773	3551	101606	56446	20623	20367	20247	20209	20190	19848	5121
1988	760	3732	125048	68217	21038	20936	20865	20841	20190	20565	5475
1989	771	3790	126962	69318	21460	21382	21298	21160	21103	20559	5470
1990	775	3840	127740	67549	21543	21322	21295	21290	21293	20997	5477
1991	771	3892	129015	69782	21802	21735	21698	21601	21492	20687	5730
1992	759	3889	129513	69683	21785	21693	21601	21585	21580	21269	5346
1993	746	3939	129381	69981	21765	21692	21603	21570	21502	21249	5793
1994	695	3778	133558	73189	22458	22397	22286	22259	22207	21951	5646
1995	674	3723	135700	72247	22816	22753	22692	23286	22611	22212	5629
1996	643	3732	139718	79625	23482	23401	23351	23286	23280	22918	5742
1997	550	3658	142458	78239	23941	23886	23781	23743	23726	23381	5470
1998	542	3647	138125	77815	23221	23147	23081	23026	23008	22642	4998
1999	524	3662	131674	72435	22016	20782	21973	21945	21941	21817	5003
2000	517	3671	124026	61294	20867	20782	20701	20671	20643	20362	4989
2001	510	3376	118238	53158	19905	19852	19784	19723	19706	19268	4946
2002	435	3219	111005	53261	16756	17057	16687	16983	19435	24087	4689
2003	395	2879	101441	48424	16436	16197	16733	16307	16614	19154	4383
2004	382	2711	97665	46731	16226	16109	16004	16502	16080	16744	4315
2005	344	2632	95229	45730	15731	15878	15683	15676	16337	15924	4309
2006	296	2596	93862	44847	15928	15357	15402	15402	15554	16126	4243
2007	275	2519	93362	43979	16632	15506	15507	15507	15181	15329	4325

说明:2004 年前小学所数包括教学点(学生 100 人以上),2005 年起未包括教学点(学生 100 人以上的列入小学联校)

方案》等管理制度。全市各中小学校将教学工作作为学校的中心工作,制订各项规章制度,加强常规管理。各学校对教与学的各个环节(计划、备课、上课、下班辅导、作业批改、考试考核)有明确要求,采取定期或不定期普检或抽查等形式,检查教师备课、上课、作业批改等方面的情况。各乡镇街道学区(教育办)将乡镇中心小学作为教学常规管理示范学校,向其他小学推广其教育教学经验,引领其他小学提高常规教学工作水平。1990 年起实行初中毕业会考,由省教委统一命题,地区制卷,县市阅卷、评分、合分、登分。2000 年起,初中毕业会考改由娄底市教育局组织命题。2005 年 12 月,市教育局制定《涟源市乡镇学区(教育办)教学质量检测

表 26-10

1987—2007 年涟源市初中办学情况

年度	学校数(所)	班级数(个)	学生总数(人)	各年级人数(人)				教职工数(人)
				其中女生	一年级	二年级	三年级	
1987	57	713	44575	21324	16249	14237	14089	2549
1988	56	680	36549	18789	13065	12807	10677	2526
1989	60	648	33619	17235	11958	11462	10199	2445
1990	59	656	34007	18139	11864	11596	10547	2483
1991	59	698	35931	19203	12082	11977	11872	2519
1992	59	727	36628	19576	12862	11517	11517	2725
1993	57	743	37109	19872	12783	12506	11820	2755
1994	57	800	41815	21943	14212	13938	13665	2915
1995	57	849	46233	22894	15842	15411	14980	3120
1996	57	961	48846	23962	16765	16358	15723	3257
1997	57	915	50562	26842	16982	16854	16726	3257
1998	57	901	51546	27926	17643	17195	16708	3412
1999	57	934	62162	31822	20885	20749	20528	3432
2000	56	965	55871	28473	19932	18629	18410	3646
2001	56	985	57162	29183	19216	19082	18864	3673
2002	52	998	59851	29931	20175	19893	19783	3579
2003	48	997	70898	33560	23675	24714	22509	3531
2004	48	1096	66926	31697	19330	23509	24087	3496
2005	48	996	58756	27945	16879	18747	23130	3418
2006	48	863	50690	24314	16149	16416	18125	3372
2007	47	831	47253	22411	15752	15877	15624	3310

评价方案》，从初中毕业会考、期末质量检测、理科奥赛等方面对学区教学质量进行定量评价。2006 年，市教育局以“面向全体学校、面向全体教师，面向全体学生、面向学生全面”的理念，对全市小学备、教、批、辅、考等常规教学的环节进行全方位检查与解剖，规范教学常规管理，全面推进素质教育。2007 年初，市教育局重新修订出台《涟源市教育教学常规管理方案》。各学校根据实际，相继制定《中小学教学常规管理制度》《教学质量奖罚制度》《中小学目标管理综合评价方案》《教学内务管理暂行规定》等管理制度。是年，在全市全面推行伏口镇中心学校先进的教育管理经验和德育工作经验，着力培养学生养成教育。是年，全市初中在校学生巩固率 92.5%，学业水平考试合格率 75.2%，毕业率 90.5%，学生体质健康达标率 93.6%。

第三节 普通高中教育

课程设置 1987年,全市各高级中学开设的课程有政治、语文、英语、数学、物理、化学、历史、地理、生物、体育、劳动技术、选修课(人口和国防教育)。1991年,对教学计划进行调整,调整后的课程结构由学科课程和活动两部分组成。学科课程采取必修课和选修课两种形式,活动包括课外活动和社会实践活动,在原开设的必修课程之外,增加选修课。8月,省教委印发《实行新工时制对高中教学计划进行调整的意见》,全市高中学校执行《湖南省调整后的普通高中教学计划》,高一、高二选修课每周开设2课时,高三每周开设15课时。2002年,全市所有高中开设信息技术教育课程,每周1课时。2007年9月,全市高中一年级进入新课改阶段,学生必须完成必修课程和相关选修课程,高中毕业需144分以上总学分。

教育教学管理 1987年,全市10所普通高级中学在校学生8980人,教职工550人。1994年,市六中由安平镇新万村整体搬迁至安平镇原湘中机械厂址办学。1995年,市一中在娄底地区率先被省教委确定为湖南省重点中学。2002年2月16日,立珊中学被娄底市人民政府授牌为娄底市示范性高级中学。2003年11月,在全市教育系统初级中学教师中公开选拔一批能胜任高级中学教学的优秀中青年教师进入高中学校任教。12月,市六中被娄底市人民政府授牌为娄底市示范性高级中学。2004年,全市高中学校加强校本教研,开发校本课程。2005年12月,市教育局制定《涟源市普通高中教学质量检测评价方案》,从毕业班高考、肄业班抽考、特殊加分三个方面对教学质量进行定量评价。2006年,全市普通高中招生规模扩大,学生人数达到2.29万人。省示范性高中市一中通过创新管理机制,建立教学管理"调研制度",财务管理"内审制度",人事管理"专家制度"和收入分配管理"结构工资制度",调动教职工积极性。3月,市教育局、市监察局联合下发《涟源市2007年普高、职高学校招生工作实施方案》,建立招生工作责任制和责任追究制。学校严格贯彻执行招生工作新政策,全市招生环境总体趋于稳定。

1987—2007年涟源市高中办学情况

表26-11

年度	学校数(所)	班级数(个)	学生总数(人)	教职工数(人)	年度	学校所数(所)	班级数(个)	学生总数(人)	教职工数(人)
1987	10	131	8980	550	1998	6	145	8045	833
1988	9	138	8674	651	1999	7	154	8558	798
1989	9	137	8283	645	2000	7	166	10781	930
1990	9	137	8283	657	2001	7	214	14024	1008
1991	9	143	8288	666	2002	7	233	15891	1002
1992	9	140	7477	714	2003	7	254	17930	1010
1993	9	138	6888	717	2004	7	261	18922	1005
1994	9	136	6438	701	2005	7	291	21489	1002
1995	7	150	7681	727	2006	7	297	22943	998
1996	7	138	7820	696	2007	7	306	22366	995
1997	6	137	7494	670					

附记:市直教育单位简介

市教研师资培训中心 位于蓝田城区市人民中路246号,占地2.21公顷,建筑面积18858平方米。2002年9月,市教师进修学校和市教研室合并组建市教研师资培训中心,负责全市教育教学研究和教师培训,内设机构有办公室、后勤处、教务处、函授处、教研处、岗位培训处、中央广播电视大学涟源工作站等。2007年,共有教职工59人。1987—2007年,招收脱产中师班(两年制)10个,毕业522人;幼师班(两年制)1个,毕业36人。举办体育教师脱产培训班(半年制)1个,结业35人;音乐教师脱产培训班(半年制)1个,结业38人;脱产行政干部班(半年制)10期,结业417人;"转教"培训班(半年制)11个,650名非师范院校大中专毕业生结业,获得教师资格证。举办脱产小学语文骨干教师培训班(半年制)3期,小学数学骨干教师班3期,331名教师进行集中研修。举办小学语文继续教育班(半年制),小学数学继续教育班各3期,382名教师参加学习。1986年、1988年、1990年中师函授三次招生,招收1720名中小学教师参加学习。1987—1994年,举办中函学员脱产培训班(半年制)7期,计23个班,参培学员1865人次。1987—1996年,共有1885人获得中师函授毕业文凭。1996—2001年,举办新教师上岗培训班6期,培训新教师2216人。2004—2007年,4228人参加中小学教师基本功训练,7373人参加师德培训,8496人参加WTO知识培训,7240人参加科技创新培训,8079人参加知识产权保护知识培训,7334人参加新课程师资培训。举办计算机初级培训班44期,参培教师6013人次,计算机高级培训班17期,参培教师4278人次;普通话培训班21期,参培教师8859人次。

图26-4 涟源市教研师资培训中心

市现代教育技术管理中心 1985年9月,涟源县电化教育教学仪器管理站(简称县电教站)成立,办公地点设在市一中。1996年底,涟源教育电视台从市电教站分出。在1998年湖南首届教育新闻评比中,涟源教育电视台选送的新闻评论《希望小学的困惑》获省一等奖。2002年8月,市电教站和涟源教育电视台又合二为一,更名涟源市现代教育技术管理中心,迁至人民中路市教研师资培训中心院内。2007年,有职工23人。设办公室、财务室、实验教学组、电教教学组、教研组、综合组、教育电视台。

涟源一中 坐落于蓝田街道光明山社区光明山上,系原国立师范学院校址。国立师范学院始建于1938年,1946年8月西迁叙浦。湖南省教育厅在其旧址办学,建立湖南省第十五中学。1952年12月,更名涟源县第一中学。1980年,被定为湖南省53所重点中学之一。1987年,市一中占地10.4公顷(含学校林场2.7公顷),建筑面积18840.33平方米。教职工134人。1995年12月,被定为湖南省30所重点中学之一。2004年8月,被确定为湖南省示范性普通高级中学。2007年,校园面积16.09公顷,建筑面积78174平方米,高中教学班50个、初中教学班21个,学生5100多人,教职工283人,其中中学高级教师75人。

图26-5 涟源市第一中学三间钟楼

图 26-6 涟源市第二中学

涟源二中 地处市城区人民西路23号，校园面积3.4公顷。1943年，寄寓长郡中学的周南女中选定笃庆堂为校址。1960年上期，原涟源师范由市一中搬至笃庆堂，一年之后停办。1962年3月，原荷叶初中班与青烟初中班合并，从玉屏完小迁入笃庆堂，称涟源县第二初级中学。7月，更名涟源县第九初级中学。1969年上期，各县办初中下放给公社。九中分解为毛坪公社中学和荷叶公社中学。毛坪公社中学仍以笃庆为校址，并在原有初中班的基础上，加办高中班，成为完全中学。1979年8月，县政府进行学校布局调整，初中公社办，高中集中到区办，毛坪中学更名荷叶区中学。1982年8月，更名涟源九中，成为县属中学。1997年，涟源十中并入，更名为涟源市第二中学。2007年，有教学班36个，在校学生2600余人，教职工157人，其中中学高级教师54人。

涟源三中 坐落于杨市镇新建村，占地5.53公顷，建筑面积30896平方米。前身为纯化中小，始创于1941年，校址在杨市镇道公祠。1953年，迁至佩兰堂（“佩兰堂”始建于清朝同治年间，是涟源最大的地主庄园之一），改名纯化完小，后改名杨家滩完小。1956年，带办初中。1958年秋，更名涟源县第五初级中学。1969年春，县属中学下放公社，更名杨家滩公社中学。1970年，不再设置初中，开始招收高中班，12月，学校更名涟源县第三中学。1987年，更名涟源市第三中学。2007年，教学班31个，在校学生1800余人，教职工118人，其中中学高级教师21人。

图 26-7 涟源市第三中学校徽

涟源四中 地处桥头河镇石坪村，占地4.17公顷（另有校办农场1.8公顷），建筑面积29033.6平方米。源于1905年创办的湖南私立法政专门学校。1941年2月，湖南私立建国中学迁入。1953年9月28日，县政府接办，更名涟源县第四初级中学。1958年，升为完全中学，招收高中新生。1969年，初中停办。2007年，有教学班30个，在校学生1713人，教职工118人，其中中学高级教师21人。

图 26-8 涟源市第四中学校门

图 26-9 涟源市第五中学元旦文艺汇演

涟源五中 地处荷塘镇绕竹村，占地5.33公顷，建筑面积45000余平方米。前身为富田初中班，建于1958年秋。1964年，更名涟源县第十一初级中学。1969年，更名山塘公社中学。1979年，更名山塘区中学。1982年，更名涟源县第八中学。1997年，更名涟源市第五中学。2007年，有教学班27个，学生1500余人，教职工100人，其中中学高级教师19人。

涟源六中 地处安平镇唐家村，校园占地7.86公顷，建筑面积36500平方米。前身是1829年（清道光九年）创办的培兰书院，院址在今安平镇新万村吴氏宗祠内。1956年，梅塘完小带办初中班。1958 年,更名为涟源县第六初级中学。1969 年,更名为四古公社中学。1970 年,更名梅塘公社中学,开始招收高中学生。1979 年,更名为四古区中学,只招收高中学生。1982 年,更名涟源县第六中学。1987 年,更名涟源市第六中学。2007 年,教学班 34 个,在校学生 2400 人,教职工 118 人,其中中学高级教师 26 人。

立珊中学 著名慈善家彭立珊于 1989 年捐资创建,坐落于杨市镇官庄村,校园面积 42000 平方米,建筑面积 30000 平方米。1989 年 9 月,首届招生,有初中班 4 个,学生 222 人,教职工 22 人。1990 年秋季,开始招收高中新生,2 个班 119 人。1999 年,成为单一的普通高级中学,16 个班,学生 1125 人,教职工 98 人。2003 年下学期,再次带办初中部,招收初中新生 3 个班。2007 年,有教学班 42 个,学生 2501 人,教职工 143 人,其中中学高级教师 26 人。

市实验学校 地处市城区人民中路,占地 18316 平方米,总建筑面积 17507 平方米。1997 年 7 月,利用涟源十中校址,并入光明山小学,创办市实验学校。2007 年,有教学班 43 个,学生 3866 人(其中,小学部 2336 人,初中部 1530 人),教职工 148 人,其中中学高级教师 9 人。

图 26-10 涟源市第六中学

图 26-11 涟源市立珊中学

图 26-12 涟源市实验学校

第四节 职业教育

1988 年,全市有市商贸职业学校、市供销学校、市农业机械化学校、市第一职业中学、市第二职业中学、市卫生职业技术学校、市汽车驾驶员培训学校等 7 所职业中等专业学校,有 23 户骨干企业办有培训中心,采用自培、委托培训和联合培训等方式,定点开展城镇待业人员就业前培训和在职职工在岗培训。全市各职业学校开设家电维修、农机维修、财会等 26 个专业,举办培训班 38 期,培训城镇待业人员 1234 人,结业后择优推荐安置就业 681 人。省湘中机械厂、市铁厂、市氮肥厂等企业培训中心,按照持证上岗的要求,开展对在职职工职业技能培训,共办培训班 26 期,培训 1510 人次。市劳动局组织举办电工、司炉工、电(气)焊工、起重工安全技术培训班 12 期,培训 752 人;组织技校招生考试,1100 人报名,录取 365 人。是年,市劳动就业培训学校更名市劳动就业训练中心,聘请专(兼)职教师 10 名。全年培训城镇待业人员 1678 人。1990 年,举办 15 期安全知识培训班,培训厂(矿)经理和安全专干 820 人,核发安全资格证书 810 个。1991 年,清整职业培训机构,省湘中机械厂培训中心等 7 个网点经劳动部门验收合格。全市开办培训班 20 个,开设专业 12 门,培训待业青年 1685 人,1268 人结业,安置 1244 人。1995 年,技校招生制度改革,技校新招学生毕业后不再统一安置。招生面向社会,允许农村青年参加考试。是年,录取新生 222 人。其中,农村户口考生 53 人。1996 年,622 人报名考试,录取 289 人。其中,农村户口考生 55 人。1997 年,312 人报名,录取 206 人。1987—1997 年,劳动部门组织技校招生考试 11 届,向各级技工学校输送生源 4662 人。1998 年,劳动部门不再统一组织技校招生录取工作。是年,市劳动就业训练中心和定点培训机构开始对企业下岗失业人员进行再就业培训,培训 1525

人。1999年，成立市劳动职业学校，承担劳动预备制培训任务。是年，招收二年制职业中专班学生128人。2000年起，建立社会化再就业培训基地和农村劳动力转移培训基地，实施农村剩余劳动力转移就业阳光工程。2001年8月，市劳动职业学校，市工贸职业中专、市艺术职业中专学校被确定为娄底市首批劳动预备制培训学校。当年，省政府授予涟源市“职业教育先进县市”荣誉称号。2002年，对从事技术复杂、通用性广、涉及国家财产和人民生命安全及消费者利益的技术工种实行职业资格证书制度。2004年，涟源市荣获“湖南省职业教育与成人教育先进单位”称号。2005年，市新世纪电脑学校、新贵族美容美发学校、市科技电脑培训中心、市交通学校等8所职业学校，经劳动保障部门审核批准，作为下岗失业人员再就业和农村劳动力转移就业定点培训单位。是年，举办职业技能培训班32期，设置电脑文秘等专业17个，培训9210人。其中，举办下岗职工免费培训班4期，培训下岗职工2650人。开展“阳光工程”培训，市工贸职业中专等6所培训机构对2531名农村劳动力进行免费培训，政府补贴培训费用40万元。2006年，涟源市职业教育以国家级重点中等职业学校涟源市工贸职业中等专业学校为龙头，大力推行“订单式”培养和校企合作，改革实验初训条件，由对口升学为主调整为高质量就业为主，由文化课教学为主调整为专业课教学为主，改三年学制为两年学制，进一步拓宽培训市场，为学校做大做强提供良好平台，形成协同发展的良好态势，职业教育社会化进程明显加快。11月，涟源市工贸职业中等专业学校成功承办湖南省职成学会中职加工制造类专业教学研究会2006年年会。《现代教育报》《娄底日报》等分别以《钢城升起的璀璨明珠》《涟源市工贸职业中专荣膺全国职业教育先进单位》为题，报道该校业绩。是年7月，娄底市教育局批准涟源市科技职业学校正式开办。涟源市艺术职业学校对口升学率二本以上达50%。2007年，成立涟源市职业教育中心。涟源市工贸职业中等专业学校具有较完备的为教学、实习服务的图书室、阅览室、电工电子拖动实验室、电子电器原理演示室、电器维修实验室、财会模拟实习室、模具陈列室、计算机主板维修室、琴房、练功房、电子计算机房、多功能语音室、多媒体电化教学室等。同时，建立电工实训、钳工实训、焊工实训、数控加工实训、机械加工实训、模具制造实训等实训车间，每个专业都有相应的校内实训实习场所和校外基地。是年，市工贸职业中专申报3个省级精品专业，毕业生就业率达到100%。涟源市职业教育中心大力推行以学历教育为主，实行“长短教育”，实行“校企合作”，采取“订单培训”的就业模式，职业学校学生就业率达90%及以上。2007年，涟源市职业教育中心成功创建为湖南省示范性职业教育中心。是年，全市定向培训和订单式培训15191人。其中，企业职工培训5200人，农村劳动力转移培训5180人，农村劳动力技能培训2005人，劳动预备制培训1600人，下岗职工再就业培训1206人。培训后实现就业的12024人，就业率79%。

1987—2007年，全市各类培训机构举办就业前培训和劳动预备制培训班321期，接受培训的待业人员24990人次；举办在职职工培训班56期，培训3195人次；举办电工、电(气)焊工等特种作业人员安全技术知识培训班65期，培训3976人次，核发安全操作证3926个；举办技术工种职业资格认证培训54期，2685人取得初、中级职业资格证；下岗失业人员再就业培训14207人次，其中免费培训4570人次；农村劳动力转移培训27460人次。市劳动职业学校共举办2年制职业中专班31期，毕业学生1885人，全部介绍到用人单位就业。

市农业职业中等专业学校 1987年，涟源县第一农业职业中学位于七星乡峡山村，有教学班级7个，学生322人，教职工32人。是年10月17日，更名市第一职业中学。1990年，经省教委验收合格，成为湖南省示范性农业职业中学之一。1994年4月23日，全国人大常委委员熊清泉视察市第一职业中学，题词：“为振兴涟源培养更多更好的有用人才。”1996年，市第一职业中学更名市农业职业中等专业学校。2000年5月，被评为湖南省示范性农业职业中专。2003年1月，并入市工贸职业中等专业学校。

市工贸职业中等专业学校 1987年10月，中国人民解放军总后勤部第四后方基地与市政府签署借用移交协议，将原365医院住院部无偿借给涟源市办学。上将李聚奎为学校题写校名“涟源二中”。1988年8月，更名为市第二职业中学，办学体制为政府统筹，市教委主管，李聚奎再次题写校名“涟源市第二职业中学”。9月，招收两个班，学生120人，教职工15人。1994年，市财贸学校并入。1995年7月，经省教育委员会批准，更名为市工贸职业中等专业学校。10月5日，被确定为省重点职业高级中学。1999年，被评为国家级重点中等职业学校。2002年，被评为湖南省中等职业学校教学工作优秀学校。2003年1月，市农业职业中等专业学校并入。2004年，被教育部认定为国家级重点中等职业学校。2005年6月，市商贸职业学校并入；7月，市农业机械化学校并入。是年，市工贸职业中等专业学校被国家发展和改革委员会、教育部等五部门评为全国职业教育先进单位。2007年，学校占地8.53公顷，建筑面积4.12万平方米，开设50个教学班，开设机械加工技术、机电设备安装与维修、模具设计制造技术、焊接技术应用、电子技术应用、建筑工程施工、计算机应用、会计、文秘、学前教育等10个专业，学生3100余人，教职工178人，其中特级教师1人、高级教师58人。是年，学生就业率100%，对口就业率90%，265人参加对口升学考试，245人上线，其中本科上线16人。

图26-13 涟源市工贸职业中专校园

市卫生职业技术学校 1986年5月，涟源县卫生职业技术学校通过省卫生厅考核、验收，9月面向农村招生，对象为应届初中毕业生，开办医士、护士、中医、计划生育手术等专业培训班，学制3年，适当收费，不包分配，为农村培养具有中级水平的卫生技术人员。1988年，市卫生职业技术学校（简称市卫校）有固定资产96万元。校园占地1.44公顷，建筑面积6700平方米。其中，有教室8间，实验室8间，有学生宿舍、教职员工宿舍、食堂、礼堂、浴室、图书室、阅览室等建筑物，教学设备总价值12.6万元，图书1.1万册，教职员工22人。其中，专职教师13人，中级职称5人。1986—1996年，共培训各类卫生技术人员1503人。其中，短期培训班2期91人，三年制培训班20个1412人。1997年7月，市卫校撤销。

涟源交通学校 1984年11月，创办涟源县汽车驾驶员培训学校。1994年9月，更名娄底地区涟源交通职业技术学校，既培训驾驶员，又招收职业高中生。1995年，校长刘新发被教育部、人事部授予“全国优秀教育工作者”称号。1996年，更名涟源交通学校，为全日制职业中专学校，进行B、C、D类机动车驾驶员培训，面向全国招收职业中专生，学制3年。接受娄底地区交通运输管理处监管。1994年9月—1998年9月，招收职业中专生746人。1999年，职业教育停止招生，单一培训汽车驾驶员。2000年以后，家庭购车成为时尚，客货运输车辆大量增加，驾驶员培训行业进入鼎盛时期。2003年11月，涟源交通学校经省、地交警部门检查验收，评为二类机动车驾驶员培训学校。2005年，娄底市驾驶员培训管理机构对全市驾校进行培训质量考评，涟源交通学校名列全市14所驾校之首。2007年，学校内设办公室、教练组、安全组、后勤处、报名处，有教职工32人，教学场地9720平方米，教练车26台，培训1000余人。1984年11月—2007年，培训B、C、D型驾驶员12000多人，营运性机动车驾驶员从业资格培训4561人，培训汽车维修技术人员34人，电脑短期培训211人，职业高中、中专生毕业746人。

市艺术职业中专学校 1995年9月，市文化局创办市艺术职业中专学校（简称市艺校），开办舞蹈、声乐、器乐、戏剧、美术5个班。1996年2月，市艺校举办群文函授中专班，招收市直文化单位和乡镇文化站学历未达到中专的在职人员进修。9月，在娄底地区范围内招收10~12岁的戏剧表演专业学生30名，学制4

年，毕业后颁发中专毕业证，安排到市直文化单位工作。1997年，25人被大中专学校录取，其中17人被湖南省艺校录取，毕业后分配在市湘剧院和市艺校工作。2000年，市艺校被国家确定为职高生享受助学金学校。2007年，15人被中央民族大学等重点大学艺术类专业录取。

市农业技术学校 1958年春，为培训农村技术骨干，普及农业技术，在县农场创办农业技术学校，设农技、农经、水利、畜牧等专业，短期培训时间三五天到十天半月，长期培训时间三五个月，是年秋改称县农学院。1960年11月停办，1975年6月复校，称县农业技术学校。1987年，更名农业技术培训中心。1990年12月，改称市农业技术学校。1987—1996年，先后培训乡村和农业场所基层干部3000余人次，培训专业技术人员1.8万人次。1997年，并入中央农业广播电视学校涟源分校。

市劳动职业学校 1988年，市劳动就业培训学校更名市劳动就业训练中心，聘请专(兼)职教师10人。是年，培训城镇待业人员1678人。1990年，举办15期安全知识培训班，培训厂(矿)经理和安全专干820人。1998年，市劳动就业训练中心开始对企业下岗人员进行再就业培训，培训1525人。1999年，成立市劳动职业学校(与市劳动就业训练中心两块牌子，一套人马)，招收二年制职业中专班学生128人。2001年8月，市劳动职业学校被确定为娄底市首批劳动预备制培训学校。2007年，有教室11个，计算机50台，图书万余册，有学生220人，专(兼)职教师21人。是年，被评为湖南省优秀定点培训机构。

中央农业广播电视学校涟源分校 1981年7月，创办中央农业广播电视学校涟源分校，设大专、中专、一年制初等农业教育和农民工培训4个教育层次，开设农学、果树、林业、农业技术推广、农产品贮藏加工等专业12个，配备专职技术干部4名，兼职教师数名。1990年，被省农村经济委员会评为办学先进单位，被省农业广播电视学校评为学籍管理先进单位。1995—1998年，招收自学考试农业推广专业大专班63人，聘请湖南农业大学教授来校讲课。1999—2003年，招收函授专科学员139人，专升本学员16人，聘请娄底市职业学校高级讲师来校授课。2004—2006年，农村劳动力转移培训1140人，转移1036人，转移率90.8%。2006—2007年，培训养猪、养牛、养羊技术960人。2007年，全校有专职人员4人、兼职教师20人。其中，高级职称4人，中级职称15人。1981—2007年，累计招生3091人，2666人获得中专文凭，48人获得自学考试农业推广专业大专文凭，49人获得函授专科文凭，16人获得本科文凭。

第五节 成人教育

一 师资教育

函授教育 1986年、1988年、1990年，中师函授3次招生，全市招收1720名中小学教师参加学习。1987—1994年，举办半年制中函学员脱产培训班7期，计23个班，参培学员1865人次。1987—1996年，1885人获得中师函授毕业文凭。1990年开始，市教师进修学校与娄底市教师进修学院、娄底师专(今湖南人文科技学院)、湘潭师范学院、湖南师范大学、福建师范大学等高等院校联合办学，招收中小学教师参加专科和本科函授学习。至2007年，312人获得本科毕业文凭，763人获得专科毕业文凭。

广播电视教育 2000年，中央广播电视大学娄底分校涟源工作站成立，授课形式坚持电视录像与面授辅导相结合，讲课教材由中央电大编印，毕业证书由省电大颁发，国家教委承认学历。本科和专科学制均为二年半。专业设有汉语言文学、教育管理、计算机、财会、英语、法律等本科、专科专业。招生对象以教师为主，面向社会招生。2000—2007年，招生12期，获得专科文凭和本科文凭的学员分别为2182人和1053人。

二 干部教育

1987年,市委党校开设行政管理中专班7个,经济管理中专班2个,学制两年。同时对副科及以下党员干部进行轮训(每5年一次),每期学习半个月至1个月,主要培训政治理论、党性修养、法律知识、岗位知识、法律知识和涟源经济社会发展方略等方面的知识。1987—1991年,毕业学员428人。1991年始,开办优秀中青年干部培训班,每年举办一期,每期在校学习2个月,回单位实习1个月。2001年始,每期在校学习1个月,每年举办两期科干班、两期股干班,培训人数每班为50人左右。2002年和2004年,在全市各行政事业单位公开招考96名优秀中青年干部,作为科级后备干部分别集中培训学习两个月,毕业后进入科局级领导班子。1987—2007年,举办轮训班52期,轮训3451人次。1991—2007年,举办中青年干部培训班17期,培训中青年干部1238人次。

三 农民文化技术教育

1987年,全市有合格农校20所,各乡镇办有实用技术培训班,3000人参加培训。1988年,制定农民教育发展规划,通过农校对农民进行专业实用技术培训,农民在家庭农副业生产、经营方面有较大改善,涌现一批靠农村专业实用技术发家致富的先进典型。水洞底镇红土村开办的蔬菜实验班,凉薯种植采用插架、打尖、抹芽新技术,单产由每公顷22.5吨增到127.5吨;引进78-3号大白菜,采用地热线升温育苗等技术,每公顷产172.2吨,实验园地被列入全国蔬菜实验基地。1989年,全市所有乡镇兴办农民文化技术学校,50%的行政村办起村农民文化技术学校,合格乡农校41所,各种文化技术短训班1253个,学员3.11万人。11月,涟源市获湖南省"扫除文盲工作先进县(市)"称号。

1990年开始,坚持扫盲工作经常化、制度化,农民教育向纵深发展。全市建立普通教育、职业教育、成人教育"三教"统筹,农民实用技术培训得到加强。1991年,试办太和乡农科教中心,顺利通过省地验收。是年,全市有合格乡农校38所,示范乡农校6所,扫盲班231个,7420人参加学习,经验收,脱盲5100人。1992年,从市到村,形成四级扫盲教育网络。实行市教育局(市教委)干部包乡镇、乡镇干部和校长包村、教师包组、村校包办班、学生包扫盲的"五包"责任制,提高扫盲质量。各乡镇在扫盲工作中做到"三个结合"(办班与包教包学相结合,学文化与学农技相结合,巩固提高与经济建设相结合),"四个到位"(宣传到位,认识到位,经费到位,工作到位),逐步建立健全"四册二表一卡":15~50岁青壮年人员花名册,半文盲摸底册,扫盲班学员花名册,脱盲学员花名册;扫盲基本情况统计表,青壮年文化结构统计表;脱盲学员登记卡。1994年,全市办农校57所,129期培训班,培训实用技术人员3096人,扫除文盲3619人,考试验收合格发证29565人,合格率82%。1995年,办扫盲班295个,参加学习人数5460人。是年,涟源市再次被评为湖南省扫除文盲先进市。1997年11月,全市扫盲教育通过湖南省检查验收合格,全市104.5万人。其中,青壮年478733人,青壮年文盲15506人,脱盲14243人,达到"基本扫除青壮年文盲"目标。1998年,全市有乡镇示范农校6所,村农村文化技术学校859所,校舍20余万平方米,固定资产45万元。

2004年,调整扫盲工作领导小组,各乡镇成立相应组织机构,建立扫盲工作长效机制,将扫盲巩固工作融入实用技术培训当中,全市青壮年非文盲率和脱盲巩固率均保持在98%以上。2006年,劳动力转移培训1565人次。全市有娄底市示范性乡镇农校5所。

2007年,劳动力转移培训3500人次,斗笠山镇农校、七星街镇农校被评为湖南省示范乡镇农校。市成人教育各项培训累计6.2万人次。是年,"一村一名大学生"培训班在市教研师资培训中心举办,学员410名,为新农村建设培养中坚力量战略工程启动。

四 其他教育

市总工会职工学校 1987年,市总工会职工学校开办电大法律班1个,高中班4个,职称培训班6个,在校学员520人。1989年10月,市总工会职工学校被中华全国总工会评为全国工会职工教育先进办学单位。1987—2006年,市总工会职工学校开办大专班76个、本科班6个,培养大专毕业生2242人,本科毕业生121人。2002年,创办市女职工学校,举办女性健康知识讲座5次,参加人数达340人次。2002—2007年举办女性健康知识讲座13次,参加人数达920人次。2006年,市总工会农民工业余学校创建。建立工人职业技能培训点20处,主要技能培训点有涟源宾馆职业技能培训中心、市工贸职业中专、市交通驾驶员培训学校。2006—2007年,市总工会农民工业余学校培训1279人。其中,服装设计定制工357人,仪器仪表装调工173人,农副产品加工员432人,客房、前厅服务员166人,车工151人。901人取得职业资格证书,占培训人数的70.5%,转移就业率100%,培训合格率100%。

图26-14 1997年,市珠算协会组织全市财会人员珠算比赛

中华会计函授学校涟源函授站 1987年9月,中华会计函授学校涟源函授站成立,招收会计专业中专班2个,学员107人。1988—1996年,招收中专班7个,学员487人。1997年开始,除继续招收中专学员外还与湖南财政专科学校、娄底广播电视大学合作招收会计专业大专班学员。至2002年,招收大专班4个、学员127人,中专班3个、学员123人。2003年,停止函授学历教育,转向会计人员进行继续教育和短期培训,至2007年,共面授12000余人次。

附记:社会力量办学

1987年,苗苗家庭幼儿园创办,成为全市第一家私立幼儿园。90年代,民办中小学校开始发展,达到10余所,办学地点主要分布在城区。1993年7月,肖海波、李凌华等10人集资入股,创办私立行知中学,招收初高中六年一贯制实验班,学生68人。1994年8月,经省、娄底地区批准,正式成立涟源市私立行知中学,成为一所全日制完全中学。1995年7月起,肖海波独资办学,在招收初高中六年一贯制实验班学生(60人)的同时,招收高一新生班1个,学生71人。1996年5月,娄底市社会力量办学现场会在私立行知中学召开。6月,私立行知中学投资500多万元进行扩建,建设教学大楼、学生公寓、多媒体电脑室、电子琴室、理化生室、图书室、阅览室、学生食堂、浴室等。8月,投资78万元收购原市织染厂的后半部地产。9月,投资20万进行改造。1997年5月,市私立行知中学投资20万元建立娄底市唯一的校长办公电脑监控系统。12月,被评为湖南省社会力量办学优秀学校。1998年12月,投资120万元兴建科教综合大楼,1999年9月竣工交付使用。

2003年后,位于乡镇中心地段的学前班逐步发展为民办幼儿园。2003年,全市社会办学力量办学单位有:私立行知中学、私立福荣学校、私立湄风学校、私立康德学校、市科技职业学校、市女子职业学校、市三间实验学校、市劳动职业学校、市交通职业学校、市艺术职业学校以及民办幼儿园(已审批)13 所。是年,市私立行知中学应届生彭蔚成为湖南省高考理科状元,高二学生黄晶、黄帅以优秀成绩考上中国科技大学少年班。私立行知中学被评为全国社会力量办学优秀学校。

2004 年 9 月,私立行知中学以 1480 万元整体收购市特种水泥厂,2005 年 3 月,投资 5000 万元兴建现代化教学楼 2 栋、学生公寓 5 栋(能容纳 4000 多人住宿)、高标准食堂 1 栋(能同时容纳 4000 余人就餐)等。2005 年 9 月,私立行知中学 5000 多名初高中学生进入新校区上课,老校区改办行知高考补习学校。2006 年,私立行知中学投资 2000 多万元,建立图书馆、科教大楼、办公大楼和两栋教工宿舍楼。是年,私立行知中学、育才实验学校、私立福荣学校被评为娄底市民办教育先进单位,私立行知中学被评为湖南省十佳民办学校。

2007 年,全市有民办中小学校 11 所。其中,完全中学 1 所,九年一贯制学校 3 所,小学 3 所,高考补习学校 2 所,民办职业学校 2 所。是年,私立行知中学坐落于涟源市人民中路,占地 8 万余平方米,建筑面积 10 万余平方米,资产达 1.6 亿余元,有教学班 75 个,其中高中班 59 个、初中班 16 个,在校学生 5100 余人。

图 26-15 涟源市私立行知中学校园

图 26-16 涟源市私立福荣学校

第四章 招生 考试

第一节 招 生

一 小学招生

1987年,涟源市儿童入学年龄为7周岁,不须参加任何形式的考试,在户口所在地就近入学,建立学籍档案,也有随亲人就读的情况。1993年,儿童入学年龄调整为6周岁。20世纪末21世纪初,入学年龄仍为6周岁,有父母将儿女带到其打工所在的城镇就读,也有家长将子女转向师资更好的学校就读。

二 初中招生

1987年,市内小学毕业和初级中学招生考试合并进行,由各乡镇(街道)学区(教育办)组织考试,阅卷和划线录取,考试科目为语文、数学两科。考生由乡镇(街道)学区(教育办)按从高分录至低分的原则组织录取,就近入学的原则分配,升入初级中学。1998年,全市初级中学适龄少年入学率98.40%。2002年起,全市取消初中入学考试,小学六年级学生按就近入学原则升入相应初级中学。

三 高中招生

1987年,高中招生考试和中专招生考试合并一次进行。体育、音乐、美术、劳动技术由学校组织考试,政治、语文、数学、物理、化学、英语、生理卫生等科目由娄底地区教育委员会统一命题制卷,市教育局(教委)组织考试、阅卷和登分。考试以学生所在毕业学校为单位,对考生编号、编考室,考试时实行单人单桌,抽调学校教师(或高中教师)前往监考。各高中学校按分配的指标招收新生。初中生升入中专的考试由娄底地区教育委员会统一组织,科目、试题与高中招生相同。1990年,全市初中毕业会考与升学考试结合进行,并实行特长生降分录取制度。2000年,全市报考高中的考生都必须参加初级中学毕业会考和体育测试。文化考试科目为政治、语文、数学、物理、化学、英语、历史。是年,全市高中招生按统一管理、择优录取、区域招生、严格控制等原则录取新生。2002年,市教育局严肃招生纪律、整顿招生秩序,普通高中学校必须严格执行招生计划,补录学生只能按缺一补一的原则招收各自招生区域的考生。严禁甲校招收已被乙校正式录取的考生,严禁普通高中学校招收填报职业高中学校志愿的考生。违者,所招新生不予建卡注册。严禁采取减免学费、减免生活费、降低收费标准、发放奖学金等不正当手段争取优秀生源。2005年,全市高中招生严格执行"三限政策"(限分数、限人数、限钱数),初中毕业生报考普通高中、职业高中都必须参加毕业会考和体育测试。文化考试科目为:初三语文、数学、英语,各120分,政治、物理、化学、历史,各100分;初二生物、地理,各100分,按50%计入2006届中考总分。全市优等生考试在会考科目基础上加试语文、数学、英语综合考试卷,计150分。各初级中学以三年二期的上报人数为依据,按毕业生总数的10.4%推荐优秀毕业生参加考试。优等生考试由市教育局组考,其他考生由各乡镇(街道)学区(教育办)组考。体育测试由市教育局统一安排,由学区(教育办)组织实施。2006年3月,市教育局与市监察局联合下发《涟源市2007年普高、职高学校招生工作实施方案》,建立招生工作责任制和责任追究制。2007年,市教育局开始组织全市初三(九年级)教育教学质量检测,由市教研师资培训中心统一组织命题、制卷，各乡镇（街道）中心学校设立一个考点，每所初级中学选派该校10%左右的毕业班学生参加考试，考试成绩作为来年高中招生的重要依据。

四　中专招生

1987—1997年，全市从优秀初中毕业生中选拔一定数量的学生到公办的中等专业学校就读，农村户口转为非农户口，毕业后由国家统一安排工作，对在师范学校就读的师范生每月给予生活补助。1988年，增招委培生和自费生（不包分配工作）。1992、1996、1997三年增设收费定向生。1998年开始，国家取消大中专毕业生分配计划，大中专毕业生自主择业，娄底地区教育委员会不再统一组织初中生升入中专的考试，各职业中等专业学校自主招生，招生对象以应届初中毕业生为主，毕业后推荐工作。

1987—1997年涟源市初中毕业生升入中专学校情况

表26-12　　单位：人

年度	公费生	委培生	收费定向生	自费生	总计
1987	349	—	—	—	349
1988	341	69	—	18	428
1989	276	111	—	14	401
1990	294	88	—	7	389
1991	444	94	—	—	538
1992	339	84	35	128	586
1993	630	161	—	7	798
1994	628	357	—	36	1021
1995	513	427	—	58	998
1996	319	552	323	353	1547
1997	308	437	267	48	1060

第二节　考　试

一　普通高考

1987年，全市各高中学校实行高考预选制度，3036人高中毕业，1610人参加高考，693人上线，上线率43.04%；681人被高校录取，占参考人数的42.30%，占毕业生总数的22.43%。1989年，全市取消高考预选制度，开始实行高中毕业会考制度，考试合格者直接参加高考。是年，全市4234人参加高考（其中，应届毕业生2808人），上线人数458人，实际录取583人（因降分录取）。1991年，实行“4×4”高考科目设置方案（高考科目设置为四组，每组4门功课。第一组：政治、语文、历史、外语；第二组：数学、语文、物理、外语；第三组，数学、化学、生物、外语;第四组:数学、语文、地理、外语。考生可任选一组科目作为应试科目),改变持续多年的文理科考试制度。1993 年,实行“3+2”高考科目设置方案,按文理分科,语文、数学、外语均考,文科生另考历史、政治,理科生另考物理、化学。1995 年,市一中学生李利平获湖南省高考理科状元,被清华大学录取;学生梁子长参加全国物理奥林匹克竞赛,获省特等奖,被复旦大学免试录取为 1996 届新生。1997 年,成立市招生考试中心,负责组织全市普通高考、成人高考、自学考试工作,并承担全国英语等级考试、空军招收飞行员等工作。1999 年 7 月,全市 4271 人参加高考,被大专及以上高等院校录取 1726 人(其中,重点本科 209 人,一般本科 623 人,600 分以上 40 人)。2001 年,实行“3+X”高考模式,文科考语文、数学、外语+文科综合(历史、政治、地理),理科考语文、数学、外语+理科综合(物理、化学、生物)。是年,市内高中有 5 名学生被清华大学录取,1 名被北京大学录取。其中,市一中毕业的 4 名,市私立行知中学毕业的 2 名。2002 年,市一中学生刘旭获湖南省高考理科状元,被清华大学录取。2003 年,市私立行知中学学生彭蔚获湖南省高考理科状元,被清华大学录取。2006 年,湖南省取消省级三好学生和优秀学生干部等奖励性加分。2007 年,全市 9599 人参加高考,普通高等学校正式录取 5803 人,其中本科 2354 人(重点本科院校录取 454 人)。1995—2007 年,市内高中每年都有学生考上清华大学或北京大学。

1987—2001 年涟源市普通高考录取情况

表 26-13　　　　单位:人

年 度	参考人数	上线人数			录取人数		
		总 计	大专以上	中 专	总 计	大专以上	中 专
1987	1610	693	527	166	681	519	162
1988	1807	587	382	205	786	605	181
1989	4234	458	345	113	583	461	122
1990	4113	540	448	92	588	415	173
1991	4457	647	574	90	634	397	237
1992	4543	—	—	—	692	621	71
1993	4008	—	—	—	1027	933	94
1994	3316	—	—	—	1037	957	80
1995	3415	—	—	—	1069	993	76
1996	3201	—	—	—	981	916	65
1997	3384	—	—	—	1102	1045	57
1998	3581	—	—	—	1143	1094	49
1999	4271	—	—	—	1782	1726	56
2000	4985	—	—	—	1786	1765	21
2001	5327	—	—	—	1937	1937	—

说明:录取人数中含保送生、降分录取生、委培生、定向生、自费生

2002—2007 年涟源市普通高考录取情况

表 26-14　　单位:人

年度	参考人数	录取人数								
		本科一批	本科二批	本科三批	其他类本科	职高对口本科	高职专科批	其他类专科	职高对口专科	合计
2002	5843	464	779	237	103	33	1343	40	202	3201
2003	5956	498	799	263	82	—	2001	24	—	3667
2004	7117	479	1042	286	92	—	2469	—	—	4368
2005	8096	484	1144	299	33	—	2505	24	—	4489
2006	9401	492	1241	392	104	9	2218	66	135	4657
2007	9599	454	1340	426	127	7	2822	627	—	5803

二　成人高考

1986 年,涟源市开始进行成人高考报名与组考工作,并设立考点。1986—2003 年,全市参加成人高考的报名人数 1.62 万人次。2004 年开始,成人高考的报名人数急剧减少,是年,157 人报考,其中高职专科考生 94 人。2005 年,364 人报考,其中专科起点报考本科院校考生 56 人。2006 年,234 人报考,其中专科起点报考本科院校考生 101 人。2007 年,252 人报考,其中高职高专考生 153 人、专科起点报考本科考生 97 人。

三　自学考试

1984 年 11 月,涟源市开始举行高等教育自学考试,286 人报名参考。此后每年 4 月和 10 月开考,考试地点设市内,自考教材由省自考办教材发行中心征订发放,专业设置有汉语言文学、法律、会计、文秘、英语、计算机及其应用、电力工程等 40 余个专科、本科专业。1985 年上半年自学考试报考人数 1109 人次。20 世纪 90 年代,每年近 3000 人次参加自学考试。21 世纪初,报考人数再次增长。2003 年,全市 4858 人次参加自学考试,285 人获专科毕业证、170 人获本科毕业证。此后,报考人数逐年减少。2004 年,2203 人次报考,253 人毕业。2005 年,1920 人次报考,183 人获毕业证。2006 年,652 人次报考,99 人毕业。2007 年,650 人次报考参加高等教育自学考试(其中,新考生 68 人),参考科目合格率 46.6%,77 人获得毕业证。

第五章 教师队伍

第一节 教师来源与结构

一 教职工来源

1987年,全市师资主要是国家统一招收统一分配的大、中专师范院校毕业生,以及招聘的民办教师和代课教师。是年,全市有中小学教职工8875人(含幼师28人,未含代课教师)。其中,公办教职工5647人,民办教职工3228人。1990年开始,民办教师通过培训、考试、考核、考察等办法转公办教师,同时清退长期代课教师。1997年,全市清退代课教师583人。至2001年8月,民办教职工全部转为公办教职工。是年始,师范类大中专毕业生停止分配,全市教育系统招聘新教师,实行教师资格准入制。2002年,全市进行首次教师资格认定工作。2003年8月,市委、市政府出台《关于深化教育体制改革的意见》,全面实行教职工聘任制,清退代课教师400余人。是年,全市教职工9907人。其中,高中教师1090人,初中教师3866人,小学教师4383人,幼儿园(学前班)幼师568人。2004年,通过招聘考试录用师范类大中专毕业生400人,补充到农村各初级中学和小学任教。2005年,从应届师范类本科毕业生中招聘高中教师16人。2007年,从应届师范类本科毕业生中招聘高中教师33人。是年,全市有教职员工9309人。

二 教师结构

1987年,全市有中小学专任教师8110人。其中,职业中学教师41人,本科学历占2.44%;普通高中教师544人,本科学历占20.04%;初中教师2286人,专科学历占21.88%;小学教师5252人,中师、高中学历占74.32%。2000年,全市中小学专任教师9546人。其中,职业中学教师328人,普通高中教师665人,本科学历占67.07%;初中教师3470人,专科学历占81.82%;小学教师5083人,中师学历占98.74%。2007年,全市中小学专任教师8496人。其中,职业中学教师232人,普通高中教师946人,本科学历占75.02%;初中教师3114人,专科学历占90.13%;小学教师4204人,中师学历占99.21%。

第二节 教师培训

1987年,市教师进修学校为全市中小学教师培训基地。1994年开始,全市进行中小学教师继续教育培训,由市教师进修学校组织实施。2002年8月,市教师进修学校与市教研室合并,成立市教研师资培训中心,负责中小学教师的学历培训、岗位培训、教育行政干部培训、普通话培训与等级测试、信息技术培训、继续教育培训登记与管理、教师远程教育管理等。2003年起,全市中小学校稳步推进校本培训。2005年,市教育局《关于加强教师队伍培训工作的意见》明确培训内容和要求。是年,组织全市4100余名教师分科目分年级参加新课程培训。以后每年均组织中小学专任教师进行新课程培训。2006年暑假,2100名教师参加新课程培训,134人参加骨干教师培训。举办中小学校长培训班,参培校长50人。2007年,推行“国培”“省培”远程培训,进一步加大教师培训力度,全市中小学教师教育理念及时更新,教育教学方法不断改进,教师整体素质不断提升，进一步适应教育教学改革的要求。是年，组织中小学教师参加信息技术培训，结业 1913 人，其中高级 1390 人、初级 523 人。

1987—2007 年涟源市师资培训情况

表 26-15　　　　单位：期、人

项 目	年 度	期 数	培 训 地 点	培训方式	人 数
中小学教师技能、教育学、心理学培训	1987—1992	36	市教师进修学校	集中	6873
中小学教师素养、专业知识培训	1993—1998	41	市教师进修学校	集中	7125
中小学教师教育教学理论与技能	1999—2004	47	市教师进修学校（市教研师资培训中心）	集中	7749
中小学教师基本功	2005—2007	…	市教研师资培训中心	集中	4228
小学校长培训	2005—2007	3	市教研师资培训中心	脱产	165
计算机初、高级培训	2005—2007	44	市教研师资培训中心	集中	初级 6013
		17	市教研师资培训中心	集中	高级 4278
普通话培训	2000—2007	21	市教师进修学校（市教研师资培训中心）	集中	8859
骨干教师培训	2000—2006	…	市教师进修学校（市教研师资培训中心）	集中	小语 166
	2000—2006	…	市教师进修学校（市教研师资培训中心）	集中	小数 165
新课程培训	2005	…	市教研师资培训中心、蓝田中学、实验学校	面授自学	4076
	2006	…	市教研师资培训中心	面授自学	1781
	2007	…	市教研师资培训中心	面授自学	927

第三节　教师待遇

一　经济待遇

1987 年，教师工资由县（市）财政统筹发放，教师人均工资 40 余元。1988 年起，全市中小学教师按专业技术职务工资标准领取工资，人平 100 元左右。1992 年，师范类大专毕业生月工资 178.5 元，教师人均工资 237.8 元。1993 年师范类大专毕业生月工资 258.5 元，教师人均工资 305.7 元。是年 10 月，实施第一次工资套改，实施职务工资和津贴。1993 年以后，全市实行中小学教师职务（技术）等级工资制，建立正常的增资机制，包括正常升级（每两年滚动一级），晋升职务和技术等级增加工资，定期调整工资标准，提高津贴水平。1994

年,师范类大专毕业生月工资 400 元,教师人均工资 562.4 元。1995 年,教师工资人均增加误餐补助 75 元,教师人均工资 647.5 元。1996 年 1 月 1 日开始,国家机关和事业单位的工作人员(含教师)实行养老保险政策,全市教师参加养老保险。1997 年 7 月,教师工资调整标准,人均提高 20 元左右。

1998 年,教师工资人均增加适当补贴 145 元左右。1999 年 9 月,教师人均工资 783.6 元。1994—2000 年,部分骨干教师和有突出工作业绩的教师先后获得 2~3 级工资越级晋升或奖励,从事 35 年及以上教学工作的教师退休后可享受 5%的特殊津贴待遇。2001 年 1 月,全市教师工资人均提高 110 元左右;10 月,再次调整标准,人均提高 70 元左右;12 月,乡镇(街道)中小学教职工工资由市财政直接打卡,统一发放。2003 年 7 月,教师工资人均提高 50 元左右。2006 年 7 月,教师工资进行第二次套改,人均提高 275 元左右。是年 7 月 1 日起,全市年度考核为合格及以上等次的教职工,从次年 1 月 1 日起,增加一级薪级工资。1998 年 1 月—2001 年 11 月,农村中小学教师工资(包括津补贴)由各乡镇负责统筹发放,乡镇无力及时发放中小学教师工资,拖欠教师基本工资情况十分严重,各类政策性补贴无法落实到位。2001—2006 年,教师误餐补贴和适当生活补贴(每人每月 220~230 元)由乡镇(街道)自筹解决,未纳入市财政预算,只少数乡镇足额落实教师的误餐补贴和适当生活补贴。

2007 年 1 月起,教师误餐补助和适当补贴足额纳入财政预算,实行市级财政统发,教师门诊医疗费由财政直接拨入医保局,并在娄底市率先解决农村教师的住房公积金问题。是年,教师人均工资 1500 元左右。

二 政治待遇

1987—2007 年,部分优秀教师当选为各级党代表、人大代表和政协委员(常委),被选拔进入各级党委、政府领导班子。国家级、省级和娄底市级的优秀教师和优秀教育工作者每三年评选一次,按照规定条件,从学校、乡镇逐级联评推荐。每年教师节前夕,市委、市政府召开表彰会,奖励教育战线上做出突出贡献的优秀教师、先进教育工作者。同时,还邀请部分劳模、特级教师及先进教育工作者召开座谈会。市级领导赶赴部分学校慰问教师。

1987—2007 年,全市有 22 人被评为国家级优秀教师(其中,经人事部批准,给予晋升一级工资奖励的 8 人,见附录),14 人被评为特级教师。(见表 26-16,表 26-17)

图 26-17 全国模范教师姚毅指导市一中学生进行研究性学习

三 职称评定

1988 年,涟源市开始进行教师职称评定工作,并实行职称与工资挂钩制度。是年,评聘中学高级教师 129 人;中学一级教师 715 人、小学高级教师 129 人、讲师 8 人;中学二级教师 998 人、小学一级教师 1139 人。此后,教师职称评聘工作基本上每年进行一次,职称晋升者的工资随之上调。1989 年,民办教师 1136 人被评聘为初级教师。1992 年,3607 名教师进行职称评定,18 名教师晋升中学高级职称,335 名教师晋升中级职称(中学一级或小学高级),3254 名教师晋升初级职称(含中学二级、小学一级、小学二级),其中民办教师 2204 人被评聘为初级教师。1988—2001 年,523 名教师晋升中学高级职称。2002 年,65 名教师晋升中学高级职称,279 名教师晋升中级职称,375 名教师晋升初级职称。2007 年,92 名教师晋升中学高级职称,365 名教师晋升中级职称,139 名教师晋升初级职称。(见表 26-18)

1987—2007年涟源市全国优秀教师名录

表26-16

姓名	性别	获奖年份	获奖时工作单位	所获荣誉	颁奖单位
严琼华	女	1988	蓝田街道双江小学	全国教育先进工作者	国家教委、人事部
刘永仁	女	1988	蓝田街道双江小学	全国优秀教育工作者	国家教委、人事部
王正钧	男	1989	市四中	全国优秀教师	国家教委、人事部
石元俊	男	1989	市一中	全国优秀教师	国家教委、人事部、总工会
阳　平	女	1989	湘波镇虎溪联校	全国优秀教师	国家教委、人事部、总工会
李美和	男	1989	市一中	全国优秀教师	国家教委、人事部、总工会
姚洁文	男	1989	市三中	全国优秀教师	国家教委、人事部
唐寅初	男	1989	塘湾乡中心小学	全国优秀教师	国家教委、人事部、总工会
谭池堂	男	1989	毛坪中学	全国优秀教师	国家教委、人事部
杨东生	男	1990	白马乡学区	全国优秀教师	国家教委、人事部
龚吉群	男	1990	石陶乡易家小学	全国优秀教师	国家教委、人事部、总工会
刘建成	男	1991	市一中	全国教育系统劳动模范	国家教委、人事部
周红杰	男	1991	市十一中	全国优秀教师	国家教委、人事部
梁阜球	男	1991	市教师进修学校	全国优秀教师	国家教委、人事部
刘兆毅	男	1992	安平中学	全国优秀教师	国家教委、人事部
阳新球	女	1993	七星乡金井联校	全国优秀教师	国家教委、人事部
吴杜喜	男	1993	古塘乡中心小学	全国优秀教师	国家教委、人事部
周百方	男	1993	市第一职业中学	全国优秀教师	国家教委、人事部
梁经健	男	1993	市一中	全国优秀教育工作者	国家教委、人事部
肖洪陆	男	1995	斗笠山镇学区	全国优秀教育工作者	国家教委、人事部
张锦辉	男	1995	立珊中学	全国优秀教师	国家教委、人事部
毛晓蕊	男	1998	市一中	全国优秀教师	国家教委、人事部
唐吉庆	男	1998	杨市镇白水小学	全国模范教师	国家教委、人事部、总工会
李友云	女	2002	市一中	全国模范教师	教育部、人事部
姚　毅	男	2004	市一中	全国模范教师	教育部、人事部
石振欢	男	2007	市一中	全国优秀教师	教育部、人事部

1987—2007 年涟源市特级教师名录

表 26-17

姓 名	性别	籍 贯	出生年月	评聘时工作单位	评聘年份
袁觉民	男	益阳市	1921.02	涟源市第一中学	1989
邓森晖	男	杨市镇	1926.08	涟源市第一中学	1993
肖祥德	男	三甲乡	1929.08	涟源市教师进修学校	1993
姚洁文	男	杨市镇	1936.07	涟源市第三中学	1996
刘建成	男	石马山镇	1947.03	涟源市第一中学	1997
梁阜球	男	杨市镇	1936.09	涟源市教师进修学校	1997
石元俊	男	花垣县	1942.01	涟源市第一中学	1999
李美和	男	蓝田街道	1952.01	涟源市第一中学	1999
吴勇前	男	龙塘乡	1954.06	涟源市第一中学	2001
王丽燕	女	龙塘乡	1954.06	蓝田街道教育办	2006
王寿山	男	七星街镇	1954.06	涟源市蓝田中学	2006
刘健丰	男	娄星区茶园镇	1955.09	涟源市教研师资培训中心	2006
胡乔翰	男	双峰县	1963.07	涟源市第一中学	2006
谢五长	男	斗笠山镇	1951.01	涟源市第一中学	2006

1988—2007 年涟源市中小学教师职称评聘情况

表 26-18　单位:人

年 份	高级职称	中级职称	初级职称	年 份	高级职称	中级职称	初级职称
1988	129	…	…	2000	24	…	…
1989	100	…	…	2001	33	…	…
1992	18	…	…	2002	58	180	382
1993	20	…	…	2003	57	121	454
1994	23	…	…	2004	56	112	487
1996	57	…	…	2005	89	548	342
1997	17	…	…	2006	73	507	246
1998	21	…	…	2007	86	365	139
1999	81	…	…				

第六章　教育教学改革

第一节　中小学教研教改

一　课题研究

1987年，涟源市教师进修学校教师梁阜球撰写《农村高中毕业生跟踪调查》，反映学校在贯彻教育方针，提高教育质量上存在的问题，获省二等奖，被《湖南教育》刊载，《人民教育》转载。1991年，市一中教师成建等研究的《“四自”教育教学法》课题获省二等奖。2002年，市教师进修学校进行小学语文“注音识字、提前读写”实验成绩显著，被评为全国“注、提”实验先进单位。2006年，蓝田中学教师王寿山等研究的《主体性作文教学研究》课题获省一等奖；市桥头河镇学区教师罗彩华等研究的《农村中小学义务教育阶段辍学问题研究》课题获省二等奖，市一中《提高交互白板教室课堂教学实效性的教学策略研究》《优化保障支撑体系，促进课堂教学信息化》等课题在教育部和省教育科学规划办公室分别立项，《运用现代教育技术优化高中学科教学》获湖南省第二届基础教育教学成果奖二等奖。1987—2007年，全市上报教育教学研究课题项目132个。其中，34项获地级奖励，6项获省级奖励，1项获国家级奖励。

二　优质课竞赛

1987—2007年，市教育行政部门每年组织不同学科的优质课竞赛，市教研室（市教研师资培训中心）及市电化教学仪器站（市现代教育技术管理中心）每年组织优质课获奖教师、骨干教师送课下乡，邀请省级教学能手、名师专家上示范辅导课。2001年开始，推荐教师参加娄底市和湖南省组织的优质课竞赛。1987—2007年，全市226人次在省、地区级优质课竞赛（含说课比赛）活动中获奖，其中37名教师在省优质课竞赛中获一等奖。

三　新课程改革

1994年5月，中央教育科学研究所小学数学教学改革会议在涟源召开。2003年，成立涟源市基础教育课程改革实验工作领导小组。2004年，涟源市被确定为娄底市新课程改革实验市，全市小学一年级进入新课程改革。教研师资培训中心组织小学教研员到课程改革先进区（市）考察学习、听课、观摩16批次。2006年，市教研师资培训中心在茅塘、伏口、金石、三甲等乡镇学区进行课改调研，了解全市课改发展形势和存在的问题。是年8月，伏口镇召开推进基础教育课程改革工作会议，伏口镇党委、政府下发《关于推进基础教育课程改革的决定》，指导全镇课改工作有序进行。七星中学着重办好学校行政培训班、教师培训班、家长培训班。湄江学区以校本课程开发为重点，深入推进新课程改革，《乡土旅游文化校本课程开发与实践研究》课题被省教育科学规划办立为资助课题。市四中的《中学生厌学机理及其防治策略研究》、桥头河中学的《运用现代教育技术培养学生的创新精神和实践研究能力的研究》等课题被确定为省级课题，七星中学的《水专题学习网站的建立和应用》被确定为国家“十五”规划课题。2007年9月，市一中积极探索、稳妥推进高中新课程改革，成立基础教育课程改革工作领导小组，制定《涟源市第一中学普通高中新课程实施方案（试用）》。其中，包括《学校课程实施整体方案》《综合实践活动课程实施方案》《校本课程(选修Ⅱ)的开发与实施》《课程的评价》《教师、学生的发展》,开设《〈围城〉导读》校本课程。伏口镇漆树中学抓学生养成教育和学生个性培养,《山风文学社》得到王蒙、谭谈等著名作家的好评和题词。伏口中学的刊物《课改论坛》成为教师课程改革经验交流的平台。

第二节 中小学实验教学

1987 年以后,全市加大对学校教学仪器经费的投入,加快学校实验室建设和教学仪器设备的配备,实验教学稳步发展。1993 年,市教育局加强对实验课教师和仪器工作人员的培训,把实验教学纳入常规教学体系。1995 年,涟源市普及中小学实验教学工作经省教委验收合格。1996 年,全市普及实验教学,乡镇中心小学(城镇小学)及以上的学校均能按教学大纲和教材的要求开齐开好实验课。是年,涟源市被国家教委确定为电教综合实验县(市)。1998 年后,全市经常开展实验教学竞赛和实验教学研究活动。2002 年 8 月,市现代教育技术管理中心成立,加强督促检查,深入学校听课、评课,指导实验教学。2005 年,全市各学校实验课开出率稳步上升。2007 年,全市高中学校物理、化学、生物科演示实验平均达 98%以上,学生分组实验率达 96%以上;初级中学物理、化学、生物科演示实验平均达 95%以上;小学自然科演示实验率达 90%以上;中小学校有实验室的学校学生分组实验达 85%以上。

第三节 素质教育

1993 年,全市以活动课教学为突破口,启动素质教育实验。成立涟源市素质教育实验领导小组和涟源市素质教育实验中心课题组,确定蓝田街道双江小学、蓝田中学等学校为素质教育实验学校,制定《涟源市素质教育研究实施方案》,组织课题组成员和实验教师学习讨论,把握素质教育的方向。1996 年,中小学素质教育在全市全面铺开。市教育局制定下发《涟源市中小学素质教育实施方案》,以全面提高学生素质为目的,以实现课堂教学最优化为核心,以提高教师素质为关键,坚持德育为首,实现德育体系优化;改革课程结构,实现课程设置优化;更新教育观念,实现教育思想优化;抓好师资培训,实现教师素质优化;搞好教学改革,实现课堂教学优化。1999 年 11 月,省委副书记吴向东视察市一中并题词:“实施素质教育, 培养创新人才。”是年,蓝田街道双江小学、杨市镇中心小学、水洞底镇新禾小学、斗笠山镇砂坪小学被确定为娄底市第一批素质教育示范学校。2002 年,市实验学校、蓝田街道育才学校被确定为娄底市素质教育示范学校。2005 年,娄底市素质教育现场会在蓝田中学召开。2007 年,蓝田中学等学校开设美术室、音乐室、舞蹈室及广播室,学生个性得到发挥。伏口镇中心学校被评为全国教育系统先进集体, 娄底市教育局在伏口镇召开现场会向全市推介其成功经验。

图 26-18 伏口镇中心学校第七届校园文化艺术节暨第十届校运会开幕式

第二十七篇　科　技

1987年,涟源市围绕"科技兴涟"战略,组织科技下乡,引进、推广、应用新技术,开发新产品。市内科技管理机构、科学研究机构、科技服务系统、科技群众团体组成的科技体系初步形成。是年,全市科学支出7.8万元,有各类专业技术职称者6355人。1993年5月,市委、市政府制定《科技兴涟纲要》。1996年6月,设立全市最高科技综合性奖"科技兴涟奖"。是年,全市95%以上的农作物和家禽品种实现更新换代。2001年,涟源市被列入国家级肉牛产业开发养殖示范县市和秸秆氨化养牛示范县市。2003—2007年,湖南顺鑫钢铁有限公司、涟源嘉鑫冶金有限责任公司、湖南神斧集团一六九化工有限责任公司、三一集团娄底中源新材料有限公司等企业重点技改项目相继建成投产,传统产业进入全面改造提升阶段。2006年,涟源市被定为全国科普画廊县市。2007年,全市科学支出1206万元,高新技术产品产值14.58亿元,比上年增加11.72亿元;实现高新技术产品增加值7亿元,比上年增加6.09亿元。是年,全市有各类专业技术人员15288人。

第一章　机构队伍

第一节　机　构

一　科技行政机构

1987年,市科学技术委员会(简称市科委)内设办公室、计划组、成果组,定编6人。1995年1月,市科委和市科学技术协会(简称市科协)合并组建市科学技术局(简称市科技局)。1996年3月,市科技局与市科协分设。市科技局内设办公室、科技计划股、科技成果股、农业科技发展股、科技开发应用股、监察室,加挂市技术市场管理办公室牌子。2002年,市科技局内设股室变更为办公室(加挂地震管理办公室牌子,2003年10月撤销)、科技管理股(加挂知识产权管理办公室牌子),定编6人。2007年9月,撤销市知识产权管理办公室,成立市知识产权局。是年,市科技局定编8人。

二　科技群团组织

市科协由市级自然科学、技术科学及其他相关科学的学会、协会、研究会和乡镇(街道)科协及企事业单位科协组成。1987年,市科协内设办公室、科学普及部、学会部,定编5人。辖基层科协75个。其中,区(街道)科协8个、乡镇科协46个,市直专业技术学会(协会)18个,企业科协3个。2007年,辖基层组织51个。其中,乡镇(街道)科协20个,市直专业技术学会(协会)20个,企业科协11个。2007年,市科协内设机构未变,定编7人。

三 科技事业机构

市科技信息中心 1979年,设立市科技情报研究所。1987年,工作人员3人。2004年4月,市科技情报所更名市科技信息中心,为市科技局二级机构,定编6人。2007年,机构编制未变。

市科技咨询站 1985年,成立市科技咨询站,为市科协二级机构。1987年,定编7人。1989年,更名市科技咨询中心。1994年,恢复原名市科技咨询站,定编7人。2007年,机构编制未变。

市地震局 2003年10月设立,隶属市科技局,定编2人。2004年10月,正式挂牌办公。2007年,机构编制未变。

第二节 科技队伍

1987年,全市有科研开发机构6个,专业技术人员6355人。其中,高级技术职称人员126人,中级技术职称人员1442人,初级技术职称人员4787人。1989年9月,聘任湖南大学讲师欧家好为科技副市长。1990年,专业技术人员8188人。1992年5月18日,市委召开科技兴涟会议,增强全社会科技意识,形成科技兴涟大气候。会后,各乡镇配齐科技副乡(镇)长。1995年,全市有各类科技人员1.3万多人。其中,高级职称270人,中级职称2200人,获得省级以上有突出贡献荣誉的科技人员3人。2000年,市内有民营科技型企业10家,民办科研机构6个,市民营科技型企业从业人员6000多人,科技人员500多人。2007年,全市有专业技术人员15288人(含农民技术人员)。其中,高级技术职称人员1250人,中级技术职称人员6216人,初级技术职称人员8096人。有民营科技型企业18家,其中高新科技型企业4家。有民办科研机构25个。市民营科技型企业从业人员达1万多人,科技人员800多人。

第二章　科学普及

第一节　科技宣传

一　科技宣传周活动

2001年起，每年5月的第三周为“全国科技活动周”。涟源市科技局会同市委宣传部、市科协等单位组织实施科技宣传工作。2002年，科技活动周的主题是“科技创造未来”，有38个单位参加，接待群众4万多人次，发放科普书籍28种8600本，科普资料10万余份，展示科普图板、图片98块(张)，展示科技新品种实物12种，出宣传栏、黑板报26处，义诊2500多人次。2003年，以“依靠科学，战胜非典”为主题。2004、2005年的主题是“科技以人为本、全面建设小康涟源”。2006、2007年主题分别为“携手建设创新型涟源”和“又好又快建设创新型涟源”。2007年，科技宣传周有25个单位参加活动，接待群众2万多人次，发放科普书籍7000多本，科普资料10多万份，展示科普图板，图片80块(张)，出宣传栏、黑板报30处，义诊2000多人次，免费发送近万元药品。

2003—2007年，在科技宣传周活动中发放科普书籍4.7万余册、科普资料70多万份，展出科技新产品46种、科技展板434块，义诊群众1.1万人次，出动科技宣传文艺队演出4场次。

二　科普日活动

2004年6月29日，以市科协为主体组织市直各自然科学学会(协会)、企业科协以及共青团等群众团体近30家参与第一个全国科普日活动，活动主题是“科学普及——你我共参与”，发放资料87种76800余份。2005年开始，科普日活动定于每年9月中旬举行，是年，科普日活动主题是“树立科学发展观，共建和谐社会——科学普及，你我共参与”，突出宣传“珍惜资源，建设节约型社会”为重点内容。2006年活动主题是“节约能源，你我共参与”，“预防疾病，科学生活”。2007年，科普日活动主题是“节约能源资源、保护生态环境、保障安全健康”，参加活动的单位和学术团体36家，发放资料113种10.97万份。

1987—2007年，全市科协系统印发各种科普宣传资料505.88万份；利用宣传橱窗、图板张贴科普图片3402份；出版《涟源科协》《科普宣传资料》《涟源科协动态》等科普期刊1108期。

三　科技下乡

1987—1991年，1420名科技人员下乡，指导改造水田7402公顷、旱土1942公顷、林地520公顷，节约资金183.78万元，增加产值659.72万元，增加纯收入344.36万元。1993年，3948名科技人员下乡下厂，承包、创办企业99个。1995—1996年，为茅塘乡、六亩塘镇、三甲乡等乡镇10多个村送去各种免费果树苗木近万株，良种鸭、良种猪1000余只(头)。1997—1999年，市科技局、市农办、市科协组成3个科技讲师团，开展科技咨询、科技培训、科技承包等科技下乡服务活动，举办科技赶集活动10次。2000—2001年，市科技局、市科协、市文化局、市卫生局等单位开展科技、文化、卫生三下乡活动。从四川柑橘研究所引进优质脐橙、椪柑种苗赠送专业种植户，到古塘、杨市、白马等乡镇讲授科技致富知识，解答专业户生产技术难题。2002—2007年，下乡发放各种技术资料 1.58 万份。

四 其他科技宣传活动

1987—1989 年，举办“农村科教电影汇映月”活动，放映科教影片 8336 场次。1994 年，开展创小康示范村、科技示范户竞赛活动，市科协开展“金桥工程”科普活动。1996 年，市科协设置科普宣传橱窗，市农业学会在涟源电视台先后开设《科技致富百家经》《农业半月谈》《走入乡村》《星火 30 分钟》等专栏，介绍农业生产科技知识和科技致富典型。1998 年 7 月，市科协在城乡开展反邪教活动，举办“崇尚科学文明，反对愚昧迷信”等大型图片展览 28 场次，参观人数达 20 余万人次。湖南卫视配合反邪教，采访市科协扶贫点三甲乡实竹村，以“科技致富”为题，在新闻联播中宣传，《湖南日报》《娄底日报》相继作报道。市科协创造性地建立以科技示范户为骨干，以农村专业技术协会为纽带，以中国农村致富技术函授大学(简称农函大)涟源分校为培训中心，以科普基地为桥头堡的新型农村科技经济服务体系，组建科技讲师团“五送”(送科技、送文化、送卫生、送理论、送法律)下乡。1999 年，市科协与市人事局在全市首次表彰石海澄、李振华等 10 名优秀科技人员，每人记三等功 1 次。2000 年，市科协被评为全省科协系统宣传工作先进集体。谭佑生、邵建农等 5 名科技人员分别被娄底市评为“讲理想、比贡献”竞赛先进个人和“十佳科协工作者”，李煌庆等 4 人获娄底市首届青年科技奖。获奖人数占娄底市获奖总数的三分之一。2001 年 2 月 17 日，市科协在全省率先举行“弘扬科学，反对邪教”万人签名活动。蓝田街道文艺路社区在娄底市内第一个被省科协授予“全省科普文明社区”称号。2002 年，市科技情报研究所添置网络设备，开通科技信息港，及时报道国内外科技动态。是年，全市首次表彰阳寿延、苏功铭等 10 名优秀科协工作者，利用宣传媒体向社会宣传报道他们的先进事迹，营造学先进、当先进、崇尚知识、尊重人才的氛围，提高广大群众的科技意识。2003 年，全市抽调 800 多名机关干部下乡开展科技推广工作，发放科普资料 10 多万份(册)，培训 1 万多人次，使大部分农户掌握 1~2 门先进适用技术。1999—2007 年，市科协与教育部门、市青少年科技教育协会组织全市青少年参加省、娄底市组织的科技竞赛、科技夏令营、环保科学征文竞赛、青少年发明创造、科学论文撰写、农村小星火、生物百项竞赛、爱护我们的家园等科技活动，获得省级以上奖励 180 多项，在全省学科奥林匹克竞赛中获得各种奖励 50 多次。

第二节 技术传播

一 技术培训

1987—1989 年，全市举办早稻育秧、茶叶高产栽培、杂交水稻制种、低产田改造、养鱼、蛇伤防治、玻璃钢、油漆等培训班 500 多期，培训人员 20 余万人次。1990 年 2 月 26 日，成立市科技兴农函授学校，开设村党支部书记函授培训班。是年，主编教材 2 本，授课 180 课时，对 929 名村(居)党支部书记进行培训。1997—1998 年，购回科技录像带 30 余本，自编农村实用技术资料 13 种，发放资料 4 万余份，在全市 20 个乡镇(街道)举办培训班 40 多期，培训 4000 多人次。2001 年，中国农村致富技术函授大学(简称农函大)涟源分校被评为全省先进集体。2007 年 9 月，针对市内生猪“蓝耳病”爆发情况，邀请湖南农大动物学院教授到涟源主办讲座，听讲座的养猪专业户达 300 多人次。

1987—2007 年，市科协系统编印《特种禽兽养殖技术》《中草药栽培技术》等培训教材 8 种；举办科技培训班 1990 期，培训学员 23.3 万人次；主办科普讲座 894 次，建立科普基地 74 个，扶持发展乡镇企业 133 个，科技扶贫 1866 户；农函大涟源分校招收学员 4373 名。

二　技术咨询

20世纪80年代，市科技咨询中心（咨询站）建有由50多个企事业单位、370多名高中级科技人员组成的科技咨询网络，传递科技信息、引进技术、开发产品。1986年9月，从武汉钢铁学院引进WC—86型炼焦技术，组织工程技术人员全程跟踪服务。1987年4月，兴建市甘溪焦化厂，10月，试产成功，年产冶金焦能力8万吨，产值4000万元。是年，自主开发的肝素纳、胆红素、玻璃钢、油漆等技术及多功能节煤炉科技成果转让到外省市。1996年，市科技咨询中心（咨询站）被列为差额事业单位，工作经费严重缺乏，工作开展举步维艰。1987—1996年，完成各类技术咨询项目127项。

第三节　科技示范

一　科技示范户

1990—1997年，全市有科技示范户、专业户9000多户。其中，省级科技示范户12户，娄底地区级科技示范户30户。2000年，全市科技示范户和专业户达到14.8万户。其中，省级科技示范户50户，娄底市级科技示范户100多户。2005年，首次召开全市科技示范户工作会议，对28户省级科技示范户代表授牌，授予郭建辉、李黄祥等10人“涟源市首届十佳农村科技致富带头人”荣誉称号。2007年，以科技示范户为样板的农村推广服务网络建成，扶持科技示范户2070户。其中，省级科技示范户84户，地市级12户。

二　科技示范基地

1990—1994年，全市建立科技示范乡7个，农科教中心25个，庄稼医院47家，产业协会、专业研究会29个，科技示范村440个，科技示范企业100多家。初步建成以农科教中心为龙头，村组干部为桥梁，科技示范户为样板的科技网络。1995年9月25日，中国科协副主席、原农业部部长何康视察三甲乡持续农业试验区。1996年，市科技局从河北省引入4个优良草莓品种，在三甲乡建立草莓（大棚）种植示范基地。引进蔬菜品种8个，良种公、母猪300多头。推广稻田养鱼，面积6700多公顷。1998年，配合全省“十、百、千”（10个省级星火密集区、100个科技示范乡镇、1000个科技示范村的活动）科技示范工程建设，制定《创建科技示范乡镇和科技示范村的实施方案》，推荐三甲、水洞底2个科技示范乡镇，石门、实竹、玉峰等20个科技示范村。伏口烤烟基地、安平和石马山的家禽养殖基地、桥头河蔬菜基地、荷塘和古塘的药材基地等基本形成规模化生产。2004—2007年，市科技局扶持发展乡镇企业133个，重点对三甲果树基地、古塘药材基地、桥头河蔬菜基地、市天鹏畜业有限公司、湖南五江集团天华牧业有限公司5个科技示范基地进行技术指导和资金扶助，全市10个示范小区、74个科技示范基地、100个科技示范项目启动运作。

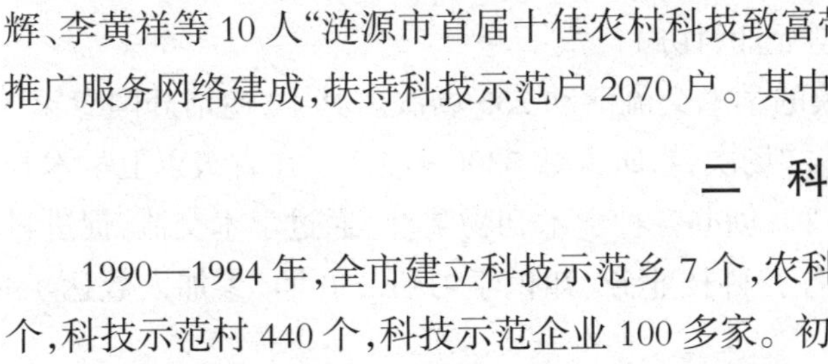

图27-1　1995年9月25日，中国科协副主席、原农业部部长何康视察三甲乡玉峰村并题词

1986年、1988年、1998年、2000年，市科协被评为全省农村科普工作先进集体（两年一评）。吴应芝于1988年、1990年先后被评为全省、全国科普先进个人。章长斌于2000年被评为全省科普先进个人。2006年，市科协被评为全省科协系统先进集体。

第四节 科技活动

一 科技学术交流

1987年,全市有工业学会、农业学会、畜牧水产学会、农机学会、水利学会、医药卫生学会、中医学会、财会学会、税务学会、珠算协会等18个专业技术学会(协会),有市阀门厂、市铁厂、市氮肥厂3个市属企业科协。围绕学科发展及行业经济发展亟待解决的关键问题,市科协组织专题性的学术研讨活动,促进学科和行业经济的发展。医药卫生学会和湖南中医学院涟源校友会合编《窗友》学术刊物;农业学会、农机学会、水利学会不定期编印专业技术资料。1999年7月13日,省科协主席、中国工程院院士、应用地球物理学家何继善带领省科协常委考察涟源市科协工作和湄江溶岩地质构造、地貌特征。其中,有中国工程院院士刘宝琛、刘筠,湖南省农业大学校长官春云。1998—2000年,市属企业科协发展到6家,在全省率先建立6家乡镇企业科协和5家私营企业科协,建立娄底地区(市)第一个行业科协——涟源市轻工行业科协。市煤炭学会将团体会员延伸到乡镇煤矿。全市企业科协组织工程技术人员和技术骨干先后开展"金桥工程""厂会协作""讲理想、比贡献"竞赛活动和"双增双节""技术双改""提合理化建议"等活动,对小企业和乡镇企业提供多种技术服务。2007年,全市有粮油学会、水利学会、环保学会、教育学会、轻工行业协会、林业协会、煤炭安全生产经营协会、标准质量计量协会等20个专业技术学会(协会),湖南远扬煤机制造有限公司、湖南省回春堂药业有限公司、市瓷厂、湖南创安防爆电器有限公司、市安泰塑胶有限公司等企业科协11家。

1987—2007年,市科协与各学会(协会)举办较大规模的学术交流活动233场次。其中,邀请外国专家3人,国内专家61人来涟源进行科学讲座及学术交流活动47场次,参听人数3300多人次。在省级以上学术刊物发表论文2263篇,出版学术专著16种,编印论文集44种,创办各种学术刊物7种。通过学术交流,促进科技人员的继续教育工作,组织、举办、选送科技人员参加各类科技业务、知识学习班350期,参加人数达1.4万多人次。

1999—2007年,市科协每两年组织一次自然科学优秀学术论文评选,优秀学术论文汇编成《科技论文荟萃》,每次印数500册以上。

二 科技调研活动

1992年,市科协恢复为市政协组成单位,积极代表科技工作者参政议政,组织科技人员进行调研,建言献策,"加大科普投入""改善城区环境卫生""解决城区饮用水"等人大代表建议、政协委员提案大多被市委、市政府采纳。

1998年8月,市科协组织专门班子历时两个月深入基层科协和企事业单位,重点对下岗科技人员的工作、学习、生活中存在的问题进行全面调查研究,撰写《涟源市科技人员就业情况调查报告》,报送市委、市政府及有关部门,引起各级高度重视,市委组织部向全市转发调查报告,要求有关部门积极采取措施,为下岗科技人员再就业创造条件。娄底地区有关部门对调查报告进行批示、转载。2005年,再度进行科技工作者状况调查,及时、准确地把科技工作者现状及意见、建议反映给市委、市政府。

第三章　科技开发

第一节　农业技术开发

良种引进与推广　1987年，在马头山、珠梅等乡进行“杂交早稻威优49”试种，面积2026.6公顷。1988年，扩大到5780公顷。1991年始，引进水稻、玉米、水果、畜禽、鱼类及特种水产等新品种。1994年，推广遗传工程稻、两系杂交、名优特小水果、黑山羊养殖等11项农业新技术、新成果，增加产值2100万元。在桥头河镇建立两系杂交小麦育种、种植示范基地，种植杂交小麦756.2公顷，成为全省推广面积最多的县市。1995年，从中国柑橘研究所引进丰脐、青家等脐橙类3万余株，商品价值是原柑橘的10倍。1996年，全市95%以上的农作物和家禽品种实现更新换代。1998年，开发畜牧小区，引进杂交良种母猪1000头、公猪200头，为改良生猪品种打下基础。2001年，涟源市被列入国家级肉牛产业开发养殖示范县市和秸秆氨化养牛示范县市。2002年，试验示范杂交玉米、良种马铃薯等新品种22个，面积1066.7公顷。2003年，全市初步形成优质稻种植基地、蔬菜基地、药材基地、肉牛养殖基地、油茶林基地五大农业产品基地。2003—2007年，全市农业项目累计投入资金1.21亿元。市农业局、市科技局联合开发粮食生产工程项目，推广新品种8个，推广面积1866.7公顷，累计增产稻谷5万吨。其间，市天华科技牧业有限公司采用胚胎移植等高科技手段，引进安格斯牛与本地黄牛杂交繁殖出“湘中黑牛”，实行“公司+基地+农户”养殖链，带动全市3万多农户从事良种肉牛养殖，公司被列入省高新技术产业化龙头企业和省高新技术产业发展的十大标志性工程。市天鹏畜业有限公司采用国际先进的EM生物技术和保健防疫技术饲养无抗性猪，带动和扶持周边农户进行无抗性生猪养殖，形成年产5万头无抗性生猪生产基地。中药材、无公害蔬菜和水果等生产都有新的起色。1987—2007年，全市引进推广优良农业新品种458个。

图27-2　水洞底镇慕农村马铃薯基地

栽培新技术、适用技术引进与推广　1987年，全市采用速灭杀丁大面积防治茶黑粉虱通过省级鉴定，茶叶增产84吨，增收36万余元；采用冬插和营养钵移栽中山柏，树苗成活率达到98%，经省林业厅鉴定，向全省推广。是年12月27日，全市第一个科研塑料大棚在市农业技术培训中心建成。大棚面积180平方米，可人工调温，培育黄瓜、辣椒、茄子、四季豆等蔬菜种苗，并可生产食用菌。1990年，改造低产田，消灭潜育化稻田取得较好成效。试验示范水稻华联二号每公顷产量达9135千克，湘早籼七号每公顷产量达6315千克，比湘幅802每公顷增产459千克以上。1991年，引进新型农机具手推式人力割禾器70台，茶叶采摘机8台，水田耕整机15台。封山育林620公顷，完成蓄水沉沙水池、拦河坝、排水圳等工程20个，改良低产田46.7公顷。1996年，从中国柑橘研究所引进丰脐、青家、朋娜、纽荷尔等脐橙品种，在蓝田街道民光园艺场蜜橘树上进行高位嫁接获得成功。1999年,发展杂交制种266.7公顷,优质稻常规良种133公顷,旱粮良种333.33公顷,优质水果苗木1.3公顷;全市推广水稻软盘旱育抛栽技术6666.67公顷、测土配方施肥3.33万公顷、病虫综合防治3.33万公顷、化学除草3666.67公顷、种子统一供应2.67万公顷、生化调控技术2.67万公顷;推广以高接换种为主的柑橘品改工程200余公顷;在全市20个乡镇(街道)建立农作物病虫抗性测报网点。2001年,建立以柑橘、葡萄、草莓为主的果类品改测报网点。2004年,杨市镇皮家村高接换种东魁杨梅试验成功。2007年,全市试验示范水稻大面积高产综合配套、高效吨粮田、稻田养鱼等工程,推广新品种6个,面积2300公顷。

图27-3 三甲乡玉峰村葡萄基地

第二节 工业技术开发

1985—1990年,取得国家级和省部级科技成果10项,申报并予授权专利32件。市耐火材料厂成功研制镁碳砖,获全国星火银质奖;市制革厂生产的高档优质猪皮革列入国家成果推广计划;引进武汉钢铁学院"86型焦炉炼焦"新技术,建成年产焦炭能力8万吨的市甘溪焦化厂。

1991—1995年,企业加强同高等院校和科研院所联系,全市180多家企业同全国100多所大专院校、科研院所建立横向联系,以科研院(所)为技术依托,积极引进新技术,开发一批具有一定水平的科技新产品,如六面顶压机、高效耐候钢焊条、触媒、猪用浓缩饲料、CJ20交流接触器、镁碳砖、复合绕组漆包线等。企业技术改造力度加大,完成技术改造项目76项,投入资金6.5亿元。一批先进适用的科技成果得到推广应用,大涌水量矿井强排水工程、连续蒸煮法生产纸浆、水泥机立窑综合节能技术改造、稀氨水提浓、红土热焦技术、离心铸管等先进技术,带动行业结构的调整。冶金、化工、邮电、建材等行业的技术水平、工艺装备水平和产品质量都有明显进步,效益不断提高。全市开发新产品150项,其中国家级15项,申报并予授权专利83项。

1996—2000年,积极扶持高新技术产业和民营科技型企业发展。湖南三一(集团)材料工业有限公司生产的粉末触媒、微颗粒人造金刚石、金属纤维、电解镍、硅青铜焊丝、铝青焊丝等赢得市场;市南方冶金连铸设备厂与国家连铸中心开发的高效结晶器、附加结晶器、拉矫机水冷式轴承座等产品获国家专利,其中,波纹槽结晶器铜管、拉矫机水冷式轴承座列入国家重点攻关项目;湖南省回春堂制药厂开发回春液、大黄䗪虫丸等新产品,使企业在较短时间得到飞速发展。市科技局协助市工具厂引进金属热切新工艺,降低生产成本。协助市工艺美术瓷厂成立瓷器新产品研究所,并推广应用无铅毒彩瓷生产新技术,生产的瓷器90%以上出口,产品供不应求。

2001年,重点扶持科技含量高的产业化龙头企业,是年,湖南三一(集团)材料工业有限公司在全国私营企业排序中名列第34位。市科协工程技术人员协助市煤矿机械厂开发无级调速矿用提升绞车,次年获国家专利,产品迅速占领市场,取得良好经济效益。2002年,市南方冶金连铸设备制造有限责任公司开发的无头轧制专项设备系统达到国际先进水平,被列入国家经贸委专项攻关计划。2007年,市内拥有民营科技型企业18家,民办科技机构25个。其中,高新技术企业4家。全市高新技术产品实现产值14.58亿元,增加值7亿元。科技对全市经济的贡献率达38.3%。湖南远扬煤机制造有限公司、涟源南方冶金连铸设备制造有限公司等企业与湖南大学、中南大学加强合作，共同开发，共享成果。是年，市内工业企业申报并予授权专利42件，完成建筑工程抗震设防项目22个。全市完成技改投入15.4亿元，比上年增长80.2%。

2003—2007年，全市传统工业产业改造加快。全市完成省级以上科技成果鉴定18项，争取高新技术产业化发展专项3项。高新技术重点发展湖南省回春堂药业有限公司生产的茸桂补肾口服液、灭湿搜风胶囊等独家新产品。湖南远扬煤机制造有限公司自主开发研制的JT、JTK、JTP新型矿用无级调速绞车属国内首创，申请9项发明和实用新型专利；三一(集团)材料工业有限公司开发生产的触媒气保焊丝、电解镍、细颗粒人造金刚石、高锰钢工程机械管件等高科技产品供不应求；市南方冶金连铸设备制造有限公司自主开发的"大宽比整体带坯连铸结晶器成型技术"项目，获中国有色金属工业协会中国有色金属科学技术二等奖。涟源嘉鑫冶金有限责任公司通过大规模技术创新，建成1250KVA的节能炉和3500KVA的精炼炉，成为全省唯一联合生产碳锰铁、锰硅合金、富锰渣、铁合金产业链的企业；湖南顺鑫钢铁有限公司的60万吨优质钢生产线、湖南神斧集团一六九化工有限责任公司的乳化炸药生产线、三一(集团)材料工业有限公司的废镍钴钴板合金生产线技术水平跻身国内先进行列。

1987—2007年，市科协及各学会组织科技人员为企业完成技术承包项目38项，技术革新、技术攻关、技术引进、技术改造447项，技术论证146项，转让技术成果8种。

1992、1995、1996、1997年，市科委(科技局)被评为省科技工作先进单位。1995年，刘寿泉被评为湖南省星火计划管理先进个人。

第四章 科技管理

第一节 科技计划编制

一 科技五年计划

1985—1990年"七五"计划期间，全市安排的重点科技攻关项目中，农业项目包括水稻、茶叶、柑橘、牛、羊、兔等新品种选育，工业项目包括农产品深加工、矿产资源开发、建筑材料研究、化肥、造纸等。

1991—1995年"八五"计划期间，安排重点科技项目计划41项。

1996—2000年"九五"计划期间，安排旱粮新品种引进等20项科技成果推广项目。

2001—2005年"十五"计划期间，组织和实施农业种苗工程、养殖基地建设、养殖科技富民工程、科技兴农网络等。推广生猪、肉牛、山羊、家禽及水产品种改良，以金石、水洞底、杨市等乡镇为重点推广生猪养殖，以伏口、安平、七星街等乡镇为重点推广山羊、肉牛养殖，以渡头塘、白马、斗笠山、湄江等乡镇为重点推广水产养殖。规划到2005年全市养殖生猪180万头、肉牛8万头，山羊30万只，家禽1200万羽，水产品总产量12000吨，模式化稻田养鱼6666.67公顷。以三一(集团)材料工业有限公司为代表的工业企业，结合高新技术发展趋势和经济社会发展的需求，以调整和优化工业经济结构和产业结构，不断增强企业技术创新能力和市场竞争力。环境科技以涟水河水域环境综合整治、水处理技术的开发与研究、淘汰落后工艺为主攻方向。

2007年，制定《今后五年科技发展计划》，科技对经济增长的贡献率达到55%以上；财政科技投入增长速度明显高于财政经常性收入增长速度，全市研究与开发经费投入力争达到国内生产总值(GDP)的2%；企业科研经费投入占全社会科研投入经费总额的70%以上；全市专业技术人才1.5万余人。明确全市农业、工业发展的重点领域及优先项目，对知识产权、地震、科技合作社和信息服务网络建设制定工作目标。

二 科技长期规划

1989年，制定《涟源市2000年科技发展远景规划》，提出以体系调整、科技事业发展、科技人才开发和管理、科技成果推广应用、技术改造、技术引进、重大科技攻关等方面为主要任务的发展方向，把振兴农业放在发展战略中的重要位置。明确"科技兴涟"是发展经济的唯一道路，尊重科技人才，提高科技水平。到20世纪末，全市国民生产总值在1980年的基础上翻两番。1988—2000年，安排农、林、牧、渔业优良品种及农产品深加工技术、服装、中小企业技术改造、发展能源等科技成果推广应用项目390项。

1996年，制定《涟源市"九五"和2010年科技发展规划》，把农业、工业技术进步和工业产业结构调整及高新技术领域的开拓作为科技发展的重点，并就实施科技发展规划采取的对策与措施进行详细部署。1999年，在《关于编制涟源市科技发展"十五"计划和2015年远景规划的工作方案》中，就农业科技发展研究、工业科技及高新技术发展、社会发展科技问题、科技投入及科技发展支撑条件作为专题研究工作，相关单位和企业都制定《科技发展"十五"计划和2015年远景规划》。

第二节 科技经费

1987年,科技经费投入2.6万元,占全市财政支出0.07%。科普预算经费8000元。1989年,市委、市政府重视科技工作,按市财政支出总额的0.5%安排科技三项经费(新产品试制费、中间试验费和重大科学研究项目补助费)14.6万元,相当于1979—1988年十年总和(13.8万元)的1.06倍,此后逐年增长。2007年,全市投入科技三项经费30万元,主要用于农业项目推广、工业项目开发及科技进步成果的奖励。是年科普预算经费达到10万元。

1987—2007年,市科技管理部门依法对全市的科技三项经费及其他科技经费进行归口管理,并对科技资金的分配、使用和项目合同的履行情况实施有效监督和跟踪管理,以优化科技资源配置。

第三节 科技成果管理

一 科技成果验收鉴定

1987年,全市采用速灭杀丁大面积防治茶黑粉虱,通过省级鉴定。采用冬插和营养钵移栽中山柏,树苗成活率达到98%,经省林业厅鉴定,向全省推广。1991年,市机械厂研制涓江—12A农用四轮车批量生产,产品填补省内空白,年生产能力1000台。1995年,全市落实国家火炬计划1项,省火炬计划1项,星火计划2项。1998—2002年,申报、落实国家、省、市以上科技项目71项,其中国家火炬计划1项,高起点开发新产品14个。白马镇田心卫生院《强力乙肝解毒冲剂治疗乙肝的临床与实验研究》《灭湿搜风痛口服液治疗痹病的临床与实验研究》两个项目经鉴定,被列为省、地科研计划。编制实施市级科技成果推广计划95项,完成技术市场贸易额2350万元。2004年,申报娄底市级以上科技计划22项,被批准立项的国家级科技计划1项(湖南远扬煤机制造有限公司的JT、JTK、JTP无级调速矿用绞车获国家火炬计划),省级科技计划4项,娄底市级8项,完成省级科技成果鉴定1项。2006年,完成省级以上科技成果鉴定2项,争取国家重大专项计划1项,火炬计划1项,高新技术产业化发展专项1项,省科技项目3项。2007年,申报和落实科技项目34项。其中,国家级1项,省级3项,地级14项,市级16项。

1987—2007年,全市获科技成果399项。其中,省级以上38项,地级66项,县级295项。

二 科技成果评审奖励

1987年4月,召开全市科技进步奖励大会,授奖31项。其中,抗赤霉病、高产稳产小麦新品种湘麦十号、湘中主要土坯钾素供应状况和钾肥试验推广分获省级三、四等奖,镁碳砖、铝镁砖获全国星火成果银牌奖,镁碳砖、铝镁砖、子午加速型轴流式高效低噪节能局扇系列产品被列入国家级“星火计划”。1988年,全市申报科技进步成果65项,经评议审查批准奖励24项。其中,一等奖5项,二等奖9项,三等奖10项。1989年,召开全市科技工作大会,100余人获工业企业技术进步奖、科技进步奖、科技工作目标管理奖,授予科技进步奖项目24项,7个单位获科技目标管理奖,大会单项最高奖金1万元。1990年,召开“科技兴涟”大会,会上奖励19个科技先进区(街道)、乡镇科委和64个科技先进工作者。是年,有3个项目获省科技进步四等奖,2个项目获娄底地区科技进步二等奖,4个项目获娄底地区科技进步三等奖。1993年,全市获国家级奖励2项,省级四等奖1项,娄底地区二等奖1项,三等奖5项。市内13个单位的22项新产品和新技术参加中国国际博览会,参展产品共获金奖7项,银奖1项。

1997—2001年,波纹槽结晶器铜管、拉矫机水冷式轴承座被列入“九五”国家重点攻关项目,填补中南六省空白,被评为国家经贸委科技进步特等奖。2003年7月,召开全市科技工作会议,对全市科技进步做出突出贡献的三一(集团)材料工业有限公司等5个先进单位和罗桂清等5名先进个人进行表彰。2006年,召开全市科学技术大会,表彰、奖励在科技创新、技术开发等方面取得优异成绩的10个先进单位、10个先进个人,科技进步奖一等奖2个,二等奖3个,三等奖4个。湖南远扬煤机制造有限公司的“矿用提升绞车无级调速装置”和涟源南方冶金连铸设备制造有限公司的“大宽厚比整体带坯连铸结晶器成型技术”被评为市科学技术进步一等奖。

1987—2007年,全市获省级科技进步奖10项,地级科技进步奖65项,县级科技进步奖114项。

1987—2007年涟源市主要获奖科技项目

表27-1

年度	项目名称	完成单位	主要研究人员	授奖单位及等级
1987	中山柏冬季扦插	市林科所	…	省科技进步四等奖
1987	旱土多熟制技术	市粮油站	苏先范	省科技进步四等奖
1987	速灭杀丁治黑粉虱	市经作站	李训生、李传授	省农业厅三等奖
1987	改造电站主变,提高无功出力,降低发电机运行电压	市水利水电局	谢汉承、刘芥芬等	省水利水电厅三等奖
1987	铸锅工艺改造	市锅厂	谭太康	省第二轻工业厅二等奖
1987	水稻良种联合区域试验	市农科所	陈伯煌、彭大建等	娄底地区科技进步三等奖
1987	树脂结合镁碳砖和不烧铝镁盛钢桶衬砖的研制与推广	市耐火材料厂	彭诗洪、李洪海等	娄底地区科技进步三等奖
1987	YSD1.0—2.5型滴水式中压乙炔发生器试制与推广	市气焊机厂	孟昭光、李亦白等	娄底地区科技进步三等奖
1987	涟源市中药资源普查及发展战略研究	市中药资源普查办	谢凯元、刘克众等	娄底地区科技进步三等奖
1988	大麦小双杂三届高产	市粮油站	苏先范	省农业厅特等奖
1988	猪二层美术印花革	市制革厂	聂长绵、周建华	省第二轻工业厅二等奖
1988	顶切剥线钳	市工具厂	梁平强、李晓东	省第二轻工业厅二等奖
1988	抗赤霉病、高产稳产小麦新品种湘麦10号	市农业局	杨云蒸、罗士林等	省科技进步三等奖
1988	湘中主要土壤钾素供应状况和钾肥试验	市土壤肥料工作站	…	省科技进步三等奖
1988	山羊正面服装革的开发	市制革厂	鄢国新、徐金发等	娄底地区科技进步三等奖
1988	茶叶施用稀土效应实验	市茶场	龚洵利、刘益山等	娄底地区科技进步三等奖

续表 27-1

年度	项目名称	完成单位	主要研究人员	授奖单位及等级
1988	小车火焰切割机研制	市气焊机厂	殷纪忠、聂亮等	娄底地区科技进步二等奖
1988	储粮害虫天敌资源的发掘与应用	市粮食局	梁克昭、阳国彬等	娄底地区科技进步二等奖
1988	塑料薄膜防渗渠道试验	市水利水电局、马头山水电站	胡在文、王兆铭等	娄底地区科技进步三等奖
1988	多用途自产煤气高效节煤炉	市科技咨询站	肖国雄	娄底地区科技进步三等奖
1989	GCD2—100 小车式火焰切割机	市气焊机厂	殷纪忠、聂亮、聂玉泉、聂梅祥、谢少春	省推广三等奖、娄底地区科技进步三等奖
1989	TB—500、1100C 型涂布机	市机械厂	刘云、文富桃、严立山、梁光明、周存洛	省推广四等奖、娄底地区科技进步三等奖
1989	节水节能	市水利水电局	王兆铭、曾梦林等	省水利水电厅三等奖
1989	粮食害虫天敌资源的发掘研究	市粮食局	梁克昭、阳国彬	省粮食局一等奖
1989	新 2＃ 岩石粉末炸药	市化工厂	李祖荫、李实求	省第二轻工业厅二等奖、娄底地区科技进步三等奖
1990	多功能日产煤气节煤炉	市科技咨询中心	肖国雄	国际专利新产品、新技术铜牌奖
1990	JQ 系列电动多功能节电保护器	市矿山机械厂	…	省科技成果奖
1990	无泄漏离心泵	市矿山机械厂	…	省科技成果奖
1990	1.5 型轴流式矿用隔爆局部通风机	市矿山机械厂	…	省科技成果奖
1990	水稻纹枯病综合防治技术研究	市农业局	刘哲雄	省农业科学技术进步二等奖
1990	杂交水稻威优 64 推广	市农业局	刘保初	娄底地区科技进步一等奖
1991	双季杂交稻高产栽培技术研究与推广	市农业局	刘保初	娄底地区科技进步二等奖
1992	稻田起垄栽培示范	市农业局	朱国甲、吴显俊等	娄底地区科技进步二等奖
1993	HYZ 系列倒顺开关	市电器开关厂	…	省科技进步三等奖
1993	SMF—A 型电动金刚磨头	市金属制品厂	毛建华、刘以德等	娄底地区科技进步三等奖
1993	搪瓷抛光铁锅	市锅厂	谭太康、左罗生等	娄底地区科技进步三等奖
1993	垄栽稻萍鱼立体种养技术推广	市土肥站	戴亨初等	娄底地区科技进步三等奖
1993	XD—103 防水复合柔毡渠道防渗试验	市水利水电局、湄江渠道管理所	梁孔赖、张解和等	娄底地区科技进步三等奖

续表 27-1

年 度	项 目 名 称	完 成 单 位	主要研究人员	授奖单位及等级
1994	J502CrCU—G 高效耐候钢焊条	湖南三一(集团)材料工业有限公司	…	省级新产品证书
1996	J502CrCU—G 高效耐候钢焊条	湖南三一(集团)材料工业有限公司	陈红、丁伟等	娄底地区科技进步一等奖
1996	涟源市蓝田城区地价评估研究	市国土管理局	刘福安、陈旭阳	娄底地区科技进步三等奖
1998	新型农作物抗衰剂谷粒饱在水稻上的推广	市农业局	刘保初	省农业科学技术进步一等奖
1998	水稻旱育秧栽培技术推广	市农业局	张胜来、刘保初等	省农业科学技术进步三等奖
2003	中小学心理健康教育实验研究	市第四中学	刘求清、张瑜华 吴国贤、刘红霞	娄底市科技进步三等奖
2003	湿疹膏治疗湿疹的临床研究	白马镇中心卫生院	罗桂清、周霖、李超民、廖艳梅	娄底市科技进步三等奖
2005	杂交玉米转化推广	市农业局	张胜来、吴细华	娄底市科技进步三等奖
2006	特色红薯试验、示范推广	市老科协	苏先范、吴应芝	娄底市科技进步三等奖
2007	涟源市山洪地质灾害预警系统	市水务局防洪办公室	王希凡、颜国庆、李梦多、胡友生、肖冰、梁济高	娄底市科技进步三等奖
2007	水稻丰产高效技术集成研究与示范	市农业局	吴细华、吴显俊等	娄底市科技进步三等奖
2007	蔬菜硝酸盐污染控制技术研究与应用	市农业局	罗永丰	省农业科学技术进步二等奖

第四节 知识产权管理

1987 年,全市申请专利 8 项。市教育局教研室刘爱国发明的“双组三接点钨丝灯泡”获国家专利局实用型专利证书,专利由涟源马头山灯泡厂采用,并成功将专利技术转让给北京长城工商联合公司和河南平顶山市舞钢区。财溪中学教师陈立宏发明的简易自动响铃器获全国“星火杯”创造发明竞赛铜奖。1990 年,全市申请专利 5 项。其中,市科技咨询中心肖国雄发明的“多功能日产煤气节煤炉”技术获中国专利局 3 项专利,在第二届国际专利新技术、新产品展览会上获铜奖。1991—1993 年,引进技术项目多,转让费额大,仅市瓷厂、市氮肥厂等 5 家企业,付出技术转让费 146.2 万元。2000 年,市南方冶金连铸设备制造有限公司与国家连铸中心开发的高效结晶器、附加结晶器、拉矫机水冷式轴承座等产品获国家专利。2004 年,全市完成专利申请 85 件,申请量列娄底市五县市区第一。2007 年,完成专利申请 67 件。2004—2007 年,以“4·26”第五个世界知识产权日为契机,联合工商、文化、技监等部门对全市工业企业、商业市场的假冒伪劣侵权盗版产品、商品进行大规模清查,查处专利侵权案件 17 起,处理盗版产品 24 个。

1987—2007 年,全市申请专利 458 件,授权和实施专利 332 件,开发新产品 71 项(见表 27-2)。

1987—2007年涟源市获得专利统计

表27-2

年度	件数	年度	件数	年度	件数
1987	8	1994	18	2001	9
1988	8	1995	12	2002	8
1989	11	1996	7	2003	9
1990	5	1997	8	2004	85
1991	17	1998	15	2005	44
1992	27	1999	17	2006	53
1993	9	2000	21	2007	67

第五节　地震预测预防

1993年，广泛开展地震知识教育，印发地震资料1000份并举办地震宣传橱窗。1994—1996年，在甘溪中学、七星街中学、斗笠山镇第二中学开设地震科普知识课，对中学生进行地震知识普及。2000—2002年，侧重抓好防震减灾宣传教育，在伏口、七星街、斗笠山、毛坪、芙蓉、甘溪等中学多次开展地震科普知识教学。2004年，市政府颁发《涟源市建设工程抗震设防管理办法》，市地震局、市发展计划局、市国土局、市建设局、市规划局联合印发《关于将建设工程项目抗震设防要求管理纳入基本建设管理程序的通知》，为全市抗震设防工作提供管理依据。2005年，市地震局配备专用抗震设防指挥车1台，全年有18个建筑工程项目完成抗震设防。2007年，市地震局推进地震监测预报、震灾预防和紧急救援三大工作体系建设。市地震局被评为全国县级防震减灾工作先进单位。

1987—2007年，境内地震未发现地裂、滑坡和人员伤亡及财产损失现象。

1987—2007 年涟源市有感地震发生情况

表 27-3

时 间	震中地理位置	最大震级	范围及状况
1990 年 5 月 3 日 23 时 18 分	湖南省涟邵矿务局斗笠山煤矿香花台工区	2.0 级	斗笠山煤矿矿本部，香花台、观山、柑子山、黄港等工区，明镜、甘溪、枫坪乡 20 多个村有震感，有感面积 45 平方千米，最大震级 2.0 级。斗笠山煤矿香花台工区矿井掉下围岩 20 多吨，打断风管、水管、电机车架空线，造成矿车不能通行。井下工人听到大于平常放炮（约 9 千克炸药）的响声，有跳动感，工作面煤灰很大。地面群众有震动感或上抛感，门、窗震动作响，电灯摇晃，一栋房屋瓦片震落
1990 年 5 月 8 日 14 时 4 分，6 月 5 日 2 时 53 分，6 月 13 日 9 时 38 分	湖南省湘峰机械厂	1.7 级	湘峰机械厂厂内有震感，人感觉前后摇动，房屋向南北方向推拉、摇摆，房内有物品摇动声，门窗震动作响
1996 年 3 月 28 日 15 点 18 分	伏口镇半山村，七星街镇甘溪冲村	3.1 级	七星街镇甘溪冲、洞源、梨溪、红仙村，伏口镇半山、柿梓、伏口、陈家村有震感，有感面积 50 ~ 60 平方千米。在甘溪冲、半山村，室内外大人、小孩普遍听到地下沉闷的似放炮一样的响声，房屋晃动，门窗玻璃作响，人有上抛感，部分房屋开裂，屋面瓦片下滑掉落，菜地土埂开裂滑坡，池塘水起浪
1997 年 7 月 27 日 1 时 29 分	湖南省涟邵矿务局斗笠山煤矿	1.8 级	斗笠山煤矿矿区有震感，有感面积 4 平方千米。听到闷雷般响声，感觉震动并有上抛感，门窗、桌椅砰砰作响。震后，煤矿地下水浑浊三天（黄褐色）
2003 年 7 月 1 日 2 时 28 分	金石镇、荷塘镇部分村	2.2 级	金石镇光华、灌溪、青春、大水头村，荷塘镇岭上、崇木、人民村有震感，有感面积 11 平方千米。多数村民从梦中惊醒，惊慌跑出，人感上抛，听到闷雷般响声，房屋震动作响，狗、鸡惊叫，个别屋顶瓦片滑动或掉落，墙壁抹灰掉落，门框移位，窗户和床上安装不稳的玻璃震落
2004 年 8 月 12 日 2 时 38 分	石马山镇扶胜村	1.8 级	石马山镇扶胜村、满水村、长丰村、江家口村、谭家冲村，及枫坪镇部分区域有震感，有感面积 22 平方千米。多数成年人被惊醒，部分人感觉在床上有强烈上抛感，门窗玻璃作响，许多人跑出屋外
2004 年 8 月 13 日 3 时 27 分	金石镇、荷塘镇部分村	2.4 级	金石镇、荷塘镇及双峰县甘棠镇、邵东县斫槽乡，10 余个村有震感，有感面积 55 平方千米。居民被震动和巨响惊醒，部分人跑出屋外，玻璃、窗户作响，鸡鸣犬叫直到天亮
2004 年 8 月 18 日 2 时 26 分	水洞底镇、斗笠山镇部分村	2.4 级	震时正值刮风下雨，居民未感觉明显震感

第二十八篇 文 化

第一章 群众文化

第一节 文化设施

1987年，涟源市主要文化设施有涟源剧院、蓝田电影院、涟源电影院、市文化馆、市图书馆。涟源剧院建筑面积3280平方米，可容观众1090人，设有排练厅、化妆室、录像厅，能开展大型文艺演出。蓝田电影院大楼翻修，扩建售票厅、休息厅、录像厅，有座位912个。涟源电影院建筑面积2112平方米，座位1512个。有杨家滩和桥头河两家农村电影院。甘溪、桥头河、桂花、太和、水洞底等乡镇和市氮肥厂建有文化楼。1989年，涟源剧院与市湘剧团合并，更名市湘剧院。1991年，兴建蓝田文化站文化楼，建筑面积2142平方米。1995年5月，在涟源电影院北侧修建电影综合楼，建筑面积1686平方米。1999年1月，作家爱心书屋竣工，位于白马镇田心村，占地600平方米，建筑面积700多平方米，设外借处、阅览室、陈列室、创作室等。2000年12月29日，市图书馆由中山前街154号搬迁至文艺北路开馆，又名爱心书屋中心馆，投资300万元，建筑面积4800平方米，收到捐献书籍5万余册。2002年，涟源电影院放映厅改造成既能放映电影又能演出节目的演映大厅，座位1100个。2003年5月，在白马镇楠木山村白马湖半岛上，修建爱心文化园，占地3公顷，园内建有爱心文化碑廊、会议中心、创作书屋、文化广场等设施。2004年5月25日，市爱心文化园暨湖南省文艺家创作之家举行开园庆典，熊清泉等省、市领导人参加。2006年10月，在市体育中心旁建立市青少年校外活动中心，建筑面积1700平方米，集教育、培训、交流、娱乐、健身为一体。2007年6月，市体育馆竣工，有座位3008个，能开展大型体育活动和文艺演出。

第二节 文化活动

一 展出活动

1987年7月，邀请涟源籍省著名书画家、湖南师范大学教授颜家龙回乡举办书画展，展出作品40幅，观众万余人次；10月，举办安化籍画家莫迎武画展和涟源中老年书画展。1989年，全市举办国庆40周年摄影展和涟源农村摄影展。市文化馆举办李永深、梁学先、姜新民剪纸联展，展出作品89幅，历时15天。1991年，举办建党70周年书法作品展，展出作品42幅，作者年龄最大的72岁，最小的9岁。是年，湖南省举办民间美术作品展，姜新民、易元和26件作品参展，易元和版画《小山村》被选拔参加全国展出，获银奖。1992年5月，蒋昌典的隶书作品被选送参加省书法美术作品展。1994年，其漫画《东郭先生新传》送全国参展。1995年5月，举办全市六一少儿书画展，展出作品160幅。1996年，市内选送3件作品参加全省书法美术作品展，获优秀作品奖。1998年，市湘剧院李永深剪纸《农家乐》和《石林人家》在中国美术馆参加展出，获优秀奖。1999年，举办中华人民共和国成立50周年美术展、书法展和摄影展。2003年，举办民俗作品展览会，展出剪纸作品40件，其中10件选送参加湖南省民俗博览会展出。市文化馆李长初创作的《间歇》，在全国第三届油画展览湖南展区展出。2004年，李永深的《喜洋洋》、梁学先的《喜摘丰收果》获全国剪纸大赛银奖，龚林茂的《庆元宵》获铜奖，3幅作品均被国家华夏剪纸博物馆收藏。2005年8月，姜新民举办抗战胜利60周年艺术摄影个人展，展出作品60件；12月，李永深获湖南省群众文化学会剪纸事业成就奖。2007年6月，聂之鸿、李日标在长沙举办中国画展。10月，举办涟源市大型美术作品展，出版《精彩涟源——纪念改革开放30年》和《湘中卫士》画册。2007年10月，举办全市大型摄影作品展，展出作品200余幅。1988—2007年，市诗联书画家协会创作书画作品1100件，举办书画展16次。

二　演艺活动

文艺调演　1987年10月，歌手谭季成参加省"洞庭之秋"艺术节获二等奖，梁洁尔参加省重阳节民歌演唱大奖赛获少年组二等奖。1989年9月，市青年农民文艺代表队参加娄底地区首届农民艺术节，9个节目获奖，团体总分排名第一。自编自演的花鼓小戏《关键一针》、舞蹈《涟湘声声》分别获创作、演出一等奖。11月，花鼓小戏《关键一针》代表娄底地区参加全省农村文艺调演获演出一等奖、创作二等奖。1991年10月，刘雅声参加省文化馆调演，获"双星杯"歌手大赛"歌坛新秀"优秀奖。在全省庆祝中国共产党成立70周年群众歌咏活动暨征歌评奖中，市农委获一等奖、市建委获演唱优胜奖，市文化馆梁春生获优秀辅导奖，市文化局获组织奖。姚尧参加全省"新世纪杯"卡拉OK大赛获一等奖。2001年6月9日，在中国青少年艺术新人选拔大赛中，殷玉佳获艺术新人奖，曾超群获铜奖，曾铮获模特组铜奖。是年，刘剑在全省"蔡伦杯"歌手大赛中获银奖。2002年，在娄底市蒲公英少儿声乐大赛中，涟源市获金奖2项、银奖4项、铜奖14项，优胜奖2个。2003年，在三湘蒲公英选拔赛中，刘丽宏演唱《古丈茶歌》、张甜良演唱《青藏高原》，均获铜奖。2004年4月，在省"三湘群星奖"娄底选拔赛中，姚尧和许唯获金奖，邱罡、刘辉辉、廖婷获银奖。2006年6月，在全省少儿音乐舞蹈大赛中，小组唱《喜鹊飞上吊脚楼》获金奖，梁博的笛子独奏《扬鞭催马运粮忙》获铜奖。

图28-1　市湘剧院春节慰问演出

双拥文化活动　1990年，娄底地区举办"爱国防"文艺调演，涟源市代表队获团体总分第二名。1994年，市文化馆创作、驻涟部队表演的舞蹈《哈达献给解放军》、小品《钟点工》获总后勤部武汉基地文艺调演三等奖。是年，涟源被评为"全国双拥模范城"，全市举办军民联欢晚会，演出节目41个。1998年，创作大型湘剧《兵妈妈》深入驻涟部队和娄底军分区慰问演出。此后，每年春节和八一期间，市湘剧院排演拥军爱民专题节目，由市委、市政府领导人带队，组成小分队去部队军营慰问演出。2003年，市文化馆创作大型舞蹈《涟水河畔军民情》，参加娄底市春节文艺晚会，获特等奖。10月1日，市委、市政府领导人带队，到驻涟部队慰问演出。2007年八一期间，从省城请来专业文艺团体，由市委、市政府领导人带队慰问驻涟部队。

市乡文艺活动　1987年11月1日，举办涟源撤县建市大型文艺晚会，市文化馆创作演出大型歌舞《涟源颂》，庆祝涟源市成立。1989年，举办国庆40周年"咱们工人有力量"厂矿群众歌咏会，全市20支厂矿代表队参加。举办国庆40周年大型文艺晚会和全市中学生文艺调演。1990年1—3月，举办革命传统歌曲比赛，分城区和乡镇两个赛场，城区赛场19个局以上单位参赛，市建委、一中获一等奖；乡镇赛场20支歌咏队参赛，杨家滩镇、伏口镇获一等奖。1991年，举办中国共产党建党70周年大型文艺晚会，全市21支代表队参加，市经委获一等奖。是年，全市举办中国共产党成立70周年革命传统歌曲演唱会42场。1994年5月21日，在光明山大礼堂举办"爱祖国、爱湖南、爱家乡"合唱比赛，18支代表队1800名歌唱演员参赛，市建委、新新小学、一中获一等奖。1997年，围绕香港回归、党的十五大召开、建军70周年、市庆10周年开展各种文艺活动，观众18万人次。1999年9月26—27日，分城区和乡镇举办庆祝中华人民共和国成立50周年文艺晚会，36支代表队参加，演出节目42个。12月20日，在湘剧院举办迎澳门回归大型文艺晚会。是年，举办市青少年"康德杯"声乐、舞蹈、器乐、书法、美术大赛，时间一周，参赛人数1000人，评出金奖10人、银奖19人、铜奖38人。2001年6月24日，在光明山大礼堂举办庆祝建党80周年"永远跟党走"大型文艺晚会，演员400人，观众2000余人。2003年9月，举办老年节专场文艺晚会，演出节目16个，观众3000余人。是年，渡头塘乡与梅雁集团联合开展青年卡拉OK赛，参赛歌手50人。2005年2月21日，在光明山大礼堂举办"爱我涟源，兴我家园"新春文艺晚会，邀请在外地工作的涟源籍音乐家、作曲家25人参加演出。2006年3月，举办涟源市"十大新闻人物"和"十大优秀民营企业家"颁奖文艺晚会。2007年10月31日，在市体育馆举办涟源市庆20周年大型文艺晚会。市文化馆创作大型歌舞《多情的涟水》《忘不了》，大型表演唱《涟水明珠耀湘中》，大型民俗舞蹈《天地人和》参加晚会演出。晚会突出涟源本土特色，讲涟源话、唱涟源戏。

三　文化下乡

图28-2　村民观看湘剧《姜子牙招亲》

20世纪80年代，文化下乡以戏剧、电影占多。1996年，在伏口镇开展"文化五下乡"（电影、戏剧、图书、科技、法律下乡）活动，3万群众参加，购书、看电影、听湘剧、咨询科技，文化搭台，经济唱戏，促进经济发展。1997年6月，市文化馆组织文艺轻骑队排演小戏、小品、舞蹈到安平镇、七星街镇、洪源机械厂等地演出。1998年12月，在金石镇开展文化五下乡活动。此后，"文化五下乡"活动每年至少开展一次。2002年，市老科协文工团排演宣传法律、卫生等内容的文艺节目到乡镇巡回演出。2007年5月，市图书馆组织1000名农村中小学生参加全省少年儿童"我心中的社会主义新农村"征文竞赛活动，获省一等奖1名，二等奖2名。10月，市湘剧院新编大型古装湘剧《姜子牙招亲》和小戏《乖巧儿媳》下乡演出200余场。

四 广场文化

20世纪90年代初，市内广场文化兴起。1994年，100条(只)龙狮在光明山大操坪表演，演员2000余人，观众逾3万人。2002年1月1日，首届“中国人寿”大型广场文化艺术节在光明山大操坪举行，演员2000余人，观众3万余人次。11月28日，桥头河镇举办农民广场艺术节，表演秧歌、腰鼓、唢呐、龙狮、器乐、花鼓戏、舞蹈等文艺节目，观众2万余人。12月1日，涟源市第二届广场文化艺术节在光明山大操坪举行，27个单位参加演出，演员1200多人，戏剧、音乐、舞蹈、腰鼓，各有特色。珠梅抬故事10台节目，观众1万余人，《湖南日报》做专门报道。2003年10月10日，安平镇举办首届农民艺术节，14支腰鼓队、4条龙、两只雄狮参加，演出戏剧、声乐、舞蹈等节目16个，观众6000余人。11月2日，第三届广场文化艺术节暨珠梅故事会民俗文化艺术节在珠梅田塅举行，表演舞蹈、音乐、戏剧、武术、快板、杂技、健美操、龙狮、民俗文化等45个节目，参加演出人员1800余人，观众6万余人。《中国文化报》、湖南电视台进行报道。2004年1月29日(正月初八)，在光明山大操坪举办龙狮、秧歌、灯谜活动，市文化馆制谜2000条，猜谜者近1万人，六亩塘镇桐车湾龙狮队、石马山镇女子龙狮队、老科协文工团、夕阳红腰鼓队、石马山花棒队等10个骨干文艺团体参加演出。4月11日，市国税局、市地税局在光明山大操坪联合举办大型税收宣传活动，运用生动的民间文艺形式，落实中央一号文件精神，制作2000条宣传税收改革的灯谜，演出20个文艺节目，邀来民俗文化珠梅抬故事参演，3万人次观看。11月8—9日，第四届广场文化艺术节暨六亩塘首届经促座谈会在六亩塘镇涟水名城工地举行，文艺演出丰富多彩，有省歌舞剧院民族乐团音乐会、六亩塘群众文化歌舞表演、娄底明星演唱会、社区文艺调演、中小学文艺汇演、腰鼓民乐八强赛，共6场文艺表演，100个节目，2000余人参加演出。2005年春节，开展“迎新春花灯一条街”活动，从除夕开始至正月十五，以五马广场(今人民广场)为中心，东至人民桥、西至芙蓉广场、南至三角坪、北至新汽车站，张挂各式彩灯1000余盏，长5千米。9月30日，涟源市首届“多彩湄江·投资福地”旅游文化节暨湄江旅游开发10周年纪念活动在湄江举行。有广场文艺表演、大型绝壁攀登表演、民俗山歌邀请赛、《话说湄江》首发式、书画摄影展等10余项活动，历时8天，参加人员10万人次。是年，光明山广场建成(光明山大操坪改建)，可容1万人开展文化体育活动，每天早晚，上千人在广场打拳、舞剑、玩扇子、跳舞、聊天。是年，涟源市被评为娄底市广场文化先进集体。2006年6月1日，市文化馆与旺多福超市联合举办青少年大型广场文化艺术节，演员800多人，演出节目35个。是年，新建火车站广场，可容6000人开展文化体育活动，每日前往锻炼与休闲者约1000人。2007年10月1日，市文化馆与市园林管理局、皇嘉婴幼城在儿童公园前坪联合举办庆国庆少儿文化艺术节，演出节目40个。是年，儿童公园改建为人民公园，可容万余人开展文化体育活动，每天早晚去公园跳舞、玩扇、打拳、玩牌的不下4000人次。

图28-3 珠梅抬故事

五 传统文化

灯谜 1992年，市文化馆举办春节灯谜会，挂谜600条，宣传财政、保险、国库券发行内容。1994年元宵节，制谜850条，进行爱国主义教育。1996年，举办春节大型灯谜活动。制谜1000条，以爱国储蓄、税收、金融为内容，寓教于乐。历时一周。1999年端午节，文化馆与国土局联合举办国土知识灯谜活动，制谜1500条，活动结束谜语印刷成《灯谜集锦》。斗笠山、桥头河、蓝田各文化站也经常开展灯谜竞猜活动。

杂技 20世纪80年代，市内有芙蓉、岛石、珠梅、湖泉、杨家滩、斗笠山、增加等地10个杂技团(队)，常年在省内外巡回演出，尤以芙蓉乡刘自为、湖泉乡易红春、杨家滩镇龙永福为主的杂技团最为著名。2007年，全市登记注册的杂技团(队)3家。是年，黑豹艺术文工团团长刘金春参加湖南电视台、中央电视台举办的挑战群英会栏目，表演牙齿咬、顶16条板凳(48千克)，创世界吉尼斯纪录。他常表演的杂技项目还有金枪刺喉、气断钢丝、空中转碟、顶碗、牙顶啤酒瓶舌头推动旋转、手撕新搪瓷脸盆、口含高温钢板让观众点燃香烟等。

图28-4 2007年5月6日，刘金春在中央电视台表演牙齿咬、顶16条板凳

龙狮队 20世纪80年代，境内每年春节期间各地舞龙、舞狮。90年代，麻将活动增多，春节期间舞龙、舞狮活动减少，企业开张、较大工程开工竣工典礼、丧葬等活动，雇请龙狮队表演增多。2007年，全市龙狮队在100支以上。

腰鼓队 20世纪90年代，城区一些女性组织腰鼓队开展活动，舞蹈与击鼓融合，为工商企业开张、工程竣工(开工)增添喜庆气氛，影响较大的是夕阳红俱乐部腰鼓队和市老科协文工团腰鼓队。后来，农村也出现腰鼓队，主要参与红白喜事活动。2007年，全市城乡腰鼓队在200支以上。

木偶戏 20世纪80年代，在“文化大革命”时期被做为封建迷信禁止的木偶戏复出，龙塘、珠梅、岛石、安平、桥头河、石狗、斗笠山、水洞底、砂石等地10多个木偶剧团在农村演出，农家为祈求风调雨顺、家庭平安，或为老人祝寿，请木偶戏班演出，演出内容多为历史故事，演出采用湘剧唱腔，受中老年人喜欢，比较著名的是龙塘夏锡金、夏锡树兄弟的木偶剧团。至2007年，木偶戏在境内无大的发展。

第二章 文学艺术

第一节 文 学

小说 20世纪80年代，李秋华在《青年文学》发表《金井湾纪事》。90年代，李猷勇在《小说界》发表《游戏》《老黄河之死》，《游戏》被《小说月报》转载；吴中心在《百花园》《萌芽》等刊物多次发表作品，其中《土地》《朝天放一铳》获全国性奖项，《土地》得到老作家从维熙好评。

1999年，李秋华的《最后一次远牧》出版。2000年，贺辉军的《四十而惑》、龙萼芬的《渼江九曲》出版。2001年，吴中心的《我要开枪》、肖有亮的《冬季寒冷》、梁利根的《夜宿孤亭》出版。2002年，梅国华的《野味》出版。2003年，邱述的《路漫漫》出版。2004年，梁利根的《折不断的翅膀》出版。2005年，李玮的《流浪的公主》出版。2005年，廖旭坤的长篇纪实小说《海啸》在《啄木鸟》刊发后，由花城出版社出版。2006年，李学良的《涟水风云》出版。2007年，贺辉军出版的长篇小说《招魂》被湖南省作家协会评为重点扶持作品。

1991—2007年，贺辉军的作品在《湖南文学》《延河》《当代人》《海燕》《芙蓉》等刊物发表，《那一个季节》在《芙蓉》发表后，被改编成影视剧本。1996—2007年，梅国华（莫美）的《西国纪游》《幸福它是个什么东西》《野味》《三人行》等在《飞天》《青年作家》《短篇小说》等刊物发表，《幸福它是个什么东西》成为境内在台湾的首发作品，《路》《三人行》先后入选由北方文艺出版社出版的《名家小品》、百花洲文艺出版社出版的《微型小说三百篇》《中外知名经典微型小说》等多种选本。

散文 2000年，刘风出版散文集《岁月遗痕》。2002年，胡小平出版散文集《秋去秋来》。2005年，肖有亮的散文《小街》获全省报纸副刊金奖；夏小英的散文《穿越孤独》获由长沙市作协、北京华版文化传媒集团联合举办的“派力斯”杯网络诗歌散文大赛散文一等奖。

诗歌 2001年，艾叶青的诗歌集《诗草青青》出版。2002年，吴修纲出版诗歌集《苦舟吟》，受到原湖南省作家协会主席、全国著名诗人未央的高度评价。2005年，李八仙的散文诗《遥远的村庄》获由长沙市作协、北京华版文化传媒集团联合举办的“派力斯”杯网络诗歌散文大赛诗歌一等奖。2007年，胡小平的诗歌集《守望》出版。1997—2007年，杨卫星的歌词《我爱大山四季春》《梅岭五月醉煞人》《多情的涟水》《湘中明镜》等先后在中央人民广播电台、《词刊》、湖南卫视播映或发表。傅定志、蒋昌典、王立群、章长斌等的格律诗词作品多次在全国各级报刊杂志发表，不少作品在各种比赛中获奖。2004年，蒋昌典的《重读毕加索和平画有题》获中华诗词学会主办的“李白故里华夏诗城”全球诗词大赛二等奖，《瞻洪洞大槐树》在“根祖杯”全球诗词大赛中获二等奖。章长斌的《夏夜》作为2007年《中华诗词》一月一佳作由著名诗人周笃文点评。

儿童文学 1997年，贺辉军的长篇科幻小说《喇叭耳朵孙唐》由湖南少年儿童出版社出版，出版社两次重印。1998年，刘风的寓言集《小乌鸦喝水》由湖南少年儿童出版社出版，受到原湖南省文联主席谢璞好评，获首届张天翼寓言童话奖——“宝葫芦奖”。2002年，贺辉军的长篇科幻小说《孙悟空的儿子营救地球娃》和《孙悟空的儿子智斗外星人》出版，原湖南省作家协会副主席、全国著名作家萧育轩在《理论与创作》上撰文评论，对贺辉军的儿童文学创作给予高度评价。2007年，刘新辉的《想飞的小男孩》等童话在《小溪流》等省内外刊物发表。

校园文学 2001年，涟源六中女学生严钰珍创作的两部中篇小说《风铃草》《火绒花》先后在全国性刊物

《现代中学生》杂志连载。2002年，伏口中学学生龚红玉的小说《哥哥》连获全省县市报和全省报纸副刊金奖。2007年，长沙大学涟源籍学生吴丽莎的小说《你们的鞋子都很干净》获全国校园文学大赛一等奖，涟源三中文学社被中国少年儿童出版工作者协会批准为中国小作家协会地方活动基地，漆树中学山风文学社被评为全国百佳文学社团。

第二节　艺　术

一　艺术团体

湘剧团　1987年，市湘剧团为全省3个湘剧团之一，是省内仅有的一个县(市)级湘剧团，常年在农村、部队、厂矿演出，年演出225场以上。1991年9月，20名于1985年9月选送去省艺术学校湘剧科学习的学生回团工作。2001年9—12月，参加湖南省振兴湘剧资江流域十团百乡千场巡回演出，在新邵、隆回、新化等地演出100场，获演出奖。1995—2002年，连续三届被评为湖南省好剧团，团长刘富义3次被评为全省湘剧团好团长，主要演员有梁永莲(国家二级演员)、蔡建民(国家三级演员)、童云(国家三级演员)、罗义申(国家三级演员)等。2007年9月，涟源湘剧申报省级非物质文化遗产。

民间剧团　1987年，全市有民间剧团59个。1988年，民间剧团大多解散或停业，桥头河花鼓剧团年演出在200场以上。1989年，桥头河花鼓剧团参加湖南省业余剧团汇演，花鼓戏《桃源洞》获二等奖，湖南电视台文艺频道播放。是年，桥头河花鼓剧团被评为省优秀民间职业剧团。1990年底，全市民间剧团13个，荷叶区、桥头河区、漆树乡、古塘乡、财溪乡等30个区、乡(镇)成立社会主义教育文艺宣传队。荷叶社教宣传队排演小品、小戏、舞蹈、快板、独唱等20个节目，在全区7个乡、39个村和厂矿演出80多场，还为五保户、烈军属就地演出。

20世纪90年代初，妈妈合唱团、夕阳红艺术团、老科协文工团相继成立，全市民间剧团增加到18个。1995年4月，市湘剧团与市电力局联手，成立市电力艺术团，排演宣传电力法规政策节目，深入工厂、农村、军营演出，年演出202场。1996年，七星街花鼓剧团有节目38台，在涟源、娄底、益阳、安化、宁乡等地演出，年演出208场，创收19万余元，被评为湖南省百佳民间剧团。2002年，老科协文工团排演宣传《中华人民共和国残疾人保护法》《中华人民共和国水法》、科技、卫生和预防"非典"知识节目，在城区和乡镇演出，被评为湖南省百佳民间剧团。2003年10月1日，夕阳红艺术团到甘溪、白马等敬老院慰问演出。2004年，六亩塘飞鹰杂技团除在涟源市内演出外，大部分时间在广东、广西巡演，多次出国境到越南演出，年演出280场以上，是年被评为湖南省百佳民间剧团。2007年，全市有龙狮队，腰鼓队，秧歌队，管乐队等表演团体100多个。

二　主要剧目

湘剧　1987年6月，市湘剧团根据金石乡某村党支部书记的事迹，创作大型现代湘剧《桃李争》，参加娄底地区专业剧团汇演。10月，被选拔参加湖南省首届"洞庭之秋"艺术节，获综合二等奖。12月10日，湖南电视台播放《桃李争》全剧，加以评论。1991年5月，创作湘剧《盗仙草》，8月，代表娄底地区参加全省青年演员汇演，获演出二等奖，吴碧华获优秀青年演员奖。湖南电视台、中央电视台文艺频道先后播放，拷贝由全国戏曲资料库收藏。10月，参加省振兴湘剧"玉潭杯"邀请赛，选送参加全国"粉墨图"展映演出。1996年9月，创作大型湘剧《刘湘玉》，歌颂国土卫士，在娄底地区巡回演出，1997年，改名《热土忠魂》，参加省专业剧团新剧目展演，获田汉新剧目奖、省"五个一工程奖"、省创作剧目"双百场"奖和湖南省新剧目汇演三等奖，主演蔡建民获田汉表演奖，罗义申、肖安林获表演奖。1999年，《热土忠魂》演出110场，获湖南省演出百场奖。1998年，市湘剧院创作大型湘剧《兵妈妈》，在全市军营、厂矿和乡镇演出80场。2000年，创作大型湘剧《篾匠闯兵营》，2001年1月，参加省第三届新剧目汇演，获湖南省新剧目二等奖。省委宣传部、省文化厅奖励市湘剧院演出车1辆。2006年9月，根据白马镇某村党支部书记的事迹，创作大型湘剧《乡村吉尼斯》，获娄底市“五个一工程”二等奖。

图 28-5 湘剧《兵妈妈》剧照

湘剧折子戏 1992年1月，市湘剧院创作折子戏《三岔口》《岳母刺字》《拦马》《杨家将》《罗成叫关》参加娄底地区专业剧团折子戏汇演和娄底地区专业剧团戏曲唱腔大奖赛，《杨家将》北路倒板、南路碰板获戏曲唱腔大奖赛一等奖，《罗成叫关》南路倒板获二等奖。2002年10月，《打猎回书》参加娄底市专业剧团青年演员汇演获综合二等奖，演员刘正稀获表演一等奖、彭攀文获表演二等奖。

图 28-6 传统湘剧《凤冠梦》剧照

湘剧传统剧目 1987—2007年，市湘剧团（院）有传统湘剧保留剧目近100台，深受观众喜爱的常演剧目有《李三娘》《福寿图》《封神榜》《柜中缘》《追鱼记》《薛刚反唐》《白蛇后传》《凤冠梦》等，20世纪50年代至2007年，《李三娘》在城乡演出1000余场。

三 艺术创作

书法 1988年，市广播局蒋作民、新华书店龙民强的作品获湖南电视台“龙年国际书法比赛”佳作奖。市电影公司杨性刚和市湘剧院李永深参加全国“双龙杯”书法大赛，均获银奖。1997年，蒋昌典在《书法报》发表作品10件，其《火树银花不夜天》获娄底地区香港回归书法作品特等奖。全市选送48件作品参加湖南省“迎香港回归书法展”，获2项金奖1项铜奖。1999年，全市举办“中华人民共和国成立50周年书法展”。2000年，李永深的隶书作品参加中国文联、中国美术家协会书法展获创新奖，参加中国教育学会书法教育专业委员会举办的“世纪龙年全国书画大奖赛”获成年组金奖，其书法中堂参加文化部中国群众文化学会首届书法大赛获优秀作品奖。2001年6月，李永深书法作品参加21世纪海峡两岸书画交流大赛获金奖。2002年2月，其隶书作品参加中国国际科技文化成果博览会书画大赛获金奖。2003年1月，其书法作品获首届“今古墨缘”中国书画新作大赛优秀奖。是年，黄鸿斌的书法《陋室铭》获湖南省优胜奖。2004年，市文化馆少年艺术宫郑铭参加全国第17届“双龙杯”少年书法大赛获金奖，许丽玉获银奖。2006年11月，蒋昌典隶书《孟浩然诗》、蒋蝶楷书《长歌行》参加湖南省艺术节书法展获铜奖。是年，黄鸿斌隶书《洞庭春色》参加全国群众文化系统举办的“书法展”获铜奖。2007年6月，全市举办“庆香港回归十周年农民书法大赛”。蓝田街道民光村谢哲民等的14幅作品选送娄底市参加农民书画展。10月，涟源举办大型书法作品展，书法作品集《涟源人的书法》出版。是年，伏口镇成立农民书法家协会，吴子良书法作品获中华书法协会铜奖，伏口镇被评为湖南省书法艺术之乡。

美术 1987年9月，市电影公司陶益元创作的漫画《无题》参加第12届日本国际漫画大赛获佳作奖。12

月，其作品参加韩国国际漫画大赛获佳作奖，参加汉城第3届卡通漫画赛获第5名。1991年，易元和版画《小山村》参加全国展出获银奖。1992年1月，蒋昌典漫画《试笔》发表于《人民日报》漫画专刊。1994年，市文化局组织7名美术作者深入湄江创作，在《涟源报》发表歌颂湄江组画。其中，12幅作品送娄底地区展览，6幅作品送湖南省展览。1997年，选送作品参加娄底地区迎香港回归美术展，获1项金奖、1项银奖、4项铜奖。2001年4月，李永深绘画《花上锦鸡》获文化部文化艺术中心、中国老年书画研究院举办的"首届中国老年书画展"优秀奖。是年，蒋昌典漫画《冤家路窄》参加全国第九届美术展，获娄底市"五个一工程奖"。2004年，李永深创作国画《苗家三月》参加文化部和国家民族事务委员会举办的第二届全国少数民族美术作品展。2005年5月，李永深中国画《闲庭信步》和《迎春曲》参加首届鸡年画金鸡展，《闲庭信步》获首届中国画金鸡展优秀奖。8月，其《湘西胜景》参加文化部艺术服务中心举办的"大河春天"第五届当代中国山水画展，获创新奖，作品被组委会收藏。2005年，在湖南省文化馆（站）专业比武中，易元和中国画《鸬鹚波上栖》获娄底市特等奖、湖南省金奖。2006年11月，易元和国画《几度飞去又飞来》参加湖南省艺术节美术展获银奖。12月，其创作的彩墨画《天涯无处不奇观》入选法国卢浮宫国际美术沙龙展并获特等奖。是年，其画册《东找西寻》出版。

摄影　1987年，市文化馆有摄影专干2人。是年，业余作者李湘杰摄影作品参加湖南电视台摄影作品大赛和湖南省"乐体杯"摄影大赛均获二等奖。1994年，举办"爱我湄江"大型摄影活动。在湄江首游式上，展出摄影作品100幅。1995年8月，涟源市摄影协会成立，由姜新民任主席。1996年，选送15件作品，参加娄底地区"四风"（风情、风俗、风光、风物）摄影艺术展，获2项金奖2项银奖3项铜奖。其中，5件送湖南省"四风"摄影展，1件获铜奖，4件获优秀作品奖。姜新民拍摄的《夕照》参加全国第二届"四风"大赛获三等奖，《春游之歌》在全国第二届群艺馆摄影大赛巡回展中获三等奖。1997年，姜艺拍摄的《山外的世界》在文化馆（站）专业干部技能比武中，获娄底地区金奖，湖南省铜奖。姜新民拍摄的《向阳人家》等5幅作品获娄底地区香港回归摄影作品特别奖，获文化部"百人百幅摄影作品展"组织奖。2000年，姜新民拍摄的《同舞阳光下》获文化部群众书画摄影大赛铜奖，《青石板上的希望》获中国教育学会、书法导报社、北京九州书画院联合举办的世纪龙年全国书画摄影大赛成年组金奖。2002年，其摄影《敦煌梦幻》获娄底市"五个一工程"奖，3件作品参加湖南省"群星奖"评奖，组照送文化部"群星奖"参展，《宁静的山乡》在全国环保世纪行中国美术书法摄影大赛成年组中获金奖。2003年，其摄影《水乡居民》获娄底市"五个一工程奖"，《顽皮的小家伙》在中国第九届乐凯摄影艺术大赛中获优秀奖。2006年，其摄影《开心曲》参加湖南省艺术节摄影展获铜奖。

音乐　1991年，蓝田街道文化站杨卫星创作反映白马水库风光的歌词《湘中明珠》，由著名演员武力在湖南省创作歌曲颁奖晚会上演唱。1992年，梁春生作曲的《跳动的火焰》获湖南省文化馆调演演出奖。1994年10月，在湄江风景区首游式上，梁春生创作歌曲《燃烧吧！湄江的篝火》，参加湖南省爱国主义新歌征集获奖。1995年10月，杨卫星词、梁春生曲《多情的涟水》参加湖南省"新星杯"演唱，获优秀创作奖。1996年，全市开展"爱党、爱祖国、爱家乡"创作歌曲活动，易志祥作词、梁春生作曲的《涟源，可爱的家园》在全市各中小学传唱。1997年，杨卫星作词、梁春生作曲的《祖国的怀抱》在娄底地区新歌新秀比赛中获一等奖，刘沛创作的《党播春光幸福来》和颜玲瑶创作的《妈妈，我回来了》获二等奖。1998年，梁春生创作的《蓝溪夜话》获娄底地区作曲奖，刘风作词的儿童歌曲《萤火虫与小蜜蜂》入选上海少年儿童出版社出版的磁带歌曲集——《宝宝乐园》，后又入选该社的光碟歌曲集——《牵牛花吹喇叭》。1999年，梁春生创作的《中国城乡》获娄底地区新歌新曲二等奖。2004年，肖思林作词、梁春生作曲的《醉了水乡醉了江南》在湖南省第三届"三湘群星奖"决赛中获铜奖。2006年，市电影公司周礼红创作的歌曲《为祖国喝彩》获中国第四届群众创作歌曲大赛银奖。

舞蹈　1988年，市文化馆李建秋创作的舞蹈《春茶一缕情》参加湖南省茶叶系统文艺调演获演出三等奖。1995年，由残疾人表演的舞蹈《十八湾的水路到我家》，获湖南省残疾人艺术汇演二等奖、《母女情》获三等奖。1999 年,市文化局谢征南创作的舞蹈《回归的大雁》参加湖南省庆祝中华人民共和国成立 50 周年文艺调演获二等奖。2000 年,市艺校创作的《红扇舞》获湖南省职业学校汇演三等奖。2003 年,谢征南创作的舞蹈《碰芝麻》参加全国第二届“四进社区”文艺调演获铜奖。同年,在湖南省第四届“三湘蒲公英”少儿舞蹈娄底赛区,周固坚创作的双人舞《晨练》获金奖、群舞《细妹子看戏》获银奖、独舞《雏鹰》获铜奖。在青春娄底湘中之光经贸博览会开幕式文艺晚会上,周固坚创作的《抬故事》获演出一等奖,编导、词曲二等奖。2005 年,周固坚、杨建华创作的舞蹈《渔翁戏金蚌》参加娄底春节文艺晚会获一等奖,杨建华创作的舞蹈《多彩的夕阳》参加湖南省文化馆(站)专业干部技能比武获铜奖。2006 年,市艺校创作的舞蹈《欢乐草原》参加全国艺术新人大赛获优秀奖,市文化馆集体创作、蓝田街道办事处表演的现代舞《和谐节奏》参加全国“四进社区”文艺展演获铜奖。是年,市文化馆集体创作、谢征南编导、市艺校和市工贸中专 28 人表演的大型民俗舞蹈《骨牌灯》参加湖南省第二届艺术节获“三湘群星奖”金奖。2007 年 4 月,舞蹈《骨牌灯》参加全国第八届艺术节演出;9 月,舞蹈《天地人和》参加娄底市(地区)建置 30 周年文艺晚会,获演出特别奖。

曲艺 1987 年,在全市开展渔鼓类、弹词类、道情类、牌子曲类和走唱类曲艺普查,次年,完成 60 万字的《涟源市曲艺音乐卷》。1990 年,市湘剧院创作小品《两亲家》。1992 年 5 月,陈学创作的三句半《送红匾》发表于《农民日报》。1994 年,市湘剧院创作小品《逛市场》和《农伯与女郎》,《逛市场》参加湖南省专业剧团小品调演获演出三等奖,童云获优秀演员奖。1995 年,陈学创作的小品《马大炮管电》获全国小品大赛入围奖,1998 年其创作的小品《谁聘谁》获中国曹禺戏剧小品小戏入围奖,2005 年其创作的小品《送红包》《补票》,下乡演出 208 场。

四 艺术培训

学校培训 1988 年,市文化局选送 5 名专业干部去湖南师范大学深造。1994 年,挑选 2 名乡镇文化站专干去山东舞蹈学院脱产学习。1995 年 9 月,市文化局创办涟源市中等艺术职业学校(简称市艺校),开办舞蹈、声乐、器乐、戏剧、美术 5 个班。1996 年 2 月,市艺校举办群文函授中专班,招收市直文化单位和乡镇文化站学历未达到中专的在职人员进修。9 月,经省教育厅同意,在娄底地区范围内招收 10—12 岁的戏剧表演专业学生 30 名,学制 4 年,毕业后颁发中专毕业证,安排到市直文化单位工作。1997 年,市艺校选拔 20 名学生赴广州太平洋影视公司拍摄 40 集电视剧《卡卡的故事》,后去沈阳和北京实习。是年,市艺校有 25 人被大中专学校录取,其中 17 人被省艺校录取。毕业后,分配在市湘剧院和市艺校工作。2000 年,市艺校被国家确定为职高生享受助学金学校。2007 年,市艺校 15 名同学被中央民族大学等重点大学艺术系录取。

社会培训 1987 年6 月,市文化局组织全市 53 名乡镇文化专干(辅导员)赴全国文化站建设先进典型江苏无锡参观学习。8 月,选送 10 名乡镇文化专干赴娄底地区文化局学习舞蹈、音乐、美术等业务。1994 年,市文化系统参加函授、自考、电大等对口专业学习者 20 人。1999 年,市文化局在田心坪作家爱心书屋举办全市乡镇文化站长培训班。乡镇文化站定期举办农村文艺骨干培训班。2000 年 3 月,市文化局组织乡镇文化站站长去桂林、永州、衡阳学习考察文化站工作。2003 年,市文化局针对培训市场出现无办学条件而办班的情况,发出《关于规范文艺培训及有关演出活动管理的通知》,凡在社会上公开发布信息举办文艺培训班(书法、音乐、美术等),必须到市文化局办理文化经营许可证。2007 年,市文化局举办乡镇文化站站长培训班 1 期。1987—2007 年,市文化馆举办舞蹈、美术、书法培训班 49 期,培训各类艺术人才 1400 人。

第三章　文　物

第一节　馆藏文物

1987年，涟源市有馆藏文物2900件。其中，有青铜器、陶瓷器、石雕、名人书画等珍贵文物，一级文物1件，二级文物2件。1992年，有文物库房510平方米，馆藏文物3000余件。1994年3月，在石狗乡石洞村出土玉壶春银瓶、银匜、重瓣牡丹银盏托、梅花祥云托月纹银盘、莲瓣纹银杯、葵瓣形银杯、菊瓣形回纹银杯、龙手柄银杯、行旅图银发钗等一级文物9件，三级文物2件，文物时代为1340年(元至元六年)，全部收为馆藏文物。1995年8月19日，桥头河镇水桐村村民贺正香在屋后挖菜地，发现商代兽面纹提梁卣，为国家二级文物，收为馆藏文物。1996年7月，杨市镇金星村出土战国楚式铁制农具18件，其中国家二级文物15件，铲、镰等填补省内同类器物空白。是年，对馆藏文物清库建档，完成所有文物登记造册。一级文物增加到10件，二级文物增加到4件。2002年，馆藏文物达4648件。选送40件文物到娄底市博物馆展览。是年，省博物馆展出涟源文物——兽面纹提梁卣。2005年11月，省文物专家来涟源鉴定文物，651件文物升级。2006年，全市共收藏文物8377件。其中，国家一级文物10件、二级文物18件、三级文物106件，珍贵文物占娄底市的三分之二。2007年，馆藏文物实行文物信息数据库管理，所有馆藏文物完成摄像和登记造册。

第二节　文物稽查征集

1994年3月，石狗乡石洞村颜苏文建房挖地基，一次挖出文物43件。其中，有玉壶春银瓶等一级文物9件，三级文物2件。全部收为馆藏文物。是年，查处转卖唐代铜镜和明清瓷器23件，全部收缴为国家文物。1996年，市政府发出《关于在城乡“三建”工程中加强文物保护的通告》，市文管所在“三建”(城乡基本建设、生产建设、农田水利建设)中加强文物调查勘探。1997年，破获一起文物案，收缴文物20件。1998年，征集宋代铜镜1块，汉代古钱100枚。收缴元代陶瓷7件、铜器1件。是年，市文物管理所戴小波，桥头河镇石洞村村民彭秋香、郭仁秀、贺正香、邓建强(后四位为1994年石狗乡出土文物有功者)被评为省文物工作先进个人。1999年，在“三建”文物勘查中，查处倒卖假金砖案2起。假金砖交文管所鉴定后销毁。2002年，在荷塘镇查获出土文物买卖案，收缴宋代文物62件。是年，在一鸣典当行收回文物20件。2003年，征集石马山镇温江村农民易永祥收藏的春秋战国时期的青铜剑。2004年，征集清代咸丰年间古瓷器8件。2009年，省政府批准杨市镇为历史文化名镇，三甲古村落群为历史文化名村。

第三节　文物保护

1989年，市广播站举办《文物保护法》专题讲座3天。1992年，《文物保护法》颁布10周年，市文管所写标语，出墙报，发放宣传资料，组织文物宣传车到全市32个重点乡镇宣传，市电视台播放《华夏古墓》和《涟源文物》专题片进行宣传。1995年，市文管所开展“热爱祖国文物知识竞赛”，利用馆藏实物在蓝田中学进行文物现场演讲。2001年，举办建党80周年历史图片展，全面反映中国共产党80年风雨历程和涟源党建先进事迹,观众3万人。2005年5月,开展"世界博物馆日"宣传活动,在光明山广场挂展板,出动宣传车到20个乡镇(街道)散发宣传资料。2006年6月10日,中国第一个文化遗产日,在光明山广场举办大型图片展览。

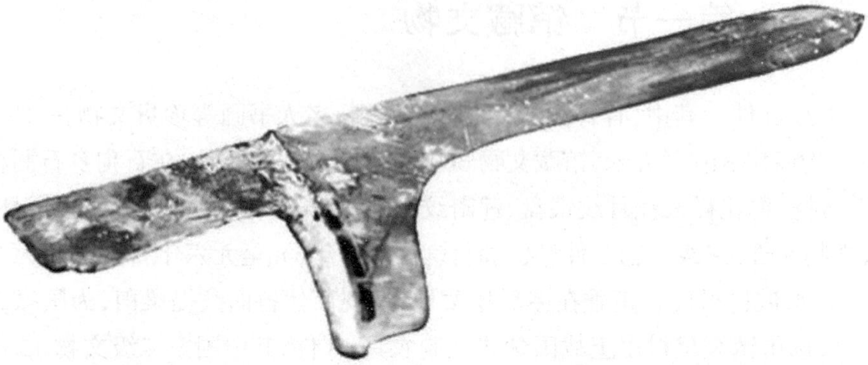

图28-7 春秋铜戈,二级文物,通长13.5厘米,弧长13.5厘米,穿长2.6厘米,重365克。1986年在大桥乡征集

图28-8 商代晚期兽面纹提梁卣,青铜,二级文物。通高29.2厘米,圈足15.8×13.2厘米,重4.25千克。卣作椭圆形,盖上纹饰直至边部,绳索状提梁,从盖至腹有四道扉棱,棱较小,腹部为兽面纹,圈足。1995年8月19日,在桥头河镇水桐村出土

图28-9 战国时期双箍铸茎铜剑,三级文物,通长66.7厘米,宽4.7厘米,重925克。1987年,在珠梅乡双胜村出土

第四章　文化管理

第一节　机　构

1987年，涟源市文化局内设办公室、文化艺术股、财务股、人事教育股、文化市场办公室，有工作人员12人。二级机构有市文化馆、市图书馆、涟源剧院、市湘剧团、市电影公司、市演出管理站。有乡镇(街道)文化站36个。1989年，市湘剧团与涟源剧院合并为市湘剧院。1991年，建立市文物管理所(简称市文管所)。1992年，乡镇(街道)文化站发展到49个。1993年，撤销文化市场办公室，成立市文化市场稽查队。1995年，成立市新闻出版(版权)局，与市文化局合署办公，两块牌子，一套人马。49个乡镇(街道)文化站合并为20个。是年，成立涟源市艺术职业中专学校(简称市艺校)。1999年1月，建立市作家爱心书屋。2002年，二级机构市文化市场稽查队和演出管理站转为文化局内设股室。是年，全局内设办公室、人事教育股、文化艺术股、计划财务股、文化市场股、新闻出版股、政策法规股、文化市场稽查队、演出管理站。2003年，建立爱心文化园。2007年，内设机构未变，全局有工作人员28人。

第二节　文化市场管理

一　演出市场管理

1987年，全市演出市场由市演出管理站管理。是年，接待涟源市境外剧团57个，其中省级以上剧团12个。1992年，市演出管理站被评为全省演出管理先进集体。1993年11月，俄罗斯莫斯科之恋歌舞团来涟源演出，观众3000余人。1994年，接待省级以上剧团8个。1997年10月10日，省文联主席谭谈组织以著名演员奇志、大兵为首的爱心艺术团至光明山大礼堂义演，为市图书馆建设筹集资金。11月30日，杨钰莹在光明山大礼堂演出。1999年，中央民族歌舞团至涟源，著名歌唱演员蒋大为献艺，观众3000余人。2000年1月，俄罗斯风情演唱团在湘剧院献艺。2000年4月，俄罗斯远东歌舞团在光明山大礼堂演出，观众3000余人。是年，接待安徽黄山歌舞团等10个著名剧团。2001年5月，哈萨克斯坦国家歌舞团在光明山大礼堂演出，观众3000余人。是年，接待市外演出团体26个，其中省级以上剧团6个。2002年10月，朝鲜平壤艺术团在光明山大礼堂演出。2003年10月，香港著名歌星万梓良至涟源献艺。2004年5月，非洲歌舞团在涟源电影院演映大厅演出。2004年，接待云南西双版纳艺术团和新疆呼和浩特艺术团等省级剧团4个。2007年，接待省内外剧团53个。

二　娱乐、音像市场管理

1987年，全市有舞厅、歌厅、录像厅、桌球室、电子游戏厅等320家。市文化局文化市场办公室管理全市娱乐市场，音像站管理文化系统内部的音像工作，市广播局管理其他音像店。是年，市文化局与市公安局、工商局、物价局、广播局、新华书店配合，对娱乐市场清理12次，取缔无证桌球室236个。1993年，成立市文化市场稽查队，成立市“扫黄打非”领导小组，对娱乐场所进行登记和许可证制度，对违法的娱乐场所加以严处，娱乐市场管理逐步规范。1994年，对全市歌厅、舞厅、卡拉OK厅演职人员进行定级考试，56人参加，分

A、B、C 三类定级；对全市 422 家娱乐场所进行登记发证。1995 年始，每年举办文化市场经营人员法规培训班 1~2 期，学习《娱乐市场管理条例》等法规。1991 年，开展“扫黄打非”集中行动，处理大案要案 12 起、收缴淫秽录像带 20 本、淫秽书刊 8645 册。1995 年，对娱乐市场实行定期清理（每周一小查，每月一大查，每季一清理）和突击检查。4 次清理整顿文化市场，处理大小案件 100 起。在查办 10·15 特大贩黄团伙案中，深入株洲、湘潭、娄底、新化等县市，没收 464 本淫秽带，逮捕 4 名贩黄者，送 6 人劳教，治安处罚 15 人。是年，市文化市场稽查队被省委宣传部、省委政法委表彰为“办案先进集体”。1997 年，重点整治学校周边环境，取缔学校周边 200 米以内的舞厅 17 家，取缔 200 米内的卡拉 OK 厅和电子游戏厅 18 家。是年，对 21 家音像制品销售店进行停业整顿，收缴盗版 VCD 影碟 3254 张，查处盗版 VCD 光盘案 14 起，治安处罚 7 人。破获茅塘镇石门村肖某放映淫秽录像带一案，查封放映点，肖某被行政拘留 15 天，罚款 3000 元。1998 年 4 月，省政府办公厅决定全省音像制品的批发、零售、出租和放映工作由文化行政部门统一管理，5 月，市文化局举办全市 68 家音像经营户培训班，重新发放经营证，对音像市场进行清理整顿，查处非法录像厅 4 家、没收非法音像带 2000 本；查处放映淫秽录像的录像厅 1 家，业主被行政拘留 7 天、罚款 4000 元。1999 年底，市文化局音像站撤销，全市音像工作归口娱乐市场，由市文化市场稽查队统一管理。之后，音像市场呈下滑趋势。21 世纪初，全市下岗职工增多，市文化局对下岗职工开办文化娱乐服务项目实行优惠政策，人民路、车站路文化夜市越来越活跃。2003 年 4—8 月，取缔 9 家无证网吧、查封 4 家赌博游戏网吧、对 49 家接纳未成年人的网吧进行停业整顿和罚款（每家 1000 元左右）。2006 年，市文化局对 163 家网吧安装监控系统，随时掌握网吧情况。2007 年 12 月，市文化市场稽查队被评为娄底市文化市场管理先进单位。

三 书刊市场管理

1987 年，书刊市场由市文化市场稽查队统一管理。1988 年 12 月，市文化局、市公安局、市工商局联合发出《关于加强书刊市场管理的通知》，对全市书刊市场进行清理整顿，查处违章出版发行的报纸、书刊 26 种 10600 份（本），挂历 3004 张。销毁淫秽图书 3004 册，非法年历图片 2854 张。1995 年，成立新闻出版（版权）局，增设新闻出版股管理新闻出版市场。是年，新闻出版股对全市所有书刊经营单位重新登记换证，进行大规模清理整顿，查缴淫秽、非法书刊 3556 本，取缔非法印刷厂 2 家，非法书店 6 家。核准书刊经营户 41 家（其中，印刷厂 21 家，书店摊 5 家，打印、复印、影印企业 15 家）。1999 年，为迎接中华人民共和国成立 50 周年，在全市进行声势浩大的“扫黄打非”行动，查缴淫秽、非法书刊 8553 本、查缴盗版教辅资料 3359 本、查缴盗版计算机软件 189 张（盘）。是年，市新闻出版（版权）局被评为省“扫黄打非”先进单位。2001 年，在涟源城区商园街建立爱心文化大市场，引进邵东、邵阳等印刷厂 13 家、书店文化经营户 78 家。由于招商引资政策宽松，市场繁荣，是年销售总额达 1.5 亿元。但进书渠道杂乱，非法出版物多，引起省“扫黄打非”领导小组办公室高度关注。为加强管理，2001 年，成立市爱心文化大市场管理办公室，加强对爱心文化大市场的管理，对全市出版市场、印刷市场进行拉网式排查。查处传播色情书刊案 54 起、劳动教养 2 人。2002 年 3 月，市委、市政府按省“扫黄打非”领导小组的要求，召集市文化局、市公安局、市工商局、蓝田街道办事处等单位，召开爱心文化大市场专项整顿会议。7 月 29 日，召开爱心文化大市场现场办公会，将爱心文化大市场更名商园街综合市场，成立爱心文化大市场清理领导小组和清理工作队，全部解除与经营户和房东的租赁合同。8 月，对爱心文化大市场进行全面清理整顿，取缔非法印刷厂 15 家，清退邵东非法经营户 59 家，查封地下仓储 15 个，取缔大型货运转运站 1 个，收缴非法出版物 4 万册。撤销爱心文化大市场，涟源市受到湖南省“扫黄打非”办公室通报表彰。2003 年，为消除爱心文化大市场带来的影响，开展“扫黄打非”行动 10 次，出动稽查人员 542 人次，取缔关闭印刷厂4家、关闭非法书店（摊）27个、查缴非法盗版书18054本、淫秽色情书刊285册、处理非法出版案件2起、刑事案件1起，查处非法发行机构10家，收缴盗版资料5673本，取缔无证经营电子出版物单位1家，收缴盗版软件460盘。2004年，对书店、印刷业进行5次地毯式清查。2005年7月24日，市委、市政府、市文化局、市新闻出版（版权）局、市教育局联合举办全市中小学校“拒绝盗版，保护知识产权”宣誓签名活动，市一中、市二中、市工贸中专、市私立行知中学、市实验学校等4200名师生在“自觉远离盗版、保护民族知识创新体系”横幅上签字。在蓝田城区举办“保护知识产权宣传周”活动，发放宣传资料1万份。2006年8月12日，成立市新闻出版行业协会，通过协会章程、公约、倡议，经营户强化自律。2007年12月，全市有书刊市场经营户152家（其中，印刷厂31家、书店摊55家、三印企业51家、电子出版物经营单位15家）。

第三节　文化产业

20世纪80年代中期，市文化馆、市图书馆、乡镇文化站等文化事业单位“以文补文”，开始有偿文化服务。1987年，市文化局、市湘剧团、市演出管理站联合开办市文化工艺美术公司，生产通草堆画工艺品，产品销往娄底、湘乡、长沙和广东。是年，市文化馆开办录像厅、舞厅、文化服务部、桌球室、小卖部等。1988年，蓝田文化站租赁房屋，开办舞厅、录像厅、儿童游乐场、桌球室、电子游戏厅、文化服务部等，蓝天舞厅每年700场舞会，年舞客12万人次。市湘剧团开办录像厅、招待所、歌厅、桌球室等，将临街房子改建成27个商业铺面，成立湘剧团三产业部。是年，市湘剧团以文补文收入27.3万元。1989年，市文化馆、蓝田文化站被评为娄底地区以文补文先进单位。1991年，蓝田文化站建立文化楼，新开卡拉OK、音乐茶座、艺术幼儿园、雅座、餐厅、健身房、小宾馆等。是年，市文化工艺美术公司转交市湘剧院（1989年市湘剧团与涟源剧院合并更名）经营。1992年，市文化局成立市文化旅游开发公司，在文化局办公楼三、四、五楼开办招待所。1993年，文化旅游开发公司停办，新办三雄植物化工厂，在文化局家属楼后修建一栋两层楼的厂房，购买机器设备100余万元，生产“喷洁丽”和“春咏”洗发水，年产值30万元。1995年，市图书馆开办涟河书店，市电影公司投资60万元，建立好莱坞娱乐城，集电影、录像、舞厅、卡拉OK、球类、招待所为一体。桥头河、伏口、石马山、六亩塘、七星街、枫坪等乡镇文化站也先后开办录像厅、复印打字室。是年，全市文化系统以文补文收入109.44万元。其中，蓝田文化站营业额88万元，上缴税金1.7万元。是年，中共中央发文，党政机关不准办企业，三雄植物化工厂停产。1996年，市湘剧院新开门面9个，以文补文收入增加到51万元，是年，被评为娄底地区以文补文工作先进单位。1998年，市图书馆新增图书视听阅览室。1999年，全市以文补文创收256.2万元，纯收入90.14万元，用于发展文化事业84万元。2002年7月，市文化馆开办少年艺术宫，既培养人才又创收。12月，市文化馆、蓝田文化站均被评为省文化系统以文补文先进单位。是年，三雄植物化工厂破产。2003年，市图书馆将一、二楼设为青少年文化培训中心。2004年7月，市文化局设立文化产业开发办公室。2007年，全市文化产业总收入358万元，纯收入125.3万元，投入文化建设和开展文化活动116万元。

附记：创建全国文化先进市

1998年8月，湖南省开展创建文化先进县（市）活动。1999年4月，召开涟源市创建全国文化先进市工作会议。2000年，市文化局组织机关干部赴乡镇指导文化站搞好文化设施、文化活动、文化市场、农村电影工作将涟源文化事业拍成专题片《满园春色关不住》。市文化馆、图书馆各专业干部均联系1个乡镇文化站，加强

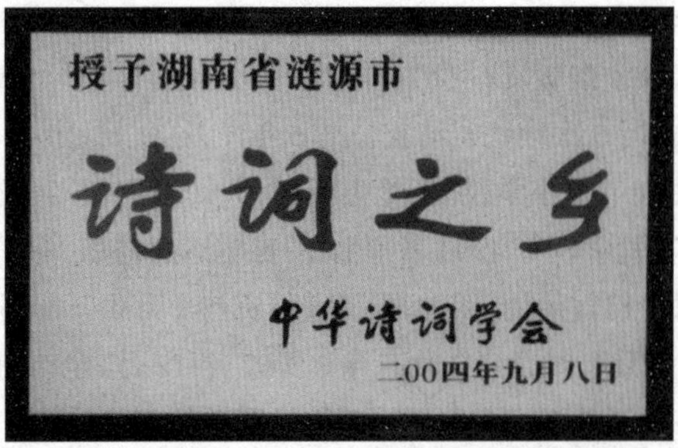

图 28-10 2004 年，涟源市被中华诗词学会授予“诗词之乡”称号

图 28-11 2008 年，桥头河镇被文化部命名为“中国民间文化艺术之乡”

乡镇文化站业务建设。市政府专门研究，将乡镇文化站 25 名农民合同制辅导员（1998 年底前参加工作）全部招工录干，成为娄底市第一个乡镇文化站无农民合同制辅导员的县市。是年，涟源市被评为湖南省文化先进市。蓝田文化站、桥头河文化站、伏口文化站、七星街文化站、古塘文化站被评为全省先进文化站，蓝田文化站被评为全国文化系统先进单位。2001 年，涟源市被评为全国文化先进市。2003 年 3 月，市长余明庭在市老年书画诗联协会会员大会上，首提创建“中华诗词之乡”。11 月 6 日，市委办、市政府办发出《关于在全市深入开展创建全国诗词之乡活动的通知》。2004 年 9 月，涟源市被中华诗词学会授予“诗词之乡”称号。2005 年，复查合格，保留“全国文化先进市”称号。2006 年，蓝田街道文艺路社区被中央文明办、文化部评为全国文化先进社区。2008 年，桥头河镇被文化部命名为“中国民间文化艺术之乡”。2004—2007 年，伏口镇、古塘乡、龙塘乡先后被评为湖南诗词之乡。

第五章　广播影视

第一节　机　构

1987年，涟源市广播电视局（简称市广电局）内设人事秘书股、计划财务股、广播站、事业管理股、音像站、无线差转台、广播电视器材公司、广播电视报报刊发行站，定编36人。1991年，建立湖南有线电视台涟源分台（简称涟源有线电视台）。1994年4月，建立涟源广播电视台。12月，撤销广播电视报报刊发行站。1995年，实行"局台合一"（市电视台与市广电局合一）运行机制，增设总编室。1996年底，撤销音像站、广播电视器材公司，建立香乐山广播电视转播台。2003年，市有线电视台更名市有线电视网络传输中心。2007年，内设办公室、人事教育股、计划财务股、事业管理股、总编室、香乐山广播电视转播台，下辖涟源广播电视台、市有线电视网络传输中心，定编90人，实有109人。

第二节　广　播

一　有线广播

1987年，市广播站设在市委、市政府机关大院，办公用房680平方米，分录音室、编辑制作室、办公室和会议室。发射机房设蓝田街道文艺路泥湾里地段，与电视发射机房共用。全市49个乡镇（街道）建站通广播，有366个村广播放大站，广播专用扩音机420台，输出总功率4.4万瓦。全市有线广播资源固定资产260万元。1988年，全市喇叭入户率40%，广播覆盖率60%。1988—1989年冬、春之际，全市乡镇广播站遭受冰冻灾害，倒杆1500根。1989年，广播事业开始滑坡，部分乡镇停办广播，为促进全市广播事业建设平衡发展，全年新装喇叭1688只，整改乡以下线路309千米，整改乡镇广播机房9个，架设专线265千米，整改铁路沿线8个乡镇的广播专线112千米。1992年，以乡镇广播达标为重点，采取经济激励措施，发展农村广播事业，恢复部分乡镇的广播播出。全年投资33万元，新装喇叭3045只，整改乡镇广播机房6个，新架专线100千米，整改线路100杆千米，广播覆盖率达88%。1995年10月，发射机房随文艺路差转台搬迁至石马山镇大丰村香乐山（海拔高度495米），机房面积60平方米。是年，乡镇广播事业无资金投入，传播媒体开始向电视媒体转变，绝大部分乡镇广播站停播，仅市广播站和少数几个乡镇广播站继续转播湖南人民广播电台的节目。2000年，市广播站及所有乡镇广播站停播。

二　调频广播

1986年10月，市调频广播发射台建成开播，发射功率50瓦，发射台地址在蓝田镇文艺路泥湾里地段，海拔高度197米，覆盖率低，仅荷叶区、四古区附近10余个乡镇能收到信号。1995年，市调频广播发射台随广播电视差转台搬迁至石马山镇大丰村香乐山，信号覆盖全市20个乡镇（街道）的大部分行政村，覆盖率达90%。2000年停播。

三 节目播放

1987年,广播节目由单一节目向综合节目改革,抓重大题材的连续报道和典型教育。全年播出新闻稿件5198篇,其中《今日新闻》1192篇;现场报道10次;录音报道100次;主持人节目148次。自办文艺节目71期,设6个专题栏目,重大问题的连续报道15组。录制《涟源新城》《悠悠故乡情》《铁拳为人民》等广播专稿。《为五保老人说几句话》《一封信引出的沉重思索》《农业企业面临的危机》3个节目获湖南广播奖。1988年,广播宣传坚持"一个中心,两个基本点",围绕"治理经济环境、整顿经济秩序、全面深化改革"的指导方针,播出《光文村见闻》《环境保护》《防洪抢险》《余热生辉》《市供销社在改革中前进》《见义勇为》《农民的建筑公司》《改革十年涟源巨变》和《抓好冬播、支援灾区》等13个连续报道和系列报道,自办专题栏目7个。引导农民正确消费的述评《莫一分分积,一把把丢》获湖南广播奖二等奖。在1989年春夏之交的政治风波中,涟源广播站的宣传基调始终与党中央保持高度一致,播发的评论《劝君多听北京之声,不传美国之音》获中国广播新闻奖三等奖。1990年,开辟《亚运之光》专题栏目,宣传亚运精神。1991年,设固定栏目《七彩时光》《我们正年轻》《希望的田野》,为庆祝建党70周年,开办《为党旗增辉的涟河儿女》专栏,播发稿件26篇。在工业经济面临整体滑坡全面亏损的情况下,组织记者对全市70多家国有工业企业进行调研,推出大型系列报道《涟源工业企业如何走出低谷》,共播发稿件14篇。在湖南广播电视节目评选中,系列报道《涟源工业如何走出低谷》和专稿《莫让老鼠屎搞坏一锅汤》分获一、二等奖。1992年,新增专栏《改革窗》《听潮声看世界》《三一之路》《四轮飞转奔小康》等栏目,推出重大典型报道《库区走向市场》《八千农军闯市场》《第一个来涟源工作的外国专家》。专稿《画山绣水赞湄江》被评为当年度湖南广播奖一等奖,编入《三湘小镇》一书。1993年,新增专栏《农村信息》和《经济瞭望》,开辟《引导工程巡礼》《企业家风采》《经济述评》《改革之窗》等小栏目,重点介绍全市改革开放和经济发展的情况,介绍全国各地的经济热点和经济形势。评论《捉捉伸向企业的手》获省广播节目评选三等奖。1994年,开办《人大代表风采》《为党旗增辉》《团旗飘扬》等10多个专题栏目,解决广播节目空、泛、浅的问题。制作专题《涟水河畔鱼水情》,反映全市拥军优属、拥政爱民的情况。对农专题《28座致富桥》获省广播节目评选二等奖。1995年,新设固定专栏《风雨同舟》《周末红绿蓝》《市场大观》。重点报道"国防重点工程——福长贵成光缆工程""涟源遭遇四十年不遇特大洪灾"。新闻专题《罗盛教家庭的特殊成员》获湖南广播节目评选一等奖和第六届湖南新闻奖三等奖。版块节目《福长贵成巡礼》获中国广播奖三等奖。

第三节 电 视

一 无线电视

1984年10月1日,涟源县无线差转台建成开播,功率50瓦。1987年,全市电视资源固定资产1225万元,其中市广电局72万元。是年,伏口镇兴建一座10瓦的电视差转台。

1991年,试办电视新闻,投资20万元,将差转机功率扩大到300瓦。是年,全市有小型电视差转台29座,功率756瓦。1995年5月22日,在石马山镇大丰村香乐山兴建能覆盖全市的广播电视转播台,占地1867平方米,建筑面积340平方米。其中,机房60平方米,办公、住房面积280平方米。发射功率增至1000瓦。1996年元旦正式开播。随着有线电视的快速发展,大多数小功率无线差转台陆续停播,是年底,全市仅有8

座无线差转台正常运转。2000 年底,全市小功率无线差转台全部停播,电视信号以有线传输为主。2006 年,购置一台 12 万元的北京广播电视设备厂生产的全固态发射机。2007 年 8 月,增加中央电视台第一套和第七套电视节目的无线覆盖。

二 有线电视

城区有线电视 1991 年 4 月,筹建湖南有线电视台涟源分台,11 月,完成前端机房安装调试,架设芙蓉路口至人民桥 3 千米主线和部分支干线,签订入户合同 300 户,开通用户 150 户。1992 年 1 月,开始试播,收视效果良好。是年,架设主支干线 11.5 千米,发展用户 2143 户,传输节目 9 套,有线电视带宽 300 兆赫,购置字幕机、空调等设备。1994 年底,投资 180 万元,建筑面积 4000 平方米的广播电视综合大楼竣工。1995 年底,城区有线电视用户达到 7500 户,传输节目 18 套。1996 年,实施城区有线电视邻频前端改造,在全省率先(除单列市以外)开通中央台三、五、六、八加密频道,娄底地区传输网络改造现场办公会议在涟源召开。1997 年 7 月,城区有线电视干线改造工程启动,总投资 60 万元,安装光节点 7 个,架设光纤 7 千米,有线电视带宽由 350 兆赫升级为 550 兆赫,传输节目 24 套,有线电视用户突破 10000 户。至此,涟源城区有线电视网络完成从电缆传输向光纤、电缆混合传输(HFC 网)转换的网改工程。1999 年,对城区有线电视用户进行全面清理,以地段、单位和编号三种程序建立用户档案,是年,城区有线电视用户 11500 户,有线电视创收 112 万元。2000 年,投资 140 万元,对城区有线电视网络进行升级改造,并于年底启动有线电视可寻址收费管理系统改造工程。2002 年底,收费管理系统全面改造完成,光节点增加至 33 个,传输节目 29 套。2003 年,城区有线电视网络改造全面完成,光节点从 33 个增加至 59 个,网络带宽增至 750 兆赫,有线电视用户达到 15400 户,有线电视创收 270 万元。2006 年,对城区网络覆盖范围内非法安装的卫视接收设施进行大规模的清理整顿,拆除非法安装的卫视接收设施 300 余座,安装有线电视用户 300 余户。出台实施城乡联网的技术方案,年内有龙塘、安平、古塘 3 个乡镇站加盟市网。2007 年,三甲、六亩塘、湄江、伏口等乡镇站加盟市网。是年末,城区有线电视用户 21000 户,光节点 101 个,传输节目 40 套,网络带宽 860 兆赫,基本具备数字电视开发应用的功能。

农村有线电视 1992 年,桥头河镇在全市率先建立有线电视站。次年,杨家滩镇建立有线电视站。1994 年,伏口、枫坪、湄江、岛石等乡镇相继建起有线电视站,发展农村有线电视用户 3200 户。1996 年底,全市有乡镇村级有线电视站 45 个。其中,乡镇站 10 个:桥头河、杨市、伏口、枫坪、湄江、安平、古塘、荷塘、白马和茅塘。另有 34 个企业有线电视站。全市有农村有线电视用户 13000 余户。1999 年底,国家启动广播电视"村村通"工程,采用卫星地面接收设施解决广大农民群众听广播、看电视难的问题。2000 年底,广播电视"村村通"工程以乡镇为单位整合网络资源。2007 年,全市 18 个乡镇(街道)建立有线电视站,11 个乡镇的有线电视站与市局实施联网,农村有线电视用户达 5.4 万户。

三 卫星地面接收设施

2001 年 11 月,在龙山药王殿下 200 米处,设微波发射站,占地 2000 平方米。由于微波传输信号质量不稳定,加上农村有线电视迅猛发展,微波发射站在 2003 年底停止运行。

2007 年,为确保广播电视播出安全,开展转星调整,全市 5.5 万户农村零散卫视接收设施调整到位,拆除非法安装的卫视接收设施 3000 余座,安装有线电视用户 2700 多户,尚有农村零散卫视接收设施 5.2 万座。

四 节目设置

1987年，市广播站借用洪源机械厂设备拍摄《涟源新城》《悠悠故乡情》《铁拳为人民》等新闻录像片，在差转台播放。1991年8月，以广播站为主，自采电视新闻，设立《涟源新闻》栏目，每周一期，每期15分钟，重点报道涟源市的重大新闻。有5条自采新闻在娄底电视台、湖南电视台播出。1993年，《涟源新闻》由每周一期增加至每周两期，全年自采图像稿件500多条，在娄底电视台上稿30多条，在湖南电视台上稿8条。1994年初，省广播电视厅同意涟源建台，呼号为“涟源广播电视台”。4月10日，涟源广播电视台成立。开办《人大代表风采》《为党旗增辉》《团旗飘扬》等专题节目。制作电视专题片《涟水河畔鱼水情》，宣传拥政爱民、拥军优属事迹。1995年，开设《风雨同舟》《周末红绿蓝》《市场大观》《希望的田野》等10个固定栏目。1996年，《涟源新闻》固定在每周二、五播出，创办《农业半月谈》《致富百家经》等栏目，其中《农业半月谈》栏目被老百姓称为“信息站、“科技窗”“致富桥”，被评为娄底广播电视系统优秀栏目。1997年，《涟源新闻》由周二新闻改为周三新闻；《农业半月谈》增设《农事参谋》《新技术》《致富百家经》及《乡村风景线》等子栏目；新开辟社教类栏目《涟水河畔》，设《专题报道》《科教天地》《社会广角》《文化传真》《热点追踪》《代表风采》等子栏目；增加天气预报和公益广告内容。1999年，《涟源新闻》由周三新闻改为周五新闻，每期6条以上稿子，时量不少于10分钟。《农业半月谈》栏目改版为《走入乡村》，下设《农业科技》《乡村观察》《乡村纪事》三个子栏目。新增《生活广角》栏目。2000年5月，创办《人口与计划生育》专栏。2001年，《涟源新闻》分为《时政要闻》和《社会经纬》两个版块，增加社会新闻含量，关注民生，社会热点、难点问题。拍摄《湘中明珠——涟源》《肥牛——涟源农业的朝阳产业》《涟源文化涌春潮》等3部大型电视专题片，其中《湘中明珠——涟源》制作5000套光盘在全国范围内发行。2002年，成功举办“3·15绿色消费”“让地球充满爱”2个特别节目和“涟源首届主持人大赛”“荧屏连着你和我”专场晚会，并成功策划举办全市第二届广场文化节，开办主持人节目《娱乐风景线》。市广电局录制《涟源——可爱的家园》音乐电视专辑，收录15首涟源本土音乐工作者创作的充满浓厚地方风味的歌曲，由湖南音像出版社出版发行。2003年4月18日，成功举办《涟源——可爱的家园》大型音乐歌舞晚会。是年，涟源电视台与市委政法委联合推出《法治时空》专栏。

2004年，涟源电视台每天播出时间增加至12小时。摄制《问天再借二十年》《兵妈妈》两部大型电视专题片。其中，《问天再借二十年》获湖南广播电视奖一等奖，在第十三届湖南新闻奖评比中获二等奖，在中国广播电视奖评比中获三等奖。市广电局成为当年唯一获全国电视大奖的县市广播电视局。2005年，新增《聚焦三化》和《经济生活》两个栏目。其中《观念领跑城市》《环境就是生产力》等多篇解说词被市委、市政府作为重要参考资料。是年5—7月，成功举办全市首届少儿才艺电视展播活动；9月，组织“涟水名城杯”卡拉OK电视大奖赛，来自全国各地近500名选手参加角逐，17名选手进入决赛。12月10日，在市湘剧院举办“涟水名城杯”卡拉OK电视大奖赛颁奖晚会，省、地、市三级知名艺人同台献艺。年底，举办“2005·精彩涟源”十大经济亮点评选活动，采取网络投票、电视投票、手机短信投票等形式和市四大家领导及专家学者评选的方式选出是年10个经济发展亮点。2006年3月16日晚举办颁奖晚会，湖南卫视著名主持人张丹丹、李兵现场主持，200余名演员表演节目。4—6月，举办全市首届乒乓球电视大奖赛，400多名选手参赛。消息《绣双鞋垫上北京》获湖南省地州市报新闻一等奖，湖南广播电视三等奖。纪录片《山里人的诗》获湖南广播电视三等奖。新增自办专题《平安之路》《致富新农村》和编辑性专题《中国廉政报道》。摄制涟源第一部大型电视专题片《站在世纪起跑线上》，全景式反映全市改革开放和经济发展成就。2006年，精心组织涟源“十大慈善人物、十大爱心人物”评选活动，举办“十大慈善人物、十大爱心人物”颁奖晚会，著名歌唱家朱明瑛、著名演员曲雪冬、杨姗姗登台演出，著名主持人王燕主持整场晚会。2007年，推出大型室内访谈节目《新闻会客室》，以老百姓关心的热点话题为主题进行深度访谈，为政府和市民架起一座沟通的桥梁。1—3月，成功举办“2006·精彩涟源”全市摄影电视大赛，2000余件作品参赛；8—12月，举办“安居百年杯”才艺电视大赛和颁奖晚会；9月，组织“中美国际男子篮球对抗赛”。电视专题《未了情》获湖南省广播电视三等奖。1993—2007年，25个电视节目在省以上优秀节目评比中获奖。

五　采　编

1991年8月，涟源开始自办电视新闻，摄像机是M5，编辑设备是两台家用录像机。1993年，投资6万元，购置中央电视台驻武汉记者站淘汰的两台四分之三摄像机和两台四分之三编辑机；全年自采自编新闻图像稿件500条。1994年，除自办《涟源新闻》外，开始自办电视专题。全年自办电视专题21组，发布电视新闻640条。专题片《无悔人生》《白马山水育精魂》报道优秀共产党员胡定吉和优秀少先队员戴波兰的感人事迹。专题片《涟水河畔鱼水情》为涟源市创建“全国双拥模范城”提供详尽细致的参评资料。在1995年、1998年的特大洪灾中，涟源电视台新闻记者，及时准确地拍到广大干部、群众勇斗洪魔、抗洪救灾的感人场面，先后3次被省委宣传部评为全省抗洪救灾先进单位。1998年，投资30万元，添置2台数字摄像机和2套数字编辑系统。1999年，投资30万元，购置3台数字摄像机和4台388录像机。2002年，投资20万元，将广播电视大厦二楼装修成涟源电视台的采编大厅和演播室，总面积200平方米。2004年，投资10多万元，购置一套硬盘播出系统，实现采、编、录、制、播一条龙数字化。

1991—2007年，涟源广播电视台在娄底以上媒体上稿2007篇。其中，在中央台上稿39篇，在省级以上媒体上稿421篇。稿件在省以上节目评比中获国家级奖2篇。2003—2007年，市广电局策划筹办15场专题文艺活动，拍摄30部各种题材的专题片，组织各种系列报道345期。2007年，市广电局副局长曾更新被评为“辉煌三十年·全国优秀县市局台长”。

六　网络覆盖

无线覆盖　1984年10月1日，境内首座无线电视差转台在文艺路建成开播，发射功率50瓦，仅覆盖蓝田城区和周边的青烟、马头山、三甲、毛坪等乡镇部分行政村。1991年，发射功率扩大到300瓦，覆盖范围扩大到龙塘、枫坪等乡镇的部分行政村。1995年，市广播电视差转台搬迁至石马山镇大丰村香乐山，发射功率1000瓦，除金石镇外，其余乡镇都能收看到涟源电视台节目。2007年，全市有小型电视差转台29座，功率756瓦，无线覆盖率92%。

有线覆盖　1991年，筹建涟源有线电视台。1992年，乡镇开始建设有线电视网络。2006年，龙塘乡有线电视站网络覆盖全乡65个行政村，基本做到村村通、组组通、户户通广播电视信号，被中共中央宣传部、文化部、国家广播电影电视总局、新闻出版总署授予“全国服务农村、服务基层文化建设先进集体”称号。2007年底，茅塘、桥头河两个镇基本做到村村通广播电视信号。全市有线覆盖率30%，综合覆盖率98%。

七　电视管理

1987年，市广电局主要督促各乡镇（街道）完整转播中央电视台《新闻联播》和湖南电视台节目。1991年，电视宣传成为管理内容。以后随着广播电视技术的发展，有线电视和卫星地面接收设施的管理也成为管理内容。1996年，完善《编委会例会制度》《审稿审片制度》和《宣传月报季报制度》。1997年，根据国务院《卫星电视广播地面接收设施管理规定》和《广播电视管理条例》，印发宣传资料1500份，对全市农村有线电视网络和个人卫视接收设施进行全面清理整顿，全市有个人卫视接收设施5.2万座。2000年，邀请部分社会人士作为广播电视宣传节目的监评员，制定《节目三审制》和《节目讲评制度》，加强对宣传节目的监督审查。2006 年，采取自主拆除非法安装卫视接收设施，优惠有线电视初装费办法，让非法安装卫视接收设施的用户积极安装有线电视，全年拆除非法安装的卫视接收设施 3600 座，新增有线电视用户 2700 户。2007 年，以转星调整为契机，拆除非法安装的卫视接收设施 3500 座，新增有线电视用户 3000 户。

第四节 电 影

一 机 构

1987 年，市电影公司为市文化局二级机构，自收自支事业单位，内设财务股、统计股、维修股、农村电影管理股、农村电影发行站、城市电影管理股，下辖涟源、蓝田、桥头河、杨家滩 4 家电影院，工作人员 97 人。1994 年，增设三产业股。2007 年，工作人员 78 人。

二 影院设备

1987 年 7 月，蓝田电影院经过翻修，设售票厅和休息厅，放映大厅有座位 912 个，改木板排座为翻板靠椅，配置三镜头三洋投放机 1 台和扩音设备。涟源电影院放映大厅有座位 1512 个，翻版靠椅，35 毫米放映机。20 世纪 80 年代末，8.75 毫米放映机全部淘汰，使用 16 毫米放映机。1993 年，涟源电影院放映大厅进行改造，新增中央空调 4 套，增设送气管道 120 米。桥头河电影院为独立院落，放映大厅有座位 712 个。杨家滩电影院放映大厅有座位 812 个。1995 年，涟源电影院北侧配套建设，新增 180 个座位和 6 个包箱。是年，全市有农村电影放映机 235 套。1996 年，16 毫米放映机加上新型的氙灯光源和大功率扩音机，放映时声、光效果提高。2001 年，投入 20 万元，改造蓝田、桥头河、杨家滩电影院。2002 年，涟源电影院将放映大厅舞台改造为大型演映厅，使之既能放映又能演出，大厅翻板木质椅更换为翻板沙发椅，涟源电影院成为全省第一家县市级软座厅影院。2004 年，涟源电影院更新音响，新添数码放映设备一套，杨家滩电影院、桥头河电影院更换 104 型放映机和扩音设备。2005 年，涟源电影院投资12 万元，对放映的声、光、色进一步改造。

三 放映与管理

1987 年，城区有蓝田电影院和涟源电影院，农村有桥头河电影院和杨家滩电影院，有农村电影队 235 个。是年，全市放映电影场次 23845 场，收入 184488 元。20 世纪 90 年代初，随着电视的普及，电影开始滑坡。1990 年，市政府办发出《关于恢复整顿农村电影队的通知》。至 1992 年，全市恢复农村电影队 21 个。1996 年，市委、市政府决定，在全省率先推行村级电影合同放映，将农村电影放映纳入市政府与乡镇签订的目标管理责任书。是年，农民人平看电影 7 次 12 场。市电影公司被评为湖南省电影工作先进集体，市文化局被评为全国电影工作组织先进单位。1997 年，一些农村电影队撤销，蓝田电影院停映，桥头河、杨家滩电影发行站与电影院合并。电影公司成立农村电影放映股，组建 1 个 35 毫米、2 个 16 毫米的农村电影放映队，深入没有电影队的乡镇放映电影。先后与广州宝洁公司、中国移动通信集团公司等单位合作，为农民放映电影。是年，农村完成放映场次 15894 场、放映收入 39 万元，电影放映收入保持全地区第一，湖南省农村电影工作现场会全体代表到市电影公司、杨家滩电影院参观学习。市电影公司被评为 1996—1997 年度“湖南省十佳电影公司”。中央电视台电影频道推介涟源农村电影放映经验。1998 年，全市有农村电影队 202 个。2005 年，市电影公司评为湖南省农村电影工作先进单位。是年，市电影公司更名市电影发行放映管理中心。2007 年，农村电影队 20

个，很少放映。城乡公益电影放映增多，在光明山广场新开免费电影，全市 49 支农村数字电影放映队下乡巡回放映 10792 场。

专题性电影放映　1988 年春节，配合全市计划生育、增收节支、纠正不正之风工作，绘制幻灯片 5 套，在电影放映前放映，共放映 2500 余场。之后，市电影公司与市农业局、林业局、科协、卫生局等 18 个单位配合，举办全市“科教电影汇映”，历时 5 个月，放映科教片 150 部 1025 场，观众 82 万人。1991 年 6 月，市电影公司举办“建党 70 周年献礼影片汇映”，《焦裕禄》《毛泽东和他的儿子》《大决战》每天放映 5 场，座无虚席。1992 年，开展革命传统电影汇映，完成收入 42.34 万元。1995 年，举办抗战胜利 50 周年电影展映周，放映 1280 场，观众 192 万人次。1996 年，在全市开展“三爱”（爱党、爱祖国、爱家乡）电影放映教育，市电影公司印刷优秀影片宣传资料，走乡入校，送电影上门，同时召开映后座谈会，湖南省授予涟源“三热爱”电影放映先进集体 8 个，先进个人 9 人。是年完成放映场次 28110 场，放映收入 80 万元。1999 年，中华人民共和国成立 50 周年电影展映，放映专题片 185 场，2001 年，组织“中国共产党成立 80 周年爱国主义影片放映月”，完成放映场次 5800 场，创收 75.4 万元。2003 年，在农村普及科教片放映，其中《为了明天》《远离毒品》法制宣传片和《迷信害人》科教片共放映 240 场。2005 年，结合保持共产党员先进性教育活动，放映《郑培民》《张思德》等教育片。开展“八一军民情”免费为部队放映电影。是年，商业广告电影和建整扶贫电影逐渐增多，年放映电影 11800 场，创收 77.8 万元。

学生电影放映　1992 年，全市有 32 个乡镇电影放映队为学生放映电影，全年放映 5000 场。1994 年，市电影公司投入 3 万元，印刷 5 万份百部优秀影片宣传资料，发放全市中小学生映前阅读，召开中小学映后座谈会。完成放映场次 5362 场，放映收入 64.8 万元。是年，全市建立学区电影队 10 个，没建学区电影队的由当地电影院（站）和市电影公司直接负责该学区的学生电影放映。1995 年 2 月，市委、市政府组织召开教育、物价、工商、文化等单位参加的学生电影放映联席会议。决定在全市中小学生中统一放映电影、统一收费、统一场次。会后，全市学生电影有序开展。5 月，市电影公司参加全省少儿百部优秀影片放映活动，放映 915 场，学生观众 17.15 万人次。1999 年 2 月，召开全市乡镇（街道）文教党支部书记及教育、文化、工商等部门领导参加的学生电影工作会议，会上表彰学生电影放映先进单位。2005 年，全市中小学生电影收费取消，撤销 10 个学区电影队，学生电影放映随之终止。

四　影片发行

1987 年，全市有电影发行站 6 个，即桥头河、杨家滩、四古、白马、荷叶和市电影公司。35 毫米影片发行按放映收入省、地、县三级分成，16 毫米影片发行则全年经济包干，由地区统一调配发行到县（市）电影公司。是年，全市电影发行收入 24 万元。1990 年，桥头河电影管理站完成发行收入 11.63 万元，超额完成 32%，被评为省农村区片电影管理先进单位。1994 年，湖南影片发行改革，发行单部 35 毫米影片实行定额租赁，重点影片则定额承包，合同供片。市电影公司根据涟源的实际情况，考虑自身经济利益，自主购买 16 毫米影片，自主调配。是年，除原库存 520 部拷贝外，公司购买拷贝 300 部，短片 50 部。1997 年，随着电视的普及和文化娱乐场所对电影的冲击，蓝田电影院和部分电影队停放，市电影公司对原有 5 个电影发行站进行调整。桥头河镇和杨市镇既有发行站，又有电影院，电影院与发行站合并。四古、白马、荷叶发行站合并为蓝田发行站。1997 年，全市影片发行按桥头河、杨市、蓝田和城区 4 个片区发行供片。影片发行收入 67 万元。是年始，国家影片发行进一步改革，农村电影放映逐渐消失，影片发行收入逐年减少。2007 年，全市影片发行收入仅 9 万元。

第六章 报刊 图书

第一节 报 刊

一 报刊创办

1956年8月1日,《涟源报》创刊。1961年5月27日停办。1994年1月1日复刊,4开4版,周报。10月8日,经省新闻出版局批准正式出版,由市印刷厂承印,报社工作人员4人,编辑部设市委机关院内。1995年1月,编辑部设市广播站办公楼。12月28日,娄底地区机构编制委员会办公室发文,批准设立涟源报社,归口市委宣传部管理,定编8人。《涟源报》年发行量3万份。1998年1月17日,改为湖南省报型资料,改发行为赠阅,期印数在1万份以上。经费来源包括财政拨款和少量广告收入,报社工作人员减至5人。2001年7月20日,经新闻出版总署批准,《涟源报》编入国内统一刊号,由市委主管主办,面向全国公开发行。周报,4开4版。2002年起改为周二报,逢周二、周五出版。报社工作人员增至14人。2003年1月3日第1期总第886期起采用彩印,周二、五出版。期发量1.47万份,每份年订价48元。2004年初,根据中共中央办公厅文件精神,县市不准办报,报请省委宣传部,根据涟源系革命老区,人口众多,群众要求强烈等原因,特批将报纸改为报型资料予以保留,免费赠阅。《涟源报》更名《今日涟源》,周报,4开4版,彩印。报社添置电脑7台,排版设备一套,报社工作人员自行录入文字、排版,由市湘中印刷厂印刷。工作人员减至8人。2006年起,《今日涟源》改由市文教用品厂承印。2007年,全市有业余通讯员逾1000人,其中骨干通讯员100余人。

二 获奖作品

1994年,在全省县市报好新闻好副刊作品评优活动中,《涟源报》首次参赛,选送14件作品9件获奖。其中,标题《"老官"卸任"三把火"》(作者吴龙伏,编辑李郁林)、散文《揽月古道》(作者谭谈,编辑贺辉军)获一等奖,4件作品获二等奖,3件作品获三等奖。1995年,在全省县市报好新闻好副刊作品评选中,《涟源报》获奖总数居全省县市报第二,"金牌"数居全省周报榜首。其中,通讯《又见当年鱼水情》(作者贺辉军、李郁林、曾更新、刘再丽,编辑贺辉军)、杂文《若让老"帅"走出田》(作者曾更新,编辑贺辉军)、专栏《一条好路子》(策划易志祥,编辑贺辉军)、漫画《妈,这是我们为您生日点播的歌》(作者陶益源,编辑艾叶青)获奖。1996年,在全省县市报好新闻好副刊作品评比中,通讯《徐金辉和她的十二个兵儿子》(作者曾更新、贺辉军、刘再丽、艾叶青,编辑艾叶青)、随笔《纤夫?纤夫?》(作者曾更新,编辑刘再丽)、小小说《草子》(作者贺辉军,编辑刘再丽)、速写《军民共建送温暖》(作者李日标,编辑艾叶青)等4件作品获一等奖,1件作品获二等奖,4件作品获三等奖。获奖总数在全省排名第二。在全省报纸系统好新闻、好副刊作品评比中,3件作品再度获奖。2001年,在全省县市级报好新闻好副刊作品评比中,通讯《爱心不下岗》(作者贺辉军、聂道明、曾达平,编辑贺辉军)获一等奖,1件作品获二等奖,5件作品获三等奖。在全省报纸系统好新闻评比中,通讯《爱心不下岗》(作者贺辉军、聂道明、曾达平,编辑贺辉军)再获一等奖,为全省县市报此次在全省报纸系统好新闻评比中获得的唯一一个一等奖,在全省报纸系统副刊作品评比中,小说《哥哥》(作者龚红玉,编辑吴中心)获一等奖。2002年,在全省县市报好新闻好副刊作品评比中,通讯《瞧这一家子》(作者李郁林、贺辉军,编辑颜志祥、刘建斌)获一等奖,3 件作品获二等奖,5 件作品获三等奖,1 件作品获优秀版面奖。在全省报纸系统好新闻评比中,1 件作品获三等奖。在全国县市报好新闻评比中,2 件作品获二等奖,1 件作品获三等奖,1 件作品获好标题奖,1 件作品获好版面奖。2003 年起,因中央对县市报刊进行整顿,《涟源报》改为内部报型资料,按省新闻协会的规定未予参评。

第二节　图　书

一　藏书借阅

图书馆(室)　1987 年,市图书馆位于蓝田街道中山前街,藏书 8 万册,设成人阅览室、儿童阅览室、采编室、借阅室和活动室。全市有农村图书室 492 个。是年,市图书馆被评为"湖南省文明图书馆",甘溪乡图书馆被评为"全省农村图书馆先进集体"。1990 年,市图书馆分类、编目名列娄底地区第一,参加湖南省图书知识竞赛,刘不非、李建平获二等奖。蓝田街道、桥头河镇、伏口镇以及茅塘乡石门村相继创建万册图书馆。是年,市图书馆再次被评为"湖南省文明图书馆"。1992 年,又获"湖南省文明图书馆"称号。1999 年 1 月 12 日,省文联主席谭谈倡建的"作家爱心书屋"在白马镇田心村建成开馆。书屋建筑面积 700 多平方米,珍藏巴金、冰心、臧克家、魏巍等全国 5000 余名著名作家、艺术家及社会团体、爱心人士捐赠图书 4 万余册。全国政协副主席毛致用、省委书记王茂林、省长杨正午和巴金、冰心、臧克家等领导人和文坛泰斗题词祝贺。2000 年 12 月 29 日,市图书馆(又名爱心书屋中心馆,位于城区文艺北路)新馆建成,建筑面积 4800 平方米。旧馆归还市工商联。2007 年,全市有公共图书馆 2 个(市图书馆和作家爱心书屋);藏书万册以上的高级中学图书馆 10 个,其中市一中图书馆藏书 15 万册,市四中图书馆藏书 5 万余册(含 3000 余册线装古籍书);藏书万册以上的初级中学图书馆 10 个;藏书万册以上的厂矿图书馆(室)8 个,其中洪源科技图书馆藏书 15000 册,湖南神斧集团一六九化工有限责任公司图书馆藏书 2 万余册;乡镇图书室 20 个,其中藏书万册以上的乡镇图书馆 4 个;农村图书室 485 个。

图书服务　1987 年,市图书馆举办"青少年点燃理想之火读书大奖赛",1000 多学生参加,获湖南省此项活动二等奖 1 名、三等奖 2 名、四等奖 10 名。1989 年,开展"少儿图书展览读书活动",展出少儿革命故事、少儿英雄事迹书籍 1500 种。1990 年,举办"知识工程"读书活动,12 篇读书心得送省参加评比。1998 年,举办有 700 余人参加的读书知识竞赛。2002 年,市图书馆接待读者 15.2 万人次、外借图书 11.5 万册,科技阅览室接待读者 1.95 万人次。2003 年,市图书馆实行开架借书,新开行业报刊阅读部(各行各业赠送报刊到图书馆,组建阅览室)。2004 年,开展"传承中华美德"读书征文活动。组织中、小学生参加湖南省少年儿童"传承中华美德"读书征文竞赛,获一、二、三等奖各一名。2005 年 5—8 月,城区中小学参加纪念抗战胜利 60 周年、红军长征胜利 70 周年读书知识竞赛,2 人获娄底市一等奖,1 人获二等奖,市图书馆获组织奖。2007 年,组织中、小学生参加湖南省少年儿童"我心中的社会主义新农村"征文竞赛,1 人获一等奖,2 人获二等奖,3 人获三等奖,市图书馆获组织奖。

二　图书发行

新华书店发行　1987 年,市新华书店固定资产 27.2 万元,有蓝田中山街、桥头河、杨家滩 3 个门市部,向市内 165 个售书点批发图书(包括市供销合作社联合社设在伏口、白马、四古、七星、金石、山塘等地的 6 个图书专业门市部;市工矿贸易公司设在洪源机械厂、湘中机械厂、湘峰机械厂、省锻造厂、斗笠山煤矿等 7 处商

1987—2007 年涟源市图书馆馆藏图书流通与利用情况

表 28-1

年 度	购书经费（元）	藏书量（册）	报纸杂志（种）	发放借书证（个）	书刊外借（册）	接待读者（人次）
1987	10500	78100	205	1500	34500	63200
1988	10667	81000	205	1700	37500	65400
1989	11000	84000	210	1750	45000	68500
1990	10500	88400	195	1850	46000	72400
1991	11200	88400	195	2000	48000	73000
1992	9500	100400	200	2000	48500	74500
1993	9800	102400	200	2050	49500	75100
1994	9900	105600	197	1900	49000	74000
1995	14600	105600	195	1500	49000	71000
1996	16350	108900	190	1200	45000	69000
1997	20000	116700	192	1150	48000	100600
1998	20000	116700	190	1250	49000	111500
1999	20000	125100	204	1200	55000	100500
2000	20000	133500	195	1100	49500	98000
2001	22000	136500	195	1200	78000	125000
2002	23000	139500	208	1900	139000	153000
2003	21500	142500	210	2000	142000	155000
2004	29000	147000	225	2200	151000	158000
2005	30000	148600	280	2800	154000	159000
2006	30000	152200	275	2900	156000	160000
2007	29000	155780	280	3000	157000	162000

店的图书专柜；涟河书店、蓝田文化站等 4 家集体书店；以及 148 处兼营或季节性销售图书的商业网点），向全市各中小学供应课本和教学辅导资料。是年，批发零售图书 636.95 万册。其中，课本和教学辅导资料 298.13 万册，政治理论读物《坚持四项基本原则，反对资产阶级自由化》46086 册、《中共十三大文件汇编》12000 册。销售总额 266.37 万元。

1990 年，销售图书 771.75 万册。其中，课本和教学辅导资料 338.38 万册，年画、年历画 50 万张，《农家历》6 万册，《早稻育秧技术》2 万册，《快速养猪技术》《养鸭》《禽病》《农家顾问》《退伍军人致富 400 法》等价格低廉、适用性强的读物深受农村读者欢迎。

1992 年，在人民中路光明山段新建综合楼，建筑面积 2300 平方米。1993 年 5 月 1 日，人民路门市部开业，一楼营业面积 300 余平方米，除经营图书外，兼营音像读物和文化体育用品，共陈列图书音像品种 12000 多个。二楼营业面积 400 多平方米，开办儿童游乐场，由具有独立法人资格的二级公司——涟源市华源经贸公司经营。游乐场拥有电动有轨小火车、电瓶碰碰车、激光打靶等设施,兼营儿童玩具、少儿图书和童装。公司还经营餐饮、停车住宿、小卖部等业务。

随着图书批发渠道和批发折扣放开,1993 年开始,市新华书店的图书批发业务日见减少,市新华书店虽采取巡回送货,提高批发折扣(由 15%提高到 20%),垫付铺底资金等措施,但收效甚微。1995 年,市新华书店对各供销社及其他图书销售网点不再有批发业务。

1995 年 5 月 1 日至 6 月 3 日,市新华书店开展“科技兴农送书下乡”活动,深入乡村、企业、学校进行图书展销,销售图书 2 万多册,同时向希望工程、贫困学校及文化站、幼儿园等单位赠送图书 2 万多册。

1996 年,市新华书店筹资 300 万元,购进人民东路市阀门厂破产处置的一宗 15616 平方米的土地,建成 1100 多平方米的仓库,作为中小学教学用书和其他图书的储藏、分发场地。是年,发行《邓小平文选》(一)(二)(三)卷 62000 册。1997 年,征订发行《中国香港·1997》19150 册,《迎接香港回归祖国》16000 册。

2001 年,市新华书店原经理何祥初作为全国新华书店系统的唯一代表出席全国出版理论研讨会。他撰写的论文《经理(厂长)的权威和职工的权益》《农村图书发行——一个沉重的话题》《关山路儿重——当前新华书店开展连锁经营的难点和前景》《书价——高处不胜寒》等在《工人日报》《中国出版》《中国新闻出版报》等报刊上发表,多次入选全国出版科学理理论研讨会年会,并获中国出版科研奖励基金奖励。

2004 年,市新华书店更名湖南新华书店集团有限公司涟源市分公司。是年,以集团公司为母体,开展省内三级公司统一标识、统一管理、统一进货、统一配送、统一信息、统一服务的连锁经营。为适应连锁需要,搭建信息平台,开通局域网,实现集团内商流、物流、信息流、资金流的快速互动。

2005 年,人民路门市部扩建,冠名“蓝田书城”,第一层营业面积扩大至 1000 平方米,增设读者俱乐部、休闲茶座,形成综合性文化超市,陈列的图书音像品种增加至 3 万多种,读者俱乐部订有报刊 50 多种,藏书(包括音像读物)12000 多册,吸收会员 3000 多名。

2007 年,湖南新华书店集团有限公司涟源市分公司有门店 4 处,营业面积 2300 多平方米,仓库面积 1200 平方米。配备 1 台专事下乡展销图书的汽车。是年,固定资产原值 703.6 万元,销售图书 589.06 万册。其中,政治理论读物《江泽民文选》15000 册,《社会科学发展观》2000 多册。销售总额 3400 万元,在全国 3000 多家县(市)新华书店(公司)中,涟源市分公司位列百强之列,被评为省级文明单位。

民间图书经营　1987 年,全市有 5 家个体书店,100 个季节性书摊,书源均来自市新华书店。20 世纪 90 年代初,图书批发渠道放开。2001 年,在商源街经营的民营书店 40 余家,批零兼营,一度形成“文化一条街”。但盗版盗印严重,黄色低俗读物频现,经出版主管部门整顿,这些书店大多撤走或停业。2007 年,全市登记注册的民营书店 54 家,主要分布于蓝田、桥头河、杨市,其中诺贝尔书店规模较大。

三　图书出版

20 世纪 80 年代,市境内著述一般由单位(如市统计局、市政协文史资料研究委员会、市委党史资料征集办公室)组织编纂,由市印刷厂印刷,做内部资料保存。90 年代至 21 世纪初,有涟漪诗社、市老年书画诗联协会、市作家协会等社会团体定期出版会刊,不定期出版期刊,也有个人出版诗集、散文集、小说集,多由市内印刷厂印刷,无书号,少数向市新闻出版(版权)局申请准印证号,也有少数作者向正规出版社购买书号出版个人著作。

1987—2007 年,市图书馆、市地方志办收藏市内单位和个人著述 100 余部。其中,由湖南少年儿童出版社出版的个人著述有《小乌鸦喝水》(刘凤著)、《喇叭耳朵孙唐》(贺辉军著)、《孙悟空的儿子智斗外星人》(贺辉军著)、《孙悟空的儿子营救地球娃》(贺辉军著)。

第七章 档案 地方志

第一节 档 案

一 机 构

市档案局 1987年,涟源市档案局内设档案馆、办公室、业务指导股,定编12人。1990年10月,编制增加至16人。1996年8月,增设法制教育股。2002年9月,定编15人。2007年8月,定编17人。

市档案馆 1986年8月,涟源县档案馆建成并投入使用,建筑面积1534平方米。1989年12月,市档案馆通过省四级档案馆验收评审。1991年12月,晋升为省三级档案馆。1995年定级为省二级档案馆。2007年10月,晋升为省一级档案馆。

二 档案接收

1987年,市档案馆接收28个市直机关单位的档案7676卷。其中,文书档案7476卷、科技档案27卷、财会档案117卷、声像档案39卷(盒)。1989年,接收原人民公社1983年以前的档案入馆。1991—1995年,接收各单位各类档案1万多卷(册)。1995年,接收15家撤并单位2000多卷档案。1996—1998年,接收各机关单位及撤并单位的各门类档案合计13751卷。2001—2007年,接收22家企业档案5508卷。

三 档案征集

1987年,市档案馆收集全市知名人士传记、声像照片等资料,建立中央军委顾问李聚奎将军、原新华社副社长李普、省作协主席谭谈、地方民间医生梁玉桂、侨胞彭立珊等名人全宗档案。李普、谭谈、梁玉桂向市档案馆赠送手稿、著作、医药处方等珍贵资料。收集整理市酒厂、皮革厂、工具厂等单位的商标、名优地方特产品档案10卷。是年,馆藏112个全宗档案,案卷39245卷。1990年,上将李聚奎向市档案馆赠送1949年入京时用过的军帽1顶、蒲扇1把。是年,收集由湖南摄影家协会、涟源市委宣传部、市文联、市文化局举办的"湄江情"摄影展湄江风光照片126张、诗集5本。1992年,征集马家境经济开发区、蓝田城区老街原貌档案。1998年,征集零散古书、古字帖等历史资料18册。2007年,收集"精彩涟源十大经济发展亮点"声像档案。是年,馆藏186个全宗档案,档案资料73315卷,比1987年增长86.82%。其中,有馆藏特色档案65卷,文书档案52538卷,专门档案14866卷,科技档案230卷,名人档案46卷,重大活动档案12卷,实物档案1164个,馆藏资料4273册,声像档案36盒,照片2235张。

四 档案利用

1987年,档案馆开放档案12300多卷,接待档案查阅利用者4297人次,调阅利用案卷17718卷(册),出具档案利用证明2981件。1988年始,档案无偿利用服务转变为有偿利用服务。1997年,档案馆为《涟源市组织史》《涟源党史大事记》编写提供资料。1999年5月,市档案馆确定为全市爱国主义教育基地。2004年12月,市现行文件服务中心在市档案馆正式成立。2006年,配合中央电视台《走遍中国·娄底》摄制组拍摄反映《围城》的电视纪录片,提供原省立十五中及民国时期相关档案资料。2007年,接待社会各界群众查阅利用档案29524人次，调阅档案13652卷次，出具档案证明5500多份，编写完成《档案馆指南》《全宗指南》等。1987—2007年，市档案馆向社会开放档案资料39140卷(册)，累计接待社会各界利用档案人员82316人次，利用档案资料13788卷(册)次，提供档案证明36770份。

五　档案管理

1987年9月，全市科技档案工作会议要求各企业加强科技档案的开发利用工作。1989年，在三甲乡铸管厂开展乡镇企业档案管理试点工作。1990年10月，实现集中统一管理乡镇档案。1992年，全市80家机关单位档案室定级达标。1995年5月，按"属地接收"原则，区乡档案全部移交给合并后的新乡镇，做好定级升级工作。1998年6月，开始进行乡镇档案馆建设，12月底，三甲乡档案馆挂牌成立。2001年7月，对全市12家省一级档案室进行全面复查认证，12家省一级档案室全部合格。是年，全市18家乡镇联合档案室，88家市直机关档案室定级升级。其中，省一级档案室18家，省二级档案室66家。是年，开展村级建档工作。2003年，全市各单位档案室档案整理全部按机关文书处理和归档的新法规与新标准，实行文件级管理，文件级装订，装具由卷皮改为档案盒，实行档案整理的规范化、标准化。2004年，全市改制企业档案总数为25517卷。其中，文书档案16981卷，财务档案8536卷。全年接收入馆19个单位，合计3611卷。人民银行、地税局档案室晋升为省特级档案室。是年，开展社区建档工作。2005年，对三一中源、远扬煤机等规模以上民营企业进行调查摸底，对部分民营企业开展档案业务指导。至2007年，接收全市42家改制企业档案15508卷，全市有4家单位的综合档案室达到省特级，省一级17家，省二级60家，省三级31家。

六　档案信息化建设

2003年，市档案馆和部分单位使用档案管理软件辅助档案管理，建立案卷级目录数据库、文件级目录数据库。2004年，召开档案信息化建设工作座谈会。2006年12月，添置数据服务器1台、电脑12台，安装金通档案管理软件网络版，建立馆局域网。2007年，市档案馆录入档案目录16万条，扫描档案文件原文5000余页，建成开通涟源市档案信息网 http://daj.lianyuan.gov.cn/。

七　档案法制工作

1987—2007年，全市举办档案法制学习班、座谈会、报告会54场次，参加学习及与会人员达50000人次，挂横幅标语700多条，各种宣传橱窗31期，发表广播电视讲话宣传24次，印发各种宣传资料65500份，在全市开展《中华人民共和国档案法》知识竞赛5次，调查处理档案违法案件和违法行为123起。

第二节　地方志

1986年6月，成立《涟源县志》编纂委员会，下设办公室(简称县志办)，主管全县修志工作，定编5人，聘请退休干部3人。各部、委、办负责各系统的修志工作，78个承编单位成立修志领导小组，确定编修人员200余人。1987年11月，县志办更名市志办，《涟源县志》更名《涟源市志》。至1989年底，收集各种文字资料4100多万字，图片300余张。其间，市志办编印《修志学习资料选编》460册，举办修志学习班10期。1990年3月，开始"三级"审稿：先是承编单位进行初审，再由战线领导进行二审，最后由市志编纂委员会三审。1991年10月，市志初稿完成，记述下限为1987年。1992年初，中共娄底地委、娄底地区行署决定将下限延伸到

1989年,修志人员接着续写。1993年10月,完成送评稿。1994年5月9—12日,市委、市政府对送评稿进行审查。6月22—24日,娄底地区地方志编纂委员会召开《涟源市志》稿评议会,省、地区方志界领导人和专家学者、周边县市方志办领导参加评议。总纂人员对评审意见进行认真研究,制定方案,分头对志稿进行加工修改,并请市统计局对志稿数据进行审核。1997年6月,完成送审稿,送娄底地区地方志编纂委员会审查。8月,根据审查意见对整部志稿再作集体修改。1998年4月28日,经湖南省地方志编纂委员会最后审定验收。1998年7月,《涟源市志》由湖南人民出版社出版,131万余字,图片140余帧,印刷4000册。被新闻出版署授予国家优质产品奖。2000年,启动《涟源人物志》编纂。2002年出版,70万字,收录800余人,印刷1000册。2003年初,市志办撤销。2007年10月恢复,定编2人,为启动第二轮市志编纂工作做准备。

第二十九篇　体　育

第一章　群众体育

第一节　体育活动

一　职工体育活动

1987年，全市职工开展的体育竞赛活动有球类、田径、体操、瑜伽健美操、体育舞蹈、棋牌、武术、太极拳、健身气功等项目。开展全市性体育赛事4次，每次参加比赛的运动员为110~160人不等，观众1200人以上。1990年始，市体育局每年组织全市职工篮球运动会、乒乓球赛、羽毛球赛、棋牌赛、登山赛、太极拳赛、太极剑赛等，各乡镇（街道）、市直各单位和企事业单位开展相关体育活动。市建设局40%以上的职工经常参加体育健身锻炼，每年组织篮球、乒乓球等赛事活动4次以上，每次活动有文件、有方案、有规程、有名次奖励，体育活动效果突出，1997年10月被评为全国群众体育工作先进单位。1998年12月，涟源市被评为湖南省体育工作先进县市。1999年，成立市全民健身计划指导委员会，全市全民健身网点26个。是年10月，举办迎国庆职工男子篮球运动会，12支队伍参赛，邀请广东宏远队与涟源联队实战。是年开始，全市每年举办一次科级干部篮球赛。市财政局组织职工开展篮球、乒乓球、拔河、棋类等体育活动，设立体育活动室，积极支持市体育馆建设，成绩突出。2001年11月，市财政局被评为全国群众体育工作先进单位。2002年10月，举行迎国庆全市职工男女篮球运动会，8支男篮队，4支女篮队共120名运动员参加，市财政局男子队和市电力局女子队分别获男、女冠军。2005年，举行全市乒乓球电视大赛，分少年儿童组、中青年组、老年组进行男女团体和个人擂台赛，历时1个月。2007年，市内健身网点35个，市直机关、乡镇（街道）、企事业单位、社会团体参加健身锻炼的人数达39%以上，每天在光明山广场、儿童公园、体育馆、火车站广场、洪水岭公园等地参加早晚健身休闲活动的人在4000人以上。

二　学校体育活动

1987年，全市中小学校开设“两课”（体育课、课外体育活动）、“三操”（早操、课间操、眼保健操），体育教学列入课时计划，每周2节体育课。开展篮球、排球、乒乓球、羽毛球、足球、田径和体操等训练竞赛活动，学生达标率93.1%。市一中参加历年全省、全国中学生田径运动会获国家级和省级金牌153枚，成绩显著，是年被评为全国体育传统项目学校先进单位。1993年5月5—7日，全省中学生田径运动会在市一中举行，14支代表队1000余名运动员、教练员参加。14个地、州、市的269名运动员参赛。市一中获乙组总分第一名，获金牌13枚、银牌5枚、铜牌7枚。是年，市一中被国家体委评为全国体育先进单位。1995年，市一中被评为全国培养体育后备人才试点中学优秀学校（历年输送到大中专院校和湖南体工大队进行专门训练的运动员23名），因竞技成绩和群众体育工作突出，1997年被评为全国群众体育工作先进单位，1999年10月被教育部、

图 29-1 1993 年,湖南省中学生田径运动会在涟源市一中召开

国家体育总局评为全国学校体育卫生工作先进单位。2003 年,市一中参加省九运会获金牌 9 枚,被娄底市政府评为参加省九运会突出贡献单位。2007 年,全市各学校“两课”“三操”继续开设,体育专业教师配备增加,球类、田径等竞赛活动开展正常,学生达标率 95.6%。是年,市一中参加省十运会获金牌 6 枚,被娄底市政府评为参加省十运会突出贡献单位。

1987—2007 年,全市共举办 18 届中小学生田径运动会。全市高级中学为大专院校输送 231 名合格体育新生,其中市一中输送 165 名。

三 农民体育活动

1987 年,全市农村主要开展篮球、武术、舞龙舞狮、龙舟、台球、乒乓球、羽毛球、棋类等健身运动。1989 年,涟源市被评为湖南省第五届农民体育节活动先进单位。1993 年 8 月,选拔爱好划龙舟的运动员训练 2 个月,参加在岳阳举办的世界龙舟大赛,市体育局获优秀组织奖。1997 年 10 月,水洞底镇参加在望城县举办的全省农民体育五项活动竞赛,获第二名。1999 年,为推行国务院颁布的《全民健身计划纲要》,全市各乡镇(街道)成立全民健身计划领导小组。至 2007 年,全市乡镇(街道)每年自行组织 4 次以上不同层次的比赛活动,组队参加全市性的篮球、乒乓球、羽毛球比赛,全市参加比赛的运动员在 3500 人以上。

四 老年人体育活动

1987 年,全市老年人体育活动以门球为主,其次是乒乓球、健身球、象棋、围棋、太极拳、太极剑、木兰拳、瑜伽、体育舞蹈、钓鱼、健身气功、经络锻炼法等。1992 年开始,每年在市老干部工作局门球场举办以离退休干部为主体的老年人门球竞赛活动。参加人数每次在 120 人以上。2002 年开始,每季度一小赛,每年一大赛。1987—2007 年,全市举办各种老年体育比赛 53 次。其中,市机关、市电力局、市教育局、市一中、市国税局、市军干所、湖南南方洪源机械制造有限责任公司、湖南神斧集团一六九化工有限责任公司等单位老年门球活动开展活跃。

五 专项体育活动

武术 1987 年,境内武术活动的开展,主要是强身健体,武术爱好者对传统套路、散打、跆拳道练功方法进行挖掘、传授。全市有 3 所武术馆校,规模较小,乡村有拳师教人习武、健身,全市习练太极拳者 1300 余人。谭周文螺旋拳在全省有一定影响。1992 年、1995 年、1999 年、2005 年举办全市太极拳、太极剑比赛,每次参赛人数限定在 80 人以内,分中年组和老年组进行男女团体和个人比赛。2007 年,全市有一级拳师 4 人,二级拳师 13 人,三级拳师 56 人。

龙舟赛 龙舟赛为境内民间一项重要体育活动,位于涟水、湄水、孙水河边的乡镇,端午节都举行比赛,各乡镇或民间自行组织,比赛时,选一段水域,划定一定距离直航,多船齐发,采用计时或摘取红绣球的方法,先到或先摘者为胜。比赛时,锣鼓喧天,放铳燃炮,两岸观众呐喊助威。1988 年端午节,桥头河镇龙舟赛,18 条龙舟参赛,观众 1 万余人;杨家滩镇龙舟赛,12 条龙舟参赛,经过初赛和复赛决出胜负。1991 年端午节,

图 29-2　杨市镇龙舟赛

水洞底镇水洞底村 30 人组成的龙舟队参加在湖南岳阳洞庭湖举办的世界龙舟赛（17 个国家和中国台湾、中国香港、中国澳门 3 个地区参加），水洞底村龙舟队获二个铁奖（1000 米和 600 米第四名）。1992 年端午节，水洞底镇举办大型龙舟赛，历时 4 天，每天观众 2 万余人，龙舟赛与经贸会结合，促进文化经济发展。1996 年 10 月，涟源市被评为省第十二届农民体育节龙舟通讯赛暨参加全国百城县百万群众龙舟通讯赛最佳赛区。2007 年五月初一至端午节，桥头河镇开展有 8 条龙舟参加的龙舟循环赛。水洞底镇的端午龙舟赛，有 12 条龙舟参加，其中邀请娄星区万宝 2 条、杨市镇 3 条龙舟参赛。是年，桥头河镇、渡头塘乡、水洞底镇、杨市镇、白马镇共有龙舟 82 条，运动员 2100 余人。

舞龙舞狮　1987—2007 年，全市各地自发开展舞龙舞狮活动，尤以蓝田街道和六亩塘镇最为突出。每逢春节和喜庆日进行比赛，市里、乡镇、民间、企业开展活动，喜邀龙狮队助兴。其间，龙袍狮被不断更新，制作日趋时尚，舞技不断提高，间有节目表演，但存在索要钱财陋习，竞赛制度为民间自定。

六　广场舞蹈

图 29-3　广场舞蹈

2005 年下半年，光明山广场竣工，天气适宜时，附近市民早晚到广场参加集体舞蹈，每天约 2000 人次。2006 年，火车站广场竣工，2007 年儿童公园改造为人民公园，免费向市民开放，两处早晚约 500 人参加集体舞蹈。城区其他地点，如六亩塘芙蓉广场周边也有上百人早晚跳舞。跳舞者中老年女性居多。

第二节　体育团体

一　老年人体育协会

市老年人体育协会成立于 1984 年，1999 年进行调整，由分管副市长任主席、市体委主任和市委老干局局长任副主席，秘书长负责日常工作。全市有老年人活动室 52 个。各乡镇（街道）、机关、企事业单位参加体育活动的老年人 2300 余人。2007 年，全市有老年人活动室 56 个，参加体育活动的老年人 2900 余人。1987—2007 年，每年组织比赛或参加上级组织的门球、乒乓球、钓鱼、老年太极拳（剑）、扑克、棋类等活动 5 次以上。

二　棋类协会

2007 年 9 月 19 日，市棋类协会在蓝田城区成立，会员 150 余人，是年，举办象棋、围棋大赛，市内 9 支队伍，新化县、冷水江市、双峰县、娄星区、涟钢 5 支队伍，80 余人参加男女团体和男女个人赛，邀请国际象棋大师柳大华进行车轮战。年底，邀请棋圣聂卫平来涟源指导“九龙商业广场”杯围棋赛并献艺献技，市内 11 支代表队 50 余人参加团体赛和个人赛。

第二章 竞技体育

第一节 竞技体育训练

1987 年,全市竞技体育全面实施金牌战略,优化竞训项目结构,坚持“三从一大”(从严、从难、从实战出发、大运动量训练)的训练原则,重点巩固田径拳头项目。除市业余体校专门训练外,市一中抽出 3 名体育教师指导学生进行业余训练。市业余体校、一中教练员每年到全市周边县市区选拔有发展潜力的体育苗子,经试训合格后,招入进行训练,每年在训运动员 80 余人,每天早上 5:30—7:30,下午 4:00—7:30 进行训练,节假日、寒暑假、双休日不休息,年训时间 356 天以上。1990 年,市业余体校被评为湖南省重点业余体校。1995 年 7 月,在全省青少年田径比赛中,涟源市获县级金牌团体总分第一名。1997 年,市业余体校被评为省县级重点体校(班)先进单位。1998 年 7 月,涟源市再度获得全省青少年田径比赛县级金牌团体总分第一名。2007 年,全市有专业教练员 5 人。

1987—2007 年,全市培养等级运动员 299 人。其中,二级运动员 65 人,三级运动员 148 人,少年级运动员 86 人,为湖南省队和国家队输送运动员 13 人。评定国家级裁判员 1 人,一级裁判员 8 人,二级裁判员 21 人,三级裁判员 35 人。评聘高级教练 2 人,中级教练 4 人,助理教练 5 人。

第二节 体育竞赛

1987—2007 年,涟源市运动员参加全国青少年和全国中学生运动会比赛获金牌 31 枚、银牌 23 枚、铜牌 21 枚;参加湖南省运动会获金牌 12 枚、银牌 27 枚、铜牌 11 枚;参加其他省级比赛获金牌 239 枚、银牌 169 枚、铜牌 115 枚。全市举办各类运动会 56 次。

1987—2007 年涟源市运动员参加国际、全国性运动会比赛成绩

表 29-1

运动会名称	时间	地点	运动员姓名及成绩
全国少年儿童游泳赛	1988	福建	陈政,男甲自由泳第一名
全国中青年田径运动会 (少年分龄组赛)	1988	佛山	梁楚明,女乙少一组投掷全能第二名;王红宇,女乙少一组短跑全能第三名
全国青少年标枪赛	1989.04	洛阳	李朝晖,女乙标枪第一名,41.48 米;李茂雄,男乙标枪第二名,51.42 米
全国青少年人才基地标枪赛	1989.08	重庆	梁春莲,女甲标枪第一名,45 米;梁春莲,女甲铅球第一名,11 米,女甲全能第一名;梁楚明,女甲铁饼第一名,32.68 米,女甲标枪第二名,43.86 米, 女甲全能第二名; 李雪玉, 女甲铅球第二名,13.50 米,女甲标枪第二名,41.44 米,女甲全能第三名

续表 29–1

运动会名称	时间	地点	运动员姓名及成绩
全国青少年蹼泳锦标赛	1989	南宁	梁承宇，男乙 40 米屏气泳第一名；胡翔，男乙 400 米蹼泳第三名
全国少年标枪分龄赛	1990	重庆	肖伟业，男乙标枪第二名，38.50 米；梁春莲，女乙标枪第三名，51 米；肖湘姣，女乙标枪第三名，48 米
全国第二届重点项目基地标枪赛	1990.10	长沙	李茂雄，男乙标枪第三名，61 米；李雪玉，女丙标枪第二名，41 米；梁楚明，女乙标枪第二名，42 米
全国少年田径分龄赛	1991.08	遵义	李雪玉，女乙标枪第一名，48.80 米；女乙铁饼第二名，45.80 米
全国第二届标枪单项赛	1991	…	李雪玉，女乙标枪第二名，47.80 米；梁楚明，女乙标枪第二名，46.70 米；李茂雄，男乙标枪第三名，65.08 米
全国中学生田径赛	1992.08	岳阳	石扬波，女乙五项全能第二名
全国青少年田径冠军赛	1993.05	济南	梁春莲，女乙标枪第三名，59.80 米
全国体育传统项目学校田径赛	1993.07	重庆	肖湘姣，女乙标枪第三名
全国第五届中学生运动会	1993.08	青岛	刘春，男甲 4×100 米第三名
全国少年分龄赛田径运动会	1993.08	青岛	肖湘姣，女乙素质全能总分第三名，女乙单项标枪第一名，41 米；周健波，男乙素质全能总分第一名，男乙单项标枪第一名，63.72 米
全国少年田径赛(13～15 岁)	1994.05	郑州	周健波，男乙标枪第一名 77.54 米，男乙全能第一名 143 分，男乙铁饼第三名 50.64 米；李笑，女丙全能第一名 217 分，女丙铅球第二名 12.96 米，女丙标枪第三名 42.28 米；李红梅，女丁全能第一名 220 分
全国中学生田径赛	1994.07	重庆	周健波，男甲标枪第一名 70.54 米；肖福元，女甲 4×400 米第一名，女甲 400 米第三名，女甲 400 米栏第二名
全国第六届中学生运动会	1995.08	武汉	周健波，男甲标枪第一名 73.84 米；谢金良，男甲铁饼第三名 49.00 米；李雪玉，女甲铁饼第二名 45.08 米；肖湘姣，女甲标枪第二名 49.20 米；吴梅，女甲 400 米栏第二名，女甲 4×400 米接力第三名；石扬波，女甲五项全能第三名
全国青少年田径赛	1995.08	孝感	李红梅，女丙全能第一名，186 分；蒋婷，女丁全能第一名，181 分，女丁铅球第一名，10.57 米
全国青少年田径赛	1996.05	保定	周健波，男甲标枪第一名 71.52 米
中日韩对抗赛	1996.08	日本东京	周健波，男甲标枪第三名，66.00 米

续表 29-1

运动会名称	时间	地点	运动员姓名及成绩
全国青少年田径分龄赛	1997.08	潍坊	蒋婷，女甲标枪第一名 43.56 米，女甲铁饼第一名 40.42 米；梁菁菁，女丙全能第一名 185 分，女丙标枪第一名 39.70 米，女丙铅球第一名 11.50 米；谭芳，女乙全能第二名 219 分，女乙标枪第二名 43.00 米
全国中学生田径赛	1997	…	李艳红，女甲 100 米第三名，女甲 200 米第三名，女甲 4×100 米第二名，女甲 4×400 米第一名
全国青少年运动会	1997	…	蒋婷，女乙标枪第一名 49.00 米，女乙全能第一名；谭芳，女丙全能第一名，女乙标枪第二名 44.00 米
全国中学生田径赛	2001.08	常德	李男，男甲标枪第二名 64.00 米，男甲铁饼第三名 47.00 米

1987—2007 年涟源市运动员参加湖南省运动会比赛成绩

表 29-2

运动会名称	时间	地点	运动员姓名及成绩
省第七届运动会	1990.09	长沙	梁楚明，女乙标枪第一名，49.46 米；李雪玉，女乙标枪第二名，42 米；易念霞，女甲 400 米第三名；谭军，男乙 3000 米第二名，男乙 1500 米第三名；李雪玉，女乙铁饼第一名，42.05 米；李茂雄，男乙标枪第一名，67.50 米，男乙铁饼第二名，52.43 米；易念霞，女甲全能第二名；邹定华，男甲标枪第二名，55.40 米；李桂雄，女甲铁饼第二名，42 米，女甲铅球第二名，12.30 米；李朝晖，女甲标枪第二名，44.30 米；梁楚明，女乙铁饼第三名，38.72 米
省第八届运动会	1996.08	常德	吴梅，女甲 4×400 米第二名；李艳红，女乙全能第三名，女乙 100 米第三名；周健波，男甲标枪第一名，74.42 米，男甲铁饼第二名，47.00 米
省第九届运动会	2002.08	益阳	吴宝连，女甲 800 米第一名；张丽华，女丁 3000 米第二名；钟晓爱，女乙 400 米第二名；吴敏，女甲 800 米第三名，女甲 400 米第三名；王鲜艳，女乙全能第二名；刘雪亮，女甲 400 米第二名；梁菁菁，女甲标枪第二名 47.00 米，女甲铁饼第三名 42.00 米；肖朝文，女乙铅球第二名 14.00 米；肖朝文，女乙铁饼第三名；谢稳，男甲标枪第二名 58.76 米，男甲铁饼第三名 40.08 米
省第十届运动会	2006.09	株洲	龚亚菲，女丙全能第一名，女丙跳远第一名；陈金海，男乙 5000 米第一名；肖丹，女丙全能第一名；谢赛，女甲铁饼第一名 43.00 米，张丽华，女甲 3000 米第二名，女甲 4×400 米第二名，女甲 1500 米第二名；吴红云，女乙 100 米栏第二名，女乙 400 米栏第二名，女乙 4×400 米第二名；刘亮，男甲跳远第二名；周红光，男丙标枪第三名 58.00 米；肖骁，女甲标枪第二名 44.00 米；曾彦雄，男甲标枪第一名 65.00 米，男甲铁饼第二名 51.95 米；谢鑫，女甲铁饼第一名 43.34 米；周犁，女乙铁饼第二名 44.25 米

1987—2007年涟源市运动员参加其他省级比赛成绩

表29-3

运动会名称	时间	地点	成绩
省青少年田径分龄赛	1987.05	邵阳	金牌1枚,银牌2枚
省第一届体育传统项目学校田径运动会	1987.08	邵阳	金牌4枚,银牌5枚
省第一届标枪单项赛	1988.05	邵阳	金牌1枚,银牌3枚,铜牌1枚
省第三届中学生田径赛	1988.07	衡阳	金牌4枚,银牌6枚,铜牌2枚
省第二届标枪赛	1988.10	湘潭	银牌1枚,铜牌2枚
省第三届标枪赛	1989.05	益阳	金牌2枚,银牌2枚,铜牌2枚
省青少年田径运动会	1989.07	永州	金牌4枚,银牌3枚
省第二届体育传统项目学校田径运动会	1989.07	永州	金牌4枚,银牌4枚,铜牌1枚
省第四届标枪赛	1989.11	涟源	金牌3枚,银牌1枚,铜牌2枚
省青少年游泳赛	1989	桃源	金牌2枚,银牌1枚
省少年儿童冬季室内游泳比赛	1990.02	…	金牌2枚,银牌2枚,铜牌12
省第五届标枪赛	1990.05	常德	金牌4枚,银牌1枚
全省体育传统项目学校田径赛	1990.07	常德	金牌1枚,银牌2枚,铜牌1枚
省第七届标枪赛	1991.05	吉首	金牌2枚,铜牌1枚
省少年田径运动会	1991.07	衡山	金牌2枚,银牌3枚,铜牌1枚
省少年田径分龄赛	1991	长沙	金牌1枚
省中学生田径运动会	1992.04	长沙	金牌6枚,银牌3枚
省第八届标枪单项赛	1992.05	邵阳	金牌1枚,银牌1枚
省少年蹼泳比赛	1992.07	长沙	金牌2枚,银牌5枚,铜牌4枚
省第二届青少年运动会	1992.09	冷水滩	金牌4枚,银牌2枚
省左权杯中长跑运动会	1992.11	津市	金牌4枚,银牌1枚,铜牌1枚
省中学生田径运动会	1993.05	涟源一中	金牌15枚,银牌4枚,铜牌8枚
省标枪单项赛	1993.05	湘潭	金牌2枚,银牌4枚,铜牌1枚
省青少年田径运动会	1993.07	长沙	金牌4枚,银牌1枚,铜牌1枚
省少年儿童游泳赛	1993.08	吉首	银牌3枚,铜牌2枚
省中学生田径运动会	1994.05	常德	金牌6枚,银牌8枚,铜牌5枚
省标枪单项赛	1994.06	湘潭	金牌7枚,铜牌1枚

续表 29-3

运动会名称	时间	地点	成 绩
省少年儿童游泳赛	1994.07	衡阳	金牌 2 枚,银牌 1 枚,铜牌 2 枚
省少年田径分龄赛	1994.07	益阳	金牌 7 枚,银牌 3 枚,铜牌 1 枚
省中学生田径锦标赛	1994.11	临湘	金牌 3 枚,银牌 3 枚
省中学生田径运动会	1995.05	吉首	金牌 9 枚,银牌 8 枚,铜牌 3 枚
省青少年标枪单项赛	1995.05	衡阳	金牌 5 枚,银牌 1 枚,铜牌 1 枚
省青少年田径运动会	1995.07	湘潭	金牌 11 枚,铜牌 4 枚
省中学生田径锦标赛	1996.05	长沙	金牌 4 枚,银牌 5 枚
省标枪单项赛	1997.05	湘潭	金牌 3 枚,银牌 4 枚
省青少年田径赛	1997.06	湘潭	金牌 8 枚,银牌 3 枚
省中学生田径运动会	1997	湘潭	金牌 5 枚,银牌 4 枚,铜牌 5 枚
省青少年运动会	1997	湘潭	金牌 3 枚,银牌 2 枚,铜牌 1 枚
省标枪单项赛	1998.05	吉首	金牌 3 枚,银牌 2 枚
省青少年田径赛	1998.07	衡阳	金牌 10 枚,银牌 2 枚,铜牌 4 枚
省中学生运动会	1998	怀化	金牌 7 枚,银牌 8 枚,铜牌 4 枚
省第三届青少年运动会	1999.08	湘潭	金牌 9 枚,银牌 3 枚,铜牌 2 枚
省中学生田径锦标赛	1999	湖南师大	金牌 9 枚,银牌 2 枚,铜牌 3 枚
省青少年田径赛	2000.07	吉首	金牌 4 枚,银牌 3 枚,铜牌 3 枚
省中学生运动会	2000.11	郴州	金牌 4 枚,银牌 7 枚,铜牌 2 枚
省中学生田径锦标赛	2001.05	岳阳	金牌 3 枚,银牌 2 枚,铜牌 4 枚
省青少年田径赛	2001.08	株洲	银牌 3 枚,铜牌 1 枚
省体育传统项目学校赛	2001.10	张家界	银牌 1 枚,铜牌 1 枚
省中学生田径赛	2002.04	长沙	金牌 5 枚,银牌 4 枚,铜牌 2 枚
省青少年田径赛	2003.08	湘潭	金牌 2 枚,银牌 3 枚,铜牌 1 枚
省青少年田径锦标赛	2003	邵阳	金牌 1 枚,银牌 1 枚,铜牌 4 枚
省中学生田径运动会	2004.05	宁乡	金牌 3 枚,银牌 3 枚,铜牌 3 枚
省青少年田径运动会	2004.08	湘潭	金牌 7 枚,银牌 10 枚,铜牌 5 枚
省中学生运动会	2005.04	长沙	金牌 3 枚,银牌 7 枚,铜牌 7 枚

续表 29-3

运动会名称	时间	地点	成　绩
省体育传统项目学校田径赛	2005.07	吉首	金牌 2 枚,银牌 2 枚
省青少年田径赛	2005.08	湘潭	金牌 2 枚,铜牌 1 枚
省中学生田径锦标赛	2006.04	临湘	金牌 3 枚,银牌 2 枚
省中学生田径运动会	2007.04	长沙	金牌 4 枚,银牌 1 枚,铜牌 3 枚
青少年田径赛	2007.08	株洲	金牌 10 枚,银牌 1 枚,铜牌 1 枚

第三章 体育设施

第一节 市级体育设施

图 29-4 涟源市体育馆

1987 年，市级体育设施有光明山田径场（即光明山大操坪)及田径训练房 1 处、露天游泳池 1 个(市一中内)。1988 年 3 月,市体委筹资 12 万余元,在老干路市体委院内建成长 25 米、宽 10 米,拥有 4 条泳道的室内温水游泳池 1 个,配置锅炉、供暖设备、浴室等设施。1996 年底,因烧锅炉费用太高停用。1998 年,露天游泳池因漏水而拆除。1999 年 12 月 28 日,在市农科所和蓝田街道罗家佃居委会征地 7.67 公顷建设市体育中心。2003 年 10 月,投资 1276 万元,完成"四通一平"(水通、电通、路通、通信通,土地平整)。2004 年,光明山田径场因城市发展进行地产转让,所得收益金用于市体育中心和市体育馆建设。2007 年 6 月 16 日,投资 1300 余万元(不含征地、拆迁等),建筑面积 6800 余平方米,观众席位 3008 个的市体育馆竣工开馆。2007 年,市级体育设施有市体育馆及田径训练房 1 处。

第二节 学校体育设施

1987 年,全市学校有操场 107 个、150 ~ 400 米跑道田径场 51 个、篮球(排球)场 592 个、乒乓球场 736 个、羽毛球场 134 个、单杠场地 39 个、双杠场地 37 个、吊环场地 4 个、健身场地 6 个,拥有相应的铅球、铁饼、标枪、跨栏架、实心球、垒球以及杠铃等体育器械。1993 年 4 月,市一中建成娄底地区第一个 8 道 400 米环形跑道田径场。2004 年,市实验学校新建 6 条 200 米塑胶跑道田径场一个,茅塘中学由三一重工业集团有限公司董事长梁稳根捐资兴建 2 个 400 米田径场,其中高标准塑胶跑道田径场 1 个。至 2007 年底,因学校撤并,全市学校操场减少到 86 个、150 ~ 400 米跑道田径场 43 个、篮球(排球)场 506 个、乒乓球场 601 个、羽毛球场 112 个。

第三节 机关、企业、农村体育设施

1987 年,市直机关、乡镇(街道)和企事业单位共有篮球(排球)场 178 个,门球场 13 个,乒乓球室 45 个,棋牌室 27 个。2004 年 8 月,市委、市政府办公大楼旁兴建占地 2000 余平方米的健身路径,设置健身器材 11 项,配置灯光、草皮砖、花草,共投资 24 万余元。2007 年 5 月,涟源被确定为湖南省首批实施全国农民体育健身工程项目建设市,全市 109 个村(社区)列为健身工程项目建设村,每个村投资 3 万元。其中,国家体育总局划拨 2 万元,省体育局配套 1 万元器材。2 万元直接划拨到各村用于水泥球场建设,1 万元器材为篮球架 1 付、乒乓球桌 2 张。是年底,市直机关、乡镇(街道)和企事业单位共有篮球(排球)场 191 个,门球场 11 个,乒乓球室 56 个,棋牌室 32 个。

第四章 体育管理

第一节 机 构

1987年，涟源市体育运动委员会（简称市体委）内设办公室、体育股，定编4人。下辖涟源市业余体育运动学校（简称市业余体校），市业余体校设田径、游泳、篮球、乒乓球4个专业，教练员5人，投掷队被定为湖南省投掷重点班，9名队员享受省重点队员待遇。业余训练点分布在市业余体校、一中、二中、实验学校、蓝田中学。1991年，乒乓球项目撤训。1999年，篮球项目撤训。2002年，游泳项目撤训。2002年7月，市体委更名市体育局。2007年9月26日，市体育局由老干路迁到市体育馆内（地址：罗家佃社区）办公，抽调3人对体育馆进行管理。是年，全局工作人员15人。

第二节 体育市场与管理

一 体育经营活动管理

1997年3月，《湖南省体育经营活动管理条例》颁布实施，市体委对体育经营业主进行摸底，7月，组织全市武术馆校、体育器械、保龄球、台球、乒乓球、健身气功等10个经营业主进行培训学习，依法发给体育经营许可证，以后每年进行年检年审。2007年，全市有武术馆校5所、乒乓球培训中心2所、瑜伽培训中心1所、武术散打跆拳道培训基地1个，溜冰场3处，健身俱乐部2个。1997—2007年，市体育局引导体育经营单位依法经营，没有收取管理费。

图29-5 2007年，涟源市武术散打跆拳道培训基地成立

二 体育彩票发行

1997年2月，首次销售即开型体育彩票93万元，以后又发行3期，销售彩票386万元。2003年，国务院下文停发即开型彩票。

2001年底，中国电脑体育彩票上市，全市设有8个销售网点（投注站）。2002年底销售额为132万元。2006年，达760万元，是年，市体育局被评为全省电脑体育彩票销售先进单位。2007年，有20个销售网点分布城乡，由市体育局统一管理，销售额581万元，收益金23.24万元，是年5月，涟源市再次被评为全省体育彩票销售先进单位。2001—2007年，销售电脑彩票2230万元。

三 体育馆经营

2007年6月，涟源市体育馆投入运营，成为集训练、竞赛、休闲、培训、表演为一体的体育支柱产业。经纪人租赁体育馆举办大型球赛,每晚租金28000元;举行晚会表演,每晚租金30000元。是月,举办全国甲B男子篮球四强对抗赛,9月,举办中美国际男子篮球对抗赛(美国休斯敦雷鸣队和中国甲A浙江万马队),12月,举办涟源市象棋围棋大赛。是年,收取租金68000元。

四 体育执法

1995年10月1日,《中华人民共和国体育法》颁布实施,全市开始体育执法。1997年5月,市体委3人通过考试获得《行政执法证》,对全市武术、散打、跆拳道、保龄球、台球、乒乓球等体育招生培训活动进行执法监管,对体育场馆设施进行执法检查,对体育彩票销售和体育器械经营单位进行常年监督。1998年7月,对3家无证经营的体育器材店进行补办体育经营许可证。2000年7月,对莲花广场旁1所未经批准而擅自招生的武术训练馆依法进行查封,退还65名学生13000元学费。2001年6月,依法取缔利用虚假广告进行招生培训的气功站1个。1999—2007年,每年对体育培训、体育设施、体育彩票、体育经营进行1次体育执法大检查,未发现违法问题。

附记一:创建全国体育先进市

1999年8月4日,市政府下发《涟源市争创全国体育先进市工作方案》,全市各乡镇(街道)、100人以上的机关、厂矿、企事业单位、部队、学校开展争创全国体育先进市活动,122个单位被确定为创建全国体育先进市国检单位。市体委举办培训班,将任务量化落实到每个单位。2000年5月,国家体育总局组织专家来涟源市核查,市内具有体育馆、田径场、灯光球场、训练房四大件,每四年一周期内参加全省、全国青少年比赛平均取得金牌74枚(标准4枚)以上,每年举办4次以上市级体育比赛,每次比赛有文件、竞赛规程、秩序册、成绩表和比赛过程中的照片;乡镇有一场(篮球场)、一室(乒乓球室),每年举办比赛4次以上。是年8月,涟源市被评为全国群众体育先进单位。11月,国家体育总局授予涟源"全国体育先进县(市)"称号,12月,省政府授予涟源"湖南省体育先进县(市)"称号。

附记二:迎奥运活动

2007年8月8日,"迎奥五环潇湘·涟源行"篮球、羽毛球、乒乓球、门球、棋类、登山、趣味体育、奥运知识抢答、登山等11项迎奥赛事活动在涟水名城启动,市委、市人大、市政府、市政协领导人出席,全市乡镇(街道)、市直机关、企事业单位、学校共1000余人参加。13000余人参与迎奥系列竞赛活动,举办比赛活动128场次。是年12月,涟源市被国家体育总局评为"全国全民健身与奥运同行活动先进单位",刘涛被推选为北京奥运火炬手(全省唯一一名基层体育局长),在长沙参加传递。

图29-6 "迎奥五环潇湘·涟源行"活动启动仪式

第三十篇　卫　生

1987年，涟源市医疗机构1071个(家)，固定资产1012.34万元，医疗设备总价值200.65万元，建筑总面积13.52万平方米，其中医疗业务用房10.81万平方米；拥有病床2508张，平均每千人口有病床2.60张；有医疗卫生技术人员(简称卫技人员)3211人，平均每千人口有卫技人员3.33人。1987—1995年，全市投资4000多万元，新、改、扩建38所卫生院，建筑面积4.5万平方米。1993—1995年，市卫生局连续3年被评为湖南省农村卫生"三项建设"(基本建设、基础设施、仪器设备)先进集体。2007年，全市医疗机构1129个(家)，其中市属医疗机构4个，乡镇(街道)卫生院(中心卫生院、医院)20个，卫生分院32个，村(居、社区)卫生室954个，驻涟部队、厂矿医院7个，社会团体医疗机构2个，个体诊所110个；固定资产22875万元，医疗设备总价值6994万元，建筑总面积22.05万平方米，其中医疗业务用房15.26万平方米；拥有病床2327张，平均每千人口有病床2.05张；卫技人员4867人，其中市属医疗机构903人，乡镇街道卫生院(中心卫生院、医院)和分院1585人，村(居、社区)卫生室973人，村(居、社区)妇幼保健员934人，驻涟部队、厂矿医院278人，社会团体医疗机构84人，个体诊所110人，平均每千人口有卫技人员4.28人。

1987年，全市采用"四苗"(麻疹疫苗、卡介苗、脊髓灰质炎疫苗、百白破疫苗)对新生儿至7岁儿童实行免费计划免疫。1991年，扩大到采用5种疫苗(增加乙肝疫苗)预防7种传染病，全市"五苗"全程接种率达95.7%，有效预防麻疹病、百日咳病、白喉病、破伤风病、脊髓灰质炎病、结核病、乙型肝炎等传染病的发生，消灭天花和鼠疫等烈性传染病。1992年，涟源市计划免疫工作经世界卫生组织考核验收合格。1995年，涟源首创县级市丙级卫生城市。是年至1996年，市妇幼保健院、市人民医院先后被联合国儿童基金会、世界卫生组织、卫生部授牌"爱婴医院"。1998年，涟源市被确定为省级"爱婴市"。1999年，涟源市上升为乙级卫生城市。2003年6月，涟源市被湖南省人民政府确定为全省首批5个新型农村合作医疗(简称新农合)试点县(市)之一，10月，全面启动新农合医疗保险制度，至2007年12月，全市参加新农合的农业人口807076人，占全市农业人口88%；筹集合作医疗基金13267万元，其中中央、省、市、县(市)4级财政投入资金10327万元，占77.84%，农民个人缴费2940万元，占22.16%。

第一章　医疗机构

第一节　市属医疗机构

一　市人民医院

1987年，市人民医院位于城区交通路19号，固定资产182万元，占地3.36公顷，建筑面积15974平方米，其中业务用房10802平方米，医疗设备价值58万元。1994年12月，被卫生部评为二级甲等医院。2001年

9月,挂牌为中南大学湘雅医学院教学医院。2006年,被定为娄底市卫生学校教学医院。2007年,职工624人,其中卫技人员498人;固定资产总值9680万元;占地3.37公顷;建筑面积57140平方米,其中业务用房48140平方米;医疗设备价值2689万元。设临床科室22个,医技科室9个;年门诊33.6万人次;开设病床500张,年出院16000人次;年手术4433台(次)。

二 市中医院

1987年,市中医院位于城区青年路(今青年街),固定资产137万元,占地0.37公顷,建筑面积3000平方米,其中业务用房1978平方米,医疗设备价值30万元。1996年10月,迁至城区光蓝路(今环北东路)酸枣坪广场北侧。12月,被卫生部评为二级甲等中医医院。2007年,职工217人,其中卫技人员191人;固定资产980万元;占地3.06公顷;建筑面积20978平方米,其中业务用房19987平方米;医疗设备价值512万元。设临床科室14个,医技科室8个;年门诊55136人次;开设病床110张,年出院3143人次。

三 市疾病预防控制中心

1987年,市卫生防疫站位于城区人民路224号,固定资产227万元,占地0.83公顷,建筑面积3700平方米,其中业务用房1948平方米,医疗设备价值25万元,内设14个功能科室、12个业务科室和职业病防治医院、健康教育所。2004年12月,撤销市卫生防疫站,设立市疾病预防控制中心(简称市疾控中心),定编100人。2006年,20个乡镇(街道)均设立公共卫生服务与管理办公室,定编41人。2007年,市疾控中心有职工108人,其中卫技人员90人;固定资产294万元;占地1.14公顷;建筑面积8324平方米,其中业务用房2400平方米;医疗设备价值400万元。

四 市妇幼保健院

1987年,市妇幼保健所位于城区交通路9号,固定资产86万元,占地0.8公顷,建筑面积5300平方米,其中业务用房1800平方米,医疗仪器设备价值23万元。1996年,更名市妇幼保健院。2007年,职工135人,其中卫技人员124人;固定资产1130万元;占地0.93公顷;建筑面积7862平方米,其中业务用房7200平方米;医疗设备价值150万元。设功能科室6个,业务科室12个;年门诊41328人次;开设病床100张,年出院4669人次。

第二节 基层医疗机构

一 乡镇医疗机构

1987年,全市乡镇医疗机构有蓝田医院、荷叶区卫生所、四古区医院、伏口区医院、桥头河区医院、杨家滩区医院、山塘区医院、白马区医院以及46家乡镇卫生院,有卫技人员1077人,开设病床1223张,年门诊量15万人次。1989年,新建六亩塘街道卫生院和马家境街道卫生院。1994年,安平镇、山塘乡、白马乡卫生院分别并入四古区、山塘区、白马区医院。1996年,乡镇医疗机构调整,撤销荷叶区卫生所,6家区医院改为中心卫生院,七星街镇卫生院、龙塘乡卫生院升格为中心卫生院,全市共设20家乡镇(街道)卫生院(中心卫生院、医院),另有32家卫生分院。1999年,伏口卫生院并入伏口镇中心卫生院。2007年,20个乡镇(街道)医疗机构共有固定资产7076万元,占地17.11公顷,建筑总面积92693平方米,其中业务用房48140平方米,医疗设备价值1868万元。共有职工1682人,其中卫技人员1585人。年门诊量333800人次,共开设病床1164张,年出院22101人次。(31家卫生分院的情况没有统计)

二　村级医疗机构

1987年,全市有村级卫生室918个,乡村医生989人,村妇幼保健员961人。2007年,全市有村级卫生室954个,有在册乡村医生973人,村妇幼保健员934人。

2007年涟源市乡镇(街道)医疗机构情况

表30–1

单位名称	占地面积(公顷)	建筑面积(平方米)	职工数(人)	其中卫技人员(人)	年出院病人(人次)	年门急诊数(万人次)
蓝田医院	0.66	3614	74	71	548	3.97
石马山镇卫生院	0.66	5000	124	118	118	3.39
六亩塘镇卫生院	0.36	2850	99	94	564	0.96
三甲乡卫生院	0.25	1600	61	58	200	0.80
枫坪镇卫生院	0.36	2580	41	39	808	1.04
斗笠山镇卫生院	2.38	9600	90	84	1600	1.95
水洞底镇卫生院	0.58	4546	48	46	816	2.21
杨市镇中心卫生院	0.76	9000	151	146	4000	3.00
桥头河镇中心卫生院	0.96	10148	214	194	3174	2.85
七星街镇中心卫生院	0.66	5250	83	81	500	3.00
渡头塘乡卫生院	0.39	1800	44	43	1080	0.38
古塘乡卫生院	0.38	2400	25	18	890	0.40
伏口镇中心卫生院	3.34	6400	97	93	1100	1.20
湄江镇卫生院	0.66	3328	77	73	1560	1.80
龙塘乡中心卫生院	0.67	5340	62	58	480	1.50
安平镇中心卫生院	1.14	8737	99	95	1139	1.02
茅塘镇卫生院	0.78	1800	41	39	600	0.80
白马镇中心卫生院	0.66	3200	92	88	1000	1.00
荷塘镇中心卫生院	1.20	3000	92	82	600	1.50
金石镇卫生院	0.26	2500	68	65	295	0.61
合计	17.11	92693	1682	1585	22101	33.38

第三节 其他医疗机构

一 社会团体医疗机构

市民盟康复医院 2004年5月12日，涟源市民盟康复医院创建，位于蓝田街道文艺路。2007年，租用原365医院门诊部，建筑面积6000平方米，其中业务用房4500平方米，固定资产300万元，医疗设备价值200万元。医院设临床科室8个，医技科室4个；年门诊1800人次；开设病床40张，年出院700人次。职工50人，其中卫技人员44人。

市疑难病专科医院老科协分院 1997年9月4日，涟源市老科协医疗康复诊所成立，位于蓝田街道双江街。2005年12月16日，更名市疑难病专科医院老科协分院。2007年，医院有固定资产500万元，建筑面积5800平方米，其中业务用房2800平方米，医疗设备价值280万元。医院开设临床科室10个，医技科室5个，年门诊99220人次；开设病床50张，年出院1890人次。职工42人，其中卫技人员40人。

二 个体医疗机构

1987年，全市有个体医疗机构20个、个体医师20人，开业地点分布在蓝田城区、杨家滩镇、桥头河镇等地。2007年，全市依法注册的个体医疗机构110个、个体医师110人，分布于全市各乡镇(街道)。

三 部队、厂矿医疗机构

365医院 1977年，中国人民解放军广州军区第365医院(简称365医院)创建。1987年10月，其住院部无偿借给涟源市创办市第二职业中学。1997年12月，365医院因裁军被撤销，整体并入中国人民解放军总后勤部驻涟62172部队。2007年，其门诊部出租给市民盟康复医院。

娄底市湘中煤炭医院有限公司 1969年6月，中国煤矿工人北戴河疗养院整体迁入涟源县毛坪公社先志大队(今六亩塘镇芦茅塘社区芙蓉广场西侧)，更名湖南省煤矿工人医院(俗称煤炭医院)。1974年10月，更名湖南省涟邵矿务局职工医院。2003年12月，更名湖南省涟邵矿业集团公司总医院。2006年6月，实行改制，成为股份制民营医院，更名娄底市湘中煤炭医院有限公司(简称煤炭医院)。2007年，医院固定资产2312万元，占地2.89公顷，建筑面积16271平方米，其中业务用房11380平方米，医疗设备价值771万元。职工181人，其中卫技人员140人。设临床科室11个，医技科室6个；年门诊13371人次；开设病床184张，年出院1814人次。

斗笠山矿区医院 始建于1953年。2004年，湖南省斗笠山煤矿实施破产，斗笠山矿区医院移交涟源市人民政府，归属卫生局管理。2007年，医院有固定资产128万元，建筑面积7800平方米，其中业务用房4730平方米，医疗设备价值30万元。职工58人，其中卫技人员47人。设临床科室8个，医技科室5个；年门诊15000人次；开设病床59张，年出院900人次。

桥头河矿区医院 始建于1956年。2004年，湖南省桥头河煤矿实施破产，桥头河矿区医院移交涟源市人民政府，归属卫生局管理。2007年，医院有固定资产300万元，建筑面积3500平方米，其中业务用房1840平方米，医疗设备价值19万元。设临床科室8个，医技科室5个，下辖四方山、桥二井、温塘3个分院和邓子山、贺家、璜珠3个医疗点，职工55人，其中卫技人员34人。年门诊7000人次；开设病床50张，年出院1100人次。

洪源医院　1965年7月，国营洪源机械厂职工医院创建，有职工118人。2007年7月，国营洪源机械厂改制，医院更名涟源洪源医院（仍为厂属医院）。有固定资产175万元，建筑面积4530平方米，其中业务用房3830平方米，医疗设备价值75万元。职工71人，其中卫技人员57人。设临床科室9个，医技科室6个；年门诊量25873人次；开设病床70张，年出院1739人次。

湖南省锻造厂职工医院　1978年，湖南省锻造厂职工医院（简称锻造厂医院）创建。2008年12月，湖南省锻造厂破产，锻造厂医院房地产移交涟源市人民政府。2009年5月，涟源市人民政府将锻造厂医院房地产移交给水洞底镇卫生院使用管理。

湖南神斧集团一六九化工有限责任公司职工医院（简称169厂医院）　1969年创建。2003年，湖南省一六九化工厂实行改制，成立湖南神斧集团一六九化工有限责任公司，医院更名湖南神斧集团一六九化工有限责任公司职工医院，职工6人，其中卫技人员5人。至2007年，机构未变。

湖南省湘中机械厂职工医院（简称湘中厂医院）　1964年创建。1995年，医院整体搬迁至娄底市（今娄星区）。

湖南省湘峰机械厂职工医院（简称湘峰厂医院）　1965年5月创建。1997年，医院整体搬迁至娄底市（今娄星区）。

湖南省煤矿机械厂职工医院（简称煤机厂医院）　1974年创建。2008年，湖南省煤矿机械厂实行政策性破产改制，成立湖南煤矿机械有限公司，煤机厂职工医院整体拍卖转入湖南煤矿机械有限公司，更名湖南煤矿机械有限公司医院。是年，职工22人，其中卫技人员20人。

涟钢田湖铁矿职工医院　1958年，涟钢医院田湖分院创建。1972年，更名涟钢田湖铁矿职工医院。2005年，实行改制，涟钢田湖铁矿职工医院整体并入涟钢医院。

其他　1987年，各市属国有、集体企业，均设有厂（矿、场）医务室。20世纪末21世纪初，随着企业改制消失。

图30-1　涟源市中医院

图30-2　涟源市妇幼保健院

图30-3　涟源市人民医院门急诊综合楼

图30-4　涟源市疾病预防控制中心

第二章 卫生体制改革

第一节 医疗经费管理改革

1987年,市公费医疗办公室负责对全市行政事业单位人员公费医疗和企业职工劳保医疗经费实行全面管理,对20世纪50年代初开始实施的公费医疗制度和劳保医疗制度进行改革,国家工作人员医疗费用不再实报实销。行政事业单位人员生病治疗,按工龄长短确定报销比例,门诊费用实行定额包干,住院费用由财政、单位、个人三方按比例分担。企业按规定在职工工资中统一提取医疗费用,90%以上的单位根据职工工龄长短,确定门诊药费数额(每月5~10元)按月发给职工,一般患病在企业医务室治疗,危急重病人经单位领导批准到上级医院住院治疗,医药费由单位报销。1988年,行政事业单位乡镇一级按每人每年55元医疗费包干,经费宽松单位可报销80%~90%,经费紧缺单位报销20%;市级机关干部门诊费每人每年下拨30元,由单位统一掌握,住院费由公费医疗办按规定审核后报销。1996年,行政事业单位人员的住院、门诊费都拨给单位掌握,调剂使用,超支部分由单位从福利费、预算外经费报销。市属国有、集体企业亏损日渐严重,职工普遍不能按规定享受劳保医疗待遇。1999年,市公费医疗办公室撤销。2000年,《涟源市城镇职工基本医疗保险管理暂行办法和实施细则》出台,建立由个人、单位、财政共同承担的新的城镇职工基本医疗保险制度,市内行政事业单位和企业单位工作人员逐步纳入城镇职工医疗保险范围。2002年,全市停止实行公费医疗和劳保医疗制度,行政事业单位和企业单位职工的医疗保险费收缴和支付工作由市劳动和社会保障局负责管理。2007年,全市参保单位283户,参保人数42103人,征缴医疗保险基金5508万元,支付2998万元。

第二节 医疗机构管理改革

1987年,市属医疗机构实行院(站、所)长负责制,采取定岗、定员、定质、定量、定收支和奖罚兑现的管理办法。区(街道)、乡镇医疗机构的人员、业务、财务由市卫生局管理,领导班子配备、房屋建设、设备添置等以区(街道)、乡镇管理为主。在机制改革中,各医疗机构采取集资方式完善基础设施建设,拓宽业务范围。1996年,根据行政区划变化,撤销荷叶区卫生所,6个区医院变更为中心卫生院,七星街镇卫生院、龙塘乡卫生院服务人口多,辐射范围广,升格为中心卫生院。全市设20个乡镇(街道)中心卫生院(卫生院、医院)及32个卫生分院,分院和门诊部属中心卫生院管理,单独核算,自负盈亏。1997年,365医院因裁军被撤销。1998年,乡镇卫生分院部分卫技人员停薪留职,自设医疗点或“下海”打工。1999年,乡镇医疗机构的领导班子配备、房屋建设、设备添置均由市卫生局管理。2000年,一些乡镇卫生分院出现人去楼空的局面(如水洞底镇新禾卫生院、荷塘镇古楼卫生院、桥头河镇石狗卫生院、石马山镇马头山卫生院、伏口镇石陶卫生院等)。2001年1月,省斗笠山煤矿和桥头河煤矿破产,斗笠山矿区医院和桥头河矿区医院移交涟源市人民政府,归市卫生局管理。2005年4月,市中医院、白马镇中心卫生院实行租赁经营制,枫坪镇卫生院、茅塘镇卫生院实行承包经营制。2006年6月,涟邵矿业集团公司总医院改制为股份制民营医院。

第三节　农村合作医疗改革

一　农村合作医疗运行模式

1984 年,村合作医疗站更名村卫生室,由集体或个人承包。1989 年,村卫生室医务人员称“乡村医生”。农民看病主要靠自费,经济负担沉重,因病致贫、因病返贫现象突出。2003 年 6 月,市新型农村合作医疗管理局成立,负责全市新型农村合作医疗的日常管理工作和合作医疗资金的筹集、使用、管理。新型农村合作医疗制度以大病统筹为主,适当兼顾门诊费用补助,既提高抗大病风险能力又兼顾农民的受益面,激发农民群众参加合作医疗的积极性。资金主要来自中央财政,省级、市级和县(市)级财政的配套资金,少量由农民个人缴纳。2003 年,中央财政为每个参加合作医疗的农民支付 10 元,省级配套 3 元,市级配套 3 元,县(市)级配套 4 元,农民个人缴纳 10 元,合计 30 元。2005 年,分别为 10 元、4 元、3 元、3 元、10 元,合计 30 元。2006 年,分别为 20 元、13 元、4 元、3 元、10 元,合计 50 元。一次住院最高补助 5000 元, 一个年度内最高补助 10000 元。参合农民在定点医疗机构计划内生育住院分娩的,平产补助 100 元,难产补助 150 元。凡参加合作医疗的适龄儿童,享受免费预防接种服务,接种的基础疫苗包括百白破、脊灰糖丸、麻疹疫苗、卡介苗、乙肝疫苗。2007 年,运行模式未变。

图 30-5　2006 年 8 月 6 日副省长甘霖(左一)考察石马山镇新型农村合作医疗工作

二　农村合作医疗监督机制

2004 年 6 月 1 日,市政府颁发《涟源市新型农村合作医疗工作监督暂行办法》。市、乡镇(街道)分别成立新型农村合作医疗监督委员会(简称监委会)。建立由群众监督,社会监督,新闻舆论监督与财政、审计等专门机构监督相结合的新型农村合作医疗工作监督体系,实行全方位、多层次、全过程监督。采取定期监督、不定期监督、查处举报案件、检查分析上报数据等方式进行。市、乡镇(街道)合作医疗管理机构,每半年向同级监委会呈报会计报表和工作情况汇报。

三　农村合作医疗基金管理

2003—2007 年,全市以《中华人民共和国会计法》《湖南省新型农村合作医疗基金管理办法》及有关政策规定为准绳,按照“公开、公平、公正”和“专款专用、专款储存”的原则管理农村合作医疗基金。由市财政局在银行设立合作医疗基金社保专户,乡镇(街道)财政所收取的农民个人缴费直接上解至市合作医疗基金社保专户,各级财政的配套资金统一拨入合作医疗基金社保专户,实行统一管理。基金社保专户只能办理转账结算,不能提取现金。实行收支两条线管理,不得挤占、挪用、截留基金。

四 农村合作医疗参保人数

2003年,全市660210人参加新型农村合作医疗保险,参保率70%,筹资1980万元。是年,家庭门诊补助462万元;住院补助11658人次,占参合人数的1.8%,补助资金895万元,次均补助768元,住院补助率26.5%;其他补助115万元。2007年,807076人参加新型农村合作医疗保险,参合率88%,筹资4035万元。是年,家庭门诊补助554万元;住院补助34175人次,占参合人数4.3%,补助资金3323万元,次均补助972元,住院补助率32.5%;其他补助141万元。

第四节 农村药品"两网"建设

2004年,涟源市被列为全省农村药品"两网"(供应网络和监督网络)建设5个试点县市之一。是年,成立涟源市农村药品"两网"建设领导小组,办公室设市药监局,开始推进农村药品供应网、监督网建设,致力实现乡乡有药店、村村有药柜和建立覆盖全市城乡监督网的目标。2006年,村卫生室改造为诊疗、供药"一室两用"。是年,在全市聘任48名药品监督协管员,950名信息员,形成覆盖全市每个角落的市、乡、村三级药品监督网络,覆盖率达到100%;对全市所有医疗机构,实行药品统一配送,100%签订质量保证协议。是年,全市100种农村常用药品价格比上年平均下降26.2%。同时,深入推进医疗机构"规范化药房"建设,全市投入500多万元用于药房改造,包括外观装修、购置新药柜、添置药品冷藏设备等。是年,涟源市成为省级农村药品"两网"建设达标县市。2007年7月,市、乡两级均成立食品药品安全委员会,配备一名专职副科级干部担任乡镇食品药品安全委员会办公室主任,监督网络延伸到各村民小组,聘请9022名村民小组长为药品监管联络员,聘任935名村定补干部为食品药品监管信息员,形成覆盖全市每个角落的市、乡、村、组四级监管网络。

图30-6 2007年7月26日,娄底市农村药品"两网"建设现场会在涟源召开,涟源经验在会上推广

第三章　医疗设备与技术

第一节　医疗设备

1987 年，全市有医疗仪器设备 128 种，2070 台（件），包括 50 毫安 X 光机、心电图机、日本产 B 超机各 1 台。至 1996 年，增加到 210 种，3290 台（件），其间添置有纤维胃镜 1 台，纤维喉镜 1 台，高性能麻醉机 2 台，500 毫安电视 X 光机 1 台，美国产全身螺旋 CT 机 1 台，美国产贝特 500 型人工肾机 1 台等。其中，乡镇（街道）中心卫生院（卫生院、医院）添置有 200 毫安 X 光机、B 超机、血球分析仪、尿液分析仪、万分之一分析天平、洗胃器等。2001 年，增加到 250 种，3340 台（件）。新置自动洗胃机、呼吸机、生化分析仪、体外碎石机等。至 2007 年，增加到 290 种，3880 台（件）。其中，放射影像类设备主要有 200 毫安 X 光机、500 毫安 X 光机、500 毫安电视 X 光机、深部 X 光机、C 臂 X 光机、德国产数字 X 线摄影（DR）系统、CT 机 9 台，检验检测类设备主要有全自动生化分析仪、电解质分析仪、凝血三项分析仪、二氧化碳测定仪、空气防爆采样仪、防爆粉尘采样仪、十万分之一分析天平等，诊断治疗类设备主要有心电图机、自动呼吸机、心脏起搏器、心脏除颤仪、心电监护仪、胎心监护仪、电子洗胃机、电子胃镜、百特血透机、二维彩色 B 超机、四维彩色 B 超机、眼科手术显微镜、电视腹腔关节腔镜、双缸麻醉机、10 人高压氧舱等。是年，全市医疗设备总价值 6994 万元。其中，市属医疗机构占 53.63%，乡镇（街道）中心卫生院（卫生院、医院）占 26.71%，驻涟厂矿医院占 12.80%，社会团体医疗机构占 6.86%。

图 30-7　市人民医院高压氧舱

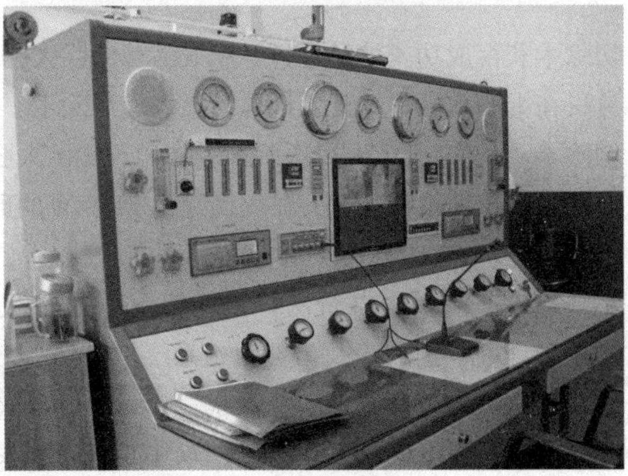

图 30-8　高压氧舱计算机监控系统

第二节　西医技术

一　内　科

1987 年，市人民医院医师刘永强成功治疗 1 例国内罕见的高雪化病。省涟邵矿务局职工医院采用腹膜透析法治疗不明原因中毒病人，毛某入院时深度昏迷休克、呼吸衰竭，经 55 次腹膜透析治愈出院。2002 年，石马山镇卫生院在全市率先设立体外碎石中心。

二 外 科

1987年,全市乡镇以上医疗机构均设有外科门诊。市人民医院、涟邵矿务局职工医院能对各种外伤进行清创缝合,对阑尾炎、胆囊炎、脾脏破裂进行手术治疗,对胃小部或大部实行切除术以及疝气修补术。是年,市人民医院设立普胸肝胆外科,开展胆总管空肠(Roux—eug)吻合术、经皮肝穿刺、胆管造影术。骨科医师罗强、姚茂森(侗族)成功开展娄底地区首例断指再植术。1989年,普胸肝胆外科首次开展心脏手术,自发性气胸开胸修补术、先天性心脏病动脉导管未闭结扎术,均获成功。1993年2月,神经外科首创单孔双管引流治疗慢性硬膜下血肿。是年,在娄底地区率先成功开展高颈段脊髓肿瘤切除术1例,对重症颅脑外伤病人实行手术及亚低温治疗1000例,治愈率92%。1994年8月,骨科医师罗强成功完成娄底地区首例心脏二尖瓣闭式扩张手术,市人民医院医师肖铁山成功完成首例大脑镰巨大脑脑膜瘤手术。是年,普胸肝胆外科成功开展首例心脏二尖瓣闭式扩张术、漏斗胸矫正术、纵膈肿瘤切除术、缩窄性心包炎剥离术。1995年,泌尿外科成功开展膀胱肿瘤部分切除输尿管膀胱移植术、膀胱肿瘤膀胱全切结肠代膀胱手术、双肾盂双输尿管畸形输尿管开口异位术。普胸肝胆外科开展首例食管癌切除术获得成功。神经外科开展大脑镰旁巨大脑膜瘤手术2例,蝶骨嵴脑膜瘤手术1例,治愈率均为100%。骨科在娄底地区率先开展椎柱结核病灶清除术。1997年,市人民医院医师曾宪源成功开展首例胰十二指肠切除术。1998年,市人民医院神经外科开展巨大脑膜瘤全切手术获得成功。1999年11月18日,市人民医院成功为六亩塘镇芙蓉村一村民摘除12千克重的卵巢肿瘤,系涟源首例。2001年,市人民医院建立微创治疗组,成功完成韧带性右半肝切除,肝左叶、胰、十二指肠切除,腔镜胆囊、阑尾联合切除等普外四类手术。是年,成功完成手术943台次。2005年9月,市人民医院设立全市首家泌尿外科专科,主要从事肾上腺、肾脏、输尿管、膀胱、前列腺及男性生殖系统常见病、多发病、疑难病的诊治;开展对泌尿系统结石、肿瘤、囊肿、结核及外伤的传统开放手术及输尿管肾镜下微创取石手术。利用膀胱镜检查治疗膀胱疾病,开展输尿管镜气压弹道碎石(URL PCNL),对肾、输尿管、膀胱、尿道结石取石100例,有效率93%。10月,神经外科对高血压脑出血病人进行微创血肿引流及康复理疗,实现早期抢救与后期康复的连贯性治疗,降低死亡率和致残率,年完成手术182台(次)。2006年,市人民医院骨科成功开展首例肱骨头肿瘤(骨巨细胞瘤)进行人工肱骨头置换术和首例复发性股骨骨巨细胞瘤瘤段切除再植术、首例胫骨骨巨细胞瘤段切除、钛合金关节假体植入术。是年8月4日,为茅塘镇105岁老人周湘元施行人工股骨头置换术,效果良好。2007年,市人民医院首次开展甲状腺癌(Ca)根治颈淋巴结清扫术,获得成功。

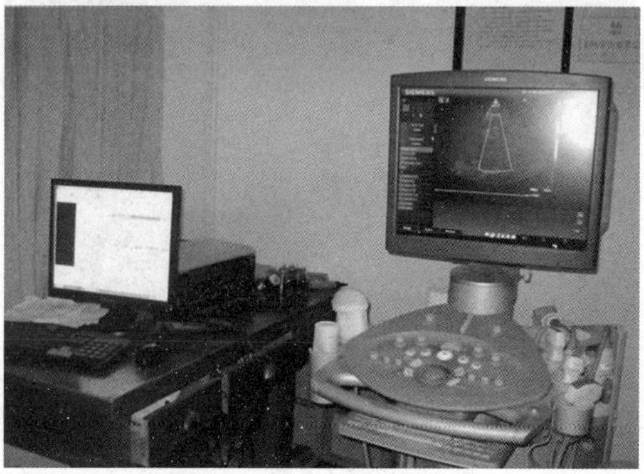

图30-9 市人民医院开展腹腔镜胆结石取出术

三 妇产科

1987年,全市乡镇以上医疗机构大部分设有妇产科门诊,市妇幼保健院还设有产科急救中心。能开展子宫全切、外阴修补、剖宫产、卵巢囊肿切除、输卵管开窗术、无痛人流术、阴式子宫切除术、阴式子宫全切加双侧附件切除术、阴道前后壁修补术、陈旧性会阴Ⅲ度裂伤修补术。1997年,市妇幼保健院成功采用输卵管吻合新技术。市人民医院妇产科1998年采用无损伤缝合线皮内缝合新技术，2001年开展植入胎盘及宫外孕保守疗法、输卵管吻合术和整形术，2003年3月开展妇科腹腔镜手术，2004年开展全市首例宫外孕病灶清除术获成功。2007年6月，市人民医院妇产科分为妇科、产科。妇科开设病床32张，产科开设病床20张，年住院病人1000人次。其中，高危孕产妇占60%，抢救成功率100%。是年，市妇幼保健院开设病床100张，配置妊高征监测系统，为全市高危孕产妇住院分娩实行24小时免费接诊196例。

四　儿　科

1987年，全市乡镇以上医疗机构均设有儿科，诊治小儿感冒、小儿腹泻、小儿肺炎、哮喘、肠道蛔虫征等各种常见病、多发病。是年，市人民医院医师李振华发现1例国内罕见的鲁登巴氏综合征，得到及时治疗。1989年，市人民医院儿科用大黄、牡蛎、槐花煎剂保留灌肠治疗急性肾功能衰竭病人160例，治愈率85%。1995年，用海俄辛治疗婴儿腹泻120例，治愈率96%；采用妥拉明、多巴胺治疗小儿肺炎并心衰180例，治愈率90%。1997年，市妇幼保健院使用苏打、地塞米松、葡萄糖酸钙脐静脉推注成功抢救窒息新生儿。2007年，市妇幼保健院成立涟源市高危儿童急救中心，实行24小时免费接诊。杨市镇中心卫生院对危急重症新生儿采用前囟门高难度采血技术获成功。

五　护　理

1987年，全市有护理工作人员200人，护理管理由单一的执行医嘱向二级管理（总护士长、护士长）负责制转化。市人民医院1989年成立质量控制科，由1名医师和1名护士组成，以病历终末质量控制为主，主管医疗护理质量监督和指导工作。1990年，其护理部在省卫生厅组织的护理质量“天使杯”竞赛活动中，被评为优秀单位。1994年，护理由二级管理负责制向三级管理（总护士长、科护士长、护士长）负责制转化。是年建立护理部突发事件应急预案，制定护理工作流程和急救流程。2001年，护士长实行竞聘上岗，14名优秀中青年护理骨干脱颖而出，担任医院各科室的护士长。2004年6月招聘合同制护士23人。是年，护师曾萍撰写的论文《颅脑损伤并发器官功能不全综合征的护理》获全国医药卫生优秀成果二等奖。2007年，全市有护理工作人员583人。

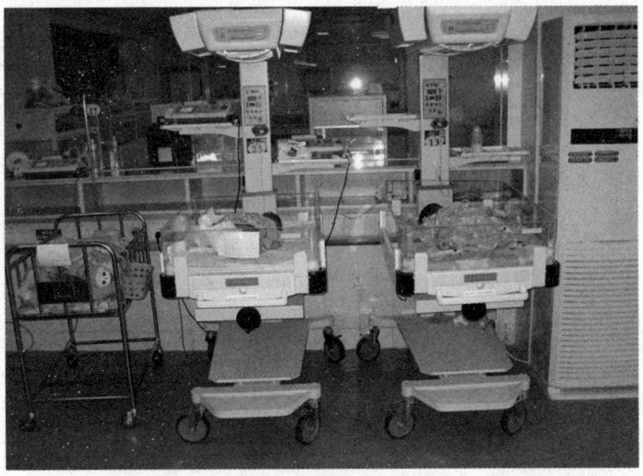

图30-10　市人民医院新生儿无陪护病房

六　其他临床科室

眼、耳、鼻、喉科　2006年，市人民医院开展首例喉癌手术（喉全切术）成功。

口腔科　1999年10月，市人民医院口腔科从原五官科分离出来，开展一些简单口腔治疗，如拔牙、洗牙、龋齿治疗及活动义齿的修复。2006年10月，市人民医院在全省范围内引进口腔专业技术人才，更新医疗设备，扩大口腔诊室，分设门诊部和住院部，设病床15张，年手术268台（次）。门诊部设有口腔诊疗区、口腔急诊室、儿童牙科诊室、口腔手术室。2007年，市人民医院口腔科增设数字化口腔影像诊断室，能开展冠状切口行颧弓、颧骨、上颌骨、眶骨开放性复位内固定术，腮腺、颌下腺、舌下腺切除和面神经解剖、唇腭裂的修复及二期手术、口腔颌面部肿物口腔癌的切除术等。

康复理疗科 1987年,全市乡镇以上医疗机构均设有理疗室。2001年,市人民医院单独设立康复理疗科,能开展针灸、推拿、拔罐、牵引、理疗、刮痧疗法、埋线疗法、美容美体等项目,主要治疗颈椎病、肩周炎、腰椎间盘突出症、胃病、伤风、中暑、中风后遗症、网球肘、面神经炎、颞颌关节功能紊乱症、骨性关节炎、三叉神经痛、坐骨神经痛、支气管哮喘、耳鸣耳聋、前列腺炎、妇科炎症、不孕不育症、肥胖症、痤疮、黄褐斑等疾病。2007年,市人民医院康复理疗科采用醒脑开窍法治疗中风,可缩短中风患者康复时间,减少其致残率。

麻醉科 1987年,市人民医院、煤炭医院设有麻醉科。1992年,市人民医院按照二级甲等医院标准,对麻醉科各手术间进行改建,增设污物通道、工作人员及病人出入道,划分无菌清洁区和污染区等。2007年,市人民医院麻醉科有手术间8间(个),其中无菌层流净化手术间3间(个),能开展无痛分娩,无痛人工流产,无痛胃镜检查,全麻气管插管,静吸复合麻醉,连续硬膜外麻醉,颈丛麻醉,臂丛麻醉,腰麻,骶麻,多点连硬外麻醉等业务,并能对手术中危重患者的生命体征、中心静脉压、有创血压进行监测与治疗。

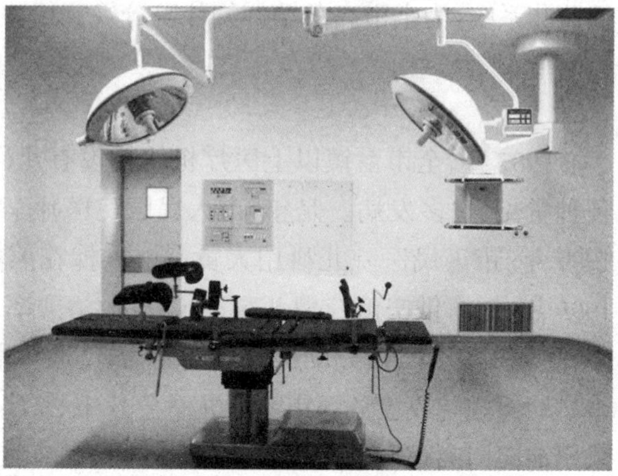

图30-11 市人民医院麻醉科净化手术间

七 医疗急救

1987年,全市乡镇卫生院以上医疗机构均设有急诊室,市人民医院设立急诊科,开设急诊观察床10张。1992年,市人民医院成立医疗急救领导小组,对急诊科进行改、扩建,增设洗胃室、抢救室及儿科急诊观察室、ICU重症监护室等急救科室。1993年,市人民医院急诊科配置先进的呼吸机、电动洗胃机、心脏除颤仪、心电监护仪等抢救监护设施,实行24小时服务。1999年2月,市中医院对医疗急救实施首诊医生负责制和24小时急诊医生值班制,救护车24小时在城乡接诊病人。10月26日,市人民医院成立涟源市120医疗急救中心,配置救护车3辆,并安装无线寻呼系统,手提式心电图机2台、心脏起搏器2台、呼吸机2台、小型供氧机2台、开通120医疗急救电话2台、配置各种急救药品。2000年1月、3月,交通路九九饮食店接连发生2起毒鼠药造成的食物中毒,105人中毒;10月,交通路路边快餐店发生1起毒鼠药造成的食物中毒,22人中毒,市人民医院120医疗急救中心组织相关专家及急诊科全体医护人员,开展紧急救助,挽救125名食物中毒者的生命,2人抢救无效死亡。2007年6月,市人民医院120医疗急救中心配置有救护车6辆,工作人员16人。其中,主任1人、医师4人、护士4人、司机4人、电话员3人。对"三无"(无姓名、无地址、无钱)危重急诊病人,先抢救后收费。

八 医疗用血

1987年,全市各医疗机构输血的血源,均为临用血时自行采血输给病人,献血员的血液质量检测受条件限制,输血风险较大,且献血员缺乏。1990—1991年,市人民医院建立血库,有一支由90名社会成员组成的献血员队伍,性质为有偿供血。献血员的体检及献血前的各种检测,均由检验科承担,一旦交叉配血成功,献血员到所需血的病室,由值班医护人员直接抽取献血者血液,再输入病人体内。1992—1994年,血库工作人员提前将采好的血放入冰箱储存备用,改变当场采血、直接输入的传统做法。1995年,市人民医院设立市中心血库,担负市及周边邻县100多万人口,26个医疗单位的治疗抢救供血任务,年用血量820个单位(袋),

计 16.4 万毫升。1996 年,市中心血库建立单独的艾滋病病毒(HIV)抗体检测实验室、贮血室、成分血制备室。1997 年,献血员增加到 755 人,市内用血量大,血源紧张的状况得到缓解,血液质量和献血员安全得到保证。是年,市人民医院投资 30 万元购置酶标仪、洗板机、低温冰箱、低温离心机、血库贮血冰箱、净化台等仪器设备,开展成分输血。1999 年 3 月 24 日,市委、市政府、市献血办、市人民医院在蓝田城区组织较大规模的无偿献血宣传日活动,各有关单位领导和市人民医院职工带头无偿献血。参加无偿献血者 120 人,采血 30000 毫升,接待咨询 2000 余人次。至 2001 年,参加无偿献血者 314 人次,采血 94730 毫升。是年 8 月,市中心血库撤销,市人民医院血库成为市储血库。2007 年,全市医疗机构输血总用量 2280 个单位(袋),计 45.6 万毫升。

九 医技科室

放射科 1987 年,全市乡镇以上医疗机构均设有 X 光室,市人民医院、市中医院、市卫生防疫站、市妇幼保健所、煤炭医院、斗笠山煤矿职工医院、桥头河煤矿职工医院、洪源机械厂职工医院以及杨家滩镇卫生院、桥头河镇卫生院等设有放射科。是年,市人民医院放射科配置 50 毫安 X 光机 1 台、200 毫安 X 光机 2 台,年完成照片 13100 人次,透视 7500 人次。1993 年,市人民医院职工集资,购进日本产岛津 1250 型 500 毫安 X 光机 1 台,年完成照片 15600 人次,透视 9400 人次。2007 年,添置德国产数字 X 线摄影(DR)系统一套、C 臂 X 光机、500 毫安电视 X 光机各 2 台。年完成照片 67875 人次,透视 14600 人次,特殊检查 10050 人次。

CT 室 1994 年,市人民医院设立 CT 室,购置美国产 GE9000—Ⅱ型 CT 机 1 台,开展对各类肿瘤、囊肿、脏器器质性病变、形态改变以及外伤骨折、脏器损伤、颅内出血、四肢关节、脊柱、腹部、胸部、颅脑、头颈部的扫描,年完成 CT 检查 2930 人次。2003 年,购置美国产全身螺旋(GEHispced—xi)CT 机 1 台,年完成 CT 检查 4280 人次。2007 年,全市有 CT 机 9 台(市人民医院、市中医院、杨市镇中心卫生院、桥头河镇中心卫生院、七星街镇中心卫生院、伏口镇中心卫生院、白马镇田心卫生院、煤炭医院、洪源医院各 1 台)。

B 超室 1987 年,全市乡镇以上医疗机构均设有 B 超室。市人民医院 B 超室检查项目有:心脏超声、腹部 B 超(肝、胆、脾、胰、双肾、阑尾、妇科)、小脏器变频彩超(乳房、浅表部位、甲状腺、眼球)、血管彩色超声(颈部、四肢)、阴道彩色超声等。1988 年,市人民医院集资购置日本产高档 B 超机 1 台,B 超室年完成检查 3463 人次。1999 年,又购置美国产 HP—2410 高档彩色 B 超机 1 台,B 超室年完成检查 24062 人次。2007 年,市人民医院完成 B 超检查 29100 人次。

病理室 1987 年,市人民医院病理室能开展各类手术切除的脏器、肿块、钳取的小组织以及体液、分泌物等活检及组织细胞学病理检查,对胃、肠、肝、鼻、咽、乳腺、宫颈、甲状腺、肾、膀胱、淋巴、生殖系统等的恶性肿瘤、良性肿瘤癌前病变及较少见疾病作出正确诊断,并能选择性地开展术中快速病理检查。2007 年,完成病理检查 27625 人次。

心、脑电图室 1987 年,全市乡镇以上医疗机构都设有心电图室,市人民医院、市中医院、杨家滩镇卫生院相继设立心脑电图室。市人民医院心、脑电图室配置有进口 12 道、6 道心电图机,德少凯多普勒仪,检查项目有 24 小时动态心电图、24 小时动态血压、心电图、脑电图、经颅多普勒、脑地形图等。2007 年,市人民医院心、脑电图室完成检查 43600 人次。

高压氧室 1987 年,市人民医院设立高压氧室,配置高压氧舱机 1 台(2 人舱)。高压氧对偏头痛,三叉神经痛、风湿性关节炎、胃及十二指肠溃疡、心肌梗塞、脑中风、瓦斯中毒、突发性耳聋、前庭神经炎、眩晕症、妇女盆腔炎等疾病能起到辅助治疗效果。2001 年 12 月 30 日,高压氧舱机发生故障,停止工作。2007 年,新购进冰轮高压氧舱机 1 台(10 人舱),开展高压氧治疗业务。

胃镜、肠镜室 1987 年,市人民医院设有胃镜、肠镜室,有国产胃镜 1 台、肠镜 2 套。1994 年,市中医院设立胃镜室,配置国产胃镜1台。至2007年,市人民医院胃镜、肠镜室拥有奥林巴斯胃肠镜系统2套,可准确诊断萎缩性胃炎、糜烂性胃炎、胃溃疡、十二指肠溃疡、胃癌等胃及十二指肠部位的病变。

检验科 1987年,全市乡镇以上医疗机构均设有化验室,能开展三大常规、生化、细菌培养、放免、骨髓涂片检验。其中,市人民医院、市中医院、蓝田医院、杨家滩镇卫生院、桥头河镇卫生院、安平镇卫生院、煤炭医院等医疗机构设有检验科。市人民医院检验科1989年开展钾钠氯钙测定、乙肝全套检测,1992年开展尿10项检测,1996年开展放射免疫(PCR)检测,1998年开展凝血功能、乙肝(HBV—DNA)、丙肝(HCV—DNA),丁肝(HDV)、结核杆菌等检验,2000年开展血液微生物检测和生化免疫检测,2005年开展微生物检测,2007年开展的检测项目有血脂全套,心功能、肾功能全套,凝血酶原,类风湿因子,淀粉酶,乙肝三系,甲状腺功能全套,促绒毛膜性激素(HCG),癌胚抗原(CEA),甲胎蛋白(AFP),性激素六项,丙肝,艾滋病(HIV),梅毒,药敏试验,支原体,衣原体,血尿、大便、体液细菌培养鉴定等。

供应室 1987年,市人民医院、市中医院、杨家滩镇卫生院、桥头河镇卫生院设有供应室,配置卧式(或立式)压力灭菌消毒器。1993年8月,市人民医院对供应室进行改建,按工作人员入道、污物回收道、无菌物品领取道3个通道分开,分别设有回收间、浸泡间、洗涤间、精洗间、组装间、消毒间、无菌物品贮存发放间、蒸馏水间、敷料制作间、更衣间、卫生间、手套处置室、办公室、库房等。1994年12月,经省卫生厅验收,市人民医院达到二级甲等医院标准。1995年,市中医院按照二级甲等医院标准对供应室进行整体改建,添置0.6立方米的预真空蒸气灭菌器1台,1996年12月,经省卫生厅验收达标。2001年,市人民医院购置1台1.2立方米预真空蒸气灭菌器。2007年,又购进1台带有电消毒装置的1.2立方米预真空蒸气灭菌器,省卫生厅赠送1台0.6立方米的预真空蒸气灭菌器,保证各种医疗器械、敷料及其他物品的消毒灭菌质量和存储发放。

第三节 中医技术

一 中医临床技术

1987年,全市乡镇以上医疗机构均设有中医内科、外科、妇科、儿科、眼科、烧伤科、骨伤科、肛肠科等临床科室。是年,市人民医院中医科采用“麻杏苡甘汤”治疗小儿肾炎118例,治愈率90%。1989年,田心乡卫生院医师石海澄研制“活络效灵汤”治疗坐骨神经痛患者860例,治愈率96%。1990年,市中医院烧伤科研制中药制剂“红润烧伤油”,治疗各种烧伤病人1087例,治愈率95%;蛇伤科采用万年青、墨旱莲、穿心莲等中药治疗各种蛇伤病人452例,有效率99%。1991年,石海澄研制“龙山胃乐”治疗慢性胃病患者1800例,有效率97%。1992年,市中医院骨伤科采用中医手法复位术加服“接骨丸”治疗骨折病人200例,有效率85%。1990—1992年,市中医院眼科主任廖华研制近视治疗仪治疗青少年近视获湖南省科技进步三等奖,市中医院中医眼科被评为湖南省重点中医专科。1992年,省中医眼科学术会议在涟源召开。1993年,全国中医眼科经验交流会在涟源召开。1994年,石海澄研制“康复片”治疗乙肝病人858例。是年,煤炭医院采用研制的烧伤Ⅰ号、烧伤Ⅱ号加辐照异种植皮(猪皮)治疗烧伤病人111例,治愈率98%。1995年,市中医院医师肖和发采用蛇毒散与抗蛇毒血清治疗毒蛇咬伤,治愈率95%。1996年,市人民医院儿科应用双黄连粉针剂治疗小儿支气管肺炎164例,有效率97.15%,明显高于对照组,具有疗效好、毒副作用小的优点,在各基层医院推广。涟邵矿务局职工医院研制复方黄连素片治疗Ⅰ—Ⅱ期单纯矽肺病人560例,有效率65%。1996年12月,市中医院被国家卫生部评为二级甲等中医医院。涟源市被评为全省中医先进县市。1997年,市中医院医师廖华采用除风益损解毒汤成功治疗人工晶体植入术后遗症75例,获湖南省科技进步二等奖。是年,全省农村中医工作经验交流会在涟源召开。1999 年，杨市镇中心卫生院医师黄暾昇研制“驱风湿散”治疗风湿性关节炎、关节肿痛 400 例，有效率 90%。2003 年，白马镇中心卫生院医师罗桂清研制湿疹膏治疗湿疹，治愈率 95%，翌年获第三届湖南杰出青年科技创新奖。

1994—2007 年，市中医院烧伤科医师肖建新采用肖氏烧伤自然疗法，以中药制剂肖氏烧伤自然膏治疗各种烧伤病人 5383 例(外省市病人 289 例：广东 150 人、江西 45 人、贵州 40 人、福建 36 人、云南 10 人、浙江和重庆各 4 人)，治愈率 98%。安平镇桐树煤矿戴善初，全身烧伤面积达 96%，深Ⅱ°伤占 56%、Ⅲ°伤占 40%，经过 56 天抢救治疗痊愈出院；新邵洪溪乡黄佩村肖培冰，全身烫伤面积达 60%，经过 60 天抢救治疗痊愈出院；冷水江市铎山镇谢习文在广东省平湖县被汽油烧伤，全身烧伤面积 68%，深Ⅱ°伤占 34%、Ⅲ°伤占 34%，经过 46 天抢救治疗痊愈出院。

二　中药储藏与加工

1987 年，市药材公司和全市乡镇以上医疗机构均配置有中药储藏设施，库房采光良好、通风、防潮、防霉变、防虫蛀，安全有效，全市有中药品种 600 种，其中由医疗单位加工炮制的约 200 种，能保证药品质量，满足临床用药需要。2007 年，杨市镇中心卫生院中药品种达 650 种，市人民医院 500 种，市中医院 400 种，购进的中药大多是经过加工的中药饮片。

第四节　中西医结合技术

1989 年，市人民医院医师李振华采用“大黄牡蛎汤”灌肠结合西药消炎，治疗肾功能衰竭病人 160 例，有效率 85%。1990 年，古塘乡卫生院医师吴太宗采用“八正散”加减治疗泌尿系统结石 120 例，治愈率达 90%。

1991 年市人民医院采用针刺结合舌下含服硝酸甘油片等治疗急性心肌梗塞，效果显著；1992 年采用针灸、理疗、推拿、按摩等方法治疗颈肩腰腿痛 1800 例有效率 95%，治疗脑血管病后遗症 900 例有效率 79%；1996 年采用中药“双黄连针剂”治疗小儿肺炎 128 例，治愈率达 98%。

1997 年白马镇田心卫生院医师石海澄采用“玄驹肝宝口服液”治疗丙型肝炎 345 例；1998 年采用“灭湿搜风痛汤”治疗痹病 78 例；1999 年采用乙肝病毒注射液治疗乙肝病人 195 例；2002 年采用“醒脑丹”治疗脑膜炎后遗症患者 57 例；2004 年采用“保肺消痛汤”治疗原发性肺癌 79 例。

2000 年，杨市镇中心卫生院医师黄暾昇采用中医药黄芪消瘰丸治疗乳腺增生、子宫肌瘤、卵巢囊肿疗效显著；采用愈肝汤治疗乙型肝炎病人 62 例；采用清开灵和生脉注射液治疗病毒性心肌炎患者 30 例，治愈率 90%。

2001—2003 年，龙塘乡中心卫生院医师邱希良采用身痛遂瘀汤加骨宁注射液治疗腰椎间盘突出症等风湿痹症患者 1000 余例，有效率 85%。2004—2006 年，古塘乡卫生院医师吴汉水采用中医(孙氏)正骨手法复位，结合舒筋活络中药外敷、内服和西药止痛等方法治疗肢体骨折病人 1000 余例，成功率 95%。

2007 年，斗笠山镇卫生院采用中药花椒汤坐浴、西药消炎止血的方法治疗痔疮病人 30 例，有效率 90%；采用湿润烧伤暴露疗法治疗烧伤病人 5 例，治愈率达 100%；采用手术加三黄汤灌肠治疗直肠息肉病人 2 例，全部治愈。是年，伏口镇中心卫生院采用中药消痔饮、西药消痔灵注射液治疗痔疮病人 36 例，治愈率 85%；研制“烧伤生肌膏”治疗烧伤病人 30 例，治愈率 90%。

第四章 疾病预防控制

第一节 疫情报告

1987年，境内发生传染病11种，发病1952例，总发病率205.47/10万，死亡4例，死亡率0.42/10万。1990年12月至次年3月，石陶乡、塘湾乡相继发生流行性脑膜炎、乙型肝炎。1994年7月，山塘、四古等地区发生钩端螺旋体病疫情。1995年1—5月，四古乡路馆、祥元（墙园）、樟树、晚房4个村发生79例麻疹，源于预防接种工作没有落实。1998年，发生输入性甲类传染病霍乱（2号病）2例，乙类传染病11种692例，丙类传染病101例，总发病率75.79/10万，低于全省平均水平。1999—2003年，报告法定传染病19种4475例，主要是狂犬病、痢疾、肺结核、肝炎、流行性出血热。死亡51例，其中狂犬病死亡43例。2004年，重点防治传染性非典型肺炎（简称"非典"）和霍乱，全年没有发生输入性"非典"病例和霍乱病例。是年，报告法定传染病20种1744例，死亡12例，其中狂犬病死亡10例。2006年，桥头河镇和七星街镇腮腺炎流行，市看守所突发流感疫情，湖南一六九化工有限责任公司突发感染性腹泻疫情。是年，报告法定传染病17种2083例，总发病率209.69/10万。其中，乙类传染病12种1592例，发病率160.26/10万；丙类传染病5种491例。死亡6例，死亡率0.60/10万。2007年，健全传染病网络直报制度，疫情实行24小时报告制，应急抢救人员实行24小时值班制。6月，省疾控中心组织娄底市疾控系统突发事件应急演练，涟源市疾控中心获第一名。是年，六亩塘镇兴福小学、三甲乡十甲小学爆发水痘疫情，茅塘镇及相邻乡镇发生钩端螺旋体病疫情，私立福荣学校爆发肠道传染病疫情。全市报告法定传染病21种2394例，总发病率240.10/10万，比1987年上升17.01%。其中，乙类传染病16种2178例，发病率218.72/10万；丙类传染病5种216例，发病率21.69/10万。死亡21例，死亡率2.11/10万。

第二节 疾病监测

一 霍 乱

肠道传染病的监测管理以防治霍乱病（2号病）为中心。1987年5月1日起，每月逢十日对蓝田城区蓝溪桥、梅子桥、张家码头、上太平桥、下太平桥、福星桥、文艺桥7个监测点的水源进行外源检索，对海产品一律进行弧菌检查，对可疑病人进行85个样品的检索，均未发现阳性或可疑现象。1988年10月2日，古楼乡丁家村一村民在株洲患"2号病"后返回家乡。市卫生防疫站接到株洲市卫生防疫站的疫情报告后，迅速组织人员赶赴古楼乡，对病人进行就地隔离，对密切接触者采取预防服药、追踪观察措施，对疫点进行消毒，防止病情蔓延。1996年，市卫生局成立"2号病"防治工作领导小组和防治工作机动队，配备相应的设备和药品。1998年6月7日、9月4日，安平镇、水洞底镇先后各发现1例输入性霍乱病人。疫情发生后，采取综合防治措施，没发生第二代病例。1999年5月28日，省政府召开紧急电话会议，部署霍乱防治工作。会后，成立市传染病防治领导小组和霍乱防治工作指挥部。市卫生防疫站举办两期霍乱防治专业知识培训班。1999—2007年，全市完成内源检索5866人次，外源检索7593人次，没有发现霍乱病例。

二 麻 疹

1987—1996年，报告麻疹273例，发病率2.93/10万。1997年，石马山镇、蓝田街道、伏口镇等地发生麻疹局部流行。1998—2006年，报告694例，发病率5.56/10万。2007年，报告疑似麻疹232例，确诊197例，发病率20.55/10万。

三 伤 寒

1987年，全市发生伤寒病2例。1994年4月，省斗笠山煤矿黄港工区发生伤寒流行，报告134例。1996年，全市报告55例。2000年，省一六九化工厂发生伤寒大流行，报告164例。2001年，茅塘镇发生伤寒流行，持续2个多月，报告61例。是年，全市报告159例。2002年，全市报告50例。2003—2007年，未发现伤寒病例。

四 白 喉

1987年11月，对塘湾、古楼、山塘3个乡进行锡克氏试验，阳性75人，阳性率14%。至1990年，连续4年无白喉病例报告。1991年9月，对桥头河、七星、珠梅3个乡镇601人进行锡克氏试验调查，阳性率11.64%。11月，对马头山乡384人进行锡克氏试验调查，阴转率92.19%。是年始，境内无白喉病。

五 脊髓灰质炎

1987—1994年，全市无脊髓灰质炎病例报告。1995—2007年，分别对急性弛缓性麻痹(AFP)病例48例进行监测，未发现脊髓灰质炎。

六 百日咳

1987—1996年，全市报告百日咳24例。1997年，报告18例。1998—2006年，报告81例。2007年，报告3例。

七 钩端螺旋体病

1987—1993年，全市无钩端螺旋体病(简称钩体病)病例报告。1994年7月，山塘、四古等区发生钩体病流行，全年报告118例。1996年，七星街镇钩体病流行，报告32例，死亡2例。1997年，金石、伏口、荷塘等12个乡镇发生钩体病局部流行，报告102例，发病率9.81/10万，死亡4例。1998—2004年，全市报告46例。2005—2006年，无报告病例。2007年，全市报告11例。

八 流行性出血热

1987—2001年，全市报告流行性出血热756例，年均54例。2002年，对全市7~60岁的易感人群接种流行性出血热疫苗。是年，全市报告10例。此后，流行性出血热发病率下降。2003—2007年，全市报告120例，年均24例。

九 疟 疾

1987年,全市发生疟疾5例,发病率0.53/10万。是年,对全市668个村开展血检,完成血检4832人份。1988年,疟疾发病10例,对每例病人进行个案调查,对密切接触者送药治疗,全年完成血检11458人份。1991年,报告疟疾4例,均为输入性病例,全年检查发热病人16049人。1993年,报告间日疟32例,经调查均为输入性病例。1994年,发生疟疾16例,患者均为流动人口。1996年,报告疟疾1例,为输入性病例。市卫生防疫站与公安局配合对1000名出入高疟病区的人员进行预防性服药。1997—2007年,全市无疟疾病例。

十 麻风病

1990年3月至1991年10月,全市采取分片包干、单位自查、逐级推荐鉴定的方法查出麻风病患者36人,治愈20人,死亡16人。对所有麻风病人家属、邻居及密切接触者开展普查,未发现感染症状。是年,对蓝田街道光明山居委会和斗笠山煤矿及其子弟学校2000人进行调查,未发现可疑麻风病人。1992—2007年,全市未发现新发病例。

第三节 计划免疫

一 工作网络及装备

1987年,全市建立由市卫生防疫站计划免疫工作人员、乡镇(街道)卫生院防疫专干和乡村医生组成的计划免疫工作网络。计划免疫工作的管理、监督、检查和疫苗的供应由市卫生防疫站组织实施。是年,市卫生防疫站装备冷链设备冰箱、冰排速冻机和大型冷库等60件,开展冷链转运工作。全年转运6次,运送疫苗502179人份。1995年3月,市计划免疫接种事故鉴定小组成立。1998年,购置冰柜50台,为各乡镇(街道)中心卫生院(医院)装备冷链设备。2005年,全市设规范预防接种门诊22家,将计划免疫接种率与下拨经费挂钩。10月1日起,计划免疫"五苗"按国家免疫规划免费接种,接种工作经费纳入市财政预算。2007年,省卫生厅给涟源市装备19台冰箱用于乡镇(街道)中心卫生院(医院)冷链转运。

二 预防接种

1987年,十二月龄"四苗"接种率为:麻疹疫苗99.05%,脊髓灰质炎疫苗(糖丸)98.17%,百白破疫苗99.52%,卡介苗99.52%。"四苗"覆盖率96.67%。对0~7岁儿童建立预防接种证制度,对全市936个村(居)50881名儿童更新接种卡(册),基本做到人、卡、证三相符。10月,在山塘区进行卡介苗免疫水平调查,调查459人,阳性70人,阳性率15.25%。1989年,国家实行脊髓灰质炎扩大免疫,分配到涟源市的疫苗40000人份。1990年,把控制与消灭脊髓灰质炎作为计划免疫的中心工作。3月,联合国儿童基金会、世界卫生组织、卫生部对涟源市计划免疫

图30-12 预防接种

工作进行评审，“四苗”覆盖率达100%，在全省被抽中县市中排名第一，“四苗”接种合格率达到卫生部制定的第一个85%的目标。1991年，“五苗”接种332331人次，“四苗”接种合格率达到卫生部制定的第二个85%的目标。1993年4月，分别对蓝田街道、枫坪乡、太和乡117名儿童进行麻疹抗体水平测定，阳性人数107人，阳性率91.5%。12月5日，为全国糖丸强化免疫活动日，投服糖丸66096人次，投服率100%。1996年，“四苗”接种合格率达到卫生部制定的第三个85%的目标。1997—1998年，以消灭脊髓灰质炎为重点，全面推进计划免疫工作，每年完成2次糖丸强化免疫投服工作，累计投服糖丸230753人次。1998年10月，随机抽样20个乡镇(街道)30个村210名适龄儿童，建卡率达100%，建证率达100%，卡疤阳性率79.52%，“四苗”覆盖率98.10%，“五苗”覆盖率79.52%。2000年，在全市进行糖丸强化免疫，投服糖丸159484人次。2001—2002年，进行糖丸强化免疫查漏补种，投服糖丸50682人次。2003年7月，乙肝疫苗被纳入基础免疫免费接种范畴。2004年11月，针对麻疹疫情发病率高的情况，在全市开展麻疹、风疹二联减毒活疫苗强化免疫接种。2006年，进行两轮糖丸强化免疫和乙肝疫苗查漏补种，二轮糖丸强化免疫投服81840人次。2007年，开展两次麻疹疫苗强化免疫，累计接种80526人次。9月，推广使用二类疫苗预防接种。

第四节　传染病防治

一　结核病防治

1987年，全市各综合医院设有结核病专科门诊，具有痰检能力的化验室43家。是年报告肺结核病例513例，发现痰菌阳性病例120例。对全市96899名儿童接种卡介苗，接种率96.4%。1988年，在荷叶区、杨家滩区进行线索推荐查痰，累计痰检3884人次，胸透2114人次，发现涂阳患者169例，患病率下降，农村基本控制结核性脑膜炎。是年，市卫生防疫站被省卫生厅评为结核病人发现、治管双达标单位。1989年，新发现涂阳患者完成省下达任务的113.04%，经省结核病防治所检验达标，成绩列全省榜首。是年，报告涂阳病例130例，1例死亡，2例未规则服药，127例服药后痰菌全部转阴。1991年，涟源市被列为结核病防治工作重点县(市)，省分配给涟源市“发现、治管”病人任务264例。市卫生防疫站组成以结防科为主的专业调查组，历时44天，对桥头河、伏口两区14个乡镇30万人开展线索推荐查痰调查，查可疑结核病人2461例，查出涂阳病人277例。对六亩塘街道376名15岁以下儿童进行结核菌素试验(PPD)观察，阳性率85.37%。全年报告涂阳病人330例，服药320例，规则服药率97%。1992年，世界银行贷款结核病控制项目分配给涟源市的贷款总金额54.46万元，时限7年，平均年贷款7.78万元，市财政年配套7.78万元。其中，60%用于病人检查和治疗，40%用于业务培训等。1993年，检查病人1724例，免费治疗423人，建立病人检查、治疗、管理、登记、报告程序，及时做好信息反馈。1994年，检查病人2495人次，对符合免费治疗条件的471名结核病人统一进行标准化治疗，服药率达100%。1996年，市财政落实配套经费7万元，全年接诊可疑肺结核病人1661例，发现涂阳病人386例，免费治疗386例，服药率100%，在全省项目工作考核中被评为湖南省世界银行贷款结核病控制项目先进单位。1997年，被评为省结核病控制项目先进单位。1999年，涟源市首次列入全省30个贫困地区的省结核病防治基金项目县市。2001年，接诊可疑结核病人1627人次，免费胸透1627人次，免费痰检3438人次，发现涂阳病人577例。其中，初治涂阳548例，复治涂阳29例。对577例病人进行免费治疗和全程督导管理。完成农民救济基金项目免费病人15例，自费病人79例。全年上级下达结核病涂阳任务420例，完成577例，完成年定任务的137%。2002年，是世界银行贷款和地方财政配套经费实施结核病控制项目扫尾工作的最后一年，也是世界银行贷款和英国赠款实施结核病控制项目的第一年，项目于10月1日启动。是年，接诊可疑结核病人 1625 人次，免费痰检 1625 人次，初治涂阳 248 例，初治涂阴 8 例，复治涂阳 20 例，复发 8 例，对免费病人均进行全程督导管理，及时做好各项资料的整理归档工作，顺利通过世界银行贷款、英国赠款结核病控制项目工作验收。2005 年 11 月 28 日，在伏口、湄江、七星街等 10 个乡镇卫生院设置痰检点，为结核病普查创造条件。再次通过省结核病项目组对世界银行贷款、英国赠款结核病控制项目工作的检查验收。2003—2007 年，接诊可疑结核病人 14294 人次，免费痰检 16818 人次，免费照片 11741 人次，发现肺结核病人 5724 例，结核性胸膜炎 107 例，肺外结核 48 例。

二 传染性非典型肺炎预防控制

2003 年 2 月 9 日，国家疾病预防控制中心（CDC）首次在网上公布广东省部分地区自 2002 年 11 月 16 日以来，发生不明原因的传染性非典型肺炎（严重急性呼吸综合征，简称“非典”）流行疫情。至 4 月，北京、山西、内蒙古等地相继发生“非典”疫情。中共中央、国务院要求各级 CDC 紧急做好防控工作。为切实做好“非典”防治工作，涟源市成立“非典”防治工作领导小组，市卫生防疫站设立“非典”防治工作指挥中心，组成 4 支机动队，下发相关文件，实行 24 小时值班制度，随时了解全市及周边县市“非典”疫情动态，全市各医疗卫生单位设立发热门诊、留观室。全市紧急动员、各级包干负责，对全市人民进行“非典”防治知识宣传，累计发放宣传单 11 万份。市卫生防疫站抽调 31 人，投入 2800 个防治工作日，添置 80 套专用防护服等扑疫器械，投入“非典”防治经费 30 万元，在“非典”防治期间接转疫情电话 1120 次，出动车辆扑疫 94 次，对从疫区回来的 7000 余人进行登记、排查，对其中的 51 例疑似“非典”病人进行个案调查，医学留观 18 例均无异常临床症状出现，有效阻击“非典”疫情输入，全市未发生传染性非典型肺炎病例。

图 30-13 2003 年9 月 30 日，市卫生防疫站在光明山大操坪开展“非典”防控应急演练

三 人感染高致病性禽流感预防控制

2004 年 1 月，亚洲一些国家和地区爆发人感染高致病性禽流感（简称禽流感）疫情，禽流感疫情迅速波及中国部分省、直辖市的一些地区，湖南省是全国最先发生高致病性禽流感的省份之一。2 月 11 日，荷塘镇、斗笠山镇、金石镇、石马山镇、龙塘乡等地相继发生鸡、鸭病死现象，累计死亡 6810 只。市卫生局成立人感染高致病性禽流感防治工作领导小组、疫情应急处理专家组和 3 个应急机动队，建立与畜牧部门信息通报联防联控机制。2 月 12 日，紧急举办全市基层医务人员对禽流感认知与发现能力培训班，乡镇卫生院以上医疗机构设立发热门诊，综合性医院建立预检分诊制度，市卫生防疫站加强对医疗单位不明原因肺炎的监测与排查，市属医疗机构每 10 天 1 次，乡镇（街道）卫生院（中心卫生院、医院）不定期监测。市政府采取措施，对疫区鸡、鸭实行捕杀，全市捕杀鸡、鸭 19760 只，对死禽、宰杀的家禽以及禽舍、禽粪等进行终末消毒处理，对病死禽可能污染的物品进行消毒，投入消毒药品 22.5 吨，消毒面积 450 万平方米，其中疫区消毒面积 120 万平方米。对疫区、疫点高暴露人群逐个进行登记，所在地乡村医生连续 7 天对密切接触者每天测量体温 1 次，每天 9 点以前将监测情况上报市卫生防疫站。发现发热、咳嗽、咽痛等症状的病人，市卫生防疫站立即派

专业人员前往进行流行病学调查,全年医学观察高暴露人群518人次,均无异常临床症状出现,全市未发生人感染高致病性禽流感病例。

四　性病防控

1988年,全市报告性病9例。其中,男性6例,女性3例。1991年6月,对全市3100名汽车驾驶员和170名旅店从业人员开展性病查治,查出淋病62人,尖锐湿疣3人,非淋病性尿道炎33人,其他39人,共计137例。2001年,市卫生防疫站设立市皮肤性病防治所。2006年,全市报告性病7种184例。2007年,报告性病7种229例,主要是非淋病性尿道炎、尖锐湿疣、梅毒。患病对象以旅店娱乐业、美容美发业从业人员居多,汽车驾驶员、外出务工人员次之。

五　艾滋病(AIDS)防控

1992年,在斗笠山镇归国务工人员中发现第一例输入性艾滋病病毒感染者。2003年,报告艾滋病病毒感染者1例。2004年,报告3例。2005年,市疾控中心专门设置性病、艾滋病控制科,安排12名专业人员负责全市艾滋病防治工作,全年报告艾滋病病毒感染者7例。2006年报告3例。是年,在城区娱乐场所推广使用安全套。为有效控制艾滋病在吸毒人群中传播,市疾控中心开设美沙酮维持治疗门诊,为吸毒人员提供生理、心理和行为干预等治疗服务。在六亩塘镇、蓝田街道吸毒情况比较严重的两个地域设立清洁针具交换点。2007年,增加七星街镇、桥头河镇、斗笠山镇3个交换点,与市公安局、市劳动和社会保障局等相关职能部门密切配合开展针对吸毒人群、娱乐场所服务人员、新入监羁押人员、流动人口、有偿献血人员等高危重点人群的艾滋病病毒(HIV)抗体筛查工作。是年,报告13例艾滋病毒感染者,其中艾滋病病人5例(死亡2例)。

第五节　职业病防治

1987年4月和8月,分别对蓝田蓄电池厂、市化工厂144名职工进行体检,蓝田蓄电池厂检出铅中毒患者5人,市化工厂检出肝功能表面抗原(HBSAg)阳性患者13例,有不同程度的肝损害,市卫生防疫站对铅中毒患者和HBSAg阳性患者采取药物治疗。是年,全市报告各种职业病22例,新诊断报告矽肺患者14例,其中Ⅰ期12人,Ⅱ期2人。报告农药中毒308例,死亡57例,报告准确率98.3%。1990年8月,对市印刷厂18名铅作业工人、市化工厂66名梯恩梯(TNT)炸药作业工人进行健康体检,查出铅吸收患者1人。是年,报告农药中毒167例,死亡2例。1991年,对全市214名接尘工人进行尘肺普查,新发现尘肺病例10例。其中,Ⅰ期7例,Ⅱ期3例,1例死亡。对蓝田蓄电池厂等3家单位70名铅作业工人进行健康普查,发现慢性铅中毒患者22人,铅吸收患者4人,26名患者经市卫生防疫站职业病防治医院治疗全部痊愈出院。1993年,对全市69家重点乡镇企业和部分私营企业进行劳动卫生学调查和监督监测,监测结果合格率达70%。1994年,集中对37家省、市属厂矿和107家乡镇企业展开全面劳动卫生监督监测,监测结果合格率达71%。对市铁厂、市栗山桥煤矿、市白水泥厂等单位134人进行尘肺病普查或复查,未发现尘肺病人。1996年,对全市89家厂矿企业开展经常性的劳动卫生监测,对省金环电解锰厂、市化工厂、市工具厂617名职工进行职业健康体检,发现职业中毒病人1人,无尘肺病例。1998年,对市沙坪煤矿、省金环电解锰厂等单位231名粉尘作业人员进行尘肺病检查,检出可疑尘肺10人,对市特种电源厂16名接触铅作业工人进行尿铅、尿卟啉检查,检出铅吸收患者8人。1999年,配合娄底市职业病防治所对市人民医院、蓝田医院、六亩塘镇卫生院、枫坪镇卫生院、杨市镇中心卫生院等23家单位的医用X光机进行放射学监测，发现部分医院放射防护未达到国家标准。是年11月，省青山硫铁矿发生硫氢化钠泄漏事件，市卫生防疫站迅速派出60名专业技术人员紧急赶往现场，处理措施及时，未造成严重后果。2000—2001年，重点对省金环电解锰厂作业工人进行职业健康体检，查出21名工人锰含量超标。2002年5月，市政府成立职业病防治工作领导小组。6月16—18日，市卫生局和市卫生防疫站组织举办为期3天的贯彻实施《中华人民共和国职业病防治法》培训班，80个部门负责人和厂矿企业法人代表参加学习。2003年4月，市人大常委会教科文卫委员会、市总工会、市经委、市煤炭局、市乡镇企业局、市劳动和社会保障局、市卫生局等单位领导组成督查组，对《中华人民共和国职业病防治法》的贯彻执行情况进行督查，各相关企业对该法律的知晓率为75%，对湖南五江轻化集团有限公司、市白水泥厂、市安坝水泥厂、市沙坪煤矿等20家厂矿企业和全市医用X光机配置单位进行现场监测，检测结果全部达到国家标准。2005年，市疾控中心设置职业危害因素控制科，安排4人专门从事职业危害因素监测，对全市59家厂矿企业2627人进行职业健康体检，发现疑似尘肺患者194例，占体检总人数的7.38%，检出2名铅吸收病人，督促该企业为病人进行驱铅治疗。2006年，对3259名工人进行职业健康体检，发现可疑职业病218例，肺结核12例，其他疾患34例。2007年6月，市疾控中心顺利通过省职业卫生技术服务资质认证，成为全市唯一取得职业卫生健康体检资质的卫生机构。是年，对4000名接触粉尘作业工人进行职业健康体检，确诊尘肺病122例，肺结核32例。

第六节 地方性慢性病防治

一 地方性甲状腺肿(简称地甲病)防治

1987年，选定塘湾乡峡山村和快溪乡砖湾村为地甲病病情监测点，5月、11月两次进行病情监测，检查2408人，患病者29人。其中，检查7~14岁学生1050人，患病者8人，生理性甲状腺肿大者144人。采集尿样204份，均值都在100毫克/克肌酐以上。1988年9月，对塘湾、快溪两乡及市龙山林场32160名村民进行碘丸投服，投药35000丸。1990年，对塘湾乡、快溪乡、龙山林场1914名7~14岁的中小学生进行地甲病抽查，生理性甲状腺肿大率分别为23.45%、18.00%、40.23%；定性检查660户农户家中食盐含碘情况，合格率60.5%。对病区34653人进行碘丸投服，投药59000丸，投服率97%。1991年7月，对塘湾乡株木冲村、崇木村，快溪乡堤基村、砖湾村共2150名村民进行缺碘性疾病疫情检测，检出甲状腺肿大患者28人，患病率1.3%；检查7~14岁儿童1050人，检出甲状腺肿大患者133人，患病率12.7%。8月，对塘湾乡、快溪乡、龙山林场进行碘盐供应检测，查封全部非碘盐，并对病区3岁以上人群进行碘丸投服。1993年2月，对城区7~14岁学生1799人展开碘缺乏病(IDD)监测，检出生理性甲状腺肿大207人。1994年5月，由市科协牵头，卫生、盐业等部门在蓝田街道、桥头河镇、塘湾乡进行为期一周的消除碘缺乏病宣传，投放碘丸1000人份。1995年，全市食用加碘盐。1997年，对六亩塘、伏口等8个乡镇进行碘缺乏病监测，随机抽检8~10岁儿童320名，检出甲状腺肿大患者13人，对育龄妇女、孕妇、哺乳期妇女、0~2岁婴幼儿、3~14岁儿童等34560名特需人群进行补碘。1998—1999年，为实现2000年全国消除碘缺乏病目标，全市开展碘缺乏病防治抽样监测。调查8所小学336名学生。其中，甲状腺肿大患者10人，患病率3%。定量监测家用碘盐336户，318户合格，合格率95%。2007年，全市基本消除碘缺乏病。

二　地方性氟中毒(简称地氟病)防治

1987 年,在地方性氟中毒病区采尿样 68 份、室内外空气样 150 份,结果表明病区氟含量明显高于非病区。是年,开始试行改灶降氟行动,改灶 2550 户。1993—1999 年,对柏树中学、柏树中心小学 8~13 岁学生和安平镇唐家村、六亩塘镇兴福村等地村民进行随机抽查,未发现氟骨症患者。2003 年 4 月,对安平、斗笠山、龙塘 3 个乡镇 773 名学生进行地方性氟中毒调查,检出氟斑牙学生 410 人,氟斑牙检出率 53.04%。2004 年,国家开始实行中央财政补助地方性氟中毒改灶降氟项目,涟源市争取 7000 口改灶任务,采用适合农村家用的"涟城牌"高效节能降氟灶,顺利通过省疾控中心领导及专家的验收认可。2006 年,完成"2005 年中央财政支持燃煤污染型氟中毒综合防治项目"4000 个改灶任务。至 2007 年 12 月,全市累计完成古塘乡 7 个村、安平镇 5 个村、湄江镇 5 个村、伏口镇 12 个村、六亩塘镇 4 个村、龙塘乡 2 个村、七星街镇 6 个村、白马镇 1 个村、金石镇 1 个村共计 55 个村 14000 户的改灶任务。

第七节　寄生虫病防治

1987 年,全市完成寄生虫病调查,较常见的是蛔虫、钩虫、蛲虫、鞭虫等土源性寄生虫病,其次为血源性寄生虫病疟疾,食源性寄生虫病肝吸虫病较少发生。1988 年,市卫生防疫站对省煤矿机械厂、省一六九化工厂两所子弟学校 802 名学生开展蛔虫感染率调查,感染率为 19.08%。1990 年,对桥头河、伏口、四古 3 个区所属中小学 6.6 万名学生采用肠虫清片驱蛔,对伏口镇、石陶乡、省锻造厂共 1506 名中小学生进行肠道寄生虫感染率调查,感染率 30.2%。1991 年,抽样调查 697 人,蛔虫感染率 45.05%。对感染蛔虫病者 8.5 万人服用甲苯咪唑驱蛔,服药后蛔虫卵阴转率达 92.99%,没有发生药物不良反应。1995—1998 年,对全市中、小学生进行驱蛔治疗 53 万人次。1999 年,对全市 18 万名学生进行群体驱蛔,发放驱蛔药物肠虫清片 24 万片,投服率达 85%。2002 年 11 月,市卫生防疫站在省防疫站专家指导下开展对全市人体寄生虫病调查,粪检 1541 人,片印总感染率 22.34%。其中,湄江镇、杨市镇检出肝吸虫病人 4 例、蛲虫病人 3 例。2003 年 6 月,对伏口镇、湄江镇、杨市镇肝吸虫病患者 11 例进行个案调查,进行药物治疗。2004—2007 年,全市检查中小学生 77.57 万人次,投放肠虫清 291 万片。

第八节　卫生检验与监测

1987 年,市卫生防疫站检测样品 6503 个,为全市开展食品卫生、毒物检验、卫生微生物检验、水质分析、水氟、尿碘、临床检验等工作提供检验数据,为乡镇厂矿培训检验人员 9 人,协助市自来水厂、安平镇水厂等 6 个单位建立化验室。1988 年,检测市委、市政府机关供水站的水质,发现大肠菌群超标 75 倍、细菌总数超标 148 倍,要求机关供水站停止供水。1989—1991 年,累计检测样品 8965 个。2000 年,化验室装备原子荧光光度计、气相色谱仪。2000—2004 年,检测样品 39208 个。2005 年,投入 80 万元建立万级微生物实验室,更换实验室操作台、柜,更新部分仪器设备。2005—2007 年,完成 18793 个样品的检测。

1987—2007 年涟源市主要传染病发病情况

表 30–2

年 度	传染病类（种）	发病数（例）	发病率（/10 万）	与上年同比(%)	疫 情漏报率(%)	填写及时率与准确率(%)	主要传染病排序		
							1	2	3
1987	11	1952	205.47	–6.42	23.12	…	肝炎	痢疾	乙脑
1988	11	1453	152.41	–25.82	15.83	…	肝炎	痢疾	流脑
1989	13	1270	130.21	–14.57	11.79	…	痢疾	肝炎	麻疹
1990	11	1284	128.79	–1.09	10.93	…	肝炎	痢疾	钩体病
1991	11	1998	189.51	47.15	8.2	…	痢疾	肝炎	出血热
1992	11	1467	138.01	–27.18	9.25	…	痢疾	肝炎	出血热
1993	12	875	82.99	–39.87	5.26	…	痢疾	肝炎	钩体病
1994	16	854	80.05	–3.54	8.83	…	肝炎	痢疾	钩体病
1995	19	742	68.93	–13.89	12.50	…	痢疾	肝炎	出血热
1996	16	822	79.03	14.65	14.72	…	肝炎	痢疾	麻疹
1997	17	786	75.57	–4.38	9.55	…	肝炎	肺结核	痢疾
1998	16	795	75.79	0.29	10.89	…	痢疾	肝炎	肺结核
1999	18	837	78.96	4.18	9.81	…	痢疾	肺结核	肝炎
2000	19	1079	101.47	28.51	7.63	…	肝炎	肺结核	痢疾
2001	16	968	91.32	–10.00	8.12	…	肝炎	肺结核	痢疾
2002	18	744	69.52	–23.87	7.10	…	肺结核	肝炎	痢疾
2003	19	847	82.43	18.57	9.42	…	肺结核	肝炎	痢疾
2004	20	1744	167.39	103.07	8.00	100	肺结核	麻疹	肝炎
2005	17	1844	175.13	4.62	9.85	100	肺结核	肝炎	痢疾
2006	17	2083	209.69	19.73	9.85	100	肺结核	肝炎	麻疹
2007	21	2394	240.41	14.65	8.89	100	肺结核	肝炎	麻疹

第五章　卫生监督

第一节　食品卫生

一　食品卫生监督

1987年，全市开展食品卫生大检查，检查食品生产、经营单位2406家(次)，处罚109家(次)，限期改进46家(次)，责令停业整顿59家(次)。其中，89家冷饮、饮料厂按“三有四一”(有生产冷饮的基本卫生条件、有自检能力、有储存3天量的冷库，生产一批、检验一批、合格一批、销售一批)标准整顿审核，对违反“三有四一”标准的15家冰厂依法予以关闭。督促冷饮、饮料厂建立冷库8个，配置大型贮冰箱7个。培训检验人员20名，建立检验室15个。销毁各类变质食品4931千克，处理变质生虫原料360千克，销毁不卫生的冷饮食品8500支。1990—1995年，重点开展对副食品加工行业等生产经营单位的检查整顿，监督检查食品卫生生产经营单位2581家(次)。对违反《食品卫生法》的453家生产经营单位，处罚500家(次)，罚款7万元；警告并限期整顿的142家(次)，没收并销毁不合格食品15.73吨；申请市人民法院强制执行的11家(次)。1999—2000年，开展食品卫生整治行动，取缔非法食品生产、经营单位40家，对831家严重违反《中华人民共和国食品卫生法》(简称《食品卫生法》)的食品生产、经营单位，进行行政处罚，销毁过期变质食品8.08吨。2001—2005年，开展对城区餐饮业食品卫生集中整治行动，取缔无证非法经营饮食摊点、摊贩420家，没收食品工具600件，没收食品原料1.3吨，385家卫生条件差、卫生设施不完善，卫生制度不健全的单位停业整顿或限期整改。开展对熟食品、肉类、冷冻食品、冷饮食品及粮油制品的食品卫生执法检查，没收并销毁含过量食品添加剂、含禁止使用的防腐剂的食品，假冒伪劣食品，过期变质食品7.1吨。无害化处理病死猪肉1.62吨。控制和处理不符合卫生标准的熟食品830千克。对10家违反《食品卫生法》的单位分别罚款5000元，对其中6家不自觉履行卫生行政处罚的单位，依法申请市人民法院强制执行。2006—2007年，在全市开展食品卫生和餐饮消费安全专项整治行动，发放宣传资料15000份，举办培训班4期，培训餐饮业从业人员380人次。出动执法检查人员6530人次，检查食品生产、经营单位3831家(次)，没收销毁案值3.69万元的假冒伪劣食品，查处无证经营单位76家。

二　食品卫生管理

1987年，市食品卫生领导小组成立，市卫生防疫站安排10名食品卫生监督员，蓝田街道、杨家滩镇、桥头河镇各配备专职食品卫生检查员1名。在蓝田城区兴建第一个餐食具消毒站，承担蓝田城区范围内饮食店的餐食具消毒任务。是年，涟源市成为湖南省第一批全国食品卫生示范县(市)。1988年，商业、粮食与供销3个主管局(社)配备5名专职食品卫生管理员，39个企业单位有兼职食品卫生管理员，区、乡医疗单位均有1名卫生检查员，聘请有关部门和街道业余食品卫生检查员13人。1990年开始，对全市食品卫生监督监测实行“四公开一监督”的卫生管理制度(公开监督监测项目、公开监督监测结果、公开监督监测时间、公开监督监测处理意见，发动群众参与卫生监督)。1993年，开展食品卫生执法宣传月活动，在蓝田城区饮食行业使用次氯酸钠进行餐具消毒，抽检餐具消毒效果合格率84.5%。1995年，成立市公共卫生监督所。1998年4月，食品卫生监督监测职能划归市卫生局直管。2000 年，在全市范围内开展食品卫生整治行动，监督检查 3000 家(次)，立案作出行政处罚 607 家(次)，罚款 6 万元，销毁各类不洁食品 5 吨，取缔无证食品摊贩 40 家(次)。2006 年，将农村食品卫生监督管理作为食品卫生专项整治的重点，查处生产经营假冒伪劣食品黑窝点 6 家，没收销毁假冒伪劣食品 1 吨。2007 年，在宾馆、酒店、餐馆、酒楼、集体食堂等消费环节，全面实施食品卫生监督量化分级管理制度，与企业诚信体系建设相结合，强化企业自律，提升食品卫生状况与管理水平。

附：食物中毒事件

1987 年 7 月 7 日，国营洪源机械厂职工家属从菜市场购回含有甲胺磷的空心菜食用，造成 5 户 15 人中毒。

1994 年，七星乡同方村 56 人食用须子麦(引进品种，麦粉特别糯)制品后，有 54 人中毒。

1999 年 11 月 3 日，杨市镇湖坪村一户人家食用邻居家喷洒农药的花菜，4 人中毒，死亡 1 人。11 月 14 日，茅塘镇大方村 10 人食用花褶伞毒蕈，6 人中毒。

2000 年 1 月 25 日，市交通路九九饮食店，出售的早点被人投放毒鼠药，造成 61 人中毒。3 月 20 日，桥头河镇大屋村和七星街镇铁炉村村民，食用桥二井工区家属区一小贩出售的被有机磷农药污染的包子、点心后，造成 49 人中毒。3 月 28 日，市交通路九九饮食店，出售的早餐再次被人投放毒鼠药，50 人进食 44 人中毒。11 月 11 日，市交通路路边快餐店，发生一起投放有毒鼠药的食物中毒事件，22 人中毒，死亡 2 人。

2001 年 7 月 14 日，交通路金盘子快餐店，发生一起投放毒鼠药的食物中毒事件，21 人中毒。

2005 年 7 月 29 日，斗笠山镇香花村一菜农，销售喷洒有机磷农药的空心菜，致食用者 11 人中毒。

第二节　环境卫生

1988 年 6 月，市卫生局安排 7 名专职公共场所卫生监督员和公共场所助理卫生监督员，负责全市环境卫生、公共场所卫生、生活饮用水及化妆品卫生的监督监测工作。1991 年，市政府规定：凡新建、扩建、改建的公共场所必须按有关标准进行预防性卫生审查。是年，开展农村改水工作，对 34 处改水工程进行免费水质检验；对市自来水公司、桥头河、杨家滩、市委市政府机关等 4 个水厂和供水站的水质，定期采样进行分析，控制水源性疾病发生。1992 年 11 月，全省环境卫生工作会议、化妆品生产厂家卫生许可证发放工作会议在涟源召开。1994—1997 年，开展化妆品专项执法检查，销毁假冒伪劣化妆品 2816 瓶，对 6 家歌舞厅、1 家桑拿中心和 40 家美容店进行整顿，对违反《公共场所卫生管理条例》的 1 家商场和 1 家理发店进行行政处罚，罚款 1100 元。2000—2007 年，对 105 家电子游戏厅、网吧、171 家化妆品经营单位，113 家宾馆、茶楼、美容美发店等公共场所进行监督监测和集中整治。核发公共场所卫生许可证 108 个，对 500 名公共场所从业人员进行健康检查，合格者发放健康证，对其中 3 名"五病"(痢疾、伤寒、病毒性肝炎、活动性肺结核，化脓性或渗出性皮肤病)人员按规定调离，对 83 家公共场所经营单位和 47 个化妆品经营销售点进行卫生监督与执法检查，责令 14 家单位停业整顿，销毁不符合卫生要求的化妆品 197 瓶。

第三节　学校卫生

1987 年，对市一中 1200 名学生和珠梅小学359 名学生进行健康调查，健康合格率 48.55%。其中，视力低下率中学生 47.37%，小学生 1.18%；沙眼患病率 41%；蛔虫患病率 19.90%；龋齿患病率 29%；贫血患病率中学生30%,小学生40%(轻度)。是年,全市168239名学生服用丙硫咪唑驱虫药驱蛔,服药率97.5%。1988年,对全市中小学生进行沙眼病普查,发现沙眼患者3893人,采用斑马眼药水连续治疗3个月,治愈率82%;省属企业湘中机械厂、湘峰机械厂2所子弟学校和蓝田街道双江小学2053名学生，龋齿患者597人，患病率29%。1990年,桥头河区、伏口区、四古区所辖中小学校6.6万名学生统一服用肠虫净,进行驱蛔治疗,未出现群体性不良反应。1997年,开展以学生预防保健为主的卫生知识宣传,发放卫生知识问卷2.5万份,健康教育课本2700本,完成市属中学和城区小学8010名学生的健康体检和建档工作;对17个乡镇(街道)510所学校170285名学生统一进行群体驱蛔治疗;对湄江中学、塞海小学等8所学校进行肝炎防治检查,检测2926人,乙肝病毒携带者541人,携带率18.5%,接种乙肝疫苗1029人次,接种甲肝疫苗326人次。2001年,对120家学校食堂进行餐具抽样检查,合格率79.90%,对各类食品进行抽样检查,合格率90.30%。2004年,对学校周边小餐饮店进行整顿,取缔20家无证经营小餐饮店,对60家不符合《餐饮业食品卫生管理办法》要求的小餐饮店进行限期整改,对限期整改不到位的5家小餐饮店,注销其卫生许可证。2007年,对全市58所学校(乡镇中学以上)的食品卫生与生活饮用水进行检查,食品卫生合格率86%,生活饮用水合格率100%,销毁5所学校150千克过期变质食品。

第四节　职业卫生

1987年3月,涟源县职业病防治所成立。5月,在蓝田蓄电池厂开展铅中毒防治试点。翌年,对全市机动车驾驶员2980人开展铅中毒情况调查,铅吸收率为1%。1990年,调查25家市属厂矿企业,发现各类尘肺病258例。1991—1994年,对全市115家全民企业、集体企业、乡镇企业和部分私营企业进行劳动卫生调查和监督监测。对新、扩、改建项目,实行卫生预防性审查和竣工验收,做到新、扩、改建主体工程与劳动卫生防护设施同时设计、同时施工、同时竣工投产。1995—2004年,对市芙蓉面粉厂、市复合肥料厂等38家新、改、扩建工程项目进行预防性卫生审查,提出意见120条;对全市288家有害作业企业进行职业卫生现状调查,发现尘肺病715例。其中,煤炭行业582例,其他行业133例。2005—2006年,在市新坪煤矿、市安坝水泥厂等120家厂矿开展以建设项目职业病危害评价和有害作业企业农民工健康监护为重点的职业卫生监督执法检查,对30家单位提出整改意见,立案查处5家单位,罚款2万元。2006年,对83家存在职业危害因素的厂矿企业进行监督管理,完成健康建档300人。2007年4月,在全市开展《中华人民共和国职业病防治法》宣传周活动,发放宣传资料5000份,在城区主要街道悬挂大型宣传横幅8条。

第五节　放射卫生

1987—1990年,对全市医疗卫生单位29台医用X光机,进行防护改装和监测发证。对全市11家乡镇企业放射性同位素使用单位,进行摸底调查和现场监测,监测合格率100%。1991—1996年,对全市放射性同位素工作人员及X线工作人员进行全面的健康摸底调查,健康合格率91%;对全市医疗卫生单位52台医用X光机防护改装情况进行调查检测,对改装不合格的18台X光机提出整改意见。2006—2007年,配合并参与娄底市卫生监督所对乡镇卫生院放射装置许可证的审查、放射剂量监测和个人剂量检测,对全市医疗机构进行放射卫生执法检查,责令5家不符合放射防护要求的单位限期整改,所有放射医疗机构108名放射工作人员建立健康监护档案和个人剂量检测档案。

第六节 传染病防治监督

1987年,对全市61家医疗卫生单位防治“二号病”(霍乱)工作进行检查,督促完善相关防治措施,百分之百建立肠道门诊室,腹泻病例检验率100%。1992—1994年7月,山塘、四古等区爆发流行钩体病,累计发病118例,患区发病率16.60/万。全体传染病防治监督员进入疫区,开展防治工作,落实对重点人群进行钩体疫苗接种及疑似病例的早发现、早报告、早治疗等相关防治措施,118例钩体病人全部住院治愈。1998年5月,全市遭受特大洪涝灾害,全体卫生监督员赴灾区开展生活饮用水及传染病防治卫生监督工作,大灾之后未发生重大生活饮用水污染中毒事件及传染病流行。2000—2003年,对全市921家医疗卫生单位,28家托幼机构,16家一次性医疗卫生用品生产经营单位进行消毒卫生监督检查,对50家医疗用品未达到消毒灭菌要求的医疗机构进行行政处罚,罚款4.6万元;对5家违反《消毒管理办法》规定,生产经营一次性医疗用品的单位,责令限期整改。2005—2007年,监督检查全市各医疗卫生单位,督促各单位制订突发疫情应急处置方案,落实24小时疫情报告制度,规范医疗废物的收集、转运、处置制度,完善发热门诊和预检分诊制度。

第六章　妇幼保健

第一节　妇女保健

一　孕产妇保健

1987年，妇女保健以降低孕产妇死亡率为中心，加强对孕产妇的系统管理，开展对妇女常见病、多发病的诊疗与保健。是年，全市分娩产妇10926人，活产10921人。孕产妇系统管理建卡10731人，建卡率98.26%；早孕检查6661人，检查率60.99%；产前检查10703人，检查率98%；新法接生10884人，新法接生率99.66%；孕产妇死亡4人，死亡率36.63/10万。1991—1995年，全市分娩产妇54327人，活产54093人。住院分娩21260人，住院率39.3%。新法接生54088人，新法接生率99.90%；孕产妇系统管理建卡44922人，建卡率83.05%；产前检查53723人，检查率99.32%；早孕检查42486人，检查率78.54%；产后访视52700人，孕产妇死亡20例，死亡率36.97/10万，围产儿死亡1024例，死亡率17.61‰。1997年，坚持产科"五防一加强"（防滞产、防产伤、防出血、防感染、防窒息，加强高危孕产妇的分娩监护）、产前保健、产后访视等措施。市妇幼保健院针对孕产妇死亡和围产儿死亡的原因进行调查研究，调查20个乡镇（街道）182个村4370名孕产妇，发现一些乡镇接生员队伍老化，一些乡镇孕产妇系统管理质量较差。对存在的问题，调查组向所在乡镇党委、政府汇报，三甲乡、杨市镇及时更换部分村的老年接生员，对新接生员进行专业知识培训，加强孕产妇系统管理。1998—1999年，全市分娩产妇21206例（厂矿企业1096例），活产21195人，住院分娩13195人，住院率62.26%；新法接生21206人，新法接生率100%；产前检查20209人，检查率95.35%；产后访视20250人；孕产妇系统管理建卡20328人，建卡率95.91%；早孕检查18517人，检查率87.36%；孕产妇死亡13例，死亡率62.35/10万。2000—2003年，全市分娩产妇37623人，活产37509人；新法接生37316人，新法接生率99.49%；住院分娩27617人，住院率73.63%；孕产妇系统管理建卡36322人，建卡率96.84%；早孕检查32298人，检查率86.11%；产前检查36102人，检查率96.25%；孕产妇死亡20例，死亡率51.97/10万。2004年，市卫生局根据《湖南省乡镇卫生院产科建设标准（试行）》，对全市建制乡镇卫生院产科建设开展评审验收，严格准入制度。是年，孕产妇死亡1例，死亡率控制在8.4/10万。2007年，全市分娩产妇13681人，活产13681人；新法接生13681人，新法接生率100%；住院分娩12016人，住院率87.83%；孕产妇系统管理建卡13564人，建卡率99.14%；早孕检查12334人，检查率90.15%；产前检查13564人，检查率99.14%；孕产妇死亡5例，死亡率36.54/10万。

二　妇科病检查与治疗

1987年，全市完成妇科病普查普治50612人次，21257人患有妇科疾病，患病率41.99%。门诊治疗19271人次，住院治疗1986人次，为3500名妇女进行妇科宫颈癌（Ca）涂片检查，查出宫颈癌15例。1991年，完成妇科病查治55688人次，23693人患有妇科疾病，患病率42.55%。门诊治疗22550人次，住院治疗2186人次。1992年，为3000名妇女进行妇科宫颈癌（Ca）涂片检查，查出宫颈癌12例，患病率0.4%。2000年，妇科病查治68582人，33182人患有妇科疾病，患病率48.38%。其中，非特异性阴道炎1987人，滴虫性阴道炎9864人，霉菌性阴道炎6289人，宫颈糜烂14218人，淋病162人，尖锐湿疣306人，宫颈癌6人，乳腺癌4人，Ⅱ度子宫脱垂10人，缺铁性贫血298人，子宫肌瘤20人，外阴白斑18人。2002年，为全市妇女妇科病防癌普查普治90534人次，妇科疾病患病39156人，患病率43.25%，其中确诊宫颈癌3例，患病率0.007%。2007年，全市普查女职工1282人，患病325人，患病率25.35%。其中，非特异性阴道炎56人，滴虫性阴道炎145人，霉菌性阴道炎32人，宫颈糜烂29人，淋病2人，Ⅱ度子宫脱垂4人，缺铁性贫血42人，子宫肌瘤15人。市妇幼保健院住院部常年开展剖腹产、子宫全切、子宫内膜异位病灶清除、子宫肌瘤剥除、宫外孕病灶清除、输卵管吻合、输卵管整形、输卵管移植、卵巢囊肿摘除、阴道紧缩、处女膜修补等手术以及妇科肿瘤的化疗和妇科疑难杂症的检查与治疗。

三 婚前保健

1987年，按照卫生部《婚姻保健工作常规》要求，对蓝田城区婚检对象采取个别指导和看《新婚学校》录像等形式进行婚前卫生保健宣传教育。1989年，全市开展婚姻保健宣传，选送34人参加省、娄底地区举办的婚前检查学习班，之后，设立男女婚前检查室（简称婚检室）、宣传教育室（简称宣教室），组织婚前检查对象看电视录像学习保健知识。是年，开展婚前检查454人，查出各种疾病46例，患病率10.13%。1999年4月，市卫生局、市民政局联合下发《关于在全市全面推行婚前医学检查的通知》和《关于进一步做好婚前医学检查的通知》，成立婚前医学巡检领导小组，设立10个婚检点，配备必要的仪器设备。6月1日，全面推行婚前医学检查制度，规范服务内容，有24名婚检医师取得省、娄底市《婚检技术合格证》；向社会公开婚检质量、婚检收费、监督电话等。2000年，按照《湖南省<婚前保健工作规范>实施细则》，制订婚检工作规章制度，婚检对象凭民政部门的婚姻证明，身份证(户口簿)领取体检表，统一编号，核对照片，询问病史，系统婚检，进行正确诊断和提出医学指导意见，做到不漏诊、不误诊，严把质量关，杜绝一切人情关系，同时做好婚前卫生知识咨询和卫生指导。2002年，开展婚检9436人，受检率100%，检出传染病、性病、生殖器疾病1293例，患病率

1987—2007年部分年度涟源市孕产妇保健情况

表30-3

年度	产妇人数	活产	孕产妇系统管理建卡		早孕检查		产前检查		新法接生		住院分娩		孕产妇死亡		围产儿死亡	
			人数	建卡率(%)	人数	检查率(%)	人数	检查率(%)	人数	接生率(%)	人数	住院率(%)	人数	死亡率(‰)	人数	死亡率(‰)
1987	10926	10921	10731	98.26	6661	60.99	10703	98.00	10884	99.66	...	...	4	0.37	...	...
1991	15743	15581	15385	97.72	10185	64.69	15426	97.99	15687	99.64	4824	30.65	7	0.45	399	25.34
1994	9382	9371	9284	98.95	9284	98.95	9284	98.95	9314	99.28	4900	52.23	3	0.32	144	15.37
1998	9994	9991	9634	96.40	9266	92.72	9634	96.40	9977	99.86	6005	60.09	8	0.80	...	...
2003	11030	10976	10758	97.53	9613	87.58	10698	97.47	10945	99.70	8655	78.47	5	0.45	...	...
2007	13681	13681	13564	99.14	12334	90.15	13564	99.14	13681	100.00	12016	87.83	5	0.37	...	...

13.70%。2004—2007 年,新婚姻法颁布后,婚检人数明显减少,每年婚检 30~40 人。

第二节 儿童保健

1987 年,全市完成儿童健康检查 78763 人,检查率 68.40%,查出贫血儿童 23400 例,佝偻病 25100 例,及时进行矫治,矫治率 90%。1991 年,全市新生儿 15581 人,建卡登记 14472 人,建卡率 92.88%;新生儿访视 14472 人,访视率 92.88%;对婴幼儿按 3∶2∶1(0~1 岁每年体检 3 次:1~3 岁每年体检 2 次:3~7 岁每年体检 1 次)进行系统管理,全市 7 岁以下儿童 76325 人,系统管理 62205 人,管理率 81.50%。1992 年,全市组织 1290 人分成 105 个检查组,对 69000 名 7 岁以下儿童(全市 120411 名,受检率 57.30%)进行健康检查,体重达均值以上者 61.23%;身长达均值以上者 58.02%;查出患病儿童 10212 人,患病率 14.8%,全部进行专册登记,列入体弱儿系统管理。对蛔虫感染儿童 56274 人进行驱蛔治疗,驱蛔率 92.73%。对新生儿 13948 人进行卡介苗接种,接种率 89.57%。1993 年,对新生儿进行建卡登记,开展新生儿访视,进行系统管理。是年六一节前夕,在全市范围内开展大面积的儿童保健活动,对 0~7 岁儿童进行健康检查,普遍开展卡介苗和各种预防接种,开展对各种缺陷疾病的有效矫治和对佝偻病、龋齿、蛔虫症等儿童常见病的防治。1994 年,对 5 岁以下儿童死亡原因进行个案登记及调查分析,主要原因是小儿肺炎、腹泻、营养不良、意外死亡等。1998 年,印发《小儿腹泻》《小儿肺炎》《小儿营养不良》等 10 种宣传资料 1 万份。1999 年,进一步规范出生医学证明的发放和管理,健全登记和统计制度,是年发放出生医学证明 8000 份。其中,新生儿发放 7601 份,占 95%。2002 年,对 24 个托幼机构 168 名新分配来的幼师和 2268 名新入园的幼儿进行体格检查,幼师身体合格率 100%,幼儿合格率 98%(佝偻病 8 人,龋齿 15 人,蛔虫症 22 人)。2003 年,对 24 家托儿所、幼儿园 65 名新分配来的工作人员进行健康检查,全部合格。6 月,举办全市托幼机构工作人员卫生保健培训班,核发卫生保健合格证,规定工作人员凭健康证上岗。2005 年,对 16 名新分配来的托幼机构工作人员进行卫生保健知识培训和健康检查,合格率 100%。2007 年,全市完成新生儿访视 13510 人,访视率 98.52%;开展新生儿疾病筛查 2347 例,其中甲状腺功能低下 1 例。是年,发放出生医学证明 13392 份,其中新生儿发放 13232 份,占 98.8%。

第七章　爱国卫生

第一节　健康教育

1987年,成立市健康教育所,在全市范围内开展全民健康教育,包括单位与社区健康教育、医院健康教育、行业健康教育、控烟健康教育。1990年,开展健康教育宣传活动,评出"卫生之家"305户,"卫生之街"4条,"卫生红旗"单位11个。1991年,全市以石陶乡蒿子村作为健康教育小区试点,每户培训1名家庭保健员,村民的不良卫生习惯得到改变。1996—2007年,全市开辟卫生与健康墙报专栏5000个,出刊2万多期。在城区主要繁华地段建立永久性固定宣传栏50个。每年利用3月24日"世界防治结核日"、4月7日"世界卫生日"、5月31日"世界无烟日"、6月25日"世界环境日"开展各种宣传,出动宣传车2000台(次),电视台、报纸等媒体开设健康教育专题节目或专栏,增强全市人民群众的自我保健意识和自我防病能力。

第二节　文明卫生单位创建

1987—1989年,市委市政府机关大院、市经委、市教师进修学校、市电力局、市幼儿园、市卫生防疫站被评为省级文明卫生单位。1995年,涟源市被评为县级市丙级卫生城市。1999年,市委、市政府作出《关于创建卫生城市的决定》。是年,晋升为县级市乙级卫生城市。2003年开始,市委、市政府确定每年4月为爱国卫生活动月,由市爱卫会组织,全市城乡各单位开展卫生大扫除。活动结束后,由市级领导带队组成爱国卫生检查组,对全市20个乡镇(街道)和城区所有机关、企事业单位进行爱国卫生大检查。2006年,在全省组织的城市卫生检查中,涟源在全省县级市中排名第11位。是年,龙塘乡河西村创建娄底市卫生村。2006年4—8月,省爱卫办在全省范围内对各省级文明卫生单位进行全面复查,市委市政府机关大院、中国人民解放军62172部队、中国人民解放军62198部队、立珊中学、水洞底镇卫生院等32家单位被确认为省级文明卫生单位。2007年,市劳动和社会保障局机关、金石镇党委政府机关被评为省文明卫生单位,六亩塘镇温田村创建娄底市卫生村。

第三节　农村改水改厕

1987年,市爱国卫生运动委员会与49个乡镇(街道)签订农村改水项目责任合同书,促进各乡镇(街道)抓好农村改水工作。1990年5月,伏口镇被评为全省农村改水改厕先进单位。1991年,市爱卫办对全市农村改水情况进行摸底调查,全市有自来水工程780处,受益人口21400人;手压泵水井222处,受益人口2738人;改造大口井381处,受益人口68500人。1993年,市国土局、市初级卫生保健委员会办公室、市爱卫办联合发出《关于农村居民新建住宅必须同时建好无害化卫生厕所的通知》,要求农村居民申请新建、改建、扩建住房时,必须设计卫生厕所,做到与住房同时施工,否则,国土部门不予审批。是年,市爱卫办组织举办区(街道)、乡镇防疫专干60人参加的改厕技术培训班,并在毛坪乡、伏口镇进行改厕试点。2001年,市政府下发

《涟源市"九五"期间农村改水改厕规划》,明确各乡镇(街道)改水改厕指标。市政府与乡镇(街道)签订责任状,各乡镇(街道)与各村签订责任状。国土部门在审批住宅用地时,把改厕列入硬性规划,对改厕户减免 3~5 平方米的卫生厕所建设用地费用。2007 年,全市农村 78.02 万人饮用安全卫生水,占全市农村人口 82.12%,其中 40.12 万人饮用自来水。改建、新建卫生厕所 15.61 万户,卫生厕所普及率 74.52%。

第四节 病媒生物控制

1987 年,市卫生防疫站流行病科承担除"四害"(老鼠,蟑螂,蚊子,苍蝇)工作,是年投放灭鼠毒饵 2 吨。1990 年,运用粉迹法对石马山镇、六亩塘镇和蓝田街道的鼠密度进行监测,成立城区灭鼠专业队,每个居委会配备 1 名专职投药员,共投放灭鼠毒饵 2.5 吨。1996 年开始,除"四害"工作由市爱卫办接管。灭鼠毒饵由市爱卫办统一管理,指定专业人员投放;对医院、饮食店、副食品店、宾馆、粮站等重点单位每年投放 8 次,共投放灭鼠毒饵 3 吨。1998 年 4 月,设立涟源市除"四害"卫生服务部,定编 2 人,主要负责改水改厕器材及除"四害"药械的供应。1999 年,市政府下发《关于认真搞好除"四害"工作的通知》,成立除"四害"工作领导小组,把除"四害"工作列入全市各单位爱国卫生工作年度考核内容。按照"谁受益,谁出钱"的原则,除"四害"卫生服务部在各单位及门店收取除"四害"经费,开展上门服务,安装灭鼠毒饵盒,指导灭鼠工作。2006 年,在全市所有单位以及单位住宅区、居民区、宾馆、副食品加工厂、屠宰场、农贸市场、垃圾场站等重要场所安装 1500 个常年灭鼠毒饵盒,投放灭鼠毒饵 3.5 吨。2007 年,除"四害"卫生服务部收取除"四害"经费 96 万元。

第八章　药品监督管理

第一节　机　构

1987 年,市卫生局设医政医教股、药政股、药品检验所。1991 年 12 月,组建市医药管理局,与市药材公司合署办公,两块牌子,一套人马,隶属市经委。2001 年 9 月,市医药管理局的行业管理职能与市卫生局的药政、药检职能合并,组建娄底市药品监督管理局涟源市分局(简称市药监局),正科级行政执法机构,内设办公室、业务股、稽查股,定编 20 人。2003 年,市药监局下设市药品检验所。2004 年 6 月 16 日,娄底市药品监督管理局涟源市分局更名涟源市食品药品监督管理局(仍简称市药监局),内设办公室、食品安全综合监督股、药品监督股、稽查股。2005 年,新增医疗器械监督股,下设市药品不良反应监测中心。2007 年,全局机构未变,定编 20 人。

第二节　药品监管

一　药品生产监管

1987 年,市卫生局对市人民医院制剂室、涟邵矿务局职工医院制剂室进行监督管理,主要监管原辅料购进、生产工艺及产品质量。1994 年,增加监管省回春堂制药厂和田心乡卫生院制剂室。1995 年,增加监管市中医院制剂室。

2001 年 12 月 1 日,新修订的《中华人民共和国药品管理法》颁布实施,对医院制剂配制条件和标准提高,市人民医院制剂室、涟邵矿务局职工医院制剂室、市中医院制剂室自行关闭。市药监局按 GMP 要求,对改制后的省回春堂药业有限公司、白马镇田心卫生院制剂室进行监督管理,每季度至少监督检查 1 次,对药品生产条件、生产过程及产品质量进行监督检查。2001—2007 年,出动执法人员 216 人次,检查 35 家次,发责令改正通知书 12 份,对发现的原材料不符合质量要求、操作不规范等问题及时督促整改到位,连续 7 年未出现源发性药品安全事故。

二　药品经营监管

1987 年,市卫生局对全市药品经营企业、医疗机构的药品质量进行监督管理。1989—2001 年 9 月,立案查处山药、黄芪、阿胶等假劣药品案 69 件(其中假黄芪 2300 千克),依法取缔无证经营药店 142 家。

2001 年 10 月开始,市药监局全面负责药品经营、使用监管。2002 年,依法取缔无证药店 53 家。2003 年 7 月,查获某医疗机构以工业氧代替医用氧案,货值达 5 万多元。2004 年,查获涉及 4 省 19 县市 200 多家单位的张继伦销售系列假劣药品案,案情复杂,移交公安机关处理。2005 年,查获某医疗机构使用货值 9 万多元的假药血生口服液。是年,市药监局被湖南省依法整治领导小组评为湖南省依法办事示范窗口单位。2006 年,查处违法销售和使用终止妊娠药品案件 38 起。2007 年,全市 146 家药品经营企业均达到 GSP 标准。是年,市药品检验所运用快速检验技术查获劣药银杏达莫注射液,涉案货值 3.5 万元。

图 30-14 市食品药品监督管理局执法人员在村卫生室检查药品质量

2001 年 10 月—2007 年，市药监局查处假劣药或过期药品案 1718 件，涉案货值 500 多万元，取缔无证药店 142 家，取缔游医药贩 176 起，捣毁制售假劣药品窝点 6 个，移交司法机关案件 10 起，被公安机关刑事拘留 7 人，治安拘留 15 人。2003—2007 年，市药品检验所完成委托检验 2128 批次，快速检验 1200 批，通过药品检验发现和查处假劣药品案 45 件。2005—2007 年，市药品不良反应监测中心收集上报药品不良反应 1728 例。

2004—2007 年，市药监局连续 4 年被评为湖南省药监系统先进单位。

三 特殊药品管理

1987 年—2001 年 9 月，市卫生局负责对全市 1 家药品批发企业和 54 家医疗机构使用麻醉药品、精神药品、医疗用毒性药品、放射性药品等特殊药品进行监督管理；配合上级主管部门进行药品批发企业和药品使用单位特殊药品《购用印鉴卡》进行资质审查；对需使用麻醉药品和第一类精神药品的病人发放购药卡。2001 年 10 月，监管工作移交新组建的市药监局。2004 年，国务院颁布《反兴奋剂条例》，为防止滥用兴奋剂，市药监局开展兴奋剂治理工作，协助公安机关加强对私种罂粟的管理。至 2007 年，立案查处 3 起，追究刑事责任 1 人(处有期徒刑 2 年)。

第三节 医疗器械监管

2001 年 10 月，市药监局负责全市医疗器械研制、生产、经营和使用全过程的监督管理，重点对骨科内固定器械、一次性使用安全套、无菌注射器和输液器等进行监管。是年，全市有 1 家医疗器械批发企业，18 家医疗器械零售企业。2003 年，传染性非典型肺炎发生期间，立案查处不合格口罩和医用防护服案件 6 起。2007 年，全市有市药材公司、长沙双鹤医药有限公司涟源配送站、市众仁医疗器械有限公司、娄底市恒鑫医疗器械有限公司 4 家医疗器械批发企业，有 95 家医疗器械零售企业。2004—2007 年，查处不合格医用钢板、口罩、纱布块、绷带等案件 67 起，没收不合格医疗器械 35 种(次)，涉案货值 120 万元。

第九章 卫生行政管理

第一节 机 构

1987 年,市卫生局内设办公室、人事教育股、医政医教股、药政股、计划财务股、防疫保健股、药品检验所,职工 38 人。挂靠机构有市爱国卫生运动委员会办公室,二级机构有市卫生职业技术学校。1991 年 1 月,市红十字会成立,挂靠市卫生局。1996 年 8 月,增设中医股,防疫保健股更名公共卫生监督与预防保健股(加挂市公共卫生监督所牌子),医政医教股加挂医疗机构监督管理办公室牌子。1997 年 7 月,市卫生职业技术学校撤销。2001 年 9 月,药政股、药品检验所划归娄底市药品监督管理局涟源市分局。2002 年 9 月,增设卫生法制与监督股,基层卫生妇幼保健与疾病控制股。2003 年 6 月,设立涟源市新型农村合作医疗管理局(简称市合管局),隶属市卫生局,定编 10 人。2005 年 10 月 19 日,撤销公共卫生监督与预防保健股,成立市卫生监督所(简称市卫监所),隶属市卫生局,定编 39 人。2007 年,市卫生局内设办公室、人事教育股、医政医教股、计划财务股、中医股、卫生法制与监督股、基层卫生妇幼保健与疾病控制股,职工 33 人。挂靠机构有市爱国卫生运动委员会办公室、市红十字会,二级机构有市合管局、市卫监所。

图 30-15 市卫生局办公大楼

第二节 医疗机构监管

1987 年,市卫生局监管全市 4 个市属医疗机构,54 个区(街道)、乡镇医疗机构,11 个厂矿医疗机构,918 个村级卫生室,20 个个体医疗机构。1987—1998 年,对 628 家非法医疗机构和 36 家非法药店给予行政处罚,罚款 9.9 万元。1999 年,制定《涟源市医疗市场专项治理方案》,成立涟源市医疗市场清理整顿执法队,至 2001 年,共出动执法车辆 63 台(次),检查医疗机构 792 家(次),取缔非法医疗机构 331 家(次),对 11 家医疗机构下达行政处罚决定书,其中 6 家移交市人民法院强制执行。拆除各种性病诊所招牌 398 块,没收其药品器械。吊销医疗执业许可证 8 个,没收伪劣药品 57 个品种,公开销毁伪劣药品 46 箱,没收销毁各种非法印刷品广告 3000 份,共处罚款 8.6 万元。2002 年,市卫生局从有关医疗卫生单位抽调 6 人组建市医疗卫生执法大队,首先在城区进行地毯式清整,然后对金石、三甲、石马山、安平、六亩塘、湄江等问题较多的乡镇进行重点整治,取缔非法医疗机构 24 家,没收药品器械价值 2 万余元,取缔非法聘请坐堂医师的药店 4 家。2004 年 12 月 1 日,市卫生监督所成立,依法对全市医疗机构实行监督。2005—2007 年,全面开展打击非法行医专项整治行动,查处违法医疗机构 415 家(次),取缔非法诊所 446 家(次),没收药品器械价值 3.61 万元。查封斗笠山镇金铃村一家规模较大的非法诊所。市人民法院对拒不履行卫生行政处罚决定的 6 家非法医疗机构进行强制执行，对阻碍强制执行的1家非法医疗机构的直系亲属由公安机关进行行政拘留。市人民医院医师朱某利用合法身份非法行医，市卫生局吊销其执业证书。2007年，全市有市属医疗机构4个，乡镇（街道）医疗机构51个，厂矿医疗机构2个，社会医疗机构7个，村（社区）卫生室954个，私人诊所110个。

第三节　卫技人员管理

1987年，市卫生局对大中专院校毕业的卫技人员统一分配，全市有卫技人员3211人。其中，市、区（街道）、乡镇、村四级医疗卫生单位2565人，驻涟厂矿医疗单位626人，个体行医人员20人。1998年始，市属医疗机构开始自主招聘专业技术人才，实行"积分累计淘汰制"和"末位淘汰制"，被淘汰人员实行"试岗""待岗"管理。各卫生院防疫、妇幼专干进行考试后实行择优重聘，落聘人员除"试岗""待岗"外，进行分流。2001年始，卫技人员准入均须经过考试考核，竞争上岗，择优录用。2007年，全市卫技人员增加到4867人。其中，市、乡镇（街道）、村三级医疗卫生单位4395人（含乡村医生973人，村妇幼保健员934人），驻涟厂矿医疗单位278人，社会团体医疗机构84人，个体行医人员110人。有高级职称169人，中级职称680人，初级职称1681人。

2007年涟源市获有专业技术职称的卫生技术人员分布情况

表30-4　　单位：人

职称情况 / 医疗机构	合计	高级职称169人		中级职称680人						初级职称1681人				
		主任医师	副主任医师	主治医师	主管医师	主管护师	主管药师	主管技师	主管检验师	医师（士）	护师（士）	药师（士）	技师（士）	检验师（士）
市属医疗机构	901	1	118	197	16	120	28	15	10	150	105	60	60	21
驻涟源厂矿医疗机构	256	3	31	49	0	19	6	4	4	45	64	13	10	8
乡镇（街道）医疗机构	1293	1	9	124	0	23	16	10	9	545	188	184	102	82
社会团体医疗机构	80	0	6	14	0	4	6	4	2	12	11	9	8	4
合计	2530	5	164	384	16	166	56	33	25	752	368	266	180	115

第三十一篇　社　会

第一章　宗　教

第一节　基督教

1987年，涟源市有基督教聚会堂（点）23个；教职人员26人，其中长老1人，教师2人，传道员23人；受洗教徒500余人，慕道友1000余人。1988年，市基督教“三自”（自传、自养、自治）爱国运动委员会召开第二届委员代表大会，与会代表20人，选举李吉桃任主席。1990年8月，在六亩塘街道三步桥村购买一栋民房作办公用房。1992年10月，召开第三届委员代表大会，与会代表22人，选举李吉桃任主席。1998年6月2日，召开第四届委员代表大会，与会代表24人，选举梁慕山任主席。1999年，上柏教堂被省宗教局评为全省“五好”宗教活动场所。2002年9月，召开第五届委员代表大会，与会代表40人，选举梁慕山任主席。2007年，全市有基督教聚会堂（点）50个，经批准登记发证的教堂、聚会点39个；教职人员83人，其中长老3人，教师4人，传道员76人；受洗教徒3558人，慕道友5394人。教徒主要分布于桥头河、七星街、龙塘、斗笠山、蓝田等乡镇（街道）。1991—2007年，全市有12人去省圣经学校深造。

图31-1　涟源市基督教第三期义工学习班

图31-2　斗笠山教堂

斗笠山教堂　1931年，德国牧师许约翰传道至安化县常安乡（今涟源市境内），在今石马山镇川门村设立聚会点。1963年，福音传至明镜公社盛家冲大队（今斗笠山镇盛家冲村），在曾东信、肖群英家成立聚会点。1981年，斗笠山教会合法登记。1984年，在洞里村与香花村交界处虎形山建立斗笠山教堂，一层，建筑面积119平方米。是年，教职人员4人，教徒80人。1989年，扩建为二层。1999年，扩建为三层，建筑面积448平方米。是年，教职人员3人，教徒200人。2005年，征购山地1公顷，开始建新教堂。2007年，教徒416人，教职人员3人。在教徒比较密集的地方，设聚会点12个。成立布道团，在市境内、娄星区、冷水江市、新化县、新邵县、双峰县进行婚丧布道，采用民乐、管乐、腰鼓、舞蹈、电脑视频等多种形式广传基督教，做爱国、爱教、荣神、益人工作，见证基督教教义。同时，对文礼堂、大水、杨市、水洞底、茅塘、古楼、白马、球树、新禾等教堂（聚会点)进行牧养指导。

天程堂 1999年圣诞节,蓝田城区部分教徒租用城区省涟源茶厂礼堂做聚会点,取名天程堂(取“天路历程”之义)。是年,以长老李本仁为首,筹资7万余元,在六亩塘镇坪上村购买约0.5公顷山地,作为教徒殁后坟山,名复活山。2006年初,教徒奉献筹资31万元,购买原市皮革厂主体车间,改修为教堂,建筑面积1050平方米。2007年,有教徒420人,教职人员2人。设圣事、接待、青年、财务、保管、监督、唱诗班等7个小组,建有一支40多人的治丧乐队(管乐、民乐、军鼓、舞蹈),为教徒去世免费办理丧事,做祷告、唱赞美诗、诵经证道、表演文艺节目。亦受双峰、冷水江、新邵、茶陵等县市基督教教会邀请,免费前往治丧。

图31-3 天程堂圣诞节崇拜晚会

2007年涟源市基督教聚会堂(点)

表31-1

聚会堂点名称	所 在 地	始建时间	建筑面积(平方米)	聚会人数(人)	教职人员(人)	登记时间
大江口教堂	湄江镇黄罗村	1991年	250	256	2	1995年
杨市教堂	杨市镇复兴街	1949年前	190	307	2	1995年
斗笠山教堂	斗笠山镇洞里村	1984年	448	416	3	1995年
伏口聚会点	伏口镇伏口村	1994年	200	214	2	1995年
仙洞教堂	七星街镇曾家桥村	1949年前	240	426	2	1995年
古楼聚会点	荷塘镇溋里村	1991年	…(民房)	153	1	1995年
七星教堂	七星街镇峡山村	1987年	400	827	4	1995年
桥头河教堂	桥头河镇龙湾村	1990年	360	517	3	1995年
蓝田教堂	六亩塘镇三步桥村	1949年前	352	425	3	1995年
安平教堂	安平镇唐家村	1980年	260	320	3	1995年
枫木聚会点	龙塘乡枫木村	1982年	…(租房)	210	1	2004年
文礼堂教堂	石马山镇桂新村	1949年前	180	225	2	1995年
渡头塘教堂	渡头塘乡竹山村	1990年	280	320	3	1995年
茄光教堂	七星街镇茄光村	1990年	363	376	3	1995年

续表31–1

聚会堂点名称	所 在 地	始建时间	建筑面积（平方米）	聚会人数（人）	教职人员（人）	登记时间
曲溪教堂	七星街镇曲溪村	1938 年	240	387	3	1995年
茅塘教堂	茅塘镇大方村	1984 年	200	320	2	1995年
增加教堂	渡头塘乡增加村	1992 年	105	152	2	1995年
珠梅教堂	龙塘乡河东村	1933 年	320	502	2	1995年
思久教堂	湄江镇思久村	1992 年	350	520	2	1996年
龙建教堂	桥头河镇龙建村	1938 年	275	550	2	1995年
大水聚会点	桥头河镇大水村	1987 年	220	204	2	1997年
上柏教堂	龙塘乡上柏村	1987 年	240	342	3	1997年
天程教堂	蓝田街道光明街社区	1999 年	1050	420	2	2000年
湘洪聚会点	七星街镇三角塘村	1999 年	…（租房）	278	2	2004年
扬名聚会点	渡头塘乡扬名村	1999 年	…（租房）	120	2	2004年
白马聚会点	白马镇白马村	1998 年	300	91	1	2004年
温江聚会点	石马山镇温江村	1997 年	148	214	2	2000年
球树聚会点	枫坪镇球树村	1998 年	…（租房）	212	2	2000年
合心教堂	桥头河镇竹则村	1999 年	315	231	2	2000年
马方教堂	龙塘乡马方村	1933 年	120	227	2	1997年
坪上聚会点	六亩塘镇坪上村	1998 年	220	152	2	2000年
甘溪教堂	七星街镇甘溪村	1994 年	160	110	2	2004年
桂花教堂	桥头河镇桂花村	1986 年	150	378	2	2004年
四古教堂	安平镇四古村	2004 年	200	48	1	2004年
新坪聚会点	渡头塘乡新坪村	1992 年	200	40	1	2004年
南风聚会点	龙塘乡白湄村	1991 年	250	143	2	2004年
岩下教堂	安平镇岩下村	1997 年	240	98	2	2004年
栗山教堂	龙塘乡栗山湾村	1989 年	160	254	2	2000年
水洞底聚会点	水洞底镇水洞底村	2005 年	400	200	2	2005年

第二节 佛 教

图 31-4 1998 年 1 月，市佛教协会第一届代表大会召开

1987 年，涟源市有佛教活动场所 79 处，僧尼 43 人，皈依弟子 113 人，住持 28 人，信教群众 5 万余人。1998 年 1 月 5 日(农历丁丑年十二月七日)，成立市佛教协会，并召开第一届代表大会，到会代表 49 人，选举理事会，理事 11 人，谭周文任会长。2005 年 9 月 3 日(农历乙酉年七月三十日)，召开市佛教协会第二届代表大会，到会代表 46 人，选举理事 15 人，释纯玉任会长。2007 年，全市有佛教活动场所 123 处，其中登记发证的寺(庵、殿)51 处；僧尼 74 人，办理登记手续的僧尼 11 人；皈依弟子 362 人，住持 98 人，未申请备案的教务人员 1000 多人。全市信教群众 15 万余人。

洪水岭佛教文化园 自唐代始，洪水岭历代建有法华庵、芙蓉庵、一季庵、药王殿、五圣殿，为安化、湘乡、邵阳等地善男信女烧香拜佛之所。1949 年后，殿、庵被陆续拆除。1994 年，部分信教群众自发组织在洪水岭芙蓉庵旧址重建药王殿。2005 年，市委、市政府研究决定以药王殿为中心建设洪水岭佛教文化园。是年 5 月，邀请广东韶关云门寺释明大法师任洪水岭药王殿住持，负责洪水岭佛教文化园建设。2006 年，市规划局批准洪水岭佛教文化园建设用地 79253.2 平方米。至 2007 年，释明大法师向省内外佛教信士化缘 400 余万元，新建白云禅寺，包括大雄宝殿、天王殿、塔林、僧人住房、居士楼、食堂、山门等。

湄江圆通寺 见《第二十篇 旅游》。

茅塘龙凤庵 始建于明隆庆六年(1572)秋。“文化大革命”中遭毁。1972 年后，6 次小修。1995 年大修。1998 年和 2007 年，先后筹资 80 余万元，进行扩建，设有大雄宝殿、天王殿、地藏殿、圣帝殿等 3 栋综合楼及山门，建筑总面积 1180 平方米。

住持比丘尼释志愿，俗名周正华，涟源市茅塘镇人，1984 年 16 岁时出家，毕业于浙江慈云佛学院。1992 年，受南岳三坛大戒，1993 年，受洛阳白马寺二部僧戒。1997 年任市佛教协会副会长，当选为市政协第十届常委。

图 31-5 星罗寺

移峰山星罗寺 宋端拱二年(989)，建于七星街斋公岩。明成化六年(1474)，迁至七星街大铺(今新民村)，名移峰山星罗寺。1942 年，湖南省立一中迁入寺内办学。1958 年，拆除改建七星中学。1987 年，于原移峰山后脉斋公岩重建。1997 年和 2005 年两次扩建，总建筑面积近 1000 平方米。

图 31-6 向日寺

向日寺 始建于明末清初，位于枫坪镇枫树村崂山冲。清嘉庆元年(1796)重修。1968 年，毁于“文化大革命”。2001 年，法师释道担任住持，开始修复，2010 年竣工，耗资 1000 万元。设有大雄宝殿、观音殿、念佛堂、藏经阁、护法殿、山神殿。

2007 年涟源市佛教活动场所

表 31-2

场所名称	所在地	始建时间	拆毁时间	修复时间	建筑面积(平方米)	住持(人)	登记时间
龙凤庵	茅塘镇藕塘村	明隆庆六年(1572)	1958 年	1972 年	1180	2	1997 年
狮子山药王殿	茅塘镇石门村	宋景德元年(1004)	1958 年	1996 年	500	1	1997 年
大禹山法云寺	水洞底镇大岳垅村	明洪武十一年(1378)	1958 年	1993 年	334	1	1997 年
紫虚庵	枫坪镇分水坳村	清雍正六年(1728)	1966—1976 年	1980 年	120	1	1997年
石莲山观音庵	水洞底镇石脚村	唐末	1957 年	1983 年	2001	1	1997年
白鹤庵	七星街镇伏栗村	清初	1958 年	1996 年	600	1	1997年
三清药王殿	茅塘镇枫林村	明末	1958 年	1996 年	210	1	1997年
静乐庵	湄江镇和平村	明万历年间	1958 年	1998 年	800	1	1997年
法华庵	石马山镇张家湾村	明末	1958 年	1976 年	260	1	1997年
观音殿	安平镇白毛村	明正德年间	1957 年	1987 年	334	1	1997年
观音寺	伏口镇泽塘村	清康熙元年(1662)	1958 年	1998 年	300	1	1997年
明涅堂观音寺	湄江镇思久村	1930 年	1970 年	1995 年	300	0	2002年
同德南岳圣殿	金石镇砂石村	清末	1966—1976 年	2006 年	644	0	2002年
龙山药王殿	龙山国家森林公园	明永乐七年(1409)	1958 年	1987 年	1200	1	1997年
朝阳庵	荷塘镇界头湾村	明万历年间	1966 年	1995 年	354	1	1997年
龙泉寺	荷塘镇衖子村	唐末	1966 年	1995 年	500	1	1997年
白姣龙龙王殿	龙塘乡齐心村	清光绪三年(1877)	1958 年	1986 年	240	0	1997年
真武殿	桥头河镇三合村	清光绪年间	1966—1976 年	1970 年	700	1	1997年
仙洞观音殿	七星街镇曾家桥村	明崇祯年间	1958 年	1988 年	701	1	1997年
沙子冲真武殿	桥头河镇界头村	明中期	1966—1976 年	1989 年	252	1	1997年
金容山观音殿	桥头河镇合兴村	清初	1966—1976 年	1996 年	400	1	1997年
候仙寺	渡头塘乡杉山村	民国初年	1966—1976 年	1990 年	370	2	1997年
大藏寺	金石镇溢冲村	清初	1966—1976 年	1998 年	360	1	1997年

续表 31–2

场所名称	所 在 地	始建时间	拆毁时间	修复时间	建筑面积(平方米)	住持(人)	登记时间
铁矿山观音殿	七星街镇红联村	1917 年	1966—1976 年	2004 年	80	1	2006年
蛇子寨朝阳庵	荷塘镇观音村	清康熙年间	1966—1976 年	1995 年	120	1	2006年
仙女峰紫华庵	湄江镇仙峰村	清顺治十年(1653)	1966—1976 年	1995 年	2300	2	2006年
雷祖殿	安平镇牛郎村	明万历年间	1966 年	1991 年	120	1	1997年
湄江圆通寺	湄江镇远利村	明初	1966—1976 年	1994 年	1000	2	2002年
钟鼓庵	伏口镇沙溪村	清道光年间	1966—1976 年	1995 年	160	1	1997年
水晶阁	蓝田街道民光社区	清康熙三年(1664)	…	1995 年	100	2	1997年
观音殿	杨市镇利新村	明初	1958 年	1998 年	240	1	1997年
同安寺	杨市镇杉山村	唐末	1958 年	1998 年	400	1	1997年
云台寺	荷塘镇集合村	明洪武三年(1370)	1966—1976 年	1986 年	337	2	1997年
兴隆庵	石马山镇唐家冲村	明初	1968 年	1979 年	230	1	1997年
法云寺	六亩塘镇树亭村	清道光六年(1826)	1956 年	1996 年	1200	2	1997年
梅峰山生罗寺	七星街镇峡山村	清光绪十三年(1887)	1966—1976 年	1986 年	700	1	2002年
移峰山星罗寺	七星街镇新民村	宋端拱二年(989)	1958 年	1986 年	813	3	2002年
峨眉山南岳殿	杨市镇利新村	明初	1968 年	1998 年	270	1	2005年
吴家冲真武殿	七星街镇吴家冲村	清道光元年(1821)	1966—1976 年	2001 年	200	1	2005年
万福寺	茅塘镇洞门村	明初	1958 年	1999 年	300	1	1997年
紫竹山观音殿	水洞底镇慕农村	清道光三年(1823)	1958 年	1994 年	300	1	1997年
汉寿寺	七星街镇虎溪村	三国时期	1966—1976 年	1989 年	350	1	1997年
清净寺	渡头塘乡杉山湾村	明万历年间	1958 年	1995 年	380	1	2001年
佛灵寺	水洞底镇慕长村	清末	1958 年	2001 年	800	1	2001年
白蛟龙龙王殿	龙塘乡井边村	明万历四十七年(1619)	1958 年	1999 年	600	0	2001 年
观音寺	石马山镇长车村	明万历四十七年(1619)	1958 年	2001 年	180	1	2001 年
洪水岭药王殿	蓝田街道民光社区	唐代	1958 年	1994 年	1005	2	2001年

续表 31-2

场所名称	所 在 地	始建时间	拆毁时间	修复时间	建筑面积(平方米)	住持(人)	登记时间
玉山湾观音殿	桥头河镇株木村	清雍正年间	1958 年	1999 年	500	1	2001年
大水南岳圣殿	金石镇大水村	明末	1958 年	1992 年	400	1	2001 年
宝灵寺	水洞底镇竹脚村	清嘉庆年间	自塌	1992 年	280	1	2003年
白羊峰南岳殿	金石镇湖广村	1949 年前	1958 年	2005 年	900	3	2004年
檀山观音殿	七星街镇檀山村	清初	1958 年	1994 年	550	1	2003年
檀山观音殿	七星街镇檀山村	清初	1958 年	1994 年	550	1	2003年
狮子山隐龙庵	三甲乡新屋村	清嘉庆十四年(1809)	1966—1976 年	2003 年	400	2	2004年
向日寺	枫坪镇枫坪村	清顺治四年(1647)	1966—1976 年	2003 年	400	2	2004年
杨柳金盘殿	渡头塘乡杨柳村	清道光年间	1958 年	2001 年	800	1	2000年

第三节 道 教

1987年,全市有宫观2处,道教从教人员200人。其中,受乾道戒3人,受坤道戒1人。1995年,龙塘乡珠梅观恢复。2007年,全市有宫观4处:大花山老君殿、珠梅观、南岳大行宫、龙山药王殿。道教从教人员400余人。其中,受乾道戒7人,受坤道戒2人。

大花山老君殿 位于桥头河镇木家村。始建于明末。1986年复修,建筑面积350平方米。1988年,被列为市级宗教文化保护单位。

南岳大行宫 位于桥头河镇龙湾村。始建于明末。1958年被毁。1987年修复,占地2000平方米。1988年,被列为市级宗教文化保护单位。每年农历八月初一至十五日,以“共沐圣恩,永保平安”为题,举行一次忏香祭祀活动。

龙山药王殿 见《第二十篇 旅游》。

第四节 天主教

1987年,全市有天主教教徒70余人,在桥头河、茅塘(黄泥塘)、伏口建有3个分堂。2007年,仅渡头塘乡洋河村一带有教徒30余人,其中6人坚持去湘潭或长沙教堂参加弥撒活动。

第二章 民俗

第一节 劳动习俗

一 种植习俗

20世纪80年代,境内水田主要种稻谷,其次种大麦、小麦、荞麦、草籽、油菜等,旱地种红薯、小麦、玉米、黄豆、花生和蔬菜。耕作周期一般一年一熟或一年两熟,犁、耙、锄头、篼箕、扁担是主要生产工具,用牛力犁田、耙田,用扮桶或脚踏打稻机脱粒。一般用柴油抽水机抗旱,也有用人力水车抗旱的。

单季稻播种时间为谷雨前后,插秧时间为立夏至端午前。早稻播种在春分和清明之间,插秧在5月1日前后;晚稻播种在6月中旬左右。7月下旬至8月上旬,为抢收早稻、抢插晚稻繁忙季节,称"双抢"。

90年代,稻田三熟改二熟或一熟(中稻),双季稻多数改单季稻,常规稻全部改优质杂交品种。常用电力抽水机抗旱。

进入21世纪,犁田、耙田多用机耕,偏僻山区和梯田依旧使用牛耕,水稻脱粒开始采用动力打稻机,有少数地方雇收割机脱粒。

二 养殖习俗

20世纪80年代,境内除少数担着棚子,四处流动养鸭者外,一般农家无专业养殖习惯。

牛为耕田而养,多为小孩或老人在早晨、下午放牧。养猪为改善生活,以及补贴家庭开支费用,农户每家一年养猪2~4头,将种植的牛皮菜、红薯藤、萝卜等作为猪草,拌红薯、玉米、谷糠煮熟饲养,小孩、妇女常到野外采青草,以补充饲料不足。北部山区有养羊习惯。

养禽(以鸡为主,少数农户养鸭、鹅)为逢年过节自食与招待客人,只有少量出售,作为油盐费用补贴。水库、池塘常养草鱼、鲢鱼、鲤鱼、鳙鱼,稻田常养鲤鱼、鲫鱼。

境内农户常在猪、牛栏旁挂秤,以示避邪。母猪怀孕时,栏舍内外切忌动土,不得已动土时,须念咒"起水"方可进行。发现母猪流产,便在栏舍前焚烧蜡树叶,发出噼噼啪啪的响声,称"报犯",以此保产。

买回小猪,用瓷片或玻璃片刺破猪耳和猪尾血管,使之流出少量血液,称"放痧"。买小猪回家,当天不喂食。猪爪旁生肉痣,称"五爪猪"(灵官猪),猪头有白毛贯穿,称"破头猪",忌养忌食,宰杀时要穿蓑衣,戴斗笠。出售肥猪,主妇要在栏舍边唤猪数声,以示惜别。

母牛产子后,主人将其胞衣(胎盘)用竹筐或稻草兜系挂于野外枫树上,寓意小牛风吹夜(叶)长。

至90年代,境内出现大批养殖专业户,以上习俗大多消失。养猪喂养浓缩精饲料,生产成本降低。养牛不再以耕田为主,部分为菜牛。出现特种养殖专业户,如养牛蛙、蛇、甲鱼等。

三 工匠习俗

20世纪80年代,境内推匠(制作碾谷用的谷推子的人)、染匠、织布匠等手艺消失。木匠、石匠、锯匠、砌匠、篾匠受雇于人,主人一般供饭供宿,按日计酬。漆匠、弹匠、棕匠、瓦匠做上门工夫,主人提供食(宿),按件计酬。铁匠开作坊,顾客上门订货,按件计价。民间小修理匠多在城镇摆摊设点,或挑担下乡,按件收费。城镇理发匠挂牌营业,乡村理发匠于春节期间四处包揽生意(一般于先年年底结账时顺便确定),一年一包,定期上门理发,主人轮流供饭,年终按人头收费。骟匠沿村吆喝,有猪、牛、鸡需要骟的,就地进行。磨刀(剪)匠、补鞋匠、修伞匠走村串巷吆喝生意。

90年代初,建房用工,有的按日计酬,有的由主家和包头师傅双方议定或签订合同,规定包工费,匠人吃饭自理,主家供应茶水,中途预付部分款项,完工验收后全部付清。木匠、篾匠、锯匠等一般开店设厂经营,也有上门做工的。

境内木匠、漆匠、石匠、篾匠授徒,有“三年学徒四年帮”的规矩,学徒期3年,师父管吃,不给工钱,出师后师父送徒弟一套工具,徒弟再给师父帮工一年,可得少量工钱。90年代,农村劳动力大量剩余,凡升学无门者,设法拜师学艺,学徒期有的缩短为2年,学徒期内,有的师父优待徒弟,发给少许零用钱。

境内农村建房,先请风水先生选址择时。奠基称下脚,架梁称上梁,砌墙完工称圆垛,或称断水。下脚、上梁要杀鸡祭神,以示避煞求吉。上梁时,砌工与来客唱歌祝贺,称赞梁,由主人发红包。主人于新楼抛撒糖果、糍粑,观者笑闹抢夺,以示庆祝。

20世纪末21世纪初,补锅匠、铜匠(打铜锁、器物、饰件、针钻等)等手艺消失。篾匠、棕匠、锯匠、铁匠、秤匠、弹匠等减少。电工、机电维修、家电维修、电力机械排灌、驾驶、现代缝纫、厨师、农产品加工、房屋装修、电脑维修等新型技艺兴起,或开店设坊,或上门服务。传授技艺,不再有“三年学徒四年帮”的规矩,一般采取办校、办班或店内收徒的形式。

四 商贸习俗

生意人讲究彩头,商家每天上午首笔生意格外用心,力争顺利成交,以示整日顺畅。有的店内设神龛,供奉财神,以期财源广进。有的商业企业开张举行庆典,上下左右涉业单位和亲朋好友献花篮、挂彩幅,放鞭炮贺喜,业主张灯结彩,雇请乐队、腰鼓、剧团捧场造声势,并设宴款待来宾,采取多种花样优惠顾客促销。

境内古塘、湄江、伏口、金石等乡镇均有定期集市(或逢三,或逢六,或逢九……)。赶集商品以大米、香菇、仔猪、耕牛、竹木农具、菜苗、禽蛋、肉、鱼等为主,同时还有部分日用工业品进入集市。

20世纪90年代,各类商贩日见增多,不少商贩走村串户,上门服务。农村,在家门口,就可购买到猪肉、豆腐、水果、蔬菜等。

第二节 生活习俗

一 服 饰

服装 20世纪80年代,农村村民多自选布料缝制衣服,面料以棉布,涤卡、的确良、灯芯绒、花细呢为主,部分老年人选用土布。城镇居民大多穿商品成衣,男性款式有中山装、西装、夹克衫、牛仔裤、喇叭裤、直筒裤等,以灰色、蓝色,黑色为基色;女装有蝙蝠衫、春秋衫、连衣裙、长短裙、风雪衣、无袖衫、马甲等。男青年以穿西装、系领带,女青年以穿裙装为时髦。

90年代,农村大多都到服装店或摊位上购买成衣,选布量体裁衣者日见减少。无论城乡,男性款式以西装为主,其次是休闲装、皮夹克、T恤衬衫、迷彩服等,中山装基本消失;女装有大小披领衫、连衣裙、健美服、踩脚裤、牛仔裤、连衣裤袜等,少数人穿旗袍。服装颜色多种多样,大多根据肤色、体型、爱好选择自己喜欢的色彩。童装款式品种繁多，裙子有学生裙、连衣裙等十几个品种。部分中学和小学集体订制校服。

进入21世纪，购买成衣比重大增，购买布料的极少，穿着追求档次，崇尚名牌，讲究时髦、美观、舒适，注重装饰化和个性化。有些青年人非流行品牌不穿，款式奇特，色彩各异。有不少女性喜穿紧身衣裤、吊带衫、短裙、超短裙、短上衣、露脐装，性感服装逐渐流行，季节款式变化很大，但在正式场合，男士仍以西服为主。

鞋袜　20世纪80年代，在农村，夏季常打赤脚，或穿皮草鞋（以废橡胶轮胎做鞋底），春秋穿球鞋或解放鞋，冬季雨日穿雨靴、尼龙袜，在家穿布鞋（做布鞋为当时农村妇女必须掌握的技能），少数人穿纳底长筒棉纱袜。在城镇，夏季流行穿塑料凉鞋，冬季流行穿保暖鞋、尼龙袜，少数人穿皮鞋，或穿布鞋。

90年代中后期，男士以穿皮鞋为主，夏季流行穿皮质凉鞋、丝袜。中、青年女性多穿高跟鞋，冬、春季流行穿中、长筒皮靴。学生喜穿休闲鞋（旅游鞋）、运动鞋。

21世纪初，农村很少自制布鞋，城乡多穿皮鞋，档次、价格不一。袜子有棉纱、化纤等，有长筒和低筒。冬季一般穿棉纱袜，夏季以丝袜为主。

饰物　20世纪80年代，时尚戴手表，手表价格不一，主要用于计时，也作饰物。90年代后期开始，流行戴戒指、耳环、项链、手镯、胸针，材料有黄金、铂金、玉石、钻石等。21世纪初，戴手表的少，一般用手机看时间，各种手机饰物在年轻人中流行。

二　发型　美容

发型　20世纪80年代，境内男性发型大多为平头、三七分头与反发式（西式头），农村老年男性有剃光头的。妇女不论婚否，多留短发（西瓜皮发型）或梳双辫，少数老年妇女梳发髻。90年代开始，城乡普遍开设美容美发店，许多青年男女时兴烫卷发。进入21世纪，一些青年男女时兴染发，有黄色、米黄色、红棕色数种。男青年也有留长发者，或齐耳长发大包头；中青年女性喜欢将头发拉直，发型多样，有齐耳短发、披肩散发、波浪式烫发、男式短发，也有戴假发者。女童多留短发或扎马尾发。

美容　1990年前后，化妆品以胭脂，雪花膏为主。20世纪90年代中期开始，经营高档化妆品的商店迅速发展，化妆成为时尚，女人开始文眉、描眉、涂口红、画唇线、染指甲，有些女子还经常自带化妆品到美容美发店请美容专业人员按摩、除皱，保护容颜。

三　饮食　饮茶　居住　行旅

饮食　20世纪80年代，境内城镇以大米为主粮，农村以大米、红薯、玉米、麦类为主食，一日三餐，很少吃肉。吃荤菜常靠捕捉鱼、虾、泥鳅、黄鳝，或辅以鸡蛋，鸭蛋，偶尔吃猪肉。煤矿等单位在一定时间段内（或十天或半个月）给工人们吃一次肉，或三五个伙伴聚在一起吃一次肉，称“打唇福”，也有地方称“打牙祭”。城镇居民早晨多吃稀饭、面条、米粉、馄饨、包子、油条、馒头。

进入90年代，快餐店（摊）兴起，早餐品种丰富，口味各异，青年人喜欢喝牛奶，吃面包、蛋糕等，也有人从超市选购方便面做早餐。一般农民家庭，荤菜含量逐渐增多，较多家庭达到餐餐有荤菜的水平，与城镇居民饮食结构大体接近。在农村，红薯、玉米一般用来喂猪。大多农户常备自酿米酒，也有人用中药浸酒自饮或招待客人。

20世纪末21世纪初，饮食讲究营养保健，多以优质大米为主食。普遍忌食高脂肪食品。大多数吃植物油、瘦肉、蛋、水产品、时鲜蔬菜、水果等，矿泉水、可乐、果汁、牛奶、瓶装酒成为主要饮料。除日食三餐外，还流行吃夜宵。城镇居民家庭多在宾馆、饭店举办喜庆宴席。

饮茶　20世纪80年代，境内多饮粗茶，烧一壶茶一般要喝两三天，招待客人才泡细茶。90年代中期，饮茶一般现冲现喝，城区出现茶楼。21 世纪初，喝茶品茗逐渐成为企业白领、公务员、个体经营者生活时尚，主客在幽雅小包厢一边品茶一边欣赏茶艺表演，相互沟通、洽谈业务。

居住 20 世纪 80 年代，境内农村选择宅基地，先请风水先生(地生)堪舆，多数以“柴方水便”(近山、靠水)、向阳干燥为原则，住房坐向以坐北朝南居多。楼房多为砖木结构，屋顶盖青瓦(少数为平顶屋面)，一字横排，2 层，中间为堂屋，用以摆席和敬神、祭祖，左右为餐室和卧室。有的还在屋后、屋侧搭杂屋作厨房、柴房或猪牛栏。职工住房由单位分配，多为“筒子楼”，也有单元套间房，均为钢筋混凝土结构。

90 年代，农村选择宅基地，仍请风水先生堪舆，但多数选择建在马路两边，以方便交通和生活为原则。房屋格式与结构发生重大变化，砖木、碎石、沙、水泥、钢筋、玻璃成为主要建筑材料，平顶房增多。机关企事业单位宿舍楼多数盖 4~6 层，城市民宅多数盖 4~5 层。农村民宅多为 2~3 层。新建房都用红砖或水泥砖，混凝土钢筋结构，单元式套间户型，有客厅、卧室、厨房、卫生间、阳台。地面多为水磨石，或用瓷板、釉花砖、木质地板、大理石等材料铺设，墙壁用石灰、涂料粉刷，刮胶，贴墙纸壁布、用瓷砖做“墙裙”，用石膏板做吊顶，有的扶梯用不锈钢，门窗用铝合金或塑钢，房门装修采用木质条纹纤维板，有的家庭安装压缩成型、雕刻花纹的整型门板。

21 世纪初，随着房地产业的发展，购置商品房逐渐成为一种时尚。城镇居民购置各种不同形式、规格的现房或期房。有的镇在统一规划下让农民把房子建到集镇上。一部分先富起来的人到集镇购置新房。为了孩子能到城市读书，不少人到市城区购置新房或二手房，农村到城区购房者中以个体户和国家工作人员居多。一些人有住房多套，老家有楼房，镇上有新房，蓝田城区有洋房。部分山区居民仍居住砖木结构的红砖屋，少见木板屋和土砖屋。

行旅 20 世纪 80 年代，城镇居民一般以自行车代步，农村居民大多步行，出远门一般坐班车，短途货运靠肩挑。

90 年代，交通条件不断改善，农民生活水平逐年提高，摩托车逐年增多，为经济条件较好的人出门的主要交通工具，一些先富裕起来的工商户驾私家小轿车，一般人出门乘公共汽车。

21 世纪初，全市村村通公路，大部分村级公路路面硬化，出门很少步行，摩托车大众化，小轿车开始进入寻常百姓家。出远门常乘空调大巴、火车或飞机，包专车或自驾车外出旅行办事者屡见不鲜。

四 用 具

家具 20 世纪 80 年代，家具以请木匠手工制作为主，农家主要有碗柜、排柜、衣柜、木板床，城镇主要有衣柜、沙发、三门柜、五斗柜、高低柜、组合柜、木板床、八仙桌等。

90 年代前后，城镇居民开始置办成套家具，但仍以请木匠制作为主，购买现成的较少，许多人在装修住房时，将衣柜、橱柜与墙体相连，以体现整齐美观，其他单独家具有餐桌和沙发等，有的家庭开始用席梦思床。90 年代中后期，现成的家具比传统家具款式新颖、美观、时尚，配套齐全，很受年轻人喜欢。通常一套家具包括大衣柜、电视柜、床、床头柜、餐桌、沙发、茶几、书桌等。

进入 21 世纪，家庭装修新房一般购买现成新家具。

厨房用具 20 世纪 80 年代，城镇居民主要使用藕煤炉，农村山区居民使用柴火灶。90 年代，城镇居民普遍使用燃气灶、高压锅，抽油烟机成为厨房必需品。农村居民都用藕煤炉。21 世纪初，城乡普遍使用电饭锅、微波炉、电磁炉、电炒锅、消毒柜等新型厨具。

通讯工具 20 世纪 80 年代，市境内手摇电话逐渐减少，开始使用自动电话。90 年代初，移动电话开始使用，时称“大哥大”，体积较大，价格昂贵，仅少数企业老板和公安、防汛等专业部门拥有。寻呼机以相对低廉的价格被大众接受，至90年代中期普及。

90年代末，手机价格降低，寻呼机逐渐淘汰。进入21世纪，流行使用手机，且更新速度快，外观越来越时尚小巧，功能不断更新，除通话外，还可随时随地获取娱乐、生活、新闻等各种信息。2007年，全市每14人有一部固定电话，每5人有一部手机。

家用电器　20世纪80年代中期，普通家庭主要有黑白电视机、收录机、电风扇。90年代中期，购置洗衣机、彩色电视机、电风扇、VCD、电冰箱、电饭煲、高压锅、石油液化气灶具、微波炉、空调等家用器具日见增多。90年代末，在普通家庭中，大到电视机、洗衣机、冰箱、音响设备、热水器、空调，小到饮水机、电饭锅、蒸汽电熨斗、微波炉、电风扇、DVD等，成为常见的家用电器。数码相机、电脑开始进入部分家庭。进入21世纪，比较流行使用电脑、数码相机、数码摄像机等电器。

第三节　礼仪习俗

一　婚嫁礼俗

相亲　20世纪80年代，境内农村常由媒人引领相亲。媒人先与男女双方商定时间，由媒人带领男方及男方家长去女方家，女方由长辈引领，用茶盘端茶招待男方，男方家长与媒人用茶后，男方家长与媒人找个僻静地方商议是否满意，如愿意确立关系，男方将事先准备的“酒茶钱”托媒人交给女方，或在接茶时直接交给女方。女方接到酒茶钱后，若对男方满意，即留吃中饭；若不同意，便托媒人退还酒茶钱。

女方家长为了对女儿的婚姻大事负责，会对男方及其家庭进行比较全面的考察。在媒人通知男方具体时间后，女方及其长辈在媒人的带领下去男方家察访，俗称看档。男方家事先准备宴席，若女方肯留下吃饭，即算相中，饭后，男方须向女方赠送礼物和礼金；若女方不肯吃饭，表明婚事无望。

城市比较开放，媒人一般仅提供相亲时间、地点和联络方法（如电话号码），男女双方自行约会，进行初步认识。如双方同意，则预约下次见面的时间和地点，一般采取晚上看电影或节假日逛公园的形式进行，其开销男方主动买单。

进入21世纪，很多男女青年自己谈好后，再请人做“挂名媒人”，酒茶环节消失，察访习俗比较少见，通过手机、上网聊天恋爱者较多。

订婚　俗称落定、定亲。20世纪80年代，男女双方确定恋爱关系后，便择日订婚。订婚之日由男方备酒席招待女方家人及亲友，男方赠送聘礼给女方，聘礼以衣物、手表、单车为主，女方则回赠男方服装、鞋帽、手表之类。

90年代开始，越来越多的男女简化订婚形式，但婚前送彩礼的习俗还在城乡盛行。

进入21世纪，彩礼动辄上万，礼品档次越来越高。男方家长普遍给未过门的媳妇送戒指、项链、新潮衣服，高收入家庭则馈赠首饰（白金、黄金、玉石）、高档服饰等礼品。定亲后，若男方悔亲，不得向女方索回所送财物；若女方悔亲，须退还男方所送财物。

嫁娶　嫁俗称过门，娶俗称收亲。20世纪80年代，婚期前一天或当天早晨，媒人和2名接亲客带着一班人担着彩礼，去女方家迎接新娘和嫁妆。接亲一般由男方能说会道、有配偶、有儿女的亲房长辈和年轻女性担任（女性以新郎的姐妹为主）。彩礼以衣料、大米、猪肉、现金为主，外加鸡、鱼及点心。连腿的猪肉称“肘子”，须砍掉脚爪和猪嘴；鸡、鱼、肉，称“三献”。此外还须给女方重要长辈亲戚各送一块肉或一份礼金。嫁妆多为桌椅箱柜等木器家具和被褥蚊帐等床上用品，富裕者再加缝纫机、单车、收音机。迎取嫁妆多为用竹杠肩抬。女嫁男娶,双方均要大办酒席,在农村,一般把厨师请上门,借左邻右舍桌椅、餐具,在家里操办。城镇居民办婚宴通常到饭店、餐厅、宾馆,有的借用单位食堂举行。酒席前举行结婚仪式。

90年代,彩礼多为现金,有的上万元,嫁妆增加沙发、黑白电视机或彩电、洗衣机、音响等。城镇流行拍婚纱照,有几十帧照片,价格不菲(约三四千元)。

21世纪初,嫁妆多有大屏幕彩电、冰箱、席梦思床等高档生活用品。迎接新娘、大亲(新娘父亲及重要亲属)多用轿车、面包车,迎取嫁妆多用卡车。车头贴大红囍字,用鲜花绸带装饰。整个迎亲、婚礼过程流行拍照或录像,刻录成DVD,做永久留念。婚纱店从拍摄结婚相册,到新娘化妆、租用婚纱、礼服,拍摄录像实行一条龙服务。城镇出现婚庆公司,专为结婚男女策划婚礼仪式,显得气派体面,受到部分有条件家庭的青睐。

二 生育和生日习俗

生育习俗 20世纪80年代,境内重男轻女的生育观念严重。

在农村,孕妇妊娠期间宅内切忌动土。

婴儿出生三天,用艾叶、柏叶、茶叶、鸡蛋煎水,请接生婆或夫妇儿女齐全、有福气的妇女帮婴儿洗澡。洗完澡,用黄丹粉或爽身粉涂抹婴儿身体,并赞扬几句吉祥话,叫"发元神",主家以红包或衣料感谢帮助洗澡者。并将煮好的鸡蛋送给在场的孩子吃(拿一个在婴儿头上或屁股上滚三下,称"和气蛋"),寓意为婴儿以后能与大家和睦相处。

在婴儿出生三天后,最迟在满月那天,一般要做三朝酒,俗称"打三朝"。是日,亲戚朋友前往贺喜,外婆家为婴儿置办摇篮床、穿戴、玩具,给产妇送来鸡、肉、蛋等营养物品,并赠红盐蛋给贺喜者。

产妇分娩后,在家休息一月称坐月,坐月期间忌讳留宿外人。满月之后,选择吉日,母子出访亲友家,俗称出窠。三个月后,给婴儿做鲤鱼汤开荤。

90年代中后期,重男轻女的生育观念逐渐淡化,晚婚节育的人越来越多。

生日习俗 境内婴孩周岁之庆称抓周,亲戚朋友带红包,或童装、童车、玩具到主人家祝贺。是日,父母置毛笔,书本,算盘,玩具,现金于桌上,任婴孩抓取,抓到书本为最好的兆头。

一般六十岁(男重虚岁,女重实岁,俗称"男上女满")要做寿酒,寿者出嫁的女儿除置办丰厚的寿礼外,还要给客人散发由家中带来的糯米寿粑,寿粑上要粘放柏叶,点上红色梅花点。在农村,有的还置办寿衣、寿鞋、寿被,以备老人去世后装殓(三甲乡一带一般由长女置办)。生日晚上,寿者晚辈常出资放映电影庆贺。

至90年代,三十岁、四十岁、五十岁生日大摆酒宴的逐渐增多,不再时兴放电影,城镇流行在电视台为寿者点歌。20世纪末21世纪初,满一十、满二十也要举办酒宴。平时生日,只举行家宴。在城镇,有的邀来要好朋友,大家围坐一起,打开生日蛋糕,点上蜡烛,齐唱"生日快乐"歌,然后吹熄蜡烛,分享蛋糕。

三 丧葬习俗

境内,人到老年,即预制棺材,吉称"寿器""长生""千年屋"。

老人临终前,家人聚守,听取遗言,为选取吉祥时辰断气,常用人参汤吊气。断气后即燃放鞭炮,称"放起身炮"。接着烧冥纸,叫烧起身盘缠。然后鸣锣去井内取水,一岁响一锣,一锣一拜,叫买水锣(有地方叫请水锣)。然后烧垫铺草和死者的鞋子或衣物。然后用新布为死者抹尸,理发、穿衣(3~7层)、戴帽、着鞋,叫妆尸。

民间土葬入殓大部分依照明朝旧制,死者头戴角巾,身着和尚领长衫,穿布鞋布袜,执桃木棍,抓一饭团,寓意到阴间过奈何桥时将饭团施与蛇蝎猛兽,减少痛苦。

入殓用棕席垫尸,覆盖寿被3~7层,各地不一,有的只盖一层,寿被颜色为男红女绿。棺内忌放油菜籽等小颗粒物。亡者口内,放铜钱,或碎银,玉器,孝子以旧衣衣角入棺代殉葬。

入殓后,农村以丧家堂屋为灵堂,一般男性灵柩摆在堂屋左边,女性灵柩摆在堂屋右边;机关单位在室外临时扎设灵棚,灵柩摆放在灵棚中间。在外死亡的尸体,称冷尸,不能运进家里。

停柩期间,孝子身披麻衣,戴三灵冠,系草绳,穿草鞋,手执哭丧棒,谓之戴孝。

丧事由丧家请族内或村内长者主持,主持者称都管,都管安排料理丧事。老人去世,丧家向族人、亲戚、亡者生前好友报讯,告知封殓、出殡日期,亲友闻讯后,届时前来吊唁。机关单位发生丧事,一般由亡者所在单位组成治丧委员会主持事务,以治丧委员会名义发出讣告。

超度亡灵一般都请道士或和尚做道场、烧灵屋,也有的举行儒祭礼,称行儒教。停柩时间,视家庭经济状况和亡者去世的时辰而定。停柩期间,晚上若没有做道场、行儒教,乡邻则唱夜歌,陪伴亡者过夜;机关单位于出殡前一晚举行追悼会,由治丧委员会主持,单位领导致悼词。

盖棺、出殡、下葬的时间及墓地位置,一般由堪舆先生择定,伏口镇喻家村等地,不信堪舆先生,停柩一天就安葬。丧家富裕或喜欢排场者停丧五六日或七八日不等,丧家贫穷或不喜欢排场者停丧两三日。

治丧期间,孝眷须着孝衣,孝衣以白布缝制。晚辈亲友每人由丧家发一条长 1.33 米(小孩为 1 米)宽约 0.33 米的白布,从头顶拖于背后,俗称背拖头。曾孙辈以下亲属及未婚婿媳,拖头为红布。在城镇,一般臂戴白"孝"字黑袖章,或黑袖章。在机关单位,一般臂戴黑袖章,或胸佩白花。

亲戚朋友来灵堂吊唁,孝子须跪谢。丧家置酒饭款待吊唁者,菜肴不能缺水豆腐,谓之"吃豆腐饭"。对前来吊唁者,须不断散发香烟,至半夜未离去者,要留吃半夜饭。

出殡又称出山或上山,斗笠山一带称出门。一般在上午,棺材起动,村人中生庚时辰和亡者相冲者须回避。灵柩出殡,由鼓乐开道,鸣炮送葬,孝子戴孝在棺材前退走,凡遇放炮者,孝子要行大礼跪谢。村中成年男人自觉轮换抬柩,途中忌讳棺材落地,亲朋尾后,送至墓穴,孝子由原路折返,连续三晚去新坟点灯。

城镇机关火葬者,由送葬车队将亡者遗体送去火化,骨灰装盒入土筑坟,或寄存殡仪馆。

次年农历正月初一,孝子与亲友备香烛冥纸,到新坟致祭,称"拜新年"。

20 世纪末 21 世纪初,办丧事一般使用高音喇叭,方圆几千米内都可闻到哀乐声,有的邀请剧团演出陪灵、用鼓乐队吊唁、送葬,甚至还有雇人恸哭者。市城区及城郊一带出现专门承办丧事(有偿服务)的民间组织红白喜事理事会,所有事务均由他们料理,丧家只管拜年(跪拜)、收人情、付工资。

第四节 时令习俗

一 传统节日

过大年 过大年为境内一年中最隆重的传统节日,国家规定放假 3 天。20 世纪 80 年代,进入农历十二月中旬,农村开始煮酒、杀年猪。农历十二月二十四日过小年,当晚要祭灶司爷。是日,家家要清扫扬尘(膛末,灶膛上空积聚的烟尘)、蛛网,擦拭窗户,清洗家具,拆洗被褥,购买年货,添置新衣。店铺老板要宴请雇员,结清全年工资,打发雇员回家。

大年三十,无论城乡,讲究一家团圆,在外工作及务工经商者,即使千里迢迢,也要赶回和家人团聚。吃团年饭各地时间不同,一般在中午,有的在晚上,也有在早晨的。蓝田附近早上要吃完团年饭才开门,以免外人把"年"踏坏。桌上摆满佳肴盛馔,其中必有鱼,寓年年有余之意。晚上围炉守岁,长辈给晚辈发红包,称"压岁"。

大年初一凌晨，一般家家要放鞭炮，叫“出行”。要将做好的鸡、鱼、猪肉摆到屋外敬拜天地，到堂屋里敬拜祖宗。是日，成家的儿子带领全家给父母拜年，在父母家吃早餐。早餐过后，长者一般不出门，摆设香烟糖果招待上门拜年者。待客不能用白开水，散发香烟须成双，对小孩须打发糖果，或红包。给岳父母拜年一般在正月初二，有“初一崽，初二郎”之说。从初一到十五，乡村组织龙灯狮子，挨家挨户祝贺新春，凡新居落成或有大喜事者，一般打发大包封。也有人挨门挨户赞土地、送财神，主家打发小额零钱。

20世纪90年代前后，全家吃完年夜饭后，收看中央电视台春节联欢晚会节目，或者打牌守岁，长辈给晚辈发压岁钱。新年零时，城乡遍放鞭炮、焰火，庆祝新年开始。

21世纪初，出现网上守岁，少数殷实家庭举家上宾馆、饭店吃团年饭。无论城乡，人们常用电话或发短信拜年，给亲朋好友送去祝福，网友通过互联网相互拜年。

元宵节 农历正月十五为元宵节，是春节最后一天，有“喝了元宵酒，工夫沾了手”之说。境内元宵节吃丸子，寓全家团圆之意，晚上每家每户灯火通明，深夜不熄。90年代中期，烟花爆竹品种越来越多。较富的城乡居民、经商户竞相燃放花炮，夜空被烟花燃爆得绚丽多彩。21世纪，还有放孔明灯的，也有单位举办元宵灯会猜谜语。

清明节 境内在清明节或前三天、后三天扫墓，扫墓即在墓地祭奠、培土。扫墓时，把树枝插在坟堆上，将红、绿、黄、白各色凿有缗钱式样的纸挂于树枝，称挂青。扫墓要祭奠，祭品有鱼肉、果品、酒；要燃放鞭炮，焚化纸锭、纸钱，点香烛。90年代，祭祀较远的同族祖墓，由大家摊派经费，乘车前往，有的不惜重金购买纸扎电器、轿车、保姆，带到墓前付之一炬。

端午节 农历五月初五为端午节。境内中部和南部，尤其是蓝田街道、杨市镇、桥头河镇和水洞底镇一带比较看重，居民多在大门、房门悬挂艾叶、菖蒲，小孩额头涂抹雄黄朱砂，传说可以驱除瘴疫。也有的采集百草熬煎当茶喝，以祛百病。用箬叶包糯米做粽子（或购买），送父母和亲友。在蓝田街道、杨市镇、桥头河镇、水洞底镇流行赛龙舟。进入21世纪，以蜜枣、猪肉、花生、香菇为馅做粽子者十分普遍，家中则举办丰盛家宴过节，苋菜、皮蛋、盐蛋、粽子、蒜泥，餐桌上必不可少。

立夏 用糯米粉做“立夏丸子”，有“呷了光砣公，石板也要踩成坑”之说，寓意呷了立夏丸子全身都有劲。

夏至 境内中部和北部部分乡镇过夏至仅次于过大年。是日，成家的子女要送礼物给长辈，在外地工作的子女要回家团聚，男方要接未过门的对象一起过节。中餐前，先用三牲、果品祭祀天地，然后祭祀祖宗，祈求丰收。全家聚宴后，要将纸钱撒到田边、地边。20世纪90年代，此俗逐渐淡化。

尝新 境内北部古塘乡、湄江镇、伏口镇一带，在农历六月小暑前后的辛卯日过尝新节。如无辛卯日，则选逢辛或逢卯日。如逢辛、逢卯日只隔几天，则选最吉祥的那天。这是一年中很隆重的节日，也仅次于过大年，远在他乡的子女要赶回家团聚。中午，采摘3支将熟的稻穗，备好三牲果品、新鲜蔬菜、酒、香烛、纸钱，先到堂屋外祭祀天地神祇，再到神龛前祭祀祖宗，感谢上天赐予、祖宗保佑，祈求五谷丰登。祭祀完后，全家聚餐。这天，人们一般不劳作，亲戚朋友乡邻间互相走动。

中元 农历七月十五为中元节。初十日晚迎接祖先亡灵归来，至十五日，每日三餐供奉。十四日晚，将冥纸封包，写上历代祖先名字及寄包人名字焚化，称“烧包”。境内北部一带，对上年中元以后去世的人，要在初十至十五这几天请师公做烧包道场，亲友要自制纸钱或衣冠箱，写上受领人和寄送人的名字，敬奉之后，将其火焚，称“寄包”。

中秋节 农历八月十五日为中秋节。20世纪80年代，亲朋好友在中秋节互赠月饼。90年代始，风行单位向职工发月饼，商家竞销月饼，月饼包装越来越精致，价格甚高，普通百姓消费不起。赏月的习俗基本消失。

重阳节 农历九月初九为重阳节，境内北部有做重阳丸子送老人的习惯。21世纪，有的单位组织老年人举办登高、秋游、开座谈会等活动。

冬至　冬至日，宗族长辈齐集祠堂，祭祀祖先，举行集体宴会，称吃“冬至酒”或“呷太公会”，凡族内男丁都可参加。中华人民共和国成立后，此俗消失。20世纪末21世纪初，部分地方又开始兴起。

二　国家法定节日

元旦　1月1日为元旦，俗称阳历年，机关团体企事业单位放假1天。节前，单位多组织歌舞、棋牌、书画、球赛等文体活动，亲朋好友之间互寄贺年卡（片）。是日，机关、团体、企事业单位张灯结彩，悬挂国旗、横幅以示庆祝。90年代中期起，风行赠送新年挂历，有的企业制作广告挂历赠送，意在自我推介。

妇女节　3月8日为国际劳动妇女节，机关团体企事业单位妇女放假半天。妇联常在妇女节前后组织妇女开展各种庆祝活动，召开纪念大会，评选“三八”红旗手进行表彰。各单位也会用各种形式表达对妇女节日的问候，组织妇女外出旅游、参观，组织卡拉OK歌咏竞赛活动，发放慰问品、纪念品等。

植树节　3月12日为中国植树节，境内每年都有干部、工人、农民、师生开展义务植树活动。

劳动节　5月1日为国际劳动节。节前，由市政府或总工会召开劳模大会、先进人物事迹报告会，对在各条战线取得重大成绩的劳动者授予劳动模范、先进工作者称号。各单位工会多组织形式多样的文体活动。1999年前法定放假1天。2000年起，法定休假增至3天，国家规定再将邻近的双休日调配，合并休假7天。是年起，五一长假成为旅游黄金假期。

青年节　5月4日为中国青年节。各级共青团组织多开展文艺庆祝活动，评选、表彰优秀团员，举行新团员入团仪式。2000年起，14周岁以上青年放假半天。

儿童节　6月1日为国际儿童节。市内各中小学校组织学生举办文艺演出，表彰优秀少先队员，举行新少先队员入队仪式。2000年起，13周岁以下儿童放假1天。

建党节　7月1日为中国共产党诞生日。此日，中共各级组织召开座谈会、纪念会，表彰优秀共产党员、优秀党务工作者，举行新党员入党仪式。

建军节　8月1日为中国人民解放军建军节。市委、市政府和社会各界开展多种形式的拥军优属活动。2000年起，现役军人放假半天。

老年节　1989年，湖南省将农历九月初九日定为老年节，机关单位组织对本单位的离退休人员进行慰问。21世纪初，节日期间各单位老年活动室组织老人进行门球、扑克、登高等适宜老年人活动的体育项目。

教师节　1985年9月10日被定为教师节。20世纪80年代末至90年代初，市内各级党委、政府在教师节慰问教师，有的召开教师表彰大会，有的召开教师座谈会，有的慰问在医院治疗的教师、特困教师和离退休教师。21世纪初，学生常在教师节向老师赠送贺卡。

国庆节　10月1日为中华人民共和国成立纪念日。此节为社会节日中最隆重的节日，各级党委、政府均要举办纪念会、座谈会、文娱晚会等。各单位升国旗、插彩旗、门头装点灯饰，举办球赛、文艺演出等文体活动。1999年前，国庆法定假日2天。1999年起放假3天，通过调整相邻双休日，可连续休假7天。市民多利用国庆长假外出旅游。也有青年人选择国庆节举行婚礼。

三　外来节日

情人节　2月14日为西方情人节。20世纪80年代传入境内，在群众中影响还不大。90年代后期，经过媒体宣传，不少城里人开始接受此节，尤在青年一代中影响大，参加者逐年增多。是日，商家会专门策划各种促销活动，夫妻、恋人之间互赠玫瑰、贺卡、巧克力等以示爱意。21世纪，有的情侣在家或到酒店一起共进烛光晚餐,共叙浪漫情怀。

愚人节 4月1日为西方愚人节。20世纪90年代传入境内,在年轻人中,尤其是大、中学生中较为流行。彼此开玩笑愚弄对方,以此取乐。21世纪多用手机发送虚假信息取乐。

母亲节 每年5月第二个星期日为母亲节。20世纪90年代传入境内,主要在一些文化层次较高、较为时尚的年轻人中流行。是日,做儿女的赠送鲜花、衣物、保健品给母亲。21世纪,在外工作、学习的儿女常在这天打电话、发短信向母亲问好。

父亲节 每年6月的第三个星期日为父亲节。21世纪传入境内,有少部分做儿女的在这天赠送衣服、领带、滋补药品、药酒、名酒给父亲。

圣诞节 12月25日为圣诞节。最初在基督教和天主教徒内流行。20世纪90年代,在年轻人中开始流行。各大商场、宾馆、饭店、歌舞厅等都以圣诞树、圣诞老人等装扮,举行圣诞促销、圣诞大餐、圣诞晚会等活动,朋友之间发各种贺卡和短信问候。

第五节 其他习俗

一 祈愿民俗——抬故事

明朝崇祯年间,在珠梅、蓝田、桥头河一带,人们许愿以"抬故事"形式,祈求祛病消灾。1958年被废止。1982年恢复。

抬故事,就是4个汉子抬着装扮的古典戏剧人物(故事)在田塅大道上游行,不进行表演,从这个村抬到那个村,由黄龙旗开路,然后古乐队、幡旗队、祭拜队、锣鼓队随后,在乡间路上巡回,行程一般三四千米。其间,主持人向各家各户施正气符,向小孩施保身符,向孕妇施六甲符等。路过之处,家家燃放鞭炮,祈福消灾。抬故事一般在每年农历八月举行,若一年举行两次,则分别安排在农历五月与十月。

台子长、宽、高均1米,台上铺着毯子或床单。故事分3层,上层是配角,由幼童充任,幼童头顶上有彩伞;中层是主角,由10岁左右的儿童扮演;下层是抬故事的4个壮汉。譬如《白蛇传》故事,上层坐着法海和尚,中层站着许仙、白素贞与青儿,下层是4个壮汉抬着故事游行。故事角色根据剧情化妆,着戏装,有的还要勾脸谱。形式多样,生动活泼,为群众喜闻乐见。故事台数视财力而定,有的多达30台。

20世纪80年代,抬故事成为珠梅一带(龙塘乡云霄、河西、东边、珠梅4村)的重要民俗,并由原来的单一抬故事发展到形式多样的"秋千故事""盘故事""船故事""马故事""夜故事"等等。"秋千故事""盘故事""船故事"的底座装有轮子,由众人推着前进。"马故事",由活马组成马队,每匹马骑一单独的历史人物,如赵子龙下山、姜太公钓鱼、武松打虎等,基本上是一人一故事。"夜故事"在夜晚举行,座台上悬七盏灯,取名"七星灯"。故事取材更加广泛,或是历史人物、神话传说、戏剧剧目,如《拜月记》《白蛇传》《三娘教子》《长坂坡》《打猎回书》《罗通扫北》《苏武牧羊》等,以反映忠孝节义为主;或是国家大计,如《缚住苍龙》等,赞美国家建设成就;或是农村现实,如《庆丰收》等,讴歌农村新生活;或是反对不正之风,如《台剑高悬》等。

2002年,涟源市第一届广场文化节在光明山大操坪举行,龙塘乡献"故事"8台。2003年11月,涟源市第二届广场文化节暨珠梅故事会在珠梅田塅举行,珠梅献"故事"10台。2008年4月,省政府批准"珠梅抬故事"为湖南省第二批非物质文化遗产。

二 游艺民俗:打地花鼓

打地花鼓是境内北部的传统习俗,20世纪50年代消失,80年代恢复流行,从正月初五演到十五,常在堂屋里、晒谷场上、阶檐下演出。通常是一旦一丑两个角色,旦角为男扮女装,后来发展为男女分扮;也有四、六、八人参加,男女成双。表演时丑角执折扇,旦角执绸巾,不扮演具体人物,无曲折情节,由锣鼓、二胡、唢呐伴奏。先由丑角出场,手持折扇,唱登场词,接着与锣鼓班子搭白,与观众交流,插科打诨,既有固定台词,也有即兴创作。然后旦角出场,边唱边舞。丑角表演诙谐、大方,旦角表演含蓄、羞涩。内容大多是反映劳动和爱情生活,如《采茶调》《十月花》《五更阳雀啼》等,也有唱历史故事和历史人物的,如《桃园结义》等,有的是恭贺、祝福之词,演完后向主人作揖,讨个吉利,主人会封个红包,放一挂鞭炮打发。至21世纪,此俗消失。

三 禁忌民俗

晚辈忌讳直呼祖先和长辈姓名。上门作客,须先敲门,忌讳不打招呼破门而入,进门后忌东张西望、乱翻主人家东西;忌在他人家号啕大哭,以免给主人带来不祥。家有客人,忌打骂孩子。忌把药渣倒在邻居家门口。给孩子起名,忌讳与祖先、长辈之名同字、同音。饭前饭后,忌用筷子敲空碗。穿白戴孝者忌入邻居家。送奠仪忌用红纸包封,如死者年龄较大,可用红纸反包。

四 堪舆占卜民俗

堪舆 20世纪80年代至21世纪初,相信“风水”的人越来越多,在修建新房和老人去世安葬前,请“风水先生”踏勘坐向、山头,并择吉日时辰。

卜卦算命 20世纪80年代,看相、卜卦、驱邪逐鬼、算命、抽签、问仙等旧习俗重新出现。全市从事算命者约100人,多为盲人,少数是肢体残疾者,算命每次收费0.2~1元,城区集中在福星桥、蓝田桥,在农村,多走村串户。90年代,有下岗职工学习算命,城区多集中在涟源桥,其次是福星桥。21世纪初,全市从事算命者约150人,多为身体健全的人,其次是肢体残疾者,再次是盲人。在城区从事卜卦算命的人超过100人,包括用周易算命和用电脑算命。

第六节 旧俗拾遗

挖锣鼓土 境内北部一带,农耕时常以唱歌助兴,尤以挖“锣鼓土”最为壮观。挖“锣鼓土”,多达数十人合作劳动,设锣鼓师一至数人,边敲锣鼓边唱歌,以此为劳作者鼓劲加油、指挥进度,协同挖土节奏。其歌为《挖土歌》,包括请神、开工、休息、抽烟、打中餐、收工、送神等,有时还即兴编唱诙谐幽默的山歌,如赞歌、情歌等。众人在锣鼓声中争先恐后,挖土的速度很快。20世纪中期,此俗尚存。至20世纪末,此俗消失。

图31-7 挖锣鼓土

狩猎习俗 境内北部一带,在进行大规模围猎前，要择定吉日，举行仪式。仪式内容主要是请神供奉，占卜问卦，念咒祷告。请神要严格遵循梅山教的《围猎经》，由掌坛师父“设坛”，请“启教宗师”“无名天子”“三洞梅山大王”“后营三位夫人”显灵，一一授法术、赐令剑、定规矩、发请帖、施号令、开山门。围猎多为群体协作，捕获猎物后，先将头、尾、蹄脚砍下，以谢梅山神；然后将猎物内脏就地煮食，在场者见者有份，路人外客均可共食。猎物分配时，头、尾、蹄脚分给掌坛师父或打中猎物的猎手，兽肉则由猎人、猎狗均分。狩猎结束时还要举行谢神仪式，焚化神衣、纸马、香烛、纸钱等，仪式内容有念咒、诵经、问卦、唱赞神歌等。20世纪中、后期，国家明令禁止狩猎，保护动物。偷猎者捕获野生动物后，不再沿袭“见者一份”的习俗，大都拿到市场出售。

第三章　方言　俗语

第一节　方言辑录

一　天文、地理

日头窠:太阳

雾罩子:漫天大雾。

开天:久雨转晴。

乌云陡暗:乌云四合

浸冬田:秋收以后即灌水浸泡的田。

溢眼公:泥层极深的地方。

泥巴坨坨:泥团。

菜畲:种蔬菜等的旱土。

田坝月:田的放水口。

山堖谷:山头

场上:集市上。

石骨:石头。

石炭:无烟煤。

二　时令、时间

新年大节:农历正月初一至十五。

过年渡水:年关前后。

一个对年:一整年。

侵临巴早:大清早

天光时际:天亮时候。

上嘎唧:上午。

夜半三深:深夜。

行(háng)头:从前;走前面;先走。

起首:开始。

三　农事、农具

作田作土:泛指干农活。

耖田、耙插脚:农耕时进行最后一次犁、耙。

打直倚:插秧时,先在田的正中插四行或五行秧作为标准,其他人跟着插秧。

窖灰:将人粪尿拌入火土灰中,使之发酵成灰肥。

另子:供豆角、苦瓜等藤蔓植物攀缘的树枝。

灰撮箕:灰斗,打扫卫生时收集垃圾的器具。

牛绹:牛缰绳。

草锄子:锄草用的锄头。

王桶:有盖的圆柱形大木桶,用来收藏粮食等。

四　房屋、器具

进深:房间的深度。

对坐:房间的宽度。

茅厕:厕所。

踩楼子(吊楼子):伸出墙外的走廊。

桁条:檩子。

地枋:门槛。

窗子眼:窗户。

盖被:睡觉时盖在身上的被子。

贴被:睡觉时垫在身下的被子。

温坛:火塘或炉子一旁温水的坛子。

梭落钩:吊在火塘上方悬挂饭锅等,可以升降的器具。

印砣子(印把子):印章。

五　植　物

蔸公:植物的根部。

洋芋子:马铃薯。

脚板薯:毛薯,块茎可食。

窖萝卜:留种用的萝卜,将萝卜连叶用土掩埋越冬。

竹马根:竹子的根茎。

麦李子:麦熟时节成熟的李子。

丝草:水藻。

烂草子:蔓草。

雷公屎:地耳菜。

蕻子:植物开花前的嫩茎,如萝卜蕻子、白菜蕻子。

六 动 物

公子:雄性动物。

婆子:雌性动物。

度种:牲畜繁殖。

恋水(泥):水牛在泥坑里打滚。

架子猪:催肥期的猪。

鸡蕻子:尚未下蛋的母鸡。

团鱼:鳖。

七 身 躯

水色:肤色。

发体:身体发胖。

肚句子:肚脐眼。

面巴子:脸庞。

手指脑:手指。

手指旮:指甲。

房心:心脏。

腰子:肾。

膝罗牯:膝盖。

牙屎:牙垢。

鼻头眼:鼻孔。

接食公:喉结。

八 称 谓

男人:丈夫。

堂客:妻子。

堂客们:已婚女子的通称。

老倌子:老年男性。

老姆子:老年女性。

太公(太唧):曾祖父。

太婆:曾祖母。

阿公:祖父。

翁妈:祖母。

嗲嗲:爸爸。

依呀:妈妈。

霸爷(伯爷):伯父。

霸唧(伯唧):伯母。

叔爷(叔唧):叔父。

婶唧:叔母。

婿唧:父亲的姐姐。

姑唧(嫚嫚):父亲的妹妹。

嬗(tán)娘:母亲的姐姐。

姨唧:母亲的姐妹。

家(音瓜)爷:丈夫的父亲。

家娘:丈夫的母亲。

丈人公:岳父。

丈人婆:岳母。

九 病 痛

开单子:开处方。

土方子:民间验方。

走脚:拉肚子

化食:消食。不化食,消化不良。

出麻子:麻疹。

粗皮子:表皮。

破皮:伤及皮。

破相:脸部因受伤而失去原来的相貌。

鸡毛眼:夜盲症。

火眼子:角膜炎。

发黑眼晕:头晕目眩。

转筋:也叫抽筋,筋肉痉挛。

十 衣服、穿戴

绳子衣:毛线衣。

热衣子:衬衫。

小衣:内短裤。

缩丝带:松紧带。

乖态富丽:非常漂亮。

玉四三立:整洁卫生。

精精工工:穿着整洁,做事认真仔细。

猥哩猥亵:不卫生。

检拾：打扮，收拾。

十一　饮　食

饿得拿：非常饿。

茶饭：泛指饮食。

夹精夹肥：有肥有瘦的肉。

麸子肉：粉蒸肉。

炕腊肉：冬天用火烤猪肉。

肚杂：动物内脏。

青菜：蔬菜。

浸菜：泡菜。

茶脚子：剩余的茶水。

炆：用小火炖食物。

冇炆发：(食物)没有炖烂。

打唇福：也叫打牙祭，指改善伙食。

滗米潲水：将饭锅中浸泡米的水从边沿慢慢倒出。

搲汤：舀汤。

十二　婚丧生育

放档：为女儿找婆家。

订亲：订婚。

对亲：结为儿女亲家。

讨亲：男子娶亲。

落定：定婚，就女子而言。

过门：成婚，就女子而言。

新客：婚后第一次去岳家拜新年的女婿。

驮肚：怀孕

落月：分娩。

打喜：邻里乡亲为新生儿贺喜。

红日：寿辰。

长生(寿器、千年屋)：棺材。

金井：葬人的墓穴。

十三　日常生活

解手解落：指大、小便。

躲荫：乘凉。

眨眼闭：打瞌睡。

歇脚：走路疲乏时停下休息。

打夜工：晚上加班。

散工：收工。

做路：做事。

争长(zhǎng)：(吃东西时)争多。

对唇舌：是非纠纷的当事各方当面对质。

十四　礼　俗

人情南北：应酬往来的人情开支。

礼数：礼节。

打住：在亲戚朋友家里暂住。

费累：费力、劳驾。

吵烦：受到招待，向主人道谢。

人客：客人。

为东：做东道主。

坐席：客人入席。

司礼：拘礼，讲究礼节，讲客气。

辞东：向东道主告辞。

不声话：心存芥蒂，互不说话。

做大：摆架子。

黄眼狗：骂忘恩负义的人。

假哩卖乖：虚情假意，讨好。

新立新色：与众不同、爱生事。

多名堂：多事。

究力究毛(究毛筋)：讲歪理，钻牛角尖。

架生死哩：与众不合，霸道、无理取闹。

特格特外：故意，特意。

十五　商　贸

歇伙铺：住宿的饭馆。

落歇：住宿，过夜。

调(diào)价：批量发卖的价格。

扳本：赢回老本。

打本：赚回成本。

挥子：便条，多指欠条、借据等。

折耗：损耗。

发脚：雇人挑运东西。

赶场：赶集。

十六 教 育

散学:放学。

耍书子:供人消遣的书。

白(与"怕"字同音)眼字:错别字。

读白眼书:不识字义,不看书本瞎念。

原子笔:圆珠笔。

画桃符:写字潦草。

十七 文体活动

老倌:象棋中的将、帅。

翻茶盘格:翻动手上细绳变换形状的游戏。

煮灰米饭:小孩用细灰、碎瓦片等模仿做饭的游戏。

吹叫叫:吹口哨。

耍拳:打拳。

响器:打击乐器的统称。

学打:学武术。

讲怕话:讲民间传统故事。

翻古:讲过去的事。

东扯葫芦西扯叶:没有主题,随意扯淡。

十八 动作、心理

打野眼:注意力不集中,做事时东张西望。

担眼梦天:漫不经心

睃眉眼:眉目传情。

撩祸:挑衅。

留退步:留余地。

圆功:完结,结束;也指没落。

煞尾:收场结尾。

摇框挂马:说话、做事不扎实

操空头心:为别人不需要操心的事着急

详:猜测,推测。

带厌:令人讨厌。

怕惧:使人慑服。

服脑:认输。

为题:说话算数。

惟勉:希望,巴不得。

现话子:已说过的话。

带笼子:设圈套让人上当受骗。

做古正经:一本正经。

出学相:出丑。

十九 位 置

在处:到处,四处。

高里:在……之上,上游。

底里:里面,下面。

开边:旁边。

外前:外面。

头前:前面,不久以前。

背斗:后面。

边边上:最边缘。

逢中:中间,正中。

二十 性质、状态

箭直:笔直。

硕里硕气(将里将气、哈里哈气、蠢里蠢气):蠢。

油里油气:轻浮。

油抹水光:指头发细腻光滑,喻八面玲珑,巧于应付。

溜滑:很滑。

滑背:指为人圆滑。

催老:显出非正常老态。

威之武之:威武状。

劲鼓鼓哩:干劲十足的样子。

本忠:本分,安分守己,诚实可靠。

诡计百多:诡计多端。

花猫狸嘴:甜言蜜语,以甜言蜜语取悦人。

强梁:能力强,有强横、蛮横意。

肃宁清净:很肃静。

百无禁忌:没有任何顾忌。

逢中一直:很公道,不偏不倚。

蛇服水服:彻底服帖。

走味:失去原有的滋味、气味。

亲甜:很甜。

掌平:很平。

蛮带爱相:很招人喜欢。
进不了油盐:根本听不进人家的意见。
松活饭:闲适、轻松的工作。
死无蛇(寸)用:能力非常差,贬人的话。
落壳:道德品质很差。
猫贩子:做事浮躁的人。

二十一　指代、数量

吗呱:怎么?
吗呱嘀:怎么办、怎么搞?
吗呱嘀高:怎么回事、怎么搞的?
点巴点啧:很少、一点点。

第二节　俗语辑录

一　气象类

正月初一打支霜,一担谷种扯根秧。
春无三日晴,夏无三日雨。
二月二日阴,树木一到(次)青;二月二日晴,树木发两轮。
惊蛰未到先打雷,四十八天云不开。
白露秋风夜,一夜凉一夜。
小暑南风十八天,大暑南风到秋边。
重阳无雨靠十三,十三无雨一冬旱。
落甲子,晴丙寅,干得石头起灰尘。
立夏不下,犁耙高挂。
夏雨分牛背。
星星稀,晒死鸡;星星密,戴斗笠。
太阳打伞,晒得鬼喊。
梭子云,定天晴。
大年初一刮东风,篱笆脚下爬虾公。
一日早霜十日寒。
冬久雨,旱三春。
立夏晴,蓑衣斗笠跟起行。
天上云像梨,地上雨淋泥。
夏至无雨见青天,要想有雨到秋边。
立冬有雨一冬淋,立冬无雨一冬晴。
厨房里藏烟,必定是阴天。
田螺浮水面,不久风雨来。
上个月落到二十九,下个月伞把不离手。
月大晴过年,月小变过年。
四六开天不久晴。
初三初四蛾眉月,十五十六月团圆。
二十二三,月出半夜间。
早起红云雨淋淋,晚起红云晒死人。
天上鲤鱼斑,晒谷不要翻。
日落云涨,半夜听雨响。
先打雷,雨不来;后打雷,大雨来。
蚂蚁搬家蛇横道,暴雨欲来风满楼。
石头出水,晴天转雨。
鸡不进笼,大雨将临。
蚯蚓打滚,大雨淋淋。
七月半,看牛伢子傍田塍。
九月重阳,移火进房。
雪落高山,霜打平地。

二　时政类

三山六水一份田,九份闲人一份耕。
五马奔蓝田,山全水不全。
为人莫做官,做起来是一般。
赚钱不费力,费力不赚钱。
穷看八字富烧香,背时倒灶唱娘娘。
三年的长工要换,三年的雄鸡要杀。
扶起扮桶有饭呷。
富的富不了一世,穷的穷不了一世。
三十年河东,四十年河西。
不扯茅蔸不上塍。
大杯子呷酒莫探味。

江湖骗子骗乡里,政治骗子骗真理。
千里的来龙,要问当方的土地。
养崽算不得饭钱。
孔夫子不嫌字丑。
做事磨洋工,呷饭打先锋。
酒杯一端,政策放宽。
拿了别人的手短,呷了别人的嘴软。
一个翻身一个梦。

三 劳动类

人哄地皮,地哄肚皮。
春插日子夏插时。
小暑小扮,大暑大扮。
十月中,梳头洗面工。
种田无粪,瞎子无棍。
无灰莫种麦,种了冇得收。
三勤夹一懒,不勤也得勤;三懒夹一勤,不懒也会懒。
四月插薯薯长薯,五月插薯粪长薯,六月插薯冇得薯。
有秧莫插丛,无秧莫插单。
牛怕栏里水,马怕满天星(打露水)。
牛教三个下午,晓得背犁。
请师师为主。
草鞋冇样,边打边像。
屙屎屙顺风,样样有巧工。
里手(行家)怕大意。
春争日,夏争时,百般宜早不宜迟。
谷雨栽瓜,藤无虚花。
霜降不扮禾,一夜去一箩。
有钱难买四月天,魔芋落地也生根。
蒸酒打豆腐,莫称老师傅。
锤也不带锤,錾也不带錾,呷的哪门饭?
事快三分毛。
好崽要好娘,好种多打粮。
苎麻长一寸,人要睏;苎麻长一尺,人要呷。
崽女前世修,种子隔年留。
面朝黄土背朝天,刮风落雨在外边。
隔行如隔山。
插田扮禾含饭走。
三个早晨当天工,三担黄土当担粪。
只有丑人,冇得丑田。
不怕事难,就怕手懒。
田是掏金板,只要人莫懒。
恨天不如早蓄水,抗旱不如早修塘。
作田不开圳,何不到屋里睏。
人怕老来穷,禾怕午时风。
宁可田等秧,不可秧等田。
担粪不如早翻田。
秧好半年粮。
插秧要抢先,割麦要抢天。
(插秧)宁可插个浮(音刨),不可插个牢。
立春插秧日胜日,小满插秧时胜时,芒种打火夜插田。
禾打苞,水齐腰。
六月不是看禾时。
处暑荞麦白露菜。
处暑打了雷,荞麦去无回;处暑落了雨,荞麦驼断树。
禾到秋边死,麦到立夏黄。
若要田里工夫好,必须冬田犁得早;一来烂根,二来死草。
夜不耽工。
有心栽松柏,莫让春晓得。
水浸千年松。
喂猪无巧,栏干潲饱。
麦见阎王粟见天,棉花籽盖半边。

四 养生类

瓜唧吊大,细唧绊大。
夜崽不离娘。
若要小儿安,常带三分饥和寒。
呷饭、屙屎、睏,三条路为正。
吃饭不言,睡觉不语。
耽搁一夜眠,十夜补不全。
呷了五月菇,死了冇人哭。
多衣多寒,冇得霸蛮。
在生不祭喉,死了祭墙头。
萝卜白菜上了街,药王菩萨倒招牌。

千万不要叫巫神，吃亏上当害死人。
勿贪意外财，勿饮过量酒。
咸煮萝卜淡煮肉。
要想蔬菜甜，煮熟再放盐。
冬呷萝卜夏呷姜，不请郎中开药方。
三月三，地菜子煮鸡蛋。
早睡早起，三分财喜。
宁呷鲜桃一口，不呷烂李一筐。
人是铁，饭是钢，一餐不呷饿得慌。
若要身体壮，饭菜嚼成浆。
鸡呷叫，鱼呷跳。
麻蝈跳三跳，也要歇口气。
病从寒起，寒从脚起。
睡前洗脚，胜呷补药。
千金难买老来瘦。
好汉也怕病来磨。
耳聋载寿。
年高酒后莫洗澡。
宁可打屁出丑，不可忍屁出病。
七十二病，只有皲痛无人问。
笑长命，哭生病。
不气不愁，活到白头。
多愁添病，多笑减病。
没病天天睏，无病睏成病。
体壮人欺病，体弱病欺人。
运动运动，百病难碰。
练功不收功，到头一场空。
三分呷药七分养。
树怕伤根，人怕伤心。
是药三分毒。
男怕肿头，女怕肿脚。
宁可世上挨，不可土里埋。
八字不要算，自己晓得一大半。

五　社交类

好看不过素打扮，好吃不过寻常饭。
穿衣见父，脱衣见夫。
酒肉朋友，盐米夫妻。
宁愿打个死，不愿打个耳巴子。
屋檐水，点点滴，代代儿孙跟你来。
爷打三朝崽做寿。
丑媳妇也要见家娘。
呷饭犹如做官。
种了春风有夏雨。
打狗欺主。
情意好来水也甜。
六月天气热，手中扇子借不得。
竹子要分上节、下节，擂槌也有个头大头细。
你在东边喊，他在西边翻白眼。
饭煮三次不好吃，话讲三遍不愿听。
只要心眼正，不怕与和尚师傅一头睏。
崽打爷，冇饭呷。
人抬人，无价之宝。
亲戚不亲戚，萝卜三百钱一担。
有数算不折，无数算不来。
拿钱找经手，呷酒问把壶人。
牛背犁，马吃谷；爷做工，崽享福。
在家呷栗子，出门摆架子。
宁可认错，不可扯谎。
千里去烧香，不如敬爷娘。
只有娘肚里有崽，冇得崽肚里有娘。
上了赌博场，不认爹和娘。
十赌九争钱，是赌必输钱。
人要人丛，花要叶丛。
亲愿亲好，邻愿邻安。
见面三分义，当面三分情。
雷公不打笑脸人。
人到情到。
问客杀鸡。
让人三分不为低。
话语讲得明，牛肉敬得神。
朋友千个好，冤家一个多。
千两银子难买一熟。
三个屠夫讲猪，三个先生讲书。
只要狮子舞得好，不怕扯烂狮子被。
三个妇女当面鼓，五个妇女当面锣。

和风细雨讲,有火退三丈。
一拳能打死个人,一句话能惹来场祸。
刀子嘴,豆腐心。
奉承总比骂娘好。
独柴难烧,独子难教。
若要人尊,先要自尊。
三日不新,四日不旧。
当面锣,对面鼓。
一个篱笆三个桩,一个好汉三个帮。
人情是把锯,扯来扯去两头折。
隔壁屋里行喜事,快翻人情簿。
客,到咯里歇,伞在门背后。
摆人摆过渡,帮人帮到底。
有理三扁担,无理扁担三。
堂前教子,枕边教妻。

六 事理类

留得青山在,不怕冇柴烧。
家无读书子,官从何处来。
做贼偷瓜起,痨病牵花(哮喘)起。
有好长的被伸好长的脚。
拔出萝卜带出泥。
牵牛要牵鼻子,提网要提纲绳。
杀得猪死的是屠户,捉得老鼠的是好猫。
一个巴掌拍不响。
旧的不去,新的不来。
落雨背稻草,越背越重。
长痛不如短痛。
好了伤疤忘了痛。
千只老鼠咬猫,没有一只向前。
钟鼓在堂,响声在外。
东方不亮西方亮。
弯竹子生直笋。
除草要除根,塞漏要塞源。
强无三代,弱无三代。
要穷不怕家当大,要绝不怕子孙多。
人要分长幼,理不分大小。
要知对岸事,就得过河去。
河里无鱼虾也贵,山中无柴茅值钱。
眼不见为净,耳不听为静。
山顶有花山脚香,桥下有水桥面凉。
高山有好水,平地有好花。
擂槌打锥锥寻路。
一夜长不成长子,一口呷不成胖子。
一只虱婆撑不起被,一条泥鳅翻不起浪。
路直有人走,人直有人嫌。
一粒老鼠屎,打坏一锅汤。
打得一场开,免得十场来。
为人不做亏心事,不怕半夜鬼敲门。
世上无神鬼,全是人做起。
滴水成河,粒米成箩。
靠山吃山,靠水吃水。
三斤子姜,当不得一斤老姜。
大路向天,一个半边。

七 谴责类

溺死的湎子手,打死的教脑壳。
稀牛屎糊不上墙。
狗肉吃在狗肚子里。
屙屎不出怪地脉龙神。
鸭婆子不奔食,不怕你半夜放出去。
一手油麻子种得十二条田塍。
嘴巴子打得狗死,筷子夹得水起。
沙洲上泼小秽。
大鱼吃小鱼,小鱼吃虾米。
三百斤的野猪,一把(张)寡嘴。
叫花子烤火,只往自己胯里扒。
摸得黄牛就是马,捡得封皮就是信。
养崽不学技,担断篼箕系。
崽卖爷田心不痛。
这山望见那山高。
嘴巴两块皮,讲话无定期。
装三根香,打九个屁,菩萨不讲,自己都过不得意。
哄人上树搬楼梯。
帮你塞个田坝月,反说我是偷水贼。
好担心不担心,担心别人没有背脊筋。

夜饭有是有，搭个铺来守。
十处干塘，九处在场。
蛇无大小，毒气般多。
日里游呀游，夜里耗灯油。
过河打渡子(艄公)。
好心冇讨得好报，黄泥巴扮黑灶。
只讨得媳妇嫁不得女。
鸡公多了生寡蛋，艄公多了打烂船。
麻雀过身扯根毛，大粪过身舀几瓢。
鸡蛋里挑骨头。
挖眼寻蛇打。
教熟徒弟打师傅。
草鞋冇打脚，脚来打草鞋。
呷别人的呷出汗来，呷自己的呷出泪来。
既当婊子，又立牌坊。
老鼠守仓，守个精光。
提起千斤，放落四两。
光起眼珠讲瞎话。
天晴无影子，落雨无脚迹。
老鼠子藏不得过夜粮。

八　处事类

男子管外，女子管内。
插田也要发个隔夜信。
树老根多，人老话多。
好吃如小赌。
过河渡子死了冇埋，挖窑公子埋了冇死。
徒弟徒弟，三年奴婢。
一日不死要钱用，一夜不死要被盖。
夫妻无隔夜仇，床尾打架床头和。
萝卜白菜，各有所爱。
不听老人言，吃亏在眼前。
自己做梦自己解。
担水寻错了码头。
伸脚踏着娘，缩脚踏着爷。
独打鼓，独划船。
三句好话当不得一马棒棒。
二十五里骂太爷。
东扯葫芦西扯叶。
口干不怕牛尿水。
晴带雨伞，饱带饥粮。
讨坏一堂亲，要害三代人。
到么子山上唱么子歌。
进不得油盐。
碗米买口针，试试你的心。
好崽只要一个。
女大不由娘。
喜的喜藠头，喜的喜浸蒜。
主人不吃客不饮。
掉片树叶子下来，都怕打了脑壳。
心记不如墨记。
一碗米养个恩人，一担米养个仇人。
乱打鼓，听得舞。
嘴上冇毛，办事不牢。
三年天干，饿不死厨倌。
讨米莫寻亲戚。
人怕怄气，树怕剥皮。
端了人家碗，就服人家管。
虱多不痒，债多不愁。
羊毛出在羊身上。
牛怕红眼，人怕横心。
熟人屋里好过年，生人面前好赚钱。
要得伙计长，夜夜敲算盘。
天上星多月不亮，地上人多心不齐。
三分人才，七分打扮。
呷一碗米的饭，操一担米的心。
先生借书，老虫(老虎)借猪。
君子不要混来财，看见银子脚踢开。
不怕客来多，尽他一只鹅。
不图便宜不上当。
尿坑里的擂槌，想用就用。
你做得初一，我做得十五。
瓜得五山虎，才砍六山柴。
扯了小襟盖大襟
只包做媒，不包养崽。
扳倒石头，打自己的脚。

九 人情世故类

会计上门，找你算账。
站起般高，坐起般大。
田要深耕，崽要亲生。
烧起中间火，烤死两头人。
横人怕理倒，弯树怕线弹。
要得清闲娘边女。
有盐同咸，无盐同淡。
碰得崽好有人吊孝，碰得爷好有人做媒。
鸡肚里不晓得鸭肚里，各人只晓得各人。
同行是冤家。
亲兄弟，明算账。
插起招军旗，自有吃粮人。
家有一老，犹如一宝。
火到猪头烂，人熟公事办。
谷唧米唧，差层皮唧。
细舅也是外婆的崽。
久住令人嫌，频来亲也疏。
人情送匹马，买卖争毫厘。
有心拜端午，六月不为迟。
大树底下好遮阴。
叫花子也有个三十初一。
不要挖金挖银，只要东成西就。
天上饿不死飞得的鸟，地上饿不死走得的人。
若要穷，睏到太阳红；若要富，鸡叫三遍起床铺。
天晴搭间落雨厂，丰年准备饥荒粮。
少是夫妻老是伴。
会选的选儿郎，不会选的选家当。
买猪看猪种，娶亲看娘种。
公不离婆，秤不离砣。
乡里夫妻，寸步不离。
嫁出去的女，泼出去的水。
细人唧爱糖，丈母娘爱郎。
宁可烧老水，不可带老女。
好狗不咬鸡，好汉不打妻。
宁可男大十，不可女大一。
树大开杈，崽大分家。
一代亲，二代表，三代四代了。
出钱不问落处。
天塌下来有个长子顶。
打铁还要自身硬。
大家吃了喷喷香，个人吃了烂鹅疮。
各人肉唧各人爱。
财归富户，狗咬叫花子。
做出好事千年在，干出恶事万人嫌。
凡事留一线，日后好相见。
哥哥讲威风，老弟讲志气。
喊得风来大家凉。
黄牛角，水牛角，各管各。
井水当酒卖，还怨酒无渣。
酒饭是从自己家里吃出去的。
客不与主人争板凳。
看人思为。
看见个背都怕。
老虫冇咬人，样子作得丑。
冷是咕冷，莫发风；穷是咕穷，莫欠账。
虾公钓鲤鱼。

十 歇后语

叫化子不要糯米——假的。
脚板底下搽油——开溜。
堂屋里的板凳——轮流坐。
斋公丢了块腊肉——做不得声。
年三十夜里的砧板——不得空。
三十夜里催年猪——做不赢(来不及)。
老鼠尾巴上捋浆——捋不多。
蛇钻竹筒——自寻死路。
捉鸡婆不上抱——莫霸蛮。
掉到油箩里不巴油——滑背(八面玲珑之人)
胡子老倌掉到粪缸里——有口难开。
叫花子打狗——各熟一门。
双手插进染缸里——左也难(蓝)，右也难(蓝)。
死了的鸭——嘴硬。
聋子哪天死——随大势。
牛栏里关猫——捞松大活。

烂布子包脑壳——听撞。
八十岁学郎中——给鬼看病。
茅厕缸里的石头——又硬又臭。
四根箩索一齐断——祸不单行。
墙壁上挂团鱼——四脚无靠。
二一添作五——一个一半。
阳雀子叫三年——几句现话。
阎王老子开饭铺——鬼都不来。
狗戴帽子——人一样。
火烧冬茅——心不死。
草帽烂边——顶好。
矮子上楼梯——步步升(身)高。
吹火筒——两头受气。

十一 其 他

把把戏戏南岳山,花花绿绿杨家滩。
木鱼吃亏,和尚赚钱。
答应别人的事,是泡屎都要呷光。
娘死爷得病,各人救性命。
蚂蟥听水响,叫花子听鼓响。
针大的眼,斗大的风。
茄子不开虚花,细伢子不讲假话。
家鸡打来团团转,野鸡打来满山飞。
人上一百,五艺俱全。
毛楠竹子生大笋,细细菩萨显威灵。
牛绹到秆(稻草)柱山里不呷秆,做不到。
杨梅不呷月(核),呷哪个个屁。
邪人招邪鬼,不是邪人鬼不来。
数钱吃面。
细针细密缝烂布。
笑假不笑真。
出门一把锁,进屋一个火。
有钱不买年边货,是货贵三分。
一日做客三日饱。
崽要宽心带,债要死心还。
讨米讨得久,总要碰席酒。
好手难提四两。
观音菩萨看见出眼泪。
只见娘怀肚,有见崽行路。
发出去的信,收不回了。
父愿子成龙,母愿女成凤。
少年叔侄为弟兄。
糠箩里跳到米箩里。
宁拆十座庙,不拆一桩婚。
月怕十五,年怕中秋。
嫁汉嫁汉,穿衣吃饭。
死人子都讲得活。
敲壁无土,扫地无灰。
出门观天色,进屋观脸色。
屙屎不共茅厕。
六十岁都不要笑人残疾。
饿死不为盗。
铁怕打,铜怕锤,牛肉怕烧酒。
除了讨米再无穷,除了死人再无凶。
村看村,户看户,群众看干部。
钱到他人手,讨到要壶酒。
远贼必有近脚。
崽大爷难做,弟大兄难为。
三朝一七,不是看媳妇的。
放大水船。
富人子气大,穷人子力大。
光眼瞎子。
阿公望着翁妈,只有清汤一碗。
惯势。
踩着古塘问古塘。
戳血仓。
大尾巴草猪一样。
喉咙里伸出只手来。
猴子不跪在狗面前。
滑背。
还仇不如看仇。
黄牯是黄牯,价钱是价钱。
碟子图瓜碗价钱。
不是那样呷得,哪能那样做得。
牵得(着)不走,骑得(着)奋走。
架生。

捡了个落地桃子。
抓得(着)孙一样,放了精一样。
到了老虫口里,冇得碎肉子出来。
尽出花脚乌龟。
空口打哇哇。
麸子肉藏到饭底下呷。
烂船子作烂船子划。
狗婆子不逗尾巴,狗公子不会往背上爬。
屙屎的便意,过身的不便意。
两场荞麦子作一场打。
卵子敲得凳板响。
刮鼻头屎。
观音崖卖豆腐,撞了端了。
满塘麻蝈叫。
莫去浸湿碗米。
你捡个石头去打天吧。
你要照清自己个水影子。
你总还要有一个讨火种的地方。
你用筷子夹,别人用手抓去了。
哪里讲,哪里落。
牌博钱,万万年。
陪者老黄牯晒太阳。
碰到个野猫子吊颈。
屁股翘得天高。
骑马不撞着亲家,骑牛撞着亲家。
千两银子难买一熟。
千选万选选盏漏灯盏。
前头乌龟爬坏路,后头乌龟步踏(套)步。
情意好来水也甜。
劝君莫打三春鸟,子在巢中盼母(父)归。
七个七把嘴,八个八把嘴。
人合式,道理不合式。
三泡牛屎高。
扫帚倒了没有人扶。
艄公多了打烂船。
少吃咸鱼少口干。
蛇进竹筒寻死路。
石砣鼓也有翻身日。
是男是女快点唧。
输了是盘棋,扯烂是架犁。
丝瓜柳叶亲。
死守现道。
四十四,眼带痣。
算盘子不要挂高了,绳子断了会砸着人。
还打得老虫死。
天底下还能问出个无名姓。
挖眼寻蛇打。
瓦片子起飞。
蚊子掐死一般。
呷了米酒子骂烧酒子的娘。
小河无水大河干。
学打招打。
要谷好才会米好。
一碗水要端平。
有钱钱招待,无钱话招待。
有钱冇钱,回家过年。
载道,不载道。

第三十二篇　乡、镇、街道简介

一　蓝田街道

图 32-1　蓝田街道办事处办公大楼(驻建中村,2009 年新建)

蓝田街道,位于北纬 27°40′46″～27°43′41″,东经 111°38′52″～111°43′11″。地处涟源市西南部,东与石马山镇接壤,南连六亩塘镇、三甲乡,西邻六亩塘镇和安平镇,北接龙塘乡。1995 年,从毛坪乡划入洪兴村,从岛石乡划入联兴、集中、青岭、西冲湾、峡溪等 5 个村,从青烟乡划入日升村,从珠梅乡划入建中村。东西长 3.5 千米,南北宽 8 千米,总面积 24.5 平方千米。街道办事处驻文艺路社区。辖 11 个村委会,12 个居委会。共计 16555 户,总人口 51365 人,其中农业人口 14356 人。人口密度每平方千米 2097 人。财政总收入 1098 万元,农民人均纯收入 990 元。2003 年,撤销光文村,设立光文居委会。2006 年 11 月,14 个居委会调整为 9 个社区居委会。2007 年,辖 9 个社区居委会 126 个居民小组,9 个村委会 90 个村民小组。23581 户,总人口 62650 人,其中农业人口 12958 人。人口密度每平方千米 2557 人。财政总收入 2076 万元,农民人均纯收入 3630 元,分别是 1995 年的 1.89 倍和 3.67 倍。

基础设施

交通运输设施　1995 年,境内公路总里程 20.5 千米,其中乡村公路 8.5 千米。2007 年,公路总里程 80 千米,乡村公路 32.1 千米。有货运车辆 244 辆,客运车辆 50 余辆,小汽车 560 余辆。

水利设施　1995 年,境内有小型水库 4 座,山塘 478 口,河坝 3 处,电灌站 8 处。至 2007 年,山塘减少 52 口,电灌站减少 2 处。

街道经济

农业　1995 年,耕地 434.14 公顷。其中,水田 272.34 公顷,旱土 161.80 公顷。以种植水稻、油菜、蔬菜为主。农业总产值 4200 万元。粮食作物播种面积 636.2 公顷,总产粮食 3308.8 吨。出栏生猪 9000 头,年末存栏 8000 头;出售和自宰牛 339 头,年末存栏 250 头;出栏山羊 600 头,年末存栏 450 头;饲养家禽 30.6 万羽。2007 年,耕地 437.27 公顷,其中水田 218.39 公顷,旱土 218.87 公顷。农业总产值 6400 万元。粮食作物播种面积 879.33 公顷,总产粮食 4451 吨。出栏生猪 23850 头,年末存栏 13385 头;出售和自宰牛 420 头,年末存栏 1557 头;出售和自宰羊 2000 只,年末存栏 1756 只;出售和自宰家禽 51 万羽,年末存栏 25 万羽。充分发挥区位优势,大力发展特色农业、环保农业,形成民光水果基地、建中养殖基地、联兴无公害蔬菜基地,产品销往全国各地。

工业　1995 年,有街道工业企业 12 家,从业人员 6000 余人,工业总产值 3.6 亿元。2007 年,有工业企业 67 家,从业人员 6300 余人,工业总产值 10.50 亿元。规模以上工业企业总产值超过 9 亿元,规模以下工业企业总产值达 1.36 亿元,产值过亿元的企业 2 家,产值上 1000 万元的企业 5 家。

商业贸易　1995 年,有供销社商店 15 家,代销店 10 家,经销店 100 余家,服务业经营户 300 余户,从业人员 3000 余人,集贸市场 3 个,临时赶集点 8 个。2007 年,个体商贸、服务业经营户 836 个,从业人员 6500 多人,集贸市场 5 个,规模较大的超市 3 家。

财政金融　1995 年,财政总收入 1098 万元,财政总支出 372 万元。2007 年,完成税收 1620 万元。其中,国税 320 万元,地税 1300 万元。财政总收入 2076 万元,财政总支出 900 万元。

教科文卫

教育　1995 年,境内有初中 2 所,小学 1 所,教学点 10 个,幼儿园 2 所。在校初中学生 1308 人,小学学生 1086 人,入园幼儿 268 人。中小学任课教师 186 人,中、小学教师学历合格率 85.4%。2007 年,有初中 1 所,小学 10 所。在校初中学生 2557 人,小学在校学生 6394 人,入园幼儿 560 人。中小学任课教师 450 人。初中适龄人口入学率 94.5%,小升初升学率 99.6%,九年义务教育覆盖率 98.5%。境内有市属高中涟源一中、市属实验学校、私立行知中学。

文化艺术　1995 年,境内有文化站 1 个、广播电视站 1 个。各类文化专业户 18 户,各类图书室 2 个,藏书 3 万余册。2006 年,文艺路社区被评为全国文化先进社区。2007 年,有文化站 1 个、广播电视站 1 个。有村(社区)文化活动中心 16 处;各类文化专业户 65 户;各类图书室 5 个,藏书 16 余万册。是年,投资 180 万元,建成占地 1648 平方米的青少年校外活动中心。1995—2007 年,蓝田街道举办群众性歌舞晚会 700 场次,大型文化活动 4 次。

医疗卫生　1995 年,境内有蓝田医院,病床 30 张,固定资产总值 60 万元。卫生技术人员 25 人。其中,执业医师 8 人,执业助理医师 5 人,注册护士 5 人。有村级卫生室 5 个,乡村医师 5 人,妇幼保健员 10 人。2007 年,有街道医疗机构 1 个,诊所 92 个;有病床 98 张,每万人拥有病床 5 张;固定资产总值 308 万元。卫生技术人员 71 人。其中,执业医师 18 人,执业助理医师 16 人,注册护士 16 人。另有村级卫生室 22 个,乡村医生中有执业助理医师资格的 7 人,有乡村医生执业证书的 17 人,村妇幼保健员 22 人。医药超市 10 家。医疗机构(门诊部以上)完成诊疗 3.8 万人次。村民 11200 人参加新型农村合作医疗,参保率 100%。是年 9 月,涟源市蓝田社区卫生服务中心在蓝田医院内筹建并试运行,后经娄底市验收合格,成为娄底市首家评审过关的社区卫生服务中心。境内有市级医疗机构:市人民医院、市中医院、市妇幼保健院,有民办医院市民盟康复医院、市疑难病专科医院老科协分院。

名胜古迹

水晶阁 见《第二十篇 旅游》。

蓝溪桥 原名柳家桥，宋雍熙年间(984～987)，柳绍玺将木桥改为石板桥。清乾隆三十四年(1769)被洪水冲垮，柳山遵父命捐款修复。清道光五年(1825)，谭兴楚捐款万金，于道光十年(1830)将石板桥改成三拱桥。桥长37.5米，宽6.15米，高10米。1912年大水，桥南半节被排木冲毁，三甲梁宝珊出面没收排木，变价修复。

福星桥 又名新桥，始建于明宣德八年(1433)，为石板桥。清康熙年间，改建为屋桥，1912年大水，福星桥连墩漂没，三甲梁宝珊为首集资将屋桥改为三拱石桥。1915年竣工，桥长33米，宽6米，高10米。

升平桥 俗称上太平桥。明弘治元年(1488)，吴翘天捐款修建。清道光四年(1824)，谭楚凡为首补修，至今巩固。

双江桥 俗称下太平桥。跨升平水，由三甲梁渭生、梁九禄各捐120两银子倡修。清雍正十一年(1733)动工，乾隆元年(1736)竣工。桥长35.7米，宽6.4米，高9.5米。道光三十年(1850)，梁渭生、梁九禄两公后裔集资补修。

石马山桥 清光绪十六年(1890)，三甲梁国卿建石板桥于石马山通往梅子坳台上。1956年，修蓝永(蓝田—双峰县永丰)公路时改为公路桥。

文光石塔 位于文达湾保家牌下，建于清道光二十六年(1846)，共3层，系谭国荣后裔修建。塔上有石刻人物像。

二 石马山镇

石马山镇，位于北纬 27°36′51″~27°45′39″，东经 111°38′42″~111°51′49″，地处涟源市城区东郊，东毗渡头塘乡、斗笠山镇、枫坪镇；南接白马镇；西邻蓝田街道、三甲乡；北连龙塘乡、桥头河镇。最高点雷峰山，海拔 579 米。东西最大距离 24 千米，南北最大距离 5 千米。总面积 116.8 平方千米。1995 年，由马家境街道、马头山乡、青烟乡(划出日升村)、湖泉乡合并而成。镇政府驻地梅园社区。辖 63 个村委会 8 个居委会。共计 20416 户，总人口 69680 人，其中农业人口 62244 人。人口密度每平方千米 597 人。财政总收入 595 万元，农民人均纯收入 1038 元。2006 年 11 月，8 个居委会调整为 4 个社区居委会。2007 年，辖 63 个村委会 664 个村民小组，4 个社区居委会 19 个居民小组。共计 24984 户，总人口 77235 人，其中农业人口 66207 人。人口密度每平方千米 661 人。财政总收入 1396 万元，农民人均纯收入 2397 元，分别是 1995 年的 2.35 倍和 2.31 倍。

图 32-2 旺府国际

基础设施

交通运输设施 1995 年，境内公路总里程 175 千米，其中乡村公路 157 千米。有货运汽车 32 辆，拖拉机 262 辆，客车 32 辆。2005 年，开始硬化乡村公路。2007 年，沪昆(上海至昆明)铁路、娄涟二级公路、涟(涟源)油(油木岭)省道、九(九十亭)湖(湖泉)市道穿过境内。公路总里程 256 千米，其中乡村公路 225 千米。水泥硬化 196 千米。有货运汽车 163 辆，拖拉机 186 辆，客车 18 辆，小汽车 126 辆。

电力设施 1995 年，境内有温江、湖泉 2 个小型发电站，装机 720 千瓦，年发电 210 万千瓦时，有 110 千伏变电站 1 座，供电线路 136 千米，供电 360 万千瓦时。2007 年，有温江、湖泉、石马山、飞仙、肖家坝 5 个小型发电站，共装机 1345 千瓦，年发电 400 万千瓦时，有 110 千伏变电站 1 个，220 千伏变电站 1 个，35 千伏变电站 1 个，供电线路 210 千米，供电 2600 万千瓦时。

水利设施 1995 年，境内有小型水库 13 座，山塘 4214 口，河坝 68 处，电灌站 142 处，装机 148 台 2680 千瓦，蓄、引、提总水量 1.2 亿立方米，旱涝保收面积 1600 公顷，占总水田的 80%。是年，市城东(西温泉)自来水厂竣工，供应市城区及镇内 12 个村近 5 万人的生活用水。2005 年，石马山镇(东温泉)自来水厂建成，供应境内 4 个村及龙塘乡 6 个村 1.2 万余人的生活用水。至 2007 年，山塘减少至 3827 口，河坝减少至 42 处，电灌站减少至 60 处，装机 45 台 1060 千瓦，蓄、引、提总水量 0.6 亿立方米，旱涝保收面积 850 公顷，占水田面积 45%。有中型自来水厂 2 处，小型自来水厂 9 处。

集镇建设

1995年,主要集镇梅园小区,建筑面积30万平方米,商业店铺600家。至2007年,增加湖泉集镇,集镇建筑面积增加到52万平方米,商业店铺增加到818家。

乡镇经济

农业　1995年,全镇耕地2929.34公顷。其中,水田1992.67公顷,旱土936.67公顷。以种植水稻、小麦、红薯、黄豆、花生为主。粮食作物播种面积6486.27公顷,生产粮食3.15万吨。出栏生猪4.69万头,年末存栏2.78万头;养牛3452头;出售和自宰羊1554只,年末存栏1678只;饲养家禽16.5万羽。农业总产值3.2亿元。2004年,调整农业产业结构,加大资金投入,修复水利设施,推广小型排灌机械。农业生产逐步向"区域化布局、专业化生产、规模化经营、社会化服务"的农业产业化转变。生态农业发展初具规模,其主要项目有:以湖泉管理区为中心的万亩优质玉米基地,石桥村黑山羊基地,天隆、飞虹、友谊、包围山等特色养殖基地,双车村天麻种植基地,鸟溪、朱泉、山滔村"湘中黑牛"养殖基地等。2007年,耕地2494.05公顷。其中,水田1912.81公顷,旱土581.24公顷。以种植水稻、玉米、红薯、黄豆、花生为主。粮食作物播种面积5307.75公顷,总产粮食2.62万吨。出栏生猪6.4万头,年末存栏3.3万头;出售和自宰牛8348头,年末存栏6260头;出售和自宰羊7230只,年末存栏6931只;出售和自宰家禽17.97万羽,年末存栏9.1万羽。农业总产值10.9亿元。

工业　1995年,镇内有企业41家。其中,煤矿6家,建筑企业4家,化工企业1家。从业人员1580人。工业总产值3.68亿元。随着改革开放不断深入,各类企业体制发生根本变化,由承包、租赁到转制,民营企业迅速发展。到20世纪末,境内涌现一大批具有特色的骨干企业和具有较强竞争力的产品。湖南远扬煤机制造有限公司、涟源嘉鑫冶金有限责任公司、省方圆磨料磨具有限公司、市安泰塑胶有限公司、湖南创安防爆电器有限公司、省回春堂药业有限公司等民营企业产品远销全国各地。2006年,涟源城区"北扩东延""工业园区开发"的总体规划出台后,相继引进一大批项目和资金。市国税局、市农机监理大队等机关相继迁入境内。2007年,有各类企业140余家,规模以上企业18家,其中产值过亿元的企业3家。全年工业总产值9.3亿元,创税金4051万元,从业人员4026人。

商业贸易　1995年,全镇有供销分社4家,供销社商店4家,代销店8家,经销店82家,服务业经营户73户,从业人员266人,集贸市场2个。社会商品零售总额0.25亿元。此后,个体商店蓬勃兴起,供销合作社实行承包、租赁、转制。到21世纪初,供销社完全被个体商店取代。境内贸易以梅园市场为中心,以荷花广场、群英桥、湖泉、培元等市场为网络向全境辐射,各类专卖店,连锁店、批发部、超市、平价商场随之兴起。2007年,境内有集贸市场6个,超市1家,大米专卖市场2处,商店、餐饮、娱乐、休闲、修理等经营户200余家,从业人员458人。社会商品零售总额1.2亿元。

财政金融　1995年,全镇完成税收228万元。其中,国税121万元,地税107万元。财政总收入595万元,可用财力596万元,财政总支出579万元。有金融机构4家,各类存款余额6500万元,各项贷款余额6700万元。2001年,完成工商税312万元(市级),收取农业税85万元,特产税15万元,统筹资金133万元,计233万元。2002年,费改税后,取消特产税和乡统筹的征收,收取农业税180万元。2005年,国家取消农业税征收,并向种粮农民实行补贴。2007 年,完成税收 527 万元。其中,国税 198 万元,地税 329 万元。财政总收入 1396 万元,财政总支出 1360 万元。有金融机构 1 家,各类存款余额 1.1 亿元,各项贷款余额 1.15 亿元。

教科文卫

教育 1995 年,全镇有初中 4 所,小学 27 所,教学点 2 个。在校初中学生 4050 人,小学学生 8925 人。中小学任课教师 675 人,中、小学教师学历合格率 100%。初中适龄人口入学率 99%,九年义务教育覆盖率 100%。财政预算内教育经费 700 万元。以后,部分学校翻修扩建。2007 年,有初中 3 所,小学 25 所,初中在校学生 2299 人,小学在校学生 7293 人。中小学任课教师 393 人。初中适龄人口入学率 100%,九年义务教育覆盖率 100%。财政预算内教育经费 650 万元。

文化艺术 1995 年,全镇有文化站 1 个,广播电视站 1 个。有村级文化活动中心 4 处,各类文化专业户 28 户,各类图书室 4 个,藏书 1.2 余万册。2007 年,有文化站 1 个、广播电视站 1 个。各类文化专业户 46 户,各类图书室 18 个,藏书 8 余万册。大部分村建立文化活动中心。多数村有龙灯狮子会、婚丧喜庆理事会、礼仪队、腰鼓队、鼓乐队。全镇有网吧、游戏厅 20 余家。有传统的民间花鼓剧团、木偶剧团,有湘绣、雕刻等。

医疗卫生 1995 年,全镇有镇卫生院 1 家,卫生分院 3 家,门诊部(所)15 个;有床位 20 张,每万人拥有病床 2.15 张;固定资产总值 75 万元。卫生技术人员 68 人,注册护士 10 人。有村级卫生室 65 个,乡村医师 65 人,妇幼保健员 63 人。2007 年,有医疗机构 4 个,其中诊所 3 个;有病床 53 张,每万人拥有病床 6.83 张;固定资产总值 400 万元。卫生技术人员 120 人,其中执业医师 25 人,执业助理医师 30 人,注册护士 16 人。村级卫生室 63 个,乡村医生 65 人。有社区服务医疗所 1 家,个体诊所 25 家。医疗机构(门诊部以上)完成诊疗 2.3 万人次。5.46 万村民参加新型农村合作医疗,参保率 90%。

名胜古迹

新车桥 见《第二十篇 旅游》。

琉璃洞 又称“牛皮洞”,位于马头山中段山顶。洞由上向下延伸,洞口呈三角形,口较狭,匍匐可入,内宽敞,分数层,甚深,可容纳数百人;入内百余步,有一高、宽皆数十米的洞穴,洞中有一石,其顶面平滑如镜,如一大桌,称之为“八仙桌”,其上有 8 块乳石,状如杯,称之为“仙杯”;洞顶有无数钟乳石,形状奇异,透明如水晶,其中 8 根状如漏斗,“仙酒”(岩溶水)沿漏斗不偏不倚滴入 8 个“仙杯”。洞深处有阴河,人不敢下,投以小石,许久才闻其水声。

青华寺 位于麦冲村,距温江约 1 千米,环境幽雅,“文化大革命”时期拆毁,今存破旧山门。

关王桥 坐落于关桥村,始建于明嘉靖二年(1523),因桥附近有关圣殿而得名,为单拱石桥,用麻石砌成,长 10 米,宽 3 米。该桥自明朝至中华人民共和国成立前,为安化县与湘乡县交界处,是宁乡、湘乡通往安化、新化、邵阳的主要通道。

小碧湾桥 坐落于龙江村,据传建于清康熙年间,用麻石砌成,桥长 18 米,宽 4.8 米,高 12 米,今保存完好。

清塘与浊塘 龙江村蒙家冲,有一蛇形小山,左右各有一塘,自古至今,左塘清澈见底,右塘浑浊不清,实属罕见。

温江桥 坐落于温江村，为两拱石桥，始建年份不详。桥高21米，宽7米，长50米。桥下正中有一大石墩，分成两大石拱，倒映江中，恰似两轮新月。桥身全部用大方麻石砌成，桥两边各砌有两层巨型榨石，有雄、母大石狮各2尊立于四角，雄狮蹲坐，昂首吼啸；母狮俯卧，侧眼斜视。雕刻精巧，栩栩如生。桥面高出两岸5米，两端各有20级石梯，石梯与两岸交接处四角各有一大石鼓。该桥造型精美，气势恢宏，堪称一绝。“文化大革命”中，两尊雄狮被推入河中，1980年改建公路时，石梯、石鼓被土掩盖。

三 六亩塘镇

图 32-3 六亩塘镇芙蓉广场

六亩塘镇，位于北纬 27°40′23″~27°47′15″，东经 111°35′20″~111°39′06″。地处涟源市西部，东接蓝田城区，南邻三甲乡，西连冷水江市渣渡镇、铎山镇，北接安平镇及新化县温塘镇。最高点位于白石溪村大坳山，海拔 508.4 米。1995 年，毛坪乡（划出洪兴村）、芙蓉乡与六亩塘街道合并，成立六亩塘镇。总面积 76.8 平方千米。镇政府驻芦茅塘，与市区相连。辖 31 个村委会 8 个居委会。共计 16435 户，总人口 55732 人，其中农业人口 44774 人。人口密度每平方千米 726 人。财政总收入 621 万元，农民人均纯收入 1040 元。2007 年，辖 31 个村委会 445 个村民小组，4 个社区居委会 74 个居民小组。共计 21226 户，总人口 63711 人，其中农业人口 48985 人。人口密度每平方千米 830 人。财政总收入 1200 万元，农民人均纯收入 2356 元，分别是 1995 年的 1.93 倍和 2.27 倍。

基础设施

交通运输设施 1995 年，境内有湘黔铁路和利民煤矿涟渣铁路专线 13.5 千米，公路有国道 207 线、省道 210 线、省道 312 线 8.5 千米，有市道蓝芙线 9.6 千米，138 千米乡（村）公路接通国道、省道、市道，环绕各个村组。1998 年，坪上等 5 村发动村民把洞（洞庭桥）烟（烟竹）公路至荆桥段 3 千米改扩为宽 12 米的砂石路面，坪上村吴特州捐款 200 万元。2002 年下半年，娄（娄底）涟（涟源）二级公路和改道后的国道 207 线在秀溪村对接，两条公路连接省道 312 线入涟源的起点和省道 210 线出涟源的终点，四条公路连接处形成娄底市同类等级公路第一大环岛。2006 年，坪上等 5 村再次动员村民（吴特州捐款 100 万元）把洞烟公路至荆桥段砂石路面改造硬化成 10 米宽的水泥路面，公路两边搞好绿化，验收时，被省、娄底市领导誉为“湖南乡村第一道”。2006—2007 年，依托国家开始实施的乡村公路补贴政策，全镇完成乡村主要道路改造硬化 16 千米。2007 年，全镇公路总里程 175 千米，其中乡村公路 150 千米。有货运汽车 295 辆，客车 40 辆，小汽车 65 辆。

水利设施 境内有涟水河、涟水支流良溪河和温田溪，还有升平河、升平河支流黄龙溪及新康溪。1995 年，境内有红旗、田茶两座小一型水库，有西冲、横路坝、洞积冲、杨木冲、七〇等 5 座小二型水库，大小干渠 56 千米。有大小山塘 981 口，河坝 6 座，另有电灌站 32 处，装机 36 台 640 千瓦，旱涝保收面积 980 公顷。至 2007 年，红旗水库带病运行，田茶水库空库防洪，七〇水库不能蓄水，其他水库、山塘有不同程度的淤塞，电灌站 15 座，旱涝保收面积减少。

集镇建设

1995年,境内狮子山居委会有依托省煤机厂形成的小集镇,该集镇有小型农贸市场,商业店铺35家,主要服务省煤机厂及周边毛坪、石头、洞庭桥3村共7000余人的基本生活。黄龙小集镇,依托蓝芙、黄利公路建设,有10户24个门面,商业建筑面积3250平方米。另有洞庭桥小集镇,建筑面积1310平方米。2004年,娄底市佳苑房地产有限公司受让15.8公顷土地,建设涟水名城商业住宅区。2006年,市环城北路建成通车。20多家省、地、市属机关企事业单位陆续搬迁人民(中、西)路,各类开发商投资进行房地产开发建设。肖志成、王本学等人投资的涟源市华鑫房地产开发建设有限公司受让涟源市工矿贸易公司在芙蓉广场的商业大厦,翻新建设安居百年建材家居城。2007年,肖志成、刘辉等投资的涟源市飞宏置业发展有限公司受让涟源市五金公司在芙蓉广场西侧的2.67公顷闲置土地,建设涟源市农贸建材大市场,涟源市鑫海房地产开发有限公司受让瓦亭居委会在芙蓉广场的商业工棚,建设涟源市鑫海大厦。是年,2.5平方千米的芙蓉广场商业圈兴建于城区西部。黄龙小集镇发展到32户64个门面,建筑面积33600平方米。主要服务黄龙等8个村及冷水江市铎山、渣渡等部分村民的基本生活。

乡镇经济

农业 1995年,境内有耕地1822.40公顷。其中,水田1028.67公顷,旱土793.73公顷。以种植水稻、红薯、玉米、小麦、蔬菜为主。粮食作物播种面积3401公顷,总产粮食1.74万吨。出栏生猪3.12万头,年末存栏2.50万头;养牛2431头;出栏山羊905只,年末存栏1082只;饲养家禽10万羽。此后,农业产业结构调整,种养业向专业化、规模化转变。1999年,秀溪村以村民投入为主、村级补助相结合的方式鼓励村民进行规模养猪,村党支部书记谭凤祥带队前往石家庄及汨罗等地购进长大北(又名双基龙)母猪优良品种,建立生猪繁养基地,胜利村利用传统优势,把单一的肉牛屠宰基地建设成肉牛养殖屠宰市场。温田村黄芳生承包村园艺场建设花卉苗木基地,黄长根流转村民责任地,建立园林绿化工程有限公司,年产值500多万元。2001—2005年,国家实施退耕还林项目,全镇完成植树造林和退耕还林733.34公顷。其中,荆桥、胜利、锦地、界边、井家等村种植杨梅100公顷,毛坪村种植板栗10公顷,温田村种植金秋梨、椪柑10公顷。2007年,新康村康向东流转村民土地68.33公顷,建成人工湖垂钓场所和农家乐餐饮服务场所,年底被评为湖南省二星级休闲生态农庄。

2007年,全镇有坪上、新康、秀溪、锦地生猪家禽养殖基地,胜利牛业养殖基地,白石溪、瓦丘黑山羊养殖基地,温田、新康、梅南生态农业基地,荆桥、胜利、锦地、界边、井家、毛坪、温田经果林基地,温田村花卉园林苗木基地。是年,全镇耕地2017.80公顷。其中,水田1112.27公顷,旱土905.53公顷。粮食作物播种面积3928.33公顷,总产粮食2.09万吨。出栏生猪5.87万头,年末存栏3.37万头;出售和自宰牛3010头,年末存栏9855头;出售和自宰羊6700只,年末存栏5024只;出售和自宰家禽23.15万羽,年末存栏10.01万羽。

工业 境内有丰富的煤炭、石灰石、石膏、铁矿石等资源。1995年,全镇有企业82家。其中,煤矿23家,石膏矿3家,建筑企业3家,化工企业1家,水泥厂2家,砖厂3家。从业人员3819人,工业总产值2.68亿元。

1998年,镇政府成立雄鹰资产经营管理有限公司,全面管理镇属集体企业资产改制。以合同形式委托刘新华、梁格明、梁纶升三人经营管理涟源市第四水泥厂三年。是年10月,福建人李金鸾在桐车湾村开办境内第四家红砖厂——桐车湾第二机砖厂。2000年6月,镇属集体企业工农煤矿被市七一煤矿整体收购。2003年,市第四水泥厂改制,浙江人楼培华等人受让后,更名为娄底市湘中华源水泥有限公司。是年末,镇属集体企业全部改制为民营企业。2004年,23家私营煤矿组建为15家,2006年下半年,整合为10家。2007年上半年,坪上村吴特州从深圳带资回乡,投资2600万元在坪上村开办大型采石场和全市第一家大型机制砂场。是年,全镇有工业企业118家。其中,煤矿10家,红砖厂15家,水泥厂1家,石膏矿2家,化工厂1家。从业人员4728人。工业总产值5.13亿元。其中,规模以上企业6家,工业总值2.46亿元;规模以下工业总产值2.67亿元。

商业贸易 1995年,境内有供销分社3家,供销社商店16家,代销店72个,经销店123个,服务业经营户318户,从业人员630人,集贸市场2个,临时赶集点1个。2007年,个体商贸、服务业经营户395个,从业人员860人,集贸市场2个,临时赶集点1个。

财政金融 1995年,完成税收325万元。其中,国税180万元,地税145万元。财政总收入621万元。有金融机构3家,各类存款余额0.8亿元,各项贷款余额达0.65亿元。2007年,完成税收1042.9万元。其中,国税223.1万元,地税819.8万元。财政总收入1200万元,可用财力980万元,财政总支出1300万元。有金融机构1家,各类存款余额1.2亿元,各项贷款余额0.75亿元。

教科文卫

教育 1995年,境内有初中3所,小学21所,教学点3个,幼儿园(学前班)24所(个),在校初中生2628人,小学生6580人,入园幼儿725人,中小学任课教师366人。初中适龄人口入学率90%,小升初升学率95%,九年义务教育覆盖率97%,财政预算内教育经费126万元。1997年,兴福村以旧翻新建设兴福小学教学楼一栋16间教室,8套教师住房。1998年瓦亭居委会原址翻新扩建教学楼一栋16间教室。1999年,荆桥村建设荆桥小学教学楼一栋6间教室。2001年,红光村建设红光小学教学楼一栋6间教室,六亩塘中学建教学楼一栋25间教室,教师宿舍楼一栋20套住房。2003年,白石溪村在娄底市建整扶贫工作队帮助下,翻新建设教学楼一栋6间教室。2004年,瓦亭小学、先志小学在涟源市农机学校原址组建六亩塘镇中心小学。2006年,市教育局拨款并利用台湾台塑集团董事长王永庆捐款60万元,在六亩塘中心小学新建明德教学楼一栋,30间教室;毛坪中学新建教学楼一栋12间教室。2007年,芙蓉中学翻新扩建学生宿舍楼一栋,学生宿舍36间。2007年,镇人民政府在涟源宾馆小会议室为芙蓉中学改扩建举行捐资助学大会,会上募集捐款近80万元。其中,吴特洲捐款10.2万元,李永迪捐款10万元。是年,全镇有初中3所,小学17所,幼儿园18所,在校初中生2679人,小学生4783人,入园幼儿1270人,中小学任课教师326人,初中适龄人口入学率达100%,小升初升学率100%,九年义务教育覆盖率100%,财政预算内经费326万元。境内另有市属高中涟源二中、市交通职业学校、私立福荣学校、利民煤矿涟源基地子弟学校。

文化艺术 1995年,境内有文化站1个,广播站1个,有省煤机厂、峦峰、良溪3个有线电视站,大型娱乐场所有瓦亭居委会梁聪生等7人投资开办的银河歌舞厅,其他各类文化专业户25户,有村级文化生活中心4处,各类图书馆3个,藏书1.2万册。1996—2001年,银河歌舞厅先后改造为阳光娱乐城和双拥大酒店。2002年,涟源市首届“双拥杯”青年电视歌手大赛中的初赛和复赛在双拥大酒店举行。2004年11月8日,涟源市第四届广场文化艺术节在境内涟水名城工地举行,湖南省歌舞团到场进行专场演出。2006年,省煤机厂、峦峰、良溪3个有线电视站合并，成立六亩塘镇广播电视台，全镇城乡居民有线电视入户率80%。至2007年，村级文化活动中心增至10处，各类文化专业户增至50户，各类图书室增至6个，藏书达3.5万余册，民间剧团及腰鼓队、军鼓队、威风锣鼓队、民乐队、管乐队36支，活跃于城乡各个村组。文化娱乐场所增加"夜上海"及"金色大帝"娱乐城。

医疗卫生　1995年，境内有卫生院3家，床位45张，固定资产总值560万元。卫生技术人员78名。其中，执业医师6人，执业助理医师36人，注册护士6人。有村级卫生室33个，乡村医师35人，妇幼保健员33人。另有湖南省涟邵矿务局职工医院。2007年，有镇卫生院1家，卫生分院2家；有床位50张；固定资产总值1080万元。卫生技术人员99人，其中执业医师16人，执业助理医师46人，注册护士9人。有村级卫生室33个，医药超市2家。医疗机构(门诊部以上)完成诊疗2.8万人次。3.25万村民参加新型农村合作医疗，参保率85%。另有股份制民营医院娄底市湘中煤炭医院有限公司。

人文名胜

抗日战争时期，国民政府利用境内树观山(今树亭村)芦茅凼修建军用机场，用于抗日。

1942—1945年抗战期间，长沙的周南女子中学迁笃庆堂(今涟源二中原址)办学，其附小迁瓦亭子向义堂及笃祜堂办学，国立师范学院在今树亭村开办附属小学。

四　三甲乡

三甲乡，位于北纬27°34′41″～27°40′54″，东经111°33′20″～111°40′33″。地处涟源市西部城郊，东与石马山镇毗邻，南与白马镇、新邵县坪上镇相连，西接冷水江市岩口镇、铎山镇，北与六亩塘镇接壤。最高点谢家村红毛岭，海拔635.5米。最低点玉峰村振兴园，海拔144.7米。东西最大距离8.8千米，南北最大距离10.2千米。总面积83.4平方千米。1995年，由三甲乡、财溪乡合并而成。乡政府驻地玉峰村，距涟源市区约6千米。辖36个村委会，484个村民小组。共计12820户，总人口44046人，其中非农业人口925人。人口密度每平方千米529人。财政总收入305万元，农民人均纯收入940元。2007年，辖36个村委会479个村民小组。共计14511户，总人口47448人，其中农业人口45775人。人口密度每平方千米569人。财政总收入743万元，农民人均纯收入1802元，分别是1995年的2.44倍和1.92倍。

图32-4　三甲乡古民居于时处

基础设施

交通运输设施　1995年，境内公路总里程78千米，其中乡村公路63千米。有货运汽车45辆，拖拉机73辆，客车8辆。2007年，市道九(十亭)马(埠桥)线途经全乡10多个村。境内大小桥梁702座，较长的有双石桥(全长80米)和星河桥(全长20余米)。36个村村村通公路，30条村级公路硬化。公路总里程252千米，其中乡村公路237千米。有货运汽车54辆，客车25辆，小汽车23辆。

电力设施　1995年，境内无变电站，全乡供电线路96千米。2007年，全乡由三甲变电站与蓝田开闭所供电，有变压器126台，10千伏输电线路103千米、380伏输电线路220千米、220伏输电线路79千米。全年用电1089.2万千瓦时。

水利设施　境内有河道7条，主要是墨溪和沿田江，长94.2千米。2007年，全乡有小型水库14座(小一型3座，小二型11座)；山塘4608口；河坝132处；电排灌溉机泵161台，装机容量2507千瓦；渠道194条，长146.91千米，灌溉面积931.2公顷。

集镇建设

1995年，主要集镇2处，建筑面积8000平方米，商业店铺46家。2007年，主要集镇4处，建筑面积2.1万平方米，商业店铺129家。

乡镇经济

农业　1995年,耕地1811公顷。其中,水田1283.8公顷,旱土527.2公顷。农业总产值0.23亿元。粮食作物播种面积3526公顷,生产粮食1.64万吨。出栏生猪2.16万头,年末存栏2.02万头;养牛2400头;出栏山羊1097只,年末存栏1584只;饲养家禽5.49万羽。是年,玉峰村被农业部确定为持续农业和生态农业点。2007年,耕地1559.33公顷。其中,水田1142.27公顷,旱土417.07公顷。农业总产值0.38亿元。粮食作物播种面积3568.56公顷,生产粮食2.08万吨。出栏生猪4.29万头,年末存栏3.78万头;出售和自宰牛270头,年末存栏3697头;出售和自宰羊2070只,年末存栏1774只;出售和自宰家禽13.39万羽,年末存栏6.94万羽。

工业　1995年,有企业13家,其中煤矿7家,建筑企业1家,从业人员820人,工业总产值3500万元。2007年,有企业10家。其中,煤矿3家,红砖厂4家,化工企业1家,烟花鞭炮企业1家,建筑材料企业1家。从业人员905人,工业总产值10194万元。

商业贸易 1995年,有供销分社2家,供销社商店5家,代销店10家,经销店22家,服务业经营户20户,从业人员110人,集贸市场2个,临时赶集点2个。社会商品零售总额0.7亿元。2007年,个体商贸、服务业经营户189个,从业人员315人,集贸市场2个,临时赶集点4个。社会商品零售总额1.3亿元。

财政金融　1995年,完成税收67万元。其中,国税39万元,地税28万元。财政总收入196万元,可用财力189万元。有金融机构4家,各类存款余额5910万元,各项贷款余额5240万元。2007年,完成税收608.40万元。其中,国税428.4万元,地税180万元。财政总收入743万元,财政总支出900万元。有金融机构1家,各类存款余额7000万元,贷款余额6300万元,投放贷款户数约5000户。

教科文卫

教育　1995年,境内有初中3所、小学13所、教学点7个、幼儿园2所,在校初中学生2106人,小学学生3521人,入园幼儿310人,中小学任课教师349人,中、小学教师学历合格率80%。初中适龄人口入学率90%、小升初升学率98%、九年义务教育覆盖率94%。2007年,有初中2所、小学13所,校园面积65678平方米,建筑面积32195平方米,初中在校学生1506人,小学在校学生3896人,任课教师321人。其中,初中教师146人,小学教师175人。初中适龄人口入学率100%、小升初升学率100%、九年义务教育覆盖率100%。

科技　1998年,三甲乡被列入省“100个科技示范乡镇”之一,玉峰、实竹两个村被列入省“1000个科技示范村”。2007年,全乡有农技推广服务机构1个,农技推广服务从业人员、农民技术员10人,农业专业合作经济组织3个,会员500人,农技推广服务网络18个。

文化艺术　1995年,境内有文化站1个,广播电视站1个,图书室1个,藏书1万余册。2007年,有文化站1个,广播电视站1个。有村级文化活动中心4处,各类文化专业户5户。有图书室4个,藏书2.1万册。乡档案馆1个。有财溪、金竹、三甲3个村级有线电视站,收视节目40套,有线电视覆盖谢家、松柏、财溪等18个村。有网吧4个,少数村建有老年人活动室。

医疗卫生　1995年,三甲乡卫生院和财溪卫生分院,有床位30张,固定资产总值50万元,卫生技术人员22名。有村级卫生室36个,乡村医师36人,妇幼保健员36人。2007年,三甲乡卫生院和财溪卫生分院,固定资产总值115.3万元,卫生技术人员39名。其中,执业医师20人,执业助理医师9人,注册护士7人。年完成诊疗 1.7 万人次。有村民 39654 人参加新型农村合作医疗,参保率 92%。有村级卫生室 36 个,乡村医师 36 人。

人文名胜

三甲乡古村落群在 2009 年被省政府确定为省级历史文化名村,区域为铜盆、三甲、玉屏、玉峰、新屋、荷叶、六甲等 7 个村,范围 12 平方千米,重点文化遗产保护区 30 万平方米。有保存比较完好的清代及民国时期古民居 55 座,古民居大多以正厅为中轴线,或一进两横两天井,或两进两横三天井,或三进四横四天井,建筑为砖木结构,青砖小瓦马头墙,雕刻彩绘石门框,各院落都有较宽的庭院空间,包括厅堂、过厅、走廊、天井、坪庭。古村落群人文底蕴深厚,集教育、书法、楹联、建筑、雕刻、民俗等多种文化元素于一体,涉及古民居、革命遗址、古井、古桥、名山、古塔、名阁。其中,古民居世业堂和 1958 年"大跃进"时期建成的红旗居民点被列为省级文物保护单位。

五　涺江镇

图 32-5　涺江国家地质公园·黄罗湾景区

涺江镇，位于北纬 27°49′37″~27°54′21″，东经 111°44′10″~111°50′58″。地处涟源市西北部，东与桥头河、七星街镇接壤，南与龙塘乡、安平镇毗邻，西与古塘乡相连，北接伏口镇。1992 年，从石陶、四古、古塘乡划入 17 个村到大桥乡，组建涺江镇，政府驻地栗山村，距涟源市区 30 千米。1995 年，从漆树、四古、古塘乡划入 10 个村，总面积 117.2 平方千米。东西最大距离 13.75 千米，南北最大距离 11.9 千米。地势西北高东南低，最高点滟塘村海拔 781.5 米，最低点珍珠村珍珠桥处海拔 152.7 米，一般海拔 400 米左右。辖 45 个村委会 428 个村民小组，3 个居委会。共计 14437 户，总人口 48864 人，其中农业人口 47064 人。人口密度每平方千米 417 人。财政总收入 696 万元，农民人均纯收入 964 元。2006 年 11 月，3 个居委会调整为 1 个社区居委会。2007 年，辖 45 个村委会 431 个村民小组，1 个社区居委会 9 个居民小组。共计 16787 户，总人口 54226 人，其中农业人口 51476 人。人口密度每平方千米 463 人。财政总收入 930 万元，农民人均纯收入 2443 元，分别是 1995 年的 1.34 倍和 2.53 倍。

基础设施

交通运输设施　1995 年，镇内公路总里程 104 千米，其中乡村公路 67 千米。有货运汽车 429 辆，拖拉机 74 辆，客车 8 辆。2001 年，开始修建水泥公路。2006 年，涺江车站建成投入使用。2007 年，全镇公路总里程 395 千米，其中乡村公路 128 千米。水泥、沥青公路 85 千米，占乡村公路总里程的 66.41%。有货运车辆 841 辆，客运车辆 72 辆，小汽车 480 辆。

电力设施　1995 年，镇内有发电站 5 个，发电 3500 万千瓦时，35 千伏变电站 1 座，供电线路 120 千米，供电 1600 万千瓦时。2007 年，有 110 千伏变电站 1 座，35 千伏变电站 2 座。输电线路总长 148.5 千米。发电 3500 万千瓦时，供电 3200 万千瓦时。

水利设施　2007 年，境内有中型水库 1 座，蓄水量 100 万立方米以上的小型水库 6 座，山塘 1647 口，其中蓄水量 1 万立方米以上的大山塘 5 口，全镇山塘蓄水量 200 万立方米。涺江渠道镇内长度 3.8 千米，各村水渠总长 18 千米。渠道总灌溉面积 266.67 公顷。河坝 10 处，电灌站 10 处，装机 13 台 880 千瓦。蓄、引、提总水量 90 万立方米，旱涝保收面积 800 公顷，占总水田的 88.11%。

集镇建设

1995 年,主要集镇 1 个,建筑面积 3500 平方米,商业店铺 30 家。2007 年,主要集镇 3 个,建筑面积 15000 平方米,街道总长度 6.65 千米,临街门面 2039 个。其中,栗山村(镇政府所在地)街道呈二纵二横分布,4 条街道共长 3.5 千米,有临街门面 980 个;洞庭村街道长 1.15 千米,临街门面 359 个;湄塘村(旅游村)街道长 2 千米,临街门面 700 个。街道道路全部水泥硬化,宽 24 米。

乡镇经济

农业 1995 年,境内有耕地 1938 公顷。其中,水田 1134.4 公顷,旱土 803.6 公顷。以种植水稻、红薯、玉米、大豆、花生为主。农业总产值 0.46 亿元。粮食作物播种面积 3898.27 公顷,生产粮食 1.62 万吨。出栏生猪 3.28 万头,年末存栏 2.59 万头;养牛 3250 头;出栏山羊 1850 只,年末存栏 3800 只;饲养家禽 29.5 万羽。90 年代末,油菜、小麦、茶叶、苎麻等作物种植面积逐年减少,取而代之的是玉米、药材。农机具逐渐向半机械化、机械化过渡。家庭养殖逐渐减少,特别是猪的家庭养殖数量明显下降,专业养殖户日益增多,各种家畜、家禽、水产数量增长明显。2007 年,耕地 1679.03 公顷。其中,水田 914.06 公顷,旱地 764.97 公顷。以种植水稻、玉米、红薯、花生、大豆为主。粮食作物播种面积 3927.13 公顷,总产粮食 1.60 万吨。有养殖场 30 个,专业养殖户 35 个。全镇出栏生猪 4.61 万头,年末存栏 1.60 万头;出售和自宰牛 2748 头,年末存栏 5950 头;出售和自宰羊 4392 只,年末存栏 5100 只;出售和自宰家禽 4.50 万羽,年末存栏 4.20 万羽。农业总产值 4950 万元。

工业 1995 年,有企业 15 家,其中煤矿 14 家。从业人员 1618 人,工业总产值 9125 万元。90 年代后期,国营、集体工业企业相继改制,私营企业发展迅速。2007 年,有工业企业 39 家,从业人员 2800 人,工业总产值 37098 万元。按所有制性质分,集体企业 1 家,私营企业 38 家。私营企业工业产值占工业总产值的 87%。

商业贸易 1995 年,有供销分社 1 家,供销商店 14 家,代销店 30 家,经销店 35 家,服务业经营户 100 户,从业人员 1560 人,集贸市场 4 个,临时赶集点 1 个。社会商品零售总额 8.3 亿元。2007 年,个体商贸、服务业经营户 150 个,从业人员 2260 人,集贸市场 6 个,临时赶集点 2 个。社会商品零售总额 12.4 亿元。

财政金融 1995 年,完成税收 543.10 万元。其中,国税 315 万元,地税 228.10 万元。财政总收入 696 万元,可用财力 715 万元,财政总支出 677 万元。有金融机构 1 家,各类存款余额 1100 万元,各项贷款余额 950 万元。2007 年,完成税收 1071.22 万元。其中,国税 680 万元,地税 391.22 万元。财政总收入 930 万元,财政总支出 920 万元。各类存款余额 5100 万元,各项贷款余额 3900 万元。

教科文卫

教育 1995 年,境内有初中 3 所,小学 45 所,在校初中学生 2900 人,小学学生 6000 人,入园幼儿 500 人,中小学任课教师 450 人。九年义务教育覆盖率 70%。财政预算内教育经费 380 万元。2007 年,有初中 2 所,小学 21 所,初中在校学生 2011 人,小学在校学生 4481 人,入园幼儿 400 人,中小学任课教师 353 人。九年义务教育覆盖率 99%。财政预算内教育经费 6200 万元。

文化艺术 20 世纪 80 年代至 90 年代初,全镇有电影放映机 4 台,电影放映员 5 人,年放映电影 160

场，年人均观看电影20场以上，放映场地以露天为主。随着电视的普及，露天电影基本绝迹。1995年，境内有文化站1个，图书室1个，藏书2余万册。20世纪90年代末21世纪初，镇内出现舞厅、卡拉OK歌厅、溜冰场等文化休闲场馆，不少餐厅也附设卡拉OK项目。有外乡民间杂技团及艺人赴湄江演出，多为露天演出，也有搭建临时帐篷者。境内流行唱花鼓戏，春节、重大庆典、红白喜事多有请花鼓戏剧团"打花鼓"者。21世纪初，花鼓戏剧团多改为艺术团，表演内容除花鼓戏外，还融入歌舞、小品表演，加强与观众的互动。兴起业余腰鼓队、西洋乐队，成员多为妇女。书店、图书室、录像光碟出租店、网吧等门店日渐增多。2007年，有文化站1个、有线电视站1个。村级文化活动中心40处，各类文化专业户1000户，各类图书室10个，藏书5余万册。

医疗卫生　1995年，境内医疗机构有湄江镇卫生院和湄江风景区卫生院，共有病床20张，固定资产总值100万元。卫生技术人员12名。其中，执业医师6人，执业助理医师3人，注册护士3人。有村级卫生室45个，乡村医师45人，妇幼保健员45人。2003年，出现第一家医药超市。2007年，两家医疗机构有病床60张，固定资产总值328万元。卫生技术人员108人。其中，执业医师19人，执业助理医师12人，注册护士5人。年完成诊疗1.2万人次。有村级卫生室45个，乡村医师45人，医药超市5家。48000村民参加新型农村合作医疗，参保率94%。

名胜古迹

湄江风景区景点集中、景观齐全，山、水、洞、石、峰、崖、坑、涧、泉、湖、瀑、桥、峡谷、沙滩、绿洲融于一体，具有奇、险、壮、秀、绝的特点。全风景区分为十大景区，奇特度高、观赏价值或科学价值极高的一级景点76个。各种景观中以一代帝陵（民间传说，明惠帝朱允炆之墓）、二湖秀水（塞海岩溶湖和大江口人工湖）、三道崖门（塞海三门崖的东天门、中天门、西天门）、四片绿洲（塞海白鹭洲、龙泉峡鸳鸯洲、黄罗湾天鹅洲、大江口野鸭洲）、五座古寺（仙女寨紫华庵、观音崖观音寺、观音崖圆通寺、塞海罩门庵、祝云峰祝云庵）、六大飞瀑（塞海海口瀑、龙泉峡飞龙瀑、双龙洞狂龙瀑、仙人府长寿瀑、古神州长白瀑、大江口长虹瀑）七里峡谷（龙泉峡长达7华里）、八面险峰（仙女寨仙女峰、龙泉峡美女峰、大江口神女峰、香炉山香炉峰、黄罗湾祝云峰、仙人府穿云峰、古神州独秀峰、双龙洞尖牙峰）、九曲湄江（湄江九曲十八湾）、十处绝景（黄罗湾十里峭壁、观音崖莲花涌泉、藏君洞国宝玉柱、古神州九州万国桥、祝云峰揽月古道、仙人府神仙立交桥、神农田千丘田绝景、香炉山天弹待发、香炉山一石八景、古棕崖千年古棕）、百个奇洞（藏君洞、古神州、仙人府、清流潭、湄花宫、双龙洞、神农田、玉皇殿等大小溶洞130余个）最为著名。

六　伏口镇

伏口镇,位于北纬 27°52′47″~28°02′09″,东经 111°38′38″~111°53′07″。地处涟源市北部,东连七星街镇,南接湄江镇,西邻新化县田坪镇,北抵安化县清塘铺镇,东北毗连宁乡县龙田镇。最高点峡口村寨子山山顶海拔 1070.8 米,最低点泪水河李家村沙坪坝海拔 169 米,一般海拔 300~400 米。东西最大距离 55 千米,南北最大距离 45 千米。1995 年,由伏口乡、石陶乡、漆树乡(划出王江、新江、秀加、涟田、桃溪 5 个村)、柏树乡(划出红仙、梨溪 2 个村)合并而成,总面积 182.7 平方千米。镇政府驻地伏口村,距涟源市区 43 千米。辖 63 个村委会 653 个村民小组,1 个居委会。共计 16423 户,总人口 53710 人,其中农业人口 52181 人。人口密度每平方千米 294 人。财政总收入 702 万元,农民人均纯收入 703 元。2006 年 11 月,1 个居委会调整为 1 个社区居委会。2007 年,辖 61 个村委会 653 个村民小组,1 个社区居委会 15 个居民小组。共计 17738 户,总人口 59114 人,其中农业人口 56973 人。人口密度每平方千米 324 人。财政总收入 988 万元,农民人均纯收入 1946 元,分别是 1995 年的 1.41 倍和 2.77 倍。

图 32-6　伏口镇城区

基础设施

交通运输设施　国道 207 线、二广高速穿越全境,与新化、安化有县级公路相通。1995 年,全镇公路总里程 210 千米,其中乡村公路 130 千米;有货运汽车 200 辆,拖拉机 95 辆,客车 20 辆。2005 年,投入 2000 余万元硬化伏口至新化县田坪镇公路。至 2007 年,基本实现村村通公路,全镇公路总里程 300 千米,其中乡村公路 190 千米。公路硬化率 70%左右。有货运汽车 600 辆,拖拉机 120 辆,客车 80 辆,小汽车 100 辆。

电力设施　1995 年,镇内有发电站 2 个,万寿电站装机 5 台,机组容量 475 千瓦,年发电 150 万千瓦时。良响电站装机 4 台,机组容量 500 千瓦,年发电 120 万千瓦时。全镇供电线路 120 千米,年供电 1200 万千瓦时。2001 年,新建 35 千伏变电站 1 座。2004 年,全面完成农村电网改造,实现城乡同网同价。2007 年,两电站共发电约 260 万千瓦时。全镇供电线路 160 千米,年供电量 2400 万千瓦时。

水利设施　1995 年,境内有小型水库 7 座,山塘 2806 口,河坝 10 处,电灌站 20 处,装机 25 台 280 千瓦,蓄、引、提总水量 0.3 亿立方米,旱涝保收面积 860 公顷,占总水田的 65%。2002 年,政府投资 250 万元从响水洞取水,修筑 600 立方米的高位过滤蓄水池,铺设口径 200 厘米管道 8 千米,日产水 500 吨。2007 年,山塘 3750 口,河坝 26 处,电灌站 30 处,装机 48 台 600 千瓦,蓄、引、提总水量 0.8 亿立方米,旱涝保收面积 1128 公顷,占总水田的 80%。

集镇建设

1995年，伏口镇城区面积3平方千米，建筑面积21万平方米，商业店铺120家。是年，投资180余万元，修建江林路，全长1.2千米，宽12米。2005年，投资480余万元修建伏兴大桥和金凤大桥，伏兴大桥长60米，金凤大桥长30米，桥面宽均为9米。是年，镇政府办公大楼竣工。2006年，投资400余万元，修建伏柏路，长1千米，宽12米。2007年，城区面积扩至5平方千米，建筑面积超48万平方米，商业店铺410家。

乡镇经济

农业　1995年，有耕地2507.87公顷。其中，水田1547.87公顷，旱土960公顷。以种植水稻、红薯、玉米、小麦、烟草为主，粮食作物播种面积4094.47公顷，粮食产量约1.6万吨。出栏生猪3.88万头，年末存栏3.03万头；养牛5950头；出栏山羊5240只，年末存栏7300只；饲养家禽2万羽。2007年，有耕地2247.13公顷。其中，水田1410.93公顷，旱地836.20公顷。以种植水稻、玉米、红薯为主，生产粮食1.64万吨。粮食作物播种面积2967.42公顷，生产粮食1.64万吨。农业总产值约2.1亿元。出栏生猪6.10万头，年末存栏1.36万头；出售和自宰牛3116头，年末存栏1070头；出栏山羊1.10万只，年末存栏3104只；出售和自宰家禽6.42万羽，年末存栏1.9万羽。

工业　伏口镇矿产资源丰富，有煤炭、石膏、锰矿、铅锌、石灰石、黄金、铀等，储量大、品种多，其中储量最多的是煤炭，达1亿吨。1995年，全镇有企业20家，其中煤矿12家。2004年，引进外资，扩建双门石锰业有限公司，2007年，引进华润集团投资1.2亿元，新建年产30万吨的良相煤矿。至2007年，通过合并、关闭、整顿，保留规模以上煤矿9个，非煤矿山6家，加上其他中小型企业，共有工矿企业32家，从业人员3000余人，工业总产值2.04亿元。

商业贸易　1995年，有供销分社4家，代销店22家，服务业经营户100余户，从业人员800余人，有集贸市场4个，临时赶集点6个，社会商品零售总额约0.8亿元。此后，供销社、代销店逐渐被个体经营户取代。2007年，新建多功能农贸综合大市场1个。是年，全镇个体商贸、服务业经营户460个，从业人员4000余人，集贸市场5个，临时赶集点10个。社会商品零售总额约1.8亿元。

财政金融　1995年，完成税收460万元。其中，国税120万元，地税340万元。财政总收入702万元，财政总支出756万元。有金融机构3家，各类存款余额0.8亿元，各项贷款余额0.12亿元。2007年，完成税收868万元。其中，国税276万元，地税592万元。财政总收入988万元，财政总支出1424万元。有金融机构2家，各类存款余额2.2亿元，各项贷款余额0.35亿元。

教科文卫

教育　2007年，全镇有初中4所，小学29所；初中在校学生2781人，小学在校学生4982人；初中适龄人口入学率98%，九年义务教育覆盖率100%。中小学任课教师506人。是年，伏口中学被评为全国教育系统先进集体。

文化艺术　1995年，境内有文化站1个、广播电视站1个。有村级文化活动中心4处，各类文化专业户3

户,各类图书室4个。

2007年,有文化站1个、广播电视站1个。有村级文化活动中心37处,各类文化专业户7户,各类图书室12个,藏书60余万册。

医疗卫生 1995年,有镇中心卫生院及3个卫生分院,床位50张,固定资产总值600万元。卫生技术人员45名。其中,执业医师8人,执业助理医师12人,注册护士20人。有村级卫生室62个。2007年,病床90张,固定资产总值1000万元,卫生技术人员120名。其中,执业医师20余人,执业助理医师15人,注册护士40人。有村级卫生室62个,医药超市7家。4.8万人参加医疗保险,占总人数的83%,享受医保治疗3000多人次,报销医药费134万元左右。

名胜古迹

祖宝崀 海拔840米,为宋代梅山王梅四宝率农民起义旧址。

扶天庵 位于伏口村,始建于明朝初年,内供24位诸天佛祖,关圣帝君,观音圣母。1771年(乾隆三十六年)复修,增其旧制。

惜字塔 位于大竹村,始建于清朝道光年间。

乐善亭 位于半排村,始建于清代康熙年间,有门联"刘为兄,张为弟,兄弟们,分君分臣,异姓结成亲骨肉;吴之仇,魏之恨,仇恨中,有忠有义,单枪匹马汉江山"。有大石碑16块。后修补过两次。1917年夏,毛泽东游学安化时路过此亭,与学友吟诵门联。

七　安平镇

安平镇，位于北纬27°42′58″~27°54′16″，东经111°36′12″~111°45′21″。地处涟源市西北部，东与龙塘乡接壤，南连六亩塘镇、蓝田街道，西邻新化县温塘镇，北接古塘乡、湄江镇。东西最大距离9千米，南北最大距离12.3千米。1995年，由四古乡（划出苏家、楠竹、后溪、袁家4个村）、岛石乡（划出联兴、西冲湾、峡溪、青岭、集中5个村）、安平镇合并而成，总面积91.8平方千米。镇政府驻地唐家村，距涟源市区19千米。辖53个村委会449个村民小组，2个居委会。共计12337户，总人口43829人，其中农业人口41926人。人口密度每平方千米478人。财政总收入689万元，农民人均纯收入975元。2006年11月，2个居委会调整为1个社区居委会。2007年，辖53个村委会442个村民小组，1个社区居委会7个居民小组。共计14490户，总人口47731人，其中农业人口44308人。人口密度每平方千米520人。财政总收入1027万元，农民人均纯收入2145元，分别是1995年的1.49倍和2.20倍。

图32-7　安平镇城区全景

基础设施

交通运输设施　1995年，境内公路总里程100千米，其中乡村公路92千米。有货运汽车230辆，拖拉机120辆，客车20辆。1998年，拉通安平镇城区至四古的毛路2千米。2002—2003年，硬化扩建珠（珠梅）古（古塘）公路安平段11.5千米。2005年，投资200万元硬化石桐公路6千米。2006年，投资500万元硬化唐岩马公路10千米。2007年，投入600万元硬化猫桐公路13千米。是年，全镇公路总里程123千米，其中乡村公路104千米。硬化70多千米，硬化率70%以上，基本实现硬化公路“村村通”。有货运汽车350辆，客车25辆，小汽车85辆。

电力设施　1997年，投资160万元的35千伏变电站投入运行，有10千伏输电线路128千米，380伏线路176.4千米。1999年，着手农村电网改造。2001年，投资100万元建成农电综合大楼。2006年，全镇农村电网改造任务基本完成，共投入750万元。2007年，全镇有发电站1个，35千伏变电站1座，供电线路543千米，供电2117万千瓦时。

水利设施　有发源于境内的梅塘河、浆江河、青山河流经全境，境内长分别为8.2千米、7.6千米、5.7千米。2005年开始，疏浚河道12千米，砼化疏通湄江灌渠45千米，全面启动水库除险加固工程，增强防汛抗旱能力。2007年，境内有小一型水库2座、小二型水库5座，大山塘40口，灌溉主干渠60千米、支渠180千米。

集镇建设

1995年,境内主要集镇1个,城区面积1平方千米,建筑面积3.3万平方米,商业店铺180家。1996年,制定《城区发展规划》,大力开发省湘中机械厂搬迁后的闲置厂房,以养殖业为重点,逐步形成以应升鸡场为龙头的湘中养殖城。2002年后,以打造城区商贸中心为重点,养殖业重心逐步转移。2004年,投入200万元高标准硬化城区1.5千米街道,2005年,设置路灯等城区配套设施。2006年,扩建安平自来水厂,日产水量达5000吨。投入1400余万元新建城区综合农贸大市场。2007年,改建原工矿贸易商店大楼,新建门面,投入300万元修建日进出约20辆客车的客运车站。新建大型垃圾池1个,在城区布局8个垃圾收集点,配备环卫垃圾车1台,并安排专门的城管监察人员。在石等、凉水、路馆等主干公路沿线开展农民街建设。是年,主要集镇1个,总人口1.5万人,建筑面积4.2万平方米,商业店铺260家。

乡镇经济

农业 1995年,耕地2029.74公顷。其中,水田1177.67公顷,旱土852.07公顷。以种植水稻、红薯、玉米、蔬菜为主。农业总产值0.3亿元。粮食作物播种面积3892.54公顷,生产粮食1.77万吨。出栏生猪2.54万头,年末存栏2.25万头;养牛2939头;出栏山羊2125只,年末存栏3036只;饲养家禽10万羽。2003年,创建以牛郎、凤山、凤家山为中心的100公顷药材种植基地和以白毛、青山、桐庙为中心的230公顷油茶林种植基地。2004年,成立以唐家村为中心的特色水果合作社,主产黄金梨、板栗、杨梅、枇杷、布朗李、柑橘等特色水果,发展会员200余户,年收益近5000万元。2006年,应升鸡场将孵化项目落户娄底,业务推向贵州、四川等省,产品远销东南亚各国。2007年,建立以长溪、享堂为中心的玉米种植基地。形成以享堂、长溪、岛石、岩坑为中心的规模养殖,全镇300头以上规模养猪大户87户,50头以上规模养殖户230户,万羽养鸡专业户60户。是年,全镇耕地1680.18公顷。其中,水田1016.68公顷,旱地663.50公顷。以种植水稻、玉米、蔬菜为主。粮食作物播种面积2971.73公顷,生产粮食1.85万吨。出栏生猪6.30万头,年末存栏1.80万头;出售和自宰牛3010头,年末存栏1559头;出售和自宰羊3200只,年末存栏1200只;饲养家禽30.8万羽。农业总产值0.5亿元。

工业 镇内有煤、铁、锰、石膏、硅石、石灰石等矿藏10余种,煤储量大、分布广、质量高,煤炭产业是安平镇支柱产业。1995年,有企业59家,其中煤矿34家。从业人员4500人,工业总产值1.5亿元。2000年,全镇共有煤炭企业35家,铁矿1家,年产煤80万吨。企业改制后,关闭整合产能效益低的煤矿19家,2006—2007年,进行煤矿瓦斯抽采技术革新,首次把瓦斯抽放系统强力推广至各保留煤矿,煤矿安全效益与产能同步大幅增长。2007年,全镇煤矿16家,采石场3家,砖厂4家。煤炭年产70万吨。通过招商引资,宏发工贸有限公司入驻安平铁厂,年产值400万元。是年,全镇有企业41家。其中,煤矿16家,采石场3家,红砖厂4家。从业人员4940人,工业总产值3.29亿元。

商业贸易 1995年,全镇有供销分社3家,供销社商店3家,集贸市场1个。2007年,全镇有集贸市场1个,个体商业经营户300户。

财政金融 1995年,完成税收160万元。其中,国税100万元,地税60万元。财政总收入689万元,可用财力350万元。财政总支出688万元。有金融机构2家,各类存款余额3000万元,各项贷款余额500万元。

2007 年，完成税收 586 万元。其中，国税 294 万元，地税 292 万元。财政总收入 1027 万元，可用财力 1027 万元，财政总支出 1027 万元。有金融机构 1 家，各类存款余额 5039 万元，各项贷款余额 1176 万元。

教科文卫

教育　1995 年，境内有初中 3 所，小学 14 所，学前班 14 个，在校初中学生 1920 人，小学学生 4320 人，中小学任课教师 265 人。2003 年 4 月，涟源市培兰助学会成立，由安平镇 21 名煤矿主和安平镇学区发起，面向社会接受捐款，用于资助安平镇籍的贫困学生。2006 年，涟源市培兰助学会确定每年 8 月 26 日为金秋助学日，对安平镇的优秀学生和困难学生进行奖励扶助。是年，各类捐款达 100 万元。资助贫困初中生、小学生近 500 人，高中生 30 人，大学生 40 名，累计助学 80 万余元。2007 年，全镇有初中 3 所、小学 14 所、幼儿园 7 所，在校初中学生 2260 人，小学学生 3880 人，入园幼儿 300 人，中小学任课教师 280 人。初中适龄人口入学率 100%、小升初升学率 100%、九年义务教育覆盖率 100%。财政预算内教育经费 300 万元。境内有市属高中 1 所（涟源六中）。

文化艺术　1995 年，境内有文化站 1 个、广播电视站 1 个。有村级文化活动中心 3 处，各类文化专业户 20 户，各类图书室 17 个，藏书 7 万余册。1996 年，建立村村通广播站。2006 年，投资 50 万元建成无线电视转播台，覆盖全镇。2007 年，建成有 10 多套节目的有线电视网络。2007 年，成立涟源市诗词协会安平镇分会，举办面向全国的“力达杯”征联大赛，遴选出近百件优秀作品。是年，有文化站 1 个、广播电视站 1 个。有村级文化活动中心 10 处，各类文化专业户 90 户，各类图书室 35 个，藏书 13 万余册。有群众性文艺社团 3 个，腰鼓队 40 支，舞龙队 47 支。

医疗卫生　1995 年，有安平镇中心卫生院，岛石、安平、四古 3 个卫生分院，病床 32 张，固定资产总值 180 万元。专业卫生技术人员 78 人。其中，执业医师 20 人，执业助理医师 8 人，注册护士 10 人。有村级卫生室 53 个，乡村医师 53 人。2003 年，在全镇推行农村合作医疗。2007 年，安平镇中心卫生院和 3 个卫生分院有病床 80 张，固定资产总值 300 万元，专业卫生技术人员 186 人。其中，执业医师 27 人，执业助理医师 8 人，注册护士 13 人。完成诊疗 3 万人次。有村级卫生室 53 个，医药超市 3 家。39800 村民参加新型农村合作医疗，参保率 86.5%。

名胜古迹

扬公殿　位于白毛村凤形山下，相传明朝正德年间，匪患四起，吴永扬带领乡民铲除匪患，在双胜地段寡不敌众身亡，后被朝廷追封为平寇将军，享祭祀。

永济桥　位于石等村文德组，始建于清光绪十四年（1888），瓦木结构，建造风格独特，立有关公神位。因风雨侵蚀，2002 年，仿旧貌翻新。今存清代石碑。

月光崖　位于镇机关正北面，月光崖十里峭壁，巧夺天工，四季有潺潺清泉，是避暑胜地。

八 古塘乡

古塘乡,位于北纬 27°51′26″~27°56′36″,东经 111°35′50″~111°41′38″,地处涟源市西北部,东与湄江镇接界,南连新化县车田江水库,西与新化县温塘镇相邻,北邻湄江镇、新化县田坪镇。境内大部为山地丘陵,平均海拔 686 米。东西最大距离 8.9 千米,南北最大距离 14.8 千米。1995 年,辖区内马方溪村划归湄江镇。全乡总面积 51.9 平方千米。政府机关驻塘边村,距涟源城区 38 千米。辖 23 个村委会 216 个村民小组。共计 6114 户,总人口 19538 人,其中农业人口 19165 人。人口密度每平方千米 377 人。财政总收入 233 万元,农民人均纯收入 748 元。2007 年,辖 23 个村委会 208 个村民小组。共计 6492 户,总人口 21358 人,其中农业人口 20670 人。人口密度每平方千米 412 人。财政总收入 458 万元,农民人均纯收入 1837 元,分别是 1995 年的 1.97 倍和 2.46 倍。

图 32-8 古塘乡党政机关办公大楼

基础设施

交通运输设施 1995 年,境内公路总里程 55 千米,其中乡村公路 37 千米。有货运汽车 20 辆,拖拉机 28 辆,客车 5 辆。2001 年,古塘至安平凤家山段 6.38 千米砂路改油路。2004 年,修通连接塘边、车溪、群山三村的大江口水库环库公路。2004—2007 年,先后完成赵家、良院、坪岭等通村公路。2007 年,全乡公路总里程 63 千米,有货运车辆 58 辆,客运车辆 17 辆,小汽车 56 辆。

电力设施 1995 年,境内供电线路 48 千米,供电 45 万千瓦时。2004 年,建成 35 千伏变电站。2007 年,全乡有 10 千伏供电线路 54 千米,400 伏供电线路 100 千米,供电 180 万千瓦时。

水利设施 1995 年,境内有小一型水库 1 座,小二型水库 2 座,山塘 810 口,河坝 30 处,电灌站 30 处,装机 32 台 960 千瓦,蓄、引、提总水量 0.02 亿立方米,旱涝保收面积 400 公顷,占总水田的 50%。2007 年,山塘减少至 800 口、电灌站减少至 15 处、装机 15 台 400 千瓦。

集镇建设

1995 年,主要集镇有农民前街,建筑面积 3.5 万平方米,商业店铺 10 家。2000 年,建成农民后街。2004 年,完成农民前街建设扩容。2007 年,集镇建筑面积 24 万平方米,商业店铺 800 余家。

乡镇经济

农业 1995年,全乡耕地1580.7公顷。其中,水田806.3公顷,旱土774.4公顷。以种植水稻、红薯、玉米、小麦为主。农业总产值1200万元。粮食作物播种面积1807.9公顷,生产粮食6041.5吨。出栏生猪1.10万头,年末存栏1.48万头;养牛2412头;出栏山羊3400只,年末存栏2500只;饲养家禽7.15万羽。2003年始,加强产业结构调整,重点抓中药材种植、经果林开发、退耕还林和公益林建设以及黑山羊养殖。2007年,以砂托村为中心的丁家片药材种植面积300余公顷,年产值1072万元;金秋梨种植面积200公顷,产值903万元。是年,全乡耕地1562.6公顷。其中,水田794.31公顷,旱土768.29公顷。粮食作物播种面积1857.85公顷,总产粮食1.31万吨。出栏生猪3.59万头,年末存栏1.67万头;出售和自宰牛1830头,年末存栏1948头;出售和自宰羊8160只,年末存栏3505只;出售和自宰家禽12.25万羽,年末存栏4.6万羽。农业总产值2700余万元。

工业 1995年,有企业77家。其中,煤矿75家,焦化厂1家,加油站1家。从业人员3402人,工业总产值715万元。2000—2003年,关闭非法小煤窑64家。2007年,全乡有企业8家。其中,煤矿5家,采石场1家,加油站2家。从业人员减少到700余人,工业总产值9656万元。

商业贸易 1995年,有供销分社1家,供销社商店6家,代销店52家,经销店30家,服务业经营户50户。从业人员220人。集贸市场1个,临时赶集点1个。社会商品零售总额700万元。2000年,新建农民后街,增加临街门面20个。2007年,个体商贸、服务业经营户640个,从业人员1280人,集贸市场2个。社会商品零售总额5600万元。

财政金融 1995年,完成税收240万元。其中,国税200万元,地税40万元。财政总收入233万元,可用财力237万元。有金融机构1家,各类存款余额1355万元,各项贷款余额919.9万元。2007年,完成税收1760万元。其中,国税1560万元,地税200万元。财政总收入458万元,财政总支出463万元。有金融机构1家,各类存款余额3173万元,各项贷款余额2374万元。

教科文卫

教育 1995年,境内有初中1所,小学6所,教学点14个,幼儿园15所,在校初中学生885人,小学学生3405人,入园幼儿280人,中小学任课教师214人,中、小学教师学历合格率80%。初中适龄人口入学率56%,小升初升学率56%,九年义务教育覆盖率50%。2007年,有初中1所,小学5所,教学点6个,幼儿园4所,在校初中学生1120人,小学学生2500人,入园幼儿500人,中小学任课教师155人。初中适龄人口入学率100%、小升初升学率100%、九年义务教育覆盖率100%。

文化艺术 1995年,境内有文化站1个、广播电视站1个、诗社1家。2004年,古塘乡被授予"湖南省诗词之乡"称号,中央电视台四套《走遍中国》栏目记者两次到古塘采访并报道。2007年,有文化站1个、广播电视站1个。有村级文化活动中心6处,各类文化专业户2户,各类图书室7个,藏书2万余册,出版《牛山诗选》第四期。

医疗卫生 1995年,古塘乡卫生院有病床10张,固定资产总值20万元,卫生技术人员19名。其中,执业医师3人,注册护士1人。有村级卫生室24个,乡村医师24人,妇幼保健员24人。2007年,古塘乡卫生院有病床 70 张,固定资产总值 50 万元。卫生技术人员 20 名。其中,执业医师 5 人,执业助理医师 3 人,注册护士 1 人。年完成诊疗 1.2 万人次。有村级卫生室 24 个,乡村医师 24 人,医药超市 5 家。村民参加新型农村合作医疗,参保率 98%。

人民生活

2007 年,全乡农民人平纯收入 1837 元。人民生活由“温饱”型向“小康”型转变,奶制品、肉类食物比重不断增加。居民消费向教育、健康、休闲方面倾斜。65%的家庭新(翻)建房屋,人均住房面积 20 平方米,90%以上的住上红砖房,20%以上的家庭住上别墅式民宅。乡机关建成高标准灯光篮球场、羽毛球场、乒乓球场。

名胜古迹

破刀岭 位于破石村,高峰耸立,海拔 860 多米,有泉水井,注田数百亩,明末流寇为害,村民设烟堆于上,望烟群聚堵御,故又名烟堆岭。

擂钵井 望岩村与新塘村交界处有一天然泉井,形如擂钵,其上 1 米许,有一形似乳房的钟乳石,其间一线状的泉水源源不断注入钵内,据传泉水能治眼疾。

古仙界 核心景点位于古塘乡砂托、赵家、丁家湾、杉凤村,有八卦图、古仙洞、月光崖、凤形山、龟蛇岭、莲花山、白竹溪、古仙泉(擂钵井)、红日峰等景点。

九 龙塘乡

龙塘乡,位于北纬 27°42′55″~27°51′42″,东经 117°39′24″~117°47′30″。地处涟源市城区北部,东与桥头河镇相邻,南接石马山镇,西南与蓝田街道接壤,西连安平镇,北接湄江镇。最高点位于柏杨村红界山林场,海拔 442.88 米,最低点位于高兴村湄江河滩,海拔 140 米。东西最大距离 13 千米,南北最大距离 16 千米。1995 年,由原龙塘乡、南风乡、珠梅乡(划出建中村)合并而成,总面积 103.8 平方千米。乡政府驻地龙塘村,距涟源城区 17 千米。辖 65 个村委会 628 个村民小组。共计 19849 户,总人口 67287 人,其中农业人口 66199

图 32-9 龙塘农业产业园

人。人口密度每平方千米 649 人。财政总收入 557 万元,农民人均纯收入 902 元。2007 年,辖 65 个村委会 625 个村民小组。共计 24307 户,总人口 74113 人,其中农业人口 67814 人。人口密度每平方千米 714 人。财政总收入 2019.81 万元,农民人均纯收入 2120 元,分别是 1995 年的 3.63 倍和 2.35 倍。

基础设施

交通运输设施 1995 年,境内公路总里程 175 千米。其中,207 国道贯穿境内 25.7 千米,跨 22 个行政村,乡村公路 130 千米。有货运汽车 15 辆,拖拉机 78 辆,客车 3 辆。2004 年,马田公路硬化,安扬公路竣工。2006 年,南罗公路竣工。2007 年,长 9.5 千米的龙洪公路硬化竣工。是年,全乡累计完成村级公路硬化 70 千米,全乡实现公路硬化村村通。公路总里程 510 千米,其中乡村公路 350 千米。有货运车辆 1380 辆,客车 126 辆,小汽车 680 辆。

电力设施 1995 年,境内发电站 1 个,年发电约 20 万千瓦时。供电线路 120 千米。年供电 752 万千瓦时。2007 年底,投资 1000 万元修建的 35 千伏变电站投入运行,有效解决城乡电力紧张问题。投资 220 万元的西坪水力发电站并网发电。是年,全乡有发电站 2 个,发电 120 万千瓦时,35 千伏变电站 1 座,供电线路 400 千米,年供电 2200 万千瓦时。

水利设施 湄江由沃草村入境,自北向东,在高兴村出境,境内河道长 4.5 千米;珠梅河由双胜村入境,朝东南至合联村流入涟水,境内河道长 6 千米。2007 年,全乡有小型水库 15 座,湄江干渠 34 千米,支渠 90 多千米,山塘 4395 口,河坝 25 处,电灌站 15 处,装机 153 台 2295 千瓦,蓄、引、提总水量 0.25 亿立方米,旱涝保收面积 1440 公顷,占总水田的 82%。

集镇建设

1995年,龙塘乡集镇区域,依托207国道沿线,建筑面积1万平方米。2002年,乡政府争取资金,对贯穿规划区的207国道进行拓宽和路面硬化,着力复兴路旧区改造和龙欣路新区开发,重点加强规划区内街道路面硬化及自来水厂等配套设施建设。2003年,建成政府机关大楼和派出所。2007年,龙塘乡城区面积1.8平方千米,建筑面积10万平方米。

乡镇经济

农业 1995年,全乡耕地3036.40公顷,人均0.046公顷。其中,水田1971公顷,旱土1065.4公顷。以种植水稻、小麦、大豆、玉米、红薯、马铃薯、油菜、花生及蔬菜为主。粮食作物播种面积6957.73公顷,生产粮食3.42万吨。出栏生猪4.39万头,年末存栏3.48万头;养牛2554头;出栏山羊1020头,年末存栏1280头;饲养家禽19.2万羽。20世纪90年代末20世纪初,种植业开始向规模种植发展,机械化程度逐渐提高,动力打稻机、收割机、耕田机逐渐增多,养殖业从家家户户小型饲养向规模养殖发展。形成以宽家村为中心的养鸡、养猪、养鱼等养殖业经济带,以七宝、桃梅、河东、世禄等村为主的养牛基地,以河西村为中心的沼气池能源带,以珠梅田垅为中心的农业产业结构调整种植示范区。2002—2007年,全乡57村实施退耕还林项目,完成面积1067公顷。2007年,耕地2508.20公顷,人均0.037公顷。其中,水田1750.53公顷,旱土757.67公顷。以种植水稻、大豆、玉米、马铃薯、红薯、油菜、花生、辣椒、西瓜为主。粮食作物播种面积5764.87公顷,总产粮食3.23万吨。出栏生猪8.76万头,年末存栏5.40万头;出售和自宰牛2900头,年末存栏7710头;出售和自宰羊5800只,年末存栏4500只;出售和自宰家禽45万羽,年末存栏43.5万羽。农业总产值2.05亿元。

工业 1995年,全乡有企业25家。其中,煤矿5家,建筑企业1家。从业人员1527人,工业总产值8600万元。进入21世纪,全乡企业改制面100%,实现政府宏观调控、企业自主经营目标。引进富民针织厂、如意针织厂等多家企业,民营企业迅速发展壮大。2007年,全乡有企业37家。其中,煤矿4家,红砖厂3家,建筑企业1家。从业人员1300人,工业总产值1.08亿元。

商业贸易 1995年,有供销分社3家,供销社商店5家,代销店12家,经销店14家,服务业经营户68户,从业人员500余人,临时赶集点3个。20世纪90年代,乡内民营经济迅速发展,市场异常活跃。2007年,全乡个体商贸、服务业经营户368户,从业人员1380人,集贸市场1个,有商业店铺约500家。是年,珠梅土鸡经国家工商总局注册登记,获专利权,成为湖南饮食文化一大品牌。

财政金融 1995年,完成税收130万元。其中,国税70万元,地税60万元。财政总收入557万元,可用财力220万元。有金融机构2家,各类存款余额0.2亿元,各项贷款余额0.1亿元。2007年,完成税收440万元。其中,国税193万元,地税247万元。财政总收入2019.81万元,财政总支出1782.25万元。有金融机构2家,各类存款余额0.75亿元,各项贷款余额0.55亿元。

教科文卫

教育　1995年,境内有初中3所,小学14所,教学点4个,幼儿园16所,在校初中学生4186人,小学学生6872人,入园幼儿2560人,中小学任课教师518人,中、小学教师学历合格率95%。小学适龄人口入学率100%、初中适龄人口入学率98%、九年义务教育覆盖率99%。2007年,全乡有初中3所,小学14所,教学点3个,幼儿园18所,初中在校学生2963人,小学在校学生5855人,入园幼儿1301人,中小学任课教师480人。小学适龄人口入学率100%、初中适龄人口入学率98%、九年义务教育覆盖率99%。

文化艺术　1995年,境内有文化站1个、广播电视站1个。有村级文化活动中心9处,各类文化专业户24户,各类图书室24个,藏书10万余册。2007年,投资160多万元的广播电视站竣工,成为娄底市乡镇广电第一站,实现广播电视村村通。村级文化活动中心34处,各类文化专业户45户,各类图书室40个,藏书15万余册。

医疗卫生　1995年,境内有卫生院3家,病床30张,固定资产总值150万元。卫生技术人员50人。其中,执业医师4人,执业助理医师12人,注册护士3人。有村级卫生室65个,乡村医师65人,妇幼保健员65人。2007年,医疗机构有龙塘乡中心卫生院及两家卫生分院,共有病床60张,固定资产总值240万元。卫生技术人员63人。其中,执业医师9人,执业助理医师24人,注册护士4人。年完成诊疗1.5万人次。有村级卫生室65个,医药超市3家。村民63740人参加新型农村合作医疗,参保率93%。

人文名胜

珠梅抬故事　2007年,列入娄底市第一批非物质文化遗产保护名录。

李聚奎将军故居　位于新石桥村,省级文物保护单位。李聚奎(1904—1995),原名新喜,无产阶级革命家、军事家。1958年,被授予上将军衔,获一级八一勋章、一级独立自由勋章、一级解放勋章。

十 桥头河镇

桥头河镇,位于北纬 27°44′24″~27°53′40″,东经 111°46′22″~111°55′37″。地处涟源市东北部,东邻渡头塘乡,南界石马山镇,西连龙塘乡,北抵七星街镇、湄江镇。最高点仙女寨海拔 593.4 米,最低点井塘村海拔 105 米。东西最大距离 14.2 千米,南北最大距离 18.3 千米。1995 年,由石狗乡、桂花乡、株木乡、原桥头河镇合并而成,总面积 140 平方千米。镇政府驻地花枝村,距涟源市区 31 千米。辖 84 个村委会 834 个村民小组,4 个居委会。共计 30361 户,总人口 99127 人,其中农业人口 85997 人。人口密度每平方千米 708 人。财政总收入 763 万元,农民人均纯收入 973 元。2007 年,辖 84 个村委会 830 个村民小组,4 个社区居委会 21 个居民小组。共计 38076 户,总人口 109984 人,其中农业人口 92585 人。人口密度每平方千米 786 人。财政总收入 1506.6 万元,农民人均纯收入 2150 元,分别是 1995 年的 1.97 倍和 2.21 倍。

图 32-10 桥头河镇城区

基础设施

交通运输设施 1995 年,境内公路有国道 207 线,县道桥祖线、桥侧线、华雷线,有君子塘至檀山、龙建至石狗滩、木家至群丰、贺家至四方山、桥头山至桂花等乡村公路,公路总里程 126 千米,其中乡村公路 82 千米。有货运车辆 623 辆,客车 26 辆。2005 年始,实施乡村公路硬化工程。2007 年,公路总里程 189 千米,其中乡村公路 145 千米,水泥硬化 89 千米。有货运汽车 1708 辆,客车 100 辆,小汽车 422 辆。

电力设施 1995 年,境内有发电站 2 个,发电 200 万千瓦时,110 千伏变电站 1 座,供电线路 130 千米,供电 320 万千瓦时。2005 年,全镇农村电网改造全部完成。2007 年,有市电力局君子塘供电所、市地方电力有限公司 2 家供电单位,市地方电力有限公司负责城区及洪桥、花枝、水源、柞树、芦茅、青草、龙湾、桥头河、桥头山、星光、石桥、石坪等 12 个村的供电,其余村由君子塘供电所供电。

水利设施 2001 年,建成惠及 32 个村的大塘供水站。2006 年,投资 450.33 万元建成能解决近 2 万人涉及11 个村的段江人畜饮水工程。2007 年,全镇有小一型水库 10 座,小二型水库 14 座,山塘 4573 口,电灌站 297 处,机灌站 24 处,其他水利工程 38 处。蓄、引、提总水量 6000 万立方米,旱涝保收面积 1014 公顷,占总水田的 34%。

集镇建设

1995年,主要集镇桥头河城区建成区面积2.6平方千米,建筑面积80万平方米,店铺528家。湄水河自西向东从镇城区流过。1996年,拉通方兴路。1995年,桥头河新大桥竣工,全长308米,宽17.8米,49拱。2001年建成可容纳50年垃圾的大型垃圾场。2002年,建成占地1100平方米的公共绿化花坛,硬化方兴路。2004年,改造加固始建于清朝同治年间的利涉桥。2006年,全面扩建桥头河水厂,建成高位水塔,城区自来水供水率100%。购置中转铁皮垃圾箱,配备锁车器,巡逻执法车,设置禁令牌。2006年,投资2600万元修建的涟邵矿区采煤沉陷区方兴安置小区落户桥头山村。2007年,城区有方兴路、桥西路、桥东路、桥南路、中铺街、石湾街、塘坳街、新铺街等主要街道。2007年,城区面积3.4平方千米,建筑面积100万平方米,店铺780家。

乡镇经济

农业 1995年,耕地4260.40公顷。其中,水田2573.07公顷,旱土1687.33公顷。以种植稻谷、大豆、玉米、红薯、花生为主。粮食作物播种面积8737.93公顷,生产粮食4.65万吨。出栏生猪7.41万头,年末存栏5.32万头;养牛3732头;出栏山羊2647只,年末存栏2739只;饲养家禽7.25万羽。农业总产值1.8亿元。2007年,耕地4711.96公顷。其中,水田2941.76公顷,旱土1770.20公顷。以种植稻谷、大豆、玉米、花生、蔬菜为主。粮食作物播种面积7908.69公顷,生产粮食4.30万吨。出栏生猪9.01万头,年末存栏8.39万头;出售和自宰牛3124头,年末存栏9204头;出售和自宰羊9300只,年末存栏8760只;出售和自宰家禽41.92万羽,年末存栏39.6万羽。农业总产值2.5亿元。

工业 20世纪80年代,境内有涟邵矿务局桥头河煤矿、市矿山机械厂、市保温器皿厂、市锁厂、市工程机械厂、市天喜山水泥厂等各类企业35家。1992年,桥头河煤矿关闭,以后,其余集体企业亦相继倒闭或停产。1995年,全镇有企业28家,从业人员7125人,工业总产值1.5亿元。进入21世纪,以民营企业为代表的工业企业迅速发展。2002年,投资300万元的鹏盛木业有限公司成立。2004年,香港(湖南)景龙食品有限公司投资3000万元租用原保温器皿厂进行农产品加工,成为湖南省农业产业化龙头企业。2004年,远宏酒业有限公司成立。是年始,以煤矸石为原料的各类新型砖厂蓬勃发展。2005年,投资400多万元的永昌经贸有限公司成立。2006年,市矿山机械厂改制为三星矿山设备制造有限公司。2007年,全镇有各类工业企业52家,规模以上工业企业有香港(湖南)景龙食品有限公司、鹏盛木业有限公司、永昌经贸有限公司、涟源市地方电力有限公司、三星矿山设备制造有限公司、涟源市工程机械厂。从业人员1621人,工业总产值27488万元,创利税1892万元。

商业贸易 1995年,有供销分社4家,供销社商店23家,代销店82,经销店235,服务业经营户712户,从业人员1230人,集贸市场3个,临时赶集点15个。社会商品零售总额1.2亿元。随着改革开放的深化,市场体制不断完善,原有的国营商贸企业逐渐退出市场,民营商贸企业不断发展,各类小商小贩大量涌现。2005年,天客超市、鑫海购物中心运营。2006年,佳一佳超市投入运营。2007年,全镇有洪桥、塘湾两个商贸市场,共有摊位1100余个,形成桥西路、中铺街、塘坳街等主要商业街道。个体商贸、服务业经营户821个,从业人员1623人,集贸市场2个。社会商品零售总额3.4亿元。

财政金融 1995年,全镇完成税收169.32万元。其中,国税46.22万元,地税123.1万元。财政总收入763

万元,财政总支出787万元。有金融机构3家,各类存款余额1.3亿元,各项贷款余额1.05亿元。2007年,完成税收233.58万元。其中,国税65.77万元,地税167.81万元。财政总收入1506.6万元,财政总支出1477.6万元。有金融机构3家,各类存款余额3亿元,各项贷款余额2.1亿元。

教科文卫

教育 1995年,境内有初中5所,小学92所,教学点108个,幼儿园89所,在校初中学生4215人,小学学生9123人,入园幼儿1213人,中小学任课教师785人,中、小学教师学历合格率98%。适龄人口入学率95%、九年义务教育覆盖率98%。财政预算内教育经费5000万元。

2007年,有初中5所、小学24所、幼儿园13所,在校初中学生5860人,小学学生12130人,入园幼儿1012人,中小学任课教师813人。适龄人口入学率100%、九年义务教育覆盖率100%。财政预算内教育经费7000万元。境内有市属高中1所(涟源四中)。

文化艺术 1993年6月,桥头河有线电视站建成,镇城区和附近洪桥等7个村可收看。1995年,境内有文化站1个、广播电视站1个,图书室1个,藏书4000册。1996年9月,桥头河电视站无线频道建成,全镇均可收看。2005年开始,实施“村村通”工程。2007年,全镇有线电视网络覆盖面占四分之三,收视节目由9套增至31套。有线电视网络未到达的偏远地区通过地面卫星接收设施收看电视。是年,有村级文化活动中心11处,各类文化专业户35户,各类图书室87个,藏书13余万册。

医疗卫生 1995年,境内有卫生院5家,卫生技术人员542名,村级卫生室87个,乡村医师176人,妇幼保健员25人。2007年,有中心卫生院1家,卫生分院4家,卫生技术人员192人,病床120张。年完成诊疗3.12万人次。村卫生室93个,医药超市26家。村民92585人参加新型农村合作医疗,参保率98%。

名胜古迹

镇南山长寿寺 位于桥头河镇大屋廖家。始建于明正德元年(1506)。有山门、天王殿、韦驼殿、观音殿、罗汉殿、伽兰殿、香济、辽室、客堂、东司等设施。内供有大小护法圣众130余尊。1967年“文化大革命”时夷为平地。2005年,迁建于吊钟垴,新增徽国文公、南岳圣帝神像,为佛教活动场所。

大王殿 位于桥头河镇大范张家。相传当年韩信被砍头后,一阵狂风将其头吹至此处,张家人为安抚忠魂,将其衣冠葬于此,建庙宇纪念。

真武殿 位于桥头河镇三合村,建于清光绪期间,毁于“文革”时期,复修于20世纪80年代。

南岳行宫 位于龙湾村和石坪村交界处,建于民国初年,一直保存尚好。新修有圣公圣母殿、观音殿、药王殿及山门钟鼓楼等。每逢初一、十五两日及庙会期间,甚为热闹。

桥头河火烧屋场晚商遗址 位于桥头河镇读子村火烧屋场湄水河南岸一平台上,红色土壤,长60米,宽25米,散见少量素面纹夹沙红陶。

梯云塔 位于青草村,建于清光绪十年(1884),塔高44.3米,七层八角,上有48个铜铃,内可盘梯而上。毁于1971年,重修于2007年。

仙女峰 又名紫华峰,海拔593.4米,位于桥头河镇与湄江镇交界处,峰顶有紫华庵。每年九月九日登高望远者络绎不绝。

十一　七星街镇

七星街镇，位于北纬 27°51′30″~27°59′44″，东经 111°47′37″~111°57′03″。地处涟源市北部，东邻娄星区双江乡，南接桥头河镇，西毗伏口、湄江两镇，北抵宁乡县龙田镇。地势西南高东北低，地面高程一般在海拔 170~260 米，最高点莱花村瓦子寨海拔 1070.8 米，最低点石溪村中洲塅海拔 161 米。东西最大距离 21 千米，南北最大距离 26 千米。1995 年，七星乡、仙洞乡、湘波镇合并，划入柏树乡红仙、梨溪 2 个村，组成七星街镇，总面积 174 平方千米。镇政府驻地七星村，距涟源市区 37 千米。辖 58 个村委会 604 个村民小组，3 个居委会。共计 22753 户，总人口 77641 人，其中农业人口 66742 人。人口密度每平方千米 447 人。财政总收入 710 万元，农民人均纯收入 1102 元。2006 年 11 月，3 个居委会调整为 2 个社区居委会。2007 年，辖 58 个村委会 605 个村民小组，2 个社区居委会 9 个居民小组。共计 26974 户，总人口 80301 人，其中农业人口 70077 人。人口密度每平方千米 462 人。财政总收入 668.5 万元，财政总支出 705 万元，农民人均纯收入 2337 元。

图 32-11　七星中心学校教学大楼

基础设施

交通运输设施　1995 年，镇内公路总里程 368.5 千米，其中乡村公路 352.2 千米。有货运汽车 548 辆，拖拉机 189 辆，客车 10 辆。另有娄底至插花庙铁路，属涟钢专用铁路，镇内长 9.2 千米。2005 年，投资 538 万元整改、扩宽与路面硬化湄七公路七星段 4.75 千米，投资 300 多万元硬化七伏公路长 7 千米。2005 年，开始硬化乡村公路。2007 年，公路总里程 515.6 千米，其中乡村公路 496.9 千米。有货运汽车 426 辆，拖拉机 137 辆，客车 14 辆。

电力设施　1995 年，供电线路 15 千米，供电 120 万千瓦时。是年，着手农村电网第一期改造。1997 年，着手第二期改造，投资 900 万元建 35 千伏变电站，架设 10 千伏输电线路 170 千米，380 伏线路 480 千米。全镇农村电网改造全部完成。2006 年，投资 420 万元建成农电综合办公大楼。2007 年，供电线路 130 千米，供电 1300 万千瓦时。

水利设施　1995 年，有小型水库 9 座，山塘 1566 口，河坝 45 处，电灌站 59 处，装机 118 台 1416 千瓦，蓄、引、提总水量 1.5 亿立方米，旱涝保收面积 1564 公顷，占总水田的 79%。2007 年，河坝减少至 37 处，电灌站减少至 45 处，装机 90 台 1320 千瓦，蓄、引、提总水量 1.42 亿立方米，旱涝保收面积 1446 公顷，占总水田的 75%。

集镇建设

七星街镇是千年商贸重镇,1995年,主要集镇七星街,建筑面积280万平方米,商业店铺120家。1996年,镇党委、政府编制《七星街镇总体规划》,辖“七村二厂”,面积8.5平方千米,人口2.1万人。1997年,被确定为湖南省百强乡镇。2000年,被确定为全省50个小城镇建设重点镇。2004年,被建设部等8部委确定为全国小城镇建设重点镇。2006年,投资1300万元建设七星自来水厂,日产水量5000吨以上。投资390万元新建七星桥、枫树潭桥和工农桥。投资270万元建成长650米、宽34米的同星路样板街,设置路灯等城区配套设施。2007年,有同星路、星源路、星城路、军民路和洪源路5条商业街,水泥硬化街道14.5千米。建筑面积620万平方米,商业店铺360家。

乡镇经济

农业 1995年,耕地1970公顷,人均0.028公顷。其中,水田1186公顷,旱土784公顷。以种植水稻、花生、玉米、大豆、茶叶为主。农业总产值1.86亿元。粮食作物播种面积5184.93公顷,生产粮食2.68万吨。出栏生猪4.32万头,年末存栏3.59万头;养牛3481头;出栏山羊4529只,年末存栏5291只;饲养家禽2.8万羽。此后,大力推广优良品种、农业机械和实用技术,推进“特色强农”战略,突出产业特色、扩大产业规模、提高产业效益,逐渐形成檀山、曲溪、湘波、同心、吴家5个养牛规模小区,110户,每户饲养能繁母牛3头以上。2003年,市天华科技牧业有限公司种牛场落户七星,养牛专业大户逐渐增多,年底达13户,饲养母牛680头。2007年,耕地1929.18公顷,人均0.024公顷。其中,水田1161.33公顷,旱土767.85公顷。粮食作物播种面积2819.61公顷,生产粮食1.67万吨。出栏生猪6.10万头,年末存栏1.34万头;出售和自宰牛2600头,年末存栏2141头;出售和自宰羊3156只,年末存栏1123只;出售和自宰家禽5.1万羽,年末存栏3.0万羽。农业总产值2.17亿元。

工业 镇内矿藏丰富,其中煤、白云石、石灰石等矿藏闻名全省。1995年,有企业34家。其中,煤矿18家,建筑企业3家。从业人员2856人,工业总产值24380万元。2007年,有企业19家。其中,煤矿4家,采石场12家,锰矿2家,铁矿1家。年产煤炭30万吨,白云石60万吨,石灰石180万吨。从业人员3783人,工业总产值43444万元。

商业贸易 1995年,有供销分社3家,供销社商店20家,代销店58家,经销店58家,服务业经营户2800户,从业人员5480人,集贸市场2个,临时赶集点3个。社会商品零售总额3亿元。此后,先后引进外资开发建设4个大型贸易市场:同方市场、梅子塘市场、七星市场、虎溪市场。2003年,在虎溪引进天客超市。2005年,引进娄底石化公司投资350万元建成七星街中心加油站。2007年,个体商贸、服务业经营户4500户,从业人员7270人,集贸市场5个,临时赶集点12个。社会商品零售总额4.5亿元。

财政金融 1995年,完成税收110.3万元。其中,国税35.8万元,地税74.5万元。财政总收入336万元,可用财力178.2万元。有金融机构4家,各类存款余额0.45亿元,各项贷款余额达0.24亿元。以七星信用社和七星洪源邮政储蓄所为主,七星信用总社下设七星、仙洞、湘波3个信用中心分社,到2006年2月,信用社存款余额达1.1077亿元,贷款金额达6290万元,累计农业贷款5431万元,促进农业、个体经济发展。2007年,完成税收352万元。其中,国税139万元,地税213万元。财政总收入668.5万元,可用财力494万元。财

政总支出705万元。有金融机构4家,各类存

教科文卫

教育 1995年,镇内有初中3所,小学22所,教学点30个,幼儿园58所,在校初中学生3200人,小学学生11000人,入园幼儿1500人,中小学任课教师520人,中、小学教师学历合格率95%。初中适龄人口入学率80%、小升初升学率80%、九年义务教育覆盖率80%。财政预算内教育经费10万元。此后,投资300多万元新建3所中学教学楼6500平方米,住宿楼5450平方米,投资380万元改建洪源中心小学教学楼2300平方米,投资450多万元建成镇中心学校体育场,投资40多万元新建3所中学食堂。2003年,七星中学被确立为湖南省现代教育技术实验学校。2007年,有初中3所,小学19所,教学点9个,幼儿园31所。在校初中学生2503人,小学学生6824人,入园幼儿1200人。中小学任课教师541人。初中适龄人口入学率98%,小升初升学率99%,九年义务教育覆盖率100%。

科技 2003年,引进市天华科技牧业有限公司种牛场落户湘波园艺场,发展"安格斯"种牛繁育和肉牛规模养殖,成为全镇示范基地。2005年,涟源市唯一一个国家投资近300万元的农业综合开发项目落户七星街镇,在七星、湘波等13个村实施。2007年,在檀山、吴家、实竹、新民等村建设沼气池200个。

文化艺术 1995年,境内有文化站1个、广播电视站1个。有村级文化活动中心12处,各类文化专业户35户,各类图书室50个,藏书2万余册。有村为单位的小型有线电视网络。1996年,投资40多万元建成100瓦无线电视转播台,覆盖全镇,是年,获全国"群众文化艺术之乡"称号。1998年建立村村通广播站,有电视机3000余台,有电视信号发射机一套。1998年,建成一个有20多套节目的有线电视网络,由几个村500多户发展到24个村2000多户。2007年,有文化站1个、广播电视站1个。有村级文化活动中心38处,各类文化专业户80户,各类图书室75个,藏书5万余册。有天子山、天鹅和仙苑3个文学社团。1995—2007年,共举办大型文艺演出3次,举办镇机关、厂矿单位、部队、学校篮球赛4届。

医疗卫生 1995年,境内有卫生院3家,病床20张,固定资产总值80万元。卫生技术人员56名。其中,执业医师3人,执业助理医师10人,注册护士3人。有村级卫生室58个,乡村医师58人,妇幼保健员58人。2005年,七星街镇中心卫生院投资250万元,征地0.43公顷建设新院,建筑面积4300平方米,投资150万元购置CT机和500毫安X光机等先进医疗设备。2006年,仙洞卫生院和湘波卫生院合并到七星街镇中心医院。2007年,七星街镇中心医院有病床50张,固定资产总值800万元。卫生技术人员62名。其中,执业医师20人,执业助理医师30人,注册护士12人。年完成诊疗7000人次。另有村级卫生室58个,医药超市6家。村民7.8万人参加新型农村合作医疗,参保率92%%。

名胜古迹

天子山 位于七星村,相传有三国蜀相蒋琬的衣冠冢。

省立一中纪念碑 位于七星街镇中心学校校园内,1939—1946年,省立一中搬迁至此办学8年,省委原书记熊清泉等曾经在此求学。1999年,中科院廖山涛、陈述彭、唐稚松、陈庆云等多名院士及其校友60余人,为纪念省立一中在七星街的办学历史,立碑建亭。

星罗寺 位于新民村移风山半山腰,占地0.85公顷,建筑面积3660平方米。

山尖峰 位于栗溪村与宁乡县交界处,有412公顷人工林场和稀有名贵树种,森林覆盖面积300公顷。

十二 渡头塘乡

渡头塘乡,位于北纬 27°45′07"~27°51′58",东经 111°51′04"~111°57′44",地处涟源市东北部,东与娄星区石井乡接壤,南连石马山镇,西邻桥头河镇,北接娄星区双江乡。最低点桥溪村江东湾海拔 103.5 米。东西最大距离 11 千米,南北最大距离 13 千米。1995 年,增加乡并入渡头塘乡,全乡总面积 65 平方千米。乡政府驻地铜铃村,距涟源市区 28 千米。辖 40 个村委会 365 个村民小组。共计 9362 户,总人口 31532 人,其中非农业人口 924 人。人口密度每平方千米 486 人。财政总收入 261 万元,农民人均纯收入 914 元。2007 年,辖 40 个村委会 373 个村民小组。共计 10798 户,总人口 33512 人,其中农业人口 32192 人。人口密度每平方千米 516 人。财政总收入 726 万元,农民人均纯收入 2180 元,分别是 1995 年的 2.78 倍和 2.39 倍。

图 32-12 渡头塘乡党政机关办公大楼

基础设施

交通运输设施 1995 年,境内公路总里程 180 千米,其中乡村公路 158 千米。有货运汽车 120 辆,拖拉机 50 辆。2007 年,娄涟二级公路、桥祖公路、桥侧公路穿境而过,全境公路总里程 248 千米,其中乡村公路 220 千米。有货运汽车 210 辆,拖拉机 30 辆,客车 4 辆。有客运站一个,日发客运汽车 30 班次,日均客运量 800 人次。是年,境内在建的高速公路有安邵高速、长韶娄高速。

电力设施 1995 年,发电站 1 个,发电 200 万千瓦时;供电所 1 个,供电线路 30 千米,供电量 210 万千瓦时。2003 年,渡头塘供电所建成。2007 年,全镇电网完成改造,供电量 430 万千瓦时。

水利设施 境内有涟水、湄水、洋河三大水系交汇。1995 年,有小型水库 9 座,山塘 1340 口,河坝 77 处,电灌站 64 处,装机 70 台 1637 千瓦。至 2007 年,电灌站减少 18 处,蓄、引、提总水量 1.5 亿立方米,旱涝保收面积 800 公顷,占总水田的 70%。是年,渡头塘供水公司建成,年供水 28 万立方米,镇区两侧铺设排水管道 2000 米。

集镇建设

2007 年,主要集镇 2 个,建筑面积 1.5 万平方米,商业店铺 150 家。

乡镇经济

农业　1995年，境内有耕地1887公顷。其中，水田1172公顷，旱土715公顷。农业总产值4300万元。粮食作物播种面积4768公顷，粮食总产量2.01万吨。粮食作物以水稻、玉米、薯类、小麦为主，经济作物以花生、油菜、蔬菜为主。是年，全乡出栏生猪2.81万头，年末存栏2.07万头；养牛2366头；出栏山羊1293头，年末存栏990头；饲养家禽8万羽。此后，不断加强农业产业化、现代化建设，改变农业生产单一化状况，大力发展经果林基地，推广农业新技术；大力发展外贸生猪养殖基地和肉牛养殖基地，推进养殖业规模化，走"基地+农户+公司"的发展模式。2007年，全镇耕地1841.47公顷。其中，水田1154.33公顷，旱土687.13公顷。粮食作物播种面积3039公顷，生产粮食1.76万吨，蔬菜产量7000吨，油菜产量370吨，花生产量290吨。农业生产总值7600万元。出栏生猪3.80万头，年末存栏3.07万头；出售和自宰牛2100头，年末存栏5100头；出售和自宰羊2080只，年末存栏3760只；出售和自宰家禽9.80万羽，年末存栏8万羽。

工业　1995年，有企业3家，从业人员200人，工业总产值1117万元。2007年，有企业9家。其中，红砖厂5家，建筑企业3家，化工企业1家。从业人员700人。工业总产值4160万元。

商业贸易　1995年，有供销分社2家，供销社商店3家，代销店15家，经销店70户，经营户95户，从业人员220人，集贸市场2个。社会商品零售总额1200万元。2007年，个体商贸、服务业经营户230户，从业人员600人，集贸市场2个。社会商品零售总额2000万元。

财政金融　1995年，完成税收191万元。其中，国税26万元，地税165万元。财政总收入261万元，财政总支出268万元。有金融机构1家，各类存款余额0.6亿元，各项贷款余额0.45亿元。2007年，完成税收360万元，财政总收入726万元，财政总支出723万元。

教科文卫

教育　1995年，境内有初中2所，小学17所，教学点1个。在校初中学生2085人，小学学生4120人。中小学任课教师306人，中、小学教师学历合格率98%。初中适龄人口入学率85%，小升初升学率90%，九年义务教育覆盖率88%。财政预算内教育经费140万元。2007年，有初中2所，小学9所，幼儿园1所，在校初中学生1136人，小学学生2247人，入园幼儿360人，中小学任课教师228人。初中适龄人口入学率100%，小升初升学率100%，九年义务教育覆盖率100%。财政预算内教育经费560万元。

文化艺术　1995年，境内有文化站1个，广播电视站1个。有各类文化专业户4户，各类图书室2个，藏书2万余册。至2007年，增加1处村级文化活动中心，各类文化专业户增加至6户，藏书增加至2.5万余册。有线电视用户1700户，入户率15.74%。

医疗卫生　1995年，境内有卫生院2所，病床30张，固定资产总值43万元。卫生技术人员45人。其中，执业医师2人，执业助理医师3人，注册护士1人。有村级卫生室40个，乡村医师40人，妇幼保健员40人。2007年，乡卫生院有病床50张，固定资产总值112万元。卫生技术人员58人。其中，执业医师8人，执业助理医师22人，注册护士2人。村级卫生室40个，医药超市1家。32400村民参加新型农村合作医疗，参保率99%。

十三 枫坪镇

枫坪镇,位于北纬 27°37′07″~27°41′52″,东经 111°43′23″~111°48′52″。地处涟源市中南部,东与杨市镇接壤,南连茅塘镇,西邻石马山镇,北接斗笠山镇。地形多样,北高南低,最高点位于分水坳村,海拔 558 米左右。东西最大距离 9.27 千米,南北最大距离 8.55 千米,总面积 41.79 平方千米。1995 年,由枫坪乡更名,镇政府驻地杨梓村,距涟源市区 12 千米。辖 24 个村委会 284 个村民小组,2 个居委会。共计 7868 户,总人口 27321 人,其中农业人口 25731 人。人口密度每平方千米 654 人。财政总收入 371 万元,农民人均纯收入 1158 元。2006 年 11 月,2 个居委会调整为 1 个社区居委会。2007 年,辖 24 个村委会 284 个村民小组,1 个社区居委会 28 个居民小组。共计 9920 户,总人口 29980 人,其中农业人口 27889 人。人口密度每平方千米 715 人。财政总收入 2080 万元,农民人均纯收入 2840 元,分别是 1995 年的 5.61 倍和 2.45 倍。

图 32-13 枫坪镇计划生育服务所

基础设施

交通运输设施 1995 年,湘黔铁路自东至西贯穿境内 5.5 千米,跨 6 个行政村,设有观山火车站;S210 线东西穿过 5 个行政村,里程 7.9 千米;X024 线由东北向西南通过 3 个行政村,在枫坪三角坪与 S210 线交会,里程 2.6 千米。境内公路总里程 26 千米,其中乡村公路 16 千米。有货运汽车 22 辆,拖拉机 14 台,客车 5 辆。2000 年,和白马镇合作改造硬化三田线 2.2 千米。2001 年,投资 130 万元改造硬化枫观线 5 千米。2003 年,因湘黔铁路株六复线修建撤除观山铁路平交道口,筹资 160 万元新修青树至四良 3.2 千米公路,接通 X024 线。2004 年,投资 60 余万元修通茅塘至枫坪 2 千米公路。2005 年,投资 150 万元水泥硬化青树至四良 3.2 千米新修公路。2006 年开始,鼓励全镇村组通公路,财政所给予每千米 2 万元资助。2007 年,全镇公路总里程 74 千米,其中乡村公路 32.6 千米。水泥硬化 70%。有货运车辆 112 辆,拖拉机 17 台,客车 20 辆,小汽车 86 辆。

电力设施 1995 年,境内有 35 千伏变电站 1 座,供电线路 32.1 千米,供电 4120 万千瓦时。2003 年,农村电网改造完成,全镇统一电价。2005 年,筹资 200 余万元架设枫坪煤矿用电专线,解决农用电和煤矿用电争高峰的矛盾。2007 年,全镇供电线路 39.6 千米,供电 6230 万千瓦时。

水利设施 1995 年,境内河流有孙水、观山支河等,流域面积 20 平方千米,占境内总面积的 50%,全镇有小型水库 2 座,白马干渠 9 千米,支渠 15 千米,山塘 1664 口,河坝 76 处,电灌站 57 处,装机容量 952 千瓦,蓄、引、提总水量 1.7 亿立方米,旱涝保收面积 1000 公顷,占总水田的 90%。2000 年,17 个村实施节水农业示范项目,示范面积 452 公顷,硬化水渠 52 千米,新修机耕道 6 千米,水泥硬化山塘 165 口,改造河坝 12

处。2005—2006年，明星、观山等5个村通过群众部分筹资改造农田300余公顷，耗资300万元，完成土石方3.5万立方米，水泥浆砌方3600立方米。2007年，农田用水量大幅度减少，旱涝保收面积及水利配套设施比1995年更加稳定和完善。

集镇建设

1995年，境内主要集镇在枫坪三角坪，面积约5000平方米，建筑面积1万平方米，全部是当地农户建在S210、X024公路两旁的民房，商业店铺38家。1997年，枫坪新市场筹建，征地2.56公顷，是年，基本建成二横二纵的井字型集镇，1998年，配套开业，累计投资380万元，是年，枫坪电信支局新建，枫坪中学教学楼、住宿楼改造，枫坪卫生院搬迁新建，民房按街道门面进行改建，杨梓村联户水厂建成。2000年，成立枫坪城建管理办公室，添置环卫车、洒水车，建设垃圾处理场，安装200盏路灯。2007年，枫坪集镇建设初具规模，在1平方千米的集镇版图内，建筑面积10万平方米，店铺门面218家。

乡镇经济

农业　1995年，全镇耕地1466.7公顷。其中，水田1116.4公顷，旱土367公顷。以种植水稻、红薯、玉米、大豆、花生、油菜为主。生产粮食1.76万吨。出栏生猪6.83万头，年末存栏3.75万头；养牛4721头；出栏山羊6960只，年末存栏3128只；饲养家禽17万羽。农业总产值0.82亿元。此后，传统种植逐渐向规模种植发展，机械化程度逐年提高，动力打稻机，耕整机逐步普及，养殖业从家家户户的小型饲养向规模养殖发展，种养业效益不断提升。2002—2003年，国家实施退耕还林政策，全镇24个村完成退耕还林面积28.8公顷，合格率95%，随着公路、铁路建设项目和退耕还林政策的实施，耕地面积有所减少，种养业逐步向经济效益型转化。2004年，白石、青树等村种植优质良种葡萄，采取连线种植，科学管理办法，每公顷收入超过15万元。球树村建立铁龙农业科技园，牛角冲村天柱山家禽养殖场采用先进的科学技术和机械化手段，年产值超1000万元，白石、四良等村2000头以上的养猪大户5户。2007年，全镇耕地1356公顷。其中，水田999公顷，旱土357公顷。以种植水稻、玉米、红薯、花生、蔬菜等为主，总产粮食14347吨。出栏生猪2.76万头，年末存栏2.05万头；出售和自宰牛2193头，年末存栏4885头；出售和自宰山羊3652只，年末存栏3492只；出售和自宰家禽47.70万羽，年末存栏58.76万羽。农业总产值8500万元。

工业　1995年，全镇有工业企业47家。其中，煤矿16家，建筑企业1家，建材企业2家。从业人员2267人，工业总产值7579万元。2000年以后，联户民营企业迅速发展。2002年，成立枫星资产经营公司，负责镇属企业的关、停、并、转。2003年，将大雷峰煤矿以资产抵债务移交个体户开办经营，四良煤矿通过法院裁定拍卖，负债超过3000万元的彩色水泥厂由法院主持公开拍卖，未负债的土罗星煤矿以1580万元进行拍卖。2006年，红碎茶厂闲置的厂房及部分设备进行租赁。是年，镇办企业改制基本结束，全镇企业进入民营时期。2007年，全镇有企业35家。其中，煤矿9家，红砖厂2家。从业人员1986人。工业总产值40023万元。

商业贸易　1995年，有供销分社1家，供销商店6家，代销店28个，个体经销点51个，服务业经营户138户，从业人员498人，社会商品零售总额1.8亿元。此后，镇内民营经济迅速发展，市场流通十分活跃，至2007年，镇区集贸市场3处(枫坪三角坪、新市场、三角村交叉口)，有店铺门面242个，超市4家，从业人员1076人，社会商品零售总额2.2亿元。

财政金融 1995年,完成税收120万元。其中,国税75万元,地税45万元。财政总收入371万元,可用财力75万元。有金融机构1家,各类存款余额1810万元,各类贷款余额1520万元。2007年,完成税收1463万元。其中,国税1095.5万元,地税367.5万元。财政总收入2080万元,财政总支出2042万元。有金融机构2家,各类存款余额5200万元,各类贷款余额3640万元。

教科文卫

教育 1995年,境内有初中2所,小学6所,教学点9个,幼儿教育由各村办,在校初中生1210人,小学生2480人,入园幼儿300人,中小学任课教师198人。财政预算内教育经费82万元。随着计划生育政策的落实,出生人口减少,农村外出打工经商人员增加,学校生源逐步减少,进入20世纪,开始撤点并校。2000年,筹资90余万元,新建枫坪中学综合大楼。2004年,筹资新建花桥中学教学大楼。2007年,全镇有初中2所,小学6所,幼儿园4所,在校初中生1420人,小学生2360人,入园幼儿400人,中小学任课教师178人,小学适龄人口入学率99%,九年制义务教育覆盖率100%,财政预算内教育经费480万元。

文化艺术 1995年,境内有文化站1个,广播电视站1个,村级文化活动中心1处,各类文化专业户5户,各类图书室2个,藏书5000余册。2000年,建成电视差转台。2003年,建成有线电视台。2007年,有线电视接收率40%,有线电视用户800户,电视光缆通过70%的行政村组,村级文化活动中心25处,各类文化专业户9户,各类图书室25个,藏书10万余册,经常开展健身舞蹈的广场3处,管理规范的网吧4家,打字复印店2家,音像制品店2家,腰鼓队、中西乐队、威风锣鼓队10支。

医疗卫生 1995年,枫坪镇卫生院有病床20张,固定资产总值154万元,卫生技术人员32名。其中,执业医师6人,助理执业医师13人,注册护士3人。全镇有村卫生室24个,乡村医师24个,妇幼保健员24人。2007年,枫坪镇卫生院有病床30张,固定资总值254万元,卫生技术人员41名。其中,执业医师6人,助理执业医师13人,注册护士3人。年完成诊疗1.2万人次。全镇有村级卫生室24个,医药超市2家。98%的村民参加新农村合作医疗保险。

名胜古迹

向日寺 始建于明末清初,位于枫树村涝山冲。

紫虚庵 始建于清代中期,位于分水坳村(大雷峰山脚下)。屡毁屡建,至今建筑宏伟,佛钟清脆,香火旺盛。

十四　杨市镇

杨市镇，位于北纬 27°27′23″~27°40′04″，东经 111°46′00″~111°53′11″。地处涟源市东南部，东接水洞底镇、荷塘镇，南邻新邵县太芝庙乡，西连茅塘镇、龙山森林公园，北接斗笠山镇、枫坪镇。最高点联盟村人形山，海拔 880 米左右。东西最大距离 11 千米，南北最大距离 25 千米。1995 年，由太和乡、快溪乡、杨家滩镇合并而成，总面积 116.2 平方千米。镇政府驻地泉溪村，距涟源城区 19 千米。辖 64 个村委会 734 个村民小组，5 个居委会。共计 22927 户，总人口 74787 人，其中农业人口 67564 人。人口密度每平方千米 644 人。财政总收入 781 万元，农民人均纯收入 1052 元。1997 年，撤销杨市村，设立杨市居委会。2002 年，撤销永福团村，设立永福团居委会。2003 年，撤销赛里村，设立赛里居委会。2004 年，撤销泉溪、利新 2 个村委会，设立泉溪、利新 2 个居委会。2006 年 11 月，10 个居委会调整为 4 个社区居委会和 3 个居委会。2007 年，辖 55 个村委会 746 个村民小组，4 个社区居委会和 3 个居委会 93 个居民小组。共计 26933 户，总人口 80219 人，其中农业人口 67946 人。人口密度每平方千米 691 人。财政总收入 1110.5 万元，农民人均纯收入 2320 元，分别是 1995 年的 1.42 倍和 2.21 倍。

图 32–14　娄新高速公路杨市收费站

基础设施

交通运输设施　1995 年，湘黔铁路贯穿境内 7.5 千米，跨 10 个行政村，设有杨市火车站和部队物资转运站。S210 线穿镇而过，东西跨 9 千米，设有杨家滩汽车站。部队专用公路长 15.5 千米，贯通 13 个行政村。境内公路总里程 120 千米，其中乡村公路 80 千米。有货运汽车 39 辆，拖拉机 56 辆，客车 12 辆。2003 年，杨市大桥竣工，龙潭村至泉河村公路水泥硬化。2006 年，完成杨金线、仁枧线、石家、双江、华中、湘思、桐梓、陡山、南冲等 19 个村的公路水泥硬化，里程 50 余千米。2007 年，太杉公路、官(庄)长(溪)公路、车田公路、龙伏公路、新车站路、龙凼公路水泥硬化。是年，全镇村村通公路，公路总里程 170 千米，其中乡村公路 124 千米。车公路硬化率 75%。有货运汽车 183 辆，拖拉机 28 辆，客车 76 辆，小汽车 81 辆。

电力设施　1995 年，境内发电站 5 个，发电 1280 万千瓦时，35 千伏变电站 1 座，供电线路 95.2 千米，供电 7520 万千瓦时。2001 年底，投资 1800 万元修建的 110 千伏变电站投入运行，解决城乡电力不足的矛盾。2003 年 12 月，农村电网改造完成。2006 年 10 月，高桥河电站建成发电。2007 年，沙坪电站竣工。是年，全镇有发电站 7 个，发电 2670 万千瓦时，变电站 2 座，供电线路 113.6 千米，供电 10780 万千瓦时。

水利设施　1995 年，境内河流以孙水为主，支流(溪)14 条，流域面积 100 余平方千米，占境内总面积 87%以上。全镇有中小型水库 4 座，白马水库左右干渠 16 千米，支渠 30 多千米，山塘 1536 口，河坝 16 处，电灌站 3 处，装机 3 台 120 千瓦，蓄、引、提总水量 130 亿立方米，旱涝保收面积 6700 公顷，占总水田的0.29%。

此后,开发节水农业。2002年,14个村实施节水农业示范项目,示范面积667公顷,硬化水泥渠道32千米,新修机耕道15千米。配套桥、涵、闸200多处,修建混凝土桥梁1座,修整山塘15口,维修河坝2处。2005年,遭遇"5·31"特大洪灾,全镇大部分水利设施遭受不同程度的冲毁、塌裂、淤积,通过发动群众筹资,利用社会捐助,累计投资100余万元,完成水毁工程92处,修复山塘189口,河坝21处,水渠10条,电排8处,河堤7处,清淤堵漏26千米,完成土石方18.8万立方米,砼方115立方米,砌石方1270立方米,恢复绝大部分主要水毁工程,保证农田灌溉用水。2007年,白马水库主、支干渠通过80%的村境,蓄、引、提总水量与旱涝保收面积比1995年增加。

集镇建设

1995年,境内主要集镇为杨市镇城区,面积2.5平方千米,建筑面积18.9万平方米,商业店铺128家。是年,杨市城区中心人行桥竣工通行。1997年9月,新市场竣工开业。1998年,打通磨荷塘铁路涵洞。2000年9月,修建车站南北路,车站南路全长460米,宽30米,车站北路1800米,宽30米,总投资698万元。2001年,列入湖南省重点建设镇。2003年,投资40余万元硬化新开发区1.4千米长的车站路。2005年,投资200万元新建日产2万吨的杨市镇第二自来水厂,解决城区居民的生活用水和工业企业的生产用水。投资400万元,新铺设至涟源三中和立珊中学的供水管道,将两所市属中学纳入城镇供水范围。沿车站路架设高标准电杆,实施城区亮化。城区公路旁新栽香樟树120多棵,修建泉溪花园,改造杨市供水厂,建设垃圾填埋场。2006年,建成万吨水厂,改造迪志亭拦河坝,改善居民用水。所有街道全部水泥硬化,新置环卫车辆,改善城区卫生条件。2002—2006年,新拓磨荷塘和新车站路两条街道,城区增宽变靓。2007年,杨市镇城区建成面积4.2平方千米,建筑面积49.6万平方米,商业店铺355家。

乡镇经济

农业 1995年,全镇耕地3065.6公顷。其中,水田2421.9公顷,旱土643.7公顷。以种植水稻、大豆、玉米、马铃薯、红薯、油菜、花生、辣椒、西瓜为主。生产粮食1.42万吨。饲养生猪4.27万头,年末存栏2.19万头;饲养牛4100头,年末存栏1710头;饲养羊2070头,年末存栏620头;饲养家禽21万羽。农业总产值3.8亿元。20世纪90年代末20世纪初,种植业向规模化发展,机械化程度逐渐提高,动力打稻机、收割机、耕田机逐渐增多,养殖业从家家户户小型饲养向规模养殖发展。2002年8月,全镇31个村实施退耕还林项目,退耕还林175公顷。2003年,完成退耕还林面积300公顷,验收合格率97.5%。新育苗1.33公顷,封山育林2000公顷,公益林面积300余公顷,建立杨市镇生态林业保护示范区。2007年,耕地2876.87公顷。其中,水田2318.13公顷,旱土558.73公顷。粮食作物播种面积5650公顷,生产粮食3.66万吨。以种植水稻、大豆、玉米、马铃薯、红薯、油菜、花生、辣椒、西瓜为主。有辣椒基地3个,面积18公顷;西瓜基地1个,面积20.67公顷;水果基地2个,面积16公顷。饲养2000头以上生猪的养殖大户1户(2670头),饲养400头以上的2户,饲养100头以上的79户。全镇年出栏生猪65000头,存栏31389头。有肉牛繁殖基地1个,饲养基地3个(满家、谢志、南冲),圈养肉牛380多头。全镇出售和自宰牛4200头,年末存栏910头;出售和自宰羊1000只,年末存栏750只;出售和自宰家禽25万羽,年末存栏21万羽。全镇林业面积6075公顷。其中,成林面积2868公顷,灌木林552.6公顷,竹林2372.5公顷,无立木林地75.2公顷,幼林21.5公顷。活立林蓄积量107857立方米，有南竹5342100株。森林覆盖率48.66%。年林木采伐1030立方米，南竹122000株。农业总产值3.48亿元。

工业 1995年，全镇有工业企业30家，从业人员1610人，工业总产值2.91亿元。进入21世纪，民营企业迅速发展壮大。2002年4月，成立杨市镇资产经营公司，负责镇属企业的租赁、拍卖及停产后的一切业务，是年底，镇属企业改制基本结束。2006年，利用原大富寺水泥厂闲置厂房设备，引进涟源和鑫实业发展有限公司，开辟年产3万吨富锰渣和生铁生产线，总投资近800万元。投资近1000万元的湖南生命链酒业有限公司落址老桥村，成为娄底市范围内唯一一家初具规模的白酒生产企业。湘中煤机投资近700万元对原水泥八厂进行资产收购，完成厂房的新建工程。涟源福利综合厂投资500多万元，完成第三期工程的扩建。2007年，全镇有工业企业41家，从业人员2281人，工业总产值59218万元。规模以上企业有湖南神斧集团一六九化工有限责任公司、市湘中煤矿机械厂、市湘林食品有限公司、市湘华福利洗煤焦化厂、湖南生命链酒业有限公司、市福利综合厂、市民政福利洗煤焦化厂等7家，工业总产值5.56亿元。

商业贸易 1995年，有供销分社3家，供销社商店2家，代销店10家，经销店15家，服务业经营户125户，从业人员2600人，集贸市场1个，临时赶集点2个。社会商品零售总额2.8亿元。20世纪90年代，镇内民营经济迅速发展，市场异常活跃。2007年，城区内有门面155个、超市12家、集贸市场1个，临时赶集点1个。商业区域比80年代扩大3倍以上，老车站路成为主要商业区，杨白路口成为商贸十字街。利新至麻古石至三中至复兴街形成一个大型商贸圈。全镇个体商贸、服务业经营户267户，从业人员4500人。社会商品零售总额4.2亿元。

财政金融 1995年，完成税收80万元。其中，国税30万元，地税50万元。财政总收入781万元。有金融机构2家。2002年4月，杨市镇实行农村税费改革，取消乡统筹，取消屠宰税，取消劳动积累工和义务工，取消农村教育集资费，调整农业税和农业特产税政策，改革村提留征收使用办法。税费改革后，农民负担由人平158元减至36元，减负77.2%；亩平由222元减至56元，减负74.8%。2007年，完成税收1137.76万元。其中，国税962.56万元，地税175.2万元。财政总收入1110.5万元，财政总支出1108万元。有金融机构3家，各类存款余额8.7亿元，各项贷款余额7.9亿元。

教科文卫

教育 1995年，境内有初中4所，小学46所，幼儿园35所。在校初中学生2556人，小学学生11757人，入园幼儿3600人。中小学任课教师577人，中、小学教师学历合格率75%。小学适龄人口入学率99.2%、小升初升学率96%、九年义务教育覆盖率94%。财政预算内教育经费56万元。20世纪90年代，生源逐年减少，进入21世纪后，开始撤并学校，至2006年，撤校并点工作基本完成。2007年，全镇有初中4所，小学35所，幼儿园26所。在校初中学生1617人，小学学生5240人，入园幼儿3500人，中小学任课教师285人。小学适龄人口入学率100%、九年义务教育覆盖率96%。境内有市属高中2所(涟源三中和立珊中学)。

文化艺术 1995年，境内有文化站1个，广播电视站1个。有村级文化活动中心2处，各类文化专业户6户，各类图书室7个，藏书3.5余万册。2001年，建成电视差转台和有线电视台。2007年，广播电视地面卫星接收覆盖率100%，有线电视用户4000多户(包括快溪、东园、湖坪等)，电视光缆通达80%的行政村，镇播放电视覆盖率80%。村级文化活动中心12处，各类文化专业户16户，各类图书室9个，藏书6.5余万册。歌舞厅5家，管理规范的网吧8家，书店4家，电子游戏厅4家，打字复印店7家，音像制品店6家，农家书屋12

家,腰鼓队 9 支,锣鼓队 1 支。

医疗卫生　1995 年,境内有卫生院 4 家,病床 142 张,固定资产总值 216 万元。卫生技术人员 168 名。其中,执业医师 68 人,执业助理医师 52 人,注册护士 48 人。有村级卫生室 62 个,乡村医师 62 人,妇幼保健员 80 人。2007 年,杨市镇中心卫生院和 3 家卫生分院,共有病床 165 张,固定资产总值 328 万元。卫生技术人员 203 名。其中,执业医师 85 人,执业助理医师 65 人,注册护士 53 人。年完成诊疗 2.15 万人次。有村级卫生室 62 个,医药超市 3 家。村民 59500 人参加新型农村合作医疗,参保率 85%。

人文名胜

杨市,历有"花花绿绿杨家滩"之称。

在杨市镇城区中心区域,有一条跨孙水河的石拱桥,名胜梅桥。三拱,长 39 米,宽 6.7 米,高 10 米,南端石阶 25 级,北端石阶 14 级,桥面有神龟浮雕、青藤悬绕,是城区主要人行桥。该桥始修于清康熙年间,由姚兰友捐资修建。1872 年,姚兰友后裔纠族补修。清道光十八年(1838)和道光二十四年(1844),两次毁于水患,再度捐修。

境内有飞水崖景区、湘军将领故居群,见《第二十篇　旅游》。

十五 斗笠山镇

斗笠山镇,地处涟源市东部,东与娄星区石井乡接壤,南连水洞底镇,西邻枫坪镇、杨市镇,北与石马山镇、渡头塘乡毗邻。位于北纬 27°38′04″~27°45′27″,东经 111°46′22″~111°53′18″。最高点大雷峰海拔 491.5 米,最低点金铃村地段海拔 149.5 米。东西最大距离 7.7 千米,南北最大距离 9.5 千米。1995 年,甘溪乡并入,全镇总面积 72.8 平方千米。镇政府驻地云盘村,距市区 25 千米。辖 40 个村委会 444 个村民小组,5 个居委会。共计 15188 户,总人口 52688 人,其中农业人口 39481 人。人口密度每平方千米 724 人。财政总收入 655 万元,农民人均纯收入 1108 元。2006 年 11 月,5 个居委会调整为 1 个社区居委会。2007 年,辖 40 个村委会 462 个村民小组,1 个社区居委会 6 个居民小组。共计 18564 户,总人口 55287 人,其中农业人口 40090 人。人口密度每平方千米 760 人。财政总收入 2100 万元,农民人均纯收入 2780 元,分别是 1995 年的 3.21 倍和 2.51 倍。

图 32-15 斗笠山镇党政机关办公大楼

基础设施

水利 1995 年,境内有白马水库左干渠由西向东流过全境,20.7 千米,小型水库 2 座,山塘 1730 口,河坝 12 处,电灌站 86 处,装机容量 102×22 千瓦。2007 年,电灌站减少到 66 处,装机容量 86×22 千瓦。蓄、引、提水总量 900 万立方米,旱涝保收面积 867 公顷,占水田的 67%。

电力 1995 年,境内有供电所 2 个,110 千伏和 35 千伏变电站各 1 座。有变压器(公变)82 台,6~10 千伏供电线路 102.5 千米,供电量 880 万千瓦时,供电网络覆盖全镇,供电质量不能满足要求。2005 年,全境电网进行重点改造,电网质量提高,分布更加合理。2007 年,6~10 千伏供电线路 154.5 千米,变压器增加到 96 台,供电量 2990 万千瓦时。

道路交通 1995 年,香娄铁路直通涟钢与湘黔线相交,宁涟公路自东向西,穿越全境,斗笠山至水洞底、柑子山至马白塘、黄港至湖坪、石坝至兴家等公路与周围乡镇相连。全镇有货运汽车 109 辆,拖拉机 70 台。1996 年后,通往各村和部分村民小组的公路相继修通并硬化。2007 年,全镇公路总里程 62 千米,有货运车辆 220 辆,客运车辆 44 辆,小汽车 76 辆。

邮政通信 1995 年,集资 80 万元完成程控电话第一期工程,架设好 4 条主要干线。1996 年 10 月,完成第二期工程,开通全镇 24 个村的程控电话。1998 年,开通移动电话。2007 年,有电信支局 1 处,邮政支局 1 处,邮政支局支农服务点 6 处。报纸杂志发行量 6000 份。有固定电话 5500 台,移动电话用户 1.2 万户,互联网用户 200 多户。

集镇建设

1995 年,由东向西的宁涟公路和由北向南的斗水公路在镇中心城区相交,形成东西、南北方向两条主要街道。三角坪南边,斗水线两侧有香花农贸市场和南北市场。1995—1996 年,拆除镇机关到三角坪段 7 个单位办公房,按城建规划重建。2001 年,投资 1200 多万元,将镇机关到三角坪的街道降坡加宽,改造和建设排水管道 300 多米。2004—2006 年,进行一级开发,街区向东扩展,面积扩大到 1 平方千米。2006 年,兴建 2 公顷垃圾填埋场。2007 年,完成信用社至水洞底方向 800 米路面改造,完成街道两旁人行道铺设、路灯安装、植树绿化、下水道安装等建设。总投资 2000 多万元。是年,占地 11200 平方米的农贸市场主体竣工,投入营业。

乡镇经济

农业 1995 年,全镇耕地 2037.1 公顷。其中,水田 1266.2 公顷,旱土 770.9 公顷,农业总产值 4708 万元。粮食作物播种面积 4612.27 公顷,总产粮食 2.06 万吨。粮食作物以稻谷、小麦、红薯为主,经济作物以黄豆、花生、油菜为主。是年,全镇出栏生猪 2.18 万头,年末存栏 1.98 万头;养牛 2016 头;出栏山羊 300 只,年末存栏 400 只;饲养家禽 12.4 万羽。以后,针对农业结构单一、规模小、经济效益低的状况,致力于优质、高产、高效农业,大力推进农业产业化经营,推广种植玉米 800 公顷。并发展石坝葡萄园、托里立体农业生态园、甘泉经果园、天井乌梅、杉元脆皮橘等经果林基地。改变种植结构和水田复种指数,改良低产田。邀请湖南农大专家来镇举办专业技术讲座和专业技术培训班,选送养殖专业人员去湖南农业大学进修培训。2007 年,耕地 2040.07 公顷。其中,水田 1277.07 公顷,旱土 763 公顷。粮食作物播种面积 4460.73 公顷,总产粮食 2.36 万吨。农业总产值 1.13 亿元。是年,成立斗笠山养猪合作社,建立塘溪、柏树、托里等 6 个养猪基地,养殖大户增加到 300 多户。其中,1000 头以上的 15 户,500 头以上的 87 户。年肉类总产量 1.5 万吨。是年,出栏生猪 51430 头,年末存栏 74234 头;出售和自宰牛 2640 头,年末存栏 3900 头;出售和自宰羊 3220 只,年末存栏 2006 只;出售和自宰家禽 28.1 万羽,年末存栏 54.9 万羽。

工业 斗笠山镇属资源型乡镇,优质工业用煤和石灰石储量丰富,素有采煤炼焦传统。1995 年,有镇办企业 23 家,村办企业 92 家,联户企业 69 家,个体企业 1438 家,从业人员 11727 人。其中煤矿企业 142 家,土焦窑 246 个,机焦厂 2 家,人工洗煤厂 24 家,采石加工场 72 家,翻砂厂 4 家,建筑公司 1 家。工业总产值 1.7 亿多元,固定资产 1.5 亿元。此后,对工矿企业进行有计划整顿。1996 年,甘溪焦化厂、祖保煤矿被评为省优企业、地百强、市十佳企业。哲学和泉塘煤矿被评为省标准化矿井。1998 年,集体企业开始转制,成为民营企业。2000 年,所有非法煤矿全部取缔,仅存合法煤矿 32 家,遍地开花的土焦窑基本消失。是年,全镇工业总产值增加到 7.36 亿元。此后,企业向集约化发展。至 2007 年,通过合并、关闭、整顿,保留规模以上煤矿 15 个,大型洗煤厂 17 家,非煤矿山 5 家,加上其他中小型企业,共有工矿企业 849 家。从业人员 11016 人,固定资产 40 亿元,工业总产值 14.57 亿元,占全镇总产值的 82.8%,上缴税收 1246 万元,占全镇总税收的 93.4%。

商业贸易 1995 年,境内有供销分社 2 家,供销社商店 6 家,代销店 12 家,经销店 30 多家,共有工作人员 112 人。有集贸市场 3 个,店铺 106 个,摊位 60 个。各种个体经营户 379 户,从业人员 512 人,社会商品零售总额 0.39 亿元。此后,所有代销店逐渐转为经销店,个体商业迅速发展。2007 年,斗笠山镇新农贸集市竣工,投入运营,全镇店铺 216 个,摊位 200 多个,个体商业和服务业户数增加到 1436 户,从业人数 4839 人。社会商品零售总额达1.6亿元,上缴税金332万元。

财税金融 1995年前,境内财政收入主要来源于工商税和农村的"四税一费",工商税主要来自采煤和煤炭加工业,其次是石灰石开采加工业和商业税收。1995年,涟源对乡镇财政实行"划分税种、核定收支、定额上缴或定额补助、一定三年"的管理体制。是年,全镇财政总收入655万元,财政总支出619万元。2004年,取消农业特产税和乡村统筹。金融机构有斗笠山镇信用社和邮政储蓄所2家,各类存款余额5187万元,各项贷款余额1238万元。2007年,完成税收1825万元,财政总收入2100万元,财政总支出2021万元。是年,各类存款余额21700多万元,各类贷款余额4400万元,其中农贷3000万元。

教科文卫

教育 1995年,有中学2所,小学26所。1997年,投资1034.4万元,改造和扩建校舍25280平方米,建筑总面积达到50491平方米。1998年,"两基"验收达标。2003年,接收斗笠山煤矿子弟学校,村小调整为17所。1998—2004年,投入450万元,新建教学大楼两栋,计4900平方米,翻新3所小学,修建两个运动场。2007年,初级中学3所,其中带办小学的中学2所;小学16所。校园占地123288平方米,建筑面积56748平方米。初中在校学生1650人,小学在校学生3508人。中小学任课教师363人。

文化体育 1995年,境内有文化站1个。各类图书室4个,藏书2万册。有广播电视站1个,各种文体专业户15户。是年,集资50万元建功率100~150千瓦电视转播站,电视信号覆盖全镇。2001年,举办建党80周年文艺汇演。2005年6月,建立斗笠山镇有线广播电视台,有线网络覆盖全镇80%的村。是年,成立镇"篮球俱乐部"和宏腾"乒乓球俱乐部",有100多名会员,多次进行篮球比赛和乒乓球比赛。2007年,境内共有民间乐队、腰鼓队、军鼓队等20多支。有30多人参加市老年诗联书画协会和市诗词楹联协会。2007年7月,有线电视信号联网,有线电视用户3900户。是年,全镇有村级文化活动中心1个,文体专业户增加到30户,图书室5个,藏书2.6万册。

医疗卫生 1995年,斗笠山镇卫生院和甘溪卫生院,总建筑面积10445平方米,病床70张,总资产280万元,专业卫生技术人员72人。年住院1820人次,全年诊治病人10800人次。有村卫生室40个,乡村医师40人,妇幼保健员40人。2004年,接收斗笠山煤矿职工医院。2007年,3所医院总建筑面积14296平方米,病床131张,固定资产1162万元。专业卫生技术人员166人。其中,高级职称3人,中级职称48人,执业医师38人,执业助理医师25人,注册护士31人。年住院3840人次,门诊29102人次,各种手术400台次。40个村卫生室,有乡村医师和妇幼保健员80人。有药店5家。参加农村合作医疗人数36480人,参保率达91%,报销住院医药费1060人次,报销总额104万元。

名胜古迹

肖庆衍故居 位于斗笠山镇高塔村,原名白马堂。清同治年间,肖庆衍(1823—1890,清代湘军将领,振威将军,云骑尉世职,加提督衔)告老还乡后所建,占地约5000平方米。整个建筑,飞檐斗角,画栋雕梁,左右对称,气势恢宏,经140多年风雨侵蚀,仍保存完好。

碧林桥 位于斗笠山镇碧林村,单拱石桥,用条石建成。桥长约10米,宽3米。始建时间不详,有说建于清代咸丰年间者。桥上有石刻,因年代久远,除个别文字依稀可辨外,大都无法看清。

卧云亭 位于斗笠山镇天井村,横卧于两峰之间的大坳上,古时为明镜井去水洞底的必经之道。始建于清光绪三十四年(1908)仲夏月。万宝富商邓启玉(1839—1916)16岁时路过此地,睡在卧梦石上(位于亭子北门左侧,长约2米,宽约1米),梦见自己发财,几年后,果真发财,捐巨资建此亭。1997年和2007年,两次整修。第二次整修时,又在亭旁建几间住房,供管理者居住。亭内有总管庙,初建时的石碑尚保存完好,亭内外楹联、诗赋皆为邓启玉的曾孙辈在第二次维修时撰书。

吴氏宗祠 位于斗笠山镇禾管村古崳岭之阳,为吴姓禾管族宗祠,建于清同治五年(1866),占地约1680平方米。由牌头、礼堂和两边的住房围成一个"回"字,中间原为石坪,今为水泥坪。文化大革命中,整座祠堂几乎被毁,因当地村民极力保护,整体结构得以完好保存,只破坏牌头上的泥塑和前面的半月形围墙,文化大革命后,牌头上的泥塑,按原样重塑,内外楹联、匾额亦整理得与原样无异。

曾氏宗祠 位于斗笠山镇台上村,建于清咸丰年间,"文化大革命"中被彻底毁坏。2007年,族人捐资,在原址依旧制重建。增加壁画和曾参语录。

十六 水洞底镇

图 32-16 水洞底镇党政机关办公大楼

水洞底镇，位于北纬 27°36′04"~27°43′02"，东经 111°54′44"~111°57′25"。地处涟源市东南部，东与娄星区百亩乡接界，南邻荷塘镇，西抵杨市镇，北与斗笠山镇毗邻。最高点长滩岭海拔 436 米。1995 年，由水洞底镇、新禾乡合并而成，总面积 81.8 平方千米。镇政府驻地红土村，距涟源城区 35 千米。辖 45 个村委会 438 个村民小组，3 个居委会。共计 13168 户，总人口 44658 人，其中非农业人口 6003 人。人口密度每平方千米 550 人。财政总收入 361 万元，农民人均纯收入 938 元。2006 年 11 月，3 个居委会调整为 1 个社区居委会。2007 年，辖 45 个村委会 434 个村民小组，1 个社区居委会 5 个居民小组。共计 15423 户，总人口 46241 人，其中农业人口 39423 人。人口密度每平方千米 566 人。财政总收入 572 万元，农民人均纯收入 2590 元，分别是 1995 年的 1.58 倍和 2.76 倍。

基础设施

交通运输设施 1995 年，湘黔铁路贯穿境内 8.7 千米，跨 6 个行政村，设竹冲火车站和湖南锻造厂货运专线。大八公路、斗氮公路贯穿全镇 11 个行政村，里程 15 千米。境内公路总里程 98 千米，其中乡村公路 83 千米。有货运汽车 50 辆，拖拉机 40 台，客运汽车 10 辆，机帆客运船 15 只，设渡船码头 6 处。1996 年，娄底地区在水洞底镇实施公路管养建设试点，全镇公路实行“镇管村有户养”机制。是年，修通“大桥路”，对市场路进行改造，加宽，硬化。2003 年，锻百公路、大八公路、斗氮公路硬化通车。2004 年，完成镇内大八公路路段 14 千米的路基改造，年底硬化通车，完成水氮线 3.5 千米路面硬化，水洞底城区锻造厂区域路面硬化。2005 年，机帆客运船消失。2006 年，完成水枧线，球树、撑田、天堂、大岳垅、大田、慕长、南桥、羊角、石狮、云华、石泉等 11 个村公路硬化建设，里程达 40 余千米。2007 年，托石线，红云线，卡竹线，新云线，小白线等主要乡道，中心、石脚、高枧、云山等 30 余个行政村完成公路硬化建设，对孙水河大桥、水口桥、杨材桥、小江桥等危桥加以改造。对天堂渡口渡改桥立项，完成勘测设计评估。是年，全镇村村通公路，公路总里程 168 千米，其中乡村公路 132 千米。公路硬化率 75%。有货运汽车 95 辆，拖拉机 60 辆，客运汽车 18 辆，小汽车 37 辆。

电力设施 1995 年，发电站 1 座，发电 280 万千瓦时，35 千伏变电站 1 座，供电线路 600 千米，供电 700 万千瓦时。有市电力局新禾供电所和市地方电力责任有限公司水洞底供电站两家供电单位。2004 年，农村电网改造全面完成，实现城乡同网同价。2005 年，投资 60 万元，水洞底电站扩容改造完工，年增发电量 60 万千瓦时。2007 年，全镇供电线路 105 千米，发电 340 万千瓦时，供电 1000 万千瓦时。

水利设施 孙水河穿境而过，流经 14 个村，境内长 21 千米。1995 年，境内有小型水库 4 座，山塘 750

口,河坝15处,电灌站121处,装机121台150千瓦。至2007年,全镇兴修水渠78.5千米,加固小二型水库2座,抢修大小山塘200余口,新建机电排灌站50处,建立人畜饮水工程20处。

集镇建设

1995年,沿湘洲路东侧兴建水洞底市场,占地2400平方米,38个商铺,临时摊位70个。1997年,沿湘洲路西侧新建一个市场,占地2000平方米,拉通水洞底码头与市场连接线,新建商铺40个。1999年6月,成立水洞底镇建设管理办公室,加强日常巡查管理,配备专职市场管理人员,购置一台专用垃圾车,新建垃圾池3个,完善城建基础设施。2002年,新禾集贸市场建成,占地600平方米,逢一、六赶集,每次赶集约2000人次。2005年,投资12万元硬化改造新禾城区及三角坪至新禾中学1.5千米道路。2006年,投资350万元,在"水洞底市场—托山、羊角开发区—新禾市场"的规划区内,改造水洞底镇城区的排水系统,规范停车场地,规划汽车站建设用地。对新禾集市摆摊设点进行规范。2007年,制订《水洞底镇小城镇发展建设规划书》,投入400多万元进行改造,同时,配合省锻造厂破产改制,投资100余万元全面完成厂边区水改工程。是年,镇机关综合办公大楼建设启动。

乡镇经济

农业 1995年,全镇耕地2186.27公顷。其中,水田1719.20公顷,旱土467.07公顷。粮食作物播种面积5093.87公顷,生产粮食2.85万吨。出栏生猪38977头,年末存栏30823头;养牛3136头,年末存栏3000头;出栏山羊221只,年末存栏456只;饲养家禽18.27万羽。2007年,耕地2335公顷。其中,水田1830.74公顷,旱土504.26公顷。粮食作物播种面积5137.81公顷,总产粮食2.92万吨。出栏生猪5.42万头,年末存栏3.20万头;出售和自宰牛1825头,年末存栏4466头;出售和自宰羊4422只,年末存栏4700只;出售和自宰家禽13.98万羽,年末存栏13.12万羽。

工业 1995年,有工业企业16家,从业人员882人,工业总产值5544万元。21世纪初,原有企业不断改制,中小民营企业迅速发展。2002年,将新禾茶厂设备进行处置,引进外资100万元,兴办大型养鸡场,安置原茶厂所有职工。2004年,水泥厂完成改造项目,年生产能力由过去的4.4万吨提高到8.8万吨。投资200万元的新禾烟花鞭炮厂正式投产。2005年,将原新禾机械化养猪场进行处置,引进资金800万元,建立城居森山庄。2007年,投资500万元的三鑫矿业贸易有限公司和投资300多万元的五强煤炭销售有限公司落户水洞底镇。是年,全镇有工业企业12家,从业人员1332人,工业总产值1.37亿元。

商业贸易 1995年,有供销分社2家,供销社商店6家,代销店48家,经销店120家,服务业经营户90户,从业人员200人,集贸市场2个,临时赶集点个。社会商品零售总额1亿元。2007年,个体商贸、服务业经营户120个,从业人员300人,集贸市场2个。社会商品零售总额1.3亿元。

财政金融 1995年,完成税收100万元。其中,国税60万元,地税40万元。财政总收入361万元,可用财力215万元,财政总支出370万元。有金融机构2家,各类存款余额3200万元,各项贷款余额1700万元。2007年,完成税收654.8万元,财政总收入572万元,财政总支出572万元。2家金融机构各类存款余额8600万元,各项贷款余额6270万元。

教科文卫

教育 1995年，境内有初中2所，小学18所，教学点2个，幼儿园（学前班）20所，在校初中学生2111人，小学学生5296人，入园（班）幼儿628人，中小学任课教师310人，中、小学教师学历合格率87%。全镇学校布局过于分散，教育资源不集中，一批服务半径小，生源严重不足的村小被撤并。至90年代末，全镇设水洞底、新禾两所初中，一所镇中心小学，10所小学，8个教学点。学校布局日趋合理，教育资源相对集中，为“普九”奠定良好基础。至省普九验收前，全镇累计投入近400万元用于学校硬件建设，水洞底中学新建师生住宅综合楼、大型运动场、科教楼，配备“三机一幕”，安装闭路电视，建好语音室、电脑室。新禾中学新建教学楼。1998年、1999年，连续两年作为涟源市乡镇学区代表接受省普九年验收合格，在全市率先“普九”。2007年，全镇有初中2所、小学9所、教学点3个、幼儿园18所，在校初中学生1406人，小学学生2899人，入园幼儿418人，中小学任课教师248人。初中适龄人口入学率100%，小升初升学率100%，九年义务教育覆盖率100%。

文化艺术 1995年，境内有文化站1个、广播电视站1个。有村级文化活动中心2处，各类文化专业户4户，各类图书室2个，藏书1余万册。2007年，有文化站1个、广播电视站1个。有村级文化活动中心5处，各类文化专业户8户，各类图书室3个，藏书2.5余万册。

医疗卫生 1995年，境内有卫生院2家，病床36张，固定资产总值107万元。卫生技术人员21名。其中，执业医师5人，执业助理医师6人，注册护士6人。有村级卫生室45个，乡村医师45人，妇幼保健员45人。2007年，两家卫生院有病床56张，固定资产总值212万元。卫生技术人员32名。其中，执业医师9人，执业助理医师14人，注册护士12人。年完成诊疗1.6万人次。有村级卫生室45个，医药超市4家。村民4.1万人参加新型农村合作医疗，参保率99%。

名胜古迹

石莲山 位于涟源市与娄星区接界处的石脚村，有佛殿两栋，占地300多平方米，始建于唐朝。殿内佛像庄严，雕绘极美，殿外景色奇异，有石山酷似莲花。山巅有泉水井一口，泉水清澈，夏季清凉可口，冬季温暖宜人，四季长流不断。距佛殿300米处有天花洞，洞口宽20米，长40米，高15米，可容纳3000多人，此洞连通消水洞，消水洞长2.5千米，由大小10多个洞串通，洞内怪石嶙峋，石钟乳姿态各异。消水洞下是阴河，水中各种水生动物种类繁多。

杨材山 位于水洞底镇新仕村、周观村、国柱村三村交界地，海拔448米，为全镇最高峰。杨材山紫云峰发脉于南岳主峰雁峰，为南岳七十二峰之一，名“紫云峰”，别名“不二峰”。峰上紫金寺始建于唐贞观年间。

谢家桥 位于水洞底镇杨材村，始建于清光绪三年（1877），为单礅木质结构。

佛灵寺 位于水洞底镇慕长村铜鼓峰，始建于元朝末年。清顺治二年（1645），战乱，佛寺倒塌。2001年8月重建。

十七 白马镇

白马镇,位于北纬 27°30′45″~27°38′53″,东经 111°37′20″~111°44′08″。地处涟源市南部,龙山北麓,东与茅塘镇和龙山国家森林公园相连,西南与新邵县潭溪镇接壤,北与三甲乡毗邻。最高点茅草岭海拔 1200 米,最低点寨下海拔 144.8 米,一般海拔 300~400 米。东西最大距离 8.5 千米,南北最大距离 11.4 千米。1995 年,由白马乡、田心乡、孙家桥乡合并而成,总面积 83.1 平方千米。镇政府驻地白马村,距涟源城区 22 千米。辖 44 个村委会 440 个村民小组,4 个居委会。共计 11999 户,总人口 40784 人,其中非农业人口 1685 人。人口密度每平方千米 491 人。财政总收入 371 万元,农民人均纯收入 1029 元。2006 年 11 月,4 个居委会调整为 2 个社区居委会。2007 年,辖 44 个村委会 440 个村民小组,2 个社区居委会 16 个居民小组。共计 13771 户,总人口 45077 人,其中农业人口 43042 人。人口密度每平方千米 543 人。财政总收入 480 万元,农民人均纯收入 2124 元,分别是 1995 年的 1.29 倍和 2.06 倍。

图 32-17 白马湖风光

基础设施

交通运输设施 1995 年,境内公路总里程 96 千米,其中乡村公路 70 千米。有货运汽车 50 辆,拖拉机 30 辆,客车 22 辆。是年,白马至杨市、白马至田心共 10.2 千米的砂路改油路,实现全镇村村通公路。2003—2007 年,投资近 2000 万元硬化三(三角塘)白(白马)公路、孙家桥公路、田心公路共 30.7 千米,硬化井流、泉冲、钟灵、黄泥、百坪、矮边等村级公路 100 余千米,金凤桥、环库公路全线贯通。重建白马大桥。2007 年,境内有白马(田心)至三角塘、白马至杨市、白马至新邵潭溪、田心至三甲、环库公路等 5 条乡镇公路干线,公路总里程 285 千米,其中乡村公路 90 千米。有货运汽车 24 辆,拖拉机 40 辆,客车 30 辆,小汽车 16 辆。

邮政通信设施 1995 年,全镇有邮电所 1 处,报纸、杂志累计发行 1200 份,固定电话 2000 户。1996 年,实现村村通程控电话。2000 年,建立信息转播塔,实现村村通邮,电信、移动、联通相继入驻境内。2007 年,新建大秀移动通讯基站,全镇消除通讯盲区。互联网走入农村。是年,有邮政支局 1 个,电信支局 1 个,邮政支农服务点 10 个,邮政和电信业务总量 70 万元,报纸、杂志累计发行 3000 份,电话交换机容量 2 万门,固定电话 3500 户,移动电话用户 5800 户,互联网用户 110 户。

电力设施 1995 年,境内有发电站 2 个,发电 201 万千瓦时,供电线路 61.2 千米,供电 280 万千瓦时。2007 年,全镇除师乐村、白马村外,其他 42 个村完成农村电网改造。是年,发电 170 万千瓦时,有 400 千伏变电站 1 座,供电线路 75 千米,供电 710 万千瓦时。

水利设施 1995 年,境内有中型水库 1 座,小型水库 10 座,山塘 2690 口,河坝 80 处,电灌站 220 处,装机 220 台 3740 千瓦，蓄、引、提总水量 1.1 亿立方米，旱涝保收面积 975.2 万公顷，占总水田的 95%。1998—1999 年，投入60 万元，对田心村铁家冲水库和桐石村七一水库进行防渗漏改造，改造山塘 150 口，新建电排 5 处。2007 年，新修高标准渠道 5000 米，投资 10 万元，新建卫生井 33 口，解决白马水库 5 个库区村的饮水困难。

市场建设

1995 年，主要集镇有白马、田心市场，建筑面积 5 万平方米，商业店铺 150 家。2004 年，田心市场修建 1 个垃圾处理场，硬化 2 千米市场公路，铺设地下管道 1500 米。2007 年，主要集镇有白马、田心、孙家桥 3 个市场，建筑面积 12 万平方米，商业店铺 400 家。

乡镇经济

农业　1995 年，全镇耕地 1501.27 公顷。其中，水田 1115.40 公顷，旱土 385.87 公顷。以种植稻谷、玉米为主。粮食作物播种面积 3627.07 公顷，生产粮食 1.88 万吨。饲养生猪 3.12 万头，年末存栏 3.11 万头；养牛 2469 头；出栏山羊 4033 只，年末存栏 6060 只；饲养家禽 13 万羽。农业总产值 1.2 亿元。20 世纪 90 年代末，加强产业结构调整，重点抓白马水库渔业开发、中药材开发、退耕还林和公益林建设、特种养殖、南竹产业和时鲜水果基地建设。利用白马水库水体优势，发展网箱养鱼，开发模式化稻田养鱼。1996 年，全镇稻田养鱼面积 45.3 公顷，被评为娄底地区稻田养鱼先进单位。1997 年，开发网箱养鱼 7 处计 20 公顷，年产鲜鱼 735 吨。1998 年，楠木山等 23 个村开发种植柑橘、脐橙、椪柑等经果林 335 公顷，庳里村至赵家村种植柰李、蜜核桃、板栗等经果林 330 公顷，全镇水果年产量 300 吨，产值 260 万元。发展百坪、三团等 5 处黑山羊基地和隔山、田心等村养猪专业户。以桃子、百坪、王家、泉塘等村为主，建立中草药植物园，种植金银花、玉竹、百合、葛根、杜仲等 20 多种中草药。2002 年，成立湘中渔业公司，放养鲢鱼、鳙鱼、草鱼、青鱼、鳊鱼、黄尾鱼、银鱼等 20 多个品种，年产鱼 700 吨，年产值 630 余万元，其中黄尾鱼、银鱼等特色鱼，远近闻名。2005 年 4 月，成立桃子村金银花专业合作社，集金银花育苗、种植、科研、产品加工、销售于一体，2006 年底，合作社社员户数 369 户，入社土地面积 120 公顷，栽种范围扩大至龙塘、石马山等乡镇。2007 年，耕地 1412.23 公顷。其中，水田 1026.57 公顷，旱土 385.66 公顷。以种植稻谷、玉米为主。粮食作物播种面积 4041.47 公顷，生产粮食 1.8 万吨。养猪专业户 100 多户，年出栏 200 头以上的养殖专业户 30 户，全镇出栏生猪 4.13 万头，年末存栏 1.71 万头；出售和自宰牛 1000 头，年末存栏 7616 头；养羊专业户 150 户，全镇出售和自宰羊 3600 头，年末存栏 2685 头；出售和自宰家禽 3.84 万羽，年末存栏 18.1 万羽。农业总产值 2.3 亿元。

工业　1995 年，有企业 14 家，从业人员 260 人，工业总产值 120 万元。1996 年，6 家骨干企业实行体制改革，镇竹胶板厂、化纤厂、合金厂、园艺场实行租赁制，建筑公司实行重组，软木粉厂实行破产。1998 年，全镇企业产值增长 15%，税收增长 5%，利润增长 0.7‰。1995—1998 年，引导和扶持发展 300 余家个体工商户和 30 家私营企业。2006 年，吉祥塑料杯子厂等企业落户白马镇，白马渔业公司、徐南碎石厂、邹家红砖厂等民营企业建成。2007 年，有企业 23 家，从业人员 310 人，工业总产值 1032 万元。

商业贸易　1995 年，有供销分社 3 家，供销社商店 12 家，代销店 20 家，经销店 35 家，服务业经营户 5 户，从业人员 230 人，集贸市场 1 个，临时赶集点 2 个。社会商品零售总额 0.7 亿元。1995—1998 年，发展 300

余家个体工商户。2004年,投资240万元扩建田心农贸综合市场,占地2000平方米,设百货、农副产品、中草药等7个交易区,交易大棚3个,临街门面和摊位800多个。2007年,白马、田心、孙家桥3个集贸市场共有小商品批发销售、物流运输、餐饮、服务业等工商户1000余家,从业人员4200人,社会商品零售总额1.5亿元。

财政金融 1995年,完成税收130万元。其中,国税62万元,地税68万元。财政总收入371万元,可用财力210万元。有金融机构2家,各类存款余额0.9亿元,各项贷款余额0.3亿元。2007年,完成税收299.7万元。其中,国税127.7万元,地税172万元。财政总收入480万元。各类存款余额1.7亿元,各项贷款余额达0.16亿元。

教科文卫

教育 2007年,拥有白马中心学校、田心中学、孙家桥中学3所初中和中心小学等10所小学,各中学配备语音室、多媒体教室,各小学添置电脑,安装远程教育设施,完善各校仪器室、实验室等基础设施,软、硬件指标均达“普九”标准;全面减免中小学学杂费,全镇适龄儿童入学率达100%,小学升初中率达100%,残疾儿童入学率达90%以上。九年义务教育覆盖率100%。在校初中学生1892人,小学学生3734人,中小学任课教师380人。财政预算内教育经费920万元。

文化艺术 1995年,境内有文化站1个、广播电视站1个。有村级文化活动中心1处,图书室1个,藏书10000余册。1998年12月,省文联主席谭谈倡导,镇政府积极响应,在田心村建立作家爱心书屋,占地600平方米,建筑面积700多平方米,次年1月12日开馆,著名作家巴金题写馆名,全国著名作家和艺术家捐赠图书4万余册。2003年,在楠木山村建立爱心文化园,占地3公顷,爱心文化碑廊有碑石300块,大多为领导人、科学家、文艺家名句。2007年,有线电视入户率71%,13个村建立网络远程教育中心。

医疗卫生 1995年,境内有白马、田心、孙家桥3所卫生院,有床位20张,每万人拥有病床5张;固定资产总值150万元。卫生技术人员37名。其中,执业医师3人,执业助理医师6人,注册护士4人。有村级卫生室28个,乡村医师1人,妇幼保健员2人。1996年,白马卫生院调整为白马镇中心卫生院,是集医疗、教学、科研、疗养于一体的一级甲等综合性医院,开设有内儿科、泌尿科、骨科、妇产科、五官科等科室。田心医院设有门诊、住院、手术、制剂、理疗及CT室等20多个科室,开设专科病床50张。1999年,被国家卫生部评为一级甲等医院、全国卫生系统先进集体。2003年,被国家卫生部评为中医治疗疑难病名医名院。2007年,白马镇中心卫生院和田心、孙家桥两所卫生分院共有病床130张,固定资产总值160万元,卫生技术人员50名。其中,执业医师10人,执业助理医师20人,注册护士6人。年完成诊疗9200人次。有村级卫生室35个。村民3.6万人参加新型农村合作医疗,参保率92.08%。

人民生活

1992年,境内人均纯收入918元,人们饮食观念为“吃饱”。以后,人们饮食结构逐渐发生变化,人均用粮逐渐下降,肉类食品比重不断增加;消费支出向教育、文化、保健倾斜,高档消费品(电脑、空调、汽车)拥有量不断增加;居住条件发生巨大改变。2007年,人均纯收入上升到2124元。饮食观念转向为“吃好”,人均住房面积19.59平方米,65%以上的家庭住上别墅式民宅。

名胜古迹

白马湖　见《第二十篇　旅游》。

作家爱心书屋　位于田心村东侧，1999 年 1 月 8 日建成开馆，馆藏巴金、冰心等 5000 多位作家签名赠送的图书 4 万多册。书屋为粉墙红瓦四合院，院侧有古藤青石老拱桥，立于桥上，可观游鱼，可抚杨柳，可怀古人。

文化园爱心碑廊　位于白马湖畔楠木山村，建于 2003 年，有碑石 380 多块，碑文多为全国知名文学家、艺术家、党政领导的题词寄语及书法美术作品。

三圣寺　位于百坪村，始建于明万历年间，清同治续修，1923 年再修，毁于"文化大革命"期间。2006 年由著名中医石海澄重修。人文景观有：明代三圣寺原碑、三圣殿、观音殿、中华诗词碑廊。

开国少将罗云故居　位于兴隆村，占地 100 多平方米，砖木结构，室内陈设将军参加革命前用过的一些家具，墙上挂有将军照片。

贞节牌坊　位于三团村谢家大院门口，初建于清乾隆十三年（1748），重修于宣统元年（1909），据说为旌表一位卢姓节妇而建，今已残破。

十八 茅塘镇

茅塘镇，位于北纬 27°29′28″~27°37′45″，东经 111°43′19″~111°48′07″。地处涟源市南部，东与杨市镇接壤，南连龙山国家森林公园，西邻白马镇，北接枫坪镇。地势西高东低、南高北低，最高点龙山岳坪峰顶海拔 1513.6 米，一般海拔 150~300 米。东西最大距离 7.86 千米，南北最大距离 8.12 千米。总面积 58.76 平方千米。1995 年，名茅塘乡，乡政府驻地马溪村，距涟源市区 30 千米。辖 25 个村委会 289 个村民小组。共计 9947 户，总人口 31408 人，其中非农业人口 1291 人。人口密度每平方千米 535 人。财政总收入 277 万元，农民人均纯收入 808 元。1997 年 1 月 7 日，撤销茅塘乡，设立茅塘镇。2007 年，辖 25 个村委会 289 个村民小组，1 个社区居委会 10 个居民小组。共计 10377 户，总人口 35609 人，其中农业人口 33169 人。人口密度每平方千米 606 人。财政总收入 355 万元，农民人均纯收入 3380 元，分别是 1995 年的 1.28 倍和 4.18 倍。

图 32-18 茅塘镇石门村村级组织活动中心

基础设施

交通运输设施 1995 年，杨白公路自东至西贯穿境内 7.5 千米，跨久施、大方、马溪、枫林、茅塘、道童、五峰 7 个行政村；境内公路总里程 32 千米，其中乡村公路 25 千米。有货运汽车 50 辆，拖拉机 18 台，客车 2 辆。2002 年，投资 600 万元修通茅枫公路，跨石门、水碧、光阳、福禄、永福、石碑、高山 7 个行政村，总里程 9 千米。2004 年，投资 2000 万元，修通马溪到龙山林场水泥硬化公路，总里程 8 千米。2007 年，全镇公路总里程 70 千米，其中乡村公路 32 千米。有货运汽车 72 辆，拖拉机 38 辆，客车 10 辆，小汽车 252 辆。

电力设施 1995 年，全镇供电线路 70 千米，发电站 5 个，装机总容量 3200 千瓦，发电 420 万千瓦时，供电 300 万千瓦时。2002 年，投资 3700 万元建设 35 千伏变电站 1 座。2007 年，全镇供电线路 83 千米，发电 580 万千瓦时，供电 500 万千瓦时。

水利设施 1995 年，境内河流有孙水、洞马支流等，总流域面积 40 平方千米，占境内总面积的 68%，全镇小二型水库 5 座，白马干渠两条，总长 11.2 千米，白马支渠总长 38.8 千米，山塘 1025 口，河坝 25 处，电灌站 16 处，总装机容量 300 万千瓦，蓄引提总水量 2500 万立方米，旱涝保收面积 800 公顷，占总水田的 75%。2007 年，农田用水量大幅度减少，旱涝保收面积及水利配套设施比 1995 年更加稳定和完善。

集镇建设

1995年，境内主要集镇在茅塘镇道童村，面积约1平方千米，建筑面积1万平方米，全部是当地农户建在杨白公路两旁的民房，商业店铺22家。1998年，成立茅塘城建管理办公室。2007年，集镇面积1.87平方千米，建筑面积10万平方米，店铺门面355家。购置环卫车、洒水车、垃圾车各一台，建成垃圾填埋场，安装200盏路灯。

乡镇经济

农业　1995年，耕地1315.93公顷。其中，水田1072.13公顷，旱土243.80公顷。以种植水稻、大豆、玉米、红薯为主。生产粮食1.8万吨。出栏生猪1.8万头，年末存栏2.2万头；饲养牛2085头；出栏山羊572只，年末存栏982只；饲养家禽10万羽。2003年，用安格斯纯种公牛和本地黄牛杂交，成功繁育出"湘中黑牛"。2005年11月16日，征地54公顷，投资上亿元的省级农业产业化龙头企业五江集团天华牧业科技园开业。该公司是一家以良种繁育和肉牛养殖加工为主的股份制民营企业，年屠宰肉牛近5万头。其精深加工的"湘中黑牛"牌牛肉干被推荐为2008年北京奥运会专用食品。在龙头企业带动下，全镇"基地+农户"的模式逐渐完善。发展温溪、藕塘等母牛繁殖基地，发展养殖大户61户，建立养牛协会，开辟"牛、沼、草"（养牛+沼气池+牧草）生态农业模式。2007年，全镇耕地1138.13公顷。其中，水田950.73公顷，旱土187.40公顷。粮食作物播种面积2906.67公顷，总产粮食2.12万吨。出栏生猪4万头，年末存栏3.87万头；出售和自宰牛2544头，年末存栏8036头；出售和自宰羊3454只，年末存栏3829只；出售和自宰家禽5.89万羽，年末存栏2.13万羽。

工业　1995年，有企业9家，从业人员1020人，工业总产值1亿元。2000年，开办沙河锑矿、柿香锑矿。2007年。镇内形成以五江轻化集团为龙头，石门包装厂、商海铝制品厂等为骨干，集科、工、贸、生产和销售、进出口为一体的企业集群，开发保温瓶、搪瓷、纸箱等10多个系列产品，产品畅销东南亚、非洲等国外市场。工业总产值4.8亿元，出口创汇600多万美元，年上缴税收500多万元，安置社会剩余劳动力5000余人。是年，全镇有企业12家，从业人员4300人，工业总产值14亿元。

商业贸易　1995年，有供销分社1家，供销社商店2家，代销店25家，经销店10家，服务业经营户4户，从业人员300人，集贸市场1个，临时赶集点1个。社会商品零售总额300万元。2004年，引进天客超市入马溪村，引进利群超市入永福村。2005年，建立大方、马溪、光阳3个加油站。2007年，个体商贸、服务业经营户200个，从业人员1000人，有茅塘、马溪、石门3个集贸市场，临时赶集点2个，社会商品零售总额1200万元。

财政金融　1995年，完成税收100万元。其中，国税26万元，地税74万元。财政总收入277万元。有金融机构1家，各类存款余额1亿元，各项贷款余额0.8亿元。2007年，完成税收800万元。财政总收入355万元，财政总支出347万元。有金融机构2家，各类存款余额2亿元，各项贷款余额达1.2亿元。其中，茅塘信用社存款余额1.11亿元，贷款余额6290万元；邮政储蓄银行完成收入175万元，邮政储蓄余额6000多万元，代理保险、国债近2000万元。

教科文卫

教育 1995 年,境内有初中 3 所、小学 12 所、幼儿园 2 所,在校初中学生 3200 人,小学学生 3500 人,入园幼儿230 人,中小学任课教师 208 人,中、小学教师学历合格率 70%,初中适龄人口入学率 90%、小升初升学率 90%、九年义务教育覆盖率 85%。财政预算内教育经费 70 万元。2003 年,茅塘中学被确立为湖南现代教育技术实验学校。2007 年,三一集团董事长梁稳根投资 1500 多万元扩建茅塘中学,其中教学楼 6500 平方米,住宿楼 5450 平方米,致力打造湖南最好的双语学校。是年,五江集团董事长肖自江投资 160 万元改扩建石门小学,新建现代化教学楼一栋,完善其他教学设施。2007 年,共有初中 1 所,小学 6 所,幼儿园 2 所。在校初中学生 2500 人,小学学生 2600 人,入园幼儿 200 人。中小学任课教师 210 人。初中适龄人口入学率 98%、小升初升学率 100%、九年义务教育覆盖率 98%。财政预算内教育经费 480 万元。

科技 2003 年,引进天华牧业公司种牛场落户石门工业园区,发展"安格斯"种牛繁育和肉牛规模养殖,并进行深度加工,成为全镇示范基地。至 2007 年,先后研发"碧波尔"热水器和"韶峰"电器等高科技产品,石门村建成轻工电子产品一条街。

文化艺术 1995 年,境内有文化站 1 个,广播电视站 1 个。各类图书室 2 个,藏书 3 余万册。1999 年,基本实现村村通有线电视。2001 年,12 个村通光缆,机房传送中央电视台 3、5、6、8 套节目,传送节目由原来的 20 套增至 24 套。2003 年,第二次光缆改造,实现村村通光缆,传送节目增加到 30 套,节目质量提高。2005 年,成立茅塘诗词楹联协会,会员 74 人。2007 年,全镇有村级文化活动中心 9 处,网吧 1 家,各类图书室(爱心书屋)9 个,藏书 9 余万册。

医疗卫生 1995 年,茅塘镇卫生院有病床 60 张,固定资产总值 1000 万元,卫生技术人员 36 人。有村级卫生室 25 个,乡村医师 25 人,妇幼保健员 25 人。2007 年,茅塘镇卫生院固定资产总值 1200 万元。卫生技术人员 36 名,其中执业医师 6 人,执业助理医师 16 人,注册护士 8 人。年完成诊疗 1.2 万人次。村级卫生室 25 个,医药超市 10 家。村民 98%参加新型农村合作医疗保险。

名胜古迹

龙凤庵 明隆庆六年(1572)万氏修建,坐落于茅塘镇藕塘村,四面群山环绕,总面积 2000 多平方米,有前山门和后山门,中有大雄宝殿、天王殿、圣帝殿、念佛堂等。

十九　荷塘镇

荷塘镇，位于北纬 27°26′52″~27°36′46″，东经 111°48′13″~111°56′01″。地处涟源市东南部，龙山南麓，东毗金石镇，南接邵东、新邵、双峰三县，西邻杨市镇，北连水洞底镇。东西最大距离 8.2 千米，南北最大距离 23.7 千米。1995 年 11 月 29 日，山塘乡、古楼乡、塘湾乡合并，建立山塘乡，总面积 104.2 平方千米。乡政府驻地山塘村，距涟源市区 26 千米。辖 51 个村委会 510 个村民小组。共计 14296 户，总人口 50439 人，其中农业人口 48861 人。人口密度每平方千米 484 人。财政总收入 287 万元，农民人均纯收入 808 元。1997 年 4 月 2 日，撤销山塘乡，设立荷塘镇。2007 年，辖 51 个村委会 541 个村民小组，1 个社区居委会 13 个居民小组。共计 16013 户，总人口 53561 人，其中农业人口 51208 人。人口密度每平方千米 514 人。财政总收入 518 万元，农民人均纯收入 2422 元，分别是 1995 年的 1.80 倍和 3 倍。

图 32−19　荷塘镇党政机关办公大楼

基础设施

交通运输设施　1995 年，境内公路总里程 150 千米，其中乡村公路 125 千米。有货运汽车 10 辆，拖拉机 38 辆，客车 4 辆。2005 年 9 月，投资 50 万元的荷塘汽车站竣工投入使用。2006 年，全长 17 千米，总投资 600 万元的镇重点建设项目大八公路龙家至塘湾段改造工程历时 3 年竣工。是年，荷塘镇客运站日发客运汽车 80 班次，日均客流量 1600 余人次。2007 年，全镇公路总里程 235 千米，其中乡村公路 190 千米，基本实现村村通水泥路。有货运汽车 38 辆，拖拉机 35 辆，客车 19 辆，小汽车 52 辆。

邮政电信设施　1995 年，有邮电所 1 处。2007 年，有邮政支局 1 处，电信支局 1 处，邮政和电信业务总量 210 万元，报纸、杂志累计发行 9 万份，电话交换机容量 8000 门，固定电话 8000 户，移动电话用户 2 万户，互联网用户 400 户。

电力设施　1995 年，境内无发电设施，由古楼变电室供电，供电线路 58 千米。2007 年，变电站 1 座，变压器 125 台，总容量 15295 千伏安，供电线路 96.06 千米。

水利设施　2007 年，境内有小型水库 6 座，山塘 3050 口，河坝 32 处，电灌站 15 处，装机 15 台 360 千瓦，蓄、引、提总水量 0.21 亿立方米，旱涝保收面积 1519 公顷，占总水田的 81.5%。

集镇建设

1995 年，主要集镇 1 个，建筑面积 8.3 万平方米，商业店铺 450 家。2001 年，完成荷塘镇集市至镇办公大楼的荷花路建设。2007 年,主要集镇 3 个,建筑面积 10.3 万平方米,商业店铺 685 家。

乡镇经济

农业 1995 年,耕地 2204.40 公顷。其中,水田 1788.67 公顷,旱土 415.73 公顷。以种植水稻、玉米、黄豆、油菜为主。粮食作物播种面积 4463.67 公顷,生产粮食 2.54 万吨。出栏生猪 38603 头,年末存栏 28155 头;养牛 2878 头;出栏山羊 184 只,年末存栏 380 只;饲养家禽 10 万羽。农业总产值 0.7 亿元。2003 年,成立肉牛养殖协会,肉牛养殖走上规模化发展道路。2006 年,肉牛养殖专业村发展到 15 个,饲养肉牛 4000 头以上,母牛存栏 3860 头以上。2007 年,完善巩固以塘湾管理区为主的药材基地,新栽中药材 280 公顷,药材总面积达 600 公顷,品种 36 个。是年,全镇耕地 2516.53 公顷。其中,水田 1863.80 公顷,旱土 652.73 公顷。粮食作物播种面积 5765.37 公顷,总产粮食 3.49 万吨。出栏生猪 5.81 万头,年末存栏 2.68 万头;出售和自宰牛 3200 头,年末存栏 3588 头;出售和自宰羊 3197 只,年末存栏 2247 只;出售和自宰家禽 11.8 万羽,年末存栏 6.2 万羽。农业总产值 1.5 亿元。

工业 1995 年,有企业 7 家。其中,煤矿 2 家,建筑企业 3 家,化工企业 1 家。从业人员 1000 人,工业总产值 250 万元。2007 年,有企业 48 家。其中,煤矿 8 家,红砖厂 39 家。从业人员 2500 人,工业总产值 2543 万元。

商业贸易 1995 年,有供销分社 3 家,供销社商店 28 家,代销店 60 家,经销店 240 家,服务业经营户 110 户,从业人员 370 人,集贸市场 3 个,临时赶集点 3 个。社会商品零售总额 0.17 亿元。2007 年,个体商贸、服务业经营户 685 个,从业人员 1500 人,集贸市场 3 个,临时赶集点 3 个。社会商品零售总额 1.2 亿元。

财政金融 1995 年,完成税收 46.28 万元。其中,国税 27.54 万元,地税 18.74 万元。财政总收入 287 万元。有金融机构 2 家,各类存款余额 0.6 亿元,各项贷款余额 0.2 亿元。2007 年,完成税收 270 万元。其中,国税 76.18 万元,地税 193.82 万元。财政总收入 518 万元,财政总支出 517 万元。有金融机构 2 家,各类存款余额 1.3 亿元,各项贷款余额 0.4 亿元。

教科文卫

教育 1995 年,境内有初中 3 所,小学 9 所,教学点 16 个,幼儿园 25 所。在校初中学生 2700 人,小学学生 5500 人,入园幼儿 1000 人。中小学任课教师 350 人,中小学教师学历合格率 75%。初中适龄人口入学率 85%,小学升初中升学率 95%,九年义务教育覆盖率 95%。财政预算内教育经费 450 万元。2007 年,有幼儿园 3 所,在园幼儿 689 人,任课教师 41 人;小学 15 所,在校学生 4100 人,任课教师 177 人,小学适龄儿童入学率 100%;初中 3 所,初中在校学生 1600 人,任课教师 92 人。初中适龄人口入学率、小学升初中升学率、九年义务教育覆盖率均达 100%。财政预算内教育经费 1485 万元。

文化艺术 1995 年,境内有文化站 1 个、广播电视站 1 个。民间文化活动有新丰王家木偶剧、塘湾山歌等。2007 年,有文化站 1 个、广播电视站 1 个。有村级文化活动中心 18 处,各类图书室 18 个,藏书 9000 余册。

医疗卫生 1995 年,境内有卫生院 3 所,病床 40 张,固定资产总值 20 万元,卫生技术人员 50 名。其中,执业医师 36 人,执业助理医师 10 人,注册护士 16 人。有村级卫生室 51 个,乡村医师 51 人,妇幼保健员 51

人。2007年,荷塘镇中心卫生院和两所分院共有病床96张,固定资产总值1300万元,卫生技术人员67名。其中,执业医师39人,执业助理医师12人,注册护士8人。年完成诊疗1.8万人次。有村卫生室51个,医药超市3家。村民4.8万人参加新型农村合作医疗保险,参保率92%。

名胜古迹

锡三堂　坐落于古楼村,建于清咸丰年间,系湘军右营统帅李续宾、湖北巡抚李续宜两兄弟故居,建筑面积4987平方米,坐北朝南,三进五横,由功绩牌坊、荷花塘、门庭、正堂、后院、练兵场及厢杂房、天井院落等组成。为省级文物保护单位。

二十 金石镇

图 32-20 金石镇党政机关办公大楼

金石镇，位于北纬 27°27′53″~27°36′52″，东经 111°52′00″~112°01′32″。地处涟源市东南部，东毗双峰县洪山殿镇，南接双峰县甘棠镇，西邻荷塘镇，北与水洞底镇、娄星区茶园镇相连。地势南北略高，向中部倾斜，西部较高，最高点海拔 579 米，一般在 200 米左右。东西最大距离 13.25 千米，南北最大距离 16.5 千米。1995 年 11 月 29 日，灌涓乡、常林乡、金石乡合并，设立金石乡，总面积 108 平方千米。乡政府驻地砂石村，距涟源市区 45 千米。辖 55 个村委会 710 个村民小组。共计 16656 户，总人口 56160 人，其中农业人口 55110 人。人口密度每平方千米 520 人。财政总收入 410 万元，农民人均纯收入 859 元。1998 年 10 月 23 日，撤销金石乡，设立金石镇。2007 年，辖 55 个村委会 746 个村民小组，1 个社区居委会 15 个居民小组。共计 17716 户，总人口 59427 人，其中农业人口 57516 人。人口密度每平方千米 551 人。财政总收入 968.4 万元，农民人均纯收入 2230 元，分别是 1995 年的 2.36 倍和 2.60 倍。

基础设施

交通运输设施 1995 年，境内公路总里程 150 千米，其中乡村公路 90 千米。有货运汽车 5 辆，拖拉机 13 辆，客车 5 辆。2000—2001 年，多渠道筹措资金，并积极发动外出创业人员支持家乡建设，对七灌线、太甘线进行水泥硬化。国家立项补助和各界捐款共筹资 1600 多万元，对 89 千米通村公路进行硬化改造。2007 年，境内 210 省道横贯东西，洛湛铁路纵贯南北，距上瑞高速公路双峰出口 8 千米，离双涟火车货运站 3 千米。七灌线和通村公路基本硬化。公路总里程 180 千米，其中乡村公路 100 千米。有货运汽车 48 辆，拖拉机 35 辆，客车 54 辆，小汽车 26 辆。

电力设施 2007 年，有发电站 1 座，年发电约 20 万千瓦时，110 千伏变电站 1 座，供电线路 65 千米，供电 711 万千瓦时。

水利设施 1995 年，境内有小型水库 10 座，山塘 3954 口，河坝 167 处，电灌站 41 处，装机 41 台 898 千瓦。至 2007 年，采取争取国家项目投资、乡镇财政投资、群众集资的方式，共筹资 2000 多万元进行除险加固，整修山茂水库、工农兵水库、合心水库、杨荷水库及山塘 862 口，改造和新修渠、圳 80 多千米。是年，境内有小型水库 10 座，山塘 3500 口，河坝 110 处，电灌站 27 处，装机 27 台 610 千瓦。

集镇建设

1995年，主要集镇3个，建筑面积8000平方米，商业店铺35家。1999年，征地2.67公顷，加速小城镇建设步伐，增加经商铺面200个。2007年，全力打造振兴路开发区，投资120万元进行第二期开发建设，增加铺面340家；投资80万元，对机关路进行拓宽改造；投资400万元建好镇机关办公大楼。是年，主要集镇3个，建筑面积5.9万平方米，商业店铺575家。

乡镇经济

农业　1995年，耕地2510.87公顷。其中，水田1888公顷，旱土622.87公顷。以种植粮食、豆类、薯类、油料、药材为主。粮食作物播种面积5944.93公顷，总产粮食2.94万吨。出栏生猪3.17万头，年末存栏2.73万头；养牛3525头；出栏山羊412只，年末存栏583只；饲养家禽35万羽。21世纪初，利用本地优势发展"一村一品"，重点发展养牛大户和养猪大户，形成以青春、坝塘、岩江、砂石等村为主体的特色种植基地，种植10多个药材品种和油茶林。2007年，发展优质稻346公顷，种植杂交玉米327公顷，生产精品茶油上100吨。是年，全镇耕地2428.83公顷。其中，水田1887.07公顷，旱土541.77公顷。粮食作物播种面积6151.44公顷，总产粮食3.91万吨。出栏生猪6.26万头，年末存栏4.89万头；出售和自宰牛4027头，年末存栏6200头；出售和自宰羊4100只，年末存栏3000只；出售和自宰家禽32万羽，年末存栏26万羽。

工业　1995年，有企业19家。其中，煤矿13家，建筑企业5家，化工企业1家。从业人员4000人，工业总产值4216万元。1997年，形成以国家二级施工企业"湘中水利水电建设工程有限公司"为龙头，以特种炉料厂、双坪煤矸石砖厂、天梦被服厂、蓝天针织厂、自来水厂、35千伏变电站、山茂煤矿、檀木煤矿等20多家企业为后盾的工业网络，产品涉及工程建设、煤炭、建材、铸造、化工、日用品等领域。2004年，为盘活集体资产，实施"公退民进"方案，2005年，对5家镇属煤炭企业进行改制，引进资金2100多万元，盘活集体资产2600万元，为镇财政提供可用财力1500万元，偿还债务400多万元。2007年，全镇有企业15家。其中，煤矿2家，红砖厂8家。从业人员8000人，工业总产值2.03亿元。

商业贸易　1995年，有供销分社3家，供销社商店18家，代销店168家，服务业经营户211户，从业人员450人，集贸市场5个，临时赶集点4个。2007年，个体商贸、服务业经营户1580个，从业人员3258人，集贸市场10个，临时赶集点10个。社会商品零售总额2.1亿元。

财政金融　1995年，完成税收215万元。其中，国税95万元，地税120万元。财政总收入410万元，财政总支出380万元。2007年，完成税收910万元，财政总收入968.4万元，财政总支出985.3万元。有金融机构1家，各类存款余额3286万元。

教科文卫

教育　1995年，境内有初中3所，小学8所，教学点8个，在校初中学生3010人，小学学生5038人，入园幼儿800人，中小学任课教师350人，中、小学教师学历合格率72.6%。初中适龄人口入学率85.3%、小升初升学率87.6%、九年义务教育覆盖率92.8%。此后，兴建金石中学教学楼，常林中学教学楼，灌涓中学教学楼，镇中心小学教学楼,拆除原砂石乡大礼堂建砂石中学运动场,改建20所村联小学。其中,祖籍湖广村的刘亚将捐款85万元改造湖广学校,祖籍星星村的李仲初捐款100万元新建迪康小学教学楼。2007年,全镇有初中4所,小学10所,幼儿园4所,在校初中学生2360人,小学学生4254人,入园幼儿1500人,中小学任课教师350人。初中适龄人口入学率100%,九年义务教育覆盖率100%。

文化艺术　1995年,境内有文化站1个、广播电视站1个。有各类文化专业户15户。2007年,有文化站1个、广播电视站1个。有村级文化活动中心55处,各类文化专业户55户,各类图书室55个,藏书7.5万余册。

医疗卫生　1995年,境内有镇卫生院1个,卫生分院2个,固定资产总值200万元,卫生技术人员52名。其中,执业医师18人,执业助理医师22人,注册护士12人。有村级卫生室55个,乡村医师55人,妇幼保健员55人。2007年,卫生技术人员36人。其中,执业医师18人,执业助理医师12人,注册护士6人。有村卫生室55个,乡村医师55人。

人文名胜

乐恺堂　位于金石镇桃林村,始建于清康熙十六年(1678),康熙三十九年(1701)翻修,三进九厅,108间房,占地5000余平方米(今存1000余平方米),清代名臣谢振定出生于此,其子谢兴峣,其孙谢邦鉴均中进士,有"父子翰林三进士"之说。谢振定为乾隆监察御史,清正刚直,曾仗义烧毁和珅妾弟违制之车,被誉为"烧车御史",名传天下,载入《清史稿》。

二十一　经济开发区

机　构

1992年9月,省经济体制改革委员会批准成立涟源市马家境经济开发区。马家境街道党委隶属开发区党委。1994年8月,更名市经济开发区。1995年1月,撤销马家境街道,设石马山镇,市经济开发区党务工作由石马山镇党委代行,实行"两块牌子,一套人马"。1997年11月,设置办公室、土地规划科、招商引资科、社会事务科、人秘财务科5个科室,定编16人。2003年4月,市经济开发区人、财、物并入石马山镇。2006年,通过国家发展和改革委员会终审,市经济开发区保留为省级开发区,更名湖南涟源经济开发区。

规划与建设

1992年9月,市马家境经济开发区行政管辖面积9.2平方千米,辖6个村委会(马家境、石梅、新中、乌鸡坝、张家湾、青烟),7个居委会(石马山、梅园、牛车边、十字坳、双江口、石山、黄山),总人口近2万人。规划建设面积4.13平方千米。园区定位为复合生态工业园区,功能划分为"六园二区",即新材料产业园、中成药产业园、机电产业园、农用汽车组装产业园、轻工业产业园、冶金产业园、物流区和配套设施区。区内基础设施有220千伏、110千伏变电站,日产5万吨自来水厂,其他各项配套设施齐全。

1992—1996年,修建主干道人民东路莲花广场至工业广场段,长1500米,宽45米(其中,水泥路面16米,两侧各预留14.5米)。干道两旁建有门面约220个,建筑面积约66000平方米;修通梅亭路,长1597米,宽30米(其中,路面宽12米,两侧绿化带连同人行道各宽9米);修通工业桥和工业路,长540米。建成梅园市场,及四纵两横的梅园小区:东西走向的松青街、桂圆街、梅苑街、春意街,南北走向的腊梅街、梅子街。街道总长1270米,宽均为10米。道两侧为绿化带。有门面约1200个,建筑面积约25万平方米。

1998—2004年,建设望梅生活服务区,区内建有2条长150米,宽10米(其中,路面宽6米,两侧绿化带连同人行道各宽2米)东西向的道路(未命名),2条长50米,宽6米南北向的道路,建有门面约160个,建筑面积约28000平方米。

2006年,在石梅村建设市石马山汽车站。石马山汽车站占地17342平方米,停车位20个,建筑面积2000平方米。为涟源至荷塘、新禾、白马、娄底、茅塘、田心坪、湖泉、黄栗等8条客运线路的始发站。

2007年底,重新划定市经济开发区核心开发建设范围:涟源大道和工业路以东、涟水河以北、温江河以西、娄涟二级公路以北200米范围内的新中、马头山、木灵、乌鸡坝、东轩、双车、长车、飞仙8个村,规划面积6.1平方千米。是年,市经济开发区境内有22万伏、11万伏变电站各1座,日产5万吨的水厂1家,工业企业86家。其中,娄底市中源新材料有限公司、湖南远扬煤机制造有限公司、湖南创安防爆电器有限公司、娄底嘉鑫精炼有限公司、涟源嘉鑫冶金有限责任公司、湖南省回春堂药业有限公司等规模以上企业14家,形成机电、新材料、生物医药等支柱产业。工业总产值达到11.16亿元,占全市工业总产值的12.77%;上缴税收5000多万元,占全市工业企业总数18.93%。是年,全市还有伏口能源工业区,桥头河农产品加工业区,杨市化工、轻工业区,茅塘石门工业园区等特色工业区进行规划和建设。

人物

一 人物传

前志《人物传》收录谢振定、梁璧斋、邱奇节、曾广渊、李续宾、李续宜、刘连捷、李光久、贺贵发、肖琢如、李希圣、吴牧郎、颜息庵、肖雍元、李燮和、李云龙、李任、龚翼星、刘果卿、李诲、梁焜耀、邱鹏年、邱鹏万、梁竞魂、谭戒甫、廖湘芸、李鑫、梁逸民、王校膺、李进隆、陈浴新、毛炳文、梁祇六、李柏荣、吴觐光、罗驭雄、罗宗翰、刘中、聂昭良、李岳峰、王蛟池、卢天放、刘若云、李道宗、陈文光、蒋牧良、梁湘芸、刘琦松、李莮、吴颖才、陈海泉、梁化中、梁翰周、梁建新、李春莲(女)、肖作霖、周翊襄、龙中华、吴鉴光、李钦民、毛英华、吴若虚,计62人。本志收录有突出事迹和重大影响的涟源籍及长期在涟源工作的外籍去世人物47人(含前志补遗26人),按卒年先后排序。

刘公泰

刘公泰(1924—1988),山东省临清市朱庄村人。出身贫苦,17岁加入中国共产党,19岁参加八路军冀南四分区武工队。1943年8月—1949年1月,先后担任山东省馆陶县三区公安派出所所长、区长、区委书记。1949年,随解放大军南下,任安化县三区区委书记,是时,工作条件险恶,刘不顾个人安危,克服生活和语言上的困难,团结地方干部,广泛发动群众开展减租减息、清匪反霸和土地改革运动,组织力量筹借军粮,使南下队伍在三区迅速站稳脚跟。1951年,调蓝田县公安局任局长,在镇压土匪、恶霸、特务、反动党团、反动会道门组织时,深入基层,摸清情况,把握政策,防止扩大化。1953年5月,调邵阳地区公安处,先后任副处长、处长和邵阳行署分管治安保卫工作副专员。1959年4月,娄邵铁路动工,任工程指挥部副政委,主持日常工作。1960年6月,第二次来涟源工作,任中共涟源县委书记。刘一上任就组织专门班子纠正"五风"(共产风、浮夸风、强迫命令风、瞎指挥风、干部特殊化风)错误,组织开展增产节约运动,使大家团结一致,战胜旱灾,共渡难关。刘廉洁奉公,以身作则,在生活最困难的时候,不搞特殊化,和广大干部群众同甘共苦。春节期间,深入农村向军烈属拜年,召开座谈会了解群众疾苦。1963年,调任邵东县委书记。1964年,任湘乡县委书记,兼邵阳地委副书记。1966—1977年,任湘潭地委副书记。1973—1976年,被派遣前往非洲加纳共和国,担任援助该国的农业技术组组长。1976年底,受省委派遣率工作组到邵阳工作。1977年,任邵阳地委书记。1978年,到甘肃省工作,任天水地委书记。1981年底,调回湖南,先后任省委政法委副主任、主任。1988年9月10日,在出差靖州县途中,突遇山洪暴发,以身殉职。

梁　宇

梁宇（1914—1988），三甲乡人。1929年，高小毕业后，因家境贫寒，随父母到蓝田双江口种田。1930年，考入安化县立中学。1933年，考入长沙高等工业学校。1936年，在安化第四区高级小学执教。1938年秋，参加中国共产党。1943年去重庆，寄居担任中央训练团少将教育长的堂叔梁化中家里复习功课。1944年，考入重庆乡村建设学院农学系，当选为学生自治会主席，多次组织师生参加集会和游行，声援北平、昆明等地的爱国民主运动，从事“反内战、反饥饿、反迫害”的学生运动，1947年6月1日被捕。1948年春，经梁化中保释出狱。1949年5月，参加蓝田武工队，任指导员。1950年2月，任中共安化县委办公室秘书。1952年5月，调安化县新一区任政委。1953年8月，调益阳专署任财委秘书。1955年5月，被借调去中国人民解放军总政治部驻广州军区办事处工作，以商人打扮去香港，学习英语、粤语、闽语、客家话，准备入台湾，经过七八个月努力，因办不好去台湾护照而返回广州。1957年8月，回邵阳专署任农林科科长。1958年5月，调任专署农业干部学校副校长。1959年10月，学校更名农学院，梁任副院长。1962年，调邵阳地区农科所（后改娄底地区农科所）任副所长。“文化大革命”时期，被戴上“反动学术权威”“走资派”“大叛徒”三顶帽子，被安排喂养两头水牛。1974年退休。中共十一届三中全会后，被平反。1988年病逝。

廖觉雄

廖觉雄（1917—1991），桥头河镇人。三岁丧母，因与继母不和被送姑父家抚养。1929年，受姑父打骂逃往广东。1930年入黄埔军校学习，毕业后分配至国民革命军14军56团3连任排长。1937年升为连长，赴上海江湾阻击日本侵略军。9月，调71军211团1营任营长。1938年9月，参加武汉保卫战，阻击由安徽进入武汉的日军。9月9日，在叶家集战役中，率领全营官兵，利用地形掩护，向日军发起突袭，歼敌300余人。9月15日，奉命率2000名精兵死守富金山，坚守14天，因受伤严重被送往医院。获国民政府一等宝鼎勋章，晋升为中校。1940年4月，伤愈后至11集团军总司令部任上校步兵团长，后任军械总库库长。1941年部队整编，调昆明16军官总队任总务组长兼混合大队长。1948年，调四川22兵团72军233师任少将副师长、代理师长，兼699团团长，宜宾警备司令。1949年11月，响应兵团司令郭汝瑰号召，率部在宜宾起义。起义后，中国人民解放军西南军区委任其担任团长、宜宾警备司令员。1951年6月，调重庆第二野战步兵学校任教官，后调西南军大高研班学习。1952年9月回乡。1953年，因历史问题被送劳动改造。1975年12月平反，任湖南省参事室参事，回乡定居。1980年，被选为湖南省第六届人大代表。1988年，加入中国共产党。1991年8月病逝。

易树基

易树基(1942—1992)，长沙市人。7岁丧父，兄妹3人，由母哺育成人。毕业于长沙农校，分配至涟源工作，历任县农业局植保员、股长、副局长及桥头河区委书记。易为人平易，艰苦朴素，工作责任心强，任劳任怨，为干部群众所称道。1983年，任涟源县副县长，分管农业。1985年，任中共涟源县委副书记。1986年，当选涟源县人民政府县长。1987年11月，涟源撤县设市，改任涟源市第一任市长。易胸怀宽阔，不计个人得失，工作中反对虚假，坚持实事求是，并敢于碰硬。1991年10月突患脑溢血中风瘫痪。1992年10月病逝。

刘 琼

刘琼(1908—1993),又名辅玲,安平镇双龙村人。毕业于国立中央政治大学。中华人民共和国成立前,历任湖北省大冶县县长、湖南省政府新闻处处长、省民政厅厅长、省政府主任秘书。1949年去台湾。先后任国民党中央组织委员会委员、中央设计考核委员会委员,兼任国立成功大学教授。1977年,定居加拿大,任加拿大多伦多大学教授。1987年,回国省亲,向市政协赠送其《市政学》《美国州政府与地方政府》等4部著作。1993年在多伦多市去世。

刘渭滨

刘渭滨(1926—1993),涟源市人。1950年,毕业于湖南大学。1951年,任黑龙江省齐齐哈尔市富拉尔基区第一发电厂工程综合勘测队长。1954年始,先后任东北电力设计院勘测主任工程师、专业工程师、勘测副主任、勘测总工程师。任吉林省地质学会、测绘学会理事,教授级高级工程师。1973年,负责领导辽宁元宝山坑口电厂选厂队,选择合适的大型厂址。其后连续4年担任元宝山、通辽大型火电厂地下水源及山东十里泉电厂岩溶水等国家重点工程的勘探与成井综合队长。提出连续历史枯水年系列概率计算的水原平衡观点,计算大型电厂的水资源,负责组建电模拟实验室及大水源地综合观测站。运用有限元平衡计算方法与模拟试验及观测数据相验证,使枯水地区的大型火电厂水资源评价建立在先进的理论和可靠的实验基础上,为东北枯水地区的大型火电厂前期选厂作出贡献,得到上级主管评审单位好评。

刘对工程质量要求严格,元宝山水文地质水源勘测工程获国家金质奖,通辽电厂水源勘测工程获国家银质奖。在富拉尔基第二发电厂工程地质勘测中,建议将通用人工地基的电厂改用天然地基,获国家银质奖和部优秀工程奖。1989年,被建设部授予"中国工程勘察设计大师"称号。1993年病逝。

李聚奎

李聚奎(1904—1995),原名新喜,龙塘乡新石桥村人。家境贫寒,8岁辍学务农。1926年9月,改名聚奎参加国民革命军。1928年7月,参加彭德怀领导的平江起义。8月,加入中国共产党。11月下旬,随彭赴井冈山。1929年1月26日,指挥中队在黎坪山坚守哨口阵地,掩护红四军大部队突出重围。3月,红五军在安福县城外遭三面伏击,彭德怀下令突围,李率领中队拼死冲入敌阵,杀出一条血路,占领一处高地阻击敌人,掩护部队脱离险境。战斗结束后,升任第八大队大队长。1930年9月3日攻打长沙,在猴子石与敌激战数小时,子弹全部打光后,不得不向后撤退。军长黄公略发出反攻号令,李掉头加入反攻队伍,端着空枪向敌人冲锋。敌方措手不及,乱作一团,李所在支队每人缴获两三支枪。10月,升任红三军第9师第27团团长。1932年,任红三军第9师师长。1933年2月26日,国民革命军52师和一个旅集结在大龙圩,李指挥红9师奔袭,仅40分钟,俘虏敌师长李明及部下官兵3000余人。第五次反"围剿"失败后,红一方面军被迫开始长征。李指挥红1师掩护中央机关转移,连续突破四道封锁线。1935年1月3日,率红1师强渡乌江。3月21日、22日,四渡赤水。5月25日,指挥红1团强渡大渡河。1935年8月中旬,红一方面军与红四方面军会师后,任红四方面军第31军副参谋长。红四方面军总直属队及红30军、9军、5军组成西路军西渡黄河以后,李调任红9军参谋长。

1937年3月,整个西路军转战于永昌、山丹、高台等地,最后在倪家营子被包围,苦战40天,弹尽粮绝,最后全军覆灭。李独自一人边要饭边向东走,两个月后到达援西军司令部。抗日战争爆发后,任八路军129师386旅参谋长,协助旅长陈赓率部奔赴山西抗日前线,在长生口、神头岭、响堂铺、武乡等地重创日军,粉碎日军六路围攻。1943年,率部参加百团大战,粉碎日本侵略军围困沁源的阴谋。1945年11月,任冀察热辽军区参谋长,指挥争夺古北口战斗获胜。1947年初,任西满军区参谋长。1948年8月,任东北野战军后勤部副部长。1950年8月,任东北军区后勤部部长,负责筹措、运输抗美援朝物资。为解决敌机轰炸和夜间作战部队不能生火做饭问题,李提出向部队供应炒面,20多天将2000吨炒面送到前线,解决部队最低限度的生活保障。1952年9月,任中国人民解放军后勤学院院长。1955年,任石油工业部部长。1958年2月,任中国人民解放军总后勤部政治委员,授上将军衔。1966年4月,调任高等军事学院院长,随即被打成"反革命",1970年4月监禁于贵州龙里兵站。1973年回到北京,1976年秋平反。1977年任中央军事委员会委员,12月担任复建后的后勤学院政治委员。1981年7月任中共中央军事委员会顾问。1982年任中共中央顾问委员会委员。1984年80周岁时,给自己写下座右铭:"纵然给我更大的权力,我也决不以权谋私。纵然给我更多的金钱,我也决不丢掉艰苦奋斗。纵然让我再活八十岁,我也决不止步不前。"是时,家里坐的仍是30年前的藤椅和以红砖垫脚的旧沙发,用的还是解放战争中缴获的漱口杯。1995年病重期间,抄录五份《三大纪律八项注意》分送给后辈。是年6月25日,在北京逝世。

李新华

李新华(1926—1998),娄星区杉山镇人。读过私塾、小学,青年时煮酒、磨豆腐,耕种田地。1950年8月参加工作。1951年加入中国共产党,转为国家干部,调九区(娄底区),先后担任九区团工委委员、副区长、区长、区委副书记。1954年5月—1956年6月,任五区副区长、区委副书记。后历任蓝田工作组组长、办事处副主任,西阳乡党委书记,娄底人民公社书记。1960年10月—1961年12月,历任新成立的娄底市(今娄星区)农村部副部长、部长,副市长。1962年1月,调任涟源县副县长。1968年,李带工作组至古塘公社枫木林大队蹲点治穷,枫木林大队严重缺水,十年九旱。他带领群众找水源,发现云台山有个石洞溢出一线大的水,立即组织老农座谈,提出凿石取水。李与民工日出而作,日落而归,连续奋战两年多,终于使一股洞水流入蒿子岭3公顷天水田,人们尊他为"活愚公"。1973年9月—1980年5月,李历任县农办主任、县计委主任、县革委副主任。1980年6月,当选涟源县副县长(常务)、县委常委。1984年4月—1985年4月,任政协涟源县第六届委员会主席、党组书记。1985年4月,改任县政府顾问。1987年5月退休。1998年病逝。

李出身穷苦,工作40余年,地位不断变化,其劳动者本色始终未变。克己奉公,推己及人,平易朴实,工作不诿过于人,生活不搞特殊化。无论在哪个岗位,常常戴草帽、穿草鞋,与普通百姓同吃、同住、同劳动、同商量。"大跃进"时期,主管全县农业,兴修水利,常到各工地,同民工一道担土运石,打夯填土。花甲之年,主持编写《涟源市志》,志书进入定稿阶段,其糖尿病病情加重,仍念念不忘修志,躺在病床上听汇报、提意见。在其临终之际,《涟源市志》付梓。

杨卓辉

杨卓辉(1974—1998),白马镇学足村人。1994年至广东省深圳市万厦居业公司打工。1998年4月6日,深圳市福田区莲花北村皇家娱乐城保龄球馆收银员伍丽江将19700元营业款送往三楼财务室时遭遇持刀抢劫，劫匪抢走现金逃跑，伍大声呼叫。在楼下做工的杨卓辉听到呼喊，看到劫匪逃走，立即放下工具，飞身追赶，在福莲大厦人行道与莲花路交叉处，将劫匪抱住，劫匪抽出尖刀威胁，又将钞票抛撒在地，围观者纷纷忙于捡钱，杨始终不肯松手，被劫匪刺中胸口，在送往医院途中牺牲。1998年4月16日，共青团娄底地委追授杨卓辉"青年楷模"称号，娄底地区综治委追授其"见义勇为杰出卫士"称号，并颁发见义勇为特等奖。1998年4月，共青团深圳市委员会授予其"鹏城青年义勇勋章"。2000年4月16日，民政部批准其为革命烈士。

毛键钧

毛键钧(1906—1999)，字伯奇，杨市镇快溪村人。1926年，入黄埔军校第六期步兵科。1933年，加入复兴社特务处，得顾祝同、白崇禧擢拔，任国民党鄂陕甘渝绥靖总司令部督察兼陵川县县长。抗战爆发后，任军事委员会别动总队行动组长，情报站长，军统调查室科长、秘书，第一战区司令长官部调查室副主任，军统局宜昌站站长，东北前进指挥所组长。1948年，改任保密局长沙站站长，长沙绥靖公署调查处少将处长。1949年秋，中共代表李明灏秘密到湖南策反长沙警备司令陈明仁，毛建议陈囚禁李明灏予以公审，陈明仁拒绝。由于毛反对与中共接触，效忠蒋介石，8月2日，宪兵10团2营营长刘元凯将其扣押于坡子街某银行内。8月4日，陈明仁下令释放毛，派专机将其送往芷江。未几，毛随国民革命军至台湾。此后，弃武就文，以弘扬宗教哲学为己任。1999年6月24日病逝。

萧赞育

萧赞育(1905—1999)，字化之，又名铭奎，茅塘镇道童村人。黄埔军校第一期毕业，后赴苏联莫斯科中山大学、日本明治大学学习。回国后先后任国民革命军中央军校毕业生调查科主任，蒋介石侍从室秘书、侍从室第三处中将副主任，国民党中央党政军联席会议秘书长，中央军校政治部主任，武汉行营政治部主任，国民党南京市党部主任委员，中央组织部副部长，《扫荡报》《和平日报》总社长，中央训练团教育委员，三青团中央监察委员、中央干事。1949年去台湾，任中华文化基金会董事长。1963年，当选国民党第九届中央委员。1969年起，任第十至十三届中央评议委员。著有《中华民族的根本问题》《知行问题》等书。1991年，回大陆访问。1999年去世。

吴凤之

吴凤之(1926—2000)，安平镇四古村人。4岁入私塾，开始临帖。1947年，高中毕业后，在家乡教小学。1949年，考入长沙革命大学。1951年，分配至广州黄埔港务局。1953年春，调交通部人民交通出版社工作。1958年，中央直属机关组织青年干部到农村支援、巩固人民公社，被分配至河南省农村劳动锻炼，1959年春，留在南阳市航运管理处工作。1969年，至南阳市五七干校劳动。1970年，调南阳大河铜矿。1986年，离休，定居北京。吴工作之余，潜心临摹魏、汉、唐代书法大家的字帖，钻研篆书、隶书、楷书、草书、行书各体，独辟蹊径，自创指书、拳书和掌书。《人民日报》(海外版)、《中国书画报》《中国日报》(英文版)、《解放军报》《人民中国》等30多家国内报刊和日本、韩国的报纸刊载其作品，大多撰文评论，《华声报》称赞其指书作品"飘逸、矫健、奇峭，既有写意梅花的风姿，又具泼墨青松的气质”。中央电视台在“神州风采”栏目中播放时，冠以“中国一绝”的标题。除同弟凤翔、妹凤缘在京举办三次书画展外，1998年秋、1999年春，兄妹三人又在美国洛杉矶举办两次书画展。其为豫、辽、鄂、浙、鲁、皖、湘等省的多处名胜古迹题字被勒石，拳书“寿”字被作为礼品，送朝鲜民主主义人民共和国主席金日成。出版有《吴凤之书法作品选》《吴凤之、吴凤缘兄妹书画集》，与笔友合著《书艺四品荟萃》。2000年6月12日在北京去世。

梁一鸣

梁一鸣（1911—2000），三甲乡三甲村人。10岁时，因水旱灾害，随父母逃荒到长沙，以乞讨为生。第二年父母相继去世，被积善小福堂收留。1922年，由北京香山慈幼院收容。1926年，在香山慈幼院加入中国共产主义青年团，任学校团支部组织委员，积极组织学生开展示威、游行活动。1931年，因参与组织学生运动被香山慈幼院开除。不久经中共组织安排到北京市丰台区做工会工作。1932年加入中国共产党。1933年春，被党组织派往河北省张家口市总工会做党团宣传工作，领导张家口电灯公司工人罢工。同年，又被派往抗日同盟军5师，任宣传队长。1933年，任中共绥远省（今并入内蒙古自治区）特委宣传部长。1935年春，在北京香山慈幼院核桃园小学以教员身份从事中共地下工作。1939年，任八路军冀鲁豫支队第三大队民运、教育股长。1941年，任新四军8旅24团组织股股长。1943年，任新四军8旅直属机关党总支书记。1945年，任新四军3师组织部科长。1946年初，由中共西满分局派往哲里木盟科左中旗开展工作，建立党组织；4月，任哲盟地委委员、政府秘书长。1947年，任科左后旗旗委书记，领导土改、支前等工作。1949年初，任哲盟地委宣传部部长，哲盟政府盟长。8月，任中共哲盟地委代理书记。1950年，任内蒙古自治区人民政府秘书长。1954年8月，任内蒙古自治区人民政府委员，政协内蒙古自治区第一届委员会常委。1956年，任内蒙古计划委员会副主任。“文化大革命”中遭迫害，下放劳动。中共十一届三中全会后平反。1979年，任政协内蒙古自治区第四届委员会副主席。1983年离休。2000年在呼和浩特病逝。

龙涤波

龙涤波（1905—2001），湄江镇石陶村人。1925年7月，考入黄埔军校。1926年10月毕业，任黄埔军校第六期第一总队第十二中队少校区队长，后任第八期步兵第一队队副。1933年，任国民革命军中央军校第十期入伍生团第十连连长。1934年，任第十期第一总队步兵大队第三队队长。1936年，任宪兵司令部第三旅补充团团附。1937年，任宪兵第十三团团长，驻昆明。汪精卫从南京派代表到昆明活动，被宪兵第十三团查获扣留，云南省主席龙云派兵去抢，蒋介石为敷衍龙云，将龙涤波撤职。1946年，龙涤波任第十六军官总队少将副总队长、总队长。1947年，任第十军官大队少将大队长。1949年到台湾，在“国防部”军事情报局工作。退役后，定居社子岛忠诚二村。2001年病逝。

陈大中

陈大中（1914—2004），三甲乡财溪村人。黄埔军校第十五期步兵科毕业。1937年11月，在长沙参加西北军官训练班。次年2月赴西安，编入黄埔军校七分校十五期二总队三大队受训。1939年4月毕业，分配至西安战时干部训练团第四团一总队一大队任大队长。1940年6月，调陕西关中师管区任参谋主任。1943年1月，萧作霖（兵役部中将司长）物色陈去湖南沅永师管区改革兵役，陈革除兵役弊习，效果显著，被兵役部誉为改革先锋，其方法在全国推广。1943年11月—1945年4月，陈先后3次送新兵，其行军补助费与所有送兵官员、军士、新兵均分，深获新兵拥戴，所送新兵纪律严整，作战勇敢。1948年春，任湖南省保安司令部上校参谋。1949年8月，参加湖南和平起义，任湖南起义军邵阳第六联防指挥部少将指挥官，率部与国民党华中剿匪总司令白崇禧所属新八军（军长尹立言）和龙山土匪黄天佑部进行过多次战斗。1950年6月去香港，在九龙东亚热水瓶厂工作。12月，应黄埔军校十五期同学谭绍鼎（原国民政府内务部部长谭霖之子）之邀同去日本，经谭介绍与日本商人接洽，日本商人答应提供100种商品运往香港经销，后因担保手续没办好而未果。1951年1月，途经长沙时被长沙市公安局逮捕，在刑讯逼供下，被迫承认在香港与李宗仁组织“第三势力”，被长沙市中级人民法院判处无期徒刑。1975年12月，全国人大常委会对国民党县、团以上军政人员进行特赦，陈被安排在原劳改单位湖南省新新煤矿工作。1985年7月退休。1986年1月8日，中共涟源县委统战部去函全国人大常委会副委员长程思远调查了解有关情况，13天后收到程的复信：李宗仁在香港并没搞“第三势力”。1990年10月，陈担任涟源市黄埔同学会名誉会长。2004年去世。

姚造雄

姚造雄（1917—2004），又名继光，杨市镇陡山村人。1936年6月，经同乡萧赞育介绍，至国民革命军5军干训班受训。1941—1944年，先后任四川内江车站司令部中校调度员、上校总务科长、秘书及九战区粮食运输主任。1945年离职，教书6个月。1945年7月，在国防部第一厅任中校秘书。1947年8月，任青年军驻台湾205师少将参谋长，年底任南京特别党部文化委员兼20区党部书记长。1948年5月，兼任国民党中央南京印刷厂发行社副社长，6月，又兼任《中国时报》总编辑。1949年1月，任国民党湘鄂赣边区总司令部少将高级参谋。8月，参加湖南和平起义。尔后在南岳军政大学学习。1952年8月，因历史问题被中南军区军法处判刑4年，刑满后在长沙新生砖厂、新生水泥厂劳动。1958年9月，又因历史问题判处管教。1975年12月，特赦后回乡生产。1983年，经广州军区军法处撤销原判，平反昭雪，中共涟源县委统战部认定其为起义人员，作离休安排，后任政协涟源县第六届委员会委员。姚精于正骨医学，治愈骨伤患者上千人。2004年去世。

李　浑

李浑（1911—2005），原名扬卿，龙塘乡茶坳村人。出身贫苦，读过5年旧学，1年新学。1934年，参加国民革命军。1937年8月，任陆军10师59团3营9连中尉排长，参加河北南口对日20天血战。11月24日，任上尉连长，奉命驰援雁门关。到达忻口镇时，雁门关失守。11月26日拂晓至12月14日，战斗极端激烈，李所在连伤亡84人，仅存68人，李腰部受伤。1945年夏，抗日战争进入尾声，被国民政府裁减回家。回到家乡后，李无以为业，赴当时的陪都重庆谋生。9月28日，在《扫荡报》刊登启事，倡导在渝失业军官集会。10月9日，1335名失业军官在关岳庙前公路上集合，向国民政府军政部部长陈诚提出4项要求，均被接受，所有失业军官全部编入重庆市军官总队。1947—1948年，李先后2次策动兵变，均未成功，回到老家。1949年1月，加入中国共产党，被派遣到湘西组织游击武装。是年，游击武装被整编成中国人民解放军湘西纵队，李任副司令员。1950年1月，调湖南军区司令部，旋调中南区军政大学高干队任区队长。1952年上半年，被追究历史，否定党籍。9月复员，分配到涟源县扫盲委员会任农民专师。1954年6月，以“历史不纯”被清洗回乡。1958年7月，任南风中学代课教师。1964年11月，以“历史反革命”罪被开除。1966年冬，以“官僚地主”“现行反革命”罪被斗争，两次被抄家，两次被关押。1968年4月3日晚，冒险逃走，流浪于湖南、江西、湖北。国庆节前夕看到“只准文斗，不准武斗”的通告后，放心抛头露面，被人发现举报，关进湖北省石首县公安局。10月9日押回涟源，次年2月，被送往新丰大队茶场参加基建，担运河沙。1979年2月28日平反，恢复党籍、工作，享受正团级待遇，安排在南风中学教书，兼管理图书。1987年离休。2005年病逝。

李临庄

李临庄（1937—2005），湄江镇依岭村人。1955年，中央第二机械工业学校中南248分校（第三机械工业部二四八技校）毕业，分配在航空工业部331厂（株洲国营湘江机器厂，今南方航空动力机械公司）当钻工。参加工作之初，即定下“入厂30年，干满100年工作量”的志愿。创连续工作72小时纪录，一年完成一年半到两年的工作量。20世纪70年代，主动包下一台钻床，一个人干三个人的活，每年完成三到五年的生产任务。1975年，中共湖南省委发文，号召“全省向李临庄同志学习”。1978年，当选第五届全国人大代表。1979年，获“全国劳动模范”称号，株洲市人民政府授予他“铁人式工人”称号。80年代，每年完成六年以上生产任务。1983年，当选第六届全国人大代表。1984年2月22日，经专业人员统计核算，厂方宣布，李临庄28年零5个月完成102年的工作量。是年，湖南省人民政府授予其“实干四化的尖兵”称号。公司推荐其至北京航空学院学习，两年后回公司担任企业管理处副处长。1989年，至深圳一家公司（隶属南方航空动力机械公司）当工人。1991年，返回南方航空动力机械公司，因没有合适的岗位安排，待业一年。1992年退休。退休后筹集资金创办李临庄炉灶厂，后与人合伙投资开发磁电机专利产品，亏本，且引发官司。2005年12月19日，病逝。去世4年后，当选新中国成立六十周年湖南最具影响劳模。

刘绍东

刘绍东（1920—2006），原名刘愔，字流英，石马山镇扶胜村人。4岁开始读塾馆。18岁接受中共地下组织领导参加“地下”活动，以“异党嫌疑”被妙高峰中学辞退。后参加安化同乡会和话剧团下乡讲演，宣传抗日救亡，募集钱物支援前线。1940年末，改名“绍东”，取意跟随毛泽东，拟奔延安，回家探母时被捕，关安化县梅城监狱数月。出狱后任教马头坳、关王桥小学。1943年秋，考入国立师范学院国文系。初入校时，以作文竞赛半小时交卷夺冠及三千字过目成诵名动全校。1948年毕业，任教于湘乡春元中学（今娄星区春元中学）。1949年春，任教于省立十五中(今涟源一中)。12月，任安化县首届人大代表。1952年秋，任涟源一中教导主任。1957年3—4月，在春元中学、时利煤矿等地收集群众对中共的意见，不久被特邀列席省政协会议，就涟源7年来“以党代政，以己代党，党外无权，购销统死”作长篇发言，刊载于5月26日《新湖南报》。回校时，县党政领导设盛筵款待。次年3月，被指与副县长刘仲廉、一中党支部书记刘锡宇组成“三刘联盟”，被划为右派，开除公职回乡。1979年6月平反，至娄底师范专科学校（今湖南人文科技学院）任教。3年后，任娄底市（今娄星区）政协常委，以此身份调阅有关档案，为平反重大冤案调查取证。1987年4月，被省政协评为先进工作者。1992年7月，被聘为湖南文史研究馆馆员。2006年病逝。著有120多万字的《古汉语广探》，与人合著《〈史记〉〈汉书〉注译》，订正《辞源》3000多条。

黄国雄

黄国雄(1976—2007),荷塘镇富田村人。1994年应征入伍。1996年12月,黄回家探亲,4岁小男孩黄赏不慎掉入水塘,他来不及脱衣便跳进冰冷刺骨的水塘中,奋力将已昏迷的小孩救出。1998年,黄参加长江抗洪抢险,因表现奋勇被授予"抗洪勇士"称号。退伍后,3次冒着生命危险扑灭山火,两次冒险抢救落水儿童。1999年,富田村一位早年嫁到外村的孤寡老人谢身修,因没有子女,晚年生活没人照顾,回到娘家,也找不到亲人。黄知道后,将老人接到家中,一住就是 8 年。其间,洗衣送饭、端屎倒尿,不厌其烦,还花钱给老人办90岁寿宴。2001年底,不幸患白血病,黄隐瞒病情,竭尽所能帮助他人,多次将自己用来治病的钱捐给受灾群众。其事迹经媒体报道后,在社会上引起强烈反响,受到李长春等中央领导的充分肯定。2006年,被共青团湖南省委授予"湖南青年五四奖章标兵"称号。2007年初,病情恶化,住院期间,仍在收养一名弃婴。7月,被评为湖南省道德模范,其先进事迹报告会在省委大礼堂举行。9月11日,因医治无效去世。

李忠愉

李忠愉(1919—2007),蓝田街道光明山社区人。1937年,肄业广雅中学,同兄忠忱、叔兴渤考入黄埔军校15期,1939年春毕业,分派至国民革命军1军167师任排长,部队担任潼关至韩城一线河防任务,在滨水构筑工事,与日寇隔水相望,120个日夜未离开工事。换防后,回陕西大荔县休整,旋赴重庆学习使用新武器。1940年7月,任15师辎重连连长,1941年,任77师参谋,部队担任枝江一线河防任务。8月,日军发动第二次长沙会战,为支援长沙作战,部队渡江,袭击宜昌、沙市、岳阳的日军,一度收复宜昌。77师先后攻取大小据点20余处,李所在连此次作战毙敌10余人,缴获弹药20余箱。是年冬,长沙第三次会战打响,李在师部办训练班(约一个连),因时间紧迫,受训人员来不及归队,冒雪沿津市、汉寿向长沙驰援,五天五夜强行军,赶到长沙已是黄昏,乘夜强渡湘江,猛攻敌背,敌一触即溃。1942年秋,任青年教导团少校队副,1943年调远征军干部训练班受训,结业后至兵役部任少校科员。1946年任国防部中校参谋。1948年冬,应肖作霖邀约,回湘任湖南保安司令部参谋,1949年8月随部在邵阳起义。起义后,回光明山教书。1952年,因历史关系被判刑4年。拨乱反正后,落实为起义人员,安排在涟源市政协工作。2007年10月10日病逝。

前志人物补遗:

吴友鹗

吴友鹗(1617—1649),字和宇,湄江镇新江村人。身高两米,魁梧奇伟,膂力过人,习武读书,武艺殊绝,胸藏韬略。明崇祯十六年(1643),中武举。翌年,清兵攻占北京,明朝宗室匆匆南渡,吴临危受命,官授都司,后钦赐湖广总兵兼理军务粮饷。秉着精忠报国的信念,纵横驰骋,出生入死,屡建功勋,及至主政于湖南的南明政权覆亡后,吴才潜隐家乡。清政府为安定民心,弘扬德义,多次请其做官,吴坚辞不就。清顺治六年(1649),为人所害,年仅32岁。被害日,其坐骑大白马撞墙殉主而死。其盔甲、战袍、双大刀共重100余千克,在20世纪60年代"文化大革命"中遗失,其故居在20世纪80年代为大江口水库湖水所淹没。21世纪初,大江口水库管理所在湖岸渡口处修建都司阁,以示纪念。

谢梅亭

谢梅亭(1591—1659),字安贤,枫坪镇白石村人。出身寒微,少年时入赘观山村梁家。青年时,入川为石柱土司马千乘(著名女将秦良玉之夫)亲兵,解差至武昌平蛮将军府时,留府办差。明万历四十八年(1620),袁崇焕自广东至北京任兵部主事时,在武昌驿站见其骁勇干练,且通苗语,将他推荐给官府。天启、崇祯年间,先后任下荆州南道澧州守备、施州军民指挥使、永顺州军民宣慰使、靖州军民安抚使,不久升湖广省平蛮将军府副将。效力于湘西、鄂西、川东、黔东等少数民族地区军政15年。明朝末年,弃官归隐,农忙躬耕垄亩,自足衣食;农闲读书讲武,保境安民。崇祯十年(1637)十月,率子弟乡亲在娄底洪椿坪打败天王寺农民起义军,三弟谢椿亭、五弟谢继亭、侄谢相卿阵亡。明亡之后,清廷屡征不应。清顺治十六年(1659)病逝。

刘腾鸿

刘腾鸿(1819—1857),字峙衡,杨市镇人。清咸丰五年(1855)夏,率湘勇500人赴岳州镇压李日逢领导的农民起义,在毛田一带击败起义军,不久随罗泽南部进入湖北,与太平军作战,接连攻下通城、崇阳、蒲圻、咸宁,至武昌城郊,在鲇鱼套重创太平军,论功,以从九品选用。罗泽南令其增募兵勇500人,从洪山东西两面夹击太平军,大胜,升知县。咸丰六年(1856)夏,率部1000多人,会同曾国华驰援江西,攻克万载、新昌、上高,参与攻打瑞州(今高安)南城,屡战屡捷,提拔为直隶州知州,留江西补用。咸丰七年(1857),主持江西南路军事,连下袁州(今宜春)、分宜、上高、新喻等州县,再回攻瑞州,上阵督战时,身中五粒子弹,卧不能起。次日,包扎伤口令抬往督阵,城将要攻下时,一粒子弹击穿左胁。死前对弟弟腾鹤说:“城没有攻下,就不要将我装进棺材!”全军皆哭,冒死登城,当晚即攻克瑞州,迎其尸入城治丧。获骑都尉世职的爵位,在瑞州建有专祠,谥号武烈,其事迹载于《清史稿·列传一百九十五》。

刘腾鹤

刘腾鹤(1832—1859),字杰人,杨市镇人,刘腾鸿胞弟。年轻时随兄长转战湖南、江西各地。清咸丰七年(1857)率中营在瑞州围攻太平军,左臂受炮伤,仍坚持指挥。八月二日,腾鸿战死阵地后,腾鹤号哭代统其军,冒着炮火继续攻城,当夜城破,全歼守军。后乘胜夺取峡江,会攻吉安。功劳累积,升至知府。咸丰八年(1858)秋,两次击退太平军,乘涨潮突围,后调防九江,屯驻彭泽。咸丰九年(1859)春,与太平军激战牯牛岭,在进攻建德风云岭时,先攻下两个营垒,后被太平军层层包围,力战而死,年28岁。获骑都尉世职的爵位,附祀兄祠,其事迹载于《清史稿·列传一百九十五》。

萧启江

萧启江(？—1860),字浚川,金石镇毛坪里村人,监生出身。清咸丰三年(1853)入湘军,跟随塔其布、罗泽南等,在岳州、武昌、兴国、大冶攻打太平军时,多次立功,升为县丞。咸丰五年(1855),湖南巡抚骆秉章命其自募兵勇，号果字营，在湘东南镇压会党起义。次年春，率部从浏阳赴援江西，与太平军石达开部作战，攻克万载、新昌、上高，升知府。十月，夺取袁州(今宜春)、分宜，加道员衔。咸丰七年(1857)，大捷阴冈岭，攻克临江城，升道员，加按察使衔。不久挥军东渡赣江，至翌年夏，先后攻占抚州、建昌及其附近各县，加布政使衔。咸丰九年(1859)，率部由临武、蓝山驰援永州，防堵太平军石达开部进入东安，在白牙市一战，生擒太平军将领杨家廷、马继昌等。石达开退入广西后，跟踪追击，夺取兴安，解桂林之围。咸丰十年(1860)春，率湘军6000人赴四川镇压李永和、蓝大顺领导的农民起义。不久，病死于军中，诏赠巡抚，谥号壮果，其事迹载于《清史稿·列传二百十九》。

刘岳昭

刘岳昭(1824—1883)，字荩臣，杨市镇永福团社区人。清咸丰六年(1856)，跟随萧启江赴江西与太平军作战，参加攻打萍乡、万载、袁州(今宜春)，升知县。次年冬，领营进攻高安莺哥岭，夺取临江，升同知。咸丰八年(1858)，从攻抚州，在何家村、香溪等处获大胜，升知府。石达开部进入湖南，刘先移防茶陵，再驰援宝庆，与太平军赖裕新部战于柳家桥、半边街，解宝庆围。咸丰十年(1860)，会合蒋益澧军由江华入广西，合击陈金刚部，攻克贺县，以道员记名，加按察使衔。翌年，往援湖北，与太平军陈玉成部战于随州。同治元年(1862)与石达开战于宣恩、施南，追至四川涪州，升云南按察使。次年，任布政使，率部赴贵州镇压苗民起义。同治五年(1866)，任云南巡抚，仍留贵州，镇压黔西各地起义军。同治七年(1868)，任云贵总督，率湘军万人驻军曲靖，进攻寻甸，以保昆明饷道，至年底，无功而退，受革职留用处分。次年，再攻寻甸，运用战抚两手策略，迫使回军首领马天顺、李芳园投降。同治九年(1870)，攻下丽江、威远、姚州等地，杀回民起义首领马金保。同治十一年(1872)，攻下大理，杀回军首领杜文秀，起复原官。同治十二年(1873)，滇省肃清，刘上疏请求觐见。光绪元年(1875)春，英国驻北京使馆派马嘉理带领武装“探路队”由缅甸进入云南，被当地群众击毙。清廷促其返任，刘畏葸不行，以入觐迁延罪，被革职。光绪九年(1883)去世。后复职，其事迹载于《清史稿·列传二百六》。

周宽世

周宽世(？—1887)，字厚斋，杨市镇枧埠村人。清咸丰三年(1853)加入湘军，属李续宾部，在城陵矶、花园、半壁山进攻太平军时，多次立功，升为千总。咸丰五年(1855)，赴江西作战，参与攻打广信，与太平军战于乌石山，从左路突击，率先破城，升守备。破太平军于义宁，升都司。是年秋，回援武汉，攻下通城，以游击补用。翌年，围攻武昌时，李续宜夜出侦察敌情，在双凤山遇险，周潜绕山脚拦腰将敌击退。攻鹰嘴时，受炮伤，升参将，请假回家。罗泽南战死后，李续宾代职，召其回营。在双凤山、鲁家港、小龟山，周重创太平军，攻克武汉、大冶、兴国，升副将。次年，从攻九江，于童司牌破援敌，毁营垒，赐号义勇巴图鲁。进攻小池口，攻下湖口、彭泽。咸丰八年(1858)，回援湖北，与太平军交战于麻城西南斗坡山。太平军设下埋伏，以马队诱战，周待其靠近，突然出击，消灭伏军，进而攻下黄安、麻城、九江。跟随李续宾进军安徽，战枫香铺、小池驿，攻克太湖、潜山、舒城，均为军锋。十月，进攻三河，李续宾战死，周收集残部坚守二日，弹粮俱尽，夜率兵突围，受重伤。是年冬，授湖南永州镇总兵。次年，奉湖南巡抚骆秉章令，募新军2000人，增援祁阳，在长庆桥、长叶岭击败石达开部。进援宝庆，驻扎城东，连败太平军于长冲口、五里牌。李续宜援军到，各军内外夹击，解宝庆围。又回军镇压永州农民起义。咸丰十一年(1861)，任湖南提督。清同治元年(1862)，统军赴安徽，驻守桐城。次年，击退捻军马融和部，移防六安。皖北渐定，调守安庆。同治三年(1864)，赴援江西，攻下东乡。次年，镇压霆军哗变兵勇，追击太平军余部至广东，与各军围攻汪海洋部于嘉应（今梅县），俘太平军偕王谭体元。同治五年(1866)，回湖南提督任。不久，伤发回籍。光绪十三年(1887)病逝。其事迹载于《清史稿·列传二百十六》。

萧庆衍

萧庆衍(1823—1890)，字由正，号为则，斗笠山镇高塔村人。出身贫寒，青年时随父辈在乡下耕种多年。清咸丰三年(1853)，应募入湘军右营，跟随曾国藩转战江西、湖北，参与进攻广信、义宁、通城、崇阳、蒲圻、武昌、黄州等地。后随军攻克彭泽、望江、东流、铜陵等州县，功劳累积，升至副将。咸丰八年(1858)，管带湘勇贞中营，跟随李续宜攻陷九江。翌年，率部回援湖南，解宝庆(今邵阳市)围。次年率部再赴安徽，攻陷太湖、潜山，以总兵记名。回师进攻德安，授振威将军，加提督衔。同治元年(1862)秋，先驻守霍邱，后移营舒城。次年夏，驰援江浦，收复含山、巢县、和州，加头品顶戴。同治三年(1864)夏，跟随曾国荃攻打江宁，首夺朝阳门、洪武门，授云骑尉世职。是年冬，以父母年老请求回家奉养为由，辞官回甘溪白马堂隐居，光绪十六年(1890)正月病逝。其事迹载于《清史稿·列传二百一》。

梁乔山

梁乔山(1881—1920)，字恢生，号维岳，杨市镇人。清光绪二十年(1894)，考入邵阳县立中学堂，结业后，入邵阳中路师范深造。光绪三十年(1904)，公费留学日本。次年秋，经黄克强、谭石屏诸君介绍，加入中国同盟会，代表留日学生参加在东京召开的第一次代表大会。同年冬，日本文部省宣布取缔清韩留学生规则，勒令全部中国留日学生回国。新化陈天华出于义愤，投海自尽，以示抗议。梁亦愤不欲生，经同仁劝阻，乃联合姚洪业、宁调元、谭心休、王敬芳、张邦杰等，回上海筹办中国公学。由于清廷阻挠，公学迟迟不得立案，姚洪业投江自尽以示抗议，引发上海各界对清政府的强烈谴责，上海公学始得以批准兴办，梁任教育长。是时，梁认为清廷腐败，是由于帝制阻碍，政府恶劣，教育陈腐所致，一方面与同盟会诸同仁奔走呼号，以图早日铲除清政府弊政；另一方面以公学为基地，培植救国良才。宣统三年(1911)，武昌起义，各省纷纷响应，江苏一隅尚在徘徊观望，梁奔走于江苏镇江、上海一带从事活动，使之得以次第宣布独立。但南京尚在张勋之手，梁组织苏浙联军，筹兵筹饷，自任总指挥，攻破金陵(今南京)，东南半壁基本肃清军阀势力。南京革命政府成立，同盟会诸同仁劝梁弃教从政，梁不愿介入政治漩涡。愿以一介书生始，一介书生终，退居公学，仍以办学、授课为业。稍后，南京二次革命事起，公学学款被新军阀截用而被迫停办。梁亦因操劳过度致成肺疾，始养于姑苏虎丘，继归隐于贺家岭朝阳庵。1919 年，公学复课，旧同事纷纷劝其出山，梁欣然赴沪。授课之余，从事著述。1920 年，肺疾复发以致不救，卒于苏州省立医院，公学师生 1000 余人，停课 10 天以示哀悼。

梁竹荪

梁竹荪(1869—1930)，字作书，学名竞寰，三甲乡人。20 岁中秀才，23 岁考入张之洞在武昌创办的两湖书院，28 岁毕业选为拔贡，29 岁参加殿试，授八旗官学教习，任职 3 年。清光绪二十六年(1900)，遭八国联军之变，出京至河南，任河南大学堂参议兼教习，历时 6 年。光绪三十二年(1906)，科举废除后，新学刚刚起步，江西长官视其谙习学务，授以省学提督兼视学之职，主管江西全省教务。宣统元年(1909)，调任宜春知县，因直言政治，违背上官旨意，辞职归里。1915年，全国举行县长考试，梁赴京应考，名列榜首，分发江西任职，先后署理广昌、金陵两县县政，案无积累，民无冤抑，官声清廉，政绩卓著。主广昌县政时，解邻县石城之围，梁谢绝馈赠，仅接受"泽及邻封"的字匾。离任后，广昌县立去思碑，金陵县立德政碑。1923年，闭门谢客，每天与书籍为伴。1930年去世。

李刚

李刚(1884—1944)，字育仁，蓝田街道光明山社区人。19岁考入长沙明德学堂师范速成班，与宁调元、陈天华、李洞天等秘密组织革命小团体"大成会"，清光绪三十年(1904)春，加入华兴会，不久赴日本留学。1905年，加入同盟会，清五大臣考察宪政经过日本时，欲谋刺杀，与四川黄复生等于横滨秘密制作炸弹时不慎炸伤面部，回国至长沙医治，伤愈后复留学日本东京，学习陆、海军知识。宣统三年(1911)秋，其二叔李燮和从南京到上海，图谋举事。李从日本海军学校毕业，被李燮和召回，转战沪宁，任海军副司令，往吴淞策反清海军。事成后驻师太平府采石矶，任光复军炮兵司司长，陆军第5步兵师第19团团长并代理旅长。1933年，国民政府授其陆军少将加中将衔。后任海军驻青岛办事处处长，青岛港务局局长。1944年病故。

梁济民

梁济民(1904—1948)，三甲乡人。21岁考入湖南第一甲种工业学校，毕业后考入黄埔军校第4期炮兵科，后分配至陆军第2师6旅12团迫击炮连任连长。1934年，奉命去陕西华阴县执行任务，两年后调防时，华阴县政府赠送题为"廉洁严明，华阴保障"锦旗，夹道鸣炮欢送。八年抗日中，转战平津，出师京沪，御敌湘北，鏖战云南，在历次战役中，身先士卒，多次负伤，最危险的一次身中十一弹，取出弹头八颗。此间，由中校营长，上校团长，晋升为陆军第25军74师少将师长。1947年去东北，次年在四平战役中被中国人民解放军击毙。

李彦

李彦(1901—1951)，字新庄，龙塘乡茶坳村人。19岁入湖南岳云中学，20岁就读于湖南高等工业附属职工学校，3年后毕业，至水口山矿务局工作。1927年3—8月，在安化县丰乐乡(今龙塘、桥头河、七星街一带)从事农民运动，任农会负责人。9月，国民党到处搜捕共产党员和农运骨干，李在家无处安身，出走长沙。1928年，重返水口山矿务局。1932年，被矿方裁减，在家闲住8个月后，到湖南省建设厅湘乡洪山殿探矿工程处工作。1934年，到重庆四川善后督办公署任器械技师。1936年4月，考入南京中央军需学校，8月参加军统。次年1月毕业，分配到河南保安总司令部任上尉军需，兼任军统局河南通讯站会计。1942年7月，任兰州警官学校会计科长。1945年，任中国陆军总司令部经理处上校科长、新闻室上校主任。后调东北行辕军警督察室任少将主任，与同宗李新喜(李聚奎)多次会面，受其思想影响，1947年11月回家。次年6月赴南京，出任国民党交警总队会计室主任、少将经济专员。3个月后告假还乡，途经长沙时，应湖南省会警察总局刘人奎之邀，任总务科长数月。1949年3月回家。1951年4月，被安化县人民政府以特务及与土匪尹立言勾结罪判处死刑。1986 年 8 月,经涟源县人民法院复审,撤销原判,予以平反。

萧庆鑫

萧庆鑫(1897—1951),荷塘镇绕竹村人。从小勤奋好学,性格开朗刚直。1925 年,只身赴广州,考入黄埔军校。毕业后参加北伐战争,任营长。抗日战争初期参加台儿庄战役,任团长,才干卓著,作战勇敢,累建战功,升任师长。后调抗日战争第六战区长官司令部任少将作战处长,参加衡阳保卫战,抗击日军。1946—1948 年,在南京国民党中央陆军大学将官乙级班第四期受训,毕业后任中央督察司副司长。1949 年,以探亲为由请假离开南京回到家乡。1951 年辞世。

程守仁

程守仁(1907—1951),桥头河镇人。国立中央政治学校毕业。历任湖南省政府主席程潜秘书,民政厅科长、视察员,城步县、隆回县县长等职。曾利用自己的社会地位和身份营救中共地下党员王方中、聂瑞梅、谢金溪等安全脱险,并为桥头河地下党组织筹措活动经费。1951 年 4 月 25 日,以反革命罪,被安化县人民法院判处死刑。1984 年 11 月 20 日,撤销原判,按起义、投诚人员对待,并恢复政治名誉。

梁达海

梁达海(1890—1951),字益涂,三甲乡人。保定陆军军官学校第六期步兵科毕业。历任上尉连长、少校营长、中校副团长、上校团长、少将旅长、第 51 军中将参谋长。1943 年,被怀疑为中共成员,遭撤职返家。1951 年,在第一次镇压反革命运动中被杀。1984 年平反。

梁砺予

梁砺予(1887—1951),字原初,三甲乡人。先后就读于湖南陆军小学、湖北陆军中学、保定陆军军官学校。历任少尉排长,上尉连长,少校营长,中校副团长。1928 年,任许克祥部上校参谋。1930 年,改任湘军总指挥部少将参议,上任不久,脱离军旅回乡定居。1950 年,在土地改革、镇压反革命运动中,被拘留审查,关押于蓝田刘氏宗祠。1951 年 10 月病死于监狱。

曾震五

曾震五(1896—1958),字克毅,斗笠山镇黄港村人。19 岁投笔从戎,参加讨袁护国运动,转战闽粤。24 岁任粤军营长。26 岁至湖南陆军第 2 师 5 团任少校团附,参加北伐。32 岁至第 3 师师长陶峙岳麾下,后调朱绍良第 6 路军总指挥部任科长。34 岁东渡日本,入早稻田大学。次年回国,至陶峙岳部第 8 师任作战科科长。38 岁考入南京陆军大学。1937 年 8 月毕业,回第 8 师任团长。其间,几度赴八路军驻南京办事处访问叶剑英。10

月,参加淞沪抗战。上海沦陷后,又与叶约见数次,要求参加八路军,叶以有碍联合抗日战线相劝,曾请叶派共产党干部到所在部队任职,并在湖南两次会晤徐特立。1938 年秋,陶峙岳调任第 1 军军长,曾任参谋长,李铁军等人以共产党嫌疑要严厉处置他,得陶担保获免。随后参加豫南会战抗击日军,在洛阳几度晤见八路军总司令朱德。40 年代初,任第 38 集团军少将参谋长。抗日胜利后,任陕西省第二区行政专员,驻扎在位于陕甘宁边区南侧的耀县,尽力资助边区,提供交通便利。1947 年,调兰州西北军政长官公署(长官为张治中),任中将副参谋长,支持张的和平主张,抵制进攻陕甘宁边区,深受胡宗南、马步芳等憎恨和排挤。1948 年,调酒泉任联勤总部第八补给区中将司令,与陶晋初(新疆警备司令部参谋长)、彭铭鼎(西北长官公署副参谋长)暗中策划起义,拖延马步芳将新疆部队东调与解放军第一野战军作战,阻止马部进入河西。1949 年 9 月 8 日赶到迪化(今乌鲁木齐),以两昼夜时间对反对起义的将领马呈祥、叶成、罗恕人等晓以利害,说服其交出部队,个人出国。9 月 22 日,至张掖晤解放军第一兵团司令王震,汇报河西、新疆起义准备情况,赴兰州将陶峙岳亲笔信面呈彭德怀,彭对河西、新疆起义表示欢迎,并将给陶峙岳的亲笔信交曾带回。1949 年 9 月 24 日,河西国民党军队通电起义,25 日,新疆警备总司令陶峙岳、副总司令赵锡光率部通电起义,26 日,新疆省政府主席鲍尔汉通电起义。河西、新疆起义后,曾任解放军第一野战军第一兵团第二参谋长兼酒迪运输司令部司令。11 月,同王震等进驻迪化市,改任新疆军区副参谋长。1950 年 4 月,任西北军政委员会委员,兼财经委员会委员。1952 年,任西北军政委员会交通部副部长。1953 年,任西北行政委员会体委主任。大区政府撤销后,任陕西省人民政府委员、国家体委委员、陕西省体委主任。1958 年病逝。

梁 杜

梁杜(1909—1959),三甲乡人。湖南省立大同英语专科学校毕业,任长沙妙高峰中学英语教员。1938 年秋,参加中国共产党。次年担任中共蓝田特别区委书记,三甲达德学校训育主任,以教学为掩护,开展中共地下活动,宣传民主、人权,反对国民党的专制统治。1941 年 6 月 13 日,达德学校遭查封时被捕。1942 年出狱。1949 年上半年,任益阳信义中学英语教师。1949 年 10 月,任湖南省立十五中学教导主任。1952 年,任涟源县教育科科长。1953 年,任新宁县一中校长兼党支部书记。1957 年,被划为右派。1958 年 2 月,被开除公职回乡生产。是年 9 月,红旗人民公社拆三甲光迪堂建居民点,梁说:“旧社会拆了东墙补西墙,新社会拆了老屋建新屋。”3 天后,被涟源县公安局抓捕。1959 年 3 月,死于县拘留所(一说病死,一说绝食而死),摆放于公安局大门旁,家属不敢领尸。2 天后,李忠愉(蓝田街道光明山社区李园人)雇人将其掩埋于光明山大操坪南面流水塘畔,不久,梁妻携儿女去新疆,后不知所终。1981 年,梁被平反。

梁星烊

梁星烊(1919—1967),字树人,三甲乡玉屏村人。1938 年,就读于湖南省立一中。1939 年,在校参加中国共产党,担任学校党支部书记。1940 年,考入昆明西南联合大学,从事抗日救亡运动。抗日战争后期,奉派去越南从事“地下”工作。中华人民共和国成立后,在云南省历任县长、县委书记、地委书记、中共云南省委党校教育长、常务副校长等职。1967 年,被诬陷为叛徒,惨遭毒打,含冤而死。中共十一届三中全会后平反昭雪,恢复名誉。

其妻梁林,1929 年生,云南省建水县人,历任云南省农委副主任、农村工作部部长,中共云南省委政策研究室主任,中共云南省委常委兼秘书长,政协云南省第六届委员会副主席。中共十二大、十三大代表。其子梁晓谷,2004年任昆明市副市长。

罗 云

罗云(1900—1968),白马镇人。1928年8月,参加彭德怀领导的平江起义,同年加入中国共产党。在中央苏区第五次反围剿中,因作战勇敢,以少胜多,一次歼敌700余名,被红四师誉为“模范连长”,红三军团授予其三等红星奖章。长征途中腿负重伤,行动困难,战友们劝他留下来在老百姓家里休养,罗坚决不肯,拖着伤腿爬过雪山草地。抗日战争时期,在晋西北王寨战斗中,一次歼敌200余名,立大功,被称为“铁老虎”,外号“铁脑壳”。1950年1月,任湖南零陵军分区司令员。1953年,任衡阳军分区司令员。1955年,被授予少将军衔,同时授予二级八一勋章、二级独立自由勋章、二级解放勋章。1963年,任湖南省军区副司令员。1964年1月离休。1968年病故于广州。

张凤彩

张凤彩(1919—1969),山东省冠县冠城镇靖庄村人。山东省立第十一中学毕业。1937年卢沟桥事变后,在家乡参加抗日活动。1939年春,加入中国共产党,在鲁西北专区组织领导文化界抗日救国会工作,任冠县文化教育抗日救国会主任。解放战争时期,先后任中共冠县县委委员、宣传部长、中共鲁西北地委党校副校长、清平土改工作队队长。1949年2月奉命南下,任湖南省益阳地区干部学校副校长。1951年6月,中共湖南省委决定分湘乡县、安化县、邵阳县部分区域新置一个县,安排张任县委书记兼县长。6月29日,张与副县长刘若云、县委副书记王冀克商量,确定蓝田县名上报。1952年2月16日,中共蓝田县委员会和蓝田县人民政府成立(是年8月4日,蓝田县更名涟源县),张任县委书记兼县长。11月,调任中共益阳市委书记。1954年后,历任中共湖南省委农村工作部副部长、湖南省供销社主任、湖南农学院党委书记兼院长。1959年,被定为反党分子,降任钱粮湖农场副场长。1969年3月在长沙病逝。1981年平反。

梁纶才

梁纶才(1899—1975),三甲乡人。早年参加五四运动。1925年,靠稿费读完北京大学。北大毕业后,南下广州参加北伐战争,经同学李富春介绍任第2军政治部宣传科长。1926年北伐时,兼任江左军宣传总队长,转战于湘、浙、苏、鄂各省。1926年,加入国民党。后在武汉加入中国共产党,并被派回湖南从事中共地下军事工作。1927年6月,在湖南武冈国民革命军第20独立师任少将师政治部主任。梁以马日事变从长沙撤出的地下共产党员为骨干,组建一个教导团,准备以此为基础夺取第20独立师军权,作为武装起义的基本力量。不料事败,在行军途中逃离该部队。是年10月—1928年7月,先后任中共湘潭县委、宝庆特委军委负责人。1928年7月,中共地下组织遭破坏,梁化名以病人身份躲进武冈县一家教会办的法国医院住院,在医院等风声稍过即化装逃沪。是年9月,在上海《前进》杂志社任编辑。1930年,在天津日租界反蒋宣传机关任编辑。1932—1937年,先后在粤汉铁路、正太铁路任部派专员。抗日战争时期,在江西省财政厅任督导员。1946年,在南京由袁伯扬介绍参加民联(三民主义同志联合会),从事民主党派地下工作,公开身份为津浦铁路浦宄段管理局(南京浦口)部派专员。1949年上半年,受民联指派,出任广州金融管理局主任秘书兼组长,利用工作之便调查广州金融的基本情况。转道香港至北京参加开国大典时,将有关广州的金融资料交中共香港地下组织,12月,任民革中央组织部秘书兼党籍组组长,民革中央团结委员会委员,直至去世。

曾 凯

曾凯(1904—1976),字唤群,斗笠山镇黄港村人,曾震五胞弟。19岁考入长沙教会学校雅各中学,因参加学生运动被校方开除,入岳云中学。22岁加入国民党,到广州考入黄埔军校第六期,毕业后分配到3师8旅任见习排长。1936年,任少校团附。是年,因共产党嫌疑被捕入狱,经上司担保获释,到长沙行辕及武汉警备司令部任参谋。1937—1943年,在四川重庆、永川、资阳等地任后勤运输部队中校营长、副团长。1944年初,在云南大理任中央军校大理干训团教育处上校组长,年中调新疆中央军校九分校任上校军事教官,后调国防部驻新疆军官大队任少将队长。1946—1949年,任联勤总部新疆供应局少将总务组长、参谋长,第二分局(驻喀什)少将局长。1949年夏,新疆警备总司令陶峙岳、副总司令兼南疆警备司令赵锡光在焉耆召开会议,曾极力主张和平起义,与国民党政府脱离关系,接受共产党的领导和人民解放军的改编。反对起义的马呈祥、叶成、罗恕人等交出部队,途经南疆出走印度时,力邀曾凯与其同走国外,曾坚决拒绝。为迎接解放军进驻南疆重镇喀什,曾担任喀什各界迎接人民解放军委员会副主任,主动与解放军第一兵团第2军军长郭鹏、政委王恩茂等取得联系,汇报南疆情况,并安排解放军部队进军途中的给养。1950年2月,新疆供应局第二分局并入第2军后勤部,曾被任命为副部长。此后,曾将自己几十年的积蓄全部捐献出来,支援新疆经济建设和抗美援朝战争。1956年,调新疆生产建设兵团建筑工程第一师材料供应处任处长。"文化大革命"中,受到残酷迫害,被诬为国民党潜伏特务,遭批斗、毒打,被关牛棚,派往化工厂监督劳动。1973年,恢复名誉。1976年5月18日去世。

唐元璋

唐元璋(1902—1978),邵东县黑田铺乡人。少时家贫,20岁到蓝田光明街做干红辣椒生意。两年后,在中山街开办唐鼎新乃可绸缎铺。1942年后,陆续创建新大锅厂、永安面粉有限公司、锡矿山锑业冶炼公司,在长沙、湘潭、邵阳、溆浦也办有企业,职工总数800余人,资产与日俱增。唐经营办厂以诚信为本,在柜台立一直匾,书"一言堂"三字,不跟顾客讨价还价。在每包面粉中放一毛巾助销,生意特别好,公司年产面粉3万包,年上缴货物税3000块银元。1944—1947年,担任蓝田五属(指新化、邵阳、武冈、新宁、城步5县)小学校长,每年补贴学校经费1000块银元。1950年5月,中央人民政府发行人民胜利折实公债,当时蓝田属安化县管辖,全县任务29321份,唐认购10500份,每份2.8万元(相当于新币2.8元),计2.94亿元,可买大米277.5吨。1954年,以工商界代表身份担任中国人民政治协商会议湖南省第一届委员会委员。1956年,出席中华全国工商业联合会会议。是年,担任邵阳地区工业局副局长。1957年被打成"右派",开除公职。"文化大革命"中,唐为批判斗争对象,被安排在蓝田镇新建街监督劳动,没人斗争他。唐终身一妻,没有生育,带养一男一女,其女为先天性残疾,走路一瘸一拐,他怜其孤苦,才收为养女。1978年,生命垂危时回邵阳,在其养女家辞世。翌年平反。

陈拥中

陈拥中(1905—1985),原名陈能义,蓝田街道人。21 岁从家乡水路运纸品至汉口做小生意,看到北伐军攻占武汉,场面轰轰烈烈,改名“拥中”投入北伐军。1931 年秋,编入第 25 师补充团,在戴安澜营部当书记员。1933 年,日军侵占山海关,随第 25 师进驻北平密云县。3 月 8 日,在长城古北口布防,日本侵略军用飞机轮番轰炸整整一天后,向阵地猛攻,25 师连续作战三昼夜,伤亡 4000 人,击毙日军 2000 人。1937 年春,陈决志退出行伍,以探亲为由,请假回到家乡。1938 年,在蓝田被抽壮丁,第二次入伍,参加 200 师机械化部队。1939 年,戴安澜任 200 师师长,率部入广西与日军作战,陈升任连长。陈所在的 600 团是先遣部队,与敌决战两日。双方反复争夺阵地,伤亡很大,最后中国军队获胜,因殊死作战,陈被提升为副营长。1942 年,随 200 师进驻缅甸仰光附近的同古,接防并救援出驻缅英军后,该师立刻受到日军主力包围和猛攻,并遭毒气袭击,部队伤亡很大,补给中断,粮弹两缺,被迫撤退。营长王文林负伤,陈为代营长带队突围。途中尽是热带原始丛林,蚊虫成群,蚂蟥吸血,没有给养和向导,官兵饿死、病死者与日俱增,沿途尸骨遍野。陈率部九死一生,回到祖国,后正式升为营长,部队整顿时升为中校团长。抗日战争胜利后,陈坚决要求还乡,被认为要挟上司而关禁闭 10 天,撤掉军职,调作额外补员。1946 年,临时调昆明北校场军官集训总队,任中校中队长。1947 年退役,回乡参加生产劳动,“文化大革命”中,被强加“反动军官”罪名。中共十一届三中全会后,不实之词得以洗掉。1985 年,在家辞世。

二　人物简介

收录有突出事迹和重大影响的涟源籍及长期在涟源工作的外籍在世人物 79 人，时间下限为 2007 年，按出生时间先后排序，出生时间相同，则按姓名笔画排序。

邱希贺　又名修贺，1905 年生，桥头河镇大塘村人。1923 年，长沙师范学校毕业。1926 年考入黄埔军校第五期学习，毕业后参加北伐战争，历任排长、连长。1934 年秋季进南京中央陆军大学正则班第十三期学习。1937 年 12 月毕业后，又到国防研究院第五期学习，任中央陆军军官学校第九期交通队助教。抗日战争期间，先后任国民革命军 71 军上校参谋长、陕西军校第 7 分校特科少将大队长、191 师少将参谋长。1942 年，任第 37 集团军总司令部参谋处处长。1945 年初，任第 80 军参谋长，10 月任黄龙山警备司令，后任国防部第三厅办公室主任。1949 年，去台湾，任“台湾国军”第 9 军少将副军长、陆军作战计划督导委员会委员。

李普　名前管，1918 年生，金石镇和合村人。1938 年春，加入中国共产党。10 月，在《观察日报》发表第一篇新闻稿《长沙大火中的幢幢鬼影》。1939 年初，任《观察日报》特派记者。1941 年考入华中大学。翌年至中共中央《新华日报》社任记者。1945 年 8 月，随军调部前往各地采访，写下近 20 万字的书稿《苏鲁纪行》。1947 年任新华社鄂豫皖野战分社社长。1948 年 7 月任新华社中原总分社采访部主任。1949 年，为新华社特派记者，兼政务院财经委员会新闻秘书，从事财经报道。1953 年任中共中央宣传部宣传处副处长。1955 年调北京大学，先任教员，后筹建政治系，任系主任。1960 年任中共中央中南局政策研究室主任，后任中共广东省委宣传部副部长。1973 年，任新华社北京分社社长。1976 年 10 月，中共中央派 5 人小组接管新华社，李为其中之一。1977 年 11 月任新华社党组成员兼国内部主任。1978 年 5 月任新华社副社长，当选为中国新闻工作者协会书记处书记。1982 年离休。1983 年当选为第六届全国人大代表。主要著作有：《光荣归于民主》（后改名《我们的民主传统》）《开国前后的信息》《记刘帅》《我们只举行过一次婚礼》（与夫人合著）《洋女婿土老帽》。

邱任　1923 年生，七星街镇人。1946 年，湖南大学毕业后留校任教。1947 年，参加全国高等文官考试，名列榜首，录用后被派往台湾恢复遭日本破坏的化肥厂。1948 年，赴美国学习，在伊利诺大学获博士学位。1960 年，到杜邦化学公司工作，先后任杜邦塑料部副总经理、杜邦研究中心高级协理、德拉瓦州杜邦化学公司研究员。20 世纪 70 年代，被推选为北美洲联合热化学学会主席及国际热化学学会执行委员。对高分子化学有专门研究，出版著作 17 部，并取得专利权。1982 年，获国际热化学学会授予的梅特勒化学奖和最优异服务奖。

彭立珊　又名余彭年，1923 年生，杨市镇官庄村人。1981—1990 年，对故乡湖南的捐赠折人民币约 1500 万元，捐赠项目有涟源市（县）人民医院救护车、医疗仪器，涟源市立珊中学，涟源市公共汽车公司车辆，长沙五一广场地道工程，长沙立珊公交线等。1991—1999 年，向全国中小学幼儿教师奖励基金会、深圳大学累计捐款 300 万元，长江洪灾捐款 100 万元，扶贫捐款 70 万元。2000 年，投资近 20 亿元兴建深圳彭年广场和深圳彭年酒店（五星级），酒店经营所得的纯利润永久捐献给中国科技、教育和社会福利事业。捐资 7000 万元从美国进口20部豪华白内障手术专用车，为全国贫困地区白内障残疾人施行免费复明手术。至2008年，捐款累计超过30亿元，成为中国最慷慨的慈善家。至2010年，捐款总额达62亿元，第5次蝉联胡润慈善榜榜首。彭有两个儿子、两个孙子。他委托银行，去世后将全部家产约40亿港元捐做慈善。

李光鉴　1924年12月生，原名李伟卿，笔名李野光，荷塘镇绕月村人。21岁考入溆浦国立师范学院英语系，23岁考入北京大学西方语言文学系。1951年秋，至国务院对外文化联络局工作。1958年，任该局政策研究室组长，主编《国际文化动态》。1959年，在反右倾运动中受到批判，翌年冬下放到陕西定边县。1965年8月，调中国科学院外国文学研究所，任《世界文学》编辑部组长。1970年，下放到河南息县"五七"干校监督劳动。1974年平反。翌年，任外国文学研究所党总支委员兼《世界文学》编辑部党支部书记，主持刊物复刊，并创办《外国文学动态》。1978年，任《世界文学》编辑部主任。1980年，调该所英美文学研究室，研究美国诗人惠特曼。1987年6月，以司局级待遇离休。出版的著作有《风沙集——李野光诗选》、散文长卷《顾影谈》、专著《惠特曼评传》等，个人译著有《百叶集》等3部，与妻戴侃合译长篇小说《飘》《林肯夫妇》和《简·爱》。

谢润儒　1924年生，新化县洋溪镇建华村人。湖南省立高级农业学校毕业。1949年10月，在新化县第五区人民政府工作。1951年任新化县政府建设科科长。1952年秋，调中共邵阳地委办公室。1961年，任邵阳专署畜牧水产局局长。1962年，任邵阳地委农村工作部副部长。"文化大革命"期间，除接受批斗外，在邵阳地区五七干校劳动改造两年多。1971年7月，下放涟源任县革委生产指挥组副组长，后任县革委副主任、县委副书记。1979年，任县委书记、县革委主任。1983年，任中共娄底市委（今娄星区委）顾问。1991年退休。

李梅彬　1925年生，荷塘镇秀溪村人。1948年，湖南大学外国语言文学系毕业。1949年6月，入北京外国语学校学习。中华人民共和国成立后，在外交部办公厅工作。1952年，入中国人民大学外交专修班学习一年。1955年，"肃反"期间被审查。1960年，调离外交部，下放河北省青龙县。1962年，调河北省承德市教育局任视导员。1963年，调长春空军第九航校任英文教员。1965年，调体育报社，在英文《中国体育》杂志社任翻译、记者、编辑。"文化大革命"中遭受迫害。1987年，任《中国体育》副总编辑，编审。1990年退休。译著有《第二次世界大战外交史》《奥匈帝国的革命》《巴尔干半岛》等。

李金琢　1925年5月生，河北省邱县梁二庄乡人。出身贫苦，19岁加入中国共产党，20岁任中共邱县第二区区委委员。1949年1月报名南下，8月任湘乡县第九区区长。1952年，任中共涟源县委委员、县供销合作总社主任。1953年8月，至省文化干校学习。1954年，任省林业厅造林处处长。1960年7月，调回涟源，任县委书记。1966年，被作为涟源县头号"走资派"遭到批斗。1970年，调任邵阳地区机械厂革委会副主任。1973年7月，调任中共绥宁县委书记。1979年4月，任邵阳行政公署副专员，兼组织部部长。1986年4月离休。

梁志仁　1927年出生于邵阳，祖籍枫坪镇观山村。1949年4月，加入中共地下党组织。1954年，考入中国人民大学法律系。1957年，被划为右派，开除党籍。1958年5月，至北京市农场劳动。1961年10月，回法律系继续学习。1962年12月，分配到北京市市政工程水泥制品厂，任文书、总务，下车间劳动，"文化大革命"中被揪斗、监督审查。1974年，对调回长沙，在湖南省第六工程公司任出纳。1979年被平反。1980年，在省司法厅公证律师处任副科长。1983年5月，经湖南省第六届人民代表大会第一次会议选为湖南省高级人民法院院长、第六届全国人民代表大会代表。在5年任期内，复查纠正中华人民共和国成立后刑事案件10余万件。1988—1993年，被选为湖南省第七届人民代表大会代表及其常务委员会委员。1994年离休。梁主持编辑60余万字的《司法工作手册》，撰写10余万字的《刑罚论》。

毛际寿　1928年生，荷塘镇山塘村人。1948年6月加入中国共产党。1949年3月，建立富田桥革命武装，与聂昭良率领的桥头河暴动部队会合。4月，接纳荷叶塘革命武装，组建湘安支队，毛任直属中队政治指导员。转业到益阳后，任中共益阳地委办公室干事。1952年，任中共益阳地委社会部内保科党支部书记。后调湖南省公安厅，先后任侦察科副科长、秘书组组长。1958年，反右运动中受到错误处理。1980年平反后，历任省新生印刷被服厂狱侦科科长，湖南省人民检察学校教员。1983年6月，任湖南省公安厅厅长、党组书记，兼武警湖南总队第一政委。1986年，调任中共湖南省委政法委员会副书记。1994年离休。

张迎祥　1928年生，七星街镇虎溪村人。中共第十三次全国代表大会代表、中共江西省委委员、江西省第七届人大常委会委员。1949年4月在建国中学读高中，任学生会主席，9月选调至安化县三区人民政府工作。1952年7月，保送至江西南昌大学读书。1954年8月，分配至江西省荣誉军人学校工作。1955年，调中共清江县委，后调中共宜春地委组织部，任科长。1966年9月，被打成“反革命”，隔离审查，监督劳动。1968年起，先后任宜春中学校长，宜春地区农业局副局长、局长，分宜县委书记。1983年7月，任中共新余市委书记。1995年离休。

颜家龙　1928年生，桥头河镇余中村人。幼年从叔祖父颜昌峣学习书法。读中学时，师从书画家周达学习国画、山水画。1948年，考入国立中央大学艺术系，师从傅抱石、潘天寿。1949年上半年，在南京参加中国人民解放军，后随军南下至长沙，在中南军事政治大学湖南分校任文化美术教员。1950年，调中南矿冶学院宣传部，后调湖南师范学院美术系任党委书记。1964年，调湖南日报社，任美术组负责人，兼编辑。1974年，调湖南师范学院艺术系(今美术学院)，任主任、党委书记，聘为教授。1988年离休。兼任湖南省书法家协会主席，有《颜家龙书法集》刊行。

萧光盛　1930年生，石马山镇建光村人。1950年2月入伍，1955年5月复员回乡。1956年3月，参加林业工作。1962年6月，调涟源县税务局工作。1991年5月退休。2001年7月，在《三湘都市报》看到安化县羊角塘镇银溪小学8岁学童王俊生因父母双目失明而失学，即与老伴商量资助，后看到类似需要资助的人很多，便深入市内各村、各学校调查摸底，登记需要援助的“三特”(家庭特困、成绩特好、品德特优)学生，在社会上寻找爱心人士资助。2001—2007年，行程10余万千米，募集捐款313.54万元，资助385名学生。2007年，被湖南省关心下一代工作委员会评为爱心大使。

梁巨祥　1930年生，三甲乡玉峰村人。中国人民解放军军事科学院战略研究部历代战略研究室主任，正师职研究员，硕士研究生导师，中国近代军事史学会秘书长。1950年7月，考入湖南大学。1951年7月，投笔从戎，参加抗美援朝，以后长期从事军事技术教学与军事理论研究。主编《中国近代军事史论文集》，参与撰稿的主要著作有《中国近代战争史》《孙子兵法新注》《中国军事百科全书》《中国军事通史》《军事辞海》。公开发表的学术论文主要有《法家军事家孙膑及〈孙膑兵法〉》《试论中国近代反侵略战争的经验教训》等。

魏先来　1930年生，隆回县司门前镇人。19岁参加工作，22岁任隆回县四区区长，23岁任隆回县十二区区委书记,24岁任隆回县委委员、组织部副部长,26岁任县委常委、组织部部长,28岁任县委副书记,34岁任县委副书记兼县长,36岁任隆回县委书记。1969年12月,调涟源工作,任涟源县委副书记、邵阳地委委员。1973年8月,任涟源县委书记、县革委主任。1977年12月,调任涟源地委副书记、涟源行署常务副专员。1990年2月,任娄底地区政协联工委主任。1992年2月退休。

吴雄 1931年生,桥头河镇油草村人。19岁参加抗美援朝战争,27岁考入中国人民解放军军事工程学院,后又入南京理工大学学习。1965年毕业,分配到兵器工业第204研究所从事爆炸物理研究,历任技术员、工程师、高级工程师、研究员。获省部级以上重大科技成果奖8项,被评为"七五""八五"先进科技工作者,在国内外发表论文数十篇,有的被国际刊物广泛引用,有的被权威数据库收录,有的被写入高等院校教科书中。吴以国际公认的维里(VIRIAL)理论为基础,成功解决高温下高级维里系数计算难题,建立爆轰产物状态方程。该方程被命名为VLW爆轰产物状态方程(VL代表VIRIAL理论,W代表吴雄),在国防事业上被广泛应用。1992年离休。

吴贵涛 1931年生,龙塘乡董家村人。12岁开始挖煤、修路、挑煤。17岁参加中共地下党领导的农民运动。1949年4月加入中共,替刘若云、吴源泉等地下党负责人暗中传递情报。8月入益阳地委干校学习。1950年参加土改工作。1953年任六区区委书记。1955年,被选为中共涟源县委委员。1958年,任桥头河公社书记,因反"浮夸风"被撤职,调市林业局。1961年8月被平反,11月任县委财贸办主任。1962年,任水洞底区委书记。1966年9月被造反派赶下台,到桥头河公社泥冬大队(今桥头河镇泥冬村)劳动,1968年下放到县茶叶示范场和县基建队劳动改造,接受审查批判。1969年7月,安排到渡头塘船闸指挥部工作。1972年3月,任伏口区委副书记。1973年任县农林牧小组组长。1980年任县委副书记。1982年任县长。1985年任县政协主席。1990年12月,调娄底地委老干局任顾问。1992年离休。

颜长珂 1933年7月生,桥头河镇余中村人。1950年2月,考入东北鲁迅文艺学院戏剧系。1951年7月,分配至东北戏曲研究院,后至东北戏曲实验学校(1955年并入中国戏曲学校)。1958年初,被下放至京郊燕家台劳动。11月,调中国戏曲研究院(1980年更名中国艺术研究院戏曲研究所)。1985年被聘为研究员。1993年退休。著有《戏曲剧作艺术谈》《古典戏曲名作纵横谈》《中国戏曲文化》等,参与主编《中国戏剧通史》,参加《中国大百科全书》编纂,参加《中国京剧百科全书》编著,任编辑委员会副主任,京剧文学分支主编,1982—1999年主持编辑《戏曲研究》(丛刊)。

李忠熙 1934年生,蓝田街道光明山社区人。1949年考入台湾大学法律系。1962年赴美国入斯坦福大学,继续攻读法律,后转往纽约圣罗伦士大学,改习电脑。1966年,受聘于纽约州立大学。1969年,转康州大学,任副教授,兼电脑系主任。1980年,升教授。教学期间,组建LCW电脑咨询公司并出任总裁,兼任雷森及施乐公司顾问。1984年1月10日,美国总统里根为欢迎中国国务院总理赵紫阳应邀造访,邀其往白宫,参加"中美关系与台湾"讨论会。1997年退休。1999年10月1日,回国出席首都庆祝建国五十周年观礼,接受中共中央总书记、国家主席江泽民的邀宴,被国务院圈定为海外著名百名华人科学家之一。

谢求成 1934年生,枫坪镇白石村人。20岁被选拔入南京航空学院。1958年7月,留校任教。以后一直从事国防科研,先后主持4项国家自然科学基金课题、5项航空科学基金课题和多项国防科学重点预研课题的研究以及“8102系统”的工程研制。1986年后，获国家科技进步一等奖1次，航空航天工业部科技进步一等奖1次，部、省级科技进步二等奖8次。1989年被评为教授。1991年被评为博士生导师。1992年10月，其“最佳PCM群同步码”研究成果获国防科工委光华基金一等奖。公开发表的各类著作300余万字。其中，自然科学专著3部：《遥测理论概要》《最佳群同步码理论》《采样理论纲要》；科普书2部；科普小品文20余篇；诗文集《从花果山到天山》，1996年获国防科工委“神剑文学奖”；史论、哲学与军政对策论文36篇。

刘海藩 1935年生，白马镇泉冲村人。中共中央党校教授、博士生导师、副校长兼学术委员会主任，全国政协委员，北京市第十届、第十一届人大代表。16岁考入湖南革命大学，24岁考入中国人民大学，攻读政治经济学。1965年毕业，分配到中共中央党校经济学教研室。“文化大革命”中遭受迫害。1977年，调回中央党校。1982年起，先后任经济学教研室副主任、教务部副主任、科研部主任、教育长、副校长，先后兼任函授学院院长、党委书记、研究生院院长。出版的主要著作有《国民经济管理学》《城市经济学》《中国行政管理》《现代企业管理》《领导者的素质与领导规律》《马克思主义思想宝库》及《刘海藩论文选》等。

李国光 1935年生，龙塘乡金鸡村人。1955年，被选拔入北京工业学院(今北京理工大学)。1960年毕业，留校任教。1963年遭受迫害。1981年被平反。1982年起，先后任教授、校刊总编、科学技术管理研究中心主任、校“211”工程专家组成员以及《科学学研究》杂志编辑部主任。先后承担或主持国家、部委关于“高技术开发区研究”“科技产业发展机制研究”“中国民营科技企业若干政策问题研究”等20多个重大课题的研究。在全国率先提出关于“科技企业”“科技产业”“民营科技企业机制”等方面的概念和系统理论。与人合作的著作有《新兴产业的摇篮——高技术开发区研究》《科技进步与社会发展》等。获国家科技进步三等奖1项、部委科技进步二等奖2项、部委科技进步三等奖3项。

梁甸农 1936年生，杨市镇东园村人。中国人民解放军国防科技大学教授(副军级待遇)，博士生导师，中国电子学会会士，遥感、遥控、遥测学会委员。1953年，被保送到中国人民解放军军事工程学院学习。1958年毕业，留校任教。1980—1982年，作为访问学者在英国进修研究。1987—1998年，任国家高技术研究(863)计划主题专家组成员、副组长。1987年开始，任国防科学技术工业委员会某专家组专家。一直从事军事电子技术领域人才培养和科学研究，科研成果2项获国家级奖励、1项获全军科技进步一等奖、6项获部委级科技进步一、二等奖，在国内外学术期刊和会议上发表论文130余篇，出版军事专著1部。

梁新春 1936年生，三甲乡人。1955年，调入中共新邵县委宣传部。1958年，调入中共邵阳地委机关报《资江报》社。1963年，调入《湖南日报》社，历任湖南日报记者、编辑、理论部主任、记者部主任、编委、副总编辑。1985年，当选中共湖南省委第四届委员。1988年，任《湖南日报》社长、总编辑。1990年，当选中共湖南省委第五届委员。1992年，任香港《大公报》副社长，兼第一副总编辑，主管评论工作，撰写有关论述香港问题、中英关系、中美关系、台湾问题以及国内重大问题的社论600余篇约100万字。1997年7月1日，作为嘉宾出席香港政权交接仪式和香港特别行政区成立庆典。

毛国斌 1937年生，杨市镇华中村人。18岁入伍。1958—1959年，就读广西直属机关干部文化学校。1964年起，先后任广西柳江公安中队副指导员、广西柳州军分区政治部宣传科干事、广西鹿寨县人民武装部政委。1978年3月，中国人民解放军政治学院毕业后，先后任广西柳州军分区政治部副主任、主任。1983年5

月,任广西军区副政委、纪律检查委员会书记。1986年,入中国人民解放军军事学院高级研究班学习。1988年9月,被授予少将军衔。为广西壮族自治区第四次党代表大会代表,广西壮族自治区第七、八届人大代表,广西壮族自治区第八届政协常委。主编《当代广西民兵》《广西剿匪》《广西解放战役》等。

李周书　1937年生,桥头河镇龙湾村人。18岁被选拔入北京工业学院。1960年7月,分配到国防工业部导弹总局。1963年转入航空工业部。1972年任航空工业部导弹局导弹处副处长。1973年任副局长。"文化大革命"后期被压制。1982年恢复职务,先后任电子火控导弹局副局长,军用飞机司、民用飞机司副司长,航空工业经济研究中心副主任,中国航空技术进出口总公司党委书记兼副总经理(正师级)。参与中国第一种地空导弹、六种空空导弹、三种舰舰导弹、一种无人驾驶飞机、两种战斗机、四种民用飞机的研制、生产与改进,在两项国家重点任务中担任项目办公室主任或副总指挥。获航空工业部三等功、航空航天部一等功。

姚吉升　1937年生，杨市镇太和村人。1956年涟源一中毕业，考入武汉大学,1961年毕业留校任教,1971年照顾夫妻关系(其妻陈志飞,本志有简介)调长沙矿冶研究院工作,2002年退休。教授级高工,享受国务院政府特殊津贴。主要成果:参与负责完成攀枝花高钙镁钛渣熔盐氯化制取四氯化钛工艺研究;负责完成青海盐湖钾光卤石和沿海卤块脱水炼镁流程的研究;负责完成国家"九五"重点科技攻关项目:金属铟高新技术产品的研究,被评为国家重点科技攻关计划优秀科技成果。先后获国家科学技术进步二等奖2项、省部级科学技术进步一、二、三、四等奖各1项。

萧育轩　原名萧毓辉,1937年生,七星街镇檀山村人。1962年7月,在《湖南文学》发表处女作小说《刘兰》。1963年,在《人民文学》发表《迎冰曲》《风火录》。1979年,加入中国作家协会,任湖南省作家协会副主席。1982年,调湖南省总工会主办的《主人翁》杂志社,任记者、编辑,后为副主编。1983年,出版长篇小说《乱世少年》,获全国首届儿童文学长篇小说奖,被共青团中央推荐为全国青少年优秀读物,由文化部等8单位评为全国优秀图书二等奖,并被日本汉学家石田稔译成日文,在日本出版发行。1985年,成为专业一级作家。后任《新闻人物》总编。出版的长篇小说还有《三怪客》《山水依依》,短篇小说集有《迎冰曲》《客从西方来》,散文集有《夜笔留痕》等。

邓思光　1938年生,水洞底镇西溪村人。18岁考入中国人民解放军军械学校。1960年毕业后,先后在中国人民解放军总后勤部某部、沈阳军区、总参谋部下属单位任助理员、参谋等职。1979年起,调中国人民解放军驻某大型军工企业任副总军事代表、总军事代表、企业党委常委、总参谋部高级职称评委等职。参与《炮弹检验手册》《弹药重大质量问题分析》等书的编写。1988年9月1日,被授予大校军衔,正师职务。

张信威　1938年生,桥头河镇珠溪村人。17岁考入北京大学物理系。1960年分配到核工业部九院从事国防科学研究。1983年任研究所科学技术委员会副主任。1986年被评为国家有突出贡献中青年专家。1987年晋升为研究员。1990年成为博士生导师。1996年,参加国家攀登计划"计算材料科学的物理基础及应用",从事物态方程、贮氢金属与氧及同位素氘氚的相互作用、氢的吸放动力学、C60及其掺杂的第一原理研究等方面的工作,负责有关锕系元素物性、材料对特殊气体的吸附和反应课题,提出"小氢原子(团)模型",推导其能级公式,与实际测出的特征X射线的能量大体相符,获国家科技进步一等奖。2005年11月,当选为中国工程院院士。

李敦朝 1938年10月生，湘乡市壶天镇大塘村人。1963年，武汉体育学院毕业，至武汉二十五中任教。1974年，调涟源市业余体校任教。1987年，被评为高级教练。1990年任校长。1995年，获省劳动模范称号，被省人民政府记一等功。1996年，被评为全国业余训练系统先进工作者。1998年退休，返聘担任市业余体校校长和投掷教练，直至2006年。

陈志飞 女，1939年生，三甲乡松柏村人，1956年涟源一中毕业，考入中南大学，1961年分配到长沙矿冶研究院工作，2004年退休。教授级高工，享受国务院政府特殊津贴。主要成果：参与完成铀纯化研制，为中国第一颗原子弹爆炸作出贡献；负责开发萃取法从铅生产中回收铊的工艺；参与黑钨精矿制取仲钨酸铵的部分研究，解决了反萃取乳化技术难题，发现强碱性阴离子交换树脂在钨工艺中可起到转型和除杂的作用；负责完成国家“六五”“七五”和“九五”重点科技攻关项目——广西大厂高铁高铟锌精矿“铁矾法炼锌”“萃取提铟新工艺”和“锌铟冶炼新工艺”的工业试验，达到高效回收铟锌的目的，被评为国家“九五”优秀科技成果和先进个人，获国家科学技术进步二等奖2项，省部级二等奖2项，三等奖1项，国家发明专利3项。

李星照 1943年7月生，桥头河镇株木村人。中南林业科技大学教授、硕士研究生导师，国家科技奖励评审专家、湖南省政府采购中心评标专家。1964年7月，考入中南林学院。1969年7月毕业，留校任教，从事教学、科研、管理40多年。出版《地形图与3S技术》《风景园林测绘学》等著作、教材12部，320多万字；主持完成《中国丹霞地貌申报世界自然遗产提名地——湖南省新宁县崀山生物多样性考察与研究》《新化大熊山森林公园规划》《涟源龙山森林公园规划》等国家省部级科研、工程项目16项。

黄兆林 1943年12月生，桥头河镇田心村人。1966年被选送到湖南省教育干部学校政治班学习。1969年调涟源县革命委员会办事组。1976年调县委办公室。1979年调中共娄底地委办公室。1982年，入湘潭大学中文系秘书班学习。1985年毕业后，调中共湖南省委办公厅，历任副处长、处长。1992年任省委办公厅副主任。1993年任省委副秘书长。1995年兼省委办公厅主任。2003年，当选省第十届人大常委会委员、省人大内务司法委员会副主任委员。

吴芳 女，涟源市人，教授。20世纪80年代末，毕业于武汉大学。90年代初，在广州、深圳等地开办军地两用高层人才培训机构。2005年，回湖南投资，独资创办湖南都市职业学院，任该院董事长兼法人代表。2007年，被评为娄底市十大杰出经济人物。编纂著作20余部，其中《中华女英杰》与《中华教育家思想研究》在北京人民大会堂举行首发式。

谭谈 1944年4月生，桥头河镇群峰村人。15岁初中肄业，入涟源县杨梓钢铁厂当学徒，后到湖南省金竹山煤矿当工人，17岁入伍。1965年2月，在《解放军文艺》发表处女作短篇小说《听到故事之前》。1968年5月，复员回金竹山煤矿。之后，陆续任《涟邵工人报》《工人日报》《湖南日报》记者、编辑。1981年在《芙蓉》杂志发表中篇小说《山道弯弯》，后改编成成电影和电视剧，作品获全国第二届优秀中篇小说奖。1982年加入中国作家协会。1995年任湖南省文联主席。1996年任中共湖南省委委员，挂职任娄底地委副书记。2001年，任中国作家协会副主席。著有长篇小说4部，中短篇小说集6部，散文集3部，及长篇报告文学、文论集、文学自传，共30多部著作，500多万字。在涟源成功倡建爱心书屋和爱心文化园。

石海澄　1945年生，白马镇百坪村人。12岁开始学医，17岁开始行医。1971年9月至邵阳卫校学习临床医学。1975年9月任田心卫生院副院长。1978年任院长。1989年4月，研制出"活络效灵汤"治疗坐骨神经痛。1991年4月，研制出"峨参汤"治疗胃病。1996年1月，被卫生部评为全国卫生系统先进工作者。1998年8月，被选为湖南省第九届人大代表并连任3届。2000年4月，被国务院评为全国先进工作者。2001年9月，被评为中医主任医师。2004年10月，被省卫生厅、省人事厅评为湖南省农村名中医。2006年，出版医学著作《龙山医悟》。

罗和秋　1945年生，伏口镇峡口村人。1966—1982年，先后在共青团涟源县委、涟源县革委办事组、邵阳地革委核心小组、省革命委员会政工组、省委组织部工作。1983—1985年，在湖南师大干部专修科脱产学习。1986年任省委组织部组织处处长。1993年11月，借调新华社香港分社，参加香港政权交接仪式及庆典活动的筹备。1998年3月任湖南省人事厅副厅长。2003年任省人事厅巡视员。参编、合编、主编著作20多部，出版专著《组织人事工作实践与思考》《怎样报考公务员》。

梁纶富　1945年生，三甲乡张白村人。1965年，考入重庆第七军医大学。1969年，到西藏军区察隅边防部队实习锻炼。1970年，分配到陆军第七十五医院工作，先后任军医、主治军医、门诊部主任。1983年，担任院长、党委副书记。1986年，转业到河南省职工医院，先后任副院长、副主任医师、主任医师、院长兼党委书记。

邱均平　1947年生，湄江镇思久村人。1969年武汉大学化学系毕业，至湖北省通城县计划委员会工作。1978年考入武汉大学科技情报专业读研究生。1981年毕业留校任教。1993年任武汉大学科技情报培训中心主任、武汉大学图书馆学情报学研究所所长。1996年任教授、博士生导师。2003年任武汉大学中国科学评价研究中心主任、《评价与管理》杂志主编。主持完成国家和省部级课题28项，研发的"中国大学及学科专业评价系统"被鉴定为国内领先成果；出版著作40部，代表作有《文献计量学》《信息计量学》《网络计量学》等。

李芳仁　女，1948年生，荷塘镇群宜村人。1971—1975年，先后在蓝田镇、共青团涟源县委工作。1975年调共青团长沙市委。1984年调长沙市人防办。1987年9月调省委老干部活动中心。1993年1月—1996年6月，先后任中共湖南省委老干部局办公室主任、财务资产处处长。1996年6月任省委老干部局纪检组长。1999年7月兼任省委老干部局直属机关党委书记。2007年任省委老干部局巡视员。

曾求腾　1949年生，杨市镇永福团社区人。1969年2月入伍。1971年5月提干，先后任排长、团政治处宣传股长、师宣传科副科长、团政治处主任、团政委、旅政委。1993年3月奉命参加驻港部队组建，任驻港部队深圳基地政委。1994年4月任师政委。1999年任广州军区某集团军政治部主任。2001年任湖北省军区政治部主任。2002年7月，被授予少将军衔。主编政治、文化类著作共12部。

谭显国　1949年生，三甲乡阳硐村人。1965年入伍，1973年6月在广州某军事院校硕士研究生毕业，获指挥系硕士学位，安排在广州军区某部队工作，先后任营长、团长、师长、副军长，少将军衔。

肖自江　1950年生，茅塘镇石门村人。14岁初中毕业后务农。1978—1995年，在重庆、昆明、哈尔滨、长沙等地经商，从事商品批发。1996年，在石门村创办涟源市宏宇搪铝工业有限公司，任董事长。1999年11月被劳动部评为全国创业之星。2000 年 9 月，组建湖南五江轻化集团有限公司，任董事长。集团下辖 19 家国内生产企业、15 家国内销售企业和 1 家进出口公司，涉及轻工、化工、高科技、房地产、贸易、牧业等 6 个支柱产业，生产 1000 多种产品，销售网络遍布全国及 40 多个国家，拥有员工 10000 余人。2001 年 12 月，被评为全国乡镇企业家。2005 年，被评为中国农村改革十大新闻人物。2008 年 1 月，当选第十一届全国人大代表。

吴伯勋　1951 年生，古塘乡破石村人。1969 年 12 月入伍。1971 年 3—8 月，任第 41 军 122 师机要科机要员。1971 年 8 月—1983 年 7 月，在该军司令部机要处先后任机要员、参谋、副营职参谋、正营职参谋。1983 年 7 月—1985 年 10 月，任该军 123 师司令部科长(副团级)。1985 年 10 月—1990 年 9 月，任第 41 集团军司令部处长。1990 年 9 月—1995 年 5 月，先后任该集团军 164 师政治部副主任、主任，师副政委。1995 年 5 月，任湖南省邵阳军分区政委，大校军衔。先后 12 次受嘉奖，3 次立三等功。

戴鹏志　1951 年生，荷塘镇华湘村人。1972 年考入武汉大学。1982 年 9 月至国防科工委工作。1985 年 12 月，就读于南京航天航空大学自动化控制专业。1997 年 6 月，任中国人民解放军战略导弹部队（简称第二炮兵）导弹技术专家。1998 年当选湖南省第九届人大代表。2001 年 4 月，调入第二炮兵某部任总工程师(行政正团职，技术副师职)。2004 年 4 月，任第二炮兵某部副总工程师(行政副军职）。2005 年 7 月，被授予少将军衔（技术正军职）。

李绍庄　1952 年生，安平镇罗克村人。1970 年 1 月入伍，8 月加入中国共产党。在部队历任班长、排长、团后勤处助理员、军需股长、后勤处处长。1979 年，参加广西边防自卫还击战。1984 年 8 月至 1986 年 7 月，在解放军后勤指挥学院学习。1986 年 8 月后，历任师后勤部军需科科长、副部长、部长。1990 年 10 月，任广西军区生产经营办公室主任。1992 年起，先后任广西军区后勤部副部长、部长。2001 年，到国防大学进修学习。2005 年，任广西军区副司令员，大校军衔。

徐金辉　女，1952 年生，长沙市人，湖南省涟邵矿务局职工医院护士。1995 年 4 月，广州军区某部在涟源进行通信光缆施工，战士郭海波身负重伤，送在涟邵矿务局职工医院救治，徐守候治疗两天两夜，郭终因伤势过重而牺牲。徐把自己的悲痛写成一封长达 11 页的信，寄给在甘肃当兵的儿子。信在部队传阅后，有十几位战士写信认徐为干妈。不久，又有 3 位战士受伤在该院治疗，徐将他们接到自己家中，给他们洗脸擦背，洗衣做饭，买来甲鱼、乌鸡为他们补身体。部队首长接战士返队时，要付给徐生活费，徐坚决拒绝。1998 年，战士陈东森想报考军校，因母亲长期卧床不起，感到为难。徐知道后，到山东将陈的母亲接到自己家中。经过 1 个多月精心治疗和照顾，待老人能够下地自由活动时才送她回去。至 1999 年，叫徐为妈妈的军人（含退役军人）达 300 人。2004—2007 年，徐先后被评为湖南省“双拥”先进个人、湖南省国防教育十大新闻人物、全国爱国标兵、全国“双拥”模范先进个人和全国百名公益先进人物。

黄明初　1952 年生，湄江镇跑马村人。1969 年 12 月入伍。1974 年，保送入广西大学攻读工业与民用建筑专业。1978 年，毕业后回部队工作，先后任广西军区后勤部副处长、处长、副部长。1989 年立三等功 1 次。1990 年，获“全国绿化劳动模范”称号。1996 年，被授予大校军衔。1998 年 10 月，转业后任中共广西壮族自治区委员会督查室副主任。2003 年 6 月，任广西壮族自治区档案局局长、党组书记。

廖遇平 1952年生，桥头河镇大屋村人。1975年湖南医学院毕业，分配至黔阳县医院。1978年调入湖南省肿瘤医院。1995年被中国医学科学院肿瘤医院聘为博士生导师。2003年被引进中南大学湘雅医院肿瘤科，任科主任。1991年在省内最先提倡、推广使用面颈联合野治疗鼻咽癌。1996年在国内外最先报道《非何杰金氏淋巴瘤大面积放疗引起急性肿瘤溶解综合症（ATLS）》。1998年在省内最先开展鼻咽癌适形放疗。主编专著《实用肿瘤综合治疗手册》《临床肿瘤学教程》等。

谢玉久 1952年3月生，枫坪镇柏树山村人。1970年12月入伍，历任团政治处新闻干事、团宣传股长、营教导员、团政治处主任、师宣传科长、团政委、师副政委。1996年2月任炮兵14师政委，大校军衔。2002年任65集团军副政委。2004年7月，被授予少将军衔。2005年5月，任山西省军区副政委兼政治部主任。著作有《片石集》《火狐集》《晨钟集》《基层带兵30谈》等10部。

戴塔根 1952年生，白马镇白马村人。中南大学地学与环境工程学院院长，地质研究所所长，教授，博士生导师。1976年8月中南矿冶学院毕业，留校任教。1987年5月赴澳大利亚留学。1989年获工学博士学位。1991年12月破格评为教授。至2007年，完成科研项目14项，获省部级科技进步一等奖和二等奖各1项。出版专著和教材《微量元素地球化学及其应用》《勘查学》《环境地质学》等10余部；编写教材《Applied Geochemistry》和《Modern Analytical Technique for polymetallic Nodules》等。

梁尔源 1953年生，蓝田街道人(祖籍三甲乡玉峰村)。1970—1986年，在湖南省煤矿基建公司一处工作，先后当过普工、锯工、木工、处团委干部、处党委办副主任。1986年，调省人大常委会办公厅工作，先后任副主任科员、主任科员、研究室副主任、主任、办公厅副主任。2008年1月，任湖南省人大常委会委员、教科文卫委员会主任。撰写、主编的著作有《中国社会主义法律监督》《地方人大工作研究》《论中国宪法监督制度》等。

谭载喜 1953年生，蓝田街道人。1975年，毕业于湖南师大。1977—1981年，在英国埃克塞特大学留学，获语言学硕士学位，归国后执教于湖南师大，后调入深圳大学，任深圳大学外语系教授，外语系主任、外事处处长。1996—1998年，任香港城市大学研究员，硕士研究生导师。2000年赴香港浸会大学从事教学与研究，任博士生导师，兼任北京语言大学和中山大学教授，博士生导师。出版著作（含译作）12部，约300万字，主要包括《西方翻译简史（增订版）》《翻译学》《奈达论翻译》等。

刘余德 1954年生，石马山镇飞仙村人。1970年，涟源一中高中肄业回家务农，搜集阅读大量资料，分析、论证地球演变与人类的关系。1996年，形成初稿，送交科技部门领导审查时，受到奚落，一怒之下，将资料和手稿付之一炬。事后，懊悔不已。2004年，携妻避居深山，一边牧羊，一边重新撰稿。2011年，凝结40余年心血的专著《地球演变与人类》经湖南科技出版社出版，计14万字。

吴志宪 1954年11月生，桥头河镇石狗村人。1980年，邵阳师专毕业，至涟源一中任教。1982年调入邵阳地区人事局。1986年任共青团邵阳市委书记。1989年，就读湖南大学经济管理硕士研究生班。1991年任邵阳市财贸委员会副主任。1992年调任湖南省政协《湘声报》社社长、总编。1995年任第八届湖南省政协副秘书长。2005年9月，任第九届湖南省政协常委、省政协副秘书长兼研究室主任（正厅级）。2008年1月，任第十届湖南省政协常委、省政协副秘书长兼研究室主任。

蒋子丹 女，1954年生于北京，祖籍荷塘镇桥头村。1974年入湖南人民出版社工作。1984年创作小说《出国演出队名单》获《人民文学》杂志读者最喜爱作品奖。1985年，小说《黑颜色》获第二届上海文学奖。1988年，与湖南作家韩少功等人一起迁居海南省，共同创办杂志《海南纪实》。1995年，担任《天涯》杂志主编。2001年，当选海南省作家协会主席，兼任省人大常委、省文联副主席。著有长篇小说《长大不容易》，长篇人文地理散文《边城凤凰》，有中短篇小说集6部，散文集5部。

王鲁湘 祖籍江苏省沭阳县，1956年生于邵阳市，两岁到蓝田镇，涟源一中高中毕业。1974年下放太和公社合心大队，1977年参加高考，年底招工进利民煤矿当绞车工。1978年3月入湘潭大学，1982年1月毕业，留校任教。1984年入北京大学，1987年毕业获哲学硕士学位，进北京师范学院（今首都师范大学）任教，1992年离职，从事自由写作和电视片制作。2000年受聘清华大学美术学院教授、博士生导师。2001年任香港凤凰卫视高级策划，后任主持人、评论员。2009年任中国国家画院研究员、李可染艺术基金会副理事长，李可染画院副院长，清华大学张仃艺术中心副主任，文化部国家艺术基金专家库成员，北京凤凰岭书院院长。

梁稳根 1956年生，茅塘镇道童村人。1983年，中南矿冶学院毕业，分配至湖南洪源机械厂任技术员。1986年元旦，在茅塘乡创办涟源市茅塘乡焊接材料厂，员工10余人。1991年，企业更名湖南三一集团有限公司，意在"创建一流企业，造就一流人才，做出一流贡献"，员工逾1000人。1994年，在长沙市星沙开发区创建三一重工业集团有限公司（简称三一重工），梁任董事长兼总经理。2000年，企业改制为三一控股有限公司，梁任总裁。2003年7月，公司在上海证券交易所上市，梁任董事长。2007年，公司员工3万余人，销售收入135亿元，利润40亿元，为湖南省首家销售过百亿的民营企业，梁以个人财富188亿元居湖南首富。历任第八、九、十届全国人大代表，中共十七大代表。

刘广文 1957年生，杨市镇七甲村人。1974年入湖南省涟邵矿务局金竹山煤矿，先后做采煤工、办公室秘书、宣传干事。爱好文学、书画、摄影。1988年，加入中国书法家协会。1998年开始，先后任《作家与社会报》《湖南作家》《作家天地》总编辑室主任、副总编辑，《书画家报》编辑部主任、副总编辑，《艺术中国》执行主编，湖南省书法家协会副主席。获湖南省十大青年书法家称号。其书法笔锋劲健、布局疏朗、写意清新，具浪漫性与抒情性。作品入选国展及《当代中国书法艺术大成》《当代中国青年书法家百人集》。

卢光明 1957年6月生，石马山镇石桥村人，1982年湖南医学院毕业，1988年协和医科大学硕士研究生毕业。主任医师，南京军区南京总医院医学影像科主任，南京大学医学院、南方医科大学及南京航空航天大学教授和博士生导师。主编专著3部，其中"十一五"国家重点图书《临床CT鉴别诊断学》获新闻出版总署的"三个一百"创新工程奖。主持的项目"心脑血管病关键CT技术的应用与创新"获国家科学技术进步奖二等奖，"双能量CT的临床应用与技术创新"获中华医学科技奖一等奖。

曾赳雄 1958年生，伏口镇螺丝村人。1982年毕业于吉林大学，先后任广东湛江南海石油公司研究院工程师、湖南省进出口总公司部门经理、湖南省金环进出口金诺公司总经理。1999年1月，创建湖南天雄实业有限公司。2002年，建成重庆天雄锰业有限公司、重庆酉阳天雄公司。2005年，湖南天雄实业有限公司电解金属锰的年产量突破5万吨，成为世界最大的电解金属锰企业。2008年，在秀山县投资1亿余元建成天雄锰业科技园，延伸电解锰产业链。

谭尔林 1958年7月生，桥头河镇石窑塘村人。1978年入伍。1979年2月参加广西边防自卫还击战，6月就读于昆明陆军学院。以后历任某部排长、教导大队大队长、师侦察科长、武警41师124团团长。1984年参加老山地区对越作战。1992年就读于石家庄陆军参谋学院。1994年就读于南京陆军指挥学院合成指挥系。1996年指挥部队参加云南通海地区突发事件处置。2005年，任武警云南省森林总队司令部参谋长。

易炼红 1959年生，石马山镇群英村人。1982年，湖南师范学院毕业，至邵阳基础大学工作。1987年获陕西师范大学经济学硕士学位。是年，调中共湖南省委党校，先后任教员、校长助理、副校长，被评为教授，其间，到沅陵县挂职任副县长。2004年，任中共岳阳市委书记。出版专著8部(其中独著3部)、译著1部、教材12部。代表作有《实现传统农业向现代农业的跨越》《健全市场经济条件下的农业保护体系》等。获国家级、省部级优秀成果奖21项，其中获第八届全国"五个一工程"奖1项，获省部级优秀社科成果一等奖6项。主持完成国家社科基金和省级社会科学规划、基金资助课题11项。

梁勇 1959年出生于常德市，祖籍蓝田。1978年3月入伍。1982年9月，至桂林陆军学院一队学习。1983年8月，至广州军区司令部，历任副连职秘书、连长、正连职秘书、副营职秘书、副营职参谋、正营职秘书。1993年2月任军训部训练保障处副处长。1994年11月任干部训练处副处长，次年4月任处长。2000年1月，任驻香港部队深圳基地参谋长。2005年，任湖南省湘潭军分区司令员。

刘锡林 1962年6月生，六亩塘镇芙蓉村人。1981年10月入伍。1982年，在一次军事演习中负伤，二等乙级伤残。1984年退伍，次年安排在省煤田地质局第二勘探队工作。1995年，伤势加重，患双肾囊肿。1999年退休。先后救过5条人命，捐款50余万元。2006年7月被湖南省民政厅、湖南省军区政治部评为湖南省先进优抚对象，12月被评为涟源市十大爱心人物之一。

邱则有 1962年11月生，湄江镇四房村人。1980年7月，考入辽宁建筑工程学院。1984年，分配至湖南省建材设计研究院。1995年，以自己的技术创新成果为依托，创办长沙巨星轻质建材股份有限公司。主导产品和技术为GBF蜂巢芯、薄壁方箱、薄壁管、竖孔芯模和竹芯及其现浇砼空心楼盖。不久，该公司被国家认定为建筑建材行业高新技术龙头企业。2002年，企业总产值达1.89亿元。至2010年，邱承担国家和省级科研项目31项，申请发明专利6000项，授权公告1700项。开发的"现浇砼空心无梁楼盖体系"被列入国家高新技术863计划项目、国家级火炬计划重点项目、建设部科技成果重点推广项目、国家重点新产品开发项目。出版专著《现浇混凝土空心楼盖》《现浇混凝土空心楼盖基础理论与应用》《加劲肋空心管》。

曾益新 1962年生，金石镇人。1985年，衡阳医学院毕业。1990年，毕业于中山医科大学，获硕士、博士学位。1992—1997年，留学日本东京大学、东京都立老人综合研究所和美国宾夕法尼亚大学，从事癌基因、抑癌基因及基因治疗研究。1997年2月回国，被中山大学聘为教授、博士生导师及肿瘤防治中心副主任、肿瘤研究所所长，10月任肿瘤防治中心主任及肿瘤医院院长（兼任实验研究部主任和生物治疗中心主任）。2000年主持鼻咽癌分子遗传学研究，2002年获教育部自然科学奖一等奖，2003年获广东省科学技术一等奖、中华医学奖一等奖。2004年，任华南肿瘤学国家重点实验室主任，教育部肿瘤基因组学与抗癌药物研究重点实验室主任，世界卫生组织国际癌症研究机构"国际肿瘤分子分型工作委员会"主席，《癌症》杂志主编。2005年，当选中国科学院院士。先后获国家杰出青年基金、863及973等9项国家级科研项目支持。

卢鸿鸣　1963年2月生，石马山镇石桥村人。1981年邵阳师范专科学校毕业，分配至涟源二中任教。1995年7月调长沙市周南中学任教。2000年7月，被任命为长沙市周南中学副校长。2005年5月，被任命为长沙市田家炳实验中学校长，确立“和谐发展，内涵发展，特色发展，国际化发展”的目标，提出学校教育要为学生的终生发展奠基，要让学生“先成人再成才”，“要全面发展学生的智力，要全力发展学生的特长”。2006年8月，被任命为长沙市长郡中学校长，被评为湖南省中学优秀校长。

李仲初　1963年生，金石镇星星村人。1984年毕业于武汉大学空间物理系，至航天工业部某研究所工作，从事原子分子物理在宇航科学的应用研究，后转入国家某重点实验室，从事理论建模研究。1998年，创办北京中长石基信息技术股份有限公司，专门从事酒店业信息系统的建设与软件开发。经过近10年的发展，石基数字酒店信息管理系统V2.0被国内高级星级酒店广泛采用。至2007年5月31日，控股子公司石基泰能开发的TalentThis2000饭店管理系统7.0在国内五星级酒店的市场占有率达80%以上。是年，公司净利润1.21亿元，李持有公司总股本的63%，市值58.28亿元。

廖湘科　1963年生，蓝田街道人。1985年，清华大学计算机系毕业。1988年获国防科学技术大学计算机系硕士学位后，任该系助教，后任该系605研究室副主任、主任，研究员。2000年5月任计算机学院计算机研究所副所长。2002年任国家863计划重点项目专家组组长。2003年任中国共创软件联盟副理事长。2008年任国产基础软件教育部工程研究中心主任。2009年5月任国防科学技术大学计算机学院院长。2010年晋升少将军衔。长期从事国产高性能计算机和自主操作系统研究，参与银河系列巨型计算机研制，担任“天河一号”超级计算机总指挥，担任银河麒麟操作系统总设计师，主持研制国内安全等级最高的服务器操作系统。获国家科技进步一等奖3项，军队科技进步一等奖5项，获军队杰出专业技术人才奖、中国青年科技奖。

李平　1964年3月生，荷塘镇东冲村人。1984年西北工业大学毕业，1987年获该校飞行器导航控制系统专业硕士学位，至抚顺石油学院过程控制研究室任助教。1995年获浙江大学工业自动化专业博士学位。1998年，破格晋升教授。2000—2001年，在加拿大阿尔伯塔大学化工与材料工程系做访问学者。历任抚顺石油学院过程控制研究室副主任、主任，工业控制中心主任，自动化系副主任、主任，信息工程分院院长，辽宁石油化工大学(抚顺石油学院2002年更名)副校长、校长。承担国家级重大科研项目20余项，将先进控制与优化技术应用在催化裂化、常减压、合成氨、乙烯裂解炉、聚丙烯等装置中，为企业解决技术难题。

黄谦福　1965年生，茅塘镇大方村人。7岁开始随父练铁砂掌、俯卧金刚等，10岁患风湿麻痹症，下肢瘫痪。13岁继续坚持练功，终于战胜病魔，且练就绝技“金刚一指倒立”。2008年应邀去日本访问，2009年应中央电视台邀请参加欢乐中国行大型文艺晚会。对跌打损伤、风湿、颈椎等疾病的治疗也有较深造诣。

梅文华　1965年生，安平镇梅家村人。空军第一研究所高级工程师，空军工程大学工程学院硕士生导师，海军工程大学兼职教授。1981年，考入国防科技大学电子技术系。1985年，考取国防科技大学研究生院通信与电子系统专业研究生。1988年，获工学硕士学位，毕业分配至空军第一研究所工作。1999年，获北京邮电大学工学博士学位。先后获国家科技进步二等奖、国家发明三等奖、军队科技进步二等奖、军队科技进步三等奖各1项。出版专著《跳频通信地址编码理论》。

梁续军 美籍华人,1965年生,六亩塘镇桐车村人。1983年,被北京大学数学系录取。1990年,北京大学管理科学硕士毕业。1991年赴美留学,1994年获MBA学位,在华尔街从事技术和管理工作。2003年,自己创业,成立美国博龙技术有限公司,从事技术与管理咨询服务,高科技产品与技术的国际贸易,投资高科技产业。2008年,任北京大学教育基金会(美国)理事、监事会主席。2009年,回国创业,任湖南博为软件技术有限公司总裁,湖南锦绣鑫程房地产开发有限公司总裁,北京健源达生物医药技术有限公司董事长。

吴奇修 1966年生,龙塘乡江口村人。1987年7月,北京大学毕业,被安排在涟源县计划委员会工作。1995年12月,任茅塘镇石门村党支部第一书记。1999年,被评为“中国十大杰出青年”。2000年,任涟源市市长助理。2001年7月2日,胡锦涛、尉健行、曾庆红在中南海怀仁堂勤政殿听取吴奇修汇报工作。2002年,当选中共十六大代表、主席团成员,担任共青团娄底市委书记、中共娄底市委委员。2004年4月,任冷水江市代市长,11月任共青团湖南省委书记。2006年12月,任第九届湖南省委委员,省粮食局局长。2010年1月,当选湘潭市市长,12月调任财政部监督检查局局长。

谭军平 1968年生,六亩塘镇笃庆堂社区人。1986年入伍,服役时考上大连海军舰艇指挥学院。本科毕业后,任潜艇副艇长,后获大连海军舰艇指挥学院硕士学位,任舰长(团级),再入陆军指挥学院获陆军指挥系硕士学位。2002年,任170舰队基地司令员(师级)。

吴干呈 1972年生,古塘乡申家村人。1994年湖南公安高等专科学校毕业后,分配至娄底地区公安处,历任刑侦中队长、大队长、副支队长、政委、支队长。2001年,在侦破公安部督办的涟源“4·19”黑社会组织犯罪案中,犯罪嫌疑人发动汽车,吴用躯体顶住车头,配合战友擒获涉黑案主犯。2005年,在侦办新化“6·30”案中,抓获涉案头目和骨干13人,并顺藤摸瓜,将血债累累的黑老大抓获归案。至2006年,带领打黑队伍摧毁黑社会性质组织、恶势力犯罪团伙344个,侦破各类刑事案件2715起,立一等功1次、二等功2次、三等功1次,获全国第二届“我最喜爱的十大人民警察”“全国公安系统二级英模”“全国特级优秀人民警察”等称号。2007年8月,调任湖南省公安厅刑侦总队有组织犯罪侦查一支队支队长,是年当选中共十七大代表。

梁晖 1973年生,三甲乡六甲村人。1992年前往广州,在广州怡美饰品公司打工。1995年被浙江省义乌市新光饰品有限公司作为专业技术人才引进。1998年5月,和妻子梁旭注册成立浙江义乌卓雅妮饰品厂,经过10余年发展,企业扩大为3家公司(厂)。2003年底,在家乡成立旭晖尊老助学会,至2005年,共为家乡公益事业捐赠300万元,被评为涟源市捐资助教模范,2006年被评为涟源市十大慈善人物。2007年,合资创办浙江亿升投资有限公司和浙江真创机电科技有限公司。

三　人物名录

烈士名录

1987—2007年，全市报批10名烈士。

杨庆光，白马镇王家村人，1905年7月出生。国民革命军陆军3师15团3营7连上尉连长，1938年在江苏省邳城县戴庄抗日阵亡。1991年10月5日追认为烈士。

黄建中，三甲乡马埠桥村人，1917年6月出生。国民革命军空军领航员，1945年3月随机对日作战阵亡。1991年1月5日追认为烈士。

吴楚丰，安平镇后溪村人，1949年5月出生。1990年6月12日在四古乡后溪村后溪水库河边抢救被洪水围困的村民吴泽桃时牺牲。1993年7月12日追认为烈士。

吴泽田，安平镇后溪村人，1956年6月出生。1990年6月12日在四古乡后溪村后溪水库河边抢救被洪水围困的村民吴泽桃时牺牲。1993年7月12日追认为烈士。

唐英，荷塘镇集合村人，1962年出生。1995年2月8日救护被歹徒围攻致伤的邻居英勇献身。1997年7月追认为烈士。

谭顺新，龙塘乡桃梅村人，1971年5月出生。1995年7月7日下午在龙塘乡桃梅水库抢救落水学生牺牲。1997年7月追认为烈士。

刘毅辉，金石镇金明村人，1978年2月出生，54772部队战士，1997年11月30日为保护战友牺牲。1997年12月22日追认为烈士。

杨卓辉，白马镇学足村人，1974年2月出生。1998年4月6日在深圳市福田区莲花北村与抢劫犯搏斗时牺牲。2002年追认为烈士。

戴庆华，荷塘镇界头村人，1947年11月7日出生。2002年3月9日，扑救山火时牺牲。2004年5月追认为烈士。

陈野平，三甲乡财溪村人，1984年4月21日出生，湖南师范大学医学院2002级学生。2003年8月3日，在三甲乡财溪水库为抢救两名落水少年牺牲。2004年12月追认为烈士。

前志补遗：

陈声南，涟源市人，1920年1月生。1943年在江西上饶集中营牺牲。

刘四贞，曾用名刘喜四，女，石马山镇双力村人，1932年出生。1949年6月为掩护湘中一支五团战士被敌人杀害。

曾保定，蓝田街道人，1930年4月14日出生。1950年10月在朝鲜阵亡。

刘中恒，渡头塘乡胜旗村人，1950年牺牲。

李重明，桥头河镇人，1950年入朝时牺牲。

李裕元，桥头河镇兴家村人，1950年在广西牺牲。

易陈前，涟源市人，1951年4月在朝鲜阵亡。

杨国正，伏口镇花山村人，1927年10月出生。1951年11月在朝鲜平安北道作战牺牲。

刘保明，涟源市人，1926年出生。1953年1月11日在朝鲜205高地阵亡。

李正雄，又名谭理金，渡头塘乡新田村人，1932年出生。1953年7月17日在朝鲜682阵地阵亡。

曾繁文，水洞底镇托山村人，1932年12月出生。1953年9月在朝鲜阵亡。

陈盛世，伏口镇人，1956年在青岛牺牲。

曾秋冬，水洞底镇国柱村人，1921年出生。1961年在广东省广州市牺牲。

肖国光，斗笠山镇丰瑞村人，1943年出生。1965年8月在北京市平谷县因事故牺牲。

姚海波，杨市镇人，1944年4月21日出生。1965年10月5日在越南友农地区的铁桥保卫战中牺牲。

阳细清，伏口镇半排村人，1943年12月出生。1966年9月在福建省莆田县因事故牺牲。

颜平峰，斗笠山镇祖保村人，1938年出生。1977年在湖北省武汉市空军医院因事故牺牲。

李敦荣，三甲乡甘溪村人，1979年2月18日对越作战牺牲。

王汉钦，七星街镇七星村人，1950年6月出生。1981年6月在广西宁明牺牲。

聂连付，渡头塘乡洋河村人，1962年8月出生。1985年2月17日在广西龙州县下冻乡五六九高地因工事塌方牺牲。

易建平，桥头河镇太平村人，1953年10月出生。1986年3月28日在云南省安宁县青龙乡扑灭山林火灾中牺牲。

涟源籍在外地工作正高级专业技术职称人物名录

前志收录涟源籍在外地工作获正高级专业技术职称人物:王方中、石冰心、刘永良、刘日新、刘如意、刘高魁、刘克祥、成本诚、李坚、李谋戡、李鼎叔、严阜谟、严贞英(女)、吴卫群、吴志安、吴慧清(女)、杨益华(女)、邱毅、陈声宗、陈昌平、陈志飞(女)、陈初生、张信威、张国材、易克初、易季莲(女)、周行健、周怀英、周荔裳(女)、周殿清、周庆元、周夫民、姚吉升、姚德超、萧竹生、萧亦柏、黄和平、梁巨熠、梁合一(女)、梁克中、梁希杰、梁泉和、梁富英(女)、黄和平、傅举有、曾宪浜、曾肯成、曾克娥(女)、彭补拙、彭惠清(女)、谭载喜、谭孝鑫、廖正国、颜占光、颜长科、颜日初、颜耀东。前志未录者,本志补遗,共收录141人,按姓名笔画排序。

1987—2007年涟源籍在外地工作正高级专业技术职称人物

姓名	性别	籍贯	出生年月	任职单位及职称
王志坚	男	龙塘乡战江村	1970.06	湖南稀土金属材料研究院研究员
王朝晖	男	水洞底镇托山村	1972.12	上海对外贸易学院教授
王新林	男	斗笠山镇塘溪村	1970	南华大学工程电力学院院长,教授
石世宏	男	白马镇郁溪村	1954.09	南华大学机械学院院长,教授
邓聚龙	男	水洞底镇	1933	华中科技大学自动控制系主任,教授,博士生导师
龙顺潮	男	湄江镇黄罗村	1962	湘潭大学数学与计算科学学院教授
朱红文	男	金石镇沙塘村	1962	北京师范大学教授,博士生导师
朱华雄	男	桥头河镇	1938	郴州市第三人民医院内科主任医师
朱国才	男	伏口镇大湾村	1963	清华大学教授
伍淑文	男	桥头河镇观澜社区	1941	湖北省黄石市中心医院耳鼻咽喉科主任医师
刘如石	男	安平镇浆江村	1971.11	湖南师范大学生命科学院教授
刘伟生	男	石马山镇拖坪村	1970	湖南工业大学教授
刘初生	男	石马山镇拖坪村	1955	湖南工业大学教授
刘固盛	男	伏口镇	1967.07	华中师范大学教授、博士生导师
刘振华	男	龙塘乡河西村	1969.11	湖南警察学院教授
刘桃生	男	石马山镇拖坪村	1967	加拿大多伦多教育局教授
刘清华	男	斗笠山镇大样村	1963	湖南文艺出版社社长,编审
刘清高	男	六亩塘镇梅南村	1959	青海西部稀贵金属有限公司副总裁,教授级高级工程师
刘敏求	男	斗笠山镇增加塘村	1929	辽宁阜新矿务局教授级高级工程师
刘惠康	男	金石镇湖广村	1963	武汉科技大学教授
刘新贵	男	石马山镇培元村	1970	中国人民解放军信息工程大学测绘学院教授
刘新峰	男	蓝田街道光明山社区	1963	南京军区总医院主任医师,博士生导师

续表

姓 名	性别	籍 贯	出生年月	任 职 单 位 及 职 称
刘楚魁	男	杨市镇龙潭村	1949	湖南人文科技学院教授
刘聪和	男	桥头河镇石狗村	1964	中国公路工程咨询监理总公司副总工程师,教授级高级工程师
刘耦耕	男	金石镇湖广村	1945	湖南工业大学教授
杨竹林	男	渡头塘乡向阳村	1962	中南大学湘雅二医院研究员
杨奉曾	男	白马镇徐南村	1924	甘肃省天水213机床电器厂教授级高级工程师
李 飞	男	金石镇和合村	1921	南京化工大学教授
李 莉	女	涟源市	1964	北京航空材料研究院总质量师,研究员
李 毅	男	蓝田街道	1959	广州军区政治部政治工作研究室研究员,《政治指导员》杂志社社长,兼主编
李冬林	女	荷塘镇荷塘村	1952	湖南省高教管理系列教授
李吉生	男	湄江镇栗山村	1935	湖南科技大学自动化系教授
李希平	男	七星街镇	1945	中国人民解放军国防科技大学教授
李建华	男	荷塘镇枫树铺村	1953	湖南科技大学教授,硕士生导师
李春才	男	荷塘镇牌头村	1958.01	广东省韶关大学教授
李贻定	男	荷塘镇古楼村	1928.03	广东外语外贸大学教授
李树南	男	古塘乡塘边村	1953	中国人民解放军第一六三中心医院主任医师,大校军衔
李香华	女	金石镇岩仑村	1956	湖南理工学院教授
李剑波	男	蓝田街道	1963	湘潭大学教授,文学与新闻学院副院长
李素华	女	金石镇星星村	1942	中国航天科技集团公司第4研究院第42研究所研究员，襄樊航天化学动力公司总工程师
李爱梅	女	七星街镇湘波村	1943	水利部湖南省澧水流域水利水电综合开发公司总会计师,研究员
李谦和	男	水洞底镇天堂村	1962	湖南师范大学教授,硕士研究生导师
李靖国	男	湄江镇	1933	陕西省建筑总公司教授级高级工程师
李意义	男	荷塘镇	1945	吉林省电力医院主任医师
吴世旗	男	石马山镇木灵村	1956.10	大庆油田开发部副主任,教授级高级工程师
吴价城	男	安平镇枳木山村	1940	上海能源化工总公司总工程师,上海分院院长,教授级高级工程师
吴宇平	男	安平镇新贺村	1969	复旦大学教授,博士生导师
吴志安	男	斗笠山镇甘泉村	1936	湘潭市第二人民医院外科主任、主任医师
吴甫成	男	安平镇	1947	湖南师范大学教授
吴革雄	男	湄江镇桃溪村	1965.08	中冶长天国际工程有限责任公司副院长兼总工程师,教授级高级工程师
吴智泉	男	龙塘乡董家村	1929	吉林大学教授
邱少华	男	湄江镇洞庭山村	1936	首都师范大学中文系教授
邱泽文	男	桥头河镇大塘村	1940	湖南省公安厅办公室一级警督
邱展雄	男	湄江镇白石冲村	1937	湖南城市学院教授

续表

姓 名	性别	籍 贯	出生年月	任 职 单 位 及 职 称
张启明	男	石马山镇拖坪村	1974	湖南工业大学教授
张秩群	男	龙塘乡水竹村	1916	湖南农业大学教授
张湘梅	女	桥头河镇珠溪村	1933	安化县第二人民医院主任医师
陈炯元	男	七星街镇江边村	1927	安徽省国防工办国营973厂教授级高级工程师
陈特放	男	七星街镇青名村	1957	中南大学教授
阳百娥	女	七星街镇石溪村	1951	娄底市中心医院内科主任医师
阳迪光	男	伏口镇长塘村	1903	大连化学工业公司科技处处长，教授级高级工程师
易干军	男	石马山镇应山村	1966.09	广东省农业科学院副院长，研究员。
易子秋	男	石马山镇新合村	1932	石家庄军事学院教授
易克初	男	石马山镇群雄村	1949	西安电子科技大学教授，博士生导师
易希亮	男	桥头河镇	1898	台湾大学教授
易希朗	男	桥头河镇太平村	1940	四川空气分离设备集团公司总工程师，教授级高级工程师
易希陶	男	桥头河镇	1904	广西大学教授
易希琼	男	桥头河镇	1937	长沙市第四医院院长，教授，主任医师
易希道	女	桥头河镇	1909	广西大学、福建农学院、台中农学院教授
易希霭	男	桥头河镇	1929	湘潭钢铁厂职工大学教授
罗昌平	男	伏口镇	1980	《中国商报》首席记者，《财经》杂志副主编
罗紫初	男	桥头河镇	1947	武汉大学信息管理学院副院长，教授，博士生导师
周怀英	女	杨市镇新建村	1935	中南大学湘雅二医院教授，博士生导师
周剑波	男	茅塘镇水泉村	1963	上海交通大学、南昌航空工业学院教授
周喜梅	女	茅塘镇水碧村	1976.11	广西民族大学东盟学院副院长，教授
周雄文	男	涟源市	1950.11	湖南工业大学教授，博士生导师
胡如虹	男	涟源市（祖籍娄星区）	1953	湖南人民出版社副社长，编审
聂志元	男	渡头塘乡新坪村	1944	郴州医学高等专科学校教授
聂松青	女	涟源市	1938	北京医科大学教授，博士研究生导师
郭建勋	男	蓝田街道光明街社区	1954	湖南师范大学教授
唐贻发	男	荷塘镇内外村	1966	中国科学院数学与系统科学研究院研究员，博士研究生导师
萧 荼	女	杨市镇东园村	1920	安徽省图书馆副馆长，研究馆员
肖 玲	女	斗笠山镇惠民村	1965	武汉大学教授，博士生导师
肖文汉	男	斗笠山镇惠民村	1927	湖南师范大学教授
萧正源	男	荷塘镇砂坪村	1932	湖南大学土木系教授

续表

姓 名	性别	籍 贯	出生年月	任 职 单 位 及 职 称
萧有谷	男	荷塘镇砂坪村	1936	中国通用机械工程总公司教授级高级工程师
萧亦璟	男	杨市镇龙凼村	1928	湖南医科大学教授,硕士研究生导师
肖忠民	男	斗笠山镇沙坪村	…	新加坡南洋理工大学教授
肖忠革	男	斗笠山镇沙坪村	…	上海交通大学医学院附属第九人民医院主任医师
萧建勋	男	三甲乡秀峰村	1955	洛阳烧伤医院院长,主任医师
肖春秋	男	斗笠山镇丰瑞村	1966	湖南大学教授
萧铁肩	男	茅塘镇枫林村	1947	中南大学教授,硕士生导师
萧振菡	男	荷塘镇砂坪村	1925	合肥钢铁集团公司教授级高级工程师
萧涤凡	男	七星街镇雷鸣村	…	哈尔滨工业大学教授
萧翊华	男	七星街镇东岩村	1927	武汉大学教授
萧常思	男	杨市镇龙凼村	1930	上海复旦大学教授,硕士研究生导师
萧常斐	男	杨市镇	1916	云南农业大学教授,副校长
曹 新	男	涟源市(祖籍双峰县)	1958	中共中央党校教授,博士生导师
龚胜生	男	伏口镇金盘村	1965	华中师范大学地理系主任,教授,博士生导师
盛东初	男	斗笠山镇盛家冲村	1933	北京理工大学教授
梁 勇	男	三甲乡	1957.09	南方医科大学南方医院耳鼻咽喉头颈外科教授、主任医师、博士研究生导师
梁 琦	男	三甲乡	1957	南京大学商学院国际经济与贸易系教授
梁一伦	男	三甲乡	1942	湖北省农业科学院研究员
梁士洁	男	三甲乡三甲村	1920	湖南第一师范学院教授
梁化日	男	三甲乡荷叶村	1931	延安教育学院教授
梁玉柳	男	石马山镇黄山村	1944	湘潭市电业局局长,教授级高级政工师
梁正汉	男	蓝田街道	1936	长沙市第五医院院长,主任医师
梁世德	男	三甲乡	1912	北京大学文法学院教授
梁旭文	男	三甲乡	1969	中国科学院上海信息微系统研究所研究员,博士研究生导师
梁纶湘	男	三甲乡	1940	解放军空军第一研究所正师级高级工程师
梁希文	男	三甲乡	1925	铁道部山海关桥梁工厂教授级高级工程师
梁志原	男	三甲乡铜盆村	1892	中南矿冶学院教授
梁延器	男	三甲乡	1930	《广州党史》杂志编审
梁邵辉	男	三甲乡	1933	湖南省社会科学院研究员
梁尚敏	男	三甲乡新禾村	1928	中南财经大学财政金融系主任,财税研究所所长,教授
梁固凡	男	三甲乡铜盆村	1937.02	贵州省卫生厅医药卫生学会办公室主任,编审

续表

姓 名	性别	籍 贯	出生年月	任 职 单 位 及 职 称
梁闾光	男	三甲乡六甲村	1911	华中农业大学教授
梁剑平	男	石马山镇唐家冲村	1953	中国人民解放军海军工程大学教授
彭　安	女	涟源市	1930	中国科学院生态环境研究中心研究员,博士生导师
彭续承	男	斗笠山镇金铃村	1935	中南大学教授
蒋继穆	男	荷塘镇桥头村	1938	北京有色冶金设计研究总院总工程师,教授级高级工程师
程大琥	男	蓝田街道光明山社区	1953.12	湖南师范大学文学院教授,硕士生导师
曾伟生	男	七星街镇栗溪村	1966	国家林业局中南调查规划设计院副总工程师,教授级高级工程师
曾芳屏	男	石马山镇拖坪村	1942	中国有色金属集团东方钽业有限公司副总工程师,教授级高级工程师
曾国元	男	斗笠山镇黄港村	1939	西安科技学院机械工程系教授
曾肯干	男	水洞底镇长步村	1929	中国人民解放军外国语学院教授
曾宪滨	男	蓝田街道光明街社区	1935	武汉理工大学教授
曾楚雄	男	斗笠山镇黄港村	1928.04	海军广州第二水面舰艇学校教授(副师职)
谢民主	男	白马镇学足村	1969	湖南师范大学物理与信息学院教授
谢光荣	男	枫坪镇白石村	1952	中南大学湘雅医学院附二医院精神病科主任,教授
谢伦和	男	蓝田街道光明街社区	1956.11	广州美术学院教授,博士生导师
阙海平	男	石马山镇杨岭村	1980	北京军事医学科学院教授
蔡　洪	男	金石镇大兴桥村	1967.09	国防科技大学教授,博士生导师
廖一中	男	桥头河镇大屋村	1927	天津社会科学院历史研究所研究员
廖灿戊	男	石马山镇青烟村	1933	中国人民武装警察部队水电指挥部副总工程师,教授级高级工程师
谭　青	男	蓝田街道	1945	中国新星石油公司遥感地质研究所所长,教授级高级工程师
谭见安	男	蓝田街道	1931	中国科学院地理研究所研究员,研究室主任
谭寿林	男	六亩塘镇扶珂村	1945	中国铝业长沙勘察设计研究院教授级高级工程师
谭志祥	男	六亩塘镇桐车湾村	1966	湖南大学教授
谭英智	男	蓝田街道文艺路社区	1939	湖北农学院教授,硕士生导师
谭周地	男	龙塘乡七宝村	1929	吉林大学教授
谭柱中	男	蓝田街道	1939	中国冶金矿业总公司教授级高级工程师
谭显祥	男	六亩塘镇良溪村	1937	中国工程物理研究院流体物理研究所研究员
颜月初	男	石马山镇龙江村	1932	武汉大学教授
颜达予	男	桥头河镇石洞村	1934	中国科学院研究生院教授
颜泳红	男	石马山镇拖坪村	1963	湖南工业大学教授
颜家壬	男	桥头河镇余中村	1937	湖南师范大学教授,博士生导师
戴前伟	男	白马镇师乐村	1968	中南大学教授、博士生导师

涟源籍在外地工作任正处(团)级以上职务人物名录

前志收录涟源籍在外地担任副处、副团级以上职务的党政军领导210人:毛国斌、毛际寿、毛肇予、毛德林、毛少平、邓扬名、邓恩光、龙国斌、左应生、刘海藩、刘日升、刘明模、刘守中、刘清高、刘立凡、刘华珠(女)、刘京华、刘敏求、刘阳庚、刘星祥、刘季元、刘森庄、刘国庆、刘前秋、刘国器、刘构堂、刘新权、刘满生、刘兆伟、刘新桂、刘五喜、刘彩庭、刘九钢、刘治愿、阳桂南、阳炳文、汤池、邬长青、李聚奎、李普、李唐、李浑、李达才、李周书、李生雨、李露雨、李刚(女)、李修志、李伟翘、李少华、李纪峰、李四浦、李梦奇、李芷芹、李质纯(女)、李延庥、李牧如、李华其、李如松、李明德、李田中、李果、李传思、李蓴、李传忠、李侠超、李兴国、李芳仁(女)、李逸群、李谟才、李日新、李建新、李晓南、肖正涵、肖鸿、肖士风、肖育轩、肖礼丰、肖祥举、肖文焕、肖孚笃、肖茂昌、肖武达、肖建规、肖启迪、肖国荣、张作民、张细芬、吴芳(女)、吴平凡、吴复兴、吴琨琦、吴伯勋、吴若虚、吴康城、吴庆才、吴建平、吴钟山、吴福兴、严寅、严敏斋、严元娥(女)、杨一鸣、杨振华、邱定、邱翼星、邱亮生、邱佐臣、陈先序、陈凤初、陈笃生、陈幸福、陈先凡、陈声树、陈祖斌、闵盛桂、邵迪东、邵长春、周华范、周英、周建堂、周唤民、周国清、周孟秋、罗和秋、金国华、郑绍文、易炼红、易念明、易保成、易兆凡、易仁生、赵理生、钟桦、胡子信、郭锦辉、郭笃先、贺迪松、贺迪辉、袁霖苍、夏伯儒、唐智初、梁新春、梁凡初、梁巨祥、梁巨松、梁树勋、梁学镜、梁祝初、梁新德、梁来伦(女)、梁就凡、梁湘汉、梁吉全、梁祥林、梁经虎、梁介福、梁玉柳、梁伦富、梁经通、梁经瑶、梁尔源、梁经鹏、梁龙章、梁又堂、梁菊初、黄兆林、黄天军、黄楚朝、黄树升、龚金娥(女)、康汉华、蒋继穆、谢均求、谢农大、谢凤阳、谢湘贤、谢祖谦、谢毓根、谢海贤、谢华文、曾跃湘、曾求腾、曾国栋、曾育初、曾建成、曾端山、曾文林、曾梦金、彭汉祥、彭立康、彭仲生、谭尧贤、谭谈、谭周应、谭信坚、谭汉平、谭辅仁、谭顺谋、谭厚钦、谭焕荣、谭柱中、廖基头、廖灿戊、廖美南、颜家龙、颜伯勋、戴焕然、戴塔根、戴伯岚。

限于篇幅,本志仅收录任正处(团)级以上实职的党政军企领导218人,按姓名笔画排序。对于前志已录人物,至2007年职务没有变化者,不再重录。

1987—2007年涟源籍在外地工作任正处(团)级以上职务人物

姓名	性别	籍贯	出生年月	任职单位及职务
万东林	男	杨市镇陡山村	1964.08	空军95377部队飞行员(副师级)
王驭雄	男	七星街镇七星村	1927	海军北海舰队训练中心政研室主任(副师)
王多全	男	七星街镇红旗村	1949	娄底市人大常委会秘书长
王炎荣	男	龙塘乡雷鸣塘村	1969.05	湖南省防汛通讯中心主任
王信卿	男	斗笠山镇托里村	1951.10	娄底市人大常委会主任
王家良	男	七星街镇	1935	国家语言文字工作委员会计划财务处处长
王槐生	男	白马镇泉冲村	1930	娄底地委组织部常务副部长兼娄底地区人事局局长
王新成	男	斗笠山镇塘溪村	1968	中国人民解放军总参第51研究所主任
毛用和	男	荷塘镇	1932	中国人民解放军第二炮兵司令部参谋(正师级)
毛汉周	男	涟源市	…	隆回县政协主席
毛建华	男	杨市镇永福团社区	1956	娄底市政协副主席
毛崇卿	男	金石镇	1936.12	北京空军部队大校
邓必胜	男	七星街镇梨溪村	1956	广东省韶关军分区政治部主任

续表

姓 名	性别	籍 贯	出生年月	任 职 单 位 及 职 务
邓鸿章	男	水洞底镇云华村	1935.07	湖南省政府副秘书长
邓朝晖	男	茅塘镇梳妆村	1938	湖南省商业厅老干处处长
石月明	男	白马镇牛角山村	1949	娄底市总工会调研员
石克仁	男	白马镇杨世村	1963	广州军区司令部干部处处长(大校)
江秀礼	男	湄江镇仙峰村	1972	解放军第42集团军政治部组织处处长
刘 永	男	石马山镇双车村	1967	国防部正处级干部
刘 伟	男	石马山镇黄栗村	1966	铁道部技术处处长
刘 刚	男	斗笠山镇东界村	1964	解放军63821部队师长
刘 毅	男	茅塘镇柿香村	1934	湖北省郧阳地委副秘书长
刘 健	男	桥头河镇桥南社区	1965	中共中央党校市场经济研究中心学术部主任
刘卫红	女	龙塘乡珠梅村	1956	娄底市人大常委会教科文卫委主任
刘日崇	男	杨市镇泉河村	1941	解放军第二炮兵司令部军需处上校
刘升益	男	安平镇桂长村	1937.03	邵阳市委政研室主任,正处级研究员
刘丘文	男	金石镇迪康村	1929	浙江省人民政府参事
刘光芝	男	荷塘镇	1968.06	95429部队政治部组织干部科科长(上校)
刘庆南	男	斗笠山镇香花村	1960.01	解放军空军混七师副师长
刘伟城	男	斗笠山镇增加塘村	…	上海市交通管理局正处级干部
刘会光	男	石马山镇桂新村	1955	武汉军区司令部工程兵部团长
刘红军	男	斗笠山镇言忠村	1968	广州黄埔海关副关长
刘守中	男	石马山镇大丰村	1926	长沙市委统战部部长,市政协副主席
刘华达	男	斗笠山镇方八村	1945.01	湖北空军飞行大队大队长
刘佑华	男	杨市镇利新社区	1951	新化县委书记,娄底市政府副巡视员
刘宏业	男	茅塘镇久施村	1955.06	娄底市教育局局长,娄底市人大常委会副主任
刘国庆	男	石马山镇川门村	1970	驻怀化市二炮96315部队副旅长
刘国雄	男	石马山镇桂新村	1963	南京军区房地产管理局产权管理处处长
刘国器	男	斗笠山镇方八村	1928.07	岳阳市委副书记
刘建科	男	龙塘乡世禄村	1939	娄底地区环境保护局局长
刘建宽	男	安平镇井坑村	1963	湘潭市公安局局长
刘选文	男	斗笠山镇石塘村	1953	娄底市农村合作经济管理处处长
刘前秋	男	白马镇洪田村	1949	湖南省国家税务局助理巡视员
刘新立	男	石马山镇满水村	1934	广州白云机场场长
刘新祥	男	水洞底镇椆树村	1952	北京军区政治部文化器材供应站站长(大校)
杨时中	男	渡头塘乡向阳村	1964.11	娄星区委常委,人武部政委
杨应中	男	渡头塘乡泉塘村	1927	娄底地区农机管理局局长
杨松青	男	白马镇徐南村	1959	海军九三三办公室副主任(大校)
苏 克	男	石马山镇四甲村	1919	湖北省委财贸政治部直属工作处处长

续表

姓 名	性别	籍 贯	出生年月	任 职 单 位 及 职 务
李 进	男	桥头河镇界头村	1942	岳阳市供销社党组书记
李 萍	女	三甲乡荷叶村	1965.02	93897 部队医院主治医师(副师级)
李少华	男	三甲乡落马江村	1936	湖南省人事厅机关党委书记
李仁克	男	七星街镇萝卜凼村	1953.11	娄底市委党校副校长
李仁贵	男	荷塘镇桥头村	1968	解放军空军昆明指挥所政治部副主任
李光才	男	杨市镇孙水河社区	1944	娄底市地方税务局局长
李光明	男	七星街镇冬塘村	1950.10	中国人民解放军总后勤部中南物资局副局长(大校)
李华军	男	古塘乡良院村	1974	共青团湖南省委青少年部部长
李兴国	男	荷塘镇枫树村	1946	湖南省高级人民法院司法警察总队总队长
李利文	女	桥头河镇	1968.02	娄底市法制办主任
李社华	男	七星街镇湘波村	1964.01	娄底市委机要局局长
李育华	男	伏口镇李家村	1937	西南地质局组织部长(正处级)
李忠恺	男	蓝田街道光明山社区	1937	湘西土家族苗族自治州农业局局长
李复振	男	荷塘镇东冲村	1947.03	武警四川省总队政委
李诗华	男	石马山镇	1953	海南省三亚市河西区管理委员会主任
李星垣	男	七星街镇金井村	1939	中国核动力研究设计院计量测试技术研究室主任,高级工程师
李振国	男	桥头河镇段江村	1932	核试验基地研究所副所长
李海涛	男	七星街镇同方村	1927	湖南省化工地质勘查院党委书记
李维勋	男	桥头河镇五星村	1897	江苏省政协副主席
李遇奇	男	渡头塘乡增加村	1942	娄底市民政局局长
李新华	男	七星街镇老塘村	1950	广州军区纪律检查部部长
李德仁	男	龙塘乡茶坳村	1964.07	娄底市政协副主席
李慕良	男	荷塘镇砂坪村	1928	岳阳市人民政府巡视员
吴 琦	男	安平镇四古村	1930	湘潭地委副书记
吴巨培	男	湄江镇朱岩村	1975.11	中共祁阳县委副书记、县长
吴术东	男	湄江镇马方溪村	1970.09	广东省武江区人民武装部部长
吴付华	男	湄江镇托林村	1970	娄底市农业综合开发办主任
吴合群	男	伏口镇漆树村	1958.01	娄底市人大常委会秘书长
吴齐家	男	安平镇石等村	1952	娄底市气象局局长
吴志雄	男	安平镇新万村	1974.02	湖南省委组织部公务员管理办公室主任
吴国涛	男	湄江镇马方溪村	1958.05	广东省人民检察院检察员,政治部主任
吴迪文	男	斗笠山镇甘泉村	1966	广东省消防总队组教处处长
吴建平	男	安平镇新贺村	1963.09	新化县委书记
吴昆奇	男	伏口镇漆树村	…	湖南省黄金管理局局长
吴显畅	男	石马山镇木灵村	1939	国防科委第一试验基地(酒泉卫星发射中心)飞行团团长、师副参谋长
吴秋松	男	古塘乡落山村	1965	大连市城管局局长

续表

姓 名	性别	籍 贯	出生年月	任 职 单 位 及 职 务
吴祖新	男	古塘乡落山村	1953	海军总医院后勤处处长(上校)
吴喜芝	男	古塘乡牛埠村	1954	海军总医院财务处处长(上校)
吴锡藩	男	安平镇石等村	1952	娄底市信息中心主任
吴新江	男	湄江镇袁家村	1953	娄底市科协主席
何汉离	男	白马镇卢江边村	1942	娄底市地质矿产局局长
何汉修	男	白马镇卢江边村	1944	娄底市审计局监察室主任、调研员
邱志鹏	男	湄江镇长桥村	1964	沅江县人民武装部部长
邱伟光	男	湄江镇洞庭村	1926	江华瑶族自治县人大常委会主任
邹田荣	男	金石镇双桥村	1968	株洲市消防支队支队长
张仁里	男	金石镇檀木村	1964	海军南海舰队驻三亚部队师长
张步锋	男	石马山镇楠木村	1952	广西北海福成机场机长
张良桂	男	石马山镇桅子村	1951	宁波海军部队团长
张爱民	男	白马镇井流村	1952.07	娄底市委党校副校长
张锡文	男	桥头河镇珠溪村	1944	娄底市委党校副校长
陈正培	男	金石镇迪康村	1940	冷水江市人民政府调研员
陈世雄	男	石马山镇鸟溪村	1938	水电部八局机电处处长
陈奉文	男	蓝田街道峡溪村	1962.03	娄底市煤炭局局长
陈卓桃	男	金石镇良家村	1958	辽宁省沈阳市铁西区人民武装部部长
陈毅华	男	桥头河镇桂花村	…	湖南省民政厅党组成员
邵　波	男	斗笠山镇碧林村	1967	兰州军区副师级空军教官
邵　瑛	男	斗笠山镇惠民村	1964.02	娄底市政协副主席,民盟娄底市委主委
邵迪冬	男	斗笠山镇碧林村	1944	湖南省建设厅副主任
邵迪歧	男	斗笠山镇明镜村	1943	驻石家庄空军部队团长
欧阳辉	男	七星街镇甘溪村	1944	湖南省经贸委监察处处长
阳汉滨	男	七星街镇石溪村	1925	益阳市房产局局长
易　军	男	石马山镇新合村	1960	河北省石家庄市地税局局长
易大虎	男	石马山镇麦冲村	1976	湖南省公安厅安全处处长
易介成	男	石马山镇团结村	1955	湖南省交通厅运输管理处调研员
易红祥	男	石马山镇群雄村	1969	海南边防检查站政委
易康生	男	石马山镇朱溪村	1949	广西桂林市国家安全局调研员
周世辉	男	桥头河镇观澜社区	1951.12	娄底市委副巡视员
周旦生	男	水洞底镇球树村	1952	海南省国土环境资源厅地质勘查与矿产开发管理处处长
周光德	男	茅塘镇光阳村	1963	中国人民解放军第一集团军坦克十师炮兵指挥部主任,炮兵团团长
周志红	男	杨市镇团山村	1957	武警长沙市支队支队长(上校)
周自强	男	杨市镇金盆村	1909	台湾陆军总司令部中将参谋长
周吴刚	男	茅塘镇永福村	1962	广州军区政治部组织部副部长(上校)

续表

姓 名	性别	籍 贯	出生年月	任 职 单 位 及 职 务
周若鹏	男	茅塘镇石碑村	1951	娄底市人大常委会副主任
周唤民	男	龙塘乡大坪村	1945	湖南省委政策研究室副主任,副厅级研究员
周温和	男	茅塘镇阳坪村	1951	山东省莱芜军分区政委
周慎元	男	渡头塘乡步先村	1953.09	娄底市物价局党组书记
周新贤	男	杨市镇洄水村	1954	海南省三亚市保密局局长
单应媛	女	斗笠山镇方八村	1948.01	岳阳市老干局局长
袁慕尧	男	金石镇	1943.07	中纪委派驻中国社会科学院纪检组副局级干部
聂迪安	男	石马山镇川门村	1968	武警广东省总队广州市支队支队长
聂红月	男	斗笠山镇明镜村	1947	娄底市副市长
聂普三	男	渡头塘乡铜铃村	…	娄底市机构编制委员会办公室主任
聂雄才	男	渡头塘乡东风村	1947	湖南省委办公厅秘书处处级秘书
聂菊平	男	渡头塘乡光芒村	1963.06	娄底市委党史办主任
殷革华	男	石马山镇乌鸡坝村	1968	广西柳州75100部队41军接待处处长
萧 军	男	七星街镇檀山村	1963	湘潭市副市长
肖 朋	男	斗笠山镇甘溪村	1923	89209部队9师副师长
萧汉健	男	荷塘镇滋里村	1950	广东省军区副参谋长(大校)
萧孚笃	男	三甲乡硐下村	1934	湖南省煤炭厅生产处、科技处处长
肖有胜	男	杨市镇砖湾村	1960.08	娄底市人大常委会副主任
萧晓红	女	金石镇大桥村	1968	公安部正处级干部
肖常锡	男	斗笠山镇高塔村	1949	湖南省建设厅副厅长
萧腾桂	男	杨市镇赛里社区	1952	娄底市煤炭工业管理局局长
盛志祥	男	斗笠山镇盛家冲村	1934	北京航天部办公室主任
黄纯生	男	伏口镇洄水村	1950	湖南省委接待办副主任,省委招待所总经理
黄载兴	男	白马镇孙家桥村	1930	台湾陆军少将
黄瑞阶	男	白马镇涟河村	1932	岳阳市税务局党委书记
龚孟奎	男	七星街镇插花村	1955	广州军区司令部53712部队中校
康纪武	男	六亩塘镇坪上村	1946	化学工业部政策法规司副司长
梁又姿	男	三甲乡玉屏村	1956	娄底市人大常委会副主任,总会计师
梁子正	男	枫坪镇青树村	1957.01	涟源市人武部部长
梁中柱	男	三甲乡三甲村	1925	湖南省工商联宣教处处长
梁本初	男	三甲乡玉峰村	1931	某军副师级参谋
梁立文	男	三甲乡新禾村	1963.08	财政部中国注册会计师协会党委副书记(正司级)
梁立坚	男	三甲乡十甲村	1972.10	娄星区委副书记,区长
梁立群	男	三甲乡新屋村	…	财政部社会保障司养老保障处处长
梁同庆	男	三甲乡荷叶村	1933	邵阳市委常委,纪委书记
梁吉全	男	三甲乡荷叶村	1942	湖南进出口商品检验局科技处处长

续表

姓 名	性别	籍 贯	出生年月	任 职 单 位 及 职 务
梁纶习	男	白马镇百坪村	1938	邵阳市林业局局长
梁作高	男	石马山镇排洲村	1962	广东省广州市物资局局长
梁杖纶	男	三甲乡新屋村	1948	娄底市副市长,娄底工业学校党委书记
梁志峰	男	三甲乡实竹村	1970.07	湖南省人民政府经济研究信息中心党组副书记、主任
梁志清	男	三甲乡荷叶村	1964.11	兰州军区空军政治部干部转业工作办公室主任,上校军衔
梁芳荣	女	三甲乡铜盆村	1930	重庆市人民检察院正处级监察员
梁佩如	男	蓝田街道日升村	1931	安乡县委书记
梁放生	男	石马山镇井泉村	1951	广西防城港市委市政府接待办主任
梁经虎	男	石马山镇满水村	1952.12	娄底市政府副厅级干部,娄底市环保局党组书记
梁经善	男	石马山镇排掌村	1930	绥宁县人武部政委
梁经鹏	男	三甲乡杨雀村	1939	湖南省国防科技工业办公室助理巡视员
梁国源	男	三甲乡	1927	湖南省水利总站党委副书记
梁建新	男	三甲乡十甲村	1954	武警江西省总队副政委
梁树生	男	茅塘镇道童村	1929	娄底地区民政局局长
梁秋菊	女	三甲乡玉峰村	1938	邵阳市总工会调研员
梁栋器	男	三甲乡	1941	湖北省阳新县委书记
梁俊明	男	三甲乡	1920	广州军区工程兵司令部正师职工程师(中校)
梁钜椿	男	三甲乡	1932	辽宁省委直属机关党总支书记
梁校一	男	石马山镇排洲村	1953	衡阳市国税局局长
梁晓谷	男	三甲乡玉屏村	1952	云南省昆明市副市长
梁特金	女	三甲乡张白村	1944	解放军总参谋部某部副师职军官
梁榜纶	男	三甲乡	1964	娄底市审计局局长
梁德南	男	三甲乡	1929	湖北省鄂西土家族苗族自治州财政局局长
梁懋功	男	三甲乡三甲村	1927	湖南省乡镇企业局处长
梁懋宣	男	三甲乡	1937	湖南省林业厅国营林业处处长
傅宾初	男	石马山镇龙埠村	1969	娄底市环保局党组书记
傅国良	男	桥头河镇桥南社区	1946	湖南省体育局局长
彭汉祥	男	杨市镇龙伏村	1949	广西军区贵港军分区政委,大校军衔
彭远发	男	杨市镇金星村	…	武警湖南怀化支队政委
彭海文	男	杨市镇杉树村	1941	中共中央办公厅毛泽东纪念堂管理局正局级干部
谢　方	男	斗笠山镇杉元村	1959	湖南省广播电视局党组成员
谢龙长	男	斗笠山镇塘溪村	1945	陕西省国土资源厅副厅长
谢永根	男	斗笠山镇杉元村	…	新疆维吾尔自治区经贸委主任
谢成其	男	斗笠山镇杉元村	1952	解放军第二炮兵独立团政委
谢华文	男	斗笠山镇杉元村	1951	广西壮族自治区桂林市林业局局长
谢国俊	男	枫坪镇枫坪村	1943	湖南省公安厅纪委副书记、监察室主任

续表

姓 名	性别	籍 贯	出生年月	任 职 单 位 及 职 务
谢均球	男	枫坪镇龙狮村	1949	武警黄金指挥部政治部副主任(大校)
谢挽澜	男	斗笠山镇杉元村	1929	湖南省政协提案委员会副主任
曾芝寿	男	金石镇岩江村	1971	公安部交通管理局办公室主任
曾建华	男	金石镇星星村	1955	武警新疆总队司令部副政委
曾建胜	男	金石镇双泉村	1963	解放军95275部队副司令员(大校)
廖仲麒	男	桥头河镇大屋村	1932	贵州省劳动厅技工培训处处长
廖美南	男	七星街镇铁炉村	1951.11	广东省珠海出入境边防检查总站副总站长
廖鸿兵	男	湄江镇溢田村	1968.09	湖南省政协专职秘书
廖基信	男	石马山镇乌鸡坝村	1942	娄底市人大常委会副主任
廖楚雄	男	桥头河镇大屋村	1953.08	娄底市委党校副校长,教授
谭三秋	男	桥头河镇群峰村	1933	湖南省委警卫团政委(上校)
谭功林	男	龙塘乡桃梅村	1932	邵阳市畜牧水产局局长
谭礼和	男	石马山镇青铜村	1965	武警广东省总队政治部主任(大校)
谭年寿	男	蓝田街道	1950	湖南省娄底监狱政委
谭孝群	男	桥头河镇	…	广东省军区汕尾军分区司令员
谭周尧	男	六亩塘镇毛坪村	1934	广西壮族自治区进出口商品检验局总工程师(副厅级)
谭杭生	男	三甲乡长荣村	1957	长沙市交通局局长
谭国初	男	六亩塘镇良溪村	1955	娄底市委政法委副书记,市委调研员
谭顺理	男	六亩塘镇秀溪村	1962	外贸部驻香港办事处主任
谭顺谋	男	六亩塘镇三步桥村	1947	娄底市人大常委会内务司法委员会主任
谭德桃	男	六亩塘镇扶珂村	1900	陕西省西安军分区副司令员
颜正邦	男	石马山镇古台村	1943	湖南省嘉禾县人武部部长
颜美钟	男	桥头河镇	1931	江西省地质矿产局局长,教授级高级工程师
颜晓媚	女	桥头河镇枫树台村	1966.04	湘潭市人口和计划生育委员会主任
戴文台	男	茅塘镇	1932	广东省委机要局局长

涟源市获省部级以上表彰的先进模范人物名录

前志收录在涟源工作获省(部)级以上表彰的劳动模范、先进工作者：龙中华、谢和安、肖梧荣、刘湘求、吴文贤、卢双枝（女）、马贵福、喻雨初、谢廉明、谭孝枢、吴固书、刘光成、童祉承、周柏成、颜玉珊（女）、肖中根、李瑞琪、李佑才、肖昌一、彭懿黄、邱平凡、吴光定、李寿春、李嫦娥（女）、周柏庭、聂桂清、彭敬堂、刘光成、李友如、刘华丰、成伯潘、刘季元、汤炎武、阳临轩、李醇、张禄祺、梁经贵、肖玉光、吴有高、黄正初、曾银初、谢益珍、李翠候、刘新江、易修才、供芝瑞、李齐全、彭求福、谢如桂、谢泰芳、谢志和、童晚五、廖洪萼、梁瑾仙、肖蔚光、胡孝文、张利生、许荣芳、阳楷书、李胜贤、周玉湘、李彬巨、刘华明、李晓华、邓美池、肖仙文、刘芳洛、吴国平、贺继才、李济南、成国华、邓森晖、肖泽鹏、李翕承、周爱莲（女）、阳一才、潘少南、肖秀堂、张福林、吴佑民、李伯堂、曾庆初、李景涛、梁立秋、邱异才、曾辉阳、李求松、宋丽斌、万奉辉、李劲松、唐素莲（女）、曾鸿文、颜吾容（女）、刘秋贤、李建华（女）、吴回娥（女）、肖志成、石海澄、梁新联、贺耀贵、傅成玲等101人，本志收录1987—2007年在涟源工作获省(部)级以上表彰的劳动模范、先进工作者29人，以获奖时间为序，获奖时间相同则按姓名笔画排序。前志漏录者本志补录。

1987—2007年涟源市获省部级以上表彰的先进人物

姓名	性别	籍贯	出生时间	获表彰时工作单位、职务	荣誉称号	授予单位	授予时间
张植培	男	桥头河镇读子村	1938.09	涟源一中教师	全国教育系统劳动模范	国家教委、人事部	1986.09
严琼华	女	桥头河镇彦溪村	1936.10	蓝田街道双江小学教师	全国教育系统劳动模范	国家教委、人事部	1989.09
汪青云	女	桃江县	1928.08	市人民医院副主任医师	全国优秀护士	卫生部	1989
李美和	男	蓝田街道	1952.01	涟源一中校长	全国优秀教师	国家教委、人事部、教育工会	1989.09
谭池堂	男	六亩塘镇	1942.11	毛坪中学校长	全国优秀教师	国家教委、人事部	1989.09
李传富	男	冷水江市岩口乡	1934.01	市经济委员会	全国先进会计工作者	财政部、人事部	1990.11
李煌庆	男	金石镇人	1964.01	湖南省回春堂制药厂厂长	湖南省劳动模范	湖南省人民政府	1990.11
				湖南省回春堂药业有限公司董事长	全国五一劳动奖章	全国总工会	2003
刘菊生	男	杨市镇集祥社区	1934	杨市镇司法所	全国司法行政系统先进工作者	司法部、人事部	1990.12
周新辉	男	杨市镇	1938.07	市纪委副书记	全国优秀纪检干部	中共中央纪委	1990.12

续表

姓名	性别	籍贯	出生时间	获表彰时工作单位、职务	荣誉称号	授予单位	授予时间
陈锡松	男	新宁县金石镇	1932.11	涟源市林业局	湖南省农业先进工作者	湖南省人民政府	1980.01
					湖南省优秀专业技术工作者	中共湖南省委、省人民政府	1990
刘建成	男	石马山镇相车村	1946.02	涟源一中教研室	全国教育系统劳动模范	教育部、全国教育工会	1991
邹满安	男	双峰县	1945.12	涟源火车站	铁道部劳动模范	铁道部	1992
毛果林	女	蓝田街道	1949.02	蓝田街道文化站站长	全国文化系统先进工作者	文化部、人事部	1995.04
李敦朝	男	湘乡市壶天镇大塘村	1938.10	涟源市体委田径教练	湖南省劳动模范，一等功	湖南省人民政府	1995
				涟源市业余体校校长	全国业余训练系统先进工作者	国家体委	1996
唐吉庆	男	杨市镇	1953.01	杨市镇白水学校教师	全国模范教师	教育部	1998.09
					湖南省劳动模范	湖南省人民政府	2000.04
刘时娥	女	金石镇益星村	1940.02	金石镇腊树村党支部书记	湖南省劳动模范	湖南省人民政府	2000.04
石海澄	男	白马镇百坪村	1945.09	白马镇田心卫生院院长	全国先进工作者	国务院	2000
梁伟华	女	湘潭县	1966	涟源市工商银行光明山分理处	湖南省劳动模范	湖南省人民政府	2000
曾绪富	男	水洞底镇杨材村	1951.09	涟源市民政局局长	全国民政系统先进工作者	民政部	2002.03
王寿山	男	七星街镇甘溪村	1954.06	蓝田中学教师	湖南省优秀教师	湖南省人民政府	2004
					全国先进工作者	国务院	2010
姚　毅	男	杨市镇太和村	1973.03	涟源一中教师	全国模范教师	教育部、人事部	2004.03
肖安江	男	茅塘镇石门村	1963.02	湖南五江轻化集团有限公司总经理	湖南省劳动模范	湖南省人民政府	2005.05
吴德全	男	龙塘乡宽家村	1954	龙塘乡宽家村党支部书记	全国劳动模范	国务院	2005.05
阳承雄	男	七星街镇虎溪村	1956.10	涟源市民政局局长	全国民政系统先进工作者	民政部	2006
曾从新	男	金石镇河联村	1957.12	涟源市林业局局长	全国林业系统先进工作者	林业部	2007.12

涟源市高级专业技术职称人物名录

前志收录副主任医师(4人):刘汉民、吴太宗、肖雪兰(女)、彭魁梧;副主任护师(1人):曾荣祥;高级农艺师(3人):苏先范、吴显俊、梁伦锡;高级会计师(1人):梁宪宗;高级审计师(1人):湛自荣;高级工程师(1人):申湘云;高级讲师(4人):龙光富、邱明声、贺耀贵、戴畅规;高级教练(1人):李敦朝、吴佐文;副研究馆员(1人):蒋昌典;中学高级教师(127人):马新年、王正均、王正贤、王备政、王新丰、毛东源、毛剑青、毛象卿、毛耀湘、邓玉湘、邓石坚、石元俊、石振兴、龙永达、龙明德、卢凤朝、卢言文、宁同春、成建、吕燕兰、刘永仁、刘吉成、刘自效、刘兆毅、刘杜萱、刘启明、刘佰益、刘建成、刘健丰、刘恕希、刘湘斌、汤振畦、严育鸿、严琼华、杜玉屏(女)、杜涤康、李任、李唐、李仲贤、李岐鸣、李松岳、李明康、李明望、李美和、李浦初、李舜勤、李福良、杨毓汉、肖玉书、肖玉珍(女)、肖应如、肖松长、肖育然、肖建明、肖品高、肖桂容(女)、肖深根、吴升初、吴伟成、吴农庄、吴补愚、吴哲荣、吴特生、邱庆凡、邱望前、邱普楼、张士宜、张再成、张步箭、张植培、陈朋、陈少康、陈庆堂、陈觉民、陈翠芬(女)、易具华、罗甫雄、周卫民、周实云、周恕堂、胡兴邦、胡余生、胡定贵、段若珍、段绍跳、姚洁文、聂楚升、聂福兵、唐民生、黄自阳、黄松青、龚高楚、梁万长、梁达明、梁伦谱、梁志田、梁克昌、梁果源(女)、梁明星、梁秉哲、梁炎四、梁娇秀(女)、梁积庆、梁阜球、梁经伟、梁理阳、彭日贤、彭谷辉、彭孟南、曾建新、曾宪仡、谢五长、谢中若、谢达德、谢寿春、谢拂尘、谢胜华、谢满候、廖嗣兴、谭交文、谭哲伦、颜民从、颜淑凡、戴尧真、戴前辉、戴润和、魏伟华。

本志收录1987—2007年在涟源市工作获高级专业技术职称的人物964人(含补录前志遗漏人物,如邱述等人),按姓名笔画排序。

主任医师(7人):石海澄、李澎、李德民、宋梅芬(女)、张巧玲(女)、胡承根、谭永祥

副主任医师(151人):丁华、王汉中、王恒艳(女)、王胜冬、王跃克、毛国健、文中怡、文申根、文端雪、邓平香(女)、左新平、龙吉安、龙建新、龙爱民、付云兰(女)、朱熙、伍志光、刘波、刘娴(女)、刘友军、刘文雄、刘以群、刘永强、刘加其、刘汝珊(女)、刘陆一、刘奇初、刘孟飞(女)、刘继伯、刘跃如(女)、刘新阳、许桂清(女)、严春香(女)、李卫华、李子权(女)、李仲连、李安源(女)、李丽华(女)、李秀兰(女)、李国源、李岳强、李建涛、李春花(女)、李祖平、李振华(女)、李淑范(女)、杨慰慈、肖士桂、肖吉辉、肖丽莲(女)、肖灵芝(女)、肖标聪(女)、肖美满(女)、肖铁山、肖铁新、肖银香(女)、肖续贤、肖楚华、吴卫、吴志清、吴求林、吴泽南、吴学东、吴贵奇(女)、吴美安、吴望明、吴喜南、吴群媛(女)、邱玉贵、张卫国、张左贞(女)、张松林、张菊奇、张博文、张蒲清、张磊、陈太祥、陈历根、陈立前(女)、陈有华、陈先勇、陈罗英(女)、陈春洪、邵立、邵连冬(女)、欧阳选、易圣铎(女)、罗艳琼(女)、罗强、周为美、周迪前、周学连、周祝民、周萍(女)、周斐章(女)、赵永新、胡学秋、胡家启、胡雪秋、胡解清(女)、姚立新(女)、姚茂森、贺永展、贺泽华、袁文、夏振渭、夏爱良(女)、顾祖函、徐素华(女)、高松柏(女)、郭晓良(女)、涂四英(女)、黄细平(女)、黄绍苏、黄暾昇、曹汉金、曹湘莲(女)、梁小军、梁文彬、梁玉兵、梁志和、梁志亮、梁享生、梁革文、梁惠如(女)、谌丽丽(女)、彭业哲、彭江涛、彭连生、蒋访苏、粟周华、曾异姣(女)、曾如媛(女)、谢飞迪(女)、谢飞玲(女)、谢长桥、谢正华、谢乐贤、谢新波、谢新棋、蒲献忠、廖亚辉、颜本秀(女)、颜甫成、颜建吾(女)、颜晓锋、潘萌(女)、戴玉永、戴桂崇(女)

副主任护师(17人):朱仲云(女)、朱红娥(女)、刘小红(女)、阳柳仁(女)、李金平(女)、何启云(女)、汪青云(女)、周晓青(女)、聂玉容(女)、曾立平(女)、曾萍(女)、曾康成、谢海军(女)、谢群(女)、阙蔚平(女)、廖初容(女)、颜付元(女)

副主任技师(2人):刘达聪、李祥文(女)

高级畜牧师(8人):毛虹彬、刘国光、阳寿延、邱林生、陈立良、黄才文、彭光龙、傅香希

高级农艺师(28人):王康儒、刘占山、刘保初、刘哲雄、严梦来、李少平、李仙桃(女)、李训生、李建文、李恺新、李家友、李翕承、吴步楼、吴孟初、邱永祥、邹兆平、张亦山、周殿波、姜交贤、袁聘卿、黄伟祥、萧丰元、萧桂凡、梁旭坤、彭季康、彭培金、谭丁桃

高级政工师(9人):刘哲英(女)、刘新发、肖宝安、肖领根、陈平(女)、周艳华(女)、聂克宗、彭新辉、颜朝辉(女)

高级工程师(19人):刘斌、刘中才、刘加康、刘建甫、李凤生、李文武、李伟安、李亦阜、李建龙、肖赞尧、吴名慧、陈锡松、周仁元(女)、周剑波、姚中威、萧方良、梁熙杰、曾兰英(女)、谭顺溶

高级讲师(9人):龙俊贤、朱湘庭、杨述杰、吴楚雄、易仁利、黄清尚、梁巨涛、阙富回(女)、廖楚平

国家体操一级裁判(1人):谭德东

副研究馆员(3人):李长初、李建平、陈学

二级演员(2人):吴甫田、梁永莲

二级演奏员(2人):谭建勋、颜玲瑶(女)

中学高级教师(667人):万式琢、万志雄、万明锋、王小田(女)、王子荣、王开先、王旭日、王寿山、王孝顺、王丽燕(女)、王枚奎、王建华、王柏松、王咸湘、王待遂、王晓林、王爱成、王辉煌、王婺生、王新民、毛石岩、毛务非、毛向华、毛明兰(女)、毛细国、毛晓蕊、文富桃、尹立新、邓友苏、邓平辉、邓加兴、邓吉中、邓光国、邓寿钦、邓志强、邓求平、邓坚勤、邓希平、邓松柏、邓秋元、邓秋桂、邓森晖、石小春(女)、石玉升、石世乐、石齐峰、石贱康、石振欢、龙文兵、龙文海、龙立生、龙永良、龙红志、龙寿江、龙佐生、龙宝林、龙笃民、龙振家、龙晓阳(女)、龙特其、龙理祥、龙跃生、龙斌芬、龙瑞江、卢中华、卢石良、卢先传、卢运辉、卢贤斌、卢建强、卢雪花(女)、卢彪、卢清正、申桂吾(女)、叶崇东(女)、田泽农、宁希宏(女)、成耀舟(女)、朱卫文、朱汉寿、朱佑黎、朱启容、朱妙雄、朱佳能(女)、朱河清、朱湘汉、朱强群、刘力行、刘卫梅、刘子仲、刘子林、刘子洪、刘习辉、刘五喜、刘太平、刘月香(女)、刘文、刘玉庭、刘正怀、刘平康、刘东平、刘冬梅(女)、刘兰芳(女)、刘永升、刘永辉、刘有元、刘光辉、刘同胜、刘先发、刘自定、刘兆云、刘如升、刘买初、刘志文、刘克明、刘连庄(女)、刘沪平、刘启煌、刘劲松、刘纯良、刘茂如、刘林文、刘林祥、刘松青、刘旺魁、刘国芳、刘国喜(女)、刘明钧、刘定湘、刘建光、刘建华、刘建农、刘建和、刘建康、刘树伸、刘显平、刘显茂、刘美平(女)、刘勇芬、刘哲庆、刘核能、刘晃林、刘爱日、刘凌云(女)、刘高中、刘梦雄、刘梓才、刘梓楠、刘崇生、刘崇德、刘敬东、刘辉(女)、刘湘洪、刘瑜忠、刘新见、刘新华、刘新香(女)、刘新格、刘福华、刘赛文、刘慧雄、刘德成、许跃林(女)、阳吉权、阳仲华、阳金莲(女)、阳宝林、阳春莲(女)、阳彩莲(女)、严凤军(女)、严泽绵、严惠南、杜竹青、李力华(女)、李小平、李小茹(女)、李义凯、李友云(女)、李友江、李友喜、李仁如(女)、李仁宗、李凤广、李凤平、李玉明(女)、李正谋、李世奇、李东坡、李业文、李永平(女)、李传利、李伏波、李仲林、李自韬(女)、李合初、李兆平、李亦芳(女)、李汗文、李军雄、李买生、李进霞(女)、李志雄、李伯洪、李良贰、李松柏(女)、李松星(女)、李贤良、李国卫、李国良、李明华(女)、李金河、李放练、李泽珍(女)、李泽湘、李建兴、李建新、李孟良、李细英(女)、李春晖、李柏清、李树芳、李星强、李秋文、李笃成、李炳业、李炳映、李济清、李祖仲、李祝桃、李称文、李爱平(女)、李爱莲(女)、李逢春、李益顺、李菊良(女)、李梅娥(女)、李盛华、李跃、李康仁、李康辉、李淑芸、李喜梅(女)、李葵芳(女)、李福初、李德贵、李霞生(女)、杨贤辉(女)、杨葵芬(女)、杨新华(女)、杨激文、肖三兰(女)、肖卫义、肖长庚、肖玉林、肖玉湘、肖立军、肖立志、肖早娥(女)、肖交成、肖寿桃、肖志强、肖宏业、肖肯三、肖果能、肖明辉、肖和军、肖金兰(女)、肖育成、肖宝驷、肖建二、肖建宏、肖建雄(仙洞中学)、肖建雄(枫坪镇中心学校)、肖

建瑞、肖春耕、肖南赐、肖贻善、肖笃清、肖洪陆、肖姣平(女)、肖健克、肖祥德、肖菊连(女)、肖康明、肖望春、肖渐才、肖斌书、肖锡麒、肖慎初、肖德玉、肖赞文、吴一九、吴子霖、吴少求、吴文增、吴龙成、吴龙庄、吴平、吴成全、吴成绪、吴则桂、吴先初、吴兆初、吴冰玉、吴庆安、吴庆芬、吴江辉、吴如成、吴杜喜、吴来初、吴伯平、吴补愚、吴国平、吴国兴、吴育民、吴治平、吴建阳、吴建勋、吴春芬、吴亮耕、吴勇前、吴莹(女)、吴根喜、吴爱洲、吴恕和、吴能才、吴理仁、吴萌、吴梦周、吴清平、吴清华、吴鸿钧、吴超贤、吴敬轩、吴瑞堂、吴新生(女)、吴新秋、吴满生、吴溪声、邱六辉、邱龙门、邱佑兵、邱述、邱建新、邱湘辉、邱新安、邹芝华、邹庚阳、沈绍庚、宋黎光、张小梅(女)、张木兰、张文友、张双喜、张世萍、张四平、张四槐、张冬桂(女)、张立中、张会文、张河潭、张泽吾(女)、张建群、张贻说、张祝祥、张桂喜、张植培、张雄飞、张瑜华、张锦辉、陈山名、陈义芳、陈习林、陈平芳、陈立千、陈立文、陈光辉、陈险峰(女)、陈特敏(女)、陈爱莲(女)、陈益良、陈清先、陈锡全、陈颖、陈新平、欧阳志雄、欧阳青天、欧阳党新、欧阳唯惠、易丹、易文秀(女)、易有筠、易伟民、易时鸣、易胜年、易晓林、易铁平、易敉平、易浚江、易理才、易梦平、易端英(女)、罗卫星、罗有泉、罗良莲(女)、罗送来、罗接东、罗道生、周无痴、周中和、周分南、周乐丁(女)、周立初、周百方、周设庄(女)、周红杰、周志平、周杨清、周国安、周明根、周建良、周祖育、周海燕(女)、周梦龙、周喜求、周雄、周献平、周裔华、周新杰、周慎恒、周端初、周赞文、周繁华、郑军、赵容秀(女)、胡文定、胡乔翰、胡坚开、胡国求、钟国跃、段兰芳(女)、段春晖、饶维坛、姜达辉、姚小鸽、姚协利、姚英哲、姚春发、姚珍云、姚桂清、姚毅、贺立阳、袁艺、袁国芳、袁觉民、袁耀辉、聂小玲(女)、聂国平、聂绍芳、聂春生、聂瑞军、聂楚平(女)、夏国新、晏贤站、徐天喜、高艾星、高宝田、高雄、郭宋普、郭定普、郭顺生、郭炳丽(女)、唐凌云、唐寅初、黄九高、黄万华、黄艺(女)、黄玉芬、黄汉云、黄向华、黄旭明、黄志高、黄明庭、黄树良、黄显彬、黄剑绵、黄美庭、黄桂花(女)、黄晓东、黄爱民、黄强明、黄锡乔、黄福佳、曹长森、龚玉雄、龚志军、盛思毛、康正时、康新军、章长兰(女)、梁友平、梁友邻、梁月明、梁石生、梁四英(女)、梁立文、梁光明、梁仲光、梁伦特、梁伦堂、梁全金、梁交荣、梁志彬、梁国华、梁迪华、梁和平、梁降祥、梁经健、梁经斌、梁冠华、梁艳春(女)、梁哲辉、梁校升、梁海涛、梁培德、梁琢(女)、梁琼初、梁湘荣、梁燎原(女)、彭卫雄、彭长升、彭玉兰(女)、彭正根、彭本南、彭加美、彭甫成、彭里初、彭应求、彭国荣、彭和松、彭振兴、彭桃英(女)、彭砥根、彭润年、彭得己、彭禄光、蒋奇坚、蒋和森、蒋理平(女)、蒋魁梧、粟周凤(女)、傅建国、傅健根、童万良、童生初、童雄付、童新华、曾日新、曾玉英(女)、曾平华、曾旦梅(女)、曾加荣、曾再莲(女)、曾师农(女)、曾余庆、曾沐候、曾幸福、曾国初、曾国亮、曾国锋、曾国富、曾欣然、曾建中、曾春华、曾省初、曾星明、曾兼成、曾恕良、曾跃民、曾铜和、曾谦诚、曾德林、曾燕琼(女)、谢巨凡、谢月林、谢正芝、谢立新、谢永青、谢成华、谢伟才、谢雨枝(女)、谢忠贤、谢建二、谢建平、谢建华、谢贵和、谢美芬(女)、谢美琴(女)、谢梅岚、谢盛生、谢康安、谢雄飞、谢道求、谢锡林、谢新建、谢满根、雷立军、阙铭、蔡聘贤、廖玉斌(女)、廖汉才、廖志雄、廖芬芳、廖杏初、廖迪凡、廖建辉、廖春兰(女)、廖哲辉、廖雁兵、谭武魁、谭巨求、谭少石、谭长庚、谭月香(女)、谭文华、谭四光、谭共宁、谭连兴、谭纯艳、谭周壹、谭育华(女)、谭重希、谭顺松、谭保仁、谭胜凡、谭庭轩、谭晓琴(女)、谭益康、谭跃光、谭淑莲(女)、谭楚平、谭新民、谭德东、谭璞、谭曙光、熊云雪、颜小平、颜月成(女)、颜正喜、颜吉春、颜庆华、颜灿玉、颜建民、颜建设、颜家修、潘伯荣、薛有胜、戴凡球、戴世昌、戴平华、戴杰林、戴顺根、戴益祥、戴检清、戴新华

涟源市离休干部名录

收录离休干部 467 人，以办理离休手续时所在系统归类，按姓名笔画排序。

市政府:田芸

市政协:吴贵涛、曹源清、曾路中

市人武部:李义、李贵、张惠民、逢永胜、韩行芳

市纪委监察系统:费恩臣

市委办公室系统:王卧阳、谢厚林

市政府办公室系统:李四浦、张振学、梁经炟、梁海山

市政协机关:孟祥云

组织、群团系统:李碧聘、吴兆初、陈举、谭显松

宣传系统:王国江、李煌、李益林、吴筠、邱培成、何显慧(女)、陈光华、周旭成、周济时、周斐章(女)、梁道辉、蒋百钧、曾应龙、谢武生、廖灼辉、廖新世、颜淑清

政法系统:龙维屏、陈题明、周干、姜吉元

计委系统:马柏龄、吴成才、武青山、梁伦旺、龚杰

经济系统:丁信照、丁韵钦、白维宝、成金缄、刘湘、刘自多、汤能华、孙恩山、李瑛、李芝强、李湘民、李萼华、李鹏翔、肖雄、肖光炳、吴俊卿、宋先岗、宋炳政、张道儒、周文轩、周兴山、周栋良、耿常利、章丰太、阎宗周、梁先尚、梁步斌、隗永棉、彭继光、曾俊修、谭广林、谭友凤、谭孝益、谭建文、谭盛德

乡镇企业局:刘仲凡

交通系统:王景康、申培根、刘瑛、张在智、陶成、梁致成

农业系统:王正帮、王连科、田有婉(女)、肖康、肖文伟、肖康林、邹飞、张为群、唐耀南、黄茂知、龚询都、梁威中、梁笃余、梁振光、彭锦春、谭毓生、颜忠

财贸系统:丁俊、王友、王子龙、王全福、王求福、王学礼、王敬文、毛修斋、毛清辉、龙国生、卢广祥、卢健夫、包法炎、吉凤岐、朱志强、刘艺分、刘自陵、刘兴华、刘伯录、刘明球、刘绪林、阳昆、阳济才、李云汉、李正其、李怀炎、李树炳、李胜先、李觉民、李萼贤、李萼南、杨家祯、肖子松、肖定卿、吴纯、吴合卿、邱成良、邱群山、余海屏、宋君祥、张石球、张孝文、张步根、张若元、张钦业、陈易章、邵蔚林、范继尧、罗继良、周自然、周寿庄、周岐庚、周慰民、郑连栋、郑金生、赵柳青、胡雄、饶斌、袁贤聪、殷逵、唐声庆、唐焕伦、黄坚、黄树森、黄祥利、曹珍、章德、梁则贤、梁志才、梁经齐、梁继光、彭自强、覃克东、曾以庄、曾述光、谢光、谢炳文、廖世元、廖炳权、谭孝谷、熊子林、颜怀堂、戴善松

建设系统:马贵福、刘锡福、陈子珍

教育系统:王一平、王春华、毛碧泉、邓森晖、邓瑞凡、龙卓溪、龙育才、卢宋才、朱淑青、刘庄、刘去非、刘石渠、刘四齐、刘芝南、刘光正、刘芳卿、刘张权、刘笃庄、刘冠中、刘涤清、李荣、李浑、李天民、李建新、李俊黄、李振关、李振湘、李藻良、肖中一、肖清江、肖湘涛、吴应霖、吴孟庐、吴健行、吴敬民、吴善加、邱汉卿、欧阳俊、欧阳熙、欧阳毅、易时明、易林祥、易居骥、易胜初、罗士昂、罗志才、罗涤湘、周岳、周介甫、周平涛、周运泽、周希积、周茂德、周新凡、钟资兴(女)、聂育林、聂科元、黄正、康瑶、梁瑛、梁心仁、梁兆龙、梁尚文、梁尚善、梁岳汉、梁海洲、梁雪英、梁耀华、彭景云、彭璇(女)、蒋德兴、傅绍基、曾丁亮、曾纪方、曾泳棠、谢非、谢国鉴、阙克勋、阙博文、廖超群、颜文才、颜若尼、潘百荣

计生委:刘连喜

驻涟部队:于波、王会臣、付殿和、华春荣、刘昌文、辛德兹

驻涟厂矿企业:丁本胜、于成珍、马从云、马成文、王柱、王雄、王凤岐、王光凤、王志山、王连发、王荣宝、王振道、王银魁、王淑兰(女)、尹銮作、邓继仁、石生恭、叶建猷、付亚新(女)、付金飞、仝保祥、冯卫、冯振兴、

刘文富、刘双来、刘玉惠、刘生、刘汉章、刘自贵、刘登阁、刘照、关圣明、关群和、祁殿春、孙义兵、孙洪广、孙洪仁、纪善东、严魁武、李文林、李玉田、李业丰、李汉章、李永泰、李华文、李自颐、李后林、李志华、李芬芳、李树峰、李树清、李贵生、李振林、李绣玲（女）、李德明、杨庆祥、杨运成、杨芳柏、杨德春、邱瑞洲、何菊生、何德才、佟恒贵、谷守仁、谷学文、谷家泉、张强、张开发、张长山、陈力卿、陈兴德、陈国华、陈忠孝、陈柏槐、陈焕章（女）、陈湖州、陈德义、邵龙、武秀英（女）、范振民、林喜荣、罗玉清、罗正国、罗吉甫、罗全政、岳平、房文卿、孟广忠、孟宪江、孟鹏飞、赵建华、赵景章、赵福云、贲兴质、郝庭武、胡孝禄、胡茂山、胡景胜、南庆祥、钟开国、段孟芝（女）、姚明生、贺嵩、袁玉璜、聂策生、柴守智、候天海、徐成顺、徐连玉、高文山、高明海、高树安、郭学锦、黄友文、黄桂荣（女）、曹跃南、戚务臣、彭永志、彭光、彭自立、彭许达、葛永林、董林生、董振崐、蒋楚良、韩长峨、韩同舟、程德成、傅殿和、曾卓仁、谢如海、谢镇连、鲍里修、廖忠孝、廖河清、谭忠明、翟淑申、黎光晔、黎笃诚、戴佩常

乡镇（街道）:王志鹏、刘肇明、李竹林、李仲凡、李伯勋、李叙尧、李都堂、李蔚清、肖仁爱、肖文初、肖东彬、肖振国、肖锦才、吴应辉、吴续安、吴新桃、姚造雄、贺龙鉴、唐友贵、梁经于、梁经兴、彭崇德、曾平、谢新初、谭志轩、谭秋阳

异地托管:王裕萱、毛卓庭、文毓松、成琪、刘政初、李芝安、李春生、吴子午、邱志才、张伟明、陈福元、柳止一、聂基炯、聂曦之、梁介福、曾刚威、谢伯奇、颜尺夫

涟源市直正科级单位负责人名录

收录 1987—2007 年涟源市直正科级单位行政负责人。

1987—2007 年市直正科级单位负责人

机构名称	机构设置时间或确定为正科级机构时间 (1987 年存在的,不再注明)	负 责 人
市委办公室		肖振原、王日平、廖保生、梅国华、贺顺清、吕余庚
市委政策研究室		刘元杰、易志祥(兼)、廖保生(兼)、李庆发(兼)、邱和平、易应辉
市委督查室	1990 年设,1995 年定为正科	刘巧、肖星耀、谢东升
市委党史研究室	2003 年市委党史办公室更名	李炳焕(兼)、龙育海、张仁孝、戴光宗
市委机要局	1990 年 7 月从保密局析出	曾鸿荣、毛建清
市委保密委员会	1990 年 7 月与市国家保密局合署办公	肖滨洋(兼)、李炳焕(兼)、颜介屏、廖保生、梅国华、贺顺清
市国家保密局	1990 年 7 月与市委保密委员会合署办公	颜介屏、刘新建、邓志旺、李明建
市档案局	1996 年 9 月定为正科级单位	方学文、田年文(女)、谢清求
市机关事务管理局	1995 年更名市机关事务管理办公室,2002 年更名市机关事务管理局	高世希、刘华斌(兼)、邱许爱、梁汉金
市第一接待处(市委机关招待所)	1994 年撤销	王佩云(女)
市第二接待处(市招待所)	1994 年撤销	李茂松
市接待处(涟源宾馆)	1994 年成立,与涟源宾馆两块牌子,一套人马	王佩云(女)、梁汉金、邱许爱、贺瑞璜
市委组织部(与市直机关工委、市人才工作办合署办公)		周慎元、李曙华、谢国富、陈光明、彭喜故、何一波
市委党校(市行政学校)		贺耀贵、戴畅规
市人事局		萧德廉、萧腾桂、邱清和、邓定明、刘巧
市机构编制委员会办公室		颜步文(代)、李曙华(兼)、颜步文、胡志开、谭胜义、石进科
市委老干部局	1997 年定为正科级机构	李叙俊(兼)、彭永年、周连和(女)、吴建国
市委直属机关工作委员会		傅少奇、聂秋南(兼)
市总工会		陈吉龙、李裕华、卢先培、黄志祥、梁福康
共青团涟源市委		胡南(女)、朱忠义、吴建平、吴景祥、杨顺林、李思远、刘丹

续表

机构名称	机构设置时间或确定为正科级机构时间（1987年存在的，不再注明）	负　责　人
市妇联		李瑾瑜（女）、殷另姣（女）、聂南桂（女）、谭秋姣（女）
市科学技术协会		吴应芝、梁志文、章长斌、黄伟祥
市委落实政策办公室	1989年3月撤销，职能转入知识分子工作办公室	萧德廉（兼）
市委知识分子工作办公室	1988年成立，1996年3月撤销，职能转入市委组织部	何开芝（兼）
市打击经济犯罪办公室	1987年9月撤销	杜呈祥
市委宣传部		吴新江、李田中、易志祥、刘切力
市委精神文明建设指导委员会办公室	1997年8月成立	杜良胜、李纪瑜（兼）、颜毅郇
市委对外宣传办公室（市政府新闻办公室）	2002年7月成立	廖基福
市文学艺术界联合会		吴亦山、刘夫忠、梁新盈、黄义志
市广播电视管理局		卢先培、胡谷秋、张笃庆、曾可夫、李祖平
市文化局（市新闻出版版权局）	1995年成立市新闻出版（版权）局，与市文化局合署办公	彭逢洛、周旭成、聂红民、刘建康、唐裕奇
市委统一战线工作部		杜溪庄、颜如山（兼）、胡南（女，兼任）、严梦龙、贺顺清、李建华
市委台湾工作办公室（市政府台湾事务办公室）	1988年，"三三三"办公室更名市委对台湾工作办公室。1991年升正科，加挂市政府台湾事务办公室。1995年并入市委统战部。2007年单独设立	刘向成、易永洪（兼）、龙尔芳（兼）、李小华（女）
市归国华侨侨眷联合会		梁尔谷、易龙
市工商业联合会（市总商会）		谢光生、毛建华、毛永正、梁康瑜
中国民主同盟涟源市委	1991年5月成立支部，1998年3月成立市委	梁兆龙、毛建华、朱熙、傅德贤
市民族宗教事务局（办）	1991年5月，高配正科干部	万光宗、梁建新、刘菊芳（女）
市委政法委员会	1988年，市政法委更名市委政法委	刘柏林、龙维屏、周新辉、吴五九、李友庆、陈晓林
市综合治理委员会	1991年成立，与市委政法委合署办公	吴五九、毛求成、彭炳安、吴应明
市"610"办公室	1999年7月成立	刘访山
市维稳办公室	2000年成立	梁革军
市公安局		局长：刘柏林、彭仁樵、梁纶国、彭正凡、王剑凌、刘明清 政委（教导员）：毛求成、李正元、曾湘贤、刘明清、王永旭

续表

机构名称	机构设置时间或确定为正科级机构时间（1987年存在的，不再注明）	负　责　人
市人民检察院		李仲凡、刘华江、李秋来、施健鑫、刘雄辉
市人民法院		梁正文、李湘卿、肖正凡、旷进台、邹图华、范林
市司法局		罗光祠、梁超凡、刘胡初、万少春
市公安局交通警察大队	1993年6月，交通警察队升为交通警察大队，定为正科级机构	大队长（队长）：彭炳安、邬早生、谭键、李哲、肖玉和 教导员（指导员）：刘长顺、李君、吴国斌
市纪律检查委员会	1993年4月与市监察局合署办公	谢颂民、朱忠义、彭喜故、谢学龙（女）
市监察局	1988年3月成立，1993年4月与市纪律检查委员会合署办公	陈克中、刘新洽、周康美、童建华
市人大常委会办公室		石明心、毛科一、杨尚初、刘切力、李志坚、卢鸿福
市人大财政经济工作委员会		梁谷厘、肖孚积、胡能习、李正强、卢鸿福、李志坚
市人大内务司法工作委员会		曾紫金、刘育才、李楚华、肖学贤、杨尚初、吴福元、吴伟雄、谢喜才
市人大选举任免联络工作委员会		李汉生、肖咸初、杨尚初、易丽平（女）、陈干民、罗建国
市人大教育科学文化卫生委员会		谭哲文、周忠、李巾雄（女）、肖学贤、陈楚华、卢鸿福、陈干民、易丽平（女）
市人大农村工作委员会		肖祖祥、毛科一、胡能习、陈干民
市人大城乡建设环境保护工作委员会		周忠、蒋金星、罗建国、陈百珍
市政府办公室		梁经烜、高超群、刘坤元、廖保生、阳贵昌、邹康强、胡春生、曾建功
市政府经济研究室	1996年升为正科级机构	梅国华、胡春生、许忠建、廖鸿兵、龚顾庐
市政府法制办公室	1996年3月升为正科级机构	曾伟民、龙尔芳、廖建华、阳煌辉
市政府政务督查室	1997年7月成立	曾伟民、刘国梁、肖有亮、李春尧
市工农关系办公室	2002年7月并入信访局	邹康强（兼）、梁康生（兼）
市侨务办公室		刘纯刚、易桂秋、刘建文
市地方志办公室	2003年初撤销，2007年10月恢复	吴亦山（兼，未到任）、李浴难、梁友奖、吴六权
市残疾人联合会	1995年4月升为正科级机构	刘海初、李干雄（兼）、陈军生
市信访局	2002年7月，市信访办更名市信访局	蒋昌秦、聂恒林、吴自勤、刘潮建

续表

机构名称	机构设置时间或确定为正科级机构时间（1987年存在的，不再注明）	负　责　人
市体育局	2002年7月，市体委更名市体育局	谢月初、周金生、刘涛
市审计局		龙石屏、刘新洽、谢农涛、王一新、康勤辉
市民政局		李孟清、李济南、曾绪富、阳承雄
市卫生局		陈楚华、吴泽南、谢农涛、谢国光、吴凤岐
市住房制度改革领导小组办公室	1992年1月成立，2002年并入市房地产局	廖明举
市经济体制改革委员会	1992年2月成立市经济体制改革办公室。1996年8月升为市经济体制改革委员会，与市住房制度改革领导小组办公室合署办公。2002年撤销	梅国华、廖明举
市城镇工作办公室	1988年3月成立，1995年并入市经研室	萧文（兼）
市外事招商旅游局	1991年成立	龙薄芬、李汉田、刘建康、梁国初
市扶贫开发办公室	2003年2月成立	陈爱阳
市安全生产委员会办公室	1996年升格为正科级单位，2002年10月撤销	梁新生
市安全生产监督管理局	2002年10月成立	邬清源、戴新年
市优化经济发展环境领导小组办公室	1999年3月成立，2007年3月与市政务公开服务中心合署办公	朱忠义、李友庆、李汉田、卢伍文
市政务公开服务中心	2004年成立，2007年与市优化办合署办公	周金屏、李春尧、卢伍文（兼）
市人民防空办公室	2003年3月升为正科级机构	马富贵、梁生秋、王月吾（女）、何新文
市爱国卫生运动委员会办公室		曾成全、曾美华（未到职）、陈楚华、李秋征（女）、邹银花（女）、钟朝晖（女）、李凤仪（女）
市红十字会	1991年1月成立，会长由副市长担任	李细军、刘国涛、毛元珍（女）、向国蓉（女）、梁育清（女）
市发展和改革局	2003年，市计划委员会更名市发展计划局，2006年再更名市发展和改革局	周忠海、邓建和、李学良、王积盛、彭雄高、肖志成、刘建军
市统计局		胡能习、梁经健、李姣容（女）、肖友兰
市劳动和社会保障局	2002年8月，市劳动局更名市劳动和社会保障局	汤和阳、邱清和、阳贵昌、周益桂、易少阳
市物价局	1995年，与市计委合并为市计划物价局。1996年3月，分设	刘新光、王积盛、刘若文、梁乔松
市重点建设办公室	1996年3月成立，加挂市经济技术协作办公室、市经济信息中心牌子	彭雄高（兼）、易少阳（兼）、马昌奎
市经济工作局	2002年，市经济委员会更名市经济工作局	刘长善、周翔高、肖腾桂、曾国安、梅国华、梁志文、刘新建
市煤炭工业管理局	1997年1月，市煤炭工业局更名市煤炭工业管理局	聂晓春、李日新、曾国安、张兆林、刘武松、李志雄

续表

机构名称	机构设置时间或确定为正科级机构时间（1987年存在的，不再注明）	负　责　人
市轻工业局（市轻工业总公司）	1995年1月，市轻工业局转体为市轻工业总公司，2006年撤销	李玉泉、曾国安、梁志文、李怀聪、邓正卿
市农村工作领导小组办公室（市农业委员会）	1995年，与新成立的市委农村工作部合署办公	梁巨大、肖祖祥、熊松泉、卢伍文、张良龙、周铁中、颜炳初
市交通局	2002年，市交通委员会再次更名市交通局	周九球、吴建文、陈奉文、刘新春
市农业局		梁纶坚、萧腾桂、卢伍文、张良龙、吴快如、萧明贤、吴伟庭、严雄
市水务局	2002年10月，市水利水电局更名市水务局	萧厚春、刘元杰、王兆铭、龙康生、颜炳初、胡友生
市交通规费征稽所	1993年11月成立，2001年升正科级机构	刘兵、颜哲潇
市林业局		许兴梧、谭胜义、李建辉（代）、曾从新
市畜牧水产局	1988年1月成立	吴祥卿、彭前江、邹桂凡、曹务金
市农业机械管理局		肖咸初、李广正、谢富松、周铁中、邱正松、刘自侨
市农村合作经济管理局（市经营管理总站）	1990年，市经管站更名市经营管理总站，升为正科级机构。1996年更名市农村合作经济管理局	刘根生、李儒政
市乡镇企业局	1987—2006年为正科，2007年改副科	廖鹤林、吴拔群、陈建伍、肖明贤、陈志先
市农业开发办公室	2002年成立	刘保初
市国土管理局	1987年3月成立。2005年7月，与地质矿产局合并组建国土资源局	刘福安、严木堂
市财税金融工作办公室	2002年，撤销市财贸办设市贸易办。2003年，撤销贸易办设市财金办	肖洪魁、陈炳荣、王积盛、梁中夫
市财政局		李遐林、刘新光、黄敦良、王一新
市商务局	2006年9月成立	李兰平
市粮食局		陈炳荣、李思安、谭后元
市蔬菜管理局	1996年，市蔬菜管理办公室更名市蔬菜管理局，升为正科。2006年改为副科	刘捍平、梁子娥（女）
市供销合作社联合社		理事会主任：毛湘华、毛杰、胡春生、康勤辉、李俊业；监事会主任：吴孔谦、李求松
市商业总公司（市商业局）	1995年1月，市商业局转体为市商业总公司。2006年9月撤销	李胜先、彭业勋、李求松、梅国华、梁立坚、李兰平
市物资（集团）总公司	1995年1月，市物资局转体为市物资总公司。2006年9月撤销	蒋少林、邓建和、肖志成、罗孝光、周慎加

续表

机构名称	机构设置时间或确定为正科级机构时间（1987年存在的，不再注明）	负　责　人
市对外经济贸易总公司	1995年1月，市对外经济贸易局转体为对外经济贸易总公司。2006年9月撤销	刘若文、毛杰、王晓宏、李跃平
市建设局	2002年7月，市建设委员会更名市建设局	李岳衡、胡德求、刘仲辉、李敢卿、聂红民、萧明贤
市规划局	2005年8月，升为正科级机构	柳永成、吴富华、刘桂雄（代抓全盘）、李定秋
市城市管理局	2004年8月成立	谢坚升
市环境保护局		谭顺清、胡志开、颜建新、李中岳、陈政玺
市房地产管理局		邹康强、向江辉、张中秋
市城市建设投资管理办公室	2003年4月成立	李汉田、肖明贤
市教育局	1995年1月，市教育委员会更名市教育局	颜如山（兼）、李细军（兼）、吴亦山、梁经健、谭亲吉、李中胜、刘建康
市科学技术局	1995年1月，市科学技术委员会和市科学技术协会合并组建市科学技术局，1996年分设	高超群、肖尧钦（副职代）、刘寿泉、刘捍平
市人口和计划生育局	2002年，市计划生育委员会更名市计划生育局。2006年，更名市人口和计划生育局	彭永年、毛元珍（女）、彭康生、李汉田、邱正松
市政协办公室		刘新林、刘文初、刘向成、石进科、曾林林、李炳雄
市政协社会工作委员会		梁新盈、李福喜
市政协文化教育卫生体育委员会	1989年成立，1997年并入社会工作委员会	梁新盈
市政协提案工作委员会		沈四维、石进科、谭卫东、傅尚初
市政协文史资料研究委员会	1997年并入学习文史委员会	肖文、陈祥生、刘文初
市政协学习委员会	1997年并入学习文史委员会	郭开正、刘文初、李国钧
市政协工作组委员会	1988年撤销	孟祥云
市政协联谊委员会	1989年成立，1997年并入社会工作委员会	易永洪、肖启良
市政协学习文史委员会		刘文初、谭周勤、肖亮平（女）
市政协人口资源环境委员会		孙积元
市政协经济科技委员会		吴自勤、聂新良、谭卫东、谢凤英（女）、梁特强
市政协民族宗教委员会	1997年并入社会工作委员会	李国钧

区、街道、镇、乡负责人名录

1987—1994年，区、街道分别设区公所、街道办事处，为市政府派出机关，没设人大主席团，其党委、政府(行政)负责人为正科级，乡镇党委、政府、人大主席团负责人为副科级。1995年撤区并乡，乡镇党委(党组)、政府(行政)、人大主席团、政协联工委负责人为正科级。

1987—1994年涟源市各区、街道、乡、镇负责人

区(街道)、乡镇	党委负责人	政府(行政)负责人	人大主席团主席
蓝田街道	廖钟南、阳贵昌	周忠、阳贵昌、刘端华、彭喜故	
六亩塘街道	颜建新	颜建新	
马家境街道	李孟清、刘仲辉	李孟清、刘仲辉	
荷叶区	刘福安、刘国涛、周世辉、黄新华	刘国涛、陈龙生、黄新华、朱忠义	
毛坪乡	刘霜柏、刘根生(兼)、邓平和(兼)、吴快如	刘希贤、刘国和、吴景祥	刘霜柏、李同瑾
芙蓉乡	周启荣、黄祥贵、周继林	梁余庆、易玉生、黄宇祥	周启荣、蔡其焕、梁汉初
财溪乡	刘根生、颜如山(兼)、刘湘平、曾从新、吴快如、梁裕彬	曾从新、王果国、梁裕彬、梁建胜	刘湘平、黄云品、吴新民
马头山乡	梁经绥、梁余庆、吴国和、谭周良	吴快如、吴国和、王果国、邱正松	梁经甫、张顺生
湖泉乡	刘新年、刘希贤、谢喜才	廖加兴、吴国和、谢喜才、谭周良、刘自侨	刘新年、刘崇辉
青烟乡	黄淑祥、谭新光、曾从新、万少春	易建生、刘有朋、刘新谱、梁根深、谭建新(副职抓全盘)	黄淑祥、刘有朋、胡仁先、梁经虎
三甲乡	刘建华(兼)、黄向荣、严达仁	黄祥贵、童建华、万少春	梁经霄、刘新谱
四古区	吴祥卿、王日平、吴建文	吴建文、谭胜义	
安平镇	吴拔群(兼)、刘国安	刘兆金、刘国安、刘锡存、易奇平	吴拔群、刘国安、周次青(女)
岛石乡	李日新(兼)、王选元、聂红民	刘国安、胡玉生、谭汉璜、杨志刚、吴执政	刘业文、吴志光
珠梅乡	彭前江、蒋平原(兼)、李靖才、陈奉文	王选元、胡定告、刘自侨、王果国	刘仿吾、彭前江、刘顺祥、陈奉文(兼)
四古乡	李国凡	李靖才、吴树卿	易跃华、刘新强
古塘乡	吴凤岐、吴新江(兼)、胡定告、吴树卿	曾松求、陈奉文、胡访贫	吴凤岐、刘顺祥、吴迪生
龙塘乡	刘胡初、张良龙	刘建胜、吴新民、张良龙、吴佑希	刘胡初、张顺生、刘胡初、蒋昌南
南风乡	张笃庆、胡康凡(兼)、严木堂	刘静华、严木堂、刘祖国	张笃庆、谭谱成、刘业文
伏口区	龙蓴芬、张兆林	吴启前、严雄、王瑞堂	
伏口镇	吴仲春、王新华、李中岳	严小龙、喻又卿、邹银花(女)	龙献才、熊龙中

续表

区(街道)、乡镇	党委负责人	政府(行政)负责人	人大主席团主席
柏树乡	李迪清、李中岳、喻又卿	邱星辉、李信兵、阳腊梅、李质彬	李信兵、罗汉明、李黄金
漆树乡	李敢卿(兼)、李志雄	龙军益、李志雄、谭孝山(代)、吴成辉	吴皇和
石陶乡	邱玉书、刘切力、龚世雄、邱星辉	李中岳、李贵生、李质彬、陈立维	邱玉书、陈柏梧、吴显权、李访晴
大桥乡	张兆林、李汉田	吴和平、李中岳、肖初阳、李贵生	张兆林、熊龙中、龙献才
桥头河区	郭富荣	卢伍文、邱羡南	
桥头河镇	颜德才、严攀桂	严攀桂、阳素光、颜炳初、廖升平	颜德才、廖世凡、张应祥
湘波镇	肖程辉、刘捍平	刘捍平、阳素光、李从文	肖程辉、刘新民、廖世凡
七星乡	阳昌业、张春光、廖建政	张春光、严达仁、严文科、卢绍恒	阳昌业、王海涛、阳能钦、廖建政
仙洞乡	肖绍松、龚菊生、李治平	颜炳初、肖绍松、李治平、肖必信	肖绍松、李治平、龚竹生、卢送交
株木乡	邱羡南、颜炳初	向江辉、李兴华	邱羡南(兼)、李纪林、严述康、颜炳初
桂花乡	李应南、周慎元(兼)、肖明星、向江辉	肖明星、向江辉、黄清林、肖初阳、周如松	严祖德、张应祥、严文科、周如松、邱庆珍
石狗乡	廖建政、张春光、李靖才	周双江、阳安仲、李自修、贺顺清	廖建政、李自修、张龙明
增加乡	颜同生、严小龙、周慎广、陈久长	张中秋、陈建新、周慎广、邱庆珍、聂玉明	贺金镛、严述康、邱庆珍、李祖田、聂玉明、严前春
渡头塘乡	曾良缘、张阳春、严梦龙(兼)、贺继才	严梦龙、贺继才、聂建平	曾良缘、李如意、严怡新
杨家滩区	刘佑华、曾湘贤、谢幸福	曾湘贤、谢幸福	
杨家滩镇	颜建新、周学愚、李德元	周学愚、胡绍华、李德元、李承前	邱复阳
斗笠山镇	王贵民、梁经楚、曾可夫	李德元、童若章、梁经楚、梁和生	谢正庭、梁经楚、李全华
水洞底镇	李晓华、刘国兴	曾腾一、刘国兴、曾可夫、邓正卿	童求初、盛双发
太和乡	邓柏华、李中胜、周铁中	彭业成、胡铁轩、谢足英(女)	姚明初
枫坪乡	周康美、李细军(兼)、刘吉能、姚玉洪(副职抓全盘)、龙康生(兼)、毛元珍(女)、毛国友	刘吉能、姚玉洪、毛元珍(女)、毛国友、李全华、肖伟华	刘富坤
甘溪乡	谢幸福(兼)、李瑞年、周铁中、曾小平	李瑞年、刘国兴、张进持、曾小平、胡铁轩、邓定卿、颜正华	曾惠能、邓如初
新禾乡	龙康生(兼)、谢富松、曾建功	谢富松、梁寿初、肖国金、曾建英(代乡长)、邬桂良	曾吉斋、彭少康、邓俊杰

续表

区(街道)、乡镇	党委负责人	政府(行政)负责人	人大主席团主席
山塘区	刘寿泉、曾湘贤、邹放龙	毛科一、邹放龙、曾冬寿	
山塘乡	毛感斌、毛国树、唐裕奇	肖少元、周杰斌、肖予健	邓仁三、肖少元
古楼乡	李东求、戴湘安、袁典文	周国华、李芳桂、李明辉、曾光明	李东求、姚圃、蒋合松、朱庚华
塘湾乡	李子克、肖鼎生、周杰斌、李建辉	李明建、肖鼎生、颜正华、李新建	戴先瑞、曾光明、李建辉
快溪乡	李贤良(兼)、邹汉求、肖汉浦、毛国树	姚玉洪、李如桂、肖述文、李明辉	朱庚华、邹汉求
常林乡	李福喜(兼)、吴艳明、王小平(兼)	曾小平、曾光明、毛翠桂(女)	刘长庚、彭筱阳
金石乡	肖汉普、李应南、谢国光	袁典文、张阳春、李如桂	彭筱阳、李明建
灌湄乡	毛国树、曾冬寿、李明建、李永和	李永和、曾展望	刘笃庆、肖述文
白马区	李裕华、刘华江、谢国富、彭康生	易志祥、谢国富、彭康生	
白马乡	彭松青、石线文、罗建国	罗时晚、周楚才、石进科、彭明轩、姚勇明	肖祝甫、石线文、周楚才
田心乡	曾友良、姚如南、肖明贤、石进科	罗楚彬、肖明贤、石进科、彭明轩	曾友良、刘新谱、钟向荣、周振前
孙家桥乡	周永光、谢农涛、梁中夫	刘潮建、罗建国、石进科、卢先升	梁呈祥、谢农涛、梁中夫
茅塘乡	邓定明(兼)、彭松青(兼)、刘潮建、肖明贤(兼)	刘富坤、周建义、姚勇明、何晋能	石作兴、戴前锋
湄江风景区	龙萼芬、李贵生	龙萼芬	—
湄江镇	李贵生	邱星辉、卢韶华	罗泽成
市经济开发区	毛湘华(兼)	毛湘华(兼)	—

说明：1992 年 3 月，成立涟源市湄江风景名胜区管理处。6 月，撤销大桥乡，设立湄江镇。1992 年 9 月，成立涟源市马家境经济开发区，1994 年 8 月更名涟源市经济开发区

1995—2007年涟源市各乡镇(街道)负责人

单位名称	党委(党组)负责人	政府(行政)负责人	人大主席团主席	政协联络员、联工委主任
蓝田街道	彭喜故、邓定明、吴凤岐、张树良	邓定明、吴凤岐、张树良、黄祥贵、易春生	吴凤岐、王小平、梁经楚、刘新瑞、王文红	伍晓波、曾金龙(女)、肖冬梅(女)、杨慕丽(女)
六亩塘镇	黄新华、吴快如、万少春、胡友生、王乾德	吴快如、万少春、梁彬、盛辉雄	刘应韩、谢喜才、肖勇奇	李晓华、周秀清(女)、周杰斌、谭孝达
石马山镇	刘仲辉、吴五九、梁中夫、吴伟庭、梁毅	周学愚、吴执政、吴伟庭、梁毅、李思远	刘国安、吴佑希、陈百珍、梁新国、刘长剑	黄传升、刘巨中
安平镇	陈奉文、吴景祥、戴新年、肖炳贤	吴执政、李志雄、吴景祥、龚世雄、戴新年、肖炳贤、王文红	胡定告、刘静华、肖炳贤、李保光、李爱国	易奇平、熊超军
湄江镇	吴建平、严梦龙、阳承雄、周继林、吕晓峰	李靖才、喻又卿、阳承雄、胡访贫、吕晓峰、刘坚	喻又卿、阳承雄、胡访贫、王乾德、李亦农、李志龙	罗泽成、李访情、李小平
伏口镇	李中岳、卢韶华、吴兆龙、肖方德	李志雄、卢韶华、吴兆龙、龙妙安、肖方德	王瑞堂、陈立维、肖方德、张结民	阳少时、罗汉明、吴新仪、梁特强、阳仲付
七星街镇	刘捍平、严梦龙、颜炳初、李黄金、唐裕奇、谭付民、旷庆贤	颜炳初、李黄金、旷新华、旷庆贤、陈劲松	李治平、廖建政、梁新辉、陈劲松、易忠儒	贺继才、聂湘阳、刘承建、易忠儒、罗宏伟
桥头河镇	邱羡南、曾可夫、贺顺清、黄志雄、廖伯达	严攀桂、廖建政、李贵生、黄志雄、廖伯达、刘加宜	严玉章、肖明星、陈建平、严望霓、刘加宜、朱智华	严文科、聂细莲(女)、颜学军
斗笠山镇	曾可夫、梅国华、李志雄、邓文旦	周继林、毛国树、梁小兵、邓文旦、李全华	毛国树、邬桂良、李全华、刘国雄、聂顺初	李国洪
水洞底镇	周铁中、李建辉、谢永东、梁育清(女)、周慎加	曾建功、李建辉、谢永东、梁育清(女)、颜新和	谢国光、李祖国、黄芝文、颜新和、肖建军	李建文、盛双发、肖正明
杨市镇	谢幸福、谭周良、吴执政、梁细华、吕余庚、姚清华	李德元、谭周良、梁经楚、胡友生、梁细华、吕余庚、姚清华、姚日葵、刘益民	刘国兴、梁细华、吕余庚、姚清华、周志坚、罗细求、曾海和	童建武、刘富坤、梁寿初、姚玉洪、姚松青、周盛智
枫坪镇	毛国友、刘建军、曾建功、李正祥	肖伟华、陈立维、李正祥、肖卫渠	颜正华、肖春耕、张建阳、易建湘	曾光明、周齐升、刘湘近、易建湘、李忠明
白马镇	朱忠义、石进科、唐裕奇、卢韶华、李典芝	石进科、姚勇明、梁彬、曾光明、易建红	石线文、罗建国、彭明轩、戴海根、刘益民、陈卫红(女)	周振华、周彬、戴海根、谢绍华、刘丁生
茅塘镇	肖明贤、李志雄、周继林、谭付民、陈建平	何晋能、张树良、肖伟华、谭付民、陈建平、肖赞东	罗建国、曾晓红、肖文豪、周平、李凤仪(女)、李冰玉(女)	梁经中、孙绍生、周平、肖文豪、郭光宗
金石镇	龙康生、刘切力、邱正松、刘海军	李永和、曾从新、李俊业、刘海军、李文彬	肖鼎生、刘海军、李文彬、钟智军	刘笃庆、肖述文、曾展望、肖子畏
荷塘镇	李福喜、陈正玺、李新建、张建中、童春秀(女)、吴步楼	李建辉、戴新年、李新建、童春秀(女)、吴步楼、易专	毛海清、彭协庚、曾海和、李志龙、李阳	毛庆余、刘石丁、李阳、童群和

续表

单位名称	党委(党组)负责人	政府(行政)负责人	人大主席团主席	政协联络员、联工委主任
三甲乡	严达仁、梁子娥(女)、王日平(兼)、彭喜故(兼)、张中秋、胡友生、曹务金、李长才	梁子娥(女)、邱正松、张中秋、曹务金、李长才、谢萌	梁裕彬、梁根深、邓文旦、肖昌杰、谢萌、梁志远	刘新谱、易样辉、谢明昌、黄玉春、谢萌、吴奇彪
古塘乡	吴树卿、贺顺清、罗康升、张妙高、童建武、旷新华、李付明	胡访贫、罗康升、张妙高、谭建中、谢和清、李雄奇、旷新华(兼)、谢玉敏(女)	刘新强、吴伟庭、张妙高、吴财桂、李中凡、袁梦华	吴宗伯、李正成、王三泉
渡头塘乡	向江辉、谢国光、张建中、邓志旺、罗子谦	贺顺清、张建中、廖俊军、邓志旺、罗子谦、周克雄	廖建政、聂玉明、陈佰珍、梁毅、罗子谦、周克雄、聂凤凰、刘乐中	黄中文、严怡新、颜愉新、聂凤凰、刘乐中、易正军
龙塘乡	严木堂、邱星辉、曾从新、李祖平、刘涛波	邱星辉、吴应明、刘祖国、曾从新、李祖平、刘涛波、吴献文	吴应明、刘祖国、李祖平、李长才、吴绪林、蔡雄	蒋昌南、刘业文、李民主
湄江风景区	龙萼芬、吴建平(兼)、严梦龙(兼)、阳承雄(兼)、周继林(兼)、吕晓峰(兼)	龙萼芬、吴建平、吴兆龙(副职代)、严梦龙、周健鹏、梁认言、刘涛、王先全(女,副职代)		
市经济开发区	吴五九、梁中夫(兼)、刘仲辉、吴伟庭、梁毅	蒋廷寿、李祖国、梁少光		

驻涟部队负责人名录

收录1987—2007年市人民武装部部长、政委，武警涟源市中队中队长、指导员，武警涟源市消防中队中队长、指导员，驻涟62172部队主任、政委，驻涟62199部队主任、政委，1994—2007年驻涟62198部队主任、政委，1996—2007年武警涟源市消防大队大队长、教导员的任职情况。

1987—2007年驻涟部队负责人

部队名称	成立时间（1987年存在的，不再注明）	负责人姓名
市人民武装部		部长：李明重、邬高清、孙其龙、梁子正、王旭哉、肖志坤 政委：彭逢华、张运来、邱志明、余远升、廖新安、戴德岩、胡春庚、方向东、肖光明
武警涟源市中队		中队长：谢小钟、邓玉清、何家林、陈代毅、白海成、杨军、杨德君、周建华、吕立海、李涛、袁维 指导员：申柏春、熊卫、梁平、陈代毅、黄邵华、关新林、陈昭、张纪平、刘作杰、章志林、杨昭晖
武警涟源市消防中队		中队长：文青云、黄炳荣、彭刚、徐冬生、雷鸣、邹海龙、陈卫球、刘新苗、邹杨、赵玉峰 指导员：夏经浪、邹永忠、黄武利、孙群、李旭新、肖留文、游宏峰、王长明、汪运洪
武警涟源市消防大队	1996年2月成立	大队长：黄炳荣、黄武利、李隽武、黄新跃、邹海龙、周文科 教导员：岳诗新、邹永忠、孙群、邹海龙、雷鸣
62172部队		主任：彭晓初、周正平、王宝程、董爱国、陈立华、张富 政委：孟庆云、傅泰松、刘戴生、王求云
62198部队		主任（1994—2007）：李一昆、彭阳汉、蒋铁刚、李远国、张鹏、曾健佳、刘效政 政委（1994—2007）：刘戴生、谢培春、齐和平、陈忠荣、戴邵新、李石林、任红伟
62199部队		主任：吴正胜、杨铁吾、易荣成、彭志成 政委：周继武、张先义、杨名海、宋分林、萧兴元、孙大林、彭志成、郭现义、李洪洋

中央、省、娄底市(地区)驻涟源双管单位负责人名录

收录1987—2007年中央、省、娄底市(地区)驻涟源双管单位行政负责人。

1987—2007年中央、省、娄底市(地区)驻涟源双管单位行政负责人

单位名称	成立时间(1987年存在的,不再说明)	行政负责人
市税务局	1994年9月,市税务局分设	刘联芳、李光才、方吉杰、王如林
市国家税务局	1994年9月成立	王如林、梁新华、阳吉国
市地方税务局	1994年9月成立	罗卫国、李建刚、朱毅、李安林
市工商行政管理局	2000年,隶属省工商行政管理局直管	张田斌、严俊科、曾善福、陈龙生、颜建新、曾孟华
市质量技术监督局	2000年1月,市技术监督局更名市质量技术监督局,实行省以下垂直管理	刘绍范、易建新、陈先昆(副职代)、李福喜、梁清平(副职代)、曾申生、石沛云、李赛鸿
市公路局	1994年成立,2001年收归娄底市公路局管理	罗新民、赵正国、黄向荣、黄尊卿、赵正国、谭周良
市食品药品监督管理局	2001年9月成立	陈庆松
市气象局		晏新周、肖文贤、李长青、易样辉
市地质矿产局	2005年7月,与市国土管理局合并组建市国土资源局	张顺辉、张阳春、李汉田、毛国友、严雄(副职代)
市国土资源局	2005年7月,市地质矿产局和市国土管理局合并组建市国土资源局	严木堂
国家统计局涟源调查队		刘栗康(副职代)、梁经健、胡能习、李姣容(女)、谢国胜
市水文站		何孔磊、梁步云
娄底市住房公积金管理中心涟源管理部	1995年6月成立,2002年10月由娄底市住房公积金管理中心直管	郭昆乾
涟源电力局		毛斯达、夏享德、梁合群、汤池、梁经启、夏享德、许建华、肖什云、吴应文、李慧民
市药材公司(市医药管理局)		陈彬文、彭焕林、熊祖锡(副职代)、龚湘庶、李星辉、梁达理、周微厦、梁健康
市邮电局	1998年,市邮电局分设邮政局、电信局	郭希平、刘育雄、陈友云、陈佩和
市邮政局	1998年9月成立	申克华、曾邵文、曾慧、黄华、龙若俭
市电信局	1998年9月成立	陈佩和、肖永红、邹振武、龙佩涛、刘建军
市烟草专卖局(公司)		傅秋云、龙仁意、胡朝阳、刘世林
新华书店		刘仲平、杨泽民
中国石化集团娄底分公司涟源片区		李先坤(副职代)、肖丑生、邓柏华、陈国魁、李先坤、曾康伍、李锦迪、刘少林

续表

单位名称	成立时间(1987年存在的,不再说明)	行政负责人
湖南省轻工盐业集团有限责任公司娄底分公司涟源配送站(市盐务管理局)		李春蕚、尹爱群、戴哲西、陈雄华、邓平、黄建国
中国人民银行涟源市支行	1992年成立	刘新林、曹南高、彭青(女)、邹修清、谢志诚
中国农业发展银行涟源市支行	1997年从农业银行析出	刘新建、谢中书、杨觉群、廖希华、谭剑光
中国工商银行股份有限公司涟源支行		杨连桂、曾善福、邵跃雄、石红岩、李民强、周宋根、刘建华
中国农业银行涟源市支行		吴笃修、吴佑全、张端卿、李健良、肖军南、潘强东、彭梦雄、王卓越
中国银行股份有限公司涟源支行		李江生、朱志勇、卢惠花(女)、胡小平
中国建设银行股份有限公司涟源支行		刘明球、梁寿松、周南湘、彭辉、金建中、殷建中、龚激光、康俊卿
市农村信用合作联社	2006年,由省农村信用社联合社垂直管理	理事长(主任):吴佑全(兼)、刘新建(兼)、陈国祥、张进如、谢建华、张彦平 监事长(总稽核):李肖铨、曾华凡、谢新华
中国邮政储蓄银行涟源市支行	2008年4月成立	包建武
中国人民保险公司涟源市支公司	1984年成立,1996年分设财险、寿险	张家栋
中国人民财产保险股份有限公司涟源支公司	1996年成立	姚菊芬、孙格辛、谭春源、李建雄
中国人寿保险股份有限公司涟源支公司	1996年成立	黄聚伦、曾建初(副职代)、彭逢湘、熊喜良、王秋玲(女)、易永贵

2007年涟源市纳税100万元以上企业负责人名录

收录2007年涟源市纳税100万元以上的企业负责人，按缴纳税金多少排序。

2007年涟源市纳税100万元以上企业负责人

企业注册名称	缴纳税金(万元)			法人代表			
	合计	国税	地税	姓名	性别	籍贯	出生时间
湖南顺鑫钢铁有限公司	1853	1692	161	李明用	男	福建省长乐县	1964.06
湖南神斧集团一六九化工有限责任公司	1806	1310	496	李柱良	男	冷水江市	1968.04
娄底市烟草公司涟源分公司	1173	1086	87	刘世林	男	娄星区	1963.04
湖南省电力公司娄底涟源电力局	1121	1067	54	李慧民	男	涟源市	1972.06
湖南涟钢田湖矿业有限公司	1020	735	285	阳仁贵	男	涟源市	1963.04
涟源市汇源焦化有限公司	863	745	118	肖安江	男	涟源市茅塘镇	1963.02
涟源市斗笠山煤业有限责任公司	830	710	120	邬桂良	男	涟源市水洞底镇	1962.09
湖南五江轻化集团有限公司 娄底市五江实业有限公司	572	522	50	肖自江	男	涟源市茅塘镇	1950.01
湖南腾达煤焦实业有限公司	498	498	—	邓冬发	男	涟源市	1959.12
涟源嘉鑫冶金有限责任公司	449	412	37	梁杰文	男	涟源市	1971.06
娄底嘉鑫精炼有限公司	408	408	—	梁一明	男	涟源市	1951.09
涟源市安平镇湘中煤矿(普通合伙)	353	213	140	吴秀林	男	涟源市	1964.12
中国移动通信集团湖南有限公司娄底市涟源市分公司	343	—	343	刘　刚	男	涟源市	1963.10
娄底市中源新材料有限公司	336	287	49	彭清莲	女	涟源市	1962.02
涟源市安立煤业有限公司	323	323	—	梁伦利	男	涟源市	1964.09
涟源市大华房地产有限公司	291	—	291	李楚华	男	涟源市	1942.09
涟源市大地煤业有限公司	285	259	26	谭旭鸿	男	冷水江市	1977.11
涟源市沙坪煤业有限公司	278	200	78	李和俭	男	涟源市	1962.06
娄底市佳苑房地产开发有限公司	249	—	249	肖达芹	男	江西省全南县	1972.02
娄底市冠城置业发展有限公司	248	—	248	肖　寒	男	湖南省宁远县	1972.02
湖南省金塔机械制造有限公司	217	186	31	敬贵华	男	涟源市	1966.07
涟源市农村信用合作联社	203	—	203	张彦平	男	涟源市	1963.01
涟源市水洞底镇凤冠山煤矿	192	132	60	邓力军	男	涟源市	1967.08
涟源市斗笠山镇黄港煤矿	191	143	48	曾　业	男	涟源市	1968.10
涟源市杨市煤炭经营有限公司	182	182	—	姚升春	男	涟源市	1971.10
涟源市枫坪镇青树二矿	180	180	—	谢建业	男	涟源市	1951.10
中国建设银行股份有限公司涟源支行	170	—	170	康俊卿	男	涟源市	1965.12

续表

企业注册名称	缴纳税金(万元)			法人代表			
	合计	国税	地税	姓名	性别	籍贯	出生时间
中国电信股份有限公司涟源分公司	168	—	168	朱　旭	男	长沙市	1967.09
涟源市青山煤矿	165	115	50	田锡文	男	冷水江市	1954.12
涟源市安平镇力达煤矿有限公司	160	116	44	陈仁春	男	涟源市	1966.02
涟源市枫坪镇青山煤矿	151	112	39	周海祥	男	涟源市	1952.08
涟源市飞跃煤业有限公司	145	111	34	姜友荣	男	冷水江市	1964.08
涟源市斗笠山镇哲学煤矿	141	111	30	刘建国	男	涟源市	1970.02
湖南省回春堂药业有限公司	129	129	—	李煌庆	男	涟源市	1968.11
涟源市斗笠山镇胜源煤矿	129	91	38	卢仁四	男	涟源市	1967.07
涟源市斗笠山镇群合煤矿	125	86	39	刘永城	男	涟源市	1961.10
中国农业银行股份有限公司涟源市支行	118	—	118	王卓越	男	涟源市	1971.11
湖南远扬煤机制造有限公司	116	86	30	李本平	男	涟源市	1950.11
湖南省涟源市腾云煤炭经营有限公司	112	112	—	王腾云	男	涟源市	1949.05
中国石油化工股份有限公司湖南娄底石油分公司涟源经营部	111	111	—	刘少林	男	涟源市	1955.05
涟源市安平镇四古煤矿	111	69	42	吴买元	男	涟源市	1953.10
涟源市枫坪镇群力煤矿	100	—	100	李顺康	男	涟源市	1955.03
涟源市湘中煤矿机械厂	100	100	—	梁康松	男	涟源市	1976.07

说明：缴纳税金不含市地税局代征的社保基金、残疾人就业保障金和教育费附加

附　录

一　重要文件选录

中共涟源市委　涟源市人民政府
关于完善农村双层经营体制的意见

涟发〔1990〕94 号

党的十一届三中全会以来，我市农村普遍推行了家庭分散经营和集体统一经营相结合的双层经营体制，调动了广大农民的生产积极性，促进了农村经济的发展，农民生活水平有了很大提高，农村面貌发生了深刻变化。但是，由于多种原因，也出现了一些值得注意的问题：一是土地权属关系不清，公有制观念淡化。部分农民视承包土地为私有财产，随意改做它用，或将耕地毁坏闲置，甚至出现了私自买卖土地的现象。二是土地承包期不稳定，生产经营行为短期化。一些地方田土调整频繁，农民失去稳定感，不愿在承包地里增加投入，造成地力下降和水利等基础设施老化。三是集体积累萎缩，村组凝聚力弱化。部分地方集体经济被严重削弱，集体提留被取消，导致集体统一服务功能不全，无力经营社会公益事业，集体的优越性不能得到充分发挥。四是承包合同不完善，土地承包管理软化。绝大部分田土承包仅有简单的协议，承包双方的权利和义务不明确，不能按共同的约定来履行各自的职责。等等。这些问题的存在，严重影响了双层经营体制潜力的发挥，制约着农村经济的发展。因此，完善农村双层经营体制，已成为客观的必然。为了认真搞好这一工作，根据省、地有关精神，结合本市实际，提出如下意见。

一、统一对完善双层经营体制的认识

(1)农村推行统分结合的双层经营体制，是对集体经济经营方式的一种改革，不是取消集体经济。在双层经营体制下，以农户为承包单位，承包集体的田土山水和其他生产资料，自主经营。既克服了过去管理过分集中、劳动“大呼隆”和平均主义的弊端，调动了农民的生产经营积极性，又继承了以往合作化的积极成果，坚持土地等生产资料公有制，实行集体统一生产服务，发挥集体经济的优越性。实践证明，这种双层经营体制，是符合我国现阶段农村生产力水平和发展要求的集体经济的新的经营形式。目前的主要问题是，大部分地方集体统一经营的内容太少，不能有效地为农户家庭经营提供服务，迫切需要增强统一服务的功能。

(2)完善双层经营体制，不是对家庭经营的限制和削弱，更不是重新“归大堆”，否定家庭经营。完善双层经营体制的目的，在于更好地稳定和完善家庭联产承包制，为家庭经营提供服务，弥补家庭经营的不足，给家庭经营注入新的活力，促进家庭经营的发展。

(3)家庭分散经营和集体统一经营是辩证统一、相互依存的一个整体。完善双层经营体制，既要完善统一经营层次，又要完善分户经营层次。其关键是要正确处理好“统”与“分”的关系。只强调“分”而不讲“统”，就不能克服家庭经营的局限性；只讲“统”而忽视“分”，就不能调动劳动者的积极性，就会使集体经济失去内在

活力,重新回到老路上去。因此,不能把完善双层经营体制理解为就是为部分农户调整承包耕地。同时要完善各业承包,加强承包合同管理,健全土地管理制度,搞好村组财务管理,壮大集体经济等。

二、完善双层经营体制的主要工作内容

(4)增强公有制观念,明确土地权属。在对农民进行社会主义思想教育中,要突出公有制观念的教育。在农村坚持公有制,最主要的就是坚持土地等基本生产资料的集体所有制。要反复重申:农村土地,包括耕地、林地、牧地、荒山、荒坡、水面以及农户使用的宅基地、自留地等,除国家另有规定外,均属农民集体所有。承包者只有使用权,没有所有权。原来承包时已明确属乡、村、组(原生产队)集体经济组织所有的土地,仍分别属乡、村、组集体所有。已被征用或划归国营农、林场(库所)所有的土地,仍属国营农、林场(库所)所有。不能打乱原来的权属关系。鉴于目前组这一级组织不健全,缺乏管理土地的能力,可由村代行发包土地,统一与农户签订经营承包合同,统一结算各项上缴提留,以利于加强土地的统一管理。对于侵占和破坏国家、集体土地的行为,要按照《土地管理法》和有关规定,严肃查处。

(5)坚持稳定的原则,因业制宜完善各业承包。

——田土,仍实行家庭分户承包经营。全市统一按"人口预测法"进行调整,承包期 10 年,2000 年以前不搞田土小调整。去冬今春已进行了耕地调整的,这次也要按"人口预测法"再做适当调整。

——山林,已经分到户的,在保持山权不变的前提下,加强统一管护,积极引导走合作营林的道路。可以由乡或村实行"几统一"(统一供应苗木、统一技术标准等),分户营造;可以投山入股,乡、村与农户联营,收益按比例分成;还可以由厂矿企业与乡、村、农户联营,建立用材林基地;大片荒山,提倡集体、农户联合开发,实行股份制经营,或以现有乡、村林场为主向四周辐射,联合开发。没有分到户的山林,不准再分到户,由乡、村、组建立专业队伍经营管护,或者由专人或联户承包经营管护。

——水面,要逐步改变平均分包、轮养公养的状况。山塘等小水面,可以实行专业承包,专人管护,提倡管水、整修与养鱼相结合,承包给管水员;较大型水面,提倡由村组办养殖场,实行"几定一奖"的经营承包责任制,或者由集体、个人集资入股,联合经营,也可以由专业大户投标承包,比例分成或定额上缴。

——茶、果、药园(场),提倡实行统一经营、招标承包、"几定一奖"或比例分成责任制。已经平分到户的,应区别情况,采取不同办法完善。经营好的,可以由集体制定统一的技术管理标准,加强技术指导,提供生产服务来弥补分户经营的不足;也可以采取折股联营、按股分红的办法办合作场。经营不好的,集体有权收回重新发包。

——工商运建服等企业,一般要实行风险抵押的招标承包;改变那种"甩手"承包和权力承包的作法。

(6)建立土地管理制度,恢复土地积累机制。基本要求是,在稳定家庭承包制的基础上,强化土地集体所有权,完善管理制度,调动农民珍惜土地、经营土地的积极性,以达到保护土地和地力,保证稳定增产的目的。

——强化土地集体所有权。土地所有者依法对土地行使占有权、发包权、管理权和处分权。有权收回"农转非"人口、迁出户、自然消亡户、弃耕抛荒户的土地重新发包;有权监督承包户按合同规定对耕地进行投入;有权按规定收取使用费;对无故不履行合同的承包户进行处罚。拥有土地使用权的承包者,在承包期内,对土地享有使用、收益和部分处置权,允许农户有偿或无偿转让使用权,允许土地使用权入股经营,农户与农户、集体与农户之间可以代耕代管。

——实行收取使用费的制度。收取土地使用费,是土地集体所有权在经济上的体现和增加集体积累的重要途径。凡承包使用集体土地的农户,均应上缴使用费。使用费标准我市暂定为:每年每亩水田 5 元、专业菜地 6 元、旱土 3 元、山地 1~3 元,养殖水面 10 元以上,其他承包经营的生产资料,由各地根据实际确定使用

费标准。土地使用费坚持“取之于地，用之于地”的原则，必须用于农业扩大再生产，兴修农田水利设施，购置生产性固定资产，推广应用农业科学技术等公共事业。土地使用费实行“土地权属单位所有、村经济合作社统一收管、乡(镇)经济联合社审批和定期审计”的管理制度，专款存入信用社，一年公布一次账目，接受群众监督。

——建立劳动积累制度。建立劳动积累制度是增加农业投入，改善农业生产条件，增强农业发展后劲的重要措施。凡农村劳力均应完成劳动积累任务。劳动积累以标准工日计算，每年每个农村劳力不得少于15个工日。劳动积累工坚持“取之有度、用之得当”的原则;主要用于农田水利，改良中低产田等基本建设和垦荒植树等开发性农业。劳动积累工以组设账，由村负责管理，每年结算一次。

⑺建立地域性合作经济组织。建立健全以土地公有为基础的地域性合作经济组织，有利于加强农民的土地公有制观念和集体观念有利于合作组织以法人资格开展各项经济活动、有利于两个经营层次的协调发展。

——地域性合作经济组织以村建立，名称叫“××村经济合作社”，一般由党支部书记兼任村经济合作社主任，由村民委员会主任兼任村经济合作社副主任。村以下可以建立经济合作小组，乡(镇)建立经济联合社，联合社主任一般由乡(镇)长兼任。经济合作组织要制定社章，成立管委会。管委会一般5~7人组成，设社长、副社长、会计、出纳、经济监督员和专职委员。

——地域性合作经济组织的基本职能是搞好统一服务。主要围绕发展商品生产，有重点地逐步开展八个方面的服务。①统一管理好土地和其他自然资源，维护土地公有制;②统一组织农田基本建设，维护水利设施，组织管水用水和抗灾;③组织农业技术培训，引进新技术、新品种，搞好生产关键环节的技术指导;④帮助农户开辟生产门路，制定生产经营规划;⑤代购生产资料，帮助开辟农产品销路;⑥提供机耕、加工、运输，育秧、育种等服务;⑦管理好集体资金，开展合作经济内部资金融通服务;⑧兴办社会公益福利事业，为农户生产、生活提供方便。

(8)认真做好合同签订工作，切实加强农村承包合同管理。按照《湖南省农村合作经济承包合同管理办法(试行)》，由市人民政府农业委员会负责农村承包合同的统一管理。为了协调工作，成立涟源市农村承包合同管理委员会(办事机构设市经管站)。乡(镇)应成立相应机构，由乡(镇)主要领导兼乡(镇)承包合同管理委员会主任，国家经管干部任副主任，吸收司法、财政、国土、粮食、企业等部门参加。配备专职干部，做好农村承包合同的签订指导、鉴证、纠纷调解与仲裁等管理工作。村一级由村民委员会负责做好承包合同的签订、履行、协商、调解承包合同中有关纠纷等工作。凡集体发包的田、土、山、水、茶果场、企业等都要分别签订承包合同。对现有各业承包合同要进行一次全面检查，做到合同手续健全，内容完备，指标合理。今后乡村企业承包合同，均要经承包合同管理机关鉴证后，才能成立。土地承包合同书、田土清册要一式三份，乡(镇)、村、户各执一份。

乡(镇)、村两级都要建立合同管理档案，逐步使农村承包合同管理规范化、制度化。

⑼切实搞好村级财务管理。实行联产承包责任制以后，集体的大量经济活动由原来生产队转移到了村，村级成了上联国家各部门、下联千家万户的枢纽，财务活动大大增加。搞好村级财务管理，对于正确处理国家、集体、个人三家关系，稳定、完善联产承包制，发展集体经济，加强基层廉政建设，改善干群关系，都具有十分重要的意义。

——建立健全财务管理制度。包括会计核算制度，没有建账的都要建立财务账目，做到旬清月结;钱物分管制度，做到会计管账，出纳管钱;开支审批制度，做到先审批后开支;民主理财制度，做到定期公布账目。要继续推行过去一些行之有效的财务活动制度，如报表、赛账、互审等。

——建立一支比较稳定、业务素质较高、廉洁奉公的财会队伍。每个村要配一名会计，财务收支多的可配助理会计。所有乡村企业都必须配齐会计、出纳、保管人员。仍以组建账的,要配备组会计。所有合作经济组织的财会人员,都必须经过乡(镇)经营管理站的考试考核,取得合格证方可上岗。财会人员要保持相对稳定,确须变动的,须报经乡(镇)经营管理站批准,并办好交接手续。

——建立健全农村审计制度。各区(办)、乡(镇)要切实建立和健全农村审计机构,配备2~3名专职审计人员。对村级合作经济组织和乡村企业,开展定期审计和重点审计,以严肃财经纪律和加强经济监督。

(10)发展村级经济,壮大集体经济。村合作经济组织服务能量的大小,是由经济实力所决定的。有了经济实力,才能更有效地提供上述八个方面的服务,才能增强村级组织的凝聚力和吸引力。因此,要把发展村集体经济作为坚持社会主义,深化农村改革,完善双层经营,振兴农村经济的一项战略任务来抓。

——努力探索村级集体经济发展的路子。总的原则是坚持因地制宜,适合发展什么就发展什么,走各具特色的致富之路。就多数地方而言,主要是兴办农业企业,特别是开发利用荒山、荒地、荒水兴办小林场、小果场、小茶园、小养殖场等,在此基础上发展农副产品加工业。有条件的地方,要积极稳妥地兴办工商运建服企业。每个村都要制订发展集体经济的规划。

——发展村办企业要采取多种经营形式。可利用已有资金、技术、设备、资源兴办村级集体企业;可采取集资入股,办股份企业;可实行村、户双层经营,即由村包原材料供应、包产品销售,由农户生产、加工,自负盈亏;也可以实行联合经营,即利用本地的自然资源和劳力资源,与外地外单位实行多种形式的联合经营。

——要加强对现有村办企业的经营管理。应因地制宜建立健全经营承包责任制和内部岗位责任制。逐步实行提留积累制度,搞好财务管理和技术改造,不断提高村办企业的经济效益。

三、完善双层经营体制的工作时间、步骤和组织领导

(11)时间安排和步骤。完善双层经营体制是一项长期任务。今年"双抢"后集中抓三个月时间,各地要从调查研究入手,根据实际情况作出具体安排。今冬完善双层经营体制的工作大体分三步。第一步,宣传发动。要利用各种宣传工具,大小会议,使群众统一对双层经营的认识,明确完善双层经营体制的目的、意义、内容、作法和要求,增强三个观念。即:公有制观念,集体观念,大局观念。时间一星期左右。第二步,完善各业承包。具体抓好五件事情。①建立乡(镇)经济联合社和合同管理委员会,村建立经济合作社;②进行土地清理,造好土地清册,明确土地权属;③处理责任制以来的有关遗留问题;④按"人口预测法"调整好耕地,把承包期稳定到2000年。同时,完善好林地、水面、茶果场的承包;⑤组织群众充分讨论承包合同的内容,使群众明确合同双方的权利和义务,签订好承包合同。时间两个月,十月底前结束。但田土调整工作必须在九月底前完成,以有利于冬季生产。第三步,搞好组织建设,建立各项规章制度。组织群众学习、讨论《劳动积累工制度》、《土地使用费收、管、用制度》、《村组财务管理制度》,通过《村经济合作社章程》,制订村级经济发展规划等。十一月底以前全面完成。

(12)精心组织、切实加强领导。完善双层经营体制,是深化农村改革的一件大事,政策性强,牵涉面广,工作难度大。各级党委、政府必须高度重视,切实加强组织领导。务必集中时间、集中精力,统一领导、统一部署,有计划、有组织地铺开;区镇乡要拿出一定的经费,抽调足够的力量,以组为单位开展工作;要以社会主义思想教育为先导,充分发挥党支部的战斗堡垒作用和党员的先锋模范作用,相信群众,依靠群众;领导要亲自办点和加强对全局的检查指导;要分步搞好检查验收,及时总结经验,纠正偏差,防止走过场。真正把完善经营体制的工作抓出成效来。

附件(略)

一九九零年八月十五日

中共涟源市委　涟源市人民政府
关于乡、镇、街道办事处机构设置的通知

涟发〔1994〕33号

各区、办事处、乡(镇)党委、政府,新乡(镇)、办事处工委,市直各单位:

根据中共中央〔1993〕7号《关于党政机构改革的方案》和《党政机构改革方案的实施意见》的通知,省委、省政府湘发〔1994〕12号关于印发《湖南省党政机构改革方案的实施意见》的通知及地委、行署娄委〔1994〕7号《关于涟源市党政机构改革方案的通知》精神,结合我市实际,撤销区的建制,由原来的49个乡、镇、街办事处撤并、调整、更名为20个乡、镇、街道办事处(拟设置的乡镇名均为暂定名),现通知如下:

涟源市蓝田街道办事处:原行政区域加划入岛石乡的集中、西冲湾、青岭、峡溪、联兴村;珠梅乡的建中村;六亩塘办事处的温田村;毛坪乡的洪兴村;青烟乡的日升、小冲村,组建为蓝田街道办事处,办事处驻地不变。

涟源市六亩塘镇:撤销原六亩塘办事处,原行政区域划出温田村给蓝田办事处,撤销芙蓉乡、毛坪乡,原毛坪乡的洪兴村划给蓝田办事处组建成六亩塘镇,镇政府驻原六亩塘办事处。

涟源市三甲乡:撤销财溪乡,并入三甲乡,乡政府驻地不变。

涟源市石马山镇:撤销马家境办事处、马头山乡、青烟乡、湖泉乡,原青烟乡的日升、小冲村划归蓝田办事处,新组建为石马山镇。镇政府驻原马家境办事处。

涟源市古塘乡:原辖马方溪村划归湄江镇。乡政府驻原古塘乡政府。

涟源市安平镇:保留原安平镇建制,撤销岛石乡、四古乡,原岛石乡的集中、西冲湾、青岭、峡溪、联兴村划归蓝田街道办事处,原四古乡的楠竹、后溪、江下、祥元、路馆、晚房、罗克、凤家山、凤山、大茶、樟树、杨柳、苏家、袁家划归湄江镇,镇政府驻原四古区公所。

涟源市龙塘乡:撤销龙塘乡、珠梅乡、南风乡,将其行政区划(除珠梅乡的建中村外)和原石狗乡的风华、梓茶、大塘、樟檀村并入新组建的龙塘乡。乡政府驻原龙塘乡政府。

涟源市桥头河镇:保留原桥头河镇建制,撤销原桂花乡、株木乡、石狗乡(除石狗乡的风华、梓茶、大塘、樟檀村划归龙塘乡外),其行政区划并入桥头河镇,镇政府驻地不变。

涟源市渡头塘乡:撤销渡头塘乡、增加乡,组建渡头塘乡,乡政府驻原渡头塘乡。

涟源市七星街镇:撤销七星乡、仙洞乡、湘波镇,划入柏树乡的红仙村、梨溪村,组建七星街镇,镇政府驻原七星乡政府。

涟源市伏口镇:保留原伏口镇建制,撤销石陶乡、柏树乡、漆树乡并入伏口镇。原柏树乡的红仙村、梨溪村划归七星街镇管辖,原漆树乡的王江、新江、秀加、湴田、桃溪划归湄江镇管辖,镇政府驻原伏口区公所。

涟源市湄江镇:保留原建制,划入原漆树乡的王江、新江、秀加、湴田、桃溪村;原古塘乡的马方溪村;原四古乡的楠竹、后溪、江下、祥元、路馆、晚房、罗克、凤家山、凤山、大茶、杨柳、苏家、袁家、樟树村划归湄江镇管辖,镇政府驻地不变。

涟源市杨市镇:撤销原杨家滩镇、太和乡、快溪乡,新组建杨市镇,镇政府驻原杨家滩镇。

涟源市枫坪镇:撤销原枫坪乡,组建枫坪镇,镇政府驻原枫坪乡政府。

涟源市斗笠山镇:保留原建制,撤销甘溪乡并入斗笠山镇,镇政府驻地不变。

涟源市水洞底镇:保留原建制,撤销新禾乡并入水洞底镇,镇政府驻地不变。

涟源市白马镇:撤销白马乡、田心乡、孙家桥乡,组建白马镇,镇政府驻原白马区公所。

涟源市茅塘镇:撤销茅塘乡,组建茅塘镇,镇政府驻马溪。

涟源市荷塘镇:撤销山塘乡、古楼乡、塘湾乡,组建荷塘镇,镇政府驻原山塘乡政府。

涟源市金石镇:撤销金石乡、灌湄乡、常林乡,组建金石镇,镇政府驻原金石乡政府。

中共涟源市委

涟源市人民政府

一九九四年十二月三十日

中共涟源市委　涟源市人民政府
关于市直党政机关机构设置的通知

涟发〔1994〕34号

蓝田街道办事处、乡、镇工委,市直各单位:

我市市直党政机关的机构改革方案,已经地委、行署娄委〔1994〕7号和娄地编办函〔1994〕4号、娄地编〔1994〕16号发文批准。现将改革后的市委、市政府工作机构的调整、转体、更名或保留的事业机构及合并后仍保留牌子的机构通知如下:

一、市委工作机构6个

中共涟源市委办公室、中共涟源市委组织部、中共涟源市委宣传部、中共涟源市委统一战线工作部、中共涟源市委政法委员会(加挂涟源市社会治安综合治理委员会办公室的牌子)、涟源市机构编制委员会办公室

二、中共涟源市纪律检查委员会与涟源市监察局合署办公,一个机构,两块牌子。

三、市政府组成单位21个:

涟源市人民政府办公室、涟源市经济委员会、涟源市建设局、涟源市计划物价局、涟源市科学技术局、涟源市教育局、涟源市公安局、涟源市司法局、涟源市民政局、涟源市财政局、涟源市人事局、涟源市劳动局、涟源市交通局、涟源市农业局、涟源市林业局、涟源市水利水电局、涟源市文化局、涟源市卫生局、涟源市计划生育局、涟源市监察局、涟源市审计局

四、市政府工作机构10个:

涟源市财贸工作办公室、涟源市乡镇企业局、涟源市统计局、涟源市工商行政管理局、涟源市国土管理局、涟源市地方税务局、涟源市粮食局、涟源市农村工作办公室、涟源市技术监督局、涟源市环境保护局、涟源市矿产资源管理局改名为涟源市地质矿产局,与涟源市国土管理局合署办公,一个机构,两块牌子。

五、议事协调机构的办事机构4个:

涟源市调处纠纷领导小组办公室(加挂涟源市工农办的牌子)、涟源市信访工作领导小组办公室、涟源市煤炭工业开发管理领导小组办公室(列入行政序列,加挂涟源市煤炭工业局的牌子,一个机构,两块牌子)、中共涟源市委保密委员会办公室(加挂涟源市保密局的牌子),以上机构均为正局级规格。

六、改为或保留的事业机构10个:

涟源市广播电视局、涟源市房地产管理局、涟源市农业机械管理局、涟源市畜牧水产局、涟源市体育委

员会、涟源市档案局、涟源市机关事务管理办公室、涟源市公路管理局、涟源市旅游局、中共涟源市委老干部工作局(作为事业局单独设置,由市委组织部管理)。上述事业单位仍保留原有行政管理职能,机构级别均为正局级。

七、转为经济实体的单位5个:

涟源市商业局成建制转体为涟源市商业总公司;涟源市物资局成建制转体为涟源市物资总公司;涟源市轻工业局成建制转体为涟源市轻工业总公司,保留集体工业联社的牌子;涟源市供销合作联社为集体经济合作组织,名称不变,主要是深化内部改革。涟源市对外经济贸易委员会的外贸经营职能由市外贸总公司承担,外经职能(含招商引资职能)和外贸管理职能由对外经济贸易办公室承担,在开展对外业务活动时,可使用涟源市对外经济贸易委员会的印章。

另外在市商业、物资、轻工三个转体单位中成立行业管理办公室,即:涟源市商业行业管理办公室,涟源市物资流通行业管理办公室,涟源市轻工业行业管理办公室,均为副科级全民事业单位,挂靠转体的总公司,由总经理兼任行业管理办公室主任,每个行业办公室定全民事业编制5名。

八、机构合并后仍保留牌子的单位6个:

中共涟源市委政策研究室,并入市委办,保留牌名;中共涟源市委、市人民政府督查室并入市委办,保留牌名;中共涟源市直属机关工作委员会改为虚设,具体日常工作由市委组织部承担,保留牌名;中共涟源市委台湾工作办公室(政府台湾事务办公室)并入统战部,保留牌名;涟源市侨务办公室并入政府办,保留牌名;涟源市经济体制改革委员会(经济研究室)并入政府办公室,对外可挂涟源市经济体制改革办公室的牌子。

原市直党政机构中的其他副科级单位,本通知未予明确的,在"三定"工作过程中,再予统筹考虑。

中共涟源市委

涟源市人民政府

一九九四年十二月三十一日

湖南省民政厅
关于涟源市撤区并乡调整行政区划的批复

湘民行发〔1995〕第135号

娄底地区行政公署:

你署《关于涟源市撤区并乡行政区划调整的请示》(娄署报〔1995〕56号)收悉。经研究,并经省人民政府同意,现批复如下:

一、撤销杨家滩、山塘、白马、桥头河、荷叶、四古、伏口7个区公所。

二、保留枫坪乡和茅塘乡的行政区划不变。

三、将其余44个乡镇、3个街道办事处撤并调整为15个乡镇、3个街道办事处,即:

1. 将原青烟乡的日升村、原毛坪乡的洪兴村、原岛石乡的集中、青岭、西冲湾、峡溪、联兴5个村和原珠梅乡的建中村划入蓝田街道办事处。扩大后的蓝田街道办事处辖13个居委会、11个村委会,面积24.2平方公里,人口5.06万,办事处驻中山街。

2. 撤销芙蓉乡和毛坪乡,划出洪兴村后并入六亩塘街道办事处。扩大后的六亩塘街道办事处辖8个居委会、31个村委会,面积70平方公里,人口5.56万,办事处驻六亩塘。

3. 撤销湖泉、马头山、青烟3个乡,划出日升村后并入马家境街道办事处。扩大后的马家境办事处辖7个居委会、63个村委会,面积119.9平方公里,人口6.83万,办事处驻梅子桥。

4. 撤销财溪乡和三甲乡,合并设立三甲乡。新设的三甲乡辖36个村委会,面积80.5平方公里,人口4.41万,乡人民政府驻澹园。

5. 撤销岛石乡和四古乡,分别划出联兴、西冲湾、峡溪、青岭、集中5个村和苏家、楠竹、后溪、袁家4个村后并入安平镇。扩大后的安平镇辖3个居委会、54个村委会,面积99.8平方公里,镇人民政府驻落水洞。

6. 古塘乡划出马方溪村。调整后的古塘乡辖23个村委会,面积60.6平方公里,人口1.89万,乡人民政府驻塘边。

7. 将四古乡的苏家、楠竹、后溪、袁家4个村,漆树乡的王江、新江、秀家、涟田、桃溪5个村和古塘乡的马方溪村划归湄江镇。扩大后的湄江镇辖3个居委会、45个村委会,面积125.1平方公里,人口4.54万,镇人民政府驻栗山桥。

8. 撤销原伏口镇和石陶、漆树、柏树乡,划出王江、新江、秀家、涟田、桃溪、红仙、梨溪7个村后合并设立伏口镇。新设的伏口镇辖1个居委会、62个村委会,面积189.4平方公里,人口5.39万,镇人民政府驻伏口。

9. 撤销原湘波镇和仙洞、七星乡,合并并划入原柏树乡的红仙、梨溪村后设立七星街镇。七星街镇辖3个居委会、58个村委会,面积156.8平方公里,人口7.75万,镇人民政府驻七星街镇。

10. 撤销原桥头河镇和石狗、桂花、株木乡,合并设立桥头河镇。新设立的桥头河镇辖3个居委会、84个村委会,面积128.5平方公里,人口9.98万,镇人民政府驻桥头河。

11. 撤销原增加乡和渡头塘乡,合并设立渡头塘乡。新设的渡头塘乡辖40个村委会,面积61.8平方公里,人口3.16万,乡人民政府驻渡头塘。

12. 撤销原珠梅、南风、龙塘乡,划出建中村后合并设立龙塘乡。新设的龙塘乡辖65个村委会,面积103.6平方公里,人口6.73万,乡人民政府驻龙宫凼。

13. 撤销原甘溪乡和斗笠山镇。合并设立斗笠山镇。新设的斗笠山镇辖3个居委会、40个村委会,面积74.9平方公里,人口5.25万,镇人民政府驻香花台。

14. 撤销原水洞底镇和新禾乡,合并设立水洞底镇。新设的水洞底镇辖3个居委会、45个村委会,面积82.4平方公里,人口4.42万,镇人民政府驻水底洞。

15. 撤销原杨家滩镇和太和、快溪乡,合并设立杨市镇。新设的杨市镇辖4个居委会、61个村委会,面积117.3平方公里,人口7.72万,镇人民政府驻杨市。

16. 撤销原白马、田心、孙家桥乡,合并设立白马乡。新设的白马乡辖44个村委会,面积89.8平方公里,人口4.02万,乡人民政府驻白马寺。

17. 撤销原金石、常林、灌湄乡,合并设立金石乡。新设的金石乡辖55个村委会,面积111平方公里,人口5.63万,乡人民政府驻砂石。

18. 撤销原山塘、古楼、塘湾乡,合并设立山塘乡。新设的山塘乡辖51个村委会,面积104.2平方公里,人口5.07万,乡人民政府驻师古堂。

撤并调整后,涟源市辖3个街道办事处、8个镇、9个乡,面积1897平方公里,人口104万,市人民政府驻光明山。

湖南省民政厅

一九九五年十一月二十九日

湖南省民政厅
关于涟源市撤销六亩塘、马家境两街道办事处改为建制镇的批复

湘民行发〔1995〕第137号

娄底地区行政公署：

你署《关于将涟源六亩塘、马家境街道办事处改为建制镇的请示》（娄署报〔1995〕57号）收悉。经研究，并经省人民政府同意，现批复如下：

一、撤销六亩塘街道办事处，设立六亩塘镇。以湘民行发〔1995〕135号文批复的六亩塘街道办事处的行政区域为六亩塘镇的行政区域。六亩塘镇辖8个居委会、31个村委会，面积70平方公里，人口5.56万，镇人民政府驻六亩塘。

二、撤销马家境街道办事处，设立石马山镇。以湘民行发〔1995〕135号文批复的马家境街道办事处的行政区域为石马山镇的行政区域。石马山镇辖7个居委会，63个村委会，面积119.9平方公里，人口6.83万，镇人民政府驻梅子桥。

湖南省民政厅

一九九五年十一月二十九日

湖南省民政厅
关于涟源市枫坪、白马两乡撤乡建镇的批复

湘民行发〔1995〕第136号

娄底地区行政公署：

你署《关于涟源市枫坪、白马撤乡建镇的请示》（娄署报〔1995〕42号）收悉。经研究，并经省人民政府同意，现批复如下：

一、撤销枫坪乡，设立枫坪镇。以枫坪乡的行政区域为枫坪镇的行政区域。枫坪镇辖2个居委会、24个村委会，面积41.7平方公里，人口2.81万，镇人民政府驻培本堂。

二、撤销白马乡，设立白马镇。以白马乡的行政区域为白马镇的行政区域。白马镇辖4个居委会、44个村委会，面积89.8平方公里，人口4.02万，镇人民政府驻白马寺。

湖南省民政厅

一九九五年十一月二十九日

涟源市人民政府办公室
关于涟源市茅塘乡撤乡建镇的通知

涟政办发〔1997〕3号

茅塘乡人民政府:

根据湖南省民政厅《关于涟源市茅塘乡撤乡建镇的批复》(湘民行发〔1996〕第53号和娄底地区民政局《关于涟源市茅塘乡撤乡建镇的通知》(娄地民字〔1996〕第106号),撤销茅塘乡,建立茅塘镇。以茅塘乡的行政区域为茅塘镇的行政区域。茅塘镇辖2个居委会,25个村委会, 面积55.15平方公里。1995年末总人口3.25万。镇人民政府驻马溪。

接此通知后,请做好撤乡建镇的有关事宜。

涟源市人民政府办公室

一九九七年一月七日

注:没有找到省民政厅给娄底地区行政公署的批复,以此通知代替。

湖南省民政厅
关于涟源市撤销山塘乡设立荷塘镇的批复

湘民行发〔1997〕第05号

娄底地区行政公署:

你署《关于山塘乡改为荷塘镇的请示》(娄署报〔1996〕11号)收悉。经研究,并经省人民政府同意,现批复如下:

撤销山塘乡,建立荷塘镇。以山塘乡的行政区域为荷塘镇的行政区域。荷塘镇辖2个居委会,51个村委会,面积106平方公里,人口5.43万。镇人民政府驻荷塘。

湖南省民政厅

一九九七年四月二日

湖南省民政厅
关于涟源市金石乡撤乡建镇的批复

湘民行发〔1998〕第27号

娄底地区行政公署:

你署《关于撤销金石乡建立金石镇的请示》(娄署报〔1998〕38号)收悉。经研究,并经省人民政府批准,同意涟源市撤销金石乡,改设金石镇。以金石乡的行政区域为金石镇的行政区域。金石镇辖2个居委会,53个村委会,全镇总面积108平方公里,人口5.63万。镇人民政府驻砂石。

湖南省民政厅

一九九八年十月二十三日

中共涟源市委　涟源市人民政府
关于加快农业产业化进程的意见

涟发〔1998〕6号

为了加速我市农业产业化进程，加快农村经济发展步伐，尽快实现富民强市目标，现就有关问题提出如下意见：

一、必须充分认识加快农业产业化进程的重要意义

加快农业产业化进程具有十分重要的现实意义。首先，它是农村经济第二步改革的突破口。农村第一步改革极大地调动了农民的生产积极性和创造性，促进了农村经济的发展，但在大部分地方未能有效地解决小生产与大市场的矛盾，导致农村经济的长期徘徊。农业产业化在不改变农村现存关系的前提下，通过生产要素的合理配置和组合，流通消费各环节的紧密配合，能较好地解决小生产与大市场之间的矛盾，促进农村生产力的发展，促进传统农业向现代农业的转变。第二，它是实现"两个根本性转变"的重要途径。农业产业化通过龙头企业这个核心，一头联系国内外大市场，一头联系千家万户，能较好地解决分散经营与规模效益的矛盾，实现传统农业向市场农业的转变；农业产业化通过农产品的加工转化增值、提高科技含量、获取规模效益等多条途径提高经济效益，能实现低效农业向高效农业转变。第三，它是实现"农业强市"战略措施。经营规模小，农产品商品率低，加工增值能力弱是我市农业的致命弱点，也是我市农业难于由弱变强的重要原因。只有大力推进农业产业化，才能实现我市农业和农村经济可持续、快速、健康发展，实现农村小康目标。

二、必须明确农业产业化建设的思路、目标与重点

(一)总体思路

适应社会主义市场经济体制和客观经济规律的要求，以自然资源和已有的建设成果为依托，以市场为导向，以效益为中心，以"建基地、深加工、拓市场"为手段，着力龙头企业，优化体制和政策环境，实现农业向市场化、社会化、集约化转变，促进全市农村经济持续快速增长。

(二)基本任务

通过3—5年的努力，在全市建成3~5个在区域经济中起主导作用的农业支柱产业，建成10个产业化基地，发展扶持10个牵引力强的农产品加工龙头企业和专业公司。力争到"九五"期末，农业产业化系列经营的总产值占农业总产值的60%以上。

(三)战略重点

1.夯实基础。一是抓好基地建设。市里初步确定10大产业化基地：①以三甲、六亩塘、蓝办、白马、湄江、龙塘、安平、斗笠山等14个乡镇为主体的20万亩干鲜水果基地。②以伏口、湄江为主体的万亩优质烤烟基地。③以龙山、白马、荷塘、茅塘、杨市、三甲为主体的10万亩南竹基地。④以水洞底、杨市、枫坪、石马山、安平、桥头河、渡头塘为重点的瘦肉型猪生产基地。⑤以南部和北部山区为主体的30万头黑山羊基地，以及中部以石马山为主的工厂化养牛基地。⑥以白马、大江口两大水系为主的万吨成鱼及特种水产基地。⑦以金石、荷塘、伏口为主体的4万亩油料基地。⑧以桥头河、蓝办、水洞底、杨市为主体的2万亩优质蔬菜基地。⑨

以涟河沿岸各乡镇和安平为主体的1000万羽家禽基地。⑩以桥头河、杨市、七星街镇为主体的5万亩茶叶基地。农业部门要进一步完善规划，认真组织实施。二是抓大户。种植业、养殖业、加工业、营销业大户是农业产业化的主力军，也是农业基地的中坚力量，必须大力扶持。到2000年，全市要发展养猪千头，养禽万羽，经营水面、山地面积100亩以上的种养大户1000户。三是抓小区建设。用适当的形式把大户联结起来，逐步形成具有一定规模的生产小区，形成区域性的规模经济。到2000年，全市要发展专业小区100个。四是抓庭院建设。充分利用庭院优势，发展种植、养殖或加工业，使之成为小区建设的一部分，全市到2000年万元庭院达到3万户。

2. 大力发展支柱产业。①抓好以粮食作物为主体的种植产业。继续搞好吨粮田建设，实现双季稻实际面积过吨粮。2000年全市粮食总产达到5亿公斤。要大力发展小麦、杂交玉米等旱粮生产，促进发展面粉、薯粉、饲料等农产品加工工业。②抓好以茶、果、菜、油等经济作物产业及其系列加工产品。对现有的5万亩茶叶、2万亩油茶进行全面低改，提高品质和产量，并以金石植物化工厂的茶皂素、龙建茶厂的鹰嘴崖翠、玉笋春等优质产品为拳头，拓展市场，带动茶叶、油菜的进一步发展和增值。重点抓好15万亩优质水果的发展并搞好贮藏加工。要不断巩固蔬菜基地，引导发展蔬菜精细加工和贮运外销，组建蔬菜产销集团，形成产、加、销一条龙服务。

3. “龙头”企业。抓好龙头企业建设是实现农业产业化的关键环节，要采取原有企业改造、扩建、小企业联合以及新建等办法，在市内发展5~10个大规模、高技术、高附加值、外向型和能运用新材料、开发新产品，多种所有制经济共同参与为特点的龙头企业，带动生猪、茶叶、水产、蔬菜、油料生产的发展。市计委、农办、要建立好农业项目库，将产业化建设项目的论证、立项、申报、审批等程序规范化，争取申报到国家和省、地立项。根据我市现状，三年内重点扶持发展“八大”龙头企业(集团)，即粉丝加工集团、植物化工厂、食品罐头和果脯加工企业、蔬菜加工企业、茶叶加工集团、生猪家禽良种繁殖中心和“核心群”、种子服务体系，林产品加工企业。

4. 强化服务体系建设。主要抓好以市级为龙头、乡镇为主体、村级为基础，各涉农部门互为条件，互为补充，共同配合的服务网络建设，全方位开展产前的信息、种苗、资金，产中的技术、生产资料，产后的加工和贮运销售等流通服务。同时，要搞好小城镇建设，兴建和专业市场，促进农产品的流通，提高农产品的商品率。

三、优化政策环境，促进农业产业化发展

(一)税费减免政策。新开发的农产品基地或农业专业大户，从投产之日起三年内减半征收农林特产税，新办和改造扩建的农副产品加工企业，经税务部门审批，三年内减半征收企业所得税；对新建的大型农产品批发市场，三年内减半征收工商管理费。

(二)增加资金投入。推进农业产业化，经营者是投入的主体，要营造宽松的投资环境，吸引多方投入。一是各级财政要增加投入。市里每年从农业发展基金、农林特产税、屠宰税中安排一定的资金支持产业化的发展，成立农业产业化发展基金。各乡镇也要建立投入机制，增加对农业产业化的投入。二是增加信贷投入。农业银行、农村信用社要积极支持农业产业化基地和农产品加工企业的发展，用于农业产业化的贷款逐年递增。农业发展银行要选准项目，每年扶持发展3~5个龙头企业和产业化基地。农村合作基金会要重点投入从事农业产业化建设的会员单位，扶持专业大户的发展。三是鼓励机关、企事业单位、个人及外商投资农业产业化项目。

(三)建立土地流转机制。允许农民在土地承包期内打破地域界限，将土地使用权以有偿转让、出租、联

营、入股等形式,逐步向专业大户集中,实现规模经营。对农业产业化建设用地,国土部门要依照法规提供方便,简化手续,免征或减征部分费用。

(四)加强科技投入。市"科技三项费用"要安排20%左右用于引进和推广新品种、新技术。要充分发挥现有科技人员的作用,同时积极到大中专院校、科研机构聘请科技人才,引进新技术。提倡和鼓励科技人员领办农业企业或到农产品生产基地和加工企业开展技术承包和有偿服务。

四、强化措施,保证农业产业化建设顺利实施

(一)成立农业产业化建设领导小组及办公室。领导小组由市委、市政府领导任组长,市委办、政府办、农办、政研室、经研室、财办、计委、建委、科委、体改委、财政局、地税局、国税局、工商局、国土局、乡镇企业局、粮食局、供销社、人民银行、农业银行、农业发展银行、农村信用合作联社、农业局、畜牧局、林业局、水利局、农机局等为成员单位,下设办公室(地点设农办),配备2~3名精干人员为办公室工作人员,其主要职责是牵头制定农业产业化发展规划,牵头考察、论证农业产业化项目,考核评估农业产业化实施情况,协调各部门之间的关系,帮助解决农业产业化发展过程中的新问题。各乡镇也要成立相应的领导小组,明确专门力量抓这一工作。主要领导要蹲点一个产业化基地,扶持一个项目,办好一个主导产品一体化的试点。

(二)统筹兼顾,科学规划。农业产业化是一项系统工程,必须科学规划,统筹安排。各乡镇要根据本地实际,高起点、全方位制订发展规划,并认真组织实施。

(三)搞好宣传发动,加强技术培训。要充分利用广播、电视、报纸等宣传工具大力进行宣传发动,深化广大干部和群众对农业产业化的认识,逐步转变观念,摒弃小农经济和计划经济观念,树立市场经济意识;摒弃小生产观念树立规模经济意识;摒弃只重产值的纯生产观念,树立效益意识;摒弃行政命令观念,树立引导服务意识。农业产业化领导小组办公室组织力量每年对乡镇干部轮流进行培训,提高乡镇干部组织指挥农业产业化建设的能力;并组织技术力量对各基地的重点村村干部和群众进行技术培训,提高基层干部和群众的技术素质。

(四)建立激励机制,强化管理措施。一是领导负责制。市里规划的产业化建设项目,由承办单位的主管领导、相关单位负责人、专业技术人员及基地或企业负责人组成项目开发小组,负责项目的规划论证、立项申报、具体实施、协调工作。成绩显著的,由市委、市政府给予表彰奖励,因人为因素造成重大失误和损失的,要追究上述人员的责任。二是以奖代投制。改项目投入制为以奖代投制,项目建设单位如期如质完成项目建设并取得较好效益的,产业化基金优先投入,反之则不投或缓投。三是激励机制,对在产业化建设中作出贡献的单位或个人,市委、市政府给予通报表彰和奖励,对生产大户、加工大户、流通大户进行一年一度的评比奖励。四是强化管理。产业化建设领导小组办公室要定期对在建项目和基地进行检查督促,各项目单位应定期向办公室报告进展情况,以便及时综合协调。所有产业化规划项目均纳入乡镇和市直机关单位的目标管理,以确保产业化建设的健康发展。

中共涟源市委
涟源市人民政府
一九九八年二月二十五日

中共涟源市委　涟源市人民政府
关于加快个体私营经济发展的决定

涟发〔1998〕14号

个体私营经济是社会主义市场经济的重要组成部分，已成为国民经济的重要增长点，近年来，全市个体私营经济发展速度不断加快，规模逐渐扩大，效益明显提高，但从整体上来看，仍然存在速度慢、总量少、档次低等问题。为确保个体私营经济持续、快速、健康发展，全面推动经济建设与社会进步，特作如下决定：

一、转变思想观念，理顺发展思路

（一）进一步解放思想。发展个体私营经济是我们必须长期坚持的方针。各级各部门要以党的十五大精神为强大动力，坚持“三个有利于”标准，彻底破除姓“资”姓“社”、姓“公”姓“私”的思想羁绊，进一步更新观念，坚定不移地把发展个体私营经济作为调整和完善所有制结构、发展区域经济的重大战略举措来抓；进一步树立“发展才是硬道理”和“先予后取”的新观念，彻底打破妨碍个体私营经济发展的各种条条框框，坚持放心、放胆、放宽、放活、放开的原则，坚定不移地把发展个体私营经济作为发展全市经济的第一增长点来抓，全面推动个体私营经济上台阶、上规模、上档次、上水平。各级各部门都要主动与个体私营业主交朋友，经常与他们交流思想，加深感情。

（二）明确发展目标。市委、市政府研究决定，从1998年至2000年，全市个体工商户每年要递增20%，私营企业递增15%，规模产值过1亿元的达5户以上，过1千万元的达40户以上，原则上每个乡、镇、办事处不少于1户，到2000年，全市个体工商户达65000户，从业人员达20万人，私营企业达600家，从业人员达2.4万人。1998年税收要达到3000万元，2000年要达到占财政收入的50%左右。

（三）理顺发展思路，突出发展重点。当前和今后个体私营经济的发展要坚持“四个结合”的总体思路，即与小城镇建设、工业小区建设相结合，与国有、集体企业改组、改制和资产重组相结合，与农村产业结构调整、农业产业化建设相结合，与城镇下岗职工再就业、农村脱贫致富奔小康相结合。重点抓好“五·四·三”工程：

——建设“五个小区”。要把市经济开发区、石门工业区、六亩塘工业区、湄江风景区、龙山森林公园旅游区建设好。根据小区的行业特点，积极引导市内外个体私营业主向小区投资，开店办厂，特别是要积极鼓励和发展小区内的第二、第三产业，使小区成为多功能、多层次的经济主体。

——开发“四个专业批发市场”。主要把桥头河蔬菜市场、民主街木材批发市场、蓝田搪铝塑料批发市场、六亩塘建材批发市场尽早开发好。已初具规模的要进一步规范扩大，使之成为具有一定辐射功能的专业批发市场。要积极引导个体私营业主，集中财力物力，从零售向专业批发发展。同时要发展一支信息灵、路子宽的贩运大军，培养一批贩运大户，造就一批贩运明星。

——实行“三个战略”。即实行“科技带动战略、市场带动战略、大户带动战略”。要积极引导和鼓励有专业知识、一技之长的人员通过“自愿组合、自筹资金、自主经营、自负盈亏”的方式创办私营科技企业，开发科技含量高、有市场的产品。引导个体私营企业主树立名牌意识，注重科技人才的引进，广泛采用各类先进科技成果和信息，进一步提高产品科技含量，增强市场竞争能力。要积极发展各类专业批发、劳务、信息和资金市场，为个体私营经济发展拓宽流通渠道，想方设法引导个体私营业主参与各类市场，从事中介活动，增强市场参与和竞争意识。要积极引导个体私营企业大户，克服“小富即安”的小农意识，大力扩大生产规模，充分发挥大户的“龙头”示范作用，同时要积极引导他们摆脱“柜子商店”的束缚，向荒山、闲置水面进军，注重发展种植养殖业、农产品深加工，以及各类自然资源的优化开发，在此基础上逐步形成众多“一地一品”“一地多品”等富有特色的个体私营经济群块。

二、提供优惠政策，加大扶持力度

（四）放开经营范围。除国家政策法律和省人民政府明文禁止个体私营企业经营的以外，均可经营；国家专营专控的部分商品，经批准也可由个体私营业主经营；鼓励个体工商户和私营业主经营；鼓励个体工商户和私营业主承包、租赁、兼并、购买国有和集体企业，鼓励个体工商户和私营企业向国有、集体企业投资参股、控股，鼓励个体工商户与外商合办“三资企业”，个体工商户和私营企业可以通过有外贸进出口权的企业开展外贸业务。

（五）简化申办手续。凡申请开办符合产业发展方向的私营企业和合法的个体经营户，申办人不受户籍限制，除特殊行业需按规定报批外，只凭本人身份证、流动人口计划生育证到经营所在地工商行政管理机关申请登记发照，其中除开办有限责任公司和股份有限公司需提交有效资信证明外，其他企业注册不受资金数额限制；个体工商户、私营企业立项、用地、用电、用水等方面，与国有、集体企业平等对待，统一安排调度计划，保证供应；各部门实行公开办事制度，除法定必经程序和期限外，实行随到随办、限期办理制度，一般行业或项目当天办好，特殊行业或项目一周内办好手续。

（六）实行税收优惠。坚持“依法征税，合理评税、适度收取、扶持发展”的原则，对有一定规模的私营企业和个体大户实行建账依率征税；其他实行“双定征税”，由税务、工商、工商联、个私协等单位进行联合评税，一年一定，按月征收，并在此基础上逐步过渡到建立账户、依率计征的办法，防止偷税漏税的现象发生。新开办的私营企业和个体工商户缴纳的增值税，3 年内属地方分成部分的，其年纳税额在 2 万元至 10 万元的按 15%、10 万元以上的按 20%，由收入所在级次的地方财政凭入库税单返回；缴纳的企业所得税先征后返，前 2 年全部返回，第 3 年返回 50%。国有企业下岗职工从事个体经营、家庭手工业或开办私营企业，按省里规定享受税收优惠。生产型私营企业中残疾人员达到生产人员总数的 35%以上的，享受民政福利企业的有关优惠政策。下岗、失业人员在农村新开发的荒山、荒地、水面上生产农林特产品，自有收入起，免征 3 年农业特产税。

（七）减免各项收费。新开办的私营企业和现有企业的扩、改项目以及安置国有企业下岗职工占从业人数 60%以上的私营企业，按规定应收取的各项费用，3 年内减半收取；国有企业下岗职工从事个体经营的，凭劳动主管部门免费发放的《下岗证》，享受省物价局、省财政厅联合下发的〔1998〕湘价费字第 99 号文件规定的有关收费减免政策；对收购、租赁、兼并国有、集体企业的个体私营企业主，在办理资产交接手续时，房管、国土等有关部门只收工本费，工商部门要及时重新办理营业执照，原债权债务由原单位或其主管部门负责。

（八）实行奖励政策。对为我市引进私营企业成功的单位和个人，比照涟发〔1996〕25 号文件《关于招商引资政策的若干规定》进行奖励。对年纳税 3 万元以上的个体户和年纳税 10 万元以上的私营企业，每年由市人民政府组织有关部门审核后，按各个体工商户和私营企业的实际贡献和守法经营情况，评选一定数量的“明星个体户”“明星私营企业”，分别以移动电话等通讯工具，摩托车、小轿车等交通工具，彩电、电脑等展示型产品和住宅作为奖品，召开表彰大会授奖。对上年度已授奖的“明星个体户”和“明星私营企业”，其税收新增加部分，可以参加下年度“明星个体户”和“明星私营企业”的评选。“明星私营企业”“明星个体工商户”的具体奖励标准是:"明星私营企业"年纳税额100万元以上的奖轿车，年纳税额50万元以上的奖吉普车,10万元以上奖摩托车。"明星个体户"年纳税额30万元以上的奖吉普车,10万元以上奖摩托车,3万元以上奖通讯工具。

全年完成全市个体私营税收超额完成部分提成10%作为个体私营经济发展基金,奖励发展个体私营经济有功人员。

三、营造宽松环境,确保健康发展

(九)提高个体私营业主的政治、社会地位。各级各部门要把优化环境作为发展个体私营经济的一条主线来抓,要在个体私营企业中建立党团组织和工会组织,要积极培养和发展个体工商户、私营企业中的优秀分子入团入党；在个体私营企业中工作的科技人员的职称评定与国有企事业单位的工作人员同等对待;个体私营业主在评先和子女入托、入学、就业、参军等方面享受与国有企事业单位职工同等待遇。各级各部门要大张旗鼓地宣传个体私营经济的重要地位和作用,大力宣传个体工商户、私营企业主中的先进典型,营造全社会关心、支持个体私营经济发展的良好舆论环境;年度评选全市先进个人、劳动模范时,个体工商户和私营企业主应占一定比例;人大代表、政协委员名额中,个体工商户和私营企业主应占有一定比例;个体工商户和私营企业集中反映的建议,由各级政府负责办理,限期答复。

(十)坚决治理"三乱",切实减轻个体私营业主的不合理负担。严禁任何单位和个人向个体工商户和私营企业乱收费、乱摊派、乱罚款。从1998年起,每年由市委、市政府组织有关部门对个体私营业主收费情况进行一次专项清理,按有关政策规定确定保留、废止、新增的收费项目和标准,统一制订"个体私营企业年度费用负担卡",由个体私营经济领导小组组织物价、财政等部门统一向个体私营企业发放,凡"负担卡"上没有的各类收费,包括国家没有规定的"押金""保证金""宣传资料费"等,个体私营企业有权拒绝。执收单位和个人向个体私营企业收费,必须坚决实行持证上岗、亮证执法、凭卡收费、依法行政。

对市委、市政府确定重点扶植的个体私营大户,要实行挂牌保护;对市经济开发区、石门工业区、六亩塘工业区、湄江风景区、龙山森林公园(包括白马湖旅游区)、洪水岭公园和蓝田市场、民主街木材批发市场实行封闭式集中统一管理。对这些集中统一管理的小区和市场,各职能部门秉着不放弃责任、不放弃监督、不放弃服务的原则,主要通过小区的管理机构和市场的管理机构代为履行监管职能。除查处罪犯、救灾抢险、疏导交通、税收执法等特殊任务外,一般不得直接执法或收费。对外来车辆,除公安交警部门处理交通事故,维护交通秩序外,其他任何单位和个人一律不准罚款、收照、扣车。

(十一)加大违法违纪案件的查处力度,确保个体私营业主的人身财产安全和正常的生产生活秩序。对恣意搞"三乱"的部门和个人,纪检、监察、督查等部门要从严查处,新闻媒体要予以公开曝光,屡教不改的部门负责人要免职,当事人调离执法单位。对因"三乱"造成个体私营业主停产停业或其他重大损失的,要依法追究当事人及当事单位的经济赔偿责任和其他法纪责任。要切实加强市场监督、检查,依法制止不正当竞争行为,营造公平的竞争环境,规范市场秩序,维护个体私营业主的合法权益。要坚决打击地痞、地霸、业霸等邪恶势力,坚决打击对个体私营业主进行敲诈勒索或打、砸、抢、扣等违法犯罪行为,特别要严厉打击那些强抢恶要、欺行霸市、嫁祸外地人甚至杀人越货的犯罪分子。

(十二)为个体私营经济提供金融服务。个体私营企业符合有关法律和政策规定的,各商业银行、农村信用社要为其提供开户、结算、现金、贷款等金融服务,尤其是在贷款上,只要符合《贷款通则》规定的,要将其与国有、集体企业同等对待,个体私营业主以不动产(如房屋、土地)做抵押贷款的,抵押物的价值评估由市人民政府指定具有法定资格的评估机构评估,评估只收工本费。

(十三)加快基础设施建设,营造良好的硬环境。各级党委、政府及有关职能部门要采取土地有偿使用,产权转让、吸纳外资等形式,争取多方投入,加快水、电、路、交通、通讯等基础设施建设,为个体工商户和私营企业提供稳定、可靠的经商办厂条件。

(十四)加强教育管理,不断提高个体私营企业从业人员的整体素质。要采取宣传、学习、讲座等多种形式,定期对个体私营业主和从业人员进行政策法纪、职业道德、科技文化教育,使之守法经营,文明经商,依法纳税。个体私营企业人员要主动接受政府的教育管理,不断提高自身素质,自觉抵制和克服以次充好、掺杂使假、缺斤少尺、假冒伪劣、强买强卖等各种坑害消费者利益和抗税、偷税等违法违章行为。

四、切实加强领导,健全保障机制

(十五)实行目标管理,强化领导机制。市委、市政府把个体私营经济的发展纳入全市国民经济发展规划和两个文明建设目标管理范畴,作为考核各级党政领导班子特别是党政主要负责人政绩的重要内容。同时,市里成立市个体私营经济领导小组,下设办公室。各乡镇办事处也要成立相应机构,并明确一名领导抓个体私营经济,要把发展个体私营经济列入重要议事日程,制定好长远规划和年度发展目标,党委、政府要定期听取汇报,加强调查研究和宏观指导,及时研究和解决问题。各级党政主要领导和部门负责人要挂钩扶持1户个体私营大户,并建立档案。

(十六)强化部门责任,提高服务质量。各职能部门要从全局利益出发,切实履行部门职责,自觉为个体私营经济的发展提供优质服务。工商部门作为个体私营经济的主管部门,既要做好注册登记,又要履行个体私营业主代言人的职责,尽心尽力为他们服务;计委、经委、科委、财办、建委、财政、物价、税务、金融、国土、地矿、技监、环保、卫生、电力、房管、供水、城管等部门和单位,要规范监管,文明行政,优质服务;纪检、监察、督查、政法、审计等部门要以维护个体私营企业合法权益为已任,加强对各职能部门的监督和督查,严厉查处各类侵害个体私营经济合法权益的违纪违法行为;工商联、个私协要切实加强对个体私营经济经营者的政治思想工作,搞好自我教育、自我管理、自我服务。

(十七)加强检查督促,确保发展措施到位。各乡镇办事处党委、政府和市直职能部门对市委、市政府加快发展个体私营经济的各项措施要结合本地、本部门的实际,研究制定切实可行的具体实施意见,报市委、政府审查同意后,以各级各部门文件的方式固定下来,并按照执行。各乡、镇、办事处和市直各职能部门对落实发展措施的情况每个季度要进行一次自查;市里每半年要组织个体私营业主代表对职能部门的执法行政情况进行评议;市个体私营经济领导小组办公室和督查室要对市乡和市直部门落实发展政策、治理“三乱”、优化环境等工作进行专题督查;必要时,提请市人大、政协组织的人大代表和政协委员进行重点督查和评议;对发展个体私营经济政策不到位、措施不落实的单位和领导要限期改正;对拖着不改、顶着不办的要亮黄牌警告;对情节特别严重的要“摘帽子”“换位子”。

(十八)本决定自发文之日起执行,此前所发文件与本决定不符的,以本决定为准。

中共涟源市委

涟源市人民政府

一九九八年八月一十四日

中共涟源市委 涟源市人民政府
关于延长土地承包期的实施意见

涟发〔1999〕11 号

为了进一步稳定和完善我市农村生产责任制，认真搞好延长土地承包期工作，逐步建立土地有序流转制度，根据中共中央办公厅、国务院办公厅中办发〔1997〕16 号文件和中共湖南省委办公厅、湖南省人民政府办公厅《关于进一步稳定和完善农村土地承包关系的通知》(湘办发〔1997〕42 号)精神，结合我市实际，提出如下实施意见：

一、统一对稳定和完善农村土地承包关系重要性的认识。以家庭联产承包为主的责任制和统分结合的双层经营体制是我国农村经济的一项基本制度。稳定土地承包关系，是党的农村政策的核心内容。土地承包期再延长 30 年(到 2030 年)，直接关系到广大农民群众的切身利益，关系到农村经济的发展和社会的稳定。各级要全面、准确地理解和掌握党中央、国务院和省委、省政府制定的土地承包政策，广泛深入地向广大农民群众宣传，让农民群众掌握政策，自觉地参与延长土地承包期的工作，自觉地遵守和服从政策，自觉地保护承包耕地，增加土地投入。各级各部门要严格执行政策，及时处理延包工作中出现的各类矛盾和问题，维护农民的合法权益，充分调动农民的积极性，促进农村经济的全面协调发展。

二、进一步明确土地权属，增强土地的国有和集体所有观念。农村土地，包括耕地、林地、牧地、荒山、荒坡、水面以及农户使用的宅基地、自留地等，除国家另有规定外，均属农民集体所有，不打破原来生产队所有的土地界限。农民承包的土地只有使用权，没有所有权。原来承包时已明确属乡、村、组(原生产队)集体经济组织所有的土地，仍分别归乡、村、组集体所有(国家建设依法征用的土地除外)。已被征用或划归国营农、林、场(库、所)所有的土地，仍属国营农、林、场(库、所)所有。已被国家建设依法征用的土地和其他依法属于国家所有的土地属国家所有。依法确定的各类土地，权属关系保持不变。

鉴于我市目前大部分村民小组集体经济组织缺乏行使发包权的组织能力，可由村民委员会代村民小组行使发包权和对集体土地的生产、规划、管理权及对承包地使用的监督权，统一与农户签订《农村土地承包经营合同书》，统一结算农户向国家缴纳税金、完成国家农产品定购任务、依照法律法规所承担村提留、乡统筹费、劳务以及其他费用。

《农村土地承包经营合同书》的编号为八位数：即 ABCDEFGH。AB 定为乡(镇)号码，由市规定，蓝办为 01，石马山为 02，六亩塘为 03，三甲为 04，湄江为 05，伏口为 06，安平为 07，古塘为 08，龙塘为 09，桥头河为 10，七星街为 11，渡头塘为 12，枫坪为 13，杨市为 14，斗笠山为 15，水洞底为 16，白马为 17，茅塘为 18，荷塘为 19，金石为 20，农林场库所为 210。CD 定为村号码，由乡(镇)规定，EF 定为组号码，由村规定；GH 定为农户号码，由组规定。

三、因业制宜延长土地承包期。按照控制“调”、突出“延”、确保“稳”的原则，全市统一规定在 1999 年 10 月 1 日至 12 月 31 日内搞好土地承包期延长工作。(1)原承包合同到期后，承包办法合理的可续签合同，承包期直接延长 30 年；(2)原承包合同虽已到期，但原承包办法不合理，多数群众有意见，可经民主议定对原承包办法作相应调整后，续签合同，承包期为 30 年；(3)对已续签的承包合同承包期没有 30 年的，在民主议定的前提下，重新签订合同，将承包期顺延至 30 年；(4)原承包合同虽未到期，但承包办法合理，民主议定后可续签合同，承包期顺延至 30 年；(5)开垦荒地、营造林地或实行拍卖承包的开发性项目，其承包期可延长至 40~50

年;(6)对个别未到期的承包合同,经做工作,群众仍不愿意续签的,可继续执行原合同,到期后再延长承包期。以村为单位统一与农户签订《农村土地承包经营合同书》一式四份,农户、村、乡、市各一份,颁发湖南省人民政府统一印制的《土地承包经营权证书》,并按规定收取"书、证"工本费。为了妥善解决承包人的继承人继续承包问题,承包人承包耕地,如在承包期内死亡,合法继承人属本组内集体经济组织成员且有承担履行合同的要求和能力,可继续承包,承包合同由继承人继续履行直到合同期满。

人地矛盾比较突出、多数群众有要求且确需进行调整的村民小组,按照"大稳定、小调整"的原则,根据各户人口异动情况,抽多补少,调整平衡,只限于延长土地承包之前人地矛盾突出的个别农户,不能对所有农户进行普遍调整。需要进行田地调整的,以 1999 年 7 月 31 日止在籍承包人口为基数 (各业调整方法附后)。

做好承包期 30 年内的后续工作,承包期内原则上实行"增人不增地,减人不减地"的政策,但在承包时大多数村民认为确需在承包期内要进行小调整的村、组,可以在承包时制定承包期的"小调整"办法,并经村民大会和村民代表大会三分之二以上的成员同意,报乡(镇)人民政府和市农经局审批,其间隔期最短不得少于 5 年。但在承包期内必须收回招工招干等"农转非"户、死亡注销户、外迁户、抛荒两年以上(含两年)的承包地,上述耕地收回后用于农田水利建设等公共事业用地外,调整给人多地少矛盾突出的农户耕种。

四、加强农村集体土地流转的管理。农村集体土地的流转,是指取得农村集体经济组织的土地承包经营权的个人和具有"四荒"资源所有权的集体经济组织,依法将承包经营权、使用权全部或部分转移给第三者等发生转移的行为,包括集体土地承包经营权的流转和"四荒"资源使用权的出让。

(一)农村集体土地流转需遵循的原则。集体土地流转必须以国家有关法律、法规、政策为依据,具体工作应遵循以下原则:不得改变集体土地的权属关系;不得改变集体土地的农业用途;不得超过第一承包者的承包期;不宜过高确定土地转让费;不得用行政手段强制推行。

(二)因地制宜采用多种灵活的流转形式。主要流转形式有:转包、转让、租赁、互换、入股、拍卖等。

(三)、农村集体土地流转的程序:

1. 在土地承包经营权流转前,土地承包者向所属集体经济组织提出书面申请。

2. 农村集体经济组织需要以联营、拍卖等形式出让集体荒山等"四荒"资源使用权的,要广泛征求群众意见,制订方案,并经村民代表大会讨论通过,报乡(镇)人民政府审核,市人民政府批准。

3. 土地转让费由让、受双方协商确定,一般以地块条件和连续三年以上的平均产量、产值和纯收益综合确定。土地流转量大的村组,可由村民委员会或乡、镇、办事处农经站确定基价。

4. 土地流转必须由让、受双方依法签订合同。集体土地流转合同书由市里统一印刷。合同一式四份,流转双方各执一份,村、乡(镇)农经站各一份存档。

5. 农村承包土地流转的,原承包合同经过鉴证或流转一方有鉴证要求的,应到乡(镇)农经站办理鉴证手续。需要公证的,应到公证机关依法办理公证手续。

(四)集体土地流转资金管理。集体经济组织在集体"四荒"资源开发中发包、租赁、拍卖所得的资金,由乡(镇)农经站专户储存,统一管理,专款专用,资金主要用于治理水土流失和农田水利设施等基础设施建设,不准平分到农户,对国家建设征地的征地费、补偿费,集体经济组织要实行专项管理。

五、切实加强对延长土地承包期工作的领导。延长土地承包期工作,是进一步深化农村发展的一件大事,政策性强,牵涉面广、工作难度大。为了加强领导,成立涟源市农村承包合同管理委员会,由分管农村工作的市委副书记任主任,分管农村工作的市政府副市长、市农办主任任副主任,相关部门的负责同志为成员。下设办公室,负责日常工作,办公地点设市农经局。乡、镇、办事处成立相应机构,办事机构设农经站,配备合同专管员，负责农村承包合同的签订、管理、指导、鉴证、纠纷调解、仲裁、土地承包经营权证的发放等工作。村民委员会负责做好承包合同的签订、履行，承包合同中的有关纠纷的调解、土地承包经营权证的填写和发放等工作。市、乡(镇)、村都要建立合同管理档案，使农村承包合同管理规范化、制度化。

六、各地要按照上级的有关文件精神，结合本地实际，在广泛征求意见的基础上，制订具体的实施细则，并报市农经局备案。

中共涟源市委

涟源市人民政府

一九九九年五月一十七日

附件：

各业调整方法

一、田土“小调整”的方法。田土“小调整”方法，必须以村民小组为单位，召开户主大会讨论，经三分之二以上户主同意，报村委会、乡(镇)人民政府同意后，方可实施。

(一)澄清承包耕地的底子，按照落实责任制时的承包面积，农户占用土地现状、农户建房、计划生育等情况，并以组为单位过细查清农户人口，造好田土清册。凡责任制以来，承包户将耕地改做非农业用地的，一律列抵本户承包地。修建乡、村道路所占耕地，乡办乡负责，村办村负责，组办组负责，户办户负责，相应承担义务。在耕地中挖砂、取土、打窑烧砖瓦的责令限期恢复耕地。

因国家建设和乡、村集体建设所有征用土地的农户，凡所补偿的征地费归村、组集体所有的，参与本次调整。征地费已归承包户的，或未经合法手续私自将地转为非农用地的，必须列抵本户承包地。《土地管理法》另有规定的除外。

一般不留机动田。原留有机动田的，这次延长承包期过程中，机动田不得超过责任田总面积的 5%。机动田主要用于：一是由集体经济组织统一发包；二是由集体经济组织从事开发性生产；三是由集体经济组织解决在土地延包 30 年中出现的一些不能预测的问题。机动田必须集中成片，不准分散多处，不准荒芜。

(二)确定耕地承包份数。

1. 确定在籍承包人口及承包耕地份数，以合法迁移手续和《结婚证》、《准生证》为准，本组实有在籍人口、剔除年龄在 14 周岁以下的超生子女，即为在籍承包人口，在籍承包人口每人承包一份耕地。

2. 现役军人(志愿兵和现役军官除外)，国家不包分配的在校大中专学生、招聘的集体干部，属在籍承包人口。

农村户口的劳教服刑人员、刑期较短的(五年以下)，其亲属有代为履行承包合同的要求和能力，可承包一份耕地。刑期较长的(五年以上)可预留一份机动地，待解除刑期回乡时再承包。未解除刑期劳教的由集体管理发包。

(三)进行耕地调整，以组为单位，采取按人口承包的方法，将耕地承包落实到户。在田土调整中，只能在原承包关系的基础上，出、进调整，对口异动，并要尽量不再划小原来的丘块。

(四)几个具体问题

1. 农村女性已婚出的，原来承包的责任地要收回，这次不再在原女方所在地承包耕地。农村女性婚入城镇的，原则上要在女方户口所在地承包耕地。

2. 自费购买城镇户口但确实没有就业的农户子女仍在家务农的，原则上可承包耕地。

根据湖南省人民政府湘政发〔1997〕21号文件第四条的有关规定：矿山职工家属子女，“农转非”后一直没有安排工作，在农村(原居住地)居住三年以上(指1999年7月31日前连续居住三年以上)，无固定收入；企业破产、改制后与企业已解除劳动合同关系，并未在城镇再就业者，本人要求“非转农”将户口迁回原籍，原发包方应予支持同意，在办好“非转农”手续后，可承包责任田土。

3. 夫妇双方均在三十周岁以上，无生育能力合法收养一个孩子的，其收养子女可以承包耕地，如果自己已有子女，又收养子女的，符合国家的有关收养政策的可承包耕地。

4. 对照顾得好，生活有保障的五保户，一般不承包耕地，由所在村民小组保证其口粮供应。照顾不好、生活无保障的五保户，如果本人有要求，可以承包双份耕地。

5. 计划外超生子女，按规定处理到位的，分以下几种情况处理：①1979年10月26日以后出生的第三胎，年满14周岁的可以承包责任田土；②凡1985年7月28日至1989年12月31日出生的第二胎，可承包责任田土；③1990年1月1日后出生的第二胎，第一胎是男孩的，除按《湖南省计划生育条例》规定发放了准生证的外，第二胎不能承包责任田土。第一胎是女孩，生二胎后采取了绝育手术的，第二胎可承包责任田土。

6. 领取了独生子女证的独生子女可承包双份责任田土。事后违法生育第二胎的，及时收回责任田土。

7. 早婚早育者，男女一方尚未达到《婚姻法》规定的年龄而结婚的(男未满22周岁，女未满20周岁)和没有达到生育年龄(男满22周岁零9个月，女满20周岁零9个月)而生育的小孩，均不能承包责任田土。但在达到合法婚育年龄后，根据《湖南省计划生育条例》处罚到位的，可以承包一份责任田土。

8. 对全家长期外出务工经商者，保留或预留责任田土。

9. 1997年以来已进行了耕地调整，本次进行完善，不再进行田土异动，新增的在籍承包人口，按先后依次排队，从收回的机动地中解决承包地。

二、山林。已承包到户的，在保持山林权属不变的前提下，原承包到期后家庭经营期再延长30年或50年，签订好新的承包合同，明确双方的权利和义务。没有承包到户的山林，不再承包到户，由乡、村、组建立专业队伍经营、管护或者由专人或联户承包经营、管护。

三、工副业、果园、水面、“四荒”等实行专业承包和招标承包。承包经营权流转的形式、期限、经济补偿等经集体民主议定，由发包方、承包方双方协商，签订书面合同，报乡(镇)农村承包合同管理委员会鉴证备案。对那些违反合同规定，长期粗放、掠夺式经营土地、地力和产量严重下降，或者弃耕撂荒两年以上(含两年)的土地，发包方可以责令其转包土地经营权或者转让土地承包经营权，也可以解除合同，收回发包的土地，另行发包。

中共涟源市委办公室

一九九九年五月一十七日印发

涟源市人民政府
印发《涟源市企业改革的若干规定》的通知

涟政发〔2003〕7号

各镇、乡人民政府,蓝田街道办事处,市直有关单位,市属以上企事业单位:

《涟源市企业改革的若干规定》已经市人民政府研究同意,现印发给你们,请认真贯彻执行。

涟源市人民政府

二零零三年七月一日

涟源市企业改革的若干规定

为全面落实党的十六大和市委工作会议精神,推进以企业置换产权、职工置换身份(以下简称“两个置换”)为主要内容的企业改革,加快我市经济发展步伐,根据国务院国发〔1994〕59号、湖南省人民政府湘政发〔2000〕13号、娄底市人民政府娄政发〔2002〕1号文件精神,结合我市的实际情况,制定如下规定。

一、关于企业资产处置

(一)按照国务院《国有资产评估管理办法》以及国家其他清产核资的文件精神,认真搞好企业的清产核资、资产评估和产权界定工作。

(二)所有企业的资产(包括土地使用权)处置方案,经本企业职代会或职工大会讨论通过,报企业主管部门审定,再报市企业改革领导小组批准,由企业主管部门组织实施,按照公开、公平、公正的原则,以公开拍卖或协议出售等方式,面向市内外法人或自然人转让。

(三)凡房产与土地使用权转让,按规定需要重新评估的,国土、房产(部门)均按每个企业400~800元的标准收取评估费;需要重新测绘图纸的,国土、房产(部门)均按每个企业800~1200元的标准收取测图费;机械设备、产品、原(辅)材料等资产需要评估作价的,由市价格认证中心会同企业主管部门评估作价,按每个企业400~800元收取评估费;办理房地产过户手续按国土每证40元,房产每证80元收取工本费。负责产权拍卖的交易中介机构按交易总额的0.2%,向受让方收取佣金,每宗交易最高不超过1万元,未承担拍卖服务的产权交易中介机构免收服务费。

(四)资产处置由企业与主管部门根据评估价值提出出让方式和价格,报市企业改革领导小组批准。资产处置收入全额返回企业,用于改制的相关支出。

(五)企业资产处置收入必须在财政部门专户储存,再根据批准的改制方案,由财政部门和主管部门逐项拨付到出让者账户上。出让收入用于清欠发工资(生活费)清偿各项税金、偿还银行贷款及其他欠款等,收抵支后的余额先在本系统内调剂使用,专项用于补偿其他企业职工安置;国有企业资产本系统内调剂使用后的余额,在市级财政内调剂使用,专项用于补偿企业职工安置。

(六)企业商标、商誉、专利及其他知识产权等无形资产,经企业资产主管部门清产核资确认或者经具有评估资格的机构评估确定后,作为有效资产参与出让。

(七)职工住房在改制前已按有关政策全产权出售给了职工的,不列入改制资产范围;已出售部分产权的,原已出售部分不变,未出售部分按市场价格补足后办理全产权手续;原未出售产权的职工住房,按市场价公开出售,在同等条件下可优先出售给原居住的职工。职工住房生活用电用水,原由企业代收代付的,一律由供电、供水部门单独装表计量收费到户，只收取工料费，免收开户费等其他费用。

（八）严禁任何单位和个人以土地、房屋权属异议为由而影响企业改制。企业土地使用权证和房屋产权证上有明确登记的，以产权证登记为准；没有产权证或产权证上未登记的事项，以协议、契约、划拨文件资料及相关法律法规政策规定确认；历史性用地用房按现状确认。

严禁任何单位和个人以原划拨土地、房屋未予补偿或原征地、转让价格过低等理由向企业索取补偿，影响和破坏企业改革，违者依法从严惩处。

（九）原由企业转供用电用水的单位和个人，一律改为由供电供水部门改为直供，免收开户费；原与企业没有供水供电协议私搭乱接的，企业有权拆除，由其自行到供电供水部门开户用电用水。

（十）实行租赁经营租赁期未满的企业，经营者应积极配合“两个置换”改革，不得因为租赁的原因而影响改制。

（十一）要认真做好改制企业财务清理审计工作，对违反财经制度，侵占企业财物的，要如数追回。情节严重的，由有关部门依法处理。执法执纪部门为企业追回的赃款，按收支两条线的原则，除(开支)适当的办案费用外，全部返还企业用于安置职工。改制过程中要坚持财务公开、民主监督。

（十二）企业产权转让后，其隶属关系一律与原主管部门脱钩。

二、关于职工安置

（一）所有企业在实施“两个置换”时，原企业要与职工办理解除劳动关系手续，不再保留现有全民固定工、全民合同制工、集体工身份，所有在册职工由企业一次性安置。原已改制但职工安置未到位和正在改制的企业，原改制方案确定的工龄计算时间不变，全市企业职工置换身份安置工龄一律计算至2003年12月31日止。

（二）企业职工解除劳动关系，置换身份的补偿办法：根据上级有关文件精神，我市企业职工的安置费标准按本企业资产中可用于安置职工的金额计算，但人平最高不超过1.5万元，按工龄等因素计算到每个职工。资产难以变现，兑现补偿资金有困难的，也可用等量资产补偿。职工得到补偿后，解除与原企业的一切关系，自谋职业。

（三）按政策安置和分配到企业但尚未办理接收手续的退伍军人和大中专毕业生，应补办接收手续（免收有关费用），并与其他职工一视同仁予以安置。因企业征用土地而招收入厂，已办理正式招工手续的职工，与其他职工同等安置，不另外增加补偿费。

属于下列情形之一的，不予补偿：

1. 已由企业按法律政策辞退、除名的；

2. 违犯计划生育政策，按规定应予辞退、除名的。

3. 原已安置，得到了补偿，解除了劳动合同的。

4. 按现行法律法规政策规定不予补偿的。

（四）以市企业领导小组批准本企业改革方案的时间为准，对距法定退休年龄5年以内，即男55岁（含55岁）以上，女45岁（含45岁）以上的职工或工龄30年（含30年）以上未达法定退休年龄的职工，与企业解除劳动关系，不享受一次性安置待遇，实行定额供养，根据本企业实际情况，按每月不高于104元的标准，由企业一次性发给至法定退休年龄时止的生活费，并按劳动保障部门核定的改制前的缴费基数和缴费比例计算，一次性向劳动保障部门交足至退休年龄止的养老保险费，按规定应由本人承担的部分，在生活费中扣除。到退休年龄时，由劳动保障部门按该单位退休人员养老金发放水平发给养老金。其中距退休年龄不足3年（含3年）者，按该企业安置费标准计算本人安置费，扣除应交养老保险金和生活费后的剩余部分，由企业交劳动保障部门。

(五)职工因工致残(含伤残军人和职业病)经市劳动鉴定委员会鉴定为5级到10级的,按伤残等级发给一次性伤残补偿金,标准相当于伤残职工本人6到16个月的工资。其中:5级16个月,6级14个月,7级12个月,8级10个月,9级8个月,10级6个月。

(六)因病完全丧失劳动能力,未达到病退年龄,或大部分丧失劳动能力的职工,经市劳动鉴定委员会鉴定为1~6级的,根据企业实际情况,可发给一次性医疗补偿费,但最高不得超过以下标准:按上年度本市社会月人均工资标准,1级24个月,2级20个月,3级18个月,4级16个月,5级12个月,6级10个月。

(七)同时符合本规定(五)(六)款条件的,只享受其中一项待遇。

(八)按照政策应该抚恤的人员按以下标准实行一次性补偿:企业原已进行一次性抚恤的不再补偿。原实行按月抚恤的,小孩计算到18周岁,配偶计算10年,父母计算到70周岁,不足5年或年满70周岁以上的计算5年,统一按各企业原抚恤金标准计算。

(九)人平安置不足1.5万元的企业,上述(五)(六)(八)款待遇经职代会或职工大会讨论通过后可以适当降低。

(十)企业改制中不愿置换身份、依法与企业解除劳动关系后、又未领取一次性安置费的职工,可按有关政策享受不超过两年的失业保险待遇。

(十一)对置换身份、解除劳动关系的职工档案,统一由市劳动保障部门保管。

(十二)职工置换身份依法解除与原企业劳动关系后,户口迁往居住所在地或在企业所在地居委会落户,有关乡、镇政府,街道办事处及派出所要认真负责做好工作,在收到申请落户资料后10个工作日内办好落户手续,并免收户口簿工本费以外的一切费用。

(十三)职工中的党、团员,在与企业解除劳动关系后,其党、团组织关系原则上随人转入其户口所在地的党、团组织,任何单位不得以任何理由拒收。

三、关于社会保险

(一)企业置换职工身份时,其社保基金一律由原企业缴纳至改制方案确定的签订协议解除劳动关系的当月止。企业职工置换身份后,应继续缴纳养老保险费,职工个人继续缴纳社会保险基金,养老金缴费年限累计满15年的,达到法定退休年龄时,劳动保障部门给予办理退休手续,由所在地劳动保障部门负责发放养老金。个人缴费年限累计不满15年的,退休后不享受基本养老金待遇,其个人账户储存额一次性支付给本人。

(二)两个置换关门走人的企业,在清偿历年欠缴的养老保险金后,还应为已离退休的人员一次性以现金预留养老金上缴劳动保障部门,其离退休人员由劳动保障部门按月发放基本养老金。

(三)根据我市企业资产普遍不足以安置职工的实际情况,实行"两个置换"的企业为离退休人员预留养老金的标准,根据各企业职工人平安置费水平确定:

1、人平安置费达到1.5万元且有较高还债比例的按7—10年的标准预留养老金;

2、人平安置费1.0万元(含1.0万元)以上不足1.5万元,按4—6年的标准预留养老金;

3、人平安置费1.0万元以下的,按每人不低于1.2万元预留养老金。

按企业计算,人平预留养老金在28000元以下的,由改制企业和离退休人员提出申请,与社保机构签订协议,按月在应发的养老金中扣留部分补交预留养老金,补足至人平28000元后全额发放养老金。

(四)职工置换身份享受一次性安置的,不再享受失业保险待遇。

(五)职工医疗保险,根据我市市属企业改制前尚未参加医疗保险,改制资产不足以安置职工的实际情况，离休人员由所在企业按人平 1.5 万元的标准一次性向医保机构缴纳医疗费用，按《娄底市特殊人群医疗管理办法》规定报销。安置职工以后仍有资金的企业，可以给已退休人员每人 600~1500 元的一次性医疗补助。

四、关于企业破产和债权债务处理

（一）对完全丧失市场竞争力、长期亏损、资不抵债、确实不能清偿到期债务的企业，经市企业改革领导小组批准，可申请依法破产。

（二）破产企业、特困企业因资产变现难度大，暂实行有效资产租赁经营的，视同内部承包经营，所得租金用于安置职工、交纳养老保险金等开支。

（三）在企业改制过程，要认真处理好债权债务问题。采取有力措施，加大债权的清收力度，尽可能减少债权损失。对改制过程中未能收回的债权，移交企业主管部门。认真做好债务清偿工作，特别是解决好银行、信用社、农村合作基金会的债务清偿问题，在确保上述债权不悬空的条件下，在清退职工集资款、欠发工资和养老金、离退休人员预留养老金上缴和在职职工安置补偿到位之后，采取下列措施积极偿还：

1、依法破产还债的企业，依法依程序清偿债务。

2、不通过破产程序改制的企业，可以采取以下办法：

①对已经剥离的贷款，与有关资产公司协商偿还；

②对银行通过积极争取能够核呆的贷款，积极配合银行作好核呆工作；

③在产权转让、资产变现收入中与银行协商适当比例偿还；

④用企业一部分房屋、土地使用权采取过户抵债的办法；

⑤承担债权债务方式产权转让。

五、营造企业改革的良好环境

（一）企业进行全面的彻底性改革，对于全市经济发展和社会稳定具有决定性意义，各级各部门要高度统一思想，绝对服从市委、市政府的统一领导，令行禁止，大力支持，密切配合，任何单位和个人不得以任何理由干扰、阻碍企业改革，违者依法依纪从严查处。

（二）在企业改制过程中，采取"以资抵债""以资补偿安置"的，不视作产权交易，只需交纳过户手续工本费。改制企业在办理注册登记、资产过户等有关手续时，工商、国土、房产、财政、税务、银行、电信、供电、供水、交通、文化、建设等部门要大力支持，特事特办，免收工本费以外的一切费用。破产诉讼费按有关规定最低档的30%执行，最高不超过 5 万元。企业改制所需的审计、资产评估和验资等费用，应从降低企业改制成本的原则出发，最大限度降低收费标准。

（三）企业所在地乡、镇、办事处党委政府和政法机关要把支持企业改制列入重要议事日程，由主要领导负责，组成强有力的专门班子，全力支持企业的改制工作，确保"两个置换"顺利进行。政法部门要切实为企业改革保驾护航，对干扰、破坏企业改制的行为，要坚持依法从快从严打击。

六、附则

（一）以上规定，适用于全市所有国有企业、实行企业管理的事业单位、市属集体企业。

（二）从本规定颁布之日起，各企业除接收政策性安置人员外，一律停止招工和调入职工。

（三）本规定未尽事宜，法律和政策有明确规定的，按法律和政策规定办，法律和政策没有明确规定的，由市企业改革领导小组研究决定。

（四）本规定由市企业改革领导小组办公室负责解释。

中共涟源市委　涟源市人民政府
关于鼓励外来投资的若干规定

涟发〔2006〕12 号

第一条　为了进一步扩大对外开放,加大招商引资力度,根据国家有关法律、法规和湘政发〔2003〕4 号、娄发〔2003〕13 号和娄政发〔2002〕14 号文件的有关精神,结合我市实际,特制定本规定。

第二条　本规定所称外来投资是指外国投资和港、澳、台等境外投资及本市外的投资。

第三条　外来投资项目分为两类:

第一类,高新技术产业、加工业、制造业、现代农业、出口型企业及其他生产性项目。

第二类,能源(不含煤炭)、交通、旅游景区开发、城市公用设施(非房地产)等基础设施项目。

第四条　外来投资规模在 200 万元人民币以上的企业,除享受国家的税收优惠政策外,从投产之日起,企业上缴的各种税收中的地方财政享有部分,在第 1 至 3 年每年按 20%~40%、第 4 至 5 年每年按 10%~20%奖励给企业,由财政列支,并在财政、经贸、招商等相关部门的监督下,奖励给企业用于基础设施建设、环境保护、技术改造和扩大再生产。外来投资企业在申办和建设中已享受了优惠待遇的不再享受税收奖励待遇。

外来投资项目中,投资总额在 1000 万美元或 1 亿元人民币以上的,以及无偿援助项目和非营利性社会公益项目,免收创办过程中的一切本级行政性收费。

外来投资市级以上的重点工程项目,必要时由市人民政府实行个案优惠。

第五条　外来投资企业申报高新技术和工业建设项目用地,除由投资者支付农民征地费和服务性收费及娄底市级以上规费外,免收本级各种费用。

第六条　为简化外来投资企业审批程序,降低收费标准,提高办事效率,由全程代理中心负责按照本规定确立的投资项目,分别按附件一、二中所确定的收费标准进行收费,并代办各种外来投资项目的审批、发证、登记手续。凡项目符合国家产业政策和在我市审批权限内,且资料齐备、手续俱全的情况下,代理中心必须在 10 个工作日内办理好批准证书和营业执照。

第七条　对外来投资企业和外来投资者,由市招商部门备案申办《重点企业》和《贵宾卡》。在国家法律允许的范围内,公安部门对持证人的个人生活习俗予以尊重。对投资额大或对我市经济发展有突出贡献的外商,授予涟源市荣誉市民称号,享受相应待遇,可特邀列席我市的人大、政协会议和其他重大活动。

第八条　各部门及其工作人员在同外来投资企业的交往中,必须严格执行以下“八不准”。

(一)不准到企业进行各种名目的多重检查,凡需对企业进行检查的,除依法履行特殊公务外,须经市优化办同意,并办理检查通知书方可进行;

(二)不准向企业乱收费、乱摊派、乱罚款、乱集资和强拉赞助及捐赠;

(三)未经市公安局局长批准,不准对外来投资企业及外来投资者的居室进行治安检查;

(四)外来投资企业车辆无严重违规行为的,交警、交通和运管部门不得扣证、扣车、罚款;

(五)未经法定程序和市委、市政府批准,不准查封外来投资企业财产、账户和宣布停业、吊销营业执照;

(六)除外来投资者违反其与供电、供水企业的合同外,任何单位和个人不得以任何理由中断对外来投资企业的供水供电;

(七)不准利用权势强制企业接受各种指定性服务;不得强装、强卸、强运和强揽工程,严禁干扰企业的正常生产和经营；

(八)不准接受外来投资者的请客送礼、请钓及娱乐消费。

第九条 外来投资者及外来投资企业由市招商部门进行确认备案。

第十条 本规定由市招商引资工作领导小组办公室负责解释。

第十一条 本规定自颁发之日起施行。此前有关招商引资的优惠政策与本规定内容有抵触的(有个案规定的除外),一律以本规定为准。

附：一、涟源市外来投资项目建设用地收费标准(略)

二、涟源市外来投资项目在建设过程中的收费标准(略)

中共涟源市委

涟源市人民政府

二零零六年八月二十三日

二 艺文选录

诗词曲联

选录作品按描写的地域归类，描写同一地域的作品，按创作时间排序，未注明创作时间的，为20世纪80年代至21世纪初所作，按作者姓名笔画排序。

（一）蓝田

题蓝田

赵尺璧

采蓝欣得地，种玉古蓝田。
翠霭双桥外，青纡十亩边。
天高云簇锦，雨霁竹和烟。
在昔南轩语，菑畬不浪传。

赵尺璧，明朝安化知县，此诗写于明万历三十七年(1609)。

蓝田杂咏

李立之

湘中沦陷入烽烟，学校争先向此迁。
中大市郊环八所，李桃香艳倍三千。

李立之，宁乡县人，教师。此诗写于1941年就读于妙高峰中学(校址蓝田)时。

光明山上晨读

邓志瑗

晨起携书出，鱼鳞满布天。
高声开卷读，回响遍山传。
花惨零朝露，林昏带晓烟。
敌人犹犯国，深愧似修仙。

邓志瑗，江西省奉新县人，江西教育学院教授。此诗写于1943年就读于国立师范学院(校址蓝田)时。

鹊桥仙·夏游洪水岭森林公园

章长斌

红霞窥寺，紫烟绕谷，青果挤弯橘树。林丛点点绿红黄，似彩蝶、翩翩起舞。 爷言慢跑，孙呼快走，小道溪边笑语。野花层染半山坡，与相伴、香飘一路。

章长斌，曾任市科协主席，市诗联书画家协会会长。

古镇回声

蒋昌典

蓝田不生玉，古曰最宜蓝。
机杼声声夜，印花处处滩。
湘江承锑运，汉口返棉还。
那年烽火急，弦歌聚此间。

蒋昌典，石马山镇人，曾任市文化馆副馆长。

江城子

谢叔颐

依稀旧梦累三千。记当年，怅流离，断根飘蓬，无计避狼烟。十亩李园藏息地，同剪烛，缔诗缘。

几番风雪困英贤。路崎偏，寸心悬。俟得河清，喜听鹿鸣篇。应约故人齐击壤，歌一曲，晚晴天。

谢叔颐，女，宁乡人，教师。抗战时期在国立师范学院就读，此诗写于1992年。

（二）湄江国家地质公园

游观音洞

贺志道

松风习习拂衣凉，稳步烟霞到上方。
佛隐幽岩忘色相，僧栖古洞入灵光。
奇峰矗立千山外，瀑布飞流一槛长。
此去莫将云掩径，助予游兴得疏狂。

贺志道，清朝人，生平、籍贯不详。

湄江晚眺

龚炳麟

一泓清浪绕桥东，薄暮归帆趁晚风。
饮马蹄声犹未歇，两三灯火点船篷。

龚炳麟，伏口镇人，教师。此诗写于20世纪三四十年代。

登大岩祝云峰

吴仲吕

梅城之郊四十里，一带危岩吞湄水。丹屏千尺削不成，谁识摩云更有寺。携屐盘盘曲磴分，一径落英何缤纷。瀑如被谪龙悬壁，石解听禅虎踞门。游目岚霭浩无际，别开三界一乾坤。何难放鹤招三岛，已分轻身入五云。中有高人独歌啸，跫然足音空谷闻。果见丰神同水月，玄妙相随禅阁论。我欲扫开云一袖，还从天外探灵根。

吴仲吕，古塘乡人，塾师。此诗写于20世纪四五十年代。

千年古棕

王立群

亭亭玉立把春风，绿叶婆娑舞碧空。
寒暑千年浑自得，插天立地有谁同？

王立群，七星街镇人，曾任职于市政协，市诗联书画家协会原会长。

登湄江祝云峰

龙世聪

祝云峰上紫烟蒙，胜地风光迥不同。
古庙无灯凭月照，山门不锁待云封。

龙世聪，湄江镇人。

长相思·题湄江十里画廊

龙伟模

深一滩，浅一滩，九曲湄江十道弯。逐波无巨澜。　惊一关，险一关，峭壁长廊展画坛。夕阳山外山。

龙伟模，湄江镇人，医师。

湄江风景区门联

龙伟模

湄山藏大器，看卷石烟云，南来衡岳；
江阁耸重霄，听松涛碧浪，北下洞庭。

题涟源藏君洞

伏家芬

建文当日此中藏，叔侄相残亦惨伤。
玉阙琼宫仍宛在，郑和何必下西洋？

伏家芬，长沙市人，省文史馆馆员，文史研究会会长。

题涟源观音崖

伏家芬

千丈高崖涧壑深，观音崖下拜观音。
灵泉涌处莲花灿，一洗凡夫俗子心。

湄江泛舟

刘人寿

为览湄江胜，乘舟汗漫游。
群峰连众壑，蟹屿对螺洲。
峭壁山边立，浓云岭上浮。
画廊千万景，诗料一囊收。

刘人寿，长沙人，曾任省科协秘书长。

湄江藏君洞

刘克醇

同室操戈起，三纲势已乖。
桥边龙出走，郊外燕飞来。
篡位燕王棣，藏君惠帝崖。
忠臣方少孺，十族剧堪哀。

刘克醇，长沙市人，省中医药研究院副研究员。

畅游湄峰湖

刘怀万

风轻云淡碧湖舟，满载骚人画里游。
怪石虬松歌翠鸟，奇峰倩影戏青鸥。
祝云拱秀烟氛渺，洞壑争流草木稠。
鬼斧神工殊绚丽，湄江无处不清幽。

刘怀万，安化县人。

观音崖联

刘绍东

八千里锡挂袈披，帝梦早随惊鸟破；
六百年星移物换，涛声犹作蛰龙吟。

刘绍东，石马山镇人，湖南人文科技学院教授，省文史馆馆员。

咏湄江风光

刘联芳

观音千古困寒崖，九曲湄江锁雾烟。
洞口长埋亡帝恨，闺深难识玉人颜。
两湖照破千秋月，一峡撕开万仞山。
阅尽沧桑逢盛世，淡妆浓抹任君看。

刘联芳,龙塘乡人,曾任市税务局局长。

湄江览胜

刘紫岚

境奇恍若出尘寰,放眼魂销飘渺间。
峡锁明湖摇嶂影,天留绝艺壮巉岩。
迷宫岂止三叉口,造物何添百二关。
樵唱林前渔唱浦,抛鞭还羡牧童闲。

刘紫岚,伏口镇人,曾任职于市委政法委。

春日雪霁登湄江揽月古道

李郁林

登高揽胜不辞劳,古道蜿蜒上九霄。
绿水无忧风皱面,青山不老雪封梢。
韶华似水匆匆过,岚霭如烟忽忽飘。
洞府仙人何处觅,神工鬼斧架天桥。

李郁林,古塘乡人,曾任市委宣传部副部长,市诗词楹联协会主席。

观音崖怀古

李郁林

观音崖下久徘徊,匿迹君王究可哀。
千古疑云谁扫得,我今只为听钟来。

舟泛湄峰湖

李冠群

峰回壑隐景幽然,借得扁舟探洞源。
牛埠遥声传牧笛,马溪轻雾杂炊烟。
平湖无浪心翻浪,绿竹筛炎暑不炎。
篙起涟漪添画意,诗情伴我入云天。

李冠群,古塘乡人,干部。

湄江题壁(集诸景点名)联

李维伦

敲石鼓,震神龟,仙人穿洞寻无迹;
舞黄龙,斗鹰嘴,塞海藏君谅有缘。

李维伦,冷水江市人,教师。

江城子·泛舟湄江

吴子明

轻舟划破镜中天。绿平滩,碧波间。鱼浪频兴,相逐白鸥闲。巉石如猿疑欲扑,千叠壁,万重山。

凌空一坝锁寒川。望弥漫,泛云端。古庙新村,隐隐落霞边。刺棹斜阳归去懒,声欸乃,绕汀湾。

吴子明,古塘乡人,教师。

登湄江祝云峰

吴子春

千峰齐俯首,一壁独昂然。
高入青云上,低依绿水边。
白云浮足底,红日出胸前。
石笋贪风月,香炉不计年。

吴子春,湄江镇人,教师。

湄江吟

吴正邦

涟源城北六十里,一带高峰枕流水。高峰突兀入穹苍,流水委蛇出湄塘。塘里有山号天子,恰似君山飞至此。水晶盘里拥青螺,风泛涟漪展笑窝。岸畔巉岩如侍卫,森然拱立还凝睇。似盼柳州再世来,好教重作《黄溪记》。峭壁千寻欲扑人,游人莅此尽心惊。上有茅庵曰祝云,云蒸霞蔚撑青空。登临一览众山小,合是衡山灵气钟。旋踵又见香炉山,山中怪石壮奇观。巍然矗者如苍猿,纷然陷者如金樽。苍猿扫径净浮尘,金樽置酒飨游人。庵下仙人开洞府,洞府幽深一里许。入洞迎来瀑布悬,当空玉屑纷飞舞。探胜寻幽来跑马,回看一镜诚古雅。仙人曾此照梳头,对影含情兴不寡。再欲穷幽又一天,仙桥飞架凌空悬。势与鹊桥争上下,欲令牛女暗垂涎。神仙也作稻粱谋,辟洞开天千百丘。灌溉自流凭一滴,年年大有浑无忧。田种千丘不用愁,葱葱牛埠有犀牛。草铺横野六七里,更凿清泉汩汩流。牛山钟秀称江口,一水弯环数百亩。此间曾亦养天鹅,敛翼潜窥形佼佼。而今江口宏图起,口上修堤高百米。高峡平湖一鉴开,天光云影共徘徊。轻舟出没白云里,客旅纷纷叹观止。是谁装点此雄奇,桂林山水参差是。天地钟灵煞可人,千姿百态纷然陈。阿侬欲借维摩笔,试向湄江一写真。

吴正邦,湄江镇人,医师。

题湄江联

吴吉星

湄水绕青山,峭壁飞流惊墨客;
江波邀皓月,扁舟把盏醉游人。

吴吉星,桥头河镇人,教师。

【中吕·山坡羊】塞海湖

吴亦山

群山飞凤，清歌流咏，碧波舟影横斜动。几村翁，偶相逢，鸥鸣此处风相送。别是山光云气涌。行，如画中；思，如梦中。

吴亦山，龙塘乡人，曾任市教育局局长。

春夜宿观音崖

吴进卿

佛光照彻杏幡扬，此际名山设道场。
雷雨滋荣仙鹤草，春风吹绿马蹄香。
一声云板惊凡客，几杵疏钟入睡乡。
心欲参禅身不许，莺声催我出寮房。

吴进卿，古塘乡人。

经湄江悬崖曲径登祝云峰

吴建阳

湄江栈道碧空悬，陡峭迂回直接天。
客至半途愁进退，猿凌绝顶畏攀援。
抖扶道畔丹青壁，怕瞰崖边绿玉川。
冷汗湿襟终已上，壮观奇伟在峰巅。

吴建阳，古塘乡人，中学高级教师。

登桃溪岭书所见

吴星灿

群峰耸入白云间，泉水叮咚绕几湾。
鸥鹭也知餐秀色，纷临湖畔弄娇颜。

吴星灿，湄江镇人，曾任漆树乡学区党支部书记。

游大江口水库湖心岛

吴洪兴

湖心岛屿乃巉岩，物换星移顿改颜。
库内有山山有月，水中藏月月藏山。
天光云影徘徊处，斗转参横出没间。
时有游人频着笔，欲邀苏轼共婵娟。

吴洪兴，湄江镇人，医师。

湄江天子山前

邱　述

天子山前一鉴开，观音寂寞旧妆台。
而今湖上春常在，一叶扁舟载笑来。

邱述，湄江镇人，中学高级教师。

观音崖俯瞰

邱　述

尘寰指顾不胜寒，胜境天成百二关。
若问云崖多少路，观音还在半山间。

观音洞联

邱汉卿

观止洞前，禅院灵泉清俗虑；
音凝天外，疏钟余韵绕慈云。

邱汉卿，湄江镇人，教师。

湄塘

邱浩然

绿树奇岩抱此塘，花明夹岸遍生香。
碧湖春水平如镜，野渡舟横系老杨。

邱浩然，涟源市人，高级工程师。

观音宝刹联

欧阳熙

观瞻宝刹，炉热香清，长留千叶莲花，一枝杨柳；
音绕危崖，山幽云静，时听数声清磬，几杵疏钟。

欧阳熙，伏口镇人，曾任涟源四中校长。

仙人府

罗光国

仙人府里觅仙人，未见仙人处处寻。
攀到仙人桥上望，飘然觉与仙为邻。

罗光国，伏口镇人，中学教师。

塞海湖联

罗道生

危崖飞瀑，幽谷清溪，四面汇成塞海；
南国明珠，深闺丽质，三年誉满潇湘。

罗道生，伏口镇人，中学高级教师。

湄江中心景区门联

周正初

信步龙泉峡中，越蛰龙险潭，去莲花洞，洞府九层供探胜；

泛舟塞海湖上，穿通天幽径，登天子山，山崖八景任消闲。

周正初，湘乡市人，教师。

观音洞涌泉

周绪恢

不怕高山阻去程，冲穿重压树行旌。
翻腾浪涌东流急，两岸高扬击壤声。

周绪恢，龙塘乡人，教师。

湄江仙人桥

赵焱森

天门一入是仙桥，步踏遥空上碧霄。
直泻银河长寿瀑，遍生芳草美容椒。
狮山彩笔谁为画，虎涧灵龟自涌潮。
世说蓬莱真可比，登高一览更为豪。

赵焱森，长沙市人，曾任省纪委副书记，省诗词协会会长。

【中吕·山坡羊】塞海湖

郭军民

枝儿莺弄，波儿鸥咏，几篙花色湖光动。笑斯翁，与谁同？霞光满面春风送，一片诗舟心底涌。云，也入画中；山，也入画中。

郭军民，七星街镇人，国家统计局涟源调查队副队长，市诗联书画家协会副会长。

春游湄峰湖

康洪斌

怡情绿水早称奇，似镜如屏却有漪。
才怪游鱼悬壁上，偏偏鸟在水中飞。

康洪斌，古塘乡人。

游湄江仙人洞

康洪斌

入洞居然见昊天，飞花满目泻银泉。
何来大胆能工匠，凿破天河漏眼前。

游湄江

蒋昌典

奇绝湄江最爱游，清秋又踏碧峰头。
苍崖陡峭探禅隐，古洞幽深说帝愁。
诗壁笼纱留好句，镜湖鼓棹有兰舟。
仙桥忽作非非想，直欲乘风上斗牛。

湄江景点联

傅成玲

湄峰藏胜境，北岭观音，南岩帝洞，东峦缕缕烟霞，西壑潺潺流水，塞海扬帆，神州揽月，大江游艇，绝壁孤棕，三十六湾瞻舵手。好一方柔情寄托，墨染江山，风徊峡谷。都司故里书墙，邀君作画吟诗，喜看游客争相赏；

江岸建高瓴，竹楼仙女，菊榭莲花，梅阁双双龙凤，兰亭曲曲弦歌。梯田入目，秦迹盘根，涌泉飞瀑，险口漂流，一十二拐上祝融。近百处幽室休闲，星辉华屋，马跃平川。宾馆餐厅野味，与友谈今论古，难怪旅团不想归。

傅成玲，湘乡市人，曾任市计划生育协会常务副会长，市诗联书画家协会副会长。

仙人桥下

傅定志

翠影横空映碧霄，摘星揽月想非遥。
争相指画尘寰客，云路谁知第几桥！

傅定志，湘乡市人，曾任市地方志办副主任、涟漪诗社社长。

峭壁奇观

傅定志

十里山开大画屏，凌霄绝壁着丹青。
望中千古情人石，云雨依稀梦未醒。

湄江行

颜家龙

湄山湄水两相逢，写入丹青兴更浓。
百折不辞云路险，万千画意在高峰。

颜家龙，桥头河镇人，湖南师范大学教授，曾任省书法家协会主席。

题大江口水库联

戴光宗

幽径穿峰寻野趣；
长虹锁涧夺天工。

戴光宗，金石镇人，市人大办公室主任。

（三）龙山国家森林公园

白马古镇

王巨才

门上楹联壁上诗，吟声荡漾碧莲池。

三湘端的多骚客，看取阿婆黄口儿。

王巨才，陕西省子长县人，中国作家协会党组副书记，中国散文学会会长。

乘舟游白马湖

刘人寿

白马湖中作胜游，榜人巧手驾飞舟。
波光潋滟琼田阔，山色葱茏秀木稠。
我有诗情心底涌，天开画卷望中收。
涟河两岸风光好，为有源头活水流。

重游白马湖

刘服华

垂杨袅袅泛轻舟，紫气祥云贴小丘。
渠绕青峦苏沃野，烟含碧浪润平畴。
湖光潋滟银波涌，山色葱茏绿韵流。
会战夯歌犹在耳，煌煌业绩炳千秋。

刘服华，龙塘乡人，曾任市绿委办副主任。

游龙山仙人石风景区

刘紫岚

盘旋四百上天台，雾岭云峰画幅开。
一路莺歌迎远客，千寻玉瀑荡尘埃。
倚崖枕水琼楼立，绕壑穿岚石径回。
欲向凌霄天柱问，八仙过后又谁来？

龙山岳坪顶

李郁林

岳坪耸翠白云悠，山色清奇涧水流。
放眼雄峰风物美，怡情秀谷景观幽。
危崖走瀑添神韵，险峡穿溪拥绿洲。
莫道仙人踪迹杳，药王曾到此间游。

秋游白马湖

杨逸明

远别尘嚣外，来亲万顷波。
窗含山影淡，水聚月光多。
夜曲蛩轻奏，秋香桂细磨。
归时都市梦，满载一船歌。

杨逸明，祖籍江苏，中华诗词学会副会长，上海诗词学会副会长。

咏涟源白马水库

肖丰元

白马驮来月亮湖，曾为峡谷万龙呼。
时人添画龙须线，从此良田带水壶。

肖丰元，杨市镇人，任职于市农业局。

游龙山

吴良吉

岳坪行处渐峥嵘，四合群峰几欲倾。
古道攀难骡马健，通途过易利名轻。
风生碧树干先折，雾漫高天花始萌。
孕育湘南星已近，红妆揽月溢豪情。

吴良吉，安平镇人，中学教师。

登龙山岳坪顶

吴续安

油然扶杖探重霄，踏尽云梯意自飘。
环绕峰看莲叶座，边横岭幻鹊仙桥。
茅花误作杨花落，鹰翼翻疑铁翼骄。
日昃欲归归又懒，漫磨碑藓认前朝。

吴续安，湄江镇人，干部。

水调歌头·夏游龙山

崔杏花

久观孙水丽，今上岳坪巅。奇花瑶草，丛林溪涧径蜿蜒。险壑清流悦耳，古木蝉声惬意，偶有蝶翩翩。渐觉嚣声远，醉里不知年。　听鸟鸣，赏翠幕，饮灵泉。夏而无暑，方信世外有桃源。多少凡尘俗事，顷刻随风远逝，化作了飘烟。此去红尘里，心在白云边。

崔杏花，女，杨市镇人，祖籍宁乡县道林镇。

白马湖

章长斌

白马湖光胜西子，碧波漾漾绿如绸。
苍松翠竹鸣新曲，异草奇花饰彩楼。
书屋心连文伯爱，碑廊墨映社翁遒。
归途检点诗囊满，万缕乡情藉景讴。

题龙山将军石避暑山庄

梁经炟

茫茫林海绿无边，重叠峰峦远薄天。
黄岭腾空云万里，白溪飞瀑雪千年。
将军石上抒宏志，药庙潭边写锦篇。
一片繁华新景象，神仙到此也留连。

梁经炟，三甲乡人，曾任市政府办主任。

游龙山

蒋昌典

阵云浮碧望中遥，郁勃葱茏醉绿醪。
曲涧流清泉漱玉，修篁风细叶鸣箫。
龙池鲤化传闻杳，药圣人崇殿宇高。
自古湘中形胜地，风光更比画图娇。

游白马湖

蒋昌典

琉璃千顷静无波，镜里青天鹭影过。
环顾群山悬锦帐，回看数屿拱灵鼍。
轻风托伞轻如燕，快艇拖蓝快似梭。
正欲怅然思白马，悠扬何处起情歌。

游白马湖

蔡　雄

极目青无际，扁舟绿上游。
鱼嬉浮草笑，鸟挽客人留。
明月潜湖底，祥云入海楼。
眼前西子在，何必去杭州。

蔡雄，金石镇人，市残联理事长。

（四）七星街

绮罗香

王佴思

雨卷红蕉，烟笼绿柳，又是江南春暮。怕卷珠帘，帘外落红无数。纵赢得诗稿连篇，却负了春光几度，更那堪、故里云遮，云开依旧无归路。　　相思欲化柳絮，为我随风飞到伊人住处。旧梦新愁，都付尤云滞雨。纵杜鹃也解思乡，声声唤、不如归去。最难禁，柳线千条，也留春不住。

王佴思，益阳人，湖南教育学院教授。此诗写于1942年就读省立一中（校址七星街）时。

游岬山

王佴思

隐隐渔家傍小溪，一村桑柘一村鸡。
半湾水曲萦桃坞，两岸烟浮暗柳堤。
日碍崇峦嫌昼短，云封远岫觉天低。
无心更赏芳春景，愁向中原听鼓鼙。

此诗写于1943年就读于省立一中时。

省立一中三槐第书舍

贺隆诜

萧斋伏案浑忘日，门外春深到古槐。
有意飞花时入幕，无言芳草欲侵阶。
心怀风雨书声朗，情洽溪山画兴佳。
赢得偏安一席地，不堪血泪话江淮。

贺隆诜，湘乡市人，教师。此诗写于1944年就读省立五中（校址桥头河）时。

虎溪之恋

胡出类

棋画诗书共一床，晚风清带野花香。
他年若遂凌云志，定把涓江作故乡。

胡出类，女，湘阴县人，教师。此诗写于1945年就读省立一中时。

别虎溪

朱　帆

莫笑当年别梦痴，人间原有断魂时。
几经碧草迷幽径，又听黄鹂啭旧枝。
僧舍清钟催永夜，汉臣古墓寄悠思。
虎溪烟柳涓江月，赠我归囊一卷诗。

朱帆，湘乡市人，教授，写于抗战期间就读省立一中时。

雨中上三尖峰

吴续安

雨脚抽丝料峭寒，羊肠远上白云间。
盎然此刻饶天趣，缕缕轻纱系万山。

（五）三甲

文塔公园

王立群

诗向公园深处寻，遥怜一片玉壶心。

景行秀透千丛菊，秋色黄添七级金。
应识梁家名族后，敢昭文塔玉屏今。
疑如火箭凌云上，惹得瑶池众口钦。

题三甲文塔联

龙伟模

文驾轻风临上界；
塔随灵气入云霄。

三甲观光

李　荣

三甲人文誉楚湘，明清逸兴入雕梁。
诗联香绕回澜阁，字画名扬杰士乡。
绿水青山辉武塔，淳风朴俗秀村庄。
忝随骥尾观光客，不尽依依恋夕阳。

李荣，荷塘镇人，教师。

三甲乡一字峰

章长斌

谁在峰巅筑福庭，凤亭过后复龙亭。
寨连塔接苍苍宇，文衬诗镶闪闪星。
眼界豁然因有觉，心情舒畅不先零。
他乡哪及家山好，一览围城未了青。

北塔亭榭

梁国华

一字峰平自削成，雄关独抱似长城。
威威北塔囚魔塔，熠熠华亭赐禄亭。
斜雨横风狂不度，乡民栋宇险犹宁。
游人径向高层逼，摘朵红霞报太平。

梁国华，冷水江市铎山镇人，中学高级教师。

（六）石马山

峡山水口

陶　澍

两山都欲过江来，争奈烟波一线开；
恐是赤仙狂醉后，误来此地踏青苔。

陶澍（1779—1839），安化县人，两江总督。幼年随父陶必铨在今石马山镇扶胜村生活、学习，此诗和下面的油榨铺联均为当时所写。

油榨铺联

陶　澍

榨响如雷，惊动满天星斗；
油光似鉴，照彻万里乾坤。

温　江

李楚彬

石渠石马奔蓝田，九曲萦纡实是玄。
水泻深山情似怨，气生溶洞雾如烟。
勤民几度离奇梦，出谷终逢革故天。
不怕温江才女笑，亦将廉漾换蒲鞭。

李楚彬，古塘乡人。

（七）龙塘

西江月·赠龙塘镇

刘再丽

毓秀钟灵宝地，将军故里龙塘。花山岭下聚诗狂，武略文韬人仰。　“故事”翻新梦想，“土鸡”名播三湘。流金田埌誉粮仓，国道连村如网。

刘再丽，女，安平镇人，市委宣传部副部长。

仰圣将李聚奎碑林

刘联芳

生不还乡死未归，一身铁骨着戎衣。
平江起义燃烽火，兴国移师逐虎罴。
血溅长征二万五，身罹浩劫十年期。
梅山绮丽多雄鬼，千古凌霄一圣碑。

（八）枫坪

向日寺大雄宝殿廊柱联

谢浩然

四百年风雨里人来，明志清心，传经播德，踵尚一千秋向日；

三千界废兴中佛在，消冰熄燹，益国昌家，看黎元百福齐天。

谢浩然，枫坪镇人，教师。尚一，始建向日庵者。

(九)桥头河

湄水泛舟

——从桥头河乘小舸往湘乡

陶 澍

晴朝处处启云关,放舸清涟第几湾?
十里好峰莺馆静,半江新水鸭栏闲。
堤杨带雨枝全绿,林笋经风箨已斑。
自笑桑前三宿恋,推篷时望过来山。

题梯云塔

卢天放

梯云高耸入天苍,屹立巍巍气宇昂。
湄水蜿蜒如玉带,仙峰秀丽似霓裳。
天公有意河山美,造化无能黎庶康。
借问征途何处觅,男儿奋志勿彷徨。

卢天放,桥头河镇人,此诗写于20世纪20年代。

桥头河

李 锐

一闻阿弟赴延安,制被弹花絮厚棉。
回首桥头河畔影,心虽铁石也心酸。

李锐,平江县人,曾任中共中央组织部常务副部长。此诗写于1939年12月至蓝田与其姐话别时(当时其姐在湖南私立周南女子中学任教)。

澹赊之春

易浴云

桥头河畔柳垂丝,又向蟾宫折桂枝。
春色满园桃李盛,弦歌犹似太平时。

易浴云,石马山镇人,教师。此诗写于1940年3月在桥头河澹赊园就读时。

梯云塔

李立之

谁架长空万尺梯,我来登眺夕阳西。
偶从云里看新月,尚觉嫦娥住处低。

此诗写于1941年就读妙高峰中学时。

寻访观澜书院遗址

蒋昌典

梯云塔下水之湄,流水潺潺映翠微。
山长不来书院杳,弦歌长忆古桥西。

(十)古塘

游牛牯塘

吴扬芬

万壑崖前一绿洲,相传斯地有犀牛。
关门不锁寒流急,林谷依然迹未留。

吴扬芬,湄江镇人,塾师。此诗作于20世纪40年代。

登破刀岭

吴顾养

临高始觉地天空,极目千峰与万峰。
西下夕阳东上月,长嗟稊米太仓中。

吴顾养,古塘乡人。破刀指破刀岭;祝寺指湄江祝云峰古寺。

重阳节茆垴岭采药

吴维顺

气爽风和兴倍豪,登高四顾再无高。
千山发脉由茆垴,二水分源隔破刀。
西望车田埋雾海,东观祝寺涌烟涛。
举头丽日云霞近,引得诗情到九霄。

吴维顺,古塘乡人。破刀指破刀岭;祝寺指湄江祝云峰古寺。

(十一)伏口

牛埠八景之一——风车毓萃(风窝岭)

吴芝馨

风吹常不谢,草色四时春。
独喜承恩渥,岂随百卉沦。

吴芝馨,号牧郎,古塘乡人,曾任湖南军事招抚委员会咨议,军民两署秘书,此诗作于20世纪20年代。

(十二)杨市

访杨家滩湘军将领故居群

蒋昌典

依稀犹见昔年昌,庭院深深巷陌长。
断壁残垣斜照里,百年风雨证沧桑。

散　文

白马湖

谭　谈

如翡翠般碧、似明镜般亮的一片水，泱泱数十里铺展在这里，填平了一个个山谷，盖住了一个个山洼，把连绵百余里的一座座山峰，紧紧地搂在自己的怀里，亲亲密密。

一座座陡峭的山峰，依偎着这湖碧水，向蓝天挺起伟岸的身躯。从海平面算起，它那庞大的躯体，高达1500多米，壮实得跨越4个县域。多棱面的山峰，一座拥着一座，向蓝天插去。于是当地人说："这山啊，多达四十八面，面面奇秀！"

山依着水，水偎着山，情绵绵，意切切。

山，因水而无比雄伟；水，因山而格外秀丽。

这山，是湘中的一位汉子，名龙山。

这水，是楚地的一位姑娘，号白马湖。

原本，这里是没有湖的。一座一座山峰在这里耸立。东边的山峰与西边的山峰之间，形成一个狭长的洼地，连绵百余里。这长长的山洼里，有一条溪河流过。它是湘江支流的支流孙水，也许是这里地处僻远而地势险峻，千百年来，终年土匪出没。直到那一年，一个伟人站在天安门城头庄严地宣布："中国人民从此站起来了"，匪患才开始在这里灭绝。

上世纪50年代末，那个国人敢想敢干的年月。方圆百余里的成千上万的山里汉子和山里女子，汇集到了这里，用锄头，用扁担，用火药，用钢钎；没用水泥，没有钢筋，用一担担砂土，筑起了一个高达28米的大坝，把两座山峰连到了一起，将流淌了千百年的孙水截断了。我听许多人说，那年冬天，寒风在山谷间呼叫，天上飞着雪花，大坝工地上，筑坝的山里汉子们，打着赤膊，吼叫着，抬着巨大的夯石夯实着坝基。筑坝的山里女子们，用她们平日唱山歌的清丽嗓子，呼喊着劳动号子，抛打着夯石。

每每听到这里，我的心中就热热的。眼前，就出现了那个大坝工地，就出现了那些筑坝的汉子与女子。这些汉子和女子，不也是一道大坝吗，不也是一座高山吗？这道坝，这座山，就是我们这个伟大民族的灵魂啊！

一道没有钢筋、没有水泥的大坝，就这样筑起来了。一个宽达11000亩、容纳了6650万立方米水的大湖，就这样出现在这深山里了。

这些往日白白地流走的水，今天听话地通过一条条四通八达的渠道，流入邻近两市一县18.3万亩的农田，化做谷浆，去壮实一穗穗谷穗。它，成了有名的湘中干旱带旱魔的克星！有数据显示，半个世纪来，它使18.3万亩农田增产的粮食达60亿公斤之多。平日，它还推动一台台发电机组，使这有形的水流，化作无形的电流，通过一条条小小的电线，走入很远很远的城镇和乡村，给世间送去一片光明和温暖。

1998年春天，数千位作家、艺术家联手，后来又有科学家加盟，在这湖碧水旁边，在这座高山下面，建起了一个文化扶贫工程——作家爱心书屋。

高峡出平湖，平湖给千百亩农田送去了丰收。然而，由于种种自然条件的限制，贫穷仍然留在这个山区。一个作家在走访了数十个贫困县、上百个贫困村之后，感悟道："知识是致富的翅膀。"他决心与全国许许多多作家朋友联手，在这个贫困山区兴建一个"作家爱心书屋"。如今，7年多时间过去，4座"作家爱心书屋"、12个"作家爱心书柜"，在这片山区里建起来了。包括巴金等文坛泰斗在内的全国4000多位作家、艺术家献出了自己所著、自己所藏的十多万册图书。

这也是一个湖啊！这是一个知识之湖，一个智慧之湖。这个湖的水，也在灌溉着一片片田垅，那是成千上万的山乡青少年的心田！

美哉，白马湖！伟哉，作家爱心书屋！

（谭谈，桥头河镇群峰村人，曾任中国作家协会副主席、湖南省文联主席）

初识湄江

谭仲池

到娄底有些时日了,朋友总催我去湄江看一看,说那里的景致能醉人。恰逢假日,长沙有几位文友来看我。我想,以湘中美景酬宾,定别有一番情趣。

一清早我们就上路了。这回真要去湄江采摘山之仙奇、石之神奇、水之清韵。

我第一眼见到苍峻的观音崖下碧湖中鼓涌出的清泉,就预感到从这里开始,今日的旅程笼罩一个个美丽的故事。山边绿树上的清脆鸟鸣,颤颤悠悠的古木桥下的涓涓细流,天桥的艳阳,藏君洞的壁画,溶窟深处的石钟乳柱,连同洞穴里斑斓的灯光和导游小姐美丽的眼睛,都在装饰我们美丽的时光。湄江,它用天赐的聪慧、神赐的魔力、大自然的灵秀征服着我们这些曾闯荡天涯的游子。

坐在洞湖的轻舟上,我用痴情的目光轻抚湄江的玉水冰肌。站在相思岩的石壁边,我用手触摸湄江雪白的石臂和头颅。是湄江把人间的恋情、柔情、离情、痴情搅得云云雾雾,让我们幸福又让我们痛苦。

"有诗未敢题湄江,只缘奇景世无双。君若有意此间住,阅尽风光是天堂。"我用歪歪扭扭的毛笔字,把我的美好感觉留给了湄江风景区的主人,留下了自己寻觅了半生的梦。在这个梦里,我拾回了一串串远古的岁月。那些遥远的日子,尽管呈现着朦胧和神秘的色彩,然而那是真正在有忧有乐有风有雨的岁月。是大自然的坦然、飘然、怡然雕塑着神圣的绮丽;是山水石雾花草树木编织的梦幻升华着人世生命的最高境界。这个至奇至真的境界会教化一切染尘的灵魂去接受自然之美的熏陶和洗礼,然后捧回自己逝去的青春和圣洁。在仙人府洞天,我接受了一次透里透外的洗礼。从此在我平凡的日记里,写下了这样一段文字:

这是一个洞,一个远古风云雕琢的洞。从偌大的洞口朝里望,那景致顿时使我飘然欲仙。只见无数缕银色的佛光从内洞的天井直泻到平静透亮的洞湖上。湿蒙蒙的白雾如雪帘垂挂。透过雾幔是从迎仙桥石峡里飞窜下来的如练如带的泉瀑,浮光掠影地用玉碎般的水珠溅绿了四壁的苍翠。人临其境,唯有一体清气、一身轻松、一怀清纯。有怡静与宽恕的交融,有真诚与壮烈的结合,有满足与超然的拥抱。是一种慰勉、一种升华、一种享受。这一切都载满我灵感的列车,让它悄无声息地驶向未来岁月的灿烂。

这时,偶遇一缕清凉的水珠,摔碎在我的头颅上,然后肆意地吻我的脸庞。我真想生出双翼去天庭诉说一番人世间的风霜。我不再怨塞海把银波清波堵在这岩石和峻峭雕塑的十里云湖,我不再怨藏君洞的壁画里唐僧师徒仍在风雨路上跋涉,我不再叹石壁上形似断臂维纳斯的石雕继续饱尝风霜雪雨的委屈。这一切都是自然界的赐予,它是要用这无穷无尽的梦幻酿造出千载琼液。

我从不恋酒。这回却破天荒地端起了盛满这明山秀水的酒杯。我想醉倒湄江不思归的人,以后的人生会更豪放,更清醒。

(谭仲池,浏阳人,湖南省政协副主席,省文联主席)

三　1998 年版《涟源市志》勘误表

位　置	误	正
编委会(1988—1993)名单	吴亦山……吴亦山	重复，删去后者
彩照说明文字	《热士忠魂》剧照	《热土忠魂》剧照
彩照说明文字	蓝田运动场	光明山大操坪
第 4 页顺 4 行	380	434.85
第 4 页顺 7 行、第 296 页倒 5 行	碳酸氢氨	碳酸氢铵
第 20 页顺 8 行	同治六年	同治元年
第 35 页 8 行	12 月，实行义务兵役制	(1955 年)7 月，实行义务兵役制
第 37 页顺 11 行	鼠、雀、蝇、蚊	老鼠、麻雀、苍蝇、蚊子
第 40 页倒 8 行	1967 年 3 月竣工	1971 年竣工
第 43 页顺 2 行	蓝田、桥头河、杨家滩 3 镇	蓝田、桥头河、杨家滩 3 镇(公社)
第 43 页顺 8 行	1 月 11 日	10 月 11 日
第 43 页倒 5 行	梗塞	堵塞
第 48 页顺 2 行	蓝田镇开通	蓝田城区开通
第 51 页倒 8 行	12 月 22 日	12 月 2 日
第 51 页倒 6 行	200 余万元	30 万元
第 53 页顺 10 行	寨子脑	寨子垴
第 53 页顺 16 行	枫树村	枫木林村
第 58 页倒 4 行	相思	湖广
第 161 页顺 10 行	珠海	珠梅
第 62 页顺 17 行(全志同)	916 个村	918 个村(漏录仙洞乡南岸村、财溪乡东山村)
第 62 页倒 5 行	17	18
第 63 页倒 13 行	15	16
第 63 页倒 6 行	斗立山	斗笠山
第 65 页顺 16 行	岫列绵屏	岫列锦屏
第 70 页倒 10 行	17	、东山 18
第 72 页顺 2 行	岛石距城区 16 公里	岛石距城区 10 公里
第 73 页倒 1 行	艳	滟

续表

位 置	误	正
第 73 页倒 2 行	枫木桥	枫木林
第 73 页倒 8 行	田心坪	田坪
第 74 页顺 10 行	田心乡	田坪乡
第 77 页顺 18 行	曾加桥	曾家桥
第 77 页顺 18 行	15	、南岸 16
第 90 页倒 1 行	海拔 371 米	海拔 593.4 米
第 93 页倒 12 行	升平桥水	升平水
第 96 页顺 4 行	平均 3 月下旬	3 月下旬
第 109 页顺 12 行	40 ~ 50 克	0.4 ~ 0.5 克
第 127 页顺 5 行	211	212
第 127 页顺 6 行	甘、左	甘、石、左
第 127 页（2 处）、第 128 页（4 处）、第 818 页顺 3 行	太和县	泰和县
第 128 页顺 11 行	始迁祖文圣公	始迁祖翊圣公
第 128 页倒 6 行	菇草	茹草
第 128 页倒 1 行	界牌	界碑
第 137 页顺 22 行	河北临清	山东临清
第 151 页顺 5 行	人为民服务	为人民服务
第 151 页顺 17 行	中央宣传部	中共中央宣传部
第 154 页顺 11 行	黄浦	黄埔
第 157 页顺 12 行	杨子江	杨梓江
第 157 页顺 12 行	杨市镇	杨家滩镇
第 169 页倒 3 行	中心小学	中心小学少先队
第 172 页顺 15 行	梨子大队	梨子大队妇联
第 173 页顺 8 行	据成两截	锯成两截
第 173 页倒 5 行	捐资将蓝田商会拆除	捐资将蓝田商会办公房拆除
第 173 页顺 13 行	200 双	2000 双
第 199 页倒 5 行	政协党委会	政协常委会

续表

位　置	误	正
第 201 页倒 8 行	450 万元	440 万元
第 212 页顺 15 行	水灌消防车	水罐消防车
第 215 页倒 6 行	监守所	看守所
第 218、299、698 页	粮票 2.25 万公斤	粮票面额 2.25 万公斤
第 237 页倒 1 行	1954 年 18 ~ 40	1955 年 18—22
第 237 页顺 14 行、第 247 页倒 18 行	敲榨	敲诈
第 241 页顺 3 行	件	支
第 243 页倒 6 行	兴隆坳	金平岭
第 247 页倒 11 行	狙击	阻击
第 253 页顺 9 行	双江路	双江街
第 253 页倒 4 行	拱圈	拱券
第 260 页顺 5、9 行	公共建设	公共建筑
第 261 页倒 7 行	县人民委员会	县人民政府
第 262 页顺 4 行	私有产	私有房
第 270 页顺 14 行	桥头河	桥头河镇
第 284 页顺 17 行	元 /500 元	元 /500 克
第 295 页倒 8 行	四等砝码 5 吨	四等砝码 5 套
第 298 页顺 7 行	民国 36 年(1937)	民国 36 年(1947)
第 306 页顺 1 行	文化大革命期间	1964—1967 年
第 306 页倒 7 行	采煤(铁)	采煤(铁矿石)
第 318 页倒 1 行	托电瓶	摩托车电瓶
第 322 页顺 7 行	生产	使用
第 333 页顺 19 行	机锈车间	机绣车间
第 335 页顺 12 行	纱绽	纱锭
第 337 页倒 7 行	以斤	公斤
第 340 页倒 3 行	销铵	硝铵
第 344 页倒 7 行	财政局	财税局

续表

位　置	误	正
第 348 页倒 3 行	铁路塘	铁炉冲
第 348 页倒 2 行	大雷锋	大雷峰
第 349 页倒 7 行	峨公塘	鹅公塘
第 353 页顺 7 行	大牌上 五里牌	大排上 五里排
第 353 页顺 8 行	土朱桥	土珠桥
第 354 页顺 16 行	废驰	废弛
第 358 页顺 9 行	淹盖	掩盖
第 359 页顺 11 行	闭气	憋气
第 359 页倒 1 行、第 360 页顺 1 行	一氧化炭	一氧化碳
第 369 页倒 2 行	江坑	浆江
第 375 页倒 3 行	肖梦麟	肖梦麒
第 379 页顺 5、9、14、19 行	人	人次
第 389 页顺 16 行	容间	空间
第 411 页倒 5 行	东瓜	冬瓜
第 416 页顺 3 行	路管	路馆
第 421 页顺 3 行	浆坑	浆江
第 421 页顺 16 行	7.5 万公斤	7.5 吨
第 429 页顺 2 行	油菜	油茶
第 434 页倒 7 行	210	21
第 436 页顺 6 行	亩	苗
第 437 页倒 3 行	造出	选出
第 440 页倒 13 行	畜积	蓄积
第 444 页倒 8 行	案发后	案破后
第 450 页顺 1 行	安化、常安、丰乐 2 乡	安化县常安、丰乐 2 乡
第 452 页顺 8 行	122	128
第 461 页顺 6 行	旋浆式	旋桨式
第 483 页顺 6 行	1128	1123

续表

位　置	误	正
第492页倒3行	1985年	1986年
第497页顺1行	19世纪	20世纪
第497页倒14行	鱼米花生	鱼皮花生
第525页顺15行	低湿(20℃)	低湿(20%rh)
第529页顺4、7行	统糖	统糠
第534页倒19行	739	738
第534页倒9行	2419	2417
第534页倒9行	870.6	(空格)
第534页倒9行	92.3	870.6
第534页倒9行	(空格)	92.3
第542页倒4行	列出	列支
第548页倒12行	292.3	1385.1
第548页倒8行	292.3	392.3
第555页倒3行	知耻园	知止园
第558页倒5行	6105万元	610.5万元
第560页顺5、6行	货款、信用回笼	贷款、现金回笼
第585页顺7行	民国28年春	民国27年春
第588页顺5行	民国32年	民国33年
第592页顺14行	1953年	1958年下期
第594页倒16行	37年9月	38年10月
第602页倒12行	县财政局	县财税局
第636页倒5行	我生	观我生
第638页倒2行	涟源书店	涟河书店
第644页倒11行	十景端观	十景端砚
第647页顺4行	功居古田,德传后裔	功居古田,德传后裔;坟依蒋墓,气壮梅城
第647页倒1、3行	石龟	龟趺
第649页顺8行	开天劈地	开天辟地

续表

位　置	误	正
第 650 页倒 4 行	祝融峰	祝云峰
第 650 页倒 7 行	双龙吐须	双龙吐珠
第 651 页倒 5 行	海拔 985 米	海拔 593.4 米
第 651 页倒 5 行	相对高度 820 米	（删去）
第 651 页倒 15 行	塞北村	寨北村
第 652 页倒 16 行	长 27.5 米	长 275 米
第 652 页倒 13 行	深远去	深远处
第 658 页倒 5、7 行	奕	弈
第 665 页倒 1 行、第 666 页顺 10 行	屏泳	蹼泳
第 670 页顺 6 行	星桥	福星桥
第 670 页倒 4 行	单臂	单杠
第 666 页倒 2 行	蓝球赛	篮球赛
第 676 页顺 14 行	乌臼散	乌柏散
第 683 页倒 1 行	纹吉村	文吉村
第 687 页倒 13 行	有害物资	有害物质
第 691 页顺 12 行	紫药厂	紫药水
第 703 页顺 2 行	受	授
第 709 页顺 2 行	新中	新中国
第 717 页倒 18 行	糅制畚箕	煣制箢箕
第 726 页顺 9 行	越扯越蚀	越扯越折
第 726 页顺 14 行	棕	粽
第 726 页顺 15 行	雷捶	雷槌
第 730 页顺 4、5 行	邱奇济	邱奇节
第 731 页顺 2、17 行，第 732 页顺 16 行	西冲人	古楼村人
第 733 页顺 25 行	翼	冀
第 735 页倒 3 行	均	钧
第 737 页顺 16 行	87	84

续表

位　置	误	正
第741页倒8行	谭延凯	谭延闿
第745页顺9行	严阵以对	严阵以待
第745页倒14行	芙蓉村	谦吉村
第746页顺15行	国民34年	民国34年
第746页倒6行	奠立	奠定
第747页倒3行	安微大学	安徽大学
第750页倒10行	派遗	派遣
第754页倒3行	通迅社	通讯社
第766页顺4行	梁伯芷	梁伯祉
第769页顺1行	阙佑才	阙佐才
第770页顺7行	刘启简	刘启尚
第771页倒6行	凉水村	岩坑村
第777页顺18行	商业总公司干部	贸易公司副经理
第777页倒1行	刘全秋	刘前秋
第779页顺20行	李芳容(女)	李芳仁(女)
第787页顺6行	刘功贡	刘功贤
第787页顺26行	刘又连	刘又莲
第787页倒15行	蓝田力事处	蓝田街道办事处
第791页顺21行	总参兵科部	总参兵种部
第795页顺27行	谭再喜(女)	谭载喜
第797页倒9行	财政局干部	财税局干部
第809页顺16行	货框	货柜
第815页顺15行	狙击	阻击
第819页顺6行	考廉	孝廉
第819页顺17行	贫赛	贫寒
第823页倒7行	劝	功
第823~824页	陶毕铨为陶澍的祖父	陶毕铨为陶澍的父亲

索　引

说明

1. 本志仅就目与子目、表格、人物编制索引，序言、凡例、目录、概述、注释、附录、后记没有编入，目录中已具备检索功能的篇、章、节不再重复。人物索引收录人物传传主及简介人物。

2. 标引词相同时，括注专指；目与子目做标引词含义不明时，提炼主题词。

3. 索引按标引词第一个汉字的拼音顺序（同音字按声调）排列，第一字相同，则按第二字，依次类推。

4. 为使索引简便，标引词尽量简化，表格索引的标引词前面省略时间和区域。

5. 标引词后面的阿拉伯数字表示内容所在页码。

目与子目索引

D

E

F

G

H

J

K

L

M

N

O

P

Q

R

S

T

W

X

Y

Z

表格索引

H

J

K

L

M

N

P

Q

R

人物索引

人物传

人物简介

后记

2008年7月30日,市委、市政府召开涟源市第二轮修志工作动员大会。10月21日,市志办举办全市修志业务培训班,市直各单位、各乡镇(街道)130余人参加培训。会后,市志办全体成员分4组到各承编单位进行"一纳入五到位"督查和业务指导。同时,以首志的篇章结构为蓝本,根据各单位反馈的意见,参考外县市经验,按照上级要求,结合涟源实际,不断完善《编纂方案》和《篇目大纲》。

2009年初,争取领导重视,把地方志工作纳入全市目标管理。年中,召开编委会全体成员会议,以编委会的名义下发《编纂方案》《篇目大纲》和《征集入志人物资料方案》。是年,市志办制订印发《乡镇资料征集目录》《2009年修志工作目标管理考核细则》《资料报送和验收要求》;创办《修志简报》,及时沟通信息,交流经验,指导撰写,同时表彰先进,鞭策后进;编辑部全体成员分4组,划分联系单位,明确责任,到各单位督查指导。

至2010年底,全市135个单位完成初稿,占全部承编单位的84%。市志办安排联系人认真阅读承编单位交来的初稿,针对其体例和内容方面的问题,向主笔提出明确修改意见,将稿子返回修改。在稿子基本合格后,督促承编单位召开评稿会,参加评稿会的有该单位原任主要领导和时任主要领导,以及在该单位工作时间长的职工代表,市志办也派联系人参加。在会上大家针对稿子的真实性和全面性,指出存在的问题,该篇(章)主笔综合评稿会上大家的意见再进行补充、修改、完善。修改后的稿子再交市志办的联系人审阅,不合格再返回修改。如此反复修改,难度很大,没有一个单位是一次定稿的,一般的稿子修改4次,有的甚至达8次。

2011年,一边督查进展缓慢的单位,一边开始编纂专业志。在编纂中发现,各单位报送的定稿相互抵牾的地方很多,存在不少"硬伤",事实和数据前后矛盾、文表不一的现象比比皆是,返回核实的稿子80篇。同时,着力征集社会服务业、人物、民俗等篇章的资料。

2012年,149个承编单位的志稿通过评审验收,累计400余万字,人物篇、民俗篇、地理篇、社会服务篇、概述、大事记也基本完成。编辑部着手总纂,编辑人员分篇交换审阅,发现问题,再进行考证修改。2013年,市志办将审稿任务进行再分工,7个人各分若干篇进行审读,发现问题后直接与提供资料的人联系。但不少撰稿人已不在该单位,或调动,或退休,核对纠错工作非常难,往往靠编辑人员到处找资料考证,而各种资料往往又说法不一,这样耗费了不少时间与精力。总纂不断收集各种意见,集中起来进行修改,修改后再印发给各编辑交换审阅。如此循环3次后,最终形成送评稿。送评稿共31篇179章927节,130万字,图片300余帧。12月17—18日,组织召开娄底市《涟源市志(1987—2007)》稿评议会,与会者60余人。其中,有省、娄底市、邵阳市以及6个兄弟县市的领导和专家,有1987—2007年在涟源市担任市委书记和市长职务的领导。与会领导和专家对《涟源市志(1987—2007)》送评稿既给予好评,也提出了许多非常宝贵的修改意见,涉及篇目调整、资料挖掘、内容补充、数据核对、图片收集、重大事件核实、抵牾消除、特色突出等诸多方面。

2014年,对评审会上各级领导、专家所提出的意见和建议进行分类整理,认真研究,制订修改方案,对志稿先后进行两次大的修改和完善,然后送娄底市地方志编纂委员会办公室审查。2015年,根据娄底市地方志编纂委员会专家的修改意见,主编、副主编又对志稿进一步修改、补充和完善,同时邀请双峰县诗词楹联协会对《涟源风景名胜艺文选录》中的诗、词、联进行评选,又请长期在涟源工作的彭喜故、张笃庆、李永和、黄伟庐等人审读《人物》部分，且将《区、街道、镇、乡负责人名录》再次返回各乡镇(街道)党政办，要求其找三位以上长期在该地工作的老领导认真核对，确保无误。

2015年10月，形成《涟源市志(1987—2007)》送审稿，共34篇182章832节，129.4万字，图片416帧，送娄底市地方志编纂委员会终审，省地方志编纂委员会验收。11月下旬，按省地方志编纂委员会的验收意见再次修改完善，调整为32篇168章712节，130万字，图片419帧。之后，省地方志编纂委员会同意出版发行。2016年3月，送方志出版社审查。6月，方志出版社同意按其意见修改后出版。

当代人修当代志，记耳闻目睹的人和事，有资料详实之利，但由于缺少岁月的汰选和认识的沉淀，其真实性、科学性、合理性未免要打折扣，编纂人员尽最大努力避免误记，但也不刻意追求"完美"，有时采用多说并存的办法，从另一方面客观地反映历史真相。

本志承编单位160个，参与其事者300余人，主要采编人员172人，承蒙市委、市政府的重视，省、娄底市领导、专家的支持，以及社会各界人士的帮助，在此一并致以谢忱。本志收录的照片有些为市志办拍摄，大部分由各单位提供，没有注明拍摄者的名字，谨向这些摄影作者们致歉致谢。

由于编纂者水平有限，书中疏漏和错误之处在所难免，谨望专家、读者指正。

编　者

2016年8月